统计学精品译丛

统计学（原书第6版）

Statistics for Engineering and the Sciences

(Sixth Edition)

[美] 威廉·M. 门登霍尔　特里·L. 辛西奇　著
（William M. Mendenhall）　（Terry L. Sincich）

关静　等译

机械工业出版社
China Machine Press

图书在版编目（CIP）数据

统计学（原书第 6 版）/（美）威廉·M. 门登霍尔（William M. Mendenhall），（美）特里·L. 辛西奇（Terry L. Sincich）著；关静等译 . —北京：机械工业出版社，2018.6（2024.5 重印）
（统计学精品译丛）
书名原文：Statistics for Engineering and the Sciences, Sixth Edition
ISBN 978-7-111-60365-8

I. 统… II. ①威… ②特… ③关… III. 统计学 – 高等学校 – 教材 IV. C8

中国版本图书馆 CIP 数据核字（2018）第 138191 号

北京市版权局著作权合同登记　图字：01-2017-0479 号。

Statistics for Engineering and the Sciences, Sixth Edition by William M. Mendenhall and Terry L. Sincich (ISBN 978-1-4987-2885-0).

Copyright © 2016 by Taylor & Francis Group, LLC

Authorized translation from the English language edition published by CRC Press, part of Taylor & Francis Group LLC. All rights reserved.

China Machine Press is authorized to publish and distribute exclusively the Chinese (Simplified Characters) language edition. This edition is authorized for sale in the Chinese mainland (excluding Hong Kong SAR, Macao SAR and Taiwan). No part of this publication may be reproduced or distributed in any form or by any means, or stored in a database or retrieval system, without the prior written permission of the publisher.

Copies of this book sold without a Taylor & Francis sticker on the cover are unauthorized and illegal.

本书原版由 Taylor & Francis 出版集团旗下 CRC 出版公司出版，并经授权翻译出版．版权所有，侵权必究．

本书中文简体字翻译版授权由机械工业出版社独家出版并仅限在中国大陆地区（不包括香港、澳门特别行政区及台湾地区）销售．未经出版者书面许可，不得以任何方式复制或抄袭本书的任何内容．

本书封面贴有 Taylor & Francis 公司防伪标签，无标签者不得销售．

本书是一本联系实际应用的统计教材．全书共 17 章，主要介绍描述性统计、概率、离散随机变量、连续随机变量、二元概率分布及抽样分布、置信区间估计、假设检验、分类数据分析、简单线性回归、多重回归分析、模型构造、试验设计的原则、试验设计的方差分析、非参数统计、统计过程和质量控制、产品和系统的可靠性．此外，本书的附录部分还介绍了一些统计软件的使用方法．

本书内容丰富，很少涉及统计学理论的严格数学证明，绝大部分是与实际应用紧密联系的例子和练习，适合作为理工科各专业本科生、研究生的统计学教材，也可作为相关领域研究人员的参考读物．

出版发行：机械工业出版社（北京市西城区百万庄大街 22 号　邮政编码：100037）				
责任编辑：迟振春			责任校对：李秋荣	
印　　刷：北京捷迅佳彩印刷有限公司			版　　次：2024 年 5 月第 1 版第 10 次印刷	
开　　本：186mm×240mm　1/16			印　　张：59	
书　　号：ISBN 978-7-111-60365-8			定　　价：139.00 元	

客服电话：(010) 88361066　68326294

版权所有・侵权必究
封底无防伪标均为盗版

译 者 序

William M. Mendenhall 与 Terry L. Sincich 编写的《Statistics for Engineering and the Sciences》第 5 版，自 2007 年出版以来得到了很多同行的肯定，被称赞为"是一本经典的统计教材". 2016 年，他们在第 5 版的基础上对书中的内容进行更新、调整和修正，形成了第 6 版.

本书作为理工科各专业本科生或研究生的统计学教材，有两大特点：一是理论与实际相结合，重点突出实际应用；二是强调统计软件的使用，便于对数据进行分析. 随着大数据的快速发展，有效地分析数据并解决实际问题是我们应该具备的基本能力. 而本书就是以来自各个领域的实例为出发点，讲述统计方法，并应用这些方法来分析实际问题，从而便于读者理解并掌握这些方法. 例如，在每章的开始以"活动中的统计学"提出一个具体问题，然后介绍理论方法，最后以"活动中的统计学回顾"给出解决方法，即利用该章介绍的统计方法结合统计软件对提出的问题进行分析和解答.

此外，本书的例题近 250 个、习题超过 1000 道，涉及数、理、化、天文、地理、生物等自然科学以及几乎所有的工程技术领域. 除少量的理论练习外，都是一些真实的问题. 特别是，书中关于 SAS、MINITAB、SPSS 等统计软件的介绍，便于读者选用统计软件进行统计计算，从而加深对统计方法的理解和掌握.

第 6 版是在第 5 版译文的基础上翻译而成的，因此，这里要感谢第 5 版译者史道济、梁冯珍等做出的贡献. 第 6 版由关静全面负责翻译，杨香云、闫一冰、陈永沛、魏伟等也参与了本书的部分翻译和校正工作. 本书涉及的领域非常广，特别是涉及很多专业术语，我们通过查阅许多资料，尽量采用较为贴切的翻译. 由于水平有限，翻译不当之处在所难免，恳请广大读者及专家批评指正.

译 者
2018 年 4 月

前 言

本书概要

本书是为工程专业和自然科学专业的学生设计的、供两个学期使用的统计学课程教材. 一旦这些学生毕业, 并且找到了工作, 他们就将涉及数据的收集和分析, 并且需要批判性地思考结果. 这就要求他们了解数据描述及统计推断的基本概念, 并且熟悉工作中需要用到的统计方法.

教学法

第1~6章介绍学习统计学的目的, 说明如何描述数据集, 并且给出一些概率论的基本概念. 第7章和第8章介绍关于总体参数的两种推断方法: 用置信区间估计和假设检验. 这些概念在其余几章中被扩展为在分析工程和科学数据时有用的主题, 包括分类数据分析(第9章)、回归分析以及模型构建(第10~12章)、试验设计的方差分析(第13~14章)、非参数统计(第15章)、统计质量控制(第16章)以及产品和系统的可靠性(第17章).

本书特色

本书的主要特色如下:

1. **理论和应用相结合**. 将数理统计的基本理论概念整合为一门统计方法的课程, 供两个学期讲授. 因此, 教师可以选择将本书作为以基本概念和应用统计为重点的一门课程, 也可以作为偏向应用又介绍基本统计推断理论方法的一门课程.

2. **统计软件应用指导**. 老师和学生可以选用统计软件进行统计计算. 本书介绍了三个流行的统计软件包(SAS、SPSS以及MINITAB)的输出结果以及Microsoft Excel的输出结果. 附录C、附录D以及附录E介绍了菜单屏幕和对话框的使用, 是为初学者设计的, 这些辅导材料不需要有预先使用这些软件的经验.

3. **主题和应用的结合范围**. 为了满足未来工程师和科学家的种种需要, 本书提供了覆盖范围广泛的数据分析主题. 本书对多元回归以及模型构建(第11章和第12章)、试验设计的原理(第13章)、质量控制(第16章)以及可靠性(第17章)等内容的安排与通常的初等统计学教程不同. 虽然这些题材通常涉及理论概念, 但讲述是面向应用的.

4. **基于大量实际数据的示例和练习**. 本书包含了大量的示例和练习, 主要是为了激发学生的学习兴趣和启发学生利用所学方法解决实际问题. 几乎每一个练习和示例都是基于摘自专业期刊或者从工程和自然科学团体得到的数据或试验结果. 应用练习放在每章重点节的末尾以及各章的末尾.

5. **"活动中的统计学"案例研究**. 每章都以一个当代的实际科学问题("活动中的统计学")讨论开始, 并附带数据. 由案例研究得到的分析和推断是每章的重点("活动中的统计学回顾"). 我们的目的是向学生展示在评价结果和思考涉及的统计问题时, 应用正确统计方法的重要性.

6. **章末的总结材料**. 在每一章的末尾, 我们通过"快速回顾"——"重要公式""符号汇集"以及

"本章总结提示",提供一个主题概要. 这些可以帮助学生总结和提炼本章的重点,是有用的学习工具.

7. **随机变量的标准数学符号**. 在有关随机变量的各章中,我们使用标准的数学符号来表示随机变量. 大写字母表示随机变量,小写字母表示随机变量的可能取值.

8. **自助法和贝叶斯法**. 在选学章节给出了科学研究中更为流行的两种估计方法(7.12节)以及假设检验方法(8.13节)——自助法和贝叶斯法.

9. **在线提供数据集**. 与例题、练习以及案例有关的所有数据集都可以从网站 www.crcpress.com/product/isbn/9781498728850 在线获得. 每个数据集在本书中都有一个 图标和文件名. 数据文件以4种不同的格式 MINITAB、SAS、SPSS 和 Excel 保存. 利用统计软件分析这些数据,将计算减少到最低限度,使学生可以集中精力解释结果.

第6版的更新之处

虽然目的和范围与以前版本是一样的,但是本书第6版包含若干重要的改动、增补和加强:

1. **超过1000个练习,修改和更新达到30%**. 增加了许多新的和更新的练习,这些练习都是基于当代工程和自然科学相关的研究,并附带实际数据. 其中很多练习选自科学期刊,可以培养和提升批判性思维能力.

2. **更新技术**. 整本书增加了很多统计软件的输出. 所有的输出来自统计软件(SAS、SPSS 和 MINITAB),相应的使用说明已经修订在最新版本的软件中.

3. **活动中的统计学回顾**. 对于第6版,每章开始介绍"活动中的统计学"案例(见上). 讲完所需要的方法之后,在章末"活动中的统计学回顾"中给出解决方法(数据分析和推断)和讨论.

4. **第1章:收集数据/抽样**. 所有关于抽样概念的内容(如随机抽样和抽样调查设计)已经简化并移到1.4节,目的是让学生早点了解重要的抽样问题.

5. **第7章:配对和独立样本**. 增加了一个例子(例7.12),直接比较用配对法和独立样本 t 检验法分析相同的数据.

6. **第8章:假设检验/p 值**. 假设检验中 p 值一节(8.5节)转为强调它在工程与科学相关问题中应用的重要性. 本书其余部分,由假设检验得到的结论都是基于 p 值.

7. **第10章和第11章:回归残差**. 增加了一节新的内容(10.8节),它是关于用回归残差来检验简单线性回归分析中所需的假设. 多元回归一章中的类似节(11.10节)已经更改,重点介绍回归残差的不同使用,包括假设证明和检测异常值及有影响的观测值.

8. **第13章:试验设计**. 增加了两个新的例子(例13.6和例13.7),它们是关于试验设计中样本大小的选择.

9. **第14章:方差分析**. 增加了两个新的例子(例14.8和例14.10),它们是有定量因子的双因子试验. 第一个例子采用传统的 ANOVA 模型,第二个采用有高阶项的回归模型.

全书还有许多细节上不是很明显的变化. 这是按照本书当前的读者和审阅人的建议做出的修改.

辅助读物

1. **学生解答指南**. 本指南包括本书中全部奇数号练习的完整解答.

2. **教师解答指南**. 本指南给出本书中全部偶数号练习的解答. 本指南仔细认真,以保证所有的解答方法和符号与全书的核心内容保持一致.

致谢

本书是许多人多年共同努力的结果. 首先, 我们感谢下列各位教授, 他们对本版以及前几版的评审意见已经改到第 6 版中:

第 6 版的审阅人

Shyamaia Nagaraj (University of Michigan)
Stacie Pisano (University of Virginia)
Vishnu Nanduri (University of Wisconsin-Milwaukee)
Shuchi Jain (Virginia Commonwealth University)
David Lovell (University of Maryland)
Raj Mutharasan (Drexel University)
Gary Wasserman (Wayne State University)
Nasser Fard (Northeastern University)

以前几版的审阅人

Carl Bodenschatz (United States Air Force Academy)
Dharam Chopra (Wichita University)
Edward Danial (Morgan State University)
George C. Derringer (Battelle Columbus, Ohio, Division)
Danny Dyer (University of Texas-Arlington)
Herberg Eisenberg (West Virginia College of Graduate Studies)
Christopher Ennis (Normandale Community College)
Nasrollah Etemadi (University of Illinois-Chicago)
Linda Gans (California State Polytechnic University)
Carol Gattis (University of Arkansas)
Frank Guess (University of Tennessee)
Carol O'Connor Holloman (University of Louisville)
K. G. Janardan (Eastern Michigan University)
H. Lennon (Coventry Polytechnic, Coventry, England)
Nancy Matthews (University of Oklahoma)
Jeffery Maxey (University of Central Florida)
Curtis McKnight (University of Oklahoma)
Chand Midha (University of Akron)
Balgobin Nandram (Worcester Polytechnic Institute)
Paul Nelson (Kansas State University)
Norbert Oppenheim (City College of New York)
Giovanni Parmigiani (Duke University)
David Powers (Clarkson University)
Alan Rabideau (University of Bufffalo)
Charles Reilly (University of Central Florida)
Larry Ringer (Texas A&M University)
David Robinson (St. Cloud State University)
Shiva Saksena (University of North Carolina-Wilmington)
Arnold Sweet (Purdue University)
Paul Switzer (Stanford University)
Dennis Wackerly (University of Florida)
Donald Woods (Texas A&M Universtity)

其他贡献者

特别感谢包括 Nancy Boudreau 在内的助手, 他们中很多人已经和我们共事了很多年. 最后, Taylor & Francis 集团出版人员 David Grubbs、Jessica Vakili 和 Suzanne Lassandro 在本书编写、出版和发行的各个环节给予了我们很大的帮助.

目　录

译者序
前言

第1章　绪论 ········· 1
　活动中的统计学：田纳西河中鱼的DDT污染 ··· 1
　1.1　统计学：数据的科学 ········ 1
　1.2　统计学的基本要素 ········ 2
　1.3　数据类型 ········ 4
　1.4　收集数据：抽样 ········ 6
　1.5　统计学在批判性思考中的作用 ········ 11
　1.6　本书介绍的统计方法导引 ········ 12
　活动中的统计学回顾：田纳西河中鱼的DDT污染——确定数据收集的方法、总体、样本和数据类型 ········ 13

第2章　描述性统计 ········ 15
　活动中的统计学：亚拉巴马州田纳西河中污染鱼的特征 ········ 15
　2.1　描述定性数据的图形法和数值法 ········ 15
　2.2　描述定量数据的图形法 ········ 20
　2.3　描述定量数据的数值法 ········ 27
　2.4　中心趋势的度量 ········ 28
　2.5　变异性的度量 ········ 33
　2.6　相对位置的度量 ········ 38
　2.7　检测异常值的方法 ········ 40
　2.8　描述性统计歪曲事实真相 ········ 44
　活动中的统计学回顾：亚拉巴马州田纳西河中污染鱼的特征 ········ 48

第3章　概率 ········ 58
　活动中的统计学：NASA太空船仪表码中的软件缺陷评估预测器 ········ 58
　3.1　概率在统计学中的作用 ········ 58
　3.2　事件、样本空间和概率 ········ 59

　3.3　复合事件 ········ 67
　3.4　补事件 ········ 69
　3.5　条件概率 ········ 72
　3.6　并和交的概率法则 ········ 76
　*3.7　贝叶斯法则 ········ 84
　3.8　计数法则 ········ 87
　3.9　概率和统计的示例 ········ 96
　活动中的统计学回顾：NASA太空船仪表码中的软件缺陷评估预测器 ········ 97

第4章　离散随机变量 ········ 104
　活动中的统计学："一次性"装置的可靠性 ··· 104
　4.1　离散随机变量的定义 ········ 104
　4.2　离散随机变量的概率分布 ········ 105
　4.3　随机变量的期望值 ········ 109
　4.4　一些有用的期望值定理 ········ 112
　4.5　伯努利试验 ········ 113
　4.6　二项概率分布 ········ 114
　4.7　多项概率分布 ········ 120
　4.8　负二项概率分布和几何概率分布 ········ 124
　4.9　超几何概率分布 ········ 128
　4.10　泊松概率分布 ········ 131
　*4.11　矩和矩母函数 ········ 137
　活动中的统计学回顾："一次性"装置的可靠性 ········ 139

第5章　连续随机变量 ········ 146
　活动中的统计学：超级武器的开发——优化命中率 ········ 146
　5.1　连续随机变量的定义 ········ 146
　5.2　连续随机变量的密度函数 ········ 148
　5.3　连续随机变量的期望值 ········ 150
　5.4　均匀概率分布 ········ 154
　5.5　正态概率分布 ········ 156

5.6 判定正态性的描述性方法 …… 161	活动中的统计学回顾：PET 饮料瓶的破裂
5.7 Γ 型概率分布 …… 166	强度 …… 281
5.8 威布尔概率分布 …… 170	第 8 章 假设检验 …… 292
5.9 β 型概率分布 …… 173	活动中的统计学：比较溶解药片方法——
*5.10 矩和矩母函数 …… 176	溶解方法等效性检验 …… 292
活动中的统计学回顾：超级武器的开发——	8.1 假设统计检验与置信区间的关系 …… 293
优化命中率 …… 177	8.2 统计检验的要素与性质 …… 293
第 6 章 二元概率分布及抽样分布 …… 185	8.3 求统计检验：经典方法 …… 298
活动中的统计学：Up/Down 维修系统的	8.4 选择原假设和备择假设 …… 301
可用性 …… 185	8.5 检验的观测显著性水平 …… 302
6.1 离散随机变量的二元概率分布 …… 185	8.6 检验总体均值 …… 304
6.2 连续随机变量的二元概率分布 …… 190	8.7 检验两个总体均值的差：独立样本 …… 311
6.3 两个随机变量函数的期望值 …… 193	8.8 检验两个总体均值的差：配对 …… 319
6.4 独立性 …… 194	8.9 检验总体比率 …… 324
6.5 两个随机变量的协方差和相关性 …… 196	8.10 检验两个总体比率的差 …… 327
*6.6 随机变量函数的概率分布和期望值 …… 199	8.11 检验总体方差 …… 332
6.7 抽样分布 …… 205	8.12 检验两个总体方差的比 …… 335
6.8 用蒙特卡罗模拟逼近抽样分布 …… 205	*8.13 其他检验方法：自助法和贝叶斯法 …… 340
6.9 均值与和的抽样分布 …… 208	活动中的统计学回顾：比较溶解药片方法——
6.10 二项分布的正态逼近 …… 212	溶解方法等效性检验 …… 344
6.11 与正态分布有关的抽样分布 …… 215	第 9 章 分类数据分析 …… 354
活动中的统计学回顾：Up/Down 维修系统的	活动中的统计学：残忍的组织移植案例——
可用性 …… 219	谁应该为损害赔偿负责 …… 354
第 7 章 用置信区间估计 …… 227	9.1 分类数据和多项概率 …… 355
活动中的统计学：PET 饮料瓶的破裂强度 …… 227	9.2 估计单向表中的类型概率 …… 355
7.1 点估计及其性质 …… 227	9.3 检验单向表中的类型概率 …… 359
7.2 求点估计：经典估计方法 …… 231	9.4 关于双向表（列联表）中类型概率的
7.3 求区间估计：枢轴法 …… 236	推断 …… 363
7.4 总体均值的估计 …… 242	9.5 固定边缘和的列联表 …… 369
7.5 两个总体均值差的估计：独立样本 …… 247	*9.6 列联表分析中独立性的精确检验 …… 373
7.6 两个总体均值差的估计：配对 …… 253	活动中的统计学回顾：残忍的组织移植案例——
7.7 总体比率的估计 …… 259	谁应该为损害赔偿负责 …… 379
7.8 两个总体比率差的估计 …… 262	第 10 章 简单线性回归 …… 387
7.9 总体方差的估计 …… 265	活动中的统计学：探矿魔杖真的能发现水吗 …… 387
7.10 两个总体方差比的估计 …… 269	10.1 回归模型 …… 388
7.11 选择样本容量 …… 273	10.2 模型假定 …… 389
*7.12 其他区间估计方法：自助法和	10.3 估计 β_0 和 β_1：最小二乘法 …… 391
贝叶斯法 …… 276	10.4 最小二乘估计的性质 …… 401
	10.5 σ^2 的估计量 …… 403

10.6	评价模型的效用：进行关于斜率 β_1 的推断 ……………………… 406	
10.7	相关系数和决定系数 ………… 411	
10.8	利用模型估计和预测 ………… 418	
10.9	检验假定：残差分析 ………… 425	
10.10	一个完整的例子 ……………… 434	
10.11	简单线性回归步骤小结 ……… 437	

活动中的统计学回顾：探矿魔杖真的
　能发现水吗 ……………………………… 437

第11章　多重回归分析 …………………… 447

活动中的统计学：高速公路建设中的
　串通投标 ………………………………… 447

11.1	多重回归模型的一般形式 …… 447
11.2	模型假定 ……………………… 448
11.3	拟合模型：最小二乘法 ……… 449
11.4	用矩阵代数计算：关于单个 β 参数 的估计和推断 ………………… 450
11.5	评价整体模型的恰当性 ……… 457
11.6	$E(y)$ 的置信区间和未来值 y 的预测 区间 …………………………… 460
11.7	定量预测量的一阶模型 ……… 468
11.8	定量预测量的交互作用模型 … 478
11.9	定量预测量的二阶（二次）模型 … 482
11.10	回归残差和异常值 …………… 489
11.11	某些陷阱：可估性、多重共线性和 外推 …………………………… 500
11.12	多重回归分析步骤小结 ……… 507

活动中的统计学回顾：高速公路建设中的
　串通投标 ………………………………… 507

第12章　模型构建 ………………………… 522

活动中的统计学：取消州内货车运输业管制 … 522

12.1	引言：为什么模型构建很重要 … 522
12.2	自变量的两种类型：定量的和定性的 … 523
12.3	一元定量自变量模型 ………… 525
12.4	二元或多元定量自变量模型 … 531
*12.5	编码定量自变量 ……………… 539
12.6	一元定性自变量模型 ………… 543

12.7	定量和定性自变量模型 ……… 549
12.8	比较嵌套模型的检验 ………… 558
*12.9	外部模型确认 ………………… 564
12.10	逐步回归 ……………………… 566

活动中的统计学回顾：取消州内货车运输业
　管制 ……………………………………… 572

第13章　试验设计的原理 ………………… 586

活动中的统计学：加锌环氧涂层的防腐行为 … 586

13.1	引言 …………………………… 586
13.2	试验设计术语 ………………… 587
13.3	控制试验中的信息 …………… 588
13.4	减少噪声的设计 ……………… 589
13.5	增加容量设计 ………………… 594
13.6	选择样本容量 ………………… 598
13.7	随机化的重要性 ……………… 601

活动中的统计学回顾：加锌环氧涂层的防腐
　行为 ……………………………………… 601

第14章　试验设计的方差分析 …………… 606

活动中的统计学：房地产开发中的污染物——
　一个小样本情况下处理不当的案例 …… 606

14.1	引言 …………………………… 606
14.2	方差分析中的逻辑 …………… 606
14.3	单因子完全随机化设计 ……… 608
14.4	随机化区组设计 ……………… 618
14.5	双因子析因试验 ……………… 629
*14.6	更复杂的析因设计 …………… 645
*14.7	套式抽样设计 ………………… 653
14.8	处理均值的多重比较 ………… 662
14.9	检查 ANOVA 假定 …………… 668

活动中的统计学回顾：房地产开发中的
　污染物——一个小样本情况下处理
　不当的案例 ……………………………… 671

第15章　非参数统计 ……………………… 685

活动中的统计学：新罕布什尔州的地下
　井水污染如此脆弱 ……………………… 685

15.1	引言：分布自由检验 ………… 685
15.2	检验单个总体的位置 ………… 686

15.3	比较两个总体：独立随机样本	691
15.4	比较两个总体：配对设计	697
15.5	比较三个或更多总体：完全随机化设计	704
15.6	比较三个或更多总体：随机化区组设计	708
15.7	非参数回归	711

活动中的统计学回顾：新罕布什尔州的地下井水污染如此脆弱 …… 717

第 16 章 统计过程和质量控制 …… 729

活动中的统计学：喷气式飞机燃料添加剂安全性测试 …… 729

16.1	全面质量管理	730
16.2	变量控制图	730
16.3	均值控制图：$\bar{x}$ 图	735
16.4	过程变异控制图：R 图	742
16.5	发现控制图中的趋势：游程分析	748
16.6	不合格品百分率控制图：p 图	749
16.7	每个个体缺陷数控制图：c 图	754
16.8	容许限	757
*16.9	能力分析	760
16.10	不合格品的抽样验收	767
*16.11	其他抽样计划	770
*16.12	调优操作	771

活动中的统计学回顾：喷气式飞机燃料添加剂安全性测试 …… 771

第 17 章 产品和系统的可靠性 …… 781

活动中的统计学：建立钢筋混凝土桥面恶化的危险率模型 …… 781

17.1	引言	781
17.2	失效时间分布	781
17.3	危险率	782
17.4	寿命试验：删失抽样	785
17.5	估计指数失效时间分布的参数	786
17.6	估计威布尔失效时间分布的参数	789
17.7	系统可靠性	793

活动中的统计学回顾：建立钢筋混凝土桥面恶化的危险率模型 …… 797

附录 A	矩阵代数	802
附录 B	有用的统计表	814
附录 C	SAS 的 Windows 指导	848
附录 D	MINITAB 的 Windows 指导	873
附录 E	SPSS 的 Windows 指导	893

参考文献 …… 911

部分奇数练习答案 …… 919

第1章 绪 论

目标 认识统计学在分析工程技术和自然科学数据中的作用.

活动中的统计学：田纳西河中鱼的DDT污染

化学工厂以及制造工厂经常向附近的河流与溪流中排放有毒的废物，这些有毒物质对于生存在河流中以及河边的动植物有不利的影响. 其中一种类型的污染物是二氯二苯三氯乙烷，通常称作DDT. 在美国，DDT被用作一种有效的农业杀虫剂. 直到1972年，由于DDT的可致癌性，它才被禁止农业使用. 然而，因为DDT通常是某种生产材料的副产品(如石油馏分油、水-可湿性粉剂和气溶胶)，所以目前对环境仍然有危害.

"活动中的统计学"案例是基于一项检测生活在田纳西河(位于阿拉巴马)及其支流中的鱼类的DDT含量的研究. 田纳西河以东西方向流经亚拉巴马州北部，途经惠勒水库——国家野生动物保护区. 生态学家担心污染的鱼从河流入口洄游到水库，可能威胁到以鱼为食物的其他野生动物. 这个担心并不是空谈. 在流经印第安克里克人居住区的支流旁边曾经有一座工厂，支流从河库入口321 mile (英里，1英里 = 1 609.344米)的上游流入田纳西河. 虽然这个工厂已经停产多年，但是有证据表明工厂向支流中排放的有毒物质污染了相邻区域的所有鱼类.

食品和药物管理局规定一条鱼中DDT含量的限量为百万分之五(ppm). 鱼中DDT含量超过这个限制被认为是受污染的，也就是对周边环境有潜在的危害. 田纳西河及其支流中的鱼类是否也被污染了呢？如果是这样，污染的鱼向上游回游了多远？

为了回答这些以及其他问题，美国陆军工兵部队的成员们在田纳西河以及三条支流(Flint支流(从河库口309 mile的上游流入田纳西河)、Limestone支流(从河库口310 mile的上游流入田纳西河)以及Spring支流(从河库口282 mile的上游流入田纳西河))的不同地方收集了鱼的样本. 在三条支流的每条支流捕捉6条鱼，沿着田纳西河不同位置(上游英里处)捕捉126条鱼，总共144条鱼. 确定每条鱼的重量(g)、长度(cm)以及位置和品种，然后把鱼切成片，测量鱼片的DDT浓度(百万分之一). 144条鱼的数据保存在DDT文件中.

在本章末尾的"活动中的统计学回顾"中，我们讨论收集的数据类型和数据收集方法. 本文后面我们会分析这些数据，以刻画田纳西河中鱼的DDT浓度水平，比较河流不同位置的鱼的DDT含量，并确定对于DDT含量的长度和重量(如有必要)的关系.

1.1 统计学：数据的科学

一位成功的工程师或科学家精通收集信息、评价信息并从中得到结论，这要求适当的统计学训练. 根据《兰登书屋大学字典》(*The Random House College Dictionary*)，统计学是"对用数字表示的事实或数据进行收集、分类、分析以及解释的科学". 简而言之，**统计学就是数据的科学**.

定义1.1 **统计学**是数据的科学. 它包括数据的收集、分类、概括、整理、分析以及解释.

统计学通常应用于两种类型的问题：

1. 概括、描述以及探索数据.
2. 利用样本数据推断被选取样本的数据集的性质.

作为一个描述统计应用的例子，考虑美国的人口普查，它涉及数据集的收集，目的在于反映生活在美国的大约3亿人口的社会经济特征。对于计算机软件工程师来说，管理这个巨大的数据库，其中一个问题就是利用统计方法描述数据。类似地，环境工程师利用统计学描述一个数据集，这个数据集记录了工厂在过去一年中氧化硫的日排放量。致力于这些应用的统计学分支称为**描述统计学**。

定义 1.2 致力于数据集的整理、概括以及描述的统计学分支称作**描述统计学**。

有时数据集刻画的是一种感兴趣的现象，这样的数据集在自然状态下是无法得到的、代价昂贵或者耗费时间才能获得的。在这种情况下，我们得到数据的一个子集（称为样本），利用这个样本信息来推断它的性质。为了说明概念，假定感兴趣的现象是在一个有人居住但偏僻的太平洋岛上饮用水的质量。你可能期望水的质量依赖于水的温度、近期降雨量大小等因素。实际上，如果在同一个地区相同时刻重复测量水的质量，即使在水温相同的情况下，质量测量值也会变化。因此，"饮用水的质量"现象由一个很大的数据集来刻画，而这个数据集由许多个（事实上是无限多个）水的质量测量值组成———一个只是概念上的数据集。为了确定这个数据集的性质，我们从中抽样，即记录在特殊的时间和地点收集到的 n 份水样本的质量，然后利用这 n 个质量测量值的样本推断感兴趣的概念上很大的数据集的性质。解决这类问题的统计学分支称为**推断统计学**。

定义 1.3 利用样本数据对一个很大的数据集做出推断的统计学分支称作**推断统计学**。

1.2 统计学的基本要素

在统计学术语中，我们把想要描述的数据集或刻画了我们感兴趣现象的数据集称为**总体**。这样，可以将**样本**定义为取自总体的数据子集。有时，总体和样本这两个词用来表示对象集和对它进行的测量（即试验单位集）。在一项研究中，这些术语的意义从它们的上下文中可以清楚地看出。

定义 1.4 统计**总体**是我们感兴趣的目标的数据集（通常很大，有时是概念上的）。

定义 1.5 **样本**是取自目标总体的数据子集。

定义 1.6 测量值采集的对象（例如，人、事物、交易、标本或者事件）称作**试验单位**。注：一个总体由对许多试验单位采集的数据组成。

在研究总体和样本的过程中，我们专注于总体试验单位的一个或多个特征或性质，统计学称这些特征为**变量**。例如，在饮用水质量的研究中，工程师感兴趣的两个变量是在 100mL 的水样本中氯的残留量（按每百万的含量测量）以及排泄物大肠杆菌的数量。

定义 1.7 **变量**是单个试验单位的特征或性质。

例 1.1 左转弯汽车事故比例 肯塔基大学运输研究项目的工程师收集了发生在肯塔基列克星敦交叉路口的事故数据。研究目的之一是估计在没有只许左转弯车道的交叉路口发生左转弯事故的比例。这个估计值将用来为在所有的列克星敦主要交叉路口设置左转弯车道提供数值理由（或准则）。工程师用一年多的时间收集了 50 个没有只许左转弯车道的交叉路口的事故数据。在每个交叉路口，他们监测通行车辆并记录发生事故的左转弯汽车的总数。

    a. 确定这项研究的变量以及试验单位。
    b. 描述目标总体以及样本。
    c. 运输工程师想要做出什么推断？

解 a. 由于工程师收集了 50 个交叉路口的数据，试验单位是没有只许左转弯车道的交叉路口。测量的变量是发生事故的左转弯汽车总数。

b. 研究的目的是对于所有列克星敦的主要交叉路口设置左转弯车道提出一些准则,因此,目标总体由这个城市所有主要交叉路口组成. 样本由工程师监测的 50 个交叉路口的子集组成.

c. 工程师将利用样本数据估计发生在列克星敦的所有主要交叉路口的左转弯事故的比例. (在第 7 章中我们将知道这个估计值是样本中左转弯事故的个数除以样本中左转弯的汽车总数.) ■

前面的定义和例题给出了推断统计问题 5 个要素中的 4 个:总体、一个或多个感兴趣的变量、样本以及推断. 第 5 个要素是关于知道这个推断如何有效的,即推断的**可靠性**. 推断的可靠性度量将统计学和算命术区分开来. 与统计学家一样,看手相的可能会检查一个样本(你的手)并对总体(你将来的寿命)做出推断. 但是和统计推断不同,看手相的推断不包括推断有多大可能是真实的度量.

为说明问题,考虑例 1.1 中运输工程师对肯塔基列克星敦交叉路口处左转弯交通事故比例的估计. 工程师感兴趣的是估计的误差(即样本事故发生率和目标总体事故发生率之间的差别). 利用统计方法,我们可以给出一个估计误差的界. 这个界是一个数(如 10%),我们的估计误差不大可能超过它. 在后面的章节中,我们将会学习用这个界来帮助度量推断的"置信度". 全书都会讨论统计推断的可靠性. 现在,已经简单地认识到没有可靠性度量的推断是不完整的.

定义 1.8 可靠性度量是关于统计推断不确定程度的陈述(通常是定量的).

下面给出了描述性统计和推断性统计问题所包含的要素.

描述性统计问题的 4 要素

1. 感兴趣的总体或样本.
2. 被研究的一个或多个变量(总体或样本单位的特征).
3. 表格、图形或者数字概括工具.
4. 确定数据类型.

推断性统计问题的 5 要素

1. 感兴趣的总体.
2. 被研究的一个或多个变量(试验单位的特征).
3. 试验单位的样本.
4. 基于包含在样本中的信息对总体的推断.
5. 推断的可靠性度量.

应用练习

1.1 女性的 STEM 经历. 在过去的几十年里,美国国家科学基金会(NSF)提高了女性在非正式科学、技术、工程或数学(STEM)项目中的参与性. 非正式 STEM 经历带来的影响是什么? 这是已发表的研究 *Cascading Influences:Long-Term Impacts of Informal STEM Experiences for Girls*(2013 年 3 月)中令人感兴趣的问题. 最近参与了 STEM 项目的 159 位年轻女性被招募完成一份在线调查. 她们当中仅有 27% 的人感觉参与 STEM 项目提高了她们对科学的兴趣.

a. 确定研究者感兴趣的总体.

b. 确定样本.

c. 用这项研究中的信息对相关总体做出推断.

1.2 埋地钢结构的防腐蚀. 被埋在地下的钢结构(如管道)容易受腐蚀. 工程师设计试验测试这种结构受腐蚀的可能性. 在 *Materials Performance*(2013 年 3 月)中,比较了两项关于钢腐蚀的称作"即关"和"即开"可能性的试验. 试验用于位于土耳其一个石油化工厂的埋地管道. 在 19 个不同的随机选择的管道位置测量"即关"和"即开"腐蚀性. 这项研究的一个目的是确定当试验被用于埋地钢管道时,一个试验是否比另一个试验更令人满意(即更准确地预测腐蚀的可能性).

a. 这项研究的试验单位是什么?
b. 描述样本.
c. 描述总体.
d. 这是描述统计学还是推断统计学的例子?

1.3 视觉注意力技能测试. 格里芬大学(澳大利亚)的研究人员做了一项研究来判定是否电子游戏玩家比非电子游戏玩家有更强的视觉注意力技能. (*Journal of Articles in Support of the Null Hypothesis*, 6卷第1期, 2009年.)样本中的65名男生分为电子游戏玩家和非电子游戏玩家两组. 然后, 这两组学生必须完成一系列的视觉注意力任务, 包括"视野"测试. 研究发现两组学生的表现没有差别. 从这项分析中, 研究人员推断"玩电子游戏对于视觉注意力改变影响有限". 因此, 应用推断统计学得到了这个结论. 确定这项研究的总体和样本.

SWREUSE

1.4 软件重用的成功或失败. 由渥太华大学主持的PROMISE软件工程知识库是一个公开的通用数据集, 为研究者建立预测软件模型提供服务. 有关软件重用的PROMISE数据集保存在SWREUSE文件中, 对于24个新软件开发项目样本中的每个项目, 它提供了利用以前开发的软件是成功或者失败的信息. (数据来源: *IEEE Transactions on Software Engineering*, 28卷, 2002年.)在24个项目中, 9个失败, 15个成功运行.
a. 确定这个研究的试验单位.
b. 描述样本所来自的总体.
c. 利用样本信息对总体做出推断.

1.5 地震的地表运动. 在 *Journal of Earthquake Engineering* (2004年11月)上, 一个由土木工程师和环境工程师组成的团队研究了发生在1940年至1995年之间世界范围内的15次地震的地表运动特征. 每次地震测量的三个(多个)变量是地表运动的类型(短、长或者向前)、地震的震级(里氏震级)以及最大地表加速度(ft/s). 研究目的之一是估计任意地表运动周期的非弹性谱.
a. 确定此研究的试验单位.
b. 15次地震的数据代表一个总体还是一个样本? 说明原因.

1.6 蔬菜的预冷. 为了给市场准备佛罗里达蔬菜, 研究者开发了一种新的预冷方法. 系统利用设计的空气和水的混合, 迫使比常规水冷法更低温的水流来有效地冷却. 为了比较两种系统的有效性, 将20批新鲜的西红柿分成两部分: 一部分用新方法冷却, 另一部分用常规方法冷却. 记录为有效冷却每批西红柿所需的水量(加仑, 1英加仑=4.546升, 1美加仑=3.785升).
a. 确定这个问题的总体、样本以及所做的统计推断类型.
b. 怎样利用样本数据比较两种系统的冷却效率?

COGAS

1.7 每周一氧化碳数据. 温室效应气体的世界数据中心收集并保存了温室以及空气中相关气体的数据. 其中一个数据集列出了位于阿拉斯加科尔德湾气象站的空气中每周一氧化碳的含量(十亿分之一). 2000年至2002年的每周数据保存在COGAS文件中.
a. 确定被测量的变量以及相应的试验单位.
b. 如果你仅对描述2000年至2002年科尔德湾站的空气中每周一氧化碳的值感兴趣, 那么数据代表的是总体还是样本? 说明原因.

1.8 检测次品. 检查一条生产线上所有产品中的次品是一个花费大且耗时的过程. 检查次品的一个有效且经济的方法是由质量控制工程师选择并检查一部分产品. 计算在检查产品中次品的百分比, 然后用它估计这条生产线上所有产品中有次品的百分比. 对这个问题确定总体、样本以及统计推断类型.

1.3 数据类型

数据分为定量和定性两种类型. **定量数据**表示事物的数量或个数, 用数值标度度量. 例如, 半导体的电源频率(MHz)是一个定量变量, 类似于钢管的断裂强度(lb/in^2, 磅/平方英寸). 与之相反, **定性(或分类)数据**没有量的解释, 它们只能分类. 相应于一组 n 个工科毕业生, n 个职位集合是一个定性数据集. 防腐环氧涂层中使用的色素种类(锌或云母)也表示为定性数据.⊖

⊖ 数据类型的更细致划分是名义、次序、区间和比率数据. **名义**数据是定性数据, 其类型不能进行有意义的排序. **次序**数据也是定性数据, 但是存在一个从高到低的明显的分组等级. **区间**和**比率**数据是两种不同类型的定量数据. 对于大多数统计应用(以及本书中的所有方法), 将数据分为定量的和定性的已经足够了.

定义 1.9 定量数据是按照自然发生的数值量记录的，即它们表示事物的数量或个数.

定义 1.10 定性数据没有量的解释，即它们只能以类型分类.

例 1.2 **水管的特性** *Journal of Performance of Constructed Facilities* 报告了费城地区配水网络的性能尺度. 作为研究的一部分，测量了每个抽样水管截面的如下变量，确定每个变量产生的数据是定量的还是定性的.

a. 水管直径(in).
b. 水管材料(钢铁或者 PVC).
c. 水管位置(市中心或者郊区).
d. 水管长度(ft).

解 水管直径(in)以及水管长度(ft)都是用有意义的数值标度度量的. 因此，这两个变量产生定量数据. 水管材料和水管位置只能分类——材料是钢铁或者 PVC，位置是市中心或者郊区. 因此，水管材料和水管位置是定性变量.

用于描述、分析数据的合适的统计工具是依赖于数据类型的. 因此，区别定量数据和定性数据是很重要的.

应用练习

1.9 混凝土的性质. *Bulletin of Engineering Geology and the Environment*(69 卷，2010 年)研究了塞浦路斯自然沙土和混凝沙土的性质. 对 20 份土壤样品的每一份观测下列变量. 判定每个变量的类型，即定量还是定性.

a. 抽样方法(旋转铁心、金属管和塑料管)
b. 有效应力水平(牛顿/平方米)
c. 阻尼水平(百分比)

1.10 卫星数据库. 美国忧思科学家联盟(Union for Concerned Scientists, UCS)维护卫星数据库, 记录了超过 1 000 个目前正在绕地球运转的卫星的数据. 其中一些变量存储在数据库中, 包括使用或所属国家、基本使用(民用、商用、政府或军事)、轨道类型(近地轨道、中轨道或同步轨道)、经度位置(度)、最高点(即到地球中心的最远高度)、发射质量(千克)、可用电力(瓦)和期望寿命(年). 观测的哪些变量是定性的，哪些是定量的?

1.11 饮用水质量研究. *Disasters*(28 卷, 2004 年)发表了一篇关于热带旋风对一个偏远的太平洋岛屿上饮用水质量影响的研究. 收集了在旋风亚美袭击这个岛屿后大约 4 个星期的水样本(大小为 500mL). 对每个水样本记录了下面的变量, 确定每个变量是定量的还是定性的.

a. 收集样本的城镇.
b. 供水的类型(内陆河、溪、地泉).
c. 酸度(pH 值, 1~14).
d. 混浊程度(比浊法浊度单位, NTU).
e. 温度(℃).
f. 每 100mL 水里大肠杆菌个数.
g. 游离氯的残留量(mg/L).
h. 是否有硫化氢(有或没有).

1.12 新西兰灭绝的鸟类. 加利福尼亚大学(河滨分校)的环境工程师正在研究新西兰鸟类总体中灭绝的模型. (*Evolutionary Ecology Research*, 2003 年 7 月.)下面给出了每个在毛利人殖民地(即欧洲人到达之前)时期栖息于新西兰的鸟类的特征. 确定每个变量是定量的还是定性的.

a. 飞行能力(会飞的或不能飞的).
b. 栖息地类型(水栖、地面陆栖或者空中陆栖).
c. 筑巢地点(地面、地里的窝、树、地上的窝).
d. 巢密度(高或低).
e. 食物(鱼、脊椎动物或者无脊椎动物).
f. 身体质量(g).
g. 蛋的长度(mm).
h. 灭绝状态(灭绝、从岛上迁出、没有灭绝).

1.13 肺癌的 CT 扫描. 已经开发了一种新型的肺癌扫描技术——计算机 X 线断层摄影术(CT). 医学家认为 CT 扫描在查找小肿瘤方面比常规的 X 射线更敏感. 南佛罗里达大学的 H. Lee Moffitt 癌症中心正在进行全国范围的一个 50 000 名吸烟者的临床试验，以比较 CT 扫描和 X 射线对检测肺癌的有效性. (*Todays' Tomorrows*, 2002 年秋.)每个参加试验的吸烟者被随机分配到两种扫描方法——CT

或者 X 射线中的一种, 并且随时记录他们的发展状况. 除了所用的扫描方法外, 临床学者还记录了每名吸烟者第一次用分配的扫描方法检测到肿瘤的年龄.
  a. 确定本次研究的试验单位.
  b. 确定每个试验单位度量的两个变量.
  c. 确定度量变量的类型(定量的或者定性的).
  d. 根据临床试验, 最终将得到什么样的推断?

1.14 美国国家桥梁目录. 联邦公路局(FHWA)定期检查美国所有桥梁的结构缺陷. FHWA 调查的数据编入国家桥梁目录(NBI). 下面列出的是由 NBI 维护的大约 100 个变量中的几个. 确定每个变量是定量的还是定性的.
  a. 最大跨度(ft).
  b. 车道数目.
  c. 桥梁是否征税(是或否).
  d. 平均日交通量.
  e. 桥面条件(好、很好或差).
  f. 绕行公路或便道的长度(mile).
  g. 公路类型(州际、美国、州、乡村或城市的).

1.4 收集数据:抽样

一旦确定了适合研究问题的数据类型——定量或定性, 便需要去收集数据. 通常, 有三种不同的途径获得数据:
  1. 数据来自发表的资料
  2. 数据来自试验设计
  3. 数据来自观察研究(如问卷调查)

有时, 感兴趣的数据集可以在**发表的资料**中找到, 例如书、期刊、报纸或网站. 例如, 若交通工程师想调查和汇总美国 50 个州的交通事故死亡率, 则可以通过美国政府每年发布的 *Statistical Abstract of the United States* 获得数据集(和其他很多数据集一样). 现在互联网(World Wide Web)提供了媒介, 通过网络很容易获得已发表资料中的数据.

通常, 在工程和自然科学中另一种收集数据的方法是**试验设计**, 通过试验设计, 研究人员可以在研究的试验单位(人、目标或事件)上施加严格的控制. 例如, 一项经常被引用的医学研究是阿司匹林预防心脏病的可能性. 志愿医生被分成两组——治疗组和对照组. 在治疗组, 每位医生每天吃一片阿司匹林, 服用一年. 对照组的医生服用一片不含阿司匹林的安慰药片(不含药物), 形状和阿司匹林药片一样. 研究人员(不是指被研究的医生)控制谁服用阿司匹林(治疗组), 谁服用安慰药片. 在第 13 章将学习恰当的试验设计比不进行控制可以从数据中获得更多的信息.

最后, 观察研究可以用于收集数据. 在一项**观察研究**中, 研究人员观察自然条件下的试验单位, 并记录感兴趣的变量. 例如, 工业工程师观测并记录流水线上工人的生产力水平. 不同于试验设计, 观察研究是研究人员不控制任何试验单位的特征. 问卷调查是一种典型的观察研究形式. 研究人员抽取一组人, 向每个人问一个或多个问题, 并记录他们的回答.

定义 1.11 试验设计是指研究人员在抽样的试验单位特征上施加全部控制条件的一种数据收集方法. 这些试验的试验单位被分作治疗组和非治疗组(或对照组).

定义 1.12 观察研究是指在自然条件下观测抽样的试验单位的一种数据收集方法. 抽样的试验单位特征不被控制.(例如民意测验和调查.)

无论使用哪种数据收集方法, 数据就是来自总体的一个样本. 如果我们想使用推断性统计, 就必须有一个代表性样本.

定义 1.13 代表性样本是指能够体现感兴趣的总体所具有的基本特征的样本.

例如, 考虑做一个民意测验, 估计在所有美国公民中相信全球变暖的公民的百分比. 民意测验专家若是基于一组属于绿色和平组织公民的问卷调查数据进行估计, 则是不明智的. 这样的估计几乎可以肯定具有很高的偏差. 因此, 这种估计是不可靠的.

选择一个简单随机样本是满足这种有代表性样本需求最常用的方法. **简单随机样本**保证总体中每一个固定大小的子集有相同的可能性被抽取. 如果民意测验专家想从1.5亿美国公民的总体中抽取一个1 500人的样本, 则他选择一个简单随机样本, 这样每个含有1 500人的子集能够以相同可能性被抽取.

定义1.14 如果以如下方法从总体中抽样, 即使得总体中每个含有n个元素的集合都能以等概率被选择, 那么这n个元素称为一个**简单随机样本**.

抽取一个简单随机样本的方法基本上依赖于**随机数发生器**. 随机数发生器可以通过表格、在线⊖以及一些统计软件包获得. 书中提供的统计软件包都有易于操作的随机数发生器来产生随机样本. 通过下面两个例子说明这个方法.

例1.3 获得强度测试的简单随机样本 假定从100个玻璃纤维条中随机抽取5个玻璃纤维条进行强度测试. (注: 第3章将说明有75 287 520种可能的抽样方法.) 用随机数发生器选择一个含有5个玻璃纤维条的简单随机样本.

解 为了保证每个可能的样本以相等的机会被选中(如简单随机抽样的要求一样), 我们可以利用附录B 表B.1提供的随机数表. 随机数表是利用一种使每个数以(近似)等次数出现的方法构造的(即每个数以等概率被选择). 而且, 表中某个位置上任何数的发生与出现在表中的其他任何数是独立的. 由于整个玻璃纤维条是100个, 因此目标总体的大小是100, 我们从中抽取5个. 所以, 先把纤维条从1~100标号(即纤维条的号码是1, 2, …, 99, 100). 然后回到表1, (任意)选择一个开始的数. 从这个数开始, 或者按着行或者沿着列移动, 并记录5个数(随机样本).

为了说明, 回到表1的某页, 例如第一页. (表1.1给出了随机数表第一页的一部分.) 现在, 任意选择一个开始的数, 例如出现在第13行第1列的随机数. 这个数是09429. 仅利用前三位数(因为最大号码是100)得到随机数94. 因此, 样本中的第1个是94号. 现在, 沿着列(任意选择)继续向下, 仅利用随机数的前三位数, 跳过任何大于100的数字, 直到得到5个随机数为止. 这种方法得到的随机数是94, 103(跳过), 71, 510(跳过), 23, 10, 521(跳过)和70⊖. (表1.1着重显示了这些数.) 这样, 我们的样本就包括编号为94, 71, 23, 10和70的玻璃纤维条.

表1.1 附录B中表B.1的一部分

行 \ 列	1	2	3	4	5
1	10480	15011	01536	02011	81647
2	22368	46573	25595	85393	30995
3	24130	48360	22527	97265	76393
4	42167	93093	06243	61680	07856
5	37570	39975	81837	16656	06121
6	77921	06907	11008	42751	27756
7	99562	72905	56420	69994	98872
8	96301	91977	05463	07972	18876

⊖ 从 www.randomizer.org 可以获得许多免费的随机数发生器.

⊖ 如果在记录表中随机数的过程中你所选择的数前面选择过, 则丢掉重复的, 然后在序列末选择一个替代的. (这称作不放回抽样.) 为了得到一个简单随机样本, 可能记录的随机数大于样本大小.

(续)

行 \ 列	1	2	3	4	5
9	89579	14342	63661	10281	17453
10	85475	36857	53342	53988	53060
11	28918	69578	88231	33276	70997
12	63553	40961	48235	03427	49626
13	09429	93969	52636	92737	88974
14	10365	61129	87529	85689	48237
15	07119	97336	71048	08178	77233
16	51085	12765	51821	51259	77452
17	02368	21382	52404	60268	89368
18	01011	54092	33362	94904	31273
19	52162	53916	46369	58586	23216
20	07056	97628	33787	09998	42698
21	48663	91245	85828	14346	09172
22	54164	58492	22421	74103	47070
23	32639	32363	05597	24200	13363
24	29334	27001	87637	87308	58731
25	02488	33062	28834	07351	19731

只要样本大小不太大,随机数表便是一种方便且易于使用的随机数发生器.对于需要大样本的科学研究,通常使用计算机生成随机样本.例如,假定我们需要从 100 000 个玻璃纤维条中抽取一个样本大小为 25 的随机样本.这里可以用 SAS 统计软件的随机数发生器.图 1.1 给出了 SAS 输出结果,从 100 000 个元素的总体中列出了 25 个随机数.有这些识别标号(即 2660,25687,…,87662)的玻璃纤维应包含在随机样本中.

随机选取和随机化同样是进行好的试验设计的关键.下面这个例子说明了一个基本应用.

例 1.4 **设计试验中的随机化** 乔治亚理工学院的工程师进行了一项试验(发表在 *Human Factors* 上),测量从事有认知要求工作(如空中交通管制员或雷达/声呐操作员)的人员执行一个视觉搜索任务时的反应时间.将志愿者随机地分成了两组,一组训练用"连续一致"方法(方法 A)进行搜索,另一组训练则用"调整一致"方法(方法 B)进行搜索,目的是比较两组的反应时间.假定这项研究有 20 名志愿者.利用随机数发生器随机地将志愿者的一半分配给方法 A,一半分配给方法 B.

解 本质上,我们想从 20 名志愿者中选择 10 名作为一个随机样本.首先选出的 10 名分配到方法 A 的组,剩下的 10 名分配到方法 B 的组.(另外,我们可以逐一地随机分配每个志愿者到方法 A 或者 B.但是,这将不能保证每个组中恰好有 10 名志愿者.)

Random sample of lot Table

	STRIP
1	2660
2	25687
3	67895
4	84928
5	89964
6	81903
7	14460
8	83165
9	18842
10	29611
11	41550
12	26712
13	40847
14	28990
15	32908
16	60969
17	11605
18	96324
19	52357
20	25882
21	77347
22	13609
23	27791
24	14724
25	87662

图 1.1 SAS 生成的 25 个玻璃纤维条的随机样本

利用 MINITAB 的随机样本程序，图 1.2 给出了产生的输出. 将志愿者从 1 ~ 20 进行编号，我们看到志愿者 8，13，9，19，16，1，12，15，18 和 14 分配到按照方法 A 训练的组. 剩下的志愿者分配到按照方法 B 训练的组. ■

↓	C1	C2	C3
	Volunteer	MethodA	
1	1	8	
2	2	13	
3	3	9	
4	4	19	
5	5	16	
6	6	1	
7	7	12	
8	8	15	
9	9	18	
10	10	14	
11	11		
12	12		
13	13		
14	14		
15	15		
16	16		
17	17		
18	18		
19	19		
20	20		
21			

VISUAL-SEARCH.MTW ***

图 1.2　志愿者随机分配的 MINITAB 工作表

除简单随机样本外，还有更复杂的随机抽样方法，包括（不限于）**分层抽样**、**整群抽样**和**系统抽样**. 下面给出每一种方法的简单描述.（这些抽样方法的详细使用方法见本章的参考文献.）

*分层抽样*在总体中的试验单位可以分成 2 组或更多组（即称作*分层*），其中同一层中的试验单位更相似且互不交叉时使用. 先得到每一分层试验单位的随机样本，然后合并在一起构成完整的样本. 例如，交通工程师对估计城市中车辆平均行驶时间感兴趣，他想根据道路的最高限速（如 25mph、40mph 或 55mph）分层，以确保样本中包含每一道路分层中有代表性的车辆行驶样本（根据总体按照一定比例）.

有时，先按照试验单位的自然组（群）抽样，然后从每一群中的试验样本再收集数据，这样更方便且符合逻辑. 这种抽样方法称作*整群抽样*. 例如，假定软件工程师想估计某项目中 150 个程序里代码行有错误的比例（这个很难做到而且成本很高）. 首先从 150 个程序（群）中随机抽取 10 个程序，然后检测每一程序中代码行的情况.

另一种常用的抽样方法是*系统抽样*. 这种方法是从所有的试验单位中系统地选取每第 k 个试验单位. 例如，某制造工厂的质量控制工程师抽取每第 10 个产品用于检查.

无论用哪种方法收集所需要的数据，一定要注意避免**选择性偏差**. 当总体中含有以很小概率被抽取的试验单位时，就会发生选择性偏差. 这就导致样本不能代表总体. 考虑一个民意测验，该测验关于是否在所有车中安装防止在行驶途中使用电话的装置. 假定民意测验是使用电话问卷或邮件问卷. 收集好一组电话号码和邮箱地址后，样本中的每一个人或者通过电话或者通过邮件联系，然后进行问卷调查. 这种类型的问卷调查由于经常没有回应，所以会有选择性偏差. 可能是打电话时一些人不在家，或者是一些人拒绝回答问题或不寄回问卷，因此就得不到数据. 如果不回应的人和回应的人对某一事件持不同态度，就会存在**不回应偏差**. 例如，那些回答行驶途中是否使用电话问卷的人，可能对于问卷结果是既得利益者——如有电话的青少年的父母或生产电话的公司老板等. 其他没有既得利益的人可能对这个问题有意见，但是可能没有时间回应. 因此，我们担心会得到一个有偏差的样本，这会误导公众. 研究人员会对这种**不道德的统计实践**感到内疚.

定义 1.15　**选择性偏差**是指总体中试验单位的子集有很小可能性或根本不可能被抽到而产生的偏差.

定义 1.16　**无回应偏差**是指样本中试验单位没有回应而产生的偏差，它是一种选择性偏差.

定义 1.17　有目的地选择一个有偏样本来得到有误导的统计结果被称作是**不道德的统计实践**.

我们用两个实际抽样研究的例子来总结这一节.

例 1.5　**数据收集方法——钢筋混凝土建筑的研究**　作为美国和日本合作研究协议的一部分，设计师按照原物尺寸设计了一个钢筋混凝土建筑，并在模拟地震条件下进行测验. 作为研究的一部分

（发表于 Journal of Structural Engineering），要求位于西海岸的几位美国设计师评价这种新的设计. 在被调查的 48 位设计师中，75% 的人认为该建筑剪力墙的混凝土太轻.

a. 确定数据收集的方法.
b. 确定目标总体.
c. 样本数据能否代表总体？

解 a. 数据收集的方法是 48 名美国设计工程师的问卷调查，因此属于观察研究.

b. 推想研究人员感兴趣的是所有位于西海岸的美国设计师对于这座钢筋混凝土建筑的意见，而不只是被调查的这 48 位设计师的意见. 因此，目标总体是所有位于西海岸的美国设计师.

c. 被调查的 48 位设计师构成目标总体的一个子集，因此是一个样本. 这个样本是否代表总体不太清楚，因为期刊文章除了说他们来自美国西海岸以外，没有说明是如何选择这 48 位设计师的. 如果这些设计师是从所有西海岸设计师中随机选择的，则样本可能具有代表性. 然而，如果这 48 位设计师来自西海岸的同一个公司（这个公司可能属于也可能不属于与日本合作研究协议中的公司），则他们是一个方便样本——不能代表所有美国西海岸设计师. 调查结果（75% 的人认为该建筑剪力墙的混凝土太轻）可能有很高或很低的偏差，这和这个公司的隶属有关.

例 1.6 数据收集方法——折叠菜单显示的研究 用户友好的计算机接口的一个特征是折叠菜单显示. 每次选择一个菜单项时，子菜单在上层菜单上显示，因此形成一系列"折叠"菜单. 确定折叠菜单对于计算机搜索时间的影响（发表在 Special Interest Group on Computer Human Interaction Bulletin 上）. 假定从参加一个视频游戏会议的所有有经验的游戏玩家中，随机抽取 20 个有经验的在线游戏玩家，然后随机地将参与者分配到两个组中的一个，一半在试验组，一半在对照组. 每位参与者要求搜索一个特殊项目的菜单驱动软件包. 试验组使用折叠菜单格式，对照组仅使用现有的菜单格式. 比较两个组的搜索时间（以分钟计）.

a. 确定数据收集的方法.
b. 样本数据能否代表目标总体？

解 a. 这里的试验单位是在线游戏玩家. 因为研究人员决定试验单位（游戏玩家）分配到哪组（折叠菜单组或现有菜单组），所以使用试验设计方法搜集数据.

b. 20 个游戏玩家构成的样本是从要参加会议的所有有经验的游戏玩家中随机抽取的. 目标总体是所有有经验的游戏玩家，因此样本能够代表总体. 然而，如果目标总体更广泛些，是所有潜在的计算机用户，则样本可能是有偏差的. 由于有经验的在线游戏玩家比普通的计算机用户更熟悉导航菜单和屏幕，因此无论是否是折叠菜单，对于这些有经验的用户，搜索时间都可能更低一些.

应用练习

MTBE

1.15 井中地下水污染. Environmental Science & Technology（2015 年 1 月）发表了一项在新罕布什尔州 223 口井中甲基叔丁基醚（MTBE）污染的研究. 数据保存在 MTBE 文件中. 假定想抽取一个样本大小为 5 的样本，并对每口井的水污染情况进行全面分析. 用随机数发生器从 223 口井中随机抽取 5 口井作为样本，列出样本中的井.

EARTHQUAKE

1.16 地震的余震级别. 地震学家用术语余震来描述主震之后接连发生的小地震. 美国地质勘探局记录了在洛杉矶一次主震之后发生的 2 929 次余震的信息. 这 2 929 次余震级别的数据保存在 EARTHQUAKE 文件中. 用随机数发生器从文件 EARTHQUAKE 中随机选取 30 次余震作为样本，确定样本中的余震.

COGAS

1.17 每周一氧化碳数据. 参考练习 1.7 和温室效应

气体的世界数据中心收集的阿拉斯加科尔德湾每周一氧化碳气体数据. 2000 年至 2002 年每周的数据保存在 COGAS 文件中. 用随机数发生器在 CO-GAS 文件中随机选取 15 周作为样本, 确定样本中的周.

1.18 肺癌的 CT 扫描. 参考练习 1.13 和南佛罗里达大学通过对吸烟者的临床试验来比较 CT 扫描和 X 射线对检测肺癌的有效性. (*Today's Tomorrows*, 2002 年秋.) 每个参加试验的吸烟者被随机分配到两种扫描方法——CT 或 X 射线中的一种, 并记录第一次用分配的扫描方法检测到肿瘤的年龄. 研究的目的是比较用两种扫描方法第一次检测到癌症的平均年龄. 假定试验中有 120 名吸烟者参与, 用随机数发生器随机分配 60 名吸烟者到两种扫描方法的一种.

1.19 计算机犯罪年度调查. 计算机安全协会(CSI)对美国企业进行一项计算机犯罪年度调查. CSI 给所有的美国公司和政府机构的计算机安全人员发放调查问卷. 2010 年, CSI 调查是通过邮寄或邮件的方式发给 5 412 个公司和 351 家组织机构. 41% 的响应者承认公司存在非法使用计算机系统. (*CSI Computer Crime and Security Survey*, 2010/2011.)

a. 确定 CSI 感兴趣的总体.
b. 确定 CSI 数据收集的方法. 使用的方法有偏差吗?
c. 描述 CSI 调查中观测的变量, 是定量的还是定性的?
d. 从研究的结果中我们可以推断出什么?

1.20 企业可持续性和企业特征. 企业可持续性是指围绕社会和环境而设计的企业发展战略(如"迈向绿色"). *Business and Society* (2011 年 3 月)发表了一篇关于企业大小和企业类型如何影响可持续性发展行为的文章. 在对注册会计师(CPA)进行的季度调查中, 研究人员增加了可持续问题. 这项调查大约覆盖会计师事务所 23 500 名高级管理人员, 其中 1 293 名高级管理人员给予了回应. (注: 23 500 名高级管理人员如何选择的不太清楚.) 由于有缺失数据(调查问卷回答得不完整), 因此只分析了 992 份问卷. 利用这些数据推断大公司是否比小公司更可能报告可持续性政策以及公有制公司是否比私有制公司更可能报告可持续性政策.

a. 确定研究人员感兴趣的总体.
b. 样本数据收集的方法是什么?
c. 评论样本的可代表性.
d. c 部分的回答对研究结果的正确性有什么影响?

1.21 考古挖掘地点选择. 考古学家计划在几千年前居住的地方完成测试挖掘. 这个地方大约 10 000 米长, 5 000 米宽. 他们先在这个区域画上长方形坐标格子, 每 100 米画一条线, 形成 $100 \times 50 = 5 000$ 个交叉点(不包括外边界). 计划随机抽取 50 个交叉点, 在抽样的交叉点挖掘. 解释如何通过随机数发生器得到一个含有 50 个交叉点的随机样本. 至少给出两个方案: 一个是在选择之前标记交叉点 1 ~ 5 000, 另一个是选择每一个样本交叉点的行与列(从总共 100 行 50 列中选择).

1.5 统计学在批判性思考中的作用

工程与科学中的试验研究一般都牵涉利用试验数据(样本)推断某个概念性总体的性质, 而这个概念性的总体刻画了试验者感兴趣的现象. 这个推断过程是科学方法的一个组成部分. 基于试验数据的推断首先用来提出有关现象的理论, 然后利用另外的样本数据来检验这个理论.

统计科学对这个过程是怎样发挥作用的? 为了回答这个问题, 我们必须注意基于样本数据的推断几乎都是有误差的, 因为样本不能提供总体精确的映像. 样本提供的信息特征依赖于选取的特定样本, 因此不同样本得到的信息是不一样的. 例如, 假定你想估计美国石化工厂中所有应力腐蚀破裂而导致合金钢损坏的比例. 你调查了一个 100 个合金钢损坏的样本的原因, 发现 47 个是应力腐蚀破裂导致的. 这是否意味着在石化工厂中所有合金钢损坏都精确地有 47% 是应力腐蚀破裂造成的呢? 显然不是. 假定你不知道合金钢损坏应力腐蚀破裂的真实百分比是 44%. 一个 100 个损坏的样本中可能有 47 个是应力腐蚀破裂导致的, 而另一个 100 个损坏的样本中可能只有 42 个. 因此, 基于样本的推断具有不确定性.

另一方面, 假定一个石化工厂曾经有一次合金钢损坏率为 81%. 当给定样本损坏率为 47% 时, 这是否是一个非常高的损坏率呢? 统计理论用概率来度量关于推断的不确定性. 这使得工程师和科学家有能力在有关总体的特殊假定下计算观测到的特殊样本或者数据测量值的概率. 这些概率用来评估关于样本推断的不确定性. 例如，在给定的样本信息下，我们可以通过计算观测到如此高比例的机会来确定工厂81%的合金钢损坏率是否非常高.

因此，统计学的主要贡献是，使得工程师和科学家能够用已知的可靠性度量做出推断（关于目标总体的估计以及决策）. 这样工程师可以根据数据做出明智的决策与推断，即统计学帮助工程师批判地思考他们的结论.

定义 1.18 统计思想包括应用理性思维和统计科学来批判地评估数据及推断.

1.6 本书介绍的统计方法导引

虽然我们给出了一些探索和描述数据集的有用方法（第2章），但是本书及现代统计学主要强调的是推断统计学的领域. 图1.3的流程图给出了本书各章的轮廓，并且可以作为选择统计方法的指南.

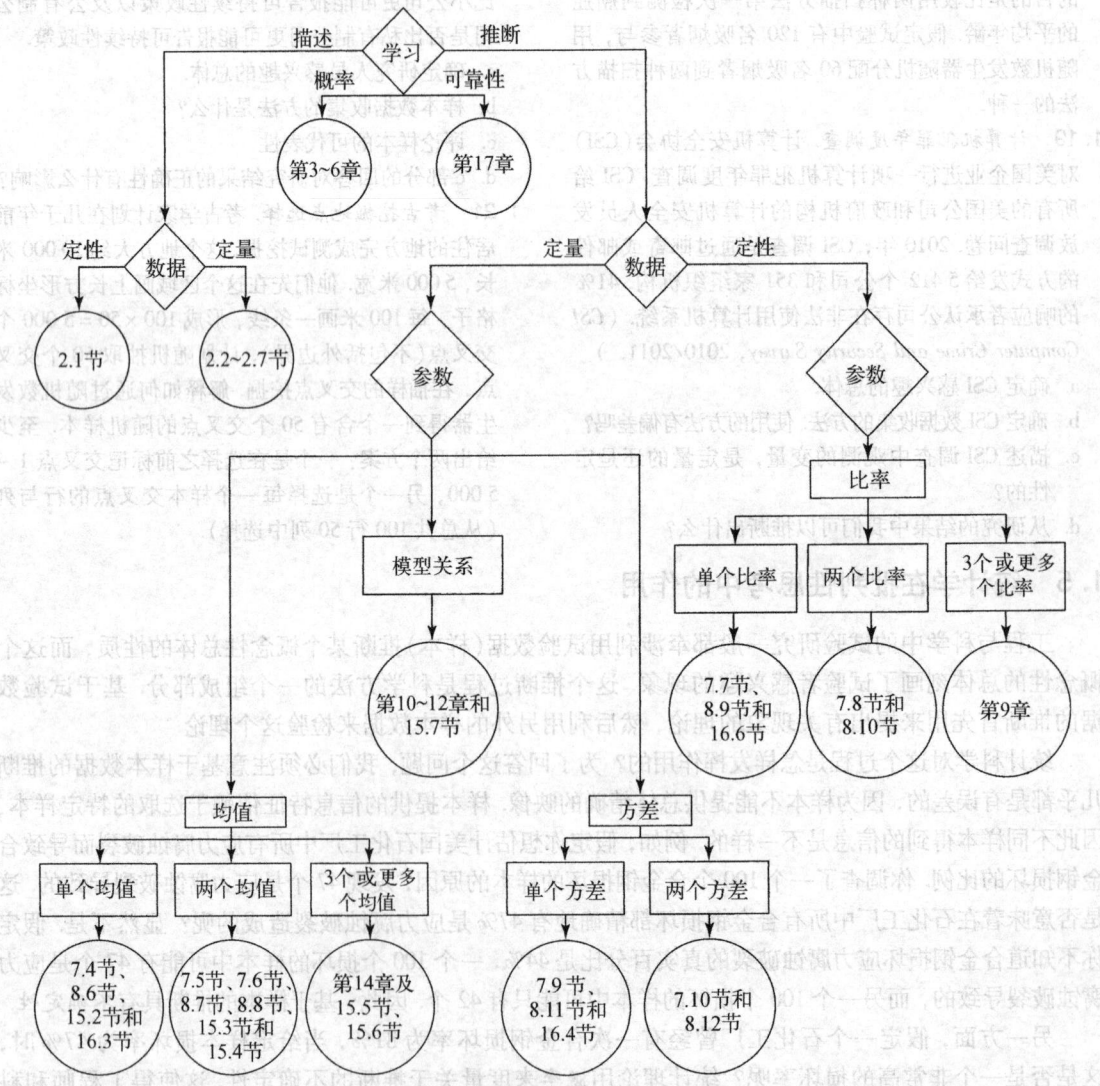

图1.3 本书中描述的统计方法流程图

活动中的统计学回顾：田纳西河中鱼的 DDT 污染——确定数据收集的方法、总体、样本和数据类型

现在我们回到美国陆军工兵部队研究田纳西河(阿拉巴马)中鱼的 DDT 污染问题。回顾部队成员们沿着田纳西河(TR)以及三条支流(Flint 支流(FC)、Limestone 支流(LC)和 Spring 支流(SC))不同位置收集鱼的样本。因此，每条鱼表示研究中的试验单位。对捕捉到的每条鱼测量 5 个变量：捕捉位置、品种、重量(克)、长度(厘米)和 DDT 含量(ppm)。这些数据保存在 DDT 文件中。根据检测数据，你会发现捕捉位置是用 River 和 Mile 来表示的。River 的可能值为 TR、FC、LC 和 SC，而 Mile 给出了从河流或支流入口的距离。捕捉的是三种鱼类：海峡鲶鱼、大嘴鲈鱼和小口胭脂鱼。捕捉位置和品种按照本质分类，因而它们是**定性变量**。相反，重量、长度和 DDT 含量是用数值记录的，因此这三个变量是**定量变量**。

数据收集的方法实际上是**试验设计**，包含分层抽样。为什么？因为陆军工兵部队确保收集的鱼的样本来自每条河以及它的支流。这些位置表示研究中不同的分层。图 SIA1.1 所示的 MINITAB 输出表明在每条河的位置捕捉的鱼的数量。可以看到在三条支流中的每条支流都捕捉 6 条鱼，沿着田纳西河不同位置(上游英里处)捕捉 6 条、8 条、10 条或者 12 条，总共 144 条鱼。当然，捕捉的 144 条鱼这一数据表示从田纳西河及其支流的所有鱼的总体中抽取的一个样本。

```
Rows: River   Columns: MILE
         1    3    5   275  280  285  290  295  300  305  310  315  320  325  330  340
FC       0    0    6    0    0    0    0    0    0    0    0    0    0    0    0    0
LC       0    6    0    0    0    0    0    0    0    0    0    0    0    0    0    0
SC       6    0    0    0    0    0    0    0    0    0    0    0    0    0    0    0
TR       0    0    0    6   12   12   12    6   12    6   12    6   12    6    8   10
All      6    6    6    6   12   12   12    6   12    6   12    6   12    6    8   10

        345   All
FC       0     6
LC       0     6
SC       0     6
TR       6   126
All      6   144

Cell Contents:      Count
```

图 SIA1.1　MINITAB 输出表明在每个位置捕捉的鱼的数量

美国陆军工兵部队利用 DDT 文件中的数据比较不同位置、不同品种鱼的 DDT 水平，以确定定量变量(如长度和重量)是否和 DDT 的含量有关。在接下来的章节中，我们将进行分析。

快速回顾

本章总结提示

- **统计应用的两种类型**：描述和推断。
- **统计学的基本要素**：总体、试验单位、变量、样本、推断、可靠性度量。
- **描述性统计**涉及概括和描述数据集。
- **推断性统计**涉及利用样本对总体作推断。
- **数据的两种类型**：定量和定性。
- **三种收集数据方法**：发表的资料、试验设计、观察研究。
- **随机抽样类型**：简单随机抽样、分层随机抽样、整群抽样和系统抽样。

❓ 补充练习

1.22 钢的防腐研究. 希腊雅典国家技术大学材料科学与工程系的研究者检测了钢表层的不同环氧涂层的防腐性能 (*Pigment & Resin Technology*, 32 卷, 2003). 从一卷薄钢板上切下几个钢片, 涂上 4 种不同类型环氧层 (S1、S2、S3 以及 S4) 中的一种. (注: 钢片随机选择一种环氧类型.) 将这些钢片放在水中一天后, 确定每个钢片的腐蚀率 (毫微安/平方厘米).
  a. 这个研究的试验单位是什么?
  b. 使用的数据收集方法是什么?
  c. 假定你只关心环氧层类型为 S1 的钢片腐蚀率. 定义目标总体和相关样本.

1.23 计算机系统的可靠性. 计算机系统的可靠性是以指定的硬件 (如硬盘驱动器) 的寿命来度量的. 为了估计某个系统的可靠性, 试验 100 个计算机元件, 直到它们失效, 并记录它们的寿命.
  a. 感兴趣的总体是什么?
  b. 样本是什么?
  c. 数据是定量的还是定性的?
  d. 如何利用样本信息估计计算机系统的可靠性?

1.24 迁徙的小海龟. 许许多多的小海龟本能地跟着城市的灯光, 穿过佛罗里达的沿海公路踏上了死亡之途 (*Tampa Tribune*, 1990 年 9 月 16 日). 这个事件促使研究者开始用特殊的低压钠灯做实验. 一天晚上, 在黑暗的海边, 释放了 60 只小海龟, 记录它们爬行的方向. 第二天晚上, 装上特殊的灯, 释放同样的 60 只小海龟. 最后, 在第三天晚上, 将油毡放在钠灯上面. 在三个实验条件 (黑暗、钠灯以及覆盖上油毡的钠灯) 下, 记录了每只海龟的爬行方向.
  a. 确定研究者感兴趣的总体.
  b. 确定样本.
  c. 收集的是什么类型的数据, 定量的还是定性的?

1.25 酸的中和实验. 一位化学工程师做了一个实验来确定为中和 2mL 新开发的清洁溶液所需盐酸的量. 化学家准备了 5 份 2mL 的溶液, 并往每份溶液加入已知浓度的盐酸. 对 5 份中的每一份, 确定达到中和溶液所必需的盐酸量.
  a. 对此项研究, 确定试验单位.
  b. 确定度量的变量.
  c. 描述化学工程师感兴趣的总体.
  d. 描述样本.

1.26 深孔钻探. 深孔钻探是当孔的深度与孔的直径之比超过 10 时采用的一类钻探作业过程. 成功的深孔钻探依赖于钻屑的良好排出. 曾经有人做过试验, 研究当发生钻屑充塞时深孔钻探的性能 (*Journal of Engineering for Industry*, 1993 年 5 月). 下面描述了钻探过程中的一些重要变量, 确定每个变量的类型.
  a. 钻屑排出速度 (每分钟排出的钻屑).
  b. 钻探深度 (mm).
  c. 油的速度 (mm/s).
  d. 钻探的类型 (单边、BTA 或者推顶).
  e. 孔表面的质量.

1.27 工科学生的智力开发. 对宾夕法尼亚州的工科大学生应用佩里 (Perry) 的智力开发模型 (*Journal of Engineering Education*, 2005 年 1 月). 对第一年的项目设计课程, 记录了 21 名学生的佩里得分 (1~5 分). (注: 佩里得分 1 分表示智力开发的最低水平, 佩里得分 5 分表示最高水平.) 21 名学生的平均佩里得分为 3.27.
  a. 确定该项研究的试验单位.
  b. 感兴趣的总体是什么, 样本是什么?
  c. 收集的数据是什么类型的, 定量的还是定性的?
  d. 利用样本信息对总体做出推断.
  e. 用随机数发生器从 21 名学生中选择 3 名进行进一步测试.

1.28 数据类型. 说明下面各个数据集是定量的还是定性的.
  a. 16 个地震反射波的到达时间.
  b. 在数据库管理系统中所用的计算机软件的类型.
  c. 校园内 100 名工科学生使用的计算器商标.
  d. 从三个不同矿井开采的煤块中所含的煤灰量.
  e. 12 辆以酒精为动力的汽车行驶的英里数.
  f. 激光打印机的使用寿命.
  g. 某航空公司负责计算机操作的轮班的管理人员.
  h. 46 个机械厂的事故率.

1.29 有结构缺陷的桥梁. 参看练习 1.14, 分析最近的 NBI 数据, 结果发布在 FHWA 网站 (www.fhwa.dot.gov) 上. 利用 FHWA 检查等级, 美国的 600 000 座立交桥分为有结构缺陷的、功能过时的或者安全的. 有大概 12% 的立交桥被发现是有结构缺陷的, 14% 是功能过时的.
  a. 研究者感兴趣的变量是什么?
  b. a 中的变量是定量的还是定性的?
  c. 分析的数据集是总体还是样本? 说明原因.
  d. 研究者是怎样获得研究数据的?
  e. 用随机数发生器从 600 000 座立交桥中抽取一个含有 25 座立交桥的随机样本, 并确定是哪些立交桥.

第 2 章 描述性统计

目标 给出探索、概括以及描述数据的图形法和数值法.

活动中的统计学：亚拉巴马州田纳西河中污染鱼的特征

回顾(第 1 章"活动中的统计学")美国陆军工兵部队收集位于亚拉巴马州的田纳西河岸附近的化工厂排放的有毒物质造成鱼污染的数据. 生态学家担心污染鱼从河口迁移到附近的水库和野生动物保护区，从而对以鱼为食物的其他野生动物构成威胁.

对捕到的 144 条鱼，测量以下变量：种类(海峡鲶鱼、大嘴鲈鱼以及小口胭脂鱼)，捕到鱼的河流/支流(田纳西河、Flint 支流、Limestone 支流以及 Spring 支流)，重量(克)，长度(厘米)，DDT 含量(ppm). 数据保存在 DDT 文件中.

研究目的之一是描述捕捉的鱼的特征. 一些必须回答的关键问题是：不同种类的鱼最有可能在哪里捕到(即什么河流或支流)？鱼的典型重量和长度是多少？鱼的 DDT 污染程度是什么？污染程度会随种类而变化吗？应用这一章的描述性方法，这些问题可以得到部分回答. 我们将在本章最后的"活动中的统计学回顾"中演示应用程序.

假定你已经收集了一个感兴趣的数据集，如何弄清楚它的意义？也就是说，如何去整理、总结这个数据集，使得它比较容易理解、有意义？在这一章里，我们给出几种描述数据的基本统计工具，包含可以快速给出数据直观形象的图表和描述数据某种性质的数值量度. 恰当的用法依赖于我们想要描述的数据类型(定量的或定性的).

2.1 描述定性数据的图形法和数值法

回顾第 1 章(定义 1.10)按本质分类的数据是定性数据. 在描述定性观测值时，我们以这样一种方式来定义类：每个观测值能落入一类并且只能落入一类(或组). 然后给出落入每一类的观测值个数或相对于观测值总数的比例，用这种数值方法来描述数据集合.

定义 2.1 类是定性数据可以被分类到其中的类别之一.

定义 2.2 对给定的类，类(或组)频数是指落入这个类中的观测值的个数.

定义 2.3 对给定的类，类(或组)相对频率是指落入这个类中的观测值个数相对于观测值总数 n 的比例，即相对频率 $= \dfrac{\text{频数}}{n}$.

为了说明，考虑一个调查核动力反应堆安全和使用能源的危险的研究人员感兴趣的问题. 研究人员发现自 1979 年以来全世界有 62 起与能源有关的导致多人死亡的事故，表 2.1 汇总了研究人员的调查结果. 在这个应用中，感兴趣的定性变量是与能源有关的死亡事故的原因. 由表 2.1 可以看到，62 起事故数据分为 6 类(原因)，汇总表给出了每类

FATAL

表 2.1 与能源有关的死亡事故原因的频数汇总表

类(原因)	频数(事故数)	相对频率(比例)
煤矿坍塌	9	0.145
溃坝	4	0.065
煤气爆炸	40	0.645
核反应堆	1	0.016
燃油火灾	6	0.097
其他(例如闪电、电厂)	2	0.032
总计	62	1.000

资料来源："Safety of nuclear power reactors", *World Nuclear Association*, 2012 年 5 月.

原因的频数和相对频率. 很明显, 煤气爆炸是最可能引起事故的原因, 在 62 起事故中出现了 40 次 (约占 65%). 最不可能的原因 (仅出现 1 次) 是核反应堆故障.

定性数据的图形描述常用条形图或饼图, 它们由统计软件做出. **条形图**给出与每一类对应的频数 (或相对频率), 长方形的高度或长度与类频数 (或相对频率) 成比例. **饼图**把一个整圆 (饼) 分成几份, 每一份代表一个类, 每份中心角与类相对频率成比例. 图 2.1 和图 2.2 是两种常见图形法的示例.

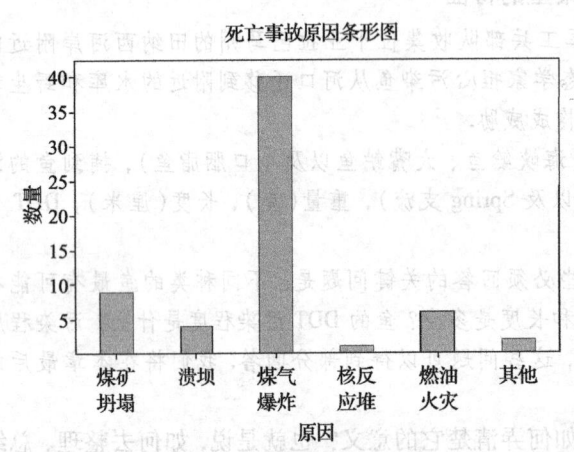

图 2.1　与能源有关的死亡事故原因的 MINITAB 条形图

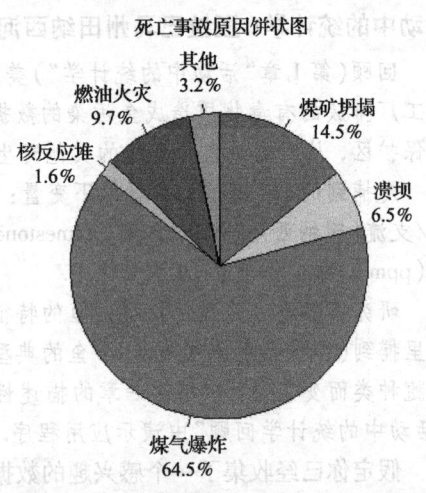

图 2.2　与能源有关的死亡事故原因的 MINITAB 饼图

图 2.1 是由 MINITAB 产生的垂直条形图 (条形图可以是垂直的, 也可以是水平的), 描述了表 2.1 的数据. 每个长方形相当于 6 个原因中的一个, 长方形的高度与落入这类原因的死亡事故数成比例. 煤气爆炸的长方形高度比其他所有的类别都高很多, 很明显这是最有可能引起事故的原因.

图 2.2 是 MINITAB 饼图, 给出了与能源有关的死亡事故原因种类的百分比. 饼图中的一份代表一个类, 一份的大小与类的相对频率 (百分比) 成比例. 饼图不仅给出了造成事故的每个原因的精确百分比, 而且也提供了相对频率的快速直观的比较. 可以清楚地看到煤气爆炸 (64.5%) 是死亡事故的主要原因.

可以重新安排如图 2.1 所示的垂直条形图中长方形在图上的顺序形成**帕雷托图**. 帕雷托图 (以意大利经济学家 Vilfredo Pareto 命名) 是一个频数条形图, 按长方形的高度顺序排列, 最高的在左边. 帕雷托图是一种在过程和质量控制中常用的图形工具, 其中长方形的高通常表示生产过程中问题 (如缺陷、事故、故障和失效) 的频数. 因为长方形是按照高度降序排列, 所以容易辨别最严重问题的区域.

图 2.3 给出了表 2.1 中汇总的与能源有关的事故数据的 SPSS 帕雷托图, 因为 6 类原因的

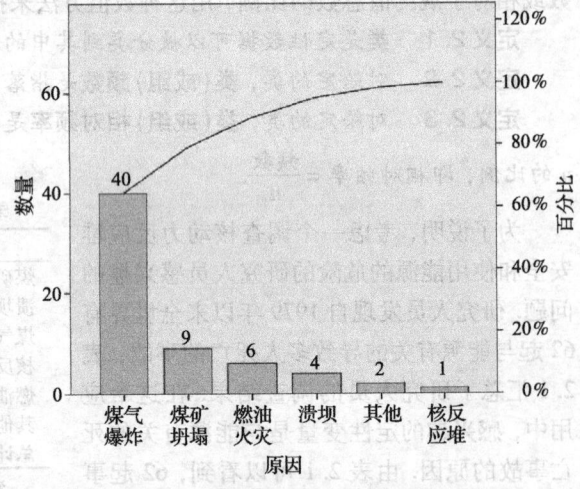

图 2.3　与能源有关的死亡事故原因的 SPSS 帕雷托图

相对频率以降序排列,所以容易判定大部分事故的原因(煤气爆炸)和最少事故的原因(核反应堆).除了长方形高度降序排列外,帕雷托图也给出了事故的累积比例图(称"累积"线),添加在条形上方,累积线的刻度在帕雷托图的右边显示,见图 2.3.

PONDICE

例 2.1 绘制冰融化池特征的定性数据图 国家冰雪数据中心(NSIDC)收集了加拿大北极圈冰融化池反照率、深度和物理性质的数据.科罗拉多大学的环境工程师利用这些数据研究气候是如何影响海洋冰的.位于加拿大北极圈的巴罗海峡的 504 个冰融化池数据保存在 PONDICE 文件中,感兴趣的变量是每个池观测到的冰类型.冰的类型分为第一年冰、多年冰或定着冰.为了描述 504 个融化池冰的类型,给出一个汇总表和水平条形图,并解释结果.

解 用 SAS 分析 PONDICE 文件中的数据. 图 2.4 给出了三种类型冰的 SAS 汇总表,在 504 个冰融化池中,88 个是一年冰,220 个是多年冰,196 个是定着冰.相应的比例(或相对频率)是 $88/504 \approx 0.175$、$220/504 \approx 0.437$ 和 $196/504 \approx 0.389$,这些比例见表中的"百分比"(Percent)一栏及图 2.4 中相应的 SAS 水平条形图.科罗拉多大学的研究员利用这些信息估计在加拿大北极圈大约有 17% 的冰融化池是第一年冰.

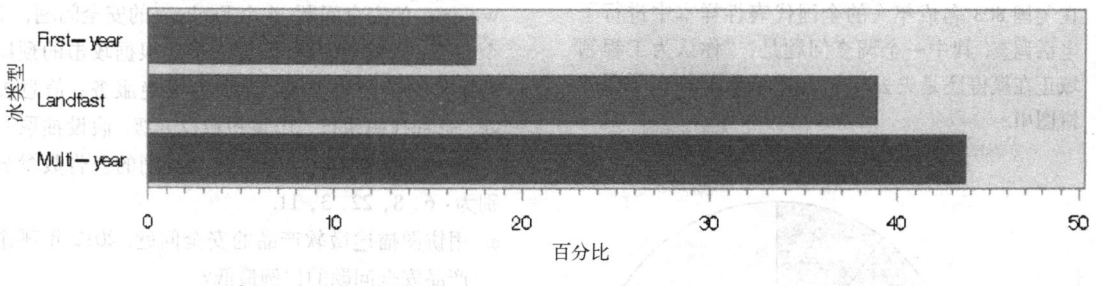

图 2.4 冰融化池中冰类型的 SAS 分析

定性数据的图形描述法总结

条形图: 用长方形表示定性变量的类(组),其中每一长方形的高是类频数、类相对频率或者类百分比.
饼图: 用一个饼(圆)的一份表示定性变量的类(组),每份大小与类相对频率成比例.
帕雷托图: 将定性变量(即长方形)的类(组)按照高度从左向右降序排列的条形图.

应用练习

2.1 社会机器人是腿式移动还是轮式移动?根据联合国消息,现在全球社会机器人超过工业机器人.社会(或服务)机器人的目的是娱乐、教育和照顾人类用户. 在 *International Conference on Social Robotics*(Vol. 6414, 2010)发表的一篇论文中,设计工程师研究了社会机器人的设计趋势.通过网络搜索获得一个包含 106 个社会机器人的随机样本,工程师发现其中 63 个只有腿,20 个只有轮子,8 个既有腿又有轮子,15 个没有腿也没有轮子.下面的数字描述了这些信息.

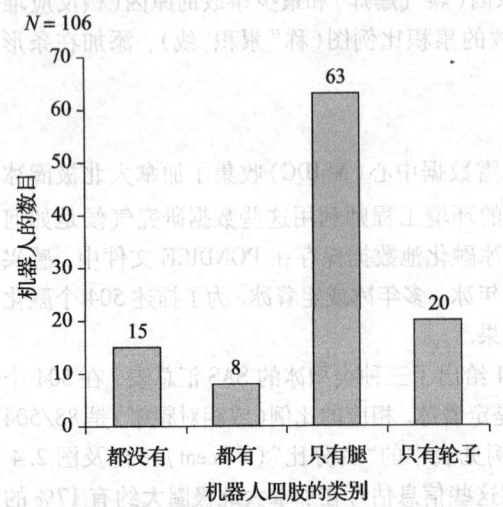

a. 描述数据的图形类型是什么?
b. 确定 106 个机器人设计的测量变量.
c. 使用图形确定目前使用最多的社会机器人设计.
d. 计算图形中不同类的类相对频率.
e. 用 d 的结果构建数据的帕雷托图.

2.2 **美国人的工程观**. 杜克大学普拉特工程学院进行了一项美国人对工程的态度调查. 2009 年 1 月, 在美国 808 名成年人的全国代表性样本中进行了电话调查. 其中一个调查问题是: "你认为工程领域正在赢得还是失去年轻人?"结果汇总在下面的饼图中.

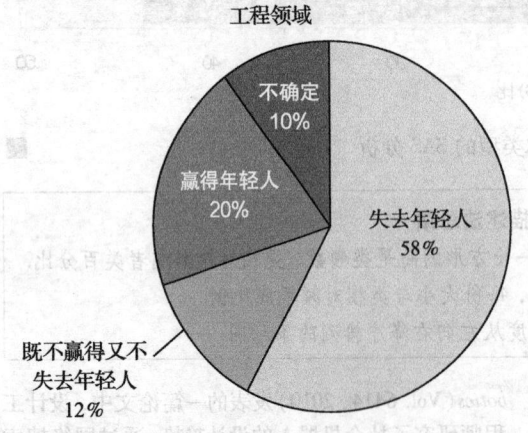

资料来源: Jan 2009-Hart Research for Pratt School/Duke University.

a. 饼图中描述了什么变量? 类(组)是什么?
b. 解释图中的"20%"表示什么.

c. 将饼图转换成帕雷托图.
d. 基于图形, 回答调查问题的美国成年人的大多数意见是什么?

2.3 **有 STEM 经验的女孩**. 美国国家科学基金会(NSF)赞助了一项关于女孩参与非正式科学、技术、工程或数学课程(STEM)的研究(见练习 1.1). 研究的结果发表在 *Cascading Influences: Long-Term Impacts of Informal STEM Experiences for Girls*(2013 年 3 月)上. 研究人员抽样了 174 名最近参加 STEM 项目的年轻女性. 他们用饼图描述了参加 STEM 项目的 174 名 STEM 参与者的地理位置(城市、郊区或农村), 其中 107 人来自城市, 57 人来自郊区, 10 人来自农村. 用这些信息来构造饼图, 并解释结果.

2.4 **微软程序安全问题**. 微软在计算机软件市场的主导地位导致其程序受到了许多恶意攻击(如蠕虫、病毒). 为了帮助用户解决这些问题, 微软定期发布安全公告, 报告受攻击影响的软件. 在 *Computers & Security*(2013 年 7 月)中, 研究人员重点报告了三个微软产品的安全问题: Office、Windows 和 Explorer. 2012 年发布的 50 个安全公告中, 有 32 个 Windows 的安全问题, 6 个 Explorer 的安全问题, 12 个 Office 的安全问题. 研究人员还根据攻击的预期后果将安全公告分类. 类别为拒绝服务、信息披露、远程代码执行、诈骗和特权升级. 假设抽取一个 50 个公告的样本, 对应各个类别的公告数量分别为: 6, 8, 22, 3, 11.

a. 用饼图描述微软产品的安全问题. 2012 年哪个产品安全问题的比例最低?
b. 用帕雷托图描述来自安全问题的预期影响. 基于图形, 你会建议微软专注于什么样的后果?

2.5 **海滩侵蚀的热区**. 相对于周围的海滩, 把高侵蚀率的海滩定义为侵蚀热区. 美国陆军工兵部队用在线问卷调查的形式做了一项关于海滩热区的研究. 共搜集了 6 个海滩热区的信息, 某些数据列在表中.

a. 确定每个记录的变量是定量的还是定性的.
b. 对 6 个热区海滩条件, 画一个饼图.
c. 对 6 个热区的近滨堤坝条件, 画一个饼图.
d. 用饼图推断全国所有海滩热区, 并评述它的可靠性.

海滩热区	海滩条件	近滨堤坝条件	长期腐蚀率(mile/年)
Miami Beach, FL	没有沙丘/平坦	单一,海岸平行线	4
Coney Island, NY	没有沙丘/平坦	其他	13
Surfside, CA	峭壁/陡坡	单一,海岸平行线	35
Monmouth Beach, NJ	单一沙丘	平面	没估计
Ocean City, NJ	单一沙丘	其他	没估计
Spring Lake, NY	没观测	平面	14

资料来源:"Identification and characterization of erosional hotspots," William & Mary Virginia Institute of Marine Science, U. S. Army Corps of Engineers Project Report, March 18, 2002.

2.6 管理系统失效. 美国化学安全与危险调查局(CSB)负责查明工业事故的根本原因. 自1998年 CSB建立以来, 已经鉴定了83起事故是由管理系统失效引起的. (*Process Safety Progress*, 2004年12月.) 下面的表给出了83起事故根本原因的分类. 画出数据的帕雷托图并解释图形.

管理系统失效原因分类	事故个数
工程与设计	27
生产与实践	24
管理与监测	22
培训与交流	10
总数	**83**

资料来源: Blair, A. S. "Management system failures identified in incidents investigated by the U. S. Chemical Safety and Hazard Investigation Board." *Process Safety Progress*, Vol. 23, No. 4, Dec. 2004(表1).

2.7 在轨卫星. 忧思科学家联盟(www.ucsusa.org)称, 截至2012年11月, 在太空中有502颗地球低轨(LEO)卫星和432颗地球同步(GEO)卫星. 每颗卫星都由政府、军事、商业或民用部门所拥有. 每个区域的在轨卫星数目将在相应的表中显示. 使用这些信息来构造一个图表, 以比较轨道上LEO和GEO卫星的所属部门. 你对数据有什么观察结果?

LEO卫星	GEO卫星
政府—229	政府—59
军事—109	军事—91
商业—118	商业—281
民用—46	民用—1
总计—502	**总计—432**

2.8 铁路轨道配置. 交通工程师面临的问题之一是在繁忙的火车站分配火车的轨道. 过度使用/未充分使用的轨道会导致维护成本和低效率的资源配置的增加. *Journal of Transportation Engineering* (2013年5月)研究了中国铁路11个轨道的分配优化问题. 使用新算法的目的是减少等待时间和隧道, 下表显示了工程师指定跟踪的一天内53辆火车的情况. 根据数据绘制帕雷托图. 使用图表来帮助工程师确定轨道的分配是否是均匀分布的. 如果不是, 确定哪些轨道是未充分使用的或过度使用的.

轨道分配	火车数目
轨道1	3
轨道2	4
轨道3	4
轨道4	4
轨道5	7
轨道6	5
轨道7	5
轨道8	7
轨道9	4
轨道10	5
轨道11	5
总计	**53**

资料来源: Wu, J., et al. Track allocation optimization at a railway station: Mean-Variance model and case study", *Journal of Transportation Engineering*, Vol. 39, No. 5, May 2013(从表4中提取).

2.9 本福德数字法则. 根据本福德(Benford)法则, 在随机选取数字1, 2, …, 9时, 其中的某些数字比其他数字更可能作为第一个有效数字. 例如, 法则预测数字1最可能作为第一个数字出现(占30%). *American Scientist* (1998年7-8月)报道了检验本福德法则的一项研究, 要求743个大学一年级学生随机写出一个6位数, 下表记录了每个数的第一个有效数字及其分布汇总.

DIGITS

第一个数字	出现的次数
1	109
2	75
3	77
4	99
5	72
6	117
7	89
8	62
9	43
总数	743

资料来源：Hill, T. P. "The first digit phenomenon." *American Scientist*, Vol. 86, No. 4, 7–8, 1998, p.363(图5).

a. 用帕雷托图描述"随机猜测"数据的第一个数字.
b. 这个图支持本福德法则的观点吗？请给出解释.

SWDEFECTS

2.10 软件缺陷. PROMISE 软件工程库收集了为建立预测软件模型的研究人员服务的数据集，保存在 SWDEFECTS 文件中的一个数据集包含了 498 个软件代码模块的信息. 对每一个模块分析是否有缺陷. 如果含有缺陷的代码，记为"true"；如果不含有缺陷的代码，就记为"false". 打开数据文件，生成有缺陷变量的饼图. 利用饼图说明有缺陷软件代码的可能性.

NZBIRDS

2.11 新西兰灭绝的鸟类. 参考练习 1.12 中 *Evolutionary Ecology Research*(2003 年 7 月)关于新西兰灭绝的鸟类类型的研究. 新西兰在毛利殖民地时期有关 132 种鸟类的数据保存在 NZBIRDS 文件中，数据是关于飞行能力(会飞或不会飞)、栖息地类型(水栖、地面陆栖或空中陆栖)、筑巢地点(地面、地里的窝、树、地上的窝)、巢密度(高或低)、食物(鱼、脊椎动物、植物或者无脊椎动物)、身体质量(g)、蛋的长度(mm)和灭绝状态(灭绝、从岛上迁出、没有灭绝)的. 用图形法研究灭绝状态与飞行能力、栖息地和筑巢密度相关的理论.

2.12 地下井水的污染. 在新罕布什尔州大约一半的县要求重新控制汽油的使用，它导致了地下水污染中甲基叔丁基醚(MTBE)的增加. *Environmental Science & Technology*(2005 年 1 月)报道了新罕布什尔州公共和私有井与 MTBE 污染有关的一些因素，搜集了一个 223 口井的样本，这些数据保存在 MTBE 文件中. 三个变量本质上是定性变量：井的类型(公共或私有)、地下水含水层(基岩或松散的)和 MTBE 的检测水平(低于限度或检出). (注：若 MTBE 值超过 0.2μg/L，则出现 MTBE 的检出水平.) 下表给出了选择的 10 口井的数据，对所有 223 口井，用图形法描述三个定性变量中的每一个.

MTBE(从 223 口井中选出的 10 个观测值)

井的类型	含水层	检测的 MTBE
私有	基岩	低于限度
私有	基岩	低于限度
公共	松散的	检出
公共	松散的	低于限度
公共	松散的	低于限度
公共	松散的	低于限度
公共	松散的	检出
公共	松散的	低于限度
公共	基岩	检出
公共	基岩	检出

资料来源：Ayotte, J. D., Argue, D. M., and McGarry, F. J., "Methyl *tert*-butyl ether occurrence and related factors in public and private wells in southeast New Hampshire." *Environmental Science & Technology*. Vol. 39, No. 1, Jan. 2005.

2.2 描述定量数据的图形法

回顾 1.3 节，定量数据集是由某种有意义的数值标度的数据组成的. 为了描述、总结和检测这些数据的模型，可以采用三种图形法：点图、茎叶图和直方图. 因为大多数统计软件包可以作这些图，所以这里的重点是解释这些图而不是作图.

例如，美国环保署(EPA)要对所有的新车模型进行广泛测试，以确定它的行车里程的等级. 假设表 2.2 中的 100 个测量值表示对某新车模型的测试结果(每加仑英里)，我们如何汇总这个大样本中的信息呢？

表2.2　100辆车的EPA行车里程等级　EPAGAS

36.3	41.0	36.9	37.1	44.9	36.8	30.0	37.2	42.1	36.7
32.7	37.3	41.2	36.6	32.9	36.5	33.2	37.4	37.5	33.6
40.5	36.5	37.6	33.9	36.4	37.7	37.7	40.0	34.2
36.2	37.9	36.0	37.9	35.9	38.2	38.3	35.7	35.6	35.1
38.5	39.0	35.5	34.8	38.6	39.4	35.3	34.4	38.8	39.7
36.3	36.8	32.5	36.4	40.5	36.6	36.1	38.2	38.4	39.3
41.0	31.8	37.3	33.1	37.0	37.6	37.0	38.7	39.0	35.8
37.0	37.2	40.7	37.4	37.1	37.8	35.9	35.6	36.7	34.5
37.1	40.3	36.7	37.0	33.9	40.1	38.0	35.2	34.8	39.5
39.9	36.9	32.9	33.8	39.8	34.0	36.8	35.0	38.1	36.9

观察这些数据可以得到一些明显的事实. 例如, 行车里程大多在30多, 一小部分在40多. 如果不求助一些总结数据的方法, 很难对这100个行车里程等级提供更多的额外信息, 点图就是一种这样的方法.

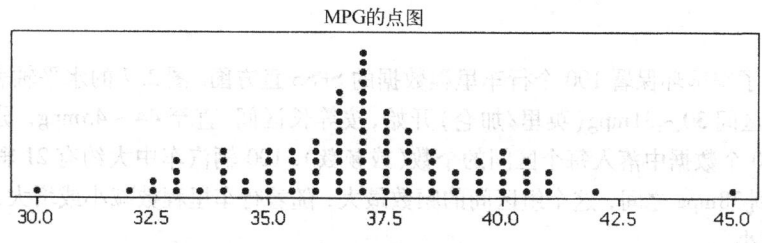

图2.5　100个行车里程等级的 MINITAB 点图

点图

图2.5给出了美国环保署100个行车里程等级的 MINITAB **点图**, 水平轴表示定量变量每加仑英里(mpg)的刻度. 数据集中每次测量的四舍五入的数值(到最近的半加仑)用位于水平轴上的点表示, 当数据重复时, 点就放在另一点之上, 在各数值位置形成一个柱. 正如你所看到的, 这个点图证实了几乎所有行车里程等级都在30以上, 大部分在35～40mpg之间.

茎叶图

对于这些相同的数据, 另一种图形表示是 MINITAB **茎叶图**, 见图2.6. 在这个图中, 茎是测量值(mpg)小数点左边部分, 叶是剩下的小数点右边部分.

在图2.6中, 数据集的茎从最小(30)到最大(44)列在第二列中, 然后每一观测值的叶列在相应观测值同一行的右侧[注]. 例如, 表2.2中第一个观测值(36.3)的叶3列在相应茎36的那一行. 类似地, 表2.2中第二个观测值(32.7)的叶7列在相应于茎32的那一行, 第三个观测值(40.5)的叶5列在相应于茎40的那一行. (图2.6强调了前三个测量值的茎和叶.) 通常每一行的叶如 MINITAB 茎叶图所显示的那样, 是有顺序排列的.

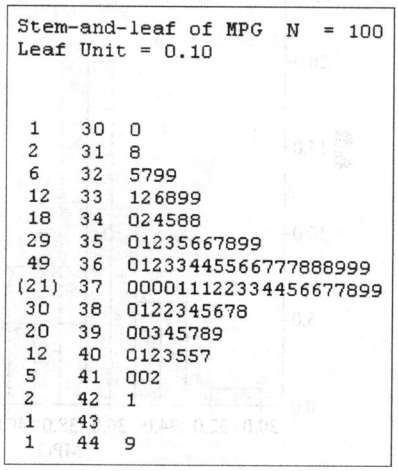

图2.6　100个行车里程等级的 MINITAB 茎叶图

[注]　MINITAB 茎叶图中的第一列表示从这个组区间到邻近最大组区间测量值的累积个数.

茎叶图是数据集的另一个压缩图,你一眼就可看出 100 个行车里程数据分布在 30.0 ~ 44.9 之间,其中大部分落在茎 35 ~ 39 的行上. 茎为 34 那行上的 6 个叶表示 100 个数中有 6 个等于或大于 34.0 而小于 35.0. 类似地,11 个叶在茎为 35 的行上,表示 100 个数据中有 11 个等于或大于 35.0 而小于 36.0. 只有 5 辆车行车里程数据等于或大于 41,并且只有一个低到 30.

构造茎叶图的步骤

步骤 1 把数据集中的每一观测值分为**茎**和**叶**两部分. 例如,行车里程 31.8 的**茎**和**叶**分别为 31 和 8.

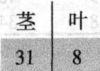

步骤 2 将茎依次排成一列,从最小的茎开始到最大的茎结束.

步骤 3 处理整个数据集,把每一观测值的叶放在恰当的行上. 你可能希望把同一行上的叶按升序排列.

直方图

图 2.7 给出了美国环保署 100 个行车里程数据的 SPSS **直方图**. 图 2.7 的水平轴表示某辆汽车每加仑英里数,从区间 30 ~ 31mpg(英里/加仑)开始,按等长区间,直至 44 ~ 45mpg,分成了多个**组区间**. 纵轴表示 100 个数据中落入每个区间的个数(或频数). 100 辆汽车中大约有 21 辆或 21% 的汽车行车里程在 37 到 38mpg 之间,这个组区间的频数最大,随着行车里程数减小或增大,区间包含的观测值的个数也减小.

直方图可用于描述落在每个组区间上观测值的频数或相对频率. 表 2.3 汇总了美国环保署汽车行车里程数据的组区间、频数和相对频率[○].

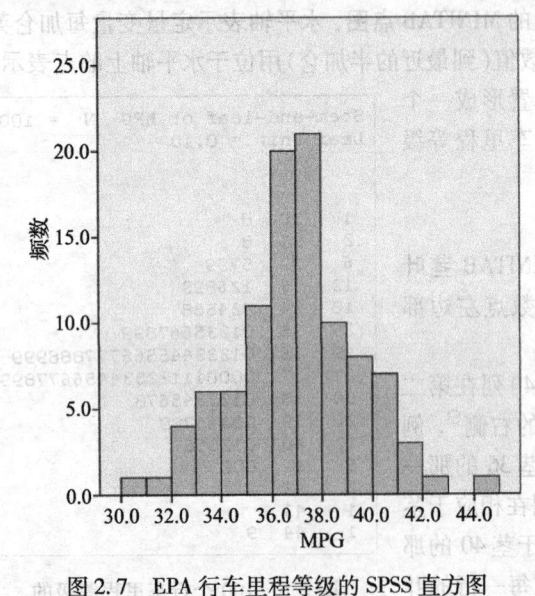

图 2.7 EPA 行车里程等级的 SPSS 直方图

表 2.3 汽车行车里程数据的组区间、频数和相对频率

组区间	频数	相对频率
30 ~ 31	1	0.01
31 ~ 32	1	0.01
32 ~ 33	4	0.04
33 ~ 34	6	0.06
34 ~ 35	6	0.06
35 ~ 36	11	0.11
36 ~ 37	20	0.20
37 ~ 38	21	0.21
38 ~ 39	10	0.10
39 ~ 40	8	0.08
40 ~ 41	7	0.07
41 ~ 42	3	0.03
42 ~ 43	1	0.01
43 ~ 44	0	0.00
44 ~ 45	1	0.01
总数	100	1.00

○ 与许多软件包一样,当观测值落在组区间的边界上时,SPSS 就把它划分到下一个最大的区间. 例如,行车里程 37.0 落在组区间 36 ~ 37 和 37 ~ 38 的界上,把它划分到 37 ~ 38 区间. 表 2.3 中的频数反映了这个约定.

对区间 35~36、36~37、37~38 和 38~39 的相对频率求和,可以看到 65% 的行车里程数据在 35.0~39.0 之间. 类似地,仅有 2% 的汽车行车里程超过 42.0. 通过对直方图和相应汇总表的进一步分析,可以得到许多其他的结论. 注意到所有的组频数之和总是等于样本大小 n. 对于较小数据集,直方图区间个数选择的某些建议见下面的方框.

确定直方图中组的个数	
数据集中观测值的个数	组的个数
少于 25	5~6
25~50	7~10
多于 50	11~15

尽管直方图提供了对数据集很好的直观描述,特别是对非常大的数据集,但是它不能为我们指出单个测量值. 相反,从某种程度上说,每一个原始测量值在点图上是看得见的,在茎叶图上也是清晰可见的. 茎叶图把数据按升序排列,所以容易确定单个测量值的位置. 例如,由图 2.6 我们容易看到,有两辆汽车的行车里程测量值等于 36.3,却不能由观察直方图 2.7 得到这个事实. 然而,茎叶图对于非常大的数据集不便使用,非常大量的茎和叶使得图的纵向和横向大小变得笨重,削弱了直观表示的效果.

构造直方图的步骤

步骤 1 计算数据的极差:极差 = 最大观测值 − 最小观测值.

步骤 2 把极差分成 5~15 个等间隔的组,组数是任意的. 如果你的数据少,组就分得少些;数据多,组就分得多些(见前面方框中的经验法则). 这样会有较好的图形描述. 最小(即第一个)组界应当比最小值小,选择适当的组宽,使得没有观测值落在组界上.

步骤 3 对每一组,数出落入这一组的观测值个数,这个数称为**组频数**.

步骤 4 计算每一组相对频率:组相对频率 = $\dfrac{\text{组频数}}{\text{测量值的总个数}}$

步骤 5 直方图本质上是条形图,其中类型就是组. 在**频数直方图**中,长方形的高度由组频数确定. 类似地,在**相对频率直方图**中,长方形的高度由组相对频率确定.

🌐 IRONORE

例 2.2 绘制定量变量——铁含量图 IRONORE 文件包含了在日本搜集的 390 种铁矿石样品中铁含量的百分比数据. 图 2.8 是用 SAS 产生的 390 种铁矿石测量值的相对频率直方图.

a. 解释这个图.

b. 从直观上估计铁矿石测量值在 64.6~65.8 之间的百分数.

解 a. 注意图 2.8 的 SAS 直方图,组在水平轴上是以间隔 0.4 划分的,标记出的是每个区间的中点(而不是下界和上界). 直方图表明铁矿石的百分比测量值在 66 附近趋于最大,也就是说,65.8~66.2 这组有最大的相对频率.

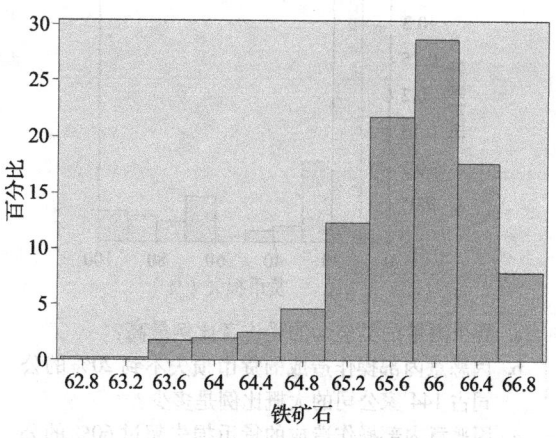

图 2.8 铁矿石数据的 SAS 直方图

b. 64.6～65.8 之间的长方形占整个分布总的长方形面积的 40%，因此，390 种铁矿石测量值中大约有 40% 位于 64.6 和 65.8 之间.

解释相对频率分布

落入某个特定区间中测量值的个数占所有测量值个数的百分比与在相应区间上的长方形面积是成比例的. 例如，在某个分布下，30% 的面积落在某个特定区间上，那么就有 30% 的观测值落在这一范围内. ∎

大多数软件统计包可以产生直方图、茎叶图和点图，这三种图都是用图形描述数据的有用工具. 我们建议只要有可能就应当产生并对比这三种图，你会发现对于非常大的数据集，直方图一般会更有用些，而对于较小的数据集，茎叶图和点图提供了有用的细节.

定量数据图形描述法的总结

点图：数据集中每一个定量测量的数值表示为水平刻度尺上的一个点，当数值重复时，点垂直画在另一点之上.

茎叶图：定量变量的数值分为茎和叶两部分，可能的茎按顺序排在一列中，数据集中每一定量测量值的叶放在相应茎的行上，有相同茎的观测值的叶在水平方向按升序排列.

直方图：定量变量的可能数值被分成若干组区间，其中每一区间有相同的宽度，这些区间构成了水平轴刻度. 确定落在每一组区间中的观测值的频数或相对频率. 每一组区间上放一个垂直的长方形，它的高度或者等于组频数或者等于组相对频率.

应用练习

2.13 计算机犯罪年度调查. 参考练习 1.19 中 2010 年 CSI 的计算机犯罪与安全调查. 回顾 351 家机构对未经授权使用电脑系统的调查做出的回应. 调查的一个问题是，要求受访者指出由组织内个人的恶意行为(如恶意的内部操作)造成的货币损失所占的百分比. 下面的直方图总结了 144 家经历恶意内部操作而遭受货币损失的公司的数据.

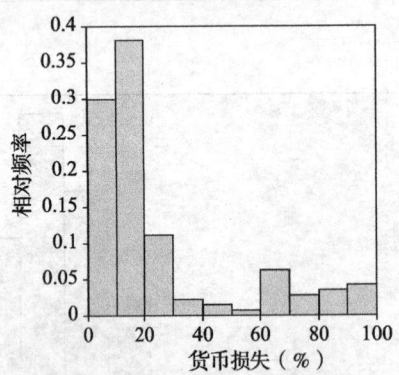

a. 哪个测量的类包含的受访者比例最高？
b. 因恶意内部操作造成的货币损失不到 20% 的公司占 144 家公司的大概比例是多少？
c. 因恶意内部操作造成的货币损失超过 60% 的公司占 144 家公司的大概比例是多少？
d. 因恶意内部操作造成的货币损失在 20% 到 30% 之间的公司有多少家？

2.14 已灭绝灵长类动物的频齿. 颊齿(如白齿)的特征可以为人类学家提供灭绝的哺乳动物饮食习惯的有关信息. 已灭绝的灵长类动物的颊齿是 *American Journal of Physical Anthropology*(Vol. 142, 2010)的研究对象. 他们分析了从怀俄明西部发现的头骨上拔出的 18 颗颊齿. 每颗牙齿根据磨损程度进行分类(无磨损、轻微、轻中度、中度、重度、重度). 此外，研究人员记录下每颗白齿的齿深度(毫米). 这些深度的测量值在下表中给出.

🌐 CHEEKTEETH

练习 2.14 的数据

18.12	16.55
19.48	15.70
19.36	17.83
15.94	13.25
15.83	16.12
19.70	18.13
15.76	14.02
17.00	14.04
13.96	16.20

资料来源：Boyer, D. M., Evans, A. R., and Jernvall, J. "Evidence of Dietary Differentiation Among Late Paleocene-Early Eocene Plesiadapids(Mammalia, Primates)", *American Journal of Physical Anthropology*, Vol. 142, 2010(表 A3).

a. 用点图对数据进行图形化汇总.
b. 用茎叶图对数据进行图形化汇总.
c. 在样本中是否有一个出现次数更多的臼齿深度? 如果有, 确定它的值.

2.15 **放射性地衣.** 对原子核事故泄漏的放射物, 地衣具有很强的吸收能力. 由于地衣是阿拉斯加驯鹿的主要食物来源, 而驯鹿又是许多阿拉斯加村民的主要食物来源, 因此监测地衣的放射性程度是重要的. 阿拉斯加大学的研究人员费尔班克斯(Fairbanks)为此搜集了位于不同地区的 9 种地衣样品, 测量了每一样品中放射性元素铯 137 的含量(微居里/毫升). 数据转化为对数后列于表中. (注: 数值越接近于 0, 样品中铯的含量越大.)

🌐 **LICHEN**

地点			
Bethel	-5.50	-5.00	
Eagle Summit	-4.15	-4.85	
Moose Pass	-6.05		
Turnagain Pass	-5.00		
Wickersham Dome	-4.10	-4.50	-4.60

资料来源: Lichen Radionuclide Baseline Research Project, 2003.

a. 画出这 9 个测量值的点图.
b. 画出这 9 个测量值的茎叶图.
c. 画出这 9 个测量值的直方图.
d. 关于测量值的最集中位置, a~c 中的三个图哪一个信息量较大?
e. 放射性程度在 -5.00 或更低的测量值的比例是多少?

2.16 **新药物中化合物的稳定性.** 测试药物中使用的化合物的代谢稳定性是新药物开发的基础. 测试阶段的两个重要值是未结合血浆化合物的含量(fup) 和未结合微粒化合物的含量(fumic). 评估稳定性的关键公式是假设 fup/fumic 的比为 1. 辉瑞全球研发公司的药物学家研究了这一现象并在 ACS Medicinal Chemistry Letters(Vol. 1, 2010)上报告了结果. 确定辉瑞数据库中 416 个药物的 fup/fumic 值. 下图描述了 fup/fumic 的值.

a. 下图显示了什么类型的图形?
b. 图中的定量变量是什么?
c. 确定 fup/fumic 比值大于 1 的比例.
d. 确定 fup/fumic 比值小于 0.4 的比例.

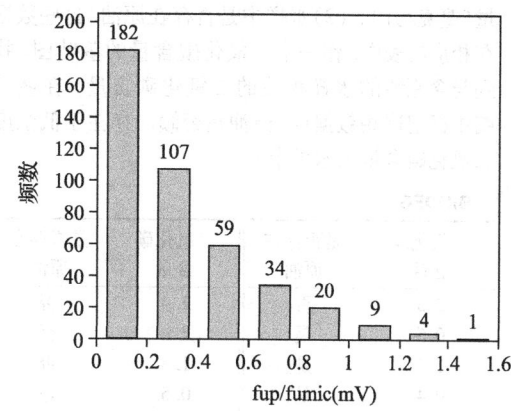

2.17 **来自篮球的声波.** 一项实验用来描述球形腔中声波的特性. (*American Journal of Physics*, 2010 年 6 月.) 将一个充满气的篮球用橡皮筋吊起, 用一个金属杆打击, 会产生一系列金属撞击似的声音. 特别感兴趣的是第一个 24 共振(回声) 产生的声波的频率. 用物理学中一个众所周知的数学公式计算理论频率. 这些频率(计算单位为赫兹) 列在下表中. 用图形法描述第一个 24 共振的声波频率的分布.

🌐 **BBALL**

共振	频率	共振	频率
1	979	13	4 334
2	1 572	14	4 631
3	2 113	15	4 711
4	2 122	16	4 993
5	2 659	17	5 130
6	2 795	18	5 210
7	3 181	19	5 214
8	3 431	20	5 633
9	3 638	21	5 779
10	3 694	22	5 836
11	4 038	23	6 259
12	4 203	24	6 339

资料来源: Russell, D. A. "Basketball as spherical acoustic cavities", *American Journal of Physics*, Vol. 48, No. 6, June 2010(表 I).

2.18 **原油的生物降解.** 石油公司为了保护宝贵的资源, 花费数百万美元研究防止原油生物降解的方法. *Journal of Petroleum Geology*(2010 年 4 月) 上发表了与原油生物降解相关的环境因素的研究. 在矿上的一个蓄水池里从不同的位置随机选取 16 份水样. 两个测量变量是:(1)水样中存在的二氧化碳含量(毫克/升);(2)水样中是否存在原油. 这些数据在相应的表中. 作一个二氧化碳含量的茎叶图. 找到与含原油的水样相关的二氧化碳含量, 在茎叶图中标记这些数据点. 原油是否倾向存在于低浓度二氧化碳含量的水样中?

🌐 **BIODEG**

二氧化碳含量	是否存在原油	二氧化碳含量	是否存在原油
3.3	否	2.4	否
0.5	是	2.4	否
1.3	否	1.4	否
0.4	是	0.5	是
0.1	否	0.2	否
4.0	是	4.0	是
0.3	否	4.0	否
0.2	否	4.0	否

资料来源: Permanyer, A., et al. "Crude oil biodegradation and environmental factors at the Riutort oil shale mine, SE Pyrenees", *Journal of Petroeum Geology*, Vol. 33, No. 2, April 2010(表1).

2.19 游船公共卫生检查. 为了减少潜在的肠胃疾病的爆发, 所有到达美国口岸的客用游船都要进行公共卫生检查. 疾病控制和防治中心把船的卫生等级分为100点. 86分或更高表示这艘船达到了公认的卫生标准. 对186艘游船的公共卫生评分数据保存在 SHIPSANIT 文件中. 数据集的前5个和后5个观测值列在下表中.

🌐 **SHIPSANIT**(节选的观测值)

游船名称	公共卫生评分
Adonia	96
Adventure of the Seas	93
AIDAAura	86
AID Abella	95
AID Aluna	93
⋮	⋮
Voyager of the Seas	96
Vspbeta	100
Westerdam	98
Zaaddam	100
Zuiderdam	96

资料来源: National Center for Environmental Health, Centers for Disease Control and Prevention, August 5, 2013.

a. 画出数据的茎叶图和直方图.
b. 用图形估计公共卫生达到认可标准的游船比例. 你使用的是哪一个图形?

c. 在图上标出检查分数为69分的位置(*MS Columbus* 2). 你用的是哪一个图形?

2.20 管道表面的粗糙度. 为了防止管道腐蚀, 油田管道内部涂有覆盖物. 路易斯安那大学的工程师 Lafayette 调查了涂层对油田管道表层粗糙度的影响(*Anti-corrosion Methods and Materials*, Vol. 50, 2003). 扫描探测器测量了20节内部有涂层的管道的表面粗糙度, 下表给出了数据(μm). 用恰当图形描述样本数据.

🌐 **ROUGHPIPE**

1.72 2.50 2.16 2.13 1.06 2.24 2.31 2.03 1.09 1.40
2.57 2.64 1.26 2.05 1.19 2.13 1.27 1.51 2.41 1.95

资料来源: Farshad, F. and Pesacreta, T. "Coated pipe interior surface roughness as measured by three scanning probe instruments." *Anti-corrosion Methods and Materials*, Vol. 50, No. 1, 2003(表Ⅲ).

🌐 **MTBE**

2.21 地下井水的污染. 参考练习 2.12 中 *Environmental Science & Technology*(2005年1月)上报道的新罕布什尔州的223口井与MTBE污染有关的一些因素. 数据保存在 MTBE 文件中, 其中两个定量变量度量了每一口井的 pH 值(标准单位)和 MTBE 水平($\mu g/L$).
a. 画出抽样井 pH 值的直方图, 由直方图估计 pH 值小于7.0的井的比例.
b. 对那些可检出 MTBE 水平的井, 画出 MTBE 值的直方图. 由直方图估计 MTBE 值超过 $5\mu g/L$ 的污染井的比例.

2.22 估计冰碛的年龄. 冰碛物就是含有黏土、沙、砾石和巨砾混合物的冰碛. 为了估计威斯康星州冰碛的年龄, 华盛顿大学地球和空间科学系的工程师研究了沉积冰碛物的化学组成. (*American Journal of Science*, 2005年1月.) 沉积物中元素铝(Al) 和铍(Be) 的比例与沉积的持续期间有关. 下表给出了 26 个沉积冰碛物样本中 Al/Be 的比率. 在图形帮助下, 估计 Al/Be 比超过 4.5 的冰碛物样品的比例.

🌐 **TILLRATIO**

3.75	4.05	3.81	3.23	3.13	3.30	3.21
4.06	4.56	3.60	3.27	4.09	3.38	3.37
3.32	4.09	3.90	5.06	3.85	3.88	
2.73	2.95	2.25	2.73	2.55	3.06	

资料来源: *American Journal of Science*, Vol. 305, No. 1, Jan. 2005, p. 16(表2).

2.23 水中矿物浮选研究. 水中高浓度的钙和石膏影响水质以及限制矿物浮选. 在 *Minerals Engineering*（Vol. 46-47, 2013）中, 化学和材料工程师研究了钙和石膏对水中二氧化硅浮选性能的影响. 对于含有或不含有钙/石膏的去离子水溶液, 二氧化硅浮选水平用一个称作电动电势（单位为毫伏, mV）的变量来测量. 假设每种类型溶液准备 50 个样品, 并检测电动电势. 下表中提供了数据（根据期刊文章中提供的信息模拟得到）, 且数据保存在 SILICA 文件中. 作列图来比较两种类型溶液的电动电势分布. 溶液中钙/石膏的加入如何影响水质（用二氧化硅的电动电势测量）?

🖿 SILICA

不含有钙/石膏							
-47.1	-53.0	-50.8	-54.4	-57.4	-49.2	-51.5	-50.2	-46.4	-49.7
-53.8	-53.8	-53.5	-52.2	-49.9	-51.8	-53.7	-54.8	-54.5	-53.3
-50.6	-52.9	-51.2	-54.5	-49.7	-50.2	-53.2	-52.9	-52.8	-52.1
-50.2	-50.8	-56.1	-51.0	-55.6	-50.3	-57.6	-50.1	-54.2	-50.7
-55.7	-55.0	-47.4	-47.5	-52.8	-50.6	-55.6	-53.2	-52.3	-45.7

含有钙/石膏							
9.2	-11.6	-10.6	-8.0	-10.9	-10.0	-11.0	-10.7	-13.1	-11.5
11.3	-9.9	-11.8	-12.6	-8.9	-13.1	-10.7	-12.1	-11.2	-10.9
9.1	-12.1	-6.8	-11.5	-10.0	-11.5	-12.1	-11.3	-10.7	-12.4
11.5	-11.0	-7.1	-12.4	-11.4	-9.9	-8.6	-13.6	-10.1	-11.3
13.0	-11.9	-8.6	-11.2	-13.0	-12.2	-11.3	-10.5	-8.8	-13.4

🖿 PHISHING

2.24 网络钓鱼攻击电子邮件账户. 网络钓鱼是指企图通过诈骗邮件获取毫无戒心的人的个人/财务信息（如数字密码、信用卡信息或银行账户号码）. *Chance*（2007 年夏天）中的一篇文章论证了统计如何帮助识别钓鱼企图, 使电子商务更安全. 来自对机构的实际钓鱼攻击的数据被用来确定攻击是否可能在"内部工作", 即源于公司内部. 该公司设立了一个被称为"欺诈箱"的公开的电子邮件账户, 如果员工怀疑电子邮件受到钓鱼攻击, 就让员工通知他们. 记录 267 封欺诈箱邮件通知的到达时间间隔, 即时间差（秒）. *Chance* 表明, 如果在公司内只存在极少的或者不存在合作和勾结, 则间隔时间会有一个类似于下图所示的频率分布. 267 个时间间隔数据保存在 PHISHING 文件中. 作时间间隔的频率直方图. 给出你的观点, 即对机构的网络钓鱼攻击是否是"内部工作".

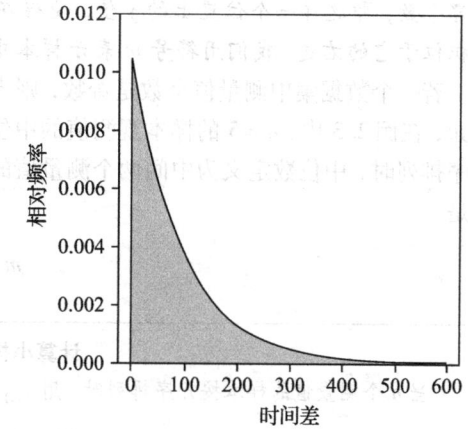

2.3 描述定量数据的数值法

数值描述性度量是由数据集计算得到的数值, 帮助我们在脑海中建立它的相对频率直方图的印象. 我们将给出三种类型的度量:（1）帮助确定相对频率分布中心位置的度量;（2）围绕中心波动的度量;（3）描述数据集中一个观测值相对位置的度量. 这些类型分别称作**中心趋势度量**、**变异的度量**和**相对位置的度量**. 在以下定义中, 我们将用符号 y 表示产生数据集的观测变量, $y_1, y_2, \cdots, y_n$ 表示数据集的 n 个测量值.

由样本数据计算得到的数值描述性度量通常称作**统计量**. 相反, 总体的数值描述性度量称作**参数**, 它们的值基本上是未知的, 通常用希腊字母表示. 例如, 我们将看到, 总体平均值用希腊字母 μ 表示. 虽然如果我们能得到整个总体就能够计算这个参数值, 但是由于经济等原因, 一般避免这么做. 然而, 以后将会看到, 我们对总体抽样, 然后利用样本统计量推断或做出关于感兴趣的总体参数值的决策.

定义 2.4 **统计量**是由样本数据计算得到的数值描述性度量.

定义 2.5 **参数**是总体的数值描述性度量.

2.4 中心趋势的度量

算术平均、**中位数**和**众数**是三种最常用的中心趋势度量. 三者之中, 算术平均 (通常称为**均值**) 是实际问题中使用最频繁的.

定义 2.6 n 个测量值 $y_1, y_2, \cdots, y_n$ 集合的**算术平均**是测量值的平均值:

$$\frac{\sum_{i=1}^{n} y_i}{n}$$

一般用符号 $\bar{y}$ 表示**样本均值** (即 n 个测量值样本的平均值), 用希腊字母 μ 表示**总体均值**.

为了说明, 我们计算 $n=5$ 个样本测量值的均值: 4, 6, 1, 2, 3. 代入 $\bar{y}$ 的公式, 得

$$\bar{y} = \frac{\sum_{i=1}^{n} y_i}{n} = \frac{4+6+1+2+3}{5} = 3.2$$

定义 2.7 n 个测量值 $y_1, y_2, \cdots, y_n$ 集合的**中位数**是测量值按升序 (或降序) 排列后位于中间的那个数, 即这样一个位置上的 y 值, 使得在相对频率直方图中一半的面积位于它的左边, 一半的面积位于它的右边. 我们用符号 m 表示样本中位数, 用符号 τ 表示总体中位数.

若一个数据集中测量值个数是奇数, 则当把测量值按升序排列时, 中间那个测量值就是中位数. 例如, 在例 2.3 中, $n=5$ 的样本观测值的中位数是 $m=3$. 若测量值的个数是偶数, 则当把测量值按升序排列时, 中位数定义为中间两个测量值的平均. 例如, $n=6$ 个测量值 1, 4, 5, 8, 10, 11 的中位数是

$$m = \frac{5+8}{2} = 6.5$$

计算小样本数据集的中位数

当 n 个测量值的样本按升序排列时, 用 $y_{(i)}$ 表示第 i 个 y 值, 则样本中位数如下计算:

$$m = \begin{cases} y_{[(n+1)/2]} & \text{若 } n \text{ 为奇数} \\ \dfrac{y_{(n/2)} + y_{(n/2+1)}}{2} & \text{若 } n \text{ 为偶数} \end{cases}$$

定义 2.8 n 个测量值 $y_1, y_2, \cdots, y_n$ 集合的**众数**是以最大频数出现的 y 值.

如果从一块三合板上截下相对频率直方图的轮廓, 它将在位于平均值的那一点保持完全平衡, 如图 2.9a 所示. 定义 2.6 提到, 在相对频率直方图分布中, 一半面积位于中位数的左边, 一半面积位于中位数的右边, 如图 2.9b 所示. 众数位于以最大频数出现的点, 即相对频率分布的峰, 如图 2.9c 所示.

尽管均值是比较常用的中心趋势的度量, 但是它对非常大或非常小的观测值是敏感的. 因此均值将移向**偏度**的方向 (即分布的尾部), 有些情况下可能产生误导. 例如, 数据集由土木工程毕业生的第一年起始薪水组成, 几个毕业生的高起始薪水将对均值产生比对中位数更大的影响. 由于这个原因, 有时称中位数为中心趋势的耐抵性度量. 因为与均值不一样, 它不受极端观测值的影响. 对于偏度极大的数据集 (如土木工程毕业生的起始薪水数据), 中位数能较好地描述数据分布的"中心".

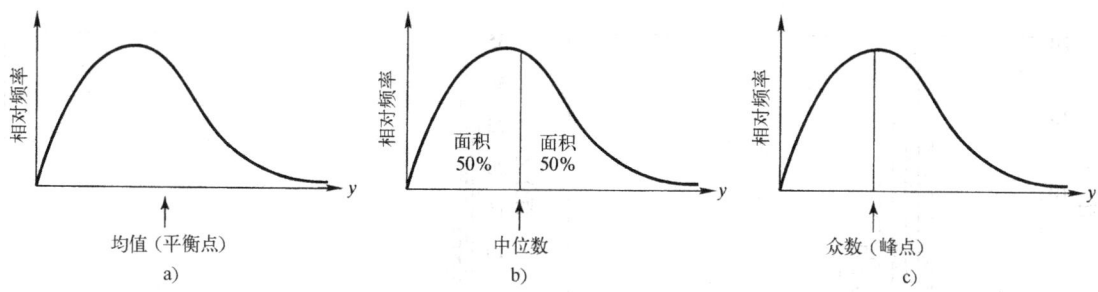

图 2.9 相对频率分布的均值、中位数和众数

很少用众数作为中心趋势的度量，只有当对 y 出现的相对频率感兴趣时，才用众数而不是均值或中位数。例如，一个木工原料供应商只对他所卖钉子长度(in)的众数感兴趣。

总之，对一个数据集合的中心趋势最好的度量依赖于你描述信息的类型。本书所讨论的大部分推断性统计方法，在理论上是基于数据有一点偏度或没有偏度的**丘形分布**。对这些情况，均值和中位数实际上是相同的。由于均值比中位数具有更好的数学性质，因此在这些推断方法中，常用均值作为中心趋势的度量。

🌐 EARTHQUAKE

例 2.3 比较地震余震的均值、中位数和众数

问题：地震学家用"余震"来描述跟随主震而来的一些小的地震。1994 年 Northridge 发生地震后，洛杉矶地区在三周内又经历了 2 929 次余震。美国地质调查局记录了这些余震的震级（以里氏震级来计算）以及它们的时间间隔（分钟）。（数据保存在 EARTHQUAKE 文件中。）求这两个变量的均值、中位数和众数并加以解释。哪一个中心趋势的度量可以更好地描述震级分布？时间间隔的分布是什么？

解 用 MINITAB 产生两个变量（震级和时间间隔）的中心趋势的度量。图 2.10 是它们的均值、中位数和众数。

```
Descriptive Statistics: MAGNITUDE, INT-TIME

                                             N for
Variable      N     Mean   Median   Mode     Mode
MAGNITUDE  2929   2.1197   2.0000    1.8      298
INT-TIME   2928   9.771    6.000      2      354
```

图 2.10 地震数据的 MINITAB 描述性统计

对于震级，均值、中位数和众数分别为里氏震级 2.12、2.00 和 1.8。平均震级为 2.12；一半的震级小于 2.00；最常见的震级是 1.8。这些值几乎差不多，均值比中位数大一点，这意味着数据有稍微向右的偏度，可以从图 2.11a 的震级 MINITAB 直方图中形象地看出来。因为分布是近似对称的，所以三个度量中的任一个都可以作为地震余震震级分布的"中心"。

对于余震的时间间隔，均值、中位数和众数分别为 9.77 分钟、6.0 分钟以及 2.0 分钟。余震平均 9.77 分钟到达；一半的余震到达时间小于 6.0 分钟；最常见的时间间隔是 2.0 分钟。均值比中位数大很多，这意味着时间间隔的分布高度向右倾斜。极度向右的偏度可以从图 2.11b 的 MINITAB 直方图中形象地看出来。偏度是由几个异常大的时间间隔造成的。因此，我们可能想用中位数 6.0 分钟作为余震的"典型"时间间隔。可以看出众数 2.0 分钟不能描述时间间隔分布的"中心"。

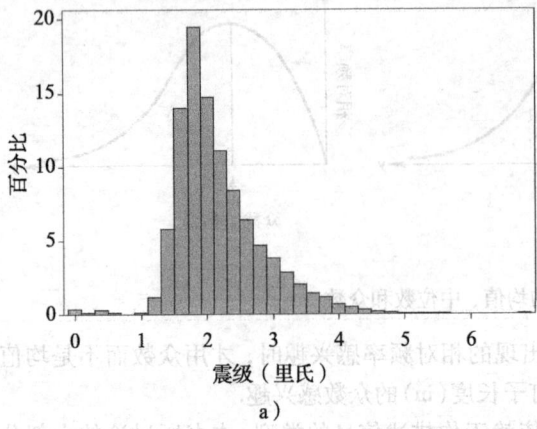
a)

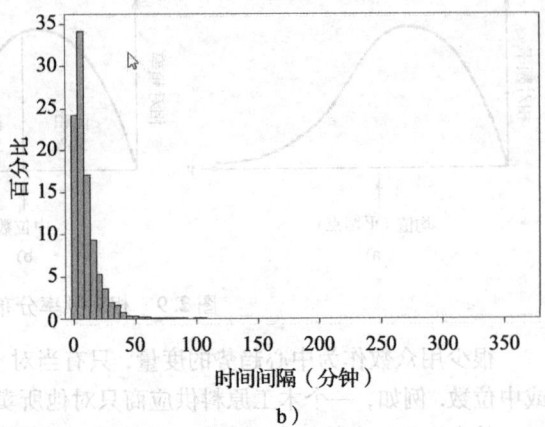
b)

图 2.11　余震震级和时间间隔的 MINITAB 直方图

应用练习

2.25 中心趋势的度量. 求下列数据集的均值、中位数和众数.
a. 4, 3, 10, 8, 5.
b. 9, 6, 12, 4, 4, 2, 5, 6.

2.26 收入最高的工程师. 根据 *Electronic Design* 的 2012 年工程师的薪酬调查,软件工程经理的平均底薪是 126 417 美元——是所有工程师类型中最高的平均底薪. 与此相反,制造/产品工程师的平均底薪是 92 360 美元. 假设这些值是准确的并代表总体均值. 判断下面的叙述是否正确.
a. 所有的软件工程经理底薪都是 126 417 美元.
b. 一半的制造/产品工程师底薪少于 92 360 美元.
c. 随机选取的软件工程经理总是比随机选取的制造/产品工程师的底薪多.

2.27 已灭绝灵长类动物的颊齿. 参考练习 2.14,*American Journal of Physical Anthropology*(Vol. 142, 2010)研究了已灭绝的灵长类动物的颊齿的特征(如白齿). 从头骨中取出的 18 颗白齿的齿深度(毫米)被重新给出.
a. 计算并解释数据集的均值. 如果将样本中最大深度的测量值增加一倍,均值如何变化? 是增加还是减少?
b. 计算并解释数据集的中位数. 如果将样本中最大深度的测量值增加一倍,中位数如何变化? 是增加还是减少?
c. 注意到没有重复出现的测量值,这一事实如何影响众数?

CHEEKTEETH

18.12	16.55
19.48	15.70
19.36	17.83
15.94	13.25
15.83	16.12
19.70	18.13
15.76	14.02
17.00	14.04
13.96	16.20

资料来源:Boyer, D. M., Evans, A. R., and Jernvall, J. "Evidence of Dietary Differentiation Among Late Paleocene-Early Eocene Plesiadapids(Mammalia, Primates)", *American Journal of Physical Anthropology*, Vol. 142, 2010(表 A3).

2.28 放射性地衣. 参考练习 2.15 中阿拉斯加大学监测地衣所含放射性水平的研究. 9 个地衣样品中放射性元素铯 – 137 的含量在下表中重新给出.

LICHEN

地点			
Bethel	–5.50	–5.00	
Eagle Summit	–4.15	–4.85	
Moose Pass	–6.05		
Turnagain Pass	–5.00		
Wickersham Dome	–4.10	–4.50	–4.60

资料来源:Lichen Radionuclide Baseline Research Project, 2003.

a. 求放射性水平的均值、中位数和众数.
b. 解释 a 中每一个中心趋势度量值.

2.29 **岩石坠落的特征**. 在 *Environmental Geology*（Vol. 58, 2009）中, 用计算机模拟来估计倒塌的岩壁上的石头会从土坡上反弹多远（称作反弹长度）. 基于深度、位置以及岩石坠落的斜坡上留下的土壤撞击痕迹的角度, 估得到以下 13 个反弹长度（米）. 计算反弹长度的均值和中位数并且解释这些值.

 ROCKFALL

| 10.94 | 13.71 | 11.38 | 7.26 | 17.83 | 11.92 |
| 11.87 | 5.44 | 13.35 | 4.90 | 5.85 | 5.10 | 6.77 |

资料来源: Paronuzzi, P. "Rockfall-induced block propagation on a soil slope, northern Italy," *Environmental Geology*, Vol. 58, 2009（表 2）.

2.30 **汽车排气中的氨**. 为了减少汽车排气中释放的污染物, 新汽车中安装了三向催化转化器. 然而, 这些转化器无意间增加了空气中氨的含量. *Environmental Science & Technology*（2000 年 9 月 1 日）公布了一项关于旧金山高速公路隧道出口匝道附近氨含量的研究. 表中的数据表示该年夏天随机抽取 8 天, 每天下午高峰时期氨的浓度（百万分之一）.

 AMMONIA

| 1.53 | 1.50 | 1.37 | 1.51 | 1.55 | 1.42 | 1.41 | 1.48 |

a. 求隧道空气的日平均氨含量.
b. 求氨含量的中位数.
c. 解释 a 和 b 中得到的值.

2.31 **原油的生物降解**. 参考练习 2.18 中 *Journal of Petroleum Geology*（2010 年 4 月）上关于与原油生物降解相关的环境因素的文章. 回顾从矿上蓄水池采集的 16 份水样中二氧化碳的含量（毫克/升）和是否存在原油的数据. 数据由下表重新给出.

a. 计算并解释 16 份水样的二氧化碳水平的均值.
b. 计算并解释 16 份水样的二氧化碳水平的中位数.
c. 计算并解释 16 份水样的二氧化碳水平的众数.
d. 计算不存在原油的 10 份水样的二氧化碳水平的中位数.
e. 计算存在原油的 6 份水样的二氧化碳水平的中位数.

 BIODEG

二氧化碳含量	是否存在原油	二氧化碳含量	是否存在原油
3.3	否	2.4	否
0.5	是	2.4	否
1.3	是	1.4	否
0.4	是	0.5	是
0.1	否	0.2	是
4.0	否	4.0	否
0.3	否	4.0	否
0.2	是	4.0	否

资料来源: Permanyer, A., et al. "Crude oil biodegradation and environmental factors at the Riutort oil shale mine, SE Pyrenees", *Journal of Petroleum Geology*, Vol. 33, No. 2, 2010 年 4 月（表 1）.

2.32 **游船公共卫生检查**. 参考练习 2.19 中疾病控制中心关于 186 艘国际游船公共卫生水平的研究（公共卫生分数从 0~100）. 求出公共卫生水平中心趋势的数值描述性度量, 并进行解释.

 SHIPSANIT

 SANDSTONE

2.33 **风化作用下砂岩的渗透率**. 天然石材（比如砂岩）是一种流行的建筑施工材料. 为了更好地了解砂岩暴露在室外环境中的腐蚀特性, 我们做了一项实验.（*Geographical Analysis*, Vol. 42, 2010.）将砂岩块切成 300 个大小相等的切片, 随机分成 3 组, 每组 100 片. A 组切片未暴露在任何类型的风化环境中; B 组切片在适度的条件下, 用 10% 盐溶液（模拟被雨水淋）反复喷洒; C 组切片用 10% 的盐溶液浸泡, 然后烘干（模拟暴露在潮湿的冬天并在炎热的夏天干燥的砂岩块）. 对所有砂岩切片测试渗透率, 用毫达西（mD）表示. 这些渗透率值的测量压力作为时间的函数随着时间而衰减. 用于研究的数据（模拟）保存在 SANDSTONE 文件中. 每组砂岩切片渗透率的中心趋势的度量显示在下面的 MINITAB 输出中.

a. 解释 A 组砂岩切片渗透率的均值和中位数.
b. 解释 B 组砂岩切片渗透率的均值和中位数.
c. 解释 C 组砂岩切片渗透率的均值和中位数.
d. 解释 C 组砂岩切片渗透率的众数.
e. 渗透率越低, 随着时间的推移砂岩的压力衰减越慢. 哪种风化（类型 B 或类型 C）导致更快的衰减?

```
Descriptive Statistics: PermA, PermB, PermC

                                                      N for
Variable    N    Mean    Median                Mode   Mode
PermA      100   73.62    70.45    59.9, 60, 60.1, 60.4     2
PermB      100  128.54   139.30   146.4, 146.6, 147.9, 148.3  3
PermC      100   83.07    78.65                       70.9   3

The data contain at least five mode values. Only the smallest four are shown.
```

练习 2.33 的 MINITAB 输出

 SILICA

2.34 水中矿物浮选研究. 参考练习 2.23 中 *Minerals Engineering*（Vol. 46-47, 2013）关于钙和石膏对水中二氧化硅浮选性能影响的研究. 测量了 50 个含有钙/石膏溶液样品和 50 个不含有钙/石膏溶液样品的电动电势（mV）.（这些数据保存在 SILICA 文件中.）

a. 计算不含有钙/石膏溶液样品的电动电势的均值、中位数以及众数，并解释.

b. 计算含有钙/石膏溶液样品的电动电势的均值、中位数以及众数，并解释.

c. 在练习 2.23 中，用图形来比较两种溶液的电动电势分布. 现在用中心趋势度量来比较. 溶液中加入钙/石膏如何影响水质（用二氧化硅的电动电势测量）?

2.35 近视隐形眼镜. 近视（也称短视眼）是影响超过 1 亿美国人的视觉状态. 减缓近视有两种疗法：（1）角膜塑型隐形眼镜；（2）软性双焦点隐形眼镜. 在 *Optometry and Vision Science*（2013 年 1 月）中，大学眼科教授比较了这两种近视疗法. 14 名近视患者参与研究. 每位患者的右眼分别戴每一种类型的隐形眼镜，并测量每种类型眼镜的周边屈光度. 下表记录了它们的差（软性双焦点减去角膜塑型）.（这些数据是基于期刊中的文章信息模拟得到的，保存在 MYOPIA 文件中.）

a. 计算差的测量值的中心趋势度量，并解释.

b. 注意到数据中包含一个相对于其他差的测量值异常大（负的）的差值，找出这个值.（在 2.7 节中，我们称之为**异常值**.）

c. 大的负差值 -8.11 实际上是印刷错误. 这个病人的实际差值是 -0.11. 使用正确的数值重新分析 a. 修正异常值对哪个中心趋势度量影响最大？

MYOPIA

| -0.15 | -8.11 | -0.79 | -0.80 | -0.81 | -0.39 | -0.68 |
| -1.13 | -0.32 | -0.01 | -0.63 | -0.05 | -0.41 | -1.11 |

2.36 使用中的核电厂. 美国能源情报署监控美国所有核电厂的运作. 下表中列出了 20 个州使用中的核电厂个数.

NUCLEAR

州	核电厂个数	州	核电厂个数
Alabama	5	New Hampshire	1
Arizona	3	New York	6
California	4	North Carolina	5
Florida	5	Ohio	3
Georgia	4	Pennsylvania	9
Illinois	11	South Carolina	7
Kansas	1	Tennessee	3
Louisiana	2	Texas	4
Massachusetts	1	Vermont	1
Mississippi	1	Wisconsin	3

资料来源：*Statistical Abstract of the United States*, 2012（表 942）. U. S. Energy Information Administration, *Electric Power Annual*.

a. 求这个数据集的均值、中位数和众数.

b. 剔除数据集中的最大值，重新做 a. 剔除这个测量值后对 a 中的中心趋势有什么影响？

c. 将表中 20 个值从小到大排序，然后删去数据集中最小的两个值和最大的两个值，求剩下数据的平均值. 这个结果称为 10% 切尾均值，因为它是在删去 10% 的最大值和 10% 的最小值后计算得到的. 切尾均值比通常的算术平均有什么优点？

2.5 变异性的度量

中心趋势的度量仅仅给出了定量数据的部分描述. 没有数据的**变异性度量**或**分散程度**, 这种描述是不完整的. 数据变异性的最常用度量是**极差**、**方差**和**标准差**.

定义2.9 **极差**等于一个数据集合中最大测量值和最小测量值的差:

$$极差 = 最大测量值 - 最小测量值$$

定义2.10 n 个测量值 $y_1, y_2, \cdots, y_n$ 的**样本方差**定义为

$$s^2 = \frac{\sum_{i=1}^{n}(y_i - \bar{y})^2}{n-1} = \frac{\sum_{i=1}^{n} y_i^2 - \frac{\left(\sum_{i=1}^{n} y_i\right)^2}{n}}{n-1} = \frac{\sum_{i=1}^{n} y_i^2 - n(\bar{y})^2}{n-1}$$

对一个有 n 个测量值的有限总体, **总体方差**定义为

$$\sigma^2 = \frac{\sum_{i=1}^{n}(y_i - \mu)^2}{n}$$

定义2.11 n 个测量值的**样本标准差**等于方差的平方根:

$$s = \sqrt{s^2} = \sqrt{\frac{\sum_{i=1}^{n}(y_i - \bar{y})^2}{n-1}}$$

总体标准差为 $\sigma = \sqrt{\sigma^2}$.

例2.4 **计算变异性的度量** 求 $n = 5$ 个样本观测值的极差、方差和标准差: 1, 3, 2, 2, 4.

解 极差等于最大值(4)和最小值(1)的差, 即

$$极差 = 4 - 1 = 3$$

为了得到方差和标准差, 首先计算 $\sum_{i=1}^{n} y_i$ 和 $\sum_{i=1}^{n} y_i^2$:

$$\sum_{i=1}^{n} y_i = 1 + 3 + 2 + 2 + 4 = 12$$

$$\sum_{i=1}^{n} y_i^2 = (1)^2 + (3)^2 + (2)^2 + (2)^2 + (4)^2 = 34$$

则样本方差为

$$s^2 = \frac{\sum_{i=1}^{n}(y_i - \bar{y})^2}{n-1} = \frac{\sum_{i=1}^{n} y_i^2 - \frac{\left(\sum_{i=1}^{n} y_i\right)^2}{n}}{n-1} = \frac{34 - \frac{(12)^2}{5}}{4} = 1.3$$

样本标准差为

$$s = \sqrt{s^2} = \sqrt{1.3} = 1.1402$$

两个不同数据集可能有相同的极差, 但有很不相同的变异性. 因此, 极差是数据变异性相对不灵敏的度量. 极差主要用于工业质量控制, 其中推断方法是基于小样本情况(即小的 n 值). 方差有理论上的意义, 但是难于解释, 因为对感兴趣的变量 y 的度量单位是平方(如 ft^2、ppm^2 等). 但标准差

的度量单位与 y 的单位相同(如 ft、ppm 等). 结合数据集的平均值,标准差容易解释.

解释标准差的两个有用法则是**经验法则**和**切比雪夫(Chebyshev)法则**.

经验法则

若一个数据集有近似丘形的对称分布,则可用以下的经验法则描述数据集(见图 2.12a):

1. 大约 68% 的测量值位于均值的 1 个标准差范围内(即对于样本在区间 $\bar{y} \pm s$ 范围内,对于总体在区间 $\mu \pm \sigma$ 范围内).

2. 大约 95% 的测量值位于均值的 2 个标准差范围内(即对于样本在区间 $\bar{y} \pm 2s$ 范围内,对于总体在区间 $\mu \pm 2\sigma$ 范围内).

3. 几乎所有的测量值位于均值的 3 个标准差范围内(即对于样本在区间 $\bar{y} \pm 3s$ 范围内,对于总体在区间 $\mu \pm 3\sigma$ 范围内).

切比雪夫法则

切比雪夫法则可用于任一数据集,无论数据的频数分布是什么形状(见图 2.12b).

a. 可能有很少的测量值落在均值的 1 个标准差范围内,即对于样本在区间 $\bar{y} \pm s$ 范围内,对于总体在区间 $\mu \pm \sigma$ 范围内.

b. 至少有 $\frac{3}{4}$ 的测量值落在均值的 2 个标准差范围内,即对于样本在区间 $\bar{y} \pm 2s$ 范围内,对于总体在区间 $\mu \pm 2\sigma$ 范围内.

c. 至少有 $\frac{8}{9}$ 的测量值位于均值的 3 个标准差范围内,即对于样本在区间 $\bar{y} \pm 3s$ 范围内,对于总体在区间 $\mu \pm 3\sigma$ 范围内.

d. 通常,对于任意大于 1 的数 k,至少有 $1 - \frac{1}{k^2}$ 的测量值落在均值的 k 个标准差范围内,即对于样本在区间 $\bar{y} \pm ks$ 范围内,对于总体在区间 $\mu \pm k\sigma$ 范围内.

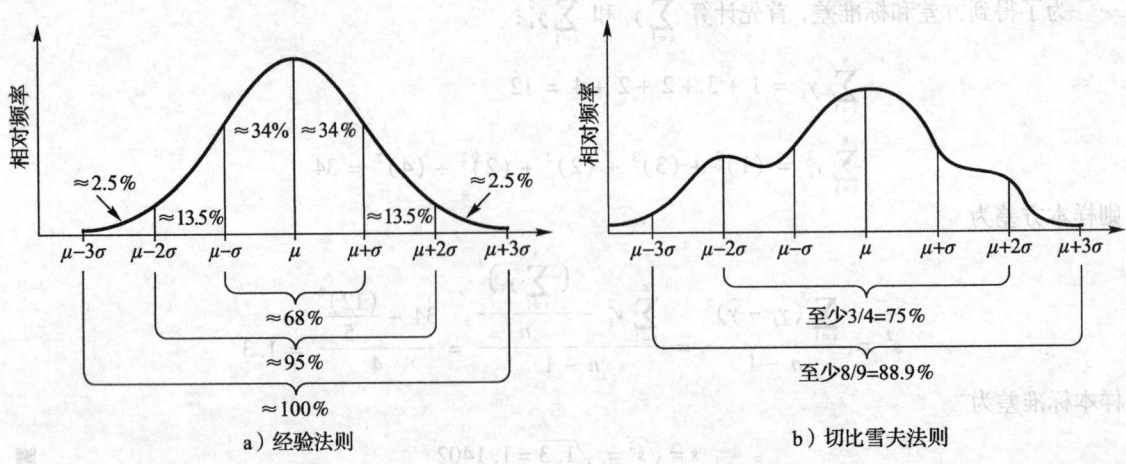

图 2.12

经验法则是由许多领域的研究者通过观察许多不同类型的真实数据集而得到的实际经验的结果. 切比雪夫法则是由俄国数学家 Pafnuty L. Chebyshev(1821—1894)证明的. 方框中描述的两个法

则给出了一个数据集落入区间 $\bar{y} \pm ks$ 中测量值的百分比,其中 k 为任意整数.

🔘 IRONORE

例2.5 **应用法则描述铁矿石含量分布** 参考例2.2和铁矿石样品中的铁含量百分数,用经验法则描述铁含量测量值的分布,特别是估计390个铁矿石样品中铁含量测量值落在均值的2个标准差范围内的个数.

解 用SAS计算铁含量的均值和标准差. 由图2.13的SAS结果输出,我们可以看到样本均值 $\bar{y} = 65.74\%$,标准差 $s = 0.69\%$. 利用这些值,我们构造区间 $\bar{y} \pm s$、$\bar{y} \pm 2s$ 和 $\bar{y} \pm 3s$. 应用经验法则和切比雪夫法则,估计390个铁含量测量值落入这些区间的比例,这些比例在表2.4中给出.

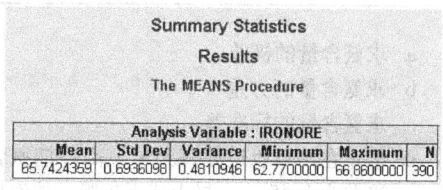

图2.13 铁含量的SAS描述性统计

表2.4 对390个铁矿石含量测量值应用经验法则

k	$\bar{y} \pm ks$	用经验法则估计的期望百分比	用切比雪夫法则估计的期望百分比	实际比例
1	(65.05, 66.43)	≈0.68	至少为0	0.744
2	(64.36, 67.12)	≈0.95	至少为0.75	0.947
3	(63.67, 67.81)	≈1.00	至少为0.889	0.980

可以看到,对于这三个区间中的每一个,$n = 390$ 个铁矿石样本中铁含量测量值落在这些区间的实际比例(用SAS得到)与经验法则的近似值非常接近,这样的结果是预期的,因为这390个测量值的相对频率直方图(见图2.8)是丘形分布而且几乎对称. 尽管切比雪夫法则可以应用于任何一个数据集,但它是趋于保守的,给出的是落在区间内测量值百分比的下界. 因此,落在均值的2个标准差范围内的铁含量测量值的百分比的最好估计是由经验法则得到的——大约95%. ∎

在工程和自然科学中遇到的许多数据集都是近似丘形的,科学家经常应用经验法则去估计大部分测量值落入其中的范围,基本上选择区间 $\bar{y} \pm 2s$,因为它包含了大约95%的数据.

❓ **应用练习**

2.37 社会机器人是走着的还是滚着的?参考练习2.1中 *International Conference on Social Robotics* (Vol. 6414, 2010)上发表的关于社会机器人设计的当前趋势研究. 回顾通过网络搜索得到社会机器人的随机样本,其中28个机器人是有轮子的. 28个机器人的轮子数列在下表中.

🔘 ROBOTS

4	3	3	3	6	4	2	2	3	4	3	3	4	4
3	4	4	3	2	2	4	3	4	3	4	3	4	2

资料来源:Chew, S., et al. "Do social robots walk or roll?", *International conference on social Robotics*, Vol. 6414, 2010(摘自图2).

a. 生成样本数据集的直方图. 轮子数的分布是丘形的和对称的吗?

b. 计算样本数据集的均值和标准差.

c. 构造区间 $\bar{y} \pm 2s$.

d. 根据切比雪夫法则,样本观测值落入 c 中区间的比例是多少?

e. 根据经验法则,样本观测值落入 c 中区间的比例是多少?

f. 确定样本观测值落入 c 中区间的实际比例. 即使 a 中的直方图不是完全对称的,经验法则也会提供更好的比例估计吗?

2.38 收入最高的工程师. 回顾(练习2.26)软件工程经理的平均底薪是126 417美元(*Electronic Design* 的2012年工程师的薪酬调查). 假设所有软件工程经理的底薪分布是丘形的,方差为225 000 000. 画出分布的简图,并在图上给出 $\mu \pm \sigma$,$\mu \pm 2\sigma$ 和 $\mu \pm 3\sigma$ 的区间. 估计每个底薪区间中软件工程经理的比例.

2.39 汽车排气中的氨. 参考练习2.30中 *Enviromental*

Science & Technology(2000年9月1日)上关于旧金山高速公路隧道出口匝道附近氨含量的文章. 下表中给出了8个下午高峰时期的数据(百万分之一).

🌐 **AMMONIA**

| 1.53 | 1.50 | 1.37 | 1.51 | 1.55 | 1.42 | 1.41 | 1.48 |

a. 求氨含量的极差.
b. 求氨含量的方差.
c. 求氨含量的标准差.
d. 假定在出口匝道处每天早上高峰期氨含量的标准差为1.45ppm. 早上或下午哪一段时间的高峰期氨含量变化更大一些?

🌐 **SILICA**

2.40 水中矿物浮选研究. 参考练习2.23和2.34中 *Minerals Engineering*(Vol. 46-47, 2013)上关于钙和石膏对水中二氧化硅浮选性能影响的研究. 回顾一个浮选性能是电动电势(测量单位 mV). 测量了50个含有钙/石膏溶液样品和50个不含有钙/石膏溶液样品的电动电势.

a. 计算不含有钙/石膏溶液样品的电动电势测量值的标准差. 给出一个包含数据集中大部分(约95%)电动电势测量值的区间.
b. 计算含有钙/石膏溶液样品的电动电势测量值的标准差. 给出一个包含数据集中大部分(约95%)电动电势测量值的区间.
c. 用a和b的区间说明溶液中加入钙/石膏是否影响二氧化硅的浮选性能.

🌐 **SANDSTONE**

2.41 风化作用下砂岩的渗透率. 参考练习2.33中 *Geographical Analysis*(Vol. 42, 2010)上关于砂岩暴露在空气中的腐蚀特性的研究. 回顾在三种条件下测试砂岩切片的渗透率: 不暴露在任何类型的风化环境中(A), 用10%盐溶液反复喷洒(B), 用10%的盐溶液浸泡和烘干(C). 下表的MINITAB输出给出每组砂岩的渗透率测量值(mV)的变异性度量.

```
Descriptive Statistics: PermA, PermB, PermC

Variable   N   StDev  Variance  Minimum  Maximum  Range
PermA    100  14.48    209.53    55.20   122.40   67.20
PermB    100  21.97    482.75    50.40   150.00   99.60
PermC    100  20.05    401.94    52.20   129.00   76.80
```

a. 计算A组砂岩切片渗透率测量值的极差. 用输出表中的最大值和最小值来验证.
b. 计算A组砂岩切片渗透率测量值的标准差. 用输出表中的方差来验证.
c. 结合均值(练习2.33)和标准差, 给出A组砂岩切片渗透率测量值大部分会落在哪里. 你依据哪个法则(为什么)得出的结论?
d. 对B组砂岩切片重复 a~c.
e. 对C组砂岩切片重复 a~c.
f. 基于所有的分析, 哪种风化(类型 B 或类型 C)导致更快的衰减(即更高的渗透率测量值)?

🌐 **NUCLEAR**

2.42 使用中的核电厂. 参考练习2.36中美国能源情报署关于20个州使用中的核电厂个数, 数据保存在 NUCLEAR 文件中.

a. 求这个数据集的极差、方差和标准差.
b. 从数据集中剔除最大值后, 再做 a. 删去这个测量值对 a 中的变异性度量有什么影响?
c. 从数据集中剔除最大值和最小值, 再做 a. 删去这两个测量值对变异性度量有什么影响?

2.43 购物工具和判断. 为零售店设计购物工具(如购物车)的工程师需要考虑一些问题, 如可操作性、购物行为、儿童安全以及维护成本. 有趣的是, 当在杂货店购物时, 拎着购物篮比推着购物车更可能买副产品(如一块糖). *Journal of Marketing Research*(2011年12月)研究了这种可能性. 研究者认为手臂弯曲时(如拎着购物篮)比伸直时(如推着购物车)更可能选择副产品. 为了在实验室环境中检验这一理论, 研究人员招募了22名顾客, 要求他们手推着桌子并回答一系列购物的问题. 要求一半的顾客手臂呈弯曲状(模拟购物篮), 另一半的顾客手臂伸直(模拟购物车). 参与者需要在副产品和虚拟产品之间(如电影票和购物券, 较大金额的延期付款和现付)做出选择并给出每个选择的得分(0到100). (得分越高说明越偏爱某选项.) 弯曲手臂的顾客的平均选择得分是59, 伸直手臂的顾客的平均选择得分是43.

a. 假设弯曲手臂和伸直手臂的选择得分的标准差分别为4和2. 此信息支持研究者的理论吗? 说明理由.
b. 假设弯曲手臂和伸直手臂的选择得分的标准差分别为10和15. 此信息支持研究者的理论吗? 说明理由.

🌐 **SWDEFECTS**

2.44 软件缺陷. 参考练习2.10和包含498个软件

代码模块信息的 PROMISE 软件工程库数据集. 代码模块是否包含缺陷的一个可能预测是代码行数. 下面的 MINITAB 输出中给出了含有缺陷模块和不含缺陷模块代码行数的概括统计量. 用均值和标准差对比有缺陷("true")和无缺陷("false")模块代码行数的分布.

🌐 **MTBE**

2.45 地下井水的污染. 参考练习 2.12, *Enviromental Science & Technology*(2005 年 1 月)关于新罕布什尔州井的 MTBE 污染的文章, 只考虑检测到 MTBE 井的数据. 下表的 MINITAB 输出给出公共和私有井的 MTBE(微克/升)水平概括统计量.

a. 求包含新罕布什尔州私用井大部分 MTBE 值(大约 95%)的区间.

b. 求包含新罕布什尔州公共井大部分 MTBE 值(大约 95%)的区间.

```
Descriptive Statistics: MLOC

Variable   defect    N    Mean   StDev  Minimum    Q1   Median     Q3  Maximum
MLOC       false   449   26.17   37.64     1.10  8.00    15.00  29.00   423.00
           true     49   61.51   67.49     1.00 21.00    41.00  85.50   411.00
```

练习 2.44 的 MINITAB 输出

```
Descriptive Statistics: MTBE-Level (WellClass = Private)

Variable      N    Mean  StDev  Minimum    Q1  Median     Q3  Maximum
MTBE-Level   22   1.000  0.950    0.240  0.330  0.520  1.390    3.860

Descriptive Statistics: MTBE-Level (WellClass = Public)

Variable      N    Mean  StDev  Minimum    Q1  Median     Q3  Maximum
MTBE-Level   48   4.56   10.39    0.230  0.353   1.04   3.07    48.10
```

练习 2.45 的 MINITAB 输出

2.46 监测腿部运动的阻抗性. 在监测腿部运动的阻抗性实验中, 韩国工程师把电极系在志愿者的脚踝和膝盖上. 感兴趣的是阻抗变化的信噪比(SNR), 其中信号是指腿部运动的强度, 噪声是指由干扰(例如, 脚踝弯曲和臀部伸展)造成的阻抗变化. 用某个脚踝-膝盖电极对, 得到了 10 个志愿者的 SNR 值, 均值为 19.5, 标准差为 4.7. (*IEICE Transactions on Information and Systems*, 2005 年 1 月.) 假设总体的 SNR 值分布是丘形、对称的. 给出一个大约包含总体的 95% SNR 值的区间. 你是否期望观测到一个 SNR 值为 30 的数据?

2.47 混凝土 FRP 条的承重量. 纤维增强聚合物(FRP)合成材料是加强、改造和修理混凝土结构的标准. 典型的是将 FRP 条用环氧黏合剂固定在混凝土上. 威斯康星大学麦迪逊分校的工程师提出了一种用机械铰钉固定 FRP 条的新方法. (*Composites Fabrication Magazine*, 2004 年 9 月.) 为了评价这种新的固定技术, 10 种拉挤 FRP 条用机械方法固定在高速公路桥上, 以检验其承重强度. 下表中给出了承重强度的测量值(MPa). 利用样本数据给出一个可能包含拉挤 FRP 条承重强度的区间.

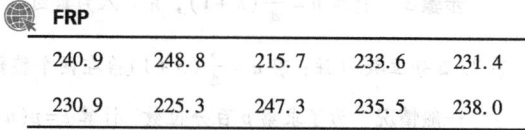

| 240.9 | 248.8 | 215.7 | 233.6 | 231.4 |
| 230.9 | 225.3 | 247.3 | 235.5 | 238.0 |

资料来源: 数据是由 *Composites Fabrication Magazine*, Sept. 2004, p. 32(表 1) 提供的信息模拟得到.

2.48 温彻斯特式子弹的速度. *American Rifleman* 报道了关于 FEG P9R 式手枪发射的一种匈牙利制造的 9mm 子弹的速度. 野外试验表明手枪发射的温彻斯特式子弹的平均速度(在 15ft 处)是 936ft/s, 标准差是 10ft/s. 也用乌齐和黑山式子弹做试验.

a. 描述从 FEG P9R 式手枪发射的温彻斯特式子弹速度的分布.

b. 从 FEG P9R 式手枪发射了一颗未知商标的子弹. 假设这颗子弹的速度(在 15ft 处)是 1 000ft/s. 这颗子弹可能是由温彻斯特制造的吗? 说明原因.

2.6 相对位置的度量

我们可以看到中心趋势和变异性的数值度量有助于描述定量数据集的分布. 此外, 你可能想描述一个观测值在分布中相对于其他值的位置. 观测值相对位置的两个度量是**百分位数**和 **z 得分**.

定义 2.12 数据集的第 $100p$ **百分位数**是这样一个 y 值: 使得在数据集的相对频率分布中有 $100p\%$ 的面积位于它的左边, 有 $100(1-p)\%$ 的面积位于它的右边. (注: $0 \leq p \leq 1$.)

例如, 在一个工业工程学课程中, 如果你的成绩位于第 84 百分位数, 则有 84% 的成绩低于你, 16% 的成绩高于你.

中位数就是第 50 百分位数. 对一个数据集而言, 第 25 百分位数、中位数、第 75 百分位数分别称作**下四分位数**、**中四分位数**和**上四分位数**.

定义 2.13 一个数据集的**下四分位数** Q_L 是第 25 百分位数.

定义 2.14 一个数据集的**中四分位数**(或中位数)m 是第 50 百分位数.

定义 2.15 一个数据集的**上四分位数** Q_U 是第 75 百分位数.

对于一个大的数据集(如人口), 通过确定曲线(相对频率分布)下相应的面积来寻找四分位数. 然而当感兴趣的数据集较小时, 要在数据集中找一个测量值, 譬如说, 找精确地超过其余 25% 的测量值是不可能的. 因此, 一个数据集的第 25 百分位数(或下四分位数)不是很好定义. 对于小的数据集, 下面方框中给出了确定四分位数和其他百分位数的一些法则.

小数据集的四分位数(和百分位数)

步骤 1 把数据集中的测量值按大小升序排列, 设 $y_{(1)}, y_{(2)}, \cdots, y_{(n)}$ 表示排序后的测量值.

步骤 2 计算 $l = \frac{1}{4}(n+1)$, 并舍入为最近的整数. 把顺序为 l 的测量值记为 $y_{(l)}$, 表示下四分位数或第 25 百分位数. (注: 若 $l = \frac{1}{4}(n+1)$ 恰在两个整数之间, 则向上取整.)

步骤 3 计算 $u = \frac{3}{4}(n+1)$, 并舍入为最近的整数. 把顺序为 u 的测量值记为 $y_{(u)}$, 表示上四分位数或第 75 百分位数. (注: 若 $u = \frac{3}{4}(n+1)$ 恰在两个整数之间, 则向下取整.)

一般情况 为了求第 p 百分位数, 计算 $i = p(n+1)/100$, 并舍入为最近的整数. 顺序为 i 的测量值记为 $y_{(i)}$, 表示第 p 百分位数.

例 2.6 **求铸块中的斑点的四分位数** 斑点是在合金铸块凝固过程中形成的瑕疵. 为了度量铸块中的斑点水平, 提出了一个斑点指标. 一个工程师小组做了某些试验来度量某种类型超级合金的斑点指标(*Journal of Metallurgy*, 2004 年 9 月). 表 2.5 给出了 $n = 18$ 个合金试验数据, 画出数据的茎叶图, 并用它求 18 个斑点指标的下四分位数.

FRECKLE 表 2.5 18 个超级合金的斑点指标

| 30.1 | 22.0 | 14.6 | 16.4 | 12.0 | 2.4 | 22.2 | 10.0 | 15.1 |
| 12.6 | 6.8 | 4.1 | 2.5 | 1.4 | 33.7 | 16.8 | 8.1 | 3.2 |

资料来源: Yang, W. H., et al., "A freckle criterion for the solidification of superalloys with a tilted solidification front," *Journal of Metallurgy*, Vol. 56, No. 9, Sept. 2004 (表 IV).

解 表 2.5 中的数据保存在 FRECKLE 文件中. 图 2.14 是此数据集的 MINITAB 茎叶图, 这个图帮助我们求数据集的下四分位数.

由上面的法则描述,当数据按大小升序排列时,下四分位数 Q_L 就是观测值 $y_{(l)}$,其中 $l = (n+1)/4$. 因为 $n = 18$,$l = 19/4 = 4.75$,舍入得到 $l = 5$. 因此,当数据按从小到大顺序排列时,下四分位数 Q_L 就是第 5 个观测值,即 $Q_L = y_{(5)}$. 对寻找小数据集的四分位数和百分位数,茎叶图是有用的. 可以看到第 5 个观测值就是茎为 0 行上的第 5 个叶. 这个值相应于斑点指标 4.1. 因此,对于这个小的数据集 $Q_L = 4.1$.

```
Stem-and-leaf of F-INDEX   N = 18
Leaf Unit = 1.0

   5   0   12234
   7   0   68
  (4)  1   0224
   7   1   566
   4   2   22
   2   2
   2   3   03
```

■ 图 2.14 合金斑点指标的 MINITAB 茎叶图

相对位置的另一个有用度量是 **z 得分**. 由定义,z 得分描述了以标准差为单位,观测值 y 相对于均值的位置. 负的 z 得分表明观测值位于均值的左边,正的 z 得分表明观测值位于均值的右边. 由经验法则可知,一个数据集中大部分观测值都在距离均值 2 个标准差内(即 z 得分绝对值小于 2),且几乎所有的观测值都在距离均值 3 个标准差之内(即 z 得分绝对值小于 3).

定义 2.16 一个数据集中 y 值的 **z 得分** 是以标准差为单位度量 y 位于均值之上或之下的距离.

$$\text{样本 z 得分:} \quad z = \frac{y - \bar{y}}{s}$$

$$\text{总体 z 得分:} \quad z = \frac{y - \mu}{\sigma}$$

例 2.7 **求铁矿石含量的 z 得分** 参考例 2.5 和 390 个铁矿石样品中的铁含量百分数,求出观测值为 66.56% 的 z 得分,并解释.

解 回顾样本数据的均值和标准差(见图 2.10)分别为 $\bar{y} = 65.74$,$s = 0.69$. 把 $y = 66.56$ 代入 z 得分公式,有

$$z = (y - \bar{y})/s = (66.56 - 65.74)/0.69 = 1.19$$

因为 z 得分是正的,所以铁含量 66.56% 位于均值 65.74% 上方(右边)1.19 个标准差位置. ■

应用练习

2.49 计算机犯罪年度调查. 参考练习 2.13 中 2010 年 CSI 的计算机犯罪与安全调查. 回顾 144 家公司因恶意内部操作而造成货币损失的百分比. 下面重新给出数据的直方图.

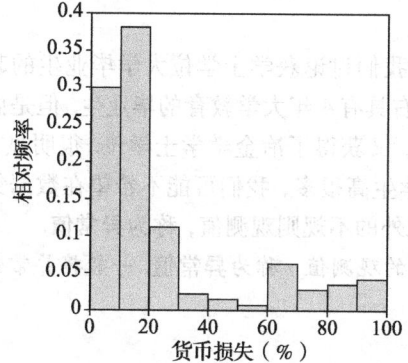

a. 基于直方图,第 30 百分位数货币损失值是多少(近似)?

b. 基于直方图,第 95 百分位数货币损失值是多少(近似)?

2.50 新药物中化合物的稳定性. 参考练习 2.16 中辉瑞全球研发公司(*ACS Medicinal Chemistry Letters*, Vol. 1, 2010)关于药物代谢稳定性的研究. 用 fup/fumic 比值来测定 416 种药物的稳定性.

a. 在练习 2.16 中,确定了 fup/fumic 比值大于 1 的比例. 用这个比例确定 1 的百分位数等级.

b. 在练习 2.16 中,确定了 fup/fumic 比值小于 0.4 的比例. 用这个比例确定 0.4 的百分位数等级.

2.51 收入最高的工程师. 回顾练习 2.26,已知软件工程经理的平均底薪是 126 417 美元(*Electronic Design* 的 2012 年工程师的薪酬调查). 假设(在练习 2.38 中)所有软件工程经理的底薪分布是丘形对

称的,标准差为15 000美元. 应用经验法则计算:
a. 第84百分位数.
b. 第2.5百分位数.
c. 工资100 000美元的z得分.

2.52 沼泽地中磷的标准. 佛罗里达州沼泽地中一个重要的有害物质是总磷(TP). Chance(2003年夏)报道了一篇关于建立沼泽地中水质TP标准的文章. 佛罗里达州环境保护所(DEP)收集了28个沼泽地的TP浓度. TP分布的第75百分位数是10mg/L. DEP建议用这个值作为TP标准, 即任意一个地方TP含量超过10mg/L就认为是不安全的. 解释第75百分位数, 为什么DEP选择它作为TP标准? 给出理由.

2.53 电压凹陷和凸起. 变压器的电能质量由电压的质量来测定. "凹陷"和"凸起"是电能质量差的两个原因. 凹陷是变压器电压水平的突然下降, 凸起是电压水平的突然上升. 在 Electrical Engineering (Vol. 95, 2013)中研究了土耳其变压器的电能质量. 对于103个重工业变压器样本, 每星期凹陷平均数为353, 凸起平均数为184. 假设凹陷分布的标准差为每周30凹陷, 凸起分布的标准差为每周25凸起. 假设随机选取变压器, 一周内有400凹陷和100凸起.
a. 计算这个变压器凹陷数的z得分, 并解释这个值.
b. 计算这个变压器凸起数的z得分, 并解释这个值.

NZBIRDS

2.54 新西兰灭绝的鸟类. 参考练习2.11中 Evolutionary Ecology Research(2003年7月)关于新西兰灭绝的鸟类类型的研究. 116种鸟类蛋的长度(mm)数据保存在NZBIRDS文件中.

a. 求蛋长度分布的第10百分位数, 并解释这个值.
b. Moas, P. australis鸟蛋长度为205mm, 求这种鸟的z得分并解释这个值.

SHIPSANIT

2.55 游船公共卫生检查. 参考练习2.19中游船公共卫生的评分, 数据保存在SHIPSANIT文件中.
a. Nautilus Explorer的得分为74分, 给出它的相对位置度量, 并解释这个结果.
b. Rotterdam的得分为86分, 给出它的相对位置度量, 并解释这个结果.

2.56 饮用水中的铅. 美国环境保护局(EPA)设定了饮用水中铅含量的限制. EPA关于铅的执行标准是每升水中0.015mg(mg/L). 在EPA标准下, 如果一个水系统研究样本的90%铅浓度小于0.015mg/L, 认为饮用这种水是安全的. 我(合作者 Sincich)收到一份在我家小区饮用水铅含量的研究报告. 研究样本的第90百分位数铅浓度为0.003 72mg/L. 在我的小区中水消费者是否处于饮用不安全铅含量水的危险中? 说明原因.

SILICA

2.57 水中矿物浮选研究. 参考练习2.23、2.34和2.40中 Minerals Engineering(Vol. 46-47, 2013)上关于钙和石膏对水中二氧化硅浮选性能影响的研究. 测量了50个含有钙/石膏溶液样品和50个不含有钙/石膏溶液样品的电动电势(mV).
a. 计算不含有钙/石膏溶液样品中电动电势测量值为 -9.0 的z得分.
b. 计算含有钙/石膏溶液样品中电动电势测量值为 -9.0 的z得分.
c. 基于a和b的结果, 哪种溶液更可能含有测量值为 -9.0 的电动电势? 解释说明.

2.7 检测异常值的方法

一个数据集中有时包含了不一致的观测值. 例如, 当我们讨论获学士学位大学毕业生的起始薪水时, 我们通常想到传统的大学毕业生——那些22岁左右具有4年大学教育的毕业生. 但是假设其中有一个毕业生是34岁的化学工程学博士, 他重返大学, 又获得了冶金学学士学位. 很明显, 由于这个学生附加的教育和经历使得他的起始薪水要比其他学生高很多, 我们可能不希望在数据集中包含这样的数据. 这样一个位于我们想要描述的数据范围之外的不规则观测值, 称为**异常值**.

定义2.17 相对于数据集中其他值不寻常地大或小的观测值 y 称为**异常值**. 一般将异常值归咎于下列原因之一:

1. 观测、记录或输入计算机时不正确的测量值.

2. 测量值来自不同的总体.

3. 测量值是正确的, 但是代表一个稀有(偶然)事件.

确定一个观测值是否异常, 最明显的方法是计算它的 z 得分(2.6 节).

FATAL

例 2.8 **删除异常值——与能源有关的死亡事故** 参考自 1979 年以来世界上与能源有关的 62 起导致多人死亡事故的样本数据. (数据保存在 FATAL 文件中.) 数据集不仅包含与能源有关的死亡事故的原因, 还包含每一事故中死亡人数的信息. 数据集的第一个观测值是 1979 年发生在印度的大坝坍塌事故, 2 500 人死亡, 这个观测值是异常值吗?

解 图 2.15 给出了 62 起与能源有关的事故中死亡人数的描述性统计量的 MINITAB 输出. 输出中着重显示的均值为 $\bar{y} = 208.3$, 标准差为 $s = 344.6$. 因此, 死亡人数为 $y = 2500$ 的观测值的 z 得分是

$$z = (y - \bar{y})/s = (2500 - 208.3)/344.6 = 6.65$$

经验法则表明, 数据集中几乎所有观测值的 z 得分的绝对值小于 3, 切比雪夫法则保证至多有 1/9 (即 11%) 的 z 得分的绝对值大于 3. 因为 z 得分如 6.65 这么大是很稀少的, 所以测量值 $y = 2500$ 称为异常值. 尽管这个值记录是正确的, 但是 1979 年的事故主要是由于发生在印度的严重洪水灾害引起了该国最大水电大坝的坍塌.

```
Descriptive Statistics: Fatalities

Variable     N    Mean    StDev   Minimum      Q1   Median      Q3  Maximum     IQR
Fatalities  62   208.3    344.6      11.0    69.5    106.5   185.8   2500.0   116.3
```

图 2.15 与能源有关的死亡事故数的 MINITAB 描述性统计量

检测异常值的另一个方法是构造样本数据的**盒子图**, 利用这种方法, 建立类似于经验法则的 $\bar{y} \pm 2s$ 和 $\bar{y} \pm 3s$ 区间, 然而这里的区间用**四分位数间距**代替标准差 s.

定义 2.18 **四分位数间距(IQR)** 是上四分位数和下四分位数的距离:

$$\text{IQR} = Q_U - Q_L$$

区间 $[Q_L - 1.5(\text{IQR}), Q_U + 1.5(\text{IQR})]$ 和 $[Q_L - 3(\text{IQR}), Q_U + 3(\text{IQR})]$ 是盒子图检测异常值的关键.

盒子图的要素列在下面的方框中. 对一个小的数据集, 盒子图相对容易构造, 因为四分位数和四分位数间距可以很快确定. 然而由于几乎所有的统计软件都包含盒子图的程序, 因此我们利用计算机作盒子图.

盒子图的要素(见图 2.16)

1. 以画在下四分位数和上四分位数(Q_L 和 Q_U)的直线为边界(**关键点**)画一个长方形(**盒子**), 在盒子中标出数据的中位数, 常用直线表示.

2. 将距每一关键点 1.5(IQR) 处的点标记为数据集的**内篱笆**. 把每一关键点到内篱笆之内的末端测量值用线(**须线**)连接.

$$\text{下侧内篱笆} = Q_L - 1.5(\text{IQR})$$

$$上侧内篱笆 = Q_U + 1.5(IQR)$$

3. 第二对篱笆——**外篱笆**，出现在关键点 3 倍的四分位间距 3(IQR) 处. 用符号 (如 " * ") 表示落在内篱笆和外篱笆之间的测量值，用另一符号 (如 "0") 表示超过外篱笆的测量值. 但外篱笆一般不给出，除非有一个或几个测量值超出了它们.

$$下侧外篱笆 = Q_L - 3(IQR)$$

$$上侧外篱笆 = Q_U + 3(IQR)$$

4. 根据你使用的盒子图软件不同，表示中位数和极值数据点（超出篱笆的点）的符号也是变化的. (如果你想手画一个盒子图，可以使用自己的符号.) 你应当查看程序文件明确所用的符号.

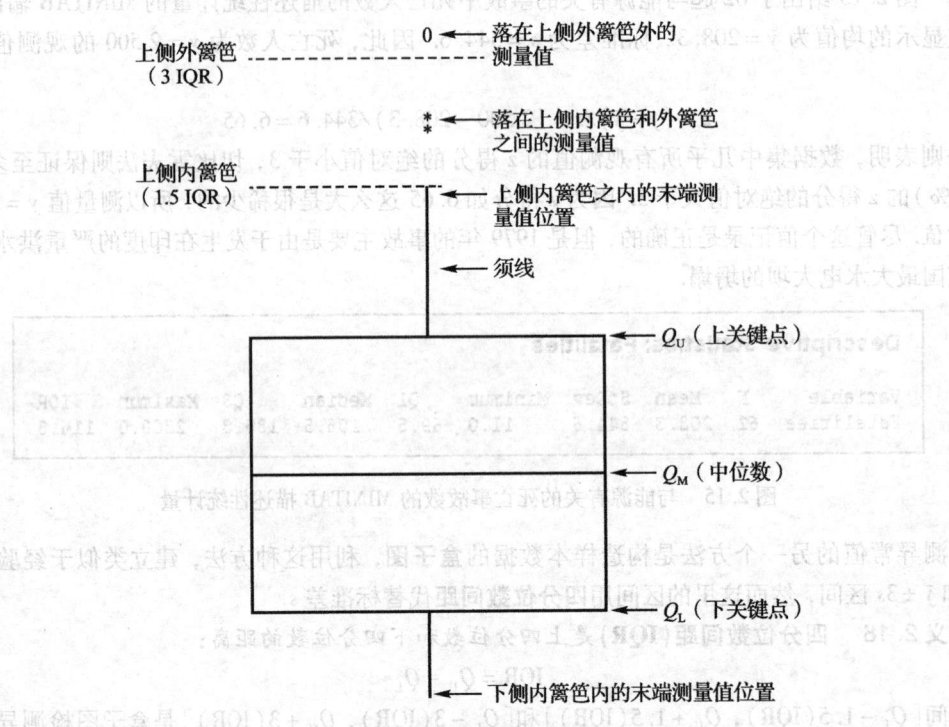

图 2.16　盒子图要素

解释盒子图

1. 检查盒子的长度. IQR 是样本变异性的度量，对于两个样本的比较是特别有用的.
2. 直观地比较须线的长度，如果一端明显较长，则数据的分布可能偏向须线长的方向.
3. 分析超过篱笆的测量值，即使对于很偏的分布，也应当是少于 5% 的数据落在内篱笆之外. 外篱笆之外的测量值可能是异常值，有以下之一解释：
 a. 这个测量值是不正确的，可能是不正确地观测、记录或输入计算机.
 b. 这个测量值和样本中其他的测量值属于不同的总体.
 c. 这个测量值是正确的，并且和其他测量值来自同一个总体. 通常我们是在仔细排除所有其他解释以后才接受这个解释.

FATAL

例2.9 作盒子图——与能源有关的死亡事故 参考例2.8和保存在FATAL文件中62起与能源有关的事故中死亡人数的数据. 作数据的盒子图, 并利用它检测异常值.

解 我们用MINITAB作死亡人数的盒子图. 盒子图如图2.17所示. 数据的描述性统计如图2.15所示.

由图2.15, 下四分位数和上四分位数分别为 $Q_L = 69.5$ 和 $Q_U = 185.8$. 这些值形成图2.17中盒子的边界(关键点). (中位数 $m = 106.5$, 用盒子内的一条水平线标出.)四分位数间距 $IQR = Q_U - Q_L = 185.8 - 69.5 = 116.3$, 用于作盒子图的篱笆和须线. 几个高度疑似异常值在图2.17中(用星号)标出. 在死亡人数500附近出现几个异常值, 死亡人数1 000附近有一个, 2 500附近有一个. (注:最大异常值是例2.8中指出的那个观测值.)

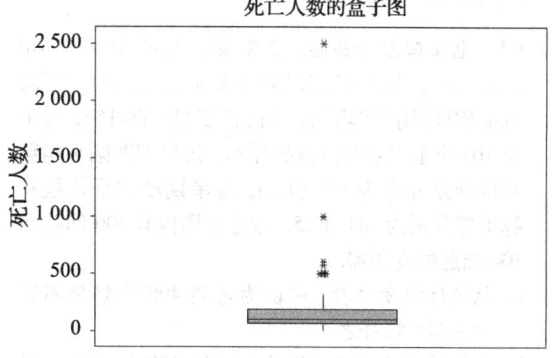

图2.17 与能源有关的死亡事故数的MINITAB盒子图

z得分和盒子图法都给出了经验法则的界限, 超过界限的 y 值被认为是异常值. 这两种方法通常得到类似的结果. 然而, 数据集中一个或多个异常值的存在可能使得用于计算 z 得分的 s 值增大. 因此, 一个不规则观测值的 z 得分绝对值大于3的可能性减少. 相反, 用于计算盒子图篱笆的分位数值不受异常值的影响.

检测异常值的经验法则		
	疑似异常值	高度疑似异常值
盒子图:	内、外篱笆之间的点	外篱笆以外的点
z 得分:	$2 \leq |z| \leq 3$	$|z| > 3$

应用练习

2.58 收入最高的工程师. 回顾练习2.26, 软件工程经理的平均底薪是126 417美元(*Electronic Design*的2012年工程师的薪酬调查). 假设(如练习2.38和2.51)所有软件工程经理的底薪分布是丘形对称的, 标准差为15 000美元. 假定一个软件工程经理称他的工资为180 000美元. 他的话是否可信? 解释之.

2.59 烧砖中的钡含量. 一种铺路用的砖块——称作烧砖——检测其中所含的微量元素以确定烧砖的来源(如工厂). (*Advances in Cement Research*, 2004年1月.)测量了200块烧砖的钡含量(mg/kg), 得到以下统计量 $Q_L = 115$, $m = 170$ 和 $Q_U = 260$.

a. 解释中位数 m.
b. 解释下四分位数 Q_L.
c. 解释上四分位数 Q_U.
d. 求四分位数间距 IQR.
e. 求钡含量盒子图的内篱笆端点.
f. 研究人员发现没有一块烧砖的钡含量超过内篱笆界, 这说明什么?

2.60 落石坠落的特征. 参考练习2.29中 *Environmental Geology*(Vol. 58, 2009)上关于倒塌的岩壁上的石头会从土坡上反弹多远的研究. 基于岩石坠落的斜坡上留下的土壤撞击痕迹的角度, 计算机模拟了13个反弹长度(米), 并记录在下表中. 你能否检测出数据中的异常值? 解释之.

ROCKFALL

| 10.94 | 13.71 | 11.38 | 7.26 | 17.83 | 11.92 | 11.87 |
| 5.44 | 13.35 | 4.90 | 5.85 | 5.10 | 6.77 | |

资料来源：Paronuzzi, P. "Rockfall-induced block propagation on a soil slope, northern Italy," *Environmental Geology*, Vol. 58, 2009(表2).

2.61 电压凹陷和凸起．参考练习2.53中*Electrical Engineering*(Vol. 95, 2013)上关于土耳其变压器的电能质量(用"凹陷"和"凸起"度量)的研究．对于有103个重工业变压器的样本，每星期凹陷平均数和标准差分别为353和30，每星期凸起平均数和标准差分别为184和25．考虑一周内有400凹陷和100凸起的变压器．

a. 从统计角度来看，你认为每周400凹陷是不寻常的吗？解释之．

b. 从统计角度来看，你认为每周100凸起是不寻常的吗？解释之．

SHIPSANIT

2.62 游船公共卫生检查．参考练习2.19中游船公共卫生的评分．

a. 用盒子图法检测数据中的异常值．

b. 用 z 得分法检测数据中的异常值．

c. 这两种方法一致吗？如果不一致，解释为什么．

2.63 甘蔗中的磷化锌．一个化工厂生产一种物质，其中包含98%碾碎的谷粒和2%的磷化锌，用于控制甘蔗地中的鼠群．生产过程必须仔细控制，以保持2%的磷化锌．因为磷化锌太多会危害甘蔗，太少对控制鼠群没有作用．以前生产过程的记录表明，物质中磷化锌的实际百分比分布是近似丘形的，均值为2.0%，标准差为0.08%．假设随机选择一批实际上包含1.80%的磷化锌，能否表明今天产品中磷化锌的含量大小？说明理由．

2.64 机器人的感应运动．卡内基－梅隆大学的研究人员开发了一种算法，用安装在手臂上的一台具有惯性感应的相机估计机器人手臂的感应运动．(*The International Journal of Robotics Research*, 2004年12月.)感兴趣的两个变量是估计手臂转动误差(用弧度度量)和估计手臂移动误差(用厘米度量)．11个试验数据列在表中，在每一次试验中，相机的固有干扰和投影干扰是在变化的．

a. 求在有固有干扰而无投影干扰试验中移动误差的 $\bar{y}$ 和 s．

b. 求在有投影干扰而无固有干扰试验中移动误差的 $\bar{y}$ 和 s．

c. 某次试验的移动误差是 4.5cm，这个值是有固有干扰而无投影干扰试验的异常值吗？是有投影干扰而无固有干扰试验的异常值吗？在这次试验中更可能发生哪种类型的相机干扰？

SANDSTONE

试验	固有干扰	投影干扰	转动误差（弧度）	移动误差（cm）
1	否	否	0.000 003 4	0.000 003 3
2	是	否	0.032	1.0
3	是	否	0.030	1.3
4	是	否	0.094	3.0
5	是	否	0.046	1.5
6	是	否	0.028	1.3
7	否	是	0.27	22.9
8	否	是	0.19	21.0
9	否	是	0.42	34.4
10	否	是	0.57	29.8
11	否	是	0.32	17.7

资料来源：Strelow, D., and Singh, S., "Motion estimation form image and inertial measurements." *The International Journal of Robotics Research*, Vol. 23, No. 12, Dec. 2004(表4).

SANDSTONE

2.65 风化作用下砂岩的渗透率．参考练习2.33和2.41中*Geographical Analysis*(Vol. 42, 2010)上关于砂岩暴露在空气中的腐蚀特性的研究．在三种条件下测试砂岩切片的渗透率：不暴露在任何空气中(A)，用10%盐溶液反复喷洒(B)，用10%的盐溶液浸泡并烘干(C)．

a. 确定A组砂岩切片渗透率测量值中的异常值．

b. 确定B组砂岩切片渗透率测量值中的异常值．

c. 确定C组砂岩切片渗透率测量值中的异常值．

d. 如果剔除 a~c 中检测出的异常值，描述性统计(如均值、中位数以及标准差)会受到怎样的影响？如果你不确定答案，请写出你的分析．

2.8 描述性统计歪曲事实真相

图形可能"胜过千言万语"，但是图形也能影响信息或歪曲信息．事实上，统计学中的图形——直方图、条形图和其他图描述法是可能歪曲事实真相的，所以我们必须小心地检查其中的每个图. 在这一节中，我们首先提出在解释图表时要提防的一些陷阱，然后讨论数值描述性统计是如何用于歪曲事实的.

一个常用的方法是改变垂直轴、水平轴或两个轴的刻度来改变图形传达给我们的印象. 例如，表2.6 汇总了5年内运行在欧洲水域的大型海船发生碰撞的数据. 图2.18 是 MINITAB 条形图，给出了三个场所发生碰撞的频数. 图形表明在"口岸"发生碰撞的次数比在"海上"或"限制水域"要多.

COLLISION

表 2.6　不同区域海船的碰撞

场所	船只数
海上	376
限制水域	273
口岸	478
总数	**1127**

假如你想用同样的数据夸大"口岸"碰撞次数和"限制水域"碰撞次数的差别. 一种达到这个目的的方法就是增加纵轴上相继单元之间的距离，也就是说，用每英寸只画几个单位来拉长纵轴，暴露拉长的踪迹是一条长纵轴，但常被以原点0以上的某个点作为纵轴的起点掩盖了. 如图2.19 中 SPSS 输出图就是这样的图，条形图的起点在250次碰撞（代替0），"口岸"碰撞的频数看起来比在"限制水域"碰撞的频数多很多.

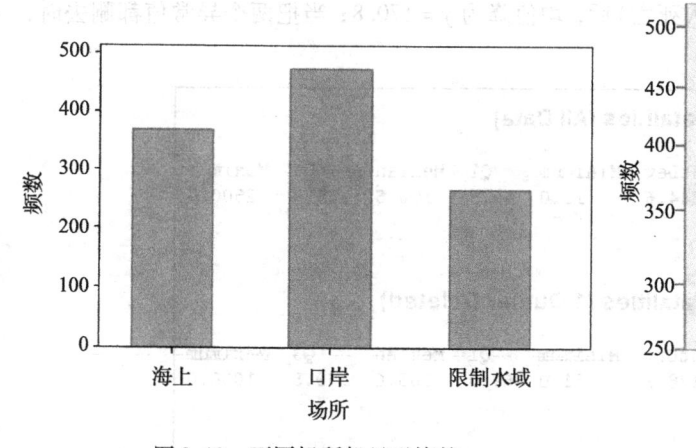

图 2.18　不同场所船只碰撞的 MINITAB 条形图

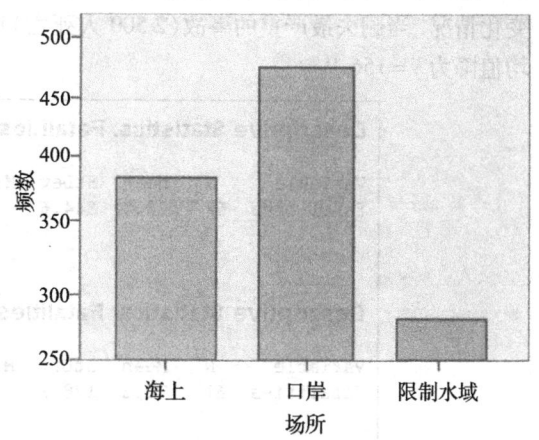

图 2.19　不同场所船只碰撞的 SPSS 条形图——调整的纵轴

拉长或缩短纵轴可以加强或减弱条形图中类型的变化. 用条形图造成视觉错觉的另一种方法是让长方形的宽度与高度成比例. 例如，图 2.20a 的条形图描述了4条主要高速公路一年中交通事故死亡总人数的百分率. 现在如果我们让长方形的宽度和高度随着死亡事故百分率的增大而增大，这个变化显示在图 2.20b 中，读者可能倾向于认为长方形的面积与每条高速公路上发生死亡人数的百分率相等. 但事实上，真正的死亡事故的相对频率只与长方形的高度成比例.

尽管我们只讨论了利用图形传达现象的误导情景的几种方法，但是教训是明显的. 用严谨的态度检查数据的所有图形描述，特别是检查轴和每一条轴上单位的大小. 不必理会视觉上的变化，而专注于图表指出的实际数值变化.

用数值描述性度量同样可以歪曲数据集的信息，考虑例2.8 和例2.9 分析过的62个与能源有关事故的数据（保存在 FATAL 文件中）. 假如你想用一个数更好地描述在一次事故中有"代表

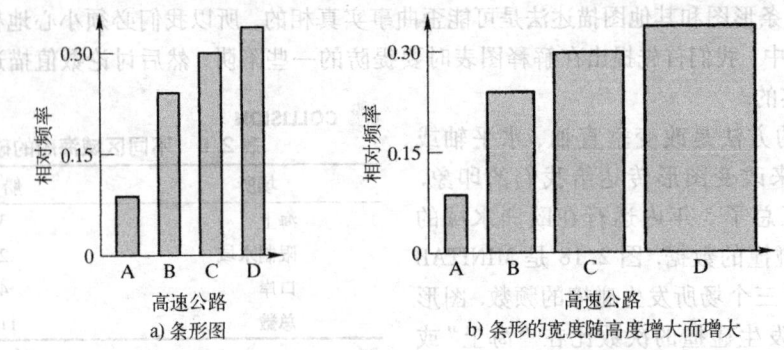

图 2.20 4 条主要高速公路发生汽车死亡事故的相对频率

性"的死亡人数,一个选择就是死亡人数的平均数. 在例 2.8 中, 我们指出了均值 $\bar{y} = 208.3$ 人死亡. 然而如果检查 FATAL 文件中的数据, 你会发现 62 起事故中有 48 起事故(约 77%)死亡人数低于均值. 换句话说, 208.3 不是数据集非常有"代表性"的事故. 这是因为(如 2.4 节讨论)数据集的极端值使均值增大. 回顾一下(例 2.9), 有一个事故中 2 500 人死亡, 另一个事故中 1 000 人死亡, 这两个非常没有代表性的值使均值增大. 图 2.21 给出了当从数据集中删去这些异常值时均值的变化情况. 当删去最严重的事故(2 500 人死亡)后, 均值降为 $\bar{y} = 170.8$; 当把两个异常值都删去时, 均值降为 $\bar{y} = 156.9$.

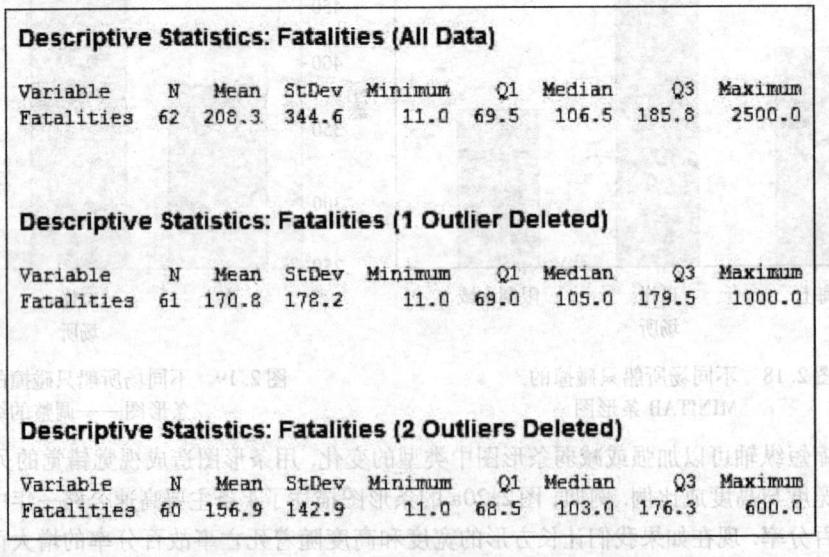

图 2.21 与能源有关的事故死亡人数的 MINITAB 描述性统计量

在与能源有关的 62 起事故中, 死亡人数中心趋势的较好度量是中位数. 在例 2.9 中, 我们求得中位数是 $m = 106.5$ 人死亡. 由定义我们知道, 一半事故的死亡人数低于 106.5, 一半高于 106.5. 因此, 中位数是数据集的更有"代表性"值. 由图 2.21 可以看到, 当删去最大异常值后, 中位数 $m = 105$; 当删去两个异常值后, $m = 103$. 所以删去了数据集的最大观测值, 中位数并没有发生戏剧性变化.

样本信息的另一个歪曲发生在仅给出一个中心趋势度量时. 为得到数据集准确的意义, 需要中心趋势的度量和变异性的度量. 例如, 美国环保署 (EPA) 想要根据他们估计的 (平均) EPA 城市行车里程等级来评定两种车型的排名. 假设 A 型的平均 EPA 行车里程是每加仑 32 英里, B 型的平均 EPA 行车里程是每加仑 30 英里. 根据平均值, EPA 评定 A 比 B 好.

然而, EPA 没有考虑行车里程的变异性. 作为一个极端的例子, 假设 A 型的标准差是每加仑 5 英里, 而 B 型的标准差仅为每加仑 1 英里. 如果行车里程是丘形分布, 它们可能如图 2.22 所示. 注意到

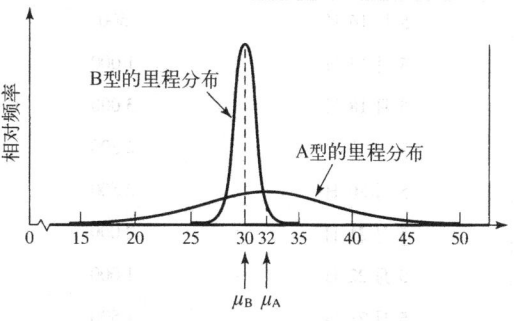

图 2.22 两种车型行车里程分布

A 型的变异性很大, 表明 A 型更可能比 B 型车有较低的行车里程等级. 如果排名是基于较低行车里程等级机会最小原则, 则 B 型优于 A 型.

应用练习

2.66 已灭绝灵长类动物的颊齿. 参考练习 2.14 中 *American Journal of Physical Anthropology* (Vol. 142, 2010) 上关于灭绝的哺乳动物饮食习惯的研究. 回顾怀俄明西部发现的头骨中提取的牙齿且每个牙齿根据磨损程度进行分类 (无磨损、轻度、轻中度、中度、重中度、重度). 13 颗牙齿的分类汇总在下表中. 考虑下面的条形图. 过于强调某一指标的重要性, 用两种方法确定条形图可能会误导观察者.

磨损度	牙齿数目	比例
重度	1	0.077
重中度	1	0.077
中度	3	0.231
轻中度	2	0.154
轻度	4	0.308
无磨损	2	0.154

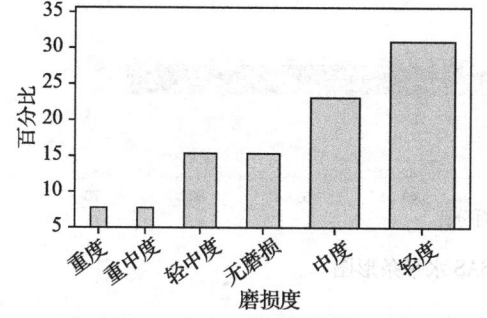

BPOIL

2.67 英国石油公司石油泄漏. 2010 年夏, 深水地平线石油钻井发生爆炸导致在墨西哥湾威尔斯的英国石油公司 (BP) 的一个油井泄漏. 原油连续三个月丝毫不减地冲到海湾, 直到 BP 修补漏洞. 在灾难期间, BP 用吸气管收集了一些喷出的油. 2010 年 5 月, 一位 BP 代表展示了一幅每天通过吸气管收集的每 42 加仑一桶 (bbl) 石油的桶数图, 以说明每天的进展. 下面的 MINITAB 图与 BP 使用的图类似.

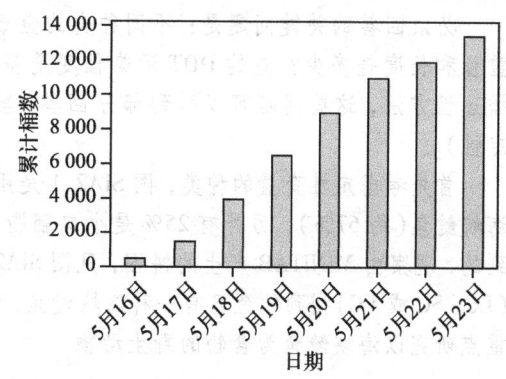

a. 注意纵轴表示每天收集石油桶数的"累计", 就是通过将前几天收集到的石油桶数加到目前收集到的石油桶数来计算. 解释这个图形为什么会产生误导.

b. 下表列出了这八天每天估计的实际收集的石油桶数. 用这些数据作图, 准确地描述 BP 每天收集石油桶数的进展. 从这幅图你能得到什么结论?

日期	桶数(bbl)
5月16日	500
5月17日	1 000
5月18日	3 000
5月19日	2 500
5月20日	2 500
5月21日	2 000
5月22日	1 000
5月23日	1 500

PHISHING

2.68 网络钓鱼攻击电子邮件账户. 回顾练习2.24,网络钓鱼是指企图通过欺诈性邮件获取毫无戒心的人的个人/财务信息(如数字密码、信用卡信息或银行账户号码). 来自对机构的实际钓鱼攻击的数据保存在PHISHING文件中. 该公司设立了一个公开的电子邮件账户,称作"欺诈箱",如果员工怀疑电子邮件受到钓鱼攻击,就让员工通知他们. 记录267封欺诈箱邮件通知的到达时间间隔,即实际钓鱼攻击的时间和员工通知公司受到攻击的时间差(秒). 具有"代表性"的到达时间间隔越长,钓鱼攻击越可能是来自公司内部的"内部工作". 假设负责调查钓鱼攻击的公司技术支持组将代表性的到达时间间隔为80秒或者更多的攻击归为内部工作. 下面的MINITAB输出给出了到达时间间隔的描述性统计. 根据高均值95.52秒,技术支持经理断言钓鱼攻击是内部工作. 你同意吗?

```
Descriptive Statistics: INTTIME

Variable     N     Mean   StDev  Minimum      Q1  Median      Q3  Maximum
INTTIME    267    95.52   91.54     1.86   30.59   70.88  133.34   513.52
```

DDT

活动中的统计学回顾:亚拉巴马州田纳西河中污染鱼的特征

回顾美国陆军工兵部队的工程师研究位于亚拉巴马州田纳西河岸附近的化学工厂排放的有毒物质造成的鱼污染. 研究数据保存在DDT文件中.

必须回答的关键问题是:不同种类的鱼最有可能在哪里捕到(即什么河流或支流),鱼的典型重量和长度是多少? 鱼的DDT污染程度是多少? 污染程度会随着种类而变化吗? 应用这一章的描述性方法,这些问题可以得到部分回答. 当然,使用的方法依赖于分析的变量类型(定量还是定性).

首先考虑定性变量的种类,图SIA2.1是用SAS产生的种类条形图. 可以看到,捕到的鱼主要是海峡鲶鱼(约67%),另外有25%是小口胭脂鱼,8%是大嘴鲈鱼. 为了确定这些鱼是在什么地方捕到的,观察由MINITAB产生的饼图,见图SIA2.2,这是根据4条河流/支流产生的4个饼图. 在支流(LC、SC或FC)捕到的鱼只有一种海峡鲶鱼. 由于这些支流靠近水库和野生动物保护区,生态学家重点研究以海峡鲶鱼为食物的野生动物.

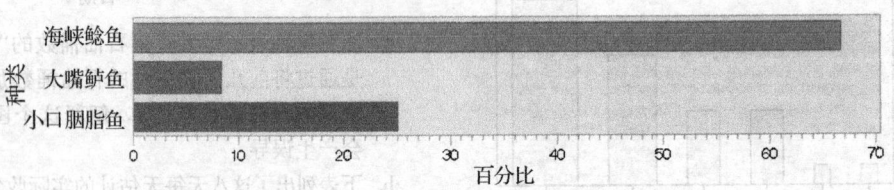

图SIA2.1 鱼种类的SAS水平条形图

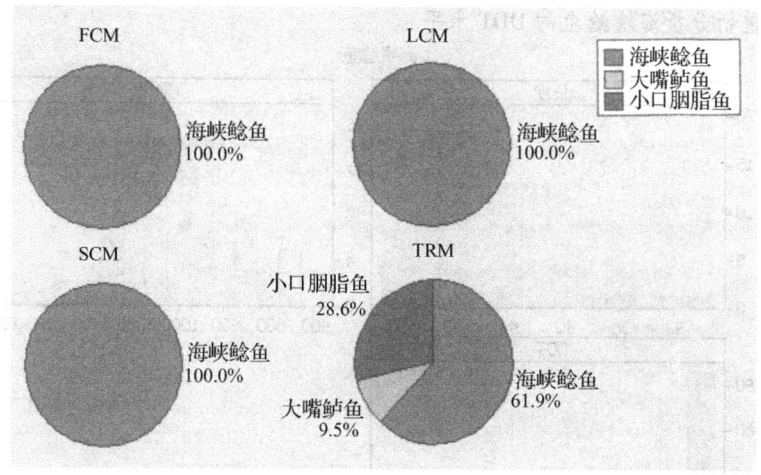

图 SIA2.2 各河流的鱼种类的 MINITAB 饼图

为了检查定量变量长度、重量和 DDT 水平,我们按种类生成每个度量的描述性统计量,图 SIA2.3 是这些统计量的 SAS 输出. 对海峡鲶鱼,这些变量的直方图的 MINITAB 输出见图 SIA2.4. 这些直方图都是呈丘形的,海峡鲶鱼的长度和重量直方图几乎为对称分布. 因此,我们可以应用经验法则去描述这些分布.

```
                        The MEANS Procedure

              N
SPECIES      Obs   Variable        Mean         Std Dev      Minimum       Maximum        Median

CCATFISH      96   LENGTH       44.7291667     4.5808047    29.5000000    52.0000000     45.0000000
                   WEIGHT      987.2916667   262.6813926   353.0000000      1770.00    983.5000000
                   DDT          33.2993750   119.4746053     0.7400000      1100.00      9.5500000

LMBASS        12   LENGTH       26.5416667     4.4795410    17.5000000    36.0000000     26.2500000
                   WEIGHT      629.0000000   324.7564122   173.0000000      1433.00    538.0000000
                   DDT           1.3800000     2.0426142     0.1100000     7.4000000     0.5300000

SMBUFFAL      36   LENGTH       43.1250000     5.4134423    32.5000000    52.0000000     46.0000000
                   WEIGHT         1356.42    436.7343995   520.0000000      2302.00       1440.50
                   DDT           8.1616667    11.2832608     0.2500000    48.0000000     4.6500000
```

图 SIA2.3 各种鱼的 SAS 描述性统计量

对于海峡鲶鱼的长度,$\bar{y}=44.73$, $s=4.58$. 因此,大约 95% 的海峡鲶鱼长度落在区间 $44.73 \pm 2(4.58)$ 内,即在 35.57 和 53.89cm 之间. 对于海峡鲶鱼的重量,$\bar{y}=987.3$, $s=262.7$. 这表示大约 95% 的海峡鲶鱼的重量落在区间 $987.3 \pm 2(262.7)$ 内,即在 461.9 和 1 512.7g 之间.

图 SIA2.4 最下面的直方图表示海峡鲶鱼的 DDT 水平高度右偏,偏度是几个非常大的 DDT 值引起的. 图 SIA2.3 的 SAS 输出给出了最大的 DDT 值是 1 100ppm. 这个值是异常值吗?对于海峡鲶鱼的 DDT 水平,$\bar{y}=33.3$, $s=119.5$,因此这个大 DDT 值的 z 得分是 $z=(1\,100-33.3)/119.5=8.93$. 由于在一个数据集中观测到一个距离均值几乎 9 个标准差的点是极不可能的,因此,这个 DDT 值是一个高度疑似的异常值. 美国陆军工兵部队的研究表明这个 DDT 值的测量和记录都是正确的,这条鱼恰好是在制造厂排放有毒物质的水域捕到的为数不多的几条之一. 因此, 研究者决定把这个观测值从数据集中剔除, 重新分析海峡鲶鱼的 DDT 水平.

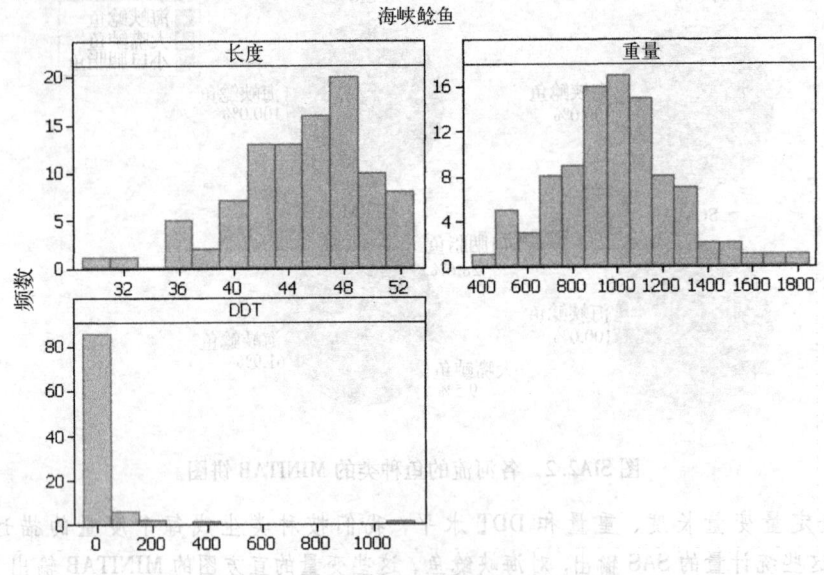

图 SIA2.4 海峡鲶鱼的 MINITAB 直方图

图 SIA2.5 的 MINITAB 输出给出了剔除异常值后海峡鲶鱼 DDT 水平的概括统计量, 现在 $\bar{y} = 22.1$, $s = 46.8$. 根据切比雪夫法则, 至少有 75% 海峡鲶鱼的 DDT 水平将会落在区间 $22.1 \pm 2(46.8)$ 内, 即在 0 和 115.7ppm 之间. 图 SIA2.6 是删减数据后的 SAS 直方图, 这个图表明大部分 DDT 水平超过了 5ppm——环境保护署认为是安全的、最高的水平, 这为生态学家重点研究以海峡鲶鱼为食物的野生动物提供了进一步的证据.

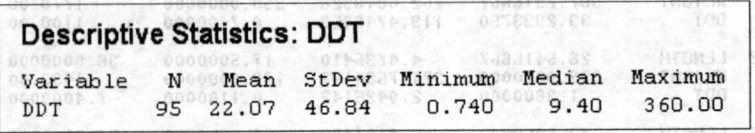

图 SIA2.5 剔除异常值后海峡鲶鱼的 DDT 水平的 MINITAB 概括统计量

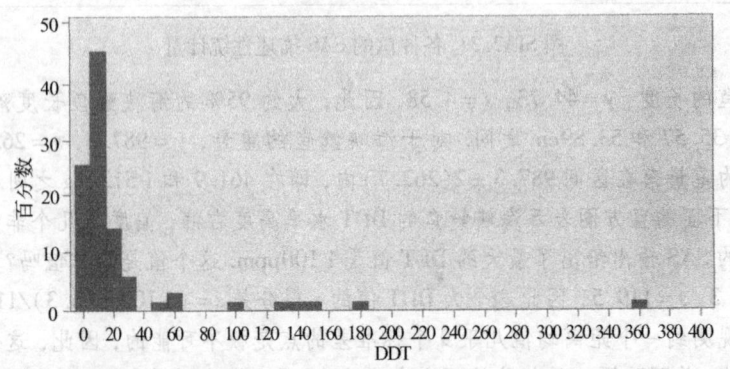

图 SIA2.6 剔除异常值后海峡鲶鱼的 DDT 水平的 SAS 直方图

快速回顾

重要公式

$\dfrac{\text{类频数}}{n}$	类相对频率
$\bar{y} = \dfrac{\sum_{i=1}^{n} y_i}{n}$	样本均值
$s^2 = \dfrac{\sum_{i=1}^{n}(y_i - \bar{y})^2}{n-1} = \dfrac{\sum_{i=1}^{n} y_i^2 - \dfrac{\left(\sum_{i=1}^{n} y_i\right)^2}{n}}{n-1}$	样本方差
$s = \sqrt{s^2}$	样本标准差
$z = \dfrac{y - \bar{y}}{s}$	样本 z 得分
$z = \dfrac{y - \mu}{\sigma}$	总体 z 得分
$IQR = Q_U - Q_L$	四分位数间距
$Q_L - 1.5(IQR)$	下侧内篱笆
$Q_U + 1.5(IQR)$	上侧内篱笆
$Q_L - 3(IQR)$	下侧外篱笆
$Q_U + 3(IQR)$	上侧外篱笆

本章总结提示

- **定性数据的图形法**：**饼图、条形图和帕雷托图**.
- **定量数据的图形法**：**点图、茎叶图和直方图**.
- **中心趋势的数值度量**：**均值、中位数和众数**.
- **变异的数值度量**：**极差、方差和标准差**.
- **样本的数值描述性度量**称作**统计量**.
- **总体的数值描述性度量**称作**参数**.
- 确定落在区间(均值)±2(标准差)测量值百分比的法则：**切比雪夫法则**(至少75%)以及**经验法则**(近似95%).
- **相对位置的度量**：**百分位数得分和 z 得分**.
- **检测异常值的方法**：**盒子图和 z 得分**.

补充练习

2.69 报废轮胎的命运. 根据 Rubber Manufactures Association，美国每年大约有 3 亿轮胎报废. 下面的汇总表描述了这些报废轮胎的命运.

a. 确定每个报废轮胎测量的变量.
b. 组(类)是什么？
c. 计算组相对频率.
d. 基于 c 中的结果，作数据的饼图.
e. 基于 c 中的结果，作数据的帕雷托图，并解释图形.

轮胎的命运	数目(百万)
作为燃料燃烧	155
回收用于新产品	96
出口	7
土地处置	42
总计	300

资料来源：Rubber Manufactures Association, 2009 年 5 月.

2.70 **微生物燃料电池**. 利用微生物燃料电池 (MFC) 发电是一项有前途的新技术，MFC 是天然人类废水的产物. 过去几年，利用 MFC 发电的研究大幅增加. 下图是从 *Biochemical Engineering Journal* (Vol. 73, 2013) 得到的，概述了 54 篇最新发表的研究领域为 MFC 的学术论文的样本.（注：按照特定的研究领域，如微生物代谢、生物阴极、专利等将 54 篇文章进行分类.）

a. 确定每篇学术论文测量的定性变量.
b. 画出了哪种类型的图形？
c. 把下图转化为帕雷托图. 利用图形确定 MFC 学术论文中所占比例最大的研究领域.

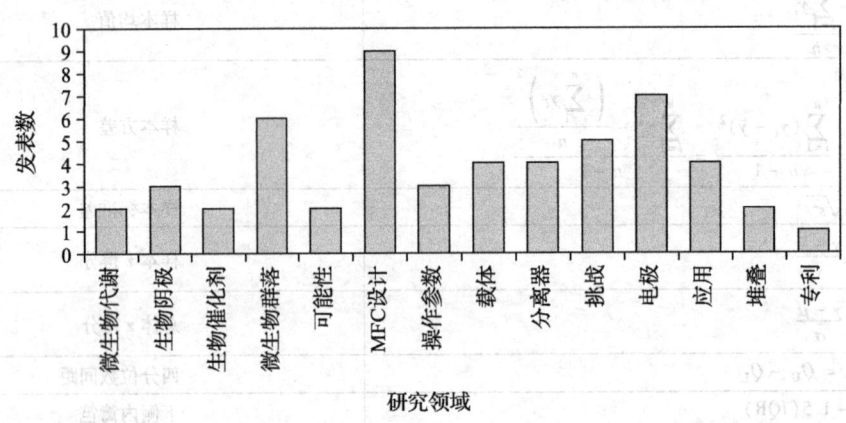

练习 2.70 图

2.71 **不安全的佛罗里达道路**. 佛罗里达的土木工程师正在用最新的面向安全的建筑方法设计道路，因为在佛罗里达由于不好的道路受到伤害的人数比枪击更多. 某年总共有 135 起交通事故归因于修建的不好道路，下表给出了不好的道路条件引起的事故. 画出数据的帕雷托图并解释.

🌐 **BADROADS**

不好的道路条件	死亡人数
障碍物没有警示牌	7
修理/建造中的道路	39
不坚固的路面材料	13
软和低的路肩	20
洞、凹痕等	8
积水	25
破旧的道路表面	6
其他	17
总数	135

资料来源：佛罗里达高速公路安全与机动车辆部门.

2.72 **生产过程中电压读数**. Harris 公司/佛罗里达大学着手研究在偏远地方完成的制造过程能否在本地建立. 检测设备（控制器）安装在新老两个地方，并获得了生产过程的电压读数. 电压读数至少为 9.2 伏被认为是一个"好的生产过程"（读数大比读数小好）. 下表包含了每个地方 30 个产品运转期的电压读数.

🌐 **VOLTAGE**

老地方			新地方		
9.98	10.12	9.84	9.19	10.01	8.82
10.26	10.05	10.15	9.63	8.82	8.65
10.05	9.80	10.02	10.10	9.43	8.51
10.29	10.15	9.80	9.70	10.03	9.14
10.03	10.00	9.73	10.09	9.85	9.75
8.05	9.87	10.01	9.60	9.27	8.78
10.55	9.55	9.98	10.05	8.83	9.35
10.26	9.95	8.72	10.12	9.39	9.54
9.97	9.70	8.80	9.49	9.48	9.36
9.87	8.72	9.84	9.37	9.64	8.68

资料来源：Harris Corporation, Melbourne, FL.

a. 画出老地方生产过程电压读数的相对频率直方图.
b. 画出老地方生产过程电压读数的茎叶图. a 和 b 中两个图哪个能获得关于大部分电压读数所在位置的更多信息？

c. 画出新地方生产过程电压读数的相对频率直方图.
d. 比较 a 和 c 中的两个图.（你可以在同一个图中画两个直方图.）制造过程可以在本地建立吗（即新老两个地方生产过程一样好还是新地方生产过程比老地方生产过程更好）？
e. 计算并解释电压读数集合的均值、中位数和众数. 哪一个是更好的中心趋势度量？解释之.
f. 计算老地方生产过程电压读数 10.50 的 z 得分.
g. 计算新地方生产过程电压读数 10.50 的 z 得分.
h. 基于 f 和 g 的结果, 在哪个地方更可能出现 10.50 的电压读数？解释之.
i. 作老地方生产数据的盒子图. 你是否能检测出任何异常值？
j. 用 z 得分法检测老地方生产数据的异常值.
k. 作新地方生产数据的盒子图. 你是否能检测出任何异常值？
l. 用 z 得分法检测新地方生产数据的异常值.
m. 把 i 和 k 中的两个盒子图放在一起, 比较两个地方电压读数的分布.

2.73 **管道表面的粗糙度**. 参考练习 2.20 中 *Anti-corrosion Methods and Materials*（Vol. 50, 2003）上关于油田管道表面粗糙度的文章. 下表重新给出数据（μm）. 求一个最可能包含大约 95% 的管道表面粗糙度数据的区间.

 ROUGHPIPE

1.72	2.50	2.16	2.13	1.06	2.24	2.31	2.03	1.09	1.40
2.57	2.64	1.26	2.05	1.19	2.13	1.27	1.51	2.41	1.95

资料来源: Farshad, F., and Pesacreta, T., "Coated pipe interior surface roughness as measured by three scanning probe instruments." *Anticorrosion Methods and Materials*, Vol. 50, No. 1, 2003（表Ⅲ）.

CRASH

2.74 **新车的撞击测试**. 每年国家公路交通安全管理局（NHTSA）都对新车型进行撞击测试, 以确定汽车发生正面碰撞时保护司机及前座乘客的能力. NHTSA 开发了一套正面撞击测试的星级得分系统, 结果从一颗星（*）到五颗星（*****）. 等级中的星越多, 在正面碰撞中撞击保护的水平就越高. 最近一年 NHTSA 将 98 辆汽车撞击测试的结果保存在 CRASH 文件中, 下面的 MINITAB 输出中汇总了 98 辆汽车驾驶座的星级, 利用输出的信息建立饼图, 并解释图形.

```
Tally for Discrete Variables: DRIVSTAR
DRIVSTAR   Count   Percent
   2          4      4.08
   3         17     17.35
   4         59     60.20
   5         18     18.37
  N=         98
```

TILLRATIO

3.75	4.05	3.81	3.23	3.13	3.30	3.21	3.32	4.09	3.90	5.06	3.85	3.88
4.06	4.56	3.60	3.27	4.09	3.38	3.37	2.73	2.95	2.25	2.73	2.55	3.06

资料来源: 摘自 *American Journal of Science*, Vol. 305, No. 1, Jan. 2005, p. 16（表 2）.

2.75 **新车的撞击测试**. 参考练习 2.74 和 NHTSA 撞击测试数据. NHTSA 记录的一个定量变量是司机头部伤害的严重性（从 0 ~ 1 500 标度）, 保存在 CRASH 文件中. 98 个汽车司机头部伤害级别的均值和标准差如下面的 MINITAB 输出所示, 用这些值求司机头部伤害等级为 408 的 z 得分, 并解释这个结果.

2.76 **冰碛物的化学组成**. 参考练习 2.22 中 *American Journal of Science*（2005 年 1 月）上关于沉积的冰碛物（冰碛）的化学组成的文章. 26 个沉积的冰碛物样品中 Al/Be 比的数据在下表中重新给出.
a. 计算并解释 Al/Be 比的中心趋势的三个数值描述性度量.
b. 计算并解释 Al/Be 比的三个变异性的数值描述性度量.
c. 作数据的盒子图, 你是否检出异常值？

```
Descriptive Statistics: DRIVHEAD
Variable    N    Mean   StDev  Minimum     Q1  Median     Q3  Maximum
DRIVHEAD   98   603.7   185.4    216.0  475.0   605.0  724.3   1240.0
```

练习 2.75 的 MINITAB 输出

54 第2章

2.77 汽油中的红色染料. 用染料给纺织品、纸张、皮革和食品等产品着色，法律要求必须指明汽油中含有铅。为了监测环境污染，我们需要开发分析方法以鉴别、确定这些染料的含量。在某一研究中，用高效热能液相色谱法来显示废水和汽油中的染料特征。下表给出了汽油中商用重氮红色染料成分的相对含量（出现的相对频率）。用条形图表示红色染料成分的相对含量，并解释图形。

🌐 **REDDYE**

红色染料混合物	相对含量
H	0.021
CH_3	0.210
C_2H_5	0.354
C_3H_7	0.072
C_7H_{15}	0.054
C_8H_{17}	0.127
C_9H_{19}	0.118
$C_{10}H_{21}$	0.025
其他	0.019

2.78 深孔钻探. 参考练习 1.26 中 *Journal of Engineering for Industry*（1993 年 5 月）上关于深孔钻探的文章。用计算机模拟生成的数据对钻屑充塞进行分析，下面的频数直方图给出了 50 个钻屑长度(mm)的模拟分布。

a. 将频数直方图转化为相对频率直方图。

b. 由 a 中的图形，你能否观测到一个长度至少为 190mm 的钻屑？说明原因。

2.79 块状铁矿石. 从装有 35 325 长吨矿石的船上随机地抽取 66 块智利块状铁矿石样品（95% 颗粒大小，150mm），确定每一矿石样品中铁的百分比。数据如下表所示。

🌐 **LUMPYORE**

62.66	61.82	62.24
62.87	63.01	63.43
63.22	63.01	62.87
63.01	62.80	63.64
62.10	62.80	63.92
63.43	63.01	63.71
63.22	62.10	63.64
63.57	63.29	64.06
61.75	63.37	62.73
63.15	61.75	62.52
63.08	63.29	62.10
63.22	62.38	63.29
63.22	62.59	63.01
63.08	63.92	63.36
62.87	63.29	63.08
61.68	63.57	62.03
62.45	62.80	64.34
62.10	62.31	64.06
62.87	63.01	62.87
62.87	62.94	63.50
62.94	63.08	63.78
62.38	63.43	62.10

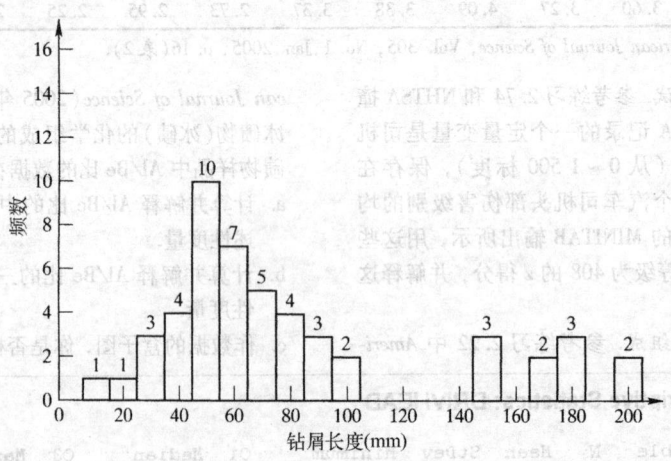

练习 2.78 的频数直方图

资料来源：Chin, Jih-Hua, et al. "The computer simulation and experimental analysis of chip monitoring for deep hole drilling." *Journal of Engineering for Industry, Transactions of the ASME*, Vol. 115, May 1993, p. 187(图 12).

a. 描述所抽样的总体.
b. 给出这个抽样方法的一个可能目标.
c. 建立数据的相对频率直方图.
d. 计算 $\bar{y}$ 和 s.
e. 求落在区间 $\bar{y} \pm 2s$ 内的观测值占总数($n=66$)的百分比. 这个百分数与经验法则是否一致?
f. 求数据集的第 25、50、75 和 90 百分位数,并解释这些值.

2.80 蒙古沙漠中的蚂蚁. *Journal of Biogeography* (2003年12月)发表了一篇关于蒙古(中亚)蚂蚁的第一次综合研究的文章. 植物学家把种子作为饵放在11个研究地点,并观察每一地点吸引的蚂蚁种类. 表中给出了在每一地点记录的一些数据.

a. 求 11 个地点发现的蚂蚁种类数的均值、中位数和众数. 解释每一个值.
b. 你建议采用哪个中心趋势度量来描述蚂蚁种类分布的中心? 解释之.
c. 求在 5 个干旱草原观测点的植物总覆盖率的均值、中位数和众数.
d. 求在 6 个戈壁沙滩观测点的植物总覆盖率的均值、中位数和众数.
e. 基于 c 和 d 的结果,两类区域的植物总覆盖率分布的中心是否不同?

GOBIANTS

地点	地带	年降雨量 (mm)	日最高温度 (℃)	植物总覆盖 (%)	蚂蚁种类数	物种多样性指数
1	干旱草原	196	5.7	40	3	0.89
2	干旱草原	196	5.7	52	3	0.83
3	干旱草原	179	7.0	40	52	1.31
4	干旱草原	197	8.0	43	7	1.48
5	干旱草原	149	8.5	27	5	0.97
6	戈壁沙滩	112	10.7	30	49	0.46
7	戈壁沙滩	125	11.4	16	5	1.23
8	戈壁沙滩	99	10.9	30	4	0.00
9	戈壁沙滩	125	11.4	56	4	0.76
10	戈壁沙滩	84	11.4	22	5	1.26
11	戈壁沙滩	115	11.4	14	4	0.69

资料来源: Pfeiffer, M., et al., "Community Organization and species richness of ants in Mongolia along an ecological gradient from steppe to Gobi Desert." *Journal of Biogeography*, Vol. 30, No. 12, DeC. 2003(表 1、2).

2.81 意外的原子能紧急停堆. 紧急停堆是核能工程师用于描述快速紧急停止核反应堆的专业术语. 原子能工业做了一致的努力来减少意外紧急停堆次数. 下表给出了美国近年来 56 个核反应堆每个单位紧急停堆的次数. 你期望观测到一个核反应堆在未来有 11 次意外紧急停堆吗? 解释之.

SCRAMS

1	0	3	1	4	2	10	6	5	2	0	3	1	5
4	2	7	12	3	0	3	8	2	0	9	3	3	4	7
2	4	5	3	2	1	3	14	2	3	3	7	0	9
4	3	5	2	7	8	5	2	4	3	4	0	1	7

2.82 工作量的数据. 工业工程师会定期进行"工作量"分析,以确定生产一个单位产品所需要的时间. 在某大型加工厂,记录每天为执行某任务所需的总工时数. 下面给出了 50 天的记录数据.

WORKHRS

128	119	95	97	124	128	142	98	108	120
113	109	124	132	97	138	133	136	120	112
146	128	103	135	114	109	100	111	131	113
124	131	133	131	88	118	116	98	112	138
100	112	111	150	117	122	97	116	92	122

a. 计算数据集的均值、中位数和众数.
b. 求数据集的极差、方差和标准差.
c. 构造区间 $\bar{y} \pm s$, $\bar{y} \pm 2s$ 和 $\bar{y} \pm 3s$, 数出落在每个区间内的观测值个数,并求相应的比例. 比较经验法则的结果,是否检出异常值?

d. 建立数据的盒子图. 是否检出异常值?

e. 求日总工时数据的第 70 百分位数, 解释这个值.

2.83 石油泄漏对海鸥的影响. *Journal of Agricultural Biological, and Environmental Statistics* (2000 年 9 月) 发表了一篇关于埃克森·瓦尔笛兹(Exxon Valdez)油船的石油泄漏对阿拉斯加威廉王子湾附近海鸥总体影响的文章. 分析的一部分数据保存在 EVOS 文件中, 数据是在 96 个宽度固定、长度变化的海岸线地区(称作样条)收集的. 对每一样条, 记录的是海鸥数量和样条长度(km)及这个样条是否在有油区域. (EVOS 文件中的前 5 个和后 5 个数据列在下表中.)

EVOS

样条	海鸥	长度	油
1	0	4.06	无
2	0	6.51	无
3	54	6.76	无
4	0	4.26	无
5	14	3.59	无
⋮	⋮	⋮	⋮
92	7	3.40	有
93	4	6.67	有
94	0	3.29	有
95	0	6.22	有
96	27	8.94	有

资料来源: McDonald, T. L., Erickson, W. P. and McDonald, L. L., "Analysis of count data from before-after control-impact studies." *Journal of Agricultural, Biological, and Environmental Statistics*, Vol 5, No. 3, Sept. 2000, p. 277-278(表 A. 1).

a. 确定测量的变量是定量的还是定性的.

b. 确定试验单位.

c. 用饼图描述有油区域和无油区域样条的百分数.

d. 用图形法检查观测到的海鸥个数和样条长度的关系.

e. 观测到的海鸥密度定义为观测的海鸥个数除以样条长度. 对无油样条和有油样条, 下表是海鸥密度的 MINITAB 描述性统计量的输出. 评估有油和无油样条中海鸥密度的分布是否不同.

f. 对于无油样条, 给出一个至少包含 75% 的海鸥密度值的最可能区间.

g. 对于有油样条, 给出一个至少包含 75% 的海鸥密度值的最可能区间.

h. 哪一种类型的样条(有油或无油)海鸥密度更有可能为 16? 说明原因.

2.84 来自星系光的速度. 天文学家认为冷暗物质(CDM)造成星系的形成. 理论模型 CDM 需要来自星系光的速度的估计. *The Astronomical Journal* (1995 年 7 月) 发表了关于星系速度的研究. 称作 A1775 的第二星云团认为是一个双子星云团, 即两个紧邻的星云团. 来自星云团 A1775 的 51 个速度观测值(km/s) 列在下表中.

GALAXY2

22 922	20 210	21 911	19 225	18 792	21 993	23 059
20 785	22 781	23 303	22 192	19 462	19 057	23 017
20 186	23 292	19 408	24 909	19 866	22 891	23 121
19 673	23 261	22 796	22 355	19 807	23 432	22 625
22 744	22 426	19 111	18 933	22 417	19 595	23 408
22 809	19 619	22 738	18 499	19 130	23 220	22 647
22 718	22 779	19 026	22 513	19 740	22 682	19 179
19 404	22 193					

资料来源: Oegerle, W. R., Hill, J. M., and Fitchett, M. J., "Observations of high dispersion clusters of galaxies: Constraints on cold dark matter." *The Astronomical Journal*, Vol. 110, No. 1, July 1995, p. 34(表 1). p. 37(图 1).

a. 用图形法描述星云团 A1775 的速度分布.

b. 检查 a 中的图, 有证据支持双子星云团理论吗? 说明原因.

c. 计算星云团 A1775 中星系速度的数值描述性度量(如均值和标准差). 根据 b 得到的结果, 你可能需要计算两个集合, 也就是双子云团中的每一个星云团(譬如说 A1775A 和 A1775B)的数值描述性度量.

d. 假如你观测到一个星系, 速度为 20 000km/s, 这个星系是属于星云团 A1775A 还是 A1775B? 说明原因.

```
Descriptive Statistics: Density

Variable  Oil  N   Mean   StDev  Minimum  Q1      Median  Q3     Maximum
Density   no   36  3.27   6.70   0.000    0.000   0.890   3.87   36.23
          yes  60  3.495  5.968  0.0000   0.000   0.700   5.233  32.836
```

OILSPILL

2.85 油船外壳的破损. 由于油船的几次较大的海洋石油泄漏，美国国会通过了 1990 石油污染条例. 这个条例要求所有油船必须设计较厚的外壳. 自此以后，不断提出油船结构设计的进一步改进，目的在于降低石油泄漏的可能性，减少外壳戳破事件中石油流出量. 为了帮助这一方面的研究，*Marine Technology*（1995 年 1 月）报道了近来 50 艘主要的油船和其他运输工具导致石油泄漏的戳破原因和泄漏量（千米吨）.〔注：戳破原因分为碰撞（C）、火灾/爆炸（FE）、外壳破损（HF）或搁浅（G）.〕数据保存在 OILSPILL 文件中.

a. 用图形法描述 50 艘油船石油泄漏的原因. 这个图是否说明某个原因比其他原因更可能发生? 对设计工程师来说这个信息如何？

b. 求出并解释这 50 个泄漏量的描述性统计量. 利用这个信息构造一个区间，预测下一次重大石油泄漏事故泄漏的量.

2.86 人工物料搬运. 工程师有一个小组专门研究独立的人类活动，如提起、放下、推、拉、搬或者抓取和释放一个物体——人工物料搬运活动（MMHA）. M. M. Ayoub 等（1980）曾经尝试研究关于 MMHA 中力量和能力的标准. 作者指出力量和能力的一个明显区别就是："力量表明一个人在一次努力下能做到的，而能力表明一个人在一段较长时间内能做到的. 例如，提起的力量决定在频繁间隔内提起的量."下表给出的是 Ayoub 等推荐的一部分女性和男性的提起能力. 这个表给出了把一个 30cm 宽的箱子以两种不同的提升速度——每分钟 1 次和每分钟 4 次，安全地从地面提到膝高的最大重量（kg）的均值和标准差.

性别	次/分钟	均值	标准差
男	1	30.25	8.56
	4	23.83	6.70
女	1	19.79	3.11
	4	15.82	3.23

资料来源: Ayoub, M. M., Mital, A., Bakken, G. M., Asfour, S. S., and Bethea, N. J., "Development of strength capacity norms for manual materials handing activities: The state of the art." *Human Factors*, June 1980, Vol. 22, p. 271 – 283. Copyright 1980 by the Human Factors Society, Inc. and reproduced by permission.

a. 对这 4 种性别及每分钟提升次数的组合，给出最大建议提升重量的相对频率分布. 经验法则能帮助你做这件事.

b. 构造这四组数据每一组的 $\bar{y} \pm 2s$ 区间. 给出测量值落在这个区间的比例.

c. 假设 Ayoub 等的建议 MMHA 是合理的，能期望一个正常的男性能够以每分钟 4 次的速度把一个重 25kg（宽 30cm）的箱子从地面提升到膝高吗？一个正常的女性呢？解释之.

2.87 钢轴的质量. 在 W. Edwards Deming 的论文"Making Things Right"中讨论了统计在工业产品质量控制中的作用⊖. 一个例子是 Deming 检查了一家钢轴制造厂的质量控制过程. 如果生产的钢轴直径小于 1cm，那么在轴承里就显得太松，最终基本上必须拒收（扔掉）. 为了确定生产钢轴的机器设置的直径是否正确，从每天的产品中抽取 500 根钢轴，并记录它们的直径. 下图给出了一天产品的 500 个直径分布，图中符号 LSL 表示钢轴直径规格的 1cm 下限.

a. 图中描述的是什么类型数据，定量的还是定性的？

b. 用于描述数据的是什么类型的图法？

c. 利用图形估计钢轴直径在 1.002 5 和 1.004 5cm 之间的比例.

d. 可能存在一些检查人员，由于不清楚直径尺寸不足的钢轴对后面生产过程造成的麻烦，因此可能会通过一些比钢轴直径规定下限还低的钢轴，将它们记录在以 1.000cm 为中心的区间内. 根据图形，是否有证据支持这个观点？说明原因.

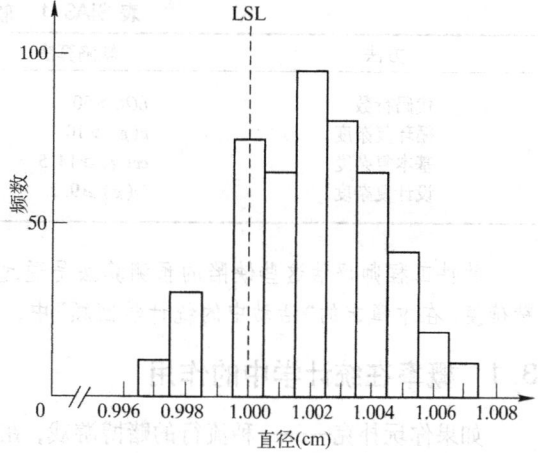

⊖ 来自 Tanur, J., et al., eds. *Statistics: A Guide to the Unknown*. San Francisco: Holden-Day, 1978. p. 279 – 281.

第3章 概　　率

目标 简要介绍概率理论，提出概率在统计推断中的作用.

活动中的统计学：NASA 太空船仪表码中的软件缺陷评估预测器

软件工程师负责测试和评估计算机软件代码. 一般地，评价越严格成本越高. 给定有限的预算，软件工程师通常注意其认为是最重要的代码. 因此，这个软件代码剩下的部分（称作"盲点"）可能包含未发现的缺陷. 例如，*Journal of Systems and Software*（2003年2月）刊登了 NASA 外层空间卫星的有缺陷的基础软件. NASA 工程师集中于比较关键的飞行软件代码；但是，有缺陷的基础软件一直没有正确地从飞行软件收集数据，从而导致了卫星的关键问题.

最近，西弗吉尼亚大学计算科学与电气工程系的 Tim Menzies 教授和 Justin DiStefano 教授提出了软件代码评估中的"盲点"问题，研究人员也提出了一些评估探测软件缺陷不同方法的准则[⊖]. 这些方法应用到各种数据集，其中一个是活动中的统计学的应用焦点. 保存在 SWDEFECTS 文件中的数据可以从由渥太华大学信息技术与工程学院所持有的 PROMISE 软件工程知识库中免费获取. 数据包括为一个 NASA 太空船仪表以"C"语言编写的 498 个软件代码模块.

对每个模块，一行一行地评估软件代码的缺陷，并将模块分为"true"（即模块有缺陷的代码）或者"false"（即模块有正确的代码）. 由于一行一行地检查代码非常耗费时间和金钱，因此研究员考虑利用一些简单、容易应用的算法来预测一个模块是否有缺陷. 例如，一个简单的算法是数出模块中代码的行数，例如，任意一个有 100 行或者更多行代码的模块被预测有一个缺陷. 表 SIA3.1 列出了一些预测方法. SWDEFECTS 文件包含一个相应于每个方法的变量. 当方法预测到一个缺陷时，相应的变量值为"Yes"；否则是"No".

表 SIA3.1　软件缺陷预测算法

方法	缺陷算法	定义
代码行数	$LOC > 50$	LOC = 代码行数
循环复杂度	$v(g) > 10$	$v(g)$ = 线性独立路径的个数
基本复杂度	$ev(g) \geq 14.5$	$ev(g)$ = D 结构质数机的子流向图个数
设计复杂度	$iw(g) \geq 9.2$	$iw(g)$ = 简化模块流向图的循环复杂度

软件工程师评估这些缺陷的预测算法是通过计算几个概率度量：正确度，检出率，假警报率和精确度. 在本章末的"活动中的统计学回顾"中，我们将说明如何计算这些概率.

3.1　概率在统计学中的作用

如果你玩扑克———种流行的赌博游戏，在任意一局游戏中，是否获胜是一件不确定的事. 类

⊖ Menzies, T. & DiStefano, J. "How good is your blind spot sampling policy?", *8th IEEE International Symposium on High Assurance Software Engineering*, March 2004.

⊖ Menzies, T., DiStefano, J., Orrego, A., & Chapman, R. "Assessing predictors of software defects." *Proceedings, Workshop on Predictive Software Models*, Chicago, 2004.

似地，投资一个石油开采公司，它的成功是不确定的，也是一个风险事件.（事实上，有些人会认为，投资是一种知识性赌博形式，即知识、经验以及好的判断可以增加成功的机会.）

与玩扑克和投资非常类似，基于样本数据做出的推断也是不确定的. 一个样本很少能够给出它所来自总体的一个完美精确的叙述. 当利用样本数据估计拥护某个政治候选人或者喜欢某种消费品的人群比例时，总是存在一定范围内的误差（就像民意调查结果告诉我们的一样）. 类似地，从装配线上选择的橡胶模型补偿器，它的平均直径的样本估计会偏离总体真值多远总是不确定的. 因此，关于估计的不确定程度的度量（在第 1 章中，我们称之为推断的可靠性）在统计推断中扮演着主要的角色.

我们怎样度量有关事件的不确定性呢？每天收看新闻联播的人都能回答这个问题，答案是概率. 例如，新闻报道某一天降雨的概率为 20%. 这种说法指出那天是否下雨是不确定的，并且预报员度量出现下雨的可能性为 20%.

概率在决策中也有重要作用. 假定你有机会投资一家石油开采公司. 过去记录显示，对于 10 次以前的石油钻探（公司过去的样本），所有的结果都是干井. 你得出什么结论？你是否会认为这个公司要比以 50-50 找到生产井的公司有更好的机会？你应该投资这个公司吗？我们认为你对这些问题的答案应是"断然否定". 如果公司的开采能力有 50% 的时候可以找到一个生产井，那么 10 次钻探产出 10 个干井的记录是一个太不可能的事件. 你同意吗？

本章我们将探讨概率的意义，给出一些在统计学研究中有用的概率性质.

3.2 事件、样本空间和概率

我们先从容易说明的简单例题开始讨论概率，不讨论任何可能使人糊涂的内容. 借助于简单的例题，介绍重要的定义，概率的概念也就比较容易提出了.

假定投掷一次硬币，记录正面朝上的结果，这是一次**观测**，或一个**测量值**. 任何一个获得或产生观测值的过程称作一次**试验**. 我们的试验定义要比自然科学里所用的广泛，自然科学中，你可能看到的是试管、显微镜等. 另外，统计试验的更多实例是记录一位顾客是否偏好两种智能手机品牌中的一个、选民关于一个重要环境问题的观点、度量一条污染的河流中氧气含量、观测螺纹钢的断裂强度、软件代码中错误个数，以及观测被一种新的杀虫剂杀害的昆虫的比例. 还可以继续列出更多的统计试验，但重要的是我们的试验定义是很广泛的.

定义 3.1 试验是获得一个观测或进行一次测量的过程.

考虑另外一个简单试验，投掷一颗骰子并且观察骰子面上的点数. 这个试验的 6 个基本可能结果为：

1. 观测到 1.
2. 观测到 2.
3. 观测到 3.
4. 观测到 4.
5. 观测到 5.
6. 观测到 6.

注意，如果这个试验做一次，则你能观测到一个结果，并且只能是这 6 个基本结果中的一个. 这些结果的不同之处在于，这些可能性不能分解成任意其他的结果. 试验的这些最基本的可能结果称作简单事件.

定义 3.2 简单事件是一个试验的基本结果,它不能分解为更简单的结果.

例 3.1 列出掷币试验的简单事件 投掷两枚硬币,记录两枚硬币朝上的面. 列出这个试验的所有简单事件.

解 即使对于一个看起来很微不足道的试验,我们在列举简单事件时也必须小心. 首先快速地给出基本事件为观测到两个正面、观测到两个反面、观测到一个正面和一个反面. 但是,进一步思考发现最后一个,即观测到一个正面和一个反面可以分解为硬币 1 为正面、硬币 2 为反面以及硬币 1 为反面、硬币 2 为正面⊖. 因此,简单事件为:

1. 观测到 HH.
2. 观测到 HT.
3. 观测到 TH.
4. 观测到 TT.

(其中第一个位置的 H 意味着"硬币 1 为正面",第二个位置的 H 意味着"硬币 2 为正面",等等). ∎

我们常常希望考虑一个试验的所有简单事件集合,我们称这个集合为试验的**样本空间**. 例如,相应于投掷骰子试验的样本空间有 6 个简单事件. 表 3.1 列出了至今所讨论的试验的样本空间.

定义 3.3 试验的**样本空间**是所有简单事件的集合.

就像图形在描述数据集时是有用的一样,用图示法描述样本空间及其简单事件通常也是有用的. 图 3.1 给出了表 3.1 中每个试验的图示. 每种情况下,样本空间呈现为一个封闭的图形,记为 S,包含一个 称作**样本点**的点集,每个点代表一个简单事件. 注意,样本空间 S 中样本点个数等于与各次试验相关的简单事件的个数,分别为:投掷一枚硬币有两个样本点,投掷一颗骰子有 6 个样本点,投掷两枚硬币有 4 个样本点. 这些图形表示称作**维恩**(Venn)**图**.

表 3.1 试验和样本空间

试验:	投掷一枚硬币,观测朝上的面
样本空间:	1. 观测到正面
	2. 观测到反面

这个样本空间可以表示为包含两个简单事件的集合:
$$S: \{H, T\}$$
其中 H 表示观测到正面的简单事件,T 表示观测到反面的简单事件.

试验:	掷一颗骰子,观测朝上的面
样本空间:	1. 观测到 1
	2. 观测到 2
	3. 观测到 3
	4. 观测到 4
	5. 观测到 5
	6. 观测到 6

这个样本空间可以表示为包含 6 个简单事件的集合:
$$S: \{1, 2, 3, 4, 5, 6\}$$

试验:	掷两枚硬币,观测朝上的面
样本空间:	1. 观测到 HH
	2. 观测到 HT
	3. 观测到 TH
	4. 观测到 TT

这个样本空间可以表示为包含 4 个简单事件的集合:
$$S: \{HH, HT, TH, TT\}$$

现在我们已经定义简单事件为试验的基本结果,定义样本空间为所有简单事件的集合,下面将讨论简单事件的概率. 毋庸置疑,你已经用过术语概率,并且对它的意义也有某种直观的理解. 概率一般作为"机会"、"可能性"以及类似概念的同义词,我们将采用这些非正式的概念来讨论概率. 例如,如果投掷一枚均匀的硬币,我们有理由相信两个简单事件(即观测到正面以及观测到反面)发生

⊖ 即使硬币在外观上是相同的,事实上,它们也是两个不同的硬币. 因此,指定一个硬币为"硬币 1"及另一个为"硬币 2"在任何情况下是合理的.

概 率 61

的机会是一样的. 因此，可以说"观测到正面的概率是 50% 或 1/2"，也可以说"观测到正面的可能性是 50-50".

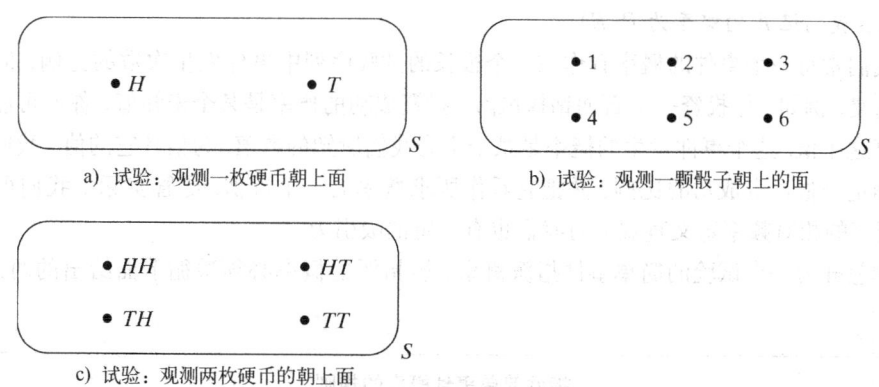

a) 试验：观测一枚硬币朝上面

b) 试验：观测一颗骰子朝上的面

c) 试验：观测两枚硬币的朝上面

图 3.1　表 3.1 中三个试验的维恩图

当我们说正面的概率是 1/2 时，这意味着什么？意味着在投掷次数非常多的过程中，大约将有一半会出现正面. 因此，数字 1/2 度量了在一次单独的投掷中，观测到正面的可能性.

观测到正面的概率是 1/2，并不意味着在多次投掷中，恰好有一半出现正面. 例如，我们不能期望投掷两次硬币恰好出现一次正面，或者投掷 10 次硬币恰好出现 5 次正面. 相反，我们期望出现正面的比例是以随机方式变化的，并且随着投掷次数逐渐增加，越来越接近于出现正面的概率 1/2. 从图 3.2 可以看出这个性质.

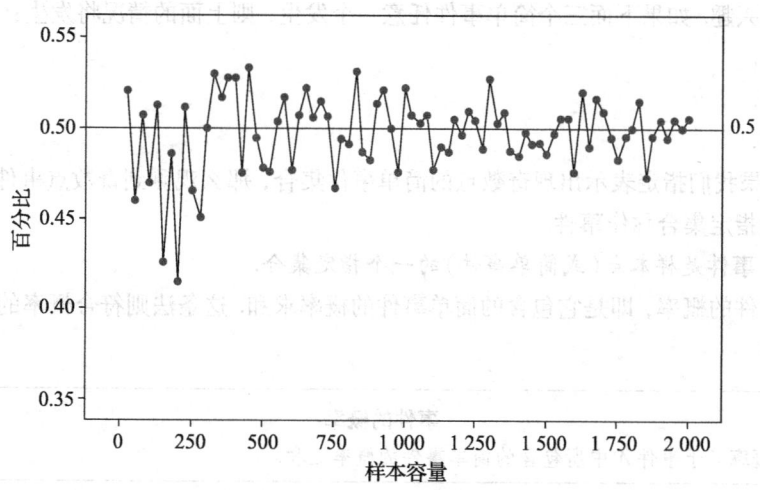

图 3.2　投掷一枚硬币 n 次的正面比例的 MINITAB 输出

图 3.2 给出了在一个模拟投掷硬币试验中，分别重复 $n = 25, 50, 75, 100, 125, \cdots, 1\,950,$ 1 975 以及 2 000 次后，观测到正面的比例. 图形的水平轴表示投掷的次数，出现正面的相应比例画在 n 值的上方. 我们将这些点连接起来以强调出现正面的比例，随着 n 越来越大（随着移向图的右边），越来越接近于 0.5.

定义 3.4 一个(简单或其他)事件的**概率**是进行试验时度量这个事件将会发生的可能性的一个数. 当试验重复的次数非常多时,概率可以用观测到的简单事件的次数的比例来近似⊖. 对于一个简单事件 E,我们记 E 的概率为 $P(E)$.

虽然我们常将一个事件的概率看作在一个很长的试验序列中事件发生次数的比例,但是有些试验不可能重复. 例如,你投资一个石油钻探风险,投资成功的概率是某个未知值,你不可能通过反复试验去估算这个值. 这个事件发生的概率是某个不为我们所知的数值. 为估计它的值,我们所能做的就是试图确定类似投资成功的比例,并把它看作所求概率的一个近似. 尽管实际中我们可能不会重复试验,概率的相对频率定义直观上对我们也有一定的吸引力.

不管你怎样为一个试验的简单事件指派概率,被指派的概率必须遵循下面给出的两条法则(或公理).

指派简单事件概率的规则

令 $E_1, E_2, \cdots, E_k$ 表示样本空间中的简单事件.
1. 所有简单事件的概率必须在 0 和 1 之间:
$$0 \leq P(E_i) \leq 1, \quad i = 1, 2, \cdots, k$$
2. 样本空间中所有简单事件的概率和必为 1:
$$\sum_{i=1}^{k} P(E_i) = 1$$

有时我们感兴趣的是任意简单事件集合. 例如,在表 3.1 的掷骰子试验中,我们可能会对观测到骰子的奇数点感兴趣. 如果下面三个简单事件任意一个发生,则上面的情况将发生:

1. 观测到 1.
2. 观测到 3.
3. 观测到 5.

事实上,如果我们指定表示出现奇数点的简单事件集合,那么观测到奇数点事件显然是确定的. 这种简单事件的指定集合称作**事件**.

定义 3.5 **事件**是样本点(或简单事件)的一个指定集合.

计算一个事件的概率,即是它包含的简单事件的概率求和. 这条法则符合概率的相对频率概念,如例 3.2 所阐述.

事件的概率

事件 A 的概率等于事件 A 中所包含的简单事件的概率之和.

例 3.2 求简单事件的概率和 考虑投掷两枚硬币的试验. 如果硬币是均匀的,那么与简单事件关联的正确概率如下:

⊖ 这个结论来自于概率论中的一个叫作大数定律的公理. 通俗地说,定律表述了当试验被不断(即很多次)地重复进行时,一个结果发生次数的相对频率趋近于这个结果的真实(或理论)概率.

简单事件	概率	简单事件	概率
HH	$\frac{1}{4}$	TH	$\frac{1}{4}$
HT	$\frac{1}{4}$	TT	$\frac{1}{4}$

定义如下事件：

$$A: \{恰好观测到一个正面\}$$
$$B: \{至少观测到一个正面\}$$

计算 A 的概率以及 B 的概率.

解 注意到如果重复进行很多次投掷硬币的试验，我们期望这 4 个简单事件发生的相对频率都近似地为 1/4，因此它们有相同的概率. 由于当两个简单事件 HT 和 TH 中的任一个发生时，事件 A：{恰好观测到一个正面}将会发生(见图 3.3)，因此在重复进行多次试验中，大约有 1/4 + 1/4 = 1/2 会出现事件 A. 这种简单事件的相对频率的可加性与我们计算 $P(A)$ 的法则是一致的：

$$P(A) = P(HT) + P(TH) = \frac{1}{4} + \frac{1}{4} = \frac{1}{2}$$

应用这个法则来求 $P(B)$，注意到事件 B 包括简单事件 HH，HT 以及 TH，即如果这三个简单事件中的任一个发生，则 B 将发生. 因此，

$$P(B) = P(HH) + P(HT) + P(TH) = \frac{1}{4} + \frac{1}{4} + \frac{1}{4} = \frac{3}{4}$$

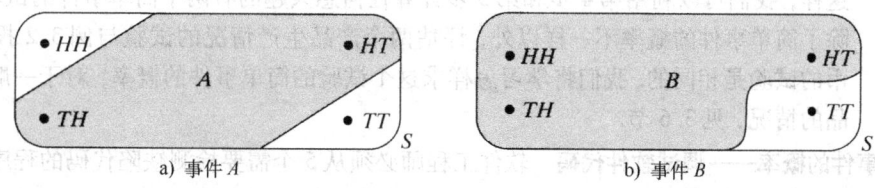

a) 事件 A　　　　　　　　b) 事件 B

图 3.3　说明事件 A 和 B 是简单事件集合的掷币试验

现在我们可以将计算任意事件的概率概括为如下步骤⊖：

计算任意事件概率的步骤

1. 定义试验，即描述获得观测值的过程以及记录的观测值类型.
2. 定义并列举简单事件.
3. 对简单事件指派概率.
4. 确定感兴趣事件所包含的简单事件集合.
5. 对简单事件的概率求和，获得事件的概率.

例 3.3　简单事件的概率——质量控制应用　质量控制工程师必须确定生产制造品的装配线是否"失控"，即生产有缺陷产品的比率比平时更高. 在我们学习的现阶段，还没有工具解决这个问题，但是我们可以说影响解决方案的重要因素之一是装配线上有缺陷产品的比例. 说明在装配线上产品有缺陷的概率是多少？由这个装配线生产的下两个产品有缺陷的概率是多少？对于一般 k 个产品有缺

⊖ 关于这个主题的详细研究参考 Feller(1968).

陷的概率是多少？解释你如何解决这个问题.

解

步骤 1 定义试验. 检查单个产品的试验与图 3.1a 中所阐述的投掷硬币试验的基本结构是一样的. 一个产品, 或是没有缺陷的(称之为正面)或是有缺陷的(称之为反面), 观测并且记录它的生产情况.

试验: 观测单个产品的生产情况.

步骤 2 列出简单事件. 试验只有两种可能的结果, 这些简单事件为:

1. N: {产品没有缺陷}
2. D: {产品有缺陷}

步骤 3 指派简单事件的概率. 当我们试图确定两个简单事件的概率时, 这个问题和投掷硬币问题之间的差别成为显然. 指派给简单事件 D 的概率是多少? 有些人可能会说 0.5, 就像投掷硬币试验一样, 但是你可以看到求简单事件 D 的概率 $P(D)$ 不是这么容易的. 假定装配线受控时, 10% 的产品是有缺陷的. 那么乍看之下, $P(D)$ 好像是 0.10. 但这可能是不对的, 因为装配线可能是失控的, 会以更高的比例生产有缺陷的产品. 因此, 值得注意的重要一点是, 不能将等概率指派给这些简单事件. 我们怎样求这些概率呢? 一个好的方法可能是在一段时间内检查装配线, 并记录下缺陷产品和无缺陷产品的个数. 然后, 两种类型产品的比例可用于近似两个简单事件的概率.

这样, 我们可以利用第 4 步和第 5 步计算任何感兴趣的有两个简单事件的试验概率.

除了简单事件的概率不一样以外, 评估两个产品生产情况的试验与例 3.2 投掷两枚硬币的试验是相同的. 我们将学习怎样求这个试验的简单事件的概率, 对于一般的 k 个产品的情况, 见 3.6 节. ∎

例 3.4 事件的概率——调试软件代码 软件工程师必须从 5 个需要检测缺陷代码的程序模块中选择 3 个. 如果软件工程师并不知道调试这些模块所需的时间是不同的, 那么下面的概率分别为多少?

a. 工程师选择调试所需时间最少的 2 个模块?
b. 工程师选择调试所需时间最多的 3 个模块?

解

步骤 1 试验是从 5 个需要调试的模块中选择 3 个.

步骤 2 我们将调试的模块记作 $M_1, M_2, \cdots, M_5$, 其中 M_1 表示调试所需时间最少的模块, M_5 表示调试所需时间最多的模块. $M_i M_j$ 表示选择模块 M_i 和 M_j. 例如, $M_1 M_3$ 表示选择模块 M_1 和 M_3. 那么和这个试验相关的 10 个简单事件如下:

简单事件	概率	简单事件	概率
$M_1 M_2 M_3$	$\frac{1}{10}$	$M_1 M_4 M_5$	$\frac{1}{10}$
$M_1 M_2 M_4$	$\frac{1}{10}$	$M_2 M_3 M_4$	$\frac{1}{10}$
$M_1 M_2 M_5$	$\frac{1}{10}$	$M_2 M_3 M_5$	$\frac{1}{10}$
$M_1 M_3 M_4$	$\frac{1}{10}$	$M_2 M_4 M_5$	$\frac{1}{10}$
$M_1 M_3 M_5$	$\frac{1}{10}$	$M_3 M_4 M_5$	$\frac{1}{10}$

步骤3　如果我们假设选择任意3个模块的可能性都是相同的,这10个简单事件的概率都是1/10.
步骤4　定义事件A和B如下:

A:{工程师选择调试所需时间最少的2个模块}
B:{工程师选择调试所需时间最多的3个模块}

对任何选择了M_1和M_2模块的简单事件,即3个简单事件$M_1M_2M_3$,$M_1M_2M_4$以及$M_1M_2M_5$,事件A就会发生。类似地,事件B由单个事件$M_3M_4M_5$组成.

步骤5　我们现在将事件A和B中的简单事件的概率相加可以得到

$$P(A) = P(M_1M_2M_3) + P(M_1M_2M_4) + P(M_1M_2M_5) = \frac{1}{10} + \frac{1}{10} + \frac{1}{10} = \frac{3}{10}$$

以及

$$P(B) = P(M_3M_4M_5) = \frac{1}{10}$$

[注:对迄今为止所讨论的试验,列出简单事件是很容易的. 对于更复杂的试验,简单事件的个数可能非常大,以至于将它们都列出来是不切实际的. 在解决包含许多简单事件试验的概率问题中,我们利用与包含n个简单事件的试验同样的原则. 唯一的区别是为了确定简单事件的个数,我们需要**计数法则**,而不是将它们都列出来. 在3.8节,我们给出了一些更有用的计数法则.]

应用练习

3.1 社会机器人腿式移动还是轮式移动? 参考练习2.1,*International Conference on Social Robotics*(Vol. 6414, 2010)关于社会机器人的设计趋势的研究. 回顾106个社会(或服务)机器人,其目的是娱乐、教育和照顾人类用户,其中63个只有腿,20个只有轮子,8个既有腿又有轮子,15个没有腿也没有轮子. 从106个社会机器人中随机选取一个并记录设计类型(如只有轮子).
a. 列出这项研究的简单事件.
b. 对这些简单事件分配合理的概率.
c. 选出的机器人有轮子的概率是多少?
d. 选出的机器人有腿的概率是多少?

3.2 有STEM经验的女孩. 参考练习2.3, 2013年美国国家科学基金会(NSF)关于女孩参与非正式科学、技术、工程或数学课程(STEM)项目的研究. 回顾研究人员抽取的174名最近参加STEM项目的年轻女性样本. 在174名STEM参与者中,107人来自城市, 57人来自郊区, 10人来自农村. 如果随机抽取一名参与者,她是来自城市的概率是多少? 不是来自农村的概率是多少?

3.3 罕见的水下声音. 声学工程师在太平洋的特定区域进行了罕见的水下声音的研究,例如座头鲸的尖叫声、海豚口哨声以及来自过往船只的声音(*Acoustical Physics*, Vol. 56, 2010). 在九月期间(非雨季),研究表明罕见声音的概率如下:P(鲸的尖叫声) = 0.03, P(船只的声音) = 0.14, P(雨声) = 0.00. 如果声学设备捕捉到太平洋区域的一个声音,它最可能是鲸的尖叫声还是来自过往船只的声音? 解释说明.

3.4 产品是"绿色"的吗? "绿色"产品(如由再生材料制造的产品)是对环境和人类健康影响极小的产品. 消费者如何判断产品是"绿色"的呢? 2011年ImagePower Green Brands Survey向9 000多名国际消费者问了这个问题. 下表显示了结果.
a. 国际消费者最可能用什么方法判断绿色产品?
b. 计算国际消费者通过产品标签上的认证标志或产品包装来判断绿色产品的概率.
c. 计算国际消费者通过阅读关于产品的信息或品牌网站的信息来判断绿色产品的概率.
d. 计算国际消费者不用广告来判断绿色产品的概率.

表明是绿色产品的原因	消费者比例
标签上的认证标志	45
包装	15
产品上的阅读信息	12
广告	6
品牌网站	4
其他	18
总计	100

3.5 **有毒的化学事件**. *Process Safety Progress*（2004年9月）报道了台湾有毒化学物质事件的一个紧急反应系统. 自从2000年实施以来，这个系统已经记录了250多个事件. 下表给出了这些有毒化学事件发生地点的一个详细分类. 考虑台湾有毒化学事件的发生位置.

a. 列出这个试验的简单事件.
b. 对这些简单事件指派合理的概率.
c. 在学校试验室发生事件的概率是多少？

位置	事件的百分比
学校试验室	6%
运输途中	26%
化工厂	21%
非化工厂	35%
其他	12%
总计	100%

资料来源：Chen, J. R., et al. "Emergency response of toxic chemicals in Taiwan: The system and case studies." *Process Safety Progress*, Vol. 23, No. 3, Sept. 2004（图5a）.

3.6 **海滩侵蚀热区**. 参考练习2.5，美国陆军工兵部队关于高侵蚀率（即海滩热区）海滩的研究. 6个海滩热区的数据重新列于下面的表中：

海滩热区	海滩条件	近滨堤坝条件	长期腐蚀率（里/年）
Miami Beach, FL	没有沙丘/平坦	单一、海岸平行	4
Coney Island, NY	没有沙丘/平坦	其他	13
Surfside, CA	峭壁/陡坡/平坦	单一、海岸平行	35
Monmouth Beach, NJ	单一沙丘	平坦	没估计
Ocean City, NJ	单一沙丘	其他	没估计
Spring Lake, NJ	没观测	平坦	14

资料来源："Identification and characterization of erosional hotspots". William & Mary Virginia Institute of Marine Science, U. S. Army Corps of Engineers Project Report, March, 18, 2002.

a. 假设记录了每个海滩热区的近滨堤坝条件. 给出这个试验的样本空间.
b. 求a的样本空间的简单事件概率.
c. 海滩热区的近滨堤坝条件为平坦或单一海岸平行的概率是多少？
d. 现在假定记录了每个海滩热区的海滩条件. 请给出这个试验的样本空间.
e. 求d中样本空间的简单事件的概率.
f. 一个热区的海滩条件不是平坦的概率是多少？

MTBE

3.7 **地下井水的污染**. 参考练习2.12，*Environmental Science & Technology*（2005年1月）关于美国新罕布什尔州井中甲基叔丁基醚（MTBE）污染的研究. 收集了223口井的样本数据，保存在MTBE文件中. 回顾每口井的分类是按照井的类型（公共或私有）、蓄水层（基岩或松散）和MTBE的检测水平（低于限制或检出）.

a. 考虑一个试验，观测井的类型、蓄水层和MTBE的检测水平. 列出这个试验的简单事件.（提示：其中一个简单事件是私有/基岩/低于限制.）
b. 利用统计软件求每个简单事件结果中包含的223口井的个数. 然后利用这个信息计算简单事件的概率.
c. 求出并解释一口井有MTBE的检出水平的概率.

3.8 **USDA鸡的检查**. 美国农业部（USDA）发布了在它的标准检查系统下，每100只宰杀的鸡中有1只检出了排泄物污染.

a. 如果选择一只宰杀的鸡，它检出排泄物污染的概率是多少？
b. a中的概率是基于一项USDA的研究，即32 075只鸡中有306只检出了排泄物污染. 你同意USDA关于宰杀的鸡中检出排泄物污染可能性的论断吗？

3.9 **山毛榉树林木中的真菌**. 欧洲中东部的山毛榉树森林正在遭受土地所有权和经济剧变的动态变化威胁. 匈牙利大学的教授在 *Applied Ecology and Environmental Research*（2003年第1卷）上评价了这个地区的山毛榉树种类的现状. 在被调查的188棵山毛榉树中，49棵受到了真菌的损害. 由于真菌的种类不同，损害发生在树干、树枝或者树叶上. 在被损害的树中，有85%树干受到影响，10%树叶受到影响，5%树枝受到影响.

a. 给出欧洲中东部的一棵山毛榉树受到真菌损害的概率的合理估计.
b. 选取一棵受到真菌损害的山毛榉树，并且观测影响区域（树干、树叶或者树枝）. 列出这个试验的样本点并计算每个样本点的合理概率.

3.10 **预测佛罗里达飓风的发生.** 从 20 世纪初以来,由于毁灭性的飓风,佛罗里达州付出了超过 4.5 亿美元的损害赔偿金.因此,在佛罗里达针对风灾损坏的财产保险的价值在全国是最高的.佛罗里达州大学的研究者对由佛罗里达飓风造成的损害进行了全面的分析,并将结果发表在 *Southeastern Geographer*(2009 夏).他们的分析包括根据一个季节内热带风暴的序列号估计飓风由热带风暴发展而来的可能性.研究者发现自 1900 年以来的 67 场佛罗里达飓风中,11 场是从本季中 5 号热带风暴发展而来(最高频率的序列),只有 5 场飓风是从序列号为 12 或者更高序号的热带风暴发展而来.

a. 估计佛罗里达飓风从本季 5 号热带风暴发展而来的概率.

b. 估计佛罗里达飓风从本季前 12 号热带风暴发展而来的概率.

3.11 **通过游戏模拟来教授 POM 课程.** 在 *Engineering Management Research*(2012 年 5 月)中提出了用游戏模拟的方法教授生产经营管理课程(POM).提出的游戏模拟法用于彩色电视机的生产.产品是两种型号的彩色电视机 A 和 B.每种型号有两种颜色,即红色和黑色.此外,每种型号电视机订购的数量可以为 1,2 或 3 台.在采购订单卡上型号、颜色和数量的选择是指定的.

a. 对于模拟,列出有多少张不同可能的采购订单卡.(它们是该试验的简单事件)

b. 假定过去黑色电视机的需求高于红色电视机.为制定计划,工程师应该在管理生产过程时给 a 中的简单事件分配相等的概率吗?是或不是,为什么?

3.3 复合事件

一个事件常可看作两个或更多事件的组合.这种事件称作**复合事件**;它们可以用两种方法形成(复合).

定义 3.6 两个事件 A 和 B 的**并**是在一次单独试验中,若事件 A 或事件 B 或事件 A 和 B 同时发生,它将会发生的一个事件.我们将事件 A 和事件 B 的并记作 $A \cup B$.

$$A \cup B = A \text{ 或 } B$$

定义 3.7 事件 A 和 B 的**交**是在一次单独试验中,若 A 和 B 同时发生,它将发生的一个事件.我们将事件 A 和 B 的交记作 $A \cap B$.

$$A \cap B = A \text{ 和 } B$$

例 3.5 **求并和交的概率——CO 中毒** *American Journal of Public Health*(1995 年 7 月)刊登了有关美国科罗拉多州居民的无意识一氧化碳(CO)中毒的一项研究.确定了最近 6 年时间里的 1 000 个 CO 中毒案例的发生原因,还将每个案例分为致命的或非致命的.每 10 个原因/致命状态中,发生案例的比例见表 3.2.定义如下事件:

A:{CO 中毒案例是由火灾引起的}

B:{CO 中毒案例是致命的}

a. 描述这个试验的简单事件.指派这些简单事件的概率.

b. 描述 $A \cup B$.

c. 描述 $A \cap B$.

d. 计算 $P(A \cup B)$ 和 $P(A \cap B)$.

表 3.2 CO 暴露原因和致命状态

暴露原因	致命的	非致命的
与火灾有关	0.07	0.06
汽车排放气	0.07	0.19
锅炉	0.02	0.37
设备/发动机	0.02	0.175
其他	0.005	0.020

资料来源:Cook, M., Simon, P., and Hoffman, R. "Unintentional carbon monoxide poisoning in Colorado." *American Journal of Public Health*, Vol. 85, No. 7, July 1995(表 1).

解 a. 这个试验的简单事件是暴露原因和致命状态的不同组合.例如,一个简单事件是{与火灾有关/致命的};另一个是{与火灾有关/非致命的};第三个是{汽车排放气/致命的}.从表 3.2 你可以看出，一共有 5×2＝10 个简单事件. 由于每个事件的概率是这个事件在一个长观测序列中发生的可能性，因此每个简单事件的概率可以用这个简单事件在 1 000 个案例中发生的比例来近似. 这些比例列在表 3.2 中. 如果将这 10 个概率相加，你将会发现它们的和等于 1.

b. A 和 B 的并是指这样一个事件，即我们观测到一个由火灾引起的 CO 中毒案例（事件 A），或者观测到一个致命案例（事件 B），或者二者都有. 因此，事件 $A \cup B$ 里的简单事件是那些 A 发生、B 发生，或者 A 和 B 同时发生的事件，即

$A \cup B = \{$火灾／致命的，火灾／非致命的，
　　　　　汽车排放／致命的，锅炉／致命的，
　　　　　设备／致命的，其他／致命的$\}$

图 3.4 的维恩图描述了这个并.

c. A 和 B 的交是指这样一个事件，即我们观测到一个 CO 中毒案例是由火灾（事件 A）引起的并且观测到一个致命案例（事件 B）. 在图 3.4 中，你可以看出具有这两个特征的简单事件

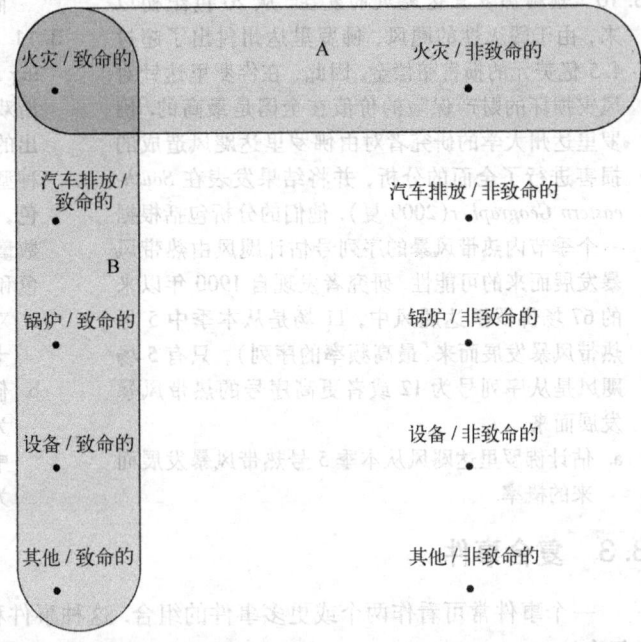

图 3.4　例 3.5 中 $A \cup B$ 的维恩图

$$A \cap B = \{火灾／致命的\}$$

d. 回忆一个事件的概率等于组成这个事件的简单事件的概率之和，我们有

$$P(A \cup B) = P\{火灾／致命的\} + P\{火灾／非致命的\} + P\{汽车排放／致命的\}$$
$$+ P\{锅炉／致命的\} + P\{设备／致命的\} + P\{其他／致命的\}$$
$$= 0.07 + 0.06 + 0.07 + 0.02 + 0.02 + 0.005 = 0.245$$

以及

$$P(A \cap B) = P(火灾／致命的) = 0.07$$

对两个以上的事件也可以定义并和交. 例如，事件 $A \cup B \cup C$ 表示三个事件 A、B 和 C 的并. 这个事件包括 A、B、C 中的简单事件集合，如果事件 A、B、C 的任意一个或几个发生，它将发生. 类似地，交 $A \cap B \cap C$ 是指所有三个事件 A、B、C 同时发生的事件. 因此，$A \cap B \cap C$ 是指在所有三个事件 A、B、C 中的简单事件集合.

例 3.6　并和交的概率——掷骰子试验　考虑有等可能简单事件 $\{1, 2, 3, 4, 5, 6\}$ 的掷骰子试验. 定义事件 A，B，C 如下：

A：$\{$掷出一个偶数点$\} = \{2, 4, 6\}$
B：$\{$掷出一个小于等于 3 的数$\} = \{1, 2, 3\}$
C：$\{$掷出一个大于 1 的数$\} = \{2, 3, 4, 5, 6\}$

求：

a. $P(A \cup B \cup C)$

b. $P(A \cap B \cap C)$

解 a. 事件 C 包括掷出 2，3，4，5 或 6 的简单事件；事件 B 包括简单事件 1，2 或 3；以及事件 A 包括简单事件 2，4 或 6。因此，A、B 或 C 发生的事件包括 S 中所有 6 个简单事件，即相应于掷出 1，2，3，4，5 或 6 的简单事件。因此，$P(A \cup B \cup C) = P(S) = 1$。

b. 你可以看出，只有当你观测到 2 时才会观测到所有的事件 A、B 以及 C。因此，交 $A \cap B \cap C$ 包括唯一的简单事件，掷出一个 2，而 $P(A \cap B \cap C) = P(2) = 1/6$。 ■

3.4 补事件

计算事件概率时，一个非常有用的概念是**补事件**。

定义 3.8 事件 A 的补[⊖]是指 A 不发生事件，即所有不在事件 A 中的简单事件组成的事件。我们将 A 的补事件记作 A^c。注意，$A \cup A^c = S$，其中 S 为样本空间。

事件 A 是简单事件的一个集合，包含在 A^c 中的简单事件是那些不在 A 中的简单事件，如图 3.5 所示。注意到 S 中的所有简单事件不是在 A 中，就是在 A^c 中，并且没有简单事件同时在 A 和 A^c 中。因此得出结论：一个事件和它的补事件的概率之和必定等于 1。

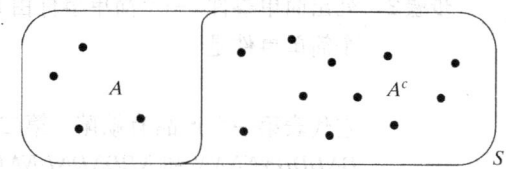

图 3.5 补事件的维恩图

补关系

补事件的概率之和等于 **1**，即

$$P(A) + P(A^c) = 1$$

在许多概率问题中，计算感兴趣事件的补事件的概率要比计算事件本身的概率更容易。那么，由于

$$P(A) + P(A^c) = 1$$

我们可以利用下面的关系来计算 $P(A)$：

$$P(A) = 1 - P(A^c)$$

例 3.7 求补事件的概率——投掷硬币试验 考虑投掷两枚均匀的硬币。利用补关系计算下面事件的概率：

$$A: \{\text{至少观测到一个正面}\}$$

解 我们知道事件 A：｛至少观测到一个正面｝由下面的简单事件组成：

$$A: \{HH, HT, TH\}$$

A 的补定义为当 A 不发生时发生的事件。因此，

$$A^c: \{\text{没有观测到正面}\} = \{TT\}$$

这个补关系如图 3.6 所示。假定硬币是均匀的，我们有

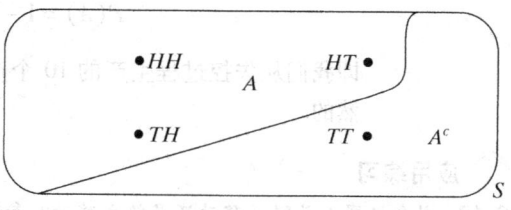

图 3.6 投掷两枚硬币中的补事件

⊖ 有些教材用符号 A' 表示一个事件 A 的补事件。

$$P(A^c) = P(TT) = \frac{1}{4}$$

因此，

$$P(A) = 1 - P(A^c) = 1 - \frac{1}{4} = \frac{3}{4}$$

例 3.8　求检查项目的概率　参考例题 3.3，假定从装配线中选择 10 个产品来检查. 仍然假定过程是失控的，有缺陷(D)和无缺陷(N)产品是等可能发生的. 求下面事件的概率：

A：{至少观测到一个有缺陷的产品}

解　我们将通过下面 5 个步骤来计算事件的概率（见 3.2 节）.

步骤 1　定义试验. 试验是记录 10 个产品的结果（D 或 N）.

步骤 2　列出简单事件. 一个简单事件由 10 个有缺陷和无缺陷的产品的特殊序列组成. 这样，一个简单事件是

$$DDNNNDNDNN$$

它代表第一个产品有缺陷，第二个产品有缺陷，第三个产品没有缺陷，等等. 其他如 $DNDDDNNNNN$ 和 $NDDNDNDNND$. 显然，简单事件的数目非常多——多得无法列举. 可以证明（见 3.8 节）这个试验共有 $2^{10} = 1\,024$ 个简单事件.

步骤 3　指派概率. 由于在失控过程中，有缺陷产品和无缺陷产品以相同的比率发生，每个 N 和 D 序列发生的机会相同，因此所有简单事件是等可能的. 那么

$$P(每个简单事件) = \frac{1}{1\,024}$$

步骤 4　确定事件 A 中的简单事件. 如果在 10 个产品的序列中至少出现了一个 D，那么这个简单事件就属于 A. 但是，如果我们考虑 A 的补事件，我们发现

A^c：{10 个产品中没有观测到一个 D}

因此，A^c 只包含一个简单事件：

A^c：{$NNNNNNNNNN$}

因此，

$$P(A^c) = \frac{1}{1\,024}$$

步骤 5　因为我们知道了 A 的补事件的概率，所以我们利用补事件的关系：

$$P(A) = 1 - P(A^c) = 1 - \frac{1}{1\,024} = \frac{1\,023}{1\,024} = 0.999$$

即我们从失控过程生产的 10 个产品的序列中，观测到至少一个有缺陷，实际上是必然的.

应用练习

3.12　社会机器人是腿式移动还是轮式移动？参考练习 3.1，*International Conference on Social Robotics*（Vol. 6414, 2010）关于社会机器人的设计趋势的研究. 回顾包含 106 个社会（或服务）机器人的随机样本，其中 63 个只有腿，20 个只有轮子，8 个既有腿又有轮子，15 个没有腿也没有轮子. 利用补法则求随机抽取的一个社会机器人有腿或有轮子的概率.

3.13　有毒的化学事件. 参考练习 3.5，*Process Safety Progress*（2004 年 9 月）关于台湾有毒化学事件的研究.
a. 求事件发生在化工厂或非化工厂的概率.
b. 求事件不是发生在学校实验室的概率.

3.14 **海滩侵蚀热点地区.** 参考练习3.6,美国陆军工兵部队关于6个高侵蚀率的海滩(即海滩热点地区)的研究. 利用补法则求海滩热点地区不是平坦的概率. 将你的答案和练习3.6f进行比较.

3.15 **手机切换行为.** "切换"是在无线通信领域用来描述手机从一个基站的覆盖区域移动到另一个基站的覆盖区域的过程的术语. 每个基站都有多个频道(称作色码)允许手机通信使用. *Journal of Engineering, Computing and Architecture* (vol. 3., 2009)发表了关于手机切换行为的研究. 在从一个基站到另一个基站的驾驶行程中, 监视和记录手机获取的不同色码. 下表记录了在两个同样的驾驶行程中用不同型号的手机获取的每种色码次数. (注: 表格与已发表的文章中的表格类似.) 假定随机选取联合驾驶行程中的一点.

	色码				
	0	5	b	c	总计
型号1	20	35	40	0	95
型号2	15	50	6	4	75
总计	35	85	46	4	170

a. 手机正在使用色码5的概率是多少?
b. 手机正在使用色码5或者0的概率是多少?
c. 手机是型号2且使用色码0的概率是多少?

MTBE

3.16 **地下井水的污染.** 参考练习3.7, *Environmental Science & Technology* (2005年1月)关于美国新罕布什尔州223口井中甲基叔丁基醚(MTBE)污染的研究. 每口井根据井的类型(公共或者私有)、蓄水层(基岩或松散)和MTBE的检测水平(低于限制或检出)进行分类. 考虑这223口井中的一口.

a. 这口井有基岩蓄水层和MBTE检测到的概率是多少?
b. 这口井有基岩蓄水层或者检出MBTE的概率是多少?

3.17 **USDA鸡的调查.** 参考练习3.8, USDA关于通过排泄物污染检查被宰杀的鸡的研究. 考虑一个5只鸡的样本, 它们都通过了标准USDA检查. 每只鸡的躯体被分为通过排泄物污染检查或者没有通过排泄物污染检查.

a. 列出这个样本的简单事件.
b. 假定a中的简单事件是等可能的, 求5只鸡中至少有一只通过排泄物污染检查的概率.

c. 解释为什么a中的假定对于这个样本是不合理的. (提示: 参考练习3.7中记录的结果.)

3.18 **老鼠的化学信号.** 识别潜在捕食者(如猫)气味的能力对老鼠的生存至关重要. 这些气味的化学成分(称为利他素)是 *Cell* (2010年5月14日)中一篇文章研究的主题. 通常, 这些气味的来源是主要尿蛋白质(Mups). 用从实验鼠体内收集的细胞接触啮齿类动物A的Mups、啮齿类动物B的Mups以及利他素(来自猫). 下面的维恩图给出了对三种气味有化学反应的细胞比例. (注: 细胞可能不止对一种气味有反应.)

a. 对三种气味都有反应的实验鼠的比例是多少?
b. 对利他素有反应的实验鼠的比例是多少?
c. 对 Mups A 和 Mups B 有反应而对利他素无反应的实验鼠的比例是多少?

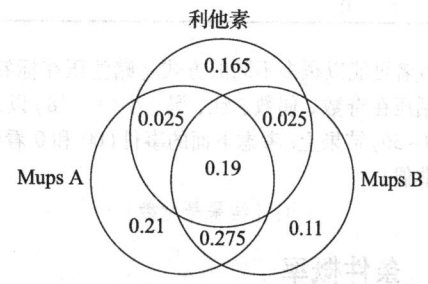

3.19 **暂停不用的油气建筑物.** 美国联邦法规要求营业公司在停产后一年内清除所有暂停不用的海上油气建筑物. 路易斯安那州立大学能源研究中心的研究员们收集了墨西哥湾的正在使用的和暂停不用的油气建筑物数据(*Oil & Gas Journal*, 2005年1月3日). 他们发现这个海湾2003年年底有2 175个正在使用和1 225个无用(暂停使用)建筑物. 下面的表按照类型(沉箱、油井保护器或固定的栈桥)对这些建筑物进行详细分类. 考虑这些油气建筑物中的建筑类型和使用状态.

	沉箱	油井保护器	固定的栈桥	总计
正在使用	503	225	1 447	2 175
暂停不用	598	177	450	1 225

资料来源: Kaiser, M., and Mesyanzhinov, D. "Study tabulates idle Gulf of Mexico structures." *Oil & Gas Journal*, Vol. 103, No. 1, Jan. 3, 2005(表2).

a. 列出这个试验的简单事件.
b. 指派简单事件的合理概率.

c. 求建筑物是正在使用的概率.
d. 求建筑物是油井保护器的概率.
e. 求建筑物是暂停使用的沉箱的概率.
f. 求建筑物是暂停使用的或者固定的栈桥的概率.
g. 求建筑物不是沉箱的概率.

3.20 **轮盘赌的结果**. 在许多美国娱乐场流行的一个游戏是轮盘赌. 玩轮盘赌是在一个划分为 38 个等长弧的圆轮上旋转一个球, 这些弧上标着数字 00, 0, 1, 2, ⋯, 35, 36. 球停止在那段弧对应的数字就是一轮游戏的结果. 数字按下面的方式涂色:

红	1	3	5	7	9	12	14	16	18
	19	21	23	25	27	30	32	34	36
黑	2	4	6	8	10	11	13	15	17
	20	22	24	26	28	29	31	33	35
绿	00	0							

游戏者可能以很多不同的方式将赌注压在标签上, 包括压在奇数、偶数、红、黑、小(1~18) 以及大 (19~36) 结果上. 考虑下面的事件(00 和 0 看作非奇非偶):

A: {结果是奇数}

B: {结果是黑色的数}

C: {结果是大数}

计算下面事件的概率:

a. $A \cup B$ b. $A \cap C$ c. $B \cup C$ d. B^c e. $A \cap B \cap C$

3.21 **自喷井的概率**. 钻探石油的冒险包括在某地区的不同地方钻探 6 口油井. 假定每次钻探将生产一口干井或一口自喷井. 假设这个试验的简单事件是等可能的, 求至少发现一口自喷井的概率.

3.22 **软件编码的可变性**. 俄勒冈州大学的软件工程师在 2012 *Gulf Petrochemicals and Chemicals Association*(*GPCA*) *Forum* 上发表了一篇关于建模和实现计算机软件可变性的文章. 研究者采用成分选择运算(CCC)——用树型结构图表示、生成和组织变化的一种正式语言. 将 CCC 语言与其他两种编码语言比较——注释选择运算(ACC)和计算特征运算(CFA). 他们的研究表明: ACC 或 CFA 中任何类型(如直观表达、维度声明以及 lambda 抽象)的表达都可以在 CCC 中找到; 直观表达存在于 ACC 和 CFA 中; 维度声明存在于 ACC 中, 不在 CFA 中; lambda 抽象存在于 CFA 中, 不在 ACC 中. 基于以上信息, 绘制维恩图说明三者之间的关系. (提示: 维恩图中一个符号代表一个样本点.)

3.5 条件概率

目前为止我们所讨论的事件概率给出了当试验重复进行很多次时事件发生的相对频率. 除了定义试验, 没有假定特殊的条件, 因此称它们为**无条件概率**.

当我们知道可能影响结果的附加知识时, 有时可能希望改变对事件概率的估计. 这种经修正的概率称作事件的**条件概率**. 例如, 我们已经证明了在投掷一颗均匀骰子时观测到偶数(事件 A)的概率是 1/2. 但是, 假设你已经知道了这样一个信息, 某次投掷骰子的结果是小于等于 3 的一个数(事件 B). 你仍然认为那次投掷骰子观测到偶数的概率等于 1/2? 如果你推想在 B 已经发生的假定下, 使样本空间从 6 个简单事件减少到 3 个简单事件(即那些包含在事件 B 中的简单事件), 缩减后的样本空间如图 3.7 所示.

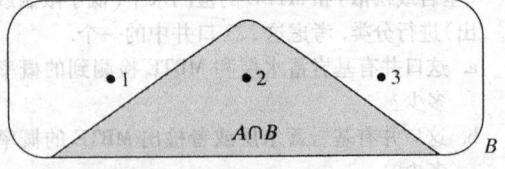

图 3.7 已知事件 B 发生的情况下, 投掷骰子试验的缩减样本空间

由于在事件 B 的缩减样本空间的三个数字中只有一个偶数是 2, 并且骰子是均匀的, 我们得出结论, 在**给定 B 发生**的条件下, A 发生的概率是 1 比 3, 或 1/3. 我们将用记号 $P(A \mid B)$ 表示给定事件 B 发生时, 事件 A 发生的概率. 对掷骰子的例子, 我们记作

$$P(A \mid B) = \frac{1}{3}$$

为了得到给定事件 B 发生时, 事件 A 的概率, 我们如下进行: 我们用 A 落入事件 B 的缩减样本

空间的概率(即 $P(A\cap B)$)除以缩减样本空间的概率(即 $P(B)$). 因此对于掷骰子的例子,其中事件 A:{观测到一个偶数}以及事件 B:{观测到一个小于等于3的数},我们得到

$$P(A\mid B) = \frac{P(A\cap B)}{P(B)} = \frac{P(2)}{P(1)+P(2)+P(3)} = \frac{\frac{1}{6}}{\frac{3}{6}} = \frac{1}{3}$$

一般情况下,这个 $P(A\mid B)$ 公式是成立的.

条件概率公式

为了求已知事件 ***B*** 发生时,**事件 *A* 发生**的**条件概率**,用 A 和 B 同时发生的概率除以 B 发生的概率,即

$$P(A\mid B) = \frac{P(A\cap B)}{P(B)}$$

其中我们假定 $P(B)\neq 0$.

例 3.9 过程控制研究中的条件概率 考虑过程控制中的如下问题:假定你感兴趣的是运送到买方的产品(例如,小机械零件)确认与买方要求一致的概率. 在允许运送之前,包含大量零件的批必须通过检查.[假定并不是检查一批中的所有零件. 例如,如果从这一批中选取的零件样本的平均产品特征(如直径)落在某个范围以内,即使可能有一个或几个零件落在规格以外,接受整批产品.]令 I 表示事件:一批产品通过检查;令 B 表示事件:一批产品中的单个零件符合买方要求. 那么,$I\cap B$ 表示简单事件:单个零件运送给买方(当一批产品通过检查时,这将发生)并且符合要求;$I\cap B^c$ 表示简单事件:单个零件运送给买家,但不符合要求;等等. 假定下表列出的是4个简单事件的概率. 求已经运送到买方的一个零件符合买方要求的概率.

简单事件	概率
$I\cap B$	0.80
$I\cap B^c$	0.02
$I^c\cap B$	0.15
$I^c\cap B^c$	0.03

解 如果从一批产品中选择一个零件,买方接受这个零件的概率是多少?为了被接受,这个零件必须首先运送到买方(即包含这个零件的一批产品必须通过检查)而且零件必须满足买方的要求,因此这个无条件概率是 $P(I\cap B) = 0.80$.

相反,假定你知道选择的零件来自通过检查的批. 现在你感兴趣的是已知这个零件运送到买方时,它符合要求的概率,即你希望确定条件概率 $P(B\mid I)$. 根据条件概率的定义,

$$P(B\mid I) = \frac{P(I\cap B)}{P(I)}$$

其中事件

I:{零件运送到买方}

包含两个简单事件:

$I\cap B$:{零件运送到买方且符合要求}

以及

$I\cap B^c$:{零件运送到买方但不符合要求}

前面介绍过一个事件的概率等于它的简单事件概率之和，我们得到
$$P(I) = P(I \cap B) + P(I \cap B^c) = 0.80 + 0.02 = 0.82$$
那么在已知零件运送到买方，这个零件符合要求的条件概率是
$$P(B \mid I) = \frac{P(I \cap B)}{P(I)} = \frac{0.80}{0.82} = 0.976$$
正如我们所期望的，已知零件运送到买方，它符合要求的概率高于一个零件被买方接受的无条件概率. ■

例 3.10 **与消费者投诉有关的条件概率** 由联邦贸易委员会（FTC）进行的关于消费者对产品投诉的调查，引起厂商对产品质量的注意. 一个食品处理机制造商分析了很多消费者的投诉，发现这些投诉属于表 3.3 列出的 6 种类型. 如果收到了一个消费者的投诉，已知投诉发生在保质期内，投诉的原因是产品外观的概率是多少？

表 3.3 产品投诉的分布

	擦伤	投诉原因 凹痕	外观	总计
保质期内	18%	13%	32%	63%
保质期后	12%	22%	3%	37%
总计	30%	35%	35%	100%

解 令 A 表示一个投诉原因是产品外观事件，令 B 表示投诉发生在保质期内事件. 检查表 3.3，你可以看到 $(18 + 13 + 32)\% = 63\%$ 的投诉发生在保质期内. 因此，$P(B) = 0.63$. 由外观导致并且发生在保质期内的投诉（事件 $A \cap B$）的百分数是 32%. 因此，$P(A \cap B) = 0.32$.

利用这些概率值，我们可以计算条件概率 $P(A \mid B)$，即已知投诉发生在保质期内，投诉的原因是外观的概率
$$P(A \mid B) = \frac{P(A \cap B)}{P(B)} = \frac{0.32}{0.63} = 0.51$$

因此，你可以看出一半稍多的发生在保质期内的投诉是由于擦伤、凹痕或食品处理机表面的其他缺陷引起的. ■

应用练习

3.23 社会机器人是腿式移动还是轮式移动？参考练习 3.1 和 3.12，*International Conference on Social Robotics*(Vol. 6414, 2010) 关于社会机器人设计趋势的研究. 回顾包含 106 个社会机器人的随机样本，其中 63 个只有腿，20 个只有轮子，8 个既有腿又有轮子，15 个没有腿也没有轮子. 如果一个社会机器人有轮子，那么它有腿的概率是多少？

3.24 超速与致命车祸. 据国家公路交通安全管理局的国家统计分析中心（NCSA），"超速是导致车祸事故最普遍的原因之一"（*NHTSA Technical Report*, 2005 年 8 月）. 超速是导致致命事故原因的概率为 0.3. 此外，超速且弯道失控是导致致命事故原因的概率为 0.12. 给定超速是导致致命事故的原因，则事故发生在弯道上的概率是多少？

3.25 侦查 TNT 的踪迹. 佛罗里达大学材料科学和工程学系的研究员发明了一种迅速侦查 TNT 踪迹的技术. (*Today*, 2005 年春.) 这个方法包括用一个光致分光镜（即一个激光灯）照射可能被污染体，提供即时结果，且不会给出假阳性. 在这项应用中，如果物体实际上没有 TNT，而激光灯探测到了 TNT 的踪迹，那么发生假阳性. 令 A 表示激光灯探测到 TNT 事件. 令 B 表示物体不包含 TNT 踪迹事件. 假阳性的概率是 0. 利用∪、∩和 | 等符号以 A 和 B 的形式写出这个概率.

MTBE

3.26 地下井水的污染. 参考练习 3.7，*Environmental Science & Technology*(2005 年 1 月)关于美国新罕布什尔州 223 口井甲基叔丁基醚（MTBE）污染的研究. 每口井根据井的类型（公有或私有）、蓄水层（基岩或者松散）以及 MTBE 的检测水平（低于限制或检测到）进行分类. 考虑这 223 口井中的一口.

a. 如果这口井的类型是公有型，那么这口井有基岩蓄水层的概率是多少？

b. 已知这口井有基岩蓄水层，它有检测到 MTBE

水平的概率是多少？

3.27 暂停不用的油气建筑物. 参考练习3.19，*Oil & Gas Journal*（2005年1月3日）关于墨西哥湾正在使用和暂停不用的油气建筑物的研究. 下表重新汇总了研究的结果. 考虑这些油/气建筑物的结构类型和使用状态.

	沉箱	油井保护器	固定的栈桥	总计
正在使用	503	225	1 447	2 175
暂停不用	598	177	450	1 225

资料来源：Kaiser, M., and Mesyanzhinov, D. "Study tabulates idle Gulf of Mexico structures." *Oil & Gas Journal*, Vol 103, No. 1, Jan. 3, 2005（表2）.

a. 已知建造物是固定的栈桥，该建筑物正在使用的概率是多少？
b. 已知建筑物是暂停不用的，该建筑物是油井保护器的概率是多少？

NZBIRDS

3.28 新西兰绝种的鸟类. 参考练习2.11，*Evolutionary Ecology Research*（2003年7月）关于新西兰绝种鸟类总体类型的研究. 考虑保存在 NZBIRDS 文件中的 132 种鸟类的灭绝状态（绝种、从岛迁移、现存）的数据. 这里重新给出汇总在 MINITAB 输出中的数据. 假定你从 132 种鸟类中选择 10 种（无放回）并记录每种的绝种状态.

a. 你选择的第一个种类是绝种的概率是多少？（提示：在 MINITAB 输出中，绝种 = Yes.）
b. 假定你选择的前 9 个种类都是绝种的，你选择的第 10 个种类是绝种的概率是多少？

```
Tally for Discrete Variables: Extinct

Extinct   Count   Percent
Absent     16     12.12
   No      78     59.09
  Yes      38     28.79
   N=     132
```

3.29 手机切换行为. 参考练习3.15，*Journal of Engineering, Computing and Architecture*（vol. 3., 2009）关于手机切换行为的研究. 回顾在联合驾驶行程中，监视和记录两种型号手机获取的不同色码. 下表重新记录了结果（获取的每种色码次数）. 假定随机选取联合驾驶行程中的一点.

	色码				
	0	5	b	c	总计
型号1	20	35	40	0	85
型号2	15	50	6	4	75
总计	35	85	46	4	160

a. 已知使用的手机是型号2，那么手机正在使用色码5的概率是多少？
b. 已知手机正在使用色码5或者0，那么手机是型号1的概率是多少？

3.30 轮盘赌游戏. 参看轮盘赌游戏以及练习3.20描述的事件. 求.
a. $P(A \mid B)$ b. $P(B \mid C)$ c. $P(C \mid A)$

3.31 数据交换系统. 一个数据交换系统具有高选择性的概率是0.72，具有高保真度的概率是0.59，二者都有的概率是0.33. 求一个具有高保真度的系统也将具有高选择性的概率.

3.32 核安全风险. 美国核管理委员会评估了核电站的安全风险. 委员会估计一个核反应堆的堆芯燃料熔化的概率是十万分之一. 核反应堆堆芯燃料熔化并且每年发生少于1个潜在致命性癌症的概率估计为0.000 000 05. 利用这个信息估计已知核反应堆堆芯燃料熔化，每年至少发生一个潜在致命性癌症的概率.

3.33 老鼠的化学信号. 参考练习3.18，*Cell*（2010年5月14日）研究了老鼠的化学信号. 回顾实验鼠接触啮齿类动物 A 的气味（Mups）、啮齿类动物 B 的气味以及利他素（来自猫）. 下面的维恩图给出了对三种气味有化学反应的细胞比例. 已知实验鼠对利他素有反应，那么有多大可能对 MupsA 也有反应？对 MupsB 呢？

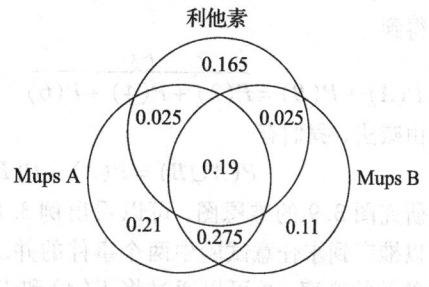

3.34 森林断片. 生态学家将森林断片的原因分成人为的（即由于人类开发活动，如公路建设或伐木搬运）或源于自然的（例如由于沼泽地或火灾）. *Conservation Ecology*（2003年12月）刊登了一篇关于54

个南美森林断片原因的文章. 研究人员利用先进的高集成卫星映像对每个森林确定断片指标. 在森林的航摄像片上分成 9×9 格, 格子的每个正方形(像素)分为森林(F)、人为的土地利用(A)或者自然土地遮盖(N). 这里给出了格子的一个例子. 格子的边(这里"边"是将任意两个相邻像素分隔开的假想的直线)分为 A-A, N-A, F-A, F-N, N-N 或者 F-F 边.

A	A	N
N	F	F
N	F	F

a. 参看上面所示的格子. 注意在格子内部有 12 条边. 将每条边分为 A-A, N-A, F-A, F-N, N-N 或者 F-F.

b. 研究人员仅考虑格子中的 F 边来计算断片指标. 数出 F 边的个数. (这些边代表试验的样本空间.)

c. 已知选定了一条 F 边, 求它是一条 F-A 边的概率. (这个概率与研究人员计算的人为断片指标成比例.)

d. 已知选定了一条 F 边, 求它是一条 F-N 边的概率. (这个概率与研究人员计算的自然断片指标成比例.)

3.6 并和交的概率法则

由于事件的并和交本身是事件, 因此我们总可以通过将合成它们的简单事件的概率相加来计算它们的概率. 但当某些事件的概率已知时, 利用两条法则中的一个或者两个来计算并与交的概率是比较容易的. 我们举例说明怎样和为什么用这些法则.

例 3.11 并的概率: 投掷骰子 投掷一颗灌铅(不均衡)的骰子, 且观测到正面. 定义下面两个事件:

$$A: \{观测到一个偶数\}$$
$$B: \{观测到一个小于 3 的数\}$$

假定 $P(A) = 0.4$, $P(B) = 0.2$, $P(A \cap B) = 0.1$. 求 $P(A \cup B)$.

(注: 我们知道某些情况下这些概率的假定是非常不现实的, 但是这个例子将阐述一个观点.)

解 研究图 3.8 中的维恩图, 我们可以得到能帮助我们求出 $P(A \cup B)$ 的信息. 可以看出

$$P(A \cup B) = P(1) + P(2) + P(4) + P(6)$$

我们还知道

$$P(A) = P(2) + P(4) + P(6) = 0.4$$
$$P(B) = P(1) + P(2) = 0.2$$
$$P(A \cap B) = P(2) = 0.1$$

如果把构成事件 A 和 B 的简单事件的概率相加, 我们得到

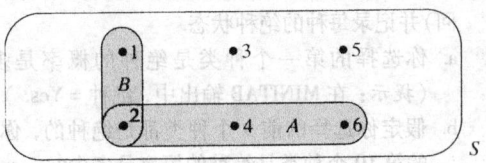

$$\underbrace{P(A)}_{P(2)+P(4)+P(6)} + \underbrace{P(B)}_{P(1)+P(2)} = \underbrace{P(A \cup B)}_{P(1)+P(2)+P(4)+P(6)} + \underbrace{P(A \cap B)}_{P(2)}$$

因此由减法, 我们有

$$P(A \cup B) = P(A) + P(B) - P(A \cap B) = 0.4 + 0.2 - 0.1 = 0.5$$

图 3.8 投掷骰子的维恩图

研究图 3.9 的维恩图, 可以看出例 3.11 所用的方法可以推广到求任意试验中两个事件的并. 两个事件 A 和 B 的并的概率, 总可以通过将 $P(A)$ 和 $P(B)$ 相加再减去 $P(A \cap B)$ 而求得. 注意由于 $(A \cap B)$ 中的简单事件概率重复计算了两次: 一次在 $P(A)$ 中, 一次在 $P(B)$ 中. 因此我们必须减去 $P(A \cap B)$. 计算两个事件并的概

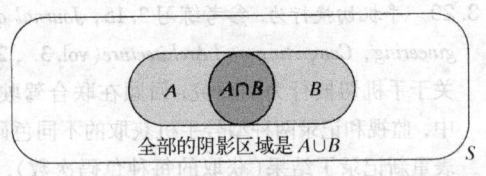

图 3.9 并的维恩图

率公式，通常称为**概率的加法法则**，见下面的方框.

> **概率的加法法则**
> 事件 A 与 B 并的概率等于事件 A 与 B 的概率之和减去事件 A 与 B 交的概率：
> $$P(A \cup B) = P(A) + P(B) - P(A \cap B)$$

例3.12 并的概率：工厂事故 一个工厂的记录表明所有受伤员工中有12%去医院治疗，16%第二天来上班，2%去医院治疗并且第二天回来上班. 如果一名员工受伤了，他被送到医院治疗，或者第二天回来上班，或者二者，即送到医院治疗且第二天回来上班的概率分别是多少？

解 考虑下面的事件：

$$A：\{\text{一名受伤的员工送到医院治疗}\}$$
$$B：\{\text{一名受伤的员工第二天回来上班}\}$$

那么，根据例题给出的信息，我们知道

$$P(A) = 0.12 \quad P(B) = 0.16$$

及事件 $\{$受伤的员工接受医院治疗并于第二天回来上班$\}$ 的概率为

$$P(A \cap B) = 0.02$$

一名受伤员工送去医院，或者于第二天回来上班，或者二者的事件是并 $A \cup B$. $A \cup B$ 的概率通过概率的加法法则得到：

$$P(A \cup B) = P(A) + P(B) - P(A \cap B) = 0.12 + 0.16 - 0.02 = 0.26$$

因此，在所有受伤的员工中，有26%或者送去医院，或者第二天回来上班，或者二者.

当 $A \cap B$ 不包含简单事件时，事件 A 和 B 之间存在一个非常特殊的关系. 这种情况下，我们称事件 A 和 B 是**互斥**事件.

定义3.9 如果 $A \cap B$ 不包含简单事件，事件 A 和 B 是**互斥**的.

图3.10给出了两个互斥事件的维恩图. 事件 A 和 B 没有共有的简单事件，即 A 和 B 不能同时发生，且 $P(A \cap B) = 0$. 因此，我们有下面的重要关系.

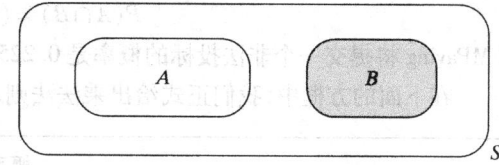

图3.10 互斥事件的维恩图

> **互斥事件的加法法则**
> 如果两个事件 A 与 B 是互斥的，那么 A 与 B 并的概率等于 A 与 B 的概率之和：
> $$P(A \cup B) = P(A) + P(B)$$

例3.13 并的概率：投掷硬币试验 考虑投掷两枚均匀硬币的试验，求观测到至少一个正面的概率.

解 定义事件

$$A：\{\text{至少观测到一个正面}\}$$
$$B：\{\text{观测到一个正面}\}$$
$$C：\{\text{观测到两个正面}\}$$

注意，$A = B \cup C$ 且 $B \cap C$ 不包含简单事件（见图3.11）. 因此，B 和 C 是互斥的，所以

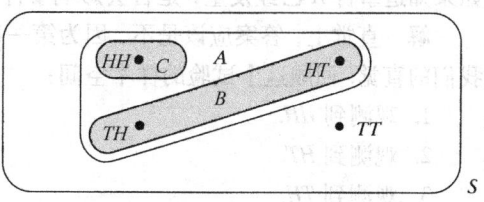

图3.11 投掷硬币试验的维恩图

$$P(A) = P(B \cup C) = P(B) + P(C) = \frac{1}{2} + \frac{1}{4} = \frac{3}{4}$$

虽然例 3.13 非常简单，但是用包括习惯用语"至少"或"最多"的字句描述互斥事件的并，对表示事件的概念是非常有用的. 这使我们能够由互斥事件的概率求事件的概率.

例 3.14 说明概率的第二条法则将帮助我们求两个事件交的概率.

例 3.14 **交的概率：秘密投标监督** 州运输部的工程师负责监督建筑公司竞争建设新道路递交的秘密投标. 感兴趣的事件是一家名叫 FMPaving 的建筑公司将操纵投标过程，以在一个没有竞争性的价格上增加赢得建设道路权利的机会. 这个事件是下面两个事件的交：

$$A：\{FMPaving\ 参加投标\}$$
$$B：\{FMPaving\ 操纵投标\}$$

基于从州计算机投标监视系统获得的信息，这位工程师估计 FMPaving 参加投标的概率是 0.90，且已知 FMPaving 参加投标，投标被操纵的概率是 0.25，即

$$P(A) = 0.90\ 且\ P(B \mid A) = 0.25$$

根据提供的信息，FMPaving 为了建设新道路提交一个非法投标的概率是多少？即求 $P(A \cap B)$.

解 正如你所看到的，我们已经有了求两个事件交的概率公式. 回顾给定 A 时 B 的条件概率是

$$P(B \mid A) = \frac{P(A \cap B)}{P(A)}$$

等式两边同时乘以 $P(A)$，我们得到了事件 A 和 B 交的概率公式. 通常称其为**概率的乘法法则**，表示为

$$P(A \cap B) = P(A)P(B \mid A)$$

因此，

$$P(A \cap B) = (0.90)(0.25) = 0.225$$

FMPaving 将提交一个非法投标的概率是 0.225.

在下面的方框中，我们正式给出乘法法则.

概率的乘法法则

$$P(A \cap B) = P(A \mid B)P(B) = P(B \mid A)P(A)$$

例 3.15 **独立事件：投掷硬币试验** 考虑投掷一枚均匀硬币两次的试验，记录下每次投掷的结果. 定义如下事件：

$$A：\{第一次投掷是正面\}$$
$$B：\{第二次投掷是正面\}$$

如果知道事件 A 已经发生，是否会影响事件 B 发生的概率？

解 直觉上，答案应该是不，因为第一次投掷的结果无法影响第二次投掷的结果. 我们来证实我们的直觉. 回顾这个试验的样本空间：

1. 观测到 HH.
2. 观测到 HT.
3. 观测到 TH.
4. 观测到 TT.

每个简单事件的概率是 1/4. 因此,

$$P(B) = P(HH) + P(TH) \quad 和 \quad P(A) = P(HH) + P(HT)$$
$$= \frac{1}{4} + \frac{1}{4} = \frac{1}{2} \qquad\qquad = \frac{1}{4} + \frac{1}{4} = \frac{1}{2}$$

现在, $P(B|A)$ 是多少?

$$P(B|A) = \frac{P(A \cap B)}{P(A)} = \frac{P(HH)}{P(A)} = \frac{\frac{1}{4}}{\frac{1}{2}} = \frac{1}{2}$$

现在我们可以看到 $P(B) = 1/2$ 以及 $P(B|A) = 1/2$. 知道了第一次投掷的结果是正面并不影响第二次投掷是正面的概率. 不管我们是否知道第一次投掷的结果, 这个概率都是 1/2. 当这种情况发生时, 我们说两个事件 A 和 B 是**独立的**.

定义 3.10 如果 B 的发生不改变 A 发生的概率, 那么事件 A 和 B 是**独立的**, 即如果

$$P(A|B) = P(A)$$

则事件 A 和 B 是独立的.

当事件 A 和 B 是**独立的**, 下面的式子也成立:

$$P(B|A) = P(B)$$

不独立的事件称作是**相关的**.

例 3.16 **独立事件: 投掷骰子试验** 考虑投掷一颗均匀骰子的试验, 并定义如下事件:

A: {观测到一个偶数}
B: {观测到一个小于等于 4 的数}

事件 A 和事件 B 独立吗?

解 试验的维恩图见图 3.12. 我们首先计算

$$P(A) = P(2) + P(4) + P(6) = \frac{1}{2}$$

$$P(B) = P(1) + P(2) + P(3) + P(4) = \frac{4}{6} = \frac{2}{3}$$

$$P(A \cap B) = P(2) + P(4) = \frac{2}{6} = \frac{1}{3}$$

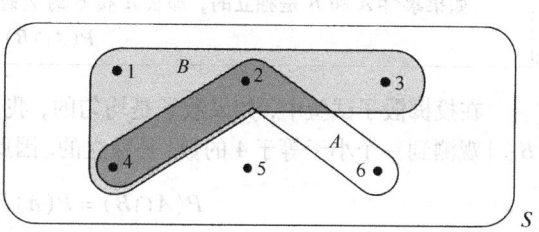

图 3.12 例 3.16 的维恩图

现在假定 B 已经发生, 给定 B 时 A 的条件概率是:

$$P(A|B) = \frac{P(A \cap B)}{P(B)} = \frac{\frac{1}{3}}{\frac{2}{3}} = \frac{1}{2} = P(A)$$

因此, B 的发生不改变观测到一个偶数的概率——它仍为 1/2. 因此, 事件 A 和 B 是独立的. 注意, 如果计算已知 A 时 B 的条件概率, 结论是相同的:

$$P(B|A) = \frac{P(A \cap B)}{P(A)} = \frac{\frac{1}{3}}{\frac{1}{2}} = \frac{2}{3} = P(B)$$

80 第 3 章

例 3.17 相关事件:消费者投诉　参看例 3.10 关于消费者产品投诉的研究. 在保质期内和期外不同类型投诉的百分比见表 3.3. 定义如下事件:

$$A: \{投诉的原因是产品外观\}$$
$$B: \{投诉发生在保质期内\}$$

A 和 B 是独立的事件吗?

解　如果 $P(A|B) = P(A)$, 那么事件 A 和 B 是独立的. 在例 3.10 中我们计算得到 $P(A|B)$ 为 0.51, 由表 3.2, 我们可以看到

$$P(A) = 0.32 + 0.03 = 0.35$$

因此, $P(A|B)$ 不等于 $P(A)$, A 和 B 不是独立事件. ■

关于独立性我们将给出最后的三点. 首先, 与互斥性不一样, 独立性不能由维恩图证明或说明. 一般, 检查独立性的最好方法是计算定义中的概率.

其次是互斥性和独立性之间的关系. 假定事件 A 和 B 是互斥的, 如图 3.10 所示, 这些事件是独立的还是相关的, 即 B 发生的假定是否改变 A 发生的概率? 如果我们假定 B 已经发生, A 就不可能同时发生, 所以答案是肯定的. 因此, **互斥事件是相关事件** ⊖.

最后, 独立事件交的概率是非常容易计算的. 考虑计算交的概率公式, 我们有:

$$P(A \cap B) = P(B) P(A|B)$$

因此, 当 A 和 B 独立时, 由于 $P(A|B) = P(A)$, 因此我们有下面方框中有用的法则.

独立事件的乘法法则

如果事件 A 和 B 是独立的, 那么 A 和 B 的交的概率等于 A 和 B 的概率乘积, 即

$$P(A \cap B) = P(A) P(B)$$

在投掷骰子试验中, 如果骰子是均匀的, 我们在例 3.16 中证明了事件 A: {观测到一个偶数} 和 B: {观测到一个小于等于 4 的数} 是独立的. 因此,

$$P(A \cap B) = P(A)P(B) = \left(\frac{1}{2}\right)\left(\frac{2}{3}\right) = \frac{1}{3}$$

这与我们在那个例子中得到的结论是一致的:

$$P(A \cap B) = P(2) + P(4) = \frac{2}{6} = \frac{1}{3}$$

例 3.18 独立事件的交:质量控制　在例 3.3 中, 质量控制工程师考虑确定一条装配线是否失控的问题. 在此例中, 我们讨论了装配线上一个、两个或一般地 k 个产品有缺陷的概率问题. 现在我们准备求装配线上相继的两个产品都有缺陷的概率. 假定装配线失控且生产的产品 20% 是有缺陷的.

a. 如果从装配线上相继取出两个产品, 它们都有缺陷的概率是多少?
b. 如果从装配线上相继取出 k 个产品, 所有都是有缺陷的概率是多少?

解　a. 令 D_1 表示产品 1 有缺陷事件, D_2 表示产品 2 有缺陷事件. 两个产品都有缺陷事件是交 $D_1 \cap D_2$. 由于假定产品的生产条件彼此独立没有不合理, 因此两个产品都有缺陷的概率是

$$P(D_1 \cap D_2) = P(D_1)P(D_2) = (0.2)(0.2) = (0.2)^2 = 0.04$$

⊖ 除非其中有一个事件的概率为 0, 结果总是成立的.

b. 令 D_i 表示装配线上相继到达的第 i 个产品有缺陷事件. 那么装配线上相继的三个产品都有缺陷事件是事件 $D_1 \cap D_2$(根据 a)和事件 D_3 的交. 假定事件 D_1、D_2 和 D_3 是独立的，我们有

$$P(D_1 \cap D_2 \cap D_3) = P(D_1 \cap D_2)P(D_3) = (0.2)^2(0.2) = (0.2)^3 = 0.008$$

注意形式，你可以看出装配线上到达的 k 个产品都有缺陷的概率是 $D_1 \cap D_2 \cap \cdots \cap D_k$ 的概率，即

$$P(D_1 \cap D_2 \cap \cdots \cap D_k) = (0.2)^k, \quad k = 1, 2, 3, \cdots$$

应用练习

3.35 消防队员气体检测设备的使用. 火灾烟雾中的两种致命气体是氰化氢和一氧化碳. *Fire Engineering*(2013 年 3 月)报告了 Fire Smoke Coalition 指导的 244 名消防队员的调查结果. 调查的目的是评估消防员在火灾现场对气体检测设备使用知识的基本水平. 调查结果如下：80% 的消防员没有检测/监测火灾烟雾中氰化氢的标准操作规程(SOP)；49% 的消防员没有检测/监测火灾烟雾中一氧化碳的标准操作规程. 假定 94% 的消防员没有检测火灾烟雾中氰化氢或一氧化碳的标准操作规程，则一个消防员没有检测火灾烟雾中氰化氢和一氧化碳的标准操作规程的概率是多少？

3.36 指纹鉴定. 软件工程师致力于开发全自动指纹识别算法. 目前专家审查员需要识别留下指纹的人. *Psychological Science*(2011 年 8 月)发表了一项关于测试专家和新手识别指纹准确性的研究. 给参与者展示一些指纹对，要求他们判断每对指纹是否匹配. 提供三种不同条件下的指纹对：来自同一个个体的指纹(匹配条件)，不匹配但相似的指纹(相似干扰条件)和不匹配且非常不同的指纹(不相似干扰条件). 下表列出了三种条件下两组人员正确判定的概率.

条件	指纹专家	新手
匹配	92.12%	74.55%
相似干扰	99.32%	44.82%
不相似干扰	100.00%	77.03%

资料来源：Tangen, J. M., et al. "Identifying fingerprint expertise", *Psychological Science*, Vol. 22, No. 8, August, 2011(图 1).

a. 给定一对匹配的指纹，专家不能成功识别的概率是多少？
b. 给定一对匹配的指纹，新手不能成功识别的概率是多少？
c. 假设这项研究包括 10 名参与者，其中 5 名专家和 5 名新手. 假定一对匹配的指纹展示给随机抽取的一位参与者，且参与者没有成功识别. 则这个参与者更可能是专家还是新手？

3.37 动力设备的质量监控. *Mechanical Engineering*(2005 年 2 月)报告了有关为监测工业设备的质量而对无线网络需求的内容. 例如，考虑伊顿公司，一家开发分布式产品的公司. 伊顿估计卖出的 90% 电子开关装置能够监测流经此装置的电力特性. 伊顿进一步估计在倾向于监测质量的电子开关装置的买家中，90% 不会为此给设备装配线路. 利用这个信息估计伊顿电子开关装置用于监测电力特性并为此装配线路的概率.

3.38 出售电能. 马里兰大学土木和环境工程系的研究员利用随机动态规划确定电力的最优负荷估计(*Journal of Energy Engineering*, 2004 年 4 月). 目的之一是对于不同的负荷估计确定电力供应商达到或超过某个净利目标的概率. 该研究中的所有负荷估计值都会给出 0.95 的概率. 考虑两个不同的电力提供商(提供商 A 和提供商 B)，它们是独立的.

a. 两个提供商都达到净利目标的概率是多少？
b. 两个提供商都没达到净利目标的概率是多少？
c. 或者提供商 A 或者提供商 B 达到净利目标的概率是多少？

3.39 闯入探测系统. 当一个闯入者(比如未授权访问)试图进入计算机系统时，计算机闯入探测系统(IDS)提供警报. 由两个独立运行的闯入探测系统(一个双 IDS)组成的系统概率估计发表在 *Journal of Research of the National Institute of Standards and Technology*(2003 年 11–12 月)上. 考虑具有系统 A 和系统 B 的双 IDS. 如果有一个闯入者，系统 A 以 0.9 的概率发出警报，系统 B 以 0.95 的概率发出警报. 如果没有闯入者，系统 A 发出警报(即一个错误警报)的概率是 0.2，系统 B 发出警报的概率是 0.1.

a. 用符号写出 4 个概率的表达式.
b. 如果有一个闯入者，两个系统都发出警报的概率是多少？

c. 如果没有闯入者，两个系统都发出警报的概率是多少？

d. 已知有一个闯入者，至少有一个系统发出警报的概率是多少？

3.40 救护车的响应时间. *Geographical Analysis* (2010 年 1 月) 发表了关于急救医疗服务 (EMS) 满足救护车需求能力的研究. 例如, 研究者提出如下场景: 救护车站有一辆车和两个需求地点 A 和 B. 救护车在八分钟内到达地点 A 的概率为 0.58, 到达地点 B 的概率为 0.42. 救护车在任何时间都很忙的概率是 0.3.

a. 求 EMS 满足地点 A 救护车需求的概率.

b. 求 EMS 满足地点 B 救护车需求的概率.

3.41 为提高质量的反馈信息的可信度. 在半导体制造业中, 公司努力提高产品质量. 提高质量的关键是对生产设备发回的反馈信息有信心. *Engineering Applications of Artificial Intelligence* (Vol. 26, 2013) 发表了关于反馈信息的可信度研究. 在生产过程中的任何时刻, 都可以生成一份报告. 报告按"好"或"不好"分类. 例如, 研究者给出了以下概率: 已知前一时间段 (t) 的报告是"好", 那么时间段 (t+1) 的报告是"好"的概率是 0.20. 同样, 已知前一时间段 (t) 的报告是"不好", 那么时间段 (t+1) 的报告是"好"的概率是 0.55. 用这些信息计算时间段 t 的报告是"好"时在两个连续的时间段 (t+1) 和 (t+2) 的报告是"好"的概率.

3.42 中性粒子的反射. 核聚变反应设计的一个重要方面是中性粒子在真空管道中的输送. 在一次试验中, 通过管道末端进入的粒子无障碍的运动, 直到它们与管道内壁碰撞. 当碰撞内壁时, 它们或者散射 (反射) 或者被内壁吸收 (*Nuclear Science and Engineering*, 1986 年 5 月). 对于某种类型的管道, 反射概率 (即一颗粒子被内壁反射的概率) 是 0.16.

a. 如果将两颗粒子释放入管道, 求两颗都被反射的概率.

b. 如果将 5 颗粒子释放入管道, 求所有 5 颗都被吸收的概率.

c. 为了计算这些概率, a 和 b 中的简单事件要求有什么假定？

3.43 玉米种子. *Economic Botany* (1995 年 1 月至 3 月) 调查了玉米的起源和特征. 从玉米穗上得到的种子携有单个小穗或成对小穗, 但不会两者兼有. 对近 600 个玉米穗进行了后代试验, 得到如下的信息: 所有种子中有 40% 携有单个小穗, 60% 携有成对小穗; 单个小穗的种子有 29% 的机会生产单个小穗的玉米穗, 有 71% 的机会生产成对小穗的玉米穗; 成对小穗的种子有 26% 的机会生产单个小穗的玉米穗, 有 74% 的机会生产成对小穗的玉米穗.

a. 求一个随机选择的玉米种子携有单个小穗并生产单个小穗的玉米穗概率.

b. 求一个随机选择的玉米穗种子生产出成对小穗的玉米穗概率.

3.44 克隆信用卡或借记卡. 无线识别盗窃是一种从射频卡 (如信用卡或借记卡) 中窃取个人信息的偷窃技术. 在捕捉到这些数据后, 盗贼们可以通过克隆用相同的方式编写自己的卡. *IEEE Transactions on Information Forensics and Security* (2013 年 3 月) 研究了在射频识别 (RFID) 应用中的一种检测克隆攻击的方法. 用画球的方式说明这个方法. 考虑一组 10 个球, 其中 5 个表示真正的 RFID 卡, 5 个表示这些卡片中的一个或多个克隆卡. 用标号区分不同的真卡. 由于有 5 个真卡, 因此用 A, B, C, D 和 E 这 5 个字母表示. 标有相同字母的球表示或者是真卡或者是克隆卡. 假定 10 个球标记如下: 3 个 A, 2 个 B, 1 个 C, 3 个 D 和 1 个 E (见下图). 注意单个的 C 卡和 E 卡肯定是真卡 (即这些卡不存在克隆卡). 如果能从 10 个球中取出两个具有相同字母的球 (没有替换), 则克隆攻击被发现. 计算在这个例子中发现克隆攻击的概率.

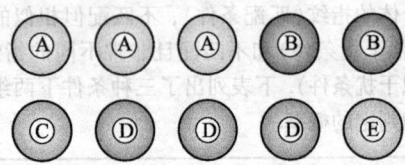

3.45 错误密文的加密系统. 在密码学中, 密文是加密或编码的文本, 如果没有适当的算法将其解成明文, 则人或计算机就难以读懂. *IEEE Transactions on Information Forensics and Security* (2013 年 4 月) 研究了错误密文对加密系统性能的影响. 对于一个数据加密系统, 接收错误密文的概率假定为 β, 其中 $0 < \beta < 1$. 研究者表明如果出现错误密文, 则在使用解密系统还原明文时错误的概率是 0.5. 当没有出现错误密文时, 在使用解密系统还原明文时错误的概率是 $\alpha\beta$, 其中 $0 < \alpha < 1$. 用这些信息给出在使用解密系统还原明文时错误的概率.

3.46 卡车事故研究. *Transportation Quarterly* (1993 年 1 月) 指出了一些卡车事故的研究中利用的使人

误解或不合适的概率分析.考虑下面从一篇文章摘取的部分[○],你能找出概率论证方面的问题吗?

例如,考虑来往交通流中只有两类交通工具的情况:大卡车占20%,小汽车占80%.如果仅考虑两类车辆事故,样本空间中所有事件发生的概率为:

$P(卡车撞卡车) = P(TT) = 0.20 \times 0.20 = 0.04$
$P(卡车撞小汽车) = P(TC) = 0.20 \times 0.80 = 0.16$
$P(小汽车撞卡车) = P(CT) = 0.80 \times 0.20 = 0.16$
$P(小汽车撞小汽车) = P(CC) = 0.80 \times 0.80 = \underline{0.64}$
$ 1.00$

许多研究员[利用计算 $P(TT) + P(TC) + P(CT) = 0.36$]得出结论:占交通量20%的卡车牵涉到所有两车相撞事故的36%.因此占交通量80%的小汽车牵涉到所有两车相撞事故的 100% − 36% = 64%.

❓ 可选做的应用练习

3.47 在 *Environmental Science & Technology* 中(1986年5月),Joseph Fiksel 的论文研究了暴露于危险及有毒物的慢性病(如癌症和先天缺陷)患者的补偿问题.正如美国司法系统所关心的,补偿的关键是因果关系的概率(即对于患者而言,由于暴露于危险物质引起的可能性).通常情况下,为了法庭判决补偿,因果关系的概率必须大于 0.50.Fiksel 给出了某些不同环境下怎样计算因果关系概率的例子[○].

a. 如 Fiksel 定义的,"普通因果关系认为单个因素(如石棉绝缘体)的存在是造成结果(如间皮瘤)的原因."对于这种情形,定义如下事件:

$D:\{结果(疾病)发生\}$
$A:\{因素 A 存在\}$

在普通因果关系下,如果 A 发生,D 必定发生.但是,当因素 A 不存在时,D 也可能发生.所以,因素 A 的因果关系概率就是条件概率 $P(A|D)$.证明:因素 A 的因果关系概率是

$$P(A|D) = \frac{P_1 - P_0}{P_1}$$

其中,P_0 是当因素 A 不存在时,结果发生的概率;P_1 是因素 A 或者存在或者不存在时,结果发生的概率.(注:对于流行病学家,P_1 通常称为疾病的全面风险率,$P_1 - P_0$ 称为由于因素 A 的存在而导致的额外风险.)(提示:这个试验的简单事件是 $\{D^c \cap A^c, D \cap A, D \cap A^c\}$,以简单事件的形式给出 P_0 和 P_1.)

b. Fiksel 将同时发生的互斥因果关系定义为以下情况:"存在两个或更多因果关系因素,但是所得的结果只能是这些因素中的一个且只有一个引起的."考虑两个因素 A 和 B,令 B 表示存在因素 B 事件.在这个情形下,如果 A 或者 B 发生,D 必定发生,但是 A 和 B 不能同时发生.(即 A 和 B 是互斥的).假定当 A 和 B 都不发生时,D 不可能发生,证明:因素 A 和 B 的因果关系概率分别是

$$P(A|D) = \frac{P_1}{P_1 + P_2} \quad \text{和} \quad P(B|D) = \frac{P_2}{P_1 + P_2}$$

其中,P_1 是当因素 A 存在时,结果发生的概率;P_2 是当因素 B 存在时,结果发生的概率.(提示:这个试验的简单事件是 $\{D \cap A \cap B^c, D \cap A^c \cap B\}$.)

c. Fiksel 用同时联合因果关系描述更现实的情况,"其中几个因素对结果的发生起着不同程度的作用.例如,工作场所暴露于辐射和化学致癌物质下的吸烟者可能患上肺肿瘤.目前,还不可能确定肿瘤完全是由一个因素或因素组合造成的."对于这种情况,考虑两个因素 A 和 B,它们对 D 的影响是独立的.还假定如果 A 或 B 或二者都发生,那么 D 必定发生;如果 A 和 B 都不发生,那么 D 不可能发生.证明:因素 A 和 B 的因果关系概率分别为:

$$P(A|D) = \frac{P_1}{P_1 + P_2 - P_1 P_2}$$

和

$$P(B|D) = \frac{P_2}{P_1 + P_2 - P_1 P_2}$$

其中,P_1 是因素 A 存在时,结果发生的概率;P_2 是因素 B 存在时,结果发生的概率.(提示:这个试验的简单事件是 $\{D^c \cap A^c \cap B^c, D \cap A \cap B^c, D \cap A^c \cap B, D \cap A \cap B\}$.)

3.48 细胞的随机突变.*Chance*(2010年春)发表了由微生物学家提出的关于随机突变假说的文章.在

○ Bowman, B. L., and Hummzer, J. "Data validity barriers to determining magnitude of large truck accident problem." *Transportation Quarterly*, Vol. 47, No. 1, Jan. 1993, p.40.

○ Fiksel, J. "Victim compensation: Understanding the problem of indeterminate causation." *Environmental Science and Technology*, May 1986. Copyright 1986 American Chemical Society. Reprinted with permission.

此假说下，当一个野生型有机细胞(如细菌细胞)分裂时，有可能两个"子"细胞中的一个突变. 当一个突变细胞分裂时，两个后代将都是突变体. 下面的示意图显示了单细胞分裂的一个可能的谱系. 记一个"子"细胞是突变的(黑色)，一个是正常的.

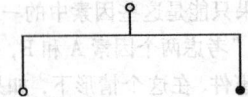

a. 考虑一个单一正常的细胞分裂成两个后代. 列出可能的谱系图.

b. 假设一个"子"细胞是正常或突变细胞的可能性相同. 则一个单一正常的细胞分裂成两个后代，其中至少有一个是突变的概率是多少?

c. 假设一个突变的"子"细胞的概率是 0.2. 则一个单一正常的细胞分裂成两个后代，其中至少有一个是突变的概率是多少?

d. 下面的示意图给出了由单细胞分裂成的第二代的可能谱系图. 已知第一代突变细胞自动产生两个第二代突变细胞. 列出不同可能的第二代谱系图. (提示：使用 a 的答案)

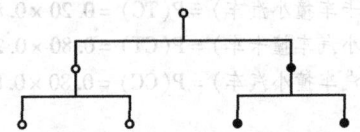

e. 假设一个"子"细胞是正常或突变细胞的可能性相同. 一个单一正常的细胞分裂成两个后代之后，在第二代中至少有一个是突变的概率是多少?

*3.7 贝叶斯法则

利用概率进行推断的早期尝试是统计方法论的一个分支，称作**贝叶斯统计方法**的基础. 18 世纪中叶英国伟大的哲学家托马斯·贝叶斯所用的逻辑是将未知的条件概率 $P(B \mid A)$ 转换为已知的条件概率 $P(A \mid B)$. 用下面的例子说明这个方法.

例 3.19 应用贝叶斯逻辑——闯入者检测系统 无人监控系统利用高科技视频装备和微处理器来检测闯入者. 原型系统已经开发且在武器军火厂户外使用，这个系统的设计以 0.90 的概率发现闯入者. 但是，设计工程师希望这个概率根据气候条件变化. 每当检测到闯入者时，系统将自动记录当时的气候条件. 基于一系列控制测试，即在不同气候条件下，闯入者进入工厂，得到下面的信息：已知系统实际上检测到闯入者时，天气有 75% 是晴天，20% 是阴天，5% 是雨天. 在系统不能检测到闯入者时，天气有 60% 是晴天，30% 是阴天，10% 是雨天. 利用这些信息，求已知天气为雨天条件下，检测到闯入者的概率. (假定闯入者已经赦免.)

解 定义 D 为系统检测到闯入者事件，那么 D^c 表示系统没有检测到闯入者事件. 我们的目标是计算条件概率 $P(D \mid 雨天)$. 根据问题的描述，可以得到下面的信息：

$$P(D) = 0.90 \qquad P(D^c) = 0.10$$
$$P(晴天 \mid D) = 0.75 \qquad P(晴天 \mid D^c) = 0.60$$
$$P(阴天 \mid D) = 0.20 \qquad P(阴天 \mid D^c) = 0.30$$
$$P(雨天 \mid D) = 0.05 \qquad P(雨天 \mid D^c) = 0.10$$

那么

$$P(雨天 \cap D) = P(D)P(雨天 \mid D) = (0.90)(0.05) = 0.045$$

且

$$P(雨天 \cap D^c) = P(D^c)P(雨天 \mid D^c) = (0.10)(0.10) = 0.01$$

雨天事件是两个互斥事件(雨天 $\cap D$) 和 (雨天 $\cap D^c$) 的并. 因此，

$$P(雨天) = P(雨天 \cap D) + P(雨天 \cap D^c) = 0.045 + 0.01 = 0.055$$

现在我们应用条件概率公式可以得到

$$P(D\mid 雨天) = \frac{P(雨天\cap D)}{P(雨天)} = \frac{P(雨天\cap D)}{P(雨天\cap D) + P(雨天\cap D^c)} = \frac{0.045}{0.055} = 0.818$$

因此在雨天的气候条件下,原型系统能以 0.818,一个低于设计概率 0.90 的值检测到闯入者.

例 3.19 中所用的方法称为**贝叶斯方法**,当观测到的事件 E 发生,伴随着 k 个互斥且完备的自然状态(或事件)$A_1, A_2, \cdots, A_k$ 中的任何一个发生时,可以应用此情况.求合适的条件概率公式如下面方框所给.

贝叶斯法则

给定 k 个互斥且完备的自然状态(事件)$A_1, A_2, \cdots, A_k$,和一个观测到的事件 E,那么 $P(A_i\mid E)$,$i = 1, 2, \cdots, k$ 为

$$P(A_i\mid E) = \frac{P(A_i\cap E)}{P(E)} = \frac{P(A_i)P(E\mid A_i)}{P(A_1)P(E\mid A_1) + P(A_2)P(E\mid A_2) + \cdots + P(A_k)P(E\mid A_k)}$$

将贝叶斯法则用于例 3.19,观测到的事件 E 是{雨天},互斥且完备的事件是 D(检测到闯入者)和 D^c(未检测到闯入者).因此,公式

$$P(D\mid 雨天) = \frac{P(D)P(雨天\mid D)}{P(D)P(雨天\mid D) + P(D^c)P(雨天\mid D^c)} = \frac{(0.90)(0.05)}{(0.90)(0.05) + (0.10)(0.10)} = 0.818$$

[注:在练习 3.98 中,要利用贝叶斯法则求 $P(D\mid 晴天)$ 和 $P(D\mid 阴天)$.]

应用练习

3.49 电动轮椅控制. 对于许多残疾人来说电动轮椅很难操作. 在 1st *International Workshop on Advances in Service Robotics*(2003 年 3 月)发表的文章中,研究者应用贝叶斯法则评估一个"智能"机器人控制器,目的是获得轮椅使用者的意图并帮助导航. 考虑以下场景. 从房间的某个位置,轮椅使用者将(1)向左急转,穿过一扇门(2)径直走到房间的另一边;或(3)向右急转,停在桌子旁. 用 D(门),S(径直)和 T(桌子)定义这 3 个事件. 基于先前的行程,$P(D) = 0.5$,$P(S) = 0.2$,$P(T) = 0.3$. 轮椅上安装了机器人控制的操纵杆. 当使用者想穿过门时,他 30% 可能径直控制操纵杆;当使用者想直行时,他 40% 可能径直控制操纵杆;当使用者到桌子边时,他 5% 可能径直控制操纵杆. 如果轮椅使用者径直控制操纵杆,他最可能想到达哪个目的地?

3.50 非破坏性评估. 非破坏性评估(NDE)是一种通过非侵害的诊断,例如 X 射线计算机体层摄影术、超声波及声发射来定量刻画材料、组织和结构的方法. 最近,NDE 用来探测钢铸件缺陷.(*JOM*, 2005 年 5 月.)假定当瑕疵确实存在时,NDE 探测到"一个得分"(即在钢铸件中预测到一个瑕疵)的概率是 0.97.(通常称为检出概率.)还假定当事实上不存在瑕疵时,NDE 探测到"一个得分"的概率是 0.005.(称为误报概率.)过去的经验表明在每 100 件铸造钢中出现一个瑕疵. 如果对于某个钢铸件,NDE 探测到"一个得分",那么事实上存在瑕疵的概率是多少?

3.51 指纹鉴定. 参考练习 3.36,*Psychological Science*(2011 年 8 月)发表了关于测试专家和新手识别指纹准确性的研究. 下表重新给出在三种条件下两组人员正确判定的概率. 假设研究包括 10 名参与者,其中 5 名专家和 5 名新手. 假定一对匹配的指纹展示给一位随机抽取的参与者,且参与者没有成功识别. 则这个参与者更可能是专家还是新手?

条件	指纹专家	新手
匹配	92.12%	74.55%
相似干扰	99.32%	44.82%
不相似干扰	100.00%	77.03%

资料来源:Tangen, J. M., et al. "Identifying fingerprint expertise", *Psychological Science*, Vol. 22, No. 8, August, 2011(图 1).

3.52 运动员的药物检验. 由于药物检验程序的不精确性(例如,假阳性和假阴性),在医学领域,药物检验的结果只表示医师诊断的一个因素. 但是对奥

林匹克运动员进行非法药物使用(如兴奋剂)的检验时,单个检验结果就用于禁止运动员参加比赛. 在 *Chance*(2004 年春), 德克萨斯大学的生物统计学家 D. A. Berry 和 L. Chastain 演示了贝叶斯法则用于推断奥林匹克运动员服用睾丸激素. 他们利用下面的例子, 在包含 1 000 个运动员的总体中, 假定 100 个非法使用了睾丸激素. 在使用者中, 假定有 50 个对睾丸激素的检验显示阳性. 在未使用者中, 假定有 9 个检验结果显示阳性.

   a. 已知一个运动员是使用者, 求睾丸激素的药物检验显示阳性的概率. (这个概率代表药物检验的敏感度.)

   b. 已知一个运动员是未使用者, 求睾丸激素的药物检验显示阴性的概率. (这个概率代表药物检验的特异性.)

   c. 如果一个运动员的睾丸激素的测试结果是阳性, 利用贝叶斯法则求这个运动员确实使用违禁药的概率. (这个概率代表药物测试的阳性预测值.)

3.53 **估计任务成本中的错误.** 一个建筑公司雇用了三个销售工程师. 工程师 1, 2 和 3 分别估计了所有公司投标任务成本的 30%, 20% 和 50%. 对 $i = 1, 2, 3$, 定义 E_i 为由工程师 i 估计任务事件. 下面的概率描述了工程师们在估计成本时犯严重错误的比率:

$$P(错误 | E_1) = 0.01, P(错误 | E_2) = 0.03 \text{ 和}$$
$$P(错误 | E_3) = 0.02.$$

   a. 在估计任务成本时, 如果某个投标出现严重错误, 这个错误由工程师 1 造成的概率是多少?

   b. 在估计承包成本时, 如果某个投标出现严重错误, 这个错误由工程师 2 造成的概率是多少?

   c. 在估计承包成本时, 如果某个投标出现严重错误, 这个错误由工程师 3 造成的概率是多少?

   d. 根据 a ~ c 的概率, 哪个工程师最有可能为重大错误负责?

3.54 **闯入探测系统.** 参考练习 3.39, *Journal of Research of the National Institute of Standards and Technology*(2003 年 11 – 12 月)关于独立的双闯入探测系统的研究. 如果存在闯入者, 系统 A 以 0.9 的概率报警, 系统 B 以 0.95 的概率报警. 如果没有闯入者, 系统 A 以 0.2 的概率报警, 系统 B 以 0.1 的概率报警. 现在, 假定有闯入者的概率是 0.4. 如果两个系统发出警报, 探测到闯入者的概率是多少?

3.55 **开采白云石.** 白云石是在沉积岩中发现的珍贵的矿物. 在采矿作业中, 白云石经常与页岩混淆. 岩石的放射性特征可以帮助矿工区别白云岩带和页岩带. 例如, 如果岩石带的伽马射线指数超过 60 个 API 单位, 则这片区域被认为更可能是页岩带(不开采); 如果岩石带的伽马射线指数小于 60 个 API 单位, 则这片区域被认为有大量的白云石(开采). Kansas Geological Survey 给出了在采石场收集的 771 个核心样本数据: 其中 476 个是白云石, 295 个是页岩. 在 476 个白云石核心样本中, 34 个伽马射线指数超过 60. 在 295 个页岩核心样本中, 280 个伽马射线指数超过 60. 假设采石场一定深度的伽马射线指数超过 60, 那么此区域应该被开采吗?

3.56 **购买微芯片.** 台式或个人手提电脑(PC)的一个重要部件是微芯片. 下表给出了某个 PC 制造商从 7 个不同的供给商购买的微芯片的比例.

供给商	比例
S_1	0.15
S_2	0.05
S_3	0.10
S_4	0.20
S_5	0.12
S_6	0.20
S_7	0.18

   a. 已知由 7 个供给商生产的有缺陷微芯片的比例分别为 0.001, 0.000 3, 0.000 7, 0.006, 0.000 2, 0.000 2 和 0.001. 如果发现一个 PC 微芯片故障, 最可能是哪个供给商的责任?

   b. 假定 7 个供给商以相同的比例 0.000 5 生产有缺陷的微芯片. 如果观测到一个 PC 微芯片故障, 那么哪个供给商最可能负责?

可选做的应用练习

3.57 **JFK 暗杀子弹的法学分析.** 在 1963 年美国总统约翰·肯尼迪(JFK)被暗杀后, 白宫刺杀委员会(HSCA)进行了官方的政府调查. HSCA 断定尽管这是一个阴谋, 除 Lee Haryvey Osward 外至少还有一个射手, 但是其他射手没有被所有的轿车乘员看到. *Annals of Applied Statistics*(Vol. 1, 2007)发表的关于暗杀子弹碎片的最新分析反驳了这些发现, 推断 HSCA 所说的第二刺客的证据是有根本缺陷的. 据记载, 暗杀中使用的子弹碎片至少来自两颗不同子弹. 记 E = {HSCA 使用的子弹证据}, T = {两颗子弹用在暗杀中}, T^c = {多于两颗子弹用在暗杀中}. 已知证据(E), 使用两颗子弹(T)或多于两颗子弹(T^c), 这两种情况哪种最可能发生?

a. 研究者证明了比值 $P(T \mid E)/P(T^c \mid E)$ 小于 1. 解释为什么这个结论支持用于暗杀中的子弹多于两颗这一理论.

b. 为了得到 a 中的结论, 研究者首先给出了 $P(T \mid E)/P(T^c \mid E) = [P(E \mid T)P(T)]/[P(E \mid T^c)P(T^c)]$ 用贝叶斯定理证明这一等式.

3.8 计数法则

在 3.2 节中我们指出, 有时试验包含太多的简单事件, 以致将它们全部列举出来是不切实际的. 但是, 许多这样的试验具有相同特征的简单事件. 如果你能设计一个**计数法则**数清这种试验的简单事件个数, 可能有助于问题的解决.

例 3.20 **乘法法则: 路线问题** 一个产品(比如网络计算机系统的硬件)可以通过四条不同航线运输, 且每条航线可以通过三个不同路线运输. 有多少种不同的方法来运输产品?

解 运输产品的不同方法的图表示有助于数清方法的数目, 这称作**决策树**表示法, 见图 3.13. 在起点处(第一步)存在 4 个选择(不同航线)开始旅途. 一旦我们选择了一条航线(第二步), 则存在三个选择(不同路线)完成运输并到达目的地. 这样, 决策树清楚地显示了存在 $(4)(3) = 12$ 种不同的方法来运输产品. ■

解决例 3.20 的方法可以推广到具有不同元素集合的任意多个步骤的情况. 给出以下的**乘法法则**.

定理 3.1(**乘法法则**) 设有 k 个集合, 第一个集合有 n_1 个元素, 第二个集合有 n_2 个元素, …, 第 k 个集合有 n_k 个元素. 假定想从 k 个集合的每一个中选取一个元素形成 k 个元素的样本. 那么可能形成的不同样本个数是

$$n_1 n_2 n_3 \cdots n_k$$

定理 3.1 的简要证明 检查表 3.4 即可相当容易地得到定理 3.1 的证明. 由两个元素集合 $a_1, a_2, \cdots, a_{n_1}$ 和 $b_1, b_2, \cdots, b_{n_2}$ 形成的每一对相应于表 3.4 中的一个单元.

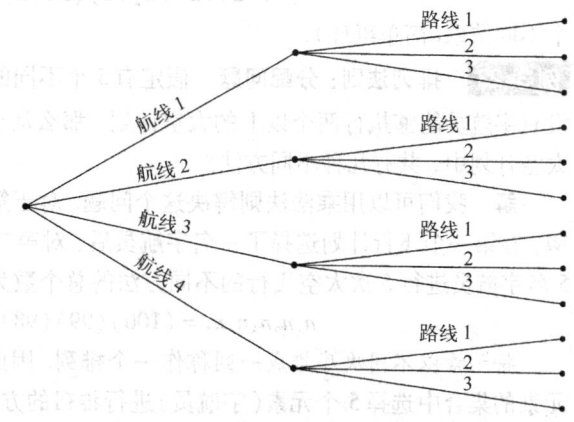

图 3.13 运输问题的决策树

表 3.4 $a_1, a_2, \cdots, a_{n_1}$ 和 $b_1, b_2, \cdots, b_{n_2}$ 的组合

	b_1	b_2	b_3	$\cdots$	b_{n_2}
a_1	$a_1 b_1$	$a_1 b_2$	$a_1 b_3$	$\cdots$	$a_1 b_{n_2}$
a_2	$a_2 b_1$		$\cdots$		
a_3	$a_3 b_1$		$\cdots$		
$\vdots$	$\vdots$	$\vdots$	$\vdots$	$\vdots$	$\vdots$
a_{n_1}	$a_{n_1} b_1$		$\cdots$		$a_{n_1} b_{n_2}$

由于表包含 n_1 行和 n_2 列, 因此共有 $n_1 n_2$ 对, 相应于表中 $n_1 n_2$ 个单元. 为了将证明推广到 $k=3$ 的情况, 注意, 由三个元素集合 $a_1, a_2, \cdots, a_{n_1}$, $b_1, b_2, \cdots, b_{n_2}$ 和 $c_1, c_2, \cdots, c_{n_3}$ 形成的三元组个数等于 $a_i b_j$ 联合一个 c 元素的对数. 由于存在 $(n_1 n_2)$ 个 $a_i b_j$ 以及 n_3 个 c 元素, 我们可以形成 $(n_1 n_2) n_3 = n_1 n_2 n_3$ 个三元组, 它们由一个 a 元素、一个 b 元素、一个 c 元素组成. 对于任意 k 个集合的乘法法则, 可以用数学归纳法证明. 我们将这个证明留作练习. ■

例 3.21　乘法法则：候选人选择问题　一共有 20 个候选人竞争三个不同的机械工程师职位 E_1，E_2 和 E_3。你有多少种不同方法分配这些职位？

解　这个例子由以下 $k=3$ 个集合组成：

集合 1：担任职位 E_1 的有效候选人。

集合 2：剩下的担任职位 E_2 的有效候选人（在 E_1 有人以后）。

集合 3：剩下的担任职位 E_3 的有效候选人（在 E_1 和 E_2 有人以后）。

集合中的元素个数为 $n_1=20$，$n_2=19$，$n_3=18$。因此，分配三个职位的不同方法个数为

$$n_1 n_2 n_3 = (20)(19)(18) = 6\,840$$

例 3.22　乘法法则：装配线检查　考虑一个试验，从装配线上选择 10 个产品来检查，每个产品分为有缺陷的（D）或者无缺陷的（N）。（回忆例 3.8）证明这个试验一共有 $2^{10}=1\,024$ 个简单事件。

解　这个试验有 $k=10$ 个元素集合。每个集合包含两个元素，有缺陷的和无缺陷的。因此，试验存在

$$(2)(2)(2)(2)(2)(2)(2)(2)(2)(2) = 2^{10} = 1\,024$$

个不同结果（简单事件）。

例 3.23　排列法则：分配问题　假定有 5 个不同的太空飞行计划，每个计划需要一名宇航员。假设没有宇航员能够执行两个以上的太空计划，那么从全国最好的 100 名宇航员中挑 5 名，分配到 5 个太空计划中，共有几种不同方法？

解　我们可以用乘法法则解决这个问题。对于第一个飞行计划，所有 100 名宇航员都有当选希望，在第一个飞行计划选择了一名宇航员后，对第二个飞行计划有 99 名当选希望，等等。因此，选择 5 名宇航员进行 5 次太空飞行的不同方法的总个数为

$$n_1 n_2 n_3 n_4 n_5 = (100)(99)(98)(97)(96) = 9\,034\,502\,400$$

将元素以不同次序排成一列称作一个**排列**。因此，对于例题 3.23，我们看到从一个包含 100 个元素的集合中选择 5 个元素（宇航员）进行排列的方法超过了 90 亿！

定理 3.2（排列法则）　给定一个包含 N 个不同元素的集合，从这 N 个元素中选择 n 个并将它们放在 n 个位置上，从 N 个元素一次取 n 个的不同排列个数记作 P_n^N，它等于

$$P_n^N = N(N-1)(N-2)\cdots(N-n+1) = \frac{N!}{(N-n)!}$$

其中 $n! = n(n-1)(n-2)\cdots(3)(2)(1)$，称作 **$n$ 的阶乘**。（例如，$5! = 5\cdot 4\cdot 3\cdot 2\cdot 1 = 120$。）$0!$ 定义为 1。

定理 3.2 的证明　定理 3.2 是例题 3.23 的解的推广。总共有 N 种方法填充第一个位置。然后，共有 $N-1$ 个方法填充第二个位置，$N-2$ 个方法填充第三个位置，…，$(N-n+1)$ 个方法来填充第 n 个位置。应用乘法法则可以获得

$$P_n^N = (N)(N-1)(N-2)\cdots(N-n+1) = \frac{N!}{(N-n)!}$$

例 3.24　排列法则：运输工程　考虑下面的运输工程问题：你想从一个起点依次通过五个城市中的每一个，且比较不同路径的距离和平均速度。必须比较多少条不同路径？

解　将城市记作 $C_1, C_2, \ldots, C_5$。那么从起点移动到 C_2，再到 C_1，到 C_3，到 C_4，到 C_5 的一条路径记作 $C_2 C_1 C_3 C_4 C_5$。路径的总条数等于你能够将 $N=5$ 个城市安置在 $n=5$ 个位置上的方法个数。这

个数是

$$P_n^N = P_5^5 = \frac{5!}{(5-5)!} = \frac{5!}{0!} = \frac{5 \cdot 4 \cdot 3 \cdot 2 \cdot 1}{1} = 120$$

(注意 $0! = 1$).

例3.25 **分割法则：指派问题** 有4个系统分析员，你必须指派三人到工作1，一人到工作2. 进行这种指派的方法有多少种？

解 首先，假定每个系统分析员将指派到一个不同的工作. 那么利用乘法法则，我们知道将这些系统分析员指派到4个不同工作的方法共有(4)(3)(2)(1) = 24 种. 这24种方法被分成4组列在表3.5中（其中 ABCD 表示系统分析员 A 被分配到第一个工作；系统分析员 B 被分配到第二个工作等).

表3.5 将系统分析员分配到4个工作的方法

第1组	第2组	第3组	第4组
ABCD	ABDC	ACDB	BCDA
ACBD	ADBC	ADCB	BDCA
BACD	BADC	CADB	CBDA
BCAD	BDAC	CDAB	CDBA
CABD	DABC	DACB	DBCA
CBAD	DBAC	DCAB	DCBA

现在，假定前面三个位置代表工作1，最后一个位置代表工作2. 我们可以看到所有列在第1组中的代表感兴趣的相同试验结果，即系统分析员 A、B 和 C 分配到工作1且系统分析员 D 分配到工作2. 类似地，列在第2组的是等价的，第3组、第4组也是等价的. 因此，将4个系统分析员分配到两个工作仅有4种不同方法，见表3.6.

表3.6 将三个系统分析员分配到工作1和一个系统分析员分配到工作2的方法

工作1	工作2
ABC	D
ABD	C
ACD	B
BCD	A

为了推广例3.25所得的结果，我们指出最后的结果可以由下式得到：

$$\frac{(4)(3)(2)(1)}{(3)(2)(1)(1)} = 4$$

(4)(3)(2)(1)是系统分析员指派到4个不同工作的方法(排列)个数. 除以(3)(2)(1)是为了去除由于三个系统分析员指派到相同工作而重复的排列. 再除以(1)相应于系统分析员指派到工作2.

定理3.3（分割法则） 一个包含 N 个不同元素的集合，将它们分成 k 个集合，第一个集合包含 n_1 个元素，第二个包含 n_2 个元素，$\cdots$，第 k 个集合包含 n_k 个元素. 不同的分割方法个数为

$$\frac{N!}{n_1! \, n_2! \, \cdots \, n_k!}$$

其中 $n_1 + n_2 + \cdots + n_k = N$.

定理3.3的证明 令 A 等于将 N 个不同元素分成 k 个集合的方法个数. 我们想要证明

$$A = \frac{N!}{n_1! \, n_2! \, \cdots \, n_k!}$$

写出将 N 个不同元素安排到 N 个位置的不同方法的表达式，我们就可以求出 A. 利用定理3.2，不同方法的个数是

$$P_N^N = \frac{N!}{(N-N)!} = \frac{N!}{0!} = N!$$

但是，根据定理3.1，P_N^N 也等于乘积

$$P_N^N = N! = (A)(n_1!)(n_2!)\cdots(n_k!)$$

其中 A 表示将 N 个元素分割成 k 个分别包含 $n_1, n_2, \cdots, n_k$ 个元素的集合的方法个数;$n_1!$ 表示将 n_1 个元素安排到第 1 组的方法个数;$n_2!$ 表示将 n_2 个元素安排到第 2 组的方法个数;$\cdots n_k!$ 表示将 n_k 个元素安排到第 k 组的方法个数. 解 A 得到要求的结果:

$$A = \frac{N!}{n_1! \, n_2! \, \cdots \, n_k!}$$

例 3.26 **分割法则:指派问题** 假设有 12 个系统分析员,并且你想将其中 3 个指派到工作 1,4 个指派到工作 2,5 个指派到工作 3. 有多少种方法来做出这种安排?

解 对于这个例子,$k=3$(相应于 $k=3$ 个不同工作). $N=12$, $n_1=3$, $n_2=4$, $n_3=5$. 那么将系统分析员指派到各项工作的不同方法的个数为

$$\frac{N!}{n_1! \, n_2! \, n_3!} = \frac{12!}{3! \, 4! \, 5!} = \frac{12 \cdot 11 \cdot 10 \cdot \cdots \cdot 3 \cdot 2 \cdot 1}{(3 \cdot 2 \cdot 1)(4 \cdot 3 \cdot 2 \cdot 1)(5 \cdot 4 \cdot 3 \cdot 2 \cdot 1)} = 27\,720$$

例 3.27 **组合法则:采样问题** 从一批 25 个锡铅焊接点中选择 4 个,共有多少个样本可以进行强度测试?

解 对于这个例子,$k=2$(相应于必须选择的 $n_1=4$ 个焊接点以及不必选择的 $n_2=21$ 个焊接点)以及 $N=25$. 那么,从 25 个焊接点中选择 4 个的不同方法个数是

$$\frac{N!}{n_1! \, n_2!} = \frac{25!}{(4!)(21!)} = \frac{25 \cdot 24 \cdot 23 \cdot \cdots \cdot 3 \cdot 2 \cdot 1}{(4 \cdot 3 \cdot 2 \cdot 1)(21 \cdot 20 \cdot \cdots \cdot 2 \cdot 1)} = 12\,650$$

由例 3.27——将一个包含 N 个元素的集合分割成 $k=2$ 组(包含在样本中以及不在样本中的元素)——所阐述的分割法则的特殊应用是非常普遍的. 因此,将一个元素集合分割成两个部分的不同方法的计数法则,我们给出一个不同的名字——**组合法则**.

定理 3.4(组合法则) 一个 n 个元素的样本是从 N 个元素的集合中选择的. 那么从 N 个中选择 n 个元素的不同样本个数记作 $\binom{N}{n}$,它等于

$$\binom{N}{n} = \frac{N!}{n!(N-n)!}$$

注意,n 个元素的取出次序并不重要.

定理 3.4 的证明 定理 3.4 的证明可以由定理 3.3 直接得到. 从 N 个元素的集合中选择 n 个元素的样本等价于将 N 个元素分割成 $k=2$ 组:选择作为样本的 n 个元素以及未被选择的剩下 $(N-n)$ 个元素. 因此,应用定理 3.3,我们得到

$$\binom{N}{n} = \frac{N!}{n!(N-n)!}$$

例 3.28 **组合法则:组选择问题** 从 100 个申请者的组中雇用 5 个销售工程师,可以有多少种方法(组合)选择 5 个销售工程师?

解 这等价于从 $N=100$ 个元素的集合中选择 $n=5$ 个元素的样本. 因此,方法的个数就是从 100 个申请者中选择 5 个的可能组合数,或者

$$\binom{100}{5} = \frac{100!}{(5!)(95!)} = \frac{100 \cdot 99 \cdot 98 \cdot 97 \cdot 96 \cdot 95 \cdot 94 \cdot \cdots \cdot 2 \cdot 1}{(5 \cdot 4 \cdot 3 \cdot 2 \cdot 1)(95 \cdot 94 \cdot \cdots \cdot 2 \cdot 1)}$$

$$= \frac{100 \cdot 99 \cdot 98 \cdot 97 \cdot 96}{5 \cdot 4 \cdot 3 \cdot 2 \cdot 1} = 75\,287\,520$$

将这个结果与例 3.23 进行比较，我们发现从 100 个元素中选 5 个的排列个数超过了 90 亿．由于元素的顺序不影响组合，因此组合数比排列数少．

在处理一个概率问题时，你应该仔细检查试验以便确定是否可以应用这节所讨论的一个或多个法则．这些法则总结如下，我们将在例 3.29 和例 3.30 中阐述怎样利用这些法则来解决一个概率问题．

计数法则的总结

1. **乘法法则**：从 k 个大小分别为 $n_1, n_2, \cdots, n_k$ 的每个集合中抽取一个元素，那么不同结果的个数为
$$n_1 n_2 n_3 \cdots n_k$$

2. **排列法则**：从 N 个元素的集合中抽取 n 个元素并将这 n 个元素按不同次序排列，那么不同结果的个数为
$$P_n^N = \frac{N!}{(N-n)!}$$

3. **分割法则**：将 N 个元素的集合分割成分别包含 $n_1, n_2, \cdots, n_k (n_1 + n_2 + \cdots + n_k = N)$ 个元素的 k 组，那么不同结果的个数为
$$\frac{N!}{n_1! \, n_2! \, \cdots n_k!}$$

4. **组合法则**：从 N 个元素的集合中抽取 n 个元素，不考虑这 n 个元素的次序，那么不同结果的个数为
$$\binom{N}{n} = \frac{N!}{n!(N-n)!}$$

（注：组合法则是分割法则 $k = 2$ 时的一个特殊情况．）

例 3.29　计数法则应用：对 LCD 显示器排序　委托一家计算机评级机构评出平板液晶显示器的 3 个最好商标，这项研究一共包括了 10 个商标．

a. 计算机评级机构可以有多少种不同的方法完成最后的排序？

b. 如果评级机构不能区分出不同的商标，从而最后的排序是偶然的，那么公司 Z 的商标以多大概率排在第 1 位？前 3 位呢？

解　a. 由于评级机构是从一个包含 10 个元素（商标）的集合中选择 3 个元素并将这 3 个元素按不同的次序排列，我们利用排列法则来求不同结果的个数：

$$P_3^{10} = \frac{10!}{(10-3)!} = 10 \cdot 9 \cdot 8 = 720$$

b. 感兴趣事件概率的计算步骤如下：

步骤 1　试验是从 10 个平板液晶显示器商标中选择 3 个并对它们进行排序．

步骤 2　简单事件太多，无法一一列举出来．但是，根据 a 我们知道这个试验有 720 个不同结果（即简单事件）．

步骤 3　如果假定评级机构确定排序是随机的，那么这 720 个简单事件应该以等概率发生．因此，

$$P(\text{每个简单事件}) = \frac{1}{720}$$

步骤 4 感兴趣的事件是公司 Z 的商标排在第 1 位. 我们称这个事件为事件 A. 导致事件 A 发生的简单事件的列表非常长,但是事件 A 中包含的简单事件的个数可以通过将事件 A 分成两部分来确定:

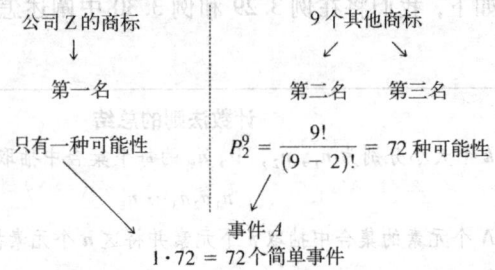

因此, 事件 A 可以有 72 种不同的方式发生.

现在定义 B 为公司 Z 的商标排在前三名事件. 由于事件 B 只表示商标 Z 出现在前三名中, 我们重复上面的计算, 固定商标 Z 在第 2 名位置, 然后在第 3 名位置. 我们可以得到事件 B 包含的简单事件个数为 $3(72) = 216$.

步骤 5 最后一步是计算事件 A 和 B 的概率. 由于 720 个简单事件是等可能发生的, 我们得到

$$P(A) = \frac{\text{事件 } A \text{ 中简单事件的个数}}{\text{所有简单事件的个数}} = \frac{72}{720} = \frac{1}{10}$$

类似地,

$$P(B) = \frac{216}{720} = \frac{3}{10}$$

例 3.30 **计数法则应用: 选择 LCD 显示器** 参看例 3.29, 假定计算机评级机构的目的是从 10 个平板液晶显示器中选择前 3 个, 但是不对它们进行排序.

a. 评级机构选择平板液晶显示器作为前 3 名的方法有多少种?

b. 假定评级机构是从 10 个商标中随机进行选择, 其中公司 X 的商标有 2 个, 那么公司 X 恰有 1 个商标排在前 3 名的概率是多少? 至少 1 个呢?

解 a. 由于评级机构从 10 个元素(商标)中选择 3 个元素, 且不考虑顺序, 因此可以应用组合法则来确定不同结果的个数:

$$\binom{10}{3} = \frac{10!}{3!(10-3)!} = \frac{10 \cdot 9 \cdot 8}{3 \cdot 2 \cdot 1} = 120$$

b. 按照如下 5 步进行:

步骤 1 试验是从 10 个商标中选择 3 个(但不排序).

步骤 2 这个试验有 120 个简单事件.

步骤 3 由于选择是随机的, 因此每个简单事件是等可能的:

$$P(\text{每个简单事件}) = \frac{1}{120}$$

步骤 4 定义事件 A 和 B 如下:

A: {公司 X 恰有一个商标入选}

B：{公司 X 至少有一个商标入选}

由于每个简单事件是等可能发生的，因此为了确定事件 A 和 B 的概率，我们只需知道它们包含的简单事件的个数. 对于事件 A，恰好选择公司 X 的一个商标，且在其余的 8 个商标中选择 2 个. 因此可以将 A 分成两部分：

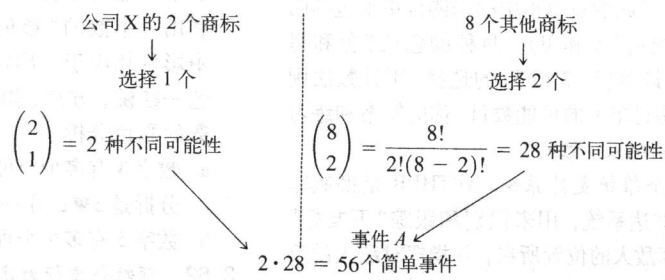

注意，从公司 X 中选择一个商标有 2 种方法，选择 2 个其他商标有 28 种方法（因为选择的顺序是不重要的，所以利用组合法则）. 然后，利用乘法法则将从公司 X 中选择一个商标的 2 种方法中的一个和选择其他 2 个商标的 28 种方法中的一个结合得到，事件 A 共包含 56 个简单事件.

事件 B 中的简单事件包括公司 X 有 1 个或者 2 个商标入围的所有简单事件. 我们已经知道，公司 X 恰有 1 个商标入围的简单事件的个数为 56——事件 A 中的元素个数. 公司 X 恰有 2 个商标入围的简单事件的个数等于从公司 X 的 2 个商标中选择 2 个的方法个数和从其余 8 个商标中选择第 3 个商标的方法个数的乘积：

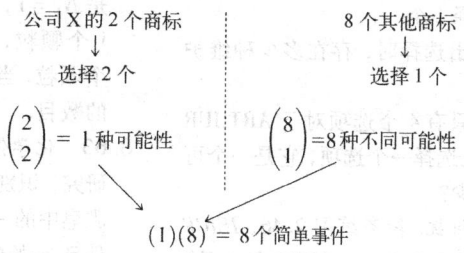

那么选择 1 个或者 2 个公司 X 的商标的简单事件个数是：

（包含 1 个 X 商标的个数）+（包含 2 个 X 商标的个数）

即

$$56 + 8 = 64$$

步骤 5　由于所有简单事件是等可能的，因此，

$$P(A) = \frac{A \text{ 中简单事件的个数}}{\text{所有简单事件的个数}} = \frac{56}{120} = \frac{7}{15}$$

$$P(B) = \frac{B \text{ 中简单事件的个数}}{\text{所有简单事件的个数}} = \frac{64}{120} = \frac{8}{15}$$

学习确定在试验中应用哪个计数法则需要耐心和实践. 如果你想提高这种技能，利用这些法则解答下面的练习和本章末给出的补充练习.

应用练习

3.58 通过游戏模拟来教授 POM 课程. 参考练习 3.11, *Engineering Management Research*（2012 年 5 月）中提出了用游戏模拟的方法教授生产经营管理课程（POM）. 回顾游戏模拟中的采购订单卡包括两种型号的电视机（A 和 B）、两种颜色（红色和黑色）以及数量订单（1, 2 或 3）的选择. 用计数法则计算不同采购订单卡的可能数目. 你的答案和练习 3.11 中列出的结果一致吗？

3.59 选择一个维护支持系统. ARTHUR 是挪威军队的高技术雷达系统，用来识别和跟踪"不友好"的炮弹，计算敌人的位置所在，并指挥对敌人的反击. 在 *Journal of Quality in Maintenance Engineering*（2003 年第 9 卷）里，研究人员利用层次分析法帮助 ARTHUR 建立一个推荐的维护组织. 这个过程要求构建者在三个不同阶段（称作层次）从选项中分别选择 1 个. 在第一个层次里，构建者必须从 2 个汽车部队（普通士兵或者受过工程训练的士兵）中选择 1 个. 在第二个层次里，构建者从 3 个重型汽车部队（挪威军队中的部队、来自于供应者 2 的部队，或者共有部队）中选择 1 个. 最后，在第三个层次里，构建者从 3 个维护车间（挪威军队、供应者 1 或供应者 2）中选择 1 个.

a. 当在三个层次中做出选择时，存在多少种维护结构？

b. 研究人员确定 a 中只有 4 个选项对于 ARTHUR 是可行的. 如果随机选择一个选项，它是一个可行选项的概率是多少？

3.60 监控腿部运动的阻抗. 参考练习 2.46, *IEICE Transactions on Information & Systems*（2005 年 1 月）关于腿部运动的阻抗的研究. 回顾韩国工程师将电极附着于志愿者的脚踝和膝盖上，并测定两个电极之间的电压读数. 这些读数用于确定（如膝盖弯曲和髋部伸展）阻抗变化的信噪比（SNR）.

a. 将 6 个电压电极附着于脚踝的关键部位. 那么脚踝上的电极对可能有多少个？

b. 将 10 个电压电极附着于膝盖的关键部位. 那么膝盖上的电极对可能有多少个？

c. 确定将一个电极附着于膝盖，一个附着于脚踝时，电极对的可能个数.

3.61 分拆的数学理论. 佛罗里达大学的数学家利用分拆理论解决了一个 30 年的数学问题. （*Explore*, 2000 年秋. ）在数学术语里，分拆是将一个整数表示为正整数的和. （例如，数字 3 有三个可能的分拆：3, 2 + 1 和 1 + 1 + 1. ）研究者利用一个数的"彩色分拆"来解决这个问题，其中彩色相应于一副标准的 52 张桥牌中的 4 种花色——红桃、方片、黑桃和梅花. 考虑形成一个整数的彩色分拆.

a. 数字 3 有多少个可能的彩色分拆？（提示：一个分拆是 3♥；另一个是 2♦ +1♣. ）

b. 数字 5 有多少个可能的彩色分拆？

3.62 颗粒介质行为建模. 颗粒介质是由许多不同颗粒（包括沙、米、球轴承和面粉）组成的物质. *Engineering Computation: International Journal for Computer-Aided Engineering and Software*（Vol. 30, No. 2, 2013）中从理论上对这些材料的性能进行了建模. 模型假设系统中有 N 个无相互作用的颗粒. 根据能级对颗粒分组. 假设有 r 个能级，N_i 个颗粒在 i 能级，$i = 1, 2, 3 \cdots, r$. 因此，$N = N_1 + N_2 + \cdots + N_r$. 定义微集为能级中的颗粒的可能组合. 例如，假定 $N = 7$, $r = 3$. 一个可能的微集是 $N_1 = 1$, $N_2 = 2$, $N_3 = 4$. 也就是说在能级 1 有 1 个颗粒，在能级 2 有 2 个颗粒，在能级 3 有 4 个颗粒. 当 $N = 7$, $r = 3$ 时，计算可能的不同微集的数目.

3.63 化学催化剂研究. 联合碳化物公司进行过一项研究，识别单乙醇胺（MEA）转换成乙二胺（EDA，肥皂中的一种商用物质）时最优催化剂的制备条件[⊖]. 初始的试验计划是筛选 4 种金属（铁、钴、镍和铜）和 4 类催化剂载体（低酸度、高酸度、多孔的和大的表面区域）.

a. 这个试验有多少个可能的金属 - 载体组合？

b. 所有 4 类催化剂载体都是和一种金属以随机顺序进行测试的. 那么这 4 类载体和每种金属一共有多少种不同的测试顺序？

3.64 脑电波研究. 人类能够通过脑电波过程与机器交流吗？这个问题是发表在 *IEEE Engineering in Medicine and Biology Magazine*（1990 年 3 月）上研究的主题. 将志愿者与计算机和脑电图（EEG）监控器

⊖ Hansen, J. L., and Best, D. C. "How to Pick a Winner." Paper presented at *Joint Statistical Meetings*, American Statistical Association and Biometric Society, Aug. 1986, Chicago, IL.

接通. 每个对象在 2 个条件(睁眼和闭眼)下完成 5 个任务.

a. 确定试验条件个数. 每个对象在此条件下进行测试.
b. 列出 a 的条件.
c. 每个对象记录 2 个测量值: 一个是在无伪影 EEG 后 2s; 一个是在无伪影 EEG 后 0.25s. 每个对象得到测量值总个数是多少?

3.65 混凝土建筑物评估. 在模拟地震荷载的条件下, 设计并测试一个整体为钢筋混凝土的建筑物 (*Journal of Structural Engineering*, 1986 年 1 月). 试验完成后, 对某些设计工程师进行了一项问卷调查, 要求他们评估三个部分(抗震墙、柱和梁)中的两个建筑参数(大小和强度). 对每个参数 – 部分的组合, 设计工程师从下面三个响应中选择一个: 太强、大致合适和太弱.

a. 在调查问卷中, 可能有多少种不同的响应?
b. 假定还要求设计工程师选择全面等级最高的三个参数 – 部分组合, 并将它们从 1~3 排序, 那么有多少种可能的不同排序?

3.66 报警信号码组合. 在数字面板上, 以适当的顺序正确输入合适的三位数的数字代码来激活和解除安全警报系统.

a. 如果数字不可以使用 2 次, 计算可能的代码组合总数.
b. 如果数字可以重复使用, 计算可能的代码组合总数.

3.67 更换切削工具. 在高容量机器中心, 经常在固定的探索式选择的时间间隔内更换切削工具. 这些间隔一般是不合时宜的, 即工具更换得太早或者太晚. *Journal of Engineering for Industry* (1993 年 8 月)刊登了一个自动实时诊断系统, 它是为在最佳的时间替换钻孔机的切削工具而设计的. 为了测试系统, 在大范围的机械加工条件下收集数据. 试验变量如下:

1. 2 个工件材料(钢和锻铁).
2. 2 个钻孔大小(0.125in 和 0.25in).
3. 6 个钻孔速度(1 250、1 800、2 500、3 000、3 750 和 4 000 转/分钟).
4. 7 个进料速度(0.003、0.005、0.0065、0.008、0.009、0.010、0.011 英寸/转).

a. 有多少种不同可能的机械加工条件?
b. 下表描述了研究中实际采用的 8 个机械加工条件. 假定 a 中机器组合有一个(且仅有一个)发现系统中的缺陷. 那么研究中所进行的试验发现系统缺陷的概率是多少?

c. 根据 b, 假定当钻孔钢材料的钻孔大小为 0.25in, 速度为 2 500 转/分钟时, 系统出现缺陷. 求实际试验将发现系统缺陷的概率是多少?

试验	工件材料	钻孔大小 (in)	钻孔速度 (转/分钟)	进料速度 (英寸/转)
1	锻铁	0.25	1 250	0.11
2	锻铁	0.25	1 800	0.005
3	钢	0.25	3 750	0.003
4	钢	0.25	2 500	0.003
5	钢	0.25	2 500	0.008
6	钢	0.125	4 000	0.0065
7	钢	0.125	4 000	0.009
8	钢	0.125	3 000	0.010

3.68 选择垫圈. 假定需要在一个核动力装备里更换 5 个垫圈. 如果你有一个盒子, 里面有 20 个垫圈, 从中选择 5 个, 那么可能有多少不同的选择, 即从 20 个垫圈中选择 5 个, 可能有多少个不同的样本?

3.69 FAA 特遣部队. 为了评估依赖于计算机的 4 种工具的交通控制系统, 联邦航空管理局(FAA)成立了一支 16 人的特遣部队. 如果 FAA 想为每种工具分配 4 个特遣部队成员, 那么可能有多少种不同的分配方案?

可选做的应用练习

3.70 一手扑克牌. 你发到 4 个 A 的一手 5 张牌的概率是多少?

3.71 掷 21 点. 21 点是赌博者非常喜欢的一个游戏, 由庄家和至少一个对手用标准的 52 张纸牌来玩. 每张纸牌指派一个数字, 从 2~10 的数字牌按牌面上的值指派数值. 例如, 一张黑桃 7 的值为 7; 一张红桃 3 的值为 3. 人头牌(K, Q 和 J)都定为 10, A 可能指派为 1 或者 11, 由持牌的玩家来决定. 在游戏开始时, 发给对手 2 张牌, 发给庄家 2 张牌. 获得一张 A 和任何一张点数为 10 的牌就叫作 21 点. 在许多娱乐场所, 如果庄家得到了 21 点, 他将自动获胜.

a. 庄家得到 21 点的概率是多少?
b. 游戏者得到 21 点获胜的概率是多少?

3.9 概率和统计的示例

在前面几节中，我们介绍了一些新的概念，大家可能觉得学习概率比较难．因此，在概率和统计之间建立清晰的连接是非常重要的，在下面的章节中我们将做这件事．虽然贝叶斯法则论证了概率可以用于统计推断，但是传统的统计推断方法以稍微不同的方法利用概率．本节将给出这种传统的统计推断方法的一个简短例子，以使读者理解为什么概率知识在统计学的研究中如此重要．

假定一家生产螺栓的公司正在研究下面的假设：新型化学柱头螺栓比传统机械柱头螺栓有更强的保持能力和更大的负载能力．为了检验这个假设，从一天的产品中选择 3 个新型化学柱头螺栓并进行一项保持能力测试．将这 3 个长为 1/2 in 的螺栓钻孔拧入由石头和混凝土做成的 4 000 lb/in^2 的混凝土路面中，并且记录它们的张力负荷强度（lb）．从许多先前的机械柱头螺栓的保持能力测试中知道，大约 16% 的机械柱头螺栓有超过 12 000 磅的张力强度．假定测试的所有 3 个化学柱头螺栓有超过 12 000 磅的张力强度．研究员将对这个公司得出什么结论？

为了回答这些问题，定义事件

A_1：{化学柱头螺栓 1 有超过 12 000 lb 的张力强度}

A_2：{化学柱头螺栓 2 有超过 12 000 lb 的张力强度}

A_3：{化学柱头螺栓 3 有超过 12 000 lb 的张力强度}

我们想求所有 3 个测试的螺栓的张力强度都超过 12 000 lb 的概率，即 $P(A_1 \cap A_2 \cap A_3)$．

由于螺栓是从大量产品中偶然选取的，假设事件 A_1，A_2 和 A_3 相互独立似乎是合理的．即

$$P(A_2 \mid A_1) = P(A_2)$$

换言之，第一个螺栓的张力强度超过 12 000 lb 并不影响第二个螺栓的张力强度超过 12 000 lb 的概率．有了独立性的假定，我们可以通过将单个概率相乘来计算交的概率：

$$P(A_1 \cap A_2 \cap A_3) = P(A_1)P(A_2)P(A_3)$$

如果新型化学柱头螺栓不比机械柱头螺栓强或者弱，即如果化学柱头螺栓张力强度的相对频率分布和机械柱头螺栓的张力强度的相对频率分布没有什么差别，我们期望大约 16% 的新型螺栓的张力强度超过 12 000 lb．因此，对于所有 3 个螺栓，$P(A_i)$ 的估计值是 0.16，且

$$P(A_1 \cap A_2 \cap A_3) \approx (0.16)(0.16)(0.16) = 0.004\,096$$

因此，公司的研究人员观测到所有 3 个螺栓的张力负载能力都超过 12 000 lb 的概率仅仅大约 0.004．如果这个事件发生，那么研究人员可以得出，这是化学柱头螺栓比机械柱头螺栓具有更强的张力负载能力的理论凭证，因为如果张力强度的分布是相同的，它是不太可能发生的．这种结论是稀有事件对统计推断的一个应用．从中可以看到概率的基本原则起着重要的作用．

❓ 应用练习

3.72 恒星的亮度． *Sky & Telescope*（1993 年 5 月）刊登了以色列特拉维夫大学的 Noah Brosch 发现了室女座中新的星群．"5 个恒星（所有都呈现超过第 13 个量级的亮度）组成了一个边长仅有 42s 长的钻石状区域．5 个有相近亮度的恒星偶然如此紧密的概率是很小的，且 Brosch 认为这种钻石恒星……是自然地关联的．"假定文章中提及的"概率"是小的（如小于 0.01），你同意这位天文学家所做的推断吗？

3.73 有缺陷的 CD． 经验表明，生产可写入 CD 的厂商平均每 100 张 CD 中仅有 1 张有缺陷．假定在随后生产的 4 张 CD 中至少 1 张有缺陷．你对声明的 0.01 缺陷率有什么推断？说明原因．

3.74 石油租借权． 自从 1961 年以来，可能含有石

油的小块土地都以彩票的形式租借，中奖者将得到为期10年的租借权（以每年每英亩1美元租借）. 21岁或年龄更大的美国公民向土地管理局支付10美元的申请费后就有资格参与一次彩票抽奖（参看 *The Federal Oil & Gas Leasing System*，联邦资源注册处，1993年）. 但是在1980年的一些月份中，怀疑一个玩家在1个月内利用彩票赢得了3块土地. 3张彩票的登记号分别为1 836，1 365和495. 一个内务部的审计员声称"联邦工作人员做了一件非常糟糕的事，即在出结果前抖动了圆盘."根据你对概率和稀有事件的了解，你会做出和那位审计员一样的推断吗？

3.75 **高射炮瞄准误差**. 在第二次世界大战开始时，一群英国工程师和统计学家聚集在伦敦调查防空武器的毁坏性问题. 这个研究团队的主要目的之一是评估单发炮弹摧毁（或击伤）所瞄准的飞行器的概率. 虽然在那时已有大量地对地炮弹的数据，但是关于高射炮精度的有用信息却很少. 因此，1940年进行了一系列试验，炮手向自由飞行（无人驾驶）的飞机开火. 但是在同年的下半年，当德国飞机开始轰炸英格兰时，研究者发现在战场压力下，高射炮的瞄准误差要比根据试验得到的估计值大很多. 令 p 表示高射炮弹在目标半径为30ft的范围内击中的概率. 假定在模拟条件下，$p = 0.45$.

a. 在遭受到德国飞机的实际打击下，假定3门高射炮开火且所有3门高射炮都因大于30ft而没有击中目标. 在战场条件下，p 不是0.45的结论是否合理？

b. 假定观测到10次连续射击，由于距离超过30ft，所有高射炮都没有击中它们的目标，回答a的问题.

活动中的统计学回顾：NASA 太空船仪表码中的软件缺陷评估预测器

现在我们回到本章开始 SIA 中提出的问题，即评估预测 NASA 太空船仪表码中的软件缺陷的不同方法. 回顾用 C 语言编写的 498 个软件代码模块的数据（保存在 SWDEFECTS 文件中）. 对每个模块，一行一行地评估软件代码的缺陷（非常耗费时间的过程），并将模块分为 true（即模块有缺陷的代码）或者 false（即模块有正确的代码）. 此外，应用一些方法来预测一个模块是否有缺陷. 在这项研究中使用的四种算法——代码行数，循环复杂度，基本复杂度和设计复杂度——列在表 SIA3.1 中. SWDEFECTS 文件包含一个相应于每个方法的变量. 当方法预测到一个缺陷时，相应的变量值为 Yes；否则是 No. ⊖

评估软件缺陷预测算法的标准方法是形成一个类似于表 SIA3.2 的双向汇总表. 在这个表中，a，b，c 和 d 代表每个单元中的模块个数. 软件工程师利用这些表的条目计算一些概率度量：正确度、检出率、假警报率和精确度. 这些度量定义如下：

正确度： $P(算法是正确的) = \dfrac{(a+d)}{(a+b+c+d)}$.

检出率： $P(预测到缺陷 \mid 模块有缺陷) = \dfrac{d}{(b+d)}$.

假警报率： $P(预测到缺陷 \mid 模块没有缺陷) = \dfrac{c}{(a+c)}$.

精确度： $P(模块有缺陷 \mid 预测到缺陷) = \dfrac{d}{(c+d)}$.

表 SIA3.2　评估缺陷预测算法的汇总表

		模块有缺陷	
		假	真
算法预测	无	a	b
到缺陷	有	c	d

你可以看到这些概率中的每个都利用了本章定义的概率法则之一. 例如，检出率是已知模块实际上有缺陷，算法预测到缺陷的概率. 这个条件概率是将样本空间限制为已知事件"模块有缺陷"时求得的. 因此分母即为有缺陷的模块数 $b + d$.

⊖ Pearson, E. S. "Statistics and probability applied to problems of antiaircraft fire in World War II." In *Statistics: A Guide to the Unknown*, 2nd ed. San Francisco: Holden-Day, 1978, pp. 474-482.

我们利用 SPSS 为 SWDEFECTS 文件中的数据建立类似于表 SIA3.1 的汇总表. SPSS 的输出结果见图 SIA3.1. 首先考虑利用算法 $LOC > 50$ 的预测模型. 根据图 SIA3.1 中最上面表的结果可以得到下面的 LOC 预测器的概率度量:

正确度：P(算法是正确的) $= (400 + 20)/(400 + 29 + 49 + 20) = 420/498 = 0.843$.

检出率：P(预测到缺陷 | 模块有缺陷) $= 20/(29 + 20) = 20/49 = 0.408$.

假警报率：P(预测到缺陷 | 模块没有缺陷) $= 40/(400 + 40) = 40/440 = 0.091$.

精确度：P(模型有缺陷 | 预测到缺陷) $= 20/(40 + 20) = 20/60 = 0.333$.

PRED_LOC * DEFECT Crosstabulation

Count

		DEFECT		
		false	true	Total
PRED_LOC	no	400	29	429
	yes	49	20	69
Total		449	49	498

PRED_VG * DEFECT Crosstabulation

Count

		DEFECT		
		false	true	Total
PRED_VG	no	397	35	432
	yes	52	14	66
Total		449	49	498

PRED_EVG * DEFECT Crosstabulation

Count

		DEFECT		
		false	true	Total
PRED_EVG	no	441	47	488
	yes	8	2	10
Total		449	49	498

PRED_IVG * DEFECT Crosstabulation

Count

		DEFECT		
		false	true	Total
PRED_IVG	no	422	38	460
	yes	27	11	38
Total		449	49	498

图 SIA3.1 预测软件缺陷的双向汇总表

算法正确地预测一个缺陷的概率是 0.843——一个非常高的概率. 还有, 假警报概率只有 0.091, 即仅有 9% 的可能性是当不存在缺陷时算法预测一个缺陷. 但是, 其他概率测量值, 检出率和精确度分别仅有 0.408 和 0.333. 这个算法如此低的检出率可能令软件工程师关心; 已知模块有一个缺陷, 只有大约 40% 的可能性算法探测到缺陷.

对于其他三个预测算法可以进行类似的计算. 这些概率测量值见表 SIA3.3. 为了比较, 我们将每一栏中 "最好"的概率测量值用黑体显示. 你可以看到基本复杂度方法(如果 $ev(g) \geq 14.5$ 预测到缺陷) 有最高的正确度和最低的假警报概率, LOC 方法(如果代码行数 >50 预测到缺陷) 有最高检出概率和最高的精确度. 研究人员证明没有一种方法能产生所有 4 个概率测度都是最优的.

关于诸如此类更复杂的检测算法的分析, 研究人员对缺陷预测算法的选择给出一些建议. 他们最终认为对任意一个软件项目, 都可以找到一个好的缺陷探测器.

表 SIA3.3 评估缺陷预测算法的概率度量

方法	正确度	检出率	假警报率	精确度
代码行数	0.843	**0.408**	0.091	**0.333**
循环复杂度	0.825	0.286	0.116	0.212
基本复杂度	**0.990**	0.041	**0.018**	0.200
设计复杂度	0.869	0.224	0.060	0.289

快速回顾

重要公式

$P(A) + P(A^c) = 1$	补法则
$P(A \cup B) = P(A) + P(B) - P(A \cap B)$	概率加法法则
$P(A \cap B) = 0$	互斥事件
$P(A \cup B) = P(A) + P(B)$	互斥事件的概率加法法则
$P(A \mid B) = \dfrac{P(A \cap B)}{P(B)}$	条件概率
$P(A \cap B) = P(A)P(B \mid A) = P(B)P(A \mid B)$	概率乘法法则
$P(A \mid B) = P(A)$	独立事件
$P(A \cap B) = P(A)P(B)$	独立事件的概率乘法法则
$P(A_i \mid E) = \dfrac{P(A_i)P(E \mid A_i)}{P(A_1)P(E \mid A_1) + P(A_2)P(E \mid A_2) + \cdots + P(A_k)P(E \mid A_k)}$	贝叶斯法则

注：关于计数法则的汇总，见3.8节.

符号汇集

符号	说明
S	样本空间
$S: \{1, 2, 3, 4, 5\}$	样本空间中样本点1，2，3，4，5的集合
$A: \{1, 2\}$	事件A中样本点1，2的集合
$P(A)$	事件A发生的概率
$A \cup B$	事件A和B的并(或者A或者B或者二者都发生)
$A \cap B$	事件A和B的交(A和B都发生)
A^c	事件A的补(A不发生事件)
$P(A \mid B)$	已知事件B发生时事件A发生的条件概率
$\binom{N}{n}$	从N个元素中一次取n个的组合数
$N!$	$N(N-1)(N-2)\cdots(2)(1)$

本章总结提示

- k **个样本点**的概率法则：

  (1) $0 \leq P(S_i) \leq 1$ 和 (2) $\sum_{i=1}^{k} P(S_i) = 1$

- 如果 $A = \{S_1, S_3, S_4\}$，那么 $P(A) = P(S_1) + P(S_3) + P(S_4)$.

- 从 N 个元素中选取容量为 n 的样本的个数为 $\binom{N}{n}$.

- **并**：$(A \cup B)$ 表示或者A或者B或者二者都发生.

- **交**：$(A \cap B)$ 表示A和B都发生.

- **补**：A^c 是所有不在A中的样本点.

- **条件**：$(A \mid B)$ 是在已知B发生的条件下事件A发生.

- **独立**：B的发生不改变A发生的概率.

补充练习

3.76 签约道路合同. 州运输部(DOT)最近宣布5个投标者在签约2份道路建设合同中得到了同等考虑，并且事实上，2份合同的签约者是从5个投标者中随机选取的. 投标者中3个是大型建设综合公司，2个是小型专业承包人. 假定2份合同都签给大型建设综合公司.

a. 如果事实上，DOT的声明是正确的，那么这个事件发生的概率是多少？

b. a中计算的概率是否与DOT声称选择是随机的不一致？

3.77 环保人士分类. 环境工程师根据消费者对环境保护的态度将美国消费者分为五类：

1. 漠不关心者声称他们没有知识来理解环境问题.
2. 忠实的绿色主义者使用可生物降解产品.
3. 钞票绿色者支持要求新车使用代用燃料.
4. 环保新生者定期回收报纸.
5. 抱怨者认为应该是工业而不是个人可以解决环境问题.

假设每组消费者的所占比例如下表所示. 假定随机选取一名美国消费者，并且他对环保的态度是坚定的.

漠不关心者	0.28
忠实的绿色主义者	0.11
钞票绿色者	0.11
环保新生者	0.26
抱怨者	0.24

a. 列出这个试验的简单事件.
b. 给出每个简单事件合理的概率.
c. 计算消费者是漠不关心者或抱怨者的概率.
d. 计算消费者以某种方式(即消费者是忠实的绿色主义者、钞票绿色者或抱怨者)支持环保的概率.

3.78 管理系统失效. 参考练习2.6，*Process Safety Progress*(2004年12月)关于由管理系统失效引起的83起工业事故的研究. 下表重新给出了83起事故根本原因的分类.

管理系统原因分类	事故个数
工程与设计	27
过程与实践	24

(续)

管理系统原因分类	事故个数
管理与监督	22
培训与交流	10
总数	83

资料来源：Blair, A. S. "Management system failures identified in incidents investigated by the U. S. Chemical Safety and Hazard Investigation BoarD." *Process Safety Progress*, Vol. 23, No. 4, Dec. 2004(表1).

a. 计算并解释工业事故是由工程与设计失误造成的概率.
b. 计算并解释工业事故是由除了工程与设计失误的其他原因造成的概率.

3.79 无人监视系统. 刊登在 *IEEE Computer Applications in Power* 上的一篇文章描述了"一个无人监视系统，利用摄像机和微处理器，对户内和户外的闯入者进行实时检测，并且不会有不合逻辑的检测."在日本东京的户外不同气候条件下，对这个系统进行了测试. 每个条件下检测到的闯入者人数以及漏检的人数列在下表中.

	气候条件				
	晴天	阴天	雨天	下雪	刮风
检测到的闯入者	21	228	226	7	185
未检到的闯入者	0	6	6	3	10
总数	21	234	232	10	195

资料来源：Kaneda, K., et al. "An unmanned watching system using video cameras." *IEEE Computer Applications in Power*, Apr. 1990, p. 24.

a. 在阴天条件下，无人监视系统检测到闯入者的概率是多少？
b. 已知无人监控系统漏检了一个闯入者，气候条件是下雪天的概率是多少？

3.80 酸性阿迪朗达克湖. 基于一项关于酸雨的研究，国家酸雨沉降评价项目(NAPAP)估计阿迪朗达克湖被酸化的概率为0.14. 已知阿迪朗达克湖是酸性的，这个湖由它自己酸性自然形成的概率是0.25(*Science News*, 1990年9月15日). 利用这个信息求阿迪朗达克湖是自然酸性的概率.

3.81 物种热区. 生物学家将"热区"定义为一个物种丰富的地理区域($10km^2$). *Nature*(1993年9月)刊登了一项关于某些稀有英国物种，包括蝴蝶、蜻蜓和饲养鸟类的热区的研究.下表给出了某个物种在热区发现的比例,例如,左下角的值 0.70 表示所有英国鸟类中有 70% 栖居在蝴蝶热区.(注:物种热区可能有重复的部分.)

种类	发现的比例		
	蝴蝶热区	蜻蜓热区	鸟类热区
蝴蝶	0.91	0.91	1.00
蜻蜓	0.82	0.92	0.92
鸟类	0.70	0.73	0.87

资料来源:Prendergast, J. R., et al. "Rare species, the coincidence of diversity hotspots and conservation strategies." *Nature*, Vol. 365, No. 6444, Sept. 23, 1993, p. 337(表 2c).

a. 蜻蜓类栖居在蜻蜓热区的概率是多少?
b. 蝴蝶类栖居在鸟类热区的概率是多少?
c. 解释为什么所有蝴蝶热区也是鸟类热区.

3.82 ATV 伤害率. *Journal of Risk and Uncertainty*(1992 年 5 月)刊登了一篇文章,它调查了全地形车(ATV)骑手的受伤率和各种因素的关系.所研究的因素中一个比较有趣的因素是骑手的年龄,发现它与受伤率有很大的关系.这篇文章表示,在安全警报程序前,14% 的 ATV 骑手的年龄低于 12;另外 13% 的年龄在 12~15 之间,有 48% 的年龄低于 25.假定在安装安全警报程序前,随机选择一名 ATV 骑手.

a. 求 ATV 骑手是 15 岁或更小的概率.
b. 求 ATV 骑手是 25 岁或更大的概率.
c. 已知 ATV 骑手的年龄低于 25,这个骑手的年龄低于 12 岁的概率是多少?
d. 年龄小于 25 和年龄小于 12 这两个事件是互斥的吗?为什么?
e. 年龄小于 25 和年龄小于 12 这两个事件是独立的吗?为什么?

3.83 测试持续释放的药片.约翰公司的研究人员开发了一种持续释放的药片作为处方药.为了确定这种药片的效力,进行如下试验:从每批 30 个产品中随机选取 6 个药片,将每个药片放入水中且分别在 2、4、6、8、10、12、16 和 20 小时时测量溶解的百分数.

a. 求试验中记录的测量值(溶解的百分比)的总数.
b. 对每一批,将每个时间段的测量值进行平均.可以得到多少个平均值?

3.84 锭铁的拉力强度.所进行的一项研究是检查单向凝固的锭铁中,等轴纹理的成本结构和机械性质之间的关系(*Metallurgical Transactions*,1986 年 5 月).将含有铜合金成分的锭铁从横向或纵向浇注入 3 个铸造模型(筒形、混合或者等轴)中的一个.对每个锭铁,在离锭铁冷淬面不同距离(10、35、60、85 和 100mm)处得到 5 个拉力样本,这样就确定了强度.

a. 如果试验对每个铸造模型——方向组合有一个锭铁,得到多少个强度测量值?
b. 假定选择 3 个锭铁在 100mm 处做进一步测试.从试验的所有锭铁中可以选择多少个包含 3 个锭铁的样本?
c. 利用表 B.1 随机选择 3 个锭铁做进一步测试.
d. 计算选择的样本包含了在试验的所有锭铁中 3 个最大拉力强度的概率.
e. 计算选择的样本至少包含前 3 个最大拉力锭铁中的 2 个的概率.

3.85 往返航班中的危险品.根据 NASA,美国机群中的每架航天飞机有 1 500 个"关键项目",如果飞行中不能处理,将会导致灾难性后果.对每次任务,NASA 估计航天飞机主引擎里至少有一个关键项目发生故障的可能性大约是 $\frac{1}{60}$.为了建立自由号太空站,假定 NASA 计划在以后的 10 年里每年执行 8 次航天任务.

a. 求明年计划的 8 次航天飞行中至少有 1 次关键项目故障的概率.
b. 求在今后 5 年计划的 40 次航天飞行中至少有 1 次发生关键项目故障的概率.

3.86 数据通信系统.一个专门研究数据通信硬件的公司在市场上推销某种计算机系统,它包括 2 种类型的硬盘驱动器、4 种类型的显示器和 2 种类型的接口.如果这家公司收到了一份订单,其中包括硬盘驱动器、显示器和接口的每个可能组合,那么公司要安排多少个系统?

3.87 灌注过程的可靠性.酿酒厂使用 2 台灌注机器,但它们不同时运作.第二台机器作为第一台机器的支持系统,且只有在操作时间内当第一台机器发生故障时才运作.在操作时间第一台机器发生故障的概率是 0.20.实际上,如果第一台发生故障,那么开动第二台,故障的概率是 0.30.

a. 酿酒厂的灌注系统在操作时间内不能工作的概

b. 灌注过程的可靠性是系统在操作时间内工作的概率. 求酿酒厂灌注过程的可靠性.

3.88 太阳能电池. 最近, 国家航空和航天管理局 (NASA) 购买了一个新型太阳能电池, 保证只有 1/20 的故障率. 一个用于太空交通工具的新系统靠这些电池运行. 为了增加系统的可靠性, NASA 安装了三个电池, 每个都这样设计: 如果电路中前一个电池发生故障, 就会运行. 如果系统在某种实际情况下操作, 所有三个电池均发生故障的概率是多少?

*3.89 修理计算机系统. 一所大学暂时关闭商学院计算机系统的局域网 (LAN) 以便维修. 以前的关闭是由于硬件故障、软件故障或电力故障. 维护工程师确定硬件、软件和电力问题的概率分别是 0.01, 0.05 和 0.02. 他们也确定了如果系统遇到硬件问题, 以 73% 的机会关闭. 类似地, 如果软件问题发生, 以 12% 的机会关闭; 如果电力故障发生, 系统以 88% 的机会关闭. 局域网的当前关闭是由于硬件故障? 软件故障? 电力故障的概率是多少?

*3.90 电熔丝生产. 一个生产过程利用 2 条生产线装配电熔丝. 2 条生产线以相同速度生产电熔丝, 且在一般情况下, 生产的电熔丝有 2.5% 是有缺陷的. 但是第 1 条生产线最近遇到了机械上的难题, 在 3 个星期内生产了 6.0% 的缺陷产品, 直到这段时间内生产的几批电熔丝运送到顾客时才发现这种情况. 如果顾客测试 2 个电熔丝, 发现一个是有缺陷的, 它来自的那批产品是由生产线 1 生产的概率是多少? (假定那批产品中所有的电熔丝都是由同一条线生产的.)

3.91 原材料供应商的选择权. 为了保证原材料发送, 一家公司决定与至少 2 个潜在供应商建立购买模式. 如果有 5 个适用的供应商, 那么公司有多少种选择?

3.92 非法侵入卫星 TV. 最近有一个法庭案件涉及对非法接入地方电视台的卫星电视用户的索赔. 被告 (卫星电视公司) 想对全国范围内的电视市场进行抽样来确定每个抽样的市场中非法接入地方电视台用户的百分比. 为了做这件事, 被告方专家将美国大陆划成一个长方形格子, 并在每 0.02° 的经度和纬度上分别画水平线和垂直线. 一共产生了 500 行和 1 000 列, 或者 (500)(1 000) = 500 000 个交叉点. 计划是随机抽取 900 个交叉点, 并将每个交叉点处的电视市场作为样本. 解释怎样利用随机数发生器获得 900 个交叉点的随机样本.

3.93 随机数字拨号. 为了确定广告战的效力, 一些公司频繁地用随机数字拨号对顾客进行电话采访. 用这种方法, 随机数发生器机械地产生呼叫的电话号码样本.

a. 解释怎样利用随机数表 (表 B.1) 或者计算机产生 7 位数字的电话号码的样本.

b. 利用 a 中描述的程序产生 10 个 7 位的电话号码的样本.

c. 利用 a 中描述的程序产生 5 个 7 位数字且前三位为 373 的电话号码.

可选做的补充练习

3.94 调制解调器供应商. 计算机路由器和调制解调器的装配工使用两种来源的部件. 公司 A 提供 80% 的部件, 公司 B 提供剩下的 20% 部件. 根据过去的经验, 装配工知道由公司 A 提供的部件 5% 有缺陷, 由公司 B 提供的部分 3% 有缺陷. 随机选择一个装配好的调制解调器, 发现它是有缺陷的部件. 两家公司中哪家更可能提供了有缺陷的部件?

3.95 DOT 合同的投标. 5 家建筑公司都投标了 3 份不同运输部门 (DOT) 的合同. 一家公司最多签约一份 DOT 合同.

a. 可以有多少种不同的方法中标?

b. 在简单事件都是等可能的假定下, 求公司 2 签约一份 DOT 合同的概率.

c. 假定公司 4 和 5 已经提交了无竞争性的投标. 如果合同是由 DOT 随机授予的, 求这两家公司都签约合同的概率.

3.96 编写一个 C++ 程序.

a. 一位教授要求他的学生编写一个 C++ 程序, 打印所有由 5 个字母 A, B, E, T 和 O 组成的三字母序列. 需要打印多少不同的三字母序列?

b. 修改程序, 使得每个三字母序列至少有一个元音字母, 且没有重复的字母, 回答 a 的问题.

3.97 稀有扑克牌. 考虑从一副标准 52 张纸牌中抽出 5 张. 两个重要的事件是

A: {你得到了一组同花色的牌}
B: {你得到了一个顺子}

a. 求 $P(A)$.

b. 求 $P(B)$.

c. A 和 B 都发生事件,即 $A \cap B$,称作同花顺. 求 $P(A \cap B)$.

(注:一组同花由任意 5 张同花色的牌组成. 一个顺子由任意一连串 5 张牌组成. 在一个顺子里,这些牌可能是任意花色的. A 看作值 1 或比 K 更大的值.)

3.98 闯入探测系统. 参考例 3.19.
   a. 已知晴天,求探测到一个闯入者的概率.
   b. 已知阴天,求探测到一个闯入者的概率.

3.99 有缺陷的奔腾处理器芯片. 1994 年 10 月,发现安装在个人电脑里的奔腾微芯片的一个缺陷. 当 2 个数字相除时,这个芯片产生不正确的结果. 英特尔(奔腾芯片的制造商)开始声明这种错误在每 90 亿次除法中会出现 1 次,或者对于一个普通用户,每 27 000 年才出现 1 次;因此,没有立即更换芯片.

依靠程序,统计软件包(如 SAS)为了产生需要的输出,可能要执行大量的除法. 对重型的软件用户,在一个短时间段内进行 10 亿次除法是正常的. 对于一个重型的 SAS 用户,有瑕疵的芯片会成为问题吗?(注:在瑕疵发现 2 个月后,英特尔同意免费替换所有的奔腾芯片.)

第4章 离散随机变量

目标 解释离散随机变量、它的概率分布和相应的数值描述性度量的含义;给出一些实用的离散概率分布,并说明它们如何用于解决实际问题.

活动中的统计学:"一次性"装置的可靠性

产品、系统、武器或设备零件的可靠性定义为完成规定任务的能力,简而言之,是使用时设备不失效的概率(见第17章).工程师通过重复测试并观察设备的失效率来评价可靠性.某些称为"一次性"装置的产品是对这种方法的一个挑战.因为"一次性"装置仅仅能使用一次,使用后要么毁掉,要么重新制造."一次性"装置的一些例子包括:核武器、宇宙飞船、汽车的气囊、燃油喷射器、自由使用的餐巾、热源探测器,还有雷管.

一次性装置的毁灭性质使反复试验要么不现实,要么太浪费钱.因此必须通过最少量的试验来确定这种装置的可靠性.为了证实可靠性达到预期值,设计师必须确定对装置进行的最少测试次数.例如,1983年本田公司开始评估新型汽车的气囊系统,公司希望达到99.999%的可靠性.为了掌握确定"一次性"装置可靠性的最好技术,本田公司的设计师参观了麦唐纳-道格拉斯航空中心(MDAC)——NASA是在这里测试其宇航系统的.

确定"一次性"装置可靠性当前趋势是利用抽样验收——一种利用二项概率分布(本章将介绍的概率分布)确定该装置是否在某个可接受的风险水平上达到可接受的不合格率的统计方法.这个方法使用3.9节描述的"稀有事件"方法.本章末"活动中的统计学回顾"将介绍这个方法.

4.1 离散随机变量的定义

在第1章,我们注意到,最关心的试验事件通常是用数字表示的,即我们做试验并观察一些变量的数值.如果重复试验 n 次,我们得到一个定量数据样本.为了说明问题,假设一种产品(例如机器零件)按批销售,每批20箱,每箱有12件产品.在进行产品的质量检验时,一个工序主管工程师从240件为一批的产品中随机地选出4件产品进行检验,确定这4件产品是否为有缺陷产品.如果发现有缺陷产品超过了1件,则整批产品将被拒绝.

从240件产品中选出4件产品产生一个样本空间 S,其中包括 $\binom{240}{4}$ 个简单事件,每个简单事件均是从这批产品中选出4件产品时一种可能的组合.尽管某些简单事件对样本中4件产品的描述是相同的,但是,工序主管工程师关心的事件是观测变量 Y,变量 Y 表示被检验的4件产品中有缺陷产品的数量.样本空间 S 中的每个简单事件都对应着变量 Y 的一个值而且仅一个值.从而,样本空间 S 中的简单事件和变量 Y 的可能值之间存在着一种函数关系.事件 $Y=0$ 表示4件产品中没有缺陷产品的简单事件集合.类似地,事件 $Y=1$ 表示4件产品中有1件缺陷产品的简单事件集合.由于 Y 的可能值是一个用数字表示的事件(即在试验不断进行时,以随机变化方式的某些数字定义的事件),称 Y 为一个随机变量.

定义 4.1 随机变量 Y 是一个定义在样本空间上的数值函数,样本空间中的每个简单事件都被指派一个 Y 值.

从 240 件产品中选出 4 件产品进行检验,其中缺陷产品的数量 Y 是一个可能取可数个值的**离散随机变量**. 在这个例子中,随机变量 Y 可以取 0,1,2,3,4 这 5 个值中的任何一个,如图 4.1 所示. 又如,一个 C++ 软件程序中代码的行数 Y 也是一个离散随机变量. 理论上,这个随机变量的值可以大到超过所有的界,这个离散随机变量的可能值相应于非负整数,$Y=0,1,2,3,\cdots,\infty$,这些值的个数是可数的.

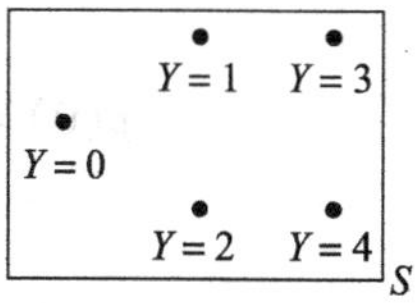

图 4.1 4 件产品中有缺陷产品数量 Y 的维恩图

在自然界中观测到的随机变量通常具有相似的特征,所以能按照类型分类. 在本章,我们将学习 7 种不同类型的离散随机变量,并且用第 3 章的方法求出每个可能值的概率. 关于如何用观测到的样本数据的概率进行统计推断,我们从介绍一些直观的概念开始.

定义 4.2 离散随机变量 Y 是一个仅能取可数个值的变量.

4.2 离散随机变量的概率分布

随机变量 Y 的可能取值是数值事件,我们希望计算事件的概率. 给出这些概率的表、公式或图形称作随机变量 Y 的**概率分布**. 概率论中通常假定用大写字母表示随机变量(如 Y),小写字母(如 y)表示随机变量可能取到的具体数值. 所以,对每个可能值 y,我们想求出表示概率 $P(Y=y)$ 的表、图或公式. 为了简化记号,有时我们用 $p(y)$ 表示 $P(Y=y)$. 我们将用简单的掷硬币的例子来说明这个概念.

例 4.1 **掷硬币试验的概率分布** 将一枚均匀的硬币投掷 2 次,并观察出现正面的次数 Y. 求 Y 的概率分布.

解 设 $H_i,T_i(i=1,2)$ 分别表示第 i 次掷硬币出现的正面与反面. 表 4.1 显示了 4 个简单事件及相应的 Y 值,Y 可能取值 0,1 或 2.

事件 $Y=0$ 表示所有出现正面的次数为 0 的简单事件集合,即只有简单事件 E_4. 因此 Y 取值为 0 的概率是

$$P(Y=0)=p(0)=P(E_4)=\frac{1}{4}$$

事件 $Y=1$ 包括 2 个简单事件 E_2 和 E_3,因此,

$$P(Y=1)=p(1)=P(E_2)+P(E_3)=\frac{1}{4}+\frac{1}{4}=\frac{1}{2}$$

最后

$$P(Y=2)=p(2)=P(E_1)=\frac{1}{4}$$

表 4.1 掷硬币试验的结果

简单事件	描述	$P(E_i)$	正面次数 $Y=y$
E_1	H_1H_2	$\frac{1}{4}$	2
E_2	H_1T_2	$\frac{1}{4}$	1
E_3	T_1H_2	$\frac{1}{4}$	1
E_4	T_1T_2	$\frac{1}{4}$	0

表 4.2 2 次掷硬币中正面次数 Y 的概率分布

$Y=y$	$p(y)$
0	$\frac{1}{4}$
1	$\frac{1}{2}$
2	$\frac{1}{4}$
	$\sum_y p(y)=1$

概率分布 $p(y)$ 在表 4.2 中以表的形式给出,在图 4.2 中以线图形式给出. 注意图 4.2,相应于 y 的概率是用竖线表示的,竖线的长度与 $p(y)$ 的值成比例. 在 4.6 节中,我们将说明这个概率分布也能用公式

$$p(y)=\frac{\binom{2}{y}}{4}$$

给出，其中

$$p(0) = \frac{\binom{2}{0}}{4} = \frac{1}{4}$$

$$p(1) = \frac{\binom{2}{1}}{4} = \frac{2}{4} = \frac{1}{2}$$

$$p(2) = \frac{\binom{2}{2}}{4} = \frac{1}{4}$$

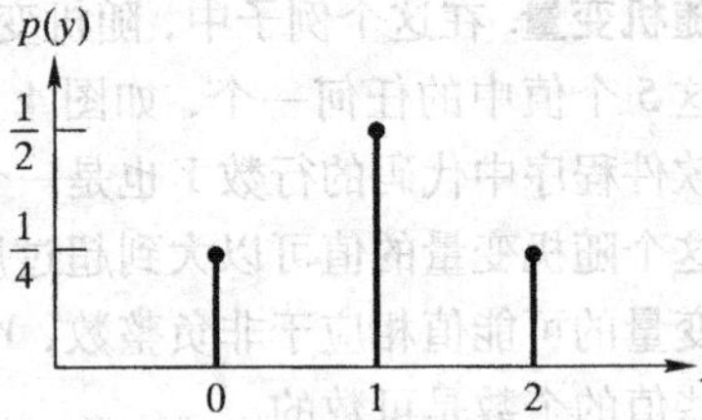

图 4.2 2 次掷硬币中正面次数 Y 的概率分布

表、图或公式中的任何一种方式可用来表示离散随机变量 Y 的概率分布.

定义 4.3 离散随机变量 Y 的**概率分布**是给出 Y 的每个可能取值 $Y=y$ 以及相应概率 $p(y)$ 的表、图或公式.

离散随机变量的概率分布 $p(y)$ 必须满足两条性质：第一，由于 $p(y)$ 是一个概率值，所以必须满足 $0 \le p(y) \le 1$；第二，Y 的所有可能取值所对应的 $p(y)$ 的和是 1. 因为样本空间 S 中的每个简单事件指派且仅指派一个 Y 值，所以第二条性质是正确的. 而 Y 的可能取值代表简单事件的不同集合，所以是互斥事件. 对 Y 的所有可能取值对应的 $p(y)$ 求和等价于对 S 中的所有简单事件的概率求和，3.2 节中已经知道 $P(S)$ 等于 1.

离散概率分布满足的条件

1. $0 \le p(y) \le 1$
2. $\sum_{\text{所有} y} p(y) = 1$

CRASH

例 4.2 **司机座撞击等级的概率分布** 国家高速公路交通安全管理部门（NHTSA）已经对司机座进行撞击测试的新汽车制定了星级评定系统. 给每辆接受撞击测试的汽车进行等级评定，从一颗星（*）到五颗星（*****）. 星越多的等级表示在碰撞事故中保护头部撞击的水平越高. 文件 CRASH 记录了最近的 98 辆新汽车的数据，图 4.3 的 MINITAB 输出结果给出了这些车辆司机座不同星级车辆的百分数. 假设从 98 辆车中随机地选出一辆，令 Y 等于这辆车司机座等级中星的个数，用输出的数据求 Y 的概率分布，然后求 $P(Y \le 3)$.

解 由于司机座星级范围从 1 到 5，因此离散随机变量 Y 的可能取值为 1, 2, 3, 4, 5. MINITAB 打印输出给出了 CRASH 文件中 98 辆车的每个星级的百分数. 随机选出一辆车，它是某一星级的概率就是这个百分数. 由于 98 辆车中没有 1 辆车是一星级的，因此 $P(Y=1) = p(1) = 0$. Y 取其他值的概率如下：$p(2) = 0.0408$，$p(3) = 0.1735$，$p(4) = 0.6020$，$p(5) = 0.1837$. 显然，这些概率的和为 1.

为了求 $P(Y \le 3)$，我们把 $p(1)$、$p(2)$ 及 $p(3)$ 求和：

$$P(Y \le 3) = p(1) + p(2) + p(3) = 0 + 0.0408 + 0.1735 = 0.2143$$

因此，大约有 21% 的汽车司机座星级是三颗或更少的星.

最后，我们将讨论离散随机变量的概率分布和数据的相对频率分布（在 2.2 节中讨论）之间的关系. 假设你重复掷两枚硬币很多次，并将每次掷出硬币出现正面的次数 Y 记录下来，得到的 0, 1, 2

集合的相对频率直方图中有三条高度分别近似为 $\frac{1}{4}, \frac{1}{2}, \frac{1}{4}$ 的矩形. 实际上, 如果可以重复试验无限多次, 分布将如图 4.4 所示. 这样, 图 4.4 的概率直方图就给出了 Y 值的概念总体——若试验重复无限多次, 观测到的 Y 值的**模型**.

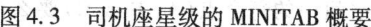

图 4.3 司机座星级的 MINITAB 概要

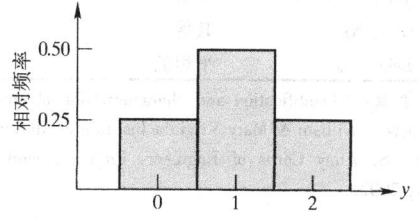

图 4.4 两次掷硬币中正面次数 Y 的理论相对频率直方图

在 4.5 节开头, 我们将介绍一些出现在物理学、生物学、社会学和信息科学中的离散随机变量模型.

应用练习

4.1 太阳能电池. 根据 Wired (2008 年 6 月), 全世界有 35% 的太阳能电池是由中国制造. 考虑一个由五个太阳能电池组成的随机样本, 令 Y 表示样本中由中国制造的太阳能电池的个数. 在 4.6 节中, 我们将给出 $Y = y$ 的概率分布公式为:

$$P(y) = \frac{(5!)(0.35)^y (0.65)^{5-y}}{(y!)(5-y)!}$$

其中 $n! = (n)(n-1)(n-2)\cdots(2)(1)$

a. 解释为什么 Y 是一个离散随机变量.
b. 计算 $p(y)$, $y = 0, 1, 2, 3, 4, 5$.
c. 给出离散型概率分布满足的性质.
d. 计算五个太阳能电池中至少有四个由中国制造的概率.

4.2 尘螨性过敏症. 灰尘中尘螨变态反应原水平超过 2μg/g 时, 就会引起过敏症. 考虑 4 个家庭的随机样本, Y 为尘螨水平超过 2μg/g 的家庭数量. 根据美国环境健康科学研究所的研究报告得出 Y 的概率分布见下表.

y	0	1	2	3	4
p(y)	0.09	0.30	0.37	0.20	0.04

a. 验证表中 Y 的概率和为 1.
b. 求样本中有 3 个或 4 个家庭尘螨水平超过 2μg/g 的概率.
c. 求样本中尘螨水平超过 2μg/g 的家庭少于 2 个的概率.

4.3 控制水葫芦. 昆虫学工程师一直在寻找新的生物试剂来控制全世界最差的水中杂草之一: 水葫芦. 飞虱是一种靠水葫芦生存的昆虫, 雌性飞虱在水葫芦叶片上随意产下 1~4 个卵. Annals of the Entomological Society of America (2005 年 1 月) 发表了关于南美飞虱科物种生命周期的研究, 附表给出了水葫芦叶片上有 1 个、2 个、3 个、4 个卵的百分数.

a. 随机选取一个所研究的水葫芦叶片, 观测这个叶片上卵的数量 Y, 写出 Y 的概率分布.
b. 在一片上至少有 3 个卵的概率是多少?

	1 个卵	2 个卵	3 个卵	4 个卵
叶片百分数	40	54	2	4

资料来源: Sosa, A. J., et al. "Life history of *Megamelus scutellaris* with description of immature stages", *Annals of the Entomological Society of America*, Vol. 98, No. 1, Jan. 2005 (摘自表 1).

4.4 海滩侵蚀热区. 参考练习 2.5, 美国陆军工兵部队对海滩侵蚀热区的研究. 下面表中给出了 6 个海滩侵蚀热区近滨堤坝的条件. 假设你从这 6 个海滩热区中随机选 2 个, 数一数这个样本中有平坦的近滨堤坝的海滩个数 Y.

a. 从 6 个海滩侵蚀热区中任选 2 个, 列出所有可能的选法.
b. 写出 a 中结果的概率.
c. 对 a 中每个结果, 确定 Y 的值.
d. 列出 Y 的概率分布表.
e. 求样本中至少有一个平坦的近滨堤坝海滩的概率.

海滩热区	近滨堤坝条件
Miami Beach, FL	单一的，海岸平行
Coney Island, NY	其他
Surfside, CA	单一的，海岸平行
Monmouth Beach, NJ	平坦的
Ocean City, NJ	其他
Spring Lake, NJ	平坦的

资料来源："Identification and characterization of erosional hotspots." William & Mary Virginia Institute of Marine Science, U. S. Army Corps of Engineers Project Report, March, 18, 2002.

4.5 **污染的枪弹**. 一个武器制造商利用液体发射剂制造枪弹，在生产过程中，发射剂可能与其他液体混合生产出污染的枪弹. 公司聘请南佛罗里达大学的统计学家调查储存的枪弹的污染程度，结果在一批枪弹中发现23%被污染了. 假设你从这批枪弹中随机地抽样（不放回）直到抽出一个污染的枪弹. 令 Y 表示直到抽出一个污染的枪弹时已抽出的枪弹个数. 已知 Y 的概率分布由下面的公式给出：

$$p(y) = (0.23)(0.77)^{y-1}, \quad y = 1, 2, 3, \cdots$$

a. 求 $p(1)$，解释这个结果.
b. 求 $p(5)$，解释这个结果.
c. 求 $P(Y \geq 2)$，解释这个结果.

4.6 **制造网络的可靠性**. 一个由工业管理大学教授组成的团队研究包含多条生产线的制造系统的可靠性（*Journal of Systems Sciences&Systems Engineering*, 2013年3月）. 例如先后有两条生产线的生产集成电路（IC）卡系统. 产品（IC 卡）首先通过第一条生产线，接着通过第二条生产线. 下表给出了每条生产线最大容量水平 Y 的概率分布. 假设每条生产线独立操作.

a. 证明系统里每条生产线都满足离散随机变量概率分布的性质.
b. 计算第一条生产线上最大容量水平超过30的概率.
c. 对第二条生产线，重新计算 b.
d. 考虑有两条生产线的网络，整个网络保持最大容量30的概率是多少？

生产线	最大容量 Y	$p(y)$
1	0	0.01
	12	0.02
	24	0.02
	36	0.95

（续）

生产线	最大容量 Y	$p(y)$
2	0	0.002
	35	0.002
	70	0.996

4.7 **机器人感应器系统结构**. Broadcom 公司的工程师和 Simon Fraser 大学联合研究的未知环境中机器人感应器系统（*The International Journal of Robotics Research*, 2004年12月）. 作为一个例子，下面显示了工程师标出的单连接机器人系统的三个点. 系统的物理空间中的每个点（A、B 或 C）要么作为"障碍"状态，要么处于"自由"状态. 在系统中有两个连接：$A \leftrightarrow B$ 及 $B \leftrightarrow C$. 连接处于自由状态当且仅当连接中两个点是"自由"，否则连接处于"障碍"状态. 我们关心的是随机变量 Y，即系统中处于"自由"状态的连接个数.

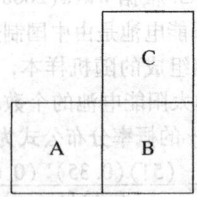

a. 写出这个系统的 Y 可能取值.
b. 研究人员提出系统中任何一点处于"自由"状态的概率都是 0.5，假设系统中三个点的运转是独立的，求 Y 的概率分布.

4.8 **有继电器的电路**. 如下图所示，考虑有三个继电器的一段电路. 当开关接通时，如果至少有一个通路，电流将从 A 流到 B. 当开关接通时，三个继电器中的每一个都有相同的机会保持开或关，令 Y 表示开关接通时关闭的继电器个数.

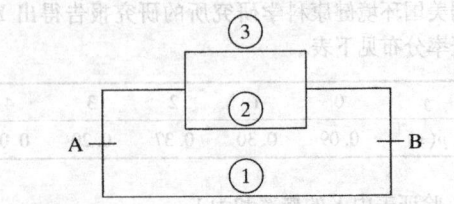

a. 求 Y 的概率分布，并以表格形式表示.
b. 电流从 A 到 B 的概率是多少？

4.9 **高速公路的可变限速控制**. 大城市的高速公路上都有一个共同的问题就是交通拥挤. 在 *Canada Journal of Civil Engineering*（2013年1月），土木工程师研究了用可变限速(VSL)来控制交通堵塞问题. 研究的地点位于加拿大埃德蒙顿市的高速公路. 这段高速公路被等分为三部分, 可变限速在每一部分(独立地)实行. 基于不同的交通状况和天气条件, 通过模拟找到最优的速度限制. 已知三部分的速度限制的概率分布. 例如, 可能的分布如下(括号中为概率). 部分1: 30mph(0.05), 40mph(0.25), 50mph(0.25), 60mph(0.45); 部分2: 30mph(0.10), 40mph(0.25), 50mph(0.35), 60mph(0.30); 部分3: 30mph(0.15), 40mph(0.20), 50mph(0.30), 60mph(0.35).

a. 证明高速公路上的每一独立部分都满足离散概率分布的性质.
b. 考虑有一辆机动车以平稳(固定)的速度通过高速公路的三部分. 令 Y 表示机动车的速度. 确定 Y 的概率分布.
c. 参考 b. 机动车至少以 50mph 的速度通过高速公路三部分的概率.

4.10 为提高质量的反馈信息的可信度. 参考练习 3.41, Engineering Application of Artificial Intelligence (Vol. 26, 2013)关于由半导体得到的反馈信息的可信度研究. 回顾在生产过程中的任何时刻都可以生成报告来表明系统是"好"还是"不好". 已知前一时间段(t)的报告是"好", 那么时间段($t+1$)的报告是"好"的概率是 0.20. 同样, 已知前一时间段(t)的报告是"不好", 那么时间段($t+1$)的报告是"好"的概率是 0.55. 考虑连续四个时间段的结果, 第一时间段报告是"好", 令 Y 表示接下来三次时间段报告是"好"的次数. 推导出 Y 的概率分布表达式.

4.11 撞针的抽样验收. 质量控制工程师从生产出来的一大批撞针中抽取 5 个进行检验, 检验员不知道 5 个中有 3 个缺陷产品. 工程师按照随机选择顺序观测 5 个撞针, 直到发现一个有缺陷产品(在这种情况下整批产品被拒绝). 令 Y 表示质量控制工程师必须检验的撞针数量, 求 Y 的概率分布并作图.

4.3 随机变量的期望值

在工程和科技中, 我们分析的数据通常是观测一个过程得到的. 例如, 在质量控制中, 检测一个生产过程并记录每小时生产的缺陷产品数量. 正如前面所提到的, 一个随机变量 Y 的概率分布就是总体相对频率分布的模型, 也就是这个过程所产生的数据的模型. 所以, 我们可以用数值描述性度量, 例如, 均值和标准差描述整个过程, 并用经验法则识别 Y 的不可能值.

随机变量 Y 的**期望值**(或**均值**)用记号 $E(Y)$ 表示, 具体定义如下:

定义 4.4 设 Y 是一个离散随机变量, 概率分布为 $p(y)$, 则 Y 的**均值**或**期望值**是

$$\mu = E(Y) = \sum_{\text{所有}y} yp(y)$$

例 4.3 **掷硬币试验的期望值** 参考例 4.1 的掷硬币试验和表 4.1 中给出的随机变量 Y 的概率分布, 说明 $E(Y)$ 的公式给出离散随机变量 Y 概率分布的均值.

解 假设重复例 4.1 的掷硬币试验很多次, 如 400 000 次, 我们期望观测到大约有 100 000 次没有出现正面, $Y=0$; 大约有 200 000 次出现 1 次正面, $Y=1$; 大约 100 000 次出现 2 次正面, $Y=2$. 如果计算这 400 000 个 Y 值的平均值, 则得到

$$\mu \approx \frac{\sum y}{n} = \frac{100\,000(0)+200\,000(1)+100\,000(2)}{400\,000} = 0\left(\frac{100\,000}{400\,000}\right)+1\left(\frac{200\,000}{400\,000}\right)+2\left(\frac{100\,000}{400\,000}\right)$$

$$= 0\left(\frac{1}{4}\right)+1\left(\frac{1}{2}\right)+2\left(\frac{1}{4}\right) = \sum_{\text{所有}y} yp(y) \quad\blacksquare$$

如果 Y 是一个随机变量, 则 Y 的任何一个函数 $g(Y)$ 也是随机变量. $g(Y)$ 的**期望值**定义如下:

定义 4.5 设 Y 是一个离散随机变量, 概率分布为 $p(y)$, 又设 $g(Y)$ 是 Y 的一个函数, 则 $g(Y)$ 的**均值**或**期望值**是

$$E[g(Y)] = \sum_{\text{所有}y} g(y)p(y)$$

离散随机变量 Y 的最重要函数之一是它的**方差**，即 Y 与其均值 μ 差的平方的期望值。

定义 4.6 设 Y 是一个离散随机变量，概率分布为 $p(y)$，则 Y 的方差是

$$\sigma^2 = E[(Y-\mu)^2] = E(Y^2) - \mu^2$$

Y 的标准差是 Y 的方差的正平方根：

$$\sigma = \sqrt{\sigma^2}$$

例 4.4 **司机座撞击等级的期望值** 参考例 4.2 NHTSA 司机座撞击等级，表 4.3 给出了每辆车的星级数 Y 的概率分布，求均值和标准差。

解 应用定义 4.5 和定义 4.6 中的公式，我们得出如下解：

表 4.3 司机座撞击等级 Y 的概率分布

司机座撞击等级 Y	$p(y)$
1	0
2	0.040 8
3	0.173 5
4	0.602 0
5	0.183 7

$$\mu = E(Y) = \sum_{y=1}^{5} yp(y) = (1)(0) + (2)(0.040\,8)$$
$$+ (3)(0.173\,5) + (4)(0.602\,0)$$
$$+ (5)(0.183\,7) = 3.93$$

$$\sigma^2 = E[(Y-\mu)^2] = \sum_{y=1}^{5} (y-\mu)^2 p(y)$$
$$= (1-3.93)^2(0) + (2-3.93)^2(0.040\,8)$$
$$+ (3-3.93)^2(0.173\,5) + (4-3.93)^2(0.602\,0) + (5-3.93)^2(0.183\,7) = 0.51$$

$$\sigma = \sqrt{\sigma^2} = \sqrt{0.51} = 0.71$$

例 4.5 **经验法则应用——司机座撞击等级** 参考例 4.4，求 Y 落入区间 $\mu \pm 2\sigma$ 的概率。

解 由例 4.4 我们知道 $\mu = 3.93$，$\sigma = 0.71$，则区间 $\mu \pm 2\sigma$ 为

$$\mu \pm 2\sigma = 3.93 \pm 2(0.71) = 3.93 \pm 1.42 = (2.51, 5.35)$$

由于 Y 的可能值是 1，2，3，4 和 5。注意到仅仅值 3，4 和 5 落入该区间内，那么 Y 落入区间 $\mu \pm 2\sigma$ 的概率是

$$p(3) + p(4) + p(5) = 0.173\,5 + 0.602\,0 + 0.183\,7 = 0.959\,2$$

也就是说，大约有 95.9% 的星级在 2.51~5.35 星之间。显然，经验法则（第 2 章用于描述有限数据集的变异性）提供了 Y 的概率分布散布性或变异性的合适描述。

例 4.6 **经验法则应用——飓风疏散** 由气象与土木工程工程师组成的研究小组，针对佛罗里达海湾沿岸飓风来到时紧急撤离计划进行了研究。估计花费 13~18h 之间疏散低地居民的概率见表 4.4。

表 4.4 估计的飓风疏散时间的概率分布

疏散时间（最接近的时间）	概率
13	0.04
14	0.25
15	0.40
16	0.18
17	0.10
18	0.03

a. 计算疏散时间的均值和标准差。
b. 你期望疏散时间落入什么时间范围内？

解 a. 设 Y 为疏散低地居民所需的时间，由定义 4.4 和定义 4.6，我们计算

$$\mu = E(Y) = \sum yp(y)$$
$$= 13(0.04) + 14(0.25) + 15(0.40) + 16(0.18) + 17(0.10) + 18(0.03) = 15.14\text{h}$$

$$\sigma^2 = E[(Y-\mu)^2] = \sum (y-\mu)^2 p(y)$$
$$= (13-15.14)^2(0.04) + (14-15.14)^2(0.25) + \cdots + (18-15.14)^2(0.03) = 1.240\,4$$

$$\sigma = \sqrt{\sigma^2} = \sqrt{1.2404} = 1.11\text{h}$$

b. 根据经验法则，我们期望大约有 95% 的疏散时间的观测值落入 $\mu \pm 2\sigma$ 内，其中

$$\mu \pm 2\sigma = 15.14 \pm 2(1.11) = 15.14 \pm 2.22 = (12.92, 17.36)$$

因此，我们期望疏散时间介于 12.92~17.36h 之间. 基于表 4.4 中估计的概率分布，Y 落入 12.92~17.36 之间的真实概率是

$$P(12.92 \leqslant Y \leqslant 17.36) = p(13) + p(14) + p(15) + p(16) + p(17)$$
$$= 0.04 + 0.25 + 0.40 + 0.18 + 0.10 = 0.97$$

经验法则再次为随机变量 Y 落入区间 $\mu \pm 2\sigma$ 内的概率提供了好的近似值，特别是当分布近似为圆形时.

应用练习

4.12 手机下载 app. 根据 2011 年 8 月 Pew Internet &American Life Project 调查的研究结果，接近 40% 的成年手机用户为他们的手机下载过手机应用（app）. 下面的表格给出了 Y 的概率分布，其中 Y 表示那些为手机下载过 app 的用户们在一周内至少使用一次的 app 的个数.（表格中的概率数据来源于 Pew Internet &American Life Project 的调查信息）

使用的 app 的数 Y	概率 $P(Y)$
0	0.17
1	0.10
2	0.11
3	0.11
4	0.10
5	0.10
6	0.07
7	0.05
8	0.03
9	0.02
10	0.02
11	0.02
12	0.02
13	0.02
14	0.01
15	0.01
16	0.01
17	0.01
18	0.01
19	0.005
20	0.005

a. 给出离散随机变量满足的概率分布的性质.
b. 计算 $P(Y \geqslant 10)$.
c. 计算 Y 的均值和方差.
d. 给出 Y 的一个区间使得 Y 落在其中的概率至少为 0.75.

4.13 尘螨性过敏症. 练习 4.2 给出高尘螨水平家庭数量 Y 的概率分布.
a. 求 $E(Y)$，对此结果给出有意义的解释.
b. 求 σ.
c. 求 x 落入区间 $\mu \pm 2\sigma$ 的精确概率，比较切比雪夫法则和经验法则.

4.14 控制水葫芦. 参考练习 4.3 的水葫芦叶片上飞虱卵数量的概率分布，求此概率分布的均值，并解释这个值.

4.15 飓风疏散时间. 参考例 4.6，表 4.4 给出了飓风到来时疏散时间的概率分布. 天气预报专家表示，他们不能提前 14h 准确地预测飓风将要登陆. 如果海湾沿岸土木工程署一直等到疏散前 14h 警报，所有居住在低地的居民安全疏散（即飓风到达沿岸之前）的概率是多少？

疏散时间（近似为小时）	概率
13	0.04
14	0.25
15	0.40
16	0.18
17	0.10
18	0.03

4.16 制造网络的可靠性. 参考练习 4.6，*Journal of Systems Sciences&Systems Engineering*（2013 年 3 月）关于包括多条生产线的制造系统的可靠性研究. 再次考虑先后建立两条生产线的集成电路（IC）生产

网络. 每条生产线的最大容量水平的概率分布如下表所述.

a. 计算每条生成线最大容量的均值，并解释这个结果的实际含义.
b. 计算每条生产线最大容量的方差，并解释这个结果的实际含义.

生产线	最大容量 Y	概率 P(Y)
1	0	0.01
	12	0.02
	24	0.02
	36	0.95
2	0	0.002
	35	0.002
	70	0.996

4.17 掌握计算机程序. 在掌握一个复杂的计算机软件程序前, 必须经过的培训单元个数从 1 变化到 5, 它取决于学生. 积累了大量经验之后, 软件制造商确定了一个概率分布, 它表述了每个培训单元后用户掌握软件的比例.

单元个数	掌握的概率
1	0.1
2	0.25
3	0.4
4	0.15
5	0.1

a. 计算掌握程序所必需的培训次数的均值. 计算中位数, 并解释它们.
b. 如果公司希望保证至少有 75% 的学生掌握程序, 必需的最少培训单元数是多少? 如果至少 90% 呢?
c. 假设公司制定了新的培训计划, 仅仅需一次培训, 掌握的概率从 0.1 增加到 0.25, 只需两个单元培训的概率增加到 0.35, 留给需要三个单元培训的概率是 0.4, 完全不需要 4 个和 5 个培训单元, 对这个新的计划你如何回答 a 和 b?

4.18 撞针的抽样验收. 参考练习 4.11, 假设检测一个撞针需要花 200 美元.

a. 检测这批撞针的期望费用是多少钱?
b. 方差是多少?
c. 你期望检测费用落在什么范围内?

4.4 一些有用的期望值定理

现在我们给出三个定理, 这三个定理在求随机变量函数的期望值时非常有用, 我们将定理的证明留给读者作为理论练习.

定理 4.1 设 Y 是一个离散随机变量, 概率分布为 $p(y)$, c 是一个常数, 则 c 的期望值(或均值)是

$$E(c) = c$$

定理 4.2 设 Y 是一个离散随机变量, 概率分布为 $p(y)$, c 是一个常数, 则 cY 的期望值(或均值)是

$$E(cY) = cE(Y)$$

定理 4.3 设 Y 是一个离散随机变量, 概率分布为 $p(y)$, 令 $g_1(Y), g_2(Y), \cdots, g_k(Y)$ 是 Y 的函数. 那么

$$E[g_1(Y) + g_2(Y) + \cdots + g_k(Y)] = E[g_1(Y)] + E[g_2(Y)] + \cdots + E[g_k(Y)]$$

由定理 4.1~4.3 可以得出计算随机变量方差的简单公式, 见定理 4.4.

定理 4.4 设 Y 是一个离散随机变量, 概率分布为 $p(y)$, 均值为 μ, 则 Y 的方差是 $\sigma^2 = E(Y^2) - \mu^2$.

定理 4.4 的证明 由定义 4.6, 我们有 σ^2 的如下表达式:

$$\sigma^2 = E[(Y-\mu)^2] = E(Y^2 - 2\mu Y + \mu^2)$$

应用定理 4.3 得

$$\sigma^2 = E(Y^2) + E(-2\mu Y) + E(\mu^2)$$

现在我们应用定理 4.1 和定理 4.2 得

$$\sigma^2 = E(Y^2) - 2\mu E(Y) + \mu^2 = E(Y^2) - 2\mu(\mu) + \mu^2 = E(Y^2) - 2\mu^2 + \mu^2 = E(Y^2) - \mu^2$$

在下面的章节中，我们将用定理 4.4 求出某些离散随机变量的方差，方法见例 4.7.

例 4.7 **用定理 4.4 求方差** 参考例 4.4 和表 4.3. 用定理 4.4 求随机变量 Y = 每辆车的星级数的方差.

解 在例 4.4 中，根据公式 $\sigma^2 = E[(Y-\mu)^2]$，我们直接求星级数 Y 的方差. 因为这样求可能是一个麻烦的过程，所以求出 $E(Y^2)$ 常常是容易的，然后用定理 4.4 计算 σ^2. 例如，

$$E(Y^2) = \sum_{\text{所有}y} y^2 p(y) = (1)^2(0) + (2)^2(0.040\,8) + (3)^2(0.173\,5)$$
$$+ (4)^2(0.602\,0) + (5)^2(0.183\,7) = 15.95$$

用 $\mu = 3.93$（例 4.4 中的结果）代入定理 4.4，我们得

$$\sigma^2 = E(Y^2) - \mu^2 = 15.95 - (3.93)^2 = 0.51$$

显然，这是我们在例 4.4 中得到的 σ^2 值.

在 4.6~4.10 节中，我们将给出一些有用的离散概率分布模型. 同时，不加证明地给出每个模型的均值、方差和标准差. 这些量中的一部分在选做的例题中求得，其余的留作选做的练习.

应用练习

4.19 尘螨性过敏症. 参考练习 4.2 和 4.13，尘螨含量超过 $2\mu g/g$ 的每个家庭将花费 2 000 美元购买过敏空气净化系统，求 4 个抽样家庭消费总额的均值和方差，并给出消费总额可能落入的区间.

4.20 海滩侵蚀热区. 利用定理 4.4 计算练习 4.4 的概率分布的方差并解释此结果.

4.21 手机下载 app. 利用定理 4.4 计算练习 4.12 概率分布的方差，验证你的结果与练习 4.12 的结果一致.

4.22 撞针的抽样验收. 参考练习 4.11，其中 Y 是从一大批产品中选出的一个容量为 5 的撞针样本中检测的撞针个数. 假设一个有缺陷产品的检测费是 300 美元，否则是 100 美元，那么总的检测费用是 C（美元），由方程 $C = 200 + 100Y$ 给出，求 C 的均值与方差.

理论练习

4.23 证明定理 4.1.（提示：利用 $\sum_{\text{所有}y} p(y) = 1$.）

4.24 证明定理 4.2.（提示：用定义 4.5 直接证明.）

4.25 证明定理 4.3.

4.5 伯努利试验

本章讨论的几个离散概率分布是基于一系列称为**伯努利试验**的试验或过程.

一次伯努利试验得到两个互斥的结果之一，一般用 S（成功）和 F（失败）表示. 例如，投掷一枚硬币是伯努利试验，因为只可能有正（H）或反（T）两个不同的结果之一出现. 伯努利试验的特征见下面方框.

伯努利试验的特征

1. 试验得到两个互斥的结果之一.（我们用 S 表示一个结果，用 F 表示另一个结果.）
2. 两个结果是完备的，即不可能有其他结果.
3. S 和 F 概率分别用 p 和 q 表示，即 $P(S) = p$，$P(F) = q$. 注意，$p + q = 1$.

伯努利随机变量 Y 定义为伯努利试验的数字结果，其中，若出现成功记 $Y = 1$；若出现失败记 $Y = 0$. 因此，$Y = y$ 的概率分布见表 4.5.

表 4.5 伯努利概率分布

结果	$Y = y$	$p(y)$
S	1	p
F	0	q

> **伯努利概率分布**
>
> 考虑一个伯努利试验，其中：
> $$Y = \begin{cases} 1, & \text{如果出现成功}(S) \\ 0, & \text{如果出现失败}(F) \end{cases}$$
> 伯努利随机变量 Y 的概率分布是
> $$p(y) = p^y q^{1-y} \quad (y=0, 1)$$
> 其中：
> $$p = 伯努利试验成功的概率$$
> $$q = 1 - p$$
> 伯努利随机变量的均值和方差分别是
> $$\mu = p \text{ 和 } \sigma^2 = pq$$

在掷硬币的伯努利试验中，定义 H 为成功，T 为失败。那么出现 H 时 $Y=1$；出现 T 时 $Y=0$。如果硬币是均匀的，由 $P(H) = P(T) = 0.5$ 可知 Y 的概率分布是

$$p(1) = p = 0.5$$
$$p(0) = q = 0.5$$

例 4.8 伯努利随机变量的 μ 和 σ　证明：伯努利随机变量 Y 的均值 $\mu = p$，标准差 $\sigma = \sqrt{pq}$.

解　我们知道 $P(Y=1) = p(1) = p$, $P(Y=0) = p(0) = q$, 则由定义 4.4 知
$$\mu = E(Y) = \sum y p(y) = (1) p(1) + (0) p(0) = p(1) = p$$
同时，由定义 4.5 和定理 4.4 得
$$\sigma^2 = E(Y^2) - \mu^2 = \sum y^2 p(y) - \mu^2 = (1)^2 p(1) + (0)^2 p(0) - \mu^2 = p(1) - \mu^2 = p - p^2 = p(1-p) = pq$$
因此，$\sigma = \sqrt{\sigma^2} = \sqrt{pq}$. ∎

在工程和科学应用中，伯努利随机变量本身并没有多大意义。然而，一系列的伯努利试验会导致一些著名且常用的离散概率分布，其中之一在下一节阐述。

4.6 二项概率分布

现实生活中的许多试验是一系列的伯努利试验，类似于重复掷一枚不均匀的硬币 n 次。假设为城市提供饮用水的私用井中有 30% 含杂质 A，那么随机选取 10 口井并进行杂质 A 的测试类似于掷一枚不均匀的硬币 10 次，每次试验出现正面（发现杂质 A）的概率为 0.30。公众意见或消费者偏好民意测验得到两种反应之一（是或否，赞成或不赞成，等等）如果总体的 N 很大，且样本容量 n 相对小，比如说 $0.10N$ 或更少，也类似于掷一枚不均匀的硬币试验。所有这些试验都是**二项试验**的实际例子。这些试验以及得到的二项随机变量所具备的特征见下面方框。

> **定义二项随机变量的特征**
>
> 1. 试验包含 n 次相同的伯努利试验。
> 2. 每次试验只有两种可能结果：S（成功）和 F（失败）。
> 3. 每次试验保持 $P(S) = p$, $P(F) = q$ 相同。（注意 $p + q = 1$.）
> 4. n 次试验是独立的。
> 5. 二项随机变量 Y 表示 n 次试验中成功的次数。

在下面方框中给出了二项概率分布的均值和方差. 图 4.5 给出了样本容量 $n=10$ 时, 不同 p 值所对应的二项分布相对频率直方图. 注意到 p 值小时概率分布向右偏, p 值大时概率分布向左偏, $p=0.5$ 时对称.

二项概率分布

二项随机变量 Y 的概率分布是

$$p(y) = \binom{n}{y} p^y q^{n-y} \quad (y = 0, 1, 2, \cdots, n)$$

其中, $p=$ 每次试验成功的概率; $q = 1-p$; $n =$ 试验的次数; $y = n$ 次试验中成功的次数; $\binom{n}{y} = \dfrac{n!}{y!(n-y)!}$. 二项随机变量的均值和方差分别是

$$\mu = np, \quad \sigma^2 = npq$$

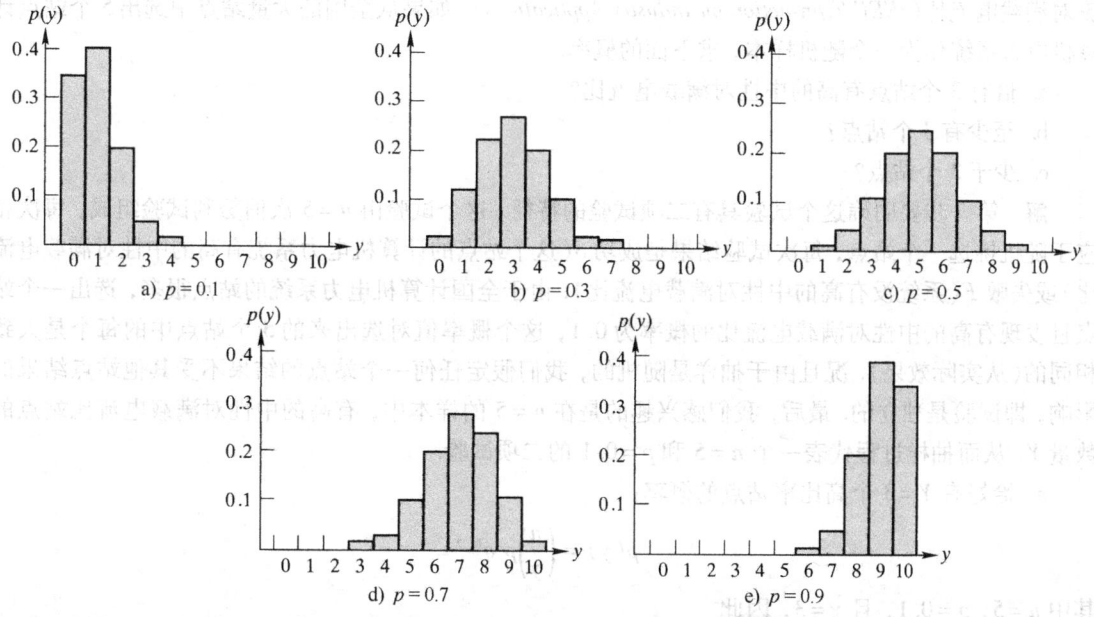

图 4.5 当 $n=10$, $p=0.1, 0.3, 0.5, 0.7, 0.9$ 时的伯努利概率分布

二项概率分布导出如下: 对 n 重伯努利试验组成的二项试验的简单事件可以用符号 $SFSFFFSSSF \cdots SFS$ 表示, 其中, 从左往右的第 i 个位置上的字母表示第 i 次试验的结果. 由于我们想求出 n 次试验中成功 y 次的概率 $p(y)$, 因此必须将所有成功 (S) y 次与失败 (F) $(n-y)$ 次的简单事件的概率求和. 这些简单事件用符号表示为

$$\overbrace{SSSS \cdots S}^{y} \overbrace{FF \cdots F}^{(n-y)}$$

或这些符号的其他不同排列.

由于试验是相互独立的, 一个包含 y 次成功的特殊简单事件概率是

$$P(\overbrace{SSS \cdots S}^{y} \overbrace{FF \cdots F}^{(n-y)}) = p^y q^{n-y}$$

这些等概率的简单事件的数量相应于 n 次试验的 n 个位置中安排 y 个 S 和 $(n-y)$ 个 F 时方法的个数. 这等于从 n 个位置中为 y 个 S 选出 y 个位置(试验)的方法总数. 由定理 3.4 知, 这个数是

$$\binom{n}{y} = \frac{n!}{y!(n-y)!}$$

我们已经得到了每个成功 y 次的简单事件概率以及这种简单事件的个数. 现在我们求出这些简单事件的概率之和得到

$$p(y) = (成功 y 次的简单事件个数) \times (这些等概率的简单事件之一的概率)$$

或者

$$p(y) = \binom{n}{y} p^y q^{n-y}$$

例 4.9　**二项应用——计算电力负荷**　电子工程师意识到计算机电力系统中高的中性电流是一个潜在问题. 最近一次在美国进行的计算机电力系统负荷电流的调查发现, 10% 的站点有高的中性电流对满载电流比(*IEEE Transaction on Industry Applications*). 如果从全国的大量站点中选出 5 个站点计算机电力系统作为一个随机样本, 求下面的概率.

　　a. 恰有 3 个站点有高的中性对满载电流比?
　　b. 至少有 3 个站点?
　　c. 少于 3 个站点?

解　第一步要明确这个试验具有二项试验的特征, 这个试验由 $n=5$ 次伯努利试验组成, 每次相应于随机挑选一个站点, 每次试验结果是成功 S(这个站点的计算机电力系统有高的中性对满载电流比)或失败 F(系统没有高的中性对满载电流比). 由于全国计算机电力系统的站点很多, 选出一个站点且发现有高的中性对满载电流比的概率为 0.1, 这个概率值对选出来的 5 个站点中的每个是大致相同的(从实际效果). 况且由于抽样是随机的, 我们假定任何一个站点的结果不受其他站点结果的影响, 即试验是独立的. 最后, 我们感兴趣的是在 $n=5$ 的样本中, 有高的中性对满载电流比站点的数量 Y, 从而抽样过程代表一个 $n=5$ 和 $p=0.1$ 的二项试验.

　　a. 恰好有 $Y=3$ 个高比率站点的概率:

$$p(y) = \binom{n}{y} p^y q^{n-y}$$

其中 $n=5$, $p=0.1$, 且 $y=3$, 因此

$$p(3) = \frac{5!}{3!\,2!}(0.1)^3(0.9)^2 = 0.008\,1$$

　　b. 至少三个站点有高比率的概率:

$$P(Y \geq 3) = p(3) + p(4) + p(5)$$

其中

$$p(4) = \frac{5!}{4!\,1!}(0.1)^4(0.9)^1 = 0.000\,45$$

$$p(5) = \frac{5!}{5!\,0!}(0.1)^5(0.9)^0 = 0.000\,01$$

由于在 a 中我们已求出了 $p(3)$, 我们有

$$P(Y \geq 3) = p(3) + p(4) + p(5) = 0.008\,1 + 0.000\,45 + 0.000\,01 = 0.008\,56$$

c. 虽然 $P(Y<3) = p(0) + p(1) + p(2)$,但是我们可以利用补关系以及 $\sum_{y=0}^{n} p(y) = 1$ 的事实,不必计算这些概率. 因此,
$$P(y<3) = 1 - P(y \geq 3) = 1 - 0.00856 = 0.99144$$

表 B.2 给出了 $n = 5, 10, 15, 20$ 和 25 二项概率形如

$$\sum_{y=0}^{k} p(y)$$

的部分和(称为**累积二项概率**)的表. 例如在 $n = 5$ 的表中,对应着 $k = 2$ 的行与 $p = 0.1$ 列的部分和,可以求出部分和为

$$\sum_{y=0}^{2} p(y) = p(0) + p(1) + p(2) = 0.991$$

精确到三位小数,这个答案与例 4.9 中 c 的答案是一致的.

例 4.10 **二项随机变量的均值和方差** 求 $n = 20$ 和 $p = 0.6$ 的二项随机变量的均值、方差和标准差,构造 $\mu \pm 2\sigma$ 区间,并计算 $P(\mu - 2\sigma < Y < \mu + 2\sigma)$.

解 应用前面给出的公式,我们有
$$\mu = np = 20(0.6) = 12$$
$$\sigma^2 = npq = 20(0.6)(0.4) = 4.8$$
$$\sigma = \sqrt{4.8} = 2.19$$

图 4.6 显示了 $n = 20, p = 0.6$ 及区间 $\mu \pm 2\sigma$ 或 $(7.62, 16.38)$ 的二项概率分布. 落入区间 $\mu \pm 2\sigma$(加黑部分)的 Y 值是 $8, 9, \cdots, 16$. 从而

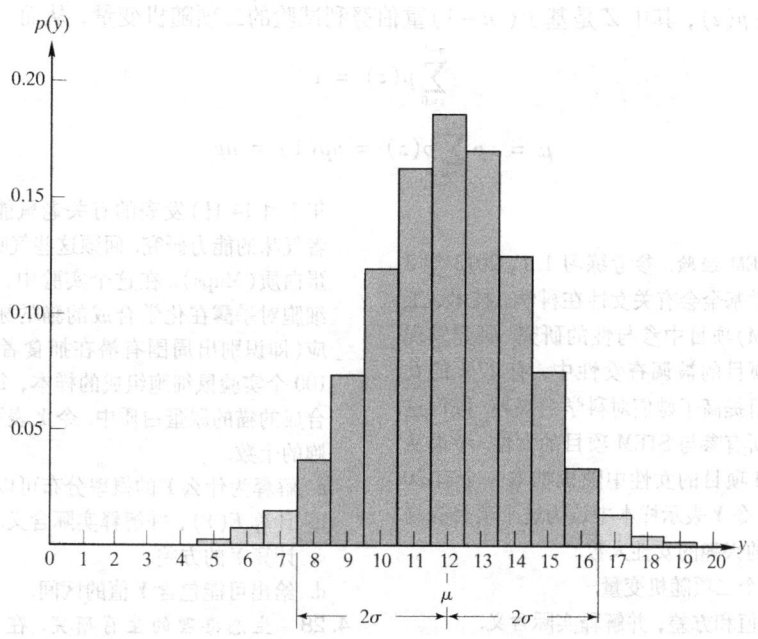

图 4.6 例 4.10 中 Y 的伯努利概率分布($n = 20, p = 0.6$)

$$P(\mu - 2\sigma < Y < \mu + 2\sigma) = P(y = 8, 9, 10, \cdots, 16) = \sum_{y=0}^{16} p(y) - \sum_{y=0}^{7} p(y)$$

由表 B.2 我们得到部分和的值

$$P(\mu - 2\sigma < Y < \mu + 2\sigma) = \sum_{y=0}^{16} p(y) - \sum_{y=0}^{7} p(y) = 0.984 - 0.021 = 0.963$$

可以看到,这个结果与第 2 章讨论过的经验法则给出的值 0.95 很接近.

*例 4.11 二项期望值的偏差 导出二项随机变量 Y 的期望值公式.

解 由定义 4.4,

$$\mu = E(Y) = \sum_{\text{所有} y} yp(y) = \sum_{y=0}^{n} y \frac{n!}{y!(n-y)!} p^y q^{n-y}$$

求这些项之和的最简单的办法就是将它们换成二项概率,然后利用 $\sum_{y=0}^{n} p(y) = 1$ 的事实. 注意,和式的第一项等于 0(因为 $Y=0$),我们有

$$\mu = \sum_{y=1}^{n} y \frac{n!}{[y(y-1)\cdots 3 \cdot 2 \cdot 1](n-y)!} p^y q^{n-y} = \sum_{y=1}^{n} \frac{n!}{(y-1)!(n-y)!} p^y q^{n-y}$$

因为 n 和 p 是常数,我们利用定理 4.2 从和中提出因子 np:

$$\mu = np \sum_{y=1}^{n} \frac{(n-1)!}{(y-1)!(n-y)!} p^{y-1} q^{n-y}$$

令 $Z = (Y-1)$,则当 $Y=1$ 时,$Z=0$;当 $Y=n$ 时,$Z=(n-1)$,于是

$$\mu = np \sum_{y=1}^{n} \frac{(n-1)!}{(y-1)!(n-y)!} p^{y-1} q^{n-y} = np \sum_{z=0}^{n-1} \frac{(n-1)!}{z![(n-1)-z]!} p^z q^{(n-1)-z}$$

求和号中的量是 $p(z)$,其中 Z 是基于 $(n-1)$ 重伯努利试验的二项随机变量,从而

$$\sum_{z=0}^{n-1} p(z) = 1$$

且

$$\mu = np \sum_{z=0}^{n-1} p(z) = np(1) = np$$

应用练习

4.26 女性的 STEM 经验. 参考练习 1.1,2013 年 3 月美国国家科学基金会有关女性在科学、技术、工程或数学(STEM)项目中参与性的研究. 研究发现参与了 STEM 项目的被调查女性中,有 27% 的女性认为这个项目提高了她们对科学的兴趣. 假设这个数字适用于所有参与 STEM 项目的女性. 考虑从所有参加 STEM 项目的女性中随机抽取一个有 20 位女性的样本. 令 Y 表示样本中认为这个项目提高了她们对科学的兴趣的女性人数.

a. 证明 Y 是一个二项随机变量.
b. 给出 Y 的均值和方差,并解释实际含义.
c. 计算 20 位女性中少于一半的人认为 STEM 项目增加了她们对科学的兴趣的概率.

4.27 老鼠的化学信号. 参考练习 3.18,*Cell* (2010 年 5 月 14 日)发表的有关老鼠能够识别潜在捕食者气味的能力研究. 回顾这些气味的主要来源是尿蛋白质(Mups). 在这个实验中,有 40% 的实验鼠细胞对暴露在化学合成的猫的尿蛋白质有积极反应(即识别出周围有潜在捕食者的危险). 考虑由 100 个实验鼠细胞组成的样本,每个都暴露在化学合成的猫的尿蛋白质中. 令 Y 表示有积极反应的细胞的个数.

a. 解释为什么 Y 的概率分布可以由二项分布近似.
b. 计算 $E(Y)$,并解释实际含义.
c. 计算 Y 的方差.
d. 给出可能包含 Y 值的区间.

4.28 生态毒理的生存研究. 在 *Journal of Agriculture, Biological and Environmental Sciences*(2000 年 9 月)上,研究者用生态毒理的生存模型评估了有害污染物造成的风险. 在一项试验中,20 条古比鱼

（大小年龄都相同）被放进一个被农药狄氏剂污染的天然海水水槽中．感兴趣的 Y 表示五天后仍存活的古比鱼的数量．研究者估计任意一条古比鱼存活的概率为 0.60．

a. 说明 Y 的分布是二项概率分布．p 值是多少？
b. 计算 $Y=7$ 的概率．
c. 计算至少 10 条古比鱼存活的概率．

4.29 瓶装水的分析．你喝的瓶装水真的是纯净水吗？自然资源保护协会对不同品牌的瓶装水进行了 4 年的研究，发现 25% 的瓶装水仅仅是往瓶子里装入自来水（*Scientific American*，2003 年 7 月）．考虑由 5 种品牌瓶装水组成的一个样本，令 Y 等于这些品牌中使用了自来水的个数．

a. 用式子给出 Y 的概率分布．
b. 求 $P(Y=2)$．
c. 求 $P(Y \leq 1)$．

4.30 桥梁等级鉴定．根据国家桥梁检验标准（NBIS），长度超过 20ft 的公共桥梁必须每两年进行一次鉴定评级．NBIS 等级范围从 0（最低一级）到 9（最高一级）．科罗拉多大学的工程师用一个概率模型预测丹佛所有主要桥梁的鉴定等级．（*Journal of Performance of Constructed Facilities*，2005 年 2 月．）工程师们预测到 2020 年，丹佛全部主要桥梁的 9% 将小于等于 4 级．

a. 利用预测求 2020 年在 10 座主要桥梁的随机样本中，至少 3 座鉴定等级小于等于 4 的概率．
b. 假定在 2020 年，你实际看到在 10 座桥梁的样本中有 3 个或更多个的鉴定等级小于等于 4，你能推断出什么？为什么？

4.31 检查计算机病毒．*Chance*（2004 年冬）发表了检查网络计算机上病毒（如木马程序或蠕虫）的基本方法．这些病毒通过被识别为一个包的通信请求（如电子邮件、聊天室、远程登录）到达网络．例如，"SYN 洪水"病毒是通过多包使网络计算机处于停顿．如果网络探测器观测到至少一个包，电子安全专家就可以发现这种类型的病毒侵袭．假设观测到由某种新病毒发送包的概率只有 0.001．如果病毒实际上向网络计算机发送 150 个包，病毒被探测器发现的概率是多少？

4.32 指纹鉴定．参考练习 3.36，*Psychological Science*（2011 年 8 月）发表的有关指纹识别的研究．研究发现，当出示同一个人的指纹时，指纹专家可以正确识别指纹匹配的可能性是 92%．相反，新手可以正确识别指纹匹配的可能性是 75%．考虑有五对指纹的样本，每对都是匹配的．

a. 专家可以正确识别这五对指纹的概率是多少？
b. 新手可以正确识别这五对指纹的概率是多少？

4.33 排泄物污染的鸡肉．美国农业部（USDA）报告显示，在它的标准检查系统中，每 100 只屠宰的鸡经过检查有 1 只被排泄物污染．（*Tampa Tribune*，2000 年 3 月 31 日．）在练习 3.8 中，求出了随机取出一只被宰的鸡经过检查含有排泄物污染的概率，现在求在 5 只被宰鸡的随机样本中，经过检查至少有 1 只排泄物污染的概率．

4.34 工程学博士．国家科学基金报道，在美国获得工程学博士学位的研究生中 70% 是外国人，考虑刚刚获得工程学博士学位的 25 名学生组成的一个随机样本中外国学生的人数 Y．

a. 求 $P(Y=10)$．
b. 求 $P(Y \leq 5)$．
c. 求 Y 的均值 μ 和标准差 σ．
d. 解释 c 中的结果．

4.35 网络法学分析．网络法学分析系统的职责是识别计算机网络中的蠕虫、病毒以及感染节点．*IEEE Transactions on Information Forensics and Security*（2013 年 5 月）研究了用于查找显示感染数据模式的一种新方法．这种方法利用多个过滤器检查信息中的字符串．在这个练习中，考虑一个有四个字节的字符串数据，其中每个字节是 0 或 1（例如，0010）．同样，考虑两个可能的字符串 S_1 和 S_2．在一个简单的单一过滤器系统中，S_1 和 S_2 完全不同的概率为 0.5．导出两个字符串的四个字节中恰有 Y 处不同的概率表达式．你觉得这是哪种分布？

4.36 中性粒子的反射．参考练习 3.42，中性粒子运动问题．回想释放进入真空管道后的粒子与内壁碰撞，要么以 0.16 的概率散射（反射），要么以 0.84 的概率被吸收（*Nuclear Science and Engineering*，1986 年 5 月）．

a. 如果有 4 个粒子进入管道，所有 4 个粒子全部被管道内壁吸收的概率是多少？4 个粒子中恰有 3 个被吸收的概率是多少？
b. 如果有 20 个粒子进入管道，至少有 10 个粒子被管道内壁反射的概率是多少？恰有 10 个被反射的概率是多少？

4.37 早熟的基因．Ataxia-telangiectasia（A-T）是造成免疫系统的神经紊乱而导致早熟的基因．根据 *Science News*（1995 年 6 月 24 日），当夫妻两人都携带 A-T 基因时，他们的后代感染这种疾病的机会是

1/5.

a. 考虑15对两人同时携带A-T基因的夫妻,15对中超过8对夫妻有神经紊乱孩子的概率是多少?

b. 考虑10 000对两人都携带A-T基因的夫妻,是否可能有不到3 000对夫妻有这种病的孩子?

理论练习

4.38 对二项概率分布 $p(y)$,证明:$\sum_{y=0}^{n} p(y) = 1$

(提示:有关 $(a+b)^n$ 展开式的二项式定理给出

$$(a+b)^n = \binom{n}{0}a^n + \binom{n}{1}a^{n-1}b$$
$$+ \binom{n}{2}a^{n-2}b^2 + \cdots + \binom{n}{n}b^n$$

令 $a=q$,$b=p$.)

4.39 对二项随机变量,证明:
$$E[Y(Y-1)] = npq + \mu^2 - \mu$$
(提示:将期望值写成一个和式,消去 $y(y-1)$,然后分解,直到和式中的每一项是二项概率,利用 $\sum_y p(y) = 1$ 求和.)

4.40 对二项随机变量,利用练习4.39的结论及
$$E[Y(Y-1)] = E(Y^2 - Y)$$
$$= E(Y^2) - E(Y) = E(Y^2) - \mu$$
求 $E(Y^2)$.

4.41 对二项随机变量,利用练习4.39和练习4.40结论以及定理4.4,证明 $\sigma^2 = npq$.

4.7 多项概率分布

许多类型的试验得到的是多于两个可能结果的定性变量的观测. 例如私人水上飞机发动机的火花塞是由5条不同生产线A、B、C、D、E中的某条生产线生产的,为了比较5条生产线上有缺陷火花塞的比例,质量控制工程师每天要把所有的缺陷火花塞按照不同生产线进行分类,每个火花塞是一个试验单位,观测值是识别火花塞由哪条生产线生产的字母,显然生产线是定性变量.

假设某个星期内共发现 $n=103$ 个火花塞是缺陷品. $n=103$ 个定性观测值每个结果是A、B、C、D、E,给出出现在5条生产线的缺陷品个数. 例如,$Y_1=15$ 个A,$Y_2=27$ 个B,$Y_3=31$ 个C,$Y_4=19$ 个D,$Y_5=11$ 个E,分类数据如表4.6所示,给出了每个类型的个数. 注意,5条生产线生产的缺陷品个数之和必须等于总的缺陷品个数:

表4.6 $n=103$ 个缺陷火花塞按生产线的分类

生产线				
A	B	C	D	E
15	27	31	19	11

$$n = Y_1 + Y_2 + Y_3 + Y_4 + Y_5 = 15+27+31+19+11 = 103$$

我们刚才描述的分类试验称作**多项试验**,是4.6节讨论的二项试验的推广. 这类试验由 n 次相同的试验组成,即 n 个试验单位的观测,每次试验所得是且只能是 k 种结果,k 个分类类型之一(对二项试验 $k=2$). 一次试验结果落入第 i 种类型的概率是 $p_i(i=1,2,\cdots,k)$,试验是独立的,我们关心的是观测值落入 k 种分类类型的个数 Y_1,Y_2,$\cdots$,Y_k.

多项试验的性质

1. 试验由 n 次相同的试验组成.
2. 每次试验有 k 个可能结果.
3. k 个结果的概率用 p_1,p_2,$\cdots$,p_k 表示,在每次试验中保持不变,其中 $p_1+p_2+\cdots+p_k=1$.
4. 试验是独立的.
5. 关心的随机变量是 k 个分类类型中每一个的记数 Y_1,Y_2,$\cdots$,Y_k.

下面的方框给出了多项分布及其均值和方差.

多项概率分布

$$p(y_1, y_2, \cdots, y_k) = \frac{n!}{y_1! \, y_2! \, \cdots \, y_k!} (p_1)^{y_1} (p_2)^{y_2} \cdots (p_k)^{y_k}$$

其中，$p_i = $ 一次试验出现结果 i 的概率；$p_1 + p_2 + \cdots + p_k = 1$；$n = y_1 + y_2 + \cdots + y_k = $ 试验的次数；$y_i = n$ 次试验中出现结果 i 的次数。

多项随机变量 Y_i 的均值和方差分别是

$$\mu_i = np_i \text{ 和 } \sigma_i^2 = np_i(1-p_i)$$

导出类型个数 $y_1, y_2, \cdots, y_k$ 的**多项概率分布** $p(y_1, y_2, \cdots, y_k)$ 的过程与用于二项试验的过程相同。为了简化记号，我们以 $k = 3$ 个类型为例进行说明，k 个类型的 $p(y_1, y_2, \cdots, y_k)$ 的推导是类似的。

设相应于 $k = 3$ 种类型的三种结果用 A、B、C 表示，出现三种类型的概率分别是 p_1, p_2, p_3。n 次试验结果的任何一个观测都构成一个如表 4.7 所示的简单事件，每次试验结果用观测到的字母表示。表 4.7 中的简单事件是第一次试验结果为 C，第二次试验结果为 A，第三次试验结果为 A，$\cdots$，最后一次试验结果为 B。

表 4.7　多项试验 ($k=3$) 的典型简单事件

			试验				
1	2	3	4	5	6	$\cdots$	n
C	A	A	B	A	C	$\cdots$	B

现在考虑得到 y_1 次 A、y_2 次 B、y_3 次 C 的简单事件，其中 $y_1 + y_2 + y_3 = n$。这些简单事件之一显示如下：

$$\underbrace{AAA \cdots A}_{y_1} \underbrace{BBB \cdots B}_{y_2} \underbrace{CCC \cdots C}_{y_3}$$

这个有 y_1 个 A、y_2 个 B、y_3 个 C 的简单事件的概率是

$$(p_1)^{y_1}(p_2)^{y_2}(p_3)^{y_3}$$

在样本空间 S 中有多少个简单事件含有 y_1 个 A、y_2 个 B、y_3 个 C? 这个数等于在 n 个不同的位置上安排 y_1 个 A、y_2 个 B、y_3 个 C 时不同方法的个数。由定理 3.3 可知，指派 y_1 个 A、y_2 个 B、y_3 个 C 的方法个数是

$$\frac{n!}{y_1! \, y_2! \, y_3!}$$

因此，有 $n!/(y_1! \, y_2! \, y_3!)$ 个简单事件得到 y_1 个 A、y_2 个 B、y_3 个 C，每个简单事件的概率均为 $(p_1)^{y_1}(p_2)^{y_2}(p_3)^{y_3}$。所以在 n 次试验中观测到 y_1 次 A、y_2 次 B、y_3 次 C 的概率等于这些简单事件的概率之和：

$$p(y_1, y_2, y_3) = \frac{n!}{y_1! \, y_2! \, y_3!} (p_1)^{y_1}(p_2)^{y_2}(p_3)^{y_3}$$

可以验证这是用 $k = 3$ 时代入方框中多项概率分布公式所得到的表达式。

对某种类型，例如类型 i 的个数的期望值或均值由二项随机变量的性质直接可得。如果我们将不同于类型 i 的所有类型合成一类，那么多种分类就变成了两种分类：有 Y_i 个观测在类型 i 中，$(n - Y_i)$ 个观测在合并的类型中。由二项随机变量期望值和方差的知识有

$$E(Y_i) = np_i$$
$$V(Y_i) = np_i(1-p_i)$$

例 4.12 **多项应用——计算机电力负荷** 参考例 4.9，在计算机电力系统中的中性对满载电流比的研究，假设电气工程师发现 10% 的系统有高比例，30% 的中等比例，60% 的低比例，考虑 $n=40$ 个站点的计算机系统的随机样本.

　　a. 求有 10 个站点有高比例的中性对满载电流比，10 个站点比例适中，20 个站点比例低的概率；

　　b. 求有高比例的中性对满载电流比站点数量的均值和方差，并用此信息估计在大小为 40 样本中有高比例的中性对满载电流比站点的数量.

解 在解例 4.9 时，我们证明了二项试验的性质是满足的，这个例子将二项试验简单地推广到对每个站点有 $k=3$ 个可能结果（高、中、低比例）. 因此多项试验的性质是满足的，这样，我们可以应用方框中给出的公式.

　　a. 定义

$$Y_1 = \text{有较高比例的站点个数}$$
$$Y_2 = \text{有中等比例的站点个数}$$
$$Y_3 = \text{有较低比例的站点个数}$$
$$p_1 = \text{一个站点有高比例的概率}$$
$$p_2 = \text{一个站点有中等比例的概率}$$
$$p_3 = \text{一个站点有低比例的概率}$$

下面我们求概率 $P(Y_1=10, Y_2=10, Y_3=20) = p(10, 10, 20)$，利用公式

$$p(y_1, y_2, y_3) = \frac{n!}{y_1! \, y_2! \, y_3!}(p_1)^{y_1}(p_2)^{y_2}(p_3)^{y_3}$$

其中 $n=40$，p_1，p_2，p_3 估计值分别为 0.1，0.3，0.6，代入这些值，我们得到

$$p(10, 10, 20) = \frac{40!}{10! \, 10! \, 20!}(0.1)^{10}(0.3)^{10}(0.6)^{20} = 0.000\,549\,8$$

　　b. 我们希望求出有高的中性对满载电流比的站点个数 Y_1 的均值和方差，由多项概率分布公式得

$$\mu_1 = np_1 = 40(0.1) = 4$$

和

$$\sigma_1^2 = np_1(1-p_1) = 40(0.1)(0.9) = 3.6$$

由经验法则，我们期望样本中高的中性对满载电流比站点的个数 Y_1 落入它的均值的 2 个标准差范围内，即在

$$\mu_1 - 2\sigma_1 = 4 - 2\sqrt{3.6} = 0.21$$

和

$$\mu_1 + 2\sigma_1 = 4 + 2\sqrt{3.6} = 7.80$$

之间. 由于 Y_1 只能取整数值 0，1，2，…，所以我们期望有较高比例的站点个数应落在 1 与 7 之间. ∎

应用练习

4.42 微软程序的安全问题. 参考练习 2.4，*Computers & Security*（2013 年 7 月）发表了有关微软程序安全问题的研究. 回顾微软周期性地发布安全公告，报告了受漏洞影响的软件有 Windows、资源管理器、办公软件. 研究发现 64% 的安全公告是关于 Windows，12% 是关于资源管理器，24% 是关于办公软件. 研究人员还根据对漏洞的预期反馈将安全公告分类. 假设分类（及相关百分比）为：拒绝服务（10%），信息披露（15%），远程代码执行（45%），诈骗（5%）以及特权提升（25%）. 考

虑一个由10个微软安全公告组成的随机样本.
a. 你认为在样本中有多少个是关于资源管理器的公告?
b. 你认为在样本中有多少个是关于远程代码执行作为反馈的公告?
c. 这十个公告全部都是关于 Windows 的可能性.
d. 计算这十个公告中五种公告种类(即拒绝服务、信息披露、远程代码执行、诈骗以及特权提升)各有两个的可能性.

4.43 水下声学通信. 副载波是一种电子通信信号载波, 它携带在另一载波的上端, 从而两个信号能够同时有效传播. 副载波能用作与主载波完全不同的用途. 例如, 数据副载波用于数据传输; 导频副载波用于信道估计和同步; 零副载波用于直流电以及保护银行传输没有信号. 在 IEEE Journal of Oceanic Engineering(2013 年 4 月)上, 研究员研究了用于水下声学通信的副载波的性质. 基于玛莎葡萄园(MA)海岸旁操作的实验, 估计25%的副载波是导频副载波, 10%的副载波是零副载波, 65%是数据副载波. 现考虑一个已转化并应用于水下声学通信的50个副载波组成的样本.
a. 你期望50个副载波中有多少个导频副载波, 多少个零副载波, 多少个数据副载波?
b. 计算所观察的样本中有10个导频副载波、10个零副载波和30个数据副载波的概率.
c. 如果所观察的样本中有超过25个导频副载波, 你能得出什么结论? 做出解释.

4.44 控制水葫芦. 参考练习4.3, *Annals of the Entomological society of America*(2005年1月)对南美飞虱科物种生命周期的研究. 回想昆虫学家发现飞虱是水葫芦的天敌, 下表重新给出水葫芦的叶片上有1个、2个、3个、4个飞虱卵的百分数. 考虑从飞虱栖居的环境中挑出100个水葫芦叶片的样本, 令 Y_1, Y_2, Y_3, Y_4 分别表示样本中有1个、2个、3个、4个卵的叶片个数. 求一半的样本有一个卵, 一半的样本有2个卵而没有3个或4个卵的叶片的概率.

	1个卵	2个卵	3个卵	4个卵
叶片百分数	40	54	2	4

资料来源: Sosa, A. J., et al. "Life history of *Megamelus scutellaris* with description of immature atages", *Annals of the Entomological Society of America*, Vol. 98, No. 1, Jan. 2005(摘自于表1).

4.45 粉尘爆炸. 在化工工业中粉尘爆炸虽然罕见, 但却有造成伤害和设备损坏的极大隐患. *Process Safety Progress*(2004年9月)报告了粉尘爆炸事故的可能性, 下表给出几个发生过粉尘爆炸的全球化产业的事故率, 假定明年全球发生20次粉尘爆炸.

工业	比例
木材/纸浆	0.30
谷物/食品	0.10
金属	0.07
电力	0.07
塑料/矿石/纺织	0.08
其他	0.38

资料来源: Frank, W. L. "Dust explosion prevention and the critical importance of housekeeping." *Process Safety Progress*. Vol. 23, No. 3, Sept. 2004(摘自表2).

a. 求木材/纸浆工业发生7次爆炸, 谷物/食品工业发生5次爆炸, 金属工业发生2次爆炸, 电力工业不发生爆炸, 塑料/矿石/纺织工业发生1次爆炸, 其他工业发生5次爆炸的概率.
b. 求木材/纸浆工业发生爆炸少于3次的概率.

4.46 铁路轨道配置. 参考练习2.8, *Journal of Transaction Engineering*(2013年5月)调查了某个繁忙的火车站火车轨道的配置问题. 理想情况中, 工程师会安排火车进入特定的轨道以使等待时间和隧道最少. 假设在火车站有十条轨道, 并且火车随机地被安排在其中一条. 假设一天中有50列火车需要被安排轨道.
a. 10条轨道中的每一条都恰好被安排了5列火车的概率是多少?
b. 假如一天中某一条轨道被安排少于两列火车, 则称此轨道没有被充分利用. 计算#1轨道没有被充分利用的概率.

4.47 颜色作为身体定位线索. 为了弥补由于失重造成迷失方向, 宇航员只能依靠视觉信息建立上下定位. 用色彩作为身体定位线索的可能性在 *Human Factors*(1988年12月)中进行了研究. 90名大学生在黑暗中斜靠着后背, 缓慢旋转挡住他们视线的圆盘, 在旋转的平台上迷失了方向. 要求接受试验者觉得左侧向上时就说"停", 记录每个学生身体的定位与圆盘上亮度模式位置的关系. 受试者只能选择三种圆盘亮度模式作为主观的垂直线索: (1)亮侧朝上; (2)暗侧朝上; (3)亮侧和暗侧对准受试者头部的任一侧. 根据研究结果, 受试者选择三种圆盘定位的概率分别为 0.65, 0.15 和 0.20. 假设 $n=8$ 个受试者做相同的试验.

a. 所有 8 个受试者选择亮侧朝上圆盘定位的概率是多少?

b. 4 个受试者选择亮侧朝上圆盘定位, 3 个受试者选择暗侧朝上圆盘定位, 1 个受试者选择对准定位的概率是多少?

c. 8 个受试者中平均有多少个选择亮侧朝上圆盘定位?

4.48 检测超载货车. 超载虽然非法, 但在货运行业却是常见的. 明尼苏达州交通部(MDOT)工程师用安装在高速公路上的无人操纵计算机秤监视行驶在州际高速公路上的超载货车. 当货车通过秤时, 秤可以称出货车的重量, 而司机却不知道. 一周之内, 有 400 多辆五轴卡车认为超载. 下表给出了这周内每天发现超载货车的比例, 假定每周超载货车的日分布都保持不变.

a. 如果一周之内发现有 200 辆货车超载, 那么从星期一到星期日分别发现了 50,50,30,30,20,10 和 10 辆超载货车的概率是多少?

b. 如果一周之内发现有 200 辆货车超载, 那么星期一至少发现 50 辆的概率是多少?

	一	二	三	四	五	六	日
百分数	0.22	0.20	0.17	0.17	0.12	0.05	0.07

资料来源: 明尼苏达州交通部.

4.49 修理钻头. 从一大批剪切钻头中抽出容量为 n 的样本. 假设恰有一个缺陷的钻头比例为 p_1, 多于 1 个缺陷的钻头比例为 p_2 ($p_1+p_2<1$), 替换或修理有缺陷钻头的费用是 $C=4Y_1+Y_2$, 其中 Y_1 表示有一个缺陷的钻头个数, Y_2 表示有两个或更多缺陷的钻头个数, 求 C 的期望值.

4.50 通过电阻的电流. 电流可以从三条不同的电路通过电阻, 概率分别为 $p_1=0.25$, $p_2=0.30$, $p_3=0.45$. 假设连续做 $n=10$ 次试验, 监测所走的路线.

a. 求电流通过第一条电路 $Y_1=2$ 次、第二条电路 $Y_2=4$ 次、第三条电路 $Y_3=4$ 次的概率.

b. 求 $E(Y_2)$ 和 $V(Y_2)$, 解释结果.

? 理论练习

4.51 有一个 $k=3$, $n=2$ 的多项分布, 证明:
$$\sum_{y_1,y_2,y_3} p(y_1,y_2,y_3) = 1$$

(提示: 应用二项定理(见理论练习 4.38)展开和式 $[a+(b+c)]^2$, 再把二项展开 $(b+c)^2$ 代入所得的表达式中, 最后将 $a=p_1$, $b=p_2$, $c=p_3$ 代入.)

4.8 负二项概率分布和几何概率分布

我们常常喜欢度量某个事件发生前所需时间的长度. 例如, 一位顾客排队等候直到得到服务的时间长度, 或直到一个设备失效的时间长度.

对这种应用我们可以将每个时间单位视为有成功(S)和失败(F)两种结果的伯努利试验, 并考虑一系列与二项试验(4.6节)描述的相同试验. 与二项试验不一样的是 Y 不是总的成功次数, 在这里感兴趣的随机变量 Y 表示直至观测到第 r 次成功时试验(时间单位)的次数.

随机变量 Y 的概率分布称为**负二项分布**. 下面的方框中给出了负二项随机变量的概率分布、均值和方差的公式.

负二项概率分布

负二项随机变量 Y 的概率分布为

$$p(y) = \binom{y-1}{r-1} p^r q^{y-r} \quad (y=r, r+1, r+2, \cdots)$$

其中, $p=$一次伯努利试验成功的概率; $q=1-p$; $y=$直至观测到第 r 次成功的试验次数.

负二项随机变量的均值和方差分别是

$$\mu = \frac{r}{p} \quad \text{和} \quad \sigma^2 = \frac{rq}{p^2}$$

可以看出负二项概率分布是两个参数 p 和 r 的函数. 对于 $r=1$ 的特殊情况，Y 的概率分布称为**几何概率分布**.

几何概率分布

$$p(y) = pq^{y-1} \quad (y = 1, 2, \cdots)$$

其中，$Y = $ 第一次成功时试验的次数；$\mu = \dfrac{1}{p}$；$\sigma^2 = \dfrac{q}{p^2}$.

为了导出负二项概率分布，注意，直至第 r 次成功的 y 次试验中得到的每个简单事件包含 $(y-r)$ 次失败和 r 次成功，描述如下：

$$\underbrace{FFSFF\cdots SF}_{(y-r)\text{次失败和}(r-1)\text{成功}} \underbrace{S}_{\text{第}r\text{次成功}}$$

在第 r 次成功前有 $(y-r)$ 次失败的所有简单事件的个数等于 $(r-1)$ 次成功和 $(y-r)$ 次失败排列方法的总数，即

$$\binom{(y-r)+(r-1)}{r-1} = \binom{y-1}{r-1}$$

所以，由于每个这样的简单事件的概率都是 $p^r q^{y-r}$，我们有

$$p(y) = \binom{y-1}{r-1} p^r q^{y-r}$$

例 4.13 和例 4.14 分别是负二项概率分布和几何概率分布的应用.

例 4.13 负二项应用——发动机装配 为了安装发动机的外壳，生产线上的装配工必须用一个电动工具安装并拧紧 4 个螺栓，在 1s 之内完成装配并拧紧螺栓的概率 $p=0.8$. 如果装配工在第 1s 之内没完成，在第 2s 之内完成的概率也是 0.8，等等.

a. 求直到安装完外壳所用的时间长度 Y 的概率分布.

b. 求 $p(6)$.

c. 求 Y 的均值和方差.

解 a. 由于外壳有 $r=4$ 个螺栓，我们用负二项概率分布公式，将 $p=0.8$ 和 $r=4$ 代入 $p(y)$ 的公式中，我们得到

$$p(y) = \binom{y-1}{r-1} p^r q^{y-r} = \binom{y-1}{3}(0.8)^4(0.2)^{y-4}$$

b. 为了求 $Y=6s$ 完成装配操作的概率，我们将 $y=6$ 代入 a 中得到的公式，得

$$p(y) = \binom{5}{3}(0.8)^4(0.2)^2 = (10)(0.4096)(0.04) = 0.16384$$

c. 对于这个负二项概率分布，

$$\mu = \frac{r}{p} = \frac{4}{0.8} = 5\text{s}$$

$$\sigma^2 = \frac{rq}{p^2} = \frac{4(0.2)}{(0.8)^2} = 1.25$$

例 4.14 几何应用——测试电熔丝 生产商在电子系统中需要电熔丝，电熔丝是成批购入的，然后逐个测试，直到发现第一个不合格电熔丝，假设这批电熔丝中有 10% 的不合格品.

a. 第一个不合格品是前 5 个测试的电熔丝之一的概率是多少.

b. 求直至观测到第一个不合格电熔丝时,测试的电熔丝个数 Y 的均值、方差和标准差.

解 a. 直到第一个不合格的电熔丝出现时,已检验过的电熔丝数量 Y 是一个几何随机变量.

$$p = 0.1 \quad (一个电熔丝是不合格的概率)$$
$$q = 1 - p = 0.9$$

和

$$p(y) = pq^{y-1} \quad (y = 1, 2, \cdots) = (0.1)(0.9)^{y-1}$$

第一个不合格电熔丝是前 5 个检测过的电熔丝之一的概率是

$$P(Y \leq 5) = p(1) + p(2) + \cdots + p(5)$$
$$= (0.1)(0.9)^0 + (0.1)(0.9)^1 + \cdots + (0.1)(0.9)^4 = 0.41$$

b. 这个几何随机变量的均值、方差和标准差是

$$\mu = \frac{1}{p} = \frac{1}{0.1} = 10$$

$$\sigma^2 = \frac{q}{p^2} = \frac{0.9}{(0.1)^2} = 90$$

$$\sigma = \sqrt{\sigma^2} = \sqrt{90} = 9.49$$

应用练习

4.52 何时更换维护系统. *Journal of Quality of Maintenance Engineering*(Vol. 19, 2013)研究了为维护系统选择最优更换策略问题. 考虑每 12 小时检测一次的系统. 检测将会确定系统中是否有缺陷. 假设检测出没有缺陷的概率为 0.85,如果有缺陷被检测出来(失效),则系统需要被维修. 在五次检测出失效之后,系统就要全部被更换. 现在令 Y 表示系统在需要更换之前被检测的次数.

a. 给出 Y 的概率分布的表达式. 这种分布的名称是什么?

b. 计算在 8 次检测后系统需要被更换的概率.

4.53 鼻涕虫的分布. *AIUB Journal of Science and Engineering*(2003 年 8 月)发表了研究栖居在利比亚的有肺鼻涕虫的分布形式,在调查地区发现某一物种的鼻涕虫个数可以用负二项分布建模,假定在调查地区观测到某一物种(如米拉克斯天牛)的鼻涕虫概率为 0.2,令 Y 表示为获得 10 个米拉克斯天牛的样本所必须挑选的鼻涕虫个数.

a. 给出 Y 的概率分布公式.

b. Y 的期望值是什么? 解释此值.

c. 求 $P(Y = 25)$.

4.54 产品是"绿色"的吗? 参考练习 3.4,针对国际消费者的 ImagePower ®绿色品牌调查. 回顾"绿色"产品是由对环境有最小影响的回收材料制造.

顾客把产品定义为绿色的原因总结在下表中. 现考虑随机采访顾客. 令 Y 表示直到出现认为产品是绿色的是由于其他原因而不是直接由产品标签或包装确定时所需采访的顾客数.

a. 给出 Y 的概率分布的表达式.

b. $E(Y)$ 是多少? 解释这个结果.

c. 计算 $P(Y = 1)$.

d. 计算 $P(Y > 2)$.

认为是绿色产品的原因	顾客的百分比
标签上的认证标志	45
包装	15
产品上的阅读信息	12
广告	6
品牌网站	4
其他	18
总计	100

资料来源: 2011 ImagePower Green Brands Survey.

4.55 老鼠的化学信号. 参考练习 4.27,*Cell*(2010 年 5 月 14 日)发表的有关老鼠能够识别潜在捕食者气味的能力研究. 回顾在研究中发现有 40%的实验鼠细胞对化学合成的猫的尿蛋白质有积极反应(即识别出周围有潜在捕食者的危险). 考虑测试的实验鼠细胞,每个都暴露在化学合成的猫的尿蛋白质中. 令 Y 表示直到有一个细胞产生积极反应

时要测试的细胞数.
a. Y 服从哪种概率分布? 给出 $p(y)$ 的表达式.
b. 计算 $E(Y)$, 并解释实际含义.
c. 计算 Y 的方差.
d. 给出包含 Y 值的可能区间.

4.56 **指纹鉴定**. 参考练习 4.32, *Psychological Science*(2011 年 8 月) 发表的有关指纹识别的研究. 在这个研究中发现, 当出示同一个人的指纹时, 对于新手来说, 正确识别匹配的概率是 75%. 考虑给一名新手出示不同的指纹对, 每次一对, 其中每一对都是相互匹配的. 在这名新手正确识别五对指纹前要出示多少对指纹?

4.57 **得克萨斯旱灾重现**. 干旱季节是天气特别干旱导致一个地区水分严重失衡的一段时期, 帕耳旱灾指数 (PDI) 用来定量地测量干旱的严重性. -1 或更小的 PDI 值表示一个干燥 (干旱) 期, PDI 值大于 -1 表示潮湿 (非干旱) 期, 亚利桑那大学的工程师利用古生物学数据和历史记载确定了得克萨斯过去 400 年里每年的 PDI 值 (*Journal of Hydrologic Engineering*, 2003 年 9/10 月). 研究者发现, 直到出现干旱年需要抽样的年份数 Y 近似服从几何分布, 分布图如下.
a. 通过图形估计 $E(Y)$ (提示: 利用4.3节的公式.)
b. 利用 a 的结果估计几何分布的 p 值.
c. 估计为了观测到一个干旱年必须抽样 7 年的概率.

4.58 **聚变反应放射的粒子**. 碳氮氧 (CNO) 循环是一种聚变反应, 通过反应使氢变换为氦, 关于空间 CNO 质子反应产生的高能电荷分布的研究发表在 *Journal of Physics G: Nuclear and Particle Physics* (1996 年 11 月). 当高能反应发生时, 释放带电粒子, 这些粒子分为两类: 流粒子和重粒子. 为了发现 r 个带电流粒子必须观测的带电粒子个数为 $p = 0.75$ 的负二项分布, 利用这个信息求为发现 3 个带电流粒子需要观测 5 个带电粒子的概率.

4.59 **航天飞机故障**. 美国国家宇航局 (NASA) 估计一架航天飞机主发动机的关键部件故障可能性大约是 1/63. 飞行期间关键部件的故障将直接导致飞机事故.
a. 关键部件故障前飞机平均完成多少次飞行任务?
b. 关键部件故障前飞行次数的标准差是多少?
c. 给出一个以大约 0.95 概率包含关键部件故障前的飞行次数的区间.

4.60 **中性粒子的反射**. 参考练习 4.36, *Nuclear Science and Engineering* 的研究, 如果每次释放一个中性粒子进入真空管道, 求直到发现有两个粒子被管道内壁反射时需要释放的粒子超过 5 个的概率.

4.61 **找到石油的概率**. 假设在一个钻井位置找到石油与另一个位置相互独立, 在某个地区, 在一个位置成功找到石油的概率是 0.3.
a. 钻井工在第三次或在第三次钻井之前找到石油的概率是多少?

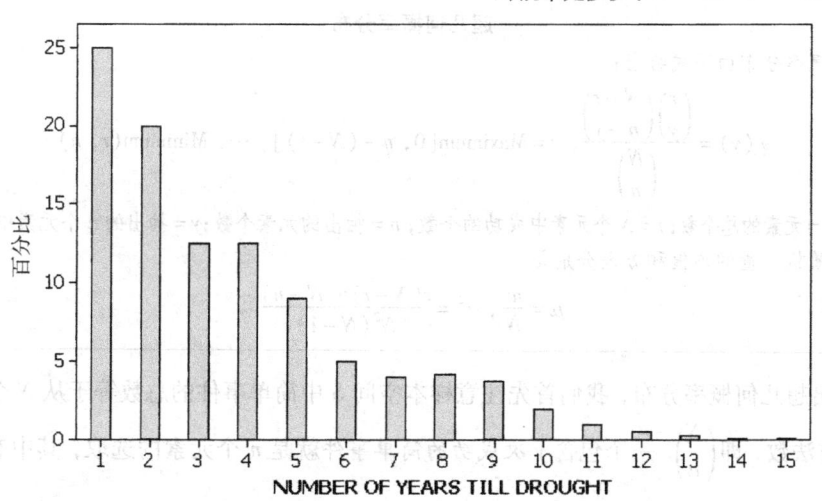

练习 4.57 的 MINITAB 输出

资料来源: Gonzalez, J., and Valdes, J. B. "Bivariate drought recurrence analysis using tree ring reconstructions." *Journal of Hydrologic Engineering*, Vol. 8, No. 5, Sept./Oct. 2003 (图5).

b. 如果 Y 是直到第一次成功开采时的钻井次数，求 Y 的均值和标准差.

c. Y 有可能超过 10 吗? 解释原因.

d. 假设钻井公司认为如果直到第二次成功时，钻井次数等于 7 次或不到 7 次，这种冒险是有利可图的，求冒险成功的概率.

理论练习

4.62 设 Y 是一个参数为 p 和 r 的负二项随机变量，可以证明 $W = Y - r$ 也是一个负二项随机变量，其中 W 表示第 r 次成功之前失败的次数. 利用事实

$$E(Y) = \frac{r}{p} \quad \text{和} \quad \sigma_y^2 = \frac{rq}{p^2}$$

证明:

$$E(W) = \frac{rq}{p} \quad \text{和} \quad \sigma_w^2 = \frac{rq}{p^2}$$

(提示: 利用定理 4.1、定理 4.2 和定理 4.3.)

4.9 超几何概率分布

当我们从一个成功和失败的有限总体(例如，顾客的偏好响应有限总体或对包含合格和不合格制造品的货物的有限次观测集合)中抽取样本时，如果观测每次试验结果，然后在下一次观测之前放回总体，严格地满足二项试验，这种抽样的方法称为**有放回抽样**，而在实际当中，我们通常是**无放回抽样**，即总体中有 N 个元素，我们从中随机抽取 n 个不同的元素，正如 4.6 节所说的，当 N 很大，且 n/N 很小(如小于 0.05)时，得到一个成功的概率大致与其他次试验相同，试验是(基本上)独立的，成功次数 Y 的概率分布近似为一个二项概率分布. 然而当 N 小，或 n/N 大(如大于 0.05)时，我们希望利用 Y 的精确概率分布，这个分布称为**超几何概率分布**，是本节主要讨论的内容. 下面的方框定义了超几何随机变量的特征及其概率分布.

确定超几何随机变量的特征

1. 试验是从 N 个元素，其中有 r 个 S (成功)和 $N-r$ 个 F (失败)集合中无放回地随机抽取 n 个元素.
2. 样本容量 n 相对于总体元素的个数 N 是大的，即 $n/N > 0.05$.
3. 超几何随机变量 Y 是抽出的 n 个元素中 S 的个数.

超几何概率分布

超几何概率分布由下式给出:

$$p(y) = \frac{\binom{r}{y}\binom{N-r}{n-y}}{\binom{N}{n}}, \quad y = \text{Maximum}[0, n-(N-r)], \cdots, \text{Minimum}(r, n)$$

其中，N = 元素的总个数; r = N 个元素中成功的个数; n = 抽出的元素个数; y = 抽出的 n 个元素中成功的个数. 超几何随机变量的均值和方差分别是

$$\mu = \frac{nr}{N}, \quad \sigma^2 = \frac{r(N-r)n(N-n)}{N^2(N-1)}$$

为了导出超几何概率分布，我们首先注意样本空间 S 中简单事件的总数等于从 N 个元素中任取 n 个元素的方法数，即 $\binom{N}{n}$. 一个包含 y 次成功的简单事件就是 n 个元素的选取，其中有 y 个成功和 $(n-y)$ 个失败. 由于共有 r 个成功元素可以被选择，所以从中选出 y 个的不同方法数有 $a = \binom{r}{y}$ 种. 类似地，从 $N-r$ 个失败的元素中选出 $(n-y)$ 个元素，总共有 $b = \binom{N-r}{n-y}$ 种取法. 现在我们应用定理

3.1，确定取出 y 个成功和 $(n-y)$ 个失败的方法个数，也就是含有 y 个成功的简单事件个数：

$$a \cdot b = \binom{r}{y}\binom{N-r}{n-y}$$

最后，由于任何 n 个元素的选取都是等可能的，所有这些简单事件都是等概率的，从而

$$p(y) = \frac{\text{含有 } y \text{ 次成功的简单事件的个数}}{\text{简单事件的个数}} = \frac{\binom{r}{y}\binom{N-r}{n-y}}{\binom{N}{n}}$$

例 4.15 **超几何应用——EDA 催化剂选择** 试验是挑选对用于生产肥皂的商品——乙二胺（EDA）合适的催化剂。假设药剂师从 10 种催化剂中随机地挑选三种进行测试，这 10 种催化剂中有 6 种酸性较低，4 种酸性较高。

a. 求没有高酸性催化剂被选中的概率。
b. 恰有一种高酸性催化剂被选中的概率。

解 令 Y 表示选中高酸性催化剂数量，则 Y 是一个超几何随机变量，$N=10$，$n=3$，$r=4$，且

$$P(Y=y) = p(y) = \frac{\binom{4}{y}\binom{6}{3-y}}{\binom{10}{3}}$$

a. $p(0) = \dfrac{\binom{4}{0}\binom{6}{3}}{\binom{10}{3}} = \dfrac{(1)(20)}{120} = \dfrac{1}{6}$.

b. $p(1) = \dfrac{\binom{4}{1}\binom{6}{2}}{\binom{10}{3}} = \dfrac{(4)(15)}{120} = \dfrac{1}{2}$.

例 4.16 **超几何应用——EDA 催化剂选择（续）**
参考例 4.15 中的 EDA 试验。

a. 求随机变量 Y 的 μ，σ^2 和 σ。
b. 求 $P(\mu - 2\sigma < Y < \mu + 2\sigma)$，这个结果如何与经验法则比较。

解 a. 由于 Y 是一个超几何随机变量，$N=10$，$n=3$，$r=4$，均值和方差是

$$\mu = \frac{nr}{N} = \frac{(3)(4)}{10} = 1.2$$

$$\sigma^2 = \frac{r(N-r)n(N-n)}{N^2(N-1)} = \frac{4(10-4)3(10-3)}{(10)^2(10-1)}$$

$$= \frac{(4)(6)(3)(7)}{(100)(9)} = 0.56$$

标准差是

$$\sigma = \sqrt{0.56} = 0.75$$

b. 图 4.7 显示了概率分布及区间 $\mu \pm 2\sigma$，即

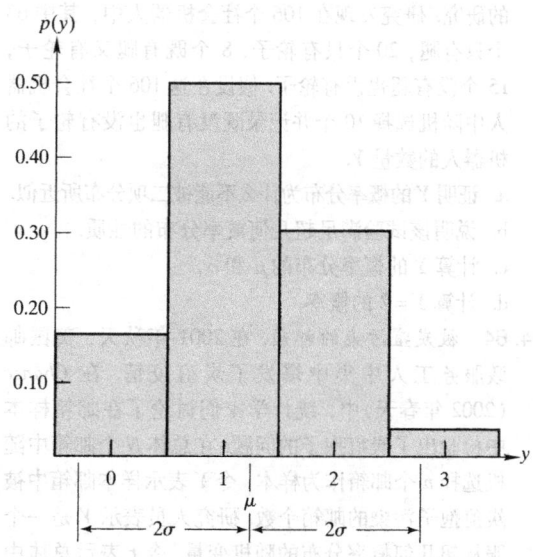

图 4.7 例 4.16 中 Y 的概率分布

$(-0.3, 2.7)$. 落在区间之外的可能值只有 $Y=3$, 所以

$$P(\mu-2\sigma<y<\mu+2\sigma)=1-p(3)=1-\frac{\binom{4}{3}\binom{6}{0}}{\binom{10}{3}}=1-\frac{4}{120}=0.967$$

根据经验法则, 我们期望大约有 95% 的 Y 观测值落入此区间, 因此经验法则为这个概率提供了一个很好的估计.

例 4.17 **导出超几何分布的均值** 参考例 4.15, 利用定义 4.4 求随机变量 Y 的均值 μ.

解 由定义 4.4,

$$\mu=E(Y)=\sum_{\text{所有}y}yp(y)=\sum_{y=0}^{3}y\frac{\binom{4}{y}\binom{6}{3-y}}{120}$$

利用例 4.15 和 4.16 计算出来的 $p(y)$ 的值以及

$$p(2)=\frac{\binom{4}{2}\binom{6}{1}}{120}=\frac{(6)(6)}{120}=\frac{3}{10}$$

将它们代入得

$$\mu=0p(0)+1p(1)+2p(2)+3p(3)=0+1\left(\frac{1}{2}\right)+2\left(\frac{3}{10}\right)+3\left(\frac{1}{30}\right)=1.2$$

注意, 这是例 4.16 中应用前面给出的超几何概率分布公式得到的值.

应用练习

4.63 社会机器人是腿式移动还是轮式移动? 参考练习 3.1, *International Conference on Social Robotics* (Vol. 6414, 2010) 发表了有关社会机器人设计趋势的研究. 研究发现在 106 个社会机器人中, 其中 63 个只有腿, 20 个只有轮子, 8 个既有腿又有轮子, 15 个没有腿也没有轮子. 假设在这 106 个社会机器人中随机选择 10 个并记录既没有腿也没有轮子的机器人的数量 Y.
a. 证明 Y 的概率分布为什么不能被二项分布所近似.
b. 说明该试验满足超几何概率分布的性质.
c. 计算 Y 的概率分布的 μ 和 σ.
d. 计算 $Y=2$ 的概率.

4.64 被炭疽污染的邮箱. 在 2001 年秋天, 美国邮政服务工人中集中爆发了炭疽疫情. 在 *Chance* (2002 年春天) 中, 统计学家们讨论了在邮箱样本中检验出了炭疽孢子的问题. 在总体 N 个邮箱中随机选择 n 个邮箱作为样本, 令 Y 表示样本邮箱中被炭疽孢子污染的邮箱个数. 研究人员表示 Y 是一个服从超几何概率分布的随机变量. 令 r 表示总体中被污染的邮箱个数. 假设 $N=100$, $n=3$, 且 $r=20$.
a. 计算 $p(0)$.
b. 计算 $p(1)$.
c. 计算 $p(2)$.
d. 计算 $p(3)$.

4.65 在学术工程中建立界限. *Engineering Studies* (2012 年 8 月) 研究了学术工程师如何建立界限 (例如: 区分工程师和其他科学家, 界定工程学中的不同学科, 确定期刊出版物的质量). 参与者是一所大型研究型大学工程学院的 10 名终身或可获得终身职位的工程师. 下表中给出了工程师隶属部门的分类. 对每一位参与者进行仔细的采访, 并将采访结果用于建立界限. 假设从最初的 10 位参与者中随机选择 3 位构成大学委员会负责建立边界准则. 令 Y 表示委员会成员中来自工程物理系的人数. 判断 Y 服从的概率分布并给出该分布的表达式.

系	参加者的人数
化学工程	1
土木工程	2
工程物理	4
机械工程	2
工业工程	1

4.66 **有害废物定点处理**. 资源保护和回收法规定了美国工厂生产的有害废物的追踪与处理. *Professional Geographer*(2000 年 2 月)报道了 209 个工厂有害废物的形成和处理的特点, 在这些工厂中仅有 8 个工厂到指定地点处理有害废物.

a. 209 个工厂中随机抽样 10 个, 在 10 个工厂中到指定地点处理有害废物的工厂期望是多少? 解释此结果.

b. 选出的 8 个工厂中有 4 个工厂是到指定地点处理有害废物的概率.

4.67 **污染的枪弹**. 参考练习 4.5, 武器制造商调查污染的枪弹, 从一批产品中挑出 158 个枪弹的样本中, 发现 36 个是污染的, 122 个是"干净"的, 如果你从这 158 个枪弹中随机地选出 5 个, 5 个全部是"干净"的概率是多少?

4.68 **批量检测抽样**. 设想你买一小批产品, 如果检测一件产品很贵, 可以设计从一批中抽取几件作为样本进行检测, 而不用对每一件都进行检测. 假设每批含 10 件产品, 你决定每批中抽取 4 件, 如果发现有 1 件或更多产品不合格, 你将拒绝这批产品.

a. 如果这批产品有 1 件不合格产品, 你接受这批产品的概率是多少?

b. 如果这批产品有 2 件不合格产品, 你接受这批产品的概率是多少?

🌐 **NZBIRDS**

4.69 **新西兰灭绝的鸟类**. 参考练习 3.28, *Evolutionary Ecology Research*(2003 年 7 月)研究了新西兰鸟群灭绝的方式, 在 NZBIRDS 文件保存的 132 种鸟类中, 38 种灭绝了. 假设你从 132 种鸟类中随机选择 10 种(无放回), 并记录下每种的灭绝状态.

a. 选择的 10 种鸟类中恰有 5 种是灭绝的概率是多少?

b. 最多有 1 种是灭绝的概率是多少?

4.70 **手机切换行为**. 参考练习 3.15, *Journal of Engineering, Computing and Architecture*(vol. 3., 2009)发表了关于手机切换行为的研究. 回忆"切换"描述的是从一个基站频道(用色码识别)转换到另一个频道的过程. 在一个特定的阶段里, 手机切换频道(色码)85 次. 在这个时间段中获取色码 b 40 次. 假设在 85 次切换中随机抽取 7 次. 那么在这 7 次切换中只有 2 次获取色码 b 的可能性是多少?

4.71 **取消可卡因谴责**. 在 *The American Statistician* (1991 年 5 月)的一篇论文中描述了概率在撤销可卡因谴责的用处. 在一个中等大小的佛罗里达城市, 警察在一次可卡因搜捕中查获了 496 包, 为了证明药物捐客有罪, 警察必须证明锡包里有真正的可卡因, 于是警察随机抽取 4 包进行化学测试, 被测的 4 包全呈可卡因阳性, 这个结果证明捐客有罪.

a. 在查获的 496 包中, 假设有 331 包含有真正的可卡因, 165 包含中性粉末(合法的), 求随机抽取的 4 包全呈可卡因阳性的概率.

b. 在撤销谴责的运作中警察从剩下的 492 包(即没被检测的)中随机抽出 2 包, 由侦探卖给买主. 然而, 从交易到逮捕, 买主销毁了证据. 已知原来的 496 包中的 4 包检验全呈可卡因阳性, 在撤销谴责时卖出的 2 包不含可卡因的概率是多少? 假设 a 提供的信息是正确的.

c. 当 496 包中有 331 包含真正的可卡因, 而 165 包含中性粉末时, *The American Statistician* 的文章证明了在 b 中条件概率达到极大, 假设 496 包中有 400 包含有可卡因, 重新计算 b 中的概率.

❓ **理论练习**

4.72 证明: 超几何随机变量 Y 的均值是 $\mu = nr/N$. (提示: 证明

$$y\frac{\binom{r}{y}\binom{N-r}{n-y}}{\binom{N}{n}} = \frac{nr}{N}\frac{\binom{r-1}{y-1}\binom{N-1-(r-1)}{n-1-(y-1)}}{\binom{N-1}{n-1}}$$

然后利用对 $Z = (Y-1)$,

$$\frac{\binom{r-1}{y-1}\binom{N-1-(r-1)}{n-1-(y-1)}}{\binom{N-1}{n-1}}$$

是超几何概率分布, 其中在 $(N-1)$ 个元素中共有 $(r-1)$ 个成功时, Z 是 $(n-1)$ 次试验中成功的次数.)

4.10 泊松概率分布

泊松概率分布是以法国数学家泊松(S. D. Poisson, 1781—1840)命名的, 为发生在时间、面积、体积等单位内稀有事件个数的相对频率提供了一个模型. 1 分钟内计算机接到的新任务个数、生产车间每月的事故数、一颗钻石上看得见的瑕疵数都是随机变量, 它们的相对频率分布可以用泊松分布很好地近似, 下面的方框列出了泊松随机变量的特征.

泊松随机变量的特征

1. 试验是在给定的时间单位或给定的面积、体积单位(或重量、距离或其他任何度量单位)内发生某个特定(稀有)事件的次数 Y.
2. 事件发生在给定时间、面积或体积单位内的概率对所有单位全都相同. 同时,各单位彼此互斥.
3. 发生在一个时间、面积或体积单位内的事件数与发生在其他单位内的事件数是独立的.

下面的方框给出了泊松随机变量的概率分布、均值和方差的公式. 注意,公式中包括自然对数的底 $e = 2.71828\cdots$,表 B.3 给出了计算值 $p(y)$ 时所需的 $e^{-\lambda}$ 的值.

泊松概率分布

泊松随机变量 Y 的概率分布[⊖]是

$$p(y) = \frac{\lambda^y e^{-\lambda}}{y!} \quad (y = 0, 1, 2, \cdots)$$

其中,λ = 给定的单位时间、面积或体积内事件的平均数,$e = 2.71828\cdots$.

泊松随机变量的均值和方差分别是

$$\mu = \lambda \quad 和 \quad \sigma^2 = \lambda$$

泊松分布的形状随均值 λ 的变化而变化,如图 4.8 所示. 其中给出了 $\lambda = 1, 2, 3, 4$ 时泊松分布的相对频率直方图.

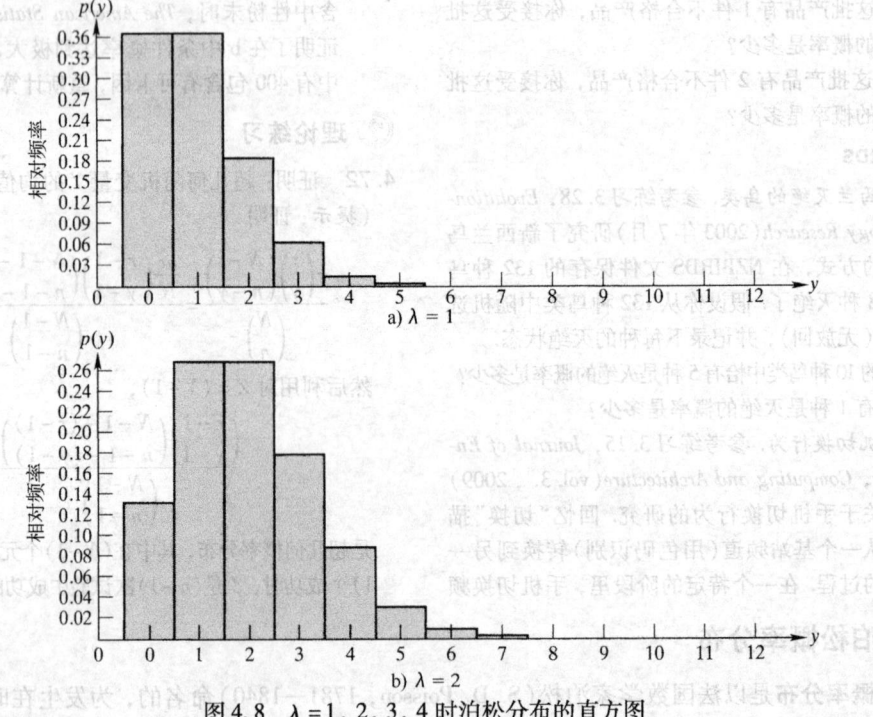

图 4.8 $\lambda = 1, 2, 3, 4$ 时泊松分布的直方图

⊖ 泊松概率分布的推导超出本书范围. 证明请参考 *Mathematical Statistics with Application*, 7th ed., Wackerly, Mendenhall, Scheafter.

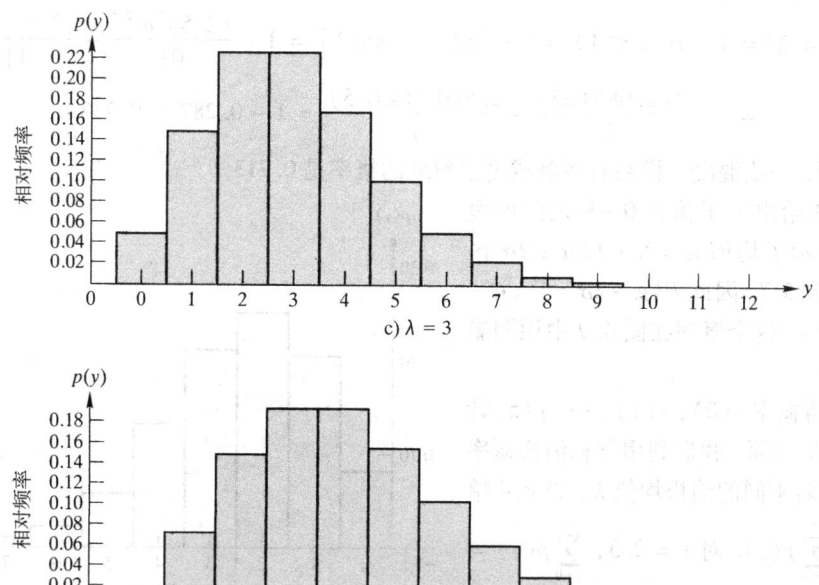

图 4.8 （续）

例 4.18 **泊松应用——混凝土中的裂缝** 假设对某种类型的水泥混合物，每块混凝土样品上裂缝的数量 Y 近似有泊松概率分布，并且设每块样品裂缝的平均数是 2.5。

a. 求每块混凝土样品的裂缝数量 Y 的均值和标准差。
b. 求随机抽取一块混凝土样品恰有 5 条裂缝的概率。
c. 求随机抽取一块混凝土样品有两条或两条以上裂缝的概率。
d. 求 $P(\mu - 2\sigma < Y < \mu + 2\sigma)$。此结果与经验法则一致吗？

解 a. 泊松随机变量的均值和方差均是 λ。因此，
$$\mu = \lambda = 2.5 \quad \sigma^2 = \lambda = 2.5$$
标准差是
$$\sigma = \sqrt{2.5} = 1.58$$

b. 我们想求一块混凝土样品恰有 5 条裂缝的概率，Y 的概率分布是
$$p(y) = \frac{\lambda^y e^{-\lambda}}{y!}$$
由于 $\lambda = 2.5$，$Y = 5$，$e^{-2.5} = 0.082\,085$（由表 B.3 可知），
$$p(5) = \frac{(2.5)^5 e^{-2.5}}{5!} = \frac{(2.5)^5 (0.082\,085)}{5 \cdot 4 \cdot 3 \cdot 2 \cdot 1} = 0.067$$

c. 为了求一块混凝土样品有两条或两条以上裂缝的概率，我们需要求
$$P(Y \geq 2) = p(2) + p(3) + p(4) + \cdots = \sum_{y=2}^{\infty} p(y)$$

为了求这个事件的概率,我们必须考虑补事件,于是

$$P(Y \geq 2) = 1 - P(Y \leq 1) = 1 - [p(0) + p(1)] = 1 - \frac{(2.5)^0 e^{-2.5}}{0!} - \frac{(2.5)^1 e^{-2.5}}{1!}$$

$$= 1 - \frac{1(0.082\,085)}{1} - \frac{2.5(0.082\,085)}{1} = 1 - 0.287 = 0.713$$

根据泊松模型,一块混凝土样品有两条或更多裂缝的概率是 0.713。

d. 图 4.9 给出了 Y 值在 0~9 之间的概率分布,也显示了均值 $\mu = 2.5$ 和 $\mu \pm 2\sigma$ 区间,或 -0.7 到 5.7。因此 $P(\mu - 2\sigma < Y < \mu + 2\sigma) = P(Y \leq 5)$,这个概率在图 4.9 中用阴影表示。

仿照 c,将概率 $p(0), p(1), \cdots, p(5)$ 计算出来并求和。然而,我们利用累积泊松概率表求这个和,对不同的泊松均值 λ,表 B.4 给出了部分和 $\sum_{y=0}^{k} p(y)$。对 $\lambda = 2.5$,$\sum_{y=0}^{k} p(y) = p(0) + p(1) + \cdots + p(5)$ 为 0.9581。因此,$P(Y \leq 5) = 0.9581$;由此可见,这个概率与经验法则的 0.95 近似值一致。

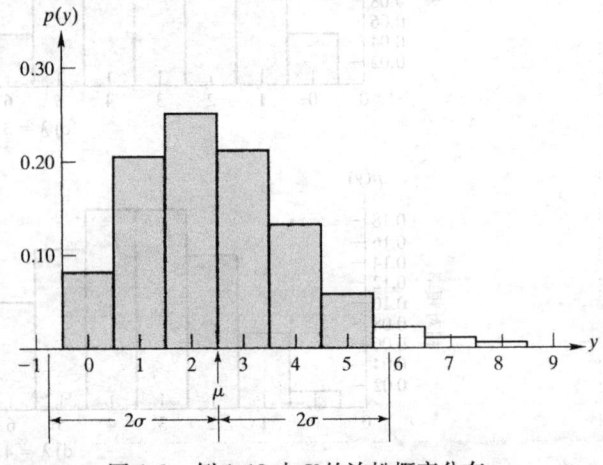

图 4.9　例 4.18 中 Y 的泊松概率分布

当 n 很大,且 $\mu = np$ 很小(如 $np \leq 7$)时,泊松概率分布与二项概率分布有关,可用来近似二项概率分布,这个事实的证明已超出了本书的范围,但可以在 Feller(1968) 中查到。

例 4.19 **二项概率的泊松近似** 设 Y 是一个 $n = 25$,$p = 0.1$ 的二项随机变量。

a. 利用附录 B 表 B.2 确定 $P(Y \leq 1)$ 的精确值。

b. 求 $P(Y \leq 1)$ 的泊松近似值。(注:虽然对于比较大的 n,我们建议用泊松近似值比较二项概率,但在这个例题中,我们受表 B.2 的限制。)

解 a. 由表 B.2,对 $n = 25$,$p = 0.1$ 得

$$P(Y \leq 1) = \sum_{y=0}^{1} p(y) = 0.271$$

b. 由于 $n = 25$,$p = 0.1$,我们将用均值为 $\lambda = np = (25)(0.1) = 2.5$ 的泊松概率分布近似 $p(y)$。在表 B.4 中找到 $\lambda = 2.5$,我们得到部分和

$$P(Y \leq 1) = \sum_{y=0}^{1} p(y) = 0.2873$$

对 $P(Y \leq 1) = 0.271$ 的精确值来说,考虑到这种近似方法常用于 n 远大于 25 时的二项概率分布,这个近似值 0.2873 是合理的。

例 4.20 **推导泊松分布的期望值** 证明泊松随机变量 Y 的期望值是 λ。

解 由定义 4.4,

$$E(Y) = \sum_{\text{所有}y} y p(y) = \sum_{y=0}^{\infty} y \frac{\lambda^y e^{-\lambda}}{y!}$$

由于 $y = 0$,所以这个级数的第一项等于 0,因此,

$$E(Y) = \sum_{y=0}^{\infty} \frac{y\lambda^y e^{-\lambda}}{y!} = \sum_{y=1}^{\infty} \frac{\lambda^y e^{-\lambda}}{(y-1)!} = \sum_{y=1}^{\infty} \frac{\lambda \cdot \lambda^{y-1} e^{-\lambda}}{(y-1)!}$$

把常数 λ 从和式中提出来,并令 $Z = (Y-1)$,我们得

$$E(Y) = \lambda \sum_{z=0}^{\infty} \frac{\lambda^z e^{-\lambda}}{z!} = \lambda \sum_{z=0}^{\infty} p(z)$$

其中 Z 是均值为 λ 的泊松随机变量,因此,

$$E(Y) = \lambda \sum_{z=0}^{\infty} p(z) = \lambda(1) = \lambda$$

应用练习

4.73 交通死亡人数和体育赛事. *Journal of Consumer Research*(2011年12月)研究了邻近体育赛事和比赛当天交通死亡人数的关系. 交通工程师发现离足球和篮球比赛时间越近,相应的交通死亡人数越多. 研究人员使用的方法包括对某一特定比赛中的交通死亡人数建立模型,认为死亡人数为一个泊松随机变量. 对于在获胜队所在地举行(主场)的比赛,交通死亡人数的平均数为 0.5. 利用这个信息,计算在获胜队所在地举办的比赛当天交通死亡人数至少为 3 的概率.

4.74 罕见的行星凌日. "行星凌日"是一个罕见的天体现象,在地球上看来,就是有一颗行星在一颗恒星前穿过. 行星凌日会明显地造成恒星亮度的降低,这会使科学家发现一颗新的行星,即使这颗行星不能直接被看到. 美国国家航空航天局(NASA)最近实行了开普勒计划,通过探测太阳系外的行星凌日来发现银河系中新的行星. 项目进行的一年中,NASA 宣布在监控 3 000 颗恒星的过程中,观察到 5 次行星凌日(NASA,美国航空协会,2010 年 1 月 4 日). 假设每监控 3 000 颗恒星发现的行星凌日数为 $\lambda = 5$ 的泊松随机变量. 那么在接下来开普勒计划监控的 3 000 颗恒星中,观察到超过 10 次行星凌日的概率是多少?

4.75 涂塑电线的瑕疵. 不列颠哥伦比亚技术学院在网址(www.math.bcit.ca)上提供了统计学在机械工程中的实际应用. 下面是泊松分布应用,一卷涂塑电线平均每 4m 有 0.8 个瑕疵,假设一个质量控制工程师从一卷 220m 长的电线中抽出 4m 作样本,如果样本中没有发现瑕疵,工程师接受整卷电线,这卷电线被拒绝的概率是多少?你求这个概率时需要有什么假定?

4.76 非家旅. *Journal of Transportation Engineering* (2005 年 6 月)报道,在韩国,司机每天非家旅的数量可用 $\lambda = 1.15$ 的泊松分布来模拟.

a. 随机挑选一位韩国司机,他每天非家旅的次数不超过 2 次的概率是多少?
b. 求韩国司机每天非家旅次数的方差.
c. 利用 b 的信息求司机每天非家旅不可能超过的次数.

4.77 航空事故. 美国航空公司每月平均大约有 1.6 次事故(*Statistical Abstract of the United States*, 2010),假设每月事故数量 Y 的概率分布可以近似为泊松概率分布.

a. 在任何指定的一个月内不发生事故的概率是多少?
b. 在任何指定的一个月内发生一次事故的概率是多少?
c. 求 $E(Y)$ 和 Y 的标准差.

4.78 深吃水船事故. 新墨西哥大学的工程师通过对挂美国旗的深吃水船 3 年的试验,用泊松随机变量 Y 作为严重伤亡事故(死亡或失踪)次数的模型. 研究人员估计 $E(Y)$ 是 0.03(*Management Science*, 1999 年 1 月).

a. 求 Y 的方差.
b. 讨论使研究人员的泊松假定合理的条件.
c. 3 年之内挂美国旗的深吃水船没有伤亡人员的概率是多少?

4.79 氯乙烯排放. 环保协会(EPA)限制工厂气体排放中氯乙烯的排量不能超过百万分之十,假定某个工厂氯乙烯平均排放是百万分之四,假设空气样本中氯乙烯的百万分之含量 Y 服从泊松概率分布.

a. 这个工厂 Y 的标准差是多少?
b. 这个工厂空气样本有可能含有超过 EPA 限度的 Y 值吗?解释为什么?
c. 讨论使泊松假设合理的条件.

4.80 激光反射的噪声. 半影成像是一项原子核工程师用于为释放高能光子物体的成像技术(如

X 射线和激光),*IEICE Transactions on Information & Systems*(2005 年 4 月)研究者证明了半影成像总是被噪声减弱,其中单位时间内噪声事件发生的数量 Y 服从均值为 λ 的泊松过程。半影成像的信噪比(SNR)定义为 SNR $= \mu/\sigma$,其中 μ 和 σ 分别是噪声过程的均值和标准差。证明:Y 的 SNR 是 $\sqrt{\lambda}$。

4.81 **环境空气质量**。为了尽可能控制空气污染,环境保护协会(EPA)已经制定了国家环境空气质量标准。目前,EPA 对空气中臭氧水平的限制是亿分之十二(pphm)。一项研究是测试得克萨斯的休斯敦日臭氧水平的长期趋势[⊖],感兴趣的变量是一年中臭氧水平超过 EPA 12pphm 阈值的天数 Y。一年中超阈值的平均次数估计为 18,假设 Y 的概率分布可以用泊松分布作为模型。

a. 计算 $P(Y \le 20)$。
b. 计算 $P(5 \le Y \le 10)$。
c. 估计 Y 的标准差,你期望在某一年中 Y 落入什么范围?
d. 研究表明在过去的几年中超过 EPA 阈值水平的次数呈下降趋势。过去的 6 年中,Y 的观测值是 24,22,20,15,14 和 16,解释为什么这个趋势引起了人们对泊松分布作 Y 的模型的有效性的怀疑(提示:考虑泊松随机变量的第三条特征)。

4.82 **意外的原子核紧急停堆**。原子核工业已经尽最大的努力显著减少了在核反应中意外的快速紧急关闭,称为紧急停堆的次数。10 年前,美国核反应单位平均每年 4 次意外紧急停堆(见练习 2.81),假设每年核反应单位发生意外紧急停堆的次数近似服从泊松分布。

a. 如果均值不变,计算核反应单位这年之内有 10 次或更多次意外紧急停堆的概率。
b. 假设一个随机挑选的核反应堆这年之中实际上经历了 10 次或 10 次以上意外紧急停堆,关于意外紧急停堆的年平均次数你能推断出什么?解释原因。

4.83 **电梯乘客的到达**。*Building Services Engineering Research and Technology*(2012 年 10 月)报道了一项有关多层办公大楼中使用电梯的人员的到达过程的研究结果。假设在一天中的某个特定时间,每批有 1 个或 2 个电梯乘客到达(就是说同一时间里只有 1 个或 2 个乘客使用这部电梯)。研究者假设在一个特定的时间段乘客到达的批数为 N,服从期望值为 $\lambda = 1.1$ 的泊松过程。现在令 X_N 表示第 N 批中到达的乘客数(1 或 2),并且假设这是一个伯努利分布随机变量,即 $p = P(X_N = 1) = 0.4, q = P(X_N = 2) = 0.6$。那么在这个特定时间段到达的总人数可表示为 $Y = \sum_{i=1}^{N} X_i$。研究人员证明了如果 $X_1, X_2, \cdots, X_N$ 为独立同分布随机变量,且与 N 独立,则 Y 服从复合泊松分布。

a. 计算 $P(Y = 0)$,即在此期间没有人到达的概率。[提示:只有当 $N = 0$ 时才有 $Y = 0$。]
b. 计算 $P(Y = 1)$,即在此期间只有 1 个人到达的概率。[提示:只有当 $N = 1$ 且 $X_1 = 1$ 时才有 $Y = 1$。]
c. 计算 $P(Y = 2)$,即在此期间有 2 个人到达的概率。[提示:当 $N = 1$ 且 $X_1 = 2$ 或者 $N = 2$ 且 $X_1 + X_2 = 2$ 时有 $Y = 2$。同时还要用到伯努利随机变量的和是二项随机变量。]
d. 计算 $P(Y = 3)$,即在此期间有 3 个人到达的概率。[提示:当 $N = 2$ 且 $X_1 + X_2 = 3$ 或者 $N = 3$ 且 $X_1 + X_2 + X_3 = 3$ 时有 $Y = 3$。]

理论练习

4.84 对于一个泊松随机变量 Y,证明:

a. $0 \le p(y) \le 1$。
b. $\sum_{y=0}^{\infty} p(y) = 1$。
c. $E(Y^2) = \lambda^2 + \lambda$。

提示:首先根据下面事实得到 $E[Y(Y-1)] = \lambda^2$:

$$E[Y(Y-1)] = \sum_{y=0}^{\infty} y(y-1) \frac{\lambda^y e^{-\lambda}}{y!}$$
$$= \lambda^2 \sum_{y=2}^{\infty} \frac{\lambda^{y-2} e^{-\lambda}}{(y-2)!} = \lambda^2 \sum_{z=0}^{\infty} \frac{\lambda^z e^{-\lambda}}{z!}$$

然后再利用结论 $E[Y(Y-1)] = E(Y)^2 - E(Y)$。

4.85 对于一个泊松随机变量 Y,证明:$\sigma^2 = \lambda$。(提示:利用练习 4.83 的结论和定理 4.4。)

⊖ Shively, Thomas S. "An analysis of the trend in ozone using nonhomogeneous Poisson processes." Paper presented at annual meeting of the American Statistical Association, Anaheim, Calif., Aug. 1990.

*4.11 矩和矩母函数

随机变量的**矩**可以用来完全地描述它的概率分布.

定义 4.7 随机变量 Y 的 k **阶原点矩**用符号 μ'_k 表示,定义为
$$\mu'_k = E(Y^k) \quad (k = 1, 2, \cdots)$$

定义 4.8 随机变量 Y 的 k **阶中心矩**用符号 μ_k 表示,定义为
$$\mu_k = E[(Y-\mu)^k]$$

我们已经学过了随机变量的两个重要矩,随机变量的均值是 $\mu'_k = \mu$,方差 $\mu_2 = \sigma^2$,其他的原点矩或中心矩可用来度量在中心附近有一个较大峰的分布的对称性或趋向不足. 实际上,如果离散随机变量的各阶矩都存在,它们完全可以确定概率分布,这个事实常用于证明两个随机变量具有相同的概率分布. 例如,设 X 和 Y 是两个离散随机变量,分别具有原点矩 μ'_{1x}, μ'_{2x}, μ'_{3x}, $\cdots$ 和 μ'_{1y}, μ'_{2y}, μ'_{3y}, $\cdots$,如果所有对应的矩都相等,即如果 $\mu'_{1x} = \mu'_{1y}$, $\mu'_{2x} = \mu'_{2y}$ 等,则两个离散概率分布 $p(x)$ 和 $p(y)$ 是相同的.

离散随机变量的各阶矩可由定义 4.7 直接求出,然而如例 4.11 和例 4.20 所示,求 $E(Y)$ 和 $E(Y^2)$ 等必须求和,这可能是麻烦的,有时可以应用随机变量的**矩母函数**降低求随机变量矩的难度.

定义 4.9 一个离散随机变量 Y 的**矩母函数** $m(t)$ 定义为
$$m(t) = E(e^{tY})$$

离散随机变量的矩母函数仅仅是一个把各阶矩压缩成一个公式的数学表达式. 要想由这个公式求出具体的矩,由定义 4.9,我们首先注意,
$$E(e^{tY}) = \sum_{\text{所有} y} e^{ty} p(y)$$

其中
$$e^{ty} = 1 + ty + \frac{(ty)^2}{2!} + \frac{(ty)^3}{3!} + \frac{(ty)^4}{4!} + \cdots$$

然后,如果对 $i = 1, 2, 3, 4, \cdots$,μ'_i 是有限的,
$$m(t) = E(e^{tY}) = \sum_{\text{所有} y} e^{ty} p(y) = \sum_{\text{所有} y} \left[1 + ty + \frac{(ty)^2}{2!} + \frac{(ty)^3}{3!} + \cdots \right] p(y)$$
$$= \sum_{\text{所有} y} \left[p(y) + typ(y) + \frac{t^2}{2!} y^2 p(y) + \frac{t^3}{3!} y^3 p(y) + \cdots \right]$$

现在应用定理 4.2 和定理 4.3 得到
$$m(t) = \sum_{\text{所有} y} p(y) + t \sum_{\text{所有} y} y p(y) + \frac{t^2}{2!} \sum_{\text{所有} y} y^2 p(y) + \cdots$$

然而,由定义 4.7, $\sum_{\text{所有} y} y^k p(y) = \mu'_k$,因此,
$$m(t) = 1 + t\mu'_1 + \frac{t^2}{2!} \mu'_2 + \frac{t^3}{3!} \mu'_3 + \cdots$$

这说明如果我们有了一个随机变量的矩母函数,并且能把它展开成 t 的幂级数,即
$$m(t) = 1 + a_1 t + a_2 t^2 + a_3 t^3 + \cdots$$

那么,可知 t 的系数是 $\mu'_1 = \mu$, t^2 的系数是 $\mu'_2/2!$,一般地,t^k 的系数是 $\mu'_k/k!$.

如果我们不能轻易地把 $m(t)$ 展开成 t 的幂级数,我们可以通过 $m(t)$ 关于 t 的导数,然后令 t 等

于 0，求出 y 的矩。因此，

$$\frac{\mathrm{d}m(t)}{\mathrm{d}t} = \frac{\mathrm{d}}{\mathrm{d}t}\left(1 + t\mu_1' + \frac{t^2}{2!}\mu_2' + \frac{t^3}{3!}\mu_3' + \cdots\right) = \left(0 + \mu_1' + \frac{2t}{2!}\mu_2' + \frac{3t^2}{3!}\mu_3' + \cdots\right)$$

令 $t = 0$，我们得

$$\left.\frac{\mathrm{d}m(t)}{\mathrm{d}t}\right]_{t=0} = (\mu_1' + 0 + 0 + \cdots) = \mu_1' = \mu$$

求 $m(t)$ 对 t 的二阶导数得

$$\frac{\mathrm{d}^2 m(t)}{\mathrm{d}t^2} = \left(0 + \mu_2' + \frac{3!}{3!}t\mu_3' + \cdots\right)$$

然后令 $t = 0$，我们得

$$\left.\frac{\mathrm{d}^2 m(t)}{\mathrm{d}t^2}\right]_{t=0} = (\mu_2' + 0 + 0 + \cdots) = \mu_2'$$

定理 4.5 说明了如何由矩母函数 $m(t)$ 求出 μ_k'。

定理 4.5 若 $m(t)$ 存在，则 k 阶原点矩等于

$$\mu_k' = \left.\frac{\mathrm{d}^k m(t)}{\mathrm{d}t^k}\right]_{t=0}$$

为了说明矩母函数（MGF）的应用，考虑下面的例子。

例 4.21 **二项随机变量的 MGF** 导出二项随机变量 Y 的矩母函数。

解 矩母函数是

$$m(t) = E(\mathrm{e}^{tY}) = \sum_{y=0}^{n} \mathrm{e}^{ty} p(y) = \sum_{y=0}^{n} \mathrm{e}^{ty} \binom{n}{y} p^y q^{n-y} = \sum_{y=0}^{n} \binom{n}{y} (p\mathrm{e}^t)^y q^{n-y}$$

现在我们回忆二项式定理（见练习 4.38）

$$(a + b)^n = \sum_{y=0}^{n} \binom{n}{y} a^y b^{n-y}$$

令 $a = p\mathrm{e}^t$，$b = q$ 得到想要的结果：

$$m(t) = (p\mathrm{e}^t + q)^n$$

例 4.22 **二项随机变量的前两个矩** 利用定理 4.5 导出二项随机变量的 $\mu_1' = \mu$ 及 μ_2'。

解 由定理 4.5，

$$\mu_1' = \mu = \left.\frac{\mathrm{d}m(t)}{\mathrm{d}t}\right]_{t=0} = n(p\mathrm{e}^t + q)^{n-1}(p\mathrm{e}^t) \left.\right]_{t=0} = n(p\mathrm{e}^0 + q)^{n-1}(p\mathrm{e}^0)$$

然而 $\mathrm{e}^0 = 1$，所以

$$\mu_1' = \mu = n(p + q)^{n-1} p = n(1)^{n-1} p = np$$

类似地，

$$\mu_2' = \left.\frac{\mathrm{d}^2 m(t)}{\mathrm{d}t^2}\right]_{t=0} = np\frac{\mathrm{d}}{\mathrm{d}t}\left[\mathrm{e}^t(p\mathrm{e}^t + q)^{n-1}\right]\left.\right]_{t=0} = np\left[\mathrm{e}^t(n-1)(p\mathrm{e}^t + q)^{n-2} p\mathrm{e}^t + (p\mathrm{e}^t + q)^{n-1} \mathrm{e}^t\right]\left.\right]_{t=0}$$

$$= np[(1)(n-1)(1)(1)p + (1)(1)] = np[(n-1)p + 1]$$

$$= np(np - p + 1) = np(np + q) = n^2 p^2 + npq$$

例 4.23 **利用矩导出二项随机变量的方差** 利用例 4.22 的结果，再由定理 4.4 导出二项随机变量的方差。

解 由定理 4.4,
$$\sigma^2 = E(Y^2) - \mu^2 = \mu'_2 - (\mu'_1)^2$$
把例 4.22 求出的 μ'_2 和 $\mu'_1 = \mu$ 的值代入
$$\sigma^2 = n^2 p^2 + npq - (np)^2 = npq$$

例 4.22 和例 4.23 说明,用矩母函数求二项随机变量的 μ'_1 和 μ'_2 比用二项公式分别求 $\mu'_1 = E(Y)$ 和 $\mu'_2 = E(Y^2)$ 容易. 为了求 $m(t)$,你只需对一个级数求和. 对其他的许多随机变量,但并非对所有随机变量,这也是求 μ'_1 和 μ'_2 最好的方法.

本章最后**快速回顾**中的**重要公式**归纳了某些有用的离散随机变量的概率分布、均值、方差和矩母函数.

理论练习

4.86 导出泊松随机变量 Y 的矩母函数. (提示: 写出
$$m(t) = E(e^{tY}) = \sum_{y=0}^{\infty} e^{ty} \frac{\lambda^y e^{-\lambda}}{y!}$$
$$= e^{-\lambda} \sum_{y=0}^{\infty} \frac{(\lambda e^t)^y}{y!} = e^{-\lambda} e^{\lambda e^t} \sum_{y=0}^{\infty} \frac{(\lambda e^t)^y e^{-\lambda e^t}}{y!}$$

然后注意求和的量是一个参数为 λe^t 的泊松概率.)

4.87 利用练习 4.86 的结果导出泊松分布的均值和方差.

4.88 利用本章最后的**重要公式**表所给的矩母函数,导出几何随机变量的均值和方差.

活动中的统计学回顾:"一次性"装置的可靠性

我们回到本章"活动中的统计学"中介绍的评价"一次性"装置的可靠性问题."一次性"装置只能用一次;因此,设计师为了证明装置已达到期望的可靠性水平,必须要确定进行的最少试验次数. 正如之前所提到的,确定"一次性"装置可靠性的当前趋势是利用抽样验收、二项概率分布以及例 3.9 描述的"稀有事件"的方法,从而确定装置在某个可接受的风险水平下是否有可接受的缺陷率.

可以将基本方法概括如下:考虑一次性装置失效概率为 p,当然 p 的真值是未知的. 于是设计工程师给 p 规定一个值,是他们愿意接受的最大不合格率(这个 p 值通常叫作批容许不合格品率——LTPD). 工程师对装置进行 n 次试验,确定每次试验是成功还是失败. 如果观测到的失败次数小于或等于某一指定的 k 值,则工程师得出的结论是:装置按设计执行. 因此工程师想知道要求的样本容量 n 的最小值,使得样本中观测到 k 个或更少不合格品时,证明一次性装置失败概率的真值不超过 p.

如果我们令 Y 表示样本中观测到的失败次数,那么根据这一章的讨论,Y 服从参数为 n 和 p 的二项分布. 利用 4.6 节的二项公式或附录 B 的二项表,可以求出观测到 k 个或不到 k 个不合格品的概率,即 $P(Y \leq k)$ 的值. 如果这个概率小(如小于 0.05),那么或者是观测到了一个稀有事件,或者更可能的是装置的真值 p 小于指定的 LTPD 值.

假定一次性装置的设计失效率是 $p = 0.10$,还假定工程师进行了 $n = 20$ 次装置的测试. 如果 $k = 1$,即如果在样本中观测到 1 次失败或没有失败,结论是装置运行达到规定,感兴趣的概率是
$$P(Y \leq 1) = P(Y = 0) + P(Y = 1) = p(0) + p(1)$$

利用表 B.2 的 $p = 0.10$ 和 $n = 20$,我们得到这个概率为 0.392. 由于这个概率不是很小(即不是稀有事件),工程师不可能断言装置的失效率不超过总体的 0.10.

在可靠性分析中,通常称 $1 - P(Y \leq k)$ 为断言真实失效率小于或等于 p 的"置信水平". 在上面的例子中,$1 - P(Y \leq 1) = 0.608$. 因此,工程师仅仅有 60.8% 置信一次性装置的失效率不超过 0.10. 有几种方法可以增加置信水平,一种方法是增加样本容量;另一种方法是减少样本中允许的失效次数 k.

例如，假定我们将样本中允许的失效次数由 $k=1$ 减少到 $k=0$，那么，样本中失效的次数不超过 k 的概率是 $P(Y=0)$. 对 $p=0.1$ 及 $n=20$，我们求出 $P(Y=0)=0.122$，这给出了 87.8% 的置信水平. 你可以看出置信水平提高了，然而大多数抽样验收的工程师希望一个 0.90, 0.95 或 0.99 的置信水平，这些值相应于稀有事件的概率 $P(Y \leq k)=0.10$, $P(Y \leq k)=0.05$, 或者 $P(Y \leq k)=0.01$.

现在假设我们把样本容量从 $n=20$ 增加到 $n=30$，利用 4.6 节的二项公式，其中 $n=30$, $p=0.10$，我们得到

$$P(Y \leq k) = P(Y=0) = \binom{30}{0}(0.10)^0(0.90)^{30} = 0.042 \quad 和 \quad 1 - P(Y \leq k) = 1 - 0.042 = 0.958$$

现在 $P(Y \leq k)$ 小于 0.05，置信水平超过了 95%. 因此如果在样本中没有观测到失效，工程师将(以 95.8% 置信)断言：一次性装置的失效率超不过 $p=0.10$.

你能看到用试凑法操纵二项公式中 p, n 和 k 的值，你能确定想要的置信水平. 美国国防部可靠性分析中心(DODRAC)为工程师提供了自由进入的表和工具箱，对样本中观测到的失效次数，为达到合乎需要的置信水平，给出了必需的最小样本容量. 对于评估一次性装置的可靠性，这个信息是非常宝贵的.

表 SIA4.1 给出了当 LTPD 设置为 $p=0.10$ 时，抽样验收所需要的样本容量表. 表中显示了如果设计工程师希望以 99% 的置信水平允许失败次数 $k=0$ 的样本，他们需要一个 $n=45$ 次试验的样本大小. 类似地，如果设计师希望以 95% 的置信水平，对允许失败次数直到 $k=10$ 的样本，他们需要 $n=168$ 次试验的样本容量.

表 SIA4.1 对 $p=0.1$ 为达到需要的置信水平必需的样本容量

失败次数	置信水平				
	60%	80%	90%	95%	99%
	样本容量				
0	9	16	22	29	45
1	20	29	38	47	65
2	31	42	52	63	83
3	41	55	65	77	98
4	52	67	78	92	113
5	63	78	91	104	128
6	73	90	104	116	142
7	84	101	116	129	158
8	95	112	128	143	170
9	105	124	140	156	184
10	115	135	152	168	197
11	125	146	164	179	210
12	135	157	176	191	223
13	146	169	187	203	236
14	156	178	198	217	250
15	167	189	210	228	264
16	177	200	223	239	278
17	188	211	234	252	289
18	198	223	245	264	301
19	208	233	256	276	315
20	218	244	267	288	327
22	241	266	290	313	342

(续)

失败次数	置信水平				
	60%	80%	90%	95%	99%
	样本容量				
24	262	286	312	340	378
26	282	308	330	364	395
28	303	331	354	385	430
30	319	354	377	408	448
35	374	403	430	462	505
40	414	432	490	512	565
45	478	510	550	580	620
50	513	534	595	628	675

资料来源：Department of Defense Reliability Analysis Center, *START: Analysis of "One-Shot" Devices*, Vol. 7, No. 4, 2000 (表2).

快速回顾

重要公式

注：标有*号的公式来自本章选学的章节.

随机变量	$p(y)$	μ	σ^2	$m(t)^*$
离散（一般）	$p(y)$	$E(Y) = \sum y p(y)$	$E(Y^2) - \mu^2$	
伯努利	$p(y) = p^y q^{1-y}$ 其中 $q = 1-p$, $y = 0, 1$	p	pq	$pe^t + q$
二项	$p(y) = \binom{n}{y} p^y q^{n-y}$ 其中 $q = 1-p$, $y = 0, 1, \cdots, n$	np	npq	$(pe^t + q)^n$
超几何	$p(y) = \dfrac{\binom{r}{y}\binom{N-r}{n-y}}{\binom{N}{n}}$	$\dfrac{nr}{N}$	$\dfrac{r(N-r)n(N-n)}{N^2(N-1)}$	未给出
泊松	$p(y) = \dfrac{\lambda^y e^{-\lambda}}{y!}$ $y = 1, 2, \cdots$	λ	λ	$e^{\lambda(e^t - 1)}$
几何	$p(y) = p(1-p)^{y-1}$ $y = 1, 2, \cdots$	$\dfrac{1}{p}$	$\dfrac{1-p}{p^2}$	$\dfrac{pe^t}{1-(1-p)e^t}$
负二项	$p(y) = \binom{y-1}{r-1} p^r (1-p)^{y-r}$ $y = r, r+1, \cdots$	$\dfrac{r}{p}$	$\dfrac{r(1-p)}{p^2}$	$\left(\dfrac{pe^t}{1-(1-p)e^t}\right)^r$
多项	$p(y_1, y_2, \cdots, y_k) = \dfrac{n!}{y_1! y_2! \cdots y_k!}(p_1)^{y_1}(p_2)^{y_2}\cdots(p_k)^{y_k}$	np_i	$np_i(1-p_i)$	未给出

符号汇集

符号	说明
$p(y)$	随机变量 Y 的概率分布
$E(Y)$	Y 的概率分布的平均值
S	表示"成功"的伯努利试验结果
F	表示"失败"的伯努利试验结果
p	伯努利试验中成功（S）的概率
q	伯努利试验中失败（F）的概率，其中 $q = 1-p$
λ	泊松随机变量的事件平均（或期望）个数
e	用于泊松概率分布中的一个常数，其中 $e = 2.71828\cdots$
$m(t)$	矩母函数

本章总结提示

- 离散随机变量仅能取可数个值.
- 离散概率分布要求：$p(y) \geq 0$, 且 $\sum p(y) = 1$.
- 离散随机变量的概率模型：**伯努利、二项、多项、负二项、几何、超几何及泊松**.
- **伯努利随机变量的特征**：(1) 在一次试验中有两个互斥的结果：S 和 F; (2) 结果是完备的; (3) $P(S) = p, P(F) = q$, 其中 $p + q = 1$.
- **二项随机变量的特征**：(1) n 次相同的试验；(2) 每次试验有两个可能的结果：S 和 F; (3) 每次试验 $P(S) = p, P(F) = q$ 保持不变; (4) 试验是独立的; (5) $Y = n$ 次试验中 S 的次数.
- **多项随机变量的特征**：(1) n 次相同的试验；(2) 每次试验有 k 个可能的结果；(3) 每次试验 k 个结果的概率保持不变; (4) 试验是独立的; (5) $Y_1, Y_2, \cdots, Y_k$ 分别表示 k 种结果出现的次数.
- **负二项随机变量的特征**：(1) 相同的试验；(2) 每次试验有两个可能的结果 (S 和 F); (3) 每次试验 $P(S) = p, P(F) = q$ 保持不变; (4) 试验是独立的; (5) $Y =$ 直至观测到第 r 次 S 时试验的次数.
- **几何随机变量的特征**：(1) 相同的试验；(2) 每次试验有两个可能的结果 S 和 F; (3) 每次试验 $P(S) = p, P(F) = q$ 保持不变; (4) 试验是独立的; (5) $Y =$ 直至观测到第 1 次 S 时试验的次数.
- **超几何随机变量的特征**：(1) 从 N 个元素的集合中无放回地抽取 n 个元素，其中包括 r 个 S 和 $(N-r)$ 个 F; (2) $Y = n$ 次试验中 S 的次数.
- **泊松随机变量的特征**：(1) $Y =$ 单位时间、面积或体积内稀有事件 S 发生的次数; (2) 对所有单位 $P(S)$ 保持不变; (3) 一个单位的 Y 值与其他单位的 Y 值是独立的.

❓ 补充练习

4.89 管理系统失效. 参考练习 3.78, *Process Safety Progress* (2004 年 12 月) 关于由管理系统失效引起的工业事故的研究. 下表列出了管理系统失效的四个根源问题 (以及相应比例). 假设在所有由管理系统失效而引起的工业事故中随机选取 (不放回) 三个. 计算并画出 Y 的概率分布, 其中 Y 表示因工程与设计失效而引起的事故数.

原因分类	比例
工程与设计	0.32
过程与实践	0.29
管理与监督	0.27
培训与沟通	0.12
总计	1.00

4.90 无人监视系统. 参考练习 3.79, *IEEE Computer Application in Power* 发表了有关用于检测非法侵入者的户外无人监视系统的研究. 在下雪天气条件下, 10 个入侵者中系统可以监测到 7 个；因此, 研究人员估计在下雪天气条件下这个系统监测到入侵者的概率为 0.7.

a. 假设在下雪天气条件下, 这个系统监测到入侵者的概率只有 0.5, 计算无人监视系统在 10 个入侵者中至少发现 7 个的概率.

b. 基于 a 中的结论, 对研究人员在下雪天气条件下得到的系统检测概率的估计的可靠性做出评价.

c. 假设 10 个入侵者中有两个怀有犯罪意图. 那么这两个入侵者都被系统监测到的概率是多少？

4.91 环保人士分类. 环境工程师将消费者分为五类 (参考练习 3.77 中对每一类的描述). 相应每组的概率如下：

漠不关心者	0.28
忠实的绿色主义者	0.11
钞票绿色者	0.11
环保新生者	0.26
抱怨者	0.24

资料来源：*The Orange Country Register*, Aug. 7, 1990.

令 Y 表示直到第一名环保主义者出现时所抽样的消费者数(注:根据练习3.3,环保主义者包括忠实的绿色主义者、钞票绿色者或环保新生者).
  a. 用表格的形式列出 Y 的概率分布.
  b. 给出 $p(y)$ 的公式.
  c. 计算 μ 和 σ, 即 Y 的均值和标准差.
  d. 利用 a 中的信息, 构造一个以较高概率包含 Y 的区间.

4.92 海产品中的汞. Consumer Reports 在纽约市和芝加哥的超市里发现海产品普遍有污染并误贴标签. 研究显示了惊人的统计结果:出售刀鱼的40%汞含量超过了食物和药品管理局(FDA)规定的最大量,对3条刀鱼的随机样本,求下面的概率:
  a. 所有3条刀鱼的汞含量全部超过了FDA的最大值.
  b. 恰有1条刀鱼汞含量超过了FDA的最大值.
  c. 最多有1条刀鱼含量超过了FDA的最大值.

4.93 肠胃炎爆发. 在科罗拉多爆发了水生非细菌性肠胃炎,是一个污水治理厂长期缺乏过滤并出现故障导致的. 为确定在流行期间肠胃炎病发生是否与水的消耗量有关而进行了研究(American Water Works Journal, 1986年1月). 对40名在疾病流行期间有肠胃炎症状居民的样本, 按8盎司水杯的日消耗量, 对家庭进行了电话调查.

	水日消耗量(按8盎司水杯计量)				
	0	1-2	3-4	5及以上	总计
有症状响应者人数	6	11	13	10	40

资料来源:Hopkins, R. S., et. al. "Gastroenteritis: Case study of a Colorado outbreak." *Journal American Water Works Association*, Vol. 78, No. 1, Jan. 1986, p. 42. Table 1. Copyright©1986, American Water Works Association. Reprinted with permission.

  a. 如果有症状响应者的数量与日耗水量无关, 为表中所示4种类型指派概率.
  b. 利用 a 的信息, 求观测到表中所示样本的概率.

4.94 太阳能加热板的寿命. 工程开发试验室进行试验以研究新型的太阳能加热板的寿命. 设计的新型太阳能加热板至少有5年使用寿命的概率为 $p = 0.95$, 由20个新型太阳能加热板组成一个随机样本, 记录它们的使用寿命.
  a. 恰有18个太阳能加热板使用寿命至少为5年的概率是多少?
  b. 最多有10个太阳能加热板使用寿命至少有5年的概率是多少?
  c. 如果20个太阳能加热板中仅有10个使用寿命至少为5年, 请你推断 p 的真值是多少?

4.95 涡轮蒸汽机发电厂. 国家卫生设备部门聘用了5名机械工程师, 其中2名有设计涡轮蒸汽机发电厂的经验. 请你从5名工程师中随机地挑选2名去从事一个新发电厂的设计项目.
  a. 你选中了有设计涡轮蒸汽机发电厂经验的那2名工程师的概率是多少?
  b. 你至少选中1名有这种经验的工程师的概率是多少?

4.96 铁道系统关闭. 欠发达国家历经了人口的快速增长后, 其大城市常面临严重的交通控制问题, 交通工程师认为高架铁道系统能够提供一个可行的解决方法, 研究表明, 某一国家高架铁道系统因维修而关闭的次数平均是每月6.5次.
  a. 求这个国家下个月至少关闭5次高架铁道系统的概率.
  b. 求下个月恰好关闭4次的概率.

4.97 物种热区. "热区"是物种丰富的地理区域(参考练习3.81). *Nature*(1993年9月)的一项研究估计了英国鸟类中栖居在蝴蝶热区的概率为0.70. 考虑在10种被标记的英国鸟类中随机抽取4种作为样本. 假设10种标记的鸟类中有7种栖息在蝴蝶热区.
  a. 在抽样的4种鸟类中恰有一半栖息在蝴蝶热区的概率是多少?
  b. 在抽样的4种鸟类中至少有一种栖息在蝴蝶热区的概率是多少?

4.98 环境保护规定. 由环境保护机构建立的专责小组被任命去调查20家工厂, 检查他们是否违反了环境保护规定. 然而由于预算削减, 专责小组规模大大减小, 他们只能调查20家工厂中的3家. 如果已知其中有5家工厂确实违反了环境保护规定, 计算下面的概率:
  a. 这三家被抽样的工厂都没有被检查出违反环境保护规定.
  b. 这三家被抽样的工厂都被检查出违反环境保护规定.
  c. 三家工厂中至少有一家被检查出违反环境保护规定.

4.99 道路交叉口的使用. 随机变量 Y 表示在规定的时段内到达一个道路交叉口的汽车数量, 常常(近似)服从泊松概率分布. 当平均到达率 λ 已知时, 泊松概率分布可以帮助交通工程师设计交通控制系统. 假设你估计在道路交叉口每分钟平均到达的数量是每分钟 1 辆车.

a. 在给定的 1 分钟内, 到达的数量是 3 或 3 辆以上的概率是多少?

b. 你能让工程师确信每分钟到达的数量很少超过每分钟 3 辆吗?

4.100 **鱼中的绦虫**. 用负二项分布对几种地中海鱼类中的寄生虫(绦虫)数量进行建模(*Journal of Fish Biology*, 1990 年 8 月). 假设感兴趣的是布里尔鱼的消化道中是否有寄生虫, 令 Y 表示直到布里尔鱼被检查出寄生虫感染时所需抽样的鱼的数量. 研究人员估计鱼被感染的概率为 0.544. 用以上信息计算下面的概率:

a. $P(Y=3)$

b. $P(Y \leq 2)$

c. $P(Y>2)$

4.101 **加拿大的大岩崩**. 有项关于过去 5 000 年中加拿大落基山脉的天然岩石边坡运动的研究, 揭示了每 100 平方公里的大岩崩数量的期望值为 1.57 (*Canadian Geographical Journal*, 1985 年 11 月).

a. 计算 Y 的均值和标准差, 这里 Y 是在过去 5 000 年中落基山脉每 100 平方公里的大岩崩的数量.

b. 在过去的 5 000 年中, 落基山脉每 100 平方公里可以观察到 3 次或以上大岩崩的概率是多少?

4.102 **光学扫描仪失误**. 认读价格的光学扫描仪生产商宣称, 由于误读了产品标签上的"条形码", 任何产品的价格被误读的概率是 0.001. 在超市里安装扫描仪时, 经理要测试它的性能. 令 Y 表示直到第一次观测到读错价格时试验次数(即扫描仪读出价格个数).

a. 如果生产商的宣称是正确的, 求 Y 的概率分布. (假设试验是独立事件).

b. 如果生产商的宣称是正确的, 直到读完第 5 个价格之后扫描仪没有出现读错价格的概率是多少?

c. 如果实际上第 3 个价格被误读了, 对生产商的宣称你能做出什么推断? 解释原因.

4.103 **山毛榉树林中的真菌**. 参考练习 3.9, *Applied Ecology and Environmental Research* (Vol. 1, 2003) 发表了有关山毛榉树被真菌毁坏的研究. 研究发现在欧洲的中东部地区有 25% 的山毛榉树被真菌毁坏. 考虑一个由来自于这片地区的 20 棵山毛榉树组成的样本.

a. 样本中少于一半的树被真菌毁坏的概率是多少?

b. 样本中超过 15 棵树被真菌毁坏的概率是多少?

c. 你预计样本中有多少棵树被真菌毁坏?

4.104 **加速道的作用**. 对以色列高速主干道的加速道(即并道匝道)上车流移动特征的研究发现每 6 辆汽车中有 1 辆在汇入通行之前使用了不到加速道的 1/3 (*Journal of Transportation Engineering*, 1985 年 11 月), 假设我们监视将进入加速道的以后 5 辆汽车的汇合位置.

a. 没有一辆汽车使用少于加速道的 1/3 的概率是多少?

b. 恰好有 2 辆汽车使用少于加速道 1/3 的概率是多少?

4.105 **加速道的作用(续)**. 参考练习 4.104, 假设每分钟使用加速道的汽车平均数量是 1.1.

a. 在下一分钟有超过 2 辆汽车使用加速道的概率是多少?

b. 在下一分钟恰有 3 辆汽车使用加速道的概率是多少?

4.106 **工业机器人故障**. 当今, 大多数工业机器人都设计成由微处理机来运行. 这种计算机化的机器人在任何一轮 8h 的工作时间内出现故障的概率为 0.2. 求出现 2 次故障之前机器人运行了至多 5 轮的概率.

4.107 **石油化工厂苯的含量**. 苯是常用于合成塑料的溶剂, 在诸如脱苯漆刷和高辛烷无铅汽油的消费品中发现苯, 科学家把苯归入导致白血病的试剂类里. 令 Y 表示石油化工厂空气中苯的含量(百万分之一), 那么 Y 可以取值 0, 1, 2, 3, $\cdots$, 1 000 000, 而且近似为泊松概率分布. 1978 年, 联邦政府把工作地点空气苯的最大允许含量从百万分之十(ppm)降低到百万分之一, 违反政府标准的任何行业将受到严重的惩罚, 包括昂贵措施的执行来降低苯含量.

a. 假设石油化工厂空气中苯的平均含量是 μ = 5ppm, 求石油化工厂超过政府标准 1ppm 的概率.

b. 假设 $\mu=2.5$, 重复 a.

c. 一项由海湾石油公司组织的研究表明 88% 使用苯的工业让工人接触到 1ppm 或更低的溶剂, 假设在这个国家你随机抽取 55 个用苯工业作为样本,确定违反政府标准个数的 Y,利用泊松对二项的近似,求被抽到的工业都没有违反政府标准的概率,把这个概率与利用二项概率分布计算的精确概率作比较.

d. 参考 c,利用有 88% 使用苯的工业让工人接触到 1ppm 或更少的苯的事实来近似,这些行业空气中苯的平均含量 μ. (提示:在表 B.4 中寻找使 $P(Y \le 1)$ 最接近 0.88 的 μ 值.)

4.108 听觉神经纤维. 听觉神经纤维的放电(或反应)率(记为噪声爆发的每 200ms 脉冲数)用来度量听觉神经中声音刺激的效果. 对猫的听觉神经纤维反应率的经验研究结果是平均 15 脉冲/毫秒(*Journal of the Acoustical Society of America*,1986 年 2 月). 令 Y 表示研究中随机挑出猫的听觉神经纤维的反应率.

a. 如果 Y 近似为一个泊松随机变量,求 Y 的均值和标准差.

b. 假设 Y 是泊松随机变量,Y 超过 27 脉冲/毫秒的概率大约是多少?

c. 研究中发现 Y 的方差远小于 15 脉冲/毫秒,期望 Y 服从泊松过程合理吗?这将如何影响 b 中计算的概率.

❓ 理论练习

4.109 假设随机变量 Y 有矩母函数
$$m(t) = \frac{1}{5}e^t + \frac{2}{5}e^{2t} + \frac{2}{5}e^{3t}$$
a. 求 Y 的均值.

b. 求 Y 的方差.

4.110 设 Y 是一个几何随机变量,证明:$E(Y) = 1/p$. (提示:写出
$$E(Y) = p\sum_{y=1}^{\infty} yq^{y-1}$$
其中 $q = 1 - p$,并注意到
$$\frac{dq^y}{dq} = yq^{y-1}$$
因此,
$$E(Y) = p\sum_{y=1}^{\infty} yq^{y-1} = p\frac{d}{dq}\left(\sum_{y=1}^{\infty} -q^y\right)$$
然后利用事实
$$\sum_{y=1}^{\infty} q^y = \frac{q}{1-q}$$
在大部分数学手册中都给出了这个无穷级数的和.)

4.111 离散随机变量 Y 的概率母函数 $P(t)$ 定义为:
$$P(t) = E(t^Y) = p_0 + p_1 t + p_2 t^2 + \cdots$$
其中 $p_i = P(Y = i)$.

a. 求泊松分布的 $P(t)$. (提示:写出
$$E(t^Y) = \sum_{y=0}^{\infty} \frac{(\lambda t)^y e^{-\lambda}}{y!} = e^{\lambda(t-1)} \sum_{y=0}^{\infty} \frac{(\lambda t)^y e^{-\lambda t}}{y!}$$
注意求和的量是均值为 λt 泊松概率.)

b. 利用
$$E(Y) = \frac{dP(t)}{dt}\bigg]_{t=1} \quad \text{和} \quad E[Y(Y-1)] = \frac{d^2 P(t)}{dt^2}\bigg]_{t=1}$$
这一事实导出泊松随机变量的均值和方差.

第5章 连续随机变量

目标 区分连续和离散随机变量以及它们各自的概率分布；给出某些有用的连续概率分布并说明如何利用它们解决一些实际问题.

活动中的统计学:超级武器的开发——优化命中率

美国军队正在与一个重要的国防设备承包商开发一种"超级"武器. 这种武器设计一次射击能发射大量的杀伤力大的钨制子弹(称作穿甲弹)歼灭许多敌兵. 穿甲弹平均大约指甲的大小，在一端的小鳍能在飞行中稳定它们. 自第一次世界大战，当法国人从飞机向地面军队发射穿甲弹时，军火专家已经试验把穿甲弹用于各类枪炮. 用穿甲弹作为弹药的一个问题是准确性——用现在的武器发射大量的穿甲弹，当远距离发射时没有满意的命中率.

国防设备承包商(由于机密和安全的原因，在这里不给出名字)已经开发了一种光电型手枪，在一次齐发中可以发射1 100发穿甲弹. 在范围测试中，把3个2in宽的靶安放在距武器500m(近似1 500ft)的位置. 用一条数直线作为参照物，三个靶的中心分别在0，5和10ft处，如图SIA5.1所示. 光电型手枪瞄准中间的靶(中心在5ft处)并发射一次. 用一个水平格子测量1 100发穿甲弹在500ft远处的弹着点Y. 随机变量Y的1 100个测量值保存在MOAGUN文件中. (由于机密的原因数据是模拟的.) 例如水平值为 $Y=5.5$ (如图SIA5.1)的穿甲弹击中中间的靶，但水平值为 $Y=2.0$ 的穿甲弹(也见此图)没有击中三个靶中的任何一个.

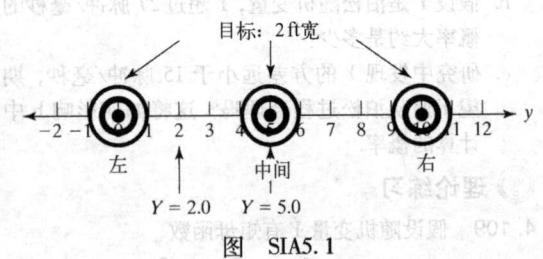

图 SIA5.1

国防设备承包商对任何一个靶被穿甲弹击中的可能性感兴趣，特别希望设定使击中靶数最大化的手枪规格. 武器设计为水平均值 $E(Y)$ 等于瞄准点. (如当瞄准中间靶时，$\mu=5ft$)，通过改变规格，承包商可以改变标准差 σ. MOAGUN 文件包含了三个不同范围测试的穿甲弹的测量值：一个标准差 $\sigma=1ft$、一个 $\sigma=2ft$ 以及一个 $\sigma=4ft$. 设 Y_1,Y_2 和 Y_4 分别表示 $\sigma=1,\sigma=2$ 以及 $\sigma=4$ 的水平测量值的随机变量.

在本章最后的"活动中的统计学回顾"中，我们将说明如何使用本章介绍的概率分布帮助国防承包商研发他们的"超级"武器.

5.1 连续随机变量的定义

在实际生活中观测到的许多随机变量，由于它的可能取值的个数是不可数的，因此不是离散随机变量. 例如，交通灯的等候时间 $Y(\min)$，在理论上它的可能取值是 $0<Y<\infty$ 区间中不可数无穷多个值之一. 又如，某地区的日降雨量、钢条强度 (lb/in^2) 以及一天中某一特定时间阳光的强度等是可能取值为实直线上一个或多个区间中不可数无穷多个点的随机变量. 对比离散随机变量，这类变量称作**连续随机变量**.

上面的讨论指出了离散和连续随机变量的区别，但是它没有指出实际问题. 把有限的概率指派给一个直线区间中不可数点的每一点，使这些概率之和为1，这是不可能的. 因此，离散随机变量和连续随机变量的区别一般是基于它们的**累积分布函数**的不同.

定义 5.1 随机变量 Y 的累积分布函数 $F(y_0)$ 等于概率

$$F(y_0) = P(Y \leq y_0), \quad -\infty < y_0 < \infty$$

对于离散随机变量,它的累积分布函数是 $p(y)$ 从 Y 所取的最小值到 y_0 的累积和. 例如,由表 B.2 中的累积和,对二项随机变量,$n=5$,$p=0.5$,我们得到下列 $F(y)$ 值:

$F(0) = P(Y \leq 0) = \sum_{y=0}^{0} p(y) = p(0) = 0.031$

$F(1) = P(Y \leq 1) = \sum_{y=0}^{1} p(y) = 0.188$

$F(2) = P(Y \leq 2) = \sum_{y=0}^{2} p(y) = 0.500$

$F(3) = P(Y \leq 3) = 0.812$

$F(4) = P(Y \leq 4) = 0.969$

$F(5) = P(Y \leq 5) = 1$

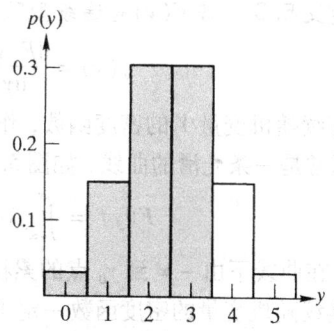

图 5.1 二项随机变量($n=5$,$p=0.5$)的概率分布;阴影区域表示 $F(3)$

图 5.1 给出了 $p(y)$ 图,$F(y_0)$ 的值等于从 $Y=0$ 到 $Y=y_0$ 几个概率长方形面积之和. 概率值 $F(3)$ 是图中的阴影部分.

对 $n=5$,$p=0.5$ 的二项随机变量的累积分布函数图见图 5.2,这个图给出了所有离散随机变量累积分布函数的一个重要性质:它们是阶梯函数. 例如,随着 Y 的增加,直到 $Y=1$,$F(y)$ 等于 0.031,然后 $F(y)$ 突然跳跃到 $F(1)=0.188$. 随着 Y 的增加直到 $Y=2$,$F(y)$ 的值保持不变. 然后 $F(y)$ 突然升到 $F(2)=0.500$. 因此,$F(y)$ 是一个不连续函数,在可数个点($Y=0,1,2,3$ 和 4)处向上跳跃.

对比离散随机变量的累积分布函数,连续随机变量的累积分布函数是一个关于 y 的**单调递增连续函数**. 这说明 $F(y)$ 是一个连续函数,满足若 $y_a < y_b$,则有 $F(y_a) \leq F(y_b)$,即随着 y 的增加,$F(y)$ 是不减的. 连续随机变量的累积分布函数图可以如图 5.3 所示.

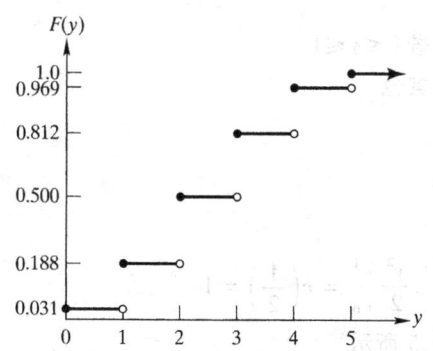

图 5.2 二项随机变量($n=5$,$p=0.5$)的累积分布函数 $F(y)$

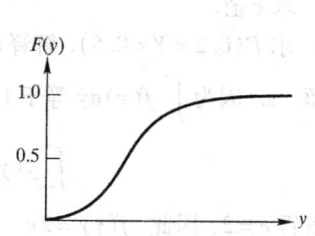

图 5.3 连续随机变量的累积分布函数

定义 5.2 连续随机变量 Y 具有以下三条性质:
1. 在区间 $(-\infty, \infty)$ 上的随机变量 Y 取不可数无穷多个值.
2. 累积分布函数 $F(y)$ 是连续的.
3. Y 等于任一特定值的概率为 0.

5.2 连续随机变量的密度函数

在第 1 章,我们用相对频率分布描述一个大的数据集合. 若数据表示一个连续随机变量的测量值,且数据量非常大,则我们可以缩小组距的宽度,直到这个分布呈现为一条光滑的曲线. **概率密度函数**是这个分布的理论模型.

定义 5.3 若 $F(y)$ 是连续型随机变量 Y 的累积分布函数,则 Y 的**密度函数** $f(y)$ 是

$$f(y) = \frac{dF(y)}{dy}$$

连续随机变量 Y 的密度函数,作为数据的某个真实总体模型,通常是一条光滑的曲线,如图 5.4 所示. 由定义 5.3 可得

$$F(y) = \int_{-\infty}^{y} f(t) dt$$

因此,在曲线下由 $-\infty$ 到 y_0 点的累积面积等于 $F(y_0)$.

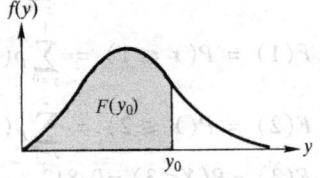

图 5.4 连续随机变量的密度函数 $f(y)$

连续随机变量的密度函数一定满足下面给出的三条性质.

连续随机变量 Y 的密度函数的性质

1. $f(y) \geq 0$.
2. $\int_{-\infty}^{\infty} f(y) dy = F(\infty) = 1$.
3. $P(a < Y < b) = \int_{a}^{b} f(y) dy = F(b) - F(a)$,其中 a 和 b 为常数.

例 5.1 **密度函数应用——微波炉磁控管** 空腔磁控管是通常用在微波炉中的大功率真空管. 某品牌的微波炉使用了一种新型的磁控管,这种磁控管若安装不正确微波炉就会变得不稳定. 设 Y 是一个连续随机变量,表示大批微波炉中新型磁控管安装不正确的比例. 设 c 是一个常数,考虑连续随机变量 Y 的下列密度函数:

$$f(y) = \begin{cases} cy & \text{若 } 0 \leq y \leq 1 \\ 0 & \text{其他} \end{cases}$$

a. 求 c 值.
b. 求 $P(0.2 < Y < 0.5)$. 解释这个结果.

解 a. 因为 $\int_{-\infty}^{\infty} f(y) dy$ 等于 1,我们有

$$\int_{-\infty}^{\infty} f(y) dy = \int_{0}^{1} cy \, dy = c \frac{y^2}{2} \Big|_{0}^{1} = c\left(\frac{1}{2}\right) = 1$$

解得 $c = 2$,因此,$f(y) = 2y$. $f(y)$ 的图如图 5.5 所示.

b. $P(0.2 < Y < 0.5) = \int_{0.2}^{0.5} f(y) dy = \int_{0.2}^{0.5} 2y \, dy = y^2 \Big|_{0.2}^{0.5} = (0.5)^2 - (0.2)^2 = 0.25 - 0.04 = 0.21$

这个概率值(如图 5.5 中阴影部分所示)就是在密度函数下 $Y = 0.2$ 到 $Y = 0.5$ 之间的面积. 因为 Y 表示安装不正确的磁控管比例,所以我们说有 20% ~ 50% 磁控管安装不正确的概率为 0.21. ∎

例 5.2 **求累积分布函数** 参考例 5.1. 求随机变量 Y 的累积分布函数,然后求 $F(0.2)$ 和 $F(0.7)$.

解释这个结果.

解 由定义 5.3, 可得

$$F(y) = \int_{-\infty}^{y} f(t)dt = \int_{0}^{y} 2t dt = 2\left(\frac{t^2}{2}\right)\Big|_{0}^{y} = y^2$$

则

$$F(0.2) = P(Y \leq 0.2) = (0.2)^2 = 0.04$$
$$F(0.7) = P(Y \leq 0.7) = (0.7)^2 = 0.49$$

当 $Y = 0.7$ 时 $F(y)$ 的值（即 $F(0.7)$）为图 5.6 中的阴影面积. 这表示小于等于 70% 的磁控管安装不正确的概率为 0.49.

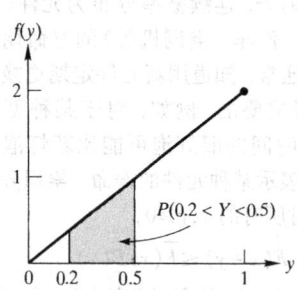
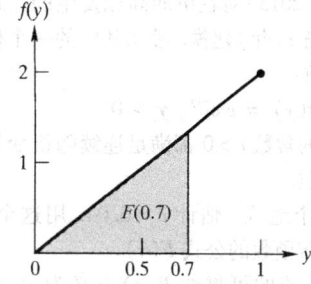

图 5.5 例 5.1 的密度函数 $f(y)$ 图形　　图 5.6 例 5.2 的密度函数 $f(y)$ 图形；阴影面积是 $F(0.7)$

统计学中应用的许多连续随机变量的密度函数积分不能显式表达, 只能用数值方法逼近. 附录 B 给出了某些这种密度函数下的面积表, 需要时会给以介绍.

理论练习

5.1 设 c 是一个常数, 考虑随机变量 Y 的密度函数:

$$f(y) = \begin{cases} cy^2 & \text{若 } 0 \leq y \leq 2 \\ 0 & \text{其他} \end{cases}$$

a. 求 c 值.
b. 求累积分布函数 $F(y)$.
c. 计算 $F(1)$.
d. 计算 $F(0.5)$.
e. 计算 $P(1 \leq Y \leq 1.5)$.

5.2 设 c 是一个常数, 考虑随机变量 Y 的密度函数:

$$f(y) = \begin{cases} c(2-y) & \text{若 } 0 \leq y \leq 1 \\ 0 & \text{其他} \end{cases}$$

a. 求 c 值.
b. 求累积分布函数 $F(y)$.
c. 计算 $F(0.4)$.
d. 计算 $P(0.1 \leq Y \leq 0.6)$.

5.3 设 c 是一个常数, 考虑随机变量 Y 的密度函数:

$$f(y) = \begin{cases} c+y & \text{若 } -1 < y < 0 \\ c-y & \text{若 } 0 \leq y < 1 \end{cases}$$

a. 求 c 值.

b. 求累积分布函数 $F(y)$.
c. 计算 $F(-0.5)$.
d. 计算 $P(0 \leq Y \leq 0.5)$.

5.4 设 c 是一个常数, 考虑随机变量 Y 的密度函数:

$$f(y) = \begin{cases} (1/c)e^{-y/2} & \text{若 } y \geq 0 \\ (1/c)e^{y/2} & \text{若 } y < 0 \end{cases}$$

a. 求 c 值.
b. 求累积分布函数 $F(y)$.
c. 计算 $F(1)$.
d. 计算 $P(Y > 0.5)$.

5.5 火车的晚点时间. 通勤列车的晚点时间 $Y(\min)$ 是一个连续随机变量, 概率密度为

$$f(y) = \begin{cases} \dfrac{3}{500}(25-y^2) & \text{若 } -5 < y < 5 \\ 0 & \text{其他} \end{cases}$$

[注：Y 为负值表示火车提前到达.]

a. 求这个概率分布中 c 的值.
b. 求累积分布函数 $F(y)$.
c. 火车晚点不超过 3 分钟的概率是多少?

5.6 沿海海平面上升. 海平面上升对美国沿海城市是一个威胁. 因此, 准确地预测未来海平面的上升

对规划设计很重要. *Journal of Waterway, Port, Coastal, and Ocean Engineering*(2013年3月/4月)发表了用统计概率分布建模来预测海平面上升的研究. 海平面上升的加速度 Y(标准化为0到1之间)用如下密度函数描述:

$f(y) = cy(1-y), 0 < y < 1$(这个分布称为 Beta 分布)

a. 求此概率分布中 c 的值.
b. 求累积分布函数 $F(y)$.
c. 计算 $F(0.5)$ 并解释这个值.

5.7 **伊朗再次发生地震.** *Journal of Earthquake Engineering*(Vol. 17, 2013)对在伊朗高原发生的大地震之间的时间间隔 Y(年)建模. 考虑其中的一个模型有如下密度函数:

$$f(y) = ce^{-cy}, y > 0$$

a. 证明对任意的常数 $c > 0$ 都满足连续随机变量密度函数的性质.
b. 对伊朗的某个地区, 估计 $c = 0.04$. 用这个值, 给出累积分布函数的公式 $F(y)$.
c. t 时刻地震系统的可靠性 $R(t)$ 定义为 $R(t) = 1 - F(t)$. 求 $R(5)$ 并解释这个概率.

5.8 **极值分布.** 极值分布用于对极端稀有事件的连续随机变量的值进行建模. 例如, 一个海洋工程师想要模拟海啸造成的畸形波的大小, 或者一个环境工程师想要模拟最高温度超过某一阈值的概率. *Extremes*(2013年3月)研究了极值的一些概率分布.

a. I 型极值分布的期望值为 0, 方差为 1, 累积分布函数的形式为 $F(y) = \exp\{-\exp(-y)\}, y >$ 0 (Gumbel 分布). 证明其满足性质 $F(\infty) = 1$.
b. 参考 a, 求 $F(2)$ 并解释这个结果.
c. II 型极值分布的期望值为 0, 方差为 1, 累积分布函数的形式为 $F(y) = \exp\{-y^{-1}\}, y > 0$ (Frechet 分布). 证明其满足性质 $F(\infty) = 1$.
d. 参考 c, 求 $F(2)$ 并解释这个结果.
e. 对 I 型和 II 型极值分布, 哪个极值更有可能超过 2?

❓ **可选做的理论练习**

5.9 **新的比旧的好.** 连续概率分布为元件(如计算机芯片、灯泡、汽车、空调机等)的寿命期限提供了理论模型. 通常, 知道用新元件定期更换旧元件是否很好是很重要的. 例如, 对于某种型号的灯泡, 使用一段时间的旧灯泡可能比新灯泡有更长的寿命. 设 Y 表示某种元件的寿命, 累积分布函数为 $F(y)$. 若对所有的 $x, y \geq 0$,

$$\bar{F}(x+y) \leq \bar{F}(x)\bar{F}(y)$$

其中 $\bar{F}(y) = 1 - F(y)$, 则认为"寿命"分布函数 $F(y)$ **新的比旧的好**(NBU)(*Microelectronics and Reliability*, 1986年1月). 或者若对所有的 $x, y \geq 0$,

$$\bar{F}(x+y) \geq \bar{F}(x)\bar{F}(y)$$

则"寿命"分布 $F(y)$ **新的不如旧的好**(NWU).

a. 考虑密度函数

$$f(y) = \begin{cases} y/2 & \text{若 } 0 < y < 2 \\ 0 & \text{其他} \end{cases}$$

求"寿命"分布 $F(y)$.
b. 判定寿命分布 $F(y)$ 是 NBU 还是 NWU.

5.3 连续随机变量的期望值

回忆学过的微积分, 积分是一个求和的过程. 因此, 求连续随机变量的积分

$$F(y_0) = \int_{-\infty}^{y_0} f(t) dt$$

类似于对离散随机变量求和:

$$F(y_0) = \sum_{y \leq y_0} p(y)$$

因此很自然地, 对连续随机变量 Y 的期望值, 一个函数 $g(Y)$ 的期望值以及 Y 的方差, 给出与 4.3 节中离散随机变量相同的定义, 唯一的区别是积分符号代替求和符号. 同样可以证明(证明略)4.4 节的期望定理对连续随机变量也成立. 现在我们概述这些定义和定理, 并给出一些应用的例子.

定义 5.4 设 Y 是一个连续随机变量, 密度函数为 $f(y)$, $g(Y)$ 是 Y 的任意函数, 则 Y 和 $g(Y)$ 的**期望值**为

$$E(Y) = \int_{-\infty}^{\infty} yf(y) dy$$

$$E[g(Y)] = \int_{-\infty}^{\infty} g(y)f(y)\,dy$$

定理 5.1 设 c 是一个常数，Y 是连续随机变量，且 $g_1(Y), g_2(Y), \cdots, g_k(Y)$ 是 Y 的 k 个函数，则

$$E(c) = c$$
$$E(cY) = cE(Y)$$
$$E[g_1(Y) + g_2(Y) + \cdots + g_k(Y)] = E[g_1(Y)] + E[g_2(Y)] + \cdots + E[g_k(Y)]$$

定理 5.2 设 Y 是一个连续随机变量，且 $E(Y) = \mu$，则

$$\sigma^2 = E[(Y-\mu)^2] = E(Y^2) - \mu^2$$

例 5.3 **求 μ 和 σ——微波炉磁控管** 参考例 5.1，求大批微波炉中新型磁控管安装不正确的比例 Y 的期望值和标准差. 给出期望值的实际解释.

解 回顾 $f(y) = 2y$. 因此，

$$\mu = E(Y) = \int_{-\infty}^{\infty} yf(y)\,dy = \int_0^1 y(2y)\,dy = \int_0^1 2y^2\,dy = \left.\frac{2y^3}{3}\right|_0^1 = \frac{2}{3}$$

$$E(Y^2) = \int_{-\infty}^{\infty} y^2 f(y)\,dy = \int_0^1 y^2(2y)\,dy = \int_0^1 2y^3\,dy = \left.\frac{2y^4}{4}\right|_0^1 = \frac{1}{2}$$

则由定理 5.2 得

$$\sigma^2 = E(y^2) - \mu^2 = \frac{1}{2} - \left(\frac{2}{3}\right)^2 = 0.055\,6$$

有

$$\sigma = \sqrt{0.055\,6} = 0.24$$

我们对 $\mu = E(Y)$ 的解释为平均有 $\frac{2}{3}$ 的磁控管安装不正确. 下个例子中我们解释 σ 的含义. ∎

例 5.4 **求概率——微波炉磁控管** 参考例 5.1 和 5.3. 区间 $\mu \pm 2\sigma$ 如图 5.7 中 $f(y)$ 图形所示，求 $P(\mu - 2\sigma < Y < \mu + 2\sigma)$.

解 由例 5.3，有 $\mu = \frac{2}{3} \approx 0.67$ 和 $\sigma = 0.24$. 因此，$\mu - 2\sigma = 0.19$ 且 $\mu + 2\sigma = 1.15$. 由于 $P(Y > 1) = 0$，因此我们希望求概率 $P(0.19 < Y < 1)$，这相应于图 5.7 中的阴影面积：

$$P(\mu - 2\sigma < Y < \mu + 2\sigma) = P(0.19 < Y < 1) = \int_{0.19}^1 f(y)\,dy$$
$$= \int_{0.19}^1 2y\,dy = \left. y^2 \right|_{0.19}^1$$
$$= 1 - (0.19)^2 = 0.96$$

因此，在大批微波炉中磁控管安装不正确的比例在 $0.19 \sim 1.0$ 之间的概率为 0.96. ∎

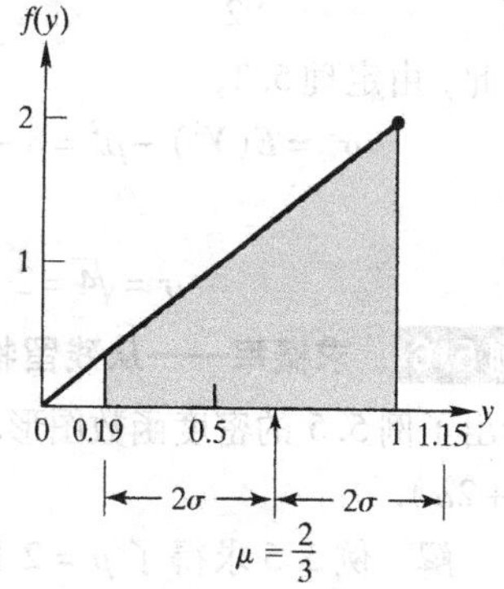

图 5.7 图中给出了对 $f(y) = 2y$ 的区间 $\mu \pm 2\sigma$

在第 1 章中，我们把经验法则应用到数据的丘形相对频率分布，经验法则也可应用到理论上是丘形的（即概率）分布. 如前几章给出的例子，一个数据集合落在区间 $\mu \pm 2\sigma$ 的百分数（或比例）通常非常接近于由经验法则指定的值 0.95. 对于例 5.4 中考虑的概率分布这也是完全正确的.

例5.5 **求 μ 和 σ ——从残留物中萃取铅** 设一个金属粉碎机残留物中可萃取铅的数量(毫克/升) Y 是一个连续随机变量,概率密度函数为

$$f(y) = \begin{cases} \dfrac{e^{-y/2}}{2} & \text{若 } 0 \leq y < \infty \\ 0 & \text{其他} \end{cases}$$

求 Y 的期望值、方差和标准差.(这个密度函数称作**指数概率分布**.)

解 随机变量 Y 的期望值由下式给出:

$$\mu = E(Y) = \int_{-\infty}^{\infty} yf(y)\,dy = \int_{0}^{\infty} \frac{ye^{-y/2}}{2}dy$$

为计算这个定积分,我们利用在许多数学手册中都能找到的常用公式⊖

$$\int ye^{ay}dy = \frac{e^{ay}}{a^2}(ay-1)$$

把 $a = -\dfrac{1}{2}$ 代入,有

$$\mu = \frac{1}{2}(4) = 2$$

因此金属粉碎机残留物中可萃取铅的平均数量为 2 毫克/升.

为求 σ^2,我们先应用一般公式⊖

$$\int y^m e^{ay}dy = \frac{y^m e^{ay}}{a} - \frac{m}{a}\int y^{m-1}e^{ay}dy$$

求 $E(Y^2)$,然后由 $a = -\dfrac{1}{2}$ 和 $m = 2$,有

$$E(Y^2) = \int_{-\infty}^{\infty} y^2 f(y)\,dy = \int_{0}^{\infty} \frac{y^2 e^{-y/2}}{2}dy$$

$$= \frac{1}{2}(16) = 8$$

因此,由定理 5.2,

$$\sigma^2 = E(Y^2) - \mu^2 = 8 - (2)^2 = 4$$

和

$$\sigma = \sqrt{4} = 2$$

例5.6 **求概率——从残留物中萃取铅** 图 5.8 给出了例 5.5 的密度函数图形. 求 $P(\mu - 2\sigma < Y < \mu + 2\sigma)$.

解 例 5.5 求得了 $\mu = 2$ 以及 $\sigma = 2$,因此 $\mu - 2\sigma = 2 - 4 = -2$ 以及 $\mu + 2\sigma = 6$. 由于 $y < 0$ 时 $f(y) = 0$,

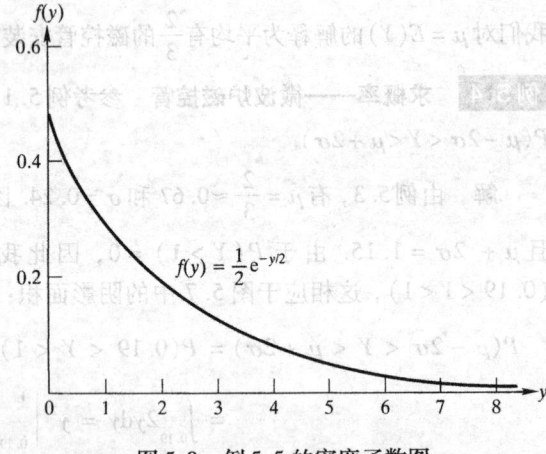

图 5.8 例 5.5 的密度函数图

⊖ 例如,见 *Standard Mathematical Tables* (1969). 另外,此结果可由分部积分导出:

$$\int ye^{ay}dy = \frac{ye^{ay}}{a} - \int \frac{e^{ay}}{a}dy$$

⊖ 这个结果也可由分部积分导出.

$$P(\mu - 2\sigma < Y < \mu + 2\sigma) = \int_0^6 f(y)\,dy = \int_0^6 \frac{e^{-y/2}}{2}\,dy = -e^{-y/2}\Big|_0^6$$
$$= 1 - e^{-3} = 1 - 0.049\,787 = 0.950\,213$$

第 2 章的经验法则给出了这个概率的一个好的近似是 0.95. 你可以看到对于指数密度函数,近似值非常接近于精确概率 0.950 213.

在许多实际问题中,我们想知道随机变量 Y 的方差(或标准差),也求得 $c + Y$ 或 cY 的标准差,其中 c 是一个常数. 例如,我们可能知道某种类型的计算机芯片重量 Y(盎司)的标准差,并希望求得用克表示的重量的标准差. 因为 1 盎司 = 28.35g,所以我们要求 cY 的标准差,其中 c = 28.35. 定理 5.3 给出了 $c + Y$ 及 cY 的方差.

定理 5.3   设 Y 是一个随机变量[⊖],均值为 μ,方差为 σ^2. 则 $c + Y$ 以及 cY 的方差为
$$V(c+Y) = \sigma^2_{(c+Y)} = \sigma^2 \quad \text{和} \quad V(cY) = \sigma^2_{cY} = c^2\sigma^2$$

定理 5.3 的证明   由定理 5.1 知道 $E(cY) = cE(Y) = c\mu$,由随机变量方差的定义,有
$$V(cY) = \sigma^2_{cY} = E[(cY - c\mu)^2] = E\{[c(Y-\mu)]^2\} = E[c^2(Y-\mu)^2]$$

由定理 5.1,
$$\sigma^2_{cY} = c^2 E[(Y-\mu)^2]$$

但是 $E[(Y-\mu)^2] = \sigma^2$. 因此
$$\sigma^2_{cY} = c^2\sigma^2$$

作为定理 5.3 应用的例子,假定计算机芯片重量 Y 的方差为 1.1(盎司)^2. 则用克表示的重量的方差等于 $(28.35)^2(1.1) = 884.1(g)^2$,用克表示的重量的标准差等于 $\sqrt{884.1} = 29.7$g.

应用练习

5.10 火车的晚点时间. 参考练习 5.5,通勤车晚点的时间 Y(min)是一个连续随机变量,概率密度为:
$$f(y) = \begin{cases} \dfrac{3}{500}(25 - y^2) & \text{若 } -5 < y < 5 \\ 0 & \text{其他} \end{cases}$$

a. 求以分钟表示的火车晚点时间的均值和方差.
b. 求以小时表示的火车晚点时间的均值和方差.
c. 求以秒表示的火车晚点时间的均值和方差.

5.11 沿海海平面上升. 参考练习 5.6,*Journal of Waterway, Port, Coastal, and Ocean Engineering* (2013 年 3 月/4 月)对沿海海平面上升的研究. 海平面上升的加速度 Y(标准化为 0 到 1 之间)用如下密度函数模拟:
$$f(y) = 6y(1-y), \quad 0 < y < 1$$

a. 求 $E(Y)$. 解释这个结果.
b. 求 Y 的方差.
c. 利用经验法则估计 $P(\mu - 2\sigma < Y < \mu + 2\sigma)$.
d. 求 $P(\mu - 2\sigma < Y < \mu + 2\sigma)$ 的实际概率. 这个结果和 c 的结果相比如何?

5.12 影印机的摩擦力. 罗彻斯特大学的研究员研究影印机在送纸过程中发生的摩擦(*Journal of Engineering for Industry*, 1993 年 5 月). 摩擦系数是度量在送纸机架上两张相邻纸之间摩擦程度的比例. 在一次试验中,用三角形分布对摩擦系数 Y 建模. (见下图.)
三角形摩擦分布的密度函数为:
$$f(y) = \begin{cases} \dfrac{(c-\mu) + y}{c^2} & \text{若 } \mu - c < y < \mu \\ \dfrac{(c+\mu) - y}{c^2} & \text{若 } \mu < y < \mu + c \\ 0 & \text{其他} \end{cases}$$

其中 $c > 0$.

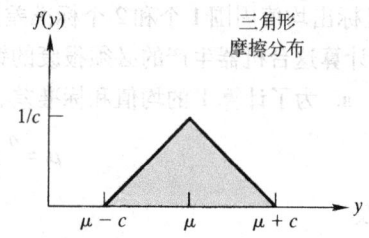

⊖ 这个定理适用于离散随机变量或连续随机变量.

a. 证明 $\int_{-\infty}^{\infty} f(y)\,dy = 1$.
b. 求三角形摩擦分布的均值.
c. 求三角形摩擦分布的方差.

5.13 伊朗再次发生地震. 参考练习5.7, *Journal of Earthquake Engineering* (Vol. 17, 2013) 关于在伊朗高原发生的大地震之间的时间间隔 Y(年) 的研究. Y 有如下密度函数:
$$f(y) = 0.04e^{-0.04y}, \quad y > 0.$$
a. 求 $E(Y)$, 解释这个结果.
b. 求 Y 的方差.
c. 利用经验法则估计 $P(\mu - 2\sigma < Y < \mu + 2\sigma)$.
d. 求 $P(\mu - 2\sigma < Y < \mu + 2\sigma)$ 的实际概率. 这个结果和 c 的结果相比如何?

理论练习

5.14 求下列每一个练习中的 μ 和 σ^2. 然后计算 $P(\mu - 2\sigma < Y < \mu + 2\sigma)$, 并与经验法则比较.
a. 练习5.1.
b. 练习5.2.
c. 练习5.3.
d. 练习5.4.
e. 练习5.5.

5.15 证明定理5.1.
5.16 证明定理5.2.

5.4 均匀概率分布

假设随机选取一个用区间 $a \leq Y \leq b$ 上的点表示的数 Y. 那么 Y 的密度函数用图表示为一个长方形, 如图5.9所示. 注意到长方形的高是 $1/(b-a)$, 以保证长方形的面积等于1.

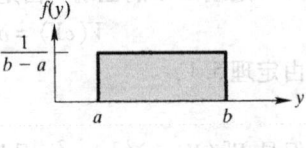

图5.9 均匀密度函数

图5.9 中所示类型的随机变量称作**均匀随机变量**; 它的密度函数、均值和方差在下面的方框中给出.

均匀概率分布

均匀随机变量 Y 的概率密度函数为

$$f(y) = \begin{cases} \dfrac{1}{b-a} & \text{若 } a \leq y \leq b \\ 0 & \text{其他} \end{cases}$$

$$\mu = \frac{a+b}{2} \qquad \sigma^2 = \frac{(b-a)^2}{12}$$

例5.7 均匀分布——钢铁钢板厚度 假设某钢铁厂的研发部门认为公司的一台辊压机正在生产厚度不同的钢板. 厚度 Y 是一个均匀随机变量, 取值在 150~200mm 之间. 任何厚度小于 160mm 的钢板都必须报废, 因为它不符合买家的要求.

a. 计算这台机器生产的钢板厚度 Y 的均值和标准差. 然后画出这个概率分布, 在水平轴标出均值. 并且标出均值周围 1 个和 2 个标准差区间.

b. 计算这台机器生产的必须报废的钢板比例.

解 a. 为了计算 Y 的均值和标准差, 我们分别用 150 和 200mm 代替公式中的 a 和 b. 因此,

$$\mu = \frac{a+b}{2} = \frac{150+200}{2} = 175\,\text{mm}$$

以及

$$\sigma = \frac{b-a}{\sqrt{12}} = \frac{200-150}{\sqrt{12}} = \frac{50}{3.464} = 14.43\,\text{mm}$$

均匀概率分布为

$$f(y) = \frac{1}{b-a} = \frac{1}{200-150} = \frac{1}{50}$$

图 5.10 给出了这个函数的图形,水平轴上标出了均值以及均值附近 1 个和 2 个标准差区间.

b. 为了求这台机器生产的应报废的钢板比例,我们必须求厚度 Y 小于 160mm 的概率. 如图 5.11 所示,我们需要计算在频率函数 $f(y)$ 下,点 $a = 150$ 与 $c = 160$ 之间的面积,它就是底为 $160 - 150 = 10$, 高为 $\frac{1}{50}$ 的长方形面积. 所以必须报废的比例是

$$P(Y < 160) = (\text{底})(\text{高}) = (10)\left(\frac{1}{50}\right) = \frac{1}{5}$$

也就是这台机器生产的 20% 的钢片必须报废.

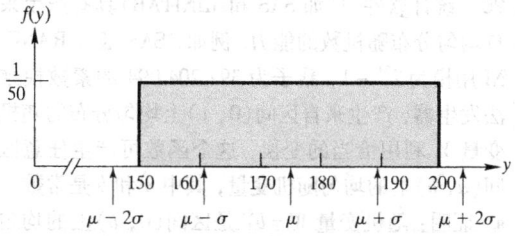

图 5.10 例 5.7 中 Y 的频率函数

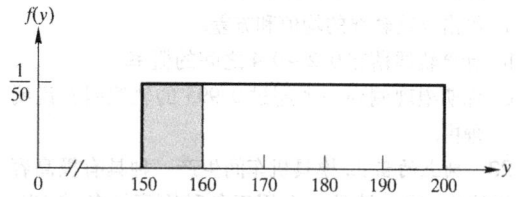

图 5.11 钢板厚度 Y 在 150～160 之间的概率 ∎

附录 B 中表 B.1 中的随机数是由随机选取来自均匀分布 y 值的计算机程序产生的. (但随机数在某指定的小数位终止.) 第 7 章将描述均匀分布的一个最重要的应用, 与生成随机数的计算机程序一起我们可以用它来模拟对许多其他类型随机变量的抽样.

应用练习

5.17 地壳中的铀. *American Mineralogist* (2009 年 10 月) 发表了关于地壳中矿物铀演变的研究. 研究人员估计储备中可追踪的铀的量 Y 服从百万分之一到百万分之三之间的均匀分布.
a. 求 $E(Y)$. 解释这个结果.
b. 计算 $P(2 < Y < 2.5)$.
c. 计算 $P(Y \leq 1.75)$.

5.18 对网络服务器的请求. 根据 *Brighton* 网络有限公司 (一家专门从事数据分析的英国公司), 每小时内对网络服务器请求的到达时间可以用均匀分布建模 (www.brighten-webs.co.uk). 特别地, 每小时内请求发出时刻的秒数 Y 服从 0～3600 秒之间的均匀分布. 求对网络服务器的请求发生在每小时的最后 15 分钟的概率.

5.19 木梁荷载. 木梁在住宅建筑中广泛使用. 在梁的某一部分, 当每单位长度的荷载 (磅) 具有恒定值时, 称这一部分上的荷载为均匀分布. *American Institute of Aeronautics and Astronautics Journal* (2013 年 5 月) 中用均匀分布的梁的荷载来推导梁的刚度分布. 考虑一个悬梁臂, 每英尺 (1 英尺 = 0.304 8 米) 上的荷载服从 100～115 磅的均匀分布. 求 L 值使得梁的荷载超过 L 的概率只有 0.1.

5.20 保持管壁的温度. 在某些热工艺应用中, 保持管壁恒温是很重要的. *Journal of Heat Transfer* (2000 年 11 月) 提出了一项利用涂微量元素保持温度的新技术. 没有涂微量元素时, 用于生产塑料的切换冷凝器管壁温度服从 260～290 °F 的均匀分布. 当几种微量元素贴附在管道上时, 管壁温度服从 278～285 °F 上的均匀分布.
a. 理想的管壁温度应当在 280～284 °F 范围内. 当没有涂微量元素时, 温度落在这个理想范围内的概率是多少? 当微量元素涂在管道上时, 这个概率又是多少?
b. 当温度是 268 °F 或更低时, 热的液态塑料变硬 (或固定), 引起在管道上聚集. 当没有涂微量元素时, 塑料固定的概率是多少? 当微量元素贴附在管道上时, 这个概率又是多少?

5.21 系统的周期有效性. 在系统维护术语中,"周期有效性"定义为系统在任意时间点运转的概率. 美国国防部开发了一系列评估系统周期有效性的工作指标(*START*, Vol. 11, 2004). 在关于系统失效时间和维护时间的某种假定下,证明了周期有效性是 0~1 之间的均匀分布. 求周期有效性的下列参数: 均值、标准差、第 10 百分位数、下四分位数和上四分位数. 解释这些结果.

5.22 电路轨线. 加利福尼亚 – 伯克利大学的研究人员设计、制造并检验一种用于产生随机信号的开关电容器电路. (*International Journal of Circuit Theory and Applications*, 1990 年 5–6 月) 电路轨线证明是服从区间 (0, 1) 上的均匀分布.

    a. 给出电路轨线的均值和方差.
    b. 计算轨线落在 0.2~0.4 之间的概率.
    c. 你期望观测到一个超过 0.995 的轨线吗? 说明理由.

5.23 轴上的凿孔. 模具机车间生产一种具有极高容错的轴, 这个轴是一个用于各种军事设备的 18in 长的细杆. 用于生产这种轴的一种设备偶尔会发生故障, 使得在轴的某个位置留下一个凿孔. 然而, 如果轴可以割成没有凿孔连续的 14in 长, 那么这个轴可以挽救作为其他使用. 假定轴上凿孔位置能用均匀分布很好的描述, 那么有缺陷的轴可以挽救利用的概率是多少?

5.24 机器人装置的可靠性. 一部设备的可靠性通常定义为在规定条件下, 给定一段时间内设备成功地完成规定任务的概率 P. (*Render and Heizer, Principles of Operations Management*, 2013.) 由于 P 是随时变化的, 因此一些可靠性分析人员把 P 作为一个随机变量处理. 假设一个分析人员用下面的分布刻画自动装配线上某个机器人可靠性的不确定性:

$$f(p) = \begin{cases} 1 & 0 \leqslant p \leqslant 1 \\ 0 & \text{其他} \end{cases}$$

    a. 画出分析人员关于 P 的概率分布.
    b. 求 P 的均值和方差.
    c. 根据分析人员的 P 的概率分布, P 大于 0.95 的概率是多少? 小于 0.95 呢?
    d. 假设分析人员获得另外的信息, P 一定在 0.90 和 0.95 之间, 但是它位于这些值的什么位置是完全不确定的. 描述分析人员现在用于描述 P 的概率分布.

❓ 理论练习

5.25 统计软件包 (如 SAS 和 MINITAB) 具有产生来自均匀分布随机数的能力. 例如, SAS 函数 RANUNI 用模为 $2^{31} - 1$, 乘子为 397 204 094 的素数模乘法发生器, 产生来自区间 (0, 1) 上均匀分布的随机变量 Y. 利用恰当的变换, 这个函数可产生任意区间 (a, b) 上的均匀随机变量, 其中 a 和 b 是常数.

    a. 证明: 随机变量 $W = bY$ 是区间 $(0, b)$ 上的均匀分布.
    b. 求 Y 的一个函数, 使得在区间 (a, b) 上均匀分布.

5.26 假定随机变量 Y 是区间 $a \leqslant Y \leqslant b$ 上的均匀分布. 验证:

    a. $\mu = \dfrac{a+b}{2}$ 和 $\sigma^2 = \dfrac{(b-a)^2}{12}$.

    b. $F(y) = \begin{cases} \dfrac{y-a}{b-a} & \text{若 } a \leqslant y \leqslant b \\ 0 & \text{若 } y < a \\ 1 & \text{若 } y > b. \end{cases}$

5.27 证明: 在区间 (0,1) 上均匀分布是新的比旧的好 (NBU). (NBU 的定义见选做的练习 5.9.)

5.28 假定 Y 是区间 $0 \leqslant Y \leqslant 1$ 上的均匀分布. 证明: 对于 $a \geqslant 0, b \geqslant 0$ 且 $(a+b) \leqslant 1$,
$$P(a < Y < a+b) = b$$

5.5 正态概率分布

正态 (或**高斯**) **密度函数**是由 C. F. Gauss (1777—1855) 提出的, 作为误差 (如测量误差) 的相对频率模型. 令人惊奇的是, 这种钟形曲线为从许多不同科学领域收集的数据的相对频率分布提供了一个合适的模型, 正如第 7 章将要介绍的, 它也是用于推断许多统计量概率分布的模型. 例如, 司机对于刹车信号的反应时间 (运输工程)、桥柱混凝土的覆盖深度 (土木工程)、扩音器的失调电压 (电气工程)、无线装置的传输延迟 (计算机工程) 以及送纸复印机产生的摩擦 (工业工程) 都被研究人员证明是近似服从正态分布的随机变量.

    正态随机变量具有一个由两参数刻画的密度函数. 这个密度函数及其均值和方差见下面的方框.

正态概率分布

正态随机变量 Y 的密度函数为

$$f(y) = \frac{1}{\sigma\sqrt{2\pi}} e^{-(y-\mu)^2/(2\sigma^2)}, \quad -\infty < y < \infty$$

参数 μ 和 σ^2 分别为正态随机变量 Y 的均值和方差.

存在无穷多个正态密度函数——对应每一个 μ 和 σ 的组合. 均值 μ 度量分布的位置, 标准差 σ 度量分布的分散程度. 图 5.12 给出了几种不同的正态密度函数.

正态密度函数的积分没有显式表示, 然而可以用近似方法和定理 5.4 得到正态曲线下的面积.

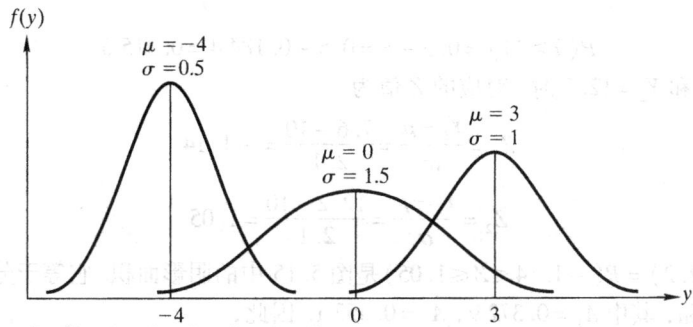

图 5.12 几个具有不同均值和标准差的正态分布

定理 5.4 设 Y 是一个均值为 μ、方差为 σ^2 的正态随机变量, 则 $Z = \dfrac{Y - \mu}{\sigma}$ 是一个均值为 0, 方差为 1 的正态随机变量[①]. 随机变量 Z 称作**标准正态变量**.

附录 B 中表 B.5 给出了标准正态变量

$$Z = \frac{Y - \mu}{\sigma}$$

的面积. 回顾 2.6 节, Z 表示正态随机变量 Y 和它的均值 μ 之间以标准差 σ 为单位的距离.

表 B.5 给出的是正态曲线下均值 $Z = 0$ 与均值右边某个 Z 值之间的面积(见图 5.13). 为了求正态曲线下 $Z = 0$ 与譬如 $Z = 1.33$ 之间的面积, 向下移动表 5 的左栏到 $Z = 1.3$ 行上, 然后移动表的上栏到标有 0.03 的列, 行与列交叉的位置给出了面积 $A = 0.408\ 2$. 由于正态曲线关于均值 μ 是对称的, 均值左边的面积等于相应的均值右边的面积. 例如, 均值 $Z = 0$ 和 $Z = -0.68$ 之间的面积 A 等于 $Z = 0$ 和 $Z = 0.68$ 之间的面积. 表 5 中对应 0.6 行和 0.08 列交叉处的值即为这个面积 $A = 0.251\ 7$.

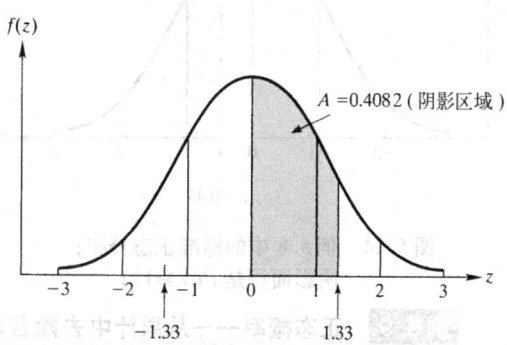

图 5.13 说明表 B.5 给出的表列值的标准正态密度函数

[①] Z 的均值和方差分别为 0 和 1 的证明留作理论练习.

例 5.8 **求正态概率** 假设 Y 是一个均值为 10、标准差为 2.1 的正态分布随机变量.

a. 求 $P(Y \geqslant 11)$.
b. 求 $P(7.6 \leqslant Y \leqslant 12.2)$.

解 a. $Y = 11$ 对应的 Z 值为

$$Z = \frac{Y - \mu}{\sigma} = \frac{11 - 10}{2.1} = 0.48$$

因此, $P(Y \leqslant 11) = P(Z \geqslant 0.48)$. 在标准正态曲线下, 相应于这个概率值的面积即为图 5.14 中的阴影部分. 因为正态曲线关于 $Z = 0$ 是对称的, 曲线下总的面积为 1, $Z = 0$ 右边的面积等于 0.5. 因此阴影部分的面积等于 $(0.5 - A)$, 其中 A 为对应于 $Z = 0.48$ 表列的面积. 由表 B.5 给出面积 A 为 0.1844. 因此

$$P(Y \geqslant 11) = 0.5 - A = 0.5 - 0.1844 = 0.3156$$

b. 当 $Y_1 = 7.6$ 和 $Y_2 = 12.2$ 时, 对应的 Z 值为

$$Z_1 = \frac{Y_1 - \mu}{\sigma} = \frac{7.6 - 10}{2.1} = -1.14$$

$$Z_2 = \frac{Y_2 - \mu}{\sigma} = \frac{12.2 - 10}{2.1} = 1.05$$

概率 $P(7.6 \leqslant Y \leqslant 12.2) = P(-1.14 \leqslant Z \leqslant 1.05)$ 是图 5.15 中的阴影面积. 它等于分别相应于 Z_1 与 Z_2 的面积 A_1 与 A_2 的和, 其中 $A_1 = 0.3729$, $A_2 = 0.3531$. 因此,

$$P(7.6 \leqslant Y \leqslant 12.2) = A_1 + A_2 = 0.3729 + 0.3531 = 0.7260$$

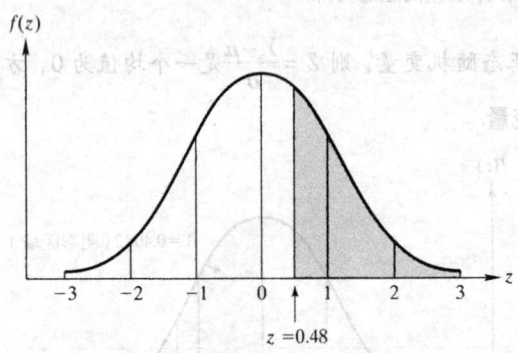

图 5.14 例 5.8 中的标准正态分布;
阴影面积是 $P(Y \geqslant 11)$

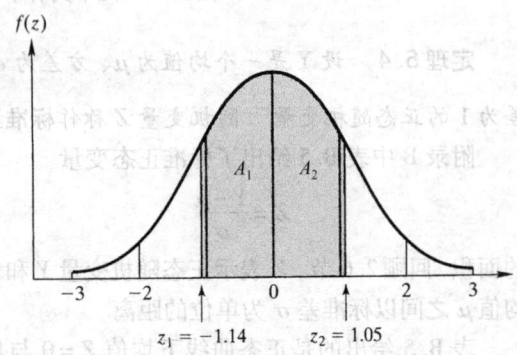

图 5.15 例 5.8 中的标准正态分布

例 5.9 **正态概率——从果汁中去除苦味** 美国农业部(USDA)申请了利用细菌去除果汁中苦味的专利(*Chemical Engineering*, 1986 年 2 月 3 日). 从理论上来说, 利用这种方法, 几乎可以把所有的苦味去除掉, 但是实际上 USDA 能达到去除 50% 的苦味. 假设 USDA 发言人宣称去除一杯 8 盎司新鲜压榨果汁中苦味的百分率是服从均值为 50.1、标准差为 10.4 的正态分布. 为了检验这个声明, 把这种去除苦味方法应用于一杯随机选取的 8 盎司果汁. 假设声明是正确的, 求这种方法去除苦味少于 33.7% 的概率.

解 值 $Y = 33.7$ 对应的标准正态随机变量为

$$Z = \frac{Y - \mu}{\sigma} = \frac{33.7 - 50.1}{10.4} = -1.58$$

因此，$P(Y \leq 33.7) = P(Z \leq -1.58)$，图 5.16 中的阴影面积等于 0.5 减去 $Z = 1.58$ 对应的面积 A. 所以这种方法去除苦味少于 33.7% 的概率是

$$P(Y \leq 33.7) = 0.5 - 0.4429 = 0.0571 \quad \blacksquare$$

例 5.10 正态概率推断——从果汁中去除苦味
参考例 5.9，如果只检验某一杯果汁，得到去除苦味的百分率是 33.7. 你是否会怀疑 USDA 发言人的声明？

解 考虑样本信息，我们有几个选择. 我们可以认为这个发言人的声明是正确的，即用这种新方法去除苦味的平均百分率是 50.1%，而我们观测到了一个稀有事件，它发生的概率仅是 0.0571. 或者，我们可以认为这个发言人声明的平均百分比太高，即真正的均值小于 50.1%. 或者，也许 σ 值的假定，或正态性的假定可能是错误的. 给出一个选择，我们认为你会同意有理由怀疑 USDA 发言人的声明.

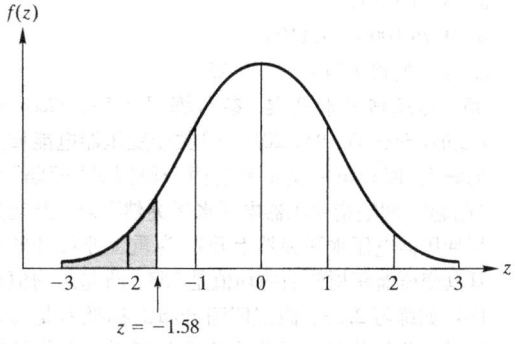

图 5.16　例 5.9 中去除苦味百分率少于 33.7% 的概率

在本节最后一个例子中，将说明如何基于给定的概率求正态随机变量的具体值.

例 5.11 求正态随机变量的值——六西格玛应用　六西格玛是一种涉及统计学的质量目标制定的综合性方法. *Aircraft Engineering and Aerospace Technology*(Vol. 76, 2004)介绍了 Motorola 公司对正态分布在六西格玛目标制定中的应用. Motorola 发现流水线生产的零件的次品率 Y 服从每百万个产品中有 $\mu = 3$, $\sigma = 0.5$ 的次品数的正态分布. 假设 Motorola 的质量工程师想要得到一个目标次品率 t，使得在运行中的实际次品率不会超过 t 的概率为 90%. 求 t 的值.

解 这里，我们想要找到 t 使得 $P(Y < t) = 0.90$. 将这个概率改写为标准正态随机变量 Z 的函数并代入 μ 和 σ 的值，得

$$P(Y < t) = P\{(Y - \mu)/\sigma < (t - 3)/0.5\}$$
$$= P\{Z < (t - 3)/0.5\} = 0.90$$

这个概率在图 5.17 中显示. 注意到我们要求的 Z 的值 z_t 把标准正态分布的上尾切去 0.10 的面积，这相当于附录 B 表 B.5 中 0.4 的面积. 找到表 B.5 中概率近似于 0.4 的区域，求得对应的标准正态分布的值 $z_t = 1.28$. 因此，

$$z_t = (t - 3)/0.5 = 1.28$$

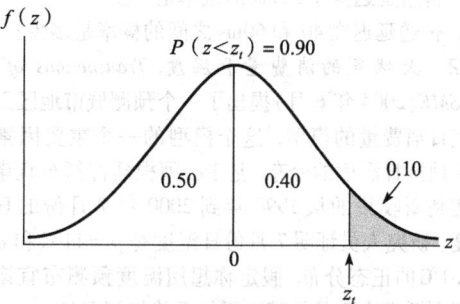

图 5.17　例 5.11 中次品率少于目标的概率

为求得 t，有

$$t = 3 + 0.5(1.28) = 3.64$$

因此，有 90% 的概率使得实际次品率不超过目标次品率每百万 $t = 3.64$ 个. ■

应用练习

5.29 番茄作为调味剂. 神秘果蛋白(一种罕见的热带水果产生的天然蛋白质)可以将酸味转化为甜味. 因此，神秘果蛋白有可能成为另一种低卡路里的甜味剂. 在 *Plant Science*(2010 年 5 月)中，一组日本环境工程师研究了杂交番茄植物产生神秘果蛋白的能力. 对于某一代的番茄植物，神秘果蛋白产量 Y(微克每鲜重)有均值 105.3 和标准差 8.0.

假设 Y 服从正态分布.
 a. 求 $P(Y>120)$.
 b. 求 $P(100<Y<110)$.
 c. 求 a 使得 $P(Y<a)=0.25$.

5.30 **电压凹陷和凸起**. 参考练习 2.53, *Electrical Engineering* (Vol.95, 2013 年) 关于变压器电能质量的研究. 回顾电能质量差的两个原因是"凹陷"和"凸起"(凹陷指变压器电压水平突然下降, 凸起是指变压器电压水平突然上升). 为重工业设计的土耳其变压器每周凹陷的均值是 353, 凸起的均值是 184. 如练习 2.53, 假定凹陷分布的标准差是每周 30 次, 凸起分布的标准差是每周 25 次, 并设凹陷和凸起的次数都服从正态分布. 假设随机选取一个变压器, 发现一周有 400 次凹陷和 100 次凸起.
 a. 每周凹陷的次数小于 400 的概率是多少?
 b. 每周凸起的次数大于 100 的概率是多少?

5.31 **无线技术中传送延迟**. 资源预留协议(RSVP)最初是为建立平稳网络的信号连接而设计的. 在 *Mobile Networks and Applications* (2003 年 12 月) 中, RSVP 用于移动无线技术(如具有无线上网 LAN 卡的 PC 笔记本). 模拟研究表明 RSVP 一连接的无线装置传送延迟(ms)具有近似正态分布, 均值 $\mu=48.5$ms 和 $\sigma=8.5$ms.
 a. 传送延迟少于 57ms 的概率是多少?
 b. 传送延迟在 40 和 60ms 之间的概率是多少?

5.32 **天然气的消费量和温度**. *Transactions of the ASME* (2004 年 6 月) 提出了一个预测城市地区天然气日消费量的模型, 这个模型的一个重要因素是该地区日温度的分布. 基于在阿根廷首都布宜诺斯艾利斯收集的从 1994 年到 2000 年 7 月份的日温度, 研究人员证明 7 月份日温度是 $\mu=11$℃ 和 $\sigma=3.1$℃ 的正态分布. 假定你想用温度预测布宜诺斯艾利斯未来 7 月份某一天的天然气消费量.
 a. 如果你知道 7 月份温度低于 9℃ 的可能性, 那么就可以得到一个准确的预测. 求感兴趣的概率.
 b. 给出一个温度值, 使得布宜诺斯艾利斯 7 月份只有 5% 的天数超过它.

5.33 **地震背景噪声**. 地震背景噪声描述了因交通、重型机械、风、海浪和地震产生的面波所引起的地面持续震动. *Earthquake Engineering and Engineering Vibration* (2013 年 3 月) 中一个土木工程师小组研究了因地震背景噪声引起的对一个三层建筑物结构的损伤. 方法涉及运用正态分布对地震背景噪声的加速度 Y(m/s^2) 建模. 考虑 Y 服从 $\mu=0.5$m/s^2 和 $\sigma=0.1$m/s^2 的正态分布. 求加速度的值 $Y=a$ 使得 $P(Y>a)=0.70$.

5.34 **风力发电系统的维护**. 作为风险评估的一部分, 质量工程师需要检测一个易受腐蚀的风力发电系统的腐蚀率(毫米/年) (*Journal of Quality in Maintenance Engineering*, Vol.18, 2013). 为了说明, 将腐蚀率 Y 用一个 $\mu=0.4$mm/年 和 $\sigma=0.1$mm/年 的正态分布模拟. 你能预估一个类似的风力发电系统的腐蚀率超过 0.75mm/年 吗? 说明理由.

5.35 **土壤深层搅拌**. 深层搅拌是为软土(如黏土、淤泥和泥炭)开发的一种地基改良方法. 在期刊 *Giorisk* (Vol.17, 2013) 中, 瑞典土木工程师研究了用石灰水泥柱深层搅拌来改良土壤的性质. 通过将一个有圆锥形尖端的圆柱杆推到土壤中来检测搅拌后的土壤. 在穿透土壤时, 用圆锥贯入仪测量端部阻力(兆帕, MPa). 研究人员确定深层搅拌土壤的端部阻力服从 $\mu=2.2$MPa 和 $\sigma=0.9$MPa 的正态分布.
 a. 求端部阻力会下降到 1.3~4.0MPa 的概率.
 b. 求端部阻力会超过 1.0MPa 的概率.

5.36 **河水的碱度**. 从韩国首尔汉河收集的水样品的碱度均值为 50mg/L, 标准差为 3.2mg/L (*Enviromental Science & Engineering*, 2000 年 9 月 1 日). 假定碱度分布是近似正态的, 求从河中收集的水样品有以下碱度的概率:
 a. 每升超过 45mg.
 b. 每升小于 55mg.
 c. 每升在 51 和 52mg 之间.

5.37 **电力系统中的闪烁**. *Electrical Engineering* (2013 年 3 月) 发表了一篇主题为土耳其电力系统质量评估的文章. 其中一个质量测量是系统中电压波动引起的光闪烁程度. 当系统设定为 380kV, 周期性测量(每隔 10min)光闪烁感知 Y. 对于供应重工业设备的变压器, 光闪烁的分布(近似地)服从一个 $\mu=2.2\%$ 和 $\sigma=0.5\%$ 的正态分布. 如果光闪烁感知超过 3%, 变压器就会关闭并且重置系统. 供应重工业设备的变压器有多大的可能性因光闪烁被关闭?

🌐 CRASH

5.38 **NHTSA 撞击安全测试**. 参考练习 2.74 介绍的国家公路交通安全管理局(NHTSA)关于新车撞击测试数据, 保存在 CRASH 文件中. 测量的一个变量是当车以 35mile/h 行驶时,与一个固定障碍物发生正面碰撞中司机头部伤害的严重性. 头部伤害级别点数越高,伤害越严重. 可以证明头部伤害等级是均值为 605 点和标准差为 185 点的近似正态分布. 从数据中随机选取一个撞击测试汽车,观测司机头部伤害等级.
a. 求等级落在 500 点到 700 点之间的概率.
b. 求等级落在 400 点到 500 点之间的概率.
c. 求等级少于 850 点的概率.
d. 求等级超过 1 000 点的概率.
e. 只有 10% 的撞击测试汽车超过的等级是多少?

5.39 工业灌装过程. *Journal of Quality Technology* (1999 年 7 月)研究把贵重的液体注入容器的工业灌装过程的特征. 每个容器的注入量是均值为 10 单位、标准差为 0.2 单位的近似正态分布. 每个灌装单位的成本是 20 美元. 如果容器量少于 10 单位(即未装满),那么必须重新注入,成本是 10 美元. 完全装满的容器售价 230 美元.
a. 求容器未装满的概率.
b. 一个容器最初未装满且必须重新注入,经再次灌装后含有 10.6 单位, 对这个容器公司的利润是多少?
c. 为了使得未装满的概率近似为 0, 业务经理调整灌装过程的均值为 10.5 单位. 在这些条件下, 每个容器的期望利润是多少?

5.40 岩石位移. 最近完成了称作 Carmacks Group 的加拿大火山岩石的古生物研究. 研究表明岩石向北方向位移具有标准差 500km 的近似正态分布(*Canadian Journal of Earth Science*, Vol. 27, 1990). 一组研究人员估计平均位移是 1 500km, 然而另一组估计平均是 1 200km.
a. 假定均值是 1 500km, 向北位移少于 500km 的概率是多少?
b. 假定均值是 1 200km, 向北位移少于 500km 的概率是多少?
c. 如果向北位移事实上少于 500km, 1 200km 或 1 500km 哪一个是更合理的均值?

❓ 理论练习

5.41 设 Y 是一个均值为 μ、方差为 σ^2 正态随机变量. 证明:

$$Z = \frac{Y - \mu}{\sigma}$$

的均值为 0、方差为 1. (提示:应用定理 5.1~5.2.)

5.6 判定正态性的描述性方法

在下面的章节中,我们学习如何基于样本信息对总体做出推断,其中几种方法是基于总体近似正态分布的假定. 因此,在恰当应用这些方法之前,确定这些样本数据是否来自一个正态总体是很重要的.

可以应用几种描述性方法来检验正态性. 在这一节中,我们考虑汇总于方框中的三种方法.

确定数据是否来自近似正态分布

1. 建立数据的**相对频率直方图**或**茎叶图**. 若数据是近似正态的,则图的形状会与图 5.12 正态曲线类似(即带细尾的丘形并且关于均值对称).

2. 求样本的**四分位数间距(IQR)**以及**标准差(s)**, 然后计算 IQR/s. 若数据是近似正态的,则 $IQR/s \approx 1.3$.

3. 建立数据的**正态概率图**(见下面的例子). 若数据是近似正态的,则点将会(近似地)落在一条直线上.

例 5.12 判定正态性——EPA 行车里程 环境保护署(EPA)对所有新车型推行广泛的测试以确定它们的行车里程等级(英里/加仑). 表 5.1 列出了某种新车型进行 100 次测试获得的行车里程等级数据(数据保存在 EPAGAS 文件中). 这 100 个行车里程等级的数值法和图形法描述性度量见图 5.18a~c 的 SAS 输出. 确定数据是否近似正态分布.

表5.1 100辆车的EPA行车里程等级(英里/加仑)

36.3	41.0	36.9	37.1	44.9	36.8	30.0	37.2	42.1	36.7
32.7	37.3	41.2	36.6	32.9	36.5	33.2	37.4	37.5	33.6
40.5	36.5	37.6	33.9	40.2	36.4	37.7	37.7	40.0	34.2
36.2	37.9	36.0	37.9	35.9	38.2	38.3	35.7	35.6	35.1
38.5	39.0	35.5	34.8	38.6	39.4	35.3	34.4	38.8	39.7
36.3	36.8	32.5	36.4	40.5	36.6	36.1	38.2	38.4	39.3
41.0	31.8	37.3	33.1	37.0	37.6	37.0	38.7	39.0	35.8
37.0	37.2	40.7	37.4	37.1	37.8	35.9	35.6	36.7	34.5
37.1	40.3	36.7	37.0	33.9	40.1	38.0	35.2	34.8	39.5
39.9	36.9	32.9	33.8	39.8	34.0	36.8	35.0	38.1	36.9

解 作为第一个判定方法,我们首先检查图5.18a所示数据的相对频率直方图,图中也附加了正态曲线. 很明显,行车里程等级是近似丘形的,以约37英里/加仑的均值为中心的对称分布.

第二种方法,需要我们求数据集的四分位数间距(即第75和第25百分位数的距离)以及标准差,并计算这两个数的比. 对来自正态分布的样本,IQR/s 近似等于 1.3 ⊖. IQR 和 s 值见图5.18b中的阴影部分,为 IQR = 2.7 以及 s = 2.42,所以比为

$$\frac{\text{IQR}}{s} = \frac{2.7}{2.42} = 1.12$$

由于这个值近似等于1.3,因此数据是近似正态的.

检查正态性的第三种描述性方法是**正态概率图**. 在正态概率图中,按顺序排列数据集中的观测值,然后在数据为正态分布的假定下,关于观测值的标准化期望值(Z得分)作图. 事实上,当数据为正态分布时,观测值将近似等于它的期望值. 因此,正态概率图的线性(直线)趋势表明数据来自近似的正态分布,而非线性趋势表明数据是非正态分布的.

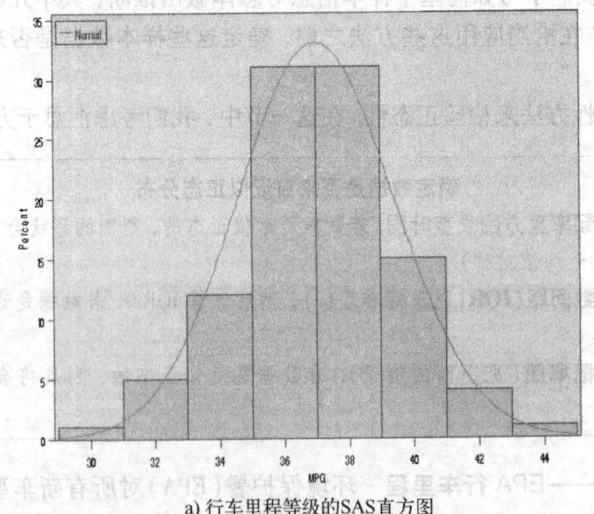

a) 行车里程等级的SAS直方图

图5.18 例5.12中SAS描述性统计量

⊖ 可以看到正态分布满足这条性质,注意到相应于第75和第25百分位数的Z值(由表B.5可得)分别是 0.67 和 −0.67. 由于标准正态(Z)分布 $\sigma = 1$,IQR/$\sigma = [0.67 − (−0.67)]/1 = 1.34$.

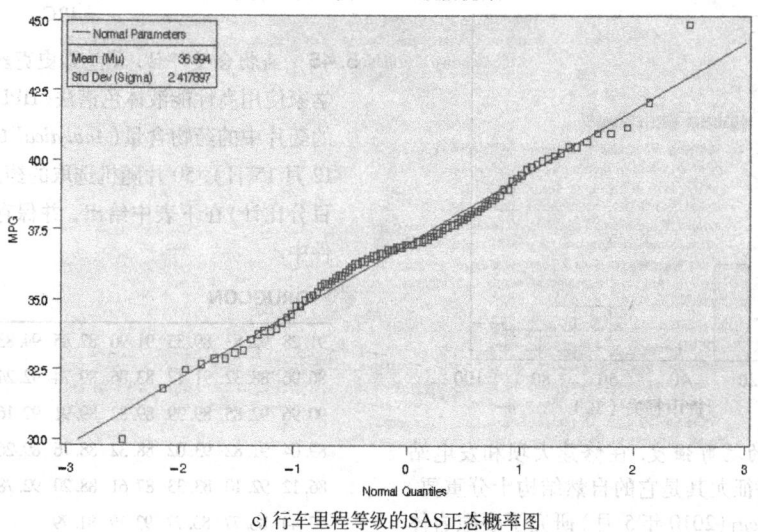

b) 行车里程等级的SAS概括统计量

c) 行车里程等级的SAS正态概率图

图 5.18 （续）

尽管可以用手画出正态概率图，但是过程是麻烦的．用统计软件可以容易地产生这些图．图 5.17c 给出了 100 个行车里程等级的 SAS 正态概率图．注意到排序后的测量值合理地接近一条直线．因此，第三种方法同样表明数据可能为近似正态分布．■

定义 5.5 一个数据集的**正态概率图**是一个散点图，其中一条轴是排序后的数据值，另一条轴是它们的相应于标准正态分布的期望 Z 得分.（**注**：标准正态 Z 得分的期望的计算超出了本书范围.因此，我们将依赖统计软件包产生正态概率图.）

这个例子中给出的正态性检查是简单、有效的方法，但本质上它们只是描述性的.即使当条件合理满足时，数据可能（尽管不大会）不是正态的.因而我们必须小心，不要说表 5.1 中的 100 个行车里程等级实质上是正态分布的.我们只能说有理由相信数据来自正态分布[⊖].

应用练习

5.42 软件文件更新. 在摩托罗拉有限公司，软件配置管理用于追踪软件工程师小组的完成情况（*Software Quality Professional*，2004 年 11 月）. 感兴趣的一个变量是由于报告问题而改变文件更新的次数. 对 $n=421$ 个文件的累计统计得到以下结果：$\bar{y}=4.71$，$s=6.09$，$Q_1=1$ 以及 $Q_3=6$. 这些数据是近似正态分布吗？说明理由.

5.43 计算机犯罪年度调查. 参考练习 2.13，2010 年 *CSI Computer Crime and Security Survey* 记录了 144 家公司组织内部个人的恶意行为（即恶意的内部操作）造成的货币损失百分比. 数据的直方图再次给出. 研究人员想用一种只有当数据为正态分布才有效的统计方法来分析数据. 研究者可以将该方法用于这组数据吗？

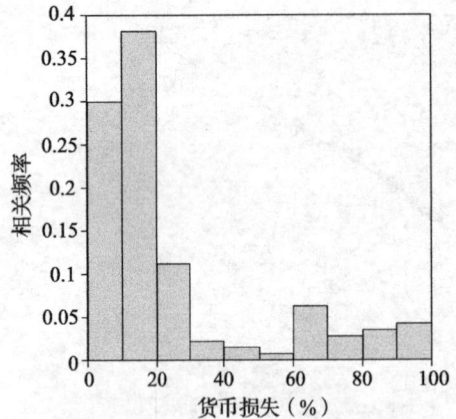

5.44 裂隙岩体的抗剪强度. 在修建大坝和发电站时，了解岩体特征尤其是它的自然结构十分重要. *Engineering Geology*（2010 年 5 月）研究了裂隙岩体的抗剪强度，用节理粗糙度系数（JRC）来衡量抗剪强度. 土木工程师搜集了超过 750 个裂隙岩体的 JRC 数据，下面的 SPSS 直方图总结了输出结果（根据文章中提供的信息模拟）. 工程师应该使用正态分布模拟裂隙岩体的抗剪强度吗？说明理由.

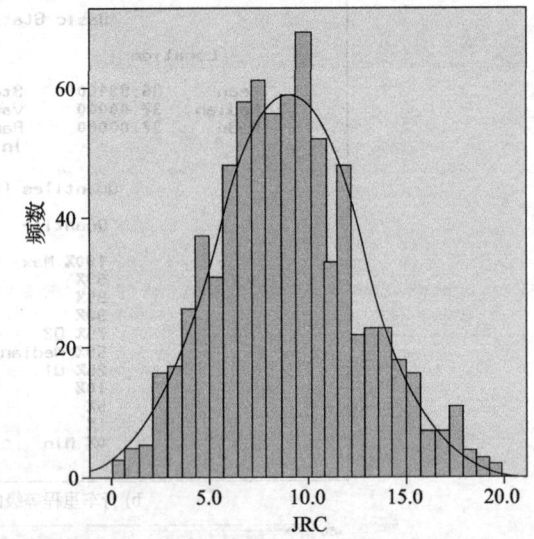

5.45 药物含量评估. 葛兰素史克药物研发中心的科学家使用高性能液体色谱法（HPLC）检测一个公司的药片中的药物含量（*Analytical Chemistry*，2009 年 12 月 15 日）. 50 片随机选取的药片的药物浓度（以百分比计）在下表中给出，并保存在 DRUGCON 文件中.

🌐 **DRUGCON**

91.28	92.83	89.35	91.90	82.85	94.83	89.83	89.00	84.62
86.96	88.32	91.17	83.86	89.74	92.24	92.59	84.21	89.36
90.96	92.85	89.39	89.82	89.91	92.16	88.67	89.35	86.51
89.04	91.82	93.02	88.32	88.76	89.26	90.36	87.16	91.74
86.12	92.10	83.33	87.61	88.20	92.78	86.35	93.84	91.20
93.44	86.77	83.77	93.19	81.79				

资料来源：Borman, P. J., Marion, J. C., Damjanov, I., &Jackson, P. "Design and analysis of method equivalence studies", *Analytical Chemistry*, Vol. 81, No. 24, December 15, 2009（表 3）.

⊖ 可以用正态性的统计检验提供推断的可靠性度量. 然而，这些检验对于正态的微小偏离很敏感，即对于任意一个不是完全对称和丘形的分布，就会拒绝正态性假设. 如果你想更多地了解这些检验，请查阅有关文献.

a. 药物浓度的描述性统计量见下面 SPSS 输出结果. 利用此信息评估这些数据是否近似正态.

Descriptives			Statistic	Std. Error
Content	Mean		89.2906	.45021
	95% Confidence Interval for Mean	Lower Bound	88.3859	
		Upper Bound	90.1953	
	5% Trimmed Mean		89.3963	
	Median		89.3750	
	Variance		10.134	
	Std. Deviation		3.18344	
	Minimum		81.79	
	Maximum		94.83	
	Range		13.04	
	Interquartile Range		4.84	
	Skewness		-.544	.337
	Kurtosis		-.389	.662

b. SPSS 正态概率图如下. 利用此信息评估这些数据是否是近似正态.

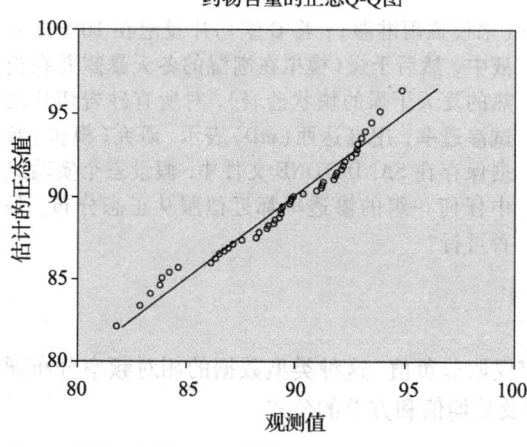

药物含量的正态Q-Q图

HABITAT

5.46 濒于灭绝物种的栖息地. *Conservation Ecology* (2003 年 12 月)完成了关于濒于灭绝的大马哈鱼物种栖息地的评估. 研究人员鉴别了美国俄勒冈州 734 个地点(栖息地)的切努克(Chinook), 银大马哈鱼或虹鳟大马哈鱼的品种, 并且给每一个栖息地质量打分(分数从 0~36, 较低分数表明栖息地供养很差或者退化了). 数据(保存在 HABITAT 文件中)的 MINITAB 直方图在下面给出. 数据是否是正态分布, 给出你的观点.

5.47 树腰直径. 林业人员定期地在森林中"巡视", 以确定某种树的大小(通常测量树腰直径). 不列颠哥伦比亚北方森林的一个 28 棵白杨树样本的树腰直径(m)列在下面. 确定样本数据是否来自近似正态分布.

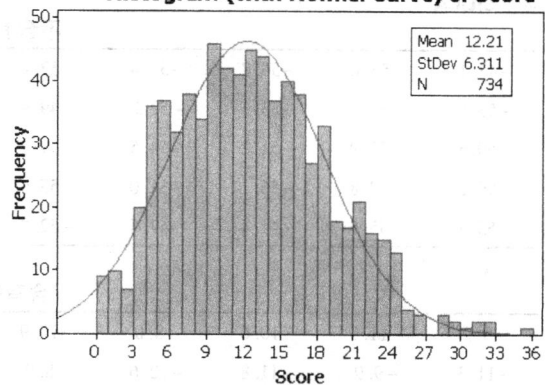

练习 5.46 的 MINITAB 输出

资料来源: Good, T. P., Harms, T. K., and Ruckelshaus, M. H. "Misuse of checklist assessments in endangered species recovery efforts." *Conservation Ecology*, Vol. 7, No. 2, Dec. 2003(图 3).

ASPENHTS

12.4	17.3	27.3	19.1	16.9	16.2	20.0
16.6	16.3	16.3	21.4	25.7	15.0	19.3
12.9	18.6	12.4	15.9	18.8	14.9	12.8
24.8	26.9	13.5	17.9	13.2	23.2	12.7

资料来源: Scholz, H. "Fish Creek Community Forest: Exploratory statistical analysis of selected data," Working paper, Northern Lights College, British Columbia, Canada.

CRASH

5.48 NHTSA 撞击测试. 参考国家公路安全交通管理局(NHTSA)对新车的撞击测试数据. 在练习 5.38 中假定司机头部受伤程度是近似正态分布的. 对保存在 CRASH 文件中的数据, 应用这一章的方法支持此假定.

SHIPSANIT

5.49 游船公共卫生得分. 参考首先出现在练习 2.19 中的 2004 年 5 月关于对 186 艘游船公共卫生得分的数据. 数据保存在 SHIPSAINT 文件中, 评价公共卫生得分是否近似正态分布.

5.50 水中矿物浮选研究. 参考练习 2.23, *Minerals Engineering*(Vol. 46-47, 2013)关于钙和石膏对水中二氧化硅浮选性能影响的研究. 准备 50 种含有或不含有钙/石膏的去离子水溶液, 并且使用一个叫作电动电势的变量测定在溶液中浮选硅的含量(以毫伏计, mV). 数据(根据文章中提供的信息模拟得到)在表格中给出并保存在 SILICA 数据文件中. 对于不含有钙/石膏和含有钙/石膏的去离子水溶液的两种电动电势分布, 哪一种用正态分布近似更好?

SILICA

不含有钙/石膏									
-47.1	-53.0	-50.8	-54.4	-57.4	-49.2	-51.5	-50.2	-46.4	-49.7
-53.8	-53.8	-53.5	-52.2	-49.9	-51.8	-53.7	-54.8	-54.5	-53.3
-50.6	-52.9	-51.2	-54.5	-49.7	-50.2	-53.2	-52.9	-52.8	-52.1
-50.2	-50.8	-56.1	-51.0	-55.6	-50.3	-57.6	-50.1	-54.2	-50.7
-55.7	-55.0	-47.4	-47.5	-52.8	-50.6	-55.6	-53.2	-52.3	-45.7

含有钙/石膏									
-9.2	-11.6	-10.6	-8.0	-10.9	-10.0	-11.0	-10.7	-13.1	-11.5
-11.3	-9.9	-11.8	-12.6	-8.9	-13.1	-10.7	-12.1	-11.2	-10.9
-9.1	-12.1	-6.8	-11.5	-10.4	-11.5	-12.1	-11.3	-10.7	-12.4
-11.5		-7.1	-12.4	-11.4	-9.9	-8.6	-13.6	-10.1	-11.4
-13.0	-11.9	-8.6	-11.3	-13.0	-12.2	-11.3	-10.5	-8.8	-13.4

SANDSTONE

5.51 风化过程中砂岩的渗透性. 参考练习 2.33, *Geographical Analysis*(Vol. 42, 2010)关于在暴露环境中砂岩衰减特性的研究. 将砂岩块切成 300 个大小相等的切片, 随机分成 3 组, 每组 100 片. A 组切片未暴露于任何类型的风化环境中; B 组切片在适宜的条件下重复喷洒 10% 盐溶液(来模拟雨淋湿); 将 C 组切片浸泡在 10% 盐溶液中, 然后干燥(模拟在潮湿的冬天暴露并在炎热的夏天干燥的块状砂岩). 对所有砂岩切片测试渗透率, 用毫达西(mD)表示. 研究(模拟)数据保存在 SANDSTONE 文件中. 假设三个实验组中任何一组的渗透率都近似服从正态分布, 是否可行?

5.7 Γ型概率分布

许多随机变量(如计算机使用寿命的长度)可假定仅取非负值. 这种类型数据的相对频率分布通常用 Γ型密度函数建模. 下面方框给出了 Γ 密度函数及其均值和方差的公式.

Γ 概率分布

Γ 型随机变量 Y 的概率密度函数为

$$f(y) = \begin{cases} \dfrac{y^{\alpha-1} e^{-y/\beta}}{\beta^{\alpha} \Gamma(\alpha)} & \text{若 } 0 \leq y < \infty; \alpha > 0; \beta > 0 \\ 0 & \text{其他} \end{cases}$$

其中,

$$\Gamma(\alpha) = \int_0^{\infty} y^{\alpha-1} e^{-y} dy$$

Γ 型随机变量的均值和方差分别为

$$\mu = \alpha\beta \qquad \sigma^2 = \alpha\beta^2$$

当 α 是正整数时, 可以证明(证明略) $\Gamma(\alpha) = (\alpha-1)\Gamma(\alpha-1)$ 以及 $\Gamma(\alpha) = (\alpha-1)!$, 表 B.6 给出了 $1.0 \leq \alpha \leq 2.0$ 时的 $\Gamma(\alpha)$ 值.

Γ 密度函数公式中包含两个参数 α 和 β. 参数 β 称作**尺度参数**, 反映 Y 度量单位的大小. (它和出

现在正态密度函数公式中的参数 σ 有相同的功能.)参数 α 称作**形状参数**,改变它的值会改变 Γ 分布的形状,这使我们在建立试验数据的相对频率分布模型时,能得到许多不同形状的密度函数. 图 5.19 给出了 $\alpha = 1, 3$ 和 $5, \beta = 1$ 时的 Γ 密度函数图形.

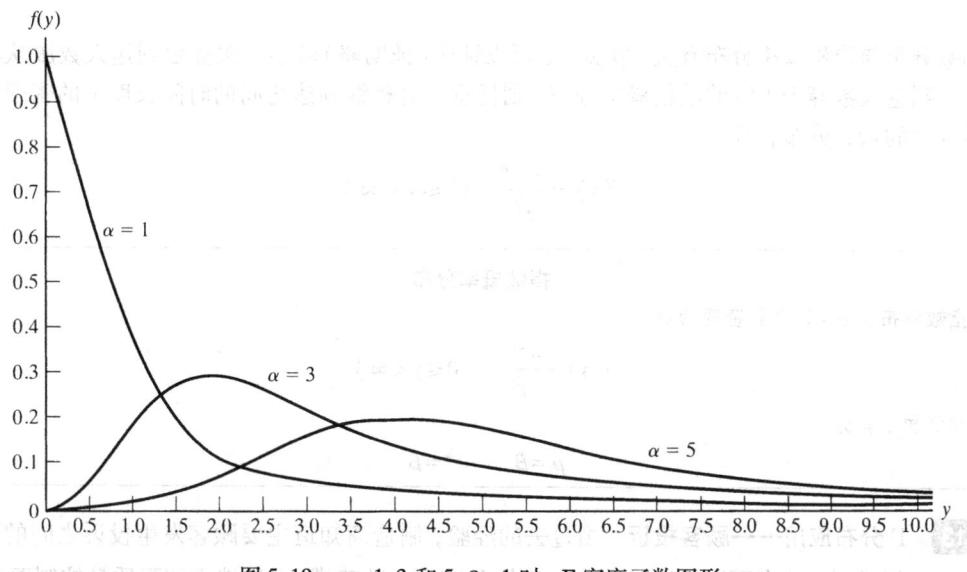

图 5.19 $\alpha = 1, 3$ 和 $5, \beta = 1$ 时,Γ 密度函数图形

除了 α 为整数的特殊情况,我们不能得到 Γ 密度函数积分的显式表示. 因此,Γ 随机变量的累积分布函数称作**不完全 Γ 函数**,必须在计算机帮助下用近似方法得到. 不完全 Γ 函数表(1956)给出了这个函数值.

在统计学中,扮演重要角色的 Γ 型随机变量是**卡方随机变量**. 附录 B 中表 B.9 给出了卡方值以及卡方密度函数下相应的面积. 我们将在第 7 章和第 8 章中讨论这张表的使用.

卡方概率分布

卡方随机变量是 $\alpha = \nu/2$ 和 $\beta = 2$ 的 Γ 型随机变量,

$$f(y) = c(y)^{(\nu/2)-1} e^{-y/2} \quad (0 \leqslant y^2 < \infty)$$

其中,

$$c = \frac{1}{2^{\nu/2} \Gamma\left(\dfrac{\nu}{2}\right)}$$

卡方随机变量的均值和方差分别为

$$\mu = \nu \qquad \sigma^2 = 2\nu$$

参数 ν 称作卡方分布的**自由度个数**.

当 $\alpha = 1$ 时,Γ 密度函数称作指数分布⊖. 这个重要的密度函数可以作为在某一服务台(计算机中心、超市结账口、医院门诊等)两个随机到达之间时间长度的相对频率分布模型,当顾客在任意单位

⊖ 5.3 节中例 5.5 和例 5.6 已经遇到过指数分布.

时间内到达的概率等于其他任意时间到达的概率时. 也可以作为具有以下性质的工业设备或产品的寿命长度模型, 当已知现在正在工作的一个"旧"元件至少再工作 t 个时间单位的概率与一个"新"元件至少工作 t 个时间单位的概率相同时. 定期维护以及零件更换的设备通常显示这种"永不变老"的性质.

指数分布与泊松概率分布有关. 事实上, 可以证明(证明略)若某一服务台到达人数服从单位时间内平均到达人数等于 $1/\beta$ 的泊松概率分布, 则任意一对相继到达之间的时间长度 y 的密度函数将是均值为 β 的指数分布, 即

$$f(y) = \frac{e^{-y/\beta}}{\beta} \quad (0 \leq y < \infty)$$

指数概率分布

指数分布是 $\alpha = 1$ 的 Γ 密度函数:

$$f(y) = \frac{e^{-y/\beta}}{\beta} \quad (0 \leq y < \infty)$$

均值和方差为

$$\mu = \beta \quad \sigma^2 = \beta^2$$

例 5.13 **Γ 分布应用——顾客投诉** 由过去的经验, 制造商知道主要顾客发生投诉之间的时间长度 Y(月)的相对频率分布可以用 $\alpha = 2$ 和 $\beta = 4$ 的 Γ 密度函数建模. 在制造商加强质量控制要求的 15 个月后发生了第一个投诉者. 这能说明主要顾客投诉之间的平均时间可能增大了?

解 我们希望确定, 如果实际上 $\alpha = 2$ 和 $\beta = 4$, 那么不可能观测到 $Y = 15$ 个月, 或某个更大的 Y 值. 本书没有给出 Γ 密度函数下的面积表, 但是我们可以通过计算 $\alpha = 2$ 和 $\beta = 4$ 时 Γ 密度函数的均值和标准差得到关于 $P(Y \geq 15)$ 大小的一些信息. 这样

$$\mu = \alpha\beta = (2)(4) = 8$$
$$\sigma^2 = \alpha\beta^2 = (2)(4)^2 = 32$$
$$\sigma = 5.7$$

由于 $Y = 15$ 个月刚刚超过均值一个标准差 $(\mu + \sigma = 8 + 5.7 = 13.7$ 月), 因此不能把 15 个月看作是 Y 的异常大值. 因此, 没有充分的理由说明公司新的质量控制方法在增加投诉之间的平均时间是有效的. 在后面的章节中, 我们将给出正式的统计方法回答这个问题. ■

例 5.14 **导出 Γ 随机变量的均值** 证明: Γ 型随机变量 Y 的均值等于 $\mu = \alpha\beta$.

解 我们首先有

$$E(Y) = \int_{-\infty}^{\infty} y f(y) dy = \int_{0}^{\infty} y \frac{y^{\alpha-1} e^{-y/\beta}}{\beta^\alpha \Gamma(\alpha)} dy = \int_{0}^{\infty} \frac{y^{(\alpha+1)-1} e^{-y/\beta}}{\beta^\alpha \Gamma(\alpha)} dy$$

用 $\alpha\beta$ 乘且除这个积分, 并利用 $\Gamma(\alpha) = (\alpha-1)\Gamma(\alpha-1)$ 的事实, 我们得到

$$E(Y) = \alpha\beta \int_{0}^{\infty} \frac{y^{(\alpha+1)-1} e^{-y/\beta}}{(\alpha\beta)\beta^\alpha \Gamma(\alpha)} dy = \alpha\beta \int_{0}^{\infty} \frac{y^{(\alpha+1)-1} e^{-y/\beta}}{\beta^{\alpha+1} \Gamma(\alpha+1)} dy$$

被积函数是参数为 $(\alpha+1)$ 和 β 的 Γ 密度函数. 因为任何密度函数在区间 $-\infty < y < \infty$ 上积分等于 1, 得

$$E(Y) = \alpha\beta(1) = \alpha\beta$$

■

应用练习

5.52 预防性维修测试. *Reliability Engineering and System Safety*(2006年1月)中研究了在 n 个独立运行的元件中,其中一部分(不是全部)元件的预防性维修测试的最佳时间安排. 两个元件失效的时间间隔(小时)近似服从均值为 β 的指数分布.
  a. 设 $\beta = 1\,000$ 小时,求元件失效的时间间隔在 1 200 ~ 1 500 小时之间的概率.
  b. 设 $\beta = 1\,000$ 小时,求元件失效的时间间隔至少为 1 200 小时的概率.
  c. 已知失效的时间间隔至少为 1 200 小时,那么失效的时间间隔少于 1 500 小时的概率是多少?

5.53 金属破碎机残渣中的铅. 根据在全国收集的金属破碎机的数据,金属破碎机残渣中可提取铅的量 Y 具有均值 $\beta = 2.5\,mg/L$ 的近似指数分布(佛罗里达破碎机协会).
  a. 求 Y 大于 2 mg/L 的概率.
  b. 求 Y 小于 5 mg/L 的概率.

PHISHING

5.54 网络钓鱼攻击电子邮件账户. 参考练习 2.24, *Chance*(2007年夏)关于一个公司发生的网络钓鱼攻击的研究. 网络钓鱼是指企图通过诈骗邮件获取毫无戒心的人的个人/财务信息. 公司设立了一个被称为"欺诈箱"的公开的电子邮件账户,如果员工怀疑电子邮件受到钓鱼攻击,就让员工通知他们. 如果在公司内只存在极少的或者不存在合作和勾结,则间隔时间(即连续两封电子邮件成功通知的间隔时间,单位秒)近似服从均值为 95 秒的指数分布.
  a. 观察间隔时间至少为 2 分钟的概率是多少?
  b. 267 个样本的间隔时间数据保存在 PHISHING 文件中. 这些数据服从 $\beta = 95$ 的指数分布吗?

5.55 产品的失效行为. *Hotwire*(2002年12月)中的一篇文章研究了 Hewlett-Packard 生产的一种产品的失效时间. 在产品的寿命结束时,失效时间(千时)用参数为 $\alpha = 1$ 且 $\beta = 500$ 的 Γ 分布来建模. 在可靠性术语中,称作这个产品的"耗损"分布. 在它的正常(有效)使用期间,假设这个产品直到失效的时间为 100 000 小时到 1 000 000 小时的均匀分布.
  a. 在产品的寿命结束时,求产品在 700 000 小时内就失效的概率.
  b. 在正常(有效)使用期间,求产品在 700 000 小时内就失效的概率.
  c. 证明产品使用不到 830 000 小时失效的概率与正常(有效)使用期间的分布和"耗损"分布是相似的.

5.56 洪水流量分析. 研究人员发现宾夕法尼亚州哈里斯堡的萨斯奎哈纳河每 4 年最大洪水流量(每秒百万立方英尺)近似服从 $\alpha = 3$, $\beta = 0.07$ 的 Γ 分布. (*Journal of Quality Technology*, 1986年1月.)
  a. 求萨斯奎哈纳河每 4 年最大洪水流量的均值和方差.
  b. 研究人员从 1890 年开始,通过观测每 4 年最大洪水流量,得到了关于最大洪水流量分布的结论. 假定在下一个 4 年周期,观测到的最大洪水流量是每秒 0.60 百万立方英尺. 由 $\alpha = 3$, $\beta = 0.07$ 的 Γ 分布你期望观测到一个这么高的值吗? 对于观测的 4 年间最大洪水流量的分布,你能推断出什么?

5.57 产品验收抽样. 监控生产产品质量的一个必备工具是验收抽样. 验收抽样计划涉及了解所生产产品寿命的分布和确定生产过程中需要检查多少产品. *Journal of Applied Statistics*(2010年4月)证明用指数分布对产品(比如子弹)寿命长度 Y 进行建模. 由于制造厂中有一半产品的寿命都超过了中位数,因此这篇文章也讨论了用寿命分布的中位数作为产品质量测量的重要性. 对于均值为 β 的指数分布,给出这个分布的中位数的表达. (提示: 答案是 β 的函数.)

5.58 备件需求模型. 设备的有效维护依赖于准确预报备件需求的能力. *Journal of Quality in Maintenance Engineering*(Vol. 18, 2012)研究了一种预报备件需求数量的统计方法. 这种方法用参数为 α 和 β 的 Γ 分布来模拟系统零件的失效率 Y. 模型在这样的假设下给出: 实际失效率不会超过理论失效率均值 μ 的二倍. 假设 $\alpha = 2$ 且 $\beta = 5$, 求 $P(Y < 2\mu)$.

5.59 柔性加工系统. 在一个柔性加工系统(FMS)中,零件加工要经历一系列操作,其中有些是串行的,有些是并行的,而且还可以由其他机器处理 FMS 操作. *IEEE Transactions*(1990年3月)上一篇文章给出了有 4 个独立操作机器的 FMS 的例子. 每台机器的修理速度,即修理一台失效机器所需的时间(h)分别是均值为 $\mu_1 = 1, \mu_2 = 2, \mu_3 = 0.5$ 以及 $\mu_4 = 0.5$ 的指数分布.
  a. 求机器 1 修理时间超过 1h 的概率.
  b. 对机器 2 重复 a.

c. 对机器 3 和 4 重复 a.

d. 如果 4 台机器同时失效，求整个系统修理时间超过 1h 的概率.

5.60 对催泪弹的反应. 对催泪弹配方 A，致使人反应所需时间长度 Y(min) 是 $\alpha=2$ 和 $\beta=2$ 的 Γ 分布. 配方 B 的分布是 $\alpha=1$ 和 $\beta=4$ 的 Γ 分布.

a. 求对催泪弹配方 A 致使人反应所需平均时间长度. 求配方 B 的平均值.

b. 求两个分布的方差.

c. 哪种催泪弹在不到 1min 内使人产生反应的概率较高？（提示：你可以利用以下事实：

$$\int y e^{-y/2} dy = -2y e^{-y/2} + \int 2 e^{-y/2} dy$$

这个结论由分部积分导出.）

5.61 CD-ROM 的可靠性. *Reliability Ques*（2004 年 3 月）指出在双驱动器系统中 CD-ROM 驱动器的寿命长度可用指数分布建模. 两个 CD-ROM 驱动器是独立运转的，为了系统成功运转，至少有一个驱动器必须运转. 两个驱动器的平均寿命长度为 25 000h.

a. 单个 CD-ROM 驱动器可靠性 $R(t)$ 是驱动器寿命长度超过 t h 的概率. 给出 $R(t)$ 公式.

b. 用 a 的结果，求单个 CD-ROM 驱动器的寿命长度超过 8 760h（一年运转的小时数）的概率.

c. 双 CD-ROM 驱动器系统可靠性 $S(t)$ 是至少一个驱动器寿命长度超过 t h 的概率. 给出 $S(t)$ 的公式.（提示：用互补法则和两个驱动器的运转是独立的事实.）

d. 用 c 的结果，求两个 CD-ROM 驱动器系统寿命长度超过 8 760h 的概率.

e. 比较 b 和 d 中的概率.

❓ 理论练习

5.62 证明：参数为 α 和 β 的 Γ 分布的方差为 $\alpha\beta^2$.

5.63 设 Y 是均值为 β 的指数分布，证明：$P(Y>a)=e^{-a/\beta}$.（提示：求 $F(a)=P(Y\leq a)$.）

5.64 参考理论练习 5.9 中新的比旧的好（NBU）和新的不如旧的好（NWU）的定义. 证明：指数分布满足（NBU）和（NWU）两条性质.（这种"寿命"分布称为新的和旧的一样或无记忆.）

5.65 证明：$\Gamma(\alpha)=(\alpha-1)\Gamma(\alpha-1)$.

5.66 我们已经说明卡方随机变量有 $\alpha=\nu/2$ 和 $\beta=2$ 的 Γ 型密度. 求卡方随机变量的均值和方差.

5.67 假设随机变量 Y 的概率分布为

$$f(Y) = \begin{cases} cy^2 e^{-y/2} & \text{若 } y>0 \\ 0 & \text{其他} \end{cases}$$

求 c 值，使 $f(y)$ 成为密度函数.

5.8 威布尔概率分布

在 5.7 节中，我们注意到 Γ 密度函数可以用于描述生产的元件、设备等寿命长度（失效时间）的分布. 为了同样的目的，工程师利用的另一个分布是**威布尔(Weibull)分布**⊖.

威布尔概率分布

威布尔随机变量 Y 的概率密度函数为

$$f(y) = \begin{cases} \dfrac{\alpha}{\beta} y^{\alpha-1} e^{-y^{\alpha}/\beta} & \text{若 } 0 \leq y < \infty; \alpha>0; \beta>0 \\ 0 & \text{其他} \end{cases}$$

$$\mu = \beta^{1/\alpha} \Gamma\left(\frac{\alpha+1}{\alpha}\right)$$

$$\sigma^2 = \beta^{2/\alpha} \left[\Gamma\left(\frac{\alpha+2}{\alpha}\right) - \Gamma^2\left(\frac{\alpha+1}{\alpha}\right) \right]$$

威布尔密度函数有两个参数 α 和 β. **尺度参数** β 反映被度量的随机变量 y 的单位大小. 参数 α 是**形状参数**. 改变形状参数 α，我们可以产生一个广泛变化的曲线集合，作为描述真实失效时间分布的模型. 当 $\alpha=1$ 时得到 5.7 节中的指数分布，图 5.20 给出了 α 和 β 取不同值时的威布尔密度函数.

⊖ 见 Weibull(1951).

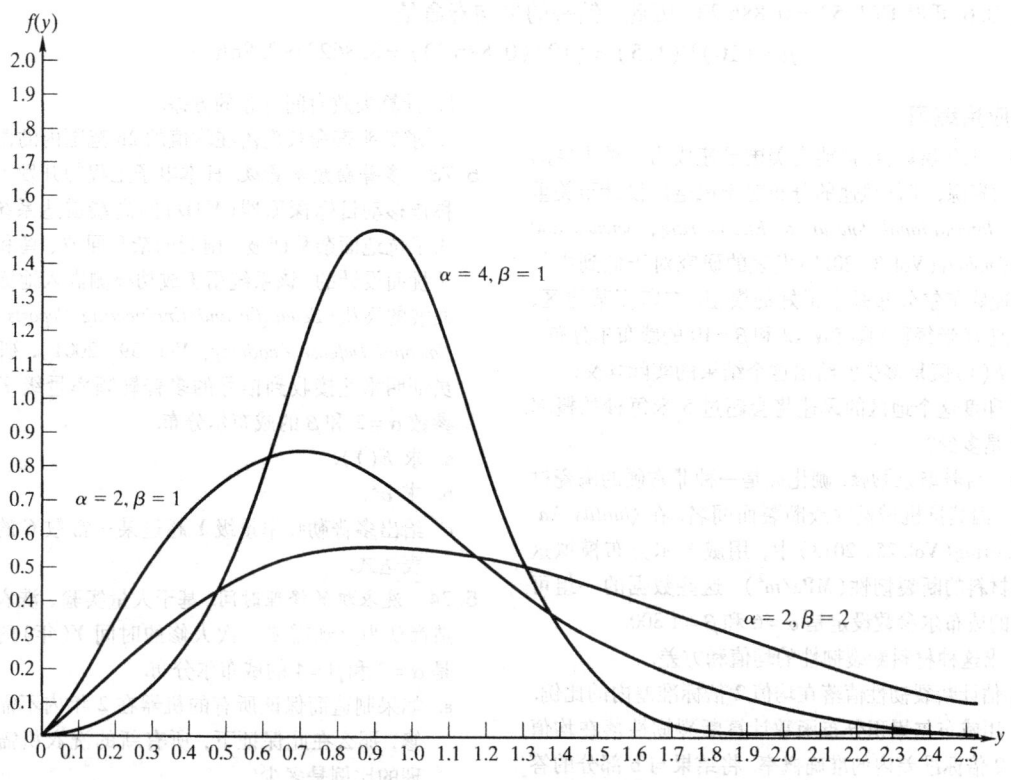

图 5.20 威布尔密度函数图形

除了为许多工业产品失效时间分布提供了一个很好的模型以外，威布尔分布易于应用. 它的累积分布函数的显式表示是存在的，可以用于求得威布尔曲线下的面积. 例 5.15 将说明这个方法.

例5.15 **威布尔分布应用——钻头失效** 在生产制造中使用的某种钻头寿命长度 Y 是 $\alpha = 2$ 和 $\beta = 100$ 的威布尔分布. 求钻头在使用 8h 内失效的概率.

解 威布尔分布的累积分布函数为

$$F(y_0) = \int_0^{y_0} f(y) \mathrm{d}y = \int_0^{y_0} \frac{\alpha}{\beta} y^{\alpha-1} \mathrm{e}^{-y^\alpha/\beta} \mathrm{d}y$$

作变换 $Z = Y^\alpha$，有 $\mathrm{d}z = \alpha y^{\alpha-1} \mathrm{d}y$，积分化简为

$$F(y_0) = 1 - \mathrm{e}^{-z/\beta} = 1 - \mathrm{e}^{-y_0^\alpha/\beta}$$

为了求 y 小于 8h 的概率，我们计算

$$P(Y < 8) = F(8) = 1 - \mathrm{e}^{-(8)^\alpha/\beta} = 1 - \mathrm{e}^{-(8)^2/100} = 1 - \mathrm{e}^{-0.64}$$

在表 B.3 中的 $\mathrm{e}^{-0.60}$ 和 $\mathrm{e}^{-0.65}$ 之间插值，或用带有 e 函数的计算器，求得 $\mathrm{e}^{-0.64} \approx 0.527$. 因此，钻头在 8h 内失效的概率为

$$P(Y < 8) = 1 - \mathrm{e}^{-0.64} = 1 - 0.527 = 0.473$$

例5.16 **求威布尔随机变量的均值** 参考练习 5.15，求钻头的平均寿命.

解 把 $\alpha = 2$ 和 $\beta = 100$ 代入威布尔随机变量均值的公式，得到

$$\mu = \beta^{1/\alpha} \Gamma\left(\frac{\alpha+1}{\alpha}\right) = (100)^{1/2} \Gamma\left(\frac{2+1}{2}\right) = 10\Gamma(1.5)$$

由表 B.6 可得 $\Gamma(1.5) = 0.88623$. 因此，钻头的平均寿命是

$$\mu = (10)\Gamma(1.5) = (10)(0.88623) = 8.8623 \approx 8.86\text{h}$$

应用练习

5.68 风气候建模. 风能在美国迅速成为一种主要的电力资源，了解风速的分布对于风电厂设计至关重要. *International Journal of Engineering, Science and Technology*(Vol.3, 2011) 发表的研究对于低到中等风速威布尔分布是个很好的模型. 在印度某地区，风速 Y(米每秒) 具有 $\alpha = 2$ 和 $\beta = 10$ 的威布尔分布.
  a. $E(Y)$ 值是多少？给出这个结果的实际含义.
  b. 印度这个地区的风速将会超过 5 米每秒的概率是多少？

5.69 材料断裂韧性. 硼化钛是一种非常硬的陶瓷材料，因其抗机械侵蚀或断裂而闻名. 在 *Quality Engineering*(Vol.25, 2013) 中，用威布尔分布模拟这种材料的断裂韧性(MPa/m^2). 这些数据的一组可能的威布尔参数设定是 $\alpha = 6$ 和 $\beta = 1800$.
  a. 求这种材料断裂韧性的均值和方差.
  b. 估计断裂韧性值落在均值 2 倍标准差内的比例.
  c. 用威布尔累积分布函数计算断裂韧性落在均值 2 倍标准差内的准确概率. 将结果与 b 部分的答案作比较.

5.70 电厂的生命周期. 在 *Journal of Quality in Maintenance Engineering*(Vol.19, 2013) 中，工程师研究了煤力发电厂的生命周期成本，用威布尔分布去模拟失效时间 Y(千时) 的概率分布. 工程师们用 $\beta = 65$ 作为威布尔分布中的尺度参数，假定 $\alpha = 2$ 为形状参数. 利用这些信息求失效时间的值 $Y = t$，使得在时间 t 之前失效的概率只有 0.2. [提示：使用例 5.15 给出的分布函数 $F(t)$ 表达式]

5.71 航空电路的寿命. 马里兰大学的工程师研究了几种商用航空业电子设备和控制系统，包括飞行控制系统、自动驾驶仪、飞行导航系统以及信号发生器. (*The Journal of the Reliability Analysis Center*, 2005 年第 1 季度.) 某一航空电子供应商出售的集成电路的寿命长度用参数 $\alpha = 1$ 和 $\beta = 100\,000\text{h}$ 的威布尔分布作为模型. 供应商出售的集成电路在使用 50 000h 之内失效的概率是多少？

5.72 钻头寿命. 参考例 5.15 中钻头的寿命长度 Y，Y 是 $\alpha = 2$，$\beta = 100$ 的威布尔分布.
  a. 计算当 $y = 2, 5, 8, 11, 14$ 以及 17 时的 $f(y)$ 值. 画出点 $(y, f(y))$ 以及钻头失效时间分布图.
  b. 计算失效时间分布的方差.
  c. 求钻头寿命长度落在均值的 2h 范围内的概率.

5.73 多普勒频率量级. 日本电子工程师开发了一种称作移动目标探测器(MTD)的高端雷达系统，是为了抗地面杂乱回波、雨天的杂乱回波、鸟和其他干扰而设计的. 该系统用于成功检测嵌入地面杂乱回波的飞机(*Scientific and Engineering Reports of the National Defense Academy*, Vol.39, 2001). 研究人员证明雷达接收到信号的多普勒频率量级 Y 服从参数 $\alpha = 2$ 和 β 的威布尔分布.
  a. 求 $E(Y)$.
  b. 求 σ^2.
  c. 给出多普勒频率量级 Y 超过某一常数 C 的概率表达式.

5.74 洗衣机的修理时间. 基于大量实验，洗衣机制造商认为直到需要一次大修的时间 Y(年) 的分布是 $\alpha = 2$ 和 $\beta = 4$ 的威布尔分布.
  a. 如果制造商保证所有的机器在 2 年内不需要大修，那么在此保证下，所有新的洗衣机需要修理的比例是多少？
  b. 求直到需要一次大修的时间长度的均值和标准差.
  c. 求 $P(\mu - 2\sigma \leq Y \leq \mu + 2\sigma)$.
  d. Y 可能超过 6 年吗？

5.75 银行监控失效. 直到银行监视电视设备失效的时间间隔(维修后以月计)是 $\alpha = 2$ 和 $\beta = 60$ 的威布尔分布. 如果银行想要在下一次例行修理之前发生故障的概率是 0.05，则设备需要多久一次的定期维修？

理论练习

5.76 证明：$\alpha = 2$ 和 $\beta > 0$ 的威布尔分布新的比旧的好(NBU). [见选做的练习 5.9 中 NBU 定义.]

5.77 证明：对于威布尔分布，

$$\mu = \beta^{1/\alpha}\Gamma\left(\frac{\alpha+1}{\alpha}\right)$$

5.78 证明：对于威布尔分布，

$$E(Y^2) = \beta^{2/\alpha}\Gamma\left(\frac{\alpha+2}{\alpha}\right)$$

然后利用关系 $\sigma^2 = E[(Y-\mu)^2] = E(Y^2) - \mu^2$ 证明：

$$\sigma^2 = \beta^{2/\alpha}\left[\Gamma\left(\frac{\alpha+2}{\alpha}\right) - \Gamma^2\left(\frac{\alpha+1}{\alpha}\right)\right]$$

5.9 β型概率分布

回顾 5.7 节，Γ 密度函数为具有固定下限但是可以无限大的随机变量的相对频率分布提供了模型. 与之不同的是，也用两个参数刻画的 β 密度函数具有有限的下限和上限. 我们将给出的界限是从 0 到 1，但是经过修改，密度函数可以定义在任何一个有限的区间内. $(\alpha=2,\beta=4)$，$(\alpha=2,\beta=2)$ 和 $(\alpha=3,\beta=2)$ 时的 β 密度函数图形如图 5.21 所示. 下面的方框中给出了 β 型随机变量的概率密度函数、均值和方差.

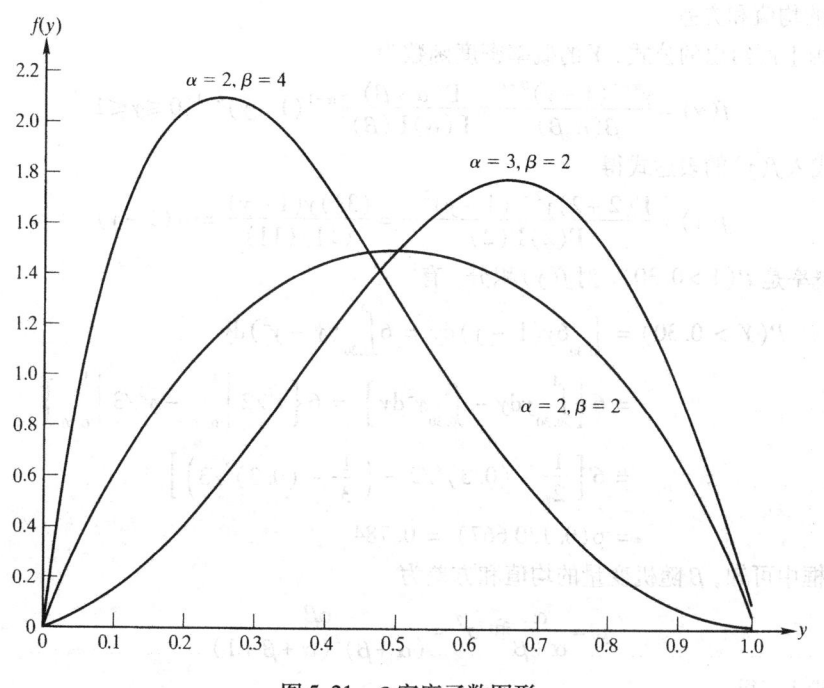

图 5.21　β 密度函数图形

β 概率分布

β 型随机变量 Y 的概率密度函数为

$$f(y) = \begin{cases} \dfrac{y^{\alpha-1}(1-y)^{\beta-1}}{B(\alpha,\beta)} & \text{若 } 0 \leqslant y \leqslant 1; \alpha>0; \beta>0 \\ 0 & \text{其他} \end{cases}$$

其中，

$$B(\alpha,\beta) = \int_0^1 y^{\alpha-1}(1-y)^{\beta-1}\mathrm{d}y = \dfrac{\Gamma(\alpha)\Gamma(\beta)}{\Gamma(\alpha+\beta)}$$

β 随机变量的期望值和方差分别为

$$\mu = \dfrac{\alpha}{\alpha+\beta} \qquad \sigma^2 = \dfrac{\alpha\beta}{(\alpha+\beta)^2(\alpha+\beta+1)}$$

前面介绍过

$$\Gamma(\alpha) = \int_0^\infty y^{\alpha-1} e^{-y} dy$$

且当 α 是正整数时，$\Gamma(\alpha) = (\alpha-1)!$

例 5.17 **β 分布应用——智能感应器** 在计算机化智能系统中，红外线感应器将信息以不同的格式传递给其他感应器. 对系统中所有感应器直接兼容的发送信号百分数 Y 服从 $\alpha = \beta = 2$ 的 β 分布.

a. 求系统发送的红外信号有超过 30% 对所有感应器直接兼容的概率.

b. 求 Y 的均值和方差.

解 a. 由上面给出的公式，Y 的概率密度函数为

$$f(y) = \frac{y^{\alpha-1}(1-y)^{\beta-1}}{\beta(\alpha,\beta)} = \frac{\Gamma(\alpha+\beta)}{\Gamma(\alpha)\Gamma(\beta)} y^{\alpha-1}(1-y)^{\beta-1}, 0 \leq y \leq 1$$

把 $\alpha = \beta = 2$ 代入 $f(y)$ 的表达式得

$$f(y) = \frac{\Gamma(2+2) y^{2-1}(1-y)^{2-1}}{\Gamma(2)\Gamma(2)} = \frac{(3!) y(1-y)}{(1!)(1!)} = 6y(1-y)$$

我们要求的概率是 $P(Y > 0.30)$. 对 $f(y)$ 积分，有

$$P(Y > 0.30) = \int_{0.30}^1 6y(1-y) dy = 6 \int_{0.30}^1 (y - y^2) dy$$

$$= 6 \left\{ \int_{0.30}^1 y dy - \int_{0.30}^1 y^2 dy \right\} = 6 \left\{ y^2/2 \Big|_{0.30}^1 - y^3/3 \Big|_{0.30}^1 \right\}$$

$$= 6 \left[\frac{1}{2} - (0.3)^2/2 - \left(\frac{1}{3} - (0.3)^3/3 \right) \right]$$

$$= 6(0.130667) = 0.784$$

b. 从方框中可知，β 随机变量的均值和方差为

$$\mu = \frac{\alpha}{\alpha+\beta} \text{ 和 } \sigma^2 = \frac{\alpha\beta}{(\alpha+\beta)^2(\alpha+\beta+1)}$$

把 $\alpha = \beta = 2$ 代入，得

$$\mu = \frac{2}{2+2} = \frac{2}{4} = 0.5$$

$$\sigma^2 = \frac{(2)(2)}{(2+2)^2(2+2+1)} = \frac{4}{(16)(5)} = 0.05$$

β 密度函数的累积分布函数 $F(y)$ 称为**不完全 β 函数**. 不完全 β 函数表 (1956) 给出了不同的 y，α 和 β 值所对应的函数值. 对于 α 和 β 为整数的特殊情况，可以证明：

$$F(p) = \int_0^p \frac{y^{\alpha-1}(1-y)^{\beta-1}}{B(\alpha,\beta)} dy = \sum_{y=\alpha}^n p(y)$$

其中 $p(y)$ 是参数为 p 和 $n = (\alpha+\beta-1)$ 的二项概率分布. 回顾表 B.2 给出的 $n = 5, 10, 15, 20$ 和 25 时的二项概率的累积和，本书末的参考文献中列出了这些概率在更大范围的表.

例 5.18 **用二项分布求 β 概率** 对于收集的计算机芯片（与总容量成比例）使用时间的数据，发现它的相对频率分布可以用 $\alpha = 2$ 和 $\beta = 4$ 的 β 密度函数近似. 求在任意某时刻，芯片被使用的比例小于 0.20 的概率.

解 芯片被使用的比例小于 $p = 0.20$ 的概率是

$$F(p) = \int_0^p \frac{y^{\alpha-1}(1-y)^{\beta-1}}{B(\alpha,\beta)} dy = \sum_{y=\alpha}^{n} p(y)$$

其中 $p(y)$ 是 $n = (\alpha + \beta - 1) = (2 + 4 - 1) = 5$ 和 $p = 0.2$ 的二项概率分布, 因此,

$$F(0.2) = \sum_{y=2}^{5} p(y) = 1 - \sum_{y=0}^{1} p(y)$$

对于 $n = 5$ 和 $p = 0.2$, 由表 B.2, 我们求得

$$\sum_{y=0}^{1} p(y) = 0.737$$

因此, 在任意某时间, 计算机芯片被占用小于 20% 的概率是

$$F(0.2) = 1 - \sum_{y=0}^{1} p(y) = 1 - 0.737 = 0.263$$

应用练习

5.79 岩石的矿物组成. 沉积岩是矿物和孔隙的混合物. 工程师采用测井 (或者地上凿洞) 对钻孔穿透的岩石的矿物组成做详细的记录, 一个重要的测度是岩石的页岩密度 (以 0 和 1 之间的分数度量). 在期刊 *SPE Reservoir Evaluation & Testing* (2009 年 12 月) 中, 石油工程师用 β 分布对页岩密度建模. 假设页岩密度 Y 服从 $\alpha = 3$ 和 $\beta = 2$ 的 β 分布. 求岩石的页岩密度小于 0.5 的概率.

5.80 皮肤图像分割. 在 2006 年的 *International Conference on Biomedical Engineering* 中, 研究人员提出了一种皮肤图像分割的无监督学习技术. 这种方法应用了 β 分布的各种不同形式, 其中一种是对称的. 对称的 β 分布的参数是相等的, 即 $\alpha = \beta$. 考虑随机变量 $Y =$ 皮肤图像处理后像素位移变化的比例, 并假定 Y 服从对称的 β 分布.
  a. 求 $E(Y)$ 并解释这个结果.
  b. 证明这个 β 分布的方差是 $1/[4(2\alpha+1)]$.

5.81 β 分布的参数. 在 *Journal of Statistical Computation and Simulation* (Vol. 67, 2000) 中, 研究人员提出了一种估计 β 分布参数的数值方法. 这种方法包括概率密度函数的再参数化. 考虑一个参数为 α^* 和 β^* 的 β 分布, 其中 $\alpha^* = \alpha\beta$, $\beta^* = \beta(1-\alpha)$.
  a. 证明这个 β 分布的均值是 α.
  b. 证明这个 β 分布的方差是 $\alpha(1-\alpha)/(\beta+1)$.

5.82 破译分组密码. 分组密码是一种加密算法, 为了安全的目的, 把一组固定长度未加密的文本数据 (称作明文) 转化为一组相同长度加密的文本数据 (称作密文). 一群韩国通信工程师设计了一种新的线性近似方法来破译分组密码 (*IEEE Transactions on Fundamentals*, 2005 年 1 月). 研究人员证明了新算法成功率 Y 具有参数 $\alpha = n/2$ 和 $\beta = N/2n$ 的 β 分布, 其中, n 是所用的线性近似次数, N 是加密数据中明文文本个数.
  a. 给出 Y 的概率密度函数.
  b. 求 Y 的均值和方差.
  c. 给出一个可能包含成功率 Y 的区间.

5.83 工厂环境污染停工. 一项关于工业公司污染控制支出的调查发现, 由于环境和安全法规, 每年工厂停产的百分数具有 $\alpha = 1$ 和 $\beta = 25$ 的近似 β 分布.
  a. 求由于环境污染和安全法规, 每年工厂停产百分数的均值和方差.
  b. 求由于环境污染和安全法规, 超过 1% 工厂停产的概率.

5.84 激光彩色打印机修理. 数据处理公司每年硬盘修理预算中分配给修理激光彩色打印机的比例 Y 具有参数 $\alpha = 2$ 和 $\beta = 9$ 的近似 β 分布.
  a. 求 Y 的均值和方差.
  b. 对随机选取的一年, 计算至少 40% 的硬盘修理预算用于修理激光彩色打印机的概率.
  c. 每年至多 10% 的修理预算用于激光彩色打印机的概率是多少?

5.85 开设网上公司. 假设开设网上公司第一年运转获利的比例近似地具有 $\alpha = 5$ 和 $\beta = 6$ 的 β 密度相对频率分布.
  a. 求至多 60% 开设的网上公司在第一年运转中获利的概率.
  b. 求至少 80% 开设的网上公司在第一年运转中获利的概率.

5.86 粗糙的水泥颗粒. 某种粉末或颗粒状产品的一个重要性质是它们颗粒大小的分布. 例如, 粗糙颗粒比例太高导致包装不好使耐火水泥受到不利的影响. G. H. Brown (*Journal of Quality Technology*,

1985年7月)证明β分布为散装产品中耐火水泥颗粒是粗糙的比例 Y 提供了一个适当的模型. 假设你对控制一批散装产品的粗糙耐火水泥的比例 Y 感兴趣, 其中 Y 是参数 $\alpha=\beta=2$ 的 β 分布.
a. 求 Y 的均值和方差.
b. 只有当少于10%耐火水泥颗粒是粗糙时, 你才接受这批产品, 求接受这批产品的概率.

❓ 理论练习

5.87 连续随机变量 Y 是 β 分布, 概率密度为:

$$f(y)=\begin{cases} cy^5(1-y)^2 & \text{若 } 0 \leq y \leq 1 \\ 0 & \text{其他}\end{cases}$$

求 c 值, 使 $f(y)$ 为密度函数.

5.88 证明: 参数为 α 和 β 的 β 密度均值为 $\mu=\alpha/(\alpha+\beta)$.

5.89 证明: 若 Y 有 $\alpha=1$ 和 $\beta=1$ 的 β 密度, 则 Y 是区间 $0 \leq Y \leq 1$ 上的均匀分布.

5.90 证明: $\alpha=2$ 和 $\beta=1$ 的 β 分布是新的比旧的好(NBU).(见选做的练习5.9中NBU的定义.)

*5.10 矩和矩母函数

连续随机变量的**矩**和**矩母函数**与离散随机变量的定义方式完全相同, 除了期望值牵涉到积分外[○]. 矩母函数 $m(t)$ 的关联和应用在连续情况下是相同的, 现在我们通过两个例子来说明.

例 5.19 Γ 型随机变量的 MGF 求 Γ 型随机变量 Y 的矩母函数.

解 矩母函数为

$$m(t)=E(e^{tY})=\int_0^\infty e^{ty}\frac{y^{\alpha-1}e^{-y/\beta}}{\beta^\alpha\Gamma(\alpha)}dy=\int_0^\infty \frac{y^{\alpha-1}e^{-y(1/\beta-t)}}{\beta^\alpha\Gamma(\alpha)}dy=\int_0^\infty \frac{y^{\alpha-1}e^{-y/[\beta/(1-\beta t)]}}{\beta^\alpha\Gamma(\alpha)}dy$$

观察这个积分, 从积分中提出因子 $1/\beta^\alpha$, 并用 $[\beta/(1-\beta t)]^\alpha$ 乘和除这个积分, 我们可以把它转化为参数为 α 和 $\beta/(1-\beta t)$ 的 Γ 密度函数. 因此,

$$m(t)=\frac{1}{\beta^\alpha}\left(\frac{\beta}{1-\beta t}\right)^\alpha \int_0^\infty \frac{y^{\alpha-1}e^{-y/[\beta/(1-\beta t)]}}{\left(\frac{\beta}{1-\beta t}\right)^\alpha \Gamma(\alpha)}dy$$

这个 Γ 密度函数的积分等于1. 因此,

$$m(t)=\frac{1}{(1-\beta t)^\alpha}(1)=\frac{1}{(1-\beta t)^\alpha}$$

∎

例 5.20 使用矩求 Γ 型均值和方差 参考例5.19, 用 $m(t)$ 求 μ_1' 和 μ_2', 并用这个结果导出 Γ 型随机变量的均值和方差.

解 计算 $t=0$ 时的值, 1阶和2阶原点矩为

$$\mu_1'=\mu=\frac{dm(t)}{dt}\bigg|_{t=0}=\frac{-\alpha(-\beta)}{(1-\beta t)^{\alpha+1}}\bigg|_{t=0}=\alpha\beta$$

和

$$\mu_2'=\frac{d^2m(t)}{dt^2}\bigg|_{t=0}=-\frac{\alpha\beta(\alpha+1)(-\beta)}{(1-\beta t)^{\alpha+2}}\bigg|_{t=0}=\alpha(\alpha+1)\beta^2$$

然后, 应用定理5.4, 有

$$\sigma^2=E(y^2)-\mu^2=\mu_2'-\mu^2=\alpha(\alpha+1)\beta^2-\alpha^2\beta^2=\alpha\beta^2$$

∎

本章末快速回顾的重要公式中汇总了一些有用的概率密度函数以及它们的期望值、方差和矩母函数.

[○] 4.9节中讨论过离散随机变量的矩和矩母函数.

理论练习

5.91 用正态密度的矩母函数 $m(t)$ 求 μ_1' 和 μ_2'。然后利用这些结果证明：正态随机变量的均值为 μ、方差为 σ^2。

5.92 证明：自由度为 ν 的卡方随机变量的矩母函数是
$$m(t) = (1-2t)^{-\nu/2}$$
（提示：利用卡方随机变量有 $\alpha = \nu/2$ 和 $\beta = 2$ 的 Γ 型密度函数。）

5.93 验证区间 $a \leqslant Y \leqslant b$ 上的均匀随机变量的矩母函数是
$$m(t) = \frac{e^{tb} - e^{ta}}{t(b-a)}$$

5.94 考虑连续随机变量 Y，密度为
$$f(y) = \begin{cases} e^y & \text{若 } y < 0 \\ 0 & \text{其他} \end{cases}$$
a. 求 Y 的矩母函数 $m(t)$。
b. 利用 a 的结果，求 Y 的均值和方差。

活动中的统计学回顾：超级武器的开发——优化命中率

回顾一个美国国防承包商开发了一种光电型手枪，在一次齐发中可以发射 1100 发穿甲弹。在范围测试中，把 3 个 2in 宽的靶安放在距离武器 500m（近似 1 500ft）的位置。三个靶的中心分别在 0、5 和 10ft 处，如图 SIA5.1 所示（见本章前面的"活动中的统计学"）。光电型手枪瞄准中间的靶（中心在 5ft 处）并发射一次。用一个水平格子测量 1100 发穿甲弹在 500ft 远处的弹着点 Y。（随机变量 Y 的 1100 个测量值保存在 MOAGUN 文件中。）

国防承包商希望设定使击中靶数最大化的手枪规格。武器设计为水平均值 $E(Y)$ 等于瞄准点。（如当瞄准中间靶时，$\mu = 5$ft.）通过改变规格，承包商也可以改变标准差 σ。MOAGUN 文件中包含了三个不同范围测试的穿弹甲的测量值：一个标准差 $\sigma = 1$ft、一个 $\sigma = 2$ft 以及一个 $\sigma = 4$ft。

由过去的经验，国防设备承包商发现穿甲弹水平测量值的分布非常近似于正态分布。图 SIA5.2a~c 给出 MOAGUN 文件中水平击中测量值的 MINITAB 直方图。你可以看到附加在直方图上的正态曲线拟合数据非常好。因此，我们将用正态分布求武器发射的一个穿甲弹击中三个靶中的任意一个的概率。回顾图 SIA5.1 中三个靶的范围是水平格上的 $-1 \sim 1$、$4 \sim 6$ 以及 $9 \sim 11$ft。

首先考虑中间的靶。仍设 Y 表示由手枪发射的一个穿甲弹的水平测量值。所以若 $4 \leqslant Y \leqslant 6$，则穿甲弹击中靶。当 $\mu = 5$ 和 $\sigma = 1$ 时，由正态概率表（表 B.5），这个穿甲弹击中靶的概率是：

击中中间靶$(\sigma = 1): P(4 \leqslant Y \leqslant 6) = P\left(\frac{4-5}{1} < Z < \frac{6-5}{1}\right) = P(-1 < Z < 1) = 2(0.341\ 3) = 0.682\ 6$

类似地，求得穿甲弹击中如图 SIA5.1 所示的左边和右边靶的概率，

击中左边靶$(\sigma = 1): P(-1 \leqslant Y \leqslant 1) = P\left(\frac{-1-5}{1} < Z < \frac{1-5}{1}\right) = p(-6 < Z < -4) \approx 0$

击中右边靶$(\sigma = 1): P(9 \leqslant Y \leqslant 11) = P\left(\frac{9-5}{1} < Z < \frac{11-5}{1}\right) = P(4 < Z < 6) \approx 0$

可以看到穿甲弹大约有 68% 的机会击中中间的靶，但事实上，当标准差设定为 1ft 时，穿甲子弹没有机会击中左边和右边的靶。

为了求 $\sigma = 2$ 和 $\sigma = 4$ 时的三个概率值，我们用 MINITAB 中的正态概率函数。图 SIA5.3 是 MINITAB 工作表，给出了正态随机变量落在第一列中 Y 值以下的累积概率。$\sigma = 2$ 和 $\sigma = 4$ 时的累积概率分别在 Sigma2 和 Sigma4 列中给出。

用图中的累积概率求 $\sigma = 2$ 时的三个概率，我们有：

击中中间靶$(\sigma = 2): P(4 \leqslant Y \leqslant 6) = P(Y \leqslant 6) - P(Y \leqslant 4) = 0.691\ 5 - 0.308\ 5 = 0.383\ 0$

击中左边靶$(\sigma = 2): P(-1 \leqslant Y \leqslant 1) = P(Y \leqslant 1) - P(Y \leqslant -1) = 0.022\ 7 - 0.001\ 3 = 0.021\ 4$

击中右边靶$(\sigma = 2): P(9 \leqslant Y \leqslant 11) = P(Y \leqslant 11) - P(Y \leqslant 9) = 0.998\ 7 - 0.977\ 3 = 0.021\ 4$

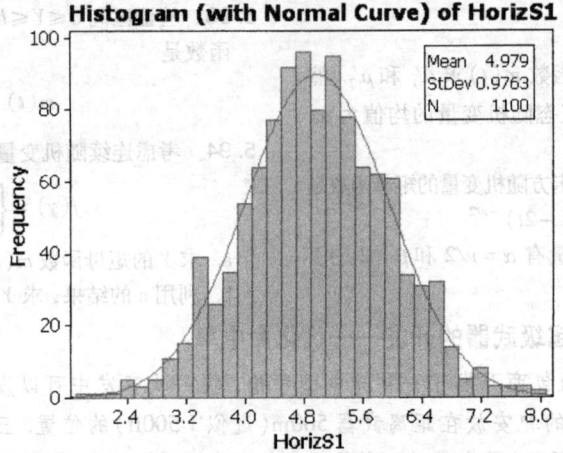

a) 当 $\sigma=1$ 时,水平击中测量值的 MINITAB 直方图

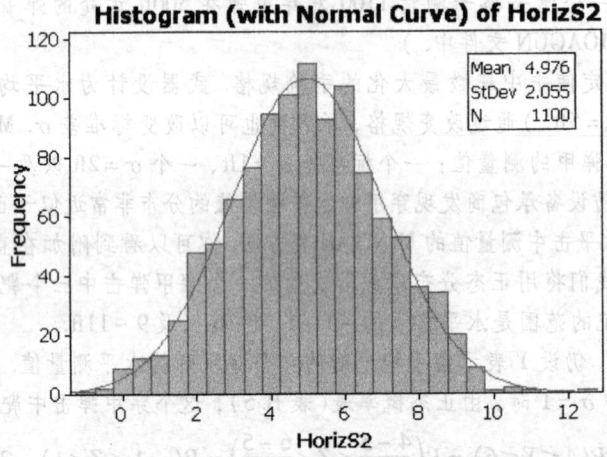

b) 当 $\sigma=2$ 时,水平击中测量值的 MINITAB 直方图

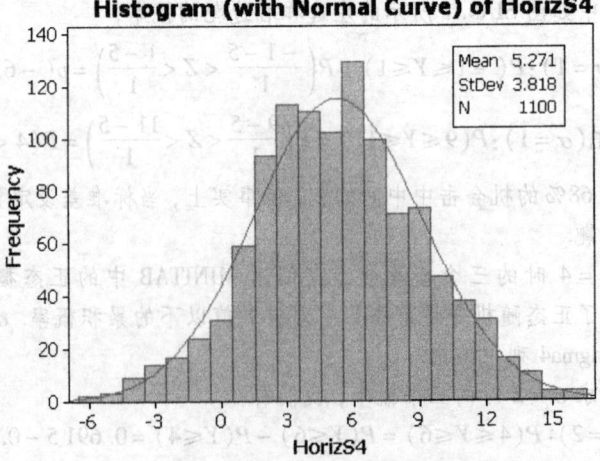

c) 当 $\sigma=4$ 时,水平击中测量值的 MINITAB 直方图

图 SIA5.2 $\sigma=1$,$\sigma=2$ 和 $\sigma=4$ 时,水平击中测量值的 MINITAB 直方图

所以当 $\sigma=2$ 时,穿甲弹大约有 38% 的机会击中中间的靶,2% 的机会击中左边的靶,以及 2% 的机会击中右边的靶. 穿甲弹击中中间、左边或者右边靶的概率是这三个概率的简单求和(概率加法规则的应用). 这个和是 $0.383\,0+0.021\,4+0.021\,4=0.425\,8$;因此,当规格设定为 $\sigma=2$ 时,穿甲弹大约有 42% 的机会击中三个靶中的任意一个.

现在,我们用图 SIA5.3 中的累积概率求 $\sigma=4$ 时三个击中概率:

图 SIA5.3 累积正态概率 MINITAB 工作表

击中中间靶($\sigma=4$): $P(4\leq Y\leq 6)=P(Y\leq 6)-P(Y\leq 4)=0.598\,7-0.401\,3=0.197\,4$

击中左边靶($\sigma=4$): $P(-1\leq Y\leq 1)=P(Y\leq 1)-P(Y\leq -1)=0.158\,7-0.066\,8=0.091\,9$

击中右边靶($\sigma=4$): $P(9\leq Y\leq 11)=P(Y\leq 11)-P(Y\leq 9)=0.933\,2-0.841\,3=0.091\,9$

所以当 $\sigma=4$ 时,穿甲弹大约有 20% 的机会击中中间的靶,9% 的机会击中左边的靶,以及 9% 的机会击中右边的靶. 穿甲弹击中三个靶中任意一个的概率是 $0.197\,4+0.091\,9+0.091\,9=0.381\,2$.

表 SIA5.1 给出对不同的 σ 值计算击中三个靶的正态概率,也给出了三个范围测试的实际结果(回顾保存在 MOAGUN 文件中的实际数据). 可以看到 1 100 发穿甲弹实际击中每一个靶的比例(称作击中率)与用正态分布估计的击中率非常接近.

表 SIA5.1 正态概率计算与实际范围测试结果汇总表

目标	规格	正态概率	实际击中次数	击中率(击中次数/1 100)
左	$\sigma=1$	0.000 0	0	0.000
	$\sigma=2$	0.021 4	30	0.027
	$\sigma=4$	0.091 9	73	0.066
中间	$\sigma=1$	0.682 6	764	0.695
	$\sigma=2$	0.382 0	409	0.372
	$\sigma=4$	0.197 4	242	0.220
右	$\sigma=1$	0.000 0	0	0.000
	$\sigma=2$	0.021 4	23	0.021
	$\sigma=4$	0.091 9	93	0.085

这些概率值的计算揭示了一些规律. 首先,击中中间靶(手枪瞄准的靶)的概率随着标准差的增大而减小. 显然,如果美国军队想使光电型手枪击中瞄准靶的机会极大化,那么手枪规格应设置为一个小的 σ 值. 但如果军队想在武器的一次射击中击中多个靶,σ 应当增大. σ 越大,并不是击中瞄准靶的穿甲弹越多,而是击中周围的靶越多. σ 是否应当设置为 4 或 6(或一些其他值)依赖于对**周围靶**要求的击中率有多高.

快速回顾

重要公式

随机变量	概率密度函数	均值	方差	矩母函数
均匀	$f(y)=\dfrac{1}{b-a}\quad a\leq y\leq b$	$\dfrac{a+b}{2}$	$\dfrac{(b-a)^2}{12}$	$\dfrac{e^{tb}-e^{ta}}{t(b-a)}$
正态	$f(y)=\dfrac{e^{-(y-\mu)^2/2\sigma^2}}{\sigma\sqrt{2\pi}}\quad -\infty<y<\infty$	μ	σ^2	$e^{\mu t+(t^2\sigma^2/2)}$

(续)

随机变量	概率密度函数	均值	方差	矩母函数
Γ	$f(y) = \dfrac{y^{\alpha-1}e^{-y/\beta}}{\beta^{\alpha}\Gamma(\alpha)}$ $0 \leq y < \infty$	$\alpha\beta$	$\alpha\beta^2$	$(1-\beta t)^{-\alpha}$
指数	$f(y) = \dfrac{1}{\beta}e^{-y/\beta}$ $0 \leq y < \infty$	β	β^2	$\dfrac{1}{1-\beta t}$
卡方	$f(y) = \dfrac{(y)^{(\nu/2)-1}e^{-y/2}}{2^{\nu/2}\Gamma\left(\dfrac{\nu}{2}\right)}$ $0 \leq y < \infty$	ν	2ν	$(1-2t)^{-\nu/2}$
威布尔	$f(y) = \dfrac{\alpha}{\beta}y^{\alpha-1}e^{-y^{\alpha}/\beta}$ $0 \leq y \leq \infty$	$\beta^{1/\alpha}\Gamma\left(\dfrac{\alpha+1}{\alpha}\right)$	$\beta^{2/\alpha}\left[\Gamma\left(\dfrac{\alpha+2}{\alpha}\right) - \Gamma^2\left(\dfrac{\alpha+1}{\alpha}\right)\right]$	$\beta^{t/\alpha}\Gamma(1+t/\alpha)$
β	$f(y) = \dfrac{\Gamma(\alpha+\beta)}{\Gamma(\alpha)\Gamma(\beta)}y^{\alpha-1}(1-y)^{\beta-1}$ $0 \leq y < 1$	$\dfrac{\alpha}{\alpha+\beta}$	$\dfrac{\alpha\beta}{(\alpha+\beta)^2(\alpha+\beta+1)}$	不存在显式表示

符号汇集

符号	说明
$f(y)$	连续随机变量 Y 的概率密度函数
$F(y)$	连续随机变量 Y 的累积分布函数
$\Gamma(\alpha)$	正整数 α 的 Γ 函数

本章总结提示

- 连续随机变量 Y 的密度函数性质：
  (1) $f(y) \geq 0$，(2) $F(\infty) = 1$，$P(a < Y < b) = F(b) - F(a)$.
- **连续随机变量的类型：均匀、正态、Γ 型、威布尔和 β 型**.
- **均匀概率分布**是一个在某区间上均等分布的连续随机变量模型.
- **正态或(高斯)概率分布**是具有带薄尾的钟形曲线的连续随机变量模型.
- 评估正态性的描述性方法：**直方图、茎叶图**、IQR/$s \approx 1.3$ 和**正态概率图**.
- **Γ 型概率分布**是关于寿命长度或等待时间的连续随机变量模型.
- Γ 随机变量的两种特殊类型：**卡方随机变量**和**指数随机变量**.
- **威布尔概率分布**是表示失效时间的连续随机变量模型.
- **β 型概率分布**是落在区间 $(0,1)$ 上连续随机变量模型.

补充练习

5.95 购物工具及判断. 参考练习 2.43，*Journal of Marketing Research*(2011年12月)关于手臂弯曲时(如挎着购物篮)是否比手臂伸直时(如推着购物车)更愿意购买副产品(如一块糖)的研究. 这项研究测量了在以上两种条件下消费者购物时的选择分数(以 0~100 的范围，更高的分数表示更多的偏好选择). 手臂弯曲的消费者的平均选择分数为 59，手臂伸直的消费者的平均选择分数为 43. 在这两种条件下，假设选择分数的标准差是 5，且两种条件下都近似服从正态分布.

a. 在手臂弯曲的情况下，消费者的选择分数是 60 或者更高的概率是多少？
b. 在手臂伸直的情况下，消费者的选择分数是 60 或者更高的概率是多少？

5.96 野火之后森林的生长. *Ecological Applications*(1995年5月)发表了一篇关于在太平洋西北部野火之后森林生长的文章. 研究人员感兴趣的一个变量是火后 110 年树腰的直径. 已经证明道格拉斯杉树总体具有 $\mu = 50$cm 和 $\sigma = 12$cm 的近似正态分布.

a. 求直径 d，使得总体中 30% 的道格拉斯杉树的直径超过 d.

b. 另一个树种——西部铁杉的树腰直径被证明近似服从 $\beta = 30$cm 的指数分布. 求森林中的西部铁杉在被野火损毁 110 年后的树腰直径超过 25cm 的概率.

5.97 **压力清洗器的清洗率.** 某制造公司研发了一种把压力清洗与蒸汽清洗相结合的节能机器. 对于压力清洗，设计以 1 000lb/in² 的压力，每分钟提供 7 加仑除垢剂. 实际上，每分钟提供量是任一个 6.5 和 7.5 加仑之间的 Y 随机变量. 假定提供的除垢剂量是均匀随机变量，概率密度为

$$f(y) = \begin{cases} 1 & \text{若 } 6.5 \leq y \leq 7.5 \\ 0 & \text{其他} \end{cases}$$

a. 求 Y 的均值和标准差，然后画 $f(y)$ 图，标出均值位置，以及均值周围的 1 个和 2 个标准差区间.

b. 求每分钟分配超过 7.2 加仑除垢剂的概率.

5.98 **等候单轨铁路.** 乘客拥挤问题促使大型国际机场安装单轨铁路连接主停机场到三个中央大厅 A、B 和 C. 工程师设计单轨铁路，使得乘客在大厅 B 必须等候单轨铁路的时间是 0～10min 范围内的均匀分布.

a. 求乘客在大厅 B 必须等候单轨铁路的时间 Y 的均值和方差. (假定单轨交通按顺序从大厅 A，到大厅 B，到大厅 C，再回到大厅 B，然后回到大厅 A. 然后重复路线.)

b. 如果单轨铁路从一个大厅到另一个大厅需要 1min，求一个焦急的乘客到达大厅 B 的单轨车站后，少于 4min 可以到达大厅 A 的概率.

5.99 **起搏器的规格.** 起搏器由几个生物医学部件组成，它们必须是高质量的以保证起搏器的运转. 对于起搏器制造商，使用符合规格的零件是很重要的. 一个特殊的塑料零件，称作连接器模块，装在起搏器顶部. 要求连接器模块长度在 0.304 和 0.322in 之间才能正常工作. 任何一个长度不在这个范围内的模块是"不合规格的". *Quality*(1989 年 8 月)报道一个连接器模块供应商曾经把不合规格的零件供给制造商达 12 个月.

a. 由供应商生产的连接器模块长度服从均值为 $\mu = 0.301\ 5\text{in}$、标准差为 $\sigma = 0.001\ 6\text{in}$ 的近似正态分布. 利用这个信息求供应商生产不合规格零件的概率.

b. 一旦发现这个问题，供应商的监测人员就开始使用为提高产品质量设计的自动数据收集系统. 2 个月后，这个过程生产的连接器模块均值是 $\mu = 0.314\ 6\text{in}$、标准差是 $\sigma = 0.003\ 0\text{in}$. 求将要生产不合规格零件的概率. 把你的结果与 a 作比较.

5.100 **蚜虫的蔓延.** 蚜虫是某种毛虫，它的蔓延可以引起美国北部地区森林大面积的破坏. 我们知道这种类型蔓延平均每 30 年爆发一次. 假定这种现象服从指数概率法则，那么在 6 年内蚜虫蔓延灾难爆发的概率是多少？

5.101 **机场出租车服务模型.** *European Journal of Operational Research*(Vol. 21，1985)发表了一篇文章，研究机场出租车服务的车辆 – 调度决策. 在系统模型中，作者假定出租车到达以及离开终点站的相继往返时间是独立的指数随机变量. 假定 $\beta = 20\text{min}$.

a. 出租车服务的平均旅途时间是多少？

b. 某次旅途超过 30min 的概率是多少？

c. 两辆出租车刚刚派出，两辆都超过 30min 的概率是多少？至少有一个出租车在 30min 内返回的概率是多少？

5.102 **救护车的响应时间.** 救护车的响应时间是用最初对紧急医疗服务(EMS)的呼叫到救护车到达的时间间隔(min)来测量的. *Geographical Analysis*(Vol. 41，2009)调查了阿尔伯塔省埃德蒙顿市对 EMS 呼叫的救护车响应时间. 对于一个特定的 EMS 站(称为站 A)，救护车的响应时间服从 $\mu = 7.5\text{min}$ 和 $\sigma = 2.5\text{min}$ 的正态分布.

a. 规定 90% 的紧急呼叫应该在 9min 或之内到达. EMS 站 A 符合这一规定吗？请解释.

b. 在埃德蒙顿市随机选择一个响应时间是 2min 的 EMS 呼叫. 这个呼叫可能是由站 A 服务的吗？说明理由.

5.103 **机器停工期建模.** *Industrial Engineering*(1990 年 8 月)讨论在模拟研究中建立正确的机器停工期模型的重要性. 这篇文章给出了具有下列性质的单机加工系统的模拟结果：

- 任务到达时间间隔是均值为 1.25min 的指数分布.
- 停工前机器运转的时间是均值为 540min 的指数分布.
- 机器修理时间(min)是参数为 $\alpha = 2$ 和 $\beta = 30$ 的 Γ 分布.

a. 求要处理的两项任务到达间隔至多为 1min 的概率.

b. 求在停工前机器至少工作 720min(12h) 的概率.
c. 求这台机器修理时间的均值和方差. 解释结果.
d. 求这台机器修理时间超过 120min 的概率.

5.104 **有缺陷的调制解调器**. 假定某位数据 – 通信供应商运送的有缺陷的调制解调器比例是 $\alpha = 5$ 和 $\beta = 21$ 的近似 β 分布.
a. 求每批货物中有缺陷的调制解调器比例的均值和方差.
b. 随机选取一批货物至少包含 30% 次品的概率是多少?
c. 随机选取一批货物包含不超过 5% 次品的概率是多少?

5.105 **滚珠轴承的寿命**. W. 纳尔逊(*Journal of Quality Technology*,1985 年 7 月)提出对于产品的寿命,威布尔分布通常比指数分布提供一个更好的描述. 纳尔逊用 $\alpha = 1.5$ 和 $\beta = 10$ 的威布尔分布作为滚珠轴承寿命 Y(千小时)的模型.
a. 求这种类型的滚珠轴承服务寿命小于 12.2 千小时的概率.
b. 回顾 $\alpha = 1$ 的威布尔分布是指数分布. 尽管通常使用指数分布,但纳尔逊称很少的产品具有指数寿命分布. 用指数分布计算 a 中的概率,并与 a 中得到的结果进行比较.

5.106 **电压读数**. 练习 2.72 中,哈里斯公司两个地方电压读数的数据在下面重新给出. 判定每个地方的电压读数是否为近似正态的.

◉ VOLTAGE

老地方			新地方		
9.98	10.12	9.84	9.19	10.01	8.82
10.26	10.05	10.15	9.63	8.82	8.65
10.05	9.80	10.02	10.10	9.43	8.51
10.29	10.15	9.80	9.70	10.03	9.14
10.03	10.00	9.73	10.09	9.85	9.75
8.05	9.87	10.01	9.60	9.27	8.78
10.55	9.55	9.98	10.05	8.83	9.35
10.26	9.95	8.72	10.12	9.39	9.54
9.97	9.70	8.80	9.49	9.48	9.36
9.87	8.72	9.84	9.37	9.64	8.68

资料来源: Harris Corporation, Melbourne, FL.

5.107 **水库中的沉积物**. 地质学家已经成功地用统计模型估计水库中沉积物(称作相)的性质. 一个重要的模型参数是水库中相体的比例 P. *Mathematical Geology*(1995 年 4 月)中一篇文章指出,为满意地估计 P 必须抽样的相体数是近似正态分布,$\mu = 99$ 和 $\sigma = 4.3$. 为了对评价 99% 的水库有满意的 P 估计需要多少相体?

5.108 **土壤的保水**. 一组土壤科学家研究从一块未耕种的含有粉砂壤的地中抽取的土样保水性(*Soil Science*,1995 年 1 月). 在 0.1 兆帕斯卡(MPa)压力下,土壤的水容量(每立方米土壤中的立方米水)确定为 $\mu = 0.27$ 和 $\sigma = 0.04$ 的近似正态分布. 除了在 0.1MPa 压力下水含量的读数,也得到了在 0, 0.005, 0.01, 0.03 和 1.5MPa 压力下的测量值. 考虑一个水含量读数是 0.14 的土样,这个读数可能在 0.1MPa 压力下得到吗? 说明理由.

5.109 **估计冰川的高度**. 数字高程模型(DEM)用于估计边远区域的高度和坡度. 在 *Arctic, Antarctic, and Alpine Research*(2004 年 5 月)中,地理学家分析了由 DEM 制作的地图读数误差. 怀特冰川(加拿大)的 DEM 地图的两个读数估计了这个地区 400 个点的高度. 两个读数估计的高度差 Y 的均值为 $\mu = 0.28$m,标准差为 $\sigma = 1.6$m. Y 的直方图(图中附加了正态直方图)在下面给出.

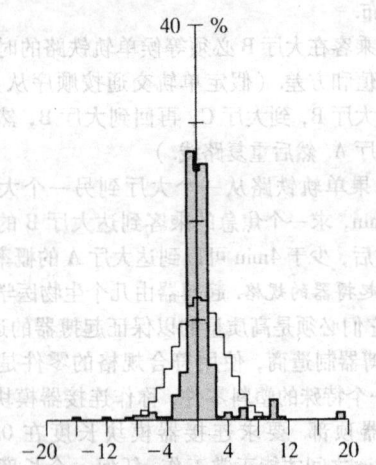

资料来源: Cogley, J. G., and Jung-Rothenhausler, F. "Uncertainty in digital elevation models of Axel Heiberg Island, Arctic Canada," *Arctic, Antarctic, and Alpine Research*, Vol. 36, No. 2, May 2004 (图 3).

a. 基于直方图,研究人员推断 Y 不是正态分布,为什么?
b. 区间 $\mu \pm 2\sigma$ 包含多于这 400 个高度差的 95%、恰好 95%,还是少于 95%? 说明理由.

5.110 **参考练习2.79**，关于66个货柜智利块状铁矿石样本中铁的百分比数据。数据保存在LUMPYORE文件中。评价数据是否近似正态分布。

5.111 **左转弯事故**。假设我们正在计数的事件，例如在左转弯路上机动车事故数，是按照泊松分布发生的。如果在给定时间区间，譬如$(0, t)$内，恰好发生一个这样的事件，则发生的实际时间是这个区间上的均匀分布。假设在给定的30min时间内发生了一个事故。求在30min的最后5min时间发生这个事故的概率。

5.112 **船到岸运货时间**。由于缺乏港口设施或者浅水，需要把装载在大船上的货物用小型驳船运送到码头。这个过程可能需要小型驳船从船到岸来回地往返很多次。研究人员G. Horne（海军分析中心）和T. Irony（乔治·华盛顿大学）开发了这种运送过程模型，可以估计船岸间的运送时间。(*Naval Research Logistics*, Vol. 41, 1994.) 他们用指数分布作为小型驳船到达码头之间的时间。

a. 假定到达码头之间的平均时间是17min。给出这个指数分布的α和β值。画出分布。

b. 假定在码头只有一个卸货区域可供小型驳船使用。如果第一条驳船在上午10点靠码头，直到上午10:15卸载完，求第二条驳船到达卸货区域，在靠码头之前必须等待的概率是多少？

5.113 **化学杂质**。在某种化学产品中，每批所含杂质的百分数Y是一个β随机变量，概率密度为

$$f(y) = \begin{cases} 90y^8(1-y) & \text{若 } 0 \leq y \leq 1 \\ 0 & \text{其他} \end{cases}$$

a. α和β值是多少？

b. 计算Y的均值和方差。

c. 一批超过80%杂质的产品就不能销售。随机选取的一批由于过多的杂质而不能销售的概率是多少？

5.114 **存储器的寿命**。台式电脑存储器的寿命Y（年）是威布尔随机变量，概率密度为

$$f(y) = \begin{cases} \dfrac{1}{8}ye^{-y^2/16} & \text{若 } 0 \leq y < \infty \\ 0 & \text{其他} \end{cases}$$

a. α和β值是多少？

b. 计算Y的均值和方差。

c. 求一个新的存储器在6年内不失效的概率？

5.115 **听觉神经纤维**。参考练习4.108，*Journal of the Acoustical Society of America*（1986年2月）关于猫的听觉神经反应率。研究人员提出一个重要问题是存在干扰噪声下，音调产生率的变化（即每次发出噪声时测试信号个数的变化）是否足够大以致被可靠地检测到。也就是说，当有干扰噪声时，音调能否被检测到？在信号检测理论中，这个问题涉及两个概率分布的比较。设Y表示在两种条件下当刺激只是干扰噪声(N)时和当刺激是音调加干扰噪声(T)时，听觉神经反应率（即观测到的测试信号数）。Y在两种条件下的概率分布分别由密度函数$f_N(y)$和$f_T(y)$表示，其中我们假定只有干扰噪声条件下，平均反应率小于音调加干扰噪声条件下的平均反应率，即$\mu_N < \mu_T$。在这种情况下，一个观测者设定一个阈值C，并且如果$Y \geq C$，断定音调存在；如果$Y < C$，断定音调不存在。假定$f_N(y)$和$f_T(y)$都是正态密度函数，均值分别为每个脉冲$\mu_N = 10.1$个信号，每个脉冲$\mu_T = 13.6$个信号，且方差相等$\sigma_N^2 = \sigma_T^2 = 2$。

a. 对于每个脉冲$C = 11$个信号的阈值，已知音调存在，求检测到音调的概率。（称作检测概率。）

b. 对于每个脉冲$C = 11$个信号的阈值，已知只有干扰噪声存在，求检测到音调的概率。（称作虚警概率。）

c. 通常，令人满意的是使虚警概率达到最小值同时使检测概率达到最大值。你能求得一个值C，使得既增加检测概率(a)又减少虚警概率(b)？

5.116 **查找软件编码错误**。在查找和校正软件编码错误（调试）以及判定编码的可靠性时，计算机软件专家注意了直到发现下一个编码错误所用时间分布的重要性。假定这个随机变量是参数$\alpha = 1$的Γ分布。一个计算机程序员认为找到编码错误之间的平均时间是$\beta = 24$天。假定今天发现一个编码错误。

a. 假定$\beta = 24$，求为发现下一个编码错误至少需要60天的概率。

b. 如果至少需要60天发现下一个编码错误，对于程序员的检出编码错误之间的平均时间是$\beta = 24$天的声明，你能推断出什么？为什么？

5.117 设c是一个常数，考虑随机变量Y的密度

函数：
$$f(y) = \begin{cases} ce^{-y} & \text{若 } y > 0 \\ 0 & \text{其他} \end{cases}$$

a. 求 c 值.
b. 求累积分布函数 $F(y)$.
c. 计算 $F(2.6)$.
d. 证明 $F(0) = 0$ 和 $F(\infty) = 1$.
e. 计算 $P(1 \leq Y \leq 5)$.

理论练习

5.118 连续随机变量 Y 有概率分布为
$$f(y) = \begin{cases} cye^{-y^2} & \text{若 } y > 0 \\ 0 & \text{其他} \end{cases}$$

a. 求 c 值，使 $f(y)$ 成为概率密度.
b. 求 $F(y)$.
c. 计算 $P(Y > 2.5)$.

5.119 为了帮助探索预测太阳能装置效率的工程师，Olseth 和 Skartveit(*Solar Energy*, Vol. 33. No. 6, 1984)研发了一个在中风暴地带的海平面位置每天日照率 Y 的模型. 为了说明"晴朗"和"乌云密布"天的情况，研究人员用两个修正的 Γ 函数的线性组合建立了 Y(以百分数度量)的概率密度函数：
$$f(y) = wg(y, \lambda_1) + (1-w)g(1-y, \lambda_2), (0 < y < 1)$$
其中，
$$g(y) = \frac{(1-y)e^{\lambda y}}{\int_0^1 (1-y)e^{\lambda y}dy}$$

$\lambda_1 =$ 晴朗天的平均日射量；$\lambda_2 =$ 多云天的平均日射量；w 是权数，$0 \leq w \leq 1$. 证明：
$$\int_0^1 f(y) dy = 1$$

*5.120 设 $m_y(t)$ 是连续随机变量 Y 的矩母函数. 若 a 和 b 是常数，证明：

a. $m_{y+a}(t) = E[e^{(y+a)t}] = e^{at}m_y(t)$.
b. $m_{by}(t) = E[e^{(by)t}] = m_y(bt)$.
c. $m_{[(y+a)/b]}(t) = E[e^{(y+a)t/b}] = e^{at/b}m_y\left(\dfrac{t}{b}\right)$.

第6章 二元概率分布及抽样分布

目标 介绍二元概率分布、协方差和独立性的概念;说明如何求随机变量线性函数的期望值和方差;求出并识别统计量的概率分布(抽样分布).

活动中的统计学: Up/Down 维修系统的可用性

在第4章"活动中的统计学"中,感兴趣的是"一次性"装置或系统的可靠性. 一次性系统是非维修系统,要么超过"任务"时间生存下来达到目的,要么在完成任务之前毁坏而失败. 与此不同,维修系统是当失效时,能够修复并能返回操作的系统. 维修系统的可靠性是美国国防部出版物(START, Vol.11.2004)的主题. 出版物对于维修系统的宗旨是"帮助工程师更好地理解用于性能度量的统计方法的意图和含义".

在定期系统维修中,系统处于典型的"平息",即系统正处于维修而不能使用. 因此,在系统维修中,一个重要的概念是"可用性". 由定义,"循环可用性"是指系统在维修循环期间的任一时间点正在运行的概率. 循环可用性 A 可以表示成两个连续随机变量的函数. 设随机变量 X 表示系统失效之间的时间,随机变量 Y 表示在维修循环期间修理系统的时间. 这样,X 表示系统的"高涨"时间,Y 表示"低落"时间,$(X+Y)$ 表示总的循环时间. 那么

$$A = X/(X+Y), \quad X>0 \text{ 且 } Y>0$$

系统维护工程师的目的是理解可用性 A 的性质. 这包括期望(平均)可用性和可用性值的第10个百分位数.

在本章最后的"活动中的统计学回顾"中,我们将用本章中介绍的方法求出可得到的概率密度函数 $f(a)$ 及其性质.

6.1 离散随机变量的二元概率分布

工程师负有用多个变量来估计道路建设花费的责任. 例如,两个重要的离散随机变量是要建造的桥的数量 X 和需要拆迁的建筑物数量 Y. 评估 X 和 Y 取某些值的概率是给出精确预算的关键.

在第3章中,我们学习了两个事件交(即两个事件 A 和 B 都发生)的概率等于

$$P(A \cap B) = P(A)P(B|A) = P(B)P(A|B)$$

如果我们对样本空间中的每个点指定两个数,一个相应于离散随机变量 X 的值(如要建造的桥的个数),一个相应于离散随机变量 Y 的值(如要拆迁的建筑物的个数),那么 X 和 Y 的具体值就相应于两个数值事件. 可以得到这两个事件交的概率,用符号 A 表示 X,用符号 B 表示 Y:

$$P(A \cap B) = P(X=x, Y=y) = p(x,y)$$
$$= p_1(x)p_2(y|x)$$
$$= p_2(y)p_1(x|y)$$

(**注**:为了区分概率分布,当提及 X 的概率分布时我们通常用下标1(如 p_1)表示,当提及 Y 的分布时用下标2(如 p_2)表示.)

给出 X 和 Y 所有值的交 (x,y) 概率的表、图或公式称作 X 和 Y 的**联合概率分布**. 概率分布 $p_1(x)$ 给出了观测到 X 为待定值的概率;同样地,$p_2(y)$ 给出了离散随机变量 Y 的概率. 因此,$p_1(x)$,$p_2(y)$

分别称作 X 和 Y 的**边缘概率分布**,是第 4 章提到的离散随机变量的无条件概率分布。

定义 6.1 两个离散随机变量 X 和 Y 的**联合概率分布** $p(x,y)$(称作**二元分布**)是为 X 和 Y 值的每个组合给出 $p(x,y)$ 值的表、图或公式。

关于 X 和 Y 的离散二元概率分布应满足的要求

1. 对所有的 X 和 Y 值,$0 \leq p(x,y) \leq 1$。
2. $\sum_y \sum_x p(x,y) = 1$。

(注:符号 $\sum_y \sum_x$ 表示对 X 和 Y 的所有值求和。)

例 6.1 **离散二元概率分布的性质** 考虑两个离散随机变量 X 和 Y,其中 $X=1$ 或 $X=2$,$Y=0$ 或 $Y=1$。X 和 Y 的二元概率分布定义如下:

$$p(x,y) = \frac{0.25 + x - y}{5}$$

证明它满足离散二元概率分布的性质(要求)。

解 因为 X 取两个值(1 或 2),Y 取两个值(0 或 1),所以 X 和 Y 有 $2 \times 2 = 4$ 个可能组合。这 4 对 (x,y) 是 $(1,0)$,$(1,1)$,$(2,0)$,和 $(2,1)$。把这些 X 和 Y 的可能值代入 $p(x,y)$ 公式,得到下面的联合概率:

$$p(1,0) = \frac{0.25 + 1 - 0}{5} = 0.25$$

$$p(1,1) = \frac{0.25 + 1 - 1}{5} = 0.05$$

$$p(2,0) = \frac{0.25 + 2 - 0}{5} = 0.45$$

$$p(2,1) = \frac{0.25 + 2 - 1}{5} = 0.25$$

注意到,这些联合概率的每一个值都在 0 和 1 之间(满足给出的条件 1),并且这 4 个概率之和等于 1 (满足条件 2)。

例 6.2 **求边缘离散概率分布** 考虑表 6.1 给出的二元联合概率分布,每个单元中的数字是相应于离散随机变量 X 和 Y 每一对值的 $p(x,y)$ 值,其中 $X=1,2,3,4$,$Y=0,1,2,3$。例如,在一个柔性加工系统,X 表示可用的机器台数,Y 表示加工一个零件需要的相继作业数。从表中可看出有 2 台机器可用,相继作业数为 1 的概率 $P(2,1)$ 为 0.07。求离散随机变量 X 的边缘概率分布 $p_1(x)$。

表 6.1 X 和 Y 的二元概率分布

		$X=x$			
		1	2	3	4
$Y=y$	0	0	0.10	0.20	0.10
	1	0.03	0.07	0.10	0.05
	2	0.05	0.10	0.05	0
	3	0	0.10	0.05	0

解 为求 X 的边缘概率分布,我们需要求 $P(X=1)$,$P(X=2)$,$P(X=3)$ 和 $P(X=4)$。因为当 $Y=0,1,2,3$ 发生时,$X=1$ 都可能发生,那么 $P(X=1) = p_1(1)$ 就可以将 4 个相互排斥事件的概率相加得到:

$$P(X=1) = p_1(1) = p(1,0) + p(1,1) + p(1,2) + p(1,3)$$

代入表6.1给出的 $p(x,y)$ 值得到
$$P(X=1) = p_1(1) = 0 + 0.03 + 0.05 + 0 = 0.08$$
注意,这个边缘分布是对表6.1中 $X=1$ 这一列的概率求和得到的. 类似地,
$$P(X=2) = p_1(2) = p(2,0) + p(2,1) + p(2,2) + p(2,3) = 0.10 + 0.07 + 0.10 + 0.10 = 0.37$$
$$P(X=3) = p_1(3) = p(3,0) + p(3,1) + p(3,2) + p(3,3) = 0.20 + 0.10 + 0.05 + 0.05 = 0.40$$
$$P(X=4) = p_1(4) = p(4,0) + p(4,1) + p(4,2) + p(4,3) = 0.10 + 0.05 + 0 + 0 = 0.15$$
下表给出边缘概率分布 $p_1(x)$:

x	1	2	3	4
$p_1(x)$	0.08	0.37	0.40	0.15

从表中可以看出 $\sum_{x=1}^{4} p_1(x) = 1$. ∎

例6.2证明了离散随机变量 X 的边缘概率分布可由对所有 Y 值的 $p(x,y)$ 求和得到. 这个结果总结在下面.

定义6.2 设 X 和 Y 是离散随机变量, $p(x,y)$ 是它们的联合概率分布,则 X 和 Y 的**边缘(无条件)概率分布**分别为
$$p_1(x) = \sum_y p(x,y) \quad 和 \quad p_2(y) = \sum_x p(x,y)$$
(注:我们用符号 $\sum_y$ 表示所有 Y 值的和.)

在给定事件 Y 发生的条件下,数值事件 X 的概率是给定 $Y=y$ 时 X 的条件概率. 对所有 Y 值给出这些概率的表、图或公式,称作给定 Y 时 X 的**条件概率分布**,并用符号 $p_1(x|y)$ 表示.

例6.3 求条件离散概率分布 回顾例6.2,求给定 $Y=2$ 时, X 的条件概率分布.

解 X 的条件概率分布有4个,每个 Y 值对应一个. 由第3章知,
$$P(A|B) = \frac{P(A \cap B)}{P(B)}$$
如果令一个 X 值对应于事件 A,一个 Y 值对应于事件 B,那么就有
$$p_1(x|y) = \frac{p(x,y)}{p_2(y)}$$
或当 $Y=2$ 时,
$$p_1(x|2) = \frac{p(x,2)}{p_2(2)}$$
因此,
$$p_1(1|2) = \frac{p(1,2)}{p_2(2)}$$
由表6.1,我们得到 $p(1,2) = 0.05$ 和 $P(Y=2) = p_2(2) = 0.2$. 所以,
$$p_1(1|2) = \frac{p(1,2)}{p_2(2)} = \frac{0.05}{0.20} = 0.25$$
类似地,
$$p_1(2|2) = \frac{p(2,2)}{p_2(2)} = \frac{0.10}{0.20} = 0.50$$

$$p_1(3|2) = \frac{p(3,2)}{p_2(2)} = \frac{0.05}{0.20} = 0.25$$

$$p_1(4|2) = \frac{p(4,2)}{p_2(2)} = \frac{0.0}{0.20} = 0$$

因此，在给定 $Y=2$ 时，X 的条件概率分布如下表所示：

x	1	2	3	4
$p_1(x|2)$	0.25	0.50	0.25	0

由例 6.3 注意到，对 X 的所有取值，条件概率 $p_1(x|2)$ 之和等于 1. 因此，条件概率分布满足所有概率分布必须满足的要求：

$$p_1(x|y) \geq 0 \quad \text{和} \quad \sum_x p_1(x|y) = 1$$

类似地，

$$p_2(y|x) \geq 0 \quad \text{和} \quad \sum_y p_2(y|x) = 1$$

定义 6.3 设 X 和 Y 是离散随机变量，$p(x,y)$ 为它们的联合概率分布，则 X 和 Y 的**条件概率分布**定义如下：

$$p_1(x|y) = \frac{p(x,y)}{p_2(y)} \quad \text{和} \quad p_2(y|x) = \frac{p(x,y)}{p_1(x)}$$

在前面的讨论中，我们定义了两个离散随机变量 X 和 Y 的二元联合边缘和条件概率分布。这个概念可以推广到任意多个随机变量。因此，对样本空间中的每一个点，我们可以定义第三个随机变量 W. 联合概率分布 $p(x,y,w)$ 是给出对所有 X，Y 和 W 值的组合，交事件 (x,y,w) 发生的 $p(x,y,w)$ 值的表、图或公式。一般地，两个或更多个离散随机变量的联合概率分布称作**多元概率分布**. 尽管本章剩余部分致力于二元概率分布，但这个概念也适用于一般的多元情况。

应用练习

6.1 IF-THEN 软件代码. 设计一个软件项目完成两个任务（A 和 B). 设 X 表示任务 A 代码中 IF-THEN 语句的个数，Y 表示任务 B 代码中 IF-THEN 语句的个数. 两个离散随机变量的联合概率分布 $p(x,y)$ 在下表中给出.

			X			
		0	1	2	3	4	5
	0	0	0.050	0.025	0	0.025	0
Y	1	0.200	0.050	0	0.300	0	0
	2	0.100	0	0	0	0.100	0.150

a. 验证满足联合概率分布的性质.
b. 求 X 的边缘概率分布 $p_1(x)$.
c. 求 Y 的边缘概率分布 $p_2(y)$.
d. 求条件概率分布 $p_1(x|y)$.
e. 求条件概率分布 $p_2(y|x)$.

6.2 掷骰子. 考虑掷一对骰子的试验. 设 X 是第一颗骰子的结果（即出现于上面的点数），Y 是第二颗骰子的结果.
a. 求联合概率分布 $p(x,y)$.
b. 求边缘概率分布 $p_1(x)$ 和 $p_2(y)$.
c. 求条件概率分布 $p_1(x|y)$ 和 $p_2(y|x)$.
d. 比较 b 和 c 的概率分布，你观测到什么现象？

6.3 克隆信用卡或借记卡. 参考练习 3.44，*IEEE Transactions on Information Forensics and Security* (2013 年 3 月) 关于使用克隆信用卡或借记卡进行无线识别盗窃的研究. 如图所示，使用简单的画球方式来说明克隆检测方法. 在下面的 10 个球中，5 个表示真正的信用卡/借记卡，其余 5 个表示一张或几张真卡的克隆. 5 个字母 A，B，C，D，E 用来区分不同的真卡.（字母相同的球或者是真卡或者是克隆卡.）在本例中，从 10 个球中随机取两个

(无放回),令 X 表示选中真卡的个数,Y 表示选中字母 B 球的个数.

a. 求二元概率分布 $p(x,y)$.
b. 求边缘概率分布 $p_1(x)$.
c. 求边缘概率分布 $p_2(y)$.
d. 如果从 10 个球中取出的两个球字母相同,那么就检测到了克隆攻击. 假如被识别的是字母 B 球,用 c 中答案求这张卡受克隆攻击的概率.

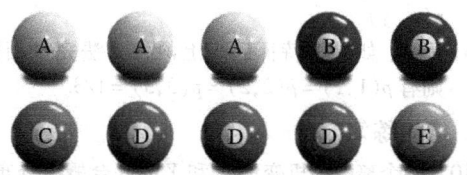

6.4 颗粒介质行为建模. 参考练习 3.62,*Engineering Computations*:*International Journal for Computer-Aided Engineering and Software*(Vol. 30,No. 2,2013)关于颗粒介质性质的研究. 该研究中假设存在 N 个非相互作用的颗粒系统,该系统根据能级 r 对粒子进行分组. 对这个问题(同练习 3.62),假设 $N=7$,$r=3$,考虑(7 个颗粒中)有一个能级为 1,2 个能级为 2,4 个能级为 3. 所研究颗粒的另一个特征是颗粒在压缩过程中达到某一熵水平的时间位置. 所有颗粒在 1,2,3 三个时间段中的某一个时间段达到期望的熵水平. 假定 7 个颗粒的特征如下表所示. 考虑一个随机选择的颗粒,设 X 是能级,Y 是与颗粒相关的时间段.

颗粒编号	能级	时间段
1	3	1
2	1	1
3	3	3
4	2	3
5	3	2
6	3	2
7	2	1

a. 求二元概率分布 $p(x,y)$.
b. 求边缘概率分布 $p_1(x)$.
c. 求边缘概率分布 $p_2(y)$.
d. 求条件概率分布 $p_2(y|x)$.

6.5 高速公路的可变限速控制. 参考练习 4.9,*Canadian Journal of Civil Engineering*(2013 年 1 月)关于使用可变限速来控制高速公路交通拥堵的调查. 研究地点是城市高速公路,分为三个路段,每个路段都有可变速度限制. 一个可能的分布集合如下(括号中为概率). 路段 1:30mph(0.06),40mph(0.24),50mph(0.24),60mph(0.46);路段 2:30mph(0.10),40mph(0.24),50mph(0.36),60mph(0.30);路段 3:30mph(0.15),40mph(0.18),50mph(0.30),60mph(0.37). 考虑随机选择的车辆在随机选择的时间穿过研究地点. 对这辆车,令 X 表示路段,Y 表示选择时的速度限制.

a. 对于下列概率分布 $p(x,y)$,$p_1(x)$,$p_2(y)$,$p_1(x|y)$,$p_2(y|x)$,哪个可以用给定的概率表示?为什么?
b. 假设每个路段长度相等. 求 $p_1(x)$,并证明.
c. 求二元概率分布 $p(x,y)$.

6.6 机器人传感器系统配置.
参考练习 4.7 在未知环境中机器人传感器系统的研究(*The International Journal of Robotics Reath*,2004 年 12 月),在如右图所示的三点式、单连接机器人系统中,

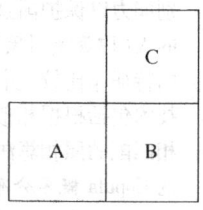

系统中每一个点(A、B 或 C)或者处于"障碍"状态,或者处于"自由"状态. 若 $A \leftrightarrow B$ 连接有一个"障碍"令 $X=1$;若连接是"自由"的(即没有障碍),令 $X=0$. 类似地,若 $B \leftrightarrow C$ 连接有一个"障碍",令 $Y=1$,若连接是"自由"的,令 $Y=0$. 回想研究者假定系统中每个点处于"自由"位置的概率是 0.5,并且系统中三个点独立运转.

a. 以表格形式给出 X 和 Y 的联合概率分布 $p(x,y)$.
b. 求条件概率分布 $p_1(x|y)$.
c. 求边缘概率分布 $p_1(x)$.

6.7 卡车道上的红灯. 一辆专门送货的卡车每天从点 A 行至点 B,并按原路返回,这条路上有三个交通灯. 设 X 是卡车在去送货点 B 的路上遇到的红灯数,Y 是卡车在返回送货点 A 的路上遇到的红灯数. 一名交通工程师已确定了 X 和 Y 的联合概率分布,如表中所示.

		$X=x$			
		0	1	2	3
$Y=y$	0	0.01	0.02	0.07	0.01
	1	0.03	0.06	0.10	0.06
	2	0.05	0.12	0.15	0.08
	3	0.02	0.09	0.08	0.05

a. 求 Y 的边缘概率分布.
b. 已知卡车在去送货点 B 的路上遇到 $X=2$ 个红灯，求 Y 的概率分布.

6.8 **CPU 冷却器的可行性.** 从 3 名数据处理经理、2 名高级系统分析师和 2 名质量控制工程师中随机挑选出 3 人组成一个委员会，研究在咨询公司增加一个双核 CPU 冷却器的可行性. 设 X 表示从委员会选出来的数据处理经理人数，Y 表示选出来的高级系统分析师的人数.
a. 求 X 和 Y 的联合概率分布.
b. 求 X 的边缘概率分布.

6.9 **人脸识别技术.** 由美国国防部资助的人脸识别技术（FERET）项目的设计是为了发展自动人脸识别能力以保护国家的安全. 在摄影室，一个不认识的人（称观测对象）的生物面部"特征"和认识的人的特征作比较，并以相似得分作为度量. 人脸识别技术包括根据相似得分大小寻找与观测对象特征相匹配的照相算法. 在 *Chance*（2004 年冬），用离散的 Copula 概率分布比较算法.

设 X 表示观测对象用算法 A 的相似得分，Y 表示同一个观测对象用算法 B 的相似得分. 假设摄影室有编号为 1、2 和 3 的 $n=3$ 个已知个体特征. 用 X_1,X_2 和 X_3 表示算法 A 的相似得分，Y_1,Y_2 和 Y_3 表示算法 B 的相似得分. 现把 X 值排序并定义 $X_{(i)}$，使得 $X_{(1)} > X_{(2)} > X_{(3)}$. 类似地，把 Y 值排序并定义 $Y_{(i)}$，使得 $Y_{(1)} > Y_{(2)} > Y_{(3)}$. 那么，Copula 分布是排序后的 X 和 Y 的联合概率分布，给出如下：

如果数对 $(X_{(x)}, Y_{(y)})$ 在样本中，$p(x,y)=1/n$，如果不在，就等于 0，其中 $x=1,2,3,\cdots,n$ 且 $y=1,2,3,\cdots,n$.

假定对 $n=3$ 时的某个观测对象，其相似得分（以 100 为满分）是 $(X_1=75,Y_1=60)$，$(X_2=30,Y_2=80)$ 和 $(X_3=15,Y_3=5)$.
a. 用表的形式给出这个观测对象 Copula 分布 $p(x,y)$.
b. 证明：如果在特征匹配上两种算法完全相同，则有 $p(1,1)=p(2,2)=p(3,3)=1/3$.

? 理论练习

6.10 两个离散随机变量 X 和 Y 的联合概率分布由公式给出：
$$p(x,y)=p^{x+y}q^{2-(x+y)}$$
其中 $x=0,1,0 \leq p \leq 1, q=1-p, y=0,1$. 验证它满足二元概率分布的性质.

6.11 设 X 和 Y 是两个离散随机变量，其联合概率分布是 $p(x,y)$. 定义：
$F_1(a)=P(X \leq a)$ 和 $F_1(a|y)=P(X \leq a|Y)$
证明以下各式：
a. $F_1(a) = \sum_{x \leq a} \sum_y p(x,y)$.
b. $F_1(a|y) = \dfrac{\sum_{x \leq a} p(x,y)}{p_2(y)}$.

6.2 连续随机变量的二元概率分布

如我们在第 4 章和第 5 章所学，用于离散随机变量的定义和定理也适用于连续随机变量. 唯一不同的是离散随机变量的概率是求和，而连续随机变量的概率是积分. 在这一章我们将定义并扩展离散随机变量的概念，并用它们去证明关于连续随机变量等价的定义和定理.

定义 6.4 两个连续随机变量 X 和 Y 的**二元联合概率密度函数** $f(x,y)$ 是满足如下性质的函数：
1. 对所有的 X 和 Y 值，$f(x,y) \geq 0$.
2. $\int_{-\infty}^{\infty} \int_{-\infty}^{\infty} f(x,y) = 1$.
3. 对所有的常数 a,b,c 和 d，$P(a \leq X \leq b, c \leq Y \leq d) = \int_c^d \int_a^b f(x,y) \mathrm{d}x \mathrm{d}y$.

定义 6.5 设 $f(x,y)$ 是 X 和 Y 的联合密度函数，则 X 和 Y 的**边缘密度函数**是
$$f_1(x) = \int_{-\infty}^{\infty} f(x,y) \mathrm{d}y \quad \text{和} \quad f_2(y) = \int_{-\infty}^{\infty} f(x,y) \mathrm{d}x$$

定义 6.6 设 $f(x,y)$ 是 X 和 Y 的联合密度函数，则 X 和 Y 的**条件密度函数**是
$$f_1(x|y) = \frac{f(x,y)}{f_2(y)} \quad \text{和} \quad f_2(y|x) = \frac{f(x,y)}{f_1(x)}$$

例6.4 **连续随机变量的联合密度函数** 假设两个连续随机变量 X 和 Y 的联合密度函数由下式给出:

$$f(x,y) = \begin{cases} cx & \text{若 } 0 \leq x \leq 1; 0 \leq y \leq 1 \\ 0 & \text{其他} \end{cases}$$

确定常数 c 的值.

解 $f(x,y)$ 的图是一个在 (x,y) 平面单位正方形 $(0 \leq x \leq 1$ 且 $0 \leq y \leq 1)$ 上的三维楔形,如图6.1所示. 选择 c 值,使 $f(x,y)$ 满足性质

$$\int_{-\infty}^{\infty}\int_{-\infty}^{\infty} f(x,y)\,\mathrm{d}x\mathrm{d}y = 1$$

求这个积分得

$$\int_{-\infty}^{\infty}\int_{-\infty}^{\infty} f(x,y)\,\mathrm{d}x\mathrm{d}y = \int_{0}^{1}\int_{0}^{1} cx\,\mathrm{d}x\mathrm{d}y$$

$$= c\int_{0}^{1}\int_{0}^{1} x\,\mathrm{d}x\mathrm{d}y = c\int_{0}^{1} \frac{x^2}{2}\bigg|_{0}^{1}\mathrm{d}y$$

$$= c\int_{0}^{1} \frac{1}{2}\mathrm{d}y = \left(\frac{c}{2}\right)y\bigg|_{0}^{1} = \frac{c}{2}$$

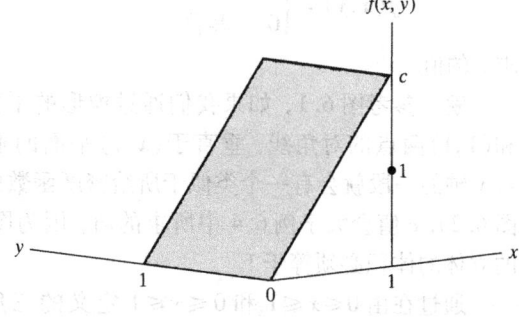

图6.1 例6.4的联合密度函数图形

令这个量等于1,并求出 c,我们得到

$$1 = \frac{c}{2} \quad \text{或} \quad c = 2$$

因此,

$$f(x,y) = 2x \quad \text{对} \quad 0 \leq x \leq 1 \quad \text{和} \quad 0 \leq y \leq 1 \quad \blacksquare$$

例6.5 **求边缘密度函数** 参考例6.4,求出 X 的边缘密度函数,证明:

$$\int_{-\infty}^{\infty} f_1(x) = 1$$

解 由定义6.5,

$$f_1(x) = \int_{-\infty}^{\infty} f(x,y)\,\mathrm{d}y = 2\int_{0}^{1} x\,\mathrm{d}y = 2xy\bigg|_{y=0}^{y=1} = 2x, \quad 0 \leq x \leq 1$$

因此,

$$\int_{-\infty}^{\infty} f_1(x)\,\mathrm{d}x = 2\int_{0}^{1} x\,\mathrm{d}x = 2\left(\frac{x^2}{2}\right)\bigg|_{0}^{1} = 1 \quad \blacksquare$$

例6.6 **求边缘密度函数** 参考例6.4,证明: Y 的边缘密度函数是均匀分布.

解 Y 的边缘密度函数由下式给出:

$$f_2(y) = \int_{-\infty}^{\infty} f(x,y)\,\mathrm{d}x = 2\int_{0}^{1} x\,\mathrm{d}x = 2\left(\frac{x^2}{2}\right)\bigg|_{0}^{1} = 1, \quad 0 \leq y \leq 1$$

因此, $f_2(y)$ 是定义在区间 $0 \leq y \leq 1$ 上的均匀分布. $\blacksquare$

例6.7 **求连续密度函数** 参考例6.4~6.6,求给定 Y 时 X 的条件密度函数,并证明它满足性质:

$$\int_{-\infty}^{\infty} f_1(x|y)\,\mathrm{d}x = 1$$

解 用边缘密度函数 $f_2(y) = 1$(例6.6中得到)和定义6.6,我们得到条件密度函数如下:

$$f_1(x|y) = \frac{f(x,y)}{f_2(y)} = \frac{2x}{1} = 2x, \quad 0 \leq x \leq 1$$

现在我们证明$f_1(x|y)$在X的所有值上的积分等于1:

$$\int_0^1 f_1(x|y)\,dx = 2\int_0^1 x\,dx = 2\left(\frac{x^2}{2}\right)\Big|_0^1 = 1$$

例6.8 联合密度函数——X的值域依赖于Y 假设X和Y的联合密度函数是

$$f(x,y) = \begin{cases} cx & 若 0 \leq x \leq y; 0 \leq y \leq 1 \\ 0 & 其他 \end{cases}$$

求c的值.

解 参考图6.1,如果我们通过楔形的平面,$(0,0)$和$(1,1)$两点的对角线,垂直于(x,y)平面的垂线,再沿着y轴的一段就会有一个类似于所给密度函数的形状(见图6.2). c值会大于例6.4中所求的值,因为图6.2所示的立体的体积必须等于1.

通过在由$0 \leq x \leq 1$和$0 \leq y \leq 1$定义的三角区域(如图6.3所示)上积分$f(x,y)$,令这个积分等于1,求出c:

$$\int_{-\infty}^{\infty}\int_{-\infty}^{\infty} f(x,y)\,dx\,dy = \int_0^1\int_0^y cx\,dx\,dy = c\int_0^1 \frac{x^2}{2}\Big|_0^y dy$$
$$= c\int_0^1 \frac{y^2}{2} dy = c\left(\frac{y^3}{6}\right)\Big|_0^1 = \frac{c}{6}$$

令这个量等于1,并解出$c = 6$;因此在关注的区域上$f(x,y) = 6x$.

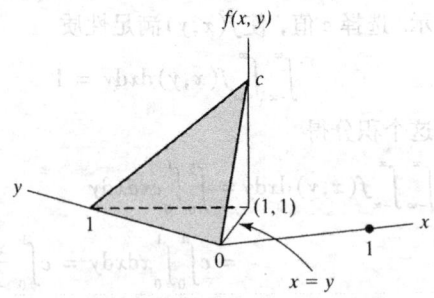

图6.2 例6.8的联合密度函数图

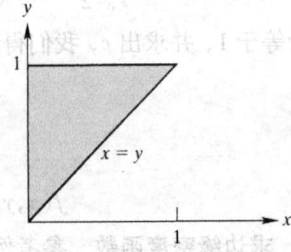

图6.3 例6.8的积分域

对多于两个随机变量,如$Y_1, Y_2, \cdots, Y_n$的联合密度函数,用符号$f(y_1, y_2, \cdots, y_n)$表示. 边缘密度函数和条件密度函数用与二元情况类似的方法定义.

应用练习

6.12 低报价分布. 运输部监控新路修建的密封投标. 对某一州的新通道路,设$X =$低报价(千美元),设$Y =$运输部估计的修建道路的合理成本(千美元). X和Y的联合概率密度是

$$f(x,y) = \frac{e^{-y/10}}{10y}, \quad 0 < y < x < 2y$$

a. 求Y的边缘密度函数$f(y)$. 你能认出这个分布吗?

b. 求运输部估计的期望$E(Y)$是多少?

6.13 桁架承受负载的特性. 在建筑物结构中,桁架是由三角形单元组成的结构,其端部在被称为节点的接头处连接. *Journal of Engineering Mechanics*(2009年12月)发表了关于10杆桁架在四个不同节点处负载的特性研究. 测量的两个随机变量是刚度指数(磅/平方英寸)和载荷(千磅). 刚度指数X和载荷Y的一种可能的联合概率分布如下:

$$f(x,y) = \left(\frac{1}{40}\right)e^{-x}, \quad 0 < x < \infty, 80 < y < 120$$

a. 证明: $\iint f(x,y)\,dy\,dx = 1$.

b. 求边缘密度函数$f_1(x)$. 你认识这种分布吗?

c. 求边缘密度函数$f_2(y)$. 你认识这种分布吗?

6.14 汽车服务. 设X为一辆汽车到达服务队列和服务后离开该系统之间的总时间(min),Y为该车服务前在队列中等待的时间(min),X和Y的联合密度为

$$f(x,y) = \begin{cases} ce^{-x^2} & 若 0 \leq y \leq x; 0 \leq x < \infty \\ 0 & 其他 \end{cases}$$

a. 求使$f(x,y)$成为概率密度函数的c值.

b. 求X的边缘密度,并证明:

$$\int_{-\infty}^{\infty} f_1(x)\,dx = 1$$

c. 证明：给定 X 时，Y 的条件密度是区间 $0 \leq Y \leq X$ 上的均匀分布.

6.15 影印机的摩擦力. 参考练习 5.12, *Journal of Engineering for Industry*（1993 年 5 月）关于纸张分离摩擦力的研究. 考虑一个利用两个相互联系着的供纸分离系统. 两台机器的摩擦系数 X 和 Y 的联合密度，由下式给出

$$f(x,y) = \begin{cases} xy & \text{若 } 0 \leq x \leq 1; 0 \leq y \leq 1 \\ (2-x)y & \text{若 } 1 \leq x \leq 2; 0 \leq y \leq 1 \\ x(2-y) & \text{若 } 0 \leq x \leq 1; 1 \leq y \leq 2 \\ (2-x)(2-y) & \text{若 } 1 \leq x \leq 2; 1 \leq y \leq 2 \end{cases}$$

a. 验证 $f(x,y)$ 是二元联合概率分布函数.（说明定义 6.4 对 $f(x,y)$ 成立.）
b. 求两个摩擦系数都超过 0.8 的概率.

理论练习

6.16 设 X 和 Y 有联合密度

$$f(x,y) = \begin{cases} cxy & \text{若 } 0 \leq x \leq 1; 0 \leq y \leq 1 \\ 0 & \text{其他} \end{cases}$$

a. 求 c 值，使 $f(x,y)$ 成为概率密度函数.
b. 求边缘密度 $f_1(x)$ 和 $f_2(y)$.
c. 求条件密度 $f_1(x|y)$ 和 $f_2(y|x)$.

6.17 设 X 和 Y 有联合密度

$$f(x,y) = \begin{cases} x + cy & \text{若 } 1 \leq x \leq 2; 0 \leq y \leq 1 \\ 0 & \text{其他} \end{cases}$$

其中 c 是常数.
a. 求 c 值，使 $f(x,y)$ 成为概率密度函数.
b. 求 Y 的边缘密度，并证明：

$$\int_{-\infty}^{\infty} f_2(y) \mathrm{d}y = 1$$

c. 求给定 Y 时，X 的边缘密度 $f_1(x|y)$.

6.18 设 X 和 Y 是两个连续随机变量，联合概率密度为

$$f(x) = \begin{cases} ce^{-(x+y)} & \text{若 } 0 \leq x < \infty; 0 \leq y \leq \infty \\ 0 & \text{其他} \end{cases}$$

a. 求 c 值.
b. 求 $f_1(x)$.
c. 求 $f_2(y)$.
d. 求 $f_1(x|y)$.
e. 求 $f_2(y|x)$.
f. 求 $P(X \leq 1, Y \leq 1)$.

6.19 设 X 和 Y 是两个连续随机变量，联合概率密度为 $f(x,y)$. 联合分布函数为 $F(a,b)$ 定义如下：

$$F(a,b) = P(X \leq a, Y \leq b) = \int_{-\infty}^{a} \int_{-\infty}^{b} f(x,y) \mathrm{d}y \mathrm{d}x$$

证明以下各式：
a. $F(-\infty, -\infty) = F(-\infty, y) = F(x, -\infty) = 0$.
b. $F(\infty, \infty) = 1$.
c. 若 $a_2 \geq a_1$ 且 $b_2 \geq b_1$，则
$$F(a_2, b_2) - F(a_1, b_2) \geq F(a_2, b_1) - F(a_1, b_1)$$

6.3 两个随机变量函数的期望值

用于推断的统计量是由样本中的数据计算得到的. 样本测量值可以看作是 n 个随机变量 $Y_1, Y_2, \cdots, Y_n$ 的观测值，其中 Y_1 表示样本中的第一个测量值，Y_2 表示第二个测量值等等. 由于样本统计量是随机变量 $Y_1, Y_2, \cdots, Y_n$ 的函数，因此它们也是随机变量，并有概率分布. 为描述这些分布，我们将定义两个或多个随机变量函数的期望值（或均值），并给出三个相应于第 5 章给出的期望定理. 定义和定理将在二元范围中给出，但通过代入相应的多元函数和记号，都可以写成关于任意多个随机变量的一般形式.

定义 6.7 设 $g(X,Y)$ 是随机变量 X 和 Y 的函数. 则 $g(X,Y)$ 的**期望值（均值）** 定义为

$$E[g(X,Y)] = \begin{cases} \sum_y \sum_x g(x,y) p(x,y) & \text{若 } X \text{ 和 } Y \text{ 是离散的} \\ \int_{-\infty}^{\infty} \int_{-\infty}^{\infty} g(x,y) f(x,y) \mathrm{d}x \mathrm{d}y & \text{若 } X \text{ 和 } Y \text{ 是连续的} \end{cases}$$

假设 $g(X,Y)$ 仅是一个随机变量（如 X）的函数，我们将证明在离散情况下，这个函数的期望值有与第 5 章相同的意义. 设 $g(X,Y)$ 仅是 X 的函数，即 $g(X,Y) = g(X)$，那么

$$E[g(X)] = \sum_x \sum_y g(x) p(x,y)$$

先对 Y 求和（这种情况 X 视为常数，可以作为因子放在求和符号外），我们得

$$E[g(X)] = \sum_x g(x) \sum_y p(x,y)$$

然而，由定义 6.2，$\sum_y p(x,y)$ 是 X 的边缘概率分布. 因此，

$$E[g(X)] = \sum_x g(x) p_1(x)$$

可以验证这与定义 4.5 中给出的 $E[g(X)]$ 具有相同的表达式. 若 X 和 Y 是连续随机变量，一个类似的结论成立(证明略). 从而，若 (μ_x, σ_x^2) 和 (μ_y, σ_y^2) 分别表示 X 和 Y 的均值和方差，那么对 x 或 y 的函数的二元期望应等于第 5 章给出的相应的期望，即 $E(X) = \mu_x, E[(x-\mu_x)^2] = \sigma_x^2$ 等.

可以证明(证明略)第 5 章的三个期望定理对二元变量成立，并且一般情况下，对多元概率分布也成立. 我们将在 6.5 节和 6.6 节应用这些定理.

定理 6.1　设 c 是一个常数，则 c 的期望值是
$$E(c) = c$$

定理 6.2　设 c 是一个常数，且设 $g(X,Y)$ 是随机变量 X 和 Y 的函数，则 $cg(X,Y)$ 的期望值是
$$E[cg(X,Y)] = cE[g(X,Y)]$$

定理 6.3　设 $g_1(X,Y), g_2(X,Y), \cdots, g_k(X,Y)$ 是随机变量 X 和 Y 的 k 个函数，则这些函数和的期望值是
$$E[g_1(X,Y) + g_2(X,Y) + \cdots + g_k(X,Y)] = E[g_1(X,Y)] + E[g_2(X,Y)] + \cdots + E[g_k(X,Y)]$$

应用练习

6.20　克隆信用卡或借记卡. 参考练习 6.3，*IEEE Transactions on Information Forensics and Security*(2013 年 3 月)关于使用克隆信用卡或借记卡进行无线识别盗窃的研究. 平均来说，当从 10 个球中随机选择 2 个球时，将有多少个真球？

6.21　高速公路的可变限速控制. 参考练习 6.5，*Canadian Journal of Civil Engineering*(2013 年 1 月)关于使用可变限速来控制高速公路交通拥堵的调查.
a. 求 $E(X)$. 解释这个结果.
b. 求 $E(Y)$. 解释这个结果.

6.22　卡车道上的红灯. 参考练习 6.7.
a. 平均来说，在去送货点 B 的路上，卡车期望遇到多少个红灯，即 $E(X)$ 是多少？
b. 在整个路线上遇到的红灯的总数(也就是说，去点 B 再返回点 A)是 $X+Y$. 求 $E(X+Y)$.

6.23　低报价分布. 参考练习 6.12.
a. 求 $E(Y-10)$.

b. 求 $E(3Y)$.

理论练习

6.24　参考练习 6.16.
a. 求 $E(X)$.
b. 求 $E(Y)$.
c. 求 $E(X+Y)$.
d. 求 $E(XY)$.

6.25　参考练习 6.17.
a. 求 $E(X)$.
b. 求 $E(Y)$.
c. 求 $E(X+Y)$.
d. 求 $E(XY)$.

6.26　设 X 和 Y 是两个连续随机变量，其联合概率分布为 $f(x,y)$. 考虑函数 $g(X)$. 证明：
$$E[g(X)] = \int_{-\infty}^{\infty} g(x) f_1(x) \, dx$$

6.27　对离散随机变量 X 和 Y，证明定理 6.1~6.3.

6.28　对连续随机变量 X 和 Y，证明定理 6.1~6.3.

6.4 独立性

在第 3 章已经学过，若 $P(A \cap B) = P(A)P(B)$，则两个事件 A 和 B 称作独立的. 由于两个离散随机变量 X 和 Y 所取的值表示两个数值事件，所以它也有如果 $p(x,y) = p_1(x)p_2(y)$，称作 X 和 Y 是独立的. 对于两个连续随机变量，如果它们满足类似的准则，也称作独立的.

定义 6.8 设 X 和 Y 是离散随机变量，其联合概率分布为 $p(x,y)$，边缘分布分别为 $p_1(x)$ 和 $p_2(y)$。则 X 和 Y 称作**独立**的当且仅当

$$p(x,y) = p_1(x)p_2(y) \qquad \text{对每一对 } x \text{ 和 } y \text{ 的值}$$

定义 6.9 设 X 和 Y 是连续随机变量，其联合密度函数为 $f(x,y)$，边缘密度函数分别为 $f_1(x)$ 和 $f_2(y)$。则 X 和 Y 称作**独立**的当且仅当

$$f(x,y) = f_1(x)f_2(y) \qquad \text{对每一对 } x \text{ 和 } y \text{ 的值}$$

例 6.9 说明独立性 参考例 6.4，确定 X 和 Y 是否独立.

解 由例 6.4 ~ 6.6，我们有以下结论：
$$f(x,y) = 2x \qquad f_1(x) = 2x \qquad f_2(y) = 1$$
因此，
$$f_1(x)f_2(y) = (2x)(1) = 2x = f(x,y)$$
由定义 6.9，X 和 Y 是独立的随机变量. ∎

例 6.10 说明相关性 参考例 6.8，确定 X 和 Y 是否独立.

解 由例 6.8，我们求得当 $0 \leqslant x \leqslant y$ 且 $0 \leqslant y \leqslant 1$ 时，有 $f(x,y) = 6x$.
因此，
$$f_1(x) = \int_{-\infty}^{\infty} f(x,y) \mathrm{d}y = \int_{x}^{1} 6x \mathrm{d}y = 6xy \Big|_{x}^{1} = 6x(1-x)$$
其中 $0 \leqslant x \leqslant 1$，类似地，
$$f_2(y) = \int_{-\infty}^{\infty} f(x,y) \mathrm{d}x = \int_{0}^{y} 6x \mathrm{d}x = \frac{6x^2}{2}\Big|_{0}^{y} = 3y^2$$
其中 $0 \leqslant y \leqslant 1$. 可见 $f_1(x)f_2(y) = 18x(1-x)y^2$ 不等于 $f(x,y)$. 因此，X 和 Y 不是独立的随机变量. ∎

定理 6.4 给出独立性的一个有用结论.

定理 6.4 若 X 和 Y 是独立的随机变量，则
$$E(XY) = E(X)E(Y)$$

定理 6.4 的证明 我们将对离散的情况证明该定理. 对连续的情况，除了用积分代替求和，其证明是相同的. 由期望值的定义，我们有
$$E(XY) = \sum_y \sum_x xyp(x,y)$$
但是，由于 X 和 Y 是独立的，故可以写成 $p(x,y) = p_1(x)p_2(y)$. 因此，
$$E(XY) = \sum_y \sum_x xyp_1(x)p_2(y)$$
如果先对 X 求和，我们可以把 Y 和 $p_2(y)$ 看作常数，并应用定理 6.2 把它们作为因子从和号中分解出来：
$$E(XY) = \sum_y yp_2(y) \sum_x xp_1(x)$$
而
$$\sum_x xp_1(x) = E(x) \text{ 和 } \sum_y yp_2(y) = E(y)$$
因此，
$$E(XY) = E(X)E(Y)$$
∎

应用练习

6.29 IF-THEN 软件代码. 参考练习 6.1. X 和 Y 是独立的吗?

6.30 掷骰子. 参考练习 6.2. X 和 Y 是独立的吗?

6.31 克隆信用卡或借记卡. 参考练习 6.3, X 与 Y 是独立的吗?

6.32 机器人传感器系统配置. 参考练习 6.6. X 和 Y 是独立的吗?

6.33 制造网络的可靠性. 参考练习 4.6, *Journal of Systems Sciences & Systems Engineering*（2013 年 3 月）关于生产含两条生产线的集成电路（IC）卡的制造系统的可靠性研究. 项目（IC 卡）首先通过第 1 条生产线, 然后由第 2 条生产线处理. 下表给出了每条生产线最大容量水平的概率分布. 令 X 表示线路, Y 表示所选择线路的最大容量. 假设线路独立运行, 求二元概率分布 $p(x,y)$.

线路 X	最大容量 Y	$p(y)$
1	0	0.01
	12	0.02
	24	0.02
	36	0.95
2	0	0.002
	35	0.002
	70	0.996

6.34 年降水量和峰值建模. *Journal of Hydrological Sciences*（2000 年 4 月）中, 使用二元正态分布模拟日本德岛的年度暴风雨峰值（即最大降雨强度）和年降雨总量的联合分布. 令 X 表示暴风雨峰值, Y 表示降雨总量. 下式为二元正态分布:

$$f(x,y) = \frac{1}{2\pi\sigma_x\sigma_y\sqrt{1-\rho^2}} \times \exp\left\{-\frac{1}{2(1-\rho^2)}\left[\left(\frac{x-\mu_x}{\sigma_x}\right)^2 - 2\rho\left(\frac{x-\mu_x}{\sigma_x}\right)\left(\frac{y-\mu_y}{\sigma_y}\right) + \left(\frac{y-\mu_y}{\sigma_y}\right)^2\right]\right\}$$

其中 μ_x 和 μ_y 分别是 X 和 Y 的均值, σ_x 和 σ_y 分别是 X 和 Y 的标准差. 利用密度函数的性质证明当 $\rho=0$ 时, X 和 Y 是独立的.

6.35 保险丝的寿命. 用于计算机接线柱上的保险丝寿命 Y（百小时）服从指数分布, 均值 $\beta=5$. 每个接线柱要求两个这样的保险丝——一个充当备用件, 仅当第一个保险丝失效时投入使用.

a. 如果两根这样的保险丝有独立的寿命 X 和 Y, 求联合密度 $f(x,y)$.

b. 这两根保险丝总的有效寿命是 $(X+Y)$. 求用在计算机接线柱上的一对保险丝总的有效寿命的期望.

6.36 元件寿命. 设 X 和 Y 表示一个电子系统中两个不同类型元件的寿命. X 和 Y 的联合密度函数如下:

$$f(x,y) = \begin{cases} \frac{1}{8}xe^{-(x+y)/2} & \text{若 } x>0; y>0 \\ 0 & \text{其他} \end{cases}$$

证明 X 和 Y 是独立的. [提示: 多元概率理论中的一个定理是 X 和 Y 是独立的, 如果我们有

$$f(x,y) = g(x)h(y)$$

其中 $g(x)$ 只是 x 的非负函数且 $h(y)$ 只是 y 的非负函数.]

6.37 影印机摩擦力. 参考练习 6.15. 证明 X 和 Y 是独立的. [用练习 6.36 的提示.]

理论练习

6.38 参考练习 6.16. X 和 Y 是独立的吗?

6.39 参考练习 6.17. X 和 Y 是独立的吗?

6.40 对连续的情况证明定理 6.4.

6.5 两个随机变量的协方差和相关性

当认为两个随机变量 X 和 Y 有关系时, 我们通常设想这样一种关系, 随 X 增大 Y 也增大或随 X 增大 Y 减小. 换句话说, 我们倾向于认为是**线性关系**.

如果 X 和 Y 是随机变量, 我们收集了一个有 n 对 (x,y) 值的样本, 则画出的数据点不可能准确地落到一条直线上. 如果这些点位于离直线很近的地方, 如图 6.4a 和图 6.4b 所示, 我们就认为 X 和 Y 间的线性关系很强. 如果它们散布得不像一条直线, 如图 6.4c 和图 6.4d 所示, 我们就认为线性关系是弱的. (注意, 图 6.4d 中所示的 X 和 Y 之间的关系依曲线关系是很强的.) 如何度量两个随机变量 X 和 Y 之间线性关系强度呢?

度量线性关系强度的一种方法是计算每一个数据点的离差叉积 $(x-\mu_x)(y-\mu_y)$. 当数据点在

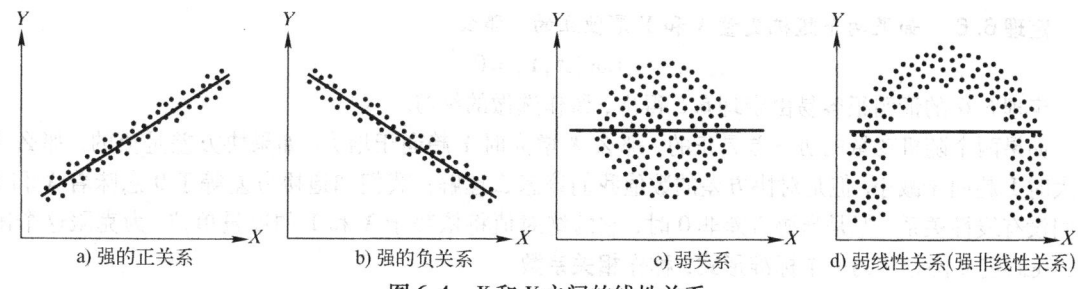

图 6.4 X 和 Y 之间的线性关系

图 6.5 中的右上或左下象限时,这些叉积是正的;当点在左上或右下象限时,这些叉积是负的. 如果所有点位于直线附近并有正斜率,如图 6.4a 所示,几乎所有的叉积 $(x-\mu_x)(y-\mu_y)$ 是正的,它们的平均值相对大且是正的. 类似地,如果所有点位于直线附近并有负斜率,如图 6.4b 所示,$(x-\mu_x)(y-\mu_y)$ 的平均值将是相对较大的一个负数. 然而,如果 X 和 Y 之间线性关系相对地弱,如图 6.4c 所示,点将落到所有的四个象限中,一些叉积 $(x-\mu_x)(y-\mu_y)$ 是正的,一些是负的,并且它们的均值相对小——可能非常接近于 0. 这就引出下面度量两个随机变量之间线性关系强度的定义.

定义 6.10 两个随机变量 X 和 Y 的**协方差**,定义为:
$$\mathrm{Cov}(X,Y)=E[(X-\mu_x)(Y-\mu_y)]$$

定理 6.5 $\mathrm{Cov}(X,Y)=E(XY)-\mu_x\mu_y$

定理 6.5 的证明 由定义 6.10,我们可以记
$$\mathrm{Cov}(X,Y)=E[(X-\mu_x)(Y-\mu_y)]$$
$$=E(XY-\mu_xY-\mu_yX+\mu_x\mu_y)$$

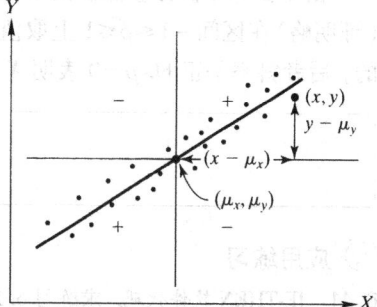

图 6.5 叉积 $(x-\mu_x)(y-\mu_y)$ 的符号

应用定理 6.1、定理 6.2 和定理 6.3 得,
$$\mathrm{Cov}(X,Y)=E(XY)-\mu_xE(Y)-\mu_yE(X)+\mu_x\mu_y=E(XY)-\mu_x\mu_y-\mu_x\mu_y+\mu_x\mu_y$$
$$=E(XY)-\mu_x\mu_y$$

例 6.11 **求协方差** 求例 6.4 中随机变量 X 和 Y 的协方差.

解 当 $0\leq x\leq 1$ 且 $0\leq y\leq 1$ 时,变量有联合密度函数 $f(x,y)=2x$. 则
$$E(XY)=\int_0^1\int_0^1(xy)2x\mathrm{d}x\mathrm{d}y=\int_0^1 2\left(\frac{x^3}{3}\right)\Big|_0^1 y\mathrm{d}y=\frac{2}{3}\int_0^1 y\mathrm{d}y=\frac{2}{3}\left(\frac{y^2}{2}\right)\Big|_0^1=\frac{1}{3}$$

在例 6.5 和例 6.6 中,我们得到边缘密度函数 $f_1(x)=2x$ 和 $f_2(y)=1$. 因此,
$$\mu_x=E(X)=\int_0^1 xf_1(x)\mathrm{d}x=\int_0^1 x(2x)\mathrm{d}x=2\left(\frac{x^3}{3}\right)\Big|_0^1=\frac{2}{3}$$

进一步,由于 Y 是定义在区间 $0\leq y\leq 1$ 上的均匀随机变量(见例 6.6). 由 5.4 节,有 $\mu_y=1/2$. 则
$$\mathrm{Cov}(X,Y)=E(XY)-\mu_x\mu_y=\frac{1}{3}-\left(\frac{2}{3}\right)\left(\frac{1}{2}\right)=0$$

例 6.11 说明了一个重要的结论:如果 X 和 Y 是独立的,那么它们的协方差等于 0. 然而,反过来往往不成立⊖.

⊖ 可以证明(证明略)如果 X 和 Y 是联合正态分布,反之亦真.

定理 6.6 如果两个随机变量 X 和 Y 是独立的，那么
$$\text{Cov}(X, Y) = 0$$

定理 6.6 的证明很容易由定理 6.5 得出，留作选做的练习.

如果两个随机变量的协方差是正的，那么 X 增大时 Y 趋向于增大. 如果协方差是负的，那么 X 增大时 Y 趋向于减小. 但是对协方差的数值我们该怎么理解？我们知道协方差等于 0 意味着 X 和 Y 之间没有线性关系，但是当协方差非 0 时，它的绝对值将依赖于 X 和 Y 的度量单位. 为克服这个困难，我们定义协方差的一个标准形式，称作**相关系数**.

定义 6.11 对两个随机变量 X 和 Y，**相关系数** ρ 是
$$\rho = \frac{\text{Cov}(X, Y)}{\sigma_x \sigma_y}$$

其中 σ_x 和 σ_y 分别是 X 和 Y 的标准差.

由于 ρ 等于协方差除以两个正数 σ_x 和 σ_y 的乘积，所以它和协方差有相同的符号. 另外，它总是（证明略）在区间 $-1 \leq \rho \leq 1$ 上取值. $\rho = -1$ 和 $\rho = 1$ 表明 X 和 Y 间是完美的直线关系，前者斜率是负的，后者斜率是正的. $\rho = 0$ 表明 X 和 Y 间没有线性关系.

相关系数的性质
$$-1 \leq \rho \leq 1$$

应用练习

6.41 IF-THEN 软件代码. 求练习 6.1 中随机变量 X 和 Y 的协方差.

6.42 掷骰子. 求练习 6.2 中随机变量 X 和 Y 的协方差.

6.43 高速公路的可变限速控制. 参考练习 6.5，求 X 和 Y 的相关系数 ρ.

6.44 卡车道上的红灯. 参考练习 6.7.
a. 求随机变量 X 和 Y 的协方差.
b. 求 X 和 Y 相关系数 ρ.

6.45 油箱容量. 商用煤油在每周初总是储存在大油箱内，由于限量供给，每周内可销售部分 X 和实际销售部分 Y 对油箱容量的比是连续随机变量. 它们的联合分布由下式给出：
$$f(x, y) = \begin{cases} 4x^2 & \text{若 } 0 \leq y \leq x; 0 \leq x \leq 1 \\ 0 & \text{其他} \end{cases}$$

求 X 和 Y 的协方差.

6.46 年降水量和峰值建模. 参考练习 6.34，*Journal of Hydrological Sciences*（2000 年 4 月）关于日本德岛降雨的研究. 使用二元正态分布模拟年度暴风雨峰值（毫米/天）和年降雨总量（毫米）的联合分布. 文章用以下值作为分布参数的估计值：$\mu_x = 147$ 毫米/天，$\mu_y = 223$ 毫米/天，$\sigma_x = 59$ 毫米/天，$\sigma_y = 117$ 毫米/天，$\rho = 0.67$. 用这些信息求 X 和 Y 的协方差.

理论练习

6.47 参考练习 6.16.
a. 求随机变量 X 和 Y 的协方差.
b. 求 X 和 Y 的相关系数 ρ.

6.48 参考练习 6.17.
a. 求随机变量 X 和 Y 的协方差.
b. 求 X 和 Y 的相关系数 ρ.

6.49 对离散情况，证明定理 6.6.

6.50 对连续情况，证明定理 6.6.

6.51 作为一个为什么定理 6.6 的逆不成立的例证，考虑由下表给出的两个离散随机变量 X 和 Y 的联合分布. 证明：$\text{Cov}(X, Y) = 0$，但是 X 和 Y 是相关的.

		$X = x$	
	-1	0	$+1$
$Y = y$ -1	$\frac{1}{12}$	$\frac{2}{12}$	$\frac{1}{12}$
0	$\frac{2}{12}$	0	$\frac{2}{12}$
$+1$	$\frac{1}{12}$	$\frac{2}{12}$	$\frac{1}{12}$

6.52 求练习 6.18 中的随机变量 X 和 Y 的协方差.

*6.6 随机变量函数的概率分布和期望值

在前面三节中，我们考虑了两个随机变量的函数. 本节将考虑更一般的情况，即一个或多个随机变量的函数.

求随机变量函数的密度函数，实质上有三种方法，其中的两种(矩母函数法和变换法)超出了本书的范围，但是在本章最后参考书目中可以找到关于它们的讨论. 第三种方法，我们称作**累积分布函数法**，将用例子说明.

假设 W 是一个或多个随机变量的函数，累积分布函数法是通过先求概率 $P(W \leqslant w)$，它等于 $F(w)$ 来求 W 的密度函数. 然后对 $F(w)$ 关于 w 求导，得到密度函数 $f(w)$. 我们将在例 6.12 和例 6.13 中来说明这种方法.

例 6.12　应用累积分布函数方法　假定随机变量 Y 有指数密度函数

$$f(y) = \begin{cases} \dfrac{e^{-y/\beta}}{\beta} & \text{若 } 0 \leqslant y \leqslant \infty \\ 0 & \text{其他} \end{cases}$$

并设 $W = Y^2$. 求随机变量 W 的密度函数.

解　$W = Y^2$ 的图形如图 6.6 中所示，我们记 W 和 Y 的累积分布函数分别为 $G(w)$ 和 $F(y)$. 从图中我们注意到只要 Y 比 y 小，W 就比 w 小；得到 $P(W \leqslant w) = G(w) = F(y)$. 由于 $W = Y^2$，我们有 $y = \sqrt{w}$ 和

$$F(y) = F(\sqrt{w}) = \int_{-\infty}^{\sqrt{w}} f(y)\,dy = \int_0^{\sqrt{w}} \frac{e^{-y/\beta}}{\beta}\,dy$$

$$= -e^{-y/\beta}\bigg|_0^{\sqrt{w}} = 1 - e^{-(\sqrt{w}/\beta)}$$

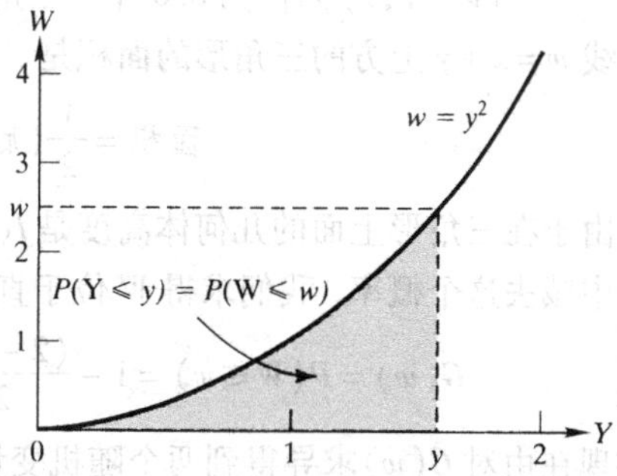

图 6.6　$W = Y^2$ 的图

因此，W 的累积分布函数是

$$G(w) = 1 - e^{-(\sqrt{w}/\beta)}$$

求导可得 W 的密度函数：

$$\frac{dG(w)}{dw} = g(w) = \frac{w^{-1/2}e^{-(\sqrt{w}/\beta)}}{2\beta}$$

例 6.13　求随机变量之和的分布　如果随机变量 X 和 Y 有单位正方形上的均匀联合密度函数，那么对 $0 \leqslant x \leqslant 1$ 和 $0 \leqslant y \leqslant 1$ 有 $f(x,y) = 1$. 求 $W = X + Y$ 和的密度函数.

解　W 的每个值相应于直线 $w = x + y$ 上的一系列点(见图 6.7). 写成斜率-截距形式，$y = w - x$，这是斜率等于 -1 且 y 截距等于 w 的直线方程. 小于或等于 w 的 W 值是相应于直线 $w = x + y$ 下面的那些 (x,y) 点(见图 6.7 的阴影区域)，那么对 y 截距 w 的值 $0 \leqslant w \leqslant 1$，$W$ 小于 w 的概率等于图中所示阴影区域的几何体的体积，我们可以通过多重积分求这个概率，但借助几何学更容易求得. 三角形相等的两边中每一边的长度都是 w. 因此，阴影三角区域的面积是 $w^2/2$. 几何体在区域上的高度是 $f(x,y) = 1$，体积是

$$P(W \leqslant w) = G(w) = w^2/2 \qquad (0 \leqslant w \leqslant 1)$$

在区间 $1 \leqslant w \leqslant 2$ 上 $G(w)$ 的等式是不同的. $P(W \leqslant w) = G(w)$ 的概率是 $f(x,y) = 1$ 在图 6.8 所示

的阴影区域的积分,这个积分可由 1 减去位于直线 $w=x+y$ 上方的小三角形(非阴影)的体积求得. 为求三角形一边的长度,我们需要确定直线 $w=x+y$ 和直线 $y=1$ 交点的位置. 把 $y=1$ 代入到直线方程,我们求得

$$w = x+1 \quad \text{或} \quad x = w-1$$

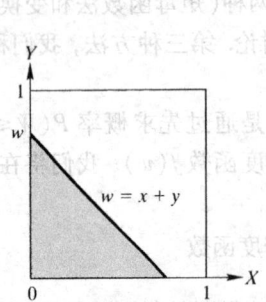

图 6.7 显示求 $G(w)$ 的积分区域图,$0 \leq w \leq 1$ 图 6.8 显示求 $G(w)$ 的积分区域图,$1 \leq w \leq 2$

点 $(w-1,1)$ 标在图 6.8 中,三角形相等的两边每一边长度都是 $\ell = 1-(w-1) = 2-w$. 位于直线 $w=x+y$ 上方的三角形的面积是

$$\text{面积} = \frac{1}{2}(\text{底})(\text{高}) = \frac{1}{2}(2-w)(2-w) = \frac{(2-w)^2}{2}$$

由于在三角形上面的几何体高度是 $f(x,y)=1$,W 位于直线 $w=x+y$ 上方的概率是 $(2-w)^2/2$. 从 1 中减去这个概率,我们求得 W 位于直线下方的概率是

$$G(w) = P(W \leq w) = 1 - \frac{(2-w)^2}{2} = 1 - \frac{4-4w+w^2}{2} = -1 + 2w - w^2/2 \quad (1 \leq w \leq 2)$$

现在由对 $G(w)$ 求导得到两个随机变量 X 和 Y 的密度函数:

$$g(w) = \frac{dG(w)}{dw} = \frac{d(w^2/2)}{dw} = w \quad (0 \leq w \leq 1)$$

$$g(w) = \frac{dG(w)}{dw} = \frac{d(-1+2w-w^2/2)}{dw} = 2-w \quad (1 \leq w \leq 2)$$

$W=X+Y$ 的累积分布函数图和密度函数图分别由图 6.9a 和 6.9b 给出. 注意,区间 $0 \leq w \leq 2$ 上密度函数下方的面积等于 1.

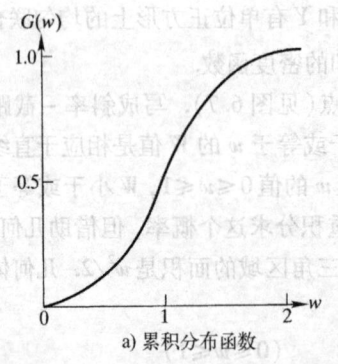
a) 累积分布函数

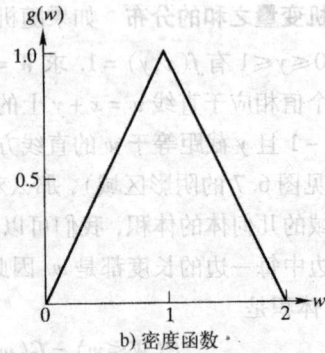
b) 密度函数

图 6.9 $W=X+Y$ 的累积分布函数和密度函数图

单个连续随机变量的最有用函数之一是累积分布函数本身. 我们将证明如果 Y 是连续的随机变量, 密度函数为 $f(y)$, 累积分布函数为 $F(y)$, 那么 $W = F(Y)$ 有区间 $0 \leq w \leq 1$ 上的均匀概率分布. 利用产生随机数的计算机程序, 我们可以产生一个 W 值的随机样本. 对 W 的每个值, 我们可由方程 $W = F(Y)$ 求出相应的 Y 值, 因此, 由密度函数 $f(y)$ 的总体得到 Y 值的随机样本. 我们把这个重要变换当作定理给出, 证明它, 然后用一个例子来说明它的用法.

定理 6.7 设 Y 是一个连续随机变量, 密度函数为 $f(y)$, 累积分布为 $F(Y)$. 那么 $W = F(Y)$ 的密度函数是定义在区间 $0 \leq w \leq 1$ 上的均匀分布, 即

$$g(w) = 1 \quad (0 \leq w \leq 1)$$

定理 6.7 的证明 图 6.10 是 $W = F(Y)$ 的示意图, Y 是连续随机变量. 从图中可以看出 y 值和 w 值之间有一个一一对应关系, 对应于区间 $0 \leq W \leq w$ 上 W 值的 Y 值是在区间 $0 \leq Y \leq y$ 上的值. 因此,

$$P(W \leq w) = P(Y \leq y) = F(y)$$

但由于 $W = F(Y)$, 我们有 $F(y) = w$. 因此我们可以写成

$$G(w) = P(W \leq w) = F(y) = w$$

最后, 我们在范围 $0 \leq w \leq 1$ 上求导获得密度函数:

$$g(w) = \frac{dF(w)}{dw} = 1 \quad (0 \leq w \leq 1)$$

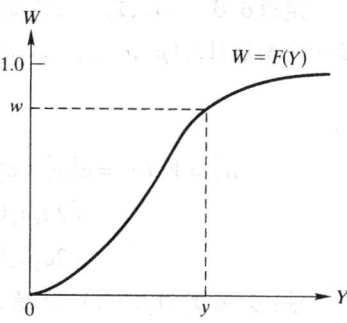

图 6.10 累积分布函数 $F(y)$

例 6.14 **生成随机样本** 用定理 6.7 产生一个来自 $\beta = 2$ 的指数分布的 $n = 3$ 个观测值随机样本.

解 $\beta = 2$ 的指数分布的密度函数是

$$f(y) = \begin{cases} \dfrac{e^{-y/2}}{2} & \text{若 } 0 \leq y < \infty \\ 0 & \text{其他} \end{cases}$$

累积分布函数是

$$F(y) = \int_{-\infty}^{y} f(t) dt = \int_{0}^{y} \frac{e^{-t/2}}{2} dt = -e^{-t/2} \bigg|_{0}^{y} = 1 - e^{-y/2}$$

如果设 $W = F(Y) = 1 - e^{(-Y/2)}$, 那么定理 6.7 告诉我们, W 有区间 $0 \leq W \leq 1$ 上的均匀密度函数.

为抽取一个指数分布的随机数 Y, 先从均匀分布随机取出一个 W 值. 这可从表 B.1 或利用计算机得到一个随机数. 例如, 假设我们取出随机数 10 480. 这相应于从区间 $0 \leq W \leq 1$ 上的均匀分布随机选取值 $W_1 = 0.104\ 80$. 把 W_1 的值代入到公式 $W = F(Y)$ 并求 Y, 我们得

$$W_1 = F(Y) = 1 - e^{-Y_1/2}$$

$$0.104\ 80 = 1 - e^{-Y_1/2}$$

$$e^{-Y_1/2} = 0.895\ 2$$

$$-\frac{Y_1}{2} = -0.111$$

那么 $Y_1 = 0.222$.

如果选取的下两个随机数是 22 368 和 24 130, 那么均匀随机变量相应值是 $W_2 = 0.223\ 68$ 和 $W_3 = 0.241\ 30$. 把这些值代入公式 $W = 1 - e^{(-Y/2)}$, 可以验证 $Y_2 = 0.506$ 和 $Y_3 = 0.552$. 从而 $Y_1 = 0.222$,

$Y_2 = 0.506$ 和 $Y_3 = 0.552$ 表示随机选取的均值等于 2 的指数随机变量的三个观测值. ∎

下面我们来讨论一个非常有用的随机变量函数——线性函数.

定义 6.12 设 $Y_1, Y_2, \cdots, Y_n$ 是随机变量，并设 $a_1, a_2, \cdots, a_n$ 是常数. 那么 ℓ 是 $Y_1, Y_2, \cdots, Y_n$ 的一个**线性函数**，如果

$$\ell = a_1 Y_1 + a_2 Y_2 + \cdots + a_n Y_n$$

$Y_1, Y_2, \cdots, Y_n$ 线性函数的期望值(均值)和方差，可以用定理 6.8 给出的公式计算得到.

定理 6.8 ($Y_1, Y_2, \cdots, Y_n$ 的线性函数的期望值 $E(\ell)$ 和方差 $V(\ell)$⊖) 假定 $Y_1, Y_2, \cdots, Y_n$ 的均值和方差分别为 $(\mu_1, \sigma_1^2), (\mu_2, \sigma_2^2), \cdots, (\mu_n, \sigma_n^2)$. 如果 $\ell = a_1 Y_1 + a_2 Y_2 + \cdots + a_n Y_n$，那么

$$E(\ell) = a_1 \mu_1 + a_2 \mu_2 + \cdots + a_n \mu_n$$

和

$$\sigma_\ell^2 = V(\ell) = a_1^2 \sigma_1^2 + a_2^2 \sigma_2^2 + \cdots + a_n^2 \sigma_n^2 + 2 a_1 a_2 \mathrm{Cov}(y_1, y_2) + 2 a_1 a_3 \mathrm{Cov}(y_1, y_3) + \cdots$$
$$+ 2 a_1 a_n \mathrm{Cov}(y_1, y_n) + 2 a_2 a_3 \mathrm{Cov}(y_2, y_3) + \cdots$$
$$+ 2 a_2 a_n \mathrm{Cov}(y_2, y_n) + \cdots + 2 a_{n-1} a_n \mathrm{Cov}(y_{n-1}, y_n)$$

注：如果 $Y_1, Y_2, \cdots, Y_n$ 是独立的，那么

$$\sigma_\ell^2 = V(\ell) = a_1^2 \sigma_1^2 + a_2^2 \sigma_2^2 + \cdots + a_n^2 \sigma_n^2$$

定理 6.8 的证明 由定理 6.3 知，

$$E(\ell) = E(a_1 Y_1) + E(a_2 Y_2) + \cdots + E(a_n Y_n)$$

那么，由定理 6.2 知，

$$E(\ell) = a_1 E(Y_1) + a_2 E(Y_2) + \cdots + a_n E(Y_n) = a_1 \mu_1 + a_2 \mu_2 + \cdots + a_n \mu_n$$

类似地，

$$V(\ell) = E\{[\ell - E(\ell)]^2\} = E[(a_1 Y_1 + a_2 Y_2 + \cdots + a_n Y_n - a_1 \mu_1 - a_2 \mu_2 - \cdots - a_n \mu_n)^2]$$
$$= E\{[a_1(Y_1 - \mu_1) + a_2(Y_2 - \mu_2) + \cdots + a_n(Y_n - \mu_n)]^2\}$$
$$= E[a_1^2(Y_1 - \mu_1)^2 + a_2^2(Y_2 - \mu_2)^2 + \cdots + a_n^2(Y_n - \mu_n)^2$$
$$+ 2 a_1 a_2 (Y_1 - \mu_1)(Y_2 - \mu_2) + 2 a_1 a_3 (Y_1 - \mu_1)(Y_3 - \mu_3) + \cdots + 2 a_{n-1} a_n (Y_{n-1} - \mu_{n-1})(Y_n - \mu_n)]$$
$$= a_1^2 E[(Y_1 - \mu_1)^2] + \cdots + a_n^2 E[(Y_n - \mu_n)^2]$$
$$+ 2 a_1 a_2 E[(Y_1 - \mu_1)(Y_2 - \mu_2)] + 2 a_1 a_3 E[(Y_1 - \mu_1)(Y_3 - \mu_3)]$$
$$+ \cdots + 2 a_{n-1} a_n E[(Y_{n-1} - \mu_{n-1})(Y_n - \mu_n)]$$

由方差和协方差的定义，我们有

$$E[(Y_i - \mu_i)^2] = \sigma_i^2 \quad \text{和} \quad E[(Y_i - \mu_i)(Y_j - \mu_j)] = \mathrm{Cov}(Y_i, Y_j)$$

因此，

$$V(\ell) = a_1^2 \sigma_1^2 + a_2^2 \sigma_2^2 + \cdots + a_n^2 \sigma_n^2 + 2 a_1 a_2 \mathrm{Cov}(Y_1, Y_2) + 2 a_1 a_3 \mathrm{Cov}(Y_1, Y_3)$$
$$+ \cdots + 2 a_2 a_3 \mathrm{Cov}(Y_2, Y_3) + \cdots + 2 a_{n-1} a_n \mathrm{Cov}(Y_{n-1}, Y_n)$$

∎

例 6.15 **随机变量函数的均值和方差** 假定 Y_1, Y_2 和 Y_3 是随机变量，且 $(\mu_1 = 1, \sigma_1^2 = 2)$, $(\mu_2 = $

⊖ 在前几节，我们对符号 σ^2 用了不同的下标来表示不同随机变量的方差. 如果这个随机变量是若干个其他随机变量的函数，记号就会很烦琐. 因此，我们将交替用记号 $\sigma_{()}^2$ 或 $V()$ 表示方差.

$3, \sigma_2^2 = 1)$, $(\mu_3 = 0, \sigma_3^2 = 4)$, $\text{Cov}(Y_1, Y_2) = -1$, $\text{Cov}(Y_1, Y_3) = 2$ 和 $\text{Cov}(Y_2, Y_3) = 1$，求下式的均值和方差：

$$\ell = 2Y_1 + Y_2 - 3Y_3$$

解 线性函数

$$\ell = 2Y_1 + Y_2 - 3Y_3$$

有系数 $a_1 = 2, a_2 = 1$, 和 $a_3 = -3$. 所以由定理 6.6 知，

$$\mu_\ell = E(\ell) = a_1\mu_1 + a_2\mu_2 + a_3\mu_3 = (2)(1) + (1)(3) + (-3)(0) = 5$$

$$\begin{aligned}\sigma_\ell^2 = V(\ell) &= a_1^2\sigma_1^2 + a_2^2\sigma_2^2 + a_3^2\sigma_3^2 + 2a_1a_2\text{Cov}(y_1, y_2) + 2a_1a_3\text{Cov}(y_1, y_3) \\ &\quad + 2a_2a_3\text{Cov}(y_2, y_3) = (2)^2(2) + (1)^2(1) + (-3)^2(4) \\ &\quad + 2(2)(1)(-1) + 2(2)(-3)(2) + 2(1)(-3)(1) = 11\end{aligned}$$

这些结果表明 ℓ 的概率分布以 $E(\ell) = \mu_\ell = 5$ 为中心，并且它的离散性由 $\sigma_\ell = \sqrt{V(\ell)} = \sqrt{11} = 3.3$ 来度量. 如果随机选取 Y_1, Y_2 和 Y_3 的值，按照经验法则，我们将期望 ℓ 的值落到区间 $\mu_\ell \pm 2\sigma_\ell$ 或 $-1.6 \sim 11.6$ 中. ∎

例 6.16 **样本均值的期望值** 设 $Y_1, Y_2, \cdots, Y_n$ 是一个取自均值为 μ，方差为 σ^2 的总体的 n 个独立观测值样本，求样本均值 $\overline{Y}$ 的期望值和方差.

解 样本观测值 $Y_1, Y_2, \cdots, Y_n$ 可以看作是 n 个独立随机变量的观测值，其中 Y_1 对应第一个观测值，Y_2 对应第二个，等等. 因此，样本均值 $\overline{Y}$ 是一个有概率分布（或密度函数）的随机变量.

记

$$\overline{Y} = \frac{\sum_{i=1}^n Y_i}{n} = \frac{Y_1}{n} + \frac{Y_2}{n} + \cdots + \frac{Y_n}{n}$$

我们看到 $\overline{Y}$ 是 $Y_1, Y_2, \cdots, Y_n$ 的一个线性函数，且 $a_1 = \frac{1}{n}, a_2 = \frac{1}{n}, \cdots, a_n = \frac{1}{n}$. 由于 $Y_1, Y_2, \cdots, Y_n$ 是独立的，由定理 6.5，对所有 $i \neq j$，Y_i 和 Y_j 的协方差都等于 0. 因此，我们可以应用定理 6.6 得到：

$$\mu_{\overline{Y}} = E(\overline{Y}) = \left(\frac{1}{n}\right)\mu + \left(\frac{1}{n}\right)\mu + \cdots + \left(\frac{1}{n}\right)\mu = \frac{n\mu}{n} = \mu$$

$$\sigma_{\overline{Y}}^2 = V(\overline{Y}) = \left(\frac{1}{n}\right)^2\sigma^2 + \left(\frac{1}{n}\right)^2\sigma^2 + \cdots + \left(\frac{1}{n}\right)^2\sigma^2 = \left(\frac{n}{n^2}\right)\sigma^2 = \frac{\sigma^2}{n}$$

∎

例 6.17 **样本均值的概率分布** 假设例 6.16 中的总体有均值 $\mu = 10$ 和方差 $\sigma^2 = 4$. 描述基于 $n = 25$ 个观测值的样本均值的概率分布.

解 由例 6.16，我们知道样本均值的概率分布有均值和方差：

$$E(\overline{Y}) = \mu = 10 \quad \text{和} \quad \sigma_{\overline{Y}}^2 = V(\overline{Y}) = \frac{\sigma^2}{n} = \frac{4}{25}$$

所以，

$$\sigma_{\overline{Y}} = \sqrt{V(\overline{Y})} = \sqrt{\frac{4}{25}} = \frac{2}{5} = 0.4$$

因此，$\overline{Y}$ 的概率分布将以它的均值 $\mu = 10$ 为中心，并且分布的大部分将落到区间 $\mu \pm 2\sigma_{\overline{Y}}$ 或 $10 \pm 2(0.4)$ 或 $9.2 \sim 10.8$ 中. 在本章其余几节中，我们将学习更多有关 $\overline{Y}$ 的概率分布的性质. ∎

应用练习

6.53 掷骰子. 参考练习 6.2. 求两个骰子显示的点数之和 $(X+Y)$ 的均值和方差.

6.54 卡车道上的红灯. 参考练习 6.7. 求 $(X+Y)$ 的方差. 你期望 $(X+Y)$ 落到什么范围内?

6.55 汽车服务. 参考练习 6.14. 求实际上服务车辆所花时间 $(X-Y)$ 的方差.

6.56 桁架承受负载的特性. 参考练习 6.13, *Journal of Engineering Mechanics* (2009 年 12 月) 关于一个 10 杆桁架承受负载特性的研究. 刚度指数(磅/平方英寸)和载荷(千磅)的一种可能的联合概率分布如下:
$$f(x,y)=(1/40)e^{-x},\ 0<x<\infty,\ 80<y<120$$
载荷 Y 的平方根是一个能确定桁架承受应力水平的重要变量. 设 $W=\sqrt{Y}$. 求 W 的概率密度函数. 然后证明 $\int f(w)\,dw=1$. (提示: 利用练习 6.13c 中得到的结果.)

6.57 产品中的次品率. 某制造工序生产的每批商品的次品率为 p. 由这个工序生产的 n 个产品的随机样本中, 它的次品数 Y 服从二项分布, 求样本中次品比例 $\hat{p}=Y/n$ 的期望和方差. (提示: 把 $\hat{p}$ 记为单个随机变量 Y 的线性函数, 即 $\hat{p}=a_1Y$, 其中 $a_1=1/n$.)

6.58 计数微生物. (英国)肯特大学的研究者建立了在液体中计算微生物菌落个数的模型(*Journal of Agricultural, Biological, and Environmental Statistics*, 2005 年 6 月). 菌落的期望个数在"抑制"模型得到. 考虑一个微生物种 A. 假设 n 个 A 孢子存放在陪替氏培养器中, 设 Y 等于生长的物种 A 的孢子个数, 那么 $Y=\sum_{i=1}^{n}X_i$, 其中, 如果物种 A 孢子生长, $X_i=1$; 如果物种 A 孢子的生长受到抑制, $X_i=0$.
   a. 证明: $E(Y)=np$, 其中 $p=P(X_i=1)$.
   b. 在另一个模型中, 研究者证明了 $p=P(X_i=1)$ 依赖于陪替氏培养器中肥料的总量 S, 其中 $p=e^{-\theta s}$, 且 θ 是一个常数. 在他们所有的试验中, 放在陪替氏培养器中的肥料基本相等. 对这些试验, 解释为什么有 $E(Y)=ne^{-\theta s}$.

6.59 激光打印机用纸. 商业印刷中心每天用于激光打印机的纸张总量 Y 为指数分布, 均值等于 5 箱 (即 $\beta=5$). 每天纸的成本与 $C=(3Y+2)$ 成比例, 求每天激光打印机用纸成本的概率密度函数.

6.60 污染排放量. 环境工程师已确定在一个岛上的发电厂排放管道附近收集的每个水样中污染物总量 Y (以百万分之一为单位)有概率密度函数
$$f(y)=\begin{cases}\dfrac{1}{10}&\text{若 }0<y<10\\0&\text{其他}\end{cases}$$
已研制一种新的净化设备以帮助减少排放到海洋中的污染物. 当设备运转时排放的污染量 A 认为和 Y 有关:
$$A=\begin{cases}\dfrac{y}{2}&\text{若 }0<y<5\\\dfrac{2y-5}{2}&\text{若 }5<y<10\end{cases}$$
求 A 的概率密度函数.

6.61 电路的电压. 加利福尼亚大学(伯克利)的研究人员开发了一个转换-电容器电路, 用于产生伪随机信号 (*International Journal of Circuit Theory and Applications*, 1990 年 5/6 月). 信号(电压)的强度 Y 用均值为 μ 的瑞利概率分布作为模型, 这个连续分布有密度函数
$$f(y)=\dfrac{y}{\mu}\exp^{-y^2/(2\mu)}\quad(y>0)$$
求随机变量 $W=Y^2$ 的密度函数. 你能正确叫出这个分布的名字吗?

6.62 选取一个随机样本. 用定理 6.7, 从概率密度函数为
$$f(y)=\begin{cases}e^y&\text{若 }y<0\\0&\text{其他}\end{cases}$$
的分布中选取一个有 $n=5$ 个观测值的随机样本.

6.63 选取一个随机样本. 用定理 6.7, 从 $\alpha=2$ 且 $\beta=1$ 的 β 分布中选取一个有 $n=5$ 个观测值的随机样本.

6.64 超级计算机的 CPU 时间. 从超级计算机任务的提交到运行完成的总时间 $X(\min)$ 和运行前在队列中等待的时间 Y 有联合密度
$$f(x,y)=\begin{cases}e^{-x}&\text{若 }0\leq y\leq x<\infty\\0&\text{其他}\end{cases}$$
任务的 CPU 时间(即任务受超级计算机的中心处理器控制的时间长度)由差 $W=X-Y$ 给出. 求一个任务的 CPU 时间的密度函数. [提示: 确定密度函数时可利用以下事实
$$\begin{aligned}P(W\leq w)&=P(W\leq w,X>w)\\&\quad+P(W\leq w,X\leq w)\\&=P(X-w\leq Y\leq X,w<X<\infty)\\&\quad+P(0\leq Y\leq X,0\leq X\leq w)\\&=\int_w^\infty\int_{x-w}^x e^{-x}dydx+\int_0^w\int_0^x e^{-x}dydx\end{aligned}$$

和

$$\int y e^{-y} dy = -y e^{-y} + \int e^{-y} dy$$

❓ 理论练习

6.65 假定 Y_1, Y_2 和 Y_3 是随机变量，且 $(\mu_1 = 0, \sigma_1^2 = 2), (\mu_2 = -1, \sigma_2^2 = 3), (\mu_3 = 5, \sigma_3^2 = 9), \text{Cov}(Y_1, Y_2) = 1, \text{Cov}(Y_1, Y_3) = 4$ 和 $\text{Cov}(Y_2, Y_3) = -2$。求下式的均值和方差：

$$\ell = \frac{1}{2} Y_1 - Y_2 + 2 Y_3$$

6.66 假定 Y_1, Y_2, Y_3 和 Y_4 是随机变量，且

$E(Y_1) = 2$,	$V(Y_1) = 4$, $\text{Cov}(Y_1, Y_2) = -1$, $\text{Cov}(Y_2, Y_3) = 0$
$E(Y_2) = 4$,	$V(Y_2) = 8$, $\text{Cov}(Y_1, Y_3) = 1$,	$\text{Cov}(Y_2, Y_4) = 2$
$E(Y_3) = -1$,	$V(Y_3) = 6$, $\text{Cov}(Y_1, Y_4) = \frac{1}{2}$, $\text{Cov}(Y_3, Y_4) = 0$
$E(Y_4) = 0$,	$V(Y_4) = 1$	

求下式的均值和方差：

$$\ell = -3 Y_1 + 2 Y_2 + 6 Y_3 - Y_4$$

6.67 设 $Y_1, Y_2, \cdots, Y_n$ 是一个从 $\alpha = 1$ 和 $\beta = 2$ 的 Γ 分布中选出的 n 个独立观测值的样本。证明样本均值 $\bar{Y}$ 的期望和方差与参数为 $\alpha = n$ 和 $\beta = 2/n$ 的 Γ 分布的期望和方差相同。

6.68 考虑密度函数

$$f(y) = \begin{cases} e^{-(y-3)} & \text{若 } y > 3 \\ 0 & \text{其他} \end{cases}$$

求 W 的密度函数，其中：

a. $W = e^{-Y}$
b. $W = Y - 3$
c. $W = Y/3$

6.69 考虑密度函数

$$f(y) = \begin{cases} 2y & \text{如果 } 0 \leq y \leq 1 \\ 0 & \text{其他} \end{cases}$$

求 W 的密度函数，其中

a. $W = Y^2$
b. $W = 2Y - 1$
c. $W = 1/Y$

6.7 抽样分布

回想样本中的 n 个测量值可以看作 n 个随机变量 $Y_1, Y_2, \cdots, Y_n$ 的观测值。因此样本均值 $\bar{Y}$，样本方差 S^2 和其他统计量都是随机变量的函数——就是我们将在以后章节中用于推断总体参数的函数。因此，前几节提出的概率和概率分布理论的主要理由可以让我们寻找并评价统计量的概率分布的性质。这样的概率分布通常称作统计量的**抽样分布**。与单个随机变量情况一样，它的均值是统计量的期望值，它的标准差称为统计量的**标准误**。

定义 6.13 一个统计量的**抽样分布**是它的概率分布。

定义 6.14 一个统计量的**标准误**是其抽样分布的标准差。

6.6 节提到的那些数学技巧可以用于求统计量的抽样分布。除了简单的例子外，这些方法很难应用。另一个方法是用计算机模拟抽样分布（这是 6.8 节的主题）。

即使我们不能得到一个统计量的概率分布的精确数学形式，也不能用模拟方法近似，但我们总可以用第 4~6 章的方法求出它的均值和方差，然后用经验法则得到抽样分布的一个近似描述。

6.8 用蒙特卡罗模拟逼近抽样分布

考虑统计量 W，它是 n 个样本测量值 $Y_1, Y_2, \cdots, Y_n$ 的函数。已经证明了(6.6 节)怎样用概率论和数学方法求它的抽样分布，然而求 $f(w)$ 的数学问题常常很难解决。当这种情况发生时，我们可以利用随机数发生器，通过重复产生统计量 W 的观测值，找到 $f(w)$ 的近似。这种方法称为**蒙特卡罗模拟**。检查得到的 W 的直方图，我们可以近似 $f(w)$。

为了说明这个过程，考虑 $n=2$ 个观测值的样本之和 $W = Y_1 + Y_2$ 的抽样分布的近似。这里 Y_1, Y_2 是区间 $0 \leq Y \leq 1$ 上均匀分布的观测值。回忆我们在例 6.13 中得到的抽样分布的精确表示，就能够把

模拟的抽样分布和抽样分布的精确形式进行比较,见图6.9b.

开始蒙特卡罗模拟,先用 SAS 产生 10 000 对随机数,每一对都表示来自区间 $0 \leq Y \leq 1$ 上均匀分布样本 (y_1, y_2). 然后用 SAS 程序计算每一对的和 $W = Y_1 + Y_2$. 图 6.11 给出了 10 000 个 W 值的 SAS 相对频率直方图. 比较图 6.9b 和图 6.11,你可以看到模拟的抽样分布为来自于均匀分布的 $n = 2$ 个观测值的样本之和的真实概率分布提供了一个好的近似.

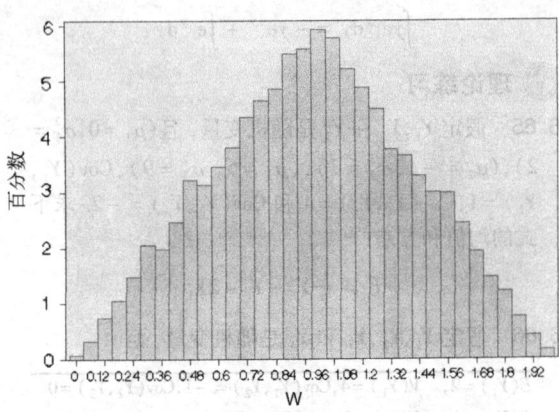

图 6.11 用 SAS 模拟两个 $(0, 1)$ 上均匀随机变量和的抽样分布

例 6.18 **抽样分布模拟:均匀** 对来自如图 6.12 所示的均匀概率分布的 $n = 5$ 个观测值的样本模拟样本均值

$$\overline{Y} = \frac{Y_1 + Y_2 + Y_3 + Y_4 + Y_5}{5}$$

的抽样分布. 注意均匀分布的均值 $\mu = 0.5$. 对 $n = 15, 25, 50$ 和 100 重复这一过程. 解释这些结果.

解 利用 SAS 的 RANUNI 子程序得到 10 000 个来自区间 $(0, 1)$ 上均匀概率分布的大小为 $n = 5$ 的随机样本,用 SAS 编程计算每一样本的均值

$$\overline{Y} = \frac{Y_1 + Y_2 + Y_3 + Y_4 + Y_5}{5}$$

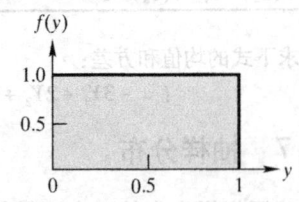

图 6.12 例 6.18 的均匀分布

10 000 个来自均匀分布的 $\overline{Y}$ 值频数直方图,见图 6.13 的 MINITAB 输出的左上角,对这个小的 n 值注意它的形状.

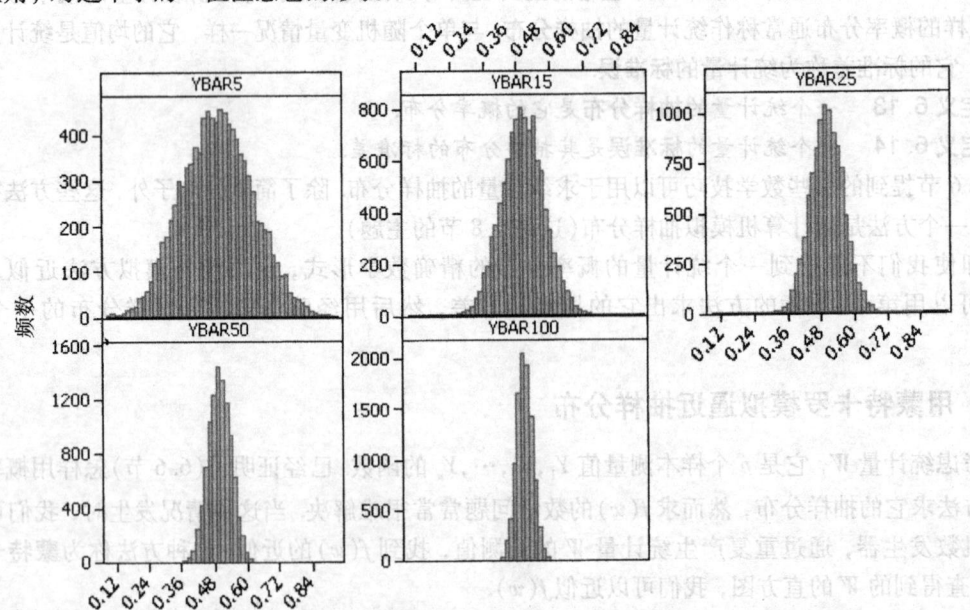

图 6.13 模拟的 $(0, 1)$ 上均匀随机变量均值的抽样分布, $n = 5, 15, 25, 50$ 和 100

基于大小为 $n=15,25,50$ 和 100 的样本，$\overline{Y}$ 的相对频率直方图也可由计算机模拟得到，见图 6.13 的其他部分. 注意 $\overline{Y}$ 值有向均匀分布的均值 $\mu=0.5$ 聚集的趋势. 进一步，随着 n 的增大，抽样分布的方差越来越小. 从图形中还可以看到，随着样本容量的增大，$\overline{Y}$ 的抽样分布的形状趋向于正态分布的形状（对称的丘形）. ∎

例 6.19 **抽样分布模拟：指数** 重复例 6.18 的做法，但样本来自于均值为 $\beta=1$ 指数概率分布（见图 6.14）.

解 利用 SAS 的 RANEXP 函数，来自指数分布的大小为 $n=5,15,25,50$ 和 100 的样本，模拟 $\overline{Y}$ 的抽样分布. 这些模拟的抽样分布的直方图见图 6.15 的 MINITAB 输出. 注意到较早给出的三条性质：

（1）$\overline{Y}$ 值有向指数分布的均值 $\mu=1$ 聚集的趋势.
（2）$\overline{Y}$ 的方差随着 n 的增大而减小.
（3）$\overline{Y}$ 抽样分布的形状，随着 n 的增大趋向于正态分布的形状. ∎

在 6.9 节中，我们以定理的形式一般化例 6.18 和例 6.19 的结果.

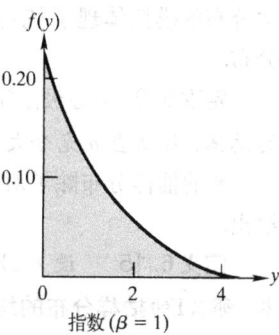

图 6.14 例 6.19 的指数分布

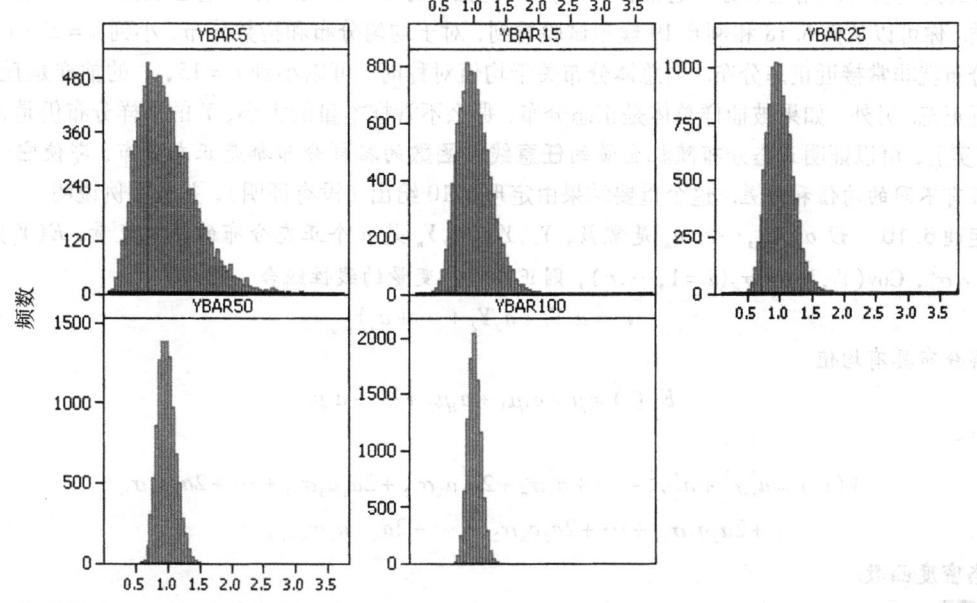

图 6.15 模拟的指数（$\beta=1$）随机变量均值的抽样分布，$n=5,15,25,50$ 和 100

应用练习

6.70 S^2 的抽样分布. 用蒙特卡罗模拟近似 S^2 的抽样分布，S^2 是来自下列分布的 $n=100$ 个观测值样本的方差.

a. $(0,1)$ 区间上的均匀分布.
b. 均值为 0、方差为 1 的正态分布.
c. 均值为 1 的指数分布.

6.71 中位数的抽样分布. 用蒙特卡罗模拟近似来自 $(0,1)$ 区间上均匀分布的 $n=50$ 个观测值样本中位数 M 的抽样分布.

6.72 极差的抽样分布. 用蒙特卡罗模拟近似来自均值为 0，方差为 1 的正态分布的 $n=10$ 个观测值的样本极差 R 的抽样分布.

6.9 均值与和的抽样分布

在例6.18和例6.19中,基于均匀分布、正态分布和指数分布的独立随机样本的样本均值的抽样分布的模拟体现了统计学上最重要定理之一的思想. 下面形式的定理用于样本均值$\bar{Y}$的抽样分布.

定理6.9(中心极限定理) 如果n个观测值$Y_1, Y_2, \cdots, Y_n$的随机样本来自有限均值μ和方差σ^2的总体,那么当n充分大时,样本均值$\bar{Y}$的抽样分布可由正态密度函数近似.

$\bar{Y}$的抽样分布除了对于足够大的n可由正态分布近似外,还有其他的已知特性,由定义6.15给出.

定义6.15 设$Y_1, Y_2, \cdots, Y_n$是来自于有限均值μ和有限标准差σ的总体n个观测值的随机样本. 那么$\bar{Y}$的**抽样分布的均值和标准差**,记为$\mu_{\bar{y}}$和$\sigma_{\bar{y}}$,分别是

$$\mu_{\bar{y}} = \mu, \quad \sigma_{\bar{y}} = \sigma/\sqrt{n}$$

中心极限定理和定义6.15的意义是,只要总体的均值和方差有限,且样本的观测个数n足够大,那么我们就可以用正态分布近似样本均值$\bar{Y}$的抽样分布. 多大的样本量必须依赖于被抽样总体的性质. 你可以从例6.18和例6.19模拟试验看到,对于均匀分布和指数分布,小到$n = 25$时,$\bar{Y}$的抽样分布就非常接近正态分布. 当总体分布关于均值对称时,可以小到$n = 15$,$\bar{Y}$的抽样是丘形的,且接近正态. 另外,如果被抽样总体是正态分布,那么不管样本量的大小,$\bar{Y}$的抽样分布仍是正态分布. 事实上,可以证明正态分布随机变量的**任意线性函数**的抽样分布都是正态分布,即使它们是相关的且有不同的均值和方差. 这个重要结果由定理6.10给出(没有证明),并且举例说明.

定理6.10 设$a_1, a_2, \cdots, a_n$是常数,$Y_1, Y_2, \cdots, Y_n$是n个正态分布的随机变量,$E(Y_i) = \mu_i$,$V(Y_i) = \sigma_i^2$,$\text{Cov}(Y_i, Y_j) = \sigma_{ij}$($i = 1, \cdots, n$),则正态随机变量的线性组合

$$\ell = a_1 Y_1 + a_2 Y_2 + \cdots + a_n Y_n$$

的抽样分布具有均值

$$E(\ell) = \mu = a_1\mu_1 + a_2\mu_2 + \cdots + a_n\mu_n$$

和方差⊖

$$V(\ell) = a_1^2\sigma_1^2 + a_2^2\sigma_2^2 + \cdots + a_n^2\sigma_n^2 + 2a_1a_2\sigma_{12} + 2a_1a_3\sigma_{13} + \cdots + 2a_1a_n\sigma_{1n}$$
$$+ 2a_2a_3\sigma_{23} + \cdots + 2a_2a_n\sigma_{2n} + \cdots + 2a_{n-1}a_n\sigma_{n-1,n}$$

的正态密度函数.

例6.20 ($\bar{Y}_1 - \bar{Y}_2$)的抽样分布 假设从两个正态总体选取独立的随机样本. n_1个观测值来自总体1,n_2个观测值来自总体2. 如果总体1和总体2均值和方差分别为(μ_1, σ_1^2)和(μ_2, σ_2^2),$\bar{Y}_1, \bar{Y}_2$是相应的样本均值. 求差$(\bar{Y}_1 - \bar{Y}_2)$的分布.

解 因为$\bar{Y}_1$和$\bar{Y}_2$都是正态分布随机变量的线性函数. 由定理6.10,它们服从正态分布,样本均值的均值和方差(见例6.16)是

$$E(\bar{Y}_i) = \mu_i \quad \text{和} \quad V(\bar{Y}_i) = \frac{\sigma_i^2}{n_i} \quad (i = 1, 2)$$

⊖ 任意随机变量$Y_1, Y_2, \cdots, Y_n$的线性函数的均值和方差公式已在定理6.8中给出.

于是,$\ell = \overline{Y}_1 - \overline{Y}_2$ 是两个正态分布随机变量 $\overline{Y}_1$ 和 $\overline{Y}_2$ 的线性函数. 根据定理 6.10, ℓ 具有正态分布, 且

$$E(\ell) = \mu_\ell = E(\overline{Y}_1) - E(\overline{Y}_2) = \mu_1 - \mu_2$$

$$V(\ell) = \sigma_\ell^2 = (1)^2 V(\overline{Y}_1) + (-1)^2 V(\overline{Y}_2) + 2(1)(-1)\text{Cov}(\overline{Y}_1, \overline{Y}_2)$$

然而由于样本是独立选取的, 所以 $\overline{Y}_1$ 和 $\overline{Y}_2$ 是独立的, 且 $\text{Cov}(\overline{Y}_1, \overline{Y}_2) = 0$. 因此,

$$V(\ell) = \frac{\sigma_1^2}{n_1} + \frac{\sigma_2^2}{n_2}$$

这样就证明了 $\overline{Y}_1 - \overline{Y}_2$ 是一个正态分布的随机变量, 且均值为 $(\mu_1 - \mu_2)$, 方差为 $(\sigma_1^2/n_1 + \sigma_2^2/n_2)$. ∎

然而, 中心极限定理的典型应用还涉及来自非正态的或未知总体的样本, 如例 6.21 和例 6.22 说明.

例 6.21 $\overline{Y}$ **的抽样分布: 推断** 负责设计和维护航空飞行器跑道的工程师传统上使用路面质量的混凝土. 在琉顿机场(英国)完成的一项研究是评估用混凝土砌块作为机场跑道路面的合适性. (*Proceedings of the Institute of Civil Engineers*, 1986 年 4 月). 飞机跑道西端的原路面质量混凝土被 80mm 厚的混凝土砌块覆盖, 进行一系列承载试验以确定承载分类号(LCN)——断裂强度的度量. 令 $\overline{Y}$ 表示跑道西端 25 块混凝土砌块样本的平均 LCN.

a. 在表面处理之前, 已知飞机跑道西端的原路面质量混凝土平均分类号 $\mu = 60$, 标准差 $\sigma = 10$. 如果新混凝土砌块路面平均强度与原来的没有差别, 描述 $\overline{Y}$ 的抽样分布.

b. 如果新混凝土砌块路面的平均强度与原来的没有差别, 求 25 块混凝土砌块样本平均 LCN $\overline{Y}$ 超过 65 的概率.

c. 新混凝土砌块路面的承载板试验结果是 $\overline{Y} = 73$. 根据这个结果对于新路面的真实平均 LCN, 你能推断出什么结论?

解 a. 尽管我们对一般新路面断裂强度(LCN)的相对频率分布的形状没有什么信息, 但是应用定理 6.9 可以推断样本的平均 LCN $\overline{Y}$ 的抽样分布是近似正态分布. 另外, 如果 $\mu = 60$ 和 $\sigma = 10$, 那么抽样分布的均值 $\mu_{\overline{y}}$ 和标准差 $\sigma_{\overline{y}}$ 由如下两式给出:

$$\mu_{\overline{y}} = \mu = 60$$

和

$$\sigma_{\overline{y}} = \frac{\sigma}{\sqrt{n}} = \frac{10}{\sqrt{25}} = 2$$

b. 我们要计算 $P(\overline{Y} > 65)$, 由于 $\overline{Y}$ 服从近似正态分布, 有

$$P(\overline{Y} > 65) = P\left(\frac{\overline{Y} - \mu_{\overline{y}}}{\sigma_{\overline{y}}} > \frac{65 - \mu_{\overline{y}}}{\sigma_{\overline{y}}}\right) \approx P\left(Z > \frac{65 - 60}{2}\right) = P(Z > 2.5)$$

其中 Z 是标准正态随机变量. 利用表 B.5, 可得

$$P(Z > 2.5) = 0.5 - 0.4938 = 0.0062$$

因此,

$$p(\overline{Y} > 65) = 0.0062$$

c. 如果新路面的平均强度与原来的没有差别(即两种路面都是 $\mu = 60$), 那么我们得到混凝土砌块样本的平均 LCN 是 65 或更大的概率仅为 0.0062, 观测到 $\overline{Y} = 73$ 提供了新路面的真实平均断裂强度超过 $\mu = 60$ 的强有力的证据. 根据第 3 章稀有事件的基本原理, 有理由认为, 如果 $\mu = 60$, 这样大

的样本均值($\bar{Y}=73$)是极不可能出现的. ■

例 6.22 **比率的抽样分布** 考虑 n 重伯努利(Bernoulli)试验,每次试验成功概率是 p 的二项试验. 成功次数 Y 除以试验次数 n 称作样本成功的比率,用符号 $\hat{p}=Y/n$ 表示.

解释为什么当 n 很大时,随机变量

$$Z = \frac{\hat{p}-p}{\sqrt{\frac{pq}{n}}}$$

近似为标准正态分布.

解 如果记 $Y_i(i=1,\cdots,n)$ 为第 i 次伯努利试验的结果,其中

$$Y_i = \begin{cases} 1 & \text{如果结果是成功} \\ 0 & \text{如果结果是失败} \end{cases}$$

那么在 n 次试验中成功次数 Y 等于 n 个独立伯努利随机变量的和:

$$\sum_{i=1}^{n} Y_i$$

因此,$\hat{p}=Y/n$ 是样本均值,根据定理 6.9,当样本大小 n 大时,$\hat{p}$ 近似为正态分布. 为求 $\hat{p}$ 的期望值和方差,我们可以把 $\hat{p}$ 看成单个随机变量 Y 的线性函数:

$$\hat{p} = \ell = a_1 Y_1 = \left(\frac{1}{n}\right) Y \quad \text{其中} \quad a_1 = \frac{1}{n} \quad \text{和} \quad Y_1 = Y$$

现在应用定理 6.8,得到 $E(\ell)$ 和 $V(\ell)$ 是

$$E(\hat{p}) = \frac{1}{n} E(Y) = \frac{1}{n}(np) = p$$

$$V(\hat{p}) = \left(\frac{1}{n}\right)^2 V(Y) = \frac{1}{n^2}(npq) = \frac{pq}{n}$$

因此,

$$Z = \frac{\hat{p}-p}{\sqrt{\frac{pq}{n}}}$$

等于正态分布随机变量 $\hat{p}$ 与它的均值 p 的偏离,以它的标准差 $\sqrt{pq/n}$ 为单位的表示,满足 5.5 节给出的标准正态随机变量的定义. ■

中心极限定理也可应用于满足定理 6.9 所述条件的 n 个测量值的样本之和,唯一不同的是近似的正态分布均值为 $n\mu$,方差为 $n\sigma^2$.

> **随机变量和的抽样分布**
>
> 如果 n 个观测值 $Y_1, Y_2, \cdots, Y_n$ 的随机样本来自于具有有限均值 μ 和方差 σ^2 的总体,那么当 n 足够大时,和
>
> $$\sum_{i=1}^{n} Y_i$$
>
> 的抽样分布可由正态密度函数近似,且 $E(\sum Y_i) = n\mu$, $V(\sum Y_i) = n\sigma^2$.

在 6.10 节,我们将对和应用中心极限定理,证明当试验次数 n 大时,正态密度函数可以作为二项概率密度函数的近似.

应用练习

6.73 社会机器人是腿式移动还是轮式移动？参考练习 2.1，*International Conference on Social Robotics*（Vol. 6414, 2010）关于目前社会机器人设计趋势的研究. 研究人员通过网络搜索获得一个包含 106 个社会机器人的随机样本，并确定了设计为用腿而不是轮子的机器人数量. 设用腿而不是轮子的社会机器人的样本比例为 $\hat{p}$. 假设在所有社交机器人中，40% 是用腿而不是轮子.
a. 求 $\hat{p}$ 抽样分布的均值和标准差.
b. 描述 $\hat{p}$ 抽样分布的形状.
c. 求 $P(\hat{p} > 0.59)$.
d. 回顾研究人员在 106 个机器人中发现用腿的仅有 63 个. 这个结果与 40% 的社会机器人是用腿而不是轮子的假设矛盾吗？解释原因.

6.74 地壳中的铀. 参考练习 5.17，*American Mineralogist*（2009 年 10 月）关于地壳中矿物铀演变的研究. 研究人员估计储备中可追踪的铀的量 Y 服从百万分之一到百万分之三的均匀分布. 在一个样本容量 $n = 60$ 的随机样本储备中，设 $\bar{Y}$ 是样品中铀的平均含量.
a. 求 $E(\bar{Y})$ 并解释这个值.
b. 求 $\text{Var}(\bar{Y})$.
c. 描述 $\bar{Y}$ 的抽样分布的形状.
d. 求 $\bar{Y}$ 介于 1.5ppm 和 2.5ppm 之间的概率.
e. 求 $\bar{Y}$ 超过 2.2ppm 的概率.

6.75 二噁英暴露. 美国职业安全与卫生研究所（NIOSH）最近完成了一项评估工人暴露于二噁英 2,3,7,8-TCDD 水平的研究. 新泽西纽瓦克化工厂生产工人的 TCCD 水平（ppt）分布有均值 293ppt，标准差 847ppt（*Chemosphere*, Vol. 20, 1990）. 分布的图形如下：
对新泽西工厂任选 50 名工人的随机样本，令 $\bar{Y}$ 表示样本的平均 TCDD 水平.
a. 求 $\bar{Y}$ 的抽样分布的均值和标准差.
b. 画出 $\bar{Y}$ 抽样分布的草图，在图形中确定均值的位置.
c. 求 $\bar{Y}$ 超过 550ppt 的概率.

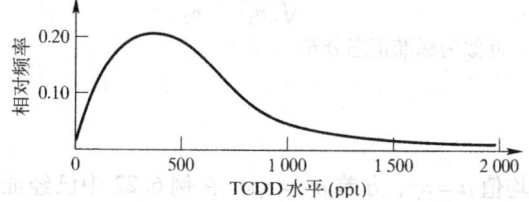

6.76 混凝土路面标准. 地质技术工程师用水平"压力观测仪"评估新建混凝土路面水平度，典型做法是在路面上测量 8 个点的标高. 感兴趣的是标高之间的最大差距. *Journal of Performance of Constructed Facilities*（2005 年 2 月）发表了一篇关于加州居民住宅路面水平度的论文. 在加压之前搜集到的所有 1 300 个混凝土路面标高的最大差距 Y 具有均值 $\mu = 0.53$in 和标准差 $\sigma = 0.193$in. 考虑一个选自这些测量的 $n = 50$ 个路面的样本，并设 $\bar{Y}$ 表示样本均值.
a. 全面描述 $\bar{Y}$ 的抽样分布.
b. 求 $P(\bar{Y} > 0.58)$.
c. 研究还表明，在加压及载重之后测量的混凝土路面的最大差距的均值是 $\mu = 0.58$in. 假设从样本数据中得到 $\bar{Y} = 0.59$in，讨论这个样本数据是加压之前得到的还是在加压及载重后得到的.

6.77 管道表面的粗糙度. 参考练习 2.20，*Anti-Corrosion Methods and Materials*（Vol. 50, 2003）关于石油管道表面粗糙度的研究. 回顾用扫描探测器测量了 20 节内部有涂层的管道表面粗糙度 $Y(\mu m)$. 考虑样本均值 $\bar{Y}$.
a. 假设表面粗糙度分布的均值 $\mu = 1.8\mu m$，标准差 $\sigma = 0.5\mu m$. 利用这些信息，求 $\bar{Y}$ 超过 $1.85\mu m$ 的概率.
b. 重新产生的样本数据见下表. 计算 $\bar{y}$.
c. 基于 b 的结果，讨论 a 中所作假设的有效性.

🌐 **ROUGHPIPE**

1.72	2.50	2.16	2.13	1.06	2.24	2.31	2.03	1.09	1.40
2.57	2.64	1.26	2.05	1.19	2.13	1.27	1.51	2.41	1.95

资料来源：Farshad, F., and Pesacreta. T. "Coated pipe interior surface roughness as measured by three scanning probe instruments." *Anti-Corrosion Methods and Materials*, Vol. 50. No. 1, 2003（表Ⅲ）.

6.78 洗手与擦手. *British Medical Journal*（2002 年 8 月 17 日）发表了一篇关于比较用肥皂洗手与用酒精擦手有效性的研究. 用酒精擦手的卫生保健工作者每只手细菌平均数量为 39，标准差为 59. 而用肥皂洗手的卫生保健工作者每只手细菌平均数量为 59，标准差为 106. 在一个 50 位卫生保健工作者组成的随机样本中，所有人用相同的方法清洗他们的手，每只手的平均细菌数量 $\bar{Y}$ 小于 30. 这一保健工作者样本是用肥皂洗的手还是用酒精擦的手，给出你的观点.

6.79 番茄作为调味剂. 神秘果蛋白是由一种罕见的

热带水果产生的可以将酸味转化为甜味的天然蛋白质. 参考练习 5.29, *Plant Science*(2010 年 5 月)关于杂交番茄植物产生神秘果蛋白能力的调查. 回顾植物中产生神秘果蛋白的平均量为每鲜重 105.3 微克, 标准差为 8.0. 考虑一个 $n=64$ 的杂交番茄植物的随机样本, 令 $\bar{Y}$ 表示产生的神秘果蛋白的样本均值. 你可以观察到 $\bar{Y}$ 的值小于每鲜重 103 微克吗? 说明原因.

PHISHING

6.80 网络钓鱼攻击电子邮件账户. 在练习 2.24 中了解到, 网络钓鱼是指企图通过欺诈性电子邮件获取毫无戒心的人的个人/财务信息. 在 *Chance*(2007 年夏)中给出了针对公司的实际钓鱼攻击的数据, 记录了 267 个欺诈性电子邮件通知的到达间隔时间, 即时间差(秒), 并保存在 PHISHING 文件中. 对于本练习, 感兴趣的总体是这些间隔时间.

a. 在练习 2.24 中构建了间隔时间的直方图. 描述间隔时间总体分布的形状.

b. 求间隔时间总体的均值和标准差.

c. 现在考虑从间隔时间总体中选择一个 $n=40$ 的随机样本. 描述样本均值 $\bar{Y}$ 的抽样分布的形状. 理论上讲, $\mu_{\bar{Y}}$ 和 $\sigma_{\bar{Y}}$ 是什么?

d. 求 $P(\bar{Y}<90)$.

e. 用随机数生成器从间隔时间总体中选择一个 $n=40$ 的随机样本, 计算 $\bar{Y}$ 的值. (课堂中每位学生都应做这个题.)

f. 参考 e, 获得由学生计算的 $\bar{Y}$ 的值并将它们组合成单个数据集. 用这些 $\bar{Y}$ 值绘制一个直方图. 这个形状和正态相似吗?

g. 参考 f, 求 $\bar{Y}$ 值的均值和标准差. 这两个值分别与 $\mu_{\bar{Y}}$ 和 $\sigma_{\bar{Y}}$ 近似吗?

6.81 机器停工模型. 在 *Industrial Engineering*(1990 年 8 月)上一篇文章用模拟研究讨论了机器停工时间正确建模的重要性. 作为一个说明, 研究者考虑修理时间(min)可用参数 $\alpha=1$, $\beta=60$ 的 Γ 分布表示的单机床系统. 感兴趣的是 100 个机器故障样本的平均修理时间 $\bar{Y}$.

a. 求 $E(\bar{Y})$ 和 $\text{Var}(\bar{Y})$.

b. 什么样的概率分布提供了 $\bar{Y}$ 的抽样分布最好的模型? 为什么?

c. 求平均修理时间 $\bar{Y}$ 不长于 30min 的概率.

6.82 内燃机系统维护. 美国陆军工程和住房支持中心(Army Engineering and Housing Support Center)最近对商业及军用设施中小型内燃机及气体动力系统特征的可靠性、有效性和持续性(RAM)进行了研究(*IEEE Transactions on Industry Applications*, July/Aug. 1990). 研究表明对连续内燃机辅助系统执行纠正保养时间 Y 有近似指数分布, 估计的均值为 1 700h.

a. 假设 $\mu=1700$, 求 70 个连续内燃机辅助系统设备样本执行纠正保养的平均时间超过 2 500h 的概率.

b. 如果你已观测到 $\bar{Y}>2500$, 你能对 μ 值进行怎样的推断.

6.83 起重机的最大载重量. 一台大型的起重机最多能够搬运 10 000lb(5t). 假设一个包括 45 个箱子的货物必须用起重机搬运. 经验表明一箱这种类型货物的重量 Y 具有均值 $\mu=200\text{lb}$, 标准差 $\sigma=55\text{lb}$ 的概率分布. 所有 45 个箱子同时装到起重机被搬运的概率是多大? (提示: 求 $P\left(\sum_{i=1}^{45} y_i \leq 10\ 000\right)$.)

理论练习

6.84 如果 Y 服从自由度为 n 的 χ^2 分布(见 5.7 节), 那么 Y 可以表示为 $Y=\sum_{i=1}^{n} X_i$, 其中 X_i 是独立的 χ^2 分布, 每个自由度为 1.

a. 证明: 当 n 较大时, $Z=(Y-n)/\sqrt{2n}$ 近似地服从标准正态分布.

b. 如果 Y 服从自由度为 30 的 χ^2 分布, 求 Y 落在它的均值的 2 个标准差范围内的近似概率, 即求 $P(\mu-2\sigma<Y<\mu+2\sigma)$.

6.85 设 $\hat{p}_1$ 是 n_1 次二项试验中成功的样本比率, $\hat{p}_2$ 表示 n_2 次二项试验中成功的样本比率, 与第一次试验独立进行的. 令 p_1 和 p_2 是相应总体的参数. 当 n_1 和 n_2 很大时, 证明:

$$Z=\frac{\hat{p}_1-\hat{p}_2-(p_1-p_2)}{\sqrt{\frac{p_1 q_1}{n_1}+\frac{p_2 q_2}{n_2}}}$$

近似为标准正态分布.

6.10 二项分布的正态逼近

考虑参数为 n 和 p 的二项随机变量 Y, 回顾 Y 有均值 $\mu=np$, 方差 $\sigma^2=npq$. 在例 6.22 中已经证

明在 n 次试验中，成功次数 Y 可以认为是 n 个 0 和 1 值的和，每个 0 和 1 分别表示某次试验的结果（分别为失败或成功），即

$$Y = \sum_{i=1}^{n} Y_i, \text{ 其中 } Y_i = \begin{cases} 1 & \text{如果成功} \\ 0 & \text{如果失败} \end{cases}$$

则根据和的中心极限定理，当 n 增大时，二项概率分布 $p(y)$ 越来越接近于正态分布。即使对于小样本情况，如 n 小到 10，当 $p=0.5$，Y 的分布关于它的均值 $\mu=np$ 是对称时，二项分布的正态近似是合理有效的。当 p 接近 0（或 1）时，二项概率分布将趋于偏向右（或左），但是偏度随着 n 的增大而消失。一般地，当 n 足够大，使 $\mu-2\sigma = np - 2\sqrt{npq}$ 和 $\mu+2\sigma = np + 2\sqrt{npq}$ 都在 0 和 n 之间时，近似程度是很好的。可以证明（证明省略），对于 $\mu-2\sigma$ 和 $\mu+2\sigma$ 都没有落在 0 和 n 之间，np 和 nq 一定都大于或等于 4。

对二项概率分布用正态近似要求的条件

如果 $\mu-2\sigma = np - 2\sqrt{npq}$ 和 $\mu+2\sigma = np + 2\sqrt{npq}$ 都在 0 和 n 之间，近似是好的。如果 $np \geq 4$ 且 $nq \geq 4$，那么这个条件就会得到满足。

例 6.23 **用正态逼近求二项概率** 设 Y 是具有参数 $n=10$，$p=0.5$ 的二项概率分布。

a. 作 $p(y)$ 图，并在图上添加 $\mu = np$，$\sigma = \sqrt{npq}$ 的正态分布。
b. 用表 B.2 求 $P(Y \leq 4)$。
c. 用二项分布的正态近似求 $P(Y \leq 4)$ 的近似值。

解 a. $p(y)$ 及

$$\mu = np = (10)(0.5) = 5$$

和

$$\sigma = \sqrt{npq} = \sqrt{(10)(0.5)(0.5)} = 1.58$$

的正态分布的图形见图 6.16。注意到，$np=5$ 和 $nq=5$ 都超过了 4。因此 $\mu=5$，$\sigma=1.58$ 的正态密度函数是 $p(y)$ 的一个好的近似。

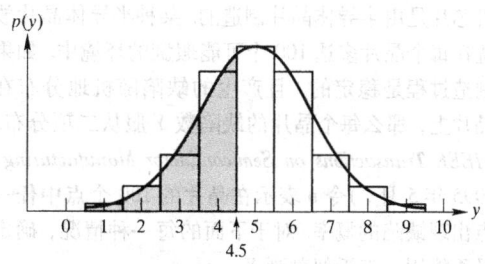

图 6.16 二项概率分布（$n=10$，$p=0.5$）与近似正态分布（$\mu=np=5$，$\sigma=\sqrt{npq}=1.58$）

b. 从附录 B 表 B.2 得

$$\sum_{y=0}^{4} p(y) = 0.377$$

c. 观察图 6.16，可以看到 $P(Y \leq 4)$ 是在正态曲线下 $Y=4.5$ 的左端面积。注意到 $Y=4$ 的左端面积是不合适的，因为它省略了相应于 $Y=4$ 的一半概率长方形。为了修正，用连续概率分布去近似离散概率分布，在计算概率之前我们需要将 4 增加 0.5。值 0.5 称作二项概率正态近似的**连续性修正因子**（见下面方框），相应于修正值 $Y=4.5$ 的 Z 值是

$$Z = \frac{Y - \mu}{\sigma} = \frac{4.5 - 5}{1.58} = \frac{-0.5}{1.58} = -0.32$$

表 B.5 给出了 $Z=0$ 到 $Z=0.32$ 之间的面积是 $A=0.1255$。因此，

$$P(Y \leq 4) \approx 0.5 - A = 0.5 - 0.1255 = 0.3745$$

这样，尽管 n 小到 10，对 $P(Y \leq 4) = 0.377$ 的正态近似是相当好的。如果 p 不等于 0.5，那么利用近似时样本量必须较大。∎

二项概率正态近似的连续性修正

设 Y 是具有参数 n 和 p 的二项随机变量，Z 是标准化随机变量，那么

$$P(Y \leq a) \approx P\left(Z < \frac{(a+0.5)-np}{\sqrt{npq}}\right)$$

$$P(Y \geq a) \approx P\left(Z > \frac{(a-0.5)-np}{\sqrt{npq}}\right)$$

$$P(a \leq Y \leq b) \approx P\left(\frac{(a-0.5)-np}{\sqrt{npq}} < Z < \frac{(b+0.5)-np}{\sqrt{npq}}\right)$$

应用练习

6.86 女性消防战士. 根据国际女性消防协会和保护服务，4% 的消防战士是女性.

a. 在一个有 500 个消防战士的随机样本中，求有超过 100 个女性的近似概率.

b. 在一个有 500 个消防战士的随机样本中，求有 5 个或更少女性的近似概率.

6.87 半导体晶片的缺陷. 笔记本和台式电脑的计算机芯片是由半导体晶片制造的. 某种半导体晶片放置在每个晶片多达 100 个可能瑕疵的环境中. 如果制造过程是稳定的，且产生的缺陷随机地分布在晶片上，那么每个晶片的缺陷数 Y 服从二项分布.（*IEEE Transactions on Semiconductor Manufacturing*，1995 年 5 月.）令 p 表示在晶片的 100 个点中任一点出现缺陷的概率. 对于下面的每一种情况，确定是否能用正态近似刻画 Y.

a. $p = 0.01$.
b. $p = 0.50$.
c. $p = 0.90$.

6.88 老鼠的化学信号. 参考练习 4.27，*Cell*（2010 年 5 月 14 日）关于老鼠识别潜在捕食者气味能力的研究. 了解到有 40% 的实验鼠细胞对化学合成的猫的尿蛋白有积极反应（即识别出周围有潜在捕食者的危险）. 再次，考虑一个有 100 个实验鼠细胞的样本，每个都暴露于化学合成的猫的尿蛋白中，令 Y 表示有积极反应的细胞的个数. 求有少于一半的细胞对猫的尿蛋白有积极反应的可能性.

6.89 生物毒理学的生存研究. 参考练习 4.28，*Journal of Agricultural, Biological and Environmental Sciences*（2000 年 9 月）评估由危险污染物引起的风险. 在试验中，孔雀鱼（年龄和大小全都相同）放进盛着已被农药污染的天然海水的大容器里，确定 5 天后还活着的孔雀鱼个数. 回忆研究者估计任意单条孔雀鱼活着的概率是 0.6. 如果有 300 条孔雀鱼放进污染的大容器中，估计 5 天后活着的孔雀鱼的个数少于 100 的概率.

6.90 箭鱼的汞污染. *Consumer Reports*（1992 年 2 月）称在纽约及芝加哥超市里，发现海产品有普遍污染. 例如 40% 的供销售的箭鱼片超过了食品和医药管理局（FDA）汞含量限制. 考虑来自纽约和芝加哥超市 20 个箭鱼片的随机样本.

a. 用二项分布的正态近似计算 20 个箭鱼片中有少于 2 个超过 FDA 限制的汞含量的概率.

b. 用二项分布的正态近似，计算 20 个箭鱼片中有多于一半超过了 FDA 的限制的汞含量的概率.

c. 用二项表计算 a 和 b 中的正确概率. 正态分布是二项分布的一个好的近似吗？

6.91 瓶装水分析. 参考练习 4.29，*Scientific American*（2003 年 7 月）关于瓶装水是否是真正的纯净水的报告. 回顾自然资源保护委员会（Natural Resources Defence Council）发现 25% 瓶装水品牌，只是自来水装在它们瓶里. 在一个 65 种瓶装水品牌的随机样本中，可能会有 20 种或更多品牌装有自来水吗？说明原因.

6.92 桥梁检测等级. 参考练习 4.30，*Journal of Performance of Constructed Facilities*（2005 年 2 月）关于检测所有主要的丹佛桥梁的等级研究. 回顾全国桥梁检测级别标准（NBIS）排序等级从 0（最差等级）到 9（最高等级）. 工程师预测所有主要丹佛桥梁的 9% 在 2020 年的等级将会是 4 或更低.

a. 在 70 座主要丹佛桥梁的随机样本中，用预测近似在 2020 年至少一半等级为 4 或更低的概率.

b. 假设你在 2020 年确实观测到在有 70 座桥梁的样本中至少有 35 座等级为 4 或更低，你能得到什么推论？为什么？

6.93 指纹技术. 参考练习 4.32，*Psychological Science*（2011 年 8 月）关于指纹识别的研究. 回顾当指

纹来自同一个人时,指纹专家可以正确识别指纹匹配的可能性是92%. 考虑有1 000对不同的指纹对的取证数据库,其中每对指纹都是匹配的.
  a. 在1 000对指纹对中,你估计专家正确识别指纹匹配的比例是多少?
  b. 专家可以正确识别少于900对指纹匹配的概率是多少?
6.94 **机场行李检查.** 根据 *New Jersey Business* (1996年2月),纽瓦克国际机场新的航空终点站平均每小时处理3 000名国际旅客,但有能力处理这个数量的2倍. 扫描完所有行李之后,20%的国际旅客被要求等待检查行李. 检查设备每小时能够处理600名旅客,不会不合理地延误旅行.
  a. 当国际旅客以每小时1 500名的速度到达时,由于行李检查而等待的旅客期望数是多少?
  b. 未来的期望每小时有多达4 000名国际旅客到达. 到那时由于检查行李而等待的旅客数期望是多少?
  c. 参考b. 求由于检查行李,致使多于600名国际旅客等待的近似概率.(这也是旅客经历不合理行李检查而延误的概率.)

6.11 与正态分布有关的抽样分布

在这一节里,我们给出基于正态总体观测值的随机样本的几个著名统计量的分布,这些统计量是 χ^2, t 和 F 统计量. 在第7章,我们将证明如何用这些统计量估计某些总体参数值. 下面只叙述结论而不给出证明. 利用6.2节方法的证明可在本章的参考文献中找到.

定理6.11 如果 n 个观测值 $Y_1, Y_2, \cdots, Y_n$ 的随机样本取自均值 μ,方差 σ^2 的正态分布,那么

$$\chi^2 = \frac{(n-1)S^2}{\sigma^2}$$

的抽样分布是自由度为 $\nu = (n-1)$ 的**卡方密度函数**(见5.7节).

注: 随机变量 S^2 表示样本方差.

定理6.12 若 χ_1^2 和 χ_2^2 是自由度分别为 ν_1 和 ν_2 的独立卡方随机变量,则和 $\chi_1^2 + \chi_2^2$ 是自由度为 $\nu_1 + \nu_2$ 的**卡方分布**.

定义6.16 设 Z 是标准正态随机变量,χ^2 是自由度为 ν 的卡方随机变量,如果 Z 与 χ^2 独立,那么称

$$T = \frac{Z}{\sqrt{\chi^2/\nu}}$$

是自由度为 ν 的**学生氏 T 分布**(或简称 T 分布).

定义6.17 如果 χ_1^2 和 χ_2^2 是自由度分别为 ν_1 和 ν_2 的卡方随机变量,若 χ_1^2 和 χ_2^2 是独立的,则称

$$F = \frac{\chi_1^2/\nu_1}{\chi_2^2/\nu_2}$$

为分子自由度为 ν_1、分母自由度为 ν_2 的 **F 分布**.

注: 对于 T 和 F 统计量的抽样分布也可用选学的6.6节方法导出. 两个抽样分布都与 β 型随机变量的密度函数(见5.9节)有关. 可以证明(证明略)自由度为 ν 的 T 分布实际上是自由度 $\nu_1 = 1$, $\nu_2 = \nu$ 的 F 分布的特殊情形. 由于不能得到累积分布函数的显式表达,因此,我们省略了密度函数公式,在附录B以表格形式给出统计量的有用值及相应的面积.

下面的例子说明这些统计量如何用于总体参数的概率描述.

例6.24 **卡方分布应用** 考虑加工谷物为8盎司玉米罐头的罐头厂. 质量控制工程师认为当每听罐头装入量的真方差 σ^2 小于0.002 5时,工序是正常运转. 从某一天的产品中选出 $n = 10$ 听的随机样本,记录每一听的装入量(盎司). 感兴趣的是样本方差 S^2. 如果事实上 $\sigma^2 = 0.001$,求 S^2 超过0.002 5 的概率. 假定装入量是正态分布.

解 我们要计算 $P(S^2 > 0.0025)$. 假设 10 个装入量的样本来自正态分布. 定理 6.11 说明统计量

$$\chi^2 = \frac{(n-1)S^2}{\sigma^2}$$

是自由度为 $\nu = (n-1)$ 的卡方概率分布. 因此, 我们要求的概率可写为

$$P(S^2 > 0.0025) = P\left[\frac{(n-1)S^2}{\sigma^2} > \frac{(n-1)(0.0025)}{\sigma^2}\right] = P\left[\chi^2 > \frac{(n-1)(0.0025)}{\sigma^2}\right]$$

将 $n = 10$, $\sigma^2 = 0.001$ 代入, 得

$$P(S^2 > 0.0025) = P\left[\chi^2 > \frac{9(0.0025)}{0.001}\right] = P(\chi^2 > 22.5)$$

χ^2 分布的上尾面积已经做成了表, 并在表 B.8 中给出, 表 6.2 是其中一部分. 这张表给出的 χ^2 值记作 χ_α^2, 是分布上尾面积(概率)为 α 的位置, 即 $P(\chi^2 > \chi_\alpha^2) = \alpha$. 在这个例子中, 我们要求概率 α, 使得 $\chi_\alpha^2 > 22.5$.

表 6.2 表 B.8 的节略形式: χ^2 值表

自由度	$\chi_{0.100}^2$	$\chi_{0.050}^2$	$\chi_{0.025}^2$	$\chi_{0.010}^2$	$\chi_{0.005}^2$	自由度	$\chi_{0.100}^2$	$\chi_{0.050}^2$	$\chi_{0.025}^2$	$\chi_{0.010}^2$	$\chi_{0.005}^2$
1	2.70554	3.84146	5.02389	6.63490	7.87944	11	17.2750	19.6751	21.9200	24.7250	26.7569
2	4.60517	5.99147	7.37776	9.21034	10.5966	12	18.5494	21.0261	23.3367	26.2170	28.2995
3	6.25139	7.81473	9.34840	11.3449	12.8381	13	19.8119	22.3621	24.7356	27.6883	29.8194
4	7.77944	9.48773	11.1433	13.2767	14.8602	14	21.0642	23.6848	26.1190	29.1413	31.3193
5	9.23635	11.0705	12.8325	15.0863	16.7496	15	22.3072	24.9958	27.4884	30.5779	32.8013
6	10.6446	12.5916	14.4494	16.8119	18.5475	16	23.5418	26.2962	28.8454	31.9999	34.2672
7	12.0170	14.0671	16.0128	18.4753	20.2777	17	24.7690	27.5871	30.1910	33.4087	35.7185
8	13.3616	15.5073	17.5346	20.0902	21.9550	18	25.9894	28.8693	31.5264	34.8053	37.1564
9	14.6837	16.9190	19.0228	21.6660	23.5893	19	27.2036	30.1435	32.8523	36.1908	38.5822
10	15.9871	18.3070	20.4831	23.2093	25.1882						

现在 $n = 10$, 自由度为 $\nu = n - 1 = 9$. 找到表 6.2 相应于 $\nu = 9$ 的行, 可以求出 $\chi_{0.010}^2 = 21.666$, 及 $\chi_{0.005}^2 = 23.5893$. (这些值是表 6.2 的阴影部分.) 因此, 我们要求的概率落在 $\sigma = 0.01$ 和 $\sigma = 0.005$ 之间, 即

$$0.005 < P(\chi^2 > 22.5) < 0.01 \quad (见图 6.17)$$

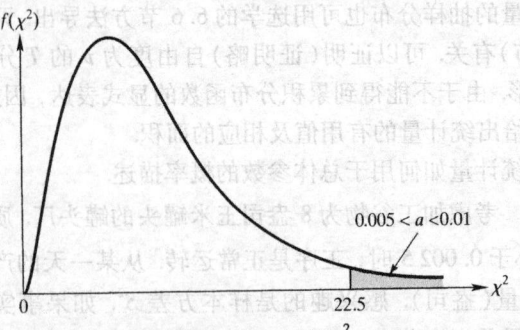

图 6.17 例 6.24 中求 $P(\chi^2 > 22.5)$

这样,当总体真方差 $\sigma^2 = 0.001$ 时,装入量的样本方差超过 0.0025 的概率是小的(在 $0.005 \sim 0.01$ 之间).

例 6.24 中的精确概率可以用统计软件求得. 图 6.18 的 MINITAB 输出给出了自由度为 9 的卡方分布的概率. 注意(默认情况下),MINITAB 计算得到的是累积概率 $P(\chi^2 < 22.5) = 0.99278$. 所以,我们需要的精确概率是:

$$P(\chi^2 > 22.5) = 1 - P(\chi^2 < 22.5) = 1 - 0.99278 = 0.00722$$

```
Cumulative Distribution Function
Chi-Square with 9 DF
    x    P( X <= x )
  22.5    0.992578
```

图 6.18 MINITAB 卡方概率

例 6.25 **学生氏 T 分布的偏差** 假设随机变量 $\bar{Y}$ 和 S^2 是来自均值为 μ,方差为 σ^2 的正态分布总体的 n 个观测值随机样本的均值和方差. 可以证明(证明略)当抽样总体是正态分布时,$\bar{Y}$ 和 S^2 是统计独立的. 利用这个结果证明:

$$T = \frac{\bar{Y} - \mu}{S/\sqrt{n}}$$

是自由度为 $\nu = (n-1)$ 的 T 分布⊖.

解 由定理 6.10 知,$\bar{Y}$ 是均值为 μ,方差为 σ^2/n 的正态分布. 因此,

$$Z = \frac{\bar{Y} - \mu}{\sigma/\sqrt{n}}$$

是一个标准正态随机变量,由定理 6.11 可知,

$$\chi^2 = \frac{(n-1)S^2}{\sigma^2}$$

是一个自由度为 $\nu = (n-1)$ 的 χ^2 随机变量. 然后利用定义 6.15 及 $\bar{Y}$ 和 S^2 是独立的,可得

$$T = \frac{Z}{\sqrt{\chi^2/\nu}} = \frac{\dfrac{\bar{Y} - \mu}{\sigma/\sqrt{n}}}{\sqrt{\dfrac{(n-1)S^2}{\sigma^2}/(n-1)}} = \frac{\bar{Y} - \mu}{S/\sqrt{n}}$$

是自由度为 $\nu = (n-1)$ 的学生氏 T 分布. 正如第 7 章将要学到的,当总体标准差 σ 未知时(必须用 S^2 估计),T 分布对推断总体均值 μ 是有用的. ∎

定理 6.11 和例 6.24、例 6.25 指出两个统计量的抽样分布在统计推断中具有重要作用. 其他统计量不加证明地在表 6.3a 和表 6.3b 中给出,所有都基于来自正态分布总体的随机样本,这些结果将在第 7 章中用到.

表 6.3a 基于分别来自参数为 (μ_1, σ_1^2) 和 (μ_2, σ_2^2) 正态分布总体 n_1 和 n_2 个观测的独立随机样本统计量的抽样分布

统计量	抽样分布	附加的假定	导出抽样分布的依据
$\chi^2 = \dfrac{(n_1 + n_2 - 2)S_p^2}{\sigma^2}$	自由度为 $\nu = (n_1 + n_2 - 2)$ 的卡方分布	$\sigma_1^2 = \sigma_2^2 = \sigma^2$	定理 6.11 ~ 6.12

⊖ 这个结果首先由 W. S. Gosset 于 1908 年以笔名"学生"发表. 之后,这个统计量就称为学生氏 T.

统计量	抽样分布	附加的假定	导出抽样分布的依据
$T = \dfrac{(\overline{Y}_1 - \overline{Y}_2) - (\mu_1 - \mu_2)}{S_p \sqrt{\dfrac{1}{n_1} + \dfrac{1}{n_2}}}$ 其中 $S_p^2 = \dfrac{(n_1-1)S_1^2 + (n_2-1)S_2^2}{n_1 + n_2 - 2}$	自由度为 $\nu = (n_1 + n_2 - 2)$ 的学生氏 T 分布	$\sigma_1^2 = \sigma_2^2 = \sigma^2$	定理 6.10~6.11 和定义 6.15
$F = \left(\dfrac{S_1^2}{S_2^2}\right)\left(\dfrac{\sigma_2^2}{\sigma_1^2}\right)$	分子自由度 $\nu_1 = (n_1 - 1)$、分母自由度 $\nu_2 = (n_2 - 1)$ 的 F 分布	无	定理 6.11 和定义 6.17

表 6.3b 基于均值 μ、方差 σ^2 的单个正态总体随机样本的统计量的抽样分布

统计量	抽样分布	附加的假定	导出抽样分布的依据
$\chi^2 = \dfrac{(n-1)S^2}{\sigma^2}$	自由度为 $\nu = (n-1)$ 的 χ^2 分布	无	6.7 节的方法
$t = \dfrac{\overline{Y} - \mu}{S/\sqrt{n}}$	自由度为 $\nu = n-1$ 的学生氏 T 分布	无	定理 6.10~6.11 和定义 6.15

应用练习

6.95 天然气消耗量与气温. 参考练习 5.32, *Transactions of the ASME*(2004 年 6 月)一项关于用温度预测日天然气消耗量的研究. 回顾研究者已证明在阿根廷布宜诺斯艾利斯 7 月份的日温度是参数 $\mu = 11°C$, $\sigma = 3°C$ 的正态分布. 现考虑来自这个总体的 n 个 7 月份的日温度的随机样本, 用 S^2 表示样本方差. 利用表 B.8 估计下列概率:

a. 当 $n = 10$ 时, $P(S^2 > 14.4)$.
b. 当 $n = 5$ 时, $P(S^2 > 33.3)$.
c. 当 $n = 22$ 时, $P(S^2 > 16.7)$.

6.96 参考练习 6.95, 用统计软件计算精确概率.

6.97 监测腿部运动的阻抗性. 参考练习 2.46, *IEICE Transactions on Information & Systems*(2005 年 1 月)腿部运动阻抗性的研究. 回顾工程师把电极系在志愿者的脚踝和膝盖上, 并测量阻抗变化的信噪比(SNR). 用某个脚踝 – 膝盖电极对, 对 10 名志愿者的样本测试了 SNR 值. 假设总体的 SNR 值分布是 $\mu = 20$, $\sigma = 5$ 的正态分布.

a. 描述 $T = \sqrt{n}(\overline{Y} - \mu)/S$ 的抽样分布.
b. 描述 $\chi^2 = (n-1)S^2/\sigma^2$ 的抽样分布.

6.98 混凝土 FRP 条的承重强度. 参考练习 2.47, *Composites Fabrication Magazine*(2004 年 9 月)评估在混凝土中固定纤维增强聚合物的新方法. 回顾用机械方法固定在高速公路桥上的 10 个 FRP 条的样本测试承重强度. 记录下每条强度测量值 Y(百万帕, MPa). 假设 Y 是方差 $\sigma^2 = 100$ 的正态分布.

a. 描述样本方差 S^2 的抽样分布.
b. 求 S^2 小于 16.92 的近似概率.
c. 下表重新给出试验数据. 这些数据与假设 $\sigma^2 = 100$ 矛盾还是支持?

FRP

240.9 248.8 215.7 233.6 231.4 230.9 225.3 247.3 235.5 238.0

注: 数据是按 *Composites Fabrication Magazine*, Sept. 2004, p.32(表 1)提供的汇总信息模拟的.

6.99 地震背景噪声. 参考练习 5.33, *Earthquake Engineering and Engineering Vibration*(2013 年 3 月)关于由地震背景噪声造成的三层建筑结构损伤的研究. 回顾使用正态概率分布对地震背景噪声的加速度 $Y(m/s^2)$ 进行建模. 假设 $\mu = 0.5$, σ 未知. 考虑一个来自这个总体的 $n = 16$ 个加速度测量值的随机样本, 设 $\overline{Y}$ 是样本均值, S 是样本标准差.

a. 描述统计量 $T = 4(\overline{Y} - 0.5)/S$ 的抽样分布.
b. 假设样本标准差 $S = 0.015$. 用这个值、a 中结果和统计软件求加速度样本均值小于 $0.52\,\text{m/s}^2$ 的

精确概率.

6.100 电力系统中的闪烁. 参考练习 5.37, *Electrical Engineering*（2013 年 3 月）关于电力质量的评估. 回顾质量测量是系统中电压波动引起的光闪烁程度. 系统中光闪烁感知 Y（以 10 分钟为间隔周期性地测量）服从 $\mu = 2.2\%$ 和 $\sigma = 0.5\%$ 的正态分布. 考虑一个有 35 个间隔的随机样本.

a. 用统计软件求样本标准差 S 小于 0.75% 的精确概率.
b. 若 $S = 0.4\%$，用统计软件求在 35 个抽样的间隔中光闪烁的平均感知超过 2% 的精确概率.

理论练习

6.101 设 n_1 个观测值的随机样本 $Y_1, Y_2, \cdots, Y_{n_1}$ 来自均值 μ_1，方差 σ_1^2 的正态分布总体，n_2 个观测值的随机样本 $X_1, X_2, \cdots, X_{n_2}$ 来自均值 μ_2，方差 σ_2^2 的正态分布总体. 假设样本是独立选取的. 证明：

$$F = \left(\frac{S_1^2}{S_2^2}\right)\left(\frac{\sigma_2^2}{\sigma_1^2}\right)$$

具有分子自由度 $\nu_1 = (n_1 - 1)$，分母自由度 $\nu_2 = (n_2 - 1)$ 的 F 分布.

6.102 设 S_1^2 和 S_2^2 分别是来自参数为 (μ_1, σ^2) 和 (μ_2, σ^2) 正态分布总体的大小为 n_1 和 n_2 的独立随机样本的方差. 这样，总体具有不同的均值，但是有相同的方差. 要估计公共方差我们可以综合两个样本的信息用**合并估计量**：

$$S_p^2 = \frac{(n_1 - 1)S_1^2 + (n_2 - 1)S_2^2}{n_1 + n_2 - 2}$$

利用定理 6.11 和定理 6.12，证明：$(n_1 + n_2 - 2)S_p^2/\sigma^2$ 是自由度 $\nu = (n_1 + n_2 - 2)$ 的 χ^2 分布.

6.103 设 $\bar{Y}_1$ 和 $\bar{Y}_2$ 分别是大小为 n_1 和 n_2 的独立随机样本的均值，两个样本分别来自参数 (μ_1, σ^2) 和 (μ_2, σ^2) 的正态分布总体. 如果

$$S_p^2 = \frac{(n_1 - 1)S_1^2 + (n_2 - 1)S_2^2}{n_1 + n_2 - 2}$$

证明：

$$T = \frac{(\bar{Y}_1 - \bar{Y}_2) - (\mu_1 - \mu_2)}{S_p\sqrt{\frac{1}{n_1} + \frac{1}{n_2}}}$$

是自由度为 $\nu = (n_1 + n_2 - 2)$ 的学生氏 T 分布.

活动中的统计学回顾：Up/Down 维修系统的可用性

"循环可用性"是指系统在维修循环期间的任一时间点正在运行的概率. 设随机变量 X 表示系统失效之间的时间（即"高涨"时间），随机变量 Y 表示在维修循环期间修理系统的时间（即"低落"时间），那么 $(X + Y)$ 表示总的循环时间. 进而，随机变量循环可用性 A 有如下定义：

$$A = X/(X + Y), X > 0 \text{ 且 } Y > 0$$

作为一个例子，国防部用指数分布(5.7 节)对失效时间 X 和修理时间 Y 建模. 在这个假定下，可用性 A 的概率分布是什么？国防部在理论上（用变换的方法）和用蒙特卡罗模拟导出了这个分布. 变换方法的要点（详细内容超出了本书范围）如下.

假设失效时间 X 是均值为 1 小时的指数分布，修理时间 Y 也是均值为 1h 的指数分布，且 X 与 Y 是独立的，那么

$$f_1(x) = e^{-x}, \quad x > 0$$
$$f_2(y) = e^{-y}, \quad y > 0$$

且由于 X 和 Y 是独立的，

$$f(x, y) = f_1(x) \cdot f_2(y) = e^{-x}e^{-y} = e^{-(x+y)}$$

现在 $A = X/(X + Y)$，设 $B = (X + Y)$，则通过一些计算可以证明 $X = A \cdot B$ 且 $Y = (1 - A) \cdot B$.

为了求 A 的密度函数 $g(a)$，首先需要求 A 和 B 的联合概率密度函数 $g(a, b)$. 这个密度可通过将 $x = ab$ 和 $y = (1 - a)/b$ 代入密度函数 $f(x, y)$，再乘以一个适当的导数而得. （这就是变换法）. 在前面的假定下，可以证明（证明略）

$$g(a, b) = be^{-b}, 0 < a < 1 \text{ 和 } b > 0$$

为求 $g(a)$，像 5.4 节中说明的那样，对 $g(a, b)$ 关于 b 进行积分.

$$g(a) = \int_0^\infty g(a,b)db = \int_0^\infty (be^{-b})db = -e^{-b}\Big|_0^\infty = [-e^{-\infty} - (-e^0)] = 1$$

由于 A 在 0 和 1 之间变动，你可以看出 $g(a)$ 就是 0 和 1 之间均匀随机变量的概率密度函数.

对于系统的理论性能度量，现在可以由均匀分布的参数得到. 例如，可用性的期望值是 $E(A) = 0.5$，方差是 $\text{Var}(A) = 1/12 = 0.083$. 第 10 百分位数，使得 $P(A \leq d) = 0.1$ 的 a 值是 $a = 0.1$. 类似地，下四分位数和上四分位数是 $Q_1 = 0.25$ 和 $Q_3 = 0.75$.

AVAILEXP

国防部还用蒙特卡罗模拟得到循环可用性的分布. 由指数随机发生器(独立地)得到了 $n = 5\,000$ 对 X 和 Y 的随机值. 对每一对随机值计算 $A = X/(X+Y)$ 的值. 完成这项模拟并把结果保存在 AVAILEXP 文件中. 对于 5 000 个 A 值的概括统计量见图 SIA6.1 的 MINITAB 输出. 由此输出，均值、方差、下四分位数和上四分位数分别是 0.503、0.084、0.247 和 0.753. 这些模拟值与导出的理论均匀分布非常接近.

```
Descriptive Statistics: A
Variable    N      Mean    Variance   Minimum      Q1    Median       Q3   Maximum
A        5000   0.50251    0.08418   0.000590  0.24749  0.50667  0.75266  0.99999
```

图 SIA6.1　利用失效时间和修理时间的指数分布模拟可用性的 MINITAB 概括统计量

蒙特卡罗法对于不能用指数分布建模的失效时间与修理时间分布是特别有用的. 工程师发现循环可用性一般用 β 分布建模 (见 5.9 节)，其中参数 α 表示失效之间的平均时间(MTBF)，参数 β 表示修理的平均时间(MTTR). 作为一个更实际的例子，国防部考虑一个 $\alpha = \text{MTBF} = 500\text{h}$，$\beta = \text{MTTR} = 30\text{h}$ 的系统.

AVAILBETA

我们用 MINITAB 模拟这个 β 分布的 $n = 5\,000$ 个 A 值，并把结果保存在 AVAILBETA 文件中，图 SIA6.2

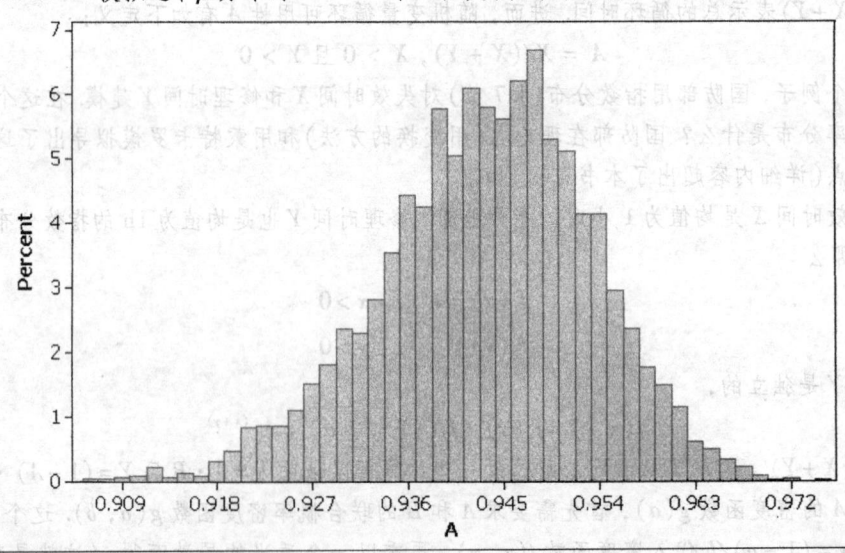

```
Descriptive Statistics: A
Variable    N      Mean    Variance   Minimum      Q1    Median       Q3   Maximum
A        5000   0.94339   0.0000988  0.90555  0.93705  0.94401  0.95026  0.97437
```

图 SIA6.2　MINITAB 利用 MTBF = 500 和 MTTR = 30 的 β 分布描述模拟可用性的统计量

的 MINITAB 输出给出了这 5 000 个 A 值的直方图以及概括统计量. 回顾可用性 A 表示系统是"高涨"和可用的概率, 这些概括统计量给出了这个系统的性能度量. 例如, 均值 0.943 是指这个系统处于"高涨"平均是 94.3% 的时间. 均值加上或减去 2 个标准差得到区间:

$$0.943 \pm 2\sqrt{0.000\,098\,8} = 0.943 \pm 0.019\,9 = (0.923, 0.963)$$

这样(应用经验法则), 大约 95% 的循环系统处于"高涨"的概率在 0.923 与 0.963 之间. 下四分位数值 0.937 表示只有 25% 的循环系统处于"高涨"的概率在 0.937 以下. 其他重要的性能度量, 例如, 第 10 百分位数和 $P(A > 0.95)$ 由模拟的直方图容易得到.

快速回顾

重要公式

离散随机变量的条件概率分布	$p(x\mid y) = p(x,y)/p(y)$ 如果 X 和 Y 相关 $\quad\quad\quad = p(x)$ 如果 X 和 Y 独立
连续随机变量的条件概率分布	$f(x\mid y) = f(x,y)/f(y)$ 如果 X 和 Y 相关 $\quad\quad\quad = f(x)$ 如果 X 和 Y 独立
期望值	$E(c) = c$ $E[c \cdot g(X,Y)] = c \cdot E[g(X,Y)]$ $E[g_1(X,Y) + g_2(X,Y)] = E[g_1(X,Y)] + E[g_2(X,Y)]$ $E(XY) = E(X) \cdot E(Y)$ 如果 X 和 Y 独立
协方差	$\mathrm{Cov}(X,Y) = E(XY) - E(X) \cdot E(Y)$ 如果 X 和 Y 相关 $\quad\quad\quad = 0$ 如果 X 和 Y 独立
相关系数	$\rho = \dfrac{\mathrm{Cov}(X,Y)}{\sigma_x \sigma_y}$ 如果 X 和 Y 相关 $\quad = 0$ 如果 X 和 Y 独立
二项分布的正态近似	$P(a < Y < b) = P\left\{\dfrac{(a-0.5) - np}{\sqrt{npq}} < Z < \dfrac{(b+0.5) - np}{\sqrt{npq}}\right\}$
$\overline{Y}$ 的抽样分布	均值 $= \mu$, 标准差 $= \sigma/\sqrt{n}$
$\sum Y$ 的抽样分布	均值 $= n\mu$, 标准差 $= \sqrt{n}\sigma$

符号汇集

符号	说明
$p(x\mid y)$	给定 Y 时 X 的条件概率分布
$f(x\mid y)$	给定 Y 时 X 的条件密度函数
$\mathrm{Cov}(X,Y)$	X 与 Y 的协方差
ρ	X 与 Y 的相关系数
$\mu_{\overline{y}}$	$\overline{Y}$ 的抽样分布的均值
$\sigma_{\overline{y}}$	$\overline{Y}$ 的抽样分布的标准差

本章总结提示

- 两个随机变量的**联合概率分布**称作**二元分布**.

- 给定 Y 后，随机变量 X 的**条件概率分布**是 X 和 Y 的联合概率分布除以 Y 的边缘概率分布.
- X 与 Y 的**协方差**：$\text{Cov}(X,Y) = E(XY) - E(X) \cdot E(Y)$.
- X 与 Y 的**相关系数**：$\rho = \text{Cov}(X,Y)/(\sigma_x \sigma_y)$.
- 对于两个**独立**的随机变量，(1) 联合概率分布是两个各自的边缘概率分布的乘积，(2) $E(XY) = E(X)E(Y)$，(3) 协方差等于 0，(4) 相关系数等于 0.
- 统计量的**抽样分布**是重复抽样时这个统计量的理论概率分布.
- 统计量的**标准误**是抽样分布的标准差.
- **蒙特卡罗模拟**是为了近似抽样分布而重复生成一个统计量的观测.
- **中心极限定理**说明对大的 n，$\bar{Y}$ 的抽样分布近似于正态.
- $\bar{Y}$ 的抽样分布的两条性质：均值 $= \mu$，标准差 $= \sigma/\sqrt{n}$.
- 当 $\mu \pm 2\sigma$ 落在区间 $(0, n)$ 内，正态分布可用于近似二项分布. 当 $np \geq 4$ 且 $nq \geq 4$ 时，这个结论是正确的.
- 与正态分布有关的一些抽样分布：**卡方分布**、**学生(氏)T 分布**和 **F 分布**.

补充练习

6.104 自动钻孔机. 参考练习 3.67，关于自动钻孔机的研究(*Journal of Engineering for Industry*，1993 年 8 月)，用于研究中的 8 台机器的条件在这里重新给出.

试验	工件材料	钻孔大小 (in)	钻孔速度 (转数/分)	进料速度 (英寸/转)
1	铸铁	0.25	1 250	0.011
2	铸铁	0.25	1 800	0.005
3	钢	0.25	3 750	0.003
4	钢	0.25	2 500	0.003
5	钢	0.25	2 500	0.008
6	钢	0.125	4 000	0.0065
7	钢	0.125	4 000	0.009
8	钢	0.125	3 000	0.010

假定列出的两项机器条件在自动系统中出现缺陷，定义 X 为这两项条件钢料的机器台数，Y 为这两项条件中 25in 钻头的机器台数.
a. 求二元概率分布 $p(x, y)$.
b. 求边缘概率分布 $p_2(y)$.
c. 求条件概率分布 $p_1(x|y)$.

DDT

6.105 污染的鱼类. 参考美国陆军工兵部队保存在 DDT 文件中污染鱼的数据(见第 1 章和第 2 章活动中的统计学.)回顾从污染的亚拉巴马州田纳西河中捕到的 144 条鱼测量了长度(cm)、重量(g)和 DDT 水平(百万分之一).
a. 数据分析表明鱼的长度分布是左偏的. 假设鱼的长度总体确是这样的，总体有均值 $\mu = 4.3$cm，$\sigma = 7$cm. 利用这些信息描述从田纳西河捕到的 40 条鱼的样本的平均长度 $\bar{Y}$ 的抽样分布.
b. 分析表明鱼的重量分布是近似正态的. 假定鱼的重量总体确是这样，总体有均值 $\mu = 1.050$g，$\sigma = 376$g. 利用这些信息描述从田纳西河捕到的 40 条鱼的样本的平均重量 $\bar{Y}$ 的抽样分布.
c. 分析表明鱼的 DDT 水平分布高度右偏. 假定鱼的 DDT 水平总体确是这样的且总体有均值 $\mu = 24$ppm，$\sigma = 98$ppm. 利用这些信息描述从田纳西河捕到的 40 条鱼的样本的平均 DDT 水平 $\bar{Y}$ 的抽样分布.

6.106 决策支持系统. 银行管理层必须决定是否安装商务借贷决策支持系统(一个在线管理信息系统)以帮助分析师做出商务借贷决策. 过去的经验表明，X 表示归因于决策支持系统额外增加的正确借贷决策个数(每年)——接受好的借贷申请，拒绝最终必将违约的申请. Y 表示决策支持系统的寿命(年)，两个变量的联合概率分布见下表.

		$X = x$									
		0	10	20	30	40	50	60	70	80	90
$Y = y$	1	0.001	0.002	0.002	0.025	0.040	0.025	0.005	0.005	0	0
	2	0.005	0.005	0.010	0.075	0.100	0.075	0.050	0.030	0.030	0.025
	3	0	0	0	0.025	0.050	0.080	0.050	0.080	0.040	0.030
	4	0	0.001	0.002	0.005	0.010	0.025	0.010	0.003	0.001	0.001
	5	0	0.002	0.005	0.005	0.020	0.030	0.015	0	0	0

a. 求边缘概率分布 $p_1(x)$ 和 $p_2(y)$.
b. 求条件概率分布 $p_1(x|y)$.
c. 已知决策支持系统处于第三个运行年. 求做出至少 40 个额外正确借贷决策的概率.
d. 求决策支持系统的期望寿命, 即求 $E(Y)$.
e. X 和 Y 相关吗? X 和 Y 独立吗?
f. 每一个正确借贷决策对银行利润近似地贡献 25 000 美元. 计算归因于决策支持系统的额外利润均值和方差. (提示: 用边缘分布 $p_1(x)$.)

6.107 **质量控制检查员.** 假设 X 和 Y 表示两名质量控制检查员在 8h 工作日内, 实际花在执行其规定任务的时间比例, 有联合概率密度
$$f(x,y) = \begin{cases} x+y & \text{如果 } 0 \le x \le 1; 0 \le y \le 1 \\ 0 & \text{其他} \end{cases}$$
a. 求边缘概率分布 $f_1(x)$ 和 $f_2(y)$.
b. 验证 $\int_{-\infty}^{\infty} f_1(x)dx = 1$ 和 $\int_{-\infty}^{\infty} f_2(y)dy = 1$.
c. 求条件概率分布 $f_1(x|y)$ 和 $f_2(y|x)$.
d. 验证 $\int_{-\infty}^{\infty} f_1(x|y)dx = 1$ 和 $\int_{-\infty}^{\infty} f_2(y|x)dy = 1$.
e. X 和 Y 相关吗? X 和 Y 独立吗?
f. 对两个参与者"非生产"时间(即没有执行规定任务的时间)的比例 d 由关系式 $D = 1 - (X+Y)/2$ 给出. 求 $E(D)$ 和 $V(D)$, 你期望 D 落在什么范围?

6.108 **诱导睡眠的激素.** 麻省理工学院(MIT)神经学专家研究发现, 由大脑中的松果腺分泌的褪黑激素有诱导睡眠的功能. 让男性志愿者服用各种剂量的褪黑激素或安慰剂, 然后在中午让他们进入一个黑房间里, 要求他们闭上眼睛睡觉. MIT 研究者感兴趣的是每一个志愿者入睡所需的时间 $Y(\min)$. 研究者发现服用安慰剂(即没有激素)的入睡平均时间是 15min. 假定用安慰剂治疗, $\mu = 15, \sigma = 5$.
a. 考虑 20 个服用诱导睡眠激素褪黑激素男性随机样本. 令 $\bar{Y}$ 表示这个样本入睡的平均时间. 如果激素对催眠是无效的, 描述 $\bar{Y}$ 的抽样分布.
b. 参考 a, 求 $P(\bar{Y} \le 6)$.
c. 在实际研究中, 20 个志愿者入睡的平均时间是 $\bar{Y} = 5$. 利用这个结论给出服用褪黑激素 μ 的真值的推断.

6.109 **交通路线的合并.** 从加速车道到快车道并道过程是道路立体枢纽中交通运行的重要部分. 在以色列一项平行立体枢纽匝道研究表明, 许多驾驶员并没有用平行道的全部长度进行加速, 而是尽可能快地寻找主要交通干道合适的空隙并道(*Transportation Engineering*, 1985 年 12 月). 在雅弗尼, 54% 驾驶者在并道之前只用了不到加速并行车道的一半. 假设在雅弗尼计划对 330 名驾驶员的随机样本作监测并道模式.
a. 在并道前少于 100 名驾驶员使用少于加速道一半长度的近似概率是多少?
b. 驾驶员中有多于 200 个使用少于加速车道一半的长度的近似概率是多少?

6.110 **混凝土的蠕变.** 在负荷下首次加热时, 混凝土要经历蠕变的特征显著增加, 试验目的是研究混凝土瞬间热应变性能(*Magazine of Concrete Research*, 1985 年 12 月). 影响热应变的两个变量是加热速度 $X(℃/\min)$ 和负荷水平 Y(初始强度的百分比). 准备好混凝土样品进行检测, 以确定每一样品在各种加热速度和负荷组合下的热应变. 设产生可接受结果样品的 X, Y 的联合概率分布如下表所给出的. 假定混凝土样品是从那些产生可接受热应变性能试验中随机抽取的.

		$X(℃/\min)$				
		0.1	0.2	0.3	0.4	0.5
Y	0	0.17	0.11	0.07	0.05	0.05
	10	0.10	0.06	0.05	0.02	0.01
	20	0.09	0.04	0.03	0.01	0
	30	0.08	0.04	0.02	0	0

a. 求混凝土样品加热速度为 3℃/min 的概率.
b. 已知混凝土样品加热速度为 3℃/min, 求样品负荷为 20% 的概率.
c. 加热速度 X 与负荷水平 Y 相关吗?
d. 加热速度 X 与负荷水平 Y 独立吗?

6.111 **家庭暖气用油的需求**. 家庭暖气用油的供应商有一个 250 加仑大容器, 在每周开始时注满. 由于每周对油的需求平稳增加到 100 加仑后稳定在 100~250 加仑之间, 每周的需求量 Y(百加仑) 的概率分布可表示为

$$f(y) = \begin{cases} \dfrac{y}{2} & \text{若 } 0 \leq y \leq 1 \\ \dfrac{1}{2} & \text{若 } 1 \leq y \leq 2.5 \\ 0 & \text{其他} \end{cases}$$

如果供应商的利润是 $W = 10Y - 2$, 求 W 的概率密度函数.

6.112 **二噁英研究**. 常被认为是剧毒化学药品的二噁英是生产除莠剂, 例如橙色落叶剂的副产品. 科学家发现 0.000 005g(百万分之五)二噁英(人的肉眼几乎看不到的一小点) 对于试验用的天竺鼠在多于一半的动物试验中是致命的剂量, 二噁英的毒性是士的宁(药)的 2 000 倍. 假设杀死一只天竺鼠所需的二噁英量具有均值 $\mu = 0.000\,005g$, 标准差 $\sigma = 0.000\,002g$ 的相对频率分布. 考虑一个试验, 在此试验中, 测量毒死 $n = 50$ 只天竺鼠中每只所需二噁英的量, 并计算样本均值 $\bar{Y}$.
a. 计算 $\mu_{\bar{Y}}$ 和 $\sigma_{\bar{Y}}$.
b. 求杀死 50 只天竺鼠所需二噁英的平均量大于 0.000 005 3g 的概率.

6.113 **林冠郁闭度**. 森林的林冠郁闭度百分率确定对野生生物栖息地的评价、流域径流估计、酸蚀控制以及其他森林管理活动是至关重要的. 地球科学家估计林冠郁闭度百分率的一种方法是通过使用卫星专题制图仪卫星监控器. 在圣璜国家森林(科罗拉多)对林冠郁闭度百分率进行了研究, 检测由飞机在各处森林收集到的专题制图仪仿真器 (TMS) 数据(*IEEE Transactions on Geoscience and Remote Sensing*, 1986.1). 从 TMS 5 频道中得到的读数均值和标准差分别为 121.74 和 27.52.
a. 设 $\bar{Y}$ 是 32 个森林现场样本的平均 TMS 读数, 假设所给的数字是总体值, 描述 $\bar{Y}$ 的抽样分布.
b. 用 a 中的抽样分布求 $\bar{Y}$ 落在 118~130 之间的概率.

6.114 **林冠郁闭度的方差**. 参考练习 6.113. 设 S^2 是 32 个抽样森林现场的 TMS 读数方差, 假设样本来自正态总体, 估计 S^2 超过 1 311 的概率.

6.115 **监控装入过程**. 路易斯维尔大学的研究人员 J. Usher、S. Alexander 和 D. Duggins 检查了混合饼干装入塑料袋的过程(*Quality Engineering*, Vol. 91, 1996). 目前, 这一工序的装入平均值设置为 $\mu = 406g$, 标准差 $\sigma = 10.1g$. (根据研究者的结果, "高度变异是由于产品的低流动性造成的, 因此一袋一袋地一致装入是困难的".) 操作者用如下方法监控生产过程: 每天随机地抽取 36 袋, 并测量每袋混合饼干的重量. 考虑 36 个产品的总装入量样本 $\bar{Y}$. 假设某一天, 操作者观测到 $\bar{Y} = 400.8$. 其中一个观测者认为, 这说明那一天真正装入过程的均值 μ 比 406g 要低; 而另一个操作者认为 $\mu = 406$ 及观测到的 $\bar{Y}$ 小值是由于装入过程的随机变异性造成的. 你同意哪一个操作者的观点? 为什么?

6.116 **批验收抽样**. 质量控制是与大量生产产品有关的一个问题. 必须监控生产过程以保证缺陷品率保持在一个可接受的低水平. 解决这个问题的方法之一是**批验收抽样**. 从生产的产品中抽取一个随机样本, 并对样本中的每个产品仔细检查. 整批产品被接受还是被拒绝是基于样本中观测到的缺陷品数. 假设袖珍计算器制造商从一天的产品中随机抽取了 200 个模压电路确定样本中缺陷品数 Y. 如果样本的缺陷品率为 6% 或更低是可以接受的, 而制造商不知道全天线路产品的 8% 是缺陷品, 求这一批模压电路被拒绝的近似概率.

6.117 **中性粒子反射**. 参考练习 3.42 描述的在核聚变反应中输送中性粒子问题. 回忆粒子释放到某种类型的真空管并与管内壁碰撞, 要么以 0.16 的概率散射(反射), 要么以 0.84 的概率被吸收(*Nuclear Science and Engineering*, 1986 年 5 月). 假设在原子反应堆中 2 000 个中性粒子释放到未知类型的输送管, 其中 280 个被反射. 如果真空管的反射概率是 0.16, 2 000 个中性粒子中有 280 个或少于 280 个中性粒子反射离开内管壁的近似概率是多少?

6.118 **数学规划问题**. *IEEE Transactions* (1990.6) 提出了一个解决多项式 0-1 数学规划问题的混合算法. 随机选取混合算法解决问题所用时间(s)具有均值 $\mu = 0.8s$, $\sigma = 1.5s$ 的正态分布. 考虑用混合算法求解的 $n = 30$ 个问题的随机样本.
a. 描述 30 个问题求解时间方差 S^2 的抽样分布.
b. 求 S^2 超过 3.30 的近似概率.

6.119 铝板上的疵点. 建筑承包商决定购买一堆工厂废弃的铝板,只要工厂废弃样本量为 35 的样本中每张铝板疵点的平均个数是 2.1 或更少. 假如已知工厂废弃的铝堆中,每块铝块疵点的个数是均值为 2.5 的泊松概率分布. 求承包商不购买这批铝板的近似概率. (提示:如果 Y 是均值为 λ 的泊松分布,那么 $\sigma_{\bar{y}}^2 = \dfrac{\lambda}{n}$.)

6.120 机器维修时间. 在 *Industrial Engineering*(1990.8)上的一篇文章由模拟研究讨论了正确建立机器停工时间模型的重要性. 正如说明的那样,研究者考虑用参数 $\beta=60$ 的指数分布作为单个机器系统的维修时间模型. 感兴趣的是 100 个机器停工样本的平均维修时间 $\bar{Y}$.

a. 求 $E(\bar{Y})$ 和 $\bar{Y}$ 的方差.
b. 什么样的概率分布给出 $\bar{Y}$ 抽样分布的最好模型? 为什么?
c. 计算平均修理时间 $\bar{Y}$ 不长于 30min 的概率.

6.121 亨丁顿海滩的排泄物污染. 加利福尼亚州授权排泄物指示器监测所有公共海滩中的细菌. 当在单个水样中,每 100mL 排泄物的细菌浓度超过 400 个成形菌落时,当地卫生官员必须给出告示(称作冲浪区域告示)警告常去海滩者对进入水中的潜在健康风险. 加利福尼亚大学欧文分校工程师在加利福尼亚州的亨丁顿海滩做了一项关于冲浪水质的研究,并在 *Environmental Science & Technology*(2004年9月)报告了此结果. 研究人员发现尽管在某些低度污染情况下关闭了海滩,但其他地方排泄物限制超过时却没有发布告示. 他们把这些"冲浪地域告示失误"归因于冲浪地水的自然变化(例如,排泄物的细菌浓度在晚上及退潮期间趋势比较高)及采集水样与发布或撤销告示之间固有时间延误. 为了避免发布失误,研究人员推荐用平均方法而不是用单个样品确定不安全水质. (例如,一个简单的平均方法是取多个水样的随机样本,并比较排泄物细菌水平的平均值与 400cpu/100mL 限制,以确定水质是否安全.)讨论用单个样品标准相对于平均法的优缺点. 讨论的部分内容应包括水实际上是安全时发布告示的概率以及水不安全时发布告示的概率. (假设亨丁顿海滩水样品的排泄物细菌浓度近似服从正态分布.)

6.122 直到数据处理装置的一个新元件交付等待时间 Y 是区间 1 ~ 5 天上的均匀分布. 对于购买者这种延迟的成本 C(百美元)由 $C=(2Y^2+3)$ 给出,求延迟成本至少在 2 000 美元的概率,即计算 $P(C \geqslant 20)$.

❓ 理论练习

6.123 设 X 和 Y 是联合密度函数为 $f(x,y)$ 的两个连续随机变量,证明:
$$f_2(y \mid x)f_1(x) = f_1(x \mid y)f_2(y)$$

6.124 设 X 和 Y 是不相关的随机变量,验证下面各式:

a. $V(X+Y) = V(X-Y)$.
b. $\text{Cov}[(X+Y),(X-Y)] = V(X) - V(Y)$.

6.125 假设三个连续随机变量 Y_1, Y_2, Y_3 的联合分布

$$f(y_1, y_2, y_3) = \begin{cases} c(y_1+y_2)e^{-y_3} & \text{如果 } 0 \leqslant y_1 \leqslant 1; 0 \leqslant y_2 \leqslant 2; y_3 > 0 \\ 0 & \text{其他} \end{cases}$$

a. 求 c 值使 $f(y_1, y_2, y_3)$ 为一个概率密度.
b. 这三个变量独立吗? (提示:如果 $f(y_1, y_2, y_3) = f_1(y_1)f_2(y_2)f_3(y_3)$,那么 Y_1, Y_2 和 Y_3 独立.)

6.126 考虑密度函数

$$f(y) = \begin{cases} 3y^2 & \text{如果 } 0 \leqslant y \leqslant 1 \\ 0 & \text{其他} \end{cases}$$

求 W 的密度函数. 其中:

a. $W = \sqrt{Y}$.
b. $W = 3 - Y$.
c. $W = -\ln Y$.

6.127 设 Y_1 和 Y_2 是来自参数 $\alpha=1$,任意 β 的密度函数为

$$f(y_i) = \begin{cases} \dfrac{1}{\beta}e^{-y_i/\beta} & \text{如果 } y_i > 0 (i=1,2) \\ 0 & \text{其他} \end{cases}$$

Γ 随机变量的 $n=2$ 个观测值的样本. 证明:和 $W = (Y_1 + Y_2)$ 是参数为 $\alpha=2$ 和 β 的 Γ 随机变量. (提示:可以利用结论

$$P(W \leqslant w) = P(0 < Y_2 \leqslant w - Y_1, 0 \leqslant Y_1 < w)$$
$$= \int_0^w \int_0^{w-y_1} f(y_1, y_2) \, \mathrm{d}y_2 \, \mathrm{d}y_1$$

然后利用事实
$$f(y_1, y_2) = f(y_1)f(y_2)$$
因为 Y_1 和 Y_2 是独立的.)

6.128 设 Y 是均值为 β 的指数分布. 证明:$W = 2Y/\beta$ 是自由度 $\nu=2$ 的 χ^2 密度.

6.129 台式计算机的电子元件寿命 Y 有由下式给出

的瑞利密度:

$$f(y) = \begin{cases} \left(\dfrac{2y}{\beta}\right)e^{-y^2/\beta} & \text{如果 } y > 0 \\ 0 & \text{其他} \end{cases}$$

求 $W = Y^2$ 的概率密度函数并判定密度函数的类型.
(提示: 在确定 W 的密度函数时, 可以用以下结果

$$\int \frac{2y}{\beta} e^{-y^2/\beta} dy = -e^{-y^2/\beta} \ )$$

6.130 设 Y_1 和 Y_2 是来自均值为 μ、方差为 σ^2 正态分布的 $n = 2$ 个观测值的随机样本.

a. 证明:

$$Z = \frac{Y_1 - Y_2}{\sqrt{2}\sigma}$$

有标准正态分布.

b. 已知 a 的结果, 证明: Z^2 具有自由度为 1 的 χ^2 分布. (提示: 首先证明 $S^2 = (Y_1 - Y_2)^2/2$; 然后应用定理 6.11.)

6.131 参考练习 6.62. 用计算机产生概率密度为

$$f(y) = \begin{cases} e^y & \text{如果 } y < 0 \\ 0 & \text{其他} \end{cases}$$

分布的 $n = 100$ 个观测值的随机样本, 重复运行 1 000 次, 对 1 000 个样本中的每一个计算大小为 $n = 100$ 的样本均值 $\bar{Y}$. 然后产生(用计算机)这 1 000 个样本均值的相对频率直方图. 这个结果与中心极限定理描述的理论抽样分布一致吗?

6.132 利用定理 6.7, 从概率密度函数为

$$f(y) = \begin{cases} 2(y-1) & \text{如果 } 1 \leq y < 2 \\ 0 & \text{其他} \end{cases}$$

的总体中抽取 $n = 5$ 个样本观测值的随机样本.

6.133 利用定理 6.7, 从概率密度函数为

$$f(y) = \begin{cases} 2ye^{-y^2} & \text{如果 } 0 < y < \infty \\ 0 & \text{其他} \end{cases}$$

的总体中抽取 $n = 5$ 个样本观测值的随机样本.

6.134 称连续随机变量 Y 具有参数为 μ 和 σ 的对数正态分布, 如果它的概率密度函数 $f(y)$ 满足

$$f(y) = \frac{1}{\sigma y \sqrt{2\pi}} \exp\left\{ -\frac{(\ln y - \mu)^2}{2\sigma^2} \right\} \quad (y > 0)$$

证明: $X = \ln(Y)$ 具有均值为 μ, 方差为 σ^2 的正态分布.

第7章 用置信区间估计

目标 解释统计估计的基本概念;介绍一些估计量并举例说明这些方法在涉及一个或两个样本的实际抽样问题中的应用.

活动中的统计学:PET 饮料瓶的破裂强度

聚对苯二甲酸乙二醇酯(PET)瓶子常用来装碳酸饮料. 在某个工厂,将注射模具塑料块插入有 24 孔的拉吹设备,就可以生产出 PET 瓶. 每台机器每分钟可以生产 440 个瓶子. PET 瓶的一个关键性质是它的破裂强度——在加压下装满水的瓶子破裂时的压力.

在 Journal of Data Science(2003 年 5 月)中,研究人员测量和分析了由两种不同模具设计(旧设计和新设计)生产的 PET 瓶子的破裂强度. 新模具设计减少了吹制机的更换模具时间,因此减少了机器的停工时间. 但是,如果这种新设计生产的瓶子具有低的破裂强度,那么这个优点就不存在了. 所以有必要比较新旧模具设计生产的瓶子的破裂强度.

在 32 天里,从每种设计每天每个孔生产的瓶子中抽出一个进行检测,得到分析数据. 由于设备有 24 个孔,所以每种设计有 $32 \times 24 = 768$ 个瓶子. 给每个瓶子灌满水并加压,直到它破裂,测得这时的压力(lb/in^2). 这些破裂强度保存在 PETBOTTLE 文件中,如表 SIA7.1 所示. 研究者证实了瓶子的破裂强度,在时间(天)上没有显著的趋势,也没有"孔效应"(即在每种设计的 24 个孔之间没有显著的破裂强度差异). 因此,所有孔及所有天的数据可以合并来比较两种模具设计.

PETBOTTLE

表 SIA7.1

变量名	描述	数据类型
DESIGN	模具设计(新或旧)	定性
DAY	日期	定量
CAVITY	孔	定量
STRENGTH	破裂强度(psi)	定量

在本章最后的"活动中的统计学回顾"中,我们将说明如何使用本章中介绍的方法来比较两种模具设计生产的 PET 瓶子的破裂强度.

7.1 点估计及其性质

推断总体参数有两种方法:估计未知参数值或者对参数的假设值进行决策. 例如,我们可以估计一个工业机器人完成一项任务的平均时间 μ,或者判断平均时间 μ 是否超过某个值(如 3min). 这种做出有关一个或多个总体参数决策的方法称作**假设的统计检验**,这是第 8 章主要讨论的内容. 这一章将研究**估计**.

假设我们需要估计某个总体参数,记作 θ. 例如 θ 可以是总体均值 μ、总体方差 σ^2 或者选自总体的一个观测值小于或等于 a 的概率 $F(a)$. **点估计**用符号 $\hat{\theta}$ 表示(即在参数符号的上面加"^"表示它的估计),是说明如何利用样本观测值计算一个数(一个点)作为 θ 的**估计值**的规则或公式. 例如,设

$y_1, y_2, \cdots, y_n$ 是随机变量 Y 的 n 个观测值的随机样本. 样本均值 $\bar{y}$ 就是总体均值 $E(Y) = \mu$ 的一个点估计,即 $\hat{\mu} = \bar{y}$. 类似地,样本方差 s^2 是 σ^2 的一个点估计,即 $\hat{\sigma}^2 = s^2$ ⊖.

定义 7.1 **点估计**是说明如何基于包含在样本中的观测值去计算数值估计值的规则或公式. 由计算得到的数称作**点估计**.

另一种估计总体参数 θ 值的方法是区间估计. **区间估计**是一种由样本数据计算两个点的规则,通常表示为一个公式,目的是形成一个以很高的置信程度包含参数 θ 的区间. 例如,如果我们估计机器人完成一项任务的平均时间 μ 在 2.7~3.1 分钟之间,那么区间 2.7~3.1 就是 μ 的一个区间估计.

定义 7.2 **区间估计**是说明如何利用样本数据计算用于估计总体参数的区间的公式.

因为点估计由样本计算得到,所以它有抽样分布. 点估计的抽样分布完全描述了它的性质. 例如,由中心极限定理,当样本容量大(如 $n \geq 30$)时,样本均值的抽样分布近似为正态分布,其均值为 μ,标准差为 $\frac{\sigma}{\sqrt{n}}$ (见图 7.1). 由图可见,样本均值 $\bar{y}$ 等可能地落在 μ 的左右,以约 0.95 的概率与 μ 的偏离不会大于 $2\sigma_{\bar{y}} = 2\sigma/\sqrt{n}$.

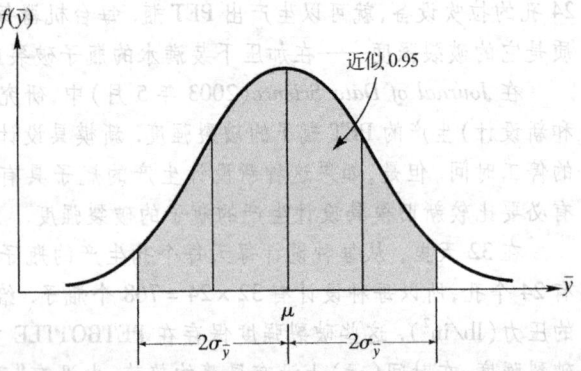

图 7.1 大样本下样本均值的抽样分布

图 7.1 表明估计量的两个重要性质. 首先,我们希望估计量的抽样分布以被估计的参数为中心. 如果估计量 $\hat{\theta}$ 的抽样分布的均值等于被估计参数 θ,则这个估计量称作**无偏的**;否则,估计量称作**有偏的**. 样本均值是总体均值 μ 的无偏估计. 无偏和有偏估计量的抽样分布分别见图 7.2a 和图 7.2b.

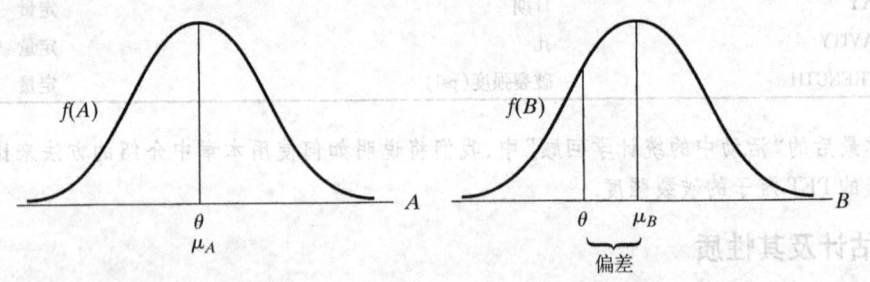

a) 估计量 A 是无偏的 b) 估计量 B 是有偏的

图 7.2 θ 的无偏和有偏估计的抽样分布

定义 7.3 如果 $E(\hat{\theta}) = \theta$,则称参数 θ 的估计量 $\hat{\theta}$ 是**无偏的**;如果 $E(\hat{\theta}) \neq \theta$,则称估计量为**有偏的**.

⊖ 在这一章(以及本书的其余部分),我们简单地用小写字母(如 $\bar{y}$ 和 s^2)表示随机变量的函数和函数的取值.

定义 7.4 估计量 $\hat{\theta}$ 的偏 $b(\hat{\theta})$ 等于 $\hat{\theta}$ 的抽样分布的均值 $E(\hat{\theta})$ 与 θ 的差，即

$$b(\hat{\theta}) = E(\hat{\theta}) - \theta$$

无偏估计量通常优于有偏估计量. 此外，当给定一组无偏估计量时，我们还希望估计量的抽样分布具有最小方差，即我们希望抽样分布的离散程度尽可能小，使估计值趋于落在 θ 附近.

图 7.3 描述了两个无偏估计量 A 和 B 的抽样分布，A 比 B 的方差小. 在所有无偏估计中方差最小的无偏估计称作**最小方差无偏估计**(MVUE). 例如，$\bar{y}$ 是 μ 的 MVUE，即 $\text{Var}(\bar{y}) = \sigma^2/n$ 是 μ 的所有无偏估计量中方差最小的(证明略).

定义 7.5 参数 θ 的**最小方差无偏估计**(MVUE)是所有无偏估计中方差最小的估计 $\hat{\theta}$.

有时，对同一个估计量不能同时达到无偏性和最小方差. 例如，图 7.4 显示了一个比最小方差无偏估计 B 的方差略小的有偏估计 A. 在这种情况下，选用使**均方误差**最小的估计量. 均方误差是指 $\hat{\theta}$ 与 θ 间偏差平方的平均，$\hat{\theta}$ 的均方误差为 $E[(\hat{\theta} - \theta)^2]$.

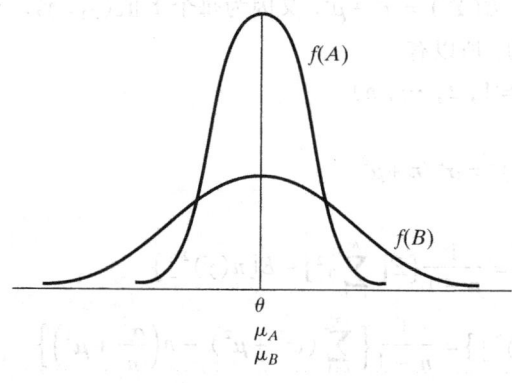

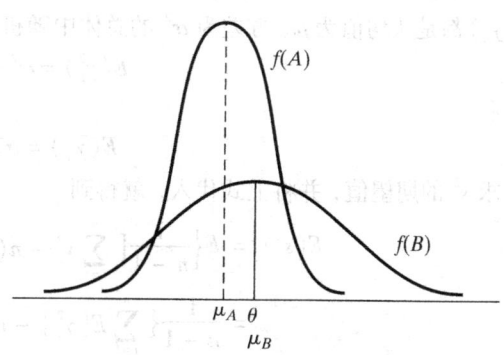

图 7.3 具有不同方差的 θ 的两个无偏估计量的抽样分布　图 7.4 有偏估计量 A 和 MVUE B 的抽样分布

可以证明(证明略)：

$$E[(\hat{\theta} - \theta)^2] = V(\hat{\theta}) + b^2(\hat{\theta})$$

因此，如果 $\hat{\theta}$ 是无偏的，即如果 $b(\hat{\theta}) = 0$，那么均方误差就等于 $V(\hat{\theta})$. 进一步，当偏 $b(\hat{\theta}) = 0$ 时，最小均方误差估计 $\hat{\theta}$ 就是 θ 的最小方差无偏估计.

例 7.1 σ^2 **的无偏估计** 设 $y_1, y_2, \cdots, y_n$ 是均值为 μ、方差为 σ^2 的随机变量 Y 的 n 个观测值的随机样本. 证明：样本方差 s^2 是总体方差 σ^2 的一个无偏估计，其中

a. 被抽样总体为正态分布.

b. 被抽样总体的分布未知.

解 a. 由定理 6.11，当样本来自正态分布时，

$$\frac{(n-1)s^2}{\sigma^2} = \chi^2$$

其中 χ^2 是自由度为 $\nu = (n-1)$ 的卡方随机变量. 整理得

$$s^2 = \frac{\sigma^2}{(n-1)}\chi^2$$

由此得

$$E(s^2) = E\left[\frac{\sigma^2}{(n-1)}\chi^2\right]$$

应用定理 5.2，我们有

$$E(s^2) = \frac{\sigma^2}{(n-1)}E(\chi^2)$$

由 5.7 节，我们知道 $E(\chi^2) = \nu$. 因此，

$$E(s^2) = \frac{\sigma^2}{(n-1)}\nu = \frac{\sigma^2}{(n-1)}(n-1) = \sigma^2$$

所以由定义 7.3，我们得到 s^2 是 σ^2 的一个无偏估计。

b. 由样本方差的定义，我们有

$$s^2 = \frac{1}{(n-1)}\left[\sum_{i=1}^n y_i^2 - \frac{(\sum y_i)^2}{n}\right] = \frac{1}{n-1}\left[\sum_{i=1}^n y_i^2 - n(\bar{y})^2\right]$$

由定理 4.4，$\sigma^2 = E(Y^2) - \mu^2$，所以对于随机变量 Y，$E(Y^2) = \sigma^2 + \mu^2$. 又因为每个 Y 值 ($y_1, y_2, \cdots, y_n$) 都是从均值为 μ、方差为 σ^2 的总体中随机选取的，所以有

$$E(y_i^2) = \sigma^2 + \mu^2 \quad (i = 1, 2, \cdots, n)$$

和

$$E(\bar{y}_i^2) = \sigma_{\bar{y}}^2 + (\mu_{\bar{y}})^2 = \sigma^2/n + \mu^2$$

求 s^2 的期望值，并将上式代入，就得到

$$E(s^2) = E\left\{\frac{1}{n-1}\left[\sum_{i=1}^n y_i^2 - n(\bar{y})^2\right]\right\} = \frac{1}{n-1}\left\{E\left[\sum_{i=1}^n y_i^2\right] - E[n(\bar{y})^2]\right\}$$

$$= \frac{1}{n-1}\left\{\sum_{i=1}^n E[y_i^2] - nE[(\bar{y})^2]\right\} = \frac{1}{n-1}\left\{\sum_{i=1}^n (\sigma^2 + \mu^2) - n\left(\frac{\sigma^2}{n} + \mu^2\right)\right\}$$

$$= \frac{1}{n-1}[(n\sigma^2 + n\mu^2) - \sigma^2 - n\mu^2] = \frac{1}{n-1}[n\sigma^2 - \sigma^2] = \left(\frac{n-1}{n-1}\right)\sigma^2 = \sigma^2$$

这就证明不管被抽样总体的性质如何，s^2 都是 σ^2 的一个无偏估计。∎

理论练习

7.1 设 y_1, y_2, y_3 是一个来自均值为 θ 的指数分布的随机样本，即 $E(y_i) = \theta$, $i = 1, 2, 3$. 考虑 θ 的 3 个估计量：

$$\hat{\theta}_1 = \bar{y} \quad \hat{\theta}_2 = y_1 \quad \hat{\theta}_3 = \frac{y_1 + y_2}{2}$$

a. 证明：这 3 个估计量都是无偏的。
b. 哪一个估计量有最小的方差？（提示：回顾对于指数分布有 $V(y_i) = \theta^2$.）

7.2 设 $y_1, y_2, \cdots, y_n$ 是一个来自均值为 λ 的泊松分布的随机样本，即 $E(y_i) = \lambda$, $i = 1, 2, \cdots, n$. 考虑 λ 的 4 个估计量：

$$\hat{\lambda}_1 = \bar{y} \quad \hat{\lambda}_2 = n(y_1 + y_2 + \cdots + y_n)$$

$$\hat{\lambda}_3 = \frac{y_1 + y_2}{2} \quad \hat{\lambda}_4 = \frac{y_1}{n}$$

a. 这 4 个估计量中哪些是无偏的？
b. 对于无偏估计量，哪一个有最小的方差？（提示：对于泊松分布，$V(y_i) = \lambda$.）

7.3 假设随机变量 Y 有参数为 n 和 p 的二项分布。

a. 证明：$\hat{p} = y/n$ 是 p 的一个无偏估计。
b. 求 $\hat{p}$ 的方差。

7.4 设 $y_1, y_2, \cdots, y_n$ 是来自参数 $\alpha = 2$ 和 β 未知的 Γ 分布的随机样本。

a. 证明：$\bar{y}$ 是 β 的有偏估计。计算偏。
b. 证明：$\hat{\beta} = \bar{y}/2$ 是 β 的无偏估计。
c. 求 $\hat{\beta} = \bar{y}/2$ 的方差。（提示：回顾对于 Γ 分布有 $E(y_i) = 2\beta$ 且 $V(y_i) = 2\beta^2$.）

7.5 证明：$E[(\hat{\theta} - \theta)^2] = V(\hat{\theta}) + b^2(\hat{\theta})$，其中偏

$b(\hat{\theta}) = E(\hat{\theta}) - \theta$. (提示: 记 $(\hat{\theta} - \theta) = [\hat{\theta} - E(\hat{\theta})]$
$+ [E(\hat{\theta}) - \theta]$.)

7.6 设 y_1 是一个来自 $[2, \theta]$ 上均匀分布的容量为 1 的样本.

a. 证明: y_1 是 θ 的有偏估计并计算偏.

b. 证明: $2(y_1 - 1)$ 是 θ 的一个无偏估计.

c. 求 $2(y_1 - 1)$ 的方差.

7.7 设 $y_1, y_2, \cdots, y_n$ 是来自均值为 μ、方差为 σ^2 的正态分布的随机样本. 证明: s^2 的抽样分布的方差是 $2\sigma^4/(n-1)$.

7.2 求点估计: 经典估计方法

求参数的点估计有许多不同的方法, 其中两个经典的方法是**矩法**和**极大似然法**, 这两种方法是本节的重点内容. 总体参数的这些估计方法将在 7.4 ~ 7.10 节介绍, 求点估计的其他方法的简要介绍将在本章最后给出, 其余两种方法是 7.12 节的内容.

矩法

到目前为止, 我们所用的估计方法是利用样本的数值描述性度量去估计它们的总体参数. 例如, 我们用样本均值 $\bar{y}$ 估计总体均值 μ. 由定义 4.7 知, 参数 $E(Y) = \mu$ 是一阶原点矩, 有时称作**一阶总体矩**. 类似地, 定义**一阶样本矩**为

$$\bar{y} = \frac{\sum_{i=1}^{n} y_i}{n}$$

用样本矩去估计总体相应矩的方法叫作**矩法**. 对本章所讨论的参数来说, 矩法得到的估计量具有前面所讲的两个性质, 即无偏估计和最小方差估计.

定义 7.6 设 $y_1, y_2, \cdots, y_n$ 是具有某种概率分布(离散或连续)的随机变量 Y 的 n 个观测值的随机样本, k **阶总体矩**和 k **阶样本矩**定义如下:

k 阶总体矩: $E(Y^k)$

k 阶样本矩: $m_k = \dfrac{\sum_{i=1}^{n} y_i^k}{n}$

当 $k = 1$ 时, 一阶总体矩是 $E(Y) = \mu$, 而一阶样本矩是 $m_1 = \bar{y}$.

定义 7.7 设 $y_1, y_2, \cdots, y_n$ 表示参数为 $\theta_1, \theta_2, \cdots, \theta_k$ 的概率分布(离散型或连续型)的随机变量 Y 的 n 个观测值的随机样本. 那么**矩估计** $\hat{\theta}_1, \hat{\theta}_2, \cdots, \hat{\theta}_k$ 可以通过使前 m 阶样本矩等于相应的前 m 阶总体矩而得到:

$$E(Y) = \frac{1}{n} \sum y_i$$

$$E(Y^2) = \frac{1}{n} \sum y_i^2$$

$$\cdots$$

$$E(Y^k) = \frac{1}{n} \sum y_i^k$$

从中求得 $\theta_1, \theta_2, \cdots, \theta_k$. (注意前 m 阶总体矩是 $\theta_1, \theta_2, \cdots, \theta_k$ 的函数.)

注: 对 $m = 1$ 的特殊情况, θ 的矩估计就是样本均值 $\bar{y}$ 的某个函数.

例 7.2 均值的点估计: 听觉神经反应速度 *Journal of the Acoustic Society of America* 研究表明, 猫

的听觉神经纤维反应速度 Y 近似服从未知参数 λ 的泊松分布. 假设随机抽取 10 只猫,测得它们的听觉神经纤维反应速度(记为噪声爆发的每 200ms 的脉冲个数)数据如下:

| 15.1 | 14.6 | 12.0 | 19.2 | 16.1 | 15.5 | 11.3 | 18.7 | 17.1 | 17.2 |

用矩法计算平均反应速度 λ 的点估计值.

解 我们只有一个参数 λ 需要估计,因此,通过令一阶总体矩 $E(Y)$ 等于一阶样本矩 $\bar{y}$ 就可以求得矩估计. 对于泊松分布, $E(Y) = \lambda$,因此,矩估计是

$$\hat{\lambda} = \bar{y}$$

对这个例子,

$$\bar{y} = \frac{15.1 + 14.6 + \cdots + 17.2}{10} = 15.68$$

因此,估计的听觉神经纤维平均反应速度 λ 是 15.68 脉冲/200ms. ∎

*例 7.3 Γ 分布的矩估计 *IEEE Transactions on Energy Conversion* 研究表明,地下电缆从疲劳裂缝到失效的时间 Y 近似服从参数为 α 和 β 的 Γ 分布. 设 $y_1, y_2, \cdots, y_n$ 是随机变量 Y 的 n 个观测值的随机样本,求 α 和 β 的矩估计.

解 因为需要估计两个参数 α 和 β,所以矩估计法要求令前两阶总体矩等于它们相应的样本矩. 由 5.6 节知,对 Γ 分布有

$$\mu = E(Y) = \alpha\beta$$
$$\sigma^2 = \alpha\beta^2$$

再由定理 4.4,$\sigma^2 = E(Y^2) - \mu^2$. 因此,$E(Y^2) = \sigma^2 + \mu^2$. 所以 Γ 分布的前两阶总体矩是

$$E(Y) = \alpha\beta$$
$$E(Y^2) = \sigma^2 + \mu^2 = \alpha\beta^2 + (\alpha\beta)^2$$

令它们等于各自的样本矩,我们有

$$\hat{\alpha}\hat{\beta} = \bar{y}$$

$$\hat{\alpha}\hat{\beta}^2 + (\hat{\alpha}\hat{\beta})^2 = \frac{\sum y_i^2}{n}$$

在第 2 个等式中用 $\bar{y}$ 代替 $\hat{\alpha}\hat{\beta}$,就得到

$$\bar{y}\hat{\beta} + (\bar{y})^2 = \frac{\sum y_i^2}{n}$$

或

$$\bar{y}\hat{\beta} = \frac{\sum y_i^2}{n} - (\bar{y})^2 = \frac{\sum y_i^2 - n(\bar{y})^2}{n} = \frac{\sum y_i^2 - \frac{(\sum y_i)^2}{n}}{n} = \frac{(n-1)s^2}{n}$$

两个等式化简为

$$\hat{\alpha}\hat{\beta} = \bar{y}$$

$$\bar{y}\hat{\beta} = \left(\frac{n-1}{n}\right)s^2$$

解上面两个等式,得到矩估计

$$\hat{\beta} = \left(\frac{n-1}{n}\right)\frac{s^2}{\bar{y}} \text{ 和 } \hat{\alpha} = \left(\frac{n}{n-1}\right)\frac{\bar{y}^2}{s^2} = \left(\frac{n}{n-1}\right)\left(\frac{\bar{y}}{s}\right)^2$$

■

极大似然法

极大似然法和关于极大似然估计性质的阐述是费希尔(Ronald A. Fisher, 1890—1962)的研究结果. 费希尔的思想通过下面的例子说明: 如果随机选取离散随机变量 Y 的 n 个观测值 $y_1, y_2, \cdots, y_n$, 并且概率分布 $p(y)$ 是单个参数 θ 的函数, 那么观测到 Y 的这 n 个独立值的概率是

$$p(y_1, y_2, \cdots, y_n) = p(y_1)p(y_2)\cdots p(y_n)$$

费希尔称样本值 $y_1, y_2, \cdots, y_n$ 的联合概率为**样本的似然函数** L, 并建议应该选择使 L 达到最大的值作为 θ 的估计值. 如果样本的似然函数 L 是两个参数 θ_1 和 θ_2 的函数, 那么 θ_1 和 θ_2 的极大似然估计是使 L 达到最大的那个值. 这个概念可以推广到似然函数 L 是多个参数的函数的情形.

定义 7.8 a. 当 $Y_1, Y_2, \cdots, Y_n$ 是离散随机变量时, n 个观测值 $y_1, y_2, \cdots, y_n$ 的样本**似然函数** L 是联合概率函数 $p(y_1, y_2, \cdots, y_n)$.

b. 当 $Y_1, Y_2, \cdots, Y_n$ 是连续随机变量时, n 个观测值 $y_1, y_2, \cdots, y_n$ 的样本**似然函数** L 是联合密度函数 $f(y_1, y_2, \cdots, y_n)$.

注: 对于 $y_1, y_2, \cdots, y_n$ 的固定值, L 是 θ 的函数.

定理 7.1 是独立性定义和定义 6.8、定义 6.9 的直接推论.

定理 7.1 a. 设 $y_1, y_2, \cdots, y_n$ 表示随机变量 Y 的 n 个观测值的样本, 当 Y 是概率分布为 $p(y)$ 的离散随机变量时, $L = p(y_1)p(y_2)\cdots p(y_n)$.

b. 设 $y_1, y_2, \cdots, y_n$ 表示随机变量 Y 的 n 个观测值的样本, 当 Y 是密度函数为 $f(y)$ 的连续随机变量时, $L = f(y_1)f(y_2)\cdots f(y_n)$.

定义 7.9 设 L 是一个样本的似然函数, 其中 L 是参数 $\theta_1, \theta_2, \cdots, \theta_k$ 的函数, 则 $\theta_1, \theta_2, \cdots, \theta_k$ 的**极大似然估计**是使得 L 达到最大的 $\theta_1, \theta_2, \cdots, \theta_k$ 的值.

费希尔证明了总体均值和比率的极大似然估计具有某些非常优良的性质. 随着样本容量 n 越来越大, 极大似然估计 $\hat{\theta}$ 的抽样分布越来越接近于正态, 其均值是 θ, 方差小于等于任何其他估计量的方差. 尽管极大似然估计的这些性质只适合基于大样本的估计量, 但它们为极大似然估计提供了支持. 小样本情况下的极大似然估计性质可以用第 4 章、第 5 章和第 6 章的方法得到, 并导出它们的抽样分布, 或者至少可以得到它们的均值和方差.

为了简单说明如何求参数的极大似然估计, 我们假设 L 是单个参数 θ 的函数, 那么由微分学, 我们知道使 L 达到最大(或最小)的 θ 值是使 $dL/d\theta = 0$ 的值. 求它的解(通常使 L 达到最大, 证明略)可能是困难的, 因为 L 是一些含有 θ 的量的乘积. 求一个和的导数要比求一个积的导数容易些, 所以我们企图使 L 的对数而不是 L 达到极大, 因为 L 的对数是 L 的单调增函数, 所以 L 和 L 的对数在同样的 θ 值处达到极大. 例 7.4 和例 7.5 将说明解题步骤.

例 7.4 **求极大似然估计** 设 $y_1, y_2, \cdots, y_n$ 表示随机变量 Y 的 n 个观测值的随机样本, 具有指数密度函数

$$f(y) = \begin{cases} \dfrac{e^{-y/\beta}}{\beta} & \text{若 } 0 \leq y < \infty \\ 0 & \text{其他} \end{cases}$$

求 β 的极大似然估计.

解 因为 $y_1, y_2, \cdots, y_n$ 是独立的随机变量，所以我们有

$$L = f(y_1)f(y_2)\cdots f(y_n) = \left(\frac{e^{-y_1/\beta}}{\beta}\right)\left(\frac{e^{-y_2/\beta}}{\beta}\right)\cdots\left(\frac{e^{-y_n/\beta}}{\beta}\right) = \frac{e^{-\sum_{i=1}^{n} y_i/\beta}}{\beta^n}$$

取 L 的自然对数得

$$\ln(L) = \ln(e^{-\sum_{i=1}^{n} y_i/\beta}) - n\ln(\beta) = -\frac{\sum_{i=1}^{n} y_i}{\beta} - n\ln(\beta)$$

那么

$$\frac{d\ln(L)}{d\beta} = \frac{\sum_{i=1}^{n} y_i}{\beta^2} - \frac{n}{\beta}$$

令这个导数为 0，求解 $\hat{\beta}$，得到

$$\frac{\sum_{i=1}^{n} y_i}{\hat{\beta}^2} - \frac{n}{\hat{\beta}} = 0 \quad \text{或} \quad n\hat{\beta} = \sum_{i=1}^{n} y_i$$

这就推出

$$\hat{\beta} = \frac{\sum_{i=1}^{n} y_i}{n} = \bar{y}$$

因此，β 的极大似然估计（MLE）是样本均值 $\bar{y}$，即 $\hat{\beta} = \bar{y}$。 ∎

*例 7.5 μ 和 σ^2 的极大似然估计 设 $y_1, y_2, \cdots, y_n$ 是随机变量 Y 的 n 个观测值的随机样本，其中 $f(y)$ 是均值为 μ、方差为 σ^2 的正态密度函数，求 μ 和 σ^2 的极大似然估计。

解 因为 $y_1, y_2, \cdots, y_n$ 是独立的随机变量，所以我们有

$$L = f(y_1)f(y_2)\cdots f(y_n) = \left(\frac{e^{-(y_1-\mu)^2/(2\sigma^2)}}{\sigma\sqrt{2\pi}}\right)\left(\frac{e^{-(y_2-\mu)^2/(2\sigma^2)}}{\sigma\sqrt{2\pi}}\right)\cdots\left(\frac{e^{-(y_n-\mu)^2/(2\sigma^2)}}{\sigma\sqrt{2\pi}}\right)$$

$$= \frac{e^{-\sum_{i=1}^{n}(y_i-\mu)^2/(2\sigma^2)}}{\sigma^n (2\pi)^{n/2}}$$

及

$$\ln(L) = -\frac{\sum_{i=1}^{n}(y_i-\mu)^2}{2\sigma^2} - \frac{n}{2}\ln(\sigma^2) - \frac{n}{2}\ln(2\pi)$$

对 $\ln(L)$ 关于 μ 和 σ^2 求偏导数，并令它们等于 0，得到

$$\frac{\partial \ln(L)}{\partial \mu} = \frac{\sum_{i=1}^{n} 2(y_i - \hat{\mu})}{2\hat{\sigma}^2} - 0 - 0 = 0$$

和

$$\frac{\partial \ln(L)}{\partial \sigma^2} = \frac{\sum_{i=1}^{n}(y_i-\hat{\mu})^2}{2\hat{\sigma}^4} - \frac{n}{2}\left(\frac{1}{\hat{\sigma}^2}\right) - 0 = 0$$

使 L(因此使 $\ln(L)$) 达到最大的 μ 和 σ^2 是上面两个方程的联立解. 由第一个方程得

$$\sum_{i=1}^{n}(y_i - \hat{\mu}) = 0 \text{ 或 } \sum_{i=1}^{n} y_i - n\hat{\mu} = 0$$

由它得到

$$n\hat{\mu} = \sum_{i=1}^{n} y_i \quad \text{故} \quad \hat{\mu} = \bar{y}$$

将 $\hat{\mu} = \bar{y}$ 代入第二个方程,并且两边同乘以 $2\hat{\sigma}^2$,得到

$$\frac{\sum_{i=1}^{n}(y_i - \bar{y})^2}{\hat{\sigma}^2} = n \text{ 或 } \hat{\sigma}^2 = \frac{\sum_{i=1}^{n}(y_i - \bar{y})^2}{n}$$

因此, μ 和 σ^2 的极大似然估计是

$$\hat{\mu} = \bar{y}, \hat{\sigma}^2 = \frac{\sum_{i=1}^{n}(y_i - \bar{y})^2}{n}$$

注:σ^2 的极大似然估计是离差平方和 $\sum_{i=1}^{n}(y_i - \bar{y})^2$ 除以 n,但样本方差 s^2 用 $n-1$ 除. 例 7.1 证明了 s^2 是 σ^2 的一个无偏估计. 因此,极大似然估计

$$\hat{\sigma}^2 = \frac{\sum_{i=1}^{n}(y_i - \bar{y})^2}{n} = \frac{(n-1)}{n} s^2$$

是 σ^2 的有偏估计. 但是

$$\mathrm{Var}(\hat{\sigma}^2) = \mathrm{Var}\left(\frac{n-1}{n} s^2\right) = \left(\frac{n-1}{n}\right)^2 \mathrm{Var}(s^2) < \mathrm{Var}(s^2)$$

因此,尽管 s^2 是无偏的,但 σ^2 的极大似然估计具有比样本方差 s^2 更小的方差. ■

最小二乘法

另一个求点估计的方法是**最小二乘法**,这个方法通过使均方误差(**MSE**)

$$\mathrm{MSE} = E[(\hat{\theta} - \theta)^2]$$

达到最小来求 θ 的估计. 最小二乘法(一个广泛应用的估计方法)将在第 10 章详细讨论. 这里简要说明几个其他的估计方法,如果想学习更多关于它们的应用,请查阅本章后面的参考文献.

刀切估计

图基(Tukey, 1958)提出了"每次丢下一个"来获得估计的方法,叫作**刀切法**[⊖],这种方法在实际中得到了越来越广泛的应用. 设 $y_1, y_2, \cdots, y_n$ 是取自具有参数 θ 的总体的一个容量为 n 的样本. 去掉第 i 个观测值(即 y_i),依据剩下的 $n-1$ 个观测值计算估计值 $\hat{\theta}_{(i)}$. 对数据集的每个观测值执行一次这种计算,共得到 θ 的 n 个估计值 $\hat{\theta}_{(1)}, \hat{\theta}_{(2)}, \cdots, \hat{\theta}_{(n)}$. θ 的**刀切估计**是这 n 个估计值合理选择的线性组合(即它们的加权平均). 当有异常值或有偏样本,或者发现很难评价传统的估计方法的变异性

⊖ 这种方法的名字取自于男童子军牌折刀. 像折刀一样,在专门方法不能使用时,这种方法在许多情况下是一个便利的工具.

时，建议用刀切估计.

稳健估计

7.4～7.10 节中将要讨论的许多估计方法都假设抽样总体是近似正态的. 当抽样总体的分布与正态性有较大偏离时，这些估计量不再具有优良性质（如无偏性和最小方差性）. 一种适用于大部分概率分布的方法叫作**稳健估计**. 例如，有一种叫作 **M 估计**的总体均值 μ 的稳健估计，当抽样总体是正态分布时，它不亚于样本均值 $\bar{y}$；当抽样总体是厚尾或有偏斜时，它要比 $\bar{y}$ 好得多. 由"自助"法导出的稳健估计类型将在 7.12 节讨论. 关于稳健估计方法的更深入讨论，参看 Mosteller 和 Tukey (1977) 及 Devore(1987).

贝叶斯估计

经典估计方法都是基于未知参数 θ 是常数的概念，我们得到的所有关于 θ 的信息都来自相关总体的随机样本 $y_1, y_2, \cdots, y_n$. 与此不同，**贝叶斯估计**认为参数 θ 是具有某个已知的(**先验**)概率分布 $g(\theta)$ 的随机变量. 样本信息用于修正 θ 的先验分布，从而得到**后验分布** $f(\theta|y_1, y_2, \cdots, y_n)$. θ 的贝叶斯估计就是后验概率分布的均值[参看 Wackerly, Mendenhall 和 Scheaffer(2008)]. 关于贝叶斯估计的简要讨论见 7.12 节.

❓ 理论练习

7.8 二项试验由 n 个伯努利观测值 $y_1, y_2, \cdots, y_n$ 构成，其中

$$y_i = \begin{cases} 1 & \text{如果第 } i \text{ 次试验成功} \\ 0 & \text{如果不成功} \end{cases}$$

并且 $P(y_i = 1) = p$, $P(y_i = 0) = 1-p$. 令 $Y = \sum_{i=1}^{n} y_i$ 表示 n 次试验中成功次数.

a. 求 p 的矩估计.
b. 这个矩估计是无偏的吗？
c. 求 p 的极大似然估计.（提示：$L = p^y(1-p)^{n-y}$.）
d. 这个极大似然估计是无偏的吗？

7.9 设 $y_1, y_2, \cdots, y_n$ 是来自概率函数为

$$p(y) = \frac{e^{-\lambda}\lambda^y}{y!} \quad (y = 0, 1, 2, \cdots)$$

的泊松分布的 n 个观测值的样本.

a. 求 λ 的极大似然估计.
b. 这个极大似然估计是无偏的吗？

7.10 设 $y_1, y_2, \cdots, y_n$ 是随机变量 Y 的 n 个观测值的随机样本，其中 $f(y)$ 是 $\alpha = 2$, β 未知的 Γ 密度函数：

$$f(y) = \begin{cases} \dfrac{ye^{-y/\beta}}{\beta^2} & \text{如果 } y > 0 \\ 0 & \text{其他} \end{cases}$$

a. 求 β 的极大似然估计.
b. 求 $E(\hat{\beta})$ 和 $V(\hat{\beta})$.

7.11 参考练习 7.10.
a. 求 β 的矩估计.
b. 求 $E(\hat{\beta})$ 和 $V(\hat{\beta})$.

7.12 设 $y_1, y_2, \cdots, y_n$ 是来自期望为 0，方差 σ^2 未知的正态分布的 n 个观测值的随机样本. 求 σ^2 的极大似然估计.

7.13 设 $y_1, y_2, \cdots, y_n$ 是来自密度函数为

$$f(y) = \begin{cases} \dfrac{1}{\beta}e^{-y/\beta} & \text{如果 } y > 0 \\ 0 & \text{其他} \end{cases}$$

的指数分布的 n 个观测值的随机样本.

a. 求 β 的矩估计.
b. 这个矩估计是无偏的吗？
c. 求 $V(\hat{\beta})$.

7.3 求区间估计：枢轴法

7.1 节给出了**区间估计**的定义，就是告诉我们如何利用样本观测值计算两个数，由此确定一个以很大的置信程度包含被估参数的规则. 所得的随机区间（随机是因为用于计算区间端点的样本观测值是随机变量）称作**置信区间**，包含被估参数的概率（抽样前）称作**置信系数**. 如果一个置信区间

的置信系数是0.95,就称它是95%的置信区间.如果置信系数是0.99,就称它是99%的置信区间,等等.在本节的稍后将给出关于置信区间的置信系数的更实际解释.

定义7.10 一个置信区间的**置信系数**等于在抽样前随机区间包含被估参数的概率.

一种求参数θ的置信区间的方法是求出一个**枢轴统计量**,这个统计量是样本值和单个参数θ的函数.因为当样本容量n很大时,很多统计量近似正态分布(中心极限定理),所以可以利用标准正态随机变量Z作为枢轴统计量来构造期望值的置信区间.

为了说明这个问题,令$\hat{\theta}$是大样本下抽样分布为近似正态分布的统计量,期望为$E(\hat{\theta})=\theta$,标准误为$\sigma_{\hat{\theta}}$,那么

$$Z = \frac{\hat{\theta}-\theta}{\sigma_{\hat{\theta}}}$$

是标准正态随机变量,因为Z也是样本统计量$\hat{\theta}$和参数θ的函数,所以把它作为一个枢轴统计量.为了导出θ的置信区间,首先给出枢轴统计量的概率表示,为此将值$z_{\alpha/2}$和$-z_{\alpha/2}$放在Z分布每个尾部的$\alpha/2$概率处(见图7.5),即$P(z > z_{\alpha/2}) = \alpha/2$.由图7.5可以看出,

$$P(-z_{\alpha/2} \leq Z \leq z_{\alpha/2}) = 1 - \alpha$$

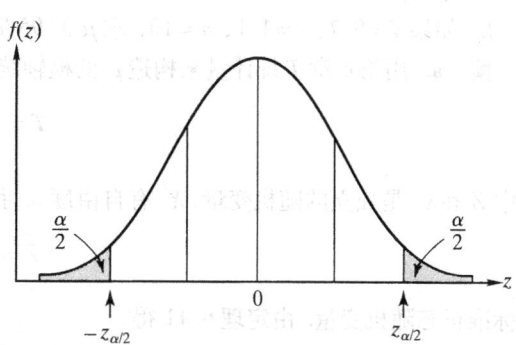

图7.5 置信区间的$z_{\alpha/2}$位置

将Z的表达式代入上面的概率表示,并对此不等式进行简单的代数运算,得到

$$P(-z_{\alpha/2} \leq Z \leq z_{\alpha/2}) = P\left(-z_{\alpha/2} \leq \frac{\hat{\theta}-\theta}{\sigma_{\hat{\theta}}} \leq z_{\alpha/2}\right) = P(-z_{\alpha/2}\sigma_{\hat{\theta}} \leq \hat{\theta} - \theta \leq z_{\alpha/2}\sigma_{\hat{\theta}})$$

$$= P(-\hat{\theta} - z_{\alpha/2}\sigma_{\hat{\theta}} \leq -\theta \leq -\hat{\theta} + z_{\alpha/2}\sigma_{\hat{\theta}})$$

$$= P(\hat{\theta} - z_{\alpha/2}\sigma_{\hat{\theta}} \leq \theta \leq \hat{\theta} + z_{\alpha/2}\sigma_{\hat{\theta}}) = 1 - \alpha$$

因此,由$LCL = \hat{\theta} - z_{\alpha/2}\sigma_{\hat{\theta}}$到$UCL = \hat{\theta} + z_{\alpha/2}\sigma_{\hat{\theta}}$形成的区间包含参数$\theta$的概率等于$1-\alpha$.量LCL和UCL分别称作置信区间的**置信下限**和**置信上限**.这个区间的置信系数是$1-\alpha$.

关于参数θ的大样本$(1-\alpha)100\%$置信区间的推导总结为下面的定理7.2.

定理7.2 设$\hat{\theta}$在大样本下服从$E(\hat{\theta})=\theta$,标准误为$\sigma_{\hat{\theta}}$的正态分布.那么θ的$(1-\alpha)100\%$置信区间是

$$\hat{\theta} \pm (z_{\alpha/2})\sigma_{\hat{\theta}}$$

图7.6直观地显示了大样本的置信区间.相应于面积$A=0.475$的z值,即z值落在面积为$\alpha/2=0.025$的Z分布上尾(见表B.5)为$z_{0.025}=1.96$.因此,$\hat{\theta}$落在θ的$1.96\sigma_{\hat{\theta}}$范围内的概率是0.95,这可以由图7.6看到,只要$\hat{\theta}$落在区间$\theta \pm 1.96\sigma_{\hat{\theta}}$内,那么区间$\hat{\theta} \pm 1.96\sigma_{\hat{\theta}}$就包含$\theta$,因此$\hat{\theta} \pm 1.96\sigma_{\hat{\theta}}$就是$\theta$的95%置信

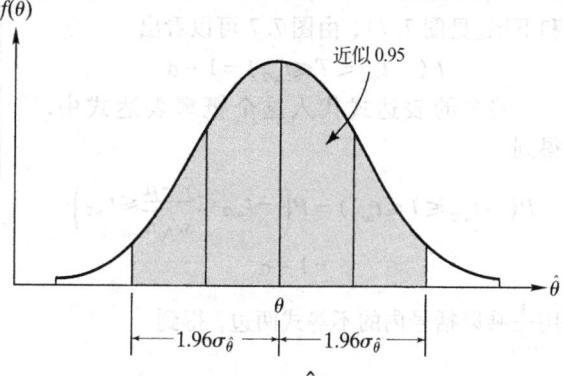

图7.6 大样本下$\hat{\theta}$的抽样分布

区间.

实际求解置信区间时,有可能会遇到一些小困难. $\sigma_{\hat{\theta}}$ 通常是待估参数 θ 的函数,但是当样本容量 n 很大时(在推导时始终假定的),我们可以用估计值 $\hat{\theta}$ 代替参数 θ 得到 $\sigma_{\hat{\theta}}$ 的近似值.

在例 7.6 中,我们将用枢轴统计量求 μ 的置信区间,这里样本容量较小,如 $n < 30$.

例 7.6 求 μ 的 95% 置信区间:枢轴法 设 $\bar{y}$ 和 s 分别是来自均值为 μ,方差为 σ^2 的正态分布的 n ($n < 30$) 个观测值随机样本的样本均值和标准差.

    a. 导出 μ 的 $(1 - \alpha)100\%$ 置信区间的表达式.

    b. 如果 $\bar{y} = 9.7$, $s = 1.1$, $n = 10$,求 μ 的 95% 置信区间.

解   a. 用第 6 章 T 统计量来构造 μ 的枢轴统计量,由定义 6.16,

$$T = \frac{Z}{\sqrt{\chi^2/\nu}}$$

其中 Z 和 χ^2 是独立的随机变量,χ^2 有自由度 ν. 我们知道 $\bar{y}$ 是正态分布,且

$$Z = \frac{\bar{y} - \mu}{\sigma/\sqrt{n}}$$

是标准正态随机变量. 由定理 6.11 得

$$\frac{(n-1)s^2}{\sigma^2} = \chi^2$$

是自由度为 $\nu = n - 1$ 的卡方随机变量. 我们说(不证)当 $\bar{y}$ 和 s^2 是基于取自正态分布的随机样本时,它们是独立的. 因此,z 和 χ^2 是独立的随机变量. 将 z 和 χ^2 的表达式代入 T 的表达式中,得到

$$T = \frac{Z}{\sqrt{\chi^2/\nu}} = \frac{\frac{\bar{y} - \mu}{\sigma/\sqrt{n}}}{\sqrt{\frac{(n-1)s^2}{\sigma^2}/(n-1)}} = \frac{\bar{y} - \mu}{s/\sqrt{n}}$$

注意,枢轴统计量仅是 μ 以及样本统计量 $\bar{y}$ 和 s^2 的函数.

求 μ 的置信区间的下一步是枢轴统计量 T 的概率表达. 我们将选择 T 的两个值(称为 $t_{\alpha/2}$ 和 $-t_{\alpha/2}$),分别对应 T 分布概率为 $\alpha/2$ 的上尾和下尾(见图 7.7),由图 7.7 可以看出

$$P(-t_{\alpha/2} \leq T \leq t_{\alpha/2}) = 1 - \alpha$$

将 T 的表达式代入这个概率表达式中,得到

$$P(-t_{\alpha/2} \leq T \leq t_{\alpha/2}) = P\left(-t_{\alpha/2} \leq \frac{\bar{y} - \mu}{s/\sqrt{n}} \leq t_{\alpha/2}\right)$$
$$= 1 - \alpha$$

用 $\frac{s}{\sqrt{n}}$ 乘以括号内的不等式两边,得到

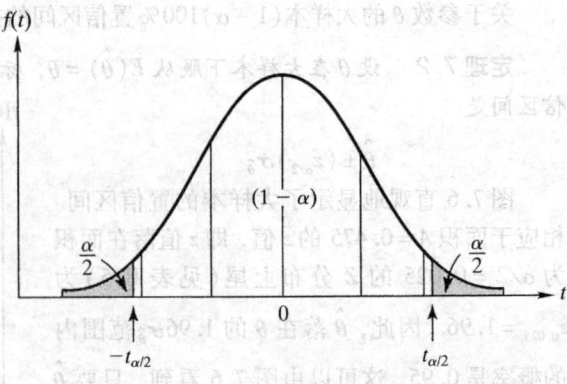

图 7.7 学生氏 T 分布的 $t_{\alpha/2}$ 和 $-t_{\alpha/2}$ 位置

$$P\left[-t_{\alpha/2}\left(\frac{s}{\sqrt{n}}\right) \leq \bar{y}-\mu \leq t_{\alpha/2}\left(\frac{s}{\sqrt{n}}\right)\right]=1-\alpha$$

不等式每一部分减去 $\bar{y}$ 得到

$$P\left[-\bar{y}-t_{\alpha/2}\left(\frac{s}{\sqrt{n}}\right) \leq -\mu \leq -\bar{y}+t_{\alpha/2}\left(\frac{s}{\sqrt{n}}\right)\right]=1-\alpha$$

最后，不等式的每项同乘以 -1，使不等式反向，得到

$$P\left[\bar{y}-t_{\alpha/2}\left(\frac{s}{\sqrt{n}}\right) \leq \mu \leq \bar{y}+t_{\alpha/2}\left(\frac{s}{\sqrt{n}}\right)\right]=1-\alpha$$

因此，当 n 较小时，μ 的 $(1-\alpha)100\%$ 置信区间是

$$\bar{y} \pm t_{\alpha/2}\left(\frac{s}{\sqrt{n}}\right)$$

b. 对于 95% 置信区间，$\alpha=0.05$ 和 $\alpha/2=0.025$。我们需要求 $t_{0.025}$。表 7.1 是表 B.7 的一部分。当自由度 $\nu=n-1=9$ 时，$t_{0.025}=2.262$（表 7.1 中的阴影部分）。

表 7.1　表 B.7 的简略形式

自由度	$t_{0.100}$	$t_{0.050}$	$t_{0.025}$	$t_{0.010}$	$t_{0.005}$
1	3.078	6.314	12.706	31.821	63.657
2	1.886	2.920	4.303	6.965	9.925
3	1.638	2.353	3.182	4.541	5.841
4	1.533	2.132	2.776	3.747	4.604
5	1.476	2.015	2.571	3.365	4.032
6	1.440	1.943	2.447	3.143	3.707
7	1.415	1.895	2.365	2.998	3.499
8	1.397	1.860	2.306	2.896	3.355
9	1.383	1.833	2.262	2.821	3.250
10	1.372	1.812	2.228	2.764	3.169
11	1.363	1.796	2.201	2.718	3.106
12	1.356	1.782	2.179	2.681	3.055
13	1.350	1.771	2.160	2.650	3.012
14	1.345	1.761	2.145	2.624	2.977
15	1.341	1.753	2.131	2.602	2.947

将 $\bar{y}=9.7$，$s=1.1$，$n=10$ 和 $t_{0.025}=2.262$ 代入 a 的置信区间公式，得到

$$9.7 \pm 2.262\left(\frac{1.1}{\sqrt{10}}\right)=9.7 \pm 0.79=(8.91, 10.49)$$

因为置信系数是 $1-\alpha=0.95$，所以我们有 95% 的信心相信在 $8.91 \sim 10.49$ 之间的区间包含了均值 μ 的真值。

置信区间的实际解释

如果参数 θ 的 $(1-\alpha)100\%$ 置信区间是 (LCL, UCL)，那么我们有 $(1-\alpha)100\%$ 的信心相信 θ 落在 LCL 和 UCL 之间。

例 7.6b 的求解结果中术语"95%的信心"在区间估计中有非常特殊的意义. 为了说明这个问题, 用蒙特卡罗模拟从一个已知均值 $\mu=10$, $\sigma^2=1$ 的正态分布中取样本容量 $n=10$ 的 100 个样本, 对 100 个样本中的每一个计算 μ 的 95% 置信区间. 结果见图 7.8 的 Excel 工作表. 只有 5 个着重显示的区间没有包含均值 $\mu=10$. 包含了 μ 的区间比例是 0.95, 恰好等于置信系数. 这就解释了为什么我们会有很大的信心相信例 7.6b 计算的区间 (8.91, 10.49) 包含了 μ 的真值. 如果重复进行区间估计, 构造的区间中 95% 包含了真值 μ.

SAMPLE	LOWER95	UPPER95	SAMPLE	LOWER95	UPPER95
1	9.35	10.51	51	8.81	10.2
2	9.85	11.46	52	8.9	10.56
3	9.32	11.13	53	8.74	10.85
4	9.04	10.17	54	9.39	10.65
5	9.56	10.88	55	10	11.31
6	9.42	10.74	56	9.06	10.81
7	9.5	10.33	57	8.96	10.52
8	9.92	10.89	58	10	11.1
9	9.64	10.55	59	9.39	11.37
10	8.51	10.95	60	8.83	10.71
11	9.5	10.77	61	8.89	10.19
12	9.74	10.98	62	9.02	10.32
13	9.71	10.46	63	9.38	10.47
14	9.19	10.98	64	9.2	10.46
15	8.92	10.67	65	10.12	11.09
16	9.35	10.72	66	9.84	11.49
17	9.15	10.51	67	9.43	10.82
18	9.82	10.42	68	9.34	10.5
19	9.2	10.34	69	8.44	9.86
20	9.02	10.67	70	9.58	10.45
21	9.89	10.87	71	9.13	10.11
22	8.67	10.16	72	9.22	10.57
23	9.85	11.42	73	9.49	10.77
24	9.62	10.95	74	9.48	10.77
25	9.34	10.91	75	9.67	10.93
26	9.15	10.69	76	9.19	10.75
27	8.98	10.6	77	9.1	10.05
28	10.02	11.32	78	10.19	10.96
29	8.72	10.69	79	8.76	10.54
30	9.03	10.56	80	9.47	10.67
31	9.24	10.67	81	8.64	10.32
32	9.28	10.66	82	8.89	9.9
33	9.29	10.7	83	9.38	10.62
34	9.61	10.8	84	8.54	10.42
35	9.48	10.4	85	9.65	11.02
36	8.85	11.27	86	9.65	10.77
37	9.15	10.35	87	9.46	11.5
38	9.49	10.92	88	9.3	10.69
39	9.36	10.61	89	9.51	10.79
40	9.28	10.44	90	9.51	10.79
41	9.45	10.62	91	9.16	10.78
42	9.17	11.01	92	9	10.7
43	9.91	10.74	93	8.97	10.36
44	9.15	10.65	94	9.44	10.86
45	9.25	10.52	95	9.14	10.09
46	9.14	10.41	96	8.74	10.87
47	9.15	10.95	97	9.56	10.48
48	9.63	10.78	98	8.98	10.95
49	8.85	10.55	99	8.98	10.85
50	9.28	10.79	100		

图 7.8 正态分布 ($\mu=10$, $\sigma=1$) 的均值的 95% 置信区间 100 次模拟结果的 Excel 工作表

置信系数 $(1-\alpha)$ 的理论解释

如果从一个总体中重复抽取容量为 n 的样本, 并对每一个样本构造 $(1-\alpha)100\%$ 置信区间, 那么我们期望有 $(1-\alpha)100\%$ 的区间包含参数真值.

除了总体均值以外, 其他总体参数的置信区间可以用本节介绍的枢轴法导出, 许多参数的估计量和枢轴统计量都是熟知的. 在 7.4~7.10 节, 我们将给出几个总体参数的置信区间公式, 它们都是在实际中经常遇到的, 并配有实例予以说明.

应用练习

7.14 求 t 值. 利用表 B.7 确定 $t_{\alpha/2}$ 的值,并对以下置信系数和样本容量组合,用这个值构造总体均值的置信区间.
a. 置信系数 0.99, $n = 18$.
b. 置信系数 0.95, $n = 10$.
c. 置信系数 0.90, $n = 15$.

7.15 比较 z 和 t 值. 可以证明(证明略)当样本容量 n 增加时,T 分布趋于标准正态分布,使得 $P(T > t_\alpha) = \alpha$ 的 t_α 近似等于使 $P(Z > z_\alpha) = \alpha$ 的 z_α. 利用表 B.7 验证当样本容量 n 趋向于无穷时,$t_{0.05} = z_{0.05}$, $t_{0.025} = z_{0.025}$, $t_{0.01} = z_{0.01}$.

理论练习

7.16 令 Y 表示成功概率为 p 的 n 次二项试验中的成功次数. 假定 n 很大,利用样本的成功比率 $\hat{p} = Y/n$ 构造 p 的置信系数为 $(1-\alpha)$ 置信区间. (提示:从枢轴统计量

$$Z = \frac{\hat{p} - p}{\sqrt{\frac{\hat{p}\hat{q}}{n}}}$$

开始,再利用(证明略)当 n 很大时,Z 是近似的标准正态随机变量的事实.)

7.17 令 $y_1, y_2, \cdots, y_n$ 是来自均值为 λ 的泊松分布的随机样本. 假定用 $\bar{y}$ 作为 λ 的估计. 推导 λ 的 $(1-\alpha)100\%$ 置信区间. (提示:从枢轴统计量

$$Z = \frac{\bar{y} - \lambda}{\sqrt{\lambda/n}}$$

开始,再说明当 n 很大时,Z 是近似的标准正态随机变量. 然后用 $\bar{y}$ 取代分母中的 λ(为什么能这样做?)并用例 7.6 中的枢轴法.)

7.18 设 $y_1, y_2, \cdots, y_n$ 是来自期望为 β 的指数分布的随机样本,推导大样本下 β 的置信区间. (提示:从枢轴统计量

$$Z = \frac{\bar{y} - \beta}{\beta/\sqrt{n}}$$

开始,再说明当 n 很大时,Z 近似为标准正态随机变量. 然后用 $\bar{y}$ 取代分母中的 β(为什么能这样做?)并用例 7.6 中的枢轴法.)

7.19 设 $\bar{y}_1$ 和 s_1^2 分别表示来自均值为 μ_1,方差为 σ_1^2 的总体的容量为 n_1 的样本均值和样本方差. 类似地,定义 $\bar{y}_2$ 和 s_2^2 分别表示来自均值为 μ_2,方差为 σ_2^2 的总体的容量为 n_2 的样本均值和样本方差. 推导大样本下 $(\mu_1 - \mu_2)$ 的置信区间. (提示:利用枢轴统计量

$$Z = \frac{(\bar{y}_1 - \bar{y}_2) - (\mu_1 - \mu_2)}{\sqrt{\frac{\sigma_1^2}{n_1} + \frac{\sigma_2^2}{n_2}}}$$

再说明当 n 很大时,Z 是近似的标准正态随机变量. 然后用 s_1^2 代替分母中的 σ_1^2,用 s_2^2 代替分母中的 σ_2^2(为什么能这样做?)并用例 7.6 中的枢轴法.)

7.20 令 $(\bar{y}_1, s_1^2)$ 和 $(\bar{y}_2, s_2^2)$ 分别表示来自有不同均值 μ_1 和 μ_2,相同方差 σ^2 的正态总体的容量为 n_1 和 n_2 的两个独立样本的均值和方差.
a. 证明:$E(\bar{y}_1 - \bar{y}_2) = \mu_1 - \mu_2$.
b. 证明:

$$V(\bar{y}_1 - \bar{y}_2) = \sigma^2 \left(\frac{1}{n_1} + \frac{1}{n_2} \right)$$

c. 解释为什么

$$Z = \frac{(\bar{y}_1 - \bar{y}_2) - (\mu_1 - \mu_2)}{\sigma \sqrt{\frac{1}{n_1} + \frac{1}{n_2}}}$$

是一个标准正态随机变量.

7.21 参考练习 7.20. 根据定理 6.11,

$$\chi_1^2 = \frac{(n_1 - 1)s_1^2}{\sigma^2} \text{ 和 } \chi_2^2 = \frac{(n_2 - 1)s_2^2}{\sigma^2}$$

分别是自由度为 $n_1 - 1$ 和 $n_2 - 1$ 的独立卡方随机变量. 证明:

$$\chi^2 = \frac{(n_1 - 1)s_1^2 + (n_2 - 1)s_2^2}{\sigma^2}$$

是一个自由度为 $(n_1 + n_2 - 2)$ 的卡方随机变量.

7.22 参考练习 7.20 和 7.21. 公共方差 σ^2 的合并估计如下:

$$s_p^2 = \frac{(n_1 - 1)s_1^2 + (n_2 - 1)s_2^2}{n_1 + n_2 - 2}$$

证明:

$$T = \frac{(\bar{y}_1 - \bar{y}_2) - (\mu_1 - \mu_2)}{s_p \sqrt{\frac{1}{n_1} + \frac{1}{n_2}}}$$

是一个自由度为 $(n_1 + n_2 - 2)$ 的学生氏 T 分布. (提示:利用 $T = Z/\sqrt{\chi^2/\nu}$ 是一个自由度为 ν 的学生氏 T 分布,再利用练习 7.20c 和 7.21 的结果.)

7.23 利用练习 7.22 给出的枢轴统计量 T 推导小样本下 $(\mu_1 - \mu_2)$ 的 $(1-\alpha)100\%$ 置信区间.

7.4 总体均值的估计

在7.2节的讨论中，我们已经知道总体均值μ的有用点估计是样本均值$\bar{y}$. 根据中心极限定理（定理6.9），我们知道对充分大的n，样本均值$\bar{y}$的抽样分布近似为$E(\bar{y}) = \mu$，$V(\bar{y}) = \sigma^2/n$的正态分布. $E(\bar{y}) = \mu$说明$\bar{y}$是μ的一个无偏估计. 进一步可以证明（证明略）$\bar{y}$在μ的所有无偏估计中具有最小方差，即$\bar{y}$是μ的MVUE, 因此$\bar{y}$是μ的最佳估计量.

因为当n较大时$\bar{y}$近似正态分布，所以我们可以利用定理7.2来构造μ的大样本$(1-\alpha)100\%$置信区间. 将$\hat{\theta} = \bar{y}$和$\sigma_{\hat{\theta}} = \sigma/\sqrt{n}$代入定理7.2给出的置信区间公式中，就得到下面方框中的公式.

总体均值μ的大样本$(1-\alpha)100\%$置信区间

$$\bar{y} \pm z_{\alpha/2} \sigma_{\bar{y}} = \bar{y} \pm z_{\alpha/2}\left(\frac{\sigma}{\sqrt{n}}\right) \approx \bar{y} \pm z_{\alpha/2}\left(\frac{s}{\sqrt{n}}\right)$$

其中$z_{\alpha/2}$是它的右边面积为$\alpha/2$的z值，σ是抽样总体的标准差，n是样本大小，$\bar{y}$是样本均值.

（注：当σ值未知时（通常是这样），样本标准差s可以用来近似代替置信区间公式中的σ. 当$n \geq 30$时，这种近似一般相当满意了.）

假定：没有（因为中心极限定理保证了无论抽样总体服从什么分布，$\bar{y}$均近似正态.）

注：$\bar{y}$的抽样分布近似正态时，所要求的样本容量n的大小非常依赖于原总体的形状（见例6.18和例6.19）. 作为一般的经验法则，对于应用中心极限定理，$n \geq 30$可以认为是足够大了.

例7.7 μ的大样本估计：平均故障时间 假设需要估计一台PC的硬盘存储系统的性能. 一个指标是检测硬盘驱动器故障之间的平均时间间隔. 为了估计这个值，对45个硬盘驱动器故障的随机样本记录了故障时间间隔，经计算得到如下样本统计量：

$$\bar{y} = 1\,762 \text{h} \qquad s = 215 \text{h}$$

a. 用90%置信区间估计平均故障时间间隔的真值.

b. 如果硬盘驱动存储系统运转正常，平均故障时间间隔的真值将超过1 700h. 依据a的区间估计，你对这个硬盘存储系统能推断出什么？

解 a. 对置信系数$1 - \alpha = 0.90$，我们有$\alpha = 0.10$和$\alpha/2 = 0.05$. 因此，μ的90%置信区间是

$$\bar{y} \pm z_{\alpha/2}\left(\frac{\sigma}{\sqrt{n}}\right) = \bar{y} \pm z_{0.05}\left(\frac{\sigma}{\sqrt{n}}\right) \approx \bar{y} \pm z_{0.05}\left(\frac{s}{\sqrt{n}}\right) = 1\,762 \pm z_{0.05}\left(\frac{215}{\sqrt{45}}\right)$$

其中$z_{0.05}$对应上尾面积为0.05的z值. 由表B.5查得$z_{0.05} = 1.645$. 因此所求的区间是

$$1\,762 \pm z_{0.05}\left(\frac{215}{\sqrt{45}}\right) = 1\,762 \pm 1.645\left(\frac{215}{\sqrt{45}}\right) = 1\,762 \pm 52.7$$

或者1 709.3～1 814.7h. 我们有90%的信心相信区间(1 709.3, 1 814.7)包含了硬盘故障时间间隔的真值μ.

b. 因为90%置信区间内的所有值都超过了1 700h, 所以我们推断（以90%的信心）硬盘存储系统工作正常.

有时由于有限的时间和费用，用于估计μ的样本观测值个数可能受到限制. 在小样本情况下（$n < 30$），会存在以下两个问题：

1. 由于中心极限定理只适合大样本情况，我们不能再假定$\bar{y}$的抽样分布近似正态. 因此不能应

用置信区间估计 243

用定理7.2. 对于小样本,$\bar{y}$ 的抽样分布依赖于被抽样总体相对频率分布的具体形式.

2. 如果样本容量太小,样本标准差 s 有可能不再是总体标准差满意的近似.

幸运的是,如果可以假定选取样本的总体有近似正态分布,我们可以执行基于小样本的估计方法. 如果这个假定有效,可以用例7.6 的方法构造 μ 的置信区间. 下面的方框中给出了基于学生氏 T 分布构造的 μ 的小样本置信区间的一般形式.

总体均值 μ 的小样本 $(1-\alpha)100\%$ 置信区间

$$\bar{y} \pm t_{\alpha/2}\left(\frac{s}{\sqrt{n}}\right)$$

其中 $t_{\alpha/2}$ 由自由度为 $n-1$ 的学生氏 T 分布得到.
假定:抽样总体近似服从正态分布.

例 7.8 μ **的小样本估计:平均水垢含量**   美国能源部为了研究用热的、高含盐量的海水产生电流的可能性,将地热回路实验装置安装在加利福尼亚州南部的索尔顿海. 实验表明这些盐水使得二氧化硅水垢附着在金属输送管道,引起输送量过度减少. *Journal of Testing and Evaluation* 研究发现向盐水中加入化学溶液可以稍微减少水垢. 在一个实验板上,有5种阻垢剂,将每一种都放到盐水中并过滤溶液. 放置24h 后,测定每一个过滤样本的二氧化硅水垢附着量(百万分之一),结果见表7.2. 估计出现在5种除垢剂溶液中二氧化硅的平均值,使用99% 置信区间.

解   构造置信区间的第一步是计算5个二氧化硅量的样本均值 $\bar{y}$ 和标准差 s. 结果是 $\bar{y} = 239.2$ 和 $s = 29.3$,见图7.9 MINITAB 输出的阴影部分.

对置信系数 $1 - \alpha = 0.99$,有 $\alpha = 0.01$,$\alpha/2 = 0.005$. 由于样本容量很小($n = 5$),这就要求出现在阻垢剂溶液中的二氧化硅量近似服从正态分布(即5个二氧化硅量的样本来自正态总体).

表 7.2   例 7.8 中二氧化硅水垢测量值

229	255	280	203	229

```
One-Sample T: PPM

Variable  N   Mean    StDev   SE Mean      99% CI
PPM       5   239.200 29.295  13.101   (178.881, 299.519)
```

图 7.9   二氧化硅数据的 MINITAB 描述性统计量和置信区间

将 $\bar{y}$,s 和 n 的值代入 μ 的小样本区间估计公式,得到

$$\bar{y} \pm t_{\alpha/2}\left(\frac{s}{\sqrt{n}}\right) = \bar{y} \pm t_{0.005}\left(\frac{s}{\sqrt{n}}\right) = 239.2 \pm t_{0.005}\left(\frac{29.3}{\sqrt{5}}\right)$$

其中 $t_{0.005}$ 是相应于自由度为 $(n-1) = 4$ 的学生氏 T 分布的上尾面积 0.005 的值. 由表 B.7 查得 $t_{0.005} = 4.604$. 将这个值代入上式得

$$239.2 \pm t_{0.005}\left(\frac{29.3}{\sqrt{5}}\right) = 239.2 \pm (4.604)\left(\frac{29.3}{\sqrt{5}}\right) = 239.2 \pm 60.3$$

或者 178.9 ~ 299.5ppm. (注:这个区间是图 7.9 MINITAB 输出的阴影部分.) 因此,如果二氧化硅量近似服从正态分布,我们可以有99%的信心相信区间 (178.9, 299.5) 包含了出现在阻垢剂溶液中的

二氧化硅量的均值 μ.

在本节的最后还需要强调两点. 第一点是抽样总体是正态分布的假定. 实际中, 我们很少知道抽样总体是精确的正态分布. 但是经验告诉我们, 与这个假定适当的偏离, 并不会严重影响小样本下置信区间的置信系数. 例如, 如果例 7.8 溶液中的二氧化硅量的分布是丘形但不是正态的, 那么 99% 的置信区间的实际置信系数可能接近 0.99, 至少对实际应用已经是足够的近似. 总之, 当估计非正态分布总体的均值时, 只要分布是丘形的, 并且仅适度偏斜, 实验人员就经常使用小样本置信区间. 当总体分布严重偏离正态性时, 我们推荐使用其他估计方法 (如稳健估计) 或者分布自由法 (称作**非参数**). 非参数统计是第 15 章的内容.

第二点要强调 σ 是已知还是未知. 在前面 (第 6 章) 已经介绍过当 σ 已知且抽样总体服从正态分布时, 不管样本容量大小, $\bar{y}$ 的抽样分布都是正态的. 也就是说, 如果已知 σ 的值, 并且知道样本来自正态分布, 就可以用 z 分布而不是 t 分布来构造置信区间. 但实际上很少 (如果有过) 知道 σ 的值, 因此总是用 s 代替置信区间公式中的 σ, 而 $\bar{y}$ 的抽样分布就是学生氏 T 分布. 这就是为什么这一节前面给出的大样本置信区间公式仅仅是一个近似结果, 在大样本条件下, $t \approx z$. 很多统计软件包给出了 σ 未知时精确的置信区间结果. 这些结果都是依据 T 分布给出的. 在实际应用中, 需要根据样本的大小来决定是使用 Z 还是使用 T 置信区间.

应用练习

7.24 产生抗原蛋白质的 DNA 特性. 鸡蛔虫是一种寄生蛔虫, 它会损害禽类尤其是鸡和火鸡的肠道. 科学家目前正在研究用于寄生虫的合成疫苗 (抗原). 疫苗研制成功的关键在于由抗原产生的多肽 (蛋白质) 中 DNA 的特性. *Gene Therapy and Molecular Biology* (2009 年 6 月) 杂志中, 科学家在产生抗原蛋白质的等位基因中测试了多肽水平. 对于有 4 个等位基因的样本, 平均肽的分数为 1.43, 标准差为 0.13.

a. 利用以上信息, 构造产生抗原蛋白中等位基因的平均肽的分数真值的 90% 置信区间.

b. 向科学家解释这个区间.

c. "90% 置信" 是什么含义?

7.25 激光扫描估计鱼量. 工程师要设计用于商业养鱼的水池, 需尽量减少自然资源 (水) 的使用量和所需的养殖量来确保养鱼收益. 设计良好鱼池的一个关键是要对池中的养鱼量 (生物量) 进行可靠估计, *Journal of Aquacultural Engineering* (2012 年 11 月) 研究了用激光扫描技术来估计鱼类生物量的可行性. 为了进行试验, 在鱼池中饲养 50 条多宝鱼. 在池中四个随机选择的位置进行激光扫描, 并测量每个位置的鱼层量 (千克). 四次激光扫描测得的均值为 240kg, 标准差为 15kg. 根据这些信息, 以 99% 置信度估计平均鱼层量的真值, 给出结果的实际解释. 为了从分析中得到有效推断, 需要对数据做出什么假定?

7.26 管道表面粗糙度. 参考练习 2.20, *Anti-corrosion Methods and Materials* (Vol. 50, 2003) 关于石油管道内表面镀层的粗糙度研究. 20 节管道样本数据 (μm) 复制在下表中, 用 MINITAB 做数据分析.

a. 在 MINITAB 输出中, 找出管道内表面镀层粗糙度平均值的 95% 置信区间.

b. 你期望管道内表面镀层粗糙度的平均会高达 2.5μm 吗? 为什么?

ROUGHPIPE

1.72	2.50	2.16	2.13	1.06	2.24	2.31	2.03	1.09	1.40
2.57	2.64	1.26	2.05	1.19	2.13	1.27	1.51	2.41	1.95

资料来源: Farshad, F., and Pesacreta, T. "Coated pipe interior surface roughness as measured by three scanning probe instruments." *Anti-corrosion Methods and Materials*, Vol. 50, No. 1, 2003 (表Ⅲ).

```
One-Sample T: ROUGH

Variable   N    Mean    StDev   SE Mean      95% CI
ROUGH      20   1.88100 0.52391 0.11715   (1.63580, 2.12620)
```

练习 7.26 的 MINITAB 输出

7.27 游泳池水分蒸发量. *Heating/Piping/Air Conditioning Engineering*(2013年4月)提出并分析了一个用于估计使用中的游泳池的水分蒸发量的新公式. 新公式的关键部分是泳池的使用量、泳池的水面面积以及室内温度与池水表面空气之间的密度差. 从蒸发量已知的各种不同的游泳池中收集数据. 将新的公式应用到样本中的每个泳池, 得到蒸发量的估计值. 然后, 蒸发量的实际值和估计值之间偏差的绝对值用百分比记录. 研究人员将绝对偏差百分比的概括统计量记录如下: $\bar{y}=18$, $s=20$. 假定样本包含 $n=500$ 个游泳池.

a. 估计新公式的平均绝对偏差百分比真值的90%置信区间.

b. 美国采暖、制冷和空调工程师学会(ASHRAE)手册也给出了一个估计泳池蒸发量的公式. 假设ASHRAE平均绝对偏差百分比为 $\mu=34\%$ (文章中报道了这个值), 平均来看, 新公式是否比ASHRAE公式"更好"? 请解释.

7.28 埃及古墓中的氡暴露. 许多古老的埃及古墓是通过切割含有铀的石灰石建成的. 由于大多数墓穴不通风, 警卫、导游和游客可能会暴露于致命的氡气中. *Radiation Protection Dosimetry*(2010年12月) 在埃及卢克索帝王谷(最近对公众开放)进行了一项关于氡暴露的研究, 测定12个墓室中的内室中的氡含量——用贝克斯每立方米表示(Bq/m^3). 得到以下概括统计量: $\bar{y}=3\,643 Bq/m^3$, $s=4\,487 Bq/m^3$. 利用以上信息估计帝王谷里氡暴露的真实平均水平的95%置信区间. 解释这个区间.

7.29 新泽西井水的污染. 甲基叔丁基醚(MTBE)是一个由于石油泄漏而导致的有机物水污染指标. 测量了新泽西加油站附近的12口井水的MTBE水平(百万分之一). (*Environmental Science & Technology*, 2005年1月.)数据列在下表中.

NJGAS

150	367	38	12	11	134
12	251	63	8	13	107

资料来源: Kuder, T., et al. "Enrichment of stable carbon and hydrogen isotopes during anaerobic biodegradation of MTBE: Microcosm and field evidence." *Environmental Science & Technology*, Vol. 39, No.1, Jan. 2005(表1).

a. 求新泽西加油站附近所有井的MTBE真实平均水平 μ 的点估计.

b. 计算并解释 μ 的99%置信区间.

c. 为使b中的置信区间有效, 需要什么假定? 这些假定满足吗?

7.30 工科学生的智力开发. 参考练习1.27, *Journal of Engineering Education*(2005年1月)关于大学工科学生智力开发的研究. 测量了大学一年级项目设计课的21名学生智力开发的(Perry)得分. (得分为1表示智力发展的最低水平, 得分为5表示智力发展的最高水平.) 这21名学生的平均得分为3.27, 标准差为0.40. 利用本节的置信区间方法估计所有一年级工科学生智力发展水平的平均得分真值的99%置信区间. 对结果加以解释.

7.31 放射性地衣. 参考练习2.15 放射性地衣基础研究项目. 阿拉斯加大学的研究者搜集了阿拉斯加州不同地方的放射性元素铯-137的9个地衣样品. 测定数据(微居里/毫升)见下表.

LICHEN

0.0040868	0.0157644	0.0023579	0.0067379
0.0165727	0.0067379	0.0078284	0.0111090	0.0100518

资料来源: Lichen Radionuclide Baseline Research project, 2003.

a. 描述研究者所关心的总体.

b. 用95%置信区间估计总体均值.

c. 对总体均值的大小做出推断.

d. 为使推断成立, 总体数据必须怎样分布?

7.32 原油的生物降解. 参考练习2.18, *Journal of Petroleum Geology*(2010年4月)关于影响原油储层生物降解的环境因素研究. 生物降解的一个指标是水中二氧化碳的含量. 从矿井蓄水池中的各个位置随机选取16个水样, 并确定每个样本中二氧化碳量(毫克/升)以及油的存在. 这些数据列在下表中.

a. 估计含有原油的水样本中二氧化碳的真实平均含量的95%置信区间. 给出该区间的实际解释.

b. 对不含原油的水样重复进行a.

c. 基于a、b的结果, 对矿井生物降解进行推断.

BIODEG

二氧化碳含量	是否存在原油
3.3	否
0.5	是
1.3	是
0.4	是
0.1	否
4.0	否

（续）

二氧化碳含量	存在原油
0.3	否
0.2	是
2.4	否
2.4	否
1.4	否
0.5	是
0.2	是
4.0	否
4.0	否
4.0	否

资料来源：Permanyer, A., et al. "Crude oil biodegradation and environmental factors at the Riutort oil shale mine, SE Pyrenees", *Journal of Petroleum Geology*, Vol. 33, No. 2, 2010 年 4 月（表 1）.

7.33 社会机器人是腿式移动还是轮式移动？参考练习 2.37, *International Conference on Social Robotics*（Vol. 6414, 2010）关于目前社会机器人设计趋势的研究. 回顾通过网络搜索获得的社会机器人的随机样本，其中 28 个机器人有轮子. 28 个机器人的轮子数在下表中给出.

a. 用 99% 的置信度估计 μ，即所有有轮子的社会机器人中轮子的平均数量.

b. 解释 a 中区间的实际含义.

c. 参考 a，在重复抽样中，所有类似构造的置信区间将以什么比例包含真实均值 μ？

ROBOTS

| 4 | 4 | 3 | 4 | 3 | 6 | 4 | 2 | 2 | 1 | 3 | 3 |
| 3 | 4 | 4 | 3 | 2 | 8 | 2 | 2 | 3 | 4 | 3 | 4 | 2 |

资料来源：Chew, S., et al. "Do social robots walk or roll?", *International Conference on Social Robotics*, Vol. 6414, 2010（改编自图 2）.

7.34 检测腿部运动的阻抗. 参考练习 2.46，*IEICT Transactions on Information & Systems*（2005 年 1 月）关于检测腿部运动阻抗的试验. 工程师把电极系在志愿者的脚踝和膝盖上，然后测量其阻抗变化的信噪比（SNR）. 用某个脚踝-膝盖电极测量了 10 名志愿者样本的 SNR 值，均值为 19.5，标准差为 4.7.

a. 构造阻抗变化 SNR 均值真值的 95% 置信区间.

b. 在练习 2.46 中，求出了一个包含总体中大约 95% SNR 值的区间. 将这个区间与 a 中的置信区间比较. 解释为什么这两个区间不同.

7.35 烤箱烹调研究. 哈佛大学公众健康学院的一个研究小组研究了烹调对室内微粒大小的影响.（*Environmental Science & Technology*, 2000 年 9 月 1 日.）在随机选出的 6 天中记录由烤箱烹调或烘烤产生的细微颗粒的衰退速度（$\mu m/h$）如下：

DECAY

| 0.95 | 0.83 | 1.20 | 0.89 | 1.45 | 1.12 |

资料来源：Abt, E., et al., "Relative contribution of outdoor and indoor particle sources to indoor concentrations." *Environmental Science & Technology*, Vol. 34, No. 17, Sept. 1, 2000（表 3）.

a. 构造并说明烤箱在烹调或烘烤食品时产生的细微颗粒的衰退速度真值的 95% 置信区间.

b. 解释 a 中术语 "95% 置信" 的含义.

c. 为使推断有效，关于衰退速度的总体分布中哪些必须是真实的？

PONDICE

7.36 冰融化池的反照率. 参考美国国家冰雪数据中心（NSIDC）测得的加拿大北极冰融化池的反照率、深度和物理特性数据，第一次出现在例 2.1 中. 反照率是冰吸收光与冰反射光的比率.（高反照率使冰呈现白色.）记录了从加拿大北极圈巴罗海峡 504 座冰融化池样本得到的反照率，这些数据保存在 PONDICE 文件中.

a. 求所有加拿大北极冰池得到的反照率均值真值的 90% 置信区间.

b. 从实际和理论的角度分别解释所求的置信区间.

c. 按照例 2.1，将每个冰池分为一年冰、多年冰或者定着冰. 对这 3 类中的每一类，求平均反照率的 90% 置信区间.

7.37 熔盐中的氧气泡. 熔盐用于电解精炼以处理核燃料废物. 事实上，盐需要纯化（以重新使用）或处理. 一种有前景的纯化方法涉及氧化，*Chemical Engineering Research and Design*（2013 年 3 月）研究了这种方法. 净化过程的一个重要方面是熔盐中氧气泡的上升速度，在实验中将氧气（以指定喷射速度）注入熔盐中并拍摄气泡的图像. 25 个图像气泡速度（米/秒）的随机样本数据在下表中给出.（注：这些数据是根据文章中给出的信息进行模拟得到的.）

a. 使用统计软件求总体的平均气泡上升速度的 95% 置信区间. 解释这个结果.

b. 研究人员发现，当氧气的喷射速度为 3.33×10^{-6} 时，平均气泡上升速度为 $\mu = 0.338$。你觉得表中的数据是按照这个喷射速度生成的吗？请解释。

🫧 **BUBBLE**

0.275 0.261 0.209 0.266 0.265 0.312 0.285 0.317 0.229
0.251 0.256 0.339 0.213 0.178 0.217 0.307 0.264 0.319
0.298 0.169 0.342 0.270 0.262 0.228 0.220

7.5 两个总体均值差的估计：独立样本

在 7.4 节，我们学习了如何估计单个总体参数 μ。现在我们要利用两个独立收集的样本信息估计两个总体均值之差 $(\mu_1 - \mu_2)$。例如，比较机械工程和土木工程大学毕业生的平均起始工资，或者比较安装转式发动机和安装标准发动机的汽车的平均运行费用，或者比较两种电子元件的平均故障时间。下面介绍的方法是单个总体均值估计方法的直接推广。

假设从均值分别为 μ_1 和 μ_2 的两个总体中抽取了容量分别为 n_1 和 n_2 的独立随机样本。直观地，我们想用样本均值差 $(\bar{y}_1 - \bar{y}_2)$ 去估计 $(\mu_1 - \mu_2)$。在例 6.20 中，我们已经证明：

$$E(\bar{y}_1 - \bar{y}_2) = \mu_1 - \mu_2$$

$$V(\bar{y}_1 - \bar{y}_2) = \frac{\sigma_1^2}{n_1} + \frac{\sigma_2^2}{n_2}$$

可见，$(\bar{y}_1 - \bar{y}_2)$ 是 $(\mu_1 - \mu_2)$ 的一个无偏估计。进一步，可以证明（证明略）$V(\bar{y}_1 - \bar{y}_2)$ 是所有无偏估计中最小的，即 $(\bar{y}_1 - \bar{y}_2)$ 是 $(\mu_1 - \mu_2)$ 的 MVUE。

由中心极限定理，对于足够大的 n_1 和 n_2，无论抽样总体的分布是什么，$(\bar{y}_1 - \bar{y}_2)$ 近似服从正态分布。因此可以应用定理 7.2 构造 $(\mu_1 - \mu_2)$ 的大样本置信区间。下面的方框中给出了构造 $(\mu_1 - \mu_2)$ 的大样本置信区间的方法。

$(\mu_1 - \mu_2)$ 的大样本 $(1-\alpha)100\%$ 置信区间：独立样本

$$(\bar{y}_1 - \bar{y}_2) \pm z_{\alpha/2} \sigma_{(\bar{y}_1 - \bar{y}_2)} = (\bar{y}_1 - \bar{y}_2) \pm z_{\alpha/2} \sqrt{\frac{\sigma_1^2}{n_1} + \frac{\sigma_2^2}{n_2}} \approx (\bar{y}_1 - \bar{y}_2) \pm z_{\alpha/2} \sqrt{\frac{s_1^2}{n_1} + \frac{s_2^2}{n_2}}$$

（注：用样本方差 s_1^2 和 s_2^2 作为相应总体参数的近似。）

假定：1. 两个随机样本是从目标总体中独立抽取的，即一个样本中元素的抽取不影响另一个样本中元素的抽取，也不被另一个样本中元素的抽取所影响。

2. 为了应用中心极限定理，样本容量 n_1 和 n_2 需足够大（建议 $n_1 \geq 30$ 和 $n_2 \geq 30$）。

例 7.9 **$(\mu_1 - \mu_2)$ 的大样本置信区间：比较工程师的平均工资** 估计密歇根大学（UM）机械工程和电子工程最近毕业生的平均起始工资之差。可以利用下面的信息⊖：

1. 48 个 UM 机械工程毕业生的随机样本，产生的样本均值是 64 650 美元，标准差是 7 000 美元。
2. 32 个 UM 电子工程毕业生的随机样本，产生的样本均值是 58 420 美元，标准差是 6 830 美元。

解 令下标 1 表示机械工程毕业生，下标 2 表示电子工程毕业生。再定义如下符号：

μ_1 = 所有最近 UM 机械工程毕业生总体的平均起始工资
μ_2 = 所有最近 UM 电子工程毕业生总体的平均起始工资

类似地，设 $\bar{y}_1$ 和 $\bar{y}_2$ 分别表示样本均值；s_1 和 s_2 分别表示样本标准差；n_1 和 n_2 分别表示样本容量。这

⊖ 这个例子的信息来自密歇根大学的工程职业资源中心的 2011~2012 年毕业生调查报告。

些已知信息汇总在表 7.3 中。

基于目标总体独立的大样本，$(\mu_1 - \mu_2)$ 的 95% 置信区间的一般形式如下：

$$(\bar{y}_1 - \bar{y}_2) \pm z_{0.025} \sqrt{\frac{\sigma_1^2}{n_1} + \frac{\sigma_2^2}{n_2}}$$

由于 $z_{0.025} = 1.96$ 并利用表 7.3 的信息，进行以下代入，得到所求的置信区间：

$$(64\ 650 - 58\ 420) \pm 1.96 \sqrt{\sigma_1^2/48 + \sigma_2^2/32}$$
$$\approx (64\ 650 - 58\ 420) \pm 1.96 \sqrt{(7\ 000)^2/48 + (6\ 830)^2/32}$$
$$\approx 6\ 230 \pm 3\ 085$$

或者 (3 145, 9 315)。

表 7.3	例 7.9 的信息汇总	
	机械工程	电子工程
样本容量	$n_1 = 48$	$n_2 = 32$
样本均值	$\bar{y}_1 = 64\ 650$	$\bar{y}_2 = 58\ 420$
样本标准差	$s_1 = 7\ 000$	$s_2 = 6\ 830$

资料来源：密歇根大学工程职业资源中心。

如果用这种方法重复生成总体均值差 $(\mu_1 - \mu_2)$ 的置信区间，我们期望有 95% 的区间包含 $(\mu_1 - \mu_2)$。因为区间仅包含了负的差，我们有理由相信 UM 的机械工程毕业生的平均起始工资比电子工程毕业生的平均起始工资高 3 145 ~ 9 315 美元之间。■

$(\theta_1 - \theta_2)$ 置信区间的实际解释

设 (LCL, UCL) 表示 $(\theta_1 - \theta_2)$ 的 $(1-\alpha)100\%$ 置信区间。
- 如果 LCL > 0，且 UCL > 0，那么 $\theta_1 > \theta_2$。
- 如果 LCL < 0，且 UCL < 0，那么 $\theta_1 < \theta_2$。
- 如果 LCL < 0，且 UCL > 0（即区间包含 0），那么没有证据说明 θ_1 和 θ_2 的不同。

基于两个总体的小样本，利用学生氏 T 分布导出了 $(\mu_1 - \mu_2)$ 的置信区间。与由小样本信息估计单个总体均值的情况一样，我们必须对两个总体的相对频率分布做出明确的假定，见下面的方框。如果两个样本中有一个容量较小时（即 $n_1 < 30$ 或 $n_2 < 30$），这些假定是必要的。

$(\mu_1 - \mu_2)$ 的小样本 $(1-\alpha)100\%$ 置信区间：独立样本且 $\sigma_1^2 = \sigma_2^2$

$$(\bar{y}_1 - \bar{y}_2) \pm t_{\alpha/2} \sqrt{s_p^2 \left(\frac{1}{n_1} + \frac{1}{n_2}\right)}$$

其中，

$$s_p^2 = \frac{(n_1-1)s_1^2 + (n_2-1)s_2^2}{n_1 + n_2 - 2}$$

并且 $t_{\alpha/2}$ 是基于自由度 $n_1 + n_2 - 2$ 的值。

假定：1. 两个抽样总体的相对频率分布近似正态。
2. 两个总体的方差 σ_1^2 和 σ_2^2 相等。
3. 随机样本是从两个目标总体中独立抽取的。

注意，这种方法要求样本来自方差相等的两个正态总体（即 $\sigma_1^2 = \sigma_2^2 = \sigma^2$）。因为假定方差相等，所以可以利用两个样本包含的信息来构造 σ^2 的估计量。这个**合并估计**记作 s_p^2，计算方法见上面的方框。你可能注意到，s_p^2 是两个样本方差 s_1^2 和 s_2^2 的加权平均，权重与各自样本的容量成比例。

例 7.10 $\mu_1 - \mu_2$ 的小样本置信区间：混凝土的渗透性 *Journal of Testing and Evaluation* 报道了未定级沥青混凝土的稳定性和渗透性实验测试结果. 作为实验的一部分, 分别对沥青含量为 3% 和 7% 的两类混凝土的 4 个样品进行比较. 通过使脱气的水流经样品, 测量水的损失量, 确定每个混凝土样品的水渗透性. 8 个混凝土样品的渗透性测量值(in/h) 列在表 7.4 中. 求沥青含量为 3% 和 7% 的两类混凝土 平均渗透性之差的 95% 置信区间, 并解释这个结果.

解 首先, 我们用计算机计算两个样本的均值和方差. 两个样本的 SAS 输出描述性统计量结果见图 7.10. 对沥青含量为 3% 的样本, $\bar{y}_1 = 1\,007.25$ 且 $s_1 = 143.66$; 对沥青含量为 7% 的样本, $\bar{y}_2 = 817.75$ 且 $s_2 = 73.63$.

表 7.4 例 7.10 中 3% 和 7% 沥青混凝土渗透性测量数据

沥青含量				
3%	1 189	840	1 020	980
7%	853	900	733	785

资料来源：Woelfl, G., Wei, I., Faulstich, C., and Litwack, H. "Laboratory testing of asphalt concrete for porous pavements." *Journal of Testing and Evaluation*, Vol. 9, No. 4, July 1981, pp. 175 – 181. Copyright American Society for Testing and Materials.

由于两个样本都很小 ($n_1 = n_2 = 4$), 这种方法要求渗透性测量值的两个样本是独立的且随机地取自等方差的正态分布总体的假定.

小样本的 95% 置信区间是

$$(\bar{y}_1 - \bar{y}_2) \pm t_{0.025} \sqrt{s_p^2 \left(\frac{1}{n_1} + \frac{1}{n_2} \right)} = (1\,007.25 - 817.75) \pm t_{0.025} \sqrt{s_p^2 \left(\frac{1}{4} + \frac{1}{4} \right)}$$

其中 $z_{0.025} = 2.447$ 是从基于自由度为 $n_1 + n_2 - 2 = 4 + 4 - 2 = 6$ 的 T 分布表(表 B.7)查得, 并且

$$s_p^2 = \frac{(n_1 - 1)s_1^2 + (n_2 - 1)s_s^2}{n_1 + n_2 - 2} = \frac{3(143.66)^2 + 3(73.63)^2}{6} = 13\,028.92$$

是合并样本方差. 将结果代入得所求区间为

$$(1\,007.25 - 817.75) \pm 2.477 \sqrt{13\,028.92 \left(\frac{1}{4} + \frac{1}{4} \right)} = 189.5 \pm 197.50$$

或 $-8.00 \sim 387.00$ (注: 这个区间也见图 7.10). 区间解释如下: 我们有 95% 的信心相信区间

```
Sample Statistics
Group        N       Mean      Std. Dev.    Std. Error
3%           4      1007.25     143.66        71.828
7%           4       817.75      73.627       36.813

Hypothesis Test

Null hypothesis:     Mean 1 - Mean 2  =  0
Alternative:         Mean 1 - Mean 2 ^= 0

If Variances Are    t statistic      Df         Pr > t
Equal                  2.348          6         0.0572
Not Equal              2.348          4.47      0.0718

95% Confidence Interval for the Difference between Two Means
         Lower Limit      Upper Limit
           -8.00            387.00
```

图 7.10 混凝土数据的 SAS 描述性统计量和置信区间

(-8.00, 387.00)包含了两类沥青混凝土的平均渗透性之差的真值. 由于区间包含了 0, 因此不能得出两个平均值有区别的结论.

与单个样本情况一样, 对于区间估计, $\mu_1 - \mu_2$ 的小样本估计所要求的假定不必严格满足在实际中是很有用的. 略微偏离这些假定不会严重影响方法的置信水平. 例如, 当抽样总体的方差 σ_1^2 和 σ_2^2 不相等时, 研究发现只要两个总体是正态的并且样本容量相同, 即 $n_1 = n_2$, 则 $(\mu_1 - \mu_2)$ 的小样本置信区间的计算公式仍能给出有效结果.

这个情况就发生在例 7.10 中. 图 7.10 给出的样本标准差分别是 $s_1 = 143.66$ 和 $s_2 = 73.63$. 因此总体方差 σ_1^2 和 σ_2^2 很可能不相等⊖. 但是因为 $n_1 = n_2 = 4$, 如果用 s_1^2 和 s_2^2 (而不是用合并的样本方差 s_p^2)作为总体方差的估计, 所得的置信区间的结论仍然有效.

当 $\sigma_1^2 \neq \sigma_2^2$ 并且 $n_1 \neq n_2$ 时, 可以用有修正自由度的 T 分布构造 $(\mu_1 - \mu_2)$ 的近似置信区间, 仍然用 s_1^2 代替 σ_1^2 并且用 s_2^2 代替 σ_2^2 即可. 这些修正见下面的方框.

$\sigma_1^2 \neq \sigma_2^2$ 时 $(\mu_1 - \mu_2)$ 的小样本近似推断

为了得到 $\sigma_1^2 \neq \sigma_2^2$ 时 $(\mu_1 - \mu_2)$ 的近似置信区间和检验, 对 T 分布及估计的标准误中所用的自由度 ν 进行如下修正:

$$n_1 = n_2 = n: \nu = n_1 + n_2 - 2 = 2(n-1) \qquad \hat{\sigma}_{\bar{y}_1 - \bar{y}_2} = \sqrt{\frac{1}{n}(s_1^2 + s_2^2)}$$

$$n_1 \neq n_2: \nu = \frac{(s_1^2/n_1 + s_2^2/n_2)^2}{\frac{(s_1^2/n_1)^2}{n_1 - 1} + \frac{(s_2^2/n_2)^2}{n_2 - 1}} \qquad \hat{\sigma}_{\bar{y}_1 - \bar{y}_2} = \sqrt{\frac{s_1^2}{n_1} + \frac{s_2^2}{n_2}}$$

(注: 当 $n_1 \neq n_2$ 时, ν 的值一般不是整数. 查 T 表时往下舍去使 ν 为最接近的整数.) ⊖

假定: 1. 两个抽样总体的相对频率分布近似正态.
2. 两个随机样本是从目标总体中独立抽取的.

应用练习

7.38 林业收割者的肌肉活动. *International Journal of Foresting Engineering* (Vol. 19, 2008)调查了林业收割机操作者颈部和上肢的肌肉活动模式. 比较两种类型的收割机——Timberjack 和 Valmet, 它们在控制杆的设计上有很大不同. 含有 7 个 Timberjack 和 6 个 Valmet 收割机操作者的独立随机样本参与研究, 测定每个操作者的右侧斜方肌(颈部肌肉)中的肌肉静息(秒/分钟)时间. 7 个 Timberjack 的平均肌肉静息时间为 10.35 秒/分钟, 6 个 Valmet 操作者的平均肌肉静息时间则为 3.30 秒/分钟.

a. 解释为什么不能根据所提供的信息对 Timberjack 和 Valmet 收割机操作者的右侧斜方肌中肌肉静息的真实平均差 $(\mu_T - \mu_V)$ 进行任何可靠的推断.

b. 假设 Timberjack 和 Valmet 操作者样本的标准差分别为 4.0 秒/分钟和 2.5 秒/分钟, 利用这些额外信息来构造 $(\mu_T - \mu_V)$ 的 99% 置信区间. 解释区间的实际含义.

c. 为了使 b 的推断有效, 需要对数据做出什么假设?

7.39 药物含量评估. 参考练习 5.45, *Analytical Chemistry* (2009 年 12 月 15 日)关于科学家使用高性能液体色谱法检测药片中药物含量的研究. 在两个不同的独立地点分别生产 25 个药片, 两个地点生产的药片中药物浓度(百分比)列于下表中. 科学家想知道在地点 1 生产的药片中平均药物浓度与在地点 2 相应平均值之间是否存在差异. 利用下面的 MINITAB 输出, 帮助科学家得出结论.

⊖ 比较两个总体方差的方法见 7.10 节.
⊖ 对 ν 向下取整数将产生更宽、更保守的置信区间.

```
Two-Sample T-Test and CI: Content, Site

Two-sample T for Content

Site   N    Mean   StDev   SE Mean
1     25   89.55   3.07    0.61
2     25   89.03   3.34    0.67


Difference = mu (1) - mu (2)
Estimate for difference: 0.515
95% CI for difference: (-1.308, 2.338)
T-Test of difference = 0 (vs not =): T-Value = 0.57  P-Value = 0.573  DF = 48
Both use Pooled StDev = 3.2057
```

练习7.39 的 MINITAB 输出

 DRUGCON

地点1
91.28 92.83 89.35 91.90 82.85 94.83 89.83 89.00 84.62
86.96 88.32 91.17 83.86 89.74 92.24 92.59 84.21 89.36
90.96 92.85 89.39 89.82 89.91 92.16 88.67

地点2
89.35 86.51 89.04 91.82 93.02 88.32 88.76 89.26 90.36
87.16 91.74 86.12 92.10 83.37 87.61 88.20 92.78 86.35
93.84 91.20 93.44 86.77 93.19 81.79

资料来源: Borman, P. J., Marion, J. C., Damjanov, I., & Jackson, P. "Design and analysis of method equivalence studies", *Analytical Chemistry*, Vol. 81, No. 24, 2009年12月15日(表3).

SANDSTONE

7.40 风化过程中砂岩的渗透性. 参考练习5.51, *Geographical Analysis* (Vol. 42, 2010) 关于在暴露环境中砂岩衰变特性的研究. 将砂岩块切成300个大小相等的切片,随机分成3组,每组100片. A组切片未暴露于任何类型的风化环境中; B组切片在适宜的条件下重复喷洒10%盐溶液(来模拟雨淋湿); 将C组切片浸泡在10%盐溶液中,然后干燥(模拟在潮湿的冬天暴露并在炎热的夏天干燥的块状砂岩). 对所有砂岩切片测试渗透率,用毫达西(mD)表示. 研究(模拟)数据保存在 SANDSTONE 文件中. 令 $\bar{y}_A$, $\bar{y}_B$ 和 $\bar{y}_C$ 分别表示 A, B, C 三组切片的样本平均渗透率测量值.

a. 在练习5.51得到的三个实验组中每组的渗透率测量值都不是近似正态分布的. 这将如何影响 $(\bar{y}_A - \bar{y}_B)$ 和 $(\bar{y}_B - \bar{y}_C)$ 抽样分布的形状?

b. 构造B组和C组砂岩切片平均渗透率真实的均值差 $(\mu_B - \mu_C)$ 的95%置信区间. 从这个区间你能分析出哪组具有更大的平均渗透率吗?

c. 构造A组和B组砂岩切片平均渗透率真实的均值差 $(\mu_A - \mu_B)$ 的95%置信区间. 从这个区间你能分析出哪组具有更大的平均渗透率吗?

7.41 肯尼亚河马的放牧模式. 在肯尼亚,人为因素的土地使用变化和过度资源开采已经威胁到了丛林生态系统,使得动物放牧区减少并且破坏了水源. *Landscape & Ecology Engineering* (2013年1月)中,研究人员比较了肯尼亚两个地区的河马放牧模式——一个国家保护区和一个社区田园牧场. 每个地区被分为小的地块. 对地块进行抽样(国家保护区406个地块,田园牧场230个地块),并确定每个地块水源地的河马小道数量. 样本统计量在下表中给出. 研究人员得出国家保护区的河马小道的平均数量高于田园牧场的结论. 你同意吗? 用95%置信区间来支持你的答案.

	国家保护区	田园牧场
样本大小	406	230
小道的平均数	0.31	0.13
标准差	0.4	0.3

资料来源: Kanga, E. M., et al. "Hippopotamus and livestock grazing: influences on riparian vegetation and facilitation of other herbivores in the Mara Region of Kenya", *Landscape & Ecology Engineering*, Vol. 9, No. 1, January 2013.

7.42 生物完整性指标. 俄亥俄州环境保护署利用生物完整性指标(IBI)测量一个水域的生物生存条件和健康状况. IBI 是水域中鱼的存活、含量和健康指标的综合. (IBI值较高表示鱼群的健康状况较好.)研究者搜集了位于俄亥俄州不同河段站点的 IBI 测量值. (*Journal of Agricultural, Biological, and Environmental Sciences*, 2005年6月.) 穆斯静冈和霍金两个流域的汇总数据列在表中. 利用90%置信区间比较这两个流域的平均 IBI 值.

流域	样本容量	均值	标准差
穆斯静冈	53	0.035	1.046
霍金	51	0.340	0.960

资料来源：Boone, E. L., Keying, Y., and Smith, E. P. "Evaluating the relationship between ecological and habitat conditions using hierarchical models." *Journal of Agricultural, Biological, and Environmental Sciences*, Vol. 10, No. 2, June 2005（表1）.

7.43 高强度铝合金. 机械工程师已经研制了一种用于反潜艇飞机、坦克和远程轰炸机的新的高强度铝合金. （JOM, 2003 年 1 月. ）通过对目前最大强度的铝合金实施反复退化和老化热处理（RAA）得到这种新的高强度铝合金, 进行一系列的强度试验来比较新的 RAA 铝合金和现有的最大强度的铝合金. 对每种铝合金抽取了 3 个样品, 测得它们的强度（MPa）, 结果汇总在下表.

	合金类型	
	RAA	现有
样本数	3	3
平均强度（MPa）	641.0	592.7
标准差	19.3	12.4

a. 用 95% 置信区间估计两种铝合金的平均强度之差.
b. 研究者断言 RAA 铝合金的强度超过目前最大强度的铝合金的强度. 你同意吗？

7.44 专利侵权案件. *Chance*（2002 年秋）描述了一个诉讼案件, 英特尔公司被控告侵犯了用于自动化设备的计算机芯片专利. 为了回应这件事, 英特尔控告发明者在其专利被批准且签字后又在专利说明书上增加了材料. 案件的关键在于专利证人的签名是在说明书主页的上面还是下面. 英特尔聘请了一位物理学家, 他用 X 射线束测量了证页几处某些元素（如镍、锌、钾）的有关浓度. 其中 3 处（正文行、证示行和正文行与证示行相交处）锌的测量值见下表.

🌐 **PATENT**

正文行:	0.335	0.374	0.440		
证示行:	0.210	0.262	0.188	0.329	0.439	0.397
相交处:	0.393	0.353	0.285	0.295	0.319	

a. 用 95% 置信区间比较正文行和相交处之间锌的平均测量值.
b. 用 95% 的置信区间比较证示行和相交处之间锌的平均测量值.
c. 由 a 和 b 的结果, 关于 3 处锌的平均值, 你能得出什么结论？
d. 为使推断有效, 需要什么假定, 它们能合理地满足吗？

7.45 提供生物质的生产者意愿. 生物质到能源的转化对于生产运输燃料是至关重要的. 生产者有多大程度愿意提供生物质产品（如谷物秸秆, 玉米秸秆和剩余的干草）？为了回答这个问题, 研究人员对密苏里州中部和伊利诺伊州南部的生产者进行了调查（*Biomass and Energy*, Vol. 36, 2012）. 431 个密苏里州生产者和 508 个伊利诺伊州生产者的独立样本参与了调查, 要求每个生产者给出他们愿意出售给生物质市场干草的最大比例, 两组生产者的概括统计量在下表中给出. 密苏里州和伊利诺伊州两个地区有剩余干草的生产者愿意向生物质市场销售的平均数量是否不同？用 95% 置信区间进行比较.

	密苏里州生产者	伊利诺伊州生产者
样本大小	431	508
平均干草量（%）	21.5	22.2
标准差（%）	33.4	34.9

资料来源：Altman, I. & Sanders, D. "Producer willingness and ability to supply biomass: Evidence from the U. S. Midwest", *Biomass and Energy*, Vol. 36, No. 8, 2012（表3和表7）.

7.46 生产过程中的电压读数. 参考练习2.72, 哈里斯有限公司/佛罗里达大学研究确定偏远地方进行的制造过程是否可以安置在本地. 在新、旧两个地方安装了试验设备（指示器）, 得到了每个地方 30 个生产运行电压读数. 这些数据记录在表中. 数据的描述性统计量结果见后面的 SAS 输出.（注：电压读数越大越好.）

🌐 **VOLTAGE**

旧地方			新地方		
9.98	10.12	9.84	10.19	10.01	8.82
10.26	10.05	10.15	9.63	8.82	8.65
10.05	9.80	10.02	10.10	9.43	8.51
10.29	10.15	9.80	9.70	10.03	9.14
10.03	10.00	9.73	10.09	9.85	9.75
8.05	9.87	10.01	9.60	9.27	8.78
10.55	9.55	9.98	10.05	8.83	9.35
10.26	9.95	8.72	10.12	9.39	9.54
9.97	9.70	8.80	9.49	9.48	9.36
9.87	8.72	9.84	9.37	9.64	8.68

资料来源：Harris Corporation, Melbourne, Fla.

a. 用 95% 置信区间比较两个地方的平均电压读数.
b. 依据 a 的结论, 能在当地建立制造厂吗？

```
Sample Statistics
    Group       N       Mean       Std. Dev.      Std. Error
    ------------------------------------------------------------
    NEW         30      9.422333   0.4789         0.0874
    OLD         30      9.803667   0.5409         0.0988

Hypothesis Test
    Null hypothesis:     Mean 1 - Mean 2 =  0
    Alternative:         Mean 1 - Mean 2 ^= 0

    If Variances Are     t statistic      Df        Pr > t
    ------------------------------------------------------------
    Equal                -2.891           58        0.0054
    Not Equal            -2.891           57.16     0.0054

90% Confidence Interval for the Difference between Two Means
            Lower Limit         Upper Limit
            -----------         -----------
               -0.60                -0.16
```

练习 7.46 的 SAS 输出

7.47 将粉末变成固体. 烧结——材料科学的最重要的技术之一, 是将粉状物质变成孔状固体. 下面两个度量刻画了最终产品:

V_V = 最终产品中固体物总体积的百分比
$$= \left(\frac{固体体积}{气孔体积 + 固体体积}\right) \cdot 100$$

S_V = 产品的每单位体积的固体—气孔界面面积

当 $V_V = 100\%$ 时, 产品完全是固体的, 即没有气孔. 通过显微镜检测烧结材料的光滑截面估计 V_V 和 S_V 的值. 下表给出了两种不同烧结时间的 100 个烧结镍样品的 $S_V (cm^2/cm^3)$ 和 V_V(百分数)的均值和标准差.

时间(min)	S_V		V_V	
	$\bar{y}$	s	$\bar{y}$	s
10	736.0	181.9	96.73	2.1
150	299.5	161.0	97.82	1.5

注: 数据与试验信息由刘国权(音译)在 1983 年访问佛罗里达大学时提供的.

a. 求 10min 和 150min 烧结时间的 S_V 平均变化的 95% 置信区间. 对这个平均值之差, 你有什么推断?
b. 对 V_V 重复 a.

7.6 两个总体均值差的估计: 配对

7.5 节介绍的估计两个总体均值之差的大样本与小样本方法都假定样本是随机、独立地取自目标总体. 有时选取**成对观测**能够得到关于总体均值差$(\mu_1 - \mu_2)$的更多信息.

例如, 假定比较两种干燥混凝土的方法, 每种方法选取 5 个水泥混合物样品. 一种抽样方法是从所有的有效混合物中随机选取 10 个混合物(记为 A, B, C, D, …, J), 然后随机指派 5 个用方法 1 干燥, 另 5 个用方法 2 干燥 (见表 7.5). 通过一系列的强度试验得到强度测量值, 这样就提供了两种不同干燥方法的混凝土样品强度独立随机样本. 平均强度测量值之差$(\mu_1 - \mu_2)$可用 7.5 节介绍的置信区间的方法估计.

一个更好的抽样方法是根据混凝土的类型将混凝土样品配对. 从每一对中随机选取一个样品采用方法 1 干燥; 而对另一个样品采用方法 2 干燥, 见表 7.6. **配对**强度测量值之差清晰地描述了两种干燥方法的差别, 因为配对使得形成配对的基础因子效应(对不同的水泥混合物效应)消失.

表 7.5　指派给每种方法的水泥混合物的独立随机样本

方法 1	方法 2
混合物 A	混合物 B
混合物 E	混合物 C
混合物 F	混合物 D
混合物 H	混合物 G
混合物 J	混合物 I

表 7.6　比较两种干燥混凝土方法的配对设计方案

混合物类型	方法 1	方法 2
A	样品 2	样品 1
B	样品 2	样品 1
C	样品 1	样品 2
D	样品 2	样品 1
E	样品 1	样品 2

在配对试验中，用符号 μ_d 表示配对平均测量值之差，其中 $\mu_d = (\mu_1 - \mu_2)$. 一旦样本之差计算出来，μ_d 的置信区间等价于 7.4 节单个总体均值置信区间.

下面方框给出基于配对数据，估计两个总体均值之差的大样本与小样本方法.

$$\mu_d = (\mu_1 - \mu_2) \text{ 的 } (1-\alpha)100\% \text{ 置信区间：配对}$$

设 $d_1, d_2, \cdots, d_n$ 表示 n 个配对随机样本中成对观测值之差，$\bar{d} = n$ 个样本差的平均，$s_d = n$ 个样本差的标准差.

大样本

$$\bar{d} \pm z_{\alpha/2} \left(\frac{\sigma_d}{\sqrt{n}} \right)$$

其中 σ_d 是差的总体标准差

假定：$n \geq 30$

小样本

$$\bar{d} \pm t_{\alpha/2} \left(\frac{s_d}{\sqrt{n}} \right)$$

其中 $t_{\alpha/2}$ 的自由度是 $(n-1)$

假定：配对差的总体是正态分布

（注：当 σ_d 未知时（通常是这种情况），用 s_d 近似 σ_d.）

例 7.11　配对置信区间——驾驶员反应时间　联邦交通安全工程师希望确定佩戴安全装置（肩带，底座腰带）对外周刺激反应时间的影响. 设计了如下研究：从注册驾驶员培训的学生中随机选取 15 个学生驾驶员作为样本. 让每个学生驾驶员在两种条件下模拟驾驶：佩戴安全带（有约束条件）和不佩戴安全带（无约束条件），记录反应时间. 因此，每个学生驾驶员得到两个反应时间得分，一个是约束条件下的，一个是无约束条件下的. 数据（百分之一秒）在表 7.7 中给出，并保存在 SAFETY 文件中. 求约束条件和无约束条件驾驶员平均反应时间之差的 95% 置信区间.

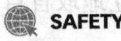
SAFETY

表 7.7　例 7.11 反应时间数据

	条件		
司机	约束	无约束	差
1	36.7	36.1	0.6
2	37.5	35.8	1.7
3	39.3	38.4	0.9
4	44.0	41.7	2.3
5	38.4	38.3	0.1
6	43.1	42.6	0.5
7	36.2	33.6	2.6
8	40.6	40.9	-0.3
9	34.9	32.5	2.4

	条件		
司机	约束	无约束	差
10	31.7	30.7	1.0
11	37.5	37.4	0.1
12	42.8	40.2	2.6
13	32.6	33.1	−0.5
14	36.8	33.6	3.2
15	38.0	37.5	0.5

解 由于每个学生驾驶员都在两种条件下完成模拟驾驶任务，所以数据是配对收集的。样本中的每个学生代表 15 个配对中的一个。我们想要估计 $\mu_d = (\mu_1 - \mu_2)$，其中

μ_1 = 在约束条件下所有驾驶员的平均反应时间

μ_2 = 在无约束条件下所有驾驶员的平均反应时间

配对的反应时间之差计算如下：

$$d = (\text{约束反应时间}) - (\text{无约束反应时间})$$

结果也在表 7.7 中给出。由于样本容量 $n = 15$ 很小，因此，必须假定这些差来自近似的正态分布以便继续进行分析。

这些样本差的均值和标准差见图 7.11 的 MINITAB 输出（着重显示）。由输出结果得 $\bar{d} = 1.18$, $s_d = 1.19$。由表 B.7 可得，自由度为 $(n-1) = 14$ 的 $t_{0.025}$ 的值为 $t_{0.025} = 2.145$。将这些值代入小样本置信区间公式，得到

$$\bar{d} \pm t_{0.025}(s_d/\sqrt{n}) = 1.18 \pm 2.145(1.19/\sqrt{15}) = 1.18 \pm 0.66 = (0.52, 1.84)$$

注意这个区间也显示在图 7.11 的输出中（着重显示）。

```
Paired T-Test and CI: REAC-R, REAC-U

Paired T for REAC-R - REAC-U

              N    Mean   StDev  SE Mean
REAC-R       15  38.007   3.576    0.923
REAC-U       15  36.827   3.616    0.934
Difference   15   1.180   1.191    0.307

95% CI for mean difference: (0.521, 1.839)
T-Test of mean difference = 0 (vs not = 0): T-Value = 3.84   P-Value = 0.002
```

图 7.11　例 7.11 配对分析的 MINITAB 输出

在约束条件和无约束条件下学生平均反应时间之差 $\mu_d = (\mu_1 - \mu_2)$，我们估计以 95% 的概率落在百分之 0.52 ~ 1.84 秒之间。因为这个区间中所有值都是正的，所以可以推断在约束条件下学生的平均反应时间 (μ_1) 比无约束条件下学生的平均反应时间 (μ_2) 总是高出百分之 0.52 ~ 1.84 秒。∎

在配对数据的分析中，需要强调的是，试验单位（进行测量的对象）的配对必须在收集数据之前完成。通过利用具有相似特性的单位配对，可以抵消用于配对的变量的影响。另一方面，如果将数据配对收集，但采用不考虑配对的统计分析方法（例如，基于独立样本的 $\mu_1 - \mu_2$ 的置信区间），那么配对的特征将不会被抵消。这通常将会导致得到的置信区间更宽，并因此造成无效推理。我们将在下个

例子中说明这一点.

例 7.12 **独立样本置信区间应用于配对数据** 参考例 7.11 驾驶员反应时间研究. 尽管数据配对收集, 但假设研究人员在求 $\mu_1 - \mu_2$ 的 95% 置信区间时, 应用独立(小)样本法错误地分析数据. 图 7.12 给出了置信区间的 MINITAB 输出. 确定并解释这个区间, 解释为什么结果是无效的.

解 $\mu_1 - \mu_2$ 独立(小)样本的 95% 置信区间公式为(由 7.5 节)

$$(\bar{y}_1 - \bar{y}_2) \pm t_{\alpha/2} \sqrt{s_p^2 \left(\frac{1}{n_1} + \frac{1}{n_2}\right)}, \text{ 其中 } s_p^2 = \frac{(n_1 - 1)s_1^2 + (n_2 - 1)s_2^2}{n_1 + n_2 - 2}$$

这个区间是 (-1.51, 3.87), 在图 7.12 中着重显示. 注意到 0 落在这个区间内, 这意味着没有足够的证据证明在有约束条件下和无约束条件下驾驶员的平均反应时间有差异, 即我们提到的无效推理. 这个问题来自于在配对分析(例 7.11) 和独立样本分析(例 7.12) 中用到的标准差的比较. 利用图 7.11 和图 7.12 显示的输出值, 标准差计算如下:

配对样本的标准差: $s_d / \sqrt{n} = 1.19 / \sqrt{15} = 0.307$

```
Two-Sample T-Test and CI: REAC-R, REAC-U

Two-sample T for REAC-R vs REAC-U

          N    Mean   StDev  SE Mean
REAC-R   15   38.01    3.58     0.92
REAC-U   15   36.83    3.62     0.93


Difference = mu (REAC-R) - mu (REAC-U)
Estimate for difference: 1.18
95% CI for difference: (-1.51, 3.87)
T-Test of difference = 0 (vs not =): T-Value = 0.90  P-Value = 0.377  DF = 27
```

图 7.12 例 7.12 配对数据的独立样本分析 MINITAB 输出

独立样本的标准差:

$$\sqrt{\frac{(n_1 - 1)s_1^2 + (n_2 - 1)s_2^2}{n_1 + n_2 - 2}\left(\frac{1}{n_1} + \frac{1}{n_2}\right)} = \sqrt{\frac{14(3.58)^2 + 14(3.62)^2}{28}\left(\frac{1}{15} + \frac{1}{15}\right)} = 1.315$$

可以看到独立样本标准差远大于配对样本标准差. 在独立样本分析中大的变化是由于未能考虑配对中司机与司机之间的差异, 由于这种变化没有被抵消, 结果导致独立样本的置信区间变得更宽, 最终导致潜在的错误结论.

应用练习

7.48 产科分娩设备的设计. 生物医学工程师团队设计了用于辅助产科分娩的原型设备(*International Journal for Service Learning in Engineering*, 2012 年秋). 为了确定设备的有效性, 招募了 5 名医学学生参与研究. 最初, 要求每个学生在没有经过任何培训的前提下使用原型设备从分娩模拟器分娩模型 "婴儿". 根据分娩模型所花费的时间来给出训练前得分, 在这个过程中对发生的错误要进行惩罚. 分数越高(最高分为 900 分)意味着越能熟练地使用该设备. 接下来, 每个学生参加关于原型设备使用方法的 30 分钟培训研讨会. 在研讨会之后, 学生重新进行分娩测试并得到一个岗位培训后分娩得分. 生物医学工程师团队想要估计培训后分娩得分的平均增加值.

a. 工程师感兴趣的参数是什么?
b. 给出收集数据的详细信息.
c. 文章中给出了以下信息: $\bar{y}_{Pre} = 481.8$, $\bar{y}_{Post} = 712.4$. 这些信息足够找到感兴趣参数的估计值吗? 如果够, 给出估计值.
d. 文章中还给出了以下附加信息: $s_{Pre} = 99.1$, $s_{Post} = 31.0$. 这些信息(包括 c 中信息)足够找到感兴趣参数的 95% 置信区间吗? 如果够, 给出区间估计；如果不够，你还需要什么信息？

7.49 双钻孔. 在采矿中验证矿化等级的传统方法是钻双孔, 即在较早的钻孔旁边钻出新孔或"孪生"孔. *Exploration and Mining Geology*(Vol. 18, 2009)研究了双钻孔的使用. 地质学家使用在双孔收集的数据来估计钻井现场存在的重矿物(THM)的总量. 下表中的数据(根据期刊文章中提供的信息)表示在非洲的一个钻石矿钻取的 15 个双孔样本的 THM 百分比. 地质学家想知道是否有证据能够表明矿井中所有原始孔和孪生孔的 THM 平均值真值之间存在差异.

a. 解释为什么要对数据进行配对差异分析.
b. 计算每个孔位的"第一孔"和"第二孔"测量值之间的差异.
c. 求 b 中差异的均值和标准差.
d. 使用 c 中的概括统计量, 求出在 THM 测量中平均差真值("第一孔"减去"第二孔")的 90% 置信区间.
e. 解释 d 中的区间. 科学家可以得出"没有证据能够表明矿井中所有原始孔和孪生孔的 THM 平均值真值之间存在差异"这样的结论吗？

🌐 **TWINHOLE**

位置	第一孔	第二孔
1	5.5	5.7
2	11.0	11.2
3	5.9	6.0
4	8.2	5.6
5	10.0	9.3
6	7.9	7.0
7	10.1	8.4
8	7.4	9.0
9	7.0	6.0
10	9.2	8.1
11	8.3	10.0
12	8.6	8.1
13	10.5	10.4
14	5.5	7.0
15	10.0	11.2

7.50 浅基础沉降. 建立在浅基础(例如混凝土板式基础)上的结构易于沉降, 因此准确的沉降预测是基础设计的关键. *Environmental & Engineering Geoscience*(2012 年 11 月)比较了预测黏性土壤中浅基础沉降的几种方法, 收集了在浅基础上建造的 13 个结构样本的沉降数据(这些结构包括办公楼、桥墩和混凝土试验板). 将每个结构的实际沉降值(毫米)与用考虑到基础的尺寸、刚度和嵌入深度的公式预测出的沉降值进行比较, 数据在下表中给出.

a. 采用什么类型的设计来收集数据？
b. 构造实际和预测沉降值之间平均差的 99% 置信区间, 给出区间的实际解释.
c. 解释这个应用中"99% 置信"的含义.

🌐 **SHALLOW**

结构	实际值	预测值
1	11	11
2	11	11
3	10	12
4	8	6
5	11	9
6	9	10
7	9	9
8	39	51
9	23	24
10	269	252
11	4	3
12	82	68
13	250	264

资料来源: Ozur, M. "Comparing Methods for Predicting Immediate Settlement of Shallow Foundations on Cohesive Soils Based on Hypothetical and Real Cases", *Environmental & Engineering Geoscience*, Vol. 18, No. 4, November 2012(来自表 4).

7.51 漱口水的酸性. 研究发现酸是引起龋齿(腔)的主要原因. 理论表明, 由于口腔漱口水中的抗菌剂随时间氧化形成酸从而导致龋齿的形成. *Journal of Dentistry, Oral Medicine and Dental Education*(Vol. 3, 2009)检验了这个理论. 从药店随机选取三瓶不同品牌的漱口水, 测量购买当天和 30 天后每瓶的 pH 值(pH 值越低酸性越强), 数据在下表中给出. 用 95% 置信区间确定漱口水的初始平均 pH 值和 30 天后的平均 pH 值是否有显著差异.

🌐 **MOUTHWASH**

漱口水品牌	初始 pH	30 天后 pH
LMW	4.56	4.27
SMW	6.71	6.51
RMW	5.65	5.58

资料来源: Chunhye, K. L. & Schmitz, B. C. "Determination of pH, total acid, and total ethanol in oral health products: Oxidation of ethanol and recommendations to mitigate its association with dental caries", *Journal of Dentistry, Oral Medicine and Dental Education*, Vol. 3, No. 1, 2009(表 1).

7.52 **检测电子电路**. 日本研究人员利用赫夫曼编码开发了检测电子电路的压缩/降压方法.（*IEICE Transactions on Information & Systems*, 2005 年 1 月.）设计这种新方法是为了减少非压缩输入和压缩输出（称作压缩比）所要求的时间. 选取了来自 SUN Blade 1 000 个工作站中的 11 条基准线路（大小不同）. 用标准的压缩/降压方法和新的赫夫曼编码方法检测每一条线路, 得到它们的压缩比数据, 数据见附表. 用 95% 置信区间比较这两种方法, 哪一种方法有较小的平均压缩比?

CIRCUITS

线路	标准方法	赫夫曼编码法
1	0.80	0.78
2	0.80	0.80
3	0.83	0.86
4	0.53	0.51
5	0.50	0.51
6	0.96	0.68
7	0.99	0.82
8	0.98	0.72
9	0.81	0.45
10	0.95	0.79
11	0.99	0.77

资料来源: Ichihara, H., Shintani, M., and Inoue, T. "Huffmanbased test response coding." *IEICE Transactions on Information & Systems*, Vol. E88-D, No. 1, Jan. 2005 (表 3).

7.53 **低频声音暴露**. 次声是一种低于人耳听力范围的声波或震动. 尽管次声听不到, 但它能对人产生生理影响. 我国的机械科学工程师研究了次声对人血压和心率的影响（*Journal of Low Frequency Noise, Vibration and Active Control*, 2004 年 3 月）. 6 名大学生暴露在次声 1h, 表中给出了每名学生的血压和心跳数据. 每一组数据都包含了暴露前后的测量值.

INFRASOUND

学生	收缩压 (mmHg)		扩张压 (mmHg)		心率 (心跳/分钟)	
	前	后	前	后	前	后
1	105	118	60	73	70	70
2	113	129	60	73	69	80
3	106	117	60	79	76	84
4	126	134	79	86	77	86
5	113	115	73	66	64	76

资料来源: Qibai, C. Y. H., and Shi, H. "An investigation on the physiological and psychological effects of infrasound on persons." *Journal of Low Frequency Noise, Vibration and Active Control*, Vol. 23, No. 1, Mar. 2004 (表 V).

a. 用 99% 置信区间比较前后平均收缩压读数. 并解释所得结论.
b. 用 99% 置信区间比较前后平均扩张压读数. 并解释所得结论.
c. 用 99% 置信区间比较前后平均心率读数. 并解释所得结论.

CRASH

7.54 **NHTSA 新车碰撞测试**. 每年美国国家高速公路交通安全管理局（NHTSA）都要进行新车碰撞测试, 碰撞的假人放置在一辆新车模型的驾驶座和前排乘客座. 这辆车由遥控驾驶, 以 35mile/h 的速度行驶, 头部撞向固定的障碍物. 对 98 辆新车进行了碰撞测试, 数据保存在 CRASH 文件中, 数据集合中每辆车的两个变量测量值是(1)司机胸部受伤的严重程度和(2)乘客胸部受伤的严重程度（胸部碰撞的点数越多, 受伤越严重）. 假设 NHTSA 想确定司机胸部受伤等级的平均值是否超过乘客受伤等级的平均值. 如果是, 超出量是多少.

a. 描述 NHTSA 关心的参数.
b. 解释为什么必须用配对方法分析这批数据.
c. 求司机和前座乘客胸部受伤等级的平均真值之差的 99% 置信区间.
d. 解释 c 的置信区间, 司机胸部受伤等级的均值真值超过乘客胸部受伤等级的均值真值吗? 如果是, 超出量是多少?
e. 为使分析有效, 需要满足哪些条件? 这批数据满足这些条件吗?

7.55 **酒中的酒精发酵**. 在酿酒过程中确定酒精发酵是关键. 因为当糖转化为酒精时, 密度值就降低, 所以葡萄酒密度值是一个好的发酵点指标. 几十年以来, 酿酒者用液体比重计测量葡萄酒密度. 尽管测量准确, 但是液体比重计的人工操作非常费时. 所以，大的酿酒厂正在努力寻找比较快速的密度检测方法. 一种方法是利用流体静力学平衡仪（类似液体比重计，是数字型的）. 葡萄牙的一家酿酒厂测量了从最近收获期发酵过程中随机抽取的白葡萄酒中样本，得到了葡萄酒密度测量值. 对每一次抽样，用液体比重计和流体静力学平衡仪两种方法测量它们在20℃时的白葡萄酒密度值. 40个白葡萄酒样本的密度值保存在WINE40文件中. （前5个和后5个测量值列在下面表中）. 只当两种方法密度测量值的均值之差不超过0.002时，酿酒厂才会选用另一种方法进行测量. 为酿酒厂做出分析并给出你的建议.

🌐 **WINE40**

样本	比重计	平衡仪
1	1.086 55	1.091 03
2	1.002 70	1.002 72
3	1.013 93	1.012 74
4	1.094 67	1.096 34
5	1.102 63	1.105 18
⋮	⋮	⋮
36	1.080 84	1.080 97
37	1.094 52	1.094 31
38	0.994 79	0.994 98
39	1.009 68	1.010 63
40	1.006 84	1.005 26

资料来源: Cooperative Cellar of Borba (*Adega Cooperative de Borba*), Portugal.

7.56 红灯摄像头对撞车的影响. 为了减少闯红灯撞车（交通信号灯变成红色之后驾车者驶入十字路口并导致撞车的现象），许多国家使用了闯红灯拍照执法程序. 在这些程序中，红灯摄像头安装在危险的十字路口，可拍下闯红灯车辆的牌照. 闯红灯拍照执法程序在减少十字路口闯红灯碰撞事故方面的效率如何？弗吉尼亚交通部（VDOT）对其新采用的闯红灯拍照执法程序进行了全面的研究，并在一份报告中公布了结果. 在一部分研究中，VDOT提供了在几个十字路口安装闯红灯摄像头前后的撞车数据. 下表给出了在弗吉尼亚费尔法克斯县13个十字路口的数据（每年每个十字路口由闯红灯引起的撞车数量）. 分析VDOT的数据，你能得出什么结论？

🌐 **REDLIGHT**

十字路口	安装摄像头前	安装摄像头后
1	3.60	1.36
2	0.27	0
3	0.29	0
4	4.55	1.79
5	2.60	2.04
6	2.29	3.14
7	2.40	2.72
8	0.73	0.24
9	3.15	1.57
10	3.21	0.43
11	0.88	0.28
12	1.35	1.09
13	7.35	4.92

资料来源: Virginia Transportation Research Council, "Research Report: The Impact of Red Light Cameras (Photo-Red Enforcement) on Crashes in Virginia", June 2007.

7.7 总体比率的估计

现在考虑二项分布中成功比率 p（即总体中具有某种特征的元素比率）的估计方法. 例如，质量控制检查员可能关心装配线上生产的不合格品比率，或者燃油供应商可能关心他的服务区内使用天然气用户的比率.

总体比率 p 符合逻辑的候选点估计是样本比率 $\hat{p} = y/n$，其中 y 是容量为 n 的样本中具有所关心特征的观测次数（即随机变量 y 是二项试验中"成功"的次数）. 在例 6.23 中我们证明了对较大的 n，$\hat{p}$ 近似正态分布，均值为

$$E(\hat{p}) = p$$

方差为

$$V(\hat{p}) = \frac{pq}{n}$$

因此，$\hat{p}$ 是 p 的一个无偏估计且（证明略）在所有无偏估计中具有最小方差，即 $\hat{p}$ 是 p 的MVUE. 因为

$\hat{p}$ 是近似正态的，所以可以用它作为枢轴统计量，并利用定理 7.2 导出 p 的大样本置信区间公式，见下面的方框。

总体比率 p 的大样本 $(1-\alpha)100\%$ 置信区间

$$\hat{p} \pm z_{\alpha/2} \sigma_{\hat{p}} \approx \hat{p} \pm z_{\alpha/2} \sqrt{\frac{\hat{p}\hat{q}}{n}}$$

其中 $\hat{p}$ 是所关心特征的样本观测比率，$\hat{q} = 1 - \hat{p}$。

（注：因为对 $\sigma_{\hat{p}}$ 我们必须将样本的 $\hat{p}$ 和 $\hat{q}$ 代替相应总体值，所以区间是近似的。）

假定：样本容量 n 必须充分大，使得近似是有效的。一个经验法则是，如果 $n\hat{p} \geq 4$ 且 $n\hat{q} \geq 4$，则认为充分大的样本容量条件满足。

注意必须将样本值 $\hat{p}$ 和 $\hat{q}$ 代入公式 $\sigma_{\hat{p}} = \sqrt{pq/n}$ 来构造置信区间。所以只要样本容量足够大，这种近似就有效。许多研究者采用经验法则，如果区间 $\hat{p} \pm 2\sqrt{\hat{p}\hat{q}/n}$ 不包含 0 或 1，n 就算足够大。回忆（6.10 节）如果 $n\hat{p} \geq 4$ 且 $n\hat{q} \geq 4$，这种法则是满足的。

例 7.13 **比率的置信区间：合金失效比率** 化工厂经常用不锈钢处理腐蚀性液体，但是，这些不锈钢在某种环境下特别受到应力腐蚀断裂。发生在日本炼油厂和石油化学制品厂的 295 个合金钢失效样本中，有 118 个是由于应力腐蚀断裂与腐蚀疲劳引起的。构造由应力腐蚀断裂引起的合金钢失效比率真值的 95% 置信区间。

解 由腐蚀引起的合金钢失效的样本比率为

$$\hat{p} = \frac{\text{样本中由腐蚀引起的合金钢失效数}}{\text{样本中合金钢失效总数}} = \frac{118}{295} = 0.4$$

因此，$\hat{q} = 1 - 0.4 = 0.6$。近似 95% 置信区间是

$$p \pm z_{0.025} \sqrt{\frac{\hat{p}\hat{q}}{n}} = 0.4 \pm 1.96 \sqrt{\frac{(0.4)(0.6)}{295}} = 0.4 \pm 0.056$$

或者 (0.344, 0.456)。（注意因为 $n\hat{p} = 118$ 且 $n\hat{q} = 177$ 都超过了 4，所以近似是有效的。）

我们有 95% 的信心认为 0.344 ~ 0.456 的区间包含了由腐蚀引起的合金钢失效比率的真值。如果我们重复地随机选取 $n = 295$ 个合金钢失效样品，并且对每次抽样构造 95% 置信区间，那么我们期望构造的置信区间有 95% 包含了 p。

存在总体比率 p 的小样本估计。估计方法类似于总体均值 μ 的小样本估计。（回忆 $\hat{p} = y/n$ 可以看成 0-1 伯努利试验的样本均值。）这里就不再详细讨论，但由于实际中大部分情况用到的样本都足够大，所以可以用本节介绍的方法。

应用练习

7.57 **司机使用手机**。研究表明司机在驾驶机动车辆时使用手机会增加发生事故的风险。但是，司机们仍然在驾驶时接听手机电话。2011 年一项哈里斯民意调查显示，在 2163 个成人中有 60%（1298 个）在驾驶中使用手机。

a. 给出司机使用手机比率真值 p（即驾驶中使用手机的所有司机的比率）的点估计。

b. 求 p 的 95% 置信区间。

c. 给出 b 中置信区间的实际解释。

7.58 **微软程序安全问题**。参考练习 2.4，*Computers & Security*（2013 年 7 月）关于微软产品安全问题的研究。回顾微软会定期发布一个安全公告，报告受到安全漏洞影响的软件。在最近一年发布的 50 个公告样本中，有 32 个报告了 Microsoft Windows 的安全问题。

a. 求这一年中报告 Windows 安全问题的安全公告所占比例的一个点估计.
b. 求 a 中比例的区间估计. 用 90% 置信区间.
c. 解释 b 中区间的实际含义, 你的答案应该以"我们有 90% 的把握相信……"开始.
d. 给出"90% 置信"的理论解释.

🌐 **ASWELLS**

7.59 地下水中的砷. *Environmental Science & Technology*(2005 年 1 月)报告了检测地下水中砷的商用仪器可靠性研究结果. 用这套仪器测量了孟加拉国 328 口地下井水, 如果仪器的颜色区域呈现红色, 水中砷的含量估计至少为 $50\mu g/L$; 如果颜色呈现绿色, 水中砷的含量估计在 $50\mu g/L$ 以下. 此项研究的数据保存在 ASWELLS 文件中. 砷测试结果汇总见下面 MINITAB 输出. 利用这些信息求孟加拉国所有地下水井中砷含量估计在 $50\mu g/L$ 以下的水井真实比率的 90% 置信区间. 给出这个区间的实际意义.

```
Tally for Discrete Variables: KIT-COLOR
KIT-COLOR   Count   Percent
    Green     178     54.27
      Red     150     45.73
       N=     328
```

练习 7.59 的 MINITAB 输出

7.60 计算机犯罪年度调查. 参考 *CSI Computer Crime and Security Survey*, 第一次出现在练习 1.19 中. 回忆参与调查的 351 家机构中, 有 144 家 (或 41%) 承认公司该年存在非法使用计算机系统. 用 90% 置信区间估计一个机构未经授权使用计算机系统的概率. 解释怎样使用 90% 作为置信区间的可靠性度量.

7.61 社会机器人是腿式移动还是轮式移动? 参考练习 7.33, *International Conference on Social Robotics* (Vol. 6414, 2010) 关于社会机器人设计趋势的研究. 研究人员通过网络获得了 106 个社会机器人的随机样本, 其中 63 个机器人有腿但是没有轮子.
a. 求所有社会机器人中, 设计为有腿但是没有轮子比率的 99% 置信区间, 解释这个结果.
b. 在所有社交机器人总体中, 有 40% 设计为有腿但是没有轮子, 这个假设是有效的吗? 请解释.

7.62 物质安全数据表. 美国居民安全和健康管理部一直要求拥有危险化学品的企业完成他们的物质安全数据表 (MSDS). 由于这些 MSDS 很难被工人理解与完成, 因而受到责难. 最近对 150 张 MSDS 的研究表明, 满意完成的只有 11%. (*Chemical & Engineering News*, 2005 年 2 月 7 日.) 求满意完成 MSDS 百分比的 95% 置信区间.

7.63 飞机鸟撞的研究. 随着全世界空中交通量的增加, 飞机撞击鸟类及其他飞行野生动物的问题急剧增加. *International Journal for Traffic and Transport Engineering* (Vol. 3, 2013) 报道了关于在尼日利亚阿米奴卡诺国际机场飞机鸟撞的研究. 在调查中, 分析了 44 次飞机鸟撞的样本. 研究人员发现, 在 44 次鸟类撞击中有 36 次发生在 100 英尺以上. 假设机场交通管制员估计飞机鸟撞中有少于 70% 是发生在 100 英尺以上. 评论这个估计的准确性, 用 95% 置信区间支持你的推断.

7.64 估计冰碛物的年代. 参考练习 2.22, *American Journal of Science* (2005 年 1 月) 对威斯康星州沉积的冰碛 (或冰碛物) 的化学构成研究. 26 件沉积的冰碛样品中铝和铍的比率在下面的表中.
a. 回忆研究者希望估计冰碛物中铝和铍的比超过 4.5 的比率. 利用样本数据计算这个估计值.
b. 围绕 a 的估计值, 构造 95% 置信区间. 并解释这个区间.

🌐 **TILLRATIO**

3.75	4.05	3.81	3.23	3.13	3.30	3.21	3.32	4.09	3.90	5.06	3.85	3.88
4.06	4.56	3.60	3.27	4.09	3.38	3.37	2.73	2.95	2.25	2.73	2.55	3.06

资料来源: Adapted from *American Journal of Science*, Vol. 305, No. 1, Jan. 2005, p. 16 (表2).

7.65 宇航员的定向提示. 宇航员经常报告当他们在没有引力的宇宙飞船走动时不能辨别方向. 作为补偿, 宇航员们费劲地依靠视觉信息建立起上—下定向. 一个经验研究是评估利用颜色的明亮度作为身体定向提示的可能性 (*Human Factors*, 1988 年 12 月). 在黑暗中仰躺着 90 名大学生, 将他们固定在缓慢旋转圆盘下的旋转平台上, 这个圆盘挡住了他们的全部视野, 从而他们失去了方向. 圆盘的一半涂的颜色较另一半明亮. 当学生认为他们是右边向上时就喊"停",这时记录下圆盘的亮度. 结果 90 名学生中,有 58 名选择了较明亮的颜色.

a. 利用所给信息估计把较亮色作为右边向上提示的受试者比率真值. 构造比率真值的 95% 置信区间.

b. 你能从 a 的结果中得出大多数受试者选择亮色而不是暗色作为右边向上提示的结论吗? 为什么.

7.8 两个总体比率差的估计

这一节将 7.7 节的方法推广到两个二项比率差的估计. 例如,我们可能关心机器 1 生产的次品率 p_1 与机器 2 生产的次品率 p_2 的比较.

设 y_1 和 y_2 分别表示两个独立的二项试验中的成功次数,样本容量分别为 n_1 和 n_2. 为了估计差 $(p_1 - p_2)$,其中 p_1 和 p_2 是二项分布的参数(即两次独立二项试验中成功的概率),考虑每个样本中成功比率:

$$\hat{p}_1 = \frac{y_1}{n_1} \quad 及 \quad \hat{p}_2 = \frac{y_2}{n_2}$$

直观地,我们期望 $(\hat{p}_1 - \hat{p}_2)$ 作为 $(p_1 - p_2)$ 的合理估计. 因为 $(\hat{p}_1 - \hat{p}_2)$ 是二项随机变量 y_1 和 y_2 的线性函数,其中 $E(y_i) = n_i p_i$ 且 $V(y_i) = n_i p_i q_i$,所以有

$$E(\hat{p}_1 - \hat{p}_2) = E(\hat{p}_1) - E(\hat{p}_2) = E\left(\frac{y_1}{n_1}\right) - E\left(\frac{y_2}{n_2}\right)$$

$$= \frac{1}{n_1} E(y_1) - \frac{1}{n_2} E(y_2) = \frac{1}{n_1}(n_1 p_1) - \frac{1}{n_2}(n_2 p_2) = p_1 - p_2$$

及

$$V(\hat{p}_1 - \hat{p}_2) = V(\hat{p}_1) + V(\hat{p}_2) - 2\text{Cov}(\hat{p}_1, \hat{p}_2) = V\left(\frac{y_1}{n_1}\right) + V\left(\frac{y_2}{n_2}\right) - 0 \quad (因为 y_1 与 y_2 相互独立)$$

$$= \frac{1}{n_1^2} V(y_1) + \frac{1}{n_2^2} V(y_2) = \frac{1}{n_1^2}(n_1 p_1 q_1) + \frac{1}{n_2^2}(n_2 p_2 q_2) = \frac{p_1 q_1}{n_1} + \frac{p_2 q_2}{n_2}$$

因此,$(\hat{p}_1 - \hat{p}_2)$ 是 $(p_1 - p_2)$ 的无偏估计,而且具有最小方差(证明略).

对充分大的样本容量 n_1 和 n_2,中心极限定理保证 $(\hat{p}_1 - \hat{p}_2)$ 的抽样分布是近似正态的. 由此(定理7.2),$(p_1 - p_2)$ 的大样本置信区间可以如下面的方框所示得到.

$(p_1 - p_2)$ 的大样本 $(1-\alpha)100\%$ 置信区间

$$(\hat{p}_1 - \hat{p}_2) \pm z_{\alpha/2} \sigma_{(\hat{p}_1 - \hat{p}_2)} \approx (\hat{p}_1 - \hat{p}_2) \pm z_{\alpha/2} \sqrt{\frac{\hat{p}_1 \hat{q}_1}{n_1} + \frac{\hat{p}_2 \hat{q}_2}{n_2}}$$

其中 $\hat{p}_1$ 和 $\hat{p}_2$ 是样本中具有感兴趣特征的观测比率.

(注:遵循通常的方法,用样本值 $\hat{p}_1$、$\hat{q}_1$、$\hat{p}_2$ 和 $\hat{q}_2$ 代替相应的总体值以得到 $\sigma_{(\hat{p}_1 - \hat{p}_2)}$.)

假定:样本容量足够大时这种近似才有效. 与一般的经验规则一样,要求 $n_1 \hat{p}_1 \geq 4$,$n_1 \hat{q}_1 \geq 4$,$n_2 \hat{p}_2 \geq 4$ 和 $n_2 \hat{q}_2 \geq 4$.

注意,必须分别用 $\hat{p}_1$ 和 $\hat{p}_2$ 代替 p_1 和 p_2 得到 $\sigma_{(\hat{p}_1 - \hat{p}_2)}$ 的估计. 正如单样本情形,当 n_1 和 n_2 足够大,即如果下面的区间

$$\hat{p}_1 \pm 2\sqrt{\frac{\hat{p}_1 \hat{q}_1}{n_1}} \text{ 和 } \hat{p}_2 \pm 2\sqrt{\frac{\hat{p}_2 \hat{q}_2}{n_2}}$$

不包含 0 或者样本容量(n_1 或 n_2)时,这种近似是精确、合理的. 如果 $n_1\hat{p}_1$, $n_2\hat{p}_2$, $n_1\hat{q}_1$ 和 $n_2\hat{q}_2$ 均大于等于 4,这个条件就能满足.

例 7.14 (p_1-p_2) **的置信区间:违反速度限制** 一位交通工程师研究了在一条车速限制公告多次变化的道路上机动车的行驶速度. 当公告的限制速度是 30mile/h 时,工程师随机检测了 100 辆行驶在这条道路上的车速,发现有 49 辆违反了车速限制. 当限制速度上升到 35mile/h 时,又随机检测了 100 辆车,发现只有 19 辆违反了车速限制. 求(p_1-p_2)的 99% 置信区间,其中 p_1 是(在相似的驾驶条件下)超过较低速度限制(30mile/h)的机动车的比率,p_2 是(在相似的驾驶条件下)超过较高速度限制(35mile/h)的机动车的比率. 解释这个区间.

解 在这个例子中,

$$\hat{p}_1 = \frac{49}{100} = 0.49 \text{ 和 } \hat{p}_2 = \frac{19}{100} = 0.19$$

注意到

$$n_1\hat{p}_1 = 49 \quad n_1\hat{q}_1 = 51$$
$$n_2\hat{p}_2 = 19 \quad n_2\hat{q}_2 = 81$$

都超过了 4. 因此,我们能够利用(p_1-p_2)的大样本置信区间的近似.

对$(1-\alpha) = 0.99$ 置信区间,有 $\alpha = 0.01$, $z_{\alpha/2} = z_{0.005} = 2.58$(由表 B.5). 将它们代入置信区间公式得

$$(\hat{p}_1 - \hat{p}_2) \pm z_{\alpha/2}\sqrt{\frac{\hat{p}_1\hat{q}_1}{n_1} + \frac{\hat{p}_2\hat{q}_2}{n_1}} = (0.49 - 0.19) \pm 2.58\sqrt{\frac{(0.49)(0.51)}{100} + \frac{(0.19)(0.81)}{100}}$$

$$= 0.30 \pm 0.164 = (0.136, 0.464)$$

这个区间在图 7.13 的 MINITAB 输出中显示(阴影部分).

```
Test and CI for Two Proportions

Sample   X    N    Sample p
1       49   100   0.490000
2       19   100   0.190000


Difference = p (1) - p (2)
Estimate for difference: 0.3
99% CI for difference: (0.136318, 0.463682)
Test for difference = 0 (vs not = 0):  Z = 4.72  P-Value = 0.000

Fisher's exact test: P-Value = 0.000
```

图 7.13 例 7.13 两比率比较的 MINITAB 输出

我们的解释是以 99% 的置信,差的真值(p_1-p_2)落在 0.136~0.464 之间. 由于估计的下界(0.136)是正数,我们完全相信违反较低速度限制(30mile/h)的机动车比率超过了违反较高速度限制(35mile/h)的机动车比率. 超出量至少是 0.136. ■

由于 7.7 节最后列出的原因(p_1-p_2)的小样本估计方法这里就不讨论了.

应用练习

MTBE

7.66 地下井水的污染. 参考练习2.12, *Environmental Science & Technology*(2005年1月)关于新罕布什尔州水井中甲基叔丁基醚(MTBE)污染的研究. 223口井的数据保存在MTBE文件中. 每口井都按照井的类型(公共或私有)和MTBE的检测水平(低于限制或检出)分类. 对120口公共井和103口私有井, 下面的SPSS输出给出了检出MTBE的样本中井的个数.

a. 估计公共井中检出MTBE的比率.
b. 估计私有井中检出MTBE的比率.
c. 用95%置信区间比较 a 和 b 的比率.
d. 给出 c 中置信区间的实际解释. 哪一类井中可检测到MTBE的比率较高?

DETECT * CLASS Crosstabulation

Count

		CLASS		
		Private	Public	Total
DETECT	Below Limit	81	72	153
	Detect	22	48	70
Total		103	120	223

7.67 提供生物质的生产者意愿. 参考练习7.45, *Biomass and Energy*(Vol. 36, 2012)关于提供生物质产品(例如剩余干草)的生产者意愿的研究. 回忆密苏里州生产者和伊利诺伊州生产者参与调查的独立样本. 研究的另一个方面集中在生产者愿意提供的服务, 一个关键的服务涉及干草的铺放(割草和打捆). 在参与调查的558位密苏里州生产者中, 有187位愿意提供铺放服务; 940位伊利诺伊州生产者中, 有380位愿意提供铺放服务. 研究人员想知道密苏里州和伊利诺伊州生产者愿意向生物质市场提供铺放服务的比率是否有差异.

a. 指出研究人员感兴趣的参数.
b. 下面给出了此分析的MINITAB输出. 确定密苏里州和伊利诺伊州两地生产者愿意提供铺放服务的比率之差的99%置信区间.
c. 根据b中置信区间, 你能对两个比率做出什么推断?

7.68 行军虫信息素研究. *Journal of Chemical Ecology*(2013年3月)进行了一项确定两种不同菌株的行军虫(玉米菌株和水稻菌株)产生的信息素有效性的研究. 玉米菌株和水稻菌株的雄性行军虫均被释放到含有玉米菌株混合物产生的合成信息素的田地里. 然后确定由信息素捕获的雄性行军虫的数量. 该实验先在玉米地里进行一次, 随后在草地里进行一次. 结果在表中给出.

a. 考虑玉米地里的结果. 构造由信息素捕获的玉米菌株和水稻菌株雄性行军虫比率之差的90%置信区间.
b. 考虑草地里的结果. 构造由信息素捕获的玉米菌株和水稻菌株雄性行军虫比率之差的90%置信区间.
c. 根据b中置信区间, 关于玉米地里玉米菌株混合物产生的合成信息素的有效性, 你能得出什么结论? 草地里呢?

	玉米地	草地
释放的玉米菌株雄性数	112	215
被捕获数	86	164
释放的水稻菌株雄性数	150	669
被捕获数	92	375

```
Test and CI for Two Proportions

Sample    X     N    Sample p
1        187   558   0.335125
2        380   940   0.404255


Difference = p (1) - p (2)
Estimate for difference:  -0.0691299
99% CI for difference:  (-0.135079, -0.00318070)
Test for difference = 0 (vs not = 0):  Z = -2.67   P-Value = 0.008
Fisher's exact test: P-Value = 0.008
```

练习7.67的MINITAB输出

7.69 道路投标中赢者的咒语. 在州道路建设合同的密封投标中,"赢者的咒语"是用来描述超过合同期望价格(交通部门工程师的估价)的赢者(或最高)标价. The Review of Economics and Statistics(2001年8月)做了竞拍经验是否影响出现"赢者的咒语"可能性的研究. 对两组暗箱投标人做了比较: (1)较高经验投标人; (2)较低经验投标人. 在较高经验组,189 个竞标成功的人中有 29 人高于项目的期望价格;在较低的一组,149 个竞标成功的人中有 32 人高于项目的期望价格.

a. 估计较高经验投标组中成为赢者的咒语牺牲品的比率 p_1.
b. 估计较低经验投标组中成为"赢者的咒语"牺牲品的比率 p_2.
c. 求 $p_1 - p_2$ 的 90% 置信区间.
d. 给出 c 中置信区间的实际意义. 并阐述投标经验是否影响"赢者的咒语"出现的可能性.

7.70 奥运会运动员兴奋剂检测的效果. 促红细胞生成素(EPO)是一种违禁药物,运动员用它来增加血液中的含氧量. 在 2000 年澳大利亚悉尼奥运会上首先执行了新的 EPO 检测. Chance(2004 年春)报告了 830 名世界级运动员样本中,有 159 人不能参加 1999 年(新的 EPO 检测的前一年)的世锦赛. 类似地,825 名有潜力的运动员中有 133 名不能参加 2000 年的奥运会. 是不是新的检测影响了运动员参加 2000 年的奥运会? 如果是这样,那么不能参加 2000 奥运会的运动员的比率将大于不能参加 1999 世锦赛的运动员的比率. 利用 90% 置信区间比较两个比率,并给出恰当的结论.

7.71 史前日本的牙齿缺陷和压力. 线性釉质发育不全(LEH)缺陷通常是由营养不良、慢性感染、压力和创伤引起的牙齿表面的凹坑或凹槽. American Journal of Physical Anthropology(2010 年 5 月)发表了关于史前的日本文化中 LEH 缺陷的研究,研究了三组日本人:弥生时代的农民(早期农业学家)、东部绳纹牧民(广泛经济)和西部绳纹牧民(水稻经济). 从三种文化中得到每个个体的头颅来确定 LEH 缺陷患病率. 结果(至少一个个体患有 LEH 缺陷的比例)在下表中给出. 检验了两个理论. 理论 1 说广泛经济牧民的 LEH 缺陷患病率比早期农业学家低,理论 2 说水稻经济牧民和早期农业学家的 LEH 缺陷患病率没有不同.

组	个体数	LRH 百分比
弥生时代	182	63.1
东部绳纹	164	48.2
西部绳纹	122	64.8

资料来源: Temple, D. H. "Patterns of systemic stress during the agricultural transition in prehistoric Japan", American Journal of Physical Anthropology, Vol. 142, No. 1, 2010 年 5 月(表 3).

a. 用 99% 置信区间确定是否有证据支持理论 1.
b. 用 99% 置信区间确定是否有证据支持理论 2.

🌐 SWDEFECTS

7.72 预测软件的缺陷. 参考 PROMISE 软件工程知识库中为 NASA 宇宙飞船用 C 语言编写的 498 个软件代码模块,保存在 SWDEEECTS 文件中.(参考第 3 章的活动中的统计学.)回忆对每个模块中的软件代码评价是否存在缺陷;49 个标以"真"(即模块有缺陷的代码),449 个标为"假"(即模块是正确的代码). 将这些当作软件代码模块的独立随机样本,研究者利用简单的算法"如果模块中代码行数超过 50,预测模块有缺陷"来预测每个模块的缺陷状态. SPSS 打印输出显示了两个样本中的预测有缺陷(PRED_LOC = "yes")和预测没有缺陷(PRED_LOC = "no")的模块个数. 现在,定义算法的准确率为正确预测的模块比率,比较应用于有缺陷的代码模块与应用于正确代码模块时算法的准确率. 利用 99% 置信区间.

DEFECT * PRED_LOC Crosstabulation

Count

		PRED_LOC		
		no	yes	Total
DEFECT	false	400	49	449
	true	29	20	49
Total		429	69	498

7.9 总体方差的估计

前面几节研究了总体均值和比率的区间估计. 这一节,我们讨论总体方差 σ^2 的置信区间,在 7.10 节将讨论两个方差比(σ_1^2 / σ_2^2)的置信区间. 与均值和比率不同,方差的枢轴统计量不具有正态

分布或 T 分布. 而且，无论样本容量如何，都需要一定的假定条件.

设 $y_1, y_2, \cdots, y_n$ 是来自均值为 μ、方差为 σ^2 的正态分布随机样本. 由定理 6.11 知，

$$\chi^2 = \frac{(n-1)s^2}{\sigma^2}$$

具有自由度为 $(n-1)$ 的卡方分布. σ^2 的置信区间是基于枢轴统计量 χ^2.

χ^2 分布的上尾面积已经制成表，见表 B.8. 与 Z 和 T 分布不一样，χ^2 分布关于 0 不对称. 为了求出分布下尾处面积为 α 的 χ^2 值，我们必须求出 $\chi^2_{1-\alpha}$，其中 $p(\chi^2 > \chi^2_{1-\alpha}) = 1 - \alpha$. 例如，当自由度为 9 时，在分布下尾面积为 $\alpha = 0.05$ 的 χ^2 值是 $\chi^2_{1-\alpha} = \chi^2_{0.95} = 3.32511$ (见表 B.8). 利用这个事实写出枢轴统计量 χ^2 的概率表达式:

$$P(\chi^2_{1-\alpha/2} \leq \chi^2 \leq \chi^2_{\alpha/2}) = 1 - \alpha$$

其中 $\chi^2_{\alpha/2}$ 和 $\chi^2_{1-\alpha/2}$ 是 χ^2 分布的两个尾部概率为 $\alpha/2$ 处的 χ^2 制表值 (见图 7.14). 在上面的概率表达式中用 $[(n-1)s^2]/\sigma^2$ 代替 χ^2，并进行简单的代数计算，得到

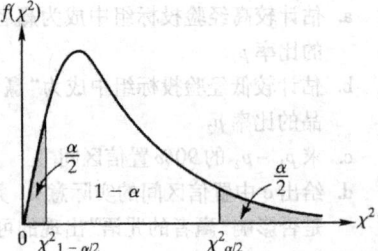

图 7.14 卡方分布的 $\chi^2_{1-\alpha/2}$ 和 $\chi^2_{\alpha/2}$ 位置

$$P\left(\chi^2_{1-\alpha/2} \leq \frac{(n-1)s^2}{\sigma^2} \leq \chi^2_{\alpha/2}\right)$$

$$= P\left(\frac{\chi^2_{1-\alpha/2}}{(n-1)s^2} \leq \frac{1}{\sigma^2} \leq \frac{\chi^2_{\alpha/2}}{(n-1)s^2}\right)$$

$$= P\left(\frac{(n-1)s^2}{\chi^2_{\alpha/2}} \leq \sigma^2 \leq \frac{(n-1)s^2}{\chi^2_{1-\alpha/2}}\right) = 1 - \alpha$$

因此，σ^2 的 $(1-\alpha)100\%$ 置信区间是

$$\frac{(n-1)s^2}{\chi^2_{\alpha/2}} \leq \sigma^2 \leq \frac{(n-1)s^2}{\chi^2_{1-\alpha/2}}$$

总体方差 σ^2 的 $(1-\alpha)100\%$ 置信区间

$$\frac{(n-1)s^2}{\chi^2_{\alpha/2}} \leq \sigma^2 \leq \frac{(n-1)s^2}{\chi^2_{1-\alpha/2}}$$

其中 $\chi^2_{\alpha/2}$ 和 $\chi^2_{1-\alpha/2}$ 分别是自由度为 $(n-1)$ 的 χ^2 分布的右尾和左尾概率为 $\alpha/2$ 处的 χ^2 值.

假定: 抽样总体有近似正态分布.

注意，这种估计方法对大的或小的 n 都适用，在每种情况下，都要求抽样总体的正态性假定.

例 7.15 σ^2 **的置信区间: 罐头装入的重量** 罐头厂的质检员知道每一盒罐头的精确重量是不同的，因为有一些不可控因素影响重量. 每盒罐头的平均装入量是一个重要的指标，但是装入量的方差 σ^2 同样重要. 如果 σ^2 较大，那么有些罐头的装入量太少而另一些又太多. 为了估计罐头装入量的方差，质检员随机抽取 10 盒罐头称出它们的重量，重量(盎司)列在表 7.8 中. 构造罐头厂生产的罐头装入量方差的 90% 置信区间.

FILLWTS 　　表 7.8　罐头装入的重量

7.96	7.90	7.98	8.01	7.97	7.96	8.03	8.02	8.04	8.02

解 质检员希望估计装入量的总体方差 σ^2，σ^2 的 $(1-\alpha)100\%$ 置信区间是

$$\frac{(n-1)s^2}{\chi_{\alpha/2}^2} \leq \sigma^2 \leq \frac{(n-1)s^2}{\chi_{1-\alpha/2}^2}$$

为了使得这个置信区间有效,必须假定观测值(装入量)的样本来自正态总体.

为了计算置信区间,需要计算样本方差 s^2 或者样本标准差 s. 样本数据的描述性统计量见图 7.15 的 SAS 输出. 图 7.15 的阴影部分的 s 值是 $s = 0.043$.

现在,$(1-\alpha) = 0.90$,$\alpha/2 = 0.10/2 = 0.05$. 因此查自由度为 $(n-1) = 9$ 的 $\chi_{0.05}^2$ 和 $\chi_{0.95}^2$(表 B.8) 得到

$$\chi_{0.05}^2 = 16.9190 \quad \text{和} \quad \chi_{0.95}^2 = 3.32511$$

将这些值代入公式,我们有

$$\frac{(10-1)(0.043)^2}{16.9190} \leq \sigma^2 \leq \frac{(10-1)(0.043)^2}{3.32511}$$

$$0.00098 \leq \sigma^2 \leq 0.00500$$

图 7.15 装入的重量的 SAS 描述性统计量和置信区间

我们有 90% 的置信罐头厂的罐头装入量的方差真值落在 0.00098~0.00500 之间. 质检员可以用这个区间来检测罐头装入量的方差是否太大,是否违反了管理部门的技术规格要求. ■

例 7.16 σ 的置信区间:罐头装入的重量 参考例 7.14. 求罐头重量标准差真值 σ 的 90% 置信区间.

解 σ 的置信区间可通过求 σ^2 置信区间上下限的平方根得到. 因此,σ 的 90% 置信区间是

$$\sqrt{0.00098} \leq \sigma \leq \sqrt{0.00500}$$

$$0.31 \leq \sigma \leq 0.071307$$

这个区间也在图 7.15 中显示(阴影部分)我们有 90% 的置信罐头重量的标准差真值在 0.031~0.071 盎司之间. ■

应用练习

7.73 求卡方值. 对下面每组中的 α 和自由度(df),给出卡方分布上尾面积为 α 的卡方值 χ_α^2:
a. $\alpha = 0.05$, df = 7
b. $\alpha = 0.10$, df = 16
c. $\alpha = 0.01$, df = 10
d. $\alpha = 0.025$, df = 8
e. $\alpha = 0.005$, df = 5

7.74 岩石坠落的特征. 参考练习 2.29,*Environmental Geology*(Vol. 58, 2009)关于倒塌的岩壁上掉落的石头会从土坡上反弹多远的研究. 估计 13 块岩石坠落的反弹长度(米). 数据在下表给出,数据分析在后面的 MINITAB 输出中显示.

ROCKFALL

| 10.94 | 13.71 | 11.38 | 7.26 | 17.83 | 11.92 | 11.87 | 5.44 | 13.35 | 4.90 | 5.85 | 5.10 | 6.77 |

资料来源:Paronuzzi, P. "Rockfall-induced block propagation on a soil slope, northern Italy", *Environmental Geology*, Vol. 58, 2009(表2)

a. 确定输出中 σ^2 的 95% 置信区间,解释结果.
b. 确定输出中 σ 的 95% 置信区间,解释结果.
c. 要使 a 和 b 中的区间的有效,还需要什么条件?

7.75 油炸红薯片的含油量. *Journal of Food Engineering*(2013 年 9 月)调查了在不同温度下油炸红薯片的特点. 在 130°条件下用真空油炸锅油炸 6 个红薯切片,研究人员感兴趣的一个特征是它的内部含油量(千兆克),结果如下:$\bar{y} = 0.178 g/g$, $s =$ 0.011g/g. 利用上述信息构造红薯片内部含油量分布的标准差真实值的 95% 置信区间,给出结果的实际解释.

7.76 产生抗原蛋白质中的 DNA. 参考练习 7.24,*Gene Therapy and Molecular Biology*(2009 年 6 月)关于用于禽类寄生蜩虫的抗原产生的多肽(蛋白质)DNA 的研究. 科学家们在产生抗原蛋白质的 4 个等位基因样品中测试了多肽水平,结果如下:$\bar{y} = 1.43$,

```
Test and CI for One Variance: REB-LENGTH
Method
The chi-square method is only for the normal distribution.
The Bonett method is for any continuous distribution.

Statistics
Variable     N   StDev   Variance
REB-LENGTH   13  4.09    16.8

95% Confidence Intervals
                          CI for        CI for
Variable     Method       StDev         Variance
REB-LENGTH   Chi-Square   (2.94, 6.76)  (8.6, 45.7)
             Bonett       (2.97, 6.64)  (8.8, 44.1)
```

练习 7.74 的 MINITAB 输出

$s = 13$. 利用上述信息构造产生抗原蛋白质中等位基因的多肽得分方差真实值的 90% 置信区间,并向科学家解释这个区间.

7.77 埃及古墓中的氡暴露. 参考练习 7.28, *Radiation Protection Dosimetry*(2010 年 12 月)关于在埃及卢克索帝王谷进行的由石灰石建成的古墓中氡暴露的研究. 确定了 12 个墓室样本的内室中的氡含量,得到以下概括统计量: $\bar{y} = 3643 Bq/m^3$,$s = 4487 Bq/m^3$. 利用以上信息,估计帝王谷里氡暴露的水平标准差真实值的 95% 置信区间,解释这个区间.

7.78 监测腿部运动的阻抗. 参考练习 7.34,*IEICE Transactions on Information & Systems*(2005 年 1 月)关于监测腿部运动阻抗的试验. 工程师将电极系于志愿者的脚踝和膝盖上,测量阻抗变化的信噪比(SNR). 前面介绍过对某个脚踝 – 膝盖电极对,10 名志愿者样本的 SNR 的均值是 19.5,标准差是 4.7. 求 SNR 阻抗变化的标准差真值的 95% 置信区间并解释.

7.79 药物含量评估. 参考练习 5.45,*Analytical Chemistry*(2009 年 12 月 15 日)关于葛兰素史克药物研发中心使用新方法确定药片中药物含量的研究. 50 个随机选择的药片中药物浓度(百分比)在下表中再一次给出. 为了与标准方法进行比较,葛兰素史克的科学家想要对新方法得到的药物浓度的变异性进行估计. 请用 99% 置信区间为科学家确定这个估计,解释该区间.

DRUGCON

91.28	92.83	89.35	91.90	82.85	94.83	89.83	89.00	84.62
86.96	88.32	91.17	83.86	89.74	92.24	92.59	84.21	89.36
90.96	92.85	89.39	89.82	89.91	92.16	88.67	89.35	86.51
89.04	91.82	93.02	88.32	88.76	89.26	90.36	87.16	91.74
86.12	92.10	83.33	87.61	88.20	92.78	86.35	93.84	91.20
93.44	86.77	83.77	93.19	81.79				

资料来源: Borman, P. J., Marion, J. C., Damjanov, I., & Jackson, P. "Design and analysis of method equivalence studies", *Analytical Chemistry*, Vol. 81, No. 24, December 15, 2009 (表3).

PHISHING

7.80 冰融化池的反照率. 参考练习 7.36,国家冰雪数据中心(NSIDC)收集的冰融化池的反照率数据. 504 个加拿大北极冰融化池样本得到的反照率数据保存在 PONDICE 文件中. 求所有加拿大北极冰融化池得到的反照率数据方差的 90% 置信区间. 给出区间的解释.

PHISHING

7.81 网络钓鱼攻击电子邮件账户. 参考练习 2.24,*Chance*(2007 年夏)关于一个机构发生的真实网络钓鱼攻击的研究. 网络钓鱼企图通过欺诈性电子邮件从不明真相的人那里诈取个人/财务信息. 267 封欺诈性电子邮件通知的到达间隔时间(以秒为单位)保存在 PHISHING 文件中. 同练习 2.24 一样,这些到达间隔时间是我们感兴趣的总体.

a. 从总体中获得容量为 $n = 10$ 的到达间隔时间的随机样本.

b. 利用 b 得到的样本,获得到达间隔时间总体方差的一个区间估计. 这个估计的可靠性度量是什么?

c. 求数据的真实的总体方差. b 的区间包含这个真实的方差吗? 为什么可能不包含? 给出一个原因.

7.10 两个总体方差比的估计

比较两个总体方差 σ_1^2 和 σ_2^2 的常用统计方法是推断比 σ_1^2/σ_2^2. 这是因为当样本是随机、独立地来自两个正态总体时，σ_1^2/σ_2^2 估计量的抽样分布是已知的. 在这些假定下，σ_1^2/σ_2^2 的置信区间基于枢轴统计量

$$F = \frac{\chi_1^2/\nu_1}{\chi_2^2/\nu_2}$$

其中 χ_1^2 和 χ_2^2 分别是自由度为 $\nu_1=(n_1-1)$ 和 $\nu_2=(n_2-1)$ 的独立卡方随机变量. 用 $(n-1)s^2/\sigma^2$ 代替 χ^2（见定理 6.11）. 我们得到

$$F = \frac{\chi_1^2/\nu_1}{\chi_2^2/\nu_2} = \frac{\dfrac{(n_1-1)s_1^2}{\sigma_1^2} \bigg/ (n_1-1)}{\dfrac{(n_2-1)s_2^2}{\sigma_2^2} \bigg/ (n_2-1)} = \frac{s_1^2/\sigma_1^2}{s_2^2/\sigma_2^2} = \left(\frac{s_1^2}{s_2^2}\right)\left(\frac{\sigma_2^2}{\sigma_1^2}\right)$$

由定义 6.17 知，F 具有分子自由度为 $\nu_1=(n_1-1)$、分母自由度为 $\nu_2=(n_2-1)$ 的 F 分布. F 分布关于它的均值可能是对称、左偏或右偏；它的精确形状与 s_1^2 和 s_2^2 的自由度，即 (n_1-1) 和 (n_2-1) 有关.

为了求 σ_1^2/σ_2^2 的置信上下限，我们需要求相应于分布尾部面积的 F 制表值，对 $\alpha=0.10, 0.05, 0.025$ 和 0.01 的上尾 F 值，分别见表 B.9~B.12，表 B.10 的部分结果见表 7.9. 表的列相应于枢轴统计量分子的样本方差 s_1^2 的各个自由度，行相应于分母的样本方差 s_2^2 的自由度. 例如，当分子自由度 $\nu_1=7$，分母自由度 $\nu_2=9$ 时，就有 $F_{0.05}=3.29$（表 7.9 的阴影部分）. 因此，$\alpha=0.05$ 是分子自由度为 7、分母自由度为 9 的 F 分布 3.29 右边的尾部面积. 即 $P(F>F_{0.05})=0.05$.

表 7.9 表 B.10 的省略形式：F 分布的百分位点，$\alpha=0.05$

	ν_1	分子自由度								
ν_2		1	2	3	4	5	6	7	8	9
分母自由度	1	161.4	199.5	215.7	224.6	230.2	234.0	236.8	238.9	240.5
	2	18.51	19.00	19.16	19.25	19.30	19.33	7	19.37	19.38
	3	10.13	9.55	9.28	9.12	9.01	8.94	8.89	8.85	8.81
	4	7.71	6.94	6.59	6.39	6.26	6.16	6.09	6.04	6.00
	5	6.61	5.79	5.41	5.19	5.05	4.95	4.88	4.82	4.77
	6	5.99	5.14	4.76	4.53	4.39	4.28	4.21	4.15	4.10
	7	5.59	4.74	4.35	4.12	3.97	3.87	3.79	3.73	3.68
	8	5.32	4.46	4.07	3.84	3.69	3.58	3.50	3.44	3.39
	9	5.12	4.26	3.86	3.63	3.48	3.37	3.29	3.23	3.18
	10	4.96	4.10	3.71	3.48	3.33	3.22	3.14	3.07	3.02
	11	4.84	3.98	3.59	3.36	3.20	3.09	3.29	2.95	2.90
	12	4.75	3.89	3.49	3.26	3.11	3.00	2.91	2.85	2.80
	13	4.67	3.81	3.41	3.18	3.03	2.92	2.83	2.77	2.71
	14	4.60	3.74	3.34	3.11	2.96	2.85	2.76	2.70	2.65

表 B.9 ~ 表 B.12 没有给出 F 分布的下尾值. 但是可以证明(证明略):

$$F_{1-\alpha}(\nu_1, \nu_2) = \frac{1}{F_\alpha(\nu_2, \nu_1)}$$

其中 $F_{1-\alpha}(\nu_1, \nu_2)$ 是切下分子自由度为 ν_1、分母自由度为 ν_2 的 F 分布的下尾面积为 α 的 F 值, $F_\alpha(\nu_2, \nu_1)$ 是切下分子自由度为 ν_2、分母自由度为 ν_1 的 F 分布的上尾面积为 α 的 F 值. 例如, 假设要查找 $\nu_1 = 7$, $\nu_2 = 9$ 的 F 分布下尾面积 $\alpha = 0.05$ 的值, 即希望求 $F_{1-\alpha}(\nu_1, \nu_2) = F_{0.95}(7, 9)$. 首先, 从表 7.9 中查找上尾值 $F_{0.05}(9, 7) = 3.68$(注意, 必须交换 F 的分子和分母自由度才能得到这个值), 然后计算

$$F_{0.95}(7, 9) = \frac{1}{F_{0.05}(9, 7)} = \frac{1}{3.68} = 0.272$$

利用前面的符号, 可以写出枢轴统计量 F 的概率表达式(见图 7.16):

$$P(F_{1-\alpha/2}(\nu_1, \nu_2) \leq F \leq F_{\alpha/2}(\nu_1, \nu_2)) = 1 - \alpha$$

令 $F_L = F_{1-\alpha/2}$, $F_U = F_{\alpha/2}$, 并且用 $(s_1^2/s_2^2)(\sigma_2^2/\sigma_1^2)$ 代替 F, 就得到

$$P(F_L \leq F \leq F_U) = P\left[F_L \leq \left(\frac{s_1^2}{s_2^2}\right)\left(\frac{\sigma_2^2}{\sigma_1^2}\right) \leq F_U\right]$$

$$= P\left(\frac{s_2^2}{s_1^2} F_L \leq \frac{\sigma_2^2}{\sigma_1^2} \leq \frac{s_2^2}{s_1^2} F_U\right)$$

$$= P\left(\frac{s_1^2}{s_2^2} \cdot \frac{1}{F_U} \leq \frac{\sigma_1^2}{\sigma_2^2} \leq \frac{s_1^2}{s_2^2} \cdot \frac{1}{F_L}\right) = 1 - \alpha$$

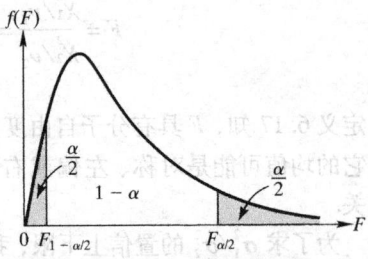

图 7.16 $\nu_1 = (n_1 - 1)$ 和 $\nu_2 = (n_2 - 1)$ 的 F 分布

或

$$P\left(\frac{s_1^2}{s_2^2} \cdot \frac{1}{F_{\alpha/2}(\nu_1, \nu_2)} \leq \frac{\sigma_1^2}{\sigma_2^2} \leq \frac{s_1^2}{s_2^2} \cdot \frac{1}{F_{1-\alpha/2}(\nu_1, \nu_2)}\right) = 1 - \alpha$$

用 $1/F_{\alpha/2}(\nu_2, \nu_1)$ 代替 $F_{1-\alpha/2}(\nu_1, \nu_2)$, 得到置信区间的最后表示:

$$P\left(\frac{s_1^2}{s_2^2} \cdot \frac{1}{F_{\alpha/2}(\nu_1, \nu_2)} \leq \frac{\sigma_1^2}{\sigma_2^2} \leq \frac{s_1^2}{s_2^2} \cdot F_{\alpha/2}(\nu_2, \nu_1)\right) = 1 - \alpha$$

两个总体方差比 σ_1^2/σ_2^2 的 $(1-\alpha)100\%$ 置信区间

$$\frac{s_1^2}{s_2^2} \cdot \frac{1}{F_{\alpha/2}(\nu_1, \nu_2)} \leq \frac{\sigma_1^2}{\sigma_2^2} \leq \frac{s_1^2}{s_2^2} \cdot F_{\alpha/2}(\nu_2, \nu_1)$$

其中 $F_{\alpha/2}(\nu_1, \nu_2)$ 是分子自由度 $\nu_1 = (n_1 - 1)$、分母自由度 $\nu_2 = (n_2 - 1)$ 的 F 分布上尾面积为 $\alpha/2$ 的 F 值, $F_{\alpha/2}(\nu_2, \nu_1)$ 是分子自由度 $\nu_2 = (n_2 - 1)$、分母自由度 $\nu_1 = (n_1 - 1)$ 的 F 分布上尾面积为 $\alpha/2$ 的 F 值.

假定: 1. 两个抽样总体具有近似正态的相对频率分布.
   2. 随机样本是从两个总体中独立地选取的.

与单个样本情形相同, 无论两个样本容量如何, 必须有正态总体的假定.

例 7.17 σ_1^2/σ_2^2 **的置信区间: 比较两个组装线** 工厂以组装线的两种不同物理排列对生产线进行试验. 已经确定两种排列每天已完成单位的平均数近似相同. 为了得到使生产处于最好过程控制的排列, 提议采用每天生产的已完成单位个数较小方差的排列. 表 7.10 给出了两种独立随机样本的观

察结果. 构造两种组装线排列的日加工零件个数方差比 σ_1^2/σ_2^2 的 95% 置信区间. 依据此结果, 你推荐哪一种排列?

ASSEMBLY   表 7.10   两种组装线的日加工零件数

生产线 1	448	523	506	500	533	447	524	469	470	494	536
	481	492	567	492	457	497	483	533	408	453	
生产线 2	372	446	537	592	536	487	592	605	550	489	461
	500	430	543	459	429	494	538	540	481	484	374
	495	503	547								

解 两条组装线的概括统计量见图 7.17 的 SAS 输出 (着重显示). 注意 $s_1^2 = 1\,407.89$, $s_2^2 = 3\,729.41$.

```
Sample Statistics

LINE
Group       N       Mean        Std. Dev.    Variance
-------------------------------------------------------
  1         21     491.0952      37.522       1407.89
  2         25     499.36        61.069       3729.407

Hypothesis Test

Null hypothesis:    Variance 1 / Variance 2  =  1
Alternative:        Variance 1 / Variance 2 ^= 1

        - Degrees of Freedom -
  F      Numer.      Denom.           Pr > F
-------------------------------------------------------
 0.38      20          24             0.0304

95% Confidence Interval of the Ratio of Two Variances

         Lower Limit      Upper Limit
         -----------      -----------
            0.1622           0.9089
```

图 7.17   组装线数据的 SAS 描述性统计量和置信区间

为了构造置信区间, 必须假定两条组装线的日加工零件数是近似正态分布. 因为希望求 95% 置信区间, 所以 $\alpha/2$ 值是 0.025, 需要查找 $F_{0.025}(\nu_1, \nu_2)$ 和 $F_{0.025}(\nu_2, \nu_1)$. 样本大小是 $n_1 = 21$ 和 $n_2 = 25$; 所以查分子自由度为 $\nu_1 = (n_1 - 1) = 20$ 和分母自由度为 $\nu_2 = (n_2 - 1) = 24$ 的 $F_{0.025}(\nu_1, \nu_2)$ 的值. 由附录表 B.11, 查得 $F_{0.025}(20, 24) = 2.33$. 对应地, 分子自由度为 $\nu_2 = (n_2 - 1) = 24$ 和分母自由度为 $\nu_1 = (n_1 - 1) = 20$ 的 $F_{0.025}(\nu_2, \nu_1)$ 的值. 由表 B.11 查得, $F_{0.025}(24, 20) = 2.41$.

将 s_1^2, s_2^2, $F_{0.025}(\nu_1, \nu_2)$ 和 $F_{0.025}(\nu_2, \nu_1)$ 的值代入置信区间公式, 得到

$$\frac{(1\,407.89)}{(3\,729.41)}\left(\frac{1}{2.33}\right) \leq \frac{\sigma_1^2}{\sigma_2^2} \leq \frac{1\,407.89}{3\,729.41}(2.41)$$

$$0.162 \leq \frac{\sigma_1^2}{\sigma_2^2} \leq 0.909$$

(注: 这个区间显示在图 7.17 的底部.)

我们有 95% 的置信估计总体方差比的真值 σ_1^2/σ_2^2 落在 0.162~0.909 之间. 因为区间内的所有值均小于 1.0, 所以第一条组装线的日产零件数的方差 (由 σ_1^2 度量) 小于第二条组装线的日产零件数的方差 (由 σ_2^2 度量). ■

应用练习

7.82 求 F 值. 对分子自由度是 15、分母自由度是 12 的 F 分布, 当 α 取下列值时, 求 F_α:
a. $\alpha = 0.025$ b. $\alpha = 0.05$ c. $\alpha = 0.10$

7.83 求 F 值. 对下列情况下 F 分布, 求 $F_{0.05}$ 的值:
a. 分子自由度 7, 分母自由度 25.
b. 分子自由度 10, 分母自由度 8.
c. 分子自由度 30, 分母自由度 60.
d. 分子自由度 15, 分母自由度 4.

DRUGCON

7.84 药物含量评估. 参考练习 7.39, *Analytical Chemistry*(2009 年 12 月 15 日)关于科学家使用高性能液体色谱法测定药片中药物含量的研究. 在两个不同的独立地点分别生产 25 个药片, 研究人员想确定两个地点生产的药物浓度方差是否不同. 下面给出了分析的 MINITAB 输出, 确定结果中 σ_1^2/σ_2^2 的 95% 置信区间. 基于这个区间, 你能对两个地点的药物浓度得出什么推断?

7.85 肯尼亚河马的放牧模式. 参考练习 7.41, *Landscape & Ecology Engineering*(2013 年 1 月)关于肯尼亚河马放牧模式的研究. 对两个地区的地块进行抽样——一个国家保护区和一个社区田园牧场, 并确定每个地块水源地的河马小道数量. 样本统计数据在下表中给出.

a. 求两个地区方差比 σ_1^2/σ_2^2 的区间估计. 用 90% 置信度.
b. 研究人员可以确定地得出结论"国家保护区水源地河马小道数量的方差与社区田园牧场水源地河马小道数量的方差不同"吗? 请解释.

	国家保护区	田园牧场
样本大小	406	230
小道的平均数	0.31	0.13
标准差	0.4	0.3

资料来源: Kanga, E. M., et al. "Hippopotamus and livestock grazing: influences on riparian vegetation and facilitation of other herbivores in the Mara Region of Kenya", *Landscape & Ecology Engineering*, Vol. 9, No. 1, 2013 年 1 月.

```
Test and CI for Two Variances: Content vs Site

Method

Null hypothesis          Variance(1) / Variance(2) = 1
Alternative hypothesis   Variance(1) / Variance(2) not = 1
Significance level       Alpha = 0.05


Statistics

Site   N    StDev    Variance
1      25   3.067    9.406
2      25   3.339    11.147

Ratio of standard deviations = 0.919
Ratio of variances = 0.844


95% Confidence Intervals
                                CI for
Distribution    CI for StDev    Variance
of Data         Ratio           Ratio
Normal          (0.610, 1.384)  (0.372, 1.915)
Continuous      (0.497, 1.315)  (0.247, 1.729)


Tests
                                         Test
Method                      DF1   DF2    Statistic   P-Value
F Test (normal)             24    24     0.84        0.681
Levene's Test (any continuous)  1   48   0.64        0.427
```

练习 7.84 的 MINITAB 输出

7.86 油炸红薯片的含油量. 参考练习7.75, *Journal of Food Engineering*(2013年9月)关于油炸红薯片特点的研究. 在130°条件下用真空油炸锅油炸6个红薯切片,内部含油量(千兆克)的统计数据如下:$\bar{y}_1 = 0.178 g/g$, $s_1 = 0.011 g/g$. 得到的第二份含有6个红薯切片的样本进行了两次油炸过程(在130°条件下再次油炸),试图改变它的质地和外观. 第二份样本内部含油量的概括统计量如下:$\bar{y}_2 = 0.140 g/g$, $s_2 = 0.002 g/g$. 研究人员想要比较用两种方法得到的油炸红薯片的平均内部含油量;然而他们注意到样本容量太小.

a. 为了使比较的均值有效,对数据需要作什么假定?
b. 构造感兴趣的两个总体方差之比的95%置信区间.
c. 基于b中的区间,与a中假定矛盾吗?请解释.

7.87 机器人的感应运动. 参考练习2.64, *The International Journal of Robotics Research*(2004年12月)估计机器人手臂感应运动的算法. 一个关键的变量是估计手臂转动误差(弧度). 对于固有干扰和投影干扰不同组合的11次试验, 转动误差数据重新列于表中. 假定转动误差的方差是重要的,研究人员希望比较不同的固有和投影误差的方差. 他们尤其希望估计只有固有干扰没有投影干扰误差的方差与只有投影干扰没有固有干扰的误差的方差之比. 用90%置信区间估计这个参数. (提示:删掉第1次试验的数据.)

🌐 SENSOR

序号	固有干扰	投影干扰	旋转误差(弧度)
1	No	No	0.000 003 4
2	Yes	No	0.032
3	Yes	No	0.030

(续)

序号	固有干扰	投影干扰	旋转误差(弧度)
4	Yes	No	0.094
5	Yes	No	0.046
6	Yes	No	0.028
7	No	Yes	0.27
8	No	Yes	0.19
9	No	Yes	0.42
10	No	Yes	0.57
11	No	Yes	0.32

资料来源: Strelow, D., and Singh, S. "Motion estimation form image and inertial measurements." *The International Journal of Robotics Research*, Vol. 23, No. 12, Dec. 2004(表4).

7.88 污染物的大气传播. 在 *Environmental Science & Technology*(1993年10月)中, 科学家报告了关于PCDD(一种从固体废物焚烧、机动车、钢铁厂和金属加工厂散发的污染物)的传播和转化的研究. 收集了某些不同日子里瑞典的两个地方——Rörvik(11天)和Gothenburg(3天)的空气样品. 这里给出每个样品的PCDD(pg/m^3)含量. 用区间估计比较两个地方PCDD含量的方差, 并由分析给出一个推断.

🌐 PCDDAIR

Rörvik				Gothenburg		
2.38	3.03	1.44	0.47	0.50	0.61	0.90
0.50	0.22	0.26	0.31			
0.46	1.09	2.14				

资料来源: Tysklind, M., et al. "Atmospheric transport and transformation of polychlorinated dibenzo-p-dioxins and dibenzofurans." *Environmental Science & Technology*, Vol. 27, No. 10, Oct. 1993, p. 2193(表Ⅲ).

7.11 选择样本容量

对实际问题应用统计时, 遇到的基本问题之一是确定包含在样本中的观测值个数. 这个问题的解决依赖下面问题的回答:你希望置信区间大概多宽? 你要求的置信系数是什么?

你可能已经注意到在7.4~7.10节介绍的许多置信区间的半宽是样本容量和牵涉的点估计标准误的函数. 例如, μ 的小样本置信区间的半宽 H 是

$$H = t_{\alpha/2}\left(\frac{s}{\sqrt{n}}\right)$$

其中 $t_{\alpha/2}$ 依赖于样本容量 n, 并且 s 也是由样本数据计算出来的统计量. 因为在选取样本之前我们不

知道 s，所以无法控制它的值，减少置信区间宽度最简单的方法是增加样本容量 n。一般地，样本容量越大，你获得的信息就越多，置信区间的宽度越小。下面用两个例子来说明选择样本容量的方法。

例 7.18 **选择 n 来估计 μ：取暖燃料的费用均值** 作为美国能源部（DOE）调查的一部分，随机选取美国家庭，让他们回答去年花费在家庭取暖的油气支出。DOE 特别关心去年取暖燃料费用的平均值。如果 DOE 想用 0.95 的置信系数并且使 μ 的估计精度在 10 美元以内，样本中应包含多少户家庭？

解 DOE 想得到一个置信系数等于 $(1-\alpha)=0.95$、区间的半宽等于 10 的 μ 的区间估计。μ 的大样本置信区间的半宽是

$$H = z_{\alpha/2}\sigma_{\bar{y}} = z_{\alpha/2}\left(\frac{\sigma}{\sqrt{n}}\right)$$

在这个例子中，我们有 $H=10$，$z_{\alpha/2}=z_{0.025}=1.96$。为了解关于 n 的方程，需要知道 σ。但是，正像在实际问题中经常遇到的那样，σ 是未知的。但是，如果假定 DOE 根据以前的记录知道年燃料支出量的近似极差是 520 美元。那么可以令这个近似极差等于 4σ⊖。因此，

$$4\sigma \approx 520 \quad \text{或者} \quad \sigma \approx 130$$

求解 n，我们有

$$H = z_{\alpha/2}\left(\frac{\sigma}{\sqrt{n}}\right) \quad \text{或者} \quad 10 = 1.96\left(\frac{130}{\sqrt{n}}\right)$$

或者

$$n = \frac{(1.96)^2(130)^2}{(10)^2} \approx 650$$

所以，DOE 需要由 650 户美国家庭给出的响应才能以 95% 的置信、以不超过 10 美元的误差估计去年美国家庭的平均燃料费支出。因为这个调查需要花费一定的费用，所以 DOE 可能决定允许最大的半宽（如 $H=15$ 或 $H=20$）来减少样本容量或者可能减小要求的置信系数。重要的一点是为了利用试验之前确定的近似样本大小，使最后的估计值达到指定的程度，试验者可以进行抽样尝试。∎

例 7.19 一个产品质量监督员怀疑两台不同机器生产的产品不合格品率 p_1 和 p_2 存在不同。试验表明两台机器生产的产品不合格品率都在 0.03 左右。如果质检员想以 0.95 的概率要求两个不合格品率之差的估计精确到 0.005 以内，他必须从每台机器生产的产品中随机抽样多少件？（假定 $n_1=n_2=n$。）

解 因为我们想以 95% 置信区间估计 (p_1-p_2)，故利用 $z_{\alpha/2}=z_{0.025}=1.96$。又因为这个估计精确到 0.005 以内，即置信区间的半宽必须等于 0.005，所以令 $p_1=p_2=0.03$，$n_1=n_2=n$，求解下列关于 n 的方程可以得到每台机器要求的样本容量：

$$H = z_{\alpha/2}\sigma_{(\hat{p}_1-\hat{p}_2)} \quad \text{或} \quad H = z_{\alpha/2}\sqrt{\frac{p_1q_1}{n_1}+\frac{p_2q_2}{n_2}}$$

$$0.005 = 1.96\sqrt{\frac{(0.03)(0.97)}{n}+\frac{(0.03)(0.97)}{n}}$$

$$0.005 = 1.96\sqrt{\frac{2(0.03)(0.97)}{n}}$$

⊖ 由经验法则，我们期望大约 95% 的观测值落在 $\mu-2\sigma$ 和 $\mu+2\sigma$ 内。因此，极差 $\approx (\mu+2\sigma)-(\mu-2\sigma)=4\sigma$。

$$n = \frac{(1.96)^2(2)(0.03)(0.97)}{(0.005)^2} \approx 8\,943$$

由此可见，这可能是一个烦琐的抽样过程. 如果质检员坚持 0.95 的概率要求估计 $p_1 - p_2$ 精确到 0.005 以内，他必须对每台机器检查大约 9 000 件产品. ■

从例 7.18 的计算中可见，$\sigma_{(\hat{p}_1-\hat{p}_2)}$（因此解 $n_1 = n_2 = n$）依赖于 p_1 和 p_2 的真实（但未知）值. 事实上，当 $p_1 = p_2 = 0.5$ 时，要求的样本容量 $n_1 = n_2 = n$ 是最大的. 因此，如果你对 p_1 和 p_2 的近似值没有任何先验信息，那么在 $\sigma_{(\hat{p}_1-\hat{p}_2)}$ 的公式中，用 $p_1 = p_2 = 0.5$. 如果 p_1 和 p_2 实际上接近 0.5，则此时得到的 n_1 和 n_2 的值将是正确的. 如果 p_1 和 p_2 完全不同于 0.5，那么 n_1 和 n_2 的解将比实际需要的大. 所以在求解 n_1 和 n_2 时，用 $p_1 = p_2 = 0.5$ 是保守的方法，因为样本容量 n_1 和 n_2 至少如（可能超过）所需的那样大.

下面给出估计参数 μ，$\mu_1 - \mu_2$，p 和 $p_1 - p_2$ 时所需的样本容量的计算公式. 估计方差时所需的样本容量计算公式比较难，超出了本书的研究范围.

为了以 $1-\alpha$ 的概率估计总体均值 μ 在 H 个单位内，选择样本容量

$$n = \left(\frac{z_{\alpha/2}\sigma}{H}\right)^2$$

（注：总体标准差 σ 常是近似的.）

为了以 $1-\alpha$ 的概率估计成对总体均值差 $\mu_1 - \mu_2$ 恰好在 H 个单位内，选择样本容量

$$n_1 = n_2 = \left(\frac{z_{\alpha/2}}{H}\right)^2(\sigma_1^2 + \sigma_2^2)$$

其中 n_1 和 n_2 是从两个总体中抽样的观测值个数，σ_1^2 和 σ_2^2 是两个总体的方差.

为了以 $1-\alpha$ 的概率估计总体比率 p 在 H 个单位内，选择样本容量

$$n = \left(\frac{z_{\alpha/2}}{H}\right)^2 pq$$

其中 p 是你试图估计的总体比率，$q = 1 - p$.
（注：这个算法要求事先估计 p 和 q. 如果对 p 和 q 一无所知，利用 $p = q = 0.5$ 得出 n 的保守选择.）

为了以 $1-\alpha$ 的概率估计两个总体比率差 $(p_1 - p_2)$ 在 H 个单位内，选择样本容量

$$n_1 = n_2 = \left(\frac{z_{\alpha/2}}{H}\right)^2(p_1 q_1 + p_2 q_2)$$

其中 p_1 和 p_2 分别是总体 1 和 2 的比率，n_1 和 n_2 是从每个总体中抽样的观测值个数.

应用练习

7.89 放射性地衣. 参考练习 7.31 中阿拉斯加州地衣放射性基线的研究. 对 $n = 9$ 个地衣样品的样本，研究者计算放射性元素铯-137 含量的平均值和方差分别是 0.009 和 0.005 微居里/毫升. 假定研究者想增加样本容量，使估计均值 μ 在它的真值 0.001 微居里/毫升以内，利用 95% 置信区间.
a. 研究者要求的置信水平是什么？
b. 研究者希望的抽样误差是什么？
c. 计算为得到要求的估计所需的样本容量.

7.90 失火引起的铝制罐污点. 坐落在佛罗里达州坛帕内的一个巨大商品仓库储存了将近 6 000 万个空

铝制啤酒和汽水罐. 最近, 这个仓库失火, 许多铝罐被烟熏留下黑点不能使用. 保险公司聘请南佛罗里达大学的统计学家估计仓库内被火熏黑的铝罐的实际比率 p. 以 90% 的置信度估计实际比率在 0.02 以内, 需要随机抽取多少个铝制罐瓶?

7.91 **激光扫描估计鱼量**. 参考练习 7.25, *Journal of Aquacultural Engineering*(2012 年 11 月) 关于在水池中用激光扫描估计鱼量可行性的研究. 为了进行试验, 在鱼池中饲养多宝鱼, 并在池中随机选择的位置进行激光扫描, 估计每次扫描的鱼量(千克). 为了以 95% 置信度估计池中平均鱼层平均鱼量的真实值在 5kg 以内, 确定需要扫描的次数. (提示: 把原始研究的样本标准差 15kg 作为鱼量标准差真值的一个估计)

7.92 **林业收割者的肌肉活动**. 参考练习 7.38, *International Journal of Foresting Engineering*(Vol. 19, 2008)关于林业收割机操作者颈部和上肢肌肉活动模式的研究. 用独立样本设计比较两种类型的收割机——Timberjack 和 Valmet. 为了以 90% 置信度估计两种收割机肌肉静息平均差值 $(\mu_T - \mu_V)$ 的真实值在 1.5 秒/分之内, 需要多少位 Timberjack 和 Valmet 收割机操作者参与研究? 假设样本大小相等.

7.93 **浅基础沉降**. 参考练习 7.50, *Environmental & Engineering Geoscience*(2012 年 11 月)关于黏性土壤浅基础沉降的研究. 研究人员抽取了在浅基础上建造的 13 个结构样本并测定了每个结构的实际沉降值(毫米)和预测沉降值(根据公式). 为了以 99% 置信度估计实际沉降值和预测沉降值平均差的真实值在 2 毫米以内, 还需要多少个结构样本?

7.94 **微软程序安全问题**. 参考练习 7.58, *Computers & Security*(2013 年 7 月)关于微软产品安全问题的研究. 为了以 90% 置信度为微软估计报告 Windows 问题的公告比例在 0.075 以内, 确定安全公告的样本容量.

7.95 **行军虫信息素研究**. 参考练习 7.68, *Journal of Chemical Ecology*(2013 年 3 月)关于吸引两个不同品种行军虫信息素的有效性研究. 玉米菌株和水稻菌株的雄性行军虫均被释放到含有信息素的玉米地里, 并且比较了被信息素捕获的两种不同品种雄性行军虫的百分比. 如果研究人员想要以 90% 置信区间估计百分比之差在 5% 以内, 每种行军虫需要释放多少只? 假设释放的玉米菌株和水稻菌株雄性行军虫数量相等.

7.96 **烤箱烹调研究**. 参考练习 7.35. 以 95% 的置信度估计烤箱烹调或烘烤产生的细微颗粒平均衰退速度在 0.04 以内, 需要选取多大的样本?

7.97 **地下井水的污染**. 参考练习 7.66, *Environmental Science & Technology*(2005 年 1 月)关于新罕布什尔州井水被甲基叔乙基醚(MTBE)污染的研究. 为了以 95% 的置信度估计检测到 MTBE 水平井的比率之差在 0.06 之内, 必须抽样多少口公有井和私有井?

7.98 **高强度铝合金**. 参考练习 7.43, *JOM*(2003 年 1 月)关于一种新型高强度 RAA 铝合金与目前最强铝合金的比较. 假定研究者希望以 95% 的置信度估计两种铝合金平均强度之差在 15MPa 以内. 为得到所要求的估计, 每类必须检验多少个合金样品?

❓ **理论练习**

7.99 在确定为估计 p 所需的样本容量时, 证明: 当 $p = 0.5$ 时, 样本容量 n 是最大的.

*7.12 其他区间估计方法: 自助法和贝叶斯法

在 7.4~7.10 节中, 使用了求总体参数置信区间的经典统计方法. 此方法的关键是求感兴趣的总体参数的枢轴统计量(7.3 节的定义). 由于枢轴统计量的概率分布已知(对大样本应用中心极限定理, 对小样本作总体数据的假定), 枢轴统计量的概率表达式用于求置信区间的上下端点.

在本节中, 我们介绍另外两种不同的区间估计方法: 自助法和贝叶斯法. 在一定的抽样条件下, 这两种方法或其中的一种可以为目标参数提供更窄的或/和更加有效的置信区间.

自助法置信区间

自助法由布雷德利·埃夫朗(Bradley Efron, 1979)提出, 也称作**重复抽样**的蒙特卡罗方法, 即从原始样本数据中重复抽取(有放回)容量为 n 的样本. 埃夫朗所用的自助一词来源于"依靠自己的力量把自己提起来"; 因此, 很形象地描述了一种基于计算机技术的方法, 即使在数据不满足基本假定的抽样情况下也能得到可靠的推断.

设 $y_1, y_2, y_3, \cdots, y_n$ 表示取自有未知均值 $E(Y) = \mu$ 的总体、大小为 n 的一个随机样本. 用自助法求 μ 的置信区间的步骤如下:

- **步骤 1** 选择 j, 其中 j 是重复抽样的次数. (通常, j 是一个非常大的数, 如 $j = 1\,000$ 或 $j = 3\,000$.)
- **步骤 2** 来自原始样本数据集合 $y_1, y_2, y_3, \cdots, y_n$ 的 n 个 Y 值的有放回随机抽样称为**重复抽样**. (注:因为是有放回抽样, 有可能出现单个样本观测值是同一 Y 值的多重值.)
- **步骤 3** 重复 j 次步骤 2, 计算每次的样本平均值 $\bar{y}$.
- **步骤 4** 设 $\bar{y}_1, \bar{y}_2, \bar{y}_3, \cdots, \bar{y}_j$ 表示来自重复抽样的 j 个样本均值. 这些样本均值的(模拟)分布近似 $\bar{y}$ 的真实抽样分布.
- **步骤 5** 求步骤 4 得到的 $\bar{y}$ 的模拟抽样分布的(近似) $(\alpha/2)100\%$ 和 $(1 - \alpha/2)100\%$ 的百分位数. 这两个百分位数分别表示 μ 的近似 $(1 - \alpha)100\%$ 置信区间的下限与上限.

按照这种方法的初步说明, 还不能马上明白为什么对样本的重复抽样能得到可靠的估计和正确的置信区间. 关键是理解仅有的关于样本均值 $\bar{y}$ 的抽样变异性信息就在样本之中. 所以, 通过对样本重复抽样, 模拟了围绕 $\bar{y}$ 的实际变异性. 当然, 我们需要计算机来执行数以千计的重复抽样, 以得到 $\bar{y}$ 的抽样分布的较好近似.

我们用下面的例子来解释上述自助法步骤.

例 7.20 **泊松 λ 的自助估计** 参考例 7.2 关于猫听觉神经纤维反应速度的研究. 随机测量了 10 只猫的数据(对突发噪音每 200ms 的脉冲数)见表 7.11. **CATNERVE** 用这些数据估计真实的平均反应速度 λ. 因为样本容量很小 ($n = 10$), 为使 7.3 节小样本置信区间方法有效, 抽样总体必须近似正态分布. 但是我们知道反应速度 Y 是近似泊松分布的. 因此在这种抽样情况下不满足正态性假定. 用自助法可以得到 λ 的正确的 90% 置信区间.

表 7.11 听觉神经纤维反应速度

15.1	14.6	12.0	19.2	16.1
15.5	11.3	18.7	17.1	17.2

解 为了得到自助置信区间, 按照上面介绍的步骤进行.

- **步骤 1** 选择 $j = 3\,000$ 次重复抽样.
- **步骤 2 ~ 3** 从表 7.11 的样本数据中用 SAS 程序(有放回地选取观测值)产生大小为 $n = 10$ 的 3 000 个随机样本. 前 5 次重复抽样的反应速度数据见表 7.12.

表 7.12 对表 7.11 数据中的自助法抽样(前 5 个样本)

样本 1	12.0	11.3	18.7	17.2	17.2	11.3	17.1	17.2	17.1	14.6
样本 2	15.1	19.2	18.7	14.6	11.3	17.1	17.2	14.6	12.0	16.1
样本 3	17.2	18.7	15.1	14.6	11.3	15.1	17.1	16.1	17.1	15.1
样本 4	15.1	15.1	15.1	15.5	16.1	17.1	14.6	19.2	19.2	17.2
样本 5	17.1	15.1	15.1	17.2	19.2	18.7	17.1	16.1	19.2	19.2

- **步骤 3 ~ 4** 用 SAS 程序计算每个样本的样本均值 $\bar{y}$. 这 3 000 个样本均值的概括统计量见图 7.18 的 SAS 输出.

```
                    The UNIVARIATE Procedure
                         Variable:  YBAR
                              Moments

  N                         3000    Sum Weights              3000
  Mean                15.6907033    Sum Observations     47072.11
  Std Deviation        0.79486784    Variance           0.63181488
  Skewness            -0.0969683    Kurtosis           -0.0683272
  Uncorrected SS      740489.326    Corrected SS        1894.81282
  Coeff Variation      5.06585218    Std Error Mean     0.01451223

                     Basic Statistical Measures

         Location                        Variability

    Mean       15.69070         Std Deviation        0.79487
    Median     15.70000         Variance             0.63181
    Mode       15.37000         Range                4.89000
                                Interquartile Range  1.05000

                       Quantiles (Definition 5)

                       Quantile       Estimate

                       100% Max         18.110
                       99%              17.505
                       95%              16.980
                       90%              16.690
                       75% Q3           16.230
                       50% Median       15.700
                       25% Q1           15.180
                       10%              14.645
                       5%               14.300
                       1%               13.750
                       0% Min           13.220
```

图 7.18 样本均值 $\bar{y}$ 的 3 000 个自助值的 SAS 概括统计量

步骤 5 对 90% 置信区间，$\alpha = 0.10$，$\alpha/2 = 0.05$，$(1 - \alpha/2) = 0.95$. 所以，总体均值 λ 的自助 90% 置信区间要求我们得到 $\bar{y}$ 的抽样分布的第 5 和第 95 百分位数. 这两个百分位数在图 7.16 着重显示. 第 5 百分位数是 14.30，第 95 百分位数是 16.98. 因此，λ 的自助 90% 置信区间是 (14.30, 16.98). ∎

对任意总体参数 θ（如 $\theta = \sigma^2$，$\theta = \mu_1 - \mu_2$，等等）自助置信区间的求法与估计 μ 的方法类似，步骤见下面的方框.

总体参数 θ 的自助置信区间

设 $y_1, y_2, y_3, \cdots, y_n$ 表示取自有未知参数 θ 的总体概率分布随机变量 Y 的 n 个观测值的随机样本. 设 $\hat{\theta}$ 表示 θ 的样本估计.

用自助法求 θ 的置信区间的步骤如下：

步骤 1 选择 j，这里 j 是重复抽样的次数.

步骤 2 从原始样本数据集 $y_1, y_2, y_3, \cdots, y_n$，用有放回方法重复抽样 Y 的 n 个值.

步骤 3 重复第 2 步共 j 次，计算每次的 $\hat{\theta}$.

步骤 4 设 $\hat{\theta}_1, \hat{\theta}_2, \cdots, \hat{\theta}_j$ 表示 j 个重复抽样的样本估计值.

步骤5 用步骤4的样本值，求 $\hat{\theta}$ 的模拟抽样分布的(近似)$(\alpha/2)100\%$ 和 $(1-\alpha/2)100\%$ 百分位数。这两个百分位数分别表示 θ 的近似 $(1-\alpha)100\%$ 置信区间的下端点与上端点。

用方框中方法生成的置信区间叫作**百分位数自助置信区间**。还有一些用自助法产生置信区间的其他算法，如自助 t 区间、BC_α 自助区间和 ABC 自助区间。这些都超出了本书的范围。关于如何利用这些方法的细节，请参考有关资料。

贝叶斯估计法

在7.3节中，我们介绍了贝叶斯统计方法——应用"贝叶斯法则"的逻辑进行统计推断的方法。对于估计某个总体参数 θ 的问题，贝叶斯方法将 θ 看作一个具有某已知概率分布 $h(\theta)$ 的随机变量。换句话说，在抽样之前，通过选取 θ 的一个合适的概率分布，贝叶斯方法确定了 θ 取某个值的可能性。因此，$h(\theta)$ 称作 θ 的**先验分布**。

令 $y_1, y_2, y_3, \cdots, y_n$ 表示取自有未知参数 θ 的总体大小为 n 的随机样本。设 $f(y_1, y_2, y_3, \cdots, y_n \mid \theta)$ 表示给定 θ 后样本值的联合条件概率分布，$h(\theta)$ 表示 θ 的先验分布。求 θ 的贝叶斯估计的关键是条件分布 $g(\theta \mid y_1, y_2, y_3, \cdots, y_n)$——称作 θ 的**后验分布**。应用贝叶斯法则，可以证明(证明略)后验分布是

$$g(\theta \mid y_1, y_2, y_3, \cdots, y_n) = \frac{f(y_1, y_2, y_3, \cdots, y_n \mid \theta) \cdot h(\theta)}{f(y_1, y_2, y_3, \cdots, y_n)}$$

其中 $f(y_1, y_2, y_3, \cdots, y_n) = \int f(y_1, y_2, y_3, \cdots, y_n \mid \theta) \cdot h(\theta) d\theta$。

一旦后验分布 $g(\theta \mid y_1, y_2, y_3, \cdots, y_n)$ 确定，θ 的贝叶斯估计(记作 $\hat{\theta}_B$)也就可以适当选取。例如，$\hat{\theta}_B$ 可以是后验分布的均值或后验分布的中位数。

贝叶斯方法通常对选择一个与 θ 的真值相差甚远的 $\hat{\theta}_B$ 值进行惩罚。通常是用**平方误差损失函数**，这里损失是 $L = (\theta - \hat{\theta}_B)^2$。那么 θ 的估计将是使 L 达到最小的那个值。可以证明(证明略)，使平方误差损失最小的 $\hat{\theta}_B$ 就是后验分布的均值，记作 $E(\theta \mid Y_1, Y_2, \cdots, Y_n)$。

我们用下面的例子来说明贝叶斯方法。

例7.21 **二项 p 的贝叶斯估计** 设 $y_1, y_2, y_3, \cdots, y_n$ 表示来自具有未知成功概率 p 的伯努利概率分布的容量为 n 的随机样本。X 表示伯努利值的和，$X = \sum y_i$。(由4.6节)我们知道 X 服从参数为 n 和 p 的二项分布，用平方误差损失函数求 p 的贝叶斯估计。假定 p 的先验分布是参数为 $\alpha = 1, \beta = 2$ 的 β 概率分布。

解 因为已知 X 服从一个离散的二项分布(在给定 n 和 p 的条件下)，p 服从连续的 β 分布($\alpha = 1, \beta = 2$)，我们有

$$p(x \mid n, p) = \binom{n}{x} p^x (1-p)^{n-x}, \qquad 0 \leq x \leq n$$

$$h(p) = \frac{\Gamma(\alpha+\beta) p^{\alpha-1}(1-p)^{\beta-1}}{\Gamma(\alpha)\Gamma(\beta)} = \frac{\Gamma(3) p^0 (1-p)^1}{\Gamma(1)\Gamma(2)} = 2(1-p), \qquad 0 < p < 1$$

p 的后验分布(在和 $X = x$ 条件下)是

$$g(p \mid x) = p(x \mid p) \cdot h(p)/p(x)$$

后验分布的分母是

$$p(x) = \int_0^1 p(x|p) \cdot h(p) \mathrm{d}p = \int_0^1 \binom{n}{x} p^x (1-p)^{n-x} 2(1-p) \mathrm{d}p = 2\binom{n}{x} \int_0^1 p^x (1-p)^{n-x+1} \mathrm{d}p$$

注意到,被积表达式是 $\alpha = (x+1)$, $\beta = (n-x+2)$ 的 β 分布. 所以,它等于 $\Gamma(\alpha)\Gamma(\beta)/\Gamma(\alpha+\beta) = \Gamma(x+1)\Gamma(n-x+2)/\Gamma(n+3)$. 因此,我们有

$$p(x) = 2\binom{n}{x} \int_0^1 p^x (1-p)^{n-x+1} \mathrm{d}p = 2\binom{n}{x} \Gamma(x+1)\Gamma(n-x+2)/\Gamma(n+3)$$

现在,求 p 的后验分布:

$$g(p|x) = p(x|n,p) \cdot h(p)/p(x) = \frac{\binom{n}{x} p^x (1-p)^{n-x} 2(1-p) \Gamma(n+3)}{2\binom{n}{x} \Gamma(x+1)\Gamma(n-x+2)}$$

$$= p^x (1-p)^{n-x+1} \Gamma(n+3)/[\Gamma(x+1)\Gamma(n-x+2)]$$

可见 $g(p|x)$ 有 $\alpha = (x+1)$, $\beta = (n-x+2)$ 的 β 分布形式. 对平方误差损失函数, p 的贝叶斯估计是这个条件分布的均值. β 分布的均值是 $\alpha/(\alpha+\beta)$. 因此, p 的贝叶斯估计是

$$\hat{p}_B = \alpha/(\alpha+\beta) = (x+1)/[x+1+n-x+2] = (x+1)/(n+3)$$

经整理,上述表达式可写成

$$\hat{p}_B = (x+1)/(n+3) = \left(\frac{n}{n+3}\right)\left(\frac{x}{n}\right) + \left(\frac{1}{3}\right)\left(\frac{3}{n+3}\right) = \left(\frac{n}{n+3}\right)\bar{x} + \left(\frac{1}{3}\right)\left(\frac{3}{n+3}\right)$$

注意, $[3/(n+3)]$ 是 $\alpha=1$, $\beta=2$ 的 β 分布的均值. 因此, p 的贝叶斯估计是样本均值 $\bar{x}$ 和 p 的先验概率分布均值的简单加权平均. ■

参数 θ 的贝叶斯区间估计也能从 θ 的后验条件概率分布推得. 这些区间称作**可信区间**(或**概率区间**),形式如下:

$$P(L < \theta < U) = \int_L^U g(\theta|y_1, y_2, y_3, \cdots, y_n) \mathrm{d}\theta$$

区间的下限 L 和上限 U 是样本 Y 的函数,应选择 L 和 U 使 θ 在这个区间内的概率是 0.95(譬如说). 例如,假定 θ 的后验分布是自由度为 $\nu = 2\sum y_i$ 的 χ^2 分布. 为了保证 $P(L<\theta<U) = 0.95$, L 和 U 分别是 χ^2 分布的第 2.5 和第 97.5 百分位数. 关于如何得到贝叶斯概率区间的更多内容,请参考有关文献.

应用练习

7.100 混凝土 FRP 条的承重强度. 参考练习 2.47, *Composites Fabrication Magazine* (2004 年 9 月)关于纤维增强聚合物(FRP)合成材料的强度研究. 检测了用机械方法固定在高速路桥梁上的 10 根拉挤 FRP 条的承重强度(单位 MPa)数据见下表. 用自助法求用机械方法固定 FRP 条真实平均强度的 90% 置信区间. 解释这个结果.

FRP

240.9	248.8	215.7	233.6	231.4
230.9	225.3	247.3	235.5	238.0

资料来源: Data are simulated from summary information provided in *Composites Fabrication Magazine*, Sept. 2004, p. 32 (表1).

7.101 新泽西井水的污染. 参考练习 7.29, *Environmental Science & Technology* (2005 年 1 月)关于新泽西加油站附近水井污染的研究. 表中给出了 12 口井的甲基叔丁基醚(MTBE)含量数据(百万分之一). 用自助法求新泽西加油站附近水井的 MTBE 平均含量的 99% 置信区间. 比较自助区间与练习 7.29b 的置信区间.

NJGAS

150	367	38	12	11	134
12	251	63	8	13	107

7.102 估计冰碛物的年代. 参考练习 7.64, *American*

Journal of Science(2005年1月)关于威斯康星州沉积的冰碛物化学成分的研究. 26件冰碛物中铝(Al)和铍(Be)的比数据见下表.

a. 用自助法求所有冰碛物中 Al/Be 超过 4.5 的真实比率, 用95%置信区间.
b. 比较自助区间与练习 7.64b 得到的置信区间, 为什么自助置信区间更加合适?

TILLRATIO

3.76	4.05	3.81	3.23	3.13	3.30	3.21
3.32	4.09	3.90	5.06	3.85	3.88	
4.06	4.56	3.60	3.27	4.09	3.38	3.37
2.73	2.95	2.25	2.73	2.55	3.06	

资料来源: Adapted from *American Journal of Science*, Vol. 305, No. 1, Jan. 2005, p. 16(表2).

7.103 白光干扰测量技术. 在要求高精度的地表高度地图中, 白光干扰测量技术(WLI)已经成为一个标准检测工具. 因为 WLI 产生二维海拔轮廓, 而 WLI 所用的标准机械设备只能产生一维轮廓, 工程师们必须估计 WLI 地表图生成像素的平均高度. 在 *Optical Engineering*(2005年1月)中, 德国研究者应用贝叶斯法来解决这个问题. 研究的简化形式叙述如下: 令 Y 表示由 WLI 产生的像素高度. 假定 Y 以概率 p 取 1, 以概率 $1-p$ 取 0. 再假定 p 服从参数为 $\alpha=1$, $\beta=2$ 的 β 分布. 现在令 $y_1, y_2, y_3, \cdots, y_n$ 表示 Y 的 n 个像素样本的高度, 如果 $\bar{y}=0.80$, 用平方误差损失函数求 p 的贝叶斯估计. (提示: 用例 7.20 的结果.)

理论练习

7.104 设 $y_1, y_2, y_3, \cdots, y_n$ 表示未知均值为 λ 的泊松概率分布的一个容量为 n 的随机样本, X 表示泊松值的和($X=\Sigma Y_i$). 那么, X 服从均值为 $n\lambda$ 的泊松分布. 假定 λ 的先验分布是参数为 β 的指数概率分布.
a. 求后验分布 $g(\lambda \mid x)$.
b. 用平方误差损失函数求 λ 的贝叶斯估计.

7.105 设 $y_1, y_2, y_3, \cdots, y_n$ 表示未知均值为 μ、方差为 $\sigma^2=1$ 的正态概率分布的一个容量为 n 的随机样本. 那么样本均值 $\bar{y}$ 服从均值为 μ, 方差为 $\sigma^2=1/n$ 的正态分布. 假定 μ 的先验分布是均值为 5, 方差为 1 的正态分布.
a. 求后验分布 $g(\mu \mid \bar{y})$.
b. 用平方误差损失函数证明: μ 的贝叶斯估计是 $\bar{y}$ 与先验分布的均值 5 的加权平均.

活动中的统计学回顾: PET 饮料瓶的破裂强度

现在我们回到 *Journal of Data Science* 关于由两种不同模具设计生产的 PET 瓶子的破裂强度的研究. 研究人员想要确定新的模具设计(减少制造过程的停机时间)在破裂强度方面是否与旧的设计相当. 回顾前面通过测试每种设计的 768 个 PET 瓶子来获得实验数据. 破裂强度数据(lb/in^2)保存在 PETBOTTLE 文件中.

首先研究者比较了两种设计的平均破裂强度, 差($\mu_{NEW}-\mu_{OLD}$)的 95% 大样本置信区间见图 SIA7.1 的 SAS 输出的底部. 得到的区间(-19.91, -14.16)表示旧模具设计的平均破裂强度超过新模具设计的

```
Sample Statistics
  Group      N      Mean      Std. Dev.    Std. Error
  NEW       768    199.3958    39.897        1.4396
  OLD       768    216.4323     7.5173       0.2713

Hypothesis Test
  Null hypothesis:     Mean 1 - Mean 2 =  0
  Alternative:         Mean 1 - Mean 2 ^= 0

  If Variances Are     t statistic      Df        Pr > t
  ----------------     -----------    ------     --------
  Equal                  -11.629       1534       <.0001
  Not Equal              -11.629        821.39    <.0001

95% Confidence Interval for the Difference between Two Means
         Lower Limit     Upper Limit
         -----------     -----------
           -19.91          -14.16
```

图 SIA7.1 两种模具设计的平均破裂强度之差的 SAS 95% 置信区间

平均破裂强度,差是在 $14.16 \sim 19.91 \text{lb/in}^2$ 的任意地方.依据这个结果,新设计比不上旧设计.在建议工厂继续使用旧模具之前,研究者又比较了两种设计的破裂强度分布.

两种设计的破裂强度的直方图见图 SIA7.2 的 MINITAB 输出.注意两个分布都不是正态的,这个事实不影响上面由大样本置信区间所做的推断,因为中心极限定理保证样本均值之差($\bar{y}_{NEW} - \bar{y}_{OLD}$)的分布是近似正态的.但是直方图给出了新设计问题本质的某些解释.注意到图 SIA7.2 中的新设计是双峰分布.新模具设计显示了叫作"早期或初期失效率"的现象,即新设计生产的某些瓶子在不正常的低压下就破裂了.这可能是由于对新模具的不熟悉或者吹拉机中空气流对新模具不适应造成的.研究者也注意到在破裂强度分布的上端,新设计趋于比旧设计较大的破裂强度.因此,他们建议,如果早期失效率问题能够解决,新设计实际上可能更加可靠(即新设计生产的瓶子的平均破裂强度大).

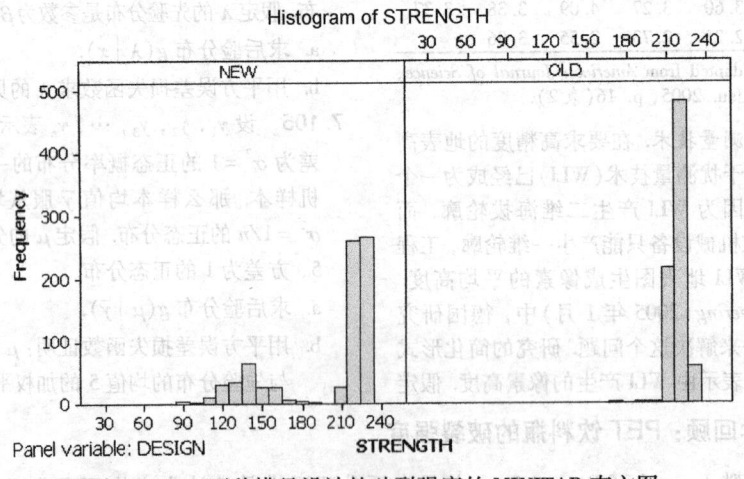

图 SIA7.2　两种模具设计的破裂强度的 MINITAB 直方图

为了研究这个现象,研究者去掉了数据集合中所有破裂强度低于 200lb/in^2 的观测值后重新分析数据.结果见图 SIA7.3 的 SAS 输出.差($\mu_{NEW} - \mu_{OLD}$)的 95% 置信区间现在是(5.57, 6.60).所以当去掉早期失效数据后,新模具设计的平均破裂强度超过旧设计的平均破裂强度为 $5.57 \sim 6.60 \text{lb/in}^2$ 的任意一点.

```
Sample Statistics
  Group      N      Mean      Std. Dev.   Std. Error
  ---------------------------------------------------
  NEW      555   223.1063      4.4783       0.1901
  OLD      758   217.0172      4.865        0.1767

Hypothesis Test
  Null hypothesis:    Mean 1 - Mean 2  =  0
  Alternative:        Mean 1 - Mean 2 ^= 0

  If Variances Are     t statistic       Df         Pr > t
  Equal                  23.163         1311        <.0001
  Not Equal              23.461        1244.8       <.0001

95% Confidence Interval for the Difference between Two Means
       Lower Limit       Upper Limit
       -----------       -----------
          5.57              6.60
```

图 SIA7.3　两种模具设计的平均破裂强度之差的 SAS 95% 置信区间:去掉早期失效数据后

这个分析促使工厂的领导者解决新模具的早期失效问题.

快速回顾

重要公式

估计方法的总结:单样本情况

参数 θ	估计量 $\hat{\theta}$	$E(\hat{\theta})$	$\sigma_{\hat{\theta}}$	$\sigma_{\hat{\theta}}$ 的近似	$(1-\alpha)100\%$ 置信区间	样本容量	附加的假定
均值 μ	$\bar{y}$	μ	$\dfrac{\sigma}{\sqrt{n}}$	$\dfrac{s}{\sqrt{n}}$	$\bar{y} \pm z_{\alpha/2}\left(\dfrac{s}{\sqrt{n}}\right)$	$n \geq 30$	无
					$\bar{y} \pm t_{\alpha/2}\left(\dfrac{s}{\sqrt{n}}\right)$ 其中 $t_{\alpha/2}$ 基于 $(n-1)$ 自由度	$n < 30$	正态总体
二项比率 p	$\hat{p}=\dfrac{y}{n}$	p	$\sqrt{\dfrac{pq}{n}}$	$\sqrt{\dfrac{\hat{p}\hat{q}}{n}}$	$\hat{p} \pm z_{\alpha/2}\sqrt{\dfrac{\hat{p}\hat{q}}{n}}$	$n\hat{p} \geq 4, n\hat{q} \geq 4$	无
方差 σ^2	s^2	σ^2	不要求	不要求	$\dfrac{(n-1)s^2}{\chi^2_{\alpha/2}} \leq \sigma^2 \leq \dfrac{(n-1)s^2}{\chi^2_{1-\alpha/2}}$ 其中 $\chi^2_{\alpha/2}$ 和 $\chi^2_{1-\alpha/2}$ 基于 $(n-1)$ 自由度	所有的 n	正态总体

估计方法的总结：两样本情况

参数 θ	估计量 $\hat{\theta}$	$E(\hat{\theta})$	$\sigma_{\hat{\theta}}$	$\sigma_{\hat{\theta}}$的近似	$(1-\alpha)100\%$ 置信区间	样本容量	附加的限定
$(\mu_1-\mu_2)$ 总体均值差：独立样本	$(\bar{y}_1-\bar{y}_2)$ 样本均值差	$(\mu_1-\mu_2)$	$\sqrt{\dfrac{\sigma_1^2}{n_1}+\dfrac{\sigma_2^2}{n_2}}$ $\sqrt{\sigma^2\left(\dfrac{1}{n_1}+\dfrac{1}{n_2}\right)}$	$\sqrt{\dfrac{s_1^2}{n_1}+\dfrac{s_2^2}{n_2}}$ $\sqrt{s_p^2\left(\dfrac{1}{n_1}+\dfrac{1}{n_2}\right)}$ 其中 $s_p^2=\dfrac{(n_1-1)s_1^2+(n_2-1)s_2^2}{n_1+n_2-2}$	$(\bar{y}_1-\bar{y}_2)\pm z_{\alpha/2}\sqrt{\dfrac{s_1^2}{n_1}+\dfrac{s_2^2}{n_2}}$ $(\bar{y}_1-\bar{y}_2)\pm t_{\alpha/2}\sqrt{s_p^2\left(\dfrac{1}{n_1}+\dfrac{1}{n_2}\right)}$ 其中 $t_{\alpha/2}$ 基于 (n_1-n_2-2) 自由度	$n_1\geq 30, n_2\geq 30$ $n_1<30$, $n_2<30$, 或者两者	无 两个方差相等 $(\sigma_1^2=\sigma_2^2)$ 的正态总体
$\mu_d=(\mu_1-\mu_2)$ 两个参数的差：配对样本	$\bar{d}=\sum d_i/n$ 样本均差的平均	μ_d	$\dfrac{\sigma_d}{\sqrt{n_d}}$	$\dfrac{s_d}{\sqrt{n_d}}$ 其中 s_d 是差的样本标准差	$\bar{d}\pm z_{\alpha/2}\left(\dfrac{s_d}{\sqrt{n_d}}\right)$ $\bar{d}\pm t_{\alpha/2}\left(\dfrac{s_d}{\sqrt{n_d}}\right)$ 其中 $t_{\alpha/2}$ 基于 (n_d-1) 自由度	$n_d>30$ $n_d<30$	无 差 d_i 的总体是正态的
(p_1-p_2) 两项参数的差	$\hat{p}_1=\dfrac{y_1}{n_1}$ 与 $\hat{p}_2=\dfrac{y_2}{n_2}$ 之差	(p_1-p_2)	$\sqrt{\dfrac{p_1q_1}{n_1}+\dfrac{p_2q_2}{n_2}}$	$\sqrt{\dfrac{\hat{p}_1\hat{q}_1}{n_1}+\dfrac{\hat{p}_2\hat{q}_2}{n_2}}$	$(\hat{p}_1-\hat{p}_2)\pm z_{\alpha/2}\sqrt{\dfrac{\hat{p}_1\hat{q}_1}{n_1}+\dfrac{\hat{p}_2\hat{q}_2}{n_2}}$	$n_1\hat{p}_1\geq 4, n_2\hat{p}_2\geq 4$ $n_1\hat{q}_1\geq 4, n_2\hat{q}_2\geq 4$	独立样本
σ_1^2/σ_2^2 总体方差比	s_1^2/s_2^2 样本方差比		不要求	不要求	$\left(\dfrac{s_1^2}{s_2^2}\right)\dfrac{1}{F_{\alpha/2}(\nu_1,\nu_2)}\leq\dfrac{\sigma_1^2}{\sigma_2^2}$ $\leq\left(\dfrac{s_1^2}{s_2^2}\right)F_{\alpha/2}(\nu_2,\nu_1)$ 其中 $F_{\alpha/2}(\nu_1,\nu_2)$ 基于分子自由度 $\nu_1=(n_1-1)$ 和分母自由度 $\nu_2=(n_2-1)$, $F_{\alpha/2}(\nu_2,\nu_1)$ 基于自由度 $\nu_2=(n_2-1)$ 和分母自由度 $\nu_1=(n_1-1)$	所有的 n_1 和 n_2	两个正态总体的独立样本

符号汇集

符号	说明
θ	一般的总体参数
$\hat{\theta}$	总体参数的点估计
$b(\hat{\theta})$	估计量 $\hat{\theta}$ 的偏
μ	总体均值
p	总体比率
H	置信区间的半宽
α	$(1-\alpha)$ 表示置信系数
$z_{\alpha/2}$	用于 $100(1-\alpha)\%$ 大样本置信区间的 z 值
$t_{\alpha/2}$	用于 $100(1-\alpha)\%$ 小样本置信区间的 t 值
$\bar{y}$	样本均值;μ 的点估计
$\hat{p}$	样本比率;p 的点估计
σ^2	总体方差
s^2	样本方差;σ^2 的点估计
ν	t 和 χ^2 统计量的自由度
$\mu_1 - \mu_2$	总体均值之差
$\bar{y}_1 - \bar{y}_2$	样本均值之差;$\mu_1-\mu_2$ 的点估计
s_p^2	合并的样本方差
μ_d	总体均值之差,配对数据
$\bar{d}$	样本差的均值;μ_d 的点估计
s_d	样本差的标准差
$p_1 - p_2$	总体比率之差
$\hat{p}_1 - \hat{p}_2$	样本比率之差;p_1-p_2 的点估计
F_α	相应于尾部面积 α 的 F 分布临界值
ν_1	F 统计量的分子自由度
ν_2	F 统计量的分母自由度
$\dfrac{\sigma_1^2}{\sigma_2^2}$	两个总体方差之比
m_k	k 阶样本矩
$E(y^k)$	k 阶总体矩
L	似然函数
$\hat{\theta}_i$	由删去第 i 个观测值所得的点估计
LCL	置信下限
UCL	置信上限
$\chi^2_{\alpha/2}$	用于 $100(1-\alpha)\%$ 置信区间的 χ^2 值

本章总结提示

- 总体参数 θ 的点估计 $\hat{\theta}$ 是**无偏的**，如果 $E(\hat{\theta}) = \theta$；否则，估计是**有偏的**.
- 总体参数 θ 的**最小方差无偏估计（MVUE）**在所有无偏估计中具有最小的方差.
- **估计方法**：枢轴法（矩法或者极大似然法）、刀切法、稳健估计法、自助法和贝叶斯法.
- **置信区间**——以一定的置信水平包含总体未知参数的区间.
- **置信系数**——随机选择的置信区间包含总体参数值的概率.
- 术语"$(1-\alpha)100\%$ 置信"的解释：在重复抽样中，所有类似构造的区间的 $(1-\alpha)100\%$ 将包含参数的真值.
- 将 μ 作为感兴趣参数（均值、平均）的关键词.
- 将 $\mu_1 - \mu_2$ 作为感兴趣参数（均值或平均之差、用独立样本比较两个均值）的关键词/术语.
- 将 μ_d 作为感兴趣参数（配对差的均值或平均、用配对比较两个均值）的关键词/术语.
- 将 p 作为感兴趣参数（比率、百分数、比）的关键词.
- 将 $p_1 - p_2$ 作为感兴趣参数（比率或百分数之差、用独立样本比较两个比率）的关键词/术语.
- 将 σ^2 作为感兴趣参数（方差、散布、变异）的关键词.
- 将 σ_1^2 / σ_2^2 作为感兴趣参数（方差之比、用独立样本比较两个总体的方差）的关键词/术语.

补充练习

7.106 被动抽样器的效率．西班牙梅西亚大学的化学工程师做了一系列试验，以确定用于被动抽样器的最有效的隔膜（*Environmental Science & Technology*, Vol. 27, 1993）．被动抽样器的效率是用抽样速度（cm³/min）度量的．在一次试验中，放置 6 台被动抽样器，使它们的面与空气流平行．空气流速是 90cm³/s. 6h 后，测量每一台的抽样速度．根据这些结果计算平均抽样速度的 95% 置信区间是 (49.66, 51.48)．
a. 这个区间的置信系数是多少？
b. 给出 a 中置信系数的理论解释.
c. 给出置信区间的实际解释.
d. 为使这个区间能给出有效的推断，需要满足的假定是什么？

7.107 水污染检测．EPA 希望检测随机抽取的 n 个水样品的样本，并估计由于采矿作业导致的平均日污染速度 μ．如果 EPA 想以抽样误差 1mg/L 的 95% 置信区间估计，需要抽取多少个水样品？假定先验知识指出在一天内所取的水样本污染读数是标准差等于 5(mg/L) 的近似正态分布.

7.108 饮用水中的铅和铜．美国佛罗里达州希尔兹堡县水利部门定期检测居民饮用水中铅和铜的含量．琉璃湖庄园小区的 10 户居民样本饮用水的铅和铜的含量如下.

LEADCOPP

铅 (μg/L)	铜 (mg/L)
1.32	0.508
0	0.279
13.1	0.320
0.919	0.904
0.657	0.221
3.0	0.283
1.32	0.475
4.09	0.130
4.45	0.220
0	0.743

资料来源：Hillsborough County Water Department Environmental Laboratory, Tampa, Florida.

a. 对琉璃湖庄园小区居民饮用水样品中的平均铅含量构造 99% 置信区间.
b. 对琉璃湖庄园小区居民饮用水样品中的平均铜含量构造 99% 置信区间.
c. 用本问题的语言解释 a 和 b 中的置信区间.
d. 讨论"99% 置信"的含义.

7.109 仪器的准确度和精密度．当用一台新开发的仪器做产品（食物、药品等）的化学分析时，经常需要评估仪器的两个标准：准确度和精密度．准确度是反映仪器正确识别产品成分的性质和数量的能力. 精密度是指在鉴别相同物质成分时仪器的一致性. 因此, 产品的单个样本识别中较大的变异性表明仪器的精度不足. 假定一个制药厂考虑用两种商标的仪器来鉴定某种药品的成分. 作为精密度比较的一部分, 选取一批充分混合药品的 10 个试管检验样品. 用仪器 A 分析其中的 5 个, 用仪器 B 分析另外的 5 个. 下表中的数据是由两种仪器测量的药物基本成分的百分数.

🌐 DRUGPCT

| 仪器 A | 43 | 48 | 37 | 52 | 45 |
| 仪器 B | 46 | 49 | 43 | 41 | 48 |

a. 构造 90% 置信区间比较两种仪器的精密度.
b. 依据 a 的置信区间, 你对两种仪器的精密度做出什么推断?
c. 为保证由估计值导出的任意推断的有效性, 必须满足的假定是什么?

7.110 森林入口通道的特征. 在爱尔兰, 主要的商用木材都生长在遥远的泥煤土层带. 当有采伐车辆或其他重型卡车通过时, 这些公路很快就会损坏. 一项关于爱尔兰森林入口通道的特征研究发表在 *International Journal of Forest Engineering*(1999 年 7 月)上. 路面强度的一个度量是瞬变的表面垂度——表面垂度越大, 路面越差. 确定了 72 条森林入口通道的路面类型(矿石路基或泥煤路基), 然后分析它们的表面垂度(mm), 结果汇总在表中.

	道路路基	
	矿物	泥煤
道路数量	32	40
平均表面垂度(mm)	1.53	3.80
标准差	3.39	14.3

资料来源: Martin, A. M., et al. "Estimation of the serviceability of forest access roads." *International Journal of Forest Engineering*, Vol. 10, No. 2, July 1999(改编自表 3).

a. 用 95% 的置信区间比较两种路基(矿石路基和泥煤路基)中哪个更坚固?
b. 用 95% 置信区间比较两种路面类型的表面垂度方差. 矿石路基和泥煤路基中哪一个的表面垂度方差更大?

7.111 盖房受伤. 参考加利福尼亚劳动调查和统计部门的研究, 盖房是最危险的工作之一. 在 2 514 名受伤致残的全日工或轮班工人中, 有 23% 是从高处平台落下的, 21% 是从脚手架或其他地方落下的, 19% 是疲劳过度, 20% 是烧伤或烫伤. 假定 2 514 名受伤工人作为加利福尼亚州所有盖房受伤工人总体中的一个随机样本.

a. 构造摔伤工人比率的 95% 置信区间.
b. 构造烧伤或烫伤工人比率的 95% 置信区间.

7.112 气袋对儿童的威胁. 依照法律, 所有新车必须安装驾驶座和乘客座的安全气袋. 但是, 我们关心的是这些气袋是否会对坐在乘客座的儿童构成威胁. 在美国国家高速公路交通安全局(NHTSA)的一项研究中, 55 个由气袋爆炸压力致死的人中, 有 35 个是坐在前排乘客座位上的儿童. (*Wall Street Journal*, 1997 年 1 月 22 日.)这项研究使一些有小孩的车主将乘客座的气袋拆除. 考虑所有已经确定是气袋致死的伤亡交通事故, 令 p 表示涉及坐在前排乘客座小孩的事故比率真值.

a. 用 NHTSA 的研究数据估计 p.
b. 构造 p 的 99% 置信区间.
c. 解释 b 的区间估计意义.
d. NHTSA 的研究者认为 35 个由气袋致死的小孩中有 24 个是由于没有系安全带或看管不严造成的, 这个信息对你关于气袋致命风险的评估有何影响?

7.113 水动力系统的跳动. 跳动用来描述水动力系统在引流时间上的变异, 低流量跳动对水道技术的成功很关键. 一项原型系统等离子体断路开关的流量跳动研究(*Journal of Applied physics*, 1993 年 9 月)对 $n=18$ 次试验得到了下面的描述性统计量: $\bar{y}=334.8\mathrm{ns}$, $s=6.3\mathrm{ns}$. (注: 引流时间定义为下游水量等于上游水量 10% 时所用的时间.)

a. 构造原型系统引流时间标准差的 95% 置信区间.
b. 如果一个原型系统的引流时间标准差真值小于 7ns, 就称这个系统是低流量跳动的. 上面的原型系统满足这个要求吗? 为什么?

7.114 日光照射研究. *Journal of Environmental Engineering*(1986 年 2 月)报告了一个用来预测污水处理净化器冬季热量损失的热传导模型. 该项研究涉及了中西部地区不同地方的地平面晴天日光照射水平的比较. 测量了中西部地区不同纬度两个地方(密苏里的圣约瑟和艾奥瓦大湖地区)的全天日光照射水平(BTU/sg·ft). 对每个地方记录冬季 7 个晴天的水平值, 数据见附表. 求两个地方冬季晴天的全天日光照射水平平均差的 95% 置信区间. 解释所得结果.

SOLARAD

日期	圣约瑟	艾奥瓦大湖地区
12月21日	782	593
1月6日	965	672
1月21日	948	750
2月6日	1 181	988
2月21日	1 414	1 226
3月7日	1 633	1 462
3月21日	1 852	1 698

资料来源：Wall, D. J., and Peterson, G. "Model for winter heat loss in uncovered clarifiers." *Journal of Environmental Engineering*, Vol. 112. No. 1, Feb. 1986, p. 128.

7.115 铁矿石交付批的抽样．大型钢铁厂进行一项试验以比较两个铁矿石交付批的平均含铁量．按照工业标准，随机从每种交付批中抽取 n 个铁矿石样品测量含铁量．根据以前的试验，知道铁含量的变化范围大约是3%．如果钢铁厂希望以95%的置信度估计两个交付批的平均铁含量之差在0.05%之内，n 应该多大？（提示：为了求 σ_1 和 σ_2 的近似值，令 $\sigma_1 = \sigma_2 = \sigma$ 且令极差 $= 4\sigma$，那么有 $3 \approx 4\sigma$ 及 $\sigma \approx \frac{3}{4}$。）

7.116 果园的二嗪农残留．对生长中的农作物喷洒农药会导致无意的大范围空气污染．*Environmental Science & Technology*（1993年10月）报告了在加利福尼亚州圣杰晶山谷的休眠果园里喷洒二嗪农对空气造成的污染．在一个果园喷洒农药最集中的日子里，选取11天的空气样本．记录了白天和晚上空气中的二嗪农残留水平（mg/m³），见附表．研究者想知道，白天和晚上的二嗪农平均残留水平是否不同．

DIAZINON

日期	二嗪农残留 白天	二嗪农残留 晚上
1月11日	5.4	24.3
12	2.7	16.5
13	34.2	47.2
14	19.9	12.4
15	2.4	24.0
16	7.0	21.6
17	6.1	104.3
18	7.7	96.9

（续）

日期	二嗪农残留 白天	二嗪农残留 晚上
19	18.4	105.3
20	27.1	78.7
21	16.9	44.6

资料来源：Selber, J. N., et al. "Air and fog deposition residues for organophosphate insecticides used on dormant orchards in the San Joaquin Valley, California." *Environmental Science & Technology*, Vol. 27, No. 10, Oct. 1993, p. 2240 (Table IV).

a. 用90%置信区间分析数据．
b. 为使 a 的区间估计方法有效，必要的假定是什么？
c. 利用 a 的区间回答研究者的问题．

7.117 有毒成分的提取．一项叫作基质固相分散（MSPD）的技术已经用来从鱼的样品中以化学方法提取质量有机物（有毒成分）（*chromatographia*，1995年3月）．将一种有毒物质注射在未污染的鱼片上，然后用 MSPD 方法提取毒素．为估计这种方法的精确性，在一块鱼片上得到7个测量值．毒素复原百分数的汇总统计量为：$\bar{y} = 99\%$，$s = 9\%$．用95%置信区间估计用 MSPD 方法复原百分数的方差．

NZBIRDS

7.118 濒临灭绝的新西兰鸟类．参考例1.12，*Evolutionary Ecology Research*（2003年7月）对欧洲人入住之前的新西兰鸟类总体的研究．测量了116种鸟类的身体质量（g）和蛋的长度（mm）．这些变量的描述性统计量见 MINITAB 输出结果．

a. 从 NZBIRDS 文件中用随机数发生器选择35种鸟类的样本．
b. 计算这35种鸟类身体质量抽样值的均值和标准差．并用它们去构造所有116种鸟类身体质量均值的95%置信区间．
c. 从实际角度解释 b 中的置信区间．
d. 检查均值真值 μ（表示在 MINITLAB 输出）是否包含在 b 的置信区间中．解释为什么这个区间以很大的可能性包含了 μ．
e. 对35个鸟类的蛋长重复 b～d．
f. 生态学家还想比较两个新西兰鸟类总体（灭绝的和没有灭绝的）中不能飞翔的鸟类比率．利用下表给出的样本信息构造灭绝的和没有灭绝的鸟类种群中不能飞翔鸟类比率差的95%置信区间．

```
Descriptive Statistics: Body Mass, Egg Length

Variable        N    Mean    StDev   Minimum   Maximum
Body Mass     116    9113    31457      7.00    200000
Egg Length    115   61.06    45.46     16.00    236.00
```

练习 7.118 的 MINITAB 输出

鸟类总体	抽样的种群数	不能飞翔种群数
灭绝	38	21
没有灭绝	78	7

g. 生态学家正研究下面的理论：灭绝的鸟类种群中不能飞翔鸟类比率比没有灭绝种群的比率更高. f部分中的置信区间支持这个理论吗？请解释.

7.119 **质量保证**. 生产次品的费用比生产正品的费用大（次品必须废弃或重新加工）. 这个简单的事实提示工人们应该通过完善生产工序来保证产品的质量，而不是依赖对完成产品的检验（Deming, 1986）. 为了更好地了解某种金属压模工序，工厂主希望估计过去 24h 工序所生产零件的平均长度.

a. 为了以 90% 置信使估计总体均值在 0.1mm 以内，需要抽取多少个零件. 由对这个机器以前的经验知，压膜操作的产品长度的标准差大约是 2mm.

b. 时间允许样本容量不能超过 100，如果用 $n=100$ 构造 μ 的 90% 置信区间，那么这个区间比用 a 确定的样本容量得到的区间是宽还是窄？为什么？

c. 如果管理者要求 μ 的估计在 0.1mm 以内，所用的样本容量不超过 100，那么一个符合管理者要求的置信区间可能达到的最大的置信水平近似地是多少？

7.120 **环氧修补连接的应力**. 新设计木材结构的应力分析方法已为大家熟知. 但是，关于修复受损结构的实际或可允许的应力数据却很少. 所以，设计师们经常是在对结构有效性能一无所知情况下提出修补方案（如黏合）. 为了部分地填补这个空白，提出一种环氧修补捆扎连接的应力分析（Journal of Structural Engineering，1986 年 2 月）. 对各种不同的木材进行捆扎连接实验以确定实际的胶水黏合切断应力，单位为 lb/in². 南方松和西黄松做的捆扎连接独立随机样本数据见下表.

	南方松	西黄松
样本容量	100	47
平均切断应力	1 312	1 352
标准差	422	271

资料来源：Avent, R. R. "Design criteria for epoxy repair of timber structures." *Journal of Structural Engineering*, Vol. 112, No. 2, Feb. 1986, p. 232.

a. 用 90% 的置信区间估计两种松木的环氧捆扎连接的平均切断强度之差.

b. 构造两种松木的环氧捆扎连接的切断应力方差之比的 90% 置信区间，有证据能表明两个切断应力方差是不同的吗？请解释.

7.121 **细胞生长试验**. 杜克大学医药中心的遗传学家把 E2F1 转录因子作为控制细胞分裂的重要组成部分（*Nature*，1993 年 9 月 23 日）. 研究者对两批血清-抑制细胞实施了 DNA 合成技术. 对一批细胞中的每一个注射微量的 E2F1 转录因子，但是没有对第二批（控制组）注射 E2F1. 30h 后，记录了每一批中发生变异的细胞数量. 试验结果见下表.

	控制	E2F1 处理细胞
总细胞数	158	92
变异细胞数	15	41

资料来源：Johnson, D. G., et al. "Expression of transcription factor E2F1 induces quiescent to enter S phase." *Nature*, Vol. 365, No. 6444, Sept. 23, 1993, p. 351(表1).

a. 用 90% 置信区间比较两批细胞中发生变异的细胞的百分比.

b. 用 a 中的区间解释 E2F1 转录因子诱导细胞生长的作用.

7.122 **碘浓度研究**. 做一项试验来研究在长期连续摆动后碘饱和溶液的测量值精度. 表中给出了同一溶液的 $n=10$ 个碘浓度测量值. 总体方差 σ^2 度量变异性，即测量值的精度. 求 σ^2 的 95% 置信区间.

并解释所得结果.

IODINE

流水号	浓度
1	5.507
2	5.506
3	5.500
4	5.497
5	5.506
6	5.527
7	5.504
8	5.490
9	5.500
10	5.497

7.123 瓶装水中的细菌. 你喝的瓶装水安全吗？依据发表在 *U. S. News & World Report*（1999年4月12日）上的一篇文章, 自然资源保护协会警告说, 你喝的瓶装水可能含有超过州和美国联邦法规允许的细菌数和其他可能的致癌化学物质. 在对1 000多瓶瓶装水的研究中, 大约有1/3超出政府规定的标准. 假定自然资源保护协会想得到至少违反一项政府规定标准的瓶装水的总体比率的最新估计上限. 为以99%置信度在±0.01以内估计这个比率, 确定所需的样本容量（瓶装水的数量）.

7.124 热传导研究. 已知同质材料的热流速度和温度梯度之间的理论关系可以用傅里叶方程描述. 但是对非同质材料, 如多孔毛细管状物体、分格式系统、悬浮液和面糊样的物体, 这种关系不成立. 下面的实验（*Journal of Heat Transfer*, 1990年8月）就是要估计几种非同质材料的平均散热时间（用来散发所积累热量的平均时间）. 沙子平均散热时间的95%置信区间是20.0±6.4s.

a. 给出95%置信区间的实际解释.
b. 给出95%置信区间的理论解释.

7.125 肌肉纤维研究. 东京大学的海洋生物化学家研究了甲壳动物躯干肌肉的特点（*The Journal of Experimental Zoology*, 1993年9月）. 已知一些肌肉的收缩比其他地方的肌肉快. 这次实验的目的是比较小龙虾收缩快和慢的肌肉的生物化学性质. 试验用的小龙虾来自当地供货者, 抽出12条快肌肉纤维束, 对每个纤维束测试蛋白质 Ca^{2+} 的吸收. 从第二个小龙虾样本抽出12条慢肌肉纤维束, 并且测量它们的 Ca^{2+} 吸收值. 试验结果整理如下（所有 Ca^{2+} 以每毫克的摩尔质量度量）. 用95%的置信区间分析这些数据. 推断快与慢肌肉蛋白质吸收平均值的不同.

快肌肉	慢肌肉
$n_1 = 12$	$n_2 = 12$
$\bar{y}_1 = 0.57$	$\bar{y}_2 = 0.37$
$s_1 = 0.104$	$s_2 = 0.035$

资料来源: Ushio, H., and Watabe, S. "Ultra-structural and biochemical analysis of the sarcoplasmic reticulum from crayfish fast and slow striated muscles." *The Journal of Experimental Zoology*, Vol. 267, Sept. 1993, p. 16(表1).

理论练习

7.126 设 $\bar{y}_1$ 表示来自均值为 λ_1 的泊松分布 n_1 个观测值的随机样本均值, $\bar{y}_2$ 表示来自均值为 λ_2 的泊松分布 n_2 的个观测值的随机样本均值. 假定样本是独立的.

a. 证明: $(\bar{y}_1 - \bar{y}_2)$ 是 $(\lambda_1 - \lambda_2)$ 的无偏估计.
b. 求 $V(\bar{y}_1 - \bar{y}_2)$、如何估计这个方差？
c. 构造 $(\lambda_1 - \lambda_2)$ 的大样本 $(1-\alpha)100\%$ 的置信区间. （提示：用

$$\frac{(\bar{y}_1 - \bar{y}_2) - (\lambda_1 - \lambda_2)}{\sqrt{\frac{\bar{y}_1}{n_1} + \frac{\bar{y}_2}{n_2}}}$$

作为枢轴统计量.）

7.127 设 $y_1, y_2, y_3, \cdots, y_n$ 表示概率密度为

$$f(y) = \begin{cases} 1 & 若 \theta \leq y \leq \theta+1 \\ 0 & 其他 \end{cases}$$

均匀分布的随机样本.

a. 证明: $\bar{y}$ 是 θ 的有偏估计, 并计算这个估计的偏.
b. 求 $V(\bar{y})$.
c. $\bar{y}$ 的什么函数是 θ 的无偏估计?

7.128 假定 y 是来自均值为0、方差 σ^2 未知的正态分布的容量为 $n=1$ 的随机样本.

a. 证明: y^2/σ^2 服从自由度为1的卡方分布. （提示: 由定理6.11直接推出的结果.）
b. 将 y^2/σ^2 作为枢轴统计量, 求 σ^2 的95%置信区间.

7.129 假定 y 是来自参数为 $\alpha=1$, 任意 β 的 Γ 分布的容量为 $n=1$ 的随机样本.

a. 证明: $2y/\beta$ 服从参数为 $\alpha=1$, $\beta=2$ 的 Γ 分布. （提示: 用6.7节的分布函数方法.）
b. 用 a 的结果证明: $2y/\beta$ 服从自由度为2的卡方

分布.（提示：由5.7节直接推出的结果.）

c. 将 $2y/\beta$ 作为枢轴统计量，求 β 的95%置信区间.

7.130 假定 y 是来自均值为 μ、方差为1的正态分布的单个观测值. 利用 y 求 μ 的95%置信区间.（提示：从枢轴统计量 $(y-\mu)$ 开始，证明
$$P(-z_{0.025} \leq y-\mu \leq z_{0.025}) = 0.95$$
再应用例7.6的方法.）

7.131 如果 θ 的置信区间中点的期望等于 θ，则称此区间是无偏的.

a. 证明：μ 的小样本置信区间
$$\bar{y} - t_{\alpha/2}\left(\frac{s}{\sqrt{n}}\right) \leq \mu \leq \bar{y} + t_{\alpha/2}\left(\frac{s}{\sqrt{n}}\right)$$
是无偏的.

b. 证明：σ^2 的置信区间
$$\frac{(n-1)s^2}{\chi^2_{\alpha/2}} \leq \sigma^2 \leq \frac{(n-1)s^2}{\chi^2_{1-\alpha/2}}$$
是有偏的.

7.132 假定 y 是来自定义在 $0 \sim \theta$ 区间上均匀分布的单个观测值，求 θ 的95%置信下限 LCL，使得 $P(\text{LCL} < \theta < \infty) = 0.95$.（提示：从枢轴统计量 y/θ 开始，证明（用第6章的方法）y/θ 是 $0 \sim 1$ 区间上的均匀分布. 然后注意到
$$P\left(0 < \frac{y}{\theta} < 0.95\right) = \int_0^{0.95} (1)\,dy = 0.95$$
进一步求 LCL.）

第8章 假设检验

目标 介绍假设统计检验的基本概念和一些常见的总体参数的统计检验方法,并举例说明它们在实际抽样中的应用.

活动中的统计学:比较溶解药片方法——溶解方法等效性检验

在制药工业中,质量工程师负责保持生产过程中生产出来的药品质量.质量的关键是通过对感兴趣变量反复测量,对药品特性的评价.当变量是混合物中某一要素的浓度时,这个过程称为检定.在本章活动中的统计学,我们关心的化学检定是确定固体剂量药物(如一片阿司匹林或胶囊)溶解有多快.由于药物溶解的变异对病人会产生有害的副作用,所以质量检查员需要精确地度量药物溶解性.

在"溶解方法等效性"问题上(统计案例研究:学术与工业之间的协作,ASA-SIAM 统计与应用概率丛书,1998年,第4章),统计学家 Russell Reeve 和 Francis Giesbrecht 探索了由著名制药公司生产的一种新型速溶药品的溶解特性.一种速溶产品设计为尽快溶解并进入血流中.为了检验固体剂量药物的溶解,公司采用一种带有6个容器或试管的仪器,每个试管中装有溶液.把药片或胶囊放在试管中,然后在预定时刻,从每个试管中提取少量溶液,利用高性能液体色谱(HPLC)进行分析.HPLC可以量化溶液中药物的含量,这个值用标识浓度的百分数表示(%LS).

最初,这种方法只是在公司研发中心的试验室使用,一旦药物的溶解认为是符合要求的,那么这种方法转移到制造车间.然而联邦法规要求在制造现场的质量检查员给出这种试验结果与研发中心的结果具有等效性.实际上,公司必须提供相关文件来证明进行溶出试验任意两个现场得到的检定结果是等效的.

表 SIA8.1 给出了在两个制造地(新泽西州和波多黎各)进行止痛片溶解试验的数据.(数据保存在 DISSOLVE 文件中.)6个容器中的%LS值分别在4个不同时间点:20min 后、40min 后、60min 后和120min 后测得.根据这些样本数据,两个地方得到的是等效的检定结果吗?

DISSOLVE

表 SIA8.1 溶解试验数据(百分比标识浓度)

地点	时间(min)	试管1	试管2	试管3	试管4	试管5	试管6
新泽西州	20	5	10	2	7	6	0
	40	72	79	81	70	72	73
	60	96	99	93	95	96	99
	120	99	99	96	100	98	100
波多黎各	20	10	12	7	3	5	14
	40	65	66	71	70	74	69
	60	95	99	99	94	90	92
	120	100	102	98	99	97	100

资料来源:Reeve, R., and Giesbrecht, F. "Dissolution Method Equivalence." *Statistical Case Studies: A Collaboration between Academe and Industry*, eds. R. Peck, L. Haugh, and A. Goodman. ASA-SIAM Series on Statistics and Applied Probability, 1998(第4章,表4).

在本章最后的活动中的统计学回顾中,我们将说明如何使用本章介绍的方法按照制药公司里质量控制工程师的要求进行比较.

8.1 假设统计检验与置信区间的关系

正如第 7 章所介绍的, 对于总体参数的推断一般有两种方法. 可以利用置信区间(第 7 章的内容)来估计它们的值或者可以做出总体参数指定值的决策(关于这些值的**假设检验**), 即本章议题.

置信区间和假设检验是有联系的, 并可用于对参数的决策. 例如, 假设美国环保署(EPA)的调查人员想判断化工厂排放某种污染物的平均水平 μ 是否符合美国环保署的标准. 如果美国环保署允许的浓度上限是百万分之三, 那么调查人员通过抽样数据(日污染检测值)便可以判断这家公司是否违反了法律, 也就是判断是否 $\mu > 3$. 如果 μ 的 99% 置信区间只包含大于 3 的数据, 那么美国环保署就可以认为此污染物排放的平均水平超过了所设的界限.

第二个例子, 某厂商购买一批 10 000 个电灯保险丝, 假设供货商保证在任何特定批中不合格品不超过 1%. 当然, 厂商不能检查这一批 10 000 个保险丝中的每一个, 所以必须从这批中选取一个保险丝样本进行检验, 根据检验结果决定是接受还是拒绝这批. 比方说 $n=100$ 的样本中, 不合格品个数 Y 比较大, 那么厂商将拒绝这批并退回给供货商. 因此厂商是通过样本所包含的信息来判断这批中不合格品率 p 是否超过 0.01. 如果 p 的置信区间在 0.01 的左侧, 那么该厂商便接受这批货, 并且相信不合格品率低于 1%, 反之, 则拒绝.

上述两个例子说明置信区间如何用于对参数进行决策. 我们注意到这两个应用都是单侧的, 即美国环保署想判断是否 $\mu > 3$, 厂商想知道是否 $p > 0.01$. (反过来, 如果厂商感兴趣的是判断是否 $p > 0.01$ 或 $p < 0.01$, 那么这种推断就是双侧的.)

回顾第 7 章, 为了求用于 $(1-\alpha)100\%$ 置信区间中的 z(或 t) 值, 将 α 的值平分, 在 Z(或 T) 分布的上尾(也称为上侧)和下尾(也称为下侧)部分都放置 $\alpha/2$. 如此, 置信区间就成为双侧的. 当实际情况应该用单侧方法而误用双侧方法时, 会使研究者(例如, 美国环保署或者厂商)克制地陈述与此方法关联的置信水平. 正如这一章中将介绍的假设检验既适合于单侧, 也适合于双侧总体参数决策.

8.2 统计检验的要素与性质

回到美国环保署的例子来介绍假设检验的有关概念. 我们将采用一种类似于反证法的方法. 美国环保署想支持的理论, 称为**备择**(或者**研究**)**假设**, 即 $\mu > 3$, 其中 μ 表示污染的真实平均水平(百万分之一), 备择假设记为 H_a. 否认备择假设的理论, 即 μ 至多等于 3, 如 $\mu=3$, 称为**原假设**, 记为 H_0. 这样, 美国环保署希望能通过得到的样本证据指出原假设 $\mu=3$ 是不真实的, 以证明对备择假设 $\mu>3$ 的支持. 即美国环保署希望检验

$$H_0: \mu = 3$$
$$H_a: \mu > 3$$

是否拒绝原假设的决策依赖于一个由样本数据算得的统计量, 称作**检验统计量**. 例如, 假定美国环保署计划将它的决策基点放在 $n=30$ 个日污染读数. 若 30 个污染测量值的样本均值 $\bar{y}$ 比 3 大得多, 那么美国环保署趋于拒绝原假设, 得出 $\mu > 3$ 的结论. 然而如果 $\bar{y}$ 小于 3, 比如 $\bar{y}=2.8$(百万分之一), 只有不充分的证据拒绝原假设. 因此样本均值 $\bar{y}$ 作为一个检验统计量.

检验统计量 $\bar{y}$ 的值可以分为两个集合. 大于某个特定值的部分(如 $\bar{y} \geq 3.1$)将意味着拒绝原假设, 且接受备择假设. 检验统计量值的这个集合称为检验的**拒绝域**. 原假设 $H_0: \mu = 3$, 对备择假设: $H_a: \mu > 3$ 的检验, 利用样本均值 $\bar{y}$ 作为检验统计量, 且 $\bar{y} \geq 3.1$ 作为拒绝域, 描述了一个具有特定性

质的特殊检验. 如果把拒绝域改为 $\bar{y} \geq 3.2$，便会得到具有不同性质的另一检验.

前面的讨论表明一个统计检验包括 5 个要素，总结在下面的方框中.

统计检验的要素

1. **原假设 H_0**——关于一个或多个总体参数.
2. **备择假设 H_a**——如果我们决定拒绝原假设则将接受的假设.
3. **检验统计量**——由样本数据计算的.
4. **拒绝域**——使得原假设被拒绝的检验统计量的取值.
5. **结论**——做出接受还是拒绝原假设的决策.

由于统计检验只能是两种结果中的一个（拒绝或不拒绝原假设）检验的结论容易犯两种类型的错误. 在前面的例子中，美国环保署想检验 $H_0: \mu = 3$ 对 $H_a: \mu > 3$. 如果美国环保署的调查人员得出的结论是 H_a 为真（即拒绝 H_0），那么美国环保署将控告该公司违反了污染物排放标准. 美国环保署可能犯的两种类型错误，如表 8.1 所示.

表 8.1 美国环保署假设检验的结论与后果

EPA 的决策	实际情况	
	公司未违反标准 (H_0 为真)	公司违反标准 (H_a 为真)
公司违反标准（拒绝 H_0）	Ⅰ型错误	正确决策
公司未违反标准（接受 H_0）	正确决策	Ⅱ型错误

美国环保署可能拒绝原假设，然而如果实际上原假设为真. 换句话说，美国环保署可能以违反排放物标准为由控告该公司，而实际上该公司没有违反标准（Ⅰ型错误）. 或者美国环保署可能决定接受原假设，而实际上原假设为假. 换句话说，美国环保署可能认为该公司没有违反污染物排放标准，而实际上该公司却违反了标准（Ⅱ型错误）. 当我们进行假设检验时犯这两类错误的概率度量了做出错误结论的风险，从而也提供了这种推断做出决策过程优良性的度量.

定义 8.1 拒绝为真的原假设是 **Ⅰ型错误**. 犯Ⅰ型错误的概率用符号 α 表示.

定义 8.2 接受为假的原假设是 **Ⅱ型错误**. 犯Ⅱ型错误的概率用符号 β 表示.

在Ⅰ型和Ⅱ型两类错误中，哪个更严重？从美国环保署的角度来讲，Ⅰ型错误是更严重的错误. 因为如果美国环保署错误地控告该公司违反污染物排放标准，那么可能有一场高额成本的诉讼. 另一方面，生活在化工厂附近的居民认为Ⅱ型错误后果更为严重，因为如果出现这种错误，美国环保署没有控诉该公司，而实际上污染了周围空气. 无论哪种情况，计算概率 α 和 β，评估假设检验导出的推断可靠性是重要的. 下面的 4 个例子将说明如何计算这些概率.

例 8.1 **统计检验的要素：软件购买的比率** 某笔记本电脑生产商认为，20% 以上的电脑购买者可能购买某种软件包. 随机选取 10 名电脑的预期购买者，询问他们是否对此软件包感兴趣. 他们之中有 4 人表示打算购买此软件包. 这个样本能提供充分的证据来证明多于 20% 的电脑购买者会购买此软件包吗？

解 令 p 表示所有电脑预期购买者中会购买此软件包的真实比率. 既然我们想证明 $p > 0.2$，那么就选择 $H_a: p > 0.2$ 作为备择假设，$H_0: p = 0.2$ 作为原假设. 用二项随机变量 Y——样本中打算购买此软件包的人数，作为检验统计量，如果 Y 较大的话，就可以拒绝 $H_0: p = 0.2$. 图 8.1 是 $n = 10$，$p = 0.2$ 时 $p(y)$ 图.

Y 的大值支持备择假设 $H_a: p > 0.2$，可是在拒绝域中应该包含哪些 Y 值呢？假如取 $Y \geq 4$ 的值作为拒绝域，那么检验的要素如下：

$$H_0: p = 0.2$$
$$H_a: p > 0.2$$
检验统计量：$Y = y$
拒绝域：$y \geq 4$

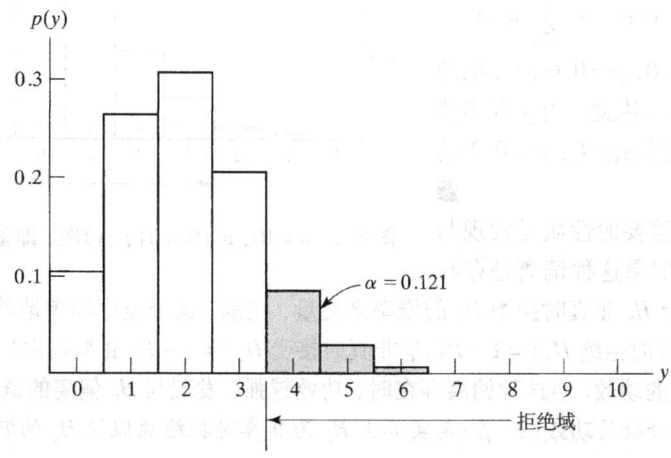

图 8.1 $n = 10$，$p = 0.2$ 时 $p(y)$ 图，即如果原假设为真的情形

在这个检验中，我们发现 Y 的观测值 $y = 4$ 落入拒绝域中．因此根据这种检验方法，可以拒绝原假设 $H_0: p = 0.2$，并推断生产商的观点是正确的，即 $p > 0.2$．

例 8.2　计算 I 型错误率　如果实际上原假设为真，例题 8.1 的统计检验方法导致我们得出一个错误决策的概率是多少？

解　计算检验方法导致犯 I 型错误，即 H_0 实际为真却拒绝了 H_0 的概率 α，这是 y 落入拒绝域而实际上 $p = 0.2$ 的概率：

$$\alpha = P(Y \geq 4 \mid p = 0.2) = 1 - \sum_{y=0}^{3} p(y)$$

对于 $n = 10$，$p = 0.2$ 的二项随机变量部分和 $\sum_{y=0}^{3} p(y)$ 由表 B.2 给出为 0.879，因此，

$$\alpha = 1 - \sum_{y=0}^{3} p(y) = 1 - 0.879 = 0.121$$

当实际上 H_0 为真，而统计方法却得到结论 $p > 0.2$ 的概率是 0.121．这个概率对应于图 8.1 中阴影区域的面积．

在例 8.2 中，我们计算了犯 I 型错误的概率 α．犯 II 型错误，即没能发现 p 值大于 0.2 的概率 β 依赖于 p 的取值．例如，若 $p = 0.200\,01$，我们便很难发现它与原假设 $p = 0.2$ 之间这细小的偏离．相反，若 $p = 1.0$，表明微机的每一个预期购买者都想购买此软件包，在这种情况下，从样本的信息非常显然得到 $p > 0.2$．将在例 8.3 中说明 β 的计算方法．

例 8.3　计算 II 型错误率　参考例 8.2，假设 $p = 0.60$．那么实际上 $p = 0.60$，检验方法没能拒绝 $H_0: p = 0.2$ 的概率 β 是多少？

解 图 8.2 给出了参数 $n=10$, $p=0.6$ 的二项概率分布 $p(y)$. 没能拒绝 H_0 的概率等于 $Y=0$, 1, 2 或者 3 的概率, 也就是 Y 的值没有落入拒绝域的概率. 这个概率 β 对应于图中概率直方图的阴影部分面积. 所以对 $n=10$ 和 $p=0.6$,

$$\beta = P(Y \leq 3 \mid p = 0.6) = \sum_{y=0}^{3} p(y)$$

根据表 B.2, $n=10$, $p=0.6$ 的二项随机变量部分和为 0.055. 因此, 当 p 真实值为 0.6, 而我们却没有拒绝 $H_0: p=0.2$ 的概率是 $\beta = 0.055$. ∎

统计检验另一个重要的性质是发现与原假设偏离的能力, 如果这种偏离是存在的. 这种能力用实际上 H_0 非真时拒绝 H_0 的概率来度量, 注意, 这个概率简单地就是 $(1-\beta)$:

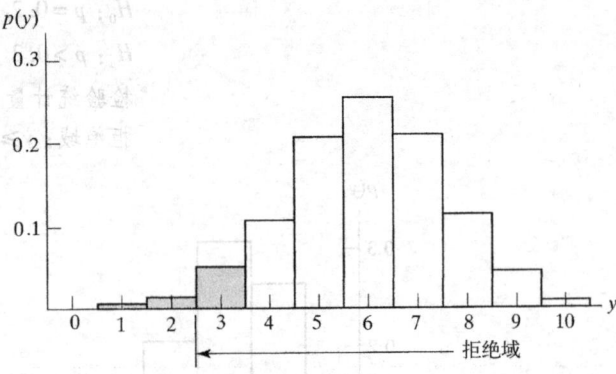

图 8.2 $n=10$, $p=0.6$ 时 $p(y)$ 图, 即备择假设为真的情形

$$P(H_0 \text{非真时拒绝} H_0) = 1 - P(H_0 \text{非真时接受} H_0) = 1 - P(\text{II 型错误}) = 1 - \beta$$

概率 $(1-\beta)$ 称作**检验的功效**. 当这种偏离存在时, 功效越强, 发现与 H_0 偏离的概率值就越大.

定义 8.3 统计检验的**功效** $(1-\beta)$ 是实际上 H_0 为非真时拒绝原假设 H_0 的概率.

例 8.4 **计算检验的功效** 参考例 8.1 中的假设检验, 求 $p=0.3$ 时的检验功效.

解 由定义 8.3 可知, 检验功效等于概率 $(1-\beta)$. 当 p 的真值为 0.3 时, 我们没能拒绝 $H_0: p=0.2$ 的概率, 也就是犯 II 型错误的概率将比例 8.3 中计算的 β 值大. 因为 $p=0.3$ 比较接近原假设 $p=0.2$. 所以对 $n=10$ 和 $p=0.3$,

$$\beta = P(Y \leq 3 \mid p = 0.3) = \sum_{y=0}^{3} p(y)$$

根据表 B.2, 可以查到 $n=10$, $p=0.6$ 的二项随机变量部分和的值为 0.650. 因此, 实际上 $p=0.3$, 我们没能拒绝 $H_0: p=0.2$ 的概率 $\beta = 0.650$, 而检验功效是 $(1-\beta) = (1-0.650) = 0.350$. 由此可以看出, p 的实际值越接近原假设的值, 就越不可能拒绝 $H_0: p=0.2$. ∎

前面的例子说明对于一个简单的统计检验我们如何计算 α 和 β, 从而度量犯 I 型错误和 II 型错误的风险. 这两个概率描述了这种推断方法的性质, 使我们可以由此比较不同的检验方法. 例如有两个检验, 每个检验拒绝域的选取都是使 α 等于某个特定值 (如 $\alpha = 0.1$). 对于指定的备择假设, 将选择犯 II 型错误风险较小的那个检验, 也就是 β 值小的那个检验. 这等价于选择较高功效的检验.

在下面几节中, 我们将介绍许多统计检验. 在每一种情况下犯 I 型错误的概率 α 都是已知的, 即 α 是由试验者选取的且拒绝域是相应地确定的. 相反, 对于某个备择假设的 β 通常很难计算. 这就是为什么我们总是努力由数据不支持 H_0 来证明 H_a 为真. 我们希望用样本作为证据来支持备择 (或研究) 假设. 如果是这种情况的话, 我们就只关心犯 I 型错误, 也就是弃真错误, 然而犯弃真错误的概率 α 是已知的.

应用练习

8.1 杂记. 对假设的统计检验定义 α 和 β.

8.2 杂记. 解释下列每一个陈述为什么是错误的:

a. 原假设正确的概率等于 α.
b. 如果原假设被拒绝, 那么检验证明备择假设是正确的.
c. 假设的所有统计检验中, $\alpha + \beta = 1$.

8.3 **筛选新药**. 制药公司总是不断研究新药. 为了少数可能有效的化合物要试验数千种化合物, 在制药行业称之为"药物筛选". Dunnett(1978)认为药物筛选法在统计决策问题方面还处于初级阶段: "在药物筛选中, 可能会有两种行动: (1)'拒绝'这种药物, 即试验的药几乎没有疗效, 这种情况下放弃该药物, 筛选另一种药物; (2)暂时'接受'这种药物, 这种情况下进行进一步更加精细的试验"⊖. 由于研究者的目标是找到一种具有疗效的新药, 所以统计检验的原假设和备择假设应取如下形式:

H_0: 对某种疾病药物没有疗效

H_a: 对某种疾病药物具有疗效

Dunnett 解释与药物筛选过程关联的可能错误:"一种药物实际上具有疗效却被放弃(假阴性)这显然是令人不快的事情, 其中总存在某些风险. 另一方面, 对一种实际上没有疗效的药物却继续进行高成本的试验(假阳性)浪费了时间和金钱, 这些时间和金钱本可以去试验其他化合物."

a. 假阴性对应于哪一类型错误, Ⅰ型还是Ⅱ型?
b. 假阳性对应于哪一类型错误, Ⅰ型还是Ⅱ型?
c. 两种类型错误哪一类更严重? 解释原因.

8.4 **Pascal 数组变量**. Pascal 是一种常用于微处理机的高级编程语言. 我们做一个试验来研究 Pascal 变量中数组变量(与其对应的是标量变量, 标量变量执行时间较费时)所占的比率. 从一段 Pascal 程序中随机选择20个变量, 记录其中数组变量的个数 Y. 假如我们想检验 Pascal 是一种比20%变量是数组变量的 Algol 更有效的语言. 换句话说, 我们要检验 H_0: $p = 0.20$, H_a: $p > 0.20$, 其中 p 表示每次试验中观测到数组变量的概率. (假设20次试验是独立的.)

a. 求拒绝域 $Y \geq 8$ 的 α 值.
b. 求拒绝域 $Y \geq 5$ 的 α 值.
c. 求拒绝域 $Y \geq 8$ 的 β 值, 如果 $p = 0.50$. (注: 过去的经验表明在大多数 Pascal 程序中数组变量约占一半.)
d. 求拒绝域 $Y \geq 5$ 的 β 值, 如果 $p = 0.50$.
e. 对于拒绝域 $Y \geq 8$ 或 $Y \geq 5$, 如果想极小化犯Ⅰ型错误的概率, 应选哪一个? 若想极小化犯Ⅱ型错误的概率又应如何选?
f. 求形如 $Y \geq a$ 拒绝域, 使得 α 近似等于0.01.
g. 若事实上 $p = 0.4$, 求 f 中确定的拒绝域检验功效.
h. 若事实上 $p = 0.7$, 求 f 中确定的拒绝域检验功效.

8.5 **失效的功率表**. 某厂生产调节数据交换系统能阀用的功率表, 厂商声称如果生产过程正确操作的话, 只有10%的功率表是不合格品. 一买主刚收到厂商发送的一批货, 共25块功率表. 假定该买主想检验 H_0: $p = 0.10$ 对 H_a: $p > 0.10$, 其中 p 表示功率表是不合格品的真实比率. 用 $Y \geq 6$ 作为拒绝域.

a. 对于这种检验方法确定 α 的值.
b. 若事实上 $p = 0.2$, 求 β 值以及检验功效.
c. 若事实上 $p = 0.4$, 求 β 值以及检验功效.

8.6 **授权计算机用户**. 在高科技行业, 通过使用密码来保证计算机的安全, 密码就是在计算机允许访问账户之前用户需要提供的一些符号(通常是字母和数字)组合. 但是问题在于黑客可以创建一种持续性的程序, 将数百万种符号组合输入到目标系统, 直到找到正确的密码. 最新的系统解决了这个问题, 它要求授权用户使用特殊的身体特征来识别他们. 例如, Palmguard 公司开发了一种系统, 通过对比用户提供的手掌特征与储存在授权用户数据库中的特征来检验下列假设:

H_0: 提供的用户已被授权

H_a: 提供的用户未被授权

a. 定义此检验的Ⅰ型错误和Ⅱ型错误. 哪一类错误更严重? 为什么?
b. Palmguard 报告指出该系统犯Ⅰ型错误的概率不到1%, 而犯Ⅱ型错误的概率为0.00025%, 解释这些错误的概率.
c. 另外一种成功的安全系统 EyeDentifyer"通过读取由眼睛后部视网膜上的微小血管网络形成独一无二的图案来识别授权的计算机用户". Eye-Dentifyer 报告说犯Ⅰ型错误的概率和犯Ⅱ型错误的概率分别为0.01%(万分之一)和0.005%(十万分之五). 解释这些概率.

❓ 理论练习

8.7 证明: 对于固定的样本容量 n, α 随着 β 的增大而减小, 反之亦然.

⊖ 摘自 Tanur, J. M., et al., eds. *Statistics: A Guide to the Unknown.* San Francisco: Holden-Day, 1978.

8.3 求统计检验：经典方法

对总体的一个或多个参数进行统计检验，必须(1)找到一个合适的检验统计量；(2)确定拒绝域. 经典统计学家通常采用由费希尔(R. A. Fisher)提出的方法来寻找合理的检验统计量进行假设检验. 例如，我们想检验关于概率函数 $p(y)$ 或密度函数 $f(y)$ 的唯一参数 θ 的假设. 令 L 表示样本的似然函数. 那么为了检验原假设 $H_0: \theta = \theta_0$，费希尔的**似然比检验统计量**是

$$\lambda = \frac{\text{假定 } \theta = \theta_0 \text{ 时的似然函数}}{\text{假定 } \theta = \hat{\theta} \text{ 时的似然函数}} = \frac{L(\theta_0)}{L(\hat{\theta})}$$

其中 $\hat{\theta}$ 表示 θ 的极大似然估计. 费希尔分析指出，若 θ 与 θ_0 不同，则当 $\theta = \hat{\theta}$ 时似然 L 大于 $\theta = \theta_0$ 的 L. 因此检验的拒绝域由较小的 λ 值构成，如小于某一 λ_R 的值.

如果有兴趣想多学一点费希尔的似然比检验，可以参考本章最后的参考文献. 所幸的是，我们直观选取的检验统计量多数都是相应的似然比统计量 λ 的函数，它们也是第 7 章用于构造置信区间的枢轴统计量.

回顾第 7 章的大多数枢轴统计量，对于大样本有近似正态的抽样分布. 根据这一性质，不难得出假设的大样本统计检验. 为了说明，假如想检验参数 θ 的假设 $H_0: \theta = \theta_0$，θ 的估计量 $\hat{\theta}$ 服从均值为 θ，标准差为 $\sigma_{\hat{\theta}}$ 的正态抽样分布. 进一步假定 $\sigma_{\hat{\theta}}$ 是已知的，或者当样本容量较大时可以得到 θ 的好的近似. 可以证明（证明过程略）似然比检验统计量 λ 可简化为标准正态随机变量 Z：

$$Z = \frac{\hat{\theta} - \theta_0}{\sigma_{\hat{\theta}}}$$

这个检验拒绝域的位置可以由检查检验统计量 Z 的形式来推出. $\hat{\theta}$ 与 θ_0 的偏离越大，即二者离差的绝对值越大，越有充足的证据表明 θ 不等于 θ_0. 如果想发现 θ 的值大于 θ_0，即 $H_a: \theta > \theta_0$，拒绝域应位于标准正态 z 检验统计量的抽样分布的上尾（见图 8.3a）. 如果想发现 θ 的值小于 θ_0，即 $H_a: \theta < \theta_0$，拒绝域应位于 z 分布的下尾（见图 8.3b）. 由于整个拒绝域仅在 z 分布的一侧，因此这两种检验称作**单侧统计检验**. 然而如果想发现 θ 的值大于 θ_0 或者小于 θ_0，即 $H_a: \theta \neq \theta_0$，拒绝域应该分别位于 z 分布的上尾和下尾处（见图 8.3c）. 这种检验称作**双侧统计检验**.

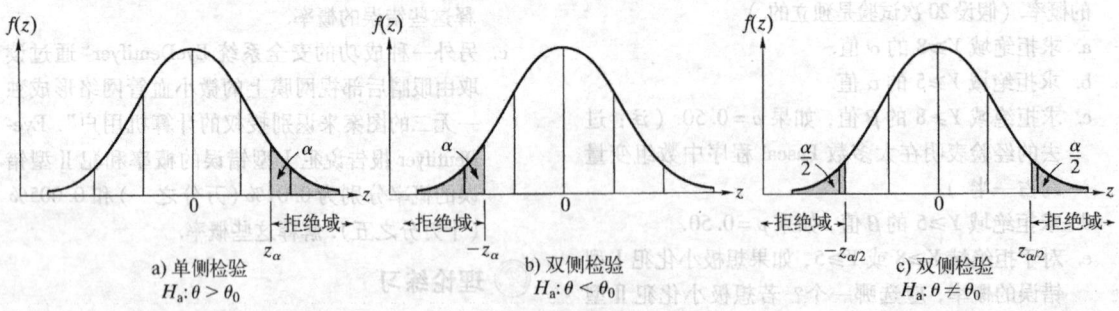

图 8.3　单侧和双侧检验的拒绝域

将前面介绍的大样本统计检验总结在下面. 本章其余小节所讨论的许多总体参数和检验统计量都满足这种检验方法的假定. 将用总体均值 μ 的实际例子讲述检验的用法.

基于标准正态 Z 检验统计量的大样本检验

单侧检验

$H_0: \theta = \theta_0$

$H_a: \theta > \theta_0$（或者 $H_a: \theta < \theta_0$）

检验统计量：$Z = \dfrac{\hat{\theta} - \theta_0}{\sigma_{\hat{\theta}}}$

拒绝域：$Z > z_\alpha$（或者 $Z < -z_\alpha$）

其中 $P(Z > z_\alpha) = \alpha$

双侧检验

$H_0: \theta = \theta_0$

$H_a: \theta \neq \theta_0$

检验统计量：$Z = \dfrac{\hat{\theta} - \theta_0}{\sigma_{\hat{\theta}}}$

拒绝域：$|Z| > z_{\alpha/2}$

其中 $P(Z > z_{\alpha/2}) = \alpha/2$

例 8.5 **检验 μ：每小时驶过的重型货运卡车** 高速公路路政署负责维修一段 25mile 长的州际公路，希望设计一种结构上有效的路面。一个重要的考虑因素是这条州际公路负担的重型货运量。州称重站报告，这条州际公路的 25mile 段平均每小时通过 72 辆重型卡车。然而这条公路有一段位于市区，而且路政署的工程师认为这一段公路的重型货运量比整个州际公路的平均值要大。为了证实这一观点，路政署检测了在整个月中随机挑选的 50 个 1h 内通过的重型卡车数量。假设 50 个抽样小时的重型货运量样本的均值和标准差为

$$\bar{y} = 74.1 \qquad s = 13.3$$

数据是否支持路政署的观点？用 $\alpha = 0.10$。

解 在这个例子中，我们所关心的参数是 μ，即 25mile 的州际公路上平均重型拖车通过量。对于较大的样本容量 n，样本均值 $\bar{y}$ 用来估计参数 μ，并且 $\bar{y}$ 有近似正态抽样分布。由此，我们可以应用上面介绍的大样本检验。

检验的要素是

$$H_0: \mu = 72$$
$$H_a: \mu > 72$$

检验统计量： $Z = \dfrac{\bar{y} - 72}{\sigma_{\bar{y}}} = \dfrac{\bar{y} - 72}{\sigma/\sqrt{n}} \approx \dfrac{\bar{y} - 72}{s/\sqrt{n}}$

拒绝域： $Z > 1.28$ （由表 B.5，$z_{0.10} = 1.28$）

将样本统计量代入检验统计量得

$$Z \approx \dfrac{74.1 - 72}{13.3/\sqrt{50}} = 1.12$$

虽然样本中平均每小时重型货运卡车通过量比州平均量多 2 辆，但是 Z 等于 1.12 并没有落在拒绝域内（见图 8.4）。因此，这个样本在 $\alpha = 0.10$ 情况下，并不能提供充分的证据支持路政署的观点。■

在例 8.5 中，做出错误决策的风险是多少？如果拒绝了原假设，那么知道犯 I 型错误（弃真）的概率是 $\alpha = 0.10$。但是，没能拒绝例 8.5 中的原假设，我们必须关心犯 II 型错误（纳伪）的概率。将在例 8.6 中计算犯 II 型错误的风险。

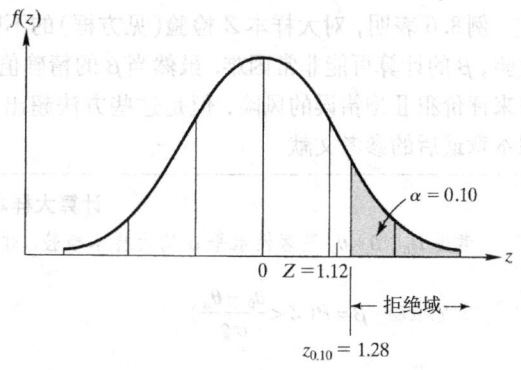

图 8.4 例 8.5 中检验统计量的位置

例8.6 **计算驶过卡车检验的 β** 参考例8.5关于 μ 的单侧检验. 如果州际公路这段25mile 上重型货运卡车的平均数 μ 实际上是每小时78, 那么例8.5中检验方法不能发现真实情况的概率是多少? 换句话说, 当 μ 的真值等于78时, 这个单侧检验中没能拒绝 $H_0: \mu = 72$ 的概率 β 是多少?

解 为了计算大样本 Z 检验的 β 值, 需要通过点估计量 $\hat{\theta}$ 来指定拒绝域, 本例中, $\hat{\theta} = \bar{y}$. 由图8.4可见, 拒绝域由 $Z \geq 1.28$ 的值构成. 为了确定对应于 $z = 1.28$ 的 $\bar{y}$ 值, 代入下式

$$Z = \frac{\bar{y} - \mu_0}{\sigma/\sqrt{n}} \approx \frac{\bar{y} - \mu_0}{s/\sqrt{n}} \text{ 或 } 1.28 = \frac{\bar{y} - 72}{13.3/\sqrt{50}}$$

求解 $\bar{y}$, 得 $\bar{y} = 74.41$. 所以检验的拒绝域是 $Z \geq 1.28$ 或者等价的是 $\bar{y} \geq 74.41$.

图8.5中的虚曲线是 $H_0: \mu = 72$ 为真时 $\bar{y}$ 的抽样分布. 这条曲线用于确定 $\bar{y}$ (或等价的 z 值)的拒绝域, 即与 $H_0: \mu = 72$ 矛盾的 $\bar{y}$ 值. 实曲线是 $\mu = 78$ 时 $\bar{y}$ 的抽样分布. 因为想知道当 H_0 实际上非真且 $\mu = 78$ 时 β 的值, 也就是求 $\mu = 78$ 时 $\bar{y}$ 没有落在拒绝域内的概率. 这个概率对应于实曲线下方 $\bar{y} < 74.41$ 的阴影区域面积. 为了计算正态曲线下这个阴影区域的面积, 需要求相应于

$$Z = \frac{\bar{y} - 78}{\sigma/\sqrt{n}} \approx \frac{74.41 - 78}{13.3/\sqrt{50}} = -1.91$$

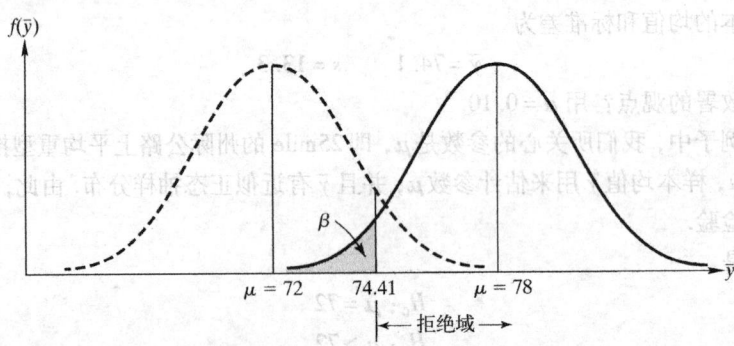

图8.5 例8.6中当 $\mu = 78$ 时犯 II 型错误的概率 β

的面积 A. 由表 B.5 可以查得 A 等于 0.4719. 由图 8.5 可见

$$\beta = 0.5 - A = 0.5 - 0.4719 = 0.0281$$

因此, 当 μ 的真值实际上为 $\mu = 78$ 时, 我们没能拒绝 $H_0: \mu = 72$ 的概率仅为 0.0281.

例8.6表明, 对大样本 Z 检验(见方框)的不同备择假设, β 的计算并不十分困难. 但是对于其他检验, β 的计算可能非常困难. 虽然当 β 的精确值无法获得或者难于计算时, 可以采用一些复杂的方法来评价犯 II 型错误的风险, 但是这些方法超出了本书范围. 如果你有兴趣学习这些方法, 可以查阅本章最后的参考文献.

计算大样本 Z 检验的 β

考虑 $H_0: \theta = \theta_0$ 显著性水平 α 的大样本检验. 对于某个备择值 $\theta = \theta_a$, β 值如下计算:

上尾检验: $\beta = P\left(Z < \dfrac{\hat{\theta}_0 - \theta_a}{\sigma_{\hat{\theta}}}\right)$

其中 $\hat{\theta}_0 = \theta_0 + z_\alpha \sigma_{\hat{\theta}}$ 是相应于拒绝域边界的估计量的值.

下尾检验：$\beta = P\left(Z > \dfrac{\hat{\theta}_0 - \theta_\alpha}{\sigma_{\hat{\theta}}}\right)$

其中 $\hat{\theta}_0 = \theta_0 - z_\alpha \sigma_{\hat{\theta}}$ 是相应于拒绝域边界的估计量的值.

双侧检验：$\beta = P\left(\dfrac{\hat{\theta}_{0,L} - \theta_\alpha}{\sigma_{\hat{\theta}}} < Z < \dfrac{\hat{\theta}_{0,U} - \theta_\alpha}{\sigma_{\hat{\theta}}}\right)$

其中 $\hat{\theta}_{0,U} = \theta_0 + z_\alpha \sigma_{\hat{\theta}}$，$\hat{\theta}_{0,L} = \theta_0 - z_\alpha \sigma_{\hat{\theta}}$ 是相应于拒绝域边界的估计量的值.

? 理论练习

8.8 假定 $y_1, y_2, \cdots, y_n$ 是来自未知均值 μ，方差 $\sigma^2 = 1$ 的正态总体，即

$$f(y) = \dfrac{1}{\sqrt{2\pi}} e^{-(y-\mu)^2/2}$$

的一个随机样本，证明样本的似然函数 L 是

$$L(\mu) = \left(\dfrac{1}{\sqrt{2\pi}}\right)^n e^{-\sum_{i=1}^{n}(y_i - \mu)^2/2}$$

8.9 参考练习 8.8，假如想检验 $H_0: \mu = 0$，对备择假设 $H_a: \mu > 0$. 因为 μ 的估计量 $\hat{\mu} = \bar{y}$，那么似然比检验统计量为

$$\lambda = \dfrac{L(\mu_0)}{L(\hat{\mu})} = \dfrac{L(0)}{L(\bar{y})}$$

证明：

$$\lambda = e^{-n(\bar{y})^2/2}$$

（提示：利用 $\sum_{i=1}^{n}(y_i - \bar{y})^2 = \sum_{i=1}^{n} y_i^2 - n\bar{y}^2$.）

8.10 参考练习 8.8 和 8.9，证明：拒绝域 $\lambda \leq \lambda_\alpha$ 与拒绝域 $\bar{y} \geq \bar{y}_\alpha$ 是等价的，其中 $P(\lambda \leq \lambda_\alpha) = \alpha$，$P(\bar{y} \geq \bar{y}_\alpha) = \alpha$.
（提示：利用当 $|\alpha| \to \infty$ 时，$e^{-\alpha^2} \to 0$.）

8.4 选择原假设和备择假设

现在我们要进行一个大样本统计假设检验，并看看如何计算 β 值——如果 θ 实际上等于某个备择值 $\theta = \theta_\alpha$ 没能拒绝 $H_0: \theta = \theta_0$ 的概率，选择原假设和备择假设的逻辑可能是有意义的. 选择的原则是把希望支持的观点（或者是想发现是否为真）通常作为备择假设，因为如果数据支持 H_a（即如果拒绝 H_0），我们便马上得知 α 的值，也就是弃真的概率. 例如在例 8.5 中，路政署认为某段州际公路的重型货车通过量的平均值超过了每小时 72 辆. 因此路政署设置备择假设为 $H_a: \mu > 72$. 相反，如果我们选择想支持的观点作为原假设，而且数据支持该观点，即检验不拒绝 H_0，那么需要去研究对于某个指定备择的 β 值. 显然，如果可能的话，希望能回避这个冗长乏味而且有时极端困难的任务.

实际应用中出现的另一个问题是应该进行单侧检验还是双侧检验，这个决策依赖于你想发现什么. 例如，假定你经营一家化工厂，每天的产量用变量 Y 表示，如果 $E(Y) = \mu$ 低于每天 100 吨，那么工厂最终会破产；如果 μ 超过 100 吨，则能保证工厂资金正常运转. 为了判断工厂是否会出现财务危机，我们需要判断是否 $\mu < 100$ 吨，从而进行 $H_0: \mu = 100$ 对 $H_a: \mu < 100$ 的单侧检验. 如果这种情况下你建立了双侧检验，那么便会减小发现 μ 小于 100 吨的机会，也就是增加了对 $\mu < 100$ 吨备择值的 β 值.

再举一个例子，例如，你想研制一种新药，要求这种新药的平均药效是某一确定的水平（如 10%）. 由于平均药效超过 10%，经营亏本；如果达不到 10%，不能作为一种有效的药物（仍是经营亏本）. 对于这种情况下平均药效 μ 的检验，希望知道 μ 是否大于或者小于 $\mu = 10$. 因此你会选择备择假设 $H_a: \mu \neq 10$ 进行双侧统计检验（或者构造置信区间）.

这些例子都表明统计检验是为了发现与原假设 H_0 偏离的尝试，检验的关键是确定你想要发现

指定的备择. 但是我们必须强调, H_0 和 H_a 是在得到, 并观测到样本数据前事先确定的. 如果我们根据样本数据信息帮助选择 H_0 和 H_a, 那么由样本获得的先验信息会使检验结果偏倚, 尤其是犯 I 型错误的真实概率会比预先选取的 α 值大.

例 8.7 **为检验轴承平均直径选择 H_0 和 H_a** 某厂质量控制检查员定期检测生产车床, 看它加工的机床轴承的平均直径是否为 0.5in. 如果轴承的平均直径大于或小于 0.5in, 则表明车床工作状态失控, 需要进行调整. 建立原假设和备择假设以检验轴承生产过程是否失控.

解 假设必须由总体参数描述, 因此定义 μ = 由车床生产的所有轴承的真实平均直径. 如果 $\mu > 0.5$ 或 $\mu < 0.5$, 则表明车床生产过程失控. 由于我们希望能发现任何一种可能性, 所以建立原假设和备择假设如下:

$$H_0: \mu = 0.5 \text{ (即过程在控)}$$
$$H_a: \mu \neq 0.5 \text{ (即过程失控)}$$

在 8.5~8.12 节中, 我们会进一步地讲述本章提出的假设检验逻辑的应用. 考虑的情况是第 7 章给出估计方法时的几种情况. 因为所涉及的理论和原理是基于第 7 章及 8.1~8.4 节, 我们只在每种情况下给出单侧和双侧检验的假设检验方法的总结.

应用练习

在练习 8.11~8.16 中, 用公式表示合适的原假设和备择假设.

8.11 天然纤维复合材料的强度. *ACS Sustainable Chemistry & Engineering* (Vol.1, 2013) 中一篇文章研究了柳枝稷制造的天然纤维复合材料. 研究人员想知道这种纤维复合材料的平均拉伸强度是否超过 20 兆帕.

8.12 青蛙卵孵化率. 一位爬行动物学者想判断某种青蛙卵在紫外线照射后孵化率是否能超过 0.5.

8.13 检验渔网绳. 某渔网绳生产商想证明他的竞争对手生产的 22lb 网绳的平均断裂强度实际上低于 22lb.

8.14 灌铅的赌博骰子. 一位掷骰子游戏的赌徒在赌桌上经历了一长串倒霉, 他想验证骰子"灌铅"了, 也就是说, 多次掷两颗骰子出现 7 点的比率并不等于 1/6 (如果骰子是公平的, 那么出现"7"点的概率是 1/6).

8.15 软件销售商等级. *Computerworld* 杂志每年都会对所有计算机软件销售商 Datapro 等级评价做出一份报告. 由随机选择的软件使用者从可靠性、使用效率、安装操作简便和使用简便四方面进行评价, 共分 1~4 个等级 (1 = 差, 4 = 优秀). 软件销售商想知道他们销售产品的平均 Datapro 等级是否高于对手.

8.16 土壤中镭的含量. 环境保护署打算检验佛罗里达州某郡土壤中镭 226 的平均含量是否超过了最大允许值 4pCi/L.

8.17 实时调度. 工业工程师想比较在制造过程中两种实时调度方法. 特别地, 他们希望确定两种方法生产的产品平均个数是否不等.

8.5 检验的观测显著性水平

根据前几节讲述的统计检验方法, 在检验之前要事先确定 α 值和相应的拒绝域, 并且结论应说成拒绝或不拒绝原假设. 给出统计检验结论的第二种方法是报告检验统计量与原假设的不一致程度, 然后由检验人员自己决定是否拒绝原假设. 这种不一致性的度量称为检验的**观测显著性水平 (或者 p 值)** ⊖.

定义 8.4 一个统计检验的观测显著性水平, 或 p 值是观测到检验统计量一个值至少如从样本数据计算的统计量值那样与原假设矛盾, 且支持备择假设的概率. (假定 H_0 为真.)

⊖ p 值或者概率值是统计方法使用者杜撰的. 在 p 值表示式中的 p 不要与二项参数 p 混淆了.

许多研究者发表于杂志、案例研究、报告等假设的统计检验结果是用 p 值表示的,而不是事先选择 α,然后按照本章所述的方法进行检验,研究者可以计算并报告合适的检验统计量,以及相应的 p 值.由报告的读者自己判断结果的显著性,也就是说,读者必须根据报告的 p 值来决定是否拒绝原假设而接受备择假设.一般,只当观测的显著性水平小于读者选定的显著性水平 α 时,拒绝原假设. 以 p 值报告检验结果有两个优点:(1) 如果读者按照本章列出的方法执行标准的假设检验,允许他选择一个愿意容忍的最大 α 值,(2) 便于计算机运算给出检验结果.许多统计软件包都可以进行检验计算,给出检验统计量观测值,然后由读者自己形成结论.还有一些是给出检验的观测显著性水平,这样更便于用户决定是否拒绝原假设.

解释 p 值

1. 选择愿意容忍的最大 α 值.
2. 求出检验的观测显著性水平(p 值).
3. 如果 $\alpha > p$ 值,拒绝原假设.

例 8.8 求单侧 p 值 求例 8.5 中统计检验的观测显著性水平,并解释结果.

解 在例 8.5 中,我们检验了一段 25mile 长的州际公路上每小时重型货运卡车均值 μ 的假设.由于希望发现大于 $\mu_0 = 72$ 的 μ 值,所以进行单侧检验,当 $\bar{y}$ 值或 Z 值较大时拒绝 H_0.由随机抽取的 50 个 1 小时样本计算的 Z 的观测值为 $Z = 1.12$.因为任何大于 $Z = 1.12$ 的 Z 值都更背离 H_0,所以此检验的观测显著性水平是

$$p\ 值 = P(Z \geq 1.12)$$

这个值相应于图 8.6 中 z 分布上尾阴影部分的面积.由附录 B 表 5 可以查得相应于 $z = 1.12$ 的面积 A 等于 0.3686.从而,观测的显著性水平是:

$p\ 值 = P(Z \geq 1.12) = 0.5 - A = 0.5 - 0.3686$
$\qquad = 0.1314$

这个结果表明在这种情况下(若 H_0 实际上为真),观测到一个至少与 H_0 矛盾的 z 值的概率是 0.1314.因此只要预先选择的 α 大于 0.1314,我们将拒绝 H_0.回忆路政署选择I型错误的概率 $\alpha = 0.10$.既然 $\alpha = 0.10$ 小于 p 值,那么路政署就没有充足的证据拒绝 H_0.这一结论与例 8.5 的结论一致,如图 8.6 所示. ■

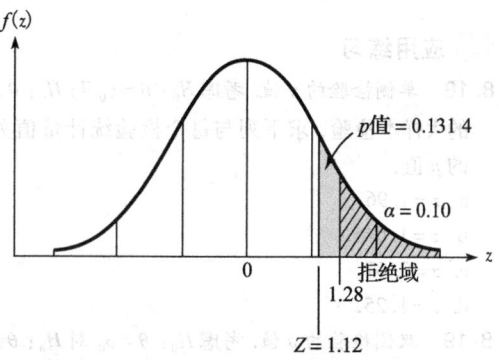

图 8.6 当 $z = 1.12$ 时求上尾检验的 p 值

例 8.9 求双侧 p 值 假定例 8.5 的检验是双侧检验,即假定感兴趣的备择假设是 $H_a: \mu \neq 72$.求此检验的观测显著性水平,并解释结果.与例 8.5 一样,设 $\alpha = 0.10$.

解 如果检验是双侧的,那么很大或很小的 Z 值都与原假设 $H_0: \mu = 72$ 矛盾.因此大于 1.12 或小于 -1.12 的 Z 值比观测到的 $Z = 1.12$ 更与 H_0 矛盾.所以此检验的观测显著性水平(图 8.7 的阴影部分)是

$$p\ 值 = P(Z \geq 1.12) + P(Z \leq -1.12) = 2(0.1314) = 0.2628$$

因为希望在 $\alpha = 0.10$ 进行双侧检验,所以如图 8.7 所示,拒绝域为 $|Z| > 1.96$ 又因为 p 值超过了 α,所以我们仍没有充分证据拒绝 H_0. ■

利用统计软件可以更容易获得观测显著性水平. 例 8.8 中单侧检验的精确 p 值在图 8.8 MINITAB 输出中显示(阴影部分). 通常来说, 研究人员会利用统计软件而不是概率表或公式求 p 值.

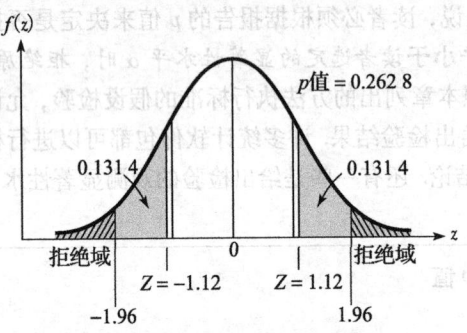

图 8.7 当 $z=1.12$ 时, 求双侧检验的 p 值

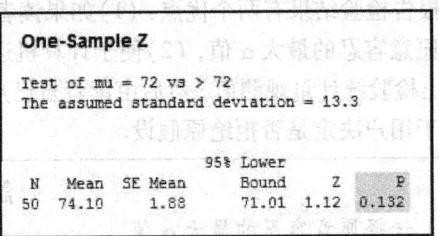

图 8.8 总体均值单侧检验的 MINITAB 输出

注: 一些统计软件包(例如 SPSS)只能进行双侧的假设检验. 对于这种包, 可以通过下面方框来获得单侧检验的 p 值.

将输出的双侧检验 p 值转化为单侧检验 p 值
$p = \dfrac{\text{已知的}\ p\ \text{值}}{2}$, 如果 $\begin{cases} H_a\ \text{为} > \text{的形式且}\ z\ \text{为正} \\ H_a\ \text{为} < \text{的形式且}\ z\ \text{为负} \end{cases}$
$p = 1 - \dfrac{\text{已知的}\ p\ \text{值}}{2}$, 如果 $\begin{cases} H_a\ \text{为} > \text{的形式且}\ z\ \text{为负} \\ H_a\ \text{为} < \text{的形式且}\ z\ \text{为正} \end{cases}$

应用练习

8.18 单侧检验的 p 值. 考虑 $H_0: \theta = \theta_0$ 对 $H_a: \theta > \theta_0$ 的大样本检验, 求下列与每个检验统计量值关联的 p 值:
a. $z = 1.96$.
b. $z = 1.645$.
c. $z = 2.67$.
d. $z = 1.25$.

8.19 双侧检验的 p 值. 考虑 $H_0: \theta = \theta_0$ 对 $H_a: \theta \neq \theta_0$ 的大样本检验, 求下列与每个检验统计量值关联的 p 值:
a. $z = -1.01$.
b. $z = -2.37$.
c. $z = 4.66$.
d. $z = 1.45$.

8.20 比较"α"和 p 值. 对于每一对 α 与观测显著性水平(p 值), 指出是否拒绝原假设.
a. $\alpha = 0.05$, p 值 $= 0.10$
b. $\alpha = 0.10$, p 值 $= 0.05$
c. $\alpha = 0.01$, p 值 $= 0.001$
d. $\alpha = 0.025$, p 值 $= 0.05$
e. $\alpha = 0.10$, p 值 $= 0.45$

8.21 转换双侧检验的 p 值. 用计算机进行检验 $H_a: \mu = 75$ 时, SPSS 给出双侧检验的 p 值为 0.1032. 对下面每种情况给出合适结论.
a. $H_a: \mu < 75$, $z = -1.63$, $\alpha = 0.05$
b. $H_a: \mu < 75$, $z = 1.63$, $\alpha = 0.10$
c. $H_a: \mu < 75$, $z = -1.63$, $\alpha = 0.10$
d. $H_a: \mu < 75$, $z = -1.63$, $\alpha = 0.01$

8.22 p 值的解释. 一名分析员检验了原假设 $\mu \geq 20$ 和备择假设 $\mu < 20$. 他报告称 p 值为 0.06. 要拒绝原假设, α 的最小值是多少?

8.6 检验总体均值

例 8.5 中, 讲述了基于标准正态 z 统计量进行单个总体均值的大样本检验, 这个检验的要素总结在下面.

> **总体均值 μ 假设的大样本 ($n \geq 30$) 检验**
>
> 单侧检验
> $H_0: \mu = \mu_0$
> $H_a: \mu > \mu_0$ (或者 $H_a: \mu < \mu_0$)
> 检验统计量：
> $Z = (\bar{y} - \mu_0)/\sigma_{\bar{y}} \approx (\bar{y} - \mu_0)/(s/\sqrt{n})$
> 拒绝域：$Z > z_\alpha$ (或者 $Z < -z_\alpha$)
> p 值 $= P(Z > Z_c)$ (或 $P(Z < Z_c)$)
>
> 双侧检验
> $H_0: \mu = \mu_0$
> $H_a: \mu \neq \mu_0$
> 检验统计量：
> $Z = (\bar{y} - \mu_0)/\sigma_{\bar{y}} \approx (\bar{y} - \mu_0)/(s/\sqrt{n})$
> 拒绝域：$|Z| > z_{\alpha/2}$
> p 值 $= 2P(Z > |Z_c|)$
>
> 其中 $P(Z > z_\alpha) = \alpha$，$P(Z > z_{\alpha/2}) = \alpha/2$. μ_0 表示原假设中指定的 μ 的某个数值，Z_c 是检验统计量的值.
> 假定：没有 (无论被抽样总体是何种分布，中心极限定理都可以保证 $\bar{y}$ 近似服从正态分布).

例 8.10 μ 的大样本检验：肱骨的长宽比 同一种类动物的肱骨大致具有相同的长宽比. 当发现肱骨化石时考古学家常常通过考察肱骨的长宽比来确定物种. 已知某类动物 A 的平均比为 8.5. 假如在动物 A 曾经栖息过的东非某个考古点发掘了 41 块肱骨化石，(假定发掘的这些肱骨化石都属于同一种未知的动物类.) 测量这些肱骨的长宽比并列于表 8.2.

BONES 表 8.2 肱骨样本的长宽比

10.73	8.89	9.07	9.20	10.33	9.98	9.84	9.59
8.48	8.71	9.57	9.29	9.94	8.07	8.37	6.85
8.52	8.87	6.23	9.41	6.66	9.35	8.86	9.93
8.91	11.77	10.48	10.39	9.39	9.17	9.89	8.17
8.93	8.80	10.02	8.38	11.67	8.30	9.17	12.00
9.38							

希望检验的假设是这种动物的肱骨总体平均比 μ 等于 8.5，对备择假设：μ 不等于 8.5，即我们希望检验发掘的肱骨是否来自动物 A.

a. 如果实际上 $\mu = 8.5$，假定希望弃真概率很小，也就是避免犯 I 型错误是重要的，那么选择一个合适的显著性水平 α 值.

b. 用 a 中所选的显著性水平检验总体长宽比均值 μ 是否不等于 8.5.

解 a. 在所提出的假设检验方法中，可以根据需要选择任意的显著性水平. 由于显著性水平 α 就是犯 I 型错误的概率，因此我们会选择一个很小的 α. 一般来讲，认为犯 I 型错误会造成严重实际后果的研究人员会取很小的 α 值，比如 $\alpha = 0.01$. 有些研究人员认为犯 I 型错误不会在实际中造成严重后果，可能愿意容忍较大的 α 值，如 0.10. 在这个例子中，我们取 $\alpha = 0.01$ 进行检验.

b. 我们用公式建立如下假设：

$$H_0: \mu = 8.5$$
$$H_a: \mu \neq 8.5$$

由于想发现与 $\mu = 8.5$ 在两个方向上的偏离, 所以这是一个双侧检验. 样本足够大($n = 41$), 因此可以对 μ 进行大样本检验.

在显著性水平 $\alpha = 0.01$ 下, 对这个双侧检验, 若
$$|Z| > z_{\alpha/2} = z_{0.005}$$
即如果 $Z < -2.58$ 或者 $Z > 2.58$ 时, 便拒绝原假设. 拒绝域如图 8.9 所示.

将表 8.2 的数据输入计算机中, 得到如图 8.7 所示的 SAS 输出的概括统计量. $\bar{y} = 9.257$ 和 $s = 1.203$ (输出中阴影部分) 用于计算检验统计量
$$Z \approx \frac{\bar{y} - \mu_0}{s/\sqrt{n}} = \frac{9.257 - 8.5}{1.203/\sqrt{41}} = 4.03$$

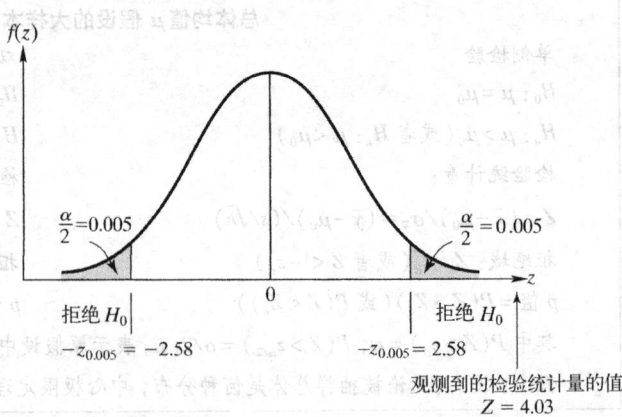

图 8.9 例 8.10 的拒绝域

检验统计量的值也是图 8.10 中的阴影部分, 检验的 p 值为 0.002.

```
Sample Statistics for LWRATIO
    N          Mean        Std. Dev.      Std. Error
    41         9.26        1.20           0.19

Hypothesis Test

Null hypothesis:    Mean of LWRATIO =  8.5
Alternative:        Mean of LWRATIO ^= 8.5

    t Statistic     Df          Prob > t
    4.030           40          0.0002
```

图 8.10 例 8.10 的 SAS 输出

因为检验统计量的值落入拒绝域 (见图 8.9), 且 $\alpha = 0.01$ 超过了 p 值, 因此我们拒绝 H_0, 认为这种动物肱骨长宽比的均值与 8.5 有显著差异. 如果原假设实际上为真 (即如果 $\mu = 8.5$), 则我们错误地拒绝原假设的概率为 $\alpha = 0.01$.

进一步研究例 8.10 所得结果的实际含义. 在考古现场发现的可能是某种不同于 A 的动物. 还有一种可能就是这种动物属于 A, 但是由于非正常的食物习惯使得其肱骨的长宽比大于一般的均值. 由此, **统计上显著的结果并不总是实际上显著的结果**. 所以研究者要利用其他的标准、论题的知识和所研究的现象保持客观性, 判断实际的显著性.

总体均值的小样本统计检验推断 (如与之关联的 7.4 节置信区间) 是基于样本数据是正态分布随机变量的独立观测值的假定. 检验统计量是基于 7.4 节给出的 T 分布.

统计检验的要素列在下面. 正如第 7 章的建议, 即使被抽样的总体是适度的非正态、小样本检验还是具有下面方框中所列的性质. 然而, 如果数据与正态性有较大的偏离 (即较大偏倚的数据), 我们必须采用将在第 15 章讨论的非参数技术.

假设检验 307

总体均值 μ 的小样本假设检验

单侧检验

$H_0: \mu = \mu_0$

$H_a: \mu > \mu_0$（或者 $H_a: \mu < \mu_0$）

双侧检验

$H_0: \mu = \mu_0$

$H_a: \mu \neq \mu_0$

检验统计量：$T = \dfrac{\bar{y} - \mu_0}{s/\sqrt{n}}$

拒绝域：$T > t_\alpha$（或者 $T < -t_\alpha$）

p 值 $= P(T \geq t_c)$（或 $P(T \leq t_c)$）

拒绝域：$|T| > t_{\alpha/2}$

p 值 $= 2P(T \geq |t_c|)$

其中 t 分布的自由度为 $(n-1)$，$P(T > t_\alpha) = \alpha$，$P(T > t_{\alpha/2}) = \alpha/2$.

假定：被抽取样本的总体相对频率分布是近似正态的.

警告：如果数据明显偏离正态性，那么这种小样本检验可能导致错误的推断. 对于这种情况，我们可以采用将在 15.2 节讨论的非参数符号检验.

例 8.11 μ **的小样本检验：平均苯含量** 科学家指出经常用于合成塑料制品的化学溶剂苯可能会致癌. 研究表明在有苯环境下工作五年以上的人，白血病的发生率是普通人群的 20 倍. 因此，联邦政府把工作场所允许的苯含量最高水平由原来的百万分之十（10ppm）降低至百万分之一. 假定职业安全与卫生管理局（OSHA）调查某钢铁制造厂，该厂工人每天都在有苯的环境下工作. 在一个月中随机选取了 20 份空气样品，检测其中苯的含量，所得数据列于表 8.3. 该钢铁制造厂违反了新的政府标准吗？在显著性水平 $\alpha = 0.05$ 下，检验钢铁厂苯含量的平均水平是否超过 1ppm.

BENZENE

表 8.3 20 份空气样品的苯含量

0.21	1.44	2.54	2.97	0.00	3.91	2.24	2.41	4.50	0.15
0.30	0.36	4.50	5.03	0.00	2.89	4.71	0.85	2.60	1.26

解 职业安全与卫生管理局希望把钢铁厂苯含量的平均水平 μ 超过 1ppm 作为研究假设. 这种小样本单侧检验的要素包括

$H_0: \mu = 1$

$H_a: \mu > 1$

检验统计量：$T = \dfrac{\bar{y} - \mu_0}{s/\sqrt{n}}$

假定：钢铁制造厂所有空气样本的苯水平总体相对频率分布是近似正态的.

拒绝域：对于 $\alpha = 0.05$，自由度为 $(n-1) = 19$，若 $T > t_{0.05} = 1.729$ 便拒绝 H_0（见图 8.11）.

样本数据的概括统计量见图 8.12 的 MINITAB 输出. $\bar{y}$ 和 s 的值（着重显示）分别是 $\bar{y} = 2.143$ 和 $s = 1.736$.

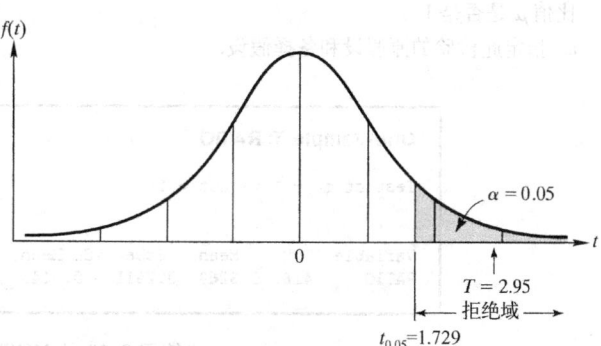

图 8.11 例 8.11 的拒绝域

```
One-Sample T: BENZENE

Test of mu = 1 vs > 1

                                                95%
                                                Lower
Variable      N      Mean      StDev    SE Mean  Bound      T      P
BENZENE      20    2.14350   1.73602    0.38819  1.47228   2.95   0.004
```

图 8.12 例 8.11 的 MINITAB 输出

我们现在计算检验统计量：

$$T = \frac{\bar{y} - 1}{s/\sqrt{n}} = \frac{2.143 - 1}{1.736/\sqrt{20}} = 2.95$$

图 8.12 也给出了 T 的值（着重显示）和检验的 p 值 0.004．

由于计算的 T 值落入拒绝域，（见图 8.11），且 $\alpha = 0.05$ 超过了检验的 p 值，因此职业安全与卫生管理局认为 $\mu > 1$ ppm，该厂违反了新的政府标准．与这一推断关联的可靠性为 $\alpha = 0.05$．这意味着，如果反复地应用于从工厂收集的数据的随机样本，职业安全与卫生管理局只有 5% 的检验错误地拒绝 H_0．因此，职业安全与卫生管理局十分确信（95% 置信）该厂违反了新的标准． ■

应用练习

FUP

8.23 新药物中化合物的稳定性．参考练习 2.16，*ACS Medicinal Chemistry Letters*（Vol. 1, 2010）关于药物代谢稳定性的研究．回忆测试阶段计算的两个重要的值：未结合到血浆的化合物的分数（fup）和未结合到微粒体的化合物的分数（fumic）．评估药物稳定性的一个关键公式是假定 fup/fumic 比值为 1．辉瑞全球研究开发公司的药理学家检测了 416 种药物，并报告了每种药物的 fup/fumic 比值．这些数据保存在 FUP 文件中，下面的 MINITAB 输出显示了概括统计量．假设药理学家想要确定真实平均比值 μ 是否是 1．

a. 指定此检验的原假设和备择假设．

b. MINITAB 输出给出了样本比值的描述性统计量，样本均值 $\bar{y} = 0.327$ 小于 1．因此，一位药理学家想要拒绝原假设．这个结论有什么问题吗？

c. 根据输出结果中相应的 p 值确定检验统计量的值．

d. 选择犯 I 型错误的概率 α．解释这个值在此问题中的含义．

e. 根据 c 和 d 的结果，给出合适的结论．

f. 为了使检验结果有效，必须满足什么条件？

8.24 管道的表面粗糙度．参考练习 7.26，*Anticorrosion Methods and Materials*（2003 年第 50 卷）研究了油田管道内层表面粗糙度．表中给出了 20 个抽样管道的数据（μm）．

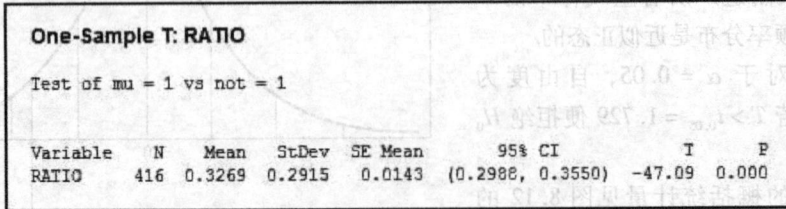

练习 8.23 的 MINITAB 输出

```
One-Sample T: ROUGH

Test of mu = 2 vs not = 2


Variable    N    Mean    StDev   SE Mean      95% CI            T      P
ROUGH      20  1.88100  0.52391  0.11715  (1.63580, 2.12620)  -1.02  0.322
```

练习 8.24 的 MINITAB 输出

🌐 **ROUGHPIPE**

1.72 2.50 2.16 2.13 1.06 2.24 2.31 2.03 1.09 1.40
2.57 2.64 1.26 2.05 1.19 2.13 1.27 1.51 2.41 1.95

资料来源：Farshad, F., and Pesacreta, T. "Coated pipe interior surface roughness as measured by three scanning probe instruments." *Anti-corrosion Methods and Materials*, Vol. 50, No. 1, 2003(表Ⅲ).

a. 对检验管道内表面平均粗糙度 μ 是否不同于 $2\mu m$ 给出原假设和备择假设.
b. a 部分检验的结果在 MINITAB 输出中显示. 求假设检验的检验统计量和 p 值.
c. 当 $\alpha=0.05$ 时，给出假设检验的拒绝域.
d. 陈述假设检验的合适结论.
e. 在练习 7.26 中，已经找到了 μ 的 95% 置信区间. 说明为什么置信区间和检验统计量会得出有关 μ 同样的结论.

🌐 **DISTILL**

8.25 太阳能水蒸馏. 在水资源短缺的国家，将盐水转化为饮用水是一个重要的问题. 水蒸馏的标准方法是使用单坡太阳能蒸馏器. *Applied Solar Energy* (Vol. 46, 2010)研究了几种改进的太阳能水蒸馏系统. 一种新系统使用了太阳追踪仪和阶梯形水池. 这种系统在约旦安曼的一个地点随机选择三天进行了测试. 三天里用新系统采集的每日蒸馏水的量分别为 5.07, 5.45, 5.21 升/平方米 (l/m^2). 假设已知在约旦同一个地点用标准方法采集的平均每日蒸馏水量为 $\mu=1.4 l/m^2$.

a. 要确定新系统采集的平均每日蒸馏水量是否大于 1.4，建立原假设与备择假设.
b. 在这个检验中，给出 $\alpha=0.10$ 的实际解释.
c. 求出三天样本蒸馏水量的均值和标准差. (数据保存在 DISTILL 文件中)
d. 利用 c 的信息计算检验统计量.
e. 求检验的观测显著性水平 (p 值).
f. 陈述实际且合适的结论.
g. 对 $\mu_a=5 l/m^2$，求 β. 解释这个值.
h. 对 $\mu_a=5 l/m^2$，求检验功效. 解释这个值.

🌐 **YIELD**

8.26 钢连接杆的屈服强度. 为了避免地震造成伤害，钢梁通常配备和连接塑料铰链. 然而，这些塑料铰链容易变形并且难以检查和维修. *Engineering Structures* (2013 年 7 月)研究了连接钢梁的另一种方法——使用带有夹子的高强度钢筋. 在预测这些钢连接杆性能的数学模型中，假定杆的平均屈服强度为 300 兆帕 (MPa). 为了检验这个假定，研究人员进行了钢连接杆的材料性能测试. 在三个样品的测试中，屈服强度分别为 354, 370 和 359MPa(这些数据保存在 YIELD 文件中). 这些数据可以表明钢筋的真实平均屈服强度超过 300MPa 吗？用 $\alpha=0.01$ 检验.

8.27 灭绝灵长类动物的颊齿. 参考练习 2.14 中 *American Journal of Physical Anthropology* (Vol. 142, 2010)上关于灭绝灵长类物种颊齿(例如臼齿)特征的研究. 研究人员报告了从头骨提取的 18 个颊齿样本的白齿牙龈深度(毫米)，数据在下表中给出. 人类学家已知一种灭绝灵长类物种(称为物种 A)的平均白齿牙龈深度为 15 毫米. 是否有证据可以表明 18 个颊齿样本来自于其他灭绝灵长类物种(即一些除了物种 A 以外的物种)？利用下表 SPSS 输出来回答问题.

🌐 **CHEEKTEETH**

白齿牙龈深度(毫米)数据	
18.12	16.55
19.48	15.70
19.36	17.83
15.94	13.25
15.83	16.12
19.70	18.13
15.76	14.02
17.00	14.04

臼齿牙龈深度(毫米)数据	
13.96	16.20

资料来源：Boyer, D. M., Evans, A. R., and Jernvall, J. "Evidence of Dietary Differentiation Among Late Paleocene – Early Eocene Plesiadapids (Mammalia, Primates)", *American Journal of Physical Anthropology*, Vol. 142, 2010. (表 A3.)

8.28 湖泊中溶解的有机化合物. 湖泊水面溶解氧气的水平对于维持湖内生态系统来说是非常重要的. 威斯康星大学的环境学家检测了 25 个湖泊样本随着时间推移的溶氧水平(*Aquatic Biology*，2010 年 5 月). 为了确保样本具有代表性, 环境学家关注了湖泊的几个特征, 其中包括溶解的有机化合物(DOC). 25 个湖泊的 DOC 数据(克/立方米)在下表中给出. 威斯康星湖泊总体的 DOC 平均值为 15 克/立方米.

 a. 用假设检验($\alpha=0.10$)对样本是否能够代表威斯康星所有湖泊溶解的有机化合物等特征做出推断.

 b. 如果实际上 $\mu_a=14$ 克/立方米, 那么 a 中检验检测出均值不是 15 克/立方米的可能性有多大？

🌐 **WISCLAKES**

LAKE	DOC	LAKE	DOC
Allequash	9.6	Cranberry Bog	22.6
Big Muskellunge	4.5	Crystal	2.7
Brown	13.2	EastLong	14.7
Crampton	4.1	Helmet	3.5
		Hiawatha	13.6
Hummingbird	19.8	Plum	10.3
Kickapoo	14.3	Reddington Bog	17.6
Little Arbor Vitae	56.9	Sparkling	2.4
Mary	25.1	Tenderfoot	17.3
LAKE	DOC	Trout Bog	38.8
Muskellunge	18.4	Trout Lake	3.0
Northgate Bog	2.7	Ward	5.8
Paul	4.2	West Long	7.6
Peter	30.2		

资料来源：Langman, O. C., et al. "Control of dissolved oxygen in orthern temperate lakes over scales ranging from minutes to days", *Aquatic Biology*, Vol. 9, May 2010 (表 1).

8.29 燃气轮机的冷却方法. 在用电高峰期, 尤其是炎热夏季的月份里, 燃气轮机的输出功率大幅度降低. 防御功率降低的一种方法是冷却燃气轮机的入风. 盛行的普通冷却办法是采用高压雾状入风. *Journal of Engineering for Gas Turbines and Power* (2005 年 1 月) 中曾对采用高压雾状入风的 67 台燃气轮机的样本性能做了调查研究, 性能的一个度量是热消耗率(kJ/kWh). 67 台燃气轮机的热消耗率数据列于下表. 假如一台标准的燃气轮机的热消耗率平均为 10 000kJ/kWh. 进行检验确定采用高压雾状入风的燃气轮机平均热消耗率是否超过 10 000kJ/kWh, $\alpha=0.05$.

🌐 **GASTURBINE**

14 622	13 196	11 948	11 289	11 964	10 526	10 387	10 592	10 460	10 086
14 628	13 396	11 726	11 252	12 449	11 030	10 787	10 603	10 144	11 674
11 510	10 946	10 508	10 604	10 270	10 529	10 360	14 796	12 913	12 270
11 842	10 656	11 360	11 136	10 814	13 523	11 289	11 183	10 951	9 722
10 481	9 812	9 669	9 643	9 115	9 115	11 588	10 888	9 738	9 295
9 421	9 105	10 233	10 186	9 918	9 209	9 532	9 933	9 152	9 295
16 243	14 628	12 766	8 714	9 469	11 948	12 414			

One-Sample Statistics

	N	Mean	Std. Deviation	Std. Error Mean
M2Depth	18	16.4994	1.97042	.46443

One-Sample Test

	Test Value = 15					
	t	df	Sig. (2-tailed)	Mean Difference	95% Confidence Interval of the Difference	
					Lower	Upper
M2Depth	3.229	17	.005	1.49944	.5196	2.4793

练习 8.27 的 SPSS 输出

8.30 河水的碱度. 练习 5.36 中曾提到, 取自韩国首尔汉河水样的平均碱度为 50mg/L. (*Environmental Science & Engineering* 2000 年 9 月 1 日) 考虑从汉河某支流收集的 100 份水样的随机样本, 假定样本碱度的均值为 $\bar{y} = 67.8 \text{mg/L}$, 标准差为 $s = 14.4 \text{mg/L}$. 是否有充足的证据表明支流河水总体平均碱度水平超过了 50mg/L? ($\alpha = 0.01$)

8.31 从直线走到绕圈. 当人们在不熟悉的地形迷路时, 他们真的如通常所认为的会绕圈走吗? 为了回答这个问题, 研究人员做了一项野外实验并在 *Current Biology* (2009 年 9 月 29 日) 上报告了结果. 15 名志愿者蒙上眼睛, 要求他们在一个开阔的地方沿某个方向尽可能走直线. 用 GPS 检测 50 分钟内每个步行者每秒的行走轨迹并记录平均方向偏差 (度/秒), 数据在下表中给出. 在同一方向上会有持续转向的倾向, 这会导致绕圈走. 平均方向偏差为 0 可以表明行走轨迹是随机的. 因此, 研究人员测试了真实平均偏差是否与 0 显著不同. 分析的 SAS 输出在下面给出.

CIRCLES

-4.50	-1.00	-0.50	-0.15	0.01	0.02	0.05
0.15	0.20	0.50	0.50	1.00	2.00	3.00

资料来源: Souman, J. L., Frissen, I., Sreenivasa, M. N., & Ernst, M. O. "Walking straight into circles", *Current Biology*, Vol. 19, No. 18, Sep. 29, 2009 (图 2).

a. 向研究人员解释假设检验的结果. $\alpha = 0.10$.
b. 尽管大部分志愿者显示出的总体偏差很小, 但研究人员做出的行走路径图显示出每个人都偶尔在行走过程中走了几个小圈. 最终, 研究人员报道了"绕圈走"的理论. 解释为什么表中的数据不足以检验一个人是否绕圈走.

The TTEST Procedure

Variable: BIAS

N	Mean	Std Dev	Std Err	Minimum	Maximum
15	0.0853	1.6031	0.4139	-4.5000	3.0000

Mean	95% CL Mean		Std Dev	95% CL Std Dev	
0.0853	-0.8024	0.9731	1.6031	1.1737	2.5282

DF	t Value	Pr > |t|
14	0.21	0.8396

练习 8.31 的 SAS 输出

8.32 深孔钻探. 当钻孔的深度与孔的直径之比大于 10 时, 采用"深孔"钻探方法. 深孔钻探成功与否依赖于钻屑排出的满意性. 进行一项试验研究出现钻屑沉积时, 深孔钻探的运行状况 (*Journal of Engineering for Industry*, 1993 年 5 月). 由 50 片钻屑的长度 (mm) 得到如下概括统计量: 均值 $\bar{y} = 81.2 \text{mm}$, 方差 $s = 50.2 \text{mm}$. 检验钻屑长度的真实均值是否不同于 75mm. $\alpha = 0.01$.

❓ **理论练习**

8.33 参考练习 8.8 ~ 8.10, 证明: 似然比检验的拒绝域是 $Z > z_\alpha$, 其中 $P(Z > z_\alpha) = \alpha$.

(提示: 假定 $H_0: \mu = 0$ 为真, 证明 $\sqrt{n}(\bar{y})$ 为标准正态随机变量.)

8.7 检验两个总体均值的差: 独立样本

考虑分别来自均值为 μ_1 和 μ_2 的两个总体的独立随机样本. 当样本容量较大时 (即 $n_1 \geq 30$, 且 $n_2 \geq 30$), 对于两个总体均值差 $(\mu_1 - \mu_2)$ 的假设检验是基于 7.5 节给出的枢轴统计量 z. 这种大样本情况下的检验总结在下面的方框中.

关于 $(\mu_1 - \mu_2)$ 假设的大样本检验: 独立样本

单侧检验

$H_0: (\mu_1 - \mu_2) = D_0$

$H_a: (\mu_1 - \mu_2) > D_0$

[或者 $H_a: (\mu_1 - \mu_2) < D_0$]

双侧检验

$H_0: (\mu_1 - \mu_2) = D_0$

$H_a: (\mu_1 - \mu_2) \neq D_0$

检验统计量: $Z = \dfrac{(\bar{y}_1 - \bar{y}_2) - D_0}{\sigma_{(\bar{y}_1 - \bar{y}_2)}} \approx \dfrac{(\bar{y}_1 - \bar{y}_2) - D_0}{\sqrt{\dfrac{s_1^2}{n_1} + \dfrac{s_2^2}{n_2}}}$

拒绝域： 拒绝域：
$Z > z_\alpha$（或 $Z < -z_\alpha$），p 值 $= p(Z > z_c)$ [或 $P(Z < z_c)$] $|Z| > z_{\alpha/2}$，P 值 $= 2P(Z > |z_c|)$

其中 $P(Z > z_\alpha) = d$，$P(Z > Z\frac{\alpha}{2}) = \frac{\alpha}{2}$，$\mu_0$ 表示原假设中指定 μ 的某个值，z_c 是检验统计量的计算值.

（注：D_0 表示原假设中指定的 $(\mu_1 - \mu_2)$ 某个数值. 在许多实际应用中，希望假设两个总体的均值不存在差异，在这种情况下，$D_0 = 0$.）

假定：1. 样本容量 n_1 和 n_2 足够大，即 $n_1 \geq 30$ 且 $n_2 \geq 30$.
2. 两个样本是从目标总体中独立、随机地选取的.

例 8.12 检验 $\mu_1 - \mu_2$：比较两个发酵方法 为了降低成本，某面包店在制作面包时采用了一种新的发酵方法. 分别从采用新方法之前和之后制作的面包中随机抽样，并分析其热量. 两个样本分析的结果列于表 8.4. 这些样本是否能提供充足的证据证明因为采用新的发酵方法使每个面包的平均热量降低了？用 $\alpha = 0.05$ 检验.

表 8.4 例 8.12 中每个面包的卡路里总和

新方法	原方法
$n_1 = 50$	$n_2 = 30$
$\bar{y}_1 = 1\,255$ 卡路里	$\bar{y}_2 = 1\,330$ 卡路里
$s_1 = 215$ 卡路里	$s_2 = 238$ 卡路里

解 通过对一个假设的检验，能很好地回答这个问题. 定义 μ_1 为用新方法制作的每个面包平均热量，μ_2 为用原方法制作的每个面包平均热量. 希望能支持研究（备择）假设 $\mu_2 > \mu_1$（即 $(\mu_1 - \mu_2) < 0$）. 因此，我们将检验原假设 $(\mu_1 - \mu_2) = 0$，当 $(\bar{y}_1 - \bar{y}_2)$ 等于一个较大的负值时，我们便拒绝原假设. 检验的要素如下：

$$H_0: (\mu_1 - \mu_2) = 0 \text{（即 } D_0 = 0\text{）}$$
$$H_a: (\mu_1 - \mu_2) < 0 \text{（即 } \mu_1 < \mu_2\text{）}$$

检验统计量：$Z = \dfrac{(\bar{y}_1 - \bar{y}_2) - D_0}{\sigma_{(\bar{y}_1 - \bar{y}_2)}} = \dfrac{(\bar{y}_1 - \bar{y}_2) - 0}{\sigma_{(\bar{y}_1 - \bar{y}_2)}}$ （由于 n_1 和 n_2 都大于等于 30）

拒绝域：$Z < -z_\alpha = -1.645$（见图 8.13）.

假定：两个面包样本都是独立选取的.

我们现在计算检验统计量：

$$Z = \frac{(\bar{y}_1 - \bar{y}_2) - 0}{\sigma_{(\bar{y}_1 - \bar{y}_2)}} = \frac{(1\,255 - 1\,330)}{\sqrt{\dfrac{\sigma_1^2}{n_1} + \dfrac{\sigma_2^2}{n_2}}}$$

$$\approx \frac{-75}{\sqrt{\dfrac{s_1^2}{n_1} + \dfrac{s_2^2}{n_2}}} = \frac{-75}{\sqrt{\dfrac{(215)^2}{50} + \dfrac{(238)^2}{30}}}$$

$$= \frac{-75}{53.03} = -1.41$$

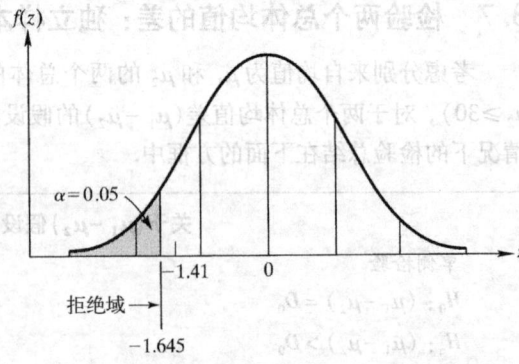

图 8.13 例 8.12 的拒绝域

这个值显示在图 8.14 的 MINITAB 输出的阴影部分. 检验的 p 值（阴影部分）为 0.81.

由图 8.13 可见，计算的 z 值并没有落入拒绝域. 并且 $\alpha = 0.05$ 小于 p 值 0.081，因此我们不能拒绝 H_0. 在显著性水平 $\alpha = 0.05$ 下，样本没有提供充分证据证明新的发酵方法会降低面包的平均热量.

```
Two-Sample T-Test and CI

                          SE
Sample    N   Mean  StDev  Mean
1        50   1255   215    30
2        30   1330   238    43


Difference = mu (1) - mu (2)
Estimate for difference: -75.0
95% upper bound for difference: 13.7
T-Test of difference = 0 (vs <): T-Value = -1.41  P-Value = 0.081  DF = 56
```

图 8.14　例 8.12 中均值比较的 MINITAB 检验

当样本容量 n_1 和 n_2 不够大时,便不能应用例 8.12 中使用的大样本方法,经修正执行两个总体均值差的小样本假设检验. 小样本检验方法基于比大样本情况有更多限制的假定. 假设检验的要素和所需要的假定列在下面的方框中. 提示: 当正态总体假定严重违反时,列在这里的检验将是无效的,这时,必须采用非参数方法(第 15 章).

关于 $(\mu_1-\mu_2)$ 假设的小样本检验: 独立样本

单侧检验

$H_0: (\mu_1-\mu_2) = D_0$

$H_a: (\mu_1-\mu_2) > D_0$

[或者 $H_a: (\mu_1-\mu_2) < D_0$]

双侧检验

$H_0: (\mu_1-\mu_2) = D_0$

$H_a: (\mu_1-\mu_2) \neq D_0$

检验统计量: $T = \dfrac{(\bar{y}_1 - \bar{y}_2) - D_0}{\sqrt{s_p^2\left(\dfrac{1}{n_1} + \dfrac{1}{n_2}\right)}}$

拒绝域: $T > t_\alpha$

[或者 $T < -t_\alpha$]

p 值 $= P(T \geq t_c)$ [或 $P(T \leq t_c)$]

拒绝域: $|T| > t_{\alpha/2}$

p 值 $= 2P(T > |t_c|)$

其中

$$s_p^2 = \frac{(n_1-1)s_1^2 + (n_2-1)s_2^2}{n_1+n_2-2}$$

T 分布自由度是 n_1+n_2-2,t_c 为检验统计量的计算值.

假定: 1. 抽取样本的两个总体有近似正态的相对频率分布.
　　　2. 两个总体的方差相等,即 $\sigma_1^2 = \sigma_2^2$.
　　　3. 随机样本是独立地取自两个总体.

警告: 当正态总体的假定违反时,检验可能给出错误的推断. 这种情况下,应该采用 15.3 节介绍的非参数 Wilcoxon 检验.

例 8.13　**检验 $\mu_1-\mu_2$: 比较可燃气体和电能**　某工厂想知道可燃气体和电力两种能源,哪种能以较低的成本产生更多的有用能量. 一种度量能量产出的经济学指标叫作工厂的单位投入产出, 它是工厂对某项效用的投入金额(美元)除以能量输出量(万亿英制热量单位)计算的. 这个比率越小, 表

明工厂输出能量的成本越低. 选取 11 个使用电能的工厂和 16 个使用可燃气体的工厂作为独立随机样本, 并分别计算每个工厂的投入产出比, 数据列于表 8.5. 在显著性水平 $\alpha = 0.05$ 下, 这些数据能提供充足证据证明所有使用电能和所有使用可燃气体的工厂投入产出比存在差异吗?

INVQUAD

表 8.5　例 8.13 工厂的投入产出数据

电能	204.15	0.57	62.76	89.72	0.35	85.46		
	0.78	0.65	44.38	9.28	78.60			
可燃气体	0.78	16.66	74.94	0.01	0.54	23.59	88.79	0.64
	0.82	91.84	7.20	66.64	0.74	64.67	165.60	0.36

解　设 μ_1 表示所有使用电能工厂的投入产出均值, μ_2 表示所有使用可燃气体工厂的投入产出均值. 我们想进行检验:

$$H_0: (\mu_1 - \mu_2) = 0 \text{（即 } \mu_1 = \mu_2\text{）}$$

$$H_a: (\mu_1 - \mu_2) \neq 0 \text{（即 } \mu_1 > \mu_2 \text{ 或 } \mu_1 < \mu_2\text{）}$$

利用 SPSS 给出两个样本的概括统计量, SPSS 输出结果见图 8.15. 注意 $\bar{y}_1 = 52.43$, $\bar{y}_2 = 37.74$, $s_1 = 62.43$, $s_2 = 49.05$.

为了得到检验统计量, 首先计算:

$$s_p^2 = \frac{(n_1 - 1)s_1^2 + (n_2 - 1)s_2^2}{n_1 + n_2 - 2} = \frac{(11-1)(62.43)^2 + (16-1)(49.05)^2}{11 + 16 - 2} = \frac{75\,051.31}{25} = 3\,002.05$$

其次, 如果能够假定两类工厂的投入产出比近似服从正态分布, 且有相同的方差, 那么检验统计量是

$$T = \frac{(\bar{y}_1 - \bar{y}_2) - D_0}{\sqrt{s_p^2 \left(\frac{1}{n_1} + \frac{1}{n_2}\right)}} = \frac{52.43 - 37.74}{\sqrt{3002.05 \left(\frac{1}{11} + \frac{1}{16}\right)}} = \frac{14.69}{21.46} = 0.68$$

图 8.15 的 SPSS 输出结果给出了检验统计量和此检验的相应 p 值. 由于双侧检验的 p 值 (方差相同情况), p 值 $= 0.500$ 超过了 $\alpha = 0.05$, 所以没有充足的证据拒绝 H_0.

Group Statistics

	UTILITY	N	Mean	Std. Deviation	Std. Error Mean
INV_QUAD	Electric	11	52.4273	62.42553	18.82200
	Gas	16	37.7388	49.04545	12.26136

Independent Samples Test

		Levene's Test for Equality of Variances		t-test for Equality of Means					95% Confidence Interval of the Difference	
		F	Sig.	t	df	Sig. (2-tailed)	Mean Difference	Std. Error Difference	Lower	Upper
INV_QUAD	Equal variances assumed	0.264	0.612	0.684	25	0.500	14.68852	21.46024	-29.50968	58.88672
	Equal variances not assumed			0.654	18.114	0.521	14.68852	22.46350	-32.48433	61.86138

图 8.15　例 8.13 的 SPSS 输出

也就是说，不能得出($\alpha=0.05$)使用电能与可燃气体的两类工厂的投入产出比均值存在差异的结论.

回顾7.5节当方差相同的假设不成立时，依然可以使用关于($\mu_1-\mu_2$)的小样本推断方法. 用7.5节介绍的$\sigma_1^2 \neq \sigma_2^2$的两种情况：$n_1=n_2$和$n_1 \neq n_2$，对($\mu_1-\mu_2$)近似小样本检验所要求的修正来结束这一节.

当 $\sigma_1^2 \neq \sigma_2^2$ 时，关于 ($\mu_1-\mu_2$) 的小样本检验：独立样本的修正

$n_1=n_2=n$

检验统计量：
$$t = \frac{(\bar{y}_1-\bar{y}_2)-D_0}{\sqrt{\dfrac{s_1^2}{n_1}+\dfrac{s_2^2}{n_2}}} = \frac{(\bar{y}_1-\bar{y}_2)-D_0}{\sqrt{\dfrac{1}{n}(s_1^2+s_2^2)}}$$

自由度：$\nu = n_1+n_2-2 = 2(n-1)$

$n_1 \neq n_2$

检验统计量：
$$t = \frac{(\bar{y}_1-\bar{y}_2)-D_0}{\sqrt{\dfrac{s_1^2}{n_1}+\dfrac{s_2^2}{n_2}}}$$

自由度：
$$\nu = \frac{(s_1^2/n_1 + s_2^2/n_2)^2}{\left[\dfrac{(s_1^2/n_1)^2}{n_1-1} + \dfrac{(s_2^2/n_2)^2}{n_2-1}\right]}$$

（注：通常情况下ν值不是一个整数. 为使用T表（表B.7）向下取整到最接近的整数.）

应用练习

8.34 药物含量评估. 参考练习7.39，*Analytical Chemistry*(2009年12月15日)关于科学家使用高性能液体色谱法测定药片中药物含量的研究. 在两个不同的独立地点分别生产25个药片，测定每个药片中的药物浓度（百分比），数据列于下表中. 在练习7.39中，使用了95%置信区间来确定两个地点生产的药片中平均药物浓度是否存在差异. 现在用假设的统计检验在 $\alpha = 0.05$分析数据（见相应的MINITAB输出）. 假设检验和置信区间得出的推断是否一致？

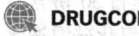

地点1

91.28 92.83 89.35 91.90 82.85 94.83 89.83 89.00 84.62
86.96 88.32 91.17 83.86 89.74 92.24 92.59 84.21 89.36
90.96 92.85 89.39 89.82 89.91 92.16 88.67

地点2

89.35 86.51 89.04 91.82 93.02 88.32 88.76 89.26 90.36
87.16 91.74 86.12 92.10 83.33 87.61 88.20 92.78 86.35
93.84 91.20 93.44 86.77 83.77 93.19 81.79

资料来源：Borman, P. J., Marion, J. C., Damjanov, I., & Jackson, P. "Design and analysis of method equivalence studies", *Analytical Chemistry*, Vol. 81, No. 24, December 15, 2009(表3).

8.35 完成任务所需的时间. 当被问到"你需要多久能够完成这项任务"时，认知理论认为，人们（例如电气工程师）通常会低估所需的时间. 如果问题是"在给定的时间内能够完成多少工作"，那么相反的理论是否成立？这是在 *Applied Cognitive Psychology*(Vol. 25, 2011)中研究人员感兴趣的问题. 在研究人员进行的一项研究中，40个奥斯陆大学的学生每人都被问到阅读一篇32页的技术报告需要用多少分钟. 在第二项研究中，42个学生被问到在48分钟内能够阅读多少页的技术报告.（两项研究中的学生都没有实际阅读报告.）两项研究的数值描述性统计（基于文章中发表的概括信息）在下表中给出.

```
Two-Sample T-Test and CI: Content, Site

Two-sample T for Content

Site   N    Mean   StDev   SE Mean
 1    25   89.55   3.07    0.61
 2    25   89.03   3.34    0.67


Difference = mu (1) - mu (2)
Estimate for difference: 0.515
95% CI for difference: (-1.308, 2.338)
T-Test of difference = 0 (vs not =): T-Value = 0.57  P-Value = 0.573  DF = 48
Both use Pooled StDev = 3.2057
```

练习 8.34 的 MINITAB 输出

	估计的时间(分钟)	估计的页数
样本大小 n	40	42
样本均值 $\bar{x}$	60	28
样本标准差 s	41	14

a. 研究人员确定阅读这篇报告的实际平均时间为 $\mu=48$ 分钟. 是否有证据支持理论, 即平均来看学生会高估阅读报告的时间? $\alpha=0.10$.

b. 研究人员还确定在给定时间内阅读报告的平均页数为 $\mu=32$. 是否有证据支持如下理论, 即平均来看学生会低估可以阅读报告的页数? $\alpha=0.10$.

c. 研究人员注意到估计时间和估计页数的分布都是高度倾斜(即不是正态分布)的. 这个事实会影响 a、b 得出的推断吗? 请解释.

8.36 **电子游戏玩家拥有更好的视觉注意力技巧吗?** 格里菲斯大学(澳大利亚)的研究人员进行了关于确定电子游戏玩家是否比非电子游戏玩家拥有更好的视觉注意力技巧的研究(*Journal of Articles in Support of the Null Hypothesis*, Vol. 6, 2009). 两组男性心理学学生——32 名电子游戏玩家(VP 组)和 28 名非电子游戏玩家(NVGP 组)接受了一系列包括注意瞬脱测试在内的视觉注意力测试. 两组测试均值的差为 $t=-0.93$, p 值为 0.358. 因此, 研究人员报告"在两组测试的平均性能方面没有发现统计上的显著性差异". 下表给出了比较的概括统计量. 你同意研究人员的结论吗?

	VGP	NVGP
样本大小	32	28
平均得分	84.81	82.64
标准差	9.56	8.43

资料来源: Murphy, K. and Spencer, A. "Playing video games does not make for better visual attention skills", *Journal of Articles in Support of the Null Hypothesis*, Vol. 6, No. 1, 2009.

8.37 **生物完整性指数.** 参考练习 7.42, *Journal of Agricultural, Biological, and Environmental Sciences* (2005 年 6 月)关于生物完整性指数(IBI)研究. 一个水栖地域的生物环境或健康状况由 IBI 来度量, 位于俄亥俄两个流域马斯京根和霍金的 IBI 数据列于下表. 对比较两个流域 IBI 均值的假设进行检验 ($\alpha=0.10$), 并解释为何结论与练习 7.42 中基于 90% 置信区间得出的结论是一致.

流域	样本容量	均值	标准差
马斯京根	53	0.035	1.046
霍金	51	0.340	0.960

资料来源: Boone, E. L., Keying, Y., and Smith, E. P. "Evaluating the relationship between ecological and habitat conditions using hierarchical models." *Journal of Agricultural, Biological, and Environmental Sciences*, Vol. 10, No. 2, June 2005 (表1).

8.38 **水中矿物浮选研究.** 参考练习 2.23, *Minerals Engineering*(Vol. 46~47, 2013)关于钙和石膏对水中二氧化硅浮选性能影响的研究. 分别准备 50 份含有或不含有钙/石膏的去离子水溶液, 二氧化硅浮选水平用一个被称作电动电势(单位为毫伏, mV)的变量来测量. 数据(根据期刊文章中提供的信息模拟得到)在下表中重复给出. 用假设检验比较两种类型的溶液的平均电动电势. 你可以得出结论"溶液中添加钙/石膏影响二氧化硅浮选水平"吗?

SILICA

不含有钙/石膏									
-47.1	-53.0	-50.8	-54.4	-57.4	-49.2	-51.5	-50.2	-46.4	-49.7
-53.8	-53.8	-53.5	-52.2	-49.9	-51.8	-53.7	-54.8	-54.5	-53.3
-50.6	-52.9	-51.2	-54.5	-49.7	-50.2	-53.2	-52.9	-52.8	-52.1
-50.2	-50.8	-56.1	-51.0	-55.6	-50.3	-57.6	-50.1	-54.2	-50.7
-55.7	-55.0	-47.4	-47.5	-52.8	-50.6	-55.6	-53.2	-52.3	-45.7

含有钙/石膏									
-9.2	-11.6	-10.6	-8.0	-10.9	-10.0	-11.0	-10.7	-13.1	-11.5
-11.3	-9.9	-11.8	-12.6	-8.9	-13.1	-10.7	-12.1	-11.2	-10.9
-9.1	-12.1	-6.8	-11.5	-10.4	-11.5	-12.1	-11.3	-10.7	-12.4
-11.5	-11.0	-7.1	-12.4	-11.4	-9.9	-8.6	-13.6	-10.1	-11.3
-13.0	-11.9	-8.6	-11.3	-13.0	-12.2	-11.3	-10.5	-8.8	-13.4

GASTURBINE

8.39 燃气轮机的冷却方法. 参考练习8.29, *Journal of Engineering for Gas Turbines and Power*(2005年1月)关于燃气轮机通过高压雾状入风冷却的研究. 研究者把燃气轮机分为三类：传统的、高级的和航改燃气轮机. 下面的 MINITAB 输出给出了三种类型燃气轮机样本热消耗率(kJ/kW·h)的概括统计量.

a. 是否有充足的证据证明传统加压燃气轮机与航改加压燃气轮机的热消耗率均值存在差异？用 $\alpha=0.05$ 进行检验.

b. 是否有充足的证据证明高级加压燃气轮机与航改加压燃气轮机的热消耗率均值存在差异？用 $\alpha=0.05$ 进行检验.

VOLTAGE

8.40 生产过程电压读数. 参考练习7.46, 哈里斯公司/佛罗里达大学关于两个地方生产过程平均电压读数的比较. 老地方和新地方 30 个生产运行数据存于 VOLTAGE 文件中. 下面再次给出分析的 SAS 输出. 计算并解释比较电压表读数均值检验的 p 值. 得出什么结论？所得结论是否与练习7.46的结论一致？

8.41 购物工具和判断. 参考练习2.43, *Journal of Marketing Research*(2011年12月)关于购物工具设计的研究. 设计师想要知道手臂弯曲时(如挎着购物篮)是否比手臂伸出时(如推着购物车)更愿意购买产品. 为了检验这个理论, 研究人员招募了22名顾客, 要求他们手推着桌子并回答一系列购物的问题. 要求一半的顾客手臂呈弯曲状(类似于购物篮), 另一半的顾客手臂伸直(类似于购物车). 参与者需要在副产品和虚拟产品之间(例如电影票对购物券, 较大金额的延期付款对现付)做出选择并给出每个选择的得分(0到100). (得分越高说明越偏爱副选项.)弯曲手臂的顾客的平均选择得分是59, 伸直手臂的顾客的平均选择得分是43.

a. 假设弯曲手臂和伸直手臂条件下选择分数的标准差分别为4和2. 在练习2.43a中问到了这些信息是否能够支持研究人员的理论. 现在用假设检验回答这个问题. $\alpha=0.05$.

```
Descriptive Statistics: HEATRATE

Variable   ENGINE        N    Mean   StDev   Minimum   Maximum
HEATRATE   Advanced     21    9764     639      9105     11588
           Aeroderiv     7   12312    2652      8714     16243
           Traditional  39   11544    1279     10086     14796
```

练习8.39的 MINITAB 输出结果

```
Sample Statistics

Group        N    Mean      Std. Dev.   Std. Error
-----------------------------------------------------
NEW         30    9.422333   0.4789      0.0874
OLD         30    9.803667   0.5409      0.0988

Hypothesis Test

    Null hypothesis:    Mean 1 - Mean 2 =  0
    Alternative:        Mean 1 - Mean 2 ^= 0

    If Variances Are    t statistic    Df        Pr > t
    -----------------------------------------------------
    Equal                  -2.891      58        0.0054
    Not Equal              -2.891      57.16     0.0054

    90% Confidence Interval for the Difference between Two Means

             Lower Limit      Upper Limit
             -----------      -----------
                -0.60            -0.16
```

练习 8.40 的 SAS 输出结果

b. 假设弯曲手臂和伸直手臂条件下选择分数的标准差分别为 10 和 15. 在练习 2.43b 中问到了这些信息是否能够支持研究人员的理论. 现在用假设检验回答这个问题. $\alpha = 0.05$.

8.42 以计算机为媒介的通信研究. 以计算机为媒介的通信(CMC)是一种基于即时通信、电子邮件技术互动交流的形式. 曾进行过这样一项研究,比较人们通过 CMC 交流和面对面(FTF)交流的关系亲密程度. (*Journal of Computer-Mediated Communication*, 2004 年 4 月)参与调查者是 48 名大学本科生,他们被随机地分为两组,一半为 CMC 小组,另一半为 FTF 小组. 每个组有要求同组成员之间进行交流的任务,CMC 组通过即时通信软件进行"聊天",而 FTF 组则安排在会议室聊天. 经过三轮不同的对话,每轮对话后对每个参与者测量了感兴趣的变量,即关系亲密得分(按 7 个等级划分). 这里给出了第一轮对话的概括统计量. 研究者假设经过一轮对话后,CMC 组成员的亲密关系得分均值低于 FTF 组的亲密关系得分均值. 在 $\alpha = 0.10$ 情况下,检验研究假设.

	CMC	FTF
参与者人数	24	24
样本均值	3.54	3.53
标准差	0.49	0.38

8.43 废水处理研究. *Ecological Engineering*(2004 年 2 月)对漂浮的水生植物处理牛粪废水的潜力进行了研究. 其中的一项工作是 16 份经处理的废水样本随机地分为两组,一半样本养殖控制海藻,另一半则养殖水风信子. 检测每个水样本中总磷含量的增长率,并把结果记录于下表中. 检验这两种水生植物的平均总磷含量增长率是否存在差异. $\alpha = 0.05$.

	控制藻类	水风信子
水样本容量	8	8
样本均值	0.036	0.026
标准差	0.008	0.006

资料来源: Sooknah, R., and Wilkie, A. "Nutrient removal by floating aquatic macrophytes cultured in anaerobically digested flushed dairy manure wastewater" *Ecological Engineering*, Vol. 22, No. 1, Feb. 2004(表5).

8.44 果园中杀虫剂的使用. *Environmental Science & Technology*(1993 年 10 月)报道过对加州圣杰昆塔果园使用杀虫剂的研究. 在喷洒杀虫剂最多的时期,每天采集并分析果园空气样本,空气样本中硫和氧的含量(ng/m^3)以及氧/硫比值都列于下表. 利用假设检验比较果园中有雾天气和晴(或多云)天气时的氧/硫的平均比值. $\alpha = 0.05$.

ORCHARD

日期	环境	硫	氧	氧/硫比
1月15日	雾	38.2	10.3	0.270
17日	雾	28.6	6.9	0.241
18日	雾	30.2	6.2	0.205
19日	雾	23.7	12.4	0.523
20日	雾	62.3 (空气样本丢失)	—	
20日	晴	74.1	45.8	0.618
21日	雾	88.2	9.9	0.112
21日	晴	46.4	27.4	0.591
22日	雾	135.9	44.8	0.330

(续)

日期	环境	硫	氧	氧/硫比
23日	雾	102.9	27.8	0.270
23日	多云	28.9	6.5	0.225
25日	雾	46.9	11.2	0.239
25日	晴	44.3	16.6	0.375

资料来源: Selber, J. N., et al. "Air and fog deposition residues of four organophosphate insecticides used on dormant orchards in the San Joaquin Valley, California." *Environmental Science & Technology*, Vol. 27, No. 10, Oct. 1993, p. 2240 (表 V).

8.8 检验两个总体均值的差：配对

利用配对收集的数据可能比独立样本得到两个总体的均值差的更多信息. 例如, 要做一个试验来研究人工降雨过程中云的催化效力. 首先, 选择两个过去气象记录相似的耕作地区, 一个地区进行催化, 而另一个则保持原状. 记录随机选取 6 个月的月降水量, 根据记录的按月配对数据可以检验进行催化和未催化地区平均月降水量是否存在差异. 采用的方法总结在下面的方框中.

$(\mu_1 - \mu_2)$ 的大样本假设检验：配对

单侧检验

$H_0: (\mu_1 - \mu_2) = D_0$

$H_a: (\mu_1 - \mu_2) > D_0$

[或者 $H_a: (\mu_1 - \mu_2) < D_0$]

双侧检验

$H_0: (\mu_1 - \mu_2) = D_0$

$H_a: (\mu_1 - \mu_2) \neq D_0$

检验统计量：$Z = \dfrac{\bar{d} - D_0}{\sigma_d/\sqrt{n}} \approx \dfrac{\bar{d} - D_0}{s_d/\sqrt{n}}$

其中 $\bar{d}$ 和 s_d 表示差的样本均值和标准差.

拒绝域：$Z > z_\alpha$ [或者 $Z < -z_\alpha$]

p 值 $= P(Z > z_c)$ [或者 $p(Z < z_c)$]

拒绝域：$|Z| > z_{\alpha/2}$

p 值 $= 2P(Z > |z_c|)$

其中 $p(Z > z_c) = \alpha, p(Z > z_{\alpha/2}) = \alpha/2$, z_c 是检验统计量的计算值

(注：D_0 表示 H_0 中指定的 $(\mu_1 - \mu_2)$ 值. 在许多应用中, 我们想假设两个总体的均值不存在差异, 在这种情况下, $D_0 = 0$.)

$(\mu_1 - \mu_2)$ 的小样本假设检验：配对

单侧检验

$H_0: (\mu_1 - \mu_2) = D_0$

$H_a: (\mu_1 - \mu_2) > D_0$

[或者 $H_a: (\mu_1 - \mu_2) < D_0$]

双侧检验

$H_0: (\mu_1 - \mu_2) = D_0$

$H_a: (\mu_1 - \mu_2) \neq D_0$

检验统计量：$T = \dfrac{\bar{d} - D_0}{\sigma_d/\sqrt{n}} \approx \dfrac{\bar{d} - D_0}{s_d/\sqrt{n}}$

其中 $\bar{d}$ 和 s_d 表示差的样本均值和标准差.

拒绝域：$T > t_\alpha$[或者 $T < -t_\alpha$]
p 值 $= P(T \geq t_c)$ [或 $P(T \leq t_c)$]

拒绝域：$|T| > t_{\alpha/2}$
p 值 $= 2P(T \geq |t_c|)$

其中 T 分布的自由度为 $(n-1)$，$P(T > t_\alpha) = \alpha$，$P(T > t\dfrac{\alpha}{2}) = \dfrac{\alpha}{2}$，$\mu_0$ 表示原假设中指定的 μ 值，t_c 是检验统计量的计算值.

（注：D_0 表示原假设中指定的 $(\mu_1 - \mu_2)$ 值. 在许多应用中，我们想假设两个总体的均值不存在差异，在这种情况下，$D_0 = 0$.）

假定：1. 差的总体相对频率分布是近似正态的.
　　　2. 配对差是从差的总体中随机选取的.

警告：当正态性假定严重违反时，t 检验可能导致错误的推断. 这种情况下，采用将在 15.4 节介绍的非参数 Wilcoxon 检验.

例 8.14 检验 μ_d：人工降雨　考虑人工降雨试验比较两个耕作地区的月降水量. 表 8.6 中的数据能提供充分的证据证明经过催化地区的平均月降水量大于未进行催化地区吗？利用 $\alpha = 0.05$ 检验.

CLOUDSEED

表 8.6　例 8.14 月降水量数据（in）

耕作地区	1	2	3	4	5	6
催化	1.75	2.12	1.53	1.10	1.70	2.42
未催化	1.62	1.83	1.40	0.75	1.71	2.33
d	0.13	0.29	0.13	0.35	−0.01	0.09

解　设 μ_1 和 μ_2 分别表示经过催化和未催化耕作地区平均月降水量. 由于想发现 $\mu_1 > \mu_2$，因此进行单侧检验：

$$H_0: (\mu_1 - \mu_2) = 0$$
$$H_a: (\mu_1 - \mu_2) > 0$$

假定两个地区的月降水量差近似服从正态分布，那么检验统计量服从自由度为 $(n-1) = (6-1) = 5$ 的 T 分布. 如果

$$T > t_{0.05} = 2.015 \quad (见图 8.16)$$

我们将拒绝原假设.

为了手算该检验，首先必须计算两个地区每个月降水量的差 d. 这些差（每对数据中用催化耕作区的观测值减去未催化耕作区的观测值）见表 8.6 的最后一行. 然后需要计算 $n = 6$ 个差的样本均值 $\bar{d}$ 和标准差 s_d，从而得到检验统计量.

如果不这样计算，还可以依赖于计算机的输出，上述分析的 MINITAB 输出见

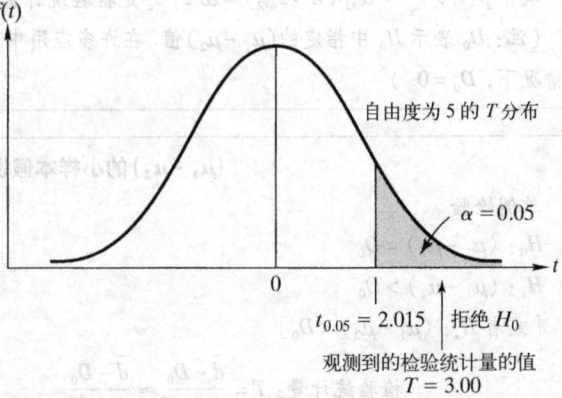

图 8.16　例 8.14 的拒绝域

图 8.17. 图 8.17 阴影部分的检验统计量为 $T = 3.01$.

```
Paired T for SEEDED - UNSEEDED

                 N      Mean     StDev   SE Mean
SEEDED           6   1.77000   0.45974   0.18769
UNSEEDED         6   1.60667   0.52164   0.21296
Difference       6   0.163333  0.133066  0.054324

95% lower bound for mean difference: 0.053868
T-Test of mean difference = 0 (vs > 0): T-Value = 3.01  P-Value = 0.015
```

图 8.17 例 8.14 的 MINITAB 输出

由于检验统计量的这个值超过了临界值 $t_{0.05} = 2.015$,因此有充足的证据(在 $\alpha = 0.05$)证明经催化耕作区平均月降水量大于未经催化耕作区.

检查检验的 p 值也可以得出相同的结论. MINITAB 输出中阴影部分给出了单侧检验的 p 值等于 0.015. 由于该值小于选定的 α 水平(0.05),因此我们拒绝 H_0. 实际上,对大于 p 值 = 0.015 的任意 α,我们都将拒绝 H_0. ■

在例 8.14 的试验中,我们为何要收集成对样本的数据,而不是独立随机地选取经催化地区几个月的数据和未经催化地区另外几个月的数据?原因在于某些月份的降水量较其他月份要多. 为了消除月份之间的变异性,试验应设计为两个地区的相同月份降水量作为样本. 在给定的月份,两个地区处于相同的季节状况. 比较每个月降水量,比起独立随机样本,能得到关于平均月降水量差的更多信息.

应用练习

8.45 估计井中水垢沉积物. 水垢沉积物可能会导致井的流动性严重降低. *Journal of Petroleum and Gas Engineering*(2013 年 4 月)中一篇研究比较了两种估计水垢沉积物(称为表皮系数)造成破坏的方法. 一种估计井的表皮系数的方法使用了一系列 Excel 电子表格,而另一种方法使用了 EPS 计算机软件. 用两种方法分别测定了 10 个随机选取的油井(5 个垂直井和 5 个水平井)的表皮系数数据,结果在下表中给出.

a. 用 10 个样本井的数据比较两种估计方法的平均表皮系数值. $\alpha = 0.05$. 你能得出什么结论?
b. 只用 5 个水平井的数据重复 a.
c. 只用 5 个垂直井的数据重复 a.

SKIN

#(类型)	Excel 电子表格	EPS 软件
1(水平)	44.48	37.77
2(水平)	18.34	13.31
3(水平)	19.21	7.02

(续)

#(类型)	Excel 电子表格	EPS 软件
4(水平)	11.70	4.77
5(水平)	9.25	1.96
6(垂直)	317.40	281.74
7(垂直)	181.44	192.16
8(垂直)	154.65	140.84
9(垂直)	77.43	56.86
10(垂直)	49.37	45.01

资料来源:Rahuma, K. M., et al. "Comparison between spreadsheet and specialized programs in calculating the effect of scale deposition on the well flow performance", *Journal of Petroleum and Gas Engineering*, Vol. 4, No. 4, April 2013 (表2).

8.46 以计算机为媒介的通信研究. 参考练习 8.42, *Journal of Computer-Mediated Communication*(2004 年 4 月)关于人们通过计算机媒介通信(CMC)和面对面交流(FTF)的亲密程度比较研究. 经过三轮不同的交谈,每轮过后评价每个参与者的亲密程度得分(按 7 个等级划分). 研究者又假设 CMC 组成员的第三轮亲密关系程度均值显著地大于第一轮的均值. 而对于 FTF 组成员, 第一轮和第三轮之间的差别并无明显变化.

a. 对于 CMC 组的比较, 给出感兴趣的原假设和备择假设.

b. 研究者应用配对 t 检验来进行 a 的比较, 解释用配对分析的原因.

c. 对于 CMC 组的比较, 报告的检验统计量为 $t = 3.04$, $p = 0.003$. 对结果进行解释, 结果是否支持研究者的假设.

d. 对于 FTF 组的比较, 给出感兴趣的原假设和备择假设.

e. 对于 FTF 组的比较, 报告的检验统计量为 $t = 0.39$, $p = 0.70$. 对结果进行解释, 结果是否支持研究者的假设.

8.47 **双钻孔**. 参考练习 7.49, *Exploration and Mining Geology* (Vol. 18, 2009) 关于双钻孔的研究. 地质学家使用在双孔收集的数据来估计钻井现场存在的重矿物 (THM) 的总量. 在非洲一个钻石矿钻取的 15 个双孔的样本数据 (THM 百分比) 在下表中再次给出. 地质学家想知道是否有证据能够表明矿井中所有原始孔和孪生孔的 THM 平均值真值之间存在差异.

🌐 **TWINHOLE**

位置	第一孔	第二孔
1	5.5	5.7
2	11.0	11.2
3	5.9	6.0
4	8.2	5.6
5	10.0	9.3
6	7.9	7.0
7	10.1	8.4
8	7.4	9.0
9	7.0	6.0
10	9.2	8.1
11	8.3	10.0
12	8.6	8.1
13	10.5	10.4
14	5.5	7.0
15	10.0	11.2

a. 为地质学家构造合适的假设检验. $\alpha = 0.10$.

b. 在练习 7.49d 中, 构造了 90% 置信区间以求出 THM 测量的真实平均差 ("第一孔" 减去 "第二孔"), 并使用这个区间回答了地质学家感兴趣的问题. 用假设检验和置信区间得出的结论一致吗? 这是一个令人惊讶的结果吗? 请解释.

8.48 **浅基础沉降**. 参考练习 7.50, *Environmental & Engineering Geoscience* (2012 年 11 月) 关于预测黏性土壤中浅基础沉降方法的研究. 确定了在浅基础上建造的 13 个结构样本的真实沉降值, 并与用考虑到基础的尺寸、刚度和嵌入深度的公式预测出的沉降值进行比较. 数据 (毫米) 在下表中给出. 使用下面给出的 SAS 输出检验实际平均沉降值和预测平均沉降值没有不同的假设. $\alpha = 0.05$.

🌐 **SHALLOW**

结构	实际值	预测值
1	11	11
2	11	11
3	10	12
4	8	6
5	11	9
6	9	9
7	9	9
8	39	51
9	23	24
10	269	252
11	4	3
12	82	68
13	250	264

资料来源: Ozur, M. "Comparing Methods for Predicting Immediate Settlement of Shallow Foundations on Cohesive Soils Based on Hypothetical and Real Cases", *Environmental & Engineering Geoscience*, Vol. 18, No. 4, November 2012 (来自表 4).

The TTEST Procedure

Difference: ACTUAL − PREDICTED

N	Mean	Std Dev	Std Err	Minimum	Maximum
13	0.4615	8.3528	2.3166	−14.0000	17.0000

Mean	95% CL Mean	Std Dev	95% CL Std Dev	
0.4615	−4.5860 5.5091	8.3528	5.9897	13.7883

DF	t Value	Pr > |t|
12	0.20	0.8454

练习 8.48 的 SAS 输出

8.49 **基因的明暗转换**. 集胞藻是一种能在广泛条件下生存并成长的蓝绿菌, 科学家用来建立 DNA 行为的模型. 在 *Journal of Bacteriology* (2002 年 7 月) 中, 科学家分离出负责光合作用和呼吸作用的细菌基因, 以研究基因对光的敏感性. 每个基因样本在"全明"的培养皿长到中指数期时,关掉灯光,使之处于"全暗"的环境中. 24h 后,测量其生长状况. 然后再次打开灯并持续照射 90min(短暂的光明),随后立即再处于全暗状态 90min(短暂的黑暗). 得到了 103 个基因在光明/黑暗条件下标准化成长测量值. 完整的数据集合保存在 GENEDARK 文件. 下表给出前 10 个基因数据.

GENEDARK

(显示前 10 个观察数据)

基因标识	全暗	短暂光明	短暂黑暗
SLR2067	-0.005 62	1.40 989	-1.28 569
SLR1986	-0.68 372	1.83 097	-0.68 723
SSR3383	-0.25 468	-0.79 794	-0.39 719
SLL0928	-0.18 712	-1.20 901	-1.18 618
SLR0335	-0.20 620	1.71 404	-0.73 029
SLR1459	-0.53 477	2.14 156	-0.33 174
SLL1326	-0.06 291	1.03 623	0.30 392
SLR1329	-0.85 178	-0.21 490	0.44 545
SLL1327	0.63 588	1.42 608	-0.13 664
SLL1325	-0.69 866	1.93 104	-0.24 820

资料来源: Gill, R. T., et al. "Genome-wide dynamic transcriptional profiling of the light to dark transition in Synechocystis Sp. PCC6803." *Journal of Bacteriology*, Vol. 184, No. 13, July 2002.

a. 将前 10 个基因作为从 103 个基因所组成的总体中选取的随机样本. 检验在全黑暗和短暂光明两种条件下平均标准化成长之间没有不同的假设. 利用 $\alpha = 0.01$.

b. 利用统计软件包计算在全黑暗和短暂光明两种条件下 103 个基因的标准化成长的平均差异. a 的检验能发现这个差异吗?

c. 重复 a 和 b, 对全黑暗和短暂黑暗两种条件下, 比较基因的平均标准化成长.

d. 重复 a 和 b, 对短暂光明和短暂黑暗两种条件下, 比较基因的平均标准化成长.

8.50 检验电子线路. 参考练习 7.52, *IEICE Transactions on Information & Systems* (2005 年 1 月)关于检验电子电路两种方法的比较. 对 11 个电路分别应用两种方法进行检测, 一种是标准的压缩/降压法, 另一种是新的赫夫曼编码法. 记录压缩比, 数据见下表. 理论上, 赫夫曼编码法会得到较小的平均压缩比.

a. 在 $\alpha = 0.05$ 下, 检验该理论.

b. 你在 a 中的结论是否与练习 7.52 由 95% 置信区间得到的结论一致.

CIRCUITS

电路	标准方法	赫夫曼编码法
1	0.80	0.78
2	0.80	0.80
3	0.83	0.86
4	0.53	0.53
5	0.50	0.51
6	0.96	0.68
7	0.99	0.82
8	0.98	0.72
9	0.81	0.45
10	0.95	0.79
11	0.99	0.77

资料来源: Ichihara, H., Shintani, M., and Inoue, T. "Huffman-based test response coding." *IEICE Transactions on Information & Systems*, Vol. E88-D, No. 1, Jan. 2005 (表3).

8.51 混凝土路面对温度的响应. 西弗吉尼亚大学的土木工程师开发了一个 3D 模型来预测温度变化时接缝的混凝土路面的响应. (*The International Journal of Pavement Engineering*, 2004 年 9 月.) 为了证实这个模型的有效性, 把某新建公路的关键混凝土应力变量现场测量值与模型的预测进行了比较. 测量的一个变量就是距纵向接缝一米处混凝土表面的横向应变(即每单位时间每单位长度的长度变化). 对 6 天的 5h (晚上 8:20 到凌晨 1:20) 混凝土表面横向应变变化数据列于下表, 现场测量数据与 3D 模型预测数据的平均日横向应变变化是否存在显著差异. 利用 $\alpha = 0.05$ 检验.

SLABSTRAIN

日期	温度变化 (℃)	横向应变变化	
		现场测量值	3D 模型
10 月 24 日	-6.3	-58	-52
12 月 3 日	13.2	69	59
12 月 15 日	3.3	35	32
2 月 2 日	-14.8	-32	-24
3 月 25 日	1.7	-40	-39
5 月 24 日	-0.2	-83	-71

资料来源: Shoukry, S., William, G., and Riad, M. "Validation of 3DFE model of jointed concrete pavement response to temperature variations." *The International Journal of Pavement Engineering*, Vol. 5, No. 3, Sept. 2004 (表IV).

8.52 高速公路上的太阳能发电. *International Journal of Energy and Environmental Engineering*(2013年12月)研究了使用建造在国道上的太阳能电池板来产生能量的潜力. 在印度东西和南北高速公路路段建造了双层太阳能电池分隔板(板子之间1米间隔). 确定每个月以上两种类型高速公路上的太阳能电池板向国家电网提供的能量(千瓦时). 下表给出了随机选取的一些月份的数据. 研究人员得出结论:"与东西方向高速公路相比,南北方向高速公路上双层太阳能电池板发电更可行." 你同意吗?

🌐 **SOLAR**

月	东-西	南-北
二月	8 658	8 921
四月	7 930	8 317
七月	5 120	5 274
九月	6 862	7 148
十月	8 608	8 936

资料来源:Sharma, P. and Harinarayana, T. "Solar energy generation potential along national highways", *International Journal of Energy and Environmental Engineering*, Vol. 49, No. 1, December 2013 (表3).

8.53 气体的运输模型. 在*AIChE Journal*(2005年1月)中,化学工程师公布了一种建立多成分气体运输模型的新方法. 备制了12份氖、氩和氦按照不同比例、不同温度的混合气体. 用实验检测每份混合气体的黏性(单位:10^{-5} Pa·s)并用新模型计算,结果列于下表. 化学工程师断言"新计算结果与试验高度一致",你同意这种观点吗?你的回答应包括从实际对统计显著性的讨论.

🌐 **VISCOSITY**

混合气体	黏性测量值	
	实验	新方法
1	2.740	2.736
2	2.569	2.575
3	2.411	2.432
4	2.504	2.512
5	3.237	3.233
6	3.044	3.050
7	2.886	2.910
8	2.957	2.965
9	3.790	3.792
10	3.574	3.582
11	3.415	3.439
12	3.470	3.476

资料来源:Kerkhof, P., and Geboers, M. "Toward a unified theory of isotropic molecular transport phenomena." *AIChE Journal*, Vol. 51, No. 1, January 2005(表2).

8.9 检验总体比率

在8.2节中,给出了几个总体比率p的假设统计检验例子.(例如笔记本电脑购买者中购买某种软件包的比率)当样本容量足够大时,样本的成功比率$\hat{p}$近似服从正态分布,并可应用大样本z检验(在8.2节中给出)的一般公式.

下面给出了比率p的基于来自目标总体的大样本总体假设检验步骤.(回忆p表示二项试验中成功的概率.)这种方法要求样本容量必须足够大,保证样本比率$\hat{p}$的抽样分布的近似正态性. 和置信区间一样,判定n是否足够大的一般经验法则是$n\hat{p}$和$n\hat{q}$都要大于等于4.

总体比率假设的大样本检验

单侧检验
$H_0: p = p_0$
$H_a: p > p_0$ [或者 $H_a: p < p_0$]

双侧检验
$H_0: p = p_0$
$H_a: p \neq p_0$

检验统计量:$Z = \dfrac{\hat{p} - p_0}{\sqrt{p_0 q_0 / n}}$

其中,$q_0 = 1 - p_0$

> 拒绝域：$Z > z_\alpha$ [或者 $Z < -z_\alpha$]
> p 值 $= P(Z > z_c)$ 或 $[P(Z < z_c)]$
>
> 拒绝域：$|Z| > z_{\alpha/2}$
> p 值 $= 2P(Z > |z_c|)$
>
> 其中 $P(Z > Z_\alpha) = \alpha$，$P(Z > Z\frac{\alpha}{2}) = \frac{\alpha}{2}$，$p_0$ 是原假设中指定的 p 值，z_c 是检验统计量的计量值.
>
> 假定：样本容量 n 足够大以保证近似是有效的. 作为经验法则当 $n\hat{p} \geq 4$ 且 $n\hat{q} \geq 4$ 时，条件"足够大"满足.

例8.15 **检验比率：钢公路桥** 公路桥梁建设中使用耐候钢引起了很大的争议. 批评者最近列举耐候钢严重腐蚀问题，并且强烈要求政府禁止这种钢在建桥中的使用. 另一方面，钢厂则声称这些控诉过于夸张，并且报告所有使用中的耐候钢桥95%性能"良好"，没有重大的腐蚀损坏. 为了检验这种说法，由工程师和钢铁业专家组成的研究小组，随机选取了60座耐候钢桥梁进行评估，其中有54座性能"良好". 在 $\alpha = 0.05$，是否有证据证明耐候钢公路桥中保持性能"良好"的实际比率低于钢铁厂指出的95%.

解 感兴趣的参数是总体比率 p，因此检验

$$H_0: p = 0.95$$
$$H_a: p < 0.95$$

其中 p 表示所有耐候钢公路桥中保持性能"良好"的真实比率.

在显著性水平 $\alpha = 0.05$，若

$$Z < -z_{0.05}$$

则拒绝原假设. 也就是说，若

$$Z < -1.645 \quad (见图 8.18)$$

H_0 将被拒绝.

保持性能"良好"公路桥的样本比率是：

$$\hat{p} = \frac{54}{60} = 0.90$$

因此，检验统计量的值为

$$Z = \frac{\hat{p} - p_0}{\sqrt{p_0 q_0/n}} = \frac{0.90 - 0.95}{\sqrt{(0.95)(0.05)/60}} = -1.78$$

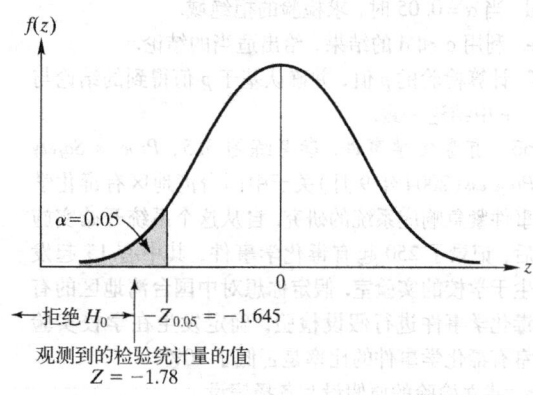

图8.18 例8.15 的拒绝域

检验统计量的值在图 8.19 的 MINITAB 输出分析中显示（阴影部分）. 检验的 p 值（输出中也用阴影表示）是 0.38. 当然我们既可用拒绝域也可用 p 值的方法进行检验. 由于 $\alpha = 0.05$ 超过了 p 值 $= 0.038$，因此原假设被拒绝（$\alpha = 0.05$）. 所以有充足的证据表明耐候钢公路桥中保持性能"良好"的比率低于 0.95. （注：$n\hat{p} = 60(0.90) = 54$，$n\hat{q} = 60(0.10) = 6$ 均大于4. 因此样本容量显然足够大，可以保证假设检验的有效性.）

虽然检验总体比率假设的小样本方法是可用的，但是细节在这里不做讨论. 根据我们的经验，实际中执行的大多数二项总体的调查（如民意测验）样本都是足够大的，可以使用本节介绍的方法.

```
Test and CI for One Proportion

Test of p = 0.95 vs p < 0.95

                              95% Upper
Sample   X    N  Sample p     Bound      Z-Value   P-Value
1        54   60  0.900000    0.963705   -1.78     0.038

Using the normal approximation.
```

图 8.19 例 8.15 的 MINITAB 输出

❓ 应用练习

8.54 计算机犯罪年度调查. 计算机安全研究所 (CSI) 进行了美国企业计算机犯罪的年度调查. CSI 向美国所有公司和政府机构的计算机安全人员发放了调查问卷. 总计有 351 家机构回应了 2010 年 CSI 调查, 其中 144 家承认在这一年里他们公司未经授权使用了计算机系统 (*CSI Computer Crime and Security Survey*, 2010/2011). 令 p 表示经历过未经授权使用计算机系统的美国机构的真实比例.

a. 计算 p 的点估计值.
b. 建立原假设和备择假设, 检验 p 值是否等于 0.35.
c. 计算 b 中检验的检验统计量.
d. 当 $\alpha = 0.05$ 时, 求检验的拒绝域.
e. 利用 c 和 d 的结果, 给出适当的结论.
f. 计算检验的 p 值, 并确认基于 p 值得到的结论与 e 中结论一致.

8.55 有毒化学事件. 参考练习 3.5, *Process Safety Progress* (2004 年 9 月) 关于中国台湾地区有毒化学事件紧急响应系统的研究. 自从这个系统开始实施后, 记录了 250 起有毒化学事件, 其中有 15 起发生于学校的实验室. 假定你想对中国台湾地区的有毒化学事件进行假设检验, 确定发生在学校实验室有毒化学事件的比率是否低于 10%.

a. 建立检验的原假设和备择假设.
b. 当 $\alpha = 0.01$ 时, 确定拒绝域.
c. 计算检验统计量的值.
d. 给出此检验合适的结论.

8.56 水下声学通信. 参考练习 4.43, *IEEE Journal of Oceanic Engineering* (2013 年 4 月) 关于水下声学通信的副载波 (相互承载的通信信号) 性质的研究. 副载波可以分为数据副载波 (用于数据传输)、导频副载波 (用于估计和同步频道) 或零副载波 (用于没有传输信号的直流区和保护区). 在从玛莎葡萄园海岸发送的 1 024 个副载波信号样本中, 有 672 个数据副载波、256 个导频副载波和 96 个零副载波. 假设在玛莎葡萄园附近工作的一名通信工程师认为这个区域里所有副载波信号中有不到 70% 是数据副载波. 有证据能够支持这个论断吗? 用 $\alpha = 0.05$ 检验.

8.57 工程教育中的维基使用. 维基是具有可以通过网络浏览器更新和编辑内容的网络信息库. 葡萄牙一个大学的工程学院调查了在学术环境下接受维基工具的程度 (*Computer Applications in Engineering Education*, Vol. 20, 2012). 对参加使用维基工具的工程课程的教授和学生进行了在线调查, 总计有 136 名学生回应了调查. 其中一个问卷调查的问题是"你曾经在维基工具中编辑过内容吗?"在 136 个响应者中, 72 人回答"是". 调查结果可以支持"超过一半的工程学生使用维基工具编辑内容"吗? $\alpha = 0.10$.

8.58 低氧杀虫. 澳大利亚的昆虫毒物学家们研究了暴露于低氧对昆虫死亡率的影响. (*Journal of Agricultural, Biological, and Environmental Statistics*, 2000 年 9 月.) 在一间放有小麦等谷物的房间里放置数千只稻象鼻虫成虫, 然后将房间暴露于氮气 4 天. 检查这些小虫暴露后是否存活 24h. 检查结果: 31 386 只稻象鼻虫死亡, 35 只还存活. 以前的研究表明, 稻象鼻虫暴露于二氧化碳 4 天的死亡率为 99%. 那么暴露于氮气的稻象鼻虫死亡率是否高于 99%? $\alpha = 0.10$.

8.59 送纸过程中的摩擦力. 罗切斯特大学的学者研究了影印机送纸过程中的摩擦力 (*Journal of Engineering for Industry*, 1993 年 5 月). 实验对进入影印机的每一张纸的移动进行了监测. 如果除了最上面的一张以外, 没有一张纸移动超过总行程距离的

25%，那么就认为这一送纸过程是成功的. 在一叠100张的纸中，有94次送纸是成功的. 供纸器成功率设计值为0.90. 检验该供纸器的实际成功率是否超过0.90. 利用 $\alpha = 0.10$.

8.60 **犊牛去角**. 出于安全原因，犊牛去角已经成为奶牛场的常规做法. 欧洲食品链和动物卫生常设委员会(SANKO)2009年的一份报告指出，欧洲80%的奶牛场进行犊牛去角. 之后发表在 *Journal of Dairy Science*(Vol. 94, 2011)的一项研究发现，在639个意大利奶牛场中，有515个进行犊牛去角. *Journal of Dairy Science* 的研究可以支持或反驳SANKO报道的数字吗？请解释.

8.61 **使用计算机识别生物体**. 国家科学教育标准建议所有生命科学专业的学生要了解一些识别未知生物标本的方法. 由于传统鉴别方法的某些局限性，滑石大学(SRU)的生物学教授开发了一种称为Confir ID的计算机辅助系统用于鉴别常见的针叶树(落叶树)(*The American Biology Teacher*, 2010年5月). 取一个有171名生命科学专业学生的样本，让他们学习识别针叶树的传统方法和Confir ID方法，然后询问他们更喜欢哪种方法. 结果如下：138名学生指出他们更喜欢Confir ID. 为了将Confir ID加入滑石大学生命科学专业的课程中，生物系要求超过70%的学生愿意选择新的计算机化方法. Confir ID可以添加到滑石大学的课程中吗？解释原因.

8.62 **月球土壤研究**. *Meteoritics*(1995年3月)报告了一项月球土壤演化的研究结果. 数据是从阿波罗16号奔赴月球时得到的，在着陆地点附近的土壤中选取了一个62cm的岩心. 把月球土壤的单矿物颗粒分开，并检查它们是否被尘土和火山玻璃碎片包壳. 每一个颗粒划分为包壳的和未包壳的两种. 我们所关心的是"包壳率"，也就是颗粒被包壳的比率. 根据土壤演变理论，包壳率大于0.5在岩心顶部，等于0.5在岩心中部，低于0.5在岩心底部. 利用下表中的数据检验这一理论. $\alpha = 0.05$.

	位置(深度)		
	顶部 (4.25cm)	中部 (28.1cm)	底部 (54.5cm)
抽样的颗粒数量	84	73	81
包壳数量	64	35	29

资料来源：Basu, A., and Mckay, D. S. "Lunar soil evolution processes and Apollo 16 core 60013/60014." *Meteoritics*, Vol. 30, No. 2, Mar. 1995, p. 166(表2).

8.10 检验两个总体比率的差

考虑一个运输工程师想比较在一个主要高速公路上增加拼车专用道之前和增加拼车专用道之后一个月有两人或两人以上汽车的比率. 设 p_1 和 p_2 分别代表增加拼车专用道之前和之后的比率. 关于两个二项比率差 $p_1 - p_2$ 假设的大样本检验方法列于下面的方框中.

$(p_1 - p_2)$ 假设的大样本检验：独立样本

单侧检验
$H_0: (p_1 - p_2) = D_0$
$H_a: (p_1 - p_2) > D_0$ （或者 $H_a: (p_1 - p_2) < D_0$）

双侧检验
$H_0: (p_1 - p_2) = D_0$
$H_a: (p_1 - p_2) \neq D_0$

检验统计量：$Z = \dfrac{(\hat{p}_1 - \hat{p}_2) - D_0}{\sigma_{(\hat{p}_1 - \hat{p}_2)}}$

拒绝域：$Z > z_\alpha$ （或者 $Z < -z_\alpha$）
p 值 $= P(Z > z_c)$ [或 $P(Z < z_c)$]

拒绝域：$|Z| > z_{\alpha/2}$
p 值 $= 2P(Z > |z_c|)$

其中 $P(Z > z_\alpha) = \alpha$，$P(Z > Z\dfrac{\alpha}{2}) = \dfrac{\alpha}{2}$，$z_c$ 是检验统计量的计算值.

当 $D_0 \neq 0$ 时，

$$\sigma_{(\hat{p}_1-\hat{p}_2)} \approx \sqrt{\frac{\hat{p}_1\hat{q}_1}{n_1}+\frac{\hat{p}_2\hat{q}_2}{n_2}}$$

其中 $\hat{q}_1 = 1 - \hat{p}_1$,$\hat{q}_2 = 1 - \hat{p}_2$.

当 $D_0 = 0$ 时,

$$\sigma_{(\hat{p}_1-\hat{p}_2)} \approx \sqrt{\hat{p}\hat{q}\left(\frac{1}{n_1}+\frac{1}{n_2}\right)}$$

其中联合样本中成功的总次数为 $(y_1 + y_2)$,且

$$\hat{p}_1 = \hat{p}_2 = \hat{p} = \frac{y_1+y_2}{n_1+n_2}$$

假定:样本容量 n_1 和 n_2 足够大. 若 $n_1\hat{p}_1 \geq 4$,$n_1\hat{q}_1 \geq 4$ 且 $n_2\hat{p}_2 \geq 4$,$n_2\hat{q}_2 \geq 4$ 即可满足.

当检验 $(p_1 - p_2)$ 等于某个特定值(如 D_0)的原假设时,我们要区别 $D_0 = 0$ 和 $D_0 \neq 0$ 两种情况. 对于 $D_0 = 0$ 的情况,即检验 H_0: $(p_1 - p_2) = 0$ 或等价地 H_0: $p_1 = p_2$ 时,用联合样本的成功总数除以两个样本总观测值个数是 $p_1 = p_2 = p$ 的最好估计. 也就是说,如果 y_1 表示样本 1 中成功次数,y_2 表示样本 2 中成功次数,那么

$$\hat{p} = \frac{y_1+y_2}{n_1+n_2}$$

在这种情况下,$(\hat{p}_1 - \hat{p}_2)$ 抽样分布标准差的最好估计可用 $\hat{p}$ 代替 p_1 和 p_2 而得

$$\sigma_{(\hat{p}_1-\hat{p}_2)} = \sqrt{\frac{p_1q_1}{n_1}+\frac{p_2q_2}{n_2}} \approx \sqrt{\frac{\hat{p}\hat{q}}{n_1}+\frac{\hat{p}\hat{q}}{n_2}} = \sqrt{\hat{p}\hat{q}\left(\frac{1}{n_1}+\frac{1}{n_2}\right)}$$

对于所有 $D_0 \neq 0$ 情况(例如,检验 H_0: $(p_1 - p_2) = 0.2$),我们用 $\hat{p}_1$ 和 $\hat{p}_2$ 来计算 $\sigma_{(\hat{p}_1-\hat{p}_2)}$. 然而在多数实际情况下,我们想检验两个比率之间是否存在差异,即想检验 H_0: $(p_1 - p_2) = 0$.

样本容量 n_1 和 n_2 必须足够大,为了保证 $\hat{p}_1$ 和 $\hat{p}_2$,因此差 $(\hat{p}_1 - \hat{p}_2)$ 的抽样分布近似正态. 判断样本容量足够大的经验法则同 7.8 节给出的,即 $n_1\hat{p}_1$,$n_2\hat{p}_2$,$n_1\hat{q}_1$ 和 $n_2\hat{q}_2$ 的值都大于等于 4. (如果样本容量不是足够大,那么可以采用第 9 章介绍的方法来比较 p_1 和 p_2.)

例 8.16 **检验 $p_1 - p_2$: 拼车研究** 近来正兴起一场运动,鼓励人们合伙拼车上班以节约能源. 一些城市则采取措施,指定某些高速公路只能由拼车使用(即载有两人以上的汽车才可使用这些公路). 为了评价该计划的效果,某一城市的收费站工作人员分别在拼车专用公路上于计划实施前后随机选取了 2 000 辆和 1 500 辆汽车. 调查的结果见表 8.7,其中 y_1 和 y_2 分别代表计划实施前后样本中载有两人以上的汽车数量. 这些数据能否证明计划实施后合乘汽车的比率有所提高? $\alpha = 0.05$.

表 8.7 例 8.16 拼车研究结果

	建立拼车道之前	建立拼车道之后
样本容量	$n_1 = 2\,000$	$n_2 = 1\,500$
拼车数	$y_1 = 652$	$y_2 = 576$

解 如果定义 p_1 和 p_2 分别表示建立拼车道前后拼车的真实比率,那么检验的要素为

H_0: $(p_1 - p_2) = 0$

H_a: $(p_1 - p_2) < 0$

(因为我们只关心拼乘汽车的比率是否有所提高,即 $p_2 > p_1$,所以检验为单侧的.)

检验统计量：$Z = \dfrac{(\hat{p}_1 - \hat{p}_2) - 0}{\sigma_{(\hat{p}_1 - \hat{p}_2)}}$

拒绝域：$\alpha = 0.05$

$Z < -z_\alpha = -z_{0.05} = -1.645$ （见图 8.20）

现在计算样本的拼乘汽车比率：

$$\hat{p}_1 = \dfrac{652}{2\,000} = 0.326 \quad \hat{p}_2 = \dfrac{576}{1\,500} = 0.384$$

检验统计量是

$$Z = \dfrac{(\hat{p}_1 - \hat{p}_2) - 0}{\sigma_{(\hat{p}_1 - \hat{p}_2)}} \approx \dfrac{(\hat{p}_1 - \hat{p}_2)}{\sqrt{\hat{p}\hat{q}\left(\dfrac{1}{n_1} + \dfrac{1}{n_2}\right)}}$$

其中，

$$\hat{p} = \dfrac{y_1 + y_2}{n_1 + n_2} = \dfrac{652 + 576}{2\,000 + 1\,500} = 0.351$$

因此，

$$Z = \dfrac{0.326 - 0.384}{\sqrt{(0.351)(0.649)\left(\dfrac{1}{2\,000} + \dfrac{1}{1\,500}\right)}} = \dfrac{-0.058}{0.016\,3} = -3.56$$

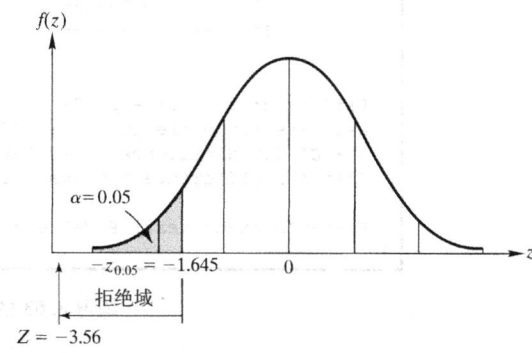

图 8.20　例 8.16 的拒绝域

检验统计量的值在图 8.21 的 MINITAB 输出中显示（阴影部分）. 检验的 p 值（在输出中着重显示）近似为 0. 由于 $Z = -3.56$ 落入拒绝域，且 $\alpha = 0.05$ 超过 p 值，所以我们有充足的证据（$\alpha = 0.05$）断言建立拼车专用道后拼车的比率提高了. 如果对估计比率提高的范围感兴趣，可以给出 $(p_1 - p_2)$ 的置信区间.

```
Test and CI for Two Proportions

Sample    X     N    Sample p
1        652  2000   0.326000
2        576  1500   0.384000

Difference = p (1) - p (2)
Estimate for difference:  -0.058
95% upper bound for difference:  -0.0310948
Test for difference = 0 (vs < 0):  Z = -3.55  P-Value = 0.000
```

图 8.21　例 8.16 两总体比率差的 MINITAB 检验

应用练习

8.63 **提供生物质的生产者意愿．** 参考练习 7.67，*Biomass and Energy*（Vol. 36, 2012）关于提供生物质产品（例如剩余干草）的生产者意愿的研究．回忆密苏里州生产者和伊利诺伊州生产者参与调查的独立样本，并确定每个样本愿意提供干草铺放（割草和打桩）服务的数量．在参与调查的 558 位密苏里州生产者中，有 187 位愿意提供铺放服务；940 位伊利诺伊州生产者中，380 位愿意提供此服务．在练习 7.67 中，从 MINITAB 输出（下面给出）得到了确定密苏里州和伊利诺伊州两地生产者愿意提供铺放服务的比率之差的 99% 置信区间．现在利用输出信息构造统计检验，来确定两地区生产者愿意向生物质市场提供铺放服务的比率是否有差异. α 值为多少时通过检验和置信区间得到的推断是一致的？完成此假设检验，并得出合适的结论．

```
Test and CI for Two Proportions

Sample    X      N     Sample p
1        187    558    0.335125
2        380    940    0.404255


Difference = p (1) - p (2)
Estimate for difference: -0.0691299
99% CI for difference: (-0.135079, -0.00318070)
Test for difference = 0 (vs not = 0): Z = -2.67  P-Value = 0.008

Fisher's exact test: P-Value = 0.008
```

练习 8.63 的 MINITAB 输出

MTBE

8.64 地下井水的污染. 参考练习7.66，*Environmental Science & Technology*(2005年1月)关于美国新罕布什尔州甲基叔丁基醚(MTBE)污染地下井水情况的研究. 将223口井按照井的种类(公共还是私有)和MTBE检测水平(低于限制或检出)划分. 下面的SPSS输出结果分别给出了120口公共井和103口私有井的样本中处于两种检测水平的井的数量.

a. 对公共井和私有井中检出 MTBE 水平的真实比率是否相等进行双侧检验. 用 $\alpha = 0.05$.

b. 在练习7.66中，你已经用95%置信区间比较了两个比率，解释由 a 中双侧检验的推断与根据置信区间得到的推断一致的原因.

DETECT * CLASS Crosstabulation

Count

		CLASS		
		Private	Public	Total
DETECT	Below Limit	81	72	153
	Detect	22	48	70
Total		103	120	223

练习 8.64 的 SPSS 输出结果

8.65 行军虫信息素研究. 参考练习7.68, *Journal of Chemical Ecology*(2013年3月)关于确定两种不同菌株的秋行军虫产生的信息素有效性的研究. 玉米菌株和水稻菌株的雄性行军虫均被释放到含有玉米菌株混合物产生的合成信息素的田地里, 然后确定由信息素捕获的雄性行军虫的数量. 该实验先在玉米地里进行一次, 随后在草地里进行一次. 在练习 7.68 中比较了由信息素捕获的玉米菌株和水稻菌株雄性行军虫的比率.

a. 现在，研究人员想要比较在玉米地里和草地里捕获的玉米菌株雄性行军虫比率. 用假设检验 ($\alpha = 0.10$) 进行比较. 通过数据你能得出什么结论?

b. 对由信息素捕获的水稻菌株雄性行军虫比率重复进行 a.

	玉米地	草地
释放的玉米菌株雄性数	112	215
被捕获数	86	164
释放的水稻菌株雄性数	150	669
被捕获数	92	375

8.66 巴基斯坦饮用水中氟化物的毒性. *Drinking Water Engineering and Science*(Vol. 6, 2013) 报道了巴基斯坦饮用水质量评估的结果. 由于饮用水中氟化物含量过高，巴基斯坦人易受氟化物毒性的影响(氟中毒). 当氟化物含量超过 1.5 毫克/升(mg/L) 时就会发生中毒. 在巴基斯坦的重要城市收集了不同地面或地下水源(例如手泵、井水、泉水、水坝等地)的水样本, 下表给出了拉合尔和费萨拉巴德两个城市的数据. 是否有证据能表明两个城市水样本中氟化物含量超过1.5mg/L的比例不同? 用 $\alpha = 0.10$ 检验.

	拉合尔	费萨拉巴德
抽样的水样本数量	79	30
氟化物含量超过 1.5 毫克/升的数量	21	4

8.67 交通标志维修. 联邦高速公路管理局(FHWA)近来颁布了维修和替换交通标志的新标准. 北卡罗来纳州立大学的土木工程师进行了一项关于实施新标准指定的各种标志维护实践的有效性研究, 并在 *Journal of Transportation Engineering*(2013 年 6 月)上发布了结果. 研究的一部分集中在不符合 FHWA 最低逆反射要求的交通标志的比率. 由北卡罗来纳州交通部(NCDOT)维修的 1 000 个标志中, 512 个认为不符合逆反射要求; 在北卡罗来纳州属于国家维修的 1 000 个标志中, 328 个认为不符合逆反射要求. 进行假设检验以确定不符合 FHWA 最低逆反射要求的交通标志的真实比率是否和标志是由 NCDOT 维修还是由国家维修有关. 用 $\alpha = 0.05$ 检验.

8.68 暂停不用的油气建筑物. 参考练习 3.19, *Oil & Gas Journal*(2005 年 1 月 3 日)关于位于墨西哥湾的 3 400 个油气建筑物的研究. 下表按照不同的类型(沉箱、油井保护器或固定栈桥)和状态(正在使用或者暂停不用)对这些油气建筑物分类进行分析. 假定这 3 400 个建筑物作为世界范围所有建筑物的一个代表性样本.

	构造类型			
	沉箱	油井保护器	固定栈桥	总计
正在使用	503	255	1 447	2 175
暂停不用	598	177	450	1 225
总计	1 101	402	1 897	3 400

资料来源: Kaiser, M., and Mesyanzhinov, D. "Study tabulates idle Gulf of Mexico structures." *Oil & Gas Journal*, Vol. 103, No. 1, Jan. 3, 2005(表 2).

a. 检验沉箱建筑物中暂停不用油气建筑物比率是否超过油井保护器建筑物中暂停不用油气建筑物比率. $\alpha = 0.10$.

b. 检验沉箱建筑物中暂停不用油气建筑物比率是否超过固定栈桥建筑物中暂停不用油气建筑物比率. $\alpha = 0.10$.

c. 检验油井保护器建筑物中暂停不用油气建筑物比率是否超过固定栈桥建筑物中暂停不用油气建筑物比率. $\alpha = 0.10$.

8.69 低氧杀虫. 参考练习 8.58, *Journal of Agricultural, Biological, and Environmental Statistics*(2000 年 9 月)关于暴露于低氧的稻象鼻虫死亡率的研究. 实验中将稻象鼻虫暴露于氮气 4 天后, 31 421 只稻象鼻虫中有 31 386 只死亡. 在第二个实验中, 将稻象鼻虫暴露于氮气 3.5 天后, 发现 23 676 只稻象鼻虫中有 23 516 只死亡. 对稻象鼻虫成虫暴露于氮气环境中两次不同暴露时间的死亡率进行比较, 两个实验中稻象鼻虫的死亡率有显著的差异吗?($\alpha = 0.10$)

8.70 依赖方网站的漏洞. 当你登录 Facebook 账户时, 将被授权访问超过 100 万个依赖方(RP)的网站. 这种单点登录(SSO)方案通过 OAuth2.0 实现, 即一种开放的标准化网络资源授权协议. 尽管这种协议声称是安全的, 但传闻有证据表明存在严重漏洞会使攻击者未经授权访问用户配置文件并在 RP 网站上假冒受害者. 不列颠哥伦比亚大学的计算机系统工程师调查了依赖方网站的漏洞, 并在第五届 AMC 计算机和通信安全研讨会(2012 年 10 月)上给出了他们的研究结果. RP 网站分为服务端网站和客户端网站. 在研究的 40 个服务端网站中, 20 个易受到假冒攻击; 54 个客户端网站中, 41 个易受到假冒攻击. 这些结果可以表明客户端网站比服务端网站更容易受到假冒攻击吗?用 $\alpha = 0.01$ 检验.

8.71 工程与技术学位. 除了传统的工程学士学位以外, 全世界的许多大学也向希望以后成为工程技术人员的学生授予技术学士学位. 人们有一个观念, 认为技术学士学位的学生学术能力没有工程专业的学生强. *International Journal of Continuing Engineering Education and Lifelong Learning*(Vol. 13, 2003)中提到了这一观点. 研究者比较了一所澳大利亚大学的工程专业和技术专业学生与某类学术有关的成绩. 下表给出了传统两大严格课程(工程数学和工程制图/CAD)中工程专业和技术专业的不及格率.

工程数学	工程学士学生	技术学士学生
参加考试人数	537	117
不及格率(%)	27.8	19.7
工程制图/CAD	工程学士学生	技术学士学生
参加考试人数	727	374
不及格率(%)	39.5	52.1

资料来源: Palmer, S., and Bray, S. "Comparative academic performance of engineering and technology students at Deakin University, Australia." *International Journal of Continuing Engineering Education and Lifelong Learning*, Vol. 13, No. 1-2, 2003(表 5 和表 8).

a. 是否有足够的证据表明, 在工程数学课程中, 工程专业和技术专业的学生不及格率存在差异? 用 $\alpha = 0.05$ 检验.

b. 是否有足够的证据表明, 在工程制图/CAD 课程中, 工程专业和技术专业的学生不及格率存在差异? 用 $\alpha = 0.05$ 检验.

8.11 检验总体方差

在这一节,我们考虑总体方差 σ^2 的假设检验(例如每日降雨量的方差).回忆7.9节,估计单个总体方差 σ^2 的枢轴统计量不服从标准正态(Z)分布.因此,当检验 σ^2 的假设时不能用8.3节给出的方法.

但当样本来自于正态总体时,枢轴统计量服从卡方(χ^2)分布,检验步骤见下面的方框.值得注意的是,无论样本容量是大是小,都需要满足正态性假定.

单个总体方差 σ^2 的假设检验

单侧检验

$H_0: \sigma^2 = \sigma_0^2$

$H_a: \sigma^2 > \sigma_0^2$　[或者 $H_a: \sigma^2 < \sigma_0^2$]

双侧检验

$H_0: \sigma^2 = \sigma_0^2$

$H_a: \sigma^2 \neq \sigma_0^2$

检验统计量:$\chi^2 = \dfrac{(n-1)s^2}{\sigma_0^2}$

拒绝域:

$\chi^2 > \chi_\alpha^2$(或者 $\chi^2 < \chi_{1-\alpha}^2$)

p 值 $= P(\chi^2 > \chi_c^2)$ 或 $P(\chi^2 < \chi_c^2)$

拒绝域:

$\chi^2 < \chi_{1-\alpha/2}^2$ 或者 $\chi^2 > \chi_{\alpha/2}^2$

p 值 $= 2\min\{P(\chi^2 > \chi_c^2), P(\chi^2 < \chi_c^2)\}$

其中 χ_α^2 和 $\chi_{1-\alpha}^2$ 分别表示自由度为 $(n-1)$ 的 χ^2 分布右侧面积为 α 和左侧面积为 α 所对应的 χ^2 值,χ_c^2 是检验统计量的计算值.

(注:σ_0^2 表示原假设中指定的 σ^2 某个值.)

假定:抽取随机样本的总体有近似正态分布.

例 8.17　检验 σ^2:装入量测量值　参考练习7.15某罐头厂罐头装入量的变异性研究.假定制订规章的代理商指定装入量的标准差必须小于0.1盎司.质量控制检查员选取了10听罐头,并检测每一听的装入量.数据复制在表8.8中.这些信息是否提供了足够的证据表明装入量测量值的标准差 σ 小于0.1盎司?

表8.8　罐头装入物重量

7.96　7.90　7.98　8.01　7.97　7.96　8.03　8.02　8.04　8.02

解　由于原假设和备择假设必须用 σ^2(而不是 σ)来表示,所以我们检验原假设 $\sigma^2 = 0.01$ 对备择假设 $\sigma^2 < 0.01$.此检验的要素为:

$H_0: \sigma^2 = 0.01$　(即 $\sigma = 0.1$)

$H_a: \sigma^2 < 0.01$　(即 $\sigma < 0.1$)

假定:装入量总体近似服从正态分布.

检验统计量:$\chi^2 = \dfrac{(n-1)s^2}{\sigma_0^2}$

拒绝域:我们观测到的 s^2 值越小,有利于 H_a 的证据越强,所以检验统计量的"小值"拒绝 H_0.对于 $\alpha = 0.05$,df $=9$ 时,拒绝 H_0 所对应的 χ^2 值可由附录B表B.8查得,并在图8.22标出.如果 $\chi^2 < 3.32511$,我们拒绝 H_0.(表B.8给出的面积是表中数值右侧的面积.因此,为了确定数值左侧面积为 $\alpha = 0.05$ 的下尾值,我们用表B.8中 $\chi_{0.95}^2$ 列的值.)

为了计算检验统计量，我们需要计算样本标准差 s. 图 8.23 的 MINITAB 输出给出了样本数据的数值描述性统计量，s 值（输出中阴影部分）为 $s = 0.043$. 将 $s = 0.043$，$n = 10$ 和 $\sigma_0^2 = 0.01$ 代入公式计算检验统计量，得

$$\chi^2 = \frac{(10-1)(0.043)^2}{0.01} = 1.67$$

注意图 8.23 MINITAB 输出的底部给出了这个检验统计量的值和相应的 p 值(0.004).

结论：由于检验统计量 $\chi^2 = 1.67$ 小于 3.325 11（或者由于 $\alpha = 0.05 > p$ 值 $= 0.004$），检查员可以断定（在 $\alpha = 0.05$）所有装入量的总体方差小于 0.01（$\sigma < 0.1$）. 如果反复应用这种

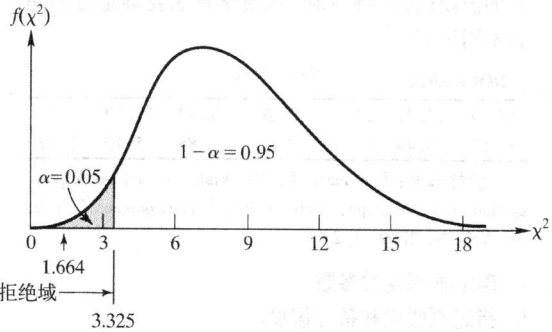

图 8.22　例 8.17 的拒绝域

方法，那么只有 5% 的次数不正确地拒绝 H_0. 所以质量控制检查员相信罐头厂正常运行，装入量变异性在要求范围内的决定.

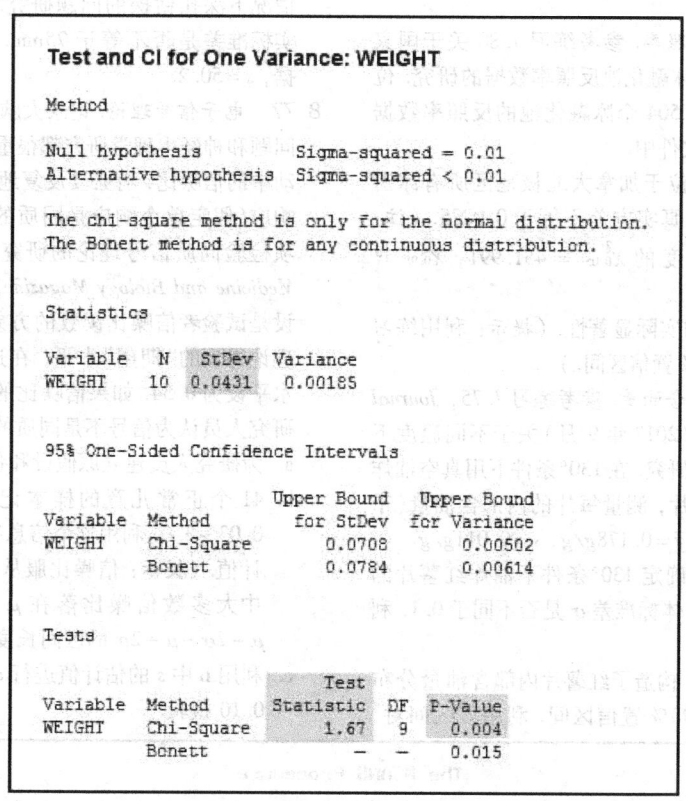

图 8.23　例 8.17 的总体方差的 MINITAB 检验

应用练习

8.72 岩石坠落的特征. 参考练习 2.29，*Environmental Geology*(Vol. 58, 2009)关于从倒塌的岩壁上掉落的石头会从土坡上反弹多远的模拟研究. 估计 13 块岩石弹跳的反弹长度(米)，数据在下表中给出. 反弹长度的描述性统计量在下表 SAS 输出中显示.

考虑来自倒塌岩壁的岩石总体理论上反弹长度方差的假设检验. 特别地, 地质学家想要确定方差是否不同于 $10m^2$.

🌐 **ROCKFALL** 岩石坠落

| 10.94 | 13.71 | 11.38 | 7.26 | 17.83 | 11.92 |
| 11.87 | 5.44 | 13.35 | 4.90 | 5.85 | 5.10 | 6.77 |

资料来源: Paronuzzi, P. "Rockfall-induced block propagation on a soil slope, northern Italy", *Environmental Geology*, Vol. 58, 2009 (表2)

a. 确定感兴趣的参数.
b. 指定原假设和备择假设.
c. 计算检验统计量的值.
d. 确定检验的拒绝域. 利用 $\alpha = 0.10$.
e. 得出合适的结论.
f. 为了使 e 中推断有效, 需要满足什么条件?

🌐 **PONDICE**

8.73 冰融化池的反照率. 参考练习 7.80 关于国家冰雪数据中心收集冰融化池反照率数据的研究. 位于加拿大北极地区 504 个冰融化池的反照率数据保存于 PONDICE 文件中.

a. 检验 ($\alpha = 0.10$) 位于加拿大北极地区所有冰雪融化池反照率的真实方差不等于 0.0225. (注: 对 503 个自由度的 $\chi^2_{0.05} = 451.991$, $\chi^2_{0.95} = 556.283$.)
b. 讨论 a 中检验的实际显著性. (提示: 利用练习 7.80 算得的 90% 置信区间.)

8.74 油炸红薯片的含油量. 参考练习 7.75, *Journal of Food Engineering* (2013 年 9 月) 关于不同温度下油炸红薯片特点的研究. 在 130° 条件下用真空油炸锅油炸 6 个红薯切片, 测量每片的内部含油量 (千兆克), 结果如下: $\bar{y} = 0.178 g/g$, $s = 0.011 g/g$.

a. 建立假设检验, 确定 130° 条件下油炸红薯片的内部含油量的总体标准差 σ 是否不同于 0.1. 利用 $\alpha = 0.05$.
b. 在练习 7.75 中, 构造了红薯片内部含油量分布标准差真值的 95% 置信区间. 利用该区间对

$\sigma = 0.1$ 是否成立做出推断. 结果和 a 中检验一致吗?

8.75 预应力混凝土的黏结性能. 为了研究锚固失效后预应力混凝土的强度, 进行了一项实验, 实验结果发表在 *Engineering Structures* (2013 年 6 月) 上. 锚固失效之后 8 个预应力混凝土用钢绞线获得的最大力 (kN) 在下表给出. 构造假设检验以确定最大力的总体标准差真值是否小于 5kN. 用 $\alpha = 0.10$ 检验.

🌐 **FORCE**

| 158.2 | 161.5 | 166.5 | 158.4 | 159.9 | 161.9 |
| 162.8 | 161.2 | 160.1 | 175.6 | 168.8 | 163.7 |

8.76 深孔钻探. 参考练习 8.32, *Journal for Engineering for Industry* (1993 年 5 月) 关于在钻屑拥塞情况下深孔钻探的问题研究. 检验钻屑长度的真实标准差是否不等于 75mm. 由 $n = 50$ 的钻屑数据, $s = 50.2$.

8.77 电子信号理论. 记录大脑的电子活动对于临床问题和神经生理学研究都很重要. 为了改善电子活动中的信噪比, 有必要反复地刺激受试者, 且平均响应 (假定单个响应是同质的一种方法). 进行一项检验同质信号理论的研究 (*IEEE Engineering in Medicine and Biology Magazine*, 1990 年 3 月). 原假设是试验者信噪比读数的方差等于依据同质信号理论得到的"期望"水平, 在这项研究中, "期望"水平设为 0.54. 如果信噪比的方差超过这个水平, 研究人员认为信号不是同质的.

a. 为研究人员建立原假设和备择假设.
b. 41 个正常儿童的样本记录的信噪比范围从 0.03 ~ 3.0. 利用这个信息得到样本标准差的估计值. (提示: 信噪比服从正态分布, 并且总体中大多数信噪比落在 $\mu \pm 2\sigma$ 范围内, 即从 $\mu - 2\sigma \sim \mu + 2\sigma$ 的区间长度等于 4σ.)
c. 利用 b 中 s 的估计值进行 a 中的检验. 利用 $\alpha = 0.10$ 检验.

```
                The MEANS Procedure
              Analysis Variable : LENGTH
    N        Mean         Std Dev       Minimum        Maximum
   13     9.7169231     4.0947291      4.9000000     17.8300000
```

练习 8.72 的 SAS 输出

8.78 测量多氯联苯. 在制造大型变压器和电容器中用到多氯联苯,如果它泄漏到环境中则是极端危险的污染物. 美国环保署正在用一种新的装置来测量鱼中多氯联苯的浓度,为了检验新仪器的精密度,对同一个鱼样本给出了 7 个多氯联苯测量数据. 数据(百万分之一)如下:

🌐 **PCBFISH**

| 6.2 | 5.8 | 5.7 | 6.3 | 5.9 | 5.8 | 6.0 |

假定美国环保署要求用多氯联苯读数的方差小于 0.1 的仪器. 那么这种新的仪器是否符合美国环保署的要求? 在 $\alpha = 0.05$ 检验.

8.79 罐装橡胶胶水. 某公司生产 32 盎司容量铝罐装快干橡胶胶水. 某质量控制检查员想检验每罐橡胶胶水重量的方差是否超过 0.3,如果超过 0.3,分装机需要调整. 由于检查装罐过程需要关掉分装机,而停工任意一段时间,公司都会损失上千美元,所以检查员只能得到 10 罐随机样本来检验. 经过称重后,检查员计算出下面的概括统计量:

$\bar{y} = 31.55$ 盎司 $s = 0.48$ 盎司.

a. 样本数据是否证明分装机需要调整? 在显著性水平 $\alpha = 0.05$ 检验.
b. 为了 a 中的假设检验有意义,需要什么假定?

8.12 检验两个总体方差的比

如同单样本情况,比较两个总体方差 σ_1^2 和 σ_2^2 的枢轴统计量服从非正态抽样分布. 由 7.10 节,在一定条件下,样本方差的比 s_1^2/s_2^2 服从 F 分布.

两个总体方差比 σ_1^2/σ_2^2 的假设检验要素列于下面的方框中.

两个总体方差比 σ_1^2/σ_2^2 的假设检验:独立样本

单侧检验

$H_0: \dfrac{\sigma_1^2}{\sigma_2^2} = 1$

$H_a: \dfrac{\sigma_1^2}{\sigma_2^2} > 1$

(或者 $H_a: \dfrac{\sigma_1^2}{\sigma_2^2} < 1$)

检验统计量:

$F = \dfrac{s_1^2}{s_2^2}$ (或者 $F = \dfrac{s_2^2}{s_1^2}$)

拒绝域:

$F > F_\alpha$

p 值 $= P(F > F_c)$

双侧检验

$H_0: \dfrac{\sigma_1^2}{\sigma_2^2} = 1$

$H_a: \dfrac{\sigma_1^2}{\sigma_2^2} \neq 1$

检验统计量:

$F = \dfrac{\text{较大的样本方差}}{\text{较小的样本方差}} = \begin{cases} \dfrac{s_1^2}{s_2^2} & \text{若 } s_1^2 > s_2^2 \\ \dfrac{s_2^2}{s_1^2} & \text{若 } s_2^2 > s_1^2 \end{cases}$

拒绝域:

$F > F_{\alpha/2}$

p 值 $= 2P(F > F_c)$

其中 F_α 和 $F_{\alpha/2}$ 分别是 $v_1 =$ 分子的自由度(即分子中样本方差的自由度)和 $v_2 =$ 分母的自由度(即分母中样本方差的自由度)的 F 分布面积为 α 和 $\alpha/2$ 处的值, F_c 是检验统计量的计算值.

假定: 1. 被抽取样本的两个总体有近似正态的相对频率分布.
2. 随机样本是独立地从两个总体中抽取的.

例 8.18 **比较方差的检验:医务消毒** 给野兔注射大量的环氧乙烷(ETO)证明可以显著地改变细胞的 DNA 结构. 虽然人们知道这是一种诱变因素及可疑的致癌物, 但是医院还在用它消毒. 一项研究调查了 ETO 对从事消毒医务人员的影响, 随机选取了 31 名受试者, 并分为两组, 指派不同的任务. 其中 13 名受试者负责开启和卸载装有 ETO 的灭菌枪(任务 1), 其余的 18 名受试者负责开启含有 ETO 的灭菌包(任务 2). 任务完成后, 研究人员检测每一名受试者血液中 ETO 的含量(mg). 表 8.9 给出了计算结果, 这些数据是否提供充足的证据证明指派两项任务的受试者 ETO 水平的变异性存在差异?利用 $\alpha = 0.10$ 检验.

表 8.9 例 8.18 的概括数据

	任务 1	任务 2
样本容量	13	18
均值	5.60	5.90
标准差	3.10	1.93

解 设 σ_1^2 = 指派为任务 1 受试者 ETO 水平的总体方差.
σ_2^2 = 指派为任务 2 受试者 ETO 水平的总体方差.

为了使这个检验能给出有效的结果, 必须假定两组 ETO 水平的样本来自正态总体, 并且样本是独立的.

我们关心的假设是

$$H_0: \frac{\sigma_1^2}{\sigma_2^2} = 1 \quad (\sigma_1^2 = \sigma_2^2)$$

$$H_a: \frac{\sigma_1^2}{\sigma_2^2} \neq 1 \quad (\sigma_1^2 \neq \sigma_2^2)$$

附录 B F 分布表的性质影响检验统计量的形式. 为了得到双侧 F 检验的拒绝域, 我们想采用上尾, 因为表 B.9 ~ B.12 只有 F 分布的上尾值. 基于这一点, **我们总是把较大的样本方差作为 F 检验统计量的分子**. 由于总是把较大样本方差作为分子, 所以应将 F 比落入上尾的概率乘 2, 这也使表中 α 值加倍. 也就是说, 我们利用较大方差作为分子而不是建立双侧的拒绝域进行双侧检验.

所以在本例中, 自由度 df = $n_1 - 1 = 12$ 的分子 s_1^2 和自由度 df = $n_2 - 1 = 17$ 的分母 s_2^2. 因此检验统计量

$$F = \frac{\text{较大的样本方差}}{\text{较小的样本方差}} = \frac{s_1^2}{s_2^2}$$

当算得的 F 值超过表中的数值时:

$$F_{\alpha/2} = F_{0.05} = 2.38$$

将在 $\alpha = 0.10$ 拒绝 $H_0: \sigma_1^2 = \sigma_2^2$.

现在可以计算检验统计量的值, 并完成分析:

$$F = \frac{s_1^2}{s_2^2} = \frac{(3.10)^2}{(1.93)^2} = \frac{9.61}{3.72} = 2.58$$

当把它和图 8.24 中的拒绝域比较时, 可以看出 $F = 2.58$ 落入拒绝域中. 因此, 数据提供了充足的证据证明两个总体方差不同. 由此表明, 负责开启灭菌包(任务 2)受试者有比负责开启和卸载灭菌枪(任务 1)的受试者较小变化的 ETO 水平.

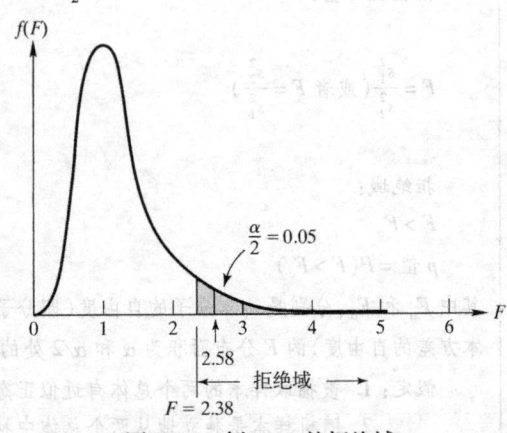

图 8.24 例 8.18 的拒绝域

(注:也可以用检验的 p 值得到恰当的结论. 图 8.25 的 MINITAB 输出中给出了(阴影部分)双侧 F 检验的 p 值. 因为 p 值 $= 0.073$ 小于 $\alpha = 0.10$,所以有充足的证据拒绝 H_0.)

```
Test for Equal Variances

90% Bonferroni confidence intervals for standard deviations

Sample    N     Lower    StDev    Upper
   1     13    2.22297   3.10000  5.11728
   2     18    1.44730   1.92873  2.89144




F-Test (normal distribution)
Test statistic = 2.58, p-value = 0.073
```

图 8.25 例 8.18 的 MINITAB 输出

如果例 8.18 中根据样本计算的 F 值没有落入拒绝域,将会得到什么结论? 会断言方差相等的原假设是正确的? 不,因为不知道 β 值,即如果实际上 $H_0: \sigma_1^2 = \sigma_2^2$ 是假的,却没有拒绝原假设的概率,你要冒险犯 Ⅱ 型错误的可能性(如果 H_a 是真,没有拒绝 H_0). 由于不考虑计算指定备择假设的 p 值,所以当 F 统计量没有落入拒绝域时,只能有简单的结论:没有充分的样本证据来反驳原假设 $\sigma_1^2 = \sigma_2^2$.

例 8.18 介绍了在双侧检验中计算检验统计量和拒绝域的方法,这种方法避免了确定 F 分布下尾 F 值的问题. 这种方法对于单侧检验更容易完成,因为我们能控制如何指定 H_0 和 H_a 中总体方差的比. 也就是说,我们总是能够使单侧检验成为上尾检验. 例如,如果想检验 σ_1^2 是否大于 σ_2^2,那么我们把备择假设记为

$$H_a: \frac{\sigma_1^2}{\sigma_2^2} > 1 \quad (\text{即 } \sigma_1^2 > \sigma_2^2)$$

合适的检验统计量是 $F = s_1^2/s_2^2$. 反之,如果想检验 σ_1^2 是否小于 σ_2^2(即 σ_2^2 是否大于 σ_1^2),则记为

$$H_a: \frac{\sigma_2^2}{\sigma_1^2} > 1 \quad (\text{即 } \sigma_2^2 > \sigma_1^2)$$

对应的检验统计量是 $F = s_2^2/s_1^2$.

应用练习

DRUGCON

8.80 药物含量评估. 参考练习 7.84,*Analytical Chemistry*(2009 年 12 月 15 日)关于科学家使用高性能液体色谱法测定药片中药物含量的研究. 在两个不同的独立地点分别生产 25 个药片,在练习 7.84 中用 95% 置信区间确定了两个地点生产的药物浓度方差是否不同. 现在利用下面给出的 MINITAB 输出,在 $\alpha = 0.05$ 用假设检验做出推断.

8.81 森林入口通道的属性. 参考练习 7.110,*International Journal of Forest Engineering*(1999 年 7 月)关于爱尔兰森林入口通道的属性研究. 32 个矿石路基通道和 40 个泥煤路基通道作为独立随机样本,测量瞬变表面垂度(mm),结果复制于下表.

	公路路基	
	矿石	泥煤
道路数量	32	40
平均表面垂度(mm)	1.53	3.80
标准差	3.39	14.3

资料来源:Martin, A. M., et al. "Estimation of the serviceability of forest access roads." *International Journal of Forest Engineering*, Vol. 10, No. 2. July 1999(表3).

```
Test and CI for Two Variances: Content vs Site

Method

Null hypothesis          Variance(1) / Variance(2) = 1
Alternative hypothesis   Variance(1) / Variance(2) not = 1
Significance level       Alpha = 0.05

Statistics

Site  N   StDev   Variance
1     25  3.067   9.406
2     25  3.339   11.147

Ratio of standard deviations = 0.919
Ratio of variances = 0.844

95% Confidence Intervals

                             CI for
Distribution  CI for StDev   Variance
of Data       Ratio          Ratio
Normal        (0.610, 1.384) (0.372, 1.915)
Continuous    (0.497, 1.315) (0.247, 1.729)

Tests
                                        Test
Method                    DF1  DF2   Statistic  P-Value
F Test (normal)           24   24      0.84      0.681
Levene's Test (any continuous)  1  48   0.64      0.427
```

练习 8.80 的 MINITAB 输出

a. 用双侧假设检验比较两种类型道路的表面垂度方差. $\alpha = 0.05$.

b. 在练习 7.110 中,你利用 95% 置信区间比较两个表面垂度方差. 证明由假设检验和置信区间所得到的推断是一致的. 总是这样吗? 解释原因.

8.82 **肯尼亚河马的放牧模式**. 参考练习 7.85,*Landscape & Ecology Engineering*(2013 年 1 月)关于肯尼亚河马放牧模式的研究. 对两个地区的土地样地进行抽样——一个国家保护区和一个社区田园牧场,并确定每个地块水源地河马小道的数量. 样本统计数据在下表中给出. 在练习 7.85 中求得了两个地区方差比 σ_1^2/σ_2^2 的 90% 置信区间,并用它确定了国家保护区水源地河马小道数量的方差与社区田园牧场水源地河马小道数量的方差是否不同. 解释为什么在 $\alpha = 0.10$ 下的假设检验会得出一致的推断,然后进行检验来证实你的结果.

练习 8.82 数据表格

	国家保护区	田园牧场
样本大小	406	230
小道的平均数	0.31	0.13
标准差	0.4	0.3

资料来源:Kanga, E. M., et al. "Hippopotamus and livestock grazing: influences on riparian vegetation and facilitation of other herbivores in the Mara Region of Kenya", *Landscape & Ecology Engineering*, Vol. 9, No. 1, January 2013.

8.83 **分析人工检测错误**. 用人工检测员检测产品质量可能会导致严重的检测错误问题(*Journal of Quality Technology*). 为了评估一家新公司中检测员的能力,质量经理让 12 个新手检测员评估 200 个成品,同时也让 12 名有经验的检测员评估这 200

个产品.每个成品的质量(有缺陷或没有缺陷)只有经理知道.下表列出了每个检测员检测错误的数量(将有缺陷的当作无缺陷的,反之亦然).

a. 在进行实验之前,经理认为有经验的检测员比新手检测员检测错误的方差要低.样本数据可以支持他的看法吗?用 $\alpha = 0.05$ 检验.

b. 在 a 中检验的合适的 p 值是多少?

ERRORS

新手检测员				有经验的检测员			
30	35	26	40	31	15	25	19
36	20	45	31	28	17	19	18
33	29	21	48	24	10	20	21

GASTURBINE

8.84 燃气轮机的冷却方法.参考练习 8.39,*Journal of Engineering for Gas Turbines and Power*(2005 年 1 月)关于燃气轮机的高压雾状入风方法的研究.三种类型燃气轮机(高级、航改、传统)的热消耗率数据(kJ/kW·h)保存在 GASTURBINE 文件中.为了比较其中两种类型燃气轮机的平均热消耗率,假定热消耗率的方差相等.

a. 检验传统和航改燃气轮机热消耗率的方差相等性($\alpha = 0.05$).利用这个结果陈述练习 8.39a 所得推断的正确性.

b. 检验高级和航改燃气轮机热消耗率的方差相等性($\alpha = 0.05$).利用这个结果陈述练习 8.39b 所得推断的正确性.

ORCHARD

8.85 果园中杀虫剂的使用.参考练习 8.44,*Environmental Science & Technology* 关于比较加利福尼亚果园在两种天气条件(有雾天气和晴(或多云)天气)下氧/硫比的均值研究,数据保存在 ORCHARD 文件中.在比较均值时要求方差相等,检验等方差的假设.利用 $\alpha = 0.05$.

8.86 油炸红薯片的含油量.参考练习 8.74,*Journal of Food Engineering*(2013 年 9 月)关于在不同温度下油炸红薯片特点的研究.在 130°条件下用真空油炸锅油炸 6 个红薯切片,测量每片的内部含油量(千兆克),结果如下:$\bar{y} = 0.178 g/g$, $s = 0.011 g/g$.接着得到第二个含有 6 个红薯切片的样本,只有这些要进行两步油炸过程(在 130°条件下再油炸一次),目的是改进它的质地和外观.第二个样本内部含油量的概括统计量如下:$\bar{y}_2 = 0.140 g/g$, $s_2 = $ 0.002 g/g.研究人员想要用 t 检验比较两种方法得到的油炸红薯片的平均内部含油量,你建议研究人员进行这种分析吗?请解释(回顾练习 7.86 的答案).

8.87 T 型梁的扭裂.曾经有一项实验,研究加固混凝土 T 型梁加固翼缘对容许扭转负荷的影响(*Journal of the American Concrete Institute*,1~2 月,1986).实验中采用了几种不同类型的 T 型梁,每种类型有不同的翼缘宽度.在实验中,梁在扭转和弯曲综合作用下直至失效(断裂).我们对 T 型梁翼缘顶部的断裂扭矩感兴趣,下面分别给出了具有 70cm 和 100cm 平板面宽度的 8 根梁的断裂扭矩:

TBEAMS

70cm

板层宽度:6.00,7.20,10.20,13.20,11.40,13.60,9.20,11.20

100cm

板层宽度:6.80,9.20,8.80,13.20,11.20,14.90,10.20,11.80

a. 是否有证据表明两种类型的 T 型梁断裂扭矩方差存在差异? $\alpha = 0.10$.

b. 为使检验有效要求什么样的假定?

8.88 购物工具和判断.参考练习 8.41,*Journal of Marketing Research*(2011 年 12 月)关于购物工具设计的研究.回忆设计师想要知道消费者手臂弯曲(如拎着购物篮)时是否比手臂伸直(如推着购物车)时的平均选择分数要高.$n_1 = 11$ 个手臂弯曲的消费者平均选择得分为 $\bar{y}_1 = 59$,而 $n_2 = 11$ 个手臂伸直的消费者平均选择得分为 $\bar{y}_2 = 43$.在下面哪种情况下用 t 检验比较均值时该假设更有可能不成立,$s_1 = 4$ 且 $s_2 = 2$ 还是 $s_1 = 10$ 且 $s_2 = 15$?请解释.

理论练习

8.89 假定我们想检验 $H_0: \sigma_1^2 = \sigma_2^2$,$H_a: \sigma_1^2 \neq \sigma_2^2$.证明:由下式给出的拒绝域

$$\frac{s_1^2}{s_2^2} > F_{\alpha/2} \quad \text{或} \quad \frac{s_1^2}{s_2^2} < F_{(1-\alpha/2)}$$

(其中 F 的自由度为 $v_1 = (n_1 - 1)$ 和 $v_2 = (n_2 - 1)$)与下面所给出的拒绝域是等价的:

$$\frac{s_1^2}{s_2^2} > F_{\alpha/2}$$

其中 F 依赖于 v_1 个分子自由度和 v_2 个分母自由度,或者

$$\frac{s_2^2}{s_1^2} > F_{\alpha/2}^*$$

其中 F^* 依赖于 v_2 个分子自由度和 v_1 个分母自由度. (提示:利用

$$F_{(1-\alpha/2)} = \frac{1}{F_{\alpha/2}^*}$$

(证明省略),其中 F 依赖于 v_1 个分子自由度和 v_2 个分母自由度,F^* 依赖于 v_2 个分子自由度和 v_1 个分母自由度.)

8.90 利用练习 8.89 中的结果证明:

$$P\left(\frac{\text{较大的样本方差}}{\text{较小的样本方差}} > F_{\alpha/2}\right) = \alpha$$

其中 F 依赖于分子自由度 = [(作为分子的样本方差的样本容量) − 1],分母自由度 = [(作为分母的样本方差的样本容量) − 1].

(提示:首先 $P\left(\dfrac{\text{较大的样本方差}}{\text{较小的样本方差}} > F_{\alpha/2}\right) = P(s_1^2/s_2^2 > F_{\alpha/2}$ 或 $s_2^2/s_1^2 > F_{\alpha/2})$,然后利用 $P(F > F_{\alpha/2}) = \alpha/2$.)

*8.13 其他检验方法:自助法和贝叶斯法

在 7.14 节中,我们介绍了求置信区间的两种其他方法:自助法和贝叶斯法. 这些方法也可以用于构造假设的统计检验. 在一定抽样条件下,尤其是当数据不满足基本假设时,由其中一种或两种方法得到的结论可能比 8.4 ~ 8.12 节中使用的经典检验方法更有根据.

自助法假设检验

回忆自助法是牵涉重复抽样的蒙特卡罗方法——即从原始样本数据集合中重复抽取(有放回地)容量为 n 的样本. 自助法检验程序是利用反复抽样来近似检验的观测显著性水平(p 值). 利用自助法对总体均值检验的 p 值估计需要的步骤列于下面的方框中.

检验总体均值 $H_0:\mu = \mu_0$ 的自助 p 值

设 $y_1, y_2, y_3, \cdots, y_n$ 表示来自均值为 $E(Y) = \mu$ 总体的一个容量为 n 的随机样本.

步骤 1 对这个样本计算检验统计量的值:$t_c = (\bar{y} - \mu_0)/(s/\sqrt{n})$. 其中 $\bar{y}$ 表示样本均值,s 是样本的标准差.

步骤 2 选择 j,其中 j 是将要重复抽样的次数.(通常 j 是一个非常大的数,如 $j = 1\,000$ 或 $j = 3\,000$.)

步骤 3 变换样本中每一个 y 值如下:$x_i = y_i - \bar{y} + \mu_0$. 即从每一个样本值 y 减去样本均值,然后加上 μ_0.(这一步将产生均值等于 H_0 中假设的均值的样本值.)

步骤 4 从变换后的样本数据集 $x_1, x_2, x_3, \cdots, x_n$ 中有放回地随机抽取 n 个 X 值.

步骤 5 重复步骤 4 共 j 次.

步骤 6 对每个自助样本计算检验统计量:$t_j = (\bar{x}_j - \mu_0)/(s_j/\sqrt{n})$,其中 $\bar{x}_j$ 和 s_j 分别是自助样本 j 的均值和标准差.

步骤 7 按照下面的方法求自助法估计的 p 值——称为达到的显著性水平(ASL):

上尾检验($H_a: \mu > \mu_0$): ASL = ($t_j > t_c$ 的次数)/j

下尾检验($H_a: \mu < \mu_0$): ASL = ($t_j < t_c$ 的次数)/j

双侧检验($H_a: \mu \ne \mu_0$):

$$\text{ASL} = \frac{(t_j > |t_c|) \text{ 的次数} + (t_j < -|t_c|) \text{ 的次数}}{j}$$

步骤 7 中自助法 ASL 是基于 8.6 节(定义 8.4)p 值的定义:p 值是观测到一个比样本计算值更背离 H_0 的检验统计量值的概率. 在上尾检验中, 更背离 H_0 意味着检验统计量的值比样本计算值更大. 在下面的例题中举例说明自助法程序.

例 8.19 μ 的自助法检验   参考例 8.11 钢铁制造厂苯污染的调查研究. 20 份空气样品的一个随机样本中, 确定每一个苯含量的水平(百万分之一). (数据保存于 BENZENE 文件中.) 职业安全与卫生管理局想检验: $H_0: \mu = 1$ 对 $H_a: \mu > 1$. 求此上尾检验的自助法 ASL, 利用 $\alpha = 0.05$ 给出恰当的结论.

🌐 **BENZENE**

解   为了求解自助法 ASL, 按照上面列出的步骤.

步骤 1   由例 8.11, 检验统计量的计算值是 $t_c = 2.95$.

步骤 2   我们选择 $j = 1\,000$ 次重复抽样.

步骤 3 $\bar{y} = 2.14$ (见例 8.11), $\mu_0 = 1$. 因此变换每一个抽样的苯含量水平: $x_i = y_i - \bar{y} + \mu_0 = y_i - 2.14 + 1$. 原始样本数据和变换后的值见图 8.26 的 MINITAB 工作表.

步骤 4~5   从图 8.26 变换后的样本数据中用 SAS 程序产生 1 000 个容量 $n = 20$ 的随机样本(有放回地选取观测值). 其中产生的前 3 个样本数据列于表 8.10.

步骤 6   接下来, 利用 SAS 得到 1 000 个样本均值和标准差. 然后由这些值, 利用 SAS 程序计算检验统计量: $t_j = (\bar{x}_j - 1)/(s_j/\sqrt{20})$, $j = 1, 2, 3, \cdots, 1\,000$.

	C1 SAMPLE	C2 BENZENE	C3 TRANSFORM
1	1	0.21	-0.93
2	2	1.44	0.30
3	3	2.54	1.40
4	4	2.97	1.83
5	5	0.00	-1.14
6	6	3.91	2.77
7	7	2.24	1.10
8	8	2.41	1.27
9	9	4.50	3.36
10	10	0.15	-0.99
11	11	0.30	-0.84
12	12	0.36	-0.78
13	13	4.50	3.36
14	14	5.03	3.89
15	15	0.00	-1.14
16	16	2.89	1.75
17	17	4.71	3.57
18	18	0.85	-0.29
19	19	2.60	1.46
20	20	1.26	0.12

图 8.26   变换后苯含量水平的 MINITAB 工作表

表 8.10   从图 8.26 变换后数据中的自助法重复抽样(前 3 个样本)

样本 1:	-1.14	3.89	1.75	0.12	0.12	3.36	3.57	1.46	3.57	1.4
	0.3	1.1	-1.14	1.83	3.89	-0.29	0.12	1.4	-1.14	3.36
样本 2:	0.12	1.75	-0.93	1.4	3.36	0.3	-0.29	-0.99	-0.29	-0.93
	0.3	-0.93	-1.14	-0.84	3.36	-0.29	1.4	1.27	1.1	1.46
样本 3:	3.57	0.3	-0.93	0.12	1.1	1.75	3.57	3.36	1.27	1.27
	-0.78	-1.14	1.83	-0.78	1.46	1.27	2.77	-0.29	-0.29	3.57

步骤 7   把步骤 6 得到的每个 t 值与计算的检验统计量 $t_{\text{calc}} = 2.95$ 比较. 只有 3 个 t 值(出现在样本 126, 962 及 966 中)超过 2.95. 因此自助法 ASL 值等于 ASL $= 3/1\,000 = 0.003$.

自助法达到的显著性水平是对检验的真实 p 值的估计. (注: 例 8.11 得到的 p 值等于 0.004.) 由于 $\alpha = 0.05$ 超过了 ASL 值, 所以有充分的证据拒绝原假设, 并且得出结论 $\mu > 1$.   ■

给出任意总体参数 θ 的检验自助法 p 值的一般程序超出了本书范围. 如果希望了解这些方法可以参考相关文献. 但两个均值差 $(\mu_1 - \mu_2)$ 的检验程序与单个均值 μ 的程序非常相似. 把步骤列在下面的方框中.

检验总体均值相等 $H_0: (\mu_1 - \mu_2) = 0$ 的自助法 p 值

设 $\bar{y}_1$ 和 s_1 表示来自均值为 μ_1 的总体，容量为 n_1 的随机样本的均值和标准差. $\bar{y}_2$ 和 s_2 表示来自均值为 μ_2 的总体，容量为 n_2 的随机样本的均值和标准差.

步骤1 计算样本的检验统计量值：
$$t_c = \frac{(\bar{y}_1 - \bar{y}_2)}{\sqrt{(s_1^2/n_1) + (s_2^2/n_2)}}$$

步骤2 选择 j，其中 j 是将要重复抽样的次数.

步骤3 求联合样本的均值 $\bar{y}$，然后按照下面的方法变换每一个样本值：
样本 1: $x_i = y_i - \bar{y}_1 + \bar{y}$　　样本 2: $x_i = y_i - \bar{y}_2 + \bar{y}$
（即对个样本值减去它的样本均值，然后加上 $\bar{y}$.）

步骤4 从第一个样本中有放回地随机抽样 n_1 个变换的值；从第二个样本中抽取 n_2 个变换的值.

步骤5 重复步骤 4 共 j 次.

步骤6 对每个自助样本，计算检验统计量：
$$t_j = (\bar{x}_1 - \bar{x}_2) / \sqrt{(s_1^2/n_1) + (s_2^2/n_2)}$$
其中 $\bar{x}_1$ 和 s_1 分别是样本 1 的第 j 个自助样本的均值和标准差.
$\bar{x}_2$ 和 s_2 分别是样本 2 的第 j 个自助样本的均值和标准差.

步骤7 求自助法估计的 p 值——称为 **达到的显著性水平 (ASL)** 如下：
上尾检验 $(H_a: \mu_1 - \mu_2 > 0)$: ASL = $(t_j > t_{\text{calc}}$ 的次数$)/j$
下尾检验 $(H_a: \mu_1 - \mu_2 < 0)$: ASL = $(t_j < t_{\text{calc}}$ 的次数$)/j$
双侧检验 $(H_a: \mu_1 - \mu_2 \neq 0)$:
$$\text{ASL} = \frac{(t_j > |t_{\text{calc}}| \text{ 的次数}) + (t_j < -|t_{\text{calc}}| \text{ 的次数})}{j}$$

贝叶斯检验方法

设 $y_1, y_2, y_3, \cdots, y_n$ 表示从具有未知参数 θ 的总体中选取的容量为 n 的随机样本. 关于检验 θ 假设的贝叶斯方法把 θ 看作一个有已知先验分布 $h(\theta)$ 的随机变量. 与区间估计一样，需要求后验分布 $g(\theta | y_1, y_2, y_3, \cdots, y_n)$，正如 7.14 节所证明的，后验分布是

$$g(\theta | y_1, y_2, y_3, \cdots, y_n) = \frac{f(y_1, y_2, y_3, \cdots, y_n | \theta) \cdot h(\theta)}{f(y_1, y_2, y_3, \cdots, y_n)}$$

其中 $f(y_1, y_2, y_3, \cdots, y_n) = \int f(y_1, y_2, y_3, \cdots, y_n | \theta) \cdot h(\theta) d\theta$

假定你想检验 $H_0: \theta \leq \theta_0$ 对 $H_a: \theta > \theta_0$. 最简单的贝叶斯检验是利用后验分布 $g(\theta | y_1, y_2, y_3, \cdots, y_n)$ 求下面的条件概率：
$$P(\theta \leq \theta_0 | y_1, y_2, y_3, \cdots, y_n) \text{ 和 } P(\theta > \theta_0 | y_1, y_2, y_3, \cdots, y_n)$$
换句话说，用后验分布求 H_0 和 H_a 发生的可能性. 一条简单的原则就是接受具有最大条件概率的假设. 即
接受 H_0，如果 $P(\theta \leq \theta_0 | y_1, y_2, y_3, \cdots, y_n) \geq P(\theta > \theta_0 | y_1, y_2, y_3, \cdots, y_n)$
拒绝 H_0（即接受 H_a），如果 $P(\theta \leq \theta_0 | y_1, y_2, y_3, \cdots, y_n) < P(\theta > \theta_0 | y_1, y_2, y_3, \cdots, y_n)$
在下面的例子中说明贝叶斯检验方法.

例 8.20 μ **的贝叶斯检验** 考虑从未知成功概率 p 的伯努利概率分布中选取容量为 20 的一个随机样本，数据（用 0, 1 度量）列于表 8.11. 假定 p 的先验分布是参数为 $\alpha = 1, \beta = 2$ 的 β 概率分布. 利

用伯努利值的和进行 $H_0: p \leq 0.5$ 对 $H_a: p > 0.5$ 的贝叶斯检验.

表 8.11 伯努利分布的 20 个值的样本

| 1 | 1 | 1 | 1 | 0 | 1 | 1 | 1 | 0 | 1 | 1 | 1 | 1 | 1 | 0 | 1 | 0 | 1 | 1 | 0 | 1 |

解 由例 7.20 可知,伯努利随机变量和 X 服从成功概率为 p,$n = 20$ 的二项分布. 我们还知道,p 的先验分布是参数为 $\alpha = 1$,$\beta = 2$ 的 β 分布. 在例 7.20 中证明了 p 的后验分布 $g(p \mid x)$ 是参数为 $\alpha = (X + 1)$,$\beta = (n - X + 2)$ 的 β 分布. 将表 8.11 中伯努利样本值求和,得到 $X = 15$. 因此,p 的后验分布是参数为 $\alpha = (X + 1) = 16$,$\beta = (n - X + 2) = 7$ 的 β 分布.

由于原假设和备择假设是 $H_0: p \leq 0.5$ 和 $H_a: p > 0.5$,需要求条件概率 $P(p \leq 0.5 \mid X = 15)$ 和 $P(p > 0.5 \mid X = 15)$. 大多数统计软件包都具有计算多种概率分布的概率程序,我们使用 MINITAB 对参数为 $\alpha = 16$,$\beta = 7$ 的 β 分布,求 $P(p \leq 0.5)$ 的值. 结果(着重显示的)见图 8.27. 能看到 $P(p \leq 0.5 \mid X = 15) = 0.026$,所以 $P(p > 0.5 \mid X = 15) = 1 - 0.026 = 0.974$. 因为与 $H_a: p > 0.5$ 关联的条件概率较大,所以我们拒绝 H_0 而接受 H_a,并且得出结论,成功的概率 p 超过 0.5.

```
Cumulative Distribution Function

Beta with first shape parameter = 16 and second = 7

   x    P( X <= x )
 0.5    0.0262394
```

图 8.27 利用 β 概率函数($\alpha = 16$,$\beta = 7$),$P(p \leq 0.5)$ 的 MINITAB 计算

贝叶斯检验的另一个方法是利用后验分布求被检验参数的 $(1 - \alpha)100\%$ 置信区间.(见 7.12 节.)例如,例 8.20 中成功概率 p 的 90% 置信区间是 $P(L < p < U) = 0.90$,其中 L 和 U 分别是 β 分布($\alpha = 16$,$\beta = 7$)的第 5 百分位数和第 95 百分位数. 利用 MINITAB 的逆 β 函数,我们可以求出 p 的 90% 置信区间是 $(0.53, 0.84)$. 注意到这个区间没有包含原假设的值 0.5,置信区间的所有 p 值都大于 0.5,所以应该支持备择假设.

 应用练习

8.91 混凝土 FRP 条的承重强度. 参考练习 7.100,*Composites Fabrication Magazine*(2004 年 9 月)关于纤维增强聚合物(FRP)复合材料承重强度的研究. 用拉挤的 FRP 条机械固定公路桥并检测其承重强度,强度检测值(MPa)列于下表. 利用自助法检验($\alpha = 0.10$)机械加固的 FRP 条真实平均强度是否超过 230MPa.

FRP

| 240.9 | 248.8 | 215.7 | 233.6 | 231.4 | 230.9 | 225.3 | 247.3 | 235.5 | 238.0 |

资料来源:数据由 Composites Fabrication Magazine,Sept. 2004,p.32(表1)提供的汇总信息模拟得到.

8.92 管道的表面粗糙度. 参考练习 8.24,*Anti-corrosion Methods and Materials*(Vol. 50, 2003)关于油田管道内表面粗糙度的研究. 20 个抽样数据(单位:μm)列于下表. 用自助法检验($\alpha = 0.05$)管道内层平均表面粗糙度是否等于 2mm. 比较自助法的 ASL 和练习 8.24 检验得到的 p 值.

ROUGHPIPE

| 1.72 | 2.50 | 2.16 | 2.13 | 1.06 | 2.24 | 2.31 | 2.03 | 1.09 | 1.40 |
| 2.57 | 2.64 | 1.26 | 2.05 | 1.19 | 2.13 | 1.27 | 1.51 | 2.41 | 1.95 |

资料来源:Farshad, F., and Pesacreta, T. "Coated pipe interior surface roughness as measured by three scanning probe instruments." *Anti-corrosion Methods and Materials*, Vol. 50, No. 1, 2003(表Ⅲ).

8.93 燃气轮机冷却方法. 参考练习 8.39,*Journal of Engineering for Gas Turbines and Power*(2005 年 1 月)关

于采用高压雾状入风的三种类型燃气轮机的研究. 其中高级和航改两类燃气轮机热消耗率的数据(kJ/kW·h)列于下表. 用自助法检验($\alpha=0.05$)高级和航改两类燃气轮机的平均热消耗率是否存在差异. 比较自助法的 ASL 和练习 8.39b 检验得到的 p 值.

GASTURBINE

高级: 9 722 10 481 9 812 9 669 9 643 9 115 9 115 11 588
      10 888 9 738 9 295 9 421 9 105 10 233 10 186 9 918
      9 209   9 532 9 933 9 152 9 295
航改: 16 243 14 628 12 766 8 714 9 469 11 948 12 414

8.94 工厂投入产出比. 参考例 8.13, 工厂采用电力和可燃气体两种能源效用的比较研究. 下表分别给出 11 家采用电力能源工厂的投入产出比和 16 家采用可燃气体能源工厂的投入产出比. 用自助法($\alpha=0.05$)检验采用这两种能源的工厂的平均投入产出比是否存在差异.

INVQUAD

电力: 204.15 0.57   62.76 89.72 0.35   85.46
         0.78   0.65   44.38 9.28   78.60
可燃气体: 0.78   16.66 74.94 0.01   0.54   23.59 88.79 0.64
         0.83   91.84   7.20 66.64 0.74   64.67 165.60 0.36

8.95 月球土壤研究. 参考练习 8.62, *Meteoritics*(1995 年 3 月)关于月球土壤进化的研究. 有一条理论认为月球岩心底部土壤样本被尘土和火山玻璃碎片包壳颗粒的比率小于 0.5. 假定 p 的先验分布是参数为 $\alpha=1$, $\beta=2$ 的 β 概率分布. 对感兴趣的假设进行贝叶斯检验. (注: 由练习 8.62 可知, 81 颗月球岩心底部颗粒的样本中有 29 颗是包壳的.)

理论练习

8.96 设 $y_1, y_2, y_3, \cdots, y_n$ 表示从均值 λ 未知的泊松概率分布中选取的一个容量为 n 的随机样本. 令 X 表示泊松值之和 $X=\sum y_i$, 则 X 服从均值为 $n\lambda$ 的泊松分布. 假定 λ 的先验分布是参数为 β 的指数概率分布. 求检验 $H_0: \lambda=\lambda_0$ 对 $H_a: \lambda>\lambda_0$ 的贝叶斯决策规则. (提示: 利用练习 7.104 得到的后验分布 $g(\lambda\mid x)$.)

8.97 设 $y_1, y_2, y_3, \cdots, y_n$ 是从未知均值 μ 和已知方差 $\sigma^2=1$ 的正态概率分布中选取的一个容量为 n 的随机样本, 则样本均值 $\bar{y}$ 服从均值为 μ, 方差为 $\sigma^2=1/n$ 的正态分布. 假定 μ 的先验分布是均值为 5, 方差为 1 的正态分布. 求检验 $H_0: \mu=\mu_0$ 对 $H_a: \mu<\mu_0$ 的贝叶斯决策规则. (提示: 利用练习 7.105 得到的后验分布 $g(\mu\mid\bar{y})$.)

活动中的统计学回顾: 比较溶解药片方法——溶解方法等效性检验

现在, 我们回到本章开始"活动中的统计学"讨论的药物测定问题. 回忆一个制药公司首先在其研发中心(R&D)实验室通过量化溶液中药物的含量来测定新型药品的溶解, 这个值用标识浓度的百分数表示(%LS). 然后在制造车间重复上述过程. 联邦法规要求在制造地的质量检查员给出的实验结果与其他地点(包括研发中心实验室)的结果具有等效性.

表 SIA8.1(见"活动中的统计学")给出了两个制造地(新泽西州和波多黎各)进行止痛片溶解试验的数据, 数据保存在 DISSOLVE 文件中. 6 个容器中的%LS 值分别在 4 个不同时间点(20min 后, 40min 后, 60min 后和 120min 后)测得. 根据这些样本数据, 两个地方得到的是等效的测定结果吗?

解决这个问题最初比较好的方法是检验两个现场%LS 测量值的平均是否存在差异. 令 μ_1 表示新泽西州试验的总体%LS 均值, μ_2 表示波多黎各试验的总体%LS 均值. 如果两个现场试验结果具有等效性, 那么 $\mu_1=\mu_2$. 原假设和备择假设可以记作

$$H_0: (\mu_1-\mu_2)=0 \text{(即溶解等效)}$$
$$H_a: (\mu_1-\mu_2)\neq 0 \text{(即不等效)}$$

为了简化分析, 统计学家建议溶解试验分别对 4 个时间段的每一个进行. 在每个时间点应用 SAS 进行检验, 结果列于图 SIA8.1. 溶解时间为 20, 40, 60 和 120min 双侧检验的 p 值(输出中着重显示)分别为 0.152 8, 0.039 5, 0.349 9 和 0.495 6. 如果选定犯 I 型错误的概率 $\alpha=0.05$, 那么对于 4 个时

间点中的 3 个我们不能拒绝 H_0(p 值 >0.05), 只有在溶解时间为 40min 的试验中, 有充分的证据表明两个现场的平均%LS 值存在差异. 换句话说, 可以从假设检验中合理地得到这样的结论: 当溶解时间为 20, 60 和 120min 时, 两个现场的试验具有等效性, 但是对于溶解时间为 40min 的试验, 没有得到具有等效性结果.

正如统计学家在书中所警告的, 这种假设检验方法需要有一些避免误解的说明. 首先, 检验中等效的思想由"接受 H_0"来建立. 记得结论"接受 H_0"的可靠性用 $\beta = P(\text{II 型错误}) = P(\text{接受 } H_0 \mid H_0$ 是错误$)$ 来度量. 在这个应用中, β 是当两个均值实际上不等, 却说 $\mu_1 = \mu_2$ 的概率. 由于当备择条件

```
----------------------- TIME = 20 -----------------------

Sample Statistics

Group          N      Mean      Std. Dev.    Std. Error
-----------------------------------------------------------
New_Jersey     6      5         3.5777       1.4606
Puerto_Rico    6      8.5       4.2308       1.7272


Hypothesis Test

Null hypothesis:     Mean 1 - Mean 2  =  0
Alternative:         Mean 1 - Mean 2 ^=  0

If Variances Are    t statistic       Df         Pr > t
-----------------------------------------------------------
Equal               -1.547            10         0.1528
Not Equal           -1.547            9.73       0.1537

90% Confidence Interval for the Difference between Two Means
     Lower Limit         Upper Limit
     -----------         -----------
        -7.60               0.60


----------------------- TIME = 40 -----------------------

Sample Statistics

Group          N      Mean       Std. Dev.    Std. Error
-----------------------------------------------------------
New_Jersey     6      74.5       4.4159       1.8028
Puerto_Rico    6      69.16667   3.3116       1.352


Hypothesis Test

Null hypothesis:     Mean 1 - Mean 2  =  0
Alternative:         Mean 1 - Mean 2 ^=  0

If Variances Are    t statistic       Df         Pr > t
-----------------------------------------------------------
Equal               2.367             10         0.0395
Not Equal           2.367             9.27       0.0414

90% Confidence Interval for the Difference between Two Means
     Lower Limit         Upper Limit
     -----------         -----------
        1.25                9.42
```

图 SIA8.1　SAS 的溶解等效性假设检验

```
------------------------ TIME = 60 ------------------------

Sample Statistics

Group         N      Mean       Std. Dev.    Std. Error
-----------------------------------------------------------
New_Jersey    6      96.33333   2.3381       0.9545
Puerto_Rico   6      94.66667   3.4448       1.4063

Hypothesis Test

Null hypothesis:    Mean 1 - Mean 2  = 0
Alternative:        Mean 1 - Mean 2 ^= 0

If Variances Are    t statistic      Df       Pr > t
-----------------------------------------------------------
Equal               0.981            10       0.3499
Not Equal           0.981            8.80     0.3530

90% Confidence Interval for the Difference between Two Means

         Lower Limit         Upper Limit
         -----------         -----------
           -1.41                4.75

------------------------ TIME = 120 ------------------------

Sample Statistics

Group         N      Mean       Std. Dev.    Std. Error
-----------------------------------------------------------
New_Jersey    6      98.66667   1.5055       0.6146
Puerto_Rico   6      99.33333   1.7512       0.7149

Hypothesis Test

Null hypothesis:    Mean 1 - Mean 2  = 0
Alternative:        Mean 1 - Mean 2 ^= 0

If Variances Are    t statistic      Df       Pr > t
-----------------------------------------------------------
Equal              -0.707            10       0.4956
Not Equal          -0.707            9.78     0.4960

90% Confidence Interval for the Difference between Two Means

         Lower Limit         Upper Limit
         -----------         -----------
           -2.38                1.04
```

图 SIA8.1 （续）

$\mu_1 \neq \mu_2$ 为真时，$\mu_1 - \mu_2$ 的抽样分布是未知的，所以 β 的精确值也未知。其次，在这个假设检验中，"实际显著性"概念被忽略了。也就是说，虽然总体均值在统计意义上（$\alpha = 0.05$）存在差异，但是二者真实的差异可能很小，在实际中不认为是有意义的不同。最后，可能会惩罚有较小%LS 方差（小于平均）试验站点的不利影响。可以通过检查 8.7 节检验统计量的公式看出这一点。当样本均值的差除以一个较小的标准误（如果一个现场的方差较小时，将可能发生这种情况）时，得到的 t 值将会较大（因而可能是显著的）。

为了克服这些问题，制药公司提出其他的方法来解决等效性问题．统计学家在书中建议的一种方法是，首先求 $\mu_1 - \mu_2$ 的 90% 置信区间．如果平均 %LS 值差的置信区间在公司规定的等效范围内，那么就认为两个现场的检定具有等效性．在实际应用中，公司利用表 SIA8.2 中的等效限．值得注意的是，界限取决于平均 %LS 的大小．

表 SIA8.2　确定溶解等效性

如果平均 %LS	如果均值差在以下范围内存在溶解等效
<90%	-15% ~ 15%
≥90%	-7% ~ 7%

利用表 SIA8.2 中的等效限，我们接受两个现场检定等效的条件是 $\mu_1 - \mu_2$ 的 90% 置信区间：(a) 当平均 %LS 小于 90 时，落在 -15 ~ 15 之间，或者 (b) 当平均 %LS 大于等于 90 时，落在 -7 ~ 7 之间．注意，这种方法与下面的假设检验（对于均值 <90% 的检定）是等价的：

$$H_0: (\mu_1 - \mu_2) < -15 \text{ 或 } (\mu_1 - \mu_2) > 15 \text{（即不等效）}$$
$$H_a: -15 < (\mu_1 - \mu_2) < 15 \text{（即溶解等效）}$$

因此，这种方法称为**两个单侧 t 检验**(TOST)．

对表 SIA8.1 中的数据应用 TOST，求 $\mu_1 - \mu_2$ 的 90% 置信区间．图 SIA8.1 的 SAS 输出中给出了这些置信区间和平均 %LS 值．4 个时间点的置信区间都分别落在各自的等效限内（即对于 20 和 40min 落在 -15 ~ 15 之间，对于 60 和 120min 落在 -7 ~ 7 之间）．因此，数据支持两个现场在所有 4 个溶解时间的溶解检定等效性．

目前，TOST 认为是制药公司生物等价性检验的标准方法，并且被工程、化学和环境科学所广泛接受．"Beyond the t test: Statistical Equivalence Testing"(*Analytical Chemistry*, 2005 年 6 月 1 日) 给出了关于 TOST 很好的指导．作者提供了 TOST 样本容量的确定以及如何选择重要的等效限．

快速回顾

重要公式

假设检验总结：单样本情形

参数(θ)	原假设(H_0)	点估计($\hat{\theta}$)	检验统计量	样本容量	附加的假定
μ	$\mu = \mu_0$	$\bar{y}$	$Z = \dfrac{\bar{y} - \mu_0}{\sigma/\sqrt{n}} \approx \dfrac{\bar{y} - \mu_0}{s/\sqrt{n}}$	$n \geq 30$	无
			$T = \dfrac{\bar{y} - \mu_0}{s/\sqrt{n}}$ 其中 T 的自由度为 $v = (n-1)$	$n < 30$	正态总体
p	$p = p_0$	$\hat{p} = \dfrac{y}{n}$	$Z = \dfrac{\hat{p} - p_0}{\sqrt{\dfrac{p_0 q_0}{n}}}$	n 足够大使得 $n\hat{p} \geq 4$ 且 $n\hat{q} \geq 4$	无
σ^2	$\sigma^2 = \sigma_0^2$	s^2	$\chi^2 = \dfrac{(n-1)s^2}{\sigma_0^2}$ 其中 χ^2 的自由度为 $v = (n-1)$	所有 n	正态总体

假设检验总结：两样本情形

参数(θ)	原假设(H_0)	点估计($\hat{\theta}$)	检验统计量	样本容量	附加的假定
$(\mu_1 - \mu_2)$ 独立样本	$(\mu_1 - \mu_2) = D_0$ （如果想发现 μ_1 和 μ_2 的不同，则 $D_0 = 0$）	$(\bar{y}_1 - \bar{y}_2)$	$Z = \dfrac{(\bar{y}_1 - \bar{y}_2) - D_0}{\sqrt{\dfrac{\sigma_1^2}{n_1} + \dfrac{\sigma_2^2}{n_2}}}$ $\approx \dfrac{(\bar{y}_1 - \bar{y}_2) - D_0}{\sqrt{\dfrac{s_1^2}{n_1} + \dfrac{s_2^2}{n_2}}}$	$n_1 \geq 30, n_2 \geq 30$	无
			$T = \dfrac{(\bar{y}_1 - \bar{y}_2) - D_0}{\sqrt{s_p^2\left(\dfrac{1}{n_1} + \dfrac{1}{n_2}\right)}}$ 其中 T 的自由度为 $v = n_1 + n_2 - 2$ $s_p^2 = \dfrac{(n_1 - 1)s_1^2 + (n_2 - 1)s_2^2}{n_1 + n_2 - 2}$	$n_1 < 30$ 或 $n_2 < 30$ 或者 n_1 和 n_2 都小于 30	两个正态总体具有相等的方差 ($\sigma_1^2 = \sigma_2^2$) ($\sigma_1^2 \neq \sigma_2^2$ 的情形见 8.7 节方框中的修正)
$\mu_d = (\mu_1 - \mu_2)$ 配对	$\mu_d = D_0$ （如果想发现 μ_1 和 μ_2 的不同，则 $D_0 = 0$）	$\bar{d} = \sum_{i=1}^{n} d_i/n$ 样本差的均值	$T = \dfrac{\bar{d} - D_0}{s_d/\sqrt{n_d}}$ 其中 T 的自由度为 $v = (n_d - 1)$	所有 n_d（如果 $n_d \geq 30$，可以应用标准正态(z)检验）	差 d_i 的总体服从正态分布
$(p_1 - p_2)$	$(p_1 - p_2) = D_0$ （如果想发现 p_1 和 p_2 的不同，则 $D_0 = 0$）	$(\hat{p}_1 - \hat{p}_2)$	对于 $D_0 = 0$: $Z = \dfrac{(\hat{p}_1 - \hat{p}_2)}{\sqrt{\hat{p}\hat{q}\left(\dfrac{1}{n_1} + \dfrac{1}{n_2}\right)}}$ 其中 $\hat{p} = \dfrac{y_1 + y_2}{n_1 + n_2}$ 对于 $D_0 \neq 0$: $Z = \dfrac{(\hat{p}_1 - \hat{p}_2) - D_0}{\sqrt{\dfrac{\hat{p}_1\hat{q}_1}{n_1} + \dfrac{\hat{p}_2\hat{q}_2}{n_2}}}$	n_1 和 n_2 都足够大，使得 $n_1\hat{q}_1 \geq 4$, $n_1 q_1 \geq 4$ 且 $n_2\hat{p}_2 \geq 4$, $n_2 \hat{q}_2 \geq 4$	独立样本
$\dfrac{\sigma_1^2}{\sigma_2^2}$	$\dfrac{\sigma_1^2}{\sigma_2^2} = 1$ （即 $\sigma_1^2 = \sigma_2^2$）	$\dfrac{s_1^2}{s_2^2}$	$H_a : \sigma_1^2 > \sigma_2^2 : F = \dfrac{s_1^2}{s_2^2}$ $H_a : \sigma_2^2 > \sigma_1^2 : F = \dfrac{s_2^2}{s_1^2}$ $H_a : \sigma_1^2 \neq \sigma_2^2 :$ $F = \dfrac{较大的方差 s^2}{较小的方差 s^2}$ 其中 F 基于 $v_1 =$ 分子自由度和 $v_2 =$ 分母自由度	所有的 n_1 和 n_2	来自正态总体的独立随机样本

符号汇集

符号	说明
H_0	原假设
H_a	备择假设
α	Ⅰ型错误的概率
β	Ⅱ型错误的概率
θ_0	H_0 中总体参数的假设值
μ_0	H_0 中总体均值的假设值
D_0	H_0 中总体差的假设值
σ_0^2	H_0 中总体方差的假设值

本章总结提示

- **假设检验的要素**：原假设、备择假设、检验统计量、显著性水平(α)、拒绝域、p 值和结论.
- **假设检验中两种类型错误**：Ⅰ型错误(当 H_0 为真时却拒绝 H_0)、Ⅱ型错误(当 H_0 非真时却接受 H_0).
- **错误概率**：$\alpha = P(Ⅰ型错误) = P(拒绝\ H_0 | H_0\ 为真)$，$\beta = P(Ⅱ型错误) = P(接受\ H_0 | H_0\ 非真)$.
- **备择假设的三种形式**：下尾检验(<)、上尾检验(>)、双侧检验(≠).
- **观测的显著性水平(p 值)** 是用于拒绝原假设的最小 α 值.
- **拒绝 H_0 的决策准则**：(1)检验统计量落入拒绝域中，(2)p 值 $<\alpha$.
- **检验的功效** $= 1 - \beta = P(拒绝\ H_0 | H_0\ 非真)$.
- 认为 μ 是感兴趣参数的关键词是：均值、平均.
- 认为 $\mu_1 - \mu_2$ 为感兴趣参数的关键词/短语是：均值或平均的差、利用独立样本比较两个均值.
- 认为 μ_d 为感兴趣参数的关键词/短语是：配对差的均值或平均、利用配对样本比较两个均值.
- 认为 p 为感兴趣参数的关键词是：比率、百分比、比.
- 认为 $p_1 - p_2$ 为感兴趣参数的关键词/短语是：两个比率或百分数的差、利用独立样本比较两个比率.
- 认为 σ^2 为感兴趣参数的关键词是：方差、散布、变异.
- 认为 σ_1^2/σ_2^2 为感兴趣参数的关键词/短语是：方差间的不同、利用独立样本比较两总体的变异.

补充练习

8.98 **蒙古沙漠蚂蚁**. *Journal of Biogeography* (2003 年 12 月)发表了一项关于蒙古(中亚)蚂蚁的研究. 植物学家分别在干枯草原地区 5 个地点和戈壁沙漠地区 6 个地点放置了种子诱饵，并观察每处吸引蚂蚁种类的数量，数据列于下表. 是否存在证据表明在这两个蒙古地区发现的蚂蚁种类的平均数存在差异？利用 $\alpha = 0.05$ 得出合适的结论.

GOBIANTS

地点	地区	蚂蚁种类数
1	干枯草原	3
2	干枯草原	3
3	干枯草原	52
4	干枯草原	7

（续）

地点	地区	蚂蚁种类数
5	干枯草原	5
6	戈壁沙漠	49
7	戈壁沙漠	5
8	戈壁沙漠	4
9	戈壁沙漠	4
10	戈壁沙漠	5
11	戈壁沙漠	4

资料来源：Pfeiffer, M., et al. "Community organization and species richness of ants in Mongolia along an ecological gradient from steppe to Gobi desert." *Journal of Biogeography*, Vol. 30, No. 12, Dec. 2003.

8.99 蒙古沙漠蚂蚁（续）. 参考练习8.98, *Journal of Biogeography*（2003年12月）关于蒙古（中亚）蚂蚁的研究, 比较了两个沙漠地区蚂蚁的平均种类数. 由于样本容量小, 为了推断的有效性, 两个地区的总体方差必须相等.
a. 为确定方差是否相等, 建立原假设 H_0 和备择假设 H_a.
b. 利用 GOBIANTS 文件中的数据求此检验的检验统计量.
c. 如果 $\alpha=0.05$, 给出检验的拒绝域.
d. 求检验的近似 p 值.
e. 对问题做出适当的结论.
f. 为了使检验结果是有效的, 需要什么条件？

8.100 流体力学的普及. *Journal of Professional Issues in Engineering Education and Practice*（2005年4月）报告了2005年对大学生工程教学大纲提供的课程调查结果. 在参加2005年调查的90个工程教学大纲中, 68个包括了流体力学. 20年前曾进行过同样的调查（*Engineering Education*, 1986年4月）, 100个被调查的工程教学大纲中有66个包括了流体力学. 检验2005年在大学生工程教学大纲中包括流体力学的比率是否比1986年有所增加. 利用 $\alpha=0.01$.

8.101 一般工程项目. *European Journal of Engineering Education*（Vol. 38, 2013）发表了关于在一所大学的专业工程项目（例如土木工程, 机械工程, 电气工程）中增加一般工程项目可行性的研究. 一项初步研究发现, 大约一半（50%）的工程学生对一般工程项目持积极反应态度. 令 Y 表示10个样本学生中喜欢一般工程项目的人数, p 表示所有学生中喜欢一般工程项目的真实比率. 假定想检验 H_0: $p=0.5$ 和 H_a: $p\neq 0.5$. 一个可能的检验方法是如果 $Y\leq 1$ 或 $Y\geq 8$, 则拒绝 H_0.
a. 求此检验的 α.
b. 如果 $p=0.4$, 求 β. 检验功效是多少?
c. 如果 $p=0.8$, 求 β. 检验功效是多少?

8.102 雨水采样器的精度. 雨水采样器是检测雨水化学成分的标准方法, 但贮水读数的准确度可能依赖于现场设置采样器的个数. 荷兰曾进行过这样一项实验, 收集了设置在某地的 1~8 个相同的雨水采样器贮水数据（*Atmospheric Environment*, Vol. 24A, 1990）, 对于每一个采样器（或采样器组合）, 收集了全年每24h的数据, 每个采样器（或采样器组合）共有365个数据. 当只使用一个雨水采样器时, 氢读数的标准差（相对于8个采样器平均读数的百分数）是 6.3%. 当我们使用3个雨水采样器时, 氢读数的标准差（相对于8个采样器平均读数的百分数）是 2.6%. 进行一个检验以比较两种抽样方案氢读数的方差（即一个雨水采样器与三个雨水采样器的比较）. 利用 $\alpha=0.05$ 检验.

8.103 自动化问题的理解. 流行的管理行为模式认为, 一个制造企业的自动化现状影响管理者自动化问题的理解. 为了研究这个问题, 肯考迪娅大学（蒙特利尔）的研究者分别对具有高、低自动化水平企业的管理者进行了调查（*IEEE Transactions on Engineering Management*, 1990年8月）, 要求每个管理者给出自己对企业自动化问题的理解, 回答按5分度量（1: 没有问题, …, 5: 严重问题）. 两组管理者回答的概括统计量列于下表, 由此检验高、低自动化水平企业的管理者对自动化问题理解的平均水平没有差异的假设.

	样本容量	均值	标准差
低水平	17	3.274	0.762
高水平	8	3.280	0.721

资料来源：Farhoomand, A. F., Kira D., and Williams, J. "Managers' perceptions towards automation in manufacturing." *IEEE Transactions on Engineering Management*, Vol. 37, No. 3, Aug, 1990, p. 230.

a. 假定两组管理者的理解方差相等, 进行假设检验. $\alpha=0.01$.
b. 如果已经知道低水平与高水平企业的管理者的理解方差不等, 进行假设检验. $\alpha=0.01$.

8.104 机器人实时调度. 普渡大学的研究者进行了

一项对比研究，在某种作业环境下比较人工实时调度和利用计算机化机器人和传感器装置的自动化实时调度(*IEEE Transactions*, 1993 年 3 月). 试验包括 8 个模拟的调度问题，分别由人工和自动化系统来完成. 完成的好坏由生产能力率来检验, 生产能力率定义为以产品质量为权的有效工作数量. 试验结果见下表, 利用假设检验进行数据分析.

🔷 THRUPUT

任务	人工调度	自动方法
1	185.4	180.4
2	146.3	248.5
3	174.4	185.5
4	184.9	216.4
5	240.0	269.3
6	253.8	249.6
7	238.8	282.0
8	263.5	315.9

资料来源：Yih, Y., Liang, T., and Moskowitz, H. "Robot scheduling in a circuit board production line: A hybrid OR/ANN approach." *IEEE Transactions*, Vol. 25, No. 2, March 1993, p. 31(表 1).

8.105 **放射性水**. 有些矿物在开采时出现的一个问题是某些副产品带有轻度放射性, 并且这些副产品有时会进入饮用水供给中. 美国环保署颁布了有关条例, 规定饮用水中辐射量的限度. 特别地, 自然存在的放射上限是 5pCi/L. 从某城市的供水中选取 24 份水样品的随机样本, 得到样本统计量 $\bar{y}$ = 4.61pCi/L, s = 0.87pCi/L.

a. 这些数据是否提供了充足的证据证明辐射的平均水平是安全的（低于美国环保署规定的上限）? 利用 α = 0.01 检验.

b. 在 a 中, 为何希望利用一个小的 α 值?

c. 如果 μ_a = 4.5pCi/L, 计算检验的 β 值.

d. 计算并解释此检验的 p 值.

8.106 **工程学博士**. 国家科学基金会调查了 2 237 位刚取得博士学位的毕业生, 其中 607 位是美国公民, 而大多数（1 630 位）博士学位授给了其他国籍的人. 检验工程学博士授予其他国籍的人的比率是否超过了 0.5. 利用 α = 0.01.

🔷 DDT

8.107 **鱼的污染**. 参考美国陆军工程兵团曾对田纳西河（亚拉巴马州）的鱼污染问题进行的研究.

a. 利用随机数表（表 B.1）从 DDT 文件中产生 n = 40 个鱼的 DDT 浓度观测值的随机样本. 计算样本观测值的 $\bar{y}$ 和 s.

b. 食品和药物管理局规定每条鱼中的 DDT 含量不得超过百万分之五（5ppm）. a 中的样本是否提供了充分的证据表明栖居在田纳西河及其支流的每条鱼的平均 DDT 含量超过 5ppm? 利用显著性水平 α = 0.01 检验.

c. 假定 b 中的假设检验是基于只有 n = 8 条鱼的随机样本, 这种小样本检验的缺点是什么?

d. 重复 b 中只利用 8 条鱼 DDT 含量的信息（从 a 的 40 个观测值中随机选取）. 比较大样本和小样本检验的结果.

8.108 **滚珠轴承规格**. 在机械制造业中, 使零件满足规格要求是十分必要的. 过去某厂商生产的滚珠轴承直径的方差是 0.00156. 为了降低成本, 厂商提出一个减少费用的生产方法. 从新方法生产的轴承中随机抽取 100 个, 直径的方差是 0.00211. 数据是否提供了充分的证据表明新方法生产的滚珠轴承直径比原方法具有更大的变异? α = 0.05.

8.109 **主动和被动的太阳能加热**. 家庭太阳能加热系统可以分为两类, 被动的太阳能加热系统和主动的太阳能加热系统. 对于被动的太阳能加热系统, 房子本身作为一个太阳能收集器. 而对于主动的太阳能加热系统, 则利用复杂的机械设备把太阳光转变为热能. 比较主动和被动太阳能加热系统中每年燃料油消耗小于 200 加仑所占比率的差异. 随机独立地各选择 50 个主动和被动太阳能加热家庭的样本, 给出去年燃料油消耗小于 200 加仑的数量, 结果列于下表. 是否有证据表明主动和被动太阳能加热系统中去年燃料油消耗小于 200 加仑的比率存在差异? 在 α = 0.02 的显著性水平下检验.

	被动的太阳能	主动的太阳能
家庭个数	50	50
去年需要燃油小于 200 加仑的家庭数	37	46

8.110 **氯化物污染**. *Environmental Science & Technology*(1999 年 10 月) 报告了一项有关荷兰土壤污染的研究, 共抽样了 72 400g 土壤样品, 干燥并分析其中的氯化物污染物. 利用红外显微法测定每个土壤样品的氯化物浓度(mg/kg), 结果为氯化物平均浓度 $\bar{y}$ = 84mg/kg, 标准差 s = 80mg/kg.

a. 检验荷兰土壤中氯化物浓度的真实均值低于 100mg/kg 的假设. α = 0.10.

b. 当 α = 0.05 时是否得到与 a 相同的结论? α =

0.01 呢？并解释原因.

8.111 污水中的有机碳. 工程师定期分析水样中各种类型的有机物质. 从位于英格兰的两个污水处理场选取样本检测总有机碳(TOC)水平. 下面的表格给出了邻近这两个污水处理场河流中 TOC 水平的汇总信息. 由于福克斯科特污水处理厂附近的河流经常间歇性溢出工厂的入口并不太远的上游，所以认为位于福克斯科特 TOC 水平会比比德福附近河流具有较大的变异. 样本信息是否支持这种假设？在 $\alpha = 0.05$ 下检验.

比德福	福克斯科特
$n_1 = 61$	$n_2 = 52$
$\bar{y}_1 = 5.35$	$\bar{y}_2 = 4.27$
$s_1 = 0.96$	$s_2 = 1.27$

资料来源：Pinchin, M. J. "A study of the trace organics profiles of raw and potable water systems." *Journal of the Institute of Water Engineers & Scientists*, Vol. 40, No. 1, Feb. 1986, p. 87.

8.112 T 形游泳迷宫. 默克研究实验室利用 T 型游泳迷宫做一项试验来评估新药的作用. 捕捉了 19 只怀孕的大坝老鼠，每只注射 12.5mg 剂量的药品. 然后，从每窝幼仔中随机选取一只公仔和一只母仔进行游泳迷宫试验. 把每个幼鼠放在水中迷宫的一端，让其自由游动，直到它成功逃至迷宫的另一端. 如果幼鼠未能在规定的时间里成功逃跑，它将被放置在迷宫的开始端，再次让它逃跑. 反复进行试验，直至每只幼鼠成功完成逃跑三次为止. 下表数据代表每只幼鼠完成三次成功逃跑所需试验的次数. 是否有充分证据表明公仔和母仔的平均试验次数存在差异？

🌐 **RATPUPS**

窝	公仔	母仔	窝	公仔	母仔
1	8	5	11	6	5
2	8	4	12	6	3
3	6	7	13	12	5
4	6	3	14	3	8
5	6	5	15	3	4
6	6	3	16	8	12
7	3	8	17	3	6
8	5	10	18	5	4
9	4	4	19	9	5
10	4	4			

资料来源：Bradstreet, Thomas E. Merck Research Labs, BL 3-2, West Point, PA 19486.

8.113 焊缝检查. 目前，人们常采用 X 射线和激光技术来检验印刷电路板(PCB)焊缝缺陷. (*Quality Congress Transactions*, 1986.) 某制造商生产基于激光技术检验焊缝的设备，声称当焊缝裂开 0.1in 间隙时，他们的产品平均每秒钟至少能检测 10 个焊缝. 一个可能的买主对 48 台不同的 PCB 进行了检验. 每台设备恰好运行 1s，每次运行检测到的焊缝数量如下：

🌐 **PCB**

10	9	10	10	11	9	12	8	9	6	10
7	10	11	9	9	13	9	10	11	12	8
9	9	7	12	6	9	9	8	9	9	
11	12	10	10	11	12	9	9	10		

a. 买主想知道样本数据是否驳斥了制造商的声称. 确定买主希望检验的原假设和备择假设.

b. 在本练习中，I 型错误是什么？II 型错误又是什么？

c. 进行 a 中描述的假设检验，并用本练习的内容解释检验结果. $\alpha = 0.05$.

8.114 叠式菜单显示. 计算机用户友好界面的一个特征是采用叠式菜单显示方式. 每次选择一个菜单项，子菜单便会显示出来，并且部分地覆盖原菜单，形成一系列叠式菜单. *Special Interest Group on Computer Human Interaction Bulletin*(1993 年 7 月)报告了有无叠式菜单结构对搜索时间影响的分析. 将 22 个被调查者随机分为两组，要求每个人查找菜单驱动软件包的一个指定项目. 在试验组($n_1 = 11$)用叠式菜单格式，在控制组($n_2 = 11$)只显示当前菜单.

a. 研究者最初的假定是，对两种不同的菜单显示，查找目标项目需要的平均时间没有差异. 描述检验这个假设合适的统计方法.

b. 为使由分析导出的推断有效需要满足什么假定？

c. 两组的平均查找时间分别为 11.02s 和 11.07s. 为进行检验，这些信息是否足够？为什么？

d. 对 a 的检验，观测的显著性水平超过了 0.10. 解释这一结果.

8.115 研发队伍的成绩. 在美国国防部，独立完成同一个项目的研发队伍之间的竞争是否有助于提高成绩？为了回答这个问题，分别对 58 个研发多源(竞争的)合同和 63 个研发单源合同进行了成绩等级评价(*IEEE Transactions on Engineering Manage-*

ment,1990 年 2 月). 在报告和产品的质量方面,有竞争的合同成绩等级均值是 7.62, 而单源合同的均值是 6.95.

a. 对确定有竞争的研发合同的平均质量成绩等级超过单源合同的平均成绩建立原假设和备择假设.
b. 计算 $\alpha = 0.05$ 时检验的拒绝域.
c. 检验的 p 值报告在 $0.02 \sim 0.03$ 之间,那么合适的结论是什么?

8.116 污水管强度. 某城市的建筑规格要求在居民区使用的污水管平均断裂强度超过 2 500lb 每线英尺. 一位制造商愿意向城市提供污水管,并提交投标,还提供如下信息:一个独立的承保人随机抽取 7 节制造商的水管,并检测每一节的断裂强度,结果(磅/线英尺)如下:

 SEWER

| 2 610 | 2 750 | 2 420 | 2 510 | 2 540 | 2 490 | 2 680 |

a. 是否有足够的证据断言制造商的污水管达到所要求的规格? 利用 $\alpha = 0.10$ 显著性水平.
b. 对 $\mu_a = 2\,575$,求 β 值. 检验功效是多少?
c. 对 $\mu_a = 2\,880$,求 β 值.
d. 对 $\mu_a = 2\,880$,求检验功效.

第9章 分类数据分析

目标 描述如何分析计数数据,这些数据来源于多项试验中试验观测的分类.

活动中的统计学:残忍的组织移植案例——谁应该为损害赔偿负责

20 世纪 70 年代到 80 年代,组织工程师开始致力于发展将替代器官移植给患者.三十多年后,全球组织移植市场已经发展为一项大的业务.根据 *Organ and Tissue Transplantation and Alternatives*(2011 年 1 月 1 日),"2010 年全球移植产品、设备和制药市场的价值接近 540 亿美元,并预计到 2015 年以 8.3% 的年复合增长率达到 800 亿美元".在美国,组织植入是一项常规的操作,用以帮助患者进行各种类型的手术,包括关节置换、腹膜手术、和运动相关的手术(腱和韧带)以及其他手术.

获得组织移植的过程涉及多个方面.首先,当然是本人同意在死亡时移除组织,并且其家庭也同意捐赠,然后组织由被批准的组织库"获取".其次,获取的组织被送至加工商为组织消毒.最后,加工商或者将其直接发送给进行植入的医院/外科医生,或者发送给经销商,他们对组织进行估价并最终将其发送给医院/外科医生.联邦贸易委员会(FTC)会高度监管整个过程,特别是获取和加工的过程.

在这种背景下我们考虑一个真实的案例,它开始于 21 世纪初,当组织库的所有者——生物医学组织服务(BTS)——在没有得到捐赠者或其家人允许的情况下,成为非法获取组织的一群殡仪馆董事的头目.在某些情况下,尸体是癌性的或感染了艾滋病毒或肝炎,当然所有这些会取消他们作为捐赠者的资格.然后 BTS 把组织送到加工商,没有透露组织是非法获得.(注:组织库所有者目前在纽约监狱服刑,刑期为 18~24 年.)毫无戒心的加工商对组织消毒并送出用于外科植入.当组织是如何获得的新闻爆发后,加工商和他们的经销商被要求以 FTC 召回信的形式向收到组织的医院/外科医生发出召回通知.部分 BTS 的组织被回收;然而大部分组织已经被植入,于是要求医院和医生告知接受移植的病人组织存在潜在感染性.虽然后来几乎没有患者被感染,但是许多人向经销商和加工商(和 BTS)提起诉讼,要求赔偿金钱.

在大部分诉讼已经审判或解决之后,一个加工商与其一个经销商之间就诉讼患者损害赔偿的最终责任产生争议.特别地,加工商认为这个经销商应该对损害承担更多的责任,因为在召回计划中,这个经销商按照自己的意愿加入了讽刺、煽动性的报纸文章,用图形详细描述了所做的"残忍"行为.经加工商消毒,接受植入的患者中没有人被感染,但是很多人仍然提出诉讼.

为了建立起诉经销商的案件,加工商收集了关于已经接受其加工的 BTS 组织的植入患者数据和后来提出诉讼的患者人数:数据表明,7 914 名患者当中 708 名提出了诉讼.一位咨询统计学家对数据信息做出细分,其根据是召回通知是由加工商寄给患者的医生还是由只发送通知的经销商寄出,或者是由包含报纸文章的经销商寄出.分类在表 SIA9.1 中给出:

这些数据能提供证据证明患者起诉的概率差异取决于是谁发出的召回通知吗?如果能,且"问题中的经销商"的概率显著高于其他,那么加工商可据此在法庭上辩论称发出煽动性文章的这个经销商更应该对损害负责.我们将在本章末"活动中的统计学回顾"中应用本章提出的统计学方法来解决这个残忍的组织移植案例.

表 SIA9.1　感染组织案例数据 [⊖]

召回通知发出者	患者数	诉讼数
加工商/其他经销商	1 751	51
问题中的经销商	6 163	657
总数	7 914	708

9.1 分类数据和多项概率

在第7章和第8章中，我们讨论了如何对单个总体的比率进行推断. 回顾总体比率 p 是二项试验——在任意一次试验中都是两种可能结果之一发生的试验中"成功"的概率. 在本章中，我们对有 k 种可能结果的**多项试验**的未知概率（或比率）推断感兴趣，即想要进行关于 $p_1, p_2, \cdots, p_k$ 的推断，其中 p_i 是出现第 i 种结果的概率，并且 $p_1 + p_2 + \cdots + p_k = 1$.（关于多项试验的详细讨论见 4.7 节. ）

为了说明，考虑在 5 条生产线 A、B、C、D 或 E 上生产叶轮的电动风扇叶片公司，假定每条生产线以相同的速度和产量生产叶轮. 在 103 个不合格叶轮的样本中，15 个由生产线 A 生产，27 个由生产线 B 生产，31 个由生产线 C 生产，19 个由生产线 D 生产，11 个由生产线 E 生产（见表9.1）. 对于这个多项试验，共有 5 种结果或者分类，每一个不合格品属于其中一类，每类对应于 5 条生产线之一.

在研究中需要回答的实际问题是 5 条生产线的不合格叶轮比率是否存在差异. 数据提供了与原假设 $H_0: p_1 = p_2 = \cdots = p_5$ 矛盾的证据吗？其中 p_i 是第 i 条生产线生产的不合格品比率. 如果表 9.1 中的数据与假设矛盾，生产商想了解为什么某些生产线的不合格产品比率大于其他生产线，并且要采取措施减少不合格产品.

🌐 IMPELLER

表9.1　$n=103$ 个不合格叶轮根据生产线的分类

生产线				
A	B	C	D	E
15	27	31	19	11

本章主要研究分类数据，特别地，研究表示多项试验中每一个类型计数的数据分析. 在 9.2 节和 9.3 节中，我们将要学习如何对根据单个定性（或类型）变量分类的数据进行关于类型概率的推断，在 9.4 节和 9.5 节中，我们考虑对根据两个定性变量分类的数据进行关于类型概率的推断. 推断中使用的大部分统计量近似地服从**卡方分布族**，虽然这种近似的恰当性证明超出了本书的范围，但是定理的某些方面可以从前面已经学过的章节中获得.

9.2 估计单向表中的类型概率

考虑一个多项试验，它有相应于单个定性变量的各种类型的 k 种结果. 这种试验的数据（即类型计数）类似于表 9.2 中的数据，其中 $n_1, n_2, \cdots, n_k$ 表示类型计数，并且 $n = n_1 + n_2 + \cdots + n_k$. 因为仅用一个定性变量就构成类型或结果，所以通常称这样的表格为**单向表**.

为了估计单向表中的类型概率，考虑将多项试验简化为二项试验，即分离出类型 i，并将其余类型合并. 由于知道在成功次数为 Y 的二项试验中，$\hat{p} =$

表9.2　类型计数的单向表

类型				
1	2	3	$\cdots$	k
n_1	n_2	n_3	$\cdots$	n_k

⊖ 为机密性起见，没有明确指出当事人. 此处使用这些数据得到了咨询统计学家的许可.

Y/n 是二项参数 p 的一个好估计量，从而

$$\hat{p}_i = \frac{n_i}{n}$$

是多项试验中与类型 i 关联的概率 p_i 的一个好的估计量. $\hat{p}_i$ 与 $\hat{p}$ 具有相同的性质，即当 n 很大时，$\hat{p}_i$ 近似服从正态分布（根据中心极限定理）且有

$$E(\hat{p}_i) = p_i$$

和

$$V(\hat{p}_i) = \frac{p_i(1-p_i)}{n}$$

因此，下面的方框中给出了 p_i 的大样本置信区间的构造.

单向表中 p_i 的大样本 $(1-\alpha)100\%$ 置信区间

$$\hat{p}_i \pm z_{\alpha/2} \sqrt{\frac{\hat{p}_i(1-\hat{p}_i)}{n}}$$

由附录 B 中表 B.5 可得 $z_{\alpha/2}$ 的值.

我们将用 $(\hat{p}_i - \hat{p}_j)$ 估计一对类型 i 和 $j(i \ne j)$ 概率的差. $\hat{p}_i$ 和 $\hat{p}_j$ 的线性函数近似服从正态分布，且

$$E(\hat{p}_i - \hat{p}_j) = p_i - p_j$$

和

$$V(\hat{p}_i - \hat{p}_j) = V(\hat{p}_i) + V(\hat{p}_j) - 2\mathrm{Cov}(\hat{p}_i, \hat{p}_j)$$

因为两个类型计数，即 n_i 和 $n_j(i \ne j)$ 的协方差为

$$\mathrm{Cov}(n_i, n_j) = -np_ip_j$$

（证明留作本节末的练习），从而相应估计量 $\hat{p}_i$ 和 $\hat{p}_j$ 之间的协方差为

$$\mathrm{Cov}(\hat{p}_i, \hat{p}_j) = E[(\hat{p}_i - p_i)(\hat{p}_j - p_j)] = E\left[\left(\frac{n_i}{n} - \frac{np_i}{n}\right)\left(\frac{n_j}{n} - \frac{np_j}{n}\right)\right] = E\left[\frac{1}{n^2}(n_i - np_i)(n_j - np_j)\right]$$

$$= \frac{1}{n^2}E[(n_i - np_i)(n_j - np_j)] = \frac{1}{n^2}\mathrm{Cov}(n_i, n_j) = \frac{1}{n^2}(-np_ip_j) = \frac{-p_ip_j}{n}$$

所以

$$V(\hat{p}_i - \hat{p}_j) = V(\hat{p}_i) + V(\hat{p}_j) - 2\mathrm{Cov}(\hat{p}_i, \hat{p}_j) = \frac{p_i(1-p_i)}{n} + \frac{p_j(1-p_j)}{n} + \frac{2p_ip_j}{n}$$

$(p_i - p_j)$ 的大样本 $(1-\alpha)100\%$ 置信区间由下面的方框给出.

单向表中 $(p_i - p_j)$ 的大样本 $(1-\alpha)100\%$ 置信区间

$$(\hat{p}_i - \hat{p}_j) \pm z_{\alpha/2} \sqrt{\frac{\hat{p}_i(1-\hat{p}_i) + \hat{p}_j(1-\hat{p}_j) + 2\hat{p}_i\hat{p}_j}{n}}$$

由表 B.5 可得 $z_\alpha/2$ 的值.

例 9.1 单向表中估计比率：不合格叶轮　参考表 9.1，求所有不合格叶轮中属于生产线 A 的比率 p_1 的 95% 置信区间. 注意 p_1 不是生产线 A 生产的叶轮是不合格品的比率，而是由生产线 A 生产的

不合格叶轮占所有不合格叶轮的比率.

解 从表9.1,有 $n_1 = 15$ 及 $n = 103$. 所以 p_1 的 95% 置信区间是

$$\hat{p}_1 \pm z_{0.025}\sqrt{\frac{\hat{p}_1(1-\hat{p}_1)}{n}} = 0.146 \pm 1.96\sqrt{\frac{(0.146)(0.854)}{103}}, \quad \text{其中} \ \hat{p}_1 = \frac{n_1}{n} = \frac{15}{103} = 0.146$$

或者 0.146 ± 0.068. 所以 p_1 的区间估计是 $0.078 \sim 0.214$.

也就是说,我们以 95% 的置信水平相信生产线 A 生产的不合格叶轮占所有不合格叶轮的真实比率落在区间 $0.078 \sim 0.214$.

例9.2 **单向表中估计:不合格叶轮** 参考例9.1,求不合格叶轮属于生产线 A 和 B 的比率之差 $(p_1 - p_2)$ 的 95% 置信区间.

解 从表9.1,有 $n_2 = 27$ 及 $\hat{p}_2 = n_2/n = 27/103 = 0.262$. 所以 $(p_1 - p_2)$ 的 95% 置信区间是

$$(\hat{p}_1 - \hat{p}_2) \pm z_{\alpha/2}\sqrt{\frac{\hat{p}_1(1-\hat{p}_1) + \hat{p}_2(1-\hat{p}_2) + 2\hat{p}_1\hat{p}_2}{n}}$$

$$= (0.146 - 0.262) \pm 1.96\sqrt{\frac{(0.146)(0.854) + (0.262)(0.738) + 2(0.146)(0.262)}{103}}$$

$$= -0.116 \pm 0.121$$

所以不合格叶轮属于生产线 A 和 B 的比率之差 $(p_1 - p_2)$ 的区间估计是 $-0.237 \sim 0.005$. 因为这个区间含有 0,所以没有充分的证据(95% 置信水平)表明两个比率不同.

应用练习

9.1 **颌功能障碍研究.** 一份关于患有颞下颌(颌)关节功能障碍(TMD)牙科病人的报告发表在 *General Dentistry* (2004 年 1 月/2 月). 为了进行 TMD 试验研究,选取 60 个病人构成随机样本. 在研究之前,每位病人完成与 TMD 有关的两种非功能性颌习惯(磨牙症(磨齿)和咬牙症)的调查. 60 个病人中,3 人承认有磨牙的习惯,11 人承认有咬牙的习惯,30 人承认同时有这两种习惯,而另外 16 人则没有这两种习惯.

a. 描述研究中感兴趣的定性变量,给出与变量关联的水平(类型).
b. 构造样本数据的单向表.
c. 求并解释承认同时有两种习惯的牙科病人的真实比率的 95% 置信区间.
d. 求承认同时有两种习惯的牙科病人的真实比率和没有这两种习惯的牙科病人的真实比率之差的 95% 置信区间,并给出解释.

🌐 **TYPSTYLE**

9.2 **移动设备的打字方式.** 据研究者估计,在美国每个月的文本信息发送量大约有 750 亿条. 用移动设备(例如手机、智能电话)发送文本信息经常需要用尴尬的姿势打字,这可能会导致健康问题. 开普大学公共健康系的一个教授团队研究了这个现象并把研究结果发表在 *Applied Ergonomics* (2012 年 3 月)上. 其中研究的一部分是移动设备用户的打字方式. 打字方式被分为以下 6 类:(1)双手拿设备/双手拇指打字,(2)右手拿设备/右手拇指打字,(3)左手拿设备/左手拇指打字,(4)双手拿设备/右手拇指打字,(5)左手拿设备/右手食指打字,(6)其他. 在由 859 名大学生构成的随机样本中,教授观察他们在移动设备上的打字方式,六种类型对应的学生数分别为:396,311,70,39,18,25.

a. 构造这项研究的单向表.
b. 用 95% 置信区间估计移动设备用户中用一只手拿设备的用户所占的比例. 解释结果的实际含义.
c. 用 95% 置信区间估计移动设备用户中用双手拇指打字和只用右手拇指打字的用户比率之差,并解释结果的实际含义.

9.3 **CAD 技术.** *Mechanical Engineering* 每月都会对读者进行"每月问题"的在线调查. 一项关于"你感觉充分了解计算机辅助技术(CAD)在工作中的作用吗"的调查结果是:44% 回答"是",12% 回答

"否，但我并不担心"，35%回答"否，但我关心"，9%回答"在我的工作中并不需要了解CAD."假定共有1000名读者进行了在线调查.

a. 求对CAD在他们工作中的作用充分了解的读者比率的95%置信区间并解释.

b. 求回答"否，但我并不担心"和回答"否，但我关心"的读者比率之差的95%置信区间并解释.

9.4 **数字信号和图像处理**. 数字信号和图像处理（DSIP）有着广泛的应用，包括娱乐（视频点播）、电子医学、安全/监视、军事目标识别、无线通信和智能传输系统. 因此，对于精通DSIP工程师的需求快速增长. *International Journal of Electrical Engineering Education*（2004年4月）刊登了关于在西密歇根大学（WMU）试验的DSIP本科研究课程评估的调查报告. 50名学生对"我认为这项研究经历对我将来的职业生涯很有价值"的观点给出了响应，结果是：47名学生同意该观点，3名学生保持中立，没有学生反对该观点.

a. 估计WMU的学生中同意DSIP研究经历对他们职业生涯很有价值的学生的比率，利用99%置信区间.

b. 估计WMU的学生中同意该观点和对该观点保持中立的学生的比率之差，利用99%置信区间.

🌐 **PONDICE**

9.5 **冰融化池的特征**. 参考例2.1，国家冰雪中心（NSIDC）收集的加拿大北极地区504个冰融化池的数据，数据保存在PONDICE文件中. 研究冰融化池的环境工程师感兴趣的变量是观察每个冰融化池中冰的种类，将冰的种类分为当年冰、多年冰和定着冰. 下表给出了这504个冰融化池中冰的种类的SAS汇总表.

a. 利用90%置信区间估计加拿大北极地区有当年冰的冰融化池的比率.

b. 利用90%置信区间估计加拿大北极地区有当年冰和多年冰的冰融化池的比率之差.

9.6 **定向提示试验**. 参考练习7.65，*Human Factors*（1988年12月）关于亮度作为体位提示的研究. 90名大学生，在黑暗中仰躺着，置于一个旋转式平台以混淆他们的方向感，平台位于一个缓慢旋转的圆盘下面，圆盘用来阻挡他们的视线. 当试验者感觉右边向上时叫停. 记录圆盘上的明亮图案位置对应于每个学生的身体方向，试验者只选择3个圆盘的明亮图案作为垂直提示：（1）亮侧在上方，（2）暗侧在上方，（3）亮侧和暗侧并排在试验者的头部任一侧. 下面的表格给出了试验中的计数频数. 构造选择亮侧在上方作为垂直提示的试验者比率与选择暗侧在上方作为垂直提示的试验者比率之差的95%置信区间. 解释结果.

🌐 **BODYCLUE**

圆盘的方向		
亮侧向上	暗侧向上	亮侧和暗侧并排
58	15	17

9.7 **美国人的工程观**. 美国工程学会（AAES）雇佣哈里斯互动公司进行了一项关于美国公众对工程的了解和兴趣的调查.（AAES/哈里斯民意调查"美国对工程和工程师的观点：总结报告."2004年2月13日）这项调查的主要目的在于了解美国公众是否了解工程师的工作以及他们通过什么途径的信息了解工程. 用分层随机抽样得到一个有1000个成年人的代表性样本. 除了回答调查的问题以外，受访者同时也会被问一些人口统计学信息：如性别、年龄、受教育程度、所知道的工程师人数等. 其中一项调查就是对下面表述的回应，即"工程师对创造有害于社会的事物负有责任". 回应分为：完全同意、部分同意、部分反对、完全反对. 下表给出了965条响应的汇总.

```
                The FREQ Procedure

                                    Cumulative   Cumulative
ICETYPE       Frequency    Percent   Frequency      Percent
First-year          88      17.46           88        17.46
Landfast           196      38.89          284        56.35
Multi-year         220      43.65          504       100.00
```

练习9.5的SAS输出

🌐 **HARMFUL**

完全同意	部分同意	部分反对	完全反对
99	212	311	343

a. 求并解释所有美国成年人中反对(部分反对或完全反对)这个观点的比率的99%置信区间.
b. 求并解释所有美国成年人反对(部分反对或完全反对)和同意(部分同意或完全同意)这个观点的比率之差的99%置信区间.

9.8 灌溉庄稼. 在佛罗里达州,由于无规律的雨量模式和土壤较低的储水能力,充足灌溉对于生产更多的农作物是必要的. 一个研究团队为了灌溉佛罗里达州中部庄稼,提出了5种可供选择的水资源管理方案. 随机采访了100名农业工程师,询问他认为哪种方案可以得到最大的产量,答案汇总如下.

🌐 **IRRIGATE**

方案	A	B	C	D	E
频数	17	27	22	15	19

a. 构造推荐方案 C 的农业工程师真实比率的90%置信区间.
b. 构造推荐方案 E 的农业工程师真实比率和推荐方案 B 的农业工程师真实比率之差的90%置信区间.
c. 构造推荐方案 A 的农业工程师真实比率和推荐方案 D 的农业工程师真实比率之差的90%置信区间.

❓ **理论练习**

9.9 对于多项概率分布,证明:
$$\text{Cov}(n_i, n_j) = -np_ip_j$$
(提示:首先证明 $E(n_in_j) = n(n-1)p_ip_j$.)

9.3 检验单向表中的类型概率

假定利用表9.1的数据希望检验关于不合格叶轮类型概率的假设. 特别地,想检验属于五条生产线的不合格品比率相等的(原)假设,即 $H_0: p_1 = p_2 = \cdots = p_5 = 0.2$,备择假设为至少两个概率是不等的. 直观地,选取的检验统计量是基于**观测类型计数** $n_1, n_2, \cdots, n_5$ 与它们的期望值或**期望类型计数**

$$E(n_i) = np_i = (103)(0.2) = 20.6 \quad (i = 1, 2, \cdots, 5)$$

的离差. 观测的类型计数和期望类型计数间的较大离差,提供了表明假设的类型概率是不正确的证据.

检验有 k 种类型的多项试验的类型概率假设,所用的统计量是基于观测和期望单元计数离差的加权平方和,即

$$\chi^2 = \sum_{i=1}^{k} \frac{[n_i - E(n_i)]^2}{E(n_i)}$$

用 np_i 代替 $E(n_i)$ 并且展开分子,可以得到下式(证明略):

$$\chi^2 = \sum_{i=1}^{k} \frac{(n_i - np_i)^2}{np_i} = \left(\sum_{i=1}^{k} \frac{n_i^2}{np_i}\right) - n$$

当试验次数 n 充分大,使得 $E(n_i) \geq 5 (i=1,2,\cdots,k)$ 时统计量 χ^2 近似地服从卡方抽样分布(证明略)⊖. 如果离差 $[n_i - E(n_i)]$ 较大,那么 χ^2 的值将大于期望. 所以,检验的拒绝域是 $\chi^2 > \chi_\alpha^2$,这里 χ_α^2 是 χ^2 位于卡方分布上尾面积为 α 处(见图9.1)的 χ^2 值.

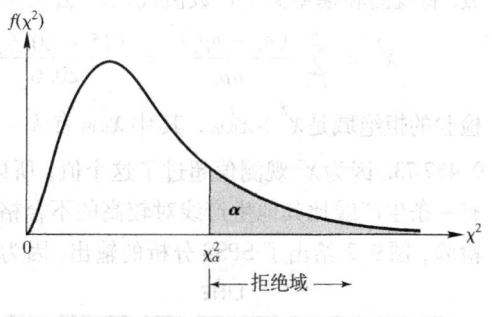

图9.1 卡方检验的拒绝域

对类型计数设置的每个线性独立的限制,近似卡方分布的自由度总是等于 k 减少 1 个自由度. 例如,对类型计数总是至少有一个线性限制,因为它们的和必须等于样本大小 n:

⊖ 对于某些应用,期望单元计数可以小于5. 这方面更多内容可以参考本章参考文献中列出的Cochran(1952)的文章.

$$n_1 + n_2 + \cdots + n_k = n$$

> **多项概率的假设检验：单向表**
>
> $H_0: p_1 = p_{1,0}, p_2 = p_{2,0}, \cdots, p_k = p_{k,0}$，其中 $p_{1,0}, p_{2,0}, \cdots, p_{k,0}$ 代表多项概率的假设值.
>
> H_a：至少有一个多项概率不等于假设值.
>
> 检验统计量：$\chi_c^2 = \sum_{i=1}^{k} \frac{[n_i - E(n_i)]^2}{E(n_i)} = \left(\sum_{i=1}^{k} \frac{n_i^2}{np_{i,0}} \right) - n$
>
> 其中 $E(n_i) = np_{i,0}$ 是在 H_0 成立的条件下，得到类型 i 的期望个数，总的样本大小为 n.
>
> 拒绝域：$\chi_c^2 > \chi_\alpha^2$，这里 χ_α^2 有 $(k-1)$ 个自由度.
>
> p 值：$p(\chi^2 > \chi_c^2)$
>
> 假定：为了卡方近似的有效性，对所有 n_i 有 $E(n_i) \geq 5$.

如果必须估计类型概率，那么还要增加其他的限制. 因为每一个估计都涉及类型计数的一个线性函数，所以对每个需要估计的类型参数，卡方自由度都必须减去1个自由度.

对类型概率取指定值的假设检验对于类型计数仅有一个线性限制，即 $n_1 + n_2 + \cdots + n_k = n$. 因为在 H_0 中指定了类型概率的值，所以不需要估计它们的值. 前面描述了检验步骤，我们将在例9.3 阐述卡方检验的简单应用.

例 9.3 **多项检验：不合格叶轮** 参考表9.1提供的数据. 检验属于5条生产线的所有不合格叶轮比率相等的假设，利用 $\alpha = 0.05$ 检验.

解 要检验 $H_0: p_1 = p_2 = \cdots = p_5 = 0.2$ 对备择假设 H_a：至少两个类型概率不等. 已经计算出
$E(n_i) = np_i = (103)(0.2) = 20.6 \quad (i = 1, 2, \cdots, 5)$

表9.3 给出了观测和期望（圆括号中）的类型计

表 9.3 表 9.1 数据的观测和期望类型计数

观测	15	27	31	19	11
期望	(20.6)	(20.6)	(20.6)	(20.6)	(20.6)

数. 将观测和期望类型计数值代入 χ^2 公式中，我们得到

$$\chi^2 = \sum_{i=1}^{k} \frac{(n_i - np_i)^2}{np_i} = \frac{(15 - 20.6)^2}{20.6} + \frac{(27 - 20.6)^2}{20.6} + \cdots + \frac{(11 - 20.6)^2}{20.6} = 13.36$$

检验的拒绝域是 $\chi^2 > \chi_{0.05}^2$，其中 $\chi_{0.05}^2$ 有 $k - 1 = 5 - 1 = 4$ 个自由度，这个值由表 B.8 查得 $\chi_{0.05}^2 = 9.48773$. 因为 χ^2 观测值超过了这个值，所以有充分的证据（$\alpha = 0.05$）拒绝 H_0. 可以明显看出，至少有一条生产线比其他生产线对较高的不合格叶轮比率负有责任. （注：可以使用统计软件进行单项表检验，图9.2 给出了 SPSS 分析的输出. 因为 p 值 0.010（着重显示）小于 $\alpha = 0.05$，所以拒绝 H_0.）

LINE

	Observed N	Expected N	Residual
A	15	20.6	-5.6
B	27	20.6	6.4
C	31	20.6	10.4
D	19	20.6	-1.6
E	11	20.6	-9.6
Total	103		

Test Statistics

	LINE
Chi-Square[a]	13.359
df	4
Asymp. Sig.	0.010

a. 0 cells (.0%) have expected frequencies less than 5. The minimum expected cell frequency is 20.6.

图 9.2 表 9.3 数据的 SPSS 分析

应用练习

SOCROB

9.10 社会机器人是腿式移动还是轮式移动？参考练习2.1，*International Conference on Social Robotics*（Vol. 6414, 2010）对工程师如何设计社会机器人的研究. 回顾设计社会（或服务）机器人用于娱乐、教育、照顾人类用户. 通过网络搜索得到的106个社会机器人的随机样本中，研究人员发现其中63个机器人只安装了腿，20个机器人只安装了轮子，8个机器人同时安装了腿和轮子，15个机器人既没安装腿也没安装轮子（该数据保存在SOCROB文件中）. 在获取这些样本之前，一位机器人设计工程师表示，生产的所有社会机器人中，50%只有腿，30%只有轮子，10%既有腿又有轮子，而10%既没有腿也没有轮子.

a. 解释为什么每个抽样的社会机器人数据是分类性质的.
b. 为了检验设计工程师的理论，给出原假设和备择假设.
c. 假设该理论是正确的，确定你期望落入每个设计类别的样本社会机器人的个数.
d. 用该结果计算 χ^2 检验统计量.
e. 给出适当的结论，利用 $\alpha = 0.05$.

MOBILE

9.11 移动设备的打字方式. 参考练习9.2，*Applied Ergonomics*（2012年3月）对移动设备使用者打字方式的研究. 打字方式按如下分类：(1) 双手拿设备/双手拇指打字 (2) 右手拿设备/右手拇指打字 (3) 左手拿设备/左手拇指打字 (4) 双手拿设备/右手拇指打字 (5) 左手拿设备/右手食指打字 (6) 其他. 落入6种类别的数目（859个大学生样本中）分别为396, 311, 70, 39, 18, 25. （该数据保存在MOBILE文件中.）数据能提供充分证据说明移动设备用户的6种打字方式的比率不同吗？用 $\alpha = 0.10$ 回答问题.

9.12 浏览网络信息. *Inc. Technology* 刊登了Equifax/Harris消费者私人调查结果，在这份调查中，328名因特网使用者需要表明他们对"政府需要浏览网络信息并与使用者交流，以阻止欺骗和其他犯罪"观点的同意水平. 每一个回答类型中使用者的个数汇总在下表.

a. 为了确定因特网使用者的意见是否均匀分配于4个类型中，给出原假设和备择假设.
b. 做a中检验，利用 $\alpha = 0.05$.
c. 指出上述问题中的 I 型错误和 II 型错误.
d. 为了保证b中检验的有效性，需要什么假定？

SCAN

完全同意	部分同意	部分反对	完全反对
59	108	82	79

PONDICE

9.13 冰融化池的特征. 参考练习9.5，加拿大北极地区冰融化池的研究. 在下页给出了504个冰融化池中冰种类的SAS汇总表. 假定环境工程师认为在加拿大北极地区的冰融化池中，有15%是当年冰，40%是定着冰，45%是多年冰. 利用 $\alpha = 0.01$ 检验工程师的理论.

9.14 管理系统失效. 参考练习2.6，*Process Safety Progress*（2004年12月）和美国化学安全与危险调查局关于由管理系统失效造成工业事故的研究. 下表给出了83个事故样本发生的根本原因的分解. 在4类原因中事故的百分率存在显著差异吗？利用 $\alpha = 0.05$ 检验.

MSFAIL

管理系统原因类型	事故数
工程和设计	27
过程和实践	24
管理和监测	22
训练和交流	10
合计	83

资料来源：Blair, A. S. "Management system failures identified in incidents investigated by the U. S. Chemical Safety and Hazard Investigation Board." *Process Safety Progress*, Vol. 23, No. 4, Dec. 2004（表1）.

9.15 美国人的工程观. 参考练习9.7，美国工程学会（AAES）关于公众对工程认知度的调查. 对于观点"工程师对创造有害于社会的事物负有责任"的回应汇总在表中. 用这些结果判断4个不同回应类别的百分比是否不同，用 $\alpha = 0.01$ 检验.

HARMFUL

完全同意	部分同意	部分反对	完全反对
99	212	311	343

```
                        The FREQ Procedure
                                        Cumulative   Cumulative
ICETYPE     Frequency      Percent      Frequency      Percent
First-year         88        17.46             88        17.46
Landfast          196        38.89            284        56.35
Multi-year        220        43.65            504       100.00
```

练习 9.13 的 SAS 输出

9.16 **甲虫和黏液菌**. 一组环境工程师正在研究一种与蘑菇类似的黏液. 来作为昆虫潜在的食物来源. (*Journal of Natural History*, 2010 年 5 月.) 特别地, 他们调查了黏液菌的六个不同物种中哪一种最吸引居住在大西洋雨林中的甲虫. 得到 19 只甲虫进食黏液菌的样本, 并确定每只甲虫进食的黏液菌种类. 下表给出了分别捕食六种黏液菌的甲虫个数. 研究人员想知道甲虫捕食六种黏液菌的相对发生频率是否不同.

SLIMEMOLD

黏液菌种类	LE	TM	AC	AD	HC	HS
甲虫数	3	2	7	3	1	3

a. 给出这项研究中感兴趣的分类变量(和水平).
b. 建立调查者感兴趣的原假设和备择假设.
c. 求检验统计量和相应的 p 值.
d. 研究人员发现"相对发生频率之间没有显著差异", 用 $\alpha=0.05$, 你同意吗?
e. 评论 d 中推断的正确性. (确定期望的单元格计数)

NCDOT

9.17 **交通标志维护**. 参考练习 8.67, *Journal of Transportation Engineering*(2013 年 6 月)对交通标志维护的研究. 回顾土木工程师估计了由北卡罗来纳州交通部(NCDOT)维护的未达到最低逆反射要求的交通标志的比率. 研究人员还对 NCDOT 标志中背景颜色分别为白色(监管的标志)、黄色(警告/注意)、红色(禁止通行/让行/此路不通)、绿色(指示/信息)所占的比率感兴趣. 在 NCDOT 维护的 1 000 个道路标志的随机样本中有 373 个白色标志、447 个黄色标志、88 个绿色标志和 92 个红色标志(该数据保存在 NCDOT 文件中). 假设 NCDOT 在仓库中储存了新的标志用于替换, 其中有 35% 白色标志, 45% 黄色标志、10% 绿色标志和 10% 红色标志. 那么, NCDOT 维护的所有道路标志的背景颜色的分布是否与仓库中标志的颜色分布相符? 用 $\alpha=0.05$ 检验.

BODYCLUE

9.18 **定向提示试验**. 参考练习 9.6, *Human Factors* (1988 年 12 月)关于定向提示的研究. 构造一个检验以比较落入三种圆盘定向类型试验者的比率, 假定你想要确定这三个比率是否不同, 利用 $\alpha=0.05$.

9.19 **阿尔茨海默病早期检测**. 澳大利亚国立大学的遗传学家正在研究阿尔茨海默病的认知影响是否能在早期检测出来(*Neuropsychology*, 2007 年 1 月). 研究的一部分是重点关注一条特殊的 DNA 链, 从 2097 个年龄在 20 到 24 岁之间的年轻人样本中提取. DNA 链可归为以下三类基因型中的一种: $E4^+/E4^+$、$E4^+/E4^-$ 和 $E4^-/E4^-$. 下表给出了每个基因型的年轻人人数. 假定不患有阿尔茨海默病的成年人中, 这种 DNA 链的基因型分布为 2% 为 $E4^+/E4^+$, 25% 为 $E4^+/E4^-$, 73% 为 $E4^-/E4^-$. 如果检测出分布有差异, 则这条 DNA 链可以引导研究人员做出阿尔茨海默病发病的早期检验. 构造检验($\alpha=0.05$)判断年轻人总体的 E4/E4 基因类型分布是否不同于标准的分布.

E4E4YOUNG

基因型	$E4^+/E4^+$	$E4^+/E4^-$	$E4^-/E4^-$
年轻人数量	56	517	1 524

理论练习

9.20 当 n 充分大时, χ^2 近似服从卡方抽样分布. 事实的一般证明超出了本书的范围, 但是, 对于二项($k=2$)情形可以证明它是成立的. 在选做练习 6.118 中, 我们论述了如果 Z 是标准正态随机变量, 那么 Z^2 是 1 个自由度的卡方随机变量. 将二项

试验中两个单元的计数表示为 $n_1 = Y$ 和 $n_2 = (n - Y)$, 则对于较大的 n,

$$Z = \frac{Y - np}{\sqrt{npq}}$$

近似服从标准正态分布, 并且 Z^2 是近似服从自由度为 1 的卡方随机变量. 当 $k = 2$ 时, 用计算证明 $\chi^2 = Z^2$.

9.4 关于双向表(列联表)中类型概率的推断

9.2 节和 9.3 节介绍的方法对数据一个方向(或单向)的分类是合适的, 例如, 例 9.3 中不合格叶轮的类型数据相应于定性变量生产线的"值". 通常, 我们希望将数据按照类型的两个方向, 即根据两个定性变量分类. 这种分类目的常常是确定类型的两个方向是否相关.

为了阐述这个问题, 考虑一份寄往 150 个家庭样本的问卷调查, 这份调查是在 1979 年宾夕法尼亚哈利斯堡附近的三哩岛核反应堆事件发生 2 周内寄出的. 其中一个问题是居民对于全部疏散的态度:"附近地区应该全部疏散吗?"将居民根据居住社区与三哩岛的距离(mile)以及他们对于全部疏散的意见分类, 表 9.4 的**双向表**给出了随机选取的 150 个家庭回答情况的汇总. 这个表称作**列联表**; 它表示按类型的两个尺度或维数, 即与三哩岛的距离和对全部疏散问题的响应, 将多项计数数据分类.

表 9.4 三哩岛调查的列联表

MILE3

全部疏散		与三哩岛的距离(mile)			合计
		1~6	7~12	13+	
	同意	18	15	33	66
	反对	20	19	45	84
合计		38	34	78	150

资料来源: Brown, S., et al. Final report on a survey of "Three Mile Island area residents." Department of Geography, Michigan State University, Aug. 1979.

表 9.4 中位于某特定行和列中的每一个单元代表 $n = 150$ 个观测值两个方向分类形成的 $k = (2)(3) = 6$ 种类型之一. 表 9.5a 给出了表 9.4 试验的单元计数的符号; 表 9.5b 给出了相应的单元, 行和列的概率. 于是 n_{11} 代表居住在事发地 6 英里以内且支持全部疏散的人数, p_{11} 代表对应的单元概率. 表 9.5a 给出了行和(表示为 $n_1.$ 和 $n_2.$)与列和(表示为 $n_{.1}$, $n_{.2}$ 和 $n_{.3}$). 表 9.5b 给出了相应的行概率和以及列概率和. 行及列概率和称为**边缘概率**. 例如, 边缘概率 $p_1.$ 是同意全部疏散的概率, 而边缘概率 $p_{.1}$ 是居住在离三哩岛 1~6mile 之内的受访者的概率. 于是,

$$p_1. = p_{11} + p_{12} + p_{13} = P(同意全部疏散)$$
$$p_{.1} = p_{11} + p_{21} = P(居住在离三哩岛 1~6 \text{ mile})$$

表 9.5a 列联表观测计数

全部疏散		与三哩岛的距离(mile)			合计
		1~6	7~12	13+	
	同意	n_{11}	n_{12}	n_{13}	$n_1.$
	反对	n_{21}	n_{22}	n_{23}	$n_2.$
合计		$n_{.1}$	$n_{.2}$	$n_{.3}$	n

表 9.5b 列联表概率

全部疏散		与三哩岛的距离(mile)			合计
		1~6	7~12	13+	
	同意	p_{11}	p_{12}	p_{13}	$p_1.$
	反对	p_{21}	p_{22}	p_{23}	$p_2.$
合计		$p_{.1}$	$p_{.2}$	$p_{.3}$	1

可以看出我们描述的是一个试验次数为 150, 有 (2)(3) = 6 个类型的多项试验. 因为 150 个居民是随机抽取的, 所以每次试验可以认为是独立的, 并且概率对于每次试验可以看成保持不变的.

研究的目的是判断两个分类, 与三哩岛的距离和对于全部疏散的态度是否相关. 即如果知道与三哩岛的距离, 这个信息能提供居民对于疏散态度的线索吗? 从概率意义来说(第 3 章), 事件 A 和 B 独立意味着 $P(A \cap B) = P(A)P(B)$. 类似地, 在列联表分析中, 如果两个类型是独立的, 那么一个

事物被分类为表格中任一特定单元的概率是相应的边缘概率的乘积. 于是在独立性假定下, 由表 9.5b, 我们有

$$p_{11}=p_{1\cdot}\cdot p_{\cdot 1} \qquad p_{12}=p_{1\cdot}\cdot p_{\cdot 2} \qquad p_{13}=p_{1\cdot}\cdot p_{\cdot 3}$$

等等. 所以, 分类方向是独立的原假设等价于每一个单元的概率等于它的行边缘概率和列边缘概率乘积的假设. 如果数据与由这些概率计算的期望单元计数不一致, 那么有证据表明分类的两个方向是相关的.

如果我们计算本例中的期望单元计数, 很快会发觉这是困难的. 边缘概率未知, 因此需要估计. 第 i 行边缘概率 $p_{i\cdot}$ 的最好估计是

$$\hat{p}_{i\cdot} = \frac{n_{i\cdot}}{n} = \frac{\text{第 } i \text{ 行和}}{n}$$

类似地, 第 j 个边缘列概率的最好估计是

$$\hat{p}_{\cdot j} = \frac{n_{\cdot j}}{n} = \frac{\text{第 } j \text{ 列和}}{n}$$

所以, 列联表中第 i 行 j 列单元的估计的期望单元计数是

$$\hat{E}(n_{ij}) = n\hat{p}_{i\cdot}\hat{p}_{\cdot j} = n\left(\frac{n_{i\cdot}}{n}\right)\left(\frac{n_{\cdot j}}{n}\right) = \frac{n_{i\cdot}n_{\cdot j}}{n} = \frac{(\text{第 } i \text{ 行和})(\text{第 } j \text{ 列和})}{n}$$

表 9.6 是 $r \times c$ 列联表 (包含 r 行 c 列) 的一般形式. 当 n 充分大时, 检验统计量

$$\chi^2 = \sum_{j=1}^{c}\sum_{i=1}^{r}\frac{[n_{ij}-\hat{E}(n_{ij})]^2}{\hat{E}(n_{ij})} = \sum_{j=1}^{c}\sum_{i=1}^{r}\frac{\left(n_{ij}-\frac{n_{i\cdot}n_{\cdot j}}{n}\right)^2}{\left(\frac{n_{i\cdot}n_{\cdot j}}{n}\right)}$$

近似服从卡方分布, 检验的拒绝域是 $\chi^2 > \chi_\alpha^2$ (见图 9.3).

表 9.6 一般的 $r \times c$ 列联表

		列				行和
		1	2	⋯	c	
行	1	n_{11}	n_{12}	⋯	n_{1c}	$n_{1\cdot}$
	2	n_{21}	n_{22}	⋯	n_{2c}	$n_{2\cdot}$
	⋮	⋮	⋮		⋮	⋮
	r	n_{r1}	n_{r2}	⋯	n_{rc}	$n_{r\cdot}$
列和		$n_{\cdot 1}$	$n_{\cdot 2}$	⋯	$n_{\cdot c}$	n

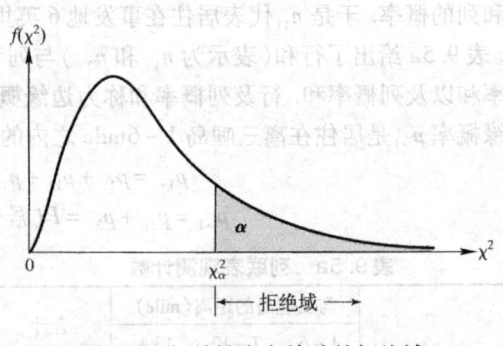

图 9.3 相关性卡方检验的拒绝域

下面确定近似卡方分布的自由度, 注意 $k=rc$. 我们必须从 k 减去 1 个自由度, 因为所有 rc 个单元计数的和必须等于 n. 我们还要再减去 $(r-1)$, 因为需要估计 $(r-1)$ 个行边缘概率. (最后一个行概率是确定的, 因为所有行概率之和必须等于 1.) 类似地, 还要再减去 $(c-1)$, 因为需要估计 $(c-1)$ 个列边缘概率. 所以卡方的自由度是

$$df = k - (\text{对单元计数线性独立限制的个数}) = rc - (1) - (r-1) - (c-1)$$
$$= rc - r - c + 1 = (r-1)(c-1)$$

卡方检验汇总在下面; 例 9.4 给出其应用.

列联表分析的一般形式：独立性检验

H_0：两个类型是独立的

H_a：两个类型是相关的

检验统计量：$\chi_c^2 = \sum_{j=1}^{c} \sum_{i=1}^{r} \dfrac{[n_{ij} - \hat{E}(n_{ij})]^2}{\hat{E}(n_{ij})}$

其中

$$\hat{E}(n_{ij}) = \dfrac{n_{i\cdot} \, n_{\cdot j}}{n}, \quad \begin{array}{l} n_{i\cdot} = \text{第 } i \text{ 行和} \\ n_{\cdot j} = \text{第 } j \text{ 列和} \end{array}$$

拒绝域：$\chi_c^2 > \chi_\alpha^2$，其中 χ_α^2 有 $(r-1)(c-1)$ 个自由度.

p 值：$P(\chi^2 > \chi_c^2)$

假定：1. n 个观测计数是感兴趣总体的一个随机样本，可以认为它是有 $r \times c$ 种可能结果的多项试验.

2. 为了保证 χ^2 近似的有效性，要求对所有单元估计的期望计数大于或等于 5.

例 9.4 **列联表分析：核反应堆疏散** 用表 9.4 中的数据判断哈利斯堡居民对于三哩岛全部疏散的态度是否依赖于居民居住在与核反应堆多远的距离（mile）.

解 列联表分析的第一步是计算估计的期望单元计数. 例如，

$$E(n_{11}) = \dfrac{n_{1\cdot} \, n_{\cdot 1}}{n} = \dfrac{(66)(38)}{150} = 16.72$$

$$E(n_{12}) = \dfrac{n_{1\cdot} \, n_{\cdot 2}}{n} = \dfrac{(66)(34)}{150} = 14.96$$

$$\vdots$$

$$E(n_{23}) = \dfrac{n_{2\cdot} \, n_{\cdot 3}}{n} = \dfrac{(84)(78)}{150} = 43.68$$

单元计数（单元中上面的数）和相应的估计期望值（单元中下面的数）由图 9.4 列联表分析的 SAS 输出给出.

在这个研究中，检验统计量 χ^2 计算如下：

$$\chi^2 = \dfrac{[n_{11} - \hat{E}(n_{11})]^2}{\hat{E}(n_{11})} + \dfrac{[n_{12} - \hat{E}(n_{12})]^2}{\hat{E}(n_{12})} + \cdots + \dfrac{[n_{23} - \hat{E}(n_{23})]^2}{\hat{E}(n_{23})} = \sum_{j=1}^{3} \sum_{i=1}^{2} \dfrac{[n_{ij} - \hat{E}(n_{ij})]^2}{\hat{E}(n_{ij})}$$

将图 9.4 中的数据代入表达式中，得到

$$\chi^2 = \dfrac{(18 - 16.72)^2}{16.72} + \dfrac{(15 - 14.96)^2}{14.96} + \cdots + \dfrac{(45 - 43.68)^2}{43.68} = 0.266$$

注意这个值 $\chi^2 = 0.2658$ 是图 9.4 SAS 输出的阴影部分. 检验的拒绝域是 $\chi^2 > \chi_{0.05}^2 = 5.99147$，这里 $\chi_{0.05}^2$ 是基于 $(r-1)(c-1) = (1)(2) = 2$ 个自由度. 因为计算的 χ^2 值 0.266 小于这个临界值，所以不能拒绝 H_0；没有充分的证据表明数据类型的两个方向是相关的. 看上去，对全部疏散的态度与距三哩岛的距离是无关的.

观察图 9.4 阴影部分检验的 p 值超过 $\alpha = 0.05$，我们可以得到同样的结论. ∎

假设得到的结论是列联表类型的两个方向是相关的. 从实际来说，这意味着落入某个定性变量类型的

观测值的百分数分布依赖于另一个变量的水平. 在例 9.4 的 2×3 表中, 这表明同意全部疏散的居民比率 p_i 对三个距离组是不同的. 为了判断差异的大小, 需要运用 7.10 节的方法构造差 $(p_{.1}-p_{.2})$, $(p_{.1}-p_{.3})$ 和 $(p_{.2}-p_{.3})$ 的置信区间. 在特殊的 2×2 表格中, χ^2 检验等同于检验原假设 $H_0: p_{.1}-p_{.2}=0$.

```
           Table of EVAC by DISTANCE
EVAC       DISTANCE
Frequency
Expected   1-6      7-12     OVER12   Total
NO           20       19        45      84
           21.28    19.04     43.68
YES          18       15        33      66
           16.72    14.96     34.32
Total        38       34        78     150

      Statistics for Table of EVAC by DISTANCE
Statistic                         DF    Value    Prob
Chi-Square                         2    0.2658   0.8755
Likelihood Ratio Chi-Square        2    0.2653   0.8758
Mantel-Haenszel Chi-Square         1    0.2587   0.6110
Phi Coefficient                         0.0421
Contingency Coefficient                 0.0421
Cramer's V                              0.0421

       Sample Size = 150
```

图 9.4 例 9.4 的 SAS 列联表分析

应用练习

9.21 马蹄形山系形成的研究. 地质学家在 *Tectonics* (2004 年 10 月) 中发表了中部阿帕拉契山区内马蹄形山系 (弯曲的山带) 形成的研究报告. 对两个地区的推覆体 (移动很长水平距离的岩席) 进行了比较, 这两个推覆体分别位于宾夕法尼亚地区和马里兰地区. 在两个地区的山脉边缘采集了岩石样本, 并对每块岩石测量大的矿物颗粒包含的叶理面交轴 (FIA), 下表给出了两个地区在不同 FIA 测量类型下岩石样本的数量. 地质学家需要利用卡方独立性检验判断宾夕法尼亚地区推覆体和马里兰地区推覆体的 FIA 分布趋势是否相同.

🌐 **OROCLINE**

	FIA	宾夕法尼亚推覆体	马里兰推覆体
	0 ~ 79°	20	6
FIA	80° ~ 149°	17	10
	150° ~ 179°	10	7

资料来源: Yeh, W., and Bell, T. "Significance of dextral reactivation of an E-W transfer fault in the formation of the Pennsylvania orocline, central Appalachians", *Tectonics*, Vol. 23, No. 5, October, 2004 (表 2).

a. 给出检验的原假设和备择假设.
b. 研究人员给出检验统计量 $\chi^2 = 1.874$, 你同意吗?
c. 给出检验的拒绝域, $\alpha = 0.05$.
d. 用本问题的语言给出合理的结论.

9.22 移动设备的打字方式. 参考练习 9.2, *Applied Ergonomics* (2012 年 3 月) 对移动设备的打字方式的研究. 移动设备用户的打字方式分为以下 6 类: (1) 双手拿设备/双手拇指打字; (2) 右手拿设备/右手拇指打字; (3) 左手拿设备/左手拇指打字; (4) 双手拿设备/右手拇指打字; (5) 左手拿设备/右手食指打字; (6) 其他. 研究者的主要目的是了解在打字方式上是否有性别差异. 观测 859 名大学生用移动设备打字的方式和性别, 数据汇总在下表中. 有充分证据表明移动设备用户在六种打字方式中的比率取决于用户是否为男性或者女性吗? 用 $\alpha = 0.10$ 回答该问题.

🌐 **MOBILE**

打字方式	男性人数	女性人数
双手拿设备/双手拇指打字	161	235
右手拿设备/右手拇指打字	118	193

（续）

打字方式	男性人数	女性人数
左手拿设备/左手拇指打字	29	41
双手拿设备/右手拇指打字	10	29
左手拿设备/右手食指打字	6	12
其他	11	14

资料来源：Gold, J. E., et al. "Postures, typing strategies, and gender differences in mobile device usage: An observational study", *Applied Ergonomics*, Vol. 43, No. 2, March 2012(表2).

9.23 空中交通管制中的"狼来了"效应. Alion科技公司与新墨西哥州立大学的研究人员合作研究了空中交通管制员如何对错误警报做出响应(*Human Factors*, 2009年8月). 研究人员推断关于空中撞机的高误报率导致了"狼来了"效应, 即空中交通管制员在未来有忽略真实警报的倾向. 研究人员检查了437个撞机警报的随机样本数据, 每一个警报首先被分为"真实"或者"错误"警报, 然后根据是否有人工管制员对警报做出响应对每一个警报分类. 响应数据汇总在下表中. 这项数据能说明空中交通管制员对空中撞机警报的真实与错误的响应率有差异吗? 用 $\alpha = 0.05$ 检验. 就"狼来了"效应而言你可以得出什么推断?

ATC

	无响应	响应	合计
真实警报	3	231	234
错误警报	37	166	203
合计	40	397	437

资料来源：Wickens, C. D., et al. "False alerts in air traffic control conflict alerting system: Is there a 'cry wolf' effect?", *Human Factor*, Vol. 51, No. 4, August 2009(表2).

9.24 建筑业女性的工作满意度. 多年来, 建筑和与建筑相关的工作对女性的录用稳步增长. 一项研究用于为雇主提供信息, 旨在减少潜在的女性雇员的人员流动(*Journal of Professional Issue in Engineering Education & Practice*, 2013年4月). 邮寄给全国妇女建筑协会(NAWIC)每位成员一份问卷调查, 一共有477位女性回应了关于工作挑战性和作为雇员的生活满意度的调查问题, 结果(对不同的分类做出响应的女性人数)汇总在下表中. 关于NAWIC成员对作为雇员的生活满意度和对工作的挑战性的满意度之间的联系, 你可以从数据中提取出什么结论?

NAWIC

		作为雇员的生活	
		满意	不满意
工作挑战性	满意	364	33
	不满意	24	26

资料来源：Malone, E. K. &Issa, R. A. "Work-Life Balance and Organizational Commitment of Women in the U. S. Construction Industry", *Journal of Professional Issues in Engineering Education & Practice*, Vol. 139, No. 2, April 2013(表11).

9.25 地下井水的污染. 参考练习2.12, *Environmental Science & Technology*(2005年1月)关于新罕布什尔州公共井和私有井甲基叔丁基醚(MTBE)污染情况的研究. 回忆223口井的样本数据, 这些数据按照井的类型(公共或私有)、含水层(基岩或松散)和MTBE的可检测水平(低于限度或检出)保存在MTBE文件中. (下表列出了前10口井的数据.)

MTBE

井的类型	含水层	检测MTBE的状态
私有	基岩	低于限度
私有	基岩	低于限度
公共	松散	检出
公共	松散	低于限度
公共	松散	低于限度
公共	松散	低于限度
公共	松散	检出
公共	松散	低于限度
公共	基岩	检出
公共	基岩	检出

资料来源：Ayotte, J. D., Argue, D. M., and McGarry, F. J. "Methyltert-butyl ether occurrence and related factors in public and private wells in southeast New Hampshire." *Environmental Science & Technology*, Vol. 39, No. 1, Jan. 2005.

a. 利用MTBE文件中的数据建立井的类型和MTBE检出水平的列联表.
b. 构造检验判断MTBE检出水平是否依赖于井的类型. 利用 $\alpha = 0.05$ 进行检验.
c. 利用MTBE文件中的数据建立含水层和MTBE检出水平的列联表.
d. 构造检验判断MTBE检出水平是否依赖于含水层. 利用 $\alpha = 0.05$ 检验.

9.26 鹅的飞行反应. 阿拉斯加三角湾地区附近的沿海石油开采导致该地区空中交通量的增加——多数是大型直升机. 美国渔业和野生动物服务中心委派研究人员调查直升机对于秋天迁徙前栖息于三角湾地区成群太平洋野鹅的影响.(*Statistical Case Studies: A Collaboration between Academe and Industry*, 1998.) 两架大型直升机在三角湾地区上空距离鹅群的不同海拔和横向距离反复盘旋, 鹅对 464 次直升机的飞行反应(记录为"低"或"高")、海拔(百米)和横向距离(百米)记录在 PACGEESE 文件中.(下表列出了前 10 次飞行数据.)

PACGEESE

飞行	海拔	横向距离	飞行反应
1	0.91	4.99	高
2	0.91	8.21	高
3	0.91	3.38	高
4	9.14	21.08	低
5	1.52	6.60	高
6	0.91	3.38	高
7	3.05	0.16	高
8	6.10	3.38	高
9	3.05	6.60	高
10	12.19	6.60	高

资料来源: Erickson, W., Nick, T., and Ward, D. "Investigating flight response of Pacific brant to helicopters at Izembek Lagoon, Alaska by using logistic regression." *Statistical Case Studies: A Collaboration between Academe and Industry*, ASA-SIAM Series on Statistics and Applied Probability, 1998.

a. 研究人员对海拔进行如下分类: 少于 300m、300~600m 和 600m 以上, 对海拔和飞行反应建立一个列联表汇总 PACGEESE 文件中的数据.

b. 构造检验以判断鹅的飞行反应是否依赖于直升飞机的海拔, 利用 $\alpha = 0.01$ 检验.

c. 研究人员对横向距离进行如下分类: 少于 1 000m、1 000~2 000m、2 000~3 000m 和 3 000m 以上, 对横向距离和飞行反应建立一个列联表汇总 PACGEESE 文件中的数据.

d. 构造检验以判断鹅的飞行反应是否依赖于直升飞机的横向距离, 利用 $\alpha = 0.01$ 检验.

e. 当前美国联邦航空局(FAA)对飞行三角湾地区规定的最低海拔标准是 2 000ft(大约 610m). 基于 a~d 的结果, 为了对太平洋野鹅的影响最小, 你对 FAA 规则有什么建议?

SEEDLING

9.27 亚北极植物研究. 原产自亚北极地区芬兰的种子植物特征的研究刊登在 *Arctic, Antarctic, and Alpine Research*(2004 年 5 月). 植物根据种类(矮灌木、草本或草)、种子的丰富性(无种子、稀少种子或丰富种子)、繁殖情况(非营养繁殖、有可能营养繁殖、无效营养繁殖或有效营养繁殖)、种子的重量(0~0.1, 0.1~0.5, 0.5~1.0, 1.0~5.0 和 >5.0mg)以及散布繁殖体形态学(没有结构、冠毛、翼瓣、果实或有蓬/挂钩). 73 种植物的样本数据存储于 SEEDLING 文件中.

a. 由 MINITAB 给出的植物种类和种子丰富性的列联表如下. (注: NS = 无种子, SA = 丰富种子和 SR = 稀少种子.) 假定你想进行卡方独立性检验来判断种子丰富性是否依赖于植物种类. 求列联表中期望单元计数, 对检验要求的假定满足吗?

b. 将种子丰富性类型中的 NS 和 SR 类合在一起, 重新构造列联表, 求新的列联表中期望单元计数. 对检验要求的假定满足吗?

c. 将植物种类类型中矮灌木类(dwarf shrub)和草类(grasses)合在一起, 重新构造 b 中的列联表. 求列联表中期望单元计数, 满足检验要求的假定吗?

d. 对 c 中列联表进行卡方独立性检验, 利用 $\alpha = 0.10$, 结论是什么?

```
Rows: Abundance   Columns: Type
        DwarfShrub   Grasses   Herbs   All
NS          3           1        1      5
SA          5          14       32     51
SR          5           2       10     17
All        13          17       43     73
Cell Contents:        Count
```

练习 9.27 的 MINITAB 输出统计表: 丰富性、种类

9.28 美国人的工程观. 参考练习 9.7, AAES 关于美国公众对于工程的认知和兴趣的调查. 另一个调查问题被问到"你使用何种媒体资源获得关于工程和工程师的信息?"响应被分为两类:"来自因特网"或者"不是来自因特网". 这些响应也根据受访者的年龄、性别、受教育程度和对工程师的熟悉度等分类, 结果在下表中给出. 在总结报告中, AAES

得出结论"男性、受教育程度越高的、越年轻的成年人和对工程师越熟悉的人更有可能通过因特网获得关于工程的信息". 你同意吗?

按年龄分类(响应数 $n = 849$)

	18～29 岁	30～44 岁	45～59 岁	60 岁及以上
来自因特网	33	55	23	11
不是来自因特网	121	190	221	195

按性别分类(响应数 $n = 873$)

	男性	女性
来自因特网	77	44
不是来自因特网	310	442

按受教育水平分类(响应数 $n = 870$)

	低于本科	本科及以上
来自因特网	53	80
不是来自因特网	452	265

按熟悉的工程师人数分类(响应数 $n = 871$)

	认识 0 个工程师	至少认识 1 个工程师
来自因特网	5	123
不是来自因特网	153	590

9.29 **软件缺陷**. PROMISE 软件工程库, 由渥太华大学信息技术与工程学院主持, 为研究者提供了建立预测软件模型的数据集. (见第 3 章活动中的统计学.) 为 NASA 太空船仪器用 C 语言编写的 498 个软件代码模块存储于 SWDEFECTS 文件中. 分析每一个模块的缺陷, 如果包含缺陷的代码则分类为"真", 反之分类为"假". 用于预测一个模块是否有缺陷的算法是"基本复杂度"(表示为 EVG), 至少含有 15 个 D 结构质数机的子流向图模块, 预测有一个缺陷. 当算法预测有缺陷, 预测的 EVG 值是"yes"; 否则是"no". 两个变量真实的缺陷状况和预测的 EVG 列联表由下面的 SPSS 输出给出. 你推荐基本复杂度算法作为发现软件模块缺陷的预测方法吗? 给出解释.

DEFECT * PRED_EVG 交叉表格

Count

		PRED_EVG no	PRED_EVG yes	Total
DEFECT	false	441	8	449
	true	47	2	49
Total		488	10	498

Chi-Square Tests

	Value	df	Asymp. Sig. (2-sided)	Exact Sig. (2-sided)	Exact Sig. (1-sided)
Pearson Chi-Square	1.188[b]	1	0.276		
Continuity Correction[a]	0.306	1	0.580		
Likelihood Ratio	0.948	1	0.330		
Fisher's Exact Test				0.257	0.257
N of Valid Cases	498				

a. Computed only for a 2x2 table

b. 1 cells (25.0%) have expected count less than 5. The minimum expected count is 0.98.

练习 9.29 的 SPSS 输出

9.5 固定边缘和的列联表

在列联表数据分析中, 一个或多个类型可能包含不足的观测值个数. 为了说明这个问题, 考虑研究(9.4 节介绍过)核事故发生地周围地区居民对于全部疏散的态度与居住地离三哩岛距离之间的关系. 如果随机样本中居住某一特定距离的居民数目比较少, 那么这一距离的期望单元计数会很小, 可能小于要求的 5 个. 为了防止这种情况的发生, 试验者经常固定行和或列和. 在这个例子中, 通过对每个距离组随机独立地抽样固定数量的居民来固定列和, 这样做可以提高估计的期望单元计数足够大的可能性.

例如, 假定得到每一个距离组中 100 名居民关于疏散态度的随机样本. 表 9.7 中给出了具体的结果. 注意这个抽样过程与 9.4 节描述的过程的差别, 在 9.4 节中假定从所有居住在三哩岛附近的人口总体中抽取 150 名居民作为单个随机样本. 而本节中, 随机独立地抽取了三个样本, 从每个距离组中抽 100 名居民. 所以, 表 9.7 中的数据来源于三个相应于三种距离类型: 1~6mile、7~12mile 和 13mile 以上的多项试验, 每个试验有 $k=2$ 个单元(支持或反对全部疏散).

表 9.7 列总数固定的距离——疏散列联表

		与三哩岛的距离(英里)			合计
		1~6	7~12	13+	
全部疏散	同意	42	29	25	96
	反对	58	71	75	204
合计		100	100	100	300

当列和或行和固定时, 检验行与列类型是否相关的卡方检验同 9.4 节的检验完全相同. 可以证明 χ^2 统计量近似地服从自由度为 $(r-1)(c-1)$ 的卡方抽样分布(证明略), 下面的方框给出了检验步骤. 例 9.5 阐述检验在比较两个或多个二项比率方面的应用.

列联表分析的一般形式: 行⊖总和固定的独立性检验

如果行和固定:

H_0: 每个单元的行比率不依赖于该行; 即对每个行, 列类型的观测值分布是相同的.

H_a: 某些(或全部)单元的行比率依赖于该行; 即至少有两个行, 列类型的观测值分布是不同的.

检验统计量:
$$\chi_c^2 = \sum_{j=1}^{c} \sum_{i=1}^{r} \frac{[n_{ij} - \hat{E}(n_{ij})]^2}{\hat{E}(n_{ij})}$$

其中
$$\hat{E}(n_{ij}) = \frac{n_{i.} \cdot n_{.j}}{n}$$

拒绝域: $\chi_c^2 > \chi_\alpha^2$, 其中 χ_α^2 有 $(r-1)(c-1)$ 个自由度.

p 值: $P(\chi^2 > \chi_c^2)$

假定:
1. 随机样本是从每个行和固定的总体中选取的.
2. 样本是独立地抽取的.
3. 为了利用 χ^2 近似, 我们要求每个单元的估计期望值至少为 5.

例 9.5 **有固定边缘的列联表: 不合格叶轮** 为了比较三条生产线生产的不合格叶轮比率, 质量控制工程师从每条生产线随机抽取 500 个叶轮, 三条生产线的不合格品数分别为 12, 17 和 7. 数据提供了充分的证据表明三条生产线生产的不合格叶轮比率有差异吗? 换句话说, 两个分类方向生产线

⊖ 注意只需改变上面方框中的列与行即可得到列和固定的 χ^2 检验步骤.

和不合格状况相关吗?

解 将数据以列联表形式输入 MINITAB, 图 9.5 给出了输出结果. 试验的目的是基于三次独立的二项试验, 每次试验包含 500 个观测值, 比较三个不合格的二项比率 p_1, p_2 和 p_3.

```
Tabulated statistics: STATUS, LINE
Using frequencies in NUMBER

Rows: STATUS   Columns: LINE
            1      2      3     All
DEFECT     12     17      7      36
           12     12     12      36

NONDEF    488    483    493    1464
          488    488    488    1464

All       500    500    500    1500
          500    500    500    1500

Cell Contents:       Count
                     Expected count
Pearson Chi-Square = 4.269, DF = 2, P-Value = 0.118
Likelihood Ratio Chi-Square = 4.399, DF = 2, P-Value = 0.111
```

图 9.5 例 9.5 的 MINITAB 列联表分析

原假设是三条生产线的不合格品比率相同, 即

$$H_0: p_1 = p_2 = p_3$$

备择假设是

$$H_a: 比率 p_1, p_2 和 p_3 至少有两个不同.$$

注意在原假设中, 我们指出不合格个数与合格品个数是与生产线无关的. 所以, 用列联表分析的卡方检验来检验 $H_0: p_1 = p_2 = p_3$.

估计的期望单元计数由下式计算:

$$\hat{E}(n_{ij}) = \frac{n_{i.} \, n_{.j}}{n}$$

所以,

$$\hat{E}(n_{11}) = \frac{n_{1.} \, n_{.1}}{n} = \frac{(36)(500)}{1\,500} = 12$$

$$\hat{E}(n_{12}) = \frac{n_{1.} \, n_{.2}}{n} = \frac{(36)(500)}{1\,500} = 12$$

上述结果和其余估计的期望单元计数见图 9.5 的 MINITAB 输出(着重显示).

计算的 χ^2 值为(也见输出)

$$\chi^2 = \sum_{j=1}^{c} \sum_{i=1}^{r} \frac{[n_{ij} - \hat{E}(n_{ij})]^2}{\hat{E}(n_{ij})} = \frac{(12-12)^2}{12} + \frac{(17-12)^2}{12} + \cdots + \frac{(493-488)^2}{488} = 4.269$$

检验的拒绝域 $\chi^2 > \chi^2_{0.05}$, 其中 $\chi^2_{0.05} = 5.99147$ 有 $(r-1)(c-1) = (1)(2) = 2$ 个自由度. 因为计算的 χ^2

值没有超过 $\chi^2_{0.05}$（并且，因为输出中的 p 值 0.118 超过了 $\alpha = 0.05$），所以没有充分的证据表明三条生产线生产的不合格叶轮比率存在差异。注意我们并没有接受 H_0，即并没有得出结论 $p_1 = p_2 = p_3$，因为我们关心犯 II 型错误，即没有发现不合格比率存在差异，而实际上差异是可能存在的。检验的结论简单表明如果差异存在，那么为了发现这种不同，利用每条生产线上 500 个叶轮的样本太小了。■

应用练习

HYBRID

9.30 混合动力汽车安全。根据高速公路损失数据研究所（HLDI），"在保护乘员免受撞车伤害时，混合动力（汽车）有着高于同款传统动力汽车的安全优势"。（*HLDI Bulletin*, 2011 年 9 月）。考虑 HLDI 收集的本田雅阁汽车过去 8 年来的数据，在 50 132 个传统雅阁碰撞索赔样本中，5 364 个涉及受伤；在 1 505 个混合动力雅阁的碰撞索赔样本中，137 个涉及受伤。你想用这个信息判断混合动力雅阁的受伤比率是否小于传统雅阁的受伤比率。

The FREQ Procedure

Table of MODEL by CLAIM

MODEL		CLAIM		
		Injury	No Injury	Total
Conventional	Frequency	5364	44768	50132
	Expected	5340.7	44791	
Hybrid	Frequency	137	1368	1505
	Expected	160.33	1344.7	
Total	Frequency	5501	46136	51637

Statistics for Table of MODEL by CLAIM

Statistic	DF	Value	Prob
Chi-Square	1	3.9139	0.0479
Likelihood Ratio Chi-Square	1	4.0893	0.0432
Continuity Adj. Chi-Square	1	3.7480	0.0529
Mantel-Haenszel Chi-Square	1	3.9138	0.0479
Phi Coefficient			0.0087
Contingency Coefficient			0.0087
Cramer's V			0.0087

Fisher's Exact Test

Cell (1,1) Frequency (F)	5364
Left-sided Pr <= F	0.9801
Right-sided Pr >= F	0.0246
Table Probability (P)	0.0047
Two-sided Pr <= P	0.0510

Sample Size = 51637

练习 9.30 的 SAS 输出

a. 给出每个本田雅阁碰撞索赔的两个定性变量。
b. 构造数据的列联表，给出每个定性变量类别组合的索赔数。
c. 检验碰撞索赔的受伤率是否取决于雅阁的类型（混合动力或传统动力），给出 H_0 和 H_a。
d. 算出列联表中每个单元格的期望索赔数，假定 H_0 为真。
e. 计算 χ^2 检验统计量，并把你的结果与下面 SAS 输出中显示的检验统计量进行比较。
f. 用 $\alpha = 0.05$，求检验的拒绝域，并把你的结果与下面 SAS 输出中的临界值进行比较。
g. 用拒绝域法和 p 值（SAS 输出中显示）得出适当的结论。
h. 计算传统本田雅阁受伤率与混合动力雅阁受伤率之间差异的 95% 置信区间。（见 8.10 节）用该区间判断混合动力雅阁的受伤率是否小于传统雅阁的受伤率。

9.31 电阻-电容电路的多功能性。发表在 *International Journal of Electrical Engineering Education*（2012 年 10 月）上的研究调查了工程专业学生对一个电阻和一个电容串联电路知识的灵活性。研究人员向学生展示电阻-电容线路的四种不同配置，然后分配两项任务。1. 要求每个学生说出电路节点处的电压；2. 要求每个学生画出电路的动态特征。假设在 160 个工程专业学生构成的样本中，随机分配 40 人分析电路 1，40 人分析电路 2，40 人分析电路 3，40 人分析电路 4。研究人员将任务完成等级按如下划分：电压、画图均正确，电压错误但画图正确，画图错误但电压正确，电压、画图均错误。结果（基于期刊文章中提供的信息）汇总在如下表中。是否存在其中一种电路比其他任一种电路分析起来难度更大？用统计的假设检验支持你的观点。

CIRCUIT4

		电路 1	电路 2	电路 3	电路 4
答案	都正确	31	10	5	4
	电压错误	0	3	11	12
	画图错误	5	17	16	14
	都错误	4	10	8	10
学生总数		40	40	40	40

SOLDER

9.32 **焊接点检查器的性能.** 西屋电子公司运用不同的方法评估焊接点检查器的性能,一种方法是比较单个检查器的分类和西屋工作标准委员会专家的分类. 在一次试验中,委员会共评估了 153 个焊接连接,其中 111 个接受. 检查器评估同样的 153 个连接,124 个分类为接受. 在检查器拒绝的连接中,委员会同意其中 19 项. (结果保存在 SOLDER 文件中)
   a. 构造一个汇总委员会和检查器分类的列联表.
   b. 观察 a 中构造的列联表,检查器和委员会的分类之间存在关系吗?解释. (被委员会和检查器拒绝的百分数条形图可以帮助你的判断.)
   c. 对数据进行卡方独立性检验,利用 $\alpha = 0.05$. 用这个问题的意义仔细解释检验的结果.

9.33 **新的牙齿黏合剂.** 在黏合牙齿时,整形学家必须保持一块干燥区域. 一种新的黏合剂(称为智能黏合剂)可以降低干燥区域的必需性,但是,这种新的黏合剂并不能像现在标准的合成黏合剂一样很好地黏合牙齿. (*Trends in Biomaterials & Artificial Organs*, 2003 年 1 月.) 对由 10 个使用新黏合剂的牙齿样本和由 10 个使用合成黏合剂的牙齿样本进行试验. 在一小时干燥之后确定 20 个黏合牙齿的黏合剂遗留指标(ARI),用标度 1—5 表示黏合牙齿的残留黏合剂地(注:ARI 得分为 1 意味所有黏合剂都留在牙齿上,得分为 5 意味着没有黏合剂留在牙齿上.) 表格中列出了按 5 个 ARI 类型的黏合牙齿个数的细分.

BONDING

	黏合剂遗留指标得分				
	1	2	3	4	5
智能黏合剂	2	8	0	0	0
合成黏合剂	1	5	3	1	0

资料来源:Sunny, J., and Vallathan, A. "A comparative *in vitro* study with new generation ethyl cyanoacrylate(Smartbond) and a composite bonding agent." *Trends in Biomaterials & Artificial Organs*, Vol. 16, No. 2, Jan. 2003 (表 6).

   a. 解释为什么列联表是固定边缘的.
   b. 进行分析以判断两种不同黏合剂 ARI 得分的分布是否有差异,利用 $\alpha = 0.05$.

*9.6 列联表分析中独立性的精确检验

由于 χ^2 检验统计量近似服从卡方概率分布,所以 9.4 节和 9.5 节介绍的列联表独立性检验过程是一种"近似"的检验,样本容量越大,检验的近似性越好. 正因为如此,上述检验常被称为渐近检

   c. 检验的假定满足吗?如果不满足,是如何影响由此检验导出的推断合理性?

9.34 **阿尔茨海默病早期检测.** 参考练习 9.19,*Neuropsychology* (2007 年 1 月) 对阿尔茨海默病的认知影响是否能在早期被检测出来的研究. 回忆一条特殊的 DNA 链被分为 3 种基因型:$E4^+/E4^+$、$E4^+/E4^-$ 和 $E4^-/E4^-$. 除了 2 097 个年轻人 (20~24 岁) 样本,另外两个年龄组也被用于研究:2 182 个中年人 (40~44 岁) 样本和 2 281 个老年人 (60~64 岁) 样本. 下表给出了所有 6 560 个成年人样本中不同年龄类别、不同基因型的成年人数量的分解. 用 $\alpha = 0.05$,研究者得出结论"三个年龄组之间没有显著的基因型差异",你同意吗?

E4E4ALL

年龄组	$E4^+/E4^+$ 基因型	$E4^+/E4^-$ 基因型	$E4^-/E4^-$ 基因型	样本大小
20~24	56	517	1 524	2 097
40~44	45	566	1 571	2 182
60~64	48	564	1 669	2 281

资料来源:Jorm, A. F., et al. "APOE Genotype and Cognitive Functioning in a Large Age-Stratified Population Sample", *Neuropsychology*, Vol. 21, No. 1, January 2007 (表 1).

9.35 **双盲药物研究.** 由玛瑞恩默力陶公司生产的特非那丁 D 是一种消除喷嚏、鼻塞和其他过敏性鼻炎症状的聚合药. 对超过 500 名患有过敏性鼻炎的患者进行双盲对照研究,以调查特非那丁 D 的副作用. 一个 374 名病人的样本使用特非那丁 D,另外一个 193 名病人的样本使用安慰剂 (非药物),两组中报告失眠的病人数由下表给出. 检验并判断服用特非那丁 D 的病人中经历失眠的人数比率与接受安慰剂治疗的病人中经历失眠的人数比率是否有差异,利用 $\alpha = 0.10$.

SELDANED

	特非那丁 D	安慰剂
失眠	97	12
不失眠	277	181
总计	374	193

资料来源:Marion Merrell Dow 公司. 药剂产品组.

验. 对于小样本(即那种形成的列联表中有一个或多个单元的期望个数小于5的样本), 渐近卡方检验的 p 值可能不是此检验实际(精确)p 值的很好估计. 在这种情况下, 可以利用 R. A. Fisher(1935)提出的方法.

对于 2×2, 或更一般的 $2\times c$ 列联表, 费希尔开发了独立性检验中计算精确 p 值的方法——称为费希尔精确检验. 下面的例子说明这种方法, 其中使用了第4章介绍的超几何概率分布.

例9.6 精确 X^2 检验: 疫苗试验 用"筛选"法, 即选出感染某些 HIV 菌株的方法研发出一种新的、有效的艾滋病疫苗. 哈佛公共卫生学院统计学家在 *Chance*(2000 年秋)阐述了如何检验 HIV 疫苗的有效性, 表9.8 以 2×2 列联表形式给出了初步 HIV 疫苗试验结果. 疫苗用来消灭一种称为"MN菌株"的特殊病毒株, 试验包含 7 名注射新药物的艾滋病人和 31 名用安慰剂治疗的艾滋病人(没疫苗), 表给出了试验定期复查期内 MN 菌株检验呈现阳性和阴性的病人数.

a. 进行检验并判断疫苗对治疗 HIV 的 MN 菌株是否有效, 利用 $\alpha=0.05$.

b. a 中检验的假定满足吗?

c. 考虑超几何概率

$$\frac{\binom{7}{2}\binom{31}{22}}{\binom{38}{24}}$$

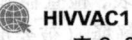

表9.8 例9.6 的列联表

病人组	MN 菌株		合计
	阳性	阴性	
无疫苗	22	9	31
有疫苗	2	5	7
合计	24	14	38

资料来源: Gilbert, P. "Developing an AIDS vaccine by sieving." *Chance*, Vol. 13, No. 4, Fall 2000.

这表示 7 名注射艾滋病疫苗的病人中 2 人检测呈阳性, 31 名没有注射艾滋病疫苗的病人中 22 人检测呈阳性的概率, 即已知独立性的原假设成立条件下得到表格中的概率. 计算此概率(称为**列联表概率**).

d. 参考 c, 表9.9a 和 9.9b 给出的两个列联表(与原表有相同的边缘和), 与观测表相比, 与独立性原假设更矛盾. 解释为什么这些表比原始表提供了更多的拒绝 H_0 证据; 然后利用超几何公式计算每个表的概率.

表9.9 例9.6 的备择列联表

a.

病人组	MN 菌株		合计
	阳性	阴性	
无疫苗	23	8	31
有疫苗	1	6	7
合计	24	14	38

b.

病人组	MN 菌株		合计
	阳性	阴性	
无疫苗	24	7	31
有疫苗	0	7	7
合计	24	14	38

e. 费希尔精确检验的 p 值是观测的结果至少如原假设那样与给定相同边缘和的观测列联表矛盾的概率. 将 c 和 d 中的概率相加得到费希尔精确检验的 p 值, 在疫苗试验的背景下解释这个值.

解 a. 如果疫苗对治疗 HIV 的 MN 菌株是有效的, 那么疫苗组中呈阳性的 HIV 病人比率应该小于无疫苗组中相应的比率. 也就是说, 两个变量, 病人组和菌株检验结果是相关的. 因此, 根据表9.8 数据进行卡方独立性检验. 图9.6 是分析的 MINITAB 输出, 检验的近似 p 值(输出中着重显示的)是 0.036. 因为这个值小于 $\alpha=0.05$, 所以我们拒绝独立性的原假设, 并得出结论, 疫苗对于 HIV

的 MN 菌株检验呈阳性的病人是有效的.

```
Tabulated statistics: GROUP, STRAIN
Using frequencies in NUMBER
Rows: GROUP   Columns: STRAIN
           NEG    POS    All
UNVACC       9     22     31
           11.42  19.58  31.00
VACC         5      2      7
            2.58   4.42   7.00
All         14     24     38
           14.00  24.00  38.00
Cell Contents:       Count
                     Expected count
Pearson Chi-Square = 4.411, DF = 1, P-Value = 0.036
Likelihood Ratio Chi-Square = 4.289, DF = 1, P-Value = 0.038
* NOTE * 2 cells with expected counts less than 5
```

图 9.6　表 9.8 的 MINITAB 分析

b. a 中渐近卡方检验是大样本检验. 假定样本容量足够大, 使得期望单元计数全部大于等于 5. 图 9.6 的 MINITAB 输出着重显示了这些期望单元计数, 注意其中两个单元的期望数小于 5, 因此大样本假定并不满足. 所以, 用此检验得到的 p 值可能不是真实 p 值的可靠估计.

c. 利用超几何分布, 列联表概率由下式确定:

$$\frac{\binom{7}{2}\binom{31}{22}}{\binom{38}{24}} = \frac{\frac{7!}{2!\,5!}\cdot\frac{31!}{22!\,9!}}{\frac{38!}{24!\,14!}} = \frac{(21)(20\,160\,075)}{9\,669\,554\,100} = 0.043\,78$$

d. 表 9.9 的两个列联表表示检测呈阳性的注射疫苗病人数(分别为 1 名和 0 名病人)少于表 9.8 的列联表(2 名病人). 于是, 在这些备择表中检测呈阳性的注射疫苗的病人比率(分别是 1/24 = 0.042 和 0/24 = 0.000)小于实际研究中相应的比率(2/24 = 0.083). 从而, 备择表中检测呈阳性的注射疫苗与没有注射疫苗的病人比率之差大于原始表中的比率. 因为独立性原假设意味着检测呈阳性的病人比率对两种病人组之差是相同的, 所以这两个列联表比原始表提供了更多的拒绝 H_0 证据.

在已知独立性原假设为真条件下, 表 9.9a 得到的概率(即表 9.9a 中的列联表概率)是

$$\frac{\binom{7}{1}\binom{31}{23}}{\binom{38}{24}} = \frac{\frac{7!}{1!\,6!}\cdot\frac{31!}{23!\,8!}}{\frac{38!}{24!\,14!}} = \frac{(7)(7\,888\,725)}{9\,669\,554\,100} = 0.005\,71$$

类似地, 表 9.9b 的列联表概率是

$$\frac{\binom{7}{0}\binom{31}{24}}{\binom{38}{24}} = \frac{\frac{7!}{0!\,7!}\cdot\frac{31!}{24!\,7!}}{\frac{38!}{24!\,14!}} = \frac{(1)(2\,629\,575)}{9\,669\,554\,100} = 0.000\,27$$

e. 为了得到费希尔精确检验的 p 值，考虑至少如观测的列联表那样给出与原假设矛盾结果的所有可能的列联表概率，并将这些列联表概率加起来. 因为表 9.9 的列联表只是给出了矛盾结果的两种可能表，我们将表 9.9 的超几何概率与表 9.8 的超几何概率相加得到独立性检验的精确 p 值：p 值 $= 0.04378 + 0.00571 + 0.00027 = 0.04976$. 因为这个精确的 p 值小于 $\alpha = 0.05$，我们拒绝独立性原假设；有充分的证据得出疫苗对治疗 HIV 的 MN 菌株有效的可靠结论.

利用统计软件很容易得到这个检验的费希尔精确 p 值，p 值 $= 0.04976 \approx 0.050$. 这个值由图 9.7 的 SPSS 输出最后列"Exact Sig(1-sided)"（着重显示）给出. （注：SPSS 输出也给出了双侧独立性检验的精确 p 值，这个值是 0.077，是 17 名没注射疫苗且检测呈阳性的病人和 7 名注射疫苗且检测呈阳性的病人构成的第 4 个列联表的超几何概率与单侧精确 p 值相加而得. 在问题解决过程中我们并没有考虑这个表，因为这会导致与疫苗组中阳性 HIV 病人比率小于没有注射疫苗组比率的备择假设矛盾的样本比率.）

GROUP * MNSTRAIN Crosstabulation

			MNSTRAIN NEG	MNSTRAIN POS	Total
GROUP	UNVAC	Count	9	22	31
		Expected Count	11.4	19.6	31.0
	VACC	Count	5	2	7
		Expected Count	2.6	4.4	7.0
Total		Count	14	24	38
		Expected Count	14.0	24.0	38.0

Chi-Square Tests

	Value	df	Asymp. Sig. (2-sided)	Exact Sig. (2-sided)	Exact Sig. (1-sided)
Pearson Chi-Square	4.411[b]	1	0.036		
Continuity Correction[a]	2.777	1	0.096		
Likelihood Ratio	4.289	1	0.038		
Fisher's Exact Test				0.077	0.050
N of Valid Cases	38				

a. Computed only for a 2x2 table
b. 2 cells (50.0%) have expected count less than 5. The minimum expected count is 2.58.

图 9.7 表 9.8 的 SPSS 列联表分析

2×2 列联表的费希尔精确检验汇总在下面的方框中. 对于更一般的 $2 \times c$ 列联表的详细讨论，参考本章的参考文献.

2×2 列联表独立性的费希尔精确检验

假定 2×2 列联表有如下形式

	列 1	列 2	行和
行 1	n_{11}	n_{12}	$n_{1\cdot}$
行 2	n_{21}	n_{22}	$n_{2\cdot}$
列和	$n_{\cdot 1}$	$n_{\cdot 2}$	n

步骤 1 利用超几何分布公式计算观测的列联表概率：

$$\text{概率} = \frac{\binom{n_{1\cdot}}{n_{11}}\binom{n_{2\cdot}}{n_{21}}}{\binom{n}{n_{\cdot 1}}} = \frac{\binom{n_{\cdot 1}}{n_{11}}\binom{n_{\cdot 2}}{n_{12}}}{\binom{n}{n_{1\cdot}}}$$

步骤 2 构造与观测表具有相同边缘和的所有可能的 2×2 列联表.

步骤 3 利用超几何公式计算步骤 2 中每个列联表的概率. 若某个列联表概率小于或等于观测表概率, 那么这个列联表至少如观测表一样与独立性的原假设相矛盾.

步骤 4 计算至少如观测表一样与独立性原假设相矛盾的所有列联表概率之和. (注：和中包括观测表的概率.) 这个和表示双侧检验的费希尔精确 p 值.

应用练习

9.36 饮用水质量研究. 参考练习 1.11, *Disasters* (2004 年第 28 期) 刊登了一篇关于热带气旋对一个偏远太平洋岛屿饮用水质量影响的研究. 研究的一部分是评估简单的纸条—硫化氢 (H_2S) 试纸在判断水中是否存在屎肠球菌方面的效用. (注：当水中存在屎肠球菌时, H_2S 试纸变黑.) 在亚美旋气经过岛屿之后三天获取了 17 瓶水样品 (500mL) 用于检测屎肠球菌, 每瓶水样本都进行了传统的粪生大肠杆菌群检测和简单的 H_2S 检测, 检测结果见下表.

H2STEST

		传统细菌检测	
		有	无
H_2S 检测结果	变黑	7	4
	没变黑	0	6

资料来源：Mosley, L., Sharp, D. and Singh, S. "Effects of a tropical cyclone on the drinking-water quality of a remote Pacific island." *Disasters*, Vol. 28, No. 4, 2004 (表 3).

a. 解释在确定 H_2S 检测结果是否依赖于水样品中是否存在细菌时, 为什么必须用费希尔精确检验.

b. 构造与观测表具有相同边缘和的所有可能的列联表.

c. 利用超几何公式计算 b 中每个表的概率, 指出概率小于等于观测表概率的列联表. (这些表比原始表提供了更有说服力的证据拒绝独立性的原假设.)

d. 计算 c 中指出的列联表的超几何概率之和, 这个和表示费希尔精确检验的 p 值.

e. 研究人员认为 "H_2S 检测结果与传统的粪生大肠杆菌群检测结果很好地一致". 你同意吗? 利用 $\alpha = 0.10$ 检验.

9.37 新的牙齿黏合剂. 参考练习 9.33, *Trends in Biomaterials & Artificial Organs* (2003 年 1 月) 关于一种新的牙齿黏合剂的研究, 这种新的黏合剂 (称为智能黏合剂) 与标准的合成黏合剂进行比较. 分别测量了 10 个使用新黏合剂的牙齿和 10 个使用合成黏合剂的牙齿的黏合剂遗留指标 (ARI), 数据的列联表如下.

a. 解释为什么独立性费希尔精确检验可以 (应该) 用于这个列联表.

b. 下面给出了列联表分析的 SAS 输出, 利用输出中的信息进行费希尔精确检验, $\alpha = 0.05$.

BONDING

	黏合剂遗留指标得分				
	1	2	3	4	5
智能黏合剂	2	8	0	0	0
合成黏合剂	1	5	3	1	0

资料来源：Sunny, J., and Vallathan, A. "A comparative *in vitro* study with new generation ethyl cyanoacrylate (Smartbond) and a composite bonding agent." *Trends in Biomaterials & Artificial Organs*, Vol. 16, No. 2, Jan. 2003 (表 6).

SWDEFECTS

9.38 软件错误. 参考练习 9.29, 关于预测为 NASA 太空船仪器用 C 语言编写软件代码中缺陷的研究. 两个类型变量真实的缺陷状况和使用 EVG 预测的缺陷状况的 SPSS 列联表在下面给出.

a. 证明：一共有 11 种可能的列联表 (包括观测表) 与观测表有相同的边缘和.

b. 利用超几何公式计算 a 中 11 个列联表的概率.

```
                    The FREQ Procedure
               Table of ADHESIVE by ARI

ADHESIVE     ARI

Frequency
Expected       1        2        3        4     Total

COMPOSITE      1        5        3        1       10
              1.5      6.5      1.5      0.5

SMARTBOND      2        8        0        0       10
              1.5      6.5      1.5      0.5

Total          3       13        3        1       20


          Statistics for Table of ADHESIVE by ARI

Statistic                        DF      Value      Prob

Chi-Square                        3      5.0256    0.1699
Likelihood Ratio Chi-Square       3      6.5836    0.0864
Mantel-Haenszel Chi-Square        1      3.4898    0.0617
Phi Coefficient                          0.5013
Contingency Coefficient                  0.4481
Cramer's V                               0.5013

WARNING: 75% of the cells have expected counts less
than 5. Chi-Square may not be a valid test.


              Fisher's Exact Test

Table Probability (P)         0.0209
Pr <= P                       0.2616

Sample Size = 20
```

练习 9.37 的 SAS 输出

DEFECT * PRED_EVG Crosstabulation

Count

		PRED_EVG		Total
		no	yes	
DEFECT	false	441	8	449
	true	47	2	49
Total		488	10	498

Chi-Square Tests

	Value	df	Asymp. Sig. (2-sided)	Exact Sig. (2-sided)	Exact Sig. (1-sided)
Pearson Chi-Square	1.188[b]	1	0.276		
Continuity Correction[a]	0.306	1	0.580		
Likelihood Ratio	0.948	1	0.330		
Fisher's Exact Test				0.257	0.257
N of Valid Cases	498				

a. Computed only for a 2x2 table

b. 1 cells (25.0%) have expected count less than 5. The minimum expected count is 0.98.

练习 9.38 的 SPSS 输出

c. 根据 b 中的概率, 计算独立性费希尔精确检验的 p 值. 利用 SPSS 输出的 p 值证明你的结果.

d. 因为样本容量较大, 渐近卡方检验的 p 值应该近似地等于费希尔精确检验的 p 值. 这个结论成立吗?

9.39 **建筑业女性的工作满意度**. 参考练习 9.24, *Journal of Professional Issue in Engineering Education & Practice* (2013 年 4) 研究了全国妇女建筑协会 (NAWIC) 成员的工作满意度. 477 名女性的调查结果在下表中给出. 用统计软件进行精确检验来判断 NAWIC 成员对作为雇员的生活与其对工作挑战性的满意度是否相关. 用 $\alpha = 0.05$ 检验.

		作为雇员的生活	
		满意	不满意
工作挑战性	满意	364	33
	不满意	24	26

资料来源: Malone, E. K. &Issa, R. A. "Work-Life Balance and Organizational Commitment of Women in the U. S. Construction Industry", *Journal of Professional Issues in Engineering Education & Practice*, Vol. 139, No. 2, April 2013 (表 11).

活动中的统计学回顾: 残忍的组织移植案例——谁应该为损害赔偿负责

我们回到移植组织感染的案例. 回忆一位感染组织的加工商起诉一个组织经销商, 声称这个经销商更应该向提出诉讼的移植患者支付损害赔偿. 为什么呢? 因为问题中的经销商向医院和医生发出了召回通知 (应 FTC 的要求), 召回通知中包含来路不明的报纸文章, 用图形详细描述了所做的"残忍"行为. 在加工商看来, 是经销商在召回计划中加入文章煽动组织接受者, 因此增加了患者起诉的可能性.

在法庭上为了证明这个案件, 加工商需要建立起诉可能性与召回通知发出者之间的统计联系. 特别地, 加工商能说明收到带有煽动性文章的召回通知的外科患者比只收到召回通知的外科患者起诉的概率更高吗?

作为加工商的专家咨询, 一位统计学家回顾了收到召回通知的 7914 个患者 (其中 708 人提出了诉讼) 的数据. 这些数据保存在 GHOUL1 文件中. 对于每个患者, 文件包括了召回通知发出者 (加工商或经销商) 的信息和是否提出诉讼 (是或否) 的信息. 因为这两个变量均为定性变量, 所以适合通过列联表分析来确定起诉的概率是否依赖于召回通知的发出者.

图 SIA9.1 给出了 MINITAB 列联表分析. 该检验的原假设和备择假设是:

H_0: 起诉与否与发出者无关 H_1: 起诉与否与发出者有关

卡方检验统计量 (100.5) 和检验的 p 值 (0.000) 在输出中都被突出显示. 如果在 $\alpha = 0.01$ 水平下检验, 则有充分证据拒绝 H_0. 也就是说, 数据提供证据说明感染移植患者起诉的可能性与召回通知的发出者有关.

为了确定哪个发出者有更高的患者起诉率, 观察图 SIA9.1 列联表中的行百分比 (突出显示) 可以看出, 在由加工商发出召回通知的 1751 个患者中, 51 人 (或 2.91%) 起诉. 相反, 收到经销商召回通知的 6163 个患者中有 657 人 (10.66%) 起诉. 由经销商发出通知的患者起诉的概率几乎比由加工商发出通知的患者起诉的概率高 5 倍.

用这些结果在法庭上作证之前, 统计学家决定进一步分析: 他在样本中排除了同时收到经销商和加工商召回通知的外科医生的患者. 为什么? 因为这些患者的外科医生同时收到两方面的召回通知, 所以潜在的起诉原因变得模糊. 患者起诉只是因为组织移植感染吗? 起诉是否受召回通知中附带的煽动性文章所影响? 在排除这些患者之后, 数据如表 SIA9.2 所示, 部分数据 (保存在 GHOUL2 文件中) 的 MINITAB 列联表分析如图 SIA9.2 所示.

表 SIA9.2　组织感染案例数据，剔除双重召回通知

召回通知发出者	患者数	起诉数
加工商/其他经销商	1 522	31
问题中的经销商	5 705	606
合计：	7 227	637

```
Tabulated statistics: SENDER, LAWSUIT

Rows: SENDER    Columns: LAWSUIT

              No       Yes       All

Distributor  5506      657      6163
             89.34    10.66    100.00
             5612      551      6163
             1.989   20.244        *

Processor    1700       51      1751
             97.09     2.91    100.00
             1594      157      1751
             7.001   71.252        *

All          7206      708      7914
             91.05     8.95    100.00
             7206      708      7914
                *        *        *

Cell Contents:         Count
                       % of Row
                       Expected count
                       Contribution to Chi-square

Pearson Chi-Square = 100.485, DF = 1, P-Value = 0.000
Likelihood Ratio Chi-Square = 124.748, DF = 1, P-Value = 0.000
```

图 SIA9.1　MINITAB 列联表分析：起诉可能性 vs. 召回通知发出者

类似前面的分析，卡方统计值（110.2）和 p 值（0.000）——在输出中突出显示——表明在 $\alpha = 0.01$ 水平下，感染移植患者起诉的可能性与召回通知的发出者有关. 同样，起诉的患者中收到经销商发送的召回通知的百分比（10.62%）比收到加工商发出的召回通知的百分比（2.04%）高 5 倍.

这两个分析的结果在法庭上成功支持了加工商的说法. 尽管如此，还需要对列联表分析做出一个附加说明. 不要轻易下结论认为该数据证明了是煽动性文章的存在造成了诉讼概率的增大. 在没有控制所有可能与起诉相关的变量（例如患者的社会经济地位，过去是否提起过诉讼）的前提下，只能说两个定性变量（起诉与否和召回通知的发出者）之间是具有统计相关性的. 当召回通知是由经销商寄出时起诉的可能性几乎变为 5 倍高这一事实将举证的压力转移给了经销商，经销商需要解释这一事实发生的原因并说服法庭他不应该承担支付大部分损害赔偿责任.

替代性分析：如在 9.4 节中所提到的，2×2 的列联表分析等价于两个总体比率的比较. 在组织感染案件中，要比较收到加工商的召回通知的患者起诉比例 p_1 和收到经销商发出的包含煽动性文章的召回通知的患者起诉比率 p_2. 原假设 $H_0: (p_1 - p_2) = 0$ 的检验和比率差 $p_1 - p_2$ 的 95% 置信区间用部分样本数据得出的结果突出显示在图 SIA9.3 MINITAB 输出中.

```
Tabulated statistics: SENDER, LAWSUIT

Rows: SENDER    Columns: LAWSUIT

                No      Yes      All

Distributor    5099     606     5705
               89.38   10.62   100.00
               5202     503     5705
               2.045  21.160      *

Processor      1491      31     1522
               97.96    2.04   100.00
               1388     134     1522
               7.667  79.315      *

All            6590     637     7227
               91.19    8.81   100.00
               6590     637     7227
                  *       *       *

Cell Contents:         Count
                       % of Row
                       Expected count
                       Contribution to Chi-square

Pearson Chi-Square = 110.187, DF = 1, P-Value = 0.000
Likelihood Ratio Chi-Square = 144.862, DF = 1, P-Value = 0.000
```

图 SIA9.2　MINITAB 列联表分析，剔除双重召回通知

```
Test and CI for Two Proportions

Sample    X       N    Sample p
1        31    1522    0.020368
2       606    5705    0.106223


Difference = p (1) - p (2)
Estimate for difference:  -0.0858547
95% CI for difference: (-0.0965452, -0.0751641)
Test for difference = 0 (vs not = 0):  Z = -10.50  P-Value = 0.000

Fisher's exact test: P-Value = 0.000
```

图 SIA9.3　MINITAB 输出：起诉比率差的检验和 95% 置信区间

检验的 p 值(0.000)表明两个比率在 $\alpha = 0.05$ 水平下显著不同。95% 置信区间(-0.097，-0.075)表示收到经销商召回通知的患者的诉讼比例高出加工者对应比例的范围为 0.075 到 0.097 之间。两个结果都支持了加工商，也就是收到带有煽动性文章召回通知的患者比只收到召回通知的患者更可能提出诉讼。

快速回顾

重要公式

单向表

p_i 的置信区间：$\hat{p}_i \pm z_{\alpha/2} \sqrt{\dfrac{\hat{p}_i(1-\hat{p}_i)}{n}}$

$p_i - p_j$ 的置信区间：$(\hat{p}_i - \hat{p}_j) \pm z_{\alpha/2} \sqrt{\dfrac{\hat{p}_i(1-\hat{p}_i) + \hat{p}_j(1-\hat{p}_j) + 2\hat{p}_i\hat{p}_j}{n}}$

检验统计量：

$$\chi^2 = \sum \frac{[n_i - E(n_i)]^2}{E(n_i)}$$

其中，n_i = 单元 i 的计数；$E(n_i) = np_{i,0}$；$p_{i,0}$ = H_0 中 p_i 的假设值。

双向表

检验统计量：

$$\chi^2 = \sum \frac{[n_{ij} - \hat{E}(n_{ij})]^2}{\hat{E}(n_{ij})}$$

2×2 列联表的概率：

$$p = \frac{\binom{n_1.}{n_{11}}\binom{n_2.}{n_{21}}}{\binom{n}{n._1}}$$

其中，n_{ij} = 第 i 行第 j 列单元的计数；$\hat{E}(n_{ij}) = n_i. \, n._j/n$，$n_i.$ = 第 i 行和，$n._j$ = 第 j 列和，n = 总的样本容量。

符号汇集

符号	说明
$p_{i,0}$	H_0 中多项概率 p_i 的假设值
χ^2	用于分析计数数据的检验统计量
n_i	单向表中单元 i 观测的结果数
$E(n_i)$	当 H_0 成立时，单向表单元 i 期望的结果数
p_{ij}	双向表中 i 行 j 列单元结果的概率
n_{ij}	双向表中 i 行 j 列单元观测的结果数
$\hat{E}(n_{ij})$	双向表中 i 行 j 列估计的期望结果数
$n_i.$	列联表第 i 行结果和
$n._j$	列联表第 j 列结果和

本章总结提示

- **多项数据**是落入两个以上类型、组或单元的定性数据。
- **多项试验**的性质：(1) n 次相同的试验；(2) 每次试验有 k 种可能的结果；(3) 每次试验的 k 种结果的概率都相同；(4) 试验是独立的；(5) 感兴趣的变量是单元计数。
- **单向表**是单个定性变量的汇总表。
- **双向表**或**列联表**是两个定性变量的汇总表。
- **卡方**(χ^2) 统计量用于检验与单向表和双向表关联的概率。

- 有效的 χ^2 检验要求的条件：(1) 多项试验；(2) 样本大小 n 充分大——当期望单元计数全都大于或等于 5 时满足.
- 双向表显著的 χ^2 检验意味着**两个定性变量是相关的**.
- 独立性卡方检验不能用于推断两个定性变量间存在某种因果关系.
- **费希尔精确检验**可以用于 2×2 或更一般的 $2\times c$ 列联表.

补充应用练习

（注：标有 * 号的练习要求用本章选学节的方法.）

TURN

9.40 交叉路口转弯. 一项交通研究表明在下午 4 点到 7 点时间段，通过繁忙交叉路口的 972 辆机动车中，有 357 辆向左转，321 辆向右转，294 辆直行.（这些结果保存在 TURN 文件中.）

a. 构造这项研究的单向表.
b. 求在此时间段内，直行穿过交叉路口车辆的真实比率的 95% 置信区间.
c. 求在此时间段内，分别向左转和向右转的车辆比率之差的 95% 置信区间，解释这个区间.
d. 数据与交通量被三个方向平均分配的假设不一致吗？用 $\alpha=0.05$ 检验.
e. 数据能提供充分的证据证明进入交叉路口的机动车超过 1/3 向左转吗？用 $\alpha=0.05$ 检验.

9.41 压缩周工作时间. 压缩周工作时间定义为"另一种工作安排，即交换每天的工作小时数与每周的工作天数，为了在少于 5 天内达到标准的周工作小时数."一项实地研究在某个大型、中西部、连续运行（7 天/24 小时）的化工厂进行，共有 4 种不同的工作安排，其中两个是压缩的：

3 个 8h 固定轮班 （白天、晚上、半夜）	2 个 12h 固定轮班 （12A. M. ～ 12P. M.， 12P. M. ～ 12A. M.）
3 个 8h 循环轮班	2 个 12h 循环轮班

要求 671 名小时工根据他们的喜好对 4 种工作安排排序，下表给出了每一种工作安排被排在第一位的次数. 有充分的证据表明小时工对某一种工作安排更加偏好吗？利用 $\alpha=0.01$ 检验.

WORKSCHED

8h 固定	8h 循环	12h 固定	12h 循环
389	54	208	20

9.42 扬尘羽流. 农场设备产生的扬尘羽流对人类健康有害. 在 *Journal of Agricultural, Biological, and Environmental Science*（2001 年 3 月）中，环境工程师开发了一个检测小麦地中作业的拖拉机产生的羽流中尘埃粒子浓度的模型. 拖拉机沿着六条平行的等长路径的土地作业. 将一个带有激光束的遥感仪器放在土地边上，每 0.5 秒测量一次灰尘中的颗粒物. 不幸的是，一部分测量是删失的（即高于仪器的信号电平）. 删失通常发生在拖拉机与仪器的激光束距离短的时候. 下表分别显示了六条拖拉机作业线上的删失测量的数目.

a. 计算并比较六条拖拉机作业线上的删失测量比率.
b. 该数据提供了充分的证据表明六条作业线上删失测量的比率不相同吗？用 $\alpha=0.01$ 检验.
c. 就检验的实际意义和统计意义发表看法.

DUSTCENSOR

拖拉机作业线	未删失测量	删失测量	合计
1	6 047	175	6 222
2	4 456	236	4 692
3	6 821	319	7 140
4	5 889	231	6 120
5	9 873	480	10 353
6	4 607	187	4 794
合计	37 693	1 628	39 321

资料来源：Johns, C., Holmen, B., Niemeier, A., and Shumway, R., "Nonlinear regression for modeling censored one-dimensional concentration profiles of fugitive dust plumes." *Journal of Agricultural, Biological, and Environmental Sciences*, Vol. 6, No. 1, March 2001（来自合作者 Brit Holmen 提供的数据文件）.

9.43 原子武器暴露. 美国橡树岭（田纳西）国家实验室的研究人员研发一种算法估计在 20 世纪 50、60 年代内华达试验基地暴露于原子武器试验的人们在生命中出现甲状腺癌病例的期望数与超过数.（*Health Physics*, 1986 年 1 月.）在大约 23 000 名暴露于武器试验辐射的人群中，58 人有可能在他们的剩余寿命中患有甲状腺癌. 根据算法, 将58个病例按性别和不同暴露时间的辐射水平 (放射能剂量) 分类见下表, 假定数据表示来源于目标总体的58名甲状腺癌患者的随机样本. 进行检验判断类型两个方向: 性别和暴露时间的放射能剂量是否独立, 利用 $\alpha = 0.01$.

ATOMIC

辐射剂量	性别 男性	性别 女性	合计
小于1	6	13	19
1~10	8	18	26
大于或等于11	3	10	13
合计	17	41	58

资料来源: Zeighami, E. A., and Morris, M. D. "Thyroid cancer risk in the population around the Nevada test site." Health Physics, Vol. 50, No. 1, Jan. 1986, p. 26 (表2).

9.44 果园中杀虫剂使用. 闲置的加利福尼亚果园中使用氯蜱硫磷、地亚农、杀扑磷和对硫磷这四种杀菌剂. Environmental Science & Technology (1993年10月) 报道了1990年1月至6月期间这些杀菌剂在加利福尼亚的使用次数. 下表给出了三种水果或坚果果园的数据分布情况. (对硫磷已被禁用于落叶果树和坚果树.)

a. 进行检验 ($\alpha = 0.01$) 判断使用的杀虫剂是否与果园种类有关.

b. 由于大量的杀虫剂应用报告, 所以 a 中检验的样本总容量十分大 ($n = 417\,697$), 从而"统计显著"的结果不一定是"实际显著". 分析说明对于三种果园种类, 杀扑磷的应用比例存在巨大差异.

PESTICIDE

化学剂	水果/坚果树 杏仁	桃	蜜桃
氯蜱硫磷	41 077	4 419	11 594
地亚农	102 935	9 651	5 928
杀扑磷	21 240	5 198	1 790
对硫磷	136 064	53 384	24 417

资料来源: Selber, J. N., et al. "Air and fog deposition residues of four organophosphate insecticides used on dormant orchards in the San Joaquin Valley, California." Environmental Science & Technology, Vol. 27, No. 10, Oct. 1993, p. 2236 (表1).

9.45 捕捉谷蛾. Journal of Agricultural, Biological, and Environmental Statistics (2000年12月) 描述了一项试验, 在晚冬, 谷物箱贮存了各种害虫 (如谷蛾). 在初夏 (6月), 3种碗状的捕捉器放置在谷物表面用来捕捉谷蛾, 所有三种捕捉器均涂抹性激素: 其中一个使用无标记的黏合剂, 一个标记发光的红粉, 最后一个标记发光的蓝粉. 捕捉器星期三放好, 并在随后的星期四和星期五收集战利品. 下表给出了每天每个捕捉器捕获的火蛾个数. 构造检验 ($\alpha = 0.10$) 判断三种捕捉器捕获的火蛾数百分比是否依赖于具体的日子.

MOTHTRAP

	黏合剂		
	无标记	红色标记	蓝色标记
星期四	136	41	17
星期五	101	50	18

资料来源: Wilcyto, E. P., et al. "Self-marking recapture models for estimating closed insect populations." Journal of Agricultural, Biological, and Environmental Statistics, Vol. 5, No. 4, December 2000 (表5A).

9.46 物种类热区. 参考练习3.81, Nature (1993年9月) 关于英国动植物种类"热区"的研究. 热区定义为 $10\,\text{km}^2$ 的物种丰富区域, 即这一区域是感兴趣物种的集中栖居地. 类似地, 冷区是一个 $10\,\text{km}^2$ 的物种稀少区域. 下面的表分别给出了在2 588个 $10\,\text{km}^2$ 区域样本中蝴蝶热区和蝴蝶冷区的个数. 理论上, 5%的区域应该是蝴蝶热区, 5%应该是蝴蝶冷区, 剩下 (90%) 的是中间区域. 利用 $\alpha = 0.01$ 检验此理论.

HOTSPOTS

蝴蝶热区	123
蝴蝶冷区	147
中间区域	2 318
合计	2 588

资料来源: Prendergast, J. R., et al. "Rare species, the coincidence of diversity hotspots and conservation strategies." Nature, Vol. 365, No. 6444, Sept. 23, 1993, p. 335 (表1).

9.47 灌溉庄稼. 参考练习9.8, 对农业工程师的调查. 数据是否提供了充分的证据表明5种水资源管理方案中的一个或多个优于其他? 用 $\alpha = 0.05$ 检验.

9.48 火蜥蜴鼻子伤口. 亲密的敌人识别 (DER) 是

自然学家和生态学家使用的术语,用来描述鸟类、哺乳动物和蚂蚁在它们领地边界被同类侵犯时表现的攻击性行为,DER 经常伴随着对入侵动物的升级攻击。最近的研究表明红背火蜥蜴由利用化学信号从不熟悉的火蜥蜴中区分熟悉的,而使用 DER。在逐步升级的争斗中,火蜥蜴努力咬对手的鼻子——这个伤口会降低火蜥蜴区分牺牲品、配偶和领土竞争者的能力。研究的一部分集中在比较鼻子上有伤口的雄性和雌性的比率,从森林中收集 144 只蜥蜴,杀掉它们,检查鼻子上的瘢痕组织。下面的表格给出了观察的结果。

DER

	雄性	雌性	合计
鼻子上有瘢痕组织	5	12	17
鼻子上无瘢痕组织	76	51	127
合计	81	63	144

资料来源:Jaeger, R. G. "Dear enemy recognition and the costs of aggression between salamanders." *The American Naturalist*, June 1981, Vol. 117, pp. 962-973. Reprinted by permission of the University of Chicago Press. © 1981 The University of Chicago.

a. 利用卡方检验判断鼻子上有瘢痕组织的火蜥蜴中雄性和雌性的比率是否存在差异,利用 $\alpha = 0.01$。

b. 用 99% 置信区间估计鼻子上有瘢痕组织的火蜥蜴中雄性和雌性的比率之差,解释结果。

c. 对数据应用费希尔精确检验,同 a 中的检验结果比较。

9.49 视频时间压缩。视频工程师使用时间压缩技术来缩短播放电视广告节目所要求的时间。但是较短的广告有效吗?为了回答这个问题,将 200 名大学生随机分为三组。第一组(57 名学生)观看一个包含 30s 广告的电视节目录像带;第二组(74 名学生)观看同样的录像带,但是 24s 时间压缩版本的广告;第三组(69 名学生)观看 20s 时间压缩版本的广告。观看录像带两天之后,询问这三组学生广告中品牌的名称。下面表格中给出了每组学生回答情况的人数。

a. 数据提供了充分的证据($\alpha = 0.05$)表明两个分类方向:广告类型和回忆品牌名称是相关的?解释结果。

b. 构造正常版本和 24s 压缩版本广告中能回忆起品牌的学生比率之差的 95% 置信区间。

TIMECOMP

		广告类型			
		正常版本 (30s)	压缩版本1 (24s)	压缩版本2 (20s)	合计
回忆品牌名称	能	15	32	10	57
	否	42	42	59	143
合计		57	74	69	200

9.50 作战模拟试验。为了评估战斗机飞行员对形势的注意力,参加了作战模拟。在试验的一个随机选定点,冻结模拟器并立刻收集形势注意力的数据。然后模拟器继续运行,直至测量出表现情况(如杀伤数)。*Human Factors*(1995 年 3 月)研究调查了模拟器的暂时停止会不会导致飞行员表现的任何变化。设计试验使得某些模拟器停止以收集形势注意力数据,而其他一些模拟器则不会停止,试验根据飞行员的杀伤数进行分类,180 次试验的数据汇总为下面的列联表。构造列联表分析并解释结果。

SIMKILLS

	杀伤数					合计
	0	1	2	3	4	
停止	32	33	19	5	2	91
不停止	24	36	18	8	3	89
合计	56	69	37	13	5	180

9.51 决策支持系统。决策支持系统(DSS)是一种用于帮助管理和分析大型数据集合的计算机系统。理想地,DSS 应该包括 4 个部分:(1)数据选取系统;(2)关系数据库组织;(3)分析模型;(4)用户与系统之间的友好交互对话。最近州高速公路局安装 DSS 以帮助监测公路建设合同投标中的数据,作为自我检测的一部分,公路局选取 151 个最近发生的可以直接被 DSS 跟踪的问题,并根据产生问题的部分分类。从表中的数据能得出 4 个 DSS 部分中至少有两个部分问题的比率是不同的结论吗?利用 $\alpha = 0.05$ 检验。

DSS

部分	1	2	3	4
问题数	31	28	45	47

*9.52 收音机听众特点。进行试验比较收音机听众的忠诚度和选择性,测试 30 名听众并对两种类型中的每一类型按低或高进行分类。表中的数据能提

供充证据表明忠诚度和选择性间存在相关性吗？使用 $\alpha = 0.05$ 的费希尔精确检验．

RADIO

		选择性	
		低	高
忠诚度	低	10	6
	高	12	2

9.53 肠胃炎爆发．由于污水处理厂长期存在的过滤不足和机能失常，在科罗拉多州发生了水污染非细菌性肠胃炎．进行一次研究以确定在传播期肠胃炎病的发生与水的消费量是否有关（*American Water Works Journal*，1986年1月）．对传播期有肠胃炎症状的40位居民样本进行家庭电话采访得到了每天以8盎司玻璃杯计的水消费信息．

a. 用99%置信区间估计每天喝1~2杯水的肠胃炎患者百分数．

b. 用99%置信区间估计每天喝1~2杯水的肠胃炎患者百分数和每天不喝水的肠胃炎患者百分数之差．

c. 构造检验以确定在传播期肠胃炎病的发生与水的消费量是否有关．利用 $\alpha = 0.01$．

GASTRO

	每天8盎司玻璃杯的水消费量				总计
	0	1~2	3~4	5 或以上	
有症状的受访者数	6	11	13	10	40

资料来源：Hopkins, R. S., et al. "Gastroenteritis: Case study of a Colorado outbreak." *American Water Works Journal*, Vol. 78, No. 1, Jan. 1996, p. 42 (表1). Copyright © 1986, American Water Works Association.

9.54 工人事故比例．工伤趋势依赖于工人已经执行任务的时间长度吗？生产商对714名受伤工人进行分析，表格中给出了在8h内每1个小时时段工伤的分布．

ACCIDENTS

工作小时	1	2	3	4	5	6	7	8
事故数	93	71	79	72	98	89	102	110

a. 数据表明在某些时间段工人发生事故的概率高于其他时间段吗？利用 $\alpha = 0.10$ 检验．

b. 数据提供充分证明表明在后4h发生事故的概率高于前4h吗？利用 $\alpha = 0.10$ 检验．（提示：检验 $H_0: p_1 = 0.5$，其中 p_1 是后4h发生事故的概率．）

9.55 地壳中的锰．在深层海底矿物核中发现了大量陆地上稀少且必需的金属物质锰．为了研究海底地壳的磁龄和在这个位置发现锰块概率的关系，从7个不同的磁龄位置收集地壳样品，并记录下样品中锰块的百分比含量，下表给出了相应的数据．有充分的证据表明在深海地壳找到锰块的概率依赖于地壳的磁龄吗？利用 $\alpha = 0.05$ 检验．

MANGANESE

时期	样品数	锰块百分比含量
中世纪	389	5.9
渐新世	140	17.9
始新世	214	16.4
古新世	84	21.4
白垩纪后期	247	21.1
白垩纪早中期	1 120	14.2
侏罗纪	99	11.0

资料来源：Menard, H. W. "Time, chance, and the origin of manganese nodules." *American Scientist*, Sept.-Oct. 1976.

第10章 简单线性回归

目标 介绍基于响应 y 和单个预测变量 x 之间简单线性关系的回归分析的基本概念.

活动中的统计学：探矿魔杖真的能发现水吗

仅仅利用一种迷信方法的木叉式探矿杖来寻找地下水源的行为常被称为"探矿魔杖". 尽管科学家广泛地认为这只是中世纪时期迷信的遗俗, 探矿魔杖仍在民间传说中流行, 到今天, 仍有个别人声称具有这种神秘的技能.

德国的许多魔杖勘探者声称他们对从水源散发出的"地球射线"有反应, 魔杖勘探者们说, 这些射线是对人类健康有潜在危险的放射物的微妙形式. 作为这些宣称的结果, 20世纪80年代中期德国政府进行了两年的试验来调查魔杖具有真实技能的可能性. 如果这种技能能够演示并说服政府官员, 那么就可以发现、避免和除掉德国危险放射物水平.

德国慕尼黑的一组大学物理学家得到了 400 000 马克(约 250 000 美元)拨款来进行研究. 招募到大约 500 名魔杖勘探候选人参加他们技能的初步测试. 为避免欺骗性的宣称, 选出在初步测试中看来最成功的 43 个人选进行最后的、仔细控制的试验.

研究者在一个空谷仓的地上放了一条 10m 长的绳子, 沿着它可以移动小型手推车. 把小段管子放在小型手推车上, 垂直于测试绳, 通过软管和有流水的抽水机连接. 每次试验中管子沿着绳子的位置是由计算机产生的随机数指派. 在谷仓的上层, 试验绳的正上方, 画一条 10m 长的测试线. 每次试验中, 允许一个魔杖勘探者进入上层并要求用他的魔杖、棒或选择的其他工具确定地面层有流水管子的位置.

每个魔杖勘探者至少参加一个测验系列, 即 5~15 次试验(一般为 10 次), 每次试验后管子随机地重新放置.(某些魔杖勘探者仅参加一个测验系列, 挑选其他人参加超过 10 个测验系列.)经过为期两年的试验, 43 个魔杖勘探者共参加了 843 次测验. 试验是"双盲的", 上层的观察者(研究者)和魔杖勘探者都不知道管子的位置, 即使是在猜测以后.(注：试验开始之前, 专业魔术师对勘探者的可能诡计或欺骗全部进行了检查.)

对每次试验记录两个变量：管子的实际位置(从绳子起点的分米数)和魔杖勘探者们的猜测(也以分米度量). 基于这些数据的检查, 德国物理学家在他们最后的报告中断言尽管实际上大部分魔杖勘探者在试验中做得不是特别好, 但"一小部分勘探者, 在个别的测验中, 显示出了意外高的成功率, 几乎不能用巧合解释所有这些……勘探者现象的实际核心可以看作是经验的证明……"(Wagner, Betz, and König, 1990).

这个结论受到加利福尼亚-圣地亚哥大学教授 J. T. Enright 的批评性评价(*Skeptical Inquirer*, 1999 年 1/2 月). Enright 关注了三个"最好"的魔杖勘探者(序号为 99、18 和 108). 这些魔杖勘探者中的每一个都进行了多次试验, 而且给出了这三个人中的每个最好的测验序列(一系列试验). 这些数据保存在文件 DOWSING 中, 列于表 SIA10.1 中.

🌐 DOWSING

表 SIA10.1 魔杖试验结果：三个最好魔杖勘探者的最好系列

试验	魔杖勘探者编号	管子位置	魔杖勘探者猜测
1	99	4	4
2	99	5	87

(续)

试验	魔杖勘探者编号	管子位置	魔杖勘探者猜测
3	99	30	95
4	99	35	74
5	99	36	78
6	99	58	65
7	99	40	39
8	99	70	75
9	99	74	32
10	99	98	100
11	18	7	10
12	18	38	40
13	18	40	30
14	18	49	47
15	18	75	9
16	18	82	95
17	108	5	52
18	108	18	16
19	108	33	37
20	108	45	40
21	108	38	66
22	108	50	58
23	108	52	74
24	108	63	65
25	108	72	60
26	108	95	49

资料来源：Enright, J. T. "Testing dowsing: The failure of the Munich experiments." *Skeptical Inquirer*. Jan/Feb. 1999, p. 45（图 6a）。

我们应用本章提出的统计方法分析表 SIA10.1 的数据，以确定魔杖勘探者是否真的可以发现水。该分析和结果将在本章末尾的"活动中的统计学回顾"的例子中给出。

10.1 回归模型

统计学最重要的应用之一是根据一组有联系的独立变量⊖ $x_1, x_2, \cdots, x_k$ 的知识，估计响应变量 y 的均值或者预测 y 的某个未来值。

例如，使用自动运输工具的仓库经理可能想建立堵塞时间 y（**因变量**）与有效的运输工具数量和正在搬运的装载物尺寸之类变量（**自变量**）的关系。目的是提出一个把 y 表示成自变量函数的**预测方程**（或**模型**），这样经理可以对自变量的特殊值预测 y，并且最终利用从预测方程研究获得的知识建立使堵塞时间最小的策略。

⊖ 当独立这个词用来描述变量 $x_1, x_2, \cdots, x_k$ 时，指的是代数意义上而不是概率意义上的独立。

另一个例子,一个工程师可能想建立机械装配线故障率 y 与诸如它的运行速度和装配线操作员这样的变量间的关系. 目的是提出一个联系因变量 y 与自变量的预测方程,并利用预测方程对各种运行速度和操作员组合预测故障率 y 的值.

用于联系因变量 y 与自变量 $x_1, x_2, \cdots, x_k$ 的模型称为**回归模型**或**线性统计模型**,因为对给定的 $x_1, x_2, \cdots, x_k$ 值,它们把 y 的均值表示成一组未知参数的线性函数,利用 10.3 节中介绍的步骤,由样本数据估计这些参数.

本章利用一个非常简单的回归模型(联系 y 与单个自变量 x 的模型)介绍回归分析概念. 我们将学习如何利用**最小二乘法**这个模型拟合一组数据,并详细检查从回归分析可能得到的各种不同类型的推断. 在第 11 和 12 章,将运用这些知识来理解**多重回归分析**(联系 y 与两个或多个自变量的问题)的理论和实际应用.

定义 10.1 被预测(或被建模)的变量 y 称为**因变量**(或**响应变量**).

定义 10.2 用来预测(或建模) y 的变量称为**自变量**,并用符号 x_1, x_2, x_3 等表示.

前面几章介绍了应用统计学的基础知识. 虽然以后将要遇到的许多统计量抽样分布的导出在数学上超出了本书的范围,但是所学到的知识将会有助于理解它们是如何导出的,在许多例子中,还可以得到这些抽样分布的均值和方差.

理论知识有用的另一个原因是,统计学理论像物理学、工程学、经济学等理论一样,只是一个现实的模型. 只有当方法中的假定完全满足时,它才能精确地解释现实. 因为这种情形很少发生,统计学(或物理学、工程学、经济学等)用于解决现实世界问题是一种艺术. 因此,为了把理论应用于现实世界,必须知道与假定的背离在多大范围内会影响得到的统计推断,并且必须使模型和方法论适合实际问题的条件. 对构成方法论理论的基本理解可以帮你做到这些.

10.2 模型假定

为了简化讨论,将规定如下虚构的情形和数据集. 假定一种新绝缘材料的开发者想确定 2in 厚的材料样品在受到不同压力时产生的压缩量. 在不同压力下测试 5 张试验材料,表 10.1 给出了 x 值 (10lb/in^2) 和产生的压缩量 $y(0.1\text{in})$. 称为**散点图**的数据图如图 10.1 所示.

假定认为 y 值随着 x 的增加以线性方式的趋势增加,则在图 10.1 中选择画一条穿过点的直线作为联系 y 与 x 的模型. 如果图 10.1 中所有的点都落在拟合直线上,这样一个**确定性模型**(不允许预测误差)可能是适当的. 然而可以看到对表 10.1 中的数据,这种理

🌐 INSULATION

表 10.1 绝缘材料的压缩量与压力

样 本	压力 x	压缩量 y
1	1	1
2	2	1
3	3	2
4	4	2
5	5	4

想情形没有出现,无论怎样画一条直线通过图 10.1 中的点,至少有一些点实际上是偏离拟合直线的.

上述问题的解决方案是建立一个联系 y 与 x 的**概率模型**——承认数据点关于直线的随机变化. 概率模型的一种类型——**简单线性回归模型**,假定对给定的 x 值,y 的均值可以绘成一条直线,并且点偏离这条均值直线是一个随机(正或负)量 ε,即

$$y = \underbrace{\beta_0 + \beta_1 x}_{\text{对给定的}x, y\text{的均值}} + \underbrace{\varepsilon}_{\text{随机误差}}$$

其中 β_0 和 β_1 是模型确定(非随机)分量的未知参数. 如果假定点在均值直线上下偏离, 有些离差是正的, 有些离差是负的, 且有 $E(\varepsilon) = 0$, 则 y 的均值为

$$E(y) = E(\beta_0 + \beta_1 x + \varepsilon) = \beta_0 + \beta_1 x + E(\varepsilon) = \beta_0 + \beta_1 x$$

因此对给定 x 的值, y 的均值用符号 $E(y)$ ⊖ 表示, 画成一条 y 轴截距等于 β_0, 斜率等于 β_1 的直线. 图 10.2 给出均值的假设直线 $E(y) = \beta_0 + \beta_1 x$.

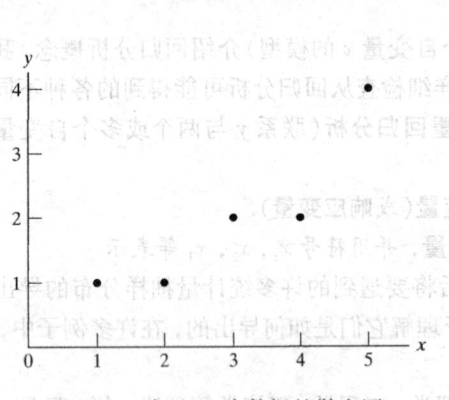

图 10.1 表 10.1 中数据的散点图

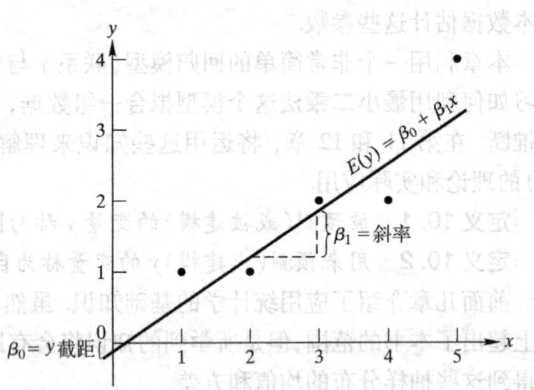

图 10.2 表 10.1 的数据散点图和均值的假设直线 $E(y) = \beta_0 + \beta_1 x$

简单线性回归(概率)模型

$$y = \beta_0 + \beta_1 x + \varepsilon$$

其中, y = 因变量; x = 自变量; $E(y) = \beta_0 + \beta_1 x$ 是确定性分量(直线方程); ε = **随机误差**分量; β_0 = 直线的 y **截距**, 即直线与 y 轴的截取点或交点(见图 10.2); β_1 = 直线的**斜率**, 即 x 每增加 1 个单位, y 的确定性分量增加(或减少)量(见图 10.2).

为了用简单线性回归模型拟合一组数据, 必须求均值直线 $E(y) = \beta_0 + \beta_1 x$ 的未知参数 β_0 和 β_1 估计量. 关于 β_0 和 β_1 的有效推断依赖于估计量的抽样分布, 反过来估计量的抽样分布又依赖于随机误差 ε 的概率分布; 因此, 必须先对 ε 做些特殊的假定. 这些假定总结如下, 它们对每个统计回归分析都是基本的.

假定 1 ε 概率分布的均值为 0. 即对自变量 x 的每个设置, 对无限长试验序列误差的平均是 0. 这个假定意指对给定 x 的值, y 的均值 $E(y)$ 是 $E(y) = \beta_0 + \beta_1 x$.

假定 2 对自变量 x 的所有设置, ε 概率分布的方差为常数. 对直线模型, 这个假定意指对所有的 x 值, ε 的方差等于一个常数, 即 σ^2.

假定 3 ε 的概率分布是正态的.

假定 4 任意两个不同观测值关联的误差是独立的. 即与一个 y 值关联的误差不会影响与其他 y 值关联的误差.

前三个假定的含义可以在图 10.3 中看出, 图 10.3 描述 x 的三个特殊值 x_1, x_2 和 x_3 的误差分布.

⊖ 对给定的 x 值, y 的均值应该用符号 $E(Y|x)$ 表示. 但是当模型包含多于一个自变量时, 这个符号变得很烦琐. 因此, 简化记号, 用符号 $E(y)$ 代表 $E(Y|x)$.

注意误差的相对频率分布是正态的,均值为 0,方差为常数 σ^2(所有的分布显示具有同样大小的散布或变异性). 图 10.3 显示的直线是给定 x 值时 y 的均值 $E(y) = \beta_0 + \beta_1 x$.

有许多方法检验这些假定的有效性,并且当这些方法无效时可以应用补救方法,我们将在第 11 章详细讨论这些方法. 在实际中,对最小二乘估计和检验统计量(将在后面介绍)具有期望从回归分析获得的可靠性度量,这些假定不必精确地成立,在许多实际应用中这些假定将会适当地满足.

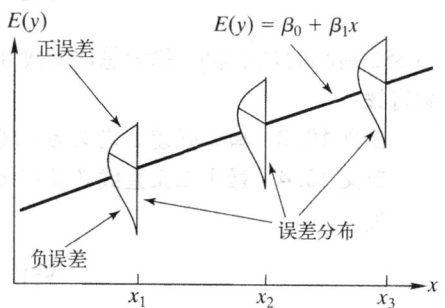

图 10.3 ε 的概率分布

10.3 估计 β_0 和 β_1:最小二乘法

为了选择对一个数据集的"最佳拟合"直线,必须估计简单线性回归模型的未知参数 β_0 和 β_1. 这些估计量可以用极大似然法(见 7.3 节)得到,但是最简单的方法(直观上吸引人的)是**最小二乘法**. 当 10.2 节的假定满足时,β_0 和 β_1 的极大似然估计和最小二乘估计是相等的 $^\ominus$.

检查图 10.4 可以看出支持最小二乘法的原因,图 10.4 显示了画在表 10.1 中数据点的散点图上的一条直线,垂线段代表点到直线的**离差**. 滑动围绕图形的尺子可以看到可能找到许多直线使离差(或**误差**)的和等于 0,但是可以证明有且仅有一条直线使**离差平方和**最小. 离差平方和称为**误差平方和**,用符号 SSE 表示,直线称为**最小二乘直线**、**回归直线**或**最小二乘预测方程**.

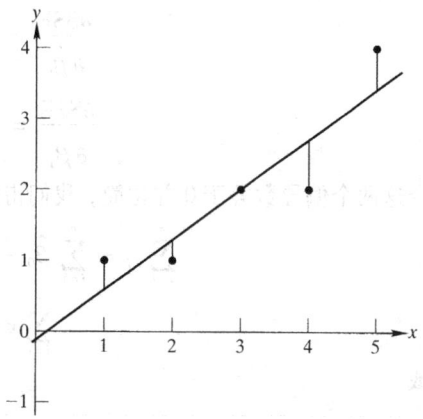

图 10.4 显示点关于直线离差的图

为了找到一组数据的最小二乘直线,假定有一个 n 对数据点的样本,这些数据点可以由相应的 x 和 y 值识别,比如 $(x_1, y_1), (x_2, y_2), \cdots, (x_n, y_n)$. 例如表 10.1 中给出的 $n = 5$ 个数据点是 $(1,1), (2,1), (3,2), (4,2)$ 和 $(5,4)$. 响应变量 y 关于 x 的直线模型是

$$y = \beta_0 + \beta_1 x + \varepsilon$$

均值直线是 $E(y) = \beta_0 + \beta_1 x$,希望找到的拟合直线表示为 $\hat{y} = \hat{\beta}_0 + \hat{\beta}_1 x$. 因此,$\hat{y}$ 是 y 的均值 $E(y)$ 的一个估计,也是 y 未来值的一个预测量;$\hat{\beta}_0$ 和 $\hat{\beta}_1$ 分别是 β_0 和 β_1 的估计量.

对一个给定的数据点(如点 (x_i, y_i)),y 的观测值是 y_i,y 的预测值可以通过把 x_i 代入预测方程

$$\hat{y}_i = \hat{\beta}_0 + \hat{\beta}_1 x_i$$

得到,第 i 个 y 值与它的预测值的离差为

$$(y_i - \hat{y}_i) = [y_i - (\hat{\beta}_0 + \hat{\beta}_1 x_i)]$$

对所有 n 个数据点,y 值与它们预测值的离差平方和为

$\ominus$ 即使当 10.2 节中一条或多条假设背离时,最小二乘估计也是一种有效估计方法. 如果假定不满足,则从估计值导出的推论有效性是可疑的.

$$\text{SSE} = \sum_{i=1}^{n}[y_i - (\hat{\beta}_0 + \hat{\beta}_1 x_i)]^2$$

使 SSE 最小的量 $\hat{\beta}_0$ 和 $\hat{\beta}_1$ 称为总体参数 β_0 和 β_1 的**最小二乘估计值**,预测方程 $y = \hat{\beta}_0 + \hat{\beta}_1 x$ 称为**最小二乘直线**.

定义 10.3 回归**残差** $\hat{\varepsilon}$ 定义为 y 观测值与相应预测值的差:$\hat{\varepsilon} = y - \hat{y}$.

定义 10.4 **最小二乘直线**是具有比其他任何直线模型更小的 SSE 的直线.

使

$$\text{SSE} = \sum_{i=1}^{n}[y_i - (\hat{\beta}_0 + \hat{\beta}_1 x_i)]^2$$

取最小值的 $\hat{\beta}_0$ 和 $\hat{\beta}_1$ 可以通过令两个偏导数 $\partial \text{SSE}/\partial \hat{\beta}_0$ 和 $\partial \text{SSE}/\partial \hat{\beta}_1$ 等于 0,并解所得的**最小二乘方程**的线性联立方程组得到. 为了说明, 首先计算偏导数:

$$\frac{\partial \text{SSE}}{\partial \hat{\beta}_0} = \sum_{i=1}^{n} 2[y_i - (\hat{\beta}_0 + \hat{\beta}_1 x_i)](-1)$$

$$\frac{\partial \text{SSE}}{\partial \hat{\beta}_1} = \sum_{i=1}^{n} 2[y_i - (\hat{\beta}_0 + \hat{\beta}_1 x_i)](-x_i)$$

令这两个偏导数等于 0 并化简,我们得到最小二乘方程

$$\sum_{i=1}^{n} y_i - \sum_{i=1}^{n} \hat{\beta}_0 - \hat{\beta}_1 \sum_{i=1}^{n} x_i = \sum_{i=1}^{n} y_i - n\hat{\beta}_0 - \hat{\beta}_1 \sum_{i=1}^{n} x_i = 0$$

$$\sum_{i=1}^{n} x_i y_i - \hat{\beta}_0 \sum_{i=1}^{n} x_i - \hat{\beta}_1 \sum_{i=1}^{n} x_i^2 = 0$$

或

$$n\hat{\beta}_0 + \hat{\beta}_1 \sum_{i=1}^{n} x_i = \sum_{i=1}^{n} y_i$$

$$\hat{\beta}_0 \sum_{i=1}^{n} x_i + \hat{\beta}_1 \sum_{i=1}^{n} x_i^2 = \sum_{i=1}^{n} x_i y_i$$

解关于 β_0 和 β_1 的线性联立方程组,得到下面方框中的公式(证明略).

最小二乘估计公式

斜率: $\hat{\beta}_1 = \dfrac{\text{SS}_{xy}}{\text{SS}_{xx}}$

y 截距: $\hat{\beta}_0 = \bar{y} - \hat{\beta}_1 \bar{x}$

其中

$$\text{SS}_{xy} = \sum_{i=1}^{n}(x_i - \bar{x})(y_i - \bar{y}) = \sum_{i=1}^{n} x_i y_i - \frac{\left(\sum_{i=1}^{n} x_i\right)\left(\sum_{i=1}^{n} y_i\right)}{n}$$

$$\text{SS}_{xx} = \sum_{i=1}^{n}(x_i - \bar{x})^2 = \sum_{i=1}^{n} x_i^2 - \frac{\left(\sum_{i=1}^{n} x_i\right)^2}{n}$$

n = 样本大小.

例 10.1 **求 $\hat{\beta}_0$, $\hat{\beta}_1$ 和 SSE** *a*. 对表 10.1 中的数据计算 β_0 和 β_1 的最小二乘估计，然后计算 SSE.
   b. 给出结果的实际解释.

解 *a*. 求表 10.2 中绝缘材料压缩量数据的最小二乘直线的初步计算. 现在计算 ⊖

表 10.2　绝缘材料压缩量例子的初步计算

x_i	y_i	x_i^2	$x_i y_i$	y_i^2
1	1	1	1	1
2	1	4	2	1
3	2	9	6	4
4	2	16	8	4
5	4	25	20	16
求和 $\sum x_i = 15$	$\sum y_i = 10$	$\sum x_i^2 = 55$	$\sum x_i y_i = 37$	$\sum y_i^2 = 26$

$$SS_{xy} = \sum x_i y_i - \frac{(\sum x_i)(\sum y_i)}{5} = 37 - \frac{(15)(10)}{5} = 37 - 30 = 7$$

$$SS_{xx} = \sum x_i^2 - \frac{(\sum x_i)^2}{5} = 55 - \frac{(15)^2}{5} = 55 - 45 = 10$$

则最小二乘直线的斜率为

$$\hat{\beta}_1 = \frac{SS_{xy}}{SS_{xx}} = \frac{7}{10} = 0.7$$

y 截距为

$$\hat{\beta}_0 = \bar{y} - \hat{\beta}_1 \bar{x} = \frac{\sum y_i}{5} - \hat{\beta}_1 \frac{(\sum x_i)}{5}$$

$$= \frac{10}{5} - (0.7)\frac{(15)}{5} = 2 - (0.7)(3)$$

$$= 2 - 2.1 = -0.1$$

因此最小二乘直线为

$$\hat{y} = \hat{\beta}_0 + \hat{\beta}_1 x = -0.1 + 0.7x$$

这条直线的图形在图 10.5 中给出.

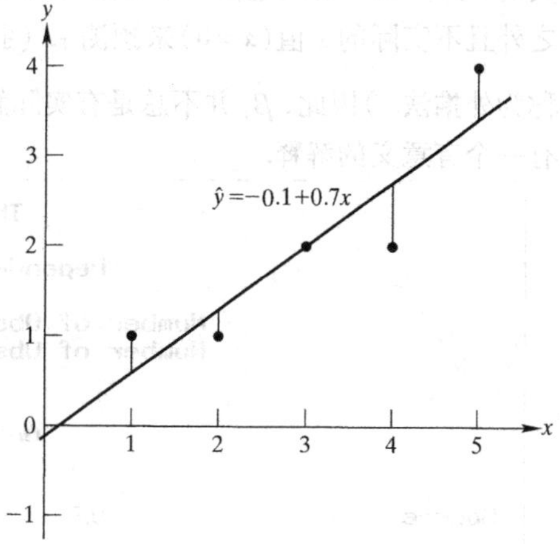

表 10.1 中数据 y 的观测值和预测值以及 y 值关于它们预测值的离差和离差平方和都在表 10.3 中给出. 注意离差平方和 SSE 为 1.10. 这比拟合这组数据的任何其他直线得到的 SSE 值都小.

图 10.5　直线 $\hat{y} = -0.1 + 0.7x$ 拟合数据

表 10.3　最小二乘模型的观测值和预测值的比较

x	y	$\hat{y} = -0.1 + 0.7x$	$(y - \hat{y})$	$(y - \hat{y})^2$
1	1	0.6	$(1 - 0.6) = 0.4$	0.16
2	1	1.3	$(1 - 1.3) = -0.3$	0.09
3	2	2.0	$(2 - 2.0) = 0$	0.00

⊖ 因为从现在开始将会广泛地应用求和. 当求和包含样本中所有测量时，将省略 $\sum$ 的范围，例如，当符号是 $\sum_{i=1}^{n}$ 时，我们记为 $\sum$.

（续）

x	y	$\hat{y} = -0.1 + 0.7x$	$(y - \hat{y})$	$(y - \hat{y})^2$
4	2	2.7	$(2 - 2.7) = -0.7$	0.49
5	4	3.4	$(4 - 3.4) = 0.6$	0.36
			误差总和 = 0	SSE = 1.10

注：为获得简单线性回归中的 $\hat{\beta}_0$、$\hat{\beta}_1$ 和 SSE 所要求的计算，虽然直接，但可能会相当冗长，即使利用计算器，过程也相当费力且易出错，特别是样本容量较大时．许多工程师和科学家依靠统计软件来运行简单线性回归．表 10.1 中数据分析的 SAS、MINITAB、SPSS 和 Excel 输出在图 10.6a~d 中给出，$\hat{\beta}_0$，$\hat{\beta}_1$ 和 SSE 在输出中着重显示．（注意这些值和手算的计算值精确一致．）

b. 对最小二乘斜率 $\hat{\beta}_1 = 0.7$ 的解释是压力 x 每增加一个单位，压缩量 y 将增加 0.7 个单位．因为 y 以 0.1in 为单位，而 x 以 10lb/in^2 为单位，所以我们的解释是压力每增加 10lb/in^2，压缩量将增加 0.7in．在 10.6 节将对此推断附加一个可靠性度量．

最小二乘截距 $\hat{\beta}_0 = -0.1$ 是当压力设定为 $x = 0\text{lb/in}^2$ 时压缩量 y 的估计值．压缩量永远不能是负的，为什么会出现这样一个无意义的结果呢？原因是我们试图用最小二乘模型对在样本数据范围之外且不实际的 x 值（$x = 0$）来预测 y．（我们将在 10.9 节更多地介绍样本数据范围之外的预测——称为外推法．）因此，$\hat{\beta}_0$ 并不总是有实际解释．只有当 $x = 0$ 在样本 x 值范围之内并是实际值时，$\hat{\beta}_0$ 才有一个有意义的解释．■

```
                     The REG Procedure
                       Model: MODEL1
                   Dependent Variable: COMP_Y

            Number of Observations Read           5
            Number of Observations Used           5

                     Analysis of Variance

                          Sum of         Mean
    Source        DF     Squares       Square    F Value    Pr > F

    Model          1     4.90000      4.90000      13.36    0.0354
    Error          3     1.10000      0.36667
    Corrected Total 4    6.00000

              Root MSE              0.60553    R-Square    0.8167
              Dependent Mean        2.00000    Adj R-Sq    0.7556
              Coeff Var            30.27650

                       Parameter Estimates

                        Parameter      Standard
    Variable     DF      Estimate         Error   t Value   Pr > |t|

    Intercept     1      -0.10000       0.63509     -0.16     0.8849
    PRESS_X       1       0.70000       0.19149      3.66     0.0354
```

a) SAS 输出

图 10.6 例 10.1 的简单线性回归分析的统计软件输出

```
The regression equation is
COMP_Y = - 0.100 + 0.700 PRESS_X


Predictor      Coef    SE Coef       T       P
Constant    -0.1000     0.6351   -0.16   0.885
PRESS_X      0.7000     0.1915    3.66   0.035


S = 0.605530   R-Sq = 81.7%   R-Sq(adj) = 75.6%

Analysis of Variance

Source          DF      SS       MS       F       P
Regression       1   4.9000   4.9000   13.36   0.035
Residual Error   3   1.1000   0.3667
Total            4   6.0000
```

b) MINITAB 输出

Model Summary

Model	R	R Square	Adjusted R Square	Std. Error of the Estimate
1	0.904a	0.817	0.756	0.606

a. Predictors: (Constant), PRESS_X

ANOVA[b]

Model		Sum of Squares	df	Mean Square	F	Sig.
1	Regression	4.900	1	4.900	13.364	0.035a
	Residual	1.100	3	0.367		
	Total	6.000	4			

a. Predictors: (Constant), PRESS_X
b. Dependent Variable: COMP_Y

Model		Unstandardized Coefficients		Standardized Coefficients	t	Sig.
		B	Std. Error	Beta		
1	(Constant)	-.100	0.635		-.157	0.885
	PRESS_X	0.700	0.191	0.904	3.656	0.035

a. Dependent Variable: COMP_Y

c) SPSS 输出

	A	B	C	D	E	F	G
1	SUMMARY OUTPUT						
2							
3	*Regression Statistics*						
4	Multiple R	0.903696114					
5	R Square	0.816666667					
6	Adjusted R Square	0.755555556					
7	Standard Error	0.605530071					
8	Observations	5					
9							
10	ANOVA						
11		df	SS	MS	F	Significance F	
12	Regression	1	4.9	4.9	13.36363636	0.035352847	
13	Residual	3	1.1	0.366667			
14	Total	4	6				
15							
16		Coefficients	Standard Error	t Stat	P-value	Lower 95%	Upper 95%
17	Intercept	-0.1	0.635085296	-0.15748	0.88488398	-2.12112875	1.9211268
18	PRESS_X	0.7	0.191485422	3.655631	0.035352847	0.090807356	1.3093926

d) Excel 输出

图 10.6 （续）

概括而言,我们定义了满足最小二乘准则的最优拟合直线:即误差平方和比其他任何直线模型都小. 这条直线称为**最小二乘直线**, 它的方程称为**最小二乘预测方程**.

应用练习

10.1 求 β_0 和 β_1. 直线方程(确定性的)为
$$y = \beta_0 + \beta_1 x$$
如果直线经过点 $(0,1)$, 则 $x = 0, y = 1$ 一定满足方程. 也就是说,
$$1 = \beta_0 + \beta_1(0)$$
同样地, 如果直线经过点 $(2,3)$, 则 $x = 2, y = 3$ 一定满足方程:
$$3 = \beta_0 + \beta_1(2)$$
利用这两个方程求解 β_0 和 β_1, 并求经过点 $(0,1)$ 和 $(2,3)$ 的直线方程.

10.2 求直线方程. 找出下列每种情形中经过点的直线方程, 并画出每条直线.
a. $(0,2)$ 和 $(2,6)$.
b. $(0,4)$ 和 $(2,6)$.
c. $(0,-2)$ 和 $(-1,-6)$.
d. $(0,-4)$ 和 $(3,-7)$.

10.3 识别 y 截距和斜率. 画出下列直线, 给出每条直线的 y 截距和斜率.
a. $y = 3 + 2x$
b. $y = 1 + x$
c. $y = -2 + 3x$
d. $y = 5x$
e. $y = 4 - 2x$

10.4 类星体的红移. 天文学家称星系光谱的移动为"红移". 类星体(QSO)的红移水平和视星等(即按对数尺度的亮度)之间的关系已被发现并发表在 *Journal of Astrophysics & Astronomy* (2003 年 3/6 月)上. 把简单线性回归应用于收集到的超过 6 000 个证实有红移的类星体的样本数据. 对某星等范围分析得到如下结果: $\hat{y} = 18.13 + 6.21x$, 其中 y = 视星等, x = 红移水平.
a. 画出最小二乘直线, 直线的斜率是正的还是负的?
b. 用本问题的语言解释 y 截距的估计值.
c. 用本问题的语言解释斜率的估计值.

10.5 土壤中的砷. 在美国科罗拉多州首府丹佛, 环境学家发现土壤中的高砷量与 20 世纪 50 年代至 20 世纪 60 年代使用的一种除草剂之间有联系. (*Environmental Science & Technology*, 2000 年 9 月 1 日.) 最近的发现部分基于下面给出的散点图, 图中分别画出了金属镉和砷的含量与以前冶炼厂的距离的图形, 镉和砷的含量取自丹佛房地产的土壤样本.
a. 土壤中金属水平通常随着与源头(例如冶炼厂)距离的增加而减少, 假设有一直线模型联系金属水平 y 和到工厂的距离 x. 基于此项理论, 你认为直线斜率是正的还是负的?
b. 检查镉的散点图, 图像是否支持 a 中的理论?
c. 检查砷的散点图, 图像是否支持 a 中的理论?
(注: 这个发现促使调查人员发现了高砷水平和除草剂使用之间的联系.)

10.6 血型检测的新方法. 在 *Analytical Chemistry* (2010 年 5 月)中, 化学工程师测试了一种用低成本纸检测血型的新方法. 将血液滴在纸上并测量吸收率(称为血液芯吸). 下表给出了 6 滴抗体浓度不同的血液的芯吸长度(mm). 令 y = 芯吸长度, x = 抗体浓度.
a. 给出 y 关于 x 的直线方程.
b. 简单线性回归分析的 SPSS 输出如下图所示, 给出最小二乘直线方程.
c. 给出(如果可能的话)直线中 y 截距和斜率的估计值在实际中的解释.

BLOODTYPE

液滴	长度(mm)	浓度
1	22.50	0.0
2	16.00	0.2
3	13.50	0.4
4	14.00	0.6
5	13.75	0.8
6	12.50	1.0

资料来源: Khan, M. S., et al. "Paper diagnostic for instant blood typing", Analytical Chemistry, Vol. 82, No. 10, May 2010 (改编自图 4b).

10.7 来自篮球的声波. 参考练习 2.17, *American Journal of Physics* (2010 年 6 月)对球形腔内声波的研究. 用金属棒打篮球后产生的前 24 次共振(回声)的声波频率列于下表. 回想研究者期望声波频率随着共振次数增加而变大.
a. 假定频率 y 是共振次数 x 的函数, 给出它们之间线性增加关系的模型.
b. 根据研究者的理论, 直线的斜率是正还是负?

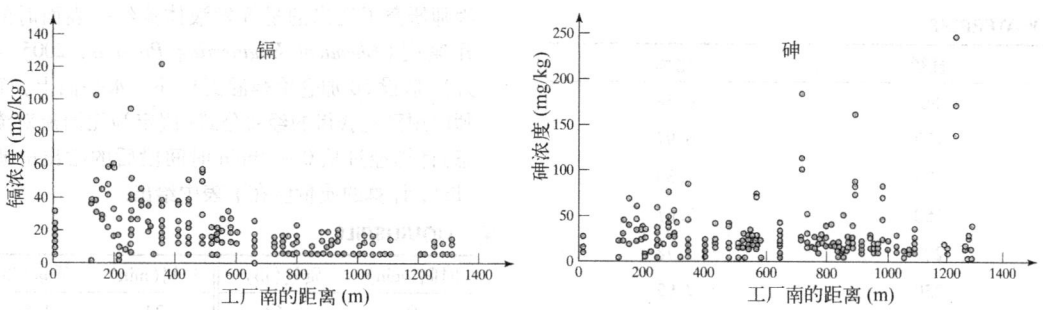

练习 10.5 的散点图

Coefficients[a]

Model		Unstandardized Coefficients		Standardized Coefficients	t	Sig.
		B	Std. Error	Beta		
1	(Constant)	19.393	1.708		11.357	.000
	ABConc	-8.036	2.820	-.819	-2.849	.046

a. Dependent Variable: WickLength

练习 10.6 的 SPSS 输出

c. 估计模型的 β 参数并给出(如果可能的话)每个参数的实际解释.

BBALL

共振	频率
1	979
2	1 572
3	2 113
4	2 122
5	2 659
6	2 795
7	3 181
8	3 431
9	3 638
10	3 694
11	4 038
12	4 203
13	4 334
14	4 631
15	4 711
16	4 993
17	5 130
18	5 210
19	5 214

(续)

共振	频率
20	5 633
21	5 779
22	5 836
23	6 259
24	6 339

资料来源: Russell, D. A. "Basketballs as spherical acoustic cavities", American Journal of Physics, Vol. 48, No. 6, June 2010 (表1).

10.8 估算水管维修和更换成本. 配水网络中使用的管道由于各种因素易于破损. 当管道破裂时, 工程师必须决定是维修还是更换破裂的管道. 在 *IHS Journal of Hydraulic Engineering* (2012 年 9 月) 中, 一个土木工程师团队用回归分析估计了 y = 商业管道维修与更换成本比. 回归分析中的自变量 x = 管道的直径(mm). 下表给出了 13 个不同大小管道的样本数据.

a. 建立数据的散点图.

b. 求维修与更换的成本比 y 和管道直径 x 的最小二乘直线.

c. 在 a 中的图上画出最小二乘直线.

d. 结合实际, 解释 $\hat{\beta}_0$ 和 $\hat{\beta}_1$ 的值.

WATERPIPE

直径	比率
80	6.58
100	6.97
125	7.39
150	7.61
200	7.78
250	7.92
300	8.20
350	8.42
400	8.60
450	8.97
500	9.31
600	9.47
700	9.72

资料来源：Suribabu, C. R. & Neelakantan, T. R. "Sizing of water distribution pipes based on performance measure and breakagerepair replacement economics", *IHS Journal of Hydraulic Engineering*, Vol. 18, No. 3, September 2012 (表1).

10.9 延长熔铝坩埚的寿命. 用于装衬熔铝坩埚砖的性质研究发表在 *The American Ceramic Society Bulletin*(2005年2月). 评价6种不同的商用砖. 熔铝坩埚的寿命依赖于砖衬的孔隙率(孔隙率越小, 寿命越长), 因此, 研究者测量了每种样品砖的表观孔隙率以及每种砖的平均孔径, 数据由下表给出.

SMELTPOT

砖	表观孔隙率(%)	平均孔径(微米)
A	18.8	12.0
B	18.3	9.7
C	16.3	7.3
D	6.9	5.3
E	17.1	10.9
F	20.4	16.8

资料来源：Bonadia. P., et al. "Aluminosilicate refractories for aluminum cell linings." *The American Ceramic Society Bullitin*. Vol. 84, No. 2, Feb. 2005(表2).

a. 求联系孔隙率(y)与平均孔径(x)的最小二乘直线.
b. 解释直线的y截距.
c. 解释直线的斜率.
d. 预测具有10微米平均孔径的砖表观孔隙率.

10.10 溢出液体的渗开速度. 杜邦公司一位签约工程师研究了溢出的易挥发液体流经一表面时的渗开速度(*Chemical Engineering Progress*, 2005年1月). 假设50加仑甲醇溢到户外一水平面上, 工程师应用已经获得的经验公式(假定为无湍流对流状态)计算经过从0~60min 时间段后的溢出的质量(lb), 计算的质量值在下表中给出.

LIQUIDSPILL

时间(min)	质量(lb)	时间(min)	质量(lb)
0	6.64	22	1.86
1	6.34	24	1.60
2	6.04	26	1.37
4	5.47	28	1.17
6	4.94	30	0.98
8	4.44	35	0.60
10	3.98	40	0.34
12	3.55	45	0.17
14	3.15	50	0.06
16	2.79	55	0.02
18	2.45	60	0.00
20	2.14		

资料来源：Barry, J. "Estimating rates of spreading and evaporation of volatile liquids." *Chemical Engineering Progress*. Vol. 101, No. 1. Jan. 2005.

a. 建立数据的散点图, y = 计算的质量, x = 时间.
b. 求联系质量(y)和时间(x)的最小二乘直线.
c. 在 a 中散点图上画出最小二乘直线.
d. 解释 $\hat{\beta}_0$ 和 $\hat{\beta}_1$ 的值.

10.11 估计降雨量的新方法. 降雨量的精确度量对许多水文学和气象学工程都是紧要的. 监测降雨量的两种标准方法是利用雨量计/气象雷达, 然而, 这两种工具可能受到人为和环境干扰而被损害. 在 *Journal of Data Science*(2004年4月)上, 研究者在蒙特利尔气象站利用人工神经网络(也就是基于计算机的数学模型)估计降雨量, 在70min时间内每5min利用3种方法做一次降雨量估计, 数据(mm)在表中列出.

a. 提出一个联系雨量计测量值(y)与气象雷达雨量估计(x)的直线模型.
b. 利用最小二乘法对数据进行模型拟合.
c. 在数据散点图上画出最小二乘直线, 图中存在两个变量之间关系的形象证据吗? 这种关系是正的还是负的?

d. 用本问题的语言解释 y 截距和斜率的估计值.
e. 现在考虑联系雨量计测量值(y)与人工神经网络雨量估计(x)的模型,对此模型重复 a~d 的问题.

🌐 **RAINFALL**

时间	雷达	雨量计	神经网络
8:00 A.M.	3.6	0	1.8
8:05	2.0	1.2	1.8
8:10	1.1	1.2	1.4
8:15	1.3	1.3	1.9
8:20	1.8	1.4	1.7
8:25	2.1	1.4	1.5
8:30	3.2	2.0	2.1
8:35	2.7	2.1	1.0
8:40	2.5	2.5	2.6
8:45	3.5	2.9	2.6
8:50	3.9	4.0	4.0
8:55	3.5	4.9	3.4
9:00 A.M.	6.5	6.2	6.2
9:05	7.3	6.6	7.5
9:10	6.4	7.8	7.2

资料来源: Hessami, M., et al. "Selection of an artificial neural network model for the post-calibration of weather radar rainfall estimation." *Journal of Data Science*. Vol. 2, No. 2, Apr. 2004. (采用图2和图4.)

10.12 橙汁的甜度. 生产厂商(如美汁源、纯品康纳)经常监测生产的橙汁质量,许多刺激性物质和化学成分的结合可制造出最美味的橙汁. 例如一个厂商开发了橙汁"甜度"的定量指标(指标越高,橙汁越甜),甜度指标与像橙汁中水溶性果胶量(百万分之一)这样的化学测量之间有联系吗? 对橙汁制造厂生产的 24 次生产过程收集的这两个变量的数据在下表中给出,假定生产商想利用简单线性回归从果胶量(x)来预测甜度(y).

a. 求这组数据的最小二乘直线.
b. 用本问题的语言解释 $\hat{\beta}_0$ 和 $\hat{\beta}_1$ 的值.
c. 如果橘汁中果胶量是 300ppm,预测甜度指标.

🌐 **OJUICE**

过程	甜度指标	果胶量(ppm)
1	5.2	220
2	5.5	227
3	6.0	259

(续)

过程	甜度指标	果胶量(ppm)
4	5.9	210
5	5.8	224
6	6.0	215
7	5.8	231
8	5.6	268
9	5.6	239
10	5.9	212
11	5.4	410
12	5.6	256
13	5.8	306
14	5.5	259
15	5.3	284
16	5.3	383
17	5.7	271
18	5.5	264
19	5.7	227
20	5.8	263
21	5.9	232
22	5.8	220
23	5.8	246
24	5.9	241

注: 表中的数据是可信的. 由于机密性原因,不能透露生产厂商.

10.13 用分形几何来表征骨骼. 在 *Medical Engineering & Physics*(2013 年 5 月)中,研究者用分形几何刻画人类皮质骨. 测定 10 个人肋骨样本中皮质骨组织(称为分形维数)的体积变异程度. 研究者用分形维数得分预测骨组织的劲度指数,称为杨氏模数(GPa). 实验数据如下表所示. 考虑线性模型 $E(y) = \beta_0 + \beta_1 x$,其中 y=杨氏模数,x=分形维数得分. 找出骨组织分形维数得分每增加一分时杨氏模数增加量(或减少量)的估计.

🌐 **CORTBONE**

杨氏模数(Gpa)	分形维数
18.3	2.48
11.6	2.48
32.2	2.39
30.9	2.44
12.5	2.50

（续）

杨氏模数（Gpa）	分形维数
9.1	2.58
11.8	2.59
11.0	2.59
19.7	2.51
12.0	2.49

资料来源：Sanchez – Molina, D., et al. "Fractal dimension and mechanical properties of human cortical bone", *Medical Engineering & Physics*, Vol. 35, No. 5, May 2013（表1）.

10.14 铜管的热性能. 进行一项研究为应用在制冷加工业中的整体散热管的热性能建立模型（*Journal of Heat Transfer*, 1990年8月）. 在试验中用24种特别制造的矩形铜制整体散热管，放出的蒸汽向下进入每一根管子，测量蒸汽侧热传递系数（基于管子外表面积）. 研究的因变量是热传递提高率 y，定义为散热管的蒸汽侧系数与在相同温度下光滑管蒸汽侧系数之比. 理论上，热传递与管子上部由于蒸汽的冷凝作用没有蒸汽涌入的面积有关，表中数据是24根整体散热管的未涌入面积比（x）和热传递提高量（y）.

a. 求联系热传递提高量 y 与未涌入面积比 x 的最小二乘直线.
b. 画出数据点和最小二乘直线，检查你的计算.
c. 解释 $\hat{\beta}_0$ 和 $\hat{\beta}_1$ 的值.

🌐 FINTUBES

未涌入面积比 x	热传递提高量 y
1.93	4.4
1.95	5.3
1.78	4.5
1.64	4.5
1.54	3.7
1.32	2.8
2.12	6.1
1.88	4.9
1.70	4.9
1.58	4.1
2.47	7.0
2.37	6.7
2.00	5.2
1.77	4.7
1.62	4.2

（续）

未涌入面积比 x	热传递提高量 y
2.77	6.0
2.47	5.8
2.24	5.2
1.32	3.5
1.26	3.2
1.21	2.9
2.26	5.3
2.04	5.1
1.88	4.6

资料来源：Marto, P. J., et. al. "An experimental study of R-113 film condensation on horizontal integralfin tubes." *Journal of Heat Transfer*, Vol. 112, Aug. 1990, p. 763（表2）.

10.15 底灰沥青的开裂. 底灰是城市生活垃圾焚烧产生的一种常见副产品. *Journal of Civil Engineering and Construction Technology*（2013年2月）研究了底灰在修建柏油马路时的用途，其中最感兴趣的是底灰沥青的开裂率和应力强度之间的关系. 准备底灰沥青混合物，并生产15块板坯. 每块板坯的应力强度（每毫米应用循环负荷数）都不同，测量开裂增长率（毫米/周期）. 表中为测量数据（由期刊文章中的信息模拟而得）. 用 Paris Law 幂函数 $y = a x^b$ 对开裂增长率（y）与应力强度（x）之间的函数关系建模，其中 a 和 b 为未知常数.

a. 注意，若对等式两边取自然对数，则得到表达式 $\ln(y) = \ln(a) + b\ln(x)$. 这是联系对数开裂增长率和对数应力强度的直线方程. 用数据拟合这个直线模型，并给出最小二乘预测方程.
b. 基于 a 中的结果，对数应力强度每增加1个单位，你期望对数开裂增长率变化多少？

🌐 BOTASH

板坯	应力	开裂率
1	0.05	0.004
2	0.10	0.304
3	0.15	0.016
4	0.20	0.150
5	0.25	0.116
6	0.30	0.098
7	0.35	0.008
8	0.40	0.044
9	0.45	0.551
10	0.50	1.283

板坯	应力	(续) 开裂率
11	0.55	0.365
12	0.60	0.080
13	0.65	9.161
14	0.70	0.097
15	0.75	1.711

10.16 风轮机叶片压力. 纽卡斯尔大学(澳大利亚)的机械工程师研究了木材在高效率小型风轮机叶片中的应用(*Wind Engineering*, 2004 年 1 月),对两种木材(放射杉和鳞叶南洋杉)的强度进行了比较. 对每种木材叶片的 20 个样品(称作"试样")进行疲劳试验,在叶片旋转许多次后测量叶片压力(MPa). 对每种类型木材进行数据的简单线性回归分析得到下面的结果(其中 y = 压力,x = 旋转次数的自然对数).

放射杉:$\hat{y} = 97.37 - 2.50x$
鳞叶南洋杉:$\hat{y} = 122.03 - 2.36x$

a. 解释每条直线估计的斜率.
b. 解释每条直线估计的 y 截距.
c. 根据这些结果,哪种木材类型的叶片比较坚固且更具耐疲劳性?并加以说明.

理论练习

10.17 正态分布均值 μ 的极大似然估计量为样本均值 $\bar{y}$. 考虑模型 $E(y) = \mu$. 证明:μ 的最小二乘估计量也是 $\bar{y}$. (提示:SSE $= \sum (y_i - \hat{\mu})^2$ 关于 $\hat{\mu}$ 求极小.)

10.18 考虑线性联立方程:

$$n\hat{\beta}_0 + \hat{\beta}_1 \sum x_i = \sum y_i$$
$$\hat{\beta}_0 \sum x_i + \hat{\beta}_1 \sum x_i^2 = \sum x_i y_i$$

导出最小二乘估计 $\hat{\beta}_0$ 和 $\hat{\beta}_1$ 的公式.

10.4 最小二乘估计的性质

检查最小二乘估计公式可以看出它们是 y 观测值 $y_1, y_2, \cdots, y_n$ 的线性函数. 因为已经假定(10.2 节)与这些 y 值关联的随机误差 $\varepsilon_1, \varepsilon_2, \cdots, \varepsilon_n$ 是均值为 0,方差为 σ^2 的正态分布的独立随机变量,因此 y 值是均值为 $E(y) = \beta_0 + \beta_1 x$,方差为 σ^2 的正态分布,且 $\hat{\beta}_0$ 和 $\hat{\beta}_1$ 具有正态分布的抽样分布(定理 6.10).

$\hat{\beta}_1$ 抽样分布的均值和方差将在 10.6 节给出,在例 10.2 中将阐述它们是怎样得到的.

例 10.2 导出 $E(\hat{\beta}_1)$ 和 $V(\hat{\beta}_1)$ 求 $\hat{\beta}_1$ 的抽样分布的均值和方差.

解 出现在 $\hat{\beta}_1$ 公式里的量 SS_{xx} 只涉及 x 值,假定都是已知的,即非随机的. 因此,在求 $\hat{\beta}_1$ 的期望值时 SS_{xx} 可被看作常数. 相反,SS_{xy} 是随机变量 $y_1, y_2, \cdots, y_n$ 的函数,因此,

$$SS_{xy} = \sum (x_i - \bar{x})(y_i - \bar{y}) = \sum [(x_i - \bar{x})(y_i) - (x_i - \bar{x})\bar{y}] = \sum (x_i - \bar{x}) y_i - \bar{y} \sum (x_i - \bar{x})$$

但是

$$\sum (x_i - \bar{x}) = \sum x_i - n\bar{x} = \sum x_i - \sum x_i = 0$$

因此,$SS_{xy} = \sum (x_i - \bar{x}) y_i$. 将此式代入 $\hat{\beta}_1$ 的公式中,可得

$$\hat{\beta}_1 = \frac{SS_{xy}}{SS_{xx}} = \frac{1}{SS_{xx}} \sum (x_i - \bar{x}) y_i = \frac{(x_1 - \bar{x})}{SS_{xx}} y_1 + \frac{(x_2 - \bar{x})}{SS_{xx}} y_2 + \cdots + \frac{(x_n - \bar{x})}{SS_{xx}} y_n$$

这说明 $\hat{\beta}_1$ 是正态分布随机变量 $y_1, y_2, \cdots, y_n$ 的线性函数. 线性函数中的随机变量的系数 $a_1, a_2, \cdots, a_n$ 为

$$a_1 = \frac{(x_1 - \bar{x})}{SS_{xx}} \quad a_2 = \frac{(x_2 - \bar{x})}{SS_{xx}} \quad \cdots \quad a_n = \frac{(x_n - \bar{x})}{SS_{xx}}$$

求 $\hat{\beta}_1$ 抽样分布的均值 $E(\hat{\beta}_1)$ 和方差 $V(\hat{\beta}_1)$,最后一步是利用定理 6.8,它给出了求随机变量线性函数

均值和方差的规则. 因此,

$$E(\hat{\beta}_1) = E\left[\frac{(x_1-\bar{x})}{\text{SS}_{xx}}y_1 + \frac{(x_2-\bar{x})}{\text{SS}_{xx}}y_2 + \cdots + \frac{(x_n-\bar{x})}{\text{SS}_{xx}}y_n\right]$$

其中 $y_1, y_2, \cdots, y_n$ 是将 x 的相应值代入线性模型公式得到的, 即

$$y_1 = \beta_0 + \beta_1 x_1 + \varepsilon_1 \quad \text{和} \quad E(y_1) = \beta_0 + \beta_1 x_1$$
$$y_2 = \beta_0 + \beta_1 x_2 + \varepsilon_2 \quad \text{和} \quad E(y_2) = \beta_0 + \beta_1 x_2$$
$$\vdots$$
$$y_n = \beta_0 + \beta_1 x_n + \varepsilon_n \quad \text{和} \quad E(y_n) = \beta_0 + \beta_1 x_n$$

因此,

$$E(\hat{\beta}_1) = \frac{(x_1-\bar{x})}{\text{SS}_{xx}}E(y_1) + \frac{(x_2-\bar{x})}{\text{SS}_{xx}}E(y_2) + \cdots + \frac{(x_n-\bar{x})}{\text{SS}_{xx}}E(y_n)$$
$$= \frac{(x_1-\bar{x})}{\text{SS}_{xx}}(\beta_0+\beta_1 x_1) + \frac{(x_2-\bar{x})}{\text{SS}_{xx}}(\beta_0+\beta_1 x_2) + \cdots + \frac{(x_n-\bar{x})}{\text{SS}_{xx}}(\beta_0+\beta_1 x_n)$$
$$= \frac{\beta_0}{\text{SS}_{xx}}\sum(x_i-\bar{x}) + \frac{\beta_1}{\text{SS}_{xx}}\sum(x_i-\bar{x})x_i$$

但是,

$$\text{SS}_{xx} = \sum(x_i-\bar{x})^2 = \sum[(x_i-\bar{x})x_i - (x_i-\bar{x})] = \sum(x_i-\bar{x})x_i - \bar{x}\sum(x_i-\bar{x})$$

因为已经证明了 $\sum(x_i-\bar{x})=0$, 我们有 $\text{SS}_{xx} = \sum(x_i-\bar{x})x_i$. 因此,

$$E(\hat{\beta}_1) = 0 + \frac{\beta_1}{\text{SS}_{xx}}(\text{SS}_{xx}) = \beta_1$$

这说明 $\hat{\beta}_1$ 是 β_1 的无偏估计量.

利用定理 6.8 给出的公式求随机变量线性函数的方差, 并记住任一对 y 值之间的协方差等于 0, 因为所有对 y 值都假定为独立的, 我们有

$$V(\hat{\beta}_1) = \frac{(x_1-\bar{x})^2}{(\text{SS}_{xx})^2}V(y_1) + \frac{(x_2-\bar{x})^2}{(\text{SS}_{xx})^2}V(y_2) + \cdots + \frac{(x_n-\bar{x})^2}{(\text{SS}_{xx})^2}V(y_n)$$

根据 10.2 节的假定 $V(y_1) = V(y_2) = \cdots = V(y_n) = \sigma^2$. 因此

$$V(\hat{\beta}_1) = \frac{(x_1-\bar{x})^2}{(\text{SS}_{xx})^2}\sigma^2 + \frac{(x_2-\bar{x})^2}{(\text{SS}_{xx})^2}\sigma^2 + \cdots + \frac{(x_n-\bar{x})^2}{(\text{SS}_{xx})^2}\sigma^2 = \frac{\sigma^2\sum(x_i-\bar{x})^2}{(\text{SS}_{xx})^2} = \sigma^2\frac{\text{SS}_{xx}}{(\text{SS}_{xx})^2} = \frac{\sigma^2}{\text{SS}_{xx}}$$

并且

$$\sigma_{\hat{\beta}_1} = \frac{\sigma}{\sqrt{\text{SS}_{xx}}}$$

在 10.6 节将利用例 10.2 的结论检验关于回归直线斜率 β_1 的假设, 并构造它的置信区间. 还将解释这些推断的实际含义.

理论练习

10.19 证明:

$$\hat{\beta}_0 = \bar{y} - \hat{\beta}_1\bar{x} = \sum\left[\frac{1}{n} - \frac{\bar{x}(x_i-\bar{x})}{\text{SS}_{xx}}\right]y_i$$

(提示:

$$\hat{\beta}_1 = \frac{\text{SS}_{xy}}{\text{SS}_{xx}} = \frac{\sum(x_i-\bar{x})(y_i-\bar{y})}{\text{SS}_{xx}}$$
$$= \frac{\sum(x_i-\bar{x})y_i}{\text{SS}_{xx}} - \frac{\bar{y}\sum(x_i-\bar{x})}{\text{SS}_{xx}} = \frac{\sum(x_i-\bar{x})y_i}{\text{SS}_{xx}}$$

因为 $\sum(x_i-\bar{x})=0$.)

10.20 在例10.2中证明了斜率 β_1 的最小二乘估计 $\hat{\beta}_1$ 是 β_1 的一个无偏估计, 即 $E(\hat{\beta}_1) = \beta_1$. 利用练习10.19的结论证明 $E(\hat{\beta}_0) = \beta_0$.

10.21 在练习10.19中, 证明了 $\hat{\beta}_0$ 可以写成独立随机变量的线性函数, 利用定理6.8证明:

$$V(\hat{\beta}_0) = \frac{\sigma^2}{n}\left(\frac{\sum x_i^2}{\mathrm{SS}_{xx}}\right)$$

10.5 σ^2 的估计量

大多数实际情形中, 随机误差 ε 的方差 σ^2 是未知的, 因此必须由样本数据估计. 因为 σ^2 度量 y 值关于直线 $E(y) = \beta_0 + \beta_1 x$ 的变差, 直觉上, 用 SSE 除以一个适当的数来估计 σ^2 是合理的. 定理 10.1 作为定理 6.11 的一个推广, 在得到无偏估计量时是有用的.

定理 10.1 令 $s^2 = \mathrm{SSE}/(n-2)$. 则当10.2节假定满足时, 统计量

$$\chi^2 = \frac{\mathrm{SSE}}{\sigma^2} = \frac{(n-2)s^2}{\sigma^2}$$

服从自由度 $\nu = (n-2)$ 的 χ^2 分布.

从定理10.1得到

$$s^2 = \frac{\chi^2 \sigma^2}{n-2}$$

则

$$E(s^2) = \frac{\sigma^2}{n-2} E(\chi^2)$$

其中 $E(\chi^2) = \nu = (n-2)$. 因此,

$$E(s^2) = \frac{\sigma^2}{n-2}(n-2) = \sigma^2$$

可以断言 s^2 是 σ^2 的一个无偏估计量.

利用表10.3中计算 SSE 的步骤可能会导致大的舍入误差. 下面给出了 s^2 公式和计算 SSE 合适的方法, 我们将在例10.3阐述 s^2 的计算.

σ^2 的估计

$$s^2 = \frac{\mathrm{SSE}}{\text{误差的自由度数目}} = \frac{\mathrm{SSE}}{n-2}$$

其中

$$\mathrm{SSE} = \sum(y_i - \hat{y}_i)^2 = \mathrm{SS}_{yy} - \hat{\beta}_1 \mathrm{SS}_{xy}$$

$$\mathrm{SS}_{yy} = \sum(y_i - \bar{y})^2 = \sum y_i^2 - \frac{(\sum y_i)^2}{n}$$

警告: 当执行这些计算时, 你可能企图取整 SS_{yy}、$\hat{\beta}_1$ 和 SS_{xy} 的计算值. 对这些量的每个数一定要取至少6位有效数字以避免在计算 SSE 中出现实质性错误.

例 10.3 估计 σ^2 估计表10.1中数据的 σ^2.

解 在绝缘体压缩的例子中, 已经计算最小二乘直线 $\hat{y} = -0.1 + 0.7x$ 的 SSE = 1.10. 回想有

$n = 5$ 个数据点，对估计 σ^2 有 $n - 2 = 5 - 2 = 3$ 个自由度. 因此，

$$s^2 = \frac{SSE}{n-2} = \frac{1.10}{3} = 0.367$$

是估计的方差，且

$$s = \sqrt{0.367} = 0.606$$

是 ε 的估计的标准差，这两个值在图 10.7 中的 MINITAB 输出中是着重显示的. ∎

回忆第 2 章给出的标准差解释，并记住最小二乘直线是对给定的 x 值估计 y 的均值，可以得到 s 的直观意义. 因为 s 度量 y 值关于最小二乘直线的分布的散布，所以发现大多数观测值位于最小二乘直线的 $2s = 2(0.606) = 1.21$ 范围内不足为奇. 对这个简单的例子（仅有 5 个数据点），所有 5 个数据点都落在最小二乘直线的 $2s$ 范围内. 在 10.9 节，当对给定的 x 值用最小二乘直线预测 y 值时，将用 s 评估预测的误差.

```
The regression equation is
COMP_Y = - 0.100 + 0.700 PRESS_X

Predictor      Coef    SE Coef      T      P
Constant    -0.1000     0.6351  -0.16  0.885
PRESS_X      0.7000     0.1915   3.66  0.035

S = 0.605530    R-Sq = 81.7%    R-Sq(adj) = 75.6%

Analysis of Variance

Source           DF      SS      MS       F      P
Regression        1  4.9000  4.9000   13.36  0.035
Residual Error    3  1.1000  0.3667
Total             4  6.0000
```

图 10.7 表 10.1 数据的 MINITAB 简单线性回归

---

s 的解释，ε 的估计的标准差

我们期望大多数 y 的观测值位于它们相应的最小二乘直线预测值 $\hat{y}$ 的 $2s$ 范围内.

应用练习

BLOODTYPE

10.22 血型检测的新方法. 参考练习 10.6，*Analytical Chemistry*（2010 年 5 月）关于医学研究人员测试了一种用低成本纸检测血型的新方法. 用数据拟合 $y =$ 芯吸长度和 $x =$ 抗体浓度的直线模型.
a. 给出下表 SPSS 输出中 SSE、s^2 和 s 的值.
b. 给出 s 的实际解释. 芯吸长度是以毫米为单位测量的.

10.23 解释标准差. 对下列最小二乘直线计算 SSE、s^2 和 s：
a. 练习 10.7. b. 练习 10.8.
c. 练习 10.9. d. 练习 10.10.
e. 练习 10.11. f. 练习 10.12.
g. 练习 10.13. h. 练习 10.14.
i. 练习 10.15.

解释每条直线的 s 值.

Model Summary

Model	R	R Square	Adjusted R Square	Std. Error of the Estimate
1	.819[a]	.670	.587	2.35944

a. Predictors: (Constant), ABConc

ANOVA[b]

Model		Sum of Squares	df	Mean Square	F	Sig.
1	Regression	45.201	1	45.201	8.119	.046[a]
	Residual	22.268	4	5.567		
	Total	67.469	5			

a. Predictors: (Constant), ABConc
b. Dependent Variable: WickLength

练习 10.22 的 SPSS 输出

10.24 太阳能电池上的灰尘厚度. 当大气中的灰尘积聚在太阳能电池板表面上时太阳能电池的性能就会退化. *International Journal of Energy and Environmental Engineering*(2012年12月)中,Lucknow大学(印度)可再生能源研究实验室的研究者们估计了灰尘厚度和太阳能电池效率之间的关系. 收集太阳能电池上的灰尘厚度(mm),每月测量3次,测量一年. 每次测量灰尘厚度时,研究者还要确定太阳能电池板效率的百分比差异(收集灰尘之前的减收集灰尘之后的). 无雨的10个月的数据(月平均)列于下表.

a. 对数据拟合直线模型 $E(y) = \beta_0 + \beta_1 x$,其中 y = 效率,x = 平均灰尘厚度.
b. 求误差 ε 的真实标准差 σ 的一个估计.
c. 给出 b 中结果的实际解释.

 SOLARCELL

月份	效率(%变化)	平均灰尘厚度(mm)
1月	1.5666	0.00024
2月	1.9574	0.00105
3月	1.3707	0.00075
4月	1.9563	0.00070
5月	1.6332	0.00142
6月	1.8172	0.00055
7月	0.9202	0.00039
10月	1.8790	0.00095
11月	1.5544	0.00064
12月	2.0198	0.00065

资料来源:Siddiqui, R. & Bajpai, U. "Correlation between thicknesses of dust collected on photovoltaic module and difference in efficiencies in composite climate", *International Journal of Energy and Environmental Engineering*, Vol. 4, No. 1, December 2012 (表1).

10.25 新炼铁工艺. 一种创新的炼铁技术(称为ITmk3)可直接由天然铁矿和煤块生产高质量的铁块. *Mining Engineering*(2004年10月)发表了新工艺生产的中间工厂试验结果. 作为研究的一个阶段,中间工厂试验生产的含碳量与实验室高炉试验进行比较. 25组中间工厂试验数据在表中列出.

a. 作数据的散点图.
b. 拟合简单线性模型联系中间工厂试验中碳含量 y 与实验室高炉试验中含碳量 x,解释模型参数的估计值.
c. 计算 SSE 和 s^2.
d. 计算 s 并解释它的值.

CARBON

含碳量(%)		含碳量(%)	
中间工厂	实验室熔炉	中间工厂	实验室熔炉
1.7	1.6	3.4	4.3
3.1	2.4	3.2	3.6
3.3	2.8	3.3	3.4
3.6	2.9	3.1	3.3
3.4	3.0	3.0	3.2
3.5	3.1	2.9	3.2
3.8	3.2	3.3	3.4
3.7	3.2	2.5	3.3
3.5	3.3	2.6	3.2
3.4	3.3	2.6	3.1
3.6	3.4	2.4	3.0
3.5	3.4	2.6	2.7
3.9	3.8		

资料来源:Hoffman, G., and Tsuge, O. "ITmk3—Application of a new ironmaking technology for the iron ore mining industry." *Mining Engineering*. Vol. 56, No. 9, October 2004 (图8).

10.26 药品释放速度控制研究. Dow 化学药品公司的研究人员研究了药片表面积和体积对药品在释放剂量控制中释放速度的作用. (*Drug Development and Industrial Pharmacy*, Vol. 28, 2002.) 准备了6个形状相似具有不同重量和厚度的药片,测量了每个药片表面积与体积的比. 利用溶解设备,每个药片放在900mL去离子水中,确定渗滤药品释放速度(药品释放的百分比除以时间平方根),试验数据在下表中列出.

DOWDRUG

药品释放速度 (%释放量/$\sqrt{时间}$)	表面积与体积之比 (mm²/mm³)
60	1.50
48	1.05
39	0.90
33	0.75
30	0.60
29	0.65

资料来源:Reynolds, T., Mitchell, S., 和 Balwinski, K. "Investigation of the effect of tablet surface area/volume on drug release from Hydroxypropylmethylcellulose controlled-release matrix tablets." *Drug Development and Industrial Pharmacy*, Vol. 28, No. 4, 2002 (图3).

a. 拟合简单线性模型，$Ey = \beta_0 + \beta_1 x$，其中 y 为药品释放速度，x 为表面积与体积的比.
b. 计算 SSE、s^2 和 s.
c. 解释 s 的值.

10.27 **单机分批调度**. 在涉及单个机器的制造过程中，必须在完成工作后立即将产品交付给客户还是将已完成的工作批量与其他工作在之后的时间交付做出决定. *Asian Journal of Industrial Engineering* (Vol. 4, 2012)中提出了解决批量调度问题的一个计算机化数学模型. 用称作目标函数值(VOF)的变量对模型的性能进行分级. 6 次软件模拟运行得到以下 VOF 数据及运行时间(秒)，其中每次运行对应不同分批数量.

a. 用简单线性回归估计方程 $y = \beta_0 + \beta_1 x + \varepsilon$，其中 $y = $ VOF，$x = $ 分批数量.
b. 求 $\sigma^2 = V(\varepsilon)$ 和 $\sigma = \sqrt{V(\varepsilon)}$ 的一个估计.
c. b 中的两个估计中哪个可以实际解释？给出这个解释.

SWRUN

软件运行	分批数量	VOF	运行时间(秒)
1	3	86.68	27
2	4	232.87	14
3	5	372.36	12
4	6	496.51	18
5	7	838.82	42
6	8	1 183.00	33

资料来源：Karimi-Nasab, M., Haddad, H., & Ghanbari, P. "A simulated annealing for the single machine batch scheduling deterioration and precedence constraints", *Asian Journal of Industrial Engineering*, Vol. 4, No. 1, 2012 (表2).

理论练习

10.28 证明：$V(s^2) = 2\sigma^4/(n-2)$. (提示：结果由定理 10.1 和 $V(\chi^2) = 2\nu$ 得到.)

10.29 验证 $\text{SSE} = \sum (y_i - \hat{y}_i)^2 = \text{SS}_{yy} - \hat{\beta}_1 \text{SS}_{xy}$.

10.6 评价模型的效用：进行关于斜率 β_1 的推断

再次考虑表 10.1 的数据，并假定绝缘材料的压缩量与压力是完全无关的. 如果 x 对 y 的预测不贡献信息，怎样解释假设的概率模型

$$y = \beta_0 + \beta_1 x + \varepsilon$$

中 β_0 和 β_1 的值？它的含义是 y 的均值，即模型 $E(y) = \beta_0 + \beta_1 x$ 的确定性分量，不随 x 的改变而改变. 不管 x 取什么值，总是预测同样的 y 值. 在直线模型中，这意味着真实斜率 β_1 等于 0. 因此，为检验 x 对 y 的预测不贡献信息的原假设对这些变量有斜率不为 0 的线性关系的备择假设，我们检验

$$H_0: \beta_1 = 0$$
$$H_a: \beta_1 \neq 0$$

如果数据支持备择假设，我们断言 x 确实对利用线性模型预测 y 贡献了信息(尽管 $E(y)$ 和 x 之间的真实关系可能比直线更复杂). 因此，在一定程度上，这是一个假设模型效用的检验.

考虑斜率 β_1 的最小二乘估计量 $\hat{\beta}_1$ 的抽样分布可以得到合适的检验统计量. 这个统计量的抽样分布(在 9.4 节中讨论)在下面方框中给出.

$\hat{\beta}_1$ **的抽样分布**

如果确认关于 ε 的 4 个假定(见10.2 节)，则斜率的最小二乘估计量 $\hat{\beta}_1$ 的抽样分布是正态分布，均值为 β_1 (真实斜率)，标准误为：

$$\sigma_{\hat{\beta}_1} = \frac{\sigma}{\sqrt{\text{SS}_{xx}}} \approx \frac{s}{\sqrt{\text{SS}_{xx}}} \quad (\text{见图 10.8})$$

因为 σ 通常未知，所以合适的检验统计量一般是如下形式的学生氏 T 统计量：

$$T = \frac{\hat{\beta}_1 - \beta_1 \text{ 的假设值}}{s_{\hat{\beta}_1}}$$

$$= \frac{\hat{\beta}_1 - 0}{s/\sqrt{SS_{xx}}}$$

（其中 $s_{\hat{\beta}_1} = \dfrac{s}{\sqrt{SS_{xx}}}$）

注意到用估计量 s 代替 σ，然后用 s 除以 $\sqrt{SS_{xx}}$ 形成 $s_{\hat{\beta}_1}$。这个 T 统计量的自由度和 s 的自由度相同，回想当假设模型是直线时，它将是 $(n-2)$ 个自由度（见 10.5 节）。

对模型效用的检验总结在下面的方框中⊖。

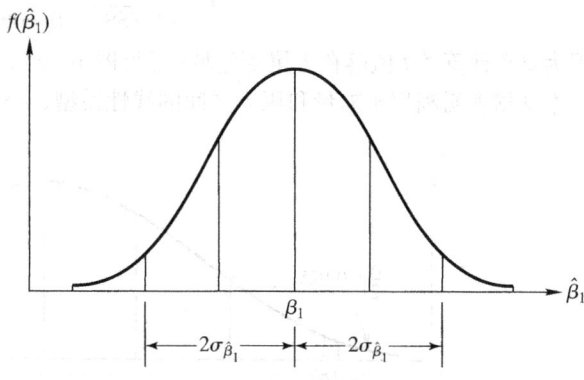

图 10.8 $\hat{\beta}_1$ 的抽样分布

模型效用检验：简单线性回归

单侧检验

H_0：$\beta_1 = 0$

H_a：$\beta_1 < 0$

（或者 H_a：$\beta_1 > 0$）

双侧检验

H_0：$\beta_1 = 0$

H_a：$\beta_1 \neq 0$

检验统计量：$T_c = \dfrac{\hat{\beta}_1}{s_{\hat{\beta}_1}} = \dfrac{\hat{\beta}_1}{s/\sqrt{SS_{xx}}}$

拒绝域：$T_c < -t_\alpha$

（或者 $T_c > t_\alpha$）

拒绝域：$|T_c| > t_{\alpha/2}$

p 值：$P(T < T_c)$ [或 $P(T > T_c)$]

p 值：$2P(T > |T_c|)$

其中 t_α 和 $t_{\alpha/2}$ 基于 $(n-2)$ 自由度，可从表 B.7 得到。

假定：10.2 节中列出的关于 ε 的 4 个假定。

例 10.4　检验斜率 β_1　参考例 10.1 和例 10.3，检验假设 $\beta_1 = 0$。

解　对绝缘材料压缩量的例子，选择 $\alpha = 0.05$，因为 $n = 5$，df $= (n-2) = 5 - 2 = 3$。则双侧检验的拒绝域为：

$$T < -t_{0.025} \quad \text{或} \quad T > t_{0.025}$$

其中 $t_{0.025}$ 在表 B.7 中给出为 $t_{0.025} = 3.182$。前面我们计算 $\hat{\beta}_1 = 0.7$，$s = 0.606$ 和 $SS_{xx} = 10$。因此，

⊖ 在简单线性回归中，对 β_0 的假设检验很少具有实际重要性。为完整起见，检验统计量是：

$$T = \frac{\hat{\beta}_0 - \beta_0 \text{ 的假设值}}{s\sqrt{(1/n) + (\bar{x})^2/SS_{xx}}}$$

已知 ε 的标准假定成立时，上式服从自由度为 $(n-2)$ 的学生氏 T 分布。

$$T = \frac{\hat{\beta}_1}{s/\sqrt{SS_{xx}}} = \frac{0.7}{0.606/\sqrt{10}} = 3.66$$

因为这个计算的 t 值落在上尾拒绝域中(见图 10.9),所以我们拒绝原假设,并断言斜率 β_1 不是 0. 样本证据表明利用压缩量和压力之间的线性模型,x 对 y 的预测贡献信息.

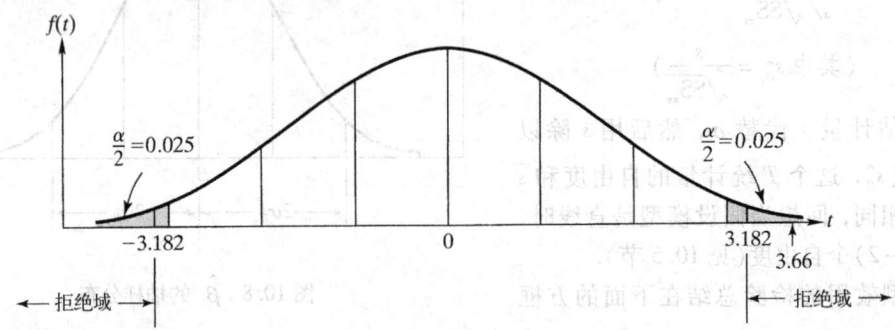

图 10.9　检验斜率 $\beta_1 = 0$ 的拒绝域和计算的 t 值

注:可以利用从计算机输出得到检验的观测显著性水平(p 值)获得同样的结论. 简单线性回归的 SAS 输出在图 10.10 中重新给出,检验统计量和双侧 p 值在输出中着重显示. 因为 p 值 = 0.0354 比 $\alpha = 0.05$ 小,我们将拒绝 H_0.

```
                    The REG Procedure
                       Model: MODEL1
                  Dependent Variable: COMP_Y

             Number of Observations Read         5
             Number of Observations Used         5

                      Analysis of Variance

                             Sum of        Mean
     Source         DF      Squares      Square    F Value    Pr > F

     Model           1      4.90000     4.90000      13.36    0.0354
     Error           3      1.10000     0.36667
     Corrected Total 4      6.00000

                   Root MSE            0.60553    R-Square    0.8167
                   Dependent Mean      2.00000    Adj R-Sq    0.7556
                   Coeff Var          30.27650

                          Parameter Estimates

                   Parameter    Standard
     Variable  DF   Estimate       Error   t Value   Pr > |t|   95% Confidence Limits
     Intercept  1   -0.10000     0.63509     -0.16     0.8849   -2.12112    1.92112
     PRESS_X    1    0.70000     0.19149      3.66     0.0354    0.09061    1.30939
```

图 10.10　表 10.1 中数据的 SAS 简单线性回归

推断斜率 β_1 的另一种方法是利用置信区间估计,这个区间形式如下显示.

> **斜率 β_1 的 $(1-\alpha)100\%$ 置信区间**
>
> $$\hat{\beta}_1 \pm t_{\alpha/2} s_{\hat{\beta}_1} \left(\text{其中 } s_{\hat{\beta}_1} = \frac{s}{\sqrt{SS_{xx}}}\right)$$
>
> 并且 $t_{\alpha/2}$ 基于 $(n-2)$ 个自由度.

例 10.5 **斜率 β_1 的置信区间** 求例 10.1 中 β_1 的 95% 的置信区间,并解释结论.

解 对绝缘材料压缩量的例子,斜率 β_1 的 95% 置信区间是

$$\hat{\beta}_1 \pm t_{0.025} s_{\hat{\beta}_1} = 0.7 \pm 3.182 \left(\frac{s}{\sqrt{SS_{xx}}}\right) = 0.7 \pm 3.182 \left(\frac{0.61}{\sqrt{10}}\right) = 0.7 \pm 0.61 = (0.09, 1.31)$$

(注:这个置信区间在图 10.10 的 SAS 输出中着重显示.) 因此,我们估计区间 0.09~1.31 包含斜率参数 β_1. 记住 y 以 0.1 in 为单位记录,x 以 10 lb/in² 为单位记录,可以说,以 95% 的置信度,当压力每增加 10 lb/in² 时,平均压缩量 $E(y)$ 将增加 0.009~0.131 in.

因为这个区间中所有的值都是正的,这说明 β_1 是正的,因此 y 的均值 $E(y)$ 随 x 的增加而增加. 然而,相当宽的置信区间反映了实验中数据点数较少(从而,也是信息缺乏). 如果增加样本量,我们期望一个较窄的置信区间.

结束此小节前,请你注意在检验 β_1 假设的 T 统计量和第 8 章检验正态总体均值假设的 T 统计量之间的相似性,同时也请注意相应置信区间的相似性. 在每种情形下,检验统计量的一般形式是

$$T = \frac{\hat{\theta} - \theta_0}{s_{\hat{\theta}}}$$

置信区间的一般形式是

$$\hat{\theta} \pm (t_{\alpha/2}) s_{\hat{\theta}}$$

其中 $\hat{\theta}$ 是总体参数 θ 的估计量,θ_0 是 θ 的假设值,$s_{\hat{\theta}}$ 是 $\hat{\theta}$ 的估计标准误.

在本节的选做练习中,给出了得到检验 β_1 假设的 T 统计量和构造 β_1 的置信区间的步骤.

应用练习

BLOODTYPE

10.30 血型检测的新方法. 参考练习 10.6 和 10.22, *Analytical Chemistry*(2010 年 5 月)关于医学研究人员测试一种用低成本纸检测血型的新方法. 回忆用数据拟合 y = 芯吸长度(毫米)和 x = 抗体浓度的直线模型. SPSS 输出的一部分如下表所示. 用输出中的信息计算直线斜率的 95% 置信区间. 给出区间的实际解释.

WATERPIPE

10.31 估算水管的维修和更换成本. 参考练习 10.8,*IHS Journal of Hydraulic Engineering*(2012 年 9 月)关于水管易于破损的研究. 回忆土木工程师用简单线性回归模型对 y = 商业管道修理与更换的成本比作为 x = 管道的直径(mm)的函数进行建模. 工程师们能否断言($\alpha = 0.05$)成本比会随着管道直径增大而线性增加?如果可以,给出管道直径每增加 1 毫米成本比增加量的 95% 置信区间.

Coefficients[a]

Model		Unstandardized Coefficients		Standardized Coefficients	t	Sig.	95.0% Confidence Interval for B	
		B	Std. Error	Beta			Lower Bound	Upper Bound
1	(Constant)	19.393	1.708		11.357	.000	14.652	24.134
	ABConc	-8.036	2.820	-.819	-2.849	.046	-15.865	-.206

a. Dependent Variable: WickLength

练习 10.30 的 SPSS 输出

SMELTPOT
10.32 延长熔铝坩埚的寿命. 参考练习10.9, *The American Ceramic society Bulletin*(2005年2月)评估用于熔炼坩埚中的商用砖. 拟合砖的表观孔隙率 y（百分比）与平均孔径 $x(\mu m)$ 之间的直线模型.
a. 求直线真实斜率的95%置信区间, 解释结论.
b. 进行检验($\alpha = 0.05$)确定直线的真实斜率是否不为0.
c. 解释 a 和 b 的两个推断给出了直线模型效用的相同信息.

LIQUIDSPILL
10.33 溢出液体的渗开速度. 参考练习10.10, *Chemical Engineering Progress*(2005年1月)关于溢出易挥发液体在流经表面渗开速度的研究. 利用给出的数据拟合溢出量 y(lb)与时间 x(min)之间的直线模型.
a. 求直线真实斜率的90%置信区间, 解释结论.
b. 进行检验($\alpha = 0.10$)以确定直线的真实斜率是否不为0.
c. 解释 a 和 b 的两个推断给出了直线模型效用的相同信息.

RAINFALL
10.34 估计降雨量的新方法. 参考练习10.11, *Journal of Data Science*(2004年4月)对估计降雨量方法的比较. 考虑雨量计量值(y)与人工神经网络雨量估计(x)之间的简单线性回归.
a. 检验 y 是否与 x 正相关, 取 $\alpha = 0.10$.
b. 构造 β_1 的90%置信区间, 给出结论的实际解释.

OJUICE
10.35 橙汁的甜度. 参考练习10.12中橙汁样本的甜度指标(y)与橙汁中水溶性果胶量(x)之间的简单线性回归. 求直线真实斜率的90%置信区间. 并解释结论.

FINTUBES
10.36 铜管的热性能. 参考练习10.14, *Journal of Heat Transfer* 关于热传递提高量 y 与未涌入面积比 x 之间直线关系的研究. 建立直线斜率 β_1 的90%置信区间, 解释结论.

10.37 规划生态网络. *Landscape Ecology Engineering*(2013年1月)中提出了规划生态网络的新方法. 该方法保护了作为野生动物（例如, 鸟）潜在运动路径的生态走廊的线性绿地. 在中国的21个鸟类栖息地样本中, 研究者确定了鸟的密度（每公顷鸟的数量）和栖息地的植被（即一片绿地）覆盖率. 与期刊文章中报告的数据类似的数据列在下表中. 研究者用该数据拟合模型 $E(y) = \beta_0 + \beta_1 x$, 其中 y = 鸟的密度, x = 植被覆盖率（百分比）.
a. 将数据点绘制成散点图. 它们之间存在什么类型的线性关系（正的或负的）？
b. 对数据拟合直线模型, 并得出最小二乘直线方程.
c. 有充分的证据表明鸟密度随植被覆盖百分比增加而线性增加吗？用 $\alpha = 0.01$ 检验.

BIRDDEN
练习10.37的数据

栖息地	密度（鸟/公顷）	覆盖率(%)
1	0.3	0
2	0.25	2
3	2	4
4	1	6
5	0.5	9
6	0	10
7	3	12
8	2	17
9	5	20
10	1	25
11	6	30
12	5	37
13	8	40
14	2	45
15	7	50
16	16	58
17	5	60
18	20	71
19	5	80
20	37	90
21	6	100

10.38 新拌混凝土的压力稳定. *Engineering Structures*(2013年7月)中发表了一篇新拌混凝土特点的研究. 研究的一个关键变量是混凝土压力稳定需要的时间(h). 研究人员考察了压力稳定所需时间(x)分别以下三个因变量的影响：y_1 = 初凝时间

(h), y_2 = 终凝时间(h), y_3 = 成熟度指数(℃·h). 下表给出了 $n=8$ 次新拌混凝土侧压试验中这些变量的数据.

a. 建立散点图, 帮助研究人员确定压力稳定是否可以用作三个因变量中任意一个的可靠预测变量.

b. 做三个简单的线性回归分析, 支持你在 a 中的答案. 斜率中有显著不为 0 的吗? (用 $\alpha = 0.05$ 检验.) 哪一个?

CONCRET2

试验	Y_1	Y_2	Y_3	X
A1	4.63	7.17	385.81	12.03
A2	4.32	6.52	358.44	11.32
A3	4.54	6.31	292.71	9.51
A4	4.09	6.19	253.16	8.25
A5	4.56	6.81	279.82	9.02
A6	4.48	6.98	318.74	9.97
A7	4.35	6.45	262.14	8.42
A8	4.23	6.69	244.97	7.53

资料来源: Santilli, A., Puente, I., & Tanco, M. "Fresh concrete lateral pressure decay: Kinetics and factorial design to determine significant parameters", *Engineering Structures*, Vol. 52, July 2013 (表4).

10.39 森林片断研究. 生态学者把森林片断分为人为(即由于像筑路或伐木那样的人类开发活动)或自然原因(例如沼泽地或野火). *Conservation Ecology*(2003年12月) 发表了一篇关于 54 处南美森林片断化原因的研究. 利用先进的高辨析卫星图, 研究者对每片森林提出了两个片断指标——一个人为片断指标和一个自然片断指标. 样本中 5 处森林的这两种指标值(其中大的指标值说明更多的断片)在下表中给出. 54 处森林的数据存放在 FORFRAG 文件中.

a. 生态学家推测这两个片断指标之间存在近似线性(直线)关系, 画出 54 处森林的数据图, 图形支持这个推测吗?

b. 删除人为指标最大的三处森林数据, 再作 a 中图形, 评论生态学家的推测.

c. 利用最小二乘法对 FORFRAG 数据文件子集拟合直线模型, 给出最小二乘预测方程.

d. 用本问题的语言解释 β_0 和 β_1 的估计.

e. 有足够的证据说明自然原因片断指标(x)和人为片断指标(y)是正线性关系吗? 检验取 $\alpha = 0.05$.

f. 求并解释当自然原因片断指标(x)每增加 1 个点, 人为片断指标(y)变化的 95% 置信区间.

FORFRAG(前 5 个观测值列表)

生态区域(森林)	人为指标 y	自然指标 x
Araucaria moist forests	34.09	30.08
Atlantic Coast restingas	40.87	27.60
Bahia coastal forests	44.75	28.16
Bahia interior forests	37.58	27.44
Bolivian Yungas	12.40	16.75

资料来源: Wade, T. G., et al. "Distribution and causes of global forest fragmentation." *Conservation Ecology*. Vol. 72, No. 2, Dec. 2003 (表6).

理论练习

10.40 解释当 10.2 节 4 个假定满足时, 为什么

$$Z = \frac{\hat{\beta}_1 - \beta_1}{\sigma_{\hat{\beta}_1}} = \frac{\hat{\beta}_1 - \beta_1}{\sigma/\sqrt{SS_{xx}}}$$

服从均值为 0、方差为 1 的正态分布.

10.41 可以证明(证明略)最小二乘估计 $\hat{\beta}_0$ 和 $\hat{\beta}_1$ 与 s^2 独立(在概率意义上). 利用这个事实, 结合定理 10.1 和练习 10.40 的结论, 证明

$$T = \frac{\hat{\beta}_1 - \beta_1}{s/\sqrt{SS_{xx}}}$$

服从自由度为 $\nu = (n-2)$ 的学生氏 T 分布.

10.42 利用练习 10.41 中 T 统计量作为枢轴统计量导出 β_1 的 $(1-\alpha)100\%$ 置信区间.

10.7 相关系数和决定系数

本节我们介绍两个描述线性回归模型充分性的统计量: 相关系数和决定系数.

相关系数

在 10.6 节中, 我们发现最小二乘斜率 $\hat{\beta}_1$ 提供了两个随机变量 y 和 x 之间线性关系或 "关联" 的

有用信息. 另一种度量关联的方法是计算**皮尔逊乘积矩相关系数** r. 在下面定义的相关系数同最小二乘斜率 $\hat{\beta}_1$ 一样, 提供了样本中 x 和 y 之间线性关系强度的定量度量, 但与斜率不一样的是相关系数 r 是无标度的. r 值总是在 $-1 \sim +1$ 之间, 不管 x 和 y 的单位是什么.

定义 10.5 皮尔逊乘积矩相关系数 r 是样本中两个变量 x 和 y 之间线性关系强度的度量, 它可由下式计算 (对 x 和 y 的 n 个测量值的样本):

$$r = \frac{SS_{xy}}{\sqrt{SS_{xx} SS_{yy}}}$$

因为 r 和 $\hat{\beta}_1$ 都提供关于模型效用的信息, 所以在它们的计算公式中存在相似性并不惊奇. 特别地, 注意到 SS_{xy} 出现在两个表达式的分子上, 因为两个分母都是正的, 因此 r 和 $\hat{\beta}_1$ 总是具有相同的符号(或同正或同负). r 值接近或等于 0 意指 x 和 y 之间具有小的或没有线性关系; 相反, r 值越接近 1 或 -1, 表明 x 和 y 之间线性关系越强; 并且如果 $r = 1$ 或 $r = -1$, 则表明所有点精确地落在最小二乘直线上. r 取正值意指 y 随 x 的增加而增加; 取负值意指 y 随 x 的增加而减小, 见图 10.11.

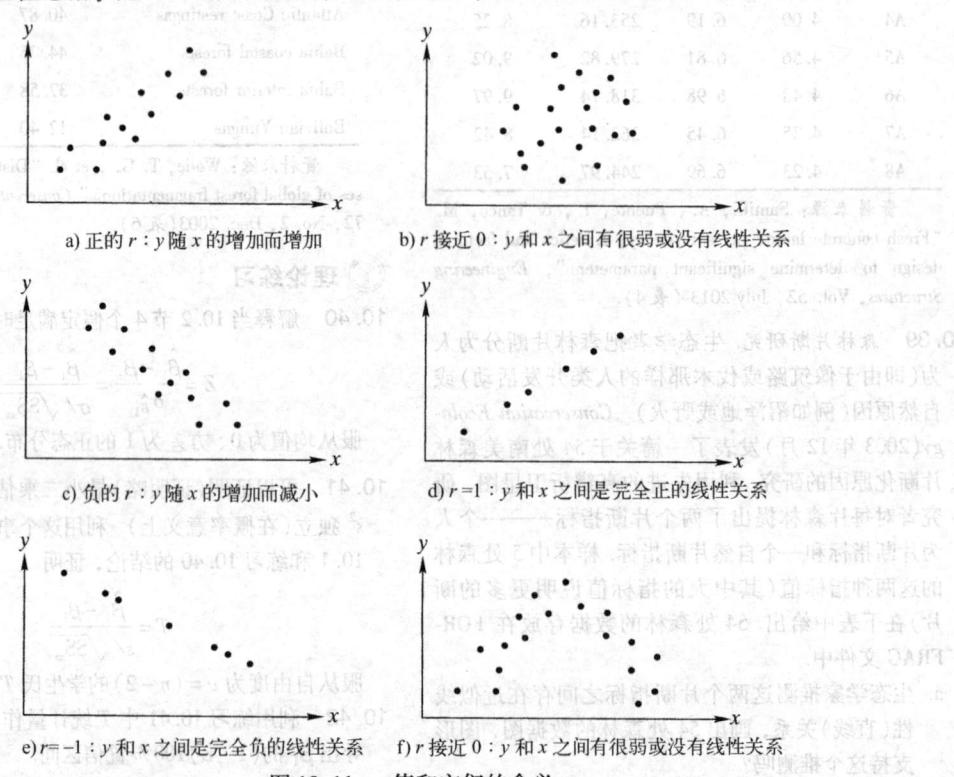

a) 正的 r: y 随 x 的增加而增加

b) r 接近 0: y 和 x 之间有很弱或没有线性关系

c) 负的 r: y 随 x 的增加而减小

d) $r = 1$: y 和 x 之间是完全正的线性关系

e) $r = -1$: y 和 x 之间是完全负的线性关系

f) r 接近 0: y 和 x 之间有很弱或没有线性关系

图 10.11 r 值和它们的含义

例 10.6 求相关系数 r 例 10.1 的数据重新在表 10.4 中给出, 计算压力 x 和压缩量 y 之间的相关系数 r.

解 由前面的计算(见例 10.1), 我们有 $SS_{xy} = 7$, $SS_{xx} = 10$, $\sum y_i = 10$ 和 $\sum y_i^2 = 26$. 则

$$SS_{yy} = \sum y_i^2 - \frac{(\sum y_i)^2}{n} = 26 - \frac{(10)^2}{5} = 26 - 20 = 6$$

且相关系数为

$$r = \frac{SS_{xy}}{\sqrt{SS_{xx}SS_{yy}}} = \frac{7}{\sqrt{(10)(6)}} = \frac{7}{7.746} = 0.904$$

因而，压力和压缩量是高度相关的——至少对绝缘材料这 5 组数据的样本而言. 这表示这些变量之间存在很强的正线性关系. 然而，我们必须小心，不能匆匆做出无根据的结论. 例如，新绝缘材料的设计者企图得到增加压力总将导致更大的压缩量的结论，这个结论的含义是两个变量之间存在一种因果关系. 然而，**高度相关并不蕴涵因果关系**. 许多其他因子（如温度和湿度）可能对出现在样品中压缩量的增加有贡献. ∎

INSULATION

表 10.4 绝缘材料的压缩量和压力

压力 x(10lb/in^2)	压缩量 y(0.1 in)
1	1
2	1
3	2
4	2
5	4

警告：高度相关并不蕴含因果关系，如果观测到样本相关系数 r 的一个大的正值或负值，就断定 x 的改变引起 y 的改变是错误的. 唯一有效的结论是 x 和 y 之间可能存在一种线性趋势.

记住相关系数 r 度量样本中 x 值和 y 值之间的相关性，而且在被选取数据点的总体中存在一个相似的线性相关系数，**总体相关系数**用符号 ρ 表示. 如你期望的，ρ 由相应的样本统计量 r 来估计. 或者，与其说估计 ρ，我们可能更想检验 H_0: $\rho=0$ 对 H_a: $\rho\neq 0$，即检验 x 对利用直线模型预测 y 不提供信息的假设对两个变量至少是线性相关的备择假设. 然而，在 10.6 节检验 H_0: $\beta_1=0$ 对 H_a: $\beta_1\neq 0$ 时就已经完成了相同的检验.

容易证明 $r = \hat{\beta}_1 \cdot \sqrt{SS_{xx}/SS_{yy}}$. 因而 $\hat{\beta}_1 = 0$ 意味着 $r=0$，反过来也一样. 因此原假设 H_0: $\rho=0$ 等价于假设 H_0: $\beta_1=0$. 当在绝缘材料压缩量例子中检验原假设 H_0: $\beta_1=0$ 时，对 $\alpha=0.05$，数据拒绝原假设. 这意味着两个变量（压力和压缩量）之间的零线性相关的原假设在 $\alpha=0.05$ 时也被拒绝. 最小二乘斜率 $\hat{\beta}_1$ 和相关系数 r 之间唯一的真正不同是测量尺度，因此，它们提供的关于最小二乘模型效用的信息在一定程度上是重复的. 此外，斜率 $\hat{\beta}_1$ 给我们 x 每增加一个单位 y 增加量（或减少量）的附加信息. 由于这个原因，推荐用斜率来推断两个变量之间正或负的线性关系存在性. 对那些更喜欢用相关系数 r 检验两个变量间线性关系的人们，我们将检验方法列在下面的方框中.

线性相关的假设检验

单侧检验	双侧检验
H_0: $\rho=0$	H_0: $\rho=0$
H_a: $\rho>0$	H_a: $\rho\neq 0$
（或者 $\rho<0$）	

检验统计量：$T_c = \dfrac{r\sqrt{n-2}}{\sqrt{1-r^2}}$

拒绝域：$T_c > t_\alpha$	拒绝域：$|T_c| > t_{\alpha/2}$
（或者 $T_c < -t_\alpha$）	
p 值：$P(T>T_c)$［或 $P(T<T_c)$］	p 值：$2P(T>|T_c|)$

其中 t_α 和 $t_{\alpha/2}$ 是从表 B.7 得到的自由度为 $(n-2)$ 的临界值.

假定：(x,y) 值的样本是从（二元）正态总体中随机选择的 ⊖.

⊖ 如果 x 和 y 的边缘分布都是正态的，则它们的联合概率分布将是二元正态的（这是原书注，译者认为未必如此）.

下面的例子说明在真实关系为非线性情形时，相关系数 r 可能误导 x 和 y 之间关联强度的度量.

例 10.7 测试相关系数 充气不足或过于膨胀的轮胎可以增加轮胎磨损并减少汽油行驶的里程. 一种新型轮胎制造商在不同压力下测试的轮胎磨损结果列于表 10.5 中, 计算数据的相关系数 r, 并解释结论.

解 利用计算机而不用手算求 r 值, 图 10.12 中给出相关分析的 SAS 输出. 输出中阴影表示的 r 值为 $r = -0.114$, 这个相对较小的 r 值描述了压力(x)和里程(y)之间的弱线性关系. 然而, 制造商断言轮胎压力对轮胎磨损只有很小或没有影响是不负责任的. 相反, 如图 10.13 所示的 MINITAB 散点图阐明压力和磨损之间关系相当强, 注意这个关系不是线性的, 而是曲线的; 充气不足的轮胎(低压力值)和过于膨胀的轮胎(高压力值)都导致低的行车里程. ■

例 10.7 指出利用 r 来确定 x 预测 y 有多好是危险的: 相关系数 r 仅仅描述 x 和 y 之间的线性关系. 对于非线性关系, r 值可能使人误解, 需要用其他方法来描述和检验这种关系. 对曲线关系的回归模型将在第 11 章介绍.

 TIRES

表 10.5　例 10.7 的数据

压力 x(lb/in^2)	里程 y(千)	压力 x(lb/in^2)	里程 y(千)
30	29.5	33	37.6
30	30.2	34	37.7
31	32.1	34	36.1
31	34.5	35	33.6
32	36.3	35	34.2
32	35.0	36	26.8
33	38.2	36	27.4

```
Pearson Correlation Coefficients, N = 14
        Prob > |r| under H0: Rho=0
                PRESS_X         MILEAGE_Y

PRESS_X         1.00000         -0.11371
                                 0.6987

MILEAGE_Y      -0.11371          1.00000
                0.6987
```

图 10.12　表 10.5 数据的 SAS 相关性分析

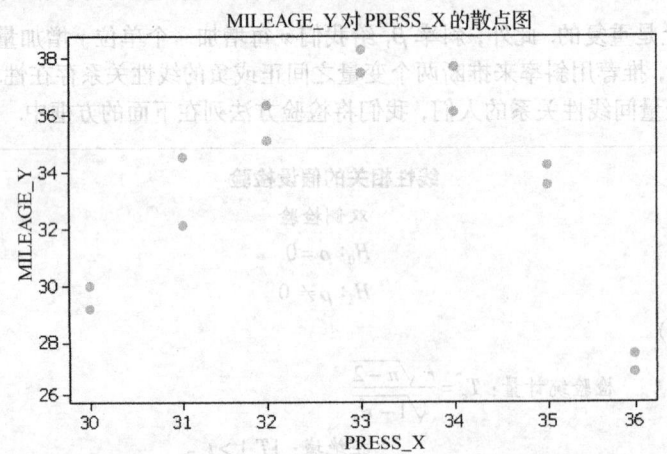

图 10.13　表 10.5 数据的 MINITAB 散点图

决定系数

另一种度量 x 在预测 y 中贡献的方法是利用 x 提供的信息可以减少 y 的多少预测误差.

为了说明, 假定样本数据散点图如图 10.14a 所示. 如果假定 x 对 y 的预测没有贡献, y 值最好的预测是样本均值 $\bar{y}$, 这表示为图 10.14b 中的水平直线. 图 10.14b 中的垂线段是点关于均值 $\bar{y}$ 的离差. 注意模型 $\hat{y} = \bar{y}$ 的离差平方和为 $SS_{yy} = \sum (y_i - \bar{y}_i)^2$.

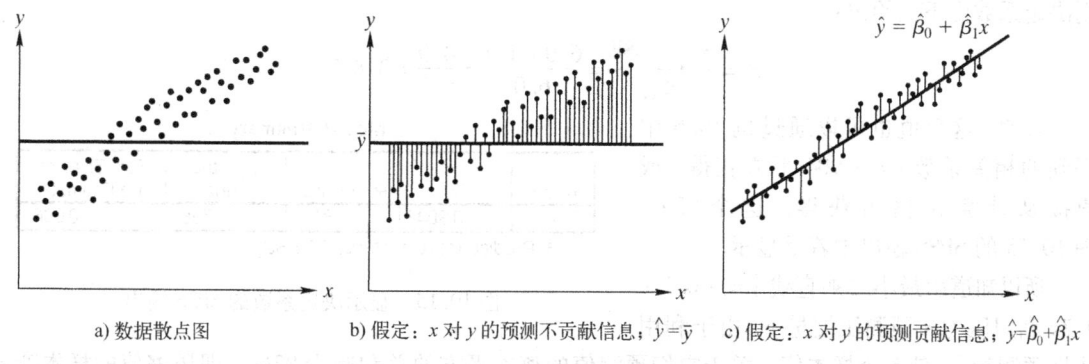

a) 数据散点图　　　　b) 假定：x 对 y 的预测不贡献信息；$\hat{y} = \bar{y}$　　　　c) 假定：x 对 y 的预测贡献信息；$\hat{y} = \hat{\beta}_0 + \hat{\beta}_1 x$

图 10.14　两种模型离差平方和的比较

现在假定用最小二乘直线拟合同一组数据，并如图 10.14c 所示那样画出点关于直线的离差. 比较图 10.14b 和图 10.14c 关于预测直线的离差，你可以看到：

1. 如果 x 对 y 的预测贡献很小或没有贡献，则两条直线的离差平方和

$$SS_{yy} = \sum (y_i - \bar{y})^2 \quad \text{和} \quad SSE = \sum (y_i - \hat{y}_i)^2$$

几乎相等.

2. 如果 x 对 y 的预测确实贡献了信息，则 SSE 比 SS_{yy} 小. 事实上，如果所有点都落在最小二乘直线上，则 SSE = 0.

度量最小二乘方程 $\hat{y} = \hat{\beta}_0 + \hat{\beta}_1 x$ 作为 y 预测有多好的一种简便方法是计算可以归因于 x 的离差平方和减小量，并将它表示为与 SS_{yy} 的比例. 这个量称为**决定系数**，即

$$\frac{SS_{yy} - SSE}{SS_{yy}}$$

在简单线性回归中，可以证明这个量等于简单线性相关系数 r 的平方.

定义 10.6　**决定系数**是

$$r^2 = \frac{SS_{yy} - SSE}{SS_{yy}} = 1 - \frac{SSE}{SS_{yy}}$$

它表示 y 值关于它们的预测值 $\hat{y}$ 的离差平方和可以归因于 y 和 x 之间线性关系的比例.（在简单线性回归中，它也可以作为相关系数 r 的平方来计算.）

注意 r^2 总是在 0～1 之间，因为 r 在 −1～1 之间. 因此，$r^2 = 0.60$ 意味着用 $\hat{y}$ 代替 $\bar{y}$ 来预测 y 时，y 值关于它们预测值的离差平方和减少了 60%. 或者更实际地，$r^2 = 0.60$ 意指联系 y 和 x 直线模型可以解释（或说明）出现在 y 值样本中 60% 的变异.

例 10.8　**求决定系数 r^2**　计算绝缘材料压缩量例子的决定系数，表 10.6 中重新给出数据.

解　首先计算

$$SS_{yy} = \sum y_i^2 - \frac{(\sum y_i)^2}{5} = 26 - \frac{(10)^2}{5} = 26 - 20 = 6$$

由前面的计算，我们有

◉ INSULATION

表 10.6　例 10.8 的数据

压力 $x(10\mathrm{lb/in}^2)$	压缩量 $y(0.1\mathrm{in})$
1	1
2	1
3	2
4	2
5	4

$$SSE = \sum(y_i - \hat{y}_i)^2 = 1.10$$

则决定系数由下式给出：

$$r^2 = \frac{SS_{yy} - SSE}{SS_{yy}} = \frac{6.0 - 1.1}{6.0} = \frac{4.9}{6.0} = 0.817$$

注意：这个值也可以通过例 10.6 中得到的相关系数 $r = 0.904$ 平方获得，或直接从计算机输出获得，这个值在图 10.15 的 SPSS 输出中着重显示.

所以知道由最小二乘直线 $\hat{y} = -0.1 + 0.7x$ 利用压力 x 预测压缩量 y，由于利用线性预测量 $\hat{y}$，使 5 个样本值 y 关于它们预测值的离差平方的总和减少 82%，即压缩值的样本变异的 82% 可以由最小二乘直线解释.

Model Summary

Model	R	R Square	Adjusted R Square	Std. Error of the Estimate
1	0.904a	0.817	0.756	0.606

a. Predictors: (Constant), PRESS_X

图 10.15 显示决定系数的 SPSS 输出

决定系数 r^2 的实际解释

样本值 y 关于它们均值 $\bar{y}$ 的离差平方总和的 $100(r^2)\%$ 可以解释为（或归因于）在直线模型中利用 x 来预测 y.

在直线回归模型认为是统计上适当的 y 的预测量时，r^2 可以指导回归分析员寻找更好、更有用的模型. 例如，设计工程师利用简单线性模型建立建筑物的机械施工（供热、通风和铺设管道）材料的费用与地面面积的关系. 基于 26 个工厂和仓库建筑物的数据，找到由图 10.16 给出的最小二乘预测方程. 由此推断地面面积与机械费用之间是线性关系，因为得到的 T 统计量（为检验 $H_0: \beta_1 = 0$）等于 3.61，这在 α 小到 0.002 时是显著的. 因此，当预测一个工厂或仓库的机械费用时地面面积是有用的. 然而，决定系数值 r^2 为 0.35，这告诉我们机械费用的变异性只有 35% 是由于地面面积不同引起的. 这个相对较小的 r^2 值引导工程师把其他自变量（如体积、玻璃量）包含在模型中，试图解释机械花费用变异中不能由地面面积解释的剩下 65% 的重要部分. 在下一章，讨论联系一个响应变量与多个自变量的重要性.

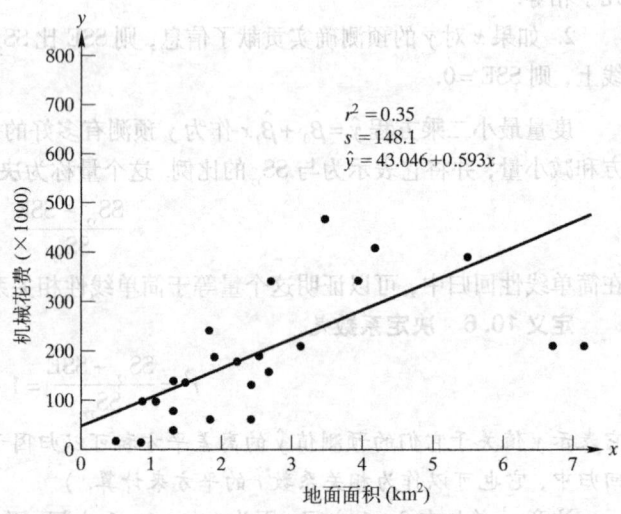

图 10.16 把花费和地面面积联系起来的简单线性模型

应用练习

10.43 类星体红移. 参考练习 10.4，*Journal of Astrophysics & Astronomy*（2003 年 3/6 月）类星体红移的研究. 回忆利用简单线性回归对 QSO 的星等（y）作为红移水平（x）的函数进行建模. 除了最小二乘直线 $\hat{y} = 18.13 + 6.21x$，还确定相关系数为 $r = 0.84$.

a. 用本问题的语言解释 r 值.
b. r 和估计的直线斜率之间是什么关系？
c. 求 r^2 值并解释.

10.44 求 r 和 r^2. 对下列练习中每组样本数据，求相关系数和决定系数，解释结论.

a. 练习 10.7. e. 练习 10.11.
b. 练习 10.8. f. 练习 10.12.
c. 练习 10.9. g. 练习 10.13.
d. 练习 10.10. h. 练习 10.14.
i. 练习 10.15.

10.45 评估缺失数据的插补方法. 当分析有很多变量的大数据集时,研究人员通常遇到缺失数据(如无应答)的问题. 通常,插补方法是用合理数值(如变量均值)替代缺失数据. *Data & Knowledge Engineering*(2013 年 3 月)中评估了用"最近邻"代替缺失数据的插补方法. 插补算法的两种量化评估测量是正态化均方根误差(NRMSE)和分类偏差. 研究人员将插补方法应用到含有缺失数据的 3600 个样本数据集中,并对每个数据集计算 NRMSE 和分类偏差. 两个变量之间的相关系数是 $r = 0.2838$.

a. 进行检验确定 NRMSE 和分类偏差总体之间的真实相关系数是否为正的. 结合实际解释这个结果.

b. 下图为数据(从期刊文章中提取)散点图. 基于该图, 你会推荐用 NRMSE 作为偏差的线性预测吗?解释为什么你的答案不会与 a 中的结果相矛盾.

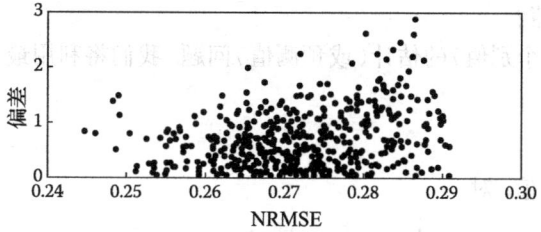

10.46 费茨法则. 人类迁移的一个稳健并高度采用的模型是费茨法则. 根据费茨法则, 迁移和选择位于距离(或长度)为 A 和宽度为 W 处的目标需要的时间 T 为:

$$T = a + b\log_2(2A/W)$$

其中 a 和 b 是利用简单线性回归估计的常数. 量 $\log_2(2A/W)$ 称为难度指标(ID), 表示模型中的自变量(以"位"度量). 发表在 *Special Interest Group on Computer-Human Interaction Bulletin*(1993 年 7 月)上的研究利用费茨法则对在计算机上执行某项任务所需要的时间(ms)建模,基于对 $n = 160$ 次试验收集的数据(用不同的 A 和 W 值), 得到下面的最小二乘预测:

$$\hat{T} = 175.4 + 133.2(\text{ID})$$

a. 解释估计值 175.4 和 133.2.
b. 此分析的相关系数为 $r = 0.951$, 解释这个值.
c. 进行检验来确定费茨法则模型对预测执行时间是否统计上恰当, 取 $\alpha = 0.05$.
d. 计算决定系数 r^2, 解释结论.

10.47 除去水中的金属. 在 *Electronic Journal of Biotechnology*(2004 年 4 月 15 日)上, 埃及科学家研究了除去水中重金属的一种新方法. 制备在玻璃容器中的金属溶液, 然后用生物吸收作用除去金属离子, 对每个测试容器测量两个变量:$y =$ 金属吸收(每克生物吸收的金属毫克)及 $x =$ 溶液中最终的金属浓度(mg/L).

a. 写一个联系 y 和 x 的简单线性回归模型.
b. 对一种金属,简单线性回归分析得到 $r^2 = 0.92$, 解释这个结果.

10.48 风轮机叶片压力. 参考练习 10.16, *Wind Engineering*(2004 年 1 月)应用于高效小型风轮机叶片的两种木材(放射杉和鳞叶南洋杉)的研究, 利用简单线性回归对两种木材的压力(y)和叶片旋转次数自然对数数据进行分析. 这里再次给出结果及决定系数的附加信息, 解释每种木材的 r^2 值.

放射杉: $\hat{y} = 97.37 - 2.50x$, $r^2 = 0.84$
鳞叶南洋杉: $\hat{y} = 122.03 - 2.36x$, $r^2 = 0.90$

10.49 土壤中含水量. 确定土壤中含水量的标准方法涉及土壤搬动和土量估计. *Forest Engineering*(1999 年 7 月)介绍了一种不需要搬动, 即一种称为放射法的间接方法. 新方法利用含水量和土壤发出的热能化氢中子数成比例的事实,在深 10ft 处收集了 56 个土芯的样本;对于每个土芯,利用标准方法确定含水量和放射法确定氢中子个数. 数据的简单线性回归得到下面结果:

$$\hat{y} = 0.088 + 0.136x, \quad r^2 = 0.84$$

其中 $y =$ 含水量(g/cm³), $x =$ 计数比(氢中子除以标准计数).

a. 解释最小二乘直线估计的 y 截距.
b. 解释最小二乘直线估计的斜率.
c. 检验斜率是否为 0 的 p 值确定为 0.0001, 解释这个结果.
d. 解释 r^2 的值.

10.50 回收材料的价格. 由于供应是一定的, 因此回收材料(如塑料、纸和玻璃)的价格具有高度不稳定性,而不是依赖于需求. *Resources, Conservation, and Recycling*(Vol. 60, 2012)发表了对英国回收产品价格的探索性研究. 研究人员用简单线性回归对 $y=$ 回收彩色塑料瓶的每月价格和 $x=$ 石脑油(塑料的主要材料)每月价格之间的函数关系建模. 下面列出的结果由收集到的最近 10 年($n=120$ 月)的每月价格数据得到:

$$\hat{y} = -32.35 + 4.82x, \; r = 0.83, \; r^2 = 0.69$$
$$t \text{ 值}(\text{检验} H_0: \beta_1 = 0) = 16.60$$

解释这些结果. 关于这个问题中的模型的充分性给出你的结论.

❓ 理论练习

10.51 验证

$$\hat{\beta}_1 = r\sqrt{\frac{SS_{yy}}{SS_{xx}}} \quad \text{和} \quad SSE = SS_{yy}(1-r^2)$$

10.52 利用练习 10.51 的结论证明

$$\frac{\hat{\beta}_1}{s/\sqrt{SS_{xx}}} = \frac{r\sqrt{n-2}}{\sqrt{1-r^2}}$$

10.8 利用模型估计和预测

如果我们对已经找到的描述绝缘材料压缩量和压力之间关系的有用模型比较满意,即已完成最初的建模目标:对某个特殊的压力水平,利用它来估计或预测压缩量.

概率模型最普遍的用途可以分为两类. **模型的第一类用途是对某个特殊的 x 值, 估计 y 的均值 $E(y)$**. 对我们的例子, 想估计受到 $40(x=4)\,\text{lb/in}^2$ 压力时所有绝缘样品压缩量的平均值. **模型的第二类用途是对给定的 x 需要预测实际的 y 值**. 即如果决定把绝缘材料放在一种特定装置中, 在该装置中认为绝缘材料将受到 $40\,\text{lb/in}^2$ 的压力, 则对这种特殊的绝缘材料样品我们想预测它的压缩量.

在估计 y 的均值情形, 对给定的 x 值, 试图估计非常多次试验的平均结果. 在第二种情形, 对给定的 x 值, 我们企图预测一次试验的结果. 在模型的应用中, 期望得到哪一种情况的更多成功? 即我们可以更准确地估计(或预测) y 的平均值还是个别值?

在回答这个问题之前, 首先考虑选择 y 均值(或个别值)的估计(或预测值)问题. 我们将利用最小二乘模型

$$\hat{y} = \hat{\beta}_0 + \hat{\beta}_1 x$$

对一个给定的 x 值来估计 y 的均值和预测 y 的特殊值. 对我们的例子, 得到

$$\hat{y} = -0.1 + 0.7x$$

因此当 $x=4$ 时($40\,\text{lb/in}^2$ 的压力)所有绝缘样品估计的平均压缩量为

$$\hat{y} = -0.1 + 0.7(4) = 2.7$$

或 0.27in(y 的单位是十分之一英寸). 当 $x=4$ 时, 用相同的值预测 y 值, 即当 $x=4$ 时, y 的估计平均值和预测值都等于 $\hat{y}=2.7$, 如图 10.17 所示.

模型两种用途的不同在于估计值和预测值相应的准确性. 当最小二乘直线分别用于估计值和预测值时, 准确性的最好度量是最小二乘直线的重复抽样误差. 这些误差在下面的方框中给出.

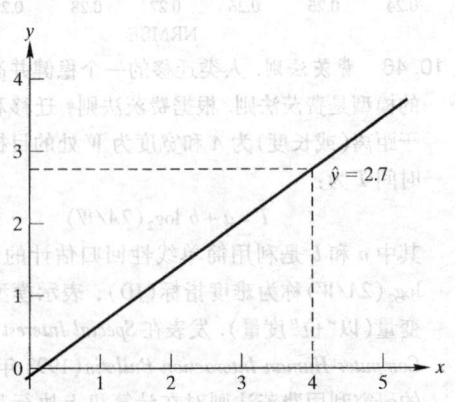

图 10.17 对 $x=4$, 压缩量 y 的估计的均值和预测的个别值

y 的均值 $E(y)$ 的估计量和个别 y 的预测值的抽样误差

1. 在 x 的某个值处如 x_p, $E(y)$ 的估计量 $\hat{y}$ 的抽样分布标准差为:

$$\sigma_{\hat{y}} = \sigma \sqrt{\frac{1}{n} + \frac{(x_p - \bar{x})^2}{SS_{xx}}}$$

其中 σ 是随机误差 ε 的标准差.

2. 对 $x = x_p$, 个别 y 的预测值 $\hat{y}$ 的预测误差的标准差为:

$$\sigma_{(y - \hat{y})} = \sigma \sqrt{1 + \frac{1}{n} + \frac{(x_p - \bar{x})^2}{SS_{xx}}}$$

其中 σ 是随机误差 ε 的标准差.

σ 的真值很少已知, 因此, 我们用 s 估计 σ, 并且如下面方框中所示那样计算置信区间和预测区间. (见图 10.19, 比较这些区间的宽度.)

对 $x = x_p$, y 的均值 $E(y)$ 的 $(1 - \alpha)100\%$ 置信区间

$$\hat{y} \pm t_{\alpha/2} (\hat{y} \text{ 的估计标准差})$$

或者

$$\hat{y} \pm t_{\alpha/2} s \sqrt{\frac{1}{n} + \frac{(x_p - \bar{x})^2}{SS_{xx}}}$$

其中 $t_{\alpha/2}$ 基于 $(n - 2)$ 个自由度.

对 $x = x_p$, 个别 y 值的 $(1 - \alpha)100\%$ 预测区间

$$\hat{y} \pm t_{\alpha/2} ((y - \hat{y}) \text{ 的估计标准差})$$

或者

$$\hat{y} \pm t_{\alpha/2} s \sqrt{1 + \frac{1}{n} + \frac{(x_p - \bar{x})^2}{SS_{xx}}}$$

其中 $t_{\alpha/2}$ 基于 $(n - 2)$ 个自由度.

例 10.9 **求 $E(y)$ 的 95% 置信区间** 当压力是 40lb/in^2 时, 求绝缘材料平均压缩量的 95% 置信区间.

解 对于 40lb/in^2 的压力 $x_p = 4$, 并且因为 $n = 5$, $df = n - 2 = 3$. 则 y 的均值的置信区间是

$$\hat{y} \pm t_{\alpha/2} s \sqrt{\frac{1}{n} + \frac{(x_p - \bar{x})^2}{SS_{xx}}}$$

或者

$$\hat{y} \pm t_{0.025} s \sqrt{\frac{1}{5} + \frac{(4 - \bar{x})^2}{SS_{xx}}}$$

回忆 $\hat{y} = 2.7$, $s = 0.61$, $\bar{x} = 3$ 且 $SS_{xx} = 10$. 从表 B.7 知, $t_{0.025} = 3.182$. 因此,

$$2.7 \pm (3.182)(0.61) \sqrt{\frac{1}{5} + \frac{(4 - 3)^2}{10}} = 2.7 \pm (3.182)(0.61)(0.55) = 2.7 \pm 1.1 = (1.6, 3.8)$$

记住压缩量(y)以 0.1in 为测量单位,当绝缘材料受到 40lb/in² 的压力时,我们估计区间 0.16~0.38in 包含了这个平均压缩量. 注意为了说明,在拟合最小二乘直线时只利用了少量的数据,如果利用大量数据,区间宽度可以减小. ∎

例 10.10 求 y 的 95% 预测区间 预测受到 40lb/in² 的压力时单个绝缘材料的压缩量. 利用 95% 预测区间.

解 为了预测某一特定绝缘材料在 $x_p = 4$ 时的压缩量,计算 95% 预测区间为

$$\hat{y} \pm t_{\alpha/2} s \sqrt{1 + \frac{1}{n} + \frac{(x_p - \bar{x})^2}{SS_{xx}}} = 2.7 \pm (3.182)(0.61) \sqrt{1 + \frac{1}{5} + \frac{(4-3)^2}{10}}$$

$$= 2.7 \pm (3.182)(0.61)(1.14) = 2.7 \pm 2.2 = (0.5, 4.9)$$

因此,我们预测单个绝缘材料的压缩量将落在区间 0.05~0.49in 上. 如 y 平均值的置信区间情形一样,y 的预测区间也相当大. 这是因为我们选择了一个拟合最小二乘直线的简单例子(只有 5 个数据点),利用大量的数据点,预测区间的宽度可以减小.

$E(y)$ 的置信区间和 y 的预测区间都可以利用统计软件获得. 图 10.18 给出置信区间和预测区间的 MINITAB 输出,这些区间(着重显示的)除了四舍五入外与我们计算的区间一致. ∎

对压力 x 的各个值,y 的均值的置信限和 y 未来值的预测限的比较在图 10.19 中给出. 值得注意的是,单个 y 值的预测区间总是比 y 均值的置信区间宽,检查这两个区间的公式可以看到这个结论,也可以在图 10.19 中看到这个结果.

另外,在整个样本数据范围内,随着 x 值远离 $\bar{x}$,两个区间的宽度将增加(见图 10.19). 因此,x 偏离 $\bar{x}$ 越大,区间在实际中的作用越小. 事实上,当选择的 x 离 $\bar{x}$ 足够远以至于落在样本数据范围以外时,对 $E(y)$ 或 y 进行任何推断都是危险的,解释如下.

警告: 对落在样本数据范围之外的 x 值,利用最小二乘预测方程来估计 y 的均值或预测 y 的特定值可能导致估

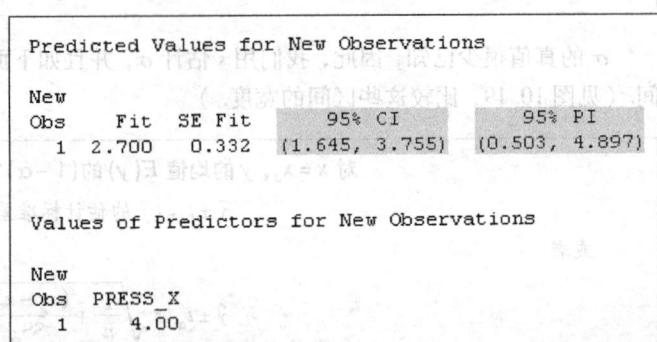

图 10.18 $E(y)$ 的置信区间和 y 的预测区间的 MINITAB 输出

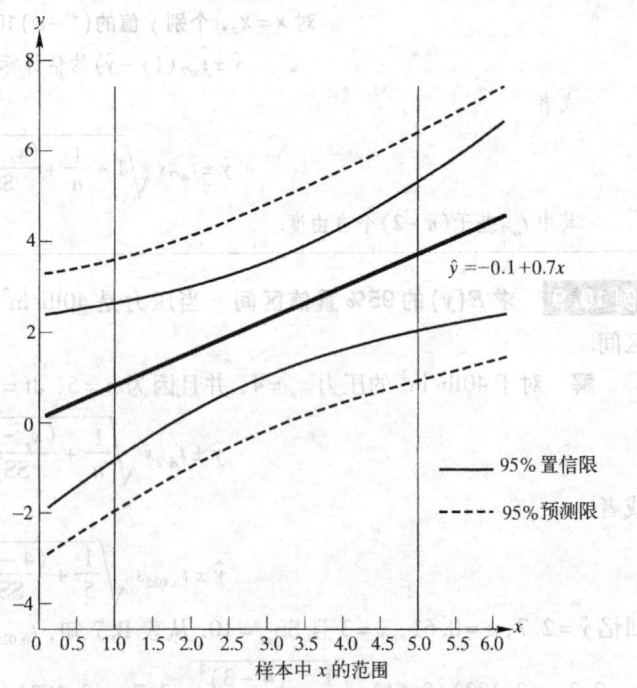

图 10.19 95% 置信区间和预测区间宽度的比较

计或预测误差比期望的大很多. 尽管最小二乘模型对包含在样本的 x 值范围之内的数据提供很好的拟合, 对这个区域之外的 x 值, 它可能给出真实模型的一个不好的表示.

为了结束这一节, 我们将求 $x = x_p$ 时 $\hat{y}$ 值的方差. 这个方差在建立 $x = x_p$ 时 $E(y)$ 的置信区间以及 $x = x_p$ 时特定 y 值的预测区间中起着重要作用.

例 10.11 **导出 $V(\hat{y})$** 求 $x = x_p$ 时 $\hat{y}$ 值的方差.

解 当 $x = x_p$ 时, 有 $\hat{y} = \hat{\beta}_0 + \hat{\beta}_1 x_p$, 其中 $\hat{\beta}_0 = \bar{y} - \hat{\beta}_1 \bar{x}$. 把它代入 $\hat{y}$ 表达式中的 $\hat{\beta}_0$, 我们得到

$$\hat{y} = (\bar{y} - \hat{\beta}_1 \bar{x}) + \hat{\beta}_1(x_p) = \bar{y} + \hat{\beta}_1(x_p - \bar{x})$$

下一步是把 $\hat{y}$ 表示成随机 y 值 $y_1, y_2, \cdots, y_n$ 的线性函数, 如此就可以将 $V(\hat{y})$ 作为独立随机变量线性函数的方差. 现在有

$$\hat{y} = \bar{y} + \hat{\beta}_1(x_p - \bar{x}) = \sum \frac{y_i}{n} + \frac{(x_p - \bar{x})}{SS_{xx}} \sum (x_i - \bar{x}) y_i = \sum \frac{y_i}{n} + \sum \frac{(x_p - \bar{x})(x_i - \bar{x})}{SS_{xx}} y_i$$

把 $\hat{y}$ 表示成一个和式:

$$\hat{y} = \sum \left[\frac{1}{n} + \frac{(x_p - \bar{x})(x_i - \bar{x})}{SS_{xx}} \right] y_i$$

即 $\hat{y}$ 是独立随机变量 $y_1, y_2, \cdots, y_n$ 的线性函数, 其中 y_i 的系数为

$$\left[\frac{1}{n} + \frac{(x_p - \bar{x})(x_i - \bar{x})}{SS_{xx}} \right]$$

由定理 6.8,

$$V(\hat{y}) = \sum \left[\frac{1}{n} + \frac{(x_p - \bar{x})(x_i - \bar{x})}{SS_{xx}} \right]^2 V(y_i)$$

其中 $V(y_i) = \sigma^2$, $i = 1, 2, \cdots, n$. 因此,

$$V(\hat{y}) = \sum \left[\frac{1}{n^2} + \frac{2(x_p - \bar{x})(x_i - \bar{x})}{n \, SS_{xx}} + \frac{(x_p - \bar{x})^2 (x_i - \bar{x})^2}{(SS_{xx})^2} \right] \sigma^2$$

$$= \left[\frac{n}{n^2} + \frac{2(x_p - \bar{x})}{n \, SS_{xx}} \sum (x_i - \bar{x}) + \frac{(x_p - \bar{x})^2}{(SS_{xx})^2} \sum (x_i - \bar{x})^2 \right] \sigma^2$$

$$= \left[\frac{1}{n} + \frac{(x_p - \bar{x})^2}{(SS_{xx})^2} SS_{xx} \right] \sigma^2 \quad (\text{因为} \sum (x_i - \bar{x}) = 0)$$

$$= \sigma^2 \left[\frac{1}{n} + \frac{(x_p - \bar{x})^2}{SS_{xx}} \right]$$

可以看到这与本节前面给出的 $V(\hat{y})$ 公式是一致的. ■

应用练习

10.53 从有毒废水中去除氮气. 在制造干纺丙烯酸纤维时会产生高毒性废水. 一个减少毒性的方法是从废水中去除氮气. 一个环境工程师团队为去除氮气研究了一个有潜力的方法——称为厌氧铵氧化, 并把结果发表在 *Chemical Engineering Journal*（2013 年 4 月）. 他们收集了 120 个有毒废水标本, 并对每个标本用氮气去除法去除氮气. 去除过程中确定氮气去除量（mg/L）和铵的使用量（mg/L）. 这些数据（由期刊文章中提供的信息进行模拟）保存在 NITRO 文件中. 下表列出了前 5 个标本. 简单线性回归分析的 SAS 输出显示如下, 其中 $y =$ 氮气去除量, $x =$ 铵使用量.

a. 从统计学角度评估线性模型拟合的充分性. 你建议用这个模型预测氮量吗?
b. 在 SAS 输出中, 给出当铵使用量为每升 100 毫克时, 氮量的 95% 预测区间. 结合实际解释这个结果.

The SAS System

The REG Procedure
Model: MODEL1
Dependent Variable: NITRO_Y

Number of Observations Read	120
Number of Observations Used	120

Analysis of Variance

Source	DF	Sum of Squares	Mean Square	F Value	Pr > F
Model	1	88104	88104	1075.57	<.0001
Error	118	9665.80325	81.91359		
Corrected Total	119	97770			

Root MSE	9.05061	R-Square	0.9011
Dependent Mean	67.91083	Adj R-Sq	0.9003
Coeff Var	13.32720		

Parameter Estimates

Variable	DF	Parameter Estimate	Standard Error	t Value	Pr > |t|
Intercept	1	2.22255	2.16665	1.03	0.3071
AMMON_X	1	0.57637	0.01757	32.80	<.0001

Output Statistics

Obs	AMMON_X	Dependent Variable	Predicted Value	Std Error Mean Predict	95% CL Predict		Residual
1	100.0	.	59.8596	0.8619	41.8558	77.8634	.
2	67.4	18.8700	41.0695	1.1629	22.9999	59.1400	-22.1999
3	12.5	17.0100	9.4214	1.9655	-8.9190	27.7619	7.5886
4	62.0	23.8800	37.9345	1.2321	19.8465	56.0225	-14.0545
5	15.6	10.4500	11.2312	1.9156	-7.0885	29.5509	-0.7812
6	83.7	36.0300	50.4417	0.9830	32.4136	68.4698	-14.4117

练习 10.53 的 SAS 输出

c. 当铵使用量为每升 100 毫克时，平均氮量的 95% 置信区间比 b 中的区间更宽还是更窄？请解释.

NITRO(120 个观察标本中的前 5 个)

氮气去除量	铵使用量
18.87	67.40
17.01	12.49
23.88	61.96
10.45	15.63
36.03	83.66

BBALL

10.54 来自篮球的声波. 参考练习 10.7, *American Journal of Physics*(2010 年 6 月)对球形腔内声波的研究. 用练习 10.7 中的数据拟合联系声波频率 y 和共振次数 x 的直线模型.

a. 评价该模型预测声波频率的充分性.
b. 用该模型预测第 10 次共振的声波频率.
c. 给出 a 中预测的 90% 置信区间, 解释这个结果.
d. 假设你想预测第 30 次共振的声波频率, 用拟合的模型做这个预测有什么危险?

🌐 **SMELTPOT**

10.55 延长熔铝坩埚的寿命. 参考练习 10.9, *American Ceramic Society Bulletin*(2005 年 2 月)用于熔炼坩埚商用砖的评价.

a. 求平均孔隙直径 $x=10\mu m$ 砖的表观孔隙率 y 的 95% 预测区间, 解释结论.

b. $x=10\mu m$ 时平均孔隙率 $E(y)$ 的 95% 置信区间比 a 中的预测区间宽还是窄? 解释之.

🌐 **LIQUIDSPILL**

10.56 溢出液体的渗开速度. 参考练习 10.10, *Chemicial Engineering Progress*(2005 年 1 月)溢出的易挥发液体流经表面时渗开速度的研究.

a. 在流经时间 $x=8\min$ 时, 求所有溢出液体平均质量 $E(y)$ 的 90% 置信区间, 解释结论.

b. 在 $x=\bar{x}$ 时, 平均质量 $E(y)$ 的 90% 置信区间比 a 中的置信区间宽还是窄? 解释之.

🌐 **RAINFALL**

10.57 估计降雨量的新方法. 参考练习 10.11, *Journal of Data Science*(2004 年 4 月)估计降雨量方法的评价. 当神经网络估计量为 $x=3\mathrm{mm}$ 时, 求雨量计测量值 y 的 99% 预测区间, 解释结论.

🌐 **OJUICE**

10.58 橙汁的甜度. 参考练习 10.12 对 $n=24$ 个橙汁样品中果胶量 x 与甜度指标 y 之间的简单线性回归. 分析的 SPSS 输出如下所示, 关于每个 x 值的平均甜度指标 $E(y)$ 的 90% 置信区间在 SPSS 数据表中给出. 选择一个观测值并解释这个区间.

🌐 **FINTUBES**

10.59 散热铜管的热性能. 参考练习 10.14, *Journal of Heat Transfer*(1990 年 8 月)整体散热铜管的研究. 当未涌入面积比为 $x=1.95$ 时, 求平均热传递系数的 90% 置信区间, 解释结论.

10.60 预测树高. 在森林学中, 树腰直径(相当容易测量)常用来预测树的高度(很难获得的度量). 在不列颠哥伦比亚北部森林工作的森林学家进行了一系列植距试验来预测一些树的高度, 下表中的数据是 36 个白云杉样本的树腰直径(cm)和高度(m).

a. 建立数据的散点图.

	run	sweet	pectin	lower90m	upper90m
1	1	5.2	220	5.64898	5.83848
2	2	5.5	227	5.63898	5.81613
3	3	6.0	259	5.57819	5.72904
4	4	5.9	210	5.66194	5.87173
5	5	5.8	224	5.64337	5.82560
6	6	6.0	215	5.65564	5.85493
7	7	5.8	231	5.63284	5.80379
8	8	5.6	268	5.55553	5.71011
9	9	5.6	239	5.61947	5.78019
10	10	5.9	212	5.65946	5.86497
11	11	5.4	410	5.05526	5.55416
12	12	5.6	256	5.58517	5.73592
13	13	5.8	306	5.43785	5.65219
14	14	5.5	259	5.57819	5.72904
15	15	5.3	284	5.50957	5.68213
16	16	5.3	383	5.15725	5.57694
17	17	5.7	271	5.54743	5.70434
18	18	5.5	264	5.56591	5.71821
19	19	5.7	227	5.63898	5.81613
20	20	5.3	263	5.56843	5.72031
21	21	5.9	232	5.63125	5.80075
22	22	5.8	220	5.64898	5.83848
23	23	5.8	246	5.60640	5.76091
24	24	5.9	241	5.61587	5.77454

练习 10.58 的 SPSS 输出

b. 假定变量之间关系可以用一条直线很好地描述, 利用最小二乘法估计 y 截距和直线斜率.
c. 在散点图中画出最小二乘直线.
d. 数据能提供充分的证据表明树腰直径 x 对树高 y 的预测贡献信息吗? 利用 $\alpha = 0.05$ 进行检验.
e. 利用最小二乘直线, 求树腰直径为 20cm 时, 白云杉平均高度的 90% 置信区间, 解释这个区间.

SPRUCE

树腰直径 x (cm)	高度 y (m)	树腰直径 x (cm)	高度 y (m)
18.9	20.0	16.6	18.8
15.5	16.8	15.5	16.9
19.4	20.2	13.7	16.3
20.0	20.0	27.5	21.4
29.8	20.2	20.3	19.2
19.8	18.0	22.9	19.8
20.3	17.8	14.1	18.5
20.0	19.2	10.1	12.1
22.0	22.3	5.8	8.0
23.6	18.9	20.7	17.4
14.8	13.3	17.8	18.4
22.7	20.6	11.4	17.3
18.5	19.0	14.4	16.6
21.5	19.2	13.4	12.9
14.8	16.1	17.8	17.5
17.7	19.9	20.7	19.4
21.0	20.4	13.3	15.5
15.9	17.6	22.9	19.2

资料来源: Scholz, H., Northern Lights College, British Columbia.

10.61 切割工具的寿命试验. 为了提高任何生产过程的产量, 首先需要了解过程的能力 (Deming, *Out of the Crisis*, 1982). 在某制造过程中, 一种切割工具的有效寿命与这种工具的运行速度是线性关系. 下表的数据是对两种不同品牌的切割工具在通常生产过程中进行寿命试验获得的.

a. 对品牌 A 的数据拟合模型 $E(y) = \beta_0 + \beta_1 x$, 其中 y = 有效寿命, x = 切割速度.

b. 对品牌 B 重复问题 a.
c. 利用 90% 置信区间估计品牌 A 切割工具在切割速度为 45m/min 时的平均有效寿命. 对品牌 B 切割工具重复上面的估计. 比较这两个区间的宽度并评论不同的原因.
d. 利用 90% 预测区间预测当切割速度为 45m/min 时品牌 A 切割工具的有效寿命. 对品牌 B 切割工具重复上面的预测. 比较这两个区间和 c 中计算区间的宽度. 评论不同的原因.
e. 注意在 c 和 d 中是对不在原始样本中的 x 值执行估计和预测. 即值 $x = 45$ 不是样本的一部分. 然而这个值在样本 x 值范围之内, 因此回归模型可以对这个 x 值进行估计和预测. 在这种情形下, 估计和预测表示**内推**. 假定要求预测品牌 A 切割工具在切割速度为 $x = 100$m/min 时的有效寿命, 因为给定的 x 值在样本 x 值范围之外, 所以预测是**外推**的一个例子. 预测品牌 A 的切割工具在 100m/min 运行时的有效寿命, 构造工具实际有效寿命的 95% 置信区间. 为了保证外推的有效性, 需要什么样的附加假定?

CUTTOOL

切割速度 (m/min)	有效寿命 (h)	
	品牌 A	品牌 B
30	4.5	6.0
30	3.5	6.5
30	5.2	5.0
40	5.2	6.0
40	4.0	4.5
40	2.5	5.0
50	4.4	4.5
50	2.8	4.0
50	1.0	3.7
60	4.0	3.8
60	2.0	3.0
60	1.1	2.4
70	1.1	1.5
70	0.5	2.0
70	3.0	1.0

理论练习

10.62 假定想利用预测方程 $\hat{y} = \hat{\beta}_0 + \hat{\beta}_1 x$ 预测 $x = x_p$

时 y 的未来值, 预测误差是实际值 y_p 和预测值 $\hat{y}$ 之间的差, 即预测误差 $= y_p - \hat{y}$.

a. 解释为什么预测误差是正态的?
b. 求预测误差的期望值和方差.

10.63 解释为什么

$$Z = \frac{预测误差}{误差的标准差} = \frac{y_p - \hat{y}}{\sigma_{y_p - \hat{y}}} = \frac{y_p - \hat{y}}{\sigma \sqrt{1 + \frac{1}{n} + \frac{(x_p - \bar{x})^2}{SS_{xx}}}}$$

是标准正态随机变量.

10.64 证明:

$$T = \frac{预测误差}{估计的误差标准差} = \frac{y_p - \hat{y}}{s \sqrt{1 + \frac{1}{n} + \frac{(x_p - \bar{x})^2}{SS_{xx}}}}$$

服从自由度为 $\nu = (n-2)$ 的学生氏 T 分布. 用 T 统计量作为枢轴统计量导出 y_p 的 $(1-\alpha)$ 100% 预测区间.

10.9 检验假定: 残差分析

当用简单线性回归分析数据时, 我们无法确定 10.2 节中的假定是否满足. 我们能够多大程度不满足这些假定, 同时还能期望回归分析得到的结果仍然有本章提到的可靠性? 如果发现不满足假定(如果存在), 该如何处理? 本节提供了这些问题的答案.

回顾(10.2 节)涉及随机误差(ε)的概率分布的假定. 确切来说, 回归分析要求: (1) $E(\varepsilon) = 0$, (2) $V(\varepsilon) = \sigma^2$ 为常数, (3) ε 服从正态分布, (4) ε 相互独立. 在简单线性回归分析的实际应用中, 这些假定不可能完全满足要求. 幸运的是, 经验表明, 只要偏离假定不太大, 最小二乘回归可以产生可靠的统计检验、置信区间和预测区间. 然而, 严重的偏离将导致不可靠的结果. 所以, 在用模型做出推断之前检查假定的正确性非常重要.

在 10.3 节中, 我们把 y 的真实值与其响应预测值的差定义为回归残差, 即残差 $= (y - \hat{y})$. 残差是对特定观测值的真实预测误差的估计, 因此残差提供了有关 ε 假定正确性的信息. 本节我们介绍几种残差分析的图形法, 用于检验这些假定. 这些图形不仅可以帮助我们确定某个特定假定是否满足, 还可以指导研究人员在假定不满足时如何调整回归模型.

检验假定 1: 期望 $\varepsilon = 0$

通常, 当模型的确定性部分被错误假定时, 假定 $E(\varepsilon) = 0$ 不满足. 在简单线性回归中, 我们假定直线模型, $E(y) = \beta_0 + \beta_1 x$. 然而 y 与 x 之间的关系是非线性的(即曲线关系). 我们在第 12 章将学到非线性模型的一种可能的确定性关系为 $E(y) = \beta_0 + \beta_1 x + \beta_2 x^2$. 对符合曲线关系的数据用直线模型拟合会导致违反第一条假定.

为看到这一点, 假设真正的确定性关系是非线性的, 即

$$E(y) = \beta_0 + \beta_1 x + \beta_2 x^2$$

但我们假设直线关系

$$y = \beta_0 + \beta_1 x + \varepsilon$$

现在, 对(错误假定)模型, 可写出

$$\varepsilon = y - (\beta_0 + \beta_1 x)$$

然后可得

$$E(\varepsilon) = E(y) - (\beta_0 + \beta_1 x)$$

把真实的 $E(y)$ 带入表达式, 则有

$$E(\varepsilon) = (\beta_0 + \beta_1 x + \beta_2 x^2) - (\beta_0 + \beta_1 x) = \beta_2 x^2$$

注意除非 $\beta_2 = 0$(即真实的确定性关系是线性的), 否则该期望值不等于 0. 因此, 当模型被错误假定

时,假定 $E(\varepsilon)=0$ 不满足.

简单线性回归分析中检验模型错误假定的图形法是构造以回归残差为垂直轴、以自变量 x 为水平轴的图形. 如果图形揭示点是随机分布模式(没有趋势),那么模型假定可能是正确的并且误差期望为 0 的假定也能满足. 然而,如果残差图表现出很强的模式,则说明这是一个错误假定的模型,不满足第一条假定. 下面用一个例子说明.

例 10.12 **检验模型错误假定** 在全电器化住宅中,耗电量是消费者、建筑商和节能组织所感兴趣的. 假设希望调查全电器化住宅的 7 月用电量 y 与住宅大小 x 的关系. 进一步,假设我们认为全电器化住宅的 7 月用电量与住宅大小之间的关系满足直线模型 $E(y)=\beta_0+\beta_1 x$. 表 10.7 中给出了收集的 15 个住宅样本数据.

表 10.7 住宅大小 — 用电量数据

住宅大小 x(平方英尺)	每月用电量(千瓦·时)
1 290	1 182
1 350	1 172
1 470	1 264
1 600	1 493
1 710	1 571
1 840	1 711
1 980	1 804
2 230	1 840
2 400	1 986
2 710	2 007
2 930	1 984
3 000	1 960
3 210	2 001
3 240	1 928
3 520	1 945

a. 对数据拟合模型并评价模型的充分性.

b. 绘制回归残差对住宅大小 (x) 的散点图. 你发现趋势了吗?该图的含义是什么?

解 a. 图 10.20 给出了简单线性回归的 MINITAB 输出. 评价模型充分性的关键统计量在输出中着重显示. 首先,注意 $H_0:\beta_1=0$ 对 $H_a:\beta_1\neq 0$ 检验结果的 p 值为 0.000,即有充分的证据(对任意合理选取的 α)证明模型有统计学意义.

```
Regression Analysis: USAGE versus SIZE

The regression equation is
USAGE = 903 + 0.356 SIZE

Predictor      Coef     SE Coef       T       P
Constant      903.0       132.1     6.83   0.000
SIZE        0.35594     0.05477     6.50   0.000

S = 155.251    R-Sq = 76.5%    R-Sq(adj) = 74.7%

Analysis of Variance

Source           DF        SS         MS       F       P
Regression        1    1017803    1017803   42.23   0.000
Residual Error   13     313338      24103
Total            14    1331140

Obs   SIZE    USAGE      Fit   SE Fit   Residual   St Resid
  1   1290   1182.0   1362.2     68.3     -180.2      -1.29
  2   1350   1172.0   1383.5     65.6     -211.5      -1.50
  3   1470   1264.0   1426.2     60.6     -162.2      -1.13
  4   1600   1493.0   1472.5     55.4       20.5       0.14
  5   1710   1571.0   1511.7     51.4       59.3       0.41
  6   1840   1711.0   1557.9     47.3      153.1       1.04
  7   1980   1804.0   1607.8     43.7      196.2       1.32
```

图 10.20 例 10.12 的 MINITAB 简单线性回归输出

```
 8   2230   1840.0   1696.8   40.3    143.2    0.96
 9   2400   1956.0   1757.3   40.5    198.7    1.33
10   2710   2007.0   1867.6   46.0    139.4    0.94
11   2930   1984.0   1945.9   52.9     38.1    0.26
12   3000   1960.0   1970.8   55.5    -10.8   -0.07
13   3210   2001.0   2045.6   64.0    -44.6   -0.32
14   3240   1928.0   2056.3   65.3   -128.3   -0.91
15   3520   1945.0   2155.9   78.0   -210.9   -1.57
```

图 10.20 （续）

其次，决定系数是 $r^2 = 0.76$. 这意味着用电量(y)的 76% 的样本方差可以由线性模型解释.

最后，误差估计的标准差为 $s = 155.25$. 可以说 7 月份大约 95% 的实际用电量的值落在它们各自预测值的 $2s = 2(155.25) = 310.5$ 千瓦·时区间内.

因为模型具有统计学意义，有相对较高的 r^2 值和相对较小的 $2s$ 值，所以研究人员可以选择利用该模型预测未来的用电量值.

b. 简单线性回归的回归残差也在图 10.20 中着重显示. 利用 MINITAB 绘制残差对住宅大小(x)的图，见图 10.21. 注意图中点的非随机分布模式. 实际上，残差显示出清晰的曲线趋势，对于较小的 x 值，残差在 0 水平线（残差的期望）的下方；对于取中间值的 x，残差在 0 水平线的上方；对于较大的 x 值，残差又回到 0 水平线的下方. 这表明在 x 的不同取值范围内(小，中，大)，随机误差 ε 的期望可能不为 0. 这种模式通常表明模型是错误假定的，不满足 $E(\varepsilon) = 0$ 的假定.

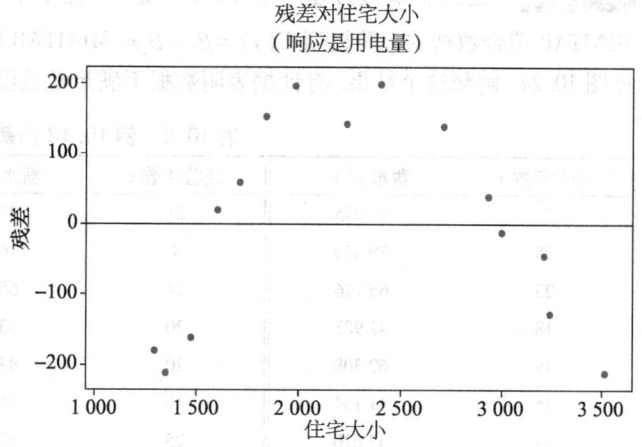

图 10.21 例 10.12 的 MINITAB 残差图

残差图不仅能表明不满足假定，还能指导研究人员对模型的确定性部分进行何种修改. 图中的曲线趋势预示曲率应该被加入到模型中. 下一章我们将看到关于用电量更好的模型.

$$E(y) = \beta_0 + \beta_1 x + \beta_2 x^2$$

■

检验假定 2：常数误差方差

残差图也可以用于检验误差方差是常数的假定. 这里，绘制残差对预测值 $\hat{y}$ 的适当图形. 类似前面的残差图，如果该图揭示了点的随机分布模式(没有趋势)，那么很可能常数误差方差的假定是满足的. 而如果残差图中有很强的模式，则是不满足假定的迹象. 例如，残差对预测值 $\hat{y}$ 的关系图可能表现出图 10.22 中显示的其中一种模式. 在这些图中，残差的取值范围随着 $\hat{y}$ 的增大而增大(或减小)，这表明随机误差 ε 的方差随着 $E(y)$ 的估计的增大而变大(或变小). 由于模型中 $E(y)$ 依赖于 x 的取值，因此这意味着对于所有的 x 取值，ε 的方差不是常数. 具有非常数方差的误差本质上被称为**异方差**.

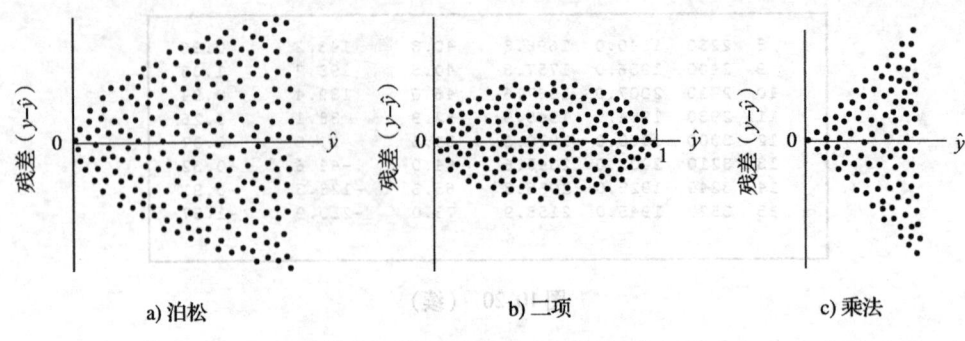

a) 泊松　　　　b) 二项　　　　c) 乘法

图 10.22　残差图显示 ε 方差的变化

定义 10.7　在回归中,具有非常数方差的随机误差是**异方差**误差.具有常数方差的随机误差是**同方差**误差.

在下个例子中,我们说明如何使用这个图来发现非常数方差,并提出有用的补救方法.

例 10.13　**检测非常数方差**　表 10.8 中是 50 位土木工程师的薪水 y 和经验年数 x 的数据.用 MINITAB 拟合数据的一阶模型 $E(y) = \beta_0 + \beta_1 x$. MINITAB 输出见图 10.23,然后是残差对 $\hat{y}$ 的关系图,见图 10.24.解释这个结果.有证据表明数据不满足常数误差方差的假定吗?

表 10.8　例 10.13 的薪水数据

经验年数 x	薪水 $y(\$)$	经验年数 x	薪水 $y(\$)$	经验年数 x	薪水 $y(\$)$
7	26 075	21	43 628	28	99 139
28	79 370	4	16 105	23	52 624
23	65 726	24	65 644	17	50 594
18	41 983	20	63 022	25	53 272
19	62 308	20	47 780	26	65 343
15	41 154	15	38 853	19	46 216
24	53 610	25	66 537	16	54 288
13	33 697	25	67 447	3	20 844
2	22 444	28	64 785	12	32 586
8	32 562	26	61 581	23	71 235
20	43 076	27	70 678	20	36 530
21	56 000	20	51 301	19	52 745
18	58 667	18	39 346	27	67 282
7	22 210	1	24 833	25	80 931
2	20 521	26	65 929	12	32 303
18	49 727	20	41 721	11	38 371
11	33 233	26	82 641		

解　图 10.23 中 MINITAB 输出说明一阶模型对数据提供了充分的拟合. r^2 值为 0.787,表明模型解释了薪水的 78.7% 的样本方差.用于检验 β_1 的 T 值为 13.31,高度显著(p 值 ≈ 0),表明模型对预测 y 贡献了信息.然而,检查残差对 $\hat{y}$ 的关系图(图 10.24)发现了潜在的问题.注意残差变化的"锥

体"形状,残差大小随着估计的薪水均值的增加而增加.

```
The regression equation is
SALARY = 11369 + 2141 EXP


Predictor      Coef    SE Coef        T        P
Constant      11369       3160     3.60    0.001
EXP          2141.4      160.8    13.31    0.000


S = 8642.44    R-Sq = 78.7%    R-Sq(adj) = 78.2%


Analysis of Variance

Source            DF          SS           MS        F        P
Regression         1  13239655469  13239655469   177.26    0.000
Residual Error    48   3585206077      74691793
Total             49  16824861546
```

图 10.23　例 10.13 的 MINITAB 回归输出

该残差图表明数据有可能不满足常数误差方差的假定. ■

当因变量 y 的方差依赖于 y 的均值时,回归误差往往是异方差. 单位面积、体积、时间等计数的变量(即泊松随机变量)就是这样的例子. 对于泊松随机变量(4.10 节),我们知道 $E(y) = V(y)$. 因为 $\hat{y}$ 是 $E(y)$ 的估计,所以泊松因变量的残差对 $\hat{y}$ 的图会显示出类似图 10.22a 中的模式.

该问题的补救方法是利用 y 的**方差稳定性转化**. 对于泊松变量,适当的转化为 $y^* = \sqrt{y}$. 在简单的线性回归应用

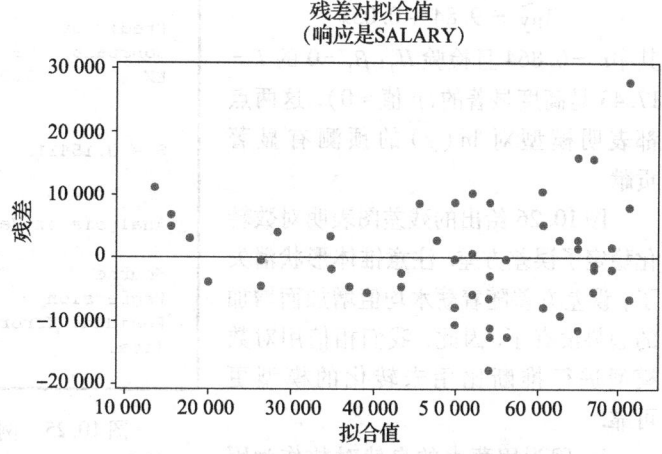

图 10.24　例 10.13 的 MINITAB 残差图

中,拟合模型 $\sqrt{y} = \beta_0 + \beta_1 x + \varepsilon$. 转化后的模型残差不再表现出图 10.22a 中的模式. 确切地说,这些残差是随机分布的.

另一个通常不满足常数方差假定的随机变量是二项比率 $y = \hat{p}$. 例如,因变量可以是 $y = $ 一批保险丝货物中有缺陷的比率. 回顾二项变量 $E(\hat{p}) = p$, $V(\hat{p}) = \sqrt{p(1-p)}$. 注意方差是均值的函数. 二项因变量残差图通常为图 10.22b 中的模式. 这里,当预测的比率接近 0 或 1 时残差方差往往较小,且当预测的比率接近 0.5 时方差较大. 为了稳定这一类型数据的方差,会用到转化 $y^* = \sin^{-1}\sqrt{y}$.

第三种通常需要方差稳定性转化的情形为响应变量 y 不符合加法模型的形式: $y = E(y) + \varepsilon$, 确切地说更适合用乘法模型的形式来表示: $y = E(y) \cdot \varepsilon$. 对于乘法模型,响应方差随着均值的平方等比例增长,即 $V(y) = [E(y)]^2 \cdot \sigma^2$. 乘法模型的因变量的残差图通常类似于图 10.22c 中的模式. 为

了稳定这一类型数据的方差,要用自然对数转化 $y^* = \ln(y)$.

我们讨论的三种**方差稳定性转化**总结在表 10.9 中,如下所示.

表 10.9 稳定响应方差的转化

残差图	数据类型	特点	转化
如图 10.22a 所示	泊松	单位时间、距离、体积等的计数	$y^* = \sqrt{y}$
如图 10.22b 所示	二项	比率、百分比或固定数量 n 次试验中成功的次数	$y^* = \sin^{-1}\sqrt{y}$,其中 y 为比率
如图 10.22c 所示	乘法	经济和科学数据	$y^* = \ln(y)$

例 10.14 **稳定误差方差** 参考例 10.13 和表 10.9 中的薪水和经验数据. 对因变量进行自然对数转化并用线性模型建立 $\ln(y)$ 与 x 之间的联系:

$$\ln(y) = \beta_0 + \beta_1 x + \varepsilon$$

a. 评价模型的充分性.

b. 解释 $\hat{\beta}_1$ 的值.

解 a. 图 10.25 中的 MINITAB 输出给出了 $n = 50$ 组测量的回归分析. 预测方程为

$$\widehat{\ln y} = 9.84 + 0.05x$$

其中 $r^2 = 0.864$ 且检验 $H_0: \beta_1 = 0$ 的 $T = 17.43$ 是高度显著的(p 值≈ 0). 这两点都表明模型对 $\ln(y)$ 的预测有显著贡献.

图 10.26 给出的残差图表明对数转化稳定了误差方差. 注意锥体形状消失了;误差方差随着薪水均值增加而增加的趋势没有了. 因此,我们相信用对数模型进行推断比用未转化的模型更可靠.

b. 因为用薪水的自然对数作为因

```
The regression equation is
LNSALARY = 9.84 + 0.0500 EXP


Predictor     Coef    SE Coef      T      P
Constant   9.84131    0.05636  174.63  0.000
EXP        0.049979   0.002868  17.43  0.000


S = 0.154113    R-Sq = 86.4%   R-Sq(adj) = 86.1%


Analysis of Variance

Source          DF       SS       MS       F      P
Regression       1   7.2122   7.2122  303.66  0.000
Residual Error  48   1.1400   0.0238
Total           49   8.3522
```

图 10.25 例 10.14 对数模型的 MINITAB 回归输出

变量,所以对 β 的估计的解释较之前讨论过的有些不同. 一般而言,对数转化模型中参数 β 表示相应自变量每增加一个单位时因变量增加(或减少)的百分比. 百分比变化通过采用 β 估计的反对数减去 1 来计算,即 $e^{\beta} - 1$.⊖ 例如,随着经验年数增加一个单位(即一年),工程师的薪水的百分比变化为

⊖ 该结果是通过表示薪水 y 的百分比变化 $(y_1 - y_0)/y_0$ 而得出的,其中 $y_1 =$ 当 $x = 1$ 时 y 的值, $y_0 =$ 当 $x = 0$ 时 y 的值. 现在令 $y^* = \ln(y)$ 并假设模型为 $y^* = \beta_0 + \beta_1 x$,那么

$$y = e^{y^*} = e^{\beta_0} e^{\beta_1 x} = \begin{cases} e^{\beta_0} & x = 0 \\ e^{\beta_0} e^{\beta_1} & x = 1 \end{cases}$$

代入,有

$$\frac{y_1 - y_0}{y_0} = \frac{e^{\beta_0} e^{\beta_1} - e^{\beta_0}}{e^{\beta_0}} = e^{\beta_1} - 1$$

$(e^{\beta_1}-1)=(e^{0.05}-1)=0.051$. 因此我们估计经验每增加一年,工程师的薪水增加 5.1%. ∎

检验假定3：误差正态分布

在随机误差 ε 的四个标准回归假定中,ε 服从正态分布的假定是实际应用回归分析时受限制最少的. 也就是说,适度偏离正态性的假设对统计检验、置信区间、预测区间的正确性影响几乎没有. 在这种情况下,我们说回归对于非正态性是**稳健**的. 然而,过大的偏离对回归分析得到的推断就会产生疑问.

5.6 节的方法可以用来确定数据是否严重违反正态性的假定. 为了说明,图 10.27 中给出了例 10.14 中 ln(薪水)

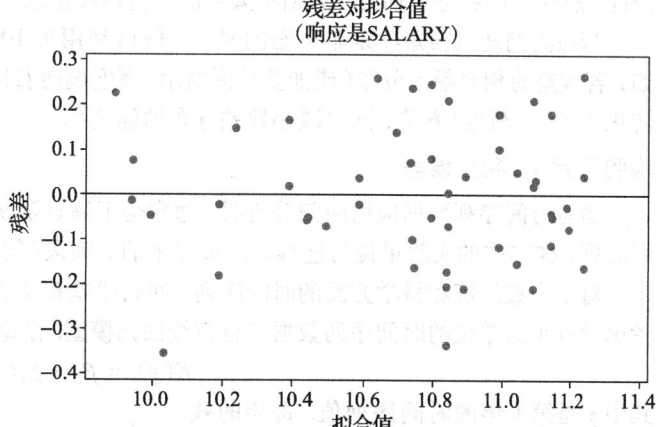

图 10.26　例 10.14 对数模型的 MINITAB 残差图

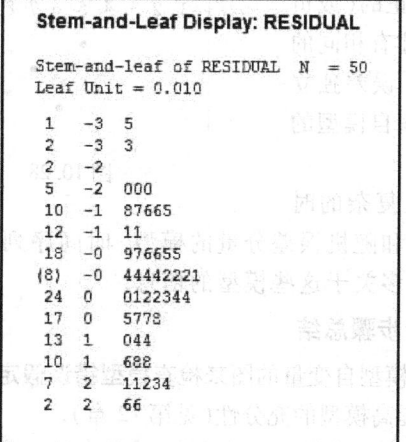

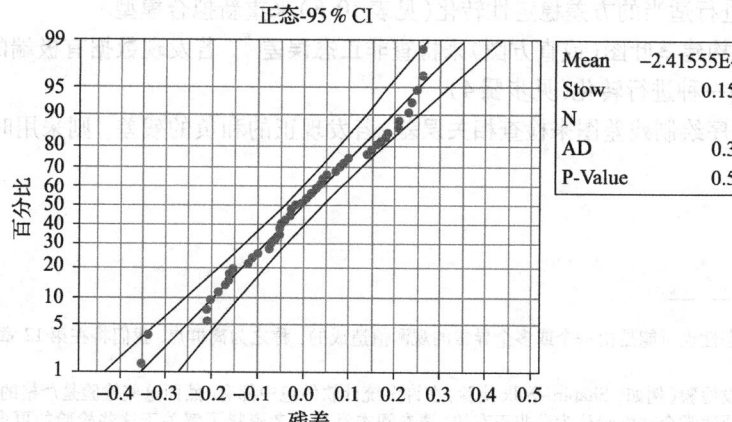

图 10.27　例 10.14 的检测模型残差正态性的 MINITAB 图

模型的 $n=50$ 个残差的 MINITAB 茎叶图和正态概率图. 可以看到该分布近似丘形, 并且比较对称. 因此, 就这一回归分析而言, 数据不太可能严重违反正态性的假定.

当检测到随机误差项是非正态的时, 一般可利用表 10.8 中列出的其中一种转化进行调整. 例如, 若残差的相对频率分布(或如茎叶图所示)高度偏向右边(通常是泊松数据), 则关于 y 的平方根转化将稳定(渐近)方差, 同时减小残差分布的偏度⊖.

检验假定 4: 独立误差

当对**时间序列**数据应用回归分析时, 通常会不满足随机误差独立(不相关)的假定. 关于时间序列数据, 样本中的实验单位为连续时间顺序中的时间段(例如, 年、月或天).

对于多数经济和科学方面的时间序列, 回归残差有随着时间的推移而呈现正和负的趋势. 例如, 考虑对以年为单位的时间序列数据拟合直线回归模型. 模型形式为

$$E(y) = \beta_0 + \beta_1 t$$

其中 y 是第 t 年的时间序列值. 每年的残差图可能会出现图 10.28 所示的情形. 注意, 趋势表明如果第 t 年的残差是正的(或负的), 则第 $(t+1)$ 年的残差是正的(或负的). 也就是说, 相邻的残差往往有相同的符号并且似乎是相关的. 因此, 误差独立的假定可能是不满足的, 并且来自模型的任何推断都是值得怀疑的.

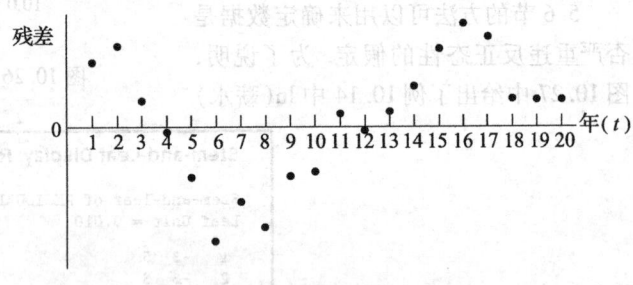

图 10.28　年时间序列的残差图

这个问题的补救方法涉及复杂的时间序列模型, 其中包括确定性和随机误差分量的模型. 时间序列模型超出了本书的范围, 请参阅本章的参考资料, 以了解更多关于这些模型的信息.

简单线性回归模型中误差分析步骤总结

1. 通过绘制残差 $(y-\hat{y})$ 对模型自变量的图来检查**模型错误假定**. 若图中发现曲线趋势, 则意味着自变量 x 的二次项很可能会提高模型的充分性(见第 12 章).

2. 通过绘制残差对预测值 $\hat{y}$ 的图来检查**不等方差**(或**异方差**). 如果发现图中模式类似于图 10.22 中的一种, 则对 y 进行适当的方差稳定性转化(见表 10.8)来重新拟合模型.

3. 通过对残差构建茎叶图(或直方图)来检查**非正态误差**⊖. 若发现数据有极端的偏斜, 则应选用表 10.8 中列出的一种进行转化(见步骤 4).

4. 按照时间顺序绘制残差图来检查**相关误差**. 若发现正的和负的残差, 则采用时间序列模型来处理残差的相关性.

⊖ 残差的非正态性也可能是由一个或多个异常的观测值造成的, 称之为离群点. 我们将在第 12 章中详细讨论离群点的检测.

⊖ 正态性的假设检验(例如, Shapiro-Wilk 检验)在许多统计软件包中都有. 然而这些检验是严格的, 只要有一点偏离, 正态的数据便通常会被检验认为是非正态的. 请参阅本章的参考资料了解关于这些检验的更多信息. 如果应用它们, 请谨记回归对非正态误差是稳健的.

应用练习

10.65 残差散点图解释. 识别下面每种残差散点图的问题.

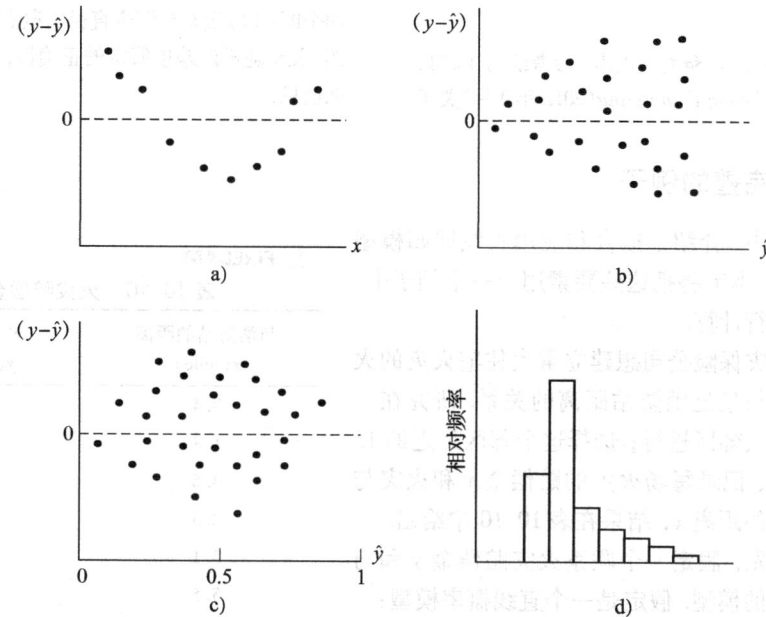

BIRDDEN

10.66 规划生态网络. 参考练习 10.37，*Landscape Ecology Engineering*（2013 年 1 月）关于生态网络的研究. 回忆研究人员用收集到的 21 个鸟类栖息地数据拟合模型 $E(y) = \beta_0 + \beta_1 x$，其中 y = 鸟的密度，x = 植被覆盖率（百分比）.

a. 用最小二乘预测方程计算鸟密度的预测值以及相应的模型残差.
b. 绘制残差对 $\hat{y}$ 的散点图. 你发现趋势了吗？
c. 基于残差散点图，哪个假定似乎是不满足的？
d. 你建议如何修改模型？

BBALL

10.67 来自篮球的声波. 参考练习 10.54，*American Journal of Physics*（2010 年 6 月）对球形腔内声波的研究. 拟合由于金属棒敲打篮球而产生的声波频率（y）和共振次数（x）的直线模型，并确定该模型用来预测 y 的充分性.

a. 用最小二乘预测方程计算模型的残差.
b. 绘制残差对共振次数（x）的散点图. 你发现趋势了吗？
c. 基于残差散点图，哪个假定似乎是不满足的？
d. 你建议如何修改模型？

OJUICE

10.68 橙汁的甜度. 参考练习 10.12，对橙汁"甜度"（指标越高，橙汁越甜）和在生产过程中使用的水溶性果胶量（百万分之一）之间关系的研究. 利用简单线性回归由果胶量（x）预测甜度指标（y）. 对此模型进行残差分析，分析随机误差项 ε 的标准回归假定的正确性. 你有任何模型修改建议吗？

FINTUBES

10.69 铜管的热性能. 参考练习 10.14，*Journal of Heat Transfer*（1990 年 8 月）关于铜管的热传递量和管子上部由于蒸汽的冷凝作用没有蒸汽涌入的面积之间关系的研究. 利用简单线性回归由未涌入面积比（x）预测热传递提高率（y）. 对此模型进行残差分析，分析随机误差项 ε 的标准回归假定的正确性. 你有任何模型修改建议吗？

BOTASH

10.70 底灰沥青的开裂. 参考练习 10.15，*Journal of Civil Engineering and Construction Technology*（2013 年 2 月）关于底灰沥青的研究. 回忆研究人员用收集的 15 块沥青板坯数据研究底灰沥青开裂率（y）与应力强度（x）之间的关系. 练习 10.15 中，拟合了联系开裂增长率的自然对数与应力强度自然对数之间关系的直线模型,即 $\ln(y) = \beta_0 + \beta_1 \ln(x) + \varepsilon$. 对该模型进行残差分析,分析随机误差 ε 的标准回归假定的正确性. 你有任何模型修改建议吗?

WATERPIPE

10.71 估算水管的维修和更换成本. 参考练习 10.31, IHS Journal of Hydraulic Engineering(2012 年 9 月)关于水管易于破损的研究. 回忆土木工程师用简单线性回归对 y = 商业管道修理与更换的成本比作为 x = 管道的直径(mm)的函数进行建模. 得到回归残差并构造两个图:(1)残差与管道直径的散点图,(2)正态概率图. 关于随机误差项假定的正确性,这些图提供了什么信息?

10.10 一个完整的例子

在前面几节中,介绍了拟合和应用直线回归模型必要的基本要素. 本节将把这些要素用于一个例子中,并利用计算机执行计算.

假定一家火灾保险公司想建立重大住宅火灾的火灾赔偿金和住宅与最近消防站距离的关系. 研究在一个主要城市的较大郊区进行;选择这个郊区最近的 15 次火灾作为样本,记录每场火灾的赔偿金 y 和火灾与最近消防站之间的距离 x,结果在表 10.10 中给出.

步骤 1 首先,假定一个联系火灾赔偿金 y 和与最近消防站距离的模型. 假定是一个直线概率模型:

$$y = \beta_0 + \beta_1 x + \varepsilon$$

步骤 2 其次,把数据输入计算机,并利用统计软件包估计假定模型确定性分量的未知参数. 简单线性回归分析的 SAS 输出在图 10.29 给出.

β_0 和 β_1 的最小二乘估计(在输出中着重显示)为

$$\hat{\beta}_0 = 10.277\,929, \quad \hat{\beta}_1 = 4.919\,331$$

因此,最小二乘方程(四舍五入后)为

$$\hat{y} = 10.278 + 4.919x$$

这个预测方程在图 10.30 的 MINITAB 数据散点图中给出.

斜率的最小二乘估计 $\hat{\beta}_1 = 4.92$ 意味着与消防站距离每增加 1mile,估计的平均赔偿金增加 4 920 美元. 这个解释在 x 范围或者是距离消防站从 0.7~6.1mile 之内有效. 估计 y 截距 $\hat{\beta}_0 = 10.28$ 解释为火灾距离消防站 0mile 时估计的平均赔偿金为 10 280 美元. 尽管这似乎只适用于消防站本身,但记住仅当 $x = 0$ 在自变量抽样范围之内时,y 截距才具有有意义的解释. 因为 $x = 0$ 在范围之外,所以 $\hat{\beta}_0$ 没有实际解释.

步骤 3 现在,指定随机误差分量 ε 的概率分布,关于分布的假定与 10.2 节列出的一样.
1. $E(\varepsilon) = 0$.
2. 对所有的 x 值,$\text{Var}(\varepsilon) = \sigma^2$ 为常数.
3. ε 具有正态分布.
4. ε 是独立的.

FIREDAM

表 10.10 火灾赔偿金数据

与消防站的距离 x(mile)	火灾赔偿金额 y(千美元)
3.4	26.2
1.8	17.8
4.6	31.3
2.3	23.1
3.1	27.5
5.5	36.0
0.7	14.1
3.0	22.3
2.6	19.6
4.3	31.3
2.1	24.0
1.1	17.3
6.1	43.2
4.8	36.4
3.8	26.1

```
                        Dependent Variable: DAMAGE
                            Analysis of Variance

                                  Sum of         Mean
      Source           DF        Squares        Square     F Value    Pr > F
      Model             1       841.76636     841.76636     156.89    <0.0001
      Error            13        69.75098       5.36546
      Corrected Total  14       911.51733

               Root MSE              2.31635    R-Square     0.9235
               Dependent Mean       26.41333    Adj R-Sq     0.9176
               Coeff Var             8.76961

                              Parameter Estimates

                     Parameter     Standard
      Variable   DF   Estimate       Error      t Value    Pr > |t|   95% Confidence Limits
      Intercept   1    10.27793     1.42028       7.24     <0.0001     7.20960    13.34625
      DISTANCE    1     4.91933     0.39275      12.53     <0.0001     4.07085     5.76781

                               Output Statistics

                      Dep Var    Predicted    Std Error
      Obs  DISTANCE   DAMAGE       Value     Mean Predict    95% CL Predict        Residual
       1      3.4     26.2000     27.0037      0.5999      21.8344    32.1729      -0.8037
       2      1.8     17.8000     19.1327      0.8340      13.8141    24.4514      -1.3327
       3      4.6     31.3000     32.9068      0.7915      27.6186    38.1951      -1.6068
       4      2.3     23.1000     21.5924      0.7112      16.3577    26.8271       1.5076
       5      3.1     27.5000     25.5279      0.6022      20.3573    30.6984       1.9721
       6      5.5     36.0000     37.3342      1.0573      31.8334    42.8351      -1.3342
       7      0.7     14.1000     13.7215      1.1766       8.1087    19.3342       0.3785
       8      3       22.3000     25.0359      0.6081      19.8622    30.2097      -2.7359
       9      2.6     19.6000     23.0682      0.6550      17.8678    28.2686      -3.4682
      10      4.3     31.3000     31.4311      0.7198      26.1908    36.6713      -0.1311
      11      2.1     24.0000     20.6085      0.7566      15.3442    25.8729       3.3915
      12      1.1     17.3000     15.6892      1.0444      10.1999    21.1785       1.6108
      13      6.1     43.2000     40.2858      1.2587      34.5906    45.9811       2.9142
      14      4.8     36.4000     33.8907      0.8450      28.5640    39.2175       2.5093
      15      3.8     26.1000     28.9714      0.6320      23.7843    34.1585      -2.8714
      16      3.5                 27.4956      0.6043      22.3239    32.6672

                 Sum of Residuals                                0
                 Sum of Squared Residuals                  69.75098
                 Predicted Residual SS (PRESS)             93.21169
```

图 10.29　火灾赔偿金线性回归的 SAS 输出

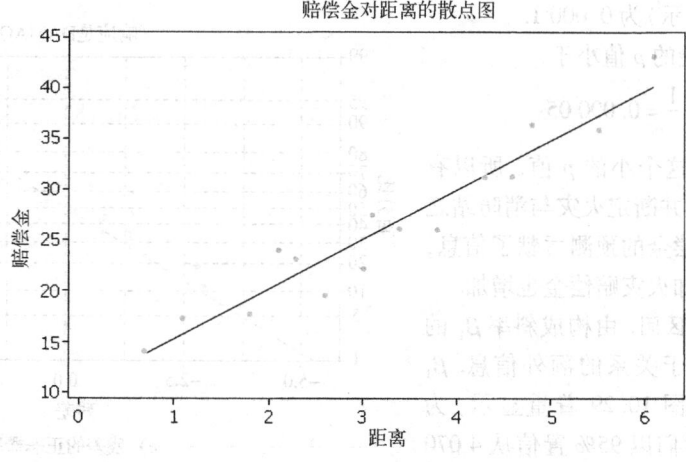

赔偿金对距离的散点图

图 10.30　火灾赔偿金数据的 MINITAB 散点图及最小二乘模型

我们通过检查残差图来检验这些假定的正确性. 模型的残差(图 10.29 中着重显示)关于距离 x 和预测的火灾赔偿金 $\hat{y}$ 的散点图分别如图 10.31a 和 10.31b 所示. 两幅图中都没有显示出趋势, 说明前两个假设(零均值误差和常数误差方差)可能是满足的. 残差的正态概率散点图如图 10.31c 所示. 因为散点几乎落在一条直线上, 所以误差的正态性假定显然也是满足的. 由于火灾住宅地的数据是独立收集的, 所以第四条误差独立的假定更是满足.

ε 的方差 σ^2 的估计是输出中的阴影部分(图 10.29 中), 为 $s^2 = 5.36546$ (这个值也称为**均方误差**或 **MSE**.)

ε 的估计的标准差(也在图 10.29 中着重显示)为

$$s = 2.31635$$

这个 s 值意味着大部分观测的火灾赔偿金(y)落在它们各自预测值的约为 $2s = 4.64$ 千美元之内.

步骤 4 现在可以检查假设模型的效用, 即 x 是否真的在利用直线模型对 y 进行预测中提供了信息.

a. 检验模型的效用. 首先, 检验斜率 β_1 为 0 的原假设, 即火灾赔偿金与最近消防站距离之间没有线性关系, 对 x 和 y 是正线性相关的备择假设. 我们检验:

$$H_0: \beta_1 = 0$$
$$H_a: \beta_1 > 0$$

输出中阴影的检验统计量值为 $T = 12.525$, 双侧 p 值(也着重显示)为 0.0001. 因此, 单侧上尾检验的 p 值小于

$$p = \frac{0.0001}{2} = 0.00005$$

因为 $\alpha = 0.05$ 超过这个小的 p 值, 所以有足够的证据拒绝 H_0 并断定火灾与消防站之间的距离对火灾赔偿金的预测贡献了信息, 并且随着距离的增加火灾赔偿金也增加.

b. 斜率的置信区间. 由构成斜率 β_1 的置信区间可获得关于关系的额外信息. β_1 的 95% 置信区间(图 10.29 着重显示)为 (4.070, 5.768). 我们以 95% 置信从 4 070 美元到 5 768 美元的区间包含了与消防站距

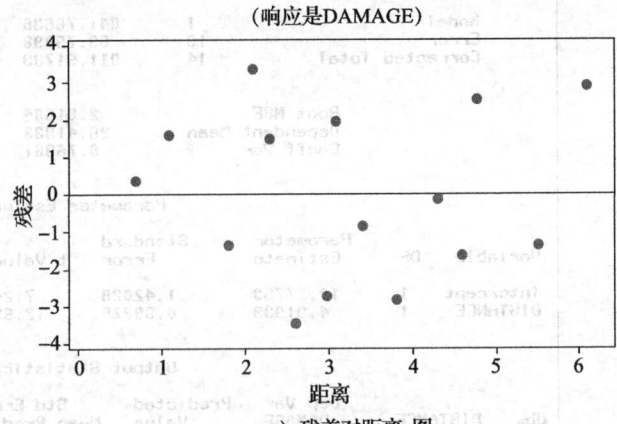

a) 残差对距离 x 图

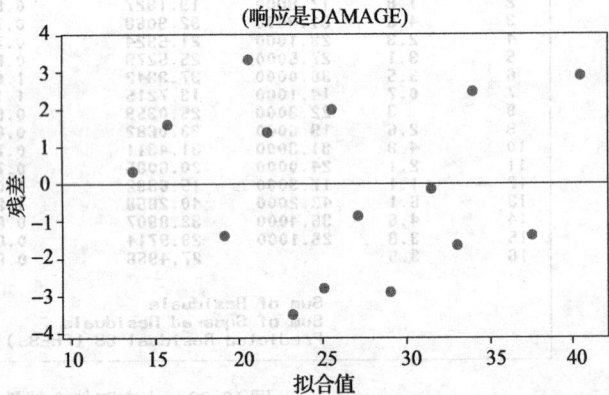

b) 残差对预测赔偿金 $\hat{y}$ 图

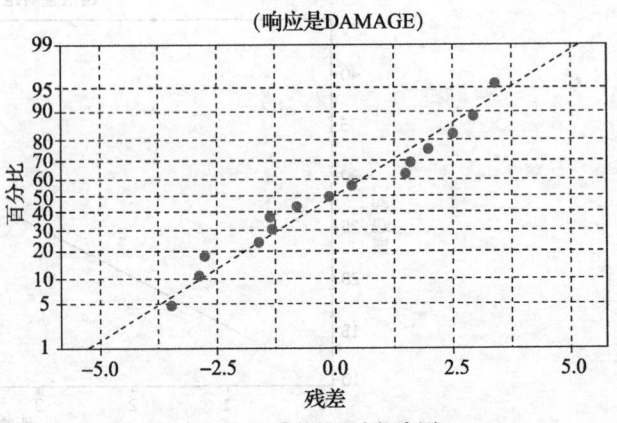

c) 残差的正态概率图

图 10.31 火灾赔偿金模型的 MINITAB 残差图

离每增加1英里火灾赔偿金的平均增加量(β_1).

c. 模型恰当性的数值描述性度量. 决定系数(输出中着重显示的)为

$$r^2 = 0.9235$$

这意味着火灾到消防站之间的距离x解释了火灾赔偿金(y)中样本变异的92%.

相关系数r(用来度量y和x之间的线性关系强度)在图10.29中没有显示. 利用简单线性回归中$r = \sqrt{r^2}$和r与$\hat{\beta}_1$有相同符号的事实,我们有

$$r = +\sqrt{r^2} = \sqrt{0.9235} = 0.96$$

大的相关系数证实了β_1不为0的推断;看来火灾赔偿金和消防站的距离是线性相关的.

β_1检验的结果、r^2的大值和相对小的$2s$值(步骤3)都指出x和y之间有较强的线性关系.

步骤5 现在准备利用最小二乘模型. 假定保险公司想预测火灾赔偿金,如果在距离最近消防站3.5mile处发生了一场严重的住宅火灾,即$x_p = 3.5$. 在图10.29 SAS输出(阴影部分)的底部显示预测值为$\hat{y} = 27.4956$,相应的95%预测区间(着重显示)为(22.3239,32.6672). 因此,我们预测(以95%置信)对发生在距离最近消防站3.5mile处严重的住宅火灾,火灾赔偿金将在22 324美元和32 667美元之间.

警告:不能利用这个预测模型对距离最近消防站少于0.7mile和多于6.1mile的家庭进行预测,表10.9中的数据显示所有的x值都落在0.7~6.1之间. 回忆10.8节利用模型对样本数据区域外的预测是危险的. 当推广到x值更广范围时,一条直线可能不会提供y的平均值和x值之间关系的好模型.

10.11 简单线性回归步骤小结

我们在这一章介绍了一种非常有用的工具——用预测方程拟合数据集的**最小二乘法**,这个过程与有关的统计检验和估计一起称为**回归分析**. 我们用5个步骤说明怎样用样本数据建立一个联系因变量y和单个自变量x的模型.

简单线性回归分析的步骤

1. 第一步是假设一个**概率模型**. 本章中,我们限定为**直线模型** $y = \beta_0 + \beta_1 x + \varepsilon$.
2. 第二步是利用最小二乘法估计**确定性分量** $\beta_0 + \beta_1 x$ 的未知参数. 最小二乘估计得到一个**误差平方和**(SSE)比其他任何直线模型的SSE都小的模型 $\hat{y} = \hat{\beta}_0 + \hat{\beta}_1 x$.
3. 第三步是指定**随机误差分量** ε 的概率分布. 进行**残差分析**来检验这些假设的正确性.
4. 第四步是评价假设模型的效用. 这里包括关于**斜率** β_1 的推断、计算**相关系数** r 和**决定系数** r^2.
5. 最后,如果对模型满意,就准备利用它. 对给定的x值利用模型**估计y的均值** $E(y)$,对某个特殊的x值**预测y值**.

活动中的统计学回顾:探矿魔杖真的能发现水吗

现在回顾本章开始"活动中的统计学"描述的问题——确定事实上魔杖勘探者是否真的能够发现水. 回忆德国慕尼黑的一组大学的物理学家进行的一系列试验. 基于初步测试选出43个人进行最后的、仔细控制的试验. 研究者在一个空谷仓的地上放一条10m长的绳子,沿着绳子的位置随机放

置一个有流水的管子. 在谷仓的上层试验绳的正上方, 要求 43 个自称魔杖勘探者的人(用他的魔杖、棒或其他工具)确定地面层有流水管子的位置.

对每次试验, 记录两个变量: 管子的实际位置(从绳子起点的分米数)和魔杖勘探者们的猜测(也以分米度量). 三个"最好"的魔杖勘探者(序号为 99、18 和 108)的数据保存在 DOWSING 文件(并且列于表 SIA10.1 中). 德国物理学家在他们最后的报告中得出结论, "三个最好的魔杖勘探者显示出意外高的成功率", 因此, "经验证明"魔杖勘探者实际上能发现水.

加利福尼亚-圣地亚哥大学教授 J. T. Enright 通过自己对数据的分析对这一结论提出挑战. 对每次试验, 令 x = 魔杖勘探者猜测(m), y = 管子位置(m). 为确定"最好"的魔杖勘探者是否有效, Enright 的方法是对数据拟合直线模型 $E(y) = \beta_0 + \beta_1 x$.

数据的 MINITAB 散点图在图 SIA10.1 中给出. 从图 SIA10.2 MINITAB 回归输出中得到的最小二乘直线也画在散点图中. 尽管最小二乘直线有轻微的向上趋势, 但数据点在直线周围的变异比较大. 这不能说明魔杖勘探者的猜测(x)是管子实际位置(y)的很好预测. 检验原假设 $H_0: \beta_1 = 0$(输出中着重显示)的双侧 p 值为 $p = 0.118$. 即使对如 $\alpha = 0.10$ 那样高的 α 水平, 也没有足够的证据拒绝 H_0. 因此, 表 SIA10.1 中的魔杖数据对德国研究者的宣称(三个最好的魔杖勘探者具有利用探矿魔杖找到地下水源的能力)不提供统计支持.

用直线斜率的置信区间使"魔杖"理论缺乏支持更加清楚. 当 $n = 26$ 时, df = $(n-2) = 24$, $t_{0.025} = 2.064$, 代入这些值和 MINITAB 输出中的相应值, β_1 的 95% 置信区间为

$$\hat{\beta}_1 \pm t_{0.025}(s_{\hat{\beta}_1}) = 0.31 \pm (2.064)(0.19)$$
$$= 0.31 \pm 0.39$$
$$\text{或}(-0.08, 0.70)$$

因此, 魔杖勘探者猜测每增加 1dm, 我们估计(95% 置信)管子的实际位置将在减少 0.08dm 到增加 0.70dm 的范围内. 换句话说, 不能保证管子的位置沿着 10dm 长的管道是增加还是减小! 还请记住, 表 SIA10.1 中的数据代表三个魔杖勘探者"最好的"表现, 即这些魔杖试验的输出是最有利的结果. 如果考虑所有试验数据和图形, 更不存在些微趋势了.

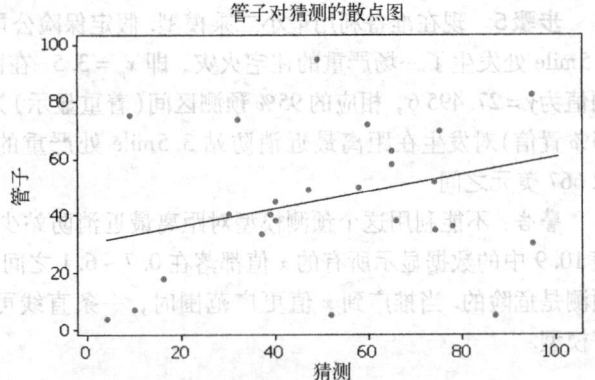

图 SIA10.1 魔杖数据的 MINITAB 散点图

```
The regression equation is
PIPE = 30.1 + 0.308 GUESS


Predictor     Coef    SE Coef     T      P
Constant     30.07      11.41   2.63  0.015
GUESS       0.3079     0.1900   1.62  0.118


S = 26.0298   R-Sq = 9.9%    R-Sq(adj) = 6.1%


Analysis of Variance

Source         DF      SS         MS       F      P
Regression      1    1778.9    1778.9   2.63  0.118
Residual Error 24   16261.2     677.6
Total          25   18040.2
```

图 SIA10.2 表 10.1 中数据的 MINITAB 简单线性回归

快速回顾

重要公式

$\hat{\beta}_1 = \dfrac{SS_{xy}}{SS_{xx}}$, $\hat{\beta}_0 = \bar{y} - \hat{\beta}_1 \bar{x}$ 其中 $SS_{xy} = \sum xy - \dfrac{(\sum x)(\sum y)}{n}$ $SS_{xx} = \sum x^2 - \dfrac{(\sum x)^2}{n}$	β 的最小二乘估计
$\hat{y} = \hat{\beta}_0 + \hat{\beta}_1 x$	最小二乘直线
$SSE = \sum(y_i - \hat{y}_i)^2 = SS_{yy} - \hat{\beta}_1 SS_{xy}$ 其中 $SS_{yy} = \sum y^2 - \dfrac{(\sum y)^2}{n}$	误差平方和
$s^2 = \dfrac{SSE}{n-2}$	估计的 ε 的方差 σ^2
$s_{\hat{\beta}_1} = \dfrac{s}{\sqrt{SS_{xx}}}$	估计的 $\hat{\beta}_1$ 的标准误
$T = \dfrac{\hat{\beta}_1}{s_{\hat{\beta}_1}}$	$H_0: \beta_1 = 0$ 的检验统计量
$\hat{\beta}_1 \pm (t_{\alpha/2}) s_{\hat{\beta}_1}$	β_1 的 $(1-\alpha)100\%$ 置信区间
$r = \dfrac{SS_{xy}}{\sqrt{SS_{xx} SS_{yy}}} = \pm \sqrt{r^2}$ (符号同 $\hat{\beta}_1$)	相关系数
$r^2 = \dfrac{SS_{yy} - SSE}{SS_{yy}}$	决定系数
$\hat{y} \pm (t_{\alpha/2}) s \sqrt{\dfrac{1}{n} + \dfrac{(x_p - \bar{x})^2}{SS_{xx}}}$	当 $x = x_p$ 时，$E(y)$ 的 $(1-\alpha)100\%$ 置信区间
$\hat{y} \pm (t_{\alpha/2}) s \sqrt{1 + \dfrac{1}{n} + \dfrac{(x_p - \bar{x})^2}{SS_{xx}}}$	当 $x = x_p$ 时，y 的 $(1-\alpha)100\%$ 预测区间

符号汇集

符号	说明
y	因变量(被预测的变量或建模变量)
x	自(预测)变量
$E(y)$	y 的期望(均)值
β_0	真实直线的 y 截距
β_1	真实直线的斜率
$\hat{\beta}_0$	y 截距的最小二乘估计

(续)

符号	说明
$\hat{\beta}_1$	y 斜率的最小二乘估计
ε	随机误差
$\hat{y}$	y 的预测值
$(y-\hat{y})$	预测的误差
SSE	误差平方和(对最小二乘直线是最小的)
SS_{xx}	x 值的平方和
SS_{yy}	y 值的平方和
SS_{xy}	叉积 $x \cdot y$ 的平方和
r	相关系数
r^2	决定系数
x_p	用来预测 y 的 x 值

本章总结提示

- 简单线性回归中两个定量变量：$y =$ **因**变量(即被预测的变量)和 $x =$ **自**(即预测)变量.
- y 概率模型的一般形式：$y = E(y) + \varepsilon$.
- 简单线性(直线)模型：$y = \beta_0 + \beta_1 x + \varepsilon$.
- 斜率(β_1)表示 x 每增加 1 个单位 y 的改变量.
- y 截距(β_0)表示直线截 y 轴处的值.
- 简单线性回归的**步骤**：(1)假设模型；(2)利用最小二乘法估计未知的 β；(3)给出随机误差的假定；(4)统计评价模型的恰当性；(5)如果认为有用，利用模型估计和预测.
- **最小二乘法**的性质：(1)预测误差的和为 0；(2)预测的误差平方和最小.
- 斜率和 y 截距的估计值只能在样本 x 值范围之内解释.
- ε **的四个假定**：(1)ε 的均值为 0；(2)对所有的 x 值，ε 的方差为常数；(3)ε 的分布是正态的；(4)ε 值是独立的.
- **残差分析**用来检验有关 ε 的假设的正确性.
- 解释 ε 的估计的标准差：观测的 y 值有 95% 左右落在各自预测值的 $2s$ 以内.
- 用于评价模型恰当性的统计学：(1)β_1 的假设检验；(2)β_1 的置信区间；(3)相关系数 r；(4)决定系数 r^2.
- 相关系数的范围：$-1 \leq r \leq 1$.
- 决定系数的范围：$0 \leq r^2 \leq 1$.
- **相关系数**度量 x 和 y 之间线性关系的强度.
- **决定系数**给出可以由直线模型解释的 y 样本变异比例.
- 不要认为高度相关意味着 x 引起 y.
- 对给定的 x 值，$E(y)$ 的置信区间比 y 的预测区间要窄.

补充应用练习

10.72 量子隧穿. 在温度接近绝对零度（-273℃）时，氦呈现的特性违反许多传统的物理学定律. 有人进行了一个关于固态氦在多种接近绝对零度温度下的试验. 固体氦和不纯固体物质一同放在稀释制冷机里，记录通过固体氦的杂质比例（按重量）. （固体直接穿过固体的现象称为量子隧穿.）数据在下表中给出.

HELIUM

通过氦杂质比例 y	温度 x（℃）
0.315	-262
0.202	-265
0.204	-256
0.620	-267
0.715	-270
0.935	-272
0.957	-272
0.906	-272
0.985	-273
0.987	-273

a. 构造数据的散点图.
b. 求数据的最小二乘直线并画在散点图上.
c. 在问题的背景中定义 β_1.
d. 检验假设：利用直线模型，温度对预测通过氦的杂质比例没有贡献信息（$\alpha = 0.05$），给出恰当的结论.
e. 求 β_1 的 90% 置信区间，并解释结论.
f. 求给定数据的相关系数.
g. 对 b 中建立的直线模型，求决定系数，解释结论.
h. 当温度设定为 -270℃ 时，求通过氦杂质比例的 99% 预测区间.
i. 当温度设定为 -270℃ 时，估计通过氦杂质比例的均值，利用 99% 置信区间.

10.73 饲养雪鹅试验. 多伦多大学的植物学家进行了一系列试验调查雏雪鹅的饲养习惯.（*Journal of Applied Ecology*, 1995 年 32 卷.）雏鹅被禁食直到它们的肠子空了，然后允许喂食规定的植物或 Purina 鸭食 6h. 对每个喂养试验，将 2.5h 后雏鹅体重的变化记录为初始体重的百分比，其他两个记录变量是消化效率（以百分比度量）和消化道中酸净化纤维量（以百分比度量）. 保存在 SNOWGEESE 文件中的 42 个饲养试验数据列出如下.（表中列出了前 5 个和最后 5 个观测值.）

a. 植物学家对体重的改变（y）和消化效率（x）之间的相关性感兴趣. 在散点图中画出这两个变量的数据，能观测到趋势吗？
b. 求体重的改变（y）和消化效率（x）之间的相关系数，解释这个值.

SNOWGEESE
（前 5 个和最后 5 个观测值）

饲养试验	食物	体重变化（%）	消化效率（%）	酸净化纤维（%）
1	植物		0	28.5
2	植物		2.5	27.5
3	植物		5	27.5
4	植物	0	0	32.5
5	植物	2		32
⋮				
38	鸭食	9	59	8.5
39	鸭食	12	52.5	8
40	鸭食	8.5	75	6
41	鸭食	10.5	72.5	6.5
42	鸭食	14	69	7

资料来源：Gadallah, F. L., and Jefferies, R. L. "Forage quality in brood rearing areas of the lesser snow goose and the growth of captive goslings." *Journal of Applied Biology*. Vol. 32, No. 2, 1995, p. 281-282（由图 2 和 3 改编）.

c. 进行检验来确定体重改变 y 是否与消化效率 x 相关，利用 $\alpha = 0.05$.
d. 重复 b 和 c，但是分析中除去喂养鸭食的试验数据，能得出什么结论？
e. 植物学家同样对消化效率 y 和酸净化纤维 x 之间的相关性感兴趣，对这两个变量重复 a~d 问题.

10.74 土星卫星的颜色分析. 最近卡西尼太空船得到了土星最大卫星之一土卫八的高分辨率图像，并由美国国家航空和宇宙航行局分析.（*Science*, 2005 年 2 月 25 日）. 利用宽频带滤波器，在 24 个卫星位置度量了从紫外线到绿色和红外线到绿色波长的比，这些颜色比列在下表中. 依照研究人员的话，"数据的线性趋势暗示，这种比是具有红色光谱的卡西尼区域和具有平缓色调光谱的南极区域这两端的混合." 对数据进行包括残差分析的简单线性回归分析. 结论支持研究人员的陈述吗？

SATMOON

区域	红外/绿	紫外/绿	区域	红外/绿	紫外/绿
卡西尼区域	1.52	0.64	明亮带	1.13	0.79
	1.51	0.65		1.20	0.80
	1.54	0.65		1.22	0.80
	1.53	0.66		1.19	0.81
过渡区域	1.44	0.66		1.21	0.82
	1.42	0.69		1.16	0.83
	1.42	0.70		1.14	0.88
	1.28	0.73		1.13	0.89
	1.40	0.75	南极	1.02	0.94
	1.24	0.75		0.98	0.95
	1.32	0.77		1.01	0.99
	1.26	0.77		1.00	1.00

资料来源：Porco, C. C., et al. "Cassini imaging science: Initial results on Phoebe and Iapetus." *Science*. Vol. 307, No. 5713, Feb. 25, 2005（图8）.

10.75 车辆堵塞研究. 现代仓库利用计算机化和自动化的向导车来搬运材料. 因此, 仓库的实际布置必须仔细设计避免车辆堵塞并使响应时间达到最优. 在 *Journal of Engineering for Industry*（1993年8月）上研究过自动化仓库的最优设计. 采用的设计假定车辆在仓库内运转时彼此不阻挡, 即没有堵塞. 这个假设的有效性通过模拟(在计算机上)仓库运作来检查. 在每次模拟中, 车辆数是变化的, 记录堵塞时间(一辆车阻挡另一辆的总时间), 数据在下表给出. 研究者感兴趣的是堵塞时间(y)和车辆数(x)之间的关系. 建立数据完整的简单线性回归分析, 包括残差分析. 你可以从数据中得出什么结论?

WAREHOUSE

车辆数	堵塞时间(min)
1	0
2	0
3	0.02
4	0.01
5	0.01
6	0.01
7	0.03
8	0.03
9	0.02
10	0.04
11	0.04

（续）

车辆数	堵塞时间(min)
12	0.04
13	0.03
14	0.04
15	0.05

资料来源：Pandit, R., and Palekar, U. s. "Response time considerations for optimal warehouse layout design." *Journal of Engineering for Industry*, Transactions of the ASME, Vol. 115, Aug. 1993, p. 326（表2）.

10.76 发现非晶质合金具有较高的耐蚀性. *Corrosion Science*（1993年9月）发表了结晶化后非晶质铁硼硅合金的电阻率研究. 5种合金样品在700℃, 每个以不同的时间长度退火. 然后测量每个样品的钝化电势——退火合金的电阻率度量, 试验数据在这里给出.

ALLOY

退火时间 x(min)	钝化电势 y(mV)
10	−408
20	−400
45	−392
90	−379
120	−385

资料来源：Chattoraj, I., et al. "Polarization and resistivity measurements of post-crystallization changes in amorphous Fe-B-Si alloys." *Corrosion Science*, Vol. 49, No. 9, Sept. 1993, p. 712（表1）.

确定退火时间(x)是否是钝化电势(y)的一个有用

预测量. 如果是, 求退火时间设置为 $x = 30\text{min}$ 时的平均钝化电势 $E(y)$, 利用 90% 置信区间.

10.77 有机化学实验. 九州大学(日本)的化学家调查了间芳环化合物的最大吸收率 $y(\text{nmol})$ 和哈梅特取代常数 x 之间的线性关系(*Journal of Organic Chemistry*, 1995 年 7 月). 两种化合物的变异数据在表中给出, 化合物 1 的变异用 1a、1b、1d、1e、1f、1g 和 1h 表示; 化合物 2 的变异用 2a、2b、2c 和 2d 表示.

📀 ORGCHEM

化合物	最大吸收率 y	哈梅特常数 x
1a	298	0.00
1b	346	0.75
1d	303	0.06
1e	314	−0.26
1f	302	0.18
1g	332	0.42
1h	302	−0.19
2a	343	0.52
2b	367	1.01
2c	325	0.37
2d	331	0.53

资料来源: Adapted from Tsuge. A. , et al. "Preparation and spectral properties of disubstituted [2-2] metacyclophanes." *Journal of Organic Chemistry*, Vol, 60, No. 15, July 1995, pp. 4390-4391 (表1和图1).

a. 画出数据的散点图. 对两种化合物用两种不同的记号, 能观察到什么?
b. 只对化合物 1 的数据拟合模型 $E(y) = \beta_0 + \beta_1 x$.
c. 评价 b 中模型的恰当性. 取 $\alpha = 0.01$.
d. 只用化合物 2 的数据重复 b 和 c.

10.78 融雪水径流流失. 美国农业部已经开发并采用通用的土壤损失方程(USLE)来预测土壤的水流失. 在融化雪径流普遍的地理区域, 计算 USLE 要求融雪水径流流失的准确估计. 在 *Journal of Soil and Water Conservation*(1995 年 3 月至 4 月)上的一篇文章利用简单线性回归得到融雪水流失指标. 用加拿大 54 个气候站的数据建模, 把 McCool 冬季调整降雨量流失性指标 y 作为五年一次融雪水径流量 $x(\text{mm})$ 的直线函数.

a. 数据点的散点图在下面给出. 存在明显的线性趋势吗?
b. 由于在研究期降雪量缺乏, 从分析中删掉 7 个站的数据. 为什么这种策略是可取的?
c. 对余下的 $n = 47$ 个数据点的简单线性回归得到下面结果: $\hat{y} = -6.72 + 1.39x$, $s_{\hat{\beta}_1} = 0.06$. 利用这些信息构造 β_1 的 90% 置信区间.
d. 解释 c 中的区间.

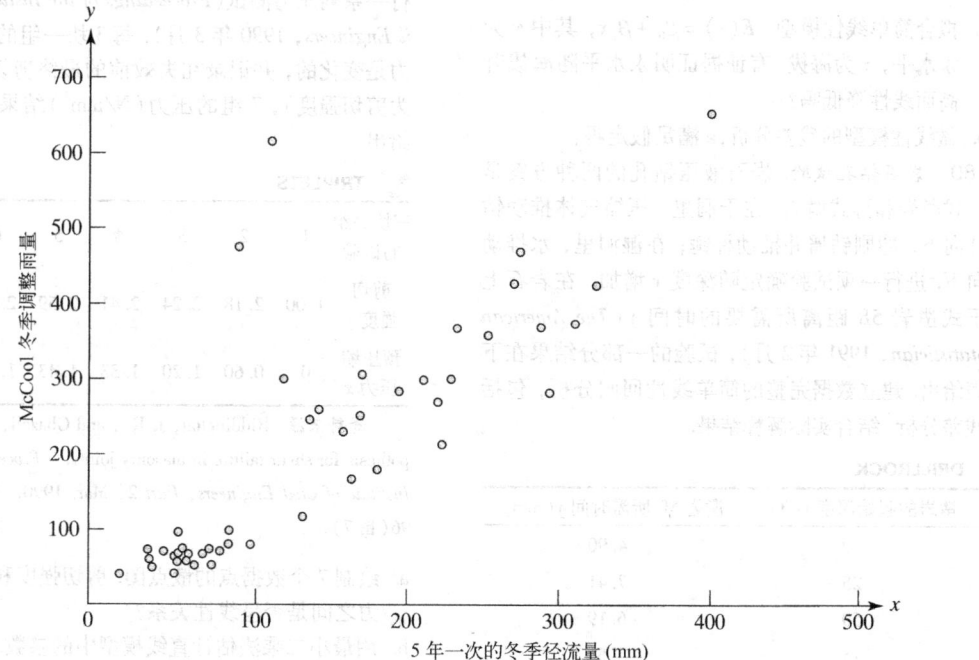

练习 10.78 的散点图

10.79 湖泊中的汞毒化问题. 为响应关于缅因州湖泊汞毒化的一份卫生报告，环境保护局对缅因州120个湖进行了实地研究.（*Statistical Case Studies: A Collaboration Between Academe and Industry*, American Statistical Association, 1998.）除了每个湖泊的汞水平（百万分之一），环境保护局还测量了湖泊的海拔（ft）. 数据存放在 MAINLAKE 文件中.（前10个湖泊的数据在下表中列出.）

MAINELAKE（前10个湖泊的数据显示）

湖泊	汞水平	海拔
Allen Pond	1.080	425
Alligator Pond	0.025	1494
Anasagunticook Lake	0.570	402
Balch &Stump Ponds	0.770	557
Baskahegan Lake	0.790	417
Bauneag Beg Lake	0.750	205
Beaver Pond	0.270	397
Belden Pond	0.660	350
Ben Annis Pond	0.180	122
Bottle Lake	1.050	298

a. 拟合简单线性模型，$E(y)=\beta_0+\beta_1 x$，其中 y 为汞水平，x 为海拔. 有证据证明汞水平随海拔升高而线性降低吗？

b. 做线性模型的残差分析，ε 满足假定吗？

10.80 岩石钻孔试验. 岩石液压钻孔的两种方案是干式凿岩和湿式凿岩. 在干洞里，压缩气体推动钻杆向下，冲刷钻屑并推动杵锤；在湿洞里，水推动向下. 进行一项试验确定随深度 x 增加，在岩石上干式凿岩 5ft 距离所需要的时间 y（*The American Statistician*, 1991年2月），试验的一部分结果在下表给出. 建立数据完整的简单线性回归分析，包括残差分析. 结合实际解释结果.

DRILLROCK

凿岩的起始深度 x(ft)	凿岩5ft所需时间 y(min)
0	4.90
25	7.41
50	6.19
75	5.57
100	5.17
125	6.89

（续）

凿岩的起始深度 x(ft)	凿岩5ft所需时间 y(min)
150	7.05
175	7.11
200	6.19
225	8.28
250	4.84
275	8.29
300	8.91
325	8.54
350	11.79
375	12.12
395	11.02

资料来源: Penner, R., and Watts, D. G. "Mining information." *The American Statistician*. Vol. 45, No. 1, Feb. 1991, p. 6（表1）.

10.81 砖石建筑接缝的强度. 土木工程师经常用直线方程 $E(y)=\hat{\beta}_0+\hat{\beta}_1 x$ 作为砖石建筑接缝的平均抗剪强度 $E(y)$ 和预压缩压力 x 之间的关系模型. 为了检测这个理论，对用灰浆黏合的三块一组砖进行一系列压力测试（*Proceedings of the Institute of Civil Engineers*, 1990年3月）. 每3块一组的预压缩压力是变化的，并记录在失效前的最终剪切负荷（称为剪切强度），7组的压力（N/mm²）结果在下表中给出.

TRIPLETS

三块一组的试验	1	2	3	4	5	6	7
剪切强度 y	1.00	2.18	2.24	2.41	2.59	2.82	3.06
预压缩压力 x	0	0.60	1.20	1.33	1.43	1.75	1.75

资料来源: Riddington, J. R., and Ghazali, M. Z. "Hypothesis for shear failure in masonry joints." *Proceedings of the Institute of Civil Engineers*, Part 2, Mar. 1990. Vol. 89, p. 96（图7）.

a. 绘制7个数据点的散点图. 剪切强度和预压缩压力之间是否呈线性关系？

b. 用最小二乘法估计直线模型中的参数.

c. 解释 $\hat{\beta}_0$ 和 $\hat{\beta}_1$ 的值.

d. 进行检验确定斜率 β_1 是否为正的.

10.82 **图表交互模型.** 混合算法知觉模型(MA-P)是图示交互作用的合成模型,是基于人和计算机图形显示的交互作用的分析发展起来. 发表于 *SIGCHI Bulletin*(1993 年 7 月)的一篇研究文章检验了 MA-P 模型的假定. 利用简单线性回归, 研究者把标准图问题中的响应时间 y(ms)作为解决问题要求的运行步骤数 x 的函数建模. 对 n = 8 个问题的回归结果汇总如下:

$$\hat{y} = 1346 + 450x, \quad r^2 = 0.91$$

a. 解释 $\hat{\beta}_1$ 的值.
b. 解释 r^2 的值.
c. 在 $\alpha = 0.01$ 进行模型恰当性的检验.(提示:从相关系数 r 值的检验出发.)

10.83 **大容量空气抽样器.** 美国环保署对环境空气质量的总悬浮颗粒建立了工业和职业标准. 大容量空气采样器(用于采样总悬浮颗粒的标准设备)把悬浮颗粒收集到大过滤器上. 名称大容量来自于空气采样器具有高的采样流动速度(以标准 m³/min 度量)的事实. 由于这个高的流动速度, 在 24h 抽样期间收集了大量颗粒. 然而, 流动速度是随着穿过过滤介质的压力(inH₂O)落差而变化的. 进行一项试验来调查流动速度和压力落差之间的关系. 在 8 种抽样环境中完成大容量空气采样, 得到平均流动速度(y)和穿过过滤介质的压力落差(x)的度量, 列于下表.

AIRSAMPLER

流动速度 y	压力落差 x	流动速度 y	压力落差 x
0.92	10	1.56	18
1.25	15	1.10	13
0.60	8	0.65	9
1.13	12	1.33	15

a. 基于过滤器的压力落差, 利用数据建立一个预测大容量空气采样器平均流动速度的简单线性模型.
b. a 中的模型对预测流动速度有用吗?(取 $\alpha = 0.05$.)
c. 利用 95% 预测区间, 预测穿过过滤器压力落差为 11inH₂O 时采样环境的流动速度.

10.84 **太阳能研究.** 由于安装和运行花费的减少, 被动式和主动式太阳能系统成为房屋建设者可行的选择. 层状太阳能电池组件利用高质量的单晶硅太阳电池串联释放指定的能量输出. 进行研究来调查太阳能电池高出周围环境的温度(℃)和绝缘量(MW/cm²)之间的关系, 收集在相同试验条件下抽样的 6 个太阳能电池数据并记录在下表中.

SOLARCELL2

高出周围的温度 y	绝缘量 x
9	25
25	70
20	50
12	30
15	45
22	60

a. 对数据拟合最小二乘直线.
b. 画出点和直线作为计算的检验.
c. 计算 r 和 r^2, 解释它们的值.
d. 模型对预测高出周围的温度有用吗?(利用 $\alpha = 0.01$.)
e. 对绝缘量为 35MW/cm² 的太阳能电池估计高出周围的平均温度, 利用 99% 置信区间.

10.85 **砖剥落损坏.** 最近的民事诉讼围绕着坐落在纽约布朗克斯的 5 个砖建筑公寓大楼, 它们开始遭遇剥落损坏(即一部分砖表面与砖分离). 大楼的业主声称砖制造加工是有缺陷的; 砖生产厂商反驳说是拙劣的设计和管理不善导致损坏. 为了解决诉讼, 要求估计每 1 000 块砖的损坏率, 称为剥落率. (*Chance*, 1994 年夏.)业主用一些脚手架下落调查估计剥落率.(利用这种方法, 工程师把脚手架下落到建筑墙的选定位置, 并在观测区域计算每 1 000 块砖的可见剥落数.)砖制造厂商把大楼的墙分成 83 个小块并对每个小块拍照进行它们自己的剥落砖块调查. (记录下每张照片上辨认的剥落砖块数, 并把 83 个小块加起来作为总的剥落损坏的估计.)在这个法庭案例中, 法官面临着如下的困惑: 脚手架下落调查提供了给定那块墙最准确的估计. 不幸的是, 下落区域不是从整个大楼随机选取的, 而是下落在损坏集中的区域, 导致高估了总损坏.

BRICKS

下落位置	下落剥落率 (每 1 000 块砖)	照片剥落率 (每 1 000 块砖)
1	0	0
2	5.1	0
3	6.6	0
4	1.1	0.8
5	1.8	1.0

(续)

下落位置	下落剥落率 (每1000块砖)	照片剥落率 (每1000块砖)
6	3.9	1.0
7	11.5	1.9
8	22.1	7.7
9	39.3	14.9
10	39.9	13.9
11	43.0	11.8

资料来源:Fairley, W. B., et al. "Bricks, buildings, and the Bronx: Estimating masonry deterioration." *Chance*, Vol. 7. No. 3, Summer 1994, p. 36. (图3)(注:数据点是由散点图中给出的数据估计的.)

另一方面,照片调查完成了大楼所有83小块的剥落损坏检查.但是照片估计的剥落率,至少在剥落集中的高区域是偏低的(剥落损坏不是总能在照片中看到),导致低估了总体损坏.

表中数据是在11个下落位置利用两种方法得到的剥落率.利用这些数据,作为此案中见证的专业统计学家,帮助法官估计在给定的一小块墙上的剥落率.然后解释这个信息怎样与83个小块上的数据(没有在此给出)一起来对总剥落损坏提供一个合理的估计(即损坏砖的总数).

第 11 章 多重回归分析

目标 将第 10 章的方法推广到基于两个或多个自变量预测响应 y 的一个程序,描述可以从这类分析得到实际推断的类型.

活动中的统计学:高速公路建设中的串通投标

在美国,商业承包商要为建设国家高速公路和道路进行投标. 国家政府机构(通常是交通部(DOT))向各个承包商通知政府建设公路的意图. 承包商提交密封的报价,提供最低报价(建设费用)的承包商将得到公路建设合同. 在竞争市场中,投标过程工作得很好,但如果市场是非竞争的或者出现相互勾结,则有增加建设费用的可能性. 20 世纪 80 年代在佛罗里达出现过相互勾结的情况,许多公路承包商承认或被发现有罪的价格制定,即制定的建设费用高于公平或者通过竞争或其他方式竞争产生的价格.

"活动中的统计学"包含的数据由佛罗里达首席检察官在价格制定危机发生短期内收集的. 首席检察官的目标是为密封投标体制竞得的建设公路合同的费用 (y) 建立一个模型. 文件 FLAG 包含了 235 个公路合同的样本数据,每个合同测量的变量列在表 SIA11.1 中. 首席检察官最终是想利用这个模型预测今后国家公路合同的费用.

表 SIA11.1 FLAG 数据文件中的变量

变量名	类型	描述	变量名	类型	描述
CONTRACT	定量	公路合同个数	B3B1RAT	定量	第 3 最低报价与最低报价之比
COST	定量	低报价合同费用(千美元)	BHB1RAT	定量	最高报价与最低报价之比
DOTEST	定量	DOT 工程师的成本估计(千美元)	DISTRICT	定性	公路的位置(1 = 南佛罗里达, 0 = 北佛罗里达)
STATUS	定性	投标状态(1 = 固定的, 0 = 竞争的)	BTPRATIO	定量	竞标者的人数与计划持有者的人数之比
B2B1RAT	定量	第 2 最低报价与最低报价之比	DAYSEST	定量	DOT 工程师对所需工作天数的估计

我们将本章中介绍的统计方法应用到表 SIA11.1 的数据中. 我们了解到预测合同费用的两个关键因素是:(1) DOT 工程师对合同费用的估计;(2)是否有相互串通(竞争)参与投标过程. 在本章末的"活动中的统计学回顾"中将给出分析和结果.

11.1 多重回归模型的一般形式

实际应用中,使用的大多数回归分析模型都比第 10 章中的简单线性模型更复杂. 例如,住宅火灾赔偿金的真实概率模型应包括比 10.10 节仅考虑的与消防站距离更多的因素,如房屋的大小、建筑材料以及对火灾损害的评估,这些因素是可能影响火灾赔偿金的许多变量中的一部分. 因此,如果需要做正确的预测,就要把这些和另外可能重要的自变量纳入模型.

包括超过一个自变量的概率模型称为**多重回归模型**,下面给出了这些模型的一般形式. 因变量 y 可以写成 k 个自变量 $x_1, x_2, \cdots, x_k$ 的函数,随机误差项使得模型是随机而非确定的. 当其他 $(k-1)$ 个自变量保持不变时,系数 β_i 的值确定自变量 x_i 的贡献, β_0 是 y 截距. 系数 $\beta_0, \beta_1, \cdots, \beta_k$ 通常是未知的,因为它们表示总体参数.

> **多重回归模型的一般形式**[⊖]
>
> $$y = \beta_0 + \beta_1 x_1 + \beta_2 x_2 + \cdots + \beta_k x_k + \varepsilon$$
>
> 其中,y 是因变量;$x_1, x_2, \cdots, x_k$ 是自变量;$E(y) = \beta_0 + \beta_1 x_1 + \beta_2 x_2 + \cdots + \beta_k x_k$ 是模型的确定性部分,β_i 确定自变量 x_i 的贡献.
>
> 注:符号 $x_1, x_2, \cdots, x_k$ 可能表示定量预测值的高阶项或表示定性预测值的项.

初看起来,这里显示的回归模型只容许 y 与自变量之间的关系是直线关系,而不能是任何其他关系,但事实并非如此. 实际上,$x_1, x_2, \cdots, x_k$ 可以是自变量的函数,只要这个函数不包含未知参数. 例如,香烟释放的烟雾中的一氧化碳含量 y 可能是下列自变量的函数:

$$x_1 = 焦油含量$$
$$x_2 = (焦油含量)^2 = x_1^2$$
$$x_3 = 1,\text{如果是过滤嘴香烟};x_3 = 0,\text{如果不是过滤嘴香烟}$$

x_2 称为**高阶项**,因为它是定量变量 x_1 的平方(即自乘二次的幂). x_3 是**编码变量**,表示**定性变量**(过滤嘴类型). 多重回归模型的用途相当广泛,能够对许多不同类型的响应变量建模.

一旦选定了联系 $E(y)$ 与自变量集合的模型,多重回归分析的步骤与简单线性回归分析的步骤类似. 唯一不同的是,涉及的数学理论超出了本书的范围,而且计算更复杂. 在下一节中,我们将概述多重回归分析的基本假定,介绍模型参数的估计和假设检验方法. 对指定的自变量值,说明如何寻找 $E(y)$ 的置信区间或 y 的预测区间. 因为大多数多重回归分析是通过计算机来完成的,所以我们将演示如何解释由统计软件输出的结果.

> **分析多重回归模型**
>
> **步骤 1** 假设模型的确定性分量. 这个分量联系均值 $E(y)$ 与自变量 $x_1, x_2, \cdots, x_k$,也涉及包括在模型中的自变量选择.
> **步骤 2** 用样本数据估计模型中的未知参数 $\beta_0, \beta_1, \beta_2, \cdots, \beta_k$.
> **步骤 3** 指定随机误差 ε 的概率分布,估计这个分布的标准差 σ.
> **步骤 4** 检查 ε 的假定是否满足,如果必要,对模型进行修正.
> **步骤 5** 对模型的恰当性进行统计评价.
> **步骤 6** 如果模型是满意的,就可利用它进行预测、估计和其他目的.

11.2 模型假定

当选择了回归模型的确定性分量,即 $E(y)$ 的模型后,我们增加一个分量 ε 作为随机误差的补偿.

$$y = E(y) + \varepsilon$$

这个分量必须服从简单线性回归模型的假定,即服从均值为 0、方差等于 σ^2 的正态分布. 进一步,我们假定与任何一对 y 值对应的两个随机误差是独立的.

[⊖] 模型之所以称为**一般线性模型**,是因为 $E(y)$ 是未知参数 $\beta_0, \beta_1, \beta_2, \cdots$ 的线性函数. 模型

$$E(y) = \beta_0 e^{-\beta_1 x}$$

不是线性模型,因为 $E(y)$ 不是未知模型参数 β_0 和 β_1 的线性函数.

为了给出参数估计公式，我们将 $E(y)$ 写成标准形式. 因此，设
$$E(y) = \beta_0 + \beta_1 x_1 + \beta_2 x_2 + \cdots + \beta_k x_k$$
是包含 β_0 和 k 个涉及预测变量项模型的确定性分量. 模型中的 x 值与 11.1 节中的相同，例如，x_2 可以是 x_1^2，x_3 可以是 $\sin(x_1)$，等等. 本质是当观测到一个 y 值时，这些量 $x_1, x_2, \cdots, x_k$ 可以被没有误差地测量，而且它们不包含任何未知参数.

下面方框将给出线性回归模型和相应的假定. 在 11.10 节，我们将讨论如何使用回归残差来确定这些假定是否满足. 回顾第 10 章残差是 y 的观测值与预测值之差（即 $y - \hat{y}$）.

多重回归分析的假定

1. ε 的均值是 0，即 $E(\varepsilon) = 0$. 这说明 y 的均值等于模型的确定性分量，即
$$E(y) = \beta_0 + \beta_1 x_1 + \beta_2 x_2 + \cdots + \beta_k x_k$$
2. 对于自变量 $x_1, x_2, \cdots, x_k$ 的所有取值，ε 的方差是常数，即 $V(\varepsilon_i) = \sigma^2$.
3. ε 的概率分布是正态分布.
4. 随机误差是独立的（在概率意义下）.

11.3 拟合模型：最小二乘法

拟合多重回归模型的方法与拟合一阶（直线）模型是一样的. 因此，我们将使用最小二乘法，通过极小化
$$\text{SSE} = \sum_{i=1}^{n}(y_i - \hat{y}_i)^2 = \sum_{i=1}^{n}[y_i - (\hat{\beta}_0 + \hat{\beta}_1 x_{i1} + \hat{\beta}_2 x_{i2} + \cdots + \hat{\beta}_k x_{ik})]^2$$
来选择 $\beta_0, \beta_1, \cdots, \beta_k$ 的估计. 与直线模型情况一样，极小化 SSE 的样本估计值 ($\hat{\beta}_0, \hat{\beta}_1, \cdots, \hat{\beta}_k$) 可以通过解下列线性方程组而得到：
$$\frac{\partial \text{SSE}}{\partial \hat{\beta}_0} = 0 \quad \frac{\partial \text{SSE}}{\partial \hat{\beta}_1} = 0 \quad \cdots \quad \frac{\partial \text{SSE}}{\partial \hat{\beta}_k} = 0$$
为了说明方程组的性质，先检查第一个方程. 求 SSE 关于 $\hat{\beta}_0$ 的偏导数得
$$\frac{\partial \text{SSE}}{\partial \hat{\beta}_0} = 2\sum_{i=1}^{n}[y_i - (\hat{\beta}_0 + \hat{\beta}_1 x_{i1} + \hat{\beta}_2 x_{i2} + \cdots + \hat{\beta}_k x_{ik})](-1)$$
令 $\partial \text{SSE}/\partial \hat{\beta}_0$ 等于 0，得
$$\sum y_i - (n\hat{\beta}_0 + \sum x_{i1}\hat{\beta}_1 + \sum x_{i2}\hat{\beta}_2 + \cdots + \sum x_{ik}\hat{\beta}_k) = 0$$
或者
$$n\hat{\beta}_0 + (\sum x_{i1})\hat{\beta}_1 + (\sum x_{i2})\hat{\beta}_2 + \cdots + (\sum x_{ik})\hat{\beta}_k = \sum y_i$$

与简单线性回归的情况一样，这是 $\hat{\beta}_0, \hat{\beta}_1, \cdots, \hat{\beta}_k$ 的线性方程. 剩下的 k 个最小二乘方程也都是 $\hat{\beta}_0, \hat{\beta}_1, \cdots, \hat{\beta}_k$ 的线性方程：

$$(\sum x_{i1})\hat{\beta}_0 + (\sum x_{i1}^2)\hat{\beta}_1 + (\sum x_{i1}x_{i2})\hat{\beta}_2 + \cdots + (\sum x_{i1}x_{ik})\hat{\beta}_k = \sum x_{i1}y_i$$
$$(\sum x_{i2})\hat{\beta}_0 + (\sum x_{i1}x_{i2})\hat{\beta}_1 + (\sum x_{i2}^2)\hat{\beta}_2 + \cdots + (\sum x_{i2}x_{ik})\hat{\beta}_k = \sum x_{i2}y_i$$
$$\vdots$$
$$(\sum x_{ik})\hat{\beta}_0 + (\sum x_{i1}x_{ik})\hat{\beta}_1 + \cdots + (\sum x_{ik}^2)\hat{\beta}_k = \sum x_{ik}y_i$$

正如所看到的,写出$(k+1)$个最小二乘线性方程很麻烦;用手算求解方程组就更困难. 表示和求解方程组的一个简单方法是利用矩阵代数,但是不可避免的计算最好通过统计软件得到.

在11.4～11.7节,用矩阵代数给出最小二乘估计、SSE、检验统计量、置信区间和预测区间的公式,并将通过简单的数字例子来说明它们的使用. (在阅读本章的其余部分之前,也许要复习附录A中矩阵代数的概念.) 在剩下几节,会给出几个有用的多重回归模型,并演示如何利用SAS、SPSS、MINITAB和Excel软件的输出来分析每个模型.

11.4 用矩阵代数计算:关于单个β参数的估计和推断

最小二乘方程及解

为了在回归分析中应用矩阵代数,必须将数据以特定的方式放在矩阵中. 我们假定模型是

$$y = \beta_0 + \beta_1 x_1 + \beta_2 x_2 + \cdots + \beta_k x_k + \varepsilon$$

其中$x_1, x_2, \cdots$实际上可以是预测变量的平方、立方、交叉乘积或其他函数,ε是随机误差. 假定已经收集到n个数据点,即n个y和相应的$x_1, x_2, \cdots, x_k$值,将它们表示为表11.1那样,那么两个数据矩阵Y和X就如下面方框所示.

表11.1 多重回归的记号

数据点	y值	x_1	x_2	$\cdots$	x_k	不可观测的随机误差
1	y_1	x_{11}	x_{12}	$\cdots$	x_{1k}	ε_1
2	y_2	x_{21}	x_{22}	$\cdots$	x_{2k}	ε_2
$\vdots$	$\vdots$	$\vdots$	$\vdots$		$\vdots$	$\vdots$
n	y_n	x_{n1}	x_{n2}	$\cdots$	x_{nk}	ε_n

注意X矩阵中的第一列全是数1,所以插入一个x的值(记为x_0)作为β_0的系数,其中x_0是总等于1的变量. 因此,对每一个β参数,在矩阵X中都有一列与之对应. 也请记住,一个特定的数据点由矩阵Y和X中的某一行指出. 例如,数据点3的y值y_3在矩阵Y的第三行,对应的$x_1, x_2, \cdots, x_k$值在矩阵X的第三行. 利用这些符号,一般线性模型可以表示成矩阵形式,如:

$$Y = X\beta + \varepsilon$$

数据矩阵Y和X,$\hat{\beta}$矩阵及误差矩阵

$$Y = \begin{bmatrix} y_1 \\ y_2 \\ y_3 \\ \vdots \\ y_n \end{bmatrix} \quad X = \begin{bmatrix} 1 & x_{11} & x_{12} & \cdots & x_{1k} \\ 1 & x_{21} & x_{22} & \cdots & x_{2k} \\ 1 & x_{31} & x_{32} & \cdots & x_{3k} \\ \vdots & \vdots & \vdots & & \vdots \\ 1 & x_{n1} & x_{n2} & \cdots & x_{nk} \end{bmatrix} \quad \hat{\beta} = \begin{bmatrix} \hat{\beta}_0 \\ \hat{\beta}_1 \\ \hat{\beta}_2 \\ \vdots \\ \hat{\beta}_k \end{bmatrix} \quad \varepsilon = \begin{bmatrix} \varepsilon_1 \\ \varepsilon_2 \\ \varepsilon_3 \\ \vdots \\ \varepsilon_n \end{bmatrix}$$

$\hat{\beta}$矩阵包含线性模型

$$y = \beta_0 + \beta_1 x_1 + \beta_2 x_2 + \cdots + \beta_k x_k + \varepsilon$$

系数$\beta_0, \beta_1, \cdots, \beta_k$的最小二乘估计(是我们试图得到的).

用数据矩阵 Y 和 X、它们的转置以及 $\hat{\boldsymbol{\beta}}$ 矩阵，可以将最小二乘方程写成如下的最小二乘矩阵方程：

> **最小二乘矩阵方程**
> $$(X'X)\hat{\boldsymbol{\beta}} = X'Y$$

因此，$(X'X)$ 是最小二乘估计 $\hat{\beta}_0, \hat{\beta}_1, \cdots, \hat{\beta}_k$ 的系数矩阵，$X'Y$ 是等式右边的常数矩阵.

由附录 A.3 ⊖ 给出的方程的解是如下的最小二乘解：

> **最小二乘解**
> $$\hat{\boldsymbol{\beta}} = (X'X)^{-1}X'Y$$

因此，为求解最小二乘矩阵方程，计算机计算 $(X'X)$，$(X'X)^{-1}$，$X'Y$，最后，计算乘积 $(X'X)^{-1}X'Y$，我们将用 10.2 节的绝缘材料压缩量示例中的数据来说明这个过程.

例 11.1 用矩阵代数估计 β：简单线性回归 求表 11.2 中绝缘材料压缩量数据的最小二乘直线，其中 $x_1 =$ 压力.

解 模型是简单线性模型
$$y = \beta_0 + \beta_1 x_1 + \varepsilon$$

Y、X、$\hat{\boldsymbol{\beta}}$ 和 ε 矩阵为

$$Y = \begin{bmatrix} 1 \\ 1 \\ 2 \\ 2 \\ 4 \end{bmatrix} \quad X = \begin{bmatrix} 1 & 1 \\ 1 & 2 \\ 1 & 3 \\ 1 & 4 \\ 1 & 5 \end{bmatrix} \quad \hat{\boldsymbol{\beta}} = \begin{bmatrix} \hat{\beta}_0 \\ \hat{\beta}_1 \end{bmatrix} \quad \varepsilon = \begin{bmatrix} \varepsilon_1 \\ \varepsilon_2 \\ \varepsilon_3 \\ \varepsilon_4 \\ \varepsilon_5 \end{bmatrix}$$

INSULATION
表 11.2 一种绝缘材料的压缩量和压力

样品	压力 x_1	压缩量 y
1	1	1
2	2	1
3	3	2
4	4	2
5	5	4

则

$$X'X = \begin{bmatrix} 1 & 1 & 1 & 1 & 1 \\ 1 & 2 & 3 & 4 & 5 \end{bmatrix} \begin{bmatrix} 1 & 1 \\ 1 & 2 \\ 1 & 3 \\ 1 & 4 \\ 1 & 5 \end{bmatrix} = \begin{bmatrix} 5 & 15 \\ 15 & 55 \end{bmatrix}$$

$$X'Y = \begin{bmatrix} 1 & 1 & 1 & 1 & 1 \\ 1 & 2 & 3 & 4 & 5 \end{bmatrix} \begin{bmatrix} 1 \\ 1 \\ 2 \\ 2 \\ 4 \end{bmatrix} = \begin{bmatrix} 10 \\ 37 \end{bmatrix}$$

⊖ 用附录 A.3 中的记号，$A = X'X$，$V = \hat{\boldsymbol{\beta}}$，$G = X'Y$. 因此方程 $AV = G$ 的解是 $V = A^{-1}G$.

需要的最后一个矩阵是 $(X'X)^{-1}$,这个矩阵可以通过计算机程序中的软件包或用附录 A.4 的方法得到. 如此求得

$$(X'X)^{-1} = \begin{bmatrix} 1.1 & -0.3 \\ -0.3 & 0.1 \end{bmatrix}$$

故最小二乘方程的解是

$$\hat{\boldsymbol{\beta}} = (X'X)^{-1}X'Y = \begin{bmatrix} 1.1 & -0.3 \\ -0.3 & 0.1 \end{bmatrix} \begin{bmatrix} 10 \\ 37 \end{bmatrix} = \begin{bmatrix} -0.1 \\ 0.7 \end{bmatrix}$$

因此, $\hat{\beta}_0 = -0.1$, $\hat{\beta}_1 = 0.7$, 预测方程为

$$\hat{y} = -0.1 + 0.7x$$

可以验证,这与 10.3 节中得到的答案相同. ∎

例 11.2　用矩阵代数估计 $\boldsymbol{\beta}$: 多重回归　参考表 11.2 中的绝缘材料压缩量数据. 另外, 对每个样品在 10℃ 下测量压缩量(y)、压力(x_1)和温度(x_2)的值. 数据列在表 11.3 中. 现在考虑两个变量的多重回归模型

$$y = \beta_0 + \beta_1 x_1 + \beta_2 x_2 + \varepsilon$$

求 β_0、β_1 和 β_2 的最小二乘估计.

表 11.3　将温度加入压缩量－压力数据

样品	压力	温度	压缩量
1	1	1	1
2	2	2	1
3	3	2	2
4	4	4	2
5	5	3	4

解　Y、X 和 $\hat{\boldsymbol{\beta}}$ 的矩阵如下:

$$Y = \begin{bmatrix} 1 \\ 1 \\ 2 \\ 2 \\ 4 \end{bmatrix} \quad X = \begin{bmatrix} 1 & 1 & 1 \\ 1 & 2 & 2 \\ 1 & 3 & 2 \\ 1 & 4 & 4 \\ 1 & 5 & 3 \end{bmatrix} \quad \hat{\boldsymbol{\beta}} = \begin{bmatrix} \hat{\beta}_0 \\ \hat{\beta}_1 \\ \hat{\beta}_2 \end{bmatrix}$$

那么

$$X'X = \begin{bmatrix} 5 & 15 & 12 \\ 15 & 55 & 42 \\ 12 & 42 & 34 \end{bmatrix} \quad X'Y = \begin{bmatrix} 10 \\ 37 \\ 27 \end{bmatrix}$$

用统计软件包, 得到

$$(X'X)^{-1} = \begin{bmatrix} 1.325 & -0.075 & -0.375 \\ -0.075 & 0.325 & -0.375 \\ -0.375 & -0.375 & 0.625 \end{bmatrix}$$

最后, 进行乘法运算得

$$\hat{\boldsymbol{\beta}} = (X'X)^{-1}X'Y = \begin{bmatrix} 1.325 & -0.075 & -0.375 \\ -0.075 & 0.325 & -0.375 \\ -0.375 & -0.375 & 0.625 \end{bmatrix} \begin{bmatrix} 10 \\ 37 \\ 27 \end{bmatrix} = \begin{bmatrix} 0.35 \\ 1.15 \\ -0.75 \end{bmatrix}$$

因此, $\hat{\beta}_0 = 0.35$, $\hat{\beta}_1 = 1.15$, $\hat{\beta}_2 = -0.75$, 并且预测方程为

$$\hat{y} = 0.35 + 1.15x_1 - 0.75x_2$$

∎

回忆矩阵 $\hat{\boldsymbol{\beta}}$ 等于矩阵 $(X'X)^{-1}X'$ 和矩阵 Y 的乘积:

$$\hat{\boldsymbol{\beta}} = [(\boldsymbol{X'X})^{-1}\boldsymbol{X'}]\boldsymbol{Y}$$

$\hat{\boldsymbol{\beta}}$ 矩阵中的元素(即估计量 $\hat{\beta}_0, \hat{\beta}_1, \cdots, \hat{\beta}_k$)是通过矩阵 $(\boldsymbol{X'X})^{-1}\boldsymbol{X'}$ 的行乘以矩阵 $\boldsymbol{Y}$ 的列而得到的,所以,$\hat{\beta}_0$ 等于矩阵 $(\boldsymbol{X'X})^{-1}\boldsymbol{X'}$ 的第一行和矩阵 $\boldsymbol{Y}$ 的乘积,一般地,$\hat{\beta}_i$ 等于矩阵 $(\boldsymbol{X'X})^{-1}\boldsymbol{X'}$ 的第 $(i+1)$ 行和矩阵 $\boldsymbol{Y}$ 的乘积. 因此,对 $i=0,1,2,\cdots,k$,$\hat{\beta}_i$ 是 n 个正态随机变量 $y_1,y_2,\cdots,y_n$ 的线性函数,根据定理 6.7,$\hat{\beta}_i$ 具有正态抽样分布.

$\hat{\beta}_0, \hat{\beta}_1, \cdots, \hat{\beta}_k$ 抽样分布的均值和方差的推导超出了本书的范围. 但是可以证明,最小二乘估计是 $\beta_0, \beta_1, \cdots, \beta_k$ 的无偏估计,即

$$E(\hat{\beta}_i) = \beta_i, \quad i = 0, 1, 2, \cdots, k$$

估计量 $\hat{\beta}_0, \hat{\beta}_1, \cdots, \hat{\beta}_k$ 的标准误和协方差由矩阵 $(\boldsymbol{X'X})^{-1}$ 中的元素所确定. 因此,如果把矩阵 $(\boldsymbol{X'X})^{-1}$ 记作

$$(\boldsymbol{X'X})^{-1} = \begin{bmatrix} c_{00} & c_{01} & & \cdots & c_{0k} \\ c_{10} & c_{11} & & \cdots & c_{1k} \\ c_{20} & c_{21} & c_{22} & & c_{2k} \\ \vdots & \vdots & \vdots & & \vdots \\ c_{k0} & \cdot & \cdot & \cdot & c_{kk} \end{bmatrix}$$

则可以证明(证明略),$\hat{\beta}_0, \hat{\beta}_1, \cdots, \hat{\beta}_k$ 的抽样分布的标准误是

$$\sigma_{\hat{\beta}_0} = \sigma\sqrt{c_{00}}$$
$$\sigma_{\hat{\beta}_1} = \sigma\sqrt{c_{11}}$$
$$\sigma_{\hat{\beta}_2} = \sigma\sqrt{c_{22}}$$
$$\vdots$$
$$\sigma_{\hat{\beta}_k} = \sigma\sqrt{c_{kk}}$$

其中 σ 是随机误差 ε 的标准差. 换句话说,矩阵 $(\boldsymbol{X'X})^{-1}$ 的对角元素所给出的值 $c_{00}, c_{11}, \cdots, c_{kk}$ 正是所求的估计量 $\hat{\beta}_0, \hat{\beta}_1, \cdots, \hat{\beta}_k$ 的标准误.

下面给出最小二乘估计抽样分布的性质.

定理 11.1($\hat{\beta}_i (i=0,1,2,\cdots,k)$ 的抽样分布性质) $\hat{\beta}_i (i=0,1,2,\cdots,k)$ 的抽样分布是正态分布,且有

$$E(\hat{\beta}_i) = \beta_i \quad V(\hat{\beta}_i) = c_{ii}\sigma^2 \quad \sigma_{\hat{\beta}_i} = \sigma\sqrt{c_{ii}}$$

矩阵 $(\boldsymbol{X'X})^{-1}$ 的非对角元素确定了 $\hat{\beta}_0, \hat{\beta}_1, \cdots, \hat{\beta}_k$ 的协方差. 因此可以证明,两个参数估计量 $\hat{\beta}_i$ 和 $\hat{\beta}_j$(其中 $i \neq j$)的协方差为

$$\text{Cov}(\hat{\beta}_i, \hat{\beta}_j) = c_{ij}\sigma^2 = c_{ji}\sigma^2$$

例如,$\text{Cov}(\hat{\beta}_0, \hat{\beta}_2) = c_{02}\sigma^2 = c_{20}\sigma^2$,$\text{Cov}(\hat{\beta}_2, \hat{\beta}_3) = c_{23}\sigma^2 = c_{32}\sigma^2$. 这些协方差对确定预测方程

$$\hat{y} = \hat{\beta}_0 + \hat{\beta}_1 x_1 + \hat{\beta}_2 x_2 + \cdots + \hat{\beta}_k x_k$$

或者 $\hat{\beta}_0, \hat{\beta}_1, \cdots, \hat{\beta}_k$ 的任何其他线性函数的方差是必需的. 它们在求 $E(y)$ 置信区间和 y 的预测区间

中也起着重要的作用.

估计 σ^2

可以看到,所有 β 参数估计量的方差和 $\hat{y}$ 的方差都依赖于 σ^2 的值. 因为事先几乎不知道 σ^2,因此,必须用样本数据估计它的值.

多重回归模型中 ε 的方差 σ^2 的估计

$$s^2 = \frac{\text{SSE}}{n - \text{模型中 } \beta \text{ 参数的个数}}$$

其中

$$\text{SSE} = Y'Y - \hat{\beta}'X'Y$$

例 11.3 **用矩阵代数计算 SSE** 求例 11.2 中拟合绝缘材料压缩量数据的多重回归模型的 SSE 和 s^2.

解 从例 11.2 中我们有

$$\hat{\beta} = \begin{bmatrix} 0.35 \\ 1.15 \\ -0.75 \end{bmatrix} \quad X'Y = \begin{bmatrix} 10 \\ 37 \\ 27 \end{bmatrix}$$

那么

$$Y'Y = \begin{bmatrix} 1 & 1 & 2 & 2 & 4 \end{bmatrix} \begin{bmatrix} 1 \\ 1 \\ 2 \\ 2 \\ 4 \end{bmatrix} = 26$$

$$\hat{\beta}'X'Y = \begin{bmatrix} 0.35 & 1.15 & -0.75 \end{bmatrix} \begin{bmatrix} 10 \\ 37 \\ 27 \end{bmatrix} = 25.8$$

所以

$$\text{SSE} = Y'Y - \hat{\beta}'X'Y = 26 - 25.8 = 0.2$$

最后,

$$s^2 = \frac{\text{SSE}}{n - \text{模型中 } \beta \text{ 参数的个数}} = \frac{0.2}{5 - 3} = 0.1$$

这个估计值对构造单个 β 参数的置信区间、检验它的取值的假设或对于给定的压缩压力 x 构造平均压缩量 $E(y)$ 的置信区间都是必需的. ∎

你不会感到惊讶, s^2 的抽样分布与卡方分布有关. 事实上,定理 6.8 和定理 10.1 是定理 11.2 的特殊情况(证明略).

定理 11.2 考虑线性模型

$$y = \beta_0 + \beta_1 x_1 + \beta_2 x_2 + \cdots + \beta_k x_k + \varepsilon$$

它包含 $(k+1)$ 个待估计的未知 β 参数. 如果 11.2 节中的假定成立,则统计量

$$\chi^2 = \frac{\text{SSE}}{\sigma^2} = \frac{[n - (k+1)]s^2}{\sigma^2}$$

服从自由度为 $\nu = [n-(k+1)]$ 的卡方分布.

根据定理 11.2，我们可以证明 s^2 是 σ^2 的无偏估计：

$$E(s^2) = E\left\{\frac{\chi^2 \sigma^2}{[n-(k+1)]}\right\} = \frac{\sigma^2}{[n-(k+1)]} E(\chi^2)$$

其中 $E(\chi^2) = \nu = [n-(k+1)]$，因此

$$E(s^2) = \left(\frac{\sigma^2}{[n-(k+1)]}\right)[n-(k+1)] = \sigma^2$$

由此可得，s^2 是 σ^2 的无偏估计.

关于单个 β 参数的推断

利用枢轴量法和 T 统计量

$$T = \frac{\hat{\beta}_i - \beta_i}{s\sqrt{c_{ii}}}$$

可以构造模型参数 $\beta_i (i=0, 1, 2, \cdots, k)$ 的 $(1-\alpha)100\%$ 置信区间（参考本节的理论练习）. 量 $s\sqrt{c_{ii}}$ 是 $\hat{\beta}_i$ 的标准误估计，将标准误公式中的 σ 用 s 代替而得到. β_i 的置信区间与 7.6 节给出的总体均值的小样本置信区间有相同的形式.

β_i 的 $(1-\alpha)100\%$ 置信区间

$$\hat{\beta}_i \pm t_{\alpha/2}(\hat{\beta}_i \text{ 的标准误估计})$$

或者

$$\hat{\beta}_i \pm t_{\alpha/2} s\sqrt{c_{ii}}$$

其中 $t_{\alpha/2}$ 与 s 有相同的自由度.

类似地，检验原假设 $H_0: \beta_i = 0$ 的检验统计量为

$$T = \frac{\hat{\beta}_i}{\hat{\beta}_i \text{ 的标准误估计}} = \frac{\hat{\beta}_i}{s\sqrt{c_{ii}}}$$

检验过程总结在下面的方框中.

多重回归模型中单个参数系数的检验

$$y = \beta_0 + \beta_1 x_1 + \beta_2 x_2 + \cdots + \beta_k x_k + \varepsilon$$

单侧检验	双侧检验
$H_0: \beta_i = 0$	$H_0: \beta_i = 0$
$H_a: \beta_i > 0 (\text{或} \beta_i < 0)$	$H_a: \beta_i \neq 0$

检验统计量⊖：$T_c = \dfrac{\hat{\beta}_i}{s_{\hat{\beta}_i}} = \dfrac{\hat{\beta}_i}{s\sqrt{c_{ii}}}$

⊖ 如果检验的原假设是参数 β_i 等于某个不为零的值，例如 $H_0: \beta_i = \beta_{i0}$，则用检验统计量 $T = (\hat{\beta}_i - \beta_{i0})/s_{\hat{\beta}_i}$ 检验的所有其他方面都如方框所描述.

拒绝域：$T_c > t_\alpha$（或 $T_c < -t_\alpha$）　　　拒绝域：$|T_c| > t_{\alpha/2}$

p 值：$p(T > T_c)$［或 $p(T < T_c)$］　　　p 值：$2p(T > |T_c|)$

其中，$n = $ 观察的个数，$k = $ 模型中自变量的个数，且 $t_{\alpha/2}$ 具有 $[n-(k+1)]$ 个自由度。

假定：关于随机误差 ε 的概率分布的假定参看 11.2 节。

置信区间或检验都可以用来确定模型中的某一项是否能对 y 的预测提供信息，这里举例说明。

例 11.4　**用矩阵代数计算简单线性回归中 β 的置信区间**　参考例 11.1 的直线模型，求直线斜率 β_1 的估计量 $\hat{\beta}_1$ 抽样分布的标准误估计。然后给出 β_1 的 95% 置信区间，并解释结果。

解　对例 11.1 的最小二乘解，矩阵 $(X'X)^{-1}$ 为

$$(X'X)^{-1} = \begin{bmatrix} 1.1 & -3 \\ -0.3 & 0.1 \end{bmatrix}$$

因此，$c_{00} = 1.1$，$c_{11} = 0.1$。又 $s^2 = 0.367$（由例 10.3 得）。因此，$\hat{\beta}_1$ 的标准误估计是

$$s_{\hat{\beta}_1} = s\sqrt{c_{11}} = \sqrt{0.367}(\sqrt{0.1}) = 0.192$$

β_1 的 95% 置信区间是

$$\hat{\beta}_1 \pm t_{\alpha/2} s \sqrt{c_{11}}$$
$$0.7 \pm (3.182)(0.192) = (0.09, 1.31)$$

T 值 $t_{0.025}$ 的自由度是 $(n-2) = 3$。由此可以看出，这里的置信区间与例 10.5 中得到的相同。我们有 95% 置信度认为压力 x 每增加一个单位，压缩量 y 的增量在 $0.09 \sim 1.31$ 单位之间。因为斜率显著不等于 0，所以压力 x 是压缩量 y 的有用线性预测量。■

例 11.5　**用矩阵代数计算多重回归中 β 的置信区间**　参考例 11.2 和例 11.3 中的多重回归模型 $E(y) = \beta_0 + \beta_1 x_1 + \beta_2 x_2$。

a. 计算 $\hat{\beta}_2$ 的标准误估计。

b. 计算检验 $H_0: \beta_2 = 0$ 对 $H_a: \beta_2 \neq 0$ 的检验统计量值，陈述你的结论，取 $\alpha = 0.05$。

解　从例 11.2 中得到矩阵 $(X'X)^{-1}$ 是

$$(X'X)^{-1} = \begin{bmatrix} 1.325 & -0.075 & -0.375 \\ -0.075 & 0.325 & -0.375 \\ -0.375 & -0.375 & 0.625 \end{bmatrix}$$

从 $(X'X)^{-1}$ 看到，

$$c_{00} = 1.325$$
$$c_{11} = 0.325$$
$$c_{22} = 0.625$$

又从例 11.3 中知 $s^2 = 0.1$，所以 $s = \sqrt{0.1} = 0.316$。

a. $\hat{\beta}_2$ 的标准误估计是

$$s_{\hat{\beta}_2} = s\sqrt{c_{22}} = (0.316)\sqrt{0.625} = 0.25$$

b. 由例 11.2，$\hat{\beta}_2 = -0.75$。所以检验 $H_0: \beta_2 = 0$ 的检验统计量值是

$$T = \frac{\hat{\beta}_2}{s_{\hat{\beta}_2}} = \frac{-0.75}{0.25} = -3.0$$

对双侧 T 检验,如果 $|T| > t_{\alpha/2}$,就拒绝 H_0. 在这个例子中,T 的自由度为 $[n-(k+1)] = 5-3 = 2$. 因此,对于 $\alpha = 0.05$,如果 $|T| > 4.303$(见表 B.7),我们将拒绝 H_0. 因为 T 的观测值 $T = -3.0$ 的绝对值没有超过 4.303,没有充分的证据说明 $\beta_2 \neq 0$. 因此,检验结果的实际含义是:没有证据指出温度(x_2)是模型的重要预测变量. ∎

11.5 评价整体模型的恰当性

对于包含很多项的模型,要对每个 β 参数进行 T 检验以确定模型是否对 y 的预测提供信息并不是一个好方法. 如果进行一系列 T 检验来确定自变量对预测关系是否有贡献,在决定哪些项留在模型中哪些项从模型中剔除时很可能会犯错误. 例如,假定所有的 β 参数(除了 β_0 之外)事实上都不等于零,尽管断言任何一个参数不等于零的概率仅仅是 α,但在一组 T 检验中,至少一个真实的原假设被拒绝的概率会很高. 考虑下面类似的事实可以看出为什么这是真的:抛掷一枚硬币,观测到正面的概率是 0.5,但当抛掷 5 枚硬币时,观测到至少一次正面的概率是 0.97. 因此,在考虑包含大量自变量的多重回归模型时,进行一系列的 T 检验可能会有许多变量不显著,从而剔除了一些有用的变量. 如果想检验多重回归模型的整体恰当性,就需要用**全局**检验(包含所有 β 参数的一种检验),我们希望能找到某个统计上的量来度量模型拟合数据有多好的程度.

我们从更容易的问题——寻找多重回归模型拟合一组数据有多好的度量开始. 为此,用直线模型(第 10 章)决定系数 r^2 的多重回归等价物. 因此,定义**样本多重决定系数 R^2** 为

$$R^2 = 1 - \frac{\sum(y_i - \hat{y}_i)^2}{\sum(y_i - \bar{y})^2} = 1 - \frac{\text{SSE}}{\text{SS}_{yy}}$$

其中 $\hat{y}_i$ 是模型中 y_i 的预测值. 与简单线性模型完全一样,R^2 是样本统计量,它代表 y 值的样本变差(由 SS_{yy} 度量)中可归因于回归模型的贡献部分. 因此,$R^2 = 0$ 意味着模型对数据完全没有拟合. $R^2 = 1$ 意味着完美的拟合,模型通过每个数据点. 一般地,R^2 的值越大,模型拟合数据就越好.

定义 11.1 多重决定系数 R^2 定义为

$$R^2 = 1 - \frac{\text{SSE}}{\text{SS}_{yy}}$$

其中 $\text{SSE} = \sum(y_i - \hat{y}_i)^2$,$\text{SS}_{yy} = \sum(y_i - \bar{y})^2$,$\hat{y}_i$ 是 y_i 用多重回归模型的预测值.

例 11.6 **计算 R^2** 考虑例 11.2、例 11.3 和例 11.5 中关于绝缘材料压缩量数据的多重回归模型 $E(y) = \beta_0 + \beta_1 x_1 + \beta_2 x_2$,求模型的 R^2,并解释它的值.

解 从例 11.3 知,SSE = 0.2. 现在

$$\text{SS}_{yy} = \sum(y_i - \bar{y})^2 = \sum y_i^2 - (\sum y_i)^2/n = 26 - \frac{(10)^2}{5} = 6$$

因此,

$$R^2 = 1 - \frac{\text{SSE}}{\text{SS}_{yy}} = 1 - \frac{0.2}{6} = 0.967$$

R^2 的这个值意味着在压缩量(y)的样本变差中,大约有 97% 归因于或由自变量压力(x_1)和温度(x_2)中的一个或多个来解释. 所以,R^2 是模型拟合数据有多好的样本统计量,因此它可以作为整体模型

恰当性的一种度量.

R^2 是样本统计量的事实说明,对于指定的自变量集,它可以用来推断模型对预测 y 值的统计效用. 对于一般的线性模型 $E(y) = \beta_0 + \beta_1 x_1 + \beta_2 x_2 + \cdots + \beta_k x_k$,检验

$$H_0: \beta_1 = \beta_2 = \beta_3 = \cdots = \beta_k = 0$$

$$H_a: 至少有一个 \beta 参数不等于 0.$$

就是检验整体模型的恰当性. 检验这个原假设的检验统计量为

$$检验统计量: F = \frac{模型的均方}{误差的均方} = \frac{SS(模型)/k}{SSE/[n-(k+1)]}$$

其中 n 是数据点个数,k 是模型中的参数个数(不包括 β_0),$SS(模型) = SS_{yy} - SSE$. 在原假设成立下,F 检验统计量服从分子自由度为 k,分母自由度为 $[n-(k+1)]$ 的 F 概率分布. F 分布的上尾值由表 B. 9 ~ B. 12 给出.

可以证明(证明略),检验模型整体恰当性的检验统计量的等价形式是

$$F = \frac{R^2/k}{(1-R^2)/[n-(k+1)]}$$

因此,随着决定系数 R^2 变大,F 检验统计量也会变大. 确定多大的 F 值必须在对给定的 α 可以断定模型对预测 y 有用之前,我们建立如下拒绝域:

$$F > F_\alpha$$

其中自由度

$$\nu_1 = k, \ \nu_2 = n - (k+1)$$

这个检验过程总结在下面的方框中.

(全局) F 检验的方差分析:检验模型 $E(y) = \beta_0 + \beta_1 x_1 + \beta_2 x_2 + \cdots + \beta_k x_k$ 的整体恰当性

$H_0: \beta_1 = \beta_2 = \beta_3 = \cdots = \beta_k = 0$

H_a:参数 $\beta_1, \beta_2, \cdots, \beta_k$ 至少有一个不等于零.

检验统计量:$F = \dfrac{R^2/k}{(1-R^2)/[n-(k+1)]} = \dfrac{模型的均方}{误差的均方} = \dfrac{SS(模型)/k}{SSE/[n-(k+1)]}$

拒绝域:$F > F_\alpha$,其中 $\nu_1 = k$ 和 $\nu_2 = [n-(k+1)]$

p 值:$p(F > F_c)$

假定:参看 11.2 节关于随机误差分量 ε 的概率分布假定.

例 11.7 **进行全局 F 检验** 参考例 11.6 的多重回归模型 $E(y) = \beta_0 + \beta_1 x_1 + \beta_2 x_2$. 检验确定整体模型对 y 预测是否提供信息,取 $\alpha = 0.10$.

解 我们想检验 $H_0: \beta_1 = \beta_2 = 0$. 对本例,$n = 5$,$k = 2$ 和 $n - (k+1) = 2$. 当 $\alpha = 0.10$ 时,如果 $F > F_{0.10}$,其中 $\nu_1 = 2$,$\nu_2 = 2$,则拒绝 $H_0: \beta_1 = \beta_2 = 0$. 从附录查到 F 的临界值是 $F_{0.10} = 9.0$. 因此,如果计算的值 $F > 9.0$,则应拒绝 H_0(见图 11.1).

由例 11.6,有 $R^2 = 0.967$. 因此,检验统计量是

$$F = \frac{R^2/k}{(1-R^2)/[n-(k+1)]} = \frac{0.967/2}{(1-0.967)/2} = 29.0$$

因为这个值超过了表中的值 9.0,所以得出结论:模型系数 β_1 和 β_2 中至少有一个不等于零. 因此,F

检验说明，整体多重回归模型$E(y) = \beta_0 + \beta_1 x_1 + \beta_2 x_2$对预测压缩量$y$是有用的. ■

总结迄今为止的讨论，R^2的值是预测方程拟合数据好坏的一个指标. 更重要的是, 它可以用来(在F统计量中)确定数据是否提供了足够的证据说明整体模型对预测y贡献了信息. 然而, 基于计算的R^2值对模型贡献的直觉判断必须小心. 随着越来越多的变量加入到模型中, R^2的值会变得越来越大. 因此, 可以强迫R^2取一个很接近于1的值, 即使模型对y的预测没有贡献信息. 事实上, 当模型中的项数等于数据点个数时, R^2将等于1.

用R^2作为模型恰当性度量的另外一种经常使用的形式是**调整的多重决定系数**, 记作R_a^2. R_a^2的公式如下:

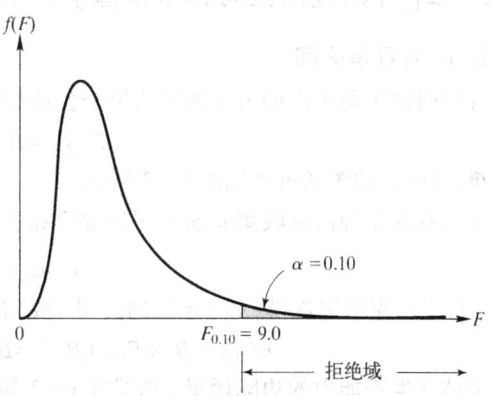

图11.1 $\nu_1 = 2$, $\nu_2 = 2$, $\alpha = 0.10$时F统计量的拒绝域

调整的多重决定系数
$R_a^2 = 1 - \dfrac{(n-1)}{n-(k+1)}\left(\dfrac{\text{SSE}}{\text{SS}_{yy}}\right) = 1 - \dfrac{n-1}{n-(k+1)}(1-R^2)$

与R^2不同, R_a^2同时考虑了("调整为")样本容量n和模型中β参数的个数. R_a^2总比R^2小, 而且更重要的是, 不可能简单地向模型添加越来越多的自变量, 迫使R_a^2"接近于"1. 因此, 一些分析人员在选择模型恰当性度量时, 喜欢用比较保守的R_a^2.

从上面的绝缘材料压缩量例子中可知,

$$R_a^2 = 1 - \frac{(n-1)}{n-(k+1)}(1-R^2) = 1 - \frac{4}{2}(1-0.967) = 0.934$$

我们可以保守地说, 在压缩量y的样本变差中, 大约有93%由模型中的x_1和x_2来解释. 但要记住, R^2和R_a^2仅仅是样本统计量, **不能孤立地依赖它们的值来告诉模型对预测y是否有用**. 利用F检验(有可靠性度量α作支持)对多重回归模型的整体恰当性做推断.

我们给出如何检查多重回归模型的整体恰当性的一些规则来结束本节内容.

检查多重回归模型效用的一些建议
1. 首先, 用F检验来检验整体模型的恰当性, 即检验 $$H_0: \beta_1 = \beta_2 = \cdots = \beta_k = 0$$ 如果认为模型是恰当的(即如果拒绝H_0), 然后进行第二步. 否则, 应该假设和拟合另外一个模型, 新模型可能包括更多的自变量或高阶项.
2. 对特别感兴趣的那些β参数(即那些"最重要的"β项)进行T检验, 通常是那些仅仅与高阶项(x^2, $x_1 x_2$等)关联的β参数. 但是限制被检验的β参数个数是个安全实践, 进行一系列的T检验会导致一个较大的整体I型错误概率α.
3. 检查R_a^2和$2s$的值, 从数值上评价模型拟合数据有多好.

11.6 $E(y)$ 的置信区间和未来值 y 的预测区间

$E(y)$ 的置信区间

我们假定公司生产能力 y 的平均值与公司规模大小 x 有关,这个关系可以用表达式

$$E(y) = \beta_0 + \beta_1 x + \beta_2 x^2$$

来建模,$E(y)$ 的图像可能如图 11.2 所示.

可以有几个理由来收集 n 家公司的规模和生产能力数据,求得最小二乘预测方程为

$$\hat{y} = \hat{\beta}_0 + \hat{\beta}_1 x + \hat{\beta}_2 x^2$$

例如,对于一家给定规模(如 $x=2$)的公司,要估计这家公司的平均生产能力,即想估计

$$E(y) = \beta_0 + \beta_1 x + \beta_2 x^2 = \beta_0 + 2\beta_1 + 4\beta_2 \quad (\text{其中 } x=2)$$

或者要估计生产能力的边际增量,曲线在 $x=2$ 的切线斜率(见图 11.3). 当 $x=2$ 时,y 的边际生产能力是 $E(y)$ 关于 x 的变化率在 $x=2$ 的估值. x 值的边际生产能力(用符号 $dE(y)/dx$ 表示)对于二次模型为 ⊖

$$\frac{dE(y)}{dx} = \beta_1 + 2\beta_2 x$$

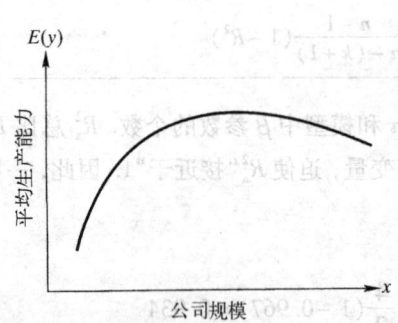
图 11.2 平均生产能力 $E(y)$ 的图

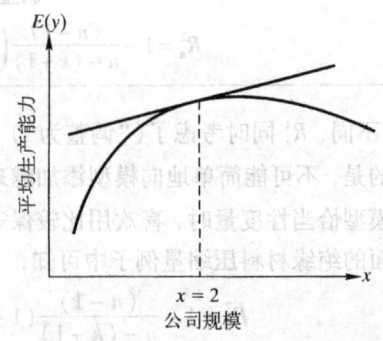
图 11.3 边际生产能力

因此,在 $x=2$ 的边际生产能力是

$$\frac{dE(y)}{dx} = \beta_1 + 2\beta_2(2) = \beta_1 + 4\beta_2$$

注意,对 $x=2$,$E(y)$ 和边际生产能力都是模型中未知参数 β_0,β_1,β_2 的线性函数. 我们在本节提出的问题是: 寻找 β 参数的线性函数的置信区间,或者检验有关这些值的假设. 从矩阵 $(X'X)^{-1}$ 可以找到这些置信区间或适当的检验统计量的值.

假定有模型

$$y = \beta_0 + \beta_1 x_1 + \cdots + \beta_k x_k + \varepsilon$$

我们感兴趣的是关于 β 参数的线性函数做推断,例如,

$$a_0 \beta_0 + a_1 \beta_1 + \cdots + a_k \beta_k$$

其中 a_0, a_1, $\cdots$, a_k 是已知常数. 进一步,我们将利用最小二乘估计的相应线性函数

⊖ 注意: 对给定的 x,y 的边际生产能力是 $E(y) = \beta_0 + \beta_1 x + \beta_2 x^2$ 关于 x 的一阶偏导数.

$$\ell = a_0\hat{\beta}_0 + a_1\hat{\beta}_1 + \cdots + a_k\hat{\beta}_k$$

作为 $a_0\beta_0 + a_1\beta_1 + \cdots + a_k\beta_k$ 的最好估计.

回忆 11.4 节,最小二乘估计量 $\hat{\beta}_0, \hat{\beta}_1, \cdots, \hat{\beta}_k$ 服从正态分布,有

$$E(\hat{\beta}_i) = \beta_i$$
$$V(\hat{\beta}_i) = c_{ii}\sigma^2 \quad (i = 0,1,2,\cdots,k)$$

协方差为

$$\mathrm{Cov}(\hat{\beta}_i, \hat{\beta}_j) = c_{ij}\sigma^2 \quad (i \neq j)$$

因此根据定理 6.9,

$$\ell = a_0\hat{\beta}_0 + a_1\hat{\beta}_1 + \cdots + a_k\hat{\beta}_k$$

也服从正态分布,均值、方差和标准差由定理 11.3 给出.

定理 11.3($\ell = a_0\hat{\beta}_0 + a_1\hat{\beta}_1 + \cdots + a_k\hat{\beta}_k$ 的抽样分布性质) ℓ 的抽样分布是正态分布,具有

$$E(\ell) = a_0\beta_0 + a_1\beta_1 + \cdots + a_k\beta_k$$
$$V(\ell) = [\boldsymbol{a}'(\boldsymbol{X}'\boldsymbol{X})^{-1}\boldsymbol{a}]\sigma^2$$
$$\sigma_\ell = \sqrt{V(\ell)} = \sigma\sqrt{\boldsymbol{a}'(\boldsymbol{X}'\boldsymbol{X})^{-1}\boldsymbol{a}}$$

其中 σ 是 ε 的标准差,$(\boldsymbol{X}'\boldsymbol{X})^{-1}$ 是拟合最小二乘模型时得到的逆矩阵,且

$$\boldsymbol{a} = \begin{bmatrix} a_0 \\ a_1 \\ a_2 \\ \vdots \\ a_k \end{bmatrix}$$

定理 11.3 指出,ℓ 是

$$E(\ell) = a_0\beta_0 + a_1\beta_1 + \cdots + a_k\beta_k$$

的无偏估计,且它的抽样分布如图 11.4 所示.

因此,$E(\ell)$ 的 $(1-\alpha)100\%$ 置信区间如下:

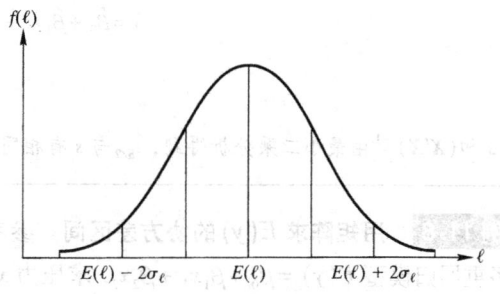

图 11.4 ℓ 的抽样分布

$E(\ell)$ 的 $(1-\alpha)100\%$ 置信区间
$$\ell \pm (t_{\alpha/2})s\sqrt{\boldsymbol{a}'(\boldsymbol{X}'\boldsymbol{X})^{-1}\boldsymbol{a}}$$ 其中 $$E(\ell) = a_0\beta_0 + a_1\beta_1 + \cdots + a_k\beta_k$$ $$\ell = a_0\hat{\beta}_0 + a_1\hat{\beta}_1 + \cdots + a_k\hat{\beta}_k$$ $$\boldsymbol{a} = \begin{bmatrix} a_0 \\ a_1 \\ a_2 \\ \vdots \\ a_k \end{bmatrix}$$

s 和 $(\boldsymbol{X}'\boldsymbol{X})^{-1}$ 由最小二乘过程得到,$t_{\alpha/2}$ 与 s 有相同的自由度.

我们最关注的通常是 β 参数的线性函数:
$$E(y) = \beta_0 + \beta_1 x + \cdots + \beta_k x_k$$

对指定的 $x_1, x_2, \cdots, x_k$ 的值, 我们想找出 $E(y)$ 的置信区间. 对 $\ell = \hat{y}$ 这种特殊情况, 矩阵 a 是

$$a = \begin{bmatrix} 1 \\ x_1 \\ x_2 \\ \vdots \\ x_k \end{bmatrix}$$

其中矩阵 a 中的符号 $x_1, x_2, \cdots, x_k$ 是这些变量所取的数值. 因此, 建立 $E(y)$ 的 $(1-\alpha)100\%$ 置信区间方法如下:

$E(y)$ 的 $(1-\alpha)100\%$ 置信区间

$$\hat{y} \pm (t_{\alpha/2}) s \sqrt{a'(X'X)^{-1}a}$$

其中

$$E(y) = \beta_0 + \beta_1 x_1 + \cdots + \beta_k x_k$$

$$\hat{y} = \hat{\beta}_0 + \hat{\beta}_1 x_1 + \cdots + \hat{\beta}_k x_k \qquad a = \begin{bmatrix} 1 \\ x_1 \\ x_2 \\ \vdots \\ x_k \end{bmatrix}$$

s 和 $(X'X)^{-1}$ 由最小二乘分析得到, $t_{\alpha/2}$ 与 s 有相同的自由度, 即 $[n-(k+1)]$.

例 11.8 用矩阵求 $E(y)$ 的协方差区间 参考例 11.2 和例 11.5 中的数据和绝缘材料压缩量 y 的多重回归模型 $E(y) = \beta_0 + \beta_1 x_1 + \beta_2 x_2$. 求压力 $x_1 = 5$(即 50 psi)和温度 $x_2 = 3$(即 30℃)时, 平均压缩量 $E(y)$ 的 95% 置信区间.

解 对于给定的 x 值, $E(y)$ 的置信区间是

$$\hat{y} \pm t_{\alpha/2} s \sqrt{a'(X'X)^{-1}a}$$

从而, 需要计算并将 $a'(X'X)^{-1}a$, $t_{\alpha/2}$, s 和 $\hat{y}$ 的值代入公式中. 因为要估计

$$E(y) = \beta_0 + \beta_1 x_1 + \beta_2 x_2 = \beta_0 + \beta_1(5) + \beta_2(3) = \beta_0 + 5\beta_1 + 3\beta_2$$

其中 $x_1 = 5$, $x_2 = 3$, 所以 β_0, β_1 和 β_2 的系数分别是 $a_0 = 1$, $a_1 = 5$ 和 $a_2 = 3$, 因此,

$$a = \begin{bmatrix} 1 \\ 5 \\ 3 \end{bmatrix}$$

从例 11.2 和例 11.5, 我们有 $\hat{y} = 0.35 + 1.15 x_1 - 0.75 x_2$, $s^2 = 0.1$, $s = 0.316$ 和

$$(X'X)^{-1} = \begin{bmatrix} 1.325 & -0.075 & -0.375 \\ -0.075 & 0.325 & -0.375 \\ -0.375 & -0.375 & 0.625 \end{bmatrix}$$

所以

$$a'(X'X)^{-1}a = \begin{bmatrix} 1 & 5 & 3 \end{bmatrix} \begin{bmatrix} 1.325 & -0.075 & -0.375 \\ -0.075 & 0.325 & -0.375 \\ -0.375 & -0.375 & 0.625 \end{bmatrix} \begin{bmatrix} 1 \\ 5 \\ 3 \end{bmatrix}$$

我们先计算

$$a'(X'X)^{-1} = \begin{bmatrix} 1 & 5 & 3 \end{bmatrix} \begin{bmatrix} 1.325 & -0.075 & -0.375 \\ -0.075 & 0.325 & -0.375 \\ -0.375 & -0.375 & 0.625 \end{bmatrix}$$

$$= \begin{bmatrix} -0.175 & 0.425 & -0.375 \end{bmatrix}$$

所以

$$a'(X'X)^{-1}a = \begin{bmatrix} -0.175 & 0.425 & -0.375 \end{bmatrix} \begin{bmatrix} 1 \\ 5 \\ 3 \end{bmatrix}$$

$$= 0.825$$

具有 2 个自由度的 T 值 $t_{0.025}$ 是 4.303. 所以,当受到压力 $x_1 = 5$ 和温度 $x_2 = 3$ 时,绝缘材料的平均压缩量的 95% 置信区间是

$$\hat{y} \pm t_{\alpha/2} s \sqrt{a'(X'X)^{-1}a}$$

因为 $\hat{y} = 0.35 + 1.15x_1 - 0.75x_2 = 0.35 + 1.15(5) - 0.75(3) = 3.85$,所以,$E(y)$ 的 95% 置信区间是

$$3.85 \pm (4.303)(0.316)\sqrt{0.825} = 3.85 \pm 1.24 = (2.61, 5.09)$$

即我们有 95% 置信对受到 50 lb/in² ($x_1 = 5$) 压力和 30℃ ($x_2 = 3$) 温度的所有材料,平均压缩量 $E(y)$ 在 2.61 ~ 5.09 in 之间. ∎

未来 y 值的预测区间

对于 $x_1, x_2, \cdots, x_k$ 的指定值,可能不想估计 y 的均值 $E(y)$,而希望预测还没有观察到的新 y 值,这两种推断问题(当每个都恰当时)之间的差异在第 10 章中已有解释. 但是我们将给出另外一个例子,说明在这点上二者的区别是明显的.

假设你是某个制造厂的管理者,每日利润 y 是各种过程变量 $x_1, x_2, \cdots, x_k$ 的函数. 假定想知道对于给定的一组 x 值,经长期运行以后能够赚到多少钱. 对于这种情况,感兴趣的是每天平均收益 $E(y)$ 的置信区间. 与此不同的是,假定你计划开一个仅仅运行几天的工厂! 那么感兴趣的可能是与明天产量关联的利润 y 的预测值.

我们已经指出,预测量的误差总是比估计 $E(y)$ 的误差大. 比较下面的方框中给出的预测区间和前面给出的 $E(y)$ 的置信区间公式,就可以看到这一点.

---

y 的 $(1-\alpha)100\%$ 预测区间

$$\hat{y} \pm (t_{\alpha/2}) s \sqrt{1 + a'(X'X)^{-1}a}$$

其中

$$\hat{y} = \hat{\beta}_0 + \hat{\beta}_1 x_1 + \cdots + \hat{\beta}_k x_k$$

s 和 $(X'X)^{-1}$ 由最小二乘分析得到.

$$a = \begin{bmatrix} 1 \\ x_1 \\ x_2 \\ \vdots \\ x_k \end{bmatrix}$$

包含 $x_1, x_2, \cdots, x_k$ 的数值, $t_{\alpha/2}$ 与 s 有相同的自由度, 即 $[n-(k+1)]$.

例 11.9 用矩阵求 y 的预测区间 参考绝缘材料压缩量例子(例 11.8). 当压力为 50 lb/in² ($x_1 = 5$)、温度为 30℃ ($x_2 = 3$) 时, 求一块绝缘材料压缩量的 95% 预测区间.

解 这块绝缘材料压缩量的 95% 预测区间是

$$\hat{y} \pm (t_{\alpha/2}) s \sqrt{1 + a'(X'X)^{-1}a}$$

由例 11.8, 当 $x_1 = 5$, $x_2 = 3$ 时, $\hat{y} = 3.85$, $s = 0.316$, $t_{0.025} = 4.303$, $a'(X'X)^{-1}a = 0.825$, 所以 y 的 95% 预测区间是

$$3.85 \pm (4.303)(0.316) \sqrt{1+0.825}$$
$$3.85 \pm 1.84 = (2.01, 5.69)$$

因此, 我们有 95% 置信对一块受到 50 lb/in² ($x_1 = 5$) 压力、30℃ ($x_2 = 3$) 温度的绝缘材料, 压缩量 y 介于 2.01 ~ 5.69 in 之间.

应用练习

11.1 延长熔铝坩埚的寿命. 参考练习 10.9, *The American Ceramic Society Bulletin* (2005 年 2 月) 关于熔铝坩埚的研究. 熔铝坩埚的寿命依赖于砖衬的孔隙率, 6 个样品砖的表观孔隙率及每块砖的平均孔径复制在附表中, 用矩阵代数和最小二乘法对 6 个数据点拟合线性模型 $E(y) = \beta_0 + \beta_1 x$.

SMELTPOT

砖	表观孔隙率(%), y	平均孔径(μm), x
A	18.8	12.0
B	18.3	9.7
C	16.3	7.3
D	6.9	5.3
E	17.1	10.9
F	20.4	16.8

资料来源: Bonadia, P., et al. "Aluminosilicate refractories for aluminum cell linings." *The American Ceramic Society Bulletin*, Vol. 84, No. 2, Feb. 2005(表 II).

a. 对此数据构造 Y 和 X 矩阵.
b. 求 $X'X$ 和 $X'Y$.
c. 验证:

$$(X'X)^{-1} = \begin{bmatrix} 1.50384 & -0.12940 \\ -0.12940 & 0.012523 \end{bmatrix}$$

d. 求 β 矩阵, 然后给出最小二乘预测方程.
e. 求 SSE 和 s^2.
f. 求 $\hat{\beta}_1$ 的标准误.
g. 给出并解释 β_1 的 90% 置信区间.
h. 给出并解释 R^2 值.
i. 给出并解释当 $x = 10$ 时, y 的 90% 预测区间.

11.2 药品控制释放速度研究. 参考练习 10.26, *Drug Development and Industrial Pharmacy* (Vol. 28, 2002.) 关于在控制释放剂量中, 药物的释放速度研究. 测量 6 片药的表面积与体积的比和渗滤释放速度(药物释放的百分比除以时间的平方根), 实验数据复制在表中. 用矩阵代数和最小二乘法对 6 个数据点拟合线性模型 $E(y) = \beta_0 + \beta_1 x$.

a. 对此数据构造 Y 和 X 矩阵.
b. 求 $X'X$ 和 $X'Y$.
c. 验证 $(X'X)^{-1} = \begin{bmatrix} 1.64772 & -1.63052 \\ -1.63052 & 1.79506 \end{bmatrix}$.

d. 求 β 矩阵, 然后给出最小二乘预测方程.
e. 求 SSE 和 s^2.

f. 求 $\hat{\beta}_1$ 的标准误.
g. 用 $\alpha = 0.05$ 检验 $H_0: \beta_1 = 0$ 对 $H_a: \beta_1 \neq 0$.
h. 给出并解释 R^2 值.
i. 给出并解释当 $x = 1$ 时, $E(y)$ 的 95% 置信区间.

🌐 **DOWDRUG**

药物释放速度 y (% 释放/$\sqrt{时间}$)	表面积与体积之比 x (mm^2/mm^3)
60	1.50
48	1.05
39	0.90
33	0.75
30	0.60
29	0.65

资料来源: Reynolds, T., Mitchell, s., and Balwinski, k. "Investigation of the effect of tablet surface area/volume on drug release from Hydroxypropylmethylcellulose controlled-release matrix tablets." *Drug Development and Industrial Pharmacy*, Vol, 28, No. 4, 2002 (图 3).

11.3 用分形几何来表征骨骼. 参考练习 10.13, *Medical Engineering & Physics* (2013 年 5 月) 关于用分形几何来刻画人类皮质骨特征的研究. 测量了 10 个人体肋骨样本的分形维数 x (衡量皮质骨组织体积的变化) 和杨氏模数 y (衡量骨组织劲度), 实验数据在下表重复给出. 考虑线性模型 $E(y) = \beta_0 + \beta_1 x$.

🌐 **CORTBONE**

杨氏模数 (Gpa)	分形维数
18.3	2.48
11.6	2.48
32.2	2.39
30.9	2.44
12.5	2.50
9.1	2.58
11.8	2.59
11.0	2.59
19.7	2.51
12.0	2.49

资料来源: Sanchez-Molina, D., et al. "Fractal dimension and mechanical properties of human cortical bone", *Medical Engineering & Physics*, Vol. 35, No. 5, May 2013 (表 1).

a. 对此数据构造 Y 和 X 矩阵.
b. 求 $X'X$ 和 $X'Y$.
c. 求最小二乘估计 $\hat{\boldsymbol{\beta}} = (X'X)^{-1}X'Y$ (计算 $(X'X)^{-1}$ 的信息参见附录 A 定理 A.1).
d. 求 SSE 和 s^2.
e. 用 $\alpha = 0.01$ 进行检验 $H_0: \beta_1 = 0$ 对 $H_a: \beta_1 > 0$.
f. 计算并解释 R^2.
g. 计算并解释当 $x = 2.50$ 时, y 的 95% 预测区间.

11.4 加工秸秆作为保温材料. *Engineering Structures and Technologies* (2012 年 9 月) 发表的一篇文章介绍了使用加工的秸秆作为住宅保温材料的研究结果. 在 10 摄氏度的温度下, 准备好切碎的秸秆标本并进行热传导测试. 对 25 组秸秆样本分别测量两个变量: $y = $ 热导率 (瓦特/米·开尔文) 和 $x = $ 密度 (千克/立方米), 数据在下表中给出. 考虑二次模型 $E(y) = \beta_0 + \beta_1 x + \beta_2 x^2$.

🌐 **STRAW**

样本	热导率 (y)	密度 (x)
1	0.052	49
2	0.045	50
3	0.055	51
4	0.042	56
5	0.048	57
6	0.049	62
7	0.046	64
8	0.047	65
9	0.051	66
10	0.047	68
11	0.049	78
12	0.048	79
13	0.048	82
14	0.052	83
15	0.051	84
16	0.053	98
17	0.054	100
18	0.055	100
19	0.057	101
20	0.055	103
21	0.074	115
22	0.075	116
23	0.077	118
24	0.076	119
25	0.074	120

a. 对此数据构造 Y 和 X 矩阵.
b. 求 $X'X$ 和 $X'Y$.
c. 用附录 A.4 介绍的方法，求 $(X'X)^{-1}$ (保证计算结果到 6 位有效数字).
d. 求 $\hat{\beta}$ 矩阵和最小二乘预测方程.
e. 求 SSE 和 s^2.
f. 用 $\alpha = 0.05$ 进行检验 $H_0: \beta_2 = 0$ 对 $H_a: \beta_2 \neq 0$.
g. 用 $\alpha = 0.05$ 对整体模型的恰当性进行检验.
h. 计算并解释 R_a^2.
i. 计算并解释当 $x = 75$ 时，$E(y)$ 的 95% 置信区间.

11.5 加速 hash 函数计算. hash 函数是一种将可变长度数据映射为固定长度数据的算法，通常负责大规模数据认证和数据加密的工程师会使用这种算法. *Journal of Cryptographic Engineering*（2012 年 11 月）提出了一种加速 hash 函数计算的新算法. 用新算法对性能 y（每字节的 CPU 周期数）建模，作为信息长度 x（字节）的函数. 下表列出了用于数据加密的 6 种不同信息的数据. 考虑模型 $E(y) = \beta_0 + \beta_1 \ln(x)$.

HASH

信息	性能	信息长度	LN（长度）
1	19.29	256	5.545 2
2	17.09	512	6.238 3
3	15.98	1 024	6.931 5
4	15.17	4 096	8.317 8
5	14.96	20 480	9.927 2
6	14.94	102 400	11.536 6

资料来源：Gueron, S., & Krasnov, V. "Parallelizing message schedules to accelerate the computations of hash functions", *Journal of Cryptographic Engineering*, Vol. 2, No. 4, November 2012（图 3）.

a. 利用矩阵代数求 β_0 和 β_1 的估计.
b. 用 $\alpha = 0.10$ 对整体模型的恰当性进行检验.
c. 计算并解释当应用到长度为 5 000 字节的信息时，新算法性能水平的 90% 置信区间.

11.6 过冷沸腾气泡行为. 在工业冷却应用（例如核反应冷却）中，通常使用一种称作过冷沸腾的过程. 过冷沸腾容易受到热表面附近小气泡的影响，*Heat Transfer Engineering*（Vol. 34, 2013）研究了这些气泡的特性. 进行了一系列实验来测量两种重要的气泡行为——气泡直径（毫米）和气泡密度（升/平方米）. 每个实验的质量通量（千克/立方米/秒）和热通量（兆瓦/平方米）是不同的，在设定压力下的实验数据列于下表.

 BUBBLE2

气泡	质量通量	热通量	直径	密度
1	406	0.15	0.64	13 103
2	406	0.29	1.02	29 117
3	406	0.37	1.15	123 021
4	406	0.62	1.26	165 969
5	406	0.86	0.91	254 777
6	406	1.00	0.68	347 953
7	811	0.15	0.58	7279
8	811	0.29	0.98	22 566
9	811	0.37	1.02	106 278
10	811	0.62	1.17	145 587
11	811	0.86	0.86	224 204
12	811	1.00	0.59	321 019
13	1217	0.15	0.49	5096
14	1217	0.29	0.80	18 926
15	1217	0.37	0.93	90 992
16	1217	0.62	1.06	112 102
17	1217	0.86	0.81	192 903
18	1217	1.00	0.43	232 211

资料来源：Puli, U., Rajvanshi, A. K. & Das, S. K. "Investigation of Bubble Behavior in Subcooled Flow Boiling of Water in a Horizontal Annulus Using High-Speed Flow Visualization", *Heat Transfer Engineering*, Vol. 34, No. 10, 2013（表 8）.

a. 考虑多重回归模型 $E(y_1) = \beta_0 + \beta_1 x_1 + \beta_2 x_2$，其中 y_1 = 气泡直径，x_1 = 质量通量，x_2 = 热通量. 将数据与矩阵模型匹配，并对模型整体的恰当性进行检验.
b. 考虑多重回归模型 $E(y_2) = \beta_0 + \beta_1 x_1 + \beta_2 x_2$，其中 y_2 = 气泡密度，x_1 = 质量通量，x_2 = 热通量. 将数据与矩阵模型匹配，并对模型整体的恰当性进行检验.
c. 两个因变量直径（y_1）和密度（y_2）中哪一个能更好地预测质量通量（x_1）和热通量（x_2）？请解释.

11.7 最佳化学催化剂的选择. 联合碳化物公司进行一项研究，确定在乙胺醇（MEA）转化为乙二胺（EDA 用于肥皂中的一种物质）时最佳催化剂的备制条件. 对事先选择的 10 种催化剂，测量下列实验变量的值：

y = MEA 到 EDA 的转化率

x_1 = 实验中使用的金属原子比

x_2 = 减少温度

$x_3 = \begin{cases} 1, & \text{如果使用高酸性载体} \\ 0, & \text{如果使用低酸性载体} \end{cases}$

用 $n = 10$ 个实验数据拟合多重回归模型 $E(y) = \beta_0 + \beta_1 x_1 + \beta_2 x_2 + \beta_3 x_3$. 结果总结在下表中：

$\hat{y} = 40.2 - 0.808 x_1 - 6.38 x_2 - 4.45 x_3 \quad R^2 = 0.899$

$s_{\beta_1} = 0.231 \quad s_{\beta_2} = 1.93 \quad s_{\beta_3} = 0.99$

资料来源：Hansen, J. L., and Best, D. C. "How to Pick a Winner." Paper presented at Joint Statistical Meetings, American Statistical Association and Biometric Society, Aug. 1986, Chicago, Illinois.

a. 有充分的证据说明模型对预测转化率 y 有效吗？用 $\alpha = 0.01$ 检验.

b. 用 $\alpha = 0.05$ 进行检验以确定原子比 x_1 是转化率 y 的有用预测量吗？

c. 构造 β_2 的 95% 置信区间，并解释这个区间.

11.8 **空闲土地的分区制.** "分区制"是当地政府对通过政策制定的住宅和非住宅使用的空闲土地的分配. 虽然对分区制的副作用进行了研究（例如，扰乱城市的房地产市场，对住宅的流动性增加障碍，妨碍经济与社会的整合），但几乎没有经验证据指出限制鼓励实行分区制的因素. *Journal of Urban Economics* (Vol.21, 1987) 报告了一项研究，对假设的几个分区决定因素建立一系列多重回归模型，研究的模型之一有如下形式：

$$E(y) = \beta_0 + \beta_1 x_1 + \beta_2 x_1^2 + \beta_3 x_2$$

其中：

y = 住宅使用的空地地区的百分比

x_1 = 现有土地在非住宅使用中的百分比

x_2 = 来自非住宅地产占总税收比例

选择新泽西州东北郊 $n = 185$ 个城市社区的数据拟合模型，结果如下：

自变量	参数估计	估计的标准误	t 值	p 值
截距	92.26	3.07	30.05	$p < 0.01$
x_1	−96.35	46.59	−2.07	$p < 0.05$
x_1^2	166.80	120.88	1.38	$p > 0.10$
x_2	−75.51	13.35	−5.66	$p < 0.01$

调整的 $R^2 = 0.25 \quad F = 21.86 (p < 0.01)$

资料来源：Rolleston, B. S. "Determinants of restrictive suburban zoning: An empirical analysis." *Journal of Urban Economics*, Vol.21, 1987, p.15, 表4.

a. 构造 β_3 的 95% 置信区间，并解释结果.

b. 检验假设：住宅使用的空地地区的百分比 (y) 与现有土地在非住宅使用中的百分比 (x_1) 之间存在曲线关系.

c. 整体模型对预测 y 在统计上有帮助吗？

d. 解释调整的 R^2 值.

11.9 **可用性专家薪水调查.** 可用性专家协会 (UPA) 专门支持那些研究、设计和评估产品及服务的用户体验的人（例如评估计算机新技术用户界面的设计工程师）. 最近，UPA 进行了一项关于其会员薪水的调查 (*UPA Salary Survey*, 2009年8月18日)，其中一篇报告的作者 Jeff Sauro 调查了博士学位对这个行业薪水的影响，并在他的博客 (*www.measuringusability.com*) 上讨论了他的分析. Sauro 用一阶多重回归模型将薪水 $(y, 美元)$ 作为经验年份 (x_1)、博士身份（如果是博士，$x_2 = 1$，否则为0）、经理身份（如果是经理，$x_3 = 1$，否则为0）的函数建模，得到了如下预测方程：

$$\hat{y} = 52\,484 + 2\,941 x_1 + 16\,880 x_2 + 11\,108 x_3$$

a. UPA 的一位会员没有博士学位但是是经理，有 10 年工作经验，预测他的薪水.

b. UPA 的一位会员有博士学位但不是经理，有 10 年工作经验，预测他的薪水.

c. 报告给出了决定系数 $R_a^2 = 0.32$，给出该值的实际解释.

d. β_1 的 95% 置信区间为 $(2\,700, 3\,200)$，给出此结果的实际解释.

e. β_2 的 95% 置信区间为 $(11\,500, 22\,300)$，给出此结果的实际解释.

f. β_3 的 95% 置信区间为 $(7\,600, 14\,600)$，给出此结果的实际解释.

11.10 **大型计算机的 CPU.** 当一个新的自变量添加到模型时，决定系数 R^2 总是递增的，这引诱着人们在模型中包含很多自变量使得 R^2 接近于 1. 然而，这样做会减少用于估计 σ^2 的自由度，它反过来又影响我们进行可靠推断的能力. 作为一个例子，假定要用 18 个预测变量（例如任务的大小、提交的时间和估计的打印行）来预测大型计算机工作的 CPU 时间，拟合模型

$$y = \beta_0 + \beta_1 x_1 + \beta_2 x_2 + \cdots + \beta_{18} x_{18} + \varepsilon$$

其中 y = CPU 时间，$x_1, x_2, \cdots, x_{18}$ 是预测变量. 用 $n = 20$ 个任务的相关信息拟合模型，得到 $R^2 = 0.95$. 通过检验确定，为了推断这个模型是有用

的，即模型中至少有一项对预测 CPU 时间是重要的，这个 R^2 值是否足够大. 用 $\alpha = 0.05$ 检验.

理论练习

11.11 如果 11.2 节中的假定满足，可以证明 s^2 与 β_i 的最小二乘估计 $\hat{\beta}_i$ 独立. 利用这个事实及定理 11.1 和定理 11.2，证明：

$$T = \frac{\hat{\beta}_i - \beta_i}{s\sqrt{c_{ii}}}$$

服从自由度为 $[n-(k+1)]$ 的学生氏 T 分布.

11.12 用练习 11.11 给出的 T 统计量，并结合枢轴法，导出 β_i 的 $(1-\alpha)100\%$ 置信区间的公式.

11.13 因为 $\hat{\beta}_0, \hat{\beta}_1, \cdots, \hat{\beta}_k$ 与 s^2 相互独立，所以

$$\ell = a_0\hat{\beta}_0 + a_1\hat{\beta}_1 + \cdots + a_k\hat{\beta}_k$$

与 s^2 独立. 利用这个事实及定理 11.2 和定理 11.3，证明：

$$T = \frac{\ell - E(\ell)}{s\sqrt{a'(X'X)^{-1}a}}$$

服从自由度为 $[n-(k+1)]$ 的学生氏 T 分布.

11.14 设 $\ell = \hat{y} = \hat{\beta}_0 + \hat{\beta}_1 x_1 + \hat{\beta}_2 x_2 + \cdots + \hat{\beta}_k x_k$. 用练习 11.13 中的 T 统计量，并结合枢轴法，推导 $E(y)$ 的 $(1-\alpha)100\%$ 置信区间的公式.

11.15 设 $\hat{y} = \hat{\beta}_0 + \hat{\beta}_1 x_1 + \hat{\beta}_2 x_2 + \cdots + \hat{\beta}_k x_k$ 是最小二乘预测方程，y 是未来的某个观测值.
a. 解释为什么 $(\hat{y} - y)$ 服从正态分布.
b. 证明：
$$E(\hat{y} - y) = 0$$
$$V(\hat{y} - y) = [1 + a'(X'X)^{-1}a]\sigma^2.$$

11.16 证明：

$$T = \frac{\hat{y} - y}{s\sqrt{1 + a'(X'X)^{-1}a}}$$

服从自由度为 $[n-(k+1)]$ 的学生氏 T 分布.

11.17 用练习 11.16 的结果和枢轴法，推导 y 的 $(1-\alpha)100\%$ 预测区间公式.

11.7 定量预测量的一阶模型

现在，已经介绍了多重回归的基本概念和公式，我们将演示几个常用的实际多重回归模型的完整分析，本节考虑仅含有定量自变量项的**一阶模型**. 注意，一阶模型不包括任何高阶项（如 x_1^2），术语一阶是由模型中的每个 x 都是一次幂的事实而来的.

含有 5 个定量自变量的一阶模型

$$E(y) = \beta_0 + \beta_1 x_1 + \beta_2 x_2 + \beta_3 x_3 + \beta_4 x_4 + \beta_5 x_5$$

其中，$x_1, x_2, \cdots, x_5$ 都是定量变量，不是其他自变量的函数.

注： β_i 表示当所有其他 x 固定时，联系 y 与 x_i 的直线斜率.

回忆直线模型（第 10 章）

$$y = \beta_0 + \beta_1 x + \varepsilon$$

β_0 表示直线的 y 截距，β_1 表示直线的斜率. 从第 10 章的讨论可知，β_1 有实际解释，即它表示 x 每增加 1 个单位 y 的平均变化. 当自变量是定量变量时，上面指定的一阶模型的 β 参数有类似的解释. 不同的是，当解释与一个指定变量（如 x_1）相乘的那个 β 时，必须保证固定其他自变量（如 x_2, x_3 等）的值.

为了说明这一点，假定响应 y 的均值 $E(y)$ 与两个定量自变量 x_1, x_2 有关，用一阶模型表示为

$$E(y) = 1 + 2x_1 + x_2$$

换句话说，$\beta_0 = 1, \beta_1 = 2, \beta_2 = 1$.

现在，令 $x_2 = 0$，$E(y)$ 与 x_1 的关系由下面的式子给出：

$$E(y) = 1 + 2x_1 + (0) = 1 + 2x_1$$

这个关系图(一条直线)如图 11.5 所示. 类似地, 当 $x_2 = 1$ 时,

$$E(y) = 1 + 2x_1 + (1) = 2 + 2x_1$$

当 $x_2 = 2$ 时,

$$E(y) = 1 + 2x_1 + (2) = 3 + 2x_1$$

$E(y)$ 与 x_1 的这些关系也在图 11.5 中给出. 注意, 3 条直线的斜率都等于乘子 x_1 的系数 $\beta_1 = 2$.

图 11.5 刻画了所有一阶模型的特征: 如果想绘制 $E(y)$ 关于任意一个变量(如 x_1)的图像, 对其他变量的固定值, 结果都是斜率等于 β_1 的直线. 如果对其他固定自变量的值重复这个过程, 将得到一组平行直线. 这说明, 自变量 x_i 对 $E(y)$ 的影响与模型中所有其他的自变量无关, 用斜率 β_i 度量这种效果. (如方框所述.)

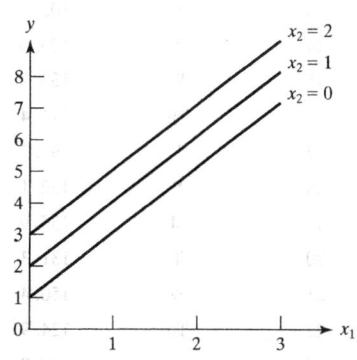

图 11.5 当 $x_2 = 0, 1, 2$ 时, $E(y) = 1 + 2x_1 + x_2$ 的图像

一阶模型是实践中遇到的最基本的多重回归模型.

例 11.10 **总生产时间的一阶模型** 考虑一个生产过程, 其中有一个或多个工人从事各种不同的工作, 在这个过程中, 生产的总花费时间是工作池的规模和不同活动产出水平的函数. 在一个大型百货公司, 文员的每天工作时间依赖于下面的变量:

x_1 = 处理的邮件数(打开, 分类等)

x_2 = 销售的礼券数

x_3 = 公司赊账交易数

x_4 = 交易订单改变或退回数

x_5 = 兑现支票数

52 个工作日的样本数据列在表 11.4 中. 公司的产品工程师想用一阶模型

$$E(y) = \beta_0 + \beta_1 x_1 + \beta_2 x_2 + \beta_3 x_3 + \beta_4 x_4 + \beta_5 x_5$$

对工作的小时数进行建模.

表 11.4 文员工作量的日数据

观测	工作日	y	x_1	x_2	x_3	x_4	x_5
1	M	128.5	7 781	100	886	235	644
2	T	113.6	7 004	110	962	388	589
3	W	146.6	7 267	61	1 342	398	1081
4	Th	124.3	2 129	102	1 153	457	891
5	F	100.4	4 878	45	803	577	537
6	S	119.2	3 999	144	1 127	345	563
7	M	109.5	11 777	123	627	326	402
8	T	128.5	5 764	78	748	161	495
9	W	131.2	7 392	172	876	219	823
10	Th	112.2	8 100	126	685	287	555
11	F	95.4	4 736	115	436	235	456
12	S	124.6	4 337	110	899	127	573

（续）

观测	工作日	y	x_1	x_2	x_3	x_4	x_5
13	M	103.7	3 079	96	570	180	428
14	T	103.6	7 273	51	826	118	463
15	W	133.2	4 091	116	1 060	206	961
16	Th	111.4	3 390	70	957	284	745
17	F	97.7	6 319	58	559	220	539
18	S	132.1	7 447	83	1 050	174	553
19	M	135.9	7 100	80	568	124	428
20	T	131.3	8 035	115	709	174	498
21	W	150.4	5 579	83	568	223	683
22	Th	124.9	4 338	78	900	115	556
23	F	97.0	6 895	18	442	118	479
24	S	114.1	3 629	133	644	155	505
25	M	88.3	5 149	92	389	124	405
26	T	117.6	5 241	110	612	222	477
27	W	128.2	2 917	69	1 057	378	970
28	Th	138.8	4 390	70	974	195	1027
29	F	109.5	4 957	24	783	358	893
30	S	118.9	7 099	130	1 419	374	609
31	M	122.2	7 337	128	1 137	238	461
32	T	142.8	8 301	115	946	191	771
33	W	133.9	4 889	86	750	214	513
34	Th	100.2	6 308	81	461	132	430
35	F	116.8	6 908	145	864	164	549
36	S	97.3	5 345	116	604	127	360
37	M	98.0	6 994	59	714	107	473
38	T	136.5	6 781	78	917	171	805
39	W	111.7	3 142	106	809	335	702
40	Th	98.6	5 738	27	546	126	455
41	F	116.2	4 931	174	891	129	481
42	S	108.9	6 501	69	643	129	334
43	M	120.6	5 678	94	828	107	384
44	T	131.8	4 619	100	777	164	834
45	W	112.4	1 832	124	626	158	571
46	Th	92.5	5 445	52	432	121	458
47	F	120.0	4 123	84	432	153	544
48	S	112.2	5 884	89	1 061	100	391
49	M	113.0	5 505	45	562	84	444
50	T	138.7	2 882	94	601	139	799
51	W	122.1	2 395	89	637	201	747
52	Th	86.6	6 847	14	810	230	547

资料来源：Adapted from Smith, G. L. *Work Measurement*. Columbus,OH：Grid Publishing Co., 1978（表3.1）。

a. 画出样本数据的散点图, 并解释这个图.
b. 用最小二乘法估计模型参数, 并解释 β 估计值.
c. 求随机误差项的标准差 σ 的估计, 并解释这个值.
d. 通过在 $\alpha = 0.05$ 的假设检验评价模型的恰当性.
e. 求 β_2 的 95% 置信区间, 并解释这个结果.
f. 求调整的决定系数 R_a^2, 解释这个结果.
g. 当处理的邮件数 $x_1 = 5\,000$, 售出的礼券数 $x_2 = 75$, 公司赊账交易数 $x_3 = 900$, 交易订单改变或退回数 $x_4 = 200$, 兑现支票数 $x_5 = 650$ 时, 求一天工作小时数的 95% 预测区间, 并解释这个结果.

解 a. 检查因变量 y 与 5 个自变量中的每个自变量关系的 MINITAB 散点图如图 11.6 所示. 在 5 个变量中, 兑现支票数 (x_5) 与 y 呈现出最强的线性关系, 而处理的邮件数 (x_1) 与 y 具有最弱的线性关系.

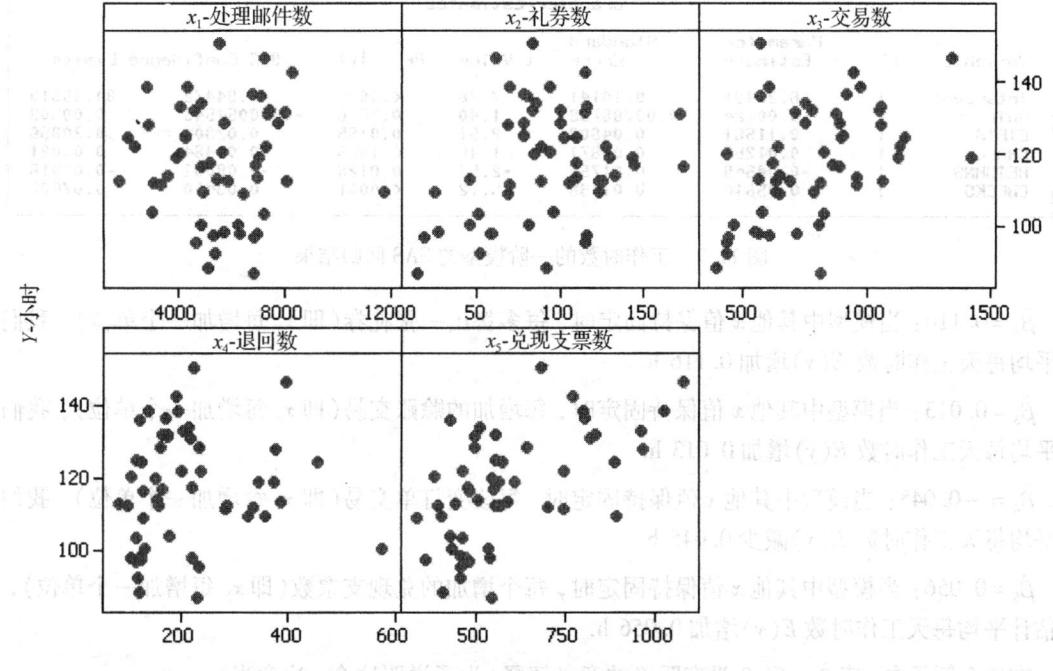

图 11.6　表 11.3 数据的 MINITAB 散点图

b. 用 SAS 对数据拟合模型, 拟合结果的 SAS 输出如图 11.7 所示. 根据 β 参数的最小二乘估计 (在输出中着重显示) 得到下面的预测方程:

$$\hat{y} = 66.3 + 0.0012x_1 + 0.116x_2 + 0.013x_3 - 0.045x_4 + 0.056x_5$$

我们知道, 对于一阶模型, β_i 表示当模型中的其他 x 值不变时, y 与 x_i 直线关系的斜率. 即 β_i 度量当模型中所有其他自变量的值保持不变时, x_i 每增加一个单位 $E(y)$ 的改变量. 因此, 我们得到下面的解释:

$\hat{\beta}_1 = 0.0012$: 当模型中其他 x 值保持固定时, 每多处理一个邮件 (即 x_1 每增加一个单位), 我们估计平均每天工作时数 $E(y)$ 增加 0.0012h.

```
                        The REG Procedure
                          Model: MODEL1
                      Dependent Variable: HOURS

                  Number of Observations Read        52
                  Number of Observations Used        52

                          Analysis of Variance

                                 Sum of           Mean
         Source         DF      Squares         Square    F Value    Pr > F
         Model           5    6576.40174     1315.28035     10.55    <.0001
         Error          46    5736.11057      124.69806
         Corrected Total 51      12313

         Root MSE              11.16683     R-Square    0.5341
         Dependent Mean       117.37692     Adj R-Sq    0.4835
         Coeff Var              9.51365

                            Parameter Estimates

                      Parameter    Standard
     Variable   DF    Estimate      Error       t Value   Pr > |t|    95% Confidence Limits
     Intercept   1    66.26491     9.10141       7.28     <.0001     47.94472     84.58510
     MAIL        1     0.00124     0.00088788    1.40      0.1686    -0.00054543   0.00303
     GIFTS       1     0.11581     0.04608       2.51      0.0155     0.02306      0.20856
     CHARGE      1     0.01269     0.00871       1.46      0.1520    -0.00484      0.03021
     RETURNS     1    -0.04549     0.01755      -2.59      0.0128    -0.08082     -0.01016
     CHECKS      1     0.05616     0.01096       5.12     <.0001      0.03410      0.07822
```

图 11.7 工作时数的一阶模型的 SAS 回归结果

$\hat{\beta}_2 = 0.116$：当模型中其他 x 值保持固定时，每多售出一张礼券（即 x_2 每增加一个单位），我们估计平均每天工作时数 $E(y)$ 增加 0.116 h。

$\hat{\beta}_3 = 0.013$：当模型中其他 x 值保持固定时，每增加的赊账交易（即 x_3 每增加一个单位），我们估计平均每天工作时数 $E(y)$ 增加 0.013 h。

$\hat{\beta}_4 = -0.045$：当模型中其他 x 值保持固定时，每改变订单交易（即 x_4 每增加一个单位），我们估计平均每天工作时数 $E(y)$ 减少 0.045 h。

$\hat{\beta}_5 = 0.056$：当模型中其他 x 值保持固定时，每个增加的兑现支票数（即 x_5 每增加一个单位），我们估计平均每天工作时数 $E(y)$ 增加 0.056 h。

在这个例子中，值 $\hat{\beta}_0 = 66.3$ 没有明确的意义解释. 为了说明这个，注意当 $x_1 = x_2 = x_3 = x_4 = x_5 = 0$ 时，$\hat{y} = \hat{\beta}_0$，因此，$\hat{\beta}_0 = 66.3$ 表示当所有自变量的值都等于 0 时，估计的一天平均工作时数. 因为在一个工作日里，没有邮件处理、没有礼券销售、没有赊账交易或改变订单交易的实施，也没有支票兑现，y 截距的估计值的解释没有意义. 一般地，$\hat{\beta}_0$ 没有实际的意义，除非所有 x 值同时为 0 它才有意义.

c. σ 的估计. 在输出中着重显示为 ROOT MSE 是 $s = 11.17$. 估计的标准差 s 的一个有用解释是，区间 $\pm 2s$ 提供了准确度的一个粗略近似，模型将以这个准确度预测 y 的未来值. 我们的理由如下：如果 11.2 节中关于随机误差 ε 的假定成立，则 ε 服从均值为 0、标准差为 σ 的正态分布，因此，大约有 95% 的预测误差将落在 0 的 2σ 区间之内. 或等价地，真实值 y 的 95% 将落在它们相应预测值的 2σ 区间内. 因此，我们期望一阶模型为工作时数提供的预测落在它们真实值的大约 $\pm 2s = \pm 2(11.17) = \pm 22.34$ 区间内.

d. 为了对这个含有 5 个自变量的一阶模型进行整体模型恰当性检验,我们检验

$$H_0: \beta_1 = \beta_2 = \beta_3 = \beta_4 = \beta_5 = 0$$
$$H_a: 上述 \beta 中至少有一个不等于 0$$

检验统计量 $F = 10.55$,在图 11.7 中着重显示,检验的观测显著性水平 p 值 < 0.0001. 因为这个 p 值小于 $\alpha = 0.05$,所以拒绝 H_0,认为模型参数中至少有一个是非零的,即认为这个一阶模型对预测每天的工作时数 y 是统计有用的.

e. β_2 的 95% 置信区间是 $(0.023, 0.209)$,在 SAS 输出中相应于变量 x_2 (GIFTS) 行着重显示. 我们的解释与 b 中给出的类似,有 95% 置信每增加销售一张礼券,每天工作时数的增加量在 0.023 ~ 0.209h 之间.

f. 调整的决定系数是 $R_a^2 = 0.4835$,在图 11.7 中着重显示. 这意味着,通过调整样本容量和模型中所包含的项,一阶模型解释了每天工作时数(y)的样本变差中的大约 48%.

g. 我们用 MINITAB 得到想求的 y 未来值的 95% 预测区间. 对于指定的 x 值及预测区间 (97.09, 142.88) 如图 11.8 中阴影部分所示. 当处理的邮件数 $x_1 = 5000$,销售的礼券数 $x_2 = 75$,公司赊账交易数 $x_3 = 900$,改变订单交易数 $x_4 = 200$,兑现的支票数 $x_5 = 650$ 时,我们有 95% 置信一天的工作时数将在 97 ~ 142 h 之间.

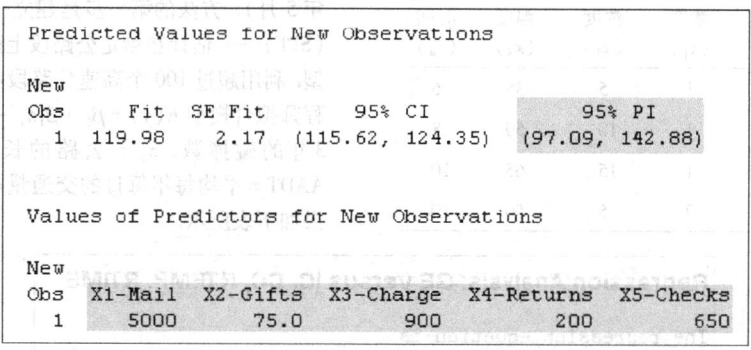

图 11.8 用工作时数的一阶模型预测 y 的 MINITAB 预测区间

尽管例 11.10 中的模型对预测 y 是统计有用的(即全局 F 检验是显著的),但也未必是实际有用的. 在每天工作时数 y 的样本变差中,仅仅有大约 48% 的变差可以被模型解释. 模型的标准差说明,我们预测的 y 的误差在 22 h 内,这个值可能导致比希望的预测误差大. 因此,在实际应用之前,可能要改进模型. 在下面的两节中,考虑一些比一阶模型更复杂的多重回归模型.

应用练习

11.18 **被渔具缠住的鲸鱼.** 渔具缠住海洋哺乳动物(例如鲸鱼)被认为是对物种的一个重大威胁. *Marine Mammal Science* (2010 年 4 月)发表的一篇研究调查了在韩国东部海域被渔网缠住的鲸鱼特征. 用 207 个在该海域被缠住的鲸鱼样本对被缠住的鲸鱼身体长度(y,米)建模,两个自变量——捕获处水深度(x_1,米)和离岸距离(x_2,英里)用来预测鲸鱼长度.

a. 求长度(y)作为这两个自变量函数的一阶模型.
b. 海洋学家认为,对于固定的离岸距离,被缠住的鲸鱼长度会随着水深度的增加而线性增大,解释怎样使用 a 中的模型来验证这个理论.
c. 对 a 中的模型,检验 $H_0: \beta_2 = 0$ 的 p 值为 0.013,用 $\alpha = 0.05$ 解释这个结果.

11.19 **由腰果壳制成的橡胶添加剂.** 腰果酚(一种由腰果壳产生的农副产品)是一种廉价而又丰富的可再生资源. 在 *Industrial & Engineering Chemistry Research* (2013 年 5 月)中,研究人员调查了将腰果

酚作为天然橡胶添加剂的用途. 他们将腰果酚接枝到天然橡胶乳胶切片上并测试了它的化学性质, 其中一条令人感兴趣的性质是这个化学过程的接枝效率(百分比). 研究人员在化学过程中控制了几个自变量—— x_1 = 引发剂浓度(百分比), x_2 = 腰果酚浓度(百分比), x_3 = 反应温度(摄氏度), x_4 = 反应时间(小时), 记录了 $n=9$ 次化学反应中这些变量和因变量 y = 接枝效率的值, 数据在附表中给出. 一阶模型 $E(y) = \beta_0 + \beta_1 x_1 + \beta_2 x_2 + \beta_3 x_3 + \beta_4 x_4$ 的 MINITAB 分析如下.

a. 用 $\alpha = 0.10$ 对模型的整体恰当性进行检验.
b. 给出 R_a^2 值的实际解释.
c. 给出 s 值的实际解释.
d. 计算并解释 β_3 的 90% 置信区间.
e. 建立检验 $H_0: \beta_4 = 0$, 你能得出什么结论?

GRAFTING

过程	接枝效率 (y)	引发剂浓度 (x_1)	腰果酚浓度 (x_2)	反应温度 (x_3)	反应时间 (x_4)
1	81.94	1	5	35	6
2	52.38	1	10	50	8
3	54.62	1	15	65	10
4	84.92	2	5	50	10
5	78.93	2	10	65	6
6	36.47	2	15	35	8
7	67.79	3	5	65	8
8	43.96	3	10	35	10
9	42.85	3	15	50	6

资料来源: Mohapatra, S. & Nando, G. B. "Chemical Modification of Natural Rubber in the Latex Stage by Grafting Cardanol, a Waste from the Cashew Industry and a Renewable Resource", *Industrial & Engineering Chemistry Research*, Vol. 52, No. 17, May 2013(表 2 和表 3).

11.20 高速公路碰撞数据分析. 蒙大拿州立大学的土木工程师写了一篇关于用经验贝叶斯方法分析高速公路碰撞之前和之后的数据的指导(*Montana Department of Transportation*, *Research Report*, 2004 年 5 月). 方法的第一步是建立一个安全行为函数(SPF)——估计在给定公路段上碰撞发生的数学模型. 利用超过 100 个高速公路段收集到的数据, 工程师拟合模型 $E(y) = \beta_0 + \beta_1 x_1 + \beta_2 x_2$, 其中 y = 每 3 年的碰撞数, x_1 = 公路的长度(英里), x_2 = AADT = 平均每年每日的交通量(机动车辆数), 结果如下表所示.

```
Regression Analysis: GE versus IC, CC, RTEMP, RTIME

The regression equation is
GE = 97.3 - 5.72 IC - 3.36 CC + 0.433 RTEMP - 1.69 RTIME


Predictor    Coef   SE Coef       T      P
Constant    97.28     27.40    3.55  0.024
IC          -5.723    4.581   -1.25  0.280
CC         -3.3570   0.9162   -3.66  0.022
RTEMP       0.4330   0.3054    1.42  0.229
RTIME       -1.685    2.290   -0.74  0.503


S = 11.2206    R-Sq = 81.4%    R-Sq(adj) = 62.9%


Analysis of Variance

Source          DF       SS      MS     F      P
Regression       4   2208.2   552.1  4.38  0.091
Residual Error   4    503.6   125.9
Total            8   2711.8
```

练习 11.19 的 MINITAB 输出

州际公路

变量	参数估计	标准误	T 值
截距	1.812 31	0.505 68	3.58
长度(x_1)	0.108 75	0.031 66	3.44
AADT(x_2)	0.000 17	0.000 03	5.19

非州际公路

变量	参数估计	标准误	T 值
截距	1.207 85	0.280 75	4.30
长度(x_1)	0.063 43	0.018 09	3.51
AADT(x_2)	0.000 56	0.000 12	4.86

a. 给出州际公路模型的最小二乘预测方程.
b. 给出 a 中 β 估计值的实际解释.
c. 根据 a, 求 β_1 的 99% 置信区间, 并解释这个结果.
d. 根据 a, 求 β_2 的 99% 置信区间, 并解释这个结果.
e. 对于非州际公路模型, 重复 a~d.

11.21 全球变暖和外来投资. 科学家认为全球变暖的主要原因是大气中二氧化碳的含量较高. 在 *Journal of World-Systems Research*(2003 年夏)中, 社会学家考察了 $n=66$ 个发展中国家外来投资对 CO_2 排放量的影响. 特别地, 基于 16 年前的外来投资及其他自变量, 研究者建立了 CO_2 排放量的模型, 变量和模型的结果列在下面的表中.
a. 解释 R^2 的值.
b. 用 $\alpha=0.01$ 对模型的整体恰当性进行检验.
c. 通过检验确定农产品(x_5)对 CO_2 排放量的预测是否统计有用? 取 $\alpha=0.01$.

$y=\ln($近年 CO_2 排放量$)$	β 估计	T 值	p 值
$x_1=\ln($外来投资额$)$	0.79	2.52	<0.05
$x_2=$ 国内总投资	0.01	0.13	>0.10
$x_3=$ 贸易出口量	-0.02	-1.66	>0.10
$x_4=\ln(GNP)$	-0.44	-0.97	>0.10
$x_5=$ 农产品量	-0.03	-0.66	>0.10
$x_6=\begin{cases}1, & \text{如果是非洲国家}\\0, & \text{如果不是}\end{cases}$	-1.19	-1.52	>0.10
$x_7=\ln(CO_2$ 排放量$)$	0.56	3.35	<0.001
$R^2=0.31$			

资料来源: Grimes, P., and Kentor, J. "Exporting the greenhouse: Foreign capital penetration and CO_2 emissions 1980-1996." *Journal of World-Systems Research*, Vol. IX, No. 2, Summer 2003(表 1).

11.22 日本甲虫的生长. 在 *Journal of Insect Behavior* (2001 年 11 月)中, 东伊利诺伊大学的生物学家公布了他们关于日本甲虫的研究结果. 生物学家收集了黄豆地里 $n=13$ 个夏天期间的甲虫. 作为研究的一部分, 生物学家建立了雌性甲虫的平均大小 $y(mm)$作为日平均温度 $x_1(℃)$和儒略日期 x_2 的函数模型.
a. 写出 $E(y)$作为 x_1 和 x_2 函数的一阶模型.
b. 用模型拟合数据, 得到下面的结果. 解释 β_1 的估计.

变量	参数估计	T 值	p 值
截距	6.51	26.0	<0.000 1
温度(x_1)	-0.002	-0.72	0.49
日期(x_2)	-0.010	-3.30	0.008

c. 通过检验确定随着温度的增加, 雌性日本甲虫的平均大小是否线性递减? 取 $\alpha=0.05$.

11.23 情商和团队表现. *Engineering Project Organizational Journal*(Vol. 3, 2013)发表了一项探索性研究的结果, 即更好地理解工程项目中团队个人的情商如何直接影响他们所在团队的表现. *Introduction to the Building Industry* 这门课程招收的本科生参与了这项研究, 所有学生完成一项情商测试并得到了人际关系得分、压力管理得分和情绪得分. 学生们被分为 $n=23$ 个小组, 并分配了小组任务, 然而每个人都有一个个人项目得分, 这些分数的平均值作为分析中的因变量——平均项目得分(y). 每个小组确定三个自变量——人际关系得分极差(x_1)、压力管理得分极差(x_2)和情绪得分极差(x_3). 数据 (通过文章中提供的信息模拟)在下表中给出.

TEAMPERF

小组	人际关系得分极差	压力管理得分极差	情绪得分极差	平均项目得分
1	14	12	17	88.0
2	21	13	45	86.0
3	26	18	6	83.5
4	30	20	36	85.5
5	28	23	22	90.0
6	27	24	28	90.5
7	21	24	38	94.0
8	20	30	30	85.5
9	14	32	16	88.0

小组	人际关系得分极差	压力管理得分极差	情绪得分极差	平均项目得分
10	18	32	17	91.0
11	10	33	13	91.5
12	28	43	28	91.5
13	19	19	21	86.0
14	26	31	26	83.0
15	25	31	11	85.0
16	40	35	24	84.0
17	27	12	14	85.5
18	30	13	15	85.0
19	31	24	28	84.5
20	25	26	16	83.5
21	23	28	12	85.0
22	20	32	10	92.5
23	35	35	17	89.0

a. 对项目得分(y)作为 x_1、x_2、x_3 的函数建立一阶模型.
b. 用统计软件对 a 中的数据拟合模型.
c. 是否有足够证据表明整体模型在统计学上对于预测 y 是有效的? 用 $\alpha = 0.05$ 进行检验.
d. 估计模型中的统计量 R_a^2 和 $2s$.
e. 当 $x_1 = 20$, $x_2 = 30$, $x_3 = 25$ 时,计算并解释 y 的 95% 预测区间.

11.24 **地下水中的砷**. 参考练习 7.59 *Environmental Science & Technology*(2005 年 1 月)检验地下水中砷的商用设备的可靠性研究. 回忆用来检验孟加拉 328 个地下水样本的野外设备. 除了砷水平(mg/L)之外,还测量了每口井的纬度、经度和深度(m),数据保存在文件 ASWELLS 中.

ASWELLS(前 5 口井和后 5 口井数据)

井	纬度	经度	深度	砷
10	23.7887	90.6522	60	331
14	23.7886	90.6523	45	302
30	23.7880	90.6517	45	193
59	23.7893	90.6525	125	232
85	23.7920	90.6140	150	19
⋮	⋮	⋮	⋮	⋮
7353	23.7949	90.6515	40	48
7357	23.7955	90.6515	30	172

(续)

井	纬度	经度	深度	砷
7890	23.7658	90.6312	60	175
7893	23.7656	90.6315	45	624
7970	23.7644	90.6303	30	254

a. 写出砷水平(y)作为纬度、经度和深度函数的一阶模型.
b. 以最小二乘法用模型拟合数据.
c. 给出 β 估计值的实际解释.
d. 求模型的标准差 s,并解释它的值.

11.25 **燃气轮机的冷却方法**. 参考练习 8.29, *Journal of Engineering for Gas Turbines and Power*(2005 年 1 月)对燃气涡轮发动机的高压注雾研究. 回想对 67 台燃气轮机样本中的每一台测量采用高压注雾增加的热消耗率(kJ/kW·h), 另外也测量了几个其他变量, 包括转速(转/每分钟)、注入温度(℃)、排出气温(℃)、转速压力比和空气质量流量比(kg/s), 数据保存在文件 GASTURBINE 中. (前 5 个和后 5 个燃气轮机数据如下.)

GASTURBINE(前 5 个和后 5 个燃气轮机数据)

转速	转速压力比	注入温度	排出气温	空气流量比	热消耗率
27 245	9.2	1134	602	7	14 622
14 000	12.2	950	446	15	13 196
17 384	14.8	1149	537	20	11 948
11 085	11.8	1024	478	27	11 289
14 045	13.2	1149	553	29	11 964
⋮	⋮	⋮	⋮	⋮	⋮
18 910	14.0	1066	532	8	12 766
3600	35.0	1288	448	152	8714
3600	20.0	1160	456	84	9469
16 000	10.6	1232	560	14	11 948
14 600	12.4	1077	536	20	12 414

资料来源:Bhargava, R., and Meher-Homji, C. B. "Parametric analysis of existing gas turbines with inlet evaporative and overspray fogging." *Journal of Engineering for Gas Turbines and Power*, Vol. 127, No. 1, Jan. 2005.

a. 写出热消耗率(y)作为转速、注入温度、排出气温、转速压力比和空气流量比函数的一阶模型.
b. 以最小二乘法用模型拟合数据.

c. 给出 β 估计值的实际解释.
d. 求模型的标准差 s, 并解释它的值.

11.26 田纳西河中的鱼污染. 考虑位于亚拉巴马州田纳西河边化工厂的有毒排放物对鱼污染的美国陆军工程兵团数据. 回想工程师们测量了捕捉到的 144 条鱼的身长(cm)、体重(g)和 DDT 水平(百万分之一), 另外还记录了从河到上游的英里数, 数据保存在文件 DDT 中. (前 5 个和后 5 个观测如下表所示.)

🌐 **DDT**

河流	英里	种类	身长	体重	DDT
FC	5	CHANNELCATFISH	42.5	732	10.00
FC	5	CHANNELCATFISH	44.0	795	16.00
FC	5	CHANNELCATFISH	41.5	547	23.00
FC	5	CHANNELCATFISH	39.0	465	21.00
FC	5	CHANNELCATFISH	50.5	1252	50.00
⋮	⋮	⋮	⋮	⋮	⋮
TR	345	LARGEMOUTHBASS	23.5	358	2.00
TR	345	LARGEMOUTHBASS	30.0	856	2.20
TR	345	LARGEMOUTHBASS	29.0	793	7.40
TR	345	LARGEMOUTHBASS	17.5	173	0.35
TR	345	LARGEMOUTHBASS	36.0	1433	1.90

a. 对数据拟合一阶模型 $E(y) = \beta_0 + \beta_1 x_1 + \beta_2 x_2 + \beta_3 x_3$, 其中 y = DDT 水平, x_1 = 英里, x_2 = 身长, x_3 = 体重, 报告最小二乘预测方程.
b. 求模型中 ε 的标准差估计, 给出这个值的实际解释.
c. 数据是否提供了充分的证据, 说明当身长增加时, DDT 水平增加? 报告检验的观察显著性水平, 用 $\alpha = 0.05$ 作推断.
d. 求 β_3 的 95% 置信区间, 并解释.
e. 用 $\alpha = 0.05$ 检验模型的整体恰当性.
f. 以 95% 置信, 预测在上游 100 mile 处捕捉到的一条身长 40 cm、体重 800 g 的鱼的 DDT 水平. 解释这个结果.

11.27 从油中分离水. 在石油工业中, 必须把生产和运输期间混合在石油中的水去掉. 化学家已经发现, 电气方法可以从水油混合物中抽取石油. 卑尔根(挪威)大学的研究者进行了一系列试验, 研究影响从油中分离水要求的电压(y)的因素(*Journal of Colloid and Interface Science*, 1995 年 8 月). 研究中调查的 7 个自变量列在下表中. (每个自变量分别在两种水平——"低"水平和"高"水平测量). 在自变量的不同组合下, 备制了 16 种水油混合物, 然后将乳状液暴露在高电磁场中. 另外, 当所有的自变量都设置为 0 时, 实验了 3 种混合物. 19 个实验数据保存在 WATEROIL 文件中(前 5 个实验数据如下表所示).

🌐 **WATEROIL**(19 个实验数据中的前 5 个)

实验编号	电压 y (kw/cm)	扩散期体积 x_1(%)	含盐量 x_2 (%)	温度 x_3 (℃)	时间延迟 x_4 (h)	表面活性剂浓度 x_5(%)	跨度:氚核 x_6	固体粒子 x_7 (%)
1	0.64	40	1	4	0.25	2	0.25	0.5
2	0.80	80	1	4	0.25	4	0.25	2
3	3.20	40	4	4	0.25	4	0.75	0.5
4	0.48	80	4	4	0.25	2	0.75	2
5	1.72	40	1	23	0.25	4	0.75	2

资料来源: Fordedal, H., et al. "A multivariate analysis of W/O emulsions in high external electric fields as studied by means of dielectric time domain spectroscopy." *Journal of Colloid and Interface Science*, Vol. 173, No. 2, Aug. 1995, p.398(表2).

a. 对 y 作为所有 7 个自变量的函数建立一阶模型.
b. 用统计软件包对表中的数据拟合模型.
c. 完全地解释 β 估计.
d. 进行 F 检验评价模型的恰当性, 解释 R_a^2 和 $2s$.
e. 考虑模型 $E(y) = \beta_0 + \beta_1 x_1 + \beta_2 x_2 + \beta_5 x_5$. 研究者认为"为了用最低的可能电压来分离油水混合物, 扩散期体积比例(x_1)应该高, 而含盐量(x_2)和表面活性剂浓度(x_5)应该低." 根据这个信息求这个"低"电压 y 的 95% 预测区间, 并解释这个区间.

11.8 定量预测量的交互作用模型

在 11.7 节,用实例说明了一阶模型中 $E(y)$ 和自变量之间的关系. 当 $E(y)$ 关于任意一个变量(如 x_1)作图且固定其他变量的值时,结果是一组平行直线(见图 11.5). 当这种情况发生时(因为对一阶模型总是这样),我们说 $E(y)$ 和任何一个自变量的关系不依赖于模型中其他自变量的值.

然而,如果事实上 $E(y)$ 和 x_1 的关系依赖其他 x 的固定值,则一阶模型对预测 y 是不合适的. 在这种情况下,需要另外一种能够考虑这种相关性的模型,这种模型包括两个或多个 x 的交叉乘积.

例如,假定响应 y 的均值 $E(y)$ 与两个定量自变量 x_1, x_2 有关,模型为

$$E(y) = 1 + 2x_1 - x_2 + x_1 x_2$$

对 $x_2 = 0, 1, 2$, $E(y)$ 和 x_1 的关系图如图 11.9 所示. 注意,这里的图像显示了 3 条不平行的直线. 可以验证,当把 $x_2 = 0, 1, 2$ 的每个值代入方程时,直线的斜率是不同的. 当 $x_2 = 0$:

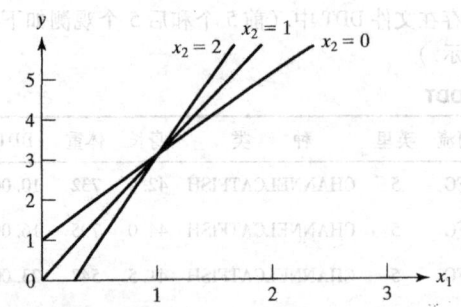

图 11.9 当 $x_2 = 0, 1, 2$ 时,$1 + 2x_1 - x_2 + x_1 x_2$ 的图像

$$E(y) = 1 + 2x_1 - (0) + x_1(0) = 1 + 2x_1 \quad (\text{斜率} = 2)$$

当 $x_2 = 1$:

$$E(y) = 1 + 2x_1 - (1) + x_1(1) = 3x_1 \quad (\text{斜率} = 3)$$

当 $x_2 = 2$:

$$E(y) = 1 + 2x_1 - (2) + x_1(2) = -1 + 4x_1 \quad (\text{斜率} = 4)$$

注意每条直线的斜率由 $\beta_1 + \beta_3 x_2 = 2 + x_2$ 来表示. 因此,现在 x_1 的改变对 $E(y)$ 的影响(即斜率)依赖于 x_2 的值. 当这种情况发生时,我们说 x_1 和 x_2 有**交互作用**. 交叉乘积项 $x_1 x_2$ 称为**交互作用项**,模型 $E(y) = \beta_0 + \beta_1 x_1 + \beta_2 x_2 + \beta_3 x_1 x_2$ 称为两个定量变量的**交互作用模型**.

联系 $E(y)$ 与两个定量自变量的交互作用模型

$$E(y) = \beta_0 + \beta_1 x_1 + \beta_2 x_2 + \beta_3 x_1 x_2$$

其中,$(\beta_1 + \beta_3 x_2)$ 表示当 x_2 固定,x_1 每增加一个单位时 $E(y)$ 的改变量;$(\beta_2 + \beta_3 x_1)$ 表示当 x_1 固定,x_2 每增加一个单位时 $E(y)$ 的改变量.

例 11.11 **生产工时的交互作用模型** 用生产设备完成一项工作所需工时的准确估计对管理者是非常关键的,锅身制造商想用回归分析预测未来工程中锅炉安装所需要的工时. 为了完成这个任务,收集了 35 个锅炉的样品数据. 除了工时(y),测量的变量是锅炉的容积 x_1(klb/h)和锅炉设计压强 x_2(lb/in^2),数据列在表 11.5 中. 制造商认为,对于设计的高压锅炉,随着锅炉容积的增加,工时的增加速度会更大. 因此,提出下面的交互作用模型:

$$E(y) = \beta_0 + \beta_1 x_1 + \beta_2 x_2 + \beta_3 x_1 x_2$$

用 SPSS 对数据拟合模型,SPSS 的输出如图 11.10 所示.

BOILERS

表 11.5　锅身的研究数据

工时 y	锅炉容积(klb/h)x_1	设计压强(lb/in²)x_2	工时 y	锅炉容积(klb/h)x_1	设计压强(lb/in²)x_2
3 137	120.0	375	14 791	1 089.5	2 170
3 590	65.0	750	2 680	125.0	750
4 526	150.0	500	2 974	120.0	375
10 825	1 073.8	2 170	1 965	65.0	750
4 023	150.0	325	2 566	150.0	500
7 606	610.0	1 500	1 515	150.0	250
3 748	88.2	399	2 000	150.0	500
2 972	88.2	399	2 735	150.0	325
3 163	88.2	399	3 698	610.0	1 500
4 065	90.0	1 140	2 635	90.0	1 140
2 048	30.0	325	1 206	30.0	325
6 500	441.0	410	3 775	441.0	410
5 651	441.0	410	3 120	441.0	410
6 565	441.0	410	4 206	441.0	410
6 387	441.0	410	4 006	441.0	410
6 454	627.0	1 525	3 728	627.0	1 525
6 928	610.0	1 500	3 211	610.0	1 500
4 268	150.0	500	1 200	30.0	325

资料来源：Kelly Uscategui, former graduate student, University of South Florida.

Model Summary

Model	R	R Square	Adjusted R Square	Std. Error of the Estimate
1	.854[a]	.729	.703	1472.227

a. Predictors: (Constant), CAP_PRESS, PRESSURE, CAPACITY

ANOVA[b]

Model		Sum of Squares	df	Mean Square	F	Sig.
1	Regression	2E+008	3	62102055.14	28.652	.000[a]
	Residual	7E+007	32	2167451.542		
	Total	3E+008	35			

a. Predictors: (Constant), CAP_PRESS, PRESSURE, CAPACITY
b. Dependent Variable: MANHRS

Coefficients[a]

Model		Unstandardized Coefficients		Standardized Coefficients	t	Sig.
		B	Std. Error	Beta		
1	(Constant)	3012.677	732.354		4.114	.000
	CAPACITY	3.786	2.135	.394	1.774	.086
	PRESSURE	-1.529	1.083	-.314	-1.412	.168
	CAP_PRESS	.003	.002	.745	2.233	.033

a. Dependent Variable: MANHRS

图 11.10　工时交互作用模型的 SPSS 回归输出

a. 用 $\alpha = 0.05$ 的全局 F 检验，检验模型的整体恰当性.

b. 在 $\alpha = 0.05$ 检验假设：随设计压强(x_2)的增加，工时(y)和锅炉容积(x_1)之间关系的斜率也增加，即容积和压强有正的交互作用.

c. 估计当锅炉容积(x_1)为 750 klb/h，设计压强每增加 1 lb/in² 时，工时(y)的改变量.

解 a. 全局 F 检验用来检验原假设

$$H_0: \beta_1 = \beta_2 = \beta_3 = 0$$

检验统计量和检验的 p 值分别是 $F = 28.652$，$p = 0$（在 SPSS 输出中着重显示）. 因为 $\alpha = 0.05$ 超过了 p 值，所以有充分的证据说明拟合的模型对工时 y 的预测是统计有用的.

b. 制造商感兴趣的假设是交互作用参数 β_3，特别地，

$$H_0: \beta_3 = 0$$
$$H_a: \beta_3 > 0$$

因为我们检验的是单个 β 参数，所以用 T 检验. 检验统计量和双侧 p 值（在输出中着重显示）分别是 $T = 2.233$，$p = 0.033$. 上尾 p 值是双侧 p 值的一半，即 $0.033/2 = 0.0165$. 因为 $\alpha = 0.05$ 超过了 p 值，所以制造商可以拒绝 H_0，认为当设计压强(x_2)增加时，工时随容积的改变速度是增加的，即 x_1 和 x_2 的交互作用是正的，因此，交互作用项应该包含在模型中.

c. 要估计设计压强 x_2 每增加一个单位时，工时 y 的改变量，我们需要估计当锅炉容积 $x_1 = 750$ klb/h 时，y 与 x_2 的直线关系的斜率. 不细心的分析者可能估计这个斜率是 $\hat{\beta}_2 = -1.53$. 尽管 x_2 的系数是负的，但并不意味着，随着设计压强的增加，工时会减少. 因为存在交互作用，所以工时关于设计压强的改变率(斜率)依赖于锅炉容积 x_1. 因此，当 $x_1 = 750$ 时，x_2 每增加一个单位，估计的 y 的改变率为

$$\text{估计的 } x_2 \text{ 斜率} = \hat{\beta}_2 + \hat{\beta}_3 x_1 = -1.53 + 0.003(750) = 0.72$$

换句话说，安装一个容积是 750 klb/h 的锅身，设计压强每增加 1 lb/in²，估计所需要的工时将增加大约 0.72 工时. 在多重回归模型中，对系数的符号和大小解释要特别小心. ■

例 11.11 解释了在交互作用模型中对 β 参数进行 T 检验时的一个重要点，这个模型中的"最重要" β 参数是交互作用项的 β_3. (注意，这个 β 也是与模型中高阶项 $x_1 x_2$ ⊖ 相联系的参数.) 因此，在确定了整体模型对预测 y 是有用后，我们就想检验 $H_0: \beta_3 = 0$. 然而，一旦发现交互作用（如例 11.11），对一阶项 x_1 和 x_2 的检验就不必进行，因为它们是没有意义的检验；交互作用的存在意味着两个 x 都是重要的.

警告：一旦在模型 $E(y) = \beta_0 + \beta_1 x_1 + \beta_2 x_2 + \beta_3 x_1 x_2$ 中认为交互作用是重要的，就不必对一阶项 x_1 和 x_2 的 β 系数进行 T 检验. 这些项都应保留在模型中，而不管输出中显示的与它们关联的 p 值大小如何.

应用练习

11.28 被渔具缠住的鲸鱼. 参考练习 11.18，*Marine Mammal Science*(2010 年 4 月)关于渔具缠住鲸鱼的研究. 回顾将被缠住的鲸鱼的身体长度作为两个自变量——捕获处的水深度(x_1，米)和离岸距离(x_2，英里)的函数建模.

a. 求长度(y)作为这两个自变量函数的交互作用模型的方程.

b. 画出长度与水深的图来说明两个自变量之间的交互作用. 利用图中两个不同的距离值.

c. 假设海洋学家推理：被缠住的鲸鱼长度会随着水深度的增加而线性增大，但离岸距离越远，

⊖ 一个项的阶等于包含在该项中定量变量的指数和. 因此，当 x_1，x_2 都是定量变量时，交叉乘积 $x_1 x_2$ 是一个二阶项.

这种增长就越大. 解释怎样利用 a 中的模型来验证这个理论.

🌐 BUBBLE2

11.29 过冷沸腾气泡行为. 参考练习 11.6, *Heat Transfer Engineering*(Vol. 34, 2013)关于过冷沸腾时气泡行为的研究. 回顾将气泡密度(升/平方米)作为质量通量(千克/立方米·秒)和热通量(兆瓦/平方米)的函数建模.

a. 求气泡密度(y)作为 x_1 = 质量通量, x_2 = 热通量的函数的交互作用模型.

b. 使用统计软件将数据拟合到 a 中的交互作用模型, 给出最小二乘预测方程.

c. 通过全局 F 检验($\alpha = 0.05$)来评估整体模型的恰当性, 并解释模型中的统计量 R_a^2 和 $2s$.

d. 通过检验($\alpha = 0.05$)确定质量通量和热通量是否有交互作用.

e. 当热通量设置为 0.5 兆瓦/立方米时, 质量通量每增加 1 千克/立方米·秒, 你估计气泡密度会增加多少?

11.30 金属钻推力的预测. *Frontiers in Automobile and Mechanical Engineering*(2010 年 11 月)开发了一种对混合金属复合材料进行钻探时推力预测的模型. 与推力相关的三个变量是主轴转速(转/分)、进给速率(毫米/分)和复合材料中碳化硅的质量分数(百分比). 分别在两个水平下收集这三个分量(转速(1 000 r/min 和 3 000 r/min), 速率(50 mm/min 和 150mm/min), 质量(5% 和 15%))的试验数据. 在这些值的每一种组合下, 测量相应的钻的推力(牛顿), 数据(由文章中的信息改编)列于下表中.

🌐 DRILLMETAL

试验	转速	速率	质量分数	推力
1	1 000	50	5	510
2	3 000	50	5	540
3	1 000	150	5	710
4	3 000	150	5	745
5	1 000	50	15	615
6	3 000	50	15	635
7	1 000	150	15	810
8	3 000	150	15	850
9	1 000	50	5	500

(续)

试验	转速	速率	质量分数	推力
10	3 000	50	5	545
11	1 000	150	5	720
12	3 000	150	5	730
13	1 000	50	15	600
14	3 000	50	15	615
15	1 000	150	15	825
16	3 000	150	15	840

a. 写出推力作为主轴转速、进给速率和质量分数的函数的交互作用模型方程, 模型要包括所有可能的两个变量之间的交互作用.

b. 给出一个模型参数(即斜率)的函数, 它能代表当速率固定为 50mm/min、转速固定为 1 000r/min 时每增加 1% 的质量推力的变化.

c. 给出一个模型参数(即斜率)的函数, 它能代表当速率固定为 150mm/min、转速固定为 1 000r/min 时每增加 1% 的质量推力的变化.

d. 使用统计软件将数据拟合到 a 中的交互作用模型, 给出最小二乘预测方程.

e. 为了确定 b 和 c 中斜率是否有显著性差异, 你应该检验哪个 β? 进行检验并解释结果.

11.31 多变量检验. *Journal of the Reliability Analysis Center*(2004 第一季度)讨论了多变量检验(MVT)的方法. MVT 展示改进用于核导弹外壳的碳泡沫垫圈质量. 垫圈通过铸造过程生产, 这个过程包括混合配料、烘烤处理、切割成最终的零件. 一种缺陷分析是生产垫圈上的黑色条纹数 y, 影响缺陷数的两个变量是转台速度 x_1(转/分)和切割刀位置(距离中心的英寸)x_2.

a. 研究者发现"刀口位置和转台速度之间存在交互作用", 为 $E(y)$ 假设一个体现这种交互作用的模型.

b. 研究者报告, 缺陷数(y)和转台速度(x_1)之间存在正的线性关系, 但发现对于切割刀位置(x_2)的较小值, 这种关系的斜率更陡峭. 这对于 a 中模型的交互作用项意味着什么? 请解释.

🌐 ASWELLS

11.32 地下水中的砷. 参看练习 11.24, *Environmental Science and Technology*(2005 年 1 月)检验地下水中砷的商用设备的可靠性研究. 回忆将砷水平(y)

作为纬度(x_1)、经度(x_2)和深度(x_3)函数的一阶模型.
a. 为砷水平(y)建立一个包括纬度、经度和深度的一阶项以及纬度和深度、经度和深度的交互作用项的模型.
b. 拟合 a 中的交互作用模型,给出最小二乘预测方程.
c. 通过检验($\alpha = 0.05$)确定纬度和深度的交互作用对砷水平是否有影响.
d. 通过检验($\alpha = 0.05$)确定经度和深度的交互作用对砷水平是否有影响.
e. 解释 c、d 检验结果的实际意义.

🌐 **GASTURBINE**

11.33 燃气轮机的冷却方法. 参考练习 11.25,*Journal of Engineering for Gas Turbines and Power*(2005年1月)对燃气涡轮发动机的高压注雾研究. 回忆将热消耗率(y)作为转速(x_1)、注入温度(x_2)、排出气温(x_3)、转速压力比(x_4)和空气流量比(x_5)的函数拟合为一阶模型.
a. 研究者假设热消耗率(y)和温度(注入和输出)之间的线性关系依赖于空气流量比. 结合研究者的理论,为热消耗率建立一个模型.
b. 拟合 a 中的交互作用模型,给出最小二乘预测方程.
c. 通过检验($\alpha = 0.05$)确定注入温度和空气流量比的交互作用对热消耗率是否有影响.
d. 通过检验($\alpha = 0.05$)确定排出气温和空气流量比的交互作用对热消耗率是否有影响.
e. 解释 c、d 检验结果的实际意义.

🌐 **DDT**

11.34 田纳西河中的鱼污染. 参考练习 11.26 美国陆军工兵部队的鱼污染数据. 拟合 DDT 水平(y)关于上游英里数(x_1)、鱼的身长(x_2)和鱼的体重(x_3)的一阶模型.
a. 根据假设:对重污染的鱼,DDT 水平关于身长的增长率更快,提出一个 $E(y)$ 的模型.
b. 拟合 a 中的模型,给出最小二乘预测方程.
c. 用 $\alpha = 0.1$ 检验 a 中的理论. 你得出什么结论?

🌐 **WATEROIL**

11.35 从油中分离水. 参考练习 11.27,*Journal of Colloid and Interface Science*(1995年8月)关于影响从油中分离水所需电压水平(y)的因素的研究.
a. 考虑仅利用体积(x_1)和含盐量(x_2)预测 y,写出 $E(y)$ 的交互作用模型的方程.
b. 拟合 a 中的交互作用模型. 给出最小二乘预测方程.
c. 通过检验($\alpha = 0.10$)确定体积和含盐量的交互作用是否对电压水平有影响.
d. 当含盐量固定在 $x_2 = 4\%$ 时,给出体积每增加 1% 时电压(y)的改变量的估计.

11.9 定量预测量的二阶(二次)模型

前面几节讨论的所有模型都提出 $E(y)$ 和模型中的每个自变量是直线关系. 在本节中,我们考虑允许 y 与单个定量预测量 x 具有曲线关系的非线性模型. 因为它将包含 x^2 项,所以这个模型是**二阶模型**.

这种称为**二阶模型**的模型形式是

$$y = \beta_0 + \beta_1 x + \beta_2 x^2 + \varepsilon$$

包含 x^2 的项叫作**二次项**(或**二阶项**),它使假设 y 关于 x 的响应模型图像是曲线. 二次模型对 β_2 的两个不同值的图像如图 11.11 所示. 当曲线的开口向上时,β_2 的符号是正的(见图 11.11a);当曲线的开口向下时,β_2 的符号是负的(见图 11.11b).

单个定量自变量的二次(二阶)模型
$E(y) = \beta_0 + \beta_1 x_1 + \beta_2 x^2$

其中,β_0 是曲线的 y 轴截距,β_1 是位移参数,β_2 是曲率.

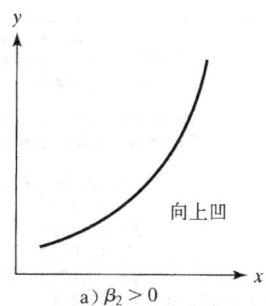
a) $\beta_2 > 0$ 向上凹

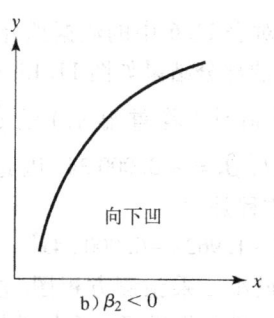
b) $\beta_2 < 0$ 向下凹

图 11.11　两个二次模型的图像

例 11.12　**用电量的二次模型**　参考例 10.12，我们调查了全电器化住宅中 7 月用电量 y 和住宅大小 x 之间的关系。回顾一阶模型 $E(y) = \beta_0 + \beta_1 x$ 是不合适的。现在考虑二次模型：

$$y = \beta_0 + \beta_1 x + \beta_2 x^2 + \varepsilon$$

表 11.6 列出了 $n = 15$ 个住宅的数据。

a. 构造数据的散点图，有证据支持使用二次模型吗？

b. 用最小二乘法估计二次模型中的未知参数 β_0，β_1，β_2。

c. 画出预测方程图像，从图像和数值来评价模型拟合数据有多好。

d. 解释 β 估计值。

e. 整体模型对预测用电量 y 有用吗（$\alpha = 0.01$）？

f. 有充分的证据说明用电量和住宅大小之间的关系是向下凹的吗？用 $\alpha = 0.01$ 检验。

表 11.6　住宅大小 – 用电量数据

住宅大小 $x(\text{ft}^2)$	月用电量 $y(\text{kW} \cdot \text{h})$
1 290	1 182
1 350	1 172
1 470	1 264
1 600	1 493
1 710	1 571
1 840	1 711
1 980	1 804
2 230	1 840
2 400	1 956
2 930	1 954
2 710	2 007
3 000	1 960
3 210	2 001
3 240	1 928
3 520	1 945

解　a. 用 MINITAB 产生表 11.6 中数据的散点图如图 11.12 所示。图像说明，用电量关于住宅大小是以曲线形式增加的，这为模型中包含二次项 x^2 提供了支持。

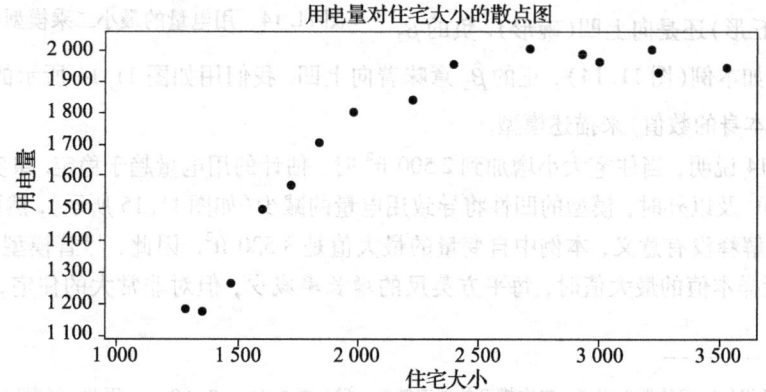

图 11.12　用电量数据的 MINITAB 散点图

b. 我们用 SAS 对表 11.6 中的数据拟合这个模型. SAS 回归输出的部分结果如图 11.13 所示. β 参数的最小二乘估计(着重显示)是 $\hat{\beta}_0=-806.72$, $\hat{\beta}_1=1.962$, $\hat{\beta}_2=-0.000\,34$. 因此, 最小化数据的 SSE 的方程是

$$\hat{y}=-806.72+1.962x-0.000\,34x^2$$

The REG Procedure
Model: Linear_Regression_Model
Dependent Variable: USAGE

Number of Observations Read	15
Number of Observations Used	15

Analysis of Variance

Source	DF	Sum of Squares	Mean Square	F Value	Pr > F
Model	2	1300900	650450	258.11	<.0001
Error	12	30240	2520.01514		
Corrected Total	14	1331140			

Root MSE	50.19975	R-Square	0.9773
Dependent Mean	1721.20000	Adj R-Sq	0.9735
Coeff Var	2.91656		

Parameter Estimates

Variable	DF	Parameter Estimate	Standard Error	t Value	Pr > |t|
Intercept	1	-806.71666	166.87209	-4.83	0.0004
SIZE	1	1.96162	0.15252	12.86	<.0001
SIZESQ	1	-0.00034044	0.00003212	-10.60	<.0001

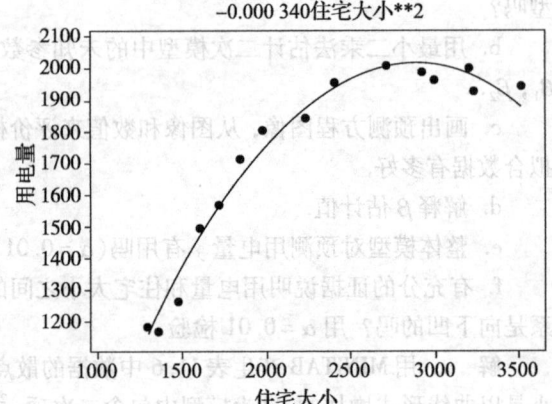

图 11.13　用电量模型的 SAS 回归输出

c. 图 11.14 是最小二乘预测方程图. 注意, 这个图对表 11.6 中的数据提供了一个好的拟合. 拟合的数值度量由调整的决定系数 R_a^2 可得. 从 SAS 输出知, $R_a^2=0.9735$, 这意味着在用电量的样本变差中, 大约有 97% 可以用二次模型来解释(调整样本大小和自由度后).

图 11.14　用电量的最小二乘模型的 MINITAB 图

d. 对二次模型中估计的系数进行解释必须特别谨慎. 首先, 估计的 y 截距 $\hat{\beta}_0$ 只有当自变量的值域包括 0, 即如果 $x=0$ 包含在 x 的样本范围内时, 解释才有意义. 尽管 $\hat{\beta}_0=-806.72$ 似乎说明, 当 $x=0$ 时, 估计的用电量是负值, 但因这个零点不包括在样本的值域内(x 的最小值是 1 290 ft^2), 所以 0 值(0 ft^2 的住宅)没有意义, 因此 $\hat{\beta}_0$ 的解释没有意义.

x 的估计系数是 $\hat{\beta}_1=1.962$, 在平方项 x^2 存在的情况下, 它不再代表斜率[⊖]. 一般地, 二次模型中的一阶项 x 的估计系数不再有明确意义的解释. 因此, 没有必要对 β_1 进行任何推断统计分析(如置信区间或检验).

二次项 x^2 的系数 $\hat{\beta}_2=-0.000\,34$ 的符号指出曲线是向下凹(丘形)还是向上凹(碗形). 负的 $\hat{\beta}_2$ 意味着向下凹, 如本例(图 11.14), 正的 $\hat{\beta}_2$ 意味着向上凹. 我们用如图 11.14 所示的模型图像表示(而不是解释 $\hat{\beta}_2$ 本身的数值)来描述模型.

注意图 11.14 说明, 当住宅大小增加到 2 500 ft^2 时, 估计的用电量趋于稳定. 事实上, 如果将模型展开到 4 000 ft^2 及以外时, 模型的凹性将导致用电量的减少(如图 11.15 所示). 然而, 在自变量范围以外, 模型的解释没有意义, 本例中自变量的最大值是 3 520 ft^2. 因此, 尽管模型似乎支持假设: 在住宅大小接近样本值的最大值时, 每平方英尺的增长率减少, 但对非常大的住宅, 用电量实际上

⊖ 对具有微积分知识的学生来说, 二次模型的斜率就是一阶导数 $\partial y/\partial x=\beta_1+2\beta_2 x$. 因此, 斜率作为 x 的函数而变化, 而不是与直线模型关联的常数斜率.

是减少的结论是对模型的误用,因为样本中没有包含 4 000 ft² 或更大面积的住宅.

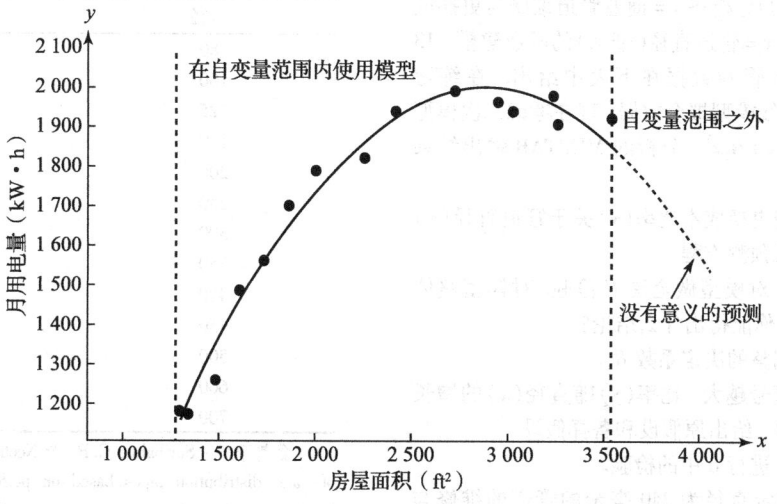

图 11.15 二次模型的可能误用

e. 为了检验二次模型是否在统计上有用,我们进行全局 F 检验:

$$H_0: \beta_1 = \beta_2 = 0$$

$$H_a: 上述系数中至少有一个不等于零$$

从图 11.13 的 SAS 输出中知,检验统计量 $F = 258.11$,对应的 p 值 < 0.0001. 对于任意合理的 α,我们拒绝 H_0,认为整体模型对用电量 y 的预测有用.

f. 图 11.14 显示,在 10 个数据点的样本中,住宅大小和用电量之间的关系是向下凹的曲线. 为了确定在总体中是否存在这种曲线的类型,我们要检验

$$H_0: \beta_2 = 0 (在响应曲线中没有弯曲)$$

$$H_a: \beta_2 < 0 (在响应曲线中存在下凹)$$

在输出中着重显示的检验 β_2 的检验统计量值 $T = -10.60$,相应的双侧 p 值是 0.000 1. 因为这是单侧检验,所以合适的 p 值是 0.000 1/2 = 0.000 05. 现在 $\alpha = 0.01$ 超过了 p 值,因此,有充分的证据说明,总体中存在向下弯曲的趋势:大的住宅比小的住宅每平方英尺的用电量的增加比较缓慢. ■

注:图 11.13 的 SAS 输出也提供了假设 $H_0: \beta_0 = 0$ 和 $H_0: \beta_1 = 0$ 的 T 检验统计量及相应的双侧 p 值. 因为对这个模型来说,这些参数的解释没有意义,所以对这些检验不感兴趣.

❓ 应用练习

11.36 商业制冷系统. *Journal of Quality in Maintenance Engineering*(Vol. 18,2012)中一篇文章的主题是维护商业制冷系统中节能的作用. 作者提供了如下制冷系统效率(相对性能)关于冷却系统最佳性能所需总费用比例的数据说明. 根据图中的数据,为相对性能(y)作为总费用比例(x)的函数假设一个合适的模型. 模型中参数 β 假定的符号(正或负)是什么?

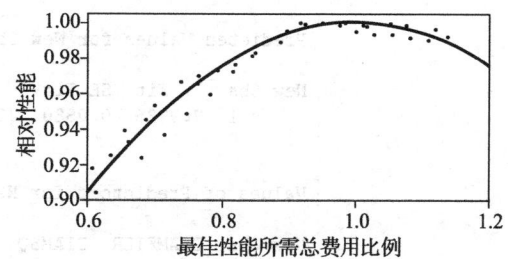

11.37 估算水管维修和更换成本. 参考练习 10.8,*IHS Journal of Hydraulic Engineering*(2012 年 9 月)

关于水管的维修和更换成本的研究. 一个土木工程师团队用回归分析将 y = 商业管道维修与更换成本的比率作为 x = 管道直径（毫米）的函数建模, 13 个不同型号水管的数据在下表中给出. 在练习 10.8 中, 用直线模型拟合数据. 现在考虑二次模型 $E(y) = \beta_0 + \beta_1 x + \beta_2 x^2$. 分析的 MINITAB 输出结果如下.

a. 写出维修与更换成本比率(y)关于管道直径(x)的最小二乘预测方程.
b. 用 $\alpha = 0.01$ 对模型做全局 F 检验. 对模型整体的恰当性, 你能得出什么结论?
c. 求模型的调整的决定系数 R_a^2.
d. 检验管道型号越大, 比率(y)随直径(x)的增长率是否越慢, 给出原假设和备择假设.
e. 用 $\alpha = 0.01$ 进行 d 中的检验.
f. 在输出上确定直径为 240 毫米的管道的维修与更换成本比率的 95% 预测区间, 解释这个结果.

WATERPIPE

直径	比率
80	6.58
100	6.97
125	7.39
150	7.61
200	7.78
250	7.92
300	8.20
350	8.42
400	8.60
450	8.97
500	9.31
600	9.47
700	9.72

资料来源: Suribabu, C. R. & Neelakantan, T. R. "Sizing of water distribution pipes based on performance measure and breakage-repair replacement economics", *IHS Journal of Hydraulic Engineering*, Vol. 18, No. 3, September 2012 (表1).

```
Regression Analysis: RATIO versus DIAMETER, DIAMSQ

The regression equation is
RATIO = 6.27 + 0.00791 DIAMETER - 0.000004 DIAMSQ


Predictor        Coef     SE Coef       T      P
Constant       6.2660      0.1554   40.31  0.000
DIAMETER      0.0079145   0.0009974   7.93  0.000
DIAMSQ       -0.00000426 0.00000132  -3.23  0.009


S = 0.162211   R-Sq = 97.7%   R-Sq(adj) = 97.2%

Analysis of Variance

Source          DF       SS       MS       F      P
Regression       2  11.0810   5.5405  210.56  0.000
Residual Error  10   0.2631   0.0263
Total           12  11.3441


Predicted Values for New Observations

New Obs    Fit   SE Fit       95% CI            95% PI
      1  7.9785  0.0580  (7.8494, 8.1077)  (7.5947, 8.3624)

Values of Predictors for New Observations

New Obs  DIAMETER  DIAMSQ
      1       250   62500
```

练习 11.37 的 MINITAB 输出

11.38 检测腿部运动的阻抗. 参考练习 2.46, *IEICE Transactions on Information and Systems*(2005 年 1 月)关于检测腿部运动的阻抗试验. 回忆工程师把电极贴在志愿者的脚踝和膝盖上, 测量阻抗变化的信噪比(SNR). 对最适度的踝-膝电极对, 工程师考察膝关节的角度 x(度)和膝阻抗变化 $y(\Omega)$ 之间的关系. 对数据拟合二次模型的结果如下:

$$\hat{y} = 24.83 + 0.041x + 0.0005x^2, \quad R^2 = 0.903$$

a. 画出最小二乘预测方程图, 指出由模型估计的曲率性质.

b. 对膝关节角度 $x = 50°$ 的电极对, 预测膝阻抗的变化(y).

c. 解释 R^2 的值.

11.39 估计变点剂量. 研究有毒物质及其对人类影响的标准方法是观察暴露在各种剂量的有毒物质中啮齿动物随时间的反应. 在 *Journal of Agricultural, Biological, and Environmental Statistics*(2005 年 6 月)中, 研究者用最小二乘回归方法估计"变点"剂量——定义为没有不利影响的最大剂量水平. 数据从暴露在有毒物质阿考烟肼中老鼠的剂量反应研究中得到. 将 50 只老鼠分成 5 个剂量组: 0, 100, 200, 500 和 750 mg/kg 体重. 因变量 y 是暴露两周以后体重的改变量(g). 研究者拟合二次模型 $E(y) = \beta_0 + \beta_1 x + \beta_2 x^2$, 其中 $x = $ 剂量水平. 拟合结果是: $\hat{y} = 10.25 + 0.0053x - 0.0000266x^2$.

a. 画最小二乘预测方程的草图, 描述估计的模型曲率性质.

b. 对给定的阿考烟肼剂量 500 mg/kg, 估计老鼠的体重变化(y).

c. 如果阿考烟肼剂量是 0, 估计老鼠的体重变化(y)(这个剂量称为"控制"剂量水平).

d. 找出最大剂量水平 x, 使在此水平下估计的体重变化低于控制组的估计体重变化. 这个值就是"变点"剂量[提示: 找 x 的值, 使得 $E(y|x) < E(y|x = 0)$].

11.40 硅晶芯片的失效时间. 美国国家半导体公司的研究人员尝试使用锡铅焊料来制造硅晶集成电路芯片(*International Wafer level Packaging Conference*, 2005 年 11 月 3~4 日). 在不同的焊接温度(摄氏度)下, 确定芯片的失效时间(小时), 表中给出了一次试验的数据. 研究人员想要根据焊接温度(x)来预测失效时间(y).

a. 画出数据的散点图. 失效时间和焊接温度之间存在什么样的关系, 线性的还是非线性的?

b. 用数据拟合模型 $E(y) = \beta_0 + \beta_1 x + \beta_2 x^2$, 写出最小二乘预测方程.

c. 建立检验确定失效时间和焊接温度是否存在上凹关系($\alpha = 0.05$).

🌐 WAFER

温度(℃)	失效时间(hours)
165	200
162	200
164	1 200
158	500
158	600
159	750
156	1 200
157	1 500
152	500
147	500
149	1 100
149	1 150
142	3 500
142	3 600
143	3 650
133	4 200
132	4 800
132	5 000
134	5 200
134	5 400
125	8 300
123	9 700

资料来源: Gee, S. & Nguyen, L. "Mean time to failure in wafer level-CSP packages with SnPb and SnAgCu solder bmps", International Wafer Level Packaging Conference, San Jose, CA, Nov.3-4, 2005(选自图 7).

11.41 规划生态网络. 参考练习 10.37, *Landscape Ecology Engineering*(2013 年 1 月)关于生态网络规划的一种新方法的研究. 基于 21 个中国鸟类栖息地样本, 研究人员将 $y = $ 鸟类密度(每公顷鸟的数量)建模为 $x = $ 栖息地的植被(即一片绿地)覆盖率的线性函数, 与期刊文章中数据类似的数据在下表中给出. 假设研究人员想知道 y 和 x 之间是否存在非线性关系. 特别地, 是否有证据表明: 随着植被覆盖率增加为更绿色的栖息地(即植被覆盖率更高的栖息地), 鸟类密度增长率更大? 建立合适的分析来回答研究人员的问题.

BIRDDEN

栖息地	密度(鸟数/公顷)	覆盖率(%)
1	0.3	0
2	0.25	2
3	2	4
4	1	6
5	0.5	9
6	0	10
7	3	12
8	5	17
9	5	20
10	1	25
11	6	30
12	5	37
13	8	40
14	2	45
15	7	50
16	16	58
17	5	60
18	20	71
19	5	80
20	37	90
21	6	100

11.42 车辆催化转化器. 将二次模型应用于墨西哥城超过15年收集到的机动车辆排放的有毒物质数据(*Environmental Science & Engineering*, 9月1日, 2000). 下面的方程用来预测墨西哥城在给定的年份(x)没有催化转化器的机动车辆的百分比(y): $\hat{y} = 325\,790 - 321.67x + 0.794x^2$.

a. 说明为什么 $\hat{\beta}_0 = 325\,790$ 没有实际解释?

b. 说明为什么 $\hat{\beta}_1 = -321.67$ 不能解释为斜率?

c. 检查 $\hat{\beta}_2$ 的值, 确定样本数据的曲率性质(向上或向下).

d. 研究者用模型估计"就在2021年以后, 带有催化转化器的车队将完全消失." 评论利用模型预测2021年 y 的危险性.

PONDICE

11.43 海冰融化池的特征. 表面反照率定义为表面的反射太阳能和入射太阳能之比, 它是海冰的一个关键气候参数. 国家冰雪数据中心(NSIDC)收集了加拿大北极冰融化池的反照率、深度和物理特征(见例2.1), 位于加拿大北极的巴罗海峡504个冰融化池的数据保存在文件 PONDICE 中. 环境工程师想调查冰的宽带表面反照率水平 y 和池的深度 x(m) 的关系.

a. 数据的 MINITAB 散点图显示如下, 基于散点图, 为 $E(y)$ 作为 x 的函数假设一个模型.

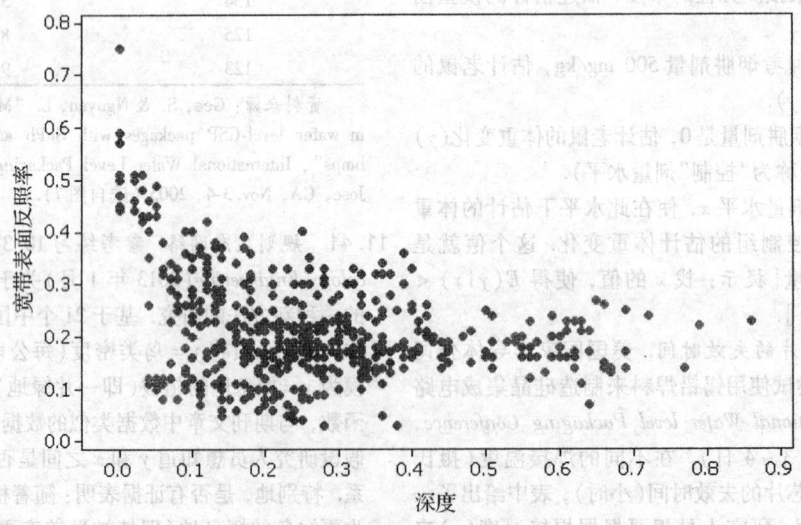

练习11.43的 MINITAB 散点图

b. 对文件 PONDICE 中的数据,拟合 a 中的模型,给出最小二乘预测方程.

c. 用 $\alpha = 0.01$ 对模型的整体恰当性进行检验.

d. 用 $\alpha = 0.01$ 对模型中任意的重要 β 参数进行检验.

e. 求调整的 R^2 和 s 的值,并解释.

11.44 森林片断研究. 参考练习 10.39,*Conservation Ecology*(2003 年 12 月)关于 54 片南美森林片断化原因的研究. 回忆生态学家对每片森林提出了两个片断指标:一个是人为片断指标(y),另一个是由自然原因导致的片断指标(x). 54 片森林的这两个指标数据保存在文件 FORFRAG 中(前 5 个观测值列在下表中). 在练习 10.39,去掉 3 个有最大人为指标的森林数据后,对数据拟合了一个简单线性模型. 现在,考虑 $E(y)$ 的二次模型.

FORFRAG(前 5 个观测值列表)

生态区(森林)	人为指标 y	自然指标 x
Araucaria moist forests	34.09	30.08
Atlantic Coast restingas	40.87	27.60
Bahia coastal forests	44.75	28.16
Bahia ineerior forests	37.58	27.44
Bolivian Yungas	12.40	16.75

资料来源:Wade, T. G., et al. "Distribution and causes of global forest fragmentation." *Conservation Ecology*, Vol. 72, No. 2, Dec. 2003(表 6).

a. 对文件 FORFRAG 中的所有数据用最小二乘法拟合二次模型. 给出最小二乘预测方程.

b. 根据问题的内容解释 β_0,β_1,β_2 的估计.

c. 有充分的证据说明自然指标(x)和人为指标(y)具有曲线关系吗? 用 $\alpha = 0.05$ 检验.

11.45 碳氟化合物等离子体的动力学. 碳氟化合物等离子体用于半导体材料的生产. 在 *Journal of Applied Physics*(2000 年 12 月 1 日)中,日本名古屋大学的电子工程师研究了碳氟化合物等离子体的动力学以便优化材料加工. 研究的一部分是关闭射频功率后,在不同的时间点(μs),测量生产过程中释放的碳氟化合物原子的表面转化率. 数据列在附表中,建立表面转化率(y)关于时间(x)的模型.

RADICALS

转化率	时间	转化率	时间
1.00	0.1	0.00	1.7
0.80	0.3	-0.10	1.9
0.40	0.5	-0.15	2.1
0.20	0.7	-0.05	2.3
0.05	0.9	-0.13	2.5
0.00	1.1		2.7
-0.05	1.3	0.00	2.9
-0.02	1.5		

资料来源:Takizawa, K., et al. "Characteristics of C_3 radicals in high-density C_4F_8 plasmas studied by laser-induced fluorescence spectroscopy." *Journal of Applied Physics*, Vol. 88, No. 11, Dec. 1, 2000(图 7).

a. 画出数据的散点图. 可观测到什么趋势?

b. 对数据拟合二次模型,给出最小二乘预测方程.

c. 有充分的证据说明关闭后表面转化率与时间的关系曲线是向上弯曲的吗? 用 $\alpha = 0.05$ 检验.

11.10 回归残差和异常值

在 10.9 节中,我们说明了残差分析对于检验线性模型 $y = \beta_0 + \beta_1 x_1 + \varepsilon$ 中随机误差项 ε 的假定是否合理的重要性. 回顾回归残差定义为 y 的实际值和它对应的预测值的差,即 $y - \hat{y}$. 在多重回归模型中进行残差分析同等重要. 残差图和 10.9 节中列出的图对于多重回归模型同样适用. 表 11.7 列出了这些残差图和相关的假定以及当假定不满足时建议的模型修改.

表 11.7 利用残差检验多重回归中的假定

ε 的假定	残差图	违反	模型修改
$E(\varepsilon) = 0$	画模型中残差对每一个 x 图	图中模式(即曲线趋势)表明模型错误假定	考虑模式,在模型中添加项(例如添加 x^2)
$V(\varepsilon) = \sigma^2$ 常数	画残差对 $\hat{y}$ 图	图中模式(即锥形,足球形)[见图 10.22]	对 y 进行方差稳定转化,例如 $\ln(y)$,$\sqrt{y}$ 等[见表 10.8]

ε 的假定	残差图	违反	模型修改
正态分布	直方图，茎叶图或正态概率残差图	高度偏斜分布	对 y 进行正态转化，例如 $\ln(y)$，$\sqrt{y}$ 等 [提示，回归对于非正态数据是稳健的]
独立	画残差对时间序列变量图（如果数据按照时间顺序记录）	长期负残差之后是长期正残差 [见图 10.28]	使用与残差相关的时间序列模型

例 11.13 **检验多重回归模型的假定** 参考例 11.10 和关于一个大型百货公司文员每天总工时数 y 的多重回归模型．模型中用到的自变量有：x_1 = 处理的邮件数，x_2 = 销售的礼券数，x_3 = 公司赊账交易数，x_4 = 交易订单改变或退回数，x_5 = 兑现支票数．用 52 个工作日的样本数据（数据在表 11.4 中列出）拟合一阶模型 $E(y) = \beta_0 + \beta_1 x_1 + \beta_2 x_2 + \beta_3 x_3 + \beta_4 x_4 + \beta_5 x_5$，为该模型建立残差分析来确定对最小二乘随机误差项的假定是否合理．

解 我们用 MINITAB 来分析模型．模型的 MINITAB 输出结果和残差（阴影部分）在图 11.16 中显示．

误差均值为 0 的假定：为了检验第一个假定，我们用 MINITAB 画出模型中 5 个自变量对每个变量的残差图，这些图在图 11.17 给出．残差图没有表现出任何明显的趋势（例如没有曲线趋势），意味着模型没有被错误假定（至少在曲率方面）．因此，$E(\varepsilon) = 0$ 的假定是合理的．

```
Regression Analysis: Y-Hours versus X1-Mail, X2-Gifts, ...

The regression equation is
Y-Hours = 66.3 + 0.00124 X1-Mail + 0.116 X2-Gifts + 0.0127 X3-Charge
         - 0.0455 X4-Returns + 0.0562 X5-Checks


Predictor       Coef     SE Coef        T        P
Constant      66.265       9.101     7.28    0.000
X1-Mail     0.0012418   0.0008879    1.40    0.169
X2-Gifts      0.11581     0.04608    2.51    0.016
X3-Charge    0.012685    0.008708    1.46    0.152
X4-Returns   -0.04549     0.01755   -2.59    0.013
X5-Checks     0.05616     0.01096    5.12    0.000


S = 11.1668     R-Sq = 53.4%     R-Sq(adj) = 48.3%


Analysis of Variance

Source           DF       SS        MS        F        P
Regression        5   6576.4    1315.3    10.55    0.000
Residual Error   46   5736.1     124.7
Total            51  12312.5
```

a) 例 11.13 工作时间模型的 MINITAB 输出图

图 11.16

Obs	X1-Mail	Y-Hours	Fit	SE Fit	Residual	St Resid
1	7781	128.50	124.23	2.60	4.27	0.39
2	7004	113.60	115.33	3.52	-1.73	-0.16
3	7267	146.60	141.98	5.56	4.62	0.48
4	2129	124.30	124.60	4.91	-0.30	-0.03
5	4878	100.40	91.63	7.07	8.77	1.01 X
6	3999	119.20	118.13	4.42	1.07	0.10
7	11777	109.50	110.84	6.54	-1.34	-0.15
8	5764	128.50	112.42	1.99	16.08	1.46
9	7392	131.20	142.74	5.31	-11.54	-1.17
10	8100	112.20	117.72	3.83	-5.52	-0.53
11	4736	95.40	105.91	3.73	-10.51	-1.00
12	4337	124.60	122.20	2.91	2.40	0.22
13	3079	103.70	104.29	3.36	-0.59	-0.06
14	7273	103.60	112.32	3.49	-8.72	-0.82
15	4091	133.20	142.83	4.07	-9.63	-0.93
16	3390	111.40	119.64	2.99	-8.24	-0.77
17	6319	97.70	108.18	2.67	-10.48	-0.97
18	7447	132.10	121.59	3.37	10.51	0.99
19	7100	135.90	109.95	2.57	25.95	2.39R
20	8035	131.30	118.61	2.91	12.69	1.18
21	5579	150.40	118.23	2.87	32.17	2.98R
22	4338	124.90	118.10	3.27	6.80	0.64
23	6895	97.00	104.05	4.09	-7.05	-0.68
24	3629	114.10	115.65	3.26	-1.55	-0.15
25	5149	88.30	105.35	3.12	-17.05	-1.59
26	5241	117.60	109.97	2.49	7.63	0.70
27	2917	128.20	128.57	4.16	-0.37	-0.04
28	4390	138.80	140.99	4.55	-2.19	-0.21
29	4957	109.50	119.00	4.51	-9.50	-0.93
30	7099	118.90	125.33	5.18	-6.43	-0.65
31	7337	122.20	119.69	3.96	2.51	0.24
32	8301	142.80	136.50	3.92	6.30	0.60
33	4889	133.90	110.89	1.96	23.01	2.09R
34	6308	100.20	107.47	2.72	-7.27	-0.67
35	6908	116.80	125.97	3.14	-9.17	-0.86
36	5345	97.30	108.44	2.87	-11.14	-1.03
37	6994	98.00	112.54	2.90	-14.54	-1.35
38	6781	136.50	132.78	3.34	3.72	0.35
39	3142	111.70	116.89	3.25	-5.19	-0.49
40	5738	98.60	103.27	3.50	-4.67	-0.44
41	4931	116.20	124.99	4.37	-8.79	-0.86
42	6501	108.90	103.38	2.95	5.52	0.51
43	5678	120.60	111.40	3.19	9.20	0.86
44	4619	131.80	132.82	3.28	-1.02	-0.10
45	1832	112.40	115.72	4.02	-3.32	-0.32
46	5445	92.50	104.75	3.05	-12.25	-1.14
47	4123	120.00	110.19	3.05	9.81	0.91
48	5884	112.20	114.75	4.73	-2.55	-0.25
49	5505	113.00	106.56	3.20	6.44	0.60
50	2882	138.70	126.90	3.90	11.80	1.13
51	2395	122.10	120.44	3.42	1.66	0.16
52	6847	86.60	106.92	4.09	-20.32	-1.96

R denotes an observation with a large standardized residual.
X denotes an observation whose X value gives it large leverage.

b) 例 11.13 工作时间模型的残差表

图 11.16 （续）

误差方差为常数的假定：为了检验第二个假定，我们用 MINITAB 画出预测的工时数 $\hat{y}$ 的残差图，见图 11.18。由于因变量为一天中的工时数，因此它很可能服从泊松分布。回顾 10.8 节中，泊松数据的残差图模式不符合这种假定，它的形状是子弹形，随着 $\hat{y}$ 的增大，残差的方差也增大。图中没有显示这种模式的证据。事实上，这些点似乎是随机分布的。因此，不需要对 y 进行方差稳定转化，误差方差为常数的假定看来是合理的。

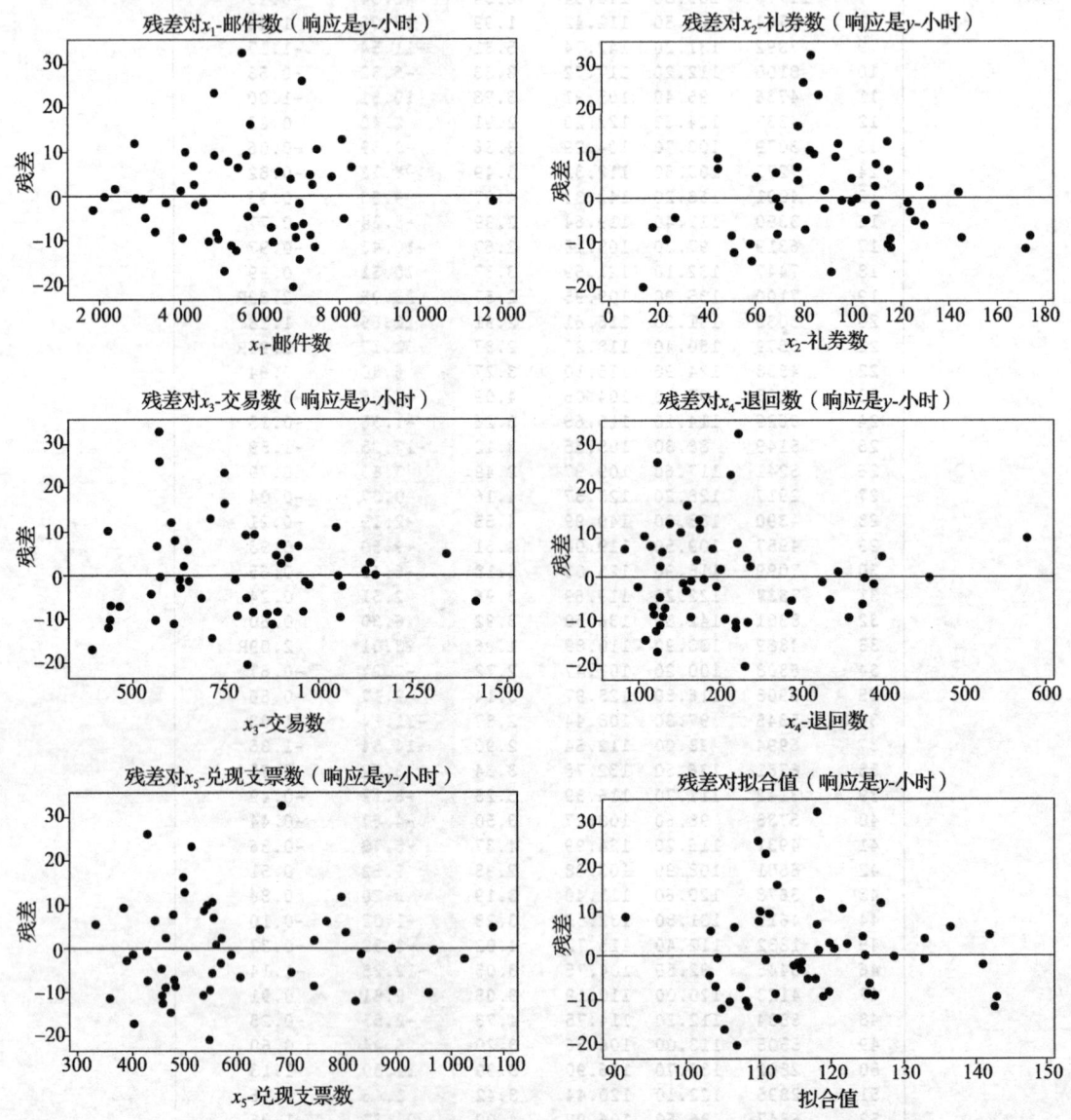

图 11.17　例 11.13 检验假定 1 的 MINITAB 残差图　　图 11.18　例 11.13 检验假定 2 的 MINITAB 残差图

正态误差的假定：为了检验第三个假定，我们用 MINITAB 生成残差的直方图和正态概率图，见图 11.19。直方图为丘形，正态概率图上的点几乎落在一条直线上。根据这些图，再加上回归对于小到适度的偏离是稳健的，我们可以得出结论：正态误差的假定是合理的。

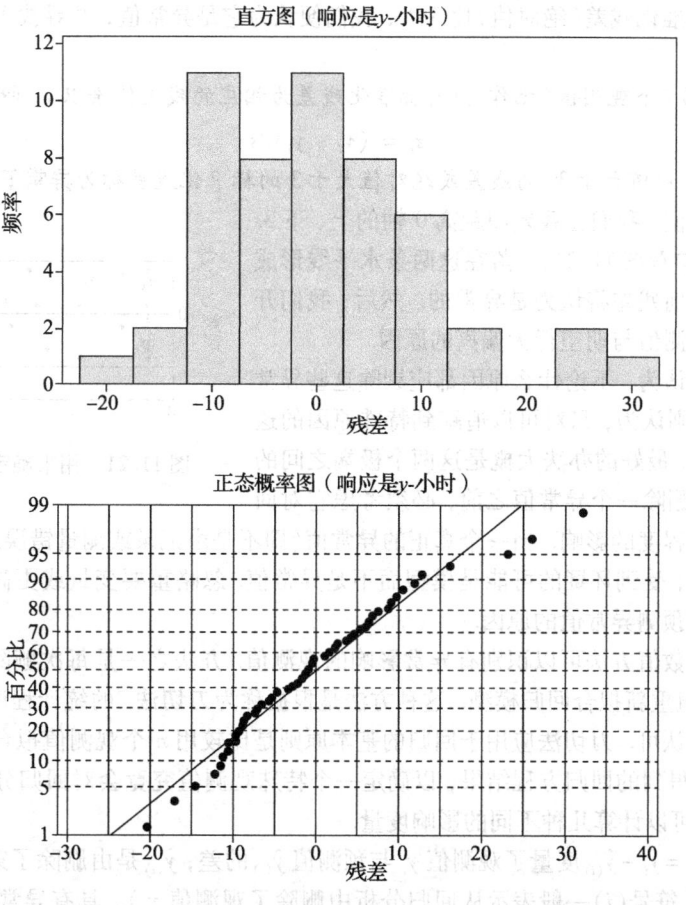

图 11.19　例 11.13 检验假定 3 的 MINITAB 残差图

独立误差的假定：为了检验第四个假定，我们用 MINITAB 画出按照时间顺序的残差图. 由于收集了连续 52 天的数据，因此这种情况是可以满足的，见图 11.20. 如果残差是强正相关的，我们将看到连续收集的残差会有相同的符号（即同正或同负），也就是说，会有一段长期正残差，随后是一段长期负残差，接着是另一段长期正残差，等等. 在图中似乎没有这种类型的残差，因此，独立误差的假定是合理的. ■

除了检验假定，残差也可以用来检测**异常值**和**强影响观测值**. 异常值是指看起来与模型不相符的 y 值. 因为几乎所有的 y 值都应该在 y 的均值 $E(y)$ 的 3σ 区间内，所以我们也期望绝大多数值落在 $\hat{y}$ 的 $3s$ 区间内. 在这里，考虑**标准化残差**很有帮助. 标准化残差是指残差值除以 s. 如果残差（绝对值）比

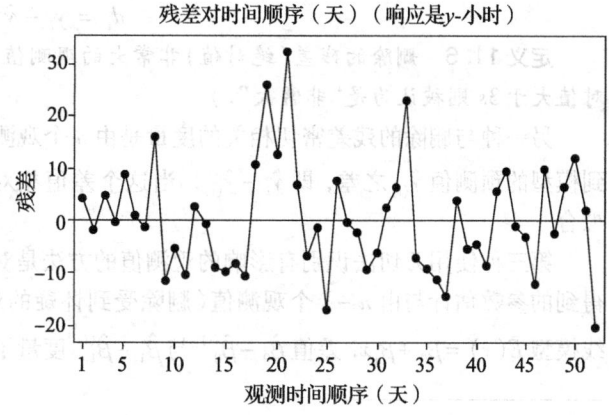

图 11.20　例 11.13 检验假定 4 的 MINITAB 残差图

$3s$ 大或者等价的标准化残差(绝对值)比 3 大,我们便认为它是异常值,并寻找可以解释如此大值原因的背景信息.

定义 11.3 第 i 个观测值(记作 z_i)的标准化残差为相应的残差值除以 s,即

$$z_i = (y_i - \hat{y}_i)/s$$

定义 11.4 绝对值大于 $3s$ 的残差或绝对值大于 3 的标准化残差称为**异常值**.

为了检测异常值,我们在残差图距离 0 轴的上、下 $3s$ 处画两条水平线(参看图 11.21),落在这两条水平线形成的带形域之外的任何残差将认为是异常的. 然后,我们开始研究寻找这些观测值与期望行为偏离的原因.

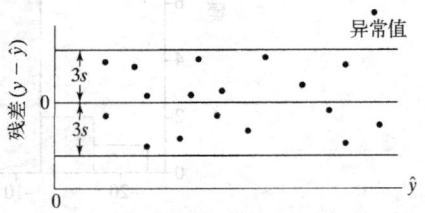

图 11.21 用来确定异常值的 $3s$ 线

有些分析人员认为,不论什么原因都应剔除这些异常值;而另外一些人则认为,只对可以追踪到特殊原因的这些异常值加以修正. 最好的办法大概是这两个极端之间的妥协. 例如在决定删除一个异常值之前,必须考虑它对回归分析造成了多大程度的影响. 当一个真正的异常值(即不是由记录或测量错误造成的异常)对回归分析有重大影响时,受到怀疑的可能是模型而不是异常值. 忽略重要变量或更高阶项,都可能是造成模型不能很好地预测异常值的原因.

有几种高级的数值方法可以识别有异常**影响**的观测值. 方法之一是每次删除一个观测值,基于其余 $n-1$ 个观测值重新拟合回归模型. 这种方法是根据称为**刀切法**⊖的统计程序,刀切法在实践中已获得越来越多的认可. 刀切法应用于回归的基本原则是比较用 n 个观测值拟合的回归方程结果与删除第 i 个观测值得到的回归方程结果,以确定一个特殊观测值究竟会对回归分析产生多大程度的影响. 使用刀切法可以计算几种不同的影响度量.

删除的残差 $d_i = y_i - \hat{y}_{(i)}$ 度量了观测值 y_i 与预测值 $\hat{y}_{(i)}$ 的差,$\hat{y}_{(i)}$ 是由删除了第 i 个观测值拟合的回归模型得到的. (符号 (i) 一般表示从回归分析中删除了观测值 y_i). 具有异常大(绝对值)删除的残差的观测值认为对拟合模型有大的影响.

定义 11.5 删除的残差(记作 d_i)指当第 i 个观测数据从回归分析中删除时,观测值 y_i 与预测值 $\hat{y}_{(i)}$ 的差,即

$$d_i = y_i - \hat{y}_{(i)}$$

定义 11.6 删除的残差(绝对值)非常大的观测值为一个**强影响观测值**. (**注**:删除的残差的绝对值大于 $3s$ 则被认为是"非常大".)

另一种与删除的残差密切相关的度量是由 n 个观测值拟合得到模型的预测值与删除 y_i 时拟合得到模型的预测值 $\hat{y}_{(i)}$ 之差,即 $\hat{y}_i - \hat{y}_{(i)}$. 当这个差值相对于预测值 y_i 很大时,称观测值 y_i 影响回归拟合.

第三种使用刀切法识别有影响的观测值的方法是对于模型中的每个 β 参数,计算由 n 个观测值得到的参数估计与由 $n-1$ 个观测值(删除受到怀疑的观测值)得出的参数估计之差. 例如,考虑直线模型 $E(y) = \beta_0 + \beta_1 x$. 差值 $\hat{\beta}_0 - \hat{\beta}_0^{(i)}$ 与 $\hat{\beta}_1 - \hat{\beta}_1^{(i)}$ 度量了第 i 个观测值对参数估计的影响程度. (用前

⊖ 方法的名称取自于男童子军大折刀,当专门的方法不能使用时,刀切法为各种情况提供了方便的工具. [参看 Belsley, Kuh, and Welsch(1980).]

面定义的(i)符号，$\hat{\beta}_1^{(i)}$表示当分析中删除第i个观测值时系数β_1的估计值). 如果参数估计值有大幅度变化, 即差的绝对值很大, 则认为y_i是一个有影响的观测值.

建 议

进行多重回归分析之后, 在$\hat{y}$的残差图上找出位于0轴上下距离$3s$或更大的残差进行异常值检验是很重要的. 在从分析中删除一个异常值之前, 必须调查以确定产生异常值的原因. 如果发现的异常值是由于编码或记录错误产生的, 则修正或删除它. 否则, 在删除之前, 应确定异常值有多大影响. 影响的几种度量都适用, 包括删除的残差.

应用练习

11.46 硅晶芯片的失效时间. 参考练习11.40, 美国国家半导体公司关于制造硅晶集成电路芯片的研究. 在不同的焊接温度(摄氏度)下确定芯片的失效时间(小时), 数据在表中给出.

a. 用数据拟合直线模型$E(y) = \beta_0 + \beta_1 x$, 其中$y = $失效时间, $x = $焊接温度.
b. 在152℃下, 计算芯片制造的残差.
c. 画出关于焊接温度(x)的残差图, 你能发现什么趋势吗?
d. 在练习11.40c中, 你确定失效时间(y)与焊接温度(x)之间是曲线相关的. c中的残差图支持这个结论吗?

WAFER

温度(℃)	失效时间(小时)	温度(℃)	失效时间(小时)
165	200	158	500
162	200	158	600
164	1 200	159	750

(续)

温度(℃)	失效时间(小时)	温度(℃)	失效时间(小时)
156	1 200	143	3 650
157	1 500	133	4 200
152	500	132	4 800
147	500	132	5 000
149	1 100	134	5 200
149	1 150	134	5 400
142	3 500	125	8 300
142	3 600	123	9 700

资料来源: Gee, S. & Nguyen, L. "Mean time to failure in wafer level-CSP packages with SnPb and SnAgCu solder bmps", International Wafer Level Packaging Conference, San Jose, CA, Nov. 3-4, 2005 (选自图7).

11.47 PCB浓度建模. PCB组成一族危险的化学药品, 这些物质常被工厂非法丢弃到周围的小溪、大河或海湾. 在下表中记录了相继两年从37个美国海湾和港湾收集的水样中的年PCB浓度(百万分之一). 来自环境保护署的一个官员想建立第二年海湾PCB浓度y作为前一年PCB浓度x的函数模型.

BAYPCB

海湾	州	PCB 浓度 第一年	PCB 浓度 第二年	海湾	州	PCB 浓度 第一年	PCB 浓度 第二年
Casco Bay	ME	95.28	77.55	Pamlico Sound	NC	0	0
Merrimack River	MA	52.97	29.23	Charleston Harbor	SC	9.1	8.43
Salem Harbor	MA	533.58	403.1	Sapelo Sound	GA	0	0
Boston Harbor	MA	17 104.86	736	St. Johns River	FL	140	120.04
Buzzards Bay	MA	308.46	192.15	Tampa Bay	FL	0	0
Narragansett Bay	RI	159.96	220.6	Apalachicola Bay	FL	12	11.93
East Long Island Sound	NY	10	8.62	Mobile Bay	AL	0	0
West Long Island Sound	NY	234.43	174.31	Round Island	MS	0	0
Raritan Bay	NJ	443.89	529.28	Mississippi River Delta	LA	34	30.14
Delaware Bay	DE	2.5	130.67	Barataria Bay	LA	0	0
Lower Chesapeake Bay	VA	51	39.74	San Antonio Bay	TX	0	0

海湾	州	PCB 浓度		海湾	州	PCB 浓度	
		第一年	第二年			第一年	第二年
Corpus Christi Bay	TX	0	0	Coos Bay	OR	3.19	6.6
San Diego Harbor	CA	422.1	531.67	Columbia River Mouth	OR	8.77	6.73
San Diego Bay	CA	6.74	9.3	Nisqually Beach	WA	4.23	4.28
Dana Point	CA	7.06	5.74	Commencement Bay	WA	20.6	20.5
Seal Beach	CA	46.71	46.47	Elliott Bay	WA	329.97	414.5
San Pedro Canyon	CA	159.56	176.9	Lutak Inlet	AK	5.5	5.8
Santa Monica Bay	CA	14	13.69	Nahku Bay	AK	6.6	5.08
Bodega Bay	CA	4.18	4.89				

资料来源：*Environmental Quality*, 1987—1988.

a. 对数据拟合一阶模型 $E(y) = \beta_0 + \beta_1 x$，并给出最小二乘预测方程.

b. 这个模型是否适合预测因变量 y？请解释.

c. 构造数据的残差图，你能发现异常值吗？如果能，请指出来.

d. 参考 c. 根据定义，尽管 Boston Harbor 残差不是异常值，但因为它的 y 值很大，EPA 认为它对回归产生了强影响. 从数据中删除 Boston Harbor 观测值并重新拟合模型，模型的恰当性有改进吗？

e. 另一种方法是采用自然对数变换 $y^* = \ln(y+1)$，$x^* = \ln(x+1)$，并拟合模型 $E(y^*) = \beta_0 + \beta_1 x^*$. 拟合这个模型，然后进行模型的恰当性检验，完成残差分析，解释结果，特别评论 Boston Harbor 的残差值.

DDT

11.48 田纳西河的鱼污染. 参考美国陆军工兵部队关于位于亚拉巴马州田纳西河岸边的化工厂有毒排放物污染鱼的数据. 在练习 11.26 中，拟合了一阶模型 $E(y) = \beta_0 + \beta_1 x_1 + \beta_2 x_2 + \beta_3 x_3$，其中 y 是捕捉到的鱼体内的 DDT 水平，x_1 是捕捉点到上游的英里，x_2 是鱼的身长，x_3 是鱼的重量. 对这个模型进行完整的残差分析，你认为此模型需要修整吗？请解释.

GASTURBINE

11.49 燃气轮机的冷却方法. 参考练习 11.25，*Journal of Engineering for Gas Turbines and Power*（2005年1月）对燃气涡轮发动机的高压注雾方法的研究. 仍考虑热消耗率 y(kJ/kW·h) 作为转速 (x_1)、注入温度 (x_2)、排出气温 (x_3)、转速压力比 (x_4) 和空气流量比 (x_5) 的函数的一阶模型. 文件 GASTURBINE 中 67 个观测值的影响诊断的 SAS 表列后面. 解释这些结果，你发现了有影响的观测值吗？（注："学生化"删除的残差（即删除的残差除以它们的标准误）在_RSTUDENT 列中给出. 拟合值之间的差 $\hat{y}_i - \hat{y}_{(i)}$ 在列 _DFFITS 中给出）.

	HEATRATE	_PRED_	_RESID_	_H_	_RSTUDENT_	_DFFITS_
1	14622	14262.043775	359.95622475	0.1855911418	0.8675525828	0.4141457267
2	13196	12527.866128	668.1338724	0.095127268	1.5482334503	0.5019901643
3	11948	12303.859631	-355.8596307	0.0519439992	-0.794131791	-0.185884543
4	11289	12038.477619	-749.4776187	0.0521260193	-1.703738164	-0.399535001
5	11964	12229.510458	-265.5104583	0.0495908163	-0.59039758	-0.13486209
6	10526	10680.392768	-154.3927685	0.0247893211	-0.338260917	-0.053930558
7	10387	10519.725593	-132.7255935	0.0287913306	-0.291316918	-0.05015801
8	10592	10367.641131	224.35886877	0.0626537807	0.5019535902	0.1297738503
9	10460	10566.32604	-106.3260395	0.0403612504	-0.234717477	-0.048136426
10	10086	10232.796663	-146.7966633	0.0638701019	-0.328244937	-0.085739086
11	14628	13214.015064	1413.9849358	0.0660538381	3.4645251575	0.9213652471
12	13396	12563.017765	832.98223507	0.0569040646	1.9095424681	0.4690542002
13	11726	11963.551915	-237.5519147	0.0807474376	-0.536836461	-0.159106878
14	11252	11310.001708	-58.00170759	0.0457271404	-0.12835846	-0.028097989
15	12449	12087.066769	361.93323148	0.0979474326	0.8284045229	0.2729751205

练习 11.49 的 SAS 输出

	HEATRATE	_PRED_	_RESID_	_H_	_RSTUDENT_	_DFFITS_
16	11030	11313.295597	-283.2955965	0.0625950725	-0.63458402	-0.163981777
17	10787	11134.121831	-347.1218314	0.0530684167	-0.774899499	-0.183444267
18	10603	10982.776871	-379.7768706	0.0603576289	-0.851959048	-0.215925289
19	10144	10331.066242	-187.0662422	0.0480282163	-0.415017328	-0.093218567
20	11674	11509.933417	164.06658345	0.0509387171	0.3644294875	0.0844287547
21	11510	11025.244807	484.75519289	0.0994655353	1.115553658	0.3707461139
22	10946	10780.076994	165.92300575	0.0278163559	0.3641431984	0.0615953836
23	10508	10705.096399	-197.0963995	0.0352719536	-0.434428773	-0.083067452
24	10604	10896.236335	-292.2363354	0.0513484991	-0.650831939	-0.151418655
25	10270	10345.90378	-75.90377957	0.0360856225	-0.167149718	-0.032341006
26	10529	10593.014477	-64.01447678	0.0644165255	-0.143077515	-0.037542982
27	10360	10618.441095	-258.4410951	0.0815098668	-0.584544836	-0.17413484
28	14796	14708.018722	87.981278035	0.1196385964	0.2027537434	0.0747436047
29	12913	12891.983127	21.016872703	0.1248270761	0.0485612744	0.0183399243
30	12270	12673.365781	-403.3657807	0.0365598218	-0.894173101	-0.174185203
31	11842	12254.869917	-412.8699173	0.0444623577	-0.919363731	-0.198316893
32	10656	11663.002778	-1007.002778	0.0833329646	-2.378187485	-0.717048776
33	11360	11218.425759	141.57424065	0.0616396938	0.3161704598	0.0810338947
34	11136	11197.799982	-61.79998173	0.0564808302	-0.137544055	-0.033652474
35	10814	11356.639343	-542.6393433	0.0424252255	-1.213244202	-0.255372399
36	13523	12489.538273	1033.4617267	0.1808345787	2.6038547325	1.2234090394
37	11289	11159.830604	129.16939627	0.0537139524	0.2872150154	0.0684288872
38	11183	11020.912821	162.08717923	0.0922202447	0.368136372	0.1173360912
39	10951	11690.398363	-739.3983628	0.043185789	-1.671507351	-0.355111643
40	9722	10114.049783	-392.0497828	0.0745533047	-0.886650757	-0.251657764
41	10481	10541.142037	-60.14203715	0.0880224842	-0.136148709	-0.042297848
42	9812	9972.0182951	-160.0182951	0.0503975323	-0.355316634	-0.081855763
43	9669	9959.4134861	-290.4134861	0.1395029404	-0.679307097	-0.273516253
44	9643	9748.8383688	-105.8383688	0.0783958802	-0.238416847	-0.069536265
45	9115	8325.4058325	789.59416751	0.1527764312	1.9097622284	0.8109768659
46	9115	9117.0677296	-2.067729619	0.1988637759	-0.004993454	-0.002487859
47	11588	10532.976758	1055.0232421	0.1136884675	2.5502108124	0.9133581089
48	10888	10500.011954	387.9880461	0.0913012389	0.8854991793	0.2806832718
49	9738	9935.8913064	-197.8913064	0.0602504304	-0.441963917	-0.11190792
50	9295	8909.4259476	385.57405239	0.0765052121	0.8727508315	0.2511993774
51	9421	9412.8050086	8.194991357	0.0739287913	0.018407208	0.0052008285
52	9105	8582.8087155	522.19128447	0.1360909184	1.2295887723	0.48802317
53	10233	9732.5653104	500.43468958	0.1101355734	1.1594647716	0.4079053895
54	10186	10365.872705	-179.8727048	0.090892499	-0.408338798	-0.129115103
55	9918	9659.626414	258.37358604	0.0480920098	0.5739844118	0.1290146639
56	9209	9515.4158984	-306.4158984	0.0445866186	-0.680211734	-0.146943618
57	9532	9638.1825427	-106.1825427	0.0647075576	-0.237434446	-0.062452168
58	9933	10280.590042	-347.5900416	0.0512493612	-0.775203502	-0.180170595
59	9152	8894.7720107	257.22798934	0.0812541489	0.5817040777	0.1729924644
60	9295	9640.0725037	-345.0725037	0.0695095373	-0.777122543	-0.212400602
61	16243	15757.951033	485.04896726	0.288675505	1.259441918	0.8023229754
62	14628	15114.912042	-486.9120421	0.2045952179	-1.194032875	-0.60557777
63	12766	13140.94411	-374.9441104	0.0823489349	-0.85112664	-0.254967245
64	8714	8415.2383967	298.76160334	0.5520390072	0.9724353283	1.0795071223
65	9469	9760.4835859	-291.4835859	0.1177328552	-0.673300499	-0.24595617
66	11948	11751.975827	196.02417311	0.1803903839	0.4688789032	0.2199702059
67	12414	12704.256015	-290.2560146	0.067064899	-0.651850908	-0.174771332

练习 11.49 的 SAS 输出(续)

GRAFTING

11.50 由腰果壳制成的橡胶添加剂. 参考练习 11.19，*Industrial & Engineering Chemistry Research*（2013 年 5 月）关于将腰果酚作为天然橡胶添加剂用途的研究. 回顾你分析了将 y = 接枝效率作为 x_1 = 引发剂浓度（百分比），x_2 = 腰果酚浓度（百分比），x_3 = 反应温度（摄氏度），x_4 = 反应时间（小时）的函数建立的一阶模型. 为该模型建立完整的残差分析，你能对模型改进提出一些建议吗？

BUBBLE2

11.51 过冷沸腾气泡行为. 参考练习 11.6 和练习 11.29，*Heat Transfer Engineering*（Vol. 34, 2013）关于过冷沸腾时气泡行为的研究. 你为将气泡密度（y）作为 x_1 = 质量通量，x_2 = 热通量的函数拟合了交互作用模型. 为该模型建立完整的残差分析，你能对模型改进提出一些建议吗？

11.52 家具销售. 下表中的数据是 4 个城市的家具出口销售量 y（千美元/周）. 目标是建立一个以销售量 y 作为交通流量、由于城市大小或其他市场条件引起的城市间变异的调整为自变量的函数模型. 模型是

$$E(y) = \beta_0 + \beta_1 x_1 + \beta_2 x_2 + \beta_3 x_3 + \beta_4 x_4$$

其中

$$x_1 = \begin{cases} 1 & \text{若是城市 1} \\ 0 & \text{其他} \end{cases}$$

$$x_2 = \begin{cases} 1 & \text{若是城市 2} \\ 0 & \text{其他} \end{cases}$$

$$x_3 = \begin{cases} 1 & \text{若是城市 3} \\ 0 & \text{其他} \end{cases}$$

$$x_4 = \text{交通流量}$$

回归分析的 SAS 结果列在下面.

a. 模型对预测 y 有统计上的作用吗？请解释.
b. 你发现异常值了吗？
c. 参考 b，在残差图中发现的异常值是有影响的观测值吗？
d. 注意，销售量 y 的第 13 个观测值在输入电脑时被错误地输为 82.0，而正确值为 8.2. 改正并重新进行回归分析，解释结果.

```
                    The REG Procedure
                      Model: MODEL1
                    Dependent Variable: y

            Number of Observations Read         24
            Number of Observations Used         24

                    Analysis of Variance

                           Sum of         Mean
   Source         DF      Squares       Square    F Value    Pr > F
   Model           4    1469.76287    367.44072      1.66    0.1996
   Error          19    4194.22671    220.74877
   Corrected Total 23   5663.98958

              Root MSE           14.85762    R-Square    0.2595
              Dependent Mean      9.07083    Adj R-Sq    0.1036
              Coeff Var         163.79550

                       Parameter Estimates

                      Parameter    Standard
   Variable     DF    Estimate      Error     t Value   Pr > |t|
   Intercept     1    -16.45925    13.16400    -1.25     0.2264
   x1            1      1.10609     8.42257     0.13     0.8969
   x2            1      6.14277    11.67997     0.53     0.6050
   x3            1     14.48962     9.28839     1.56     0.1353
   x4            1      0.36287     0.16791     2.16     0.0437

                      Output Statistics

              Dependent  Predicted  Std Error              Std Error  Student                    Cook's
   Obs        Variable     Value   Mean Predict  Residual  Residual  Residual    -2-1 0 1 2         D
```

练习 11.52 的 SAS 输出

```
       1    6.3000      6.1652      4.9535     0.1348   14.008    0.00962    |         |  0.000
       2    6.6000      6.5281      4.9596     0.0719   14.005    0.00513    |         |  0.000
       3    7.6000     14.4387      6.3195    -6.8387   13.447   -0.509      |    *|   |  0.011
       4    3.0000     -3.6324      6.6491     6.6324   13.287    0.499      |    |*   |  0.012
       5    9.5000     20.2084      8.2476   -10.7084   12.358   -0.866      |    *|   |  0.067
       6    5.9000      4.2783      5.0130     1.6217   13.986    0.116      |    |    |  0.000
       7    6.1000      4.3871      5.0054     1.7129   13.989    0.122      |    |    |  0.000
       8    5.0000      3.2622      5.1069     1.7378   13.952    0.125      |    |    |  0.000
       9    3.6000     -2.0357      6.1807     5.6357   13.511    0.417      |    |    |  0.007
      10    2.8000     -1.7527      9.1118     4.5527   11.734    0.388      |    |    |  0.018
      11    6.7000     10.5850      8.9723    -3.8850   11.843   -0.328      |    |    |  0.012
      12    5.2000      5.8677      8.5897    -0.6677   12.123   -0.0551     |    |    |  0.000
      13   82.0000     25.5362      7.2703    56.4638   12.957    4.358      |    |******|  1.196
      14    5.0000     15.5571      5.6157   -10.5571   13.755   -0.767      |    *|   |  0.020
      15    3.9000     13.0533      5.7339    -9.1533   13.707   -0.668      |    *|   |  0.016
      16    5.4000     17.0812      5.6598   -11.6812   13.737   -0.850      |    *|   |  0.025
      17    4.1000     12.9082      5.7479    -8.8082   13.701   -0.643      |    *|   |  0.015
      18    3.1000      8.7714      6.4338    -5.6714   13.392   -0.423      |    |    |  0.008
      19    5.4000     15.9926      5.6193   -10.5926   13.754   -0.770      |    *|   |  0.020
      20    8.4000     10.0668      6.7066    -1.6668   13.258   -0.126      |    |    |  0.001
      21    9.5000     13.0423      7.0271    -3.5423   13.091   -0.271      |    |    |  0.004
      22    8.7000      9.8128      6.6916    -1.1128   13.265   -0.0839     |    |    |  0.000
      23   10.6000     15.6187      7.5002    -5.0187   12.826   -0.391      |    |    |  0.010
      24    3.3000     -8.0406      9.9965    11.3406   10.992    1.032      |    |**   |  0.176

                        Hat Diag      Cov                          ----------------DFBETAS----------------
     Obs   RStudent          H      Ratio   DFFITS   Intercept        x1           x2          x3          x4
       1   0.009366     0.1112     1.4742   0.0033     -0.0001     0.0020       0.0000      0.0000      0.0001
       2   0.004998     0.1114     1.4747   0.0018     -0.0001     0.0011       0.0000      0.0000      0.0001
       3  -0.4984       0.1809     1.4939  -0.2342      0.1256    -0.1339      -0.0539     -0.0510     -0.1455
       4   0.4891       0.2003     1.5339   0.2447      0.1410     0.0780      -0.0604     -0.0572     -0.1633
       5  -0.8606       0.3081     1.5482  -0.5743      0.3965    -0.2848      -0.1700     -0.1609     -0.4592
       6   0.1129       0.1138     1.4735   0.0405      0.0054     0.0224      -0.0023     -0.0022     -0.0063
       7   0.1192       0.1135     1.4724   0.0427      0.0053     0.0237      -0.0023     -0.0022     -0.0062
       8   0.1213       0.1181     1.4799   0.0444      0.0094     0.0234      -0.0038     -0.0038     -0.0108
       9   0.4079       0.1731     1.5134   0.1866      0.0964     0.0680      -0.0413     -0.0391     -0.1116
      10   0.3791       0.3763     2.0190   0.2945      0.0859    -0.0178       0.1667     -0.0348     -0.0995
      11  -0.3202       0.3647     2.0048  -0.2226      0.0614    -0.0127      -0.1967     -0.0249     -0.0711
      12  -0.0536       0.3342     1.9667  -0.0380      0.0017    -0.0004      -0.0286     -0.0007     -0.0020
      13 179.3101       0.2394     0.0000 100.6096    -55.1618    11.4109      23.6508     69.3701     63.8990

      14  -0.7589       0.1429     1.3061  -0.3098     -0.0000    -0.0000       0.0000     -0.1873      0.0000
      15  -0.6578       0.3673     1.3673  -0.2752     -0.0480     0.0099       0.0206     -0.1435      0.0556
      16  -0.8439       0.1451     1.2625  -0.3477      0.0374    -0.0077      -0.0160     -0.2237     -0.0433
      17  -0.6327       0.1497     1.3806  -0.2654     -0.0489     0.0101       0.0209     -0.1370      0.0566
      18  -0.4141       0.1875     1.5381  -0.1990     -0.0838     0.0173       0.0359     -0.0710      0.0971
      19  -0.7616       0.1430     1.3049  -0.3111      0.0096    -0.0020      -0.0041     -0.1919     -0.0112
      20  -0.1224       0.2038     1.6389  -0.0619     -0.0237     0.0469       0.0318      0.0409     -0.0084
      21  -0.2639       0.2237     1.6557  -0.1417     -0.0278     0.0974       0.0591      0.0797     -0.0461
      22  -0.0817       0.2028     1.6408  -0.0412     -0.0164     0.0314       0.0215      0.0276     -0.0049
      23  -0.3824       0.2548     1.6888  -0.2236     -0.0104     0.1378       0.0743      0.1054     -0.1037
      24   1.0336       0.4527     1.7946   0.9400      0.9216    -0.6183      -0.6154     -0.6930     -0.7023
```

练习 11.52 的 SAS 输出(续)

HOMEIMPROVE

城市	交通流量(千辆)	每周销售量 y(千美元)	城市	交通流量(千辆)	每周销售量 y(千美元)
1	59.3	6.3	3	75.8	8.2
1	60.3	6.6	3	48.3	5.0
1	82.1	7.6	3	41.4	3.9
1	32.3	3.0	3	52.5	5.4
1	98.0	9.5	3	41.0	4.1
1	54.1	5.9	3	29.6	3.1
1	54.4	6.1	3	49.5	5.4
1	51.3	5.0	4	73.1	8.4
1	36.7	3.6	4	81.3	9.5
2	23.6	2.8	4	72.4	8.7
2	57.6	6.7	4	88.4	10.6
2	44.6	5.2	4	23.2	3.3

11.53 生产线故障. 制造钢罐的机器出现故障时付出的代价是很大的. 故障越多, 制造的钢罐越少, 公司盈利就越少. 为了预计盈利损失, 钢罐厂的经营者希望建立一个模型来预测生产线故障数. 公司统计员提出的一个模型是:

$$y = \beta_0 + \beta_1 x_1 + \beta_2 x_2 + \beta_3 x_3 + \beta_4 x_4 + \varepsilon$$

其中 y 是每 8 h 班制生产线上的故障数.

$$x_1 = \begin{cases} 1 & \text{如果是下午班} \\ 0 & \text{否则} \end{cases}$$

$$x_2 = \begin{cases} 1 & \text{如果是夜班} \\ 0 & \text{否则} \end{cases}$$

x_3 是工厂的温度(℉), x_4 是生产线上工作的新手人数. 用最小二乘法拟合模型后, 附图中画出了关于 $\hat{y}$ 的残差图.

a. 发现残差图的模式了吗? 这对于最小二乘假定表明什么?

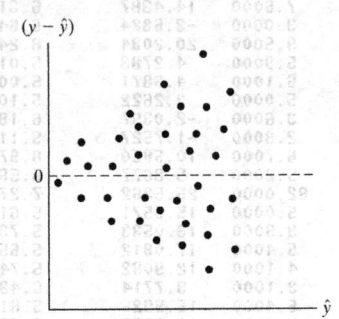

b. 给出响应变量 y 以及 a 中发现的模式性质. 建议模型做怎样的修正呢?

11.11 某些陷阱: 可估性、多重共线性和外推

当对某个响应 y 建立预测模型时应意识到一些问题, 本节将讨论最重要的几点.

问题 1: 参数的可估性

假定想拟合联系一种新型塑料配件强度 y 与浇铸温度 x 的模型, 我们提出一阶模型

$$E(y) = \beta_0 + \beta_1 x$$

现在, 假定在 300 ℉下浇铸 3 个塑料配件样本, 数据如图 11.22 所示, 可以看到以下的问题: 当所有数据都集中在一个 x 点时, 不能估计直线的参数, 因为拟合一条直线需要两个点(x 值). 因此, 当只观测一个 x 值时, 参数不能估计.

如果仅观测 1 个或 2 个不同的 x 值, 对这样的数据集, 要拟合二阶模型

$$E(y) = \beta_0 + \beta_1 x + \beta_2 x^2$$

会发生类似的问题(见图 11.23). 因为用二阶模型拟合一个数据集之前(即所有 3 个参数被估计之前)应至少观测 3 个不同的 x 值. 一般地, 要求 x 的水平数必须至少比多项式的次数多 1. 而且记住, 对于估计 σ^2 的自由度, 样本容量 n 必须足够大.

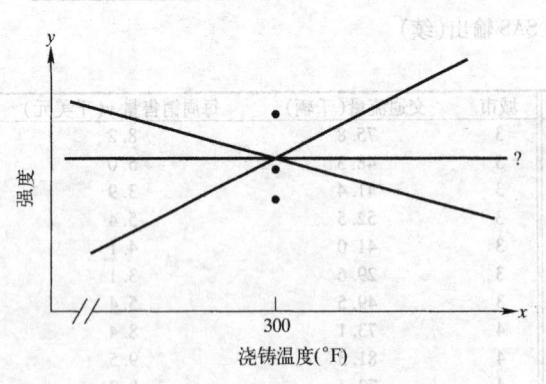

图 11.22 塑料强度和浇铸温度数据

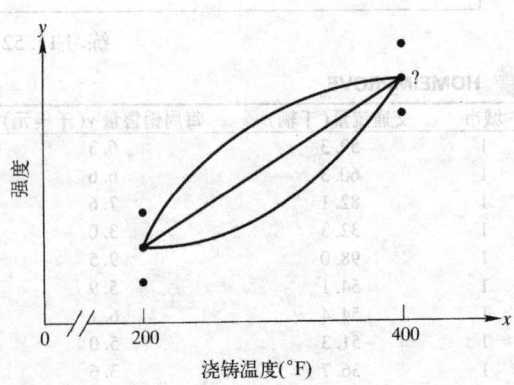

图 11.23 仅有 2 个 x 的观测值——二阶模型不是可估的

> **拟合 p 阶多项式回归模型的要求**
> $$E(y) = \beta_0 + \beta_1 x + \beta_2 x^2 + \cdots + \beta_p x^p$$
>
> 1. x 的水平数必须大于或等于 $(p+1)$.
> 2. 样本容量 n 必须大于 $p+1$ 以允许有足够的自由度来估计 σ^2.

因为许多被观测变量实际上不能由研究者控制,所以对自变量的观测几乎总能达到足够的水平数,以允许估计模型参数. 然而,当所用的计算机程序突然拒绝拟合模型时,问题可能是不可估的参数.

问题 2:参数解释

已知模型中的参数是可估的,正确地解释参数估计值很重要. 一个典型的理解错误是,$\hat{\beta}_i$ 总是度量 x_i 对 $E(y)$ 的影响,与模型中的其他自变量 x 无关. 这对某些模型来说可能是对的,但一般来说不成立(例如 11.8 节中的交互作用模型). 一般地,随着模型变得越复杂,对单个 β 参数的解释越困难. 在第 12 章中,我们会对许多不同的多重回归模型给出 β 的解释.

关于参数估计的另一个错误理解是,统计显著的 $\hat{\beta}_i$ 值建立了 $E(y)$ 与 x_i 的因果关系. 也就是说,如果发现 $\hat{\beta}_i$ 显著大于 0,那么一些实际工作者将推断 x_i 的增加会引起平均响应 $E(y)$ 的增加. 然而在 10.7 节中警告过,推断两个变量之间的因果关系是危险的. 因为也许有许多其他自变量(其中的一些可能已经包括在模型中,而另一些可能忽略了)影响平均响应,除非我们能够控制其他变量值. 否则,我们不能确定观测到 y 增加的真正原因是什么. 在第 13 章中,我们会介绍**试验设计**的概念,这里的自变量值是在观测 y 值之前事先设置的. 只有这样的试验才能建立因果关系.

问题 3:多重共线性

在 $E(y)$ 模型中,常有两个或更多自变量贡献多余的信息,也就是说,自变量之间存在相关性. 例如,假定要建立一个模型预测卡车的汽油里程等级 y 作为载重 x_1 与引擎马力 x_2 的函数. 一般来说,载重量越大,要求引擎马力越大,导致汽油里程等级降低. 因此,尽管 x_1、x_2 都对预测汽油里程等级做出了贡献,但有一些信息重叠了,因为 x_1 和 x_2 是相关的.

当自变量相关时,我们说存在多重共线性. 实际上,观测到自变量之间的相关性很常见. 然而,当在回归分析中存在严重的多重共线性时,会引起一些问题.

定义 11.7 **多重共线性**存在于回归模型中有两个或多个自变量相关时.

首先,自变量之间的高度相关在 β 估计、标准误等的计算中增加了舍入误差的可能性⊖. 其次,可能引起回归结果的混乱和误导.

为了说明这一点,如果用汽油里程等级模型
$$E(y) = \beta_0 + \beta_1 x_1 + \beta_2 x_2$$
拟合一个数据集,我们会发现 $\hat{\beta}_1$、$\hat{\beta}_2$(最小二乘估计)的 t 值都不显著. 然而,对假设 $H_0: \beta_1 = \beta_2 = 0$ 的 F 检验可能高度显著. 这些检验看起来矛盾,但实际上并不矛盾. T 检验表明,不考虑另一个变量 x_2 =马力(因为 x_2 也在模型中)的影响,变量 x_1 =载重量的贡献不显著. 另一方面,F 检验的显著性告诉我们,两个变量中至少有一个对 y 的预测(即或者 β_1,或者 β_2,或者两个同时不等于 0)做出了

⊖ 这个结果是由于事实:当存在严重的多重共线性时,计算矩阵 $X'X$ 的逆矩阵有困难.

贡献.事实上,二者可能都有贡献,只是一个贡献与另一个重叠了.

多重共线性也可能对参数估计值的符号产生影响.更确切地说,$\hat{\beta}_i$的值可能有与预期相反的符号.例如,在汽油里程等级模型中,预期两个参数估计值的符号都是负的,然而模型的回归分析结果也许是$\hat{\beta}_1 = 0.2, \hat{\beta}_2 = -0.7$. $\hat{\beta}_1$的正值似乎与我们的预期(较大的载重量会降低汽油里程等级)矛盾.然而,当自变量相关时,解释β系数是危险的,因为自变量贡献了多余的信息,$\hat{\beta}_1$只是部分地度量了载重量(x_1)对汽油里程等级的影响.同样,在问题2的讨论中,我们警告不能基于**观测数据**(自变量的值不能控制的数据)建立y和预测变量之间的因果关系.通过企图解释$\hat{\beta}_1$的值,我们事实上正在尝试建立y和x_1的因果关系(由于重的载重量x_1将引起较低的汽油里程等级的建议).

如何避免回归分析中的多重共线性问题?一种方法是进行试验设计使得变量x的水平是不相关的.遗憾的是,时间和费用的限制可能妨碍用这种方法收集数据.由于各种各样的原因,科研中收集的大多数数据都是观测数据.因为观测数据常常由相关的自变量组成,需要诊断多重共线性什么时候存在,如果有必要,修改回归分析.

有多种方法可以发现回归中的多重共线性.一种简单的方法是计算模型中每对自变量之间的相关系数r,用10.7节的方法检验正相关性或负相关性.如果有一个或多个r值显著不为0,则讨论的变量是相关的,且可能存在严重的多重共线性⊖.多重共线性存在的其他迹象包括上面提到的,即当整体模型恰当性的F检验显著时,单个β参数的T检验不显著,且参数估计的符号与预期相反⊖.

下面的方框归纳了检测多重共线性的方法,在例11.14中将阐述这些统计量的使用.

检测回归模型中的多重共线性

$$E(y) = \beta_0 + \beta_1 x_1 + \beta_2 x_2 + \cdots + \beta_k x_k$$

多重共线性的指示器如下:
1. 模型中自变量对之间显著相关.
2. 当整体模型恰当性$H_0: \beta_1 = \beta_2 = \cdots = \beta_k = 0$的$F$检验显著时,单个$\beta$参数的$T$检验不显著.
3. 估计的参数有(与预期)相反的符号.

例11.14 检测多重共线性的符号 美国联邦贸易委员会(FTC)每年根据焦油、尼古丁、一氧化碳的含量对国内烟草排名,美国调查机构一般认为这三种物质的每一种对吸烟者的健康都有害.过去的研究表明,香烟中焦油和尼古丁含量的增加通常伴随着烟雾释放一氧化碳的增加,表11.8列出了今年测试的25个(过滤)品牌样本中焦油、尼古丁、一氧化碳含量(mg)与重量(g)的数据.假定要建立一氧化碳含量y作为焦油含量x_1、尼古丁含量x_2与重量x_3的函数的模型,用模型

$$E(y) = \beta_0 + \beta_1 x_1 + \beta_2 x_2 + \beta_3 x_3$$

拟合表11.8中的25个数据.SAS的部分输出结果如图11.24所示,检查输出结果,发现多重共线性的迹象了吗?

⊖ 记住r仅度量变量x之间的成对相关性.三个变量x_1、x_2、x_3作为一组可能是高度相关的,但也许并没有较大的成对相关性.因此,当所有成对变量之间的相关系数不是显著不为零时,仍可能存在多重共线性.

⊖ 检测多重共线性的正式方法有许多,如方差扩大因子(VIF),具有10或以上VIF的自变量认为与模型中的一个或多个其他自变量高度相关. VIF的计算超出了本入门教材的范围,关于VIF和其他检测多重共线性的讨论可查阅本章参考文献.

表 11.8 例 11.14 的 FTC 香烟数据

焦油(x_1)	尼古丁(x_2)	重量(x_3)	一氧化碳含量(y)	焦油(x_1)	尼古丁(x_2)	重量(x_3)	一氧化碳含量(y)
14.1	0.86	0.9853	13.6	11.4	0.78	1.1240	10.2
16.0	1.06	1.0938	16.6	9.0	0.74	0.8517	9.5
29.8	2.03	1.1650	23.5	1.0	0.13	0.7851	1.5
8.0	0.67	0.9280	10.2	17.0	1.26	0.9186	18.5
4.1	0.40	0.9462	5.4	12.8	1.08	1.0395	12.6
15.0	1.04	0.8885	15.0	15.8	0.96	0.9573	17.5
8.8	0.76	1.0267	9.0	4.5	0.42	0.9106	4.9
12.4	0.95	0.9225	12.3	14.5	1.01	1.0070	15.9
16.6	1.12	0.9372	16.3	7.3	0.61	0.9806	8.5
14.9	1.02	0.8858	15.4	8.6	0.69	0.9693	10.6
13.7	1.01	0.9643	13.0	15.2	1.02	0.9496	13.9
15.1	0.90	0.9316	14.4	12.0	0.82	1.1184	14.9
7.8	0.57	0.9705	10.0				

资料来源：Federal Trade Commission.

```
                    Dependent Variable: CO

            Number of Observations Read         25
            Number of Observations Used         25

                       Analysis of Variance

                              Sum of        Mean
    Source            DF     Squares      Square    F Value    Pr > F
    Model              3    495.25781   165.08594      78.98    <.0001
    Error             21     43.89259     2.09012
    Corrected Total   24    539.15040

                Root MSE              1.44573    R-Square     0.9186
                Dependent Mean       12.52800    Adj R-Sq     0.9070
                Coeff Var            11.53996

                         Parameter Estimates

                         Parameter     Standard                              Variance
    Variable      DF      Estimate        Error    t Value    Pr > |t|      Inflation
    Intercept      1       3.20219      3.46175       0.93      0.3655             0
    TAR            1       0.96257      0.24224       3.97      0.0007       21.63071
    NICOTINE       1      -2.63166      3.90056      -0.67      0.5072       21.89992
    WEIGHT         1      -0.13048      3.88534      -0.03      0.9735        1.33386

              Pearson Correlation Coefficients, N = 25
                    Prob > |r| under H0: Rho=0

                       TAR         NICOTINE       WEIGHT
           TAR      1.00000         0.97661       0.49077
                                    <.0001        0.0127

           NICOTINE 0.97661         1.00000       0.50018
                    <.0001                        0.0109

           WEIGHT   0.49077         0.50018       1.00000
                    0.0127          0.0109
```

图 11.24　例 11.14 一氧化碳含量模型的 SAS 输出

解 首先,注意整体模型恰当性的 F 检验高度显著,检验统计量($F=78.98$)和观测的显著性水平(p 值 <0.0001)着重显示在图 11.24 的 SAS 输出中. 因此,可以得出结论,在 $\alpha=0.01$ 水平下,模型中 β_1、β_2、β_3 至少有一个参数不等于零. 然而,三个变量中的两个 T 检验不显著(这些检验的 p 值在输出中着重显示). 除非焦油(x_1)是三个变量中对预测一氧化碳含量有用的唯一变量,否则这些结果是潜在多重共线性的第一个迹象.

$\hat{\beta}_2$、$\hat{\beta}_3$ 的负值(在输出中着重显示)是存在多重共线性的第二个迹象. 由过去的研究,FTC 预期无论尼古丁含量(x_2)增加还是重量(x_3)增加,一氧化碳含量(y)都会增加. 也就是说,FTC 预期 y 与 x_2 及 y 与 x_3 之间是正相关,而不是负相关.

所有迹象表明存在严重的多重共线性问题[⊖].

为了确认我们的怀疑,用 SAS 计算模型中 3 对自变量的相关系数 r,所得的输出(着重)显示在图 11.24 底部. 可以看出焦油(x_1)与尼古丁(x_2)高度相关($r=0.9766$),而重量(x_3)与其他两个变量适度相关($r\approx 0.5$). 3 个相关系数的 p 值都小于 0.05,因此,在 $\alpha=0.05$ 水平下,3 个都显著不为 0.

一旦发现多重共线性问题存在,有多种方法解决这个问题. 选择哪种方法取决于多重共线性的严重程度和回归分析的最终目标.

面对高度相关的自变量时,一些研究人员选择在最终的模型中只包含相关变量中的一个. 决定选取哪一个变量的方法之一是用**逐步回归**(将在第 12 章中讨论). 一般来说,根据逐步回归法,多重共线性的自变量集合中只有一个(或少数)保留在回归模型中. 这个过程是对已经在模型中的所有变量,检验与每个变量关联的参数. 例如,在拟合前面介绍的汽油里程等级模型时,如果第一步代表载重量的变量作为预测汽油里程等级的显著变量引入模型,代表马力的变量可能在以后的步骤中不会加入模型当中. 因此,如果一个自变量集合认为具有多重共线性,那么用逐步回归筛选可能是有帮助的.

如果对利用模型进行估计和预测感兴趣,也许不会从模型中删除任何自变量. 当存在多重共线性时,我们已经看到,为建立因果关系而解释单个 β 是危险的. 然而,**只要用于预测 y 的自变量值在样本数据中具有多重共线性的相同模式**,$E(y)$ 的置信区间和 y 的预测区间便一般不会受影响. 这就是说,必须非常小心地保证 x 变量值落在试验范围内(将在问题 4 中进一步讨论这个问题). 另外,如果目标是建立 y 与自变量之间的因果关系,必须设计试验来消除这种多重共线性.

解决由多重共线性产生的某些问题[⊖]

1. 从最终模型中删除一个或多个相关自变量. 用逐步回归(参看第 12 章)那样的筛选法帮助决定删除哪些变量.
2. 如果决定保留模型中的所有变量:
   a. 避免对单个 β 参数做推断(例如 y 与预测变量之间建立因果关系).
   b. 只对落在试验区域内的自变量值推断 $E(y)$ 及未来的 y 值(见问题 4).
3. 如果最终目标是建立 y 与预测变量之间的因果关系,利用试验设计(参看第 13 章).
4. 为了减少多项式回归模型中的舍入误差,对自变量编码,使得某个变量 x 的一次项、二次项以及更高次项不是高度相关的(参看第 12 章).

⊖ 焦油和尼古丁的方差扩大因子(VIF)在图 11.24 的 SAS 输出中给出,都超过了 10.

⊖ 还有一些其他的解决办法,例如,在拟合高阶回归模型时,分析人员要对自变量编码,使得某个变量 x 的高阶项(如 x^2)与 x 不是高度相关. 一种变换是 $Z=(x-\bar{x})/s$(参看选学节 12.5),其他关于多重共线性的更复杂的方法(如岭回归)超出了本书的范围,查阅参考文献.

当拟合一个多项式模型时(例如二次模型 $E(y) = \beta_0 + \beta_1 x + \beta_2 x^2$),自变量 $x_1 = x$ 和 $x_2 = x^2$ 通常是相关的. 如果相关性过高会导致计算机解出现极大的舍入误差. 对于这个模型,解决方案不是删除自变量之一,而是以这样一种方式变换变量 x,使得 x 与 x^2 的编码值之间的相关性有本质上的减弱. 对多项式回归模型中定量自变量的编码将在第12章中讨论.

问题4: 在试验范围之外预测

只对试验范围内的自变量值, 也就是在试验中用到的自变量值范围内拟合的回归模型能使我们建立 $E(y)$ 的置信区间和 y 的预测区间. 例如, 假定进行一项关于 200~400 ℉ 之间几种不同温度下塑料配件的平均强度试验. (见图11.23)对于在 200 ℉ $\leq x \leq$ 400 ℉ 内的 x 值, 用数据拟合的回归模型去估计 $E(y)$ 或预测 y 值是有效的. 然而, 如果试图**外推**到试验区域以外, 那么拟合的模型可能就不再是塑料平均强度的好的近似 (见图11.25). 例如, 当温度达到 500 ℉ 时, 塑料会变得很脆弱并且没有任何弹性. 但有时必须估计和预测试验区域以外的数据. 如果要外推, 必须记住较大的外推误差的可能性.

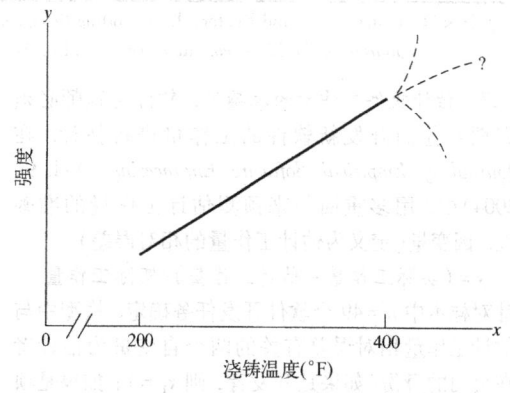

图11.25 在试验区域之外使用回归模型

应用练习

GRAFTING

11.54 由腰果壳制成的橡胶添加剂. 参考练习11.19 和练习11.50, *Industrial & Engineering Chemistry Research*(2013年5月)关于将腰果酚作为天然橡胶添加剂的用途的研究. 在这两个练习中, 都对将 y = 接枝效率作为 x_1 = 引发剂浓度(百分比), x_2 = 腰果酚浓度(百分比), x_3 = 反应温度(摄氏度), x_4 = 反应时间(小时)的函数建立一阶模型.

a. 假设当引发剂浓度为5%, 腰果酚浓度为20%, 反应温度为30℃, 反应时间为5h时, 一位工程师想要估计化学反应的接枝效率, 你能建议他用练习11.19的预测方程来得到结果吗? 请解释.

b. 检查数据并确定是否有证据表明存在多重共线性(注: 结果取决于试验设计).

c. 这些数据允许研究人员研究接枝效率(y)是否与反应时间(x_4)曲线相关吗? 请解释.

TEAMPERF

11.55 情商和团队表现. 参考练习11.23, *Engineering Project Organizational Journal*(Vol.3, 2013)关于团队成员个人的情商与他们在工程项目中的表现之间关系的研究. 通过 $n = 23$ 个小组的数据, 你用一阶模型将平均项目得分(y)拟合为人际关系得分极差(x_1)、压力管理得分极差(x_2)和情绪得分极差(x_3)的函数. 你认为数据存在多重共线性吗?

11.56 全球变暖与国外投资. *Journal of World-Systems Research*(2003年夏)发表了一篇关于16年前国外投资与二氧化碳排放量之间关系的研究,研究者对 $n = 66$ 个发展中国家建立了二氧化碳排放水平 y 作为7个自变量的函数模型. 每对自变量的相关系数矩阵 r 列于下表. 指出高度相关的自变量, 这些高度相关的自变量包含在回归模型中会产生什么问题?

练习11.56的相关系数矩阵

自变量	x_2	x_3	x_4	x_5	x_6	$x_7 = \ln($排放的 CO_2 水平$)$
$x_1 = \ln($外国投资$)$	0.13	0.57	0.30	-0.38	0.14	-0.14
$x_2 =$ 国内总投资		0.49	0.36	-0.47	-0.14	0.25
$x_3 =$ 贸易出口			0.43	-0.47	-0.06	-0.07

自变量	x_2	x_3	x_4	x_5	x_6	$x_7=\ln($排放的 CO_2 水平$)$
$x_4=\ln(GNP)$				-0.84	-0.53	0.42
$x_5=$ 农产品					0.45	-0.50
$x_6=1$, 如果是非洲国家；$x_6=0$, 如果不是						-0.47

资料来源：Grimes, P., and Kentor, J. "Exporting the greenhouse: Foreign capital penetration and CO_2 emissions 1980-1996." *Journal of World-Systems Research*, Vol. IX, No. 2, Summer 2003(附录 B).

11.57 估计软件工作量的准确性. 软件工程师必须定期对他们开发新软件的工作量进行估计. 在 *Journal of Empirical Software Engineering*(Vol. 9, 2004)中, 用多重回归来预测估计工作量的准确性. 因变量(定义为估计工作量的相对误差)

$y=($实际工作量 $-$ 估计工作量$)/$实际工作量

针对样本中 $n=49$ 个软件开发任务确定. 模型中与估计工作量相对误差有关的两个自变量为估计者在公司的身份(如果是开发者, 则 $x_1=1$; 如果是项目负责人, 则 $x_1=0$)和以往的准确度(如果准确度超过 20%, 则 $x_2=1$, 否则 $x_2=0$), 多重回归预测方程为 $\hat{y}=0.12-0.28x_1+0.27x_2$. 研究人员担心估计的 β 乘 x_1 的符号可能会与预期的相反(研究人员希望项目负责人的相对误差比开发者的小), 给出至少一个原因解释这种现象为什么会发生.

11.58 泥煤的蒸汽处理. 生物工程师想建立在泥煤的蒸汽处理期间碳水化合物的溶解量(y)作为温度(x_1)、暴露时间(x_2)和 pH 值(x_3)的函数模型. 用收集到的 15 个泥煤的样本数据拟合模型：

$$E(y)=\beta_0+\beta_1x_1+\beta_2x_2+\beta_3x_3$$

回归结果总结如下：

$\hat{y}=-3000+3.2x_1-0.4x_2-1.1x_3 \quad R^2=0.93$

$s_{\beta_1}=2.4 \quad s_{\beta_2}=0.6 \quad s_{\beta_3}=0.8$

$r_{12}=0.92 \quad r_{13}=0.87 \quad r_{23}=0.81$

基于这些结果, 生物工程师得到如下结论：三个自变量 x_1、x_2、x_3 均不是碳水化合物溶解量 y 的有用预测变量. 你同意他的观点吗？请解释.

11.59 工程市场研究. 一家工程咨询公司的主管正在研究与其继续利用市场研究公司的服务, 不如建立自己的市场研究部门的可能性. 主管想知道, 根据工龄应该支付市场研究人员多少薪金. 一位独立的咨询员提出了二次模型

$$E(y)=\beta_0+\beta_1x+\beta_2x^2$$

其中, $y=$ 年薪(千美元), $x=$ 工龄. 为了拟合这个模型, 咨询员随机抽取了其他公司的 3 个市场研究员作为样本, 并记录了附表给出的信息. 对咨询员提出的模型恰当性给出你的观点.

	y	x
研究员 1	40	2
研究员 2	25	1
研究员 3	42	3

11.60 相关变量的多余部分. 哈密顿用下表中的数据作为一个例子阐述多重共线性问题. 表中的 x_1、x_2 和 y 值分别表示随机选取的居民房地产的评估地价、评估的升值和销售价格(所有测量值单位都是千美元).

MCDATA

x_1	x_2	y	x_1	x_2	y
22.3	96.6	123.7	30.4	77.1	128.6
25.7	89.4	126.6	32.6	51.1	108.4
38.7	44.0	120.0	33.9	50.5	112.0
31.0	66.4	119.3	23.5	85.1	115.6
33.9	49.1	110.6	27.6	65.9	108.3
28.3	85.2	130.3	39.0	49.0	126.3
30.2	80.4	131.3	31.6	69.6	124.6
21.4	90.5	114.4			

资料来源：Hamilton, D. "Sometimes $R^2 > r_{yx_1}^2 + r_{yx_2}^2$: Correlated variables are not always redundant." *The American Statistician*, Vol. 41, No. 2, May 1987, p. 129-132.

a. 计算 y 和 x_1 之间的相关系数. 有证据表明销售价格与评估的土地价格之间有线性关系吗？

b. 计算 y 和 x_2 之间的相关系数. 有证据表明销售价格与评估的升值之间有线性关系吗？

c. 根据 a、b 的结果, 你认为模型 $E(y)=\beta_0+\beta_1x_1+\beta_2x_2$ 对预测销售价格有用吗？

d. 用一个统计计算程序包拟合 c 中的模型, 并对模型的恰当性进行检验. 特别注意 R^2 的值, 这个结果与你对 c 的回答结果一致吗？

e. 计算 x_1 和 x_2 之间的相关系数，结果表明了什么？

f. 许多研究人员通过从模型中删除所有多余的变量来避免多重共线性. 推荐本例使用这种策略吗？请解释. （哈密顿注释：这种情况就好比"把孩子和洗澡水一起倒掉"一样.）

FTC2

11.61 烟草数据分析. 参考例 11.14 的 FTC 烟草数据, 回忆保存在文件 FTC2 中的数据.

a. 对数据拟合模型 $E(y) = \beta_0 + \beta_1 x_1$, 存在焦油含量 (x_1) 对预测一氧化碳含量 (y) 有用的证据吗？

b. 对数据拟合模型 $E(y) = \beta_0 + \beta_2 x_2$, 存在尼古丁含量 (x_2) 对预测一氧化碳含量 (y) 有用的证据吗？

c. 对数据拟合模型 $E(y) = \beta_0 + \beta_3 x_3$, 存在重量 (x_3) 对预测一氧化碳含量 (y) 有用的证据吗？

d. 分别比较 a、b、c 模型中的 β_1、β_2、β_3 与例 11.14 中拟合的多重回归模型符号. 当从模型中删除一个自变量时，β 符号的显著变化是严重多重共线性问题的另一种表现.

11.12 多重回归分析步骤小结

我们已经讨论了**多重回归分析**的一些方法，这是将因变量 y 作为多个自变量 $x_1, x_2, \cdots, x_k$ 的函数的建模技巧. 在构造和使用多重回归模型时遵循的步骤与简单线性模型有许多相同点：

1. 假设概率模型的形式.
2. 用最小二乘法估计模型的系数.
3. 指定 ε 的概率分布, 估计 σ^2.
4. 用方差分析 F 检验和多重决定系数 R^2 检查模型的恰当性, 对单个 β 参数的 T 检验有助于决定模型的最终形式.
5. 进行残差分析确定数据与第 3 步的假定是否一致.
6. 如果模型恰当，并且假定满足，就可以用来估计和预测未来观测的 y 值.

假定模型已经指定，我们在本章已经包含了步骤 2~6. 第 12 章将专门讨论步骤 1——模型构造.

活动中的统计学回顾：高速公路建设中的串通投标

现在回到本章开始的"活动中的统计学"中描述的问题——为使用密封投标体制竞得的建设公路合同的费用 (y) 建立一个模型. 回顾文件 FLAG 包含 235 个公路合同的样本数据. （每个合同测量的变量列在表 SIA11.1 中.）

我们从建立数据的散点图——因变量费用 (y) 关于每个潜在的预测变量的图像开始分析，它们显示在 MINITAB 输出图 SIA11.1 中. 我们还慎重地建立了潜在自变量的相关矩阵以检查多重共线性, MINITAB 的相关矩阵显示在图 SIA11.2 中. 从散点图可以发现, 有几个自变量, 如 DOT 工程师的费用估计 (DOTEST)、工作日估计 (DAYSEST)、固定或竞争的投标状态 (STATUS) 等, 是合同成本的好的线性预测变量. 然而图 SIA11.2 所示的 DOTEST 与 DAYSEST 的相关系数 $r = 0.798$ 是相当高的值. 为了避免数据中存在多重共线性时发生的问题，将拟合一个只包括两个自变量 $x_1 =$ DOT 费用估计和 $x_2 =$ 竞标状态的回归模型. 注意，竞标状态是一个定性变量，我们将在第 12 章学习对两个水平的定性自变量建立"虚拟"变量：

$$x_2 = \begin{cases} 1 & \text{如果是固定的合同} \\ 0 & \text{如果是竞争的合同} \end{cases}$$

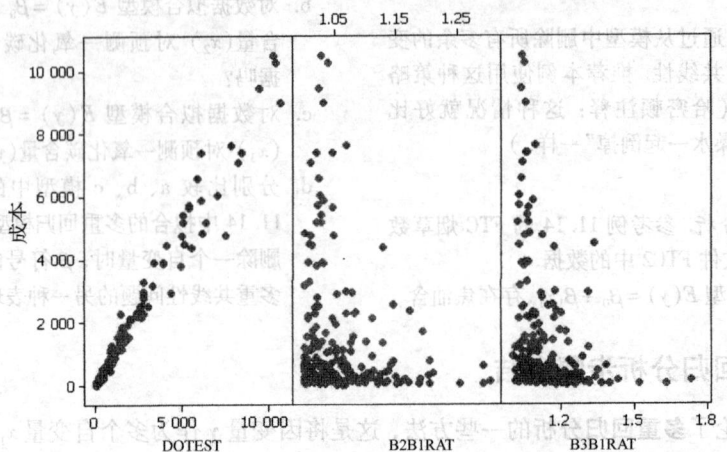
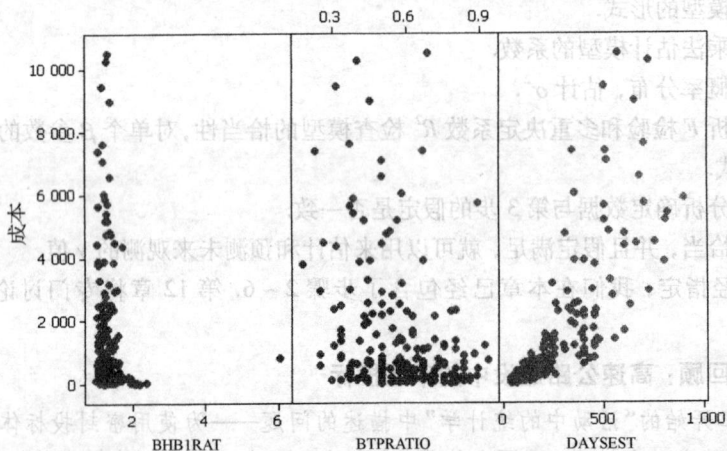
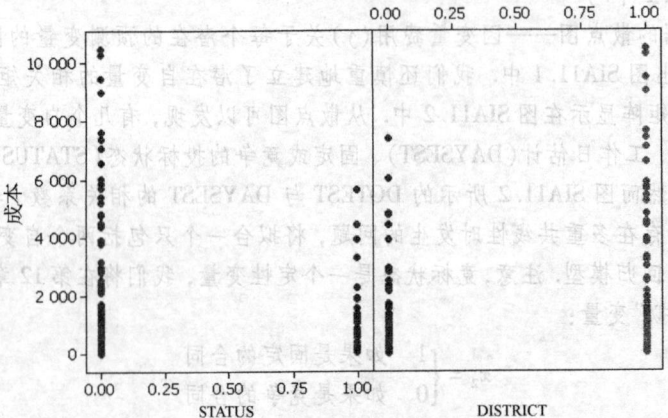

图 SIA11.1 FLAG 数据的 MINITAB 散点图

```
                DOTEST    B2B1RAT   B3B1RAT   BHB1RAT   STATUS    DISTRICT  BTPRATIC
B2B1RAT         -0.153
B3B1RAT         -0.242    0.535
BHB1RAT         -0.054    0.199     0.268
STATUS          -0.137    -0.117    -0.195    -0.149
DISTRICT        0.251     0.081     -0.058    -0.132    0.097
BTPRATIO        -0.329    -0.139    -0.142    -0.022    0.001     -0.153
DAYSEST         0.798     -0.113    -0.213    0.013     -0.113    0.193     -0.362

Cell Contents: Pearson correlation
```

图 SIA11.2 公路建设成本的可能预测变量的 MINITAB 相关矩阵

首先,考虑合同费用(y)的交互作用模型,模型由以下方程给出:

$$E(y) = \beta_0 + \beta_1 x_1 + \beta_2 x_2 + \beta_3 x_1 x_2$$

模型的 MINITAB 输出如图 SIA11.3 所示. 图中显示的全局 F 统计量($F = 3281.22$)和关联的 p 值($p = 0.000$)表明,整体模型对预测建设成本是统计有用的. R_a^2 值表明模型能解释合同成本中样本变异的 97.7%,对交互作用项 $\beta_3 x_1 x_2$ 的 T 检验也是显著的($p = 0.000$),这表明合同费用(y)和 DOT 成本估计(x_1)的关系依赖于投标状态(固定的或竞争的). 这些结果对利用模型进行估计和预测提供了统计上强有力的支持.

```
The regression equation is
COST = - 6.4 + 0.921 DOTEST + 28.7 STATUS + 0.163 STA_DOT

Predictor      Coef      SE Coef     T        P
Constant       -6.43     26.21       -0.25    0.806
DOTEST         0.921336  0.009723    94.75    0.000
STATUS         28.67     58.66       0.49     0.625
STA_DOT        0.16328   0.04043     4.04     0.000

S = 296.699    R-Sq = 97.7%    R-Sq(adj) = 97.7%

Analysis of Variance

Source          DF      SS           MS         F         P
Regression      3       866540004    288846668  3281.22   0.000
Residual Error  231     20334968     88030
Total           234     886874973
```

图 SIA11.3 成本的交互作用模型的 MINITAB 回归输出

交互作用的实质用简化模型的 MINITAB 最小二乘预测方程图 SIA11.4 来说明. 可以发现合同费用(y)随 DOT 工程师费用(x_1)估计的增长率,固定合同比竞争合同更大. 在实际利用模型之前,我们必须检查残差以保证标准的回归假定得到合理的满足.

图 SIA11.5 和图 SIA11.6 是交互作用模型的 MINITAB 残差图. 图 SIA11.5 中的直方图表明残差近似服从正态分布,因此,误差服从正态分布的假定合理满足. 然而,图 SIA11.6 所示的残差关于 y 的散点图呈现明显的"漏斗形",这表明违背了误差的方差是常数的假定. 一种使模型满足这个假定的修正方法是对成本(y)进行方差稳定化变换(如自然对数). 当回归方程中的两个变量 y 和 x 都是经济变量(如价格、成本、薪水等)时,对 x 进行转化也是有用的. 因此,我们将通过对成本(y)和 DOTEST(x_1)都取对数变换来修正模型.

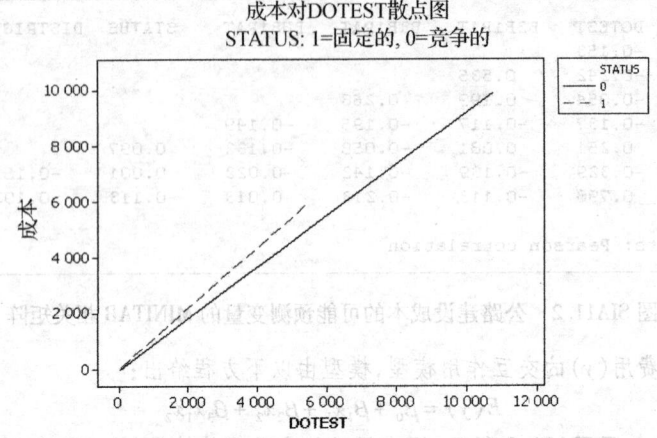

图 SIA11.4　交互作用模型的最小二乘预测方程的 MINITAB 散点图

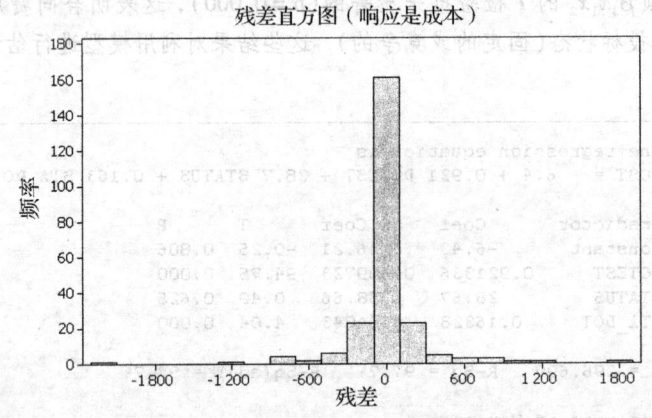

图 SIA11.5　交互作用模型的 MINITAB 残差直方图

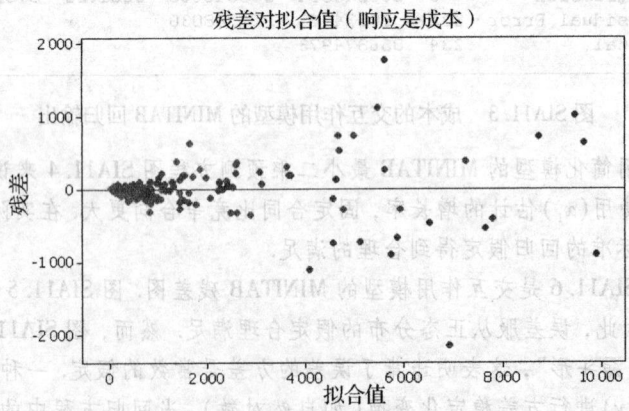

图 SIA11.6　交互作用模型的 MINITAB 残差散点图

修正(log-log)后的交互作用模型形式为
$$E(y^*) = \beta_0 + \beta_1 x_1^* + \beta_2 x_2 + \beta_3 (x_1^*) x_2$$
其中 $y^* = \ln(成本)$, $x_1^* = \ln(DOTEST)$. 模型的 MINITAB 输出如图 SIA11.7 所示, 残差图如图 SIA11.8 和图 SIA11.9 所示. 图 SIA11.8 中的直方图近似正态, 更为重要的是, 图 SIA11.9 中的残差散点图没有明显的趋势. 这表明对数变换成功地稳定了残差方差.

```
The regression equation is
LNCOST = - 0.162 + 1.01 LNDOTEST + 0.324 STATUS - 0.0176 STA_LNDOT

Predictor        Coef    SE Coef       T       P
Constant     -0.16188    0.05193   -3.12   0.002
LNDOTEST      1.00780    0.00798  126.23   0.000
STATUS         0.3243     0.1356    2.39   0.018
STA_LNDOT    -0.01762    0.02181   -0.81   0.420

S = 0.154922    R-Sq = 98.8%    R-Sq(adj) = 98.7%

Analysis of Variance

Source          DF      SS      MS        F       P
Regression       3  439.64  146.55  6105.87   0.000
Residual Error 231    5.54    0.02
Total          234  445.18
```

图 SIA11.7　公路建设费用的修正的(log-log)交互作用模型的 MINITAB 回归输出

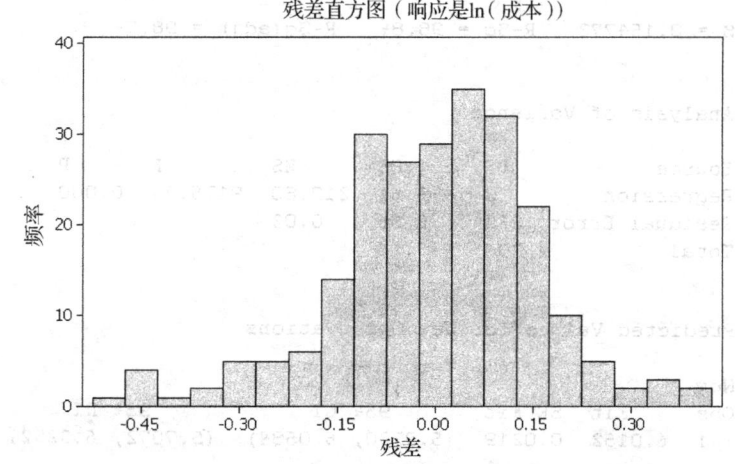

图 SIA11.8　修正的(log-log)模型的 MINITAB 残差直方图

然而, 注意模型中交互作用项的 T 检验 (在图 SIA11.7 中着重表示) 不再显著 ($p = 0.420$). 因此, 我们要从模型中删除交互作用项并利用更简单的修正模型
$$E(y^*) = \beta_0 + \beta_1 x_1^* + \beta_2 x_2$$
来预测公路建设成本.

不含交互作用项的修正模型的 MINITAB 输出结果显示在图 SIA11.10 中. 最小二乘预测方程为

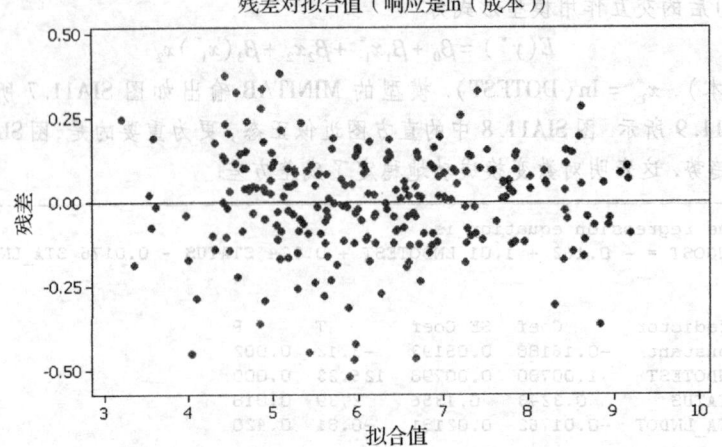

图 SIA11.9 修正的(log-log)模型的 MINITAB 残差散点图

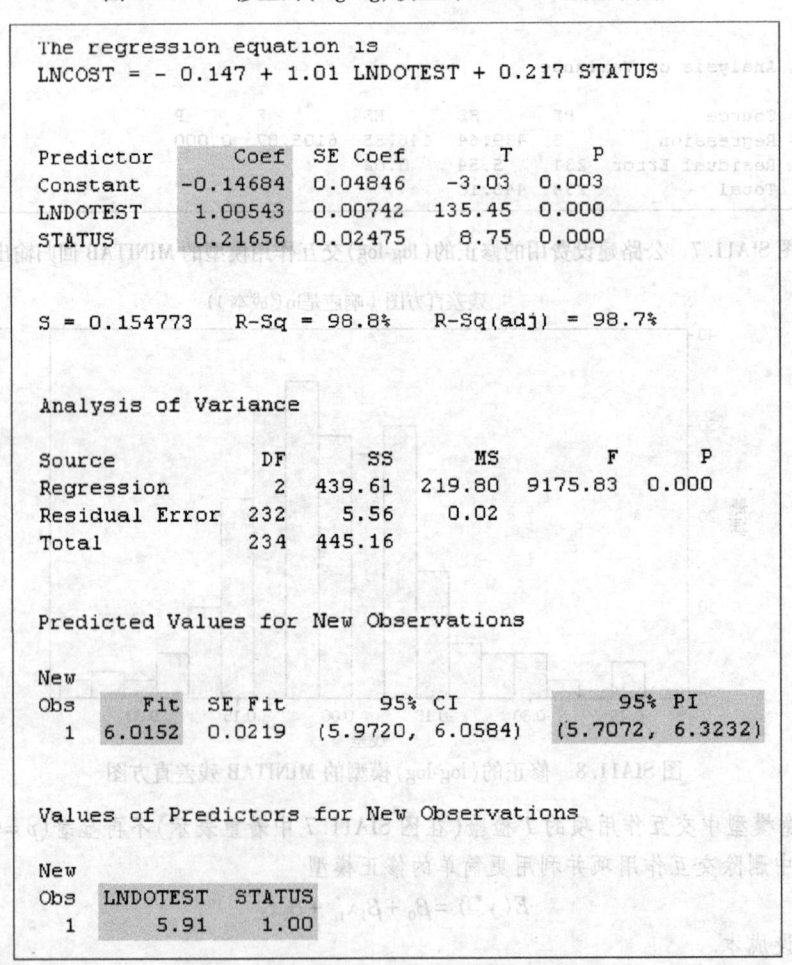

图 SIA11.10 公路建设费用的较简单的修正(log-log)模型的 MINITAB 回归输出

$$\widehat{\ln(y)} = -0.147 + 1.01\ln(x_1) + 0.217x_2$$

假定想预测当 DOT 估计是 370 000 美元(即 x_1 = 370)且合同固定(即 x_2 = 1)时的公路建设费用. 因为 $\ln(370)$ = 5.91,将这些值代入预测方程中,得

$$\widehat{\ln(y)} = -0.147 + 1.01\ln(x_1) + 0.217x_2 = -0.147 + 1.01(5.91) + 0.217(1) = 6.02$$

为了将这个预测的自然对数值转化成千美元,我们取反对数, $e^{6.02}$ = 411.6. 因此,对 DOT 费用估计为 370 000 美元固定的道路合同,模型预测的建设费用为 411 600 美元.

预测的 $\ln(y)$ 和相应的 95% 预测区间 (5.71, 6.32) 显示(着重)在 MINITAB 输出图 SIA11.10 的底部,通过取区间端点的反对数,得到 $e^{5.71}$ = 301.9 和 $e^{6.32}$ = 555.6. 因此,模型预测(以 95% 的置信)对 DOT 费用估计为 370 000 美元的固定的公路合同费用落在 301 900 ~ 555 600 美元之间. 注意预测区间的宽阔范围,这是由于有相对较大的模型标准差 s. 尽管模型对预测合同费用似乎是统计有用的,但可能不是"实际"有用的. 为了降低 s 的大小,佛罗里达首席检察官需要提高模型的预测能力.

快速回顾

重要公式

$\hat{\boldsymbol{\beta}} = (X'X)^{-1}X'Y$	最小二乘解的矩阵表示
$SSE = Y'Y - \hat{\boldsymbol{\beta}}'X'Y$	误差平方和的矩阵表示
$s^2 = MSE = \dfrac{SSE}{n-(k+1)}$	对含有 k 个自变量模型的 σ^2 的估计
$\text{Var}(\hat{\beta}_j) = c_{jj}\sigma^2$,其中 c_{jj} 是矩阵 $(X'X)^{-1}$ 的第 j 个对角元素	β 估计的方差
$T = \dfrac{\hat{\beta}_i}{s_{\hat{\beta}_i}}$	检验 $H_0: \beta_i = 0$ 的检验统计量
$\hat{\beta}_i \pm (t_{\alpha/2})s_{\hat{\beta}_i}$,其中 t 分布的自由度是 $n-(k+1)$	$\beta_i = 0$ 的 $100(1-\alpha)\%$ 置信区间
$R^2 = \dfrac{SS_{yy} - SSE}{SS_{yy}}$	多重决定系数
$R_a^2 = 1 - \left[\dfrac{n-1}{n-(k+1)}\right](1-R^2)$	调整的多重决定系数
$F = \dfrac{MS(\text{模型})}{MSE} = \dfrac{R^2/k}{(1-R^2)/[n-(k+1)]}$	检验 $H_0: \beta_1 = \beta_2 = \cdots = \beta_k = 0$ 的检验统计量
$\hat{y} \pm t_{\alpha/2}(s)\sqrt{\boldsymbol{a}'(X'X)^{-1}\boldsymbol{a}}$	当 $\boldsymbol{a}' = [1, x_1, \cdots, x_k]$ 时,$E(y)$ 的 $100(1-\alpha)\%$ 置信区间
$\hat{y} \pm t_{\alpha/2}(s)\sqrt{1+\boldsymbol{a}'(X'X)^{-1}\boldsymbol{a}}$	当 $\boldsymbol{a}' = [1, x_1, \cdots, x_k]$ 时,y 的 $100(1-\alpha)\%$ 置信区间
$E(y) = \beta_0 + \beta_1 x_1 + \beta_2 x_2$	含有两个定量自变量的一阶模型
$E(y) = \beta_0 + \beta_1 x_1 + \beta_2 x_2 + \beta_3 x_1 x_2$	含有两个定量自变量的交互作用模型
$E(y) = \beta_0 + \beta_1 x + \beta_2 x^2$	二次模型
$y - \hat{y} = \hat{\varepsilon}$	回归残差
$(y - \hat{y})/s$	标准化残差
$y_i - y_{(i)}$	删除的残差

符号汇集

符号	说明
x_1^2	在 y 与 x 的关系中允许弯曲的二次项
$x_1 x_2$	交互作用项
MSE	误差的均方(估计 σ^2)
β_i	模型中 x_i 的系数
$\hat{\beta}_i$	β_i 的最小二乘估计
$s_{\hat{\beta}_i}$	$\hat{\beta}_i$ 估计的标准误
R^2	多重决定系数
R_a^2	调整的多重决定系数
F	检验模型整体有用性的检验统计量
$\hat{\varepsilon}$	估计的随机误差或残差
$\ln(y)$	因变量的自然对数

本章总结提示

- **多重回归的步骤**：(1)假设模型的确定性分量形式；(2)用最小二乘法估计未知参数 β；(3)对随机误差(ε)作假定；(4)检查假定，对模型作修正；(5)统计评价模型的恰当性；(6)如果认为有用，利用模型进行估计和预测.

- **ε 的 4 个假定**：(1) ε 的均值是 0；(2)对所有的 x 值，ε 的方差是不变的；(3) ε 的分布是正态分布；(4) ε 值独立.

- **k 个定量变量 x 的一阶模型**：$E(y) = \beta_0 + \beta_1 x_1 + \cdots + \beta_k x_k$，其中每个 β_i 表示当其他变量 x 固定时，x_i 每增加一个单位 y 的改变量.

- **调整的决定系数**(R_a^2)不能通过在模型中添加自变量而"逼近"1.

- **推荐检查模型的统计效用**：(1)进行全局 F 检验；(2)如果检验是显著的，仅对"最重要"的 β 参数进行 T 检验；(3)解释 $2s$ 的值；(4)解释 R_a^2 的值.

- **2 个定量变量 x 的交互作用模型**：$E(y) = \beta_0 + \beta_1 x_1 + \beta_2 x_2 + \beta_3 x_1 x_2$，其中 $(\beta_1 + \beta_3 x_2)$ 表示固定 x_2 时，x_1 每增加一个单位 y 的改变量，$(\beta_2 + \beta_3 x_1)$ 表示固定 x_1 时，x_2 每增加一个单位 y 的改变量.

- 一旦检验认为交互作用是重要的，则不对模型中的一阶项进行 T 检验.

- **1 个定量变量 x 的二次模型**：$E(y) = \beta_0 + \beta_1 x + \beta_2 x^2$，其中 $\beta_2 > 0$ 意味着向上弯曲，$\beta_2 < 0$ 意味着向下弯曲.

- 一旦检验认为模型是曲线的，则不对模型中的一阶项进行 T 检验.

- **回归残差的性质**：(1)残差和等于 0；(2)残差平方和 = SSE.

- **检测错误指定模型**：对模型中每个定量变量画残差散点图，寻找趋势(例如非线性趋势).

- **识别异常值**：找出绝对值大于 $3s$ 的残差.

- **识别强影响观测值**：找出绝对值大于 $3s$ 的删除的残差.

- **检测非正态误差**：画残差的直方图、茎叶图或正态概率图，寻找与正态性的严重偏离.

- **检测非常数的误差方差**(即异方差性)：画关于 $\hat{y}$ 的残差散点图，寻找模式(例如锥形模式).

- **多重共线性**出现在模型中的两个或多个自变量 x 相关时.

- **多重共线性的指示器**:(1)高度相关的 x;(2)全局 F 检验显著,但所有的 T 检验不显著;(3) β 估计值的符号与预期的相反.
- **外推**发生在对落在样本数据范围之外的 x 值预测 y 时.

补充应用练习

11.62 车辆拥塞研究. 参考练习 10.75,*Journal of Engineering for Industry* 关于在自动化仓库中车辆拥塞的研究. 车辆数(x)和拥塞时间(y)的数据复制在表中,考虑直线模型 $E(y)=\beta_0+\beta_1 x$.

a. 对此数据构造 Y 和 X 矩阵.
b. 求 $X'X$ 和 $X'Y$.
c. 求最小二乘估计 $\hat{\boldsymbol{\beta}}=(X'X)^{-1}X'Y$.(注:计算 $(X'X)^{-1}$ 的信息参见定理 A.1.)
d. 求 SSE 和 s^2.
e. 用 $\alpha=0.01$ 进行检验 $H_0:\beta_1=0$ 对 $H_a:\beta_1>0$.
f. 计算并解释 R^2.
g. 计算并解释当 $x=5$ 时,y 的 99% 预测区间.

WAREHOUSE

车辆数 x	拥塞时间 y(min,%)
1	0
2	0
3	2
4	1
5	1
6	1
7	3
8	3
9	2
10	4
11	4
12	4
13	3
14	4
15	5

资料来源:Pandit, R., and U.S. Palekat, "Response time considerations for optimal warehouse layout design." *Journal of Engineering for Industry*, Transactions of the ASME, Vol.115, Aug.1993, p.326(表 2).

11.63 液体的光密度. 超聚超氟丙烯氧化物,即 PPFPO 是一种黏性液体,作为滑润剂广泛地应用于电子工业. *Applied Spectroscopy*(1986 年 1 月)的一份研究报告考察了 PPFPO 的红外线反射谱性质,在铂金埃尔型 621 红外线分光仪中,对不同波段频率(x_1)和胶片厚度(x_2)的实验设置,记录 PPFPO 的主要红外线吸收的光密度(y),结果在表格中给出.

PPFPO

光密度 y	波段频率 x_1(cm^{-1})	胶片厚度 x_2(mm)
0.231	740	1.1
0.107	740	0.62
0.053	740	0.31
0.129	805	1.1
0.069	805	0.62
0.030	805	0.31
1.005	980	1.1
0.559	980	0.62
0.321	980	0.31
2.948	1 235	1.1
1.633	1 235	0.62
0.934	1 235	0.31

资料来源:Pacansky, J., England, C.D., and Waltman, R. "Infrared spectroscopic studies of poly(perfluoropropyleneoxide) on gold substrates: A classical dispersion analysis for the refractive index." *Applied Spectroscopy*, Vol.40, No.1, Jan.1986, p.9(表 1).

考虑一阶模型
$$E(y)=\beta_0+\beta_1 x_1+\beta_2 x_2$$

a. 对此数据构造 Y 和 X 矩阵.
b. 求 $X'X$ 和 $X'Y$.
c. 用附录 A.4 介绍的方法,求 $(X'X)^{-1}$(保证计算结果到 6 位有效数字).
d. 求 $\hat{\beta}$ 矩阵和最小二乘预测方程.
e. 求 s,并解释它的值.
f. 计算并解释 R_a^2.
g. 用 $\alpha=0.10$ 对整体模型的恰当性进行检验.
h. 找出并解释 β_1 的 90% 置信区间.
i. 找出并解释 β_2 的 90% 置信区间.
j. 计算并解释当 $x_1=950,x_2=0.62$ 时,y 的 90% 预测区间.

11.64 液体的光密度. 参考练习 11.63,*Applied Spectroscopy* 对液体 PPFPO 的红外吸收的光密度(y)的研究. 除了光密度,还测量了 12 次试验的波段频率(x_1)和胶片厚度(x_2).(数据保存在文件 PPFPO 中.)

```
The regression equation is
DENSITY = - 0.214 + 0.000257 FREQ - 3.72 THICK + 0.00497 FREQ_THICK


Predictor         Coef      SE Coef       T       P
Constant       -0.2143       0.6866   -0.31   0.763
FREQ         0.0002567    0.0007157    0.36   0.729
THICK          -3.7200       0.9147   -4.07   0.004
FREQ_THICK   0.0049655    0.0009535    5.21   0.001


S = 0.205676    R-Sq = 96.0%    R-Sq(adj) = 94.5%


Analysis of Variance

Source          DF       SS       MS       F       P
Regression       3   8.0481   2.6827   63.42   0.000
Residual Error   8   0.3384   0.0423
Total           11   8.3865
```

练习 11.64 的 MINITAB 输出

a. 写出光密度(y)作为波段频率(x_1)和胶片厚度(x_2)函数的交互作用模型.

b. 给出陈述"波段频率和胶片厚度交互作用"的实际解释.

c. a 中交互作用模型的 MINITAB 输出如上图,给出最小二乘预测方程.

d. 有充分的证据($\alpha=0.01$)说明波段频率和胶片厚度存在交互作用吗?

e. 对胶片厚度的每一个水平(x_2),利用模型的 β 估计画出光密度(y)和波段频率(x_1)之间的关系.

11.65 化学制品产量研究. 为了研究温度(T)和压强(P)对化学制品产量 y 的影响, 现进行一项实验. 有两个因素(温度和压强),每一个因素在两个水平上保持不变, T 取 50℃ 和 70℃, P 取 10 lb/in² 和 20 lb/in², 测量 4 个不同组合下的产量, 结果如下表所示.

🌐 CHEMYLD

温度	压强	产量
50	10	24.5
50	10	26.0
50	20	28.4
50	20	28.1

(续)

温度	压强	产量
70	10	22.1
70	10	20.8
70	20	16.7
70	20	15.3

a. 对数据拟合线性模型:
$$E(y) = \beta_0 + \beta_1 x_1 + \beta_2 x_2 + \beta_3 x_1 x_2$$

b. 用 $\alpha=0.01$ 对模型的整体恰当性进行检验.

c. 有充分的证据说明温度和压强之间存在交互作用吗? 用 $\alpha=0.01$ 检验.

11.66 混凝土的渗透性. J. Vuorinen 进行了一系列实验来收集关于混凝土渗透性系数的信息(*Magazine of Concrete Research*. 1985 年 9 月). 在一个实验中, 对混凝土不同渗透性和孔隙率的组合, 将混凝土样品置于饱和水压下一段时间后, 记录从混凝土样品微孔中渗出的水量. 对一种渗透性和孔隙率的组合, 经不同时间间隔得到的水量列在下表中.

🌐 CONPERM1

时间 $t(s)$	渗出的水量 W(克/每筒)
201	3.88
325	4.93

（续）

时间 $t(s)$	渗出的水量 W（克/每筒）
525	6.42
775	7.80
975	8.72
1 200	9.60

资料来源：Vuorinen, J. "Applications of diffusion theory to permeability tests on concrete, Part II: Pressure-saturation test on concrete and coefficient of permeability." *Magazine of Concrete Research*. Vol. 37, No. 132, Sept. 1985. p. 156(表 II.I).

a. 根据 Vuorinen 的理论，对于大多数的渗透性和孔隙率组合来说，渗出的水量与时间的平方根大致呈线性关系，对表中的数据拟合下列模型：
$$E(w) = \alpha_0 + \alpha_1 \sqrt{t}$$

b. 有充分的证据表明渗出的水量与时间的平方根呈线性关系吗？用 $\alpha = 0.1$ 检验．

11.67 **混凝土的渗透性**（续）．参考练习 11.66，Vuorinen 用 9 个孔隙率和渗透性组合拟合了渗水量与时间的关系模型，并用这个结果提出了混凝土渗透系数 y 的模型．特别地，拟合模型⊖
$$E(y) = \beta_0 + \beta_1 x_1 + \beta_2 x_2$$
其中，x_1 = 水泥的孔隙率，x_2 = 相应于渗水量与时间回归直线估计的斜率系数（$\hat{\alpha}_1$）．数据列在下表中．

🌐 **CONPERM2**

渗透性系数 y $(m/s) \times 10^{-11}$	孔隙率 x_1	估计的渗水量—时间的斜率系数 x_2
1.00	0.050	0.903
1.00	0.035	0.722
1.00	0.025	0.590
0.10	0.050	0.345
0.10	0.035	0.282
0.10	0.025	0.233
0.01	0.050	0.103
0.01	0.035	0.091
0.01	0.025	0.078

资料来源：Vuorinen, J. "Applications of diffusion theory to permeability tests on concrete, Part II: Pressure-saturation test on concrete and coefficient of permeability." *Magazine of Concrete Research*. Vol. 37, No. 132, Sept. 1985. p. 156(表 II.I).

a. 求最小二乘预测方程并解释 β 估计值．
b. 检验整体模型的恰当性，并解释检验的 p 值．
c. 有证据表明混凝土孔隙率 x_1 是渗透性系数 y 的有用预测量吗？用 $\alpha = 0.05$ 检验．
d. 有证据表明估计的渗水量与时间关系的斜率是渗透性系数 y 的有用预测量吗？用 $\alpha = 0.05$ 检验．
e. 求 R^2 的值并解释．
f. 求 σ 的估计值，并解释该值．
g. 当 $x_1 = 0.05$，$x_2 = 0.30$ 时，求 y 的 95% 预测区间并解释结果．

11.68 **雪鹅的喂养试验**．*Journal of Applied Ecology*（Vol.32，1995）发表了一篇关于幼雪鹅喂养习惯的文章．在 42 个喂养试验中，幼鹅的体重变化、消化效率、酸性洗涤纤维（均以百分比度量）和食物（植物或鸭食）数据保存在文件 SNOWGEESE 中．选择的观测值列在下表中，植物学家感兴趣的是预测体重变化 y 作为其他变量的函数关系．考虑一阶模型 $E(y) = \beta_0 + \beta_1 x_1 + \beta_2 x_2$，其中 x_1 为消化效率，x_2 为酸性洗涤纤维．

a. 求体重变化 y 的最小二乘预测方程．
b. 解释 a 中方程的 β 估计值．
c. 通过检验确定消化效率 x_1 是否为体重变化的有用线性预测量，用 $\alpha = 0.01$ 检验．
d. 求 β_2 的 99% 置信区间，并解释结果．
e. 计算并解释 R^2 和 R_a^2，哪个统计量推荐为模型拟合的度量？请解释．
f. 整体模型对预测体重变化是否统计有用？用 $\alpha = 0.05$ 检验．

🌐 **SNOWGEESE**（前 5 个和最后 5 个实验值）

喂养试验	食物	体重改变（%）	消化效率（%）	酸性洗涤纤维（%）
1	植物	−6	0	28.5
2	植物	−5	2.5	27.5
3	植物	−4.5	5	27.5
4	植物	0	0	32.5
5	植物	2	0	32

⊖ 事实上，Vuorinen 拟合的是对数模型 $\log(y) = \beta_0 + \beta_1 \log(x_1) + \beta_2 \log(x_2) + \varepsilon$．

（续）

喂养试验	食物	体重改变（%）	消化效率（%）	酸性洗涤纤维（%）
⋮	⋮	⋮	⋮	⋮
38	鸭食	9	59	8.5
39	鸭食	12	52.5	8
40	鸭食	8.5	75	6
41	鸭食	10.5	72.5	6.5
42	鸭食	14	69	7

资料来源: Gadallah, F. L., and Jefferies, R. L., "Forage quality in brood rearing areas of the lesser snow goose and the growth of captive goslings." *Journal of Applied Biology*, Vol. 32, No. 2, 1995. p. 281 – 282 (经图 2 和图 3 改编).

11.69 带激光的太阳能照明. 马萨诸塞大学的工程师研究了航天应用中对太阳能照明利用半导体激光器的可行性 (*Journal of Applied Physics*, 1993 年 9 月). 用量子阱激光器进行了 $n = 8$ 次试验, 日光泵的临界电流 (y) 和波导 AI 的摩尔分数 (x) 的观察结果如下:

SOLAR2

临界电流 y (A/cm^{-2})	波导 AI 摩尔分数 x
273	0.15
175	0.20
146	0.25
166	0.30
162	0.35
165	0.40
245	0.50
314	0.60

资料来源: Unnikrishnan, S., and Anderson, N. G. "Quantum-well lasers for direct solar photopumping." *Journal of Applied Physics*. Vol. 74, No. 6, Sept. 15, 1993. p. 4226 (数据摘自图 2).

a. 研究者的理论认为: 临界电流 (y) 与波导 AI 成分 (x) 之间的关系呈 U 形曲线, 假设一个相应于这个理论的模型.
b. 画出数据的散点图, 并评价研究者的理论.
c. 用最小二乘法对数据拟合二次模型 $E(y) = \beta_0 + \beta_1 x + \beta_2 x^2$.
d. 用 $\alpha = 0.1$ 对研究者的理论进行检验.

11.70 塑料成形试验. 为了研究挤压成形时压力 P 与温度 T 对一种新型塑料的强度 y 产生的影响, 进行一项试验. 对 5 种压力与温度组合都准备了两种塑料样品, 并以随机顺序试验, 记录每个样品的断裂强度. 为了计算方便, 对自变量采取编码如下:

$$x_1 = \frac{P - 200}{10} \quad x_2 = \frac{T - 400}{25}$$

$n = 10$ 个数据列在表中.

PLASTIC

y	x_1	x_2
5.2; 5.0	-2	2
0.3; -0.1	-1	-1
-1.2; -1.1	0	-2
2.2; 2.0	1	-1
6.2; 6.1	2	2

a. 给出拟合模型 $y = \beta_0 + \beta_1 x_1 + \beta_2 x_2 + \varepsilon$ 所需要的矩阵 X 和 Y.
b. 求最小二乘预测方程, 解释 β 估计值.
c. 计算 SSE、s^2 和 s, 解释 s 的值.
d. 这个模型对预测 y 贡献信息了吗? 用 $\alpha = 0.05$ 检验.
e. 计算 R^2 并解释.
f. 用 $\alpha = 0.05$ 检验原假设 $\beta_1 = 0$, 这个检验的实际意义是什么?
g. 当 $x_1 = -2$, $x_2 = 2$ 时, 计算塑料平均强度的 90% 的置信区间.
h. 假设一个塑料样品安装在道格拉斯 DC-10 飞机引擎上. 当 $x_1 = -2$, $x_2 = 2$ 时, 计算这个样品强度的 90% 的预测区间.

11.71 行走研究. *American Scientist* (1998 年 7 月至 8 月) 公布了关于自回避行走和无根行走之间关系的研究. 在自回避行走中, 从来不会重复或穿过自己的路径, 而无根行走是起点和终点无法分辨的一种路径. 各种长度的每种类型行走的可能个数记录在下表中. 假定想对无根行走个数 (y) 作为行走长度 (x) 的函数建模, 考虑二次模型 $E(y) = \beta_0 + \beta_1 x + \beta_2 x^2$, 有充分的证据说明 y 和 x 之间的关系是上凹的曲线吗? 用 $\alpha = 0.1$ 检验.

WALK

行走长度 (步数)	无根行走	自回避行走
1	1	4
2	2	12

行走长度(步数)	无根行走	(续) 自回避行走
3	4	36
4	9	100
5	22	284
6	56	780
7	147	2 172
8	388	5 916

资料来源：Hayes, B. "How to avoid yourself." *American Scientist*, Vol. 86, No. 4, July-Aug. 1998, p. 317(图 5)

11.72 **类星体的外层空间调查**. 类星体是提供无线电传递能量强大源泉的远距离天体(至少 40 亿光年远). *The Astronomical Journal*(1995 年 7 月)报告了通过外层空间调查发现 90 个类星体的研究. 这个调查使天文学家能够测量每个类星体的一些不同的定量特征，包括红移范围、线电通量($erg/cm^2 \cdot s$)、线光度(erg/s)、AB_{1450} 大小、绝对星等、静止框架等效宽度，25 个大(红移)类星体的样本数据保存在文件 QUASAR 中.(几个类星体的数据列在下表中.)

a. 为等效宽度 y 作为表中前 4 个变量的函数建立一阶模型.
b. 对数据拟合一阶模型，给出最小二乘预测方程.
c. 解释模型中的 β 估计值.
d. 用 $\alpha = 0.05$ 检验模型的整体恰当性.
e. 用 $\alpha = 0.05$ 检验确定红移(x_1)对等效宽度(y)的线性预测是否有用.
f. 对文件 QUASAR 中的第一个类星体，求它的等效宽度(y)的 95% 预测区间，并解释.

QUASAR(前 5 个类星体的数据)

类星体	红移(x_1)	线电通量(x_2)	线光度(x_3)	AB_{1450} x_4	绝对星等 (x_5)	静止框架等效宽度 (y)
1	2.81	−13.48	45.29	19.50	−26.27	117
2	3.07	−13.73	45.13	19.65	−26.26	82
3	3.45	−13.87	45.11	18.93	−27.17	33
4	3.19	−13.27	45.63	18.93	−27.39	92
5	3.07	−13.56	45.30	19.59	−26.32	114

资料来源：Schmidt, M., Schneider D. P., and Gunn, J. E. "Spectroscopic CCD surveys for quasars at large redshift." *The Astronomical Journal*, Vol. 110, No. 1, July 1995, p. 70(表 1).

11.73 **城市空气分析**. 东京都立大学的化学工程师分析城市空气样品中存在的低分子二羧酸(*Environmental Science and Engineering*, 1993 年 10 月). 从东京市区收集到的 19 个空气样品的二羧酸(全碳量的百分比)和氧化剂浓度数据列在表中，考虑二羧酸百分比 y 与氧化剂浓度 x 之间的直线模型，进行完整的残差分析.

URBANAIR

二羧酸 (%)	氧化剂浓度 (ppm)	二羧酸 (%)	氧化剂浓度 (ppm)
0.85	78	1.60	60
1.45	80	1.20	62
1.80	74	1.30	57
1.80	78	0.20	49

二羧酸 (%)	氧化剂浓度 (ppm)	二羧酸 (%)	(续) 氧化剂浓度 (ppm)
0.22	34	0.80	40
0.40	36	0.90	45
0.50	32	1.22	41
0.38	28	1.00	34
0.30	25	1.00	25
0.70	45		

资料来源：Kawamura, K., and Ikushima, K. "Seasonal changes in the distribution of dicarboxylic acids in the urban atmosphere." *Environmental Science & Technology*, Vol. 27, No. 10, Oct. 1993. p. 2232, 从图 4 中抽取的数据.

11.74 **碳硅石的弹性**. 碳硅石由于硬度极高而成为一种受欢迎的研磨材料，碳硅石的另外一个重要性质是它的弹性. Journal of Applied Physics(1993年9月)研究了这种材料的弹性性质,用金刚石压腔将碳硅石、氯化钠和黄金以 33:99:1 的体积比例压缩成一种混合物. 测量 11 个不同压强(GPa)下压缩的混合物体积 y(相对于 0 压强时的体积),结果列在表中.

ELASTICITY

压缩体积 $y(\%)$	压强 $x(GPa)$	压缩体积 $y(\%)$	压强 $x(GPa)$
100	0	85.2	51.6
96	9.4	83.3	60.1
93.8	15.8	82.9	62.6
90.2	30.4	82.9	62.6
87.7	41.6	81.7	68.4
86.2	46.9		

资料来源:Bassett, W. A., Weathers, M. S., and Wu, T. G. "Compressibility of SiC up to 68.4 GPa." *Journal of Applied Physics*, Vol.74, No.6, Sept.15, 1993, 3825 页(表1).

a. 对数据拟合直线模型 $E(y) = \beta_0 + \beta_1 x$.
b. 对此模型计算回归残差.
c. 作关于 x 的残差图,能发现什么趋势吗?
d. 根据 c 的残差图提出另一个模型.
e. 拟合并分析 d 中的模型.

11.75 降雨过程中的土壤流失. 在降雨过程中,用作土壤肥料的磷会污染淡水资源,因此,水质工程师估计水中溶解磷的总量是很重要的. *Geoderma*(1995年6月)刊登了在俄克拉荷马收集的 20 个肥料分段的水样中,土壤流失与溶解磷百分比之间的关系研究,数据在下表中给出.

a. 画出数据的散点图,发现线性或曲线趋势了吗?
b. 对给定的数据拟合二次模型 $E(y) = \beta_0 + \beta_1 x + \beta_2 x^2$.
c. 通过检验确定溶解磷百分比(y)与土壤流失量(x)之间是否存在曲线关系,用 $\alpha = 0.05$ 检验.

PHOSPHOR

水样	土壤流失 x(千米/半英亩)	溶解磷百分比 y
1	18	42.5
2	17	50.2
3	35	52.7
4	16	77.1
5	14	36.8

(续)

水样	土壤流失 x(千米/半英亩)	溶解磷百分比 y
6	54	17.5
7	153	66.4
8	81	67.5
9	183	28.9
10	284	15.1
11	767	20.1
12	148	38.3
13	649	5.6
14	479	8.6
15	1 371	5.5
16	9 150	4.6
17	15 022	2.2
18	69	77.9
19	4 392	7.8
20	312	42.9

资料来源:Sharpley, A. N., Robinson, J. S., and Smith S. J. "Bioavailable phosphorus dynamics in agricultural soils and effects on water quality." *Geoderma*. Vol.67, No.1-2, June 1995, p.11(表4).

ASWELLS

11.76 地下水中的砷. 参考练习 11.24 *Environmental Science & Technology*(2005年1月)关于检验地下水中砷的商用设备可靠性研究. 回忆对保存在文件 ASWELLS 中的数据拟合了砷水平 y 作为纬度、经度及深度的函数的一阶模型. 对模型进行完整的残差分析,你建议对模型进行一些修正吗?

PONDICE

11.77 海冰溶化池的特征. 参考练习 11.43 中冰表面反照率的研究,对保存在文件 PONDICE 中的数据拟合了宽带表面反照率水平(y)作为池深度(x)的函数的二阶模型. 对模型进行完整的残差分析,你建议对模型进行一些修正吗?

11.78 信息系统样机. 为了满足新软件产品日益增长的需要,许多系统开发专家采用了样机方法. *Journal of Computer Information Systems*(1993年春)调查了样机对系统开发生命周期(SDLC)的影响. 随机选择 500 个企业水平的管理信息系统(MIS)管理人员进行调查. 三个可能的自变量是:(1)样机对 SDLC 每阶段的重要性;(2)样机对 SDLC 提供的支持度;(3)样机代替 SDLC 每阶段的水平. 附表给出 SDLC 某个阶段调查数据中 3 个自变量两两之间的相关系数,你会建议在回归分析中使用所有 3 个自变量吗? 请解释.

变量对	相关系数
重要性 – 代替水平	0.268 2
重要性 – 支持度	0.699 1
代替水平 – 支持度	−0.053 1

资料来源:Hardgrave, B. C., Doke, E. R., and Swanson, N. E., "Prototyping effects of the system development life cycle: An empirical study." *Journal of Computer Information Systems*, Vol. 33, No. 3, Spring 1993, 16 页(表1).

11.79 烧结试验. 烧结是一种最重要的材料科学技术,用来将粉状材料转化为多孔的固体物体. 下面两种度量刻画了最终产品的特征:

V_V = 最终产品中固体部分所占体积百分比
$$= \left(\frac{\text{固体体积}}{\text{气孔体积} + \text{固体体积}}\right) \cdot 100$$

S_V = 产品的每单位体积中固体表面积 = 气孔表面积

当 $V_V = 100\%$ 时,产品完全是固体,即它不含有孔. V_V 和 S_V 都是通过显微镜观察烧结材料的磨光截面估计的. 一般地,粉状材料烧结的时间越长,产品中固体成分会越多. 因此,我们预计随着烧结时间的增加,S_V 减少,而 V_V 增加. 下表给出了在 6 个不同的烧结时间下⊖,100 个烧结镍样品的 S_V(cm^2/cm^3) 和 V_V(百分比)的样本均值和样本标准差.

a. 以烧结时间为横坐标, S_V 的样本均值为纵坐标画出散点图,为 S_V 的样本均值与烧结时间 x 之间的关系假设一个线性模型.

b. 以烧结时间为横坐标, V_V 的样本均值为纵坐标画出散点图,为 V_V 的样本均值与烧结时间 x 之间的关系假设一个线性模型.

c. 拟合 $E(S_V)$ 关于烧结时间 x 的线性模型,说明数据可能违背 11.2 节中的假定. 你建议对模型做何种修改?

d. 考虑 V_V 关于烧结时间 x 的二次模型,对给出的数据拟合模型 $E(V_V) = \beta_0 + \beta_1 x + \beta_2 x^2$,并进行完整的回归分析. 最后,预测烧结时间为 150 min 时 V_V 的值.

e. 表中给出的 S_V 的标准差的不稳定值表明 c 中的模型很可能违背了等方差的标准回归假定,我们可以将响应变量变换成一个具有不变方差的新的响应变量来满足这个假定条件. 考虑自然对数变换 ⊖ $S_V^* = \ln(S_V)$. 对数据拟合模型 $E(S_V^*) = \beta_0 + \beta_1 x$,并给出最小二乘预测方程.

f. e 中的模型对预测 $\ln(S_V)$ 合适吗? 用 $\alpha = 0.05$ 检验.

g. 参考 e 的模型. S_V 的预测值是反对数:

$$\hat{S}_V = e^{\widehat{\ln(S_V)}}$$

为了得到 S_V 的预测区间,需要对 S_V^* 的预测区间端点取反对数 ⊖. 计算烧结时间为 150 min 时, S_V 的 95% 预测区间.

🌐 **SINTERING**

样本	时间 (min)	S_V 均值	标准差	V_V 均值	标准差
1	1.0	1 076.5	295.0	95.83	1.2
2	10.0	736.0	181.9	96.73	2.1
3	28.5	509.4	154.7	97.38	2.1
4	150.0	299.5	161.0	97.82	1.5
5	450.0	165.0	110.4	99.03	1.3
6	1 000.0	72.9	76.6	99.49	1.1

⊖ 数据和试验信息由刘国权(音译)在佛罗里达大学访学时提供.
⊖ 为了看对数变换的稳定性效果,可以用计算器计算表中给出的 S_V 标准差的对数,注意,变换后的值呈现较小的变动.
⊖ 遗憾的是,不能用取反对数的方法求平均响应 $E(y)$ 的置信区间,因为 $\ln(y)$ 的平均值不等于 y 的平均值的自然对数.

第12章 模型构建

目标 说明为什么线性模型的确定性分量对于获得好的预测方程非常重要. 给出一些基本概念和构造好的线性模型的方法.

活动中的统计学: 取消州内货车运输业管制

我们用一个工程经济学中的实际研究来说明本章给出的建模方法. 考虑建立佛罗里达州汽车运输服务(例如货车运输)的收费价格模型. 在20世纪80年代前期, 几个州取消了州内货车运输服务收费率的强制性管制(佛罗里达州在1980年7月1日第一个取消该政策). 在这之前, 州内确定了公共服务委员会审查批准的汽车运输服务价格表. 一经审批, 个体承运人便不得偏离这些官方收费率. 这里分析的目标是双重的: (1)评估取消对佛罗里达州汽车运输服务收费管制的影响, (2)估计供应价格的回归模型来预测未来价格.

为此目的, 使用的数据($n=134$个观测值)来源于佛罗里达州由取消管制前后州内主要运营商构成的超过27 000个个体承运人的总体. 这里只对从迈阿密或者杰克逊维尔出发的特定承运人的货运感兴趣. 感兴趣的因变量y是每吨·英里收费(按1980美元计)的自然对数. 对预测y有用的自变量在表SIA12.1中列出, 该数据保存在TRUCKING文件中.

TRUCKING

表SIA12.1 用于预测货运价格的自变量

变量名称	描述
距离	行驶里程(百英里)
重量	运输货物的重量(klb)
装载率	货车装载量百分比
出发地	出发的城市(迈阿密或杰克逊维尔)
市场	目的地市场规模(大或小)
管制	取消管制的影响(是或否)
货物	货物分类(100, 150或200)——该数值大致对应于所运输的货物的价值重量比(价值高的货物划分在高的类别中)

在本章末"活动中的统计学回顾"中, 将应用本章提到的建模方法估计货运价格模型, 并用该模型检查取消管制的影响.

12.1 引言: 为什么模型构建很重要

在第10和11章我们已经强调了构造一个回归模型的第一步是概率模型确定性分量的假设形式. **模型的建立**或模型构造是回归分析成功(或者失败)的关键一步. 如果假设的模型不能反映或至少不能近似地反映平均响应$E(y)$和自变量$x_1, x_2, \cdots, x_k$之间关系的真实情况, 建模将是不值得的.

建立模型意味着构造一个模型, 它能为一组数据提供好的拟合, 对y的均值给出好的估计, 且对于给定的自变量值, 给出未来y值的好的预测. 例如, 假定想得到某种塑料的断裂强度y与生产塑料时的压强x之间的关系, 而我们不知道二阶模型

$$E(y) = \beta_0 + \beta_1 x + \beta_2 x^2$$

可以使我们得到误差很小的 y 的预测（见图 12.1a）. 遗憾的是，错误地选择了一阶模型

$$E(y) = \beta_0 + \beta_1 x$$

来解释 x 和 y 之间的关系（见图 12.1b）.

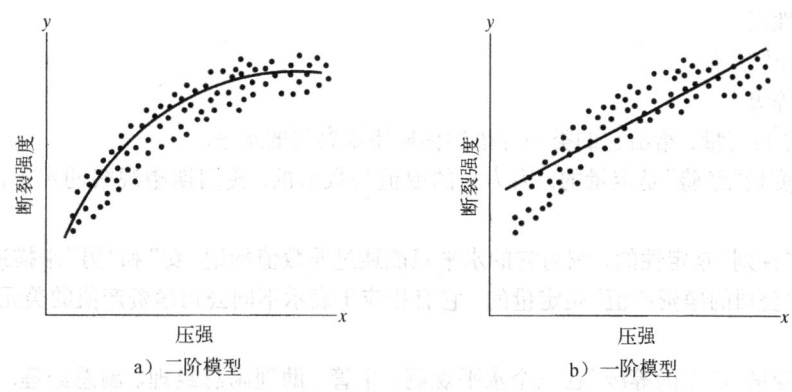

a) 二阶模型　　　　　　　　　b) 一阶模型

图 12.1　联系断裂强度 y 和压强 x 的两个模型

对比图 12.1a 和图 12.1b 可以清楚地看到选择错误模型的结果. 与一阶模型相比，二阶模型的预测误差相对较小. 这个简单例子的教训是明显的，选择一组合适的自(预测)变量 $x_1, x_2, \cdots, x_k$ 不能保证好的预测方程，除了选择包含关于 y 某种信息的自变量，还必须指定一个能联系 y 和 $x_1, x_2, \cdots, x_k$ 的公式，为那些数据提供一个好的拟合.

本章将讨论多元回归分析中最复杂的一部分——$E(y)$ 的好模型形式. 尽管在这一章里提出的几个模型已经在第 11 章里介绍过，还是假定读者很少或没有建立模型的基础知识，本章将为多元回归使用者建立模型提供基本指导.

12.2　自变量的两种类型：定量的和定性的

回想第 1 章，在实际背景下产生的两种数据类型：**定量的**和**定性的**. 对于这里所考虑的回归分析类型，因变量总是定量的，但是自变量可以是定量的，也可以是定性的. 如下面所述，自变量进入模型的方式依赖于它的类型. 这里再次陈述第 1 章的定量变量和定性变量的定义.

定义 12.1　**定量**自变量是可能取值相应于直线上的点的数值的变量；不是定量变量且本质上是分类的自变量称作**定性**的.

计算机开始处理数据之前的等待时间、一件产品上的瑕疵数和每天用电的度数都是定量自变量的例子. 另一方面，回想在污染的田纳西河发现的三种类型的鱼(海峡鲶鱼、大嘴鲈鱼和小口胭脂鱼). 种类作为一个变量是定性的，因为它不能由一个数值尺度来度量. 由于不同种类的鱼可能有不同的 DTT 污染水平，因此把它作为田纳西河中鱼的平均 DTT 污染水平 y 的预测模型里的一个自变量.

定义 12.2　自变量的不同的强度(值)设置称作**水平**.

对于一个定量自变量，水平相应于可能的取值. 例如，如果一个产品的瑕疵数范围是 $0 \sim 3$，那么自变量有 4 个水平：0，1，2 和 3.

定性变量的水平不是数值的，只能通过它们的描述来定义. 例如，在三个水平(海峡鲶鱼、大嘴

鲈鱼、小口胭脂鱼)观测鱼种类自变量.

例 12.1 **识别变量的类型** 假定我们的任务是预测一家高科技公司全体行政人员的薪水,它是下面 4 个自变量的函数:

a. 员工的经验(年数).

b. 员工的性别.

c. 公司的净资产值.

d. 员工的等级.

对于每一个自变量,给出它的类型并描述你期望观察到的水平.

解 a. 自变量"经验"是定量的,因为它的取值是数值的. 我们期望观察的水平范围(大概)是 0~40 年.

b. 自变量"性别"是定性的,因为它的水平只能通过非数值标记"女"和"男"来描述.

c. 自变量"公司的净资产值"是定量的,它有相应于表示不同公司净资产值的美元价值范围的很多可能水平.

d. 假定自变量"员工的等级"在三个水平观测:主管、助理副总经理、副总经理. 因为不能对每一个职位的相对重要性指定一个具体的数值度量,因此等级是一个定性自变量. ■

在回归模型中,定量自变量和定性变量的处理方法是不同的,下一节将开始讨论怎样在建模中使用定量变量.

应用练习

12.1 雨水的化学成分. 亚伯丁(苏格兰)大学的研究者提出了一个估计水的化学成分统计模型(*Journal of Agricultural, Biological, and Environmental Statistics*, 2005 年 3 月),一个应用是对大雨之后采集的水样本中的硝酸盐浓度(mg/L)作为水源(地下水、地表水或者地上水)的函数建模.

a. 指出此项研究中的因变量 y.

b. 指出自变量及其类型(定量的或定性的).

12.2 生物柴油燃料的特性. 柴油发动机与生物柴油燃料混合的性能是 *International Journal of Energy and Environmental Engineering*(2013 年 12 月)中的一项研究的主题. 下面列出了研究中测量的一些变量. 识别每个变量的类型(定量的或定性的).

a. 柴油类型(HSD, MO, MB100, SRO 或 B20)

b. 含水量(百万分之一)

c. 闪点温度(℃)

d. 燃料密度(毫克/立方米)

e. 烟灰沉积物的位置(气缸盖、活塞冠、喷油器)

12.3 冷弯钢壁的设计. *Journal of Structural Engineering*(2013 年 5 月)中研究了冷弯型钢建筑物和墙壁的行为和设计. 下面列出了研究中测量的一些变量. 识别每个变量的类型(定量的或定性的).

(注:研究中的因变量是单个螺柱的峰值负载.)

a. 护套类型(裸露, 石膏或 OSB)

b. 在峰值强度下观察到的极限状态(局部屈曲, 弱轴弯曲或弯扭)

c. 单螺柱的峰值载荷(KN)

d. 线性位置传感器位移(mm)

12.4 水泥砂浆的特性. *International Journal of Engineering Research & Applications*(2013 年 5~6 月)中,结构工程师研究了由灰壳制成的波特兰水泥砂浆的性能. 研究中测量的变量包括以下内容. 识别每个变量的类型(定量的或定性的).(注:研究中的因变量是抗压强度.)

a. 含有灰壳的水泥混合物比率.

b. 水泥混合物中的砂含量(g)

c. 水泥混合物中的水含量(g)

d. 水泥的抗压强度(N/mm^2)

e. 水泥初凝时间(分钟数)

f. 使用的波特兰水泥类型(Ⅰ型、Ⅱ型、Ⅲ型、Ⅳ型、Ⅴ型、白色)

12.5 消防员的情感压力. *Journal of Human Stress*(1987 年夏)刊载了关于"消防员面对化学火灾时的心理反应". 作为以下自变量的函数,研究者用多元回归来预测情感压力. 指明每个自变量是定量的或者定性的. 对于定性变量,给出可能观察的几个水平. 对于定量变量, 给出可能观测的变量值 (水平) 的范围.
a. 以前发生的心理症状数量.
b. 经验年数.
c. 吸烟行为.
d. 社会援助的水平.
e. 婚姻状况.
f. 年龄.
g. 民族.
h. 化学火灾的暴露.
i. 教育水平.
j. 居住地与事故发生地的距离.
k. 性别.

12.6 荒原的层流率. 进行一项试验来研究荒原种植植物的层流率. 将下面的每个自变量分类为定量的或定性的, 并且指出变量可能取到的水平.
a. 降雨量.
b. 种植方法.
c. 灌溉率.
d. 草坡斜率.
e. 草皮类型.

12.7 有机蒸汽的吸附率. *Environmental Science & Technology* (1993年10月) 刊载了一篇研究影响有机蒸汽吸附黏土矿变量的文章. 这里列出研究中考虑的自变量和水平, 指出每个变量的类型 (定量的或者定性的).
a. 温度 (50 ℉, 60 ℉, 75 ℉, 90 ℉).
b. 相对湿度 (30%, 50%, 70%).
c. 有机化合物 (苯、甲苯、氯仿、甲醇、苯甲醚).

12.3 一元定量自变量模型

联系 y 和单个定量自变量 x 的最常见的线性模型是多项式表达式. 下面方框给出由某个指定的 p 值得到的具体模型.

一元 p 阶多项式
$$E(y) = \beta_0 + \beta_1 x + \beta_2 x^2 + \beta_3 x^3 + \cdots + \beta_p x^p$$
其中 p 是正整数, $\beta_0, \beta_1, \cdots, \beta_p$ 是必须估计的未知参数.

一元一阶 (直线) 模型
$$E(y) = \beta_0 + \beta_1 x$$
模型参数的解释如下:
β_0: y 轴截距; $x = 0$ 时 $E(y)$ 的值.
β_1: 直线的斜率; x 每增加一单位 $E(y)$ 的变化.

在希望预测 y 的 x 值范围内, 期望 x 每变化一个单位, y 的变化率保持相当稳定, 用一阶模型 (见图 12.2) 建模. $E(y)$ 和 x 之间的大部分关系是曲线的, 但是在希望预测 y 的 x 范围上曲率可能很小, 在这种情况下, 一阶 (直线) 模型可以很好地拟合数据.

一元二阶模型
$$E(y) = \beta_0 + \beta_1 x + \beta_2 x^2$$
模型参数的解释如下:
β_0: y 轴截距; $x = 0$ 时 $E(y)$ 的值.
β_1: 位移参数, 改变 β_1 值使抛物线向右或向左移动 (增加 β_1 值使抛物线向右移动).
β_2: 曲率.

二阶模型的图形是一条开口向下($\beta_2 < 0$)或向上($\beta_2 > 0$)的抛物线,如图 12.3 所示. 因为大多数关系都具有某种弯曲,因此二阶模型是联系 y 与 x 的好的选择.

一元三阶模型

$$E(y) = \beta_0 + \beta_1 x + \beta_2 x^2 + \beta_3 x^3$$

模型参数的解释如下:

β_0: y 轴截距; $x = 0$ 时 $E(y)$ 的值.

β_1: 位移参数(多项式在 x 轴上向左或向右移动).

β_2: 曲率.

β_3: β_3 的大小控制曲线的曲率正负之间转换速度.

曲率的变号不是很常见,但这样的关系可以用三阶或者更高阶多项式建模. 如图 12.3 中看到的,一个二阶模型的曲率不会变号,随 x 增大斜率连续增大或者减小,产生一个槽(最小值)或者一个峰(最大值). 一个三阶模型(如图 12.4)包含一次曲率正负间的转换就产生一个槽和一个峰. 一般地,p 阶多项式的图至多包含 $(p-1)$ 个峰和槽.

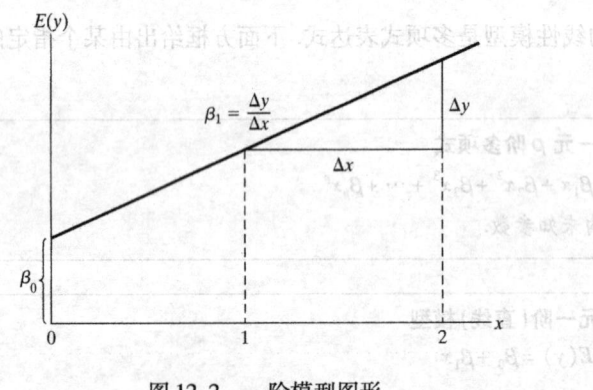

图 12.2 一阶模型图形

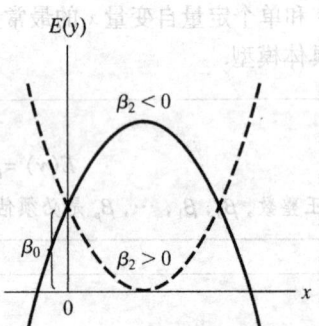

图 12.3 二阶模型图形

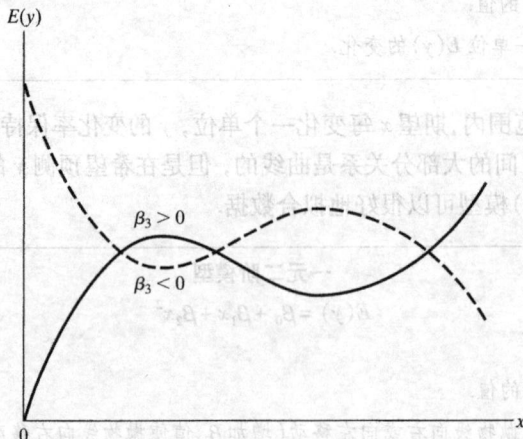

图 12.4 两个三阶模型的图形

现实中的大部分函数关系看上去都是光滑的(除了随机误差),即它们不会在方向上呈快速且不规则的正负间的转换,因此,二阶多项式模型也许在前面叙述过的模型中是最有用的. 为了更好地理解如何使用这个模型,考虑下面的例子.

例 12.2　电力负荷的高阶多项式模型　为了更有效地工作,电力公司必须能预测各个站点的高峰电力负荷,高峰电力负荷是每天为了满足需求所发电的最大值. 在需求量最大的夏季,电力公司希望用日高温 x 建立高峰电力负荷 y 的模型. 尽管公司预期当温度增加时负荷峰值也增加,但当 x 增加时,$E(y)$ 的增加速度可能不会保持不变,例如,当 100～101 ℉ 高温下增加一个单位,可能比 80～81 ℉ 下增加一个单位所需要的用电量多. 因此,公司认为 $E(y)$ 的模型应该包括二阶(平方)项,可能的话,也包括三阶(立方)项.

选取 25 天夏日的随机样本记录每天高峰负荷(MW)和高温(℉),数据列在表 12.1.

POWERLOADS

表 12.1　电力负荷数据

温度(℉)	高峰负荷(MW)	温度(℉)	高峰负荷(MW)	温度(℉)	高峰负荷(MW)
94	136.0	106	178.2	76	100.9
96	131.7	67	101.6	68	96.3
95	140.7	71	92.5	92	135.1
108	189.3	100	151.9	100	143.6
67	96.5	79	106.2	85	111.4
88	116.4	97	153.2	89	116.5
89	118.5	98	150.1	74	103.9
84	113.4	87	114.7	86	105.1
90	132.0				

a. 画数据的散点图. 图提示是哪种类型的模型.

b. 用三阶模型 $E(y) = \beta_0 + \beta_1 x + \beta_2 x^2 + \beta_3 x^3$ 拟合数据. 是否有证据说明三次项 $\beta_3 x^3$ 为预测高峰电力负荷提供了信息? 取 $\alpha = 0.05$.

c. 用二阶模型 $E(y) = \beta_0 + \beta_1 x + \beta_2 x^2$ 拟合数据,检验电力负荷的增长率随着温度的增高而增大的假设,取 $\alpha = 0.05$.

解　a. 用 MIBITAB 产生如图 12.5 所示的数据散点图,非线性且向上弯曲的趋势表明二阶模型可能很好的拟合数据.

b. 用 MINITAB 的三阶模型拟合数据,结果如图 12.6 所示. 检验
$$H_0: \beta_3 = 0$$
$$H_a: \beta_3 \neq 0$$
的 p 值在输出中着重显示为 0.911. 因为 p 值大于 $\alpha = 0.05$,因此没有充分的证据表明高峰负荷和高温之间具有三阶关系. 所以,将从模型中去掉三次项 $\beta_3 x^3$.

c. 用 MINITAB 的二阶模型拟合数据,输出结果如图 12.7 所示. 对这个二次模型,如果 β_2 是正的,那么高峰电力负荷 y 的增长率随温度 x 增加而增加. 所以,我们检验
$$H_0: \beta_2 = 0$$
$$H_a: \beta_2 > 0$$

图12.7着重显示检验统计量 $T=7.93$ 和双侧 p 值. 因为单侧 p 值 $p=0/2=0$ 小于 $\alpha=0.05$, 我们拒绝 H_0, 断言高峰电力负荷的增长率随着温度的增加而增加.

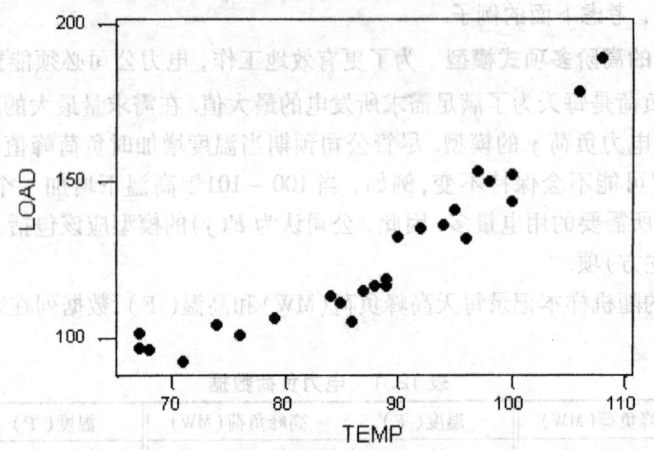

图12.5 电力负荷数据的 MINITAB 散点图

```
The regression equation is
LOAD = 331 - 6.4 TEMP + 0.038 TEMP2 +0.000084 TEMP3

Predictor       Coef       SE Coef        T        P
Constant       331.3        477.1       0.69    0.495
TEMP           -6.39        16.79      -0.38    0.707
TEMP2         0.0378       0.1945       0.19    0.848
TEMP3      0.0000843    0.0007426       0.11    0.911

S = 5.501     R-Sq = 95.9%     R-Sq(adj) = 95.4%

Analysis of Variance

Source           DF         SS         MS         F        P
Regression        3    15012.2     5004.1    165.36    0.000
Residual Error   21      635.5       30.3
Total            24    15647.7
```

图12.6 电力负荷三阶模型的 MINITAB 输出结果

```
The regression equation is
LOAD = 385 - 8.29 TEMP + 0.0598 TEMP2

Predictor       Coef       SE Coef        T        P
Constant      385.05        55.17       6.98    0.000
TEMP          -8.293        1.299      -6.38    0.000
TEMP2       0.059823     0.007549       7.93    0.000

S = 5.376     R-Sq = 95.9%     R-Sq(adj) = 95.6%

Analysis of Variance

Source           DF         SS         MS         F        P
Regression        2    15011.8     7505.9    259.69    0.000
Residual Error   22      635.9       28.9
Total            24    15647.7
```

图12.7 电力负荷二阶模型的 MINITAB 输出结果

应用练习

12.8 确认多项式. 下面的图描述了一元 p 阶多项式.

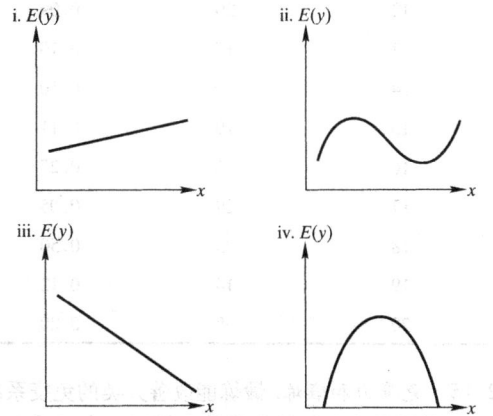

a. 指出每个图中多项式的阶数.
b. 利用参数 $\beta_0, \beta_1, \beta_2$ 等,写出联系 $E(y)$ 和 x 的模型.
c. b 的模型中许多参数的符号(+或者-)可以通过检查图确定. 指出可以确定的参数符号.

12.9 用图表示多项式. 用图表示下面的多项式,然后在图上指出每个多项式阶数.
a. $E(y) = 2 + 3x$.
b. $E(y) = 2 + 3x^2$.
c. $E(y) = 1 + 2x + 2x^2 + x^3$.
d. $E(y) = 2x + 2x^2 + x^3$.
e. $E(y) = 2 - 3x^2$.
f. $E(y) = -2 + 3x$.

12.10 佛罗里达州湿地水中的叶绿素. 佛罗里达大西洋大学有机地球化学小组研究了佛罗里达湿地水中光合色素(*Florida Scientist*,2004 年秋). 研究人员用两种方法(分光光度测定法(y)和高效液相色谱法(x))测量从佛罗里达海湾采集的 1 L 水中的叶绿素含量.
a. 写出 $E(y)$ 的一阶(直线)模型. 解释模型里的 β.
b. 理论上,如果在水样品中没有叶绿素,那么 $x = 0, y = 0$. 假定直线通过原点$(0, 0)$,重新写出 a 中的模型.
c. 写出 $E(y)$ 的二阶(平方)模型.
d. 如果理论表明随着高效液相色谱测量值(x)的增加,分光光度测量值(y)以递减的速度增加,那么 c 中模型里的 β_2 的符号是什么?

12.11 有机蒸汽的吸附作用. 考虑练习 12.7, *Environmental Science & Technology* 中的关于有机蒸汽的吸附研究,考虑将蒸汽保持系数 y 作为两个定量自变量温度(x_1)和相对湿度(x_2)之一的函数建模.
a. 假设在平均保持系数 $E(y)$ 和相对湿度 x_2 之间有曲线关系. 建立一个模型,并画出模型草图.
b. 假设平均保持系数 $E(y)$ 和温度 x_1 之间有三阶关系. 建立一个模型,并画出模型草图.

12.12 塑料的强度. 在生产某种塑料时所用的压力大小认为与塑料的强度有关. 研究者认为,随着压力增大,塑料的强度也增加,直到压力增大将对塑料强度产生有害影响的某点. 写出一个联系塑料强度 y 和压力 x 的模型来反映这种信念,画出模型草图.

12.13 高速公路车道利用率. 通过如何在可用车道上分配一个方向的交通流来测量高速公路的车道利用率. *Journal of Transportation Engineering*(2013 年 5 月)中开发了一个英国高速公路的车道利用模型. 分析中的因变量是车道利用率 y,以车道中车辆百分比度量. 之前的研究用二阶模型建立车道利用率作为 x = 总交通流量(每小时总车辆数)的函数关系. 对 4 车道 M25 高速公路中车道 2 的不同部分收集几周的交通数据进行的分析,结果如下:
$$\hat{y} = 0.46 - 0.0000764x + 0.00000000627x^2,$$
$$R^2 = 0.73$$
a. 解释该模型中 R^2 的值.
b. 假设 $n = 2\,000$ 个观测,对整体模型效用进行检验,取 $\alpha = 0.01$.
c. 用 β 的估计值画出估计的车道利用率和总交通流量的关系草图.
d. M25 高速公路的另外一条车道的数据图如下所示,提出一个你认为可以拟合该数据的多项式模型的假设.

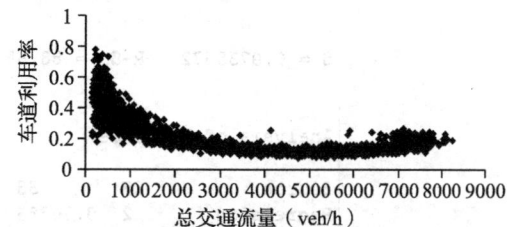

12.14 火车站过度拥挤的水平. *Journal of Transportation Engineering*(2013 年 6 月)研究了在火车站等待的乘客的拥挤水平. 研究人员用在站台上等待的乘客前面边缘与该乘客前面乘客的后面边缘之

间的平均距离来测量"拥挤度". 该变量反映了排队等候下一班火车的乘客的贴近度. 距离越近,站台越拥挤. 假设平均距离(y, m)与在火车站台前等待的客流量(x, 人数)有关. 下表中列出了20个火车站样本中这两个变量的数据(从期刊文章中提供的信息模拟得到). 考虑二阶模型 $E(y) = \beta_0 + \beta_1 x + \beta_2 x^2$. 下面给出了回归分析的 MINITAB 输出. 理论上,对于更拥挤的站台,随着客流量增加距离减少的幅度应该变平稳. 在 $\alpha = 0.01$ 水平上,用模型检验这一理论.

TRAINWAIT

站台	客流量	平均距离
1	21	0.08
2	2	0.78
3	4	0.62
4	25	0.06
5	16	0.11
6	26	0.06
7	6	0.35
8	22	0.07
9	23	0.06
10	9	0.19

（续）

站台	客流量	平均距离
11	11	0.15
12	20	0.09
13	17	0.10
14	18	0.10
15	19	0.11
16	7	0.27
17	29	0.05
18	5	0.50
19	14	0.12
20	8	0.20

12.15 免疫力和锻炼. 锻炼能改善人类的免疫系统吗?佛罗里达大学的生理学家做了一个试验来确定是否存在这样的关系. 30个试验志愿者参加这项研究,记录每个试验者的免疫球蛋白数量 IgG(长期免疫力的指标)和氧气摄取的最大值(需氧适合水平的度量),数据在下面的表中给出.

a. 构造一个 IgG - 最大氧气摄取数据的散点图.
b. 提出联系 IgG 和最大氧气摄取量的概率模型.
c. 用此模型拟合数据并给出最小二乘预测方程.
d. 评价模型的恰当性.

```
Regression Analysis: DISTANCE versus WAITVOL, WAITVOL-SQ

The regression equation is
DISTANCE = 0.784 - 0.0707 WAITVOL + 0.00167 WAITVOL-SQ

Predictor       Coef      SE Coef       T       P
Constant      0.78415     0.05959    13.16   0.000
WAITVOL      -0.070680    0.009175   -7.70   0.000
WAITVOL-SQ    0.0016728   0.0002991   5.59   0.000

S = 0.0735672    R-Sq = 88.5%    R-Sq(adj) = 87.1%

Analysis of Variance
Source          DF       SS        MS        F       P
Regression       2     0.70785   0.35392   65.39   0.000
Residual Error  17     0.09201   0.00541
Total           19     0.79985
```

练习 12.14 的 MINITAB 输出

模型构建　　531

IMMUNE

志愿者	IgG y	氧气摄取的最大值 x	志愿者	IgG y	氧气摄取的最大值 x
1	881	34.6	16	1 660	52.5
2	1 290	45.0	17	2 121	69.9
3	2 147	62.3	18	1 382	38.8
4	1 909	58.9	19	1 714	50.6
5	1 282	42.5	20	1 959	69.4
6	1 530	44.3	21	1 158	37.4
7	2 067	67.9	22	965	35.1
8	1 982	58.5	23	1 456	43.0
9	1 019	35.6	24	1 273	44.1
10	1 651	49.6	25	1 418	49.8
11	752	33.0	26	1 743	54.4
12	1 687	52.0	27	1 997	68.5
13	1 782	61.4	28	2 177	69.5
14	1 529	50.2	29	1 965	63.0
15	969	34.1	30	1 264	43.2

a. 画出数据的散点图,y 轴为温度,x 轴为深度. 观测到怎样的趋势?
b. 提出一个认为可以拟合数据的 $E(y)$ 的多项式模型. 模型是几阶的?
c. 用最小二乘法以 b 中的模型拟合数据,评价模型的恰当性.

12.17　空间可展开薄膜的折痕. *Journal of Space Engineering*(Vol.4, 2011)研究了用于存储太阳帆、天线、遮阳板和太阳能发电卫星等结构的大型空间可展开薄膜的特性. 这种薄膜在折叠和包装期间易于折皱,对可展性产生不利影响. 研究考察了围绕折痕的网格尺寸(mm)和施加在膜上的接触力(牛顿毫米)之间的关系. 下表给出了 $n=4$ 个被折叠空间薄膜的试验数据.

a. 对数据拟合直线模型 $E(y)=\beta_0+\beta_1 x$,其中 $y=$ 接触力,$x=$ 网格尺寸.
b. 获取 a 中模型的影响诊断. 识别影响观测点.
c. 检验数据的散点图. 在图中找出影响观测点. 这个点对 y 与 x 之间的关系有什么暗示?
d. 对数据拟合二阶模型 $E(y)=\beta_0+\beta_1 x+\beta_2 x^2$,比较该模型的拟合与直线模型并做出评论.

12.16　冰川雪坑温度. 新汉普郡大学国家冰雪数据中心从一个冰川雪坑采集了冰核样本的温度数据. 冰核样本是 2 ~ 175.5 m 的深度中采集的,深度在 20 m 以内的数据列在下表中.

SNOWTEMP20

深度(m)	温度(℃)	深度(m)	温度(℃)
19.60	-28.77	7.90	-29.41
15.00	-28.84	7.00	-29.56
14.00	-28.88	6.00	-29.68
13.80	-28.89	5.00	-29.68
13.00	-28.90	4.00	-29.39
12.35	-28.93	3.00	-28.33
12.00	-28.94	2.00	-25.24
11.00	-29.02	2.00	-25.19
10.00	-29.11	2.00	-25.25
9.00	-29.25		

资料来源:Mayewski, P., and Whitlow, S. "Newall glacier snow pit and ice core." National Snow and Ice Data Center, Boulder, CO., 2000.

CREASE

试验	接触力	网格尺寸
1	0.14	0.125
2	0.15	0.250
3	0.16	0.500
4	0.41	1.000

资料来源:Satou, Y. & Furuya, H. "Mechanical Properties of Z-Fold Membrane under Elasto-Plastic Deformation", *Journal of Space Engineering*, Vol. 4, No. 1, 2011 (改编自图 9).

12.4　二元或多元定量自变量模型

就像单个定量自变量模型一样,两个或多个定量自变量模型分为一阶、二阶等. 因为在实践中很少遇到三阶或者更高阶的关系,因此我们集中讨论一阶和二阶模型.

---

k 元定量自变量的一阶模型

$$E(y)=\beta_0+\beta_1 x_1+\beta_2 x_2+\cdots+\beta_k x_k$$

模型参数的解释如下:

β_0:$(k+1)$ 维曲面的 y 截距(图 12.8 为 $k=2$ 的情形);即 $x_1=x_2=\cdots=x_k=0$ 时 $E(y)$ 的值.

β_i:除 x_i 以外其他 x 保持不变,x_i 增加一个单位时 $E(y)$ 的变化,$i=1,2,\cdots,k$.

图 12.8 表明了一个响应曲面(对照联系 $E(y)$ 和单个定量变量的响应曲线). 特别地, 联系 $E(y)$ 和两个定量自变量 x_1 和 x_2 一阶模型的图形是三维空间中的平面. 这个平面描绘了每个取值相应于 (x_1, x_2) 平面上每点 (x_1, x_2) 值的 $E(y)$ 值. 在现实世界中, 大部分响应面有很好性质(光滑), 并且是弯曲的. 因此, 只有响应曲面在你感兴趣的 (x_1, x_2) 区域上相当平坦时, 一阶模型才是合适的.

假定一阶模型能够合理地描述 $E(y)$ 和变量 x_1 和 x_2 之间关系等价于假定 x_1 与 x_2 没有"交互作用"; 即假定 x_1 变化(对 x_2 的某个固定值)对 $E(y)$ 的影响是相同的, 不管 x_2 的值是多少(反之亦然). 因此, "无交互作用"等价于使一个变量(如 x_1)的变化对 $E(y)$ 的影响与第二个变量(如 x_2)是无关的. 例如, 如果我们给一阶模型中的 x_2 赋值, 则作为 x_1 的函数 $E(y)$ 将产生如图 12.9 所示的平行线. 这些线称为**等高线**, 表示当曲面被三个平面切片时的等高线, 这三个平面都与平面 $[E(y), x_1]$ 平行, 与原点距离 $x_2 = 1, 2$ 和 3.

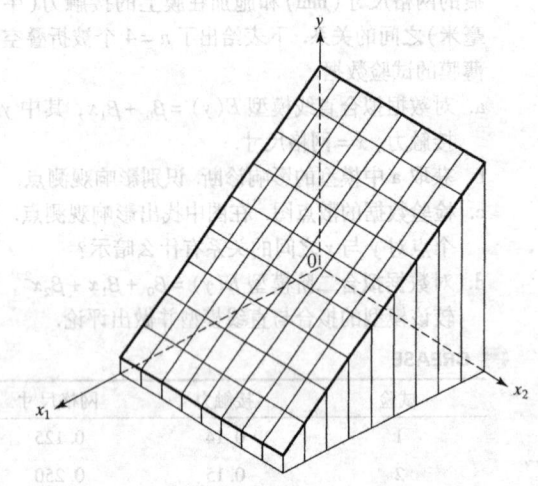

图 12.8　二元一阶模型的响应曲面

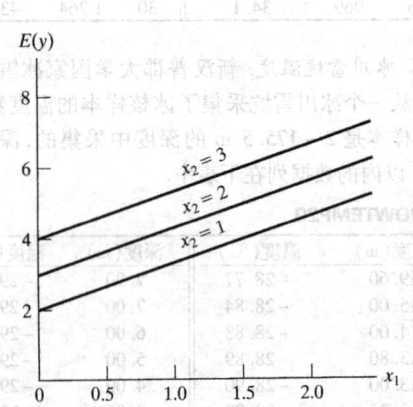

图 12.9　表明 x_1 和 x_2 之间无交互作用的图

定义 12.3　两个变量 x_1 和 x_2 称为**有交互作用的**, 如果 x_1 变化 1 个单位 (x_2 不变)时, $E(y)$ 的变化与 x_2 的值相关.

二元定量自变量的交互作用(二阶)模型

$$E(y) = \beta_0 + \beta_1 x_1 + \beta_2 x_2 + \beta_3 x_1 x_2$$

模型参数的解释:

β_0: y 截距; $x_1 = x_2 = 0$ 时 $E(y)$ 的值.

β_1 和 β_2: 改变 β_1 和 β_2 引起曲面沿着 x_1 和 x_2 轴位移.

β_3: 控制直纹曲面上的挠曲率(见图 12.10).

当一个自变量保持不变时, 模型产生如下斜率的直线:

$\beta_1 + \beta_3 x_2$: 当 x_2 固定时, x_1 增加 1 个单位时 $E(y)$ 的变化量.

$\beta_2 + \beta_3 x_1$: 当 x_1 固定时, x_2 增加 1 个单位时 $E(y)$ 的变化量.

交互作用模型称为二阶的, 因为 x_1 和 x_2 的最高阶 $(x_1 x_2)$ 次数是 2; 换言之, x_1 和 x_2 的指数和等于 2. 这个模型在三维空间产生一个直纹曲面(见图 12.10). 将一根铅笔放在垂直于一条直线的地

方，然后沿着这条线移动铅笔同时围绕这条线旋转铅笔，便得到这个曲面. 所得的曲面即呈挠曲面. 对给定的 x_2 值（$x_2=1,2,3$），作为 x_1 的函数，$E(y)$ 图形产生不平行的等高线（见图 12.11），这表明对于给定 x_1 的变化，$E(y)$ 的改变依赖于 x_2 的值，因此，x_1 和 x_2 是相互影响的. 交互作用是一个非常重要的概念，因为习惯拟合一阶模型，并且单独地检查 $E(y)$ 和自变量集合 $x_1,x_2,\cdots,x_k$ 中每一个变量之间的关系，这是容易的. 当交互作用存在时，这样的做法就没有什么意义了（至少在某种程度上几乎总是这样），并且可能导致有严重错误的解释. 例如，假定 $E(y)$ 和 x_1,x_2 之间的关系如图 12.11 所示. 对于 $n=9$ 个 x_1 和 x_2 值（$x_1=0,1,2$ 和 $x_2=1,2,3$）的组合中的每一个，给出 y 的观测值. 如果用 x_1 和 x_2 的一阶模型拟合数据，则拟合的平面（除了随机误差）近似地与 (x_1,x_2) 面平行，因此可以看出 x_1 和 x_2 对 $E(y)$ 提供非常少的信息. 图 12.10 表示的显然不是这种情况. 用一阶模型拟合数据不允许挠曲真实曲面，因此给出 $E(y)$ 和 x_1,x_2 之间关系一个不真实的印象.

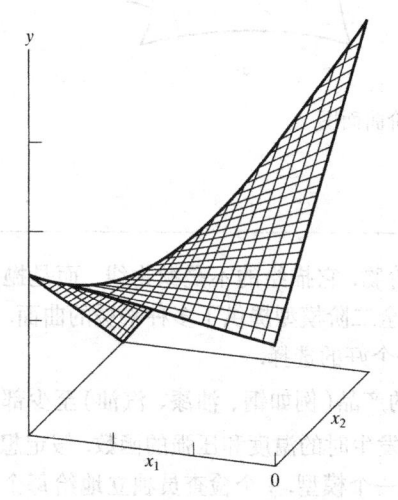 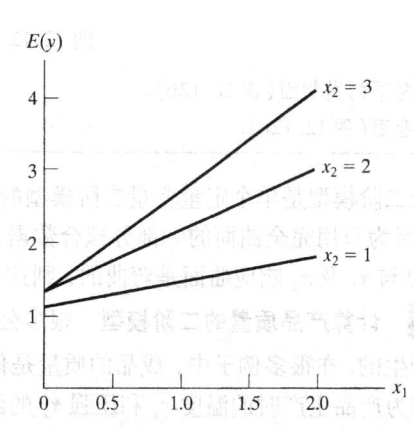

图 12.10　（二阶）交互作用模型的响应曲面　　　图 12.11　表明 x_1 和 x_2 之间的交互作用的图

发现两个自变量之间交互作用的过程可以看作检查模型，交互作用模型与无交互作用一阶模型之间的不同仅仅在于是否包含 $\beta_3 x_1 x_2$ 项：

交互作用模型：$E(y)=\beta_0+\beta_1 x_1+\beta_2 x_2+\beta_3 x_1 x_2$

一阶模型：$E(y)=\beta_0+\beta_1 x_1+\beta_2 x_2$

因此，为了检验交互作用是否存在，我们检验

$$H_0:\beta_3=0 \quad （无交互作用）$$

对备择假设

$$H_a:\beta_3\neq 0 \quad （有交互作用）$$

用 11.4 节熟悉的学生氏 T 检验.

完全的二元二阶模型

$$E(y)=\beta_0+\beta_1 x_1+\beta_2 x_2+\beta_3 x_1 x_2+\beta_4 x_1^2+\beta_5 x_2^2$$

模型参数的解释：

β_0：y 截距；$x_1=x_2=0$ 时 $E(y)$ 的值.

β_1 和 β_2:改变 β_1 和 β_2,使曲面沿着 x_1 轴和 x_2 轴位移.

β_3:β_3 的值控制曲面的挠曲.

β_4 和 β_5:这些参数的符号和值控制曲面的类型和曲率.

下面三个类型曲面可以由二阶模型产生⊖:

- 开口向上的抛物面(图 12.12a).

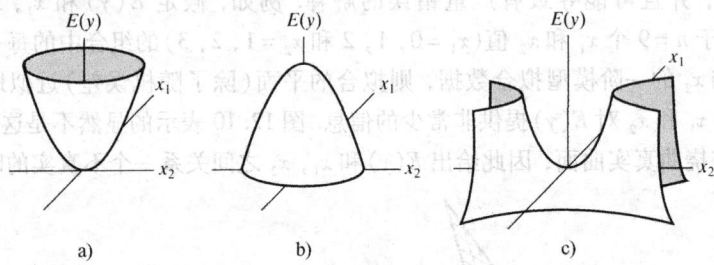

图 12.12 三个二阶曲面图

- 开口向下的抛物面(图 12.12b).
- 鞍形曲面(图 12.12c).

完全二阶模型是单个定量变量二阶模型的三维等价物. 它描绘的不是抛物线,而是**抛物面和鞍形曲面**. 因为只用完全曲面的一部分拟合数据,所以完全二阶模型提供了多种平缓的曲面. 如果期望联系 $E(y)$ 与 x_1 及 x_2 响应曲面是弯曲的,则这个模型是个好的选择.

例 12.3 计算产品质量的二阶模型 很多公司制造的产品(例如钢、油漆、汽油)至少部分是用化学方法产生的. 在很多例子中,成品的质量是化学反应发生时的温度和压强的函数. 假定想为产品的质量 y 作为产品生产时的温度 x_1 和压强 x_2 的函数建立一个模型. 4 个检查员独立地给每个产品的质量在 0~100 之间评分,质量 y 用 4 个分数的平均值来计算. 做一个试验,令温度在 80~100 ℉ 之间变化,压强在 50~60 lb/in² 之间变化,得到的数据在表 12.2 中给出.

PRODQUAL

表 12.2 温度、压强和成品的质量

x_1(℉)	x_2(psi)	y	x_1(℉)	x_2(psi)	y	x_1(℉)	x_2(psi)	y
80	50	50.8	90	50	63.4	100	50	46.6
80	50	50.7	90	50	61.6	100	50	49.1
80	50	49.4	90	50	63.4	100	50	46.4
80	55	93.7	90	55	93.8	100	55	69.8
80	55	90.9	90	55	92.1	100	55	72.5
80	55	90.9	90	55	97.4	100	55	73.2
80	60	74.5	90	60	70.9	100	60	38.7
80	60	73.0	90	60	68.8	100	60	42.5
80	60	71.2	90	60	71.3	100	60	41.4

⊖ 当 $\beta_3^2 > 4\beta_4\beta_5$ 时产生鞍形曲面(图 12.2c). 对于 $\beta_3^2 < 4\beta_4\beta_5$,当 $\beta_4 + \beta_5 > 0$ 时抛物面开口向上(图 12.12a),当 $\beta_4 + \beta_5 < 0$ 时抛物面开口向下(图 12.12b).

a. 用完全二阶模型拟合数据.
b. 画出响应曲面.
c. 检验模型的整体效用.

解

a. 完全二阶模型是
$$E(y) = \beta_0 + \beta_1 x_1 + \beta_2 x_2 + \beta_3 x_1 x_2 + \beta_4 x_1^2 + \beta_5 x_2^2$$

用这个模型拟合表 12.2 中的数据, 图 12.13 给出了 SAS 输出结果的一部分.

```
              Dependent Variable: QUALITY
                   Analysis of Variance

                          Sum of        Mean
Source          DF        Squares       Square      F Value    Pr > F
Model            5        8402.26454    1680.45291   596.32    <.0001
Error           21          59.17843       2.81802
Corrected Total 26        8461.44296

           Root MSE           1.67870    R-Square   0.9930
           Dependent Mean    66.96296    Adj R-Sq   0.9913
           Coeff Var          2.50690

                       Parameter Estimates
                    Parameter    Standard
Variable     DF      Estimate    Error       t Value    Pr > |t|
Intercept     1     -5127.89907  110.29601   -46.49     <.0001
TEMP          1        31.09639    1.34441    23.13     <.0001
PRESSURE      1       139.74722    3.14005    44.50     <.0001
TEMPRESS      1        -0.14550    0.00969   -15.01     <.0001
TEMPSQ        1        -0.13339    0.00685   -19.46     <.0001
PRESSQ        1        -1.14422    0.02741   -41.74     <.0001
```

图 12.13 完全二阶模型的 SAS 输出

最小二乘预测方程是
$$\hat{y} = -5127.90 + 31.10x_1 + 139.75x_2 - 0.146x_1x_2 - 0.133x_1^2 - 1.14x_2^2$$

b. 图 12.14 给出这个预测模型的三维图. 注意到在温度大约为 85 ~ 90 ℉ 时,压强大约为 55 ~ 57 lb/in² 时, 平均质量达到最高⊖. 在这个范围内的进一步试验可能会得到一个更精确的最优温度 – 压强组合.

c. 考虑决定系数 $R^2 = 0.993$、检验整个模型的 F 值 $F = 596.32$ 和检验的 p 值 $p = 0.0001$（在图 12.13 中）, 毫无疑问, 这个完全二阶模型对解释平均质量作为温度和压强的函数是有用的. 当然, 并不总是这种情况, 二阶模型的额外复杂性只有在得到了一个好模型时才有价值. 因此, 决定模型中的高阶（例如曲线项 β_4 和 β_5）项在统计上是否有用是很重要的. 对假设 $H_0: \beta_4 = \beta_5 = 0$ 的检验在12.8 节中给出. ■

⊖ 我们可以通过方程 $\partial \hat{y}/\partial x_1 = 0$ 和 $\partial \hat{y}/\partial x_2 = 0$ 解得 x_1 和 x_2,使最小二乘模型中的质量达到最大的温度和压强值. 这些估计的最优值是 $x_1 = 86.25$ ℉ 和 $x_2 = 55.58$ lb/in².

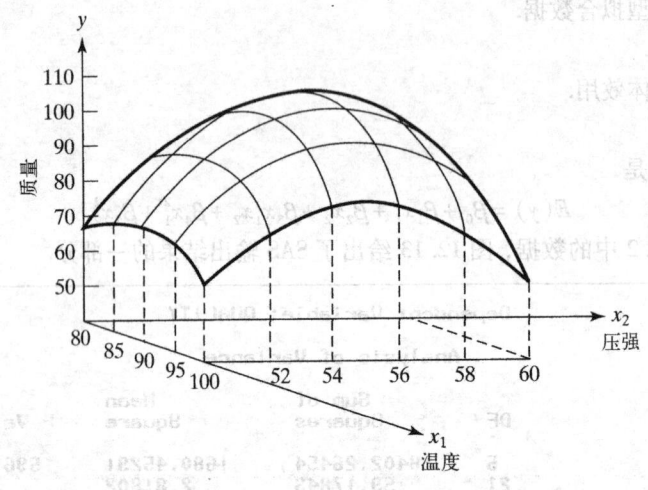

图 12.14 例 12.3 的二阶最小二乘模型图

应用练习

12.18 画一阶模型图. 假定 $E(y)$ 和定量自变量 x_1 和 x_2 之间的关系由下面的一阶模型给出：
$$E(y) = 4 - x_1 + 2x_2$$
a. 描述对应的响应曲面.
b. 画出 $x_1 = 2、3、4，0 \leqslant x_2 \leqslant 5$ 时，响应曲面的等高线.
c. 画出 $x_2 = 2、3、4，0 \leqslant x_1 \leqslant 5$ 时，响应曲面的等高线.
d. 利用 b 和 c 中所画的等高线说明 x_1 和 x_2 设置的改变是如何影响 $E(y)$ 的？
e. 利用 b 中的图确定当 x_1 从 4 变成 2，且 x_2 同时从 1 变成 2 时，$E(y)$ 有多少的改变？

12.19 画二阶模型图. 假设 $E(y)$ 和定量自变量 x_1 和 x_2 之间的真实关系是：
$$E(y) = 4 - x_1 + 2x_2 + x_1x_2$$
回答练习 12.18 中的问题，解释交互作用项对平均响应 $E(y)$ 的影响.

12.20 有机蒸汽的吸附. 参考练习 12.7，*Environmental Science & Technology* 中关于有机蒸汽吸附作用的研究. 考虑保持系数 y 作为如下两个自变量：
$$x_1 = 温度（度）$$
$$x_2 = 相对湿度（百分率）$$
的函数模型.
a. 写出 $E(y)$ 的一阶模型.
b. 写出 $E(y)$ 的完全二阶模型.
c. 为 $E(y)$ 写一个模型，假设：(i) 线性关系； (ii) 保持系数 (y) 和温度 (x_1) 之间的关系依赖于相对湿度 (x_2).

12.21 为鳗鱼的速度建模. 一位哈佛大学的生物学家用多元回归作为美国鳗鱼的游速模型. (*Proceedings of the Royal Society*, B, 2004 年 12 月) 构造模型，使稳定的游速 y（身长每秒）作为定量变量身体波速 x_1（身长每秒）、尾部振幅离差 x_2（身长）和尾部速度离差 x_3（身长每秒）的函数.
a. 写出 $E(y)$ 作为三个自变量函数的一阶模型.
b. 解释 a 中模型里的 β_1 值.
c. 假设身体波速 x_1 和尾部振幅离差 x_2 之间有交互作用，写出 $E(y)$ 作为三个自变量函数的模型.
d. 根据 c 中模型里的各 β 项，对固定的 x_1 和 x_2，尾部速度离差 x_3 每增加一个单位时 $E(y)$ 如何变化？
e. 根据 c 中模型里的各 β 项，对固定的 x_1 和 x_3，尾部振幅离差 x_2 每增加一个单位时 $E(y)$ 如何变化？

12.22 高速公路车道利用率. 参考练习 12.13，*Journal of Transportation Engineering*（2013 年 5 月）对高速公路车道利用率的研究. 回忆分析中的因变量是车道利用率 y，用车道上的车辆百分比度量. 研究者用两个自变量对 y 建模：$x_1 =$ 总交通流量（每小时总车辆数）和 $x_2 =$ HGV 流量（每小时重型货车数量）. 对 M42 高速公路车道 1 不同部分收集几周的交通数据进行分析，结果如下：
$$\hat{y} = 0.976 - 0.0000285x_1 - 0.002004x_2, \quad R^2 = 0.70$$
a. 解释模型中 R^2 的值.

b. 假设有 $n = 2\,000$ 个观测值, 检验整个模型的效用, 取 $\alpha = 0.01$.
c. 用 β 的估计画出车道利用率和总交通流的关系草图.
d. 用 β 的估计画出车道利用率和 HGV 流量的关系草图.

12.23 林业收割者的肌肉活动. *International Journal of Foresting Engineering*(Vol. 19, 2008)中研究了林业收割机操作者颈部和上肢的肌肉活动模式. 作为研究的一部分, 研究者比较了两种类型的收割机——Timberjack 和 Valmet 的操作者的肌肉活动(见练习 7.38). 研究的另一部分是研究者确定关键解释变量 $y =$ 操作者工作超过 8 分钟所显示的持续低水平肌肉活动(SULMA)周期的数量. 下面给出了潜在的预测变量列表.

$x_1 =$ 操作者年龄(岁)
$x_2 =$ 午休时间(分钟)
$x_3 =$ 优势手功率水平(百分比)
$x_4 =$ 工作压力感知度(5 点量表)
$x_5 = \{$如果已婚取 1, 否则取 $0\}$
$x_6 = \{$白班取 1, 夜班取 $0\}$
$x_7 = \{$操作 Timberjack 车辆取 1, 操作 Valmet 车辆取 $0\}$

a. 写出 $E(y)$ 作为 4 个定量自变量函数的一阶模型方程.
b. 对于年龄为 50 岁、午休 30 分钟、工作压力感知度为 2 的操作者, a 中模型的哪个 β 表示优势手功率水平每增加一个百分点对应的 $E(y)$ 的变化?
c. 向 a 中模型添加定量变量的所有可能组合的交叉项.
d. 对于年龄为 50 岁、午休 30 分钟、工作压力感知度为 2 的操作者, c 中模型里 β 的什么函数代表了优势手功率水平每增加一个百分点对应的 $E(y)$ 的变化?

12.24 半导体晶片厚度. 在 *Journal of the American Statistical Association*(1998 年 3 月)中分析了利用快速热化学真空镀膜加工半导体晶片的多晶硅厚度数据, 下面的表给出了在某地加工的 22 个晶片的多晶硅厚度测量值(埃)以及用于晶片的氧化物厚度(埃)和镀膜时间(s).

a. 对多晶硅厚度(y)作为氧化物厚度(x_1)和镀膜时间(x_2)的函数写出一个完全二阶模型.

b. 用模型拟合数据, 给出最小二乘预测方程.
c. 检验模型里的二次项是否必要. 用 $\alpha = 0.05$ 检验.
d. 检验氧化物厚度(x_1)和镀膜时间(x_2)之间是否有交互作用, 用 $\alpha = 0.05$ 检验.
e. 根据 c 和 d 的结果, 请推荐对模型做什么样的修正并给出解释.

🌐 **WAFER2**

氧化物厚度 (x_1, 埃)	时间 (x_2, s)	多晶硅厚度 (y, 埃)
1 059	18	494
1 049	35	853
1 039	52	1 090
1 026	52	1 058
1 001	18	517
986	35	882
1 447	35	732
458	35	1 143
1 263	23	608
1 283	23	590
1 301	47	940
1 287	47	920
1 300	47	917
1 307	47	581
632	23	738
621	23	732
623	23	750
620	47	1 205
613	47	1 194
615	47	1 221
478	35	1 209
1 498	35	708

资料来源: Hughes-Oliver, J., Lu, J., and Gyurcsik, R. "Achieving uniformity in a semiconductor fabrication process using spatial modeling." *Journal of the American Statistical Association*, Vol. 93. March 1998.

12.25 地震波研究. 一位勘探地震学家开发一个估计地震波的平均信噪比 y 作为下面两个自变量函数的模型:

$$x_1 = \text{频率(每秒的周期数)}$$
$$x_2 = \text{小波振幅}$$

a. 判断自变量是定量的还是定性的.
b. 写出 $E(y)$ 的一阶模型.

c. 为 $E(y)$ 写出一个包含所有一阶项和交互作用项的模型. 对 x_1 的不同取值, 画出平均信噪比 $E(y)$ 关于小波振幅 x_2 的典型响应曲线. (假设 x_1 和 x_2 有交互作用.)

d. 写出 $E(y)$ 的完全二阶模型.

12.26 **语言识别器**. *Human Factors*(1990 年 4 月)刊载了一项研究识别器的准确度和词汇量对一台计算机化语言识别器性能的影响. 机器的准确度 (x_1) 用正确地识别口语表达的百分比来度量, 设置为三个水平: 90%, 95% 和 99%. 词汇量 (x_2) 用任务所需的单词百分比来度量, 也设置为三个水平: 75%, 87.5% 和 100%. 最感兴趣的因变量是任务完成时间 (y, min), 从语言识别器的使用者说第一句话开始度量, 一直到识别器显示任务的最后一个单词为止. 收集的 $n = 162$ 个试验数据用于任务完成时间 y 作为定量自变量准确度 (x_1) 和词汇量 (x_2) 的函数拟合一个完全二阶模型, 模型的决定系数是 $R^2 = 0.75$.

a. 写出 $E(y)$ 的完全二阶模型.

b. 解释 R^2 值.

c. 检验整个模型的恰当性, 取 $\alpha = 0.05$.

12.27 **药片配方研究**. 阿普强公司的研究员将多元回归分析运用到持续—释放药片的开发中⊖. 其中一个研究目标是提出联系药片融解量 y(即一个指定时期药片溶解的百分比) 和下面自变量的模型:

$x_1 =$ 赋形剂水平(即药片中非药成分量).

$x_2 =$ 工艺变量(即制作药片时的机器设置).

a. 写出 $E(y)$ 的完全二阶模型.

b. 假设 $E(y)$ 与 x_1 和 x_2 之间具有线性关系, 且 x_1 和 x_2 之间没有交互作用, 写出模型.

c. 在模型中添加交互作用项, 重复 b 部分.

d. 对于 c 中模型, 对固定的 x_2, $E(y)$ 和 x_1 之间线性关系的斜率是多少?

e. 对于 c 中模型, 对固定的 x_1, $E(y)$ 和 x_2 之间线性关系的斜率是多少?

12.28 **情商与团队表现**. 参考练习 11.23, *Engineering Project Organizational Journal*(Vol.3, 2013) 对团队成员的个人情商如何直接影响他们团队表现的研究. 回想学生参加 *Introduction to the Building Industry* 课程, 完成情商测验并取得人际交往得分、压力管理得分和情绪得分. 然后学生被分为 $n = 23$ 个组, 每个组取得平均项目得分. 用 3 个自变量 (人际交往得分极差 x_1, 压力管理得分极差 x_2, 情绪得分极差 x_3) 对平均项目得分 (y) 建模. 再次给出用于分析的数据如下.

a. 提出项目得分 (y) 是 x_1, x_2, x_3 的函数的完全二阶模型的假设.

b. 用统计软件对数据拟合 a 中的模型.

c. 同时用假设检验和模型充分性的数值度量来评价模型的整体充分性.

d. 有充分的证据表明人际交往得分极差 x_1 与平均项目得分 y 之间的曲线关系吗? 用 $\alpha = 0.01$ 检验.

e. 对压力管理得分极差 x_2 重复 d.

f. 对情绪得分极差 x_3 重复 d.

🌐 **TEAMPERF**

小组	人际关系得分(极差)	压力管理得分(极差)	情绪得分(极差)	项目得分(平均)
1	14	12	17	88.0
2	21	13	45	86.0
3	26	18	6	83.5
4	30	20	36	85.5
5	28	23	22	90.0
6	27	24	28	90.5
7	21	24	38	94.0
8	20	30	30	85.5
9	14	32	16	88.0
10	18	32	17	91.0
11	10	33	13	91.5
12	28	43	28	91.5
13	19	19	21	86.0
14	26	31	26	83.0
15	25	31	11	85.0
16	40	35	24	84.0
17	27	12	14	85.5
18	30	13	29	85.0
19	31	24	28	84.5
20	25	26	16	83.5
21	23	22	12	85.0
22	20	32	10	92.5
23	35	35	17	89.0

⊖ 资料来源: Klassen, R. A. "The Application of Response Surface Methods to a Tablet Formulation Problem" 文章发表在 Joint Statistical Meetings, American Statistical Association and Biometric Society, Aug. 1986, Chicago, IL.

*12.5 编码定量自变量

在拟合高阶多项式回归模型(例如二阶或者三阶模型)时,为定量自变量编码通常是一个好方法. 例如,假定回归分析中有一个自变量是温度 T,在三种水平(50°F,100°F 和 150°F)上观测 T. 可以用下面的公式编码(或者变换)温度:

$$x = \frac{T - 100}{50}$$

那么,编码水平 $x = -1, 0, 1$ 相应于原水平 50°F,100°F 和 150°F.

在一般意义上,**编码**意味着把一个自变量集(定性或者定量)变换为一个新的自变量集. 例如,如果我们观测两个自变量

$$T = 温度, \quad P = 压强$$

那么可以将这两个自变量 T 和 P 变换成两个新的编码变量 x_1 和 x_2,其中 x_1 和 x_2 通过下面两个函数式与 T 和 P 相联系:

$$x_1 = f_1(T, P) \quad x_2 = f_2(T, P)$$

函数 f_1 和 f_2 是建立 T 和 P 水平组合与 x_1 和 x_2 的编码值组合之间一一对应的代数关系.

因为定性自变量是非数值的,所以有必要将它们的值进行编码来拟合回归模型. 但是,可能会问为什么要为定量自变量编码. 为定量变量编码有两个相关的原因. 首先,计算机似乎并不在意回归分析中自变量的可能取值,但情形并不是这样. 回想 11.3 节,计算机必须对矩阵 $(X'X)$ 求逆来得到模型参数的最小二乘估计. 在求逆过程中,如果矩阵 $(X'X)$ 的数在绝对值上变化很大,可能产生相当大的舍入误差. 这可能导致最小二乘估计 $\hat{\beta}_0, \hat{\beta}_1, \hat{\beta}_2, \cdots$ 的计算值产生相当大的误差,**编码使计算矩阵 $(X'X)$ 的逆在计算上比较容易,因此得到更精确的估计**.

为定量变量编码的第二个原因是 11.11 节中讨论的多元共线性. 当用多项式回归模型(例如二阶模型)特别是拟合高阶项时,多元共线性问题是不可避免的. 例如,考虑二次模型

$$E(y) = \beta_0 + \beta_1 x + \beta_2 x^2$$

如果 x 值的变化范围比较小,那么两个变量 $x_1 = x$ 和 $x_2 = x^2$ 将高度相关. 正如我们在 11.11 节中指出的,当存在多重共线性时,回归系数舍入误差的可能性会增加.

解决舍入误差问题的最好方法是:

1. 给定量变量编码,使得新的编码原点是编码值的中心. 例如,温度 T 编码为

$$x = \frac{T - 100}{50}$$

我们得到编码值 $-1, 0, 1$,这就将编码原点 0 放在编码值范围 $(-1, 1)$ 的中点.

2. 对定量变量编码使得编码值范围对所有编码变量是大致相同的. 不必严格地坚持这个要求. 一个自变量的取值范围可以是另外一个变量范围的 2 倍或者 3 倍,不会产生任何困难,但是如果这些范围有相当大的悬殊,例如,100 比 1 的比例,则是不合要求的.

当数据是观测的(自变量的可能取值不被控制)时,下面方框中描述的编码过程合理地满足这两个要求. 编码变量 u 与 5.5 节中的标准化正态 z 统计量相似,因此,u 值是以 s_x 为单位表示的 x 和 x 的均值 $\bar{x}$ 之间的离差⊖. 因为我们知道集合中的大多数(大致 95%)测量值位于它们均值的 2 个标准

⊖ 离差 $x - \bar{x}$ 的除数不必精准地等于 s_x,任何近似等于 s_x 的数都满足要求. 其他候选的分母是极差/4 和四分位数间距(IQR).

差之内,所以多数编码值 u 位于 $-2\sim2$ 的区间内.

观测数据的编码步骤

令 $x=$ 未编码的定量自变量, $u=$ 编码的定量自变量. 如果对于回归分析中的 n 个数据点, x 取值为 x_1, $x_2,\cdots,x_n$, 则令

$$u_i = \frac{x_i - \bar{x}}{s_x}$$

其中 s_x 是 x 值的标准差, 即

$$s_x = \sqrt{\frac{\sum_{i=1}^{n}(x_i-\bar{x})^2}{n-1}}$$

如果把这种编码用到每个定量变量,则每个值的范围将大概在 $-2\sim2$ 之间. 系数矩阵中元素绝对值的变异是适度的,在求矩阵的逆时舍入误差将减小. 另外, x 和 x^2 之间的相关性将降低⊖.

例 12.4 **对 x 编码以降低多重共线性** 昆虫学家常用二氧化碳引诱捕捉器来监视蚊子总体. *Journal of the American Mosquito Control Association* (1995 年 3 月) 中一篇文章研究了温度是否影响捕捉器能捕捉到的蚊子数量. 连续 9 天中每天采集 6 个蚊子样本,每天测量两个变量: $x=$ 平均温度(摄氏度), $y=$ 捕蚊率(每个样本中的捕捉蚊子数除以最大的样本捕捉蚊子数), 表 12.3 给出了数据.

🌐 **MOSQUITO**

表 12.3 例 12.4 的数据

数据	平均温度 x	捕蚊率 y	数据	平均温度 x	捕蚊率 y
7月24	16.8	0.66	7月29	22.6	0.99
25	15.0	0.30	30	23.3	0.75
26	16.5	0.46	31	18.2	0.24
27	17.7	0.44	8月1	18.6	0.51
28	20.6	0.67			

资料来源: Petric. D., et. al., "Dependence of CO_2-baited suction trap captures on temperature variations." *Journal of the American Mosquito Control Association*, Vol. 11, No. 1, Mar. 1995, p. 8.

研究者感兴趣的是捕蚊率 y 和平均温度 x 之间的关系. 假定考虑使用二次模型.

a. 对观测数据利用编码系统给出联系编码变量 u 与温度 x 的式子.
b. 计算 9 个 x 值的编码值 u.
c. 求 $n=9$ 个 u 值的和.

解 a. 首先求 $\bar{x}$ 和 s_x. 图 12.15 的 MINITAB 的输出提供了温度 x 的概括统计量,得到

$$\bar{x} = 18.811 \quad s_x = 2.812$$

⊖ 编码的另一个副产物是模型的 β 系数有些微不同的解释. 例如, 在模型 $E(y)=\beta_0+\beta_1 u$ 中, 其中 $u=(x-10)/5$, x 每增加 1 单位, y 的变化不是 β_1, 而是 $\beta_1/5$. 一般地, 对于编码定量自变量的一阶模型, 与 x_i 关联的斜率表示 β_i/s_{x_i}, 这里 s_{x_i} 是编码 x_i 的除数.

```
Variable         N        Mean    Median    TrMean     StDev   SE Mean
X                9      18.811    18.200    18.811     2.812     0.937

Variable   Minimum   Maximum        Q1        Q3
X           15.000    23.300    16.650    21.600
```

图 12.15　温度 x 的 MNITAB 描述性统计量

那么，联系 u 和 x 的关系式为

$$u = \frac{x - 18.8}{2.8}$$

b. 当温度 $x = 16.8$ 时，

$$u = \frac{x - 18.8}{2.8} = \frac{16.8 - 18.8}{2.8} = -0.71$$

类似地，当 $x = 15.0$ 时，

$$u = \frac{x - 18.8}{2.8} = \frac{15.0 - 18.8}{2.8} = -1.36$$

表 12.4 给出了所有 9 个观测值的编码值.（注：可以看到 9 个 u 值都位于区间 $-2 \sim 2$ 之间.）

表 12.4　例 12.4 中 x 的编码值

温度, x	编码值, u	温度, x	编码值, u	温度, x	编码值, u
16.8	−0.71	17.7	−0.39	23.3	1.61
15.0	−1.36	20.6	0.64	18.2	−0.21
16.5	−0.82	22.6	1.36	18.6	−0.07

c. 如果忽略舍入误差，9 个 u 值的和将是 0. 这是因为测量值集合关于它们均值的离差之和总是 0.

为了说明编码的优点，考虑用二阶模型

$$E(y) = \beta_0 + \beta_1 x + \beta_2 x^2$$

拟合例 12.4 的数据. 两个变量 x 和 x^2 之间的相关系数在图 12.16 MINITAB 输出的顶部给出 $r = 0.998$. 然而图 12.16 底部给出相应编码值 u 和 u^2 之间的相关系数只有 $r = 0.448$. 因此，我们拟合模型

$$E(y) = \beta_0^* + \beta_1^* u + \beta_2^* u^2$$

可以避免由于高度相关的 x 值引起潜在的舍入误差.

用来减小舍入误差和多重共线性的其他编码方法也已经提出. 一个比较复杂的编码系统牵涉拟合**正交多项式**，编码的正交系统保证编码自变量是不相关的，对于正交多项式的讨论参考本章给出的文献.

```
Correlations: X, XSQ

Pearson correlation of X and XSQ = 0.998
P-Value = 0.000


Correlations: U, USQ

Pearson correlation of U and USQ = 0.448
P-Value = 0.227
```

图 12.16　温度 x 和编码温度 u 的 MINITAB 相关性

应用练习

12.29 加工秸秆作为保温材料. 参考练习11.4，*Engineering Structures and Technologies*（2012年9月）关于使用加工秸秆作为住宅保温材料的研究. 用 $n=25$ 个秸秆样品数据（如下所示）对 $y=$ 热导率（瓦特/米开尔文）和 $x=$ 密度（千克/立方米）间的关系拟合二阶模型.

a. 证明 x 与 x^2 之间的高相关性. 用 x 和 x^2 估计二阶模型的潜在后果是什么？
b. 利用观测数据的编码系统给出联系编码变量 u 与密度(x)的方程.
c. 证明 u 和 u^2 之间的相关性接近为0.
d. 利用可用的统计软件拟合模型 $E(y)=\beta_0+\beta_1 u+\beta_2 u^2$，解释结果.

STRAW

样本	热导率(y)	密度(x)
1	0.052	49
2	0.045	50
3	0.055	51
4	0.042	56
5	0.048	57
6	0.049	62
7	0.046	64
8	0.047	65
9	0.051	66
10	0.047	68
11	0.049	78
12	0.048	79
13	0.048	82
14	0.052	83
15	0.051	84
16	0.053	98
17	0.054	100
18	0.055	100
19	0.057	101
20	0.055	103
21	0.074	115
22	0.075	116
23	0.077	118
24	0.076	119
25	0.074	120

12.30 轮胎压力和行车里程. 假定想利用观测数据的编码系统，用一个二阶模型拟合下表给出的轮胎压力 - 汽车行车里程数据.

TIRES

压力 x (lb/in^2)	行程 y (kmile)	压力 x (lb/in^2)	行程 y (kmile)
30	29.5	33	37.6
30	30.2	34	37.7
31	32.1	34	36.1
31	34.5	35	33.6
32	36.3	35	34.2
32	35.0	36	26.8
33	38.2	36	27.4

a. 利用观测数据的编码系统给出编码变量 u 和压力 x 之间的关系式.
b. 计算编码值 u.
c. 计算变量 x 和 x^2 之间的相关系数 r.
d. 计算变量 u 和 u^2 之间的相关系数 r，比较这个值与 c 中的计算值.
e. 利用可得到的统计软件拟合模型
$$E(y)=\beta_0+\beta_1 u+\beta_2 u^2$$
并解释结果.

12.31 火车站过度拥挤的水平. 参考练习12.14，*Journal of Transportation Engineering*（2013年6月）对一个火车站拥挤程度的研究. 利用20个火车站收集到的数据（如下所示），已经分析了二阶模型 $E(y)=\beta_0+\beta_1 x+\beta_2 x^2$，其中 $y=$ 乘客之间的平均距离（米），$x=$ 火车站台上等待的客流量（人数）.

TRAINWAIT

车站	客流量	距离
1	21	0.08
2	2	0.78
3	4	0.62
4	25	0.06
5	16	0.11
6	26	0.06
7	6	0.35
8	22	0.07
9	23	0.06
10	9	0.19

车站	客流量	（续）距离
11	11	0.15
12	20	0.09
13	17	0.10
14	18	0.10
15	19	0.11
16	7	0.27
17	29	0.05
18	5	0.50
19	14	0.12
20	8	0.20

a. 找出 x 与 x^2 之间的相关性. 这种相关性可能出现什么样的潜在问题？你建议对自变量 x 编码吗？

b. 利用观测数据的编码系统，给出联系编码变量 u 与客运量 (x) 的方程.

c. 计算 u 和 u^2 之间的相关性. 多重共线性问题减弱了吗？

d. 利用可用的统计软件拟合模型 $E(y) = \beta_0 + \beta_1 u + \beta_2 u^2$，解释结果.

12.32 估算水管的维修和更换成本. 参考练习 11.37，*IHS Journal of Hydraulic Engineering*（2012 年 9 月）关于水管维修和更换的研究. 回想一个土木工程师团队用回归分析对 $y =$ 商业管道维修与更换的成本比率 和 $x =$ 管道的直径 (mm) 的函数关系建模. 已经利用 13 个不同大小管道的样本数据（如下所示）拟合了二阶模型 $E(y) = \beta_0 + \beta_1 x + \beta_2 x^2$. 自变量之间存在高度的多重共线性吗？如果存在，提出一个不具有同样高度多重共线性的替代模型. 对数据拟合模型并解释结果.

🌐 **WATERPIPE**

直径	比率
80	6.58
100	6.97
125	7.39
150	7.61
200	7.78
250	7.92
300	8.20
350	8.42
400	8.60
450	8.97
500	9.31
600	9.47
700	9.72

资料来源：Suribabu, C. R. & Neelakantan, T. R. "Sizing of water distribution pipes based on performance measure and breakage-repair replacement economics", *IHS Journal of Hydraulic Engineering*, Vol. 18, No. 3, September 2012 (表1).

12.6 一元定性自变量模型

假定希望描写一个内燃机发动机的平均性能 $E(y)$ 作为燃料类型的函数模型.（为了便于解释，忽略其他可能影响响应的自变量.）进一步，假定有三种可用的燃料类型：石油燃料（P）、煤燃料（C）和混合燃料（B）. 燃料类型是相应于燃料 P、C 和 B 三个水平的定性变量. 注意对一个定性自变量，不能对给定的水平附加一个定量意义，我们能做的是描述它.

为了简化记号，令 $\mu_P =$ 燃料 P 的平均性能，并且令 μ_C 和 μ_B 是相应燃料 C 和 B 的平均性能，我们的目的是写一个给出三种燃料类型均值 y 的简单预测方程. 这可以如下进行：

$$E(y) = \beta_0 + \beta_1 x_1 + \beta_2 x_2$$

其中

$$x_1 = \begin{cases} 1, & \text{如果使用燃料 P} \\ 0, & \text{如果不是} \end{cases} \quad x_2 = \begin{cases} 1, & \text{如果使用燃料 C} \\ 0, & \text{如果不是} \end{cases}$$

表 12.5 给出了三种燃料类型中每一种的 x_1 和 x_2 值.

变量 x_1 和 x_2 不是如定量自变量模型情况那样有意义的自变量，它们是构成模型函数的**虚拟**（示性)变量. 为了看它们是如何起作用的,令 $x_1=0$, $x_2=0$,当我们想得燃料 B(不是用燃料 P 也不是用燃料 C;因此,它必须是 B)的平均响应时,应用这个条件. 那么, 当使用燃料 B 时, y 的均值是

$$\mu_B = E(y) = \beta_0 + \beta_1(0) + \beta_2(0) = \beta_0$$

这说明燃料 B 的平均性能水平是 β_0. 或者, 这表明 $\beta_0 = \mu_B$.

表 12.5 三种内燃机燃料类型模型的平均响应

燃料类型	x_1	x_2	平均响应 $E(y)$
混合(B)	0	0	$\beta_0 = \mu_B$
石油(P)	1	0	$\beta_0 + \beta_1 = \mu_P$
煤(C)	0	1	$\beta_0 + \beta_2 = \mu_C$

现在假定我们想表示使用燃料 P 时的平均响应 $E(y)$. 根据虚拟变量的定义, 应该令 $x_1 = 1$ 且 $x_2 = 0$:

$$\mu_P = E(y) = \beta_0 + \beta_1(1) + \beta_2(0) = \beta_0 + \beta_1$$

或者, 因为 $\beta_0 = \mu_B$, 故

$$\mu_P = \mu_B + \beta_1$$

那么, β_1 的解释是

$$\beta_1 = \mu_P - \mu_B$$

β_1 是燃料 P 和 B 平均性能水平的差.

最后, 如果想得到使用燃料 C 时 y 的均值, 令 $x_1 = 0$, $x_2 = 1$:

$$\mu_C = E(y) = \beta_0 + \beta_1(0) + \beta_2(1) = \beta_0 + \beta_2$$

或者, 因为 $\beta_0 = \mu_B$, 故

$$\mu_C = \mu_B + \beta_2$$

那么, β_2 的解释是

$$\beta_2 = \mu_C - \mu_B$$

注意到仅用两个虚拟变量就能够描述定性变量的三个水平, 因为基础水平的均值(在本例中是燃料 B)由截距 β_0 来表述.

因为燃料类型是一个定性变量, 所以我们用条形图表示燃料类型三个水平平均性能 $E(y)$ 的值(见图 12.17). 特别对每一种燃料类型水平条形的高度 $E(y)$ 等于前面等式中给出的模型参数之和, 可以看到对应于燃料 B 的条形高度为 β_0; 即 $E(y) = \beta_0$. 类似地, 对应于 P 和 C 的条形高度分别为 $E(y) = \beta_0 + \beta_1$ 和 $E(y) = \beta_0 + \beta_2$ ⊖.

现在, 仔细检查有三个水平的单个定性自变量模型, 因为对于任意多个水平都用完全相同的模式. 任意选择一个水平作为**基准**(即虚拟变量全部赋值为 0 的水平), 然后为其他水平设置 0–1 虚拟变量 ⊖. 这样的方案总可得出下面方框给出的参数解释.

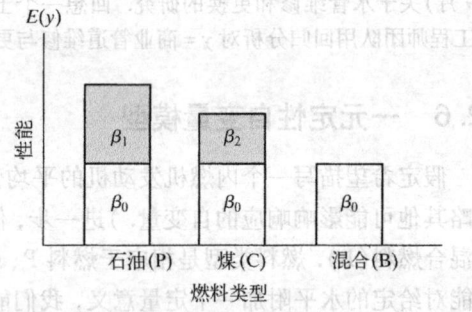

图 12.17 比较三种内燃机燃料类型 $E(y)$ 的条形图

⊖ β_1 或 β_2 或两者可以取负值. 例如, 如果 β_1 是负的, 相应于燃料 P 的条形高度将从燃料 B 的条形高度降低(而不是增高)β_1. 图 12.17 是在假定 β_1 和 β_2 为正时画出的.

⊖ 对虚拟变量不是必须用 1–0 编码系统. 任何两值系统都可以很好工作, 但是对模型参数的解释依赖于编码. 用 1–0 系统使模型参数易于解释.

描写 k 水平 ($A, B, C, D, \cdots$) 的一元定性变量模型步骤

$$E(y) = \beta_0 + \beta_1 x_1 + \beta_2 x_2 + \cdots + \beta_{k-1} x_{k-1}$$

其中,

$$x_i = \begin{cases} 1, & \text{如果定性变量取水平 } i+1 \\ 0, & \text{如果不是} \end{cases}$$

一元定性变量虚拟变量的个数总是比变量的水平个数少 1. 如果假定基准水平为 A, 则每个水平的均值是

$$\mu_A = \beta_0$$
$$\mu_B = \beta_0 + \beta_1$$
$$\mu_C = \beta_0 + \beta_2$$
$$\mu_D = \beta_0 + \beta_3$$
$$\vdots$$

β 的解释是:

$$\beta_0 = \mu_A$$
$$\beta_1 = \mu_B - \mu_A$$
$$\beta_2 = \mu_C - \mu_A$$
$$\beta_3 = \mu_D - \mu_A$$
$$\vdots$$

例 12.5 定性自变量的费用模型 一家大型咨询公司将一种监视建路工程投标的电脑系统销售给各州运输部门. 因为维持这个系统的巨大花费要由公司承担一部分, 因此公司比较三个不同州: 堪萨斯州、肯塔基州和得克萨斯州的系统用户全年平均维护费用. 从每个州设置收集 10 个用户的样本, 记录每个用户的维护费用, 如表 12.6 所示.

a. 这些数据是否提出了充分的证据 ($\alpha = 0.05$) 表明系统用户产生的平均全年维护费在三个州是不同的.

b. 求出并解释得克萨斯州和堪萨斯州的平均费用之差的 95% 置信区间.

解 a. 联系 $E(y)$ 和单个定性变量州设置的模型是

$$E(y) = \beta_0 + \beta_1 x_1 + \beta_2 x_2$$

其中

$$x_1 = \begin{cases} 1 & \text{如果是肯塔基州} \\ 0 & \text{如果不是} \end{cases}$$

$$x_2 = \begin{cases} 1 & \text{如果是得克萨斯州} \\ 0 & \text{如果不是} \end{cases}$$

BIDMAINT

表 12.6 年维护费用

州 设 置		
1: 堪萨斯州 (美元)	2: 肯塔基州 (美元)	3: 得克萨斯州 (美元)
198	563	385
126	314	693
443	483	266
570	144	586
286	585	178
184	377	773
105	264	308
216	185	430
465	330	644
203	354	515
总和(美元) 2796	3599	4778

并且
$$\beta_1 = \mu_2 - \mu_1$$
$$\beta_2 = \mu_3 - \mu_1$$

其中 μ_1, μ_2 和 μ_3 分别是堪萨斯州、肯塔基州和得克萨斯州的平均响应, 检验三个州平均值相等的原假设, 即 $\mu_1 = \mu_2 = \mu_3$ 等价于检验

$$H_0 : \beta_1 = \beta_2 = 0$$

因为如果 $\beta_1 = \mu_2 - \mu_1 = 0$ 并且 $\beta_2 = \mu_3 - \mu_1 = 0$, 那么 μ_1, μ_2 和 μ_3 必须相等. 备择假设是

H_a: 至少有一个参数 β_1 或 β_2 不等于 0

我们用 F 检验来检验完全模型(11.5 节), 就是检验模型中除了 β_0 以外的参数全都为 0 的原假设. 拟合完全模型

$$E(y) = \beta_0 + \beta_1 x_1 + \beta_2 x_2$$

的 SPSS 输出由图 12.18 给出. 检验完全模型 F 统计量值(图 12.18 中阴影部分)为 $F = 3.482$; 检验的 p 值(也是阴影部分)为 $p = 0.045$. 因为选择的 $\alpha = 0.05$ 超过了 p 值, 所以拒绝原假设, 并断定至少有一个参数 β_1 或 β_2 不等于 0. 或者等价地断定, 数据提供了充分的证据表明用户维护的平均费用在三个州之间是不同的.

Model Summary

Model	R	R Square	Adjusted R Square	Std. Error of the Estimate
1	.453[a]	.205	.146	168.948

a. Predictors: (Constant), X2, X1

ANOVA[b]

Model		Sum of Squares	df	Mean Square	F	Sig.
1	Regression	198772.5	2	99386.233	3.482	.045[a]
	Residual	770670.9	27	28543.367		
	Total	969443.4	29			

a. Predictors: (Constant), X2, X1
b. Dependent Variable: COST

Coefficients[a]

Model		Unstandardized Coefficients		Standardized Coefficients	t	Sig.	95% Confidence Interval for B	
		B	Std. Error	Beta			Lower Bound	Upper Bound
1	(Constant)	279.600	53.426		5.233	.000	169.979	389.221
	X1	80.300	75.556	.211	1.063	.297	-74.728	235.328
	X2	198.200	75.556	.520	2.623	.014	43.172	353.228

a. Dependent Variable: COST

图 12.18 虚拟变量模型的 SPSS 输出结果

b. 因为 $\beta_2 = \mu_3 - \mu_1 =$ 得克萨斯州和堪萨斯州的平均费用之差, 想求 β_2 的 95% 置信区间, 图 12.18 着重显示的区间是 (43.172, 353.228). 因此, 我们有 95% 置信认为, 差 $\mu_3 - \mu_1$ 落在这个区间内, 这意味着得克萨斯州用户的平均费用比堪萨斯州用户平均费用高出 43.17 ~ 353.23 美元中的任意值. ■

分析表 12.6 中数据的第二种方法是方差分析或者 ANOVA, ANOVA 是第 13 章和第 14 章的主要内容.

应用练习

12.33 雨水的化学成分. 参考练习 12.1, *Journal of Agricultural, Biological, and Environmental Statistics*（2005年3月）关于雨水化学成分的研究. 回想雨水样本中的硝酸盐浓度 y(mg/L)作为水源（地下水、地表水、地上水）的函数模型.
  a. 写一个 $E(y)$ 作为定性自变量的函数模型.
  b. 解释 a 中模型的每个 β 参数.

12.34 消防员的情感压力. 考虑练习 12.5, *Journal of Human Stress* 对消防员的研究. 考虑用定性变量：社会援助水平作为情感压力 y 的预测变量. 假定研究的 4 个社会援助水平是：没有、低、中等、高.
  a. 写一个 $E(y)$ 作为 4 水平社会援助的函数模型.
  b. 解释模型中的 β 参数.
  c. 解释怎样检验 4 个社会援助水平下情感压力均值之间的差异.

12.35 有机蒸汽的吸附率. 考虑练习 12.7, *Environmental Science & Technology* 关于有机蒸汽的吸附研究. 考虑利用定性变量有机化合物作为保持系数 y 的预测变量, 研究的 5 种有机化合物是：苯、甲苯、氯仿、甲醇和苯甲醚.
  a. 写一个 $E(y)$ 作为 5 水平的有机化合物函数模型.
  b. 解释模型中的 β 参数.
  c. 解释怎样检验 5 种有机化合物的平均保持系数之间的差异.

12.36 林业收割者的肌肉活动. 参考练习 12.23, *International Journal of Foresting Engineering*（Vol. 19, 2008）中研究了林业收割机操作者颈部和上肢的肌肉活动模式. 回忆研究者确定的关键解释变量 y = 操作者工作超过 8 分钟所显示的持续低水平肌肉活动(SULMA)周期的数量. 下面给出了潜在预测变量列表.

x_1 =	操作者年龄（岁）
x_2 =	午休时间（分钟）
x_3 =	优势手功率水平（百分比）
x_4 =	工作压力感知度（5 点量表）
x_5 =	{如果已婚取 1, 否则取 0}
x_6 =	{白班取 1, 夜班取 0}
x_7 =	{操作 Timberjack 车辆取 1, 操作 Valmet 车辆取 0}

  a. 写出 $E(y)$ 作为白班/夜班轮换定性自变量函数的模型方程.
  b. a 中模型里的哪个 β 表示白班和夜班操作者之间 $E(y)$ 值的差.
  c. 写出 $E(y)$ 作为车辆类型定性自变量函数的模型方程.
  d. 如果 c 中 x_7 的系数 β 是负的, 这实际上意味着什么？

12.37 被渔具缠住的鲸鱼. 参考练习 11.18, *Marine Mammal Science*（2010 年 4 月）关于被渔具缠住的鲸鱼的研究. 被缠住的方式包括三种类型的渔具：定置网, 盆网, 刺网. 所以研究者用装置的类型作为身体长度(y, m)的预测变量. 考虑回归模型 $E(y) = \beta_0 + \beta_1 x_1 + \beta_2 x_2$. 其中, x_1 = {定置网取 1, 否则取 0}, x_2 = {盆网取 1, 否则取 0}. [注：刺网是装置类型中的"基础"水平]
  a. 研究者想知道用刺网缠住的鲸鱼的平均身体长度. 用模型中的 β 给出这个值的表达式.
  b. 结合实际解释模型中 β_1 的值.
  c. 就模型中的 β 而言, 如何通过检验来确定三种不同类型渔具捕获的鲸鱼的平均身体长度是否有差异？

12.38 磁控管研究. 一位电气工程师想比较 5 个不同牌子磁控管的平均寿命(h). 从每个牌子中随机挑选 10 个磁控管收集数据, 写一个给出这 5 个牌子平均寿命的模型, 并解释模型的所有 β 参数.

12.39 用遮光提高牛奶产量. 由于佛罗里达湿热的气候条件, 菜牛的生长速度和乳牛的牛奶产量在夏天会明显下降. 但是, 农业和环境工程师已经找到一种设计良好的遮阴建筑物, 能够显著增加乳牛的牛奶产量. 在一次试验中, 将 30 头母牛分成 3 组, 每 10 头 1 组. 第一组牛在一个人造的遮阴建筑物下饲养；第二组在树荫下；第三组没有遮阴. 我们感兴趣的是每组母牛的平均牛奶产量(加仑).
  a. 指出试验中的自变量.
  b. 写一个联系平均牛奶产量 $E(y)$ 和自变量的模型, 指出所有虚拟变量并且编码.
  c. 解释模型中的 β 参数.

12.40 比较驱虫剂. 哪种驱虫剂驱蚊效果最好？*Consumer Reports*（2000 年 6 月）检验了 14 种声称有效的驱蚊剂产品. 每种产品分类为液体/膏状或者气雾/喷雾. 产品的价格（美元）除以用于覆盖皮肤暴露部分所需的驱蚊剂数量（大约 1/3 盎司）即为每次使用成本值. 测试者将他们的胳膊暴露于 200 只蚊子, 最长的保护小时数（以半小时增加）作为有效性度量，下面的表给出了报告的数据。

REPELLENT

驱虫剂	类型	使用成本（美元）	最长保护（h）
Amway HourGuard 12	液体/膏状	2.08	13.5
Avon Skin-So-Soft	气雾/喷雾	0.67	0.5
Avon BugGuard Plus	液体/膏状	1.00	2.0
Ben's Backyard Formula	液体/膏状	0.75	7.0
Bite Blocker	液体/膏状	0.46	3.0
BugOut	气雾/喷雾	0.11	6.0
Cutter Skinsations	气雾/喷雾	0.22	3.0
Cutter Unscented	气雾/喷雾	0.19	5.5
Muskoll Ultra6Hours	气雾/喷雾	0.24	6.5
Natrapel	气雾/喷雾	0.27	1.0
Off! Deep Woods	气雾/喷雾	1.77	14.0
Off! Skintastic	液体/膏状	0.67	3.0
Sawyer Deet Formula	液体/膏状	0.36	7.0
Repel Permanone	气雾/喷雾	2.75	24.0

资料来源："Buzz off." *Consumer Reports*, June 2000.

a. 假定想用驱蚊剂类型建立每次使用成本(y)的模型，为驱蚊剂类型找出合理个数的虚拟变量，并写出模型。
b. 用 a 中的模型拟合数据。
c. 给出检验驱蚊剂类型为每次使用成本(y)的有用预测量的原假设。
d. 对 c 进行检验，给出适当的结论，取 $\alpha = 0.10$。
e. 如果因变量是最大保护小时数(y)，重复 a～d 部分。

NZBIRDS

12.41 灭绝的新西兰鸟类. *Evolutionary Ecology Research*（2003年7月）发表了一项关于新西兰鸟类总体中灭绝模式的研究。NZBIRDS 文件包含了新西兰毛利殖民时期 132 种鸟类的飞行能力（会飞或者不会飞）、习性（水栖、陆栖或者生存在空中）、筑巢地（地面、地中的穴、树、地面上的洞）、巢的密度（高或低）、食物（鱼、脊椎动物、植物或者无脊椎动物）和灭绝情况（绝种、岛上不存在、现存）等定性数据以及身体质量(g)和蛋长(mm)等定量数据。

a. 写一个平均身体质量作为飞行能力的函数模型。
b. 写一个平均身体质量作为食物的函数模型。
c. 写一个平均蛋长作为筑巢地的函数模型。
d. 用 a 中模型拟合数据，并解释 β 的估计。
e. 做检验来确定 a 中模型在估计平均身体质量时是否统计有用（$\alpha = 0.01$）。
f. 用 b 中模型拟合数据，并解释 β 的估计。
g. 做检验来确定 b 中模型在估计平均身体质量时是否统计有用（$\alpha = 0.01$）。
h. 用 c 中模型拟合数据，并解释 β 的估计。
i. 做检验确定 c 中模型在估计平均蛋长时是否统计有用（$\alpha = 0.01$）。

12.42 温室气体排放. 废水处理系统的设计旨在保持水的化学、物理和生物完整性. 然而这些系统易于产生各种温室气体，例如甲烷(CH_4). *Journal of the Institute of Engineering*（Vol. 8, 2011）发表了一篇有关废水处理污泥中排放的甲烷气体量的研究。研究两种不同类型的处理后的污泥：(1) 不添加营养物质的污泥和(2) 添加营养物质的污泥。这里研究的特定营养物质是挥发性脂肪酸(VFA)。下表列出了 $n = 27$ 个污泥样品数据。通过回归确定两种污泥中排放的甲烷气体量的均值是否不同？如果不同，提供差值大小的 95% 置信区间。

SLUDGE

样品	甲烷CH_4	时间	营养物质(VHA)
1	5	20	No
2	9	21	No
3	18	24	No
4	35	26	No
5	61	29	No
6	65	32	No
7	105	35	No
8	120	37	No
9	117	42	No
10	154	44	No
11	200	47	No
12	198	49	No
13	203	51	No
14	21	20	Yes
15	25	21	Yes
16	61	24	Yes
17	75	26	Yes

样品	甲烷CH_4	时间	营养物质(VHA)
18	102	29	Yes
19	150	32	Yes
20	183	34	Yes
21	194	36	Yes
22	245	37	Yes
23	308	42	Yes
24	295	44	Yes
25	272	47	Yes
26	280	49	Yes
27	287	51	Yes

资料来源：Devkota, R. P. " Greenhouse Gas Emissions from Wastewater Treatment System", *Journal of the Institute of Engineering*, Vol. 8, No. 1, 2011（改编自图4）.

12.43 企业可持续发展和企业特色. 企业可持续发展是指商业实践设计的社会和环境方面的考虑（即"走向绿色"和节约能源）. *Business and Society*（2011年3月）发表了关于企业规模和企业类型如何影响可持续行为的研究. 调查了近1 000名高级管理人员，报告他们公司可持续政策的可能性（用0和1之间的概率测量）. 根据企业规模（大或小）和企业类型（公有或私有），管理者被分为4组：大/公有，大/私有，小/公有，小/私有. 分析的一个目标是确定报告的可持续政策的可能性均值的差异是否取决于企业规模和企业类型.

a. 考虑用一个单一的定性变量表示4个类别（大小/类型）. 构造合适的虚拟变量表示该定性变量，作为回归模型中的自变量预测报告可持续政策的可能性(y).

b. 给出 a 中模型的方程，解释模型的每个参数.

c. 模型的全局 F 检验结果为 p 值 <0.01. 对这个结果给出实际解释.

d. 现在考虑将企业规模和企业类型作为预测报告可持续政策的可能性(y)模型中两个不同的定性自变量. 构造合适的虚拟变量表示模型中的这些定性变量.

e. 参考 d，写出 $E(y)$ 作为企业规模和企业类型的函数，但是不包含交叉项的一个模型.（这个模型称为主效应模型）

f. 参考 e 中的模型. 对企业规模和企业类型的每种组合（如，大/公有）写出作为模型参数函数的 $E(y)$.

g. 利用 f 中的结果，说明对于主效应模型，大企业和小企业之间的平均可能性差异不依赖于企业类型.

h. 写出 $E(y)$ 作为企业类型和规模×类型交互作用项函数的一个模型.[注：对于这个模型，包括所有虚拟变量对之间可能的交互作用项. 其中一个虚拟变量代表规模，一个虚拟变量代表类型.]

i. 考虑 h 中的模型，对企业规模和企业类型的每种组合（如，大/公有），写出作为模型参数函数的 $E(y)$.

j. 利用 i 中的结果说明，对于交互作用模型，大企业和小企业之间的平均可能性差异依赖于企业类型.

12.7 定量和定性自变量模型

最有意义的数据分析问题也许是那些既包含定量自变量也包含定性自变量的问题. 例如，假定要联系三种不同的燃料类型——石油、煤和混合燃料的内燃机发动机的平均性能 $E(y)$ 和发动机的速度 x(r/min)，并且希望对这三种燃料的响应都用一阶（直线）模型建模，图 12.19 给出了这三种关系可能呈现的形式.

因为在图 12.19 中直线是假设的，因此产生了很多实际问题. 一种燃料的性能和另一种燃料一样好吗，即这三种类型燃料的平均性能直线有不同吗？平均性能水

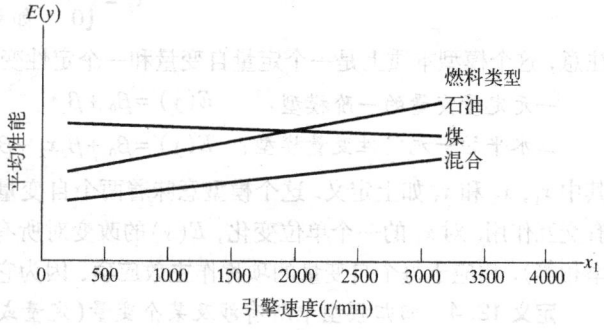

图 12.19 平均性能 $E(y)$ 和引擎速度 x_1 之间的关系图

平关于引擎速度的增加率,对这三种燃料类型是否不同,即三条直线的斜率是否相同?注意这两个现实问题中的每一个都可以看成是关于图 12.19 中三条直线确定的参数问题. 为回答这些问题,必须写一个单独的线性统计模型描述图 12.19 的三条直线,然后通过检验模型参数的假设来回答这些现实问题.

在前面的例子中,响应(发动机性能)是两个自变量的函数:一个是定量变量(引擎速度 x),另一个是定性变量(燃料类型). 检查联系 $E(y)$ 和这两个自变量可能构造的不同模型.

1. 平均性能 $E(y)$ 和引擎速度之间的直线关系,对于这三种燃料来说是一样的. 即对所有三种燃料只用一条线就能描述 $E(y)$ 和速度 x_1 之间的关系(见图 12.20):

$$E(y) = \beta_0 + \beta_1 x_1$$

$x_1 =$ 引擎速度

2. 联系平均性能 $E(y)$ 和发动机速度的直线,对所有燃料互不相同,但是速度 x 每增加 1 r/min, $E(y)$ 的增加率是相同的. 即这些直线是平行的,但是有不同的 y 轴截距(见图 12.21).

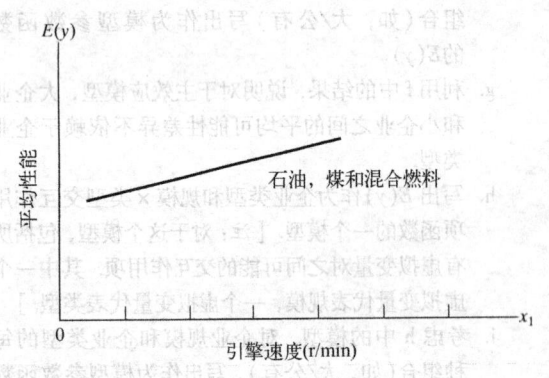

图 12.20 对于所有燃料类型, $E(y)$ 和 x_1 之间的关系是一样的

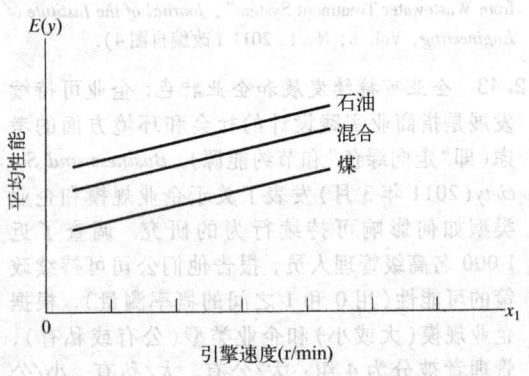

图 12.21 三种燃料类型的平行响应直线

$$E(y) = \beta_0 + \beta_1 x_1 + \beta_2 x_2 + \beta_3 x_3$$

$x_1 =$ 发动机速度

$x_2 = \begin{cases} 1 & \text{如果燃料是石油} \\ 0 & \text{如果不是} \end{cases}$

$x_3 = \begin{cases} 1 & \text{如果燃料是煤} \\ 0 & \text{如果不是} \end{cases}$

注意,这个模型本质上是一个定量自变量和一个定性变量的一阶模型的组合:

一元定量变量的一阶模型: $E(y) = \beta_0 + \beta_1 x_1$

三水平的一元定性变量模型: $E(y) = \beta_0 + \beta_2 x_2 + \beta_3 x_3$

其中 x_1, x_2 和 x_3 如上定义. 这个模型意味着两个自变量(引擎速度 x_1 和定性变量燃料类型)之间没有交互作用. 对 x_1 的一个单位变化, $E(y)$ 的改变对所有三种燃料类型都是相等的(即三条直线的斜率相等). 相应于每个自变量的项称作**主效应项**,因为它们不含交互作用.

定义 12.4 回归模型中所有涉及某个变量(定量或者定性)的无交互作用的项表示那个自变量对于 y 的**主效应**.

3. 联系平均性能 $E(y)$ 和引擎速度 x_1 之间的直线关系,对于三种燃料类型是不同的.即这三条直线的截距和斜率都不同(见图 12.22).正如所看到的,这个交互作用模型是通过增加交互作用项(两个自变量中的每一个与另一个的交叉乘积项)得到的:

$$E(y) = \beta_0 + \underbrace{\beta_1 x_1}_{\substack{\text{主效应,}\\\text{引擎速度}}} + \underbrace{\beta_2 x_2 + \beta_3 x_3}_{\substack{\text{主效应,}\\\text{燃料类型}}} + \underbrace{\beta_4 x_1 x_2 + \beta_5 x_1 x_3}_{\text{交互作用}}$$

注意前面的每个模型都可由模型 1,单个一阶模型用于所有三种燃料的响应模型,增加一些项而得.模型 2 是由增加定性变量燃料类型的主效应项而得;模型 3 由对模型 2 添加交互作用项而得的.因此,模型是嵌套的(模型 1 嵌套在模型 2 和模型 3 中;模型 2 嵌套在模型 3 中),在 12.8 中将学习怎样比较嵌套模型.

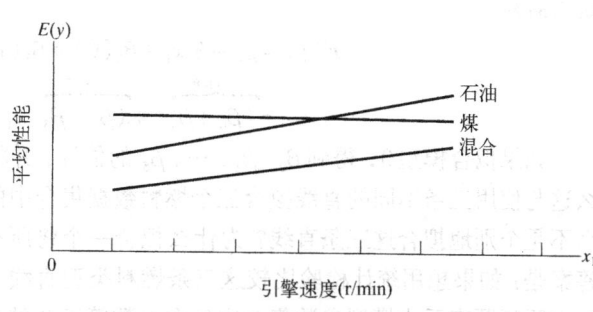

图 12.22 三种类型燃料的不同响应直线

是用一条直线(图 12.20)描述所有三种燃料的响应呢?还是用三条如图 12.22 所示的不同响应直线来描述?检验单个一阶模型恰当地描述了所有三种燃料的 $E(y)$ 和引擎速度 x_1 之间关系的原假设,就是校验模型 3 的参数 β_2,β_3,β_4 和 β_5 等于 0,即

$$H_0: \beta_2 = \beta_3 = \beta_4 = \beta_5 = 0$$

的原假设.正如在下一节中我们将看到的,用完全模型(模型 3)和简化模型(模型 1)的比较来检验这个假设.

假定三种燃料的响应线是不同的,但是想知道数据是否提供了充分证据表明这几条直线斜率是不同的.为检验模型 2 充分描述了 $E(y)$ 和引擎速度 x_1 之间关系的原假设,我们希望检验

$$H_0: \beta_4 = \beta_5 = 0$$

即引擎速度 x_1 和定性变量燃料类型这两个自变量之间没有交互作用.这个检验可以通过比较完全模型(模型 3)和简化模型(模型 2)来完成.

例 12.6 **一元定量自变量和一元定性自变量模型** 将合适的虚拟变量值代入模型 3 中得到图 12.22 中三条响应直线的方程.

解 刻画图 12.22 中三条直线的完全模型是

$$E(y) = \beta_0 + \beta_1 x_1 + \beta_2 x_2 + \beta_3 x_3 + \beta_4 x_1 x_2 + \beta_5 x_1 x_3$$

其中

$$x_1 = 引擎速度$$

$$x_2 = \begin{cases} 1 & 如果是石油燃料 \\ 0 & 如果不是 \end{cases}$$

$$x_3 = \begin{cases} 1 & 如果是煤燃料 \\ 0 & 如果不是 \end{cases}$$

检查编码可以看到当使用混合燃料时,$x_2 = x_3 = 0$.将这些值代入 $E(y)$ 的表达式,得到混合燃料的直线表达式:

混合燃料线

$$E(y) = \beta_0 + \beta_1 x_1 + \beta_2(0) + \beta_3(0) + \beta_4 x_1(0) + \beta_5 x_1(0) = \beta_0 + \beta_1 x_1$$

类似地,我们把 x_2 和 x_3 合适的值代入 $E(y)$ 的表达式得到:

石油燃料线
$$E(y) = \beta_0 + \beta_1 x_1 + \beta_2(1) + \beta_3(0) + \beta_4 x_1(1) + \beta_5 x_1(0)$$
$$= \underbrace{(\beta_0 + \beta_2)}_{y\text{截距}} + \underbrace{(\beta_1 + \beta_4)}_{\text{斜率}} x_1$$

煤燃料线
$$E(y) = \beta_0 + \beta_1 x_1 + \beta_2(0) + \beta_3(1) + \beta_4 x_1(0) + \beta_5 x_1(1)$$
$$= \underbrace{(\beta_0 + \beta_3)}_{y\text{截距}} + \underbrace{(\beta_1 + \beta_5)}_{\text{斜率}} x_1$$

如果拟合模型 3,得到 $\beta_0, \beta_1, \cdots, \beta_5$ 的估计,并将它们代入上述三种燃料类型的直线方程,那么这与使用三条不同的直线拟合三个燃料数据集合中的每一个所得的预测方程是一样的. 那么为什么不是个别地拟合这三条直线?为什么拟合一个将所有三条直线合并成同一方程的模型(模型3)?答案是:如果想用统计检验比较这三条燃料类型直线,就需要这种方法. 我们需要能够将关于直线的实际问题表示为模型参数集合中每个参数等于 0 的假设. 如果选择分别做三次回归分析,对每个燃料数据集拟合一条直线,就不能做到这一点. ■

例 12.7 **生产率模型中的交互** 工业工程师进行一项试验来研究两个制造厂(联合代表制的工厂 A 与另一家非联合代表制的工厂 B)工人生产率和薪酬奖励度量之间的关系. 用一个工人在 4 周、每周 40 h 内可能生产的机器铸件数量作为每个工人生产率 y 的度量. 在 4 周期间每个工人超过 1 000 个可接受的生产铸件支付的奖金为 x_1(美分每个铸件). 从每个工厂挑选 9 个工人,每一组 9 个工人中指派 3 个工人得到每个铸件 20 美分奖金,3 个工人得到每个铸件 30 美分奖金,3 个工人得到每个铸件 40 美分奖金. 这 18 个工人的生产率数据(对每个工厂类型与奖励的三种组合)如表 12.7 所示.

🌐 CASTINGS

表 12.7 例 12.7 的生产率数据

工厂类型 \ 奖励	20¢/铸件			30¢/铸件			40¢/铸件		
联合	1 435	1 512	1 491	1 583	1 529	1 610	1 601	1 574	1 636
非联合	1 575	1 512	1 488	1 635	1 589	1 661	1 645	1 616	1 689

假定一阶模型⊖对发现平均生产率 $E(y)$ 的变化作为奖励 x_1 的函数是恰当的. 产生两条生产率直线,每家工厂一条的模型是

$$E(y) = \beta_0 + \beta_1 x_1 + \beta_2 x_2 + \beta_3 x_1 x_2$$

其中

$$x_1 = 奖励$$
$$x_2 = \begin{cases} 1 & \text{如果是非联合工厂} \\ 0 & \text{如果是联合工厂} \end{cases}$$

a. 用模型拟合数据并画出两条生产率直线的预测方程图.

⊖ 虽然模型含有 $x_1 x_2$ 项,但仍是定量变量 x_1 的一阶模型(图形为直线). 变量 x_2 是模型中引入或删除项的虚拟变量,项的阶由出现在此项中的定量变量决定.

b. 这些数据是否提供了充足的证据说明对联合工厂和非联合工厂有奖励的工人生产率的增加速度是不同的？用 $\alpha = 0.10$ 检验.

解 a. 图 12.23 给出了回归分析的 MINITAB 输出. 从输出中读出的参数估计可得预测方程
$$\hat{y} = 1\,365.83 + 6.217x_1 + 47.78x_2 + 0.033x_1 x_2$$

```
The regression equation is
CASTINGS = 1366 + 6.22 INCENTIVE + 47.8 PDUMMY + 0.03 INC_PDUM


Predictor      Coef    SE Coef       T        P
Constant    1365.83      51.84   26.35    0.000
INCENTIVE     6.217      1.667    3.73    0.002
PDUMMY        47.78      73.31    0.65    0.525
INC_PDUM      0.033      2.358    0.01    0.989


S = 40.8387    R-Sq = 71.1%    R-Sq(adj) = 64.9%


Analysis of Variance

Source          DF       SS       MS       F        P
Regression       3    57332    19111   11.46    0.000
Residual Error  14    23349     1668
Total           17    80682
```

图 12.23 铸造数据完全模型的 MINITAB 输出

联合工厂的预测方程可以通过将 $x_2 = 0$ 代入一般预测方程得到，即
$$\hat{y} = \hat{\beta}_0 + \hat{\beta}_1 x_1 + \hat{\beta}_2 (0) + \hat{\beta}_3 x_1 (0) = \hat{\beta}_0 + \hat{\beta}_1 x_1 = 1\,365.83 + 6.217 x_1$$
类似地，非联合工厂的预测方程是将 $x_2 = 1$ 代入一般预测方程得到，即
$$\hat{y} = \hat{\beta}_0 + \hat{\beta}_1 x_1 + \hat{\beta}_2 x_2 + \hat{\beta}_3 x_1 x_2 = \hat{\beta}_0 + \hat{\beta}_1 x_1 + \hat{\beta}_2 (1) + \hat{\beta}_3 x_1 (1) = \overbrace{(\hat{\beta}_0 + \hat{\beta}_2)}^{y\text{截距}} + \overbrace{(\hat{\beta}_1 + \hat{\beta}_3)}^{\text{斜率}} x_1$$
$$= (1\,365.83 + 47.78) + (6.217 + 0.033) x_1 = 1\,413.61 + 6.250 x_1$$

图 12.24 给出了预测方程的 MINITAB 图. 注意这两条直线的斜率几乎一样(联合工厂是 6.217, 非联合工厂是 6.250).

b. 如果非联合工厂有奖励的生产率增加速度(即斜率)与联合工厂相应的斜率不同，那么交互作用(即 β_3)将不为 0. 因此，我们想检验

$H_0: \beta_3 = 0$ (无交互作用)

$H_a: \beta_3 \ne 0$ (有交互作用)

用 T 检验来进行这个检验. 从 MINITAB 的输出中看出, 检验统计量和相应的 p 值(着重显示)为

$T = 0.01 \quad p \text{ 值} = 0.989$

因为 $\alpha = 0.10$ 小于 p 值, 所以我们不能拒绝原假

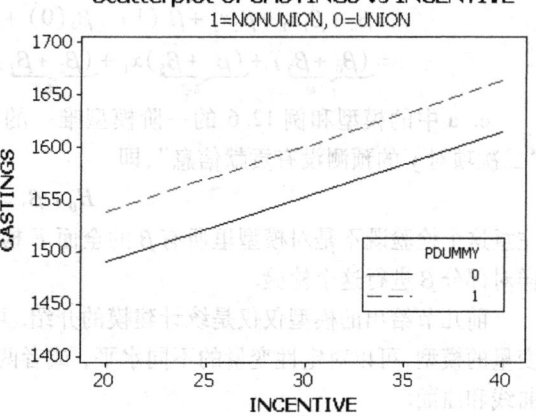

图 12.24 预测方程的 MINITAB 图

设,即没有足够的证据断言联合工厂和非联合工厂的形状是不同的.因此,这个检验支持我们在 b 中看到的两个几乎相同的斜率.因为交互作用不显著,所以我们从模型中去掉 x_1x_2 项,使用更简单的模型 $E(y) = \beta_0 + \beta_1 x_1 + \beta_2 x_2$ 来预测生产效率.

例 12.8 一元定量变量和一元定性变量的二阶模型 考虑例 12.6,假定我们认为柴油发动机平均发动机性能 $E(y)$ 和引擎速度 x_1 之间是如图 12.25 所示的二阶关系.

a. 写一个能产生如图 12.25 所示的响应曲线 $E(y)$ 的模型方程.

b. 写出石油燃料的曲线方程.

c. 怎样确定 a 中的模型是否比例 12.6 的一阶模型 $E(y) = \beta_0 + \beta_1 x_1 + \beta_2 x_2 + \beta_3 x_3 \beta_4 x_1 x_2 + \beta_5 x_1 x_3$ 给出 y 的更好预测?

解 a. 令

$x_1 = $ 引擎速度

$x_2 = \begin{cases} 1 & \text{如果是石油燃料} \\ 0 & \text{如果不是} \end{cases}$

$x_3 = \begin{cases} 1 & \text{如果是煤燃料} \\ 0 & \text{如果不是} \end{cases}$

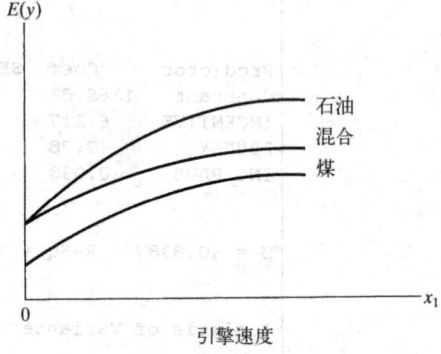

图 12.25 三种燃料类型的响应曲线

因为图 12.25 给出了 $E(y)$ 和引擎速度 (x_1) 之间的曲线关系,并且三种燃料类型的响应曲线是不同的(即引擎速度和燃料类型有交互作用),合适的模型是

$$E(y) = \beta_0 + \underbrace{\beta_1 x_1 + \beta_2 x_1^2}_{\text{主效应 引擎速度}} + \underbrace{\beta_3 x_2 + \beta_4 x_3}_{\text{主效应 燃料类型}} + \underbrace{\beta_5 x_1 x_2 + \beta_6 x_1 x_3 + \beta_7 x_1^2 x_2 + \beta_8 x_1^2 x_3}_{\text{交互作用}}$$

注意到引擎速度的每个主效应项(x_1 和 x_1^2)乘以燃料类型的每一个主效应项(x_2 和 x_3)得到模型中的 4 个交互作用项.

b. 当 $x_2 = 1$ 且 $x_3 = 0$ 时,这个模型给出了燃料为石油(见代码)的 $E(y)$ 和 x_1 之间的关系,将这些值代入模型,我们得到

$$E(y) = \beta_0 + \beta_1 x_1 + \beta_2 x_1^2 + \beta_3 x_2 + \beta_4 x_3 + \beta_5 x_1 x_2 + \beta_6 x_1 x_3 + \beta_7 x_1^2 x_2 + \beta_8 x_1^2 x_3$$

$$= \beta_0 + \beta_1 x_1 + \beta_2 x_1^2 + \beta_3(1) + \beta_4(0) + \beta_5 x_1(1) + \beta_6 x_1(0) + \beta_7 x_1^2(1) + \beta_8 x_1^2(0)$$

$$= \underbrace{(\beta_0 + \beta_3)}_{y\text{截距}} + \underbrace{(\beta_1 + \beta_5)}_{\text{位移}} x_1 + \underbrace{(\beta_2 + \beta_7)}_{\text{曲率}} x_1^2$$

c. a 中的模型和例 12.6 的一阶模型唯一的不同是包含 x_1^2 的项.因此,我们希望检验原假设,"二次项对 y 的预测没有贡献信息",即

$$H_0: \beta_2 = \beta_7 = \beta_8 = 0$$

注意这个检验既不是对模型里所有 β 的全面 F 检验,也不是对单个 β 的 T 检验,将在下一节学习怎样对部分 β 进行这个检验.

前几节给出的模型仅仅是统计建模的介绍.可以构建联系 $E(y)$ 与任意多个定量和(或)定性自变量的模型,可以对定性变量的不同水平,或者两个或更多定性自变量水平的不同组合,来比较响应曲线和曲面.

应用练习

12.44 雨水的化学成分. 参考练习12.1, *Journal of Agricultural, Biological, and Environmental Statistics*(2005年3月)关于雨水化学成分的研究. 回想雨水样本中的硝酸盐浓度(mg/L)作为水源(地下水、地表水和地上水)的函数建模, 现在考虑向模型添加第二个自变量氧化硅密度(mg/L).

a. 写出 $E(y)$ 作为自变量函数的一阶模型, 假定硝酸盐浓度关于氧化硅密度的增加率对所有三种水源是相同的, 画出模型中假设关系的草图.

b. 写出 $E(y)$ 作为自变量函数的一阶模型, 但现在假定关于硝酸盐浓度的增加率随氧化硅密度对三种水源是不同的, 画出模型中假设的关系草图.

12.45 有机蒸汽的吸附率. 参见练习12.7, *Environmental Science & Technology* 有机蒸汽吸附作用研究. 用作保持系数 y 建模的自变量是: x_1 = 温度(度), x_2 = 相对湿度(百分比), 有机化合物 = (苯、甲苯、氯仿、甲醇、苯丙醚).

a. 写出 $E(y)$ 作为温度和有机化合物函数的一阶主效应模型, 画出模型草图.

b. 解释 a 中模型的 β 参数.

c. 写出 $E(y)$ 作为相对湿度和有机化合物的函数模型, 假设5种化合物有不同的保持系数—相对湿度斜率, 画出模型的草图.

d. 给出 c 模型中5种化合物的斜率(用 β 项表示).

12.46 被渔具缠住的鲸鱼. 参考练习12.37, *Marine Mammal Science*(2010年4月)对被渔具缠住的鲸鱼的研究. 现在考虑被缠住的鲸鱼的长度 $y(m)$ 作为被缠住处水的深度(m)和渔具类型(定置网、盆网、刺网)函数的模型.

a. 写出只包括主效应的 $E(y)$ 的模型.

b. 简述 a 中模型假设的关系. [注: 垂直轴为长度, 水平轴为水深]

c. 在 a 中的模型中添加水深度和渔具类型的交互作用项. [注: 确保渔具类型的每个虚拟变量与水深交互作用]

d. 简述 c 中模型假设的关系.

e. 就 c 模型中的 β 而言, 给出对于定置网, 鲸鱼长度随水深变化的变化率.

f. 对盆网重复 e.

g. 对刺网重复 e.

h. 就 c 模型中的 β 而言, 你如何通过检验来确定对于三种不同的渔具, 鲸鱼长度随水深的变化率相同?

12.47 林业收割者的肌肉活动. 参考练习12.23 和 12.36, *International Journal of Foresting Engineering* (Vol. 19, 2008)中研究了林业收割机操作者颈部和上肢的肌肉活动模式. 回忆研究者确定的关键解释变量 y = 操作者工作超过8分钟所显示的持续低水平肌肉活动(SULMA)周期的数量. 下面给出了潜在预测变量的列表.

x_1 = 操作者年龄(岁)

x_2 = 午休时间(分钟)

x_3 = 优势手功率水平(百分比)

x_4 = 工作压力感知度(5点量表)

x_5 = {如果已婚取1, 否则取0}

x_6 = {白班取1, 夜班取0}

x_7 = {操作 Timberjack 车辆取1, 操作 Valmet 车辆取0}

a. 写出 $E(y)$ 作为优势手功率水平(x_3)和操作车类型(x_7)的函数的一阶主效应模型方程.

b. 在这个问题中, 解释 a 模型中 β_2 的值.

c. 在 a 中的模型里添加允许存在优势手功率水平和操作的车的类型之间交互作用的项. 简述这个模型假设的关系.

d. c 模型中有关 β 的什么函数表示当操作车为 Valmet 时, 优势手功率水平每增加一个百分点引起的 $E(y)$ 变化?

e. c 模型中有关 β 的什么函数表示当优势手功率水平为75% 时, Timberjack 操作者和 Valmet 操作者对应的 $E(y)$ 之差?

f. 写出 $E(y)$ 作为优势手功率水平(x_3)和操作车类型(x_7)的函数的完全二阶模型方程. 简述该模型假设的关系.

g. f 模型中有关 β 的什么函数表示当操作车为 Valmet 时, $E(y)$ 和优势手功率水平之间的曲率?

12.48 小麦基因的 RNA 分析. 华盛顿州立大学农作物与土壤科学系的工程师用回归法估计一个从小麦提取的 RNA 等分试样基因转录的副本数. (*Electronic Journal of Biotechnology*, 4. 15, 2004.) 从暴露在寒冷中的小麦提取的 RNA 比例(x_1)是变化的, 测量两个克隆基因: 锰过氧化物歧化酶(Mn-SOD)和磷脂酶 D(PLD)中每一个的转录副本数(y, 以千计). 下面的表给出了数据.

🌐 **WHEATRNA**

RNA 比例(x_1)	副本数(y, 千)	
	MnSOD	PLD
0.00	401	80
0.00	336	83
0.00	337	75
0.33	711	132
0.33	637	148
0.33	602	115
0.50	985	147
0.50	650	142
0.50	747	146
0.67	904	146
0.67	1 007	150
0.67	1 047	184
0.80	1 151	173
0.80	1 098	201
0.80	1 061	181
1.00	1 261	193
1.00	1 272	187
1.00	1 256	199

资料来源：Baek. K. H., and Skinner. D. Z. "Quantitative real-time PCR method to detect changes in specific transcript and total RNA amounts." *Electronic Journal of Biotechnology*, Vol. 7, No. 1, April 15, 2004(由图 2 改编).

a. 写出副本数(y)作为提取的 RNA 比例(x_1)和基因类型(MnSOD 或 PLD)函数的一阶模型，假定 RNA 比例和基因类型对 y 有交互影响.

b. 用 a 中模型拟合数据，给出 y 的最小二乘预测方程.

c. 做检验确定 RNA 比例和基因类型实际上是否有交互作用，用 $\alpha = 0.01$ 检验.

d. 用 b 的结果估计随基因类型 MnSOD 提取的 RNA 比例(x_1)，副本数(y)的增加率.

e. 对于基因类型 PLD 重复 d.

12.49 药品的保管寿命. 礼来公司根据药物的效力开发了三种方法(G、R_1 和 R_2)来估计药材产品的保管寿命⊖. 比较这三种方法的一种途径是将估计的保管寿命 y(真实保管寿命百分数)作为响应变量，药效(x_1)作为定量预测变量，方法作为定性预测变量，构建一个回归模型.

a. 写出 $E(y)$ 作为药效(x_1)和方法函数的一阶主效应模型.

b. 解释 a 中模型的 β 系数.

c. 写出允许三种方法斜率不同的 $E(y)$ 一阶模型.

d. 考虑 c，对每一种方法，用 β 写出 y-x_1 直线的斜率.

12.50 Web 浏览器的图形评价. 做一项试验比较 4 个 Web 浏览器显示图片的能力.(*Journal of Graphic Engineering Design*, Vol. 3, 2012). 这 4 个浏览器是最新版本的谷歌浏览器、Mozilla Firfox、Opera 和苹果 Safari. 测试每个浏览器产生 50，250，500 和 750 个简单目标(图片)的能力. 对每个浏览器的这 4 项任务确定平均完成时间(百分之一秒). 数据(期刊文章中提供的信息模拟得到)在下表列出.

a. 将完成时间 y 视为目标数(x_1)和浏览器类型的函数，假设一个一阶交互作用模型.

b. 用数据拟合 a 中的模型，检验模型的整体效用($\alpha = 0.05$).

c. 当使用谷歌浏览器时，估计完成时间随目标数目的变化率.

🌐 **BROWSER**

任务	完成时间（百分之一秒）	目标数目	浏览器
1	3.0	50	Chrome
2	6.0	50	Firefox
3	2.0	50	Safari
4	3.5	50	Opera
5	5.0	250	Chrome
6	7.0	250	Firefox
7	4.0	250	Safari
8	10.0	250	Opera
9	8.0	500	Chrome
10	7.5	500	Firefox
11	7.0	500	Safari
12	17.5	500	Opera

⊖ Murphy. J. R., and Weisman. D. "Using Random Slopes for Estimating Shelf Life." Joint Statistical Meetings, Anaheim, Calif., Aug. 1990.

任务	完成时间（百分之一秒）	目标数目	浏览器
13	13.0	750	Chrome
14	8.0	750	Firefox
15	12.0	750	Safari
16	22.0	750	Opera

* Murphy, J. R., and Weisman, D. "Using Random Slopes for Estimating Shelf Life." Paper presented at Joint Statistical Meetings, Anaheim, Calif., Aug. 1990.

12.51 温室气体排放. 参考练习12.42, *Journal of the Institute of Engineering*(Vol.8, 2011)对污水处理污泥中排放的甲烷气体(毫克/升)的研究. 回想研究了两种不同类型的处理后的污泥: 不添加营养物质的污泥和添加营养物质(VHA)的污泥. $n=27$ 个污泥样品数据在下表中列出. 注意表格内容包括变量污泥处理时间长度(天). 研究者估计了处理后的污泥和未处理的污泥的排放率(即, 处理每增加一天甲烷气体排放的增长率). 用回归确定两种不同污泥的排放率是否不同, 如果不同, 给出每种污泥的排放率的估计.

🌐 **SLUDGE**

样品	甲烷CH_4	时间	营养物质(VHA)
1	5	20	No
2	9	21	No
3	18	24	No
4	35	26	No
5	61	29	No
6	65	32	No
7	105	35	No
8	120	37	No
9	117	42	No
10	154	44	No
11	200	47	No
12	198	49	No
13	203	51	No
14	21	20	Yes
15	25	21	Yes
16	61	24	Yes
17	75	26	Yes
18	102	29	Yes
19	150	32	Yes
20	183	34	Yes
21	194	36	Yes
22	245	37	Yes
23	308	42	Yes
24	295	44	Yes
25	272	47	Yes
26	280	49	Yes
27	287	51	Yes

资料来源: Devkota, R. P. "Greenhouse Gas Emissions from Wastewater Treatment System", *Journal of the Institute of Engineering*, Vol.8, No.1, 2011(改编自图4).

12.52 苔藓中铅研究. 研究蓝色山脊山脉(田纳西)山坡上的大气污染. 文件LEADMOSS中包含了从山坡上采集的70个苔藓样品中发现的含铅水平(毫克铅每克苔藓)以及苔藓样品的海拔(英尺)和山坡面的朝向(如果向东取1, 如果向西取0). 下表给出了数据集的前5个和后5个数据.

🌐 **LEADMOSS**

样品	含铅水平	海拔	坡面朝向
1	3.475	2 000	0
2	3.359	2 000	0
3	3.877	2 000	0
4	4.000	2 500	0
5	3.618	2 500	0
⋮	⋮	⋮	⋮
66	5.413	2 500	1
67	7.181	2 500	1
68	6.589	2 500	1
69	6.182	2 000	1
70	3.706	2 000	1

资料来源: Schilling, J. "Bioindication of atmospheric heavy metal deposition in the Blue Ridge using the moss, *Thuidium delicatulum*." Master of Science Thesis, Spring 2000.

a. 写出联系平均含铅水平$E(y)$和海拔x_1与坡面朝向x_2之间的一阶模型表达式, 模型包括海拔和坡面朝向之间的交互作用.

b. 画出a中模型假设对不同坡面朝向平均含铅水

c. 用 a 中模型的 β 给出向东坡面苔藓海拔每增加 1 英尺含铅水平的变化.

d. 利用可得到统计软件包, 用 a 的模型拟合数据, 对于预测含铅水平, 全模型是否统计有用? 用 $\alpha = 0.10$ 检验.

e. 写出联系平均含铅水平 $E(y)$ 与海拔 (x_1), 坡面朝向 (x_2) 的完全二阶模型.

12.53 用玻璃器皿存储核废料. 因为玻璃不易辐射损坏, 所以把核废料压缩到玻璃中被认为是解决环境低水平核废料问题的最有前途的方法. 但是, 当玻璃暴露在极端的环境中时, 玻璃会经历化学变化, 并且它的一些成分会溶入周围环境. 另外, 这些化学反应可能会使玻璃变弱. 上述这些使佛罗里达大学材料科学工程系和美国能源部联合进行一项研究, 来评估玻璃作为废料包装材料的效用[⊖]. 制备腐蚀化学溶液 (称为腐蚀浴) 并直接用于包含三种废料 (TDS-3A, FE 和 AL) 的玻璃样本; 随时观察化学反应. 一些测量的关键变量是:

y = 在试验结束时溶液中发现的硅量 (百万分之一). (这是玻璃的损坏度和释放到环境中放射性核素量代表的度量.)

x_1 = 腐蚀浴的温度 (℃)

$x_2 = \begin{cases} 1 & \text{如果废料类型是 TDS-3A} \\ 0 & \text{如果不是} \end{cases}$

$x_3 = \begin{cases} 1 & \text{如果废料类型是 FE} \\ 0 & \text{如果不是} \end{cases}$

废料类型 AL 是基准水平. 假定希望建立硅量 y 作为温度 (x_1) 和废料类型 (x_2, x_3) 的函数模型.

a. 写一个模型, 建议硅量和温度之间是平行直线关系, 三种废料类型每种类型一条.

b. 在 a 的模型中添加温度和废料类型之间的交互项.

c. 考虑 b 中模型, 对每种废料类型, 给出联系硅和温度直线的斜率.

d. 在温度 – 废料类型存在交互作用的检验中, 给出检验的原假设.

12.8 比较嵌套模型的检验

在回归分析中, 我们经常希望确定 (以高的置信度) 候选模型集合中哪一个最好地拟合了数据. 在这节中, 我们给出关于**嵌套模型**的一个方法.

定义 12.5 如果一个模型包含了另一个模型的所有项, 并且至少有一个额外项, 称这两个模型是**嵌套**的.

为了说明, 假定已经收集了响应 y 和两个定量自变量 x_1 和 x_2 的数据, 而且正在考虑用一阶还是二阶模型来联系 $E(y)$ 和 x_1, x_2. 二阶模型能够比一阶模型更好地预测 y 吗? 为了回答这个问题, 检查这两个模型, 注意二阶模型包含了一阶模型的所有项, 并且多了三个附加项 (涉及 β_3, β_4 和 β_5):

一阶模型: $E(y) = \beta_0 + \beta_1 x_1 + \beta_2 x_2$

二阶模型: $E(y) = \beta_0 + \beta_1 x_1 + \beta_2 x_2 + \overbrace{\beta_3 x_1 x_2 + \beta_4 x_1^2 + \beta_5 x_2^2}^{\text{二阶项}}$

因此, 它们是嵌套模型. 因为一阶模型是两个模型中比较简单的一个, 所以说一阶模型被嵌套在更复杂的二阶模型里.

一般地, 两个嵌套模型中较复杂的一个称作**完全** (或**全**) **模型**, 两个中比较简单的一个称作**简化模型**. 询问二阶 (或者完全) 模型对于 y 的预测是否比一阶 (或简化) 模型提供更多的信息等价于询问参数 β_3, β_4 或 β_5 中至少有一个不等于 0, 即模型中是否应包含涉及 β_3, β_4 或 β_5 的项. 因此, 为了检验模型中是否应该包含二阶项, 我们检验原假设

$$H_0: \beta_3 = \beta_4 = \beta_5 = 0$$

⊖ 这个练习的背景资料由佛罗里达大学材料科学工程系的 Dr. David Clark 提供.

(即二阶项不会对 y 的预测提供信息.)备择假设为

$$H_a : \beta_3, \beta_4 \text{ 或 } \beta_5 \text{ 中至少有一个参数不等于 } 0$$

(即至少一个二阶项对 y 的预测提供信息).

进行这个检验的步骤是直观的. 首先,用最小二乘法拟合简化模型,并且计算相应的误差平方和 SSE_R(y 的观测值和预测值之间的离差平方和). 其次,拟合完全模型,并且计算它的误差平方和 SSE_C. 然后计算差 $SSE_R - SSE_C$ 来比较 SSE_R 和 SSE_C. 如果二次项对模型有贡献,那么 SSE_C 应该比 SSE_R 小很多,差 $SSE_R - SSE_C$ 会比较大. 差越大,完全模型比简化模型提供了更好的 y 预测的证据分量越重.

当模型里添加新的项时,误差平方和总是减小. 问题是这种减小是否足够大,使得可以断言这不仅仅是因为模型的项增加以及偶然性引起的. 为了检验二次项参数 β_3, β_4 和 β_5 同时等于 0 的原假设,我们用如下的 F 统计量:

$$F = \frac{SSE \text{ 的减少}/\text{被检验的 } \beta \text{ 参数个数}}{\text{二阶模型的 } s^2} = \frac{(SSE_R - SSE_C)/3}{SSE_C/[n-(5+1)]}$$

当误差项 ε 的标准回归假定满足,并且二次项的 β 参数都是 0(即 H_0 为真)时,F 统计量服从自由度为 $\nu_1 = 3$,$\nu_2 = n - 6$ 的 F 分布. 注意 ν_1 是被检验的 β 参数的个数,ν_2 是二阶模型中与 s^2 相应的自由度.

如果二次项对模型有贡献(即 H_a 为真),则我们期望 F 统计量取大值. 因此,我们用单边检验,如果 F 超过某个临界值 F_α,就拒绝 H_0.

比较嵌套模型的 F 检验

简化模型:$E(y) = \beta_0 + \beta_1 x_1 + \cdots + \beta_g x_g$

完全模型:$E(y) = \beta_0 + \beta_1 x_1 + \cdots + \beta_g x_g + \beta_{g+1} x_{g+1} + \cdots + \beta_k x_k$

$H_0 : \beta_{g+1} = \beta_{g+2} = \cdots = \beta_k = 0$

$H_a :$ 被校验的 β 参数中至少一个不为 0

检验统计量:$F = \dfrac{(SSE_R - SSE_C)/(k-g)}{SSE_C/[n-(k+1)]} = \dfrac{(SSE_R - SSE_C)/(H_0 \text{ 中被检验的 } \beta \text{ 个数})}{MSE_C}$

其中,$SSE_R =$ 简化模型的误差平方和;$SSE_C =$ 完全模型的误差平方和;$MSE_C =$ 完全模型的均方误差(s^2);$k - g = H_0$ 中指定的 β 参数个数(即被检验的 β 参数个数);$k + 1 =$ 完全模型中 β 参数个数(包括 β_0);$n =$ 总的样本容量.

拒绝域:$F_c > F_\alpha$

p 值:$P(F > F_c)$

其中 F 的分子自由度 $\nu_1 = k - g$,分母自由度 $\nu_2 = n - (k+1)$.

例 12.9 **比较嵌套模型** 参见例 12.3,考虑联系温度(x_1)、压力(x_2)与成品质量(y)的二阶模型. 这些数据是否提供充分的证据表明二次项 x_1^2 和 x_2^2 对 y 的预测贡献了信息,用 $\alpha = 0.05$ 检验.

解 为了确定二次项(即曲线)是否为 y 的预测提供了信息,我们检验

$$H_0 : \beta_4 = \beta_5 = 0$$

对备择假设

H_a: 参数 β_4 或 β_5 中至少有一个不等于 0

比较的嵌套模型是:

完全模型: $E(y) = \beta_0 + \beta_1 x_1 + \beta_2 x_2 + \beta_3 x_1 x_2 + \beta_4 x_1^2 + \beta_5 x_2^2$

简化模型: $E(y) = \beta_0 + \beta_1 x_1 + \beta_2 x_2 + \beta_3 x_1 x_2$

图 12.26 给出了简化模型的 SAS 输出.

```
                    The REG Procedure
                      Model: MODEL1
                 Dependent Variable: QUALITY

              Number of Observations Read        27
              Number of Observations Used        27

                     Analysis of Variance

                            Sum of        Mean
     Source         DF     Squares       Square    F Value    Pr > F
     Model           3    2425.04194    808.34731     3.08    0.0475
     Error          23    6036.40102    262.45222
     Corrected Total 26   8461.44296

              Root MSE              16.20038    R-Square    0.2866
              Dependent Mean        66.96296    Adj R-Sq    0.1935
              Coeff Var             24.19304

                      Parameter Estimates

                        Parameter     Standard
     Variable    DF     Estimate       Error     t Value    Pr > |t|
     Intercept    1    -614.13981    466.16828    -1.32      0.2007
     TEMP         1       7.08639      5.15846     1.37      0.1828
     PRESSURE     1      13.88278      8.45253     1.64      0.1141
     TEMP_PRESS   1      -0.14550      0.09353    -1.56      0.1335
```

图 12.26 简化模型的 SAS 输出

简化模型的误差平方和(图 12.26 的阴影部分)是

$$SSE_R = 6\ 036.401\ 02$$

为了进行检验, 还需要完全模型的 SSE 和 MSE, 图 12.13 给出这些值:

$$SSE_C = 59.178\ 43$$

$$MSE_C = 2.818\ 02$$

对于这个检验, $n = 27$, $k = 5$, $g = 3$, 检验的 β 个数是 $(k-g) = 2$. 因此, 基于自由度 $\nu_1 = k - g = 2$ 和 $\nu_2 = n - (k+1) = 21$ 的 F 统计量的计算值为

检验统计量: $F = \dfrac{(SSE_R - SSE_C)/(\text{模型中被检验的 } \beta \text{ 个数})}{MSE_C}$

$$= \frac{(6\ 036.401\ 02 - 59.178\ 43)/2}{2.818\ 02} = 1\ 060.5$$

检验的最后一步是比较这个计算的 F 值与自由度 $\nu_1 = 2$, $\nu_2 = 21$ 的表中值. 对于 $\alpha = 0.05$, $F_{0.05} = 3.47$, 那么拒绝域是

拒绝域：$F > 3.47$（见图12.27）

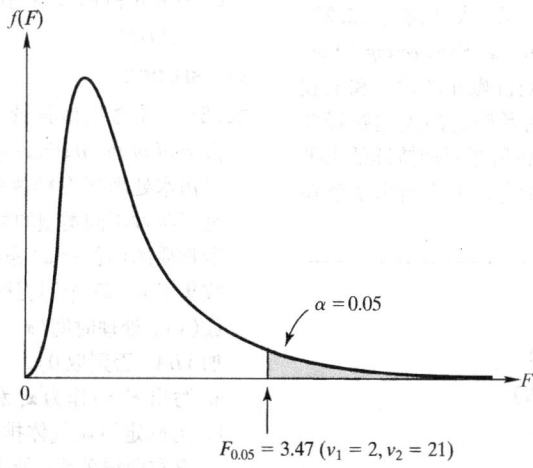

图 12.27　$H_0: \beta_4 = \beta_5 = 0$ 的 F 检验拒绝域

因为计算的 F 值落在拒绝域，即它超过 $F_{0.05} = 3.47$，所以我们拒绝 H_0，并且断定（在 $\alpha = 0.05$）至少有一个二次项对 y 的预测贡献了信息。换句话说，这些数据支持响应面的弯曲不是简单地由于数据的随机变异性的观点，完全二阶模型似乎比简化模型提供更好的 y 预测。

（注：这种嵌套模型 F 检验的检验统计量和 p 值可以用统计软件得到。这些值在图 12.28 的 SAS 输出中着重显示。因为 p 值小于 $\alpha = 0.05$，所以我们得到同样的结论：拒绝 H_0。）

```
        Test CURV Results for Dependent Variable QUALITY

                              Mean
Source           DF          Square      F Value    Pr > F
Numerator         2         2988.61130   1060.54    <.0001
Denominator      21            2.81802
```

图 12.28　嵌套模型 F 检验的 SAS 输出 ∎

假定在例 12.9 中 F 检验产生一个不是落在拒绝域中的检验统计量，即假定没有充分的证据（$\alpha = 0.05$）表明曲率项对产品质量的预测贡献信息。就像对任何假设的统计检验一样，我们必须对接受 H_0 保持谨慎，因为犯第Ⅱ类错误的概率是未知的。但是，大部分使用回归分析的人都采用**节俭原则**。即在发现两个竞争模型本质上有同样预测能力情况下，选取 β 个数最少的模型（即比较**节俭的模型**）。节俭原则使我们在嵌套模型的 F 检验中不能拒绝 H_0 时，选择简单（简化）模型而不是较复杂的完全模型。

定义 12.6　节俭模型是一个含有较少个 β 参数的一般线性模型。在两个竞争模型本质上有相同预测能力（由 F 检验确定）情形下，选择两者中更节俭的那个。

当模型构建中候选模型是嵌套模型时，本节提出的 F 检验是比较这些模型的合适方法。然而，如果模型不是嵌套的，那么 F 检验就不合适了。在这种情况下，分析人员必须基于 R_a^2 和 s 那样的统计量，选择最好模型。基于这些和其他模型恰当性的数值描述性度量的决策不可能用一个可靠性度量来支持，并且在本质上是非常主观的，因此记住这些很重要。

应用练习

12.54 林业收割者的肌肉活动. 参考练习12.23，*International Journal of Foresting Engineering*（Vol. 19, 2008）中研究了林业收割机操作者颈部和上肢的肌肉活动模式. 回忆研究者确定的关键解释变量 y = 操作者工作超过8分钟所显示的持续低水平肌肉活动（SULMA）周期的数量. 下面给出了潜在预测变量列表.

x_1 = 操作者年龄（岁）

x_2 = 午休时间（分钟）

x_3 = 优势手功率水平（百分比）

x_4 = 工作压力感知度（5点量表）

x_5 = {如果已婚取1，否则取0}

x_6 = {白班取1，夜班取0}

x_7 = {操作 Timberjack 车辆取1，操作 Valmet 车辆取0}

a. 写出 $E(y)$ 关于7个自变量的函数的模型，满足（1）假设每个定量变量 x 与 y 之间是直线关系，（2）允许存在所有可能的自变量对的交互作用项.

b. 考虑 a 中的模型，指定原假设，通过检验确定4个定性变量中的任何一个对 $E(y)$ 的影响是否取决于其他三个定性变量的水平？

c. 你将如何建立 b 中的检验？将识别简化模型作为你答案的一部分.

d. 研究者收集了 $n=13$ 个林业车辆操作者的数据. 该数据能充分拟合 a 中的模型并进行检验吗？解释之.

12.55 被渔具缠住的鲸鱼. 参考练习12.37，*Marine Mammal Science*（2010年4月）对被渔具缠住的鲸鱼的研究. 被缠住的鲸鱼的长度（y）作为缠住处水的深度（x_1）和网的类型（定置网，盆网，刺网）的函数的一阶模型，写成以下形式：$E(y) = \beta_0 + \beta_1 x_1 + \beta_2 x_2 + \beta_3 x_3 + \beta_4 x_1 x_2 + \beta_5 x_1 x_3$，其中 x_2 = {定置网取1，否则取0}, x_3 = {盆网取1，否则取0}. 考虑这个模型在嵌套模型 F 检验中的完整模型.

a. 假设你想确定3种渔具捕获的鲸鱼长度的均值之间是否有差异. 给出合适的检验原假设.

b. 考虑 a，给出检验的简化模型.

c. 考虑 a 和 b，如果拒绝了原假设，你会得出什么结论？

d. 假设你想确定对于3种类型的渔具，鲸鱼长度（y）随着水深（x_1）的变化率是否相同. 给出合适的检验原假设.

e. 考虑 d，给出检验的简化模型.

f. 参考 d 和 e，如果不能拒绝原假设，你会得出什么结论？

🌐 SLUDGE

12.56 温室气体排放. 参考练习12.42和12.51，*Journal of the Institute of Engineering*（Vol. 8, 2011）对污水处理污泥排放的甲烷气体的研究. 回想研究了两种不同类型的处理后的污泥：（1）不添加营养物质的污泥；（2）添加营养物质（VHA）的污泥. 收集了 $n=27$ 个污泥样品的变量数据：甲烷气体排放（y），处理时间（x_1）和污泥类型（$x_2=1$，如果添加 VHA，否则取0）.

a. 写出 $E(y)$ 作为 x_1 和 x_2 函数的完全二阶模型.

b. 为确定甲烷气体排放和处理时间的关系中是否存在曲线关系，给出检验的原假设.

c. 为了进行 b 中的检验，给出与 a 中的完全模型作比较的简化模型方程.

d. 分析的 SAS 输出如下所示，在输出中找出曲线关系检验的 p 值，解释这一结果.

12.57 学生的科学能力. *American Educational Research Journal*（1998年秋）刊登一项学生对在教室中掌握的科学能力理解的研究，用一阶主效应模型来预测能力的理解（y），包括下面的自变量：

控制变量：

x_1 = 以前的科学态度得分

x_2 = 科学能力测试得分

$x_3 = 1$，如果是男生；女生为0

$x_4 = 1$，如果是1班的学生；如果不是为0

$x_5 = 1$，如果是3班的学生；如果不是为0

$x_6 = 1$，如果是4班的学生；如果不是为0

$x_7 = 1$，如果是5班的学生；如果不是为0

$x_8 = 1$，如果是6班的学生；如果不是为0

表现行为：

x_9 = 主动指导行为得分

x_{10} = 被动参加行为得分

x_{11} = 主动操作行为得分

a. 假设 $E(y)$ 的一阶主效应模型的表达式.

b. 研究者考虑了包含控制变量和表现行为变量之间所有可能的交互作用模型，写出 $E(y)$ 的这个模型表达式.

c. 研究人员确认 b 的模型中交互作用项不显著，因此使用 a 的模型进行推断，解释进行交互作用检验的最好方法，给出这个检验的原假设.

```
                        The REG Procedure
                           Model: MODEL1
                       Dependent Variable: CH4

                 Number of Observations Read      27
                 Number of Observations Used      27

                         Analysis of Variance

                                  Sum of         Mean
         Source            DF    Squares       Square    F Value    Pr > F
         Model              5     244222        48844     123.76    <.0001
         Error             21    8287.79860   394.65708
         Corrected Total   26     252510

                    Root MSE           19.86598    R-Square    0.9672
                    Dependent Mean    140.29630    Adj R-Sq    0.9594
                    Coeff Var          14.16002

                         Parameter Estimates
                         Parameter    Standard
         Variable   DF   Estimate      Error     t Value    Pr > |t|
         Intercept   1    -95.38759    76.49017    -1.25     0.2261
         TIME        1      4.14559     4.60805     0.90     0.3785
         VHA         1   -331.58792   105.95577    -3.13     0.0051
         TIME_VHA    1     21.74633     6.35646     3.42     0.0026
         TIMESQ      1      0.03639     0.06472     0.56     0.5799
         TIMESQ_VHA  1     -0.26449     0.08924    -2.96     0.0074

              Test CURVE Results for Dependent Variable CH4
                                 Mean
         Source         DF      Square      F Value    Pr > F
         Numerator       2    2781.83832     7.05      0.0045
         Denominator    21     394.65708
```

练习 12.56 的 SAS 输出

WATEROIL

12.58 从油中分离水. 参考练习 11.27，*Journal of Cloolid and Interface Science* 对水/油混合物的研究. 回想预测电压(y)的 7 个变量中的 3 个是体积(x_1)、含盐量(x_2)和表面活性剂浓度(x_5). 研究者拟合的模型是
$$E(y) = \beta_0 + \beta_1 x_1 + \beta_2 x_2 + \beta_3 x_5 + \beta_4 x_1 x_2 + \beta_5 x_1 x_5$$

a. 注意模型中包括了扩散期体积(x_1)和含盐量(x_2)之间与扩散期体积(x_1)和表面活性剂浓度(x_5)之间的交互作用. 讨论这些交互作用项怎样影响 y 和 x_1 之间的假设关系，画出草图支持你的答案.

b. 用交互作用模型拟合数据. 这个模型比练习 11.27 的一阶模型能更好地拟合数据吗？试解释.

c. 解释交互作用模型的 β 估计.

d. 检验交互作用项是否对电压(y)的预测有显著的贡献，取 $\alpha = 0.05$.

12.59 地震波研究. 参考练习 12.25，一位勘探地震学家想建立一个回归模型来估计地震波的平均信噪比，考虑的模型是完全二阶模型：
$$E(y) = \beta_0 + \beta_1 x_1 + \beta_2 x_2 + \beta_3 x_1 x_2 + \beta_4 x_1^2 + \beta_5 x_2^2$$
其中：
$$y = 信噪比$$
$$x_1 = 小波频率$$
$$x_2 = 小波振幅$$

分别用完全模型和简化模型 $E(y) = \beta_0 + \beta_1 x_1 + \beta_2 x_2$ 拟合 $n = 12$ 个数据，得到下面的结果：$\text{SSE}_C = 159.94$，$\text{MSE}_C = 26.66$，$\text{SSE}_R = 2094.4$，$\text{MSE}_R = 232.7$. 利用 $\alpha = 0.05$ 的嵌套模型 F 检验比较这两

个模型,能得出什么结论?

12.60 语言识别器. 参考练习 12.26, *Human Factors* 研究计算机化语言识别器的性能. 研究人员构建了一个完成任务时间(y)作为准确度(x_1)和词汇量(x_2)函数的完全二阶模型.
a. 为检验模型的二次项对 y 的预测是否有用,给出原假设.
b. a 中检验得到一个小于 0.01 的 p 值,解释这个结果.

12.61 消防员的情感压力. 参考练习 12.5, *Journal of Human Stress* 对消防员的研究. 认为这里给出的完全二阶模型能充分地描述两组消防员的情感压力和经验年数之间的关系,其中一组暴露于化学火场,而另一组没有.
$$E(y) = \beta_0 + \beta_1 x_1 + \beta_2 x_1^2 + \beta_3 x_2 + \beta_4 x_1 x_2 + \beta_5 x_1^2 x_2$$
其中:
y = 情感压力
x_1 = 经验(年)
$x_2 = \begin{cases} 1 & \text{暴露于化学火场中} \\ 0 & \text{没有} \end{cases}$

a. 为确定情感压力关于经验的增加率对于两组消防员是否不同,要检验的假设是什么?
b. 为确定平均情感压力水平存在不同是否可以归因于暴露组,要检验的假设是什么?
c. 用二阶模型拟合 200 个消防员样本采集的数据,结果是 SSE = 783.90. 用同样的数据拟合简化模型 $E(y) = \beta_0 + \beta_1 x_1 + \beta_2 x_1^2$, 得 SSE = 795.23. 是否有充分证据支持两组消防员的平均情感压力水平不同的说法,取 $\alpha = 0.05$.

12.62 有机蒸汽的吸附率. 参考练习 12.45, *Environmental Science & Technology* 有机蒸汽的吸附研究. 考虑用定量变量相对湿度和定性变量有机化合物(5 个水平)为保持系数 y 建模.
a. 建立联系 $E(y)$ 和相对湿度、有机化合物的完全二阶模型.
b. 在怎样的条件下, a 中模型的响应曲线具有相同的形状但不同的 y 截距?
c. 在怎样的条件下, a 中模型的响应曲线是平行直线?
d. 在怎样的条件下, a 中模型的响应曲线是完全相同的?

12.63 混凝土强度试验. 建筑材料工程师对 3 种不同的水泥(干、潮湿、湿)来铺设混凝土进行试验. 因为混凝土路面的抗压强度作为硬结时间和水泥的函数而变化,提出下面的主效应模型:
$$E(y) = \beta_0 + \beta_1 x_1 + \beta_2 x_2 + \beta_3 x_3$$
其中:
y = 抗压强度(klb/in^2)
x_1 = 水泥的硬结时间(天)
$x_2 = \begin{cases} 1 & \text{潮湿水泥} \\ 0 & \text{如果不是} \end{cases}$
$x_3 = \begin{cases} 1 & \text{湿水泥} \\ 0 & \text{如果不是} \end{cases}$

干水泥是基准水平.
a. 为确定 3 种水泥的平均抗压强度是否不同,应检验的假设是什么?
b. 利用从 50 批次混凝土样本中采集的数据,拟合主效应模型. 得 SSE = 140.5. 然后用简化模型 $E(y) = \beta_0 + \beta_1 x_1$ 拟合同样的数据,得 SSE = 183.2. 检验在 a 中阐述的假设,取 $\alpha = 0.05$.
c. 解释怎样检验平均抗压强度 $E(y)$ 和硬结时间 x_1 之间的线性关系的斜率因水泥类型而变化的假设.
d. 写一个二阶模型,使得对 3 种水泥类型有不同响应曲线.
e. 解释怎样检验这 3 条响应曲线有同样形状但有不同的 y 截距假设?

12.64 机器停工时间模型. 业务经理有兴趣为每个月机器因修理而停工的期望时间长度 $E(y)$ (h)作为机器类型(001 或者 002)和机器年龄(年)的函数建模.
a. 将机器停工时间(y)作为机器年龄和类型的函数写一个完全二阶模型.
b. 给出为确定模型中二次项是否必要所要求的简化模型.
c. 给出为确定机器类型项是否必要所要求的简化模型.

*12.9 外部模型确认

回归分析是最广泛使用的估计和预测工具之一. 一个看来似乎是响应 y 合适预测的回归模型在实践应用时常常表现很差. 例如,预测一台燃气轮机引擎的热耗率模型,尽管基于整体模型恰当性检验显示模型是统计有用的,但在收集试验数据时,可能没有考虑到尚未出现过的温度的任何极端变化. 这提出了一个重要的问题:能很好地拟合样本数据的模型在应用于新的数据时,也许不能成功地预测 y. 由于这个原因,在实际中使用回归模型之前,除了评价它的**恰当性**之外,评价回归模型的**有效性**也是重要的.

在第 11 章中,给出了几种检验模型恰当性(例如整体模型恰当性的检验、部分 F 检验、R_a^2 和 s)的方法. 简单地说,检验模型的恰当性牵涉确定回归模型能否恰当地拟合样本数据. 但是**模型确认**涉及对拟合的回归模型将在实际中如何表现的评价,即当使用新的或者未来数据时,它有多成功. 已经提出了很多模型确认的方法,其中一些在本节简略地介绍. 关于如何应用这些方法的更多细节,需要查阅参考文献.

1. 检查预测值:有些时候,拟合回归模型的预测值 $\hat{y}$ 可以帮助识别一个无效的模型. 无意义或者不合理的预测值可能表明模型的形式不正确或者 β 系数估计不好. 例如,一个二值响应 y 的模型,(其中 y 是 0 或 1)可能得出负的或者大于 1 的预测概率. 在这种情况下,使用者可能希望考虑产生预测值实际上在 0,1 之间的模型⊖. 另一方面,如果拟合模型的预测值看起来都是合理的,那么在进行进一步的模型有效性检查之前,使用者在实际中不应该用这个模型.

2. 检查估计的模型参数:一般地,回归模型的使用者对模型参数的相对大小和符号(正或负)具有某些知识,这些信息应该用来检查 β 系数的估计. 与预期符号相反的系数,或者值特别小或者特别大的系数,或者不稳定的系数(即系数具有大的标准误),预先警告在应用于新的或者不同数据时,最后的模型性能可能很差.

3. 为预测收集新数据. 确认一个回归模型的最有效的方法之一是对新的样本预测 y. 直接比较新数据的预测值和观测值,可以确定预测的准确度,并且利用这个信息评价这个模型实际上表现如何.

基于这个目的,已经提出了几种模型有效性的度量. 一种简单的方法是计算被模型解释的新数据中变异性的百分比 R^2 **预测**(记为 R_{pred}^2),并且将它与最终模型的最小二乘拟合的决定系数 R^2 相比较. 令 $y_1, y_2, \cdots, y_n$ 表示用来构建和拟合最终回归模型的 n 个观测值,$y_{n+1}, y_{n+2}, \cdots, y_{n+m}$ 表示新数据集合中的 m 个观测值,那么

$$R_{\text{pred}}^2 = 1 - \left\{ \frac{\sum_{i=n+1}^{n+m}(y_i - \hat{y}_i)^2}{\sum_{i=n+1}^{n+m}(y_i - \bar{y})^2} \right\}$$

其中 $\hat{y}_i$ 是用拟合模型中 β 估计值的第 i 个观测的预测值,$\bar{y}$ 是原数据的样本均值⊖. 如果 R_{pred}^2 比最小二乘拟合的 R^2 更有利,我们将对模型的实用性增加信心. 但是如果观察到 R^2 显著的落差,则在实际中应谨慎地用这个模型来预测.

可以在最小二乘拟合的均方误差 MSE 和**均方预测误差**

$$\text{MSE}_{\text{pred}} = \frac{\sum_{i=n+1}^{n+m}(y_i - \hat{y}_i)^2}{m - (k+1)}$$

⊖ 对于二值响应 y 提出的模型是 **logistic 回归模型**.
⊖ 或者也可以用新数据的样本均值.

之间进行类似的比较,其中 k 是模型中 β 系数的个数(不包括 β_0). 无论决定使用哪种模型有效性的度量,新数据集合中观测值的个数必须足够大,以便可靠地评估模型性能的预测. 例如 Montgomery、Peck 和 Vining(2001)推荐至少用 15~20 个新观测值.

4. **数据分离(交叉确认)**: 对于收集新数据不可能或者不切实际的情形,可以将原始样本数据分成两部分,一部分用来估计模型参数,另一部分用来评估拟合模型的预测能力. **数据分离**(或者**交叉确认**)可以用多种方法来完成. 通常的方法是随机地指派一半观测值作为估计数据集合,另一半作为预测数据集合[⊖]. 从而可以计算模型有效性的度量,例如 R_{pred}^2 或者 MSE_{pred}. 当然对数据分离必须有足够多的观测值才有效. 对于同样大小的估计数据集合和预测数据集合,建议整个样本至少有 $n = 2k + 25$ 个观测值,这里 k 是模型中 β 参数的个数[见 Snee(1977)].

5. **刀切法**: 对于样本数据集合太小而不能用数据分离时,可以用一种称作**刀切法**的方法. 当回归模型是从样本中删去(或剔除) y_i 后的数据点拟合时,得到的第 i 个观测的预测值记为 $\hat{y}_{(i)}$. 刀切法就是从数据集合里剔除每个观测值,每次一个,并计算数据集合中所有 n 个观测的差 $y_i - \hat{y}_{(i)}$. 模型有效性的度量,例如 R^2 和 MSE,用下式计算:

$$R_{jackknife}^2 = 1 - \frac{\sum(y_i - \hat{y}_{(i)})^2}{\sum(y_i - \bar{y})^2}$$

$$MSE_{jackknife} = \frac{\sum(y_i - \hat{y}_{(i)})^2}{n - (k+1)}$$

$R_{jackknife}^2$ 和 $MSE_{jackknife}$ 的分子称作**预测平方和**或者 **PRESS**. 一般地,PRESS 将比拟合模型的 SSE 大,因此,$R_{jackknife}^2$ 比拟合模型的 R^2 小,$MSE_{jackknife}$ 比拟合模型的 MSE 大. 对模型预测未来观测值的能力,这些刀切法度量给出了比模型恰当性通常度量更保守的(或者更现实的)评价.

合适的模型确认方法随应用情况不同是变化的. 记住一个有利的结果仍然不能保证在实际中模型总有很好的性能,但是我们对证实过的模型比简单地很好拟合样本数据的模型有更多的信任.

12.10 逐步回归

在建立一个模型描述响应变量 y 时,必须选择重要的项包含在模型中,列出潜在重要的自变量和它们相关联的主效应和交互作用项可能非常多. 因此,需要客观的方法从中筛选出不重要的那些项. 本章提出的筛选方法称为**逐步回归分析**.

从大多数流行统计软件包可得到的最常用逐步回归过程如下工作: 使用者首先确定响应 y 和潜在的重要自变量集合 $x_1, x_2, \cdots, x_k$,其中 k 通常是很大的. (注意,这个变量集合可以代表一阶和更高阶项以及任何可能会提供重要信息的交互作用项.) 将响应变量和自变量输入到计算机中,开始逐步过程.

步骤 1 计算机对数据拟合所有可能形如

$$E(y) = \beta_0 + \beta_1 x_i$$

的一元模型,对于每一个模型检验原假设

$$H_0: \beta_1 = 0$$

⊖ 随机划分通常用于没有逻辑基础的分割数据情形,对其他更正式的数据分离技术可查询参考文献.

对备择假设
$$H_a: \beta_1 \neq 0$$
利用单个 β 参数的 T(或等价的 F)检验来进行,产生最大(绝对值)T 值的自变量认为是 y 的最好一元预测变量[⊖]。

步骤 2　现在开始逐步程序,在余下的 $(k-1)$ 个自变量中搜寻形如
$$E(y) = \beta_0 + \beta_1 x_1 + \beta_2 x_i$$
的最好二元模型,这可由拟合所有包含 x_1 和另外 $(k-1)$ 个变量中的每一个选作第二个变量 x_i 的二元模型来实现。对这 $(k-1)$ 个模型(相应于余下的自变量 x_i,$i=2,3,\cdots,k$)计算检验 $H_0: \beta_2 = 0$ 的 T 值。留下有最大 T 值的变量,并称这个变量为 x_2。

　　某些软件包在这点有方法上的分歧。比较好的软件包在这时会返回,并检查在 $\hat{\beta}_2 x_2$ 被加到模型后 $\hat{\beta}_1$ 的 T 值。如果在某一指定的 α 水平(如 $\alpha=0.10$)下 T 值变得不显著,则去掉变量 x_1,并且寻找在包含 $\hat{\beta}_2 x_2$ 项时产生最显著 T 值的 β 参数的自变量。另外一些包不再检查 $\hat{\beta}_1$,直接进行第 3 步。

　　最好的拟合模型可能会给出一个与步骤 1 所得的不同 $\hat{\beta}_1$ 值,因为 x_1 和 x_2 可能是相关的,所以 $\hat{\beta}_1$ 值和它的显著性从第 1 步到第 2 步时通常会发生变化。由于这个原因,在每一步重新检查 T 值的软件包更受欢迎。

步骤 3　逐步过程现在寻找第三个自变量加入到 x_1 和 x_2 的模型,即寻找形如
$$E(y) = \beta_0 + \beta_1 x_1 + \beta_2 x_2 + \beta_3 x_i$$
的最好模型。为此,我们用 x_1,x_2 和剩下的 $(k-2)$ 个变量中的每一个 x_i 作为可能的 x_3 拟合所有 $(k-2)$ 个模型。仍然选择具有最大 T 值的自变量加入准则,称这个最好的自变量为第三个变量 x_3。

　　较好的程序是重新检查相应于 x_1 和 x_2 系数的 T 值,删去 T 值变得不显著的变量。继续这个过程,直到对模型中已有的变量不能发现(在指定的 α 水平下)不显著的 T 值的自变量。

　　逐步回归的结果是只包含在某一指定 α 水平下 T 值是显著项的模型,因此,在大多数实际情况,许多自变量中只会保留几个。但重要的一点是不要匆匆做出推断所有对预测 y 有重要作用的自变量已经确认,或所有不重要的自变量已经剔除。记住,逐步过程只用真实模型系数(β)的样本估计来选择重要的变量。已经进行过了很多次单个 β 参数的 t 检验,在选入和剔除过程中发生一个或者更多错误的概率是很高的,即我们很可能在模型里包含了一些不重要的自变量(Ⅰ类错误),剔除了一些重要的自变量(Ⅱ类错误)。

　　我们没能得到一个好的模型,还有另一个原因。当在逐步回归中选择包含的变量时,经常可能遗漏高次项(为了保持变量个数是可管理的),所以可能一开始就遗漏了模型中重要项。因此,应该认识到逐步回归是一个客观筛选过程。

　　现在,我们用逐步过程考虑筛选变量间的交互作用项和二阶项(对定量变量)。最好是与用于筛选变量无关的第二个数据集来建立响应曲面模型,因此逐步过程的结果可以用新数据部分验证。但

⊖　注意最大 T 值的变量也是与 y 有最大的皮尔逊乘积矩相关系数 r。

是,并不总是有这种可能,因为在很多实际模型情形中,可以利用的只有少量数据.

警告:在用逐步回归结果推断 $E(y)$ 和所得的一阶模型中自变量之间的关系时要保持谨慎.第一,已经进行的非常多次 T 检验,导致犯 1 个或者多个 I 型或者 II 型错误的概率较大.第二,逐步回归模型不包括任何高阶项或者交互项.只有在必要时,即当你在模型建立时希望在大量可能重要的自变量中确定利用哪些自变量时,才使用逐步回归.

切记,不要被逐步过程中产生的 t 值所欺骗——过程只保留最大 T 值的自变量.同时,如果在逐步过程中使用主效应模型,那么增加交互项和二次项可能会有很大改善.

例 12.10 **用逐步回归筛选变量** 假定一家大型土木工程公司想用多元回归为行政人员薪金作为经验、教育、性别和其他因素的函数建模,建立模型的最初步骤是确定最重要的自变量,表 12.8 给出了 10 个考虑的自变量.因为利用 10 个自变量执行完全二阶模型回归分析是很难的,所以需要删除那些对薪金的预测贡献很少的变量(或项).100 个行政人员样本的薪金数据存储在文件 CIVILENG 中,用逐步回归决定最终的模型应该包括 10 个变量中的哪几个.

表 12.8 例 12.10 中的自变量

自变量	描述
x_1	经验(年)——定量变量
x_2	教育(年)——定量变量
x_3	工程学学位(如果有,则为 1;如果没有,则为 0)——定性变量
x_4	管理的雇员数——定量变量
x_5	公司资产(百万美元)——定量变量
x_6	董事会成员——定性变量
x_7	年龄(年)——定量变量
x_8	公司收益(过去的 12 个月,百万美元)——定量变量
x_9	国际职位(如果有,则为 1;如果没有,则为 0)——定性变量
x_{10}	公司的总销售量(过去的 12 个月,百万美元)——定量变量

解 对 10 个自变量的主效应模型进行逐步回归分析,确定最重要的变量.因变量 y 是行政人员薪金的自然对数,图 12.29 给出了 MINITAB 逐步回归分析输出.(注:MINITAB 在第一步自动将常数项(β_0)加入了模型.剩下的步骤和上面所述的一样,每一步检验的 T 值和相应的 p 值在输出中着重显示.)

注意,包含在模型中的第一个变量是经验年数 x_1;在第二步,模型中加入工程学位 x_3;在以后的步骤中,x_4、x_2 和 x_5 进入模型.在 $\alpha = 0.15$(MINITAB 的默认值)显著性水平下,其他任何 x 不能进入模型.因此,逐步回归建议在最终的建模中将集中注意 5 个变量 x_1,x_2,x_3,x_4 和 x_5. ■

除了逐步回归,还设计了其他更主观的方法帮助选择"最重要"的自变量.例如,**所有可能回归选择程序**考虑包括潜在重要预测因子的所有可能子集的回归模型;基于如熟知的 R^2 和 MSE;模型统计量和其他统计量,例如 PRESS(预测平方和)和 Mallows C_p(PRESS 和 C_p 统计量的细节参见文献);(由研究者)选择变量的"最好"子集.但是这些方法缺乏逐步回归的客观性,并且(如逐步回归)分析者在使用这些方法时,典型地忽略了潜在变量表中的交互作用项和高阶项.

```
Stepwise Regression: Y versus X1, X2, X3, X4, X5, X6, X7, X8, X9, X10

Alpha-to-Enter: 0.15   Alpha-to-Remove: 0.15

Response is    Y       on 10 predictors, with N =  100

   Step              1        2        3        4        5
   Constant     11.091   10.968   10.783   10.278    9.962

X1              0.0278   0.0273   0.0273   0.0273   0.0273
T-Value          12.62    15.13    18.80    24.68    26.50
P-Value          0.000    0.000    0.000    0.000    0.000

X3                       0.197    0.233    0.232    0.225
T-Value                   7.10    10.17    13.30    13.74
P-Value                  0.000    0.000    0.000    0.000

X4                              0.00048  0.00055  0.00052
T-Value                            7.32    10.92    11.06
P-Value                           0.000    0.000    0.000

X2                                       0.0300   0.0291
T-Value                                    8.38     8.72
P-Value                                   0.000    0.000

X5                                                0.00196
T-Value                                              3.95
P-Value                                             0.000

S                0.161    0.131    0.106   0.0807   0.0751
R-Sq             61.90    74.92    83.91    90.75    92.06
R-Sq(adj)        61.51    74.40    83.41    90.36    91.64
C-p              343.9    195.5     93.8     16.8      3.6
PRESS          2.66387  1.78796  1.17124 0.695637 0.610197
R-Sq(pred)       60.14    73.24    82.47    89.59    90.87
```

图 12.29　土木工程师薪金的 MINITAB 逐步回归结果

应用练习

12.65 逐步回归. 有 6 个自变量 x_1, x_2, x_3, x_4, x_5 和 x_6 对预测响应 y 可能有用. 现有 $n = 50$ 个观测值, 决定用逐步回归帮助选择有用的自变量.

a. 在第 1 步有多少个模型拟合数据? 给出这些模型的一般形式.

b. 下表给出了第一步的模型中对每个自变量拟合的 β_1 估计值和标准误, 利用这个结果确定哪个自变量是 y 的最好一元预测变量.

c. 在第 2 步有多少个模型拟合数据? 给出这些模型的一般形式.

d. 解释过程怎样决定什么时候停止向模型中添加自变量.

e. 给出利用最终逐步回归模型作为 $E(y)$ 的"最好"模型的两个主要缺点.

自变量	$\hat{\beta}_1$	$s_{\hat{\beta}_1}$
x_1	1.6	0.42
x_2	−0.9	0.01
x_3	3.4	1.14
x_4	2.5	2.06
x_5	−4.4	0.73
x_6	0.3	0.35

12.66 沙地脚印分析. 人类脚印的化石为灭绝物种的步态动力学提供了直接的信息来源. 然而, 古生物学家和人类学家对这些脚印的解释可能会有所

不同. 为了深入了解这一现象, 一个科学家团队用人类受试者(16 个年轻成年人)在沙地产生脚印. (*American Journal of Physical Anthropology*, 2010 年 4 月.)其中一个感兴趣的因变量是脚印的脚跟深度 $y(m)$. 科学家想从 6 个可能的自变量中找到深度的最优预测变量. 3 个自变量(脚重, 腿长和脚型)与人类主体有关, 3 个变量(速度, 压力和冲力)与在沙地行走有关. 对 6 个变量进行逐步回归得到的结果如下:

选择的自变量: 压力和腿长

$R^2 = 0.771$

全局 F 检验的 p 值 < 0.001

a. 写出最终的逐步回归模型假定的方程.
b. 解释模型中 R^2 的值.
c. 进行最终逐步回归模型的整体效用检验.
d. 为得到最终的逐步回归模型至少进行了多少次单个 β 的 T 检验?
e. 基于 d 中的答案, 评价在逐步回归分析中至少发生 1 次第一类错误的概率.

12.67 用玉米做鸭饲料. 玉米的淀粉含量很高, 因此被视为家养鸡的优良饲料. 用烤熟的玉米喂养鸭子是否具有同样的潜力呢? 这是发表于 *Animal Feed Science and Technology*(2010 年 4 月)的研究课题. 研究的目的是对鸭子反刍的玉米的真实代谢能量(TME)建立预测模型. 研究者考虑了 TME 的 11 个潜在预测变量: 干物质(DM), 粗蛋白(CP), 醚提取物(EE), 灰分(ASH), 粗纤维(CF), 中性洗涤纤维(NDF), 酸性洗涤纤维(ADF), 总能量(GE), 直链淀粉(AM), 支链淀粉(AP), 支链淀粉/直链淀粉(AMAP). 用逐步回归寻找预测的最优子集. 最终得到的逐步回归模型结果如下:

$\widehat{TME} = 7.70 + 2.14(AMAP) + 0.16(NDF)$

$R^2 = 0.988$, $s = 0.07$, 全局 F 检验的 p 值 $= 0.001$

a. 确定逐步回归第 1 步完成的 T 检验数.
b. 确定逐步回归第 2 步完成的 T 检验数.
c. 对最终的逐步回归模型的结果给出全面的解释.
d. 解释为什么用最终的逐步回归模型作为预测 TME 的"最优"模型是危险的?
e. 用逐步回归过程选择的自变量写出 TME 的完全二阶模型.
f. 考虑 e, 你将如何确定模型中的曲线项对预测 TME 是否是统计有用的?

12.68 物种充裕建模. EPA 请一位海洋生物学家来确定位于大的海湾附近某个发电厂的热水径流是否对那个地区的海洋生物有不利的影响, 生物学家的目的是得到海洋里某个指定区域或位置的海洋动物数目的预测方程. 根据过去的经验, EPA 认为下面的环境因素作为特定位置动物数量的预测变量:

x_1 = 水的温度(TEMP)

x_2 = 水的含盐量(SAL)

x_3 = 水中溶氧量(DO)

x_4 = 浑浊指数, 水的浑浊性度量(TI)

Variables Entered/Removed[a]

Model	Variables Entered	Variables Removed	Method
1	ST_DEPTH	.	Stepwise (Criteria: Probability-of-F-to-enter <= .050, Probability-of-F-to-remove >= .100).
2	TGRSWT	.	Stepwise (Criteria: Probability-of-F-to-enter <= .050, Probability-of-F-to-remove >= .100).
3	TI	.	Stepwise (Criteria: Probability-of-F-to-enter <= .050, Probability-of-F-to-remove >= .100).

a. Dependent Variable: LOGNUM

Model Summary

Model	R	R Square	Adjusted R Square	Std. Error of the Estimate
1	.329[a]	.122	.121	.7615773
2	.427[b]	.182	.180	.7348470
3	.432[c]	.187	.184	.7348469

a. Predictors: (Constant), ST_DEPTH
b. Predictors: (Constant), ST_DEPTH, TGRSWT
c. Predictors: (Constant), ST_DEPTH, TGRSWT, TI

练习 12.68 的 SPSS 输出

x_5 = 位置的水深(ST_DEPTH)

x_6 = 抽样区域中海草的总重量(TGRSWT)

作为建立模型的第一步,生物学家用逐步回归过程识别这 6 个变量中最重要的自变量. 在海湾的不同位置共采集了 716 个样品,SPSS 的输出结果如下(响应变量是抽样区域发现的海洋动物个数的对数 y).

a. 根据 SPSS 输出,这 6 个自变量中的哪些应该用于模型中.

b. 是否能假设海洋生物学家已经识别了所有对 y 预测重要的自变量? 为什么?

c. 用 a 中指出的变量. 写出可能对预测有用的交互作用的一阶模型.

d. 海洋生物学家怎样判断 c 中指定的模型是否比一阶模型好.

e. 注意 R^2 的较小取值. 生物学家可能采取什么行动改善这个模型.

12.69 公共汽车快速营运研究. 公共汽车快速营运(BRT)在美国公共运输提供中具有迅速发展的趋势,南佛罗里达大学的城市运输研究中心(CUTR)对迈阿密的 BRT 用户进行了一次调查,(*Transportation Research*, 2003 年 1 月)从 500 多位公共汽车乘客的样本中收集了下列变量的数据(都以 5 分制度量,1 = "非常不满意",5 = "非常满意"):BRT 整体满意度(y)、公共汽车的安全度(x_1)、座位的可用性(x_2)、可靠性(x_3)、旅途时间(x_4)、费用(x_5)、信息/地图(x_6)、路线的便利性(x_7)、交通信号(x_8)、公交站的安全性(x_9)、保养的时间(x_{10})和保养的频率(x_{11}). CUTR 分析者用逐步回归为整体满意度(y)建模.

a. 逐步回归的第 1 步拟合多少个模型.

b. 逐步回归的第 2 步拟合多少个模型.

c. 逐步回归的第 11 步拟合多少个模型.

d. 逐步回归选择了下面 8 个变量包含在模型中(按选择的顺序):$x_{11}, x_4, x_2, x_7, x_{10}, x_1, x_9$ 和 x_3. 写出由逐步回归得到的 $E(y)$ 方程式.

e. d 中模型得出 $R^2 = 0.677$,解释这个值.

f. 解释为什么 CUTR 分析员在断定已经找到了"最好"的 $E(y)$ 模型时应该很谨慎.

12.70 林业收割者的肌肉活动. 参考练习 12.23,*International Journal of Foresting Engineering*(Vol. 19, 2008)中研究了林业收割机操作者颈部和上肢的肌肉活动模式. 回忆研究者确定的关键解释变量 y = 操作者工作超过 8 分钟所显示的持续低水平肌肉活动(SULMA)周期的数量. 下面给出了潜在预测变量列表. 研究者收集了 $n = 13$ 个林业车辆操作者数据,并用逐步回归方法(用 $\alpha = 0.10$)确定最优的预测变量子集.

x_1 = 操作者年龄(岁)
x_2 = 午休时间(分钟)
x_3 = 优势手功率水平(百分比)
x_4 = 工作压力感知度(5 点量表)
x_5 = {如果已婚取 1,否则取 0}
x_6 = {白班取 1,夜班取 0}
x_7 = {操作 Timberjack 车辆取 1,操作 Valmet 车辆取 0}

a. 逐步回归法得出 x_7 是 y 的最优单变量预测变量. 拟合了多少个单变量模型并通过检验可以得到这一结果?

b. 逐步回归方法没有选择其他任意变量作为 y 的"显著"预测变量. 再拟合多少个模型并通过检验可得到这一结果?

c. 逐步回归方法确定的模型形式为 $E(y) = \beta_0 + \beta_1 x_7$. 检验 $H_0: \beta_1 = 0$ 的 p 值 = 0.067,$R^2 = 0.30$. 你会建议研究者用这个模型预测 y = 操作者工作超过 8 分钟所显示的持续低水平肌肉活动(SULMA)周期的数量吗? 给出充分解释.

12.71 软件成果估计的精确度. 软件工程师必须定期提供它们在开发新软件中的成果的估计. 在 *Journal of Empirical Software Engineering*(Vol. 9, 2004)中,用多元回归预测这些成果估计的准确度. 定义因变量为估计成果的相对误差,

y = (真实成果 − 估计成果)/(真实成果)

对 $n = 49$ 个软件开发任务样本中的每一个任务确定因变量. 对 8 个自变量作为相对误差的预测变量赋值,这些变量中的每一个都表述为如表中所示的虚拟变量.

估计者的公司角色:$x_1 = 1$,如果是开发者
        0,如果是项目领导
任务复杂度:$x_2 = 1$,如果是低的
     0,如果是中等的或者高的
合同类型:$x_3 = 1$,如果固定价格
     0,如果是小时工资率
顾客的重要性:$x_4 = 1$,如果是高的
      0,如果是低的或者中等的
顾客优先考虑的:$x_5 = 1$,如果是交货时间
       0,如果是花费或质量

知识水平: $x_6 = 1$, 如果是高的
              0, 如果是低的或中等的
参与: $x_7 = 1$, 如果估计者参与了工作
        0, 如果是没参与的
以前的准确度: $x_8 = 1$, 如果大于20%准确度
                0, 如果少于20%

a. 在逐步回归的第1步, 数据可以拟合多少个不同的单变量模型?

b. 第1步中, 变量 x_1 被选作"最优"的单变量预测变量. 这是如何决策的?

c. 在逐步回归中的第2步, 该数据可以拟合多少个不同的二变量模型(x_1 作为其中一个变量)?

d. 被选择进入逐步回归的仅有的2个变量为 x_1 和 x_8, 逐步回归产生下面的预测方程:

$$\hat{y} = 0.12 - 0.28x_1 + 0.27x_8$$

给出 x_1 和 x_8 系数 β 估计值的实际解释.

e. 为什么研究者应该慎重采用 d 中的模型作为最终的成果(y)的预测模型?

12.72 合金钢的抗屈强度. 佛罗里达大学的工业工程师把回归模型作为减少新开发金属合金的时间和花费的工具. (*Modelling and Simulation in Materials Science and Engineering*, Vol. 13, 2005.) 为了说明, 工程师为一种新型合金钢的拉伸屈服强度(y)建立了回归模型, 下表给出了抗屈强度的可能重要的预测变量.

x_1 = 含碳量(% 重量).
x_2 = 含锰量(% 重量)
x_3 = 含铬量(% 重量)
x_4 = 含镍量(% 重量)
x_5 = 含钼量(% 重量)
x_6 = 含铜量(% 重量)
x_7 = 含氮量(% 重量)
x_8 = 含钒量(% 重量)
x_9 = 板厚度(mm)
x_{10} = 溶液处理(mm)
x_{11} = 时效温度(℃)

a. 工程师发现变量镍(x_4)与其他可能的自变量高度相关, 因此, 镍不包含在模型里. 同意这个决策吗? 给出解释.

b. 工程师对剩下的10个可能自变量用逐步回归分析寻找预测变量的节俭集合. 同意这个决策吗? 给出解释.

c. 逐步回归选择了下面的自变量: x_1 = 含碳量, x_2 = 含锰量, x_3 = 含铬量, x_5 = 含钼量, x_6 = 含铜量, x_8 = 含钒量, x_9 = 板厚度, x_{10} = 溶液处理, x_{11} = 时效温度. 所有这些变量在逐步模型上都是统计显著的, $R^2 = 0.94$. 因此, 工程师用估计的逐步模型预测抗屈强度. 你同意这个决策吗? 请给出解释.

活动中的统计学回顾: 取消州内货车运输业管制

现在回到"取消州内货车运输业管制"的问题, 用收集到的佛罗里达州数据评估该影响. 回想我们的目标是对按每吨·英里(y)收费的供应价格的自然对数建立一个好的回归模型. 表 SIA12.1 列出了潜在的自变量. TRUCKING 文件中保存了134个货运数据. 注意前三个变量(运输距离、货物重量、卡车装载量百分比)本质上为定量变量. 而后四个变量(运送的起点、市场规模、取消管制的状态和货物分类)本质上是定性变量. 当然, 定性自变量要求产生适当数量的虚拟变量——运送起点需要1个虚拟变量, 市场规模需要1个, 取消管制需要1个, 货物分类需要2个. 变量的设置由表 SIA12.2 给出.

TRUCKING

表 SIA12.2   货运价格模型的自变量设置

x_1 = 运输距离(百英里)

x_2 = 运输的货物重量(klb)

x_3 = {若取消管制有影响取1, 无影响取0}

x_4 = {从迈阿密出发取1, 从杰克逊维尔出发取0}

x_5 = 货运装载(容量百分比)
x_6 = {目的地为大市场取1,小市场取0}
x_7 = {若产品类别为100则取1,否则取0}
x_8 = {若产品类别为150则取1,否则取0}

变量筛选：找到 y 的最优模型的一种策略是采用"向后回归"方法，即以完全二阶模型开始进行检验，消除模型中不是很有用的项. 但是包括3个定量预测变量和4个定性预测变量的完全二阶模型涉及240项. (作为练习检查.) 而样本大小 $n = 134$，所以拟合这样的模型是不可能的. 因此，需要一个筛选程序找到能最好预测 y 的自变量子集.

用逐步回归获得供应价格自然对数的"最优"预测变量集. 图 SIA12.1 给出了 SAS 逐步回归输出结果. 这个分析指导我们选择以下变量开始建立模型过程:

```
                Summary of Stepwise Selection

        Variable   Variable   Number   Partial    Model
Step    Entered    Removed    Vars In  R-Square   R-Square   C(p)     F Value   Pr > F

1       DISTANCE              1        0.2969     0.2969     417.090  55.74     <.0001
2       DEREG                 2        0.3127     0.6096     175.795  104.91    <.0001
3       WEIGHT                3        0.1897     0.7993     30.1997  122.84    <.0001
4       ORIGIN                4        0.0362     0.8355     4.0122   28.40     <.0001
```

图 SIAI12.1 SAS 逐步回归输出的一部分

模型建立：我们由指定的4个模型开始建模过程. 这些模型称为模型 1~4，在表 SIA12.3 中给出. 注意模型 1 是完全二阶模型. 回想 12.7 节，完全二阶模型包括定量变量的二阶(曲率)项与定量和定性变量之间的交互作用项. 对于运输数据，模型1描述了价格自然对数的平均 $E(y)$ 作为距离 (x_1) 和重量 (x_2) 的函数的抛物面，对取消限制 (x_3) 和出发地 (x_4) 水平的 $2 \times 2 = 4$ 种组合，这些响应曲面是不同的. 一般地，完全二阶模型在开始建模过程中处于好的地位，因为变量间最真实关系是曲线的. (但是请记住，必须有足够多的数据点来估计模型里的所有参数.) 利用SAS用模型1拟合TRUCKING 文件中134个装运货物数据，图 SIA12.2 给出了结果. 注意全模型 F 检验的 p 值小于 0.0001 表明完全二阶模型对于预测货车运输价格是统计有用的.

表 SIA12.3   货运价格自然对数的假设模型

模型1: $E(y) = \beta_0 + \beta_1 x_1 + \beta_2 x_2 + \beta_3 x_1 x_2 + \beta_4 x_1^2 + \beta_5 x_2^2 + \beta_6 x_3 + \beta_7 x_4 + \beta_8 x_3 x_4 + \beta_9 x_1 x_3 + \beta_{10} x_1 x_4 + \beta_{11} x_1 x_3 x_4 + \beta_{12} x_2 x_3 + \beta_{13} x_2 x_4 + \beta_{14} x_2 x_3 x_4 + \beta_{15} x_1 x_2 x_3 + \beta_{16} x_1 x_2 x_4 + \beta_{17} x_1 x_2 x_3 x_4 + \beta_{18} x_1^2 x_3 + \beta_{19} x_1^2 x_4 + \beta_{20} x_1^2 x_3 x_4 + \beta_{21} x_2^2 x_3 + \beta_{22} x_2^2 x_4 + \beta_{23} x_2^2 x_3 x_4$

模型2: $E(y) = \beta_0 + \beta_1 x_1 + \beta_2 x_2 + \beta_3 x_1 x_2 + \beta_6 x_3 + \beta_7 x_4 + \beta_8 x_3 x_4 + \beta_9 x_1 x_3 + \beta_{10} x_1 x_4 + \beta_{11} x_1 x_3 x_4 + \beta_{12} x_2 x_3 + \beta_{13} x_2 x_4 + \beta_{14} x_2 x_3 x_4 + \beta_{15} x_1 x_2 x_3 + \beta_{16} x_1 x_2 x_4 + \beta_{17} x_1 x_2 x_3 x_4$

模型3: $E(y) = \beta_0 + \beta_1 x_1 + \beta_2 x_2 + \beta_3 x_1 x_2 + \beta_4 x_1^2 + \beta_5 x_2^2 + \beta_6 x_3 + \beta_7 x_4 + \beta_8 x_3 x_4$

模型4: $E(y) = \beta_0 + \beta_1 x_1 + \beta_2 x_2 + \beta_3 x_1 x_2 + \beta_4 x_1^2 + \beta_5 x_2^2 + \beta_6 x_3 + \beta_7 x_4 + \beta_8 x_3 x_4 + \beta_9 x_1 x_3 + \beta_{10} x_1 x_4 + \beta_{11} x_1 x_3 x_4 + \beta_{12} x_2 x_3 + \beta_{13} x_2 x_4 + \beta_{14} x_2 x_3 x_4 + \beta_{15} x_1 x_2 x_3 + \beta_{16} x_1 x_2 x_4 + \beta_{17} x_1 x_2 x_3 x_4$

模型5: $E(y) = \beta_0 + \beta_1 x_1 + \beta_2 x_2 + \beta_3 x_1 x_2 + \beta_4 x_1^2 + \beta_5 x_2^2 + \beta_6 x_3 + \beta_7 x_4 + \beta_9 x_1 x_3 + \beta_{12} x_2 x_3 + \beta_{15} x_1 x_2 x_3$

模型6: $E(y) = \beta_0 + \beta_1 x_1 + \beta_2 x_2 + \beta_3 x_1 x_2 + \beta_4 x_1^2 + \beta_5 x_2^2 + \beta_7 x_4 + \beta_{10} x_1 x_4 + \beta_{13} x_2 x_4 + \beta_{16} x_1 x_2 x_4$

模型7: $E(y) = \beta_0 + \beta_1 x_1 + \beta_2 x_2 + \beta_3 x_1 x_2 + \beta_4 x_1^2 + \beta_5 x_2^2 + \beta_6 x_3 + \beta_7 x_4 + \beta_9 x_1 x_3 + \beta_{10} x_1 x_4 + \beta_{12} x_2 x_3 + \beta_{13} x_2 x_4 + \beta_{15} x_1 x_2 x_3 + \beta_{16} x_1 x_2 x_4$

```
                    Dependent Variable: LNPRICE
                       Analysis of Variance

                              Sum of          Mean
Source              DF       Squares         Square      F Value    Pr > F
Model               23      83.90934         3.64823       65.59    <.0001
Error              110       6.11860         0.05562
Corrected Total    133      90.02794

              Root MSE              0.23585    R-Square     0.9320
              Dependent Mean       10.57621    Adj R-Sq     0.9178
              Coeff Var             2.22997

                          Parameter Estimates

                        Parameter      Standard
Variable       DF        Estimate         Error      t Value    Pr > |t|
Intercept       1        12.51593       0.95441       13.11      <.0001
X1              1        -0.89923       0.73410       -1.22      0.2232
X2              1         0.02421       0.02886        0.84      0.4034
X1X2            1        -0.02071       0.00673       -3.08      0.0026
X1SQ            1         0.15145       0.13455        1.13      0.2628
X2SQ            1        -0.00010196    0.00076963    -0.13      0.8948
X3              1        -1.12650       1.49104       -0.76      0.4516
X4              1         0.27615       0.96332        0.29      0.7749
X3X4            1         0.49697       1.50290        0.33      0.7415
X1X3            1         0.48205       1.15882        0.42      0.6782
X1X4            1         0.06958       0.73882        0.09      0.9251
X1X3X4          1        -0.54037       1.16440       -0.46      0.6435
X2X3            1        -0.09486       0.04477       -2.12      0.0363
X2X4            1        -0.05261       0.03528       -1.49      0.1387
X2X3X4          1         0.06826       0.05220        1.31      0.1937
X1X2X3          1         0.02207       0.01078        2.05      0.0429
X1X2X4          1         0.02355       0.00709        3.32      0.0012
X1X2X3X4        1        -0.02694       0.01127       -2.39      0.0185
X1SQX3          1        -0.11674       0.21918       -0.53      0.5954
X1SQX4          1        -0.07276       0.13510       -0.54      0.5913
X1SQX3X4        1         0.13424       0.21984        0.61      0.5427
X2SQX3          1         0.00043756    0.00119        0.37      0.7127
X2SQX4          1         0.00011095    0.00107        0.10      0.9174
X2SQX3X4        1        -0.00027597    0.00157       -0.18      0.8609
```

图 SIA12.2　模型 1 的 SAS 回归输出

模型 2 包含了模型 1 中除了二次项（即包含 x_1^2 和 x_2^2 的项）以外的所有项. 这个模型对取消限制和出发地的水平组合也具有 4 个不同的响应曲面, 但响应曲面是挠曲面 (见图 12.10) 而不是抛物面. 直接比较模型 1 和 2 允许检验弯曲项的重要性.

模型 3 包含了模型 1 除了定量 - 定性交互作用项以外的所有项, 相应于 4 种取消限制 - 出发地组合. 这个模型有 4 个仅关于 y 截距不同的抛物面. 直接比较模型 1 和模型 3, 我们可以检验所有定量 - 定性交互作用项的重要性.

模型 4 和模型 1 一样, 除了它不含有二次项和两个定性变量 (取消限制 (x_3), 出发地 (x_4)) 之间的交互作用项. 尽管模型包含弯曲, 但距离 (x_1) 和重量 (x_2) 的曲率在所有取消限制和出发地的水平是相同的.

图 SIA12.3 给出了前段描述的嵌套模型 F 检验的结果, 这些检验总结如下:

检验所有二阶项的显著性 (模型 1 对模型 2)

$H_0: \beta_4 = \beta_5 = \beta_{18} = \beta_{19} = \beta_{20} = \beta_{21} = \beta_{22} = \beta_{23} = 0$

```
Test QUADRATIC Results for Dependent Variable LNPRICE

Source              DF      Mean Square    F Value    Pr > F
Numerator           8       0.75727        13.61      <.0001
Denominator         110     0.05562

Test QN_QL_INTERACT Results for
Dependent Variable LNPRICE

Source              DF      Mean Square    F Value    Pr > F
Numerator           15      0.25574        4.60       <.0001
Denominator         110     0.05562

Test QL_QUAD_INTERACT Results
for Dependent Variable LNPRICE

Source              DF      Mean Square    F Value    Pr > F
Numerator           6       0.01407        0.25       0.9572
Denominator         110     0.05562
```

图 SIA12.3　对模型 1 中项 SAS 的嵌套模型 F 检验

H_a：在模型 1 中至少有一个二阶项 β 不为 0

$F = 13.61$，p 值 < 0.0001（图 SIA12.3 顶部的阴影部分）

结论：有充分的证据表明（在 $\alpha = 0.01$），$E(y)$ 和距离 x_1、重量 x_2 之间的关系是曲线的. 作为货物运输价格的预测式，模型 1 比模型 2 在统计意义上更好.

检验所有定量—定性交互作用项的显著性（模型 1 对模型 3）

$H_0: \beta_9 = \beta_{10} = \beta_{11} = \beta_{12} = \beta_{13} = \beta_{14} = \beta_{15} = \beta_{16} = \beta_{17} = \beta_{18} = \beta_{19} = \beta_{20} = \beta_{21} = \beta_{22} = \beta_{23} = 0$

H_a：模型 1 中 QN × QL 交互作用项 β 中至少有一个不为 0

$F = 4.60$，p 值 < 0.0001（图 SIA12.3 中部的阴影部分）

结论：有充分的证据（在 $\alpha = 0.01$）表明定量变量（QN）距离（x_1）和重量（x_2）与定性变量（QL）取消限制（x_3）和出发地（x_4）之间存在交互作用. 作为货车运输价格的预测式，模型 1 在统计意义上比模型 3 更好.

定性二阶交互作用项的显著性检验（模型 1 对模型 4）

$H_0: \beta_{18} = \beta_{19} = \beta_{20} = \beta_{21} = \beta_{22} = \beta_{23} = 0$

H_a：模型 1 中至少有一个定性二阶交互作用项的 β 不为 0

$F = 0.25$，p 值 $= 0.9572$（图 SIA12.3 底部的阴影部分）

结论：没有充分的证据（在 $\alpha = 0.01$）表明距离（x_1）和重量（x_2）的二次项与定性变量取消限制（x_3）、出发地（x_4）之间存在交互作用. 因为这些项没有统计上用处，我们从模型 1 中删去这些项，并推断模型 4 是货物运输价格统计上较好的预测量⊖.

⊖ 从模型里删去项总是有风险的. 本质上，当 P（II 类错误）$= P$（当 H_0 不真时候接受 H_0）$= \beta$ 未知时，接受假设 H_0：$\beta_{18} = \beta_{19} = \beta_{20} = \cdots \beta_{23} = 0$. 但是在实际上，当有一个简单的且与预测量几乎一样好（且易于应用和解释）的模型时，很多研究者愿意冒着犯第二类错误的风险，对 $E(y)$ 用一个比较复杂的模型. 注意到我们用了一个相对较大的数据量（$n = 134$）拟合模型，并且模型 4 的 R_a^2 确实大于模型 1 的 R_a^2. 如果事实上二阶交互作用项是重要的（即我们犯了第二类错误），那么在用模型 4 解释变异性时会有一点损失.

根据三个嵌套模型 F 检验,发现模型 4 在前 4 个模型中是"最好的". 图 SIA12.4 给出了模型 4 的 SAS 输出. 考虑整体 F 检验的结果(p 值小于 0.000 1),可以看到整体模型在统计意义上对运输价格的预测是有用的. 另外,$R_a^2 = 0.921\,0$ 意味着大约 92% 的货车运输价格自然对数的样本变异可以用模型解释. 尽管这些模型统计量给人印象深刻,但是可以找出一个更简单的模型来同样很好地拟合数据.

```
                       Dependent Variable: LNPRICE
                          Analysis of Variance

                              Sum of         Mean
     Source         DF       Squares       Square    F Value    Pr > F
     Model          17      83.82495      4.93088      92.21    <.0001
     Error         116       6.20299      0.05347
     Corrected Total 133    90.02794

                 Root MSE            0.23124    R-Square    0.9311
                 Dependent Mean     10.57621    Adj R-Sq    0.9210
                 Coeff Var           2.18646

                          Parameter Estimates

                          Parameter     Standard
     Variable    DF       Estimate        Error     t Value   Pr > |t|

     Intercept    1      12.08482       0.25871      46.71     <.0001
     X1           1      -0.55296       0.09648      -5.73     <.0001
     X2           1       0.01889       0.02120       0.89      0.3748
     X1X2         1      -0.02041       0.00649      -3.15      0.0021
     X1SQ         1       0.08738       0.00827      10.56     <.0001
     X2SQ         1       0.00008202    0.00037354    0.22      0.8266
     X3           1      -0.38504       0.40009      -0.96      0.3379
     X4           1       0.76041       0.27135       2.80      0.0059
     X3X4         1      -0.35311       0.42661      -0.83      0.4095
     X1X3         1      -0.13163       0.14172      -0.93      0.3549
     X1X4         1      -0.33374       0.08995      -3.71      0.0003
     X1X3X4       1       0.18215       0.14746       1.24      0.2192
     X2X3         1      -0.08259       0.02956      -2.79      0.0061
     X2X4         1      -0.04830       0.02049      -2.36      0.0201
     X2X3X4       1       0.05937       0.03217       1.85      0.0675
     X1X2X3       1       0.02136       0.01043       2.05      0.0428
     X1X2X4       1       0.02320       0.00685       3.39      0.0010
     X1X2X3X4     1      -0.02601       0.01090      -2.39      0.0186
```

图 SIA12.4　模型 4 的 SAS 回归输出结果

表 SIA12.3 给出了另外三个模型. 模型 5 和模型 4 一样,但是删去了定性变量出发地 x_4 的所有项. 比较模型 4 和模型 5,可以确定出发地是否真的对货车运送价格有影响. 类似地,模型 6 和模型 4 一样,但已经删去关于定性变量取消限制(x_3)的所有项. 比较模型 4 和模型 6,可以确定取消限制是否对货物运输价格有影响. 最后,我们提出删除所有定性-定性交互作用项而得的模型 7. 模型 4 和模型 7 的比较使我们看到了取消限制和出发地的交互作用影响了货物运输价格的自然对数.

图 SIA12.5 给出了上述嵌套模型 F 检验的结果. 对每个检验总结如下:

检验所有出发地项的显著性(模型 4 对模型 5)

$H_0: \beta_7 = \beta_8 = \beta_{10} = \beta_{11} = \beta_{13} = \beta_{14} = \beta_{16} = \beta_{17} = 0$

$H_a:$ 模型 4 中至少有一项出发地的 β 不等于 0

$F = 3.55$,p 值 $= 0.001$(图 SIA12.5 顶部的阴影部分)

结论:有充分的证据(在 $\alpha = 0.01$)表明出发地(x_4)对货物运输价格有影响. 在预测货物运输价格时,模型 4 在统计意义上比模型 5 好.

```
Test ORIGIN Results for Dependent Variable LNPRICE

Source          DF     Mean Square    F Value    Pr > F
Numerator        8       0.18987       3.55      0.0010
Denominator    116       0.05347

Test DEREG Results for Dependent Variable LNPRICE

Source          DF     Mean Square    F Value    Pr > F
Numerator        8       4.03417      75.44      <.0001
Denominator    116       0.05347

Test ORG_DEREG_INTERACTION Results
for Dependent Variable LNPRICE

Source          DF     Mean Square    F Value    Pr > F
Numerator        4       0.11367       2.13      0.0820
Denominator    116       0.05347
```

图 SIA12.5 模型 4 中项的 SAS 嵌套模型 F 检验

检验所有取消限制项的显著性(模型 4 对模型 6)

$H_0: \beta_6 = \beta_8 = \beta_9 = \beta_{11} = \beta_{12} = \beta_{14} = \beta_{15} = \beta_{17} = 0$

H_a: 模型 4 中至少有一项取消限制的 β 不等于 0

$F = 75.44$, p 值 < 0.0001(图 SIA12.5 中部的阴影部分)

结论:有充分的证据(在 $\alpha = 0.01$)表明取消限制(x_3)对货物运输价格有影响. 在预测货物运输价格时,模型 4 在统计上比模型 6 要好.

检验所有取消限制 – 出发地交互作用项的显著性(模型 4 对模型 7)

$H_0: \beta_8 = \beta_{11} = \beta_{14} = \beta_{17} = 0$

H_a: 模型 4 中至少有一次 QL×QL 交互作用项 β 不等于 0

$F = 2.13$, p 值 $= 0.0820$(图 SIA12.5 的底部的阴影部分)

结论:没有充分的证据(在 $\alpha = 0.01$)表明取消限制(x_3)和出发地(x_4)有交互作用. 因此,我们从模型 4 中删去这些交互作用项,断言模型 7 是货物运输价格的在统计意义上更好的预测模型.

总之,嵌套模型 F 检验建议模型 7 是货物运输价格自然对数的最佳模型. 图 SIA12.6 给出了模型 7 的 SAS 输出,用于预测货物运输价格的 β 估计值在输出中着重显示.

警告:就像单个 β 参数的 T 检验一样,应该避免做太多的部分 F 检验. 不管检验类型(t 检验或 F 检验),进行的检验越多,整体 I 型错误率将越高. 实际中,应该限制提议作为 $E(y)$ 的模型个数,使得对所进行的部分 F 检验的整体 I 型错误率 α 保持合理小的值[⊖].

取消管制的影响:除了估计供应价格的模型用于预测外,回归分析的另一目标是评估取消管制

⊖ 鲍费罗尼提出的方法经常用于保持对整体 I 型错误率 α 的控制. 如果进行 c 次检验,那么在显著性水平 α/c 下进行每一次检验,这可以保证整体 I 型错误率小于或等于 α. 例如,进行 $c = 5$ 次检验的每一次都在 $0.05/5 = 0.01$ 显著性水平下,可以保证整体 $\alpha \leq 0.05$.

对运输价格的影响。为此，检验模型 7 中的参数 β，特别是与取消管制虚拟变量 x_3 相关的 β。图 SIA12.6 给出了预测方程：

$$\hat{y} = 12.192 - 0.598x_1 - 0.00598x_2 - 0.01078x_1x_2 + 0.086\,x_1^2 + 0.00014\,x_2^2$$
$$+ 0.677x_4 - 0.275x_1x_4 - 0.026x_2x_4 + 0.013x_1x_2x_4 - 0.782x_3$$
$$+ 0.0399x_1x_3 - 0.021x_2x_3 - 0.0033x_1x_2x_3$$

```
                     Dependent Variable: LNPRICE
                         Analysis of Variance

                             Sum of          Mean
Source              DF      Squares         Square      F Value    Pr > F
Model               13      83.37026        6.41310     115.59     <.0001
Error              120       6.65767        0.05548
Corrected Total    133      90.02794

          Root MSE            0.23554       R-Square      0.9260
          Dependent Mean     10.57621       Adj R-Sq      0.9180
          Coeff Var           2.22710

                         Parameter Estimates

                     Parameter      Standard
Variable       DF    Estimate        Error      t Value     Pr > |t|
Intercept       1    12.19150       0.21583     56.49       <.0001
X1              1    -0.59800       0.08425     -7.10       <.0001
X2              1    -0.00598       0.01857     -0.32       0.7480
X1X2            1    -0.01078       0.00530     -2.03       0.0442
X1SQ            1     0.08575       0.00834     10.28       <.0001
X2SQ            1     0.00014207    0.00037728   0.38       0.7072
X3              1    -0.78192       0.12900     -6.06       <.0001
X4              1     0.67679       0.21035      3.22       0.0017
X1X3            1     0.03991       0.03999      1.00       0.3203
X1X4            1    -0.27464       0.07267     -3.78       0.0002
X2X3            1    -0.02094       0.01045     -2.00       0.0473
X2X4            1    -0.02619       0.01610     -1.63       0.1063
X1X2X3          1    -0.00332       0.00303     -1.10       0.2757
X1X2X4          1     0.01298       0.00544      2.39       0.0186
```

图 SIA12.6 模型 7 的 SAS 回归输出

注意方程中的项通过调整顺序使得与取消管制变量相关的 β 集中在方程最后。由于存在一些交叉项，因此简单检查 β 的符号会令人困惑并导致错误的结论。

评价取消管制影响的一个好方法是在模型中固定除了其他自变量中某个之外的所有自变量。例如，假设固定货物重量为 15klb，并考虑出发地为杰克逊维尔，即令 $x_2 = 15$，$x_4 = 0$。将这些值代入预测方程，合并同类项得到：

$$\hat{y} = 12.192 - 0.598x_1 - 0.00598(15) - 0.01078x_1(15) + 0.086\,x_1^2$$
$$+ 0.00014(15)^2 + 0.677(0) - 0.275x_1(0) - 0.026(15)(0)$$
$$+ 0.013x_1(15)(0) - 0.782x_3 + 0.0399x_1x_3 - 0.021(15)x_3$$
$$- 0.0033x_1(15)x_3$$

$$= 12.134 - 0.760x_1 + 0.086\,x_1^2 - 1.097x_3 - 0.0096x_1x_3$$

为了了解取消管制对对数价格（y）和运输距离 x_1 的估计曲线的影响，比较两种情况下的预测方程：$x_3 = 0$（管制价格）和 $x_3 = 1$（取消管制）。

管制 $(x_3=0)$：$\hat{y}=12.134-0.760x_1+0.086\,x_1^2-1.097(0)-0.0096x_1(0)=12.134-0.760x_1+0.086\,x_1^2$

取消管制 $(x_3=1)$：$\hat{y}=12.134-0.760x_1+0.086\,x_1^2-1.097(1)-0.0096x_1(1)=11.037-0.7696x_1+0.086\,x_1^2$

注意管制价格的 y 截距(12.134)比取消管制价格的 y 截距大. 同样，虽然方程有相同的曲率，但估计的位移参数不同.

图 SIA12.7 为 SAS 输出, 给出了这些预测方程的图形描绘. 图形清晰显示了当载货 1500 磅、从杰克逊维尔出发时取消管制对价格的影响. 正如经济理论预期的, 管制价格的曲线位于取消管制价格曲线的上方.

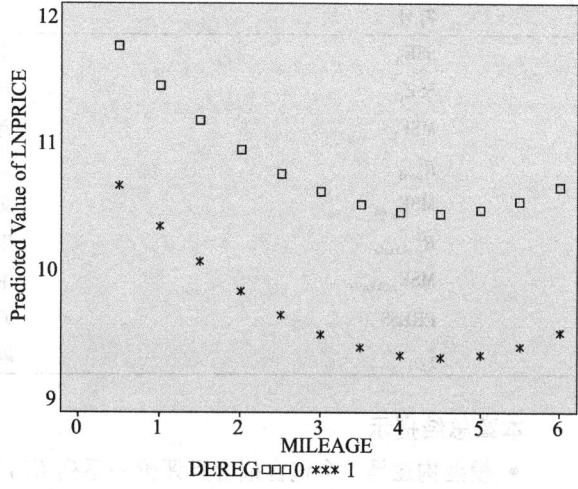

图 SIA12.7　对数价格的预测方程的 SAS 图

快速回顾

重要公式

$E(y)=\beta_0+\beta_1 x$	一元定量变量 x 的一阶模型
$E(y)=\beta_0+\beta_1 x+\beta_2 x^2$	一元定量变量 x 的二阶模型
$E(y)=\beta_0+\beta_1 x+\beta_2 x^2+\cdots+\beta_p x^p$	一元定量变量 x 的 p 阶多项式模型
$E(y)=\beta_0+\beta_1 x_1+\beta_2 x_2+\cdots+\beta_k x_k$	k 元定量变量 x 的一阶模型
$E(y)=\beta_0+\beta_1 x_1+\beta_2 x_2+\beta_3 x_1 x_2$	二元定量变量 x 的交互作用模型
$E(y)=\beta_0+\beta_1 x_1+\beta_2 x_2+\beta_3 x_1 x_2+\beta_4(x_1)^2+\beta_5(x_2)^2$	二元定量变量 x 的完全二阶模型
$E(y)=\beta_0+\beta_1 x_1+\beta_2 x_2+\cdots+\beta_{k-1} x_{k-1}$	k 水平的一元定性变量 x 的虚拟变量模型
$F=\dfrac{(\mathrm{SSE}_R-\mathrm{SSE}_C)/(\text{检验的 }\beta\text{ 个数})}{\mathrm{MSE}_C}$	比较完全和简化嵌套模型的检验统计量
$u=(x-\bar{x})/s_x$	给一个定量变量 x 编码
$R^2_{\mathrm{pred}}=1-\dfrac{\sum_{i=n+1}^{n+m}(y_i-\hat{y}_i)^2}{\sum_{i=n+1}^{n+m}(y_i-\bar{y})^2}$	交叉确认的 R^2
$\mathrm{MSE}_{\mathrm{pred}}=\dfrac{\sum_{i=n+1}^{n+m}(y_i-\hat{y}_i)^2}{m-(k+1)}$	交叉确认的 MSE
$R^2_{\mathrm{jackknife}}=1-\dfrac{\sum_{i=1}^{n}(y_i-\hat{y}_{(i)})^2}{\sum_{i=1}^{n}(y_i-\bar{y})^2}$	用刀切法进行模型确认的 R^2
$\mathrm{MSE}_{\mathrm{jackknife}}=\dfrac{\sum_{i=1}^{n}(y_i-\hat{y}_{(i)})^2}{n-(k+1)}$	用刀切法进行模型确认的 MSE

符号汇集

符号	说明
SSE_R	简化(嵌套)模型的误差平方和
SSE_C	完全(嵌套)模型的误差平方和
MSE_C	完全(嵌套)模型的均方误差
R^2_{pred}	交叉确认的 R^2 (R^2 预测)
MSE_{pred}	交叉确认的 MSE(均方预测误差)
$R^2_{jackknife}$	用刀切法进行模型确认的 R^2
$MSE_{jackknife}$	用刀切法进行模型确认的 MSE
PRESS	刀切法的预测平方和
$\hat{y}_{(i)}$	剔除第 i 个观测值时 y 的预测值

本章总结提示

- **模型构建**是一个包含拟合且评价一系列 $E(y)$ 的模型,达到选出一个"最好"模型的过程.
- 自变量不同强度的设定(值)称为**水平**.
- 如果对 x_1 每1单位变化引起的 $E(y)$ 变化依赖于 x_2 的固定值,称这两个定量自变量**有交互作用**.
- 给一个定量自变量 x **编码**有助于减少出现在模型中的 x 和 x^2 的固有多重共线性.
- 如果一个模型(称为**完全模型**)包含另一个(**简化**)模型中的所有项及至少一个附加项,称这两个模型是**嵌套的**.
- **节俭模型**是含有少量 β 参数的模型.
- **虚拟(示性)变量**用于表示模型中的定性自变量,对一个 k 水平的定性变量,有 $(k-1)$ 个虚拟变量.
- **模型确认**是评价估计的回归模型用于新的或未来数据时模型将会如何表现.
- **数据分离(或交叉确认)**是要求分割样本数据集合的模型确认方法.一个数据子集用来估计模型,另一个子集用来确认模型.
- **刀切法**是用于样本容量较小时的模型确认方法.刀切法预测值 $\hat{y}_{(i)}$ 是从删除第 i 个观测值后,拟合 $(n-1)$ 个数据点的回归模型中得到的 y 的预测值.
- **逐步回归**是从一长列潜在自变量中筛分最不重要自变量的客观的方法.
- 用逐步回归模型作为预测 y 的"最终"模型存在的两个问题:(1)进行很多次 t 检验,增加了至少一个Ⅰ型错误和一个Ⅱ型错误的概率;(2)在最终逐步回归模型中不包含高阶(如交互项或者平方项)项.

补充应用练习

12.73 空气污染模型. 通常书写电厂的空气污染条例用于使可排放的最大污染量随着电厂输出的增加而增加. 假设这是真的,写出联系允许的最大污染量(百万分之几)和电厂输出(兆瓦)之间关系的模型.

12.74 蛙的视动反应. Journal of Experimental Zoology (1993年9月)研究了树蛙的视动反应.

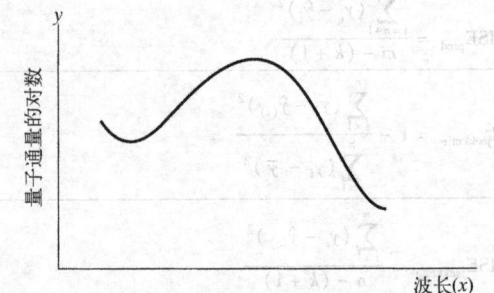

用显微荧光分光度测定法测量在不同光谱波长下检测的树蛙的门限量子通量(第一次观测到视动反应时的光强). 数据显示量子通量的对数(y)和波长(x)之间的关系如上图所示. 为 $E(y)$ 假设一个对应于图形的模型.

12.75 工作产出研究. 一位工程师提出下面模型来描述在某生产过程中每天生产的接受产品数量(产出)和每天花费的工作小时数(投入)之间的关系：

$$y = \beta_0 + \beta_1 x + \beta_2 x^2 + \varepsilon$$

其中, y = 每天生产的接受产品数量, x = 每天的工作小时数. 下面给出用这个模型拟合 25 周生产数据样本结果的 MINITAB 输出的一部分. 检验假设：随投入量的增加, 产出量以一个递减的速度增加. 这些数据是否提供了充分的证据证明在投入增加时, 投入每增加一个单位产出的增加速度在减少? 用 $\alpha = 0.05$ 检验.

12.76 建立汽油销售模型. 当顾客用现金而不是信用卡付账时, 很多服务站会以降低的价格提供自助销售汽油. 假定石油公司想为它附属站的平均月汽油销售量 $E(y)$ 作为提供的服务类型(只用现金、现金或者信用卡(同样价格)、现金或者信用卡(用现金时较低))的函数建模.

a. 需要多少个虚拟变量来描述定性自变量服务类型?

b. 写出联系 $E(y)$ 和服务类型的主效应模型, 描述虚拟变量的编码.

12.77 二阶多项式. 为了建立因变量 y 和自变量 x 之间的关系模型, 研究者对三个不同的 x 值得到了 y 的测量值. 凭借数学专长, 研究者实现了可能拟合二阶多项式模型

$$E(y) = \beta_0 + \beta_1 x + \beta_2 x^2$$

并且精确地通过所有三个点, 得到 SSE =0. 研究者为模型的"极好"拟合而高兴, 急于用它进行推断, 在尝试推断时会遇到什么问题?

12.78 类星体的外层空间调查. 参考练习 11.72, *The Astronomical Journal* (1995 年 7 月)提出在一次外层空间调查中发现的类星体. 回想用于类星体特征的静止框架等价宽度(y)模型的几个定量自变量, 25 个类星体的数据存在文件 QUASAR 中. (前 5 个类星体的数据在下表中给出.)

a. 写出 y 作为红移(x_1), 线电通量(x_2)和 AB_{1450}(x_4)的函数的完全二阶模型.

b. 利用统计软件包, 用 a 中模型拟合数据, 全模型对预测 y 统计有用吗?

c. 检验模型中的任意曲线项对于 y 的预测是否统计有用?

```
The regression equation is
Y = -6.17 + 2.04 X1 - .0323 X2

Predictor        Coef     SE Coef         T        P
Constant       -6.173       1.666     -3.71    0.002
X1              2.036        .185     11.02    0.000
X2             -.03231      .00489    -6.60    0.000

S = 1.243      R-Sq = 95.5%     R-Sq(adj) = 95.1%

Analysis of Variance

Source          DF          SS          MS         F        P
Regression       2     718.168      359.08    232.41    0.000
Residual Error  22      33.992       1.545
Total           24     752.160
```

练习 12.75 的 MINITAB 输出

QUASAR(前 5 个类星体)

类星体	红移(x_1)	线电通量(x_2)	光光度(x_3)	AB_{1450}(x_4)	绝对星等(x_5)	静止框架等效宽度(y)
1	2.81	−13.48	45.29	19.50	−26.27	117
2	3.07	−13.73	45.13	19.65	−26.26	82

(续)

类星体	红移(x_1)	线电通量(x_2)	线光度(x_3)	$AB_{1450}(x_4)$	绝对星等(x_5)	静止框架等效宽度(y)
3	3.45	−13.87	45.11	18.93	−27.17	33
4	3.19	−13.27	45.63	18.59	−27.39	92
5	3.07	−13.56	45.30	19.59	−26.32	114

资料来源: Schmidt, M., Schneider, D. P., and Gunn J. E. "Spectroscopic CCD surveys for quasars at large redshift" *The Astronomical Journal*, Vol. 110, No.1, July 1995, p.70(表1).

🌐 TRUCKING

12.79 取消州内货车价格管制. 参考本章中的"活动中的统计学". 回忆对 $y=$ 州内的货运供应价格的自然对数作为以下自变量函数建立的模型: $x_1 =$ 货运距离(百英里), $x_2 =$ 运输货物的重量(千磅), $x_3 = \{$取消管制有效取1, 否则取0$\}$, $x_4 = \{$出发地为迈阿密取1, 杰克逊维尔取0$\}$. y 的最优模型的估计方程为(来自模型7的SAS输出):

$$\hat{y} = 12.192 - 0.598x_1 - 0.00598x_2$$
$$- 0.01078x_1x_2 + 0.086x_1^2 + 0.00014x_2^2$$
$$+ 0.677x_4 - 0.275x_1x_4 - 0.026x_2x_4$$
$$+ 0.013x_1x_2x_4 - 0.782x_3 + 0.0399x_1x_3$$
$$- 0.021x_2x_3 - 0.0033x_1x_2x_3$$

a. 基于方程, 对任意给定的里程、重量、出发地取值, 给出预测的管制价格和预测的取消管制价格之差的估计.

b. 现在固定距离为100英里, 出发地为迈阿密, 重量为10 000磅, 用 β 的估计说明取消价格管制的影响.

c. 数据文件TRUCKING包括佛罗里达4个运营商(A, B, C和D)的货运价格数据. 这些运营商用变量CARRIER定义. (注: SIA中分析的运营商是运营商B.) 用模型7作为基本模型, 添加4个运营商的不同响应曲线项. 创建合适的检验确定曲线之间是否有差异.

12.80 内燃机发动机的性能. 进行一个试验来评估燃烧人造燃料(来源于煤)和石油燃料的发动机性能(*Journal of Energy Resources Technology*, 1990年3月). 所用的石油燃料是从菲利普斯化学公司得到的2号内燃机发动机燃料(DF-2), 所用的两种人造燃料: 混合燃料(50%煤、50% DF-2)和高级定时混合燃料. 制动功率(kW)和燃料类型在测试时是变化的, 且测量了发动机性能. 下表给出了性能度量, 每度曲轴角的质量燃烧率的试验结果.

🌐 SYNFUELS

制动功率, x_1	燃料类型	质量燃烧率, y
4	DF-2	13.2
4	混合	17.5
4	高级定时	17.5
6	DF-2	26.1
6	混合	32.7
6	高级定时	43.5
8	DF-2	25.9
8	混合	46.3
8	高级定时	45.6
10	DF-2	30.7
10	混合	50.8
10	高级定时	68.9
12	DF-2	32.3
12	混合	57.1

资料来源: Litzinger, T. A., and Buzza, T. G. "Performance and emissions of a diesel engine using a coal-derived fuel." *Journal of Energy Resources Technology*, Vol. 112, Mar, 1990, p.32, 表3.

研究者拟合交互作用模型

$$E(y) = \beta_0 + \beta_1x_1 + \beta_2x_2 + \beta_3x_3 + \beta_4x_1x_2 + \beta_5x_1x_3$$

其中:

$y = $ 质量燃烧率.

$x_1 = $ 制动功率(kW).

$x_2 = \begin{cases} 1 & \text{DF-2 燃料} \\ 0 & \text{如果不是} \end{cases}$

$x_3 = \begin{cases} 1 & \text{混合燃料} \\ 0 & \text{如果不是} \end{cases}$

SAS输出如下所示.

a. 进行检验确定制动功率和燃料类型是否有交互作用, 用 $\alpha = 0.01$ 检验.

b. 考虑a模型, 对三种燃料类型中每一种给出y-x_1直线的斜率估计.

```
                    Dependent Variable: BURNRATE
                         Analysis of Variance
                              Sum of           Mean
Source              DF       Squares          Square       F Value      Pr > F
Model                5       3253.97929       650.79586    25.65        <.0001
Error                8        203.01000        25.37625
Corrected Total     13       3456.98929

                Root MSE              5.03748    R-Square     0.9413
                Dependent Mean       36.29286    Adj R-Sq     0.9046
                Coeff Var            13.88010

                            Parameter Estimates
                         Parameter       Standard
Variable        DF        Estimate          Error        t Value      Pr > |t|
Intercept        1        -10.83000        8.27743        -1.31        0.2271
POWER            1          7.81500        1.12642         6.94        0.0001
X2               1         19.35000       10.68612         1.81        0.1078
X3               1         12.79000       10.68612         1.20        0.2656
POWERX2          1         -5.67500        1.37957        -4.11        0.0034
POWERX3          1         -2.95000        1.37957        -2.14        0.0649

         Test INTERACT Results for Dependent Variable BURNRATE
                                     Mean
Source              DF              Square       F Value      Pr > F
Numerator            2            223.03750       8.79         0.0096
Denominator          8             25.37625
```

练习 12.80 的 SAS 输出结果

12.81 被动式太阳能改进. 一座 40 年房龄的砖石复式建筑物最近接受了包括具有绝缘外墙、热分配系统、防风暴的外重窗和气闸口特征的被动式太阳能改进. 为了测量改进的效力, 建筑工程师监测了在改进前 2 年和后 2 年建筑物的冬季能量使用. 工程师希望利用这些数据拟合联系月能量用量 y (萨姆每个记账日) 和天气恶劣强度 x_1 (ddh/bd) 和 x_2 的一个回归模型, 其中

$$x_2 = \begin{cases} 1 & \text{在改造前} \\ 0 & \text{在改造后} \end{cases}$$

a. 写出 $E(y)$ 的完全二阶模型.
b. 对 a 中的模型画等高线.
c. 假设一个允许在不同的天气恶劣强度水平下改进前与改进后的月平均用量之间相差一个常数的一阶模型.
d. 画出 c 中模型的等高线.

🌐 **DDT**

12.82 被污染鱼的研究. 考虑练习 11.26, 联系被污染鱼的平均 DDT 水平 $E(y)$ 和 x_1 = 捕捉地离河口的英里数, x_2 = 长度, x_3 = 重量的模型. 现在考虑 $E(y)$ 作为重量和种类 (海峡鲶鱼、大嘴鲈鱼、小口

胭脂鱼) 的函数的模型.

a. 为种类设置合适的虚拟变量.
b. 写出模型的表达式, 建议平均 DDT 水平 $E(y)$ 和重量之间具有平行直线关系, 每个种类一条直线.
c. 写出模型的表达式, 建议平均 DDT 水平 $E(y)$ 和重量之间具有非平行直线关系, 每个种类一条直线.
d. 用 b 中的模型拟合保存在 DDT 文件的数据, 给出最小二乘预测方程.
e. 考虑 d, 解释乘以重量 β 系数的最小二乘估计值.
f. 用 c 中的模型拟合保存在 DDT 文件的数据, 给出最小二乘预测方程.
g. 考虑 f, 对海峡鲶鱼求联系 DDT 水平 (y) 和重量的直线的估计斜率.

12.83 工作安全研究. 某公司正在研究三种不同的安全方案 A、B 和 C, 试图减少因事故而引起的工时损失数. 每个方案在公司 9 家工厂中的 3 家进行试验, 计划是监测在实施新的安全方案后的 6 个月开始的一年间损失工时数 y.

a. 写一个联系 $E(y)$ 和实施方案之前那一年的损失

工时 x_1 与实施方案类型的主效应模型.

b. 利用 a 的模型参数说明,为了确定平均工时损失对于三种安全方案是否不同,应检验什么假设?

c. 在这三种安全方案运行 18 个月后,用完全主效应模型拟合 $n=9$ 数据点. 以安全方案 A 作为基准水平,得到下面的结果:
$$\hat{y} = -2.1 + 0.88x_1 - 150x_2 + 35x_3$$
$$SSE = 1527.27$$
然后,拟合简化模型 $E(y) = \beta_0 + \beta_1 x_1$,结果是
$$\hat{y} = 15.3 + 0.84x_1 \quad SSE = 3113.14$$
检验并确定这三种方案对平均工时损失是否不同,用 $\alpha = 0.05$.

12.84 **蚊子幼虫的密度**. 做一个野外试验来评估有机肥对蚊子幼虫平均密度的影响(*Journal of the American Mosquito Control Association*,1995 年 6 月). 用沟渠中的水灌满池塘 3 天之后,从池塘采集幼虫样品. 第二个幼虫样本是灌满池塘并加上兔的粪便作肥料 3 个星期后采集的. 所有样品送到实验室,数出每个样品中蚊子幼虫个数 y.

a. 写一个比较肥沃池塘里发现的平均蚊子幼虫数与天然池塘中平均数的模型.
b. 解释 a 中模型系数 β.
c. 对检验肥沃池塘的平均幼虫密度是否超过天然池塘的平均密度,建立原假设和备择假设.
d. 与 a 中模型全局 F 检验关联的 p 值为 0.004,并解释这个结果.

12.85 **行走研究**. 参考练习 11.71, *American Scientist* (1998 年 7 月至 8 月),研究了自回避行走和无根行走的个数之间的关系,附表给出了用于分析的数据.

WALK

行走长度(步数)	行走步数	
	无根	自回避
1	1	4
2	2	12
3	4	36
4	9	100
5	22	284
6	56	780
7	147	2 172
8	388	5 916

资料来源:Hayes, B. "How to avoid yourself." *American Scientist*, Vol.86, No.4, Jul-Aug, 1998 (图5).

a. 利用观测数据的编码系统给出编码变量 u 和行走长度 x 之间的关系.
b. 计算编码值 u.
c. 计算变量 x 和 x^2 之间的相关系数 r.
d. 计算变量 u 和 u^2 之间的相关系数 r,比较这个值与 c 中计算的值.
e. 令 $y = $ 无根行走的次数,用可得到的统计软件拟合模型:
$$E(y) = \beta_0 + \beta_1 u + \beta_2 u^2$$
并解释结果.

12.86 **榨橙汁机的产量**. 佛罗里达柑橘委员会想评估两种榨汁机品牌 A 和品牌 B 的性能,认为试验所用的水果大小可能影响橙汁机的果汁产量(每磅橙榨出的果汁量). 委员会希望找到一个联系平均产量 $E(y)$、橙汁机的类型(品牌 A 和品牌 B)和橙子大小(直径)x_1 的回归模型.

a. 指出自变量是定性还是定量变量.
b. 写一个描述橙的大小和 $E(y)$ 之间关系为两条平行直线的模型,每个榨汁机品牌一条.
c. 修改 b 中模型,允许两条直线的斜率不同.
d. 画出 b 和 c 模型的典型响应线草图,仔细地标记你的图.
e. 对预测产量确定 c 的模型是否比 b 的模型提供了更多的信息,给出所用的原假设和备择假设.

12.87 **建立水中溶解氧模型**. 河川中的溶氧量 y 与每升水中的氮化物量 x_1、水的温度 x_2 有关,写出联系 $E(y)$ 和 x_1, x_2 的完全二阶模型.

12.88 **航空公司的利益**. 从 1978 年美国航空工业解除管制以来,研究者怀疑解除管制是否能保证一个真正竞争性环境. 如果是这样,任何主要航空公司的利益只和整体工业条件(例如可支配收入和市场份额)有关,与那条航线的任何不变特色无关. 用多元回归检验这个利益性假设(*Transportation Journal*, 1990 年冬). $n = 224$ 个运输年份的数据用于拟合模型
$$E(y) = \beta_0 + \beta_1 x_1 + \beta_2 x_2 + \beta_3 x_3 + \cdots + \beta_{30} x_{30}$$
其中,$y = $ 收益率,$x_1 = $ 实际个人可支配收入,$x_2 = $ 工业市场份额,$x_3 \sim x_{30} = $ 研究中调查的 28 个航空运输业的虚拟变量(编码为 0-1). 回归结果汇总在表中,解释这个结果. 利益假设得到支持了吗?

变量	β 估计	t 值	p 值
截距	1.2642	0.09	0.9266
x_1	-0.0022	-0.99	0.8392

变量	β 估计	t 值	p 值
x_2	4.840 5	3.57	0.000 3
$x_3 \sim x_{30}$	(未给出)	—	—

$R^2 = 0.340\ 2$　$F(完全模型) = 3.49$　p 值 $= 0.000\ 1$
$F(检验运输业虚拟变量) = 3.59$　p 值 $= 0.000\ 1$

资料来源：Leigh, L. E. "Contestability in deregulated airline markets: Some empirical tests." *Transportation Journal*, Winter 1990, p.55（表4）. Reprinted from the Winter 1990 issue of *Transportation Journal* With the express permission of the publisher, the American Society of Transportation and Logistics, Inc., for educational purposes only.

12.89 卤素灯泡运转. 某公司已经开发了一种新型的卤素灯泡，并且想通过性能评估来决定是否把这种灯泡投入市场. 已经知道灯泡的光输出水平依赖于它表面区域的清洁度和灯泡已经使用的时间长度，下表给出了数据. 用这些数据和本章学过的方法建立一个联系光输出的下降和灯泡表面清洁度以及使用时间长度的回归模型.

HALOGEN

光输出下降 （原始输出的百分数）	灯泡表面 （C=清洁,D=脏）	使用时间长度 (h)
0	C	0
16	C	400
22	C	800
27	C	1 200
32	C	1 600
36	C	2 000
38	C	2 400
0	D	0
4	D	400
6	D	800
8	D	1 200
9	D	1 600
11	D	2 000
12	D	2 400

第13章 试验设计的原理

目标 简要介绍比较两个或多个总体均值的试验设计;解释试验设计的统计原理.

活动中的统计学:加锌环氧涂层的防腐行为

使用环氧树脂的有机涂层广泛用于防止钢铁和其他金属的风化和腐蚀.涂层的抗腐蚀性依赖于几个因素,包括涂层系统的各种特性.最近的趋势是利用含锌粉或磷酸锌的环氧涂层,这种加锌环氧涂层的抗腐蚀性被认为是最有效的.

国家技术大学(希腊雅典)的材料科学与工程系的研究人员检查了含有锌色素配方的不同环氧涂层钢铁的抗腐蚀性,试图找到具有最好抗腐蚀性的环氧涂层.(*Pigment & Resin Technology*,32卷,2003.)试验材料(即试验单位)是从含以下成分的钢板上切割下来的矩形平板:铁(99.7%)、碳(0.063%)、锰(0.022%)、磷(0.009%)、硫(0.007%),每块平板涂上4种不同的涂层系统(即处理)S1、S2、S3、S4之一,每种涂层系统准备3块平板.(这些平板标记为 S1-A,S1-B,S1-C,S2-A,S2-B,…,S4-C)4种涂层系统的特征如表 SIA13.1 所示.

表 SIA13.1 4种环氧涂层系统的特征

涂层系统	第1层	第2层
S1	锌粉	环氧涂料100μm厚
S2	磷酸锌	环氧涂料100μm厚
S3	带云母的磷酸锌	罩面表层100μm厚
S4	带云母的磷酸锌	罩面表层200μm厚

每种涂层平板浸泡在除去离子和空气的水中,然后进行腐蚀测试.因为暴露时间对抗腐蚀性有很大影响,所以研究者利用随机化区组设计来尽可能消除这种外部变异源.暴露时间(即区组)固定为24h、60天和120天.对每个涂层系统以随机的顺序,使得一块平板暴露在水中24h,一块暴露在水里60天,一块暴露在水里120天,设计如图 SIA13.1 所示.

暴露时间	涂层系统/暴露的平板
24h	S1-A,S2-C,S3-C,S4-B
60天	S1-C,S2-A,S3-B,S4-A
120天	S1-B,S2-B,S3-A,S4-C

图 SIA13.1 随机化区组设计表

暴露以后,确定每块平板腐蚀率(nA/cm^2).腐蚀率越低,涂层系统的抗腐蚀性就越好.目标是比较四种环氧涂层系统的平均腐蚀率(S1,S2,S3,S4).

在本章末的"活动中的统计学回顾"中,我们应用本章的方法来确定四种涂层系统的平均腐蚀率是否不同.

13.1 引言

在第11和12章,我们学习了怎样用多元回归分析来分析多元样本数据.用于回归的数据可以用**观测方法**采集(在自变量的自然环境下观测它们的值)或者**试验方法**采集(控制 x 取值,即事先设定).但是,对观测数据有一个警告:响应 y 和预测值 x 之间的统计上显著关系不一定意味着具有因果关系!因为其他有关的自变量(在模型中和从模型中删除的)是不受控制的,所以我们不能确定是那些其他变量还是 x 引起了 y 的增加(或减少).

为了说明,运输部门的工程师想为一条公路的合同价格 y 建模,这个价格由竞拍过程中的最低竞标者来决定. 假定工程师发现竞标者的人数 x 以一阶模型 $E(y) = \beta_0 + \beta_1 x$ 与 y 负相关, 且这个关系是统计上显著. 这是否意味着竞标公路合同的承包人越少, 合同价格就总是越高? 未必如此. 工程师对于竞标过程的了解表明有较多的承包者想竞标更长的公路, 长公路合同的低竞标价格明显地比短公路合同的低竞标价格高. 换句话说, 一个未测量的变量(公路长度)导致 y 和 x 的变化.

可以用一个设计的试验来控制所有相关的 x 值, 以克服上面的问题. 对试验数据, 我们通常选择这样的 x, 以比较 x 值的几个不同组合的平均响应 $E(y)$.

事先选择样本数据 x 集合的过程称为**试验设计**, 比较总体均值的统计过程称为**方差分析**. 本章目的是介绍试验设计的几个关键概念, 用方差分析来分析这种试验数据是第 14 章主要讨论的内容.

13.2 试验设计术语

早在 20 世纪初, 英格兰的费希尔开始研究试验设计. 在最初几年, 试验设计只与农业试验相关. 农业对试验设计的需求非常清楚: 为了得到大部分农作物新品种产量的一个观测值, 需花费整一年的时间. 因此, 为了节省时间和花费, 产生了利用较小样本得到更多信息的方法研究. 类似的动机使它在所有科学试验领域中得到了接受和广泛的应用. 除此之外, 与试验设计相关的术语清楚地表明它早期与生物科学的关系.

我们把收集样本数据的过程称作**试验**; 把要测量的(因)变量称作**响应** y; 抽样过程的计划称作**试验设计**; 用来测量响应 y 的对象称作**试验单位**.

定义 13.1 收集样本数据的过程称作**试验**.

定义 13.2 收集样本的计划称作**试验设计**.

定义 13.3 试验中测量的变量称作**响应变量**.

定义 13.4 用来测量响应 y 的对象称作**试验单位**.

与响应变量 y 可能有联系的自变量称作**因子**; 在一次试验中因子的可能取值(即设定的强度)称作**水平**; 观测响应的因子组合水平称作**处理**.

定义 13.5 与响应变量 y 联系的定量或者定性自变量称作**因子**.

定义 13.6 因子强度的设置(即试验中因子的可能取值)称作**水平**.

定义 13.7 **处理**是一次试验中包含的因子水平的某种组合.

例 13.1 **设计试验: 塑料硬度研究** 做试验, 确定压强和温度对一种新型塑料硬度的影响, 其中硬度以标度 1(非常软)到 10(非常硬)来分级. 在浇铸的时候, 压强设定为 200、300 或 400 lb/in², 温度设定为 200 或者 300°F. 三种塑料铸型随机指派给 $3 \times 2 = 6$ 种压强和温度组合的每一个, 测量每个铸型的硬度等级. 图 13.1 给出了设计的安排, 对于这个试验, 指出

a. 试验单位.
b. 响应 y.
c. 因子.
d. 因子水平.
e. 处理.

	压强		
温度	200 lb/in²	300 lb/in²	400 lb/in²
200°F	铸型 1 铸型 9 铸型 14	铸型 2 铸型 7 铸型 16	铸型 4 铸型 12 铸型 17
300°F	铸型 5 铸型 10 铸型 13	铸型 3 铸型 8 铸型 18	铸型 6 铸型 11 铸型 15

图 13.1 例 13.1 设计的试验安排

解 a. 因为是对 18 种塑料铸型进行测量,所以试验单位是塑料铸型.

b. 感兴趣的响应变量(即在随机指派铸型后测量的变量)是 $y=$ 塑料硬度水平,注意 y 是一个定量变量. 对于在此主题下研究的设计类型,响应总是定量变量.

c. 因为试验的目的是研究压强和温度对塑料硬度的影响,所以压强和温度是因子.

d. 对于这个试验,压强有三个水平(200、300 和 400 lb/in^2),温度有两个水平(200 ℉ 和 300 ℉).

e. 处理是因子水平组合,对于这个试验,有 $3 \times 2 = 6$ 个处理,或者压强-温度组合,如图 13.1 所示:(200 lb/in^2,200 ℉)、(200 lb/in^2,300 ℉)、(300 lb/in^2,200 ℉)、(300 lb/in^2,300 ℉)、(400 lb/in^2,200 ℉) 和 (400 lb/in^2,300 ℉). ∎

现在了解的这些术语有助于理解试验设计的 4 个步骤.

设计一个试验的步骤

步骤 1 选择要进行试验的因子,指出作为研究对象的参数. 目标参数通常是与因子水平组合(即处理)相关联的总体均值.

步骤 2 选择处理(试验所包含的因子水平组合).

步骤 3 决定对每个处理的观测次数(样本容量).(这通常依赖于想要得到的标准误.)

步骤 4 计划如何将处理指派给试验单位. 即决定用哪种设计.

通过这几个步骤,可以控制试验中的信息量. 13.3 节中将会解释具体的做法.

13.3 控制试验中的信息

获取好的试验数据的问题与通信工程师所面对的问题相似. 任何信号、语言的接收都依赖于信号容量和基础噪声的大小. 信号容量越大,传递给接收者的信息量越大;相反,当基础噪声增大时,传递的信息容量将减少. 以下事实支持有关影响试验信息因子的直观想法:大多数目标参数估计量的标准误与 σ(数据变异性或者噪声的度量)成正比,与样本容量(信号容量的度量)成反比. 为了说明这一点,考虑用样本均值 $\bar{y}$ 估计总体均值 μ 的简单情况. $\bar{y}$ 的抽样分布的标准误是

$$\sigma_{\bar{y}} = \frac{\sigma}{\sqrt{n}} \quad (\text{参看 } 6.9 \text{ 节})$$

对固定的样本容量 n,度量测量值总体**变异性(噪声)**的 σ 值越小,标准误 $\sigma_{\bar{y}}$ 也越小. 类似地,在一个给定的试验里增大样本容量 n(**信号容量**),可以减小 $\sigma_{\bar{y}}$.

在试验设计的前三个步骤中(选择因子和包含在试验中的处理,指定样本容量)决定了信号容量. 必须选择 y 的观测值能对感兴趣参数提供信息的处理. 那么处理样本的容量越大,试验的信息量就越大. 在 13.5 节,我们给出一个增量试验的例子.

是否有可能观测 y 却得不到感兴趣参数的信息?答案是肯定的. 为了说明这个问题,假定想用如下的一阶模型来拟合 $n=10$ 个数据点的集合:

$$E(y) = \beta_0 + \beta_1 x$$

其中所有观测都是在一个 x 值(如 $x=5$)得到的,数据点可能如图 13.2 所示. 可以清楚地看到,用一条直线拟合这些数据点是不可能的. 得到 β_0 和 β_1 信息的唯一方法是对不同的 x 值观测 y,因此,这个例子中的 $n=10$ 个数据点绝对没有包含参数 β_0 和 β_1 的信息.

试验设计中的第 4 步提供了减少试验中噪声(或者试验误差)的机会. 正如我们将在 13.4 节中说明的,可以通过**分区**(即在试验材料相对同质的**区组**中观测所有的处理)来减少或者消去数据变异性的已知来源. 在比较每一个区组中的处理时,忽略或者除去任何由这个区组产生的基础噪声,可得到处理差异的更好估计.

试验设计步骤汇总	
增加容量:	1. 选择因子.
	2. 选择处理(因子水平组合).
	3. 确定每个处理的样本容量.
减少干扰:	4. 给试验单位指派处理.

总之,把试验设计考虑成"噪声缩减器"或者"容量增大器"是有用的. 但是,我们将看到大多数试验设计是多功能的,即它们趋向于既减小噪声同时也增加信号容量. 然而,我们也将发现特殊的设计是偏重于这个或者另一个目的.

13.4 减少噪声的设计

在试验设计里减少干扰(即消去外部试验变异)可以通过为试验单位合理地指派处理来实现. 其思想是在相对同质的试验单位区组里比较处理,这种最常见的类型称作**随机化区组设计**.

为了说明,假定比较用三种不同装配方法(A、B、C)装配一只数字电子表所需要的平均时间,因此要比较三个均值 μ_A, μ_B, μ_C,这里 μ_i 是方法 i 的平均装配时间. 设计这个试验的一种方法是选择 15 个工人(这里工人是试验单位),随机指派三种装配方法(处理)之一给每个工人. 表 13.1 给出了这种称作**完全随机化设计**(因为随机地将处理指派给试验单位)的图表.

定义 13.8 比较 p 个处理的**完全随机化设计**是把处理随机指派给试验单位的设计.

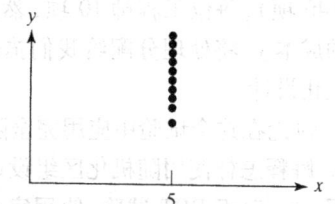

图 13.2 所有在 $x=5$ 时,$n=10$ 个响应的数据集

表 13.1 $p=3$ 个处理的完全随机化设计

工人	指派的处理(方法)	工人	指派的处理(方法)
1	B	9	A
2	A	10	A
3	B	11	C
4	C	12	A
5	C	13	C
6	A	14	B
7	B	15	B
8	C		

这种设计有个明显的缺点是,装配时间依赖于人的敏捷性和经验等,从而在工人与工人之间有很大的变化. 一个包含更多平均装配时间信息的好设计是只用 5 个工人,且每个工人分别用 3 种方法装配 3 只数字电子表. 这个随机化区组过程承认了装配一只表所需要的时间因工人而异的事实,比较每个工人的 3 个装配时间,从这个比较中消除了工人之间的变异.

图 13.3 是刚刚描述的随机化区组设计的图示. 这个图表明了有 5 位工人,每位工人可以看成是 3 个试验单位(装配手表)相应于分别利用装配方法 A、B、C 的一个**区组**. 区组是**随机化的**,因为处理(装配方法)是随机地指派给区组中的试验单位. 对于这个例子,以随机顺序装配手表来避免由其他可能影响装配时间的未知或者未测量的变量引起的偏差.

一般地，比较 p 个处理的随机化区组设计包含 b 个相对同质的区组，每个区组包含 p 个试验单位。在每个区组中 p 个处理随机地指派给试验单位，并且每个处理在每个区组只出现一次。

定义 13.9 比较 p 个处理的**随机化区组设计**包含 b 个区组，每个区组包含 p 个相对同质的试验单位。p 个处理随机地指派给每个区组中的试验单位，每个处理分配给一个试验单位。

例13.2 减少噪声：工程师成本估计 假定比较 4 位运输部（DOT）工程师（A、B、C、D）估计道路修建合同成本的能力。一种比较方法是给 4 位工程师随机分配一些道路建设合同（如 40 项），每位工程师 10 项，然后每位工程师估计每项合同的成本 y。将处理分配给我们描述的试验单位是一个完全随机化设计。

a. 讨论在这个试验中应用完全随机化设计产生的问题。
b. 解释怎样使用随机化区组设计。

解 a. 对于 DOT 试验，使用完全随机化设计的一个问题是平均建设合同成本的比较将受到道路建设合同性质的影响，有些道路建设合同会比其他的容易估计，由此引起的成本变异将使比较处理的均值更加困难。

b. 为了消减比较工程师平均估计值时合同与合同之间的变异性，只选择 10 项道路合同，要求每位 DOT 工程师估计这 10 项合同中的每一个成本。尽管在这种情况下可能不需随机化，但是随机地指派估计的顺序（在时间上）仍是可取的。图 13.4 给出了包括 $p=4$ 个处理和 $b=10$ 个区组的随机化区组设计。

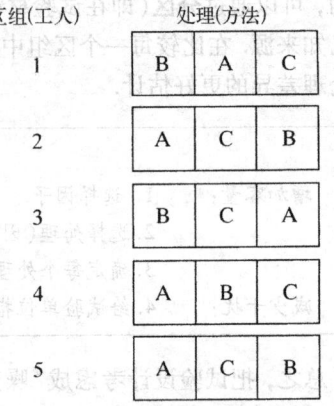

图 13.3 包含 $b=5$ 个区组和 $p=3$ 个处理的随机化区组设计图

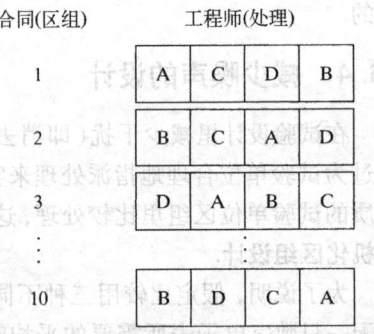

图 13.4 例 13.2 的随机化区组设计图示

每个试验设计都可以用联系响应 y 和试验中因子（处理、区组等）的多重回归模型来表示。当因子是本质上的定性变量时（通常是这样的情形），模型包含虚拟变量。例如，考虑表 13.1 描述的完全随机化设计，因为试验中包含了三个处理（方法），所以需要两个虚拟变量。这个完全随机化设计的模型如下所示：

$$y = \beta_0 + \beta_1 x_1 + \beta_2 x_2 + \varepsilon$$

其中

$$x_1 = \begin{cases} 1 & \text{如果用方法 A} \\ 0 & \text{如果不是} \end{cases} \quad x_2 = \begin{cases} 1 & \text{如果用方法 B} \\ 0 & \text{如果不是} \end{cases}$$

注意，我们随意地选择方法 C 作为基准水平。从第 12 章对虚拟变量模型的讨论中可以知道，这三种方法的平均响应是

$$\mu_A = \beta_0 + \beta_1$$
$$\mu_B = \beta_0 + \beta_2$$
$$\mu_C = \beta_0$$

回想 $\beta_1 = \mu_A - \mu_C$ 和 $\beta_2 = \mu_B - \mu_C$. 因此，为了估计处理均值之间的差异，需要估计 β_1 和 β_2.

类似地，我们可以写出图 13.3 的随机化区组设计模型如下：

$$y = \beta_0 + \underbrace{\beta_1 x_1 + \beta_2 x_2}_{\text{处理效应}} + \underbrace{\beta_3 x_3 + \beta_4 x_4 + \beta_5 x_5 + \beta_6 x_6}_{\text{区组效应}} + \varepsilon$$

其中

$$x_1 = \begin{cases} 1 & \text{如果用方法 A} \\ 0 & \text{如果不是} \end{cases} \quad x_2 = \begin{cases} 1 & \text{如果用方法 B} \\ 0 & \text{如果不是} \end{cases} \quad x_3 = \begin{cases} 1 & \text{如果是工人 1} \\ 0 & \text{如果不是} \end{cases}$$

$$x_4 = \begin{cases} 1 & \text{如果是工人 2} \\ 0 & \text{如果不是} \end{cases} \quad x_5 = \begin{cases} 1 & \text{如果是工人 3} \\ 0 & \text{如果不是} \end{cases} \quad x_6 = \begin{cases} 1 & \text{如果是工人 4} \\ 0 & \text{如果不是} \end{cases}$$

除了处理项之外，模型包含了表示 5 个区组（工人）的 4 个虚拟变量. 注意，随意地选择工人 5 作为基准水平. 利用这个模型，可以把图 13.3 试验中的每个响应 y 写成 β 的函数，如表 13.2 所示.

表 13.2 图 13.3 中给出的随机化区组设计的响应

区组（工人）	处理（方法）		
	$A(x_1=1, x_2=0)$	$B(x_1=0, x_2=1)$	$C(x_1=0, x_2=0)$
$1(x_3=1, x_4=x_5=x_6=0)$	$y_{A1} = \beta_0 + \beta_1 + \beta_3 + \varepsilon_{A1}$	$y_{B1} = \beta_0 + \beta_2 + \beta_3 + \varepsilon_{B1}$	$y_{C1} = \beta_0 + \beta_3 + \varepsilon_{C1}$
$2(x_4=1, x_3=x_5=x_6=0)$	$y_{A2} = \beta_0 + \beta_1 + \beta_4 + \varepsilon_{A2}$	$y_{B2} = \beta_0 + \beta_2 + \beta_4 + \varepsilon_{B2}$	$y_{C2} = \beta_0 + \beta_4 + \varepsilon_{C2}$
$3(x_5=1, x_3=x_4=x_6=0)$	$y_{A3} = \beta_0 + \beta_1 + \beta_5 + \varepsilon_{A3}$	$y_{B3} = \beta_0 + \beta_2 + \beta_5 + \varepsilon_{B3}$	$y_{C3} = \beta_0 + \beta_5 + \varepsilon_{C3}$
$4(x_6=1, x_3=x_4=x_5=0)$	$y_{A4} = \beta_0 + \beta_1 + \beta_6 + \varepsilon_{A4}$	$y_{B4} = \beta_0 + \beta_2 + \beta_6 + \varepsilon_{B4}$	$y_{C4} = \beta_0 + \beta_6 + \varepsilon_{C4}$
$5(x_3=x_4=x_5=x_6=0)$	$y_{A5} = \beta_0 + \beta_1 + \varepsilon_{A5}$	$y_{B5} = \beta_0 + \beta_2 + \varepsilon_{B5}$	$y_{C5} = \beta_0 + \varepsilon_{C5}$

例如，为了得到方法 A 和工人 1 的响应 y（记作 y_{A1}）的模型，我们将 $x_1=1, x_2=0, x_3=1, x_4=0, x_5=0$ 和 $x_6=0$ 代入方程，得到模型

$$y_{A1} = \beta_0 + \beta_1 + \beta_3 + \varepsilon_{A1}$$

现在利用表 13.2 说明随机化区组设计如何减少试验干扰.

因为每个处理都出现在 5 个区组中的每一个，所以每个处理有 5 个响应测量值. 对表 13.2 中给出的处理 A 的 5 个响应取平均，我们得到

$$\begin{aligned} \bar{y}_A &= \frac{y_{A1} + y_{A2} + y_{A3} + y_{A4} + y_{A5}}{5} \\ &= [(\beta_0 + \beta_1 + \beta_3 + \varepsilon_{A1}) + (\beta_0 + \beta_1 + \beta_4 + \varepsilon_{A2}) + (\beta_0 + \beta_1 + \beta_5 + \varepsilon_{A3}) \\ &\quad + (\beta_0 + \beta_1 + \beta_6 + \varepsilon_{A4}) + (\beta_0 + \beta_1 + \varepsilon_{A5})]/5 \\ &= \frac{5\beta_0 + 5\beta_1 + (\beta_3 + \beta_4 + \beta_5 + \beta_6) + (\varepsilon_{A1} + \varepsilon_{A2} + \varepsilon_{A3} + \varepsilon_{A4} + \varepsilon_{A5})}{5} \\ &= \beta_0 + \beta_1 + \frac{(\beta_3 + \beta_4 + \beta_5 + \beta_6)}{5} + \bar{\varepsilon}_A \end{aligned}$$

类似地，得到处理 B 和 C 的平均响应：

$$\bar{y}_B = \frac{y_{B1} + y_{B2} + y_{B3} + y_{B4} + y_{B5}}{5} = \beta_0 + \beta_2 + \frac{(\beta_3 + \beta_4 + \beta_5 + \beta_6)}{5} + \bar{\varepsilon}_B$$

$$\bar{y}_C = \frac{y_{C1} + y_{C2} + y_{C3} + y_{C4} + y_{C5}}{5} = \beta_0 + \frac{(\beta_3 + \beta_4 + \beta_5 + \beta_6)}{5} + \bar{\varepsilon}_C$$

因为目的是比较处理的均值，所以我们感兴趣的是差 $\bar{y}_A - \bar{y}_B$, $\bar{y}_A - \bar{y}_C$ 和 $\bar{y}_B - \bar{y}_C$. 这些差计算如下：

$\bar{y}_A - \bar{y}_B = [\beta_0 + \beta_1 + (\beta_3 + \beta_4 + \beta_5 + \beta_6)/5 + \bar{\varepsilon}_A] - [\beta_0 + \beta_2 + (\beta_3 + \beta_4 + \beta_5 + \beta_6)/5 + \bar{\varepsilon}_B]$
$= (\beta_1 - \beta_2) + (\bar{\varepsilon}_A - \bar{\varepsilon}_B)$

$\bar{y}_A - \bar{y}_C = [\beta_0 + \beta_1 + (\beta_3 + \beta_4 + \beta_5 + \beta_6)/5 + \bar{\varepsilon}_A] - [\beta_0 + (\beta_3 + \beta_4 + \beta_5 + \beta_6)/5 + \bar{\varepsilon}_C] = \beta_1 + (\bar{\varepsilon}_A - \bar{\varepsilon}_C)$

$\bar{y}_B - \bar{y}_C = [\beta_0 + \beta_2 + (\beta_3 + \beta_4 + \beta_5 + \beta_6)/5 + \bar{\varepsilon}_B] - [\beta_0 + (\beta_3 + \beta_4 + \beta_5 + \beta_6)/5 + \bar{\varepsilon}_C] = \beta_2 + (\bar{\varepsilon}_B - \bar{\varepsilon}_C)$

注意，对每个成对比较，区组 $\beta(\beta_3, \beta_4, \beta_5, \beta_6)$ 相互抵消，只剩下处理 $\beta(\beta_1, \beta_2)$. 即在比较处理均值时由区组之间差异产生的试验干扰被消去. $\bar{\varepsilon}_A - \bar{\varepsilon}_B$, $\bar{\varepsilon}_A - \bar{\varepsilon}_C$ 和 $\bar{\varepsilon}_B - \bar{\varepsilon}_C$ 是估计量的误差，表示掩盖处理均值之间真实差异的干扰.

如果用表 13.1 中的完全随机化设计而不是随机化区组设计，将会发生什么？因为每个工人只用一种方法装配手表，每个处理不能在每个区组中出现. 因此，当比较处理均值时，工人与工人之间的变异(即区组效应)将不会抵消. 例如，$\bar{y}_A$ 和 $\bar{y}_C$ 之间的差将是

$$\bar{y}_A - \bar{y}_C = \beta_1 + \underbrace{(\text{不能消去的区组} \beta) + (\bar{\varepsilon}_A - \bar{\varepsilon}_C)}_{\text{估计量的误差}}$$

因此，对于完全随机化设计，估计量的误差将增加一个没被抵消的区组效应($\beta_3, \beta_4, \beta_5$ 和 β_6)的量. 对随机化区组设计，这些增大估计量误差的效应被抵消，因此减少了试验中的干扰.

例 13.3 **随机化区组设计模型** 考虑例 13.2，用随机化区组设计来比较 4 位 DOT 工程师的平均道路建设成本的估计. 图 13.4 给出了这个设计.

    a. 写出随机化区组设计的模型.

    b. 解释 a 中模型的 β 参数.

    c. 怎样用 a 的模型来检验 4 位工程师的平均估计值之间的差异.

解   a. 试验包含了一个 4 水平的定性因子工程师，有 4 个表示处理. 试验的区组是 10 项道路建设合同. 因此，模型是

$$E(y) = \beta_0 + \underbrace{\beta_1 x_1 + \beta_2 x_2 + \beta_3 x_3}_{\text{处理(工程师)}} + \underbrace{\beta_4 x_4 + \beta_5 x_5 + \cdots + \beta_{12} x_{12}}_{\text{区组(合同)}}$$

其中，

$x_1 = \begin{cases} 1 & \text{如果是工程师 A} \\ 0 & \text{如果不是} \end{cases}$ $x_2 = \begin{cases} 1 & \text{如果是工程师 B} \\ 0 & \text{如果不是} \end{cases}$ $x_3 = \begin{cases} 1 & \text{如果是工程师 C} \\ 0 & \text{如果不是} \end{cases}$

$x_4 = \begin{cases} 1 & \text{如果是合同 1} \\ 0 & \text{如果不是} \end{cases}$ $x_5 = \begin{cases} 1 & \text{如果是合同 2} \\ 0 & \text{如果不是} \end{cases}$ $\cdots$ $x_{12} = \begin{cases} 1 & \text{如果是合同 9} \\ 0 & \text{如果不是} \end{cases}$

b. 注意随意地选择工程师 D 和合同 10 作为基准水平. β 的解释如下：

$\beta_1 = \mu_A - \mu_D$ 对于给定的合同

$\beta_2 = \mu_B - \mu_D$ 对于给定的合同

$\beta_3 = \mu_C - \mu_D$ 对于给定的合同

$\beta_4 = \mu_1 - \mu_{10}$ 对于给定的工程师

$\beta_5 = \mu_2 - \mu_{10}$ 对于给定的工程师

            ⋮

$\beta_{12} = \mu_9 - \mu_{10}$ 对于给定的工程师

c. 确定4位工程师的均值是否不同的一种方法是检验原假设
$$H_0: \mu_A = \mu_B = \mu_C = \mu_D$$
从b中对β的解释,这个假设等价于检验
$$H_0: \beta_1 = \beta_2 = \beta_3 = 0$$
为了检验这个假设,我们从完全模型中删除处理$\beta(\beta_1,\beta_2$和$\beta_3)$,并拟合简化模型
$$E(y) = \beta_0 + \beta_4 x_4 + \beta_5 x_5 + \cdots + \beta_{12} x_{12}$$
然后进行嵌套模型F检验(参看12.8节),其中
$$F = \frac{(\text{SSE}_{\text{Reduced}} - \text{SSE}_{\text{Complete}})/3}{\text{MSE}_{\text{Complete}}}$$

随机化区组设计给出了减少干扰设计的最简单类型之一,其他更复杂的设计是利用区组化原则来消去在2个或者更多方向上的趋势或者变异. 当想消除变异的两个来源(即想在两个方向上分区)时,**拉丁方设计**是有用的,**拉丁立方设计**允许我们在三个方向上分区. 当区组里包含的试验单位小于处理个数时,在分区时会出现更大的变异,恰当地指派处理给指定数量的区组,仍然可以得到不受区组效应影响的处理对之间差的估计,这些称为**不完全区组设计**. 关于如何建立更加复杂的区组设计的细节可以参考相关文献.

应用练习

13.1 设计试验. 在一个设计的试验中,
a. 影响信息量的两个因子是什么?
b. 分区怎样增加信息量?

13.2 海滩游客的健康风险. 根据佛罗里达大学的一位研究人员,海滩游客在潮湿的沙子上或水中待得越久,患肠胃炎的风险越大(*University of Florida News*,2008年1月29日). 这个结果来源于一项在佛罗里达州三个受欢迎的海滩上进行的研究. 超过1 000个成年人参与了这项研究. 他们被分为三个组:(1)近期暴露在潮湿的沙子或水中至少连续两个小时的海滩游客;(2)近期没有暴露在潮湿的沙子或水中的海滩游客;(3)近期没有去过海滩的人. 假设研究人员想比较三组中肠道细菌的平均水平. 对于这项研究,确定下列内容:
a. 试验单位.
b. 响应变量.
c. 因子.
d. 因子水平.

13.3 埋地钢结构的防腐蚀. 参考练习1.2,*Materials Performance*(2013年3月)关于比较两个地下管道钢腐蚀试验的研究. 工程师称作"即关"和"即开"的两个可能性试验被应用于土耳其一个石油化工厂的埋地管道. 回顾用"即关"和"即开"试验对19个随机选取的管道位置进行腐蚀测试. 研究人员想比较两个试验预测腐蚀的平均准确率,从而确定一个试验是否比另一个更适用于埋地钢质管道.
a. 这项研究的试验单位是什么?
b. 这项研究是哪种类型的设计? 指出设计的特征(例如处理、区组).
c. 感兴趣的因(响应)变量是什么?
d. 写出设计的模型.

13.4 视觉注意力技能测试. 参考练习1.3,*Journal of Articles in Support of the Null Hypothesis*(Vol. 6, 2009)关于确定电子游戏玩家是否比非电子游戏玩家有更出色的视觉注意力的研究. 65名男性学生样本被分为电子游戏玩家和非电子游戏玩家,随后两个组都进行了包括"视野"测试在内的一系列视觉注意力测试. 研究人员比较了两组的平均测试分数.
a. 这项研究的试验单位是什么?
b. 这项研究是哪种类型的设计? 指出设计的特征(例如处理、区组).
c. 感兴趣的因(响应)变量是什么?
d. 写出设计的模型.

13.5 鸡尾鹦鹉的味觉偏好. *Applied Animal Behaviour Science*(2000年10月)发表了一篇关于家养鸡尾鹦鹉味觉偏好的研究,将在加利福尼亚大学戴维斯喂养的鸟样本随机地分成3个试验组. 组1在笼子两边都喂瓶装纯净水;组2在笼子的一边喂水;另一边喂流体蔗糖(甜)合剂;组3在一边喂水,另一边喂一种液体氯化钠(酸)合剂. 研究者感兴趣的

变量是每只鸡尾鹦鹉的液体总消耗量.
a. 这项研究的试验单位是什么?
b. 这项研究是一个设计的试验吗? 是哪种类型的设计?
c. 研究中的因子是什么?
d. 给出每个因子的水平.
e. 研究中有多少个处理? 请具体列出.
f. 响应变量是什么?
g. 对这个设计的试验,写出回归模型.

13.6 肺癌的 CT 扫描. 南佛罗里达大学对 50 000 名吸烟者进行临床试验来比较 CT 扫描和 X 射线在发现肺癌上的有效性. (*Today's Tomorrows*, 2002 年秋.) 每个参加的吸烟者随机地指派使用 CT 扫描和 X 射线这两种方法中的一种进行试验,并确定扫描方法第一次发现肿瘤的年龄(年). 研究的目的之一是比较两种扫描方法第一次发现癌症的平均年龄.
a. 指出研究的响应变量.
b. 指出研究的试验单位.
c. 指出研究的因子.
d. 指出研究的处理.
e. 所用的设计类型是完全随机化还是随机化区组?

13.7 回旋式抽油装置. 石油工程师想比较三个州(加利福尼亚州、犹他州和阿拉斯加州)每个月运行的回旋抽油装置的平均数量. 考虑到月间的变异,在 2 年中随机选取 3 个月, 由 *World Oil* (2002 年 1 月)杂志提供的数据得到每个州每个月运行的抽油装置台数, 下表给出数据.
a. 在比较加利福尼亚、犹他和阿拉斯加州每个月运行的抽油装置平均台数时,为什么随机化区

组设计比完全随机化设计更好?
b. 指出试验的处理.
c. 指出试验的区组.

月	加利福尼亚	犹他	阿拉斯加
1	27	17	11
2	34	20	14
3	36	15	14

13.8 混凝土的性质. 参考练习 1.9, *Bulletin of Engineering Geology and the Environment* (Vol. 69, 2010)关于混凝砂土的研究. 研究人员应用三种不同的抽样方法(旋转铁心,金属管和塑料管)随机选取土壤样本,随后测量每个样本的有效应力水平(N/m²). 假设每种方法应用到 10 份土壤样本中(一共测量 30 份),考虑比较三种抽样方法的平均应力水平的分析.
a. 这项研究的试验单位是什么?
b. 这项研究是哪种类型的设计? 指出设计的特征(例如处理、区组).
c. 感兴趣的因(响应)变量是什么?
d. 写出设计的模型.

13.9 DOT 道路建设合同成本估计. 考虑例 13.2 和例 13.3 用随机化区组设计比较 4 位 DOT 工程师估计的平均成本.
a. 写出工程师 B 估计的成本 y 的每个观测模型, 对观测求和得到工程师 B 的平均值.
b. 对工程师 D 重复 a 的步骤.
c. 证明: $(\bar{y}_B - \bar{y}_D) = \beta_2 + (\bar{\varepsilon}_B - \bar{\varepsilon}_D)$. 注意在计算这个差时,区组的 β 被抵消了.

13.5 增加容量设计

这一节我们关注怎样适当地选择与 2 个或者更多因子关联的处理, 这样可以增加从试验中提取的信息"容量". 我们将要讨论的增加容量设计通常称作**析因设计**, 因为它们涉及试验中**因子水平**(即处理)组合的选择.

考虑一家公共事业公司, 该公司对它的客户在非高峰(低需求)时间段用电收取较低的费用, 公司正在对几种白天时间计价表进行试验. 公司可以控制的制定计划表的两个因子(即自变量)是价格比 x_1(用高峰与非高峰价格比来度量)和高峰时段长度 x_2(用小时度量), 假定公共事业公司想研究两水平的价格比(200% 与 400%)和高峰时段长度(6h 与 9h). 对几种不同的计价表(即 x_1 和 x_2 的组合), 公司度量客户满意度 y, 目的是比较计价表的平均满意程度. 对这个试验,公司应该怎样选择处理?

选择为试验单位(客户)指派价格比(高峰时段长度水平)的一种方法是用"每次一个"的方法,按照这种方法,一个自变量变化时,其余自变量保持不变.对试验中的每个自变量重复这个过程.这个计划看起来非常合理并且与13.4节所介绍的区组概念一致(即在相对同质的条件下进行比较),但这不是我们将要演示的情况.

用于价格比(x_1)和高峰时段长度(x_2)的"每次一个"方法如图13.5所示.当长度固定为$x_2=6$时,在价格比$x_1=200\%$和$x_1=400\%$处观测响应y,用得到的一对y值来估计因价格比(x_1)变化导致顾客满意度的平均变化.同样,当价比固定为$x_1=200\%$,观测在高峰时段长度为$x_2=9h$时的响应y.这个观测与(200%,6h)的观测一起,允许我们估计因高峰时段长度(x_2)变化引起的顾客满意度的平均变化.刚才描述的(200%,6h)、(400%,6h)和(200%,9h)三个处理表示为图13.5中的点.注意这幅图对每个处理给出两个测量值(点),为了得到感兴趣的差的标准差估计,这是必需的.

第二种选择因子水平组合的方法是先选择与"每次一个"方法相同的三个处理,然后再选择如图13.6所示在(400%,9h)的第4个处理.换句话说,我们同时改变变量x_1和x_2.

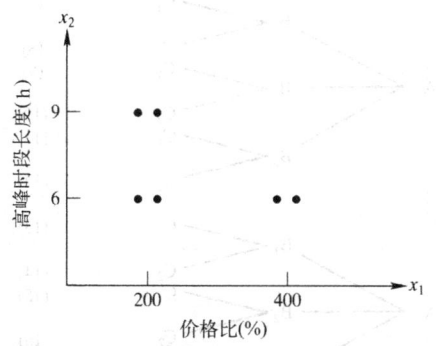

图13.5 选择处理的"每次一个"方法

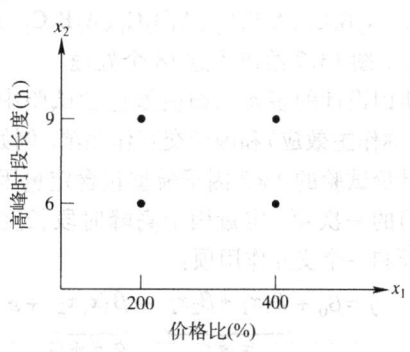

图13.6 选择所有可能的处理

这两个设计哪种能提供更多的处理差信息?出人意料的是,只有4次观测的图13.6中的设计比用了6次观测的"每次一个"方法提供了更准确的信息.首先注意到两种设计在高峰时段长度(x_2)固定时,得到在$x_1=200\%$和$x_2=400\%$处平均响应y之差的两个估计.以及当价格比(x_1)固定时,得到平均响应y在$x_2=6h$和$x_2=9h$处两个设计之差的两个估计.但是,假如在$x_1=200\%$和$x_1=400\%$时平均响应y之间的差依赖于x_2固定在哪个水平,即如果价格比(x_1)和高峰时段长度(x_2)存在交互作用时,会怎样呢?那么,我们需要估计$x_2=6$时的均值差($\mu_{200}-\mu_{400}$)和$x_2=9$时的均值差($\mu_{200}-\mu_{400}$).这两个差的估计都可以由图13.6所示的第二种设计得到.但是,因为"每次一个"方法没有估计$x_1=400\%$以及$x_2=9$时的平均响应,这种设计不能发现交互作用.

在第11章和第12章已经强调过自变量之间交互作用的重要性,如果存在交互作用,我们不能研究一个变量(或者因子)对响应y的影响,而不考虑其他变量.因此需要提供因子交互作用信息的试验设计.

能够达到这个目的的设计称作**析因试验**.一个**完全析因试验**是包括所有可能的因子水平组合作为处理的试验.对于白天时间计价试验,我们有两个价格比水平(200%和400%)、两个高峰时段长度水平(6h和9h).因此,一个完全析因试验包括(2×2)4个处理(如图13.6所示)称为2×2因子设计.

定义13.10 **析因设计**是一种选择包含在试验中的处理(即因子水平组合)的方法.完全析因试

验是由全部因子水平组合组成处理的试验.

如果再选第 3 个因子(如四水平的季节),那么一个完全析因试验将包含全部 $2 \times 2 \times 4 = 16$ 个价格比、高峰时段长度、季节水平组合,得到的数据集称作 $2 \times 2 \times 4$ 析因设计.

例 13.4 **析因设计:镍合金的强度** 假定要做试验来比较在硫酸溶液中充电的镍合金拉伸试样的抗张强度,特别要研究如下 3 个因子对平均抗张强度的影响:三水平的镍成分(A_1、A_2 和 A_3)、三水平的充电时间(B_1、B_2 和 B_3)和两水平的合金类型(C_1 和 C_2).考虑一个完全析因试验,确定对这个 $3 \times 3 \times 2$ 析因设计的处理.

解 完全析因试验包括所有可能的镍成分、充电时间、合金类型的水平组合,因此包含了下面的处理:$A_1B_1C_1$、$A_1B_1C_2$、$A_1B_2C_1$、$A_1B_2C_2$、$A_1B_3C_1$、$A_1B_3C_2$、$A_2B_1C_1$、$A_2B_1C_2$、$A_2B_2C_1$、$A_2B_2C_2$、$A_2B_3C_1$、$A_2B_3C_2$、$A_3B_1C_1$、$A_3B_1C_2$、$A_3B_2C_1$、$A_3B_2C_2$、$A_3B_3C_1$、$A_3B_3C_2$,图 13.7 给出了这 18 个处理. ∎

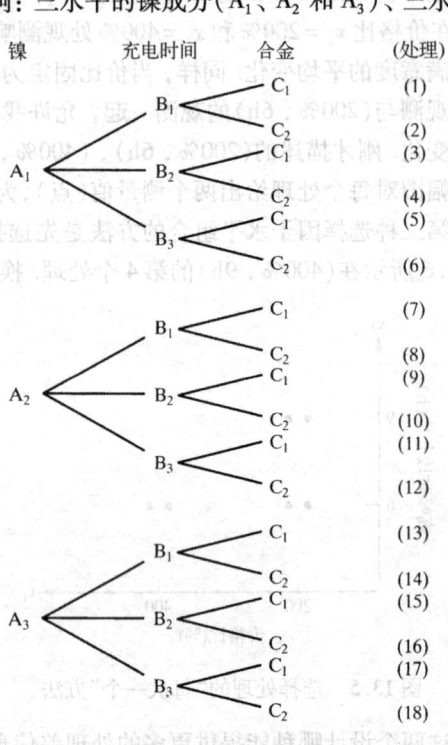

图 13.7 例 13.4 的 $3 \times 3 \times 2$ 析因设计的 18 个处理

析因设计的多元回归模型包含试验中每个因子项(称作**主效应**)和因子交互作用项. 例如,白天时间计价试验的 2×2 因子模型包含定量因子价格比(x_1)的一次项、定量因子高峰时段长度(x_2)的一次项和一个交互作用项:

$$y = \beta_0 + \underbrace{\beta_1 x_1 + \beta_2 x_2}_{\text{主效应}} + \underbrace{\beta_3 x_1 x_2}_{\text{交互作用}} + \varepsilon$$

一般地,k 个因子的完全析因设计模型包含下面的项:

  k 个因子的主效应

  所有因子对的双向交互作用项

  所有三因子组合的三向交互作用项

  ⋮

  所有 k 因子组合的 k 向交互作用项

如果因子是定性的,则按照下个例子的方法设置虚拟变量.

例 13.5 **析因设计模型** 写出例 13.4 中的 $3 \times 3 \times 2$ 析因试验模型.

解 因为因子是定性的,所以设置如下的虚拟变量:

$$x_1 = \begin{cases} 1 & \text{如果是镍 } A_1 \\ 0 & \text{如果不是} \end{cases} \quad x_2 = \begin{cases} 1 & \text{如果是镍 } A_2 \\ 0 & \text{如果不是} \end{cases} \quad x_3 = \begin{cases} 1 & \text{如果是充电时间 } B_1 \\ 0 & \text{如果不是} \end{cases}$$

$$x_4 = \begin{cases} 1 & \text{如果是充电时间 } B_2 \\ 0 & \text{如果不是} \end{cases} \quad x_5 = \begin{cases} 1 & \text{如果是合金 } C_1 \\ 0 & \text{如果是合金 } C_2 \end{cases}$$

那么合适的模型是

$$y = \beta_0 + \underbrace{\beta_1 x_1 + \beta_2 x_2}_{\text{镍主效应}} + \underbrace{\beta_3 x_3 + \beta_4 x_4}_{\text{充电主效应}} + \underbrace{\beta_5 x_5}_{\text{合金主效应}} + \underbrace{\beta_6 x_1 x_3 + \beta_7 x_1 x_4 + \beta_8 x_2 x_3 + \beta_9 x_2 x_4}_{\text{镍×充电}}$$

$$+ \underbrace{\beta_{10} x_1 x_5 + \beta_{11} x_2 x_5}_{\text{镍×合金}} + \underbrace{\beta_{12} x_3 x_5 + \beta_{13} x_4 x_5}_{\text{充电×合金}} + \underbrace{\beta_{14} x_1 x_3 x_5 + \beta_{15} x_1 x_4 x_5 + \beta_{16} x_2 x_3 x_5 + \beta_{17} x_2 x_4 x_5}_{\text{镍×充电×合金}}$$

注意,例13.5 的 $3 \times 3 \times 2$ 析因设计模型里有18个参数,它等于包含在试验中的处理个数. 对于完全析因试验,这个结论总成立. 因此,如果对析因处理的单一重复(即每个处理测量一个 y 观测值)拟合模型,将没有自由度可用于估计误差方差 σ^2. 解决这个问题的一种方法是增加样本中的额外数据点. 研究者通常用**重复**因子处理的完全集合来完成,即对于试验中的每个处理,收集2个或者更多的 y 观测值. 从而为估计 σ^2 提供足够的自由度.

完全析因试验一个潜在的缺点是它可能需要大量处理. 例如,一个包含10个两水平因子的试验,需要 $2^{10} = 1024$ 个处理! 在确定大量因子中哪些是影响响应 y 的控制性研究中,可能会出现这种情况. 有几种只要求完全析因试验所有处理中的一部分处理的增量设计,因此称它们为**部分析因试验**. 部分析因试验可以得到低阶项(如主效应和双向交互作用项) β 系数的估计;但是,某些高阶项(如三因子或者四因子交互作用项)的 β 系数将会和某些低阶项一样,混杂试验结果. 因此,需要用很多专门的技术来进行和解释部分析因试验. 关于部分析因和其他更复杂的增加容量试验的细节,请阅读相关文献.

应用练习

13.10 面包酵母和啤酒酵母. *Electronic Journal of Biotechnology*(2003年12月15日)刊登了一篇比较研究两种酵母膏(面包酵母和啤酒酵母)的文章. 啤酒酵母是啤酒厂的剩余副产品,因此比作为主产品生产的面包酵母便宜. 两种酵母膏的样本放在4种不同温度下(45℃,48℃,51℃和54℃),测量每种酵母 - 温度组合的自溶率(记录为百分比). 分析的目的是研究酵母膏和温度对平均自溶率的影响.
a. 指出试验中的因子(和因子水平).
b. 指出响应变量.
c. 试验包含了多少个处理?
d. 所用的试验设计类型是什么?

13.11 去掉水中的细菌. *Environmental Science & Engineering*(2000年9月1日)给出了一项关于用凝结微量过滤过程来去掉水中细菌的研究. 首尔国立大学的化学工程师设计了一个试验,估计凝结剂水平和酸性(pH)水平对过程过滤效率的影响. 利用六水平的凝结剂(5,10,20,50,100和200mg/L)和六水平的pH值(4.0,5.0,6.0,7.0,8.0和9.0),从韩国首尔的汉江中选取水样品放在广口瓶中,每个广口瓶随机指派给 $6 \times 6 = 36$ 种凝结剂和pH值水平组合中的一个.
a. 在这个研究中应用了哪个类型的试验设计?
b. 给出研究的因子、因子水平和处理.

13.12 背部/膝关节力量、性别和提升策略. *Human Factors*(2009年12月)调查了背部和膝关节力量是否决定了男性和女性的负荷提升策略. 32位健康成年人(16位男性16位女性)的样本参与了一系列背部和膝关节的力量测试. 根据测试,参与者被随机地分为两组,其中每组包含8位男性和8位女性. 给其中一组提供了有关他们力量测试结果的知识,另一组没有提供相关知识. 研究的最后阶段要求参与者把沉重的铸铁板从箱子里拿出来,基于提升铸铁板的不同角度,测量了每个参与者姿势的定量测量(称作姿势指数). 研究人员的目的是确定性别和力量知识(提供和没有提供)对平均姿势指数的影响. 对于这项研究,确定下列内容:
a. 试验单位.
b. 响应变量.
c. 因子.
d. 因子水平.
e. 处理.
f. 写出恰当的模型分析数据.

13.13 钢锭试验. 质量控制主管以标度0~10测量

钢锭的质量. 设计一个利用 3 种不同的温度 (1100 ~ 1200°F 范围内) 和 5 种不同的压强 (500 ~ 600lb/in² 范围内) 的试验, 每种温度 – 压强水平组合下生产 20 个钢锭. 指出下面的试验元素:

a. 响应.
b. 因子和因子类型.
c. 处理.
d. 试验单位.

13.14 析因模型.

a. 写出一个 2×3 析因试验的完全析因模型, 其中两个因子都是定性的.
b. 写出 $2 \times 3 \times 3$ 析因试验的完全析因模型, 其中两水平因子是定量的, 其他两个因子是定性的.

13.15 因子交互作用. 考虑两个因子 A 和 B, 每个因子有三水平的析因设计. 假定选择下面包含在试验中的处理 (因子水平) 组合: A_1B_1, A_2B_1, A_3B_1, A_1B_2 和 A_1B_3.

a. 这是一个完全析因试验吗? 请解释.
b. 说明为什么不能在这个试验中研究交互作用 AB.

13.16 因子设计发布. 假定我们要研究三个定性因子对响应 y 的影响.

a. 说明为什么处理的因子选择好于每次变化一个因子、固定其他两个因子.
b. 为什么随机化区组设计在使用时是一个不好的设计?

13.6 选择样本容量

第 7 章说明了在估计单个总体均值和比较两个总体均值时怎样选择样本容量, 现在来说明对设计的试验怎样解决这个问题.

正如在 13.3 节中提到的, 在与某个总体参数有关的试验中, 信息量的度量是这个参数估计量的标准误. 一个更实际的度量是参数置信区间的半宽, 当然也是一个标准误的函数. 例如, 总体均值的置信区间的半宽 (7.6 节给出) 是

$$t_{\alpha/2} s_{\bar{y}} = t_{\alpha/2} \left(\frac{s}{\sqrt{n}} \right)$$

类似地, 联系 y 和 x 的线性模型斜率 β_1 的置信区间半宽 (10.6 节给出) 是

$$(t_{\alpha/2}) s_{\hat{\beta}_1} = t_{\alpha/2} \left(\frac{s}{\sqrt{SS_{xx}}} \right) = t_{\alpha/2} \left(\sqrt{\frac{SSE}{n-2}} \right) \left(\frac{1}{\sqrt{SS_{xx}}} \right)$$

在这两种情形下, 半宽是试验中数据点总数的函数. 当数据点总数 n 增加时, 每个区间半宽减小. 对于一般线性模型的参数 β_i 的置信区间、$E(y)$ 的置信区间和 y 的预测区间, 上述结论同样成立. 因为每个设计的试验可以用线性模型表示, 这个结果可以用来近似地选择试验的重复次数 r (即度量每个处理的观测值个数).

我们将通过下面的例子来论述这个过程.

例 13.6 确定样本容量: 完全随机化设计 参考例 13.1, 考虑一项更简单的试验: 研究人员想确定温度对于塑料硬度 (标度 1 到 10) 的影响. 选择三种温度 (200°, 250° 和 300°) 进行研究. 采用完全随机化设计, 在 3 种温度水平下形成 r 个塑料铸型. 为了估计任意两个温度水平的平均硬度之差在 0.5 以内, 每种温度水平需要重复制作多少个塑料铸型? 利用 95% 置信区间估计差值.

解 对于这个试验, 单因子 (温度) 有三个水平 (200°, 250° 和 300°). 在这个完全随机化设计中, r 个塑料铸型被随机分配到每种温度下. 设计的模型如下:

$$E(y) = \beta_0 + \beta_1 x_1 + \beta_2 x_2$$

其中 $y =$ 硬度水平, $x_1 = \{1$, 如果 200°; 0, 如果不是$\}$, $x_2 = \{1$, 如果 250°; 0, 如果不是$\}$. [注: 300° 是基础温度水平.]

回忆虚拟变量模型 $\beta_1 = \mu_{200} - \mu_{300}$，即200度和300度下平均硬度之差. 类似地，$\beta_2 = \mu_{250} - \mu_{300}$. 因此，其中一个 β 的置信区间将会产生两种不同温度下平均硬度差值的置信区间.

考虑 $\beta_1 = \mu_{200} - \mu_{300}$. 我们知道（第7章）两个总体均值差的估计也是样本均值的差，即 $\hat{\beta}_1 = \bar{y}_{200} - \bar{y}_{300}$. 由于 r 是与每个均值有关的样本容量，因此

$$V(\hat{\beta}_1) = V(\bar{y}_{200}) - V(\bar{y}_{300}) = V(y)/r + V(y)/r = 2V(y)/r.$$

硬度的方差 $V(y)$ 等于完全随机化设计中的合并方差 σ^2. 假设 $V(y) = \sigma^2 = 1$，则 $\hat{\beta}_1$ 估计的方差为 $(s_{\beta_1})^2 = 2(1)/r = 2/r$.

现在，由公式得出 β_1 的置信区间为 $\hat{\beta}_1 \pm t_{\alpha/2}(s_{\beta_1})$. 因此，估计值误差的界限为 $B = t_{\alpha/2}(s_{\beta_1})$；而且由于在这个完全随机化设计中，$(s_{\beta_1})^2 = 2/r$，因此

$$B = t_{\alpha/2}\sqrt{(2/r)},$$

或

$$r = (t_{\alpha/2})^2(2)/B^2.$$

	温度		
	200°	250°	300°
重复 1	___	___	___
2	___	___	___
3	___	___	___
⋮			
32	___	___	___

例13.6 完全随机化设计的布局

在这里，我们想要估计均值之差在0.5以内，因此估计误差的界限为 $B = 0.5$. 对于95%置信区间，$\alpha = 0.05$，$\alpha/2 = 0.025$，且 $t_{0.025} \approx 2$. 把 $t_{0.025} \approx 2$ 和 $B = 0.5$ 代入方程，得

$$r = (2)^2(2)/0.5^2 = 32$$

因此，我们的完全随机化设计需要在每个温度水平下重复制作 $r = 32$ 个塑料铸型. 图13.8 显示了设计的布局. ■

例13.7 确定样本容量：析因设计 考虑一个 2×2 析因设计，研究两个因子对于照相机闪光灯的光输出 y 的影响（百分比）. 这两个因子（和它们的水平）是：$x_1 =$ 灯管中箔含量（100mg 和 200mg），$x_2 =$ 封接机的速度（1.2r/min 和 1.3r/min）. 2×2 析因设计的完全模型是

$$E(y) = \beta_0 + \beta_1 x_1 + \beta_2 x_2 + \beta_3 x_1 x_2$$

其中 $x_1 = \{1$，如果 100mg；0，如果 200mg$\}$，$x_2 = \{1$，如果 1.2r/min；0，如果 1.3r/min$\}$. [注：200 是基础箔含量，1.3 是基础速度.]

利用95%置信区间，使交互作用 β 的估计在其真值的2.2%之内，需要重复多少次 $2 \times 2 = 4$ 的闪光灯？假定光输出 y 的标准差的估计为1%.

解 对于这个试验设计，令 μ_{ij} 代表箔含量为 i、速度为 j 时的平均光输出 $E(y)$，那么 $2 \times 2 = 4$ 种处理的均值可以表示为：

$$\mu_{200, 1.3} = \beta_0 \qquad (x_1 = x_2 = 0)$$
$$\mu_{200, 1.2} = \beta_0 + \beta_2 \qquad (x_1 = 0, x_2 = 1)$$
$$\mu_{300, 1.3} = \beta_0 + \beta_1 \qquad (x_1 = 1, x_2 = 0)$$
$$\mu_{300, 1.2} = \beta_0 + \beta_1 + \beta_2 + \beta_3 \qquad (x_1 = x_2 = 1)$$

通过一些代数运算,可以证明

$$\beta_3 = (\mu_{300,1.2} - \mu_{300,1.3}) - (\mu_{200,1.2} - \mu_{200,1.3})$$

即交互作用是四种处理均值的线性组合. 则

$$V(\hat{\beta}_3) = V(\bar{y}_{300,1.2}) + V(\bar{y}_{300,1.3}) + V(\bar{y}_{200,1.2}) + V(\bar{y}_{200,1.3}) = 4V(y)/r$$

其中 r 是与均值有关的样本容量,$V(y)$ 是因变量光输出的方差. 由于 y 的标准差给定为 1%,故 $V(y) \approx (1)^2 = 1$. 因此

$$V(\hat{\beta}_3) = 4/r$$

和前面的例子类似,由公式得出 β_3 的置信区间为 $\hat{\beta}_3 \pm t_{\alpha/2}(s_{\beta_3})$,估计值误差的界限为 $B = t_{\alpha/2}(s_{\beta_3})$,其中对于这个析因设计,$(s_{\beta_3})^2 = V(\hat{\beta}_3) = 4/r$,因此

$$B = t_{\alpha/2}\sqrt{(4/r)},$$

或

$$r = (t_{\alpha/2})^2(4)/B^2$$

在这里,我们想要估计误差界限在 2.2% 内,因此 $B = 2.2$. 对于 95% 置信区间,$\alpha = 0.05$,$\alpha/2 = 0.025$,且 $t_{0.025} \approx 2$. 将 $t_{0.025} \approx 2$ 和 $B = 2.2$ 带入方程,得

$$r = (2)^2(4)/2.2^2 = 3.31$$

因为重复 3 或 4 次(但不是 3.31),所以应该选择 4 次重复以较好地保证估计交互作用参数 β_3 在其真值的 2.2% 之内. 重复次数为 4 的 2×2 析因试验如表 13.3 所示.

表 13.3 重复 4 次的 2×2 析因试验

		箔含量 x_1	
		100	200
机器速度 x_2	1.2	关于 y 的 4 次观测	关于 y 的 4 次观测
	1.3	关于 y 的 4 次观测	关于 y 的 4 次观测

确定重复次数 r

完全随机化设计

以 $(1-\alpha)100\%$ 置信,估计两种处理均值之差在 B 个单位之内:

$$r = 2(t_{\alpha/2})^2(s)/B^2$$

其中 s 为响应变量 y 的估计的标准差.

析因设计

以 $(1-\alpha)100\%$ 置信,估计交互作用效应在 B 个单位内:

$$r = 4(t_{\alpha/2})^2(s)/B^2$$

其中 s 为响应变量 y 的估计的标准差.

应用练习

13.17 重复. 为什么重复在完全析因试验中很重要?

13.18 确定重复的次数. 考虑一个 2×2 析因设计. 用 95% 置信区间估计交互作用项系数 β 在两个单位内,需要重复多少次?假定响应变量 y 的标准差近似为 3.

13.19 确定区组数. 对于有 b 个区组的随机化区组设计,任何两个处理均值间的差估计的标准误估计是 $\sqrt{2/b}$. 由这个公式利用 95% 置信区间确定使估计两个处理均值的差 $(\mu_A - \mu_B)$ 在 10 个单位内所要求的区组数,假定 $s \approx 15$.

13.7 随机化的重要性

本章给出的所有基本设计都涉及某种随机化.在完全随机化设计和基本析因试验中,处理随机地指派给试验单位;在随机化区组设计中,随机地选择区组,且每个区组中的处理按照随机的顺序指派.为什么随机化?答案和我们对线性模型中随机误差 ε 的假定有关.回想(11.2节)假定对于自变量的固定设置(即每个处理),ε 服从均值为 0、方差 σ^2 为常数的正态分布,进一步假定与重复观测相关联的随机误差在概率意义上是相互独立的.

试验者很少知道过程中所有重要的变量,也不知道模型的真实函数形式.因此,选择用来拟合真实关系的函数形式只是一个近似,并且试验中包含的变量只是全部变量的一个子集,随机误差 ε 是由于没有包含所有重要因子所导致的误差及对函数近似产生的误差的综合误差.

在进行设计的试验时,尽管许多未测量的且对响应 y 是重要的自变量不以完全随机的方式变化,但仍希望它们的累计效应以随机方式变化,且满足所基于的推断方法的假定.一个设计试验的随机化具有把这些误差影响随机指派给处理的效果,并且有助于满足 ε 的假定.

活动中的统计学回顾:加锌环氧涂层的防腐行为

现在我们回到"活动中的统计学"关于含有锌色素配方的不同环氧涂层钢铁的抗腐蚀性的研究.回顾研究中从钢板上切割下来的矩形平板为试验单位,每块平板涂上四种不同的涂层系统(S1,S2,S3 和 S4)之一,这四种系统代表试验中的处理,目标是比较并对四种涂层系统的平均腐蚀率排名.

再回顾为每种涂层系统准备 3 块平板,一块平板暴露在水中 24 小时,一块暴露在水中 60 天,一块暴露在水中 120 天,这种设计是为了消除由于暴露时间带来的外部变异来源.因此,研究人员使用随机化区组设计,三种暴露时间代表区组.

暴露以后,确定每块平板的腐蚀率(nA/cm^2).(腐蚀率越低,涂层系统的抗腐蚀性就越好.)此随机化区组设计的数据如表 SIA13.2 所示.

EPOXY

表 SIA13.2 环氧涂层试验的腐蚀率

暴露时间	系统 S1	系统 S2	系统 S3	系统 S4
24 h	6.7	7.5	8.2	6.1
60 天	8.7	9.1	10.5	8.3
120 天	11.8	12.6	14.5	11.8

资料来源:Kouloumbi, N., et al. "Anticorrosion performance of epoxy coatings on steel surface exposed to de-ionized water." *Pigment & Resin Technology*, Vol. 32, No. 2, 2003(表 2.)

分析这些数据的恰当的多重回归模型如下:

$$E(y) = \beta_0 + \underbrace{\beta_1 x_1 + \beta_2 x_2 + \beta_3 x_3}_{\text{环氧系统项(处理)}} + \underbrace{\beta_4 x_4 + \beta_5 x_5}_{\text{暴露时间项(区组)}}$$

其中:

$$x_1 = \begin{cases} 1 & \text{如果是系统 } S_1 \\ 0 & \text{如果不是} \end{cases} \quad x_2 = \begin{cases} 1 & \text{如果是系统 } S_2 \\ 0 & \text{如果不是} \end{cases} \quad x_3 = \begin{cases} 1 & \text{如果是系统 } S_3 \\ 0 & \text{如果不是} \end{cases}$$

$$x_4 = \begin{cases} 1 & \text{如果暴露时间是 24 小时} \\ 0 & \text{如果不是} \end{cases} \quad x_5 = \begin{cases} 1 & \text{如果暴露时间是 60 天} \\ 0 & \text{如果不是} \end{cases}$$

如果令 $\mu_{S1}, \mu_{S2}, \mu_{S3}, \mu_{S4}$ 分别表示环氧系统 S1, S2, S3, S4 处理(总体)的平均腐蚀率,则与处理(环氧涂层系统)关联的参数 β 解释如下:

$$\beta_1 = (\mu_{S1} - \mu_{S4}), \quad \beta_2 = (\mu_{S2} - \mu_{S4}), \quad \beta_3 = (\mu_{S3} - \mu_{S4})$$

现在,如果四个处理的均值之间没有差异,那么 $\beta_1 = \beta_2 = \beta_3 = 0$. 因此,为了确定处理之间是否存在差异,检验 $H_0: \beta_1 = \beta_2 = \beta_3 = 0$ 是适合的,可以用第12章的嵌套模型 F 来检验这个假设. 比较上述完全模型和简化模型:

$$E(y) = \beta_0 + \underbrace{\beta_4 x_4 + \beta_5 x_5}_{\text{暴露时间项(区组)}}$$

图 SIA13.2 给出了分析的 SAS 输出. 在输出中着重显示的检验 p 值为 0.000 4. 在 $\alpha = 0.05$, 有充分的证据拒绝 H_0, 因此环氧处理均值之间存在差异. 需要进一步分析确定哪种环氧涂层系统的腐蚀率最低, 在第 14 章我们给出处理均值的评定方法.

```
                    Dependent Variable: CORRATE
              Number of Observations Read        12
              Number of Observations Used        12

                          Analysis of Variance
                              Sum of         Mean
     Source            DF    Squares        Square     F Value    Pr > F
     Model              5    72.68833      14.53767    155.30     <.0001
     Error              6     0.56167       0.09361
     Corrected Total   11    73.25000

              Root MSE            0.30596    R-Square    0.9923
              Dependent Mean      9.65000    Adj R-Sq    0.9859
              Coeff Var           3.17056

                           Parameter Estimates
                          Parameter      Standard
     Variable     DF      Estimate        Error      t Value   Pr > |t|
     Intercept     1      11.75833       0.21635      54.35     <.0001
     S1            1       0.33333       0.24981       1.33      0.2305
     S2            1       1.00000       0.24981       4.00      0.0071
     S3            1       2.33333       0.24981       9.34     <.0001
     T1            1      -5.55000       0.21635     -25.65     <.0001
     T2            1      -3.52500       0.21635     -16.29     <.0001

           Test TRTMNTS Results for Dependent Variable CORRATE
                              Mean
     Source            DF    Square       F Value    Pr > F
     Numerator          3    3.19444       34.12     0.0004
     Denominator        6    0.09361
```

图 SIA13.2 随机化区组设计模型的 SAS 输出

(注:下面说明利用合适的试验设计和回归模型的重要性. 假定从模型中删除了区组(暴露时间)项,则图 SIA13.3 给出了只有处理(环氧系统项)的模型 $E(y) = \beta_0 + \beta_1 x_1 + \beta_2 x_2 + \beta_3 x_3$ 的 SAS 输出. 注意, 检验 $H_0: \beta_1 = \beta_2 = \beta_3 = 0$ 的 p 值(即整体 F 检验的 p 值)是 0.756 0. 因此, 如果用这个不恰当的模型进行检验, 将得出错误的结论, 即处理均值之间不存在差异.)

```
                    Dependent Variable: CORRATE
            Number of Observations Read      12
            Number of Observations Used      12
                      Analysis of Variance

                              Sum of         Mean
Source                DF     Squares       Square    F Value    Pr > F
Model                  3     9.58333      3.19444       0.40    0.7560
Error                  8    63.66667      7.95833
Corrected Total       11    73.25000

              Root MSE            2.82105    R-Square     0.1308
              Dependent Mean      9.65000    Adj R-Sq    -0.1951
              Coeff Var          29.23370

                      Parameter Estimates

                        Parameter    Standard
Variable         DF      Estimate       Error    t Value    Pr > |t|
Intercept         1       8.73333     1.62874       5.36      0.0007
S1                1       0.33333     2.30338       0.14      0.8885
S2                1       1.00000     2.30338       0.43      0.6757
S3                1       2.33333     2.30338       1.01      0.3407
```

图 SIA13.3　只有处理效应的模型的 SAS 输出

快速回顾

重要公式

$E(y) = \beta_0 + \beta_1 x_1 + \beta_2 x_2 + \cdots + \beta_{p-1} x_{p-1}$ 其中 $x_i = 1$,如果是第 i 个水平;0,如果不是	p 水平的单因子完全随机化设计模型
$E(y) = \beta_0 + \underbrace{\beta_1 x_1 + \beta_2 x_2 + \cdots + \beta_{p-1} x_{p-1}}_{\text{处理虚拟变量}}$ $+ \underbrace{\beta_p x_p + \beta_{p+1} x_{p+1} + \cdots + \beta_{p+b-2} x_{p+b-2}}_{\text{区组虚拟变量}}$ 其中 $x_i = 1$,如果处理/区组为 i;0,如果不是	p 个处理、b 个区组的随机化区组设计模型
$E(y) = \beta_0 + \underbrace{\beta_1 x_1 + \beta_2 x_2 + \cdots + \beta_{a-1} x_{a-1}}_{\text{因子 } A \text{ 主效应}}$ $+ \underbrace{\beta_a x_a + \beta_{a+1} x_{a+1} + \cdots + \beta_{a+b-2} x_{a+b-2}}_{\text{因子 } B \text{ 主效应}}$ $+ \underbrace{\beta_{a+b-1} x_1 x_a + \beta_{a+b} x_2 x_a + \cdots + \beta_{ab-1} x_{a-1} x_{a+b-2}}_{A \times B \text{ 交互作用项}}$	a 水平的因子 A 和 b 水平的因子 B 的析因设计模型
$r = \dfrac{2(t_{\alpha/2})^2 (s)^2}{B^2}$	以 $(1-\alpha) \times 100\%$ 置信估计完全随机化设计中两种处理均值间的差异在 B 个单位内所要求的重复次数
$r = \dfrac{4(t_{\alpha/2})^2 (s)^2}{B^2}$	以 $(1-\alpha) \times 100\%$ 置信估计析因设计中交互作用效应在 B 个单位所要求的重复次数

符号汇集

符号	说明
p	处理个数
b	区组个数
$a \times b$	一个 a 水平的因子与另一个 b 水平的因子的两因子析因设计
$a \times b \times c$	第一个因子为 a 水平, 第二个因子为 b 水平, 第三个因子为 c 水平的三因子析因设计
r	重复数

本章总结提示

- 一个试验中的自变量(**因子**)可以用**观测方法**(在自然设定下观测到的值)或者**试验方法**(由试验者控制的值)测量.
- **处理**是因子水平的组合.
- **试验设计**是一个收集试验数据的计划(策略), 包括 4 个步骤; (1) 选择因子; (2) 选择处理; (3) 决定每个处理的样本容量; (4) 把处理指派给试验单位.
- **增加容量设计**通过仔细地挑选因子. 处理和样本容量来提取最多的信息.
- **减少干扰设计**通过仔细地将处理指派给试验单位消去试验中外部信息源(干扰).
- 三个基本试验设计: 完全随机化设计、随机化区组设计和析因设计.
- **完全随机化设计**包含将处理随机指派给试验单位的单个因子.
- **随机化区组设计**是一个包含处理因子和区组因子的减小干扰设计, 把处理随机地指派给每个区组中的试验单位.
- **析因设计**是一个包含多个因子的增加容量设计, 选择所有可能的处理(因子水平组合), 并随机地指派给试验单位.
- 分析来自设计的试验数据方法称为**方差分析**.

❓ 补充应用练习

13.20 试验中的信息. 怎样度量有关某个总体参数的样本中的信息量?

13.21 增加容量. 试验设计的哪一步影响有关某个总体参数的信号量?

13.22 减少噪声. 试验设计的哪一步可能减少由外部和不受控的变量引起的变异?

13.23 选择设计. 说明完全随机化设计和随机化区组设计之间的差异在什么时候随机化区组设计更有利?

13.24 析因试验. 考虑两因子析因试验, 其中一个因子有两个水平, 另一个因子有 4 个水平. 这个试验包含多少个处理? 列出它们.

13.25 完全析因模型. 写出 $2 \times 2 \times 4$ 析因试验的完全因子模型, 这里两个 2 水平因子都是定量的, 第三个因子是 4 水平的定性因子. 如果试验的重复次数为 1, 有几个自由度可用于估计 σ^2?

13.26 无因子交互作用. 考虑练习 13.25, 写出 y 的模型, 假定模型仅包括因子的主效应, 但不包括因子交互作用项, 有多少个自由度可用于估计 σ^2?

13.27 弹性工作时间表. 研究者近来做了一个试验, 比较如下三种类型工作时间表的工人平均工作满意度 $E(y)$: 弹性时间(允许工人自己设定工作时间表)、错开起始时间和固定时间.

a. 指出这个试验的处理.

b. 假定由 60 个工人参与研究, 说明对这个试验怎样用完全随机化设计.

c. 写出完全随机化设计的模型.

13.28 建筑物的偏移率. 估计受到横向负荷建筑物可靠性的常用指标是偏移率. 已经开发了如 STA-AD-III 高级计算机程序基于梁的刚性、柱的刚性、层高度和惯性矩等变量来估计偏移率. 纽约州立大学布法罗分校和佛罗里达中央大学的土木工程师进行了一项试验比较用 STAAD-III 和一种新的称为 DRIFT 更简单的微型计算机程序产生的偏移率估计. (*Micro-computers in Civil Engineering*, 1993). 一个 21 层建筑物的数据作为程序的输入. 用 STAAD-III 运行两次: 第一次考虑建筑物圆柱的轴变形, 第二次忽略这个信息. 分析的目的是比较由这三次计算机运行估计的平均偏移率(这里偏移作为横向位移度量).

a. 指出试验的处理.

b. 因为横向位移在建筑物的不同水平(层)有很大不同, 用一个随机化区组设计来减小偏移在层与层之间的变异. 如果研究包括所有的 21 层, 用图形解释设计的步骤.

c. 写出随机化区组设计的线性模型.

13.29 工人生产率研究. 假定计划研究小时工资率和工作日长度对工人生产率的某种度量 y 的影响, 小时工资率和工作日长度都设置为三个水平, 在这些因子的所有水平组合下观测 y.

a. 这个试验的类型是什么?

b. 指出因子, 并说明它们是定量的还是定性的.

c. 指出用于试验的处理.

13.30 内燃机市场份额. 进行一项研究, 比较用两种不同审核方法估计的内燃机品牌的市场份额.

a. 指出试验中的处理.

b. 因为在估计市场份额时品牌之间的变异性, 使用随机区组化设计. 如果研究包括 10 种内燃机品牌, 说明怎样将处理指派给试验单位.

c. 写出这个随机化区组设计的线性模型.

13.31 灭火任务. 研究者调查了性别(男性或者女性)和体重(轻或者重)对消防员完成某次灭火任务所需要的时间长度的影响(*Human Factors*, 1982). 在 4 个性别–体重组合的水平下, 选择 8 名消防员, 要求他们执行某项任务, 记录每个人完成任务所需的时间(min).

a. 列出试验中包含的因子.

b. 对每个因子, 说明它是定量的还是定性的.

c. 试验中包含了多少种处理? 列出它们.

第 14 章 试验设计的方差分析

目标 为了比较两个或多个总体均值，本章将介绍一种分析从经设计的试验中收集到的数据的方法；确定方差分析与回归分析的关系，并给出它们共有的特征。

活动中的统计学：房地产开发中的污染物——一个小样本情况下处理不当的案例

根据环境保护署（EPA），"多环芳烃（PAH）是在汽油、瓦斯、煤炭、垃圾或其他有机物质（如烟草或烧烤肉类）和汽车尾气的不完全燃烧过程中形成的超过 100 种不同化学物质的集合。"（www.epa.gov.）EPA 认为 PAH 是潜在的危险污染物，因此，会定期监测工业中产生的 PAH.

在本章的"活动中的统计学"中，我们考虑一个法律案件，涉及一位开发商购买了佛罗里达州的一大片土地，他计划将其开发成一个住宅区。不幸的是，这块土地含有大量 PAH，环境监管机构要求开发商在开发之前要先清理掉 PAH. 最后清理全部完成，但是房地产泡沫破裂，开发商破产. 开发商将他计划的失败归咎于污染物的发现. 他对距离现场 25 英里内的两个工厂提起诉讼，这两个工厂都在其工业生产过程中产生一些 PAH 废物. 开发商不仅想让两个工厂赔偿清理的费用，而且还声称如果开发按照计划进行，他会获得超过 1 亿美元的利润，他想要这笔利润的赔偿.

两个工厂都否认有责任，而且都聘请专家调查其工业场地污染物与开发现场污染物的相似程度. 不幸的是，在开发现场发现污染物的相近时间内，仅收集到了有限的 PAH 数据. 而且，一名生物化学专家进行了一项统计分析，比较了三个地方两种不同类型的 PAH 测量值. 生物化学专家总结说，数据表明工厂 B 比他的客户工厂 A 更应该为开发现场的污染物负责. 随后，由工厂 B 聘请的统计学家分析了相同的数据，并证明"数据和统计测试基本上没有发现任何事情".

鉴于两个专家互相矛盾的看法，审判法官该如何进行判断？为了回答这个问题，我们将用本章介绍的方法分析数据（保存在 PAH 文件中），并在本章末的"活动中的统计学回顾"中给出结果. 特别地，我们想比较不同地点的平均 PAH 测量值，并且如果均值不同，确定哪个产业更应该为房地产开发地的污染物负责任.

14.1 引言

一旦收集到经设计的试验数据，就用这些样本信息对与各种处理相联系的总体均值进行推断. 用于比较处理均值的方法传统上叫作**方差分析**或者 ANOVA. 方差分析过程提供了一系列公式，用来计算进行这些推断所需要的检验统计量及置信区间.

这些对每个试验设计的一套公式于 20 世纪初在计算机发明之前就已提出，尽管这些公式计算相当单调乏味，但便于应用. 回忆第 13 章与每个试验设计相联系的线性模型，利用回归分析和计算机对模型进行恰当分析所得到的推断与用 ANOVA 计算公式得到的推断是相同的.

在本章中，主要焦点是用回归方法分析来自设计的试验数据. 分析几种常见的试验设计（其中一些已经在第 13 章中给出）. 此外，还介绍每种设计的 ANOVA 计算公式，并给出它们与回归分析的关系. 在 14.2 节首先介绍支持方差分析和这些公式的逻辑.

14.2 方差分析中的逻辑

我们用下面简单的例子来解释支持方差分析的概念.

考虑一个两水平(即两种处理)的单因子试验. 假定我们想根据两个独立随机样本的均值来决定两种处理的均值是否不同, 其中每个样本包含 $n_1 = n_2 = 5$ 个观测值, y 值在图 14.1 中给出. 注意左边的 5 个圈是由样本 1 的 y 值画出的, 右边的 5 个实心点是由样本 2 的 y 值画出的. 再观察通过两个样本均值 $\bar{y}_1$ 和 $\bar{y}_2$ 的水平线, 你认为图中给出了足够的证据表明对应的总体均值间存在差异吗?

如果对图 14.1 中的数据不能确定总体均值是否不同, 则检查图 14.2a 中两个不同的样本. 我们认为对这些数据将赞成总体均值是不同的. 检查图 14.2b 给出的第三种情况, 对这些数据, 总体均值之间似乎只有一点或没有不同.

直观地利用了图 14.1 和图 14.2 的什么元素来确定数据是否表明总体均值间存在不同? 这个问题的答案是从视觉上比较样本均值之间的距离(变异)与两个样本中的每一个样本 y 值内的变异. 因为图 14.2a 中样本均值的差异相对于样本内的变异是大的, 所以我们推断总体均值是不同的. 相反, 在图 14.2b 中, 样本均值间的变异相对于样本内的变异较小, 因此表示均值显著不同的证据很少.

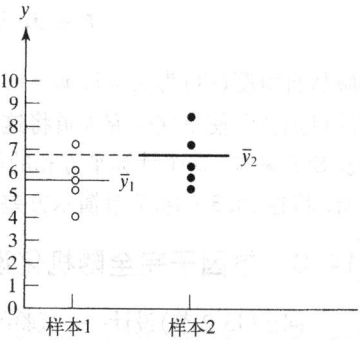

图 14.1　两样本的数据图

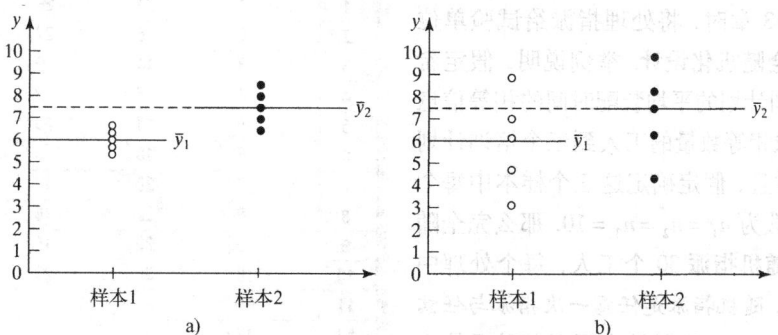

图 14.2　两种情况的数据图

对 9.7 节独立随机样本 T 检验, 由计算合并的 s^2 来度量样本内的变异, 即

$$\text{样本内变异}: s^2 = \frac{\sum_{i=1}^{n_1}(y_{i1} - \bar{y}_1)^2 + \sum_{i=1}^{n_2}(y_{i2} - \bar{y}_2)^2}{n_1 + n_2 - 2} = \frac{\text{SSE}}{n_1 + n_2 - 2}$$

其中 y_{i1} 是样本 1 的第 i 个观测值, y_{i2} 是样本 2 的第 i 个观测值. s^2 的分子常记为 SSE, 即**误差平方和**. 正如利用回归分析, SSE 度量的是未被解释的变异性, 但是在这种情况, 它度量的是不能用样本均值间的差异来解释的变异性.

样本间变异的度量由单个样本均值关于所有 10 个观测值的均值 $\bar{y}$ 的加权离差平方和除以样本数减 1 给出, 即

$$\text{样本间变异}: \frac{n_1(\bar{y}_1 - \bar{y})^2 + n_2(\bar{y}_2 - \bar{y})^2}{2 - 1} = \frac{\text{SST}}{1}$$

分子中的量记为 SST, 即**处理平方和**, 由于它度量的是由两个处理样本均值之间的差异解释的变异性.

对这个试验设计, SSE 和 SST 合计为已知的总和, 即

$$\text{SS}(\text{总}) = \sum(y_i - \bar{y})^2$$

(注：SS(总)等价于回归中的 SS_{yy}). 另外，比

$$F = 样本间变异/样本内变异 = \frac{SST/1}{SSE/(n_1 + n_2 - 2)}$$

服从自由度(df)为 $v_1 = 1, v_2 = n_1 + n_2 - 2$ 的 F 分布，因此可用于检验处理间无差异的原假设. 平方和的可加性致使早期研究人员将这个分析看作 SS(总) = $\sum(y_i - \bar{y})^2$ **分解**为相应于包含在试验中因子及 SSE 来源. 这个计算平方和的简单公式，可加性及检验统计量的形式自然地称这个程序为**方差分析**. 将在 14.3~14.7 节演示方差分析过程以及它与几种常见试验设计的回归关系.

14.3 单因子完全随机化设计

回忆(13.2 节)设计一个试验的前两步：(1)确定调查的因子；(2)选择包含试验的因子水平组合(处理). 例如，假定希望得到在某加工操作中完成三个培训计划 A、B 和 C 之一的工人装配一种设备所需的时间长度，那么这个试验包括单个因子培训计划，有三个水平 A、B 和 C. 因为培训是唯一的因子，所以这些水平(A、B 和 C)表示处理. 现在必须决定每个处理的样本大小(第 3 步)，并解决如何将处理指派到各试验单位，即指定的工人(第 4 步).

在学习第 13 章时，将处理指派给试验单位最常用的是**完全随机化设计**. 举例说明，假定希望得到三种培训计划的平均装配时间的相等信息量，即决定指派相等数量的工人到三个培训计划中的每一个，并且，假定确定这三个样本中每个样本的工人人数为 $n_1 = n_2 = n_3 = 10$. 那么完全随机化设计就是**随机指派** 30 个工人，每个处理中指派 10 名工人. 随机指派是任意一次指派与任意其他指派是等可能的. 这就消去了以某种系统方法指派工人时可能发生的偏见. 例如，系统指派可能偶然地将大多数熟练灵巧的工人指派到计划 A，因此低估了相应于 A 的真实平均装配时间.

例 14.1 阐述了如何用**随机数发生器**将 30 名工人指派到三个处理中.

例 14.1 完全随机化设计中的指派处理 用随机数发生器指派 $n = 30$ 个试验单位(工人)到三个处理组(训练计划)中.

解 第一步是将 30 名工人从 1~30 编号. 用 MINITAB 的"随机数"函数把 30 名工人重新排序，也就是 1~30 之间的整数依随机次序排列. 被指派为序列中前 10 个数字的工人指派到训练计划 A，第二组的 10 名工人指派到训练计划 B 中，其余的工人指派到训练计划 C 中.

↓	C1 Worker	C2 ProgramA	C3 ProgramB	C4 ProgramC	C5
1	1	21	25	6	
2	2	5	27	24	
3	3	14	9	1	
4	4	7	2	12	
5	5	13	28	10	
6	6	18	3	8	
7	7	20	17	11	
8	8	22	16	4	
9	9	29	15	30	
10	10	26	23	19	
11	11				
12	12				
13	13				
14	14				
15	15				
16	16				
17	17				
18	18				
19	19				
20	20				
21	21				
22	22				
23	23				
24	24				
25	25				
26	26				
27	27				
28	28				
29	29				
30	30				

图 14.3 MINITAB 随机指派工人到训练计划

图 14.3 的 MINITAB 表格给出了随机指派. 工人编号为 21, 5, 14, 7, 13, 18, 20, 22, 29 和 26 的被指派到计划 A; 工人编号为 25, 27, 9, 2, 28, 3, 17, 16, 15 和 23 的被指派到计划 B, 剩下的被指派到计划 C.

在某些试验情况下, 由于试验单位本身的性质, 因此我们不能将处理随机地指派给试验单位. 例如, *Journal of Testing and Evaluation*(1992 年 7 月)记述了一个比较 5 种不同大小的瓦楞纸装运箱平均抗压强度(lb)的研究, 箱子的大小(标记为 A、B、C、D 和 E)是试验的处理. 然而, 这些处理不能"指派"给瓦楞纸装运箱(试验单位). 一个纸装运箱的大小为 A 或 B 等; 换言之, 一个装运箱已经有一个大小, 不能随机指派给一个处理了. 相反, 我们将这些处理(箱子的大小)看作从中选择试验单位(装运箱)的独立随机样本的总体.

一个完全随机化设计包含 p 个处理的均值比较, 基于分别取自与处理 $1, 2, \cdots, p$ 关联的总体的 $n_1, n_2, \cdots, n_p$ 个观测值的独立随机样本. 用这个修正重新给出完全随机化设计的定义(已在 13.4 节给出), 完全随机化设计的一般安排在图 14.4 中给出.

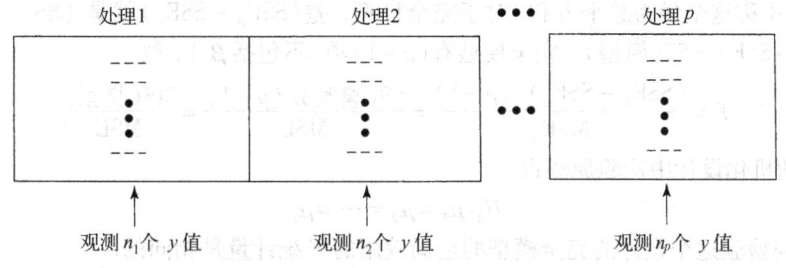

图 14.4 完全随机化设计的安排

定义 14.1 比较 p 个处理均值的**完全随机化设计**是将处理随机指派给试验单位, 或从 p 个总体中的每一个抽取的独立随机样本.

在收集完全随机化设计的数据后, 要对 p 个总体的均值 μ_i 进行推断, 其中 μ_i 是与处理 i 关联的测量值总体的均值, $i = 1, 2, \cdots, p$. 要检验的原假设是 p 个处理的均值相等, 即 $H_0: \mu_1 = \mu_2 = \cdots = \mu_p$, 我们希望检验的备择假设是至少有两个处理的均值不同. 对于响应 y, 恰当的线性模型为

$$E(y) = \beta_0 + \beta_1 x_1 + \beta_2 x_2 + \cdots + \beta_{p-1} x_{p-1}$$

其中:

$$x_1 = \begin{cases} 1 & \text{如果是处理 2} \\ 0 & \text{如果不是} \end{cases} \quad x_2 = \begin{cases} 1 & \text{如果是处理 3} \\ 0 & \text{如果不是} \end{cases} \quad \cdots \quad x_{p-1} = \begin{cases} 1 & \text{如果是处理 } p \\ 0 & \text{如果不是} \end{cases}$$

且(任意地)处理 1 是基准水平. 回忆这个 0 – 1 编码系统意味着

$$\beta_0 = \mu_1$$
$$\beta_1 = \mu_2 - \mu_1$$
$$\beta_2 = \mu_3 - \mu_1$$
$$\vdots$$
$$\beta_{p-1} = \mu_p - \mu_1$$

p 个总体均值相等的原假设等价于所有处理的差为 0 的原假设, 即

$$H_0: \beta_1 = \beta_2 = \cdots = \beta_{p-1} = 0$$

为了利用回归检验这个假设, 我们用 12.8 节中的方法; 即比较嵌套简化模型

的误差平方和 SSE_R 和完全模型

$$E(y) = \beta_0$$

$$E(y) = \beta_0 + \beta_1 x_1 + \beta_2 x_2 + \cdots + \beta_{p-1} x_{p-1}$$

的误差平方和 SSE_C, 用 F 统计量

$$F = \frac{(SSE_R - SSE_C)/H_0 \text{ 中} \beta \text{ 参数的个数}}{SSE_C/[n - \text{完全模型中} \beta \text{ 参数的个数}]} = \frac{(SSE_R - SSE_C)/(p-1)}{SSE_C/(n-p)} = \frac{(SSE_R - SSE_C)/(p-1)}{MSE_C}$$

其中 F 是基于 $v_1 = (p-1)$ 和 $v_2 = (n-p)$ 自由度. 如果 F 超过了上尾临界值 F_α, 那么拒绝 H_0, 得出至少有一个处理的差 $\beta_1, \beta_2, \cdots, \beta_{p-1}$ 不为 0, 即推断出至少有两个处理的均值不同.

例 14.2 完全随机化设计的 ANOVA F 统计量 证明: 在完全随机化设计中检验处理均值相等性的 F 统计量等价于完全模型的全局 F 检验.

解 因为简化模型只包含 β_0 项, β_0 的最小二乘估计是 $\bar{y}$, 所以

$$SSE_R = \sum(y - \bar{y})^2 = SS_{yy}$$

我们在第 12 章中称这个量为总平方和. 对于完全模型, 差 $(SSE_R - SSE_C)$ 就是 $(SS_{yy} - SSE)$. 由于在回归中, $(SS_{yy} - SSE) = SS(模型)$, 完全模型有 $(p-1)$ 项 (不包括 β_0), 故

$$F = \frac{(SSE_R - SSE_C)/(p-1)}{MSE_C} = \frac{SS(模型)/(p-1)}{MSE} = \frac{MS(模型)}{MSE}$$

因此, 在完全随机化设计中检验原假设

$$H_0: \mu_1 = \mu_2 = \cdots = \mu_p$$

的检验统计量与检验这个设计的完全模型的全局效用的 F 统计量是相同的. ∎

分析来自完全随机化设计的数据的回归方法总结在下面. 注意检验要求一些关于 p 个处理的响应 y 的分布假定, 而且不管样本大小这些假定都是必需的. (在 14.9 节中会给出这些假定更多的说明.)

---

p 个处理的完全随机化设计的模型和 F 检验

完全模型: $E(y) = \beta_0 + \beta_1 x_1 + \beta_2 x_2 + \cdots + \beta_{p-1} \beta_{p-1}$

其中

$$x_1 = \begin{cases} 1 & \text{如果是处理 2} \\ 0 & \text{如果不是} \end{cases}, x_2 = \begin{cases} 1 & \text{如果是处理 3} \\ 0 & \text{如果不是} \end{cases} \cdots x_{p-1} = \begin{cases} 1 & \text{如果是处理 } p \\ 0 & \text{如果不是} \end{cases}$$

$H_0: \beta_1 = \beta_2 = \cdots = \beta_{p-1} = 0$ (即 $H_0: \mu_1 = \mu_2 = \cdots = \mu_p$)

$H_a: H_0$ 中的 β 参数至少有一个不等于 0 (即 H_a: 至少两个均值不等)

检验统计量: $F = \dfrac{MS(模型)}{MSE}$

拒绝域: $F > F_\alpha$, p 值: $P(F > F_c)$ 其中 F 的分布基于自由度 $v_1 = p-1$ 和 $v_2 = (n-p)$, F_c 是检验统计量的计算值.

假定: 1. 所有相应于 p 个处理的 p 个总体的概率分布是正态的.
2. p 个处理的总体方差是相同的.

例 14.3 比较三种涂料的平均磨损数据: 回归 进行一次试验, 当缓慢旋转的布面轮子受到磨损时, 比较三种涂料的磨损量. 对每种涂料类型试验 10 个涂料样品, 记录每个样品直至出现可见磨损

时的小时数,数据(及总和)在表 14.1 中给出. 是否有充分的证据表明 3 种涂料直至磨损明显可见时的平均时间存在差异? 用 $\alpha = 0.05$ 检验.

解 试验包含一个三水平的因子涂料类型. 因此,是 $p=3$ 个处理的完全随机化设计. 令 μ_1, μ_2 和 μ_3 分别代表 1,2,3 型涂料的平均磨损时间,那么想要检验

$$H_0: \mu_1 = \mu_2 = \mu_3$$

对备择假设

H_a: 三个均值中至少两个不同

对 $p=3$ 个处理的适当线性模型为

完全模型:$E(y) = \beta_0 + \beta_1 x_1 + \beta_2 x_2$

其中:

$x_1 = \begin{cases} 1 & \text{如果是 1 型涂料} \\ 0 & \text{如果不是} \end{cases}$ $x_2 = \begin{cases} 1 & \text{如果是 2 型涂料} \\ 0 & \text{如果不是} \end{cases}$

因此,我们要检验 $H_0: \beta_1 = \beta_2 = 0$.

完全模型的 MINITAB 回归分析在图 14.5 中给出. 检验模型整体恰当性的 F 统计量为(输出中的阴影部分)$F = 3.48$,其中 F 分布是基于自由度为 $v_1 = (p-1) = 3-1 = 2$ 和 $v_2 = (n-p) = 30-3 = 27$ 的分布. 对 $\alpha = 0.05$,临界值(由表 B.10 得到)为 $F_{0.05} = 3.35$ (见图 14.6).

🌐 PAINTWEAR

表 14.1 三种涂料的磨损数据

	涂料类型		
	1	2	3
	148	513	335
	76	264	643
	393	433	216
	520	94	536
	236	535	128
	134	327	723
	55	214	258
	166	135	380
	415	280	594
	153	304	465
样本均值	$\bar{y}_1 = 229.6$	$\bar{y}_2 = 309.9$	$\bar{y}_3 = 427.8$

```
Regression Analysis: HOURS versus X1, X2

The regression equation is
HOURS = 428 - 198 X1 - 118 X2

Predictor     Coef    SE Coef      T      P
Constant    427.80     53.43     8.01  0.000
X1         -198.20     75.56    -2.62  0.014
X2         -117.90     75.56    -1.56  0.130

S = 168.948    R-Sq = 20.5%    R-Sq(adj) = 14.6%

Analysis of Variance

Source           DF      SS       MS      F      P
Regression        2   198772    99386   3.48  0.045
Residual Error   27   770671    28543
Total            29   969443
```

图 14.5 例 14.3 完全随机化设计的 MINITAB 回归输出

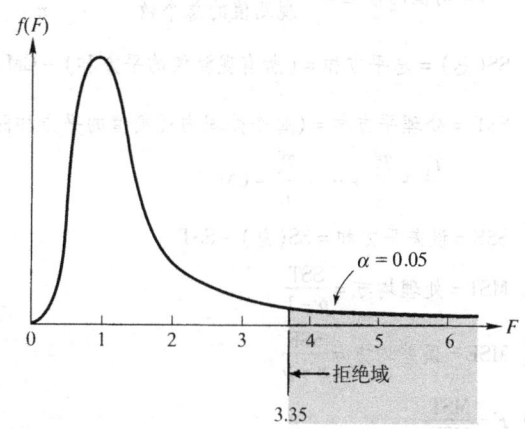

图 14.6 例 14.3 的拒绝域;分子自由度 = 2,分母自由度 = 27, $\alpha = 0.05$

因为计算的 F 值 3.48 超出了临界值 $F_{0.05} = 3.35$,所以拒绝 H_0,并推断(在显著性水平 $\alpha = 0.05$ 时)三种涂料中至少有两种明显磨损的平均时间是不同的. 注意 $\alpha = 0.05$ 大于输出中阴影部分的 p 值 (0.045),由此可以得到相同的结论.

例 14.3 中的数据的分析也可以由 ANOVA 计算公式完成. 在 14.2 节中,知道方差分析将 SS (总) $= \sum (y - \bar{y})^2$ 分解为两部分:SSE 和 SST(见图 14.7).

回顾量 SST 表示处理平方和,度量由处理均值间差异解释的变异. 误差平方和 SSE 是不能由计算的 p 个样本内合并的变异性度量得到解释的变异性度量. 如果处理均值真的不同,那么 SSE 应在实质上小于 SST. 用 F 统计量比较两个变异来源:

$$F = \frac{\text{SST}/(p-1)}{\text{SSE}/(n-p)} = \frac{\text{MST}}{\text{MSE}}$$

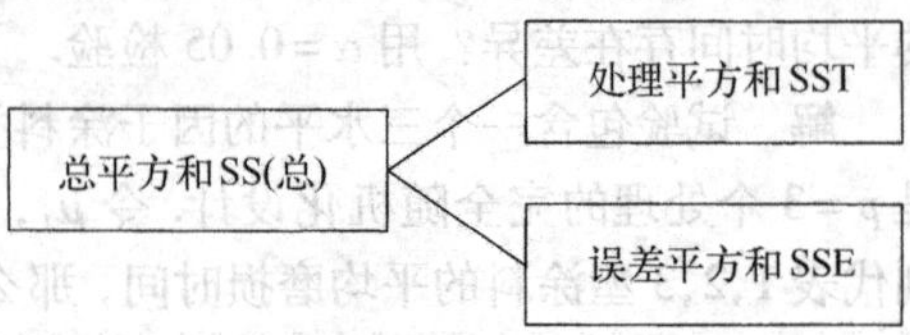

其中 n 是测量值的总个数. F 统计量的分子 MST = SST/$(p-1)$ 表示**处理均方**,自由度为 $(p-1)$(p 个处理的每一个减去一个总平均的估计). F 统计量的分母 MSE = SSE/$(n-p)$ 表示**误差均方**,自由度为 $(n-p)$(n 个测量值的每一个减去 p 个估计)的处理均值的每一个. 已经证明这个 F 统计量与较早指定的回归模型全局 F 值是相同的.

图 14.7 完全随机化设计的 SS(总)的分解

为了完整性,下面方框中给出方差分析的计算公式.

完全随机化设计的 ANOVA 计算公式

所有 n 个测量值的和 = $\sum_{i=1}^{n} y_i$

所有 n 个测量值的平均 = $\bar{y}$

所有 n 个测量值的平方和 = $\sum_{i=1}^{n} y_i^2$

CM = 均值的修正 = $\dfrac{(\text{所有观测值的和})^2}{\text{观测值的总个数}} = \dfrac{\left(\sum_{i=1}^{n} y_i\right)^2}{n}$

SS(总) = 总平方和 = (所有观测值的平方和) − CM = $\sum_{i=1}^{n} y_i^2 - \text{CM}$

SST = 处理平方和 = (每个处理内观测值的平方和除以那个处理的观测值个数之总和) − CM

$= \dfrac{T_1^2}{n_1} + \dfrac{T_2^2}{n_2} + \cdots + \dfrac{T_p^2}{n_p} - \text{CM}$

SSE = 误差平方和 = SS(总) − SST

MST = 处理均方 = $\dfrac{\text{SST}}{p-1}$

MSE = 误差均方 = $\dfrac{\text{SSE}}{n-p}$

$F = \dfrac{\text{MST}}{\text{MSE}}$

例 14.4 比较三种涂料的平均磨损数据:ANOVA 参考例 14.3,用 ANOVA 方法分析表 14.1 中的数据,用 $\alpha = 0.05$.

解 由于执行手算单调乏味(把这个作为练习留给学生). 借助一个统计软件包.

SAS ANOVA 的输出在图 14.8 中给出,检验统计量的值(输出的阴影部分)为 $F = 3.48$. 注意这与例 14.3 中由回归方法得到的 F 值是一样的. 检验的 p 值(也是阴影部分)为 $p = 0.0452$.(同样,这个量也与例 14.3 中一样). 因为 $\alpha = 0.05$ 超过了 p 值,所以有足够的理由推断处理间有差异.

```
                          The ANOVA Procedure
Dependent Variable: WEAR

                                    Sum of
    Source            DF           Squares       Mean Square     F Value    Pr > F
    Model              2        198772.4667      99386.2333         3.48    0.0452
    Error             27        770670.9000      28543.3667
    Corrected Total   29        969443.3667

                R-Square     Coeff Var     Root MSE     WEAR Mean
                0.205038     52.39775      168.9478     322.4333

    Source            DF          Anova SS      Mean Square     F Value    Pr > F
    TYPE               2        198772.4667      99386.2333         3.48    0.0452
```

图 14.8　例 14.4 的 SAS ANOVA 输出

方差分析的结果常汇总成列表形式. 完全随机化设计 ANOVA 表的一般形式在下面方框中给出. 表头来源表示变异来源, 对每个来源, **DF** 表示自由度, **SS** 为平方和, **MS** 表示均方, **F** 表示比较处理均方与误差均方的 F 统计量. 表 14.2 是相应于由 SAS 输出的例 14.4 数据方差分析的 ANOVA 汇总表.

完全随机化设计的 ANOVA 汇总表

来源	df	SS	MS	F
处理	$p-1$	SST	MST	MST/MSE
误差	$n-p$	SSE	MSE	
总和	$n-1$	SS(总)		

表 14.2　例 14.4 的 ANOVA 汇总表

来源	df	SS	MS	F
涂料类型	2	198 772	99 386	3.48
误差	27	770 671	28 543	
总和	29	969 443		

一旦由 ANVOA 确定处理均值之间有差异, 对均值由小到大排列便是很重要的. ANOVA 中处理均值排序的两个有用方法在 14.8 节给出.

应用练习

14.1 瓦楞纸装运箱的强度. *Journal of Testing and Evaluation*(1992 年 7 月)发表了一篇关于瓦楞纸装运箱平均抗压强度的研究. 对 5 种不同型号(A、B、C、D 和 E)的箱子进行比较, 每种型号各取 20 个相同的箱子参加测试, 并记下每个箱子能承受的最大压力(lb). 附图给出 5 种型号箱子的样本均值和围绕每个样本均值的变异.

a. 解释为什么作为一个完全随机化设计收集数据.
b. 关于 B 和 D 型箱子. 根据图, 这两种箱子的平均抗压强度是否呈现出显著差别? 并解释.
c. 根据图, 这 5 种箱子的平均抗压强度是否呈现出显著差别? 并解释.

14.2 混凝土的性质. 参考练习 13.8, *Bulletin of Engineering Geology and the Environment*(Vol. 69, 2010)关于混凝砂土的研究. 回忆研究人员应用三种不同抽样方法(旋转铁心、金属管和塑料管)随机选取土壤样本,随后测量每个样本的有效应力水平(N/m^2).假设每种方法应用到10份土壤样本中(一共测量30份).为了完全随机化设计,用随机数发生器指派土壤样本的抽样方法.列出用每一种方法分析的土壤样本.

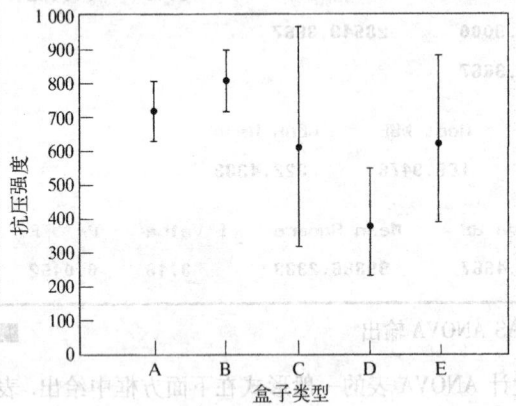

练习14.1图

资料来源:Singh, S. P. et al. "Compression of single-wall corrugated shipping containers using fixed and floating test platens." *Journal of Testing and Evaluation.* Vol. 20, No. 4, July 1992, p. 319(图3).

14.3 **新的牙齿黏合剂**. *Trends in Biomaterials & Artificial Organs*(2003年1月)发表一篇关于新的牙齿黏合剂的研究. 这种黏合剂(称为"智能黏合剂")的进步在于消除了必需的干燥区域. 作为研究的一部分,将30个用智能黏合的拔牙者随机指派三种不同的黏合时间:1h、24h或48h. 在黏合期结束时,测定每颗牙齿的折断强度(单位:MPa). 为确定新黏合剂的真实平均折断强度的不同是否依赖黏合时间,我们用方差分析方法分析得到的数据.

a. 确定这个完全随机化设计的试验单位、处理和响应变量.
b. 提出ANOVA的原假设和备择假设.
c. 求$\alpha=0.01$时检验的拒绝域.
d. 若检验结果$F=61.62$,且p值≈ 0,给出这个检验适当的结论.
e. 为了检验结果是有效的,要求什么条件?

14.4 **训练机器人像蚂蚁一样表现**. 机器人研究人员调查机器人是否可以被训练得像在群落中蚂蚁一样表现(*Nature*,2000年8月). 训练机器人并将它们随机指派到包含3、6、9或12个机器人群落中(即组). 指派机器人寻找"食物"的任务,并当它们确认一个资源富足地区时增派其他机器人. 试验的一个目的是比较4个大小不同的群落(每个机器人)平均花费的能量.

a. 所用的试验设计类型是什么?
b. 指出处理和因变量.
c. 提出检验的原假设和备择假设.
d. 报告的ANOVA结果如下:$F=7.70$,分子自由度$=3$,分母自由度$=56$,p值<0.001. 在显著性水平$\alpha=0.05$进行检验并解释结果.

14.5 **被渔具缠住的鲸鱼**. 渔具缠住海洋哺乳动物(如鲸鱼)被认为是对物种的一个重大威胁. *Marine Mammal Science*(2010年4月)发表了一篇文章,研究了更易于缠住栖息在韩国东海某种鲸鱼的渔网类型. 207个海中被缠住的鲸鱼数据作为样本用于研究. 缠住鲸鱼的三种类型的渔具是定置网、壶和刺网. 研究的变量之一是被缠住鲸鱼的身体长度(米).

a. 建立原假设和备择假设,确定被缠住的鲸鱼平均身体长度对三种类型的渔具是否不同.
b. ANOVA F检验得到以下结果:$F=34.81$,p值<0.0001. 在$\alpha=0.05$下解释结果.

14.6 **公共汽车站的性能**. *International Journal of Engineering Science and Technology*(2011年2月)评估了印度公共汽车站的性能并划分等级. 在三个不同的汽车站(站1、站2和站3),每个站独立、随机地选择150个乘客进行调查,因此样本总共包含450个公共汽车乘客. 基于16种不同项目的回答(如公共汽车准时、座椅舒适、行李服务等),对每一位乘客计算一个性能得分. 用方差分析比较三个汽车站的平均性能得分. ANOVA F检验的p值是0.0001.

a. 给出研究中用到的试验设计的细节(试验单位、因变量、因子、处理).
b. 研究人员得出"在95%置信水平下,三个车站的平均乘客性能得分是不同的". 你同意吗?

14.7 **苯胺印刷版的评估**. 苯胺印刷是包装业中使用的一种印刷工程. 这种过程非常受欢迎,因为它性价比高,并且可以用于印刷在不同类型的表面(如纸板、箔和塑料). 做一项研究来确定苯胺印刷暴露时间是否会影响印刷质量(*Journal of Graphic Engineering and Design*, Vol. 3, 2012). 研究4个不同的暴露时间:8、10、12和14分钟. 在每一个暴露时间的水平上,收集36个印刷图像的样本,总共144个印刷图像. 用点区域测量印刷质量(数以百计的点每平方毫米). 数据方差分析和部分结果在下表中给出.

来源	df	SS	MS	F	p 值
暴露	3	0.010	—	—	<0.001
误差	140	0.029	—		
总和	143	0.039			

a. 计算 ANOVA 表的缺失部分.
b. 有充分的证据证明平均点区域依不同的暴露时间而不同吗？用 $\alpha = 0.05$.

🌐 **GASTURBINE**

14.8 燃气轮机的冷却方法. 参考练习 8.39, *Journal of Engineering for Gas Turbines and Power*（2005 年 1 月）就高压雾状入风燃气轮机的研究. 回忆研究人员将燃气轮机分为三类（传统的、高级的、航改燃气轮机）并测量每种类型抽样的燃气轮机热耗率（KJ/kW·h），用完全随机化设计 ANOVA 分析 GASTURBINE 文件中的数据，结果如 MINITAB 输出所示.

a. 陈述 ANOVA F 检验的原假设和备择假设.
b. 给出检验统计量的值以及相应的 p 值.
c. 是否有充分的证据说明三种燃气轮机的平均热耗率之间存在差别？用 $\alpha = 0.01$ 检验.

14.9 高强度铝合金. 参考练习 7.43, *JOM*（2003 年 1 月）研究一种用于反潜飞艇、坦克、远程轰炸机的新的高强度铝合金. 回忆这种新的合金是用当前最大强度的铝合金反复退化和老化（RAA）热处理方法得到的. 对三种新的 RAA 合金和三种当前最大强度的合金进行强度测试，得到的强度结果（单位：MPa）在下表给出.

🌐 **ALLOY2**

当前（1）	RAA（2）
604	662
595	624
580	637

a. 给出一个适合于用回归方法分析数据的线性模型.
b. 用 a 中模型拟合数据，并进行分析，将分析结果列在 ANOVA 表中.
c. 用 ANOVA 公式计算数据的 MST, 由这个量度量的是什么类型变异性？这个值与 b 中 ANOVA 表的 MST 一致吗？
d. 用 ANOVA 公式计算数据的 MSE, 由这个量度量的是什么类型变异性？这个值与 b 中 ANOVA 表的 MSE 一致吗？
e. MST 的自由度是多少？
f. MSE 的自由度是多少？
g. 计算适合于检验 $H_0: \mu_1 = \mu_2$ 对两个处理均值不同的备择假设检验统计量，取显著性水平 $\alpha = 0.05$.（与 b 中用回归得到的检验统计量的值相比较.）

```
One-way ANOVA: HEATRATE versus ENGINE

Source   DF        SS        MS      F      P
ENGINE    2  55360022  27680011  15.74  0.000
Error    64 112537186   1758394
Total    66 167897208

S = 1326   R-Sq = 32.97%   R-Sq(adj) = 30.88%

                          Individual 95% CIs For Mean Based on
                          Pooled StDev
Level         N    Mean  StDev  ---+---------+---------+---------+------
Advanced     21    9764    639  (---*----)
Aeroderiv     7   12312   2652                    (---------*-------)
Traditional  39   11544   1279              (--*---)
                                 ---+---------+---------+---------+------
                                 9600     10800     12000     13200

Pooled StDev = 1326
```

练习 14.8 的 MINITAB 输出

h. 指出取显著性水平 $\alpha = 0.05$ 的拒绝域.
i. 用该问题的语言陈述适当的推断.
j. 用 8.7 节独立样本的学生氏 T 检验检验 $H_0: \mu_1 = \mu_2$ 对备择假设 $H_a: \mu_1 \neq \mu_2$, 用 $\alpha = 0.05$ 检验.
k. 可以证明(证明略)分子自由度 $v_1 = 1$, 分母自由度 v_2 的 F 统计量等于 T^2, 其中 T 是基于自由度为 v_2 的学生氏 T 统计量. 将 j 中计算的 T 值平方, 并证明它等于 g 中计算的 F 值.
l. 比较两个总体均值的方差分析 F 检验是 $H_0: \mu_1 = \mu_2$ 的单侧检验, 还是双侧检验?(提示: 虽然 T 检验可用于检验 $H_a: \mu_1 > \mu_2$ 或 $H_a: \mu_1 < \mu_2$, 但 F 检验的备择假设为 H_a: 两个均值不同.)

14.10 **基于虚拟现实的复原系统**. 利用虚拟现实 (VR) 技术的手复原系统已经为手及手臂丧失能力的病人所使用. 在 *Robotica* (Vol.22, 2004) 上, 机械和系统工程师评估了三种基于 VR 的手复原系统显示设备的有效性. 系统 A 利用投影仪操纵 VR 模拟, 系统 B 用台式计算机监视仪, 系统 C 用头盔显示器. 12 个无残疾、惯用右手的男性受试者随机指派到三个 VR 系统, 每组 4 名. 每个受试者要求用 VR 系统执行"拣起 – 放置"程序. 工程师感兴趣的变量是碰撞频率, 用移动物体之间的碰撞次数度量. 研究的一个课题是比较这三种 VR 手复原系统受试者的平均碰撞频率.
a. 指出这项研究的试验单位.
b. 指出处理.
c. 指出因变量.
d. 说明为什么用完全随机化设计来收集数据.
e. 提出一个允许比较均值的回归模型.
f. 给出 ANOVA F 检验的原假设和备择假设.
g. ANOVA 的 F 检验发现 $\alpha = 0.05$ 时是不显著的. 给出这个结果的实际解释.

14.11 **估计冰渍物的年龄**. 参考练习 2.22, *American Journal of Science* (2005 年 1 月) 关于在威斯康星沉积的冰渍物化学组成的研究. 沉积物中铝和铍的比率与沉积的持续时间有关. 回忆确定的 26 个沉积冰渍物样品的样本中铝/铍的比率并保存在 **TILLRATIO** 文件中. 冰渍物样品是从 5 个不同的钻井中得到的(分别记为 UMRB-1、UMRB-2、UMRB-3、SWRA 和 SD). 数据在下表中给出. 进行数据的方差分析, 取 $\alpha = 0.05$. 有充分的理由表明 5 个钻井中的平均铝/铍比率是不同的吗?

🌐 **TILLRATIO**

UMRB-1:	3.75	4.05	3.81	3.23	3.13	3.30	3.21
UMRB-2:	3.32	4.09	3.90	5.06	3.85	3.88	
UMRB-3:	4.06	4.56	3.60	3.27	4.09	3.38	3.37
SWRA:	2.73	2.95	2.25				
SD:	2.73	2.55	3.06				

资料来源: *American Journal of Science*, Vol.305, No.1, Jan.2005, p.16 (Table 2).

14.12 **土壤冲刷和倒塌的树木**. 生长在洪泛平原的树木易于被洪水冲倒, 主要是因为洪水使树根暴露(称作土壤冲刷). 埼玉大学(日本)的环境工程师研究了土壤冲刷对倒塌的和连根拔起的树木特征的影响 (*Landscape Ecology Engineering*, 2013 年 1 月). 在 Kamagama 河边的洪泛平原做树木推倒试验. 在有不同冲刷条件(无冲刷(NS)、浅冲刷(SS)和深冲刷(DS))的三个区域中每一个区域内随机选择树木. 在树木被连根拔起的瞬间, 测量树干基部的最大抵抗弯矩($kN \cdot m$). 每个区域随机选取中等大小树木的模拟数据见下表. 分析的 MINITAB 输出如下. 土壤冲刷会影响树干基部的平均最大抵抗弯矩吗?

🌐 **SCOURING**

无冲刷	浅冲刷	深冲刷
23.68	11.13	4.27
8.88	29.19	2.36
7.52	13.66	8.48
25.89	20.47	12.09
22.58	23.24	3.46

```
One-way ANOVA: MOMENT versus SCOURING

Source    DF      SS      MS      F      P
SCOURING   2   528.5   264.3   5.40  0.021
Error     12   586.9    48.9
Total     14  1115.4

S = 6.993    R-Sq = 47.38%    R-Sq(adj) = 38.61%
```

练习 14.12 的 MINITAB 输出

14.13 **莨菪胺对记忆的影响**. 药物莨菪胺常用作使病人入睡的镇静剂. 在 *Behavioral Neuroscience* (2004 年 2 月), 医学研究人员测试了莨菪胺对对关联记忆的影响, 从大学社团征召总共 28 个受试者, 给他们一张记忆有联系的词对表, 对列表中的每一个词对(如强盗-监狱)都有一个与第一个词一样而与第二个词不同的关联词对(如强盗-警察). 将受试者随机地分为三个处理组, 第 1 组受试者注射莨菪胺, 第 2 组受试者注射格隆铵(一种活性安慰剂), 第 3 组受试者不给任何药物. 4 个小时以后, 给受试者看列表中 12 个词对, 并测试他们可以回忆多少个关联词对, 记住的(基于研究者文章中提供的摘要信息)模拟词对数在下表中给出. 在分析之前研究人员的理论认为, 注射莨菪胺的受试者(第 1 组)回忆的平均词对数少于另外两组相应的平均.

a. 说明为什么这是一个完全随机化设计.
b. 指出处理和响应变量.
c. 求三个组的样本均值, 有充分的信息支持研究者的理论吗? 加以解释.
d. 进行数据的 ANOVA 的 F 检验, 有充分的理由表明($\alpha = 0.05$) 三个处理组之间回忆的词对平均数是不同的吗?

🌐 **SCOPOLAMINE**

组 1 (莨菪胺):	5	8	8	6	6	6	8	6	4	5	6
组 2 (安慰剂):	8	10	12	10	9	7	9	10			
组 3 (无药):	8	9	11	12	11	10	12	12			

14.14 温度对乙醇生产的影响. 高温发酵是一种低成本和高产量的生物燃料生产法. 然而, 在生产过程中, 热应力会抑制产生乙醇的量. 在 *Engineering Life Science*(2013 年 3 月)中, 生物化学工程师进行了一系列试验来评估在发酵过程中温度对乙醇生产的影响. 在 4 个不同温度(30℃、35℃、40℃ 和 45℃)下, 测量乙醇的最大抑制浓度(克/升). 试验重复 3 次, 表中给出了数据. (注: 数据是根据期刊文章提供的信息模拟得到的.) 数据能够表明高温会抑制乙醇的平均浓度吗? 用 $\alpha = 0.10$ 检验.

🌐 **FERMENT**

	温度			
	30°	35°	40°	45°
	103.3	101.7	97.2	55.0
	103.4	102.0	96.9	56.4
	101.0	101.1	96.2	54.9

14.15 混凝土的"潜伸". 与大多数其他常见工程原料不同, 混凝土在第一次负荷下加热后经历一个 "潜伸"式显著增长的特性. 为调查这种现象, 进行了关于混凝土热膨胀行为的研究(*Magazine of Concrete Research*, 1985 年 12 月). 制备混凝土样品, 并对每一个施加固定负载. 将样品随机地分派为 5 个温度设置(100℃、200℃、300℃、400℃ 和 500℃)中的一个, 然后给试验样品以每分钟 1℃ 的速度加热到指定的温度. 对每个样品, 计算自由的(无负载的)热应变和负载导致的热应变间的差值, 称为总的热应变. 每个温度设置的总的热应变值的样本容量、均值、标准差在下表中给出. (注: 记录的热应变单位 $\times 10^6$.)

温度	样品个数	均值	标准差
100	16	52	55
200	16	112	108
300	16	143	127
400	16	186	136
500	14	257	178

资料来源: Khoury, G. A., Grainger, B. N., and Sullivan. P. J. E. "Strain of concrete during first heating to 600℃ under load". *Magazine of Concrete Research*, Vol. 37, No. 133, Dec. 1985, p. 198(表2).

a. 对每个温度求和, 对所有 78 个应变测量值求和. 然后计算 CM 和 SST.
b. 因为不知道 $\sum_{i=1}^{n} y_i^2$ 的值, 所以用合并方法计算 SSE:

$$SSE = \sum_{i=1}^{n_1}(y_{i1} - \bar{y}_1)^2 + \sum_{i=1}^{n_2}(y_{i2} - \bar{y}_2)^2 + \cdots + \sum_{i=1}^{n_5}(y_{i5} - \bar{y}_5)^2$$

$$= (n_1 - 1)s_1^2 + (n_2 - 1)s_2^2 + \cdots + (n_5 - 1)s_5^2$$

c. 求 SS(总).
d. 建立数据的方差分析表.
e. 有充分的理由表明加热温度影响混凝土的平均总热应变吗? 用 $\alpha = 0.01$ 检验.

🌐 **OILSPILL**

14.16 油轮外壳破损. 参考练习 2.85, *Marine Technology*(1995 年 1 月)研究由于油轮导致的较大石油泄漏. 48 艘油轮泄漏量(千米吨)和引起意外的原因保存在 **OLLSPILL** 文件中(注: 删除了两艘不明原因泄漏的油轮). 进行方差分析($\alpha = 0.01$)比较 4 种事故类型导致的平均石油泄漏量: (1)碰撞; (2)搁浅; (3)火灾/爆炸; (4)外壳破损. 并解释结果.

14.4 随机化区组设计

随机化区组设计是常用的减少干扰设计. 回忆(定义13.9)随机化区组设计使用同质的试验单位组(尽可能地紧密匹配)比较与 p 个处理关联的总体均值. 随机化区组设计的一般安排在图14.9中给出. 注意有 b 个相对同质的试验单位的区组, 因为每个区组中都必须出现每个处理, 所以每个区组包含 p 个试验单位. 尽管图14.9显示的 p 个处理在区组中是依次的, 但实际上, 它们以随机次序指派到试验单位(因此称为**随机化区组设计**).

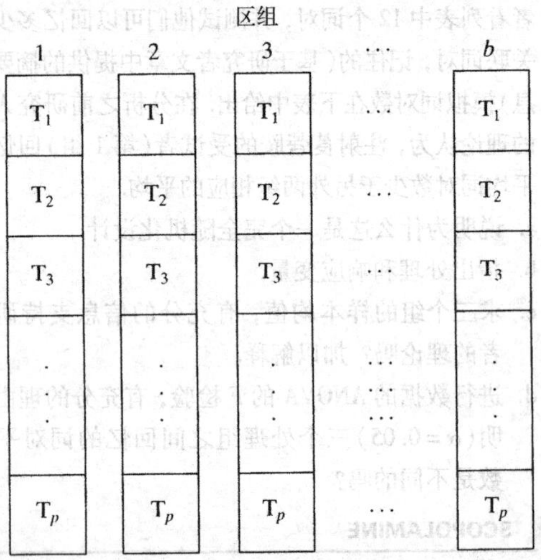

随机化区组设计的完全模型包含 $(p-1)$ 个处理的虚拟变量和 $(b-1)$ 个区组的虚拟变量. 因此除了 β_0 外, 模型中总的项数为 $(p-1)+(b-1)=p+b-2$, 如下所示:

完全模型:
$$E(y) = \beta_0 + \underbrace{\beta_1 x_1 + \beta_2 x_2 + \cdots + \beta_{p-1} x_{p-1}}_{\text{处理效应}}$$
$$+ \underbrace{\beta_p x_p + \cdots + \beta_{p+b-2} x_{p+b-2}}_{\text{区组效应}}$$

图14.9 随机化区组设计的一般形式(T_p 表示处理)

其中:

$$x_1 = \begin{cases} 1 & \text{如果是处理 2} \\ 0 & \text{如果不是} \end{cases} \quad x_2 = \begin{cases} 1 & \text{如果是处理 3} \\ 0 & \text{如果不是} \end{cases} \cdots \quad x_{p-1} = \begin{cases} 1 & \text{如果是处理 } p \\ 0 & \text{如果不是} \end{cases}$$

$$x_p = \begin{cases} 1 & \text{如果是区组 2} \\ 0 & \text{如果不是} \end{cases} \quad x_{p+1} = \begin{cases} 1 & \text{如果是区组 3} \\ 0 & \text{如果不是} \end{cases} \cdots \quad x_{p+b-2} = \begin{cases} 1 & \text{如果是区组 } b \\ 0 & \text{如果不是} \end{cases}$$

注意模型不包含处理-区组的交互作用项. 原因有两个方面: 首先, 这些项相加后将剩下0个自由度估计 σ^2; 其次, 由定义, 处理对间的均值差减少在各区组保持相同, 就是试验误差. 换句话说, 在随机化区组设计中, 处理-区组交互作用与试验误差是同义词.

分析的主要目的是比较 p 个处理均值 $\mu_1, \mu_2, \cdots, \mu_p$, 即要检验原假设

$$H_0: \mu_1 = \mu_2 = \mu_3 = \cdots = \mu_p$$

回忆(13.3节)这等价于检验完全模型中的所有处理参数是否都等于0, 即

$$H_0: \beta_1 = \beta_2 = \cdots = \beta_{p-1} = 0$$

用回归完成这个检验, 舍弃处理项并拟合简化模型:

检验处理的简化模型:
$$E(y) = \beta_0 + \underbrace{\beta_p x_p + \beta_{p+1} x_{p+1} + \cdots + \beta_{p+b-2} x_{p+b-2}}_{\text{区组效应}}$$

然后, 我们用"部分" F 统计量比较两个模型的 SSE、SSE_R 和 SSE_C:

$$F = \frac{(\text{SSR}_R - \text{SSE}_C)/\text{检验的 }\beta\text{ 个数}}{\text{MSE}_C} = \frac{(\text{SSE}_R - \text{SSE}_C)/(p-1)}{\text{MSE}_C}$$

显著的 F 值意味着处理均值不同.

试验者偶尔也想确定分区在消除外部变异来源方面是否有效,即是否存在区组均值之间有差异的证据. 事实上,如果区组均值间没有差异,则试验人员会通过分区将丢失信息,因为分区减少了估计模型方差 S^2 的自由度. 如果分区对减少变异性没有效果,那么完全模型中的区组参数将等于 0(即区组均值间没有差异). 因此,我们要检验

$$H_0: \beta_p = \beta_{p+1} = \cdots = \beta_{p+b-2} = 0$$

另一个简化模型舍弃区组 β,是拟合:

检验区组的简化模型:

$$E(y) = \beta_0 + \underbrace{\beta_1 x_1 + \beta_2 x_2 + \cdots + \beta_{p-1} x_{p-1}}_{\text{处理效应}}$$

比较第二个简化模型的 SSE 和通常形式完全模型的 SSE,显著的 F 检验意味着分区组对消除(或减少)作为目标的外部变异来源是有效的.

这两个检验总结在下面方框中.

---

p 个处理 b 个区组的随机化区组设计模型和 ANOVA F 检验

完全模型:

$$E(y) = \beta_0 + \underbrace{\beta_1 x_1 + \cdots + \beta_{p-1} x_{p-1}}_{(p-1)\text{个处理效应}} + \underbrace{\beta_p x_p + \cdots + \beta_{p+b-2} x_{p+b-2}}_{(b-1)\text{个处理效应}}$$

其中:

$$x_1 = \begin{cases} 1 & \text{如果是处理 2} \\ 0 & \text{如果不是} \end{cases} \quad \cdots \quad x_{p-1} = \begin{cases} 1 & \text{如果是处理 } p \\ 0 & \text{如果不是} \end{cases}$$

$$x_p = \begin{cases} 1 & \text{如果是区组 2} \\ 0 & \text{如果不是} \end{cases} \quad \cdots \quad x_{p+b-2} = \begin{cases} 1 & \text{如果是区组 } b \\ 0 & \text{如果不是} \end{cases}$$

比较处理均值的检验

$H_0: \beta_1 = \beta_2 = \cdots = \beta_{p-1} = 0$ (即 $H_0: p$ 个处理均值都相等)

$H_a:$ 列在 H_0 中的 β 参数至少有一个不等于 0 (即 H_a 至少两个处理的均值不等)

简化模型: $E(y) = \beta_0 + \beta_p x_p + \cdots + \beta_{p+b-2} x_{p+b-2}$

检验统计量: $F = \dfrac{(\text{SSE}_R - \text{SSE}_C)/(p-1)}{\text{SSE}_C/(n-p-b+1)} = \dfrac{(\text{SSE}_R - \text{SSE}_C)/(p-1)}{\text{MSE}_C}$

其中:

  $\text{SSE}_R =$ 简化模型的 SSE

  $\text{SSE}_C =$ 完全模型的 SSE

  $\text{MSE}_C =$ 完全模型的 MSE

拒绝域: $F > F_\alpha$,

p 值: $P(F > F_c)$

其中 F 的自由度为 $\nu_1 = p-1$ 和 $\nu_2 = (n-p-b+1)$,F_c 是检验统计量的计算值.

比较区组均值的检验

$H_0: \beta_p = \beta_{p+1} = \cdots = \beta_{p+b-2} = 0$ (即 $H_0: b$ 个区组均值都相等)

$H_a:$ 列在 H_0 中的 β 参数至少有一个不等于 0 (即 H_a 至少两个区组均值不等)

简化模型:$E(y) = \beta_0 + \beta_1 x_1 + \beta_2 x_2 + \cdots + \beta_{p-1} x_{p-1}$

检验统计量:$F = \dfrac{(\text{SSE}_R - \text{SSE}_C)/(b-1)}{\text{SSE}_C/(n-p-b+1)} = \dfrac{(\text{SSE}_R - \text{SSE}_C)/(b-1)}{\text{MSE}_C}$

拒绝域:$F > F_\alpha$,

p 值:$P(F > F_c)$

其中 F 的自由度为 $\nu_1 = b-1$ 和 $\nu_2 = (n-p-b+1)$.

假定:1. 区组中任意一对处理观测值之间的差的概率分布是近似正态的.
      2. 所有一对观测值差的方差是常数且都相同.

例 14.5 **随机化区组设计:比较工程师平均成本估计值** 在递交一份建筑任务投标之前,成本工程师准备一份为完成任务所需的估计劳动力和原料花费的详细分析,这个估计依赖于执行分析的工程师. 过大的估计将减少接受公司投标价格的机会,而过低的估计会减少利润甚至使公司在这个任务上赔钱. 一个雇用了 3 位任务成本工程师的公司想要比较工程师估计值的平均水平. 每位工程师对相同的 4 个任务做出估计,数据(单位:10 万美元)在表 14.3 中给出.

COSTENG

表 14.3 例 14.5 的随机化区组设计的数据

		任务				处理均值
		1	2	3	4	
工程师	1	4.6	6.2	5.0	6.6	5.60
	2	4.9	6.3	5.4	6.8	5.85
	3	4.4	5.9	5.4	6.3	5.50
区组均值		4.63	6.13	5.27	6.57	

a. 对数据进行方差分析,并检验以确定是否有充分的证据表明处理均值之间有差异,用 $\alpha = 0.05$ 检验.

b. 检验以确定任务分组对减少估计值的任务与任务间的变异性是否成功,用 $\alpha = 0.05$ 检验.

解 a. 因为我们希望相同任务的估计值比不同任务之间的估计值更相近,所以依照随机化区组设计收集这个试验的数据. 因此,试验包含 3 个处理(工程师)和 4 个区组(任务).

这个设计的完全模型是

$$E(y) = \beta_0 + \underbrace{\beta_1 x_1 + \beta_2 x_2}_{\text{处理(工程师)}} + \underbrace{\beta_3 x_3 + \beta_4 x_4 + \beta_5 x_5}_{\text{区组(任务)}}$$

其中:

$y =$ 成本估计值

$x_1 = \begin{cases} 1 & \text{如果是工程师 2} \\ 0 & \text{如果不是} \end{cases}$ $x_2 = \begin{cases} 1 & \text{如果是工程师 3} \\ 0 & \text{如果不是} \end{cases}$

基准水平 = 工程师 1

$x_3 = \begin{cases} 1 & \text{如果是区组 2} \\ 0 & \text{如果不是} \end{cases}$ $x_4 = \begin{cases} 1 & \text{如果是区组 3} \\ 0 & \text{如果不是} \end{cases}$ $x_5 = \begin{cases} 1 & \text{如果是区组 4} \\ 0 & \text{如果不是} \end{cases}$

基准水平 = 区组 1

完全模型的 SAS 输出在图 14.10 中给出. 注意 $SSE_C = 0.18667$ 和 $MSE_C = 0.0311$(输出的阴影部分).

```
                  Dependent Variable: COST
                     Analysis of Variance

                          Sum of        Mean
Source            DF     Squares       Square      F Value    Pr > F

Model              5     7.02333       1.40467      45.15     0.0001
Error              6     0.18667       0.03111
Corrected Total   11     7.21000

         Root MSE          0.17638     R-Square     0.9741
         Dependent Mean    5.65000     Adj R-Sq     0.9525
         Coeff Var         3.12183

                     Parameter Estimates

                 Parameter     Standard
Variable   DF    Estimate       Error      t Value    Pr > |t|

Intercept   1     4.58333       0.12472     36.75      <.0001
X1          1     0.25000       0.12472      2.00      0.0919
X2          1    -0.10000       0.12472     -0.80      0.4533
X3          1     1.50000       0.14402     10.42      <.0001
X4          1     0.63333       0.14402      4.40      0.0046
X5          1     1.93333       0.14402     13.42      <.0001

       Test ENGINEER Results for Dependent Variable COST
                             Mean
Source            DF        Square      F Value    Pr > F
Numerator          2        0.13000       4.18      0.0730
Denominator        6        0.03111

        Test JOBS Results for Dependent Variable COST
                             Mean
Source            DF        Square      F Value    Pr > F
Numerator          3        2.25444      72.46      <.0001
Denominator        6        0.03111
```

图 14.10　例 14.5 随机化区组设计完全模型的 SAS 回归输出

为检验处理均值之间的不同, 我们检验

$$H_0: \mu_1 = \mu_2 = \mu_3$$

其中 μ_i = 工程师 i 的平均成本估计值, 这等价于在完全模型中检验

$$H_0: \beta_1 = \beta_2 = 0$$

然后, 拟合简化模型

$$E(y) = \beta_0 + \underbrace{\beta_3 x_3 + \beta_4 x_4 + \beta_5 x_5}_{\text{区组(任务)}}$$

简化模型的 SAS 输出在图 14.11 中给出. 注意 $SSE_R = 0.44667$(输出的阴影部分).
检验的其余组成部分如下:

```
                    Dependent Variable: COST
                       Analysis of Variance

                              Sum of         Mean
Source               DF      Squares        Square      F Value    Pr > F
Model                 3      6.76333       2.25444       40.38     <.0001
Error                 8      0.44667       0.05583
Corrected Total      11      7.21000

         Root MSE              0.23629    R-Square    0.9380
         Dependent Mean        5.65000    Adj R-Sq    0.9148
         Coeff Var             4.18214

                       Parameter Estimates

                    Parameter     Standard
Variable       DF    Estimate      Error        t Value    Pr > |t|
Intercept       1    4.63333      0.13642        33.96     <.0001
X3              1    1.50000      0.19293         7.77     <.0001
X4              1    0.63333      0.19293         3.28      0.0111
X5              1    1.93333      0.19293        10.02     <.0001
```

图 14.11 检验处理的随机化区组设计简化模型的 SAS 回归输出

检验统计量:

$$F = \frac{(\text{SSE}_R - \text{SSE}_C)/(p-1)}{\text{MSE}_C} = \frac{(0.44667 - 0.18667)/2}{0.03111} = 4.18$$

拒绝域: $F > 5.14$, 其中 $F_{0.05} = 5.14$ (由表 B.10 得到) 基于 $\nu_1 = (p-1) = 2$ 个自由度, $\nu_2 = (n-p-b+1) = 6$ 个自由度.

结论: 因为 $F = 4.18$ 小于临界值 5.14, 所以在显著性水平 $\alpha = 0.05$ 时, 没有充分的证据表明 3 位成本工程师的平均估计间有差异.

作为一种选择, SAS 将进行嵌套模型的 F 检验. 检验统计量 $F = 4.18$ 在图 14.10 完全模型的 SAS 输出中部着重显示, 检验的 p 值(也着重显示)是 p 值 = 0.0730. 因为这个值超过了 $\alpha = 0.05$, 所以证实了结论: 没有充分的理由拒绝 H_0.

b. 为检验对任务分区的有效性, 在 a 指定的完全模型中, 我们检验

$$H_0: \beta_3 = \beta_4 = \beta_5 = 0$$

简化模型为

$$E(y) = \beta_0 + \underbrace{\beta_1 x_1 + \beta_2 x_2}_{\text{处理(工程师)}}$$

第 2 个简化模型的 SAS 输出在图 14.12 中给出. 注意 $\text{SSE}_R = 6.95$ (输出的阴影部分). 检验的组成部分如下:

检验统计量:

$$F = \frac{(\text{SSE}_R - \text{SSE}_C)/(b-1)}{\text{MSE}_C} = \frac{(6.95 - 0.18667)/3}{0.03111} = 72.46$$

拒绝域: $F > 4.76$, 其中 $F_{0.05} = 4.76$ (由表 B.10 得到) 基于 $\nu_1 = (p-1) = 3$ 个自由度, $\nu_2 = (n-p-b+1) = 6$ 个自由度.

结论: 因为 $F = 72.46$ 超过临界值 4.76, 所以在显著性水平 $\alpha = 0.05$ 时, 有充分的证据表明区组(任

务)平均值之间有差异. 看来在成本估计中, 任务分组对减少任务与任务间的变异性是有效的.

```
                     Dependent Variable: COST
                       Analysis of Variance
                              Sum of           Mean
Source              DF       Squares         Square    F Value    Pr > F
Model                2       0.26000        0.13000       0.17    0.8477
Error                9       6.95000        0.77222
Corrected Total     11       7.21000

              Root MSE            0.87876    R-Square     0.0361
              Dependent Mean      5.65000    Adj R-Sq    -0.1781
              Coeff Var          15.55331

                         Parameter Estimates
                       Parameter     Standard
Variable       DF       Estimate        Error    t Value    Pr > |t|
Intercept       1        5.60000      0.43938      12.75      <.0001
X1              1        0.25000      0.62138       0.40      0.6968
X2              1       -0.10000      0.62138      -0.16      0.8757
```

图 14.12　检验区组的随机化区组设计简化模型的 SAS 回归输出

我们还要求 SAS 执行区组的嵌套模型 F 检验. 结果 $F = 72.46$, p 值 < 0.0001, 在图 14.10 的 SAS 完全模型输出的底部阴影部分给出. 小的 p 值确认我们的结论: 有充分的证据(在 $\alpha = 0.05$) 拒绝 H_0.

注意: 区组均值相等性检验结果必须小心地解释, 特别当 F 检验统计量的计算值没有落在拒绝域时, 这不一定意味着区组均值相等, 即分区组是不重要的. 得到这个结论等价于接受原假设, 我们必须小心地避免习惯, 因为不知道 Ⅱ 型错误(当 H_a 为真时, 接受 H_0)的概率. 换句话说, 即使对区组不同的检验没有结论, 仍可以在类似的未来试验中利用随机化区组设计. 如果试验者相信区组内比区组间更同质, 将会用随机化区组设计, 而不管试验单位在比较区组均值的检验是否说明它们是不同的.

用于分析由随机化区组设计收集的数据的传统方差分析与完全随机化设计类似. 随机化区组设计的 SS(总)的分解由图 14.13 很容易看出, 这里 SS(总)已被分解为三部分:

$$SS(总) = SSB + SST + SSE.$$

计算 SSB 和 SST 的公式与完全随机化设计中计算 SST 的公式有相同的形式.

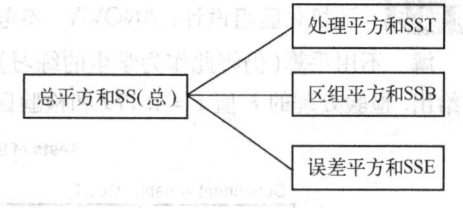

图 14.13　随机化区组设计的总平方和的分解

由这些量, 得到处理均方 MST, 区组均方 MSB 以及误差均方 MSE, 如后面给出. 检验统计量是

$$F = \frac{MST}{MSE}, \quad 检验处理$$

$$F = \frac{MSB}{MSE}, \quad 检验区组$$

这些 F 值等价于回归方法的"部分" F 统计量.

随机化区组设计的 ANOVA 计算公式

$\sum_{i=1}^{n} y_i$ = 所有 n 个测量值的和.

$\sum_{i=1}^{n} y_i^2$ = 所有 n 个测量值的平方和.

CM = 均值的修正 = $\dfrac{(\text{所有测量值的总和})^2}{\text{测量值的总个数}} = \dfrac{\left(\sum_{i=1}^{n} y_i\right)^2}{n}$

$SS(\text{总})$ = 总平方和 = (所有测量值平方和) $- CM = \sum_{i=1}^{n} y_i^2 - CM$.

SST = 处理平方和 = (每个处理内测量值之和的平方除以那个处理测量值的个数 b 之总和) $- CM$

$= \dfrac{T_1^2}{b} + \dfrac{T_2^2}{b} + \cdots + \dfrac{T_p^2}{b} - CM$.

SSB = 区组平方和 = (每个区组内测量值之和的平方除以那个区组的测量值的个数 p 的总和) $- CM$

$= \dfrac{B_1^2}{p} + \dfrac{B_2^2}{p} + \cdots + \dfrac{B_b^2}{p} - CM$.

SSE = 误差平方和 = $SS(\text{总}) - SST - SSB$.

MST = 处理均方 = $\dfrac{SST}{p-1}$.

MSB = 区组均方 = $\dfrac{SSB}{b-1}$.

MSE = 误差均方 = $\dfrac{SSE}{n-p-b+1}$.

$F = \dfrac{MST}{MSE}$,检验处理.

$F = \dfrac{MSB}{MSE}$,检验区组.

例 14.6 随机化区组设计:ANOVA 参考例 14.5,用 ANOVA 方法对表 14.3 中的数据进行方差分析.

解 不用手算(仍将此作为学生的练习),而用统计软件包计算. SPSS 的 ANOVA 输出在图 14.14 中给出. 检验处理的 F 值 $F=4.179$ 和检验区组的 F 值 $F=72.464$ 都是输出中的阴影部分. 注意这些

Tests of Between-Subjects Effects

Dependent Variable: COST

Source	Type III Sum of Squares	df	Mean Square	F	Sig.
Corrected Model	7.023[a]	5	1.405	45.150	.000
Intercept	383.070	1	383.070	12312.964	.000
ENGINEER	.260	2	.130	4.179	.073
JOB	6.763	3	2.254	72.464	.000
Error	.187	6	3.111E-02		
Total	390.280	12			
Corrected Total	7.210	11			

a. R Squared = .974 (Adjusted R Squared = .953)

图 14.14 随机化区组设计的 SPSS ANOVA 输出

值与例 14.5 中用回归方法计算的 F 值是一样的,检验的 p 值(也是阴影的部分)得到同样的结论. 例如,检验处理差异的 p 值,$p = 0.073$,大于 $\alpha = 0.05$;因此,处理均值间有差异的证据是不充分的. ∎

如同用完全随机化设计一样,将随机化区组设计的变异来源和各自的自由度、平方和以及均方汇总在方差分析表内,随机化区组设计 ANOVA 表的形式如下面所示;表 14.3 中数据的 ANOVA 表在表 14.4 给出(这些量都由图 14.14 输出中得到的). 注意这三个变异来源(处理、区组和误差)的自由度相加就是 SS(总)的自由度. 类似地,三个来源的平方和相加就是 SS(总).

随机化区组设计 ANOVA 表的一般形式				
来源	df	SS	MS	F
处理	$p-1$	SST	MST	MST/MSE
区组	$b-1$	SSB	MSB	MSB/MSE
误差	$n-p-b+1$	SSE	MSE	
总和	$n-1$	SS(总)		

表 14.4 例 14.6 的 ANOVA 分析总结表

来源	df	SS	MS	F
处理(工程师)	2	0.260	0.130	4.18
区组(任务)	3	6.763	2.254	72.46
误差	6	0.187	0.031	
总和	11	7.210		

注意当对试验中的处理进行分组时,有一点是非常重要的. 回忆 13.3 节中消去区组效应,这个事实使我们能够计算处理均值之差的置信区间. 但如果样本的处理均值用于估计单个处理均值,区组效应没有消除,因此,得到区组设计中单个处理均值(以及相应的置信区间)的无偏估计的唯一方法是从一个大的区组集合(总体)中随机选取区组,并将区组效应作为除随机误差之外的第二个随机分量. 包含两个或更多随机分量的设计称为嵌套设计,已超出了本书的范围,关于这个主题的更多内容,查询本章的参考文献.

应用练习

14.17 预测用电量. 比较两种不同的预测每月用电量的方法,结果发表在 *Applied Mathematics and Computation*(Vol. 186, 2007). 这两种方法是人工神经网络(ANN)和时间序列回归(TSR). 用每一种方法对这四个月分别进行预测. 这些预测也会分别和每月实际用电量比较. 设计的框架如下表所示. 研究人员想比较 ANN 预测、TSR 预测和实际消耗的平均用电量.

月	ANN 预测	TSR 预测	实际消耗
1	—	—	—
2	—	—	—
3	—	—	—
4	—	—	—
样本均值	13.480	13.260	13.475

a. 判断研究所用的试验设计.
b. 研究中部分 ANOVA 表由下面给出. 填写缺失的部分.
c. 利用表中的信息做适当的 ANOVA F 检验,$\alpha = 0.05$. 用问题的语言陈述你的结论.

来源	df	SS	MS	F 值	p 值
预测方法	—	—	0.195	2.83	0.08
月	3	—	10.780	—	<0.01
误差	—	0.414	0.069		
总和	11	33.144			

14.18 沿高速公路产生太阳能. *International Journal of Energy and Environmental Engineering*(2013 年 12 月)调查了用建造在屋顶上的太阳能板铺在国家高

速公路上方作为太阳能资源的潜力. 把太阳能板安装在印度一条 200 公里的高速公路上,用计算机模拟来估计每月产生的太阳能(千瓦时). 每月都在四种条件下运行模拟:单层太阳能板, 间隔 1 米的双层太阳能板, 间隔 2 米的双层太阳能板和间隔 3 米的双层太阳能板. 12 个月的数据在下表中给出. 为了比较四种板产生的平均太阳能, 建立随机化区组设计 ANOVA. 分析的 MINITAB 输出在下面给出.

a. 指出试验的因变量、处理和区组.
b. 给出分析数据的回归模型方程.
c. 在模型参数方面, 为了比较四种板产生的平均太阳能, 你会检验什么原假设?
d. 利用回归进行 c 中检验, 给出 F 值和相关的 p 值.

SOLARPANEL

月	单层	双层		
		1 米	2 米	3 米
1 月	7 308	8 917	9 875	10 196
2 月	6 984	8 658	9 862	9 765
3 月	7 874	9 227	11 092	11 861
4 月	7 328	7 930	9 287	10 343
5 月	7 089	7 605	8 422	9 110
6 月	5 730	6 350	7 069	7 536
7 月	4 531	5 120	5 783	6 179
8 月	4 587	5 171	5 933	6 422
9 月	5 985	6 862	8 208	8 925
10 月	7 051	8 608	10 008	10 239
11 月	6 724	8 264	9 238	9 334
12 月	6 883	8 297	9 144	9 808

资料来源:Sharma, P. & Harinarayana, T. "Solar energy generation potential along national highways", *International Journal of Energy and Environmental Engineering*, Vol. 49, No. 1, Dec. 2013 (表 3).

```
Two-way ANOVA: Energy versus Condition, Month

Source      DF         SS         MS       F       P
Condition    3   49730750   16576917  115.54   0.000
Month       11   90618107    8238010   57.42   0.000
Error       33    4734730     143477
Total       47  145083587

S = 378.8   R-Sq = 96.74%   R-Sq(adj) = 95.35%
```

练习 14.18 的 MINITAB 输出

14.19 修复管道裂缝. 佩斯(澳大利亚)城市水务局最近完成了一项从初级处理厂传输家庭废水的陆地管道建设. 建筑期间, 检测管道水泥砂浆内衬的裂缝, 确定自愈合是否能糊住裂缝, 否则必须用昂贵的环氧填充物(*Proceedings of the Institute of Civil Engineers*, 1986 年 4 月刊). 观察到管道中的裂缝后, 保持充满水 14 周的时间. 在浸湿期间的第 2 周、第 6 周和第 14 周后, 测量 12 个裂缝位置处裂缝宽度(mm), 数据在下面的表中给出. 用 SAS 对数据进行 ANOVA 的输出在下面给出. 进行检验确定 4 个时期的平均裂缝宽度是否不同, 用 $\alpha = 0.05$ 检验.

```
                    The ANOVA Procedure
Dependent Variable: WIDTH

                              Sum of
Source              DF       Squares    Mean Square   F Value   Pr > F
Model               14    2.96188333     0.21156310     13.71   <.0001
Error               33    0.50930833     0.01543359
Corrected Total     47    3.47119167

       R-Square    Coeff Var    Root MSE    WIDTH Mean
       0.853276     46.08296    0.124232      0.269583

Source              DF      Anova SS    Mean Square   F Value   Pr > F
PERIOD               3    2.68489167     0.89496389     57.99   <.0001
LOCATION            11    0.27699167     0.02518106      1.63    0.1354
```

练习 14.19 的 SAS 输出

CRACKPIPE

裂缝位置	输水后裂缝宽度				裂缝位置	输水后裂缝宽度			
	0 周	2 周	6 周	14 周		0 周	2 周	6 周	14 周
1	0.50	0.20	0.10	0.10	7	0.90	0.25	0.05	0.05
2	0.40	0.20	0.10	0.10	8	1.00	0.30	0.05	0.10
3	0.60	0.30	0.15	0.10	9	0.70	0.25	0.10	0.10
4	0.80	0.40	0.10	0.10	10	0.60	0.20	0.10	0.10
5	0.80	0.30	0.05	0.05	11	0.30	0.15	0.10	0.05
6	1.00	0.40	0.05	0.05	12	0.30	0.14	0.05	0.05

资料来源：Cox. B. G and Kelsall. K. J. "Construction of Cape Peron Ocean Outlet, Perth, Western Australia." *Proceedings of the Institute of Civil Engineers*, Part1, Vol. 80, Apr. 1986, p. 479（表1）.

14.20 低频声音的暴露. 次声描述低于人耳可听范围的声音频率. *Jornal of Low Fregency, Vibration and Active Control*（2004 年 3 月）发表了一篇关于次声对生理的影响，练习 7.53. 在试验中，5 名大学生为一组（A 组）暴露在 4Hz 120dB 的次声中 1h，第二组 5 名学生（B 组）暴露在 2Hz 110dB 的次声中. 测量每名学生暴露在次声之前和之后的心率（次/分钟），试验数据在下表中给出. 为确定次声的影响，研究人员比较暴露之前的平均心率与暴露之后的平均心率.

INFRASOUND2

A 组学生	暴露前	暴露后	B 组学生	暴露前	暴露后
A1	70	70	B1	73	79
A2	69	80	B2	68	60
A3	76	84	B3	61	69
A4	77	86	B4	72	77
A5	64	76	B5	61	66

资料来源：Qibai. C. Y. H., and Shi. H. "An investigation on the physiological and psychological effects of infrasound on persons." *Journal of Low Frequency Noise, Vibration and Active Control*, Vol. 23, No. 1, March 2004（Tables Ⅰ-Ⅳ）.

a. 对随机区组设计用 ANOVA 分析 A 组学生的数据，进行感兴趣的 ANOVA 检验，取 $\alpha = 0.05$.
b. 对 B 组学生重复 a.
c. 在练习 7.53 中，用配对差的 T-检验分析数据. 说明此结果等价于随机化区组 ANOVA.（提示：证明 $F = T^2$，其中 F 是 a 中的检验统计量，T 是配对差的检验统计量.）

14.21 积垢对井流动性能的影响. 油井可能会受到积垢的影响，从而导致井的流动性能降低. 因此，定期评估积垢造成的损害对油井管理者来说是很重要的. 在 *Journal of Petroleum & Gas Engineering*（2013 年 4 月）中，研究人员比较了用于评估积垢损害的四种不同的计算机软件产品，这些软件分别为（1）Kappa Saphir（2）EPS Pansystem（3）MS Office Excel（4）Mellitah B. V. 从感兴趣区域的所有油井中随机选取 10 口（都有不同程度的积垢），用四种软件测量了每口井的积垢损害（称为"表皮系数"），数据在下表中给出. 研究的目的是比较四种软件确定的平均表皮系数.

SKINFACTOR

井	Kappa Saphir	EPS Pansystem	MS Office Excel	Mellitah B. V.
1	39.15	37.77	44.48	16.80
2	12.92	13.21	18.34	12.50
3	6.84	7.02	19.21	7.00
4	4.13	4.77	11.70	4.13
5	2.59	1.96	9.25	2.40
6	281.43	281.74	317.40	287.60
7	192.78	192.16	181.44	193.50
8	138.23	140.84	154.65	140.00
9	54.21	56.86	77.43	57.30
10	45.65	45.01	49.37	42.00

资料来源：Rahuma, K. M., et al. "Comparison between spreadsheet and specialized programs in calculating the effect of scale deposition on the well flow performance", *Journal of Petroleum & Gas Engineering*, Vol. 4, No. 4, April 2013（表2）.

a. 解释为什么用随机化区组设计收集数据.
b. 指出试验的因变量、处理和区组.
c. 为分析建立合适的 ANOVA 表.
d. 是否有证据可以表明四种软件确定的平均表皮系数不同？用 $\alpha = 0.01$ 检验.

14.22 **奶牛被屠宰前的压力**. 奶牛在被屠宰前,压力(如果有的话)水平如何?为了回答这个问题,研究人员用饲养在法国诺曼底的奶牛设计了一项实验(*Applied Animal Behaviour Science*, 2010年6月). 在屠宰前的四个不同阶段测量了奶牛的心率(次/分钟):(1)第一阶段与同圈牛有视觉接触,(2)开始准备,与同圈牛初步分离,(3)恢复与同圈牛的视觉接触,(4)屠宰前首次与人类接触. 8头牛的数据(通过文章中给出的信息模拟)在下表中给出. 研究人员用随机化区组设计的方差分析来分析数据,他们的目的是确定屠宰前四个阶段奶牛的平均心率是否不同.

a. 指出这个试验设计的处理和区组.
b. 利用统计软件包建立合适的分析,将结果总结到 ANOVA 表中.
c. 是否有证据表明屠宰前四个阶段奶牛的平均心率不同?用 $\alpha = 0.05$ 检验.
d. 如果有必要的话,建立多重比较来给四个处理的均值排序,用 $\alpha = 0.05$ 的试验错误率.

🌐 **COWSTRESS**

奶牛	阶段			
	1	2	3	4
1	124	124	109	107
2	100	98	98	99
3	103	98	100	106
4	94	91	98	95
5	122	109	114	115
6	103	92	100	106
7	98	80	99	103
8	120	84	107	110

14.23 **用来冷却柑橘类水果的容器**. 在运输和贮藏之前,堆放在托盘上的柑橘类水果容易受到高温损坏. 因此,设计了一些容器来冷却水果. *Journal of Food Engineering*(2013年9月)发表的一篇文章调查了一种现有的水果容器设计(Standard)和两种新型容器设计(Supervent 和 Ecopack). Standard 和 Supervent 都为水果排放3排,而 Ecopack 只用2排. 托盘上的柑橘被随机分为3组,一组用 Standard 容器贮藏,一组用 Supervent 容器,一组用 Ecopack 容器. 由于容器第一排的柑橘会比其他排的更凉爽,因此研究人员进行了随机化区组设计,其中排数代表区组,容器设计代表处理. 感兴趣的响应变量为半冷却时间,测量将水果和冷空气的温差减少一半的时间(分钟). 测量每种设计中每排水果的半冷却时间,数据在下表中给出. 注意到 Ecopack 设计没有3排的数据,这是因为 Ecopack 容器只用2排放水果. 因此,设计是不均衡的且 ANOVA 公式不再适用. 然而,ANOVA 回归方法可以得到正确分析. 建立合适的方差分析并用 $\alpha = 0.10$ 陈述你的结论.

🌐 **COOLING**

	Standard	Supervent	Ecopack
1 排	116	93	115
2 排	181	139	164
3 排	247	176	

14.24 **评估无铅焊料**. 传统上用于电子装配的焊料都使用铅. 由于大量的环境危害都与含铅焊料相关(例如地下水污染和吸入细小的含铅微粒),工程师开发了一种无铅焊料. 在 *Soldering Surface Mount Technology*(Vol. 13, 2001)中,研究人员比较传统的锡铅合金焊料和三种无铅合金:锡银、锡铜和锡银铜. 在6个不同的温度下测量每种焊料的塑性硬度(Nm/m^2),数据在下表中给出.

🌐 **LEADSOLDER**

温度(℃)	锡铅	锡银	锡铜	锡银铜
23	50.1	33.0	14.9	41.0
50	24.6	27.7	10.5	20.7
75	23.1	10.7	9.3	17.1
100	1.8	9.0	8.8	8.7
125	1.1	4.9	5.4	7.1
150	0.3	3.2	5.0	4.9

资料来源:Harrison. M. R., Vincent, J. H., and Steen, H. A. H. "Lead-free reflow soldering for electronics assembly." *Soldering & Surface Mount Technology*, Vol. 13, No. 3, 2001(表10).

a. 解释为什么用随机化区组设计的 ANOVA 来分析数据.
b. 由分析写出汇总的 ANOVA 表.
c. 4 种类型焊料的塑性硬度平均值是否不同,用 $\alpha = 0.01$ 检验.

14.25 **基因的明暗变化**. 参考练习 8.49, *Journal of Bacteriology*(2002年7月)发表了一篇关于细菌基因对光的灵敏性的研究. 科学家分离出103种负责光合作用和呼吸作用的细菌基因,每种基因在"全明"的培养器中长到中指数期,然后分别暴露在三种明/暗条件下："全暗"（熄灯 24h）、"短暂光亮"（开灯持续 90min）、"短暂黑暗"（关灯持续 90min）. 在每个明/暗条件结束时，确定 103 种基因中每种基因的标准化成长的测量值，全部数据集保存在 **GENEDARK** 文件中（前 10 个基因数据在附表中给出）. 假定试验的目的是比较三种明/暗条件下的平均标准化生长的测量值.

a. 写出一个适合分析数据的线性模型.

🌐 **GENEDARK**（给出前 10 个观测值）

基因编码	全暗	短暂光亮	短暂黑暗
SLR2067	-0.005 62	1.409 89	-1.285 69
SLR1986	-0.683 72	1.830 97	-0.687 23
SSR3383	-0.254 68	-0.797 94	-0.397 19
SLL0928	-0.187 12	-1.209 01	-1.186 18
SLR0335	-0.206 20	1.714 04	-0.730 29
SLR1459	-0.534 77	2.141 56	-0.331 74
SLL1326	-0.062 91	1.036 23	0.303 92
SLR1329	-0.851 78	-0.214 90	0.445 45
SLL1327	0.635 88	1.426 08	-0.136 64
SLL1325	-0.698 66	1.930 14	-0.248 20

资料来源：Gill, R. T., et al. "Genome-wide dynamic transcriptional profiling of the light to dark transition in *Synechocystis Sp.* PCC6803," *Journal of Bacteriology*, Vol. 184, No. 13, 2002 年 7 月.

b. 用 a 中模型的 β 参数给出比较明/暗条件均值的原假设.

c. 用统计软件包进行 a 中检验，解释当 $\alpha = 0.05$ 的结果.

14.26 **服装的自动化处理系统**. 英国一家生产牛仔裤的工厂最近引进了一个计算机化自动处理系统. 这种新系统是用高架输送机将衣服传输到装配线上的操作员. 当自动系统使操作员处理时间达到极小时，它会阻止操作员提前工作以及离开他们的机器休息. 在 *New Technology, Work and Employment*（2001 年 7 月）的一项研究调查了这种新的处理系统对牛仔裤工厂工人缺勤率的影响. 有一种理论是平均缺勤率会因一周中的各天而不同，因为操作员决定纵容自己缺勤一天，以缓解工作压力. 随机地选择 9 周，确定工作周中的每天（星期一至星期五）缺勤率（缺勤工人的百分比）数据在下表中给出. 进行数据的完全分析，以确定在工作周的 5 天中平均缺勤率是否不同.

🌐 **JEANS**

周	星期一	星期二	星期三	星期四	星期五
1	5.3	0.6	1.9	1.3	1.6
2	12.9	9.4	2.6	0.4	0.5
3	0.8	0.8	5.7	0.4	1.4
4	2.6	0.0	4.5	10.2	4.5
5	23.5	9.6	11.3	13.6	14.1
6	9.1	4.5	7.5	2.1	9.3
7	11.1	4.2	4.1	4.2	4.1
8	9.5	7.1	4.5	9.1	12.9
9	4.8	5.2	10.0	6.9	9.0

资料来源：Boggis, J. J. "The eradication of leisure." *New Technology, Work, and Employment*, Volume 16, No. 2, 2001 年 7 月（表 3）.

14.5 双因子析因试验

在 13.4 节中，已经学过析因试验是为研究两个或多个自变量（因子）对响应 y 的均值影响而进行的增加容量设计. 在本节中，我们主要集中于双因子析因试验的分析.

例如，假定想要把已完成的项目，譬如说一种新桌面的平均缺陷数与两个因子：油漆喷枪的喷嘴类型和喷涂的时间长度有关. 进一步假定，想要研究在三种喷嘴类型（三水平）（N_1, N_2, N_3）和两个喷涂时间长度（两水平）（S_1, S_2）下每张桌面的平均缺陷数. 如果选择包括喷嘴类型的三种水平和喷涂时间长度的两种水平所有组合的作为试验处理，即观测因子水平组合 $N_1S_1, N_2S_1, N_3S_1, N_1S_2, N_2S_2, N_3S_2$ 的缺陷数，则称我们的设计为**完全 3×2 因子试验**. 注意这个设计将包括 3×2 = 6 个处理.

回忆析因试验对选择处理是有用的方法，因为它们允许进行有关因子交互作用的推断. 3×2 析因试验的完全模型包含 (3−1) = 2 个喷嘴的主效应，(2−1) = 1 个喷涂时间的主效应和 (3−1)(2−1) = 2 个喷嘴–喷涂时间的交互作用项：

$$E(y) = \beta_0 + \underbrace{\beta_1 x_1 + \beta_2 x_2}_{\text{喷嘴主效应}} + \underbrace{\beta_3 x_3}_{\text{喷涂时间主效应}} + \underbrace{\beta_4 x_1 x_3 + \beta_5 x_2 x_3}_{\text{喷嘴} \times \text{喷涂时间的交互作用}}$$

模型中的自变量(因子)既可以是定量的也可以是定性的. 如果它们是定量的, 则主效应由 x, x^2, x^3 等项表示; 如果是定性的, 则主效应由虚拟变量表示. 在我们的 3×2 析因试验中, 喷嘴类型是定性的, 而喷涂时间是定量的; 因此, 模型中的 x 变量定义如下:

$$x_1 = \begin{cases} 1 & \text{如果是喷嘴 } N_1 \\ 0 & \text{如果不是} \end{cases} \qquad x_2 = \begin{cases} 1 & \text{如果是喷嘴 } N_2 \\ 0 & \text{如果不是} \end{cases} \qquad \text{基准水平} = \text{喷嘴 } N_3$$

$$x_3 = \text{喷涂时间长度(min)}$$

注意到对 3×2 析因模型包含 $3 \times 2 = 6$ 个 β 参数. 如果对 $3 \times 2 = 6$ 个处理中的每一个只观测一个响应 y 的值, 那么对完全模型, 自由度(误差)是 $(n-6)=0$. 因此, 对一个析因试验, 对每个因子–水平组合观测值的个数 r (即析因试验的重复次数)必须总是 2 或更多. 否则, 没有自由度可用于估计 σ^2.

为了检验因子交互作用, 我们舍弃交互作用项并拟合简化模型:

$$E(y) = \beta_0 + \underbrace{\beta_1 x_1 + \beta_2 x_2}_{\text{喷嘴主效应}} + \underbrace{\beta_3 x_3}_{\text{喷涂时间主效应}}$$

用比较两个模型 SSE 的部分 F 统计量来检验没有交互作用的原假设 $H_0: \beta_4 = \beta_5 = 0$. 检验交互作用的一般步骤汇总在下面的方框中.

---

a 水平的 A 因子和 b 水平的 B 因子的两因子析因试验中交互作用模型和 ANOVA F 检验

完全模型:

$$E(y) = \beta_0 + \underbrace{\beta_1 x_1 + \cdots + \beta_{a-1} x_{a-1}}_{\text{主效应 } A \text{ 的项}} + \underbrace{\beta_a x_a + \cdots + \beta_{a+b-2} x_{a+b-2}}_{\text{主效应 } B \text{ 的项}}$$

$$+ \underbrace{\beta_{a+b-1} x_1 x_a + \beta_{a+b} x_1 x_{a+1} + \cdots + \beta_{ab-1} x_{a-1} x_{a+b-2}}_{AB \text{ 交互作用项}}$$

其中[⊖]:

$$x_1 = \begin{cases} 1 & \text{如果是因子 } A \text{ 的水平 2} \\ 0 & \text{如果不是} \end{cases} \cdots \quad x_{a-1} = \begin{cases} 1 & \text{如果是因子 } A \text{ 的水平 } a \\ 0 & \text{如果不是} \end{cases}$$

$$x_a = \begin{cases} 1 & \text{如果是因子 } B \text{ 的水平 2} \\ 0 & \text{如果不是} \end{cases} \cdots \quad x_{a+b-2} = \begin{cases} 1 & \text{如果是因子 } B \text{ 的水平 } b \\ 0 & \text{如果不是} \end{cases}$$

$H_0: \beta_{a+b-1} = \beta_{a+b} = \cdots = \beta_{ab-1} = 0$ （即因子 A 和 B 之间没有交互作用）

$H_a: H_0$ 中的 β 参数至少有一个不等于 0 （即因子 A 和 B 之间有交互作用）

简化模型:

$$E(y) = \beta_0 + \underbrace{\beta_1 x_1 + \cdots + \beta_{a-1} x_{a-1}}_{\text{主效应 } A \text{ 的项}} + \underbrace{\beta_a x_a + \cdots + \beta_{a+b-2} x_{a+b-2}}_{\text{主效应 } B \text{ 的项}}$$

检验统计量: $F = \dfrac{(\text{SSE}_R - \text{SSE}_C)/[(a-1)(b-1)]}{\text{SSE}_C/[ab(r-1)]} = \dfrac{(\text{SSE}_R - \text{SSE}_C)/[(a-1)(b-1)]}{\text{MSE}_C}$

其中:

$\text{SSE}_R =$ 简化模型的 SSE

$\text{SSE}_C =$ 完全模型的 SSE

MSE_c = 完全模型的 MSE

r = 重复数(即 $a \times b$ 析因试验中每个单元的 y 观测值个数)

拒绝域：$F > F_a$，p 值：$P(F > F_c)$ 其中 F 基于自由度 $\nu_1 = (a-1)(b-1)$ 和 $\nu_2 = ab(r-1)$，F_c 是检验统计量的计算值.

假定：1. 任意因子—水平组合的观测值的总体概率分布是近似正态的.

2. 概率分布的方差是常数，且对所有因子—水平组合都相同.

注：对两个因子都表示定性变量的试验，自变量 $x_1, x_2, \cdots, x_{a+b-2}$ 是有定义的主效应. 若一个因子是定量的，可以选择如 x, x^2, x^3 等的定量项表示主效应.

用相似的方法进行因子主效应检验. 从完全模型中删去感兴趣的主效应项，并拟合简化模型，用通常的方式比较两个模型的 SSE.

在计算析因试验的方差分析的数值例子之前，需要理解因子交互作用和因子主效应检验的实际显著性. 我们在例 14.7 中阐述这个概念.

例 14.7 **析因试验：说明因子交互作用** 一个冲压橡胶、塑料和其他材料垫圈的公司希望比较两种不同类型的冲压机平均每小时生产垫圈的数量. 实际上，制造商想确定哪一台机器比别的机器生产更多，甚至更重要的是确定哪一台机器在生产橡胶垫圈时生产更多，而哪一台机器在生产塑料垫圈时生产更多. 为回答这些问题，制造商决定进行 2×3 析因试验，用三种垫圈原料 B_1、B_2 和 B_3，且每种用两种类型冲压机器 A_1 和 A_2. 每种机器对每种垫圈原材料运行 3 次，每次 1 小时，18 个 1 小时按随机次序指派给 6 个机器 – 原料组合. (随机化的目的是消除不可控的环境因子可能影响结果的可能性.) 假定已经计算且绘制了这 6 个处理均值图. 6 个均值的两个假设图分别在图 14.15a 和图 14.15b 中给出. 冲压机 A_1 的三个均值由实折线连接，冲压机 A_2 的三个均值由虚折线连接. 关于两台冲压机的生产率，这些图表示了什么？

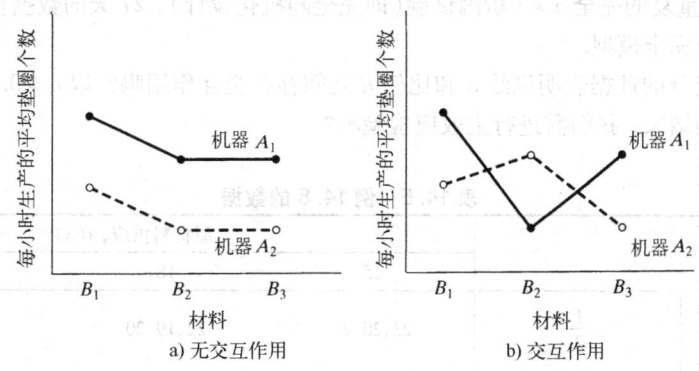

图 14.15　6 个机器 – 材料组合的均值假设图

解 图 14.15a 指出，不管垫圈是何种材料，机器 A_1 每小时生产较多的垫圈，因此优于机器 A_2. 平均来看，机器 A_1 每小时冲压软木(B_1)的垫圈多于橡胶或塑料，但是不考虑垫圈的原料，两种机器生产的垫圈的平均数的差异保持近似地相同. 因此，两种机器生产的垫圈的平均数差异与冲压过程中所用的垫圈原料是无关的.

与图 14.15a 不同，图 14.15b 显示当垫圈原料是软木塞 B_1 或塑料 B_3 时，机器 A_1 的生产率比机

器 A_2 高,但是对垫圈原料为橡胶 B_2 的平均值却相反.对这种原料,机器 A_2 比机器 A_1 平均每小时生产更多的垫圈.因此,图 14.15b 阐述这样一个情况,由两种机器生产的垫圈的平均数的差异依赖于垫圈的原料.当这种情况发生时,我们说,因子之间存在交互作用.因此,析因试验最重要目的之一是发现因子之间的交互作用,如果它是存在的. ∎

定义 14.2 在析因试验中,当因子 A 的平均水平的差异依赖于因子 B 的不同水平时,我们称因子 A 与 B 有**交互作用**.如果差异与 B 的水平无关,那么 A 与 B 之间**没有交互作用**.

只有当因子之间没有交互作用时,主效应检验才是恰当的.一般地,首先进行交互作用检验(见图 14.16).如果存在因子交互作用的证据,那么将不进行主效应检验.更确切地,我们将要集中注意力在单个单元(处理)的平均值上,也许找出最大或最小的一个.

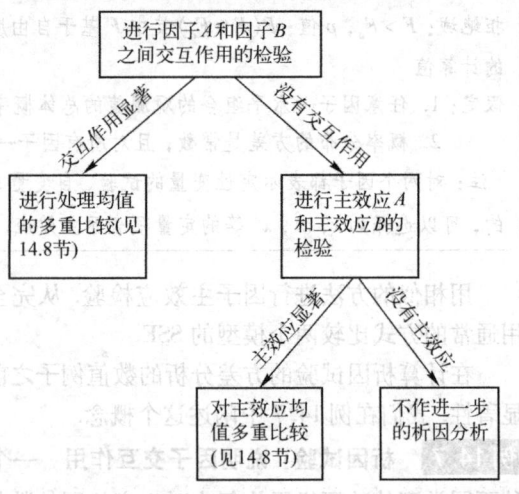

图 14.16 双因子析因试验的检验准则

例 14.8 **3×3 析因设计:回归方法** 一个原材料的日常供给是变化且有限制的公司,可以用原材料按各种不同的比例生产两种不同的产品.每单位原材料生产两种产品中的每一种获得的利润依赖于产品的制造流程的长度,因此依赖于分配给它的原材料量.其他因子(像工人的生产效率和机器的故障)也影响每单位利润,但是它们对利润的净影响是随机的且是不可控的.生产商进行一次试验以调查原材料 S 的供给水平和两条生产线分配比例 R 对每单位原材料利润 y 的影响.最终目的是能够选出与每天原材料供给 S 匹配的最佳比例 R.试验选择的原料供给水平为 15,18 和 21t;分配给两条生产线的比例水平是 1/2,1 和 2.响应是从单日生产量获得的每单位原材料供给的利润(美元).以随机序列进行三次重复的完全 3×3 析因试验(即完全随机化设计),27 天的数据在表 14.5 中给出.

a. 写出试验的完全模型.
b. 数据提供充分的证据表明供给 S 和比例 R 之间存在交互作用吗? 取 $\alpha = 0.05$.
c. 基于 b 中的结果,我们需进行主效应检验吗?

表 14.5 例 14.8 的数据

		原材料供应,t(S)		
		15	18	21
原材料分配比例(R)	$\frac{1}{2}$	23,20,21	22,19,20	19,18,21
	1	22,20,19	24,25,22	20,19,22
	2	18,18,16	21,23,20	20,22,24

解 a. 为两个因子(供给和比例)设定三个水平.每个因子需要两个虚拟变量.(主效应项的个数比因子的水平数少一.)因此,3×3 析因试验的完全因子模型是

$$y = \beta_0 + \underbrace{\beta_1 x_1 + \beta_2 x_2}_{\text{供应主效应}} + \underbrace{\beta_3 x_3 + \beta_4 x_4}_{\text{比例主效应}} + \underbrace{\beta_5 x_1 x_3 + \beta_6 x_1 x_4 + \beta_7 x_2 x_3 + \beta_8 x_2 x_4}_{\text{供应-比例交互作用}} + \varepsilon$$

其中 $x_1 = \begin{cases} 1, 如果供给15吨 \\ 0, 如果不是 \end{cases}$ $x_2 = \begin{cases} 1, 如果供给18吨 \\ 0, 如果不是 \end{cases}$ (供给基本水平 = 21 吨) $x_3 = \begin{cases} 1, 如果比例是1:2 \\ 0, 如果不是 \end{cases}$ $x_4 = \begin{cases} 1, 如果比例是1:1 \\ 0, 如果不是 \end{cases}$ (比例基本水平2:1). 注意模型的交互作用项是由各种主效应项, 即一个因子与每个因子的乘积构成. 例如, 我们引入了包含 x_1 与 x_3 及 x_4 的乘积项, 其余的交互作用项由 x_2 乘以 x_3 和 x_2 乘以 x_4 而得到.

b. 为检验供给与比例不存在交互作用的原假设, 必须检验在 a 中的线性模型不需要交互作用项的原假设:

$$H_0: \beta_5 = \beta_6 = \beta_7 = \beta_8 = 0$$

这要求我们拟合简化模型

$$E(y) = \beta_0 + \beta_1 x_1 + \beta_2 x_2 + \beta_3 x_3 + \beta_4 x_4$$

并执行12.8节给出的部分 F 检验. 检验统计量为

$$F = \frac{(\text{SSE}_R - \text{SSE}_C)/4}{\text{MSE}_C}$$

其中, SSE_C = 完全模型的SSE, MSE_C = 完全模型的MSE, SSE_R = 简化模型的SSE. 利用SAS, 对 a 中的完全模型和这里提出的简化模型拟合表14.5中的数据, SAS输出显示在图14.17a和14.17b中. 在输出的阴影部分有关的量为:

```
                    Dependent Variable: PROFIT
              Number of Observations Read      27
              Number of Observations Used      27

                        Analysis of Variance
                              Sum of          Mean
Source              DF       Squares        Square    F Value    Pr > F
Model                8      74.66667       9.33333       3.88    0.0081
Error               18      43.33333       2.40741
Corrected Total     26     118.00000

              Root MSE              1.55158    R-Square    0.6328
              Dependent Mean       20.66667    Adj R-Sq    0.4696
              Coeff Var             7.50766

                          Parameter Estimates
                     Parameter      Standard
Variable      DF      Estimate         Error    t Value    Pr > |t|
Intercept      1      22.00000       0.89581      24.56      <.0001
X1             1      -2.66667       1.26686      -2.10      0.0496
X2             1      -1.66667       1.26686      -1.32      0.2048
X3             1      -4.66667       1.26686      -3.68      0.0017
X4             1      -0.66667       1.26686      -0.53      0.6051
X1X3           1       6.66667       1.79161       3.72      0.0016
X1X4           1       1.66667       1.79161       0.93      0.3645
X2X3           1       4.66667       1.79161       2.60      0.0179
X2X4           1       4.00000       1.79161       2.23      0.0385

       Test INTERACTION Results for Dependent Variable PROFIT
                                 Mean
         Source         DF      Square      F Value    Pr > F
         Numerator       4     11.55556        4.80    0.0082
         Denominator    18      2.40741
```

a) 完全析因模型的SAS回归输出

图14.17　模型的SAS回归输出

```
                       Dependent Variable: PROFIT
                    Number of Observations Read      27
                    Number of Observations Used      27

                              Analysis of Variance
                                 Sum of            Mean
     Source              DF      Squares          Square      F Value    Pr > F
     Model                4     28.44444         7.11111        1.75     0.1757
     Error               22     89.55556         4.07071
     Corrected Total     26    118.00000

                    Root MSE              2.01760     R-Square     0.2411
                    Dependent Mean       20.66667     Adj R-Sq     0.1031
                    Coeff Var             9.76258

                              Parameter Estimates
                            Parameter      Standard
     Variable      DF       Estimate         Error      t Value    Pr > |t|
     Intercept      1       20.11111        0.86824      23.16      <.0001
     X1             1        0.11111        0.95111       0.12      0.9081
     X2             1        1.22222        0.95111       1.29      0.2121
     X3             1       -0.88889        0.95111      -0.93      0.3601
     X4             1        1.22222        0.95111       1.29      0.2121
```

b) 简化主效应析因模型的 SAS 回归输出

图 14.17 （续）

$$SSE_C = 43.333\,33 \quad \text{（见图 14.17a）}$$
$$MSE_C = 2.407\,41 \quad \text{（见图 14.17a）}$$
$$SSE_R = 89.555\,56 \quad \text{（见图 14.17b）}$$

将这些值代入检验统计量的公式中，得到

$$F = \frac{(SSE_R - SSE_C)/4}{MSE_C} = \frac{(89.555\,56 - 43.333\,33)/4}{2.407\,41} = 4.80$$

这个"部分" F 值为图 14.17a 的 SAS 输出底部的阴影部分，检验的 p 值为 0.008 2，因为 $\alpha = 0.05$ 超出了 p 值，所以拒绝 H_0，推断供给与比例存在交互作用。

c. 交互作用的存在说明，平均利润依赖于供给 S 和比例 R 水平的特定组合。因此，不是很有必要检查供给的三个水平的平均值是否不同，或比例的三个水平的平均值是否不同（即我们不进行主效应检验）。例如，给出最高平均利润的供给水平（对 R 的所有水平）可能不是每单位原材料生产最大平均利润的供给–比例组合。

分析 a 水平的因子 A 和 b 水平的因子 B 的完全双因子析因试验的传统方差分析方法利用将总的平方和 SS(总)可以分解成 4 部分 SS(A)、SS(B)、SS(AB) 和 SSE（见图 14.18）的事实。前两个平方和 SS(A) 和 SS(B) 称为**主效应平方和**，以区别于**交互作用平方和** SS(AB)。

方差分析的平方和与自由度是可加的，方差分析表如下面所示。注意检验因子主效应和因子交互作用的 F 统计量分别由适当的均方除以 MSE 得到的。感兴趣检验的分子自由度等于被检验的变差来源自由度；分母自由度总是等于误差自由度。

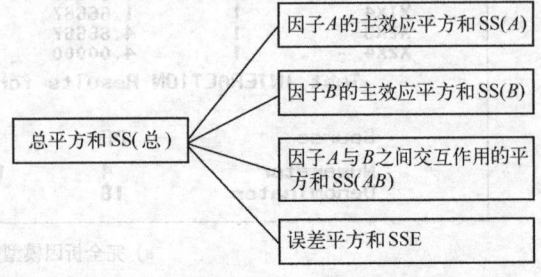

图 14.18 完全双因子析因试验的总平方和分解

<table>
<tr><td colspan="5" align="center">每个单元 r 个观测值的 $a \times b$ 析因试验的 ANOVA 表
（注：$n = a \times b \times r$）</td></tr>
<tr><td>来源</td><td>df</td><td>SS</td><td>MS</td><td>F</td></tr>
<tr><td>主效应 A</td><td>$(a-1)$</td><td>SS(A)</td><td>MS(A) = SS(A)/(a-1)</td><td>MS(A)/MSE</td></tr>
<tr><td>主效应 B</td><td>$(b-1)$</td><td>SS(B)</td><td>MS(B) = SS(B)/(b-1)</td><td>MS(B)/MSE</td></tr>
<tr><td>AB 交互作用</td><td>$(a-1) \times (b-1)$</td><td>SS(AB)</td><td>MS(AB) = SS(AB)/[(a-1)(b-1)]</td><td>MS(AB)/MSE</td></tr>
<tr><td>误差</td><td>$ab(r-1)$</td><td>SSE</td><td>MSE = SSE/[$ab(r-1)$]</td><td></td></tr>
<tr><td>总和</td><td>$abr-1$</td><td>SS(总)</td><td></td><td></td></tr>
</table>

这些 F 检验等价于拟合回归中的完全和简化模型得到的 F 检验.⊖

为了完整性，计算完全双因子析因试验的 ANOVA 平方和的公式在下面方框中给出.

双因子析因试验的 ANOVA 计算公式

$$CM = 均值的修正 = \frac{(所有 n 个测量值之和)^2}{n} = \frac{\left(\sum_{i=1}^{n} y_i\right)^2}{n}$$

$$SS(总) = 总平方和 = (所有测量值的平方和) - CM = \sum y_i^2 - CM$$

$SS(A) =$ 主效应自变量 1 的平方和 $=$ (和 $A_1, A_2, \cdots, A_a$ 的平方和除以单个和的观测值个数（即 br）的和) $-$ CM

$$= \frac{\sum_{i=1}^{a} A_i^2}{br} - CM$$

$SS(B) =$ 主效应自变量 2 的平方和 $=$ (和 $B_1, B_2, \cdots, B_b$ 的平方除以单个和的观测值个数 ar 之和) $-$ CM

$$= \frac{\sum_{i=1}^{b} B_i^2}{ar} - CM$$

$SS(AB) = AB$ 交互作用的平方和

$= (AB_{11}, AB_{12}, \cdots, AB_{ab}$ 单元和的平方除以单个和的测量值个数 r 之和) $- SS(A) - SS(B) - CM$

$$= \frac{\sum_{j=1}^{b}\sum_{i=1}^{a} AB_{ij}^2}{r} - SS(A) - SS(B) - CM$$

$MS(A) = SS(A)/(a-1)$
$MS(B) = SS(B)/(b-1)$
$MS(A \times B) = SS(AB)/(a-1)(b-1)$

⊖ 仅当简化模型包含交互作用项时，方框给出的主效应 ANOVA F 检验等价于回归方法的 F 检验. 因为主效应检验通常在确定交互作用项不显著之后，所以一些统计学家喜欢在进行主效应检验之前，从完全模型和简化模型中删掉交互作用项. 例如，为检验主效应 A，完全模型包含 A 和 B 的主效应项，而简化模型只包含 B 的主效应项. 为了用 ANOVA 方法得到等价的结果，AB 交互作用项和误差的平方和"合并"成一个计算新的 MSE，其中

$$MSE = \frac{SS(AB) + SSE}{n - a - b + 1}.$$

$F = \text{MS}(A)/\text{MSE}$ 检验主效应 A

$F = \text{MS}(B)/\text{MSE}$ 检验主效应 B

$F = \text{MS}(A \times B)/\text{MSE}$ 检验交互作用

其中：

a = 自变量 1 的水平数.

b = 自变量 2 的水平数.

r = 自变量 1 和自变量 2 每个水平组合的测量值个数.

n = 测量值的总个数 $= a \times b \times r$.

A_i = 自变量 1 在水平 i 的所有测量值总和($i = 1, 2, \cdots, a$).

B_j = 自变量 2 在水平 j 的所有测量值总和($j = 1, 2, \cdots, b$).

AB_{ij} = 自变量 1 在水平 i,自变量 2 在水平 j 的所有测量值的总和($i = 1, 2, \cdots, a$; $j = 1, 2, \cdots, b$).

例 14.9 3×3 析因设计：ANOVA 方法 参见例 14.8.

a. 构造分析的 ANOVA 汇总表.

b. 用传统的方差分析方法进行供给 × 比例交互作用的检验.

c. 绘制样本平均利润图（如图 14.20）说明交互作用的本质. 解释结果.

解 a. 尽管给出的公式是直接的，但用起来却是相当厌烦的. 因此，我们求助于统计软件包进行 ANOVA. ANOVA 的 MINITAB 输出在图 14.19 中给出. 输出中着重显示的是汇总的 ANOVA 表.

```
Two-way ANOVA: PROFIT versus SUPPLY, RATIO

Source         DF        SS         MS        F       P
SUPPLY          2     20.222    10.1111     4.20   0.032
RATIO           2      8.222     4.1111     1.71   0.209
Interaction     4     46.222    11.5556     4.80   0.008
Error          18     43.333     2.4074
Total          26    118.000

S = 1.552     R-Sq = 63.28%     R-Sq(adj) = 46.96%
```

图 14.19 完全析因设计 ANOVA 的 MINITAB 输出

b. 为了检验供给和比例交互作用的假设，用检验统计量

$$F = \frac{\text{MS}(SR)}{\text{MSE}} = \frac{11.56}{2.41} = 4.80 (\text{在 MINITAB 输出的 Interaction 行中给出})$$

注意，这个值等于例 14.8 中用回归方法得到的检验统计量. 检验的 p 值（MINITAB 输出的阴影部分）为 0.008，因为这个值也小于所选的 $\alpha = 0.05$ 值，所以我们推断供给和比例之间存在交互作用.

c. 样本平均利润 MINITAB 图见图 14.20，说明了供给 × 比例交互作用的本质. 由图可以看到，比例（如 $R = 0.05$ 和 $R = 2$）的任意两个水平利润平均的差异在不同的供给水平下是不同的. 例如，在 $S = 15$, $R = 0.5$ 的均值最大，$R = 2$ 的均值最小；然而，在 $S = 21$, $R = 2$ 的均值是最大的，而 $R = 0.5$ 是最小的. 因此，得到最大利润的原材料分配比例依赖于供给水平. ■

本章中给出了两种分析设计的试验数据方法：回归方法和传统的 ANOVA 方法. 在析因试验中，当因子都是定性时，这两种方法得到同样结果；然而，当因子中至少有一个是定量时，回归方法会提供更多的信息. 例如，在例 14.9 中的方差分析只对 9 个供给 – 比例水平组合估计每单位供给的平均利润，它不允许估计不包含在析因试验中所用的 9 种之内的其他变量水平组合的平均响应. 另外，由例 14.8 回归分析得到的预测方程使我们能够估计当($S = 17$, $R = 1$) 每单位供给的平均利润. 我们不能由例 14.9 的方差分析得到这个估计.

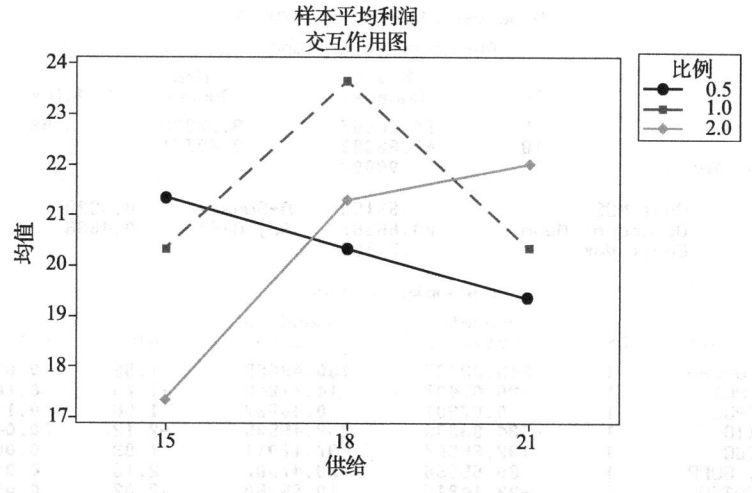

图 14.20 样本平均利润 MINITAB 图

由回归分析得到的预测方程也贡献了不能由传统的方差分析方法提供的信息. 例如, 对 S, R 的单位变化, 或对 S 和 R 的特定值, 可能希望估计平均利润 $E(y)$ 的变化率. 或者, 想确定例 14.8 的完全模型中的三阶和四阶项是否对利润 y 的预测真正提供了附加的信息.

在本节的最后两个例中介绍某些应用.

例 14.10 **有定量因子的析因设计模型** 参考 3×3 析因设计和例 14.8 的数据, 供给和比例两个因子本质上都是定量的, 我们可以用类似 x, x^2, x^3 的定量项而不是虚拟变量来表示完全析因模型的主效应. 与虚拟变量一样, 定量主效应项的个数将比定量因子水平数少 1. 这个逻辑遵循我们在 11.11 节关于估计模型参数的讨论. 水平为 2 时, 定量主效应项为 x; 水平为 3 时, 定量主效应项为 x 和 x^2.

a. 利用供给和比例的定量主效应项写出析因设计的完全模型.

b. 用表 14.5 的数据拟合模型, 并证明输出中显示的交互作用的 F 检验与用主效应的虚拟变量进行的相应检验是相同的.

解 a. 现在供给(15, 18 和 21 吨)和比例(1/2, 1 和 2)的水平都为 3, 因此每个因子有 2 个定量主效应项. 如果令 x_1 代表真实原材料供给水平(吨), x_2 代表真实分配比例水平(例如 1/2, 1 和 2), 那么供给主效应为 x_1 和 x_1^2, 比例主效应为 x_2 和 x_2^2. 因此, 平均利润 $E(y)$ 的完全析因模型为

$$E(y) = \beta_0 + \underbrace{\beta_1 x_1 + \beta_2 x_1^2}_{\text{供给主效应}} + \underbrace{\beta_3 x_2 + \beta_4 x_2^2}_{\text{比例主效应}} + \underbrace{\beta_5 x_1 x_2 + \beta_6 x_1 x_2^2 + \beta_7 x_1^2 x_2 + \beta_8 x_1^2 x_2^2}_{\text{供给} \times \text{比例交互作用项}}$$

注意到模型中的项数(主效应项和交互作用项)等于例 14.8 中虚拟变量模型的项数.

b. 图 14.21 的 SAS 输出显示了 a 中的完全模型. 首先, 注意到 SSE = 43.333 33 和 MSE = 2.407 41 (着重显示)与图 14.17a 的虚拟变量模型输出的相应值相同. 其次, 检验没有交互作用项的原假设 ($H_0: \beta_5 = \beta_6 = \beta_7 = \beta_8 = 0$)对应的 F 值($F = 4.80$)(输出中间着重显示)与图 14.17a 中相应检验相同. 因此, 无论你用虚拟变量回归、定量主效应回归还是传统的 ANOVA 方法为交互作用因子建立检验, 结果都是一致的.

```
                          Dependent Variable: PROFIT
                               Analysis of Variance
                             Sum of          Mean
Source              DF      Squares         Square      F Value    Pr > F
Model                8     74.66667        9.33333        3.88     0.0081
Error               18     43.33333        2.40741
Corrected Total     26    118.00000

              Root MSE              1.55158    R-Square     0.6328
              Dependent Mean       20.66667    Adj R-Sq     0.4696
              Coeff Var             7.50766

                          Parameter Estimates
                    Parameter       Standard
Variable     DF     Estimate         Error        t Value    Pr > |t|
Intercept     1     245.33333       130.49665      1.88       0.0764
SUPPLY        1     -25.07407        14.71842     -1.70       0.1057
SUPPSQ        1       0.67901         0.40837      1.66       0.1137
RATIO         1    -534.33333       252.45535     -2.12       0.0485
RATSQ         1     192.66667        97.17011      1.98       0.0629
RAT_SUPP      1      60.55556        28.47387      2.13       0.0475
S_RATSQ       1     -22.14815        10.95960     -2.02       0.0584
R_SUPPSQ      1      -1.66667         0.79003     -2.11       0.0492
RSQ_SSQ       1       0.61728         0.30408      2.03       0.0574

       Test INTERACT Results for Dependent Variable PROFIT
                                 Mean
Source              DF         Square        F Value    Pr > F
Numerator            4        11.55556         4.80     0.0082
Denominator         18         2.40741

       Test HIGHORDR Results for Dependent Variable PROFIT
                                 Mean
Source              DF         Square        F Value    Pr > F
Numerator            3         3.71958         1.55     0.2373
Denominator         18         2.40741
```

图 14.21 定量主效应完全析因模型的 SAS 回归输出

例 14.11 检验析因设计模型中的高阶项 数据能否提供足够的信息表明例 14.10 的完全因子模型中的三阶和四阶项对利润 y 的预测贡献了信息？用 $\alpha = 0.05$ 检验.

解 如果对问题的回答是"是"，则完全因子模型中的参数 β_6, β_7, 或 β_8 中至少有一个不等于 0（即它们都是模型中所需的）. 因此，原假设为

$$H_0: \beta_6 = \beta_7 = \beta_8 = 0$$

备择假设为

$$H_a: 三个 \beta 参数中至少有一个不为 0$$

为检验这个假设，计算合适的简化模型和完全模型的 SSE 的差.

对这个应用，完全模型是例 14.10 的完全因子模型：

完全模型：$E(y) = \beta_0 + \beta_1 x_1 + \beta_2 x_1^2 + \beta_3 x_2 + \beta_4 x_2^2 + \beta_5 x_1 x_2 + \beta_6 x_1^2 x_2 + \beta_7 x_1^2 x_2 + \beta_8 x_1^2 x_2^2$

简化模型是完全模型减去三阶和四阶项，即简化模型是二阶模型：

简化模型：$E(y) = \beta_0 + \beta_1 x_1 + \beta_2 x_1^2 + \beta_3 x_2 + \beta_4 x_2^2 + \beta_5 x_1 x_2$

回忆（从图 14.21）完全模型的 SSE 和 MSE 分别为 SSE = 43.333 3，MSE = 2.407 4. 简化模型回归分析的 SAS 输出见图 14.22，简化模型的 SSE（阴影部分）为 $SSE_R = 54.49206$. 因此，进行这个检验所要求的检验统计量为：

```
                        Dependent Variable: PROFIT
                             Analysis of Variance
                                Sum of         Mean
  Source              DF      Squares         Square      F Value    Pr > F
  Model                5     63.50794       12.70159        4.89     0.0040
  Error               21     54.49206        2.59486
  Corrected Total     26    118.00000

              Root MSE              1.61086    R-Square    0.5382
              Dependent Mean       20.66667    Adj R-Sq    0.4283
              Coeff Var             7.79447

                            Parameter Estimates
                       Parameter      Standard
  Variable       DF    Estimate        Error      t Value    Pr > |t|
  Intercept       1    -27.81481       23.80152    -1.17      0.2557
  SUPPLY          1      5.94444        2.64418     2.25      0.0354
  RATIO           1     -7.76190        5.04523    -1.54      0.1389
  RAT_SUPP        1      0.74603        0.20295     3.68      0.0014
  SUPPSQ          1     -0.18519        0.07307    -2.53      0.0193
  RATSQ           1     -2.29630        1.33939    -1.71      0.1012
```

图 14.22 简化(二阶)因子模型的 SAS 回归输出

检验统计量:

$$F = \frac{(\text{SSE}_R - \text{SSE}_C)/\text{检验的}\beta\text{个数}}{\text{MSE}_C} = \frac{(54.49206 - 43.3333)/3}{2.4074} = 1.55$$

"部分" F 值也可用 SAS 的选项得到,在图 14.21 完全模型的 SAS 输出底部给出,检验的 p 值(着重表示)为 0.2373.

结论: 因为 $\alpha = 0.05$ 小于 p 值 $= 0.2373$, 所以我们不能拒绝原假设 $\beta_6 = \beta_7 = \beta_8 = 0$. 就是说, 没有充分的证据(在 $\alpha = 0.05$)表明与 $\beta_6, \beta_7, \beta_8$ 关联的三阶和四阶项对利润 y 的预测能提供信息. 因为完全因子模型关于 y 不比简化(二阶)模型提供更多的信息, 所以在实践中推荐使用二阶模型. ■

例 14.12 **求处理均值的置信区间** 用例 14.11 的二阶模型求当 $S = 17$ 和 $R = 1$ 时, 每单位原料供给的平均利润的 95% 置信区间.

解 图 14.23 是二阶模型的 SAS 输出中关于 $E(y)$ 的 95% 置信区间的部分. 当 $S = 17$ 和 $R = 1$ 时, $E(y)$ 的置信区间在输出的最后一行的阴影部分, 可以看出区间为 (20.97, 23.72). 因此, 估计(置信系数为 0.95)当 $S = 17, R = 1$ 时, 每单位供给的平均利润落在 (20.97, 23.72) 之间. 除了这个直接的结果, 应注意这个例子表明回归分析的能力和多功能性. 特别地, 没有办法从例 14.9 中的方差分析得到这个估计. 然而, 一个计算机的回归程序包可以容易自动运行包含置信区间的程序.

```
                      Dep Var   Predicted   Std Error
  Obs  SUPPLY  RATIO   PROFIT     Value    Mean Predict      95% CL Mean     Residual
   1     15     0.5   23.0000    20.8254      0.8033      19.1549   22.4959    2.1746
   2     15     0.5   20.0000    20.8254      0.8033      19.1549   22.4959   -0.8254
   3     15     0.5   21.0000    20.8254      0.8033      19.1549   22.4959    0.1746
   4     18     0.5   22.0000    21.4444      0.6932      20.0029   22.8860    0.5556
   5     18     0.5   19.0000    21.4444      0.6932      20.0029   22.8860   -2.4444
   6     18     0.5   20.0000    21.4444      0.6932      20.0029   22.8860   -1.4444
   7     21     0.5   19.0000    18.7302      0.8033      17.0596   20.4007    0.2698
```

图 14.23 简化(二阶)因子模型的置信区间的 SAS 输出

8	21	0.5	18.0000	18.7302	0.8033	17.0596	20.4007	-0.7302
9	21	0.5	21.0000	18.7302	0.8033	17.0596	20.4007	2.2698
10	15	1	22.0000	20.8175	0.7006	19.3605	22.2744	1.1825
11	15	1	20.0000	20.8175	0.7006	19.3605	22.2744	-0.8175
12	15	1	19.0000	20.8175	0.7006	19.3605	22.2744	-1.8175
13	18	1	24.0000	22.5556	0.6932	21.1140	23.9971	1.4444
14	18	1	25.0000	22.5556	0.6932	21.1140	23.9971	2.4444
15	18	1	22.0000	22.5556	0.6932	21.1140	23.9971	-0.5556
16	21	1	20.0000	20.9603	0.7006	19.5034	22.4173	-0.9603
17	21	1	19.0000	20.9603	0.7006	19.5034	22.4173	-1.9603
18	21	1	22.0000	20.9603	0.7006	19.5034	22.4173	1.0397
19	15	2	18.0000	17.3571	0.8590	15.5707	19.1436	0.6429
20	15	2	18.0000	17.3571	0.8590	15.5707	19.1436	0.6429
21	15	2	16.0000	17.3571	0.8590	15.5707	19.1436	-1.3571
22	18	2	21.0000	21.3333	0.6932	19.8917	22.7749	-0.3333
23	18	2	23.0000	21.3333	0.6932	19.8917	22.7749	1.6667
24	18	2	20.0000	21.3333	0.6932	19.8917	22.7749	-1.3333
25	21	2	20.0000	21.9762	0.8590	20.1897	23.7627	-1.9762
26	21	2	22.0000	21.9762	0.8590	20.1897	23.7627	0.0238
27	21	2	24.0000	21.9762	0.8590	20.1897	23.7627	2.0238
28	17	1	.	22.3466	0.6625	20.9687	23.7244	.

图 14.23 （续）

应用练习

14.27 产蛋母鸡的蛋壳质量. 在母鸡的食物里添加钙能提高产下的蛋的蛋壳质量. 一种方法是用石灰石饮食. Animal Feed Science and Technology (2010 年 6 月) 中研究人员调查了母鸡年龄和石灰石饮食对蛋壳质量的影响, 研究了两种不同的饮食——优质的石灰石 (FL) 和粗糙的石灰石 (CL). 母鸡被分为年轻母鸡 (24~36 周) 和老母鸡 (56~68 周), 研究用到了 120 只年轻母鸡和 120 只老母鸡. 在每个年龄组里, 一半的母鸡用优质石灰石饲养, 另一半用粗糙石灰石饲养, 因此, 年龄和饮食的四种不同组合中每个组有 60 只母鸡. 记录产蛋母鸡蛋的特征, 包括蛋壳厚度.

a. 指出研究人员使用的试验设计类型.
b. 指出试验的因子和因子水平 (处理).
c. 指出试验单位.
d. 指出因变量.
e. 研究人员没有发现因子交互作用项, 解释这个结果的实际意义.
f. 研究人员没有发现母鸡年龄的主效应项, 解释这个结果的实际意义.
g. 研究人员发现石灰石饮食的主效应项存在的统计证据, 解释这个结果的实际意义. (注: CL 饮食母鸡产的蛋的平均蛋壳厚度比 FL 饮食的相应值大.)

14.28 STEM 教师的工作满意度. 教授科学、技术、工程和数学 (STEM) 课程的大学教师比非 STEM 教师对工作更满意吗? 如果是, 这种差异取决于性别吗? 这些是 Journal of Women and Minorities in Science and Engineering (Vol. 18, 2012) 发表的一篇文章中感兴趣的问题. 一所公立大学的 215 个教师参与了调查, 一个问题问到教师对于大学政策和程序的满意程度, 结果按照 5 点数值记录: 1 = 非常不满意到 5 = 非常满意. 每个参与者按照性别 (男性或女性) 和课程 (STEM 或非 STEM) 分类, 因此用到了 2×2 析因设计.

a. 指出试验的处理.
b. 对于这项研究, 课程和性别的交互作用项代表什么?
c. 下面给出了处理均值的图. 只根据这张图, 可以说课程和性别存在交互作用吗?
d. 给这项研究建立部分 ANOVA 表 (给出方差来源和自由度).
e. 期刊文章给出交互作用项的 F 检验为 $F = 4.10$, p 值 $= 0.04$, 解释结果.

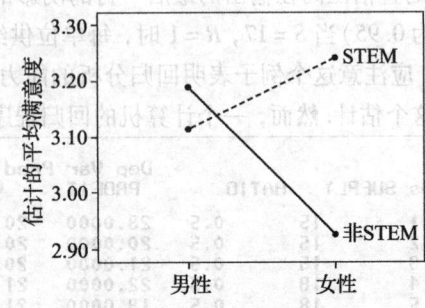

14.29 面包酵母和酿酒酵母. 参见练习 13.10, Electronic Journal of Biotechnology (2003 年 12 月 15 日) 对两种酵母膏 (面包酵母和酿酒酵母) 的研究.

回忆两种酵母膏样本是在 4 个不同温度(45℃,48℃,51℃,54℃)下制备的,且在每个酵母-温度组合水平下测量自溶率(记录为百分数).因此用 2×4 的析因设计,利用两水平的酵母(面包酵母和啤酒酵母菌)和四水平的温度.

a. 对这个设计,给出酵母膏和温度之间交互作用的实际解释,用图说明.
b. 如果不存在交互作用,重新画 a 中的图.
c. 写出一个对分析数据是恰当的平均自溶率 $E(y)$ 的完全模型.
d. 给出检验交互作用的原假设和备择假设,解释如何用回归进行这个检验.
e. 一个 ANOVA 得到交互作用的 p 值为 0.0027,用 $\alpha = 0.05$ 解释这个结果的实际意义.
f. 对用回归方法检验酵母膏和温度的主效应,给出原假设和备择假设,解释如何用回归进行这些主效应检验.
g. 为什么 f 的检验不应该进行?

14.30 基于虚拟现实的恢复系统. 参见练习 14.10,*Robotica*(Vol. 22, 2004 年)的 3 种基于虚拟现实(VR)的手恢复系统显示设备有效性的研究.演示设备 A 是投影仪,设备 B 是台式计算机监视仪,设备 C 是头盔显示器.回忆选择 12 个惯用右手的无残疾男性受试者,随机指派 3 种 VR 显示设备,每组 4 个受试者.另外,在每组中随机指派两个受试者使用辅助的左右逆转影像,另两个则不使用.因此,用 3×2 析因设计,利用三水平(A、B 或 C)的 VR 显示设备和两水平(有或无)的辅助左右逆转影像.每个受试者用指派的 VR 系统执行"抓放"程序,记录碰撞频数(移动物体间的碰撞次数).

a. 在这个设计的 ANOVA 汇总表中给出变异来源及关联的自由度.
b. 写出分析这些数据的完全模型,a 中每个来源的自由度应当与模型中那个来源的虚拟变量项个数一致.
c. 下面给出因子 ANOVA 得到的 p 值:显示主效应(0.045)、辅助左右逆转影像主效应(0.003)、交互作用(0.411).从实际角度解释这些结果,对进行的每个检验都用 $\alpha = 0.05$.

14.31 刀具材料对切削力的影响. 使用涂层刀具切削加工各种材料被认为是一种最先进的技术.*International Journal of Engineering and Applied Sciences*(Vol. 7, 2011)发表的一篇文章调查了刀具的涂层和材料对切削力的影响.比较了五种不同的钢刀材料:(1)没有涂层的高-CBN;(2)涂有锡合金的高-CBN;(3)涂有锡合金的低-CBN;(4)涂有氮化钛铝合金的低-CBN;(5)混合陶瓷.每种切削工具在 3 种不同的速度下运行——100,140 和 200m/min,每次运行得到切削的进给力(N)的 2 个观测值,数据(根据期刊文章中提供的信息模拟)在下表给出.试验的目的是评估切削材料和切削速度对进给力的影响.

🌐 **CUTTING**

	100m/min	140m/min	200m/min
没有涂层的高-CBN	7 381	6 458	5 756
涂有锡合金的高-CBN	7 985	5 041	10 397
涂有锡合金的低-CBN	7 781	7 671	8 078
涂有氮化钛铝合金的低-CBN	99 102	125 132	131 122
混合陶瓷	3 142	2 620	3 526

Tests of Between-Subjects Effects
Dependent Variable: FORCE

Source	Type III Sum of Squares	df	Mean Square	F	Sig.
Corrected Model	28813.867ª	14	2058.133	91.337	.000
Intercept	161040.133	1	161040.133	7146.751	.000
TOOL	24065.867	4	6016.467	267.003	.000
SPEED	789.267	2	394.633	17.513	.000
TOOL * SPEED	3958.733	8	494.842	21.960	.000
Error	338.000	15	22.533		
Total	190192.000	30			
Corrected Total	29151.867	29			

a. R Squared = .988 (Adjusted R Squared = .978)

练习 14.31 的 SPSS 输出

a. 对这项研究，指出试验设计、因子、处理、试验单位和响应变量。
b. 给出分析数据的完全模型方程。
c. 在模型参数方面，想要确定切削工具对进给力的影响是否取决于切削速度，你会检验什么原假设？
d. 用回归进行 c 部分检验，你得出什么结论？
e. 下面给出了数据的 ANOVA 的 SPSS 输出，证明 d 中检验结果与输出提供的信息一致。
f. 你建议进行主效应项检验吗？为什么？

14.32 贻贝在藻类上的定居模式。在被冲到新西兰 90 英里海滩的漂浮物中有大量贻贝幼体，这些幼体倾向寄居于藻类。奥克兰大学的环境学家研究藻类类型对漂浮物中贻贝幼体丰富性的影响，*Malacologia*（2002 年 2 月 8 日）收集了 90 英里海滩上来自三次不同冲蚀事件的漂浮物；对每次冲蚀将幼体分为 4 层（粗枝、中间枝、细枝和蟋状幼体）。从 $3 \times 4 = 12$ 种事件/层组合的每一种中随机选择两个样本，记录每个样本中贻贝的密度（每平方厘米的百分比）。用 $3 \times 4 = 12$ 完全析因设计分析数据。ANOVA 表在下面给出。

来源	df	F	p 值
事件	2	0.35	>0.05
层	3	217.33	>0.05
交互作用	6	1.91	>0.05
误差	12		
总和	23		

a. 指出试验中的因子（及水平）。
b. 试验中包含多少个处理？
c. 试验中包含多少次重复？
d. 试验的总的样本大小是什么？
e. 被测量的响应变量是什么？
f. 首先进行哪个 ANOVA F 检验？进行这个检验（$\alpha = 0.05$），并解释结果。
g. 如果适当，对主效应进行 F 检验（$\alpha = 0.05$），解释结果。

14.33 最大限度捕捉甲虫的诱捕陷阱。进行了一项田间试验来比较不同陷阱捕捉甲虫的效率（*Journal of Chemical Ecology*, Vol.94, 2011）。在石蜡陷阱中放置或不放置芳樟醇诱饵，同样，陷阱的颜色分为绿色和黄色。在距离地面 1 米处按照随机网格模式放置了 7 个不同诱饵和颜色组合的陷阱（共计 28 个陷阱）。5 天后，确定每个陷阱捕获的甲虫数，数据（根据杂志文章提供的信息模拟）在下表给出。研究人员在调查诱饵类型和颜色对于陷阱捕获的平均甲虫数的影响。为研究人员分析数据。你能得出什么结论？

🌐 **BEETLES**

	黄色	绿色
有芳樟醇	17, 22, 13, 15, 14, 18, 11	4, 5, 0, 2, 3, 2, 0,
无芳樟醇	29, 10, 6, 5, 12, 11, 13	1, 0, 2, 0, 0, 0, 1,

14.34 焊锡接口的强度。有时将化学元素锑加到锡 – 铅焊料中替代较昂贵的锡，从而降低焊接的成本。进行一个析因试验确定锑是如何影响锡 – 铅接强度（*Journal of Materials Science*, 1986 年 5 月）。用 4 种可能的冷却方式：水冷——WQ；油冷——OQ；气吹——AB；炉内冷却——FC，以及加到合成物的 4 种可能锑量（0%, 3%, 5% 和 10%）之一制备锡 – 铅焊料样品。三次焊接被随机指派到 $4 \times 4 = 16$ 个处理中的每一个，并测量每次抗剪强度。对附表中给出的试验结果进行 ANOVA。

a. 对试验构造 ANOVA 汇总表。
b. 进行检验确定两个因子（锑量和冷却方法）是否有交互作用，用 $\alpha = 0.01$ 检验。
c. 解释 b 中得到的结果。
d. 如果适当，用 $\alpha = 0.01$，进行主效应检验。

🌐 **ANTIMONY**

锑量% 重量	冷却方法	抗剪强度（MPa）
0	WQ	17.6, 19.5, 18.3
0	OQ	20.0, 24.3, 21.9
0	AB	18.3, 19.8, 22.9
0	FC	19.4, 19.8, 20.3
3	WQ	18.6, 19.5, 19.0
3	OQ	20.0, 20.9, 20.4
3	AB	21.7, 22.9, 22.1
3	FC	19.0, 20.9, 19.9
5	WQ	22.3, 19.5, 20.5
5	OQ	20.9, 22.9, 20.6

锑量% 重量	冷却方法	抗剪强度(MPa)
5	AB	22.9,19.7,21.6
5	FC	19.6,16.4,20.5
10	WQ	15.2,17.1,16.6
10	OQ	16.4,19.0,18.1
10	AB	15.8,17.3,17.1
10	FC	16.4,17.6,17.6

资料来源：Tomlinson, W. J., and Cooper, G. A. "Fracture mechanism of brass/Sn-Pb-Sb solder joints and the effect of production variables on the joint strength." *Journal of Materials Science*, Vol. 21, No. 5, May 1986, p. 1731 (Table II). Copyright 1986 Chapman and Hall.

14.35 修剪对高速公路用地的影响. 高速公路用地的植物高度超过30cm通常被认为是对司机的一个安全危害. 用地植物应多长时间修剪并且修剪到什么高度才能维护一个安全环境？这是 *Landscape Ecology Journal*(2013年1月)中发表的一篇文章提出的问题. 研究人员设计试验来估计修剪频率和修剪高度对高速公路用地内的植物的平均高度的影响. 修剪频率设定3个水平——每年1次、2次或3次. 设备的修剪高度也设定3个水平——5、10或20厘米. 沿高速公路用地随机选择36块地，每一块地随机指派3×3＝9种修剪频率/修剪高度处理中的一种. 平衡设计以便每一种处理能应用到4块地. 年末测量每一块地的植物高度(cm). 模拟数据见下表. 做数据的方差分析，关于修剪频率和修剪高度对植物高度的影响你能得出什么结论？

MOW

修剪高度	修剪频率	植物高度(cm)
5	1	19.3, 17.3, 16.7, 15.0
10	1	16.0, 15.6, 16.9, 15.0
20	1	16.7, 17.9, 15.9, 13.7
5	2	22.4, 20.8, 24.5, 21.7
10	2	23.9, 23.6, 23.8, 21.7
20	2	24.7, 26.3, 27.2, 26.4
5	3	18.6, 17.9, 16.1, 19.4
10	3	22.2, 25.6, 21.8, 23.6
20	3	27.0, 25.3, 23.8, 28.0

14.36 发现零件的早期故障. 某大型国防承包单位的质量部门进行了一个考虑变压器零件检查和测试的权衡研究，安排调查以查验各种检查水平和即将测试的时间对发现早期零件故障或疲劳的影响. 所选的检查水平为完全军事检查(A)、放宽的军事规格水平(B)及商业等级(C). 这个研究选择的执行老化测试时间为从$1\sim 9h$，增量为1h，响应是取自检查批大小达到某个指定水平，并在预先规定的时间长度内老化的样本中得到的每1 000台的故障数. 在每种条件下，以随机顺序重复三次进行3×9完全析因试验(共81个观测值). 对此研究的数据(列在表中)利用SAS进行ANOVA, SAS输出如下，分析并解释结果.

BURNIN

老化(h)	完全军事检查 A			放宽的军事规格水平 B			商业等级 C		
1	7.60	7.50	7.67	7.70	7.10	7.20	6.16	6.13	6.21
2	6.54	7.46	6.84	5.85	6.15	6.15	6.21	5.50	5.64
3	6.53	5.85	6.38	5.30	5.60	5.80	5.41	5.45	5.35
4	5.66	5.98	5.37	5.38	5.27	5.29	5.68	5.47	5.84
5	5.00	5.27	5.39	4.85	4.99	4.98	6.65	6.00	6.15
6	4.20	3.60	4.20	4.50	4.56	4.50	6.70	6.72	6.54
7	3.66	3.92	4.22	3.97	3.90	3.84	7.90	7.47	7.70
8	3.76	3.68	3.80	4.37	3.86	4.46	8.40	8.60	7.90
9	3.46	3.55	3.45	5.25	5.63	5.25	8.82	9.76	9.52

资料来源：La Nuez, Danny, College of Business Administration, graduate student, University of South Florida.

```
                        The ANOVA Procedure
Dependent Variable: FAILURES

                                 Sum of
     Source              DF     Squares      Mean Square    F Value    Pr > F
     Model               26   168.6120667      6.4850795    101.31    <.0001
     Error               54     3.4565333      0.0640099
     Corrected Total     80   172.0686000

              R-Square   Coeff Var    Root MSE    FAILURES Mean
              0.979912   4.405990     0.253002         5.742222

     Source              DF    Anova SS     Mean Square    F Value    Pr > F
     BURNIN               8   27.97440000    3.49680000     54.63    <.0001
     INSLEVEL             2   43.08411852   21.54205926    336.54    <.0001
     BURNIN*INSLEVEL     16   97.55354815    6.09709676     95.25    <.0001
```

练习 14.36 的 SAS 输出

14.37 石墨的燃烧率. 作为研究在潮湿空气流中人造石墨的燃烧率的一部分, 研究人员进行一项试验调查氧气通过水气混合物的扩散能力. 进行一个 3×9 的析因试验, 3 水平的水 (H_2O) 的摩尔分数, 9 水平的氮-水混合物的温度. 数据在表中给出.

```
The regression equation is
OXYDIFF = - 2.10 + 0.00368 TEMP - 0.24 MOLE + 0.00073 TEMPMOLE

Predictor       Coef      SE Coef         T        P
Constant     -2.09528     0.09035     -23.19    0.000
TEMP         0.00368411   0.00006347    58.05    0.000
MOLE           -0.238     1.913        -0.12    0.902
TEMPMOLE     0.000733     0.001344      0.55    0.591

S = 0.06081    R-Sq = 99.7%    R-Sq(adj) = 99.6%

Analysis of Variance

Source          DF        SS         MS         F        P
Regression       3     24.7733    8.2578    2233.31    0.000
Residual Error  23      0.0850    0.0037
Total           26     24.8583

Predicted Values for New Observations

New Obs    Fit      SE Fit       95.0% CI           95.0% PI
  1      2.7062    0.0139   ( 2.6774, 2.7350)   ( 2.5772, 2.8352)

Values of Predictors for New Observations

New Obs    TEMP      MOLE    TEMPMOLE
  1        1300     0.0170     22.1
```

练习 14.37 的 MINITAB 输出

WATERVAPOR

温度(K)	H_2O 的摩尔分数		
	0.0022	0.017	0.08
1 000	1.68	1.69	1.72
1 100	1.98	1.99	2.02
1 200	2.30	2.31	2.35
1 300	2.64	2.65	2.70
1 400	3.00	3.01	3.06
1 500	3.38	3.39	3.45
1 600	3.78	3.79	3.85
1 700	4.19	4.21	4.27
1 800	4.63	4.64	4.71

资料来源：Matsui, K., Tsuji, H., and Makino, A. "The effects of water vapor concentration on the rate of combustion of an artificial graphite in humid air flow." *Combustion and Flame*, Vol.50, 1983, pp. 107-118 Copyright 1983 by The Combustion Institute. Reprinted by permission of Elsevier Science Publishing Co., Inc.

a. 解释为什么传统的(用 ANOVA 公式)方差分析不适用于这些数据的分析.
b. 绘制数据图, 确定对平均氧气扩散量 $E(y)$ 的一阶或二阶模型是否更恰当.
c. 写出联系平均氧气扩散量 $E(y)$ 与温度 x_1(百度)和摩尔分数 x_2(千分之一)的交互作用模型.
d. 假定温度与摩尔分数没有交互作用, 对于 $E(y)$ 与 x_1 和 x_2 之间的关系, 这意味着什么?
e. 数据是否提供充分的信息表明温度与 H_2O 的摩尔分数有交互作用? 用附随的 MINITAB 输出结果进行 $\alpha = 0.05$ 检验.
f. 给出 $E(y)$ 的最小二乘预测方程.
g. 当过程的温度为 1 300K, 水的摩尔分数为 0.017 时, 代入预测方程, 预测平均扩散量.
h. 当过程的温度为 1 300K, 水的摩尔分数为 0.017 时, 在 MINITAB 的输出中, 找出平均扩散量的95%置信区间. 解释这个结果.

*14.6 更复杂的析因设计

在本节中,我们给出一些比14.5节基本的两因子析因试验更复杂的有用的析因设计. 这些设计属于**数据的 k 向分类**范畴. 当我们运行所有 k 个自变量的水平的组合时, 会产生数据的 k 向分类. 这些自变量可以是因子或区组.

例如,考虑一个重复的 $2 \times 3 \times 3$ 析因试验, 根据完全随机化设计, 将 $2 \times 3 \times 3 = 18$ 个处理随机指派到试验单位. 因为对三个因子的每个组合(总共18个)都要检查, 所以通常称这种设计为数据的3向分类. 类似地, 如果将 $(k-1)$ 个因子析因试验的处理随机指派到随机化区组设计的试验单位, 将得到数据的 k 向分类. 例如, 假如将完全 2×3 析因试验的 $2 \times 3 = 6$ 个处理指派到包含6个试验单位的区组, 数据按三向分类排列, 即按照两个因子和区组分类.

对数据的 k 向分类方差分析, 计算主效应和交互作用平方和要求的公式更复杂, 所以这里就不给出. 如果对计算公式感兴趣, 可见参考文献. 如前面三节中给出的设计一样, 我们为这些更复杂的设计提供适当的线性模型, 并利用回归或统计软件包的标准 ANOVA 输出来分析数据.

例 14.13 **三因子析因设计和模型** 考虑定性因子的 $2 \times 3 \times 3$ 析因试验, 将 $r = 3$ 个试验单元随机指派给每个处理.

a. 写出此设计适当的线性模型.
b. 在部分 ANOVA 表中, 指出变异来源及其关联的自由度.

解 a. 记三个定性因子为 A, B 和 C, 其中 A 是两水平的, B 和 C 各是三水平的. 那么试验的线性模型将包含一个相应于主效应 A 的参数, 2个相应于每个主效应 B 和 C 有2个参数, 对每个 AB 及 AC 的交互作用有 $(1)(2) = 2$ 个参数, 对 BC 交互作用有 $(2)(2) = 4$ 个参数, 对 ABC 三向交互作用有 $(1)(2)(2) = 4$ 个参数. 三向交互作用项反映第三个因子从一个水平到另一个水平时, 两向交互作用效应不能保持相同. 模型为

$$E(y) = \beta_0 + \underbrace{\beta_1 x_1}_{A主效应} + \underbrace{\beta_2 x_2 + \beta_3 x_3}_{B主效应} + \underbrace{\beta_4 x_4 + \beta_5 x_5}_{C主效应} + \underbrace{\beta_6 x_1 x_2 + \beta_7 x_1 x_3}_{A \times B交互作用} + \underbrace{\beta_8 x_1 x_4 + \beta_9 x_1 x_5}_{A \times C交互作用}$$

$$+ \underbrace{\beta_{10} x_2 x_4 + \beta_{11} x_2 x_5 + \beta_{12} x_3 x_4 + \beta_{13} x_3 x_5}_{B \times C交互作用} + \underbrace{\beta_{14} x_1 x_2 x_4 + \beta_{15} x_1 x_3 x_4 + \beta_{16} x_1 x_2 x_5 + \beta_{17} x_1 x_3 x_5}_{A \times B \times C交互作用}$$

其中:

$$x_1 = \begin{cases} 1 & \text{如果是 } A \text{ 的水平 } 1 \\ 0 & \text{如果是 } A \text{ 的水平 } 2 \end{cases} \quad x_2 = \begin{cases} 1 & \text{如果是 } B \text{ 的水平 } 1 \\ 0 & \text{如果不是} \end{cases}$$

$$x_3 = \begin{cases} 1 & \text{如果是 } B \text{ 的水平 } 2 \\ 0 & \text{如果不是} \end{cases} \quad x_4 = \begin{cases} 1 & \text{如果是 } C \text{ 的水平 } 1 \\ 0 & \text{如果不是} \end{cases}$$

$$x_5 = \begin{cases} 1 & \text{如果是 } C \text{ 的水平 } 2 \\ 0 & \text{如果不是} \end{cases}$$

b. 表14.6中给出了相应于这些参数集的变异来源和各自的自由度.

表14.6 例14.13的方差分析表

来源	df
主效应 A	1
主效应 B	2
主效应 C	2
AB 交互作用	2
AC 交互作用	2
BC 交互作用	4
ABC 交互作用	4
误差	36
总和	53

SS(总)的自由度总是等于 $(n-1)$,即 n 减去 β_0 的1个自由度. 由于所有变异来源自由度的和必须等于SS(总)的自由度,因此误差的自由度等于SS(总)的自由度减去主效应和交互效应的自由度之和,即 $(n-1) - 17$. 我们的试验对 $2 \times 3 \times 3 = 18$ 个处理的每一个将包含三个观测值;由此得出 $n = (18)(3) = 54$,因此,误差的自由度等于 $53 - 17 = 36$.

如果用计算机分析试验数据,则计算机输出会给出构造的方差分析表、它包含关联的均方、F 检验统计量的值和它们观测的显著性水平. 每个 F 统计量表示来源均方与 $MSE = s^2$ 的比.

例14.14 **三因子析因设计的 ANOVA** 晶体管制造商进行一个试验,研究三个因子对每周40h的生产率(以产品的千美元度量)的影响. 因子如下:

1. 工作周时长度(两水平):5个连续的8h工作日或4个连续的10h工作日.
2. 轮班(两水平):日班或夜班.
3. 休息次数(三水平):0、1或2.

试验进行24个星期的时间,将 $2 \times 2 \times 3 = 12$ 个处理随机的指派给这24个星期,完全随机化设计的数据在表14.7中给出. 对此数据进行方差分析.

TRANSISTOR1

表14.7 例14.14的数据

		日班休息次数			夜班休息次数		
		0	1	2	0	1	2
工作周时长度	4 天	94	105	96	90	102	103
		97	106	91	89	97	98
	5 天	96	100	82	81	90	94
		92	103	88	84	92	96

解 对数据进行方差分析. SAS 输出在图 14.24 中给出.

```
                          The ANOVA Procedure
    Dependent Variable: PRODUCT

                                 Sum of
    Source              DF       Squares      Mean Square    F Value    Pr > F
①  Model               11     1009.833333      91.803030      13.43    <.0001
    Error               12       82.000000       6.833333
    Corrected Total     23     1091.833333

         R-Square     Coeff Var     Root MSE     PRODUCT Mean
    ④   0.924897     2.768647   ③ 2.614065       94.41667

    Source              DF       Anova SS    Mean Square    F Value    Pr > F
    SHIFT                1      48.1666667     48.1666667     7.05    0.0210
    DAYS                 1     204.1666667    204.1666667    29.88    0.0001
②  SHIFT*DAYS           1       8.1666667      8.1666667     1.20    0.2958
    BREAKS               2     334.0833333    167.0416667    24.45    <.0001
    SHIFT*BREAKS         2     385.5833333    192.7916667    28.21    <.0001
    BREAKS*DAYS          2       8.0833333      4.0416667     0.59    0.5689
    SHIFT*BREAKS*DAYS    2      21.5833333     10.7916667     1.58    0.2461
```

图 14.24 $2 \times 2 \times 3$ 析因的 SAS ANOVA 输出

将 SAS 输出的相关部分用方框围起来并如上编号.

1. 方框 1 中的**修正总和**(Corrected Total)行给出的 SS(总)的值为 1 091.833 333. 与这个量对应的自由度等于 $(n-1) = (24-1) = 23$. 方框 1 给出这个量分解(方差分析)为两个变异来源. 第一个来源是**模型**(Model), 相应于模型中的 11 个参数(除了 β_0 的所有参数), 第二个来源是**误差**(Error). 这些量的自由度、平方和及均方分别在各自的列中给出. 例如, MSE = 6.833 333. 检验

$$H_0: \beta_1 = \beta_2 = \cdots = \beta_{11} = 0$$

的 F 统计量的自由度为 $\nu_1 = 11$ 和 $\nu_2 = 12$, 在输出中显示为 $F = 13.43$. 在 **Pr > F** 下给出观测的显著性水平小于 0.000 1, 这样小的观测显著性水平给出充分证据, 表明三个自变量(轮班、工作周的天数或每天休息次数)中至少有一个对平均生产率的预测贡献了信息.

2. 为了确定哪些参数集对 y 的预测真正贡献了信息, 我们检查 SS(模型)分解为(方框 2)相应于主效应(轮班、天数、休息)及两因子交互作用(轮班*天数、轮班*休息、天数*休息)的参数集合的分量, 最后的**模型**变异来源相应于所有三向轮班*天数*休息的参数集. 注意这些来源的自由度之和等于 11, 是**模型**的自由度个数. 同样, 各分量平方和之和等于 SS(模型). 方框 2 没有给出与来源关联的均方⊖, 但是给出了与每个变异来源关联的参数集所涉及的假设检验的 F 值, 还给出了这些检验的观测显著性水平. 可以看出有充分的证据表明存在轮班*休息的交互作用, 在显著性水平 $\alpha = 0.05$ 时, 与三个主效应参数集关联的 F 检验也都是统计显著的, 这些结果的实际含义是有证据表明所有三个自变量(轮班、每周的工作天数或每天的休息次数)都对生产率的预测贡献了信息. 轮班*休息的交互作用存在意味着休息次数对生产率的影响因轮班而不同, 因此, 在某个当班时间可能达到最大生产率的休息次数, 可能不同于另一个当班时间达到最大生产率的休息次数.

3. 方框 3 给出了 $s = \sqrt{\text{MSE}} = 2.614\,065$. 这个值将用于构造 12 个处理均值的成对比较的置信区

⊖ 实际上给出了——译者注.

间.(过程的细节将在 14.8 节给出.)

4. 方框 4 给出的 R^2 值是模型拟合试验数据好坏的度量. 当误差的自由度大(如至少是 5 或 6)时,这是个重要的值. 误差自由度的个数越大,它的实际重要性就越大. 这个分析的 R^2 值为 0.924 897,表明模型对数据提供一个相当好的拟合. 它还间接表明可以通过在包含原变量的模型中添加新的预测变量或可能的话,添加高阶项来改进模型. ∎

例 14.15 混合设计:区组的析因安排　在一个生产过程中,将颗粒状塑料加热到熔融状态,然后在压力下挤压它通过一个管嘴生产出一种塑料杆. 进行一项试验调查挤压温度(℉)和压强(lb/in^2)这两个因子对模压棒挤压速度(in/s)的影响,进行完全 2×2 析因试验(即每个因子有两水平). 有三批颗粒状塑料用于这项试验,每批(看成区组)分成 4 等份,某批的 4 份颗粒状塑料随机指派给 4 种处理,三批都如此重复,在三个区组中得到 2×2 析因试验的安排. 数据显示在表 14.8 中,对这些数据进行分析.

表 14.8　例 14.15 的数据

温度		批(区组)					
		1		2		3	
		压强		压强		压强	
		40	60	40	60	40	60
温度	200°	1.35	1.74	1.31	1.67	1.40	1.86
	300°	2.48	3.63	2.29	3.30	2.14	3.27

解　试验由相应于批(区组)、压强和温度的三向分类数据组成,用随机化区组设计(三个区组)安排 2×2 析因试验(4 个处理)的方差分析的来源和自由度显示在表 14.9 中.

试验的线性模型是

$$E(y) = \beta_0 + \underbrace{\beta_1 x_1}_{\text{主效应}P} + \underbrace{\beta_2 x_2}_{\text{主效应}T} + \underbrace{\beta_3 x_1 x_2}_{PT\text{交互作用}} + \underbrace{\beta_4 x_3 + \beta_5 x_4}_{\text{区组项}}$$

其中:

$x_1 = $ 压强　　　　　　　$x_2 = $ 温度

$x_3 = \begin{cases} 1 & \text{如果是区组 2} \\ 0 & \text{如果不是} \end{cases}$　　$x_4 = \begin{cases} 1 & \text{如果是区组 3} \\ 0 & \text{如果不是} \end{cases}$

表 14.9　例 14.15 的来源和自由度表

来源	df
压强(P)	1
温度(T)	1
区组	2
压强-温度交互作用	1
误差	6
总和	11

方差分析的 SPSS 输出在图 14.25 中给出. 整体模型的 F 检验是高度显著的(p 值 $=0.000$). 因此,有充分的证据表明区组均值或处理均值或二者之间有差异. 继续进行模型来源的分解,可以看出压强、温度和温度-压强交互作用的 F 统计量的值都是高度显著的(即它们的观测显著性水平都非常小). 因此,所有的项($\beta_1 x_1$, $\beta_2 x_2$ 和 $\beta_3 x_1 x_2$)都对 y 的预测贡献信息.

试验中的处理是根据随机化区组设计指派的,所以我们期望塑料的挤压随批的变化而变化. 因为检验区组均值之间差异的 F 检验不是统计显著的(观测的显著性水平 $\text{Pr} > F$ 大到 0.265),所以没有充分的证据表明塑料的平均挤压随批次不同而有差异,分组似乎并没有使试验信息量增加. ∎

许多其他复杂的设计(如部分析因、拉丁方设计和不完全区组设计)都属于一般 k 向分类数据. 这些设计的安排和适合分析它们的线性模型可以查询参考文献.

试验设计的方差分析 649

Tests of Between-Subjects Effects
Dependent Variable: RATE

Source	Type III Sum of Squares	df	Mean Square	F	Sig.
Corrected Model	7.149[a]	5	1.430	83.226	.000
Intercept	58.256	1	58.256	3390.818	.000
PRESSURE	1.687	1	1.687	98.222	.000
TEMP	5.044	1	5.044	293.590	.000
PRESSURE * TEMP	.361	1	.361	20.985	.004
BATCH	5.732E-02	2	2.866E-02	1.668	.265
Error	.103	6	1.718E-02		
Total	65.509	12			
Corrected Total	7.252	11			

a. R Squared = .986 (Adjusted R Squared = .974)

图 14.25　例 14.15 的 SPSS ANOVA 输出

应用练习

14.38 以计算机为媒介的通信研究. 计算机媒体通信（CMC）是一种包含大量技术的相互联系形式（如即时信息、电子邮件等），在 *Journal of Computer-Mediated Communication*（2004 年 4 月）中，研究比较通过 CMC 相互联系的人们与面对面（FTF）会面的人们亲密关系. 回忆练习 8.42, 参与者为 48 个未毕业的大学生随机指派一半到 CMC 组（用即时信息软件"聊天"的形式交流），另一半分配到 FTF 组（在会议室见面）. 每组受试者随机指派为要求与本组其他成员交流的高度含糊语言（HE）和低度含糊语言（LE）的任务. 另外, 研究者还平衡性别, 使得每个组 - 任务的组合中男性（M）与女性（F）的人数相同; 然后, 这些受试者分为男 - 男对、男 - 女对、女 - 女对. 因此, 在每个 2（组）×2（任务）×3（性别对）=12 个处理中指派两对受试者, 设计的安排在后面给出. 对每对受试者, 记录感兴趣的变量 - 关系亲密得分（7 分制）.

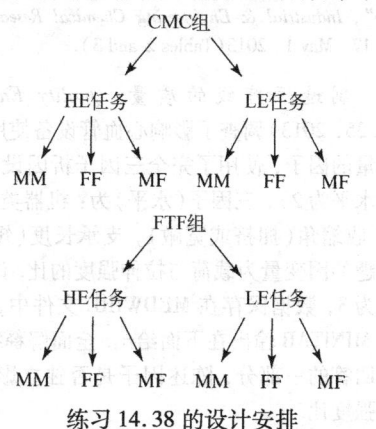

练习 14.38 的设计安排

a. 写出适合 $2 \times 2 \times 3$ 析因设计的完全模型.
b. 对这个设计的 ANOVA 表给出变异来源及对应的自由度.
c. 研究者发现没有显著的三向交互作用, 解释这个结果的实际意义.
d. 研究者发现组和任务间有显著的两向交互作用, 解释这个结果的实际意义.
e. 研究者发现性别对主效应或交互作用不显著, 解释这个结果的实际意义.

14.39 硫化铜原料的浮选法. *Brazilian Journal of Chemical Engineering*（Vol. 22, 2005）发表了一个研究，比较在硫化铜原料浮选流程中的两种发泡剂，这两种发泡剂为：表面活性生物油（SABO）和松木油（PO）. 用 $2 \times 2 \times 2 \times 2$ 的析因设计研究 4 个因子对浮选精矿中铜百分率的影响, 这 4 个因子为：发泡剂（SABO 或 PO）、发泡剂与矿石块的比（低或高）、采集器与矿石块的比（低或高）及液体与固体的比（低或高）. 对 $2 \times 2 \times 2 \times 2 = 16$ 个处理中的每个测量铜的百分比 y, 数据在表中给出.

FOAM

发泡剂与矿石块的比	采集器与矿石块的比	液体与固体的比	铜 SABO	PO
L	L	L	6.11	6.96
H	L	L	6.17	7.31
L	H	L	6.60	7.37
H	H	L	7.15	7.52
L	L	H	6.24	7.17
H	L	H	6.98	7.48

（续）

发泡剂与矿石块的比	采集器与矿石块的比	液体与固体的比	铜	
			SABO	PO
L	H	H	7.19	7.57
H	H	H	7.59	7.78

资料来源：Brossard, L. E., et al. "The surface-active bio oil solution in sulfured copper mineral benefit." *Brazilian Journal of Chemical Engineering*, Vol. 22, No. 1, 2005（表3）.

a. 写出一个适合 $2 \times 2 \times 2 \times 2$ 析因设计的完全模型.

b. 注意试验中没有重复（即16个处理中每个处理只有一个观测值.）这对 a 中模型的分析有何影响？

c. 写出一个只包含主效应和两向交互作用项的 $E(y)$ 模型.

d. 用 c 中的模型拟合数据，给出最小二乘预测方程.

e. 对交互作用项进行检验（$\alpha = 0.05$），解释结果.

f. 进行主效应检验适当吗？如果适当，进行这个分析，如果不，解释为什么.

14.40 铜板纸的白度. 进行一个试验以研究三个因子（造纸原料、漂白混合物及涂层类型）对优质铜版纸白度的影响. 三种造纸原料（因子 A）、4 种漂白剂（因子 B）和两种涂层（因子 C）用于试验. 对 $3 \times 4 \times 2$ 原料-漂白剂-涂层组合中的每一个制备6张纸张样品，并记录测得的白度.

a. 建一个方差分析表，给出变异来源及各自的自由度.

b. 假定 MSE $= 0.14$，MS$(AB) = 0.39$，且所有组合的交互作用的均方为 0.73. 这些数据是否有充分的证据表明三个因子间有交互作用？用 $\alpha = 0.05$ 检验.

c. 这些数据是否给出充分的证据表明 AB 有交互作用？用 $\alpha = 0.05$ 检验. 从实际观点看，AB 交互作用的意义是什么？

d. 假定 SS$(A) = 2.35$，SS$(B) = 2.71$，SS$(C) = 0.72$. 求 SS（总），然后求 R^2，并解释这个值.

14.41 在天然橡胶上接枝腰果酚. 天然橡胶的化学改性常用来提高橡胶的耐候性. 腰果酚是腰果产业的一种农业副产品，通常将它接枝到天然橡胶上来达到这个目的. 化学工程师研究了一种在天然橡胶上接枝腰果酚的新方法，并将结果发表在 *Industrial & Engineering Chemical Research*（2013年5月1日）. 进行一项试验来评估四个因子对接枝效率（百分比）的影响，四个因子和相应的水平为：初始浓度（IC）——1, 2, 3phr；腰果酚浓度（CC）——5, 10, 15phr；反应温度（RC）——35, 50, 65℃；反应时间（RT）——6, 8, 10h.

a. 考虑 $3 \times 3 \times 3 \times 3$ 的完全析因设计，设计中进行了多少种处理？请列出.

b. 给出建立 $3 \times 3 \times 3 \times 3$ 析因 ANOVA 的完全模型方程.

c. 为设计建立部分 ANOVA 表，给出方差来源和各自的自由度，假定试验重复次数为 2.

d. 研究人员资源有限，不能进行完全析因. 他们运行了重复1次的正交部分析因设计，需要9种处理. 这些处理和相应的响应（接枝效率）在下表给出. 这种设计可以调查所有的因子交互项吗？

e. 用回归方法将数据拟合到主效应模型，哪个因子看起来会影响平均接枝效率？

CARDANOL

运行	处理				效率
	IC	CC	温度	时间	
1	1	5	35	6	81.94
2	1	10	50	8	52.38
3	1	15	65	10	54.62
4	2	5	50	10	84.92
5	2	10	65	6	78.93
6	2	15	35	8	36.47
7	3	5	65	8	67.79
8	3	10	35	10	43.96
9	3	15	50	6	42.85

资料来源：Mohapatra, S. & Nando, G. B. "Chemical Modification of Natural Rubber in the Latex Stage by Grafting Cardanol, a Waste from the Cashew Industry and a Renewable Resource", *Industrial & Engineering Chemical Research*, Vol. 52, No. 17, May 1, 2013（Tables 2 and 3）.

14.42 制造医疗线的质量. *Quality Engineering*（Vol. 25, 2013）调查了影响心血管设备使用的医疗线质量的因子，使用了完全三因子析因设计（每个因子水平为2），三因子（水平）为：机器类型（Ⅰ或Ⅱ），收缩角（拥挤或宽敞），支承长度（短或长）. 感兴趣的因变量为载荷与拉伸强度的比. 试验重复次数为3，数据保存在 MEDWIRE 文件中，方差分析的 MINITAB 输出在下面给出. 全面解释结果，作为你回答的一部分，陈述因子是否独立影响载荷-拉伸强度比.

```
Analysis of Variance for RATIO, using Adjusted SS for Tests
Source                DF    Seq SS    Adj SS    Adj MS       F      P
MACHINE                1    0.2301    0.2301    0.2301    4.09  0.060
ANGLE                  1    4.1750    4.1750    4.1750   74.24  0.000
LENGTH                 1    0.3197    0.3197    0.3197    5.69  0.030
MACHINE*ANGLE          1    2.8635    2.8635    2.8635   50.92  0.000
MACHINE*LENGTH         1    0.1426    0.1426    0.1426    2.54  0.131
ANGLE*LENGTH           1    0.6048    0.6048    0.6048   10.76  0.005
MACHINE*ANGLE*LENGTH   1    0.4401    0.4401    0.4401    7.83  0.013
Error                 16    0.8997    0.8997    0.0562
Total                 23    9.6756

S = 0.237136    R-Sq = 90.70%    R-Sq(adj) = 86.63%
```

练习 14.42 的 MINITAB 输出

14.43 高强度镍合金. 随着油井环境的逐渐恶化，石油生产商对抵抗腐蚀的高强度镍合金感兴趣. 因为镍合金对氢脆性特别敏感，所以进行一项试验，比较在氢重组毒物即二硫化碳饱和的 4% 硫酸溶液中阴板充电的镍合金拉伸样品的强度. 两种合金为：英康乃尔合金（75% 镍成分）和英康洛依合金（30% 镍成分）. 合金在两种原料（冷轧和冷拉）条件下检验，每种有三个不同的充电时间（0,25,50 天）. 因此进行两水平的合金类型、两水平的原料条件和三水平充电时间的 $2 \times 2 \times 3$ 析因试验. 对 $2 \times 2 \times 3 = 12$ 个因子水平组合中的每一个，制备两个电解渗氢拉伸样品，它们的强度（kg/in^2）记录在下面的表中.

a. 下面给出了数据方差分析的 SAS 输出，存在三个因子间交互作用的证据吗？用 $\alpha = 0.05$ 检验. （注：这意味着必须检验所有交互作用参数. 从 SSE 减去对此检验适当的量应当是所有交互平方和的和.）

b. 现在检查输出中给出的对单个交互作用的 F 检验. 在 0.05 的显著性水平下，哪一个交互作用是统计显著的，如果有的话？

```
                    The ANOVA Procedure
Dependent Variable: YIELD
                                Sum of
Source                DF       Squares      Mean Square    F Value    Pr > F
Model                 11    1931.734583      175.612235     258.73    <.0001
Error                 12       8.145000        0.678750
Corrected Total       23    1939.879583

         R-Square     Coeff Var      Root MSE     YIELD Mean
         0.995801      1.801942      0.823863      45.72083

Source                DF      Anova SS      Mean Square    F Value    Pr > F
ALLOY                  1    552.0004167     552.0004167     813.26    <.0001
MATCOND                1    956.3437500     956.3437500    1408.98    <.0001
ALLOY*MATCOND          1    339.7537500     339.7537500     500.56    <.0001
TIME                   2     71.0408333      35.5204167      52.33    <.0001
ALLOY*TIME             2      7.9858333       3.9929167       5.88    0.0166
MATCOND*TIME           2      4.1725000       2.0862500       3.07    0.0836
ALLOY*MATCOND*TIME     2      0.4375000       0.2187500       0.32    0.7306
```

练习 14.43 的 SAS 输出结果

NICKEL

		合金类型						
		英康乃尔				英康洛依		
		冷轧		冷拉		冷轧		冷拉
充电时间	0 天	53.4	52.6	47.1	49.3	50.6	49.9	30.9	31.4
	25 天	55.2	55.7	50.8	51.4	51.6	53.2	31.7	33.3
	50 天	51.0	50.5	45.2	44.0	50.5	50.2	29.7	28.1

14.44 高强度镍合金(续). 参考练习 14.43. 因为充电时间是定量因子, 所以我们可以对合金类型与原料条件的 4 个组合中的每一个绘制强度 y 关于充电时间 x_1 的图. 这启发将平均强度 y 与充电时间 x_1 联系起来的预测方程可能是有意义的. 考虑模型

$$E(y) = \beta_0 + \beta_1 x_1 + \beta_2 x_1^2 + \beta_3 x_2 + \beta_4 x_3 + \beta_5 x_2 x_3$$
$$+ \beta_6 x_1 x_2 + \beta_7 x_1 x_3 + \beta_8 x_1 x_2 x_3 + \beta_9 x_1^2 x_2$$
$$+ \beta_{10} x_1^2 x_3 + \beta_{11} x_1^2 x_2 x_3$$

其中:

$x_1 =$ 充电时间

$x_2 = \begin{cases} 1 & \text{如果是英康乃尔合金} \\ 0 & \text{如果是英康洛依合金} \end{cases}$ $x_3 = \begin{cases} 1 & \text{如果是冷轧} \\ 0 & \text{如果是冷拉} \end{cases}$

a. 用上面的模型, 对冷拉英康洛依合金, 给出平均强度 $E(y)$ 与充电时间 x_1 间的关系.

b. 用上面的模型, 对冷拉英康乃尔合金, 给出平均强度 $E(y)$ 与充电时间 x_1 间的关系.

c. 用上面的模型, 对冷轧英康乃尔合金, 给出平均强度 y 与充电时间 x_1 间的关系.

d. 用模型拟合数据, 并求预测方程.

e. 参考 d, 求合金类型与原料条件的 4 个组合中每一个的预测方程.

f. 参考 d, 对合金类型与原料条件 4 个组合中的每一个, 绘制数据点图, 画出各自的预测方程.

14.45 高强度镍合金(续). 参考练习 14.43 和 14.44. 如果平均强度 $E(y)$ 与充电时间 x_1 之间的关系对所有合金类型和原料条件的 4 个组合是相同的, 则 $E(y)$ 的恰当模型为

$$E(y) = \beta_0 + \beta_1 x_1 + \beta_2 x_1^2$$

用这个模型拟合数据. 利用回归的结果及练习 14.36 输出的信息一起决定数据是否提供充分的证据表明对合金类型和原料条件的 4 个类型, 联系 $E(y)$ 与 x_1 的二阶模型是不同的. 用 $\alpha = 0.05$ 检验.

14.46 调查化学药品的产量. 每周进行一个 2×2 因子试验, 共试验三周以确定两个因子: 温度和压强对化学药品产量的影响. 温度设置为 300℃ 和 500℃. 化学反应中维持的压强设置 100 和 200lb/in². 在每周中随机选择 4 天, 将它们随机指派给 4 个因子-水平组合, 安排在三个时间区组的 2×2 析因试验产生的数据在下表中给出. 方差分析的 MINITAB 输出如上所示.

CHEMICAL

		第1周温度		第2周温度		第3周温度	
		300	500	300	500	300	500
压强	100	64	73	65	72	62	70
	200	69	81	71	85	67	83

```
Analysis of Variance for YIELD, using Adjusted SS for Tests
Source         DF    Seq SS    Adj SS    Adj MS       F      P
PRESSURE        1    208.33    208.33    208.33  122.95  0.000
TEMP            1    363.00    363.00    363.00  214.23  0.000
PRESSURE*TEMP   1     27.00     27.00     27.00   15.93  0.007
WEEK            2     15.17     15.17      7.58    4.48  0.065
Error           6     10.17     10.17      1.69
Total          11    623.67

S = 1.30171     R-Sq = 98.37%     R-Sq(adj) = 97.01%
```

练习 14.46 的 MINITAB 输出

a. 这个试验所用的设计类型是什么?
b. 构造方差分析表,给出所有来源及各自的自由度.
c. 为什么方差分析中不包含周与温度和压强的交互作用来源?
d. 数据是否提供充分的证据表明温度和压强之间有交互作用? 给出检验的 p 值,这个结果的实际意义是什么?
e. 对时间分区是否增加了试验信息? 即数据是否提供了充分的证据表明区组均值之间有差异? 给出检验的 p 值.

*14.7 套式抽样设计

ANOVA 模型中的随机误差 ε 试图表示影响响应变量 y 的许多变量(它们中的大多数是未知的)的贡献. 我们希望这些变量对响应的净效应表现出 11.2 节所列假定中描述的性质,有时候进入误差平方和的变异来源可以分解成两个或更多来源. 下面举例说明这种情况.

假定一药剂制造商想要估计一批抗生素的平均效力. 由于至少两个随机误差来源的影响,由一台设备产生的效力读数将随观测的变化而改变. 在一大桶中生产的抗生素并非均匀的物质: 因一批中不同位置,效力略有变化. 另外,由于设备误差在测量过程中产生的效力读数随观测的变化而改变. 因此,对相同的样品重复测量会得到不同的读数.

分解和估计这两个变异来源量值的一个方法是进行两阶抽样. 首先,从批中随机选择 n_1 个样品. 然后对每个样品的效力测量 n_2 次. 因为 n_2 个第二阶抽样单位是由每个第一阶抽样单位或**初级单位**得到的(见图 14.26),所以抽样过程称为**套式抽样设计**,也叫作**再抽样**,即在一个样本中抽样.

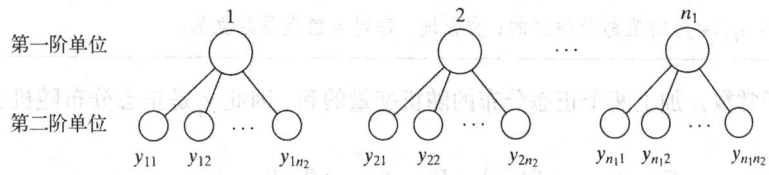

图 14.26 二阶套式抽样设计的图示

定义 14.3 **二阶套式抽样设计**包含从总体中随机选择 n_1 个一阶抽样(初级)单位,再从每个初级单位中随机选择 n_2 个二阶单位的子样本.

套式抽样可以推广到任何阶. 例如,假定设备对样品的效力有影响之后,在取得单个读数之前,操作者都必须重新设置测量仪器. 因此,由于操作者重新校准程序,设备对一个样品重复的影响将随观测的不同而变化,第三个抽样误差来源的量值将用三阶抽样设计来评估. 除了先前描述的二阶抽样设计,由设备对样品的反应产生的每次测量,操作者都需要重新校准并读出计量器 n_3 次. 三阶套式抽样试验在图 14.27 中图示.

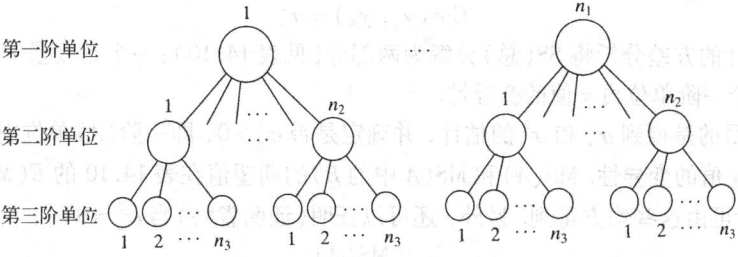

图 14.27 三阶套式抽样设计的图示

在前节给出 ANOVA 设计的概率模型称为固定效应模型,因为除了随机项,模型中所有分量(例如处理、因子交互作用)的水平在观测响应 y 之前都是设定或"固定的". 相反地,套式抽样设计模型包含多于一个随机分量;因此,称它们为套式模型. 对套式设计模型和相应的 ANOVA 在本节中给出.

二阶套式抽样设计

考虑一个二阶套式抽样设计,其中 n_1 个一阶单位中的每个有 n_2 个二阶单位. 因为每个二阶单位产生一个观测值,所以试验得到 $n = n_1 n_2$ 个响应变量 y 的值.

我们令 y_{ij} 表示第 $i(i=1,2,\cdots,n_1)$ 个一阶单位中第 $j(j=1,2,\cdots,n_2)$ 个二阶单位的观测值,用于描述这个响应的概率模型将在下面方框中给出. 从实际的观点,这个模型意味着 y 等于一个常数 μ 加上两个随机分量 α_i 和 ε_{ij}. 相同的第一阶度量单位 i 中的每个二阶单位的响应,由于受相同随机量 α_i 的影响,读数会高于或低于 μ,每个二阶单位中的响应 y_{ij} 也会比 $(\mu+\alpha_i)$ 大于或小于某个量 ε_{ij},这个随机误差随二阶单位不同而变化.

二阶套式抽样设计的概率模型

$$y_{ij} = \mu + \alpha_i + \varepsilon_{ij} \quad (i=1,2,\cdots,n_1; \quad j=1,2,\cdots,n_2)$$

其中 α_i 和 ε_{ij} 是独立的正态分布随机变量,满足

$$E(\alpha_i) = E(\varepsilon_{ij}) = 0$$
$$V(\alpha_i) = \sigma_\alpha^2$$
$$V(\varepsilon_{ij}) = \sigma^2$$

另外,每对 α_i 和 $\alpha_j (i \neq j)$ 的值都是独立的;类似地,每对 ε 值也是独立的.

因为 y_{ij} 等于常数 μ 加上两个正态分布的随机变量的和,因此 y_{ij} 是正态分布随机变量,均值和方差为:

$$E(y_{ij}) = \mu + E(\alpha_i) + E(\varepsilon_{ij}) = \mu + 0 + 0 = \mu$$
$$V(y_{ij}) = V(\alpha_i) + V(\varepsilon_{ij}) + 2\text{Cov}(\varepsilon_{ij}, \alpha_i) = \sigma_\alpha^2 + \sigma^2 + 0 = \sigma_\alpha^2 + \sigma^2$$

注意到尽管模型中所有随机分量都是相互独立的,但在相同的一阶单位中的 y 值是相关的. 为说明这一点,第 i 个一阶单位中的两个观测之间的相关性为

$$\text{Cov}(y_{ij}, y_{ik}) = E\{[y_{ij} - E(y_{ij})][y_{ik} - E(y_{ik})]\} = E[(\mu + \alpha_i + \varepsilon_{ij} - \mu)(\mu + \alpha_i + \varepsilon_{ik} - \mu)]$$
$$= E[(\alpha_i + \varepsilon_{ij})(\alpha_i + \varepsilon_{ik})] = E(\alpha_i^2 + \alpha_i \varepsilon_{ij} + \alpha_i \varepsilon_{ik} + \varepsilon_{ij} \varepsilon_{ik})$$
$$= E(\alpha_i^2) + E(\alpha_i \varepsilon_{ij}) + E(\alpha_i \varepsilon_{ik}) + E(\varepsilon_{ij} \varepsilon_{ik})$$

最后三项的期望(这也是协方差)等于 0,因为假定模型中随机分量是独立的. 那么,由于 $E(\alpha_i) = 0$,必有 $E(\alpha_i^2) = \sigma_i^2$,在相同的一阶单位中两个 y 值之间的协方差是

$$\text{Cov}(y_{ij}, y_{ik}) = \sigma_\alpha^2$$

套式抽样设计的方差分析将 SS(总)分解为两部分(见表 14.10):一个是度量一阶均值间的变异性,一个度量单个一阶单位内 y 值的变异性.

方差分析的目的是得到 σ_α^2 和 σ^2 的估计,并确定是否 $\sigma_\alpha^2 > 0$,即一阶(A)单位中的变异性是否超过了一阶单位内 y 值的变异性. MS(A) 和 MS(A 中的 B) 的期望值在表 14.10 的 E(MS) 列中给出. σ_α^2 和 σ^2 的无偏估计可由这些均方得到. 另外,还可以证明(证明省略)当 $\sigma_\alpha^2 = 0$ 时,

$$F = \frac{\text{MS}(A)}{\text{MS}(A \text{ 中的 } B)}$$

表 14.10　两阶套式抽样设计的方差分析表

来源	df	SS	MS	E(MS)	F
第一阶：A	$n_1 - 1$	SS(A)	MS(A)	$\sigma^2 + n_2 \sigma_\alpha^2$	MS(A)/MS(A 中的 B)
第二阶：B 中的 A	$n_1(n_2 - 1)$	SS(A 中的 B)	MS(A 中的 B)	σ^2	
总和	$n_1 n_2 - 1$	SS(总)			

是自由度为 $\nu_1 = n_1 - 1$，$\nu_2 = n_1(n_2 - 1)$ 的 F 统计量. 用与前几节中的 F 检验相同的方法检验 H_0：$\sigma_\alpha^2 = 0$ 对 H_a：$\sigma_\alpha^2 > 0$.

二阶套式抽样设计的方差分析记号、计算均方的公式和 F 检验在下面方框中给出. 当你检查计算平方和公式时，注意它们与重复的两因子析因试验的方差分析对应的公式相似. 如果将第一阶单位看作分类方向，那么这个方向的主效应平方和为 SS(A)，SS(A 中的 B) 可由 SS(A 中的 B) = SS(总) − SS(A) 计算得到.

两阶套式抽样设计的方差分析记号

y_{ij} = 在第 i 个一阶单位中的第 j 个二阶单位的观测值

n_1 = 第一阶单位数

n_2 = 第二阶单位数

$n = n_1 n_2$ = 观测值的总个数

A_i = 第 i 个一阶单位中所有观测值的总和

$\overline{A}_i$ = 第 i 个一阶单位元中 n_2 个观测值的均值

$\sum_{i=1}^{n_1} \sum_{j=1}^{n_2} y_{ij}$ = 所有 n 个观测值的总和

$\overline{y}$ = 所有 n 个观测值的平均

两阶套式抽样设计方差分析的 F 检验

H_0：$\sigma_\alpha^2 = 0$

H_a：$\sigma_\alpha^2 > 0$

检验统计量：$F = \dfrac{\text{MS}(A)}{\text{MS}(A \text{ 中的 } B)}$

拒绝域：$F > F_\alpha$，p 值：$P(F > F_e)$ 其中 F_α 是自由度为 $\nu_1 = n_1 - 1$，$\nu_2 = n_1(n_2 - 1)$ 的 F 统计量的制表值

尽管这些公式容易使用，计算却相当繁杂. 因此，在例子中使用统计软件包执行计算.

两阶套式抽样设计的计算公式

$\text{CM} = $ 均值的修正 $= \dfrac{(\text{所有观测值的总和})^2}{n} = \dfrac{(\sum_{i=1}^{n_1} \sum_{j=1}^{n_2} y_{ij})^2}{n}$

$\text{SS}(总) = \sum_{i=1}^{n_1} \sum_{j=1}^{n_2} (y_{ij} - \overline{y})^2 = (\text{所有观测值的平方和}) - \text{CM} = \sum_{i=1}^{n_1} \sum_{j=1}^{n_2} y_{ij}^2 - \text{CM}$

$$SS(A) = n_2 \sum_{i=1}^{n_1} (\overline{A_i} - \overline{y})^2 = \sum_{i=1}^{n_1} \frac{A_i^2}{n_2} - CM$$

$$SS(A \text{ 中的 } B) = SS(\text{总}) - SS(A)$$

$$MS(A) = \frac{SS(A)}{n_1 - 1}$$

$$MS(A \text{ 中的 } B) = \frac{SS(A \text{ 中的 } B)}{n_1(n_2 - 1)}$$

例 14.16 **两阶套式设计 ANOVA** 混凝土的抗压强度依赖于水泥与水的混合比例、混合时间、混合过程的透彻性等等. 尽管假定这些变量的取值固定为产生最大抗压强度的值, 但它们随着批次略有不同, 混凝土的抗压强度也相应变化. 州高速公路部门进行一个试验比较批次间强度的变异性与同批次制备的混凝土样品的强度变异性. 在 6 个批次中, 每批次制备 5 个混凝土样品. 测量的抗压强度(klb/in^2)在表 14.11 中给出. 对数据进行方差分析, 检验 $H_0: \sigma_\alpha^2 = 0$ 对 $H_a: \sigma_\alpha^2 > 0$, 即批次间的变异性是否超过批次内的变异性.

CONCRETE3

表 14.11 例 14.16 中混凝土的抗压强度测量值

	批					
	1	2	3	4	5	6
	5.01	4.74	4.99	5.64	5.07	5.90
	4.61	4.41	4.55	5.02	4.93	5.27
	5.22	4.98	4.87	4.89	4.81	5.65
	4.93	4.26	4.19	5.51	5.19	4.96
	5.37	4.80	4.77	5.17	5.48	5.39
总和	25.14	23.19	23.37	26.23	25.48	27.17

解 套式设计方差分析的 SAS 输出在图 14.28 中给出, SS(总)分解的 ANOVA 汇总表在输出中着重显示.

```
         Nested Random Effects Analysis of Variance for Variable STRENGTH

Variance              Sum of                      Error                  Variance   Percent
Source       DF     Squares   F Value   Pr > F    Term     Mean Square   Component  of Total
Total        29    4.745987                                   0.163655    0.174665  100.0000
BATCH         5    2.469747    5.21     0.0022    Error       0.493949    0.079821   45.6993
Error        24    2.276240                                   0.094843    0.094843   54.3007

                   STRENGTH Mean                              5.01933333
                   Standard Error of STRENGTH Mean            0.12831593
```

图 14.28 例 14.16 的套式 ANOVA 的 SAS 输出

着重显示的表给出 SS(总)分解成为两个变异来源: **批**和**误差**. 相应于**误差**部分总是与套式抽样设计最后阶段单位中的变异性关联的. 因此, 对一个二阶设计, 误差相应于在批(A)中的样品(B). 因为批的 F 值表示检验 $H_0: \sigma_\alpha^2 = 0$ 的 F 值. 现在对 $\alpha = 0.05$, 自由度 $\nu_1 = 5$, $\nu_2 = 24$(在表 B.10 给出)的 F_α 制表为 $F_{0.05} = 2.62$. 因为计算的 F 值超过了这个值, 所以有证据表明 $H_a: \sigma_\alpha^2 > 0$ 为真, 即批间的变异性超过了批内的变异性. 注意观察的检验 p 值(输出的阴影部分)为 0.002 2, 由此得到相同的结论.

三阶套式抽样设计

现在假定有一个三阶抽样设计, 包含 n_1 个一阶单位, 每个一阶单位中有 n_2 个二阶单位, 每个二阶单位中有 n_3 个三阶单位. 这个试验观测值的总数是 $n = n_1 n_2 n_3$. 三阶套式抽样设计得到的响应的概率模型包含三个随机效应, 分别表示一阶、二阶、三阶抽样单位间的变异性. 我们用 y_{ijk} 表示在第 i 个一阶单位内第 j 个二阶单位中的第 k 个三阶单位的响应. y_{ijk} 的模型在下面给出.

三阶套式抽样设计的概率模型

$$y_{ijk} = \mu + \alpha_i + \gamma_{ij} + \varepsilon_{ijk}$$

其中 α_i, γ_{ij} 和 ε_{ijk} 是独立的正态分布随机变量, 满足

$$E(\alpha_i) = E(\gamma_{ij}) = E(\varepsilon_{ijk}) = 0$$

$$V(\alpha_i) = \sigma_\alpha^2$$

$$V(\gamma_{ij}) = \sigma_\gamma^2$$

$$V(\varepsilon_{ijk}) = \sigma^2$$

另外, 每对 α_i 和 $\alpha_j (i \neq j)$ 值是独立的; 类似地, 每对 γ 和 ε 值也是独立的.

三阶套式抽样设计的方差分析是二阶分析的推广. 在给出计算公式之前, 检查表 14.12 所示的方差分析表.

当给出关于 σ_α^2 和 σ_γ^2 的假定时, 均方比是自由度为 ν_1 和 ν_2 (分别相应于分子和分母均方)的 F 统计量. 例如, 如果 $\sigma_\gamma^2 = 0$, 那么 $E[\text{MS}(A \text{ 中的 } B)] = E[\text{MS}(B \text{ 中的 } C)]$ 且

$$F = \frac{\text{MS}(A \text{ 中的 } B)}{\text{MS}(B \text{ 中的 } C)}$$

服从自由度为 $\nu_1 = n_1(n_2 - 1)$, $\nu_2 = n_1 n_2 (n_3 - 1)$ 的 F 分布. 用这个统计量检验 $H_0: \sigma_\gamma^2 = 0$ 对 $H_a: \sigma_\gamma^2 > 0$.

表 14.12　三阶套式抽样设计的方差分析表

来源	df	SS	MS	E(MS)	F
第一阶段(A)	$n_1 - 1$	SS(A)	$\dfrac{\text{SS}(A)}{n_1 - 1}$	$\sigma^2 + n_3 \sigma_\gamma^2 + n_2 n_3 \sigma_\alpha^2$	$\dfrac{\text{MS}(A)}{\text{MS}(A \text{ 中的 } B)}$
第二阶段(A 中的 B)	$n_1(n_2 - 1)$	SS(A 中的 B)	$\dfrac{\text{SS}(A \text{ 中的 } B)}{n_1(n_2 - 1)}$	$\sigma^2 + n_3 \sigma_\gamma^2$	$\dfrac{\text{MS}(A \text{ 中的 } B)}{\text{MS}(B \text{ 中的 } C)}$
第三阶段(B 中的 C)	$n_1 n_2 (n_3 - 1)$	SS(B 中的 C)	$\dfrac{\text{SS}(B \text{ 中的 } C)}{n_1 n_2 (n_3 - 1)}$	σ^2	
总和	$n_1 n_2 n_3 - 1$	SS(总)			

类似地, 如果 $\sigma_\gamma^2 = 0$, 那么 $E[\text{MS}(A)] = E[\text{MS}(A \text{ 中的 } B)]$, 且

$$F = \frac{\text{MS}(A)}{\text{MS}(A \text{ 中的 } B)}$$

有自由度为 $\nu_1 = n_1 - 1$, $\nu_2 = n_1(n_2 - 1)$ 的 F 分布. 这个统计量用于检验 $H_0: \sigma_\alpha^2 = 0$ 对 $H_a: \sigma_\alpha^2 > 0$.

用于三阶套式抽样设计的方差分析的记号,计算公式及检验统计量在下面的方框中给出.

三阶套式抽样设计方差分析的记号

y_{ijk} = 在第 i 个一阶单位中的第 j 个二阶单位的第 k 个三阶单位中的观测值

n_1 = 第一阶单位个数

n_2 = 第二阶单位个数

n_3 = 第三阶单位个数

$n = n_1 n_2 n_3$ = 观测值的总个数

A_i = 第 i 个一阶单位中所有观测值的总和

$\overline{A_i}$ = 第 i 个一阶单位所有观测值的均值

B_{ij} = 第 i 个一阶单元中的第 j 个二阶单位的所有观测值的总和

$\overline{B_{ij}}$ = 第 i 个一阶单位中的第 j 个二阶单位的所有观测值的均值

$\sum_{i=1}^{n_1} \sum_{j=1}^{n_2} \sum_{k=1}^{n_3} y_{ijk}$ = 所有 n 个观测值的总和

$\overline{y}$ = 所有 n 个观测值的均值

三阶套式抽样设计方差分析的 F 检验

第一阶变异性的检验

$H_0: \sigma_\alpha^2 = 0$

$H_a: \sigma_\alpha^2 > 0$

检验统计量:$F = \dfrac{\text{MS}(A)}{\text{MS}(A \text{ 中的 } B)}$

拒绝域:$F > F_\alpha$,p 值:$P(F > F_c)$ 其中 F_α 是自由度为 $\nu_1 = n_1 - 1$,$\nu_2 = n_1(n_2 - 1)$ 的 F 统计量的制表值,F_c 是检验统计量的计算值.

第二阶变异性的检验

$H_0: \sigma_\gamma^2 = 0$

$H_a: \sigma_\gamma^2 > 0$

检验统计量:$F = \dfrac{\text{MS}(A \text{ 中的 } B)}{\text{MS}(B \text{ 中的 } C)}$

拒绝域:$F > F_\alpha$,p 值:$P(F > F_c)$ 其中 F_α 是自由度为 $\nu_1 = n_1(n_2 - 1)$,$\nu_2 = n_1 n_2 (n_3 - 1)$ 的 F 统计量的制表值,F_c 是检验统计量的计算值.

三阶套式抽样设计的计算公式

$$\text{CM} = \text{均值的修正} = \frac{(\text{所有观测值的总和})^2}{n} = \frac{(\sum_{i=1}^{n_1} \sum_{j=1}^{n_2} \sum_{k=1}^{n_3} y_{ijk})^2}{n}$$

$$\text{SS}(\text{总}) = \sum_{i=1}^{n_1} \sum_{j=1}^{n_2} \sum_{k=1}^{n_3} (y_{ijk} - \overline{y})^2 = (\text{所有观测值的平方和}) - \text{CM} = \sum_{i=1}^{n_1} \sum_{j=1}^{n_2} \sum_{k=1}^{n_3} y_{ijk}^2 - \text{CM}$$

$$SS(A) = n_2 n_3 \sum_{i=1}^{n_1} (\overline{A}_i - \overline{y})^2 = \sum_{i=1}^{n_1} \frac{A_i^2}{n_2 n_3} - CM$$

$$SS(A\text{ 中的 }B) = n_3 \sum_{j=1}^{n_2} (\overline{B}_{1j} - \overline{A}_1)^2 + n_3 \sum_{j=1}^{n_2} (\overline{B}_{2j} - \overline{A}_2)^2 + \cdots + n_3 \sum_{j=1}^{n_2} (\overline{B}_{n_1 j} - \overline{A}_{n_1})^2 = \sum_{i=1}^{n_1} \sum_{j=1}^{n_2} \frac{B_{ij}^2}{n_3} - \sum_{i=1}^{n_1} \frac{A_i^2}{n_2 n_3}$$

注:每当总和平方并相加时,除数等于单个和中观测值的个数. 所以,在第二阶段的总和中有 n_3 个观测值,在第一阶段的总和中有 $n_2 n_3$ 个观测值.

$$SS(B\text{ 中的 }C) = SS(\text{总}) - SS(A) - SS(A\text{ 中的 }B)$$

$$MS(A) = \frac{SS(A)}{n_1 - 1}$$

$$SS(A\text{ 中的 }B) = \frac{SS(A\text{ 中的 }B)}{n_1(n_2 - 1)}$$

$$MS(B\text{ 中的 }C) = \frac{SS(B\text{ 中的 }C)}{n_1 n_2 (n_3 - 1)}$$

例 14.17 **三阶套式设计 ANOVA** 计算机科学家的一项工作是评估计算机硬件和软件系统,软件的计算机性能评价包括监测处理任务的 CPU 时间. 除了任务间的变异,CPU 时间的变化还依赖于递交任务的日期、运行任务的起始器(开始处理任务的硬件设备). 进行三阶套式抽样试验比较三个变异来源. 在随机选择的 5 天中,随机地选择两个起始器进行监测,从每个起始器中选择某种类型的 4 个任务. 表 14.13 给出 CPU 时间(s),对数据进行方差分析,并检验下面的假设:

CPU

表 14.13 例 14.16 的 CPU 时间

		日期				
		1	2	3	4	5
起始器	1	5.61	1.22	0.89	3.69	7.61
		3.44	1.86	1.26	10.84	6.02
		0.66	0.05	1.43	1.07	0.52
		0.29	2.11	1.90	2.46	1.98
	2	8.17	1.53	6.27	15.20	2.41
		0.13	1.03	1.01	3.62	3.02
		4.22	3.67	2.55	10.22	1.77
		2.50	2.29	1.52	1.83	1.38

a. $H_0: \sigma_\alpha^2 = 0$ 对 $H_a: \sigma_\alpha^2 > 0$(即日期之间的变异是否超过日期内的起始器变异).

b. $H_0: \sigma_\gamma^2 = 0$ 对 $H_a: \sigma_\gamma^2 > 0$(即日期内起始器的变异是否超过起始器内任务的变异).

解 三阶套式设计方差分析的 SAS 输出在图 14.29 中给出. 这个输出与二阶套式设计类似. 输出中着重显示的 ANOVA 汇总表给出了 SS(总)分解为**日期**、**起始器**和**误差**的变异来源. 对这个三阶套式设计,**日期**(DAY)表示第一阶变异来源,即日期(A);**起始器**(INIT)表示第二阶变异来源,即日期(A)中的起始器(B);**误差**(Error)对应于在起始器(B)中的任务(C),即最后阶段的来源. 注意用于计算 F 统计量的误差项在误差项中给出.

```
Nested Random Effects Analysis of Variance for Variable CPU

Variance                    Sum of                     Error                    Variance    Percent
Source      DF             Squares    F Value  Pr > F   Term    Mean Square    Component   of Total
Total       39          414.277438                              10.622498      11.485132   100.0000
DAY          4           95.275425     3.27    0.1131  INIT     23.818856       2.066375    17.9917
INIT         5           36.439288     0.77    0.5763  Error     7.287858      -0.532725     0.0000
Error       30          282.562725                               9.418758       9.418758    82.0083

                        CPU Mean                                3.23125000
                        Standard Error of CPU Mean              0.77166794
```

图 14.29 例 14.17 套式 ANOVA 的 SAS 输出

a. 检验 $H_0: \sigma_\alpha^2 = 0$ 对 $H_a: \sigma_\alpha^2 > 0$ 的 F 值为 $F = 3.27$，对应 p 值是 0.1131。因为 p 值超过 $\alpha = 0.05$，表示 $\sigma_\alpha^2 > 0$ 的证据不充分；即不能推断日期间的变异超过了在日期中起始器的变异。

b. 检验 $H_0: \sigma_\gamma^2 = 0$ 对 $H_a: \sigma_\gamma^2 > 0$ 的 F 值为 $F = 0.77$，对应的 p 值是 0.5763。因为 p 值超过 $\alpha = 0.05$，表示 $\sigma_\gamma^2 > 0$ 的证据不充分；我们不能推断日期中起始器间的变异超过了在起始器中任务的变异。

更复杂的套式抽样设计（如涉及析因试验和交互作用效应的设计）已超出了本书的范围，关于这些复杂但有用的设计的更多信息可以查看参考文献。

应用练习

14.47 黑黏土和泥岩的密度. 澳大利亚昆士兰露天矿井的大高墙倒塌是由高墙底基附近称为黑黏土面的松软的黑黏土层滑动引起的. 进行一项研究确定黑黏土层的化学及矿物学性质是否与泥岩相似（*Engineering Geology*，1985 年 10 月）. 在井矿的坡道地区粉砂岩工作面上随机选择三个位置，从每个位置中随机选黑黏土和泥岩样品，样品的密度（kg/m³）记录在附表中，套式 ANOVA 的 SAS 输出如下面所示.

a. 样本中包含多少个第一阶观测值？
b. 从每个第一阶单位中选择多少个第二阶单位？
c. 给出样本中所有观测值的总数.
d. 写出这个抽样设计的概率模型.
e. 在输出中找到 σ_α^2 和 σ^2 估计.
f. 进行检验确定位置间的黑黏土和泥岩样品的密度变异是否超过了位置内的变异，用 $\alpha = 0.10$ 检验.

CLAYMUD

位置 1	位置 2	位置 3
2.06	2.09	2.07
1.84	2.03	2.04
2.47	2.01	1.90
2.12	2.04	2.00
2.00	2.41	2.64

资料来源：Seedsman, R. W., and Emerson, W. W. "The formation of planes of weakness in the highwall at Goonyella Mine, Queensland, Australia." *Engineering Geology*, Vol. 22, No. 2, 1985 年 10 月, p. 164 (表 1).

```
Nested Random Effects Analysis of Variance for Variable DENSITY

Variance                  Sum of                   Error                 Variance    Percent
Source      DF           Squares   F Value  Pr > F  Term  Mean Square   Component   of Total
Total       14          0.672173                          0.048012       0.055800   100.0000
SITE         2          0.002573    0.02    0.9772 Error  0.001287      -0.010903     0.0000
Error       12          0.669600                          0.055800       0.055800   100.0000

                        DENSITY Mean                      2.11466667
                        Standard Error of DENSITY Mean    0.00926163
```

练习 14.47 的 SAS 输出

14.48 纸张的孔积率. 用二阶套式抽样设计收集数据以估计造纸机生产的纸张的平均孔积率. 从纸卷的末尾随机选择 10 张纸片, 在每张纸片读取 4 个孔积率, 数据在表中给出.

 PAPER

纸片	孔积率			
1	974	978	976	975
2	981	985	978	986
3	1 014	1 012	1 018	1 010
4	990	996	989	988
5	1 012	1 009	1 011	1 012
6	978	980	974	982
7	988	979	986	983
8	1 004	1 001	1 008	1 008
9	989	984	982	983
10	999	1 002	998	1 003

a. 对数据进行方差分析, 给出 ANOVA 汇总表.
b. 求 σ_α^2 和 σ^2 的估计.
c. 数据能提供足够的证据表明纸片间孔积率的变异超过纸片内孔积率的变异吗?

14.49 杜邦的套式抽样. 杜邦的质量控制工程师用套式抽样方案确定符合规格装运产品的百分比[⊖]. 首先, 随机选择 n_1 个生产批样本; 然后, 在每个生产批中随机选择 n_2 批随机样本. 最后, 在每个批中随机地选择 n_3 个装运批进行验查. 假定 $n_1 = 10$, $n_2 = 5$, $n_3 = 20$, 对这个套式抽样设计的方差分析, 给出来源和自由度.

14.50 开采的煤中的硫含量. 进行一个试验估计由某个矿生产的煤中硫含量的平均水平. 随机选择 5 天作为煤抽样日, 在每一天中, 随机地选择 5 个运煤车, 并从每个运煤车中取走一部分煤, 从每部分煤中制备两个样品分析硫含量. 数据在附表中给出, 分析的 MINITAB 输出如下.

a. 构造方差分析表列出结果.
b. 数据能提供足够的证据表明不同天之间硫含量的变异超过同一天内的变异吗? 用 $\alpha = 0.05$ 检验.
c. 数据能提供足够的证据表明一天内运煤车之间硫含量的变异超过煤样品内的变异? 用 $\alpha = 0.05$ 检验.

COALMINE

		日期				
		1	2	3	4	5
同一天内的运煤车	1	0.107	0.091	0.110	0.088	0.089
		0.105	0.089	0.113	0.092	0.088
	2	0.104	0.093	0.108	0.091	0.087
		0.103	0.090	0.110	0.093	0.089
	3	0.101	0.092	0.111	0.092	0.092
		0.099	0.093	0.108	0.089	0.090
	4	0.106	0.091	0.106	0.088	0.091
		0.105	0.091	0.108	0.087	0.090
	5	0.108	0.092	0.106	0.091	0.086
		0.104	0.090	0.109	0.088	0.089

```
Nested ANOVA: SULFUR versus DAY, CAR

Analysis of Variance for SULFUR

Source   DF      SS        MS         F         P
DAY       4   0.0034    0.0008   135.300    0.000
CAR      20   0.0001    0.0000     2.288    0.026
Error    25   0.0001    0.0000
Total    49   0.0036
```

练习 14.50 的 MINITAB 输出

14.51 硅晶体的电阻率. 进行一项试验以监测单晶硅的电阻率. 根据二阶套式抽样设计收集原始数据, 8 个晶体的随机样本选自其中的 30 批. 其中 5 批测量的晶体电阻率在附表中给出.

a. 构造套式设计的 AVONA 汇总表.

CRYSTALS

批	电阻率测量值							
1	2.8	2.7	2.3	2.6	2.7	2.3	2.7	2.7
2	3.0	3.0	2.8	2.4	3.0	3.2	2.9	2.4
3	2.4	2.4	2.4	2.9	2.4	2.4	2.3	2.3
4	3.1	2.9	3.0	2.6	3.0	2.9	3.0	
5	3.1	3.3	3.2	2.5	2.5	3.1	2.5	3.0

资料来源: Hoshide, M. "Optimization of lot size for quality assurance of silicon wafers." *Reports of Statistical Application Research*, Union of Japanese Scientists and Engineers, Vol. 19, No. 1, 1972, pp. 8–21.

⊖ Henderson, R. K "On Making the Transition from Inspection to Process Control." Paper presented at Joint Statistical Meetings, American Statistical Association and Biometric Society, August 1986, Chicago, IL.

b. σ_B^2 和 σ_W^2 分别表示电阻率读数的批间和批内的方差分量，求 σ_B^2 和 σ_W^2 的估计.

c. 数据是否提供充分的证据表明批间的电阻率的变异超过批内的变异？用 $\alpha = 0.05$ 检验.

14.52 造纸原料的特性. 纸的强度依赖于进入造纸机木材纤维原料的长度和其他特性. 因为纤维原料的来源是随时变化的，所以我们期望生产的纸张强度也随着变化. 为了检验这个理论，从为期 4 个月时间中随机选择 6 天，对这 6 天中的每天，从三个随机选择的卷中选取卷尾的一小块纸片. 对 18 块纸片的每一片进行两次强度测试，强度测量值 (lb/in^2) 在表中给出.

a. 利用本节提供的公式对数据进行方差分析，构造方差分析表列出这些结果.

b. 这些数据是否提供足够的证据表明不同天之间纸的强度的变异超过同一天内强度的变异？用 $\alpha = 0.05$ 检验.

c. 这些数据是否提供足够的证据表明不同纸卷之间的强度变异超过同一卷内的强度变异？用 $\alpha = 0.05$ 检验.

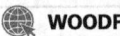
WOODFIBER

		日期					
		1	2	3	4	5	6
同一天内的纸卷	1	20.7	22.1	19.0	20.6	23.2	20.7
		19.3	20.4	19.9	18.9	22.5	18.5
	2	21.2	21.6	18.8	19.8	24.2	19.6
		20.1	22.5	20.1	20.1	24.0	21.3
	3	19.9	20.9	20.2	20.7	23.4	20.0
		20.5	22.1	19.4	19.2	24.6	18.6

14.8 处理均值的多重比较

许多实际试验是为了确定一个集合中的最大（或最小）的均值. 例如，假定某化学家开发了 5 种从金属设备消去腐蚀性物质的化学溶剂，想确定在单次应用中从设备除去最大量腐蚀性物质的溶剂. 类似地，生产工程师可能想要确定 6 部机器中或 3 位领班中哪一个达到每小时最高的平均生产率，机械工程师可能想要从 5 个之中选择一个最有效的发动机，等等.

一旦用 ANOVA 发现了譬如说 5 个处理均值间有差异，那么选择有最大均值的处理似乎就是一个简单的事情. 例如，可以得到样本均值 $\bar{y}_1$, $\bar{y}_2$, $\cdots$, $\bar{y}_5$，构造每对处理均值间差异的 $(1-\alpha)100\%$ 的置信区间来比较它们. 然而，这个过程中有一个问题：**一个 $\mu_i - \mu_j$ 的置信区间以及相应的 α 值是有效的，仅当比较的两个处理 (i 和 j) 是在试验前选择的**. 在看过数据之后，就不能用置信区间去比较具有最大和最小样本均值的处理，因为在平均意义上，它们都不再是任何随机选择的处理对. 而且，如果构造一系列置信区间，每一个有 α 的可能性表明在均值对之间有差异而事实上没有差异存在，那么，在一系列的推断中至少一次犯 I 型错误的风险将大于为单个区间指定的 α 值.

比较和排序一组处理均值有许多方法. 一种普遍的方法称为**图基方法**，是利用学生化极差

$$q = \frac{\bar{y}_{max} - \bar{y}_{min}}{s/\sqrt{n}}$$

（其中 $\bar{y}_{max}$ 和 $\bar{y}_{min}$ 分别是最大和最小的样本均值）确定任意一对样本均值的差异是否意味着相应的处理均值间的差异.

支持这种**多重比较方法**的逻辑是如果我们对最大和最小的样本均值之间的差异 $|\bar{y}_{max} - \bar{y}_{min}|$ 确定了一个临界值，意味着在它们的各个处理均值间有差异，那么任何其他一对样本均值的差异大于这个临界值就意味着相应的处理均值间有差异. 图基(1949)方法选择这个临界距离 ω，使得犯一个或多个 I 型错误（断定一对处理均值之间存在差异，如果事实上它们相等）的概率是 α. 因此，犯 I 型错误的这个风险适用于整个过程，即比较试验中所有的均值对，而不是单次比较. 因此，研究者选择的 α 值称为**试验错误率**（与**比较错误率**相对照）.

图基方法依赖于 p 个样本均值基于独立随机样本，每个包含相等的观测值个数 n_t 的假定. 那么

如果对这个分析 $s = \sqrt{\text{MSE}}$ 是计算的标准差,距离 ω 是

$$\omega = q(p, \nu) \frac{s}{\sqrt{n_t}}$$

制成表的统计量 $q_\alpha(p, \nu)$ 是学生化极差的临界值,位于 q 分布的上尾 α 处的值. 这个临界值依赖于 α,包含在比较中的处理均值个数 p,以及与 MSE 关联的自由度 ν,如下所示. 对 $\alpha = 0.05$ 和 $\alpha = 0.01$ 的 $q(p, \nu)$ 值分别在表 B.13 和表 B.14 中给出.

图基多重比较方法:相等样本量

1. 选择要求的试验的错误率 α.
2. 计算

$$\omega = q_\alpha(p, \nu) \frac{s}{\sqrt{n_t}}$$

其中:

p = 样本均值的个数

$s = \sqrt{\text{MSE}}$

ν = 与 MSE 关联的自由度

$n_t = p$ 个样本的每一个样本中观测值个数

$q_\alpha(p, \nu)$ = 学生化极差的临界值(表 B.13 和表 B.14)

3. 计算 p 个样本均值并排序.
4. 在差别小于 ω 的处理均值对加一条上横线;任意没有用上划线连接的处理对(即差别大于 ω 的)意味着相应的总体均值之间有差异.

注:由这个分析得到的所有推断,关联的置信水平是 $(1-\alpha)$.

例 14.18 **排序处理均值:图基方法** 参考例 14.3 中完全随机化设计的 ANOVA. 回想在 $\alpha = 0.05$ 下,我们拒绝三种涂料直至出现可见磨损的平均时间之间没有差异的原假设. 用图基方法比较三种处理均值.

解

步骤 1 对这个分析,选择试验的错误率 $\alpha = 0.05$.

步骤 2 由前几个例子,我们有 $p = 3$ 个处理,$\nu = 27$ 个误差自由度,$s = \sqrt{\text{MSE}} = 168.95$,且每个处理有 $n_t = 10$ 个观测值. 学生化极差的临界值(由表 B.13 得到)是 $q_{0.05}(3, 27) = 3.5$. 将这些值代入 ω 的公式中,我们得到

$$\omega = q_{0.05}(3, 27) \left(\frac{s}{\sqrt{n_t}}\right) = 3.5 \left(\frac{168.95}{\sqrt{10}}\right) = 187.0$$

步骤 3 这三种涂料的样本均值(由表 14.2 得到)是

$$\bar{y}_1 = 229.6 \quad \bar{y}_2 = 309.8 \quad \bar{y}_3 = 427.8$$

步骤 4 基于临界差异 $\omega = 187$,这三种处理均值排序如下:

样本均值: <u>229.6   309.9   427.8</u>

处理: 第1种   第2种   第3种

同样的信息可用统计软件包得到,图基分析的 SAS 输出在图 14.30 中给出. 图基的临界差异

$\omega = 187.33$ 是输出的阴影部分. (由于四舍五入这个结果与我们的计算略微不同.) 注意到 SAS 以降序垂直列出了处理的均值, 由相同字母 (A、B、C 等) 相连的处理均值没有显著不同.

从这些信息我们推断第 3 种涂料的平均磨损时间显著地大于第 1 种涂料的平均磨损时间, 因为 $\bar{y}_3$ 超过 $\bar{y}_1$ 的超出量大于临界值. 然而, 处理对 $(1,2)$ 和 $(2,3)$ 由一条上横线 (或相同的字母) 相连, 因为 $(\bar{y}_2 - \bar{y}_1)$ 和 $(\bar{y}_3 - \bar{y}_2)$ 都不超过 ω. 这表明这些处理对的样本均值没有显著差异. 事实上, 这些结果意味着直至出现可见磨损, 第 3 种涂料有最大的平均时间, 第 1 种涂料最低, 而第 2 种涂料的均值与另两个均值没有显著差异. 这些推断是在总的置信水平 $(1 - \alpha) = 0.95$ 时做出的.

```
                    The ANOVA Procedure
              Tukey's Studentized Range (HSD) Test for WEAR

NOTE: This test controls the Type I experimentwise error rate, but it generally has a higher
      Type II error rate than REGWQ.

              Alpha                                   0.05
              Error Degrees of Freedom                  27
              Error Mean Square                    28543.37
              Critical Value of Studentized Range   3.50643
              Minimum Significant Difference         187.33

         Means with the same letter are not significantly different.

         Tukey Grouping         Mean      N    TYPE
                    A          427.80     10     3
                    A
                 B  A          309.90     10     2
                 B
                 B             229.60     10     1
```

图 14.30　例 14.18 磨损均值的图基排序的 SAS 输出

记住图基多重比较法要求各处理的样本容量是相等的. 这对分别在 14.4 节和 14.5 节中描述的随机化区组设计和析因试验当然是满足的. 然而, 在完全随机化设计 (14.3 节) 中, 样本容量可能不相等. 在这种情况下, 需要修正图基法 (有时称**图基－克拉默方法**) (如下面方框所述). 这种技术需要对试验中的每个处理对 (i, j) 计算临界差 ω_{ij}, 且基于这个适当的 ω_{ij} 进行成对比较. 然而, 当图基方法用于不等样本容量时, 由研究者事先选择的 α 值只是近似于真实的试验错误率. 事实上, 当应用于不等样本容量时, 发现这种方法是比较保守的, 即当处理均值对之间的差异存在时, 检出这种差异的可能性小于等样本容量的情况. 由于这个原因, 当样本量不等时研究者有时希望寻找另一种多重比较方法. 这种方法之一就是**鲍费罗尼方法**.

不等样本容量时的图基近似多重比较方法

1. 选择要求的试验错误率 α.
2. 对每个处理对 (i, j) 计算

$$\omega_{ij} = q_\alpha(p, \nu) \frac{s}{\sqrt{2}} \sqrt{\frac{1}{n_i} + \frac{1}{n_j}}$$

其中:

p = 样本均值的个数

$s = \sqrt{\text{MSE}}$

ν = 与 MSE 关联的自由度

n_i = 处理 i 的样本观测值个数

n_j = 处理 j 的样本观测值个数

$q_\alpha(p, \nu)$ = 学生化极差的临界值（表 B.13 和表 B.14）

3. 对 p 个样本均值排序，并在差异小于 ω_{ij} 的处理均值对 (i, j) 画条上横线，任何没有用上横线连接的处理均值对（即差大于 ω 的）意味着相应的总体均值之间有差异.

注：这个方法是近似的，即研究者选择的 α 值近似于至少犯一次 I 型错误的真实概率.

鲍费罗尼方法是基于下面的结果（证明省略）：如果做 g 次比较，每次置信系数为 $1 - \alpha/g$，那么犯一次或多次 I 型错误（即试验的错误率）的总概率至多为 α，即用鲍费罗尼方法构造的区间集给出的总置信水平至少是 $1 - \alpha$. 例如，如果想以至多 $\alpha = 0.05$ 成对试验的错误率构造 $g = 2$ 个置信区间，那么每个单个区间必须用 $1 - 0.05/2 = 0.975$ 的置信水平构造.

当应用处理均值的成对比较时，鲍费罗尼方法可通过比较两个处理均值的差异 $(\bar{y}_i - \bar{y}_j)$ 与临界差异 B_{ij} 来实现，其中 B_{ij} 依赖于 n_i, n_j, α, MSE 以及被比较的处理总数. 如果样本均值间的差异超过临界差异，则有充分的理由推断总体均值不同. 执行鲍费罗尼多重比较方法的步骤在方框中给出.

处理均值成对比较的鲍费罗尼多重比较方法：

1. 选择试验的错误率 α.
2. 对每个处理对 (i, j) 计算 B_{ij}：

$$B_{ij} = (t_{\alpha*/2})(s)\sqrt{\frac{1}{n_i} + \frac{1}{n_j}}$$

其中：

p = 试验中样本（处理）均值的个数

g = 成对比较的次数（注：如果要进行所有的成对比较，那么 $g = p(p-1)/2$）

$\alpha^* = \alpha/g$ = 比较的错误率

$s = \sqrt{\text{MSE}}$

n_i = 处理 i 的样本中观测值个数

n_j = 处理 j 的样本中观测值个数

ν = 与 MSE 关联的自由度个数

$t_{\alpha*/2}$ = 自由度为 ν 的 T 分布的临界值，尾部面积为 $\alpha*/2$（表 B.7）

3. 计算样本均值，并排序.

在差别小于 B_{ij} 的处理对 (i, j) 上画一条横线. 任何没有由上横线连接的均值对都意味着相应的总体均值之间有差异.

注：由这个分析得到的所有推断关联的置信水平至少是 $(1 - \alpha)$.

例 14.19 排序处理均值：鲍费罗尼方法　参见例 14.18 中三种涂料平均磨损时间的排序.

a. 用鲍费罗尼方法比较三个处理均值.

b. 与图基方法比较 a 中的结果.

解 a. 我们将按所列的 3 个步骤进行.

步骤 1 如例 14.18 中,选择试验的错误率 $\alpha = 0.05$.

步骤 2 对 $p = 3$ 个处理,成对比较的个数为

$$g = p(p-1)/2 = 3(2)/2 = 3$$

因此,调整的 α 水平(即比较的错误率)是 $\alpha^* = \alpha/g = 0.05/3 \approx 0.017$. 对自由度 $\nu = 27$ 的学生氏 T 统计量的临界值(由统计软件包得到)是 $t_{\alpha/2} = t_{(0.017/2)} = t_{0.0083} \approx 2.55$. 由例 14.18,我们有 $s = \sqrt{\text{MSE}} = 168.95$,且每个处理有 $n_i = 10$ 个观测值. 将这些值代入 B 的公式,得到

$$B = t_{0.0083}(s)\sqrt{(1/n_i) + (1/n_j)} = 2.55(168.95)\sqrt{2/10} \approx 192.7$$

步骤 3 根据临界差异 $B = 192.7$,三个处理均值的排序如下:

样本均值: 229.6   309.9   427.8

处理: 第1种   第2种   第3种

(注:这些结果显示在图 14.31 的 SAS 输出中.)

```
                    The ANOVA Procedure
                Bonferroni (Dunn) t Tests for WEAR

NOTE: This test controls the Type I experimentwise error rate, but it generally has a higher
                   Type II error rate than REGWQ.

            Alpha                              0.05
            Error Degrees of Freedom             27
            Error Mean Square              28543.37
            Critical Value of t             2.55246
            Minimum Significant Difference   192.85

    Means with the same letter are not significantly different.

       Bon Grouping        Mean       N     TYPE

                  A       427.80      10      3
                  A
             B    A       309.90      10      2
             B
             B            229.60      10      1
```

图 14.31 例 14.19 磨损时间鲍费罗尼排序的 SAS 输出

b. 由鲍费罗尼方法得到的结果与图基方法得到的相同:在总的显著性水平为 0.05 时,(1) 第 3 种涂料的平均磨损显著地高于第 1 种涂料的相应平均值;(2) 第 2 种涂料的均值与另外两个平均值没有显著差异. 然而注意到鲍费罗尼临界差异 $B = 192.7$ 大于由例 14.18 得到的图基临界差异 $\omega = 187.33$. 因此,对这个例子,利用相同的比较错误率 α,图基方法能比鲍费罗尼方法检出更小的处理均值的差异. ■

例 14.19b 的结果揭示出鲍费罗尼方法比图基方法产生更宽的处理均值差的置信区间. 无论处理的样本容量是否相同,一般而言,这是正确的. 因此,对平衡 ANOVA 设计(即每个处理有相同样本容量的设计)图基方法是优良的多重比较方法. 然而,对于不等的 n,鲍费罗尼临界差异通常小于图基临界差异. 因此,当设计是不平衡时(即处理的样本容量不等时)鲍费罗尼方法比图基方法更值得推荐. 记住计算鲍费罗尼临界差异所需要的精确 T 值在大多数教材提供的 T 表中不可能得到. 如果不使用提供这些信息的统计软件包,那么就需要估计它的值.

一般地,执行处理均值的多重比较仅是 ANOVA 的后续分析,即仅在进行恰当的方差分析 F 检验,并确定在处理均值之间差异存在的充足证据之后. 当 ANOVA F 检验表明在少量的处理均值之间

没有明显的差异时,进行多重比较要谨慎,这可能导致混淆且矛盾的结果[⊖].

警告:实际上,当相应的ANOVA F检验不显著时,避免进行少量处理均值的多重比较是明智的;否则,可能出现混淆且矛盾的结果.

应用练习

14.53 训练机器人像蚂蚁一样表现. 参考练习14.4, Nature (2000年8月) 训练机器人像蚂蚁一样表现的研究. 用0.05试验的错误率对4个大小不同的群落的平均花费能量进行多重比较. 结果汇总在表中.

样本均值	0.97	0.95	0.93	0.80
群落大小	3	6	9	12

a. 分析中进行了多少次成对比较?
b. 解释表中给出的结果.

14.54 被渔具缠住的鲸鱼. 参考练习14.5, Marine Mammal Science (2010年4月) 关于鲸鱼被渔具缠住的研究. 三种类型的渔具(定置网、壶、刺网)缠住的鲸鱼平均身体长度数据在下表中给出. 用图基法做均值的多重比较, 成对试验错误率为0.01. 基于结果, 平均缠住最短鲸鱼的是哪一种渔具? 平均缠住最长鲸鱼的呢?

平均长度	4.45	5.28	5.63
渔具	定置网	刺网	壶

14.55 公共汽车站性能. 参考练习14.6, International Journal of Engineering Science and Technology (2011年2月) 关于公共汽车站性能的研究. 回忆在三个不同的汽车站(站1, 站2和站3)每个站150名顾客提供的全部性能等级数据. 用ANOVA F检验确定在$\alpha = 0.05$下平均性能得分是否显著不同. 样本的平均性能得分为$\bar{x}_1 = 67.17$, $\bar{x}_2 = 58.95$, $\bar{x}_3 = 44.49$. 研究人员用鲍费罗尼方法对3个性能均值排序, 成对试验的误差率为0.05. 每一对处理均值差的调整95%置信区间在下表中给出. 用这些信息对3个公共汽车站的平均性能排序.

比较	调整95%置信区间
$(\mu_1 - \mu_2)$	(1.50, 14.94)
$(\mu_1 - \mu_3)$	(15.96, 29.40)
$(\mu_2 - \mu_3)$	(7.74, 21.18)

14.56 苯胺印刷版的评估. 参考练习14.7, Journal of Graphic Engineering and Design (Vol. 3, 2012) 关于苯胺印刷质量的研究. 回忆研究的4个不同的暴露时间(8, 10, 12和14分钟)用点区域(每平方毫米数以百计的点)测量的印刷质量. 用图基多重比较方法(成对试验的误差率为0.05)对4个暴露时间的平均点区域值排序. 结果汇总如下. 哪一个暴露时间可以得到最高的平均点区域? 最低的呢?

平均点区域	0.571	0.582	0.588	0.594
暴露时间(分钟)	12	10	14	8

14.57 全麦面包的化学性质. 全麦面包有较高含量植酸, 会降低营养无机物的吸收. Journal of Agricultural and Food Chemistry (2005年1月) 发表了一项研究结果, 确定含酵母的面团是否能增加全麦面包的溶解性. 用全麦粉制备4种面包:(1)加酵母菌的;(2)加含酵母面团的;(3)没有加酵母菌或含酵母面团(控制);(4)加入乳酸. 对每种面包的生面团样本, 收集在发酵过程中可溶解的镁水平(镁总量的百分比)的数据, 并采用单向ANOVA分析. 用鲍费罗尼方法配对比较这4个平均可溶解镁的均值, 结果汇总在表中.

均值:	7%	12.5%	22%	27.5%
面包种类:	控制组	加酵母菌	加乳酸	加含酵母面团

a. 在鲍费罗尼分析中做了多少次成对比较?
b. 哪个处理产生显著最高的平均可溶解镁水平? 最低的呢?
c. 对比分析试验错误率是0.05, 解释这个值.

GASTURBINE

14.58 燃气轮机的冷却方法. 参考练习14.8. 用鲍费罗尼方法比较三种燃气轮机引擎的平均热耗率. 用$\alpha = 0.06$检验.

[⊖] 当比较大量的处理时, 一个难以确定、不显著的F值(例如$0.05 < p$值< 0.10)可能掩盖某些均值之间的差异, 在这种情况下, 最好是忽略F检验直接进入多重比较程序.

TILLRATIO
14.59 估计冰渍物的年龄. 参考练习 14.11. 用多重比较方法比较 5 个钻井的平均 Al/Be 比, 用 $\alpha = 0.05$ 指出呈现差异的平均值.

SCOPOLAMINE
14.60 莨菪胺对记忆的影响. 参考练习 14.13. *Behavioral Neuroscience*(2004 年 2 月)研究药物莨菪胺对词对关联记忆的影响. 研究人员的理论认为注射莨菪胺的受试者(组 1)回忆的词对平均数将小于注射安慰剂的受试者(组 2)和没有任何药物的受试者(组 3)的相应平均. 进行三个均值的多重比较(利用 0.05 试验的错误率), 结果支持研究人员的理论吗? 请解释.

CRACKPIPE
14.61 修复管道裂缝. 参考练习 14.19. 用多重比较法比较 4 个浸湿期间的平均裂缝宽度. 指出呈现差异的平均值. 用 $\alpha = 0.05$.

14.62 面包酵母和啤酒酵母. 参考练习 14.29 中 *Electronic Journal of Biotechnology*(2003 年 12 月 15 日)上关于比较啤酒酵母与面包酵母中酵母膏的研究. 回忆所用的 2 水平酵母膏和 4 水平温度的 2×4 析因设计. 对两种酵母膏中的每种进行 4 个温度平均值的多重比较, 解释下面给出的结果.

面包酵母:	平均量(%):	41.1	47.5	48.6	50.3
	温度(℃):	54	45	48	51

啤酒酵母:	平均量(%):	39.4	47.3	49.2	49.6
	温度(℃):	54	51	48	45

ANTIMONY
14.63 焊接处的强度. 参考练习 14.34. 利用多重比较法比较 4 个锑量的平均抗剪强度, 指出呈现差异的平均值, 用 $\alpha = 0.01$.

14.64 修剪对高速公路用地的影响. 参考练习 14.35, *Landscape Ecology Journal*(2013 年 1 月)关于高速公路用地内植物修剪影响的研究. 回忆用 3×3 析因设计来估计修剪频率和修剪高度对植物平均高度的影响. 研究人员检测两个因子修剪频率(每年 1、2 或 3 次)和修剪高度(5、10 或 20)之间的交互作用. 因此, 他们对修剪频率不排序意味着与修剪高度是独立的, 反之亦然. 进一步, 研究人员把 3×3=9 种处理均值排序, 目的是确定哪一种处理会得到最低和最高的平均植物高度. 用多重比较法进行分析, 成对试验错误率是 0.05.

14.9 检查 ANOVA 假定

对本章讨论的每个试验和设计, 我们在相关的方框中列出了用 ANOVA 分析的基本假定. 例如, 在 14.3 节的方框中, 完全随机化设计的假定为: (1) 相应于 p 个处理的响应 y 的 p 个概率分布是正态的; (2) p 个处理的总体方差是相等的. 类似地, 对随机化区组设计和析因设计, 处理的数据必须来自有等方差的正态概率分布.

这些假定等价于回归分析中所要求的(见 11.2 节), 原因当然是每个设计的响应 y 的概率模型是第 11 章中熟知的一般线性回归模型. 用于检查 ANOVA 假定方法的主要点如下.

检测非正态总体

1. 对每个处理, 绘制响应 y 的直方图、茎叶图或正态概率图. 寻找严重的有偏分布. (注: 对相对大的样本, 如每个处理有 20 个或更多的观测值, 像回归一样, ANOVA 关于正态性假定是"稳健"的, 即与正态性微小的偏离对由分析得到的推断的有效性只有很小的影响.)如果每个处理的样本容量较小, 那么这些图的用处可能是有限的.

2. 也可以使用正态性的正规统计检验(如**安德森-达林检验**, **沙皮洛-威尔克检验**或**柯尔莫哥罗夫-斯米尔诺夫检验**). 原假设是响应 y 的概率分布是正态的, 然而, 这些检验对正态性的略微偏离是敏感的. 因为在大多数科学应用中, 正态性假定并不精确满足, 这些检验可能给出拒绝原假设, 所以, 在实际中有限使用. 关于这些正规检验的更多信息可查看参考文献.

3. 如果响应的分布极大地偏离正态性，**正态化变换**也许是必需的. 例如, 对非常偏的分布, 关于响应 y 进行诸如 $\log(y)$ 或 $\sqrt{y}$ 的变换使数据趋于"正态化", 因为这些函数将分布尾部的观测值向均值"拉"回.

检测不等方差

1. 对每个处理, 对 y 绘制盒子图或频率(点)图, 寻找散布(变异性)方面的不同. 如果在每个图中响应的变异性是大致相等的, 那么等方差的假定可能是满足的. (注: 对于**平衡设计**即对每个处理有等样本容量的设计, 对 ANOVA 不等方差是稳健的.)

2. 当每个处理的样本容量较小时, 频率图上只有几个点, 很难发现变异的不同. 在这种情况下, 可能希望使用的几种正式的方差齐性统计检验方法之一. 对 p 处理, 原假设是 $H_0: \sigma_1^2 = \sigma_2^2 = \cdots = \sigma_p^2$, 其中 σ_i^2 是相应于第 i 个处理的响应 y 的总体方差. 如果所有 p 个总体都是近似正态的, 则可用**"巴特利特"方差齐性检验**. 当数据是来自正态(或接近正态)分布时, 巴特利特的检验很好. 然而, 对非正态数据结果可能会误导, 在响应明显不是正态分布情况下, "**莱文检验**"更恰当. 这些检验的要素在下面的方框中给出, 注意巴特利特检验统计量依赖于样本容量是相等还是不等.

3. 当发现不等方差时, 使用 11.10 节中讨论的响应 y 的**方差稳定化变换**之一.

方差齐性的巴特利特检验

$H_0: \sigma_1^2 = \sigma_2^2 = \cdots = \sigma_P^2$

H_a: 至少两个方差不同.

检验统计量(相等的样本容量):

$$B = \frac{(n-1)[p\ln\bar{s}^2 - \sum \ln s_i^2]}{1 + \dfrac{p+1}{3p(n-1)}}$$

其中, $n = n_1 = n_2 = \cdots = n_p$, $s_i^2 =$ 第 i 个样本的样本方差, $\bar{s}^2 = p$ 个样本方差的平均 $= \left(\dfrac{\sum s_i^2}{p}\right)$, $\ln x = x$ 的自然对数(即底是 e 的对数).

检验统计量(不等的样本容量):

$$B = \frac{[\sum(n_i-1)]\ln\bar{s}^2 - \sum(n_i-1)\ln s_i^2}{1 + \dfrac{1}{3(p-1)}\left\{\sum \dfrac{1}{(n_i-1)} - \dfrac{1}{\sum(n_i-1)}\right\}}$$

其中, $n_i = $ 第 i 个样本的样本容量, $s_i^2 = $ 第 i 个样本的样本方差, $\bar{s}^2 = p$ 个样本方差的加权平均 $= \dfrac{\sum(n_i-1)s_i^2}{\sum(n_i-1)}$, $\ln x = x$ 的自然对数(即底是 e 的对数).

拒绝域: $B > \chi_\alpha^2$, p 值: $P(\chi^2 > B)$, 其中 χ_α^2 是位于自由度为 $(p-1)$ 的 χ^2 分布上尾面积为 α 的点.

假定: 1. 独立随机样本是从 p 个总体中选取的.
        2. 所有 p 个总体都是正态分布.

方差齐性的莱文检验

$H_0: \sigma_1^2 = \sigma_2^2 = \cdots = \sigma_P^2$

H_a: 至少有两个方差不同

检验统计量: $F = \text{MST}/\text{MSE}$

其中 MST 和 MSE 是对变换的响应变量 $y_i^* = |y_i - \text{Med}_p|$ 实施 p 个处理的 ANOVA 得到的, Med_p 是处理 p 的响应值 y 的中位数.

拒绝域: $F > F_\alpha$, p 值: $P(F > F_c)$, 其中 F_α 是位于自由度 $\nu_1 = (p-1)$ 和 $\nu_2 = (n-p)$ 的 F 分布上尾面积为 α 的点, F_c 是检验统计量的计算值.

假定: 1. 独立随机样本是从 p 个处理总体中选取的.
   2. 响应变量 y 是连续随机变量.

例 14.20 **检查 ANOVA 假定** 参考例 14.3 中完全随机化设计的 ANOVA, 回想发现 3 种涂料的平均磨损时间之间的差异. 检查这个分析是否满足 ANOVA 假定.

解 首先, 我们检查正态性假定. 对这个设计, 每个处理 (分类) 只有 10 个观测值; 所以, 对每个处理绘图 (例如直方图或茎叶图) 并不能得到多少信息. 另一种方法是将 3 个处理的数据合并, 对数据集中所有的 30 个观测值画直方图, 响应变量磨损时间的 MINITAB 正态概率图在图 14.32 中给出. 点落在一条近似直线上. 数据的正态性检验结果也图 14.32 中 (着重显示) 给出.

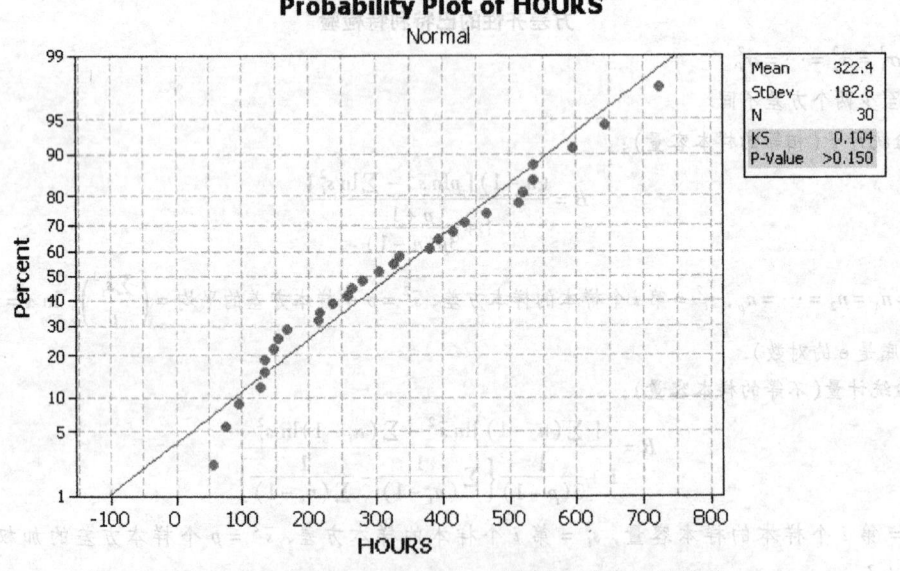

图 14.32 例 14.20 MINITAB 正态概率图和正态性检验

因为检验的 p 值大于 0.10, 所以没有充分的证据 (在 $\alpha = 0.05$) 推断数据是非正态的, 磨损时间看来好像来自正态分布.

其次, 我们检查等方差假定. 图 14.33 显示的是 MINITAB 磨损时间散点图, 注意每个图中响应的变异性是大致相同的; 因此, 等方差假定看来是满足的. 为正式检验假设 $H_0: \sigma_1^2 = \sigma_2^2 = \sigma_2^3$, 进行方差齐性的巴特利特检验和莱文检验. 我们求助于统计软件包, 而不是用给出的计算公式. 图 14.34 是检验结果的 MINITAB 输出, 两个检验的 p 值是输出的阴影部分, 因为两个 p 值都超过了 $\alpha = 0.05$, 所以没有充分的证据拒绝等方差的原假设. 所以, 等方差的假定看来是满足的.

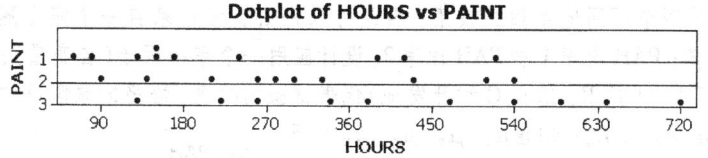

图 14.33 例 14.20 的 MINITAB 散点图

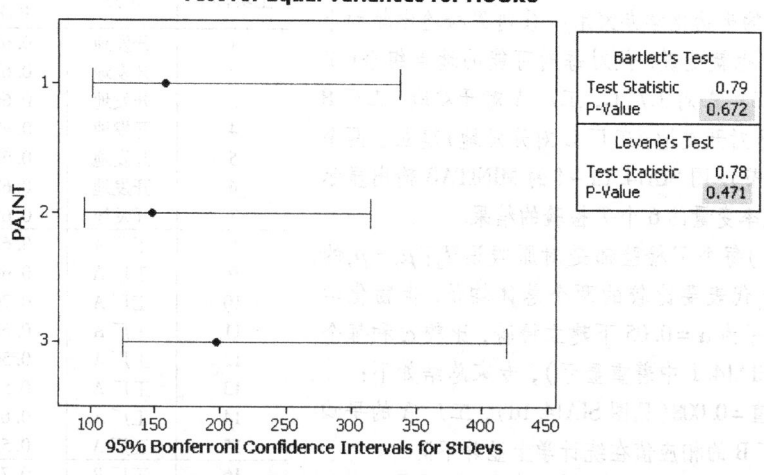

图 14.34 例 14.20 的 MINITAB 方差齐性检验

在大多数科学应用中,这些假定是不会精确地满足. 然而,从轻微偏离假定不会显著性地影响分析或所推断的有效性意义上来说,这些方差分析方法是灵活的. 另一方面,假定的明显背离(例如,非常数方差)应该怀疑推断的有效性. 因此,应该将核实假定是(近似地)满足的,成为标准的惯例.

应用练习

GASTURBINE

14.65 燃气轮机的冷却方法. 检查练习 14.8 的完全随机化 ANOVA 的假定.

TILLRATIO

14.66 估计冰川的年龄. 检查练习 14.11 的完全随机化 ANOVA 的假设.

SCOPOLAMINE

14.67 莨菪胺对记忆的影响. 检查练习 14.13 的完全随机化 ANOVA 的假设.

GENEDARK

14.68 基因的明暗变化. 检查练习 14.25 的完全随机化 ANOVA 的假定.

ANTIMONY

14.69 焊接口的强度. 检查练习 14.34 的析因设计 ANOVA 的假定.

BURNIN

14.70 发现零件的早期故障. 检查练习 14.36 的析因设计 ANOVA 的假定.

活动中的统计学回顾: 房地产开发中的污染物———一个小样本情况下处理不当的案例

现在我们回到佛罗里达州房地产开发商的案例,他将房地产计划的失败归咎于开发地污染物(PAH)的发现,并对两个在工业生产过程中产生了 PAH 废物的工厂提起诉讼. 在四个地点收集了土壤样本: 房地产开发地收集 7 份,工厂 A 收集 8 份,工厂 B 收集 5 份,工厂 C 收集 2 份. 确定每块土壤样本中两种不同 PAH 测量值的分子诊断比率,数据在表 SIA14.1 中给出. 回顾目标是比较四个不同位置的平均 PAH 比率.

由于土壤样本从四个不同地点独立收集,因此可以将数据看作来自一个完全随机化设计.有两个不同的响应(因)变量:PAH比率1和PAH比率2.设计应用一个单一因子(自变量):地点(或位置).地点的四个水平(工厂A,工厂B,工厂C和开发地)代表试验的处理.恰当的原假设和备择假设为:

$H_0: \mu_A = \mu_B = \mu_C = \mu_D$, H_a: 均值 $\mu_A, \mu_B, \mu_C, \mu_D$ 中至少有两个不同

数据有缺陷的分析

工厂A聘请的生物化学专家用一系列T检验比较两个均值来分析数据.也就是说,他对每对可能的地点组合(工厂A对工厂B,工厂A对工厂C,工厂A对开发地,工厂B对工厂C,工厂B对开发地,工厂C对开发地)建立了两个样本T检验(8.7节).图SIA14.1a~f的MINITAB输出显示了第二个PAH比率变量的6个T检验的结果.

回顾(8.7节)每个T检验都是对原假设 $H_0: \mu_i = \mu_j$ 的检验,其中 μ_i 和 μ_j 代表要比较的两个总体均值.生物化学专家在显著性水平为 $\alpha = 0.05$ 下建立检验,比较 α 和每个检验的 p 值(图SIA14.1中着重显示),专家总结如下:

(1) 由于 p 值 $= 0.008$(见图SIA14.1d),工厂A的平均PAH2比率与工厂B的相应值在统计学上显著不同.

(2) 由于 p 值 $= 0.013$(见图SIA14.1a),开发地的平均PAH2比率与工厂A的相应值在统计学上显著不同.

(3) 由于 p 值 $= 0.521$(见图SIA14.1b),开发地的平均PAH2比率与工厂B的相应值在统计学上没有显著不同.

后两个推断使得专家声称:房产开发地的PAH污染资源更有可能来自于工厂A而不是工厂B.

表 SIA14.1 四个地点PAH比率的数据

土壤样本	地点	比率 PAH1	比率 PAH2
1	开发地	0.620	1.040
2	开发地	0.630	1.020
3	开发地	0.660	1.070
4	开发地	0.670	1.180
5	开发地	0.610	1.020
6	开发地	0.670	1.090
7	开发地	0.660	1.100
8	工厂A	0.620	0.950
9	工厂A	0.660	1.090
10	工厂A	0.700	0.960
11	工厂A	0.560	0.970
12	工厂A	0.560	1.000
13	工厂A	0.570	1.030
14	工厂A	0.600	0.970
15	工厂A	0.580	1.015
16	工厂B	0.770	1.130
17	工厂B	0.720	1.110
18	工厂B	0.560	0.980
19	工厂B	0.705	1.130
20	工厂B	0.670	1.140
21	工厂C	0.675	1.115
22	工厂C	0.650	1.060

数据来源:Info Tech, Inc.(为了保密,数值已改变).

反驳这个证词的统计学家声称,这个分析是有缺陷的.为了说明原因,考虑生物化学专家用 $\alpha = P$(犯Ⅰ型错误) $= 0.05$ 对数据建立的6个独立T检验.现在,对于任意单个检验,专家得出均值之间存在差异的结论,但实际上没有差异的概率(即犯Ⅰ型错误的概率)为0.05.然而,专家根据6个检验的全部结果得出最终结论.可以证明(证明略),当6个检验建立在 $\alpha = 0.05$ 时,至少犯一次Ⅰ型错误的概率(称为总体Ⅰ型错误率)为0.265.换句话说,当实际没有差异时,有超过四分之一的概率专家会错误地得出"均值之间存在差异"的结论.这个错误率太高,因此不能接受.

生物化学专家证词的第二个错误是"接受原假设".当专家的检验不能表明均值之间存在显著性差异时,他声称比较的两个地点的PAH比率"在统计学上不可辨识",这意味着总体均值是相等的.接受了均值相等的原假设,专家不能对犯Ⅱ型错误(即H_0为假,接受H_0)的可能性负责.如我们在第8章所讨论的,犯Ⅱ型错误的概率 β 通常是未知的且在两个样本T检验的过程中不能控制,并且在收集的样本非常小的时候 β 尤其大.

数据有效的统计分析

根据我们在这一章的讨论,分析数据合适的方法是方差分析(ANOVA).由于在ANOVA中是单一原假设检验,因此犯Ⅰ型错误的概率(即均值相同时得出均值不同的结论的概率)为 $\alpha = 0.05$.图SIA14.2a~b的MINITAB输出显示了两个因变量PAH比率1和PAH比率2的ANOVA结果.

```
Two-sample T for PAH2

SITE          N   Mean    StDev   SE Mean
Development   7   1.0743  0.0565  0.021
IndustryA     8   0.9981  0.0464  0.016


Difference = mu (Development) - mu (IndustryA)
Estimate for difference:  0.0762
95% CI for difference:  (0.0188, 0.1336)
T-Test of difference = 0 (vs not =): T-Value = 2.87  P-Value = 0.013  DF = 13
Both use Pooled StDev = 0.0513
```

a) 开发地对工厂A

```
Two-sample T for PAH2

SITE          N   Mean    StDev   SE Mean
Development   7   1.0743  0.0565  0.021
IndustryB     5   1.0980  0.0669  0.030


Difference = mu (Development) - mu (IndustryB)
Estimate for difference:  -0.0237
95% CI for difference:  (-0.1031, 0.0557)
T-Test of difference = 0 (vs not =): T-Value = -0.67  P-Value = 0.521  DF = 10
Both use Pooled StDev = 0.0609
```

b) 开发地对工厂B

```
Two-sample T for PAH2

SITE          N   Mean    StDev   SE Mean
Development   7   1.0743  0.0565  0.021
IndustryC     2   1.0875  0.0389  0.027


Difference = mu (Development) - mu (IndustryC)
Estimate for difference:  -0.0132
95% CI for difference:  (-0.1163, 0.0898)
T-Test of difference = 0 (vs not =): T-Value = -0.30  P-Value = 0.771  DF = 7
Both use Pooled StDev = 0.0544
```

c) 开发地对工厂C

```
Two-sample T for PAH2

SITE        N   Mean    StDev   SE Mean
IndustryA   8   0.9981  0.0464  0.016
IndustryB   5   1.0980  0.0669  0.030


Difference = mu (IndustryA) - mu (IndustryB)
Estimate for difference:  -0.0999
95% CI for difference:  (-0.1686, -0.0312)
T-Test of difference = 0 (vs not =): T-Value = -3.20  P-Value = 0.008  DF = 11
Both use Pooled StDev = 0.0548
```

d) 工厂A对工厂B

图 SIA14.1　比较 PAH2 比率均值的两个样本 T 检验

```
Two-sample T for PAH2

SITE       N    Mean    StDev   SE Mean
IndustryA  8    0.9981  0.0464  0.016
IndustryC  2    1.0875  0.0389  0.027


Difference = mu (IndustryA) - mu (IndustryC)
Estimate for difference:  -0.0894
95% CI for difference: (-0.1724, -0.0063)
T-Test of difference = 0 (vs not =): T-Value = -2.48  P-Value = 0.038  DF = 8
Both use Pooled StDev = 0.0456
```

e) 工厂A对工厂C

```
Two-sample T for PAH2

SITE       N    Mean    StDev   SE Mean
IndustryB  5    1.0980  0.0669  0.030
IndustryC  2    1.0875  0.0389  0.027


Difference = mu (IndustryB) - mu (IndustryC)
Estimate for difference:  0.0105
95% CI for difference: (-0.1234, 0.1444)
T-Test of difference = 0 (vs not =): T-Value = 0.20  P-Value = 0.848  DF = 5
Both use Pooled StDev = 0.0623
```

f) 工厂B对工厂C

图 SIA14.1 （续）

每个检验的 F 值和 p 值在输出中着重显示. 对于第一个 PAH 比率, p 值 $=0.083$, 因此, 在 $\alpha = 0.05$ 的水平下, 没有显著证据表明在四个地点收集的土壤样本总体的平均 PAH 比率不同. 这个结果与对数据进行一系列独立样本 t 检验的结论矛盾. 现在第二个 PAH 比率的 p 值 $(p=0.017)$ 表明四个 PAH 比率均值之间存在一些差异. 为了确定哪个地点的均值显著不同, 进行了如下分析, 这会涉及控制总体 I 型错误率来给均值排序.

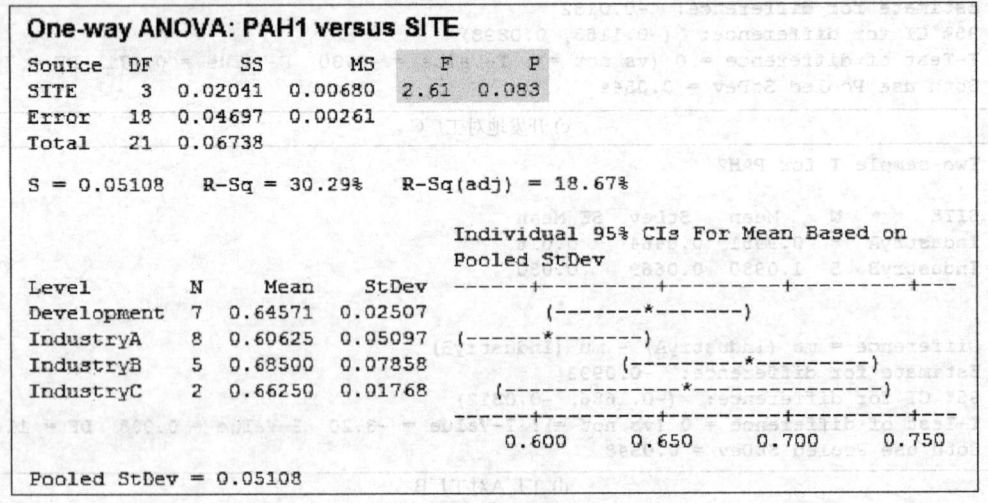

a) 因变量 = PAH1

图 SIA14.2

```
One-way ANOVA: PAH2 versus SITE

Source   DF      SS        MS       F      P
SITE      3   0.03977   0.01326   4.45  0.017
Error    18   0.05366   0.00298
Total    21   0.09343

S = 0.05460    R-Sq = 42.56%    R-Sq(adj) = 32.99%


Level          N    Mean    StDev
Development    7   1.0743   0.0565
IndustryA      8   0.9981   0.0464
IndustryB      5   1.0980   0.0669
IndustryC      2   1.0875   0.0389


                Individual 95% CIs For Mean Based on Pooled StDev
Level          +---------+---------+---------+---------
Development                   (------*------)
IndustryA          (------*------)
IndustryB                          (---------*---------)
IndustryC                   (-------------*-------------)
               +---------+---------+---------+---------
              0.960     1.020     1.080     1.140

Pooled StDev = 0.0546
```

b) 因变量 = PAH2

图 SIA14.2 （续）

由于四个地点的样本容量不同, 且我们想对均值进行成对比较, 因此最有力的方法(即当差异实际存在时检测差异最好的方法)是鲍费罗尼多重比较方法. 同样, 这种方法明确地控制了成对比较错误率(即总体 I 型错误率).

这个问题有四种处理(地点), 因此感兴趣的比较有 $c = p(p-1)/2 = 4(3)/2 = 6$ 对. 用符号 μ_j 代表地点 j 的 PAH 比率总体均值, 我们想得到六个比较: $(\mu_A - \mu_B)$, $(\mu_A - \mu_C)$, $(\mu_A - \mu_D)$, $(\mu_B - \mu_C)$, $(\mu_B - \mu_D)$, $(\mu_C - \mu_D)$. 我们采用 MINITAB 对保存在 PAH 文件中的数据进行多重比较, 图 SIA14.3a~b 显示了两个因变量(都采用 0.05 的试验错误率)的结果. 根据均值差的置信区间, MINITAB 确定了哪个均值具有显著差异. Grouping 列的处理的字母都相同, 没有显著不同.

```
Grouping Information Using Bonferroni Method and 95.0% Confidence for PAH1

INDUSTRY      N    Mean   Grouping
IndustryB     5   0.6850   A
IndustryC     2   0.6625   A
Development   7   0.6457   A
IndustryA     8   0.6063   A

Means that do not share a letter are significantly different.
```

a) 因变量 = PAH1

图 SIA14.3 PAH 比率均值多重比较的 MINITAB 输出

```
Grouping Information Using Bonferroni Method and 95.0% Confidence for PAH2
INDUSTRY      N    Mean    Grouping
IndustryB     5    1.0980  A
IndustryC     2    1.0875  A B
Development   7    1.0743  A B
IndustryA     8    0.9981    B

Means that do not share a letter are significantly different.
```

b) 因变量 = PAH2

图 SIA14.3 （续）

对第一个 PAH 比率，四个地点的字母都相同（见图 SIA14.3a），因此四个 PAH 比率均值都没有显著不同. 当然，这个结果与前面建立的 ANOVA F 检验一致. 第二个 PAH 比率结果见图 SIA14.3b，可以看到开发地、工厂 B 和工厂 C 的均值没有显著不同. 类似地，开发地、工厂 C 和工厂 A 的均值没有显著不同，只有工厂 A 和工厂 B 的平均 PAH2 比率有显著不同（因为它们 Grouping 列的字母不同）. 这些推断通过总体 I 型错误率为 5% 得出.

统计学家用这些结果得出结论：尽管问题中的两个工厂（工厂 A 和工厂 B）的 PAH2 比率显著不同，但这两个均值都没有与开发地或者工厂 C 的均值显著不同. 因此，根据数据不可能确定哪个工厂（A 或 B）更可能有开发地的污染物. 事实上，根据统计学家在法庭上的证词，"结果提供了清晰证据表明，这些样本太小，所以不能对这些地点的 PAH 毒物比率相似性或非相似性得出可靠性结论."统计学家接着总结，"生物化学专家所依赖的小样本不能清楚地看出对工厂 A 或工厂 B 与开发地相似或不同."

总结：法官最终判决，生物化学专家的统计分析和基于此的观点不能成为决定案件的证据. 截至今日，谁为污染物负责的案件仍然没有决定.

快速回顾

重要公式

完全随机化设计： $F = \dfrac{MST}{MSE}$	检验处理
随机化区组设计： $F = \dfrac{MST}{MSE}$	检验处理
$F = \dfrac{MSB}{MSE}$	检验区组
两因子的析因设计： $F = \dfrac{MS(A)}{MSE}$	检验主效应 A
$F = \dfrac{MS(B)}{MSE}$	检验主效应 B
$F = \dfrac{MS(AB)}{MSE}$	检验 $A \times B$ 交互作用

	(续)
二阶套式设计： $$F = \frac{\mathrm{MS}(A)}{\mathrm{MS}(A \text{中的} B)}$$	检验第一阶因子 A
三阶套式设计： $F = \mathrm{MS}(A)/\mathrm{MS}(A \text{中的} B)$ $F = \mathrm{MS}(A \text{中的} B)/\mathrm{MS}(B \text{中的} C)$	检验第一阶因子 A 检验第二阶因子 B
图基多重比较： $$\omega = q_\alpha(p, \nu) \frac{s}{\sqrt{n_i}}$$	每个处理有等样本量 n_i 的临界差异，其中 $q_\alpha(p, \nu)$ 是 p 个均值的标准化极差值，ν 是自由度，α 是显著性水平
$$\omega_{ij} = q_\alpha(p, \nu) \frac{s}{\sqrt{2}} \sqrt{\frac{1}{n_i} + \frac{1}{n_j}}$$	不等样本容量 n_i 和 n_j 的临界差异
鲍费罗尼多重比较： $$B_{ij} = (t_{\alpha*/2})(s)\sqrt{\frac{1}{n_i} + \frac{1}{n_j}}$$	样本容量为 n_i 和 n_j 的临界差异，其中，$\alpha^* = \alpha/g = $ 比较的错误率，$\alpha = $ 试验的错误率，$g = p(p-1)/2 = p$ 个均值的成对比较次数

符号汇集

符号	说明
ANOVA	方差分析
SST	处理的平方和（即处理均值间的变异）
SSE	误差的平方和（即由抽样误差引起的围绕处理均值的变异性）
MST	处理的均方
MSE	误差的均方（σ^2 的估计）
SSB	区组的平方和
MSB	区组的均方
$a \times b$ 析因	一个 a 水平的因子与另一个 b 水平的因子的两因子析因试验（因此试验有 $a \times b$ 个处理）
SS(A)	因子 A 的平方和
MS(A)	因子 A 的均方
SS(B)	因子 B 的平方和
MS(B)	因子 B 的均方
SS(AB)	$A \times B$ 交互作用的平方和
MS(AB)	$A \times B$ 交互作用的均方
SS(A 中的 B)	套在因子 A 中的因子 B 的平方和
MS(A 中的 B)	套在因子 A 中的因子 B 的均方

本章总结提示

- **平衡设计**是每个处理的样本容量都相等的设计.
- **完全随机化设计中正确的 ANOVA F 检验**所需的条件：(1) 所有 p 个处理的总体都是近似正态的；(2) $\sigma_1^2 = \sigma_2^2 = \cdots = \sigma_p^2$.
- **随机化区组设计中正确的 ANOVA F 检验**所需的条件：(1) 所有处理-区组总体都是近似正态的；(2) 所有处理-区组总体都有相等的方差.

- 析因设计中正确的 **ANOVA** **F** 检验所需的条件：(1) 所有处理总体都是近似正态的；(2) 所有处理总体都有相同的方差.
- **ANOVA** 是**稳健方法**——与正态性轻度到适度的偏离，不会影响结果的有效性.
- **试验的错误率**是在 ANOVA 中进行多重比较时，至少犯一次 I 型错误的风险.
- 控制成对试验错误率的**多重比较方法**：图基和鲍费罗尼.
- 当 (1) 处理的样本容量相等，(2) 要求处理均值的成对比较时，**图基方法**是恰当的.
- 当 (1) 处理的样本容量相等或不等，(2) 要求处理均值的成对比较时**鲍费罗尼法**是恰当的.
- 在析因设计中的**主效应检验**，仅当**交互作用检验不显著时**才是恰当的.

补充应用练习

14.71 核电厂的安全性. *American Journal of Political Science* (1998 年 1 月) 的一篇文章，调查三组影响美国政策的专业人员的态度. 对 100 名科学家、100 名记者和 100 名政府官员的随机样本询问核电厂的安全性. 响应为 7 分制，其中 1 = 非常不安全，7 = 非常安全. 这些组的平均安全性得分是：科学家 4.1；记者 3.7；政府官员 4.2.

a. 指出这个研究的响应变量.
b. 这项研究中包含多少个处理？描述它们.
c. 给出用于调查科学家、记者和政府官员考虑核电厂安全性的态度是否存在差别的原假设和备择假设.
d. 样本数据的 MSE 为 2.355. 为拒绝 c 中检验的原假设，MST 至少需多大？取 $\alpha = 0.05$.
e. 如果 MST = 11.208，c 中检验的近似 p 值是多少？

14.72 弹性工作时间表. 参考练习 13.27 的完全随机化设计. 回忆研究人员想比较三种不同工作时间表的工人的平均职业满意程度：弹性上班时间、错开起始上班时间以及固定上班时间. 用随机数表 (表 B.1) 将工人随机地指派到这三种工作时间表.

14.73 计算机语言识别. 语言识别技术已经发展到通过口头命令与计算机交流成为可能. 进行一项研究评估在人类与计算机系统相互交流中语言识别的价值. (*Special Interest Group on Computer-Human Interaction Bulletin*, 1993 年 7 月). 将 45 位受试者样本随机分成三组（每组 15 位受试者），要求每位受试者用基本语音邮件系统完成任务，各组用不同的界面：(1) 按键音；(2) 人操作；(3) 模拟语音识别. 测量的变量之一是完成指派任务的总时间 (s)，进行分析以比较三组的平均完成任务总时间.

a. 指出这个研究中使用的试验设计.
b. 提出容许比较三个均值的回归模型.
c. 用均值给出适当的检验原假设.
d. 用 b 中模型的 β 给出适当的检验原假设.
e. 下面给出三组样本的平均完成时间，尽管样本均值间有差异，但在 $\alpha = 0.05$ 下 c 中的原假设不能拒绝，解释为什么这是可能的.

组	平均完成时间 (s)
按键音	1 400
人操作	1 030
语音识别	1 040

14.74 危险的有机溶剂. *Journal of Hazardous Materials* (1995 年 7 月) 发表了关于用于清洁金属部件的三种不同类型危险的有机溶剂的化学性质：芬芳剂、氯烷和酯类. 研究的一个变量是吸附比，用摩尔分数度量. 测试每种类型溶剂的独立样本，并记录下它们的吸附率，如下表所示.

SORPRATE

芬芳剂		氯烷		酯类	
1.06	0.95	1.58	1.12	0.29	0.43	0.06
0.79	0.65	1.45	0.91	0.06	0.51	0.09
0.82	1.15	0.57	0.83	0.44	0.10	0.17
0.89	1.12	1.16	0.43	0.61	0.34	0.60
1.05				0.55	0.53	0.17

资料来源：*Journal of Hazardous Materials*, Vol. 42, No. 2, J. D. Ortego et al., "A review of polymeric geosynthetics used in hazardous waste facilities", p.142 (表 9) 1995 年 7 月, Elsevier Science-NL., Sara Burgerhartstraat 25, 1055KV. Amsterdam. The Netherlands.

a. 建立数据的 ANOVA 表.
b. 有充分的理由表明三种有机溶剂的平均吸附率是不同的吗？用 $\alpha = 0.01$ 检验.

14.75 焊接剂研究. 进行锆锡合金零件扩散焊接的评价,主要目的是确定三种元素——镍、铁或铜中哪个是最好的焊接剂. 用每种可能的焊接剂焊接一系列锆锡合金零件. 因为由不同铸块制造的零件存在很大的变异,所以用对铸块分组的随机化区组设计. 用三种焊接剂中的每种将来自同一铸块的一对零件焊在一起,测量分离焊接的零件所要求的压强(单位: 1 000lb/in^2). 数据在附表中给出,随后是部分 ANOVA 汇总表.

🌐 INGOT2

铸块	焊接剂		
	镍	铁	铜
1	67.0	71.9	72.2
2	67.5	68.8	66.4
3	76.0	82.6	74.5
4	72.7	78.1	67.3
5	73.1	74.2	73.2
6	65.8	70.8	68.7
7	75.6	84.9	69.0

来源	df	SS	MS	F
焊接剂	2	131.90	—	—
铸块	6	268.29		
误差	12	124.46		
总和	20	524.65		

a. 指出试验中的处理.
b. 指出试验中的区组.
c. 是否存在证据表明在三种焊接剂中分离零件所需的压强是不同的?取 $\alpha = 0.05$.

14.76 建筑物的偏移比研究. 偏移比是一种估计受到侧面负载的建筑物的可靠性常用指标. 已经开发了像 STAAD-Ⅲ 这样高级计算机程序用于估计基于如横梁刚度、纵梁硬度、层高、转动惯量等变量的偏移比. 纽约州立大学布法罗分校和佛罗里达中央大学的土木工程师进行一项试验比较用 STAAD-Ⅲ 的估计和一个新的,更简单地称为 DRIFT 的微机程序的估计的偏移比(*Microcomputer in Civil Engineering*, 1993). 将 21 层建筑物的数据作为程序的输入. STAAD-Ⅲ 的两个运行结果为:结果 1 考虑建筑物支柱的轴变形,结果 2 忽略这个信息. 分析的目标是比较三个计算机运行结果(两个 STAAD-Ⅲ 运行结果和 DRIFT)的平均偏移比(以侧向位移作为偏移度量). 将三个程序对 5 个楼层(1, 5, 10, 15, 21)估计的侧向位移(in)记录在下表中, 这些数据的方差分析的 MINITAB 输出在下面给出.

🌐 STAAD

楼层	STAAD-Ⅲ(1)	STAAD-Ⅲ(2)	DRIFT
1	0.17	0.16	0.16
5	1.35	1.26	1.27
10	3.04	2.76	2.77
15	4.54	3.98	3.99
21	5.94	4.99	5.00

资料来源:Valles. R. E., et al. "Simplified drift evaluation of wall-frame structures," *Microcomputers in Civil Engineering*, Vol. 8, 1993, p. 242(表2).

a. 指出试验的处理.
b. 因为侧向位移对不同的楼层变化很大,用随机化区组设计减小偏移的层与层之间的变异性,如果所有 21 层都包含在此项研究中用图表解释设计方案.
c. 用输出中的信息比较三个程序估计的平均偏移比.

```
Analysis of Variance for DRIFT
Source     DF       SS       MS       F       P
PROGRAM     2   0.4664   0.2332    4.79   0.043
LEVEL       4  52.1812  13.0453  267.74   0.000
Error       8   0.3898   0.0487
Total      14  53.0374
```

练习 14.76 的 MINITAB 输出

14.77 酸雨研究. 一些环境学家把酸雨看作国家最严重的环境问题,它由云层中水蒸气与来自煤、石油及天然气燃烧散发的氮氧化物和二氧化硫所组成. 在佛罗里达中部和北部,雨的酸性范围一致地在 4.5 到 5 的 pH 值内——一个明显的酸雨条件. 为了确定酸雨对自然生态系统中土壤酸性的影响,佛罗里达大学的食品与农业科学学院的工程师们用两个 pH 水平: 3.7 和 4.5 的酸雨灌溉佛罗里达的盖恩斯维尔附近的试验田,然后在三个不同的深度: 0~15cm, 15~30cm, 30~46cm 处测量土壤的酸性. 在三个不同的时期进行检测,得到的土壤 pH 值在下表中给出. 把试验看作安排在三个区组的

2×3 的析因试验，其中因子是两水平的酸雨和三水平的土壤深度，区组是三个时期.

a. 存在酸雨的 pH 水平和土壤深度之间的交互作用的证据吗？用 $\alpha = 0.05$ 检验.

b. 通过检验确定对时间分组是否能有效地去除外部变异来源，用 $\alpha = 0.05$ 检验.

🌐 ACIDRAIN

		4月3日酸雨 pH 值		6月16日酸雨 pH 值		6月30日酸雨 pH 值	
		3.7	4.5	3.7	4.5	3.7	4.5
土壤深度	0~15cm	5.33	5.33	5.47	5.47	5.20	5.13
	15~30cm	5.27	5.03	5.50	5.53	5.33	5.20
	30~46cm	5.37	5.40	5.80	5.60	5.33	5.17

资料来源："Acid rain linked to growth of coal-fired power." *Florida Agricultural Research* 83, Vol.2, No.1, 1983 年冬天.

14.78 树苗生产的新方法. 在 *Ecological Engineering* (2004 年 2 月) 中，一种树苗生产的新方法 (称为水族森林系统) 与传统的树苗圃方法进行比较. 将新方法应用于 4 种在洁净水域 (处理 T1) 生长的植物和 4 种在污染水域 (处理 T2) 生长的植物，将传统的方法 (处理 T3) 应用于在树苗葡中生长的 4 种植物. 因此试验设计是完全随机化的，包含 3 个处理. 每个处理有 4 次重复（植物）. 感兴趣的因变量是新枝重量与根重量之比. 在 0.05 试验的错误率下，三个处理均值的图基多重比较得出结果如下.

平均枝/根比	1.50	2.31	3.29
处理	T1	T2	T3

a. 图基分析中做了多少次成对比较？

b. 哪种处理产生显著最高的平均枝/根比？最低的呢？

14.79 "寻路"试验. 在一个复杂的建筑物中，指引新来者去某个特定位置的最好方法是什么？波尔州立大学（印第安纳）研究人员对这个"寻路"问题进行了探讨，并在 *Human Factor*（1993 年 3 月）中报告了他们的结果. 在一个多层大楼中，接受试验的人在开始的房间中集合，然后让他们尽可能快些找到"目标"房间.（其中一些受试者提供了定向帮助，而另一些没有.）在抵达他们的目标后，受试者立即回到开始的房间，然后再给一个寻找的第二个房间（目标房间之一位于大楼的东端，另一个位于西端）. 在这个研究中试验的可控变量是三水平（符号、地图、没有帮助）的帮助类型和两水平（东/西，西/东）的房间次序. 受试者随机指派到 $3 \times 2 = 6$ 个试验条件之一，记录行进的时间(s)，对这个 3×2 析因设计的东面房间数据的分析结果在表中给出. 并解释这个结果.

来源	df	MS	F	p 值
帮助类型	2	511 323.06	76.67	<0.000 1
房间次序	1	13 005.08	1.95	>0.10
帮助×次序	2	8 573.13	1.29	>0.10
误差	46	6 668.94		

资料来源：Butler, D. L., et al. "Wayfinding by newcomers in a complex building." *Human Factors*, Vol.35, No.1, 1993 年 3 月, p.163（表1）.

14.80 蒸汽爆炸实验. 泥炭的蒸汽爆炸提供了有许多潜在重要工业用途的可发酵碳水化合物，进行蒸汽爆炸过程的研究以确定释放可发酵碳水化合物的最佳条件（*Biotechnology and Bioengineering*, 1986 年 2 月）. 在蒸汽爆炸过程中的 0.5、1.0、2.0、3.0 和 5.0 min 及 170℃，200℃ 及 215℃ 下处理泥炭一式三份的样本. 因此，试验包含两个因子——三水平的温度和五水平的处理时间. 下表给出了 $3 \times 5 = 15$ 个泥炭样本中每个样本的增溶的碳水化合物百分比.

🌐 STEAM

温度(℃)	时间(min)	增溶的碳水化合物(%)
170	0.5	1.3
170	1.0	1.8
170	2.0	3.2
170	3.0	4.9
170	5.0	11.7
200	0.5	9.2
200	1.0	17.3
200	2.0	18.1
200	3.0	18.1
200	5.0	18.8
215	0.5	12.4
215	1.0	20.4

		（续）
温度(℃)	时间(min)	增溶的碳水化合物(%)
215	2.0	17.3
215	3.0	16.0
215	5.0	15.3

资料来源：Forsberg, C. W., et al. "The release of fermentable carbohydrate from peat by steam explosion and its use in the microbial production of solvents." *Biotechnology and Bioengineering*, Vol. 28, No. 2, 1986年2月, 第179页(表I).

a. 使用哪种类型试验设计？
b. 解释为什么传统的方差分析公式不适于这些数据的分析.
c. 写出联系增溶的碳水化合物的平均量 $E(y)$ 与温度(x_1)和时间(x_2)的二阶模型.
d. 解释如何检验两因子：温度(x_1)和时间(x_2)交互作用的假设.
e. 如果能够使用统计软件包，拟合这个模型并进行交互作用检验.

14.81 采油钻头比较. 当石油钻井的成本以史无前例的速度上涨时，对一家成功的石油公司来说，度量钻井性能的任务是至关重要的. 降低钻井成本的一个方法是提高钻井速度. 城市服务公司的研究人员开发了一种称为 PD-1 的钻头，他们相信 PD-1 比市场上任何其他钻头能以更快的速度穿透岩石. 决定在得克萨斯的 12 个钻井位置比较 PD-1 与其他两种已知有最快速度的钻头 IADC 1-2-6 和 IADC 5-1-7 的钻井速度，给每个钻头随机指派 4 个地点，当每个地点钻孔深达 3 000ft 时以 ft/h 记录穿透速度(RoP)，数据在表中给出. 城市服务公司能断言三个钻井钻头中，至少有两个的平均 RoP 不同吗？用 $\alpha = 0.05$ 检验. 如果适合，用多重比较方法排列处理的均值.

DRILLBIT

PD-1	IADC 1-2-6	IADC 5-1-7
35.2	25.8	14.7
30.1	29.7	28.9
37.6	26.6	23.3
34.3	30.1	16.2

14.82 环颈旅鼠的特性. 当秋天月份日照时间开始减少时，许多温带地区的动物类表现出心理和形态的变化. 进行一项研究调查环颈旅鼠的"短日照"特征(*The Journal of Experimental Zoology*, 1993 年 9 月). 在每天保持 22h 光照的群体中繁殖 124 只旅鼠，断奶时(19 天)，测量旅鼠的重量，随机指派到两种光照期之一的条件下生存：每天不超过 16h 光照，每天多于 16h 光照. (每组指派相同个数的雌性和雄性.) 10 周之后，再次测量旅鼠的重量，感兴趣的响应变量是在 10 - 周试验期身体重量的增量(g). 研究人员用 2×2 析因设计的 ANOVA 分析数据，其中两个因子是光照期(两水平)和性别(两水平).

a. 构造试验的 ANOVA 表，列出变异来源和相应的自由度.
b. 给出能使研究人员检验光照期和性别交互作用的模型.
c. 交互作用的 F 检验不显著，解释这个结果的实际意义.
d. 检验光照期和性别主效应的 p 值都小于 0.001，解释这个结果的实际意义.

14.83 去除纸中的水分. 当纸通过干燥机时，去除纸中水分的百分率依赖于干燥机的温度和纸通过干燥机的速度. 进行实验室试验，研究三水平的干燥温度 T 和暴露时间 E(与速度有关)之间的关系，进行一个温度在 100℉、120℉ 和 140℉，暴露时间 T 在 10s、20s 和 30s 的 3×3 析因试验，为每个条件制备 4 个纸张样品，数据(去掉水的百分率)在下表中给出.

PAPER2

		温度(T)					
		100		120		140	
暴露时间(E)	10	24	26	33	33	45	49
		21	25	36	32	44	45
	20	39	34	51	50	67	64
		37	40	47	52	68	65
	30	58	55	75	71	89	87
		56	53	70	73	86	83

a. 执行数据的方差分析，并建立方差分析表.
b. 数据是否提供充分的证据表明温度和时间有交互作用？用 $\alpha = 0.05$ 检验. 这个检验的实际意义是什么？
c. 对数据拟合二次模型
$$E(y) = \beta_0 + \beta_1 E + \beta_2 T + \beta_3 (E \times T) + \beta_4 E^2 + \beta_5 T^2$$
给出预测方程.
d. 估计当 $T = 120$，$E = 20$ 时平均去掉水的百分率. 为什么这个值与该因子 - 水平组合得到的 4 个观测值的样本均值不同？

e. 求出并解释当 $T=140$, $E=30$ 时平均去掉水百分率的95%置信区间.

14.84 煤灰研究. 下表给出的数据是为调查三个因子对灰在煤中的百分比影响所进行的试验结果. 4水平的三个因子都为

煤的类型(因子 A): Mojiri, Michel, Kairan 和 Metallurgical coke.

最大微粒尺寸(因子 B): 246, 147, 74 和 48μm.

所选煤样品的重量(因子 C): 1g, 100mg, 20mg 和 5mg.

对每个 $4\times 4\times 4 = 64$ 个因子-水平组合制备三个样品, 得到完全 $4\times 4\times 4$ 析因试验的三个重复.

a. 建立给出各个来源和自由度的方差分析表.
b. 数据提供因子间有交互作用的证据吗? 用 $\alpha = 0.05$ 检验.
c. 分析中得到的煤灰平均水平依赖煤样品的重量吗? 用 $\alpha = 0.05$ 检验.
d. 在最大颗粒尺寸的4个水平中的每个水平, 求 Mojiri 和 Michel 之间平均煤灰量差异的95%置信区间.

COALASH

重复样本		A_1 Mojiri			A_2 Michel			A_3 Kairan			A_4 Met. Coke		
		x_1	x_2	x_3	x_1	x_2	x_3	x_1	x_2	x_3	x_1	x_2	x_3
B_1	C_1	7.30	7.35	7.42	10.69	10.58	10.72	12.20	12.27	12.23	9.99	10.02	9.95
	C_2	6.84	6.07	6.91	10.26	10.35	10.42	11.85	11.85	12.05	9.45	9.86	9.78
	C_3	7.05	6.49	7.24	10.61	10.08	10.31	12.34	11.74	11.44	9.76	9.79	9.77
	C_4	6.75	5.62	7.24	10.66	10.61	10.01	12.22	11.68	12.09	9.92	10.17	10.50
B_2	C_1	7.56	7.44	7.51	10.86	10.88	10.90	12.47	12.42	12.44	9.87	9.81	9.79
	C_2	7.10	7.37	7.32	10.45	10.62	10.87	12.47	12.28	12.44	9.46	9.60	9.62
	C_3	7.41	7.60	7.49	10.85	10.10	10.61	12.35	12.40	12.44	9.97	9.77	9.76
	C_4	7.29	7.62	7.43	10.68	11.58	10.60	12.04	12.21	12.51	9.76	10.10	9.61
B_3	C_1	7.51	7.64	7.58	10.30	10.68	10.73	12.42	12.41	12.39	9.97	10.02	10.01
	C_2	7.36	7.50	7.21	10.33	10.50	10.64	12.05	12.20	12.20	9.78	10.02	9.91
	C_3	7.56	7.55	7.47	10.73	10.75	10.84	12.30	12.26	12.26	9.88	9.90	10.06
	C_4	7.71	7.67	7.76	10.92	10.80	10.79	12.11	12.22	12.26	9.77	9.74	9.69
B_4	C_1	7.45	7.49	7.47	10.85	10.89	10.85	12.23	12.30	12.17	10.06	10.07	10.11
	C_2	7.15	7.68	7.18	10.37	10.79	10.71	11.52	12.17	11.82	9.71	9.86	9.78
	C_3	7.60	7.55	6.61	10.82	10.82	10.88	12.40	11.99	12.17	10.13	9.93	10.01
	C_4	8.06	7.05	7.57	11.26	10.56	10.31	11.96	11.87	12.06	10.01	9.98	9.84

资料来源: Fujimori, T., and Ishikawa, K. "Sampling error on taking analysis-sample of coal after the last stage of a reduction process." *Reports of Statistical Application Research*, Union of Japanese Scientists and Engineers, Vol. 19, No. 4, 1972, p.22-32.

14.85 玻璃跃迁温度. 化学家进行实验研究4个处理对某种特殊聚合物的玻璃跃迁温度(开尔文度)的影响. 用于制造这种聚合物的原料是小批买进的. 认为同批次中的原料是相当均匀的, 而不同批次间有变化. 因此, 对来自每个批次中的样本执行每个处理, 结果在表中给出.

a. 数据能否提供充分的证据表明4个处理的平均温度有差异吗? 用 $\alpha = 0.05$ 检验.
b. 有充分的证据表明三个批次的平均温度有差异吗? 用 $\alpha = 0.05$ 检验.
c. 如果将来重新进行试验, 那么对这个试验的设计你建议做什么变化吗?

POLYMER

		温度			
		1	2	3	4
批	1	576	584	562	543
	2	515	563	522	536
	3	562	555	550	530

14.86 学生利用计算机实验室. 奥科拉哈玛大学的计算机实验室是一周 7 天, 一天 24h 开放. 在 *Production and Inventory Management Journal*(1999 年第 3 季度)中, S. Barman 研究计算机的使用(1)在一周的 7 天中; (2)在一天的 24h 中是否有明显的不同. 利用学生的注销记录, 收集 7 天时间中的每小时学生负荷数据(每小时用户人数). 下表给出运行析因 ANOVA 的结果.

来源	dt	SS	MS	F	p 值
天	6	18 732.13	3 122.02	68.39	0.000 1
时间	23	164 629.86	7 157.82	156.80	0.000 1
天×时间	138	7 685.22	55.69	1.22	0.052 7

资料来源: Barman, S. "A statistical analysis of the attendance pattern of a computer laboratory." *Production and Inventory Management Journal*, 3rd Quarter, 1999, pp. 26-30.

a. 这是一个观测的还是设计的试验? 解释.
b. 试验中的两个因子是什么, 每个因子的水平是多少?
c. 这是一个 $a \times b$ 因子试验, a 和 b 分别是什么?
d. 确定用于检验研究的两个因子之间交互作用效应的原假设和备择假设.
e. 进行 d 的检验, 用 $\alpha = 0.05$, 结合问题的内容解释结果.
f. 如果适当, 对天和时间进行主效应检验, 用 $\alpha = 0.05$, 结合问题的内容解释结果.

14.87 光输出试验. 进行一个 $2 \times 2 \times 2 \times 2 = 2^4$ 的析因试验调查 4 个因子对闪光灯的光输出 y 的影响, 对每个析因处理取两个观测值. 因子是: 灯泡中箔的量(100mg 和 120mg); 封装机的速度(1.2r/min 和 1.3r/min); 轮班(日班或夜班); 机器操作者(A 或 B). 2^4 析因试验的两次重复数据在下面给出.

为简化计算, 令

$$x_1 = \frac{量 - 110}{10} \quad x_2 = \frac{速度 - 1.25}{0.05}$$

所以 x_1 和 x_2 将取值为 -1 和 $+1$. 另外,

$$x_3 = \begin{cases} -1 & \text{如果是夜班} \\ 1 & \text{如果是日班} \end{cases}$$

$$x_4 = \begin{cases} -1 & \text{如果是操作者 B} \\ 1 & \text{如果是操作者 A} \end{cases}$$

a. 数据提供充分的证据表明因子对 y 的预测贡献信息? 给出支持答案的统计检验的结果.
b. 指出可能影响闪光灯中光量 y 的因子.
c. 给出 y 的完全析因模型. (提示: 对有 4 个因子的析因试验, 完全模型包含每个因子的主效应、两因子交叉乘积项、三因子交叉乘积项和 4 因子交叉乘积项.)
d. 为估计 σ^2, 可用的自由度是多少?

🌐 **FLASHBULB**

		箔量			
		100mg		120mg	
		封装机速度			
		1.2r/min	1.3r/min	1.2r/min	1.3r/min
日班	操作者 B	6;5	5;4	16;14	13;14
	操作者 A	7;5	6;5	16;17	16;15
夜班	操作者 B	8;6	7;5	15;14	17;14
	操作者 A	5;4	4;3	15;13	13;14

14.88 语言识别器. 参考练习 12.26. *Human Factors*(1990 年 4 月)关于计算机化语言识别器的性能研究, 有三水平(90%, 95%, 99%)的识别准确度和三水平(75%, 87.5%, 100%)的词汇量. 对任务完成时间(min)的数据进行 3×3 析因设计的方差分析, 得到的准确度×词汇量交互作用 F 检验给出的 p 值小于 0.000 3.

a. 解释关于交互作用的检验结果.
b. 作为交互作用的后续检验, 在每个词汇量水平下对准确度的三个水平比较平均完成任务时间, 你赞同这种分析方法吗? 请解释.
c. 参考 b, 对每个词汇量水平, 在试验的错误率为 $\alpha = 0.05$ 下, 用图基多重比较方法比较三个准确度的均值, 将结果汇总在这里, 解释这些结果.

词汇量	准确度水平		
	99%	95%	90%
75%	15.49	19.29	22.19
87.5%	12.77	14.31	16.48
100%	8.67	9.68	11.88

资料来源: Casali, S. P., Williges, B. H., and Dryden, R. D. "Effects of recognition accuracy and vocabulary size of a speech recognition system on task performance and user acceptance." *Human Factors*, Vol. 32, No. 2, April 1990, p. 190 (Figure 2).

14.89 钢管中所用砂浆的强度. Aroni 和 Fletcher (1979)发表了用于铺设钢制水管管道的砂浆抗压和抗张强度的数据. 他们注意到随着砂浆固化时间

由7天增加到28天,期望砂浆强度的增加.基于 $n=50$ 个样品的样本试验的抗压与抗张强度的均值和标准差在附表中给出.

抗压强度 固化时间		抗张强度 固化时间	
7 天	28 天	7 天	28 天
$\bar{y}_1 = 8477$	$\bar{y}_2 = 10404$	$\bar{y}_1 = 621$	$\bar{y}_2 = 737$
$s_1 = 820$	$s_2 = 928$	$s_1 = 48$	$s_2 = 55$
$n_1 = 50$	$n_2 = 50$	$n_1 = 50$	$n_2 = 50$

资料来源:Aroni, S., and Fletcher, G. "Observations on mortar lining of steel pipelines." *Transportation Engineering Journal*, Nov, 1979.

a. 考虑抗压强度数据,将两个固化时间看作处理,求所有 $n=100$ 个观测值的总和,然后求 CM,并计算 SST.
b. 求 SSE.
c. 求 SS(总).
d. 对 a~c 中的结果构造方差分析表.
e. 假定研究人员想用联系平均抗压强度 $E(y)$ 与 7~28 天时间区间内固化时间 x 的简单线性回归模型来估计混合砂浆的平均抗压强度,解释为什么最小二乘直线通过点 $(7, \bar{y}_1)$ 和 $(28, \bar{y}_2)$.
f. 求最小二乘直线.
g. 用 b 中求得的 SSE 和预测方程,求当 $x=20$ 天时,平均抗压强度的95%置信区间.
h. 求 r^2,并解释该值.

14.90 烧结金属的研究. 进行一项试验确定烧结时间(两水平)对两种不同金属抗压强度的影响. 对两个烧结时间中的每种金属烧结5个测试样品,数据(klb/in^2)在附表中给出.

a. 对数据进行方差分析,并构造方差分析表.
b. 烧结时间和金属类型间的交互作用的实际意义是什么?
c. 数据是否提供充分的证据表明烧结时间与金属类型间有交互作用? 用 $\alpha=0.05$ 检验.

SINTIME

		烧结时间				
		100min			200min	
金属	1	17.1	16.5	14.9	19.4	18.9	20.1
		15.2	16.7		17.2	20.7	
	2	12.3	13.8	10.8	15.6	17.2	16.7
		11.6	12.1		16.1	18.3	

14.91 蟑螂的痕迹. 蟑螂游动搜寻食物的导航行为是随机的还是与化学痕迹有关? 为了试图回答这个问题,昆虫学家设计了一个实验,以检验蟑螂沿它的排泄物踪迹前进的能力. (*Explore*, Research at the University of Florida, 1998 年秋)从蟑螂粪便提取一种甲醇——称作信息素,用于在一张白色层析纸上产生一条有信息素的化学痕迹,将纸放在一个塑料容器的底部. 在踪迹起始处,将德国蟑螂放入容器中,每次一只,用视频监视摄影机来监视蟑螂的运动.

除了包含粪便提取物(处理)的踪迹外,还有一条用甲醇产生的踪迹. 第二条踪迹是作为控制来比较处理的踪迹. 因为昆虫学家也想确定这种踪迹追踪能力是否因不同年龄、性别、繁殖状态的蟑螂而不同,所以试验中用了 4 组蟑螂:雄性成虫、雌性成虫、怀卵(怀胎)的雌性和蛹(未成熟的). 每个类型的 20 只蟑螂随机指派到处理踪迹,每个类型的 10 只随机指派到控制踪迹,因此,总共 120 只蟑螂用于试验. 试验是两因子——踪迹(提取物或控制)和组(雄性成虫、雌性成虫、怀卵的雌性或蛹)的析因设计. 感兴趣的响应变量(因变量)是平均踪迹偏离(用像素度量,其中 1 个像素近似等于 2cm). 研究中 120 只蟑螂的数据保存在 ROACH 文件中.

昆虫学家想确定不同年龄-性别组中的蟑螂在追踪提取物踪迹或控制物踪迹中的能力是否有差异. 换句话说,两个因子(年龄-性别组和踪迹类型)是如何影响蟑螂的平均踪迹偏离的? 构造数据的双向析因的方差分析回答问题,并全面解释这个结果.

第15章 非参数统计

目标 介绍一些比第8章及第10~14章的方法要求更少，或严格性更低的假定的统计检验．

活动中的统计学：新罕布什尔州的地下井水污染如此脆弱

乙基叔丁基醚（俗称MTBE）是一种由异丁烯和甲醇的化学反应产生的挥发性易燃无色液体．1979年，MTBE作为铅燃料添加剂（辛烷值提高剂）在美国被第一次生产，然后作为新配方燃料中的含氧化合物添加物在20世纪90年代出现．不幸的是，MTBE通过加油站的地下储油罐泄漏到供水蓄水层，从而污染了饮用水．因此，到2006年末，大多数（不是所有）的美国汽油零售商已经停止用MTBE作为含氧化合物，导致美国的产量有所下降．尽管产量下降，但由于公共供水中的MTBE并没有联邦标准，因此化学制品仍然是一个危险的污染物，尤其对于那些授权使用新配方汽油的州而言（像新罕布什尔州）．

发表在 *Environmental Science & Technology*（2005年1月）上的一篇文章研究了新罕布什尔州通过饮用水而暴露在MTBE下的风险．特别地，该研究报告了新罕布什尔州公共井和私有井中MTBE污染的相关因素．收集了223个样本井数据，并保存在MTBE文件中（部分数据已在练习2.12中被分析）．其中一个变量是测量的井水中的MTBE水平（微克/升）．当MTBE值超过0.2微克/升时才能被测量装置检测出．在223口井中，70口井含有可检出水平的MTBE（尽管其他井的MTBE水平低于测量装置的检测下限，但仍被记录为0.2而不是0）．数据集中的其他变量在表SIA15.1中列出．

Data Set: MTBE

表SIA15.1 MTBE染污研究中的变量

变量名	类型	描述	测量单位或水平
CLASS	QL	井的类型	公共或私有
AQUIFER	QL	含水层的类型	基岩或松散的
DETECTION	QL	MTBE检测状态	低于限度或检出
MTBE	QN	MTBE水平	微克/升
PH	QN	pH水平	标准pH单位
DISSOXY	QN	溶解氧	微克/升
DEPTH	QN	井的深度	米
DISTANCE	QN	与储油罐的距离	米
INDUSTRY	QN	行业近似	500米深井的行业百分比

新罕布什尔州的这些井的污染程度如何？两类井的MTBE污染水平不同吗？对于两种含水层而言呢？什么环境因素与地下水的MTBE水平有关？这些只是研究中提到的几个问题．

研究者通过对数据应用几种非参数方法来回答研究问题．在"活动中的统计学回顾"中我们将说明这种方法的应用．

15.1 引言：分布自由检验

前几章介绍的置信区间和检验过程都涉及总体参数的推断，所以，常称它们为**参数统计检验**．

这些参数方法中许多(例如，第 8 章的小样本 T 检验或者第 14 章的 ANOVA F 检验)依赖于数据是来自正态分布总体抽样的假定．当数据是正态时，这些检验是最大功效检验，即利用这些参数检验使得功效(研究人员正确地拒绝原假设的概率)最大化．

考虑肯定是非正态的数据总体．例如，分布可能是非常平坦、尖峰或者明显的右偏或左偏(见图 15.1)．对这样的数据集利用小样本 T 检验可能会导致严重的后果．因为正态性假定明显背离，所以 T 检验是不可靠的：(1) I 型错误(即 H_0 为真时，却拒绝它)的概率可能大于选取的 α 值；(2) 检验的功效 $1-\beta$，并没有达到最大．

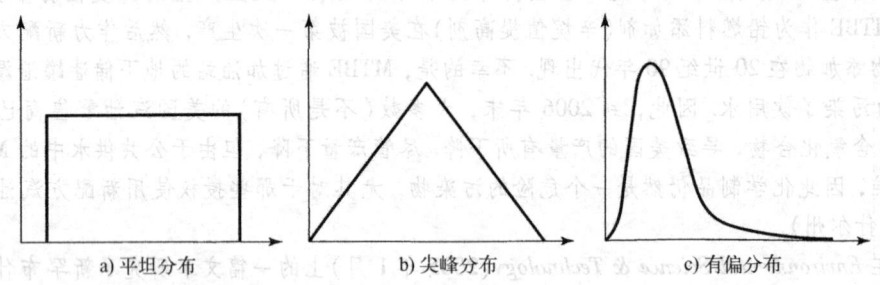

图 15.1　t 统计量不适用的一些非正态分布

许多非参数技术适用于分析不服从正态分布的数据．非参数检验不依赖被抽样总体的分布，于是称它们为分布自由检验．而且，非参数检验着重于总体概率分布的位置，而不是总体的特定参数，如均值(所以称为"非参数")．

定义 15.1　**分布自由检验**是一种不依赖于被抽样总体概率分布的任何基础假定的统计检验．

定义 15.2　致力于分布自由检验的推断统计学分支称为**非参数**的．

非参数检验也适用于数据本质上是非数值但可以进行排序的情况⊖．例如，进行口味测试或其他消费品评估时，可以说我们认为产品 A 比产品 B 好，B 比 C 好，但是不能得到各自度量的精确定量值．基于测量值的秩的非参数检验称为秩检验．

定义 15.3　基于测量值的秩的非参数统计量(或检验)称为**秩统计量**(或**秩检验**)．

在本章中，介绍一些有用的非参数方法，记住在数据是非正态或排序的情形下，这些非参数检验比相应的参数检验有更大功效．

在 15.2 节，我们介绍一种推断单个总体中心趋势的检验；在 15.3 节和 15.5 节，利用独立样本给出比较两个或多个概率分布的秩统计量；在 15.4 节和 15.6 节中，利用配对和随机化区组设计进行总体的非参数比较；最后，在 15.7 节中，介绍两个变量间相关性的非参数度量．

15.2　检验单个总体的位置

回忆 8.5 节，检验关于一个总体均值假设的小样本过程要求总体有近似正态分布．当从一个肯定是非正态总体(例如，图 15.1 所示的某个总体)抽取一个小样本时，T 检验是无效的，我们必须求助非参数过程，适用于这种情形的最简单非参数技术是**符号检验**．符号检验专门用于检验任一连续总体中位数的假设．与均值一样，中位数是分布中心或位置的度量；因此，符号检验有时也称为**位置检验**．

⊖　可以根据度量的大小排序的定性数据称为有序数据．

设 $y_1, y_2, \cdots, y_n$ 是来自中位数 τ 未知的总体的一个随机样本，假定要检验原假设 $H_0: \tau = 100$，对单侧备择假设 $H_a: \tau > 100$. 由定义 2.6 知，中位数是这样的一个数，使得概率分布下的一半面积位于 τ 的左部而另一半面积位于 τ 的右部（见图 15.2）. 所以，从总体中选取的一个 y 值大于 τ 的概率是 0.5，即 $P(y_i > \tau) = 0.5$. 事实上，如果原假设成立，可以期望观测到大约一半的样本 y 值大于 $\tau = 100$.

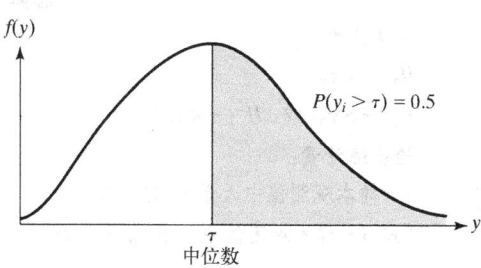

图 15.2　总体中位数 τ 的位置

符号检验利用检验统计量 S，其中 $S = y_i$ 中超过 100 的个数. 注意 S 仅依赖于每个样本值 y_i 与 100 的差的符号（正或负），即我们简单地计算样本差 $(y_i - 100)$ 中正号（+）的个数. 如果 S "太大"（即如果我们观测到了不同寻常多个 y_i 超过 100），则拒绝 H_0，而支持备择假设 $H_a: \tau > 100$.

下面给出符号检验的拒绝域. 设每个样本差 $(y_i - 100)$ 代表由 n 次独立试验组成的试验中单个试验的结果，如果我们将正差表示"成功"，负差表示"失败"，则 S 是 n 次试验中成功的次数. 在 H_0 下，任一次试验观测到成功的概率是

$$p = P(\text{成功}) = P(y_i - 100 > 0) = P(y_i > 100) = 0.5$$

因为试验是独立的，所以满足第 4 章给出的二项试验的性质，从而，S 服从参数为 n 和 $p = 0.5$ 的二项分布. 可以利用这个事实计算符号检验的观测显著性水平（p 值），如下面例题所示.

例 15.1　**符号检验的应用**　细菌是污水处理厂的微生物生态系统中最重要的组成部分. 水资源管理工程师认为在某个指定工厂收集的污水样本中活性细菌的百分数服从中位数为 40% 的分布. 如果中位百分数大于 40，则应该调整污水处理过程. 表 15.1 给出了含有 10 个污水样品的随机样本中活性细菌的百分数.

数据提供了充分证据表明污水样品中活性细菌的中位百分数大于 40 吗？利用 $\alpha = 0.05$ 检验.

表 15.1　活性细菌百分数

41	33	43	52	46
37	44	49	53	30

解　我们要检验

$$H_0: \tau = 40$$
$$H_a: \tau > 40$$

利用符号检验，检验统计量是

$$S = \text{样本中超过 } 40 \text{ 的 } y_i \text{ 个数} = 7$$

其中 S 服从参数为 $n = 10$ 和 $p = 0.5$ 的二项分布.

由定义 8.4，检验的观测显著性水平（p 值）是我们观测到的检验统计量 S 值至少如计算值那样与原假设相矛盾的概率. 对于单侧情形，p 值是我们观测到一个检验统计量值大于等于 $S = 7$ 的概率. 当 $n = 10$，$p = 0.5$ 时，由表 B.2 的累积二项表得到这个概率. 如果 x 服从 $n = 10$，$p = 0.5$ 的二项分布，则检验的 p 值是

$$p \text{ 值} = P(x \geq S) = P(x \geq 7) = 1 - P(x \leq 6) = 1 - 0.828 = 0.172$$

图 15.3 的 MINITAB 输出给出了观测的显著性水平（阴影部分）. 因为 p 值 0.1719 大于 $\alpha = 0.05$，所以我们不能拒绝原假设，即没有充分证据表明在污水样本中活性细菌的中位百分数大于 40. ■

单侧和双侧备择假设的符号检验汇总在下面方框中.

总体中位数 τ 的符号检验

单侧检验

$H_0: \tau = \tau_0$

$H_a: \tau > \tau_0 \,[\,$ 或 $,\, H_a: \tau < \tau_0\,]$

检验统计量：

$S = $ 样本观测值中大于 τ_0 的个数

$[\,$ 或 $S = $ 样本观测值中小于 τ_0 的个数 $.\,]$

双侧检验

$H_0: \tau = \tau_0$

$H_a: \tau \neq \tau_0$

检验统计量：

$S = S_1$ 与 S_2 中大者

其中：

$S_1 = $ 样本观测值中大于 τ_0 的个数

$S_2 = $ 样本观测值中小于 τ_0 的个数

[注：从分析中删去恰好等于假设的中位数 τ_0 的观测值，并相应地减小样本大小.]

观测的显著性水平：

p 值 $= P(x \geq S)$

观测的显著性水平：

p 值 $= 2P(x \geq S)$

其中 x 服从参数为 n 和 $p = 0.5$ 的二项分布.

拒绝域：如果 $\alpha > p$ 值，拒绝 H_0.

假定：样本是从连续概率分布中随机抽取的.（注：无须对概率分布的形状作假定.）

```
Sign Test for Median: ACTBAC

Sign test of median =   40.00  versus  > 40.00

              N  Below  Equal  Above      P  Median
ACTBAC       10      3      0      7  0.1719   43.50
```

图 15.3 例 15.1 的 MINITAB 符号检验

对于双侧检验，可以运用下面任一种方法计算检验统计量：

$$S_1 = \text{大于 } \tau_0 \text{ 的 } y_i \text{ 的个数} = n \text{ 次试验中成功的次数}$$

或

$$S_2 = \text{小于 } \tau_0 \text{ 的 } y_i \text{ 的个数} = n \text{ 次试验中失败的次数}$$

注意 $S_1 + S_2 = n$；所以，$S_2 = n - S_1$. 在任一情形下，检验的 p 值是相应单侧 p 值的 2 倍. 为简化过程，我们建议使用 S_1 与 S_2 中较大者作为检验统计量并计算 p 值.

回忆 6.10 节，对充分大的 n，均值 $\mu = np$，$\sigma = \sqrt{npq}$ 的正态分布可以用来近似二项分布. 当 $p = 0.5$ 时，即使 n 很小，仅为 10，近似正态性仍然合理（见例 6.23）. 于是，当 $n \geq 10$ 时，可以利用第 8 章熟悉的标准正态 Z 统计量进行符号检验. 这种大样本符号检验汇总在下面方框中. 复习第 8 章作为如何运用此检验的例子.

基于大样本 ($n \geq 10$) 的符号检验

单侧检验

$H_0: \tau = \tau_0$

$H_a: \tau > \tau_0 \,[\,$ 或 $, H_a: \tau < \tau_0\,]$

双侧检验

$H_0: \tau = \tau_0$

$H_a: \tau \neq \tau_0$

$$\text{检验统计量}: Z = \frac{S - E(S)}{\sqrt{V(S)}} = \frac{S - 0.5n}{\sqrt{(0.5)(0.5)n}} = \frac{S - 0.5n}{0.5\sqrt{n}}$$

[注: S 值如前一方框所示那样计算.]

拒绝域:
$Z_c > z_\alpha$
p 值: $P(z > Z_c)$

拒绝域:
$Z_c > z_{\alpha/2}$
p 值: $2P(z > Z_c)$

其中表 B.5 给出了 Z_α 与 $Z_{\alpha/2}$ 的值, Z_c 是检验统计量的计算值.

应用练习

15.1 星巴克咖啡中的咖啡因含量. 佛罗里达大学药学院的科学家调查了一杯 16 盎司的星巴克咖啡中咖啡因水平 (*Journal of Analytical Toxicology*, 2003 年 10 月). 试验的一个阶段是连续 6 天从一个指定的咖啡专卖店购买星巴克早餐拼配(一种拉美咖啡混合物), 表格中提供了 6 杯咖啡中咖啡因的含量(mg).

STARBUCKS

| 564 | 498 | 259 | 303 | 300 | 307 |

a. 假定科学家想要判断早餐拼配咖啡中咖啡因含量的中位数是否超过 300mg, 建立原假设和感兴趣的备择假设.
b. 样本中有多少杯咖啡因含量超过 300mg?
c. 假定 $p = 0.5$, 利用附录 B 的累积二项表, 计算 6 杯中至少有 4 杯咖啡因含量超过 300mg 的概率.
d. 基于 c 中的概率, 对 H_0 和 H_a 作什么推论? (利用 $\alpha = 0.05$.)

15.2 已灭绝灵长类动物的颊齿. 参考练习 2.14, *American Journal of Physical Anthropology* (Vol. 142. 2010) 关于已灭绝的灵长类动物的颊齿特征研究. 回顾研究人员测量的从头骨上拔出的 18 颗颊齿的白齿的齿深度(毫米). 下表重复给出这些深度测量值. 研究人员感兴趣的是已灭绝的灵长类动物的所有颊齿中白齿深度的中位数. 特别地, 他们想知道总体的中位数是否是 15mm.

CHEEKTEETH

| 18.12 | 19.48 | 19.36 | 15.94 | 15.83 | 19.70 | 15.76 | 17.00 | 16.20 |
| 13.96 | 16.55 | 15.70 | 17.83 | 13.25 | 16.12 | 18.13 | 14.02 | 14.04 |

资料来源: Boyer, D. M., Evans, A. R., and Jernvall, J. "Evidence of Dietary Differentiation Among Late Paleocene-Early Eocene Plesiadapids (Mammalia, Primates)", *American Journal of Physical Anthropology*, Vol. 142, 2010. (表 A3.)

```
Sign Test for Median: M2Depth

Sign test of median = 15.00 versus not = 15.00

             N  Below  Equal  Above       P  Median
M2Depth     18      4      0     14  0.0309   16.16
```

练习 15.2 的 MINITAB 输出

a. 建立研究人员感兴趣的原假设和备择假设.
b. 解释为什么符号检验可以恰当地用于这个问题.

15.3 社会机器人是腿式移动还是轮式移动? 参考练习 7.33, *International Conference on Social Robotics* (Vol. 6414, 2010) 发表了有关社会机器人设计趋势的研究. 回顾通过网络搜索获得的一个社会机器人的随机样本, 其中 28 个是有轮子的. 下表给出了 28 个机器人的轮子数.

ROBOTS

| 4 | 4 | 3 | 3 | 3 | 6 | 4 | 2 | 2 | 2 | 1 | 3 | 3 | 3 |
| 3 | 4 | 4 | 3 | 2 | 8 | 2 | 2 | 3 | 4 | 3 | 3 | 4 | 2 |

资料来源: Chew, S., et al. "Do social robots walk or roll?", *International Conference on Social Robotics*, Vol. 6414, 2010(改编自图 2).

a. 假设你想检验轮子的平均数是否超过 3. 考虑机器人数据不是服从正态分布. 如果是这样, 那它是如何影响这个分析的?
b. 提出一个其他的非参数检验来分析数据.
c. 计算非参数检验的检验统计量的值.
d. 求检验的 p 值.
e. 当 $\alpha = 0.05$ 时, 恰当的结论是什么?

15.4 放射性地衣. 参考练习 2.15, 监测地衣辐射水平的地衣放射性核基准研究项目. 阿拉斯加大学研究人员收集 9 种地衣样品并测量每种样品中放射性元素铯-137 的含量(单位 $\mu Ci/mL$). (表中给出了存储于 LICHEN 文件中数据的自然对数.) 假定想要检验地衣中铯含量的中位数是否为 $\tau = 0.003 \mu Ci/mL$. 利用附表的 MINITAB 输出进行非参数检验 ($\alpha = 0.10$).

```
Sign Test for Median: CESIUM
Sign test of median = 0.00300 versus not = 0.00300
             N    Below   Equal   Above      P      Median
CESIUM       9      1       0       8     0.0391   0.00783
```

练习15.4 的 MINITAB 输出

LICHEN

地点		
Bethel	-5.50	-5.00
Eagle Summit	-4.15	-4.85
Moose Pass	-6.05	
Turnagain Pass	-5.00	
Wickersham Dome	-4.10	-4.50	-4.60

资料来源：Lichen Radionuclide Baseline Research project, 2003.

15.5 管道表面粗糙度. 参考练习8.24中 *Anti-corrosion Methods and Materials*（Vol. 50，2003）上关于油田使用的内管道涂层表面粗糙度的研究，表中给出了20个管道样本数据（mm）. 构造非参数检验判断管道内涂层表面粗糙度的中位数 τ 是否等于2mm. 利用 $\alpha = 0.05$ 检验.

ROUGHPIPE

| 1.72 | 2.50 | 2.16 | 2.13 | 1.06 | 2.24 | 2.31 | 2.03 | 1.09 | 1.40 |
| 2.57 | 2.64 | 1.26 | 2.05 | 1.19 | 2.13 | 1.27 | 1.51 | 2.41 | 1.95 |

资料来源：Farshad, F., and Pesacreta, T. "Coated pipe interior surface roughness as measured by three scanning probe instruments." *Anti-corrosion Methods and Materials*, Vol. 50, No. 1, 2003(表Ⅲ).

15.6 白虾的质量. 在 *The American Statistician*（2001年5月）中，用非参数符号检验分析了白虾质量的数据. 虾质量的一种度量是黏结性，因为新捕捞的虾通常冰冻储存，担心在储存之后黏结性会变弱. 对一个20只新捕捞的白虾样本，分别在储存前和冰冻储存两周后测量其黏结性，得到每只虾黏结性度量之差（冰冻前减冰冻后）. 如果储存对黏结性没有影响，则差的总体中位数等于0；如果黏结性在储存后变弱，则差的总体中位数为正值.

a. 构造原假设和备择假设检验储存之后黏结性是否变弱.

b. 在20只虾的样本中，有13个正值差，利用这个值求检验的 p 值.

c. 如果 $\alpha = 0.05$，给出合理的结论（用本问题的语言）.

15.7 汽车尾气中氨气的含量. 参考练习2.30中 *Environmental Science & Technology*（2000年9月1日）上关于旧金山高速公路隧道出口匝道处附近氨气水平的研究. 表中的数据表示随机抽取8天，每天下午高峰时期氨的浓度（百万分之一）. 假定你想判断所有下午高峰时期氨的浓度中位数是否超过百万分之1.5.

AMMONIA

| 1.53 | 1.50 | 1.37 | 1.51 | 1.55 | 1.42 | 1.41 | 1.48 |

a. 构造此检验的原假设和备择假设.

b. 计算检验统计量的值.

c. 计算检验的 p 值.

d. 如果 $\alpha = 0.05$，给出合理的结论（用本问题的语言）.

15.8 岩石坠落的特征. 参考练习2.29，*Environmental Geology*（Vol. 58，2009）关于倒塌的岩壁上的石头会从土坡上反弹多远的模拟研究. 回顾感兴趣的变量是坠落岩石的反弹长度（米）. 基于深度、位置以及岩石坠落的斜坡上留下的土壤撞击痕迹的角度，估计得到以下13个反弹长度（米）. 考虑下面的说法："在所有类似的岩石坠落中，一半的反弹长度将超过10米." 样本数据支持这种说法吗？用 $\alpha = 0.10$ 检验.

ROCKFALL

| 10.94 | 13.71 | 11.38 | 7.26 | 17.83 | 11.92 | 11.87 |
| 5.44 | 13.35 | 4.90 | 5.85 | 5.10 | 6.77 | |

资料来源：Paronuzzi, P. "Rockfall-induced block propagation on a soil slope, northern Italy", *Environmental Geology*, Vol. 58, 2009(表2).

15.9 埃及古墓中的氡暴露. 参考练习7.28中 *Radiation Protection Dosimetry*（2010年12月）上关于埃及古墓氡暴露的研究. 表中再次给出了12个墓室

内室中的氡含量——用贝克斯每立方米表示(Bq/m³). 回忆为了安全的目的, 如果古墓中氡暴露含量升得太高, 也就是 6 000Bq/m³, 埃及旅游局 (ETA) 就会暂时关闭古墓. 进行非参数检验, 确定真实的氡暴露含量的中位数是否不超过 6 000Bq/m³. 用 $\alpha = 0.10$. 古墓应当关闭吗?

TOMBS

50	910	180	580	7 800	4 000
390	12 100	3 400	1 300	11 900	1 100

理论练习

15.10 利用符号检验来检验 $H_0: \tau = \tau_0$ 对 $H_a: \tau \neq \tau_0$, 其中:

$S_1 = $ 样本观测值中大于 τ_0 的个数

$S_2 = $ 样本观测值中小于 τ_0 的个数

证明: $P(S_1 \geq c) = P(S_2 \leq n - c)$, 其中 $0 \leq c \leq n$.

15.11 参考练习 15.10 的双侧检验. 利用那个练习的结果证明此检验的观测显著水平为

$$p \text{ 值} = 2P(S_1 \geq c)$$

15.3 比较两个总体: 独立随机样本

假定两个独立随机样本用于比较两个总体, 且第 8 章的 T 检验不适于进行这种比较. 我们不愿意对基础的概率分布形式进行假定, 或者不能获得样本测量值的精确值. 在上述情形下, 如果数据可以排序, 则可以利用一种检验来比较两个总体的中位数. 但是, 更为有效的非参数检验是比较整个概率分布而不仅仅是中位数, 这种检验称为**威尔科克森秩和检验**, 原假设是与两个总体关联的概率分布相等, 备择假设是一个总体的概率分布位于另一个的右边(或左边).

例如, 假定进行一项试验, 这两组人为: 必须使用软件包的文字处理操作员和开发计算机软件的电脑程序专家. 比较两组人编写的软件包的等级, 试验选取 $n_1 = 7$ 名文字处理操作员和 $n_2 = 7$ 名程序专家构成独立随机样本, 要求每个人按从 1~100 的标度为软件包定级, 100 代表最佳等级. 记录数据之后, 根据值的大小将 14 个等级排秩, 1 代表最小等级, 14 代表最大等级相同等级观测值(如果存在)的秩等于这些同级观测值秩的平均值. 例如, 如果等级为第二和第三的观测值是相等的, 则指派每一个的秩为 2.5. 表 15.2 是试验数据及它们的秩.

威尔科克森秩和检验基于两个样本秩的和(称为**秩和**). 逻辑是如果原假设

TECHWRITE

表 15.2 编写软件包的等级

文字处理操作员		编程专家	
等级	秩	等级	秩
35	5	45	7
50	8	60	10
25	3	40	6
55	9	90	13
10	1	65	11
30	4	85	12
20	2	95	14
$n_1 = 7$	$T_1 = 32$	$n_2 = 7$	$T_2 = 73$

H_0: 两个总体概率分布相同

为真, 则 $n = n_1 + n_2$ 个观测值任一评级的可能性与其他评级是一样的. 从而, 对于相同的样本大小, 可以期望秩和 T_1 和 T_2 是几乎相等的.

相反, 如果单侧备择假设

H_a: 总体 1 的概率分布移动到总体 2 的右边

为真, 则对于相同的样本大小, 可以期望秩和 T_1 大于秩和 T_2. 事实上, 可以证明(证明略)不管样本大小 n_1, n_2, 都有

$$T_1 + T_2 = \frac{n(n+1)}{2}$$

其中 $n = n_1 + n_2$. 所以, 当 T_2 变小时, T_1 将会变大, 当 T_1 值大时, 拒绝 H_0 接受 H_a. 独立随机样本的威尔科克森秩和检验的汇总见下面的方框.

总体位置移动的威尔科克森秩和检验：独立随机样本[⊖]

设 D_1, D_2 分别代表总体 1, 2 的相对频率分布.

单侧检验

H_0: D_1 和 D_2 相同

H_a: D_1 移位于 D_2 的右边

(或 H_a: D_1 移位于 D_2 的左边)

双侧检验

H_0: D_1 和 D_2 相同

H_a: D_1 移位于 D_2 的右边或者左边

将两个样本的 $n_1 + n_2$ 个观测值从小（秩 1）到大（秩 $n_1 + n_2$）排序，计算分别与样本 1 和样本 2 关联的秩和 T_1 与 T_2，然后计算检验统计量.

检验统计量：

T_1，如果 $n_1 < n_2$；

T_2，如果 $n_2 < n_1$.

（如果 $n_1 = n_2$，可以用任一个秩和.）

拒绝域：

T_1: $T_1 \geq T_U$ [或 $T_1 \leq T_L$]

T_2: $T_2 \leq T_L$ [或 $T_2 \geq T_U$]

其中 T_L 和 T_U 由表 B.15 得到.

检验统计量：

T_1，如果 $n_1 < n_2$；

T_2，如果 $n_2 < n_1$.

（如果 $n_1 = n_2$，可以用任一个秩和.）用 T 代表这个秩和.

拒绝域：

$T \leq T_L$ 或 $T \geq T_U$

注：指派给相等观测值的秩等于指派给这些观测值不相等时的秩的平均值.

我们将在例 15.3 中介绍对于指定的 α 求拒绝域的步骤. 首先，利用表 B.15 和计算机输出提供的拒绝域，比较表 15.2 给出的程序员和文字处理操作员的等级.

例 15.2 **双侧威尔科克森秩和检验** 参考表 15.2 中的数据.

a. 利用表 B.15 检验操作员和程序员的等级概率分布是相同的原假设对其中一个分布移动到另一个右边的备择假设. 用 $\alpha = 0.05$ 检验.

b. 确定检验的 p 值，并解释结果.

解 a. 可以用秩和作为这个双侧检验的检验统计量，如果秩和 T_1 非常小或非常大，即如果 $T_1 \leq T_L$ 或 $T_1 \geq T_U$，则拒绝 H_0. T_L 和 T_U 的制表值（即秩和分布的下尾和上尾值）见表 B.15. 对 $\alpha = 0.025$ 的单侧检验及 $\alpha = 0.05$ 的双侧检验的临界值在表 B.15a 给出，表 15.3 是表 B.15a 的部分复制. 表 B.15b 给出 $\alpha = 0.05$ 的单侧检验和 $\alpha = 0.10$ 的双侧检验的临界值 T_L 和 T_U. 观察表 15.3，会找到对应于 $n_1 = n_2 = 7$ 和 $T_L = 37$, $T_U = 68$ 的临界值（阴影部分）. 所以，对于 $\alpha = 0.05$，我们拒绝 H_0，如果

$$T_1 \leq 37 \quad \text{或} \quad T_1 \geq 68$$

[⊖] 基于独立随机样本的用于比较两个总体的另一个统计量是曼 – 惠特尼 U 统计量. U 统计量是秩和的简单函数，可以证明威尔科克森秩和检验和曼 – 惠特尼 U 检验是等价的.

表15.3 表 B.15 的部分复制

n_2 \ n_1	3		4		5		6		7		8		9	
	T_L	T_U	T_L	T_U	T_L	T_U	T_L	T_U	T_L	T_U	T_L	T_U	T_L	T_U
3	5	16	6	18	6	21	7	23	7	26	8	28	8	31
4	6	18	11	25	12	28	12	32	13	35	14	38	15	41
5	6	21	12	28	18	37	19	41	20	45	21	49	22	53
6	7	23	12	32	19	41	26	52	28	56	29	61	31	65
7	7	26	13	35	20	45	28	56	37	68	39	73	41	78
8	8	28	14	38	21	49	29	61	39	73	49	87	51	93
9	8	31	15	41	22	53	31	65	41	78	51	93	63	108
10	9	33	16	44	24	56	32	70	43	83	54	98	66	114

因为检验统计量的观测值 $T_1 = 32$(在表15.2计算)小于37, 所以拒绝等级分布相同的假设, 有充分的证据表明一个分布移动到另一个分布的右边.

b. 图15.4给出了相等性分析的 SPSS 输出, 威尔科克森秩和检验的两个秩和及双侧观测的显著性水平(p 值)都在输出中阴影部分. 因为 p 值 0.009 小于 $\alpha = 0.05$, 所以我们得到与 a 同样的结论, 即拒绝 H_0, 因此概率分布有不同的位置.

Ranks

	USERGRP	N	Mean Rank	Sum of Ranks
RATING	WP	7	4.57	32.00
	PROG	7	10.43	73.00
	Total	14		

Test Statistics[b]

	RATING
Mann-Whitney U	4.000
Wilcoxon W	32.000
Z	-2.619
Asymp. Sig. (2-tailed)	.009
Exact Sig. [2*(1-tailed Sig.)]	.007[a]

a. Not corrected for ties.
b. Grouping Variable: USERGRP

图 15.4 例15.2 的 SPSS 威尔科克森秩和检验

例15.3 单侧威尔科克森秩和检验 假定例 15.2 中的备择假设是单侧检验. 例如, 假定要检验 H_0 对备择假设

$$H_a: 分布2移动到分布1的右边$$

给出用 $\alpha = 0.025$ 的检验拒绝域.

解 我们可以用 T_1 或者 T_2 作为检验统计量; 较小的 T_1 和较大的 T_2 支持备择假设. 如果用 T_1 作为检验统计量, 如果 $T \leq T_L$, 则拒绝 H_0, 其中 T_L 表示由表15.3 给出的秩和下尾值, 当 $n_1 = n_2 = 7$ 时, 它的值为 37.0. 所以, $\alpha = 0.025$ 时, 单侧检验的拒绝域是 $T_1 \leq 37$.

如果选取 T_2 作为检验统计量, 当 T_2 大, 即 $T_2 \geq T_U$ 时, 拒绝 H_0, T_U 的值由表15.3 给出, 当 $n_1 = n_2 = 7$ 时, $T_U = 68.0$, 这两个检验是等价的.

例15.4 求秩和检验统计量的值 考虑 $n_1 = n_2 = 4$ 的威尔科克森秩和检验, 确定 T_L 的值, 使得 $P(T_1 \leq T_L) \approx 0.05$. T_L 的这个值对于 $\alpha = 0.05$ 的单侧检验是合适的.

解 为了解决这个问题，利用第 3 章的概率方法. 如果 H_0 成立(即如果两个总体概率分布相同)，则 $n_1 + n_2 = 8$ 个观测值的任一评级与其他任意评级一样可能，每一个都表示试验的一个简单事件. 例如, 假定 y_{11}, y_{12}, y_{13}, y_{14} 和 y_{21}, y_{22}, y_{23}, y_{24} 分别表示样本 1 和样本 2 的 4 个观测值, 产生 T_1 的最小可能值的一种数据评级如表 15.4 所示.

表 15.4 例 15.4 中 $n_1 + n_2 = 8$ 个观测值的一种评级

样本 1		样本 2	
观测值	秩	观测值	秩
y_{11}	4	y_{21}	6
y_{12}	1	y_{22}	5
y_{13}	3	y_{23}	7
y_{14}	2	y_{24}	8
$T_1 = 10$		$T_2 = 26$	

为了求得使得 $P(T_1 \leq T_L) \approx 0.05$ 的 T_L 值，我们求 $P(T_1 = 10)$, $P(T_1 = 11)$, $\cdots$, 并且将这些概率相加, 直到

$$P(T_1 = 10) + P(T_1 = 11) + \cdots + P(T_1 = T_L) \approx 0.05$$

样本空间 S 中简单事件的个数等于排列整数 $1, 2, \cdots, 8$ 方式的个数, 即 $8!$. 因为简单事件是等可能的, 所以样本空间中每个简单事件 E_i 的概率是

$$P(E_i) = \frac{1}{8!}$$

得到 $T_1 = 10$ 的评级种数为你排列样本 1 的 4 个秩和样本 2 的 4 个秩的方式的个数. 4 个秩的样本的完全不同排列方式共有 $4!$ 种, 所以, 每个样本包含 4 个秩的两个样本的排列方式个数为

$$(4!)(4!)$$

所以, 在事件 $T_1 = 10$ 中共有 $(4!)(4!)$ 个简单事件, 每个事件的概率是 $P(E_i) = 1/8!$. 从而

$$P(T_1 = 10) = \frac{4! \, 4!}{8!} = \frac{1}{70} = 0.0143$$

其次, 考虑秩和 $T_1 = 11$, 使得 T_1 可以等于 11 的唯一方法是指派给样本 1 的秩为 1, 2, 3 和 5. 从而

$$P(T_1 = 11) = \frac{4! \, 4!}{8!} = \frac{1}{70} = 0.0143$$

并且

$$P(T_1 \leq 11) = P(T_1 = 10) + P(T_1 = 11) = 2(0.0143) = 0.0286$$

因为这个值小于 $\alpha = 0.05$, 所以, 我们计算观测到 T_1 的下一个稍大秩和, 即 $T_1 = 12$ 的概率. 如果指派给样本 1 的秩为 1, 2, 3 和 6 或者 1, 2, 4 和 5, 则可以得到秩和 $T_1 = 12$. 这些情况中的每一个发生概率是 $1/70$. 所以,

$$P(T_1 = 12) = P\{1,2,3,6\} + P\{1,2,4,5\} = \frac{1}{70} + \frac{1}{70} = 0.0286$$

并且

$$P(T_1 \leq 12) = P(T_1 = 10) + P(T_1 = 11) + P(T_1 = 12) = 0.0572$$

因为我们希望 T_L 取使得 $P(T_1 \leq T_L)$ 接近 $\alpha = 0.05$ 的值, 所以 $T_L = 12.0$ 这个 T_L 的制表值由表 B.15b 给出($\alpha = 0.05$). ■

与符号检验类似, 当样本容量大时, 可以用 8.5 节熟悉的 Z 检验统计量进行威尔科克森秩和检验. 下面(不加证明的叙述)给出大样本威尔科克森秩和检验. 可以证明秩和 T_1 的均值和方差是

$$E(T_1) = \frac{n_1 n_2 + n_1(n_1 + 1)}{2}$$

及
$$V(T_1) = \frac{n_1 n_2 (n_1 + n_2 + 1)}{12}$$

因此，当 n_1 和 n_2 较大时，例如 ($n_1 > 10$, $n_2 > 10$)，

$$Z = \frac{T_1 - E(T_1)}{\sqrt{V(T_1)}} = \frac{T_2 - \left[\frac{n_1 n_2 + n_1(n_1 + 1)}{2}\right]}{\sqrt{\frac{n_1 n_2 (n_1 + n_2 + 1)}{12}}}$$

的抽样分布近似服从标准正态分布. 步骤汇总在下面的方框中.

大样本 ($n_1 \geq 10$, $n_2 \geq 10$) 威尔科克森秩和检验

设 D_1 和 D_2 分别表示总体 1 和总体 2 的相对频率分布.

单侧检验

H_0: D_1 和 D_2 相等

H_a: D_1 移动到 D_2 的右边

（或 H_a: D_1 移动到 D_2 的左边）

双侧检验

H_0: D_1 和 D_2 相等

H_a: D_1 移动到 D_2 的左边或右边

检验统计量：
$$Z = \frac{T_1 - \left[\frac{n_1 n_2 + n_1(n_1 + 1)}{2}\right]}{\sqrt{\frac{n_1 n_2 (n_1 + n_2 + 1)}{12}}}$$

拒绝域：

$Z_c > z_\alpha$（或 $Z_c < -z_\alpha$）

p 值: $P(z > Z_c)$ [或 $P(z < Z_c)$]

拒绝域：

$|Z_c| > z_{\alpha/2}$

p 值: $2P(z > |Z_c|)$

（注：样本大小 n_1, n_2 都必须至少为 10.）

应用练习

15.12 分类使用短信. 短信是学生与教授交流的优先选择吗？这是 *Chemical Engineering Education* (2012 年春天) 发表的一个感兴趣的研究问题. 化学工程班里的两组学生参与了研究. 除了传统的与教师交流方式（如邮件、电话和面对面交谈）外, 一组（18 名学生）允许使用短信, 另一组（20 名学生）不允许使用任何短信. 两组学生由同一名教师教授. 一学期末, 学生回应问卷调查项目"我愿意和我的教授通过面对面交谈进行互动". 可能的反应用 5 点模式记录：由 1 = "极不同意"到 5 = "极同意". 短信使用组的学生反应的中位数是 5, 而不使用短信组的学生反应的中位数是 4. 两组学生用威尔科克森秩和检验比较.

a. 建立检验的原假设.

b. 观察的检验显著性水平用 p 值 = 0.004 给出, 解释这个结果的实际含义. 哪一组学生更倾向于与教授面对面交谈.

15.13 瓶的破裂强度. 聚对苯二甲酸乙二醇酯（PET）瓶用于装碳酸饮料, PET 瓶的重要性质是它们的破裂强度（即对装满水的瓶子加压使之破裂时的压强）. 在 *Journal of Data Science* (2003 年 5 月) 中, 研究人员测量了由两种不同设计——老式设计和新式设计制造的 PET 瓶的破裂强度, 每种设计各 10 个瓶子的数据（lb/in²）由下表给出, 假定要比较两种设计破裂强度的分布.

PET

| 老式设计 | 210 | 212 | 211 | 211 | 190 | 213 | 212 | 211 | 164 | 209 |
| 新式设计 | 216 | 217 | 162 | 137 | 219 | 216 | 179 | 153 | 152 | 217 |

a. 将 20 个观测压力按从小到大的顺序排列, 并指派从 1~20 的秩.

b. 计算老式设计观测值的秩和.

c. 计算新式设计观测值的秩和.
d. 计算威尔科克森秩和统计量.
e. 进行非参数检验($\alpha = 0.05$)比较两种设计破裂强度的分布.

GASTURBINE

15.14 燃气轮机冷却方式. 参考练习8.29, *Journal of Engineering for Gas Turbines and Power*(2005年1月)关于高压雾状入风冷却装置的燃气轮机的研究. 引擎热耗率($kJ/kW \cdot h$)数据存储在GASTURBINE文件. 研究人员将燃气轮机分为三种类型: 传统的、高级的和航改天然气轮机. 假定要比较传统的和航改天然气轮机引擎的热耗率分布.

a. 论述利用t检验比较热耗率均值所需的假定很可能是违背的.
b. 下面给出比较两个热耗率分布的非参数检验的MINITAB输出, 解释在输出底部给出的检验的p值.

15.15 T型梁的断裂扭矩. 进行试验研究增强钢梁凸出部分对钢筋混凝土T型钢梁扭转能力的影响(*Journal of the American Concrete Institute*, 1986年1-2月). 试验中使用一些不同类型的T型钢梁, 每种具有不同凸出部分宽度. 在扭转和弯曲的组合下进行试验直至破坏(即断裂), 感兴趣的变量之一是T型梁凸出部分的顶部断裂的扭矩, 8根70cm板宽的和8根100cm板宽的断裂扭矩如下所示.

TBEAMS

| 70cm | 6.00 | 7.20 | 10.20 | 13.20 | 11.40 | 13.60 | 9.20 | 11.20 |
| 100cm | 6.80 | 9.20 | 8.80 | 13.20 | 11.20 | 14.90 | 10.20 | 11.80 |

有证据表明两种T型钢梁的断裂扭矩分布的位置存在差异吗? 用$\alpha = 0.10$检验.

15.16 专利权侵犯案件. 参考练习7.44, *Chance*(2002年秋)关于向英特尔公司提出专利权侵犯诉讼案的研究, 案件的焦点在于专利证人的签名是在专利证书主页的顶部还是底部. 利用X射线束, 在证书页上几处位置获得锌测量值. 证书上三处位置(正文行、证人行和正文行与证人行相交的行)的锌测量值由下表给出.

PATENT

正文行	0.335	0.374	0.440			
证人行	0.210	0.262	0.188	0.329	0.439	0.397
相交行	0.393	0.353	0.285	0.295	0.319	

a. 为什么在练习7.44中使用的学生氏T检验对分析此数据可能不合适?
b. 运用非参数检验($\alpha = 0.05$)比较正文行和相交行锌测量值的分布.
c. 运用非参数检验($\alpha = 0.05$)比较证人行和相交行锌测量值的分布.
d. 根据b和c的结果, 对三个证书位置锌测量值的均值能做出什么推断?

15.17 引导骨再生术. *Journal of Tissue Engineering*(Vol. 3, 2012)评价了引导骨再生的一个新方法. 该方法涉及使用钛螺丝作为支架将钛板和硅膜覆盖在骨上. 一周之后钛板升高, 创造它和硅组织之间的空间使骨得以生长. 重点研究在钛板升高后的2个月和4个月该方法的有效性. 将手术方法应用到相同品种和大小的8只白色雄兔的颅骨. 兔子被随机分为2组(每组4只). 其中一组在2个月后被处死, 另一组在4个月后被处死. 记录每只兔子颅骨周围新长成的骨长度(用毫米测量). 数据(模拟)显示在下表中. 研究者对数据用非参数分析来比较两组中新长成骨的分布. 在$\alpha = 0.10$的水平下构造恰当的检验.

GBONE

| 组1(2个月): | 104.1 | 34.0 | 62.5 | 73.8 |
| 组2(4个月): | 96.7 | 53.6 | 64.4 | 69.7 |

```
Mann-Whitney Test and CI: TRAD-HR, AERO-HR

          N   Median
TRAD-HR  39    11183
AERO-HR   7    12414

Point estimate for ETA1-ETA2 is -1125
95.3 Percent CI for ETA1-ETA2 is (-2358,1448)
W = 885.0
Test of ETA1 = ETA2 vs ETA1 not = ETA2 is significant at 0.3431
The test is significant at 0.3431 (adjusted for ties)
```

练习15.14的MINITAB输出

15.18 原油的生物降解. 参考练习 2.18, *Journal of Petroleum Geology*(2010 年 4 月)上发表了与原油生物降解相关的环境因素的研究. 回顾在矿上的一个蓄水池里从不同的位置随机选取的 16 个水样. 6 个水样中检测到原油, 10 个水样中没有检测到原油. 下表给出了每个水样中二氧化碳的含量. 原油是否倾向存在于低浓度二氧化碳含量的水样中? 用恰当的非参数检验回答这个问题.

BIODEG

二氧化碳含量	存在原油	二氧化碳含量	存在原油
3.3	否	2.4	否
0.5	是	2.4	否
1.3	是	1.4	否
0.4	是	0.5	是
0.1	否	0.2	是
4.0	否	4.0	否
0.3	否	4.0	否
0.2	是	4.0	否

资料来源: Permanyer, A., et al. "Crude oil biodegradation and environmental factors at the Riutort oil shale mine, SE Pyrenees", *Journal of Petroeum Geology*, Vol. 33, No. 2, 2010 年 4 月(表 1).

15.19 水中矿物浮选研究. 参考练习 2.23, *Minerals Engineering*(Vol. 46~47, 2013)关于钙和石膏对水中二氧化硅浮选性能影响的研究. 回顾准备的含有和不含有钙/石膏的去离子水溶液, 二氧化硅浮选水平用一个称作电动电势(单位为毫伏, mV)的变量来测量. 下表再次给出数据. 溶液中加入钙/石膏是否影响水质(用二氧化硅的电动电势测量)? 用大样本的非参数检验回答这个问题.

SILICA

不含有钙/石膏				
−47.1	−53.0	−50.8	−54.4	−57.4
−49.2	−51.5	−50.2	−46.4	−49.7

(续)

不含有钙/石膏				
−53.8	−53.8	−53.5	−52.2	−49.9
−51.8	−53.7	−54.8	−54.5	−53.3
−50.6	−52.9	−51.2	−54.5	−49.7
−50.2	−53.2	−52.3	−52.8	−52.1
−50.2	−50.8	−56.1	−51.0	−55.6
−50.3	−57.6	−50.1	−54.2	−50.7
−55.7	−55.0	−47.4	−47.5	−52.8
−50.6	−55.6	−53.2	−52.3	−45.7
含有钙/石膏				
−9.2	−11.6	−10.6	−8.0	−10.9
−10.0	−11.0	−10.7	−13.1	−11.5
−11.3	−9.9	−11.8	−12.6	−8.9
−13.1	−10.7	−12.1	−11.2	−10.9
−9.1	−12.1	−6.8	−11.5	−10.4
−11.5	−12.1	−11.3	−10.7	−12.4
−11.5	−11.0	−7.1	−12.4	−11.4
−9.9	−8.6	−13.6	−10.1	−11.3
−13.0	−11.9	−8.6	−11.3	−13.0
−12.2	−11.3	−10.5	−8.8	−13.4

理论练习

15.20 对威尔科克森秩和检验, 运用算术级数求和公式证明:

$$T_1 + T_2 = \frac{n(n+1)}{2}$$

15.21 证明: 在 $n_1 = 2$, $n_2 = 2$ 的特殊情况下, 本节给出的威尔科克森秩和 T_2 的期望值公式成立. (提示: 列出 $(n_1 + n_2)! = 4!$ 种可能指派秩的方式, 并且计算每种指派下的 T_2, 然后利用任一指派概率是等可能的事实.)

15.22 考虑 $n_1 = 3$ 和 $n_2 = 3$ 的威尔科克森秩和 T_1. 运用本节介绍的方法求 T_L, 使得 $P(T_1 \leq T_L) \approx 0.05$

15.4 比较两个总体: 配对设计

当使用配对设计(8.8 节)时, 非参数技术也可用于比较两个概率分布. **配对设计**是 $k = 2$ 个处理的随机化区组设计. 在本节中, 将介绍如何利用**威尔科克森符号秩检验**来检验两个总体概率分布相同的假设, 备择假设是一个移动到另一个的右边(或左边).

例如, 对于某些纸产品, 纸的软度是决定消费者是否愿意购买的重要因素, 评价软度的一种方法是让鉴定人给出产品样本软度的等级. 假定 10 名鉴定人每人得到一个生产商想要比较的两种产品的样本, 每名鉴定人按从 1~10 的等级评定每种产品软度, 高等级表示较软的产品, 表 15.5 给出了试验结果.

SOFTPAPER

表 15.5　纸的软度等级

鉴定人	产品		差 (A − B)	差的绝对值	绝对值的秩
	A	B			
1	6	4	2	2	5
2	8	5	3	3	7.5
3	4	5	−1	1	2
4	9	8	1	1	2
5	4	1	3	3	7.5
6	7	9	−2	2	5
7	6	2	4	4	9
8	5	3	2	2	5
9	6	7	−1	1	2
10	8	2	6	6	10

T_+ = 正秩的和 = 46
T_- = 负秩的和 = 9

因为这是配对设计, 所以分析每对测量值的差. 如果几乎所有的差均为正(或负), 则有证据表明总体概率分布测量值的位置不同, 即一个位移于另一个的右边或左边. 非参数方法要求计算测量值之差绝对值的秩(去掉所有负号后差的秩). 注意相等差的绝对值的秩等于它们如果不相等但为相继测量值时得到的秩的平均值. 对绝对差排秩后, 计算正差的秩和 T_+ 以及负差的秩和 T_-.

检验原假设

　　H_0: 产品 A 和 B 等级的概率分布相同

对备择假设

　　H_a: 产品 A 等级的概率分布位于产品 B 等级的概率分布的右边或左边

我们利用检验统计量

$$T = 正秩和 T_+ 与负秩和 T_- 中较小者$$

威尔科克森符号秩检验: 配对

设 D_1 和 D_2 分别表示总体 1 和总体 2 相对频率分布.

单侧检验

H_0: D_1 和 D_2 相同

H_a: D_1 位于 D_2 的右边

(或 H_a: D_1 位于 D_2 的左边)

双侧检验

H_0: D_1 和 D_2 相同

H_a: D_1 位于 D_2 的左边或右边

计算 n 个观测值对的差. 然后将 n 个差的绝对值按从小(秩1)到大(秩 n)的顺序排秩, 并计算负差的秩和 T_- 及正差的秩和 T_+.

检验统计量：	检验统计量：
负差秩和 T_-，(或正差秩和 T_+，)	T_- 或 T_+ 较小者 T，
拒绝域：$T_- \leq T_0$（或 $T_+ \leq T_0$）	拒绝域：$T \leq T_0$
其中 T_0 由表 B.16 给出.	
（注：删除等于 0 的差，并相应地减小差的个数 n，相同差的绝对值的秩为它们不等时得到的秩的平均.）	

检验的拒绝域包含 T 的最小值，且对于单侧统计检验使得 $P(T \leq T_0) = \alpha$ 的范围，对双侧检验使得 $P(T \leq T_0) = \alpha/2$ 的 T 的范围，表 B.16 给出了 $n=5$ 到 $n=50$ 时 T_0 的值. 威尔科克森符号秩检验总结在上面的方框中，并在例 15.5 中进行阐述.

例 15.5 **威尔科克森符号秩应用** 参考表 15.5 的数据. 利用威尔科克森符号秩检验比较鉴定人对产品 1 和 2 评定的等级，用 $\alpha = 0.05$ 检验：

H_0：产品 1 和产品 2 的等级分布相同，对备择假设

H_a：一种产品等级的分布位于另一分布的左边（或右边），即一个产品的等级高于另一个

解 这个双侧检验的检验统计量是较小的秩和，即 $T_- = 9$. 拒绝域是 $T \leq T_0$，其中 T_0 值由表 B.16 给出. 这个表的部分复制见表 15.6. 观察表 15.6 的双侧检验列，对应于 $\alpha = 0.05$ 的行与 $n = 10$ 的列，我们读出 $T_0 = 8$. 所以，如果 T 小于或等于 8，则拒绝 H_0. 因为较小的秩和 $T_- = 9$，不小于或等于 8，所以不能拒绝 H_0. 没有充分证据表明这两种产品的等级分布有一个位移.

表 15.6 表 B.16 的部分复制

单侧	双侧	$n=5$	$n=6$	$n=7$	$n=8$	$n=9$	$n=10$
$\alpha = 0.05$	$\alpha = 0.10$	1	2	4	6	8	11
$\alpha = 0.025$	$\alpha = 0.05$		1	2	4	6	8
$\alpha = 0.01$	$\alpha = 0.02$			0	2	3	5
$\alpha = 0.005$	$\alpha = 0.01$				0	2	3
		$n=11$	$n=12$	$n=13$	$n=14$	$n=15$	$n=16$
$\alpha = 0.05$	$\alpha = 0.10$	14	17	21	26	30	36
$\alpha = 0.025$	$\alpha = 0.05$	11	14	17	21	25	30
$\alpha = 0.01$	$\alpha = 0.02$	7	10	13	16	20	24
$\alpha = 0.005$	$\alpha = 0.01$	5	7	10	13	16	19
		$n=17$	$n=18$	$n=19$	$n=20$	$n=21$	$n=22$
$\alpha = 0.05$	$\alpha = 0.10$	41	47	54	60	68	75
$\alpha = 0.025$	$\alpha = 0.05$	35	40	46	52	59	66
$\alpha = 0.01$	$\alpha = 0.02$	28	33	38	43	49	56
$\alpha = 0.005$	$\alpha = 0.01$	23	28	32	37	43	49
		$n=23$	$n=24$	$n=25$	$n=26$	$n=27$	$n=28$
$\alpha = 0.05$	$\alpha = 0.10$	83	92	101	110	120	130
$\alpha = 0.025$	$\alpha = 0.05$	73	81	90	98	107	117
$\alpha = 0.01$	$\alpha = 0.02$	62	69	77	85	93	102
$\alpha = 0.005$	$\alpha = 0.01$	55	61	68	76	84	92

图 15.5 给出了分析的 MINITAB 输出. 注意 MINITAB 利用 $T_+ = 46$ 作为检验统计量. 检验的双侧 p 值(阴影部分)是 0.067. 因为这个值超过 $\alpha = 0.05$, 所以与我们结果——不能拒绝 H_0 相同.

```
Wilcoxon Signed Rank Test: AminusB
Test of median = 0.000000 versus median not = 0.000000
                    N
                   for    Wilcoxon              Estimated
            N     Test    Statistic      P       Median
AminusB    10      10       46.0       0.067      2.000
```

图 15.5 例 15.5 的 MINITAB 威尔科克森符号秩检验

与独立样本的秩和检验一样, 当成对观测值个数 n 较大时(如 $n \geq 25$), 符号秩统计量的抽样分布可以用正态分布近似. 大样本 Z 检验汇总在下面的方框中.

大样本($n \geq 25$)威尔科克森符号秩检验

设 D_1 和 D_2 分别表示总体 1 和总体 2 概率分布.

单侧检验   双侧检验

H_0: D_1 和 D_2 相同 H_0: D_1 和 D_2 相同

H_a: D_1 位于 D_2 的右边 H_a: D_1 位于 D_2 的左边或右边

(或 H_a: D_1 位于 D_2 的左边)

检验统计量: $Z = \dfrac{T_+ - [n(n+1)/4]}{\sqrt{[n(n+1)(2n+1)]/24}}$

拒绝域: $Z_c > z_\alpha$ (或 $Z_c < -z_\alpha$)   拒绝域: $|Z_c| > z_{\alpha/2}$

p 值: $P(z > Z_c)[$ 或 $P(z < Z_c)]$ p 值: $2P(z > |Z_c|)$

假定: 样本大小 n 大于或等于 25. 删除等于 0 的差, 并相应地减小差的个数 n. 相同的绝对差的秩为它们不等时秩的平均值.

威尔科克森符号秩过程同样也可以检验单个总体的位置, 即威尔科克森检验可以作为 15.2 节符号检验的另一种方法. 例如, 假定想要检验下面关于总体中位数的假设:

$$H_0: \tau = 100$$
$$H_a: \tau > 100$$

为了进行这个检验, 对样本计算差($y_i - 100$), 符号检验仅仅依赖于样本中正差个数. 另一方面, 符号秩检验要求是对差排秩, 然后计算正差的秩和. 于是, 单个样本的威尔科克森符号秩检验完全与配对的符号秩过程一样, 除了差的计算是从每个观测值减去假设的中位数值之外. 我们汇总过程在下面的方框中.

关于单个总体中位数 τ 的威尔科克森符号秩检验

单侧检验   双侧检验

H_0: $\tau = \tau_0$ H_0: $\tau = \tau_0$

H_a: $\tau > \tau_0$ H_a: $\tau \neq \tau_0$

(或 H_a: $\tau < \tau_0$)

检验统计量：
负的秩和 T_-（或正的秩和 T_+）

注：按 $(y_i - \tau_0)$ 计算样本差.

拒绝域：$T_- \leq T_0$ [或 $T_+ \leq T_0$]

其中 T_0 由表 B.16 得到.

检验统计量：
正的秩和 T_+ 与负的秩和 T_- 中的较小者 T,

拒绝域：$T \leq T_0$

假定：1. 观测值的随机样本是从总体中抽取的.
2. $y_i - \tau_0$ 的绝对值可以排序.（对总体概率分布的形式不作假定.）
3. 删除等于 0 的差，并相应地减小差的个数 n，相等差的秩为这些相等观测值的秩的平均.

应用练习

15.23 双钻孔. 参考练习 8.47, *Exploration and Mining Geology*(Vol. 18, 2009) 关于双钻孔的研究. 回忆在较早的钻孔旁边钻出新孔或"孪生"孔是验证矿化等级的一种传统方法. 表中的数据是非洲一个钻石矿钻取的 15 个双孔样本的重矿物（THM）的总量百分比. 在练习 8.47 中，用学生氏 T 检验法检验了矿井中所有原始孔和孪生孔的 THM 平均值真值之间的差异.

🌐 **TWINHOLE**

位置	第一孔	第二孔
1	5.5	5.7
2	11.0	11.2
3	5.9	6.0
4	8.2	5.6
5	10.0	9.3
6	7.9	7.0
7	10.1	8.4
8	7.4	9.0
9	7.0	6.0
10	9.2	8.1
11	8.3	10.0
12	8.6	8.1
13	10.5	10.4
14	5.5	7.0
15	10.0	11.2

a. 解释为什么 t 检验的结果可能无效.
b. 应用什么恰当的非参数检验？陈述检验的 H_0 和 H_a.
c. 计算每个钻孔位置测量的"第一孔"和"第二孔"之间的差异.
d. 对 c 中的差异排序.
e. 计算正和负差异的秩和.
f. 用 e 中的秩和进行非参数检验，$\alpha = 0.05$. 地质学家能够得出没有证据证明矿井中所有原始孔和孪生孔的 THM 分布有差异吗？

15.24 红灯摄像头对撞车的影响. 参考练习 7.56, 2007 年 6 月弗吉尼亚交通部（VDOT）关于最新采用红灯拍照执法程序的研究. 回顾 VDOT 提供的在几个十字路口安装红灯摄像头前后的撞车数据. 弗吉尼亚费尔法克斯县 13 个十字路口的数据（每年每个十字路口由闯红灯引起的撞车数量）VA 在下表再次给出. VDOT 想确定红灯拍照执法程序是否对减少闯红灯撞车事故有效. 用非参数威尔科克森符号秩检验（下面给出了 MINITAB 输出）分析 VDOT 的数据.

🌐 **REDLIGHT**

十字路口	安装摄像头前	安装摄像头后
1	3.60	1.36
2	0.27	0
3	0.29	0
4	4.55	1.79
5	2.60	2.04
6	2.29	3.14
7	2.40	2.72
8	0.73	0.24
9	3.15	1.57
10	3.21	0.43
11	0.88	0.28
12	1.35	1.09
13	7.35	4.92

资料来源：Virginia Transportation Research Council, "Research Report: The Impact of Red Light Cameras (Photo-Red Enforcement) on Crashes in Virginia", June 2007.

```
Wilcoxon Signed Rank Test: Difference

Test of median = 0.000000 versus median > 0.000000

                      N for    Wilcoxon                Estimated
              N       Test     Statistic      P        Median
Difference    13      13       79.0           0.011    0.9650
```

练习 15.24 的 MINITAB 输出

15.25 NHTSA 新车碰撞测试. 参考存储于 CRASH 文件中国家高速公路交通安全管理局(NHTSA)新车碰撞测试的数据,在练习 7.54 中利用配对的学生氏 T 方法比较司机和前排乘客胸腔受伤的等级. 假定仅想要比较司机是五星级(最高级)的那些汽车. 下表给出了这样的 18 辆汽车数据,考虑利用威尔科克森符号秩检验分析这些数据.

a. 叙述原假设与备择假设.
b. 使用统计软件包求符号秩检验统计量.
c. 给出检验的拒绝域,利用 $\alpha = 0.01$.
d. 从实际意义叙述结论,给出检验的 p 值.

CRASH5

汽车	胸腔受伤等级		汽车	胸腔受伤等级	
	司机	乘客		司机	乘客
1	42	35	10	36	37
2	42	35	11	36	37
3	34	45	12	43	58
4	34	45	13	40	42
5	45	45	14	43	58
6	40	45	15	37	41
7	42	46	16	37	41
8	43	58	17	44	57
9	45	43	18	42	42

15.26 检测电子电路. 参考练习 8.50, *IEICE Transactions on Information & Systems*(2005 年 1 月)中比较两种检测电子电路方法的文章. 使用标准压缩/解压方法和新的赫夫曼编码法检测 11 个电路,并且记录压缩比,数据复制在下表中.

a. 在练习 8.50 中,使用 t 检验检验了赫夫曼编码方法比标准方法产生较小的平均压缩比,进行非参数检验,取 $\alpha = 0.05$.
b. 两种检验的结论一致吗?

CIRCUITS

电路	标准方法	赫夫曼编码方法	电路	标准方法	赫夫曼编码方法
1	0.80	0.78	7	0.99	0.82
2	0.80	0.80	8	0.98	0.72
3	0.83	0.86	9	0.81	0.45
4	0.53	0.53	10	0.95	0.79
5	0.50	0.51	11	0.99	0.77
6	0.96	0.68			

资料来源: Ichihara, H., Shintani, M., and Inoue, T. "Huffman-based test response coding." *IEICE Transactions on Information & Systems*, Vol. E88-D, No. 1, Jan. 2005(表 3).

15.27 混凝土路面对温度的反应. 参考练习 8.51, *The International Journal of Pavement Engineering* (2004 年 9 月)中在新建高速路上混凝土压力的现场研究. 感兴趣的变量是距离纵向接缝 1m 处混凝土路面的横向应变(即每单位长度每单位时间的长度变化),下表给出了 6 天内 5h(8:20 P.M. 至 1:20 A.M.)混凝土路面的横向应变变化. 利用非参数检验分析数据,现场测量值和 3D 模型的横向应变分布存在位置变化吗? 用 $\alpha = 0.05$ 检验.

SLABSTRAIN

日期	温度变化 (℃)	横向应变变化	
		现场测量值	3D 模型
10.24	-6.3	-58	-52
12.3	13.2	69	59
12.15	3.3	35	32
2.2	-14.8	-32	-24
3.25	1.7	-40	-39
5.24	-0.2	-83	-71

资料来源: Shoukry, S, . William, G., and Riad, M. "Validation of 3DFE model of jointed concrete pavement response to temperature variations." *The International Journal of Pavement Engineering*, Vol. 5, No. 3, Sept. 2004(表 Ⅳ).

15.28 气体运输模型. 参考练习 8.53, *AIChE Journal*(2005 年 1 月)中建立多成分气体运输模型新方法的研究. 制备了 12 种气体混合物,用试验方法和新的模型测量它们的黏度(10^{-5} Pa·s),表中给出了结果. 利用非参数方法检验化学工程师的结论"我们的新的计算方法和试验结果非常一致."

🌐 **VISCOSITY**

混合气体	黏度测量值	
	试验	新方法
1	2.740	2.736
2	2.569	2.575
3	2.411	2.432
4	2.504	2.512
5	3.237	3.233
6	3.044	3.050
7	2.886	2.910
8	2.957	2.965
9	3.790	3.792
10	3.574	3.582
11	3.415	3.439
12	3.470	3.476

资料来源:Kerkhof, P., and Geboers, M. "Toward a unified theory of isotropic molecular transport phenomena." *AIChE Journal*, Vol. 51, No. 1, January 2005(表 2).

15.29 海龟和海滩喂养. 根据美国国家海洋和大气管理局保护物种办公室,在过去的 10 年美国东南部所有区域的海龟筑巢率都在下降. 环保人士认为海滩喂养可以提高这些海龟的产卵率.(海滩喂养涉及替换海滩上的沙子来向大海方向延长高水位线). 其中一个研究的目的是探讨海滩喂养对佛罗里达州海龟筑巢率的影响.(Aubry Hershorin,未发表的博士论文,佛罗里达大学,2010 年). 对于研究中的一部分,在 Jacksonville, FL 抽取 8 个海滩区域样本. 由佛罗里达州鱼类和野生动物保护委员会为每个海滩区域提供喂养. 记录喂养之前与之后的每个海滩区域的筑巢密度(直线上每米的筑巢数量). 数据在下表中列出. 构造威尔科克森符号秩检验比较喂养前后的海龟筑巢密度. 利用 $\alpha = 0.05$ 检验.

🌐 **NESTDEN**

海滩区域	喂养前	喂养后
401	0	0.003 595
402	0.001 456	0.007 278
403	0	0.003 297

(续)

海滩区域	喂养前	喂养后
404	0.002 868	0.003 824
405	0	0.002 198
406	0	0.000 898
407	0.000 626	0
408	0	0

15.30 浅基础沉降. 参考练习 8.48, *Environmental & Engineering Geoscience*(2012 年 11 月)关于预测黏性土壤中浅基础沉降方法的研究. 确定了在浅基础上建造的 13 个结构样本的真实沉降值,并与用考虑到基础的尺寸、刚度和嵌入深度的公式预测出的沉降值进行比较. 数据(毫米)在下表中再次给出. 进行非参数检验,确定预测的沉降值相对于实际沉降值偏右还是偏左. 用 $\alpha = 0.05$ 检验.

🌐 **SHALLOW**

结构	实际值	预测值	结构	实际值	预测值
1	11	11	8	39	51
2	11	11	9	23	24
3	10	13	10	269	252
4	8	6	11	4	3
5	11	9	12	82	68
6	9	10	13	250	264
7	9	9			

资料来源:Ozur, M. "Comparing Methods for Predicting Immediate Settlement of Shallow Foundations on Cohesive Soils Based on Hypothetical and Real Cases", *Environmental & Engineering Geoscience*, Vol. 18, No. 4, November 2012(来自表 4).

❓ **理论练习**

15.31 对威尔科克森符号秩检验,证明:
$$T_+ + T_- = \frac{n(n+1)}{2}$$
其中 n 是排序的非零差的个数.

15.32 对 $n = 2$ 的特定情况,且数据中没有结(即没有为零的差),列举出两个绝对差 8 种不同排序方式.(注意:排列个数 8 来自公式 $2^n \cdot n!$.)

15.33 对于练习 15.32 的特殊情况,证明:
$$E(T_+) = \frac{n(n+1)}{4}$$
(提示:对练习 15.32 中列出的 8 种秩的排列,求每种排列的 T_+;利用任一特定排列出现的概率均为 1/8 的事实.)

15.5 比较三个或更多总体：完全随机化设计

在 14.3 节我们基于按完全随机化设计收集的数据比较了 k 个总体的均值。用于检验均值相等的原假设的方差分析 F 检验是基于总体服从公共方差为 σ^2 的正态分布假定的。

克鲁赛-沃里斯 H 检验是与方差分析 F 检验等价的非参数方法。它检验所有 k 个总体服从相同概率分布的原假设，备择假设是分布在位置上不同，即一个或多个分布位于相互的左边或右边。克鲁赛-沃里斯 H 检验比较 F 检验的优点在于无须对抽样总体的性质做出假定。

完全随机化设计指定从 k 个总体中选取 $n_1, n_2, \cdots, n_k$ 个观测值的独立随机样本。为了进行检验，首先对所有 $n = n_1 + n_2 + \cdots + n_k$ 个观测值排序，并且计算 k 个样本的秩和 $T_1, T_2, \cdots, T_k$，相等观测值的秩用与威尔科克森秩和检验的相同方式平均。然后，如果 H_0 成立，并且样本容量 $n_1, n_2, \cdots, n_k$ 每个都容量或等于 5，则检验统计量

$$H = \frac{12}{n(n+1)} \sum_{i=1}^{k} \frac{T_i^2}{n_i} - 3(n+1)$$

的抽样分布可以用 $(k-1)$ 个自由度的卡方分布近似。大的 H 值意味着拒绝 H_0，所以，检验的拒绝域是 $H > \chi_\alpha^2$，这里 χ_α^2 的值是卡方分布上尾 α 处的位置。

检验汇总在下面的方框中，例 15.6 介绍它的用法。

比较 k 个总体概率分布的克鲁赛-沃里斯 H 检验：完全随机化设计

H_0：k 个总体概率分布相同。

H_a：k 个总体概率分布中至少有两个在位置上不同。

检验统计量：$H = \dfrac{12}{n(n+1)} \sum\limits_{i=1}^{k} \dfrac{T_i^2}{n_i} - 3(n+1)$

其中：

n_i = 样本 i 中测量值个数

T_i = 样本 i 的秩和，这里每个测量值的秩是根据它们在 k 个样本全部数据中相对大小计算的

n = 总的样本大小 = $n_1 + n_2 + \cdots + n_k$

拒绝域：$H > \chi_\alpha^2$，有 $(k-1)$ 个自由度

p 值：$P(\chi^2 > H_c)$

假定：1. k 个样本是随机的且独立的。
2. 每个样本中有 5 个或更多个测量值。
3. 观测值可以排序。

（注：不需要对总体概率分布的形状做出假定。）

例 15.6　克鲁赛-沃里斯检验应用　对三个不同品牌的磁控管（微波炉的关键部件）独立随机样本进行应力测试，记录下无修理情形下每个运行的小时数。虽然这些时间并不能代表典型的使用寿命，但是它们可以指出磁控管忍受极端应力如何好，表 15.7 给出了数据。经验表明产品的寿命分布常常是非正态的，于是不满足方差分析 F 检验的正当使用要求的假定。利用克鲁赛-沃里斯 H 检验确定是否存在证据表明在应力下不同品牌的磁控管的寿命长度趋于不同。用 $\alpha = 0.05$ 检验。

解 进行克鲁赛-沃里斯 H 检验的第一步是对完全数据集中的 $n=15$ 个观测值排序,表 15.8 给出了三个样本的秩以及秩和.

🌐 MAGTUBES

表 15.7 例 15.6 中磁控管的寿命期限

品牌		
A	B	C
36	49	71
48	33	31
5	60	140
67	2	59
53	55	42

表 15.8 例 15.6 的秩及秩和

A	秩	B	秩	C	秩
36	5	49	8	71	14
48	7	33	4	31	3
5	2	60	12	140	15
67	13	2	1	59	11
53	9	55	10	42	6
	$T_1=36$		$T_2=35$		$T_3=49$

我们要检验原假设

H_0:三种品牌的磁控管,在应力下的寿命长度的总体概率分布相同

对备择假设

H_a:至少两个总体的概率分布在位置上不同

利用检验统计量

$$H = \frac{12}{n(n+1)} \sum_{i=1}^{k} \frac{T_i^2}{n_i} - 3(n+1) = \frac{12}{(15)(16)} \left[\frac{(36)^2}{5} + \frac{(35)^2}{5} + \frac{(49)^2}{5} \right] - 3(16) = 1.22$$

H 检验的拒绝域是 $H > \chi_\alpha^2$,其中 χ_α^2 有 $(k-1)$ 个自由度,表 B.8 给出了 χ_α^2 的值. 对 $\alpha=0.05$ 及 $(k-1)=2$ 个自由度,$\chi_{0.05}^2=5.99147$. 此检验的拒绝域是 $H>5.99147$,如图 15.6 所示. 因为计算的 H 值,$H=1.22$ 小于 $\chi_{0.05}^2$,所以不能拒绝 H_0,没有充分的证据表明三种品牌磁控管的寿命分布之间存在位置上的差异.

图 15.7 给出了分析的 SAS 输出,输出的阴影部分是检验统计量和检验的 p 值,注意 p 值(0.5434)超过 $\alpha=0.05$,得到"不拒绝 H_0"的推断.

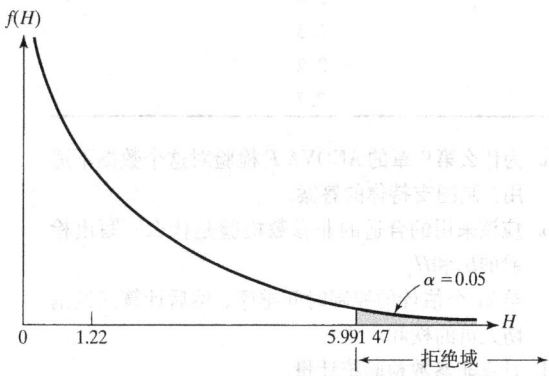

图 15.6 三个概率分布比较的拒绝域

```
             The NPAR1WAY Procedure

       Wilcoxon Scores (Rank Sums) for Variable LIFE
                Classified by Variable BRAND

                 Sum of      Expected       Std Dev        Mean
  BRAND    N     Scores      Under H0       Under H0       Score
  A        5     36.0        40.0           8.164966       7.20
  B        5     35.0        40.0           8.164966       7.00
  C        5     49.0        40.0           8.164966       9.80

                    Kruskal-Wallis Test

                Chi-Square          1.2200
                DF                       2
                Pr > Chi-Square     0.5434
```

图 15.7 例 15.6 的 SAS 克鲁赛-沃里斯检验

应用练习

15.34 控制野外火灾. *International Journal of Wildland Fire*(2011年12月)发表了一篇关于在有空中支援和无空中支援条件下控制野外火灾所需时间的研究. 消防管理人员在一个没有空中支援的特定野外火灾场景中估计控制时间(小时). 将消防管理人员根据三个主要角色分类——地面、办公室、空中支援. 21个消防管理人员的分类数据(根据文章中提供的信息模拟得到)在下表中列出. 其中一个目标是比较三类消防人员的控制时间的估计.

📊 WILDFIRE

地面	办公室	空中
7.6	5.4	2.5
10.8	2.8	3.4
20.9	3.9	2.7
15.5	5.9	2.8
9.7	4.3	3.6
5.9	4.6	
	2.6	
	3.3	
	3.2	
	7.7	

a. 为什么第9章的ANOVA F检验对这个数据不适用? 画图支持你的答案.
b. 应该采用的合适的非参数检验是什么? 写出检验的H_0和H_a.
c. 给21个估计的控制时间排序, 然后计算三组消防人员的秩和.
d. 计算非参数检验统计量.
e. 计算检验的拒绝域, 利用$\alpha = 0.10$.
f. 给出适当的结论.

15.35 莨菪胺对于记忆的影响. 参考练习14.13, *Behavioral Neuroscience*(2004年2月)中关于药物莨菪胺对于词对关联记忆影响的研究. 回忆用三个组的完全随机化设计——第一组受试者注射莨菪胺, 第二组受试者注射安慰剂, 第三组受试者不给任何药物. 响应变量为回忆的词对个数, 全部28名受试者数据由下表给出.

📊 SCOPOLAMINE

第一组(莨菪胺):	5 8 8 6 6 6 6 8 6 4 5 6
第二组(安慰剂):	8 10 12 10 9 7 9 10
第三组(不给药):	8 9 11 12 11 10 12 12

a. 按从小到大的顺序对所有28个观测值排序.
b. 计算第1组观测值的秩和.
c. 计算第2组观测值的秩和.
d. 计算第3组观测值的秩和.
e. 利用b～d的秩和, 计算克鲁赛-沃里斯H统计量.
f. 进行克鲁赛-沃里斯非参数检验($\alpha = 0.05$)比较三个组回忆的单词对个数分布.
g. 练习14.13中研究人员认为第1组受试者呈现回忆最少的词对个数, 利用威尔科克森秩和检验比较第1组和第2组词对回忆个数的分布, 用$\alpha = 0.05$检验.

📊 GASTURBINE

15.36 燃气轮机冷却方式. 参考练习15.14中 *Journal of Engineering for Gas Turbines and Power*(2005年1月)上关于高压雾状入风冷却装置的燃气轮机的研究. 利用克鲁赛-沃里斯检验比较传统、高级和航改天燃气轮机引擎的热耗率分布, 分析的MINITAB输出如下所示.

```
Kruskal-Wallis Test on HEATRATE
ENGINE        N   Median   Ave Rank     Z
Advanced     21     9669      15.0   -5.39
Aeroderiv     7    12414      44.1    1.46
Traditional  39    11183      42.4    4.17
Overall      67               34.0

H = 29.13  DF = 2  P = 0.000
H = 29.13  DF = 2  P = 0.000(adjusted for ties)
```

练习15.36的MINITAB输出

a. 给出检验的原假设和备择假设.
b. 求$\alpha = 0.01$的检验拒绝域中χ^2的临界值.
c. 标出MINITAB输出中的检验统计量并作合适的推断.
d. 解释输出底部给出的检验p值.

15.37 社区道路安全. *Canadian Journal of Civil Engineering*(2013年1月)发表了一项有关最大化道路安全的社区最优布局(设计)的研究. 比较了5个不同的社区道路模式: (1)传统网格; (2)融合网格; (3)死胡同; (4)荷兰可持续道路安全; (5)3向支路. 对每一类型道路模式选取30个社区样本, 得到总样本量150. 道路安全用3年内的意外发生数来测量. 研究者发现该变量服从负二项分布而不是正态分布; 因此他们用非参数克鲁赛-沃里斯H检验分析数据. 下面给出了5种道路模式的秩和.

	传统网格	融合网格	死胡同	荷兰可持续道路安全	3 向支路
秩和	3398	2249.5	3144	1288.5	1245

a. 指明这项非参数检验的原假设和备择假设.
b. 研究者报告中检验统计量为 $H = 71.53$. 验证这个结果.
c. 给出适当的结论, 利用 $\alpha = 0.05$.

15.38 土壤冲刷和倒塌的树木. 参考练习 14.12, *Landscape Ecology Engineering*(2013 年 1 月)关于土壤冲刷对倒塌和连根拔起的树木特征的影响的研究. 回忆应用了包括 3 个处理(冲刷条件)的完全随机化设计: 无冲刷(NS), 浅冲刷(SS)和深冲刷(DS). 不同条件下有 5 棵中等大小的树木被连根拔起, 并且在树木连根拔起的瞬间测量树干基部的最大抵抗弯矩(kN·m). 数据在下表中再次给出.

SCOURING

无冲刷	浅冲刷	深冲刷	无冲刷	浅冲刷	深冲刷
23.68	11.13	4.27	25.89	20.47	12.09
8.88	29.19	2.36	22.58	23.24	3.46
7.52	13.66	8.48			

a. 证明练习 14.12 中进行的 ANOVA F 检验的一个或多个假定是违反的.
b. 在 $\alpha = 0.05$ 的水平下进行适当的非参数检验. 土壤冲刷影响树木连根拔起瞬间树干基部的最大抵抗弯矩分布的位置参数吗?

15.39 不同养殖方式下的商业性鸡蛋. *Food Chemistry* (Vol. 106, 2008) 发表了关于不同养殖方式下鸡下的商业性鸡蛋品质的研究. 研究了四种养殖方式: (1)鸡笼; (2)谷仓; (3)自由散养; (4)有机. 在超市随机选取 28 个商业等级为 A 的鸡蛋——其中 10 个来自鸡笼, 6 个来自谷仓, 6 个来自自由散养, 6 个来自有机系统. 测量了每个鸡蛋的包括穿透力(牛顿)在内的一些定量的特征. 数据(根据期刊文章中提供的汇总统计模拟得到)在下表中给出. 用非参数检验对 4 种养殖方式的穿透力强度分布做出推断.

EGGS

鸡笼:	36.9 39.2 40.2 33.0 39.0 36.6 37.5 38.1 37.8 34.9
自由散养:	31.5 39.7 37.8 33.5 39.9 40.6
谷仓:	40.0 37.6 39.6 40.3 38.3 40.2
有机:	34.5 36.8 32.6 38.5 40.2 33.2

DDT

15.40 DDT 对鱼的污染. 参考 DDT 文件中保存的被污染鱼的 DDT 水平数据. 假定想比较三种鱼类体内的 DDT 水平: (1)海峡鲶鱼; (2)小口胭脂鱼; (3)大嘴鲈鱼.

a. 利用图法判断适用于分析此数据的是参数或非参数方法, 请解释.
b. 叙述非参数方法分析数据的原假设和备择假设.
c. 利用合适的非参数检验分析数据, 解释结果.

15.41 估计冰渍物的年龄. 参考练习 14.11, *American Journal of Science* (2005 年 1 月) 中关于威斯康星冰渍化学组成的研究. 冰渍样品取自 5 个不同的钻井(分别标记为 UMRB-1、UMRB-2、UMRB-3、SWRA 和 SD), 对每个样品测量铝与铍的比, 下表给出数据. 对这些数据进行非参数方差分析, 取 $\alpha = 0.10$. 解释结果.

TILLRATIO

UMRB-1	3.75	4.05	3.81	3.23	3.13	3.30	3.21
UMRB-2	3.32	4.09	3.90	5.06	3.85	3.88	
UMBR-3	4.06	4.56	3.60	3.27	4.09	3.38	3.37
SWRA	2.73	2.95	2.25				
SD	2.73	2.55	3.06				

资料来源: 摘自 *American Journal of Science*, Vol. 305, No. 1, Jan. 2005, p. 16(表2).

15.42 磷矿反应. 磷酸是由磷矿和硫酸通过化学反应产生的, 化学反应中的一项重要事项是化学反应达到某一指定温度所需要的时间长度, 时间长度越短磷矿的反应率就应越高. 进行一项实验比较在佛罗里达的北部、中部和南部开采的磷矿的反应率, 在每个地方分别取得矿石样本, 并放入浓度为 56% 的硫酸溶液的保温瓶中, 记录下每个样本达到 200℉ 的化学反应时间(s). 数据能提供充分证据表明三个不同地方开采的磷矿反应率有不同吗? 用 $\alpha = 0.05$ 检验.

PHOSPHATE

南		中		北	
40.6	38.1	41.1	33.5	25.6	31.3	27.5
42.0	41.9	38.3	35.7	36.4	29.5	
37.5		40.2		28.2	22.8	

理论练习

15.43 利用算术级数的和证明, 对克鲁赛-沃里斯 H 检验,

$$T_1 + T_2 + \cdots + T_k = \frac{n(n+1)}{2}$$

其中 k 是被比较的概率分布个数, n 是总的样本容量.

15.6 比较三个或更多总体：随机化区组设计

本节介绍 14.5 节给出的随机化区组设计方差分析 F 检验等价的非参数方法. 由密尔顿-弗里德曼(诺贝尔经济学奖获得者)提出的检验尤其适用于当方差分析要求的正态性和共方差性假定不(或者可能不)满足时比较 k 个或更多个总体概率分布的相对位置.

为了进行 F_r 检验，首先对每一区组的观测值排序，然后计算 k 个处理的秩和 $T_1, T_2, \cdots, T_k$. 如果 H_0 为真(即如果总体概率分布相等)并且观测值个数 n 很大，则 F_r 统计量

$$F_r = \frac{12}{bk(k+1)} \sum_{i=1}^{k} T_i^2 - 3b(k+1)$$

将有一个自由度为 $(k-1)$ 的卡方分布近似的抽样分布. 为了使近似性合理地好，要求区组数 b 或处理个数 k 超过 5. 检验的拒绝域由 F_r 的大值组成，所以，当 $F_r > \chi_\alpha^2$ 时，拒绝 H_0.

弗里德曼 F_r 检验汇总在下面方框中，在例 15.7 中介绍它的使用.

随机化区组设计的弗里德曼 F_r 检验

H_0: k 个总体的相对频率分布相等.

H_a: k 个总体中至少有两个在位置上不同(移动到另一个的右边或左边).

检验统计量: 对每个区组内的 k 个观测值按从小(秩 1)到大(秩 k)的顺序排秩，计算处理的秩和 $T_1, T_2, \cdots, T_k$. 那么检验统计量为:

$$F_r = \frac{12}{bk(k+1)} \sum T_i^2 - 3b(k+1)$$

其中 b = 试验中所用的区组数，k = 处理的个数，T_i = 第 i 个处理的秩和.

拒绝域:

$F_r > \chi_\alpha^2$, p 值: $P(\chi^2 > F_r)$ 其中 χ_α^2 有 $(k-1)$ 个自由度.

假定: 1. k 个处理随机指派给每个区组中的 k 个试验单位.
2. 为了使卡方近似是适当的，区组数 b 或处理数 k 应该超过 5.
3. 相等观测值的秩等于它们不相等时指派给这些观测值秩的平均.

例 15.7 **弗里德曼检验应用** 在许多机械设备中不同金属的腐蚀是个问题. 检验用于帮助减少腐蚀的三种密封容器，判断它们之间是否存在差异. 10 种不同的金属成分样本放入三个密封容器中的每一个进行处理，暴露在相同环境 1 个月后测量腐蚀量，表 15.9 给出了数据和它们对应的秩. 存在证据表明三种类型密封容器之间腐蚀量的概率分布不同吗? 利用 $\alpha = 0.05$ 检验.

解 我们想要检验原假设

H_0: 三种密封容器腐蚀量的概率分布相等

对备择假设

H_a: 至少两个概率分布在位置上不同

表 15.9 给出了每个区组内三种处理的秩以

● CORRODE

表 15.9 例 15.7 的随机化区组设计的数据以及秩

金属	密封容器					
	1	秩	2	秩	3	秩
1	21	2	23	3	15	1
2	29	2	30	3	21	1
3	16	1	19	3	18	2
4	20	3	19	2	18	1
5	13	2	10	1	14	3
6	5	1	12	3	6	2
7	18	2.5	18	2.5	12	1
8	26	2	32	3	21	1
9	17	2	20	3	9	1
10	4	2	10	3	2	1
		$T_1 = 19.5$		$T_2 = 26.5$		$T_3 = 14$

及处理的秩和. 所以, F_r 统计量的计算值为

$$F_r = \frac{12}{bk(k+1)}\sum_{i=1}^{k} T_i^2 - 3b(k+1) = \frac{12}{10(3)(4)}[(19.5)^2 + (26.5)^2 + (14)^2] - 3(10)(4)$$
$$= 7.85$$

注意这个值与图 15.8 MINITAB 输出阴影部分的检验统计量一致.

检验的拒绝域是 $F_r > \chi^2_{0.05}$, 其中基于 $k-1=2$ 个自由度的 $\chi^2_{0.05}$ 的制表值(由表 B.8 给出)是 5.991 47. 于是, 如果 $F_r > 5.991\ 47$, 将拒绝 H_0.

因为计算的检验统计量 $F_r = 7.85$ 超过 $\chi^2_{0.05} = 5.991\ 47$, 所以有充分的证据拒绝 H_0, 并且推断两个或者更多个腐蚀的概率分布在位置上存在差异. 检验的 p 值(图 15.8 阴影部分)支持这个结果, 实际的结论是有证据表明三种密封容器的密闭能力是不同的.

```
Friedman Test: CORROSION versus SEALER blocked by METAL

S = 7.85   DF = 2   P = 0.020
S = 8.05   DF = 2   P = 0.018 (adjusted for ties)

                       Sum
                        of
SEALER   N  Est Median Ranks
1       10      16.583  19.5
2       10      19.417  26.5
3       10      12.750  14.0

Grand median = 16.250
```

图 15.8 例 15.7 的 MINITAB 弗里德曼检验

应用练习

15.44 奶牛被屠宰前的压力. 参考练习 14.22, *Applied Animal Behaviour Science* (2010 年 6 月) 对奶牛在被屠宰前的压力的研究. 在试验中, 回忆在屠宰前的四个不同阶段测量了奶牛的心率(次/分钟): (1) 第一阶段与同圈牛有视觉接触, (2) 开始准备, 与同圈牛初步分离, (3) 恢复与同圈牛的视觉接触, (4) 屠宰前首次与人类接触. 因此, 应用随机化区组设计. 8 头牛的模拟数据再次在下表中给出. 考虑应用非参数弗里德曼检验确定牛在四个阶段的心率分布是否不同. 分析的 MINITAB 输出在下面给出.

COWSTRESS

奶牛	阶段			
	1	2	3	4
1	124	124	109	107
2	100	98	98	99
3	103	98	100	106
4	94	91	98	95
5	122	109	114	115

(续)

奶牛	阶段			
	1	2	3	4
6	103	92	100	106
7	98	80	99	103
8	120	84	107	110

a. 在输出中找出秩和.
b. 用秩和计算检验统计量 F_r. 结果与 MINITAB 输出中显示的值一致吗?
c. 在输出中找出检验的 p 值.
d. 用本问题的语言给出适当的结论, 利用 $\alpha = 0.05$.

15.45 驾驶过程中精神涣散影响的研究. 对在驾驶过程中执行口头的和视觉搜索空间形象任务的结果进行研究, 结论发表在 *Journal of Experimental Psychology Applied* (2000 年 3 月). 征募了 12 名司机在西班牙马德里的高速公路上驾驶汽车, 每位司机在驾驶过程当中要求执行三项不同的任务: 口头任务(重复由某个字母开头的单词)、空间形象任务(想象按某种方法循环的字母)和没有精神上的任务. 由于每一个司机都要执行全部三项任务,

```
Friedman Test: BPM versus PHASE blocked by COW

S = 10.39  DF = 3  P = 0.016
S = 10.65  DF = 3  P = 0.014 (adjusted for ties)

                     Sum of
PHASE  N  Est Median  Ranks
  1    8    103.63    25.5
  2    8     95.63    11.0
  3    8    101.13    18.5
  4    8    103.13    25.0

Grand median = 100.88
```

练习 15.44 的 MINITAB 输出

所以设计有 12 个区组(司机)和 3 种处理(任务)的随机化区组. 使用计算机化的免提眼球跟踪系统, 研究者保持了每位司机在三种不同目标(内镜, 后镜及里程器)上眼球注视记录, 并确定眼球注视的目标比例. 研究者用弗里德曼非参数检验比较在三种任务下眼球注视比例的分布.

a. 用 $\alpha = 0.01$ 求弗里德曼检验的拒绝域.
b. 对于响应变量, 眼睛注视内镜的比例, 研究者给出弗里德曼检验统计量为 $\chi^2 = 19.16$, 给出合适的结论.
c. 对于响应变量, 眼睛注视后镜的比例, 研究者给出弗里德曼检验统计量为 $\chi^2 = 7.80$. 给出合适的结论.
d. 对于响应变量, 眼睛注视里程器的比例, 研究者给出弗里德曼检验统计量为 $\chi^2 = 20.67$, 给出合适的结论.

15.46 用来冷却柑橘类水果的容器. 参考练习 14.23, *Journal of Food Engineering* (2013 年 9 月)对冷却水果容器设计的研究. 回忆研究了 3 种容器类型——Standard, Supervent 和 Ecopack. 这些容器摆放水果或者 2 排或者 3 排;因此排数代表随机化区组设计中的区组, 容器设计代表处理. 感兴趣的响应变量是半冷却时间, 用能将水果和冷空气的温差减少一半的时间(分钟)测量. 测量了每种设计每排水果的半冷却时间. 下表再次给出数据, 非参数方差分析在下面的 SPSS 输出中给出. 利用 $\alpha = 0.01$ 解释结果.

🌐 COOLING

	Standard	Supervent	Ecopack
第 1 排	116	93	115
第 2 排	181	139	164
第 3 排	247	176	

```
Friedman Test
Ranks
         Mean Rank
STD        3.00
SUP        1.00
ECO        2.00

Test Statistics^a
N             2
Chi-Square    4.000
df            2
Asymp. Sig.   .135

a. Friedman Test
```

练习 15.46 的 SPSS 输出

15.47 评估无铅焊料. 参考练习 14.24, *Soldering & Surface Mount Technology* (Vol. 13, 2001)比较 4 种焊接方法的研究. 测量了每种焊料类型在 6 种不同温度下焊料的塑性硬度(Nm/m^2), 数据显示在表中. 利用合适的非参数方法分析数据, 解释在 $\alpha = 0.10$ 时的结果.

🌐 LEADSOLDER

温度(℃)	锡-铅	锡-银	锡-铜	锡-银-铜
23	50.1	33.0	14.9	41.0
50	24.6	27.7	10.5	20.7
75	23.1	10.7	9.3	17.1
100	1.8	9.0	8.8	8.7
125	1.1	4.9	5.4	7.1
150	0.3	3.2	5.0	4.9

资料来源: Harrison, M. R., Vincent, J. H., and Steen, H. A. H. "Lead-free reflow soldering for electronics assembly." *Soldering & Surface Mount Technology*, Vol. 13, No. 3, 2001(表 X).

15.48 测试光标阅读机. 光标阅读机(OMR)是一种能够"阅读"在某种特殊表格中铅笔标记的机器,OMR厂商相信他的产品能够在各种温度和湿度环境下同样好地运行. 为了确定运行结果是否与这一期望矛盾,厂商要求一个著名的工业测试实验室测试他们的产品. 随机选取 5 台新近生产的OMR,每一台在 6 种不同环境下运行,记录下每台机器在 1h 内能够处理的表格数,作为 OMR 运行效率的度量,数据见下表. 利用弗里德曼 F_r 检验判断是否有证据表明至少在两个环境下设备每小时处理表格数量的概率分布在位置上是不同的,用 $\alpha=0.10$ 检验.

OMR

机器号	环境					
	1	2	3	4	5	6
1	8 001	8 025	8 100	8 055	7 991	8 007
2	7 910	7 932	7 900	7 990	7 892	7 922
3	8 111	8 101	8 201	8 175	8 102	8 235
4	7 802	7 820	7 904	7 850	7 819	8 100
5	7 500	7 601	7 702	7 633	7 600	7 561

15.49 牛仔裤厂的缺勤率. 参考练习 14.26,*New Technology, Work, and Employment*(2001 年 7 月)关于牛仔裤厂每日工人缺勤率的研究. 随机选取 9 个星期并确定工作周每一天(从星期一到星期五)的缺勤率(缺勤工人的百分比),数据显示在表格中. 进行数据的非参数分析比较工作周中五天的缺勤率的概率分布.

JEANS

周	星期一	星期二	星期三	星期四	星期五
1	5.3	0.6	1.9	1.3	1.6
2	12.9	9.4	2.6	0.4	0.5
3	0.8	0.8	5.7	0.4	1.4

(续)

周	星期一	星期二	星期三	星期四	星期五
4	2.6	0.0	4.5	10.2	4.5
5	23.5	9.6	11.3	13.6	14.1
6	9.1	4.5	7.5	2.1	9.3
7	11.1	4.2	4.1	4.2	4.1
8	9.5	7.1	4.5	9.1	12.9
9	4.8	5.2	10.0	6.9	9.0

资料来源:Boggis, J. J. "The eradication of leisure." *New Technology, Work, and Employment*, Vol. 16, No. 2, July 2001(表 3).

15.50 最近邻插补算法. 对于包含很多缺失数据的数据集,可能会用到估计缺失值的方法——称为插补算法. 在期刊 *Data & Knowledge Engineering* (2013 年 3 月)中,研究者比较了几种基于利用最近邻数据来估计缺失值的插补算法. 研究的 5 个方法名称是:KMI、EACI、IKNNI、KNNI 和 SKNN. 每种方法应用到 4 个不同的数据集,数据集分别有 10% 缺失数据、30% 缺失数据、50% 缺失数据和 70% 缺失数据. 应用每个插补算法后,确定标准化均方根误差(NRMSE)——缺失值预测精确性的一种度量. 下表中给出了这些 NRMSE 值(基于期刊文章中提供的信息). 对数据进行非参数检验. 有证据表明 5 种插补算法的 NRMSE 分布不同吗?利用 $\alpha=0.01$ 检验.

IMPUTE

缺失百分比%	KMI	EACI	IKNNI	KNNI	SKNN
10	0.42	0.29	0.23	0.23	0.23
30	0.40	0.30	0.24	0.25	0.24
50	0.39	0.30	0.25	0.26	0.26
70	0.40	0.31	0.26	0.27	0.26

15.7 非参数回归

在 11.13 节中学习了当违背随机误差项 ε 的假定时如何修正回归分析. 例如,如果 ε 的方差 σ^2 不是常数,则利用 11.13 节讨论的方差稳定性变换对因变量 y 进行变换. 另一种方法是进行数据的**非参数回归分析**.

在非参数回归中,模型适当性的检验不需要对 ε 的概率分布作任何假定;于是,它们是分布自由的. 虽然这种检验具有直觉上的吸引力,但是实际使用中却可能变得相当困难,特别是当观测值个数较大时. 由于这个原因以及已经可以由计算机进行残差诊断的事实,当标准的回归假定违背时,大多数分析师愿意使用 11.13 节的技术.

对于那些感兴趣的人们,我们为第 10 章的参数简单线性回归检验提供非参数方法简洁描述,特别讨论(1)秩相关和(2)直线模型斜率参数的非参数检验.

斯皮尔曼秩相关

斯皮尔曼秩相关作为另一种皮尔逊乘积矩相关系数 r(10.7 节),可以计算基于秩的相关系数. 斯皮尔曼秩相关系数记作 r_s,可以用来检验两个变量 y 和 x 的秩相关性.

为了阐述这个问题,假定一个大型生产公司想要判断每个员工每年缺勤的工时数 y 和员工的年薪 x(千美元)是否相关,表 15.10 给出了 15 名员工数据的样本.

为求斯皮尔曼秩相关系数,首先对每个变量的值分别配秩(结的秩为这些结的秩的平均值),然后与求皮尔逊相关系数 r 完全一样的方法计算 r_s——唯一的差别是出现在 r 公式中的 x 和 y 的值用它们的秩代替,即用原始数据的秩而不是原始数据本身计算 r_s. 当秩中没有(或很少)结的时候,公式可以化简为简单的表示式:

$$r_s = 1 - \frac{6\sum d_i^2}{n(n^2-1)}$$

其中 d_i 是第 i 个观测的 y 和 x 的秩之差.

表 15.10 还给出了 15 名员工的 y 和 x 的秩、秩的差以及差的平方,注意差的平方和是 $\sum d_i^2 = 1\,038$. 将这个值代入 r_s 公式中,得到

MISSWORK

表 15.10 15 名员工缺勤时间、年薪以及秩

员工	缺勤时数 y	年薪 x	y 的秩	x 的秩	差 d_i	d_i^2
1	49	15.8	6	11	-5	25
2	36	17.5	4	12	-8	64
3	127	11.3	13	2	11	121
4	91	13.2	12	6	6	36
5	72	13.0	9	5	4	16
6	34	14.5	3	9	-6	36
7	155	11.8	14	3	11	121
8	11	20.2	2	14	-12	144
9	191	10.8	15	1	14	196
10	6	18.8	1	13	-12	144
11	63	13.8	8	7	1	1
12	79	12.7	10	4	6	36
13	43	15.1	5	10	-5	25
14	57	24.2	7	15	-8	64
15	82	13.9	11	8	3	9
					$\sum d_i^2$	$= 1\,038$

$$r_s = 1 - \frac{6\sum d_i^2}{n(n^2-1)} = 1 - \frac{6(1\,038)}{15(224)} = -0.854$$

利用统计软件也可以得到 r_s 的值. 图 15.9 给出分析的 SPSS 输出,在输出中着重显示的 r_s 值与我们计算的值 -0.854 一致. 这个 r_s 大的负值表明样本中缺勤小时数 y 与年薪 x 之间存在相当强的负相关性.

Correlations

			HOURS	WAGES
Spearman's rho	HOURS	Correlation Coefficient	1.000	-.854**
		Sig. (2-tailed)		.000
		N	15	15
	WAGES	Correlation Coefficient	-.854**	1.000
		Sig. (2-tailed)	.000	
		N	15	15

**. Correlation is significant at the 0.01 level (2-tailed).

图 15.9 表 15.10 中数据的 SPSS 斯皮尔曼相关

为了确定总体中是否存在负的秩相关性,需要利用 r_s 作为检验统计量检验 $H_0: \rho = 0$ 对 $H_a: \rho < 0$. 正如期望的,对于较小的 r_s 我们拒绝 H_0. 表 B.17 给出了斯皮尔曼 r_s 上尾临界值,这个表的一部

分如表 15.11. 因为 r_s 的分布关于 0 对称,所以下尾临界值是相应的上尾临界值的负值. 例如对于 $\alpha = 0.01$ 和 $n = 15$, 临界值(表 15.11 阴影部分)是 $r_{0.01} = 0.623$. 于是,检验拒绝域是

如果 $r_s < -0.623$, 拒绝 H_0

表 15.11 附录 B 表 B.17 斯皮尔曼的 r_s 表的一部分

相应于 $H_0: \rho_s = 0$ 的单侧检验的 α 值对双侧检验,应该将 α 的表中值扩大 1 倍

n	$\alpha = 0.05$	$\alpha = 0.025$	$\alpha = 0.01$	$\alpha = 0.005$
5	0.900	—	—	—
6	0.829	0.886	0.943	—
7	0.714	0.786	0.893	—
8	0.643	0.738	0.833	0.881
9	0.600	0.683	0.783	0.833
10	0.564	0.648	0.745	0.794
11	0.523	0.623	0.736	0.818
12	0.497	0.591	0.703	0.780
13	0.475	0.566	0.673	0.745
14	0.457	0.545	0.646	0.716
15	0.441	0.525	0.623	0.689
16	0.425	0.507	0.601	0.666

因为检验统计量 $r_s = -0.854$ 落入拒绝域中,所以有充分的证据表明($\alpha = 0.01$)总体中缺勤小时数 y 与年薪 x 之间存在负相关. (注:检验的 p 值在图 15.9 中着重显示.)

总体秩相关的斯皮尔曼非参数检验汇总在下面的方框中.

秩相关的斯皮尔曼非参数检验

单侧检验 双侧检验

$H_0: \rho = 0$ $\qquad\qquad\qquad\qquad\qquad$ $H_0: \rho = 0$

$H_a: \rho > 0$ (或 $H_a: \rho < 0$) $\qquad\qquad$ $H_a: \rho \neq 0$

$$\text{检验统计量}: r_s = 1 - \frac{6\sum d_i^2}{n(n^2 - 1)}$$

其中 d_i 是第 i 个观测 y 的秩与 x 秩之差.

(注:当有结的时候,用 y 的秩和 x 的秩代替 10.7 节的 r 公式中 y 和 x 的值来计算 r_s.)

拒绝域: $r_s > r_\alpha$ (或 $r_s < -r_\alpha$) $\qquad\qquad$ 拒绝域: $|r_s| > r_{\alpha/2}$

其中 r_α 和 $r_{\alpha/2}$ 的值由附录 B 表 17 给出.

假定:没有

泰尔零斜率检验

我们还可以通过检验简单线性回归模型

$$y = \beta_0 + \beta_1 x + \varepsilon$$

的斜率参数 β_1 来检验总体的线性相关性,即可以检验 $H_0: \beta_1 = 0$ 对 $H_a: \beta_1 \neq 0$. 斜率的分布自由检验是**泰尔的 C 检验**.

为了进行这个非参数检验,首先按升序对 x 值进行排秩,并且列出有序对 (x, y), 如表 15.12 所

示. 然后计算所有可能的差 $y_j - y_i$, $i<j$(这里 i 和 j 分别代表第 i 个和第 j 个经排秩后的观测值),并注意每个差的符号(正或负).

例如,秩为#2 的员工的 y 值是 $y_2 = 127$,与比他更低秩的每个员工的 y 值进行比较. 在这种情况下,更低秩的员工只有秩为 #1 的员工,$y_1 = 191$(见表 15.12),差

$$y_2 - y_1 = 127 - 191 = -64$$

是负值,并记成如表 15.12 那样.

类似地,将秩为#3 的员工的 y 值 $y_3 = 155$,与更低秩的员工的 y 值 $y_2 = 127$ 和 $y_1 = 191$ 进行比较,计算差

$$y_3 - y_2 = 155 - 127 = 28$$

和

$$y_3 - y_1 = 155 - 191 = -36$$

得到一个正差和一个负差. 如此下去,得到总共 17 个正差和 88 个负差,如表 15.12 所示.

为每一个正差得分 +1,为每一个负差得分 -1(为 0 的差得分为 0)并且将得分相加得到检验统计量 C. 所以,对于表 15.12 的数据,得到检验统计量

$$C = (+1)(17) + (-1)(88) = -71$$

表 15.12 按年薪 x 对表 15.10 的数据排秩

员工的秩	缺勤时数 y	年薪 x	差 $y_j - y_i (i<j)$	
			负的个数	正的个数
1	191	10.8	—	—
2	127	11.3	1	0
3	155	11.8	1	1
4	79	12.7	3	0
5	72	13.0	4	0
6	91	13.2	3	2
7	63	13.8	6	0
8	82	13.9	4	3
9	34	14.5	8	0
10	43	15.1	8	1
11	49	15.8	8	2
12	36	17.5	10	1
13	6	18.8	12	0
14	11	20.2	12	1
15	57	24.2	8	6
		总和:	88	17

检验的观测显著性水平(p 值)由表 B.18 得到. 对于下尾检验,即负斜率检验,p 值是 $P(C \leqslant -71)$. 在表 B.18 中寻找 $n=15$ 列及 $x=81$ 行,我们得到 p 值 ≈ 0. 于是,有强的证据拒绝 H_0,并推断在这家公司中缺勤小时数 y 与年薪 x 之间有负线性关系.

一般地,直线模型斜率的泰尔检验在下面的方框中给出. 还可以构造基于泰尔检验的斜率 β_1 的非参数置信区间. 如果想学习如何构造这个区间,可以阅读参考文献.

直线模型 $y = \beta_0 + \beta_1 x + \varepsilon$ 零斜率的泰尔检验

单侧检验

$H_0: \beta_1 = 0$

$H_a: \beta_1 > 0$(或 $H_a: \beta_1 < 0$)

双侧检验

$H_0: \beta_1 = 0$

$H_a: \beta_1 \neq 0$

检验统计量:$C = (-1)$(负差 $y_j - y_i$ 的个数)$+ (1)$(正差 $y_j - y_i$ 的个数)

其中 y_i 和 y_j 是按照 x 值升序排列的第 i 个观测值与第 j 个观测值,$i<j$.

观测的显著性水平:

p 值 $= \begin{cases} P(x \geqslant C) & \text{对 } H_a: \beta_1 > 0 \\ P(x \leqslant C) & \text{对 } H_a: \beta_1 < 0 \end{cases}$

观测的显著性水平:

p 值 $= 2\min(p_1, p_2)$

其中:

$p_1 = P(x \geqslant C)$

$p_2 = P(x \leqslant C)$

其中 $P(x \geqslant C) = P(x \leqslant -C)$ 的值由表 B.18 给出.

假定:随机误差 ε 是独立的.

非参数检验同样适用于多重回归模型,但这些检验非常复杂,并且需要使用还不能商品化的特殊统计计算软件,如果想要学习更多的非参数技术,可以阅读参考文献.

应用练习

15.51 血型检测的新方法. 参考练习 10.6, *Analytical Chemistry*(2010 年 5 月)评估检测血型的新方法. 回忆将血液滴在纸上并测量吸收率(称为血液芯吸). 下表给出了 6 滴抗体浓度不同的血液的芯吸长度(mm). 令 y = 芯吸长度, x = 抗体浓度.

a. 芯吸长度值从 1~6 排秩.
b. 抗体浓度值从 1~6 排秩.
c. 用 a 和 b 中的秩, 计算斯皮尔曼秩相关系数.
d. 基于 c 中结果, 有充分证据证明芯吸长度和抗体浓度是负的秩相关吗? 用 $\alpha = 0.05$ 检验.

🌐 **BLOODTYPE**

液滴	长度(mm)	浓度
1	22.50	0.0
2	16.00	0.2
3	13.50	0.4
4	14.00	0.6
5	13.75	0.8
6	12.50	1.0

资料来源:Khan, M. S., et al. "Paper diagnostic for instant blood typing", *Analytical Chemistry*, Vol. 82, No. 10, May 2010(改编自图 4b).

15.52 延长熔铝坩埚的寿命. 参考练习 10.9, *The American Ceramic Society Bulletin*(2005 年 2 月)关于熔铝坩埚使用寿命的研究. 因为坩埚的寿命依赖于砖衬的孔隙率, 所以研究人员测量了表观的孔隙率以及 6 种砖每个孔径的均值, 下表给出了相应数据.

🌐 **SMELTPOT**

砖	表观孔隙率(%)	孔径均值(μm)
A	18.8	12.0
B	18.3	9.7
C	16.3	7.3
D	6.9	5.3
E	17.1	10.9
F	20.4	16.8

资料来源:Bonadia, P., et al. "Aluminosilicate refractories for aluminum cell linings." *The American Ceramic Society Bulletin*, Vol. 84, No. 2, Feb. 2005(表Ⅱ).

a. 对 6 种砖的表观孔隙率值排秩, 然后对 6 个孔径值排秩.
b. 利用 a 中的秩, 确定表观孔隙率(y)和孔径均值(x)的秩相关性. 解释结果.
c. 进行正的秩相关性检验, 用 $\alpha = 0.01$.

15.53 因特网的组织用途. 来自英国和德国的研究人员试图开发组织因特网用途(OIU)的理论基础度量, 并将他们的结果发表在 *Internet Research*(Vol. 15, 2005). 利用从 77 个网站收集的样本数据, 他们调查在 OIU 水平(用 7 个点的标度测量)和某些基于指标的观测. 几个指标的斯皮尔曼秩相关系数(及关联的 p 值)列于下表.

指标	与 OIU 水平的相关性	
	r_s	p 值
导航性	0.179	0.148
事务处理数量	0.334	0.023
定位性	0.590	0.000
信息丰富性	-0.115	0.252
文件数量	0.114	0.255

资料来源:Brock, J. K., and Zhou, Y. "Organizational use of the internet." *Internet Research*, Vol. 15, No. 1, 2005(表Ⅳ).

a. 解释表中给出的每个 r_s 值.
b. 解释表中给出的每个 p 值. (用 $\alpha = 0.10$ 进行每个检验.)

15.54 生物识别方法的评价. 生物技术已经开发用于检测和验证个体身份, 这些方法是基于诸如面部特征、眼虹膜结构、指纹、声音、手形和步法生理学特征(称为生物签名). 在 *Chance*(2004 年冬天), 对比了 4 种生物识别算法, 将所有 4 种算法均用于 1 196 个生物签名并获得"匹配"得分. 为每个可能的算法对, 确定匹配得分之间的斯皮尔曼相关, 秩相关性矩阵如下. 解释此结果.

方法	Ⅰ	Ⅱ	Ⅲ	Ⅳ
Ⅰ	1	0.189	0.592	0.340
Ⅱ		1	0.205	0.324
Ⅲ			1	0.314
Ⅳ				1

15.55 单机分批调度. 参考练习 10.27, *Asian Journal of Industrial Engineering*(Vol. 4, 2012)关于评估

用于单机分配调度的计算机化数学模型的研究. 回忆用称作目标函数值(VOF)的变量对模型的性能分级. VOF、运行时间(秒)和6次软件运行的分批数量的数据在下表重复给出. 考虑 $y = $ VOF 是运行时间或分批数量函数的直线回归模型.

a. 进行非参数检验, 确定联系 $y = $ VOF 和 $x = $ 分批数量的直线斜率是否是正的. 用 $\alpha = 0.05$ 检验.
b. 进行非参数检验, 确定联系 $y = $ VOF 和 $x = $ 运行时间的直线斜率是否是负的. 用 $\alpha = 0.05$ 检验.

🌐 **SWRUN**

软件运行	分批数量	VOF	运行时间(秒)
1	3	86.68	27
2	4	232.87	14
3	5	372.36	12
4	6	496.51	18
5	7	838.82	42
6	8	1 183.00	33

资料来源: Karimi-Nasab, M., Haddad, H., & Ghanbari, P. "A simulated annealing for the single machine batch scheduling deterioration and precedence constraints", *Asian Journal of Industrial Engineering*, Vol. 4, No. 1, 2012 (表2).

15.56 从有毒废水中去除氮气. 参考练习 10.53, *Chemical Engineering Journal* (2013年4月) 从有毒的废水中去除氮气的研究. 回顾研究人员用收集的120个标本数据建立从废水中 $y = $ 氮气去除量 (mg/L) 和去除过程中 $x = $ 铵使用量 (mg/L) 之间的联系. 下表列出了数据的前5个标本.

a. 用仅有的前5个标本求 y 与 x 之间的斯皮尔曼秩相关系数.
b. 基于a中结果, 氮气去除量和铵使用量之间是显著相关的吗? 用 $\alpha = 0.01$ 检验.
c. 用全部120个废水标本 重复 a 和 b.

🌐 **NITRO**

氮气去除量	铵使用量
18.87	67.40
17.01	12.49
23.88	61.96
10.45	15.63
36.03	83.66

15.57 新拌混凝土的压力稳定. 参考练习 10.38, *Engineering Structures* (2013年7月) 关于新拌混凝土特点的研究. 回忆研究人员考察了压力稳定所需时间 (x) 分别对以下三个因变量的影响: $y_1 = $ 初凝时间 (h), $y_2 = $ 终凝时间 (h), $y_3 = $ 成熟度指数 (℃-h). $n = 8$ 次新拌混凝土侧压试验中这些变量的数据在下表中再次给出.

a. 应用斯皮尔曼秩相关检验确定三个因变量中哪个与压力稳定时间具有更强的正相关.
b. 考虑线性模型 $E(y_i) = \beta_0 + \beta_1 x$, $i = 1, 2, 3$. 应用泰尔非参数方法确定三个斜率中哪一个更显著大于0. 用 $\alpha = 0.05$ 检验.

🌐 **CONCRETE2**

试验	Y_1	Y_2	Y_3	X
A1	4.63	7.17	385.81	12.03
A2	4.32	6.52	358.44	11.32
A3	4.54	6.31	292.71	9.51
A4	4.09	6.19	253.16	8.25
A5	4.56	6.81	279.82	9.02
A6	4.48	6.98	318.74	9.97
A7	4.35	6.45	262.14	8.42
A8	4.23	6.69	244.97	7.53

资料来源: Santilli, A., Puente, I., & Tanco, M. "Fresh concrete lateral pressure decay: Kinetics and factorial design to determine significant parameters", *Engineering Structures*, Vol. 52, July 2013 (表4).

15.58 新的炼铁工艺. 参考练习 10.25, *Mining Engineering* (2004年10月) 新的炼铁技术研究. 比较小规模工厂试验生产与试验室熔炉试生产的碳含量. 25个厂试验的数据记录在下表中, 进行非参数检验确定试验工厂和试验室熔炉中生成的碳含量是否有正相关关系, 用 $\alpha = 0.01$ 来检验.

🌐 **CARBON**

碳含量(%)		碳含量(%)	
试验工厂	试验室熔炉	试验工厂	试验室熔炉
1.7	1.6	3.5	3.3
3.1	2.4	3.4	3.3
3.3	2.8	3.6	3.4
3.6	2.9	3.5	3.4
3.4	3.0	3.9	3.8
3.5	3.1	3.4	4.3
3.8	3.2	3.2	3.6
3.7	3.2	3.3	3.4

碳含量(%)		碳含量(%)	
试验工厂	试验室熔炉	试验工厂	试验室熔炉
3.1	3.3	2.6	3.2
3.0	3.2	2.6	3.1
2.9	3.2	2.4	3.0
2.6	3.4	2.6	2.7
2.5	3.3		

资料来源: Hoffman, G., and Tsuge, O. "ITmk3—Application of a new ironmaking technology for the iron ore mining industry." *Mining Engineering*, Vol. 56, No. 9, Oct. 2004(图8).

15.59 铜管的热性能. 参考练习10.14用于制冷加工业的整体散热管热性能模型(*Journal of Heat Transfer*, 1990年8月). 表中的数据是24个整体散热管未涌入区域比(x)和热传递提高量(y)的记录值, 对热传递提高量(y)和未涌入域比(x)间的正线性关系进行非参数检验, 取 $\alpha = 0.10$.

FINTUBES

未涌入区域比 x	热传递提高量 y	未涌入区域比 x	热传递提高量 y
1.93	4.4	1.78	4.5
1.95	5.3	1.64	4.5

未涌入区域比 x	热传递提高量 y	未涌入区域比 x	热传递提高量 y
1.54	3.7	1.62	4.2
1.32	2.8	2.77	6.0
2.12	6.1	2.47	5.8
1.88	4.9	2.24	5.2
1.70	4.9	1.32	3.5
1.58	4.1	1.26	3.2
2.47	7.0	1.21	2.9
2.37	6.7	2.26	5.3
2.00	5.2	2.04	5.1
1.77	4.7	1.88	4.6

理论练习

15.60 对于 $n = 3$ 的特殊情况, 证明: $-1 \leq r_s \leq 1$. (提示: 列出对 x 和 y 排秩的 $3! \times 3! = 36$ 种所有不同的排列, 并计算每个的 r_s.)

15.61 对于 $n = 3$ 的特殊情况, 证明 $E(r_s) = 0$. (对于一般情况, 这个事实也成立.)(提示: 利用理论练习15.60的结果以及任一种排列发生的概率均为 1/36 的事实.)

活动中的统计学回顾:新罕布什尔州的地下井水污染如此脆弱

回到新罕布什尔州井水的 MTBE 污染研究. 下面是环境研究者想要知道的几个关于州内井水污染水平的感兴趣问题.

研究问题1: 新罕布什尔州中 MTBE 水平超过州内设定的标准0.5微克/升的井数超过一半了吗?

研究问题2: 公共井和私有井中 MTBE 水平的分布不同吗? 同样, 对于基岩和松散层 MTBE 分布不同吗?

研究问题3: 井类型(公共或私有)和含水层类型(基岩或松散层)的不同组合对 MTBE 水平有影响吗?

研究问题4: 表 SIA15.1 中的哪个变量——pH 水平, 溶解氧, 行业百分比, 井深度, 与储油罐的距离——与 MTBE 水平的联系最强?

由于发现 MTBE 水平数据不服从正态分布, 因此研究者们采用非参数方法回答这些问题. 下面进行讨论与分析.

研究问题1:

虽然美国环境保护署(EPA)还没有设立公共供水的 MTBE 水平的联邦标准, 但一些州已经制定了自己的标准. 新罕布什尔州的标准是13微克/升; 也就是说, 地下井水的 MTBE 水平不应

超过13微克/升.同时,只允许州内一半井的MTBE水平超过0.5微克/升.这意味着MTBE水平的中位数应该小于0.5.研究者收集到的数据提供证据表明新罕布什尔州地下井水MTBE水平的中位数小于0.5微克/升吗?为了回答这个问题,研究者对保存在MTBE文件中的数据应用了符号检验.图SIA15.1为MINITAB输出.

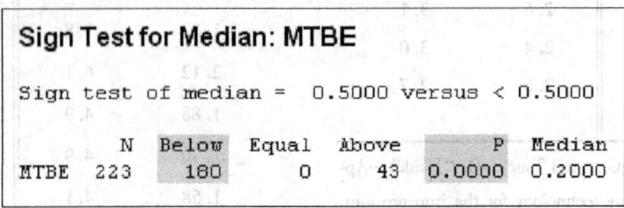

图SIA15.1　MTBE数据的MINITAB符号检验

我们要检验$H_0: \eta = 0.5$和$H_a: \eta < 0.5$.根据输出,223个样本中的180个地下井水的MTBE水平低于0.5.所以,检验统计量的值$S=180$.检验的单侧p值(输出中着重显示)是0.0000,因此符号检验在$\alpha=0.01$的水平下是显著的.因此,数据提供了充分的证据表明新罕布什尔州地下井水MTBE水平的中位数小于0.5微克/升.

研究问题2:

研究目标之一是确定公共井和私有井以及基岩和松散含水层的MTBE污染水平是否不同.为了解决这个问题,研究者重点研究检测出MTBE水平的70个样本井.他们想确定是否公共井MTBE水平的分布在私有井MTBE水平的分布的上方或下方,是否基岩含水层MTBE水平的分布在松散含水层MTBE水平的分布的上方或下方.

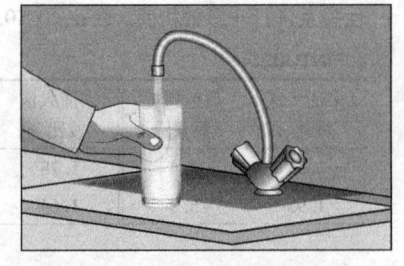

为了回答这个问题,研究者采用了两独立样本的威尔科克森秩和检验.在第一步的分析中,比较了公共井和私有井;在第二步的分析中,比较了基岩和松散含水层.这些分析的SAS输出分别如图SIA15.2和SIA15.3所示.两者的检验统计量和双侧p值在输出中着重显示.

图SIA15.2　比较公共井和私有井的SAS秩和检验

```
                    The NPAR1WAY Procedure
           Wilcoxon Scores (Rank Sums) for Variable MTBE
                    Classified by Variable Aquifer

                       Sum of      Expected     Std Dev       Mean
   Aquifer      N      Scores      Under H0     Under H0      Score

   Bedrock     63     2345.50      2236.50     51.069646    37.230159
   Unconsoli    7      139.50       248.50     51.069646    19.928571

                    Average scores were used for ties.


                      Wilcoxon Two-Sample Test
                  Statistic              139.5000

                  Normal Approximation
                  Z                       -2.1245
                  One-Sided Pr <  Z        0.0168
                  Two-Sided Pr > |Z|       0.0336
```

图 SIA15.3　比较基岩和松散层的 SAS 秩和检验

对于图 SIA15.2 中公共井和私有井的比较，p 值 = 0.011 8. 因此在 $\alpha=0.05$ 的显著性水平下，有充分的证据得出公共井和私有井中 MTBE 水平分布不同的结论. 尽管公共井比私有井有更高的 MTBE 值趋势(注意图 SIA15.2 中的秩和)，但差异在统计上并不显.

对于图 SIA15.3 中基岩和松散含水层的比较，p 值 = 0.033 6. 在 $\alpha=0.05$ 的显著性水平下，有充分的证据得出基岩和松散含水层 MTBE 水平分布不同的结论. 进一步，图 SIA15.3 中显示的秩和表明基岩含水层有更高的 MTBE 水平.

研究问题 3：

环境研究者还考察了井类型和含水层的组合如何影响检测出 MTBE 水平的 70 个井的 MTBE 水平. 尽管有四种井类型和含水层的组合，但数据只对其中三种有效：私人/基岩、公共/基岩和公共/松散层.

用独立样本的克鲁赛 – 沃里斯非参数检验比较这三组井的 MTBE 水平分布. 分析的 SAS 输出显示在图 SIA15.4 中. 检验统计量 $H=9.12$ 且 p 值为 0.010 4(着重显示). 在 $\alpha=0.05$ 的水平

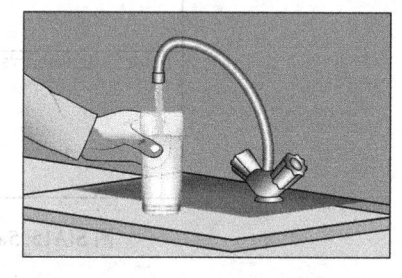

下，有充分的证据表明三种类型–含水层组合的 MTBE 水平的分布之间的差异.(然而，在 $\alpha=0.01$ 的水平下，没有发现显著的差异.)在输出中显示的平均秩和得分的基础上，发现公共井的基岩含水层的 MTBE 污染水平最高.

研究问题 4：

环境研究者同时想得到地下井水 MTBE 水平与表 SIA15.1 中每一个其他环境变量之间相关性的估计. 因为 MTBE 水平不服从正态分布，所以采用了斯皮尔曼秩相关系数方法. 同时，因为前面的分析表明公共井和私有井具有不同的 MTBE 分布，所以分别对井的每个类型计算秩相关系数. 分析的 SPSS 输出显示在图 SIA15.5a～e 中. r_s 的值(和相关的 p 值)在输出中着重显示. 下面做出解释：

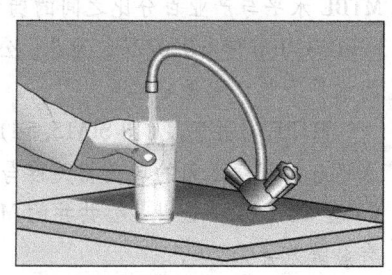

```
                    The NPAR1WAY Procedure
           Wilcoxon Scores (Rank Sums) for Variable MTBE
                     Classified by Variable wellaq

                         Sum of     Expected    Std Dev       Mean
   wellaq          N     Scores     Under H0    Under H0      Score

   Private/Bedro  22     654.50      781.00    79.027002    29.750000
   Public/Uncon    7     139.50      248.50    51.069646    19.928571
   Public/Bedroc  41    1691.00     1455.50    83.856064    41.243902

                   Average scores were used for ties.


                          Kruskal-Wallis Test

                    Chi-Square            9.1244
                    DF                         2
                    Pr > Chi-Square       0.0104
```

图 SIA15.4 比较井的 MTBE 水平的 SAS 克鲁赛-沃里斯检验

MTBE 对 pH 水平(图 SIA15.5a)。对于私有井，$r_s = -0.026$(p 值 $= 0.908$)，因此私有井的 MTBE 水平与 pH 水平之间有弱负相关性——相关性与 0 没有显著差异(在 $\alpha = 0.01$ 的水平下)。对于公共井，$r_s = -0.028$(p 值 $= 0.076$)，因此，公共井的 MTBE 水平与 pH 水平之间有弱正相关性(在 $\alpha = 0.01$ 的水平下与 0 有显著差异)。

CLASS			Correlations	MTBE	PH
Private	Spearman's rho	MTBE	Correlation Coefficient	1.000	-.026
			Sig. (2-tailed)	.	.908
			N	22	22
		PH	Correlation Coefficient	-.026	1.000
			Sig. (2-tailed)	.908	.
			N	22	22
Public	Spearman's rho	MTBE	Correlation Coefficient	1.000	.258
			Sig. (2-tailed)	.	.076
			N	48	48
		PH	Correlation Coefficient	.258	1.000
			Sig. (2-tailed)	.076	.
			N	48	48

图 SIA15.5a 斯皮尔曼秩相关性检验：MTBE 与 pH 水平

MTBE 对溶解氧(图 SIA15.5b)。对于私有井，$r_s = 0.086$(p 值 $= 0.702$)。对于公共井，$r_s = -0.119$(p 值 $= 0.422$)。因此，私有井的 MTBE 水平与溶解氧之间有弱正相关性，而公共井的 MTBE 水平与溶解氧之间有弱负相关性。然而，两者的秩相关系数都与 0 没有显著差异(在 $\alpha = 0.01$ 的水平下)。

MTBE 对产业百分比(图 SIA15.5c)。对于私有井，$r_s = -0.123$(p 值 $= 0.586$)，因此，私有井的 MTBE 水平与产业百分比之间的弱负相关性与 0 没有显著差异(在 $\alpha = 0.01$ 的水平下)。对于公共井，$r_s = 0.330$(p 值 $= 0.022$)，因此，公共井的 MTBE 水平与产业百分比之间有弱正相关性(在 $\alpha = 0.01$ 的水平下与 0 有显著差异)。

MTBE 对井深度(图 SIA15.5d)。对于私有井，$r_s = -0.410$(p 值 $= 0.103$)，因此，私有井的 MTBE 水平与井深度之间的弱负相关性与 0 没有显著差异(在 $\alpha = 0.01$ 的水平下)。对于公共井，$r_s = 0.444$(p 值 $= 0.002$)，因此，公共井的 MTBE 水平与井深度之间有弱正相关性(在 $\alpha = 0.01$ 的水平下与 0 有显著差异)。

Correlations

CLASS				MTBE	DISSOXY
Private	Spearman's rho	MTBE	Correlation Coefficient	1.000	.086
			Sig. (2-tailed)	.	.702
			N	22	22
		DISSOXY	Correlation Coefficient	.086	1.000
			Sig. (2-tailed)	.702	.
			N	22	22
Public	Spearman's rho	MTBE	Correlation Coefficient	1.000	-.119
			Sig. (2-tailed)	.	.422
			N	48	48
		DISSOXY	Correlation Coefficient	-.119	1.000
			Sig. (2-tailed)	.422	.
			N	48	48

图 SIA15.5b　SAS 斯皮尔曼秩相关性检验:MTBE 与溶解氧

Correlations

CLASS				MTBE	INDUSTRY
Private	Spearman's rho	MTBE	Correlation Coefficient	1.000	-.123
			Sig. (2-tailed)	.	.586
			N	22	22
		INDUSTRY	Correlation Coefficient	-.123	1.000
			Sig. (2-tailed)	.586	.
			N	22	22
Public	Spearman's rho	MTBE	Correlation Coefficient	1.000	.330*
			Sig. (2-tailed)	.	.022
			N	48	48
		INDUSTRY	Correlation Coefficient	.330*	1.000
			Sig. (2-tailed)	.022	.
			N	48	48

*. Correlation is significant at the 0.05 level (2-tailed).

图 SIA15.5c　SAS 斯皮尔曼秩相关性检验:MTBE 与产业百分比

Correlations

CLASS				MTBE	DEPTH
Private	Spearman's rho	MTBE	Correlation Coefficient	1.000	-.410
			Sig. (2-tailed)	.	.103
			N	22	17
		DEPTH	Correlation Coefficient	-.410	1.000
			Sig. (2-tailed)	.103	.
			N	17	17
Public	Spearman's rho	MTBE	Correlation Coefficient	1.000	.444**
			Sig. (2-tailed)	.	.002
			N	48	46
		DEPTH	Correlation Coefficient	.444**	1.000
			Sig. (2-tailed)	.002	.
			N	46	46

**. Correlation is significant at the 0.01 level (2-tailed).

图 SIA15.5d　SAS 斯皮尔曼秩相关性检验:MTBE 与深度

　　MTBE 对距离(图 SIA15.5e). 对于私有井,$r_s = -0.136$(p 值 $= 0.547$). 对于公共井,$r_s = -0.093$(p 值 $= 0.527$). 因此,私有井 MTBE 水平与距离之间有弱正相关性,而公共井 MTBE 水平与距离之间有弱负相关性. 然而两者的秩相关系数都不显著异于 0(在 $\alpha = 0.01$ 的水平下).

　　总的来说,唯一显著的秩相关性是有关公共井的,研究者发现公共井中的 MTBE 水平与 pH 水平、产业百分比及井深度均呈弱正相关性.

```
                           Correlations
CLASS                                                    MTBE      DISTANCE
Private  Spearman's rho  MTBE      Correlation Coefficient   1.000       .136
                                   Sig. (2-tailed)            .           .547
                                   N                         22          22
                         DISTANCE  Correlation Coefficient    .136      1.000
                                   Sig. (2-tailed)            .547        .
                                   N                         22          22
Public   Spearman's rho  MTBE      Correlation Coefficient   1.000      -.093
                                   Sig. (2-tailed)            .           .527
                                   N                         48          48
                         DISTANCE  Correlation Coefficient   -.093      1.000
                                   Sig. (2-tailed)            .527        .
                                   N                         48          48
```

图 SIA15.5e SAS 斯皮尔曼秩相关性检验：MTBE 与距离

快速回顾

重要公式

检验	检验统计量	大样本近似
符号	$S =$ 大于（或小于）假设的中位数 τ_0 的样本测量值个数	$Z = \dfrac{S - 0.5n}{0.5\sqrt{n}}$
威尔科克森秩和	$T_1 =$ 样本 1 的秩和或 $T_2 =$ 样本 2 的秩和	$Z = \dfrac{T_1 - \dfrac{n_1(n_1+n_2+1)}{2}}{\sqrt{\dfrac{n_1 n_2 (n_1+n_2+1)}{12}}}$
威尔科克森符号秩	$T_- =$ 负的秩和或 $T_+ =$ 正的秩和	$Z = \dfrac{T_+ - \dfrac{n(n+1)}{4}}{\sqrt{\dfrac{n(n+1)(2n+1)}{24}}}$
克鲁赛-沃里斯	$H = \dfrac{12}{n(n+1)} \sum \dfrac{T_j^2}{n_j} - 3(n+1)$	
弗里德曼	$F_r = \dfrac{12}{bk(k+1)} \sum T_j^2 - 3b(k+1)$	
斯皮尔曼秩相关（简化公式）	$r_s = 1 - \dfrac{6 \sum d_i^2}{n(n^2-1)}$ 其中 $d_i =$ 样本 1 和样本 2 第 i 个观测值的秩的差	
泰尔零斜率	$C = (-1)(负差 y_i - y_j 的个数) + (1)(正差 y_i - y_j 的个数)$	

符号汇集

符号	说明
τ (tau)	总体中位数
S	符号检验的检验统计量（见重要公式）
T_i	样本 i 中观测值的秩和
T_L	威尔科克森秩和下尾临界值

符号	说明
T_U	威尔科克森秩和上尾临界值
T_+	配对观测值正差的秩和
T_-	配对观测值负差的秩和
T_0	威尔科克森符号秩检验的临界值
H	克鲁赛-沃里斯检验的检验统计量(见重要公式)
F_r	弗里德曼检验的检验统计量(见重要公式)
r_s	斯皮尔曼秩相关系数(见重要公式)
ρ(rho)	总体相关系数
C	泰尔零斜率检验的检验统计量(见重要公式)

本章总结提示

- **分布自由检验**——不依赖于抽样总体概率分布的假定.
- **非参数**——基于**秩统计量**的分布自由检验.
- 总体中位数单个样本的非参数检验——**符号检验**.
- 配对非参数检验——**威尔科克森秩检验**.
- 完全随机化设计的非参数检验——**克鲁赛-沃里斯检验**.
- 随机化区组设计的非参数检验——**弗里德曼检验**.
- 秩相关性的非参数检验——**斯皮尔曼检验**.
- 零斜率的非参数检验——**泰尔 C 检验**.

? 补充应用练习

15.62 石油钻井钻头的比较. 参考练习 14.81 三种钻头速度比较的研究. 将 5 个钻探点随机指派给每个钻头, 并记录下每个钻探点在钻探 3 000ft 后的每小时英尺穿透速度(RoP). 根据下表列出的信息, 能推断三个钻头中至少有两个的 RoP 概率分布不同吗? 在显著性置信水平 $\alpha=0.05$ 下检验.

DRILLBIT

PD-1	IADC 1-2-6	IADC 5-1-7
35.2	25.8	14.7
30.1	29.7	28.9
37.6	26.6	23.3
34.3	30.1	16.2
31.5	28.8	20.1

15.63 苍蝇的叮咬率. *Journal of the American Mosquito Control Association* (1995 年 3 月)刊登了某种苍蝇叮咬率的研究文章, 叮咬率定义为在 15 min 暴露期间叮咬一名志愿者的苍蝇个数. 已知在犹他州斯坦伯里岛这种苍蝇的中位叮咬率为每 15min 5 次. 然而理论上在明亮的晴天, 苍蝇的叮咬率会高些. 为了验证这个理论, 122 名志愿者在斯坦伯里岛阳光明媚的一天暴露于蝇群, 在这些志愿者中, 95 名志愿者经历了大于 5 次的叮咬率.

a. 建立此检验的原假设和备择假设.
b. 计算检验的近似 p 值. (提示: 利用二项概率的正态近似.)
c. 当 $\alpha=0.01$ 时给出合理的结论.

15.64 苍蝇的叮咬率(续). 参考练习 15.63, *Journal of the American Mosquito Control Association* 中苍蝇叮咬的研究. 将志愿者样本置于 6 种风速情况下研究以 km/h 计的风速对斯坦伯里岛苍蝇叮咬率的影响. 用克鲁赛-沃里斯检验比较 6 种风速下叮咬率的分布. 6 种条件下的叮咬率的秩和如下表.

风速(km/h)	志愿者人数(n_j)	叮咬率秩和(R_j)
<1	11	1 804
1~2.9	49	6 398
3~4.9	62	7328
5~6.9	39	4075

（续）

风速(km/h)	志愿者人数(n_j)	叮咬率秩和(R_j)
7~8.9	35	2 660
9~20	21	1 388
总和	217	23 653

资料来源：Strickman, D., et al. "Meteorological effects on the biting activity of *Leptoconops americanus*(Diptera：Ceratopogonidae)." *Journal of the American Mosquito Control Association*, Vol. Ⅱ, No. 1, Mar. 1995, p. 17(表1).

a. 研究人员报告检验统计量为 $H = 35.2$，验证这个值.

b. 对 $\alpha = 0.01$，求检验的拒绝域.

c. 给出合理的结论.

d. 研究人员报告此检验的 p 值小于 0.01，这个值支持 c 中的结论吗？解释.

15.65 **机器人实时调度**. 参考练习 8.104 比较人工实时调度与使用计算机控制的机器人和传感器的自动方法的研究(*IEEE Transactions*，1993 年 3 月). 由人工调度和自动系统执行 8 个模拟的调度任务，下表给出了任务通过量结果，利用非参数检验比较人工和自动调度方法任务通过量. 取 $\alpha = 0.01$.

🌐 THRUPUT

任务	人工调度	自动调度
1	185.4	180.4
2	146.3	248.5
3	174.4	185.5
4	184.9	216.4
5	240.0	269.3
6	253.8	249.6
7	238.8	282.0
8	263.5	315.9

资料来源：Yih, Y., Liang, T., and Moskowitz, H. "Robot scheduling in a circuit board production line：A hybrid OR/ANN approach." *IEEE Transactions*, Vol. 25, No. 2, Mar. 1993, p. 31(表1).

15.66 **下水管道的破裂强度**. 一个城市的建筑物规格要求用于居民区的下水管道破裂强度的中位数要大于每直线英尺 2 500lb. 一个希望为城市提供下水管道的生产商投标且提供下面的附加信息. 一个独立承包人随机选择生产商的 7 根管道且检验每根的破裂强度，结果(每直线英尺磅)为:

🌐 SEWER

| 2 610 | 2 750 | 2 420 | 2 510 | 2 540 | 2 490 | 2 680 |

有充分证据表明生产商的下水管道符合要求的规格吗？用显著性水平 $\alpha = 0.10$.

🌐 MAINELAKE

15.67 **湖水中的汞中毒**. 参考练习 10.77，关于缅因州湖中汞中毒(EPA)的研究. 将湖水分为三种营养状态：贫营养湖具有腐烂动植物和生存有机体的平衡，富营养湖在顶层水中有较高的腐化率，中营养湖水中含有适当量的营养物. 此项研究的目的之一是比较三种类型缅因湖中汞含量的分布，MAINELAKE 文件中保存了 118 个缅因湖的汞的含量(百万分之一)和类型.

a. 对每种类型的湖泊确定汞含量是否近似服从正态分布.

b. 根据 a 的结果，解释为什么非参数分析是适用的.

c. 构造克鲁赛-沃里斯检验比较三种类型缅因湖的汞含量分布. 用 $\alpha = 0.05$ 检验.

15.68 **酸雨研究**. 参考练习 14.77，酸雨对自然生态系统中土壤酸度的影响研究. 试验田用两种不同 pH 值 3.7 和 4.5 的酸雨灌溉，在 3 种不同深度：0~15cm、15~30cm、30~46cm，测量了土壤的酸度，试验是在三个不同时段进行的，所得的土壤 pH 值列在下表中. 试验的主要目的是对比用 pH 值为 4.5 和 3.7 的酸雨灌溉的土壤的酸度.

🌐 ACIDRAIN

		4月3日 酸雨pH		6月16日 酸雨pH		6月30日 酸雨pH	
		3.7	4.5	3.7	4.5	3.7	4.5
土壤深度	0~15cm	5.33	5.33	5.47	5.47	5.20	5.13
	15~30cm	5.27	5.03	5.50	5.53	5.33	5.20
	30~46cm	5.37	5.40	5.80	5.60	5.33	5.17

资料来源："Acid rain linked to growth of coal-fired power." *Florida Agricultural Research* 83, Vol. 2, No. 1, Winter 1983.

a. 利用非参数检验比较 4 月 3 日两个处理的土壤 pH 值.

b. 利用非参数检验比较 6 月 16 日两个处理的土壤 pH 值.

c. 利用非参数检验比较 6 月 30 日两个处理的土壤 pH 值.

d. 评价 a~c 中检验的有效性.

15.69 **玉米的霉菌感染**. 黄曲霉毒素的蔓延对农民成为一个有关干旱的严重问题，黄曲霉毒素是一种由霉菌产生的高度有毒物质,这种物质会传染玉米地,在较高污染水平下,黄曲霉毒素对动物和人类的健康有潜在的危险.(食品及药物管理局的官方设定州际市场黄曲霉毒素的最高限量10亿分之20是安全的.)研究了三种喷雾液 A,B 和 C 来控制玉米地里的黄曲霉毒素.为了确定三种喷雾液作用是否存在不同,从污染的玉米地里随机选择10畦玉米地,将每畦分成3块等同的面积,然后给每块玉米地随机指派喷雾液,这样建立了一个随机化区组设计,下面的表格给出了喷射喷雾后出现在玉米样本的黄曲霉毒素含量(10亿分之一).用弗里德曼检验判断对三种喷雾液出现的黄曲霉毒素含量的概率分布是否有差异,在显著性水平 $\alpha = 0.05$ 检验.

🌐 **AFLATOXIN**

畦	喷雾液 A	喷雾液 B	喷雾液 C	畦	喷雾液 A	喷雾液 B	喷雾液 C
1	21	23	15	6	5	12	6
2	29	30	21	7	18	18	12
3	16	19	18	8	26	32	21
4	20	19	18	9	17	20	9
5	13	10	14	10	4	10	2

15.70 车辆堵塞研究. 参考练习 10.75 中 *Journal of Engineering for Industry*(1993 年 8 月)上关于自动化仓库的研究. 记录下模拟的自动化仓库车辆数量的改变和堵塞时间(一辆车被别的车阻挡的总时间),数据列在下表中. 用斯皮尔曼方法在 $\alpha = 0.05$ 时检验堵塞时间(y)与车辆数(x)之间的相关性.

🌐 **WAREHOUSE**

车辆数	堵塞时间	车辆数	堵塞时间
1	0	9	0.02
2	0	10	0.04
3	0.02	11	0.04
4	0.01	12	0.04
5	0.01	13	0.03
6	0.01	14	0.04
7	0.03	15	0.05
8	0.03		

资料来源:Pandit, R., and Palekar, U. S., "Response time considerations for optimal warehouse layout desing." *Journal of Engineering for Industry*, Transactions of the ASME, Vol. 115, Aug. 1993, p. 326(表2).

15.71 建筑物的偏移比. 参考练习 14.76, *Microcomputers in Civil Engineering* 关于建筑物侧向偏移的研究. 下表数据是在 5 个不同的楼层由 3 个不同的计算机程序估计的侧向位移(in). 用恰当的非参数检验比较由 3 个不同的计算机程序估计的侧向位移分布. 用 $\alpha = 0.05$.

🌐 **STAAD**

楼层	STAAD - III (1)	STAAD - III (2)	Drift
1	0.17	0.16	0.16
2	1.35	1.26	1.27
3	3.04	2.76	2.77
4	4.54	3.98	3.99
5	5.94	4.99	5.00

资料来源:Valles, R. E., et al. "Simplified drift evaluation of wallframe structures." *Microcomputers in Civil Engineering*, Vol. 8, 1993, p. 242 (表2).

15.72 解决数学规划. *IIE Transactions*(1990 年 6 月)介绍了一种解决多项式 0-1 数学规划的混合算法,算法将伪布尔概念和计时验证隐数法过程相结合. 用混合算法解决了 25 个随机问题;求解的时间(以秒计的 CPU 时间)如下表所示. 构造检验判断是否有一半以上的随机多项式 0-1 数学规划需要 1 CPU 秒或更短求解时间,用 $\alpha = 0.01$ 检验.

🌐 **MATHCPU**

0.045	1.055	0.136	1.894	0.379
0.136	0.336	0.258	1.070	0.506
0.088	0.242	1.639	0.912	0.412
0.361	8.788	0.579	1.267	0.567
0.182	0.036	0.394	0.209	0.445

资料来源:Snyder, W. S., and Chrissis, J. W. "A hybrid algorithm for solving zero-one mathematical programming problems." *IIE Transaction*, Vol. 22, No. 2, June 1990, p. 166(表1).

15.73 土壤中的 PCB. 进行一项初步研究获得关于有毒物质多氯联苯(PCB)在英国土壤样本中的背景水平信息(*Chemosphere*,1986 年 2 月),获得的信息可以作为与英国废物处置设施中 PCB 水平比较的基准. 附表中的数据表示位于英国 14 个农村和 15 个城市采集的土壤样本中测量的 PCB 水平(PCB 浓度单位是每千克土壤 0.0001 克). 从这些初步结果,研究人员认为:"农村地区……和城市地区的(PCB 含量)有显著差别." 数据支持研究人员的结论吗？用 $\alpha=0.05$ 检验.

PCB2

农村地区		城市地区	
3.5	5.3	24.0	11.0
8.1	9.8	29.0	49.0
1.8	15.0	16.0	22.0
9.0	12.0	21.0	13.0
1.6	8.2	107.0	18.0
23.0	9.7	94.0	12.0
1.5	1.0	141.0	18.0
		11.0	

资料来源：Badsha, K., and Eduljee, G. "PCB in the U. K. environment—A preliminary survey." *Chemosphere*, Vol. 15, No. 2, Feb. 1986, p. 213 (表1).

15.74 合成纤维研究. 合成纤维（如人造丝、尼龙和聚酯纤维）约占了美国工厂纺织品生产中所用全部纤维的70%. 进行一项试验，比较用两种纺纱法——湿纺和干纺生产的合成纤维的断裂强度，选取10种不同的合成纤维样品，每种均被分成两股细丝，一股使用湿纺法处理，另一股使用干纺法；测量每种细丝的断裂强度（克/但尼尔），并列于下表. 表中数据能充分说明两种方法生产的合成纤维有不同的断裂强度吗？用 $\alpha=0.05$ 检验.

SYNFIBER

纤维	干纺	湿纺
乙酸	1.3	1.0
有机玻璃丝	2.7	2.5
芳纶	4.8	4.7
混纺纱	2.6	2.8
尼龙	4.5	4.2
降烯烃	5.9	5.8
聚酯纤维	4.5	4.3
人造丝	1.6	1.1
氨纶	0.7	0.9
三乙酸酯	1.3	0.9

15.75 合金的电阻率. 参考练习10.76, *Corrosion Science*（1993年9月）关于结晶化后非晶质铁硼硅合金的电阻率研究. 5种合金样本在700°C分别以不同的时间长度退火，然后测量每个样品的钝化电势（退火合金的电阻率度量）. 试验数据在下表中给出.

ALLOY

结晶时间 x(min)	钝化电势 y(mV)
10	−408
20	−400
45	−392
90	−379
120	−385

资料来源：Chattoraj, I., et al. "Polarization and resistivity measurements of post-crystallization changes in amorphous Fe-B-Si alloys." *Corrosion Science*, Vol. 49, No. 9, Sept. 1993, p. 712 (表1).

a. 计算结晶时间(x)和钝化电势(y)之间的斯皮尔曼相关系数. 解释结果.

b. 利用a中的结果检验结晶时间(x)和钝化电势(y)的显著相关性. 用 $\alpha=0.10$.

15.76 砖石建筑接缝的强度. 参考练习10.81和关于预压缩应力 x 与建筑接缝平均抗剪强度 $E(y)$ 之间的直线模型. 为了检验这个模型，进行了一系列三块一组的用灰浆黏合的实心砖压力试验（*Proceedings of the Institute of Civil Engineers*，1990年3月）. 每三块一组的预压缩应力是变化的，且记录下刚失效前的最终剪切负荷（称为抗剪强度），下面的表格列出了7组强度结果（N/mm^2）. 进行 H_0：$\beta_1=0$ 对备择假设 H_a：$\beta_1>0$ 的非参数检验，用 $\alpha=0.05$ 检验.

TRIPLETS

三块一组的试验	1	2	3	4	5	6	7
抗剪强度 y	1.00	2.18	2.24	2.41	2.59	2.82	3.06
预压缩应力 x	0	0.60	1.20	1.33	1.43	1.75	1.75

资料来源：Riddington, J. R., and Ghazali, M. Z. "Hypothesis for shear failure in masonry joints." *Proceedings of the Institute of Civil Engineers*, Part 2, Mar. 1990, Vol. 89, p. 96 (图7).

15.77 水温对鱼的影响. EPA希望判断由于核电站引起的海水温度改变是否对生活在此区域的动物寿命有显著的影响. 将刚乳化的某种鱼类样品随机分成4组，这4组分别放置于水温不同，其他条件是完全相同的模拟海洋环境中. 6个月以后，测量这些样品的重量. 结果（盎司）由下表给出. 数据能提供充分证据表明一种（或多种）温度较之其他温度产生更大的体重增加吗？用 $\alpha=0.10$ 检验.

OCEANTEMP

水温			
38°F	42°F	46°F	50°F
22	15	14	17
24	21	28	18
16	26	21	13
18	16	19	20
19	25	24	21
	17	23	

15.78 镍合金研究. 石油生产者希望找到高强度、耐腐蚀的镍合金. 镍合金尤其易受氢脆变的影响,氢脆变是合金浸入硫酸溶液中出现负极变化的过程. 为了评价两种英康洛伊合金(800和902)的性能, 对每种合金的电解渗氢样品测量延展性损失量(记录为面积减少的百分比), 表中给出每种类型8个拉伸样品的测量值. 进行检验确定两种镍合金延展性损失的概率分布是否不同. 用 $\alpha = 0.05$ 检验.

NICKEL2

合金 800		合金 902	
59.2	66.3	67.2	61.3
78.8	69.8	46.8	58.7
79.2	66.2	50.2	40.9
75.0	70.7	44.5	55.4

15.79 橙剂与越南老兵. 橙剂是20世纪60年代美国武装部队开发的一种除草剂代号, 被发现含有高度危险(或毒性)的 TCDD 水平. 在越南战争期间, 估计使用了 1900 万加仑橙剂毁坏覆盖在亚洲热带丛林的稠密植物和树木. 由于这种暴露, 许多越南老兵的血液和脂肪组织中含有高度危险的 TCDD 水平. Chemosphere (Vol. 20, 1990) 刊登了关于 20 名可能暴露于橙剂的马萨诸塞州越南老兵的 TCDD 水平的报告. 下表中给出了20名老兵的血浆和脂肪组织中的 TCDD 含量(万亿分之一).

a. 医学研究人员认为万亿分之三(ppt)的 TCDD 水平就是高度危险. 数据能提供证据表明越南老兵脂肪组织中的 TCDD 中位水平超过 3ppt 吗?
b. 对血浆重复 a.
c. 医学研究人员对于比较越南老兵脂肪组织和血浆中的 TCDD 水平同样感兴趣. 特别地, 他们想要确定脂肪中的 TCDD 水平是否位于血浆中 TCDD 水平分布的上方或下方. 进行分析 ($\alpha = 0.05$) 并做出适当的推断.
d. 计算脂肪组织中的 TCDD 水平和血浆的 TCDD 水平的秩相关系数. 有充分的证据表明两组 TCDD 测量值间存在正相关性吗?

TCDD

老兵	脂肪组织	脂肪血浆
1	4.9	2.5
2	6.9	3.5
3	10.0	6.8
4	4.4	4.7
5	4.6	4.6
6	1.1	1.8
7	2.3	2.5
8	5.9	3.1
9	7.0	3.1
10	5.5	3.0
11	7.0	6.9
12	1.4	1.6
13	11.0	20.0
14	2.5	4.1
15	4.4	2.1
16	4.2	1.8
17	41.0	36.0
18	2.9	3.3
19	7.7	7.2
20	2.5	2.0

资料来源: Schecter, A., et al. "Partitioning of 2,3,7,8-chlorinated dibenzo-p-dioxins and dibenzofurans between adipose tissue and plasma lipid of 20 Massachusetts Vietnam veterans," Chemosphere, Vol. 20, Nos. 7-9, 1990, pp. 954-955 (表 I 和 II).

15.80 孔雀鱼迁徙研究. 在动物学中, 鱼类过分地从一个固定区域移到另一个区域的现象称为过分暂时性迁徙(ETM). 为了调查孔雀鱼群体中的 ETM, 将 40 条成年雌性孔雀鱼放入一个试验用的养鱼槽的左分隔间中, 槽被玻璃板分成两半. 移走玻璃板之后, 在 30min 内的每分钟都记录由左半部分通过中线移入右半部分以及反过来由右半部分移入左半部分的鱼的数目(Zoological Science, Vol. 6, 1989.). 如果达到平衡, 研究人员期望留在左半部分鱼数的中位数为 20. 下面给出了 30 次观测的数据(即在每分钟结束时左半部分鱼的数目).利用大样本符号检验判断中位数是否小于20,用$\alpha = 0.05$检验.

🌐 **GUPPY**

16	11	12	13	14	16	18	15	15
14	14	16	13	17	17	14	22	18	19
17	17	20	23	18	19	21	17	21	17

资料来源:Terami, H., and Watanabe, M. "Excessive transitory migration of guppy populations, III. Analysis of perception of swimming space and a mirror effect." Zoological Science, Vol. 6, 1989. p. 977(图2).

❓ **理论补充练习**

(注:这些练习需要使用计算机和计算机模拟技术.)

15.81 本章中略去了各种非参数检验统计量零分布的理论推导,然而,可以利用计算机模拟得到检验的近似拒绝域.考虑在$n_1 = n_2 = 10$的情况下求威尔科克森秩和统计量的近似抽样分布问题.

a. 编写计算机程序对$n = n_1 + n_2 = 20$个秩随机排序并且计算相应的威尔科克森秩和T_1,这个可以用随机数发生器完成.

b. 编写计算机程序重复a中的命令$N = 1\ 000$次.

c. 构造$N = 1\ 000$个T_1计算机生成值的相对频率分布(参考第2章),这个模拟分布表示T_1的近似抽样分布.

d. 利用模拟的抽样分布确定使$P(T_1 \leq T_{0.05}) = 0.05$成立的$T_{0.05}$值,这个值表示威尔科克森秩和检验的$\alpha = 0.05$时的单侧临界值.

15.82 按照练习15.81列出的步骤求$n = 10$时秩相关性斯皮尔曼检验的近似临界值($\alpha = 0.05$).(提示:在a中需要对$n = 10$个y秩和$n = 10$个x秩随机排序.)

第16章 统计过程和质量控制

目标 为监测工业产品的质量以及控制销售给消费者的产品质量提供一些统计方法.

活动中的统计学:喷气式飞机燃料添加剂安全性测试

美国材料实验协会(ASTM)为材料、产品、系统和服务提供国际标准和指导. 对 ASTM 方法中清楚说明喷气式飞机燃料安全性,联邦航空局(FAA)有许多测试要求. 本章活动中的统计学与提出检测喷气式飞机燃料中表面活性剂新方法的工程公司有关.

表面活性剂基本上是一种脂肪酸盐,它可能是由燃料中的酸,但更普遍的原因是因为其他产品,如发动机清洁附加剂的污染而形成. 虽然表面活性剂不会直接引起问题,但是它们降低凝聚式过滤器脱水能力. 喷气式飞机燃料中的水带有细菌,它们沉积于容器和发动机部件,引起严重腐蚀,导致发动机损坏.

表面活性剂的标准检验(在 ASTM 规则 D-3948 中描述)是利用带抽水机(泵A)的微型过滤器(过滤器A),抽出的水/燃料混合物以指定的速度经由过滤器,由光透射率试验发现透过过滤器的水量,试验的测量值一般介于 80~85.

在一次提高表面活性剂检验精度的尝试中,工程公司比较了标准检验(泵A与过滤器A)和三种其他抽水机和泵的选择组合,即泵A与过滤器B、泵B与过滤器A和泵B与过滤器B. 每天在一批常规喷气式飞机燃料中添加 0.4ppm 的表面活性剂溶液. 随机选择燃料的 12 个样本,再随机分为 4 组,每组三个样本,一个组内的三个样本用 4 种泵/过滤器组合之一检验表面活性剂. 因此,对于每种泵/过滤器方法每天有三个检验结果,这种抽样模式持续 100 天,检验测量值保存在 4 个 JET 文件里. (抽样试验前 5 天的数据列在表 SIA16.1 中.)

Data Sets:
JETA-A, JETA-B, JETB-A, JETB-B

表 SIA16.1 从 JETFUEL 文件中选出的数据

星期	月	日	样本	泵B过滤器A	泵A过滤器A	泵B过滤器B	泵A过滤器B
星期二	5	9	1	76	84	85	85
			2	81	91	84	84
			3	81	86	84	88
星期三	5	10	1	84	92	87	92
			2	81	93	82	95
			3	86	94	85	90
星期四	5	11	1	83	94	82	90
			2	82	96	85	87
			3	79	92	84	81
星期五	5	12	1	81	96	81	90
			2	84	91	82	91
			3	83	96	88	92
星期一	5	15	1	80	90	87	94
			2	88	92	85	94
			3	87	91	86	84

公司希望监测表面活性剂的检验结果,确定是否有一种检验方法给出最稳定的过程.在本章"活动中的统计学回顾"中,我们将给出如何用质量和过程控制的方法分析数据.

16.1 全面质量管理

当考虑产品或服务质量时,我们期望该产品具有一组特征.例如,我们希望电灯泡的寿命更长、纸巾更加结实、更易吸水,服务等待时间适度缩短,1/4磅的汉堡包至少要有1/4磅重.但是生产一件合格产品并不是一件容易的事情,原材料特性和工艺的变异会引起产品质量的变异,在自动生产线上生产出来的一个灯泡的寿命与几秒钟之后生产出来的另一个灯泡的寿命可能会有显著不同.类似地,一台造纸机上生产的纸张强度随时间不同而变化,这是因为进入机器纸浆特性的变异.所以,制造商监测他们生产的产品质量是非常重要的.

现在,美国商业领导者正在推广**全面质量管理(TQM)**的概念.如图 16.1 所示,TQM 有三个重要的组成部分:(1)概念;(2)系统;(3)工具.TQM 的概念包括围绕全面质量运动的许多思想,这些包括顾客满意、所有工作是一个过程、用数据说话和上游管理.(用数据说话对这个问题是一个特别贴切的概念,因为它与测量和监测过程变异有关.)

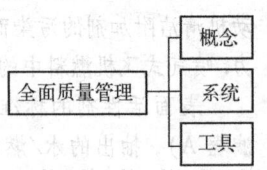

第二部分是系统,与系统管理的概念有关.公司的所有者必须认真负责地管理诸如综合管理、市场创新、产品创新和产品供应之类的系统.

图 16.1 TQM 的组成

最后,在执行 TQM 计划时,还有几个可供使用的工具.这些工具包括流程图、因果图和统计过程控制图.

图 16.1 中的三个部分对于在一个公司成功地执行 TQM 体系是必不可少的.本章主要关注 TQM 统计过程控制元素.**统计过程控制(SPC)**使工程师通过**控制图**来理解和监测过程变异.

16.2 变量控制图

虽然在美国商业中 TQM 是最近的趋势,但是用控制图来监测过程数据的思想在 1924 年就由休哈特(Shewhart)提出.控制图是由一系列描绘产品质量在时间上变化的图所构成,如图 16.2 所示.图中变量既可以是定量特征(如吊环螺栓的直径),也可以是工业产品的定性属性(如有缺陷或无缺陷的灯泡).这种简单图的作用在于它可以区分产品质量特征的两类变异:(1)**可查明原因的变异**;(2)**随机变异**.

定义 16.1 **质量变量的控制图**是将随时间测量值定期标出而得到的.

可查明原因的变异是诸如金属切割机的磨损、砂轮磨损、生产区湿度和温度的变化、工人的疲劳等引起的.切割机刀口、研磨剂表面的磨损或环境变化的影响通常是随着时间的过去通过特征逐渐变化趋势显现的(见图 16.2a).相反,原材料常常会产生质量特征水平上的突然变化(见图 16.2b).在出现变异时,质量控制和生产工程师要努力识别质量特征的趋势或者突然变化,修正生产过程来减少或消除这类变异.

即使在说明可查明原因的变异时,作为产品质量特征的测量值也是随时间以随机方式变化的.第二类变异即随机(或机会)变异,是由原材料、工人行为等的瞬间随机变化引起的.因为某种偶然原因的稳定系统是任何生产过程中固有的,所以这种类型的变异看作为过程的正常变异.当一件产品的质量特征仅仅受随机变异支配时,就称过程是**受控**.

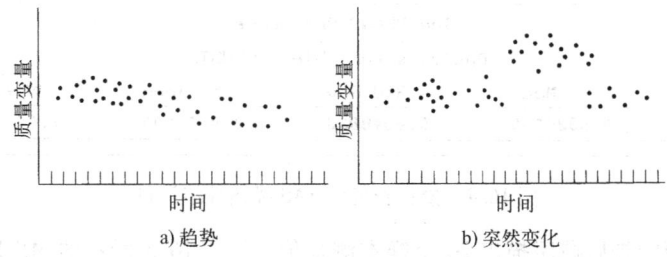

a) 趋势　　　　　　　　　b) 突然变化

图 16.2　表明可查明原因变异的质量特征图

定义 16.2　度量产品质量特征的变量变异是由于**可查明原因**的变异或者**随机(机会)变异**引起的.

定义 16.3　当产品的质量特征仅仅受随机变异支配时，就称生产过程**是受控的**，否则称过程**是失控的**.

为了解释这种思想，考虑生产电动机轴的制造过程. 质量控制检查员可能会每 10min 选择一根轴，并测量其直径. 这些测量值关于时间作图，生产直径仅受随机变异支配的电动机轴的过程能力提供了一个形象的证据. 例如，10 根轴的直径可能如图 16.3 所示，虽然这 10 根轴的直径随时间而变化，但是全都落在制造商规定的控制限集合中. 这个过程表现为"受控".

这些**控制限**是怎样建立的呢? 一种广泛使用(并且成功)的技术是在一段时间内监测已知受控的过程，并计算样本质量测量值的均值和标准差，然后，对未来的测量值，应用发现异常值的 z 得分规则(2.6 节). 我们知道样本测量值落在离均值 3 倍标准差之外是几乎不可能的. 因此，如果质量测量值落在 $\bar{x} - 3s$ 之下或者 $\bar{x} + 3s$ 之上，我们就说过程"失控"，对生产过程的修正可能是必需的.

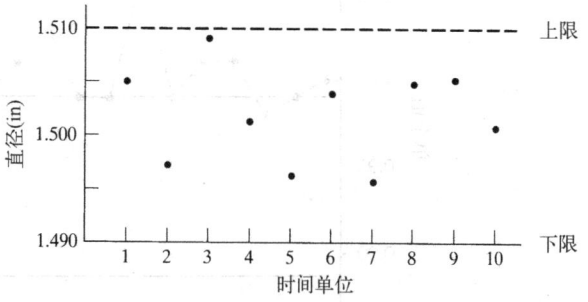

图 16.3　10 根电动机轴的直径图

FIREPIN

表 16.1　例 16.1 中的撞针长度

撞针	长度	撞针	长度
1	1.00	11	1.01
2	0.99	12	0.99
3	0.98	13	0.98
4	1.01	14	0.99
5	1.01	15	0.87
6	0.99	16	1.01
7	1.06	17	0.99
8	0.99	18	0.95
9	0.99	19	0.97
10	1.03	20	0.99

例 16.1　**撞针的变量控制图**　为国防部制造野战炮的公司运行一条生产撞针的生产线. 为了监测生产过程，检查员每隔 30min 从生产线上随机抽取一个撞针，并测量其长度(in)，以这种方式得到的 20 个撞针长度样本如表 16.1 所示. 构造一个撞针长度控制图. 这个过程失控吗?

解　构造控制图的第一步是计算撞针长度的样本均值和标准差. 利用计算机得到的这些值，如图 16.4 的 SAS 输出所示. 可以看到样本均值是 $\bar{x} = 0.992$，样本标准差是 $s = 0.035$.

	The MEANS Procedure			
	Analysis Variable : LENGTH			
N	Mean	Std Dev	Minimum	Maximum
20	0.9920000	0.0348833	0.8700000	1.0600000

图 16.4 撞针长度的 SAS 描述性统计量

下一步按照时间的先后顺序描出 20 个样本测量值,如图 16.5 所示的 MINITAB 输出. 特别地,在控制图中有三条水平线. 对于变量控制图,**中心线**是样本均值 $\bar{x}$,中心线估计了过程的均值. 对于这个例子,估计的撞针平均长度是 0.992in.

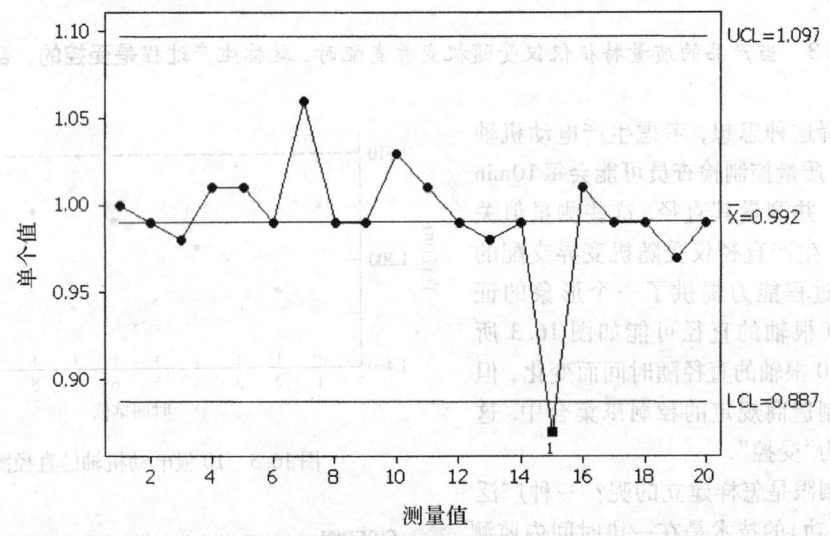

图 16.5 撞针长度的 MINITAB 变量控制图

图 16.5 中位于中心线上下的两条线分别为**控制上限(UCL)**和**控制下限(LCL)**. 如果过程是受控的,那么期望测量值落入这两条线之间. 对于变量控制图,$LCL = \bar{x} - 3s$,$UCL = \bar{x} + 3s$. 因此,有

$$LCL = 0.992 - 3(0.035) = 0.887 \quad \text{和} \quad UCL = 0.992 + 3(0.035) = 1.097$$

注意 15 号撞针的长度测量值落在了 LCL 以下,所以这个过程是"失控"的,这说明生产线可能存在问题. 在这种情况下,过程工程师通常应确定出现这个不寻常小(或大)的测量值的原因. ∎

定义 16.4 变量控制图的**中心线**是样本测量值的均值 $\bar{x}$.

定义 16.5 变量控制图的**控制下限(LCL)**和**控制上限(UCL)**由下式计算得到:

$$LCL = \bar{x} - 3s \quad UCL = \bar{x} + 3s$$

其中 s 是样本测量值的标准差.

最后总结关于单个变量控制图的讨论(或者像通常所说的那样,叫作**个体值控制图**),注意到图描述的是过程本身,而不是我们希望它应有的方式,这一点是重要的. 过程均值和控制限可能会与产品制造商规定的规格显著不同. 例如,虽然制造商想要生产直径为 1.5in 电动机轴,但是实际的过程均值经常和 1.5 相差某一个小的量. 另外,由控制图得到的控制限也仅仅对分析过去的数据,即用于计算中数据是合适的,所以,在把它们应用于未来的生产数据之前需要进行修正. 例如,在过程发现处于失控情形(例16.1),只利用落入原控制限之内的样本测量值重新计算来修正控制限和中心线. 如果问题的原因被纠正,那么这些新值就可以作为未来数据的控制限.

警告 由控制图得到的控制限仅仅对分析过去的数据(即在计算中使用的数据)是合适的. 只有当过程受控和/或控制限被修正时,它们才可以用于未来的数据.

本节中为单个质量变量(如撞针长度)提供了控制图. 也可以为过程均值、过程变异性、百分率缺陷数和每个个体缺陷数构造控制图,我们将会在以下各节提出这些类型的控制图.

应用练习

16.1 软件文件更新. 参考练习5.42, *Software Quality Professional*(2004年11月)对软件工程师团队在摩托罗拉公司工作的评估. 回忆感兴趣的变量是由于有问题的报告而要改变文件的更新次数,连续12个月记录由某团队报告的月更新次数. 数据附在下表.

SWUPDATE

月	更新次数	月	更新次数
1	323	7	249
2	268	8	181
3	290	9	92
4	405	10	80
5	383	11	30
6	368	12	75

资料来源:Holmes, J. S. "Software measurement using SCM." *Software Quality Professional*, Vol. 7, No. 1, Nov. 2004(图5).

a. 确定数据的变量控制图中心线的位置.
b. 确定控制上下限的位置.
c. 过程受控吗?

16.2 新炼铁过程. 参考练习10.25, *Mining Engineering*(2004年10月)研究的一种直接由原始铁矿石和煤生产高质量铁块的新技术. 对于研究的一个阶段,每隔4h测量一次生产的铁块中碳含量变化的百分比,一共有33个连续的区间,33个时间区间的数据列于表中. 为数据构造并解释变量控制图,这个过程受控吗?

CARBON2

区间	碳变化(%)	区间	碳变化(%)
1	3.25	5	3.51
2	3.30	6	3.60
3	3.23	7	3.65
4	3.00	8	3.50

(续)

区间	碳变化(%)	区间	碳变化(%)
9	3.40	22	3.50
10	3.35	23	3.45
11	3.48	24	3.75
12	3.50	25	3.52
13	3.25	26	3.10
14	3.60	27	3.25
15	3.55	28	3.78
16	3.60	29	3.70
17	2.90	30	3.50
18	3.55	31	3.40
19	3.48	32	3.45
20	3.42	33	3.30
21	3.40		

资料来源:Hoffman, G. and Tsuge, O. "ITmk3—Application of a new ironmaking technology for the iron ore mining industry." *Mining Engineering*, Vol. 56, No. 9, October, 2004(图5).

16.3 药物含量评估. 参考练习5.45, *Analytical Chemistry*(2009年12月15日)关于高性能液体色谱法检测药片中药物含量的研究. 假定下表数据表示从两个不同生产地点选取的药片中的药物含量,在每一地点连续25小时中每小时选择一个药片. 用控制图法监测每一地点的药物含量评价过程. 两个地点的过程是统计受控的吗?

DRUGCON

地点1

91.28 92.83 89.35 91.90 82.85 94.83 89.83 89.00 84.62
86.96 88.32 91.17 83.86 89.74 92.24 92.59 84.21 89.36
90.96 92.85 89.39 89.82 89.91 92.16 88.67

地点2

89.35 86.51 89.04 91.82 93.02 88.32 88.76 89.26 90.36
87.16 91.74 86.12 92.10 83.33 87.61 88.20 92.78 86.35
93.84 91.20 93.44 86.77 83.77 93.19 81.79

Note: Read across rows for consecutive drug concentration measurements.

16.4 监测尿路感染. 期刊 *Quality Engineering* (Vol. 25, 2013) 中, Minitab 有限公司的统计师利用控制图法监测在医院感染上尿路感染 (URI) 的男性患者出院的时间间隔. 下表给出了在一个大型医院系统中 $n=54$ 位尿路感染患者相继出院的数据 (出院间隔天数).

a. 构造变量出院间隔时间 (天数) 的控制图. 这个过程受控吗?

b. 统计学家证明出院间隔天数服从指数分布而不是正态分布. 因此, a 部分控制图的控制限不能得到稀有事件的概率来构成基本的控制图. 他们导出均值为 θ 的指数随机变量的控制限如下: LCL = 0.001 351(θ), 中心线 = $\theta\ln(2)$, UCL = 6.607 73(θ). 证明对指数随机变量 Y, $P(Y < \text{LCL}) = P(Y > \text{UCL}) \approx 0.001$ 和 $P(Y > \text{中心线}) = 0.5$.

c. 用 b 部分得到的控制限和平均出院时间间隔是 0.21 天这个事实构造尿路感染患者出院间隔时间的控制图. 这个过程受控吗?

 URI

出院顺序	天数	出院顺序	天数
1	0.570 14	23	0.048 61
2	0.074 31	24	0.027 78
3	0.152 78	25	0.326 39
4	0.145 83	26	0.649 31
5	0.138 89	27	0.149 31
6	0.149 31	28	0.013 89
7	0.033 33	29	0.038 19
8	0.086 81	30	0.468 06
9	0.336 81	31	0.222 22
10	0.038 19	32	0.295 14
11	0.246 53	33	0.534 72
12	0.295 14	34	0.151 39
13	0.119 44	35	0.525 69
14	0.052 08	36	0.079 86
15	0.125 00	37	0.270 83
16	0.250 00	38	0.045 14
17	0.400 69	39	0.135 42
18	0.025 00	40	0.086 81
19	0.120 14	41	0.403 47
20	0.114 58	42	0.126 39
21	0.003 47	43	0.184 03
22	0.120 14	44	0.708 33

出院顺序	天数	出院顺序	天数
45	0.156 25	50	0.052 08
46	0.246 53	51	0.027 78
47	0.045 14	52	0.034 72
48	0.017 36	53	0.236 11
49	0.088 89	54	0.359 72

资料来源: Santiago, E. & Smith, J. "Control Charts Based on the Exponential Distribution: Adapting Runs Rules for the t Chart", *Quality Engineering*, Vol. 25, 2013 (表 B1).

16.5 瓶重. 一家制造瓶子公司的质量控制工程师每个月都会从生产过程的 20 个时间点 (天), 随机选择一个已经制成的瓶子, 并且记录每个瓶子的重量 (盎司), 上个月的检查数据如下表所示.

🌐 **BOTTLE**

天	重量	天	重量
1	5.6	11	6.2
2	5.7	12	5.9
3	6.1	13	5.2
4	6.3	14	6.0
5	5.2	15	6.3
6	6.0	16	5.8
7	5.8	17	6.1
8	5.8	18	6.2
9	6.4	19	5.3
10	6.0	20	6.0

a. 为制成的瓶子重量构造一个变量控制图.

b. 这个月的过程受控吗?

16.6 橡胶模制伸缩接头. 用于加热和空调系统的橡胶模制伸缩接头的设计内径为 5in. 为了监视制造过程, 在 12h 之内, 每隔一小时从生产线挑选一个接头并测量直径 (in), 如下表所示. 利用这些数据构造变量控制图.

🌐 **RUBBERJNT**

小时	直径	小时	直径
1	5.08	7	5.02
2	4.88	8	4.91
3	4.99	9	5.06
4	5.04	10	4.92
5	5.00	11	5.01
6	4.83	12	4.92

a. 确定变量控制图中心线的位置.

b. 确定控制上下限的位置.
c. 过程受控吗?

16.7 可变电阻器的旋钮插入. 由塑料铸模生产的可变电阻器旋钮包括一个金属嵌入物, 这个旋钮插入装配零件的合适性由旋钮后部到远离针洞那一边的距离来决定. 为了监视铸模运行, 从每小时产品中随机选取一个旋钮, 然后测量其尺寸, 下表给出了过程运行的前 27 个小时的测量距离.

a. 为过程构造变量控制图.
b. 在图中确定中心线、控制上限和控制下限的位置.
c. 这个过程受控吗?

🌐 KNOB

小时	距离	小时	距离	小时	距离	小时	距离
1	0.140	8	0.143	15	0.144	22	0.139
2	0.138	9	0.141	16	0.140	23	0.140
3	0.139	10	0.142	17	0.137	24	0.134
4	0.143	11	0.137	18	0.137	25	0.138
5	0.142	12	0.137	19	0.142	26	0.140
6	0.136	13	0.142	20	0.136	27	0.145
7	0.142	14	0.137	21	0.142		

16.3 均值控制图: $\bar{x}$ 图

用于监测定量质量特征而构造的控制图通常基于几个单位产品的随机样本, 而不是基于图 16.3 所示的个别工业单位的特征. 例如, 16.2 节中电轴的制造商可能会在每个小时的最后挑选 5 个轴的样本. 描述样本平均直径, 即相应于每个时间点的均值图称为**均值控制图**或者 $\bar{x}$ **图** ⊖.

实际上, 修正可查明原因的变异而调整过程, 且认为过程是受控之后, 才构造控制图. 当过程受控时, $\bar{x}$ 图仅描述样本均值关于时间的随机变异性. 理论上, $\bar{x}$ 围绕过程均值 $E(x) = \mu$ 变化, 并且以一个很大的概率落在界限 $\mu \pm 3\sigma_{\bar{x}}$ 或 $\mu \pm 3\sigma/\sqrt{n}$ 内. 对每小时取 $n=5$ 根电动机轴的样本均值, 构造的控制图可能如图 16.6 所示.

如图 16.6 所示, $\bar{x}$ 图包含三条水平线. **中心线**是过程的均值 μ. 虽然这个值通常是未知的, 但是当过程受控时, 可以用大量 (如 20) 样本均值的平均值来估计. 例如, 如果求 k 个样本均值的平均值, 那么

$$\text{中心线} = \bar{\bar{x}} = \frac{\sum_{i=1}^{k} \bar{x}_i}{k}$$

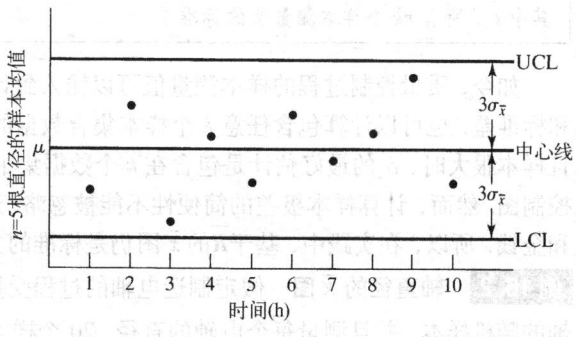

图 16.6 $n=5$ 根轴直径样本的 $\bar{x}$ 图

位于中心线上、下的两条线分别称为**控制上限 (ULC)** 和**控制下限 (LCL)**. 如果过程受控, 那么可以期望样本均值落在这两条线之间, 这两条线距离中心线上下 $3\sigma_{\bar{x}} = 3\sigma/\sqrt{n}$ 处.

过程的标准差 σ 通常是未知的, 但是当过程受控时, 它可以由收集的大样本数据估计. 在出现

⊖ 为了和质量控制文献中的符号一致, 我们使用 x (而不是 y) 来表示定量的质量特征变量.

计算机之前，一般首先计算样本极差 R，最大和最小样本测量值之间的差来估计 σ. 然后由 k 个样本极差的平均 $\bar{R}$ 除以常数 d_2 来估计过程的标准差 σ：

$$\hat{\sigma} = \frac{\bar{R}}{d_2} = \frac{\sum_{i=1}^{k} R_i / k}{d_2}$$

d_2 的值依赖于样本容量 n，因为控制限距离中心线上下 $3\sigma_{\bar{x}} = 3\sigma/\sqrt{n}$ 处，这个距离的估计为

$$3\hat{\sigma}_{\bar{x}} = \frac{3(\bar{R}/d_2)}{\sqrt{n}} = \frac{3}{d_2\sqrt{n}} \bar{R} = A_2 \bar{R}$$

其中 $A_2 = 3/(d_2\sqrt{n})$. 对样本容量 $n=2$ 到 $n=25$ 的 A_2 和 d_2 的值在表 B.19 中给出.

$\bar{x}$ 图的中心线和控制限的位置

$$\text{中心线：} \bar{\bar{x}} = \frac{\sum_{i=1}^{k} \bar{x}_i}{k}$$

$$\text{UCL：} \bar{\bar{x}} + A_2 \bar{R}$$

$$\text{LCL：} \bar{\bar{x}} - A_2 \bar{R}$$

其中，$k=$ 每个样本量为 n 的样本个数，$\bar{x}_i=$ 第 i 个样本的样本均值，$R_i=$ 第 i 个样本的极差.

$$\bar{R} = \frac{\sum_{i=1}^{k} R_i}{k}$$

A_2 由表 B.19 给出.

（注：对于从没有时间趋势过程中收集的大样本（如 $n > 15$），控制上限和控制下限可以如下计算：

$$\text{UCL：} \bar{\bar{x}} + 3s/\sqrt{n} \qquad \text{LCL：} \bar{\bar{x}} - 3s/\sqrt{n}$$

其中 s 是所有 nk 个样本测量值的标准差.

如今，质量控制过程的样本测量值可以输入到计算机，通过计算机编程来计算单个样本的均值和标准差，也可以计算包含任意 k 个样本集合数据的均值和标准差. 当不存在时间趋势（见 16.5 节）且样本很大时，σ 的最好估计是包含在 k 个数据集中数据的标准差 s ⊖. 计算机计算 $\bar{\bar{x}}$ 和 s 并且输出控制图. 然而，计算样本极差的简便性不能被忽略. 通过报告样本极差而不是 s 可以节省时间、精力和金钱，所以，在实践中，基于 $\bar{R}$ 的 $\bar{x}$ 图仍是标准的方法.

例 16.2　轴直径的 $\bar{x}$ 图　假定制造电轴的过程受控，在 20h 期间制造商在每小时结束时挑选 4 个轴的随机样本，并且测量每个电轴的直径，20 个样本的测量值（in）记录在表 16.2 中. 对样本均值构造控制图并解释结果.

解　构造 $\bar{x}$ 图的第一步是计算 20 个样本中每一个的样本均值 $\bar{x}$ 和极差 R，这些值在表 16.2 中的最后两列给出.

其次，我们利用 SAS 来计算 20 个样本均值的平均值 $\bar{\bar{x}}$，20 个样本极差的平均值 $\bar{R}$，如图 16.7 的输出所示，这些值分别为 $\bar{\bar{x}} = 1.500\,425$，$\bar{R} = 0.019\,85$.

⊖ Grant and Leavenworth（1988）建议当样本容量 n 大于 15 时，用 s 来估计 σ. 对小样本，$\bar{R}/d_2$ 通常提供一个较好的估计.

SHAFTS

表16.2 例16.2中 $n=4$ 根轴直径的样本

样本号	样本测量值(in)				样本均值 $\bar{x}$	极差 R
1	1.505	1.499	1.501	1.488	1.4983	0.017
2	1.496	1.513	1.512	1.501	1.5055	0.017
3	1.516	1.485	1.492	1.503	1.4990	0.031
4	1.507	1.492	1.511	1.491	1.5003	0.020
5	1.502	1.491	1.501	1.502	1.4990	0.011
6	1.502	1.488	1.506	1.483	1.4948	0.023
7	1.489	1.512	1.496	1.501	1.4995	0.023
8	1.485	1.518	1.494	1.513	1.5025	0.033
9	1.503	1.495	1.503	1.496	1.4993	0.008
10	1.485	1.519	1.503	1.507	1.5035	0.034
11	1.491	1.516	1.497	1.493	1.4993	0.025
12	1.486	1.505	1.487	1.492	1.4925	0.019
13	1.510	1.502	1.515	1.499	1.5065	0.016
14	1.495	1.485	1.493	1.503	1.4940	0.018
15	1.504	1.499	1.504	1.500	1.5018	0.005
16	1.499	1.503	1.508	1.497	1.5018	0.011
17	1.501	1.493	1.509	1.491	1.4985	0.018
18	1.497	1.510	1.496	1.500	1.5008	0.014
19	1.503	1.526	1.497	1.500	1.5065	0.029
20	1.494	1.501	1.508	1.519	1.5055	0.025

```
                The MEANS Procedure
Variable    N       Mean      Std Dev     Minimum      Maximum
XBAR       20    1.5004250   0.0039413   1.4925000    1.5065000
RANGE      20    0.0198500   0.0080934   0.0050000    0.0340000
```

图16.7 轴直径的 $\bar{x}$ 和极差的 SAS 描述性统计量

值 $\bar{\bar{x}} = 1.500\,425$ 作为控制图的中心线. 为了求控制上下限, 需要知道控制限因子 A_2 的值, 它可以在表 B.19 中找到. 对于每个样本中 $n=4$ 个测量值, $A_2 = 0.729$. 那么

$$\text{UCL} = \bar{\bar{x}} + A_2 \bar{R} = 1.500\,425 + (0.729)(0.019\,85) = 1.514\,89$$

$$\text{LCL} = \bar{\bar{x}} - A_2 \bar{R} = 1.500\,425 - (0.729)(0.019\,85) = 1.485\,96$$

利用这些限, 构造样本均值控制图如图 16.7 的 MINITAB 输出所示. 注意所有的 20 个样本均值都落在控制限之间. ■

$\bar{x}$ 图的目的在于发现与过程控制的偏离. 如果过程受控, 那么样本均值落在控制限之间的概率是非常大的, 这是因为对于大样本, 中心极限定理保证了 $\bar{x}$ 的抽样分布近似为正态分布. 所以, $\bar{x}$ 落在控制限之间即 $\pm 3\hat{\sigma}_{\bar{x}}$ 之内的概率大约是 0.997. 因此, 一个样本均值落在控制限之外作为生产过程可

能存在问题的一个指标. 当这种情况发生时, 我们以一个很高的置信度说过程失控, 常需要指派过程工程师确定出现不寻常大(或者小的)$\bar{x}$值的原因.

另一方面, 当所有样本均值都落在控制限内时(如图 16.8 所示), 我们说过程受控. 然而在这个陈述中没有如上述"失控"断言那样相同的置信程度. 在某种意义上, 利用控制图检验原假设 H_0: 过程受控(即不存在可查明原因的变异). 正如第 9 章所述, 因为第二类错误的概率是未知的, 所以在不拒绝 H_0 时必须非常小心. 在实践中, 当质量控制工程师说"过程受控"时, 他们的真正意思是"按照好像不存在可查明原因的变异那样行动是合算的". 在这种情况下, 最好是不管过程, 而不是花费许多时间和金钱去寻找可能不存在的问题.

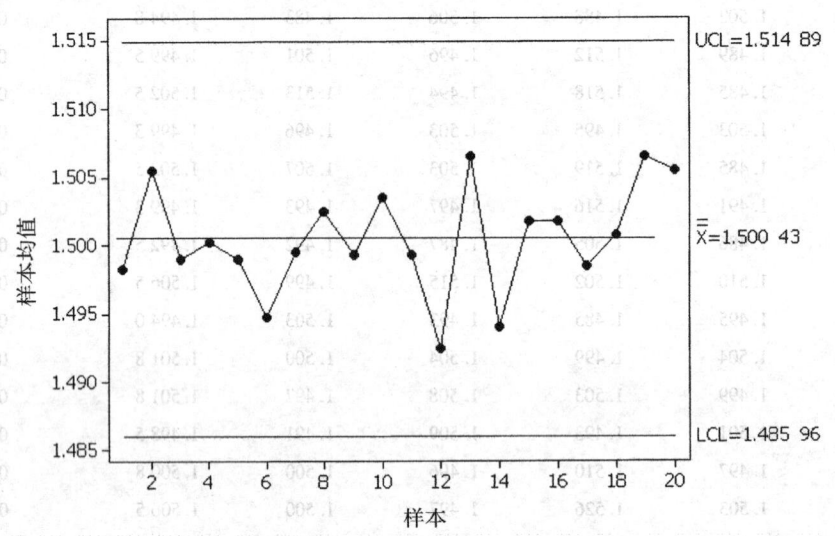

图 16.8　例 16.2 轴直径的 MINITAB $\bar{x}$ 图

在结束 $\bar{x}$ 图的讨论之前, 必须指出重要的两点. 第一, 在实践中, $\bar{x}$ 图和监测过程变异的控制图, 即 R 图常一起使用. 事实上, 因为样本极差(或标准差)用于构造 $\bar{x}$ 图, 所以检查 R 图, 首先保证过程变异是稳定的, 这是必要的. R 图是下一节的主题.

解释 $\bar{x}$ 图

过程"失控": 一个或多个样本均值落在控制限外⊖. 这说明生产过程可能存在问题, 应该设法确定出现 $\bar{x}$ 不寻常大(或小)值的原因.

过程"受控": 所有样本均值都落在控制限内. 虽然可能存在可查明原因的变异, 但是不理会过程比寻找可能不存在的问题好.

对于 $\bar{x}$ 图以及一般的控制图, 要说明的第二点是抽样计划的重要性. 理想地, 希望随时间选择个体的样本, 使得我们可以最大化发现过程变化的机会, 如果存在的话. 为此, 选择个体的**合理子组**

⊖ 除了"一个或更多的点落在控制限外"这条规则以外, 还有几条其他"模式分析"规则来帮助分析师确定过程是否失控. 例如, 如果 5 个相继点中的 4 个在 $\mu + 2\sigma_{\bar{x}}$ 或 $\mu - 2\sigma_{\bar{x}}$ 之外, 这个过程也是失控的. 对于这些经验规则的详细讨论参见参考文献.

（样本）使得过程均值的改变（如果它存在）发生在样本之间，而不是在样本之内（即不在抽取样本期间内）. 下面的例子说明了这一点.

定义 16.6　合理子组是收集的个体样本，使得下面两个机会最大：(1) 每个样本内的质量测量值是相似的；(2) 样本间的质量测量值是不同的.

例 16.3　合理的子组策略　参考例 16.2 关于制造电动机轴过程的讨论. 假定生产管理人员怀疑夜班工人生产轴的平均直径大于早班和中班工人生产的，管理人员想用 $\bar{x}$ 图确定过程均值是否发生变化. 为这位管理人员提出一个遵从合理子组策略的抽样计划，即应该怎样挑选 4 个轴的样本，使得发现均值变化的机会最大.

解　显然，应该用每个班内抽出的轴样本来构造控制图. 例如，管理人员可以在连续的 24 个小时内每小时抽样 4 个轴. 那么前 8 个样本来自早班，后 8 个来自中班，最后 8 个来自晚班. 这样，所有样本都不会跨班. （这不同于比如两个轴来自中班，两个轴来自晚班的样本.）这些 24 个样本表示轴的合理子组，是为了发现轴直径均值变化可归因于夜班工人的机会极大化而设计的. ■

应用练习

16.8　计算机的 CPU 芯片. 微型计算机的中央处理器（CPU）是包括上百万个晶体管的计算机芯片，连接晶体管的是仅 0.5～0.85μm 粗的细长的电路. 为了理解这些有多么细，想一想 1μm 就是 1m 的百万分之一，一根人的头发有 70μm 粗（*Computer*，1992）. CPU 芯片的制造商知道如果电路不是 0.5～0.85μm 粗，那么在芯片运行中将会出现各种各样的问题. 制造商在连续的 5 天内每天 6 次（从早上 8:00 到下午 4:30 每隔 90min 一次）抽样 4 个 CPU 芯片，并且测量电路的宽度. 这些数据及构造 $\bar{x}$ 图的 MINITAB 输出如下面所示.

a. 假定 $\bar{R} = 0.335$，计算控制图的控制上下限、上下 A-B 界以及上下 B-C 界⊖.
b. 对于 CPU 芯片上电路过程的稳定性，控制图说明了什么？证明你的回答.
c. 控制限应该用于监测未来的过程输出吗？请解释.

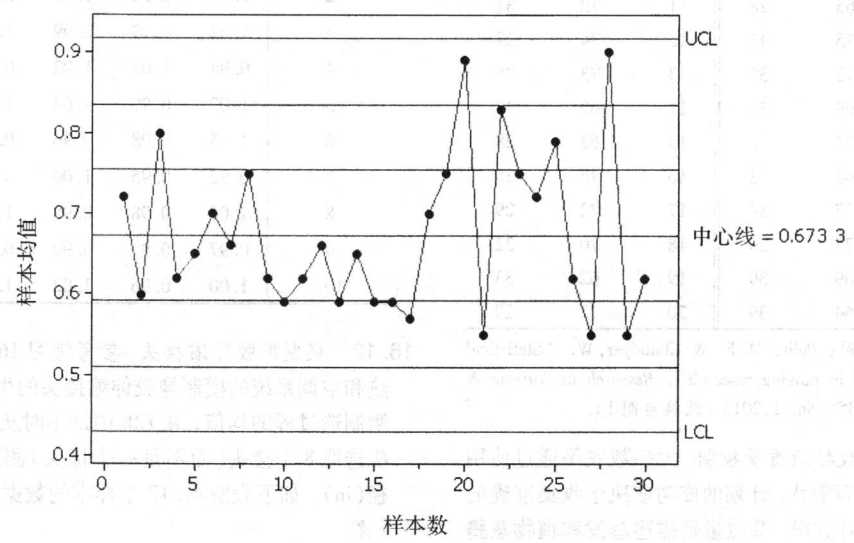

练习 16.8 中的 MINITAB 输出

⊖ 上下控制限为 $\bar{\bar{x}} \pm 3\hat{\sigma}_{\bar{x}}$，上下 A-B 界为 $\bar{\bar{x}} \pm 2\hat{\sigma}_{\bar{x}}$，上下 B-C 界为 $\bar{\bar{x}} \pm \hat{\sigma}_{\bar{x}}$. ——译者注

16.9 ICU 患者的疼痛程度. 护理中的不同干预可以帮助减轻患者疼痛(例如, 热/冷的应用, 呼吸练习, 按摩). Research in Nursing & Health (Vol. 35, 2012)期刊中论证了统计过程控制对确定疼痛干预效果的作用. 研究人员做出了如下说明. 10 位重症监护(ICU)患者在术后 24 小时后的连续 20 周, 记录每周的疼痛程度(以百分制记)并作为一个样本. 下表给出了 20 周中每周的均值和极差. 为了确定疼痛管理过程在"统计控制中", 构造 $\bar{x}$ 图.

a. 计算 $\bar{x}$ 图的中心线值.
b. 计算 $\bar{R}$ 值.
c. 计算 $\bar{x}$ 图的 UCL 和 LCL.
d. 绘制 20 个星期的 $\bar{x}$ 图的均值. 疼痛管理过程"受控"吗?
e. 在 20 周后, 重症监护室依然使用疼痛干预. 干预的目的是减轻 ICU 患者平均疼痛程度. 为了确定干预是否是有效的, 再连续记录 8 周 ICU 患者的情况. 这些病人平均疼痛程度(依次)是:71、72、69、67、66、65、64 和 62. 绘制这些均值的 $\bar{x}$ 图. 在干预下, 患者的平均疼痛程度是否有变化? 请解释.

ICUPAIN

周	X 的均值	极差	周	X 的均值	极差
1	65	28	11	70	34
2	75	41	12	74	37
3	72	31	13	73	25
4	69	35	14	62	33
5	73	35	15	68	28
6	63	33	16	75	35
7	77	34	17	72	29
8	75	29	18	70	32
9	69	30	19	62	33
10	64	39	20	72	29

资料来源: Polit, D. F. & Chaboyer, W. "Statistical process control in nursing research", Research in Nursing & Health, Vol. 35, No. 1, 2012 (改编自图 1).

16.10 灌溉数据的质量控制. 大多数农民通过使用灌溉计划来预算水. 计划的成功取决于收集准确的蒸散量(ETo)数据, 蒸散量是描述蒸发和植物蒸腾的总耗水量的术语. 加利福尼亚灌溉管理信息系统(CIMIS)收集每日气候数据(如气温、风速和蒸汽压)用于估计 ETo, 并把这个信息提供给农民. CIMIS 的研究人员证明使用质量控制图可以监测每日 ETo 测量值(IV International Symposium on Irrigation of Horticultural Crops, 2004 年 12 月 31 日). 在 Davis CIMIS 站的五月期间每小时收集每日最低气温, 得到如下统计量汇总(其中每小时收集 5 个测量值): $\bar{\bar{x}} = 10.16°$, $\bar{R} = 14.87°$.

a. 利用提供的信息求 $\bar{x}$ 图的 $\bar{R}$ 的控制下限和上限.
b. 假定五月某天在 Davis CIMIS 站记录的平均气温是 $\bar{x} = 20.3℃$, 这个站的管理者对这个值有何反应?

16.11 撞针的长度. 一家为国防部制造野战炮的公司运行一条生产精巧撞针的生产线. 为了监测过程, 检查员在 5 个小时中每 30min 从生产线上随机挑选 5 个撞针并测量其长度(in).

a. 利用表中 10 个时间段的数据计算 $\bar{x}$ 图的中心线.
b. 计算控制上下限.
c. 计算用来形成撞针长度 $\bar{x}$ 图的 10 个样本均值, 并作图.
d. 假定国防部规定撞针长度为 $1.00in \pm 0.08in$, 那么制造过程受控吗?

FIREPINS

30min 间隔	撞针长度				
1	1.05	1.03	0.99	1.00	1.03
2	0.93	0.96	1.01	0.98	0.97
3	1.02	0.99	0.99	1.00	0.98
4	0.98	1.01	1.02	0.99	0.97
5	1.02	1.00	1.04	1.07	0.98
6	1.05	0.98	0.96	0.91	1.02
7	0.92	0.95	1.00	0.99	1.01
8	1.06	1.00	0.98	1.04	1.01
9	0.97	0.99	1.00	1.04	1.01
10	1.00	0.96	1.02	1.03	0.99

16.12 模制橡胶伸缩接头. 参考练习 16.6, 用于加热和空调系统的模制橡胶伸缩接头的生产. 为了监测制造过程的均值, 在 12h 中每小时从生产线上随机选取 8 个接头(而不是一个接头)测量它们的直径(in), 如下表所示. 12 个样本的数据将用于构造 $\bar{x}$ 图.

a. 确定 $\bar{x}$ 图的中心线位置.
b. 确定控制上下限的位置.
c. 计算并画出 12 个样本均值来产生接头直径的 $\bar{x}$ 图. 这个过程受控吗?

RUBBERJNT2

小时	模制橡胶伸缩接头的直径						
1	5.08	5.01	4.99	4.93	4.98	5.00	5.04	4.97
2	4.88	5.10	4.93	5.02	5.06	4.99	4.92	4.91
3	4.99	5.00	5.02	5.01	5.03	4.92	4.97	5.01
4	5.04	4.96	5.01	5.00	5.00	4.98	4.91	4.96
5	5.00	4.93	4.94	5.01	4.97	5.00	5.08	5.11
6	4.83	4.92	4.96	4.91	5.01	5.03	4.95	5.00
7	5.02	5.01	4.96	4.98	5.00	5.07	4.94	5.01
8	4.91	5.00	4.97	5.04	4.99	4.98	4.98	4.99
9	5.06	5.04	4.99	5.02	4.97	5.00	5.01	5.01
10	4.92	4.98	5.01	4.97	5.00	5.07	5.02	4.93
11	5.01	5.01	5.02	5.00	4.95	5.01	5.01	5.00
12	4.92	5.12	5.06	4.93	4.98	5.02	5.04	4.97

16.13 选择最好的晶元切片机. 硅片切片是生产半导体器件 (如二极管、太阳能电池和晶体管) 关键的一步. 元培科技大学 (中国) 的研究人员用控制图法帮助选择最好的硅片切片机 (*Computers & Industrial Engineering*, Vol. 52, 2007). 在连续 67 个小时中每小时切片 $n=2$ 个晶元, 并记录弯曲度测量值 (测量的精度). 其中测试的一台机器的 $\bar{x}$ 图显示切割过程在第 19、40 和 59 小时失控. 对于这三个小时的每一小时, 平均弯曲度测量值落在控制上限的上方. 假定平均弯曲度测量值服从正态分布.

a. 如果过程受控, 随机抽取的某小时平均弯曲度测量值落在控制上限上方的概率是多少?

b. 如果过程受控, 67 个平均弯曲度测量值中有 3 个落在控制上限上方的概率是多少?

16.14 监测低报的排放量. 环保局 (EPA) 规定了二氧化碳 (CO_2) 的排放量. 由于设备泄漏或不完善, 排放量测量值周期性地被低报. 这些问题通常只有在昂贵的测试 (RATA) (基本上一年做一次的测试) 中才能发现. 只是最近, EPA 开始应用自动化控制图法检测排放数据中的低测量值 (*EPRI CEM Users Group Conference*, 田纳西州纳什维尔, 2008 年 5 月 13 日). 每天, EPA 随机选取 6 个小时, 通过每个小时测量的 CO_2 浓度来收集排放量数据. 表中给出了 30 天的日平均 CO_2 量. EPA 认为这些值能真实表示排放量, 因为最近做的 RATA 测试表明没有低报的问题. 平均值的控制下限和上限分别为 LCL = 12.26 和 UCL = 13.76.

a. 构造日平均 CO_2 量的控制图.

b. 基于控制图, 描述测量过程的性质.

c. 接下来 10 天的平均 CO_2 量如下: 12.7, 12.1, 12.0, 12.0, 11.8, 11.7, 11.6, 11.7, 11.8, 11.7. 对于这 10 天排放量的潜在低报做出推断.

CO2

连续 30 天日平均 CO_2 测量值					
1	2	3	4	5	6
12.9	13.2	13.4	13.3	13.1	13.2
7	8	9	10	11	12
13.1	13.0	12.5	12.5	12.7	12.8
13	14	15	16	17	18
12.7	12.9	12.0	12.9	12.8	12.7
19	20	21	22	23	24
13.2	13.2	13.3	13.0	13.0	13.2
25	26	27	28	29	30
13.2	13.4	13.1	13.3	13.4	13.4

16.15 可变电阻器的旋钮插入. 参考练习 16.7, 可变电阻器旋钮的制造. 为了监测过程的均值, 从每小时的产品中随机抽样 5 个旋钮, 并测量每个从旋钮后部到针洞远一边的距离. 过程运行的前 27h 的测量值 (in) 如表所示.

a. 构造过程的 $\bar{x}$ 图.

b. 在 $\bar{x}$ 图上确定中心线、控制上限和控制下限的位置.

c. 过程受控吗?

KNOB2

小时	距离测量值				
1	0.140	0.143	0.137	0.134	0.135
2	0.138	0.143	0.143	0.145	0.146
3	0.139	0.133	0.147	0.148	0.139
4	0.143	0.141	0.137	0.138	0.140
5	0.142	0.142	0.145	0.135	0.136
6	0.136	0.144	0.143	0.136	0.137
7	0.142	0.147	0.137	0.142	0.138
8	0.143	0.137	0.145	0.142	0.138
9	0.141	0.142	0.145	0.140	0.140
10	0.142	0.142	0.145	0.140	0.132
11	0.137	0.147	0.142	0.137	0.135
12	0.137	0.146	0.142	0.142	0.140

（续）

小时	距离测量值				
13	0.142	0.142	0.139	0.141	0.142
14	0.137	0.145	0.144	0.137	0.140
15	0.144	0.142	0.143	0.135	0.145
16	0.140	0.132	0.144	0.145	0.141
17	0.137	0.137	0.142	0.143	0.141
18	0.137	0.142	0.142	0.145	0.143
19	0.142	0.142	0.143	0.140	0.135
20	0.136	0.142	0.140	0.139	0.137
21	0.142	0.144	0.140	0.138	0.143
22	0.139	0.146	0.143	0.140	0.139
23	0.140	0.145	0.142	0.139	0.137
24	0.134	0.147	0.143	0.141	0.142
25	0.138	0.145	0.141	0.137	0.141
26	0.140	0.145	0.143	0.144	0.138
27	0.145	0.145	0.137	0.138	0.140

资料来源：Grant, E. L., and Leavenworth, R. S., *Statistical Quality Control*, 5th ed. New York McGraw-Hill, 1950（表 1-2）. Reprinted with permission.

CHUNKY

16.16 **大块数据**. BPI 咨询公司是美国统计过程控制软件和培训的具有领导地位的供应商，最近警告它的客户要注意"大块"数据的问题. 在 2007 年 4 月的报告中，BPI 咨询公司确定"大块"数据是指当感兴趣的可能变量值的极差变得很大时的数据. 这基本发生在当数据是取整数据时. 例如，一个公司监测从指定的供应商运输货物到达的时间四舍五入到最近的天. 为了说明大块数据对控制图的影响，BPI 咨询公司考虑一个平均质量特征是 100 的过程. 下表给出了连续 40 个小时每小时收集 3 个观测值的质量特征数据.（注：BPI 咨询公司提醒客户，例题中失控的数据点实际上是因为测量过程，而不是因为过程"失控".）

样本	质量水平			样本	质量水平		
1	99.69	99.73	99.81	21	99.43	99.63	100.08
2	98.67	99.47	100.20	22	100.04	99.71	100.40
3	99.93	99.97	100.20	23	101.08	99.84	99.93
4	100.58	99.40	101.08	24	99.98	99.50	100.25
5	99.28	99.48	99.10	25	101.18	100.79	99.56
6	99.06	99.61	99.85	26	99.24	99.90	100.03
7	99.81	99.78	99.53	27	99.41	99.18	99.39
8	99.78	100.10	99.27	28	100.84	100.47	100.48
9	99.76	100.83	100.27	29	99.31	100.15	101.08
10	100.20	100.24	99.85	30	99.65	100.05	100.12
11	99.12	99.74	100.04	31	100.24	101.01	100.71
12	101.58	100.54	100.53	32	99.89	99.73	99.61
13	101.51	100.52	100.50	33	100.3	100.02	99.31
14	100.27	100.77	100.48	34	100.76	100.76	100.37
15	100.43	100.67	100.53	35	100.48	99.96	99.72
16	101.08	100.54	99.89	36	100.30	100.30	99.07
17	99.63	100.77	99.86	37	100.25	99.58	101.27
18	99.29	99.49	99.37	38	100.49	100.16	100.86
19	99.89	100.75	100.73	39	100.44	100.53	99.84
20	100.54	101.51	100.54	40	99.45	99.41	99.27

a. 构造数据的 $\bar{x}$ 图. 根据法则 1，证明这个过程"受控".

b. 将数据中的每一个测量值舍入到一个整数，然后构造舍入数据的 $\bar{x}$ 图. 你观察到什么？

16.4 过程变异控制图：R 图

在质量控制中，我们不仅想要控制某个质量特征的均值，还想控制它的变异性. 过程标准差 σ 的增大意味着质量特征变量将会在一个较宽的范围内变化，因此增加了生产次品的概率. 所以，受控的过程以一个相对固定的过程均值 μ 和标准差 σ 生成数据.

质量特征的变异利用**极差图**或 R 图来监测. 所以，除了计算每个样本均值 $\bar{x}$，还需要计算和画出样本极差 R. 正如 $\bar{x}$ 图一样，R 图也包含一条中心线和相应的控制上限和控制下限 ⊖.

样本极差的期望值和标准差是：

⊖ 我们也可以在 S 图中画出样本标准差来监测过程的变异性. 然而，本章我们仅关注 R 图，因为（1）当样本量小于等于 9 时，S 图和 R 图所反映的信息大致相同，（2）工程师使用 R 图比 S 图更广泛（主要因为样本极差比样本标准差容易计算）. 对于 S 图的更多信息参考本章的文献.

$$E(R) = d_2\sigma \qquad 且 \qquad \sigma_R = d_3\sigma$$

其中 d_2 和 d_3（见表 B.19）是依赖于样本容量 n 的常数. 因此，我们确定 R 图的中心线位于 $d_2\sigma$ 处，其中如果 σ 是未知的，则用 k 个样本极差的均值 $\bar{R}$ 来估计 $E(R)$ⓧ.

R 图的中心线和控制限的位置

中心线：$\bar{R}$

UCL：$D_4 \bar{R}$

LCL：$D_3 \bar{R}$

其中，k = 样本容量均为 n 的样本个数，R_i = 第 i 个样本的极差，

$$\bar{R} = \frac{\sum_{i=1}^{k} R_i}{k}$$

对于样本容量 $n = 2$ 到 $n = 25$ 的 D_3 和 D_4 在表 B.19 给出.

控制上下限距离中心线上下 $3\sigma_R = 3d_3\sigma$ 处. 用 $\bar{R}/d_2$ 估计 σ，控制上下限的位置如下：

$$\text{UCL：} \bar{R} + 3\frac{d_3}{d_2}\bar{R} = \left(1 + 3\frac{d_3}{d_2}\right)\bar{R} = D_4 \bar{R}$$

其中

$$D_4 = 1 + 3\frac{d_3}{d_2}$$

$$\text{LCL：} \bar{R} - 3\frac{d_3}{d_2}\bar{R} = \left(1 - 3\frac{d_3}{d_2}\right)\bar{R} = D_3 \bar{R}$$

其中

$$D_3 = 1 - 3\frac{d_3}{d_2}$$

对于样本容量为 $n = 2$ 到 $n = 25$ 已经计算出 D_3 和 D_4 的值，如表 B.19 所示.

例 16.4 **轴直径的 R 图** 参考例 16.2 监测电动机轴制造过程的问题. 回忆制造商在 20 个小时期间每小时选取 4 根轴的样本，并测量每根轴的直径. 假定过程受控，构造并解释这个过程变异的 R 图.

解 在例 16.2 中，我们计算了 20 个样本极差的均值为 $\bar{R} = 0.01985$，这个值就是中心线. 对于 $n = 4$，表 B.19 中给出的 D_3 和 D_4 的值分别为 $D_3 = 0$，$D_4 = 2.282$. 那么 R 图的控制上下限分别为：

$$\text{UCL} = D_4 \bar{R} = (2.282)(0.01985) = 0.0453$$

$$\text{LCL} = D_3 \bar{R} = (0)(0.01985) = 0$$

表 16.2 中 20 个样本极差的 $\bar{R}$ 图如图 16.9 的 MINITAB 输出所示.

为了监测制造过程生产的轴直径的变异，质量控制工程师检查后确定样本极差没有超过 0.0453in 的 UCL.（因为 LCL 为 0，没有直径可以落在这个值以下.） ∎

ⓧ 另外一种方法，可以利用包含在 k 个样本中的所有数据的标准差来估计 σ.

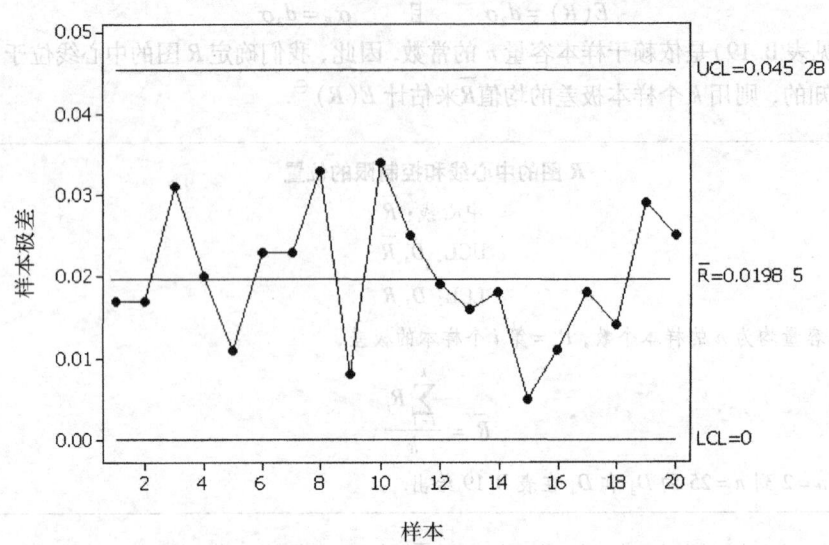

图 16.9 例 16.4 中轴直径 R 图的 MINITAB 输出

R 图的实际应用与关联的 $\bar{x}$ 图相似. 落在控制限之外的 R 值受到怀疑, 提示过程可能改变. 样本极差的趋势也可以说明, 例如机器的磨损问题. (将在下一节讨论这类问题.) 正如 $\bar{x}$ 图的情形, R 图可能提供一个过程存在问题的指标, 然后再由过程工程师努力找出问题, 如果事实上存在的话.

解释 R 图

过程"失控": 一个或多个样本极差落在控制限外. 与 $\bar{x}$ 图一样, 这指出生产过程中可能的变化, 并且应该尽量找出问题.

过程"受控": 所有样本极差都落在控制限内. 在这种情形下, 最好是不管过程, 而不是寻找可能不存在的问题.

在实际问题中, 正如到目前为止我们所介绍的, $\bar{x}$ 图和 R 图并不是分开使用的. 不如说, 它们是一起使用来同时监测过程的均值 (如位置) 和过程的变异. 事实上, 实际工作者把它们画在同一张图上.

把它们作为整体来处理的一个重要原因是 $\bar{x}$ 图的控制限是 R 的一个函数, 也就是说控制限依赖于过程的变异. (回忆控制限是 $\bar{x} \pm A_2 \bar{R}$) 因此, 如果过程变异是失控的, 则 $\bar{x}$ 图的控制限是没有什么意义的. 这是因为当过程变异发生改变时, 任意单一的变异估计 (如 R 或 s) 都不能代表过程. 于是, 合理的步骤是: 先构造 R 图, 然后解释. 如果它说明过程变异是受控的, 则构造并解释 $\bar{x}$ 图才是有意义的.

应用练习

16.17 计算机的 CPU 芯片. 参考练习 16.8, 所需的电路宽度为 $0.5 \sim 0.85 \mu m$. 制造商在连续 5 天内每天 6 次 (从早上 8:00 到下午 4:30 每隔 90min 一次) 抽取 4 个 CPU 芯片, 然后测量电路的宽度. 用于构造 MINITAB R 图如下所示.

a. 计算控制图的控制上下限.
b. 在收集数据这段时间内, 关于出现变异的特殊原因, R 图提示了什么?
c. 控制限应该用于监测将来的过程输出吗? 请解释.

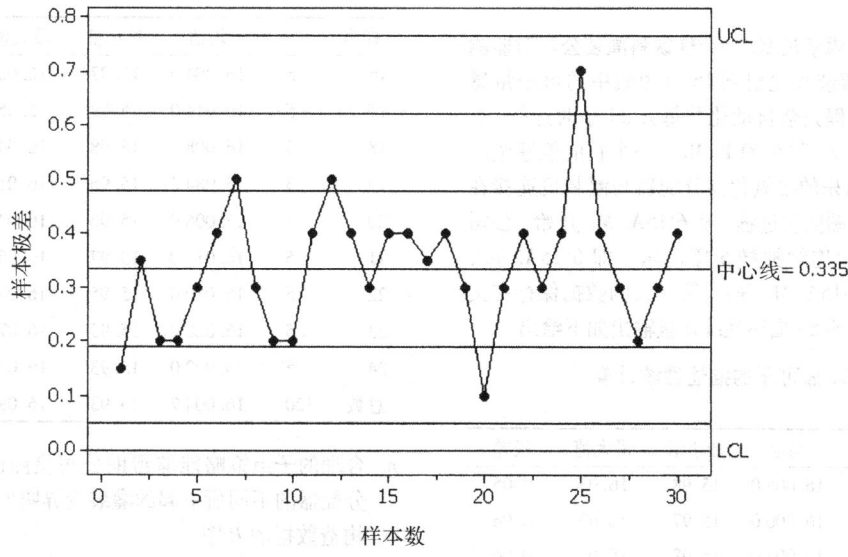

练习 16.17 中的 MINITAB 输出

d. 控制图上有多少个不同 R 值？注意大多数的 R 值都落在三条水平线上，是什么产生这样的模式？

16.18 ICU 患者的疼痛程度. 参考练习 16.9, *Research in Nursing & Health*(Vol. 35, 2012)关于疼痛干预效果的研究. 回忆 10 位 ICU 患者术后 24 小时连续 20 周记录的每周疼痛程度(以百分制记). 数据在下表重复给出. 现在用 R 图监测过程变异.

🌐 **ICUPAIN**

周	X 均值	极差	周	X 均值	极差
1	65	28	11	70	34
2	75	41	12	74	37
3	72	31	13	73	25
4	69	35	14	62	33
5	73	35	15	68	28
6	63	33	16	75	35
7	77	34	17	72	29
8	75	29	18	70	32
9	69	30	19	62	33
10	64	39	20	72	29

资料来源: Polit, D. F. & Chaboyer, W. "Statistical process control in nursing research", *Research in Nursing & Health*, Vol. 35, No. 1, 2012 (改编自图 1).

a. 计算图的中心线.
b. 计算 R 图的 UCL 和 LCL.
c. 绘制 20 周极差的 R 图. 疼痛管理过程的变异是否是"受控"的？
d. 回忆 20 周后, ICU 仍然出现疼痛干预. 抽样的患者在接下来的连续 8 周中疼痛程度的极差(依次)是: 22、29、16、15、23、19、30 和 32. 绘制这些极差的 R 图.

16.19 灌溉数据的质量控制. 参考练习 16.10 和 CIMIS 监测的灌溉数据. 回忆在 Davis CIMIS 站五月期间每小时收集每日最低气温, 得到如下统计量汇总(其中每小时收集 5 个测量值): $\bar{\bar{x}}=10.16°$, $\bar{R}=14.87°$.

a. 利用提供的信息求 R 图的控制下限和上限.
b. 假定五月某天在 Davis CIMIS 站观察最高气温是 24.7°, 最低气温是 2.2°. 这个站的管理者对这个观测值有何反应？

🌐 **FIREPINS**

16.20 撞针的长度. 参考练习 16.11. 假定检查员要用 R 图来监测撞针长度的变异.

a. 确定 R 图中心线的位置.
b. 确定 R 图的控制上下限位置.
c. 计算并在 R 图中画出 10 个样本极差, 过程的变异受控吗？

🌐 **RUBBERJNT2**

16.21 模制橡胶伸缩接头. 为练习 16.12 中的数据构造 R 图, 监测由制造过程产生的模制橡胶伸缩接头直径的变异, 这个过程受控吗？

COLA

16.22 可乐瓶灌装过程. 一个软饮料灌装公司对监测通过特定的灌装头注射到 16 盎司瓶中的可乐量感兴趣. 这个过程完全自动化并每天 24 小时运行. 在每天 6:00 A. M. 和 6:00 P. M., 一个新的能够生产 20 000 加仑可乐的二氧化碳分配器与灌装机连接在一起. 用控制图监测过程, 从 6:15 A. M. 开始, 公司决定每个小时连续抽样 5 瓶可乐(即 6:15 A. M., 7:15 A. M., 8:15 A. M. 等). 第一天的数据保存在文件中. 数据的 SPSS 描述性统计量输出如下给出.

24 瓶可乐的描述性统计量

colaamt

样本	N	均值	最小值	最大值	极差
1	5	16.006 0	15.98	16.03	0.05
2	5	16.000 0	15.97	16.03	0.06
3	5	16.008 0	15.98	16.04	0.06
4	5	16.002 0	15.98	16.03	0.05
5	5	16.008 0	15.97	16.04	0.07
6	5	16.008 0	15.97	16.04	0.07
7	5	16.004 0	15.96	16.05	0.09
8	5	16.010 0	15.97	16.05	0.08
9	5	15.992 0	15.95	16.03	0.08
10	5	16.012 0	15.95	16.06	0.11
11	5	16.004 0	15.93	16.07	0.14
12	5	16.018 0	15.94	16.08	0.14
13	5	15.990 0	15.96	16.01	0.05
14	5	15.998 0	15.98	16.02	0.04
15	5	16.002 0	15.98	16.03	0.05
16	5	16.004 0	15.97	16.02	0.05
17	5	16.014 0	15.99	16.05	0.06
18	5	16.008 0	15.98	16.04	0.06
19	5	15.984 0	15.96	16.01	0.05
20	5	16.006 0	15.96	16.04	0.08
21	5	16.014 0	15.97	16.05	0.08
22	5	16.010 0	15.95	16.07	0.12
23	5	16.020 0	15.95	16.07	0.12
24	5	15.992 0	15.93	16.08	0.15
总数	120	16.004 7	15.93	16.08	0.15

a. 合理的子组策略能够帮助公司检测由二氧化碳分配器的不同所引起的灌装变异吗?
b. 构造数据的 R 图.
c. 在数据抽样的这段时间内, R 图对灌装过程的稳定性说明什么?
d. 控制限能够用来监测未来的过程输出吗? 请解释.
e. 考虑 c 中答案, 应当构造给定数据的 $\bar{x}$ 图吗? 请解释.

16.23 降低昂贵的吹制容器的厚度. *Quality* (2009 年 3 月) 提出了一个工厂实际发生的问题, 也就是生产高容量多层的吹制容器. 其中一层的生产非常昂贵. 工厂的质量经理想要降低昂贵的那一层材料的平均厚度, 并且使其仍然满足规定. 为了估计这层的实际厚度, 经理连续 2 天每两小时测量两个腔中每一个的容器厚度. 数据(毫米)在下表中给出.

BLWMLD

第 1 天								
时间	7A. M.	9A. M.	11A. M.	1P. M.	3P. M.	5P. M.	7P. M.	9P. M.
厚度	0.167	0.241	0.204	0.221	0.255	0.224	0.216	0.235
(毫米)	0.232	0.203	0.214	0.190	0.207	0.238	0.210	0.210
均值	0.199 5	0.222 0	0.209 0	0.205 5	0.231 0	0.231 0	0.213 0	0.222 5
极差	0.065	0.038	0.010	0.031	0.048	0.014	0.006	0.025
第 2 天								
时间	7A. M.	9A. M.	11A. M.	1P. M.	3P. M.	5P. M.	7P. M.	9P. M.
厚度	0.223	0.202	0.258	0.243	0.248	0.192	0.208	0.223
(毫米)	0.216	0.215	0.228	0.221	0.252	0.221	0.245	0.224
均值	0.219 5	0.208 5	0.243 0	0.232 0	0.250 0	0.206 5	0.226 5	0.223 5
极差	0.007	0.013	0.030	0.022	0.004	0.029	0.037	0.001

a. 构造数据的 R 图.
b. 构造数据的 $\bar{x}$ 图.
c. 基于 a 部分和 b 部分的控制图,评论现在的生产过程表现.作为结论的一部分,给出昂贵层真实的平均厚度的估计.

KNOB2

16.24 可变电阻器的旋钮插入.为练习 16.15 中的数据构造 R 图,过程变异受控吗?请解释.

CHUNKY

16.25 大块数据.参考练习 16.16 和 BPI 咨询公司收集的每小时数据.
a. 构造数据的 R 图.过程变异是否受控?
b. 将数据集中每一个测量值舍入到一个整数,如练习 16.16b 中那样.构造舍入数据的 R 图.你观察到什么?

16.26 R 图的精度.Journal of Quality Technology(1998 年 7 月)上发表了一篇关于检查测量精度对 R 图的影响的文章.作者出示了来自英国营养物公司的数据,这家公司将粉状饮食补充剂装入标签为"500g"的容器.每隔 15min 从装料过程抽样 5 个容器,测量装入物的重量.第一个表(FILLWT1 文件)列出了 25 个连续样本用精确到 0.5g 的称的测量值,后面的第二个表(FILLWT2 文件)给出精确到 2.5g 称的相同样本测量值.在整个抽取样本时期内,已知装料过程是统计在控的,均值是 500g,标准差是 1g.

a. 为精确到 0.5g 的数据构造 R 图,这个过程统计受控吗?请解释.
b. 已知你对 a 的回答,对这些数据构造 $\bar{x}$ 图合适吗?请解释.
c. 为精确到 2.5g 的数据构造 R 图,对于装料过程的稳定性,图提示了什么?
d. 基于你对 a 和 c 的回答,讨论在评估生产过程稳定性时测量仪器精度的重要性.

FILLWT1

样本	精确到 0.5g 的装入物重量					极差
1	500.5	499.5	502.0	501.0	500.5	2.5
2	500.5	499.5	500.0	499.0	500.0	1.5
3	498.5	499.0	500.0	499.5	500.0	1.5
4	500.5	499.5	499.0	499.0	500.5	1.5
5	500.0	501.0	500.5	500.5	500.0	1.0
6	501.0	498.5	500.0	501.5	500.5	3.0
7	499.5	500.0	499.0	501.0	499.5	2.0
8	498.5	498.5	500.0	500.5	500.5	2.0
9	498.0	499.5	502.0	500.0	501.5	4.0
10	499.0	499.5	499.5	500.0	499.5	1.0
11	502.0	499.5	501.0	501.5	502.0	3.0
12	501.5	501.5	500.0	500.0	501.0	1.5
13	498.5	499.5	501.0	500.0	498.5	2.5
14	499.5	498.5	500.0	499.0	498.5	2.0
15	501.0	500.0	498.0	500.5	500.0	3.0
16	502.5	501.5	502.0	500.5	500.5	2.0
17	499.5	500.5	500.0	499.5	499.5	1.0
18	499.0	498.5	498.5	500.0	498.5	2.0
19	499.0	498.5	500.0	501.0	501.0	2.5
20	501.5	499.5	500.0	500.0	502.0	2.5
21	501.5	500.0	500.5	502.0	500.0	2.0
22	501.5	502.0	501.5	501.5	502.0	1.0
23	499.5	502.0	500.0	500.0	502.0	2.5
24	498.5	499.0	499.0	500.0	500.5	2.0
25	500.0	499.5	498.5	500.5	500.5	2.0

FILLWT2

样本	精确到 2.5g 的装入物重量					极差
1	500.0	500.0	502.5	500.0	500.0	2.5
2	500.0	500.0	500.0	500.0	500.0	0.0
3	500.0	500.0	500.0	500.0	500.0	0.0
4	497.5	500.0	497.5	497.5	500.0	2.5
5	500.0	500.0	500.0	500.0	500.0	0.0
6	502.5	500.0	497.5	500.0	500.0	5.0
7	500.0	500.0	502.5	502.5	500.0	2.5
8	497.5	500.0	497.5	497.5	500.0	2.5
9	500.0	500.0	497.5	500.0	502.5	5.0
10	500.0	500.0	500.0	500.0	500.0	0.0
11	500.0	505.0	502.5	500.0	500.0	5.0
12	500.0	500.0	500.0	500.0	500.0	0.0
13	500.0	500.0	500.0	500.0	497.5	2.5
14	500.0	500.0	500.0	500.0	500.0	0.0
15	502.5	502.5	502.5	502.5	502.5	0.0
16	500.0	500.0	500.0	500.0	500.0	0.0
17	497.5	497.5	497.5	497.5	497.5	0.0
18	500.0	500.0	500.0	500.0	500.0	0.0
19	495.0	497.5	500.0	500.0	500.0	5.0
20	500.0	502.5	500.0	500.0	500.0	2.5
21	500.0	500.0	500.0	500.0	500.0	0.0
22	500.0	500.0	500.0	500.0	500.0	0.0
23	500.0	500.0	500.0	500.0	500.0	0.0
24	497.5	497.5	497.5	497.5	497.5	2.5
25	500.0	500.0	497.5	500.0	500.0	2.5

资料来源:Tricker, A., Coates, E. and Okell, E. "The Effects on the R-chart of Precision of Measurement." *Journal of Quality Technology*, 1998, 7, 30(3), 232-239.

16.5 发现控制图中的趋势：游程分析

正如前两节所提到的，控制图也可以检查 $\bar{x}$ 或 R 的值在收集期间的趋势. 即使样本值落在控制限内，这种趋势也可以提示存在一种或多种可查明原因的变异. 例如，真实的过程均值可能由于机器的磨损而出现微小的变动.

过程的趋势可以由观测控制图中心线上下的点的游程来发现. 在质量控制中，**游程**定义为所有落在中心线上侧(或所有落在中心线下侧)的一个或多个相继点的序列.

定义 16.7 **游程**是落在控制图中心线同一侧的一个或多个相继点的序列.

图 16.9 的 R 图的游程(用括号表示)在图 16.10 给出. 在中心线上面的样本极差用"+"号表示，在中心线之下面的极差用"−"号表示.

注意，这 20 个点的序列由 8 个游程组成，起初是两个"−"游程，随后是两个"+"游程，等等. 研究人员为基于**游程理论**的统计检验发展做了重要的工作，这些方法中有许多对检验样本观测值是否随机地来自于目标总体是有用的，这些检验要求确定游程的总数(长的和短的同样对待). 然而在质量控制中，已经发展了几个简单的规则，仅基于极端(或最长)游程来发现控制图中的趋势.

为了说明，考虑图 16.10 的游程序列. 序列中的极端游程由 7 个"−"号组成. 这表示在 12，13，…，18 小时期间，有 7 个连续的样本极差落在中心线以下. 如果事实上不存在可查明原因的变异，那么有多大可能观测到控制图上 7 个连续的点全都落在中心线的同一侧？ 为了回答这个问题，我们利用在第 3 章学过的概率定律.

游程: $\underbrace{-}_{1}\ \underbrace{++}_{2}\ \underbrace{-}_{3}\ \underbrace{+++}_{4}\ \underbrace{-}_{5}\ \underbrace{++}_{6}\ \underbrace{-------}_{7}\ \underbrace{++}_{8}$

图 16.10 图 16.9 R 图中 $k=20$ 个样本极差的游程

首先，注意到当过程受控时，任何一点落在中心线上侧(或下侧)的概率都是 1/2. 那么由独立事件概率的乘法定律(见第 3 章)，7 个连续的点落在中心线比如上侧的概率是

$$\left(\frac{1}{2}\right)\left(\frac{1}{2}\right)\left(\frac{1}{2}\right)\left(\frac{1}{2}\right)\left(\frac{1}{2}\right)\left(\frac{1}{2}\right)\left(\frac{1}{2}\right) = \left(\frac{1}{2}\right)^7 = \frac{1}{128}$$

同样，7 个连续的点落在中心线下侧的概率是 $\left(\frac{1}{2}\right)^7 = \frac{1}{128}$. 因此，由概率的加法定律，7 个连续的点落在中心线同一侧的概率是

$P(7\text{ 个连续的点在中心线同一侧})$
$= P(7\text{ 个连续的点在中心线上侧}) + P(7\text{ 个连续的点在中心线下侧})$
$= \frac{1}{128} + \frac{1}{128} = \frac{2}{128} = \frac{1}{64}$

或者是 0.015 6. 因为如果过程受控，观测到这种模式是非常不可能的(概率为 0.015 6)，所以控制图的趋势可以作为生产过程中可能存在问题的一个信号.

对于控制图中任意游程可以如上面那样计算概率，而基于此值，可以做出是否寻找过程中问题的决定. Grant and Leavenworth(1988)推荐了寻找可查明的变异原因，如果控制图中出现任何一种以下的点序列:

> **发现控制图中的趋势：游程分析**
>
> 如果控制图中出现任何一种以下游程序列，就可能存在可查明原因的变异(如趋势)：
> - 有 7 个或更多连续的点在中心线的同一侧.
> - 在 11 个连续的点中至少有 10 个点在中心线的同一侧.
> - 在 14 个连续的点中至少有 12 个点在中心线的同一侧.
> - 在 17 个连续的点中至少有 14 个点在中心线的同一侧.

上面所述的规则容易应用于实际，因为只需要在控制图中数出连续点的个数. 在每种情形下，若过程是受控的，观测到那种点的序列概率近似为 0.01.（这个结论的证明留作练习.）因此，如果这些序列中有一个发生，我们高度相信生产过程中存在某个问题，可能是过程均值的移动.

有更多的正式游程统计检验可以使用，如果想要学习这方面的更多知识，请参考本章的文献.

应用练习

16.27 发现趋势. 检查 a ~ f 中点序列的趋势.
 a. $+ + - - - - + + + +$
 b. $- + - + - + - + + + +$
 c. $- - - - - + + + + + +$
 d. $- + + + - + + + + + + + +$
 e. $+ - + + - - + -$
 f. $- + + + + + + + -$

16.28 计算机的 CPU 芯片. 参考练习 16.8 和练习 16.17 中 $\bar{x}$ 图和 R 图，进行游程分析发现过程中的任何趋势.

ICUPAIN

16.29 ICU 患者的疼痛程度. 参考练习 16.9 和 16.18，*Research in Nursing & Health*(Vol. 35, 2012) 关于疼痛干预效果的研究. 建立 $\bar{x}$ 图和 R 图的游程分析. 解释结果.

FIREPINS

16.30 撞针的长度. 参考练习 16.11 和练习 16.20 中 $\bar{x}$ 图和 R 图，进行游程分析发现过程中的任何趋势.

RUBBERJNT2

16.31 模制橡胶伸缩接头. 参考练习 16.12 和练习 16.21 中 $\bar{x}$ 图和 R 图，进行游程分析发现过程中的任何趋势.

KNOB2

16.32 可变电阻器旋钮插入. 参考练习 16.15 和练习 16.24 中 $\bar{x}$ 图和 R 图，进行游程分析发现过程中的任何趋势.

CHUNKY

16.33 大块数据. 参考练习 16.16 和 16.25，BPI 咨询公司收集的每小时数据. 建立 $\bar{x}$ 图和 R 图的游程分析. 解释结果.

16.6 不合格品百分率控制图：p 图

除了测量定量的质量特征以外，我们也对监测产品是不合格品的二项比率 p 感兴趣. 和 $\bar{x}$ 图情况一样，在某个指定的时间区间结束时从生产线上取出 n 个个体的随机样本. 对于每个样本计算样本比率

$$\hat{p} = \frac{y}{n}$$

其中 y 是样本中不合格品的个数，然后画样本比率关于时间的图，并显示在 p 图中.

p 图的中心线由包含在大的 k 个样本中的数据综合确定，过程不合格品率 p 的估计是

$$\bar{p} = \frac{\text{不合格品总数}}{\text{检查总数}} = \frac{n \sum_{i=1}^{k} \hat{p}_i}{nk} = \frac{\sum_{i=1}^{k} \hat{p}_i}{k}$$

控制上下限位于中心线的上下距离是

$$3\sigma_{\hat{p}} = 3\sqrt{\frac{p(1-p)}{n}}$$

---

p 图的中心线和控制限的位置

$$\text{中心线}: \bar{p} = \frac{k \text{ 个样本中不合格品总数}}{\text{检查总数}} = \frac{\sum_{i=1}^{k} \hat{p}_i}{k}$$

$$\text{UCL}: \bar{p} + 3\sqrt{\frac{\bar{p}(1-\bar{p})}{n}}$$

$$\text{LCL}: \bar{p} - 3\sqrt{\frac{\bar{p}(1-\bar{p})}{n}}$$

其中，$k =$ 样本个数，每个样本容量为 n，$y_i =$ 第 i 个样本中的不合格品数，$\hat{p}_i = y_i/n$ 是第 i 个样本的不合格品率.

用 $\bar{p}$ 来估计过程的不合格品率 p，我们求

$$\text{UCL} = \bar{p} + 3\sqrt{\frac{\bar{p}(1-\bar{p})}{n}}$$

$$\text{LCL} = \bar{p} - 3\sqrt{\frac{\bar{p}(1-\bar{p})}{n}}$$

p 图的解释与 $\bar{x}$ 和 R 图的解释类似，我们期望样本的不合格品率落在控制限内. 如果没有做到这一点，那就预示在生产过程中存在问题，应该进行调查.

例 16.5 **不合格轴承的 p 图** 为了监测用于核电站上部结构和基础垫层的橡胶轴承支座的制造过程，质量控制工程师在 15 天内，每天从生产线上随机抽样 100 个轴承，检查轴承的缺陷，记录每天发现的不合格品数如表 16.3 表示. 构造轴承的不合格品率 p 图.

🌐 BEARINGS

表 16.3 例 16.5 中 15 个 $n=100$ 的样本中有不合格的轴承

天	1	2	3	4	5	6	7	8
不合格品数	2	12	3	4	4	1	3	5
不合格品率	0.02	0.12	0.03	0.04	0.04	0.01	0.03	0.05
天	9	10	11	12	13	14	15	总计
不合格品数	3	2	10	3	3	2	3	60
不合格品率	0.03	0.02	0.10	0.03	0.03	0.02	0.03	0.04

解 p 图的中心线是在 $nk = 1\,500$ 个轴承的组合样本中不合格轴承的比率：

$$\bar{p} = \frac{\text{不合格的轴承总数}}{\text{检查总数}} = \frac{60}{1\,500} = 0.04$$

控制上下限的计算如下：

$$\text{UCL} = \bar{p} + 3\sqrt{\frac{\bar{p}(1-\bar{p})}{n}} = 0.04 + 3\sqrt{\frac{(0.04)(0.96)}{100}} = 0.04 + 0.058\,8 = 0.098\,8$$

$$\text{LCL} = \bar{p} - 3\sqrt{\frac{\bar{p}(1-\bar{p})}{n}} = 0.04 - 3\sqrt{\frac{(0.04)(0.96)}{100}} = 0.04 - 0.0588 = -0.0188$$

所以，如果过程是受控的，期望样本的不合格橡胶轴承比率以一个很高的概率落在 0(因为没有样本比率可以是负的)和 0.099 之间.

不合格轴承的百分率控制图如图 16.11 的 MINITAB 输出所示. 注意，在第 2 天和第 11 天，样本比率落在控制限之外，这说明在制造过程中可能存在问题，需要进一步的调查.

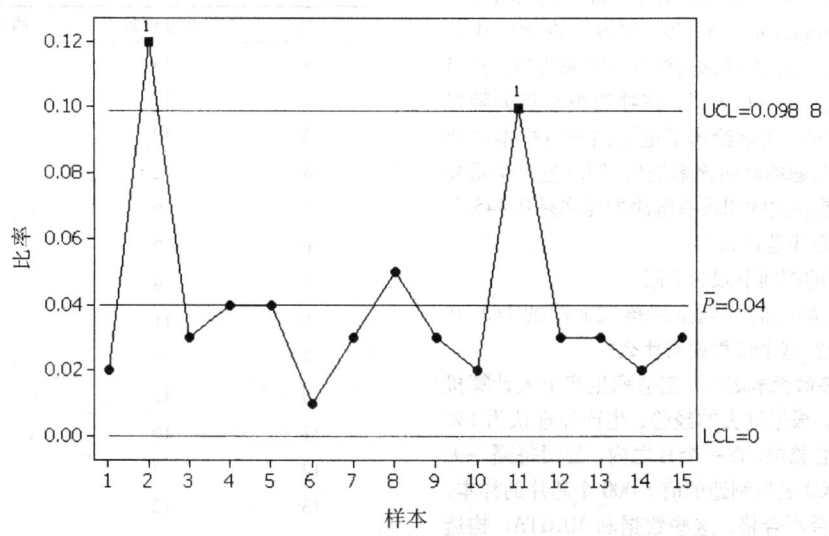

图 16.11　例 16.5 中不合格轴承的百分率 MINITAB p 图

解释 p 图

　　过程"失控"：一个或多个样本比率落在控制限之外. 这说明在生产过程中可能存在问题，需要进一步的调查.

　　过程"受控"：所有的样本比率都落在控制限之内. 此时，最好是不管过程，不要寻找可能不存在的问题.

一旦发现并纠正了引起例 16.5 中两个不寻常大的不合格品率问题后，应该修正控制限，使其可以用于将来的数据. 正如 16.2 节所提出的那样，一种调整方法是只基于落在图 16.11 控制限之内的那些样本点，重新计算它们的值，省略第 2 天和第 11 天的数据，便得到修正值

$$\bar{p} = \frac{\text{不合格的轴承总数(不包括第 2 天和第 11 天)}}{\text{检查总数(不包括第 2 天和第 11 天)}} = \frac{38}{1\,300} = 0.029$$

$$\text{UCL} = \bar{p} + 3\sqrt{\frac{\bar{p}(1-\bar{p})}{n}} = 0.029 + 3\sqrt{\frac{(0.029)(0.971)}{100}} = 0.029 + 0.050 = 0.079$$

$$\text{LCL} = \bar{p} - 3\sqrt{\frac{\bar{p}(1-\bar{p})}{n}} = 0.029 - 3\sqrt{\frac{(0.029)(0.971)}{100}} = 0.029 - 0.050 = -0.021$$

这样，中心线 $\bar{p} = 0.029$，UCL = 0.079，LCL = 0 的控制图就可用于监测过程未来所生产的百分数不合格品率.

应用练习

16.34 租车呼叫中心研究. 国际租车公司在欧洲的呼叫中心平均每个月大约收到 10 000 次呼叫, 这些呼叫基本包括和客户相关的服务水平或账单/发票过程. 为了减少客户第一次呼叫没能解决问题的比例, 管理部门全面研究了呼叫中心的流程, 结果发表在 *International Journal of Productivity and Performance Management*(Vol. 59, 2010). 在呼叫中心做了重大改变后, 管理部门建立 p 图来监测改进过程. 假定在连续的 60 天里, 在呼叫中心每天随机抽取 18 个呼叫. 文章给出了电话结束时样本中所有没有解决问题的呼叫比率是 0.107. (这是个重要的改进, 之前首次呼叫没有解决的比率是 0.845.)

a. p 图的中心线是什么?
b. 计算 p 图的控制下限和上限.
c. 每日没有解决的问题全部落在 p 图的 LCL 和 UCL 之间? 这个过程说明什么?

16.35 不合格的微米芯片. 制造商生产个人计算机的微米芯片, 根据过去的经验, 生产经理认为 1% 的芯片是不合格的. 在一个月之内, 公司每隔一天收集下午 4:00 之后制造的前 1 000 个芯片的样本, 分析芯片是否不合格, 这些数据和 MINITAB 构造的 p 图在下面给出.

a. 计算曲线图的控制上下限.
b. p 图对收集数据期间关于特殊原因的存在有什么建议?

c. 评论芯片制造商所用的合理子组策略.

16.36 监测手术并发症. *International Journal for Quality in Health Care*(2010 年 10 月)发表了一篇关于一个大型医院用控制图监测术后并发症的研究. 在连续 30 个月里, 每个月随机选取一个外科手术样本, 并记录手术数和术后并发症. 数据列在下表中.

POSTOP

月	并发症数	抽样的手术数
1	14	105
2	12	97
3	10	115
4	12	100
5	9	95
6	7	111
7	9	68
8	11	47
9	9	83
10	12	108
11	10	115
12	7	94
13	12	107
14	9	99
15	15	105
16	13	110
17	7	97

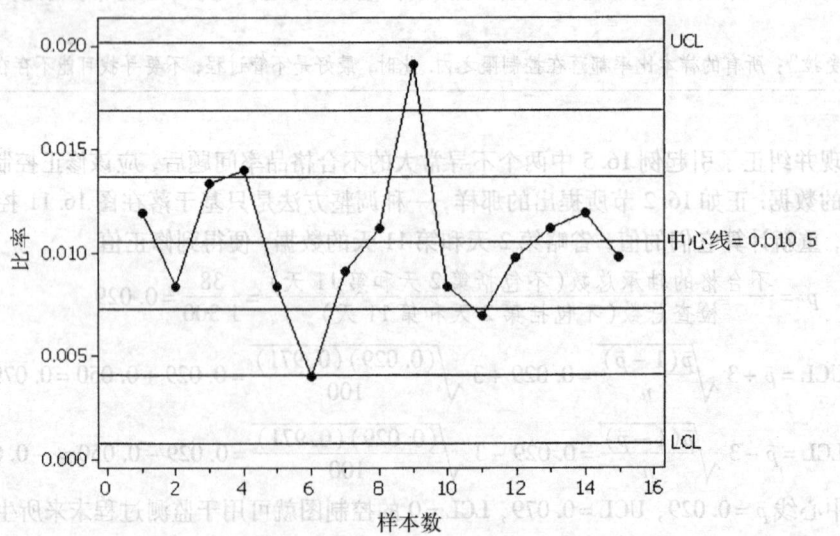

练习 16.35 的 MINITAB 输出

月	并发症数	抽样的手术数
		（续）
18	10	105
19	8	71
20	5	48
21	12	95
22	9	110
23	7	103
24	9	95
25	15	105
26	12	100
27	8	116
28	2	110
29	9	105
30	10	120
总数	294	2 939

资料来源：Duclois, A. & Voirin, N. "The p-Conrol Chart: A Tool for Care Improvement", *International Journal for Quality in Health Care*, Vol. 22, No. 5, Oct. 2010（表1）.

a. 确认医院感兴趣的问题.
b. 这项研究合理的子组是什么？
c. 用 p 图求 $\bar{p}$ 的值.
d. 计算每个月术后并发症的比率.
e. 计算 p 图的关键界限（如 UCL、LCL 以及 AB 上限等）.
f. 构造数据的 p 图.
g. 解释 p 图. 这个过程是受控的吗？并解释.

16.37 泄漏的流程泵. *Quality*（2008年2月）提出了一个为各种行业生产流程泵的公司实际发生的问题. 公司最近引进了一种新型泵, 并且开始收到有关"泵泄漏"的客户投诉. 对于旧型泵, 客户没有投诉. 在新型泵生产的前13个星期中, 为了检测泄漏, 质量控制检查员每星期随机测试500个泵. 泄漏测试的结果按星期汇总在下表. 构造数据的一个合理的控制图. 关于过程稳定性, 这个图说明了什么？

PUMPS

星期	测试数	泄漏数	星期	测试数	泄漏数
1	500	36	8	500	28
2	500	28	9	500	31
3	500	24	10	500	26
4	500	26	11	500	34
5	500	20	12	500	26
6	500	56	13	500	32
7	500	26			

16.38 测试轮胎. 固司通橡胶轮胎公司对监测由俄亥俄州阿克伦工厂生产过程所产生的轮胎不合格品率感兴趣. 公司的总工程师认为这个比例大约为7%. 因为在试验过程中轮胎是要毁坏的, 所以公司要使试验的轮胎数量保持最小. 总工程师建议公司在每天的产品中随机抽取 120 个轮胎进行试验. 至此, 抽取了 20 个样本, 数据如表中所示.

DEFTIRES

样本	样本量	不合格个数	样本	样本量	不合格个数
1	120	11	11	120	10
2	120	5	12	120	12
3	120	4	13	120	8
4	120	8	14	120	6
5	120	10	15	120	9
6	120	13	16	120	5
7	120	9	17	120	10
8	120	8	18	120	10
9	120	10	19	120	3
10	120	11	20	120	8

a. 构造轮胎生产过程的 p 图.
b. 关于过程的稳定性, 曲线指出了什么？请解释.
c. 能否用这个控制限来监测将来的过程输出？请解释.
d. 你在 b 中构造的 p 图能否作为 p 值按每小时变化的信号？请解释.

16.39 PCCP 中的应力断裂. 预应力钢筒混凝土管（PCCP）是一种采用钢的抗拉强度和混凝土的抗压强度及抗腐蚀性的最优条件而设计的刚性管. 生产的铺设长度为 24ft 的 PCCP, 在制造过程中会受到严重的应力断裂影响. 为了监测这个过程, 在 6 周内, 每周抽取 20 节 PCCP, 每个样本中的不合格节数（即有严重应力断裂的节）记录在下表中.

PCCP

星期	1	2	3	4	5	6
不合格节数	1	0	2	2	3	1

a. 构造生产的不合格的 PCCP 节样本百分率 p 图.
b. 确定 p 图中心线的位置.
c. 确定 p 图控制上下限的位置. 过程受控吗？

16.40 不合格的保险丝. 计算机终端保险丝的制造商希望构造一个控制图来监测生产过程. 在 25h 期间内已知过程是受控的, 质量控制工程师每小时从生产线上随机选取100根保险丝进行试验，记录每小时发现的不合格保险丝个数如下表.

CTFUSE

小时	1	2	3	4	5	6	7	8	9	10
不合格数	6	4	9	3	0	6	4	2	1	2
小时	11	12	13	14	15	16	17	18	19	20
不合格数	1	3	4	5	5	2	1	0	3	
小时	21	22	23	24	25					
不合格数	7	9	2	10	3					

a. 为不合格终端保险丝的样本百分率构造 p 图.
b. 确定 p 图中心线的位置.
c. 确定 p 图控制上下限的位置. 过程受控吗？
d. 对 p 图中的点进行游程分析，这说明了什么？
e. 假如紧接着从生产线上选取的一个100个终端保险丝样本中有11个不合格，此时过程受控吗？请解释.

16.41 阴极射线管. 电子公司在一个大规模的生产基地制造几类阴极射线管. 为了监测这个过程，在1个月内，每天从生产线上随机抽样50支某种类型的电子管进行检查，每天发现的不合格数如下表所示.

a. 对阴极射线管样本的不合格品率构造 p 图.
b. 确定 p 图中心线的位置.
c. 确定 p 图控制上下限的位置.
d. 过程受控吗？如果不是，为未来数据修正控制限.
e. 进行游程分析发现生产过程中的趋势.

CRTUBE

天	不合格数	天	不合格数
1	11	12	23
2	15	13	15
3	12	14	12
4	10	15	11
5	9	16	11
6	12	17	16
7	12	18	15
8	14	19	10
9	9	20	13
10	13	21	12
11	15		

16.7 每个个体缺陷数控制图：c 图

除了各种不同的质量特征，我们可能还对包含在每个单个产品中的缺陷或瑕疵数感兴趣. 例如，一个办公家具的制造商每隔15分钟从生产线上随机抽样一件家具，记录罩面漆上的瑕疵数. 类似地，纺织品制造商每小时随机抽取一块一平方英尺的布料检查，记录其上的小缺陷个数. 这样做的目的是监测每个个体的缺陷数并且发现这个变量失控的情形. 用质量控制的符号，每个个体的缺陷数用符号 c 来表示，用于监测这个变量随时间变化的控制图叫作 c 图.

泊松概率分布（4.10节）为包含在某工业产品中的缺陷数 c 的概率分布提供了一个很好的模型. 根据4.10节，如果 c 服从参数为 λ 的泊松概率分布，那么

$$E(c) = \lambda$$

并且

$$\sigma_c = \sqrt{\lambda}$$

为了构造 c 图，在 k 个等间隔的时间点观测 c，其中 k 是一个合理的大值，利用 c 的均值 $\bar{c}$ 来估计 λ. 那么因为 $E(c) = \lambda$，所以取 c 图的中心线的位置为

$$\text{中心线：} \bar{c} = \frac{\sum_{i=1}^{k} c_i}{k}$$

控制上下限距离中心线上下 $3\sigma_c$（用 $3\sqrt{\bar{c}}$ 来估计）处. 所以，控制上下限的位置在

$$\text{UCL: } \bar{c} + 3\sqrt{\bar{c}}$$
$$\text{LCL: } \bar{c} - 3\sqrt{\bar{c}}$$

> **c 图中心线和控制限的位置**
>
> 中心线：$\bar{c}$ UCL：$\bar{c}+3\sqrt{\bar{c}}$ LCL：$\bar{c}-3\sqrt{\bar{c}}$
>
> 其中，$k=$ 抽样的时间段个数，$c_i=$ 在时段 i 观测到的每个个体的缺陷数，$\bar{c}=\sum_{i=1}^{k}c_i/k=$ 所有时间段内观测到的每个个体的平均缺陷数.

例 16.6 毛纺织品中缺陷的 c 图 在 20h 内,由质量控制检查员每小时从某织布机上随机选取一平方米的毛纺织品样品进行检查,并且记录发现的明显的缺陷数,结果如表 16.4 所示. 假定每平方米的缺陷数近似服从泊松概率分布,构造 c 图来监测纺织品的生产过程.

WOOLFAB

表 16.4 例 16.6 的连续 20h 在毛纺织品样品中观测到的缺陷数

小时	1	2	3	4	5	6	7	8	9	10
缺陷数	11	14	10	8	3	9	10	2	5	6
小时	11	12	13	14	15	16	17	18	19	20
缺陷数	12	3	4	5	6	8	11	8	7	9

解 第一步是估计每平方米毛纺织品的平均缺陷数 λ,这个值 $\bar{c}$ 也表示控制图的中心线：

$$\bar{c}=\frac{\sum c_i}{n}=\frac{151}{20}=7.55$$

然后,计算控制上下限如下：

$$\text{UCL}=\bar{c}+3\sqrt{\bar{c}}=7.55+3\sqrt{7.55}=15.79$$
$$\text{LCL}=\bar{c}-3\sqrt{\bar{c}}=7.55-3\sqrt{7.55}=-0.69$$

因为不可能观测到负的缺陷数,所以 LCL 上调为 0.

这些数据的控制图在图 16.12 的 MINITAB 输出中给出. 按照现行标准,如果每平方米的缺陷数没有超过 15,则纺织过程产生的毛纺织品缺陷数是允许的,在 20h 内没有出现使过程失控的时间.

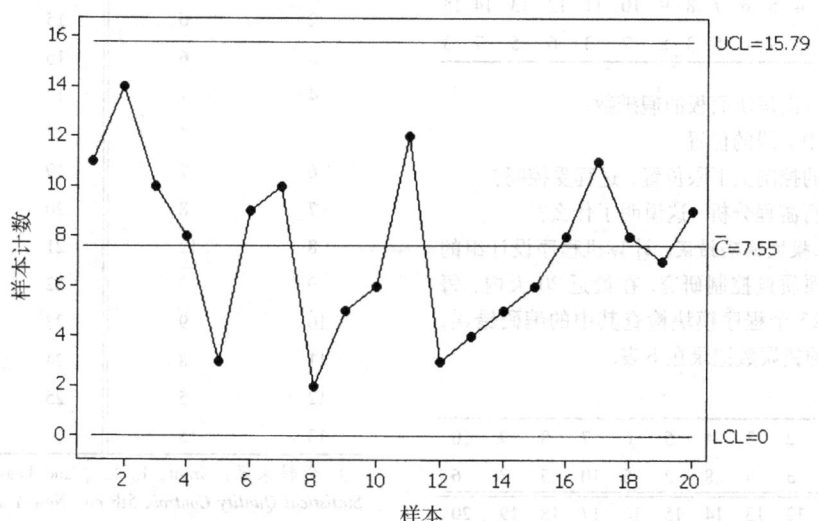

图 16.12 例 16.6 中每平方米缺陷数的 MINITAB c 图

然而,在我们推断过程为受控之前,应该检查缺陷数随时间的变化趋势,即应该进行 16.5 节描述的游程分析. 利用符号"+"和"-"分别表示落在中心线的上侧和下侧的点, 得到如图 16.13 所示的游程序列. 注意序列中的极端游程(游程 1 和游程 6)只包含 4 个点, 16.5 节中给出的各种不大可能的序列没有一个发生. 因此, 数据中没有显示任何趋势. 直到这时, 我们才推断过程是受控的.

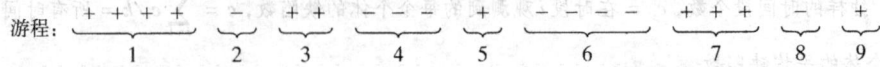

图 16.13　图 16.12 的 c 图中 $k=20$ 个缺陷数的游程

解释 c 图

过程"失控": 一个或多个样本缺陷数落在控制限以外. 这表示生产过程可能存在问题, 需要进一步调查.

过程"受控": 所有样本缺陷数都落在控制限以内. 此时, 最好是不管过程, 不要去寻找可能不存在的问题.

应用练习

16.42 面板的瑕疵. 在制造定做的木柜面板时, 瑕疵(刮痕、缺口、裂缝、水泡)数对于消费者和制造者都是重要的. 为了监测制造过程, 在连续 15 个小时中, 每小时选出一块已经完成的 4ft 乘以 8ft 的面板, 检查其瑕疵数, 每块面板上的瑕疵数记录在下表.

🌐 **WOODPANEL**

木板	1	2	3	4	5	6	7	8	9	10	11	12	13	14	15
瑕疵	4	2	3	3	9	4	5	3	8	7	3	6	5	7	3

a. 在 c 图中画出每块面板的瑕疵数.
b. 确定 c 图中心线的位置.
c. 确定 c 图的控制上下限位置, 过程受控吗?
d. 对 c 图进行游程分析, 这说明了什么?

16.43 计算机模块编码错误. 计算机程序设计组的主管承担一项质量控制研究. 在最近 20 天内, 每天随机选取 25 个程序模块检查其中的编码错误, 每天观测到的错误数记录在下表.

🌐 **CODING**

天	1	2	3	4	5	6	7	8	9	10
编码错误	7	3	9	8	2	15	10	5	7	6
天	11	12	13	14	15	16	17	18	19	20
编码错误	1	4	11	8	6	6	9	2	12	9

a. 在 c 图中画出每天的编码错误数.
b. 确定 c 图中心线的位置.
c. 确定 c 图的控制上下限位置, 过程受控吗?
d. 对 c 图进行游程分析, 这说明了什么?

16.44 飞机的调准. 某种飞机模型易受到制造过程中的调准错误的影响. 为了监测这个过程, 对于先完成的 25 架飞机中的每架进行最后的检查, 记录观测到的调准错误的总数, 如下表所示.

🌐 **AIRALIGN**

飞机	调准错误数	飞机	调准错误数
1	7	14	9
2	6	15	8
3	6	16	15
4	7	17	6
5	4	18	4
6	7	19	13
7	8	20	7
8	12	21	8
9	9	22	15
10	9	23	6
11	8	24	6
12	5	25	10
13	5		

资料来源: Grant, E. L., and Leavenworth, R. S., *Statistical Quality Control*, 5th ed. New York: McGraw-Hill, 1980(表8-1). Reprinted with permission.

a. 为每架飞机的调准错误个数构造 c 图.
b. 在 c 图中确定中心线和控制上下限的位置.
c. 过程受控吗? 对未来的数据, 建议使用这些控

16.45 飞机调准(续). 参考练习 16.44. 对于接着生产的 25 架飞机, 每架观测到的调准错误数如下表中所示.
a. 在练习 16.44 的 c 图中添加这 25 个点, 过程仍受控吗?
b. 对修正的 c 图进行游程分析, 发现了什么?

AIRALIGN2

飞机	调准错误数	飞机	调准错误数
26	7	39	11
27	13	40	8
28	4	41	10
29	5	42	8
30	9	43	7
31	3	44	16
32	4	45	13
33	6	46	12
34	7	47	9
35	14	48	11
36	18	49	11
37	11	50	8
38	11		

资料来源: Grant, E. L., and Leavenworth, R. S., *Statistical Quality Control*, 5th ed. New York: McGraw-Hill, 1980(表 8-1). Reprinted with permission.

16.46 每百万个机会的缺陷率. 电子产品(例如背板、用于服务器系统的复杂主板等)的每个印刷电路板(PCB)有成千上万个产生缺陷的机会. 缺陷可以追溯到不合适的焊点(一个印刷电路板上约有上千个)、缺少的元件、放置不正确的元件和其他等(*International Journal of Industrial Engineering*, Vol. 16, 2009). 下表给出的数据表示 PCB 安装过程中每天的缺陷总数, 其中每天检测 100 条 PCB 安装线, 连续检测 24 天.
a. 构造数据 c 图. 这个过程受控吗?
b. 每一条 PCB 安装线有 3 000 个缺陷机会. 因为有如此多缺陷的机会, 所以工程师对每百万机会的平均缺陷数(或 dpmo)感兴趣. 期刊文章的作者给出了如何把标准缺陷 c 图转化为 dpmo 图. 图中的点由如下公式计算得到:

$$dpmo = (1\,000\,000)(c/n)/(\text{每个单位缺陷机会数})$$

其中 c 表示每天缺陷总数, n 表示每天检测的单位数. 中心线是平均 $dpmo$ 值, 即 $\overline{dpmo} = \sum dpmo/k$, 其中 $k =$ 子组数(天). 控制图的下限和上限为

$$(\text{LCL, UCL})$$

$$= \overline{dpmo} \pm 3\sqrt{\overline{dpmo}(1\,000\,000)/n(\text{缺陷机会数})}$$

对于这个应用, $n =$ 每天 100 条 PCB 生产线, $k = 24$ 天, 缺陷机会数 $= 3\,000$. 利用这些信息构造数据的 dpmo 图. 解释图.

DPMO

天	缺陷数	天	缺陷数
1	19	13	17
2	19	14	15
3	22	15	23
4	19	16	22
5	21	17	27
6	17	18	17
7	29	19	20
8	13	20	22
9	15	21	20
10	19	22	23
11	16	23	30
12	17	24	24

16.8 容许限

前几节介绍的休哈特控制图总体上为生产过程的质量提供了有价值的信息. 然而, 即使认为过程似乎是受控的, 单个制造品也不可能总是满足规格, 因此, 除了过程控制以外, 知道个体质量测量值的很大比例以一个很高的置信度落在某个限内常常是重要的. 以一个已知的概率包含一定百分率的测量值的区间叫作**容许区间**, 区间的端点叫作**容许限**.

除了努力获得的是总体中测量值的比率 γ, 而不是总体参数(如总体均值 μ)之外, 容许区间和第 8 章的置信区间是一样的. 例如, 生产主管可能希望利用 95% 容许区间建立生产线上制造的吊环螺栓长度测量值的 99% 置信限, 这里置信系数是 $1 - \alpha = 0.95$, 检查员想要得到的测量值比率为 $\gamma =$

0.99. 置信系数 0.95 和第 8 章的意思相同，即每 100 个相似构造的容许区间，大约有 95 个将包含总体的 99% 长度测量值.

定义 16.8 产品的 $100(\gamma)\%$ 质量测量值的 $100(1-\alpha)\%$ **容许区间**是以置信系数 $(1-\alpha)$ 包含 $100(\gamma)\%$ 测量值的区间.

定义 16.9 容许区间的端点叫作**容许限**.

当产品特征的测量值总体服从已知均值 μ 和已知标准差 σ 的正态分布时，容易构造容许限. 事实上，这样的区间是一个 100% 容许区间，即置信系数是 1.0. 例如，假定上述吊环螺栓的长度服从 $\mu = 0.50$in, $\sigma = 0.01$in 的正态分布. 根据对标准正态 (z) 分布的了解, 确信 (即以 $1-\alpha=1.0$ 的概率) 99% 的测量值将会落在均值的 $z=2.58$ 的标准差之内 (见图 16.14). 所以, 99% 长度测量值的 100% 容许区间是

$$\mu \pm 2.58\sigma = 0.50 \pm 2.58(0.01)$$
$$= 0.50 \pm 0.025\,8$$

或 $(0.474\,2, 0.525\,8)$.

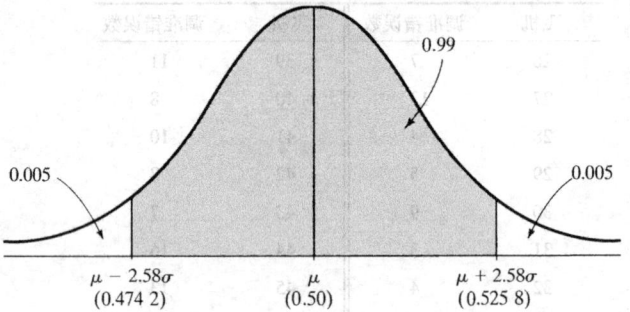

图 16.14 吊环螺栓长度的正态分布

实际上，质量控制工程师很少知道 μ 和 σ 的真值. 幸运的是可以用样本估计值 $\bar{x}$ 和 s 分别代替 μ 和 σ 来构造容许区间. 然而由于样本估计值引起的误差, 容许区间的置信系数不再等于 1.0. 为测量值的正态总体构造容许限的过程如下面所示.

正态总体测量值的容许区间

正态总体 $100\gamma\%$ 测量值的 $100(1-\alpha)\%$ 容许区间是

$$\bar{x} \pm Ks$$

其中, $\bar{x} = n$ 个测量值的样本均值, $s =$ 样本标准差.

基于置信系数 $(1-\alpha)$, γ 和样本量 n 的 K 值可从表 B.20 找到.

假定: 测量值的总体是近似正态的.

例 16.7 轴直径的 95% 容许区间 参考例 16.2, 利用表 16.2 提供的样本信息求制造过程生产的 99% 的轴直径的 95% 容许区间. 假定轴直径的分布是近似正态的.

解 表 16.2 包含 20 个样本的直径, 每个样本有 4 个轴, 总共有 $n=80$ 个轴直径. 80 个直径描述性统计量的 SPSS 输出如图 16.15 所示, 全部样本的平均直径是 $\bar{x}=1.500\,43$, 在输出中着重显示. (注意这和例 16.2 中的中心线 $\bar{\bar{x}}$ 的值是相同的.) 样本标准差 (也在图 16.15 中着重显示) 是 $s=0.009\,246$.

因为我们需要 99% 轴直径的容许区间, 所以 $\gamma=0.99$. 置信系数为 $1-\alpha=0.95$. 表 B.20 对某些 γ 和 $1-\alpha$ 给出了 K 值.

Descriptive Statistics

	N	Minimum	Maximum	Mean	Std. Deviation
DIAMETER	80	1.483	1.526	1.50043	.009246
Valid N (listwise)	80				

图 16.15 例 16.7 中轴直径的 SPSS 描述性统计量

当 $\gamma = 0.99$，$1 - \alpha = 0.95$，$n = 80$ 时，查表 20 得 $K = 2.986$. 那么 95% 容许区间是
$$\bar{x} \pm 2.986s = 1.500\,43 \pm (2.986)(0.009\,246) = 1.500\,43 \pm 0.027\,61$$
或 $(1.472\,82, 1.528\,04)$. 所以，99% 轴直径的 95% 容许下限和上限分别是 1.472 82in 和 1.528 04in. 我们信任这种方法是基于一个前提，即每 100 个类似构造的容许区间大约有 95 个包含总体的 99% 轴直径.

用于例 16.7 的方法给出了测量值正态分布的容许限. 如果不愿意或不能做正态性的假定，那么必须采取非参数方法. 非参数容许限仅基于样本数据中最小和最大的测量值，如下面方框所示. 这些容许区间可以应用到测量值的任意分布.

非参数容许区间

令 $x_{\min}$ 和 $x_{\max}$ 分别表示来自测量值任意分布的大小为 n 的样本中最小和最大观测值，那么可以选择一个 n 使得 $(x_{\min}, x_{\max})$ 形成包含至少 $100\gamma\%$ 总体的 $100(1 - \alpha)\%$ 容许区间. 对于置信系数 $(1 - \alpha)$ 和 γ 的某些值，表 B.21 给出了 n 值.

例 16.8 **求容许区间的样本大小** 参考例 16.7. 为使区间 $(x_{\min}, x_{\max})$ 成为由制造过程生产的至少 90% 轴直径的 95% 容许区间，求所需样本大小.

解 这里置信系数是 $1 - \alpha = 0.95$，我们想要得到的测量值比例是 $\gamma = 0.90$. 由表 B.21 可知，相应于 $1 - \alpha = 0.95$ 和 $\gamma = 0.90$ 的样本大小是 $n = 46$. 因此，如果随机抽取 $n = 46$ 根轴，那么样本中最小和最大直径分别表示置信系数为 0.95 的至少 90% 的轴直径的容许下限和上限.

由容许区间提供的信息常常用于确定是否满足产品规格. 和容许限及控制限不一样，**规格限**不是由对过程的抽样来决定的，而是由顾客、管理人员和/或产品设计人员规定的质量变量的合格值. 为了确定规格是否现实，规格限与由抽样得到的容许限，即与过程"自然"容许限比较. 如果容许限没有落在规格限内，强烈建议再次考察生产过程. 一项调查说明，比产品功能必需更加严格的规格应该放宽. 或者如果规格不能改变，那么为了减少产品的变异性，有必要对生产过程做一个基本改变.

定义 16.10 **规格限**是对某种产品或服务输出变量（即对质量特征）规定可接受值的边界点，规格限由顾客、管理人员和产品设计人员决定. 规格限可能是有上下限的双侧限，也可能是只有上限或下限的单侧限.

应用练习

16.47 机器人夹钳的空隙宽度. 滑铁卢大学(加拿大)的统计学家斯泰纳(S. H. Steiner)把控制图方法应用到称为机器人夹钳的马蹄形金属扣件的制造中(*Applied Statistics*, Vol. 47, 1998). 夹钳使用者关心的是两个扣件尾部的空隙宽度，他们建议的目标宽度是 0.054in. 一个光学测量装置用于测量制造过程中扣件的空隙宽度. 制造商在一天 16h 的生产日程中每隔 15min 抽样 5 个制成的夹钳，然后用光学装置测量空隙宽度，连续 4h 的生产数据列于下表中.

CLAMPGAP

时间	空隙宽度(千分之一英寸)				
00:15	54.2	54.1	53.9	54.0	53.8
00:30	53.9	53.7	54.1	54.4	55.1
00:45	54.0	55.2	53.1	55.9	54.5
01:00	52.1	53.4	52.9	53.0	52.7
01:15	53.0	51.9	52.6	53.4	51.7
01:30	54.2	55.0	54.0	53.8	53.6
01:45	55.2	56.6	53.1	52.9	54.0
02:00	53.3	57.2	54.5	51.6	54.3
02:15	54.9	56.3	55.2	56.1	54.0

（续）

时间	空隙宽度（千分之一英寸）				
02:30	55.7	53.1	52.9	56.3	55.4
02:45	55.2	51.0	56.3	55.6	54.2
03:00	54.2	54.2	55.8	53.8	52.1
03:15	55.7	57.5	55.4	54.0	53.1
03:30	53.7	56.9	54.0	55.1	54.2
03:45	54.1	53.9	54.6	54.8	
04:00	53.5	56.1	55.1	55.0	54.0

资料来源：Adapted from Steiner, Stefan, H. "Grouped Data Exponentially Weighted Moving Average Control Charts." *Applied Statistics—Journal of the Royal Statistical Society*, Vol. 47, Part 2, 1998, pp. 203–216.

a. 利用所有的样本信息求 90% 空隙宽度的 95% 容许区间，假定空隙宽度的分布是近似正态的.
b. 规格要求夹钳的空隙宽度落在 0.054 ± 0.004 in 内，根据过程的"自然"容许限（即 a 的容许限），它满足规格吗？
c. 构造至少 95% 空隙宽度的 95% 非参数容许区间需要多大的样本？如果此时 n 足够大，给出非参数容许限.

FIREPINS

16.48 撞针的长度. 参考练习 16.11，利用所有的样本信息求 90% 撞针长度的 95% 容许区间，假定撞针长度的分布是近似正态的.

16.49 顾客投诉研究. J. Namias 利用统计质量控制技术确定寻找顾客投诉一家饮料公司的具体原因（*Journal of Marketing Research*，1964 年 8 月）. Namias 发现，当过程受控时，瓶装产品的两周投诉率（即在 2 周内每销售出 10 000 瓶饮料顾客的投诉数.）近似服从 $\mu = 26$，$\sigma = 11.3$ 的正态分布. 顾客投诉主要集中在有点危险的带缺口瓶子.

a. 假定装瓶过程受控，求 99% 投诉率的容许限，区间的置信系数是多少？请解释.
b. 在 2 周内，每售出 10 000 瓶饮料观测的投诉率为 93.12. 基于掌握的统计质量控制知识，认为观测的比率是由于偶然原因还是某些特殊的原因？（实际上寻找装瓶过程可能问题时，发现新雇用的工人在仓库中对瓶装饮料粗野搬运，所以应该制定新工人培训计划.）

KNOB2

16.50 可变电阻器的旋钮插入. 参考练习 16.15，求至少 95% 距离测量值的 99% 容许区间，假定以下情况：
a. 正态分布.
b. 非正态分布.

16.51 技工的手工工具. 技工使用的许多手工工具包含适合插座（如管钳子）的附件. 在工具制造中，规格要求插座的内直径大于插入物的外直径，即必须要有足够的空隙使得插入物能够适合插座. 为了建立工具的容许限，从生产过程中选出 50 个插座和 50 个附件的独立随机样本，测量直径（插座的内径和插入物的外径）. 分析说明二者尺寸的分布都是近似正态的. 两个样本的均值和标准差 (in) 在下表中给出.

	插座(1)	附件(2)
样本均值	0.512 0	0.500 5
标准差	0.001 0	0.001 5

a. 求 99% 插座直径的 95% 容许区间.
b. 求 99% 附件直径的 95% 容许区间.
c. 规格要求附件和插座间的空隙（即插座内直径和附件外直径的差）至少是 0.004 in. 根据 a 和 b 中的容许限，可能找到一个插入物和插座，使具有小于要求的 0.004 in 最小空隙吗？
d. 规格也要求附件和插座的最大距离是 0.015 in，以防止太宽松. 根据 a 和 b 中的容许限，期望找到某对太宽松的附件和插座吗？
e. 参考 d，计算观测到宽松插入的近似概率.（提示：利用插座内直径和附件外直径的差近似服从正态分布（因为两个分布都是正态的），均值为 $\mu_1 - \mu_2$，标准差为 $\sigma_1^2 + \sigma_2^2$（由定理 6.6）.）

*16.9 能力分析

正如在前几节所看到的那样，达到过程稳定对于过程改进的结果是非常重要的，但是这并不是它本身的结束. 过程可能是统计受控的，但是高度的变异可能没有能力生产能被顾客接受的产品.

为了说明这一点，考虑图 16.16，这个图上显示了 6 个不同的受控过程. 回忆如果过程是统计受控的,它的产品分布就不会随时间而改变,像其中的每一个图一样,过程可以用单个概率分布描述. 6个过程中每一个产品的上下规格限,即产品变量的目标值,也都在每个图中说明.回忆定义16.10,规格限是确定输出变量接受值的边界点.

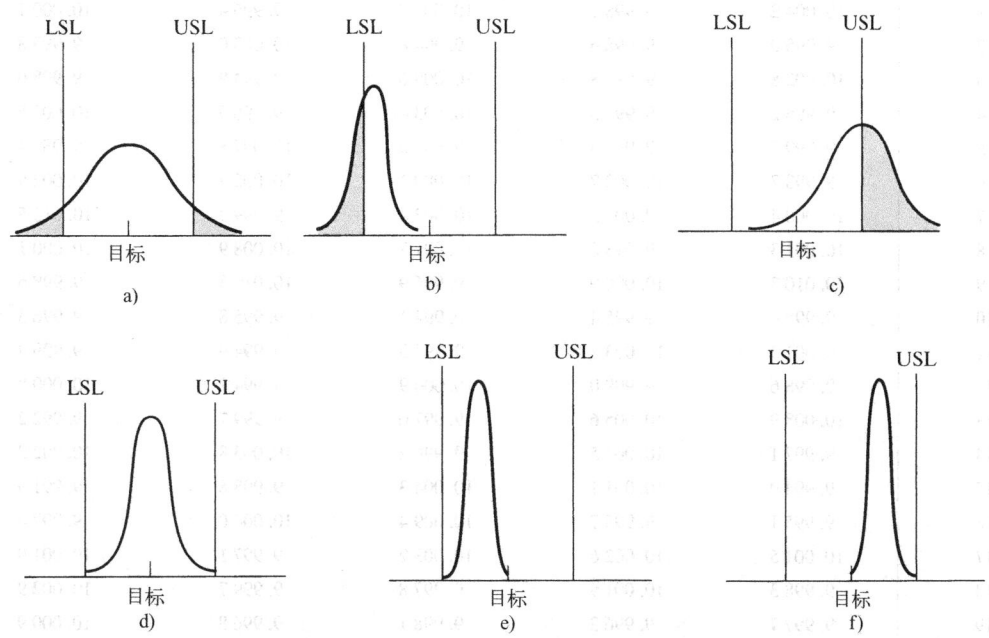

图 16.16　6 个不同受控的过程的产品分布,其中 LSL = 规格下限, USL = 规格上限

图 16.16a、b 和 c 的过程引起落在规格限外的个体比率很高,这些过程没有一个具有使它的消费者满意的能力.在图 16.16a 中,过程的中心是目标值,但是由通常原因引起的变异太大;在图 16.16b 中,相对于规格限的宽度,变异是小的,但是过程偏离中心;在图 16.16c 中,两个问题都存在:不但变异,过程还偏离中心.所以,使过程处于统计控制中不足以保证过程的能力.

图 16.16d、e 和 f 中的三个过程都是有能力的.在每种情形下,过程分布都可以在规格限之间很好的拟合,事实上,由这些过程生产的所有单个个体都是可接受的.然而,由顾客或内部经理或工程师提出的规格限的任何显著的严格都会导致不合格产品产生,且有必要开始过程改进活动来修补过程的能力.进一步,即使过程是有能力的,但是过程的连续改进需要它的能力不断地提高.

在本节中,我们提出一种叫作**能力分析**的方法,是为评价过程的能力而设计的.当过程已知受控时,评价过程能力的最直接方法是为来自过程的大样本个体测量值(通常是50或更多),构造频率分布(如点图、直方图或者茎叶图),然后在图上添加输出变量的规格限和目标值,这叫作**能力分析图**,是评价过程能力时最简单的图形工具.

例 16.9　**能力分析图**　在油漆制造过程中,用相同的压注嘴连续地向1加仑的油漆罐注入油漆.为了监测这个过程,决定在接下来的25h内每小时一次抽取5个连续的罐,测量每个罐的重量(lb),样本数据如表16.5所示.规格重量是在9.995~10.005lb之间,目标重量是10lb.为这组数据构造能力分析图,并解释结果.

PAINT125

表 16.5 来自油漆装料过程的大小为 5 的 25 个样本

样本	测量值				
1	10.004 2	9.998 1	10.001 0	9.996 4	10.000 1
2	9.995 0	9.998 6	9.994 8	10.003 0	9.993 8
3	10.002 8	9.999 8	10.008 6	9.994 9	9.998 0
4	9.995 2	9.992 3	10.003 4	9.996 5	10.002 6
5	9.999 7	9.998 3	9.997 5	10.007 8	9.989 1
6	9.998 7	10.002 7	10.000 1	10.002 7	10.002 9
7	10.000 4	10.002 3	10.002 4	9.999 2	10.013 5
8	10.001 3	9.993 8	10.001 7	10.008 9	10.000 1
9	10.010 3	10.000 9	9.996 9	10.010 3	9.998 6
10	9.998 0	9.995 4	9.994 1	9.995 8	9.996 3
11	10.001 3	10.003 3	9.994 3	9.994 9	9.999 9
12	9.998 6	9.999 0	10.000 9	9.994 7	10.000 8
13	10.008 9	10.005 6	9.997 6	9.999 7	9.992 2
14	9.997 1	10.001 5	9.996 2	10.003 8	10.002 2
15	9.994 9	10.001 1	10.004 3	9.998 5	9.991 9
16	9.995 1	9.995 7	10.009 4	10.004 0	9.997 4
17	10.001 5	10.002 6	10.003 2	9.997 1	10.001 9
18	9.998 3	10.001 9	9.997 8	9.999 7	10.002 9
19	9.997 7	9.996 3	9.998 1	9.996 8	10.000 9
20	10.007 8	10.000 4	9.996 6	10.005 1	10.000 7
21	9.996 3	9.999 0	10.003 7	9.993 6	9.996 2
22	9.999 9	10.002 2	10.005 7	10.002 6	10.003 2
23	9.999 8	10.000 2	9.997 8	9.996 6	10.006 0
24	10.003 1	10.007 8	9.998 8	10.003 2	9.994 4
25	9.999 3	9.997 8	9.996 4	10.003 2	10.004 1

解 图 16.17 所示的 MINITAB 直方图是对 125 个重量的总样本的能力分析图. 可以看到过程大约以 10lb 油漆的目标为中心, 但是大量油漆罐落在规格限外 (如图 16.17 的左下方所示, 有 12.8% 在 9.995 以下, 有 11.2% 在 10.005 以上), 这说明过程没有能力满足顾客需要. ■

大多数质量管理专家和统计学家都认为能力分析图是描述受控过程性能的最好方法, 然而, 许多质量工程师发现对能力的一个数值度量是有用的. 有几种不同的方法来为能力定量, 我们简要描述其中的两种. 第一种 (最直接的) 是在能力分析图中计数落在规格限外的个体数, 并且给出这些个体在样本中的百分率. 如图 16.17 所示, 例 16.9 中抽样的 125 个油漆罐有 24% 落在规格限之外 (有 12.8% 在 9.995 以下, 有 11.2% 在 10.005 以上), 所以, 在 125 个罐的样本中有 24% (也就是 30 个罐) 是不合格的.

当这个百分率用于描述过程能力时, 意味着在整个时间内如果过程保持受控, 油漆罐中大约有 24% 不合格. 然而, 这个百分率仅是一个估计值, 是一个样本统计量, 而不是一个已知参数, 这是基于大小为 125, 且具有抽样误差和测量误差的样本. 在第 7 章中详细讨论过这种百分率和比率.

如果已知过程近似服从正态分布, 则和通常情形一样, 可以使用相似的方法以数量表示过程能力. 此时, 用于构造能力分析图测量值的样本均值和标准差可以作为过程均值和标准差的估计. 那么, 落在规格限之外的个体比例可以如第 5 章所做那样, 用求出正态曲线下的相应面积而得. 如上所述, 如果用这个百分率来描述过程能力, 则一定要注意这仅仅是一个估计, 且具有抽样误差.

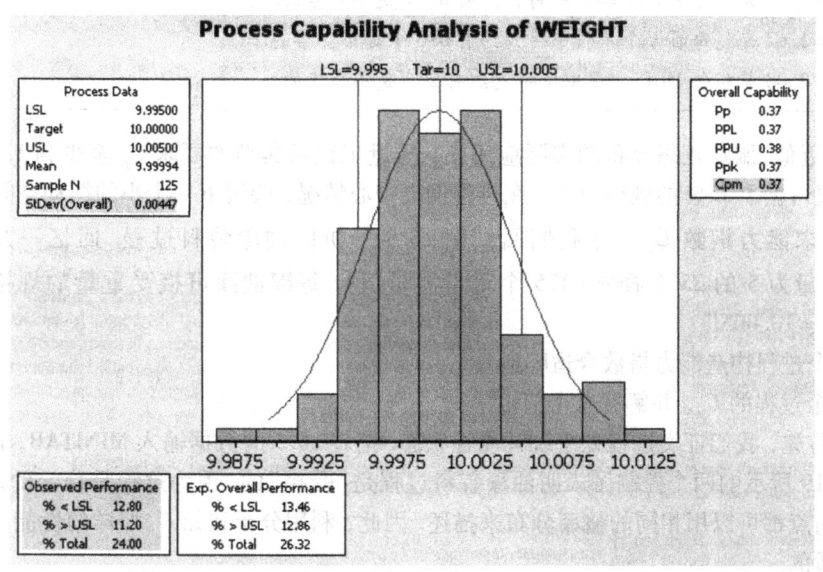

图 16.17　油漆装料过程的 MINITAB 能力分析图

度量能力的第二种方法是构造**能力指数**. 前面已经提出了几种这样的指数, 我们将描述一个用于中心在目标值的稳定过程的指数, 这称为 C_p **指数**[⊖].

当能力分析图表明过程在中心时, 能力可以通过比较规格上限(USL)和规格下限(LSL)之间的距离(叫作**规格差距**)与输出分布的散布来度量. 输出分布的散布叫作**过程散布**, 定义为 6σ, 用 $6s$ 来估计, 其中 s 是用于构造能力分析图的测量值的样本标准差. 这两个距离表示在图 16.18 中, 这个距离的比称为能力指数 C_p.

定义 16.11　中心在要求的均值上的过程**能力指数**是

$$C_p = \frac{规格差距}{过程散布} = \frac{USL - LSL}{6\sigma}$$

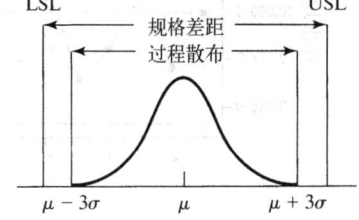

图 16.18　过程散布与规格差距关系图

其中 σ 是由用于构造能力分析图测量值的样本标准差 s 估计.

能力指数 C_p 的解释
C_p 汇总了稳定的、相对于规格限的中心过程性能, 它表明过程的输出落在规格限内的程度.
1. 如果 $C_p = 1$(规格差距 = 过程散布), 过程有能力.
2. 如果 $C_p > 1$(规格差距 > 过程散布), 过程有能力.
3. 如果 $C_p < 1$(规格差距 < 过程散布), 过程没有能力.

⊖ 对于偏离中心的过程, 使用它的姐妹指数 C_{pk}. 对于 C_{pk} 的描述参考本章文献.

如果过程服从正态分布,则

$C_p = 1.00$ 是指每 1 000 个单位中将大约有 2.7 个是不合格的.

$C_p = 1.33$ 是指每百万个单位中将大约有 63 个是不合格的.

$C_p = 1.67$ 是指每百万个单位中将大约有 0.6 个是不合格的.

$C_p = 2.00$ 是指每 10 亿个单中位将大约有 2 个是不合格的.

在过程(近似)服从正态分布的实际应用中,质量工程师典型的要求 C_p 至少为 1.3. C_p 为 1.33 的过程散布仅占据了 75% 的规格差距,在过程偏离中心情况,会留下一个小的摆动空间.

例 16.10　**求能力指数 C_p**　让我们回到例 16.9 分析的油漆装料过程. 回忆一共收集了(见表 16.5)样本量为 5 的 25 个样本(125 个重量测量值). 每罐油漆可接受重量的规格限是 LSL = 9.995lb, USL = 10.005lb.

a. 对这个过程构造能力指数合适吗?

b. 求这个过程的 C_p,并解释这个值.

解　a. 首先,我们证实过程处于统计受控状态. 把表 16.5 的数据输入 MINITAB,产生 R 图和 $\bar{x}$ 图,如图 16.19 所示的两个控制图表明油漆装料过程是"受控"的. 因为过程是稳定的,它的输出分布在任何时间点都可以用相同的概率分布来描述. 因此,利用分布和如 C_p 那样的性能度量来评价过程性能是合适的.

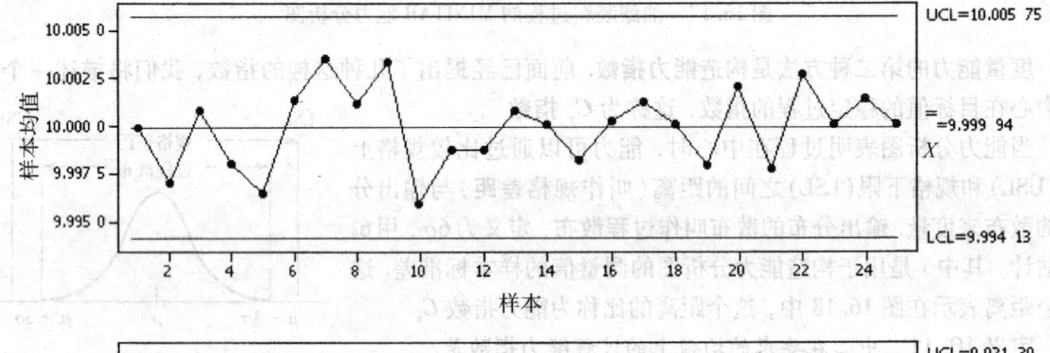

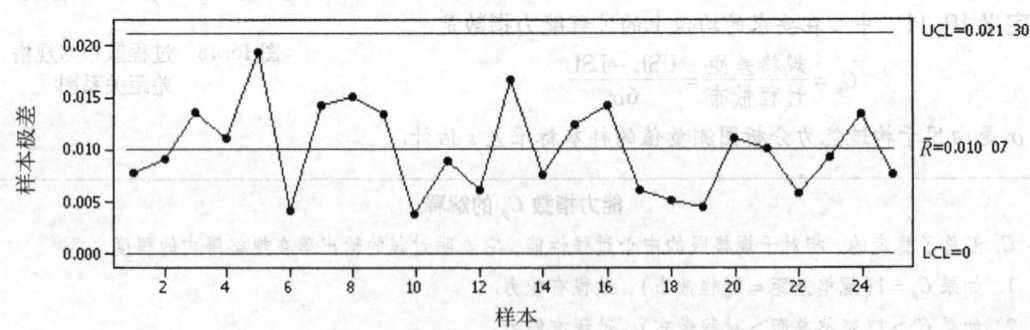

图 16.19　例 16.10 中油漆罐重量的 MINITAB 控制图

b. 由定义 16.11,

$$C_p = \frac{(\text{USL} - \text{LSL})}{6\sigma}$$

现在 USL = 10.005，LSL = 9.995，但是 σ 是多少呢？因为不能确切知道输出分布，也不知道输出分布的标准差 σ，所以必须用来自过程的大样本的标准差 s 来估计 σ。在这种情况下，利用用于构造能力分析图的 125 个测量值的标准差，这个值 $s = 0.00447$ 在图 16.17 MINITAB 输出的左上方着重显示。所以

$$C_p = \frac{(10.005 - 9.995)}{6(0.00447)} = \frac{0.01}{0.02682} = 0.373$$

(这个 C_p 值也在图 16.17 的右上方着重显示。)因为 C_p 小于 1.0，过程是没有能力的。过程散布比规格差距要宽，所以 C_p 统计量证实了能力分析图(图 16.17)中的结果，在抽样罐中有 24% 是不合格的。

有两个原因使得在使用和解释 C_p 时必须非常小心，第一，与用于它的计算中的样本标准差 s 一样，C_p 是一个统计量，会受到抽样误差的影响，即 C_p 的值是随着样本的变化而改变的。所以，除非知道抽样误差的大小，在比较不同过程的 C_p 时应该非常小心。第二，C_p 不反映输出分布的形状，不同形状的分布可以有相同的 C_p 值。所以，C_p 不应该单独使用，而应该和能力分析图结合使用。

如果能力分析研究说明一个受控的过程(像油漆装料例子那样)是没有能力的，则其原因通常是变异，而不是偏离中心。所以，常常是通过寻找并消除引起变异的一般原因，达到或恢复能力。

应用练习

16.52 确定规格限。一个受控、中心的过程服从正态分布，并且 $C_p = 2.0$，规格上限离过程均值有多少个标准差？

16.53 求 C_p。一个受控过程的输出分布是均值为 1 000，标准差为 100 的正态分布，过程的规格上下限分别是 1 020 和 980。
a. 假定过程性能没有改变，那么输出的多大百分率是不合格？
b. 求过程的 C_p 值，并解释。

16.54 火力发电厂的水利用。火力发电厂用去矿物质(DM)水产生蒸汽。由于替换成本高，因此电厂必须节约 DM 水的使用。印度一家火力发电厂监测了 DM 水消耗量，并把结果发表在 *Total Quality Management*(2009 年 2 月)。厂里的管理部门将 DM 水消耗量目标设定为 0.5%，规格上限是 0.7%，规格下限是 0.1%。基于收集的一个 182 个流量计测量的样本数据，过程总的标准差是 0.265%。利用这些信息，求过程的能力指数。解释结果。

CARBON2

16.55 新炼铁过程。参考练习 16.2，*Mining Engineering*(2004 年 10 月)对生产高质量铁块的新技术的研究。33 个时间区间生产的铁块中碳的百分比变化的数据保存在 CARBON2 文件中，规定碳含量应该在 3.42±0.3% 之间。
a. 为炼铁过程构造能力分析图。

b. 确定碳测量值落在规格之外的比例。
c. 求过程的能力指数并解释这个值。

16.56 麦片装盒过程。一台机器把小麦玉米麦片装入盒中，装盒的目标重量是 24 盎司。为了监测这个过程，从每天的产品中随机抽样 5 盒并测量其重量，连续 20 天的数据在练习 16.42 的表中给出。假定重量的规格限是 USL = 24.2 盎司，LSL = 23.8 盎司。

CEREAL

天	麦片盒子重量(盎司)				
1	24.02	23.91	24.12	24.06	24.13
2	23.89	23.98	24.01	24.00	23.91
3	24.11	24.02	23.99	23.79	24.04
4	24.06	23.98	23.95	24.01	24.11
5	23.81	23.90	23.99	24.03	23.96
6	23.87	24.12	24.07	24.01	23.99
7	23.88	24.00	24.05	23.97	23.97
8	24.01	23.99	23.99	23.91	23.98
9	24.06	23.99	23.80	23.79	24.07
10	23.96	23.99	24.04	23.99	24.01
11	24.10	23.90	24.11	23.98	23.95
12	24.01	24.07	23.93	24.09	23.98
13	24.14	24.07	24.08	23.98	24.02
14	23.91	24.04	23.89	24.01	23.95
15	24.03	24.04	24.01	23.98	24.10

（续）

天	麦片盒子重量(盎司)				
16	23.94	24.07	24.12	24.00	24.02
17	23.88	23.94	23.91	24.06	24.07
18	24.11	23.99	23.90	24.01	23.98
19	24.05	24.04	23.97	24.08	23.95
20	24.02	23.96	23.95	23.89	24.04

（续）

小时	螺钉长度(cm)			
21	37.01	36.96	37.05	36.96
22	37.09	36.95	36.93	37.12
23	37.00	37.02	36.95	37.04
24	36.99	37.07	36.90	37.02
25	37.10	37.03	37.01	36.90

a. 假定过程受控,构造过程的能力分析图.
b. 过程有能力吗? 用能力的数值度量来证实答案.

16.57 军用飞机螺钉. 精密零件制造商生产军用飞机的螺钉. 在连续的 25h 内, 公司每小时抽样 4 个连续生产的螺钉, 测量每个螺钉的长度, 螺钉的长度数据如表所示, 管理者设定的规格上下限分别为 37cm 和 35cm.
a. 假定过程受控,构造过程的能力分析图.
b. 求落在规格界之外的螺钉的百分率.
c. 求能力指数 C_p.
d. 过程有能力吗? 给出解释.

BOLTS

小时	螺钉长度(cm)			
1	37.03	37.08	36.90	36.88
2	36.96	37.04	36.85	36.98
3	37.16	37.11	36.99	37.01
4	37.20	37.06	37.02	36.98
5	36.81	36.97	36.91	37.10
6	37.13	36.96	37.01	36.89
7	37.07	36.94	36.99	37.00
8	37.01	36.94	36.98	37.12
9	37.17	37.03	36.90	37.01
10	36.91	36.99	36.87	37.11
11	36.88	37.10	37.07	37.03
12	37.06	36.98	36.90	36.99
13	36.91	37.22	37.12	37.03
14	37.08	37.07	37.10	37.04
15	37.03	37.04	36.89	37.01
16	36.95	36.98	36.90	36.99
17	36.97	36.94	37.14	37.10
18	37.11	37.04	36.98	36.91
19	36.88	37.09	37.10	36.94
20	36.90	37.15	37.09	37.00

16.58 生物反应器生产的抗体. 台式生物反应器用于生产抗癌药物的抗体. 工程师校正生物反应器的目的是最大化产量. *African Journal of Biotechnology* (2011 年 12 月) 发表了一篇关于设计生物反应器使生产的抗体比例最高的研究. 在生物反应器运行中, 感兴趣的变量是活细胞数目的自然对数. 收集 4 个生物反应器每 6 小时的运行数据作为样本, 连续进行 20 个时间段. 表中 (右栏) 列出了这些数据 (按照文章提供的信息模拟得到). 工程师对生物反应器的运行过程规定如下: 目标均值 = 6.3, LSL = 5.9, USL = 6.5. 对数据进行全面的能力分析. 你如何对过程的表现分类?

BIOREACTOR

时间段	小时	运行 1	运行 2	运行 3	运行 4
1	0	5.83	5.90	5.91	5.93
2	6	5.98	5.94	5.97	5.84
3	12	5.99	5.98	5.99	5.98
4	18	6.09	6.04	5.93	6.02
5	24	6.20	6.30	6.30	6.20
6	30	6.04	6.08	6.23	6.15
7	36	6.19	6.13	6.13	6.29
8	42	6.37	6.27	6.27	6.27
9	48	6.56	6.46	6.36	6.26
10	54	6.36	6.36	6.16	6.16
11	60	6.36	6.37	6.37	6.27
12	66	6.27	6.27	6.27	6.17
13	72	6.26	6.26	6.26	6.16
14	78	6.29	6.46	6.16	6.26
15	84	6.26	6.16	6.25	6.15
16	90	6.35	6.45	6.25	6.53
17	96	6.16	6.16	6.55	6.56
18	102	6.24	6.23	6.24	6.24
19	108	6.15	6.16	6.15	6.15
20	114	6.30	6.52	6.13	6.48

16.10 不合格品的抽样验收

在前面几节，已经学习了在制造过程中怎样用控制图来监测并提高产品质量. 在产品制造出来以后，产品的个体以批来储存（或包装），每批包含从两个到几千个个体，批量大小依赖于产品的性质. 恰在发货之前，经常利用第二种统计工具（**抽样验收计划**）来减少运送给顾客的不合格品个体比例.

抽样验收计划如下进行. 从每批中抽样固定的 n 个个体仔细检查，判断每个个体是否是不合格品. 如果样本中的不合格品个数 y 小于或等于预先规定的**接受数 a**，那么就接受这批产品. 如果不合格品个数超过 a，那么就拒绝这批产品，不许第二次抽样，或全数检查，或某种其他方法（见图 16.20）. 抽样计划的目的是以很高的概率接受并且运送包含一个小比例 p 的不合格品的批，拒绝并且扣留含有高比例不合格品的批.

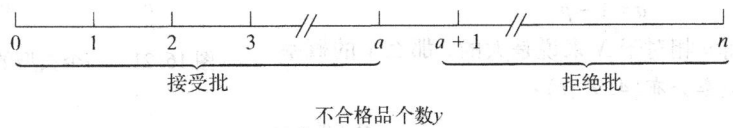

图 16.20 根据 n 个个体样本中的不合格品个数来接受或者拒绝批

在这一点你可能想知道为什么质量控制工程师采取抽样而不是检查批中的所有个体，即为什么不做 100% 的检查呢？首先，100% 的检查经常是不实际或不经济的. 其次，研究表明用抽样验收的装运产品质量常常比 100% 检查好，尤其是当要检查产品有非常多个相似个体时. 在 100% 检查的情形下，由于反复操作而引起检查员疲劳总是一种威胁，从心理上来说，当仅检查少数几个个体时，工人更倾向于进行优质操作.

经过考虑，可能发现用抽样验收决定接受或者拒绝一批产品的过程不过是检验关于批不合格品率 p 的假设. 制造商（或顾客）心中有某个批不合格品率 p_0，叫作**可接受质量水平（AQL）**. 如果批不合格品率 p 在 $p_0 = \text{AQL}$ 以下，认为批是可接受的. 如果事实上 $p = p_0$（即实际上批是可接受的），拒绝

$$H_0 : p = p_0$$

的概率 α 叫作生产方风险. 换句话说，如果 $p = p_0$，制造商（生产方）将从发货中拒绝 $100\alpha\%$ 的接受批，导致重新抽样的花费，等等.

定义 16.12 **可接受质量水平（AQL）** 是生产方愿意容忍的不合格品率的上限 p_0.

定义 16.13 **生产方风险**是当实际上批不合格品率等于可接受质量水平 p_0 时，拒绝批的概率 α. 用假设检验的术语，生产方风险是 I 型错误的概率.

使用方、产品的购买者也有风险，即接受包含高不合格品率 p 的批的风险. 使用方心中常有一个批不合格品率 p_1，这是他容忍的最大批不合格品率. 接受包含不合格品率 p_1 的批的概率 β 叫作**使用方风险**.

定义 16.14 **使用方风险**是接受包含不合格品率 p_1 的批的概率 β，其中 p_1 是使用方接受的批不合格品率的上限. 用假设检验的术语，使用方风险是 II 型错误的概率.

操作特性曲线是批接受概率 $P(A)$ 对批不合格品率 p 的曲线，图 16.21 是一条典型的操作特性曲线，它全面地描述了一个抽样计划，给出了当 $p = 0$ 时批接受概率等于 1；$p = 1$ 时，批接受概率等于 0. 随着批不合格品率 p 的增加，批接受概率 $P(A)$ 减少一直达到 0. 当 $p = p_0$ 时，生产方风险 α 等于

$1-P(A)$；当 $p=p_1$ 时，使用方风险 β 等于 $P(A)$。

定义 16.15 一个抽样计划的**操作特性(OC)曲线**是一条批接受概率 $P(A)$ 关于批不合格品率 p 的曲线。

一个抽样计划的操作特性曲线可以通过对批不合格品率 p 的各种值计算 $P(A)$ 来构造。如 4.6 节和 4.9 节所述，在来自某批的 n 个个体样本中的不合格品个数 y 的概率分布依赖于批量大小 N。如果 N 是大的，而 n 相对于 N 来说是小的，那么 y 的概率分布可以近似为二项概率分布(4.6 节)：

$$p(y)=\binom{n}{y}p^y q^{n-y} \quad y=0,1,2,\cdots,n$$

其中

$$q=1-p$$

如果 N 是小的，而 n 相对于 N 来说是大的，那么 y 的概率分布就是超几何概率分布(4.9 节)：

$$p(y)=\frac{\binom{r}{y}\binom{N-r}{n-y}}{\binom{N}{n}}$$

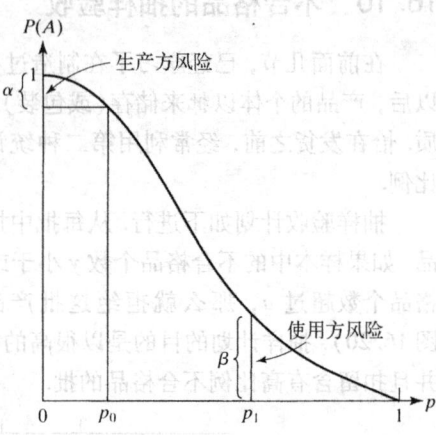

图 16.21　一个典型的操作特性曲线

其中，$N=$ 批量大小，$r=$ 批中的不合格品个数，$p=\dfrac{r}{N}=$ 批不合格品率，$n=$ 样本容量，$y=$ 样本中不合格品个数。

对样本量为 n，接受数 a 的抽样计划利用适当的概率分布可以计算出接受不合格品率为 p 的批的概率：

$$P(A)=P(y\leqslant a)=p(0)+p(1)+\cdots+p(a)$$

我们将会在下面的例子中解释这种方法。

例 16.11　生产方和使用方风险　一家金属垫片制造商以每批 500 个运送某种垫片。在运送以前使用的抽样验收计划是基于样本量 $n=10$ 和接受数 $a=1$。

a. 如果 AQL 为 0.05，求生产方风险。

b. 如果批不合格品率 $p_1=0.20$，求使用方风险。

c. 画出这个抽样计划的操作特性曲线草图。

解　a. 当 $p=p_0=0.05$ 时，生产方风险是 $\alpha=1-P(A)$。对于 $N=500$，$n=10$，y 近似服从二项概率分布。那么，如果事实上 $p=0.05$，则有

$$P(A)=p(0)+p(1)=\binom{10}{0}(0.05)^0(0.95)^{10}+\binom{10}{1}(0.05)^1(0.95)^9=0.914$$

生产方风险是

$$\alpha=1-P(A)=1-0.914=0.086$$

这意味着即使批不合格品率如 0.05 那样小，生产方也将以 8.6% 拒绝这一批。

b. 当 $p=0.20$ 时，使用方风险是 $\beta=P(A)$：

$$\beta=P(A)=p(0)+p(1)=\binom{10}{0}(0.2)^0(0.8)^{10}+\binom{10}{1}(0.2)^1(0.8)^9=0.376$$

所以，使用方大约有 37.6% 的风险接受不合格品率等于 $p_1 = 0.20$ 的批. 在 $p_1 = 0.20$ 时，β 如此大的事实说明这个抽样计划在实际中是没有什么价值的，计划需要建立在一个较大样本量的基础上.

c. 利用 a 和 b 中计算的两个点，以及 $p = 0$ 时 $P(A) = 1$；$p = 1$ 时 $P(A) = 0$ 的事实，可以得到这个抽样计划的操作特性曲线草图. 草图如图 16.22 所示. ■

实际上，工程师不会为特定批量大小和 AQL 构造一个抽样计划，因为它们已经构造好，并使用了很多年. 最广泛使用的抽样计划集成之一叫作**军事标准 105D (MIL-STD-105D)**，包含在 MIL-STD-105D 中的抽样计划利用随批量大小 N 变化的样本量 n. 选择计划中指定的样本容量是为了给出使用方风险的合理值. 此外，使得构造的每个计划都落在三种水平检查方案之一：放宽的(Ⅰ)、正常的(Ⅱ)、加严的(Ⅲ). 较低的使用方风险关联着加严的计划.

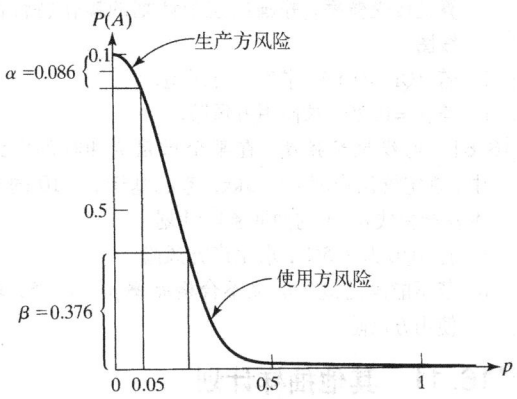

图 16.22 $n = 10$, $a = 1$ 时操作特性曲线草图

MIL-STD-105D 中的两个表见表 B.22 和表 B.23，以下例子解释它们的使用.

例 16.12　**检查抽样计划**　对于批量大小为 500，可接受质量水平为 0.065，求合适的 MIL-STD-105D 正常(水平)的一般检查抽样计划.

解　选择抽样计划的第一步是指出相应于批量大小为 500 及正常检查水平，即水平Ⅱ下的 MIL-STD-105D 代码，字码 H 是在表 B.22 相应于批量 281-500 的行与标有Ⅱ的列中找到的.

选择计划的第二步是由表 B.23 确定样本容量和接受数. 样本量字码在表中第一列，推荐的样本量显示在第二列. 在第一列往下移到字码 H 处，可以看到推荐的样本量(第二列)是 $n = 50$. 为了求接受数，最上面的行横移到 6.5% 处，或等价地 AQL = 0.065，接受(A_c)数 $a = 7$ 出现在 6.5 列和 H 行的交点处. 同时出现在这个交点处的数 8 是抽样计划的拒绝数，即如果 y 大于等于 8 就拒绝批.

可以看出这个 MIL-STD-105D 抽样计划利用了比例 16.11 的计划大得多的样本($n = 50$). 因为这个样本量较大，所以对给定的批不合格品率 p，计算的批接受概率 $P(A)$ 将比例 16.11 的计划小得多. 我们说 MIL-STD-105D 计划比例 16.11 中的计划严，使用方风险较小，或等价地，允许更少的不良批发运. ■

MIL-STD-105D 抽样计划的接受概率 $P(A)$ 可以如本节开始所描述的那样计算. 例如对于例 16.12 中批不合格品率 $p = 0.10$，有

$$P(A) = P(y \leq 7) = \sum_{y=0}^{7} p(y)$$

其中 $p(y)$ 是 $N = 500$，$n = 50$ 的超几何概率分布，批中的不合格品个数 r 是 $Np = (500)(0.1) = 50$. $P(A)$ 的实际计算是烦琐的，最好用计算机来完成.

应用练习

16.59　**抽样计划分析.** 考虑样本量 $n = 5$，接受数 $a = 0$ 的抽样计划.
  a. 对不合格品率 $p = 0.1, 0.3, 0.5$ 计算批接受概率，并画出这个计划的操作特性曲线图.
  b. 若 AQL = 0.01，求生产方风险.
  c. 若 $p_1 = 0.10$，求使用方风险.

16.60　**抽样计划分析.** 考虑样本量 $n = 15$，接受数 $a = 1$ 的抽样计划.

a. 对不合格品率 $p = 0.1, 0.2, 0.3, 0.4, 0.5$，计算批接受概率，并画出这个计划的操作特性曲线图.
b. 若 AQL = 0.05，求生产方风险.
c. 若 $p_1 = 0.20$，求使用方风险.

16.61 电线抗拉强度. 在某个批量为 400 的电线中，规定抗拉强度大于 5kg，考虑基于 $n = 10$ 的样本及接受数 $a = 1$ 的抽样验收计划.
a. 若 AQL 为 2.5%，求生产方风险.
b. 若不能满足规定的批不合格品率 $p_1 = 0.15$，求使用方风险.

c. 画出这个抽样计划的操作特性曲线草图，这个抽样计划可以接受吗？请解释.

16.62 电线抗拉强度（续）. 参考练习 16.61. 对于批量大小为 400，AQL 为 2.5%，求合适的 MIL-STD-105D 正常（水平）的一般抽样检查计划.

16.63 求抽样计划. 对于批量大小为 5000，AQL 为 4%，求在下列几种检查类型中合适 MIL-STD-105D 一般检查抽样计划.
a. 放宽的（Ⅰ）检查水平.
b. 正常的（Ⅱ）检查水平.
c. 加严的（Ⅲ）检查水平.

*16.11 其他抽样计划

在 16.10 节中，提出了一种基于包含在单个样本中不合格品个数的抽样计划. 第二种类型的抽样验收计划是基于二次或多次抽样计划. **二次抽样计划**牵涉从批中选择 n_1 个个体，如果样本中不合格品个数 y_1 满足 $y_1 \leq a_1$，则接受批；如果 $y_1 \geq r_1$（其中 $r_1 > a_1$），则拒绝批，如图 16.23 所示. 如果 y_1 落在 a_1 和 r_1 之间，那么再从批中选出容量为 n_2 的第二个样本，记录 $n_1 + n_2$ 个抽样个体中的不合格品总数 y. 如果 y 小于等于第二个接受数 a_2，则接受这批；否则拒绝这批.

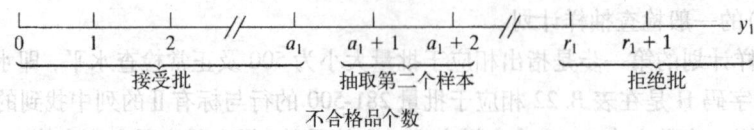

图 16.23　二次抽样计划中第一个样本的接受数 a 和拒绝数 r_1 的位置

多次抽样最后演变为**序贯抽样**. 在序贯抽样计划中，从批中一个一个的选取个体，每选取一个个体，做出接受批、拒绝批或从批中抽样下一个个体的决策. 在这种抽样类型下，可能会早在抽样第一个、第二个或第三个个体时做出接受（或拒绝）批的决定，也可能需要一个很大的样本才能决定接受或拒绝批，所以在序贯抽样中，样本量 n 是一个随机变量.

除了基于观测的不合格品个数 y 的一次、多次和序贯抽样，还提出了用于定量变量测量值的相似计划. 例如，不是检查样本中的每个个体，并将它分为不合格品和合格品，现在是基于每个个体的定量测量值做出拒绝或接受批的决定. 例如，50 加仑一桶的丙酮购买者可能主要关心每桶的容量至少 50 加仑. 一个典型的抽样计划可能是从每批抽样 10 桶，测量每桶的精确加仑数 y. 可以把容量在 50 加仑以下的桶看作不合格品，并根据样本中不合格品桶个数做出拒绝或接受批的决定. 另一种方法，也可以根据样本均值 $\bar{y}$，即 10 桶丙酮的平均量做出决定. 基于定量测量值的样本均值的抽样计划叫作**计量抽样验收**. 最广泛使用的这种抽样计划是**军事标准 414（MIL-STD-414）**.

有关抽样验收计划的文献非常多，关于抽样计划和这方面的更多知识，请参考本章的参考文献. 然而在结束这个讨论之前，我们给出一个观念：抽样并不总是值得的. 可能存在某种情形，抽样的成本太昂贵，使得唯一的选择是或者做 100% 的检查或根本不检查. 所以总花费在抽样验收计划选择过程中起着重要的作用.

*16.12 调优操作

调优操作是通过从操作过程中提取信息来提高工业产品的产量和/或质量的一项技术. 为了解释这种方法, 假定一种化学产品的某个质量特征, 如黏性依赖于几个变量, 包括原材料的温度以及将它们混合的大桶中所保持的压强. 为了研究这些变量对于一批产品黏性的影响, 可以在实验室模拟这个过程, 进行如第 13 章所描述的多变量试验(例如析因实验). 但是这个过程是昂贵的, 并且模拟可能与生产过程有不同的运转情况.

第二种且花费较少的方法是仅仅关注两三个自变量, 并按照设计的试验设置这些变量的变化. 关键是对自变量很小的变化, 使得观测不到产品质量的改变. 为了发现这些微小改变的影响, 一遍一遍地重复试验, 直到样本量足够大, 使得统计检验时质量变量的均值微小改变是显著的.

例如, 假定知道许多可控的过程变量, 包括原材料的温度和压强, 它们影响一桶生产的化学品的黏性. 我们担心在这些变量上改变的试验可能生产出不良品并由此带来经济损失, 然而, 知道温度和压强的微小变化(如 2°F 和 2lb/in^2 的改变)对产品质量的影响可以忽略.

为了研究温度和压强的影响, 将在操作过程中进行一项试验, 利用如图 16.24 所示的试验设计. 来自设计的 4 个温度压强组合是 2×2 析因试验的 4 个因子水平组合, 再加上设计区域中心的压强温度组合 (50°F, 130lb/in^2), 使得我们可以发现在试验区域的中心有相对高(或低)的平均黏性, 如果这种情况存在.

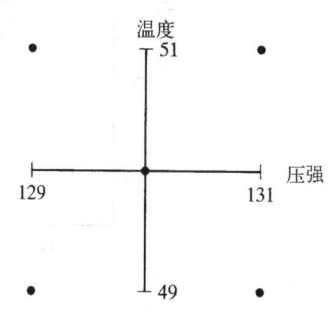

图 16.24 调优操作的试验设计

为了进行调优操作, 对每桶化学品安排 5 种压强温度组合, 测量每个组合的黏性 y. 如果制造商每天生产 10 桶, 则得到图 16.24 设计的 5 种处理下的两次重复. 如果基于一天的数据或甚至 100 天的数据来进行统计检验以发现平均黏性的变化, 那么可以想象平均黏性没有变化是显然的. 然而, 如果在一个很长时间内继续收集数据, 每天得到试验的两次重复, 最终会发现平均黏性(如果存在的话)的变化.

所以, 调优操作的逻辑是生产过程生产一件产品的同时, 它也产生数据. 为什么不利用免费(除了收集的花费)的信息呢? 虽然单个观测值包含很少的关于压强和温度对平均黏性影响的信息, 但是巨量的数据最终会向我们说明怎样改变这些变量产生平均黏性的合理变化. 因此, 随时间进行的重复试验使过程逐渐发展成为高水平的质量和/或产量.

活动中的统计学回顾: 喷气式飞机燃料添加剂安全性测试

现在我们回到飞机燃料中表面活性剂的检验问题. 表面活性剂的标准检验包括以指定的速度经由过滤器抽出水/燃料混合物. 回忆工程公司比较了标准检验(泵 A 与过滤器 A)和三种其他抽水机和泵的选择组合, 即泵 A 与过滤器 B、泵 B 与过滤器 A 和泵 B 与过滤器 B. 在持续的 100 天中, 公司每天收集由每种泵/过滤器方法得到的三个检验结果. 检验测量值保存在 4 个 JET 文件中.

是否有一种检验方法给出最稳定的过程? 为了回答这个问题, 我们将应用本章学习的质量控制方法分析数据. 因为"安全的"表面活性剂添加量测量值应该在 80~90 之间, 这个范围就是过程的规格限.

把同一天收集的三个样本看作合理子组, 产生 4 个 MINITAB $\bar{x}$ 图(每种泵/过滤器方法一个图), 如图 SIA16.1a-d 所示. 作为一个选项, MINITAB 将会着重显示(红色)符合表 SIA16.2 所示的发现特殊变异原因的6种模式分析规则中的任何一种的任意样本均值.(注：本章讨论规则1—落在三个标准差控制限之外的点.)在图中,将违反的规则编号标在样本均值旁边.

可以看到只有一个过程均值是"受控"的——泵B与过滤器B检验方法的均值,如图SIA16.1d所示,而对于其他三个$\bar{x}$图中的每个,至少有一种模式分析规则是违反的.同时,泵B与过滤器B的每个均值样本落在规格限内(80%~90%).相反,其他喷射方法中有几个均值落在过程的规格限外.在三个非标准表面活性剂检验方法中,泵B与过滤器B方法似乎是最有前途的.然而,正如本章所讨论的,在解释$\bar{x}$图之前,首先应该检查过程的变异.

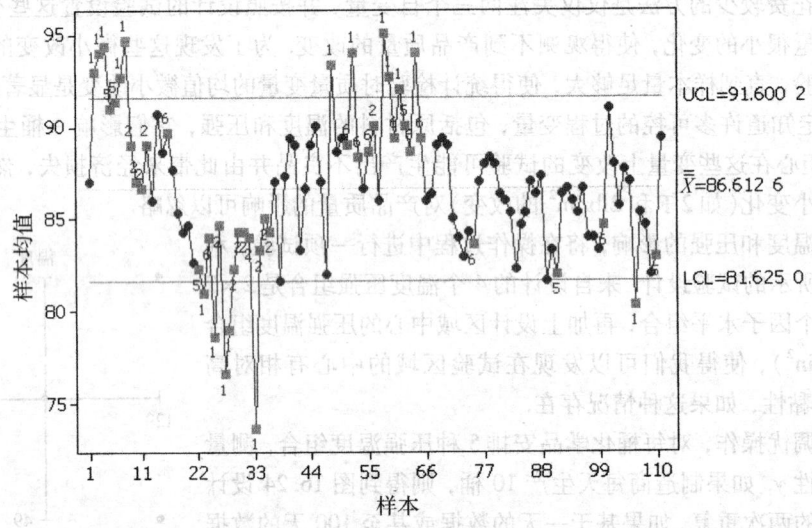

a) 泵A与过滤器A(标准)方法的$\bar{x}$图

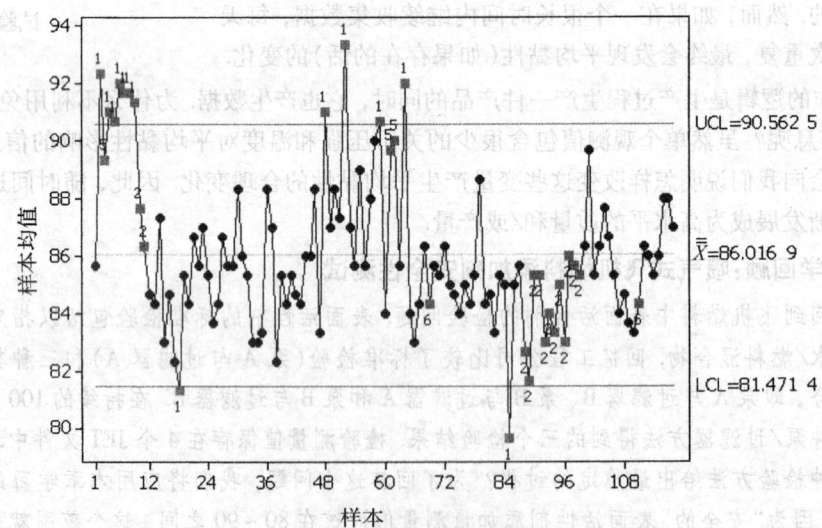

b) 泵A与过滤器B方法的$\bar{x}$图

图SIA16.1 $\bar{x}$图

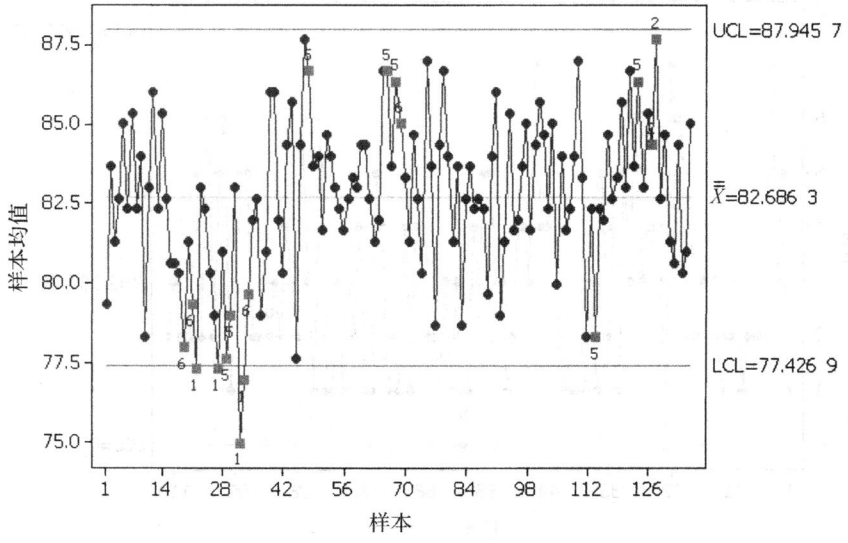

c) 泵 B 与过滤器 A 方法的 $\bar{x}$ 图

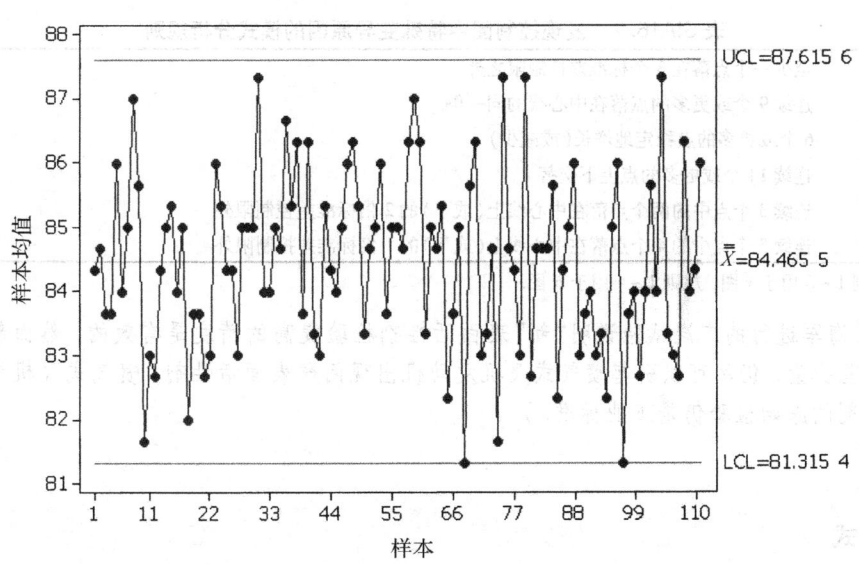

d) 泵 B 与过滤器 B 方法的 $\bar{x}$ 图

图 SIA16.1 （续）

图 SIA16.2 是利用泵 B 与过滤器 B 检验结果的 MINITAB R 图. 作为一个选项，命令 MINITAB 着重显示符合表 SIA16.2 中给出的前 4 种模式分析规则之一的任意的样本极差. (如果违反一种规则，在图中将这种规则的编号显示在样本极差旁边.) 图 SIA16.2 说明过程的变异是"受控"的，不符合任何一种极差模式分析规则. 现在已经确认了过程方差的稳定性，图 SIA16.1d 中的 $\bar{x}$ 图可以有一个意义深刻的解释. $\bar{x}$ 图和 R 图一起帮助工程公司确认，泵 B 与过滤器 B 的表面活性剂检验方法，作为标准检验的另一种可行的方法，似乎不存在特殊的变异原因，比标准方法更精确.

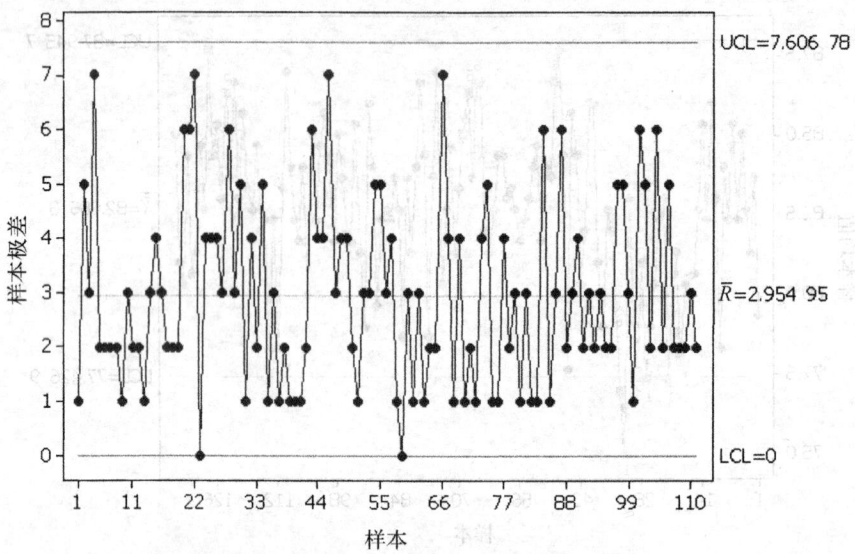

图 SIA16.2　泵 B 与过滤器 B 方法的 R 图

表 SIA16.2　发现控制图中特殊变异原因的模式分析规则

规则 1：	至少一个点落在 3 个标准差控制限之外
规则 2：	连续 9 个或更多的点落在中心线的同一侧
规则 3：	6 个或更多的点稳定地增长（或减少）
规则 4：	连续 14 个或更多的点上下交替
规则 5：	连续 3 个点中的两个点落在中心线上（或下）的 2 倍标准差控制限外
规则 6：	连续 5 个点中的 4 个点落在中心线上（或下）的 1 倍标准差控制限外

注意：规则 1~6 用于 $\bar{x}$ 图，规则 1~4 用于 R 图。

（注：由海军进行的广泛试验说明"新"表面活性剂检验提高的精度是有效的，然而新的检验不能检测到某些少量，仍然可以引起喷气式飞机发动机出现问题表面活性剂，喷气式飞机燃料添加剂中表面活性剂的原始检验仍是工业标准．）

快速回顾

重要公式

控制图	中心线	控制限（下，上）
变量控制图	$\bar{x} = \dfrac{\sum x_i}{n}$	$\bar{x} \pm 3s$
$\bar{x}$ 图	$\bar{\bar{x}} = \dfrac{\sum_{i=1}^{k} \bar{x}_i}{k}$	$\bar{\bar{x}} \pm A_2 \bar{R}$ 或 $\bar{\bar{x}} \pm 2\dfrac{(\bar{R}/d_2)}{\sqrt{n}}$
R 图	$\bar{R} = \dfrac{\sum_{i=1}^{k} R_i}{k}$	$(\bar{R}D_3, \bar{R}D_4)$
p 图	$\bar{p} = \dfrac{\text{不合格品总数}}{\text{抽样单位总数}}$	$\bar{p} \pm 3\sqrt{\dfrac{\bar{p}(1-\bar{p})}{n}}$

(续)

控制图	中心线	控制限(下,上)
c 图	$\bar{c}$ = 每个个体的平均不合格品数	$\bar{c} \pm 3\sqrt{\bar{c}}$
USL − LSL	规格差距	
$6\sigma \approx 6s$	过程散布	
(USL − LSL)/6σ	C_p 指数	
$\bar{x} \pm Ks$,其中 K 依赖于 α, γ, n	$100\gamma\%$ 测量值的$(1-\alpha)100\%$ 容许区间	
$(x_{\min}, x_{\max})$	非参数容许区间	

本章总结提示

- **全面质量管理(TQM)**——包括一项业务所有阶段的质量管理.
- 统计受控的过程具有不随时间而变化的输出分布;如果变化,则过程**是失控的**.
- **统计过程控制(SPC)**——监测并消除变异使得过程保持受控的过程.
- 两种变异的原因——**可查明原因和随机(机会)变异**.
- **规格限**——对输出变量规定的可接受值.
- **合理子组**使过程的变化更可能出现在子组之间(而不是之内)而设计的样本.
- 监测变量的控制图——**计量(个体值)控制图**.
- 监测过程均值的控制图——$\bar{x}$ **图**.
- 监测过程变异的控制图——R **图**.
- 发现趋势的控制图——**游程图**.
- 监测**比率非一致性**的控制图——p **图**.
- 监测每个个体缺陷数的控制图——c **图**.
- 仅在 R 图证实过程变异是受控后,才解释 $\bar{x}$ 图.
- **能力分析**——用来确定过程是否具有满足顾客的能力.
- **能力指数(C_p)**——概括与规格限有关的过程性能.
- **质量保证抽样计划**——用于防止来自运送产品的不良批.
- **操作特性曲线**——接受批的概率关于不合格品率的图.
- **调优操作**——在不断发展的制造操作中进行试验并提高质量.

符号汇集

符号	说明
SPC	统计过程控制
TQM	全面质量管理
LCL	控制下限
UCL	控制上限
$\bar{\bar{x}}$	样本均值的平均
$\bar{R}$	样本极差的平均
A_2	表 B.19 中得到的常数
D_3	表 B.19 中得到的常数

符号	说明
D_4	表 B.19 中得到的常数
d_2	表 B.19 中得到的常数
d_3	表 B.19 中得到的常数
$\hat{p}$	估计的样本中不合格品率
$\bar{p}$	所有 nk 个样本中总的不合格品率
$\bar{c}$	所有 k 个时间段内每个个体缺陷数的平均
K	从表 B.20 中得到的常数
USL	规格上限
LSL	规格下限
C_p	能力指数
γ	总体中测量值的比率
AQL	可接受质量水平

补充应用练习

（注意：带星号（*）的练习来自本章选学的节.）

16.64 螺纹中径. 某家工厂有一项工作是螺纹磨削飞机液压系统的配件. 为了监测这个过程, 在 20h 内, 生产检查员每小时随机抽取 5 个配件, 测量螺纹中径. 测量值表示以 0.000 1in 为单位的超过 0.400 0in 的部分, 如表中所示. （例如, 值 36 表示 0.403 6in.）

a. 构造 R 图来监测中径的变异, 过程受控吗?
b. 修正 R 图中控制限, 使得可以用于未来的数据.
c. 为过程构造 $\bar{x}$ 图, 过程均值受控吗?
d. 剔除落在控制限以外的点, 重新计算它们的值, 对将来数据, 推荐使用这些修正的控制限吗?

THREADS

小时	螺纹中径				
1	36	35	34	33	32
2	31	31	34	32	30
3	30	30	32	30	32
4	32	33	33	32	35
5	32	34	37	37	35
6	32	32	31	33	33
7	33	33	36	32	31
8	23	33	36	35	36
9	43	36	35	24	31
10	36	35	36	41	41
11	34	38	35	34	38
12	36	38	39	39	40
13	36	40	35	26	33
14	36	35	37	34	33
15	30	37	33	34	35
16	28	31	33	33	33
17	33	30	34	33	35
18	27	28	29	27	30
19	35	36	29	27	32
20	33	35	35	39	36

资料来源: Grant, E. L., and Leavenworth, R. S. *Statistical Quality Control*, 5th ed. New York: McGraw-Hill, 1980 (表 1-1), Reprinted with permission.

16.65 电轴的直径. 假定制造电轴过程是受控的, 在 20h 内的每小时结束时, 制造商随机选取一根电轴并且测量其直径, 20 次抽样的测量值 (in) 记录在下表中. 构造并解释轴直径控制图.

ELECSHAFT

样品	直径(in)	样品	直径(in)
1	1.505	11	1.491
2	1.496	12	1.486
3	1.516	13	1.510
4	1.507	14	1.495
5	1.502	15	1.504
6	1.502	16	1.499
7	1.489	17	1.501
8	1.485	18	1.497
9	1.503	19	1.503
10	1.485	20	1.494

16.66 钢阀中的镍. 规格要求制造的不锈钢液压阀中镍含量是重量的13%. 为了监测生产过程, 在8h内每小时从生产线上抽取4个阀, 测量每个阀中镍的百分比含量, 结果如下表.

🌐 **PCTNICKEL**

小时	镍含量			
1	13.1	12.8	12.7	12.9
2	12.5	13.0	13.6	13.1
3	12.9	12.9	13.2	13.3
4	12.4	13.0	12.1	12.6
5	12.8	11.9	12.7	12.4
6	13.0	13.6	13.2	12.9
7	13.5	13.5	13.1	12.7
8	12.6	13.9	13.3	12.8

a. 为液压阀的平均镍含量构造控制图.
b. 利用表 B.19, 建立均值控制限.
c. 利用全样本的标准差, 建立均值控制限, 并与 b 的控制限比较.
d. 所有观测的样本均值都落在控制限内吗? 由此说明了什么?
e. 求99%液压阀中镍含量的99%容许区间, 假定镍含量的分布是近似正态的.
f. 为液压阀中镍含量的变异性构造带控制限的控制图, 并解释结果.

16.67 瓶重. 参考练习 16.5 中瓶的制造过程. 为了监测过程均值, 在20个时间点(天)从生产过程中抽取3个制成的瓶, 上个月的检查数据(重量, 盎司)列在表中. 为制成的瓶子重量构造 R 图和 $\bar{x}$ 图, 并解释结果.

🌐 **BOTTLE2**

天	瓶重			天	瓶重		
1	5.6	5.8	5.8	11	6.2	5.6	5.8
2	5.7	6.3	6.0	12	5.9	5.7	5.9
3	6.1	5.3	6.0	13	5.2	5.5	5.7
4	6.3	5.8	5.9	14	6.0	6.1	6.0
5	5.5	5.9	6.3	15	5.5	5.7	5.5
6	6.0	6.7	5.2	16	5.9	6.2	6.1
7	5.8	5.7	6.1	17	6.1	6.4	6.4
8	5.8	6.9	5.8	18	6.2	5.4	5.7
9	6.4	5.6	5.9	19	5.3	5.5	5.4
10	6.0	5.7	6.1	20	6.2	6.1	6.0

16.68 泥浆包数据. B. Render(罗琳斯学院)和 R. M. Stair(佛罗里达州立大学)提出了贝菲尔德造浆公司的案例(*Quantitative Analysis of Management*, 1997). 贝菲尔德造浆公司为湿地钻探公司提供可以装下50磅重泥浆处理剂包的货车车厢, 泥浆处理剂用于石油钻探时控制锥体的 pH 值和其他化学特性, 湿地钻探公司抱怨贝菲尔德造浆公司近期运送包的重量大多数不足约5%. (使用重量不足的包可能会使钻探的化学控制很差, 这将会损害到钻探效率, 导致严重的经济后果.)由于害怕失去长期顾客, 贝菲尔德造浆公司马上开始检查他们的生产过程, 管理者怀疑问题的原因是近期增加的第三个轮班以及所有三个轮班都是在遇到了因产品需求增加而增加产量压力的事实. 他们的质量控制员工开始随机抽样, 每小时抽取生产的6个包, 并测量其重量, 最近三天每个样本的平均重量和每个样本中最重的及最轻的重量都记录在表中.

a. 为这些数据构造 R 图和 $\bar{x}$ 图.
b. 过程在统计控制中吗?
c. 管理者对第三个班的怀疑是否正确? 请解释.

🌐 **MUDBAGS**

时间	平均重量(lb)	最轻	最重
6:00 上午	49.6	48.7	50.7
7:00	50.2	49.1	51.2
8:00	50.6	49.6	51.4
9:00	50.8	50.2	51.8
10:00	49.9	49.2	52.3
11:00	50.3	48.6	51.7
12(中午)	48.6	46.2	50.4
1:00 下午	49.0	46.4	50.0
2:00	49.0	46.0	50.6
3:00	49.8	48.2	50.8
4:00	50.3	48.2	52.7
5:00	51.4	50.0	55.3
6:00	51.6	49.2	54.7
7:00	51.8	50.0	55.6
8:00	51.0	48.5	53.2
9:00	50.5	49.4	52.4
10:00	49.2	46.1	50.7
11:00	49.0	46.3	50.8
12(午夜)	48.4	45.4	50.2
1:00 上午	47.6	44.3	49.7

(续)

时间	平均重量(lb)	最轻	最重
2:00	47.4	44.1	49.6
3:00	48.2	45.2	49.0
4:00	48.0	45.5	49.1
5:00	48.4	47.1	49.6
6:00	48.6	47.4	52.0
7:00	50.0	49.2	52.2
8:00	49.8	49.0	52.4
9:00	50.3	49.4	51.7
10:00	50.2	49.6	51.8
11:00	50.0	49.0	52.3
12(中午)	50.0	48.8	52.4
1:00 下午	50.1	49.4	53.6
2:00	49.7	48.6	51.0
3:00	48.4	47.2	51.7
4:00	47.2	45.3	50.9
5:00	46.8	44.1	49.0
6:00 下午	46.8	41.0	51.2
7:00	50.0	46.2	51.7
8:00	47.4	44.0	48.7
9:00	47.0	44.2	48.9
10:00	47.2	46.6	50.2
11:00	48.6	47.0	50.0
12(午夜)	49.8	48.2	50.4
1:00 上午	49.6	48.4	51.7
2:00	50.0	49.0	52.2
3:00	50.0	49.2	50.0
4:00	47.2	46.3	50.5
5:00	47.0	44.1	49.7
6:00	48.4	45.0	49.0
7:00	48.8	44.8	49.7
8:00	49.6	48.0	51.8
9:00	50.0	48.1	52.7
10:00	51.0	48.1	55.2
11:00	50.4	49.5	54.1
12(中午)	50.0	48.7	50.9
1:00 下午	48.9	47.6	51.2
2:00	49.8	48.4	51.0
3:00	49.8	48.8	50.8
4:00	50.0	49.1	50.6
5:00	47.8	45.2	51.2

(续)

时间	平均重量(lb)	最轻	最重
6:00	46.4	44.0	49.7
7:00	46.4	44.4	50.0
8:00	47.2	46.6	48.9
9:00	48.4	47.2	49.5
10:00	49.2	48.1	50.7
11:00	48.4	47.0	50.8
12(午夜)	47.2	46.4	49.2
1:00 上午	47.4	46.8	49.0
2:00	48.8	47.2	51.4
3:00	49.6	49.0	50.6
4:00	51.0	50.5	51.5
5:00	50.5	50.0	51.9

资料来源: Kinard, J., 正如西卡罗96莱纳州大学在Render, B. and Stair, Jr. R. 中记录, *Quantitative Analysis for Management*. 6th ed. Upper Saddle River, NJ: Prentice Hall, 1997.

*16.69 **抽样计划分析.** 质量控制检查员正在研究两种抽样计划($n=5$, $a=1$)和($n=25$, $a=5$).

a. 利用批不合格品率 0.05, 0.10, 0.20, 0.30, 0.40, 画出两种计划的操作特性曲线的草图.

b. 作为一个 AQL = 0.10 生产批的销售商,两个抽样计划哪个更好? 为什么?

c. 作为一个购买者,拒绝接受不合格品率超过 $p_1 = 0.30$ 的批,两个抽样计划中的哪个更好? 为什么?

16.70 **监测辊轧钢.** 一家公司为核潜艇制造辊轧钢. 为了监测生产过程, 在连续 12 个小时内, 质量检查员每小时从生产线上抽样已完成的辊轧钢. 在每卷钢材上发现的瑕疵数记录在下表.

STEELROLL

小时	1	2	3	4	5	6	7	8	9	10	11	12
瑕疵数	14	10	8	7	11	12	6	15	13	4	9	10

a. 为每卷辊扎的钢材产品的瑕疵数构造控制图.

b. 在控制图中确定中心线和控制上下限的位置.

c. 制造过程受控吗?

16.71 **电子管抽样.** 对于一批可接受质量水平为 10% 的 250 个电子管, 在以下每种检查方案中求合适的 MIL-STD-105D 一般检查抽样计划.

a. 正常检查水平.

b. 加严检查水平.

16.72 不合格的机器人. 高水平计算机技术研发了用于操作工业"机器人"的小型微处理器. 为了监测由某个制造过程生产的微处理器不合格品率,每小时抽样 50 个微处理器,20 个小时的抽样结果在下表中给出.

ROBOTS2

样本	1	2	3	4	5	6	7	8	9	10
不合格品数	5	6	4	7	1	3	6	5	4	5
样本	11	12	13	14	15	16	17	18	19	20
不合格品数	8	3	2	1	0	1	1	2	3	3

a. 构造微处理器的不合格品率控制图.
b. 在控制图中确定中心线和控制上下限的位置. 过程受控吗?
c. 对控制图进行游程分析,并解释结果.

16.73 钢缆强度. 建筑工程师买了大卷的钢缆,在安装永久性结构过程中用于支承设备和临时搭建物,规格要求钢缆的抗断强度超过 200lb. 对于批量为 1 500 的大卷钢缆,考虑一个基于样本量 $n = 20$,接受数 $a = 2$ 的抽样验收计划.

a. 如果 AQL 为 0.05,求生产方风险.
b. 如果不能满足抗断强度规格的批不合格品率是 $p_1 = 0.10$,求使用方风险.
c. 为这个抽样计划画出操作特性曲线草图. 抽样计划合理吗?
d. 对于批量大小为 1 500 的大卷钢缆以及 0.05 的 AQL,求合适的 MIL-STD-105D 正常(水平)一般检查抽样计划.
e. 参考 d,在这个抽样检查计划下求生产方风险.(提示:用正态近似二项.)
f. 参考 d,如果不能满足抗断强度规格的批不合格品率是 $p_1 = 0.08$,求使用方风险.(提示:用正态近似二项.)

16.74 环氧化物修补连接. 参考练习 7.20 中描述的环氧化物修补捆扎连接的压力分析. 对于木制的环氧树脂黏合的捆扎连接进行试验,确定实际的胶水黏合切断应力的容许量(*Journal of Structural Engineering*, 1986 年 2 月). 100 个南方松捆扎连接的随机样本的切断强度(lb/in^2)的均值和标准差是

$$\bar{x} = 1.312 \quad s = 422$$

a. 假定强度测量值的分布是近似正态的,构造 99% 的切断强度的 95% 容许区间.

b. 解释 a 中得到的区间.
c. 当正态性假定不满足时,可以怎样得到容许区间.

16.75 有缺陷的塑料模具. 一家制造塑料模具零件的公司认为正在生产不正常多的不合格品. 为了证实这种怀疑,每个轮班随机抽取 7 个 200 个零件的样本,用目测每个零件确定它是否为不合格品,记录出现的主要缺陷类型(Hart, 1992),数据如下表.

a. 为这个制造过程构造 p 图.
b. 控制限能用于监测未来过程的输出吗? 请解释.

MOLD

样本	轮班	缺陷数	裂缝	烧焦	斑渍	气泡	整洁
1	1	4	1	1	1	0	1
2	1	6	2	1	0	2	1
3	1	11	1	2	3	3	2
4	1	12	1	2	3	3	3
5	1	5	0	1	0	2	2
6	1	10	1	3	2	2	2
7	1	8	0	3	1	3	1
8	2	16	2	0	8	2	4
9	2	17	3	2	8	2	2
10	2	20	0	3	11	3	3
11	2	28	3	2	17	2	4
12	2	20	0	0	16	4	0
13	2	20	1	1	18	0	0
14	2	17	2	2	13	0	0
15	3	13	3	2	5	1	2
16	3	10	0	3	4	2	1
17	3	11	2	2	5	1	1
18	3	7	0	3	2	1	1
19	3	8	1	2	0	2	3
20	3	8	3	1	2	1	1
21	3	12	3	3	2	2	2

16.76 飞机乘客的等待时间. Mountain 航空公司的官员们对乘客在内华达州里诺的机场业务台排队等待检票的时间长度感兴趣. 为了得到控制图,在 20 天内每天抽取 5 个顾客,以分钟计的数据如下表所示.

CHECKIN

样本	等待时间(min)				
1	3.2	6.7	1.3	8.4	2.2
2	5.0	4.1	7.9	8.1	0.4
3	7.1	3.2	2.1	6.5	3.7
4	4.2	1.6	2.7	7.2	1.4
5	1.7	7.1	1.6	0.9	1.8
6	4.7	5.5	1.6	3.9	4.0
7	6.2	2.0	1.2	0.9	1.4
8	1.4	2.7	3.8	4.6	3.8
9	1.1	4.3	9.1	3.1	2.7
10	5.3	4.1	9.8	2.9	2.7
11	3.2	2.9	4.1	5.6	0.8
12	2.4	4.3	6.7	1.9	4.8
13	8.8	5.3	6.6	1.0	4.5
14	3.7	3.6	2.0	2.7	5.9
15	1.0	1.9	6.5	3.3	4.7
16	7.0	4.0	4.9	4.4	4.7
17	5.5	7.1	2.1	0.9	2.8
18	1.8	5.6	2.2	1.7	2.1
19	2.6	3.7	4.8	1.4	5.8
20	3.6	0.8	5.1	4.7	6.3

a. 由这些数据构造 R 图.
b. 关于过程的稳定性 R 图提示了什么? 请解释.
c. 说明为什么在 $\bar{x}$ 图之前应该先解释 R 图.
d. 由这些数据构造 $\bar{x}$ 图.
e. 关于过程的稳定性 $\bar{x}$ 图提示了什么? 请解释.
f. R 图和 $\bar{x}$ 图的控制限能用于监测未来的过程输出吗? 请解释.

*16.77 **飞机乘客的等待时间**. 考虑练习 16.76 中描述的飞机检票过程.

a. 假定过程受控, 构造过程的能力分析图, 管理层确定的规格上限是 5min.
b. 过程有能力吗? 验证你的答案.
c. 如果估计和解释这个过程的 C_p 是合适的, 做这些工作. 如果不合适, 解释原因.
d. 管理层为什么不提供规格下限呢?

16.78 **碳素杆的缺陷**. 高尔夫球棒的制造商收到了大量关于碳素杆性能的投诉, 监测一种用拉挤成型方法生产碳素杆的过程, 拉着织物通过热固聚合物溶液, 然后再通过又长又热的钢模, 随着它在模具中的移动, 杆就做好了, 最后, 把它剪成所需的长度. 在这个过程中可能出现的缺陷是内部空隙、断股、连接层间的缺口和由不恰当加工形成的微小裂纹. 质量部门每30min连续抽取10个杆, 进行非破坏性试验找出杆中的瑕疵. 每8h轮班工作的数据合成160个杆的轮班样本, 36个轮班样本的不合格率数据如下表所示, 识别的瑕疵类型数据也在下表中给出. (注: 每个不合格杆可以有多个瑕疵.)

a. 利用合适的控制图确定随着时间的改变过程比率是否稳定.
b. 为了诊断过程输出的变异原因, 为观测到的杆缺陷类型构造帕雷托图, 哪一种是"关键的少数", 哪一种是"次要的多数"?

SHAFT2

缺陷类型	缺陷数
内部空隙	11
断股	96
层间缺口	72
微小裂纹	150

SHAFT1

轮班号	不合格杆数	不合格率	轮班号	不合格杆数	不合格率
1	9	0.056 25	19	6	0.037 50
2	6	0.037 50	20	12	0.075 00
3	8	0.050 00	21	8	0.050 00
4	14	0.087 50	22	5	0.031 25
5	7	0.043 75	23	9	0.056 25
6	5	0.031 25	24	15	0.093 75
7	7	0.043 75	25	6	0.037 50
8	9	0.056 25	26	8	0.050 00
9	5	0.031 25	27	4	0.025 00
10	9	0.056 25	28	7	0.043 75
11	1	0.006 25	29	2	0.012 50
12	7	0.043 75	30	6	0.037 50
13	9	0.056 25	31	9	0.056 25
14	14	0.087 50	32	11	0.068 75
15	7	0.043 75	33	8	0.050 00
16	8	0.050 00	34	9	0.056 25
17	4	0.025 00	35	7	0.043 75
18	10	0.062 50	36	8	0.050 00

资料来源: Kolarik, W. *Creating Quality: Concepts, System, Strategies, and Tools*. New York: McGraw-Hill, 1995.

第 17 章　产品和系统的可靠性

目标　为估计工业产品或系统在指定时间内满意地运行的概率提供某些统计方法.

活动中的统计学:建立钢筋混凝土桥面恶化的危险率模型

本章我们将学习一个和产品失效有关的重要的条件概率,称作**危险率**. 简单地说,危险率度量的是给定产品已生存到某时间条件下在一个特定的时间段失效的概率. 我们将在 17.3 节说明,失效时间分布危险率的有关知识可以帮助我们选择合适的失效时间密度函数,反之亦然. 然而,某些失效时间分布是动态变化的,不可能服从事先指定的概率密度函数. 例如,钢筋混凝土桥面的恶化是一个连续、渐进、相对较慢的过程,这个过程随着一些因素(例如交通负荷、桥面的当前结构条件、桥的设计、环境因素和材料性质)而变化,这些桥面的失效时间分布不能用单个的已知概率分布精确地近似.

在 *Journal of Infrastructure Systems*(2001 年 6 月)中,加利福尼亚大学伯克利分校的土木和环境工程师为印第安纳州的钢筋混凝土桥面的恶化时间分布提出了一个概率模型. 他们的目标是预测桥面在给定时间遭受一次条件-状态显著改变(恶化)的概率. 研究人员利用了印第安纳桥梁详细目录(IBI)数据库中的混凝土桥梁特征的拟合模型.

我们将在本章末的"活动中的统计学回顾"中详细给出研究人员的建模方法.

17.1　引言

你的高清电视和你的汽车在一段合理长的时期内能正常运行吗? 如果能够,我们说这些产品是可靠的. 产品的**可靠性**是产品在一段给定的时期内满足某些规定功能的概率. 例如,假定我们想要一辆新汽车在两年的时间内或 20 000 mile 内无故障运行,汽车满足这些规定功能的概率就是汽车的可靠性.

定义 17.1　产品的**可靠性**是产品在一段给定时期内满足各种规定功能的概率.

有些产品需要一次性功能,而有些产品需要一次又一次地重复某种功能直到最终失效. 例如,当电流超负荷时,保险丝或者工作或者不工作,保险丝的可靠性是当它遭受某种超负荷电流时正常工作的概率. 相反,汽车需要一次又一次地行驶,它的可靠性是在一段指定的时期内没有严重故障而正常行驶的概率.

17.2　失效时间分布

产品的寿命长度是直到产品不能完成规定功能的时间长度. 当产品不能完成规定功能时,就说它失效了.

单件产品失效的时间叫作它的**失效时间**. 例如,研磨砂轮的寿命长度是直到砂轮不能完成规定功能的时间长度. 规定的功能可能由制造商确定,也可能由用户写下他自己的规定,直到失效的时间长度叫作砂轮的失效时间.

定义 17.2　产品的**失效时间** T 是一个表示产品完成规定功能时间长度的随机变量.

事实上,任何产品的失效时间 T 是逐个不同的,它是一个随机变量. 产品失效时间的密度函数叫作**失效时间分布**,一个典型的失效时间分布可能如图 17.1 所示.

定义 17.3 产品的**失效时间分布**是失效时间 T 的密度函数 $f(t)$.

如果用符号 $f(t)$ 表示失效时间的密度函数,那么产品在时间 t_0 之前失效的概率是

$$P(T \leq t_0) = F(t_0) = \int_0^{t_0} f(t)\,dt$$

这个概率是图 17.1 所示密度函数下方的阴影区域面积.

假定产品直到 t_0 时仍生存(正常工作),我们就说它是可靠的. 那么产品的**可靠性**(即直到时刻 t_0 生存的概率)是

$$R(t_0) = 1 - F(t_0)$$

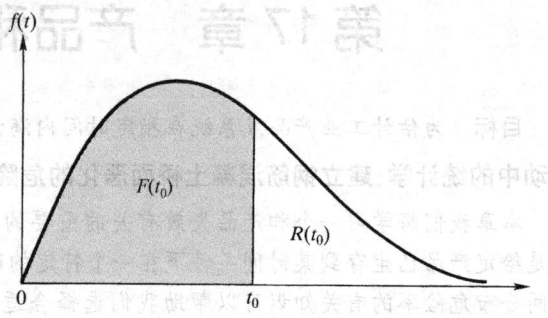

图 17.1 失效时间分布

概率 $R(t_0)$ 是图 17.1 密度函数下方 t_0 右侧的非阴影区域面积,可靠性 $R(t_0)$ 也称为产品的**生存函数**.

实际上,例如对在某给定的星期、月或年里制造的一些产品有特殊的兴趣,失效时间分布是这组产品寿命长度的(概念上)相对频率分布. 基于样本数据的分析,可以从第 5 章所述的密度函数中选出一个作为这个分布模型. 为了这个目的,常常用威布尔分布(在 5.8 节讨论过)表示密度函数族.

定义 17.4 产品的**可靠性**(或**生存函数**)$R(t_0)$ 是直到时刻 t_0 产品生存的概率:

$$R(t_0) = 1 - F(t_0)$$

其中 $F(t)$ 是失效时间 T 的累积分布函数.

17.3 危险率

产品的失效时间分布使我们能够计算产品在时刻 t_0 之前失效的概率 $F(t_0)$ 和产品直到时刻 t_0 仍生存的概率 $R(t_0) = 1 - F(t_0)$. 对于失效时间的一个很小改变(用 Δt 来表示),产品在区间 $(t, t+\Delta t)$ 内失效的概率如图 17.2 中阴影区域的面积. 密度 $f(t)$(即阴影矩形的高)是和这个概率成比例的.

描述产品寿命特征的另一种方法是将产品的失效概率作为产品变老的度量,即已知产品在时刻 t 生存,产品将在区间 $(t, t+\Delta t)$ 失效的概率.

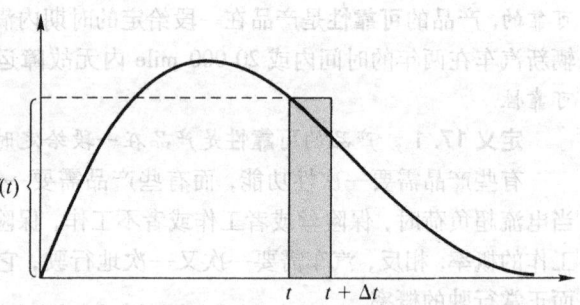

图 17.2 表示区间 $(t, t+\Delta t)$ 内失效的近似概率的失效时间分布

如果我们定义事件

A:产品在区间 $(t, t+\Delta t)$ 失效

B:产品直到时刻 t 生存

那么已知产品已经生存到时刻 t,它在时间区间 $(t, t+dt)$ 失效的概率是

$$P(A|B) = \frac{P(A \cap B)}{P(B)}$$

但是，事件 $A \cap B$ 等价于事件 A，即为了能在区间 $(t, t+\Delta t)$ 失效，产品必须生存到时刻 t. 因此，
$$P(A \cap B) = P(A)$$
这个概率近似等于图 17.2 中的阴影部分的面积. 已知产品已经生存到时刻 t，在区间 $(t, t+\Delta t)$ 失效的概率是

$$P(A|B) = \frac{P(A \cap B)}{P(B)} \approx \frac{f(t)\Delta t}{1 - F(t)} = \frac{f(t)\Delta t}{R(t)}$$

量

$$z(t) = \frac{f(t)}{R(t)}$$

和这个条件概率成比例，称它为产品的**危险率**. 有关产品危险率的知识常常帮助我们选择合适的产品失效时间密度函数. 下面的例子说明这一点.

定义 17.5 产品的**危险率**定义为

$$z(t) = \frac{f(t)}{1 - F(t)} = \frac{f(t)}{R(t)}$$

其中 $f(t)$ 是产品失效时间分布的密度函数.

例 17.1 **指数失效时间分布的危险率** 指数分布（5.7 节中讨论）在工业中经常用作产品失效时间的分布模型. 求指数分布的危险率.

解 指数分布的密度函数和累积分布函数分别是

$$f(t) = \frac{e^{-t/\beta}}{\beta} \qquad 0 \leq t < \infty, \quad \beta > 0$$

和

$$F(t) = \int_{-\infty}^{t} f(y)\,dy = \int_{0}^{t} \frac{e^{-y/\beta}}{\beta} dy = 1 - e^{-t/\beta}$$

那么指数分布的危险率是

$$z(t) = \frac{f(t)}{1 - F(t)} = \frac{\frac{e^{-t/\beta}}{\beta}}{1 - (1 - e^{-t/\beta})} = \frac{1}{\beta}$$

因为 $\beta = E(t)$ 是产品的平均寿命，所以危险率是常数（见图 17.3）. 因此具有指数失效时间分布的产品不会疲劳，产品在任何一个时间单位内生存的可能性都相同. ■

显然，指数分布不是随着变老而易于失效的工业产品失效时间分布的好模型. 但是它可以为一些产品（尤其是当部件失效被替换的复杂系统）提供一个好模型，这样的系统运行了一段时间后，在任何一个时间单位内的失效概率都与其他任何别的时间单位内的失效概率相同. 具有这种性质（也就是常数危险率）的失效时间分布叫作**无记忆分布**.

威布尔分布（5.8 节中讨论）的密度函数和累积分布函数分别是

图 17.3 指数失效时间分布的危险率

$$f(t) = \frac{\alpha}{\beta} t^{\alpha-1} e^{-t^\alpha/\beta} \quad 0 \leq t < \infty; \quad \alpha > 0; \quad \beta > 0$$

和

$$F(t) = 1 - e^{-t^\alpha/\beta}$$

改变形状参数 α 和尺度参数 β, 可以得到各种各样的密度函数, 这对建立许多工业产品失效时间分布的模型是有用的. 当 $\alpha = 1$ 时, 我们得到指数分布.

例17.2 威布尔失效时间分布的危险率

求威布尔分布的危险率, 并且对 $\alpha = 1, 2, 3$ 画出 $z(t)$ 关于时间的图像.

解 利用上面给出的密度函数和累积分布函数, 得到威布尔分布的危险率是

$$z(t) = \frac{f(t)}{1-F(t)} = \frac{\left(\frac{\alpha}{\beta}\right) t^{\alpha-1} e^{-t^\alpha/\beta}}{1-(1-e^{-t^\alpha/\beta})} = \frac{\alpha}{\beta} t^{\alpha-1}$$

当形状参数 α 等于 1 时, 得

$$z(t) = \frac{1}{\beta}$$

此即指数分布的常数危险率. 当 $\alpha = 2$ 时,

$$z(t) = \frac{2}{\beta} t$$

即过原点的直线方程. 当 $\alpha = 3$ 时,

$$z(t) = \frac{3}{\beta} t^2$$

即时间 t 的二次函数. 这些危险率的图形如图 17.4 所示. 注意对于较大的形状参数 α 值, 危险率更迅速地增长.

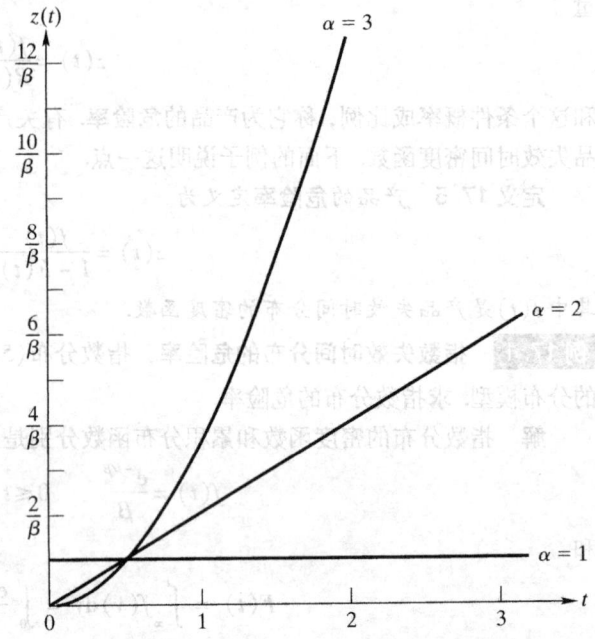

图 17.4 $\alpha = 1, 2, 3$ 时威布尔分布的危险率图

应用练习

17.1 预防维护试验. *Reliability Engineering and System Safety* (2006年1月) 提出了 n 个独立运行零件中的某些(但不是所有)预防维护试验的最优计划. 零件每小时失效次数近似服从均值为 λ 的泊松分布, 因此零件失效的时间间隔服从 $\beta = 1/\lambda$ 的指数分布. 求零件失效时间间隔的危险率并画图.

17.2 张力腿平台的可靠性. 张力腿平台(TLP)用于深海条件下石油和天然气的探测, *Reliability Engineering and System Safety* (2006年1月) 评估了冲击载荷下 TLP 的可靠性. 研究者调查了在一台 TLP 的动力载荷下对冲击力有贡献的几个随机变量. 假定其中一个随机变量表示直到失效时的潮涌压力(单位为MPa), 服从区间 $(4, 5)$ 上的均匀分布. 求这个随机变量的危险率并画图.

17.3 正态失效时间分布. 假定产品的失效时间分布可以用 $\mu = 3, \sigma = 1$ 的正态分布来近似.

a. 对于 $t = 0, 1, 2, \cdots, 6$, 求 $f(t), F(t)$ 和 $z(t)$.
b. 作 $z(t)$ 关于相应的 t 值的图像, 从而得到这个正态失效时间分布的危险率图像.

17.4 电子元件的可靠性. 某种电子元件的寿命 $T(h)$ 是一个随机变量, 密度函数为

$$f(t) = \begin{cases} \dfrac{1}{100} e^{-t/100} & t > 0 \\ 0 & \text{其他} \end{cases}$$

a. 求 $F(t)$ 和 $R(t)$.
b. 元件在 $t = 25h$ 的可靠性是多少?
c. 求 $z(t)$ 并解释结果.

17.5 加油站燃油分配器失效. *Journal of Industrial*

Engineering(2013 年)发表的一篇文章研究了连锁加油站的燃油分配器的预防性维护操作. 在高失效率的加油站, 两个燃油分配器的失效时间间隔服从均值为 460 小时的指数分布. 同样, 为燃油分配器做的预防性维护的时间间隔服从均值为 2 880 小时的指数分布.

a. 求失效时间分布的危险率, 并解释.
b. 求预防性维护时间分布的危险率, 并解释.
c. 假定失效时间和预防性维护时间分布是相互独立的, 研究表明两次维护(由于失效或者是预防性维护或者是修复性维护)的时间间隔服从指数为 395 小时的指数分布. 求任意两次维护(或者预防或者修复)的时间间隔的危险率, 并解释.

17.6 电力系统的可靠性. 期刊 *PLoS ONE*(2013 年 8 月)的一篇文章分析了伊拉克一个电力系统的可靠性. 失效时间分布函数 $f(t)$ 服从参数为 β、α 和 k 的 Dagum 概率分布. 密度函数形式为
$$f(t) = \kappa\alpha(1+(t/\beta)^\alpha)^{-1-\kappa}\beta^{-\kappa\alpha}t^{-1-\kappa\alpha}$$
$$\beta > 0, \quad \alpha > 0, \quad k > 0$$
研究人员证明这个分布的可靠性函数为
$$R(t) = \beta^{-\kappa\alpha}(1+(t/\beta)^\alpha)^{-\kappa}t^{\kappa\alpha}$$

a. 证明这个分布的危险率为
$$z(t) = \frac{\kappa\alpha}{(1+(t/\beta)^\alpha)(-1+(1+(\beta/t)^\alpha)^\kappa)t}$$
b. 电力系统两次失效时间间隔最好的拟合分布的参数为 $\beta = 90$, $\alpha = 2.4$ 和 $k = 0.34$. 用这些值求失效时间分布的危险率, 并解释.

17.7 钻头的失效时间. 钻头失效时间分布的密度函数是
$$f(t) = \begin{cases} \dfrac{2te^{-t^2/100}}{100} & 0 \leq t < \infty \\ 0 & \text{其他} \end{cases}$$

a. 求 $F(t)$.
b. 求钻头在时刻 t 的可靠性 $R(t)$ 和危险率 $z(t)$ 的表达式.
c. 利用 b 的结果求 $R(8)$ 和 $z(8)$.

17.8 计算机磁盘组的失效. 计算机磁盘组的失效如果发生在时刻 $t = \alpha$ 前被认为是初始失效, 如果发生在时刻 $t = \beta$ 之后认为是磨损失效. 假定在磁盘组有用的寿命期间失效时间分布为
$$f(t) = \frac{1}{\beta-\alpha} \quad \alpha \leq t \leq \beta$$

a. 求 $F(t)$ 和 $R(t)$.
b. 求危险率 $z(t)$.
c. 当 $\alpha = 100\text{h}$, $\beta = 1\,500\text{h}$ 时, 画出磁盘组危险率的图像.
d. 对 $\alpha = 100\text{h}$, $\beta = 1\,500\text{h}$, 磁盘组在 $t = 500\text{h}$ 的可靠性是多少? 危险率是多少?

17.9 无铅焊接的失效. 普渡大学的机械工程师对用于微电子仪器组件的无铅焊接进行了可靠性分析 (*Electronic Components and Technology Conference*, 2005 年 5 月), 用参数为 α 和 β 的威布尔分布来近似焊接中的裂缝传播到最弱点需要的最短时间(即失效时间). 研究人员估计形状参数 $\alpha = 3.5$, 平均失效时间 $\mu = 2\,370\text{h}$.

a. 利用这些估计和有关威布尔分布的知识, 求尺度参数 β 的估计.
b. 给出这个失效时间分布危险率的表达式.
c. 求 $t = 5\,000$ 小时时的危险率.

17.10 焊接疲劳. 广泛应用于电子组件工业的焊接提供了晶圆级芯片和印刷电路板(PCB)之间的连接, 连接点最普遍的失效是由临近晶圆封装大块焊点的裂缝引起的. 美国国家半导体公司的研究员用威布尔分布估计 64L 凸块微 SMD 封装的焊点失效时间(h)(*Electronic Components and Technology Conference*, 2003 年 5 月), 中位失效时间估计为 590 h.

a. 写出中位失效时间作为威布尔分布参数 α 和 β 的函数表达式.
b. 求 $\alpha = 1$, 中位失效时间为 590h 时 β 的值.
c. 求 $\alpha = 2$, 中位失效时间为 590h 时 β 的值.
d. 求 $\alpha = 2$, 中位失效时间为 590h 时的危险率.

17.4 寿命试验: 删失抽样

寿命试验是为了得到某些产品个体寿命长度的样本值而进行的试验. 特别是, 把 n 个个体的随机样本放在一个特定的环境条件下进行试验, 并且试验直到它们失效为止, 记录失效时间 $t_1, t_2, \cdots, t_n$ 提供了产品寿命长度 T 观测值的随机样本. 为方便起见, 令 t_1 表示最短的失效时间, t_2 表示第二短的失效时间, $\cdots$, t_n 表示最长的失效时间, 这些时间可能显示为如图 17.5 那样的时间轴上的点.

在许多情况下，进行寿命试验确定工业产品在销售之前的质量。等待样本中的最后几个个体失效可能是浪费时间和金钱，为了减少等待某些长寿命个体的花费，试验常常在一个指定的试验时间长度 $T = t_c$ 后结束。这样做时，我们说寿命试验在时间 t_c 处删失；若试验在固定个数 r 个个体失效后结束，则为第二种**删失抽样**类型。

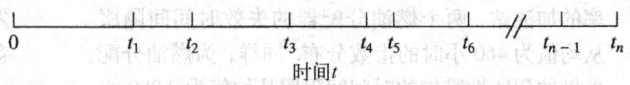

图 17.5 某产品 n 个个体的失效时间

如果寿命试验在固定时刻 t_c 处删失，那么试验的时间长度是固定的，这时容易安排寿命试验设备，但是在时刻 t_c 之前观测到的失效个数 R 是一个随机变量。所以，R 可能取区间 $0 \leq r \leq n$ 内的任一整数值 r，也可能没有观测到失效时间。如果试验在观测到固定个数 $R = r$ 失效时删失，那么我们总会得到 r 个失效时间值，但是寿命试验的长度是变化的，并且等于直到第 r 个个体失效的时间长度 t_r。

还有许多其他类型的寿命试验过程。在**有替换寿命试验**中，一旦一个产品个体失效，就在试验设备上被替换，这是一个最大程度利用试验设备的过程。另一种试验设计是在变化的应力下试验产品，以研究各种应力对产品的影响，这种类型的试验叫作**加速寿命试验**。各种各样的寿命试验过程的描述及利用**删失数据**估计失效时间分布参数的方法在本章的参考文献中叙述。

17.5 估计指数失效时间分布的参数

求失效时间分布参数估计量的方法已经在前几章中介绍过，可以利用矩法（第 7 章）、极大似然法（第 7 章）或者最小二乘法（第 10 章）。求估计量的难易程度依赖于失效时间分布和参数的个数。例如，基于简单随机样本求指数分布参数的极大似然估计量是容易的（见例 7.5），但是为估计威布尔分布参数求解所得的极大似然方程组却是相对困难的。

基于某种类型的抽样（尤其是当抽样在固定时刻 t_c 删失时）得到估计量及其抽样分布是困难的。所以，在本节和以下几节中，将给出指数失效时间分布和威布尔失效时间分布的估计方法，对各种各样的失效时间分布的估计过程在文献或者关于产品和系统可靠性的教材中讨论。

首先考虑指数分布的平均失效时间 β 的估计量。不管寿命试验是否删失，β 的估计量都是相同的，都等于总的观测寿命除以观测到的失效个数 r。例如，n 个个体的随机样本是来自指数总体的，在观测到第 r ($r > 0$) 次失效后结束寿命试验，那么

$$\hat{\beta} = \frac{\sum_{i=1}^{r} t_i + (n-r) t_r}{r} = \frac{\text{总的观测寿命}}{r}$$

如果等到所有 n 个个体都失效，那么 $r = n$，估计量就是样本的平均失效时间：

$$\hat{\beta} = \frac{\sum_{i=1}^{n} t_i}{n} = \bar{t}$$

注意，对于删失和非删失抽样情形，上面表达式中的分子都等于在寿命试验期间观测到的 n 个个体的总寿命长度。

对有固定试验时间 t_c 的删失抽样，

$$\hat{\beta} = \frac{\sum_{i=1}^{r} t_i + (n-r) t_c}{r} = \frac{\text{总的观测寿命}}{r}, \quad r \geq 1$$

注意这个表达式中的分子仍是直到寿命试验在时间 t_c 结束时所记录的 n 个个体的总寿命长度.

指数分布的平均寿命 β 的点估计

对于非删失寿命试验:
$$\hat{\beta} = \frac{\sum_{i=1}^{n} t_i}{n}$$

对于失效个数固定为 r 的删失抽样:
$$\hat{\beta} = \frac{\sum_{i=1}^{r} t_i + (n-r)t_r}{r}$$

对于试验时间固定为 t_c 的删失抽样:
$$\hat{\beta} = \frac{\sum_{i=1}^{r} t_i + (n-r)t_c}{r}$$

β 的 $(1-\alpha)100\%$ 置信区间的公式如下面所示. 基于在某一固定时间点删失抽样的置信区间只是近似的.

基于定数 r 的删失抽样的 β 的 $(1-\alpha)100\%$ 置信区间

$$\frac{2(\text{总寿命})}{\chi^2_{\alpha/2}} \leq \beta \leq \frac{2(\text{总寿命})}{\chi^2_{(1-\alpha/2)}}$$

其中

$$\text{总寿命} = \sum_{i=1}^{r} t_i + (n-r)t_r$$

$\chi^2_{\alpha/2}$ 和 $\chi^2_{(1-\alpha/2)}$ 是自由度为 $2r$ 的卡方统计量的表中值,分别位于卡方分布的上尾和下尾 $\alpha/2$ 处.

基于定时 t_c 的删失抽样的 β 的 $(1-\alpha)100\%$ 近似置信区间

$$\frac{2(\text{总寿命})}{\chi^2_{\alpha/2}} \leq \beta \leq \frac{2(\text{总寿命})}{\chi^2_{(1-\alpha/2)}}$$

其中

$$\text{总寿命} = \sum_{i=1}^{r} t_i + (n-r)t_c$$

$\chi^2_{\alpha/2}$ 和 $\chi^2_{(1-\alpha/2)}$ 分别是自由度为 $2r+2$ 的卡方分布的上尾和下尾 $\frac{\alpha}{2}$ 处的表中值.

例 17.3 飞机发动机故障之间的平均时间 假定某种类型的飞机发动机出现故障之间的时间长度服从指数失效时间分布. 有 10 台发动机参与试验, 直到 6 台发动机出现故障为止, 出现故障的时间分别是 48h、35h、91h、62h、59h 和 77h. 求发动机平均故障间隔时间 β 的 95% 置信区间.

解 因为寿命试验进行到观测到第 6 次失效时停止, 所以它是 $r=6$ 的删失抽样. 试验中观测到的总寿命是

$$\text{总寿命} = \sum_{i=1}^{r} t_i + (n-r)t_r = 372 + 364 = 736\text{h}$$

基于 $2r = 2(6) = 12$ 个自由度的 $\chi^2_{0.025}$ 和 $\chi^2_{0.975}$ 表中值分别为 23.336 7 和 4.403 79. 那么 β 的 95% 置信区间是

$$\frac{2(736)}{23.336\ 7} \leq \beta \leq \frac{2(736)}{4.403\ 79}$$

或者 $63.08 \leq \beta \leq 334.26$. 我们对此的解释是这种特定类型的飞机发动机故障间隔的真实平均时间 β 以 95% 的置信落在 $63.08 \sim 334.26\text{h}$ 之间.

例 17.4 **危险率和可靠性置信区间** 参考例 17.3.

a. 求飞机发动机的危险率的 95% 置信区间.

b. 求系统在 50 小时可靠性的 95% 置信区间.

解 a. 回忆 17.3 节,指数分布的危险率是 $1/\beta$. 所以由例 17.3 中得到的 β 的 95% 置信区间,将它变换为 $1/\beta$ 的置信区间:

$$63.08 \leq \beta \leq 334.26$$

$$\frac{1}{334.26} \leq \frac{1}{\beta} \leq \frac{1}{63.08}$$

$$0.003 \leq \frac{1}{\beta} \leq 0.016$$

所以飞机发动机在时刻 t 的危险率(已知发动机在时刻 t 生存,在一个很小的固定时间区间内发动机失效的概率与危险率成比例.)以 95% 的置信落在 $0.003 \sim 0.016$ 之间.

b. 由例 17.1 可知,指数分布的累积分布函数是:

$$F(t) = 1 - e^{-t/\beta}$$

根据定义,飞机发动机在时刻 t_0 的可靠性是:

$$R(t_0) = 1 - F(t_0) = 1 - (1 - e^{-t_0/\beta}) = e^{-t_0/\beta}$$

或对于 $t_0 = 50\text{h}$,有 $R(50) = e^{-50/\beta}$. 那么 $63.08 \leq \beta \leq 334.26$ 等价于

$$e^{-50/63.08} \leq e^{-50/\beta} \leq e^{-50/334.26}$$

$$0.453 \leq e^{-50/\beta} \leq 0.861$$

因此,发动机至少生存 50h 的概率以 95% 置信可能是最小为 0.453,最大为 0.861.

应用练习

17.11 晶圆级芯片的可靠性. 美国国家半导体公司 (*Electronic Components and Technology Conference*, 2005 年 5 月) 的研究员研究了安装在诸如移动电话、寻呼机和 PDA 之类的手持装置中的印刷电路板 (PCB) 上的晶圆级芯片的封装可靠性. 在一次试验中,PCB 安装在距离活塞接触点 2 mm 处,测量每个的失效周期数,20 个 PCB 的样本数据(模拟的)列于下表,假定失效周期数可以用指数分布近似.

PCB3

1 534	333	1 179	679	1 186	197	279	263	682	240
331	508	361	593	420	2 028	271	176	525	538

a. 求失效平均周期数的 95% 置信区间,并解释之.

b. 求分布危险率的 95% 置信区间,并解释之.

17.12 喷射水泥砂浆的强度. 湿搅拌钢筋网微粒硅混凝土(叫作喷射水泥砂浆)在斯堪的纳维亚广泛应用,现在已经进入美国市场. 据说这种材料至少有 28 天的 9 000 lb/in² 压强的抗断强度. 为了研究新产品的抗断强度,7 块喷射水泥砂浆受到每天 9 000 lb/in² 的压强直到失效,失效时间分别是 33、35、61、38、21、41 和 52 天. 假定喷射水泥砂浆受到 9 000 lb/in² 压强时服从指数失效时间分布.

a. 求直到喷射水泥砂浆失效的平均时间 β 的 90% 置信区间.

b. 求喷射水泥砂浆在指定的最短时间 28 天之前不会失效概率的 90% 置信区间.

c. 求喷射水泥砂浆危险率的 90% 置信区间.

17.13 轮胎厂机器失效. 获得了伊拉克 Babel 轮胎厂的两台机器的失效时间数据, 并用于估计平均失效时间. (*Iraq Journal of Statistical Science*, Vol. 14, 2008.) 切割层面机和镀膜机的数据(小时)列在下表. 失效时间服从指数概率分布.

🌐 **TIREIRAQ**

切割层面机:

1.00	1.00	5.00	5.50	12.50	16.75
17.75	20.75	22.50	22.75	25.00	25.00
27.25	30.25	43.75	45.00	48.00	48.25
97.50	99.75	136.75	143.50	207.75	215.00
225.50	235.00	283.50	567.00	970.50	

镀膜机:

3.5	6.5	10.5	23.25	23.5	43.5
69	70.5	75.5	83.25	95.5	109.5
111.25	144	164	167.25	253	383.75
417.75	428.25	453	1 215		

a. 求切割层面机的平均失效时间的 90% 置信区间, 并解释.

b. 求镀膜机的平均失效时间的 90% 置信区间, 并解释.

17.14 集成电路芯片. 假定集成电路芯片具有指数失效时间分布. 对 15 个电路芯片进行加速寿命试验, 直到 5 个失效. 前 5 个失效分别发生在 18.2, 19.5, 24.8, 31.0, 45.6(千小时).

a. 求电路芯片平均失效间隔时间的 95% 置信区间.

b. 求电路芯片在 20 000 h 的可靠性 95% 置信区间.

17.15 高可靠性的电容器. 对 100 个高可靠性电容器样本进行 2 000h 的试验. 在这段时间内, 只有三个电容器出现故障, 故障时间分别是 810, 1 422 和 1 816h. 假定故障时间服从指数分布, 构造电容器平均故障间隔时间的 99% 置信区间, 解释这个区间.

17.16 高可靠性的电容器(续). 参考练习 17.15.

a. 求电容器危险率的 99% 置信区间.

b. 求电容器在 3 000h 可靠性的 99% 置信区间.

c. 求电容器在 2 000h 之前失效概率的 99% 置信区间.

17.17 机车的寿命长度. 利用删失抽样研究某种类型机车的平均寿命(mile)的估计(*Technometrics*, 1985 年 5 月). 96 辆机车或者一直运行到135 kmile, 或者失效为止, 其中 37 辆机车在运行135 kmile之前便失效, 表中给出这些机车失效时运行的英里数, 假定失效时间服从指数分布, 构造机车失效平均英里数的 95% 置信区间.

🌐 **LOCOMOTIVE**

22.5	57.5	78.5	91.5	113.5	122.5
37.5	66.5	80.0	93.5	116.0	123.0
46.0	68.0	81.5	102.5	117.0	127.5
48.5	69.5	82.0	107.0	118.5	131.0
51.5	76.5	83.0	108.5	119.0	132.5
53.0	77.0	84.0	112.5	120.0	134.0
54.5					

资料来源: Schmee, J., Gladstein, D., and Nelson, W. "Confidence limits for parameters of a normal distribution from singly-censored samples, using maximum lilelihood", *Technometrics*, Vol. 27, No. 2, May 1985, p. 119.

17.6 估计威布尔失效时间分布的参数

可以用极大似然方法(7.3 节中讨论)得到威布尔分布形状参数和尺度参数的估计, 但是过程困难且超出了本教材的范围, 对此感兴趣的读者参见本章的参考文献. 极大似然法的缺点是要通过解一个复杂的非线性联立方程组才能得到 α 和 β 的估计, 这种方法的优点是当样本量 n 很大时, 极大似然估计量具有已知均值和方差的近似正态的抽样分布, 由此可以用 7.3 节所述的方法构造大样本置信区间.

用最小二乘估计法代替极大似然法来估计 α 和 β. 回忆威布尔分布的累积分布函数是

$$F(t) = 1 - e^{-t^\alpha/\beta}$$

那么生存到时间 t 的概率是

$$R(t) = 1 - F(t) = e^{-t^\alpha/\beta}$$

并且
$$\frac{1}{R(t)} = e^{t^\alpha/\beta}$$

等式两边同时取自然对数,得
$$\ln\left[\frac{1}{R(t)}\right] = \frac{t^\alpha}{\beta}$$
$$-\ln R(t) = \frac{t^\alpha}{\beta}$$
$$\ln[-\ln R(t)] = -\ln\beta + \alpha\ln t$$

为了利用最小二乘法,需要基于寿命试验数据估计生存函数. 做到这点的一种方法是对 n 个个体的随机样本进行寿命试验,并在一个时间单元(例如一个星期或一个月)结束后、两个时间单元后,一般地,在 $i(i=1,2,\cdots)$ 个时间单元后,计算生存的个数. 时间区间如图 17.6 所示. 在时刻 i 的生存比率的估计为
$$\hat{R}(i) = \frac{n_i}{n}$$

其中, n_i = 在第 i 个时间单元结束时生存的个数, n = 投入试验的个体总数.

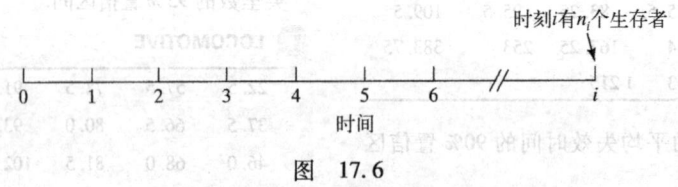

图 17.6

对 $i = 1, 2, \cdots$ 计算 $\hat{R}(i)$,然后对于数据点 (x_i, y_i) ($i = 1, 2, \cdots$) 拟合最小二乘直线
$$\underbrace{\ln[-\ln\hat{R}(i)]}_{y} = \underbrace{-\ln\beta}_{\beta_0} + \underbrace{\alpha\ln i}_{\beta_1 x}$$

其中第 i 个数据点是
$$y_i = \ln[-\ln\hat{R}(i)] \text{ 且 } x_i = \ln i$$

上述过程概括在下面方框中,并且用一个例子说明.

威布尔寿命参数 α 和 β 的点估计

假定将 n 个个体的样本投入试验,记录在各个时间区间结束时生存的个体数.

步骤1 对于每个时间区间,求 $\hat{R}(i) = n_i/n$,其中 n_i = 在第 i 个区间结束时生存的个数, n = 投入试验的个体总数.

步骤2 对于每个时间区间,计算 $y_i = \ln[-\ln(\hat{R}(i))]$.

步骤3 对于每个时间区间,计算 $x_i = \ln(i)$.

步骤4 利用在第 2~3 步中计算的变量,拟合简单线性回归模型 $E(y) = \beta_0 + \beta_1 x$.

步骤5 威布尔参数估计值为 $\hat{\alpha} = \hat{\beta}_1$, $\hat{\beta} = e^{-\hat{\beta}_0}$.

例 17.5 **估计威布尔参数** 液压油封的制造商进行了一项试验,在这项试验中,油封承受了使用油封的液体系统中保持的正常压力的 200% 的液压. 有 100 个油封投入试验,在 7 天时间中,每天结束时记录生存的个数,列于表 17.1.

HYDSEAL

表 17.1 每天生存个数

天	1	2	3	4	5	6	7
生存个数	69	48	33	21	13	7	4

a. 利用这些数据估计威布尔分布的参数 α 和 β.

b. 求 α 和 β 的 95% 置信区间.

解 a. 第 1 步是对 7 个时间区间中的每个计算 $\hat{R}(i)$ 和 $\ln[-\ln(\hat{R}(i))]$,计算结果在表 17.2 中给出. 对这些数据的简单线性回归的 SAS 输出如图 17.7 所示. 由输出可以看出,最小二乘估计(阴影部分)是

$$\hat{\beta}_0 = -1.05098 \quad \hat{\beta}_1 = 1.11019$$

表 17.2 例 17.5 的计算结果

时间 i	$x_i = \ln i$	生存个数	$\hat{R}(i)$	$-\ln \hat{R}(i)$	$y_i = \ln[-\ln \hat{R}(i)]$
1	0	69	0.69	0.371 06	-0.991 38
2	0.693 15	48	0.48	0.733 97	-0.309 29
3	1.098 61	33	0.33	1.108 66	0.103 15
4	1.386 29	21	0.21	1.560 65	0.445 10
5	1.609 44	13	0.13	2.040 22	0.713 06
6	1.791 76	7	0.07	2.659 26	0.978 05
7	1.945 91	4	0.04	3.218 88	1.169 03

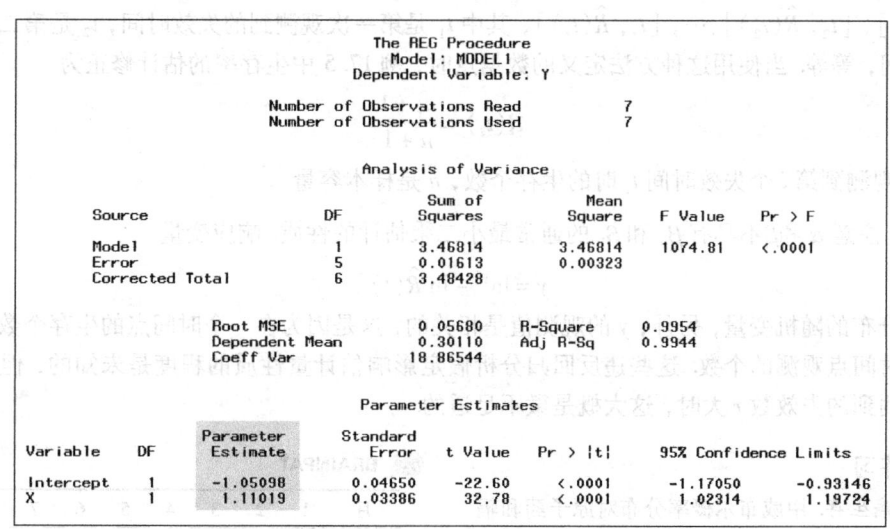

图 17.7 例 17.5 中简单线性回归的 SAS 输出

因为 $\beta_0 = -\ln \beta$,$\beta_1 = \alpha$,所以我们有

$$\hat{\alpha} = \hat{\beta}_1 = 1.110\ 19$$

及

$$\hat{\beta}_0 = -\ln \hat{\beta} \quad \text{或} \quad \hat{\beta} = e^{-\hat{\beta}_0} = 2.860\ 45$$

因此，根据最小二乘法，用参数为 $\alpha = 1.11019$，$\beta = 2.86045$ 的威布尔分布作为液压油封的失效时间分布的模型.

b. α 和 β 的置信区间可以由 β_0 和 β_1 的置信限得到. 因为 $\alpha = \beta_1$，所以 α 的置信区间就是通常 β_1 的回归置信区间. 将 β_0 的上下置信限代入关系式 $\beta = e^{-\beta_0}$ 得到 β 的置信限.

β_0 和 β_1 的 95% 置信区间在图 17.7 的 SAS 输出中着重显示. β_1 的 95% 置信区间是 (1.023, 1.197)，这也是威布尔参数 α 的 95% 置信区间. β_0 的 95% 置信区间是 $(-1.17050, -0.93146)$，因此威布尔参数 β 的 95% 置信区间是

$$(e^{0.93146}, e^{1.17050})$$

或 (2.5382, 3.2236).

例 17.6 **估计威布尔概率** 利用例 17.5 得到的 α 和 β 的估计，求投入试验的液压油封至少生存 3 天的概率.

解 回忆在威布尔分布下生存到时刻 t_0 的概率是

$$R(t_0) = 1 - F(t_0) = e^{-t_0^\alpha/\beta}$$

当 $t_0 = 3$ 天时，将估计值 $\hat{\alpha} = 1.11019$ 和 $\hat{\beta} = 2.86045$ 代入方程，

$$\hat{R}(3) = e^{-3^{1.11019}/2.86045} = e^{-1.18375} = 0.30613$$

因此，估计的液压油封至少生存 3 天的概率为 0.30613.

小样本的可靠性 当 n 较小时，仍然可以用最小二乘法估计威布尔分布的参数，但是推荐方法是在观测到每个失效时间后，估计生存到时刻 t 的概率 $R(t) = 1 - F(t)$. 用于最小二乘法的数据点是 $[t_1, \hat{R}(t_1)], [t_2, \hat{R}(t_2)], \cdots, [t_r, \hat{R}(t_r)]$，其中 t_1 是第一次观测到的失效时间，t_2 是第二次观测到的失效时间，等等. 当使用这种方法定义的数据点时，例 17.5 中生存率的估计修正为

$$\hat{R}(t_i) = \frac{n_i + 1}{n + 1}$$

其中 n_i 是观测到第 i 个失效时间 t_i 时的生存个数，n 是样本容量[⊖].

总之，注意 $\hat{\alpha}$ 和 $\hat{\beta}$ 不具有 β_0 和 β_1 的通常最小二乘估计的性质. 响应变量

$$y = \ln[-\ln \hat{R}(t)]$$

不是正态分布的随机变量，另外，y 的观测值是相关的，这是因为在一个时间点的生存个数依赖于之前的某个时间点观测的个数. 这些违反回归分析假定影响估计量性质的程度是未知的，但是当样本量 n 和观测到的失效数 r 大时，这大概是微不足道的.

应用练习

17.18 脑癌生存. 用威布尔概率分布对原子药和辐射医院的脑癌患者的生存时间进行建模 (*Journal of Basra Research Science*, Vol. 37, 2011). 下表数据表示 50 个脑癌患者在连续 10 个月里每个月的生存人数. 利用这些信息估计威布尔生存时间分布的参数.

BRAINPAT

月	1	2	3	4	5	6	7	8	9	10
生存人数	42	33	13	8	5	3	2	1	1	0

17.19 计算机内存芯片. 假定计算机内存芯片的寿

⊖ 一些统计学家用 $\hat{R}(t_i) = (n_i + 1/2)/n$，见 Miller and Feund (1977).

命长度(年)服从威布尔失效时间分布. 为了估计威布尔参数 α 和 β, 将 50 个芯片投入试验, 在 8 年时间内的每年结束时记录生存个数, 数据如下表所示.

🌐 **MEMCHIP**

年	1	2	3	4	5	6	7	8
生存个数	47	39	29	18	11	5	3	1

a. 用最小二乘法求 α 和 β 的估计.
b. 构造 α 的 95% 置信区间.
c. 构造 β 的 95% 置信区间.

17.20 计算机内存芯片(续). 参考练习 17.19.
a. 利用 α 和 β 的估计, 求内存芯片在 5 年之前失效的概率.
b. 估计内存芯片在 $t=7$ 时的可靠性.

17.21 计算机内存芯片(续). 参考练习 17.19.
a. 利用 α 和 β 的最小二乘估计, 求危险率 $z(t)$, 并作图.
b. 计算 $t=4$ 年时的危险率, 并解释这个值.

17.22 滚珠轴承的寿命长度. 对"最弱环"产品, 即由多个部件组成的产品(如滚珠轴承), 当第一个部件(或最弱环)失效时产品就失效, 工程师常用威布尔失效时间分布. Nelson(*Journal of Quality Technology*, 1985 年 7 月)将威布尔分布用于 $n=138$ 个滚珠轴承样本的寿命长度. 下表给出了每 100h 结束时仍在运行的轴承数, 一直到所有的轴承都失效为止.

🌐 **BEARINGS2**

小时数(×100)	1	2	3	4	5	6
轴承数	138	114	104	64	37	29	20
小时数(×100)	8	12	13	17	19	24	51
轴承数	10	8	6	4	3	2	1

资料来源: Nelson, W. "Weibull analysis of reliability data with few or no failures." *Journal of Quality Technology*. Vol. 17, No. 3, July 1985, p. 141(表1). ©1985 美国质量控制协会, 经许可重印.

a. 用最小二乘法估计威布尔参数 α 和 β.
b. 构造 α 的 99% 置信区间, 如果可以使用回归计算软件包, 求 β 的 99% 置信区间.
c. 估计滚珠轴承在 $t=300h$ 的可靠性.
d. 估计滚珠轴承在 200h 之前失效的概率.

17.23 洗衣机的维修. 洗衣机制造商进行寿命试验. 在试验中, 3 年时间内监视 12 台新洗衣机, 记录每台洗衣机的大修时间. 在 3 年试验期结束时, 有 2 台洗衣机没有要求大修, 其余 10 台洗衣机的失效时间(月)分别是 14, 28, 9, 13, 6, 20, 10, 17, 30 和 20. 假定洗衣机的寿命(年)服从未知参数 α 和 β 的威布尔失效时间分布.
a. 构造一个数据表表示在每年结束时仍然生存(即没有大修过)的洗衣机台数.
b. 对 a 中的数据表利用最小二乘法求 α 和 β 的估计.
c. 求 α 的 95% 置信区间, 如果可以使用回归计算软件包, 求 β 的 95% 置信区间.
d. 制造商保证所有的机器在两年内不会大修, 用 α 和 β 的最小二乘估计, 求在此保证下修理一台新洗衣机的概率.

17.24 重新组装的液压泵. 为了评估在航行器重新工作设备中重新组装的液压泵的性能, 投入 20 台泵进行寿命试验, 在 6 周时间内的每周结束时记录仍然运行的泵台数, 列于下表.

🌐 **HYDPUMP**

星期	1	2	3	4	5	6
泵的台数	14	11	9	7	5	4

a. 利用这些数据估计威布尔失效时间分布的参数 α 和 β.
b. 构造 α 的 90% 置信区间, 如果可以使用回归计算软件包, 求 β 的 90% 置信区间.
c. 求经重新组装的液压泵在 $t=2$ 周时的可靠性.

17.7 系统可靠性

系统(电子、机械或者二者的组合)是由元件组成的, 其中某些元件组合形成一个小的子系统. 用大写字母来表示系统的元件, 并且把它放在一个方块中. 如图 17.8 所示为两个系统, 每个系统都由三个元件 A、B、C 组成.

假定一个系统由 k 个元件组成, 如果任何

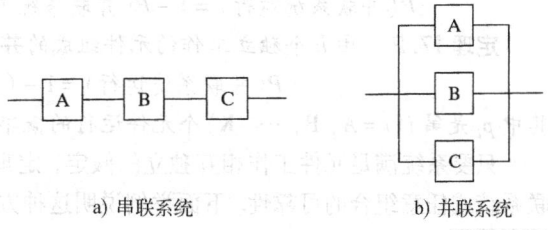

a) 串联系统   b) 并联系统

图 17.8 由三个元件 A、B、C 组成的两个系统

一个元件失效时系统就失效, 则称它为**串联系统**. 一个由三个元件组成的串联系统如图 17.8a 所示. 如果仅当所有元件都失效时系统才失效, 则称它为**并联系统**. 一个由三个元件组成的并联系统如图 17.8b 所示.

图 17.9a 表示由 5 个元件 A、B、C、D、E 组成的系统, 元件 D 和 E 形成二元件的并联子系统, 这个子系统和元件 A、B、C 串联连接. 图 17.9b 表示两个并联子系统串联连接的一个系统, 第一个并联子系统包含三个元件 A、B、C, 第二个子系统包含两个串联子系统, 其中第一个系统由元件 D、E 组成, 第二个系统由元件 F、G 组成.

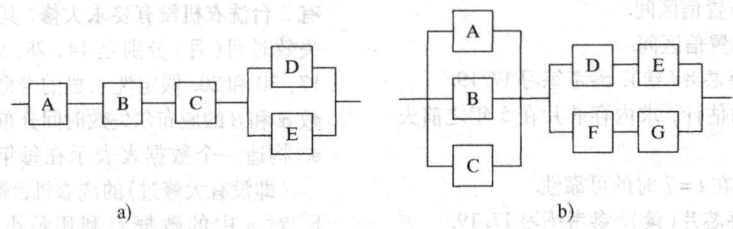

图 17.9 两个系统

定义 17.6 **串联系统**是它的任何一个元件失效便失效的系统.

定义 17.7 **并联系统**是它的所有元件都失效才失效的系统.

假定元件 i 的可靠性 (即在规定条件下具有正常功能的概率) 是 p_i, 而且系统的 k 个元件是相互独立的, 即假定一个元件的运行不影响其他元件的运行, 那么系统的可靠性可以利用概率的乘法法则来计算.

因为串联系统只在所有的元件都运行时才运行, 所以串联系统的可靠性是

$$P(串联系统运行) = P(所有元件运行)$$

又因为元件工作是相互独立的, 所以可以应用概率的乘法法则:

$$P(串联系统运行) = P(A 运行)P(B 运行)\cdots P(K 运行) = p_A p_B \cdots p_K$$

定理 17.1 由 k 个独立工作的元件 A, B, $\cdots$, K 组成的**串联系统可靠性**是

$$P(串联系统运行) = p_A p_B \cdots p_K$$

其中 p_i 是第 $i(i=A, B, \cdots, K)$ 个元件运行的概率.

包含 k 个元件的并联系统可靠性可以用类似的方法计算, 因为只有当所有元件失效时并联系统才失效, 所以

$$P(并联系统失效) = (1-p_A)(1-p_B)\cdots(1-p_K)$$

并且

$$P(并联系统运行) = 1 - P(并联系统失效) = 1 - (1-p_A)(1-p_B)\cdots(1-p_K)$$

定理 17.2 由 k 个独立工作的元件组成的**并联系统可靠性**是

$$P(并联系统运行) = 1 - (1-p_A)(1-p_B)\cdots(1-p_K)$$

其中 p_i 是第 $i(i=A, B, \cdots, K)$ 个元件运行的概率.

只要系统满足元件工作相互独立的假定, 定理 17.1 和定理 17.2 就可以用来计算串联系统、并联系统或任意组合的可靠性. 下面举例说明这种方法.

例 17.7 **串联系统的可靠性** 已知 $p_A = 0.90$, $p_B = 0.95$, $p_C = 0.90$, 求图 17.8a 所示串联系统的可靠性.

解 因为这是由三个元件 A、B 和 C 组成的串联系统，由定理 17.1 可知，这个系统的可靠性是

$$P(\text{系统运行}) = p_A p_B p_C = (0.90)(0.95)(0.90) = 0.7695.$$

例 17.8 **并联系统的可靠性** 假定例 17.7 的元件是并联连接的，如图 17.8b 所示. 求系统的可靠性.

解 为了求这个并联系统的可靠性，应用定理 17.2：

$$P(\text{系统运行}) = 1 - (1 - p_A)(1 - p_B)(1 - p_C) = 1 - (0.10)(0.05)(0.10) = 1 - 0.0005 = 0.9995.$$

例 17.7 和例 17.8 说明串联系统的可靠性总是小于它的最小可靠元件的可靠性. 相反，并联系统的可靠性总是大于它的最大可靠元件的可靠性.

为了求包含子系统的系统可靠性，首先求最小子系统的可靠性，然后再求包含这些子系统的系统可靠性.

例 17.9 **混合系统的可靠性** 求图 17.9a 所示的系统可靠性，已知以下元件的可靠性：$p_A = 0.95$，$p_B = 0.99$，$p_C = 0.97$，$p_D = 0.90$，$p_E = 0.90$.

解 整个系统是由三个元件 A、B、C 和一个子系统串联而成. 并联子系统由元件 D 和 E 组成，如右图所示.

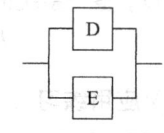

这个子系统的可靠性是

$$P(\text{子系统 D 和 E 运行}) = p_{DE} = 1 - (1 - p_D)(1 - p_E) = 1 - (0.1)(0.1) = 0.99$$

现在把整个系统看成由 4 个元件组成：元件 A、B、C 和子系统 (D, E) 串联连接. 为了求它的可靠性，应用定理 17.1，整个系统的可靠性是

$$P(\text{系统运行}) = p_A p_B p_C p_{DE} = (0.95)(0.99)(0.97)(0.99) = 0.9031622.$$

例 17.10 **混合系统的可靠性** 求图 17.9b 所示的系统可靠性，已知 $p_A = 0.90$，$p_B = 0.95$，$p_C = 0.95$，$p_D = 0.92$，$p_E = 0.97$，$p_F = 0.92$，$p_G = 0.97$.

解 观察图 17.9b 说明系统是由两个并联的子系统串联而成. 第一个并联子系统包含元件 A、B 和 C，第二个是两个串联子系统并联的子系统，其中第一个包含元件 D 和 E，第二个包含元件 F 和 G.

因为元件对 (D, E) 和 (F, G) 的可靠性是一样的，所以这两个串联子系统

可靠性也是一样的. 由定理 17.1，这些串联子系统的可靠性是

$$p_{DE} = p_{FG} = p_D p_E = p_F p_G = (0.92)(0.97) = 0.8924$$

现在考虑包含这两个串联子系统的并联子系统的可靠性：

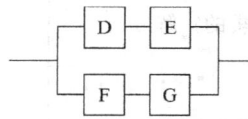

由定理 17.2，我们有

$$p_{DEFG} = 1 - (1 - p_{DE})(1 - p_{FG}) = 1 - (1 - 0.8924)(1 - 0.8924) = 1 - 0.0115778 = 0.9884222$$

下面来计算由元件 A、B、C 组成的并联系统的可靠性：

796　第 17 章

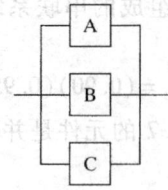

由定理 17.2，

$$p_{ABC} = 1 - (1-p_A)(1-p_B)(1-p_C) = 1 - (1-0.90)(1-0.95)(1-0.95)$$
$$= 1 - 0.00025 = 0.99975$$

已经计算了两个并联子系统的可靠性，这两个子系统是串联的，如下图所示：

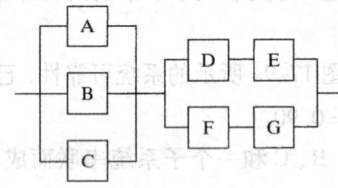

所以，整个系统的可靠性是

$$P(系统运行) = p_{ABC}p_{DEFG} = (0.99975)(0.9884222) = 0.9881751.$$

应用练习

17.25 串联系统的可靠性．考虑由 4 个元件 A、B、C、D 组成的串联系统，元件运行的概率分别是 $p_A = 0.88$，$p_B = 0.95$，$p_C = 0.90$，$p_D = 0.80$，求系统的可靠性．

17.26 并联系统的可靠性．考虑由 4 个元件 A、B、C、D 组成的并联系统，元件运行的概率分别是 $p_A = 0.90$，$p_B = 0.99$，$p_C = 0.92$，$p_D = 0.85$，求系统的可靠性．

17.27 测试系统软件的安全性．在 *Reliability Engineering and System Safety*（2006 年 1 月）中，韩国高等科学与技术研究院的核和量子工程师设计了一种测试系统软件的数字安全系统．考虑系统软件代码中的 k 个独立的软件语句，每一个失效的概率是 $p_i (i = 1, 2, \cdots, k)$，如果至少有一个软件代码语句失效，系统软件就失效．

　a. 系统软件代码语句是串联还是并联的？解释之．

　b. 给出系统软件可靠性的表达式．

17.28 检测计算机系统的入侵者．华盛顿海军研究实验室的高保证计算机系统中心开发了几种理论模型检测高风险性计算机系统的入侵者．（*International Information Assurance Workshop*，2005 年 3 月．）考虑一个攻击有两个服务器的计算机系统的本地入侵者，服务器 A 以 0.95 的概率检测到入侵者，服务器 B 以 0.99 的概率检测到入侵者．

　a. 如果两个服务器是串联的，求检测到入侵者的概率．

　b. 如果两个服务器是并联的，求检测到入侵者的概率．

　c. 假设系统设计为每次只运行两个服务器中的一个．服务器 A 运行 1/3 的时间，服务器 B 运行 2/3 的时间．求系统检测到本地入侵者的概率．

17.29 8 个元件的系统可靠性．一个系统由 8 个元件组成，如下图所示．已知每个元件运行的概率分别为 $p_A = 0.90$，$p_B = 0.95$，$p_C = 0.85$，$p_D = 0.85$，$p_E = 0.98$，$p_F = 0.80$，$p_G = 0.95$，$p_H = 0.95$，求系统的可靠性．

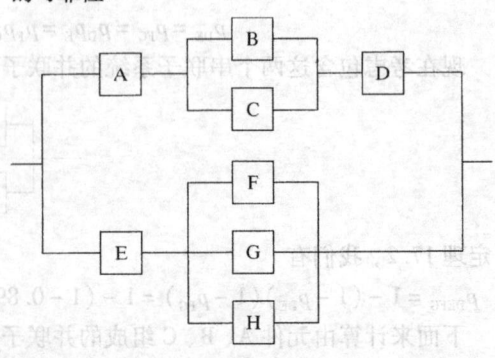

17.30 电路的可靠性. 考虑包含两个支路的电路,第一个支路由元件 A、B、C 并联组成, 第二个支路由元件 D、E 并联组成. 假定每个元件的可靠性分别是 $p_A = 0.95$, $p_B = 0.95$, $p_C = 0.90$, $p_D = 0.90$, $p_E = 0.98$.
  a. 如果两个支路是串联的, 求系统的可靠性.
  b. 如果两个支路是并联的, 求系统的可靠性.

17.31 三个元件的系统可靠性. 由三个相同元件组成的系统可靠性是 0.95, 求每个元件运行的概率必须是多少, 如果:
  a. 元件是串联的?
  b. 元件是并联的?

活动中的统计学回顾: 建立钢筋混凝土桥面恶化的危险率模型

现在回到 *Journal of Infrastructure Systems*(2001 年 6 月)关于印第安纳州的钢筋混凝土桥面的恶化时间分布的研究. 回顾我们的目标是预测桥面在给定时间遭受一次条件-状态显著改变(恶化)的概率. 利用印第安纳桥梁详细目录(IBI)数据库中的混凝土桥梁特征的数据, 研究人员拟合一个模型, 这个模型是**参数模型**(此时基础危险率限制为一个指定的概率密度函数)和**非参数模型**(虽然是灵活的, 但是不能直接把恶化时间和相应的解释因素联系起来)的混合. 这种方法称为**半参数回归建模**, 容许危险函数可由有效的数据唯一地确定.

最常用的半参数回归模型是**柯克斯比例危险模型**, 模型中所用的危险函数 $h(t)$ 表示为

$$h(t) = \lambda_0(t) \cdot \exp\{\beta_1 x_1 + \beta_2 x_2 + \cdots + \beta_k x_k\}$$

其中 $\lambda_0(t)$ 是由数据得到的经验基准危险函数, $x_1, x_2, \cdots, x_k$ 是解释自变量. 根据研究者的说法, 这个"危险函数量化了桥面在时刻 t 遭受一次[恶化]的瞬时风险". 柯克斯回归方法通过求 $h(t)$ 似然函数自然对数的最大值得到参数 β 的估计.

分析中使用的解释变量来自 IBI 数据库, 列于表 SIA17.1 中. 为以下三种状态中的每一种桥面建立一个模型: 6(中等)、7(较好)、8(好). 所有模型中的因变量是与当前条件下降到更差的桥面恶化条件关联的危险. 柯克斯比例危险回归在统计上显著的($\alpha = 0.01$)参数估计值如表 SIA17.2 所示.

表 SIA17.1   用于柯克斯危险模型中的 IBI 桥面变量

变量名	描述
TYPECONT	桥面结构类型(1 = 连续, 0 = 其他)
PRESTRES	桥面预应力混凝土(1 = 真, 0 = 假)
REGION	气候地区(1 = 北方, 0 = 南方)
HWCLASS	公路系统的分类(1 = 州际/乡村, 2 = 州际/城市, 3 = 其他/乡村, 4 = 其他/城市, 5 = 次干道/乡村, 6 = 次干道/城市, 7 = 次干道/地方)
NUMSPANS	主要单元的桥孔数
LANEDIR	每个方向的车道数
ADT	平均日交通量(车辆数)
ADTYR	ADT 计数的年
AVGADT	所有的年 ADT 计数的平均 ADT
PROTSYS	磨损表面代码保护系统(1 = 真, 0 = 假)
DECKWID	桥面的宽度(十分之一英尺)
STATE	桥面恶化条件等级(9 = 新, 8 = 好, 7 = 较好, 6 = 中等, 5 = 较差, 4 = 边缘, 3 = 差, 2 = 临界/需要修理, 1 = 临界/关闭, 0 = 临界/超出修理)
DROP	最近一次检查后下降的恶化条件等级数
AGE	桥面年龄(年)

变量名	描述
TIS	桥面处于所述状态条件的时间(年)
RCENSOR	右删失数据(1=真,0=假)
SECONDARY	次干道上的桥(1=真,0=假)

表 SIA17.2 三种桥面条件的危险率模型参数估计值

	状态=6(中等)	状态=7(较好)	状态=8(好)
REGION	0.85	0.80	0.81
DECKWID	—	—	-0.0036
NUMSPANS	—	0.11	—
PROTSYS	—	-0.14	—
PRESTRES	—	—	1.19
TYPECONT	—	-0.46	—
AGE	—	—	-0.52
AVGADT	0.00004	—	—
AGE × AVGADT	—	—	0.00002
SECONDARY	0.84	-0.55	-0.82

为了解释虚拟变量的参数估计,首先计算估计量 e^β 的反对数. 例如,对于桥面条件 6,虚拟变量 REGION 估计量的反对数是 $e^{0.85}=2.34$. 这个值表示北部桥面(REGION=1)估计的危险和南部桥面(REGION=0)估计的危险的比. 所以对于条件 6,模型估计了北部印第安纳地区的桥面的危险率是南部地区桥面的危险率的两倍多. 研究者解释,这种差别是由于为了除去北部路面上的结冰而过量使用盐和沙,而南部很少使用除冰盐. 类似地,虚拟变量 SECONDARY 估计值的反对数是 $e^{0.84}=2.32$. 所以,次干道上桥梁(SECONDARY=1)的危险率是主干道上桥梁的两倍多. (按工程师的说法,这个结果是由于次干道桥梁的较低的设计或保养标准.)

对定量解释变量的参数估计,计算估计值的反对数,再减 1,然后乘 100. 这个结果表示定量变量每增加一个单位危险率的百分数的变化. 例如,对桥面条件 6,平均日交通量的均值(AVGADT)的 β 估计值为 0.00004,所以,计算 $(e^{0.00004}-1)*100=0.004$. 这样日交通量每增加 1 辆车,桥面的危险率增加 0.004%. 类似地,对桥面条件 7,NUMSPANS 增加 1 孔意味着估计的危险率增量为 $(e^{0.11}-1)*100=11.6\%$. 与柯克斯回归模型参数一样的推断,让工程师看到影响钢筋混凝土桥梁危险率的因素.

研究人员给出了预测的危险率随时间变化的图形,对桥面条件 6,发现有近似线性的增长趋势,但对条件 7 和 8 的桥梁总是平坦(不变)的趋势,这启发条件 7 和 8,恶化时间可能是"无记忆的",且可表示为指数分布.

快速回顾

重要公式

可靠性(生存函数): $R(t)=1-F(t)$, 其中 $F(t)$ 是累积分布函数

危险率: $z(t)=f(t)/R(t)$

估计指数分布平均寿命 $\hat{\beta}$:

没有删失的寿命试验: $\hat{\beta}=\dfrac{1}{n}\sum_{i=1}^{n}t_i$

(续)

定数 r 的删失抽样：$\hat{\beta} = \dfrac{1}{r}\sum_{i=1}^{r}[t_i + (n-r)t_r]$

定时 t_c 的删失抽样：$\hat{\beta} = \dfrac{1}{r}\sum_{i=1}^{r}[t_i + (n-r)t_c]$

置信区间：$2(总寿命)/\chi^2_{\alpha/2} \leq \beta \leq 2(总寿命)/\chi^2_{(1-\alpha/2)}$

估计威布尔寿命分布的参数：

$\hat{\alpha} = \hat{\beta}_1, \hat{\beta} = e^{-\hat{\beta}_0}$，其中 $E(y) = \beta_0 + \beta_1 x$，$y_i = \ln[-\ln(\hat{R}(i))]$，$x_i = \ln(t_i)$，$\hat{R}(i) = n_i/n$

串联系统的可靠性：$p_A p_B \cdots p_K$，其中 $p_i = P(第 i 个元件运行)$

并联系统的可靠性：$1 - (1-p_A)(1-p_B)\cdots(1-p_K)$，其中 $p_i = P(第 i 个元件运行)$

符号汇集

符　　号	说　　明
$F(t)$	累积分布函数
$R(t)$	可靠性(生存)函数
$z(t)$	危险率

本章总结提示

- 产品的**可靠性**是产品在一段指定时间内运行的概率.
- 产品的**失效时间**是产品失效的时间.
- 经常使用的**失效时间分布**是**指数**、**威布尔**和**正态分布**.
- 产品的**危险率**与已知产品已经生存到时刻 t，将在很短的固定时间区间内失效的概率成比例.
- **寿命试验**是将许多产品个体投入试验，记录每个个体观测的失效时间.
- 有时用**删失**样本缩短寿命试验的时间长度，即在观测到指定的失效个数后或经过指定的时间后停止的寿命试验.
- **串联系统**是它的任何一个元件失效便失效的系统.
- **并联系统**是它的所有元件都失效才失效的系统.

❓ 补充应用练习

17.32 指数失效时间. 某种元件的失效时间服从均值为 $\beta = 3h$ 的指数分布.
  a. 求元件在 $t = 2h$ 之前失效的概率.
  b. 元件在 $t = 5h$ 的可靠性是多少？解释这个值.
  c. 求元件危险率，并作图，解释结果.

17.33 威布尔失效时间. 假定荧光灯的寿命长度(h)服从参数为 $\alpha = 0.05, \beta = 0.70$ 的威布尔失效时间分布.
  a. 求荧光灯在 $t = 1\,000h$ 之前失效的概率.
  b. 求荧光灯在 $t = 500h$ 的可靠性，并解释这个值.
  c. 求荧光灯在 $t = 500h$ 的危险率，并作图，解释结果.

17.34 伽马失效时间. 考虑由如下密度函数给出的 $\alpha = 2, \beta = 1$ 的伽马失效时间分布：

$$f(t) = \begin{cases} te^{-t} & 0 \leq t \leq \infty \\ 0 & 其他 \end{cases}$$

  a. 求 $F(t)$. (提示：$\int te^{-t}dt = -te^{-t} + \int e^{-t}dt$.)
  b. 求可靠性 $R(t)$ 和危险率 $z(t)$ 的表达式.
  c. 利用 b 的结果求 $R(3)$ 和 $z(3)$，解释这些值.

17.35 均匀失效时间. 考虑由如下密度函数给出的均匀失效时间分布：

$$f(t) = \begin{cases} \dfrac{1}{\beta} & 0 \leq t \leq \beta \\ 0 & 其他 \end{cases}$$

a. 求 $F(t)$，$R(t)$ 和 $z(t)$.
b. 若 $\beta=10$，画出 $t=0,1,2,\cdots,5$ 时的危险率 $z(t)$ 的图像.
c. 若 $\beta=10$，计算系统在 $t=4$ 时的可靠性.

17.36 **CPU 失效**. 为了调查某种类型微型计算机中央处理器（CPU）的性能，投入 20 个 CPU 进行 5 000h 的试验. 当试验结束时，有 4 个 CPU 失效，失效时间分别是 1 850，2 090，3 440，3 970 h. 假定失效时间服从负指数分布.
a. 求微型计算机 CPU 失效的平均时间 β 的 90% 置信区间.
b. 求 CPU 在 $t=2\,000$h 可靠性的 90% 置信区间.
c. 求 CPU 危险率的 90% 置信区间.

17.37 **导管的抗腐蚀性**. 某种导管的涂层设计为抗腐蚀的，投入 500 根涂层管进行试验，使其处于 90% 的盐酸溶液中. 在 5h 内的每小时结束时，记录抗住了腐蚀的导管数，如下表所示.

🌐 **PIPESPEC**

小时	1	2	3	4	5
抗腐蚀数	438	280	146	51	15

a. 利用表中数据估计威布尔失效时间分布的参数 α 和 β.
b. 利用 a 中得到的估计，求涂层管的危险率 $z(t)$ 和可靠性 $R(t)$ 的表达式.
c. 求一根涂层管在相似的试验条件下至少能抵抗 1h 腐蚀的概率.

17.38 **7 个电子管的系统**. 一个装置包含如下图所示连接的 7 个电子管. 如果电子管运行的概率分别为 $p_A=0.80$，$p_B=0.90$，$p_C=0.85$，$p_D=0.85$，$p_E=0.75$，$p_F=0.75$，$p_G=0.95$，求系统的可靠性.

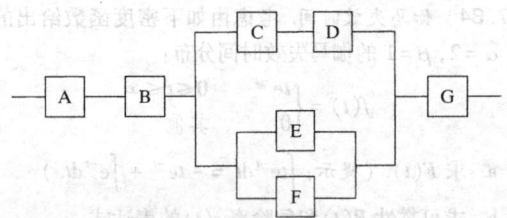

17.39 **串联电阻器**. 两个串联的电阻器的失效时间都服从均值为 $\beta=1\,000$h 的指数分布，这个系统在 $t=1\,400$h 的可靠性是多少？

17.40 **并联元件**. 4 个元件 A、B、C、D 以并联连接. 假设元件 A 和 B 的失效时间服从参数 $\mu=500$h，$\sigma=100$h 的正态分布，元件 C 和 D 的失效时间服从

参数 $\alpha=0.5$，$\beta=100$ 的威布尔分布，求系统在 $t=300$h 的可靠性.

17.41 **半导体的寿命试验**. 半导体的服务寿命（h）有近似指数失效时间分布. 投入 10 个半导体进行寿命试验，直到 4 个失效为止，这 4 个半导体的失效时间分别是 585，972，1 460 和 2 266h.
a. 构造半导体直到失效的平均时间 β 的 95% 置信区间.
b. 半导体在 4 000h 之后仍运行的概率是多少？求这个概率的 95% 置信区间.
c. 计算并解释半导体的危险率，构造危险率的 95% 置信区间.

17.42 **导弹制导的失效**. 导弹制导系统中电子元件的失效时间（h）服从未知参数为 α 和 β 的威布尔分布. 为了得到这些参数的估计值，投入 1 000 个元件进行寿命试验，每隔 50h 记录仍在运行的元件个数，数据如下表所示.

🌐 **MISSILE**

小时	50	100	150	200	250	300	350
运行数	611	362	231	136	84	53	17

a. 求 α 和 β 的估计值，如果可以使用回归计算包，求 α 和 β 的 99% 置信区间.
b. 计算电子元件在 $t=200$h 的可靠性.
c. 求 $t=50,100,150,\cdots$ 时的危险率并作图.

17.43 **系统的可靠性**. 考虑下图所示的产品系统，已知每个元件的可靠性分别是 $p_A=0.85$，$p_B=0.75$，$p_C=0.75$，$p_D=0.90$，$p_E=0.95$，求整个系统的可靠性.

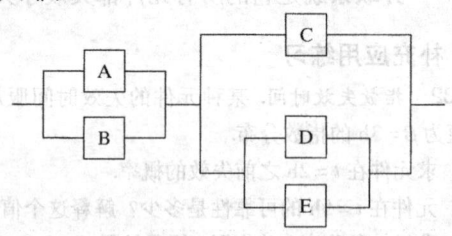

❓ **理论补充练习**

17.44 证明：危险率 $z(t)$ 可以表示成
$$z(t)=\frac{-\mathrm{d}[\ln R(t)]}{\mathrm{d}t}$$
（提示：利用事实 $R(t)=1-F(t)$，所以
$$f(t)=\frac{\mathrm{d}F(t)}{\mathrm{d}t}=\frac{-\mathrm{d}R(t)}{\mathrm{d}t}$$
然后把这些表达式代入定义 17.5 给出的公式中.）

17.45 利用练习 17.44 的结果及关系式 $f(t) = z(t)R(t)$ 证明：失效时间密度可以表示成

$$f(t) = z(t) e^{-\int_0^t z(y)\,dy}$$

(提示：微分方程

$$z(t) = \frac{-d[\ln R(t)]}{dt}$$

有如下解：

$$R(t) = e^{-\int_0^t z(y)\,dy}.)$$

17.46 假定我们只关心元件的初始失效，即一旦元件的生存超过了某个时间 $t = \alpha$，我们就把这个元件（为了所有的实际目的）看作永不失效，在这种情况下利用以下危险率是合理的：

$$z(t) = \begin{cases} \beta(1 - t/\alpha) & 0 < t < \alpha \\ 0 & \text{其他} \end{cases}$$

a. 利用练习 17.45 中的结果，求 $f(t)$，$F(t)$，$R(t)$ 的表达式.

b. 证明：初始失效的概率，即元件在 $t = \alpha$ 之前失效的概率是 $1 - e^{-\alpha\beta/2}$.

附录 A 矩阵代数

A.1 矩阵和矩阵乘法

对一些统计过程(如多元回归),用**矩阵代数**代替普通代数更容易给出进行分析的公式. 把数据整理成特殊的矩形模式称为**矩阵**, 对它们实行各种变换, 能更快地得到分析结果. 在本附录中, 我们将定义矩阵并解释能对矩阵实施的各种运算. (在 11.4 节解释了如何用这个信息进行回归分析.)

这里给出三个矩阵 A, B 和 C. 注意每个矩阵都是数的矩形排列, 在每一个行 - 列位置有一个数.

$$A = \begin{bmatrix} 2 & 3 \\ 0 & 1 \\ -1 & 6 \end{bmatrix} \quad B = \begin{bmatrix} 3 & 0 & 1 \\ -1 & 0 & 1 \\ 4 & 2 & 0 \end{bmatrix} \quad C = \begin{bmatrix} 1 \\ 2 \\ 1 \end{bmatrix}$$

定义 A.1 **矩阵**是数的一个矩形排列○.

出现在矩阵中的数称为矩阵的**元素**. 如果一个矩阵包含 r 行和 c 列, 则在矩阵的每一个行 - 列位置都有一个元素, 矩阵有 $r \times c$ 个元素. 例如, 如上所示的矩阵 A 包含 $r = 3$ 行, $c = 2$ 列, 有 $r \times c = (3)(2) = 6$ 个元素, 在 6 个行 - 列的每个位置有一个元素.

定义 A.2 在某个行 - 列位置上的数称为矩阵的**元素**.

注意, 矩阵 A, B 和 C 包含不同的行数和列数. 行数和列数给出矩阵的**维数**.

定义 A.3 一个包含 r 行、c 列的矩阵称为 $r \times c$ **矩阵**, 其中 r 和 c 是矩阵的**维数**.

定义 A.4 如果 $r = c$, 则矩阵被称为**方阵**.

当用矩阵记号给出一个公式时, 用符号表示矩阵的元素. 例如, 如果有一个矩阵

$$A = \begin{bmatrix} a_{11} & a_{12} & a_{13} \\ a_{21} & a_{22} & a_{23} \end{bmatrix}$$

符号 a_{ij} 表示矩阵第 i 行、第 j 列的元素. 第一个下标识别元素所在的行, 第二个识别元素所在的列. 例如, 元素 a_{12} 在矩阵 A 的第一行、第二列. 行总是从上往下数, 列总是从左往右数.

通常用大写字母(如 A, B, C)——相应于普通代数中所用字母表中的字母表示矩阵. 不同的是, 在普通代数中, 一个字母用来表示单个实数, 而在矩阵代数中, 一个字母表示一个数的矩形排列. 矩阵代数的运算和普通代数很相似——可以进行矩阵的加、减、乘等运算. 然而有些运算是矩阵特有的, 如**矩阵的转置**. 例如, 若

$$A = \begin{bmatrix} 5 \\ 1 \\ 0 \\ 4 \\ 2 \end{bmatrix} \quad B = \begin{bmatrix} 1 & 0 \\ 1 & 1 \\ 1 & 4 \\ 1 & 2 \\ 1 & 6 \end{bmatrix}$$

○ 为了我们的目的, 假定这些数都是实数.

那么矩阵 A 和 B 的转置矩阵(分别记作 A' 和 B')是

$$A' = \begin{bmatrix} 5 & 1 & 0 & 4 & 2 \end{bmatrix}, \quad B' = \begin{bmatrix} 1 & 1 & 1 & 1 & 1 \\ 0 & 1 & 4 & 2 & 6 \end{bmatrix}$$

定义 A.5 矩阵 A 的转置(记作 A')是交换矩阵 A 的相应行和列得到的,即矩阵 A 的第 i 行变成矩阵 A' 的第 i 列.

由于我们主要关心矩阵代数在多重回归中最小二乘方程的解的应用(见第 11 章),因此只定义和此问题有关的矩阵的运算和类型.

对我们来说最重要的运算是要求行-列相乘的矩阵乘法. 为说明这个过程,假定想求乘积 AB,其中

$$A = \begin{bmatrix} 2 & 1 \\ 4 & -1 \end{bmatrix}, \quad B = \begin{bmatrix} 2 & 0 & 3 \\ -1 & 4 & 0 \end{bmatrix}$$

我们总是用 A(左边矩阵)的行乘以 B(右边矩阵)的列. 由于 A 的第一行和 B 的第一列形成的积是由相应位置上的元素相乘,再把这些乘积相加而得,因此,第一行和第一列的积如下图所示:

$$(2)(2) + (1)(-1) = 4 - 1 = 3$$

$$AB = \begin{bmatrix} 2 & 1 \\ 4 & -1 \end{bmatrix} \begin{bmatrix} 2 & 0 & 3 \\ -1 & 4 & 0 \end{bmatrix} = \begin{bmatrix} 3 & & \end{bmatrix}$$

类似地,第一行、第二列乘积是

$$(2)(0) + (1)(4) = 0 + 4 = 4$$

至此,我们有

$$AB = \begin{bmatrix} 3 & 4 & \end{bmatrix}$$

为了求完整的矩阵乘积 AB,需要求出 AB 矩阵中的每一个元素. 所以,定义 AB 的第 i 行、第 j 列元素是 A 的第 i 行和 B 的第 j 列的乘积. 我们在例 A.1 中完成这个过程.

例 A.1 求乘积 AB,其中

$$A = \begin{bmatrix} 2 & 1 \\ 4 & -1 \end{bmatrix}, \quad B = \begin{bmatrix} 2 & 0 & 3 \\ -1 & 4 & 0 \end{bmatrix}$$

解 如果把乘积 AB 表示成

$$C = \begin{bmatrix} c_{11} & c_{12} & c_{13} \\ c_{21} & c_{22} & c_{23} \end{bmatrix}$$

则已经求出 $c_{11} = 3, c_{12} = 4$. 类似地,AB 的第二行第一列元素 c_{21} 是 A 的第二行和 B 的第一列的乘积:

$$(4)(2) + (-1)(-1) = 8 + 1 = 9$$

用类似的方法继续求 AB 的其他元素,得

$$AB = \begin{bmatrix} 2 & 1 \\ 4 & -1 \end{bmatrix} \begin{bmatrix} 2 & 0 & 3 \\ -1 & 4 & 0 \end{bmatrix} = \begin{bmatrix} 3 & 4 & 6 \\ 9 & -4 & 12 \end{bmatrix} \quad \blacksquare$$

现在,用例 A.1 中的矩阵 A 和 B 试求乘积 BA. 你会发现矩阵代数的乘法和普通代数的乘法之间有两个重要的不同:

1. 不可能求出乘积 BA,因为不能执行行-列相乘. 把矩阵放在一起,我们会看到它们的维数不

匹配.

$$\underset{2\times 3\ \ 2\times 2}{BA} \quad 不存在$$

B(左边矩阵)中一行的元素个数(3)不能和 A(右边的矩阵)中一列的元素个数(2)相匹配. 因此, 不能执行行 – 列相乘, 所以矩阵乘积 BA 不存在. 即并不是所有矩阵都能相乘. 只有当 A 是 $r\times d$ 且 B 是 $d\times c$ 时才能求矩阵 AB 的积. 也就是说, 两个内维数必须相等, 乘积的维数总是由外维数给定. (见下面方框.)

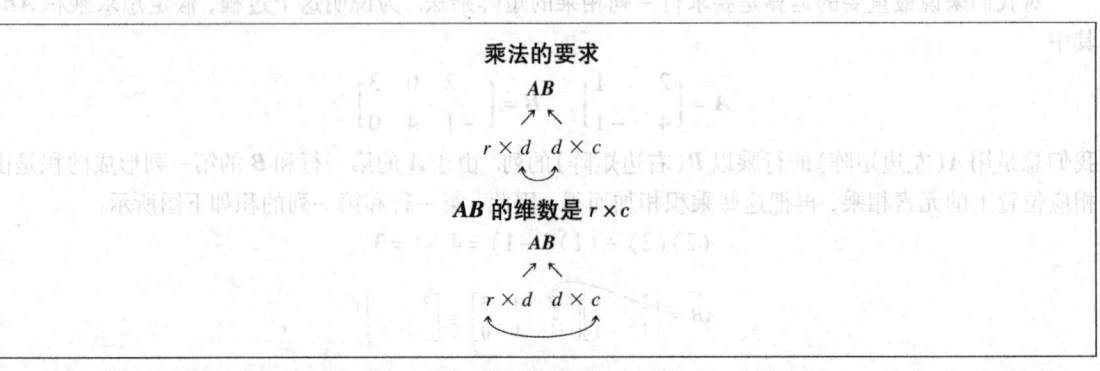

2. 普通乘法和矩阵乘法的第二个不同是, 在普通代数中, $ab=ba$, 而在矩阵代数中, AB 通常不等于 BA. 实际上, 如上面第 1 项提到的, 它甚至可能不存在.

定义 A.6 一个 $r\times d$ 矩阵 A 和一个 $d\times c$ 矩阵 B 的乘积 AB 是一个 $r\times c$ 矩阵 C, 其中 C 的元素 $c_{ij}(i=1,\cdots,r)$ 是 A 的第 i 行和 B 的第 j 列的乘积.

例 A.2 已知下面的矩阵, 求 IA 和 IB.

$$A=\begin{bmatrix}2\\1\\3\end{bmatrix}\quad B=\begin{bmatrix}3&0\\1&2\\4&-1\end{bmatrix}\quad I=\begin{bmatrix}1&0&0\\0&1&0\\0&0&1\end{bmatrix}$$

解 注意到乘积

$$\underset{3\times 3\ \ 3\times 1}{IA}$$

存在并且它将是 3×1 维:

$$IA=\begin{bmatrix}1&0&0\\0&1&0\\0&0&1\end{bmatrix}\begin{bmatrix}2\\1\\3\end{bmatrix}=\begin{bmatrix}2\\1\\3\end{bmatrix}$$

类似地,

$$\underset{3\times 3\ \ 3\times 2}{IB}$$

存在并且是 3×2 维:

$$IB = \begin{bmatrix} 1 & 0 & 0 \\ 0 & 1 & 0 \\ 0 & 0 & 1 \end{bmatrix} \begin{bmatrix} 3 & 0 \\ 1 & 2 \\ 4 & -1 \end{bmatrix} = \begin{bmatrix} 3 & 0 \\ 1 & 2 \\ 4 & -1 \end{bmatrix}$$

注意矩阵 I 具有一个特殊的性质. 有 $IA = A$ 和 $IB = B$. 我们将在 A.2 节进一步讨论这个性质.

练习

A.1 考虑矩阵 A, B 和 C:

$$A = \begin{bmatrix} 3 & 0 \\ -1 & 4 \end{bmatrix} \quad B = \begin{bmatrix} 2 & 1 \\ 0 & -1 \end{bmatrix} \quad C = \begin{bmatrix} 1 & 0 & 3 \\ -2 & 1 & 2 \end{bmatrix}$$

a. 求 AB.　b. 求 AC.　c. 求 BA.

A.2 考虑矩阵 A, B 和 C:

$$A = \begin{bmatrix} 3 & 1 & 3 \\ 2 & 0 & 4 \\ -4 & 1 & 2 \end{bmatrix} \quad B = \begin{bmatrix} 1 & 0 & 2 \end{bmatrix} \quad C = \begin{bmatrix} 3 \\ 0 \\ 2 \end{bmatrix}$$

a. 求 AC.

b. 求 BC.

c. 可能求出 AB 吗？说明理由.

A.3 假定 A 是一个 3×2 矩阵, B 是 2×4 矩阵.

a. AB 的维数是多少？

b. 可能求出乘积 BA 吗？说明理由.

A.4 假定矩阵 B 和 C 分别有维数为 1×3 和 3×1.

a. 乘积 BC 的维数是多少？

b. CB 的维数是多少？

c. 如果 B 和 C 是练习 A.2 中所示矩阵, 求 CB.

A.5 考虑矩阵 A, B 和 C:

$$A = \begin{bmatrix} 1 & 0 & 0 \\ 0 & 3 & 0 \\ 0 & 0 & 2 \end{bmatrix} \quad B = \begin{bmatrix} 2 & 3 \\ -3 & 0 \\ 4 & -1 \end{bmatrix} \quad C = \begin{bmatrix} 3 & 0 & 2 \end{bmatrix}$$

a. 求 AB.　b. 求 CA.　c. 求 CB.

A.6 考虑矩阵:

$$A = \begin{bmatrix} 3 & 0 & -1 & 2 \end{bmatrix} \quad B = \begin{bmatrix} 2 \\ -1 \\ 0 \\ 3 \end{bmatrix}$$

a. 求 AB.　b. 求 BA.

A.2 单位矩阵和矩阵的逆

在普通代数中, 1 是乘法运算的单位元素. 即 1 是这样的元素: 它使得其他任意数(如 c)与单位元素相乘等于 c. 所以 $4(1) = 4$, $(-5)(1) = -5$, 等等.

矩阵代数中乘法的相应单位元素(用符号 I 表示)是一个使得对任意矩阵 A 有

$$AI = IA = A$$

的矩阵. 普通代数和矩阵代数的单位元素之间的不同在于, 在普通代数中, 只有一个单位元素——1. 在矩阵代数中, 单位矩阵必须有使积 IA 存在的正确的维数, 从而存在无穷多个单位矩阵——全是方阵并且都有相同的形式. 1×1, 2×2 和 3×3 的单位阵是

$$\underset{1 \times 1}{I} = \begin{bmatrix} 1 \end{bmatrix} \quad \underset{2 \times 2}{I} = \begin{bmatrix} 1 & 0 \\ 0 & 1 \end{bmatrix} \quad \underset{3 \times 3}{I} = \begin{bmatrix} 1 & 0 & 0 \\ 0 & 1 & 0 \\ 0 & 0 & 1 \end{bmatrix}$$

在例 A.2 中, 我们证实了这个矩阵满足性质:

$$IA = A$$

例 A.3　如果 A 是下面所示矩阵, 求 IA 和 AI.

$$A = \begin{bmatrix} 3 & 4 & -1 \\ 1 & 0 & 2 \end{bmatrix}$$

解　$\underset{2 \times 2}{IA} \underset{2 \times 3}{} = \begin{bmatrix} 1 & 0 \\ 0 & 1 \end{bmatrix} \begin{bmatrix} 3 & 4 & -1 \\ 1 & 0 & 2 \end{bmatrix} = \begin{bmatrix} 3 & 4 & -1 \\ 1 & 0 & 2 \end{bmatrix} = A$

$$AI = \begin{bmatrix} 3 & 4 & -1 \\ 1 & 0 & 2 \end{bmatrix} \begin{bmatrix} 1 & 0 & 0 \\ 0 & 1 & 0 \\ 0 & 0 & 1 \end{bmatrix} = \begin{bmatrix} 3 & 4 & -1 \\ 1 & 0 & 2 \end{bmatrix} = A$$

$2 \times 3 \quad 3 \times 3$

注意,用于求乘积 IA 和 AI 的单位矩阵的维数是不同的. 为使乘积存在,这是必要的. ∎

定义 A.7 设 A 是任意矩阵,如果 $AI = IA = A$,那么矩阵 I 定义为**单位矩阵**. 满足这个定义的矩阵有如下形式:

$$I = \begin{bmatrix} 1 & 0 & 0 & \cdots & 0 \\ 0 & 1 & 0 & \cdots & 0 \\ 0 & 0 & 1 & \cdots & 0 \\ \vdots & \vdots & \vdots & & \vdots \\ 0 & 0 & 0 & \cdots & 1 \end{bmatrix}$$

当考虑除法过程及其在方程解中的角色时,单位元素是重要的. 在普通代数学中,除法实质上就是用元素的倒数相乘. 例如,方程

$$2X = 6$$

可以在方程两边除以 2 解出,或者在方程两边乘以 $\frac{1}{2}$(即 2 的倒数)解出. 所以

$$\left(\frac{1}{2}\right) 2 X = \frac{1}{2}(6)$$

$$X = 3$$

一个元素的倒数是什么? 它是使得倒数乘以这个元素等于单位元素的元素. 所以,3 的倒数是 1/3,因为

$$3\left(\frac{1}{3}\right) = 1$$

在矩阵代数中,单位矩阵有相同的作用. 因此,一个矩阵 A 的倒数(称作 A 的逆,并用符号 A^{-1} 表示)是一个使得 $AA^{-1} = A^{-1}A = I$ 的矩阵.

逆仅对方阵有定义,但并不是所有的方阵都有逆.(在解最小二乘方程和回归分析的其他问题中,的确有重要的作用.)我们将在 A.3 节给出逆矩阵的一个重要应用. 求一个矩阵的逆的过程将在 A.4 节说明.

定义 A.8 方阵 A^{-1} 称作方阵 A 的**逆**,如果

$$A^{-1}A = AA^{-1} = I$$

求逆矩阵的过程在计算上是相当烦琐的,通常用计算机执行. 也有一个例外:求一类称作**对角矩阵**的逆矩阵是容易的. 对角矩阵是在主对角线上(从矩阵的左上角到右下角)有非 0 元素,其他都是 0 元素的矩阵. 例如,单位矩阵是一个对角矩阵(主对角线都是 1),下面的矩阵也是对角阵:

$$A = \begin{bmatrix} 3 & 0 & 0 \\ 0 & 1 & 0 \\ 0 & 0 & 2 \end{bmatrix} \quad B = \begin{bmatrix} 5 & 0 & 0 & 0 \\ 0 & 2 & 0 & 0 \\ 0 & 0 & 1 & 0 \\ 0 & 0 & 0 & 5 \end{bmatrix}$$

定义 A.9 **对角矩阵**是主对角线上的元素非 0,其他位置上的元素都为 0 的矩阵.

可以验证：

$$A = \begin{bmatrix} 3 & 0 & 0 \\ 0 & 1 & 0 \\ 0 & 0 & 2 \end{bmatrix} \text{ 的逆是 } A^{-1} = \begin{bmatrix} \frac{1}{3} & 0 & 0 \\ 0 & 1 & 0 \\ 0 & 0 & \frac{1}{2} \end{bmatrix}$$

即 $AA^{-1} = I$. 对角矩阵的逆由定理 A.1 给出.

定理 A.1 对角矩阵

$$D = \begin{bmatrix} d_{11} & 0 & 0 & \cdots & 0 \\ 0 & d_{22} & 0 & \cdots & 0 \\ 0 & 0 & d_{33} & \cdots & 0 \\ \vdots & \vdots & \vdots & & \vdots \\ 0 & 0 & 0 & \cdots & d_{nn} \end{bmatrix} \text{ 的逆是 } D^{-1} = \begin{bmatrix} 1/d_{11} & 0 & 0 & \cdots & 0 \\ 0 & 1/d_{22} & 0 & \cdots & 0 \\ 0 & 0 & 1/d_{33} & \cdots & 0 \\ \vdots & \vdots & \vdots & & \vdots \\ 0 & 0 & 0 & \cdots & 1/d_{nn} \end{bmatrix}$$

❓ 练习

A.7 考虑下面的矩阵：

$$A = \begin{bmatrix} 3 & 0 & 2 \\ -1 & 1 & 4 \end{bmatrix}$$

a. 给出用来求乘积 IA 的单位矩阵.
b. 证明 $IA = A$.
c. 给出用来求乘积 AI 的单位矩阵.
d. 证明 $AI = A$.

A.8 对给出的矩阵 A 和 B，证明：$AB = I$ 和 $BA = I$，因此验证 $B = A^{-1}$.

$$A = \begin{bmatrix} 1 & 0 & 0 \\ 0 & 2 & 0 \\ 0 & 0 & 3 \end{bmatrix} \quad B = \begin{bmatrix} 1 & 0 & 0 \\ 0 & \frac{1}{2} & 0 \\ 0 & 0 & \frac{1}{3} \end{bmatrix}$$

A.9 如果

$$A = \begin{bmatrix} 12 & 0 & 0 & 8 \\ 0 & 12 & 0 & 0 \\ 0 & 0 & 8 & 0 \\ 8 & 0 & 0 & 8 \end{bmatrix}$$

验证

$$A^{-1} = \begin{bmatrix} \frac{1}{4} & 0 & 0 & -\frac{1}{4} \\ 0 & \frac{1}{12} & 0 & 0 \\ 0 & 0 & \frac{1}{8} & 0 \\ -\frac{1}{4} & 0 & 0 & \frac{3}{8} \end{bmatrix}$$

A.10 如果

$$A = \begin{bmatrix} 3 & 0 & 0 \\ 0 & 5 & 0 \\ 0 & 0 & 7 \end{bmatrix}, \text{ 验证}$$

$$A^{-1} = \begin{bmatrix} \frac{1}{3} & 0 & 0 \\ 0 & \frac{1}{5} & 0 \\ 0 & 0 & \frac{1}{7} \end{bmatrix}$$

A.11 验证定理 A.1.

A.3 解线性联立方程组

考虑下面有两个未知数的线性联立方程组：

$$2v_1 + v_2 = 7$$
$$v_1 - v_2 = 2$$

注意，这些方程的解是 $v_1 = 3$，$v_2 = 1$.

现在定义矩阵

$$A = \begin{bmatrix} 2 & 1 \\ 1 & -1 \end{bmatrix} \quad V = \begin{bmatrix} v_1 \\ v_2 \end{bmatrix} \quad G = \begin{bmatrix} 7 \\ 2 \end{bmatrix}$$

所以,A 是 v_1 和 v_2 的系数矩阵,V 是包含未知数的列矩阵(依次从上往下写),G 是包含等号右边数字的列矩阵.

现在上面给出的联立方程组可以重新写成矩阵方程:

$$AV = G$$

用一个矩阵等式表示的是乘积矩阵 AV 等于矩阵 G. 矩阵相等意味着对应的元素相等. 可见表达式 $AV = G$ 是成立的,因为

$$AV = \begin{bmatrix} 2 & 1 \\ 1 & -1 \end{bmatrix} \begin{bmatrix} v_1 \\ v_2 \end{bmatrix} = \begin{bmatrix} (2v_1 + v_2) \\ (v_1 - v_2) \end{bmatrix} = G$$

$\quad\quad\quad 2 \times 2 \;\; 2 \times 1 \quad\quad\quad\quad\quad\quad\quad\quad 2 \times 1$

将有两个未知数的两个线性联立方程组表示为矩阵的过程可以推广到有 k 个未知数的 k 个联立线性方程组的情形. 如果方程组写成通常的形式:

$$a_{11}v_1 + a_{12}v_2 + \cdots + a_{1k}v_k = g_1$$
$$a_{21}v_1 + a_{22}v_2 + \cdots + a_{2k}v_k = g_2$$
$$\vdots$$
$$a_{k1}v_1 + a_{k2}v_2 + \cdots + a_{kk}v_k = g_k$$

那么线性联立方程组可以表示成矩阵方程 $AV = G$,其中

$$A = \begin{bmatrix} a_{11} & a_{12} & \cdots & a_{1k} \\ a_{21} & & \cdots & a_{2k} \\ \vdots & & & \vdots \\ a_{k1} & & \cdots & a_{kk} \end{bmatrix} \quad V = \begin{bmatrix} v_1 \\ v_2 \\ \vdots \\ v_k \end{bmatrix} \quad G = \begin{bmatrix} g_1 \\ g_2 \\ \vdots \\ g_k \end{bmatrix}$$

现在解这个联立方程组(如果它们有唯一解,可以证明 A^{-1} 存在.)在矩阵方程两边乘以 A^{-1},我们有

$$(A^{-1})AV = (A^{-1})G$$

但是由于 $AA^{-1} = I$,因此有

$$(I)V = A^{-1}G$$
$$V = A^{-1}G$$

换句话说,如果已知 A^{-1},就可以通过求乘积 $A^{-1}G$ 得到这个线性联立方程组的解。

线性联立方程组 $AV = G$ 的矩阵解

解:$V = A^{-1}G$

例 A.4 利用上面的结果求线性联立方程组的解:

$$2v_1 + v_2 = 7$$
$$v_1 - v_2 = 2$$

解 第一步是获得系数矩阵

$$A = \begin{bmatrix} 2 & 1 \\ 1 & -1 \end{bmatrix}$$

的逆,即

$$A^{-1} = \begin{bmatrix} \dfrac{1}{3} & \dfrac{1}{3} \\ \dfrac{1}{3} & -\dfrac{2}{3} \end{bmatrix}$$

(这个矩阵可用求逆矩阵的计算机程序包来求,或者对这种简单情况,可用 A.4 节给出的步骤求.)当检查时,注意

$$A^{-1}A = \begin{bmatrix} \dfrac{1}{3} & \dfrac{1}{3} \\ \dfrac{1}{3} & -\dfrac{2}{3} \end{bmatrix} \begin{bmatrix} 2 & 1 \\ 1 & -1 \end{bmatrix} = \begin{bmatrix} 1 & 0 \\ 0 & 1 \end{bmatrix} = I$$

第二步是得到乘积 $A^{-1}G$.

$$V = A^{-1}G = \begin{bmatrix} \dfrac{1}{3} & \dfrac{1}{3} \\ \dfrac{1}{3} & -\dfrac{2}{3} \end{bmatrix} \begin{bmatrix} 7 \\ 2 \end{bmatrix} = \begin{bmatrix} 3 \\ 1 \end{bmatrix}$$

由于

$$V = \begin{bmatrix} v_1 \\ v_2 \end{bmatrix} = \begin{bmatrix} 3 \\ 1 \end{bmatrix}$$

因此 $v_1 = 3$,$v_2 = 1$. 可见 v_1 和 v_2 的值满足线性联立方程组,并且是本节开始指出的解的值. ∎

? 练习

A.12 假定线性联立方程组

$$3v_1 + v_2 = 5$$
$$v_1 - v_2 = 3$$

表示成如下矩阵方程:

$$AV = G$$

a. 求矩阵 A,V 和 G.
b. 验证:

$$A^{-1} = \begin{bmatrix} \dfrac{1}{4} & \dfrac{1}{4} \\ \dfrac{1}{4} & -\dfrac{3}{4} \end{bmatrix}$$

(注意:求 A^{-1} 的方法在 A.4 节给出).

c. 通过求 $V = A^{-1}G$ 解此方程.

A.13 对如下线性联立方程组:

$$10v_1 + 20v_3 - 60 = 0$$
$$20v_2 - 60 = 0$$
$$20v_1 + 68v_3 - 176 = 0$$

a. 求矩阵 A,V 和 G.
b. 验证:

$$A^{-1} = \begin{bmatrix} \dfrac{17}{70} & 0 & -\dfrac{1}{14} \\ 0 & \dfrac{1}{20} & 0 \\ -\dfrac{1}{14} & 0 & \dfrac{1}{28} \end{bmatrix}$$

c. 通过求 $V = A^{-1}G$ 解此方程组.

A.4 求逆矩阵的方法

有几种不同的求逆矩阵的方法,所有方法都是冗长且费时的.所以,实际上,几乎所有的矩阵都是用计算机求逆的.本节的目的是介绍一种方法,使得你会手算求较小(2×2 或 3×3)矩阵的逆,并领会在大矩阵求逆中(因此在包含许多项的线性模型拟合数据集时)庞大的计算问题.尤其是你能理

解为什么舍入误差会潜入求逆过程,因此理解为什么两个不同的计算机程序对同一矩阵求逆可能给出相应元素稍有不同的逆矩阵.

我们将要演示矩阵 A 的求逆过程,要求对矩阵 A 的行实行一系列的运算. 例如,假定

$$A = \begin{bmatrix} 1 & -2 \\ -2 & 6 \end{bmatrix}$$

我们指出两种不同的方式进行矩阵的行运算[○]:

1. 可以用常数 c 乘以某一行的每一个元素. 例如,可以对矩阵 A 的第一行进行运算,用一常数(如2)乘以该行的每个元素,那么得到的行是 $[2 \quad -4]$.
2. 可以用常数乘以矩阵的另一行,然后把那一行的元素加(或减)到运算行的相应位置元素的行. 例如,对矩阵 A 的第一行进行这样的运算,用一常数(如2)乘以第二行:

$$2[-2 \quad 6] = [-4 \quad 12]$$

然后把这行加到第一行:

$$[(1-4) \quad (-2+12)] = [-3 \quad 10]$$

注意重要的一点是,我们是对矩阵 A 的第一行进行运算. 虽然利用矩阵的第二行执行这个运算,但第二行保持不变. 所以,我们刚刚描绘的对矩阵 A 的行运算将产生新的矩阵

$$\begin{bmatrix} -3 & 10 \\ -2 & 6 \end{bmatrix}$$

利用行运算求逆矩阵是基于矩阵代数的初等结果. 可以证明(证明略)在矩阵 A 实施一系列的行运算等价于用一个矩阵 B 乘以矩阵 A,即行运算产生一个新矩阵 BA. 利用这个结果如下:将矩阵 A 和一个相同维数的单位矩阵 I 放在一起. 然后对 A 和 I 实行同样系列的行运算,直到矩阵 A 变换成单位矩阵 I. 这意味着用某个矩阵 B 乘以矩阵 A 和 I,使得

$$A = \begin{bmatrix} \quad \end{bmatrix} \qquad I = \begin{bmatrix} 1 & 0 & \cdots & 0 \\ 0 & 1 & \cdots & 0 \\ 0 & 0 & 1 & 0 \\ \vdots & \vdots & \vdots & \ddots \\ 0 & & \cdots & 1 \end{bmatrix}$$

$$\longleftarrow 行运算将 A 变换成 I \longrightarrow$$

$$I = \begin{bmatrix} \quad \end{bmatrix} \qquad B = \begin{bmatrix} \quad \end{bmatrix}$$

$$BA = I \quad 且 \quad BI = B$$

由于 $BA = I$,所以有 $B = A^{-1}$. 因此,随着矩阵 A 由于行运算变换成单位矩阵 I,单位矩阵 I 也变换成了 A^{-1},即

$$BI = B = A^{-1}$$

将用两个例子来说明这个过程.

○ 省略了第三种行运算,因为它没有增加什么并且可能引起混乱.

例 A.5 求下面矩阵的逆:

$$A = \begin{bmatrix} 1 & -2 \\ -2 & 6 \end{bmatrix}$$

解 把矩阵 A 和一个 2×2 单位矩阵放在一起,然后执行下面一系列的行运算(用箭头标示每次运算中的运算行):

$$A = \begin{bmatrix} 1 & -2 \\ -2 & 6 \end{bmatrix} \quad I = \begin{bmatrix} 1 & 0 \\ 0 & 1 \end{bmatrix}$$

运算 1 用 2 乘以第一行并加到第二行上去:

$$\rightarrow \begin{bmatrix} 1 & -2 \\ 0 & 2 \end{bmatrix} \quad \begin{bmatrix} 1 & 0 \\ 2 & 1 \end{bmatrix}$$

运算 2 用 1/2 乘以第二行:

$$\rightarrow \begin{bmatrix} 1 & -2 \\ 0 & 1 \end{bmatrix} \quad \begin{bmatrix} 1 & 0 \\ 1 & \frac{1}{2} \end{bmatrix}$$

运算 3 用 2 乘以第二行并加到第一行上去:

$$\rightarrow \begin{bmatrix} 1 & 0 \\ 0 & 1 \end{bmatrix} \quad \begin{bmatrix} 3 & 1 \\ 1 & \frac{1}{2} \end{bmatrix}$$

从而

$$A^{-1} = \begin{bmatrix} 3 & 1 \\ 1 & \frac{1}{2} \end{bmatrix}$$

求逆的最后一步是求乘积 $A^{-1}A$,检查解是否等于单位矩阵 I。检查:

$$A^{-1}A = \begin{bmatrix} 3 & 1 \\ 1 & \frac{1}{2} \end{bmatrix} \begin{bmatrix} 1 & -2 \\ -2 & 6 \end{bmatrix} = \begin{bmatrix} 1 & 0 \\ 0 & 1 \end{bmatrix}$$

由于乘积等于单位矩阵,因此解 A^{-1} 是正确的。

例 A.6 求矩阵 A 的逆。

$$A = \begin{bmatrix} 2 & 0 & 3 \\ 0 & 4 & 1 \\ 3 & 1 & 2 \end{bmatrix}$$

解 把单位矩阵放在矩阵 A 的旁边并执行行运算:

运算 1 用 $\frac{1}{2}$ 乘以第一行:

$$\rightarrow \begin{bmatrix} 1 & 0 & \frac{3}{2} \\ 0 & 4 & 1 \\ 3 & 1 & 2 \end{bmatrix} \quad \begin{bmatrix} \frac{1}{2} & 0 & 0 \\ 0 & 1 & 0 \\ 0 & 0 & 1 \end{bmatrix}$$

运算 2 用 3 乘以第一行并从第三行减去:

$$\rightarrow \begin{bmatrix} 1 & 0 & \frac{3}{2} \\ 0 & 4 & 1 \\ 0 & 1 & -\frac{5}{2} \end{bmatrix} \begin{bmatrix} \frac{1}{2} & 0 & 0 \\ 0 & 1 & 0 \\ -\frac{3}{2} & 0 & 1 \end{bmatrix}$$

运算 3 用 $\frac{1}{4}$ 乘以第二行：

$$\rightarrow \begin{bmatrix} 1 & 0 & \frac{3}{2} \\ 0 & 1 & \frac{1}{4} \\ 0 & 1 & -\frac{5}{2} \end{bmatrix} \begin{bmatrix} \frac{1}{2} & 0 & 0 \\ 0 & \frac{1}{4} & 0 \\ -\frac{3}{2} & 0 & 1 \end{bmatrix}$$

运算 4 第三行减去第二行：

$$\rightarrow \begin{bmatrix} 1 & 0 & \frac{3}{2} \\ 0 & 1 & \frac{1}{4} \\ 0 & 0 & -\frac{11}{4} \end{bmatrix} \begin{bmatrix} \frac{1}{2} & 0 & 0 \\ 0 & \frac{1}{4} & 0 \\ -\frac{3}{2} & -\frac{1}{4} & 1 \end{bmatrix}$$

运算 5 用 $-\frac{4}{11}$ 乘以第三行：

$$\rightarrow \begin{bmatrix} 1 & 0 & \frac{3}{2} \\ 0 & 1 & \frac{1}{4} \\ 0 & 0 & 1 \end{bmatrix} \begin{bmatrix} \frac{1}{2} & 0 & 0 \\ 0 & \frac{1}{4} & 0 \\ \frac{12}{22} & \frac{1}{11} & -\frac{4}{11} \end{bmatrix}$$

运算 6 第二行减去第三行的 $\frac{1}{4}$：

$$\rightarrow \begin{bmatrix} 1 & 0 & \frac{3}{2} \\ 0 & 1 & 0 \\ 0 & 0 & 1 \end{bmatrix} \begin{bmatrix} \frac{1}{2} & 0 & 0 \\ -\frac{3}{22} & \frac{5}{22} & \frac{1}{11} \\ \frac{12}{22} & \frac{1}{11} & -\frac{4}{11} \end{bmatrix}$$

运算 7 第一行减去第三行的 $\frac{3}{2}$：

$$\rightarrow \begin{bmatrix} 1 & 0 & 0 \\ 0 & 1 & 0 \\ 0 & 0 & 1 \end{bmatrix} \begin{bmatrix} -\frac{7}{22} & -\frac{3}{22} & \frac{6}{11} \\ -\frac{3}{22} & \frac{5}{22} & \frac{1}{11} \\ \frac{6}{11} & \frac{1}{11} & -\frac{4}{11} \end{bmatrix} = \boldsymbol{A}^{-1}$$

为检查解，我们求乘积

$$A^{-1}A = \begin{bmatrix} -\frac{7}{22} & -\frac{3}{22} & \frac{6}{11} \\ -\frac{3}{22} & \frac{5}{22} & \frac{1}{11} \\ \frac{6}{11} & \frac{1}{11} & -\frac{4}{11} \end{bmatrix} \begin{bmatrix} 2 & 0 & 3 \\ 0 & 4 & 1 \\ 3 & 1 & 2 \end{bmatrix} = \begin{bmatrix} 1 & 0 & 0 \\ 0 & 1 & 0 \\ 0 & 0 & 1 \end{bmatrix}$$

由于乘积 $A^{-1}A$ 等于单位矩阵，因此解 A^{-1} 是正确的．∎

例 A.5 和例 A.6 指出对矩阵 A 执行行运算将它变成单位矩阵时使用的策略．用一个常数乘以第一行，把顶端行左边的元素变成 1．然后执行运算，把第一列所有元素变成 0．再对第二行执行运算，将第二个对角元素变成 1．然后执行运算，将第二列所有在第二行下方的元素全变成 0．再在第三行的对角元素上作运算，等等．当主对角线上的所有元素都为 1，并且所有主对角线下方的元素都是 0 时，执行行运算，把最后一列变成 0；然后是倒数第二列，等等，直到回到第一行．这个把非对角元素变成 0 的过程以图的形式显示如下：

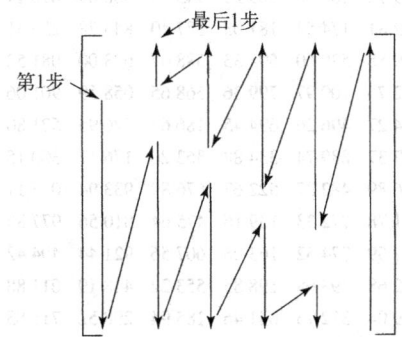

用行运算求一个矩阵逆的过程表明求一个较大矩阵的逆包括多次乘法、减法和加法，因此在计算中可能产生大的舍入误差，除非在计算中保留很多位的有效数字．

这就解释了为什么两个不同的多元回归分析计算程序可能对同一个参数 β 得到不同的估计值，并且强调当求一个矩阵逆时在所有计算中保留很多位有效数字的重要性．

练习

A.14 求以下矩阵的逆并检验你的答案，保证 $A^{-1}A = AA^{-1} = I$：

a. $A = \begin{bmatrix} 3 & 2 \\ 4 & 5 \end{bmatrix}$
b. $A = \begin{bmatrix} 3 & 0 & -2 \\ 1 & 4 & 2 \\ 5 & 1 & 1 \end{bmatrix}$
c. $A = \begin{bmatrix} 1 & 0 & 1 \\ 0 & 2 & 1 \\ 1 & 1 & 3 \end{bmatrix}$
d. $A = \begin{bmatrix} 4 & 0 & 10 \\ 0 & 10 & 0 \\ 10 & 0 & 5 \end{bmatrix}$

（注：这些练习没有给出答案，如果 $A^{-1}A = I$，则答案是正确的．）

附录 B 有用的统计表

表 B.1 随机数

行\列	1	2	3	4	5	6	7	8	9	10	11	12	13	14
1	104 80	150 11	015 36	020 11	816 47	916 46	691 79	141 94	625 90	362 07	209 69	995 70	912 91	907 00
2	223 68	465 73	255 95	853 93	309 95	891 98	279 82	534 02	939 65	340 95	526 66	191 74	396 15	995 05
3	241 30	483 60	225 27	972 65	763 93	648 09	151 79	248 30	493 40	320 81	360 80	196 55	633 48	586 29
4	421 67	930 93	062 43	616 80	078 56	163 76	394 40	535 37	713 41	570 04	008 49	749 17	977 58	163 79
5	375 70	399 75	818 37	166 56	061 21	917 82	604 68	813 05	496 84	606 72	141 10	069 27	012 63	546 13
6	779 21	069 07	110 08	427 51	277 56	534 98	186 02	706 59	906 55	150 53	219 16	818 25	443 94	428 80
7	995 62	729 05	564 20	699 94	988 72	310 16	711 94	187 38	440 13	488 40	632 13	210 69	106 34	129 52
8	963 01	919 77	054 63	079 72	188 76	209 22	945 95	568 69	690 14	600 45	184 25	849 03	425 08	323 07
9	895 79	143 42	636 61	102 81	174 53	181 03	577 40	843 78	253 31	125 66	586 78	449 47	055 85	569 41
10	854 75	368 57	533 42	539 88	530 60	595 33	388 67	623 00	081 58	179 83	164 39	114 58	185 93	649 52
11	289 18	695 78	882 31	332 76	709 97	799 36	568 65	058 59	901 06	315 95	015 47	855 90	916 10	781 88
12	635 53	409 61	482 35	034 27	496 26	694 45	186 63	726 95	521 80	208 47	122 34	905 11	337 03	903 22
13	094 29	939 69	526 36	927 37	889 74	334 88	363 20	176 17	300 15	082 72	841 15	271 56	306 13	749 52
14	103 65	611 29	875 29	856 89	482 37	522 67	676 89	933 94	015 11	263 58	851 04	202 85	299 75	898 68
15	071 19	973 36	710 48	081 78	772 33	139 16	475 64	810 56	977 35	859 77	293 72	744 61	285 51	907 07
16	510 85	127 65	518 21	512 59	774 52	163 08	607 56	921 44	494 42	539 00	709 60	639 90	756 01	407 19
17	023 68	213 85	524 04	602 68	893 68	198 85	553 27	448 19	011 88	652 55	648 35	449 19	059 44	551 57
18	010 11	540 92	333 62	949 04	312 73	041 46	185 94	298 52	715 85	850 30	511 32	019 15	927 47	649 51
19	521 62	539 16	463 69	585 86	232 16	145 13	831 49	987 36	234 95	643 50	947 38	177 52	351 56	357 49
20	070 56	976 28	337 87	099 98	426 98	066 91	769 88	136 02	518 51	461 04	889 16	195 09	256 25	581 04
21	486 63	912 45	858 28	143 46	091 72	301 68	902 29	047 34	591 93	221 78	304 21	616 66	999 04	328 12
22	541 64	584 92	224 21	741 03	470 70	253 06	764 68	263 84	581 51	066 46	215 24	152 27	969 09	445 92
23	326 39	323 63	055 97	242 00	133 63	380 05	943 42	287 28	358 06	069 12	170 12	641 61	182 96	228 51
24	293 34	270 01	876 37	873 08	587 31	002 56	458 34	153 98	465 57	411 35	103 67	076 84	361 88	185 10
25	024 88	330 62	288 34	073 51	197 31	924 20	609 52	612 80	500 01	676 58	325 86	866 79	507 20	949 53
26	815 25	722 95	048 39	964 23	248 78	826 51	665 66	147 78	767 97	147 80	133 00	870 74	796 66	957 25
27	296 76	205 91	680 86	264 32	469 01	208 49	897 68	815 36	866 45	126 59	922 59	571 02	804 28	252 80
28	007 42	573 92	390 64	664 32	846 73	400 27	328 32	613 62	989 47	960 67	647 60	645 84	960 96	982 53
29	053 66	042 13	256 69	264 22	444 07	440 48	379 37	639 04	457 66	661 34	754 70	665 20	346 93	904 49
30	919 21	264 18	641 17	943 05	267 56	259 40	399 72	222 09	715 00	645 68	914 02	424 16	078 44	696 18
31	005 82	047 11	879 17	773 41	422 06	351 26	740 87	995 47	818 17	426 07	438 08	766 55	620 28	766 30
32	007 25	698 84	627 97	561 70	863 24	880 72	762 22	360 86	846 37	931 61	760 38	658 55	779 19	880 06
33	690 11	657 95	958 76	552 93	189 88	273 54	265 75	086 25	408 01	599 20	298 41	801 50	127 77	485 01
34	259 76	579 48	298 88	886 04	679 17	487 08	189 12	822 71	654 24	697 74	336 11	542 62	859 63	035 47
35	097 63	834 73	735 77	129 08	308 83	183 17	282 90	357 97	059 98	416 88	349 52	378 88	389 17	880 50
36	915 76	425 95	279 58	301 34	040 24	863 85	298 80	997 30	555 36	848 55	290 80	092 50	796 56	732 11
37	179 55	563 49	909 99	491 27	200 44	599 31	061 15	205 42	180 59	020 08	737 08	835 17	361 03	427 91
38	465 03	185 84	188 45	496 18	023 04	510 38	206 55	587 27	281 68	154 75	569 42	533 89	205 62	873 38
39	921 57	896 34	948 24	781 71	846 10	828 34	099 22	254 17	441 37	484 13	255 55	212 46	355 09	204 68

(续)

行\列	1	2	3	4	5	6	7	8	9	10	11	12	13	14
40	14 577	62 765	35 605	81 263	39 667	47 358	56 873	56 307	61 607	49 518	89 565	20 103	77 490	18 062
41	98 427	07 523	33 362	64 270	01 638	92 477	66 969	98 420	04 880	45 585	46 565	04 102	46 880	45 709
42	34 914	63 976	88 720	82 765	34 476	17 032	87 589	40 836	32 427	70 002	70 663	88 863	77 775	69 348
43	70 060	28 277	39 475	46 473	23 219	53 416	94 970	25 832	69 975	94 884	19 661	72 828	00 102	66 794
44	53 976	54 914	06 990	67 245	68 350	82 948	11 398	42 878	80 287	88 267	47 363	46 634	06 541	97 809
45	76 072	29 515	40 980	07 391	58 745	25 774	22 987	80 059	39 911	96 189	41 151	14 222	60 697	59 583
46	90 725	52 210	83 974	29 992	65 831	38 857	50 490	83 765	55 657	14 361	31 720	57 375	56 228	41 546
47	64 364	67 412	33 339	31 926	14 883	24 413	59 744	92 351	97 473	89 286	35 931	04 110	23 726	51 900
48	08 962	00 358	31 662	25 388	61 642	34 072	81 249	35 648	56 891	69 352	48 373	45 578	78 547	81 788
49	95 012	68 379	93 526	70 765	10 592	04 542	76 463	54 328	02 349	17 247	28 865	14 777	62 730	92 277
50	15 664	10 493	20 492	38 391	91 132	21 999	59 516	81 652	27 195	48 223	46 751	22 923	32 261	85 653
51	16 408	81 899	04 153	53 381	79 401	21 438	83 035	92 350	36 693	31 238	59 649	91 754	72 772	02 338
52	18 629	81 953	05 520	91 962	04 739	13 092	97 662	24 822	94 730	06 496	35 090	04 822	86 774	98 289
53	73 115	35 101	47 498	87 637	99 016	71 060	88 824	71 013	18 735	20 286	23 153	72 924	35 165	43 040
54	57 491	16 703	23 167	49 323	45 021	33 132	12 544	41 035	80 780	45 393	44 812	12 515	98 931	91 202
55	30 405	83 946	23 792	14 422	15 059	45 799	22 716	19 792	09 983	74 353	68 668	30 429	70 735	25 499
56	16 631	35 006	85 900	98 275	32 388	52 390	16 815	69 298	82 732	38 480	73 817	32 523	41 961	44 437
57	96 773	20 206	42 559	78 985	05 300	22 164	24 369	54 224	35 083	19 687	11 052	91 491	60 383	19 746
58	38 935	64 202	14 349	82 674	66 523	44 133	00 697	35 552	35 970	19 124	63 318	29 686	03 387	59 846
59	31 624	76 384	17 403	53 363	44 167	64 486	64 758	75 366	76 554	31 601	12 614	33 072	60 332	92 325
60	78 919	19 474	23 632	27 889	47 914	02 584	37 680	20 801	72 152	39 339	34 806	08 930	85 001	87 820
61	03 931	33 309	57 047	74 211	63 445	17 361	62 825	39 908	05 607	91 284	68 833	25 570	38 818	46 920
62	74 426	33 278	43 972	10 119	89 917	15 665	52 872	73 823	73 144	88 662	88 970	74 492	51 805	99 378
63	09 066	00 903	20 795	95 452	92 648	45 454	09 552	88 815	16 553	51 125	79 375	97 596	16 296	66 092
64	42 238	12 426	87 025	14 267	20 979	04 508	64 535	31 355	86 064	29 472	47 689	05 974	52 468	16 834
65	16 153	08 002	26 504	41 744	81 959	65 642	74 240	56 302	00 033	67 107	77 510	70 625	28 725	34 191
66	21 457	40 742	29 820	96 783	29 400	21 840	15 035	34 537	33 310	06 116	95 240	15 957	16 572	06 004
67	21 581	57 802	02 050	89 728	17 937	37 621	47 075	42 080	97 403	48 626	68 995	43 805	33 386	21 597
68	55 612	78 095	83 197	33 732	05 810	24 813	86 902	60 397	16 489	03 264	88 525	42 786	05 269	92 532
69	44 657	66 999	99 324	51 281	84 463	60 563	79 312	93 454	68 876	25 471	93 911	25 650	12 682	73 572
70	91 340	84 979	46 949	81 973	37 949	61 023	43 997	15 263	80 644	43 942	89 203	71 795	99 533	50 501
71	91 227	21 199	31 935	27 022	84 067	05 462	35 216	14 486	29 891	68 607	41 867	14 951	91 696	85 065
72	50 001	38 140	66 321	19 924	72 163	09 538	12 151	06 878	91 903	18 749	34 405	56 087	82 790	70 925
73	65 390	05 224	72 958	28 609	81 406	39 147	25 549	48 542	42 627	45 233	57 202	94 617	23 772	07 896
74	27 504	96 131	83 944	41 575	10 573	08 619	64 482	73 923	36 152	05 184	94 142	25 299	84 387	34 925
75	37 169	94 851	39 117	89 632	00 959	16 487	65 536	49 071	39 782	17 095	02 330	74 301	00 275	48 280
76	11 508	70 225	51 111	38 351	19 444	66 499	71 945	05 422	13 442	78 675	84 081	66 938	93 654	59 894
77	37 449	30 362	06 694	54 690	04 052	53 115	62 757	95 348	78 662	11 163	81 651	50 245	34 971	52 924
78	46 515	70 331	85 922	38 329	57 015	15 765	97 161	17 869	45 349	61 796	66 345	81 073	49 106	79 860
79	30 986	81 223	42 416	58 353	21 532	30 502	32 305	86 482	05 174	07 901	54 339	58 861	74 818	46 942
80	63 798	64 995	46 583	09 785	44 160	78 128	83 991	42 865	92 520	83 531	80 377	35 909	81 250	54 238
81	82 486	84 846	99 254	67 632	43 218	50 076	21 361	64 816	51 202	88 124	41 870	52 689	51 275	83 556
82	21 885	32 906	92 431	09 060	64 297	51 674	64 126	62 570	26 123	05 155	59 194	52 799	28 225	85 762
83	60 336	98 782	07 408	53 458	13 564	59 089	26 445	29 789	85 205	41 001	12 535	12 133	14 645	23 541
84	43 937	46 891	24 010	25 560	86 355	33 941	25 786	54 990	71 899	15 475	95 434	98 227	21 824	19 585

（续）

列 行	1	2	3	4	5	6	7	8	9	10	11	12	13	14
85	97 656	63 175	89 303	16 275	07 100	92 063	21 942	18 611	47 348	20 203	18 534	03 862	78 095	50 136
86	03 299	01 221	05 418	38 982	55 758	92 237	26 759	86 367	21 216	98 442	08 303	56 613	91 511	75 928
87	79 626	06 486	03 574	17 668	07 785	76 020	79 924	25 651	83 325	88 428	85 076	72 811	22 717	50 585
88	85 636	68 335	47 539	03 129	65 651	11 977	02 510	26 113	99 447	68 645	34 327	15 152	55 230	93 448
89	18 039	14 367	61 337	06 177	12 143	46 609	32 989	74 014	64 708	00 533	35 398	58 408	13 261	47 908
90	08 362	15 656	60 627	36 478	65 648	16 764	53 412	09 013	07 832	41 574	17 639	82 163	60 859	75 567
91	79 556	29 068	04 142	16 268	15 387	12 856	66 227	38 358	22 478	73 373	88 732	09 443	82 558	05 250
92	92 608	82 674	27 072	32 534	17 075	27 698	98 204	63 863	11 951	34 648	88 022	56 148	34 925	57 031
93	23 982	25 835	40 055	67 006	12 293	02 753	14 827	23 235	35 071	99 704	37 543	11 601	35 503	85 171
94	09 915	96 306	05 908	97 901	28 395	14 186	00 821	80 703	70 426	75 647	76 310	88 717	37 890	40 129
95	59 037	33 300	26 695	62 247	69 927	76 123	50 842	43 834	86 654	70 959	79 725	93 872	28 117	19 233
96	42 488	78 077	69 882	61 657	34 136	79 180	97 526	43 092	04 098	73 571	80 799	76 536	71 255	64 239
97	46 764	86 273	63 003	93 017	31 204	36 692	40 202	35 275	57 306	55 543	53 203	18 098	47 625	88 684
98	03 237	45 430	55 417	63 282	90 816	17 349	88 298	90 183	36 600	78 406	06 216	95 787	42 579	90 730
99	86 591	81 482	52 667	61 582	14 972	90 053	89 534	76 036	49 199	43 716	97 548	04 379	46 370	28 672
100	38 534	01 715	94 964	87 288	65 680	43 772	39 560	12 918	86 537	62 738	19 636	51 132	25 739	56 947

资料来源：Abridged from Beyer W. H. (ed), *CRC Standard Mathematical Tables*, 24th ed. (Cleveland: The Chemical Rubber Company), 1976. Reproduced by permission of the publisher.

表 B.2 累积二项概率

制表值是 $\sum_{y=0}^{k} p(y)$

a. $n = 5$

k	p												
	0.01	0.05	0.1	0.2	0.3	0.4	0.5	0.6	0.7	0.8	0.9	0.95	0.99
0	0.951 0	0.773 8	0.590 5	0.327 7	0.168 1	0.077 8	0.031 3	0.010 2	0.002 4	0.000 3	0.000 0	0.000 0	0.000 0
1	0.999 0	0.977 4	0.918 5	0.737 3	0.528 2	0.337 0	0.187 5	0.087 0	0.030 8	0.006 7	0.000 5	0.000 0	0.000 0
2	1.000 0	0.998 8	0.991 4	0.942 1	0.836 9	0.682 6	0.500 0	0.317 4	0.163 1	0.057 9	0.008 6	0.001 2	0.000 0
3	1.000 0	1.000 0	0.999 5	0.993 3	0.969 2	0.913 0	0.812 5	0.663 0	0.471 8	0.262 7	0.081 5	0.022 6	0.001 0
4	1.000 0	1.000 0	1.000 0	0.999 7	0.997 6	0.989 8	0.968 7	0.922 2	0.831 9	0.672 3	0.409 5	0.226 2	0.049 0

b. $n = 6$

k	p												
	0.01	0.05	0.1	0.2	0.3	0.4	0.5	0.6	0.7	0.8	0.9	0.95	0.99
0	0.941 5	0.735 1	0.531 4	0.262 1	0.117 6	0.046 7	0.015 6	0.004 1	0.000 7	0.000 1	0.000 0	0.000 0	0.000 0
1	0.998 5	0.967 2	0.885 7	0.655 4	0.420 2	0.233 3	0.109 4	0.041 0	0.010 9	0.001 6	0.000 1	0.000 0	0.000 0
2	1.000 0	0.997 8	0.984 1	0.901 1	0.744 3	0.544 3	0.343 7	0.179 2	0.070 5	0.017 0	0.001 3	0.000 1	0.000 0
3	1.000 0	0.999 9	0.998 7	0.983 0	0.929 5	0.820 8	0.656 2	0.455 7	0.255 7	0.098 9	0.015 8	0.002 2	0.000 0
4	1.000 0	1.000 0	0.999 9	0.998 4	0.989 1	0.959 0	0.890 6	0.766 7	0.579 8	0.344 6	0.114 3	0.032 8	0.001 5
5	1.000 0	1.000 0	1.000 0	0.999 9	0.999 3	0.995 9	0.984 4	0.953 3	0.882 4	0.737 9	0.468 6	0.264 9	0.058 5

(续)

c. $n = 7$

k	\multicolumn{13}{c}{p}
	0.01	0.05	0.1	0.2	0.3	0.4	0.5	0.6	0.7	0.8	0.9	0.95	0.99
0	0.9321	0.6983	0.4783	0.2097	0.0824	0.0280	0.0078	0.0016	0.0002	0.0000	0.0000	0.0000	0.0000
1	0.9980	0.9556	0.8503	0.5767	0.3294	0.1586	0.0625	0.0188	0.0038	0.0004	0.0000	0.0000	0.0000
2	1.0000	0.9962	0.9743	0.8520	0.6471	0.4199	0.2266	0.0963	0.0288	0.0047	0.0002	0.0000	0.0000
3	1.0000	0.9998	0.9973	0.9667	0.8740	0.7102	0.5000	0.2898	0.1260	0.0333	0.0027	0.0002	0.0000
4	1.0000	1.0000	0.9998	0.9953	0.9712	0.9037	0.7734	0.5801	0.3529	0.1480	0.0257	0.0038	0.0000
5	1.0000	1.0000	1.0000	0.9996	0.9962	0.9812	0.9375	0.8414	0.6706	0.4233	0.1497	0.0444	0.0020
6	1.0000	1.0000	1.0000	1.0000	0.9998	0.9984	0.9922	0.9720	0.9176	0.7903	0.5217	0.3017	0.0679

d. $n = 8$

k	\multicolumn{13}{c}{p}
	0.01	0.05	0.1	0.2	0.3	0.4	0.5	0.6	0.7	0.8	0.9	0.95	0.99
0	0.9227	0.6634	0.4305	0.1678	0.0576	0.0168	0.0039	0.0007	0.0001	0.0000	0.0000	0.0000	0.0000
1	0.9973	0.9423	0.8131	0.5033	0.2553	0.1064	0.0352	0.0085	0.0013	0.0001	0.0000	0.0000	0.0000
2	0.9999	0.9942	0.9619	0.7969	0.5518	0.3154	0.1445	0.0498	0.0113	0.0012	0.0000	0.0000	0.0000
3	1.0000	0.9996	0.9950	0.9437	0.8059	0.5941	0.3633	0.1737	0.0580	0.0104	0.0004	0.0000	0.0000
4	1.0000	1.0000	0.9996	0.9896	0.9420	0.8263	0.6367	0.4059	0.1941	0.0563	0.0050	0.0004	0.0000
5	1.0000	1.0000	1.0000	0.9988	0.9887	0.9502	0.8555	0.6846	0.4482	0.2031	0.0381	0.0058	0.0001
6	1.0000	1.0000	1.0000	0.9999	0.9987	0.9915	0.9648	0.8936	0.7447	0.4967	0.1869	0.0572	0.0027
7	1.0000	1.0000	1.0000	1.0000	0.9999	0.9993	0.9961	0.9832	0.9424	0.8322	0.5695	0.3366	0.0773

e. $n = 9$

k	\multicolumn{13}{c}{p}
	0.01	0.05	0.1	0.2	0.3	0.4	0.5	0.6	0.7	0.8	0.9	0.95	0.99
0	0.9135	0.6302	0.3874	0.1342	0.0404	0.0101	0.0020	0.003	0.0000	0.0000	0.0000	0.0000	0.0000
1	0.9966	0.9288	0.7748	0.4362	0.1960	0.0705	0.0195	0.038	0.0004	0.0000	0.0000	0.0000	0.0000
2	0.9999	0.9916	0.9470	0.7382	0.4623	0.2318	0.0898	0.0250	0.0043	0.003	0.0000	0.0000	0.0000
3	1.0000	0.9994	0.9917	0.9144	0.7297	0.4826	0.2539	0.0994	0.0253	0.0031	0.0001	0.0000	0.0000
4	1.0000	1.0000	0.9991	0.9804	0.9012	0.7334	0.5000	0.2666	0.0988	0.0196	0.0009	0.0000	0.0000
5	1.0000	1.0000	0.9999	0.9969	0.9747	0.9006	0.7461	0.5174	0.2703	0.0856	0.0083	0.0006	0.0000
6	1.0000	1.0000	1.0000	0.9997	0.9957	0.9750	0.9102	0.7682	0.5372	0.2618	0.0530	0.0084	0.0001
7	1.0000	1.0000	1.0000	1.0000	0.9996	0.9962	0.9805	0.9295	0.8040	0.5638	0.2252	0.0712	0.0034
8	1.0000	1.0000	1.0000	1.0000	1.0000	0.9997	0.9980	0.9899	0.9596	0.8658	0.6126	0.3698	0.0865

f. $n = 10$

k	\multicolumn{13}{c}{p}
	0.01	0.05	0.1	0.2	0.3	0.4	0.5	0.6	0.7	0.8	0.9	0.95	0.99
0	0.9044	0.5987	0.3487	0.1074	0.0282	0.0060	0.0010	0.0001	0.0000	0.0000	0.0000	0.0000	0.0000
1	0.9957	0.9139	0.7361	0.3758	0.1493	0.0464	0.0107	0.0017	0.0001	0.0000	0.0000	0.0000	0.0000
2	0.9999	0.9885	0.9298	0.6778	0.3828	0.1673	0.0547	0.0123	0.0016	0.0001	0.0000	0.0000	0.0000
3	1.0000	0.9990	0.9872	0.8791	0.6496	0.3823	0.1719	0.0548	0.0106	0.0009	0.0000	0.0000	0.0000
4	1.0000	0.9999	0.9984	0.9672	0.8497	0.6331	0.3770	0.1662	0.0473	0.0064	0.0001	0.0000	0.0000
5	1.0000	1.0000	0.9999	0.9936	0.9527	0.8338	0.6230	0.3669	0.1503	0.0328	0.0016	0.0001	0.0000

f. $n=10$

k	\multicolumn{13}{c}{p}
	0.01	0.05	0.1	0.2	0.3	0.4	0.5	0.6	0.7	0.8	0.9	0.95	0.99
6	1.0000	1.0000	1.0000	0.9991	0.9894	0.9452	0.8281	0.6177	0.3504	0.1209	0.0128	0.0010	0.0000
7	1.0000	1.0000	1.0000	0.9999	0.9984	0.9877	0.9453	0.8327	0.6172	0.3222	0.0702	0.0115	0.0001
8	1.0000	1.0000	1.0000	1.0000	0.9999	0.9983	0.9893	0.9536	0.8507	0.6242	0.2639	0.0861	0.0043
9	1.0000	1.0000	1.0000	1.0000	1.0000	0.9999	0.9990	0.9940	0.9718	0.8926	0.6513	0.4013	0.0956

g. $n=15$

k	\multicolumn{13}{c}{p}
	0.01	0.05	0.1	0.2	0.3	0.4	0.5	0.6	0.7	0.8	0.9	0.95	0.99
0	0.8601	0.4633	0.2059	0.0352	0.0047	0.0005	0.0000	0.0000	0.0000	0.0000	0.0000	0.0000	0.0000
1	0.9904	0.8290	0.5490	0.1671	0.0353	0.0052	0.0005	0.0000	0.0000	0.0000	0.0000	0.0000	0.0000
2	0.9996	0.9638	0.8159	0.3980	0.1268	0.0271	0.0037	0.0003	0.0000	0.0000	0.0000	0.0000	0.0000
3	1.0000	0.9945	0.9444	0.6482	0.2969	0.0905	0.0176	0.0019	0.0001	0.0000	0.0000	0.0000	0.0000
4	1.0000	0.9994	0.9873	0.8358	0.5155	0.2173	0.0592	0.0093	0.0007	0.0000	0.0000	0.0000	0.0000
5	1.0000	0.9999	0.9978	0.9389	0.7216	0.4032	0.1509	0.0338	0.0037	0.0001	0.0000	0.0000	0.0000
6	1.0000	1.0000	0.9997	0.9819	0.8689	0.6098	0.3036	0.0950	0.0152	0.0008	0.0000	0.0000	0.0000
7	1.0000	1.0000	1.0000	0.9958	0.9500	0.7869	0.5000	0.2131	0.0500	0.0042	0.0000	0.0000	0.0000
8	1.0000	1.0000	1.0000	0.9992	0.9848	0.9050	0.6954	0.3902	0.1311	0.0181	0.0003	0.0000	0.0000
9	1.0000	1.0000	1.0000	0.9999	0.9963	0.9662	0.8491	0.5968	0.2784	0.0611	0.0022	0.0001	0.0000
10	1.0000	1.0000	1.0000	1.0000	0.9993	0.9907	0.9408	0.7827	0.4845	0.1642	0.0127	0.0006	0.0000
11	1.0000	1.0000	1.0000	1.0000	0.9999	0.9981	0.9824	0.9095	0.7031	0.3518	0.0556	0.0055	0.0000
12	1.0000	1.0000	1.0000	1.0000	1.0000	0.9997	0.9963	0.9729	0.8732	0.6020	0.1841	0.0362	0.0004
13	1.0000	1.0000	1.0000	1.0000	1.0000	1.0000	0.9995	0.9948	0.9647	0.8329	0.4510	0.1710	0.0096
14	1.0000	1.0000	1.0000	1.0000	1.0000	1.0000	1.0000	0.9995	0.9953	0.9648	0.7941	0.5367	0.1399

h. $n=20$

k	\multicolumn{13}{c}{p}
	0.01	0.05	0.1	0.2	0.3	0.4	0.5	0.6	0.7	0.8	0.9	0.95	0.99
0	0.8179	0.3585	0.1216	0.0115	0.0008	0.0000	0.0000	0.0000	0.0000	0.0000	0.0000	0.0000	0.0000
1	0.9831	0.7358	0.3917	0.0692	0.0076	0.0005	0.0000	0.0000	0.0000	0.0000	0.0000	0.0000	0.0000
2	0.9990	0.9245	0.6769	0.2061	0.0355	0.0036	0.0002	0.0000	0.0000	0.0000	0.0000	0.0000	0.0000
3	1.0000	0.9841	0.8670	0.4114	0.1071	0.0160	0.0013	0.0000	0.0000	0.0000	0.0000	0.0000	0.0000
4	1.0000	0.9974	0.9568	0.6296	0.2375	0.0510	0.0059	0.0003	0.0000	0.0000	0.0000	0.0000	0.0000
5	1.0000	0.9997	0.9887	0.8042	0.4164	0.1256	0.0207	0.0016	0.0000	0.0000	0.0000	0.0000	0.0000
6	1.0000	1.0000	0.9976	0.9133	0.6080	0.2500	0.0577	0.0065	0.0003	0.0000	0.0000	0.0000	0.0000
7	1.0000	1.0000	0.9996	0.9679	0.7723	0.4159	0.1316	0.0210	0.0013	0.0000	0.0000	0.0000	0.0000
8	1.0000	1.0000	0.9999	0.9900	0.8867	0.5956	0.2517	0.0565	0.0051	0.0001	0.0000	0.0000	0.0000
9	1.0000	1.0000	1.0000	0.9974	0.9520	0.7553	0.4119	0.1275	0.0171	0.0006	0.0000	0.0000	0.0000
10	1.0000	1.0000	1.0000	0.9994	0.9829	0.8725	0.5881	0.2447	0.0480	0.0026	0.0000	0.0000	0.0000
11	1.0000	1.0000	1.0000	0.9999	0.9949	0.9435	0.7483	0.4044	0.1133	0.0100	0.0001	0.0000	0.0000
12	1.0000	1.0000	1.0000	1.0000	0.9987	0.9790	0.8684	0.5841	0.2277	0.0321	0.0004	0.0000	0.0000
13	1.0000	1.0000	1.0000	1.0000	0.9997	0.9935	0.9423	0.7500	0.3920	0.0867	0.0024	0.0000	0.0000

（续）

h. $n=20$

k	p												
	0.01	0.05	0.1	0.2	0.3	0.4	0.5	0.6	0.7	0.8	0.9	0.95	0.99
14	1.000 0	1.000 0	1.000 0	1.000 0	1.000 0	0.998 4	0.979 3	0.874 4	0.583 6	0.195 8	0.011 3	0.000 3	0.000 0
15	1.000 0	1.000 0	1.000 0	1.000 0	1.000 0	0.999 7	0.994 1	0.949 0	0.762 5	0.370 4	0.043 2	0.002 6	0.000 0
16	1.000 0	1.000 0	1.000 0	1.000 0	1.000 0	1.000 0	0.998 7	0.984 0	0.892 9	0.588 6	0.133 0	0.015 9	0.000 0
17	1.000 0	1.000 0	1.000 0	1.000 0	1.000 0	1.000 0	0.999 8	0.996 4	0.964 5	0.793 9	0.323 1	0.075 5	0.001 0
18	1.000 0	1.000 0	1.000 0	1.000 0	1.000 0	1.000 0	1.000 0	0.999 5	0.992 4	0.930 8	0.608 3	0.264 2	0.016 9
19	1.000 0	1.000 0	1.000 0	1.000 0	1.000 0	1.000 0	1.000 0	1.000 0	0.999 2	0.988 5	0.878 4	0.641 5	0.182 1

i. $n=25$

k	p												
	0.01	0.05	0.1	0.2	0.3	0.4	0.5	0.6	0.7	0.8	0.9	0.95	0.99
0	0.777 8	0.277 4	0.071 8	0.003 8	0.000 1	0.000 0	0.000 0	0.000 0	0.000 0	0.000 0	0.000 0	0.000 0	0.000 0
1	0.974 2	0.642 4	0.271 2	0.027 4	0.001 6	0.000 1	0.000 0	0.000 0	0.000 0	0.000 0	0.000 0	0.000 0	0.000 0
2	0.998 0	0.872 9	0.537 1	0.098 2	0.009 0	0.000 4	0.000 0	0.000 0	0.000 0	0.000 0	0.000 0	0.000 0	0.000 0
3	0.999 9	0.965 9	0.763 6	0.234 0	0.033 2	0.002 4	0.000 1	0.000 0	0.000 0	0.000 0	0.000 0	0.000 0	0.000 0
4	1.000 0	0.992 8	0.902 0	0.420 7	0.090 5	0.009 5	0.000 5	0.000 0	0.000 0	0.000 0	0.000 0	0.000 0	0.000 0
5	1.000 0	0.998 8	0.966 6	0.616 7	0.193 5	0.029 4	0.002 0	0.000 1	0.000 0	0.000 0	0.000 0	0.000 0	0.000 0
6	1.000 0	0.999 8	0.990 5	0.780 0	0.340 7	0.073 6	0.007 3	0.000 3	0.000 0	0.000 0	0.000 0	0.000 0	0.000 0
7	1.000 0	1.000 0	0.997 7	0.890 9	0.511 8	0.153 6	0.021 6	0.001 2	0.000 0	0.000 0	0.000 0	0.000 0	0.000 0
8	1.000 0	1.000 0	0.999 5	0.953 2	0.676 9	0.273 5	0.053 9	0.004 3	0.000 1	0.000 0	0.000 0	0.000 0	0.000 0
9	1.000 0	1.000 0	0.999 9	0.982 7	0.810 6	0.424 6	0.114 8	0.013 2	0.000 5	0.000 0	0.000 0	0.000 0	0.000 0
10	1.000 0	1.000 0	1.000 0	0.994 4	0.902 2	0.585 8	0.212 2	0.034 4	0.001 8	0.000 0	0.000 0	0.000 0	0.000 0
11	1.000 0	1.000 0	1.000 0	0.998 5	0.955 8	0.732 3	0.345 0	0.077 8	0.006 0	0.000 1	0.000 0	0.000 0	0.000 0
12	1.000 0	1.000 0	1.000 0	0.999 6	0.982 5	0.846 2	0.500 0	0.153 8	0.017 5	0.000 4	0.000 0	0.000 0	0.000 0
13	1.000 0	1.000 0	1.000 0	0.999 9	0.994 0	0.922 2	0.655 0	0.267 7	0.044 2	0.001 5	0.000 0	0.000 0	0.000 0
14	1.000 0	1.000 0	1.000 0	1.000 0	0.998 2	0.965 6	0.787 8	0.414 2	0.097 8	0.005 6	0.000 0	0.000 0	0.000 0
15	1.000 0	1.000 0	1.000 0	1.000 0	0.999 5	0.986 8	0.885 2	0.575 4	0.189 4	0.017 3	0.000 1	0.000 0	0.000 0
16	1.000 0	1.000 0	1.000 0	1.000 0	0.999 9	0.995 7	0.946 1	0.726 5	0.323 1	0.046 8	0.000 5	0.000 0	0.000 0
17	1.000 0	1.000 0	1.000 0	1.000 0	1.000 0	0.998 8	0.978 4	0.846 4	0.488 2	0.109 1	0.002 3	0.000 0	0.000 0
18	1.000 0	1.000 0	1.000 0	1.000 0	1.000 0	0.999 7	0.992 7	0.926 4	0.659 3	0.220 0	0.009 5	0.000 2	0.000 0
19	1.000 0	1.000 0	1.000 0	1.000 0	1.000 0	0.999 9	0.998 0	0.970 6	0.806 5	0.383 3	0.033 4	0.001 2	0.000 0
20	1.000 0	1.000 0	1.000 0	1.000 0	1.000 0	1.000 0	0.999 5	0.990 5	0.909 5	0.579 3	0.098 0	0.007 2	0.000 0
21	1.000 0	1.000 0	1.000 0	1.000 0	1.000 0	1.000 0	0.999 9	0.997 6	0.966 8	0.766 0	0.236 4	0.034 1	0.000 1
22	1.000 0	1.000 0	1.000 0	1.000 0	1.000 0	1.000 0	1.000 0	0.999 6	0.991 0	0.901 8	0.462 9	0.127 1	0.002 0
23	1.000 0	1.000 0	1.000 0	1.000 0	1.000 0	1.000 0	1.000 0	0.999 9	0.998 4	0.972 6	0.728 8	0.357 6	0.025 8
24	1.000 0	1.000 0	1.000 0	1.000 0	1.000 0	1.000 0	1.000 0	1.000 0	0.999 9	0.996 2	0.928 2	0.722 6	0.222 2

表 B.3 指数

λ	$e^{-\lambda}$	λ	$e^{-\lambda}$	λ	$e^{-\lambda}$	λ	$e^{-\lambda}$	λ	$e^{-\lambda}$
0.00	1.000 000	2.05	0.128 735	4.05	0.017 422	6.05	0.002 358	8.05	0.000 319
0.05	0.951 229	2.10	0.122 456	4.10	0.016 573	6.10	0.002 243	8.10	0.000 304
0.10	0.904 837	2.15	0.116 484	4.15	0.015 764	6.15	0.002 133	8.15	0.000 289
0.15	0.860 708	2.20	0.110 803	4.20	0.014 996	6.20	0.002 029	8.20	0.000 275
0.20	0.818 731	2.25	0.105 399	4.25	0.014 264	6.25	0.001 930	8.25	0.000 261
0.25	0.778 801	2.30	0.100 259	4.30	0.013 569	6.30	0.001 836	8.30	0.000 249
0.30	0.740 818	2.35	0.095 369	4.35	0.012 907	6.35	0.001 747	8.35	0.000 236
0.35	0.704 688	2.40	0.090 718	4.40	0.012 277	6.40	0.001 661	8.40	0.000 225
0.40	0.670 320	2.45	0.086 294	4.45	0.011 679	6.45	0.001 581	8.45	0.000 214
0.45	0.637 628	2.50	0.082 085	4.50	0.011 109	6.50	0.001 503	8.50	0.000 204
0.50	0.606 531	2.55	0.078 082	4.55	0.010 567	6.55	0.001 430	8.55	0.000 194
0.55	0.576 950	2.60	0.074 274	4.60	0.010 052	6.60	0.001 360	8.60	0.000 184
0.60	0.548 812	2.65	0.070 651	4.65	0.009 562	6.65	0.001 294	8.65	0.000 175
0.65	0.522 046	2.70	0.067 206	4.70	0.009 095	6.70	0.001 231	8.70	0.000 167
0.70	0.496 585	2.75	0.063 928	4.75	0.008 652	6.75	0.001 171	8.75	0.000 158
0.75	0.472 367	2.80	0.060 810	4.80	0.008 230	6.80	0.001 114	8.80	0.000 151
0.80	0.449 329	2.85	0.057 844	4.85	0.007 828	6.85	0.001 059	8.85	0.000 143
0.85	0.427 415	2.90	0.055 023	4.90	0.007 447	6.90	0.001 008	8.90	0.000 136
0.90	0.406 570	2.95	0.052 340	4.95	0.007 083	6.95	0.000 959	8.95	0.000 130
0.95	0.386 741	3.00	0.049 787	5.00	0.006 738	7.00	0.000 912	9.00	0.000 123
1.00	0.367 879	3.05	0.047 359	5.05	0.006 409	7.05	0.000 867	9.05	0.000 117
1.05	0.349 938	3.10	0.045 049	5.10	0.006 097	7.10	0.000 825	9.10	0.000 112
1.10	0.332 871	3.15	0.042 852	5.15	0.005 799	7.15	0.000 785	9.15	0.000 106
1.15	0.316 637	3.20	0.040 762	5.20	0.005 517	7.20	0.000 747	9.20	0.000 101
1.20	0.301 194	3.25	0.038 774	5.25	0.005 248	7.25	0.000 710	9.25	0.000 096
1.25	0.286 505	3.30	0.036 883	5.30	0.004 992	7.30	0.000 676	9.30	0.000 091
1.30	0.272 532	3.35	0.035 084	5.35	0.004 748	7.35	0.000 643	9.35	0.000 087
1.35	0.259 240	3.40	0.033 373	5.40	0.004 517	7.40	0.000 611	9.40	0.000 083
1.40	0.246 597	3.45	0.031 746	5.45	0.004 296	7.45	0.000 581	9.45	0.000 079
1.45	0.234 570	3.50	0.030 197	5.50	0.004 087	7.50	0.000 553	9.50	0.000 075
1.50	0.223 130	3.55	0.028 725	5.55	0.003 887	7.55	0.000 526	9.55	0.000 071
1.55	0.212 248	3.60	0.027 324	5.60	0.003 698	7.60	0.000 501	9.60	0.000 068
1.60	0.201 897	3.65	0.025 991	5.65	0.003 518	7.65	0.000 476	9.65	0.000 064
1.65	0.192 050	3.70	0.024 724	5.70	0.003 346	7.70	0.000 453	9.70	0.000 061
1.70	0.182 684	3.75	0.023 518	5.75	0.003 183	7.75	0.000 431	9.75	0.000 058
1.75	0.173 774	3.80	0.022 371	5.80	0.003 028	7.80	0.000 410	9.80	0.000 056
1.80	0.165 299	3.85	0.021 280	5.85	0.002 880	7.85	0.000 390	9.85	0.000 053
1.85	0.157 237	3.90	0.020 242	5.90	0.002 739	7.90	0.000 371	9.90	0.000 050
1.90	0.149 569	3.95	0.019 255	5.95	0.002 606	7.95	0.000 353	9.95	0.000 048
1.95	0.142 274	4.00	0.018 316	6.00	0.002 479	8.00	0.000 336	10.00	0.000 045
2.00	0.135 335								

表 B.4 累积泊松概率

制表值是 $\sum_{y=0}^{k} p(y)$

k	\multicolumn{10}{c}{泊松均值 μ}
	0.5	1.0	1.5	2.0	2.5	3.0	3.5	4.0	4.5	5.0
0	0.6065	0.3679	0.2231	0.1353	0.0821	0.0498	0.0302	0.0183	0.0111	0.0067
1	0.9098	0.7358	0.5578	0.4060	0.2873	0.1991	0.1359	0.0916	0.0611	0.0404
2	0.9856	0.9197	0.8088	0.6767	0.5438	0.4232	0.3208	0.2381	0.1736	0.1247
3	0.9982	0.9810	0.9344	0.8571	0.7576	0.6472	0.5366	0.4335	0.3423	0.2650
4	0.9998	0.9963	0.9814	0.9473	0.8912	0.8153	0.7254	0.6288	0.5321	0.4405
5	1.0000	0.9994	0.9955	0.9834	0.9580	0.9161	0.8576	0.7851	0.7029	0.6160
6	1.0000	0.9999	0.9991	0.9955	0.9858	0.9665	0.9347	0.8893	0.8311	0.7622
7	1.0000	1.0000	0.9998	0.9989	0.9958	0.9881	0.9733	0.9489	0.9134	0.8666
8	1.0000	1.0000	1.0000	0.9998	0.9989	0.9962	0.9901	0.9786	0.9597	0.9319
9	1.0000	1.0000	1.0000	1.0000	0.9997	0.9989	0.9967	0.9919	0.9829	0.9682
10	1.0000	1.0000	1.0000	1.0000	0.9999	0.9997	0.9990	0.9972	0.9933	0.9863
11	1.0000	1.0000	1.0000	1.0000	1.0000	0.9999	0.9997	0.9991	0.9976	0.9945
12	1.0000	1.0000	1.0000	1.0000	1.0000	1.0000	0.9999	0.9997	0.9992	0.9980
13	1.0000	1.0000	1.0000	1.0000	1.0000	1.0000	1.0000	0.9999	0.9997	0.9993
14	1.0000	1.0000	1.0000	1.0000	1.0000	1.0000	1.0000	1.0000	0.9999	0.9998
15	1.0000	1.0000	1.0000	1.0000	1.0000	1.0000	1.0000	1.0000	1.0000	0.9999
16	1.0000	1.0000	1.0000	1.0000	1.0000	1.0000	1.0000	1.0000	1.0000	1.0000
17	1.0000	1.0000	1.0000	1.0000	1.0000	1.0000	1.0000	1.0000	1.0000	1.0000
18	1.0000	1.0000	1.0000	1.0000	1.0000	1.0000	1.0000	1.0000	1.0000	1.0000
19	1.0000	1.0000	1.0000	1.0000	1.0000	1.0000	1.0000	1.0000	1.0000	1.0000
20	1.0000	1.0000	1.0000	1.0000	1.0000	1.0000	1.0000	1.0000	1.0000	1.0000

k	\multicolumn{10}{c}{泊松均值 μ}
	5.5	6.0	6.5	7.0	7.5	8.0	8.5	9.0	9.5	10.0
0	0.0041	0.0025	0.0015	0.0009	0.0006	0.0003	0.0002	0.0001	0.0001	0.0000
1	0.0266	0.0174	0.0113	0.0073	0.0047	0.0030	0.0019	0.0012	0.0008	0.0005
2	0.0884	0.0620	0.0430	0.0296	0.0203	0.0138	0.0093	0.0062	0.0042	0.0028
3	0.2017	0.1512	0.1118	0.0818	0.0591	0.0424	0.0301	0.0212	0.0149	0.0103
4	0.3575	0.2851	0.2237	0.1730	0.1321	0.0996	0.0744	0.0550	0.0403	0.0293
5	0.5289	0.4457	0.3690	0.3007	0.2414	0.1912	0.1496	0.1157	0.0885	0.0671
6	0.6860	0.6063	0.5265	0.4497	0.3782	0.3134	0.2562	0.2068	0.1649	0.1301
7	0.8095	0.7440	0.6728	0.5987	0.5246	0.4530	0.3856	0.3239	0.2687	0.2202
8	0.8944	0.8472	0.7916	0.7291	0.6620	0.5925	0.5231	0.4557	0.3918	0.3328
9	0.9462	0.9161	0.8774	0.8305	0.7764	0.7166	0.6530	0.5874	0.5218	0.4579
10	0.9747	0.9574	0.9332	0.9015	0.8622	0.8159	0.7634	0.7060	0.6453	0.5830
11	0.9890	0.9799	0.9661	0.9467	0.9208	0.8881	0.8487	0.8030	0.7520	0.6968
12	0.9955	0.9912	0.9840	0.9730	0.9573	0.9362	0.9091	0.8758	0.8364	0.7916
13	0.9983	0.9964	0.9929	0.9872	0.9784	0.9658	0.9486	0.9261	0.8981	0.8645
14	0.9994	0.9986	0.9970	0.9943	0.9897	0.9827	0.9726	0.9585	0.9400	0.9165
15	0.9998	0.9995	0.9988	0.9976	0.9954	0.9918	0.9862	0.9780	0.9665	0.9513
16	0.9999	0.9998	0.9996	0.9990	0.9980	0.9963	0.9934	0.9889	0.9823	0.9730
17	1.0000	0.9999	0.9998	0.9996	0.9992	0.9984	0.9970	0.9947	0.9911	0.9857
18	1.0000	1.0000	0.9999	0.9999	0.9997	0.9993	0.9987	0.9976	0.9957	0.9928
19	1.0000	1.0000	1.0000	1.0000	0.9999	0.9997	0.9995	0.9989	0.9980	0.9965
20	1.0000	1.0000	1.0000	1.0000	1.0000	0.9999	0.9998	0.9996	0.9991	0.9984

表 B.5 正态曲线面积

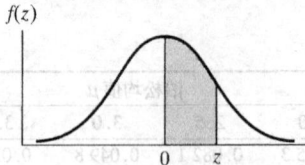

z	0.00	0.01	0.02	0.03	0.04	0.05	0.06	0.07	0.08	0.09
0.0	0.0000	0.0040	0.0080	0.0120	0.0160	0.0199	0.0239	0.0279	0.0319	0.0359
0.1	0.0398	0.0438	0.0478	0.0517	0.0557	0.0596	0.0636	0.0675	0.0714	0.0753
0.2	0.0793	0.0832	0.0871	0.0910	0.0948	0.0987	0.1026	0.1064	0.1103	0.1141
0.3	0.1179	0.1217	0.1255	0.1293	0.1331	0.1368	0.1406	0.1443	0.1480	0.1517
0.4	0.1554	0.1591	0.1628	0.1664	0.1700	0.1736	0.1772	0.1808	0.1844	0.1879
0.5	0.1915	0.1950	0.1985	0.2019	0.2054	0.2088	0.2123	0.2157	0.2190	0.2224
0.6	0.2257	0.2291	0.2324	0.2357	0.2389	0.2422	0.2454	0.2486	0.2517	0.2549
0.7	0.2580	0.2611	0.2642	0.2673	0.2704	0.2734	0.2764	0.2794	0.2823	0.2852
0.8	0.2881	0.2910	0.2939	0.2967	0.2995	0.3023	0.3051	0.3078	0.3106	0.3133
0.9	0.3159	0.3186	0.3212	0.3238	0.3264	0.3289	0.3315	0.3340	0.3365	0.3389
1.0	0.3413	0.3438	0.3461	0.3485	0.3508	0.3531	0.3554	0.3577	0.3599	0.3621
1.1	0.3643	0.3665	0.3686	0.3708	0.3729	0.3749	0.3770	0.3790	0.3810	0.3830
1.2	0.3849	0.3869	0.3888	0.3907	0.3925	0.3944	0.3962	0.3980	0.3997	0.4015
1.3	0.4032	0.4049	0.4066	0.4082	0.4099	0.4115	0.4131	0.4147	0.4162	0.4177
1.4	0.4192	0.4207	0.4222	0.4236	0.4251	0.4265	0.4279	0.4292	0.4306	0.4319
1.5	0.4332	0.4345	0.4357	0.4370	0.4382	0.4394	0.4406	0.4418	0.4429	0.4441
1.6	0.4452	0.4463	0.4474	0.4484	0.4495	0.4505	0.4515	0.4525	0.4535	0.4545
1.7	0.4554	0.4564	0.4573	0.4582	0.4591	0.4599	0.4608	0.4616	0.4625	0.4633
1.8	0.4641	0.4649	0.4656	0.4664	0.4671	0.4678	0.4686	0.4693	0.4699	0.4706
1.9	0.4713	0.4719	0.4726	0.4732	0.4738	0.4744	0.4750	0.4756	0.4761	0.4767
2.0	0.4772	0.4778	0.4783	0.4788	0.4793	0.4798	0.4803	0.4808	0.4812	0.4817
2.1	0.4821	0.4826	0.4830	0.4834	0.4838	0.4842	0.4846	0.4850	0.4854	0.4857
2.2	0.4861	0.4864	0.4868	0.4871	0.4875	0.4878	0.4881	0.4884	0.4887	0.4890
2.3	0.4893	0.4896	0.4898	0.4901	0.4904	0.4906	0.4909	0.4911	0.4913	0.4916
2.4	0.4918	0.4920	0.4922	0.4925	0.4927	0.4929	0.4931	0.4932	0.4934	0.4936
2.5	0.4938	0.4940	0.4941	0.4943	0.4945	0.4946	0.4948	0.4949	0.4951	0.4952
2.6	0.4953	0.4955	0.4956	0.4957	0.4959	0.4960	0.4961	0.4962	0.4963	0.4964
2.7	0.4965	0.4966	0.4967	0.4968	0.4969	0.4970	0.4971	0.4972	0.4973	0.4974
2.8	0.4974	0.4975	0.4976	0.4977	0.4977	0.4978	0.4979	0.4979	0.4980	0.4981
2.9	0.4981	0.4982	0.4982	0.4983	0.4984	0.4984	0.4985	0.4985	0.4986	0.4986
3.0	0.4987	0.4987	0.4987	0.4988	0.4988	0.4989	0.4989	0.4989	0.4990	0.4990

资料来源：Abridged from Table 1 of Hald, A. *Statistical Tables and Formulas* (New York: Wiley), 1952, Reproduced by permission of A. Hald and the publisher. John Wiley & Sons, Inc.

表 B.6 Γ 函数

$\Gamma(n) = \int_0^\infty e^{-x} x^{n-1} dx$ 的值；$\Gamma(n+1) = n\Gamma(n)$

n	$\Gamma(n)$	n	$\Gamma(n)$	n	$\Gamma(n)$	n	$\Gamma(n)$
1.00	1.00000	1.25	0.90640	1.50	0.88623	1.75	0.91906
1.01	0.99433	1.26	0.90440	1.51	0.88659	1.76	0.92137
1.02	0.98884	1.27	0.90250	1.52	0.88704	1.77	0.92376
1.03	0.98355	1.28	0.90072	1.53	0.88757	1.78	0.92623
1.04	0.97844	1.29	0.89904	1.54	0.88818	1.79	0.92877
1.05	0.97350	1.30	0.89747	1.55	0.88887	1.80	0.93138
1.06	0.96874	1.31	0.89600	1.56	0.88964	1.81	0.93408
1.07	0.96415	1.32	0.89464	1.57	0.89049	1.82	0.93685
1.08	0.95973	1.33	0.89338	1.58	0.89142	1.83	0.93969
1.09	0.95546	1.34	0.89222	1.59	0.89243	1.84	0.94261
1.10	0.95135	1.35	0.89115	1.60	0.89352	1.85	0.94561
1.11	0.94739	1.36	0.89018	1.61	0.89468	1.86	0.94869
1.12	0.94359	1.37	0.88931	1.62	0.89592	1.87	0.95184
1.13	0.93993	1.38	0.88854	1.63	0.89724	1.88	0.95507
1.14	0.93642	1.39	0.88785	1.64	0.89864	1.89	0.95838
1.15	0.93304	1.40	0.88726	1.65	0.90012	1.90	0.96177
1.16	0.92980	1.41	0.88676	1.66	0.90167	1.91	0.96523
1.17	0.92670	1.42	0.88636	1.67	0.90330	1.92	0.96878
1.18	0.92373	1.43	0.88604	1.68	0.90500	1.93	0.97240
1.19	0.92088	1.44	0.88580	1.69	0.90678	1.94	0.97610
1.20	0.91817	1.45	0.88565	1.70	0.90864	1.95	0.97988
1.21	0.91558	1.46	0.88560	1.71	0.91057	1.96	0.98374
1.22	0.91311	1.47	0.88563	1.72	0.91258	1.97	0.98768
1.23	0.91075	1.48	0.88575	1.73	0.91466	1.98	0.99171
1.24	0.90852	1.49	0.88595	1.74	0.91683	1.99	0.99581
						2.00	1.00000

资料来源：Abridged from Beyer, W. H. (ed.) *Handbook of Tables for Probability and Statistics*, 1966. Reproduced by permission of the publisher, The Chemical Rubber Company.

表 B.7 学生氏 T 的临界值

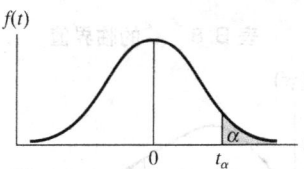

v	$t_{0.100}$	$t_{0.050}$	$t_{0.025}$	$t_{0.10}$	$t_{0.005}$	$t_{0.001}$	$t_{0.0005}$
1	3.078	6.314	12.706	31.821	63.657	318.31	636.62
2	1.886	2.920	4.303	6.965	9.925	22.326	31.598
3	1.638	2.353	3.182	4.541	5.841	10.213	12.924
4	1.533	2.132	2.776	3.747	4.604	7.173	8.610
5	1.476	2.015	2.571	3.365	4.032	5.893	6.869
6	1.440	1.943	2.447	3.143	3.707	5.208	5.959
7	1.415	1.895	2.365	2.998	3.499	4.785	5.408

(续)

v	$t_{0.100}$	$t_{0.050}$	$t_{0.025}$	$t_{0.10}$	$t_{0.005}$	$t_{0.001}$	$t_{0.0005}$
8	1.397	1.860	2.306	2.896	3.355	4.501	5.041
9	1.383	1.833	2.262	2.821	3.250	4.297	4.781
10	1.372	1.812	2.228	2.764	3.169	4.144	4.587
11	1.363	1.796	2.201	2.718	3.106	4.025	4.437
12	1.356	1.782	2.179	2.681	3.055	3.930	4.318
13	1.350	1.771	2.160	2.650	3.012	3.852	4.221
14	1.345	1.761	2.145	2.624	2.977	3.787	4.140
15	1.341	1.753	2.131	2.602	2.947	3.733	4.073
16	1.337	1.746	2.120	2.583	2.921	3.686	4.015
17	1.333	1.740	2.110	2.567	2.898	3.646	3.965
18	1.330	1.734	2.101	2.552	2.878	3.610	3.922
19	1.328	1.729	2.093	2.539	2.861	3.579	3.883
20	1.325	1.725	2.086	2.528	2.845	3.552	3.850
21	1.323	1.721	2.080	2.518	2.831	3.527	3.819
22	1.321	1.717	2.074	2.508	2.819	3.505	3.792
23	1.319	1.714	2.069	2.500	2.807	3.485	3.767
24	1.318	1.711	2.064	2.492	2.797	3.467	3.745
25	1.316	1.708	2.060	2.485	2.787	3.450	3.725
26	1.315	1.706	2.056	2.479	2.779	3.435	3.707
27	1.314	1.703	2.052	2.473	2.771	3.421	3.690
28	1.313	1.701	2.048	2.467	2.763	3.408	3.674
29	1.311	1.699	2.045	2.462	2.756	3.396	3.659
30	1.310	1.697	2.042	2.457	2.750	3.385	3.646
40	1.303	1.684	2.021	2.423	2.704	3.307	3.551
60	1.296	1.671	2.000	2.390	2.660	3.232	3.460
120	1.289	1.658	1.980	2.358	2.617	3.160	3.373
∞	1.282	1.645	1.960	2.326	2.576	3.090	3.291

资料来源：This table is reproduced with the kind permission of the Trustees of Biometrika from Pearson, E. S., and Hartley, H. O. (eds.) *The Biometrika Tables for Statisticians*, Vol. 1, 3rd ed., *Biometrika*, 1966.

表 B.8　χ^2 的临界值

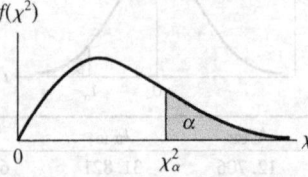

自由度	$\chi^2_{0.995}$	$\chi^2_{0.990}$	$\chi^2_{0.975}$	$\chi^2_{0.950}$	$\chi^2_{0.900}$
1	0.000 039 3	0.000 157 1	0.000 982 1	0.003 932 1	0.015 790 8
2	0.010 025 1	0.020 100 7	0.050 635 6	0.102 587	0.210 720
3	0.071 721 2	0.114 832	0.215 795	0.351 846	0.584 375
4	0.206 990	0.297 110	0.484 419	0.710 721	1.063 623

（续）

自由度	$\chi^2_{0.995}$	$\chi^2_{0.990}$	$\chi^2_{0.975}$	$\chi^2_{0.950}$	$\chi^2_{0.900}$
5	0.411 740	0.554 300	0.831 211	1.145 476	1.610 31
6	0.675 727	0.872 085	1.237 347	1.635 39	2.204 13
7	0.989 265	1.239 043	1.689 87	2.167 35	2.833 11
8	1.344 419	1.646 482	2.179 73	2.732 64	3.489 54
9	1.734 926	2.087 912	2.700 39	3.325 11	4.168 16
10	2.155 85	2.558 21	3.246 97	3.940 30	4.865 18
11	2.603 21	3.053 47	3.815 75	4.574 81	5.577 79
12	3.073 82	3.570 56	4.403 79	5.226 03	6.303 80
13	3.565 03	4.106 91	5.008 74	5.891 86	7.041 50
14	4.074 68	4.660 43	5.628 72	6.570 63	7.789 53
15	4.600 94	5.229 35	6.262 14	7.260 94	8.546 75
16	5.142 44	5.812 21	6.907 66	7.961 64	9.312 23
17	5.697 24	6.407 76	7.564 18	8.671 76	10.085 2
18	6.264 81	7.014 91	8.230 75	9.390 46	10.864 9
19	6.843 98	7.632 73	8.906 55	10.117 0	11.650 9
20	7.433 86	8.260 40	9.590 83	10.850 8	12.442 6
21	8.033 66	8.897 20	10.282 93	11.591 3	13.239 6
22	8.642 72	9.542 49	10.982 3	12.338 0	14.041 5
23	9.260 42	10.195 67	11.688 5	13.090 5	14.847 9
24	9.886 23	10.856 4	12.401 1	13.848 4	15.658 7
25	10.519 7	11.524 0	13.119 7	14.611 4	16.473 4
26	11.160 3	12.198 1	13.843 9	15.379 1	17.291 9
27	11.807 6	12.878 6	14.573 3	16.151 3	18.113 8
28	12.461 3	13.564 8	15.307 9	16.927 9	18.939 2
29	13.121 1	14.256 5	16.047 1	17.708 3	19.767 7
30	13.786 7	14.953 5	16.790 8	18.492 6	20.599 2
40	20.706 5	22.164 3	24.433 1	26.509 3	29.050 5
50	27.990 7	29.706 7	32.357 4	34.764 2	37.688 6
60	35.534 6	37.484 8	40.481 7	43.187 9	46.458 9
70	43.275 2	45.441 8	48.757 6	51.739 3	55.329 0
80	51.172 0	53.540 0	57.153 2	60.391 5	64.277 8
90	59.196 3	61.754 1	65.646 6	69.126 0	73.291 2
100	67.327 6	70.064 8	74.221 9	77.929 5	82.358 1

自由度	$\chi^2_{0.100}$	$\chi^2_{0.050}$	$\chi^2_{0.025}$	$\chi^2_{0.010}$	$\chi^2_{0.005}$
1	2.705 54	3.841 46	5.023 89	6.634 90	7.879 44
2	4.605 17	5.991 47	7.377 76	9.210 34	10.596 6

(续)

自由度	$\chi^2_{0.100}$	$\chi^2_{0.050}$	$\chi^2_{0.025}$	$\chi^2_{0.010}$	$\chi^2_{0.005}$
3	6.251 39	7.814 73	9.348 40	11.344 9	12.838 1
4	7.779 44	9.487 73	11.143 3	13.276 7	14.860 2
5	9.236 35	11.070 5	12.832 5	15.086 3	16.749 6
6	10.644 6	12.591 6	14.449 4	16.811 9	18.547 6
7	12.017 0	14.067 1	16.012 8	18.475 3	20.277 7
8	13.361 6	15.507 3	17.534 6	20.090 2	21.955 0
9	14.683 7	16.919 0	19.022 8	21.666 0	23.589 3
10	15.987 1	18.307 0	20.483 1	23.209 3	25.188 2
11	17.275 0	19.675 1	21.920 0	24.725 0	26.756 9
12	18.549 4	21.026 1	23.336 7	26.217 0	28.299 5
13	19.811 9	22.362 1	24.735 6	27.688 3	29.819 4
14	21.064 2	23.684 8	26.119 0	29.141 3	31.319 3
15	22.307 2	24.995 8	27.488 4	30.577 9	32.801 3
16	23.541 8	26.296 2	28.845 4	31.999 9	34.267 2
17	24.769 0	27.587 1	30.191 0	33.408 7	35.718 5
18	25.989 4	28.869 3	31.526 4	34.805 3	37.156 4
19	27.203 6	30.143 5	32.852 3	36.190 8	38.582 2
20	28.412 0	31.410 4	34.169 6	37.566 2	39.996 8
21	29.615 1	32.670 5	35.478 9	38.932 1	41.401 0
22	30.813 3	33.924 4	36.780 7	40.289 4	42.795 6
23	32.006 9	35.172 5	38.075 7	41.638 4	44.181 3
24	33.196 3	36.415 1	39.364 1	42.979 8	45.558 5
25	34.381 6	37.652 5	40.646 5	44.314 1	46.927 8
26	35.563 1	38.885 2	41.923 2	45.641 7	48.289 9
27	36.741 2	40.113 3	43.194 4	46.963 0	49.644 9
28	37.915 9	41.337 2	44.460 7	48.278 2	50.993 3
29	39.087 5	42.556 9	45.722 2	49.587 9	52.335 6
30	40.256 0	43.772 9	46.979 2	50.892 2	53.672 0
40	51.805 0	55.758 5	59.341 7	63.690 7	66.765 9
50	63.167 1	67.504 8	71.420 2	76.153 9	79.490 0
60	74.397 0	79.081 9	83.297 6	88.379 4	91.951 7
70	85.527 7	90.531 2	95.023 1	100.425	104.215
80	96.578 2	101.879	106.629	112.329	116.321
90	107.565	113.145	118.136	124.116	128.299
100	118.498	124.342	129.561	135.807	140.169

资料来源：From Thompson, C. M. "Tables of the percentage points of the χ^2-distribution." *Biometrika*, 1941, Vol. 32, pp. 188-189. Reproduced by permisson of the *Biometrika* Trustees.

表 B.9 F 分布的百分位点，$\alpha = 0.10$

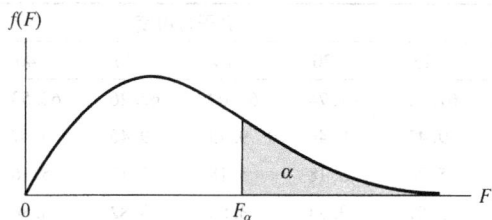

v_2 \ v_1	1	2	3	4	5	6	7	8	9
1	39.86	49.50	53.59	55.83	57.24	58.20	58.91	59.44	59.86
2	8.53	9.00	9.16	9.24	9.29	9.33	9.35	9.37	9.38
3	5.54	5.46	5.39	5.34	5.31	5.28	5.27	5.25	5.24
4	4.54	4.32	4.19	4.11	4.05	4.01	3.98	3.95	3.94
5	4.06	3.78	3.62	3.52	3.45	3.40	3.37	3.34	3.32
6	3.78	3.46	3.29	3.18	3.11	3.05	3.01	2.98	2.96
7	3.59	3.26	3.07	2.96	2.88	2.83	2.78	2.75	2.72
8	3.46	3.11	2.92	2.81	2.73	2.67	2.62	2.59	2.56
9	3.36	3.01	2.81	2.69	2.61	2.55	2.51	2.47	2.44
10	3.29	2.92	2.73	2.61	2.52	2.46	2.41	2.38	2.35
11	3.23	2.86	2.66	2.54	2.45	2.39	2.34	2.30	2.27
12	3.18	2.81	2.61	2.48	2.39	2.33	2.28	2.24	2.21
13	3.14	2.76	2.56	2.43	2.35	2.28	2.23	2.20	2.16
14	3.10	2.73	2.52	2.39	2.31	2.24	2.19	2.15	2.12
15	3.07	2.70	2.49	2.36	2.27	2.21	2.16	2.12	2.09
16	3.05	2.67	2.46	2.33	2.24	2.18	2.13	2.09	2.06
17	3.03	2.64	2.44	2.31	2.22	2.15	2.10	2.06	2.03
18	3.01	2.62	2.42	2.29	2.20	2.13	2.08	2.04	2.00
19	2.99	2.61	2.40	2.27	2.18	2.11	2.06	2.02	1.98
20	2.97	2.59	2.38	2.25	2.16	2.09	2.04	2.00	1.96
21	2.96	2.57	2.36	2.23	2.14	2.08	2.02	1.98	1.95
22	2.95	2.56	2.35	2.22	2.13	2.06	2.01	1.97	1.93
23	2.94	2.55	2.34	2.21	2.11	2.05	1.99	1.95	1.92
24	2.93	2.54	2.33	2.19	2.10	2.04	1.98	1.94	1.91
25	2.92	2.53	2.32	2.18	2.09	2.02	1.97	1.93	1.89
26	2.91	2.52	2.31	2.17	2.08	2.01	1.96	1.92	1.88
27	2.90	2.51	2.30	2.17	2.07	2.00	1.95	1.91	1.87
28	2.89	2.50	2.29	2.16	2.06	2.00	1.94	1.90	1.87
29	2.89	2.50	2.28	2.15	2.06	1.99	1.93	1.89	1.86
30	2.88	2.49	2.28	2.14	2.05	1.98	1.93	1.88	1.85
40	2.84	2.44	2.23	2.09	2.00	1.93	1.87	1.83	1.79
60	2.79	2.39	2.18	2.04	1.95	1.87	1.82	1.77	1.74
120	2.75	2.35	2.13	1.99	1.90	1.82	1.77	1.72	1.68
∞	2.71	2.30	2.08	1.94	1.85	1.77	1.72	1.67	1.63

(续)

v_1 \ v_2	分子自由度									
	10	12	15	20	24	30	40	60	120	∞
1	60.19	60.71	61.22	61.74	62.00	62.26	62.53	62.79	63.06	63.33
2	9.39	9.41	9.42	9.44	9.45	9.46	9.47	9.47	9.48	9.49
3	5.23	5.22	5.20	5.18	5.18	5.17	5.16	5.15	5.14	5.13
4	3.92	3.90	3.87	3.84	3.83	3.82	3.80	3.79	3.78	3.76
5	3.30	3.27	3.24	3.21	3.19	3.17	3.16	3.14	3.12	3.10
6	2.94	2.90	2.87	2.84	2.82	2.80	2.78	2.76	2.74	2.72
7	2.70	2.67	2.63	2.59	2.58	2.56	2.54	2.51	2.49	2.47
8	2.54	2.50	2.46	2.42	2.40	2.38	2.36	2.34	2.32	2.29
9	2.42	2.38	2.34	2.30	2.28	2.25	2.23	2.21	2.18	2.16
10	2.32	2.28	2.24	2.20	2.18	2.16	2.13	2.11	2.08	2.06
11	2.25	2.21	2.17	2.12	2.10	2.08	2.05	2.03	2.00	1.97
12	2.19	2.15	2.10	2.06	2.04	2.01	1.99	1.96	1.93	1.90
13	2.14	2.10	2.05	2.01	1.98	1.96	1.93	1.90	1.88	1.85
14	2.10	2.05	2.01	1.96	1.94	1.91	1.89	1.86	1.83	1.80
15	2.06	2.02	1.97	1.92	1.90	1.87	1.85	1.82	1.79	1.76
16	2.03	1.99	1.94	1.89	1.87	1.84	1.81	1.78	1.75	1.72
17	2.00	1.96	1.91	1.86	1.84	1.81	1.78	1.75	1.72	1.69
18	1.98	1.93	1.89	1.84	1.81	1.78	1.75	1.72	1.69	1.66
19	1.96	1.91	1.86	1.81	1.79	1.76	1.73	1.70	1.67	1.63
20	1.94	1.89	1.84	1.79	1.77	1.74	1.71	1.68	1.64	1.61
21	1.92	1.87	1.83	1.78	1.75	1.72	1.69	1.66	1.62	1.59
22	1.90	1.86	1.81	1.76	1.73	1.70	1.67	1.64	1.60	1.57
23	1.89	1.84	1.80	1.74	1.72	1.69	1.66	1.62	1.59	1.55
24	1.88	1.83	1.78	1.73	1.70	1.67	1.64	1.61	1.57	1.53
25	1.87	1.82	1.77	1.72	1.69	1.66	1.63	1.59	1.56	1.52
26	1.86	1.81	1.76	1.71	1.68	1.65	1.61	1.58	1.54	1.50
27	1.85	1.80	1.75	1.70	1.67	1.64	1.60	1.57	1.53	1.49
28	1.84	1.79	1.74	1.69	1.66	1.63	1.59	1.56	1.52	1.48
29	1.83	1.78	1.73	1.68	1.65	1.62	1.58	1.55	1.51	1.47
30	1.82	1.77	1.72	1.67	1.64	1.61	1.57	1.54	1.50	1.46
40	1.76	1.71	1.66	1.61	1.57	1.54	1.51	1.47	1.42	1.38
60	1.71	1.66	1.60	1.54	1.51	1.48	1.44	1.40	1.35	1.29
120	1.65	1.60	1.55	1.48	1.45	1.41	1.37	1.32	1.26	1.19
∞	1.60	1.55	1.49	1.42	1.38	1.34	1.30	1.24	1.17	1.00

分母自由度

资料来源: From Merrington, M., and Thompson, C. M. "Tables of percentage points of the inverted beta (F)-distribution." *Biometrika*, 1943, Vol. 33, pp. 73-88. Reproduced by permission of the *Biometrika* Trustees.

表 B.10 F 分布的百分位点,$\alpha = 0.05$

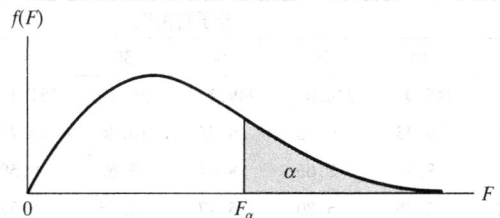

v_2 \ v_1	1	2	3	4	5	6	7	8	9
1	161.4	199.5	215.7	224.6	230.2	234.0	236.8	238.9	240.5
2	18.51	19.00	19.16	19.25	19.30	19.33	19.35	19.37	19.38
3	10.13	9.55	9.28	9.12	9.01	8.94	8.89	8.85	8.81
4	7.71	6.94	6.59	6.39	6.26	6.16	6.09	6.04	6.00
5	6.61	5.79	5.41	5.19	5.05	4.95	4.88	4.82	4.77
6	5.99	5.14	4.76	4.53	4.39	4.28	4.21	4.15	4.10
7	5.59	4.74	4.35	4.12	3.97	3.87	3.79	3.73	3.68
8	5.32	4.46	4.07	3.84	3.69	3.58	3.50	3.44	3.39
9	5.12	4.26	3.86	3.63	3.48	3.37	3.29	3.23	3.18
10	4.96	4.10	3.71	3.48	3.33	3.22	3.14	3.07	3.02
11	4.84	3.98	3.59	3.36	3.20	3.09	3.01	2.95	2.90
12	4.75	3.89	3.49	3.26	3.11	3.00	2.91	2.85	2.80
13	4.67	3.81	3.41	3.18	3.03	2.92	2.83	2.77	2.71
14	4.60	3.74	3.34	3.11	2.96	2.85	2.76	2.70	2.65
15	4.54	3.68	3.29	3.06	2.90	2.79	2.71	2.64	2.59
16	4.49	3.63	3.24	3.01	2.85	2.74	2.66	2.59	2.54
17	4.45	3.59	3.20	2.96	2.81	2.70	2.61	2.55	2.49
18	4.41	3.55	3.16	2.93	2.77	2.66	2.58	2.51	2.46
19	4.38	3.52	3.13	2.90	2.74	2.63	2.54	2.48	2.42
20	4.35	3.49	3.10	2.87	2.71	2.60	2.51	2.45	2.39
21	4.32	3.47	3.07	2.84	2.68	2.57	2.49	2.42	2.37
22	4.30	3.44	3.05	2.82	2.66	2.55	2.46	2.40	2.34
23	4.28	3.42	3.03	2.80	2.64	2.53	2.44	2.37	2.32
24	4.26	3.40	3.01	2.78	2.62	2.51	2.42	2.36	2.30
25	4.24	3.39	2.99	2.76	2.60	2.49	2.40	2.34	2.28
26	4.23	3.37	2.98	2.74	2.59	2.47	2.39	2.32	2.27
27	4.21	3.35	2.96	2.73	2.57	2.46	2.37	2.31	2.25
28	4.20	3.34	2.95	2.71	2.56	2.45	2.36	2.29	2.24
29	4.18	3.33	2.93	2.70	2.55	2.43	2.35	2.28	2.22
30	4.17	3.32	2.92	2.69	2.53	2.42	2.33	2.27	2.21
40	4.08	3.23	2.84	2.61	2.45	2.34	2.25	2.18	2.12
60	4.00	3.15	2.76	2.53	2.37	2.25	2.17	2.10	2.04
120	3.92	3.07	2.68	2.45	2.29	2.17	2.09	2.02	1.96
∞	3.84	3.00	2.60	2.37	2.21	2.10	2.01	1.94	1.88

(续)

v_1 \ v_2	分子自由度									
	10	12	15	20	24	30	40	60	120	∞
1	241.9	243.9	245.9	248.0	249.1	250.1	251.1	252.2	253.3	254.3
2	19.40	19.41	19.43	19.45	19.45	19.46	19.47	19.48	19.49	19.50
3	8.79	8.74	8.70	8.66	8.64	8.62	8.59	8.57	8.55	8.53
4	5.96	5.91	5.86	5.80	5.77	5.75	5.72	5.69	5.66	5.63
5	4.74	4.68	4.62	4.56	4.53	4.50	4.46	4.43	4.40	4.36
6	4.06	4.00	3.94	3.87	3.84	3.81	3.77	3.74	3.70	3.67
7	3.64	3.57	3.51	3.44	3.41	3.38	3.34	3.30	3.27	3.23
8	3.35	3.28	3.22	3.15	3.12	3.08	3.04	3.01	2.97	2.93
9	3.14	3.07	3.01	2.94	2.90	2.86	2.83	2.79	2.75	2.71
10	2.98	2.91	2.85	2.77	2.74	2.70	2.66	2.62	2.58	2.54
11	2.85	2.79	2.72	2.65	2.61	2.57	2.53	2.49	2.45	2.40
12	2.75	2.69	2.62	2.54	2.51	2.47	2.43	2.38	2.34	2.30
13	2.67	2.60	2.53	2.46	2.42	2.38	2.34	2.30	2.25	2.21
14	2.60	2.53	2.46	2.39	2.35	2.31	2.27	2.22	2.18	2.13
15	2.54	2.48	2.40	2.33	2.29	2.25	2.20	2.16	2.11	2.07
16	2.49	2.42	2.35	2.28	2.24	2.19	2.15	2.11	2.06	2.01
17	2.45	2.38	2.31	2.23	2.19	2.15	2.10	2.06	2.01	1.96
18	2.41	2.34	2.27	2.19	2.15	2.11	2.06	2.02	1.97	1.92
19	2.38	2.31	2.23	2.16	2.11	2.07	2.03	1.98	1.93	1.88
20	2.35	2.28	2.20	2.12	2.08	2.04	1.99	1.95	1.90	1.84
21	2.32	2.25	2.18	2.10	2.05	2.01	1.96	1.92	1.87	1.81
22	2.30	2.23	2.15	2.07	2.03	1.98	1.94	1.89	1.84	1.78
23	2.27	2.20	2.13	2.05	2.01	1.96	1.91	1.86	1.81	1.76
24	2.25	2.18	2.11	2.03	1.98	1.94	1.89	1.84	1.79	1.73
25	2.24	2.16	2.09	2.01	1.96	1.92	1.87	1.82	1.77	1.71
26	2.22	2.15	2.07	1.99	1.95	1.90	1.85	1.80	1.75	1.69
27	2.20	2.13	2.06	1.97	1.93	1.88	1.84	1.79	1.73	1.67
28	2.19	2.12	2.04	1.96	1.91	1.87	1.82	1.77	1.71	1.65
29	2.18	2.10	2.03	1.94	1.90	1.85	1.81	1.75	1.70	1.64
30	2.16	2.09	2.01	1.93	1.89	1.84	1.79	1.74	1.68	1.62
40	2.08	2.00	1.92	1.84	1.79	1.74	1.69	1.64	1.58	1.51
60	1.99	1.92	1.84	1.75	1.70	1.65	1.59	1.53	1.47	1.39
120	1.91	1.83	1.75	1.66	1.61	1.55	1.50	1.43	1.35	1.25
∞	1.83	1.75	1.67	1.57	1.52	1.46	1.39	1.32	1.22	1.00

分母自由度

资料来源：From Merringtom, M., and Thompson, C. M. "Table of percentage points of the inverted beta (F)-distribution". *Biometrika*, 1943, Vol. 33, pp. 77-88. Reproduced by permission of the *Biometrika* Trustees.

表 B.11　F 分布的百分位点，$\alpha = 0.025$

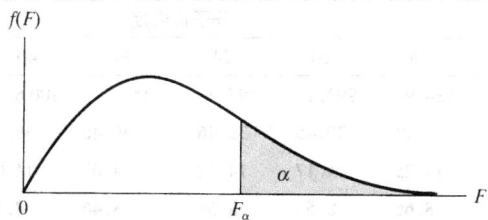

v_1 v_2	分子自由度								
	1	2	3	4	5	6	7	8	9
1	647.8	799.5	864.2	899.6	921.8	937.1	948.2	956.7	963.3
2	38.51	39.00	39.17	39.25	39.30	39.33	39.36	39.37	39.39
3	17.44	16.04	15.44	15.10	14.88	14.73	14.62	14.54	14.47
4	12.22	10.65	9.98	9.60	9.36	9.20	9.07	8.98	8.90
5	10.01	8.43	7.76	7.39	7.15	6.98	6.85	6.76	6.68
6	8.81	7.26	6.60	6.23	5.99	5.82	5.70	5.60	5.52
7	8.07	6.54	5.89	5.52	5.29	5.12	4.99	4.90	4.82
8	7.57	6.06	5.42	5.05	4.82	4.65	4.53	4.43	4.36
9	7.21	5.71	5.08	4.72	4.48	4.32	4.20	4.10	4.03
10	6.94	5.46	4.83	4.47	4.24	4.07	3.95	3.85	3.78
11	6.72	5.26	4.63	4.28	4.04	3.88	3.76	3.66	3.59
12	6.55	5.10	4.47	4.12	3.89	3.73	3.61	3.51	3.44
13	6.41	4.97	4.35	4.00	3.77	3.60	3.48	3.39	3.31
14	6.30	4.86	4.24	3.89	3.66	3.50	3.38	3.29	3.21
15	6.20	4.77	4.15	3.80	3.58	3.41	3.29	3.20	3.12
16	6.12	4.69	4.08	3.73	3.50	3.34	3.22	3.12	3.05
17	6.04	4.62	4.01	3.66	3.44	3.28	3.16	3.06	2.98
18	5.98	4.56	3.95	3.61	3.38	3.22	3.10	3.01	2.93
19	5.92	4.51	3.90	3.56	3.33	3.17	3.05	2.96	2.88
20	5.87	4.46	3.86	3.51	3.29	3.13	3.01	2.91	2.84
21	5.83	4.42	3.82	3.48	3.25	3.09	2.97	2.87	2.80
22	5.79	4.38	3.78	3.44	3.22	3.05	2.93	2.84	2.76
23	5.75	4.35	3.75	3.41	3.18	3.02	2.90	2.81	2.73
24	5.72	4.32	3.72	3.38	3.15	2.99	2.87	2.78	2.70
25	5.69	4.29	3.69	3.35	3.13	2.97	2.85	2.75	2.68
26	5.66	4.27	3.67	3.33	3.10	2.94	2.82	2.73	2.65
27	5.63	4.24	3.65	3.31	3.08	2.92	2.80	2.71	2.63
28	5.61	4.22	3.63	3.29	3.06	2.90	2.78	2.69	2.61
29	5.59	4.20	3.61	3.27	3.04	2.88	2.76	2.67	2.59
30	5.57	4.18	3.59	3.25	3.03	2.87	2.75	2.65	2.57
40	5.42	4.05	3.46	3.13	2.90	2.74	2.62	2.53	2.45
60	5.29	3.93	3.34	3.01	2.79	2.63	2.51	2.41	2.33
120	5.15	3.80	3.23	2.89	2.67	2.52	2.39	2.30	2.22
∞	5.02	3.69	3.12	2.79	2.57	2.41	2.29	2.19	2.11

分母自由度

(续)

v_1 / v_2	分子自由度									
	10	12	15	20	24	30	40	60	120	∞
1	968.6	976.7	984.9	993.1	997.2	100 1	100 6	101 0	101 4	110 8
2	39.40	39.41	39.43	39.45	39.46	39.46	39.47	39.48	39.49	39.50
3	14.42	14.34	14.25	14.17	14.12	14.08	14.04	13.99	13.95	13.90
4	8.84	8.75	8.66	8.56	8.51	8.46	8.41	8.36	8.31	8.26
5	6.62	6.52	6.43	6.33	6.28	6.23	6.18	6.12	6.07	6.02
6	5.46	5.37	5.27	5.17	5.12	5.07	5.01	4.96	4.90	4.85
7	4.76	4.67	4.57	4.47	4.42	4.36	4.31	4.25	4.20	4.14
8	4.30	4.20	4.10	4.00	3.95	3.89	3.84	3.78	3.73	3.67
9	3.96	3.87	3.77	3.67	3.61	3.56	3.51	3.45	3.39	3.33
10	3.72	3.62	3.52	3.42	3.37	3.31	3.26	3.20	3.14	3.08
11	3.53	3.43	3.33	3.23	3.17	3.12	3.06	3.00	2.94	2.88
12	3.37	3.28	3.18	3.07	3.02	2.96	2.91	2.85	2.79	2.72
13	3.25	3.15	3.05	2.95	2.89	2.84	2.78	2.72	2.66	2.60
14	3.15	3.05	2.95	2.84	2.79	2.73	2.67	2.61	2.55	2.49
15	3.06	2.96	2.86	2.76	2.70	2.64	2.59	2.52	2.46	2.40
16	2.99	2.89	2.79	2.68	2.63	2.57	2.51	2.45	2.38	2.32
17	2.92	2.82	2.72	2.62	2.56	2.50	2.44	2.38	2.32	2.25
18	2.87	2.77	2.67	2.56	2.50	2.44	2.38	2.32	2.26	2.19
19	2.82	2.72	2.62	2.51	2.45	2.39	2.33	2.27	2.20	2.13
20	2.77	2.68	2.57	2.46	2.41	2.35	2.29	2.22	2.16	2.09
21	2.73	2.64	2.53	2.42	2.37	2.31	2.25	2.18	2.11	2.04
22	2.70	2.60	2.50	2.39	2.33	2.27	2.21	2.14	2.08	2.00
23	2.67	2.57	2.47	2.36	2.30	2.24	2.18	2.11	2.04	1.97
24	2.64	2.54	2.44	2.33	2.27	2.21	2.15	2.08	2.01	1.94
25	2.61	2.51	2.41	2.30	2.24	2.18	2.12	2.05	1.98	1.91
26	2.59	2.49	2.39	2.28	2.22	2.16	2.09	2.03	1.95	1.88
27	2.57	2.47	2.36	2.25	2.19	2.13	2.07	2.00	1.93	1.85
28	2.55	2.45	2.34	2.23	2.17	2.11	2.05	1.98	1.91	1.83
29	2.53	2.43	2.32	2.21	2.15	2.09	2.03	1.96	1.89	1.81
30	2.51	2.41	2.31	2.20	2.14	2.07	2.01	1.94	1.87	1.79
40	2.39	2.29	2.18	2.07	2.01	1.94	1.88	1.80	1.72	1.64
60	2.27	2.17	2.06	1.94	1.88	1.82	1.74	1.67	1.58	1.48
120	2.16	2.05	194	1.82	1.76	1.69	1.61	1.53	1.43	1.31
∞	2.05	1.94	1.83	1.71	1.64	1.57	1.48	1.39	1.27	1.00

资料来源: From Merrington, M., and Thompson, C. M. "Tables of percentage points of the inverted beta (F)-distribution". *Biometrika*, 1943, Vol. 33, pp. 73-88. Reproduced by permission of the *Biometrika* Trustees.

表 B.12　F 分布的百分位点，$\alpha = 0.01$

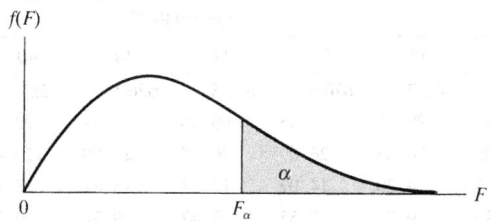

v_1 \ v_2	分子自由度								
	1	2	3	4	5	6	7	8	9
1	4052	4999.5	5403	5625	5764	5859	5928	5982	6022
2	98.50	99.00	99.17	99.25	99.30	99.33	99.36	99.37	99.39
3	34.12	30.82	29.46	28.71	28.24	27.91	27.67	27.49	27.35
4	21.20	18.00	16.69	15.98	15.52	15.21	14.98	14.80	14.66
5	16.26	13.27	12.06	11.39	10.97	10.67	10.46	10.29	10.16
6	13.75	10.92	9.78	9.15	8.75	8.47	8.26	8.10	7.98
7	12.25	9.55	8.45	7.85	7.46	7.19	6.99	6.84	6.72
8	11.26	8.65	7.59	7.01	6.63	6.37	6.18	6.03	5.91
9	10.56	8.02	6.99	6.42	6.06	5.80	5.61	5.47	5.35
10	10.04	7.56	6.55	5.99	5.64	5.39	5.20	5.06	4.94
11	9.65	7.21	6.22	5.67	5.32	5.07	4.89	4.74	4.63
12	9.33	6.93	5.95	5.41	5.06	4.82	4.64	4.50	4.39
13	9.07	6.70	5.74	5.21	4.86	4.62	4.44	4.30	4.19
14	8.86	6.51	5.56	5.04	4.69	4.46	4.28	4.14	4.03
15	8.68	6.36	5.42	4.89	4.56	4.32	4.14	4.00	3.89
16	8.53	6.23	5.29	4.77	4.44	4.20	4.03	3.89	3.78
17	8.40	6.11	5.18	4.67	4.34	4.10	3.93	3.79	3.68
18	8.29	6.01	5.09	4.58	4.25	4.01	3.84	3.71	3.60
19	8.18	5.93	5.01	4.50	4.17	3.94	3.77	3.63	3.52
20	8.10	5.85	4.94	4.43	4.10	3.87	3.70	3.56	3.46
21	8.02	5.78	4.87	4.37	4.04	3.81	3.64	3.51	3.40
22	7.95	5.72	4.82	4.31	3.99	3.76	3.59	3.45	3.35
23	7.88	5.66	4.76	4.26	3.94	3.71	3.54	3.41	3.30
24	7.82	5.61	4.72	4.22	3.90	3.67	3.50	3.36	3.26
25	7.77	5.57	4.68	4.18	3.85	3.63	3.46	3.32	3.22
26	7.72	5.53	4.64	4.14	3.82	3.59	3.42	3.29	3.18
27	7.68	5.49	4.60	4.11	3.78	3.56	3.39	3.26	3.15
28	7.64	5.45	4.57	4.07	3.75	3.53	3.36	3.23	3.12
29	7.60	5.42	4.54	4.04	3.73	3.50	3.33	3.20	3.09
30	7.56	5.39	4.51	4.02	3.70	3.47	3.30	3.17	3.07
40	7.31	5.18	4.31	3.83	3.51	3.29	3.12	2.99	2.89
60	7.08	4.98	4.13	3.65	3.34	3.12	2.95	2.82	2.72
120	6.85	4.79	3.95	3.48	3.17	2.96	2.79	2.66	2.56
∞	6.63	4.61	3.78	3.32	3.02	2.80	2.64	2.51	2.41

分母自由度

(续)

v_1 / v_2	分子自由度									
	10	12	15	20	24	30	40	60	120	∞
1	6056	6106	6157	6209	6235	6261	6287	6313	6339	6336
2	99.40	99.42	99.43	99.45	99.46	99.47	99.47	99.48	99.49	99.50
3	27.23	27.05	26.87	26.69	26.60	26.50	26.41	26.32	26.22	26.13
4	14.55	14.37	14.20	14.02	13.93	13.84	13.75	13.65	13.56	13.46
5	10.05	9.89	9.72	9.55	9.47	9.38	9.29	9.20	9.11	9.02
6	7.87	7.72	7.56	7.40	7.31	7.23	7.14	7.06	6.97	6.88
7	6.62	6.47	6.31	6.16	6.07	5.99	5.91	5.82	5.74	5.65
8	5.81	5.67	5.52	5.36	5.28	5.20	5.12	5.03	4.95	4.86
9	5.26	5.11	4.96	4.81	4.73	4.65	4.57	4.48	4.40	4.31
10	4.85	4.71	4.56	4.41	4.33	4.25	4.17	4.08	4.00	3.91
11	4.54	4.40	4.25	4.10	4.02	3.94	3.86	3.78	3.69	3.60
12	4.30	4.16	4.01	3.86	3.78	3.70	3.62	3.54	3.45	3.36
13	4.10	3.96	3.82	3.66	3.59	3.51	3.43	3.34	3.25	3.17
14	3.94	3.80	3.66	3.51	3.43	3.35	3.27	3.18	3.09	3.00
15	3.80	3.67	3.52	3.37	3.29	3.21	3.13	3.05	2.96	2.87
16	3.69	3.55	3.41	3.26	3.18	3.10	3.02	2.93	2.84	2.75
17	3.59	3.46	3.31	3.16	3.08	3.00	2.92	2.83	2.75	2.65
18	3.51	3.37	3.23	3.08	3.00	2.92	2.84	2.75	2.66	2.57
19	3.43	3.30	3.15	3.00	2.92	2.84	2.76	2.67	2.58	2.49
20	3.37	3.23	3.09	2.94	2.86	2.78	2.69	2.61	2.52	2.42
21	3.31	3.17	3.03	2.88	2.80	2.72	2.64	2.55	2.46	2.36
22	3.26	3.12	2.98	2.83	2.75	2.67	2.58	2.50	2.40	2.31
23	3.21	3.07	2.93	2.78	2.70	2.62	2.54	2.45	2.35	2.26
24	3.17	3.03	2.89	2.74	2.66	2.58	2.49	2.40	2.31	2.21
25	3.13	2.99	2.85	2.70	2.62	2.54	2.45	2.36	2.27	2.17
26	3.09	2.96	2.81	2.66	2.58	2.50	2.42	2.33	2.23	2.13
27	3.06	2.93	2.78	2.63	2.55	2.47	2.38	2.29	2.20	2.10
28	3.03	2.90	2.75	2.60	2.52	2.44	2.35	2.26	2.17	2.06
29	3.00	2.87	2.73	2.57	2.49	2.41	2.33	2.23	2.14	2.03
30	2.98	2.84	2.70	2.55	2.47	2.39	2.30	2.21	2.11	2.01
40	2.80	2.66	2.52	2.37	2.29	2.20	2.11	2.02	1.92	1.80
60	2.63	2.50	2.35	2.20	2.12	2.03	1.94	1.84	1.73	1.60
120	2.47	2.34	2.19	2.03	1.95	1.86	1.76	1.66	1.53	1.38
∞	2.32	2.18	2.04	1.88	1.79	1.70	1.59	1.47	1.32	1.00

资料来源：From Merrington, M., and Thompson, C. M. "Tables of percentage points of the inverted beta (F)-distribution". *Biometrika*, 1943, Vol. 33, pp. 73-88. Reproduced by permission of the *Biometrika* Trustees.

表 B.13　学生化极差 $q(p, v)$ 的百分位点，$\alpha = 0.05$

v / p	2	3	4	5	6	7	8	9	10	11
1	17.97	26.98	32.82	37.08	40.41	43.12	45.40	47.36	49.07	50.59
2	6.08	8.33	9.80	10.88	11.74	12.44	13.03	13.54	13.99	14.39
3	4.50	5.91	6.82	7.50	8.04	8.48	8.85	9.18	9.46	9.72
4	3.93	5.04	5.76	6.29	6.71	7.05	7.35	7.60	7.83	8.03

有用的统计表 835

(续)

v \ p	2	3	4	5	6	7	8	9	10	11
5	3.64	4.60	5.22	5.67	6.03	6.33	6.58	6.80	6.99	7.17
6	3.46	4.34	4.90	5.30	5.63	5.90	6.12	6.32	6.49	6.65
7	3.34	4.16	4.68	5.06	5.36	5.61	5.82	6.00	6.16	6.30
8	3.26	4.04	4.53	4.89	5.17	5.40	5.60	5.77	5.92	6.05
9	3.20	3.95	4.41	4.76	5.02	5.24	5.43	5.59	5.74	5.87
10	3.15	3.88	4.33	4.65	4.91	5.12	5.30	5.46	5.60	5.72
11	3.11	3.82	4.26	4.57	4.82	5.03	5.20	5.35	5.49	5.61
12	3.08	3.77	4.20	4.51	4.75	4.95	5.12	5.27	5.39	5.51
13	3.06	3.73	4.15	4.45	4.69	4.88	5.05	5.19	5.32	5.43
14	3.03	3.70	4.11	4.41	4.64	4.83	4.99	5.13	5.25	5.36
15	3.01	3.67	4.08	4.37	4.60	4.78	4.94	5.08	5.20	5.31
16	3.00	3.65	4.05	4.33	4.56	4.74	4.90	5.03	5.15	5.26
17	2.98	3.63	4.02	4.30	4.52	4.70	4.86	4.99	5.11	5.21
18	2.97	3.61	4.00	4.28	4.49	4.67	4.82	4.96	5.07	5.17
19	2.96	3.59	3.98	4.25	4.47	4.65	4.79	4.92	5.04	5.14
20	2.95	3.58	3.96	4.23	4.45	4.62	4.77	4.90	5.01	5.11
24	2.92	3.53	3.90	4.17	4.37	4.54	4.68	4.81	4.92	5.01
30	2.89	3.49	3.85	4.10	4.30	4.46	4.60	4.72	4.82	4.92
40	2.86	3.44	3.79	4.04	4.23	4.39	4.52	4.63	4.73	4.82
60	2.83	3.40	3.74	3.98	4.16	4.31	4.44	4.55	4.65	4.73
120	2.80	3.36	3.68	3.92	4.10	4.24	4.36	4.47	4.56	4.64
∞	2.77	3.31	3.63	3.86	4.03	4.17	4.29	4.39	4.47	4.55

v \ p	12	13	14	15	16	17	18	19	20
1	51.96	53.20	54.33	55.36	56.32	57.22	58.04	58.83	59.56
2	14.75	15.08	15.38	15.65	15.91	16.14	16.37	16.57	16.77
3	9.95	10.15	10.35	10.52	10.69	10.84	10.98	11.11	11.24
4	8.21	8.37	8.52	8.66	8.79	8.91	9.03	9.13	9.23
5	7.32	7.47	7.60	7.72	7.83	7.93	8.03	8.12	8.21
6	6.79	6.92	7.03	7.14	7.24	7.34	7.43	7.51	7.59
7	6.43	6.55	6.66	6.76	6.85	6.94	7.02	7.10	7.17
8	6.18	6.29	6.39	6.48	6.57	6.65	6.73	6.80	6.87
9	5.98	6.09	6.19	6.28	6.36	6.44	6.51	6.58	6.64
10	5.83	5.93	6.03	6.11	6.19	6.27	6.34	6.40	6.47
11	5.71	5.81	5.90	5.98	6.06	6.13	6.20	6.27	6.33
12	5.61	5.71	5.80	5.88	5.95	6.02	6.09	6.15	6.21
13	5.53	5.63	5.71	5.79	5.86	5.93	5.99	6.05	6.11
14	5.46	5.55	5.64	5.71	5.79	5.85	5.91	5.97	6.03
15	5.40	5.49	5.57	5.65	5.72	5.78	5.85	5.90	5.96
16	5.35	5.44	5.52	5.59	5.66	5.73	5.79	5.84	5.90
17	5.31	5.39	5.47	5.54	5.61	5.67	5.73	5.79	5.84

(续)

v \ p	12	13	14	15	16	17	18	19	20
18	5.27	5.35	5.43	5.50	5.57	5.63	5.69	5.74	5.79
19	5.23	5.31	5.39	5.46	5.53	5.59	5.65	5.70	5.75
20	5.20	5.28	5.36	5.43	5.49	5.55	5.61	5.66	5.71
24	5.10	5.18	5.25	5.32	5.38	5.44	5.49	5.55	5.59
30	5.00	5.08	5.15	5.21	5.27	5.33	5.38	5.43	5.47
40	4.90	4.98	5.04	5.11	5.16	5.22	5.27	5.31	5.36
60	4.81	4.88	4.94	5.00	5.06	5.11	5.15	5.20	5.24
120	4.71	4.78	4.84	4.90	4.95	5.00	5.04	5.09	5.13
∞	4.62	4.68	4.74	4.80	4.85	4.89	4.93	4.97	5.01

资料来源：*Biometrika Tables for Statisticians*, Vol. I, 3rd ed., edited by E. S. Pearson and H. O. Hartley. Cambridge：Cambridge University Press, 1966. Reproduced by permission of Professor E. S. Pearson and the *Biometrika* Trustees.

表 B.14　学生化极差 $q(p, v)$ 的百分位点，$\alpha = 0.01$

v \ p	2	3	4	5	6	7	8	9	10	11
1	90.03	135.0	164.3	185.6	202.2	215.8	227.2	237.0	245.6	253.2
2	14.04	19.02	22.29	24.72	26.63	28.20	29.53	30.68	31.69	32.59
3	8.26	10.62	12.17	13.33	14.24	15.00	15.64	16.20	16.69	17.13
4	6.51	8.12	9.17	9.96	10.58	11.10	11.55	11.93	12.27	12.57
5	5.70	6.98	7.80	8.42	8.91	9.32	9.67	9.97	10.24	10.48
6	5.24	6.33	7.03	7.56	7.97	8.32	8.61	8.87	9.10	9.30
7	4.95	5.92	6.54	7.01	7.37	7.68	7.94	8.17	8.37	8.55
8	4.75	5.64	6.20	6.62	6.96	7.24	7.47	7.68	7.86	8.03
9	4.60	5.43	5.96	6.35	6.66	6.91	7.13	7.33	7.49	7.65
10	4.48	5.27	5.77	6.14	6.43	6.67	6.87	7.05	7.21	7.36
11	4.39	5.15	5.62	5.97	6.25	6.48	6.67	6.84	6.99	7.13
12	4.32	5.05	5.50	5.84	6.10	6.32	6.51	6.67	6.81	6.94
13	4.26	4.96	5.40	5.73	5.98	6.19	6.37	6.53	6.67	6.79
14	4.21	4.89	5.32	5.63	5.88	6.08	6.26	6.41	6.54	6.66
15	4.17	4.84	5.25	5.56	5.80	5.99	6.16	6.31	6.44	6.55
16	4.13	4.79	5.19	5.49	5.72	5.92	6.08	6.22	6.35	6.46
17	4.10	4.74	5.14	5.43	5.66	5.85	6.01	6.15	6.27	6.38
18	4.07	4.70	5.09	5.38	5.60	5.79	5.94	6.08	6.20	6.31
19	4.05	4.67	5.05	5.33	5.55	5.73	5.89	6.02	6.14	6.25
20	4.02	4.64	5.02	5.29	5.51	5.69	5.84	5.97	6.09	6.19
24	3.96	4.55	4.91	5.17	5.37	5.54	5.69	5.81	5.92	6.02
30	3.89	4.45	4.80	5.05	5.24	5.40	5.54	5.65	5.76	5.85
40	3.82	4.37	4.70	4.93	5.11	5.26	5.39	5.50	5.60	5.69
60	3.76	4.28	4.59	4.82	4.99	5.13	5.25	5.36	5.45	5.53
120	3.70	4.20	4.50	4.71	4.87	5.01	5.12	5.21	5.30	5.37
∞	3.64	4.12	4.40	4.60	4.76	4.88	4.99	5.08	5.16	5.23

v \ p	12	13	14	15	16	17	18	19	20
1	260.0	266.2	271.8	277.0	281.8	286.3	290.0	294.3	298.0
2	33.40	34.13	34.81	35.43	36.00	36.53	37.03	37.50	37.95
3	17.53	17.89	18.22	18.52	18.81	19.07	19.32	19.55	19.77
4	12.84	13.09	13.32	13.53	13.73	13.91	14.08	14.24	14.40
5	10.70	10.89	11.08	11.24	11.40	11.55	11.68	11.81	11.93
6	9.48	9.65	9.81	9.95	10.08	10.21	10.32	10.43	10.54
7	8.71	8.86	9.00	9.12	9.24	9.35	9.46	9.55	9.65
8	8.18	8.31	8.44	8.55	8.66	8.76	8.85	8.94	9.03
9	7.78	7.91	8.03	8.13	8.23	8.33	8.41	8.49	8.57
10	7.49	7.60	7.71	7.81	7.91	7.99	8.08	8.15	8.23
11	7.25	7.36	7.46	7.56	7.65	7.73	7.81	7.88	7.95
12	7.06	7.17	7.26	7.36	7.44	7.52	7.59	7.66	7.73
13	6.90	7.01	7.10	7.19	7.27	7.35	7.42	7.48	7.55
14	6.77	6.87	6.96	7.05	7.13	7.20	7.27	7.33	7.39
15	6.66	6.76	6.84	6.93	7.00	7.07	7.14	7.20	7.26
16	6.56	6.66	6.74	6.82	6.90	6.97	7.03	7.09	7.15
17	6.48	6.57	6.66	6.73	6.81	6.87	6.94	7.00	7.05
18	6.41	6.50	6.58	6.65	6.72	6.79	6.85	6.91	6.97
19	6.34	6.43	6.51	6.58	6.65	6.72	6.78	6.84	6.89
20	6.28	6.37	6.45	6.52	6.59	6.65	6.71	6.77	6.82
24	6.11	6.19	6.26	6.33	6.39	6.45	6.51	6.56	6.61
30	5.93	6.01	6.08	6.14	6.20	6.26	6.31	6.36	6.41
40	5.76	5.83	5.90	5.96	6.02	6.07	6.12	6.16	6.21
60	5.60	5.67	5.73	5.78	5.84	5.89	5.93	5.97	6.01
120	5.44	5.50	5.56	5.61	5.66	5.71	5.75	5.79	5.83
∞	5.29	5.35	5.40	5.45	5.49	5.54	5.57	5.61	5.65

资料来源: *Biometrika Tables for Statisticians*, Vol. I, 3d ed., edited by E. S. Pearson and H. O. Hartley. Cambridge: Cambridge University Press, 1966. Reproduced by permission of Professor E. S. Pearson and the *Biometrika* Trustees.

表 B.15 威尔科克森秩和检验的临界值 T_L 和 T_U: 独立样本

检验统计量是与较小样本关联的秩和(如果样本大小相等, 可以用任意一个的秩和)

a. $\alpha = 0.025$ 单侧; $\alpha = 0.05$ 双侧

n_2 \ n_1	3		4		5		6		7		8		9		10	
	T_L	T_U	T_L	T_U	T_L	T_U	T_L	T_U	T_L	T_U	T_L	T_U	T_L	T_U	T_L	T_U
3	5	16	6	18	6	21	7	23	7	26	8	28	8	31	9	33
4	6	18	11	25	12	28	12	32	13	35	14	38	15	41	16	44
5	6	21	12	28	18	37	19	41	20	45	21	49	22	53	24	56
6	7	23	12	32	19	41	26	52	28	56	29	61	31	65	32	70
7	7	26	13	35	20	45	28	56	37	68	39	73	41	78	43	83
8	8	28	14	38	21	49	29	61	39	73	49	87	51	93	54	98
9	8	31	15	41	22	53	31	65	41	78	51	93	63	108	66	114
10	9	33	16	44	24	56	32	70	43	83	54	98	66	114	79	131

b. $\alpha=0.05$ 单侧；$\alpha=0.10$ 双侧

n_2 \ n_1	3		4		5		6		7		8		9		10	
	T_L	T_U	T_L	T_U	T_L	T_U	T_L	T_U	T_L	T_U	T_L	T_U	T_L	T_U	T_L	T_U
3	6	15	7	17	7	20	8	22	9	24	9	27	10	29	11	31
4	7	17	12	24	13	27	14	30	15	33	16	36	17	39	18	42
5	7	20	13	27	19	36	20	40	22	43	24	46	25	50	26	54
6	8	22	14	30	20	40	28	50	30	54	32	58	33	63	35	67
7	9	24	15	33	22	43	30	54	39	66	41	71	43	76	46	80
8	9	27	16	36	24	46	32	58	41	71	52	84	53	90	57	95
9	10	29	17	39	25	50	33	63	43	76	54	90	66	105	69	111
10	11	31	18	42	26	54	35	67	46	80	57	95	69	111	83	127

资料来源: From Wilcoxon, F., and Wilcox, R. A. "Some rapid approximate statistical procedures". 1964, pp. 20-23. Reproduced with the permission of American Cyanamid Company.

表 B.16 威尔科克森配对符号秩检验的临界值 T_0

单侧	双侧	$n=5$	$n=6$	$n=7$	$n=8$	$n=9$	$n=10$
$\alpha=0.05$	$\alpha=0.10$	1	2	4	6	8	11
$\alpha=0.025$	$\alpha=0.05$		1	2	4	6	8
$\alpha=0.01$	$\alpha=0.02$			0	2	3	5
$\alpha=0.005$	$\alpha=0.01$				0	2	3
		$n=11$	$n=12$	$n=13$	$n=14$	$n=15$	$n=16$
$\alpha=0.05$	$\alpha=0.10$	14	17	21	26	30	36
$\alpha=0.025$	$\alpha=0.05$	11	14	17	21	25	30
$\alpha=0.01$	$\alpha=0.02$	7	10	13	16	20	24
$\alpha=0.005$	$\alpha=0.01$	5	7	10	13	16	19
		$n=17$	$n=18$	$n=19$	$n=20$	$n=21$	$n=22$
$\alpha=0.05$	$\alpha=0.10$	41	47	54	60	68	75
$\alpha=0.025$	$\alpha=0.05$	35	40	46	52	59	66
$\alpha=0.01$	$\alpha=0.02$	28	33	38	43	49	56
$\alpha=0.005$	$\alpha=0.01$	23	28	32	37	43	49
		$n=23$	$n=24$	$n=25$	$n=26$	$n=27$	$n=28$
$\alpha=0.05$	$\alpha=0.10$	83	92	101	110	120	130
$\alpha=0.025$	$\alpha=0.05$	73	81	90	98	107	117
$\alpha=0.01$	$\alpha=0.02$	62	69	77	85	93	102
$\alpha=0.005$	$\alpha=0.01$	55	61	68	76	84	92
		$n=29$	$n=30$	$n=31$	$n=32$	$n=33$	$n=34$
$\alpha=0.05$	$\alpha=0.10$	141	152	163	175	188	201
$\alpha=0.025$	$\alpha=0.05$	127	137	148	159	171	183
$\alpha=0.01$	$\alpha=0.02$	111	120	130	141	151	162
$\alpha=0.005$	$\alpha=0.01$	100	109	118	128	138	149
		$n=35$	$n=36$	$n=37$	$n=38$	$n=39$	
$\alpha=0.05$	$\alpha=0.10$	214	228	242	256	271	
$\alpha=0.025$	$\alpha=0.05$	195	208	222	235	250	
$\alpha=0.01$	$\alpha=0.02$	174	186	198	211	224	
$\alpha=0.005$	$\alpha=0.01$	160	171	183	195	208	

		$n=40$	$n=41$	$n=42$	$n=43$	$n=44$	$n=45$
$\alpha=0.05$	$\alpha=0.10$	287	303	319	336	353	371
$\alpha=0.025$	$\alpha=0.05$	264	279	295	311	327	344
$\alpha=0.01$	$\alpha=0.02$	238	252	267	281	297	313
$\alpha=0.005$	$\alpha=0.01$	221	234	248	262	277	292
		$n=46$	$n=47$	$n=48$	$n=49$	$n=50$	
$\alpha=0.05$	$\alpha=0.10$	389	408	427	446	466	
$\alpha=0.025$	$\alpha=0.05$	361	379	397	415	434	
$\alpha=0.01$	$\alpha=0.02$	329	345	362	380	398	
$\alpha=0.005$	$\alpha=0.01$	307	323	339	356	373	

资料来源：From Wilcoxon, F., and Wilcox, R. A. "Some rapid approximate statistical procedures." 1964, p. 28. Reproduced with the permission of American Cyanamid Company.

表 B.17 斯皮尔曼秩相关系数的临界值

相应于 $H_0: \rho_s=0$ 的单侧检验的 α 值。对双侧检验，应将这个值加倍。

n	$\alpha=0.05$	0.025	$\alpha=0.01$	$\alpha=0.005$	n	$\alpha=0.05$	0.025	$\alpha=0.01$	$\alpha=0.005$
5	0.900	—	—	—	18	0.399	0.476	0.564	0.625
6	0.829	0.886	0.943	—	19	0.388	0.462	0.549	0.608
7	0.714	0.786	0.893	—	20	0.377	0.450	0.534	0.591
8	0.643	0.738	0.833	0.881	21	0.368	0.438	0.521	0.576
9	0.600	0.683	0.783	0.833	22	0.359	0.428	0.508	0.562
10	0.564	0.648	0.745	0.794	23	0.351	0.418	0.496	0.549
11	0.523	0.623	0.736	0.818	24	0.343	0.409	0.485	0.537
12	0.497	0.591	0.703	0.780	25	0.336	0.400	0.475	0.526
13	0.475	0.566	0.673	0.745	26	0.329	0.392	0.465	0.515
14	0.457	0.545	0.646	0.716	27	0.323	0.385	0.456	0.505
15	0.441	0.525	0.623	0.689	28	0.317	0.377	0.448	0.496
16	0.425	0.507	0.601	0.666	29	0.311	0.370	0.440	0.487
17	0.412	0.490	0.582	0.645	30	0.305	0.364	0.432	0.478

资料来源：From Olds, E. G. "Distribution of sums of squares of rank differences for small samples". *Annals of Mathematical Statistics*, 1938, p. 9. Reproduced with the permission of the Editor, *Annals of Mathematical Statistics*.

表 B.18 泰尔零斜率检验 C 的临界值

x	n								
	4	5	8	9	12	13	16	17	20
0	0.625	0.592	0.548	0.540	0.527	0.524	0.518	0.516	0.513
2	0.375	0.408	0.452	0.460	0.473	0.476	0.482	0.484	0.487
4	0.167	0.242	0.360	0.381	0.420	0.429	0.447	0.452	0.462
6	0.042	0.117	0.274	0.306	0.369	0.383	0.412	0.420	0.436
8		0.042	0.199	0.238	0.319	0.338	0.378	0.388	0.411
10		0.008	0.138	0.179	0.273	0.295	0.345	0.358	0.387

(续)

x	n								
	4	5	8	9	12	13	16	17	20
12			0.089	0.130	0.230	0.255	0.313	0.328	0.362
14			0.054	0.090	0.190	0.218	0.282	0.299	0.339
16			0.031	0.060	0.155	0.184	0.253	0.271	0.315
18			0.016	0.038	0.125	0.153	0.225	0.245	0.293
20			0.007	0.022	0.098	0.126	0.199	0.220	0.271
22			0.002	0.012	0.076	0.102	0.175	0.196	0.250
24			0.001	0.006	0.058	0.082	0.153	0.174	0.230
26			0.000	0.003	0.043	0.064	0.133	0.154	0.211
28				0.001	0.031	0.050	0.114	0.135	0.193
30				0.000	0.022	0.038	0.097	0.118	0.176
32					0.016	0.029	0.083	0.102	0.159
34					0.010	0.021	0.070	0.088	0.144
36					0.007	0.015	0.058	0.076	0.130
38					0.004	0.011	0.048	0.064	0.117
40					0.003	0.007	0.039	0.054	0.104
42					0.002	0.005	0.032	0.046	0.093
44					0.001	0.003	0.026	0.038	0.082
46					0.000	0.002	0.021	0.032	0.073
48						0.001	0.016	0.026	0.064
50						0.001	0.013	0.021	0.056
52						0.000	0.010	0.017	0.049
54							0.008	0.014	0.043
56							0.006	0.011	0.037
58							0.004	0.009	0.032
60							0.003	0.007	0.027
62							0.002	0.005	0.023
64							0.002	0.004	0.020
66							0.001	0.003	0.017
68							0.001	0.002	0.014
70							0.001	0.002	0.012
72							0.000	0.001	0.010
74								0.001	0.008
76								0.001	0.007
78								0.000	0.006
80									0.005
82									0.004
84									0.003
86									0.002
88									0.002
90									0.002
92									0.001
94									0.001
96									0.001
98									0.001
100									0.000

(续)

x	n									
	21	24	25	28	29	32	33	36	37	40
0	0.512	0.510	0.509	0.508	0.507	0.506	0.506	0.505	0.505	0.505
2	0.488	0.490	0.491	0.492	0.493	0.494	0.494	0.495	0.495	0.495
4	0.464	0.471	0.472	0.477	0.478	0.481	0.482	0.484	0.484	0.486
6	0.441	0.451	0.454	0.461	0.463	0.468	0.469	0.473	0.474	0.477
8	0.417	0.432	0.436	0.446	0.448	0.455	0.457	0.462	0.464	0.468
10	0.394	0.413	0.418	0.430	0.434	0.442	0.445	0.452	0.453	0.459
12	0.371	0.394	0.400	0.415	0.419	0.430	0.433	0.441	0.443	0.449
14	0.349	0.375	0.382	0.400	0.405	0.417	0.421	0.430	0.433	0.440
16	0.327	0.356	0.364	0.385	0.390	0.405	0.409	0.420	0.423	0.431
18	0.306	0.338	0.347	0.370	0.376	0.392	0.397	0.409	0.413	0.422
20	0.285	0.320	0.330	0.355	0.362	0.380	0.385	0.399	0.403	0.413
22	0.265	0.303	0.314	0.341	0.348	0.368	0.373	0.388	0.393	0.404
24	0.246	0.286	0.297	0.326	0.334	0.356	0.362	0.378	0.383	0.395
26	0.228	0.270	0.282	0.312	0.321	0.344	0.350	0.368	0.373	0.386
28	0.210	0.254	0.266	0.298	0.308	0.332	0.339	0.358	0.363	0.377
30	0.193	0.238	0.251	0.285	0.295	0.320	0.328	0.347	0.353	0.369
32	0.177	0.223	0.237	0.272	0.282	0.309	0.317	0.338	0.344	0.360
34	0.162	0.209	0.222	0.259	0.270	0.298	0.306	0.328	0.334	0.351
36	0.147	0.195	0.209	0.246	0.257	0.287	0.295	0.318	0.325	0.343
38	0.134	0.181	0.196	0.234	0.246	0.276	0.285	0.308	0.315	0.334
40	0.121	0.169	0.183	0.222	0.234	0.265	0.274	0.299	0.306	0.326
42	0.109	0.156	0.171	0.211	0.223	0.255	0.264	0.290	0.297	0.318
44	0.098	0.145	0.159	0.200	0.212	0.244	0.254	0.280	0.288	0.309
46	0.088	0.134	0.148	0.189	0.201	0.234	0.244	0.271	0.279	0.301
48	0.079	0.123	0.138	0.178	0.191	0.224	0.235	0.262	0.271	0.293
50	0.070	0.113	0.128	0.168	0.181	0.215	0.225	0.254	0.262	0.285
52	0.062	0.104	0.118	0.158	0.171	0.206	0.216	0.245	0.254	0.277
54	0.055	0.095	0.109	0.149	0.162	0.197	0.207	0.237	0.245	0.270
56	0.049	0.087	0.101	0.140	0.153	0.188	0.199	0.228	0.237	0.262
58	0.043	0.079	0.093	0.131	0.144	0.179	0.190	0.220	0.229	0.255
60	0.037	0.072	0.085	0.123	0.136	0.171	0.182	0.212	0.222	0.247
62	0.032	0.066	0.078	0.115	0.128	0.163	0.174	0.204	0.214	0.240
64	0.028	0.059	0.071	0.108	0.120	0.155	0.166	0.197	0.206	0.233
66	0.024	0.054	0.065	0.101	0.112	0.147	0.158	0.189	0.199	0.226
68	0.021	0.048	0.059	0.094	0.105	0.140	0.151	0.182	0.192	0.219
70	0.018	0.044	0.054	0.087	0.099	0.133	0.144	0.175	0.185	0.212
72	0.015	0.039	0.049	0.081	0.092	0.126	0.137	0.168	0.178	0.205
74	0.013	0.035	0.044	0.075	0.086	0.119	0.130	0.161	0.171	0.199
76	0.011	0.031	0.040	0.070	0.080	0.113	0.124	0.155	0.165	0.192
78	0.009	0.028	0.036	0.065	0.075	0.107	0.117	0.148	0.158	0.186
80	0.008	0.025	0.032	0.060	0.070	0.101	0.111	0.142	0.152	0.180
82	0.007	0.022	0.029	0.055	0.065	0.095	0.106	0.136	0.146	0.174
84	0.005	0.019	0.026	0.051	0.060	0.090	0.100	0.130	0.140	0.168
86	0.005	0.017	0.023	0.047	0.056	0.085	0.095	0.124	0.134	0.162

(续)

x					n					
	21	24	25	28	29	32	33	36	37	40
88	0.004	0.015	0.021	0.043	0.052	0.080	0.090	0.119	0.129	0.156
90	0.003	0.013	0.018	0.039	0.048	0.075	0.085	0.114	0.123	0.151
92	0.002	0.011	0.016	0.036	0.044	0.070	0.080	0.108	0.118	0.146
94	0.002	0.010	0.014	0.033	0.041	0.066	0.075	0.103	0.113	0.140
96	0.002	0.009	0.013	0.030	0.037	0.062	0.071	0.099	0.108	0.135
98	0.001	0.007	0.011	0.027	0.034	0.058	0.067	0.094	0.103	0.130
100	0.001	0.006	0.010	0.025	0.031	0.054	0.063	0.089	0.098	0.125

x					n					
	6	7	10	11	14	15	18	19	22	
1	0.500	0.500	0.500	0.500	0.500	0.500	0.500	0.500	0.500	
3	0.360	0.386	0.431	0.440	0.457	0.461	0.470	0.473	0.478	
5	0.235	0.281	0.364	0.381	0.415	0.423	0.441	0.445	0.456	
7	0.136	0.191	0.300	0.324	0.374	0.385	0.411	0.418	0.434	
9	0.068	0.119	0.242	0.271	0.334	0.349	0.383	0.391	0.412	
11	0.028	0.068	0.190	0.223	0.295	0.313	0.354	0.365	0.390	
13	0.008	0.035	0.146	0.179	0.259	0.279	0.327	0.339	0.369	
15	0.001	0.015	0.108	0.141	0.225	0.248	0.300	0.314	0.348	
17		0.005	0.078	0.109	0.194	0.218	0.275	0.290	0.328	
19		0.001	0.054	0.082	0.165	0.190	0.250	0.267	0.308	
21		0.000	0.036	0.060	0.140	0.164	0.227	0.245	0.289	
23			0.023	0.043	0.117	0.141	0.205	0.223	0.270	
25			0.014	0.030	0.096	0.120	0.184	0.203	0.252	
27			0.008	0.020	0.079	0.101	0.165	0.184	0.234	
29			0.005	0.013	0.063	0.084	0.147	0.166	0.217	
31			0.002	0.008	0.050	0.070	0.130	0.149	0.201	
33			0.001	0.005	0.040	0.057	0.115	0.133	0.186	
35			0.000	0.003	0.031	0.046	0.100	0.119	0.171	
37				0.002	0.024	0.037	0.088	0.105	0.157	
39				0.001	0.018	0.029	0.076	0.093	0.144	
41				0.000	0.013	0.023	0.066	0.082	0.131	
43					0.010	0.018	0.056	0.072	0.120	
45					0.007	0.014	0.048	0.062	0.109	
47					0.005	0.010	0.041	0.054	0.099	
49					0.003	0.008	0.034	0.047	0.089	
51					0.002	0.006	0.029	0.040	0.080	
53					0.002	0.004	0.024	0.034	0.072	
55					0.001	0.003	0.020	0.029	0.064	
57					0.001	0.002	0.016	0.025	0.058	
59					0.000	0.001	0.013	0.021	0.051	
61						0.001	0.011	0.017	0.045	
63						0.001	0.009	0.014	0.040	
65						0.000	0.007	0.012	0.035	
67							0.005	0.010	0.031	

(续)

x	n								
	6	7	10	11	14	15	18	19	22
69							0.004	0.008	0.027
71							0.003	0.006	0.024
73							0.003	0.005	0.021
75							0.002	0.004	0.018
77							0.001	0.003	0.015
79							0.001	0.003	0.013
81							0.001	0.002	0.011
83							0.001	0.002	0.010
85							0.000	0.001	0.008
87								0.001	0.007
89								0.001	0.006
91								0.001	0.005
93								0.000	0.004
95									0.003
97									0.003
99									0.002
101									0.002

x	n								
	23	26	27	30	31	34	35	38	39
1	0.500	0.500	0.500	0.500	0.500	0.500	0.500	0.500	0.500
3	0.479	0.483	0.484	0.486	0.487	0.488	0.489	0.490	0.490
5	0.458	0.465	0.467	0.472	0.473	0.477	0.478	0.480	0.481
7	0.438	0.448	0.451	0.458	0.460	0.465	0.466	0.470	0.472
9	0.417	0.431	0.434	0.444	0.446	0.453	0.455	0.460	0.462
11	0.397	0.414	0.418	0.430	0.433	0.442	0.444	0.450	0.452
13	0.377	0.397	0.402	0.416	0.420	0.430	0.433	0.440	0.443
15	0.357	0.380	0.386	0.402	0.407	0.418	0.422	0.431	0.433
17	0.338	0.363	0.371	0.389	0.394	0.407	0.411	0.421	0.424
19	0.319	0.347	0.355	0.375	0.381	0.396	0.400	0.411	0.414
21	0.301	0.331	0.340	0.362	0.368	0.384	0.389	0.401	0.405
23	0.283	0.316	0.325	0.349	0.355	0.373	0.378	0.392	0.396
25	0.265	0.300	0.310	0.336	0.343	0.362	0.368	0.382	0.387
27	0.248	0.285	0.296	0.323	0.331	0.351	0.357	0.373	0.377
29	0.232	0.270	0.281	0.310	0.318	0.340	0.347	0.363	0.368
31	0.216	0.256	0.268	0.298	0.306	0.329	0.336	0.354	0.359
33	0.201	0.242	0.254	0.286	0.295	0.319	0.326	0.345	0.350
35	0.187	0.229	0.241	0.274	0.283	0.308	0.316	0.336	0.341
37	0.173	0.216	0.228	0.262	0.272	0.298	0.306	0.327	0.333
39	0.160	0.203	0.216	0.251	0.261	0.288	0.296	0.318	0.324
41	0.147	0.191	0.204	0.239	0.250	0.278	0.286	0.309	0.315
43	0.135	0.179	0.192	0.228	0.239	0.268	0.277	0.300	0.307
45	0.124	0.168	0.181	0.218	0.229	0.259	0.267	0.291	0.298
47	0.114	0.157	0.170	0.208	0.219	0.249	0.258	0.283	0.290
49	0.104	0.147	0.160	0.198	0.209	0.240	0.249	0.274	0.282
51	0.094	0.137	0.150	0.188	0.199	0.231	0.240	0.266	0.274
53	0.086	0.127	0.141	0.178	0.190	0.222	0.232	0.258	0.266

x	\multicolumn{9}{c}{n}								
	23	26	27	30	31	34	35	38	39
55	0.078	0.118	0.132	0.169	0.181	0.213	0.223	0.250	0.258
57	0.070	0.110	0.123	0.160	0.172	0.205	0.215	0.242	0.250
59	0.063	0.102	0.115	0.152	0.164	0.196	0.206	0.234	0.243
61	0.057	0.094	0.107	0.144	0.155	0.188	0.198	0.227	0.235
63	0.051	0.087	0.099	0.136	0.147	0.180	0.191	0.219	0.228
65	0.046	0.080	0.092	0.128	0.140	0.173	0.183	0.212	0.221
67	0.041	0.073	0.085	0.121	0.132	0.165	0.176	0.205	0.214
69	0.036	0.067	0.079	0.114	0.125	0.158	0.168	0.198	0.207
71	0.032	0.062	0.073	0.107	0.118	0.151	0.161	0.191	0.200
73	0.028	0.057	0.067	0.100	0.112	0.144	0.154	0.184	0.193
75	0.025	0.052	0.062	0.094	0.105	0.137	0.148	0.177	0.187
77	0.022	0.047	0.057	0.088	0.099	0.131	0.141	0.171	0.180
79	0.019	0.043	0.052	0.083	0.093	0.125	0.135	0.165	0.174
81	0.017	0.039	0.048	0.077	0.088	0.119	0.129	0.158	0.168
83	0.015	0.035	0.044	0.072	0.082	0.113	0.123	0.152	0.162
85	0.013	0.032	0.040	0.067	0.077	0.107	0.117	0.147	0.156
87	0.011	0.029	0.036	0.063	0.072	0.102	0.112	0.141	0.150
89	0.009	0.026	0.033	0.059	0.068	0.097	0.107	0.135	0.145
91	0.008	0.023	0.030	0.054	0.063	0.092	0.101	0.130	0.139
93	0.007	0.021	0.027	0.051	0.059	0.087	0.096	0.125	0.134
95	0.006	0.019	0.025	0.047	0.055	0.082	0.092	0.120	0.129
97	0.005	0.017	0.022	0.043	0.052	0.078	0.087	0.115	0.124
99	0.004	0.015	0.020	0.040	0.048	0.074	0.083	0.110	0.119
101	0.004	0.013	0.018	0.037	0.045	0.070	0.078	0.105	0.114

表 B.19　用于构造控制图的因子

样本中的观测值个数	均值图		极差图		
n	D_4	A_2	d_2	d_3	D_3
2	1.880	1.128	0.853	0	3.276
3	1.023	1.693	0.888	0	2.575
4	0.729	2.059	0.880	0	2.282
5	0.577	2.326	0.864	0	2.115
6	0.483	2.534	0.848	0	2.004
7	0.419	2.704	0.833	0.076	1.924
8	0.373	2.847	0.820	0.136	1.864
9	0.337	2.970	0.808	0.184	1.816
10	0.308	3.078	0.797	0.223	1.777
11	0.285	3.173	0.787	0.256	1.744
12	0.266	3.258	0.778	0.284	1.719
13	0.249	3.336	0.770	0.308	1.692
14	0.235	3.407	0.762	0.329	1.671
15	0.223	3.472	0.755	0.348	1.652
16	0.212	3.532	0.749	0.364	1.636
17	0.203	3.588	0.743	0.379	1.621
18	0.194	3.640	0.738	0.392	1.608
19	0.187	3.689	0.733	0.404	1.596

样本中的观测值个数	均值图		极差图		
n	D_4	A_2	d_2	d_3	D_3
20	0.180	3.735	0.729	0.414	1.586
21	0.173	3.778	0.724	0.425	1.575
22	0.167	3.819	0.720	0.434	1.566
23	0.162	3.858	0.716	0.443	1.557
24	0.157	3.895	0.712	0.452	1.548
25	0.153	3.931	0.709	0.459	1.541

资料来源：*ASTM Manual on Quality Control of Materials*, American Society for Testing Materials, Philadelphia, PA, 1951. Copyright ASTM. Reprinted with permission.

表 B.20 正态分布容许限的 K 值

n \ γ	$1-\alpha=0.95$			$1-\alpha=0.99$		
	0.90	0.95	0.99	0.90	0.95	0.99
2	32.019	37.674	48.430	160.193	188.491	242.300
3	8.380	9.916	12.861	18.930	22.401	29.055
4	5.369	6.370	8.299	9.398	11.150	14.527
5	4.275	5.079	6.634	6.612	7.855	10.260
6	3.712	4.414	5.775	5.337	6.345	8.301
7	3.369	4.007	5.248	4.613	5.488	7.187
8	3.136	3.732	4.891	4.147	4.936	6.468
9	2.967	3.532	4.631	3.822	4.550	5.996
10	2.839	3.379	4.433	3.582	4.265	5.594
11	2.737	3.259	4.277	3.397	4.045	5.308
12	2.655	3.162	4.150	3.250	3.870	5.079
13	2.587	3.081	4.044	3.130	3.727	4.893
14	2.529	3.012	3.955	3.029	3.608	4.737
15	2.480	2.954	3.878	2.945	3.507	4.605
16	2.437	2.903	3.812	2.872	3.421	4.492
17	2.400	2.858	3.754	2.808	3.345	4.393
18	2.366	2.819	3.702	2.753	3.279	4.307
19	2.337	2.784	3.656	2.703	3.221	4.230
20	2.310	2.752	3.615	2.659	3.168	4.161
25	2.208	2.631	3.457	2.494	2.972	3.904
30	2.140	2.549	3.350	2.385	2.841	3.733
35	2.090	2.490	3.272	2.306	2.748	3.611
40	2.052	2.445	3.213	2.247	2.677	3.518
45	2.021	2.408	3.165	2.200	2.621	3.444
50	1.996	2.379	3.126	2.162	2.576	3.385
55	1.976	2.354	3.094	2.130	2.538	3.335
60	1.958	2.333	3.066	2.103	2.506	3.293
65	1.943	2.315	3.042	2.080	2.478	3.257
70	1.929	2.299	3.021	2.060	2.454	3.225
75	1.917	2.285	3.002	2.042	2.433	3.197
80	1.907	2.272	2.986	2.026	2.414	3.173
85	1.897	2.261	2.971	2.012	2.397	3.150
90	1.889	2.251	2.958	1.999	2.382	3.130
95	1.881	2.241	2.945	1.987	2.368	3.112
100	1.874	2.233	2.934	1.977	2.355	3.096
150	1.825	2.175	2.859	1.905	2.270	2.983

(续)

n \ γ	1−α=0.95			1−α=0.99		
	0.90	0.95	0.99	0.90	0.95	0.99
200	1.798	2.143	2.816	1.865	2.222	2.921
250	1.780	2.121	2.788	1.839	2.191	2.880
300	1.767	2.106	2.767	1.820	2.169	2.850
400	1.749	2.084	2.739	1.794	2.138	2.809
500	1.737	2.070	2.721	1.777	2.117	2.783
600	1.729	2.060	2.707	1.764	2.102	2.763
700	1.722	2.052	2.697	1.755	2.091	2.748
800	1.717	2.046	2.688	1.747	2.082	2.736
900	1.712	2.040	2.682	1.741	2.075	2.726
1 000	1.709	2.036	2.676	1.736	2.068	2.718
∞	1.645	1.960	2.576	1.645	1.960	2.576

资料来源：From *Techniques of Statistical Analysis* by C. Eisenhart, M. W. Hastay, and W. A. Wallis. Copyright 1947, McGraw-Hill Book Company, Inc. Reproduced with permission of McGraw-Hill.

表 B.21　非参数容许限的样本大小 n

γ	1−α					
	0.50	0.70	0.90	0.95	0.99	0.995
0.995	336	488	777	947	1325	1483
0.99	168	244	388	473	662	740
0.95	34	49	77	93	130	146
0.90	17	24	38	46	64	72
0.85	11	16	25	30	42	47
0.80	9	12	18	22	31	34
0.75	7	10	15	18	24	27
0.70	6	8	12	14	20	22
0.60	4	6	9	10	14	16
0.50	3	5	7	8	11	12

资料来源：Tables A-25d of Wilfrid J. Dixon and Frank J. Massey, Jr., *Introduction to Statistical Analysis*, 3rd ed., McGraw-Hill Book Company, New York, 1969. Used with Permission of McGraw-Hill Book Company.

表 B.22　样本大小字码：MIL-STD-105D

批量大小	特殊检查水平				一般检查水平		
	S-1	S-2	S-3	S-4	Ⅰ	Ⅱ	Ⅲ
2~8	A	A	A	A	A	A	B
9~15	A	A	A	A	A	B	C
16~25	A	A	B	B	B	C	D
26~50	A	B	B	C	C	D	E
51~90	B	B	C	C	C	E	F
91~150	B	B	C	D	D	F	G
151~280	B	C	D	E	E	G	H
281~500	B	C	D	E	F	H	J
501~1 200	C	C	E	F	G	J	K
1 201~3 200	C	D	E	G	H	K	L
3 201~10 000	C	D	F	G	J	L	M
10 001~35 000	C	D	F	H	K	M	N
35 001~150 000	D	E	G	J	L	N	P
150 001~500 000	D	E	G	J	M	P	Q
500 001 及以上	D	E	H	K	N	Q	R

表 B.23 正常检查（一次抽样）的部分主表：MIL-STD-105D

样本大小字码	样本大小	0.010 Ac Re	0.015 Ac Re	0.025 Ac Re	0.040 Ac Re	0.065 Ac Re	0.10 Ac Re	0.15 Ac Re	0.25 Ac Re	0.40 Ac Re	0.65 Ac Re	1.0 Ac Re	1.5 Ac Re	2.5 Ac Re	4.0 Ac Re	6.5 Ac Re	10 Ac Re	15 Ac Re	25 Ac Re	40 Ac Re	65 Ac Re
A	2	↓	↓	↓	↓	↓	↓	↓	↓	↓	↓	↓	↓	↓	↓	0 1	↓	↓	1 2	2 3	3 4
B	3														0 1	↓	↓	1 2	2 3	3 4	5 6
C	5													0 1	↓	↓	1 2	2 3	3 4	5 6	7 8
D	8												0 1	↓	↓	1 2	2 3	3 4	5 6	7 8	10 11
E	13											0 1	↓	↓	1 2	2 3	3 4	5 6	7 8	10 11	14 15
F	20										0 1	↓	↓	1 2	2 3	3 4	5 6	7 8	10 11	14 15	21 22
G	32									0 1	↓	↓	1 2	2 3	3 4	5 6	7 8	10 11	14 15	21 22	↑
H	50								0 1	↓	↓	1 2	2 3	3 4	5 6	7 8	10 11	14 15	21 22	↑	
J	80							0 1	↓	↓	1 2	2 3	3 4	5 6	7 8	10 11	14 15	21 22	↑		
K	125						0 1	↓	↓	1 2	2 3	3 4	5 6	7 8	10 11	14 15	21 22	↑			
L	200					0 1	↓	↓	1 2	2 3	3 4	5 6	7 8	10 11	14 15	21 22	↑				
M	315				0 1	↓	↓	1 2	2 3	3 4	5 6	7 8	10 11	14 15	21 22	↑					
N	500			0 1	↓	↓	1 2	2 3	3 4	5 6	7 8	10 11	14 15	21 22	↑						
P	800		0 1	↓	↓	1 2	2 3	3 4	5 6	7 8	10 11	14 15	21 22	↑							
Q	1250	0 1	↓	↓	1 2	2 3	3 4	5 6	7 8	10 11	14 15	21 22	↑								
R	2000	↓	↓	1 2	2 3	3 4	5 6	7 8	10 11	14 15	21 22	↑									

可接受质量水平（正常检查）

↓ = 用箭头以下的第一个抽样计划。如果样本大小大于或超过批量，则进行100%检查。
↑ = 用箭头以上的第一个抽样计划。
Ac = 接收数。
Re = 拒收数。

附录 C　SAS 的 Windows 指导

C.1　SAS 的 Windows 环境

当进入 SAS 界面时，将会看到一个类似于图 C.1 的屏幕。屏幕底部的窗口是 SAS 编辑器窗口，建立和分析数据的 SAS 程序命令在这个窗口中指定。屏幕顶部的窗口是 SAS 日志窗口，它记录了每个命令行是否成功执行。一旦运行了一个程序，就会出现第三个窗口——SAS 输出窗口，这个窗口将显示分析的结果。本书中给出的 SAS 打印结果都出现在 SAS 输出窗口中。

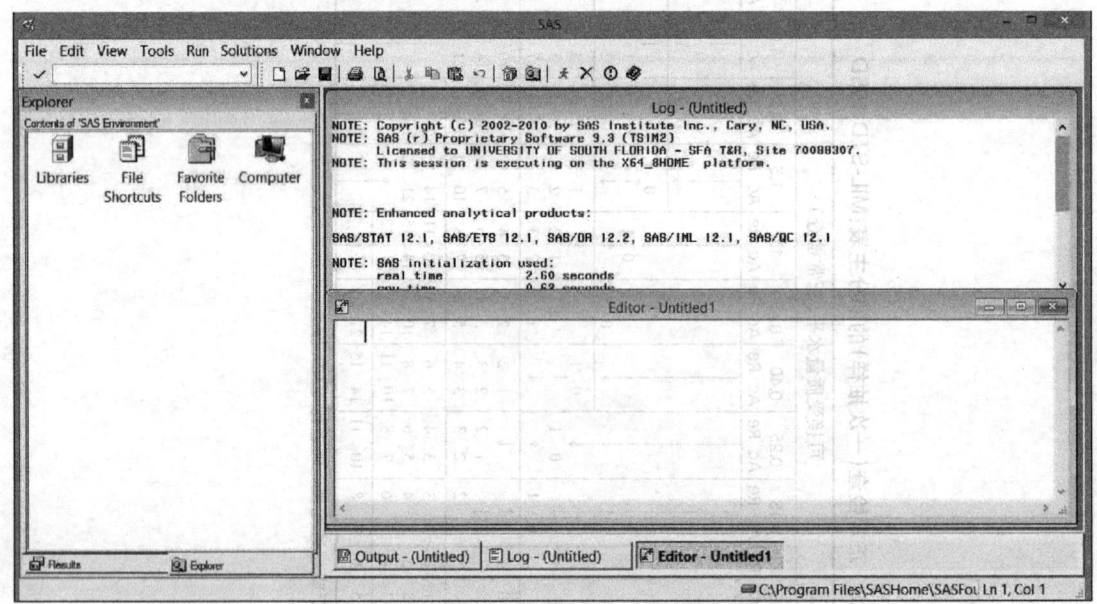

图 C.1　SAS 9.3 Windows 版本用户看到的初始屏幕

C.2　创建一个准备分析的 SAS 数据集

在 SAS 编辑窗口中，可以利用三种基本指令（命令）类型。（注：所有的命令（除了输入数据值）在 SAS 中都要以分号结尾。）

1. DATA 命令：数据怎样登录的指令。
2. 输入数据值：数据集合中变量的值。
3. 统计过程命令（PROC）：对数据进行类型分析的指令。

要分析的数据集被 DATA 命令以三种不同方式中的一种引用：

1. 用 INPUT 语句将数据值直接输入窗口中。
2. 用 INFILE 语句访问外部数据集。
3. 用 LIBNAME 和 SET 语句访问事先创建的 SAS 数据文件。

在 DATA 语句中,用户指定 SAS 数据集的名字.

图 C.2 所示的命令创建名为 FUEL 的具有直接数据输入的 SAS 数据集. 变量名(如 MFG、SIZE)列在 INPUT 命令中. (注:定性变量名跟在一个美元符号后.)输入的数据值必须直接敲入(或复制)到遵循 DATALINES 命令的编辑窗口中.

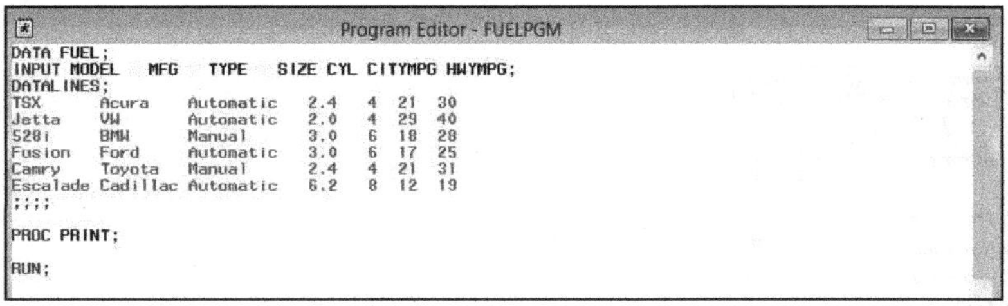

图 C.2 直接在编辑器窗口中输入数据的 SAS 命令

图 C.3 所示的命令创建名为 FISH 的 SAS 数据集,它来源于一个外部数据文件中的数据. IN-FILE 命令给出了外部文件(名为 FISHDDT.DAT)的文件夹位置,INPUT 命令在数据集中列出了变量(如 LOCATION、WEIGHT). (注:图 C.3 中的程序也表明了怎样利用乘法标准符号 * 创建交互作用项和平方项.)

图 C.4 所示命令访问一个之前已创建和保存的 SAS 数据(名为 FISHDDT). LIBNAME 语句给出了 SAS 数据文件的位置(在括号中),由用

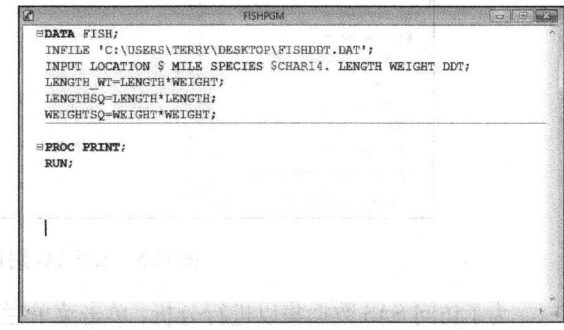

图 C.3 访问外部数据文件的 SAS 命令

户选择的昵称 DK 标识. SET 语句用常规的'昵称.文件名'(如 DK.FISHDDT)给出了 SAS 数据文件(FISHDDT)的实际名字.

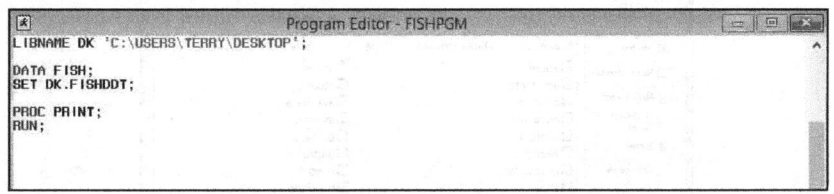

图 C.4 访问 SAS 数据文件的 SAS 命令

PRINT 程序(PROC PRINT;)用于命令 SAS 创建数据列表. 实际上,为了提交 SAS 程序(并在输出窗口中得到结果),需要单击 SAS 屏幕顶部菜单条上显示的 Run 按钮. (见图 C.1)

C.3 利用 SAS Enterprise Guide

对 SAS 语法不熟悉的 SAS 用户,SAS 有一个配套的称作 SAS Enterprise Guide(SAS EG)的"用户友好"的菜单驱动工具. 在 SAS EG 中,不需要知道任何 SAS 命令,简单地单击合适的菜单选项就可以得到结果.

一旦进入 EG 界面,将会看到如图 C.5 所示的界面.

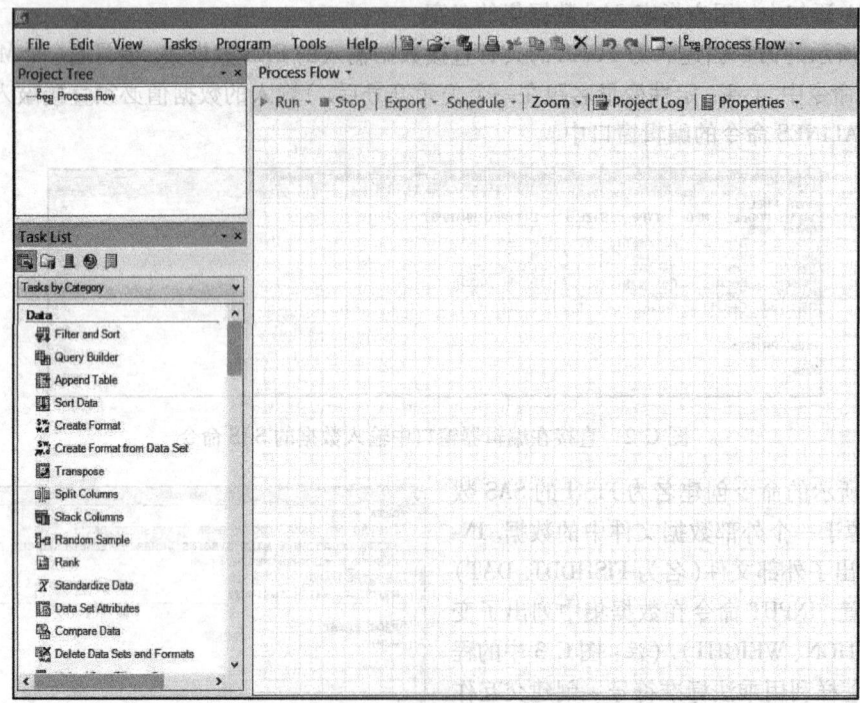

图 C.5　SAS EG 用户看到的初始屏幕

为了访问 SAS 数据集以进行分析，单击菜单栏上的 File 按钮，然后单击 Open 和 Data 按钮，得到如图 C.6 所示的 Open Data 屏幕. 指定数据集所在的文件夹，然后通过双击文件名选择数据文件. 这样，数据表会像图 C.7 所示那样出现.

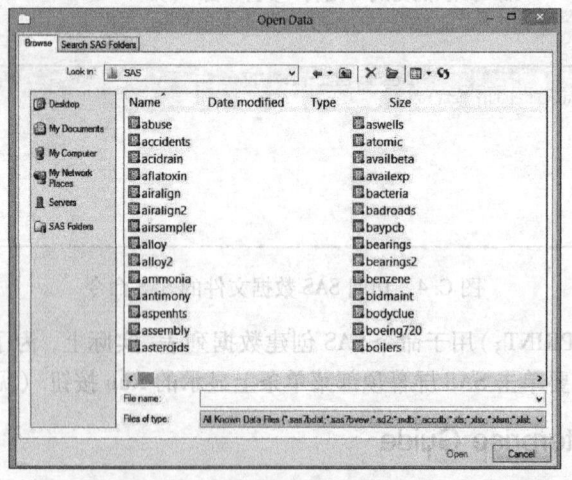

图 C.6　在 SAS EG 中选择即将打开的 SAS 数据表

在 SAS 数据集中，变量名会出现在每一列的顶部，实际数据会出现在每一行. 一旦以这种方式访问数据，就准备好了利用 SAS EG 的菜单驱动特征进行分析.

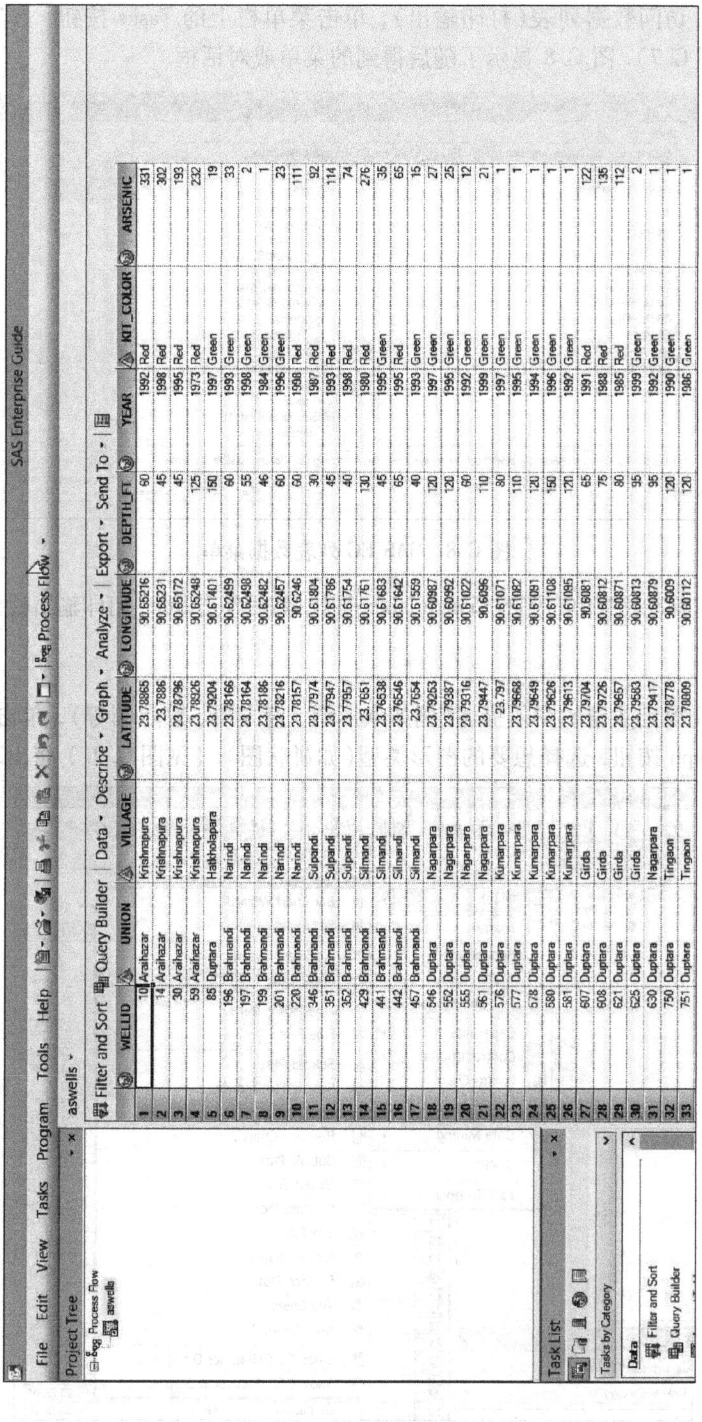

图C.7 已经在SAS EG中打开的SAS数据表

C.4 列表数据

为利用 SAS EG 访问数据列表(打印输出),单击菜单栏上的 Tasks 按钮,然后单击 Describe 和 List Data 按钮(见图 C.7). 图 C.8 显示了随后得到的菜单或对话框.

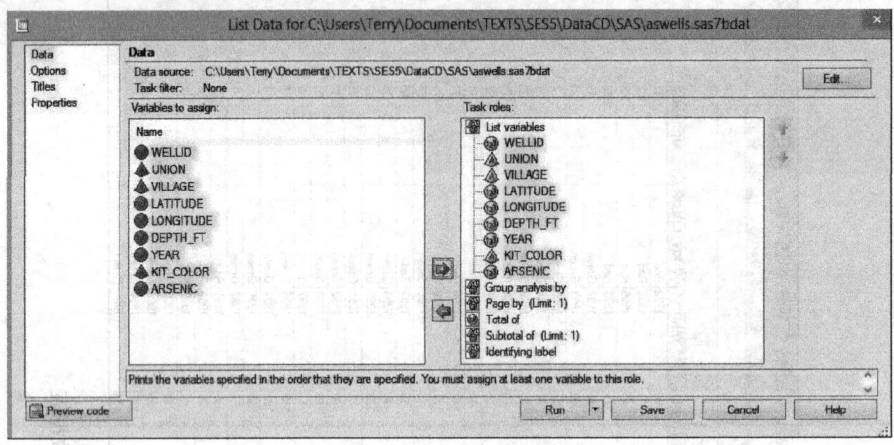

图 C.8 SAS EG 列表数据菜单

将要打印的变量移动到菜单右侧的 List variable 框中,然后单击 Run,打印输出就显示在你的屏幕上.

C.5 图示数据

为利用 SAS EG 得到数据的图形描述(例如条形图、直方图、散点图等),单击菜单栏上的 Tasks 按钮,然后单击 Graph 按钮,选择想要的图形类型(如饼状图).(见图 C.9.) 将出现一个或者多个对

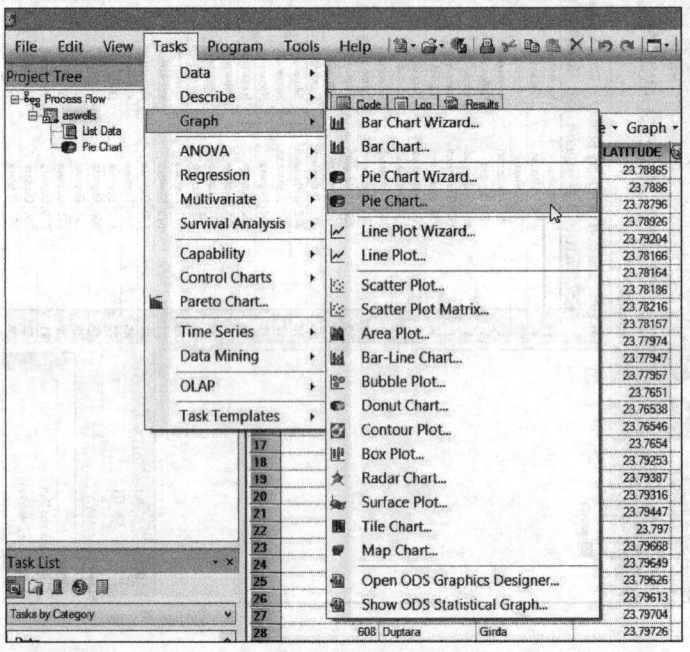

图 C.9 图示数据的 SAS EG 选项

话框要求做出选择(如变量图形化). 选择相应的变量(例如, 图 C.10 所示的散点图), 然后单击 Run 查看图形.

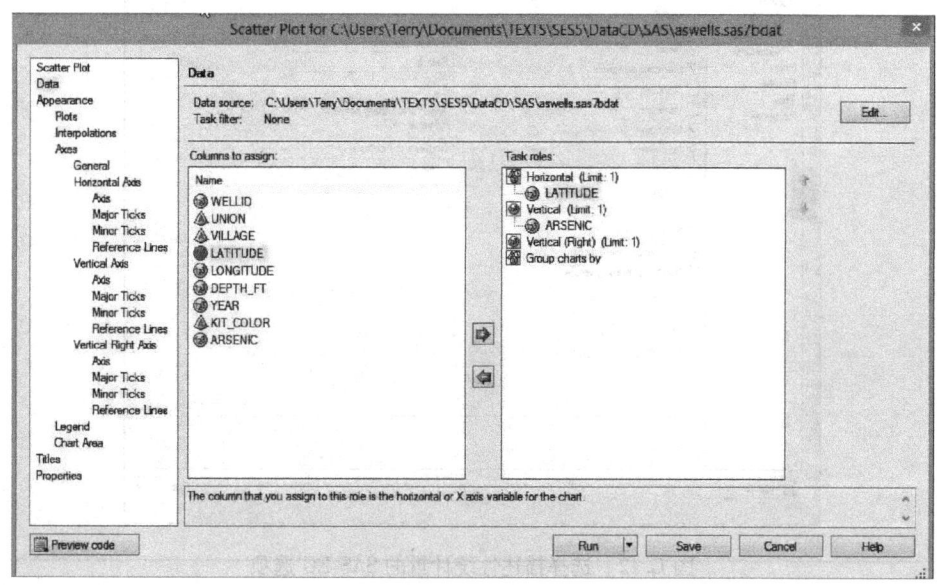

图 C.10　获得散点图的 SAS EG 选项

C.6　描述性统计量和相关

为了利用 SAS EG 得到定量变量的数据描述性度量(如均值、标准差等), 单击菜单栏上的 Tasks 按钮, 然后单击 Describe 按钮, 最后单击 Summary Statistics. 选择想要分析的变量并把它移到菜单右侧的 Analysis variable 框中. (作为一个选项, 可以将定性变量放入右侧的 Classification variables 框中, 得到关于这个定量变量的不同水平的概括统计量——见图 C.11). 单击菜单左上方的 Statistics 按钮去选择想要计算的描述性统计量(如均值). 要想得到百分位数, 就单击 Percentiles 按钮. 在做出选择后(见图 C.12), 单击 Run, 就会在屏幕上得到输出结果.

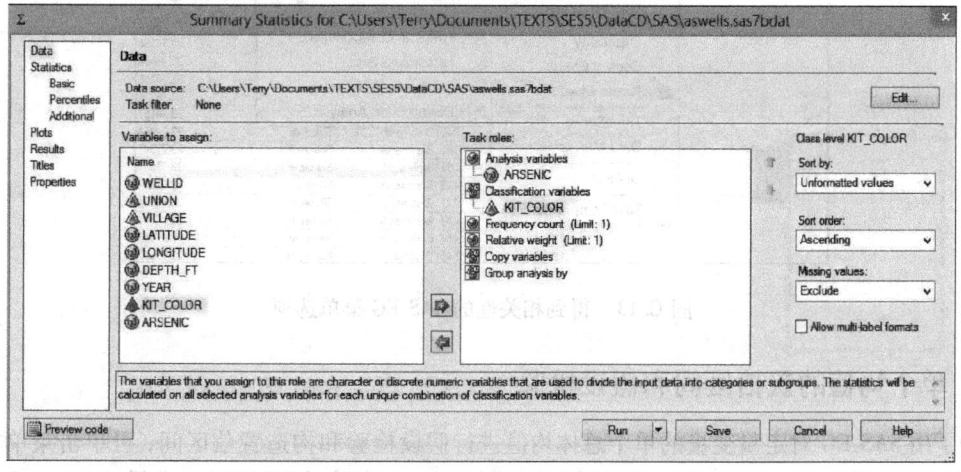

图 C.11　SAS EG 概括统计量对话框

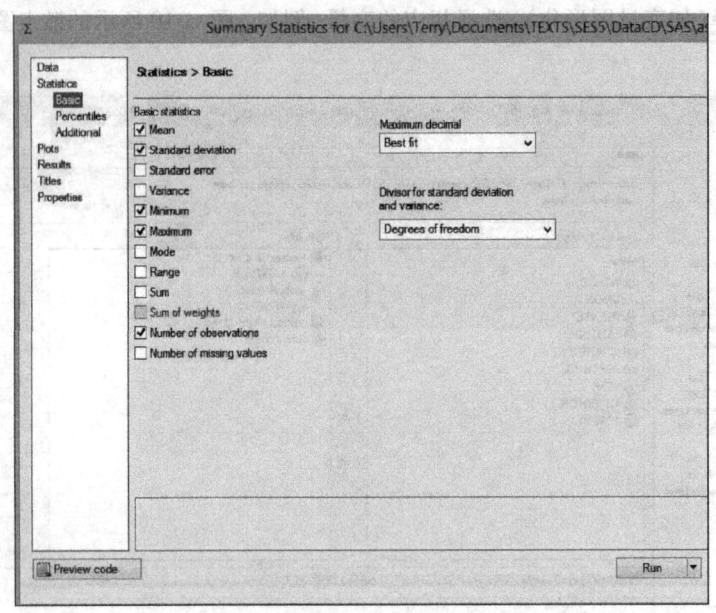

图 C.12　选择描述性统计量的 SAS EG 选项

为了利用 SAS EG 得到定量变量对的皮尔逊乘积矩相关，单击菜单栏上的 Tasks 按钮，然后单击 Multivariate，最后单击 Correlations（见图 C.13）. 选择想要分析的变量，把它移到菜单右侧的 Analysis variable 框中，然后单击 Run 得到相关性的输出结果.

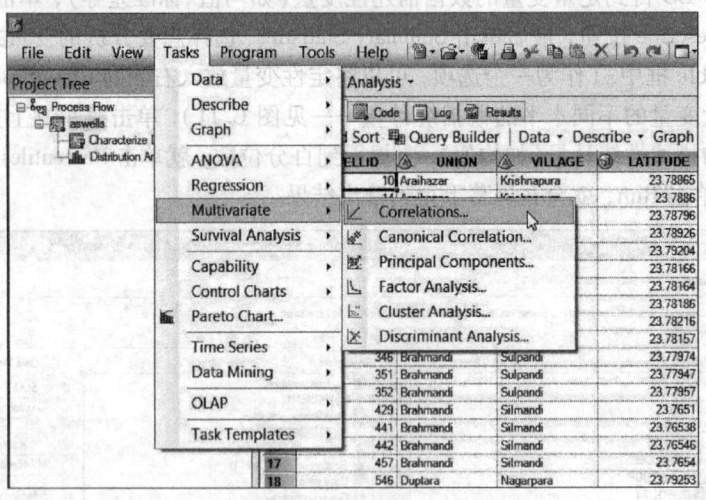

图 C.13　得到相关性的 SAS EG 菜单选项

C.7　单个均值的置信区间和假设检验

为了用 SAS EG 对定量变量的单个总体均值进行假设检验和构造置信区间，可单击菜单栏上的 Tasks 按钮，然后单击 AVOVA 和 t test 按钮. （见图 C.14.）在随后的屏幕上，选择 One Sample 作为 t

检验类型，然后选择 Data 选项，再把想要分析的变量放到菜单右侧的 Analysis variables 框中。现在单击 Analysis 按钮，在随后得到的屏幕中（见图 C.15），指定均值的原假设值和置信水平，然后单击 Run 按钮得到输出结果。

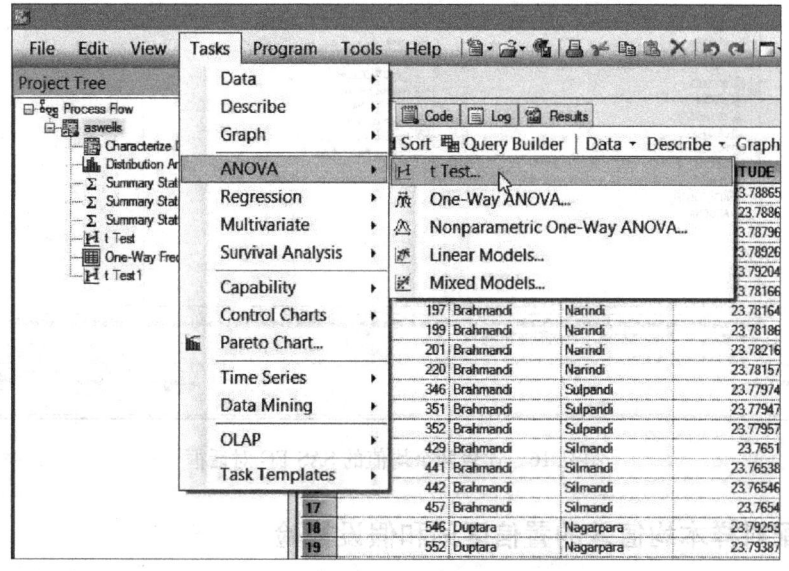

图 C.14　单个均值推断的 SAS EG 选项

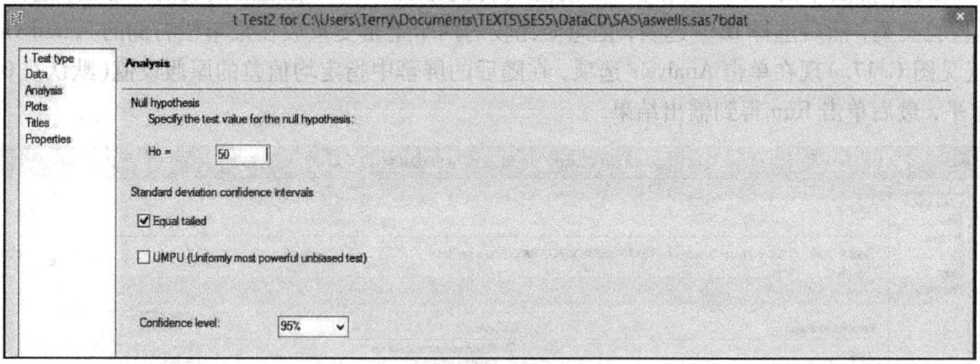

图 C.15　单个均值推断的 SAS EG 对话框

C.8　两个独立样本均值差的置信区间和假设检验

为了进行两个独立样本总体均值差的假设检验及构造其置信区间，要先单击 SAS EG 菜单栏上的 Tasks 按钮，然后单击 ANOVA 和 t Test 按钮。（再次见图 C.14。）在随后出现的屏幕上，选择 Two Sample 作为 t 检验类型，然后选择 Data 选项，并把想要分析的定量变量放在菜单栏右侧的 Analysis variables 框中，再把表示两个总体的定性变量的值放在 Classification variables 框中。（见图 C.16。）现在单击 Analysis 选项，在随后的屏幕中指定均值差的原假设值（默认是 0）及其置信水平，最后单击 Run 得到输出结果。

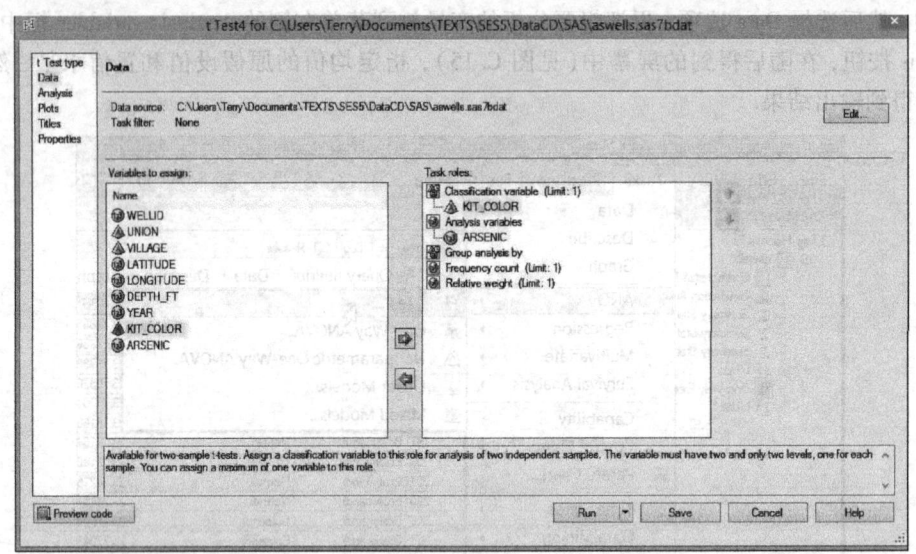

图 C.16　比较两个均值的 SAS EG 对话框

C.9　两个配对样本均值差的置信区间和假设检验

为了进行两个配对样本总体均值差的假设检验及构造其置信区间,要先单击 SAS EG 菜单栏上的 Tasks 按钮,然后单击 ANOVA 和 t Test 按钮.(再次见图 C.14.)在随后出现的屏幕上,选择 Paired 作为 t 检验类型,然后选择 Data 选项,把想要比较的两个定量变量放在菜单栏右侧的 Paired variables 框中.(见图 C.17.)现在单击 Analysis 选项,在随后的屏幕中指定均值差的原假设值(默认是 0)及其置信水平,最后单击 Run 得到输出结果.

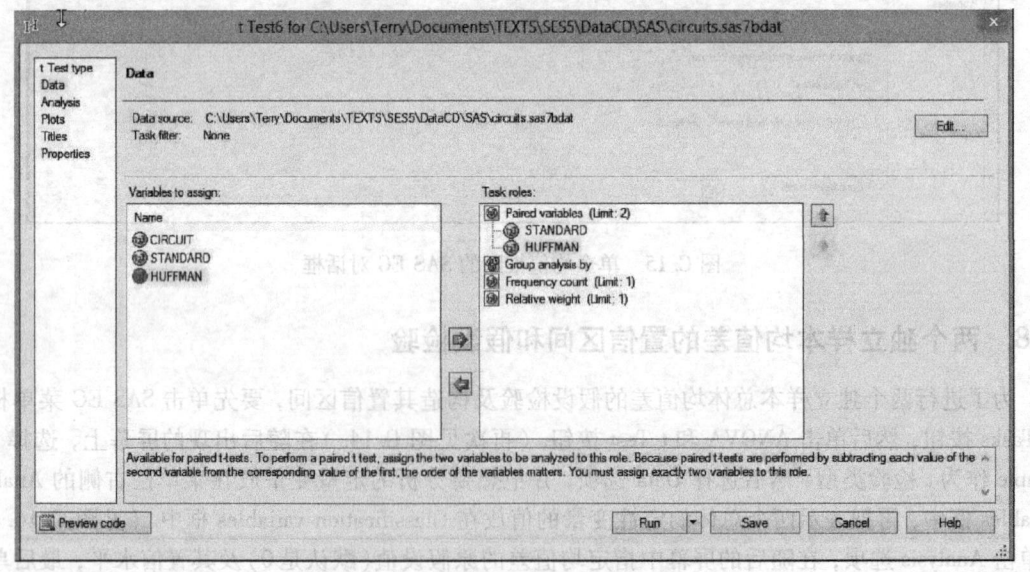

图 C.17　配对数据的 SAS EG 对话框

C.10 两个独立样本方差比率的假设检验

为了用 SAS EG 得到两个独立样本总体方差比率的假设检验,请参照上述 C.8 节的说明. 用于比较方差的 F 检验会出现在输出结果的底部.

C.11 分类数据分析

SAS EG 可以产生单个定性变量的频率表(即单向表),也可以对双向(列联)表中的两个定性变量的独立性进行卡方检验.

单向表

对单向表,单击 SAS EG 菜单栏上的 Tasks 按钮,然后单击 Describe 和 One-Way Frequencies 按钮.(见图 C.18.)在随后得到的 Data 对话框中,把要分析的定性变量放到菜单栏右侧的 Analysis variables 框中. 现在单击对话框左上方的 Statistics 选项,在随后得到的屏幕上,单击 Chi-square goodness of fit,Asymptotic test 框(见图 C.19). 最后单击 Run 得到输出结果.

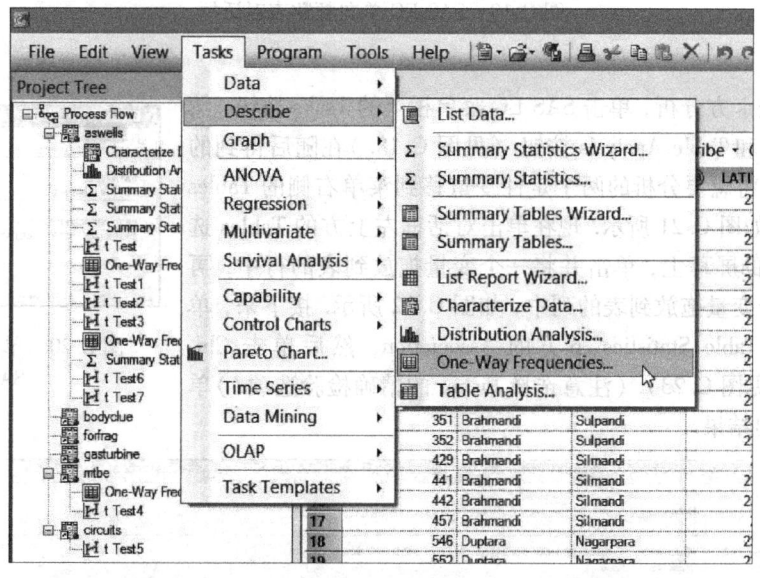

图 C.18 单向频数表分析的 SAS EG 菜单选项

注1:如果感兴趣的定性变量是二项(两水平)分类变量,则可以用 SAS EG 产生比率相对应的一个水平的置信区间及检验. 在单向频数对话框中(见图 C.19),选择在 Binomial proportions 下的 Asymptotic test 框,然后在相应的框中指定 Test proportion(即假设比率)和 Confidence level 的值. 单击 Run 生成输出结果.

注2:用 SAS EG 检验相同比率的原假设来产生卡方拟合优度检验. 如果想检验的假设比率是不同的(如 $H_0:p_1=0.2, p_2=0.3, p_3=0.5$),就不能用 SAS EG 菜单选项. 相反,需要在 SAS 编辑器窗口中指定相应的 SAS 编程命令. 图 C.20 所示的命令(PROC SURVEYFREQ)会得到三水平分类变量(称作 ICETYPE)的单向表的卡方检验. TESTP = 后的值是相应三个分类的原假设的百分数.

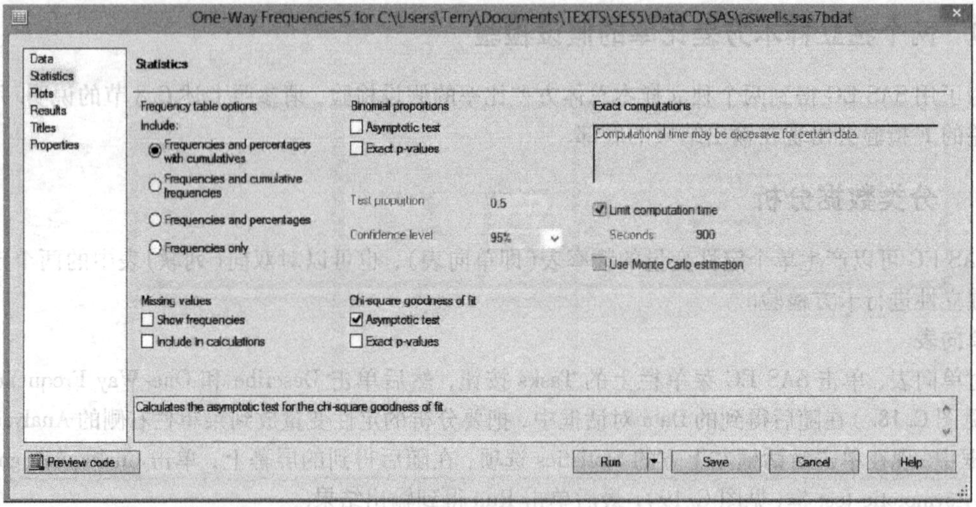

图 C.19　SAS EG 单向频数表对话框

双向表

对于双向表卡方分析,单击 SAS EG 菜单栏上的 Tasks 按钮,然后单击 Describe 和 Table Analysis 按钮.(见图 C.18.)在随后得到的 Data 对话框中,将想要分析的两个定性变量移到菜单右侧的 Tables variables 框中,如图 C.21 所示. 现在单击对话框左上方的 Tables 选项. 在随后得到的屏幕上,单击并将一个变量拖放到表的行中,再单击并将另一个变量拖放到表的列中,如图 C.22 所示. 接下来,单击左侧面板上 Table Statistics 下方的 Association,然后单击 Chi-square tests 框(见图 C.23).(注意选择 Fisher 的精确检验选项.)单击 Run 得到输出结果.

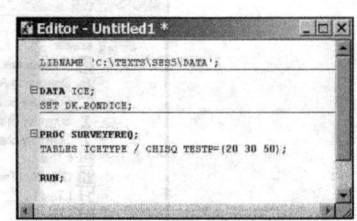

图 C.20　单向表卡方的 SAS 程序命令

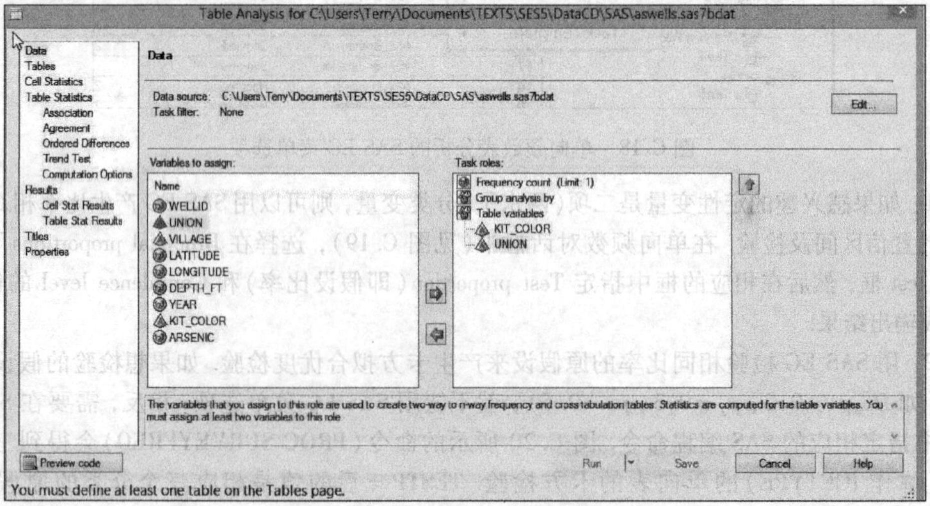

图 C.21　SAS EG 双向表变量选项

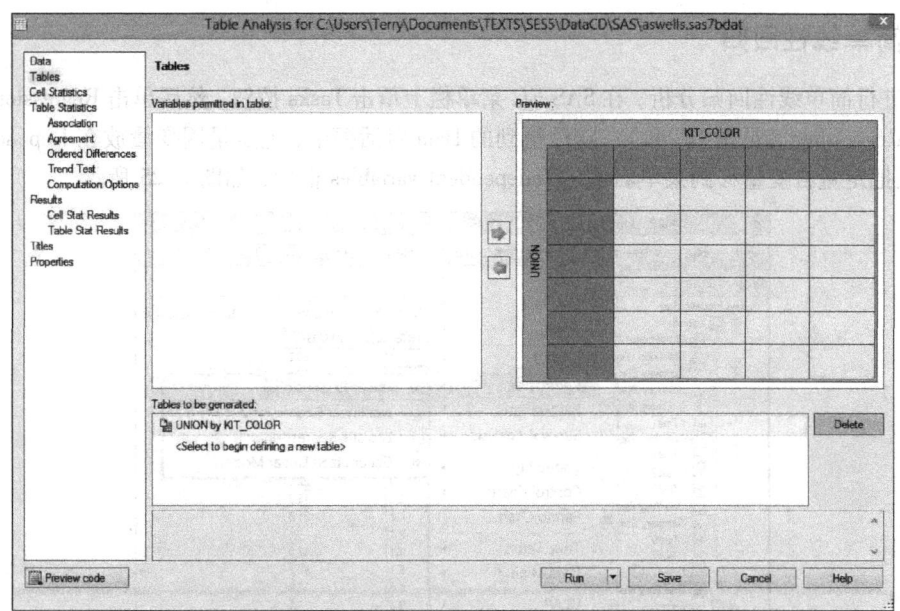

图 C.22 SAS EG 双向表行和列变量选项

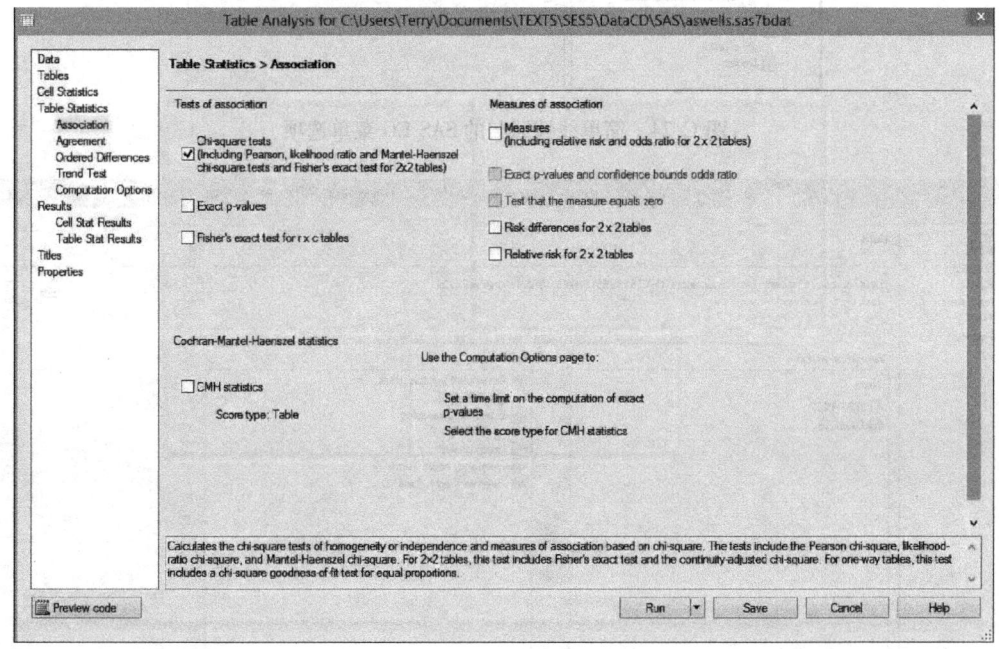

图 C.23 SAS EG 双向表统计量对话框

(注：如果 SAS 数据集包含概括信息（即列联表的单元计数）而不是每个观测值的实际分类数据值，则必须在 Two-Way Table Variable Selection 对话框中指定含有单元计数的变量（见图 C.21）. 通过将带单元计数的变量移到右侧面板上的 Frequency count 框中来实现.）

C.12 简单线性回归

为了进行简单线性回归分析,在 SAS EG 菜单栏上单击 Tasks 按钮,然后单击 Regression,最后单击 Linear Regression。(见图 C.24。)在随后得到的 Data 对话框中,把定量因变量放在 Dependent variable 框中且把定量自变量移到菜单右侧的 Independent variables 框中,如图 C.25 所示。

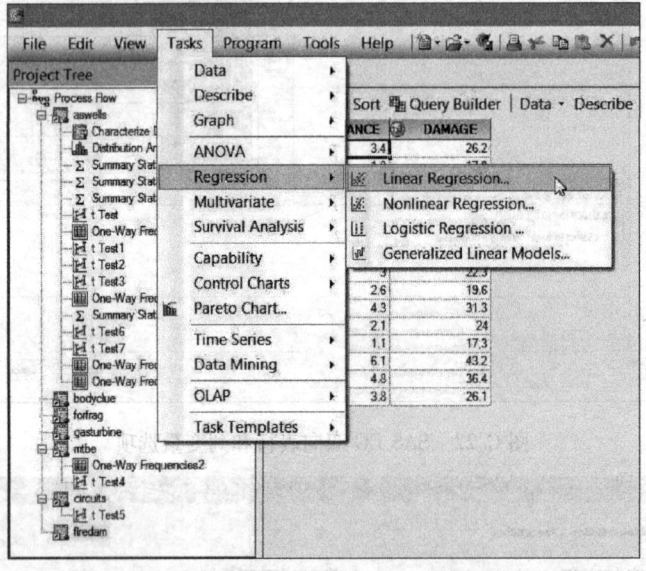

图 C.24 简单线性回归的 SAS EG 菜单选项

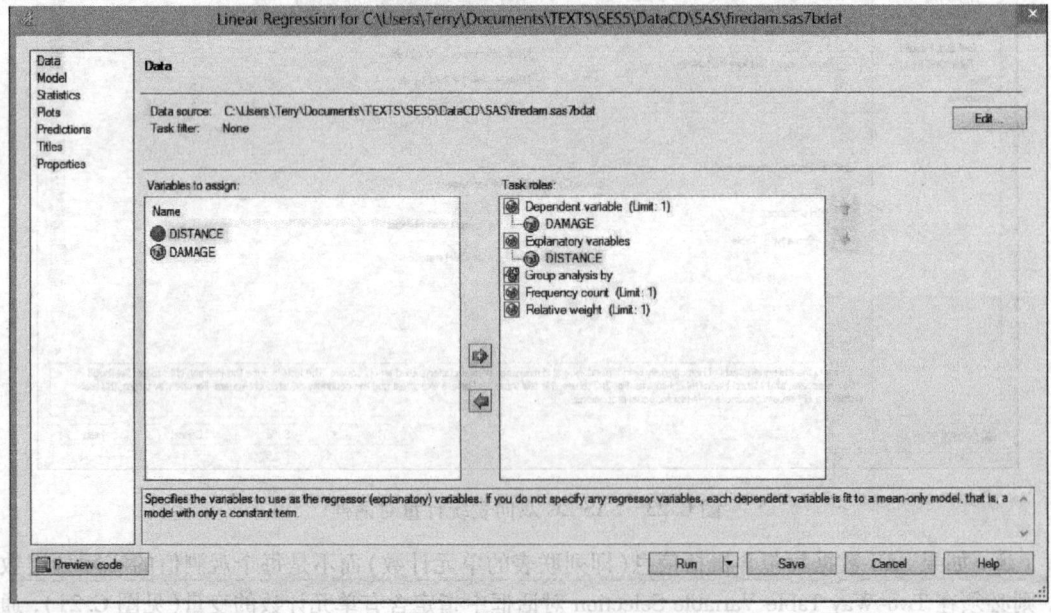

图 C.25 SAS EG 中线性回归数据对话框

或者可以利用 SAS EG，通过单击左侧面板的 Statistics 和检查接下来菜单中的 Confidence limits for parameter estimates，生成模型参数的置信区间. 也可以分别单击 Predictions 按钮和 Plots 按钮得到预测区间和残差图，并在随后得到的菜单上做出相应的选择. 单击 Run 查看简单线性回归的结果.

C.13 多重回归

为了进行多重回归分析，在 SAS EG 菜单栏上单击 Tasks 按钮，然后单击 Regression，最后单击 Linear Regression.（见图 C.24.）在随后得到的 Data 对话框中，把定量因变量放在 Dependent variable 框中且把所有的自变量移到菜单右侧的 Independent variables 框中，如图 C.26 所示.

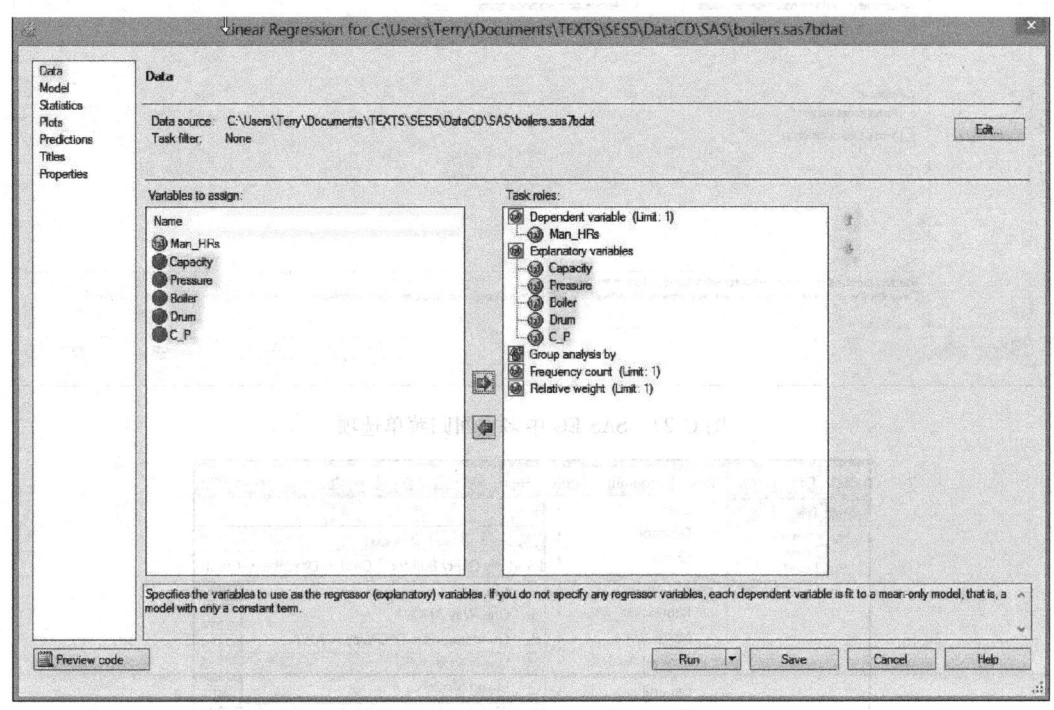

图 C.26　SAS EG 中多重回归对话框

或者可以利用 SAS EG，通过单击左侧面板的 Statistics 和检查接下来菜单中的 Confidence limits for parameter estimates（见图 C.27），生成模型参数的置信区间. 可以通过检查 Variance inflation values 框（再次见图 C.27）生成方差膨胀因子. 也可以分别单击 Predictions 按钮和 Plots 按钮得到预测区间和残差图，并在随后得到的菜单上做出相应的选择.（图包括影响诊断，例如学生化删除残差和库克距离.）单击 Run 查看多重回归的结果.

（注：如果模型包含虚拟变量、交互作用项或二次项，则在进入 SAS EG 会话之前，必须在 SAS 程序的 DATA 命令行中创建这些变量. 例如见图 C.3.）

拟合一般线性模型

作为替代，还可以利用 SAS EG 中的 ANOVA 选项拟合一般线性模型. 为此，单击 SAS EG 菜单栏中的 Tasks 按钮，然后单击 ANOVA，最后单击 Linear Models，如图 C.28 所示. 在随后得到的 Data 对话框中，把定量因变量放在 Dependent variable 框中，把定量自变量放在 Quantitative variables 框中，把定性自变量移到菜单右侧的 Classification variables 框中,如图 C.28 所示.(注:对每个指定的定性变量,SAS 自动产生相应个数的虚拟变量).

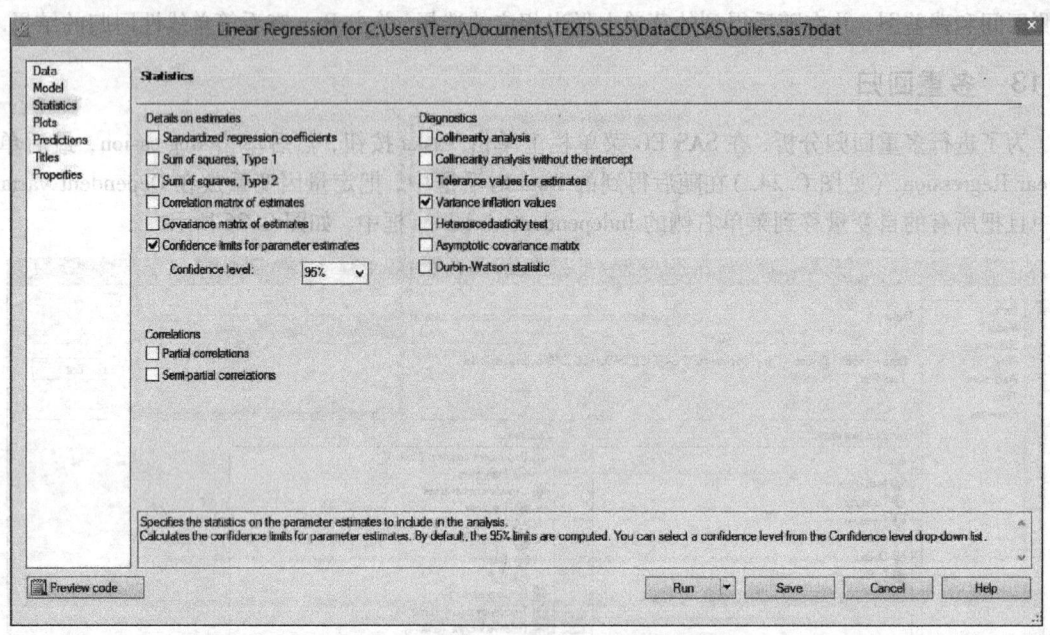

图 C.27 SAS EG 中多重回归菜单选项

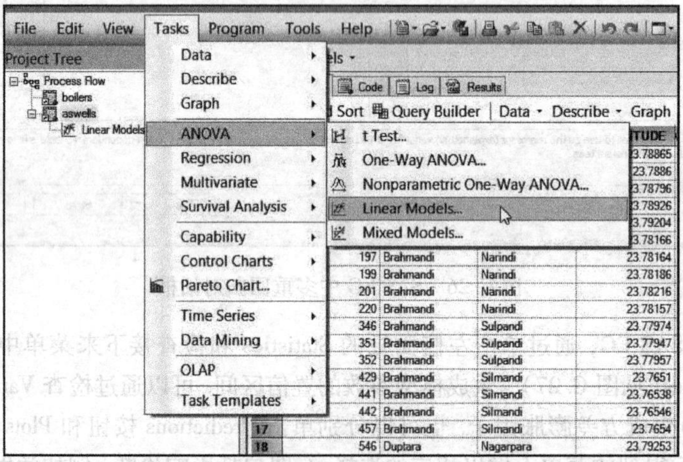

图 C.28 一般线性模型的 SAS EG 菜单选项

变量选好后,单击左侧面板上的 Model 按钮,可看到图 C.29 所示的对话框.利用 Main 按钮(对主效应)、Cross 按钮(对交互作用)和 Polynomial 按钮(对高阶项)指定模型中的项.这些模型项将出现在右侧的 Effects 框中.

单击 Model Options 按钮,选中随后菜单上的 Show parameter estimates 以产生模型参数估计值.还可以分别单击 Predictions 按钮和 Plots 按钮,得到预测区间和残差图,并在随后所得的菜单中做相应选择.检查了所有要求的选项后,单击 Run 查看多重回归结果.

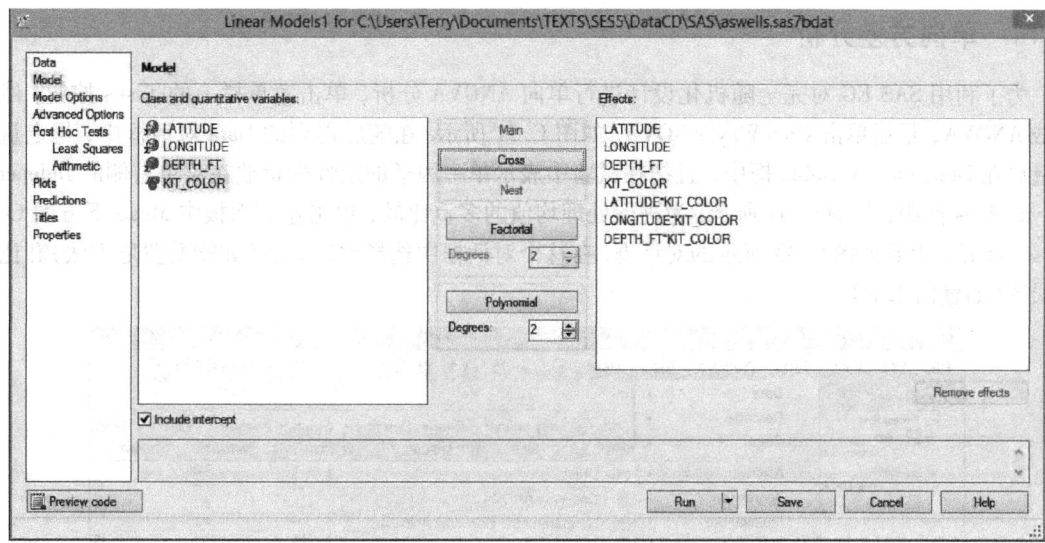

图 C. 29　SAS EG 中一般线性模型对话框

逐步回归

为了进行逐步回归分析，单击 SAS EG 菜单栏中的 Tasks 按钮，然后单击 Regression，再单击 Linear Regression，如图 C. 24 所示. 在随后得到的 Data 对话框中，把定量因变量放在 Dependent variable 框中且把所有的自变量放在菜单右侧的 Independent variables 框中，如图 C. 26 所示. 现在单击左侧面板上的 Model 按钮，随后所得的菜单如图 C. 30 所示.

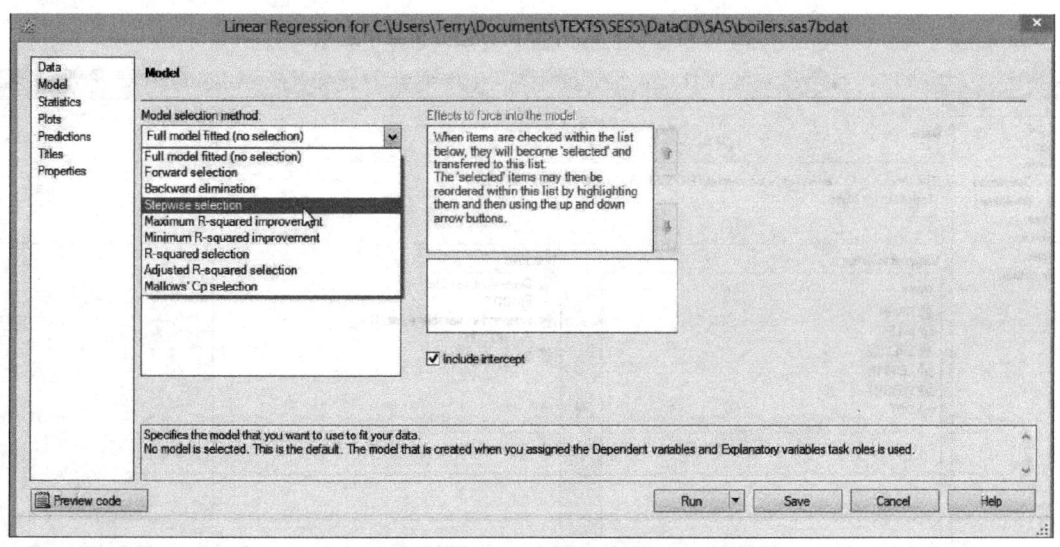

图 C. 30　SAS EG 中多重回归模型菜单选项

对逐步回归模型，选择 Stepwise selection. (默认模型为 Full model fitted.)对所有可能回归选择方法，选择 Mallows' Cp selection、R-squared selection 或 Adjusted R-squared selection. 一旦做出选择，作为选项，可以选择用于分析的 α 值. (默认为 $\alpha = 0.05$.)单击 Run 查看逐步回归结果.

C.14 单向方差分析

为了利用 SAS EG 对完全随机化设计进行单向 ANOVA 分析,单击菜单栏上的 Tasks 按钮,然后单击 ANOVA,最后单击 One-Way ANOVA. 如图 C.31 所示. 在随后得到的 Data 对话框中,把定量因变量放在 Dependent variable 框中,且把在试验中表示单一因子的定性变量放在菜单右侧的 Independent variables 框中,如图 C.32 所示. 为进行处理均值的多重比较,单击左侧面板中 Mean 下方的 Comparison 按钮,得到如图 C.33 所示的对话框. 在这个对话框中选择比较方法(如鲍费罗尼方法)和比较错误率(如置信水平).

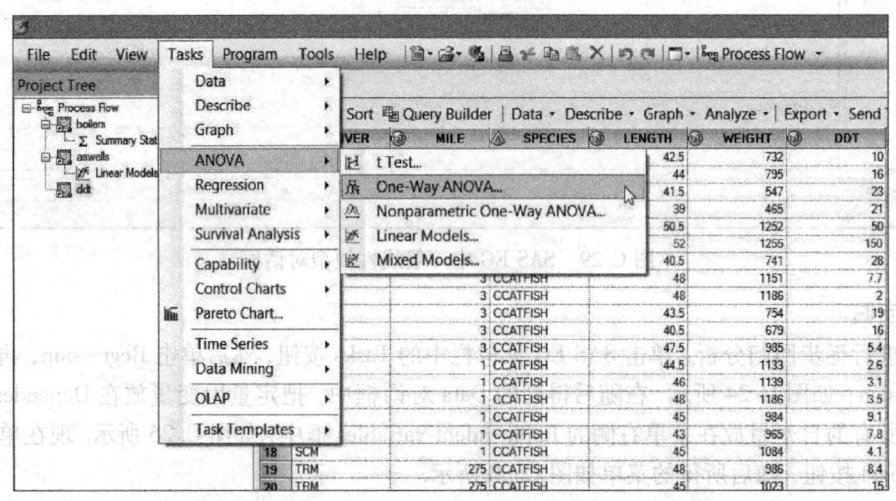

图 C.31　SAS EG 中单向方差分析菜单选项

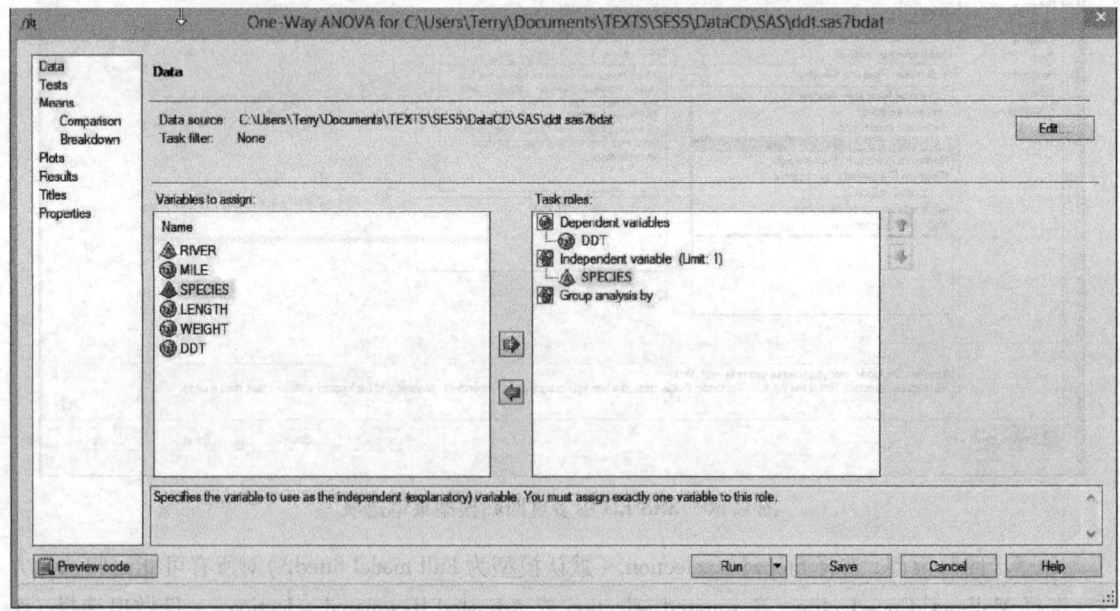

图 C.32　SAS EG 中单向 ANOVA 对话框

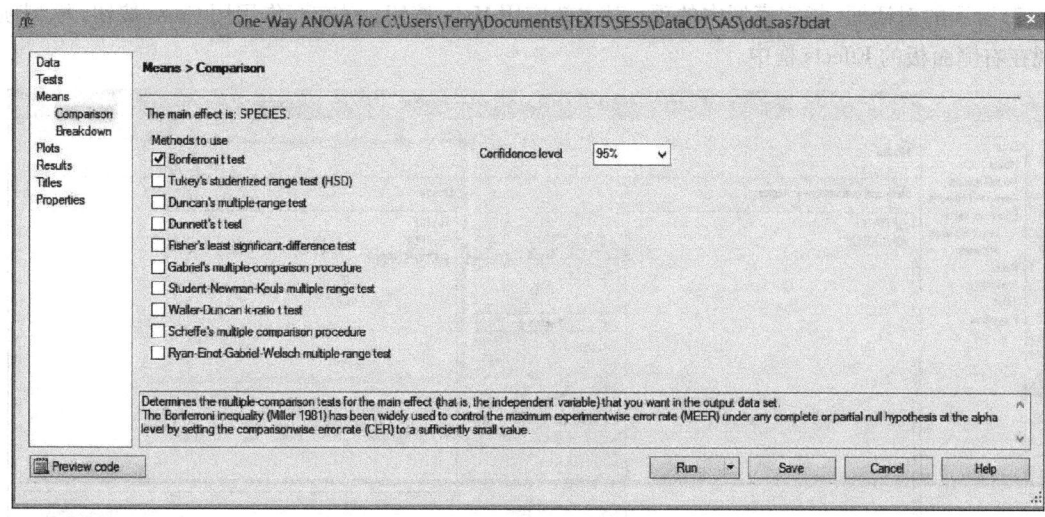

图 C.33　SAS EG 中均值多重比较对话框

为进行方差相等的检验，单击左侧面板的 Tests 按钮，然后从随后得到的菜单中选择要执行的检验（如莱文检验），再单击 Run 查看 ANOVA 的结果．

C.15　析因设计和其他设计的方差分析

为了利用 SAS EG 进行涉及两个或多个因子的设计（例如随机化区组、析因设计）的 ANOVA，单击菜单栏上的 Tasks 按钮，然后单击 ANVOA，最后单击 Linear Models．（见图 C.28．）得到的 Data 对话框如图 C.34 所示．

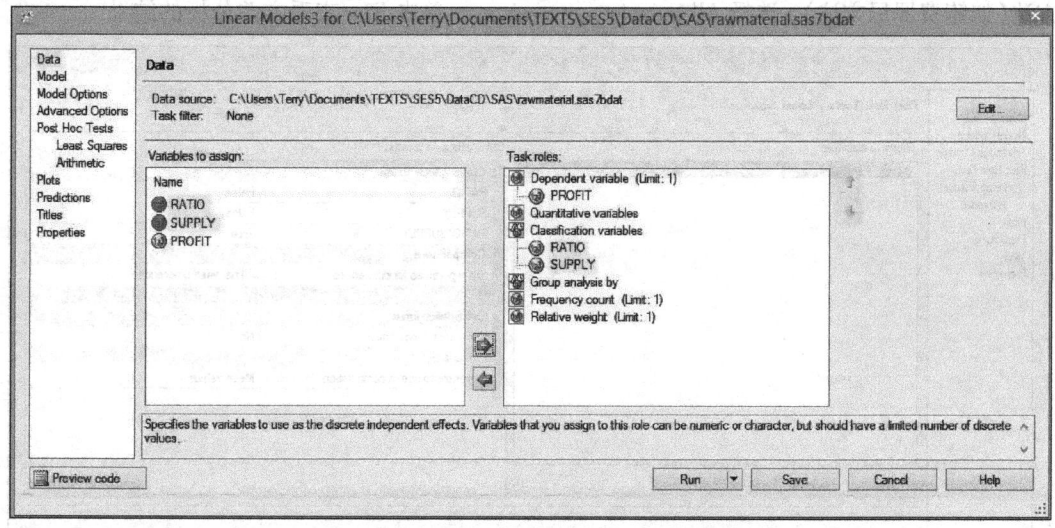

图 C.34　SAS EG 中析因方差分析对话框

把定量因变量放到 Dependent variable 框中，且把在试验中表示因子的变量放在右侧面板的 Classification variables 框中，如图 C.34 所示．为指定设计模型，单击最左侧面板的 Model 按钮，出现如图 C.35 所示的对话框. 指定模型中的项, 对主效应用 Main 按钮, 对交互作用用 Cross 按钮. 模型项将出现在右侧面板的 Effects 框中.

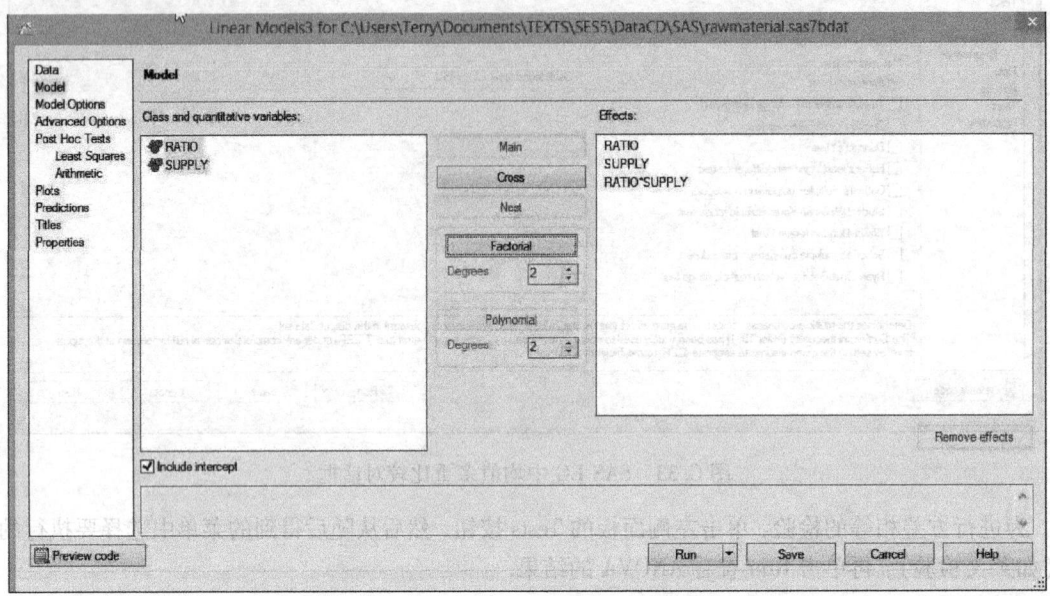

图 C.35 SAS EG 中析因模型选项对话框

为了对所有处理组合进行均值的多重比较, 单击最左侧面板的 Post Hoc Tests 下的 Least Squares 按钮, 出现如图 C.36 所示的对话框. 通过右侧面板的交互作用效应选择 True, 从而指定感兴趣的交互作用效应, 然后单击 Add, 交互作用效应将出现在 Effects to estimate 框中. 在右侧面板上, 选择比较方法(如鲍费罗尼方法), 选择 All pairwise comparisons, 单击 Run 查看方差分析的结果.

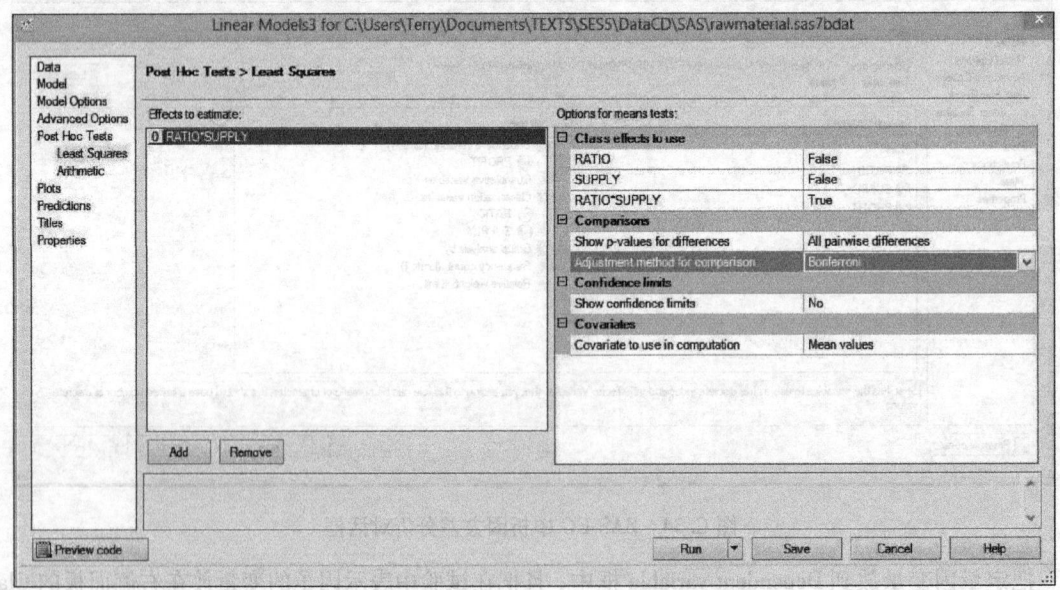

图 C.36 SAS EG 中析因均值多重比较对话框

C.16 非参数检验

利用 SAS EG 或基本的 SAS 程序命令执行 SAS 中的非参数检验,选择将随检验而异.

符号检验:为运行符号检验,需要在 SAS 编辑器窗口指定适当的 SAS 程序命令. 图 C.37 显示的 PROC UNIVARIATE 命令可进行定量变量 LWRATIO 的符号检验(与某些其他单样本检验一起). 跟在"MU0 ="后面的值是总体中位数的原假设值.

秩和检验与克鲁塞－沃里斯检验:可以利用 SAS EG 运行威尔科克森秩和检验比较两个总体,或运行克鲁塞－沃里斯检验比较三个或更多总体. 单击菜单栏上的 Tasks 按钮,然后单击 ANVOA,最后单击 Nonparametric One-Way ANOVA". (见图 C.38.)

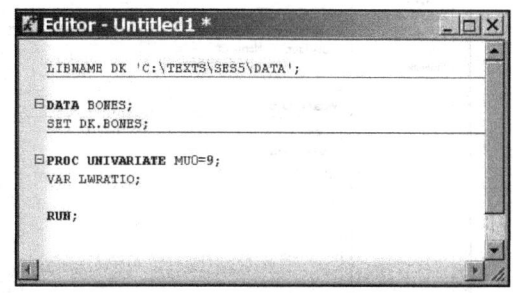

图 C.37 符号检验的 SAS 程序命令

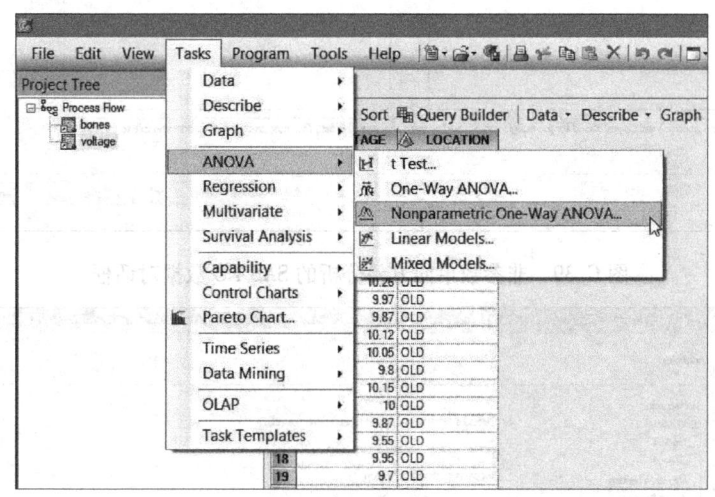

图 C.38 非参数单向方差分析的 SAS EG 菜单选项

得到的 Data 对话框如图 C.39 所示. 在 Dependent Variable 框中指定待分析的定量变量. 在右侧面板的 Independent Variable 框中指定表示不同样本的类型变量. 在最左侧面板上,如图 C.40 所示单击 Analysis 按钮,然后选中 Wilcoxon. 单击 Run 生成 SAS 输出结果.

符号秩检验:为了进行威尔科克森符号秩检验,需要在 SAS 编辑器窗口指出适当的 SAS9.3 程序命令. 首先计算两个成对定量变量值之差,然后运行如图 C.41 所示的 PROC UNIVARIATE. 一定要在 VAR 语句中指定表示差的变量.

弗里德曼检验:为运行随机化区组设计的弗里德曼检验,需要在 SAS 编辑器窗口指定适当的 SAS9.3 程序命令,运行如图 C.42 所示的 PROC FREQ 得到检验. 在 TABLES 语句中指定区组变量、处理变量和因变量,在变量名之间放一个星号,保证指定的选项 CMH2 SCORES = RANK NOPRINT 在斜扛号后. 弗里德曼检验结果将出现在 SAS 输出的 Row Mean Scores Differ 后.

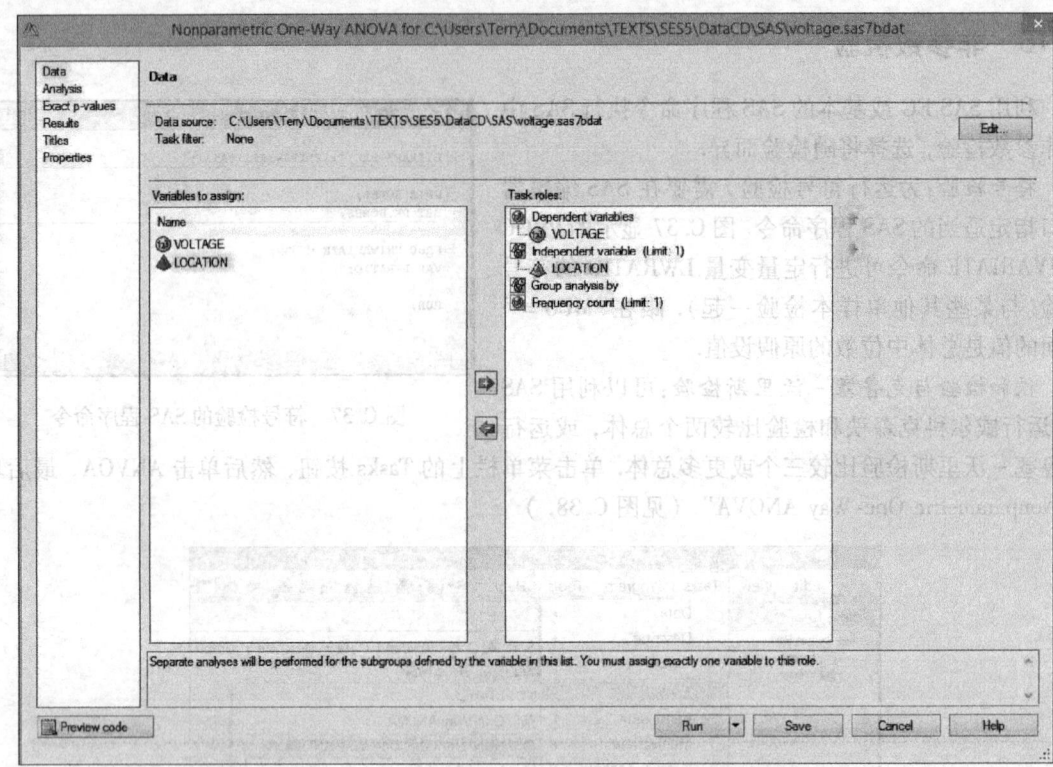

图 C.39 非参数单向方差分析的 SAS EG 数据对话框

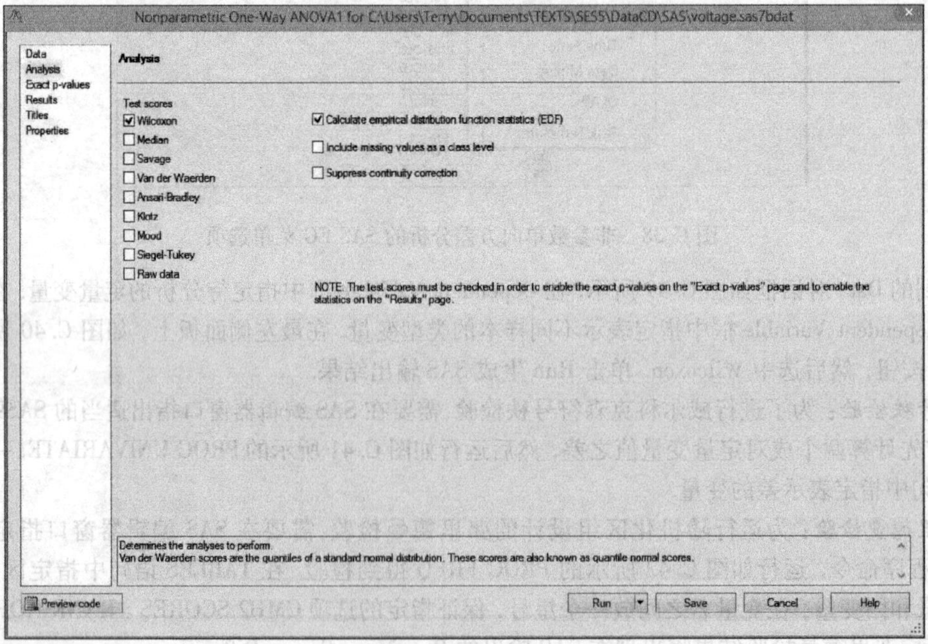

图 C.40 选择非参数单向方差分析检验

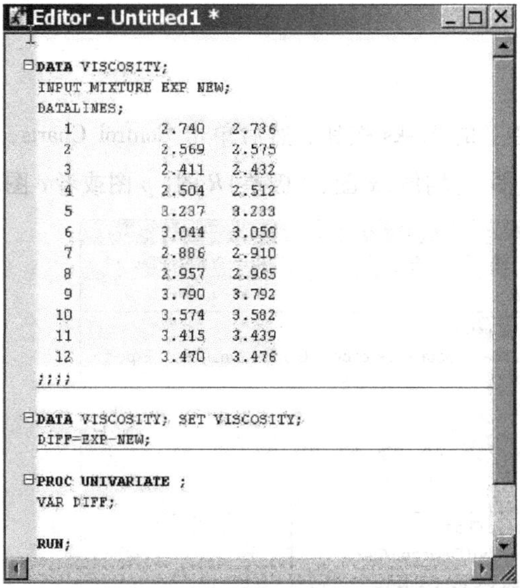

图 C.41 符号秩检验的 SAS 程序命令　　　　图 C.42 弗里德曼检验的 SAS 程序命令

秩相关检验：为利用 SAS EG 运行斯皮尔曼秩相关检验，单击菜单栏上 Tasks 按钮，然后单击 Multivariate，最后单击 Correlations.（见图 C.13.）把想要分析的变量放在菜单栏右侧的 Analysis variables 框中，然后单击最左侧面板中的 Options，最后在得到的屏幕中选择 Correlation types 下的 Spearman.（见图 C.43.）单击 Run 得到斯皮尔曼检验结果.

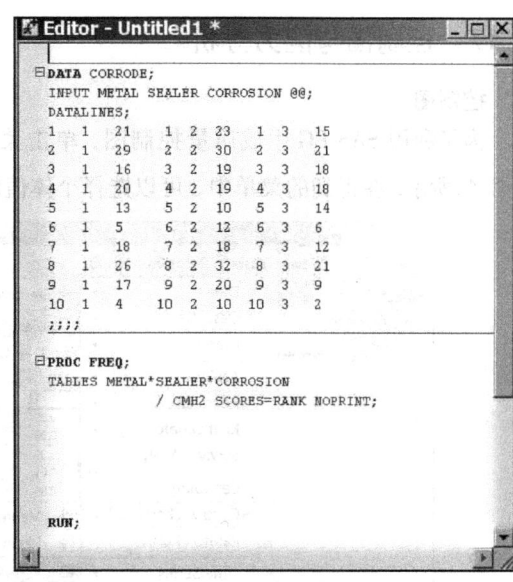

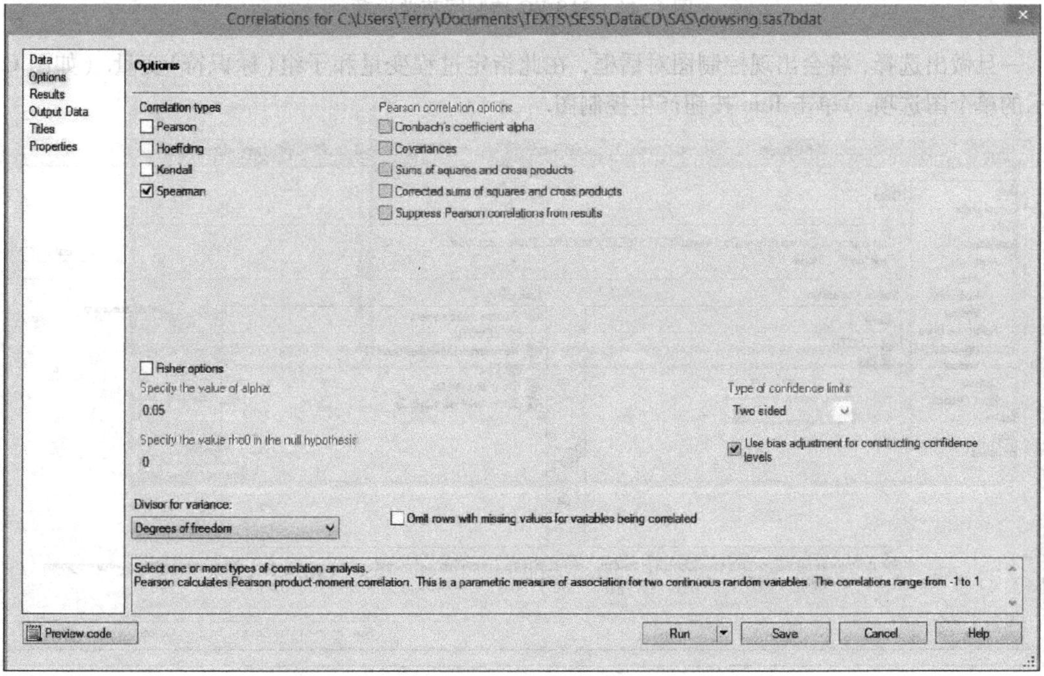

图 C.43 选择斯皮尔曼相关选项

C.17 控制图与能力分析

控制图

为了利用 SAS EG 生成质量控制图，单击菜单栏上的 **Tasks** 按钮，然后单击 **Control Charts**，如图 C.44 所示。在得到的菜单中，可以选择个体值测量图、（均值）$\bar{x}$ 图、（极差）R 图、p 图或者 c 图。

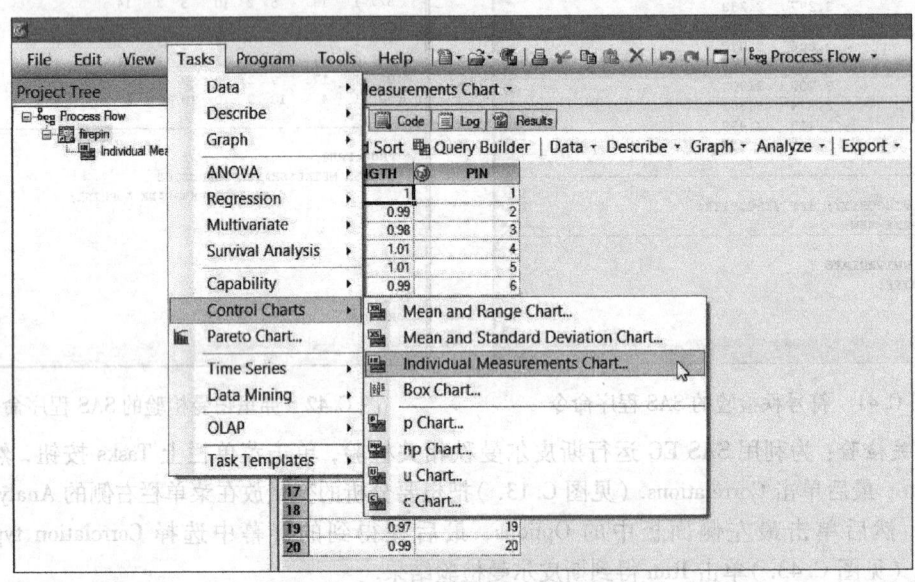

图 C.44　SAS EG 控制图菜单选项

一旦做出选择，将会出现控制图对话框，在此指定过程变量和子组（标识符）变量。（如图 C.45 所示的单个图选项。）单击 **Run** 按钮产生控制图。

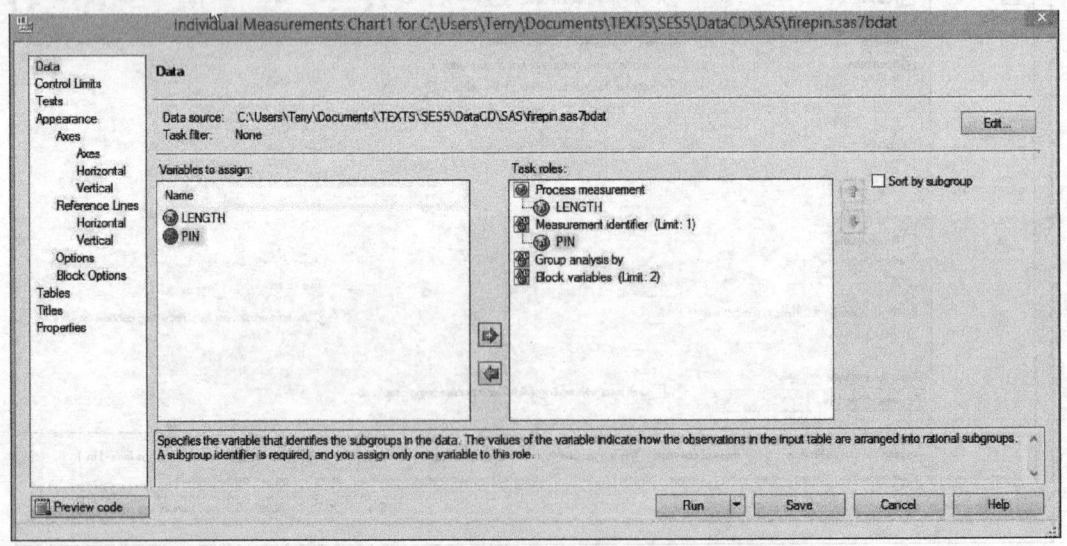

图 C.45　SAS EG 个体值控制图数据对话框

能力分析

为了利用 SAS EG 生进行能力分析，单击菜单栏上的 Tasks 按钮，然后单击 Capability 和 Histograms，如图 C.46 所示. 如图 C.47 所示的对话框将被显示，把过程变量放在右侧面板的 Analysis variable 框中，也可以在面板的右侧输入目标值和规格的上下限. 在最左侧面板 Distributions 的下方单击 Normal(或者你选择的分布). 单击 Run 按钮进行能力分析.

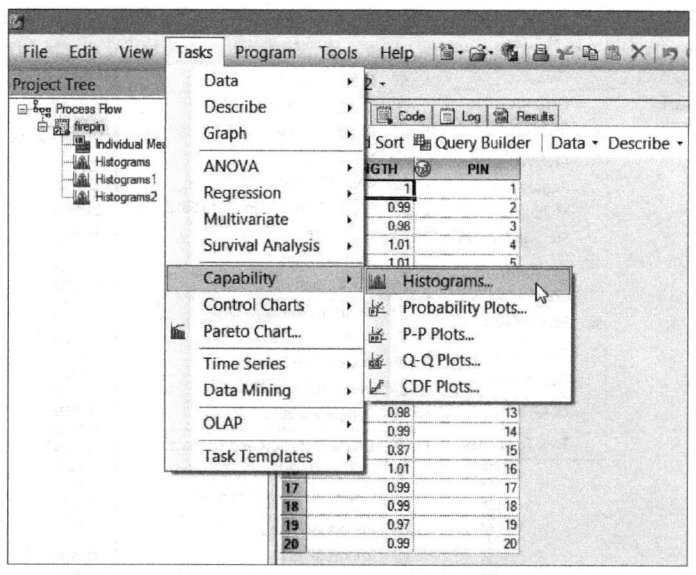

图 C.46　SAS EG 过程能力分析菜单选项

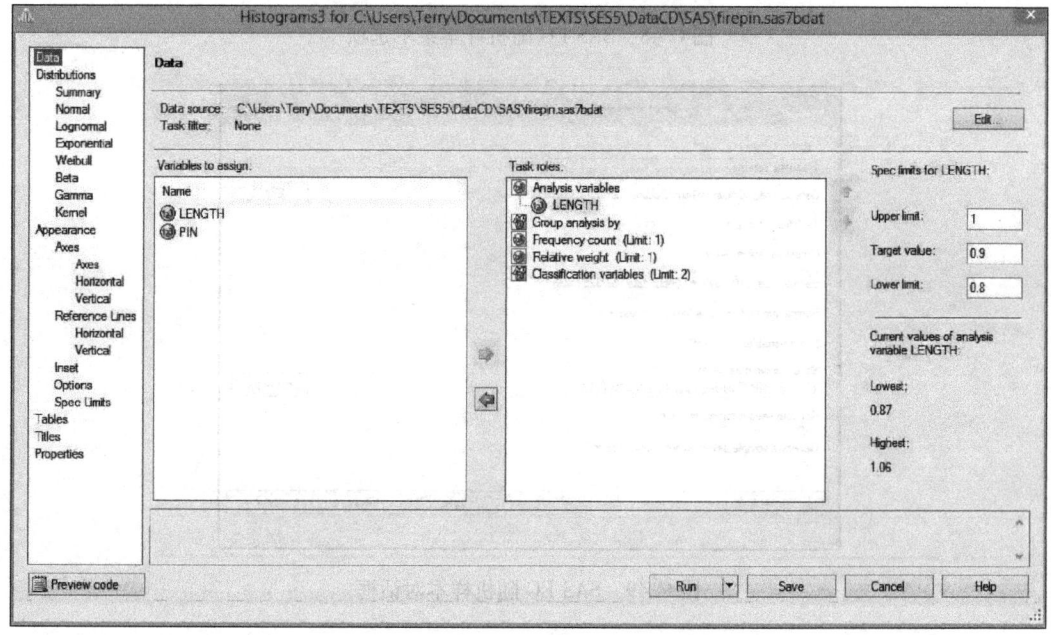

图 C.47　SAS EG 过程能力分析数据对话框

C.18 随机样本

为了利用 SAS EG 生成来自数据集观测值的随机样本，单击 SAS EG 菜单栏上的 Tasks 按钮，然后单击 Data 和 Random Sample，如图 C.48 所示. 在得到的对话框中（见图 C.49）指定样本大小（和任选的随机数种子）. 单击 Run，在 SAS EG 数据集中显示随机样本的值.

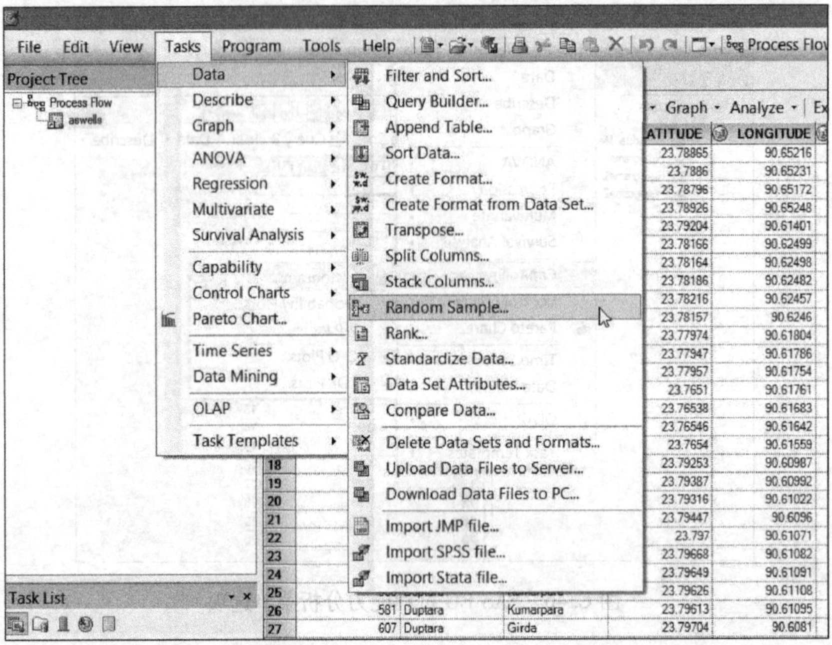

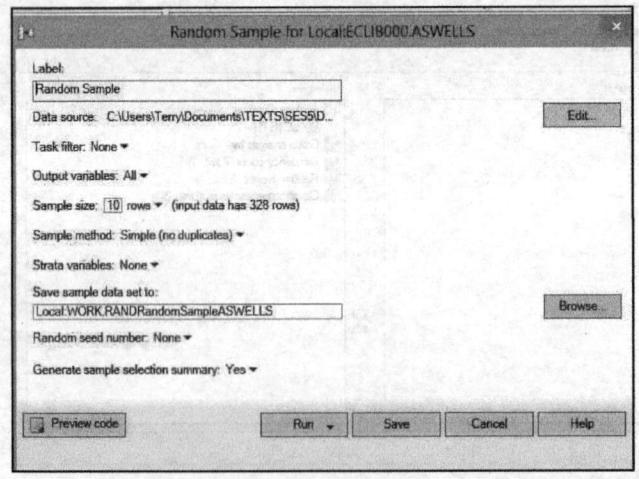

图 C.48　SAS EG 随机样本菜单选项

图 C.49　SAS EG 随机样本对话框

附录 D MINITAB 的 Windows 指导

D.1 MINITAB 的 Windows 环境

当进入 MINITAB 界面后,将会看到类似于图 D.1 的屏幕.屏幕底部是一个空的扩展表,叫作 MINITAB 工作表,列表示变量,行表示观测值(或事件).屏幕的最顶端是 MINITAB 的主菜单栏,包括 MINITAB 中可用的不同功能和过程按钮.一旦把数据输入扩展表后,就可以通过单击适当的菜单按钮来分析数据.结果将显示在会话窗口的顶部.

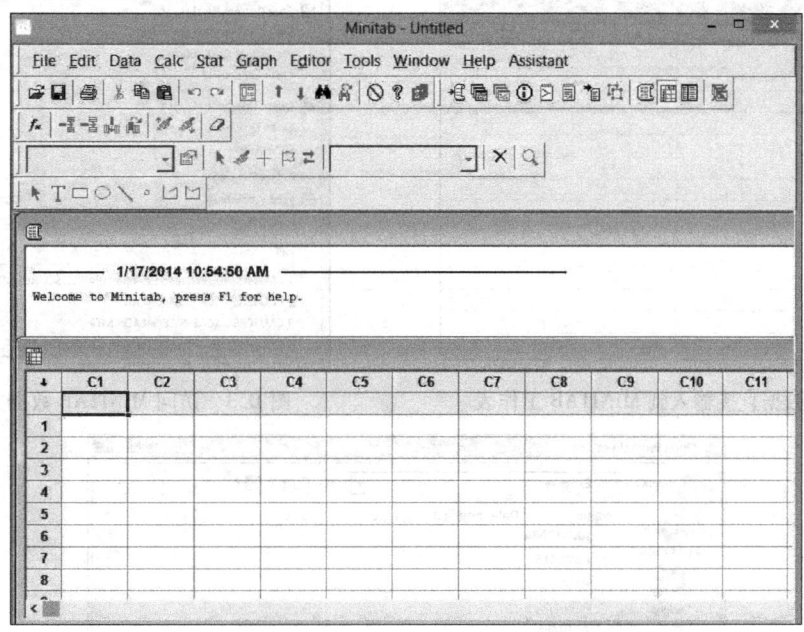

图 D.1 MINITAB 用户看到的初始屏幕

D.2 创建/访问准备分析的数据集

在 MINITAB 中有三种方法可以获得准备分析的数据集:
1. 直接输入数据值到 MINITAB 工作表
2. 访问之前创立的 MINITAB 工作表文件
3. 访问外部数据文件

数据直接输入

可以把数据直接输入到工作表来创建 MINITAB 数据文件.图 D.2 显示的是一个名为 RATIO 变量的数据输入.通过在列号下方的框中键入每个变量的名称来命名变量(列).

获取 MINITAB 文件

为访问已保存为 MINITAB 文件的数据,选择主菜单栏上的 File,然后是 Open Worksheet,如图 D.3 所示. 在得到的 Open Worksheet 对话框中(见图 D.4),选择数据文件所在的文件夹,再选择数据集(如 BONES). 在单击打开后,数据出现在扩展表中.

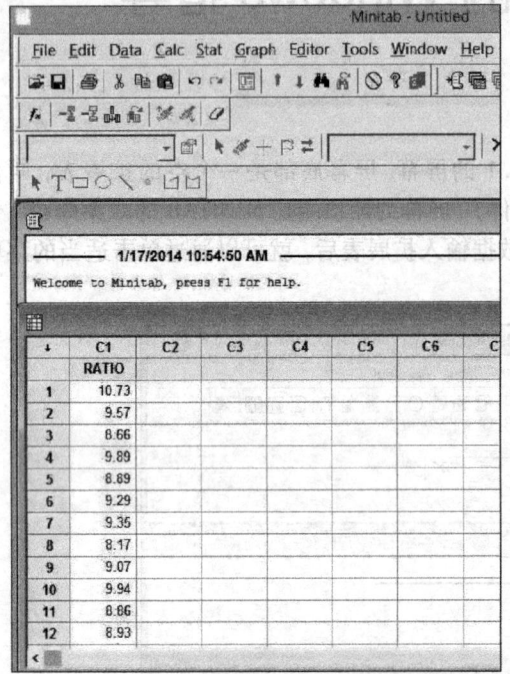

图 D.2 数据直接输入到 MINITAB 工作表

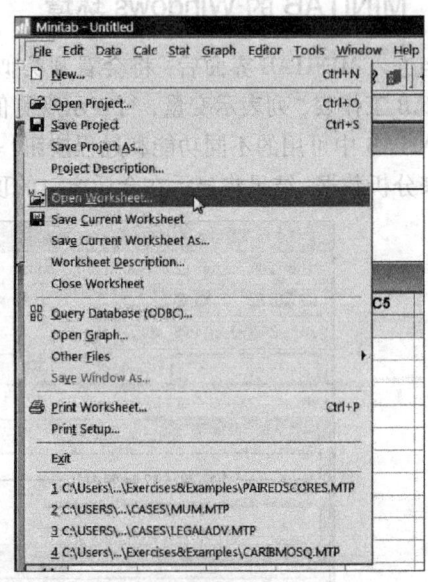

图 D.3 访问 MINITAB 数据文件

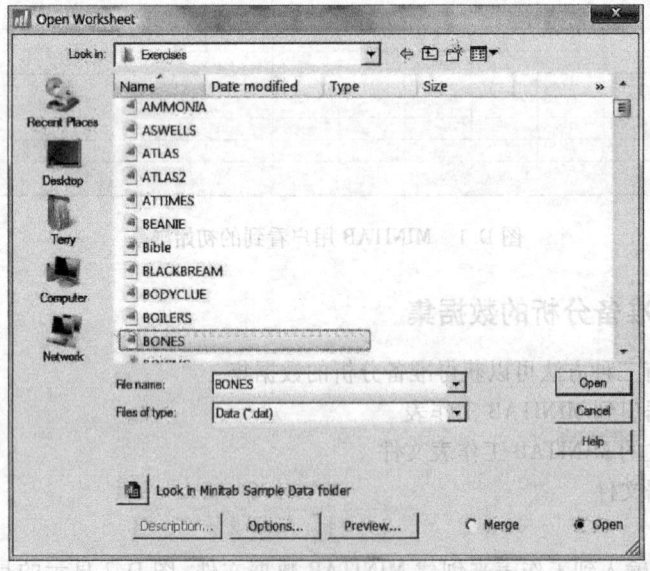

图 D.4 打开 MINITAB 工作表对话框

获得外部文件

最后,如果数据被保存在外部文本文件中,则通过选择菜单栏上的 File 来访问,单击 Other files,

然后选择 Import Special Text（见图 D.5）。Import Special Text 对话框将出现，如图 D.6 所示。指定变量（列）的名字，然后单击 OK。在得到的屏幕上指定包含外部数据文件的文件夹，单击文件名，然后选择 Open。MINITAB 工作表将再现外部文本文件中的数据。

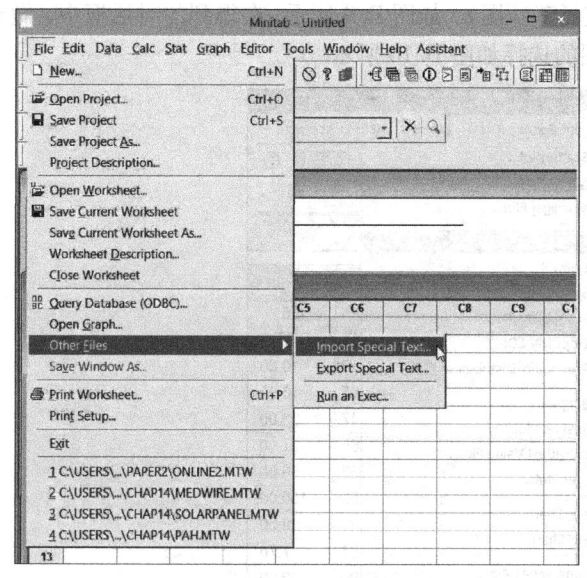

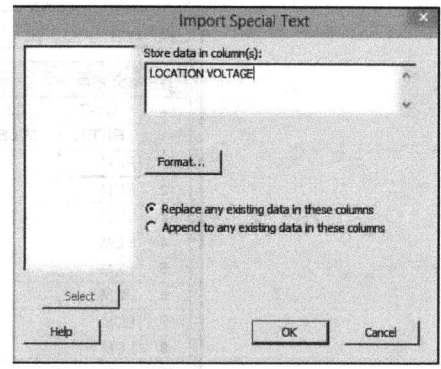

图 D.5 访问外部数据文件的 MINITAB 选项

图 D.6 Import Special Text 对话框

D.3 列表数据

为了利用 MINITAB 得到数据列表（输出），单击主菜单栏上的 Data 按钮，然后单击 Display Data（见图 D.7）。随后出现的菜单栏或对话框如图 D.8 所示。在 Columns, constants, and matrices to display 框内输入想要输出的变量名（也可以简单双击这些变量），然后单击 OK，MINITAB 会话屏幕上将会显示输出结果。

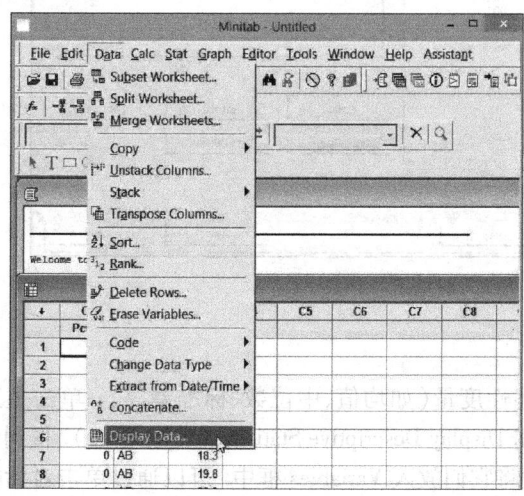

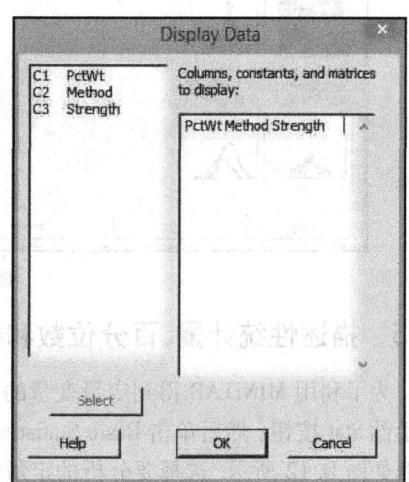

图 D.7 得到数据列表的 MINITAB 菜单选项

图 D.8 显示数据对话框

D.4 图示数据

为了利用 MINITAB 得到数据的图形描述，单击主菜单栏上的 Graph 按钮，然后单击选择的图形（条形图、饼状图、散点图、直方图、点状图或者茎叶图），如图 D.9 所示. 在得到的对话框中，做出相应的变量选择并单击 OK 查看图形. (直方图的选择如图 D.10 所示.)

图 D.9　图示数据的 MINITAB 菜单选项

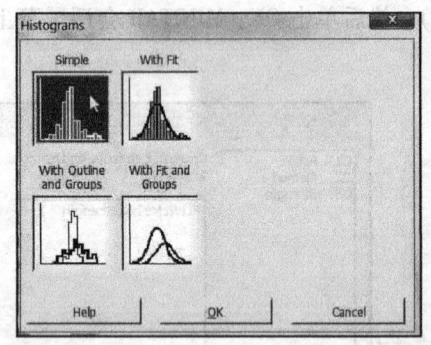
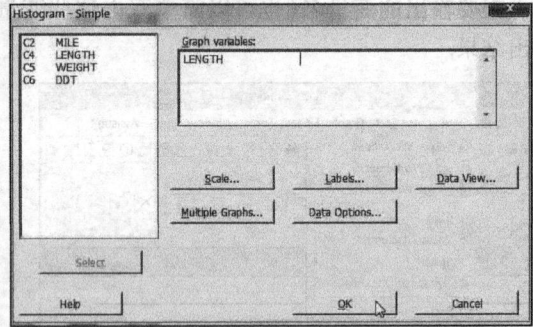

图 D.10　直方图对话框

D.5 描述性统计量、百分位数和相关

为了利用 MINITAB 得到定量变量的数值描述性度量（如均值、中位数、标准差等），单击主菜单栏上的 Stat 按钮，然后单击 Basic Statistics，再单击 Display Descriptive Statistics（见图 D.11）. 得到的对话框如图 D.12 所示. 选择要分析的定量变量，并将它们放入 Variables 框中. 可以通过单击对话框中的 Statistics 按钮选择出现哪一个描述性统计量.

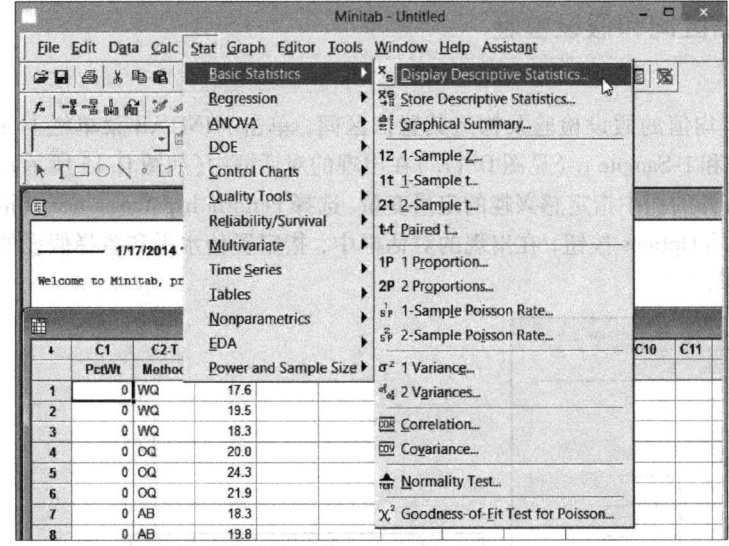
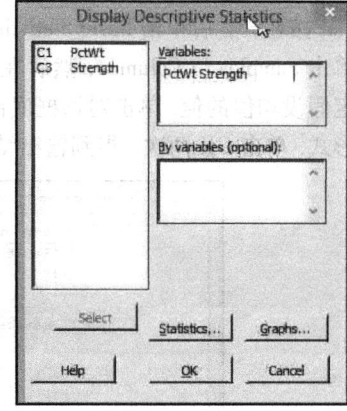

图 D.11　描述性统计量的 MINITAB 选项　　　图 D.12　描述性统计量的对话框

百分位数

为了用 MINITAB 得到百分位数(如百分之十、百分之九十五),单击主菜单栏上的 Calc 按钮,然后单击 Calculator. 所得的对话框如图 D.13 所示. 在 Expression 框中,指定 PERCENTILE 函数,其中括号中的第一个参数是要分析的数据列,第二个参数是百分位值(如 0.25 对应 25%). 选择要在扩展表中存储结果的列,然后单击 OK.

相关

为了得到定量变量对的皮尔逊乘积矩相关,单击主菜单栏上的 Stat 按钮,然后单击 Basic Statistics, 再单击 Correlations(见图 D.11). 在得到的对话框中,双击要分析的变量,并把它们放在右侧面板上的 Variables 框中. (见图 D.14.)单击 OK 得到相关的输出结果.

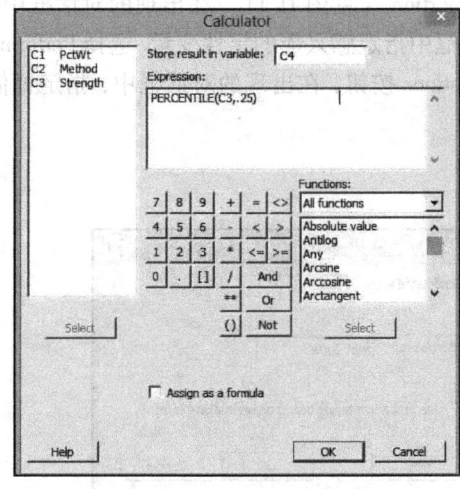
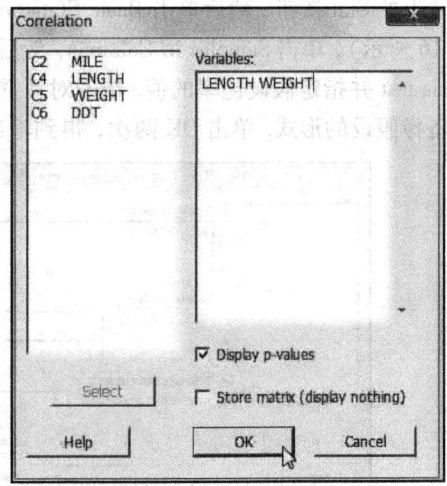

图 D.13　百分位数函数计算的对话框　　　图 D.14　相关对话框

D.6 均值、比率、方差的置信区间和假设检验

总体均值

为了进行定量变量的单个总体均值的假设检验及构造其置信区间,单击 MINITAB 菜单栏上的 Stat 按钮,然后单击 Basic Statistics 和 1-Sample t.(见图 D.11.)在出现的对话框中(如图 D.15 所示),单击 Samples in Columns,然后在打开的框中指定感兴趣的定量变量.选择 Perform hypothesis test 并指定假设均值的值.单击对话框底部的 Options 按钮,在出现的对话框中,指定置信水平和备择假设的形式.单击 OK 两次,得到输出结果.

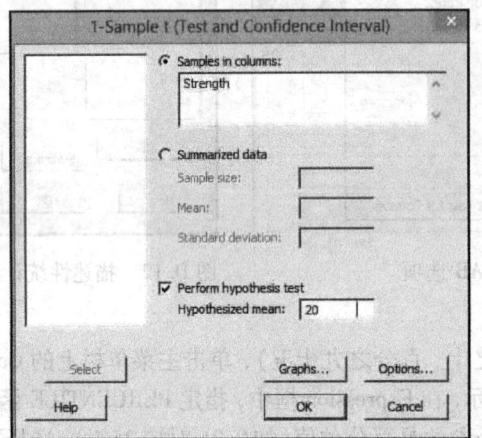
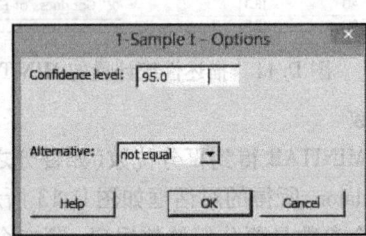

图 D.15 均值的单个样本 t 检验对话框

(注:如果想生成概括信息均值(如样本均值、样本标准差、样本大小)的置信区间和(或者)假设检验,单击 1-Sample t 对话框中(图 D.15)的 Summarized data,输入概括统计量的值,最后单击 OK.)

总体比率

为了进行两水平(二项)定性变量的单个总体比率的假设检验及构造其置信区间,单击 MINITAB 菜单栏上的 Stat 按钮,然后单击 Basic Statistics 和 1-Proportion.(见图 D.11.)在出现的对话框中(如图 D.16 所示),单击 Samples in Columns,然后在打开的框中指定感兴趣的定性变量.选择 Perform hypothesis test 并指定假设比率的值.单击对话框底部的 Options 按钮,在出现的对话框中,指定置信水平和备择假设的形式.单击 OK 两次,得到输出结果.

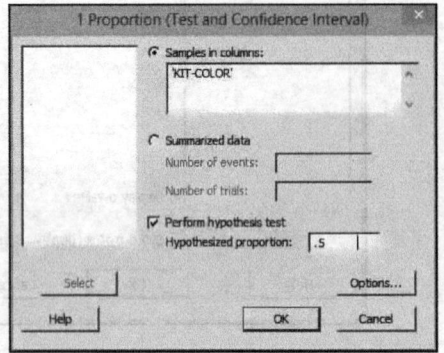
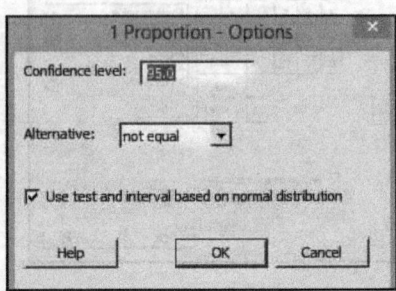

图 D.16 单比率对话框

总体方差

为了进行定量变量的单个总体方差的假设检验及构造其置信区间,单击 MINITAB 菜单栏上的 Stat 按钮,然后单击 Basic Statistics 和 1 Variance.(见图 D.11.)在出现的对话框中(如图 D.17 所示),在 Data 框中单击 Samples in Columns,然后在 Columns 框中指定感兴趣的定量变量. 选择 Perform hypothesis test 并指定假设标准差(或方差)的值. 单击对话框底部的 Options 按钮,在出现的对话框中,指定置信水平和备择假设的形式. 单击 OK 两次,得到输出结果.

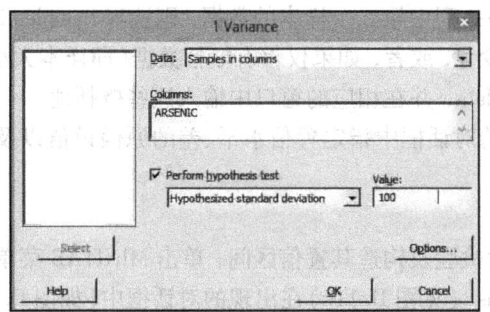 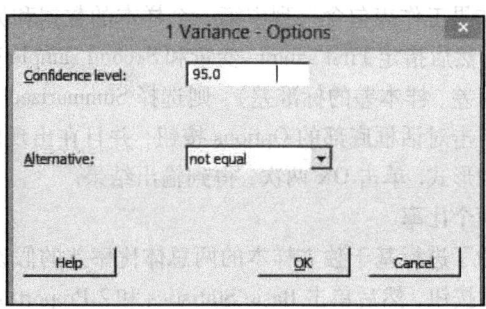

图 D.17 单方差对话框

D.7 均值差、比率差或者方差比的置信区间和假设检验

两个均值,独立样本

为了进行基于独立样本的两总体均值差的假设检验及构造其置信区间,单击 MINITAB 菜单栏上的 Stat 按钮,然后单击 Basic Statistics 和 2-Sample t.(见图 D.11.)

如果工作表包含定量变量(将要计算其均值)和定性变量(代表两组或者两个总体)的数据,则选择 Samples in one column,然后在 Samples 区域内指定定量变量,在 Subscripts 区域内指定定性变量.(见图 D.18 左侧面板.)

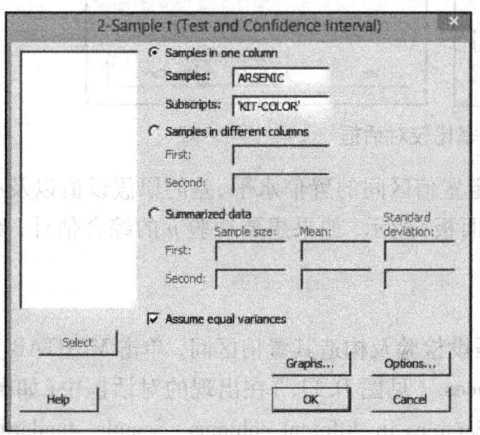 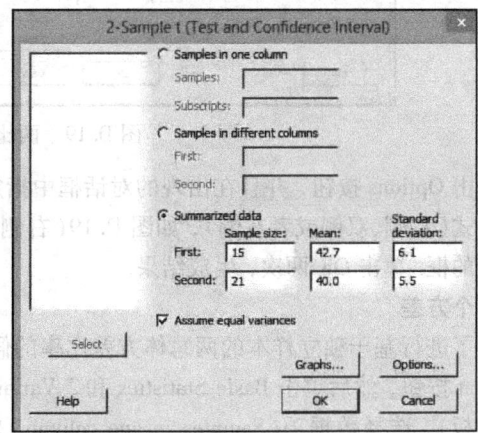

图 D.18 两均值比较对话框

如果工作表包含一列中第一个样本的数据和另一列中第二个样本的数据,则选择 Samples in different columns,然后指定 First 变量和 Second 变量. 或者,如果仅仅有概括数据(即样本大小、样本均值、样本标准差),则选择 Summarized data,并在相应的窗口中输入这些概括值.(见图 D.18 右侧面板.)

注：如果样本量少，则必须选择 Assume equal variances 框. 对于大样本，不选此框.

单击对话框底部的 Options 按钮，并且在出现的对话框中指定置信水平、差的原假设值以及备择假设的形式. 单击 OK 两次，得到输出结果.

两个均值，配对样本

为了进行基于配对数据的两总体均值差的假设检验及构造其置信区间，单击 MINITAB 菜单栏上的 Stat 按钮，然后单击 Basic Statistics 和 Paired t. （见图 D.11.）

如果工作表包含一列中第一个样本的数据和另一列中第二个样本的数据，则选择 Samples in columns，然后指定 First sample 变量和 Second sample 变量. 或者，如果仅仅有概括数据（即样本大小、样本均值差、样本差的标准差），则选择 Summarized data，并在相应的窗口中输入这些概括值.

单击对话框底部的 Options 按钮，并且在出现的对话框中指定置信水平、差的原假设值以及备择假设的形式. 单击 OK 两次，得到输出结果.

两个比率

为了进行基于独立样本的两总体比率差的假设检验及构造其置信区间，单击 MINITAB 菜单栏上的 Stat 按钮，然后单击 Basic Statistics 和 2 Proportions. （见图 D.11.）在出现的对话框中（如图 D.19 左侧面板），选择数据项（Samples in different columns 或者 Summarized data）并且做出相应的菜单选择.（图 D.19 显示出选择 Summarized data 时的菜单选项.）

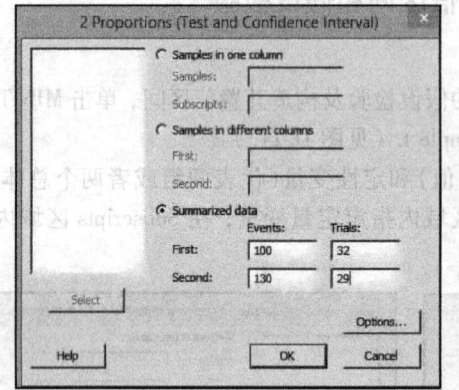
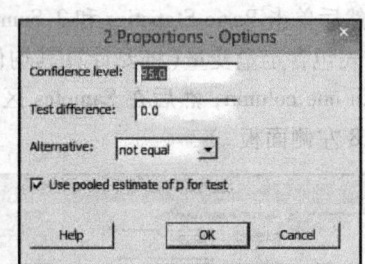

图 D.19　两比率比较对话框

单击 Options 按钮，并且在出现的对话框中指定置信区间的置信水平、差的原假设值以及备择假设的形式（左侧、双侧或者右侧），如图 D.19（右侧面板）所示. 如果想要检验 p 的综合估计，确保选中相应的框. 单击 OK 两次，生成结果.

两个方差

为了进行基于独立样本的两总体方差比率的假设检验及构造其置信区间，单击 MINITAB 菜单栏上的 Stat 按钮，然后单击 Basic Statistics 和 2 Variances. （见图 D.11.）在出现的对话框中（如图 D.20 左侧面板），选择数据项（Samples in one column、Samples in different columns、Sample standard deviations 或者 Sample variances）并且做出相应的菜单选择.（图 D.20 显示出选择 Samples in one column 时的菜单选项.）

单击对话框底部的 Options 按钮，并且在出现的对话框中指定置信水平、比率的原假设值以及备择假设的形式. 单击 OK 两次，得到输出结果.

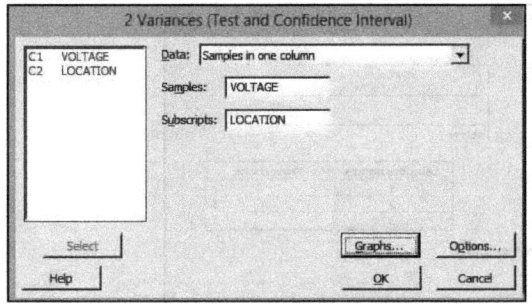 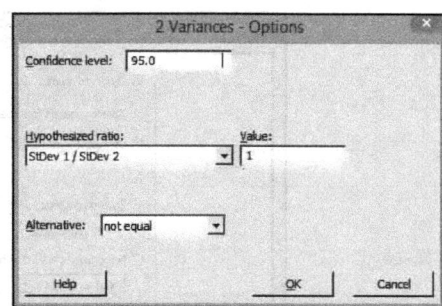

图 D.20 两方差比较对话框

D.8 分类数据分析

MINITAB 可以产生单个定性变量的频数表(即单向表),也可以对双向(列联)表中的两个定性变量的独立性进行卡方检验.

单向表

对于单向表,单击 MINITAB 菜单栏上的 Stat 按钮,然后单击 Tables 和 Chi-square Goodness-of-Fit Test (One Variable). (见图 D.21.)类似于图 D.22 的对话框将会出现.

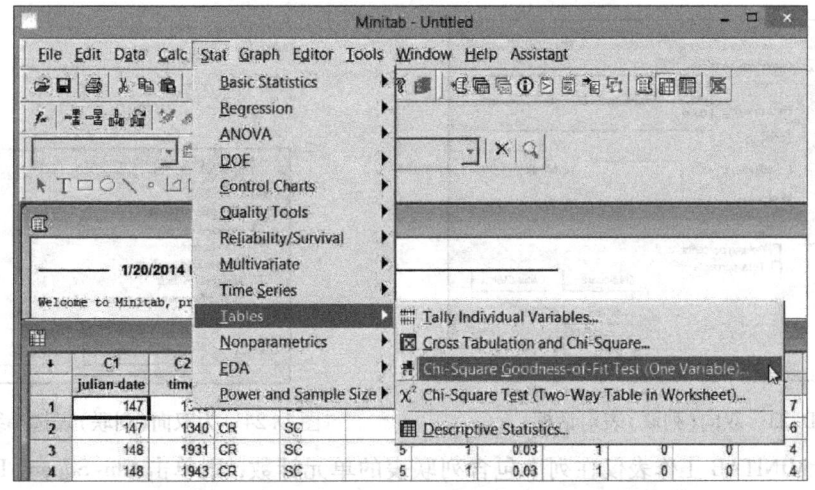

图 D.21 单向频数表分析的 MINITAB 菜单选项

如果对于定性变量的数据有一列值,则选择 Categorical data 且在框中指定变量的名字(或列). 如果数据在两列里有概括信息——一列列出定性变量的水平,而另一列具有每一水平的观测计数. 选择 Observed counts,并且在各自的框中指定列的计数和列的变量名. 选择 Equal proportions 或者选择 Specific proportions 用于等比率的检验,且在随后出现的框中(如图 D.22)紧靠着每一水平输入假设比率. 单击"OK"产生 MINITAB 输出.

双向表

对于双向表,单击 MINITAB 菜单栏上的 Stat 按钮,然后单击 Tables 和 Cross Tabulation and Chi-square. (见图 D.21.)类似于图 D.23 的对话框将会出现.

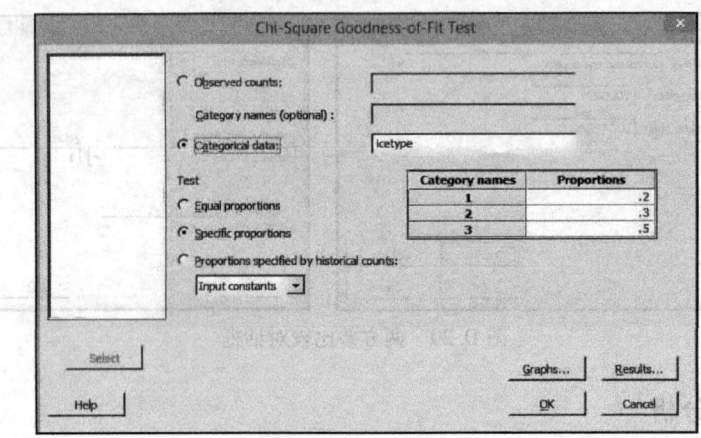

图 D.22 单向频数表对话框

在 For rows 框中指定一个定性变量且在 For columns 框中指定另一个定性变量,如图 D.23 所示.[注:如果工作表包含类型的单元计数,则在 Frequencies are in 框中输入带单元计数的变量.] 单击 Chi-Square 按钮,然后在随后显示的对话框中(见图 D.24)通过相应的选择,选择想要在表中显示的统计量. 单击 OK 两次产生 MINITAB 输出.

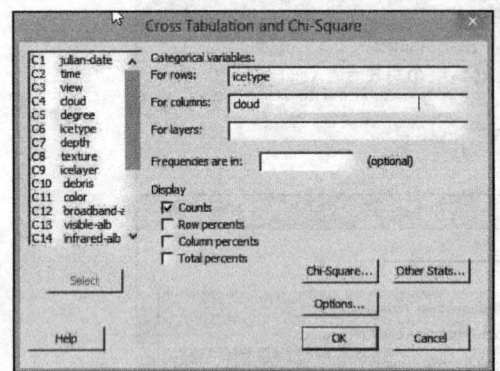

图 D.23 双向(列联)表对话框

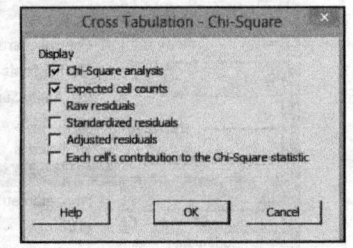

图 D.24 为双向(列联)表选择统计量

注:如果 MINITAB 工作表仅在列中包含列联表的单元计数,则单击 Chi-Square Test(Two-Way Table in Worksheet)菜单选项(见图 D.21)且在 Columns containing the table 框中指定列. 单击 OK 产生 MINITAB 输出.

D.9 简单线性回归

为了进行简单线性回归分析,单击 MINITAB 菜单栏上的 Stat 按钮,然后单击 Regression,再单击 Regression. (见图 D.25.)在出现的对话框中,在菜单的右侧的 Response 框中指定定量因变量,在 Predictors 框中指定定量自变量,如图 D.26 所示.

为了生成 y 的预测区间及 $E(y)$ 的置信区间,单击 Options 按钮. 出现的对话框如图 D.27 所示. 选中 Confidence limits 和/或 Prediction limits,指定 Confidence level,且输入 x 的值到 Prediction intervals for new observations 框中. 单击 OK 返回主回归对话框,然后再单击 OK 产生 MINITAB 简单线性回归输出.

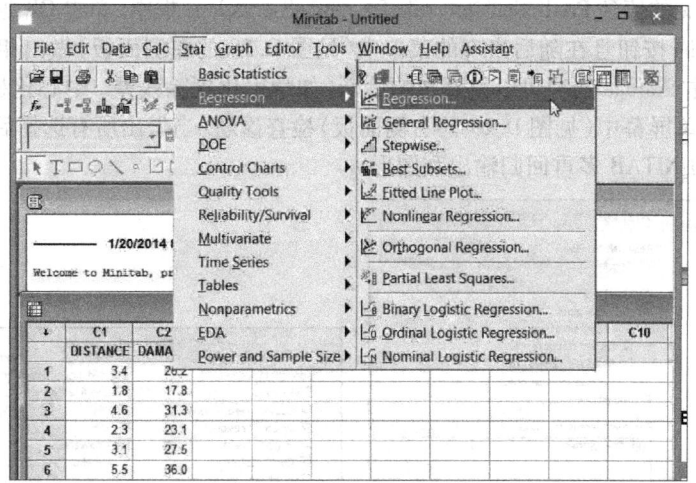

图 D.25　简单线性回归的 MINITAB 菜单选项

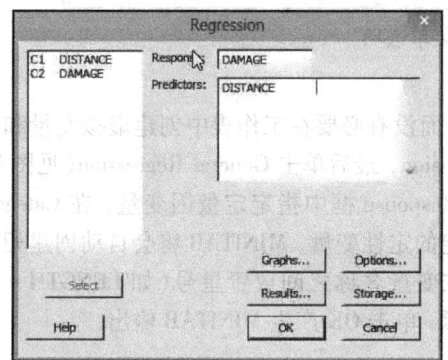

图 D.26　简单线性回归对话框

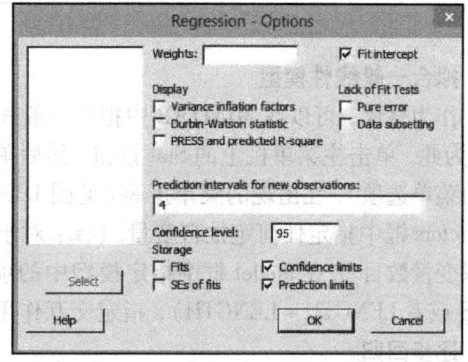

图 D.27　MINITAB 简单线性回归选项

D.10 多重回归

为了进行多重回归分析，单击 MINITAB 菜单栏上的 Stat 按钮，然后单击 Regression，再单击 Regression.（见图 D.25.）在出现的对话框中，在菜单的右侧的 Response 框中指定定量因变量，在 Predictors 框中指定定量自变量，如图 D.28 所示.

（注：如果模型包含虚拟变量、交互作用或平方项，则必须在运行回归分析之前将这些变量创建并增加到 MINITAB 工作表中. 这些可以通过单击 MINITAB 主菜单上的 Calc 按钮然后选择 Calculator 选项来实现.）

为了生成 y 的预测区间及 $E(y)$ 的置信区间，单击 Options 按钮. 在出现的对话框中（类似于图 D.27），选择 Confidence limits 和\或 Prediction limits，指定 Confi-

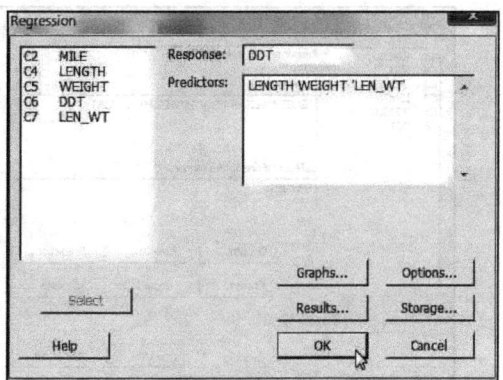

图 D.28　回归对话框

dence level,且输入 x 的值到 Prediction intervals for new observations 框中。单击 OK 返回主回归对话框。

通过单击 Graphs 按钮且在随后出现的菜单中(见图 D.29 的左侧面板)做出相应的选择,可以得到残差图。通过单击 Storage 选项可以得到影响诊断(如学生化剔除残差、中心化杠杆值、库克距离)且在随后出现的菜单屏幕中(见图 D.29 的右侧面板)检查诊断。当做出所有选择后,单击主回归对话框中的 OK,产生 MINITAB 多重回归输出和图形。

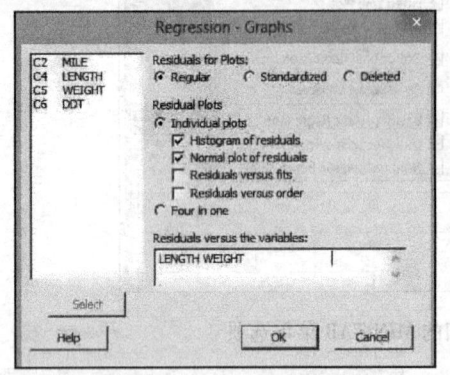
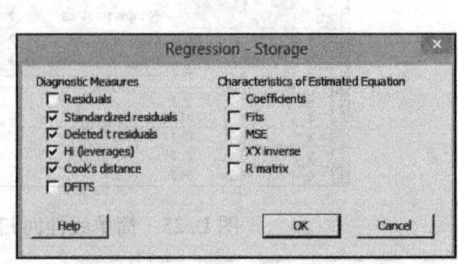

图 D.29 残差分析菜单选项

拟合一般线性模型

作为替代,可以在 MINITAB 中拟合一般线性模型,而没有必要在工作表中创建虚拟变量和高阶项。为此,单击主菜单栏上的 Stat 按钮,然后单击 Regression,最后单击 General Regression(见图 D.25 中的菜单选项)。在出现的菜单屏幕(见图 D.30)上的 Response 框中指定定量因变量,在 Categorical predictors 框中指定任何定性自变量。(注:对于每个指定的定性变量,MINITAB 将会自动创建相应的虚拟变量数目。)在 Model 框中指定模型中的项。通过在变量名称之间放置星号(如 LENGTH * SPECIES 或者 LENGTH * LENGTH),指定交互作用和平方项。单击 OK 产生 MINITAB 输出。

逐步回归

为了进行逐步回归分析,单击主菜单栏上的 Stat 按钮,然后单击 Regression,最后单击 Stepwise Regression。(见图 D.25 中的菜单选项)在随后出现的菜单屏幕上的 Response 框中指定定量因变量,在 Predictors 框中指定所有潜在的自变量,如图 D.31 所示。单击 Methods 按钮得到一个菜单屏幕,允许选择逐步选择、向前选择或向后消除。(默认方法是逐步选择。)单击 OK 两次得到 MINITAB 输出。

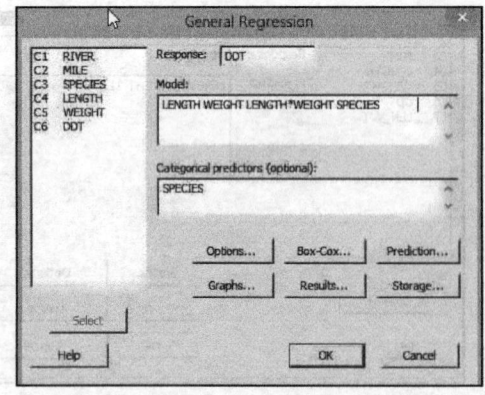
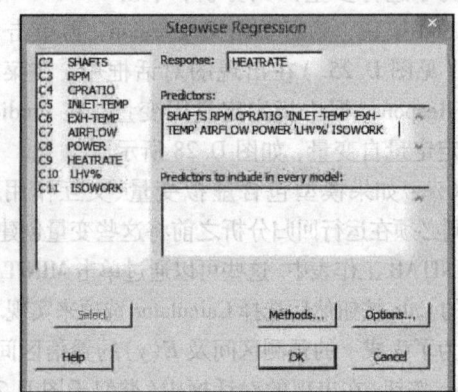

图 D.30 一般线性模型对话框   图 D.31 逐步回归对话框

所有可能回归的选择

为了进行所有可能回归的选择方法，单击主菜单栏上的 Stat 按钮，然后单击 Regression，最后单击 Best Subsets(见图 D.25 中的菜单选项). 在随后出现的菜单屏幕上的 Response 框中指定定量因变量，在 Free Predictors 框中指定所有潜在的自变量，如图 D.32 所示. 单击 OK 得到 MINITAB 输出.

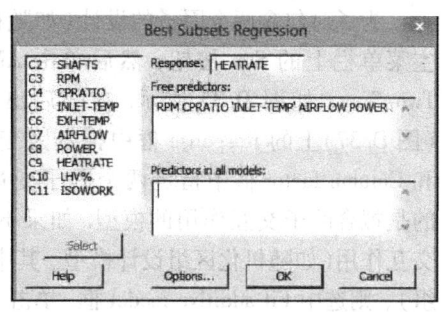

图 D.32　所有可能回归的选择对话框

D.11　单向方差分析

为了利用 MINITAB 对完全随机化设计进行单向方差分析，单击主菜单栏上的 Stat 按钮，然后单击 ANOVA，最后单击 One-Way，如图 D.33 所示. 在随后出现的菜单屏幕(图 D.34)上的 Response 框中指定因变量，在 Factor 框中指定因子变量.

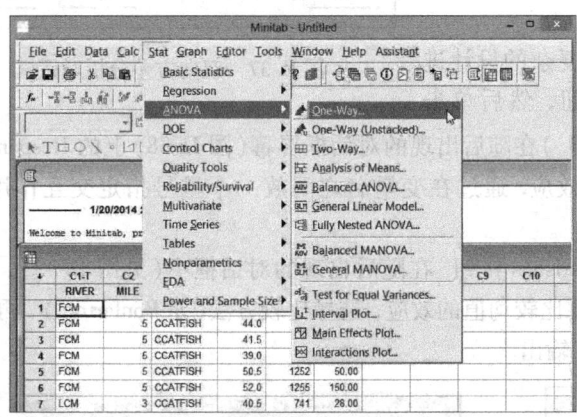

图 D.33　单向方差分析的 MINITAB 菜单选项

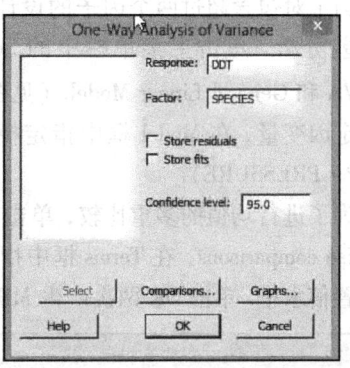

图 D.34　单向方差分析对话框

为了进行处理均值的多重比较，单击 Comparisons 按钮得到如图 D.35 所示的对话框. 在这个框中，选中比较方法(如 Tukey's 方法)且指定比较的错误率(如 family error rate). 单击 OK 两次产生 MINITAB 输出.

为了进行方差相等性检验，单击主菜单栏上的 Stat 按钮，然后单击 ANOVA，最后单击 Test for Equal Variances，如图 D.33 所示. 在出现的对话框屏幕(图 D.36)上的 Response 框中指定因变量，在 Factor 框中指定因子变量，再指定检验的置信水平. 单击 OK 查看 MINITAB 输出(Bartlett 和 Levene 的检验).

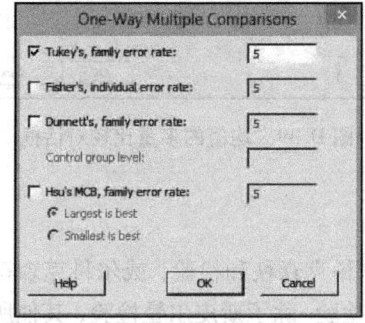

图 D.35　方差分析的多重比较对话框

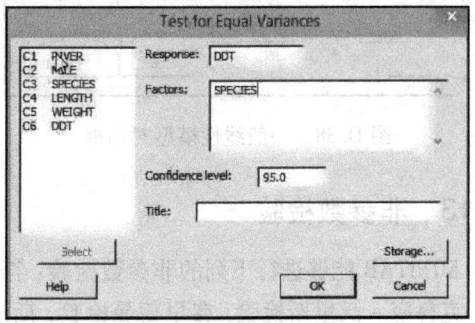

图 D.36　检验方差相等性的对话框

D.12 析因设计和其他设计的方差分析

两因子设计

为了对包含两个因子的设计(如随机化区组设计和两个因子的析因设计)进行方差分析,单击主菜单栏上的 Stat 按钮,然后单击 ANOVA,最后单击 Two-Way,如图 D.33 所示.在随后出现的对话框屏幕(图 D.37)上的 Response 框中指定因变量,在 Row factor 和 Column factor 框中指定两个因子变量.MINITAB 默认的是拟合因子交互作用的模型.如果不想在模型中包含交互作用(如随机化区组设计模型,其中一个因子表示区组),则选中 Fit additive model 框.单击 OK 产生 MINITAB 输出.

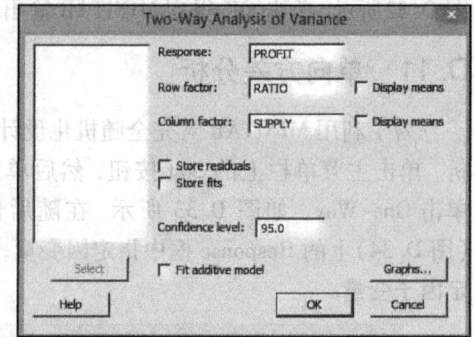

图 D.37 双向方差分析对话框

多因子设计

为了对包含超过两个因子的设计或更复杂的设计进行方差分析,单击主菜单栏中的 Stat 按钮,然后单击 ANOVA 和 General Linear Model.(见图 D.33.)在随后出现的对话框屏幕(图 D.38)上的 Response 框中指定因变量,在 Model 框中指定模型的效应.通过在变量名之间放一个星号指定交互作用(如 TEMP * PRESSURE).

为了进行均值的多重比较,单击 Comparisons 按钮.在随后出现的对话框中(见图 D.39),选择 Pairwise comparisons,在 Terms 框中指定想要比较均值的效应,选择比较方法(如 Bonferroni),再指定试验置信水平.单击 OK 两次产生 MINITAB 输出.

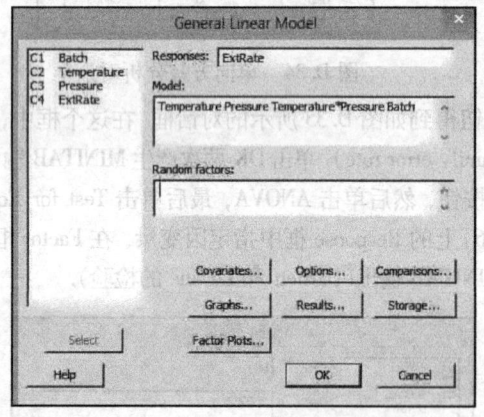

图 D.38 一般线性模型对话框

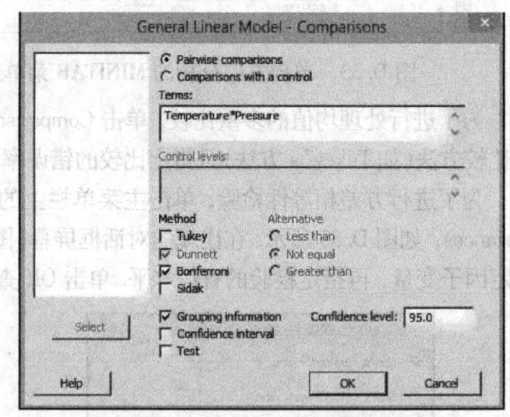

图 D.39 均值的多重比较对话框

D.13 非参数检验

MINITAB 能够进行下列的非参数检验:符号检验,威尔科克森秩和检验,威尔科克森符号秩检验,克鲁塞-沃里斯检验,弗里德曼检验,斯皮尔曼秩相关检验.除了斯皮尔曼检验,其他所有检验都能通过下列菜单选择来产生:单击 MINITAB 主菜单栏上的 Stat 按钮,然后单击 Nonparametrics,最后选择想要进行的检验(如 1-Sample Sign 检验). 这些菜单选项如图 D. 40 所示.

图 D. 40 非参数检验的 MINITAB 菜单选项

符号检验

从非参数菜单中选择 1-Sample Sign 后,如图 D. 41 所示的对话框屏幕将会出现. 在 Variables 框中指定要分析的变量,选择 Test median,然后输入中位数的原假设值且选择备择假设的形式. 单击 OK 查看 MINITAB 输出结果.

秩和检验

为了对独立样本进行威尔科克森秩和检验(也称作曼 – 惠特尼检验), 在工作表中的数据必须是两列——每一个样本对应着一列. 在非参数菜单列表中(见图 D. 40)选择 Mann-Whitney, 如图 D. 42 所示的对话框屏幕将会出现. 在 First Sample 框中指定第一个样本的变量, 在 Second Sample 框中指定第二个样本的变量. 指定置信水平及备择假设的形式, 然后单击 OK 查看 MINITAB 输出结果.

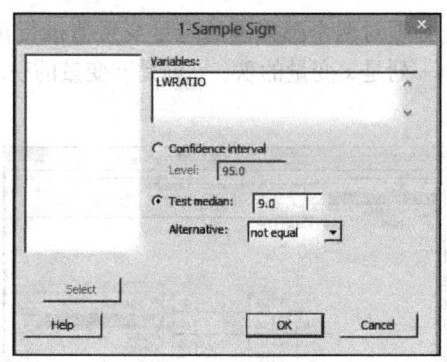

图 D. 41 符号检验对话框

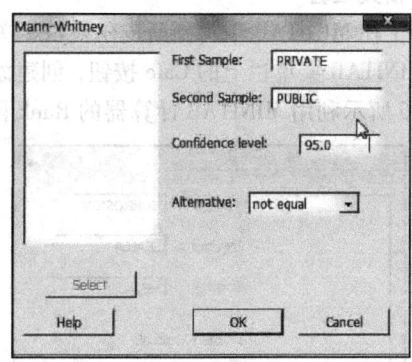

图 D. 42 曼 – 惠特尼检验对话框

符号秩检验

为了对配对样本进行威尔科克森符号秩检验, 在工作表中的配对数据必须是两列——配对中的每一个对应一列. 计算两个变量之间的差, 并将结果保存在工作表的某列中.(用 MINITAB 菜单栏上的 Calc 按钮.)

现在选择非参数菜单列表(见图 D.40)中的 1-Sample Wilcoxon,如图 D.43 所示的对话框屏幕将会出现. 在 Variables 框中输入表示配对差的变量. 选择 Test median 选项,并指定中位数的假设值为 0. 选择备择假设的形式(not equal, less than 或 greater than),单击 OK 得到 MINITAB 输出结果.

克鲁塞 - 沃里斯检验

为了对单向方差分析设计进行克鲁塞 - 沃里斯检验,在工作表中的数据必须是两列———一列表示因变量,一列表示处理. 在非参数菜单列表中(见图 D.40)选择 Kruskal-Wallis,如图 D.44 所示的对话框屏幕将会出现. 在 Response 框中指定因变量,在 Factor 框中指定处理(因子)变量. 单击 OK 查看 MINITAB 输出结果.

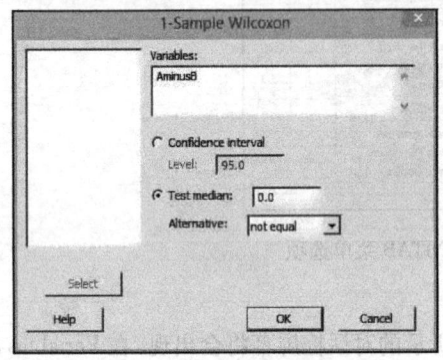

图 D.43　威尔科克森符号秩对话框

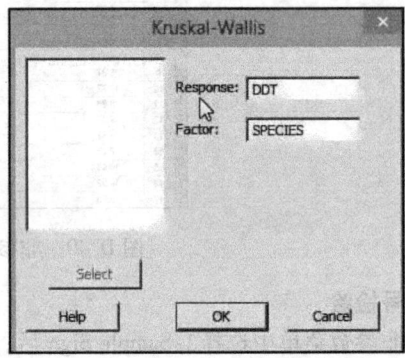

图 D.44　克鲁塞 - 沃里斯检验对话框

弗里德曼检验

为了对随机化区组方差分析设计进行弗里德曼检验,在工作表中的数据必须是三列———一列表示因变量,一列表示处理,一列表示区组. 在非参数菜单列表中(见图 D.40)选择 Friedman,如图 D.45所示的对话框屏幕将会出现. 在 Response 框中指定因变量,在 Treatment 框中指定处理(因子)变量,在 Blocks 框中指定区组变量. 单击 OK 查看 MINITAB 输出结果.

秩相关检验

为了在 MINITAB 中得到斯皮尔曼秩相关系数,首先必须对两个感兴趣的定量变量值进行排秩. 单击 MINITAB 菜单栏上的 Calc 按钮,创建添加的两列,一列是 x 变量的秩,一列是 y 变量的秩. (如图 D.46 所示利用 MINITAB 计算器的 Rank 函数).

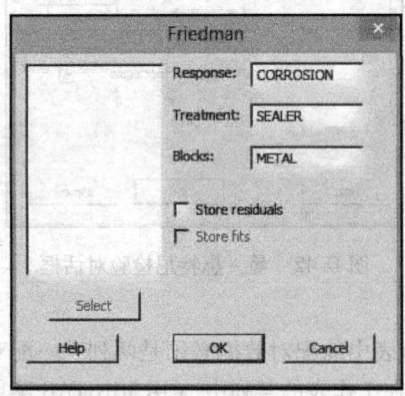

图 D.45　弗里德曼检验对话框

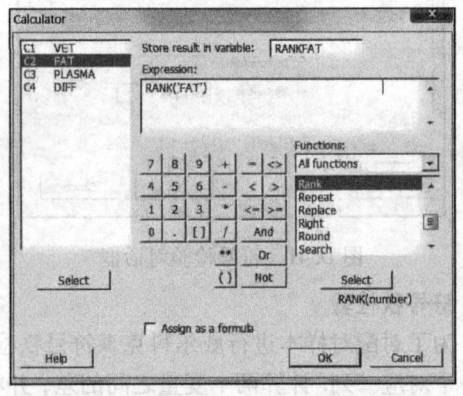

图 D.46　MINITAB 计算器菜单屏幕

在排完变量之后,单击主菜单栏上的 Stat 按钮,然后单击 Basic Statistics 和 Correlation,得到的对话框如图 D.47 所示. 在 Variables 框中输入排秩的变量,不选择 Display p-values. 单击 OK 得到 MINITAB 输出结果.(为了进行检验,需要查斯皮尔曼秩相关的临界值.)

D.14 控制图和能力分析

变量控制图

为了用 MINITAB 生成个体变量控制图,单击主菜单栏上的 Stat 按钮,然后单击 Control Charts、Variable Charts for Individuals 和 Individuals,如图 D.48 所示. 在出现的对话框中的(见图 D.49)Variables 框中,指定要绘制的变量. 单击 I Chart Options,再选择 Tests 去指定想要应用的任何模式分析原则. 单击 OK 生成控制图.

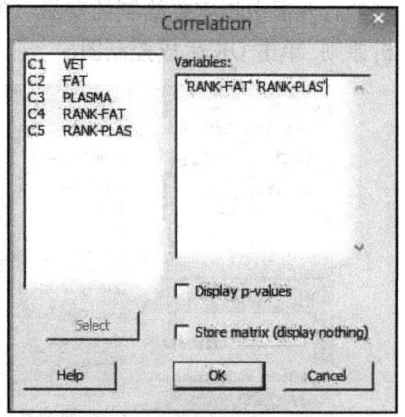

图 D.47 MINITAB 相关对话框

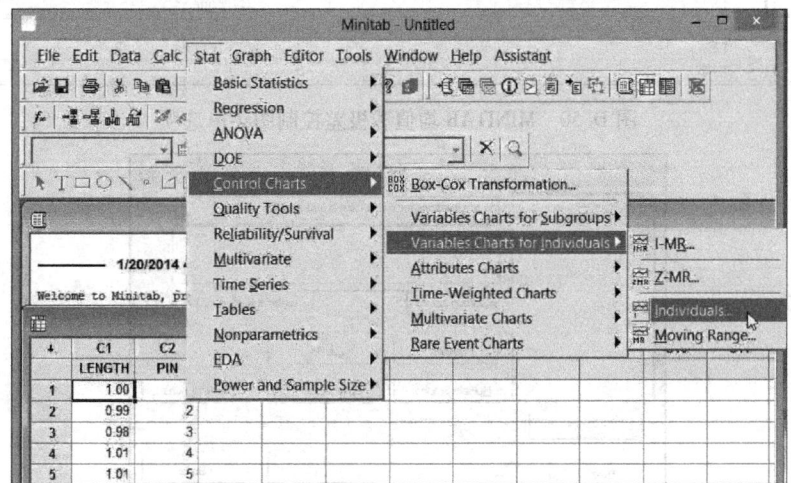

图 D.48 MINITAB 个体变量控制图菜单选项

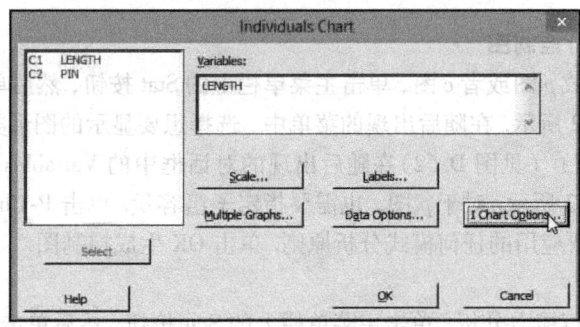

图 D.49 个体变量控制图对话框

均值和极差控制图

为了用 MINITAB 生成均值和极差控制图,单击主菜单栏上的 Stat 按钮,然后单击 Control Charts、

Variable Charts for Subgroups 和 Xbar-R, 如图 D.50 所示. 在随后出现的对话框中(见图 D.51), 在右侧的打开框中指定要绘制的变量. 单击 Xbar-R Options, 再选择 Tests 去指定想要应用的任何模式分析原则. 单击 OK 生成控制图.

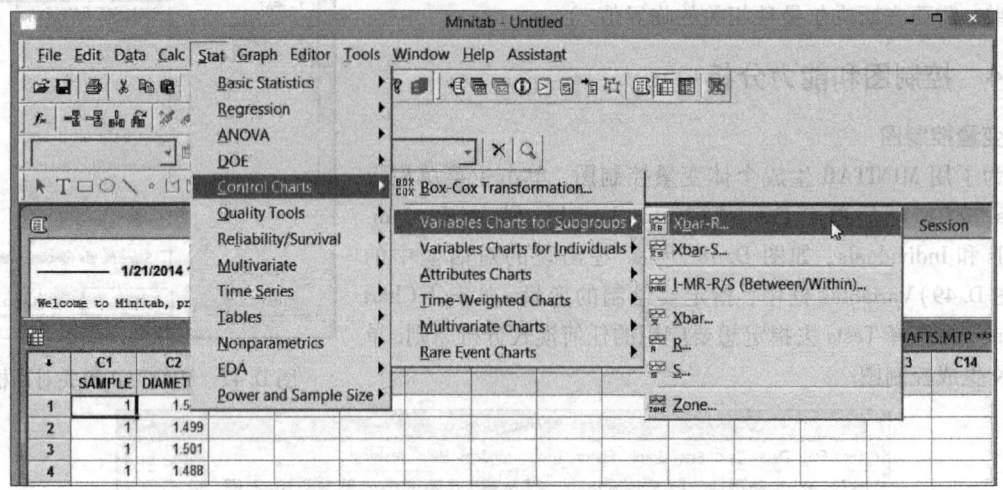

图 D.50 MINITAB 均值和极差控制图菜单选项

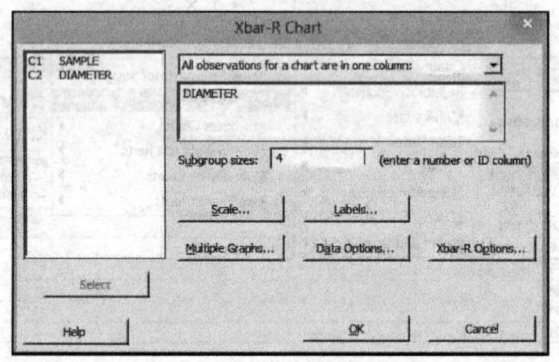

图 D.51 Xbar-R 控制图对话框

属性(数量和不良率)控制图

为了用 MINITAB 生成 p 图或者 c 图, 单击主菜单栏上的 Stat 按钮, 然后单击 Control Charts 和 Attributes Charts, 如图 D.52 所示. 在随后出现的菜单中, 选择想要显示的图形类型(要么选择 P 对应 p 图, 要么选择 C 对应 c 图). (见图 D.52)在随后出现的对话框中的 Variables 框中, 指定含有不合格品个数的变量, 如图 D.53 所示. 对于 p 图, 也需要指定子组容量. 单击 P-Chart(or C-Chart)Options, 然后选择 Test 去指定想要应用的任何模式分析原则. 单击 OK 生成控制图.

能力分析

为了用 MINITAB 进行能力分析, 单击主菜单栏上的 Stat 按钮, 然后单击 Quality Tools、Capability Analysis 和 Normal, 如图 D.54 所示. 一个类似于图 D.55 的对话框将显示出来. 在 Single column 框中指定感兴趣的质量变量, 在图 D.55 所示的菜单屏幕中指定子组容量和规格下限、规格上限. 单击 OK 按钮产生能力分析图和统计量.

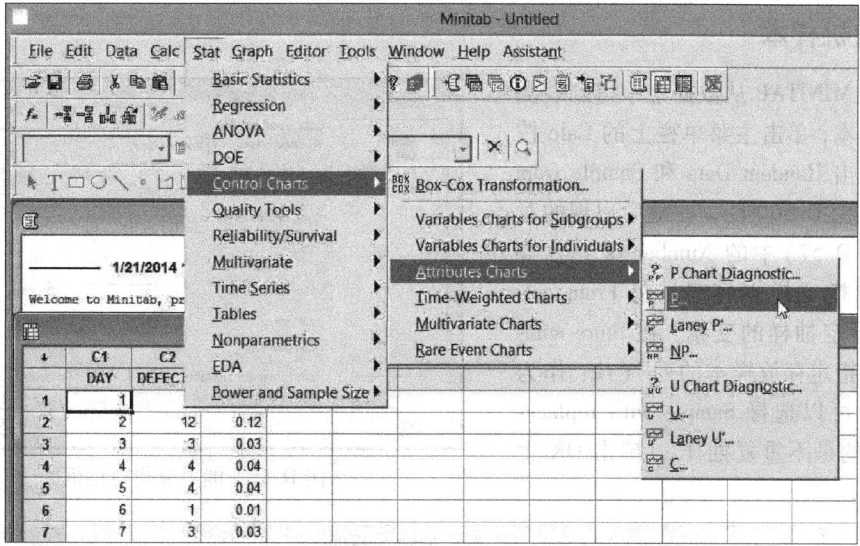

图 D.52　MINITAB 均值和极差控制图菜单选项

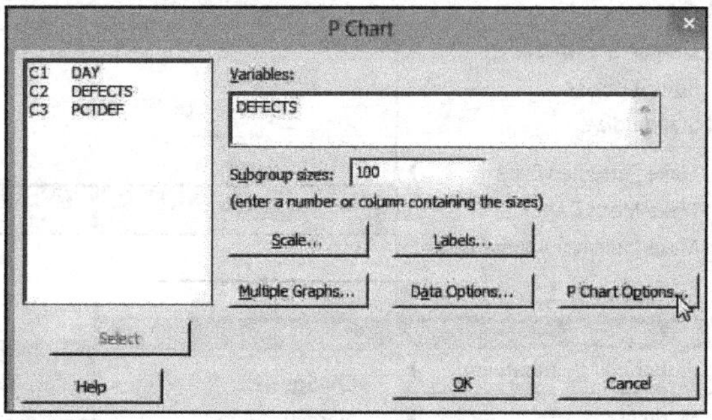

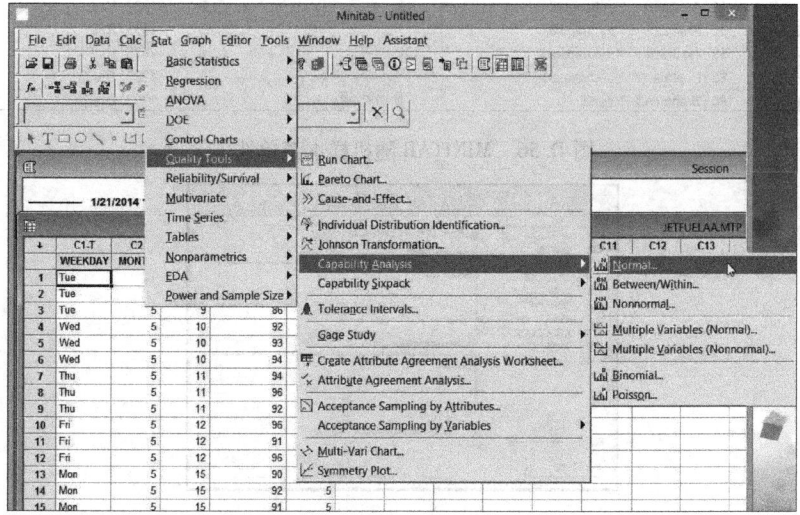

图 D.53　p 图对话框

图 D.54　MINITAB 过程能力分析菜单选项

D.15 随机样本

为了用 MINITAB 从数据集中得到观测值的随机样本,单击主菜单栏上的 Calc 按钮,然后单击 Random Data 和 Sample from Columns,如图 D.56 所示. 在随后出现的对话框(见图 D.57)中的 Number of rows to sample 框中指定样本容量,在 From columns 框中指定抽样的变量,在 Store samples in 框中指定存放样本的列. (注:作为一个选项,可以选择 Sample with replacement,默认的是不重复抽样.)单击 OK 生成随机样本.

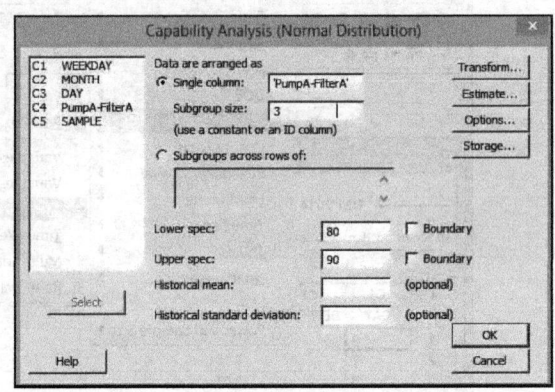

图 D.55 能力分析对话框

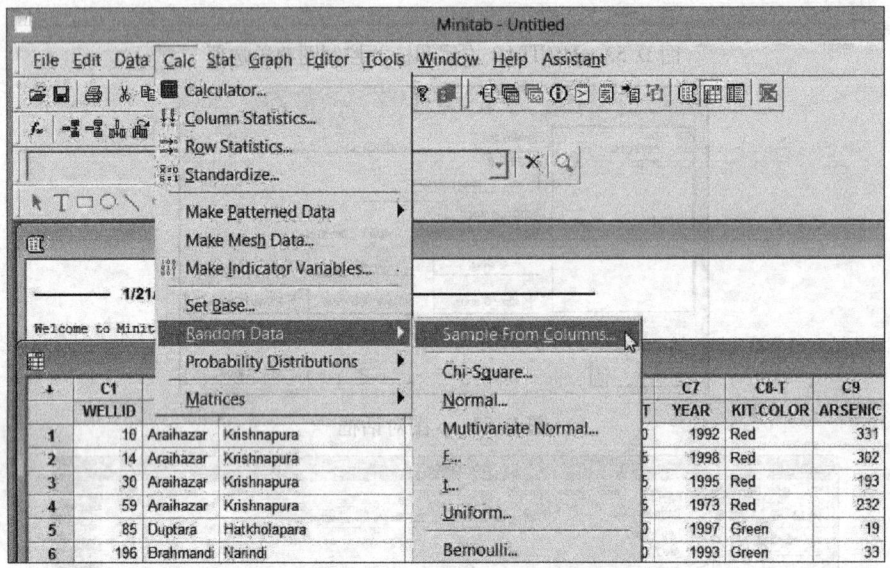

图 D.56 MINITAB 随机样本菜单选项

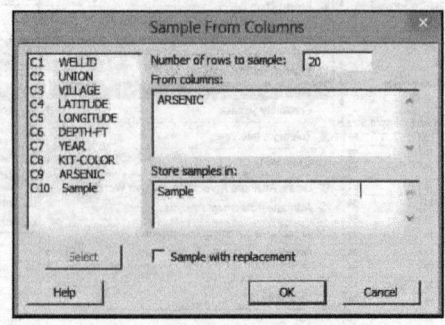

图 D.57 随机样本对话框

附录 E SPSS 的 Windows 指导

E.1 SPSS Windows 环境

进入 SPSS 界面,将看到类似于图 E.1 的屏幕,屏幕的主要部分是一张空白的扩展表,列表示变量,行表示观测值(或者事件). 屏幕的最顶端是 SPSS 主菜单栏,包括了 SPSS 提供的不同函数和程序的按钮. 一旦将数据输入扩展表,单击适当的菜单按钮就可以分析这些数据. 结果将显示在 SPSS 查看器的输出窗口中.

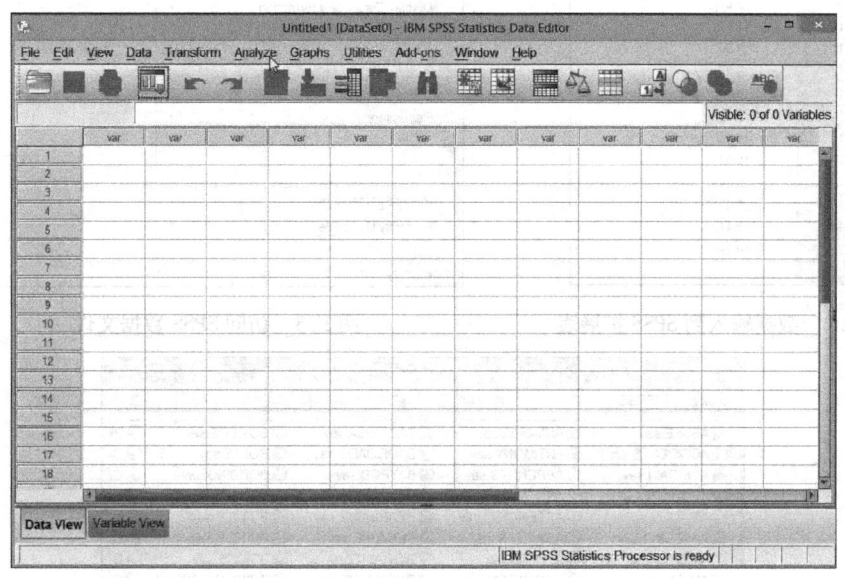

图 E.1 SPSS 用户看到的初始屏幕

E.2 创建/访问准备分析的数据集

在 SPSS 中有三种方法可以获得准备分析的数据集:
1. 直接输入数据值到 SPSS 扩展表
2. 访问之前创立的 SPSS 文件
3. 访问外部数据文件

数据直接输入

可以把数据直接输入到扩展表来创建 SPSS 数据文件. 图 E.2 显示的是一个名为 RATIO 变量的数据输入. 可以选择扩展表底部的 Variable View 且将每个变量的名字键入 Name 列中来命名变量(列).

获取 SPSS 文件

访问已保存为 SPSS 文件的数据,选择主菜单栏上的 File,然后是 Open 和 Data,如图 E.3 所示. 在随后得到的 Open Data 对话框中(见图 E.4),选择数据文件所在的文件夹,再选择数据集(如 AC-CIDENTS). 在单击 Open 后,数据出现在扩展表中.

894　附录 E

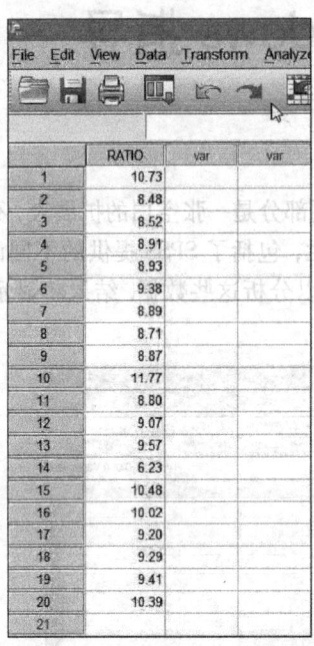

图 E.2　数据输入到 SPSS 扩展表

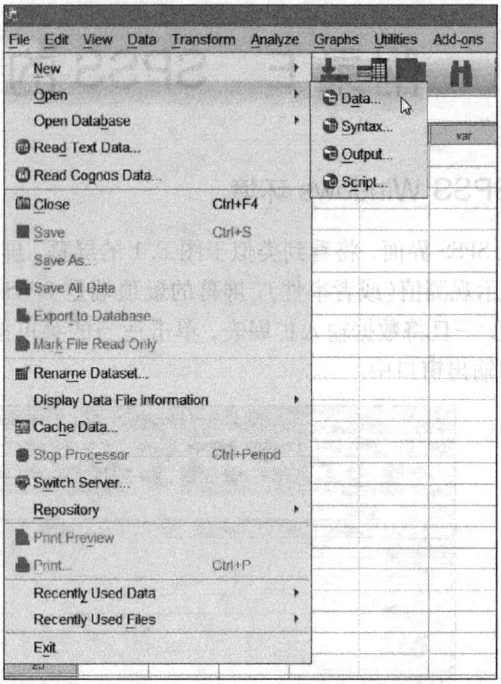

图 E.3　访问 SPSS 数据文件

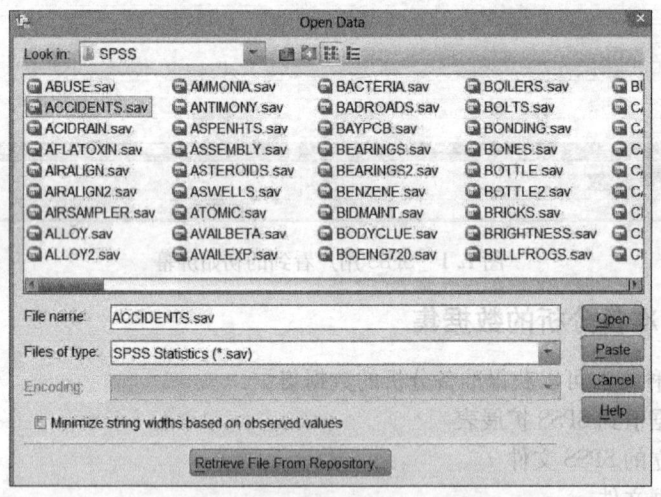

图 E.4　SPSS 的 Open Data 对话框

获得外部文件

最后，如果数据被保存在外部文本文件中(如作为.DAT，.TXT 或 Excel 文件)，通过选择菜单栏上的 File 来访问，然后是 Read Text Data(见图 E.3)。在随后出现的 Open Data 对话框中(见图 E.5)，选择数据文件所在的文件夹，指定文件类型(如 Excel 文件)，然后选择数据集名字(如 ALLOY)，再单击 Open。根据文件的类型，将调用一个或多个"文本导入向导"屏幕。在屏幕上做出相应的选择(如无论变量名是否在第一行)，单击 Next 进入下一个菜单屏幕。完成后，单击 Finish，数据出现在扩展表中。

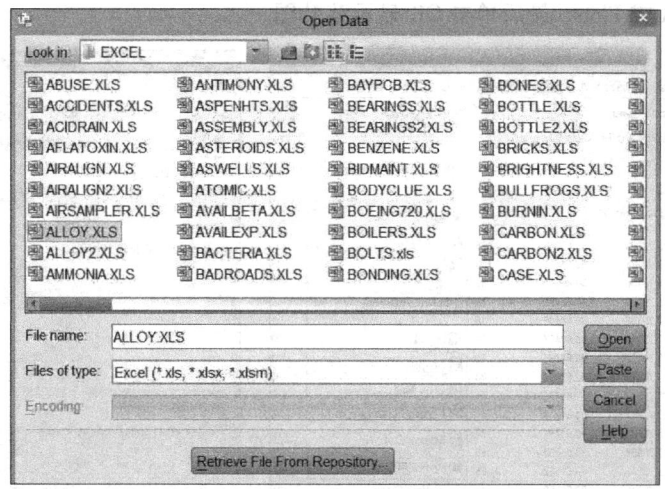

图 E.5 在 SPSS 中获取外部文件

E.3 列表数据

为了用 SPSS 得到数据列表(输出),单击主菜单栏上的 Analyze 按钮,然后单击 Reports,再单击 Report Summaries in Rows(见图 E.6),得到的菜单或者对话框如图 E.7 所示. 在 Data Column Variables 对话框输入想输出的变量名,再选中 Display cases 框,然后单击 OK,在 SPSS 输出窗口中得到数据列表.

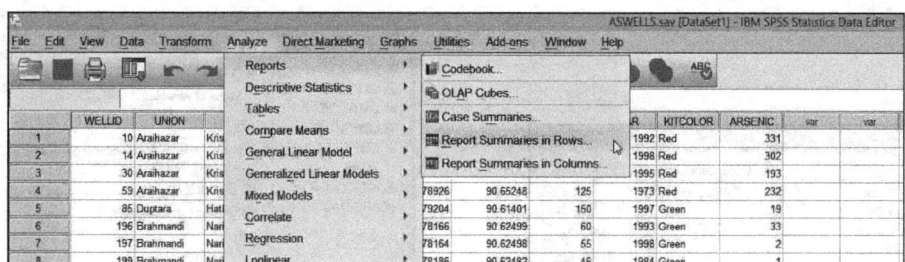

图 E.6 SPSS 列表数据菜单选项

E.4 图示数据

条形图、饼图、箱线图、散点图、直方图

为了用 SPSS 得到数据的图形描述,单击主菜单栏上的 Graphs 按钮,然后单击 Legacy Dialogs,再单击选择的图形(条形图、饼图、箱线图、散点/点状图或者直方图),如图 E.8 所示. 在得到的对话框中,做出相应的变量选择并单击 OK 查看图形. (直方图的选择如图 E.9 所示.)

茎叶图

从 SPSS 主菜单中选择 Analyze,然后是 Descriptive Statistics,再是 Explore. 在 Explore 对话框里的 Dependent List 框中,选择要被分析的变量,如图 E.10 所示. 在 Dis-

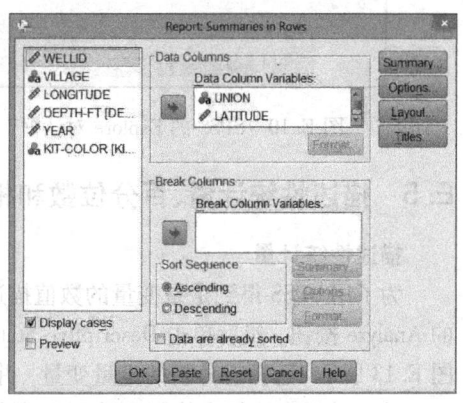

图 E.7 SPSS 报告概括对话框

play 选项中单击 Both 或 Plots,最后单击 OK 显示茎叶图.

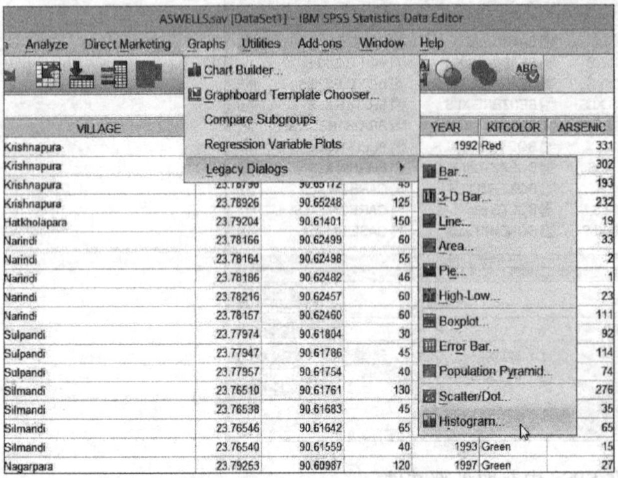

图 E.8　SPSS 图示数据菜单选项

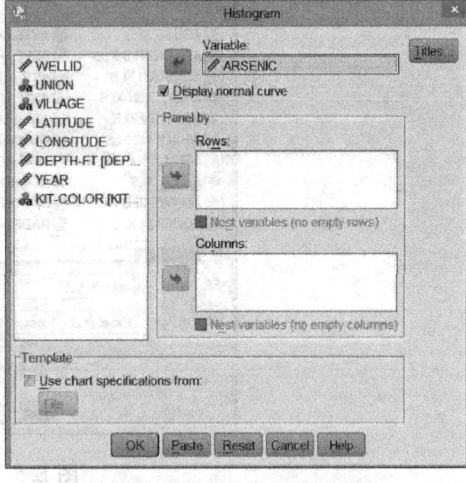

图 E.9　SPSS 直方图对话框

帕雷托图

从 SPSS 主菜单中选择 Analyze,然后是 Quality Control,再是 Pareto Charts. 在随后出现的菜单中单击 Define,然后选择要被分析的变量,把它放在 Category Axis 框中,如图 E.11 所示. 单击 OK 显示帕雷托图.

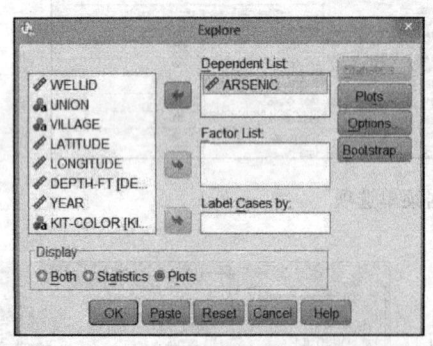

图 E.10　SPSS 的 Explore 对话框

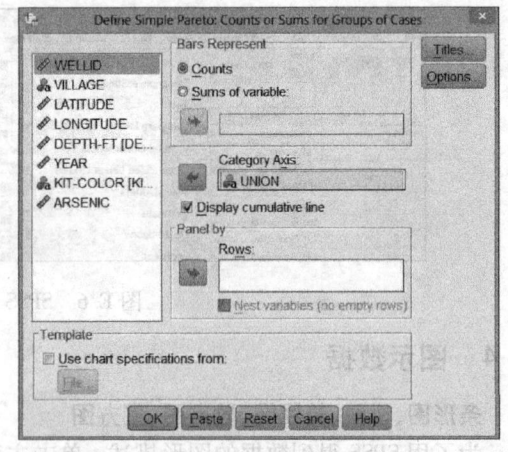

图 E.11　SPSS 帕雷托图对话框

E.5　描述性统计量、百分位数和相关

描述性统计量

为了用 SPSS 得到定量变量的数值描述性度量(例如均值、中位数、标准差等),单击主菜单栏上的 Analyze 按钮,然后单击 Descriptive Statistics,最后单击 Descriptives(见图 E.12),得到的对话框如图 E.13 所示. 选择想分析的定量变量,并将它们放入 Variable(s)框中.(可以单击对话框中的 Options 按钮并做出选择来控制显示哪些描述性统计量.)单击 OK 查看描述性统计量的输出结果.

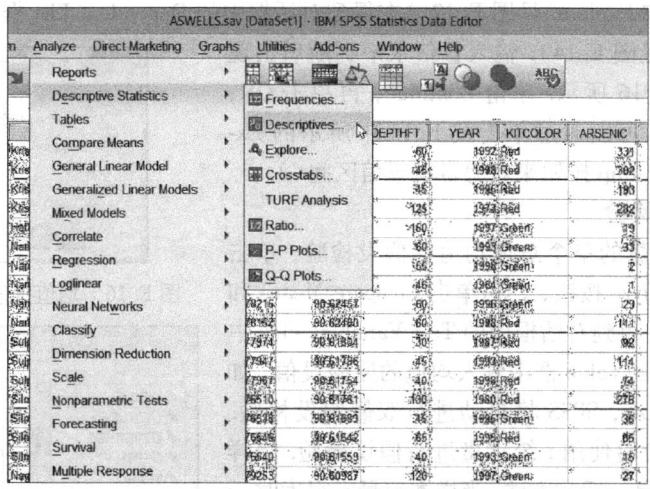

图 E.12　SPSS 描述性统计量菜单选项

百分位数

在主菜单栏上选择 Analyze，然后单击 Descriptive Statistics（见图 E.12），从随后出现的菜单中选择 Explore。在所得到的对话框中（见图 E.14）的 Dependent List 框中输入要分析的变量，选择 Statistics 按钮，并在得到的菜单上选中 Percentiles 框。返回 Explore 对话框，然后单击 OK 得到百分位数列表。

相关

为了得到定量变量对的皮尔逊乘积矩相关，单击 SPSS 主菜单栏上的 Analyze 按钮，然后单击 Correlate，最后单击 Bivariate。

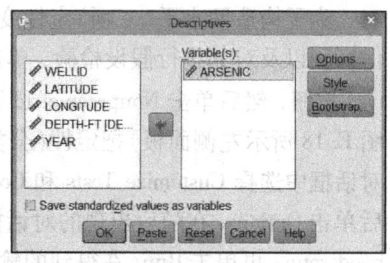

图 E.13　描述性统计量对话框

在所得到的对话框中，输入要关联的变量到右侧面板的 Variables 框中。（见图 E.15。）确定在 Correlation Coefficients 框中选中 Pearson。单击 OK 得到相关的输出结果。

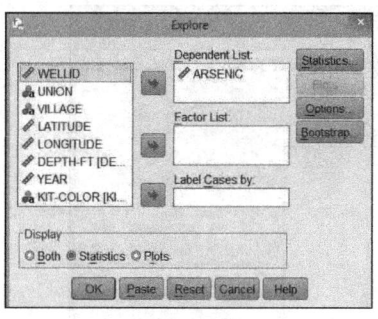

图 E.14　SPSS 的 Explore 对话框

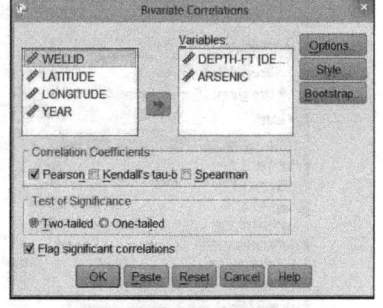

图 E.15　SPSS 相关对话框

E.6　均值或比率的置信区间和假设检验

总体均值，置信区间

为了构造定量变量的单个总体均值的置信区间，单击 SPSS 菜单栏上的 Analyze 按钮，然后单击

Descriptive Statistics 和 Explore(见图 E.12.)在得到对话框中的 Dependent List 框中指定定量变量,再单击 Statistics 按钮(见图 E.14). 输入置信水平到随后出现的对话框中,如图 E.16 所示. 单击 Continue,再单击 OK,得到输出结果. (注:可以通过单击图 E.14 中所示的 Explore 对话框上的 Bootstrap 按钮来获得自举置信区间.)

总体均值,假设检验

为了进行定量变量的单个总体均值的假设检验,单击 SPSS 菜单栏上的 Analyze 按钮,然后单击 Compare Means 和 One-Sample T Test. 在得到对话框中的 Test Variable(s)框中指定定量变量,在 Test Value 框中输入均值的原假设值,如图 E.17 所示. 单击 OK,SPSS 将自动进行双侧假设检验. [注:SPSS 单样本 t 检验使用 t 统计量进行假设检验. 当样本容量 n 很小时,这是合适的方法. 当样本容量 n 很大时,t 值将近似等于大样本下的 z 值并且检验结果将依然有效.]

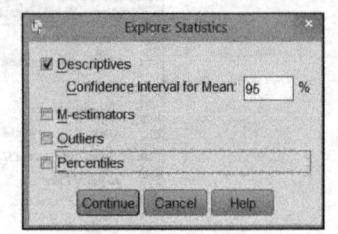

图 E.16 均值置信区间的 SPSS 选项

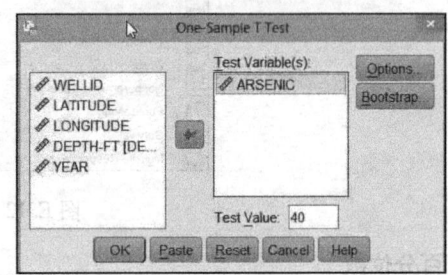

图 E.17 均值检验的 SPSS 对话框

总体比率

为了构造两水平(二项)定性变量的单个总体比率的置信区间以及对其进行假设检验,单击 SPSS 菜单栏上的 Analyze 按钮,然后单击 Nonparametric Tests 和 1 Sample. 单击 Fields 选项,再在随后出现的对话框中(如图 E.18 所示左侧面板)把定性(分类)变量放在 Test Fields 框中. 单击 Settings 选项,再在随后出现的对话框中选择 Customize Tests 和 Compare observed binary probability to hypothesized(Binomial test). 然后单击 Options. 在随后出现的对话框(见图 E.18 右侧面板)中的 Confidence Interval 框中,单击 Likelihood ratio,再单击 Run. 在得到的输出结果中,双击 Hypothesis Test Summary 输出显示 Model Viewer 屏幕,如图 E.19 所示. 假设检验的结果将自动显示出来. 如果想看到置信区间的结果,选择屏幕底部的(如图 E.19 所示)Confidence Interval Summary View.

注:对于单个总体方差的置信区间或假设检验不能用 SPSS.

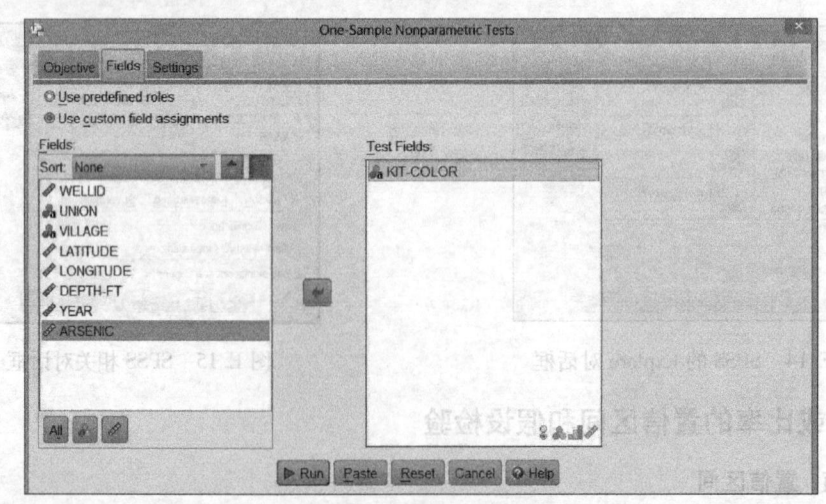

图 E.18 二项比率检验/置信区间的 SPSS 选项

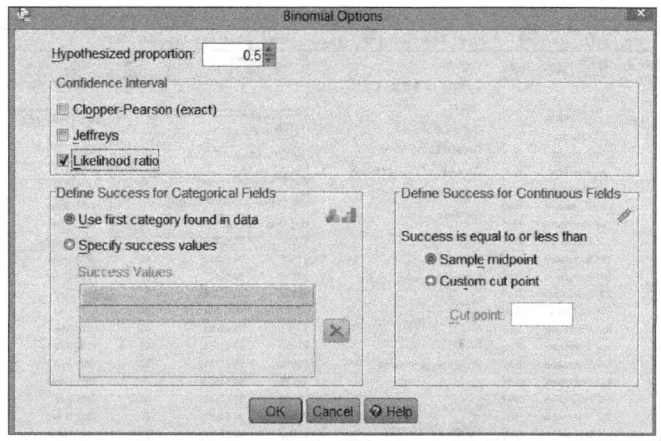

图 E.18 （续）

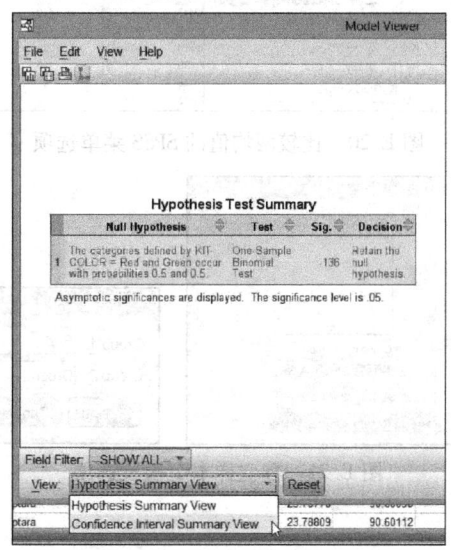

图 E.19　二项比率的 SPSS 模型查看器选项

E.7　均值差、比率差或方差比的置信区间和假设检验

两个均值，独立样本

为了进行基于独立样本的两总体均值差的假设检验及构造其置信区间，单击 SPSS 菜单栏上的 Analyze 按钮，然后单击 Compare Means 和 Independent Sample T Test.（见图 E.20.）在随后出现的对话框（如图 E.21 所示左侧屏幕）中的 Test Variable(s) 框中指定感兴趣的定量变量，在 Grouping Variable 框中指定标识两个总体的定性变量. 单击 Define Groups 按钮，再在随后出现的对话框中（见图 E.21 右侧屏幕）指定两个组的值. 单击 Continue 返回 Independent-Samples T Test 对话框，然后单击 OK. SPSS 将自动进行均值无差异原假设的双侧检验，产生均值差的 95% 置信区间.

（注：SPSS 双样本 t 检验使用 t 统计量进行假设检验. 当样本容量很小时，这是合适的方法. 当样本容量很大时，t 值将近似等于大样本下的 z 值并且检验结果将依然有效.）

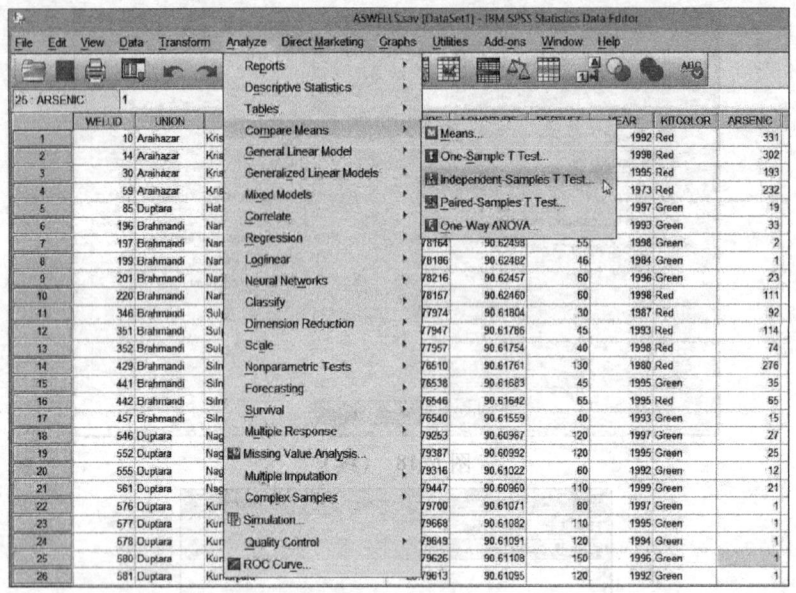

图 E.20 比较两均值的 SPSS 菜单选项

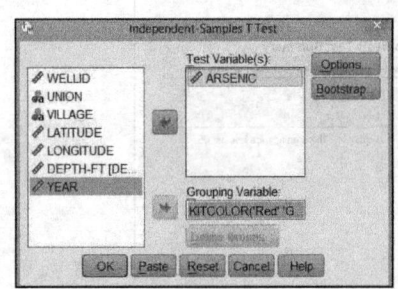 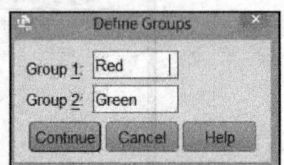

图 E.21 独立样本 T 检验选项

两个均值，配对样本

SPSS 数据文件应该包含两个定量变量——一个具有第一组（或总体）的数据值，一个具有第二组的数据值.（注：对于每一组样本容量应该是一样的.）为了进行配对差异检验，单击 SPSS 菜单栏上的 Analyze 按钮，然后单击 Compare Means 和 Paired-Samples T Test（见图 E.20）. 在得到的对话框（如图 E.22 所示）中的 Paired Variables 框中指定感兴趣的两个定量变量. 单击 OK 查看均值无差异原假设的双侧检验和均值差的 95% 置信区间的输出结果.

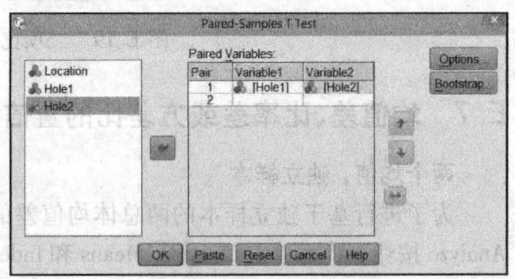

图 E.22 SPSS 配对 T 检验选项

两个比率

为了进行基于独立样本的两总体比率差的假设检验及构造其置信区间，首先必须创建含有三个变量（列）（(1) SAMPLE，(2) OUTCOME，和 (3) NUMBER）和四行的 SPSS 数据文件. 每行将给出样本数、结果（成功或失败）和观察次数. 例如，图 E.23 显示数据文件的问题在样本 1 中有 60% 成功，样本 2 中有 50% 成功. 在创建数据文件后，单击 SPSS 菜单栏上的 Data 按钮，然后单击 Weight Cases. 单击 Weight cases by，再输入 Number 变量到 Frequency Variable 框中，最后单击 OK.

SAMPLE	OUTCOME	NUMBER
1	S	60
1	F	40
2	S	50
2	F	50

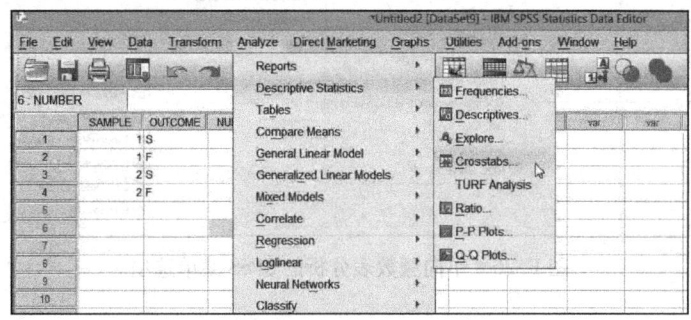

图 E. 23　比较两个比率的 SPSS 数据文件

现在，单击 SPSS 菜单栏上的 Analyze 按钮，然后单击 Descriptive Statistics 和 Crosstabs.（见图 E. 24.）在随后出现的菜单中的 Row(s) 框中指定 SAMPLE，在 Column(s) 框中指定 OUTCOME，如图 E. 25 所示. 也可以单击 Statistics 选项按钮，选择 Chi-square，然后单击 Cells 选项按钮，选择 Observed Counts 和 Row Percentages. 单击 Continue，再单击 Ok. 在随后出现的 SPSS 输出结果中，查找与 Likelihood Ratio 检验（与大样本 z 检验等价）相关联的 p 值.

图 E. 24　比较两个比率的 SPSS 菜单选项

两个方差

按照上述"两个均值，独立样本"的步骤操作，在随后出现的 SPSS 输出结果中，将有用于比较总体方差的 F 检验.（这个称为 Levene 检验的检验是非参数检验，类似于文本中呈现的 F 检验.）

E. 8　分类数据分析

SPSS 可以产生单个定性变量的频数表（即单向表），也可以对双向（列联）表中的两个定性变量的独立性进行卡方检验.

单向表

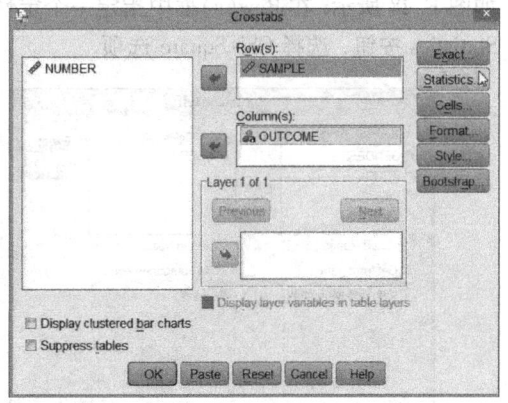

图 E. 25　交叉表对话框的 SPSS 菜单

打开 SPSS 扩展表文件，文件包含对数据集中 n 个观测值的有类型值的变量（注：SPSS 要求用数值（如 1，2，3）指定类型）. 然后，单击 SPSS 菜单栏上的 Analyze 按钮，再单击 Nonparametric Test、Legacy Dialogs 和 Chi-Square，如图 E. 26 所示. 得到的对话框如图 E. 27 所示.

在 Test Variable List 框中指定感兴趣的定量变量. 如果想检验原假设中相等的单元概率，则在 Expected Values 框下选择 All categories equal 选项（如图 E. 29 所示）. 如果原假设指定不等的单元概率，那么在 Expected Values 框下选择 Values 选项. 在相邻的框中输入原假设的单元概率，每次一个，在每次指定后单击 Add. 单击 OK 生成 SPSS 输出结果.

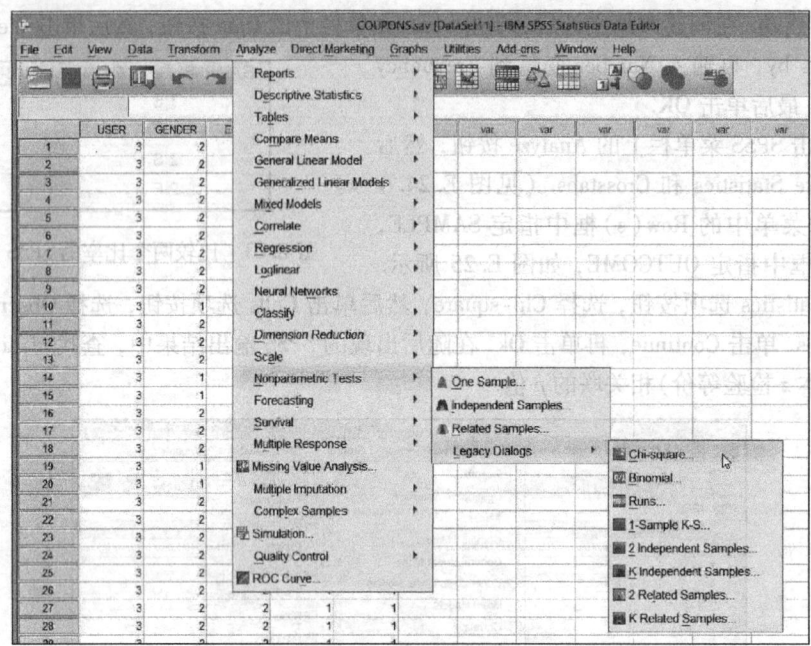

图 E.26 单向频数表分析的 SPSS 菜单选项

双向表

打开 SPSS 扩展表文件,文件包含对数据集中 n 个观测值有类型值的两个定性变量. 单击 SPSS 菜单栏上的 Analyze 按钮,然后单击 Descriptive Statistics 和 Crosstabs,如图 E.24 所示. 得到的对话框如图 E.28 所示. 在 Row(s) 框中指定一个定性变量,在"Column(s)"框中指定另一个定性变量. 单击 Statistics 按钮,选择 Chi-Square 选项.

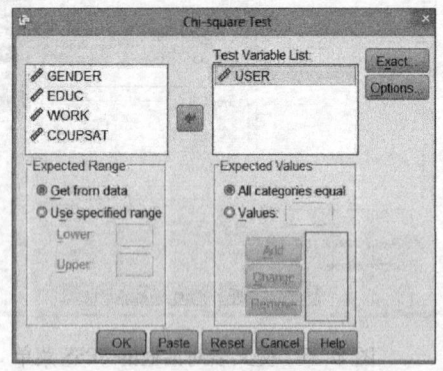

图 E.27 单向频数表对话框

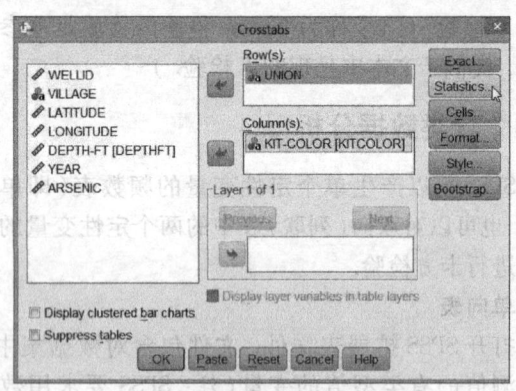

图 E.28 SPSS 的交叉表对话框

单击 Continue 回到 Crosstabs 的对话框. 如果希望列联表包含期望值、行百分率和列百分率,则单击 Cells 按钮,选择恰当的菜单选项. 回到 Crosstabs 菜单屏幕后,单击 OK 生成 SPSS 输出结果.

E.9 简单线性回归

为进行简单线性回归分析,单击 SPSS 菜单栏上的 Analyze 按钮,然后单击 Regression 和 Linear.

(见图 E.29.)在随后得到对话框中的 Dependent 框中指定定量因变量,在 Independent(s)框中指定定量自变量,如图 E.30 所示. 在 Method 框中确保选择 Enter.

为得到模型参数的置信区间,单击 Statistics 按钮,并在所得的菜单列表上选择恰当的菜单项. 为得到 y 的预测区间和 $E(y)$ 的置信区间,单击 Save 按钮,并在所得的菜单列表上选择恰当的项,如图 E.31 所示.(预测区间将作为新的列加到 SPSS 数据扩展表中.)从这个屏幕也可以保存绘图的残差. 单击 Continue,从这些选项屏幕的任何一个回到 Regression 的主对话框. 在 Regression 对话框中单击 OK,查看线性回归的结果.

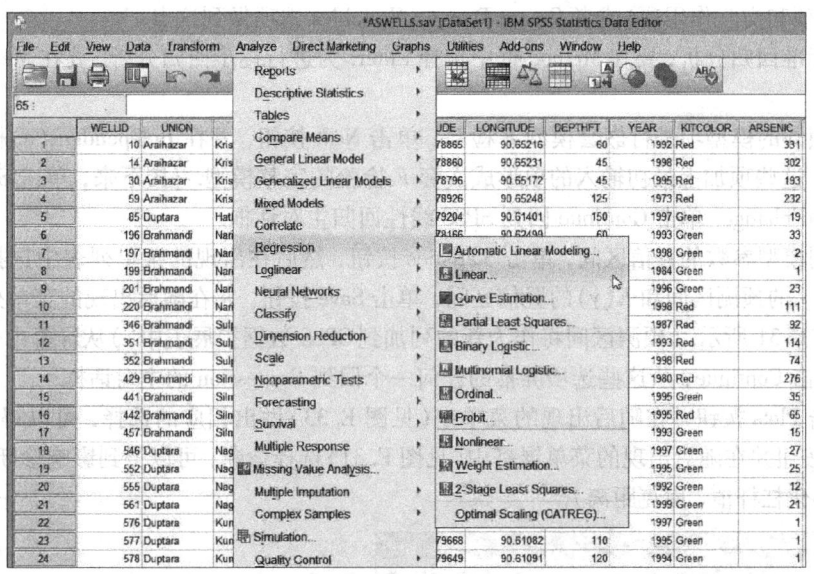

图 E.29　简单线性回归的 SPSS 菜单选项

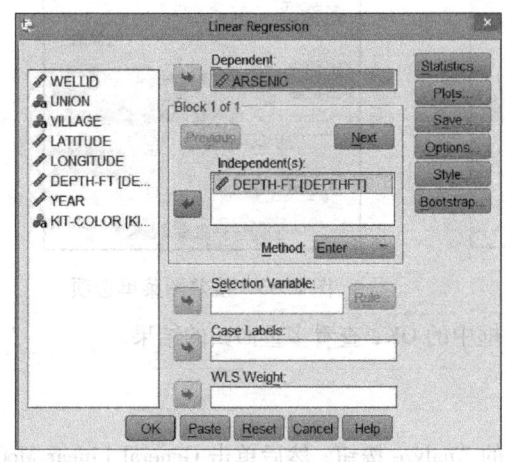

图 E.30　SPSS 线性回归对话框

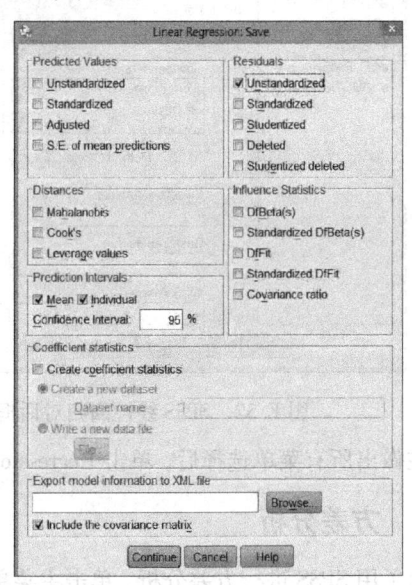

图 E.31　SPSS 简单线性回归的选项

E.10 多重回归

为进行多重回归分析，单击 SPSS 菜单栏上的 Analyze 按钮，然后单击 Regression 和 Linear。（见图 E.29。）在得到的对话框中的 Dependent 框中指定定量因变量，在 Independent(s) 框中指定自变量，如图 E.32 所示。

（注：如果模型包含虚拟变量、交互作用项和/或平方项，则必须在运行回归分析之前，在 SPSS 扩展表中创建并添加这些变量。可以通过单击 SPSS 主菜单上的 Transform 按钮，选择 Compute 选项（对应于平方项和交互作用项）或者 Create Dummy Variables 选项做到这点。）

为进行标准回归分析，要在 Method 框中选择 Enter。为进行逐步回归分析，要在 Method 框中选择 Stepwise。

为了对额外的模型项进行嵌套模型 F 检验，单击 Next 按钮，并在 Independent(s) 框中输入想检验的项。[注：这些项加上最初输入的项形成嵌套 F 检验的完整模型。]接下来，单击 Statistics 按钮，选择 R squared change。单击 Continue 回到 SPSS 线性回归主对话框。

为了得到模型参数的置信区间，单击 Statistics 按钮，然后在出现的菜单列表中选择恰当的菜单项。为了获得 y 的预测区间和 $E(y)$ 的置信区间，单击 Save 按钮，并在随后出现的菜单列表中选中恰当的项，如图 E.31 所示。（预测区间将作为新的列加到 SPSS 数据扩展表中。）从屏幕中也可以保存绘图的残差。单击 Continue，从这些选项屏幕的任何一个回到 Regression 的主对话框。

通过单击 Plots 按钮并在随后出现的菜单中（见图 E.33）做出相应的选择，可以得到残差图。通过单击 Save 按钮并在随后出现的菜单屏幕中（见图 E.31）选择诊断，可以得到影响诊断（如学生化剔除残差、中心化杠杆值、库克距离）。

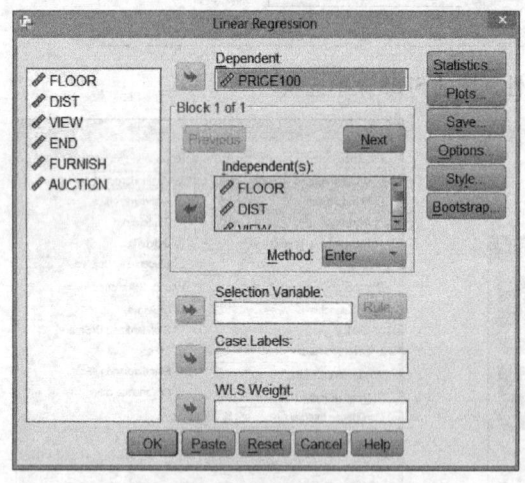

图 E.32　SPSS 线性回归对话框

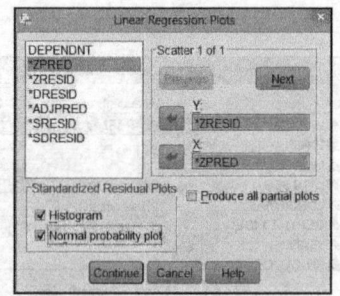

图 E.33　残差图菜单选项

在做出所有菜单选择后，单击 Regression 对话框中的 OK，查看多重回归的结果。

E.11 方差分析

为了用 SPSS 进行方差分析，单击主菜单栏上的 Analyze 按钮，然后单击 General Linear Model 和 Univariate。（见图 E.34。）在出现的对话框（如图 E.35）的 Dependent Variable 框中指定因变量，在

Fixed Factor(s)框中指定因子变量. 单击 Model 并指定方差分析模型中的效应, 如图 E.36 所示. 单击 Continue 回到方差分析变量对话框.

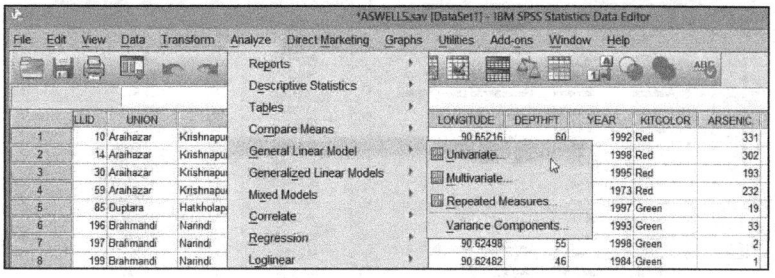

图 E.34 方差分析的 SPSS 菜单选项

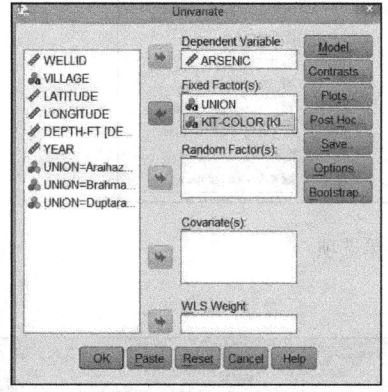

图 E.35 方差分析变量对话框

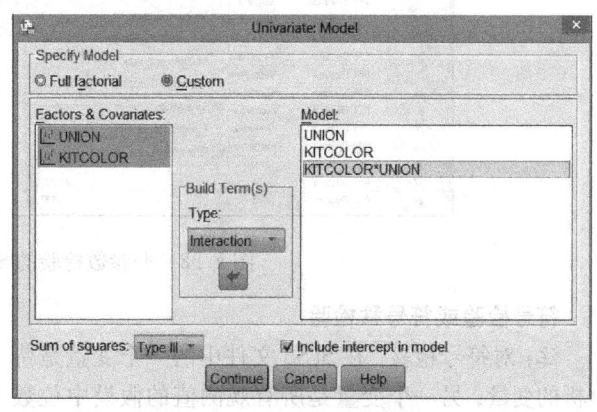

图 E.36 方差分析模型对话框

为了进行处理均值的多重比较, 单击 Post Hoc 按钮得到如图 E.37 所示的对话框. 在此框中, 选择比较方法(如 Bonferroni)并在 Post Hoc Tests for 框中指定要分析的因子. 单击 Continue 回到方差分析变量对话框.

为了进行方差相等性检验, 单击 Options 按钮并在随后出现的菜单屏幕中选中 Homogeneity tests. 单击 Continue, 然后单击 OK 查看方差分析结果.

E.12 非参数检验

SPSS 能够进行下列非参数检验: 符号检验、威尔科克森秩和检验、威尔科克森符号秩检验、克鲁塞-沃里斯检验、弗里德曼检验、斯皮尔曼秩相关检验. 除了斯皮尔曼检验, 其他所有检验都能通过下列菜单选择来产生: 单击 SPSS 主菜单栏上的 Analyze 按钮, 然后单击 Nonparametric Tests 和 Legacy Dialogs. 随后出现的菜单列表如图 E.38 所示. 选择想要进行的非参数分析类型(如 2 Independent Samples). 对应不同非参数检验的菜单选项描述如下.

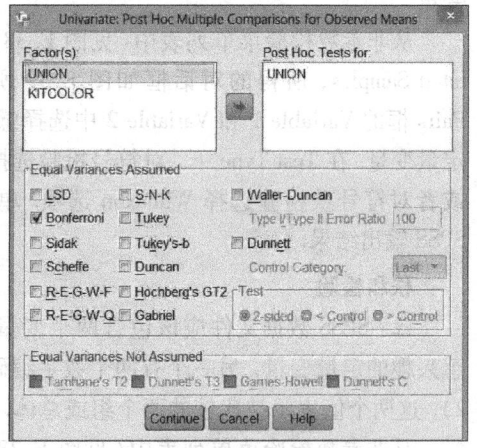

图 E.37 方差分析的多重比较对话框

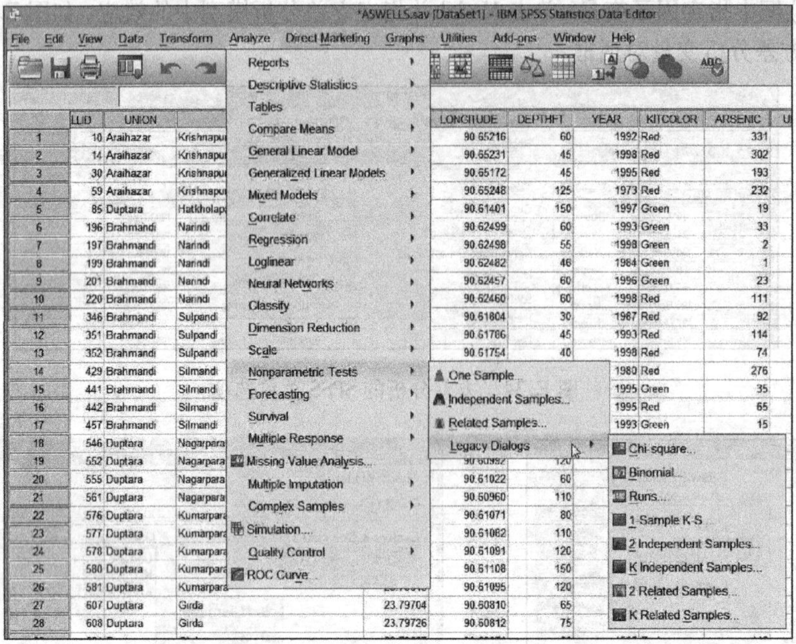

图 E.38　非参数检验的 SPSS 菜单选项

符号检验或符号秩检验

注：对符号检验，在 SPSS 文件中的一个变量是待分析的变量，另一个变量是所有观测值的假设中位数值．对符号秩检验，这两个变量表示配对差中的两个变量．

从非参数检验菜单列表中（见图 E.38）选择 2 Related Samples，所得的对话框如图 E.39 所示．在 Test Pairs 框的 Variable 1 和 Variable 2 中选择感兴趣的两个定量变量．在 Test Type 下，对符号检验选择 Sign 选项，或者对符号秩检验选择 Wilcoxon 选项．单击 OK 生成 SPSS 输出结果．

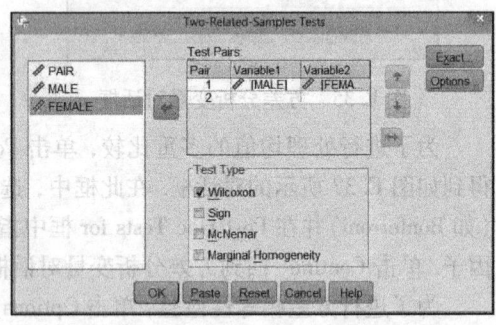

图 E.39　两相关样本非参数检验对话框

秩和检验

注：SPSS 数据文件应该包含两个变量，一个表示感兴趣的定量变量，另一个有两个数字编码值（如 1 和 2）．这两个值表示被比较的两个组或总体．

从非参数检验菜单列表中（见图 E.38）选择 2 Independent Samples，所得的对话框如图 E.40 所示．在 Test Variable List 框中指定感兴趣的定量变量，在 Grouping Variable 框中指定编码变量．单击 Define Groups 按钮，在得到的对话框中指定两个组的值，然

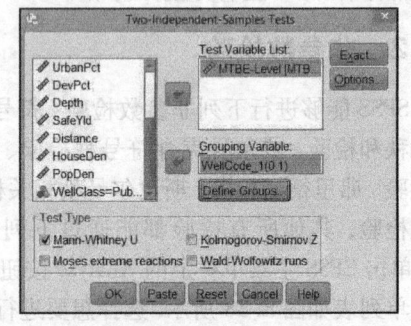

图 E.40　两独立样本非参数检验对话框

后单击 Continue 回到 Two-Independent-Samples Tests 对话框. 在 Test Type 下, 选择 Mann-Whitney U 选项, 然后单击 OK 产生 SPSS 输出.

克鲁塞-沃里斯检验

注: SPSS 数据文件应包含一个定量变量(响应变量或因变量)和一个至少两水平(这些值必须是数字, 如 1, 2, 3 等)的因子变量.

从非参数检验菜单列表中(见图 E.38)选择 K Independent Samples, 得到的对话框如图 E.41 所示. 在 Test Variable List 框中指定因变量, 在 Grouping Variable 框中指定因子变量. 单击 Define Range 按钮, 并在得到的对话框中指定分组因子的值. 然后单击 Continue 回到 K Independent Samples 对话框. 在 Test Type 下, 选择 Kruskal-Wallis 选项, 然后单击 OK 产生 SPSS 输出.

弗里德曼检验

注: SPSS 数据文件应包含表示被比较的 k 个处理的 k 个定量变量. 行表示区组.

从非参数检验菜单列表中(见图 E.38)选择 K Related Samples, 所得的对话框如图 E.42 所示. 在 Test Variables 框中指定处理变量, 在 Test Type 下 选择 Friedman 选项, 然后单击 OK 产生 SPSS 输出.

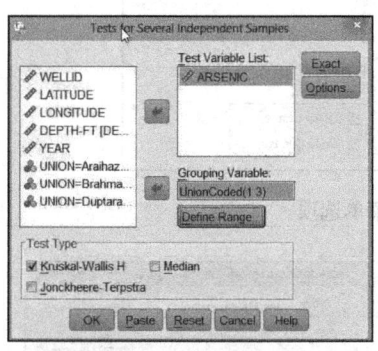

图 E.41 K 个独立样本非参数检验对话框

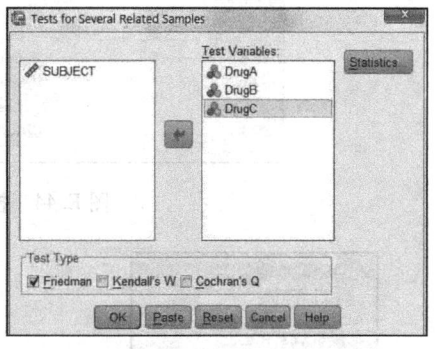

图 E.42 K 个相关样本非参数检验对话框

斯皮尔曼秩相关检验

为得到感兴趣的两个定量变量的斯皮尔曼秩相关系数, 单击 SPSS 主菜单栏上的 Analyze 按钮, 然后单击 Correlate 和 Bivariate(见图 E.15), 所得的对话框如图 E.43 所示. 在 Variables 框中输入感兴趣的变量, 在 Correlation Coefficients 下选中 Spearman 选项, 然后单击 OK 产生 SPSS 输出.

E.13 控制图及能力分析

变量控制图

为了用 SPSS 生成个体变量控制图, 单击主菜单栏上的 Analyze 按钮, 然后单击 Quality Control 和 Control Charts, 如图 E.44 所示. 在随后出现的对话框中(见图 E.45), 选择 Individuals, Moving Range 和 Cases are units, 然后单击 Define 按钮. 在随后出现的对话框(见图 E.46)中的 Process Measurement 框中指定要绘制的变量, 在 Identify points by 框中指定标识了个体值测量的变量. 此外, 选择 Control Rules 去指定想要应用的任何模式分

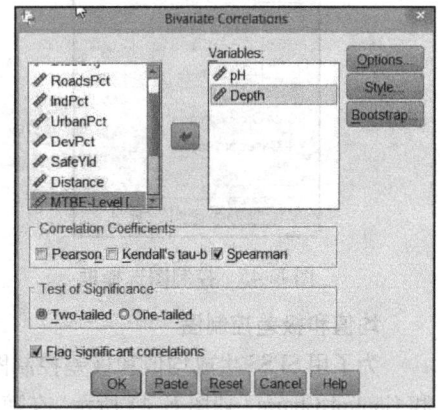

图 E.43 SPSS 相关对话框

析原则. 单击 OK 生成控制图.

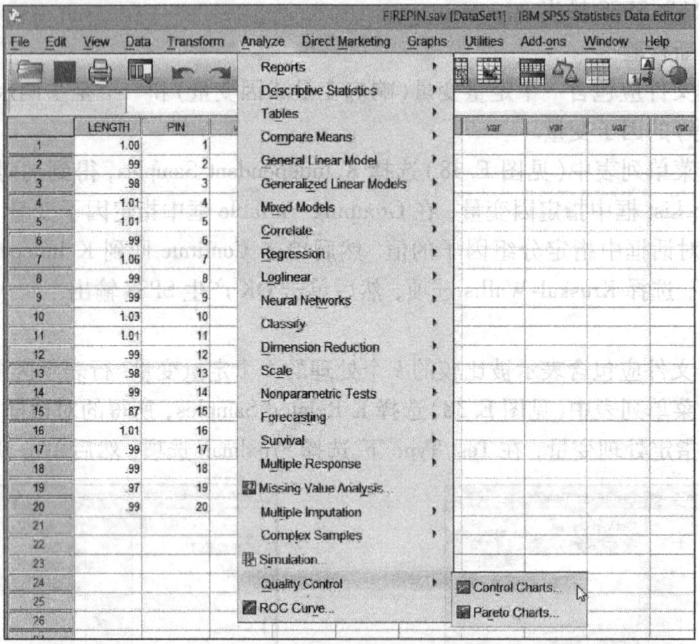

图 E.44 控制图的 SPSS 菜单选项

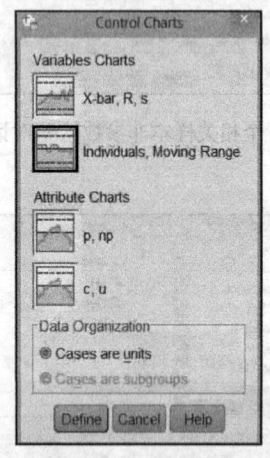

图 E.45 控制图选择框

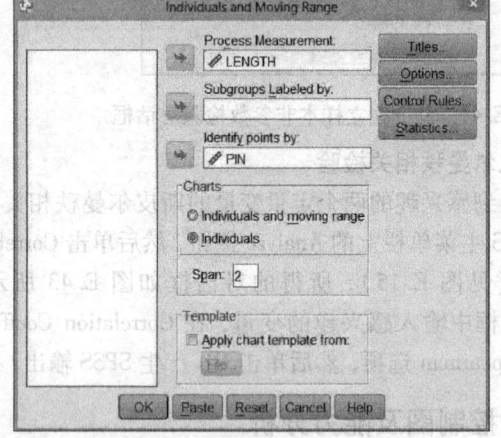

图 E.46 个体变量控制图对话框

均值和极差控制图

为了用 SPSS 生成均值和极差控制图, 单击主菜单栏上的 Analyze 按钮, 然后单击 Quality Control 和 Control Charts, 如图 E.44 所示. 在随后出现的对话框中(见图 E.45), 选择 Xbar, R, s 和 Cases are units, 然后单击 Define 按钮. 在随后出现的对话框(见图 E.47)中的 Process Measurement 框中指定要绘制的变量, 在 Subgroups Defined by 框中指定标识了子组的变量. 在 Charts 框中, 选择想要的 Xbar 图类型, 再选择 Display R chart. 此外, 选择 Control Rules 去指定想要应用的任何模式分析原则. 单击

OK 生成控制图.

属性(数量和不良率)控制图

为了用 SPSS 生成 p 图(对应不良率)或者 c 图(对应数量属性),单击主菜单栏上的 Analyze 按钮,然后单击 Quality Control 和 Control Charts,如图 E.44 所示. 在随后出现的对话框中(见图 E.45),选择 p, np 对应 p 图或者选择 c, u 对应 c 图. 再选择 Cases are subgroups,然后单击 Define 按钮. 在随后出现的对话框(见图 E.48)中的 Number Nonconforming 框中指定表示不合格品个数的变量,在 Subgroups Labeled by 框中指定标识了子组的变量. 在指定的框中为每个子组输入样本容量.(对于 c 图,输入"1"表示样本容量.)此外,选择 Control Rules 去指定想要应用的任何模式分析原则. 单击 OK 生成控制图.

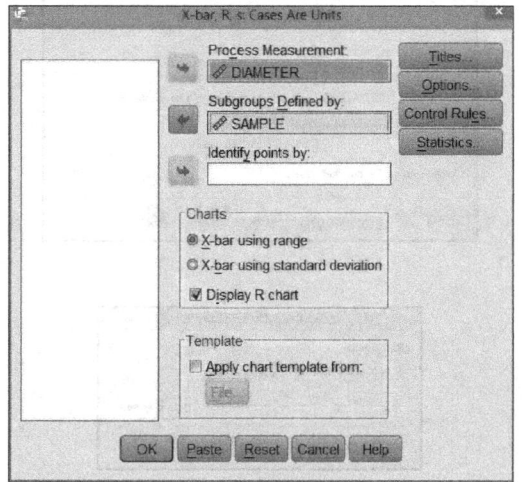

图 E.47 Xbar-R 控制图对话框   图 E.48 p 图对话框

能力分析

为了对过程进行能力分析,单击主菜单栏上的 Analyze 按钮,然后单击 Quality Control 和 Control Charts,如图 E.44 所示. 在随后出现的对话框中(见图 E.45),选择 Individuals, Moving Range 和 Cases are units,然后单击 Define 按钮. 在随后出现的对话框(见图 E.46)中的 Process Measurement 框中指定要分析的变量,在 Identify points by 框中指定标识了个体测量值的变量. 选择 Statistics 查看能力分析对话框,如图 E.49 所示. 输入规格上限、规格下限和目标规格限,再选择想要计算的统计量(如过程能力指数). 单击 Continue,再单击 OK,产生能力分析图和统计量.

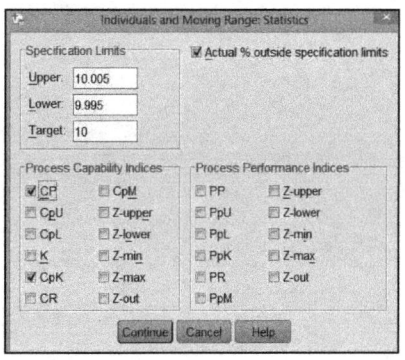

图 E.49 能力分析对话框

E.14 随机样本

为了用 SPSS 从数据集中生成观测值的随机样本,单击主菜单栏上的 Data 按钮,然后单击 Select Cases,如图 E.50 所示. 在随后出现的对话框中,从列表里选择 Random sample of cases,然后单击

Sample 按钮,如图 E.51 左侧面板所示. 在接下来的对话框中(图 E.51 右侧面板),通过进行相应的菜单选择,指定样本大小作为事件的百分比或原始数. 单击 Continue, 然后单击 OK. SPSS 扩展表将重新显示所选(抽样)事件.

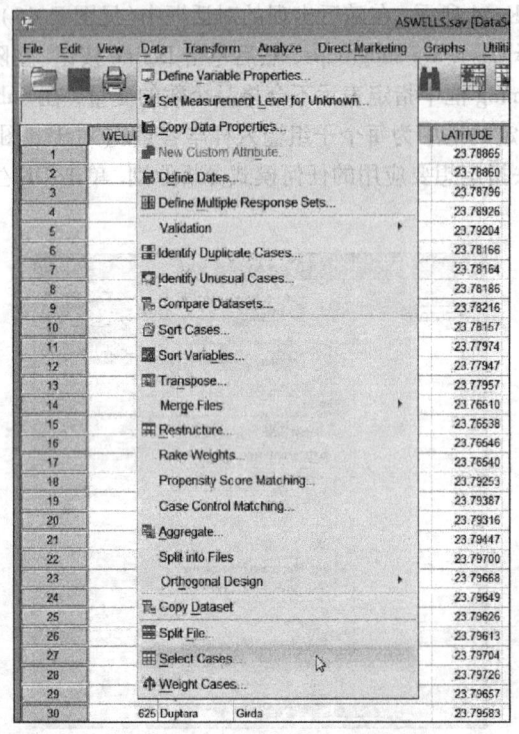

图 E.50 随机样本的 SPSS 菜单选项

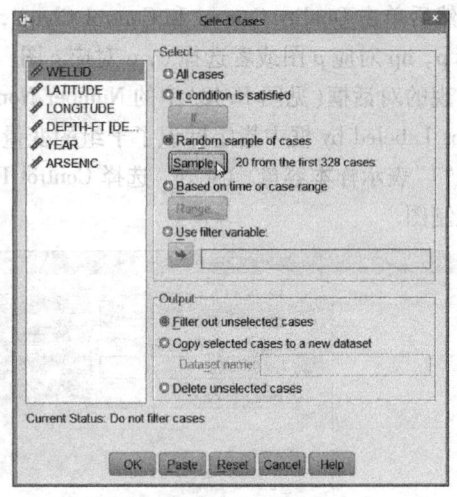

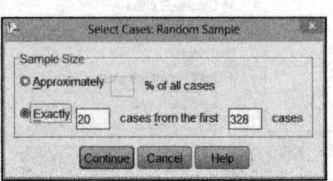

图 E.51 选取一个随机样本的 SPSS 选项

参 考 文 献

第1章
Brochures about Survey Research, Section on Survey Research Methods, American Statistical Association, 2004. (*www.amstat.org*)

Careers in Statistics, American Statistical Association, Biometric Society, Institute of Mathematical Statistics and Statistical Society of Canada, 2004. (*www.amstat.org*)

Peck, R., Casella, G., Cobb, G. W., Hoerl, R., Nolan, D., Starbuck, R., and Stern, H. *Statistics: A Guide to the Unknown*, 4th ed. Boston: Thomson/Brooks/Cole, 2006.

第2章
Freedman, D., Pisani, R., and Purves, R. *Statistics*. New York: W. W. Norton and Co., 1978.

Huff, D. *How to Lie with Statistics*. New York: Norton, 1954.

Mendenhall, W., Beaver, R. J., and Beaver, B. M. *Introduction to Probability and Statistics*, 10th ed. North Scituate, MA: Duxbury, 1999.

Tufte, E. R. *Envisioning Information*. Cheshire, CT.: Graphics Press, 1990.

———. *Visual Explanations*. Cheshire, CT.: Graphics Press, 1997.

———. *Visual Display of Quantitative Information*. Cheshire, CT.: Graphics Press, 1983.

Sincich, T., Levine, D., and Stephan, D. *Practical Statistics by Example*. Upper Saddle River, NJ: Prentice Hall, 2002.

Tukey, J. W. *Exploratory Data Analysis*. Reading, MA: Addison-Wesley, 1977.

第3章
Bennett, D. J. *Randomness*. Cambridge, MA: Harvard University Press, 1998.

Epstein, R. A. *The Theory of Gambling and Statistical Logic*, rev. ed. New York: Academic Press, 1977.

Feller, W. *An Introduction to Probability Theory and Its Applications*, 3rd ed., Vol. 1. New York: Wiley, 1968.

Lindley, D. V. *Making Decisions*, 2nd ed. London: Wiley, 1985.

Parzen, E. *Modern Probability Theory and Its Applications*. New York: Wiley, 1960.

Wackerly, D., Mendenhall, W., and Scheaffer, R. L. *Mathematical Statistics with Applications*, 6th ed. Boston: Duxbury, 2002.

Williams, B. *A Sampler on Sampling*. New York: Wiley, 1978.

Winkler, R. L. *An Introduction to Bayesian Inference and Decision*. New York: Holt, Rinehart and Winston, 1972.

Wright, G., and Ayton, P., eds. *Subjective Probability*. New York: Wiley, 1994.

第4章
Feller, W. *An Introduction to Probability Theory and Its Applications*, Vol. I, 3rd ed. New York: Wiley, 1968.

Hogg, R. V., and Craig, A. *Introduction to Mathematical Statistics*, 5th ed. Upper Saddle River, NJ: Prentice Hall, 1995.

Mendenhall, W. *Introduction to Mathematical Statistics*, 8th ed. Boston: Duxbury, 1991.

Mood, A. M., Graybill, F. A., and Boes, D. C. *Introduction to the Theory of Statistics*, 3rd ed. New York: McGraw-Hill, 1963.

Mosteller, F., Rourke, R. E. K., and Thomas, G. B. *Probability with Statistical Applications*, 2nd ed. Reading, MA: Addison-Wesley, 1970.

Parzen, E. *Modern Probability Theory and Its Applications*. New York: Wiley, 1964.

Parzen, E. *Stochastic Processes*. San Francisco: Holden-Day, 1962.

Standard Mathematical Tables, 17th ed. Cleveland: Chemical Rubber Company, 1969.

Wackerly, D., Mendenhall, W., and Scheaffer, R. L. *Mathematical Statistics with Applications*, 6th ed. North Scituate, MA: Duxbury, 2002.

第5章

Hogg, R. V., and Craig, A. T. *Introduction to Mathematical Statistics*, 5th ed. Upper Saddle River, NJ: Prentice-Hall, 1995.

Lindgren, B. W. *Statistical Theory*, 3rd ed. New York: Macmillan, 1976.

Mood, A. M., Graybill, F. A., and Boes, D.C. *Introduction to the Theory of Statistics*, 3rd ed. New York: McGraw-Hill, 1974.

Parzen, E. *Modern Probability Theory and Its Applications*. New York: Wiley, 1964.

Pearson, K. *Tables of the Incomplete Beta Function*. New York: Cambridge University Press, 1956.

Pearson, K. *Tables of the Incomplete Gamma Function*. New York: Cambridge University Press, 1956.

Ramsey, P. P. and Ramsey, P. H. "Simple tests of normality in small samples." *Journal of Quality Technology*, Vol. 22, 1990.

Ross, S. M. *Stochastic Processes*, 2nd ed. New York: Wiley, 1996.

Standard Mathematical Tables, 17th ed. Cleveland: Chemical Rubber Company, 1969.

Tables of the Binomial Probability Distribution. Department of Commerce, National Bureau of Standards, Applied Mathematics Series 6, 1950.

Wackerly, D., Mendenhall, W., and Scheaffer, R. L. *Mathematical Statistics with Applications*, 6th ed. North Scituate, MA: Duxbury, 2002.

Weibull, W. "A Statistical Distribution Function of Wide Applicability." *Journal of Applied Mechanics*, Vol. 18 (1951), pp. 293–297.

Winkler, R. L., and Hays, W. *Statistics: Probability, Inference, and Decision*, 2nd ed. New York: Holt, Rinehart and Winston, 1975.

第6章

Freedman, D., Pisani, R., and Purves, R. *Statistics*, New York: Norton, 1978.

Hoel, P. G. *Introduction to Mathematical Statistics*, 4th ed. New York: Wiley, 1971.

Hogg, R. V., and Craig, A. T. *Introduction to Mathematical Statistics*, 5th ed. Upper Saddle River, NJ: Prentice-Hall, 1995.

Larsen, R. J., and Marx, M. L. *An Introduction to Mathematical Statistics and Its Applications*, 3rd ed. Upper Saddle River, NJ: Prentice-Hall, 2001.

Lindgren, B. W. *Statistical Theory*, 3rd ed. New York: Macmillan, 1976.

Mood, A. M., Grabill, F. A., and Boes, D. *Introduction to the Theory of Statistics*, 3rd ed. New York: McGraw-Hill, 1974.

Snedecor, G. W., and Cochran, W. G. *Statistical Methods*, 7th ed. Ames, IA: Iowa State University Press, 1980.

Wackerly, D., Mendenhall, W., and Scheaffer, R. L. *Mathematical Statistics with Applications*, 6th ed. North Scituate, MA: Duxbury, 2002.

第7章

Carlin, B., and Louis, T. "Bayes and empirical Bayes methods for data analysis." *Statistics and Computing*, Vol. 7, No. 2, 1997.

Davison, A., and Hinkley, D. *Bootstrap Methods and Their Applications*. Cambridge, MA: Cambridge University Press, 1997.

Efron, B., and Tibshirani, R. *An Introduction to the Bootstrap*. New York: Chapman and Hall, 1993.

Freedman, D., Pisani, R., and Purves, R. *Statistics*, 3rd ed. New York: Norton, 1998.

Gelman, A., Carlin, J., Stern, H., and Rubin, D. *Bayesian Data Analysis*, 2nd ed. New York: Chapman and Hall, 2004.

Hoel, P. G. *Introduction to Mathematical Statistics*, 5th ed. New York: Wiley, 1984.

Hogg, R., McKean, J., and Craig, A. *Introduction to Mathematical Statistics*, 6th ed. Upper Saddle River, NJ: Prentice-Hall, 2005.

Hogg, R., and Tanis, E. *Probability and Statistical Inference*, 7th ed. Upper Saddle River, NJ: Prentice-Hall, 2006.

Lehmann, E., and Casella, G. *Theory of Point Estimation*, 2nd ed. New York: Springer-Verlag, 1998.

Mendenhall, W., Beaver, R. J., and Beaver, B. *Introduction to Probability and Statistics*, 12th ed. Belmont, CA: Thomson, 2006.

Mood, A., Graybill, F., and Boes, D. *Introduction to the Theory of Statistics*, 3rd ed. New York: McGraw-Hill, 1974.

Mosteller, F., and Tukey, J. *Data Analysis and Regression*. Reading, MA: Addison-Wesley, 1977.

Robert, C., and Casella, G. *Monte Carlo Statistical Methods*. New York: Springer-Verlag, 1999.

Satterthwaite, F. W. "An approximate distribution of estimates of variance components." *Biometrics Bulletin*, Vol. 2, 1946, pp. 110–114.

Snedecor, G. W., and Cochran, W. *Statistical Methods*, 7th ed. Ames, IA: Iowa State University Press, 1980.

Steel, R. G. D., and Torrie, J. H. *Principles and Procedures of Statistics*, 2nd ed. New York: McGraw-Hill, 1980.

Tukey, J. W. "Bias and confidence in not-quite large samples." *Annals of Mathematical Statistics*, Vol. 29, 1958.

Wackerly, D., Mendenhall, W., and Scheaffer, R. *Mathematical Statistics with Applications*, 6th ed. Boston: Duxbury, 1996.

第8章

Carlin, B., and Louis, T. "Bayes and empirical Bayes methods for data analysis." *Statistics and Computing*, Vol. 7, No. 2, 1997.

Davison, A., and Hinkley, D. *Bootstrap Methods and Their Applications*. Cambridge, MA: Cambridge University Press, 1997.

Efron, B., and Tibshirani, R. *An Introduction to the Bootstrap*. New York: Chapman and Hall, 1993.

Freedman, D., Pisani, R., and Purves, R. *Statistics*, 3rd ed. New York: Norton, 1998.

Hoel, P. G. *Introduction to Mathematical Statistics*, 6th ed. New York: Wiley, 1987.

Hogg, R., McKean, J., and Craig, A. *Introduction to Mathematical Statistics*, 6th ed. Upper Saddle River, NJ: Prentice-Hall, 2005.

Hogg, R., and Tanis, E. *Probability and Statistical Inference*, 7th ed. Upper Saddle River, NJ: Prentice-Hall, 2006.

Mendenhall, W., Beaver, R. J., and Beaver, B. *Introduction to Probability and Statistics*, 12th ed. Belmont, CA: Thomson, 2006.

Satterthwaite, F. W. "An approximate distribution of estimates of variance components." *Biometrics Bulletin*, Vol. 2, 1946, pp. 110–114.

Steel, R. G. D., and Torrie, J. H. *Principles and Procedures of Statistics*, 2nd ed. New York: McGraw-Hill, 1980.

Wackerly, D., Mendenhall, W., and Scheaffer, R. *Mathematical Statistics with Applications*, 6th ed. Boston: Duxbury, 1996.

第9章

Agresti, A. *Categorical Data Analysis*. New York: Wiley, 1990.

Cochran, W. G. "The χ^2 test of goodness of fit." *Annals of Mathematical Statistics*, Vol. 23, 1952.

Cochran, W. G. "Some methods for strengthening the common χ^2 tests." *Biometrics*, Vol. 10, 1954.

Conover, W. J. *Practical Nonparametric Statistics*, 2nd ed. New York: Wiley, 1980.

Fisher, R. A. "The logic of inductive inference (with discussion)." *Journal of the Royal Statistical Society*, Vol. 98, 1935, pp. 39–82.

Hollander, M., and Wolfe, D. A. *Nonparametric Statistical Methods*. New York: Wiley, 1973.

Savage, I. R. "Bibliography of nonparametric statistics and related topics." *Journal of the American Statistical Association*, 1953, p. 48.

第10章

Chatterjee, S., and Price, B. *Regression Analysis by Example*, 2nd ed. New York: Wiley, 1991.

Draper, N., and Smith, H. *Applied Regression Analysis*, 3rd ed. New York: Wiley, 1987.

Graybill, F. *Theory and Application of the Linear Model*. North Scituate, MA: Duxbury, 1976.

Kleinbaum, D., and Kupper, L. *Applied Regression Analysis and Other Multivariable Methods*, 2nd ed. North Scituate, MA: Duxbury, 1997.

Mendenhall, W. *Introduction to Linear Models and the Design and Analysis of Experiments*, Belmont, CA: Wadsworth, 1968.

Mendenhall, W., and Sincich, T. *A Second Course in Statistics: Regression Analysis*, 6th ed. Upper Saddle River, NJ: Prentice-Hall, 2003.

Montgomery, D., Peck, E., and Vining, G. *Introduction to Linear Regression Analysis*, 3rd ed. New York: Wiley, 2001.

Mosteller, F., and Tukey, J. W. *Data Analysis and Regression: A Second Course in Statistics*. Reading, MA: Addison-Wesley, 1977.

Neter, J., Kutner, M., Nachtsheim, C., and Wasserman, W. *Applied Linear Statistical Models*, 4th ed. Homewood, IL: Richard D. Irwin, 1996.

Rousseeuw, P. J., and Leroy, A. M. *Robust Regression and Outlier Detection*. New York: Wiley, 1987.

Weisburg, S. *Applied Linear Regression*, 2nd ed. New York: Wiley, 1985.

第11章

Barnett, V., and Lewis, T. *Outliers in Statistical Data*. New York: Wiley, 1978.

Belsley, D. A., Kuh, E., and Welsch, R. E. *Regression Diagnostics: Identifying Influential Data and Sources of Collinearity*. New York: Wiley, 1980.

Box, G. E. P., and Jenkins, G. M. *Time Series Analysis, Forecasting and Control*. San Francisco: Holden-Day, Inc., 1970.

Chatterjee, S., and Price, B. *Regression Analysis by Example*, 2nd ed. New York: Wiley, 1991.

Draper, N. R., and Smith, H. *Applied Regression Analysis*, 2nd ed. New York: Wiley, 1981.

Fuller, W. *Introduction to Statistical Time Series*. New York: Wiley, 1976.

Graybill, F. A. *Theory and Application of the Linear Model*. North Scituate, MA: Duxbury, 1976.

Mendenhall, W. *Introduction to Linear Models and the Design and Analysis of Experiments*. Belmont, CA: Wadsworth, 1968.

Mendenhall, W., and Sincich T. *A Second Course in Statistics: Regression Analysis*, 6th ed. Upper Saddle River, NJ: Prentice-Hall, 2003.

Mosteller, F., and Tukey, J. W. *Data Analysis and Regression: A Second Course in Statistics*. Reading, MA: Addison-Wesley, 1977.

Neter, J., Kutner, M., Nachtsheim, C., and Wasserman, W. *Applied Linear Statistical Models*, 4th ed. Homewood, IL: Richard Irwin, 1996.

Rousseeuw, P. J., and Leroy, A. M. *Robust Regression and Outlier Detection*. New York: Wiley, 1987.

Weisberg, S. *Applied Linear Regression*, 2nd ed. New York: Wiley, 1985.

第 12 章

Daniel, C., and Wood, F. *Fitting Equations to Data*, 2nd ed. New York: Wiley, 1980.

Draper, N., and Smith, H. *Applied Regression Analysis*, 3rd ed. New York: Wiley, 1998.

Graybill, F. A. *Theory and Application of the Linear Model*. North Scituate, MA: Duxbury, 1976.

Geisser, S. "The predictive sample reuse method with applications." *Journal of the American Statistical Association*, Vol. 70, 1975.

Mendenhall, W. *Introduction to Linear Models and the Design and Analysis of Experiments*. Belmont, CA: Wadsworth, 1968.

Mendenhall, W., and Sincich, T. *A Second Course in Statistics: Regression Analysis*, 6th ed. Upper Saddle River, NJ: Prentice-Hall, 2003.

Montgomery, D., Peck, E., and Vining, G. *Introduction to Linear Regression Analysis*, 3rd ed. New York: Wiley, 2001.

Neter, J., Kutner, M., Nachtsheim, C., and Wasserman, W. *Applied Linear Statistical Models*, 4th ed. Homewood, IL: Richard D. Irwin, 1996.

Snee, R., "Validation of regression models: Methods and examples." *Technometrics*, Vol. 19, 1977.

第 13 章

Box G. E. P., Hunter, W. G., and Hunter, J. S. *Statistics for Experimenters*. New York: Wiley, 1957.

Cochran, W. G., and Cox, G. M. *Experimental Designs*, 2nd ed. New York: Wiley, 1957.

Davies, O. L. *The Design and Analysis of Industrial Experiments*. New York: Hafner, 1956.

Kirk, R. E. *Experimental Design*, 2nd ed. Belmont, CA: Brooks/Cole, 1982.

Mendenhall, W. *Introduction to Linear Models and the Design and Analysis of Experiments*. Belmont, CA: Wadsworth, 1968.

Neter, J., Kutner, M. Nachtsheim, C. and Wasserman, W. *Applied Linear Statistical Models*, 4th ed. Homewood, IL: Richard D. Irwin, 1996.

Winer, B. J. *Statistical Principles in Experimental Design*. New York: McGraw-Hill, 1962.

第 14 章

Box, G. E. P., Hunter, W. G., and Hunter, J. S. *Statistics for Experimenters*. New York: Wiley, 1978.

Cochran, W. G., and Cox, G. M. *Experimental Designs*, 2nd ed. New York: Wiley, 1957.

Hicks, C. R. *Fundamental Concepts in the Design of Experiments*, 3rd ed. New York: CBC College Publishing, 1982.

Hochberg, Y., and Tamhane, A. C. *Multiple Comparison Procedures*. New York: Wiley, 1987.

Hsu, J. C. *Multiple Comparisons, Theory and Methods*. New York: Chapman & Hall, 1996.

Johnson, R., and Wichern, D. *Applied Multivariate Statistical Methods*, 3rd ed. Upper Saddle River, NJ: Prentice-Hall, 1992.

Kirk, R. E. *Experimental Design*, 2nd ed. Belmont, CA: Brooks/Cole, 1982.

Kramer, C. Y. "Extension of multiple range tests to group means with unequal number of replications." *Biometrics*, Vol. 12, 1956, pp. 307–310.

Levene, H. *Contributions to Probability and Statistics*. Stanford, CA: Stanford University Press, 1960, pp. 278–292.

Mendenhall, W. *Introduction to Linear Models and the Design and Analysis of Experiments*. Belmont, CA: Wadsworth, 1968.

Miller, R. G. *Simultaneous Statistical Inference*, 2nd ed. New York: Springer-Verlag, 1981.

Montgomery, D. C. *Design and Analysis of Experiments*, 3rd ed. New York: John Wiley & Sons, 1991.

Neter, J., Kutner, M., Nachtsheim, C., and Wasserman, W. *Applied Linear Statistical Models*, 4th ed. Homewood, IL: Richard D. Irwin, 1996.

Scheffe, H. "A method for judging all contrasts in the analysis of variance." *Biometrika*, Vol. 40, 1953, pp. 87–104.

Scheffe, H. *The Analysis of Variance*. New York: Wiley, 1959.

Searle, S. R., Casella, G., and McCulloch, C. E. *Variance Components*. New York: Wiley, 1992.

Tukey, J. W. "Comparing individual means in the analysis of variance." *Biometrics*, Vol. 5, 1949, pp. 99–114.

Uusipaikka, E. "Exact simultaneous confidence intervals for multiple comparisons among three or four mean values." *Journal of the American Statistical Association*, Vol. 80, 1985, pp. 196–201.

Winer, B. J. *Statistical Principals in Experimental Design*, 2nd ed. New York: McGraw-Hill, 1971.

第 15 章

Agresti, A., and Agresti, B. F. *Statistical Methods for the Social Sciences*, 2nd ed. San Francisco: Dellen, 1986.

Conover, W. J. *Practical Nonparametric Statistics*, 2nd ed. New York: Wiley, 1980.

Daniel, W. W. *Applied Nonparametric Statistics*, 2nd ed. Boston: PWS-Kent, 1990.

Dunn, O. J. "Multiple comparisons using rank sums." *Technometrics*, Vol. 6, 1964.

Friedman, M. "The use of ranks to avoid the assumption of normality implicit in the analysis of variance." *Journal of the American Statistical Association*, Vol. 32, 1937.

Gibbons, J. D. *Nonparametric Statistical Inference*, 2nd ed. New York: McGraw-Hill, 1985.

Hollander, M., and Wolfe, D. A. *Nonparametric Statistical Methods*. New York: Wiley, 1973.

Kruskal, W. H., and Wallis, W. A. "Use of ranks in one-criterion variance analysis." *Journal of the American Statistical Association*, Vol. 47, 1952.

Lehmann, E. L. *Nonparametrics: Statistical Methods Based on Ranks*. San Francisco: Holden-Day, 1975.

Marascuilo, L. A., and McSweeney, M. *Nonparametric and Distribution-Free Methods for the Social Sciences*. Monterey, CA: Brooks/Cole, 1977.

Wilcoxon, F., and Wilcox, R. A. "Some rapid approximate statistical procedures." The American Cyanamid Co., 1964.

第 16 章

Alwan, L. C., and Roberts, H. V. "Time-series modeling for statistical process control." *Journal of Business and Economic Statistics*, 1988, Vol. 6, pp. 87–95.

Banks, J. *Principles of Quality Control*. New York: Wiley, 1989.

Box, G. E. P. "Evolutionary operation: A method for increasing industrial productivity." *Applied Statistics*, Vol. 6, 1957, pp. 3–23.

Box, G. E. P., and Hunter, J. S. "Condensed calculations for evolutionary operation programs." *Technometrics*, Vol. 1, 1959, pp. 77–95.

Checkland, P. *Systems Thinking, Systems Practice*. New York: Wiley, 1981.

Deming, W. E. *Quality, Productivity, and Competitive Position*. Cambridge, MA: MIT Press, 1982.

DeVor, R. E., Chang, T., and Southerland, J. W. *Statistical Quality Design and Control*. New York: Macmillan, 1992.

Duncan, A. J. *Quality Control and Industrial Statistics*. Homewood, IL: Irwin, 1986.

Feigenbaum, A. V. *Total Quality Control*, 3rd ed. New York: McGraw-Hill, 1983.

Garvin, D. A. *Managing Quality*. New York: Free Press/Macmillan, 1988.

Gitlow, H., Gitlow, S., Oppenheim, A., and Oppenheim, R. *Tools and Methods for the Improvement of Quality*. Homewood, IL: Irwin, 1989.

Grant, E. L., and Leavenworth, R. S. *Statistical Quality Control*, 6th ed. New York: McGraw-Hill, 1988.

Hald, A. *Statistical Theory of Sampling Inspection of Attributes*. New York: Academic Press, 1981.

Hart, Marilyn K. "Quality tools for improvement." *Production and Inventory Management Journal*, First Quarter 1992, Vol. 33, No. 1, p. 59.

Ishikawa, K. *Guide to Quality Control*, 2nd ed. White Plains, NY: Kraus International Publications, 1986.

Joiner, B. L., and Goudard, M. A. "Variation, management, and W. Edwards Deming." *Quality Process*, Dec. 1990, pp. 29–37.

Juran, J. M., and Gryna, F. M., Jr. *Quality Planning Analysis*, 2nd ed. New York: McGraw-Hill, 1980.

Kane, V. E. *Defect Prevention*. New York: Marcel Dekker, 1989.

Military Standard 105D. Washington, DC: U.S. Government Printing Office, 1963.

Moen, R. D., Nolan, T. W., and Provost, L. P. *Improving Quality through Planned Experimentation*. New York: McGraw-Hill, 1991.

Montgomery, D. C. *Introduction to Statistical Quality Control*, 2nd ed. New York: Wiley, 1991.

National Bureau of Standards, *Tables of the Binomial Distribution*. Washington, DC: U.S. Government Printing Office, 1950.

Nelson, L. L. "The Shewhart control chart—Tests for special causes." *Journal of Quality Technology*, Oct. 1984, Vol. 16, No. 4, pp. 237–239.

Ott, E. R. *Process Quality Control: Trouble-shooting and Interpretation of Data*. New York: McGraw-Hill, 1975.

Romig, H. G. *50–100 Binomial Tables*. New York: Wiley, 1953.

Ryan, T. P. *Statistical Methods for Quality Improvement*. New York: Wiley, 1989.

Shewhart, W. A. *Economic Control of Quality of Manufactured Product*. Princeton, NJ: Van Nostrand Reinhold, 1931.

Statistical Quality Control Handbook. Indianapolis, IN: AT&T Technologies, Select Code 700-444 (inquiries: 800-432-6600); originally published by Western Electric Company, 1956.

Wadsworth, H. M., Stephens, K.S., and Godfrey, A. B. *Modern Methods for Quality Control and Improvement*. New York: Wiley, 1986.

Wheeler, D. J., and Chambers, D. S. *Understanding Statistical Process Control*. Knoxville, TN: Statistical Process Controls, Inc., 1986.

第 17 章

Allison, P. D. *Survival Analysis Using the SAS System: A Practical Guide*. Cary, NC: SAS Institute, 1998.

Barlow, R. E., and Proschan, F. *The Mathematical Theory of Reliability*, New York: Wiley, 1965.

Box, G. E. P. "Problems in the analysis of growth and wear curves." *Biometrics*, Vol. 6, 1950.

Cohen, A. C., Jr. "On estimating the mean and standard deviation of truncated normal distribution." *Journal of the American Statistical Association*, Vol. 44, 1949, pp. 518–525.

———. "A note on truncated distributions." Industrial Quality Control, Vol. 6, 1949, p. 22.

Cox, D. R. "Regression models and life tables (with discussion)." *Journal of the Royal Statistical Society, Series B*, Vol. 34, 1972.

Davis, D. J. "An analysis of some failure data." *Journal of the American Statistical Association*, Vol. 47, 1952, pp. 113–150.

Epstein, B. "Statistical problems in life testing." *Seventh Annual Quality Control Conference Papers*, 1953, pp. 385–398.

Epstein, B., and Sobel, M. "Life testing." *Journal of the American Statistical Association*, Vol. 48, 1953, pp. 486–502.

Kalbfleisch, J. D., and Prentice, R. L. *The Statistical Analysis of Failure Time Data*. New York: Wiley, 1980.

Miller, I., and Freund, J. E. *Probability and Statistics for Engineers*, 2nd ed. Englewood Cliffs, NJ: Prentice-Hall, 1977.

Therneau, T. M, and Grambsch, P. M. *Modeling Survival Data: Extending the Cox Model*. New York: Springer, 2000.

Weibull, W. "A statistical distribution function of wide applicability." *Journal of Applied Mechanics*, Vol. 18, 1951, pp. 293–297.

Zelen, M. *Statistical Theory of Reliability*. Madison, WI: University of Wisconsin Press, 1963.

部分奇数练习答案

第1章

1.1 a. 所有最近参与STEM项目的年轻女性
b. 159名被调查女性
c. 27%认为STEM项目提高了她们对科学的兴趣
1.3 总体:(1)男生游戏玩家,(2)男生非游戏玩家
1.5 a. 地震 b. 样本
1.7 a. 一氧化碳气体的水平;气象台的一周
b. 总体
1.9 a. 定性 b. 定量 c. 定量
1.11 a. 定性 b. 定性 c. 定量 d. 定量
e. 定量 f. 定量 g. 定量 h. 定性
1.13 a. 吸烟者 b. 筛查方法与肿瘤检出年龄
c. 定性;定量 d. 哪种筛查方法针对小肿瘤更有效
1.19 a. 美国公司和政府机构的所有计算机安全人员 b. 调查;无偏差 c. 是否非法使用;定性
d. 41%的公司非法使用计算机系统
1.23 a. 所有硬件 b. 测试寿命长度的100个计算机元件 c. 定量 d. 估计所有元件的平均寿命长度
1.25 a. 2mL的清洁溶液 b. 为了中和溶液所必需的盐酸量 c. 所有可能的2mL的清洁溶液
d. 化学家制备的5份2mL溶液
1.27 a. 工科大学生 b. 总体:所有宾夕法尼亚州的工科大学生;样本:此研究中选出的21名工科大学生 c. 定量 d. 估计宾夕法尼亚州的所有大学生的平均佩里得分为3.27
1.29 a. 桥梁的结构状态 b. 定性 c. 总体
d. 观测研究

第2章

2.1 a. 条形图 b. 机器人四肢类型 c. 只有腿
d. 都没有:0.1415;都有:0.0755;只有腿:0.5943;只有轮子:0.1887
2.5 a. 热区:定性;海滩条件:定性;堤坝条件:定性;腐蚀率:定量
2.7 大多数LEO卫星都是政府所拥有(45.6%);大多数GEO卫星都是商业部门所拥有(65.0%)
2.9 b. 不支持
2.13 a. 10~20 b. 0.68 c. 0.175 d. 0.12
2.19 b. 0.941 c. 茎叶图
2.21 a. 0.26 b. 0.086
2.23 电动电势增加
2.25 a. 6;5;全部 b. 6;5.5;4和6
2.27 a. 16.5;增加 b. 16.16;不变 c. 无众数
2.29 均值=9.72,中位数=10.94
2.31 a. 1.81 b. 1.35 c. 4 d. 2.85 e. 0.45
f. 原油中二氧化物含量较低
2.33 e. B组
2.35 a. 均值=−1.09,中位数=−0.655
b. −8.11 c. 均值=−0.52,中位数=−0.52;均值
2.37 a. 不向右偏斜 b. $\bar{y}=3.21$, $s=1.37$
c. (0.47, 5.96) d. 至少0.75 e. ≈0.95
f. 0.93;是
2.39 a. 0.18 b. 0.0041 c. 0.064 d. 早上
2.41 a. 67.2 b. 14.48 c. 切比雪夫规则:a组至少有88.8%的测量值在30.18到117.06之间
2.43 a. 支持 b. 不支持
2.45 a. (−0.900, 2.900) b. (−16.220, 25.340)
2.47 a. (204.815, 264.665)
2.49 a. 10% b. 90%
2.51 a. 141417美元 b. 96417美元 c. −1.76
2.53 a. 1.57 b. −3.36
2.55 a. $z=-3.83$ b. $z=-1.58$
2.57 a. $z=15.83$ b. $z=1.26$ c. 钙/石膏
2.59 a. 50%烧砖的钡值在170mg/kg以下
b. 25%烧砖的钡值在115mg/kg以下
c. 75%烧砖的钡值在260mg/kg以下
d. 145
e. (−102.5, 477.5)
f. 没有异常值
2.61 a. 否,$z=1.57$ b. 是,$z=-3.36$
2.63 是,$z=-2.5$
2.65 a. 117.3, 118.5和122.4 b. 50.4 c. 没有异常值
2.67 a. 这个图看起来好像BP连续每天都在收集

2.69 a. 轮胎的命运 b. 作为燃料燃烧；回收用于新产品；出口；土地处置 c. 0.517, 0.32, 0.023, 0.14

2.73 (0.833, 2.929)

2.75 1.06

2.79 d. $\bar{y} = 62.96$, $s = 0.61$ e. 96.97%; 是 f. 62.57, 63.01, 63.36, 63.71

2.81 不能，$z = 2.3$

2.83 a. 海鸥和长度:定量；石油:定性 b. 样条 c. 有油区域:38%；无油区域:62% e. 分布相似 f. (0, 16.67) g. (0, 15.43) h. 无油区域

2.85 a. 搁浅 b. $\bar{y} = 59.82$, $s = 53.36$; (0, 166.54)

2.87 a. 定量 b. 频数分布 c. 0.28 d. 是

第3章

3.1 a. 只有腿，只有轮子，腿和轮子都有，腿和轮子都没有 b. P(只有腿) = 0.594, P(只有轮子) = 0.189, P(都有) = 0.076, P(都没有) = 0.141 c. 0.265 d. 0.670

3.3 过往船只

3.5 a. SL, IT, CP, NP 和 0 b. 0.06, 0.26, 0.21, 0.35, 0.12 c. 0.06

3.7 a. Pu/B/BL, Pu/B/D, Pu/U/BL, Pu/U/D, Pr/B/BL, Pr/B/D, Pr/U/BL, Pr/U/D b. 0.256, 0.184, 0.067, 0.031, 0.363, 0.099, 0, 0 c. 0.314

3.9 a. 0.261 b. 树干: 0.85; 树叶: 0.10; 树枝: 0.05

3.11 a. 12 b. 不是

3.13 a. 0.56 b. 0.94

3.15 a. 0.271 b. 0.706 c. 0.088

3.17 a. 32 个简单事件: FFFFF, FFFFW, …, WWWWW b. 0.97

3.19 a. AC, AW, AF, IC, IW, 和 IF b. 0.148, 0.066, 0.426, 0.176, 0.052, 0.132 c. 0.64 d. 0.118 e. 0.176 f. 0.427 g. 0.676

3.21 0.984

3.23 0.286

3.25 $P(A|B) = 0$

3.27 a. 0.7628 b. 0.1445

3.29 a. 0.667 b. 0.458

3.31 0.559

3.33 a. 0.531 b. 0.531

3.35 0.35

3.37 0.09

3.39 a. $P(A|I) = 0.9$, $P(B|I) = 0.95$, $P(A|N) = 0.2$, $P(B|N) = 0.1$ b. 0.855 c. 0.02 d. 0.995

3.41 0.04

3.43 a. 0.116 b. 0.728

3.45 $(0.5 + \alpha - \alpha\beta)\beta$

3.49 门，因为 $P(D|J) = 0.6122$

3.51 新手，因为 P(新手|失败) = 0.764

3.53 a. 0.158 b. 0.316 c. 0.526 d. #3

3.55 不应该，因为 $P(D|G) = 0.108$

3.59 a. 18 b. 4/18

3.61 a. 24 b. 100

3.63 a. 16 b. 24

3.65 a. 729 b. 120

3.67 a. 168 b. 8/168 c. 2/7

3.69 63 063 000

3.71 a. 63/1 326 b. 0.046 5

3.73 P(至少一张有缺陷) = 0.039, 如果声明是真的

3.75 a. 不合理；P(3 次没击中) = 0.166, 如果 $p = 0.45$ b. 合理；P(10 次没击中) = 0.0025, 如果 $p = 0.45$

3.77 a. BB, TG, GG, S, G b. 0.28, 0.11, 0.11, 0.26, 0.24 c. 0.52 d. 0.48

3.79 a. 0.974 b. 0.12

3.81 a. 0.92 b. 1

3.83 a. 1 440 b. 240

3.85 a. 0.12 b. 0.473

3.87 a. 0.06 b. 0.94

3.89 0.2362, 0.1942, 0.5696

3.91 26

3.95 a. 60 b. 3/5 c. 3/10

3.97 a. 0.001 980 8 b. 0.003 94 c. 0.000 015 4

3.99 P(在 10 亿次除法中至少出现 1 次错误) = 0.105

第4章

4.1 b. $p(0) = 0.116$, $p(1) = 0.312$, $p(2) = 0.336$, $p(3) = 0.181$, $p(4) = 0.049$, $p(5) = 0.005$ d. 0.054

4.3 a. $p(1) = 0.4$, $p(2) = 0.54$, $p(3) = 0.02$, $p(4) =$

0.04 **b.** 0.06
4.5 **a.** 0.23 **b.** 0.081 **c.** 0.77
4.7 **a.** 0, 1, 2 **b.** $p(0) = 5/8, p(1) = 2/8, p(2) = 1/8$
4.9 **b.** $p(30) = 0.008\,6, p(40) = 0.144\,1, p(50) = 0.302\,6, p(60) = 0.544\,7$ **c.** 0.847 3
4.11 $p(1) = 3/5, p(2) = 3/10, p(3) = 1/10$
4.13 **a.** 1.8 **b.** 0.99 **c.** 0.96
4.15 0.29
4.17 **a.** 2.9; 3 **b.** 3; 4 **c.** 3; 3
4.19 $\mu = \$3\,600, \sigma^2 = 3\,920\,000; (\$0, \$755\,9.80)$
4.21 5.993 8
4.27 **b.** 40 **c.** 24 **d.** (30.2, 49.8)
4.29 **a.** $\binom{5}{y} 0.25^y (0.75)^{5-y}$ **b.** 0.263 7
c. 0.632 8
4.31 0.139 4
4.33 0.049
4.35 $\binom{4}{y} 0.5^y (0.5)^{4-y}$, 二项分布
4.37 **a.** 0.001 **b.** 有可能
4.43 **a.** 12.5, 5, 32.5 **b.** 0.002 **c.** 怀疑概率
4.45 **a.** 0.000 113 9 **b.** 0.035 5
4.47 **a.** 0.031 9 **b.** 0.033 7 **c.** 5.2
4.49 $n(4p_1 + p_2)$
4.53 **a.** $\binom{y-1}{9} 2^{10} 0.80^{y-10}$ **b.** 50 **c.** 004 7
4.55 **a.** 几何分布: $(0.4)(0.6)^{y-1}$ **b.** 2.5
c. 3.75 **d.** (0, 6.7)
4.57 **a.** 3.73 **b.** 0.267 88 **c.** 0.041 25
4.59 **a.** 63 **b.** 62.5 **c.** (0, 188)
4.61 **a.** 0.657 **b.** $\mu = 3.33, s = 2.79$ **c.** no
d. 0.671
4.63 **c.** $\mu = 1.41, \sigma = 1.05$ **d.** 0.28
4.65 超几何分布: $\binom{4}{y}\binom{6}{3-y}\binom{10}{3}$
4.67 0.269 3
4.69 **a.** 0.088 3 **b.** 0.158 5
4.71 **a.** 0.197 **b.** 0.112 **c.** 0.038
4.73 0.014 4
4.75 0.551
4.77 **a.** 0.202 **b.** 0.323 **c.** $\mu = 1.6, \sigma = 1.26$
4.79 **a.** 2 **b.** 没有可能, $P(y > 10) = 0.002\,8$
4.81 **a.** 0.731 **b.** 0.03 **c.** 4.24; (9.5, 26.5)
4.83 **a.** 0.333 **b.** 0.146 5 **c.** 0.251 9

d. 0.101 4
4.89 $\binom{3}{y} 0.32^y 0.68^{3-y}$
4.91 **a.** $p(1) = 0.48, p(2) = 0.249\,6, p(3) = 0.129\,8$, 等等. **b.** $(0.48)(0.52)^{y-1}$
c. $\mu = 2.08, \sigma = 1.50$ **d.** (1, 5.08)
4.93 **a.** 0.25, 0.25, 0.25, 0.25 **b.** 0.000 1
4.95 **a.** 0.10 **b.** 0.70
4.97 **a.** 0.30 **b.** 1
4.99 **a.** 0.08 **b.** 能
4.101 **a.** $\mu = 1.57, \sigma = 1.25$ **b.** 0.209
4.103 **a.** 0.986 **b.** 0 **c.** 5
4.105 **a.** 0.099 5 **b.** 0.073 8
4.107 **a.** 0.96 **b.** 0.713 **c.** 0.000 88
4.109 **a.** 11/5 **b.** 14/25
4.111 **a.** $e^{\lambda(t-1)}$ **b.**

第 5 章

5.1 **a.** 3/8 **b.** $F(y) = y^{3/8}$ **c.** 1/8 **d.** 0.015 6
e. 0.296 9
5.3 **a.** 1 **b.** $F(y) = \begin{cases} \dfrac{1}{2} + y + \dfrac{y^2}{2} & -1 \leq y < 0 \\ \dfrac{1}{2} + y - \dfrac{y^2}{2} & 0 \leq y < 1 \end{cases}$
c. 0.125 **d.** 0.375
5.5 **a.** 3 **b.** $F(y) = \dfrac{75y - y^3}{500} + \dfrac{1}{2}$ **c.** 0.896
5.7 **b.** $F(y) = 1 - e^{-0.04y}$ **c.** 0.818 7
5.9 **a.** $F(y) = y^2/4, 0 < y < 2$ **b.** NBU
5.11 **a.** 1/2 **b.** 0.05 **c.** ≈ 0.95 **d.** 0.983 8
5.13 **a.** 25 **b.** 625 **c.** ≈ 0.95 **d.** 0.950 2
5.17 **a.** 2 **b.** 0.25 **c.** 0.375
5.19 113.5
5.21 $\mu = 0.5, \sigma = 0.289, P_{10} = 0.10, Q_L = 0.25, Q_U = 0.75$
5.23 0.444 4
5.25 **b.** $a + (b-a)y$
5.29 **a.** 0.032 9 **b.** 0.467 8 **c.** 99.94
5.31 **a.** 0.841 3 **b.** 0.752 8
5.33 0.448
5.35 **a.** 0.818 5 **b.** 0.908 2
5.37 0.054 8
5.39 **a.** 0.5 **b.** $8 **c.** $20
5.43 不可以

5.45 a. IQR/s = 1.52，近似正态
5.47 IQR/s = 1.34
5.49 非正态
5.51 不可行
5.53 0.449 b. 0.865
5.55 a. 0.753 403 b. 0.666 7 c. 0.809 861, 0.811 1
5.57 0.693 147β
5.59 a. 0.367 9 b. 0.606 5 c. 0.135 3 d. 0.004 1
5.61 a. $\exp(-t/25\,000)$ b. 0.704 4
c. $2\exp(-t/25\,000) - \exp(-t/12\,500)$ d. 0.912 6
5.67 1/16
5.69 a. 3.232, 0.420 97 b. ≈0.95 c. 0.963 1
5.71 0.393 5
5.73 a. $(0.886\,23)\sqrt{\beta}$ b. $(0.214\,6)\beta$
c. $\exp(-C^2>\beta)$
5.75 1.75 个月
5.79 0.312 54
5.83 a. $\mu = 0.038\,5$, $\sigma^2 = 0.001\,37$ b. 0.778
5.85 a. 0.834 b. 0.006
5.87 168
5.95 a. 0.420 7 b. 0
5.97 a. $\mu = 7$, $\sigma = 0.29$ b. 0.3
5.99 a. 0.940 6 b. 0.006 8
5.101 a. 20 b. 0.223 1 c. 0.049 8; 0.950 2
5.103 a. 0.550 7 b. 0.263 6
c. $\mu = 60$, $\sigma^2 = 1\,800$ d. 0.091 6
5.105 a. 0.321 b. 0.105
5.107 109.02
5.109 a. Y 有比正态分布较小的变化 b. 多于
5.111 1/6
5.113 a. $\alpha = 9$, $\beta = 2$ b. $\mu = 0.818$, $\sigma^2 = 0.012\,4$
c. 0.624
5.115 a. 0.967 1 b. 0.261 1 c. 不能
5.117 a. 1 b. $F(y) = 1 - e^{-y}$ c. 0.925 7
e. 0.361 1

第 6 章

6.1 b. 0.3, 0.1, 0.025, 0.3, 0.125, 0.15
c. 0.1, 0.55, 0.35
d. $y = 0$: 0, 0.5, 0.25, 0, 0.25, 0;
$y = 1$: 0.364, 0.091, 0.545, 0;
$y = 2$: 0.286, 0, 0, 0, 0.286, 0.429

e. $x = 0$: 0, 0.667, 0.333; $x = 1$: 0.5, 0.5, 0;
$x = 2$: 1, 0, 0; $x = 3$: 0, 1, 0;
$x = 4$: 0.2, 0, 0.8; $x = 5$: 0, 0, 1
6.3 a. $p(0, 0) = 6/45$, $p(0, 1) = 4/45$,
$p(0, 2) = 0$, $p(1, 0) = 16/45$,
$p(1, 1) = 8/45$, $p(1, 2) = 1/45$,
$p(2, 0) = 6/45$, $p(2, 1) = 4/45$, $p(2, 2) = 0$
b. $p_1(0) = 10/45$, $p_1(1) = 25/45$, $p_1(2) = 10/45$
c. $p_2(0) = 28/45$, $p_2(1) = 16/45$, $p_2(0) = 1/45$
d. 1/45
6.5 a. $p_2(y \mid x)$
b. $p_1(1) = p_1(2) = p_1(3) = 1/3$
c. $p(1, 30) = 0.02$, $p(1, 40) = 0.08$,
$p(1, 50) = 0.08$, $p(1, 60) = 0.153\,3$,
$p(2, 30) = 0.033\,3$, $p(2, 40) = 0.08$,
$p(2, 50) = 0.12$, $p(2, 60) = 0.10$,
$p(3, 30) = 0.05$, $p(3, 40) = 0.06$,
$p(3, 50) = 0.10$, $p(3, 60) = 0.123\,3$
6.7 a. 0.11, 0.25, 0.40, 0.24
b. 0.175, 0.25, 0.375, 0.20
6.9 a. $p(1, 1) = 0$, $p(1, 2) = 1/3$, $p(1, 3) = 0$,
$p(2, 1) = 1/3$, $p(2, 2) = 0$, $p(2, 3) = 0$,
$p(3, 1) = 0$, $p(3, 2) = 0$, $p(3, 3) = 1/3$
6.13 b. $f_1(x) = e^{-x}$, 指数分布
c. $f_2(y) = 1/40$, 均匀分布
6.15 b. 0.462 4
6.17 a. -1 b. $f_2(y) = \left(\dfrac{3}{2} - y\right)$
c. $f_1(x \mid y) = (x - y)/\left(\dfrac{3}{2} - y\right)$
6.21 a. 2 b. 49.495
6.23 a. 0 b. 30
6.25 a. 5/4 b. $-1/12$ c. 2 d. 2/3
6.29 不独立
6.31 不独立
6.33 $p(1, 0) = 0.005$, $p(1, 12) = 0.01$,
$p(1, 24) = 0.01$, $p(1, 36) = 0.475$,
$p(2, 0) = 0.001$, $p(2, 35) = 0.001$,
$p(2, 70) = 0.498$
6.35 a. $f(x, y) = (1/25)\exp\{-(x+y)/5\}$ b. 10
6.39 不独立
6.41 0.375
6.43 $-0.085\,4$
6.45 $-1/5$

6.47 a. 0 b. 0
6.53 $\mu = 7$, $\sigma^2 = 5.83$
6.57 $E(\hat{p}) = p$, $V(\hat{p}) = pq/n$
6.59 $f(c) = (1/15)\exp\{-(c-2)/15\}$, $c \geq 2$
6.61 $f(w) = (\mu/2)\exp\{-w/(2\mu)\}$；指数分布，$\beta = 2\mu$
6.63 $y = \sqrt{w}$，其中 w 是 $(0, 1)$ 上的均匀分布
6.65 $E(\ell) = 11$, $V(\ell) = 54.5$
6.69 a. $f(w) = 1$, $0 < w < 1$
 b. $f(w) = (w+1)/2$, $-1 \leq w < 1$
 c. $f(w) = 2/w^3$, $w \geq 1$
6.73 a. 0.4, 0.0476 b. 近似正态 c. 0 d. 是
6.75 a. $\mu_{\bar{y}} = 293$, $\sigma_{\bar{y}} = 119.8$ c. 0.015 8
6.77 a. 0.326 4 b. 1.881 c. 不是有效的
6.79 不可以
6.81 a. 60; 36 b. 正态 c. ≈0
6.83 0.003 4
6.87 a. 不能 b. 能 c. 能
6.89 ≈0
6.91 可能；$P(Y > 20) = 0.176\,2$
6.93 a. 0.92 b. 0.008 4
6.95 a. 0.109 b. 0.002 5 c. 0.04
6.97 a. 自由度为 9 的学生氏 T 分布
 b. 自由度为 9 的 χ^2 分布
6.99 a. 自由度为 15 的学生氏 T 分布
 b. 0.999 958
6.105 a. ≈正态，$\mu_{\bar{y}} = 43$, $\sigma_{\bar{y}} = 1.11$
 b. ≈正态，$\mu_{\bar{y}} = 1050$, $\sigma_{\bar{y}} = 59.45$
 c. ≈正态，$\mu_{\bar{y}} = 24$, $\sigma_{\bar{y}} = 15.5$
6.107 a. $f_1(x) = \left(x + \dfrac{1}{2}\right)$; $f_2(y) = \left(y + \dfrac{1}{2}\right)$
 c. $f_1(x \mid y) = (x+y)/\left(y + \dfrac{1}{2}\right)$;
 $f_2(y \mid x) = (x+y)/\left(x + \dfrac{1}{2}\right)$
 e. 相关；不独立
 f. $E(d) = 5/12$, $V(d) = 5/144$; 0.42 ± 0.56
6.109 a. ≈0 b. 0.009 4
6.111 $f(w) = \{(w+2)/200$ if $-2 < w < 8$, $1/20$ if $8 < w < 23\}$
6.113 a. ≈正态，$\mu_{\bar{y}} = 121.74$, $\sigma_{\bar{y}} = 4.86$
 b. 0.734 8
6.115 $P(y \leq 400.8) = 0.315$; 第二个操作者
6.117 0.008
6.119 0.933 2

6.125 a. 113 b. 不独立
6.129 $f(w) = (1/\beta)e^{-w/\beta}$；指数分布
6.133 $y = \sqrt{-\ln(1-w)}$

第 7 章

7.1 b. $\bar{y}$
7.3 b. pq/n
7.9 a. $\bar{y}$ b. 无偏的
7.11 a. $\bar{y}/2$ b. $E(\hat{\beta}) = \beta$, $V(\hat{\beta}) = \beta^2/(2n)$
7.13 a. $\bar{y}$ b. 无偏的 c. β^2/n
7.17 $\bar{y} \pm z_{a/2}\sqrt{\dfrac{Y}{n}}$
7.19 $(\bar{y}_1 - \bar{y}_2) \pm z_{a/2}\sqrt{\dfrac{s_1^2}{n_1} + \dfrac{s_2^2}{n_2}}$
7.23 $(\bar{y}_1 - \bar{y}_2) \pm t_{a/2} s_p \sqrt{\dfrac{1}{n_1} + \dfrac{1}{n_2}}$
7.25 (196.19, 283.81), 假定分布近似为正态
7.27 a. (16.529, 19.471) b. 是
7.29 a. 97.17 b. (−4.83, 199.16)
 c. MTBE 水平的分布是近似正态的；不满足
7.31 a. 所有阿拉斯加的地衣样品 b. (0.005 3, 0.012 8) d. 近似正态
7.33 a. (2.497, 3.932) c. 99%
7.35 a. (0.83, 1.32) c. 近似正态
7.37 a. (0.242 81, 0.281 35) b. 不是
7.39 不存在差异
7.41 (0.120 5, 0.239 5), 同意
7.43 a. 48.3 ± 36.77 b. 同意
7.45 (−5.10, 3.70), 相同
7.47 a. 436.5 ± 47.6 b. −1.09 ± 0.51
7.49 a. 同一位置上的双孔不独立 c. 0.140, 1.264
 d. (−0.425, 0.715)
7.51 (−0.088 1, 0.461 4), 无差异
7.53 a. −10 ± 10.99 b. −9 ± 20.38
 c. −8 ± 9.77
7.55 95% 置信区间 $(\mu_{\text{meter}} - \mu_{\text{stat}})$: 0.000 523 ± 0.000 4
7.57 a. 0.60 b. 0.6 ± 0.021
7.59 0.542 7 ± 0.045 2
7.61 a. (0.471 5, 0.717 2) b. 无效
7.63 (0.704 2, 0.932 1), 不精确
7.65 a. 0.644 ± 0.099 b. 能
7.67 a. $p_1 - p_2$ b. (−0.135 1, −0.003 2)
 c. 比例不同

7.69　a. 0.153　b. 0.215　c. -0.061 ± 069
　　　d. 不影响
7.71　a. (0.012 7, 0.285 3)，支持理论 1
　　　b. (-0.161, 0.127)，支持理论 2
7.73　a. 14.067 1　b. 23.541 8　c. 23.209 3
　　　d. 17.534 6　e. 16.749 6
7.75　(0.006 9, 0.027 0)
7.77　(3 179, 7 618)
7.79　For σ^2 (6.3, 18.2)
7.81　c. $\sigma^2 = 8\,348.025\,7$
7.83　a. 2.40　b. 3.35　c. 1.65　d. 5.86
7.85　a. (1.462, 2.149)　b. 可以
7.87　(0.007 1, 0.180 6)
7.89　a. 0.95　b. 0.001　c. 97
7.91　35
7.93　116
7.95　450
7.97　$n_1 = n_2 = 534$
7.103　$\hat{p}_B = [1/(n+3)](0.80n+1)$
7.105　a. 正态，$\mu = (n+1)(\bar{y} + 5/n2 > n$
7.107　97
7.109　a. (0.44, 17.81)　b. 没有不同的证据
7.111　a. 0.23 ± 0.017　b. 0.20 ± 0.016
7.113　a. (4.73, 9.44)　b. 可能
7.115　1,729
7.117　(33.64, 392.78)
7.119　a. 108 3　b. 宽　c. 38%
7.121　a. -0.35 ± 0.09　b. $p_C < p_T$
7.123　14,735
7.125　0.2 ± 0.066
7.127　a. 偏 $= \frac{1}{2}$　b. $1/(12n)$　c. $\bar{y} - \frac{1}{2}$
7.129　c. $2y/\chi^2_{\alpha/2} < \beta < 2y/\chi^2_{1-\alpha/2}$

第 8 章

8.1　$\alpha = P($拒绝 $H_0 \mid H_0$ 真$); \beta = P($接受 $H_0 \mid H_0$ 假$)$
8.3　a. II 型　b. I 型
8.5　a. 0.033　b. 0.617　c. 0.029
8.11　$H_0: \mu = 20, H_a: \mu > 20$
8.13　$H_0: \mu = 22, H_a: \mu < 22$
8.15　$H_0: (\mu_1 - \mu_2) = 0, H_a: (\mu_1 - \mu_2) > 0$
8.17　$H_0: (\mu_1 - \mu_2) = 0, H_a: (\mu_1 - \mu_2) \neq 0$
8.19　a. 0.312 4　b. 0.017 8　c. ≈ 0　d. 0.147 0

8.21　a. 不拒绝 H_0　b. 不拒绝 H_0　c. 拒绝 H_0
　　　d. 不拒绝 H_0
8.23　a. $H_0: \mu = 1, H_a: \mu \neq 1$　b. $\bar{y}$ 是样本统计量，具有可变性　c. $t = -47.09, p = 0.000$
　　　d. 当比率 $= 1$ 时，$\alpha =$ 推断比不等于 1 的概率
　　　e. 拒绝 H_0　f. 总体近似正态分布
8.25　a. $H_0: \mu = 1.4, H_a: \mu > 1.4$　b. 当它等于 1.4 时，蒸馏水每日平均收集量大于 1.4 的概率是 0.10　c. $\bar{y} = 5.243, s = 0.192$　d. $t = 34.64$
　　　e. $p = 0.000$　f. 拒绝 H_0
8.27　是，拒绝 H_0
8.29　$z = 5.47$，拒绝 H_0
8.31　a. p 值 $= 0.839\,6$，不拒绝 H_0
8.35　a. 是，$z = 1.85$　b. 是，$z = -1.85$　c. 不会，CLT
8.37　$z = -1.55$，不拒绝 H_0
8.39　a. 没有，$t = -1.22$　b. 有，$t = -4.20$
8.41　a. 能，$t = 11.87$　b. $t = 2.94$
8.43　$t = 2.83$，拒绝 H_0
8.45　a. $t = 2.68$，均值有差异　b. $t = 6.34$，均值有差异　c. $t = 1.64$，均值无差异
8.47　a. $t = 0.43$，不拒绝 H_0　b. 一致
8.49　a. $t = -2.97$，不拒绝 H_0；$-0.419\,7$；不能
　　　c. $t = 0.57$，不拒绝 H_0；$-0.227\,4$，不能
　　　d. $t = 3.23$，不拒绝 H_0；$0.192\,3$，不能
8.51　不能，$t = -0.713$
8.53　不同意，$t = -3.16$，拒绝 $H_0: (\mu_1 - \mu_2) = 0$
8.55　a. $H_0: p = 0.10, H_a: p < 0.10$　b. $z < -2.326$
　　　c. $z = -2.11$　d. 不拒绝 H_0
8.57　不支持，$z = 0.69$
8.59　$z = 1.33$，拒绝 H_0
8.61　可以，$z = 3.05$
8.63　$a = 0.01, z = 2.67$，拒绝 H_0
8.65　a. $z = 0.10$，无差异　b. $z = 1.18$，无差异
8.67　$z = 8.34$，比例有差异
8.69　有，$z = 11.04$
8.71　a. 不存在，$z = 1.80$　b. 存在，$z = -4.01$
8.73　a. $\chi^2 = 3\,031.4$，拒绝 H_0
8.75　$\chi^2 = 10.94$，不拒绝 H_0
8.77　a. $H_0: \sigma^2 = 0.54, H_a: \sigma^2 > 0.54$　b. 0.742 5
　　　c. $\chi^2 = 40.8$，不拒绝 H_0
8.79　不需要，$\chi^2 = 6.91$
8.81　a. $F = 17.79$，拒绝 H_0　b. 有

8.83 a. $F = 2.26$, 不支持 b. p 值 $= 0.096$
8.85 $F = 2.47$, 不拒绝 H_0
8.87 a. 没有, $F = 1.09$
8.95 $P(p > 0.5 \mid x = 29) = 0.004$, $P(p < 0.5 \mid x = 29) = 0.996$; 拒绝 H_0
8.97 如果 $P(\mu < \mu_0) > P(\mu > \mu_0)$ 拒绝 H_0, 利用均值 $= (n+1)(\bar{y} + 5/n)/n$ 和方差 $= 1/(n+1)$ 的后验正态分布
8.99 a. $H_0: \sigma_1^2/\sigma_2^2 = 1$, $H_a: \sigma_1^2/\sigma_2^2 \neq 1$ b. $F = 1.37$ c. $F > 7.39$ d. p 值 $= 0.726$ e. 不拒绝 H_0
8.101 a. 0.0654 b. $\beta = 0.9413$, 功效 $= 0.0587$ c. $\beta = 0.3222$, 功效 $= 0.6778$
8.103 a. $t = -0.019$, 不拒绝 H_0 b. $t = -0.019$, 不拒绝 H_0
8.105 a. 没有, $t = -2.20$ c. $0.1 < \beta < 0.5$ d. $0.01 < p$ 值 < 0.025
8.109 是, $z = -2.40$, p 值 $= 0.0166$
8.111 是, $F = 1.75$, p 值 $= 0.0189$
8.113 a. $H_0: \mu = 10$, $H_a: \mu < 10$ c. $z = -2.33$, 拒绝 H_0
8.115 a. $H_0: (\mu_1 - \mu_2) = 0$, $H_a: (\mu_1 - \mu_2) > 0$ b. $z > 1.645$ c. 拒绝 H_0

第9章

9.1 a. 领习惯; 磨牙, 咬牙, 两者都有和都没有 c. 0.50 ± 0.127 d. 0.23 ± 0.214
9.3 a. 0.44 ± 0.031 b. -0.23 ± 0.04
9.5 a. 0.175 ± 0.028 b. -0.262 ± 0.054
9.7 a. 0.678 ± 0.039 b. 0.356 ± 0.078
9.11 能; $\chi^2 = 963.4$, p 值 $= 0$
9.13 $\chi^2 = 2.39$, 不拒绝 H_0
9.15 是; $\chi^2 = 8.04$, p 值 $= 0.045$
9.17 是; $\chi^2 = 3.61$, p 值 $= 0.307$
9.19 $\chi^2 = 4.84$, p 值 $= 0.089$, 不拒绝 H_0
9.21 a. H_0: 推覆体与叶理面交轴是独立的, H_a: 推覆体与叶理面交轴是相关的 b. 同意 c. $\chi^2 > 5.99147$ d. 不拒绝 H_0
9.23 能; $\chi^2 = 37.53$, p 值 $= 0$
9.25 a. 低于限度/私有# $= 81$, 低于限度/公共# $= 72$ 检测/私有# $= 22$, 检测/公共# $= 48$ b. $\chi^2 = 8.84$, p 值 $= 0.0028$, 拒绝 H_0
  c. 低于限度/基岩 $= 138$, 低于限度/松散 $= 7$
  d. $\chi^2 \approx 0$, $p = 0.9637$, 不拒绝 H_0
9.27 a. 不满足 b. 不满足 c. 满足
  d. $\chi^2 = 1.03$, 不拒绝 H_0
9.29 a. true/yes 期望单元计数小于 5; 独立性的 χ^2 检验无效
9.31 是; $\chi^2 = 64.24$, p 值 $= 0$
9.33 a. 每种类型黏合剂黏合的 10 颗牙齿
  b. $\chi^2 = 5.03$, p 值 $= 0.17$, 不拒绝 H_0
  c. 不满足
9.35 $\chi^2 = 31.87$, 拒绝 H_0
9.37 a. 期望的单元计数小于 5
  b. p 值 $= 0.2616$, 不拒绝 H_0
9.39 p 值 $= 0$, 拒绝 H_0
9.41 有, $\chi^2 = 508.74$
9.43 $\chi^2 = 0.32$, 不拒绝 H_0
9.45 $\chi^2 = 4.39$, 不拒绝 H_0
9.47 没有, $\chi^2 = 4.4$
9.49 a. 是, $\chi^2 = 14.67$ b. -0.169 ± 0.161
9.51 a. 能, $\chi^2 = 313.15$ b. 0.181 ± 0.069
9.53 a. 0.275 ± 0.182 b. 0.125 ± 0.261
  c. $\chi^2 = 2.6$, 不拒绝 H_0
9.55 有, $\chi^2 = 39.77$

第10章

10.1 $\beta_0 = 1$, $\beta_1 = 1$; $y = 1 + x$
10.3 a. y 截距 $= 3$, 斜率 $= 2$ b. y 截距 $= 1$, 斜率 $= 1$ c. y 截距 $= -2$, 斜率 $= 3$ d. y 截距 $= 0$, 斜率 $= 5$ e. y 截距 $= 4$, 斜率 $= -2$
10.5 a. $y = \beta_0 + \beta_1 x + \varepsilon$; 负的 b. 是 c. 不
10.7 a. $y = \beta_0 + \beta_1 x + \varepsilon$ b. 正的 c. $\hat{\beta}_0 = 1469$, $\hat{\beta}_1 = 210.77$
10.9 $\hat{y} = 6.313 + 0.9665x$ d. 15.98%
10.11 a. $y = \beta_0 + \beta_1 x + \varepsilon$; b. $\hat{y} = -0.607 + 1.062x$ c. 正的 e. $\hat{y} = -0.148 + 1.022x$; 正的
10.13 减少 102 单位
10.15 a. $\hat{y} = -0.146 + 1.553x$ b. 增加 1.553 单位
10.25 b. $\hat{y} = 1.265 + 0.589x$ c. SSE $= 4.695$, $s^2 = 0.204$ d. 0.452
10.27 a. $\hat{y} = -632 + 212.1x$ b. 11283; 106.2
  c. 估计 σ

10.31 能，$t = 14.87$，拒绝 H_0；$(0.004\ 1, 0.005\ 5)$
10.33 a. -0.114 ± 0.018 b. $t = -11.05$，拒绝 H_0
10.35 $-0.002\ 3 \pm 0.001\ 6$
10.37 a. 正的 b. $\hat{y} = -0.30 + 0.184\ 5x$
　　　c. 有，$t = 3.77$，p 值 $= 0.000\ 5$
10.39 a. 可能 b. 支持 c. $\hat{y} = -11.03 + 1.627x$
　　　e. 有，$t = 17.99$ f. 1.627 ± 0.182
10.43 b. 两个都是正 c. 0.706
10.45 a. $t = 17.75$，拒绝 H_0 b. 不推荐
10.47 a. $y = \beta_0 + \beta_1 x + \varepsilon$
10.49 c. 在 $\alpha = 0.01$ 拒绝 H_0
10.53 a. $t = 32.8$，拒绝 H_0，$r^2 = 0.901$
　　　b. $(41.86, 77.86)$ c. 更窄
10.55 a. 15.98 ± 9.66 b. 15.98 ± 3.66
10.57 2.92 ± 2.55
10.59 4.95 ± 0.16
10.61 a. $\hat{y} = 6.62 - 0.073x$ b. $\hat{y} = 9.31 - 0.108x$
　　　c. 品牌 A：$(2.76, 3.94)$；品牌 B：$(4.17, 4.76)$ d. 品牌 A：$(1.12, 5.57)$；品牌 B：$(3.35, 5.58)$ e. $(-4.25, 2.96)$
10.65 a. 模型错误假定 b. 误差方差不等
　　　c. 误差方差不等 d. 误差非正态
10.67 b. 是，曲线趋势 c. 误差均值为 0
　　　d. 向模型加入曲线项
10.69 没有
10.71 无效；误差非正态，模型错误假定
10.73 a. 能 b. 0.612 c. $t = 4.89$，拒绝 H_0
　　　d. $r = 0.309$；$t = 1.81$，不拒绝 H_0
　　　e. 所有数据：$r = -0.880$，$t = -11.72$，拒绝 H_0；除去鸭食：$r = -0.646$，$t = -4.71$，拒绝 H_0
10.75 模型统计上是有用的：$t = 7.43$，$r^2 = 0.81$；合理的满足假定
10.77 b. $\hat{y} = 308.14 + 41.7x$ c. $t = 3.02$，不拒绝 H_0 d. $\hat{y} = 302.59 + 64.1x$；$t = 4.79$，拒绝 H_0
10.79 a. 有，$t = -3.79$ b. 不满足，可能存在异方差和非正态方差
10.81 a. 是 b. $\hat{\beta}_0 = 1.192$，$\hat{\beta}_1 = 0.987$
　　　d. $t = 6.91$，拒绝 H_0
10.83 a. $\hat{y} = -0.112\ 4 + 0.094\ 4x$
　　　b. 有用；$t = 11.39$ c. 0.926 ± 0.197
10.85 $\hat{y} = 2.55 + 2.76x$

第 11 章

11.1 b. $X'X = \begin{bmatrix} 1 & 62 \\ 62 & 720.52 \end{bmatrix}$；$X'Y = \begin{bmatrix} 97.8 \\ 1\ 087.78 \end{bmatrix}$
　　　d. $\hat{\beta} = \begin{bmatrix} 6.312\ 6 \\ 108.966\ 5 \end{bmatrix}$ e. SSE $= 41.1$

11.3 a. $Y = \begin{bmatrix} 18.3 \\ 11.6 \\ 32.2 \\ 30.9 \\ 12.5 \\ 9.1 \\ 11.8 \\ 11.0 \\ 19.7 \\ 12.0 \end{bmatrix}$ $X = \begin{bmatrix} 1 & 2.48 \\ 1 & 2.48 \\ 1 & 2.39 \\ 1 & 2.44 \\ 1 & 2.50 \\ 1 & 2.58 \\ 1 & 2.59 \\ 1 & 2.59 \\ 1 & 2.51 \\ 1 & 2.49 \end{bmatrix}$

　　　b. $X'X = \begin{bmatrix} 10 & 25.05 \\ 25.05 & 62.789\ 3 \end{bmatrix}$；
　　　$X'Y = \begin{bmatrix} 169.1 \\ 419.613 \end{bmatrix}$ c. $\hat{\beta} = \begin{bmatrix} 272.381\ 5 \\ -101.984\ 6 \end{bmatrix}$
　　　d. SSE $= 226.855\ 2$，$s^2 = 28.356\ 9$
　　　e. $t = -3.78$，$p = 0.002\ 7$，拒绝 H_0
　　　f. $R^2 = 0.641\ 6$ g. $(4.537\ 1, 30.302\ 8)$

11.5 a. $\hat{\beta}_0 = 21.142\ 4$，$\hat{\beta}_1 = -0.606\ 7$ b. $F = 8.16$，拒绝 H_0 c. $(15.00, 16.95)$

11.7 a. 有；$F = 17.8$ b. $t = -3.50$，拒绝 H_0
　　　c. -6.38 ± 4.72

11.9 a. $93\ 002$ b. $98\ 774$

11.19 a. $F = 4.38$，拒绝 H_0 b. $R_a^2 = 0.629$
　　　c. $s = 11.220\ 6$ d. $(-0.218\ 1, 1.084\ 1)$
　　　e. $t = -0.74$，不拒绝 H_0

11.21 b. $F = 3.72$，拒绝 H_0 c. $t = 2.52$，不拒绝 H_0

11.23 a. $E(y) = \beta_0 + \beta_1 x_1 + \beta_2 x_2 + \beta_3 x_3$
　　　b. $\hat{y} = 86.9 - 020\ 99x_1 + 0.151\ 5x_2 + 0.073\ 3x_3$
　　　c. $F = 2.66$，没有
　　　d. $R_a^2 = 0.037\ 9$，$2s = 5.930\ 9$
　　　e. $(82.601\ 7, 95.565\ 6)$

11.25 a. $E(y) = \beta_0 + \beta_1 x_1 + \beta_2 x_2 + \beta_3 x_3 + \beta_4 x_4 + \beta_5 x_5$
　　　b. $\hat{y} = 13\ 614.4 + 0.089x_1 - 9.201x_2 + 14.394x_3 + 0.352x_4 - 0.848x_5$ c. 458.83

11.27 a. $E(y) = \beta_0 + \beta_1 x_1 + \beta_2 x_2 + \beta_3 x_3 + \beta_4 x_4 + \beta_5 x_5 + \beta_6 x_6 + \beta_7 x_7$
　　　b. $\hat{y} = 0.998 - 0.022x_1 + 0.156x_2 - 0.017x_3 -$

$0.0095x_4 + 0.421x_5 + 0.417x_6 - 0.155x_7$
d. $F = 5.29$，拒绝 H_0；$R_a^2 = 0.625$，$s = 0.437$
e. $(-1.233, 1.038)$

11.29 a. $E(y) = \beta_0 + \beta_1 x_1 + \beta_2 x_2 + \beta_3 x_1 x_2$
b. $\hat{y} = -63238 + 18.8x_1 + 445486x_2 - 139.8x_1 x_2$
c. $F = 110.44$，拒绝 H_0；$R_a^2 = 0.9376$，$2s = 48720.6$ **d.** $t = -2.47$，拒绝 H_0 **e.** 减少 51.1

11.31 a. $E(y) = \beta_0 + \beta_1 x_1 + \beta_2 x_2 + \beta_3 x_1 x_2$
b. 交互作用是重要的

11.33 a. $E(y) = \beta_0 + \beta_1 x_1 + \beta_2 x_2 + \beta_3 x_3 + \beta_4 x_4 + \beta_5 x_5 + \beta_6 x_2 x_5 + \beta_7 x_3 x_5$
b. $\hat{y} = 13645.9 + 0.046x_1 - 12.68x_2 + 23.003x_3 - 3.023x_4 + 1.288x_5 + 0.016x_2 x_5 - 0.041x_3 x_5$
c. $t = 4.40$，拒绝 H_0 **d.** $t = -3.77$，拒绝 H_0

11.35 a. $E(y) = \beta_0 + \beta_1 x_1 + \beta_2 x_2 + \beta_3 x_1 x_2$
b. $\hat{y} = 1.0077 - 0.00718x_1 + 0.51715x_2 - 0.00599x_1 x_2$
c. $t = -1.79$，拒绝 H_0 **d.** -0.03114

11.37 a. $\hat{y} = 6.266 + 0.0079145x - 0.000004x^2$
b. $F = 210.56$，拒绝 H_0 **c.** $R_a^2 = 0.972$
d. $H_0: \beta_2 = 0$，$H_a: \beta_2 < 0$，$t = -3.23$，拒绝 H_0 **f.** $(7.5947, 8.3624)$

11.39 a. 向下弯曲 **b.** 6.25 **c.** 10.25 **d.** 200

11.41 $H_0: \beta_2 = 0$，$H_a: \beta_2 > 0$，$t = 0.08$，不拒绝 H_0

11.43 a. $E(y) = \beta_0 + \beta_1 x + \beta_2 x^2$ **b.** $\hat{y} = 0.334 - 0.810x + 0.941x^2$ **c.** $F = 62.17$，拒绝 H_0
d. $t = 8.36$，拒绝 $H_0: \beta_2 = 0$ **e.** $R_a^2 = 0.196$，$s = 0.088$

11.45 a. 曲线趋势 **b.** $\hat{y} = 1.007 - 1.167x + 0.290x^2$
c. 有，$t = 7.36$

11.47 a. $\hat{y} = 85.014 + 0.04045x$ **b.** 合适，$F = 21.77$ **c.** 没有发现异常；$\hat{y} = 777.0$ 是不平常值 **d.** 有改进 **e.** 模型是有用的（p 值 $= 0.0001$）；BH 残差为 $z = -2.78$

11.49 发现了；有影响的观测值是#11，#32，#36 和 #47

11.51 可能不是正态

11.53 a. 发现了；违背了等方差的假定
b. 利用变换 $y^* = \sqrt{y}$

11.55 没有

11.57 x_1 和 x_2 可能是相关的

11.59 无能力检查模型的充分性；误差的自由度为 0

11.61 a. $\hat{y} = 2.743 + 0.801x_1$；是，$t = 15.92$
b. $\hat{y} = 1.665 + 12.395x_2$；是，$t = 11.76$
c. $\hat{y} = -11.795 + 25.068x_3$；是，$t = 2.5112$

11.63 b. $X'X = \begin{bmatrix} 12 & 11280 & 8.12 \\ 11280 & 11043750 & 7632.8 \\ 8.12 & 7632.8 & 6.762 \end{bmatrix}$；

$X'Y = \begin{bmatrix} 8.019 \\ 9131.205 \\ 6.627 \end{bmatrix}$

c.
$= \begin{bmatrix} 2.45026 & -0.00213 & -0.53387 \\ -0.0023 & 0.00000227 & -4.88 \times 10^{-18} \\ -0.53387 & -4.88 \times 10^{-18} & 0.78897 \end{bmatrix}$

d. $\hat{\beta} = \begin{bmatrix} -3.3727 \\ 0.00362 \\ 0.94760 \end{bmatrix}$；$\hat{y} = -3.3727 + 0.00362x_1 + 0.94760x_2$ **f.** 0.784 **g.** $F = 20.90$，拒绝 H_0

11.65 a. $\hat{y} = 10.625 + 2.4125x_1 + 0.2325x_2 - 0.04225x_1 x_2$ **b.** $F = 74.57$，拒绝 H_0 **c.** 有，$t = -6.91$

11.67 a. $\hat{y} = 0.132 - 9.307x_1 + 1.558x_2$ **b.** $F = 35.84$，拒绝 H_0（p 值 $= 0.0005$） **c.** 没有；$t = -1.84$ **d.** 有；$t = 8.47$
e. 0.923 **f.** 0.152 **g.** $(-0.296, 0.564)$

11.69 a. $E(y) = \beta_0 + \beta_1 x + \beta_2 x^2$ **b.** 图支持理论
c. $\hat{y} = 438.31 - 1684.27x + 2502.28x^2$
d. $F = 5.32$，拒绝 H_0

11.71 有，$t = 4.20$，p 值 $= 0.004$

11.73 合理地满足假定

11.75 a. 可能是曲线 **b.** $\hat{y} = 42.25 - 0.0114x + 0.000000608x^2$ **c.** 不，$t = 1.66$

11.77 合理地满足假定；发现一个异常值

11.79 a. $E(S_v) = \beta_0 + \beta_1 x + \beta_2 x^2$ **b.** $E(V_v) = \beta_0 + \beta_1 x + \beta_2 x^2$ **c.** 进行方差稳定性变换
d. $\hat{y} = 96.55 + 0.00823x - 0.00000532x^2$；$97.67$ **e.** $\log(\hat{y}) = 6.47 - 0.002373x$ **f.** 合适，$t = -5.36$ **g.** $(138.38, 1469.97)$

第 12 章

12.1 a. 硝酸盐浓度 **b.** 水源；定性

12.3 a. 定性 **b.** 定性 **c.** 定量 **d.** 定量

12.5 a. 定量 **b.** 定量 **c.** 定性 **d.** 定性

e. 定性　f. 定量　g. 定性
12.7　a. 定量　b. 定量　c. 定性
12.9　a. 一阶　b. 二阶　c. 三阶　d. 二阶　e. 一阶
12.11　a. $E(y)=\beta_0+\beta_1 x_2+\beta_2(x_2)^2$
　　b. $E(y)=\beta_0+\beta_1 x_1+\beta_2(x_1)^2+\beta_3(x_1)^3$
12.13　a. 模型解释了车道利用率中73%的样本方差
　　b. $F=2699.6$, 拒绝 H_0
　　d. $E(y)=\beta_0+\beta_1 x+\beta_2 x^2$
12.15　b. $E(y)=\beta_0+\beta_1 x+\beta_2 x^2$
12.17　a. $\hat{y}=0.0670+0.3158x$　b. 试验 4　c. 曲线关系　d. $t=4.99$, 无曲率的证据
12.21　a. $E(y)=\beta_0+\beta_1 x_1+\beta_2 x_2+\beta_3 x_3$　b. 在尾部振幅离差和尾部速度离差保持不变下, 身体波速每秒增加一个身长, 游速的增量
　　c. $E(y)=\beta_0+\beta_1 x_1+\beta_2 x_2+\beta_3 x_3+\beta_4 x_1 x_2$
　　d. β_3　e. $\beta_2+\beta_4$
12.23　a. $E(y)=\beta_0+\beta_1 x_1+\beta_2 x_2+\beta_3 x_3+\beta_4 x_4$
　　b. β_3　c. 加入 6 个 2 变量交互作用项
　　d. $\beta_3+50\beta_6+30b\beta_8+2\beta_{10}$
12.25　a. 两者都是定量　b. $E(y)=\beta_0+\beta_1 x_1+\beta_2 x_2$
　　c. $E(y)=\beta_0+\beta_1 x_1+\beta_2 x_2+\beta_3 x_1 x_2$
　　d. $E(y)=\beta_0+\beta_1 x_1+\beta_2 x_2+\beta_3 x_1 x_2+\beta_4(x_1)^2+\beta_5(x_2)^2$
12.27　a. $E(y)=\beta_0+\beta_1 x_1+\beta_2 x_2+\beta_3 x_1 x_2+\beta_4(x_1)^2+\beta_5(x_2)^2$　b. $E(y)=\beta_0+\beta_1 x_1+\beta_2 x_2$
　　c. $E(y)=\beta_0+\beta_1 x_1+\beta_2 x_2+\beta_3 x_1 x_2$
12.29　a. $r=0.824$　b. $u=(x-83.36)/24.05$
　　c. $r=0.119$
　　d. $E(\hat{y})=0.0489+0.00827u+0.00674u^2$
12.31　a. $r=0.974$　b. $u=(x-15.10)/8.14$
　　c. $r=-0.046$　d. $E(\hat{y})=0.0983-0.1641u+0.1108u^2$
12.33　a. $E(y)=\beta_0+\beta_1 x_1+\beta_2 x_2$, $x_1=\{1$, 如果是地下水; 0, 如果不是$\}$, $x_2=\{1$, 如果是地表水; 0, 如果不是$\}$　b. $\beta_0=\mu_{地上水}$; $\beta_1=\mu_{地下水}-\mu_{地上水}$; $\beta_2=\mu_{地表水}-\mu_{地上水}$
12.35　a. $E(y)=\beta_0+\beta_1 x_1+\beta_2 x_2+\beta_3 x_3+\beta_4 x_4$, $x_1=\{1$, 如果是苯; 0, 如果不是$\}$, $x_2=\{1$, 如果是甲苯; 0, 如果不是$\}$, $x_3=\{1$, 如果是氯; 0, 如果不是$\}$, $x_4=\{1$, 如果是甲醇; 0, 如果不是$\}$　b. $\beta_0=\mu_A$; $\beta_1=\mu_B-\mu_A$; $\beta_2=\mu_T-\mu_A$; $\beta_3=\mu_C-\mu_A$; $\beta_4=\mu_M-\mu_A$
12.37　a. β_0　b. $\mu_{Set}-\mu_{Gill}$　c. H_0: $\beta_1=\beta_2=0$

12.39　a. 组　b. $E(y)=\beta_0+\beta_1 x_1+\beta_2 x_2$, $x_1=\{1$, 如果是组 2; 0, 如果不是$\}$, $x_2=\{1$, 如果是组 3; 0, 如果不是$\}$　c. $\beta_0=\mu_1$; $\beta_1=\mu_2-\mu_1$; $\beta_2=\mu_3-\mu_1$
12.41　a. $E(y)=\beta_0+\beta_1 x$, $x=\{1$, 如果不会飞; 0, 如果不是$\}$　b. $E(y)=\beta_0+\beta_1 x_1+\beta_2 x_2+\beta_3 x_3$, $x_1=\{1$, 如果是脊椎动物; 0, 如果不是$\}$, $x_2=\{1$, 如果是植物; 0, 如果不是$\}$, $x_3=\{1$, 如果是无脊椎动物; 0, 如果不是$\}$
　　c. $E(y)=\beta_0+\beta_1 x_1+\beta_2 x_2+\beta_3 x_3$, $x_1=\{1$, 如果是地中的穴; 0, 如果不是$\}$, $x_2=\{1$, 如果是树; 0, 如果不是$\}$, $x_3=\{1$, 如果是地面上的洞; 0, 如果不是$\}$　d. $\hat{y}=641+30647x$
　　e. $t=5.75$, 拒绝 H_0　f. $\hat{y}=903+2997x_1+26206x_2-660x_3$　g. $F=8.43$, 拒绝 H_0
　　h. $\hat{y}=73.732-9.132x_1-45.01x_2-39.51x_3$
　　i. $F=8.07$, 拒绝 H_0
12.43　a. $x_1=\{1$, 大/公有; 0, 否则$\}$, $x_2=\{1$, 大/私有; 0, 否则$\}$, $x_3=\{1$, 小/公有; 0, 否则$\}$
　　b. $E(y)=\beta_0+\beta_1 x_1+\beta_2 x_2+\beta_3 x_3$
　　c. 4 个大小/类型分类的平均可能性差异的证据　d. $x_1=\{1$, 大; 0, 小$\}$, $x_2=\{1$, 公有; 0, 私有$\}$　e. $E(y)=\beta_0+\beta_1 x_1+\beta_2 x_2$
　　f. 大/公有: $\beta_0+\beta_1+\beta_2$; 大/私有: $\beta_0+\beta_1$; 小/公有: $\beta_0+\beta_2$; 小/私有: β_0　g. $\mu_{large}-\mu_{small}=\beta_1$, 类型固定　h. $E(y)=\beta_0+\beta_1 x_1+\beta_2 x_2+\beta_3 x_1 x_2$　i. 大/公有: $\beta_0+\beta_1+\beta_2+\beta_3$; 大/私有: $\beta_0+\beta_1$; 小/公有: $\beta_0+\beta_2$; 小/私有: β_0
12.45　a. $E(y)=\beta_0+\beta_1 x_1+\beta_2 x_2+\beta_3 x_3+\beta_4 x_4+\beta_5 x_5+\beta_6 x_6$, 其中 x_3-x_6 是化合物虚拟变量
　　c. $E(y)=\beta_0+\beta_1 x_2+\beta_2 x_3+\beta_3 x_4+\beta_4 x_5+\beta_5 x_6+\beta_6 x_2 x_3+\beta_7 x_2 x_4+\beta_8 x_2 x_5+\beta_9 x_2 x_6$
　　d. β_2; $(\beta_2+\beta_6)$; $(\beta_2+\beta_7)$; $(\beta_2+\beta_8)$; $(\beta_2+\beta_9)$
12.47　a. $E(y)=\beta_0+\beta_1 x_3+\beta_2 x_7$　b. $\mu_{Timberjack}-\mu_{Valmet}$: 固定优势手功率水平　c. $E(y)=\beta_0+\beta_1 x_3+\beta_2 x_7+\beta_3 x_3 x_7$　d. β_1　e. $\beta_2+75\beta_3$　f. $E(y)=\beta_0+\beta_1 x_3+\beta_2 x_7+\beta_3 x_3 x_7+\beta_4 x_3^2+b_5 x_3^2 x_7$
　　g. β_4
12.49　a. $E(y)=\beta_0+\beta_1 x_1+\beta_2 x_3$, $x_2=\{1$, 如果是方法 G; 0, 如果不是$\}$, $x_3=\{1$, 如果是方法 R_1; 0, 如果不是$\}$　c. $E(y)=\beta_0+\beta_1 x_1+$

$\beta_2 x_2 + \beta_3 x_3 + \beta_4 x_1 x_2 + \beta_5 x_1 x_3$ **d.** G: $\beta_1 + \beta_4$; $R_1: \beta_1 + \beta_5$; $R_2: \beta_1$

12.51 $t = 3.27$, p 值 $= 0.003$, 交互作用证据；无交互作用：6.719；有交互作用项：9.757

12.53 a. $E(y) = \beta_0 + \beta_1 x_1 + \beta_2 x_2 + \beta_3 x_3$ **b.** $E(y) = \beta_0 + \beta_1 x_1 + \beta_2 x_2 + \beta_3 x_3 + \beta_4 x_1 x_2 + \beta_5 x_1 x_3$ **c.** TDS: $\beta_1 + \beta_4$；FE: $\beta_1 + \beta_5$；AL: β_1

12.55 a. $H_0: \beta_2 = \beta_3 = \beta_4 = \beta_5 = 0$ **b.** $E(y) = \beta_0 + \beta_1 x_1$ **c.** 3 种类型网的平均长度差异 **d.** $H_0: \beta_4 = \beta_5 = 0$ **e.** $E(y) = \beta_0 + \beta_1 x_1 + \beta_2 x_2 + \beta_3 x_3$ **f.** 没有交互作用项存在的证据

12.57 a. $E(y) = \beta_0 + \beta_1 x_1 + \beta_2 x_2 + \beta_3 x_3 + \cdots + \beta_{11} x_{11}$ **b.** $E(y) = \beta_0 + \beta_1 x_1 + \beta_2 x_2 + \beta_3 x_3 + \cdots + \beta_{11} x_{11} + \beta_{12} x_1 x_9 + \beta_{13} x_1 x_{10} + \beta_{14} x_1 x_{11} + \beta_{15} x_2 x_9 + \cdots + \beta_{18} x_3 x_9 + \cdots + \beta_{21} x_4 x_9 + \cdots + \beta_{33} x_8 x_9 + \beta_{34} x_8 x_{10} + \beta_{35} x_8 x_{11}$ **c.** $H_0: \beta_{12} = \beta_{13} = \cdots = \beta_{35} = 0$

12.59 $F = 24.19$；完全 2 阶模型更有用

12.61 a. $H_0: \beta_4 = \beta_5 = 0$ **b.** $H_0: b_3 = \beta_4 = \beta_5 = 0$ **c.** 没有，$F = 0.93$

12.63 a. $H_0: \beta_2 = \beta_3 = 0$ **b.** $F = 6.99$，拒绝 H_0 **c.** 检验 $H_0: \beta_4 = \beta_5 = 0$，模型 $E(y) = \beta_0 + \beta_1 x_1 + \beta_2 x_2 + \beta_3 x_3 + \beta_4 x_1 x_2 + \beta_5 x_1 x_3$ **d.** $E(y) = \beta_0 + \beta_1 x_1 + \beta_2 (x_1)^2 + \beta_3 x_3 + \beta_4 x_3 + \beta_5 x_2 x_3 + \beta_6 x_1 x_3 + \beta_7 (x_1)^2 x_2 + \beta_8 (x_1)^2 x_3$ **e.** 检验 $H_0: \beta_5 = \beta_6 = \beta_7 = \beta_8 = 0$

12.65 a. 6；$E(y) = \beta_0 + \beta_1 x_j$ **b.** x_2；$t = -90$ 的绝对值最大 **c.** 5；$E(y) = \beta_0 + \beta_1 x_2 + \beta_2 x_j$ **e.** 增加了至少犯一次 I 型错误的概率；不包含高阶项或交互作用项

12.67 a. 11 **b.** 10 **c.** 模型统计上是有用的 **d.** 增加了至少犯一次 I 型错误的概率；不包含高阶项或交互作用项 **e.** $E(y) = \beta_0 + \beta_1 x_6 + \beta_2 x_{11} + \beta_3 x_6 x_{11} + \beta_4 (x_6)^2 + \beta_5 (x_{11})^2$ **f.** 检验 $H_0: \beta_4 = \beta_5 = 0$

12.69 a. 11 **b.** 10 **c.** 1 **d.** $E(y) = \beta_0 + \beta_1 x_{11} + \beta_2 x_4 + \beta_3 x_2 + \beta_4 x_7 + \beta_5 x_{10} + \beta_6 x_1 + \beta_7 x_9 + \beta_8 x_3$

12.71 a. 8 **b.** $|t|$ 的最大值 **c.** 7 **e.** 增加了至少犯一次 I 型错误的概率；不包含高阶项或交互作用项

12.73 $E(y) = \beta_0 + \beta_1 x$

12.75 $t = -6.60$，拒绝 $H_0: \beta_2 = 0$，支持 $H_a: \beta_2 < 0$

12.77 没有 σ^2 的估计

12.79 a. $-0.782 + 0.0399 x_1 - 0.021 x_2 - 0.003 3 x_1 x_2$ **b.** $-0.782 + 0.0399(1) - 0.021(10) - 0.0033(1)(10) = -0.9851$

12.81 a. $E(y) = \beta_0 + \beta_1 x_1 + \beta_2 (x_1)^2 + \beta_3 x_2 + \beta_4 x_1 x_2 + \beta_5 (x_1)^2 x_2$ **b.** $E(y) = \beta_0 + \beta_1 x_1 + \beta_3 x_2$

12.83 a. $E(y) = \beta_0 + \beta_1 x_1 + \beta_2 x_2 + \beta_3 x_3$，$x_2 = \{1,$ 如果是方案 B；$0,$ 如果不是$\}$，$x_3 = \{1,$ 如果是方案 C；$0,$ 如果不是$\}$ **b.** $H_0: \beta_2 = \beta_3 = 0$ **c.** $F = 2.60$，不拒绝 H_0

12.85 a. $u = (x - 4.5)/2.45$ **b.** $-1.429, -1.021, -0.612, -0.204, 204, 0.612, 1.021, 1.429$ **c.** 0.976 **d.** 0 **e.** $\hat{y} = -0.656 + 105.07u + 90.61u^2$；$F = 26.66$，模型有用

12.87 $E(y) = \beta_0 + \beta_1 x_1 + \beta_2 x_2 + \beta_3 x_1 x_2 + \beta_4 (x_1)^2 + \beta_4 (x_2)^2$

12.89 $\hat{y} = 2.095 + 1.643 x_1 + 0.029 x_2 + 0.0212 x_1 x_2 - 0.00000595(x_1)^2 - 0.00000469(x_2)^2$

第 13 章

13.1 a. 干扰(变异性)和量(样本大小) **b.** 消除外部变异来源

13.3 a. 管道位置 **b.** 随机分组；处理：即关和即开；分组：19 个管道位置 **c.** 准确 **d.** $E(y) = \beta_0 + \beta_1 x_1 + \beta_2 x_2 + \beta_3 x_3 + \cdots + \beta_{19} x_{19}$，其中 $x_1 = \{1,$ 如果是即关；$0,$ 如果是即开$\}$，$x_2 - x_{19} =$ 分组的虚拟变量

13.5 a. 鸡尾鹦鹉 **b.** 是 **c.** 试验组 **d.** 1, 2, 3 **e.** 3 **f.** 总消耗量 **g.** $E(y) = \beta_0 + \beta_1 x_1 + \beta_2 x_2$，$x_1 = \{1,$ 如果是组 1；$0,$ 如果不是$\}$，$x_2 = \{1,$ 如果是组 2；$0,$ 如果不是$\}$

13.7 a. 考虑到月间的变异 **b.** 加利福尼亚、犹他和阿拉斯加 **c.** 2000 年 11 月、2001 年 10 月及 2001 年 11 月

13.9 a. $y_{B,1} = \beta_0 + \beta_2 + \beta_4 + \varepsilon_{B,1}$；
$y_{B,2} = \beta_0 + \beta_2 + \beta_5 + \varepsilon_{B,2}$；$\cdots$；
$y_{B,10} = \beta_0 + \beta_2 + \varepsilon_{B,10}$；
$\bar{y}_B = \beta_0 + \beta_2 + (\beta_4 + \beta_5 + \cdots + \beta_{12})/10 + \bar{\varepsilon}_B$
b. $y_{D,1} = \beta_0 + \beta_4 + \varepsilon_{D,1}$；
$y_{D,2} = \beta_0 + \beta_5 + \varepsilon_{D,2}$；$\cdots$；
$y_{D,10} = \beta_0 + \varepsilon_{D,10}$；
$\bar{y}_D = \beta_0 + (\beta_4 + \beta_5 + \cdots + \beta_{12})/10 + \bar{\varepsilon}_D$

13.11 a. 析因设计 **b.** 因子 1：凝结剂的水平(5, 10, 20, 50, 100, and 200mg/L)；因子 2：pH

13.13 a. 质量 b. 温度(定量)，压力(定性)
c. (1 100/500)，(1 100/550)，(1 100/600)，…，(1 200/600) d. 钢锭

13.15 a. 不是

13.17 df(误差) > 0

13.19 18

13.25 $E(y) = \beta_0 + \beta_1 x_1 + \beta_2 x_2 + \beta_3 x_3 + \beta_4 x_4 + \beta_5 x_5 + \beta_6 x_1 x_2 + \beta_7 x_1 x_3 + \cdots + \beta_9 x_1 x_5 + \beta_{10} x_2 x_3 + \beta_{11} x_2 x_4 + \beta_{12} x_2 x_5 + \beta_{13} x_1 x_2 x_3 + \beta_{14} x_1 x_2 x_4 + \beta_{15} x_1 x_2 x_5$; 0 df

13.27 a. 弹性时间，错开起始时间，固定时间
b. 从每个工作表中收集工人的独立随机样本
c. $E(y) = \beta_0 + \beta_1 x_1 + \beta_2 x_2$，$x_1 = \{1$，如果是弹性时间；0，如果不是$\}$，$x_2 = \{1$，如果是错开起始时间；0，如果不是$\}$

13.29 a. 3×3 析因 b. 工资率(定量)，工作日长度(定量)

13.31 a. 性别和体重 b. 两者都是定性
c. 4: (ML)，(MH)，(FL)，(FH)，其中 M 男，F 女，L 轻，H 重

第 14 章

14.1 a. 箱子的大小型号是不同的
b. 是
c. 由于较大的变异性，可能不显著

14.3 a. 拔掉的牙齿；黏合时间(1h，24h 或 48h)；折断强度 b. $H_0: \mu_1 = \mu_{24} = \mu_{48}$
c. $F > 5.49$ d. 拒绝 H_0 e. 每种处理的折断强度是等方差的正态分布

14.5 a. $H_0: \mu_{定制网} = \mu_{壶} = \mu_{刺网}$ b. 身体长度均值差异的证据

14.7 a. MS(暴露) = 0.003 333，MSE = 0.000 207，$F = 16.1$ b. 有

14.9 a. $E(y) = \beta_0 + \beta_1 x$，$x = \{1$，如果是现有的合金；0，如果是新 RAA 合金$\}$ b. $\hat{y} = 641 - 48x$；df$(T) = 1$，df$(E) = 4$，SST = 3 456，SSE = 1 040，MST = 3 456，MSE = 260，$F = 13.29$ c. 3 456
d. 260 e. 1 f. 4 g. $F = 13.29$ h. $F > 6.61$
i. 拒绝 H_0 j. $t = -3.65$，拒绝 H_0 l. 双侧

14.11 是，$F = 7.25$，p 值 = 0.000 8

14.13 b. 处理：莨菪胺，格降胺，无药；响应：回忆的词对个数 c. 6.167，9.375，10.625；没有，没有可靠性的度量 d. 有，$F = 27.07$，p 值≈0

14.15 a. CM = 1 691 387.13；SST = 357 986.87
b. 1 151 602 c. 1 509 588.9
d. MST = 89 496.72，MSE = 15 775.37，$F = 5.67$ e. yes

14.17 a. 随机化区组 b. df(方法) = 2，df(误差) = 6，SS(方法) = 0.39，SS(月) = 32.34，F(月) = 156.23 c. $F = 2.83$，p 值 = 0.08，不拒绝 H_0: $\mu_{ANN} = \mu_{TSR} = \mu_{Actual}$

14.19 $F = 57.99$，拒绝 H_0

14.21 a. 响应：表皮系数；处理：4 种软件产品；区组：10 口井
c.

来源	df	SS	MS	F	p 值
产品	3	911	304	6.45	0.002
井	9	340 469	37 830	803.79	0.000
误差	27	1271	47		
总和	39	342 651			

d. 有，$F = 6.45$，p 值 = 0.002

14.23 拒绝 H_0: $\mu_{Standard} = \mu_{Supervent} = \mu_{Ecopack}$，$F = 7.90$，$p$ 值 = 0.064

14.25 a. $E(y) = \beta_0 + \beta_1 x_1 + \beta_2 x_2 + \beta_3 x_3 + \beta_4 x_4 + \cdots + \beta_{104} x_{104}$，$x_1 = \{1$，如果全暗；0，如果不是$\}$，$x_2 = \{1$，如果短暂光亮；0，如果不是$\}$，$x_3$，…，$x_{104}$ 是基因(区组)的虚拟变量 b. $H_0: \beta_1 = \beta_2 = 0$ c. $F = 5.33$，p 值 = 0.0056，拒绝 H_0

14.27 a. 2×2 析因 b. 年龄(年轻，老)和饮食(优质，粗糙) c. 母鸡 d. 蛋壳厚度
e. 饮食对蛋壳厚度的影响与年龄无关
f. $\mu_{老}$ 和 $\mu_{年轻}$ 没有显著差异
g. $\mu_{优质}$ 和 $\mu_{粗糙}$ 有显著差异

14.29 c. $E(y) = \beta_0 + \beta_1 x_1 + \beta_2 x_2 + \beta_3 x_3 + \beta_4 x_4 + \beta_5 x_1 x_2 + \beta_6 x_1 x_3 + \beta_7 x_1 x_4$，$x_1 = \{1$，如果是面包酵母；0，如果是酿酒酵母$\}$，$x_2 = \{1$，如果是 45°；0，如果不是$\}$，$x_3 = \{1$，如果是 48°；0，如果不是$\}$，$x_4 = \{1$，如果是 51°；0，如果不是$\}$ d. $H_0: \beta_5 = \beta_6 = \beta_7 = 0$；关于交互作用项的部分 F 检验 e. 拒绝 H_0 f. 酵母：进行 t 检验 $H_0: \beta_1 = 0$；温度：进行 F 检验 H_0:

$\beta_2 = \beta_3 = \beta_4 = 0$ **g.** 存在交互作用

14.31 a. 5×3 析因；因子：切削工具（5 个水平）和速度（3 个水平）；处理：15 种切削工具和速度的组合；试验单位：运行；因变量：切削速度 **b.** $E(y) = \beta_0 + \beta_1 x_1 + \beta_2 x_2 + \beta_3 x_3 + \beta_4 x_4 + \beta_5 x_5 + \beta_6 x_6 + \beta_7 x_1 x_5 + \cdots + \beta_{14} x_4 x_6$，其中 $x_1 \sim x_4$ 是切削工具的虚拟变量，$x_5 \sim x_6$ 是速度的虚拟变量 **c.** $H_0: \beta_7 = \beta_8 = \cdots = \beta_{14} = 0$ **d.** $F = 21.96$，拒绝 H_0 **f.** 不建议

14.33 陷阱 X 颜色交互作用：$F = 0.26$，p 值 $= 0.618$；陷阱主效应：$F = 2.30$，p 值 $= 0.143$；颜色主效应：$F = 54.86$，p 值 $= 0$

14.35 修剪频率对植物高度的影响与修剪高度有关（$F = 10.18$，p 值 $= 0$）

14.37 b. 1 阶 **c.** $E(y) = \beta_0 + \beta_1 x_1 + \beta_2 x_2 + \beta_3 x_1 x_2$ **e.** 否，$t = 0.55$，p 值 $= 0.591$ **f.** $\hat{y} = -2.09528 + 0.003684 x_1 - 0.238 x_2 + 0.000733 x_1 x_2$ **g.** 2.71 **h.** (2.5772, 2.8352)

14.39 a. $E(y) = \beta_0 + \beta_1 x_1 + \beta_2 x_2 + \beta_3 x_3 + \beta_4 x_4 + \beta_5 x_1 x_2 + \beta_6 x_1 x_3 + \beta_7 x_1 x_4 + \cdots + \beta_{15} x_1 x_2 x_3 x_4$ **b.** df（误差）$= 0$ **c.** $E(y) = \beta_0 + \beta_1 x_1 + \beta_2 x_2 + \beta_3 x_3 + \beta_4 x_4 + \beta_5 x_1 x_2 + \beta_6 x_1 x_3 + \beta_7 x_1 x_4 + \beta_8 x_2 x_3 + \beta_9 x_2 x_4 + \beta_{10} x_3 x_4$ **d.** $\hat{y} = 5.95 + 0.388 x_1 + 0.755 x_2 + 0.403 x_3 + 1.088 x_4 - 0.038 x_1 x_2 + 0.138 x_1 x_3 - 0.183 x_1 x_4 + 0.043 x_2 x_3 - 0.428 x_2 x_4 - 0.283 x_3 x_4$ **e.** 只有发泡剂 $\times$ 采集器的交互作用是显著的 **f.** 适当，发泡剂与液体的主效应；两者在 $\alpha = 0.10$ 时是显著的

14.41 a. 81 **b.** 80 项：8 个主效应项，24 个 2 变量交互，32 个 3 变量交互，16 个 4 变量交互 **c.** df(IC) $= 2$，df(CC) $= 2$，df(RC) $= 2$，df(RT) $= 2$，df(任意 2 向交互) $= 4$，df(任意 3 向交互) $= 8$，df(4 向交互) $= 16$，df(误差) $= 81$，df(总和) $= 161$ **d.** 不可以 **e.** 只有 CC

14.43 a. 存在，$F = 74.16$ **b.** 合金 $\times$ 时间，合金 $\times$ 原料

14.45 a. $F = 304.6$，拒绝 $H_0: \beta_3 = \beta_4 = \cdots = \beta_{11} = 0$

14.47 a. 3 **b.** 5 **c.** 15 **d.** $y_{ij} = \mu + a_i + \varepsilon_{ij}$（$i = 1, 2, 3; j = 1, 2, \cdots,$

5） **e.** $\hat{\sigma}_\alpha^2 = 0.00129$，$\hat{\sigma}^2 = 0.0558$ **f.** $F = 0.02$，p 值 $= 0.977$，不拒绝 H_0

14.49

来源	自由度
生产批	9
生产批中的批	40
批中的装运批	950
总和	999

14.51 b. $\hat{\sigma}_B^2 = 0.038333$，$\hat{\sigma}_W^2 = 0.057464$ **c.** 是；$F = 6.34$，p 值 $= 0.0006$

14.53 a. 6 **b.** $\mu_{12} < (\mu_3, \mu_6, \mu_9)$

14.55 $\mu_1 > \mu_2 > \mu_3$

14.57 a. 6 **b.** 最高：含酵母面团；最低：控制和加酵母膏

14.59 $(\mu_{\text{UMRB2}}, \mu_{\text{UMRB3}}) > (\mu_{\text{SD}}, \mu_{\text{SWRA}})$

14.61 只有 6 周和 14 周的均值没有显著差异

14.63 $\mu_{10} < (\mu_5, \mu_3, \mu_0)$

14.65 不相等的方差

14.67 不相等的方差

14.69 合理地满足假定

14.71 a. 安全性得分 **b.** 3 **c.** $H_0: \mu_{\text{Scientist}} = \mu_{\text{Journalist}} = \mu_{\text{Official}}$ **d.** 7.065 **e.** 小于 0.01

14.73 a. 完全随机化 **b.** $E(y) = \beta_0 + \beta_1 x_1 + \beta_2 x_2$，$x_1 = \{1$，如果是按键音；$0$，如果不是$\}$，$x_2 = \{1$，如果是人工操作；$0$，如果不是$\}$ **c.** $H_0: \mu_T = \mu_H = \mu_S$ **d.** $H_0: \beta_1 = \beta_2 = 0$ **e.** 样本内方差较大

14.75 a. 3 种焊接剂（镍，铁，铜） **b.** 7 个铸块 **c.** 是，$F = 6.36$

14.77 a. 不存在，$F = 0.39$ **b.** $F = 19.17$，拒绝 H_0

14.79 没有交互作用的证据；没有房间次序主效应的证据；有帮助类型主效应的证据

14.81 能，$F = 9.50$，p 值 $= 0.0061$；$\mu_{\text{PD}-1} > \mu_{\text{1ADC517}}$

14.83 b. 是，$F = 5.39$ **c.** $\hat{y} = -12.306 - 0.1875 E + 0.10 T + 0.01125 ET + 0.01708 E^2 + 0.00146 T^2$ **d.** 50.78 **e.** (85.22, 89.34)

14.85 a. 不能，$F = 2.32$ **b.** 没有，$F = 4.68$

14.87 a. 是，$F = 40.78$ **b.** x_1, x_3, x_4 **c.** $E(y) = \beta_0 + \beta_1 x_1 + \beta_2 x_2 + \beta_3 x_3 + \beta_4 x_4 + \beta_5 x_1 x_2 + \beta_6 x_1 x_3 + \beta_7 x_1 x_4 + \beta_8 x_2 x_3 + \beta_9 x_2 x_4 + \beta_{10} x_3 x_4 + \beta_{11} x_1 x_2 x_3 + \beta_{12} x_1 x_2 x_4 + \beta_{13} x_1 x_3 x_4 + \beta_{14} x_2 x_3 x_4 + \beta_{15} x_1 x_2 x_3 x_4$ **d.** 16

14.89 a. CM $= 8\,912\,304\,025$；SST $= 92\,833\,225$

b. 75 145 616   c. 167 978 841
d. MST = 92 833 225, MSE = 766 792, F = 121.07
f. $\hat{y} = 7834.67 + 91.76x$
g. 9669.87 ± 176.43 h. 0.553

第 15 章

15.1 a. $H_0: \tau = 300, H_a: \tau > 300$ b. 4 c. 0.343 8
      d. 不拒绝 H_0

15.3 a. 检验不可靠 b. 符号检验 c. $S = 9$
      d. $p = 0.5$ e. 不拒绝 H_0

15.5 $S = 11$, p 值 $= 0.4119$; 不拒绝 H_0

15.7 a. $H_0: \tau = 1.5, H_a: \tau > 1.5$ b. 3 c. 0.855
      d. 不拒绝 H_0

15.9 $S = 9$, $p = 0.073\ 0$, 拒绝 H_0, 不应该

15.13 b. 104 c. 86 d. 49 e. 不拒绝 H_0

15.15 没有; $T_{70} = 66$

15.17 $T_A = 18$, 不拒绝 H_0

15.19 $z = -8.617$, 影响

15.23 a. 差异可能不是正态的
      b. Wilcoxon 符号秩检验
      c & d.

差	-0.2	-0.2	-0.1	2.6	0.7	0.9	1.7	-1.6
秩	3.5	3.5	1.5	15	6	7	13.5	12
差	1.0	1.1	-1.7	0.5	0.1	-1.5	-1.2	
秩	8	9	13.5	5	1.5	11	10	

      e. $T_+ = 65$, $T_- = 55$
      f. $T = 55$, 不拒绝 H_0, 有

15.25 a. H_0: 司机和乘客受伤等级分布是相同的
      b. $T_+ = 23$ c. $T_+ \leq 19$
      d. 不拒绝 H_0, p 值 $= 0.0214$

15.27 没有, $T_+ = 23$

15.29 $T_+ = 1$, 拒绝 H_0

15.35 b. 84 c. 145 d. 177 e. $H = 18.40$
      f. 拒绝 H_0 g. $z = 3.38$, 拒绝 H_0

15.37 a. H_0: 5 个总体概率分布完全相同, H_a: 至少有 2 个总体的概率分布位置参数不同
      c. 拒绝 H_0

15.39 $H = 5.16$, 无差异

15.41 $H = 16.27$, 拒绝 H_0

15.45 a. $F_r > 9.210\ 34$ b. 拒绝 H_0 c. 不拒绝 H_0
      d. 拒绝 H_0

15.47 $F_r = 1.00$, 不拒绝 H_0

15.49 $F_r = 6.78$, 不拒绝 H_0

15.51 a.

长度	22.5	16	13.5	14	13.75	12.5
秩	6	5	2	4	3	1

b.

浓度	0.0	0.2	0.4	0.6	0.8	1.0
秩	1	2	3	4	5	6

      c. $r_s = -0.829$ d. 有

15.53 b. 拒绝导航性和定位性的 H_0

15.55 a. $C = 5$, $p = 0.235$, 不拒绝 H_0
      b. $C = 15$, $p = 0.001$, 拒绝 H_0

15.57 a. $r_{s1} = 0.643$ b. $r_{s2} = 0.524$ c. $r_{s3} = 1.000$
      b. $Y_1: C = 12$, $p = 0.089$, 不拒绝 H_0; $Y_2: C = 12$, $p = 0.089$, 不拒绝 H_0; $Y_3: C = 28$, $p \approx 0.000$, 拒绝 H_0

15.59 a. $S = 14$, $p = 0.057\ 7$, 不拒绝 H_0
      b. $S = 12$, $p = 0.179\ 6$, 不拒绝 H_0
      c. $T = 50$, 不拒绝 H_0
      d. $r_s = 0.774$, 拒绝 H_0

15.63 a. $H_0: \tau = 5$ b. $z = 6.07$, p 值 $= 0$
      c. 拒绝 H_0

15.65 $T_+ = 3$, 不拒绝 H_0

15.67 a. 非正态分布 c. $H = 2.97$, 不拒绝 H_0

15.69 有差异; $F_r = 7.85$

15.71 $F_r = 9.10$, p 值 $= 0.011$, 拒绝 H_0

15.73 支持; $z = 3.91$

15.75 a. 0.90 b. 拒绝 H_0

15.77 不; $H = 2.03$

第 16 章

16.1 a. $\bar{x} = 228.67$ b. LCL $= -170.84$, UCL $= 628.18$ c. 受控

16.3 地点 1: $\bar{x} = 89.548$, LCL $= 83.414\ 2$, UCL $= 95.681\ 8$, 失控
     地点 2: $\bar{x} = 89.033\ 2$, LCL $= 82.355\ 6$, UCL $= 95.710\ 6$, 失控

16.5 a. $\bar{x} = 5.895$, LCL $= 4.836$, UCL $= 6.954$
     b. 受控

16.7 a. $\bar{x} = 0.139\ 74$, LCL $= 0.131\ 3$, UCL $= 0.148\ 2$
     b. 受控

16.9　a. $\bar{x} = 70.00$　b. $\bar{R} = 32.5$　c. LCL = 59.99, UCL = 80.01　d. 受控　e. 没有变化

16.11　a. $\bar{x} = 0.9958$　b. LCL = 0.9531, UCL = 1.0385　d. 受控

16.13　a. 0.0013　b. 0.000097

16.15　a. $\bar{x} = 0.14065$, LCL = 0.13565, UCL = 0.14565　c. 受控

16.19　a. LCL = 0, UCL = 31.45　b. $R = 22.5$, 受控

16.23　a. $\bar{R} = 0.02375$, LCL = 0, UCL = 0.0778
b. $\bar{\bar{x}} = 0.222563$, LCL = 0.177913, UCL = 0.267213　c. 受控

16.25　a. $\bar{R} = 0.8065$, LCL = 0, UCL = 2.0767, 受控
b. $\bar{R} = 0.75$, LCL = 0, UCL = 1.93215, 失控

16.27　在 d 和 f 中有趋势

16.29　没有趋势

16.33　没有趋势

16.35　a. LCL = 0.0008, UCL = 0.0202　b. 受控

16.37　$\bar{p} = 0.06046$, LCL = 0.02848, UCL = 0.09244, 失控

16.39　b. $\bar{p} = 0.075$　c. LCL = 0, UCL = 0.25169; 受控

16.41　b. $\bar{p} = 0.2571$　c. LCL = 0.0717, UCL = 0.4426　d. 失控; $\bar{p} = 0.247$, LCL = 0.064, UCL = 0.430　e. 没有趋势

16.43　b. $\bar{c} = 6.5$　c. LCL = 0, UCL = 14.15; 受控　d. 没有趋势

16.45　a. 失控　b. 没有趋势

16.47　a. 54.26125 ± 3.92272　b. 不满足　c. 93; n 不够大

16.49　a. 26 ± 29.11; $(1-\alpha) = 1$　b. 特殊原因

16.55　b. 15.2%　c. 0.5045; 过程没有能力

16.57　b. 51%　c. 3.997　d. 有

16.59　a. 0.5490, 0.1671, 0.0353, 0.0052, 0.000488
b. 0.1710　c. 0.1671

16.61　a. 0.0246　b. 0.5443

16.65　$x = 1.4985$, LCL = 1.4731, UCL = 1.5239

16.67　$x = 5.89667$, LCL = 5.36471, UCL = 6.42863, 受控; $\bar{R} = 0.52$, LCL = 0, UCL = 1.339, 失控

16.69　b. 生产方风险: 计划 1 = 0.0815, 计划 2 = 0.0334; 推荐计划 2　c. 使用方风险: 计划 1 = 0.5282, 计划 2 = 0.1935; 推荐计划 2

16.71　a. $n = 32$, $a = 7$　b. $n = 50$, $a = 10$

16.73　a. 0.0755　b. 0.6769　d. $n = 125$, $a = 10$

e. 0.041　f. 0.564

16.75　a. $\bar{p} = 0.0614$, LCL = 0.0105, UCL = 0.1124
b. 不能

16.77　b. 没有; $C_p < 1$

第 17 章

17.1　λ

17.3　a. $f(0) = 0.0044$, $F(0) = 0.0013$, $z(0) = 0.0044$; $f(1) = 0.054$, $F(1) = 0.0228$, $z(1) = 0.0553$; $f(2) = 0.242$, $F(2) = 0.1587$, $z(2) = 0.2876$; $f(3) = 0.3989$, $F(3) = 0.5$, $z(3) = 0.7979$; $f(4) = 0.242$, $F(4) = 0.8413$, $z(4) = 1.5247$; $f(5) = 0.054$, $F(5) = 0.9772$, $z(5) = 2.368$; $f(6) = 0.0044$, $F(6) = 0.9987$, $z(6) = 3.4091$

17.5　a. 1/460　b. 1/2880　c. 1/395

17.7　a. $F(t) = 1 - \exp(-t^2/100)$
b. $R(t) = \exp(-t^2/100)$, $z(t) = t/50$
c. $R(8) = 0.5273$; $z(8) = 0.16$

17.9　a. 9.4057×10^{11}　b. $(3.7211 x 10^{12})t^{2.5}$
c. 0.006578

17.11　a. (384.73, 847.57)　b. (0.00118, 0.00260)

17.13　a. (93.8, 173.5)　b. (143.9, 292.1)

17.15　(18041.27, 294622.44)

17.17　(211.4, 394.5)

17.19　a. $\hat{\alpha} = 1.9879$, $\hat{\beta} = 16.029$　b. (1.9405, 2.0353)　c. (14.9423, 17.1947)

17.21　a. $z(t) = 0.124 t^{0.9879}$　b. $z(4) = 0.4877$

17.23　a. 9, 4, 2　b. $\hat{\alpha} = 1.6938$, $\hat{\beta} = 3.326$　c. α: $(-0.7335, 4.1211)$; β: $(0.5383, 20.5250)$
d. 0.6219

17.25　0.60192

17.27　a. 串联　b. $(1-p_1)(1-p_2)\cdots(1-p_k)$

17.29　0.99507

17.31　a. 0.983　b. 0.632

17.33　a. 0.8671　b. 0.1424　c. 0.000195

17.35　a. $F(t) = t/\beta$, $R(t) = 1 - t/\beta$, $z(t) = 1/(\beta - t)$
c. 0.6

17.37　a. $\hat{\alpha} = 2.0312$, $\hat{\beta} = 7.3942$
b. $z(t) = (0.2747)t^{1.0312}$, $R(t) = \exp(-t^{2.0312}/7.3942)$　c. 0.8735

17.39　0.0608

17.41 a. (2 153.3, 17 322.3)
b. 0.428 4; (0.156 0, 0.793 8)
c. 0.000 212; (0.000 057 7, 0.000 464 4)

17.43 0.961 3

附录 A

A.1 a. $\begin{bmatrix} 6 & 3 \\ -2 & -5 \end{bmatrix}$ b. $\begin{bmatrix} 3 & 0 & 9 \\ -9 & 4 & 5 \end{bmatrix}$ c. $\begin{bmatrix} 5 & 4 \\ 1 & -4 \end{bmatrix}$

A.3 a. 3×4 b. No

A.5 a. $\begin{bmatrix} 2 & 3 \\ -9 & 0 \\ 8 & -2 \end{bmatrix}$ b. $[3\ 0\ 4]$ c. $[14\ 7]$

A.7 a. $\begin{bmatrix} 1 & 0 \\ 0 & 1 \end{bmatrix}$ c. $\begin{bmatrix} 1 & 0 & 0 \\ 0 & 1 & 0 \\ 0 & 0 & 1 \end{bmatrix}$

A.9 a. $A = \begin{bmatrix} 10 & 0 & 20 \\ 0 & 20 & 0 \\ 20 & 0 & 68 \end{bmatrix}$; $V = \begin{bmatrix} v_1 \\ v_2 \\ v_3 \end{bmatrix}$; $G = \begin{bmatrix} 60 \\ 60 \\ 176 \end{bmatrix}$

c. $V = \begin{bmatrix} 2 \\ 3 \\ 2 \end{bmatrix}$